病媒动物预防控制与应用主要中文文献索引

（1949—2009）

主编　郑智民　姜志宽　牛建军

苏州大学出版社

图书在版编目(CIP)数据

病媒动物预防控制与应用主要中文文献索引：1949～2009/郑智民，姜志宽，牛建军主编．—苏州：苏州大学出版社，2012.10

ISBN 978-7-5672-0288-7

Ⅰ.①病… Ⅱ.①郑… ②姜… ③牛… Ⅲ.①疾病－传染媒介－生物控制－文献－索引－中国－1949～2009 Ⅳ.①Z89：R184

中国版本图书馆 CIP 数据核字(2012)第 227362 号

病媒动物预防控制与应用主要中文文献索引

(1949—2009)

郑智民　姜志宽　牛建军　主编

责任编辑　施　放

苏州大学出版社出版发行

(地址：苏州市十梓街 1 号　邮编：215006)

南京市溧水秦源印务有限公司印装

(地址：南京市溧水县开发区溧淳路　邮编：211200)

开本 890 mm×1 240 mm　1/16　印张 39.5　字数 1 596 千

2012 年 10 月第 1 版　2012 年 10 月第 1 次印刷

ISBN 978-7-5672-0288-7　定价：120.00 元

苏州大学版图书若有印装错误，本社负责调换

苏州大学出版社营销部　电话：0512-65225020

苏州大学出版社网址　http://www.sudapress.com

病媒动物预防控制与应用主要中文文献索引

(1949—2009年)

主　编: 郑智民　姜志宽　牛建军

副主编: 陈　敏　陈国伟　郭志南

编　委: (按姓氏笔画为序)

丁凌云　王　莉　王明斋　叶菲菲

林敏珍　陈华芳　郑维平　骆明亮

序　言

科学技术的发展，需要知识的不断创新与积累；为了在前人基础上深入探索，攀登新的高峰，科技工作者必须查阅文献，定准出发基点。此时，文献索引正是迅速进入知识宝库的阶梯。对于病媒动物治理学科来说，由于形成历史较短，又是多领域间的边缘学科，与邻近学科相互渗透、交叉，其庞大的信息资料散载于数以千计的期刊与专著、译著之中；在20世纪80年代以前，国内甚至没有本学科的专业期刊，专著也寥寥无几，查找不易，利用甚难，相关索引的需求尤其迫切。

顺应形势的发展和广大读者的需要，本书前身，由郑智民、姜志宽教授等主编的《医学生物学及控制中文文献索引（1949—2000年）》，于2002年由海潮出版社出版，发挥了良好的作用，受到了广泛的欢迎，好评不断。

如今，《病媒动物预防控制与应用主要中文文献索引（1949—2009年）》即将面世，这是本学科信息领域的又一件大事，既在期待之中，又出乎预料之外。期待之中是因为，任何学科文献的层出不穷都是必然的，既然前一本索引受到了欢迎，起到了作用，加之主编者们敬业奉献的治学态度，面对飞速发展的形势，更新版本必然出现。意料之外则是因为，学科发展的速度、深度、广度和规模均为始料所未及；另外，技术队伍迅速壮大，技术水平加快提高，论文专著不断涌现等，当时都没有料到。尤其是本书主编们本着对读者负责、对事业有利的精神，精益求精，不仅充实了前书未能涵盖的2001—2009年的文献，而且对前书已经编入的1949—2000年的文献，重新整理、精选，去芜存菁，再度呈现到读者面前。这样，本书覆盖了1949—2009年60年来本领域的主要文献，一书在手，对本领域的主要成果、科技信息及学科与行业发展，均能一窥全豹，十分方便。新中国成立后历经花甲60载，这在我们中国是个不应忘怀的时代。

必须指出的是，虽然网络技术迅速发展，为文献查找带来了极大的方便，但是并不能降低本书的重要作用。因为，迄今为止，网络尚未全面覆盖、普及，不少基层单位还有待补充配备；更重要的是，由于起步较晚，通过网络能够看到的文献，基本上从20世纪90年代方才开始，此前的完全空缺。所以，即使有朝一日网络普及，人人可用，为了追根溯源，洞观全局，本书仍有使用价值。曾经见到，有的年轻学者查过却没有看到相关资料，耗时数月，重复20世纪50、60年代前人早已完成的工作，还以为自己创新，客观上造成浪费，空度时间。曾经见到一项统计，有15%～20%的科学试验属于重复前人的劳动。

本书主编们不仅具有孜孜求真的精神，且有丰富的实践经验，坚实的专业基础，流畅的文字功底，多年的编著实践。为了学科，为了事业，为了读者，他们认真选编，精雕细琢，可以说，他们的心血，已渗透到本书的每一字句、每一条目之中。我相信，本书开卷有益，它不是案闲柜中的摆设，却是有求必应、历久弥新的好工具。

中国疾病预防控制中心传染病预防控制所　研究员
中华预防医学会媒介生物学及控制分会　名誉主任委员　汪诚信

2012年5月18日

前　言

自从《医学生物学及控制中文文献索引(1949—2000 年)》一书于 2002 年由海潮出版社出版以来,陆续收到了一些读者的来信、来电给予肯定或赞赏,有的读者邮来影印本,要求有机会给予编入;有的要求下载全文以供科研、生产服务时参考;有的建议把该书制作成光盘以便应用电脑查阅;等等。值得提及的是,著名学者汪诚信、范滋德、王酉芝等教授出于对事业的执着追求,曾采用书信面授或撰写专文评价分析我国几十年来学科的发展状况,并给予鼓励支持。台湾某相关领域的企业家黄吉金曾赞言:“这是一件了不起的工作,从中可以窥见学科在大陆的发展。几十年如一日默默耕耘,为学科发展和后来者做出了无私贡献,真不容易!”他亲自运用该索引收集相关的文献作为企业发展与研究的重要文档,令人钦佩。他们一再鼓励我们要继续坚持这项工作,也进一步增强我们续编的信心。

诚然,如今电脑技术的发展可以在网络上查找文献。但是以我国的情况而言,直至 20 世纪末还有很多单位,尤其是基层单位尚未配备电脑,而且大多出版机构是在 21 世纪初才陆续将题录载入互联网,这必将对学科的发展历程缺乏全面的或仅是横向的了解。以现有的期刊为例,有的选题早有定论,但因未经详查文献,必然做重复的工作,造成“新”选题,“旧”结论,甚至还未超过“旧”结论,尤其在经费紧张的情况下,重复工作是个极大的浪费,更谈不上既要节约资源,又能有所创新的精神。

鉴于上述原因和学科发展的需要,我们继续收载了 2001 年至 2009 年的文献题录编成索引,并补载了遗漏的文献题录,藉此展现 1949—2009 年 60 年来学科的发展历程。为配合《啮齿动物学(增订本)》和《卫生害虫管理学》的出版,我们删略了原版中“消毒药械研究与应用”、“有害动物控制通论”、“第一作者索引”、“引用刊物、出版机构名称”,以及许多“内部刊物”和在报刊上发表的科普文章题录,并适当增补近几年有关分子生物学和实验动物科学方面的题录。

本书所辑文献格式为文献名、作者、出版者、出版时间;析出文献格式为文献名、作者、专著名、出版者、出版时间;作者仅有两人者写出全称,两人以上者用第一作者 + 等。所有文献索引均按原始面貌辑入,不作改动。

本书不足之处在所难免,期望读者、作者及专家们斧正。

编者

2012 年 5 月

目　录

一、啮齿动物学相关学科主要中文文献

动植物中文命名原则试用方案. 郑作新. 科学通报,1950,1(5)
实用生物统计学. 王绶. 商务印书馆,1950
动物的演化. 张喜霖. 北京师范大学出版社,1951
动物的进化. 张宗炳. 商务印书馆,1951
哺乳动物生态学概论. 奥格涅夫,C. H. 科学出版社,1951
从大家鼠的生态、蚤相来观察其与黄鼠相互间传播鼠疫的关系. 纪树立,等. 东北医学杂志,1952,(5)
古代哺乳动物奇谈. 杜恒俭. 商务印书馆,1952
关于脊椎动物来源问题的新知识. 周明镇. 科学通报,1952,3(3)
普通动物学名辞. 郑作新. 新农业出版社,1952
代表性的哺乳动物志. 薛德焴. 上海新亚书店,1954
脊椎动物骨骼标本制作法. 李晶. 生物学通报,1954,(8)
脊椎动物的简单解剖法. 吴新智. 生物学通报,1954,(12)
脊椎动物解剖学名词. 中国科学院编译局. 中国科学院出版社,1954
陆上动物的分布. 张荣祖. 地理知识,1954,(4)
哺乳动物血管中的注射技术及研究方法. 爱民康. 新科学,1954,(4)
系统动物学(上册). 薛德焴. 商务印书馆,1954
系统动物学(下册). 薛德焴. 商务印书馆,1954
种、亚种、变种和品种的概念及相互关系. 董悌忱. 生物学通报,1954,(10)
剥制标本人工眼睛的制造. 斯大历切夫,娅. 焴. 钟昌富译. 生物学通报,1955,(12)
大兴安岭的鸟兽. 寿振黄. 科学大众,1955,(10)
动物的地理学. 杨郁华译. 地理知识,1955,6(1)
动物生态学名词. 中国科学院编辑局. 中国科学院出版,1955
动物生态学的内容、理论基础和基本任务. 尼科里斯基,格. 波周三译. 科学出版社,1955
关于鸟鼠同穴的问题. 陈桢. 生物学通报,1955,(8)
脊椎动物的演化. 杨钟健. 科学出版社,1955
吉林漫江附近兽类与其栖息环境的初步观察. 张荣祖,等. 地理学报,1955,21(4)
脊椎动物分类学. 郑作新. 财政经济出版社,1955
脊椎动物的进化. 周明镇. 生物学通报,1955,(6)
干制内脏器官、胚胎及整体动物标本并保存其自然色泽的新方法. 盖尔密耳,叶. 科.,等. 史小颐译. 生物学通报,1955,(3)
哺乳动物图鉴. 谭邦傑. 科学出版社,1955
兽类骨骼标本制作法. 寿振黄,等. 生物学通报,1955,(9)
透明骨骼标本制作法. 顾昌栋. 生物学通报,1955,(9)
我国哺乳动物的分布. 张荣祖. 地理知识,1955,6(1)
小型兽类标本剥制法. 寿振黄,等. 生物学通报,1955,(5)
制义眼的两个简单方法. 胡定丕. 生物学通报,1955,(12)
怎样自制剥制标本所用的义眼. 梁季权,张照容. 生物学通报,1955,(7)
在东北发现的麝鼠. 寿振黄,朱靖. 生物学通报,1955,(1)
中国的皮毛兽. 寿振黄. 生物学通报,1955,(2)
地理景观与景观学. 宋采夫,H. A. 陈传康译. 地理知识,1956,(11)
动物的分布. 郑作新. 生物学通报,1956,(7)
伏罗希洛夫格勒州的草原牧场及其改良的研究资料. 古雪柯娃,阿. 阿. 祝廷成,等译. 科学出版社,1956
关于脊椎动物循环器官的着色法. 关贵武. 生物学通报,1956,(6)
关于 LD_{50} 的几个问题. 杨建伯. 哈尔滨医科大学学报,1956,(4)
自制玻璃义眼的方法. 程一帆. 生物学通报,1956,(1)
脊椎动物神经标本制作法. 关贵武,等. 生物学通报,1956,(11)
自制松香义眼. 朱跃坤. 生物学通报,1956,(1)
农业兽害. 寿振黄. 农业科学通讯,1956,(3)
内蒙流行性出血热调查报告. 杨敷海. 中国林业出版社,1956
生物地理学. 沃罗诺夫. 阿. 格. 生物学通报,1956,(10)
谈谈自学动物地理学. 张荣祖. 地理知识,1956,(12)
太平洋地区的哺乳类动物. 卡特,T. D. 科学出版社,1956
物种结构与物种形成. 陈世骧. 生物学通报,1956,(12)
义眼的简单制法. 张朝君. 生物学通报,1956,(1)

中国动物生态学家的当前任务. 林昌善,等. 科学通报,1956,(7)
中国动物地理区域. 郑作新. 地理学报,1956,22(1)
正视一门科学——生物统计学和田间技术. 昝维廉. 科学通报,1956,(9)
竹山县防兽除害经验. 中国农报,1956,(151)
哺乳动物的生活与习性. 鲍利尔. 谭邦傑译. 科学,1957,(11)
关于物种问题. 陈世骧. 科学通报,1957,(2)
古生物学名的构成. 张永辂. 教学与研究期刊(自然科学版),1957,(1)
关于在生物科学中应用数学方法问题的意见. 安德烈,维尔岑斯基. 肖仲译. 自然辩证法研究通讯,1957,(3)
脊椎动物分类学. 郑作新. 财政经济出版社,1957
略论脊椎动物分类学与其在当前动物区系调查中的任务. 张孟闻. 动物学杂志,1957,1(1)
农作物鸟兽害防除情况及主要经验. 罗福铨. 农业科学通讯,1957
论在生物科学中数学方法的应用. 日丹诺夫,B. M. 禄存义译. 自然辩证法研究通讯,1957,(3)
哺乳动物的生活与习性. 鲍利尔. 科学出版社,1957
哺乳类动物图鉴. 谭邦杰. 科学出版社,1957
哺乳动物生态学概念. 奥格涅夫,C. H. 科学出版社,1957
森林中的鸟兽. 钱燕文,等. 中国林业,1957,(12)
森林有害动物便览(上卷). 巴甫洛夫斯基,叶纳. 陈常铭译. 科学出版社,1957
生物学和数学. 伊夫列夫,B. C. 禄存义译. 自然辩证法研究通讯,1957,(3)
形态学的目的和任务. 马里耐利. 崔芝阑译. 动物学杂志,1957,1(3)
动物学. 谢治英. 高等教育出版社,1958
东北兽类调查报告. 中国科学院动物研究所兽类研究组. 科学出版社,1958
动物发展史(上册). 拜尔,K. M. 罗颖之译. 科学出版社,1958
动物生态学. 纳乌莫夫,纳. 波. 林昌善,等译. 科学出版社,1958
动物生理学中的几个问题. 巴甫洛夫斯基,叶. 纳. 高等教育出版社,1958
景观动物地理学的内容和迫切任务. 库加金,阿. 波. 刘鸿麟译. 动物学杂志,1958,2(4)
论动物地理学的几个原则方法和任务. 巴尼科夫,阿. 格. 地理学报,1958,24(2)
蒙古人民共和国哺乳动物检索表. 邦尼柯夫,A. T. 科学出版社,1958
欧洲和中国陆地脊椎动物界之间的关系. 韦特斯坦固,奥. 动物学杂志,1958,2(3)
青海农牧害初步调查研究报告. 禹瀚. 西北农学院学报,1958,(1)
生物技术学. 卢开运. 高等教育出版社,1958
森林鸟兽生物学. 许慕农. 中国林业出版社,1958
云南东南缘兽类动物地理特征的初步考察. 张荣祖,等. 地理学报,1958,24(2)
中国古代灭虫除鼠资料选集. 刘广洲. 人民卫生出版社,1958
对我国动物区系调查的意见. 郝天和. 动物学杂志,1959,3(10)
东北兽类补遗. 汪松. 动物学报,1959,11(3)
对兽类区系工作及兽类区系调查法的粗浅认识(上). 朱靖. 动物学杂志,1959,3(7)
对兽类区系工作及兽类区系调查法的粗浅认识(下). 朱靖. 动物学杂志,1959,3(8)
对兽类区系工作的几点建议. 朱靖. 科学通报,1959,(15)
动物的休眠. 卡拉布霍夫,哈. 依. 科学出版社,1959
动物地理学(上册). 波布杜斯基,H. A. 高等教育出版社,1959
动物生态学. 库加金,阿. 波. 高等教育出版社,1959
动物的寿命. 秦格尔,阿. 阿. 生物学通报,1959,(7)
动物生态学("苏联大百科全书"). 波罗那夫,阿. 格. 马逸清译. 1959
当前研究人类疾病自然疫源性的问题. 贝特里雪娃,波. 阿. 薛松志译. 流行病学杂志,1959,(4)
关于动物种群与数量变迁的一些问题. 钱国桢. 生物学教学,1959,(12)
桂西南缘兽类区系概貌. 汪松. 动物学杂志,1959,3(5)
"活动肺"标本的制作方法. 李英杰. 生物学通报,1959,(4)
脊椎动物学(上册). 郝天和. 高等教育出版社,1959
脊椎动物——哺乳纲(第2辑). 褚圻. 上海教育出版社,1959
脊椎动物的进化. 柯柏特,E. H. 周明镇,等译. 地质出版社,1959,(4)
自然疫源地中原始疫源地. 纳乌莫夫,纳. 波. 流行病学杂志,1959,(6)
陆生脊椎动物生态学实验研究法. 卡拉布霍夫,哈. 依. 高等教育出版社,1959
内蒙大兴安岭伊图里河小型兽类调查报告. 罗泽珣,等. 动物学报,1959,11(1)
农业生产中的鸟兽问题. 罗泽珣,等. 河南人民出版社,1959

鸟兽的保护和利用. 林业厅经营利用司. 中国林业出版社,1959
浅识动物区系调查. 刘矫非. 动物学杂志,1959,3(7)
十年来农作物与病虫鸟兽害斗争的经验. 陈琪. 福建农业,1959,(19)
生物绘图法. 冯澄如. 科学出版社,1959
西双版纳主要经济鸟兽. 高耀亭,郑宝赉. 动物学杂志,1959,3(9)
十年来我国卫生统计学方面的成就. 李光荫. 人民保健,1959,(10)
兽类标本的保藏和管理. 张曼丽. 动物学杂志,1959,(5)
十年来我国陆生脊椎动物资源的调查和利用. 朱靖. 动物学杂志,1959,3(12)
苏联中部地区小型哺乳动物在水热流行病学上的意义. 博罗福麦娃,阿. 阿. 严玉辰译. 流行病学杂志,1959,(6)
生物地理群落综合定位研究的初步纲要. 苏卡切夫,B. H. 科学出版社,1959
谈谈动物区系调查. 张洁. 动物学杂志,1959,3(10)
为生产实践服务的动物地理调查方法. 张荣祖. 地理学报,1959,25(1)
西双版纳傣族人民狩猎方法介绍. 高耀亭,叶综辉. 动物学杂志,1959,3(7)
小型脊椎动物骨骼透明标本制作祥法. 肖虹. 生物学通报,1959,(1)
新疆天山南麓兽类区系初步了解. 张洁. 动物学杂志,1959,3(7)
医学动物学. 库加金,阿. 波. 刘砚华译. 动物学杂志,1959,3(10)
医学动物学的某些总结与展望. 纳乌莫夫,纳. 波. 薛松志译. 流行病学杂志,1959,(5)
中央自然博物馆的动物陈列室. 许维枢. 生物学通报,1959,(3)
兽类标本的保藏和管理. 张曼丽. 动物学杂志,1959,3(5)
中国动物地理区划与中国昆虫地理区划(初稿). 中国科学院自然区划工作委员会. 科学出版社,1959
北京金山地区秋季小哺乳类生态区系的初步调查. 生物系教研组脊椎动物教学小组. 北京师范大学学报(自然科学),1960,(2)
动物地理学(下册). 波布杜斯基,H. A. 王岌译. 人民教育出版社,1960
广西兽类的新记录. 汪松,等. 科学通报,1960,(4)
脊椎动物学. 王所安. 人民教育出版社,1960
自然疫源地内动物流行的基本规律. 加路林,勃. 叶. 中国医学科学院流行病学微生物学研究所译. 苏联自然疫源地考察团文集,1960
景观地带学及其和自然疫源性传染的关系. 加路林,勃. 叶. 苏联自然疫源地考察团文集,1960
脊椎动物学夏季实习. 巴尼科夫,阿. 格. ,等. 孙晓耕译. 人民教育出版社,1960
自然疫源地存在的基本生物学规律. 库契鲁克,华. 维. 中国医学科学院流行病学微生物学研究所译. 苏联自然疫源地考察团文集,1960
自然疫源地的定义、构成和分型原则. 库契鲁克,华. 维. 中国医学科学院流行病学微生物学研究所译. 苏联自然疫源地考察团文集,1960
兰州永登区大通河沿岸兽类及其栖息环境的初步调查. 陈钧. 动物学杂志,1960,4(3)
兽类换毛序方法的讨论(附毛层毛长测定法). 朱靖. 动物学杂志,1960,4(6)
温血动物、病原体与媒介节肢动物间的相互关系. 加路林,勃. 叶. 苏联自然疫源地考察团文集,1960
最初的哺乳动物. 寇马克,毛舍特. 周晓和译. 古脊椎动物与古人类,1960,2(2)
中国农作物主要病虫害及其防治(鸟、兽害). 农业部植物保护局. 农业出版社,1960
中国动物地理区划和主要经济动物的分布. 郑作新. 动物学杂志,1960,4(4)
中国脊椎动物化石手册(哺乳动物部分). 中国科学院古脊椎动物研究所高等脊椎动物研究室. 科学出版社,1960
河南省哺乳动物目录(包括新记录43种). 周家兴,等. 河南化工学院联合学报(生物学专号),1960,(2)
河南省哺乳动物区系分析. 周家兴. 河南化工学院联合学报(生物学专号),1960,8(3)
吉林省常见的脊椎动物. 吉林师大生物系. 吉林人民出版社,1961
脊椎动物学(高等学校交流讲义). 王所安. 人民教育出版社,1961
疾病的自然疫源地. 巴甫洛夫斯基. 王怡德译. 知识就是力量,1961,(7)
动物区系的结构与演变. 朱弘复. 动物生态及分类专业学术讨论会论文摘要汇编,1962
动物分类学的今昔不同及其今后的研究动向. 郑作新,汪松. 生物学通报,1962,(4)
甘肃省动物地理区划的界限问题. 李加坤. 动物生态及分类区系专业学术讨论会论文摘要汇编,1962
广东省的兽类区系. 寿振黄,罗泽珣. 动物生态及分类区系专业讨论会论文摘要汇编,1962
广西西南部兽类的研究. 汪松,等. 动物学报,1962,14(4)
广东省西北部的脊椎动物调查. 周宇恒,等. 动物生态及分类区系专业学术讨论会论文摘要汇编,1962
广东省东南部动物调查报告. 周宇恒,等. 动物生态及分类专业学术讨论会论文摘要汇编,1962
关于兽齿类的一些问题. 甄朔南. 生物学通报,1962,(1)

河北省动物地理区划. 顾昌栋,等. 动物生态及分类区系专业学术讨论会论文摘要汇编,1962
河南省动物地区划界问题——动物地理区划中古北界和东洋界在河南省内过度界线的探讨. 周家兴. 新兴师范学院学报,1962,(3)
江苏陆上脊椎动物地理区划初步探讨. 周开亚. 动物生态及分类专业学术讨论会论文摘要汇编,1962
两个动物生态学分支的范畴. 马世骏. 动物学报,1962,14(3)
陆上动物地理区划的标准. 张荣祖. 动物生态及分类专业学术讨论会论文摘要汇编,1962
青海地区兽类区系资料. 王宗祎,等. 动物生态及分类专业学术讨论会论文摘要汇编,1962
青海省的兽类区系. 张洁,等. 动物生态及分类专业学术讨论会论文摘要汇编,1962
青甘地区兽类动物地理区划. 张荣祖,等. 动物生态及分类专业学术讨论会论文摘要汇编,1962
青海省湟水河谷的鸟兽区系. 张洁,等. 动物学报,1962,14(1)
陕西省动物地理区划(初稿). 陈服官,等. 动物生态及分类专业学术讨论会论文摘要汇编,1962
四川西南和云南西北部兽类分类研究. 彭鸿绶,等. 动物学报,1962,14(增刊)
生物标本采集制作法. 祁乃成. 人民教育出版社,1962
陕西省动物地理初步区划. 王廷正,等. 动物生态及分类专业学术讨论会论文摘要汇编,1962
山西省动物地理区划. 周宝华. 动物生态及分类专业学术讨论会论文摘要汇编,1962
新疆南部地区的动物(鸟、兽)地理区划(草案). 钱燕文,等. 动物生态及分类专业学术讨论会论文摘要汇编,1962
西藏哺乳类动物区系的特征及其形成历史. 沈孝宙. 动物生态及分类专业学术讨论会论文摘要汇编,1962
云南西双版纳兽类调查报告. 高耀亭,等. 动物学报,1962,14(2)
英汉动物学词汇. 中国科学院编译出版委员会名词室. 科学出版社,1962
常见哺乳动物的妊娠期. 朱膺善. 生物学通报,1963,(4)
传染病疫源地的统计研究. 别斯米尔特涅,密. 斯. ,等. 刘纯志译. 山西医学杂志,1963,7(4)
动物种群数量变动的理论与试验研究Ⅰ. 试验种群与数理模式在动物种群数量变动研究中的地位作用和应用. 林昌善. 动物学报,1963,15(3)
动物器官干标本的制作. 曾小鲁. 动物学杂志,1963,5(3)
关于脊椎动物名称汉名命名的意见. 张孟闻. 动物学杂志,1963,(1)
脊椎动物学. 陈义. 江苏人民出版社,1963
脊椎动物分类学. 郑作新. 农业出版社,1963
狩猎动物资源调查的内容与方法. 王宗祎. 动物学杂志,1963,(1)
青海的兽类区系. 张洁,王宗祎. 动物学报,1963,15(1)
西藏哺乳动物区系特征及其形成历史. 沈孝宙. 动物学报,1963,15(1)
皖南陆生哺乳动物区系组成及其经济意义. 盛和林,等. 华东师范大学学报,1963,(1)
小型兽阴茎骨(OsPenis)的处置方法. 汪松. 动物学杂志,1963,(3)
新疆的兽类. 张洁. 新疆农业科学,1963,(1)
秩次相关系数可以作为评价动物资源指标. 罗泽珣. 动物学杂志,1963,(1)
中国动物地理学研究当前的几个问题. 郑作新,张荣祖. 动物学杂志,1963,5(3)
北京香山地区鸟兽的夏季观察. 伊佩衡. 动物学杂志,1964,(1)
动物种群数量的调节问题. 马世骏. 动物学杂志,1964,(6)
第十五届国际动物学会议采用的国际动物学命名法则. 朱弘复. 动物学杂志,1964,(1)
LD_{50}寇氏计算公式的简明图解及其简化方法的推导. 何嘉琅,等. 武汉医学杂志,1964,(6)
脊椎动物分类学. 包桂濬. 科学通报,1964,(6)
介绍纳乌莫夫著《动物生态学》第二版. 孙儒泳. 动物学杂志,1964,(8)
解放以后我国的狩猎、驯养与自然保护工作. 朱靖. 动物学杂志,1964,(6)
青甘地区哺乳动物地理区划问题. 张荣祖. 动物学报,1964,16(2)
青海甘肃兽类调查报告. 张荣祖,等. 科学出版社,1964
三十年来我国的兽类学(1934—1964). 寿振黄. 动物学杂志,1964,(6)
三十年来的中国动物地理学(1934—1964). 郑作新,张荣祖. 动物学杂志,1964,(6)
谈谈动物的身体大小和能量代谢的关系. 钦俊德. 新建设,1964,(12)
泰山脊椎动物调查简报. 周才武,等. 山东大学学报,1964,9,(3)
形态特征的分类原理. 陈世骧. 科学通报,1964,(5)
小型动物手术台的设计. 毛元兴. 动物学杂志,1964,(1)
医学地理学的内容、任务和方法. 朔申,A. A. ,等. 陈作贵译. 地理译丛,1964,(3)
疾病的自然疫源地. Macdonald,G. 许绶泰译. 畜牧兽医译丛,1964,(3)
中国经济动物志(兽类). 寿振黄. 科学出版社,1964

中国动物图谱(兽类).夏武平,等.科学出版社,1964
中国第四纪动物区系的演变.周明镇.动物学杂志,1964,6(6)
兽类年龄鉴定的方法.朱盛侃,周庆强.动物学报,1965,(4)
新疆南部的鸟兽.钱燕文,等.科学出版社,1965
医学数理统计方法.郭祖超,等.人民卫生出版社,1965
云南西部临沧地区兽类的研究.陆长坤,等.动物分类学报,1965,2(4)
安徽兽类地理分布的初步研究.王岐山,等.动物学杂志,1966,8(3)
海南岛的兽类.寿振黄,汪松.动物分类学报,1966,3(3)
江苏省哺乳类区系的分布和地理区划.黄文几.复旦大学学报(自然科学),1966,11(1)
拉汉兽类名称.中国科学院动物研究所脊椎动物分类区系研究室编.科学出版社,1973
生物的进化.方宗照.科学出版社,1973
亚洲动物史的新篇章——谈我国古新世哺乳类的发现.周明镇.科学实践,1973,(10)
测量资料样本含量表的编制与应用.贺石林,等.科研中的统计方法(生物统计),1974,(4)
常用数理统计方法.中国科学院数学研究所统计组.科学出版社,1974
常用数理统计表.中国科学院数学研究所概率统计室.科学出版社,1974
鸟兽益害的辩证观.罗泽珣.动物学杂志,1974,(3)
序贯分析在医学研究中的应用.黄小兰.科研中的统计方法(生物统计),1974,(4)
序贯分析法.周怀梧.科研中的统计方法(生物统计),1974,(4)
生物圈.赫钦逊,G.E.,等.华北农业大学植物生理教研组译.科学出版社,1974
正交试验设计(一).上海师范大学数学系概率统计组.上海化工,1974,(5)
正交试验设计(二).上海师范大学数学系应用数学组.上海化工,1974,(6)
关于种的划分标准的探讨.徐祥浩.植物分类学报,1975,(2)
介绍一种生物地史分布表.曹克清.化石,1975,(1)
计算尺算法及定位.马连江.科学出版社,1975
几种常用半数致死量计算法的比较.武汉医学院卫生系卫生统计教研室.科研中的统计方法(生物统计),1975,(2)
我国古代动物分类学成就的初步探讨.高耀亭.动物学报,1975,(4)
英汉动物学词汇补编(一).龚坤元,等.科学出版社,1975
正交试验设计(三).上海师范大学数学系应用数学组.上海化工,1975,(1)
正交试验设计(四).上海师范大学数学系应用数学组.上海化工,1975,(2)
正交试验设计(五).上海师范大学数学系应用数学组.上海化工,1975,(3)
正交试验设计(六).上海师范大学数学系应用数学组.上海化工,1975,(4)
正交试验设计(七).上海师范大学数学系应用数学组.上海化工,1975,(5)
动物分类学的概念及其基本任务.黄复生.昆虫学报,1976,19(4)
关于第四纪命名与划分的探讨.袁汉兴.古脊椎动物与古人类,1976,14(4)
关于我国古代动物分类学的讨论.邹树文.昆虫学报,1976,19(3)
配对重复试验的七检验.陈启明.科研中的统计方法(生物统计),1976,(1)
配对四格表的显著性检验.施济民.科研中的统计方法(生物统计),1976,(1)
协方差分析和调整平均数在生物学研究中的应用.孙儒泳.北京师范大学学报(自然),1976,(2)
安徽潜山几种古新世哺乳动物化石.邱占祥,等.古脊椎动物与古人类,1977,15(2)
梵净山地区兽类调查报告.谢家骅,等.贵阳师范学院学报(自然),1977,(3)
华南古新世哺乳动物化石层位与动物群.中国科学院古脊椎动物与古人类研究所华南江层队.中国科学,1977,(3)
华南第四纪哺乳动物群的划分问题.计宏祥.古脊椎动物与古人类,1977,15(4)
吉林晚更新世哺乳动物化石分布.姜鹏.古脊椎动物与古人类,1977,15(4)
宁夏地区脊椎动物调查报告.王香亭,等.兰州大学学报(自然),1977,(1)
群落与生态系统.怀悌克,R.H.姚壁君,等译.科学出版社,1977
四格表中 $\alpha=0.1$ 时的显著性检验.孙瑞元.科研中的统计方法(生物统计),1977,(2)
安徽省哺乳动物调查和地理区划.黄文几,等.复旦大学学报(自然),1978,(1)
关于生态学发展史的讨论.科技参考消息,1978,(5)
关于生态系统的概念及其研究的方向.王献溥.环境保护,1978,(6)
关于《中国动物地理区划》的修改.张荣祖,等.动物学报,1978,24(2)
国际动物命名法则(第十五届国际动物学会议通过).斯托尔,N.R.朱弘复译.科学出版社,1978
《脊椎动物史》第一章:绪论.周明镇.化石,1978,(1)

试论中国陆栖脊椎动物地理特征. 张荣祖. 地理学报,1978,32(2)
数学生态学引论. 皮洛,E. C. 卢泽愚译. 科学出版社,1978
统计学导论. 穆德,A. M. ,等. 史定华译. 科学出版社,1978
正交与回归正交试验法的应用. 朱伟勇. 辽宁人民出版社,1978
动物志. 亚里士多德. 吴寿彭译. 商务印书馆,1979
化学通讯在动物性行为中作用的探讨. 范志勤,等. 动物学报,1979,25(3)
脊椎动物进化史. 周明镇,等. 科学出版社,1979
脊椎动物的温度自动调节器. Heller,H. C. ,等. 科学,1979,(10)
进化. ErnstMayr. 科学,1979,(11)
进化的机制. EranciscoJ. Ayala. 科学,1979,(11)
流行病学及地方病学. 流行病学与地方病学编写组. 广东人出版社,1979
普通生态学实验手册. 考克斯,G. W. 蒋有绪译. 科学出版社,1979
山西野生动物资源现状. 王福麟. 山西生物科学,1979,(1)
生态系统研究中的动物学任务. 夏武平. 动物学杂志,1979,(3)
生态学模型. 史密斯,J. M. 朗所译. 科学出版社,1979
适应. Richard,C. Lewontin. 科学,1979,(11)
生态系统的进化. Robert,M. May. 科学,1979,(11)
行为的进化. John Maynard Smith. 科学,1979,(11)
医学统计方法. 上海第一医学院卫生统计学教研组. 上海科学技术出版社,1979
中国的古脊椎动物学研究(1949—1979). 周明镇. 古脊椎动物与古人类,1979,17(4)
中国自然地理动物地理. 张荣祖. 科学出版社,1979
中国脊椎动物化石手册(增订版). 中国科学院古脊椎动物与古人类研究所. 科学出版社,1979
动物外激素通讯. 陆自强,等. 江苏科学技术出版社,1980
贵州脊椎动物分布名录. 贵州动物志编委会. 贵州人民出版社,1980
黑龙江省西部脊椎动物群落组成及其分布. 傅桐生,等. 动物学杂志,1980,(2)
荒漠草原中蝗虫、穴居脊椎动物的空间结构. 钟文勤,等. 动物学杂志,1980,(2)
吉林省西部白城地区动物生态地理群与动物地理区划研究. 陈荣海. 吉林师大学报(自然),1980,(3)
脊椎动物的外激素. 汪敏,等. 生物科学动态,1980,(6)
陆生脊椎动物耗氧量的简易测定法. 王培潮,等. 上海师范大学学报(自然),1980,(2)
理论生态学. 梅,R. M. ,等. 孙儒泳,等译. 科学出版社,1980
生态学的课题、现状和今后的发展. 宝月欣二. 世界科学译刊,1980,(6)
生态学和理论学. 布莱克斯,W. T. 赵鑫珊译. 国外社会科学动态,1980,(1)
谈谈生态平衡问题. 蒋有绪. 农村工作通讯,1980,(1)
谈谈种群生态学. 尚玉昌. 自然杂志,1980,3(8)
西藏东南部兽类的区系调查. 冯祚建. 动物学报,1980,26(1)
医学地理学. 聂树人. 国外医学(医学地理),1980,1(1)
医学动物实验方法. 施新猷. 人民卫生出版社,1980
医学研究中统计学与流行病学方法. 英格兰,J. M. 王仁安,等译. 人民卫生出版社,1980
种群生态学理论与可更新资源的科学管理——关于最大持续收获量. 孙儒泳. 动物学杂志,1980,(1)
哺乳动物外激素的研究及其应用前景. 范志勤. 辽宁动物学会会刊,1981,2(1)
哺乳动物化学通讯的研究意义. 范志勤. 生物学通报,1981,(6)
哺乳动物化学通讯的研究概况. 范志勤. 生物学通报,1981,(5)
采集实验动物血液的方法(一). 蒋栋良. 上海畜牧兽医通讯(实验动物科学专辑),1981,1(2)
关于动物的拉丁命名. 戴爱云. 动物学杂志,1981,(3)
高黎贡山的兽类新种和新亚种(一). 彭鸿绶,王应祥. 兽类学报,1981,1(2)
回归分析的非参数方法(续). 陈希孺. 科研中的统计方法,1981,(2)
韩国型出血热(肾症候性出血热). 李文镐. 近代出版社,1981
吉林省陆栖脊椎动物的生态地理分布. 陈鹏,金岚. 动物学报,1981,27(3)
交叉积差法——计数资料统计分析新方法. 王广仪. 中华预防医学杂志,1981,15(6)
陆地生态系统次级生产力的研究(I). 孙儒泳,等. 动物学杂志,1981,(4)
略谈生态系统. 夏武平. 生物学通报,1981,(1)
芦芽山自然保护区鸟兽调查报告. 张俊,等. 山西生物科学(动物专辑),1981,40
你知道实验动物科学和医学有什么关系吗(二). 漆畹生. 上海畜牧兽医通讯(实验动物科学专辑),1981,1(2)
日本实验动物科学工作的现代化进程(一). 中村信义. 上海畜牧兽医通讯(实验动物科学专辑),1981,1(2)

试论数学模型在生态学中的应用. 江腾龙. 生物科学动态,1981,(4)
生态学简介(一). 孙儒泳. 生物学通报,1981,(2)
生态学简介(二). 孙儒泳. 生物学通报,1981,(3)
生态学简介(三). 孙儒泳. 生物学通报,1981,(4)
生态学简介(四). 孙儒泳. 生物学通报,1981,(5)
生态学简介(五). 孙儒泳. 生物学通报,1981,(6)
陕西大巴山区动物资源调查报告. 王廷正,等. 自然资源研究,1981,(4)
陕西大巴山的鸟兽类调查. 王廷正,等. 陕西师大学报(自然),1980—1981(年合刊)
世界部分兽类标本收藏单位概况. 汪松. 兽类学报,1981,1(2)
三十年来我国的兽类动物地理学. 张荣祖,林永烈. 兽类学报,1981,1(1)
生态学概论. 达若,R. 张绅,等译. 甘肃人民出版社,1981
物种概念与分类学. 徐炳声. 生物科学动态,1981,(3)
新疆北部地区动物地理区划中的几个问题. 马勇. 动物学报,1981,27(4)
中国动物药. 邓明鲁,高士贤. 吉林人民出版社,1981
城市生态系研究的方法论. Makoto. Numata. 环境科学情报,1982,(4)
动物生态学(上、下册). 华东师范大学,等. 人民教育出版社,1982
鼎湖山兽类调查. 刘振河. 热带亚热带森林生态系统研究,1982,(1)
动物生态学浅说. 林育真. 山东科技出版社,1982
动物基础知识讲座——兽类学基础知识第一讲:绪论. 肖前柱,等. 野生动物,1982,(1)
单种群增长最简单数学模型的一点注释. 张炳根. 生态学报,1982,2(1)
动物生态学(上、下卷). 伊藤嘉昭. 邬祥光译. 科学出版社,1982
甘肃哺乳动物区系研究. 王香定,等. 兰州大学学报(自然),1982,18(2)
河南省流行性出血热的病原学研究和宿主动物的初步调查. 严玉辰,等. 中华流行病学杂志,1982,3(4)
介绍一种简便的随机化分组工具表. 胡琳. 科研中的统计方法,1982,(1)
胶南县流行性出血热传染源和传播媒介的探索. 李鸿起. 青岛医药卫生,1982,(3 -4)
脊椎动物分类学. 郑作新. 农业出版社,1982
自然平衡和生态系的稳定性. Howard. W,E,邓址,等. 译灭鼠文集第二辑,1982,79
流行性出血热传染源研究进展与血清流行病学调查方法. 陈化新,等. 公共卫生与疾病控制,1982,1(1)
陆地生态系统次级生产力的研究(Ⅱ). 孙儒泳,等. 动物学杂志,1982,(1)
陆地生态系统次级生产力的研究(Ⅲ). 王祖望,等. 动物学杂志,1982,(2)
陆地生态系统次级生产力的研究(Ⅳ). 王祖望,等. 动物学杂志,1982,(3)
离散变量配对比较新法. 张志军,等. 科研中的统计方法,1982,(2)
内蒙古狼山北部荒漠地区哺乳动物区系的初步分析. 邢莲练,等. 动物学杂志,1982,(1)
内蒙古药用动物. 赵肯堂,等. 内蒙古人民出版社,1982
配对计数资料 χ^2 检验的查表法. 陈建国. 科研中的统计方法,1982,(2)
人类经济活动对野生动物种群数量的影响. 罗泽珣. 山西生物科学,1982,(3)
实验动物解剖学. 南开大学实验动物解剖学编写组. 人民教育出版社,1982
生态学简介(六). 孙儒泳. 生物数学,1982,(1)
陕西省安康地区兽类调查报告. 吴家炎,等. 动物学研究,1982,3(1)
生态观与生态方法. 余谋昌. 生态学杂志,1982,(1)
陕西省秦岭东段兽类区系调查. 郑永烈. 动物学杂志,1982,(2)
生态学基础. 奥德姗,E. P. 孙儒泳,等译. 人民教育出版社,1982
森林——野生动物群落的动态. Paule. VonsJr. 自然资源研究,1982,(3)
Wilcoxon 的秩和检验准确概率法. 董玉恒. 科研中的统计方法,1982,(1)
我国的自然保护区. 马逸清. 自然资源研究,1982,(2)
ω 检验的通用性. 潘宝骏. 科研中的统计方法,1982,(2)
卫生统计学. 中国科学院卫生研究所,等. 人民卫生出版社,1982
系统分析及其在生态学中的应用. 丁岩钦,等. 生态学杂志,1982,(3)
相关分析的非参数方法. 徐端正. 科研中的统计方法,1982,(1)
系统生态学中的几个基本问题. 肖增祜. 辽宁大学学报(自然),1982,1(6)
相关分析所需样本含量. 詹绍康. 科研中的统计方法,1982,(1)
一个新的种群增长数学模型——对经典的 logistic 方程和指数方程的扩充. 崔启武,等. 生态学报,1982,2(4)
鼬獾的昼夜节律行为. 盛和林. 兽类学报,1982,2(2)
“异常”数值的取舍. 徐瀛. 科研中的统计方法,1982,(2)

中国景观区划初步研究. 李万. 地理科学,1982,2(4)
中国重要医学动物鉴定手册. 陆宝麟. 人民卫生出版社,1982
准确而简便地拟和与使用标准曲线. 杨树勤,等. 科研中的统计方法,1982,(1)
浙江山区野生动物资源及其对自然生态平衡的意义. 诸葛阳. 生态学杂志,1982,(1)
种群的基本特征和种群生物学的进展. 周纪纶. 生态学杂志,1982,(2)
浙江省兽类区系及地理分布. 诸葛阳. 兽类学报,1982,2(2)
种群动态. 所罗门,M. E. 王家骏,译. 科学出版社,1982
从生物学的发展到生态学的发生. 叶峻. 广西民族学院学报(自然),1983,(3)
动物繁群生态学. 单国祯. 科学出版社,1983
地理流行病学. Gerald,F. Pyle. 国外医学(医学地理),1983,4(3)
国外医学地理学的一些新动向. 聂树人. 国外医学(医学地理),1983,4(3)
广西野生动物资源概况. 吴名川. 广西农业科学,1983,(1)
海南岛的鸟兽. 广东省昆虫研究所动物研究室,等. 科学出版社,1983
回归线分割值简法. 田凤调. 卫生研究,1983,12(2)
回归直线方程计算法在医用吸光光度检测中的应用. 杨慧德,等. 沂蒙医药,1983,(1)
简明生物学词典. 冯德培,等. 上海辞书出版社,1983
脊椎动物学野外实习指导. 盛和林,王岐山. 人民教育出版社,1983
聚类分析在生态学中的应用. 颜京松,等. 动物学杂志,1983,(4)
景观生态学. 特罗勒,C. 地理译报,1983,(1)
脊椎动物比较内分泌学. 本特利,P. J. ,方永强,等. 科学出版社,1983
能量物质循环中的符号语言. 钱国桢,等. 生态学杂志,1983,(3)
孟达林区野生动物资源. 许树仁. 野生动物,1983,(4)
能量物质循环中的符号语言. 钱国桢,等. 生态学杂志,1983,(3)
哺乳动物分泌外激素的腺体简介. 刘素霞. 野生动物,1983,(4)
人类生态学(七)野生动物管理(1). 尚玉昌. 生态学杂志,1983,(3)
人类生态学(八)野生动物管理(2). 尚玉昌. 生态学杂志,1983,(4)
生物数学——I. 数学与生态学. 井竹君. 数学的实践与认识,1983,(3)
生态工程——生态系统原理的应用. 马世骏. 生态学杂志,1983,(4)
四足动物起源之争. 张弥曼. 化石,1983,(1)
生态系统浅说. 祝廷成,董厚德. 科学出版社,1983
生物群落演化和地层学. 国外地质,1983,(3)
相关与回归分析在方法学比较中的应用. 李开南. 国外医学(临床生物化学检验学),1983,4(1)
现代医学地理的某些特点和发展动向. 谭见安. 国外医学(医学地理),1983,4(3)
英汉生物学词汇. 北京师范大学生物系《英汉生物学词汇》汇编组. 科学出版社,1983
医学科研中小值频数的统计方法. 顾见青. 贵州医药,1983,(3)
野生动物数量的调查. 马建章. 野生动物,1983,(6)
医学地图的内容和编制方法的探讨. 文圣君. 地理科学,1983,3(1)
一类生态系统的稳定性. 王寿枧. 中山大学学报(自然),1983,(4)
应用生物统计. 杨纪珂. 科学出版社,1983
医学地理学的最近研究动向. 籾山政子,等. 国外医学(医学地理),1983,4(3)
北京密云县溪翁庄更新世哺乳动物化石. 顾玉珉. 古脊椎动物学报,1984,22(1)
北京地区的兽类区系及生态地理特征. 张洁. 兽类学报,1984,4(3)
河北蔚县大南沟哺乳动物化石及地层时代. 李毅. 古脊椎动物学报,1984,22(1)
青藏高原野生动物考察散记. 张词祖. 野生动物,1984,(1)
山东维县武家村第四纪地层及哺乳类化石. 金昌柱,等. 古脊椎动物学报,1984,22(1)
四川华茎山地区第四纪哺乳动物化石. 罗伦德. 古脊椎动物学报,1984,22(1)
山东省哺乳动物区系初步研究. 卢浩泉. 兽类学报,1984,(2)
陕西陇山地区兽类的区系调查. 宋世英. 动物学杂志,1984,(5)
行为生态学(一)导论. 尚玉昌. 生态学杂志,1984,(3)
行为生态学(二)最优觅食行为(1). 尚玉昌. 生态学杂志,1984,(4)
行为生态学(四)觅食行为的可变性. 尚玉昌. 生态学杂志,1984,(6)
中国兽类生态学的进展. 夏武平. 兽类学报,1984,4(3)
浙江海岛鸟兽地理生态学的初步研究. 诸葛阳,等. 动物学报,1986,(1)
中国中生代哺乳类化石. 张法奎. 古脊椎动物学报,1984,22(1)

哺乳动物学概论. 盛和林,等. 华东师范大学出版社,1985
各种生态预测方法的比较——生态系统结构的预测. 罗仙列特,P. C. 陆地生态译报,1985,(2)
辽宁东部山区的兽类资源. 肖增祜. 野生动物,1985,(6)
青海省海南地区兽类调查. 张广登. 动物学杂志,1985,20(4)
生物统计学. 杜荣骞. 高等教育出版社,1985
种群的科学管理与数学模型. 孙儒泳. 上海科学技术出版社,1985
行为生态学(七):被捕食动物的社群生活. 尚玉昌. 生态学杂志,1985,(3)
行为生态学(八):社群生活对种内关系的影响. 尚玉昌. 生态学杂志,1985,(4)
中国及其邻近地区兽类分布的趋势. 张荣祖,等. 动物学报,1985,(2)
安徽动物地理区划. 王岐山. 安徽大学学报(自然),1986,(1)
哺乳动物的冬眠. 陈大维,等. 生物学通报,1986,(4)
89 种野生哺乳类动物肾脏的分型. 张一,等. 动物学杂志,1986,(1)
哺乳动物似昼夜节律研究概要. 宗浩. 兽类学报,1986,6(1)
哺乳类基因工程的一些实验操作:实验 10 λ 噬菌体 DNA 体外包装;实验 11 哺乳类基因组基因文库的构建;实验 12 cDNA 文库的简易构建法. 赵寿元. 遗传,1987,9(5)
哺乳类基因工程的一些实验操作:实验 13 基因文库的筛选;实验 14 M13 克隆和 DNA 顺序分析;实验 15 DNA 介导转移基因(DMGT). 赵寿元. 遗传,1987,9(6)
《动物行为学》讲座第一讲:动物行为学概论. 尚玉昌. 生物学杂志,1986,(2)
《动物行为学》讲座第二讲:动物行为学的基本概念. 尚玉昌. 生物学杂志,1986,(3)
动物生态学研究. 伊藤嘉昭,等. 邬祥光,等译. 科学出版社,1986
贵州省脊椎动物的组成和地理分布. 杨炯蠡,等. 贵州省博物馆馆刊,1986,(3)
甘肃的动物资源. 张孚允. 野生动物,1986,(4)
黑龙江省兽类志. 马逸清,等. 黑龙江科学技术出版社,1986
可编程序计算器在动物学的若干应用. 江腾龙. 动物学杂志,1986,(4)
曲阜地区兽类调查报告. 张树舜. 曲阜师范大学学报(自然版),1986,12(4)
托克逊冬春季荒漠小型脊椎动物调查. 侯兰新. 新疆大学学报(自然版),1986,3(2)
五十年来我国脊椎动物解剖学的进展. 杨安峰,等. 动物学杂志,1986,(2)
中国应建立野生动物资源清查体系. 陈华豪. 野生动物,1986,(6)
浙江海岛鸟兽地理生态学的初步研究. 诸葛阳,等. 动物学报,1986,(1)
中国兽类之种数. 郑昌琳. 兽类学报,1986,6(1)
哺乳类动物数量调查中的截线抽样法与逆向截线法. 陈华豪,等. 兽类学报,1987,7(1)
哺乳动物化学通讯研究概况. 范志勤. 动物学杂志,1987,(3)
动物生态学原理. 孙儒泳,等. 北京师范大学出版社,1987
动物地理分区(一)世界动物地理分区. 张荣祖. 生物学通报,1987,(2)
动物区系——地理资料整理中的地名系统. 张荣祖,等. 兽类学报,1987,7(4)
分类研究技术. Kamal wassif. 动物学杂志,1987,(3)
河北省小型兽类生态地理区划. 孙立汉. 地理学与国土研究,1987,3(2)
南岭兽类考察报告(湖南部分). 傅廷璋. 动物学杂志,1987,(1)
能量生态学(四):生物个体的代谢能量. 陆健健. 生态学杂志,1987,6(6)
宿主动物及其防制. 汪诚信. 流行性出血热防治手册. 人民卫生出版社,1987
武当山地区的兽类. 杨其仁,等. 华中师范大学学报(自然),1987,21(3)
行为生态学(十六)栖息地选择(1). 尚玉昌. 生态学杂志,1987,6(4)
行为生态学(十七)栖息地选择(2). 尚玉昌. 生态学杂志,1987,6(6)
种群最低生存水平的测定方法. Lacava,J. ,等. 陆地生态译报,1987,(2)
白水江自然保护区兽类调查初报. 马国瑶. 动物学杂志,1988,(5)
蛋白电泳在动物分类学中的应用. 杨幼凤,等. 动物学杂志,1988,(3)
甘肃兰州——第三纪中期哺乳动物化石地点. 邱占祥,等. 古脊椎动物学报,1988,26(3)
脊椎动物标本制作的改进方法. 康熙民. 动物学杂志,1988,(3)
吉林省野生动物图鉴. 赵正阶. 吉林科技出版社,1988
内源性污染的形态学鉴定. 李德荣,等. 军事医学科学院院刊,1988,12(2)
神农架林区小型兽类的研究 I. 兽类区系. 杨其仁,等. 华中师范大学学报(自然版),1988,22(1)
山西静乐新世小哺乳动物群及静乐组的时代讨论. 周晓云. 古脊椎动物学报,1988,26(3)
行为生态学(十八)性的生态学问题(1). 尚玉昌. 生态学杂志,1988,7(2)
行为生态学(十九)性的生态学问题(2). 尚玉昌. 生态学杂志,1988,7(3)

一种改良的细胞计数方法. 李树民,等. 动物学杂志,1988,23(3)
准格尔盆地北沿与阿尔泰山地的兽类资源. 张大铭,等. 新疆大学学报(自然),1988,5(2)
哺乳动物臼齿的 Moire 等高线研究. 张人骧,等. 兽类学报,1989,9(1)
DNA 和 RNA 的种类名称及缩写. 胡继鹰. 生物学通报,1989,(7)
分类学的新理论——分支分类学. 王苏舰. 生物学通报,1989,(4)
澜沧江中游云县景东地区哺乳动物的初步研究. 何晓瑞,等. 云南大学学报(自然),1989,11(2)
流行病学统计方法实例. 章扬熙. 沈阳出版社,1989
宁夏长爪沙鼠疫源地蚤螨感染鼠疫的动态观察. 王自荐,李小虎. 中国地方病防治杂志,1989,4(5)
1949—1988 年我国兽类新种、新亚种暨新记录. 李思华. 兽类学报,1989,9(1)
一种新的制备哺乳动物精母细胞联会复合体的微铺展技术. 史庆华,等. 动物学研究,1989,10(2)
遗传工程名词解释(四). 张大达. 生物科学动态,1989,(2)
脊椎动物的最长寿命. 王会志,等. 动物学杂志,1990,(3)
历史生物地理学新趋势——分衍生物地理学. 张荣祖. 动物学杂志,1990,(5)
清洁级动物颗粒饲料的细菌学品质监控初探. 朱梅芬,等. 上海实验动物科学,1990,10(1)
生态生物化学(五):动物的信息素. 李绍文. 生态学杂志,1990,(2)
生物地理学(一). 宋大祥译. 动物学杂志,1990,25(5)
实验动物的微生物质量标准及其在生物医学科研工作中的意义. 钟品仁. 中国微生态学杂志,1990,2(3)
西藏那曲地区兽类调查. 邵孟明. 动物学杂志,1991,(6)
云南的兽类概况. 郑重. 云南林业科技,1991,1(1)
哺乳动物野外研究方法. 盛和林,等. 中国林业出版社,1992
哺乳动物分类名录. 谭邦杰. 中国医药科技出版社,1992
动物行为学知识简介(四). 动物的利他行为. 房继明. 生物学通报,1992,(4)
动物种群生态学的进展. 庞雄飞. 生态学杂志,1992,11(1)
汉中地区的兽类及其资源利用. 王德兴. 陕西师大学报(自然),1992,20(3)
民勤荒漠兽类资源及其区系特征. 陈钧. 中国沙漠,1992,12(3)
生物群落的生态稳定性. 王顺庆. 生物数学学报,1992,7(1)
生态系统优势种演替模型的定量分析. 赵景柱. 生态学报,1992,12(2)
谈综合防制以控制家鼠和蟑螂的重要性认识. 赵增江. 医学动物防制,1992,8(3)
中国流行性出血热监测研究. 陈化新,等. 北京科学技术出版社,1992
呼伦贝尔盟兽类资源及其消长. 童墉昌. 人类活动影响下兽类的演变,中国科学技术出版社,1993
吉林省兽类资源现状. 李彤,姜岚. 人类活动影响下兽类的演变,中国科学技术出版社,1993
黑龙江省主要兽类资源的变化及其原因. 徐学良. 人类活动影响下兽类的演变,中国科学技术出版社,1993
脊椎动物在吐鲁番盆地坎儿井的分布格局. 罗宁,等. 动物学杂志,1993,28(6)
人类活动对云南哀牢山小型兽类群落结构的影响. 吴德林. 动物学研究,1993,14(1)
人类活动影响下兽类的演变. 夏武平,张洁. 中国科学技术出版社,1993
生物种群动态数学模型的参数辨识方法. 陈华豪. 农业系统科学与综合研究,1993,9(1)
四川石渠兽类 1959 年与 1987 年比较调查. 王酉之. 人类活动影响下兽类的演变,中国科学技术出版社,1993
四川省兽类地理分布的聚类分析. 熊铁一. 四川动物,1993,12(2)
我国哺乳类物种多样性受干扰现状、原因和保护建议的初步研究. 李义明,李典谟. 人类活动影响下兽类的演变,中国科学技术出版社,1993
西藏亚东县小型兽类调查报告. 郭天宇,等. 军事医学科学院院刊,1993,17(4)
伊春林区的开发对兽类资源的影响. 程继臻. 人类活动影响下兽类的演变,中国科学技术出版社,1993
子午岭的兽类(甘肃部分). 俞诗源. 庆阳学报(自然),1993,(1)
中国技术成果大全(农业专辑之一). 中国技术成果大全编辑部. 科学技术文献出版社,1993
澳大利亚生态学发展的历史、现状与趋势. Ritcing, P. L. ,等. 生态学杂志,1994,13(4)
哺乳动物细胞基因表达系统. 刘秉文. 生物化学与生物物理学进展,1994,21(4)
动物剥制标本的管理. 赵明星. 生物学通报,1994,(11)
高寒草甸地区小哺乳动物群落与植物群落沉静演替关系的研究. 边疆晖,等. 兽类学报,1994,14(3)
甘肃省自然疫源性疾病调查研究(专辑). 刘增加. 兰州大学学报(自然科学版),1994
浑江市兽类资源调查及分析. 李彤,等. 吉林林业科技,1994,(1)
鲁西、南平原农作区小型兽类群落组成及季节变化. 姜运良,等. 兽类学报,1994,14(4)
两种群竞争系统持续生存的条件. 张昌波,俞元洪. 高校应用数学学报,1994,9(3)
青海湖地区生态环境演变与人类活动关系的初步研究. 陈桂琛,等. 生态学杂志,1994,13(2)
浅谈脊椎动物含氮废物的排泄. 唐琳,等. 生物学通报,1994,29(1)

食饵种群具有常数收获率的捕食:食饵模型分析.陈忠华,陈兰荪.数学杂志,1994,14(4)
生态系统学中的生产力及其有关概念.鲁开宏.生物学通报,1994,(4)
生态学的发展阶段及其特点.吴兆录.生态学杂志,1994,13(5)
塔里木油田开发对野生脊椎动物的影响.袁国映,等.干旱区研究,1994,11(3)
野生动物种群格局分析方法.孙洪志,等.野生动物,1994,(6)
中国生态学的研究现状及发展趋势.陆仲康,等.生态学报,1994,14(4)
中国第四纪哺乳动物地理区划.薛祥煦,等.兽类学报,1994,14(1)
半数致死量的广义线性模型估计方法.刘玉秀.中国卫生统计,1995,12(5)
哺乳动物化学信号应用研究进展.张健旭,等.中国兽类生物学研究,中国林业出版社,1995,197
《国际动物学命名法规》修订动态.梁爱萍.动物分类学报,1995,20(1)
动物数量遗传学的发展、现状与未来.李来纪.生物学通报,1995,30(3)
动物胚胎发育讲座(八)哺乳类的胚胎发育发生.张天荫.生物学通报,1995,(2)
动物活动及相关行为研究的一种自组装方法.张知彬.中国兽类生物学研究,中国林业出版社,1995,378
伏牛山哺乳动物区系和资源.葛荫榕.中国兽类生物学研究,中国林业出版社,1995,230
宏观动物学研究现状和未来十五年发展趋势.王祖望,黄大卫.动物学报,1995,(1)
脊椎动物松果器官的形态结构比较和演化初探.王典群.动物学报,1995,(4)
昆仑山中段的兽类.高行宜.中国兽类生物学研究,中国林业出版社,1995,221
论动物行为个体发育中的"重演律".房继明.中国兽类生物学研究,中国林业出版社,1995
免疫不育在动物数量控制上的应用前景.张知彬.医学动物防制,1995,11(2)
内蒙古大兴安岭林区森林脑炎自然疫源地调查报告.王淑英,等.地方病通报,1995,10(2)
宁夏哺乳动物区系与地理区划研究.张显理,于有志.兽类学报,1995,15(2)
青海省查出新疆出血热自然疫源地.邵锡如,成鹰.青海医药杂志,1995,25(3)
九十年代生态学的重要观点.Odum,E. P.,李俊清.生态学杂志,1995,14(1)
生物统计的各种检验方法和使用条件概述.房继明,刘来福.生物学杂志,1995,14(3)
统计图的绘制技巧.石先益.中国卫生统计,1995,12(5)
我国动物地理学研究的前景——方法论探讨.张荣祖.动物学报,1995,41(1)
西藏错那地区小型兽类调查报告.王达林,等.军事医学科学院院刊,1995,19(1)
中国实用科技成果大辞典.沈国荣,等.西南交通大学出版社,1995
贮食过程中的优化问题.蒋志刚.动物学杂志,1996,31(4)
动物贮食行为及其生态意义.蒋志刚.动物学杂志,1996,31(3)
福建更新世地层哺乳动物与生态环境.尤玉柱,蔡保全.人类学学报,1996,15(4)
检索生物学文献的工具 Ru 软盘数据库评价.陈贤钦.生物学通报,1996,31(12)
全国肾综合征出血热监测研究报告.陈化新,等.中国媒介生物学及控制杂志,1996,(7)
肾综合征出血热的传播及预防.车凤翔,等.中国大百科全书出版社,1996,117
远洋小渔船鼠类及蟑螂侵害情况调查分析.冯建清,方鹏举.医学动物防制,1996,12(1)
用无毒防腐膜制作剥制标本的方法.腾斌,腾东利.生物学通报,1996,31(10)
自动感应照像系统在野生动物调查中的应用.马世来.动物学研究,1996,17(4)
大理苍山洱海自然保护区的小型兽类.龚正达,等.动物学研究,1997,18(2)
关于媒介生物的综合治理.汪诚信.卫生杀虫药械,1997,3(3)
宁南黄土高原地区兽类分布与环境.陈钧.干旱区研究,1997,14(1)
我国陆相渐新世哺乳动物群的划分及排序.王伴月.地层学杂志,1997,21(3)
香港的兽类.胡锦矗.四川动物,1997,16(2)
西双版纳热带雨林地栖小兽群落的初步研究.吴德林,奉勇.兽类学报,1997,17(3)
1996 年全国肾综合征出血热监测点对人间疫情和宿主动物监测.罗成旺,等.中国媒介生物学及控制杂志,1997,(8)
动物标本收藏及其在科学研究中的意义和作用.崔桂华,等.四川动物,1998,17(3)
分子生物学技术在动物行为生态学中的应用.张树义,李明.动物学报,1998,(3)
脊椎动物免疫器官 APUD 细胞的存在和性质.李丕鹏.动物学研究,1998,19(3)
陆生野生动物资源调查中的若干问题.陈华豪.野生动物,1998,(1)
流行性出血热防治手册.卫生部疾病控制司.人民卫生出版社,1998
辽宁海岛的脊椎动物资源.温世生,刘明.野生动物,1998,(1)
肾综合征出血热.杨为松.人民军医出版社,1998
四害的综合治理.郑智民,等.卫生杀虫药械,1998,4(2)
1997 年全国肾综合征出血热监测点对人间疫情和宿主动物监测结果报告.罗成旺,等.疾病监测,1998,(13)

中国科学院动物研究所兽类标本馆藏模式标本名录. 罗彤. 动物分类学报,1998,23(3)
半数致死量 LD_{50} 的百分偏差和渐近方差. 张元明,等. 生物数学学报,1999,14(1)
大鼠骶尾腹内侧肌的运动神经分布——CB-HRP、CB-胶体金结合 CGRP 免疫组织化学双标法研究. 陈幽婷,等. 解剖学报,1999,30(1)
大鼠中枢运动核团内 P 物质受体的定位分布. 高蓉,等. 解剖学报,1999,30(2)
大鼠中枢运动核团内谷氨酸受体、GABA A 受体、甘氨酸受体和阿片 μ 受体的定位分布. 高蓉,等. 解剖学报,1999,30(2)
大鼠大脑运动皮质与脑干面口部运动前神经元的触突联系. 李云庆,等. 解剖学报,1999,30(1)
大鼠下丘脑室旁核和视上核内神经激肽 β 受体和加压素的共存研究. 吕葆真,等. 解剖学报,1999,30(2)
小鼠精子和球形精子细胞显微注射受精研究. 李子义,等. 解剖学报,1999,30(2)
大鼠生后发育期间胰岛 D 细胞的胰岛淀粉样多肽和生长抑素的表达. 刘双平,等. 解剖学报,1999,30(2)
大鼠肝细胞线粒体形态的三维重建. 穆长征,等. 解剖学报,1999,30(2)
地理信息系统在野生动物研究中的应用. 倪喜军. 生物学通报,1999,33(9)
对流行性出血热防治策略的思考. 汪诚信. 自然疫源性疾病专家咨询委员会资料汇编,1999,(V)
大鼠消化道促性腺素释放激素受体的免疫组织化学研究. 姚兵,等. 解剖学报,1999,30(2)
大鼠中枢神经元内免疫神经分泌物质的共存. 朱长庚,等. 解剖学报,1999,30(2)
晋东南地区兽类地理分布. 陈钧. 山西大学学报(自然科学版),1999,22(1)
九峰山地区兽类研究. 刘晓光,刘德华. 阴山学刊,1999,15(1)
全国肾综合征出血热监测点 1999 年人间疫情和宿主动物监测结果报告. 罗成旺. 疾病监测,1999,(15)
鼠粒细胞集落刺激因子受体的纯化及鉴定. 陈惠鹏,等. 生物化学与生物物理进展,1999,26(1)
小兴安岭食针叶树种子的鸟兽. 刘伯文,等. 林业科技,1999,24(5)
小鼠精子注入兔卵母细胞受精研究. 李子义,等. 实验生物学报,1999,32(2)
小鼠原生殖细胞建系过程及其分化特性的研究. 许新,等. 实验生物学报,1999,32(3)
影响化合物对实验动物毒性的因素. 黄清臻,等. 医学动物防制,1999,15(1)
云南陆栖脊椎动物生态地理群及动物经济区的划分. 杨宇明,等. 生态经济,1999,(1)
中国流行性出血热监测研究. 陈化新,等. 中国公共卫生,1999,15(7)
阿拉善荒漠区的景观生态分区. 朱宗元,等. 干旱区资源与环境,2000,14(4)
不同牧区强度对草原土壤水份、养分及其地上生物量的影响. 张伟华,等. 干旱区资源与环境,2000,14(4)
从生态平衡的观点谈有害动物灾害的防治问题. 王正周. 中国减灾,2000,10(3)
对 ISO9000 的认识(一). 胡迅. 卫生杀虫药械,2000,6(1)
动物地理区划的聚类分析. 李晓晨. 西北大学学报(自然版),2000,30(3)
动物标本的科学管理与保养. 黎红辉,吴鑫德. 益阳师专学报,2000,17(6)
混合三种群 Volterra 系统周期解的存在性和稳定性. 韩新焕,等. 石子河大学学报(自然版),2000,4(2)
河西走廊及其邻近地区的景观生态格局. 梁存柱,等. 干旱区资源与环境,2000,14(4)
化学反应器理论与食草动物的消化对策. 裴艳新,王德华. 兽类学报,2000,20(4)
Internet 上的生物信息学资源. 黄积涛,等. 天津理工学院学报,2000,16(3)
具有偏差变化的捕食——食饵系统全局周期解的存在性. 苋猛,等. 应用数学学报,2000,23(4)
具有时滞的非自治三种群扩散系统的渐进性. 高巧琴,等. 陕西师范大学学报(自然科学版),2000,28(4)
自相食对种群的调节效应. 黄海洋,等. 北京师范大学学报(自然科学版),2000,36(6)
具有反馈控制和功能反应的两种群竞争系统的解的渐近性. 黑利军,等. 纯粹数学与应用数学,2000,16(3)
具有时滞的周期 Lotra-Volterra 型系统的全局渐近稳定性. 腾志东,陈兰荪. 数学物理学报,2000,20(3)
景观生态学:概念与理论. 邬建国. 生态学杂志,2000,19(1)
开江县肾综合征出血热宿主动物调查研究. 刘登权,等. 现代预防医学,2000,27(4)
两种群 Volterra 系统的优化开发. 陈翠贤. 中山大学研究生学刊(自然版),2000,21(1)
论 Richards 增长曲线. 杨义群,等. 生物数学学报,2000,15(4)
媒介生物防制的跨世纪回顾与展望. 汪诚信. 中国媒介生物学及控制杂志,2000,11(1)
欧洲景观条约与景观生态学研究. 肖笃宁,曹宇. 生态学杂志,2000,19(6)
捕食系统的研究. 贾建文. 纯粹数学与应用数学,2000,16(3)
捕食种群具有常收获率的第Ⅱ类功能反应模型的定性分析. 宋燕. 辽宁师专学报(社科版),2000,2(1)
浅析新版 ISO9000. 胡迅. 卫生杀虫药械,2000,6(3)
如何导入 ISO9000 标准. 胡迅. 卫生杀虫药械,2000,6(2)
生物量与其影响因素之间关系的研究. 成文联,等. 内蒙古大学学报(自然版),2000,31(3)
数学生态学随机模型. 侯振廷,等. 生物学通报,2000,15(3)
鼠猪异种细胞核移植. 李光鹏,等. 动物学研究,2000,21(5)

生态学. 李振基,等. 科学出版社,2000,540
生态环境变化趋势的物元可拓识别及其效果检验. 李祚泳,彭荔红. 兰州大学学报(自然科学版),2000,36(3)
生物种群 Logistic 扩散模型灰色增量生成参数辨识方法及其应用. 孙全敏,等. 系统工程理论与实践,2000,20(8)
食饵种群具有群体防御能力的Ⅰ类功能性反应的捕食系统. 王琳琳,等. 兰州大学学报(自然科学版),2000,36(5)
三种群 LotRa-Volterra 非周期食饵—捕食系统的持久性. 张银萍,孙继涛. 应用数学和力学,2000,21(8)
推行 ISO9000 质量体系标准提高综合实力满足客户需求. 郑智民,等. 卫生杀虫药械,2000,6(4)
我国兽类群落生态研究进展. 张洪茂. 四川师范学院学报(自然版),2000,21(1)
新疆伊犁地区兽类调查报告. 侯兰新. 兽类学报,2000,20(3)
稀疏效应捕食——被捕食系统的持久性和周期轨道. 王基琨. 广西师范大学学报(自然科学版),2000,18(4)
一个生态模型中的动力学. 邓圣福,等. 四川大学学报(自然版),2000,37(3)
一类概周期时滞捕食——食饵系统的概周期解. 徐建华,王志成. 应用数学学报,2000,23(3)
医学论著中常见的统计缺陷分析. 余鸣娇,等. 数理医药学杂志,2000,13(6)
异质的两种群动态模型研究. 周红霞. 湖北大学学报(自然科学版),2000,22(4)
展望数学生态学与生态模型的未来. 李典谟,马祖飞. 生态学报,2000,20(6)
植食性哺乳动物觅食的功能反应及其模型. 陶双伦,等. 兽类学报,2000,20(4)
种群可持续增长区稳定性分析. 岳天祥. 自然科学进展,2000,10(7)
RNAi 及其在哺乳动物中的应用. 罗晓燕,张得钧. 兽类学报,2001,(1)
八仙山国家级自然保护区夏季兽类资源调查. 胡杰,等. 四川动物,2001,(3)
哺乳动物毛色色素 Agouti 基因位点的研究进展. 张奇亚. 病毒学报,2001,(3)
哺乳动物尿和哺乳动物血的化学修饰. 袁婺洲,吴秀山. 生命科学研究,2001,(S1)
哺乳动物胚胎冷冻技术的研究进展. 王祖望,张知彬. 兽类学报,2001,(3)
带 3 蛋白 C 末端与血型糖蛋白 A 在哺乳动物细胞内相互作用的研究. 王秀磊. 2001
甘肃安西极旱荒漠自然保护区兽类区系研究. 王俊,等. 安徽预防医学杂志,2001,(6)
贵州兽类物种多样性现状及保护对策. 李健,等. 解剖科学进展,2001,(1)
含弓形虫复合抗原基因的真核表达质粒在哺乳动物细胞中的表达. 何百锁. 四川动物,2001,(3)
环氧合酶通路及其对雌性哺乳动物生殖过程的调控. 张泽钧. 四川师范学院学报(自然科学版),2001,(2)
脊椎动物内耳发育的基因调控. 陈康贵,等. 湘潭师范学院学报(自然科学版),2001,(1)
昆虫杆状病毒应用于哺乳动物基因治疗的研究进展. 王祖望,张知彬. 兽类学报,2001,(4)
论西周时期人兽母题青铜器. 任青峰,等. 西北大学学报(自然科学版),2001,(2)
前列腺素 E 分子网络对哺乳动物生殖的调控. 鲍毅新. 城市环境与城市生态,2001,(5)
青海省南部地区小型兽类多房棘球绦虫感染调查. 郭天宇,等. 四川动物,2001,(3)
缺氧诱导因子在哺乳动物生殖的作用. 朱建国. 动物学研究,2001,(6)
三峡库区珍稀濒危陆生脊椎动物现状及其保护对策. 罗开梅,等. 生命科学研究,2001,(S1)
深圳笔架山公园兽类资源调查. 张士璀,等. 生命科学,2001,(5)
石渠县的小型兽类区系的初步研究. 刘少英,等. 四川林业科技,2001,(3)
兽类标本的制作. 黄学诗,等. 古脊椎动物学报,2001,(1)
兽类毛发显微结构在物种识别中的应用. 刘少军,等. 中国工程科学,2001,(12)
兽类头骨测量标准Ⅳ:树鼩目、灵长目. 龚正达,等. 生物多样性,2001,(1).
四川华蓥山兽类资源名录. 郭天宇,等. 四川动物,2001,(4)
四川栗子坪自然保护区的兽类区系与资源. 张海军,等. 淮北煤炭师范学院学报(自然科学版),2001,(2)
图像·规训·诗学——《诗经》鸟兽草木图像发微. 龚正达,等. 地方病通报,2001,(1)
蔚县盆地牛头山(铺路)剖面晚上新世/早更新世小哺乳动物. 夏春,等. 科学通报,2001,(2)
西藏小型兽类五新纪录. 程地芸,陈恩渝. 重庆中草药研究,2001,(1)
小型哺乳动物种群周期性波动的外因调节假说. 梁培基,罗富均. 神经解剖学杂志,2001,(2)
选择素及其配体在哺乳动物胚胎着床过程中的作用. 成源达,叶立云. 湖南畜牧兽医,2001,(1)
中国第四纪冰期与陆生脊椎动物残留分布(英文). 张喜祥,等. 高师理科学刊,2001,(4)
中国脊椎动物新(亚)种统计及分析. 王小立,等. 南都学坛,2001,(6)
ADAMs 参与哺乳动物精—卵结合与融合. 安飞. 中国船检,2002,(11)
RNA 干涉(RNAi)技术应用于哺乳动物细胞的研究策略. 黄学诗. 古脊椎动物学报,2002,(4)
tPA 突变体在哺乳动物细胞中的表达. 罗晓燕. 兽类学报,2002,(4)
八仙山国家级自然保护区秋季兽类资源调查. 夏霖,等. 动物分类学报,2002,(2)
哺乳动物 DMRT1 基因调控区分析. 刘振湘,钟福生. 湖南环境生物职业技术学院学报,2002,(3)

哺乳动物孤雌生殖研究进展. 卢永琇. 收藏家,2002,(6)
哺乳动物核质重组胚后成性重序的机制. 李健超. 中国历史地理论丛,2002,(4)
哺乳动物精子获能的分子机制. 高西省. 中原文物,2002,(1)
哺乳动物胚胎干细胞研究进展. 任信在,李新宇. 兽类学报,2002,(2)
哺乳动物下丘脑—垂体—卵巢轴的研究进展. 赵海龙. 青海医学院学报,2002,(2)
哺乳动物种群系统时空变异性透视. 潘灵剑. 上海师范大学学报(哲学社会科学版),2002,(1)
莱阳河自然保护区的兽类资源及区系特点. 刘少英,等. 四川林业科技,2002,(4)
察布查尔县陆栖脊椎动物生物多样性调查. 蔡文凤,等. 医学动物防制,2002,(3)
楚"镇墓兽"的源起与楚国族类. 艾洪滨,等. 山东师范大学学报(自然科学版),2002,(2)
穿梭质粒 pSP189/哺乳动物 Vero 细胞检测系统在喹乙醇诱变分子机制研究中的应用. 张建国,杨维良. 中国普通外科杂志,2002,(6)
雌性哺乳动物 LH 及其受体的研究进展. 韩宗先,胡锦矗. 四川师范学院学报(自然科学版),2002,(2)
从山羊寨哺乳动物化石看柳江盆地洞穴堆积的时代与环境. 鲍毅新,杜卫国. 华东师范大学学报(自然科学版),2002,(2)
低等脊椎动物视网膜中水平细胞上不同的光感受器信号之间的相互作用(英文). 王英红,等. 山东师范大学学报(自然科学版),2002,(4)
迭部林区小型兽类感染伯氏疏螺旋体的研究. 冉景丞,等. 动物学杂志,2002,(1)
端粒酶活性在哺乳动物细胞中的表达. 韩宗先,胡锦矗. 重庆师范学院学报(自然科学版),2002,(3)
对禽畜粪便处理的研究. 刘定震,等. 兽类学报,2002,(1)
甘肃党河下游地区早渐新世哺乳动物化石的发现. 张培玉. 动物科学与动物医学,2002,(3)
广东连平黄牛石保护区兽类初步调查. 胡杰,等. 四川动物,2002,(4)
广西十万大山地区兽类区系及动物地理研究初报. 武晓东,等. 动物学杂志,2002,(2)
活性氧对哺乳动物早期胚胎发育的影响. 张天恩. 中原文物,2002,(1)
几个重要进化概念的辨析——以脊椎动物的系统发育为例. 许荣满,等. 中国科学技术出版社,2002
脊椎动物成纤维细胞生长因子及其受体. 欧莹,等. 生命科学研究,2002,(S2)
临夏盆地晚新生代哺乳动物群演替与青藏高原隆升背景. 胡锦矗. 动物学研究,2002,(6)
千岛湖陆桥岛屿小型兽类生态学研究. 朱静,等. 四川动物,2002,(4)
森林生态系统年净初级生产力和生境复杂度对小型兽类物种多样性影响. 李伟,等. 大理学院学报,2002,(3)
陕西秦岭平河梁自然保护区小型兽类的组成与分布. 段兴德,等. 地方病通报,2002,(1)
上古兽类也称"禽". 刘家武,等. 华中师范大学学报(自然科学版),2002,(4)
生物信息学方法推测脊椎动物血红蛋白相互作用机制. 吴红霞,等. 生命科学研究,2002,(S2)
兽类标本皮张的柠檬酸制革法. 杨国华,程红. 生物学通报,2002,(5)
唐代诗歌中的飞禽走兽壁画风貌. 汪锐,等. 遗传学报,2002,(11)
退田还湖区域景观格局变化对洞庭湖区小型兽类群落的影响. 杨道德,等. 中南林学院学报,2002,(3)
微囊藻毒素对鱼类和哺乳动物致毒效应的比较研究. 胡耀明,王元青. 科学通报,2002,(5)
巍山县龙街乡小兽类寄生蠕虫情况调查. 陈耿娇,等. 古脊椎动物学报,2002,(1)
延安人工林区小型兽类群落的季节动态. 李伟,等. 大理学院学报(医学版),2002,(2)
云南省小型哺乳动物寄生恙螨群落研究. 鲍毅新,等. 浙江大学学报(理学版),2002,(6)
5 种哺乳动物和人涎腺组织学及超微结构观察. 霍立军,杨增明. 动物学杂志,2003,(2)
GLO 与脊椎动物合成 Vc 能力的关系及相关转基因研究概述. 王弘,等. 中国生物化学与分子生物学报,2003,(1)
RNA 干扰技术在哺乳动物中的应用. 滕华卿. 林业科技开发,2003,(S1)
RNA 干扰在哺乳动物卵母细胞及早期胚胎发育研究中的应用. 张彬彬,张兰. 滨州师专学报,2003,(4)
Wnt 信号通路与哺乳动物生殖. 王淯. 内江师范学院学报,2003,(2).
阿拉善地区不同生境小型兽类群落多样性研究. 林英华,等. 林业科学,2003,(6)
白细胞介素-8 在哺乳动物生殖过程中的作用. 马用信,张思仲. 中华医学遗传学杂志,2003,(2)
哺乳动物的促分裂原活化蛋白激酶信号途径. 孟鸿飞. 华东森林经理,2003,(3).
哺乳动物的延迟着床及其分子调控. 孙晓阳,王雁玲. 生物化学与生物物理进展,2003,(2)
哺乳动物核移植中线粒体命运. 周祥兴. 中国包装工业,2003,(1)
哺乳动物精子分离方法的研究进展. 韦芳. 癌症,2003,(4)
哺乳动物精子性别特异膜蛋白的研究进展. 宋晓明,杨增明. 生殖与避孕,2003,(5)
哺乳动物卵母细胞成熟和受精中细胞骨架重组和作用. . 农业生物技术学报,2003,(1)
哺乳动物卵母细胞孤雌激活的研究. 赵文金,朱敏. 地球科学进展,2003,(6)
哺乳动物卵母细胞孤雌激活研究进展. 霍立军,杨增明. 生物化学与生物物理进展,2003,(4)

哺乳动物卵母细胞生发泡移植. 黄学诗. 古脊椎动物学报,2003,(1)
哺乳动物胚胎冷冻技术的研究进展. 马红,杨增明. 生殖医学杂志,2003,(1)
哺乳动物细胞高效表达系统研究进展. Christie D. FOWLER. 动物学报,2003,(2)
哺乳动物性反转分子机制的研究进展. 王荣,李文雍. 阜阳师范学院学报(自然科学版),2003,(4)
哺乳动物早期胚胎的基因表达及其调控. 陈才勇,王恬. 动物学杂志,2003,(5)
哺乳动物早期胚胎体外培养各细胞阶段营养需求研究. 谌小维,胡志安. 生物化学与生物物理进展,2003,(5)
哺乳动物植入前胚胎发育的程序化. 张德臣,孙艳平. 鞍山科技大学学报,2003,(4)
哺乳动物转基因技术研究概况. 王红,等. 山东大学学报(医学版),2003,(6)
常规灭鼠下城市小型兽类生态的初步研究. 李强,等. 古脊椎动物学报,2003,(2)
持续性疾病流行和血吸虫病在多个脊椎动物宿主中的瞬时振动(英文). 夏霖,等. 兽类学报,2003,(4)
川西南地区小型兽类体外寄生蜱的调查. 张守全,等. 中国生物工程杂志,2003,(12)
大理市小兽类哺乳动物膜壳绦虫感染情况调查. 刘善荣,胡凯猛. 第二军医大学学报,2003,(9)
大连市森林动物园脊椎动物种类调查报告——两栖爬行及哺乳类. 程通,等. 生物工程学报,2003,(5)
洱源县小兽类哺乳动物种群结构研究. 李俊年,刘季科. 应用生态学报,2003,(3)
二仙岩亚高山泥炭藓沼泽湿地兽类资源调查. 鲍毅新,等. 浙江大学学报(理学版),2003,(2)
甘肃临夏盆地牙沟的哺乳动物化石及有关地层问题. 李兴升,王德华. 兽类学报,2003,(2)
甘孜、凉山地区的兽类多样性. 杨晓煜,戴博. 中国生物工程杂志,2003,(8)
骨形态发生蛋白及其受体在哺乳动物繁殖中的作用. 杨纯,张育辉. 汉中师范学院学报(自然科学),2003,(3)
几种脊椎动物脑重的比较. 李文建,等. 原子核物理评论,2003,(1)
脊椎动物 Hoxall 基因进化分析与研究. 徐艳,等. 华西口腔医学杂志,2003,(6)
脊椎动物骨骼肌细胞发生的分子机制. 刘军,等. 第四军医大学学报,2003,(24)
脊椎动物心脏形态发育的转录调控. 杨彩侠,等. 生物化学与生物物理进展,2003,(4)
脊椎动物足迹、游泳迹生态类型及在恢复古环境中的作用. 邵晓枫,等. 生物工程学报,2003,(5)
记中国首次发现的“真古兽类”(eupantotherian)化石(英文). 吴爱国,等. 兽类学报,2003,(4)
江苏盐城自然保护区陆生兽类资源调查研究. 程地芸,陈恩渝. 重庆中草药研究,2003,(1)
金佛山自然保护区药用兽类资源初报. 刘定燮,等. 生物技术通讯,2003,(4)
金华城区小型兽类种类组成. 刘清,等. 职业与健康,2003,(9)
抗 CD3 基因工程嵌合抗体 IgG 在哺乳动物细胞中的表达和活性测定. 洪勇. 黄山学院学报,2003,(2)
辽宁省兽类资源现状及保护利用研究. 张士璀,等. 生命科学,2003,(1)
流式细胞术在哺乳动物精液质量检测中的应用. 杨海文. 东方论坛(青岛大学学报),2003,(1)
龙岩市鸟兽类与其栖息地生境的关系. 叶华虎,等. 第三军医大学学报,2003,(7)
茂兰自然保护区药用兽类资源现状与对策. Guillermo W. Rougier,等. 地质学报,2003,(1)
南充城区小型兽类群落组成及优势种微尾鼩的性比特征. 申丽洁,等. 中国媒介生物学及控制杂志,2003,(3)
宁夏贺兰山国家级自然保护区脊椎动物调查研究. 刘中民,等. 催化学报,2003,(5)
评《中国科学院古脊椎动物与古人类研究所 20 世纪旧石器时代考古学研究》. 张云翔,等. 地质论评,2003,(2)
千岛湖岛屿小型兽类群落分布格局及其影响因素. 杜立银,等. 动物科学与动物医学,2003,(11)
浅谈脊椎动物附韧带骨骼标本制作方法. 吴金美,等. 蚕业科学,2003,(4)
青藏高原兽类分布格局及动物地理区划. 李永海,等. 农业生物技术学报,2003,(1)
青海祁连山地区兽类分布格局及动物地理学分析. 廖志勇,等. 生物化学与生物物理学报,2003,(5)
人和哺乳动物支气管动脉与肺动脉吻合现象研究进展. 肖红,等. 陕西师范大学学报(自然科学版),2003,(S2)
人源化 BPVL1-GFP 融合基因的构建以及在哺乳动物细胞中的瞬时表达. 解谦. 山西农业大学学报(自然科学版),2003,(4)
瑞士西北部农田周围生态保留带中小型兽类种群数量动态及生物量的研究. 郭正府,等. 中国科学(D 辑:地球科学),2003,(1)
三峡库区(湖北部分)重点保护野生脊椎动物研究. 张建保,等. 第四军医大学学报,2003,(3)
山东省陆栖脊椎动物物种资源现状及其保护利用. 陈杰,等. 生物化学与生物物理进展,2003,(4)
深圳围岭公园兽类资源及其野生动物保护. 肖红,等. 陕西师范大学学报(自然科学版),2003,(S2)
神农架自然保护区非飞行哺乳动物的物种丰富度:沿海拔梯度的分布格局. 张世生,李跃民. 动物医学进展,2003,(6)
生理学哺乳动物实验方法改革. 高杨,龙昱. 地质科技情报,2003,(4)
兽类毛发研究现状及前景展望. 籍玉川,等. 动物医学进展,2003,(5)
瘦素在哺乳动物体重调节、繁殖和免疫中的作用. 张云翔,弓虎军. 古生物学报,2003,(3)
四川黑竹沟自然保护区的兽类资源调查. 采克俊,等. 动物学研究,2003,(4)
四川若尔盖湿地国家级自然保护区兽类资源调查. Shin-JaeRHIM,等. 兽类学报,2003,(3)

四川小寨子沟自然保护区兽类区系初报. 陈康贵,等. 湘潭师范学院学报(自然科学版),2003,(3)
四川雪宝顶自然保护区的兽类. 陈端吕,等. 国土与自然资源研究,2003,(4)
四川冶勒自然保护区兽类区系调查. 张明,等. 广西大学学报(自然科学版),2003,(3)
碳离子辐照哺乳动物细胞引起的旁观者效应. 黄汉军. 甘肃农业大学学报,2003,(2)
唐家河自然保护区小哺乳动物空间生态位初步研究. 刘俊,李锦玲. 古脊椎动物学报,2003,(2)
唐家河自然保护区小型兽类生物量的初步研究. 解淼,等. 兽类学报,2003,(4)
天津八仙山自然保护区兽类资源调查. 彭红元,等. 四川师范学院学报(自然科学版),2003,(2)
退田还湖工程对洞庭湖区小型兽类群落的影响. 周林燕,等. 海南大学学报(自然科学版),2003,(1)
豚鼠生长激素受体及其突变体在哺乳动物细胞中的功能性表达(英文). 小菜. 电脑爱好者,2003,(6)
乌鲁木齐市小型兽类群落特征与分布格局初步研究. 汪太富,等. 四川林业科技,2003,(4)
西伯利亚南部旧石器时代晚期哺乳动物群动态学(英文). 刘亚,章孝荣. 动物医学进展,2003,(2)
小型兽类胎仔数与生活史变量的研究进展. 李俊杰,等. 黄牛杂志,2003,(3)
一种简便实用的小型陆栖脊椎动物监测方法——围栏陷阱法. 张泽钧,等. 四川动物,2003,(3)
一种新的酵母哺乳动物细胞穿梭载体在不同哺乳动物细胞中的表达. LedaIvic Weiss,吴键宏. 生物数学学报,2003,(2)
伊犁地区兽类区系调查. 胡胜兴,等. 陕西师范大学学报(自然科学版),2003,(S2)
医巫闾山兽类资源调查与研究. 王清,等. 兽类学报,2003,(1)
影响H5N1甲型流感病毒对哺乳动物毒力变异的HA序列关键位点研究. 常弘,庄平弟. 中山大学学报(自然科学版),2003,(S2)
用标志重捕法研究废弃地小型兽类群落物种组成及种群生态学特征(英文). 陶双伦,等. 生态学报,2003,(11)
用土豆粉吸附鸟类和小型兽类标本剥制中的残污. EdSnucins,曹英志. AMBIO-人类环境杂志,2003,(3)
云南省小型兽类体表寄生革螨多样性分析. 牛平山,等. 海洋地质与第四纪地质,2003,(2)
中国南方早更新世主要哺乳动物群层序对比和动物地理. 韩新燕,许梓荣. 中国预防兽医学报,2003,(6)
重离子辐射哺乳动物细胞敏感性的分子机理. 许桂平. 山西建筑,2003,(4)
重庆市脊椎动物名录. 艾尼瓦尔·吐米尔,等. 生物学杂志,2003,(4)
重庆市兽类资源及其区系分析. 韩秀引,等. 中国临床康复,2003,(25)
重组质粒pcDNA3/sIL-1R(I)在哺乳动物细胞中的表达. 陈上华. 林业调查规划,2003,(1)
准噶尔南缘—吐鲁番盆地晚二叠世—中三叠世早期二齿兽类的发育及生态环境探讨. 吴毅,等. 广州大学学报(自然科学版),2003,(6)
5种哺乳动物组织DNA提取比较研究. 陶勇,等. 动物科学与动物医学,2004,(3)
BmNPV-ZJiap1基因的克隆、序列分析及其对哺乳动物细胞NF-κB的调节作用研究(英文). 申富英. 四川外语学院学报,2004,(5)
EN-2:脊椎动物中一种多功能转录因子. 刘运喜,等. 动物学杂志,2004,(2)
PPAR基因进化及其在脊椎动物发育过程中的表达. 艾尼瓦尔·吐米尔,等. 2004
PPAR基因在脊椎动物发育过程中的功能研究. 王红玲,等. 动物科学与动物医学,2004,(10)
SLC24A5基因影响脊椎动物色素沉积的研究进展. 赵琰,等. 军事医学科学院院刊,2004,(4)
比较基因组学在哺乳动物进化研究中的应用. 刘羽,姚玉鹏. 中国科学基金,2004,(6)
哺乳动物的肝静脉系. 张君,胡锦矗. 四川动物,2004,(2)
哺乳动物的基因组印记与印记基因疾病. 张春兰,任秀艳. 潍坊学院学报,2004,(2)
哺乳动物核移植技术研究进展. 王志刚. 装饰,2004,(9)
哺乳动物克隆的研究进展. 安志敏. 考古,2004,(5)
哺乳动物克隆技术研究进展. 李明. 兽类学报,2004,(4)
哺乳动物卵巢移植研究进展. 王菊芳,等. 辐射研究与辐射工艺学报,2004,(5)
哺乳动物卵巢中的细胞凋亡及其调节. 张荣祖. 动物学报,2004,(5)
哺乳动物卵母细胞成熟及调节机制. 梁健,李金钢. 兽类学报,2004,(4)
哺乳动物卵母细胞凋亡的研究进展. 张志强,王德华. 生态学报,2004,(6)
哺乳动物卵泡发育过程中的超微结构研究进展. 刘卫英. 北方论丛,2004,(3)
哺乳动物胚胎干细胞分离与培养的研究进展. 潘磊. 通信技术,2004,(11)
哺乳动物细胞内钙离子的功能及与疾病的关系. 李莲军,卢克焕. 广西农业生物科学,2004,(4)
哺乳动物性别控制的研究进展. 轩东英. 牙体牙髓牙周病学杂志,2004,(3)
哺乳动物性别控制技术研究进展. 时磊,周永恒. 新疆农业大学学报,2004,(3)
哺乳动物雄性性腺形成的相关基因研究进展. 欧阳真,等. 化学传感器,2004,(3)
哺乳动物阴茎骨长度与延长性插入模式之间存在正相关的关系(英文). 王伴月,邱占祥. 古脊椎动物学报,2004,(2)

哺乳动物早期胚胎性别鉴定研究进展. 肖治术,张知彬. 兽类学报,2004,(2)
哺乳动物昼夜节律生物钟研究进展. 李宗逊,陆轶峰. 西南农业学报,2004,(S1)
哺乳动物滋养层细胞在胚胎植入中的作用. 靳新来. 复旦大学学报,2004
捕食性兽类及其猎物种群动态长期监测体系构建. 周林燕,等. 动物学研究,2004,(1)
长江流域兽类物种多样性的分布格局. 黄炎,等. 中国生物医学工程学报,2004,(3)
常用哺乳动物精子质量检测方法. 胡连荣. 浙江海洋学院学报(自然科学版),2004,(3)
大理市小型哺乳动物种群分布的研究. 邓超冰,廉雪琼. 广西科学院学报,2004,(2)
蛋白激酶 C 在哺乳动物卵子受精过程中的作用. 蒋光藻. 西南农业学报,2004,(4)
低温冰雪灾害对广东南岭灾区兽类和两爬动物生态影响. 黄敏毅,等. 动物学杂志,2004,(4)
东北地区兽类分布格局的统计分析. AlanDIXSON,等. 动物学报,2004,(4)
冬凌草甲素对哺乳动物细胞 DNA 损伤作用的影响. 邓涛. 第四纪研究,2004,(4).
福建省自然保护区建设与野生脊椎动物的保护关系. 岳顺利,等. 生殖与避孕,2004,(1)
杆状病毒用于哺乳动物细胞快速高效表达外源基因的研究. 吴卫. 城市问题,2004,(1)
贵州雷公山国家级自然保护区兽类调查. 范瑞文,等. 动物医学进展,2004,(3)
河北承德地区哺乳动物区系研究. 徐世永,刘红林. 细胞生物学杂志,2004,(4)
河北省兽类资源调查. 谢云华,等. 中国媒介生物学及控制杂志,2004,(1)
湖北省房县野人谷自然保护区兽类资源初步调查. 孙成林,等. 中华实验外科杂志,2004,(7)
湖北蕲山兽类物种多样性调查. 蒙学莲,等. 动物医学进展,2004,(6)
湖南省大熊山森林公园兽类资源初步研究. 青云,等. 四川动物,2004,(2)
湖南省壶瓶山自然保护区兽类多样性研究. 付改发,等. 现代肿瘤医学,2004,(3)
基因倍增和脊椎动物起源. 才丽平,等. 解剖科学进展,2004,(4)
几种脊椎动物消化道黏液细胞的类型与分布. 杨晓菁,等. 动物学杂志,2004,(6)
脊椎动物病毒分类的新近变化. 周政,等. 辽宁林业科技,2004,(6)
脊椎动物病毒与微 RNA. 李宗逊,等. 西南农业学报,2004
脊椎动物基因注释中的大基因问题. 卫克文,等. 中国临床康复,2004,(14)
脊椎动物胃壁微血管构筑的研究进展. 袁水桥,等. 动物科学与动物医学,2004,(12)
脊椎动物性别决定机制的研究进展. 同号文,等. 人类学学报,2004,(3)
脊椎动物转铁蛋白的研究进展. 胡士军,等. 动物学杂志,2004,(3)
江苏盐城自然保护区药用兽类资源调查与评价. 许恒勇,等. 生物信息学,2004,(1)
江西齐云山自然保护区兽类资源调查与分析. 郑胡镛,等. 中国肿瘤生物治疗杂志,2004,(4)
抗凋亡基因 bcl-2 转染哺乳动物细胞的研究. 刘建泉,杨建红. 东北林业大学学报,2004,(4)
克里雅河下游及圆沙古城脊椎动物考察记录. 骆利敏,等. 现代免疫学,2004,(5)
岭南东江流域晚更新世哺乳动物化石的新发现. 刘洋,等. 四川林业科技,2004,(4)
南充城区小型兽类群落结构. 王勐,等. 兽类学报,2004,(4)
南岳自然保护区兽类资源考察报告. 邓涛,等. 古脊椎动物学报,2004,(1)
祁连山北坡中段小型哺乳动物群落多样性的垂直分布格局研究. 杜天奎,等. 宁夏农学院学报,2004,(1)
前列腺素 D_2 及其受体与哺乳动物生殖. 何晓燕. 吉林大学学报(医学版),2004,(6)
青海湖流域环境退化对野生陆生脊椎动物的影响. 刘思慧,等. 东北林业大学学报,2004,(6)
人与大型兽类的冲突:野生动物保护所面临的新挑战. 谢云华,等. 中国媒介生物学及控制杂志,2004,(1)
陕西米仓山自然保护区兽类区系研究. 苏希,等. 农业网络信息,2004,(12)
陕西镇安黄家湾早更新世哺乳动物群及其伴生植物. 李文雍. 阜阳师范学院学报(自然科学版),2004,(2)
兽类剥制标本制作的几点补充方法. 赵荣军,等. 林业科学,2004,(3)
兽类头骨测量标准Ⅲ:啮齿目、兔形目. 杨永升,等. 遗传,2004,(4)
舜皇山脊椎动物多样性及保护对策的初步研究. 赵文双,等. 辽宁林业科技,2004,(2)
四川九寨沟国家级自然保护区大中型兽类多样性研究. 郭一清,等. 遗传学报,2004,(10)
四川喇叭河自然保护区的兽类资源. 申丽洁,等. 中国媒介生物学及控制杂志,2004,(3)
四川平武火溪河水牛家水电站对库区兽类的影响. 尤蓓,等. 上海第二医科大学学报,2004,(10)
四川兽类新纪录——秦岭鼢鼠线粒体 Cytb 基因的克隆及其比较研究. 白志军,陈政良. 免疫学杂志,2004,(6)
四川小河沟自然保护区兽类初步调查. 许辰煜,等. 生物工程学报,2004,(1)
汤旺河林区兽类资源现状. 肖雄,等. 草食家畜,2004,(4)
天津八仙山自然保护区兽类的区系特征与生态分布. 王小纯,等. 昆虫学报,2004,(5)
晚成性哺乳动物体温调节能力的胎后发育. 夏凡,李青旺. 家畜生态,2004,(3)
温州地区湿地生态系统脊椎动物物种多样性调查及其保护对策. 杨素芳,等. 动物科学与动物医学,2004,(6)
乌伊岭湿地自然保护区脊椎动物物种多样性. 张凤秋,等. 华西口腔医学杂志,2004,(6)

腺病毒载体介导 HBsAg 基因在哺乳动物细胞中的表达. 颉光普. 地层学杂志,2004,(1)
小型哺乳动物的繁殖投入与繁殖成功率. 蒋平,郭聪. 四川动物,2004,(3)
小型哺乳动物种群周期性波动的自我调节假说. 王颋,屈广燕. 西北民族研究,2004,(1)
新疆兽类分布格局及动物地理区划探讨. 马学平,等. 古脊椎动物学报,2004,(3)
牙齿切片鉴别兽类年龄方法的改进. 何玲,等. 宜宾学院学报,2004,(3)
云南临沧地区小型兽类的群落生态学研究. 齐敦武,等. 四川动物,2004,(2)
云南玉龙雪山自然保护区小型兽类群落系统聚类分析与区系研究. 白秉学,等. 生物化学与生物物理进展,2004,(10)
云南自然保护区珍稀濒危哺乳动物分布格局的聚类分析. 张志强,王德华. 兽类学报,2004,(3)
浙江九龙山陆生野生脊椎动物资源现状及保护对策. 孙永科,等. 动物医学进展,2004,(5)
植食性哺乳动物觅食功能反应模型机制的检验. 杨道. 当代经理人,2004,(4)
植物次生代谢物对植食性哺乳动物营养和生理生态特征的影响. 李晓晨,薛祥煦. 古生物学报,2004,(3)
迭部林区小型兽类感染伯氏疏螺旋体的研究. 石淑珍,等. 中华卫生杀虫药械,2004,(4)
重组杆状病毒载体在哺乳动物细胞中的表达. 刘小英. 井冈山医专学报,2004,(2)
重组肾上腺髓质素表达载体的构建及在哺乳动物细胞中的表达. 黄庆. 吉林农业,2004,(2)
转 Bt 基因水稻对小型脊椎动物影响的研究概况. 王莉,等. 解剖科学进展,2004,(1)
PPARs 信号通路与哺乳动物生殖. 范必勤. 农业生物技术学报,2005,(4)
WT1 在哺乳动物性别发育过程中的调控作用. 陶志云,等. 动物医学进展,2005,(12)
安徽嘉山晚古新世哺乳动物群. 陈声波. 南京艺术学院学报(美术与设计版),2005,(3)
安徽兽类物种多样性的分布格局. 刘智皓,等. 四川动物,2005,(4)
表皮生长因子在雌性哺乳动物生殖过程中的作用. 李璋鸿,李四全. 医学动物防制,2005,(4)
哺乳动物的生物钟系统研究. 悦郎小野,利光上出. 2005
哺乳动物基因组印记的研究进展. 秦成峰,秦鄂德. 生物技术通讯,2005,(6)
哺乳动物精原干细胞的分离富集及检测鉴定. 毛晓霞,岳文斌. 科技情报开发与经济,2005,(6)
哺乳动物精原干细胞技术的研究进展. 段光华,薛立群. 动物医学进展,2005,(6)
哺乳动物精子发生过程的基因表达. 张军,李彦锋. 第三军医大学学报,2005,(1)
哺乳动物卵母细胞孤雌生殖激活的研究进展. 冯照军,等. 四川动物,2005,(3)
哺乳动物卵母细胞去核方法的研究进展. 赵寒冬,等. 地质通报,2005,(3)
哺乳动物卵透明带蛋白中 C 端 furin 位点存在的意义. 周冬良. 动物学杂志,2005,(1)
哺乳动物配子操作过程中各种耗材的选择使用. 王亚亚. 生物学通报,2005,(1)
哺乳动物嵌合体制作及分析进展. 李登文,等. 南开大学学报(自然科学版),2005,(1)
哺乳动物腔前卵泡体外培养及研究进展. 常福厚,扈廷茂. 动物医学进展,2005,(12)
哺乳动物输卵管对精子的影响. 袁朝,李儒胜. 中南民族大学学报(人文社会科学版),2005,(3)
哺乳动物中丙酮酸脱氢酶复合体的活性调节. 赵越超,杨增明. 细胞生物学杂志,2005,(1)
哺乳动物中基因持续表达的策略. 崔龙波,孙方臻. 细胞生物学杂志,2005,(1)
长青自然保护区的兽类资源. 张成,等. 吉林畜牧兽医,2005,(2)
川西古尔沟农耕区冬季小型兽类的初步研究. 王凌燕,等. 动物医学进展,2005,(7).
大小兰沟自然保护区兽类资源生态评价. 张定校,等. 遗传,2005,(5)
大中型兽类踪迹在野外考察及研究中的应用. 刘海波,等. 物探装备,2005,(3)
带有不同亚型 HPVL-1 基因片段的哺乳动物细胞克隆的建立. 张杰,于洪伟. 国土与自然资源研究,2005,(3)
道路及道路施工对若尔盖高寒湿地小型兽类及鸟类生境利用的影响. 王水莲,等. 湖南农业大学学报(自然科学版),2005,(4)
峰山森林公园野生脊椎动物资源及其评价. 施巧婷,等. 中国农学通报,2005,(7)
甘肃古近纪哺乳动物化石及其时代. 张志强,王德华. 生态学杂志,2005,(7)
甘肃灵台上新世哺乳动物化石埋藏学. 丛红艳. 西安工程科技学院学报,2005,(3)
甘肃陇东地区药用陆生脊椎动物资源简介. 孟津,等. 古脊椎动物学报,2005,(1).
高黎贡山东坡怒江段小型兽类调查与疾病关系. 谢小龙,等. 湖南科技学院学报,2005,(11)
谷胱甘肽和活性氧对哺乳动物配子作用的研究进展. 朱迎春. 山西农业大学学报,2005
贵州省六盘水市双桥水库脊椎动物资源调查研究. 马鸣,等. 干旱区地理,2005,(5)
黑龙江三江国家级自然保护区兽类调查初报. 谢朝晖,等. 西北农林科技大学学报(自然科学版),2005,(9)
湖北七姊妹山自然保护区兽类资源初步研究. 梁洋,等. 动物医学进展,2005,(6)
湖北万朝山自然保护区兽类调查报告及保护. 孙治宇,等. 四川动物,2005,(4)
湖南脊椎动物寄生虫名录(连载七). 李东全,等. 动物医学进展,2005,(8)
黄龙寺自然保护区兽类资源的初步调查. 周思畅,等. 生命科学,2005,(4)

脊椎动物雌雄生长差异的研究进展. 傅和平,等. 兽类学报,2005,(1)
脊椎动物多倍体祖先二倍化的分子机制研究. 朱承刚,等. 国土与自然资源研究,2005,(4)
脊椎动物化石的野外发掘与采集. 苏静艳,等. 细胞生物学杂志,2005,(1)
脊椎动物中微小 RNA 进化模式研究. 张国强,等. 生物技术通讯,2005,(1)
江西庐山自然保护区兽类资源多样性及评价. 吴诗宝,等. 动物分类学报,2005,(2)
金华城区小型兽类数量季节消长的研究. 刘季科,等. 生态学报,2005,(6)
科学家发现史前猛犸灭绝于无名兽疫. 杨道德,等. 生物多样性,2005,(5)
利用干皮制作兽类标本. 王克雄,等. 水生生物学报,2005,(1)
内蒙古高特格上新世哺乳动物群(英文). 曾昭聪. 华南农业大学学报(社会科学版),2005,(4)
拟除虫菊酯类农药对哺乳动物神经毒理的研究进展. 王正朝,等. 四川动物,2005,(1)
青海曲麻莱楚玛尔河流域兽类和有蹄类动物现状调查研究. 王洧,等. 生态学杂志,2005,(6)
三种哺乳动物牙釉质超微结构与硬度关系的初步研究. 韦鹍,潘娟. 四川动物,2005,(1)
山东省兽类濒危等级记录及调查研究. 江渊,等. 中国寄生虫病防治杂志,2005,(4)
陕西省Ⅰ级重点保护动物(兽类)的历史变迁. 王洧,等. 兽类学报,2005,(4)
适用于低等哺乳动物的视听分辨行为自动训练系统. 许恒勇,王继文. 安徽农业科学,2005,(9)
兽类骨骼标本制作新方法:碱性蛋白酶消化法. 艾尼瓦尔·吐米尔,等. 地方病通报,2005,(2)
四川宝顶沟自然保护区兽类区系初步研究. 王秀利,等. 中国生物工程杂志,2005,(S1)
四川海子山自然保护区兽类资源调查初报. 闫剑婷,等. 河南肿瘤学杂志,2005,(2)
四川九寨沟自然保护区兽类调查. 刘少英,等. 兽类学报,2005,(3).
四川美姑大风顶自然保护区兽类资源调查. 艾尼瓦尔·吐米尔,等. 新疆大学学报(自然科学版),2005,(3)
四川美姑县大风顶国家级自然保护区小型兽类生物多样性分析. 钟婧,等. 遗传学报,2005,(3)
四川省瓦屋山自然保护区小型兽类群落结构的初步研究. 杨奇森,等. 动物学杂志,2005,(3)
皖西大别山药用脊椎动物资源与利用研究. 李传夔,等. 古脊椎动物学报,2005,(4)
万朝山自然保护区珍稀濒危野生脊椎动物调查. 李俊生,等. 生态学报,2005,(1)
武广铁路的修建对石门台保护区陆生脊椎动物的影响. 曹国斌,等. 湖北林业科技,2005,(3)
腺病毒载体介导密码子优化型 HPV16L1 基因在哺乳动物细胞中的高效表达及病毒样颗粒的装配. 陶勇,衣少莉. 中国畜牧杂志,2005,(8)
湘西更新世哺乳动物化石痕迹考察研究. 于芳,等. 生物技术通讯,2005,(3)
小鼠酸性哺乳动物壳多糖酶基因的表达及对真菌细胞壁的水解作用. 曲婷婷,张明海. 林业科技,2005,(3).
一新 MHCⅠ类等位基因存在于低等脊椎动物虹鳟鱼. 甘潇,等. 四川动物,2005,(4)
抑瘤素在哺乳动物生殖中的作用. 丁今朝. 贵州地质,2005,(1)
应用 PCR 技术检测小型兽类肾组织中钩端螺旋体 DNA 的研究. 刘洋,等. 四川林业科技,2005,(6)
鱼类及其他脊椎动物神经递质含量的比较研究. 张云智,等. 地方病通报,2005,(4)
肇东沿江湿地自然保护区脊椎动物物种多样性. 雷春亮,等. 中华实验和临床病毒学杂志,2005,(1)
浙江金华七种小型兽类的身体组成和能量含量. 张永国,等. 中国农学通报,2005,(3)
中国兽类保护热点地区分析. 张周,等. 中国农学通报,2005,(10)
中国小兽类体表及巢穴下盾螨属名录. 吴少斌,等. 华中师范大学学报(自然科学版),2005,(3)
中型兽类头部标本的剥制技术. 夏霖,等. 动物学杂志,2005,(6)
舟山海域哺乳动物化石研究. 迟庆生,王德华. 动物学杂志,2005,(6)
转基因技术在果蝇及脊椎动物心脏基因研究中的应用. 李俊生,等. 生态科学,2005,(4)
准噶尔盆地中生代地层脊椎动物化石研究进展及意义. 于浩,等. 生殖医学杂志,2005,(4)
21 世纪哺乳动物胚胎生物工程发展趋向. 陶喻之. 中原文物,2006,(5)
Notch 信号途径在哺乳动物卵泡发育中作用的初步研究. 李光,王义权. 遗传,2006,(8)
Ser28 磷酸化组蛋白 H3 在哺乳动物有丝分裂细胞中的动态分布. 王晓玲,王信军. 吉林农业科技学院学报,2006,(3)
$VEGF_{121}$在哺乳动物细胞中的稳定表达. 薛良义. 浙江大学学报,2006.
安徽省兽类物种多样性及其分布格局. 胡海涛,等. 浙江大学学报(医学版),2006,(6)
八仙山国家级自然保护区春季兽类资源调查. 崔和瑞,等. 计算机工程,2006,(21)
白细胞介素-11 在哺乳动物生殖过程中的作用. 刘淑娟. 山东农业大学学报(自然科学版),2006,(3)
北京市东灵山地区小型兽类组成的初步调查. 黎双飞,等. 深圳大学学报,2006,(1)
变形链球菌葡聚糖结合蛋白 B 基因防龋疫苗的构建及其在哺乳动物细胞中的表达. 邓涛. 古脊椎动物学报,2006,(2)
丙型肝炎病毒核心蛋白 core 与其结合蛋白 HCBP6 在哺乳动物细胞中的相互作用. 秦波. 装饰,2006,(8)
哺乳动物 X 染色体失活机制. 刘秀丽. 贵州畜牧兽医,2006,(2)

哺乳动物促性腺激素细胞研究进展. 柯浪. 法人杂志,2006,(10)
哺乳动物大脑中神经活动如何改变突触. 黄志繁. 中国社会历史评论,2006,(0)
哺乳动物发情周期黄体的组织学研究进展. 辛桂芳,孙琳. 电视字幕(特技与动画),2006,(3)
哺乳动物卵母细胞凋亡的研究现状及新进展. 郝利华,等. 癌变·畸变·突变,2006,(1)
哺乳动物卵母细胞孤雌激活的研究进展. 吕文发. 动物医学进展,2006,(8)
哺乳动物卵母细胞体外成熟培养的影响因素. 贾世全,王杏龙. 畜牧兽医杂志,2006,(6)
哺乳动物胚胎性别鉴定技术的研究进展. 李凤艳,刘晓晴. 生物技术通报,2006,(1)
哺乳动物舌面味蕾的发育. 张美文. 湖南农业大学学报,2006
哺乳动物生物钟昼夜节律同步机制的研究进展. 吴丽敏,李春华. 江西师范大学学报,2006,(3)
哺乳动物细胞对丝裂霉素诱导的 DNA 链间交联的修复. DianaPUSHKINA. 古脊椎动物学报,2006,(3)
哺乳动物性别控制研究进展. 姚宁,曾申明. 中国畜牧杂志,2006,(1)
哺乳动物早期胚胎性别鉴定技术研究进展. 陈爱林,黄迪颖. 古生物学报,2006,(3)
哺乳动物昼夜节律调节的神经基础——昼夜光感受器. 涂四利,方伟武. 科学通报,2006,(4).
哺乳动物主要嗅觉系统和犁鼻系统信息识别的编码模式. 鲍忠剑,田文儒. 畜牧兽医杂志,2006,(2)
捕食风险对小型哺乳动物行为、神经和内分泌的影响. 许慧琳,等. 复旦学报(医学版),2006,(5)
藏东南察隅河上游流域大中型兽类动物资源现状和保护. 罗祖奎,等. 林业调查规划,2006,(3)
草食性小型哺乳动物的食粪行为. 刘二龙,唐婕. 动物医学进展,2006,(11)
成年哺乳动物小肠 Cajal 间质细胞可塑性调控机制的实验研究. 周用武,王泽威. 四川动物,2006,(3)
川西南地区小型兽类体外寄生革螨调查报告. 张艳萍,等. 生物技术通报,2006,(2)
川西农田小哺乳动物栖息地研究. 范秀媛,阮力. 中国计划免疫,2006,(5)
低等脊椎动物血细胞研究概况. 蒋余圣,等. 中国病理生理杂志,2006,(7)
都江堰林区小型兽类取食林木种子的调查. 陈凌,等. 中华皮肤科杂志,2006,(4)
对影响哺乳动物粪便 DNA 提取相关因素的探讨. 吴鹏举. 自然资源学报,2006,(4)
干扰素对附植前后哺乳动物妊娠识别与维持的作用. 蔡静,蒋志刚. 兽类学报,2006,(2)
甘肃境内国家重点保护兽类的分布规律. 马涛,等. 云南大学学报(自然科学版),2006,(S1)
杆状病毒转导不同哺乳动物骨髓来源间充质干细胞. 钟涛. 青海师范大学学报(哲学社会科学版),2006,(6)
广西大桂山林场陆栖脊椎动物资源和保护. 李先敏,等. 陕西师范大学学报(自然科学版),2006,(S1)
广西田东雾云洞更新世脊椎动物群. 郭斌,等. 中国农学通报,2006,(2)
贵州龙脊椎动物群研究新进展. 李俊,等. 病毒学报,2006,(6)
贵州省赤水桫椤自然保护区兽类的初步研究(英文). 保罗·格罗斯,等. 2006
海南俄贤岭地区陆生脊椎动物简报. 楚德昌,等. 动物学杂志,2006,(6)
河南省国家级自然保护区陆生脊椎动物保护空缺比较研究. 信吉阁,等. 云南农业大学学报,2006,(2)
黑龙江兽类物种多样性研究. 童永生,等. 地质论评,2006,(2)
黑素皮质素受体 1——哺乳动物黑色素形成中的关键基因. 张兆群. 古脊椎动物学报,2006,(2)
湖南常桃盆地北柱兽类化石及相关地层问题. 孙治宇,等. 四川动物,2006,(1)
化学致癌物暴露后哺乳动物细胞内及培养上清中核型 dUTP 焦磷酸酶的表达分析. 赵雨云. 特种经济动植物,2006,(5)
黄石坳保护区的兽类初步研究. 李晟阳,等. 中国畜牧兽医,2006,(4)
基于 RCAS-TVA 技术的哺乳动物模型(英文). 侯森林. 森林公安,2006,(4)
脊椎动物 Sox 基因家族的系统发生分析. 李增超,等. 四川动物,2006,(1)
脊椎动物病毒分类现状. 王小娟,等. 中国新药杂志,2006,(23)
脊椎动物从水生到陆生的结构演变. 徐冰,等. 泰山医学院学报,2006,(3)
脊椎动物分类实验的教学改革探索. 朱键,等. 激光生物学报,2006,(4)
脊椎动物线粒体 DNA 的基因重排. 王贤峰,等. 国土与自然资源研究,2006,(1)
脊椎动物线粒体全基因组中的超级保守序列与进化. 张学明,等. 生物技术通讯,2006,(2)
脊椎动物心传导系统的发生. 戴强,等. 生物多样性,2006,(2)
江苏新沂县骆马湖湿地两栖、爬行及哺乳动物调查. 马瑞俊,蒋志刚. 生态学报,2006,(9)
辽宁早白垩世义县组一新的三尖齿兽类(英文). 汪宗桂,等. 中国临床康复,2006,(20)
辽西中生代火山喷发对古气候和古脊椎动物生存环境的影响. 邓双义,等. 中国牛业科学,2006,(6)
临沧地区小型兽类的群落生态学研究. 王丽云,等. 中国畜牧兽医,2006,(10)
煤焦油致哺乳动物细胞转化作用的实验研究. 殷学明. 中国石油大学学报(社会科学版),2006,(6)
岷山山系陆栖脊椎动物多样性. 韩学敏,等. 中国农学通报,2006,(3)
人朊蛋白不同 N-糖基化修饰突变体的构建及其在哺乳动物细胞中表达. 王开锋,郑生武. 陕西师范大学学报(自然科学版),2006,(S1)

瑞士北部农田周围野花地小型兽类种群结构特征的研究. 张美文,等. 2006
三江源地区食肉动物和小型兽类的种类与分布. 齐冰,等. 中国生物工程杂志,2006,(8)
陕西省重点保护兽类的分布与保护. 王栋,等. 中国生物工程杂志,2006,(1)
深圳市三洲田森林公园兽类资源调查及保护. 武明录,等. 河北林业科技,2006,(2)
兽药企业推行 ISO9000 质量体系认证的探讨. 边江凤,等. 江苏环境科技,2006,(S2)
四川九顶山自然保护区的小型兽类群落结构. 弓莉,等. 中国兽医科学,2006,(6)
四川毛寨自然保护区兽类资源调查. 魏凤,等. 中国农业科学,2006,(4)
四川唐家河自然保护区小型兽类夏季相对密度的研究. 夏霖,等. 动物学杂志,2006,(5)
太白山小型兽类物种多样性与区系的垂直分布格局. 杨丽芬,等. 安徽农业科学,2006,(12)
唐家河自然保护区小型兽类群落结构. 霍忠超,等. 中国现代医学杂志,2006,(6)
皖南茶园食虫脊椎动物调查. 周玉柏,等. 病毒学报,2006,(2)
西部各省陆生野生脊椎动物资源的能值估算. 佟慧丽,等. 细胞生物学杂志,2006,(2)
雁门关地区哺乳动物多样性的调查研究. 李培青,等. 细胞生物学杂志,2006,(1)
野人谷自然保护区珍稀濒危野生脊椎动物及其保护. 于晓东,等. 动物学研究,2006,(2)
一种新的酵母哺乳动物细胞穿梭载体在不同哺乳动物细胞中的表达. 胡锦矗,吴攀文. 西华师范大学学报(自然科学版),2006,(1)
伊朗新发现的中新世哺乳动物足迹的亲缘关系及其意义. 鲍永华,等. 动物医学进展,2006,(5)
乙型肝炎病毒多表位抗原基因真核表达载体的构建及其在哺乳动物细胞中的表达. 熊照成. 吉林畜牧兽医,2006,(1)
以 ECHO 克隆系统构建人生长激素的哺乳动物表达载体. 于黎,张亚平. 动物学研究,2006,(6)
应用 GIS 技术恢复蛤蟆洞哺乳动物化石群古生态环境. 王克林,等. 2006
用于促进哺乳动物生长的组合物以及利用该组合物促进哺乳动物生长的方法. 曹翠平,吴小锋. 微生物学报,2006,(4)
云南横断山区小型兽类物种多样性与地理分布趋势. 曾治高,等. 四川动物,2006,(1)
云南横断山区小型兽类物种多样性与地理分布趋势. 姜雯,等. 生殖医学杂志,2006,(3)
云南省洱源县小兽膜壳绦虫感染调查. 何庆,等. 天津医药,2006,(2)
云南玉龙雪山自然保护区小型兽类群落系统聚类分析与区系研究. 肖红,等. 陕西师范大学学报(自然科学版),2006,(S1)
浙江省诸暨市陆生脊椎动物资源初探. 李征,等. 食品与药品,2006,(6)
周口店田园洞大中型哺乳动物记述. 熊照成,苏雷. 贵州畜牧兽医,2006,(3)
猪干扰素-γ 哺乳动物细胞重组表达质粒作为疫苗佐剂在小鼠体内的组织分布及环境安全性研究. 杨辉. 中国动物保健,2006,(3)
《中国兽类踪迹指南》评介. 夏霖,等. 动物学杂志,2007,(1)
H1oo 在哺乳动物胚胎发育及其基因组重编程中的作用. 朱云干. 中国畜牧兽医,2007,(1).
Red 系统三种蛋白在哺乳动物细胞核中定位表达的设计和构建. 邓乐群. 湘潭大学学报(哲学社会科学版),2007,(6)
RNA 干扰在哺乳动物细胞高通量基因功能研究中的应用. 王新建. 安徽大学学报,2007
变形链球菌葡聚糖结合蛋白 A 真核表达质粒 pcDNA3. 1/GBD 在哺乳动物细胞中的表达. 金冬雁. 生命的化学,2007,(2)
哺乳动物颗粒细胞凋亡研究进展. 覃雪波,等. 天津农林科技,2007,(4)
哺乳动物免疫球蛋白重链恒定区基因研究进展. 姚桂东,等. 中国畜牧兽医,2007,(1)
哺乳动物胚胎冷冻技术研究进展. 刘娟. 德州学院学报,2007,(4)
哺乳动物细胞 siRNA 表达载体的构建及鉴定. 王丕贤. 陇东学院学报(自然科学版),2007,(2)
哺乳动物细胞核移植目前存在的问题. 刘文彬. 湖南师范大学学报,2007
哺乳动物异种克隆的研究进展. 李大建,江智华. 动物学杂志,2007,(4).
哺乳动物异种体细胞核移植技术的应用及影响因素. 李友邦,等. 贺州学院学报,2007,(4)
川西南地区小型兽类体外寄生革螨群落研究. 周振琪,等. 细胞生物学杂志,2007,(2)
蛋白磷酸酶 PP1 和 PP2A 在脊椎动物体内分化表达模式的研究. 王新建,等. 兽类学报,2007,(2)
滇西 4 市县居民区小哺乳动物的群落结构. 罗礼溥,郭宪国. 寄生虫与医学昆虫学报,2007,(1)
洞庭湖区退田还湖工程对小型兽类群落的影响. 刘洋,等. 四川动物,2007,(4)
洱源县小兽类哺乳动物种群结构研究. 吴涛峰,等. 走向世界,2007,(20)
放牧压力条件下荒漠草原小型哺乳动物群落多样性的空间格局. 王晓玲,王吉源. 吉林农业科技学院学报,2007,(1)
广西健康接触者及哺乳动物感染 SARS 相关冠状病毒的血清学调查. 黄海凤,等. 农药学学报,2007,(3)

海南岛兽类名录整理. 李保生,等. 地质学报,2007,(9)
肌球蛋白Ⅱ缺失对粘附状态下哺乳动物细胞胞质分裂影响的研究. 任立晨. 上海交通大学学报,2007
基因防龋疫苗构建及其在哺乳动物细胞中的表达特征(英文). 康马泰,毛民. 内蒙古大学艺术学院学报,2007,(3)
脊椎动物肝组织结构比较. 张丽,等. 遗传,2007,(1)
脊椎动物基因组与基因复制研究进展. 吴长初,等. 吉首大学学报(自然科学版),2007,(4)
脊椎动物视蛋白基因分子进化的研究进展. 陈余钊,等. 浙江林业科技,2007,(3)
检查和控制哺乳动物生物体中哺乳动物乳酸发酵过程/需氧葡萄糖发酵代谢途径的方法. 胡锦矗,吴攀文. 四川动物,2007,(1)
江苏盐城自然保护区的药用兽类资源. 王英永,等. 中山大学学报(自然科学版),2007,(3)
抗菌肽在哺乳动物防御系统中的作用. 周立前. 湘潭大学自然科学学报,2007,(4)
两种小型兽类在我国的新分布区. 丁爱军,等. 现代畜牧兽医,2007,(9)
咪唑啉-1 受体哺乳动物细胞稳定表达系统的建立. 张敏. 安徽农业科学,2007,(26)
鸟类和兽类对蜜蜂的危害. 孙治宇,等. 四川动物,2007,(4)
气象因素对圈养野生兽类动物疾病作用的研究. 田兴贵,等. 贵州农业科学,2007,(3)
秦岭地区古代兽类与环境变迁. 侯舒心,等. 中国病原生物学杂志,2007,(4)
山东部分地区小兽类寄生恙螨的群落结构. 杜晓霞,等. 动物医学进展,2007,(5)
受精促进肽对哺乳动物精子受精能力的促进作用研究进展. 方保华. 林业资源管理,2007,(5)
四川茶垭沟湿地陆栖脊椎动物区系分析. 雷颖虎,等. 陕西师范大学学报(自然科学版),2007,(S1)
四川甘洛马鞍山自然保护区兽类初步调查. 沙爱龙,等. 山东师范大学学报(自然科学版),2007,(3)
四川海子山自然保护区大中型兽类多样性调查. 黄薇,等. 兽类学报,2007,(4)
四川省兽类一新记录——猪尾鼠. 杨奇森,等. 动物学杂志,2007,(2)
四川兽类名录新订. 刘昌利,等. 中国林副特产,2007,(1)
松潘地区兽类区系研究. 田允波,等. 仲恺农业技术学院学报,2007,(3)
外源中心体在哺乳动物胚胎发育中的遗传机制. 李明. 兽类学报,2007,(4)
王朗自然保护区脊椎动物多样性. 李俊生,等. 中国生态农业学报,2007,(3)
温带林的片断化对冬季兽类丰富度的影响(英文). 周正,等. 辽宁林业科技,2007,(4)
五道峡自然保护区兽类资源生态评价. 蔡保全,等. 古脊椎动物学报,2007,(3)
西藏山南雪灾受灾五县兽类调查报告. 秦岭,等. 动物学研究,2007,(3)
小干扰 RNA 导入哺乳动物体内的方法与策略研究进展. 宁恕龙,等. 安徽大学学报(自然科学版),2007,(3)
小兴安岭林区不同生境梯度中小型哺乳动物生物多样性. 胡锦矗,胡杰. 西华师范大学学报(自然科学版),2007,(3)
小型哺乳动物种群调节探讨. 张锐,等. 动物医学进展,2007,(5)
新疆巩留雪岭云杉自然保护区陆栖脊椎动物区系. 祁冲,等. 四川动物,2007,(1)
一种高效的哺乳动物粪便 DNA 提取通用方法. 钟羽. 黑龙江教育学院学报,2007,(5)
应用荧光原位杂交技术进行哺乳动物性别鉴定的研究进展. 张达志. 南方文物,2007,(3)
云南省无量山自然保护区小型兽类群落结构及垂直分布研究. 陈浩杰,等. 中国畜牧杂志,2007,(21)
云南中甸新发现的早更新世哺乳动物. 付爱玲. 中国药理学通报,2007,(2)
植食性哺乳动物食物选择的生态学意义及行为机制. 王根旺. 时珍国医国药,2007,(1)
中国新近纪哺乳动物生物年代学(英文). 刘洋,等. 四川动物,2007,(3)
重庆合川市陆生野生脊椎动物资源调查报告. 王芊芊,等. 华中师范大学学报(自然科学版),2007,(2)
转基因哺乳动物细胞自合成多不饱和脂肪酸. 耿华玲. 衡阳师范学院学报,2007,(4)
“自然友好式”的欧盟有机农业哺乳动物生产规程. 孔庆然,刘忠华. 细胞生物学杂志,2008,(5)
5 种哺乳动物涎腺造影及解剖比较研究. 肖伏龙. 河北渔业,2008,(5)
EGF 在哺乳动物卵母细胞体外受精中的作用. 覃雪波,等. 天津农林科技,2008,(1)
FOXO 转录因子调控哺乳动物的细胞周期和凋亡. 覃雪波,等. 天津农林科技,2008,(3)
pcDNA3.1^{+}-MBL 真核表达载体构建及其在不同哺乳动物细胞株中的表达. 雷俊川. 第四军医大学学报,2008
安徽省兽类物种多样性及其分布规律. 王育章,等. 四川动物,2008,(1)
八仙山国家级自然保护区冬季兽类资源调查. 路卫星,等. 动物学报,2008,(2)
白血病抑制因子在雌性哺乳动物生殖过程中的作用. 侯甬坚,张洁. 野生动物,2008,(5)
北京地区兽类及其地理分布. 李魁彪,等. 病毒学报,2008,(2)
哺乳动物 α-羟基丁酸脱氢酶的测定及临床意义. 赵健元,李进华. 激光生物学报,2008,(5)
哺乳动物成体神经元的再生:内、外环境因子的作用(英文). 罗献中. 华夏文化,2008,(4)
哺乳动物的极体. 肖岚. 华中师范大学学报,2008

哺乳动物防御素的研究及应用. 覃雪波,等. 四川动物,2008,(5)
哺乳动物核移植研究进展. 李宝钧. 畜禽业,2008,(10)
哺乳动物近日节律相关基因的研究进展. 尤景林. 美术大观,2008,(12)
哺乳动物精卵融合机制. 赵健元,李进华. 生物学杂志,2008,(3)
哺乳动物精原干细胞及其生物学特性. 武杰,王锋. 中华男科学杂志,2008,(4)
哺乳动物克隆技术的应用前景与亟待解决的几个问题. 彭亚君. 浙江艺术职业学院学报,2008,(1)
哺乳动物热休克蛋白 70 表达的基因调控与生物学功能. 欧永跃. 淮北煤炭师范学院学报(自然科学版),2008,(1)
哺乳动物受精过程中配子膜相互作用的分子学基础. 张军,李彦锋. 第三军医大学学报,2005,(1)
哺乳动物细胞衰老调节的新机制——端粒的表观遗传修饰. 王立志. 陕西农业科学,2008,(1)
哺乳动物细胞小干扰 RNA 库的建立和应用. 孙剑锋,岳文斌. 山西农业科学,2008,(1)
哺乳动物性别决定机制研究进展. 杨彩霞,等. 浙江工业大学学报,2008,(2)
哺乳动物印记基因的研究进展. 贺庆华,林亚秋. 安徽农业科学,2008,(3)
哺乳动物子宫内膜腺的发育与调控. 朱士恩. 中国农业科学,2008,(8)
步林在甘肃党河流域塔奔布鲁克地区的早期工作记录——经典脊椎动物化石地点与现代地层框架的解译. 王鸿泰,等. 长江大学学报(自然科学版),2008,(4)
雌激素及其受体对雄性哺乳动物生殖的作用. 蔡保全,等. 人类学学报,2008,(2)
催化材料对病毒的吸附和灭活作用及对哺乳动物细胞的毒性. 罗文寿. 四川动物,2008,(4)
低等脊椎动物中存在基因组印迹进化的基础. 黄薇,等. 兽类学报,2008,(4)
吊罗山保护区哺乳动物物种多样性初步研究. 牛屹东,梁蜀龙. 动物学研究,2008,(3)
二十年来我国兽类学研究的进展与展望:Ⅰ. 历史的回顾及兽类生态学研究. 王祖望,等. 兽类学报,2001(3)
繁殖和运动对小型兽类褐色脂肪组织产热的影响. 王晓鸣,等. 古脊椎动物学报,2008,(1)
甘肃黄土高原地区森林灌丛生态环境兽类群. 刘井元,等. 动物学研究,2008,(6)
根据细胞色素 b 基因的序列变异分析脊椎动物的进化关系. 金昌柱,等. 人类学学报,2008,(4)
贵州习水国家级自然保护区脊椎动物区系初报. 陈继军,等. 凯里学院学报,2008,(6)
黑色素皮质素受体 1(MC1R)基因与哺乳动物毛色. 钟善传,姚忠祥. 生理科学进展,2008,(2)
湖南衡东岭茶地区古近纪地层划分与中国早始新世哺乳动物群. 林建新,俞文君. 武夷科学,2008,(0)
黄土高源古今脊椎动物兴衰演替. 田志英,等. 动物医学进展,2008,(3)
几种脊椎动物红细胞血型的比较研究. 尹小平,等. 地方病通报,2008,(3)
脊椎动物 ABCA 基因亚家族研究进展. 曹绣娟,等. 中国畜牧兽医,2008,(5)
脊椎动物多趾性状的研究进展. 朱万龙,等. 云南师范大学学报(自然科学版),2008,(6)
脊椎动物心肌基因表达的分子调控. 李大吉,等. 畜牧兽医杂志,2008,(6)
类雌激素农药对雌性哺乳动物的生殖毒理研究. 覃雪波,等. 天津农林科技,2008,(2)
临夏盆地的新生代地层及其哺乳动物化石证据. 侯江,刘克志. 安徽农业科学,2008,(32)
木质居室环境对哺乳动物一些生理指标的影响. 张秀华,陆春梅. 安徽农业科学,2008,(29)
泥河湾盆地马圈沟遗址化石哺乳动物及年代讨论. 钟泓,等. 井冈山学院学报,2008,(1)
宁夏药用脊椎动物资源的现状、利用与保护. 李小权,等. 解放军医学杂志,2008,(7)
千岛湖岛屿小型兽类群落的多样性. 张雅丽,等. 厦门大学学报(自然科学版),2008,(3)
青龙河自然保护区脊椎动物调查报告. 吴毅,等. 广州大学学报(自然科学版),2008,(6)
趋化因子与哺乳动物生殖. 于俊青. 吉林师范大学学报(人文社会科学版),2008,(6)
乳酸脱氢酶 C 与哺乳动物精子能量代谢. 王超,等. 安徽农业科学,2008,(2)
瑞士西部农田周围生态保留带中小型兽类种群结构特征及数量动态的初步研究(英文). 温战强,等. 林业资源管理,2008,(1)
陕西黄龙山自然保护区兽类资源及其区系分析. 张晓楠,等. 现代生物医学进展,2008,(10)
陕西秦岭地区兽类多样性分析. 王鹏雁,等. 动物医学进展,2008,(5)
兽类头骨测量标准Ⅴ:食虫目、翼手目. 蒙学莲,等. 中国预防兽医学报,2008,(4)
鼠、犬、人等哺乳动物全血体外放置时间对其血液流变特性的影响. 王加连. 中国中药杂志,2008,(20)
四川兽类新纪录——秦岭鼩鼠. 刘岑杰,等. 遗传,2008,(1)
四种脊椎动物小脑皮层的显微结构对比. 锁慧萍,等. 中国病理生理杂志,2008,(5)
统计分析方法在东北地区兽类分布格局分析中的应用. 孔平,等. 生物化学与生物物理进展,2008,(11)
云南的早期脊椎动物化石研究. 邓庆伟,等. 四川动物,2008,(3)
云南省十七县(市)兽类吸虱昆虫区系调查. 张姣,等. 四川动物,2008,(2)
云南省小型哺乳动物寄生恙螨群落种多度分布. 曹殿起,等. 中国媒介生物学及控制杂志,2008,(2)
云南西部横断山小型兽类冷适应模式与生存对策的研究. 周贤君,等. 水利渔业,2008,(2)

浙江龙王山自然保护区兽类初步调查. 汪小我,等. 中国科学(C 辑:生命科学),2008,(4)
中国晚新近纪哺乳动物群落与东亚环境变化(英文). 陈丽丽,等. 中国工业医学杂志,2008,(4)
重庆库区陆生脊椎动物多样性. 邹波,等. 山西农业科学,2008,(12)
重庆市珍稀兽类的生态地理分布与保护现状. 侯舒心,等. 中国媒介生物学及控制杂志,2008,(1)
siRNA 及其在哺乳动物中的应用. 晏学飞,李玉春. 海南师范大学学报(自然科学版),2009,(2)
阿拉山口口岸地区小型哺乳动物区系调查及输入种动态分析. 张绵跃,等. 四川林业科技,2009,(2)
哺乳动物 Hsp70 及其与精子发生相关关系研究进展. 杨道德,等. 中南林业科技大学学报,2009,(1)
哺乳动物分布预测方法初探. 李志强,何舜平. 水生生物学报,2009,(6)
哺乳动物附植前胚胎的基因表达调控. 武永华,杨奇森. 兽类学报,2009,(2)
哺乳动物干细胞的研究进展. 王芳,等. 广东林业科技,2009,(4)
哺乳动物精子获能机制及体外研究. 马细兰,等. 动物学杂志,2009,(2)
哺乳动物可溶性鸟苷酸环化酶的表达及其调控. 吴俊清. 上海中医药杂志,2009,(8)
哺乳动物克隆电融合技术的影响因素. 林英华,等. 林业科学研究,2009,(2)
哺乳动物卵母细胞超微结构的研究进展. 沈爱凤. 南京艺术学院学报(美术与设计版),2009,(6)
哺乳动物毛色形成研究进展. 赵凤兰. 吉林农业科技学院学报,2009,(1)
哺乳动物胚胎低温保存研究进展. 杨金平. 东南文化,2009,(1)
哺乳动物腔前卵泡培养方法研究进展. 罗晓燕. 兽类学报,2009,(4)
哺乳动物细胞高效表达载体的优化. 王加连. 四川动物,2009,(1)
哺乳动物细胞在生物技术药物研究与开发中的应用. 海晖. 中国水产,2009,(3)
哺乳动物性别决定的分子模型与性别鉴定方法研究. 李宏群,等. 湖北农业科学,2009,(12)
哺乳动物性别决定基因的研究进展. 张雪飞. 东北林业大学学报,2009
哺乳动物性别决定因子研究. 陈力祥. 湖南科技大学学报(社会科学版),2009,(1)
哺乳动物中 RNA 干扰研究进展. 何娅,等. 西华师范大学学报(自然科学版),2009,(1)
哺乳动物中介导 RNA 干扰的载体研究进展. 兰洪波,等. 贵州农业科学,2009,(6)
不同哺乳动物卵母细胞孤雌激活的研究进展. 徐文科,等. 东北林业大学学报,2009,(5)
蛋白激酶 C 在哺乳动物卵母细胞第 1 次减数分裂成熟过程中的调节作用. 李伟. 世界文学评论,2009,(2)
登革 2 型病毒衣壳蛋白在哺乳动物细胞中的表达与鉴定. 赵庆洋. 浙江师范大学学报,2009
短干扰 RNA 特异性抑制哺乳动物 β 淀粉样前体蛋白裂解酶基因表达. 王晖. 北京师范大学学报(社会科学版),2009,(2)
干扰素在哺乳动物早期胚胎发育中的作用. 谢重光,邹文清. 赣南师范学院学报,2009,(4)
甘肃河西小型哺乳动物物种多样性与水热分布的关系. 孟华兴,李亮. 经济与管理,2009,(7)
甘肃兰州盆地的第三纪地层及哺乳动物群. 刘佳. 生命科学仪器,2009,(5)
杆状病毒对不同哺乳动物细胞基因转移及表达效率的研究. 朱新宇. 生物学通报,2009,(11)
广东茂名盆地始新世哺乳动物化石的发现. 谢冰花,等. 科学通报,2009,(5).
广西陆栖兽类动物分布格局及区划探讨. 赵庆洋,等. 兽类学报,2009,(4)
河北秦皇岛山羊寨哺乳动物群中的兔科动物化石. 王薇. 西北大学学报,2009.
黑龙江省海林市威虎山影视基地夏季常见脊椎动物物种多样性及其动态. 梁艺于,等. 西华师范大学学报(自然科学版),2009,(3)
横断山地区同一分布的四种小型哺乳动物基础代谢率的比较研究. 刘洋,等. 四川动物,2009,(5)
几种脊椎动物红细胞生理特性的比较研究. 刘丽君,等. 中国给水排水,2009,(3)
脊椎动物的起源与演化研究进展. 贾程凯,等. 自然杂志,2009,(3)
脊椎动物性别决定和分化的分子机制研究进展. 赵彩云,等. 中国生物防治,2009,(S1)
利用偏光显微镜检验鉴定兽类毛发的初步报告. 古晓东,等. 四川动物,2009,(2)
青岛地区哺乳动物隐孢子虫感染调查. 刘洋,等. 四川动物,2009,(2)
陕西马家山自然保护区大中型兽类的资源及区系与生态分布. 李松,等. 六盘水师范高等专科学校学报,2009,(6)
受精环境对哺乳动物性别形成的影响. 李鹃. 山西高等学校社会科学学报,2009,(9)
瘦素对雌性哺乳动物生殖活动的调节. 李大建,江智华. 动物学杂志,2009,(1)
小哺乳动物研究标本的简易保存和制作方法. 陈辉,等. 野生动物,2009,(6)
蕹山自然保护区珍稀濒危野生脊椎动物调查. 汪元忠,等. 中国媒介生物学及控制杂志,2009,(6)
垣曲盆地新发现的始爪兽类化石. 赵庆洋,等. 动物学研究,2009,(6)
云南省大理小型哺乳动物种类的调查. 颉志刚,牛翠娟. 湖南农业科学,2009,(1)
云南省无量山自然保护区小型兽类群落结构及垂直分布研究. 吴强,等. 水生态学杂志,2009,(2)
中国中侏罗世哺乳动物研究新进展. 李大建,等. 动物学杂志,2009,(2)

二、啮齿动物学主要中文文献

啮齿动物检索表. 比霍格拉罗夫,B. C,秦正氏,等译. 东北人民政府卫生部教育处出版科,1950
防鼠和灭鼠. 胡汉升. 华北医刊社,1951
关于(Citellus monogolicus umbatus)与鼠疫关系的研究. 纪树立,等. 东北医学杂志,1951,3(1)
家鼠及其防制. 杨新史. 华东区福建鼠疫防治所,1951
抗鼠工程. 陈达鲁. 华东区福建鼠疫防治所,1951
鼠和鼠疫. 史敏言. 中华书局,1951
防治鼠疫工作常规. 东北人民政府卫生部鼠疫防治院. 东北医学图书出版社,1952
灭鼠与防鼠. 陈达贵. 东北医学图书出版社,1952
灭鼠灭蚤预防鼠疫. 陈永清. 医务生活,1952,(5)
广东市家生鼠类及其在恙虫病流行病学上的关系. 甘怀杰,等. 微生物学报,1953,(1)
捕鼠与防鼠. 王清流. 人民卫生出版社,1953
消毒灭虫驱鼠. 斯切潘诺夫,H. P. 人民卫生出版社,1953
杀虫与灭鼠. 胡汉升. 人民卫生出版社,1954
鼠. 薛德焴. 新亚书店,1954
杀虫与灭鼠领域内的基本成就与任务. 瓦士科夫,维. 依. 中华卫生学杂志, 1954,(4)
防治啮齿动物的新办法. 范尔津什捷,B. 忻介六译. 苏联农业科学,1955,(11)
关于鸟鼠同穴的问题. 陈桢. 生物学通报,1955,(8)
化学防鼠试验. 华兴,等. 中国林业,1955,(2)
灰兔和白兔. 邦尼柯夫,阿. 娅. 生物学通报,1955,(1)
家兔与野兔. 谭邦杰. 生物学通报,1955,(2)
在东北发现的麝鼠. 寿振黄,等. 生物学通报,1955,(1)
长爪沙鼠的研究及其危害秋收的观察. 夏武平,等. 农业学报,1956,7(1)
对"杀鼠药——普罗米特" 一文某些内容的意见和补充. 汪诚信. 药学通报,1956,4(12)
防治黄鼠的经验. 黎明. 中国林业,1956,(8)
鼢鼠. 山东师范学院生物系教学实验小组. 生物学通报,1956,(1)
各种鼠的捕捉法. 安得烈也夫. 中华书局,1956
赶快消灭老鼠. 江苏省爱国卫生运动委员会. 江苏人民出版社,1956
黄鼠和沙土鼠的生活习性和捕减方法. 孙桂芳. 生物学通报,1956,(12)
湖北省洪湖县鼠害情况及防除办法. 王韻英,等. 农业科学通讯,1956,(86)
氯化苦及其在杀鼠方面的应用. 汪诚信. 鼠疫预防,1956,(1)
内蒙古自治区锡察盟鼠害调查. 罗福铨. 农业科学通讯,1956,(86)
人参对鼷鼠运动的影响. 朱颜,等. 中华医药杂志,1956,12(48)
鼠类数量的野外调查法. 夏武平. 生物学通报,1956,6(6)
陕北鼢鼠(瞎老鼠)初步调查研究报告. 禹瀚. 西北农学院报,1956,11(4)
上海鼠体内寄生一个吸虫新种,背孔吸虫,Notocotylus. 叶英黎,等. 微生物学报,1956,4(2)
鼠妊娠期间维生素 B_6 与蛋白质代谢的关系. Margaret,L. Rass. ,等. 顾履珍,等译. 生理科学,1956,3(6)
无菌鼠的维生素代谢. Luckey,T. D. ,等. 郑沫译. 生理科学,1956,3(6)
消灭鼠害. 寿振黄. 科学通报,1956,2(2)
小白鼠在不同的发育时期中对 X 线作用的耐受性. 里卡诺夫,阿. 米. 张卿西译. 生理科学,1956,3(2)
消毒灭虫除鼠指南. 瓦什科夫,博. 依. 人民卫生出版社,1956
下水道内沟鼠的杀灭方法. 艾真士塔特,德. 斯. ,等. 王思博译. 中华卫生杂志,1956,(1)
1% 黄磷制剂在实验室内毒鼠效果的初步观察. 汪诚信,等. 鼠疫预防,1956,(2)
在稻田秋收时鼠类活动的初步观察. 李汝祺,等. 生物学通报,1956,(1)
紫外线对大白鼠高级神经活动的影响. 郑国栋,等译. 生理科学,1956,3(1)
安妥冬季毒鼠的试验. 李富. 鼠疫丛刊,1957,(3)
坝上地区经过二年毒鼠后现存野鼠密度调查. 刘温,等. 鼠疫丛刊,1957,(3)
长爪沙鼠及其防治方法. 何平均,等. 西北农业科学,1957,(6)
从沟鼠的生活习性说起谈谈消灭它的方法. 孙桂芳. 生物学通报,1957,(10)
虫媒传染病自然疫源地性的学说. 巴甫洛夫斯基,E. H. 王连生,等译. 科学出版社,1957
测定鼠饵诱惑力的一种方法. 列基别洛夫,H. B. 薛松志译. 鼠疫丛刊,1957,(4)
低剂量安妥、磷化锌毒饵毒杀家鼠的试验. 河北省鼠防所. 鼠疫丛刊,1957,(增刊号)
对捕家鼠用"条件反射"原理的不同看法. 韩向晨. 鼠疫丛刊,1957,(4)
东北民间捕鼠介绍. 刘兴财,等. 鼠疫丛刊,1957,(2)
毒鼠药药效试验中对照区的计算问题. 汪诚信. 鼠疫丛刊,1957,(增刊号)

对“安妥冬季毒家鼠试验”的几点意见. 汪诚信. 鼠疫丛刊,1957,(4)
东北老采伐迹地的类型及鼠类区系的初步研究. 夏武平,等. 动物学报,1957,9(4)
大鼠被伦琴射线照射后中肌酸酐的含量. 霍德罗娃,格. 阿. ,等. 张友尚译. 原子医学译丛,1957,1(4)
两年来磷化锌的使用及今后意见. 周自魁. 鼠疫丛刊,1957,(增刊号)
福建的两种花松鼠及其生活习性的初步调查. 王敦清,等. 动物学杂志,1957,1(4)
福建省部份鼠类生活习性初步调查研究及其捕灭方法. 张昱. 鼠疫丛刊,1957,(增刊号)
关于哈市齐氏鼠的生态观察. 哈尔滨鼠疫防治站. 鼠疫丛刊,1957,(增刊号)
广州市鼠类带出血性黄疸钩端螺旋体调查的初步报告. 黄东英. 微生物学报,1957,5(3)
广东省钩端螺旋体病动物宿主的进一步调查研究. 侯宗昌,等. 中华医学杂志,1957,43(8)
关于鼷鼠. 孙桂芳. 生物学通报,1957,(12)
黑龙江呼玛县麝鼠分布的现况. 寿振黄,等. 动物学杂志,1957,1(2)
红松直播中鼠害的防治. 寿振黄,等. 科学通报,1957,(11)
黑龙江省西北部麝鼠的调查. 寿振黄,等. 中国畜牧学杂志,1957,(2)
几种毒鼠药对鼠类的致死量及在毒饵内的含药量. 陈太君. 鼠疫丛刊,1957,(增刊号)
几种药物毒黄鼠效果的比较试验. 长春鼠防所动物室. 鼠疫丛刊,1957,(4)
几种毒饵的毒鼠报告. 商志宽,等. 鼠疫丛刊,1957,(增刊号)
家鼠对1%安妥是否有拒食的试验. 王成柱,等. 鼠疫丛刊,1957,(3)
家鼠对2%磷化锌鱼粉面丸与油炸面丸自由觅食的比较试验. 武润,等. 鼠疫丛刊,1957,(3)
康藏地区的鼠疫史料片断. 杜宝章. 鼠疫丛刊,1957,(4)
拉氏竹鼠生活习性的初步调查. 黄李琦,等. 动物学杂志,1957,1(2)
磷化锌毒黄鼠试验. 王永春. 鼠疫丛刊,1957,(增刊号)
磷化锌中毒后的处理. 汪诚信. 鼠疫丛刊,1957,(增刊号)
磷化锌毒黄鼠效果实验. 汪诚信,等. 鼠疫丛刊,1957,(增刊号)
灭鼠手册. 长春鼠疫防治所. 人民卫生出版社,1957
粘鼠法的应用. 安文举. 鼠疫丛刊,1957,(4)
啮齿动物的蛰眠. 傅杰青,译. 鼠疫丛刊,1957,(2)
宁波赤腹松鼠生活习性的初步调查. 林华英. 生物学通报,1957,(10)
啮齿动物窝巢虫类采集法. 维索茨卡娅,G. O. 薛松志,等译. 科学出版社,1957
啮齿动物的栖息型与生态意义. 纳乌莫夫,霍. 波. 姚克成译. 鼠疫丛刊,1957,(4)
啮齿动物的野外研究方法. 拉尔,尤. 梅. 傅杰青译. 人民卫生出版社,1957
普罗米特性质及其毒鼠效果的初步观察. 承志瑜. 鼠疫丛刊,1957,(2)
普罗米特的性质与应用(上). 汪诚信. 鼠疫预防,1957,(1)
普罗米特的性质与应用(下). 汪诚信. 鼠疫预防,1957,(增刊号)
氰化物的气栓形成及其他. 汪诚信. 鼠疫丛刊,1957,(2)
普鲁米特接触灭鼠操作步骤. 杨钟海. 鼠疫丛刊,1957,(4)
青海省阿尔泰土拨鼠生态及其寄生蚤的初步观察. 方喜业. 鼠疫丛刊,1957,(3)
氰化钙及其用于灭鼠. 胡德陞. 鼠疫丛刊,1957,(3)
齐氏鼠的生态学. 尼柯钦,博. 波. 张馥华译. 鼠疫丛刊,1957,(增刊号)
实验室内几种毒鼠药毒黄鼠的药效比较. 长春鼠防所动物室. 鼠疫丛刊,1957,(4)
杀鼠药“安妥”的性能和用法. 黄承武 . 中级医刊,1957,3(3)
鼠咬热病例报告. 吴纪悌,等. 中华内科杂志,1957,5(3)
苏联毒家鼠的两个常规. 汪诚信译. 鼠疫丛刊,1957,(2)
试用普罗米特的报告. 周自魁. 鼠疫丛刊,1957,(增刊号)
苏联啮齿动物的防治. 雅柯夫李维奇,柏. 伊. 王颂康译. 鼠疫丛刊,1957,(增刊号)
鼠类分布区系主要因素的分析. 苑德才. 鼠疫丛刊,1957,(2)
实验动物. 萨哈洛夫,博. ,等. 人民卫生出版社,1957
苏联中部地带小家鼠的生态学. 屠皮科娃,哈. 科学出版社,1957
听鼠法初试. 泰赉县鼠防站. 鼠疫丛刊,1957,(3)
统计黄鼠的各种方法确切性对比. 姚克成译. 鼠疫丛刊,1957,(2)
我国南方的黄胸鼠. 余自忠. 鼠疫丛刊,1957,(3)
小黄鼠与磷化锌的关系在季节上的特点. 姚克成译. 鼠疫丛刊,1957,(2)
消灭自然疫源性传染病的贮存宿主——啮齿动物之防疫措施的若干原则. 费牛柯,贝. 傅杰青译. 鼠疫丛刊,1957,(增刊号)
运用条件反射的原理可以有效的捕捉家鼠. 孙桂芳,等. 鼠疫丛刊,1957,(3)

1080 对黄鼠致死量的测定. 汪诚信. 鼠疫丛刊,1957,(4)
中药"瓜蒂"毒杀家鼠介绍. 孙桂芳. 鼠疫丛刊,1957,(3)
在灭鼠面积上黄鼠数量的变动. 柯列涅科,依. 博. 姚克成译. 鼠疫丛刊,1957,(3)
安妥对我国黑鼠等的杀灭能力. 陈志康. 浙江医学院学报,1958,(3)
安妥对黄胸鼠 LD_{50} 的测定. 汪诚信,等. 鼠疫丛刊,1958,(4)
标准家鼠. 孙桂芳. 生物学通报,1958,1(1)
重庆的灭鼠战. 重庆市除四害战斗总指挥部. 重庆人民出版社,1958
长爪沙土鼠生态调查总结. 内蒙鼠疫防治所. 鼠疫丛刊,1958,(2)
巢鼠生活习性浅识. 王坤六. 鼠疫丛刊,1958,(4)
毒鼠的几项试验研究. 广东省卫生防疫站. 鼠疫丛刊,1958,(1)
冬季的磷化锌毒饵试验. 徐自国,等. 鼠疫丛刊,1958,(1)
代粮赋形剂的毒鼠剂效果试验. 内蒙平地泉行政区卫生防疫站鼠疫防治科. 鼠疫丛刊,1958,(2)
大竹鼠的初步调查. 寿振黄,等. 生物学通报,1958,2(2)
带岭林区采伐后短期内鼠类数量变动的趋势. 夏武平. 动物学报,1958,10(4)
大连市家居鼠类密度调查报告. 苑德才,等. 鼠疫丛刊,1958,(1)
福建省几种主要野栖鼠类的栖息活动及其捕捉方法. 福建省鼠疫防治所. 鼠疫丛刊,1958,(1)
鼢鼠(瞎老鼠)Myospalyx epsilanus thomas 地下生活情况及初步药剂防治试验的研究. 禹瀚. 西北农学院学报,1958,1(1)
防治农作物鼠害工作情况及今后意见. 农业科学通讯,1958,(1)
贵阳市鼠类调查. 金大雄. 动物学杂志,1958,2(2)
关于家鼠携带痢疾杆菌的研究Ⅲ. 鼠体内肠球菌对痢疾杆菌的影响. 康白,等. 微生物学报,1958,6(3)
甘肃省天祝草原旱獭(Mormata himalaycoarobusta)的调查. 宋恺,等. 生物学通报,1958,(8)
关于新疆、青海、甘肃、福建、浙江、江西等省鼠疫防治工作情况的汇报. 杨清秀. 卫生工作通讯,1958,1(2)
黄鼠洞及其变异的浅识. 陈太君. 鼠疫丛刊,1958,(4)
黄鼠出蛰情况调查. 吉林省鼠疫防治所. 鼠疫丛刊,1958,(2)
红松直播防鼠害之研究工作报告. 寿振黄,等. 科学出版社,1958
黄鼠冬眠前的短期蛰眠. 汪诚信. 鼠疫丛刊,1958,(1)
黄胸鼠食量与体重关系的初步观察. 汪诚信,等. 鼠疫丛刊,1958,(5)
黑白飞鼠初步调查. 阎克敬,等. 鼠疫丛刊,1958,(3)
褐家鼠对环境改变的反应. Shorten ,M. ,等. 鼠疫丛刊,1958,(1)
极北鼠兔的初步观察. 杜增瑞,等. 生物学通报,1958,(12)
介绍一种最细小的捕鼠工具——鼠钩. 广东省遂溪县鼠防站. 鼠疫丛刊,1958,(4)
介绍一种鼠夹. 杨务一. 鼠疫丛刊,1958,(1)
寄生在田鼠身上的一种鼠肉孢子虫. 享利. 艾布莱,杜增瑞译. 动物学报,1958,(2)
自然疫源性学说的简短介绍. 纪树立. 鼠疫丛刊,1958,(5)
介绍一种竹制的简便捕鼠器. 赖玉珍. 生物学通报,1958,(12)
家鼠鼠数调查方法的回顾. 汪诚信. 鼠疫丛刊,1958,(4)
计算毒鼠药半数致死量的 Reed 氏公式简介. 汪诚信. 鼠疫丛刊,1958,(5)
几种毒鼠药对褐家鼠的药效比较. Chitty,D. 鼠疫丛刊,1958,(3)
粮库内的磷化锌毒饵. 粮食部粮食科学研究所,毕永福. 鼠疫丛刊,1958,(1)
陇东鼢鼠及其防治. 平凉农业试验站. 西北农业科学,1958,(2)
旅大市区及近郊鼠类的初步研究. 伍律,等. 动物学杂志,1958,2(4)
略谈常用灭鼠药的某些特性. 汪诚信. 技术业务参考资料,1958,(6)
磷化锌对黄胸鼠 LD_{50} 的测定. 汪诚信,等. 鼠疫丛刊,1958,(5)
鸣声鼠生态调查报告. 察哈尔盟鼠防站调查队. 鼠疫丛刊,1958,(3)
啮齿动物的野外生态学调查. 纪树立. 流行病学杂志,1958,(5)
普鲁米特对我国黑鼠等的杀灭能力. 陈志康. 浙江医学院学报,1958,(3)
捕鼠能手汪志贤. 金华市除四害指挥部. 流行病学杂志,1958,(5)
青海牧区常见的几种啮齿动物初步记载. 区月波,等. 西北农业科学,1958,(6)
青海农牧害兽初步调查研究报告. 禹瀚. 西北农学院学报,1958,(1)
秦岭兽类:十种农村害兽. 禹瀚. 西北农学院学报,1958,8(3)
森林旅鼠的发现. 寿振黄. 科学通报,1958,1(2)
杀鼠药(1-3). 陈志康. 浙江医学院学报,1958,1(3)
森林鸟兽生物学. 范谦衷. 中国林业出版社,1958

实验室内黄鼠对几种毒饵选择性的观察. 公允. 鼠疫丛刊,1958,(3)
实验室内野生植物烟剂灭鼠筛选试验初报. 汪诚信,等. 流行病学杂志,1958,(3)
杀灭野栖小型祸鼠的毒饵新方. 姚克成. 生物学通报,1958,(10)
绥德的黄鼠及黄尾巴老鼠. 禹瀚,等. 西北农业科学, 1958,3(2)
陕北农田害兽初步调查及其防治. 禹瀚. 西北农学院学报,1958,(2)
饲养毛皮兽——海狸鼠的初步调查. 赵绍诚. 中国畜牧学杂志,1958,3(2)
森林有害动物便览(下卷). 巴甫洛夫斯基,E. H . 陈常铭译. 科学出版社,1958
鼠疫自然疫源地内防疫性灭鼠的策略、组织和方法方面的基本任务. 费牛柯,贝. 柯. 鼠疫丛刊,1958,(1)
鼠类的数量和预测. 夏武平,等译. 科学出版社,1958
山区鼠疫自然疫源地内扑灭土拨鼠的措施. Hetpob,B. C. 张馥华译. 中华卫生杂志,1958,6(2)
同时杀灭啮齿动物及其体外寄生虫的实验室研究. 流行病杂志,1958,(5)
我国北部的农业鼠害及其防治. 罗福铨,等. 应用昆虫学报,1958,1(3)
下水道普鲁米特舐剂毒鼠总结. 长春市卫生防疫站. 技术业务参政资料,1958,(7)
小拟袋鼠生态的初步观察. 莫乘风. 动物学杂志,1958,2(3)
新疆维吾尔自治区啮齿动物名录. 王思博. 流行病学杂志,1958,(5)
小型野鼠及其毒杀方法. 姚克成. 鼠疫丛刊,1958,(3)
有关我国啮齿类的区系、动物病及防治方法的调查、实验结果简介. 纪树立,等. 中华卫生杂志,1958,6(2)
用粘鼠胶毒杀家栖啮齿类. 尼柯钦,B. H. 姚克成,等译. 生物学通报,1958,(5)
蚁类对毒饵灭鼠效果的影响. 薛松志. 流行病学杂志,1958,(5)
应用烟雾剂杀灭穴居鼠类及其体外寄生虫的研究报告. 特格喜都楞,等. 中华卫生杂志,1958,(6)
中国古代灭虫除鼠资料选集. 刘广洲. 人民卫生出版社,1958
昭盟发现了土拔鼠. 李景元,等. 鼠疫丛刊,1958,(1)
竹筒捕鼠器. 云南省鼠疫防治所. 鼠疫丛刊,1958,(2)
介绍两个民间扑鼠具. 杨光荣. 鼠疫丛刊,1958,(3)
怎样消灭老鼠. 中央爱国卫生运动委员会办公室. 化学工业出版社,1958
安妥对黄胸鼠 LD_{50} 的测定. 汪诚信. 科学通报,1959,(4)
不同基质的磷化锌毒饵室内的灭鼠比较. 张学孟,等. 流行病学杂志,1959,(5)
成都市的灭鼠方法介绍. 成都市除七害突击队运动指挥部. 中华卫生杂志,1959,7(1)
巢鼠的初步观察. 杜增瑞,等. 动物学杂志,1959,3(6)
从福建的猪和家、野鼠类分离出斑疹伤寒立克次体. 福建省流行病研究所自然疫源调查科. 中华医学杂志,1959,45(12)
重庆市家鼠活动情况及其繁殖季节研究. 方勤娟. 中华卫生杂志,1959,(7)
创造三用电子管听鼠器的经过. 郎永文. 流行病学杂志,1959,(4)
常用毒鼠药对黄胸鼠毒力的几项试验. 汪诚信,等. 流行病学杂志,1959,(2)
对巩固无鼠地区的几点认识. 扶余县鼠疫防治站. 流行病学杂志,1959,(2)
对秋季野外鼠进家的初步观察. 哈尔滨市鼠防站. 流行病学杂志,1959,(2)
对褐家鼠冬季野栖所见. 罗全中. 流行病学杂志,1959,(2)
动物(大白鼠)在衰老时期高级神经活动方面的若干指标. 李经才. 动物学杂志,1959,3(4)
电子管听鼠介绍. 李殿玉. 流行病学杂志,1959,(1)
达尔利黄鼠交尾情况简介. 马万全. 流行病学杂志,1959,(2)
大腮鼠及其寄生蚤在鼠疫流行病学中的作用. 马立名. 流行病学杂志,1959,(2)
毒雀灭鼠药——四次甲基二砜四胺的合成. 莫若莹,等. 药学通报,1959,7(8)
对几种常用鼠密度测定法的讨论. 杨仲勋. 流行病学杂志,1959,(5)
大白鼠年龄变化的形态学观察. 朱丽中,等. 动物学杂志,1959,3(4)
对海狸鼠(Myepotamus copyus)毛皮质量某些方面的观察. 张方芝. 动物学杂志,1959,3(11)
低剂量普罗米特粉剂毒家鼠试验. 赵钟杰. 流行病学杂志,1959,(5)
福建省建阳地区野鼠栖息动态及捕获率变异的观察. 洪震藩. 流行病学杂志,1959,(5)
鼯鼠(Pteromys volansL.)前肢对滑翔运动的适应. 朱靖. 动物学报,1959,11(2)
关于黄鼠夏蛰、冬眠两个问题的讨论. 马万全. 流行病学杂志,1959,(3)
关于鼷鼠生态的材料. 马立名. 流行病学杂志,1959,(6)
各种诱饵的诱鼠作用. 钱成. 流行病学杂志,1959,(2)
各种诱鼠法捕家鼠的效果. 钱成. 流行病学杂志,1959,(2)
关于毒灭黄胸鼠的几个问题. 汪诚信. 流行病学杂志,1959,(1)
关于666烟剂灭黄鼠的几个问题. 汪诚信. 流行病学杂志,1959,(6)

广东钩端螺旋体病动物宿主的再度调查研究.中苏友谊医院研究室,佛山专区第一人民医院.人民保健,1959,1(8)
海狸鼠初期饲养的经验总结.陈俨梅,等.动物学杂志,1959,(2)
黄鼠生态学观察.马立名.流行病学杂志,1959,(1)
旱獭生态调查报告.内蒙古传染病研究所媒介动物科.流行病学杂志,1959,(2)
黄胸鼠对磷化锌的抗性试验.钱成.流行病学杂志,1959,(1)
合浦县几种野鼠生态学概述.钱成.流行病学杂志,1959,(2)
红背䶄种群年龄的研究.寿振黄,等.动物学报,1959,11(1)
海南食虫目(Insectivora)之一新属新种.寿振黄,等.动物学报,1959,11(3)
黑线绒鼠 Eothenomysmiletus 浅识.杨德泉,等.流行病学杂志,1959,(1)
杭州市郊区冬春季鼠类初步调查.诸葛阳,等.杭州大学学报,1959,(2)
介绍一种鼠数调查法.傅杰青译.流行病学杂志,1959,(3)
几种中药、土药毒杀黄胸鼠初试.胡逢春,等.流行病学杂志,1959,(4)
几种中药毒鼠性能的初步研究.何晋侯,等.流行病学杂志,1959,(5)
建立无沙门氏致病菌的健康鼠群.皇甫在.生物制品通讯,1959,4(2)
几种鼠类采食行为的观定.李清涛,等.动物学杂志,1959,3(9)
济南及其近郊鼠形啮齿类的初步调查.李荣光,等.山东师范学院学报(生物),1959,(2)
几种毒饵杀野鼠的药效比较.钱成,等.流行病学杂志,1959,(4)
江西上饶地区鼠、蚤相调查报告.田素福.流行病学杂志,1959,(3)
兰州盆地子午沙鼠对水土保持影响的初步观察.陈钧,等.动物学杂志,1959,3(7)
硫脲对于安妥的解毒作用.陈志康,等.浙江医学院学报,1959,(3)
磷化锌毒杀农田害鼠的经验介绍.罗泽珣,等.动物学杂志,1959,3(1)
老鼠胃肠内水份的调节及其对进食和消化的影响.撒母耳,等.生物学通报,1959,(6)
林区应用"特制布放毒饵箱"毒东北黑线姬鼠的试验.周茂林,等.流行病学杂志,1959,(4)
磷化锌与普罗米特冬季毒野鼠的试验.张学孟,等.流行病学杂志,1959,(4)
磷化锌植物茎叶黄鼠试验.张赫武.流行病学杂志,1959,(5)
莫氏田鼠(Microtus moximoviczii Schrenck 1858)生物学的初步观察.罗泽珣 .动物学杂志,1959,3(3)
灭鼠炮实际效果的探讨.张耀星,等.流行病学杂志,1959,(6)
灭鼠炮毒家鼠初步观察.流行病学杂志,1959,(1)
内蒙古自治区啮齿动物及蚤类区系的初步调查报告.白斌兴.流行病学杂志,1959,(4)
内蒙大兴安岭伊图里河小型兽类的调查报告.罗泽珣,等.动物学报,1959,11(1)
麝鼠放养初步经验总结.陈俨梅,等.动物学杂志,1959,(2)
鼠夹捕鼠效果消失期的观察.钱成.流行病学杂志,1959,(2)
上海市郊黑线姬鼠的越冬地点及其消灭方法.盛和林,等.动物学杂志,1959,3(5)
实验室内野生植物烟剂灭鼠筛选试验初报.汪诚信.流行病学杂志,1959,(3)
四次甲基二砜四胺实验室内毒鼠试验.汪诚信,等.流行病学杂志,1959,(2)
实验室内对黄胸鼠活动情况及耐饥渴能力的初步观察.汪诚信,等.流行病学杂志,1959,(2)
山西鼠类及小型害兽的生活习性和消灭方法.熊维义.流行病学杂志,1959,(4)
陕北瞎狯(鼢鼠)大田防治试验初步报告.禹海涵.西北农学院学报,1959,10(4)
苏联动物区系与狩猎研究事业的发展近况.郑作新.动物学杂志,1959,3(1)
苏联啮齿动物的检索表.维诺格拉道夫,瓦.斯.科学出版社,1959
动物胚胎学:兔的发育.诗密特,格.阿.李维恩,等译.高等教育出版社,1959
田鼠的生活习性及其活动规律.凌志坤.广东农业通讯,1959,(9)
挖捕野鼠经验.曹依秀.陕西人民出版社,1959
万能捕鼠箱.麦昌善.流行病学杂志,1959,(1)
我的捕鼠经验.苑永镜,等.流行病学杂志,1959,(4)
微量元素对于家兔生长的影响.叶鲁萨里姆斯基,依.格.生物学通报,1959,(3)
消灭黄鼠的几点经验.扶余县人民委员会.吉林卫生,1959,(2)
小兴安岭带林区不同采伐年代跡地上的鼠类区系初步观察.寿振黄,等.动物学杂志,1959,3(1)
学习苑永镜的捕鼠经验.寿振黄.动物学杂志,1959,(2)
新疆发现的麝鼠.赵中石.流行病学杂志,1959,(1)
野鼠标志流放的方法与经验.胡振浙.动物学杂志,1959,3(9)
用40%烟剂灭家鼠效果观察.郭重英.流行病学杂志,1959,(2)
亚砷酸烟雾剂灭鼠的研究报告.高光前,等.流行病学杂志,1959,(5)

一次毒鼠试验的分析. 钱成. 流行病学杂志,1959,(1)
浙江省庆元县隆宫乡鼠类及其寄生蚤的调查. 崔秀亭. 流行病学杂志,1959,(4)
巢鼠的初步观察. 杜增瑞,等. 动物学杂志,1959,(6)
昭盟阿鲁沁旗土拨鼠生态观察. 姜封权,等. 流行病学杂志,1959,(1)
在新疆天山南坡小尤尔都司见到的鸟鼠同穴. 钱燕文,等. 动物学杂志,1959,3(7)
棕背䶄和普通田鼠的生态生理特征的地理变异. 孙儒泳. 北京师范大学学报(自然科学版),1959,(6)
组织学. 扎瓦尔金,阿. 阿. ,等. 吴景兰,等译. 人民卫生出版社,1959
"E-1059"对达乌尔黄鼠的毒性试验. 何鸿验,等. 动物学杂志,1959,3(1)
安妥对莫氏田鼠的毒性. 周茂林,等. 流行病学杂志,1960,(3)
长爪沙鼠(Meriones anguicutatus Milne Edwards)的生态观察. 赵肯堂. 动物学杂志,1960,4(4)
大砂土鼠(Rhombomys opimusticht)对沙丘植被危害的观察. 危丕显,等. 兰州大学学报(自然科学),1960,(1)
肥西县鼠类初步调查. 王歧山. 动物学杂志,1960,4(1)
福州地区钩端螺旋体病动物宿主和传染媒介的调查研究. 中华医学杂志,1960,(2)
广东省顺德县大良镇沟鼠自然感染钩端螺旋体的调查报告. 广东省卫生厅卫生防疫局. 流行病学杂志,1960,(2)
甘珠尔庙附近草原鼠害调查报告. 李鹏年,等. 内蒙古畜牧兽医学院学报,1960,(1)
海狸鼠洞饲和半散放试验报告. 张治孟,等. 动物学杂志,1960,4(4)
黄兔尾鼠的生态初步观察. 赵中石. 流行病学杂志,1960,(1)
灰鼠(Sciurus vulgaris Linne)换毛序. 朱靖,等. 动物学杂志,1960,4(6)
吉林省九台县东方田鼠的初步观察. 杜增瑞. 动物学杂志,1960,4(6)
济南市附近鼢鼠初步调查. 秦西翰,等. 山东师范学院学报(生物),1960,(1)
磷化锌对莫氏田鼠的毒性. 周茂林,等. 流行病学杂志,1960,(3)
粮仓鼠的防治. 张家海. 青海人民出版社,1960
莫氏田鼠对几种毒饵的选择性. 周茂林,等. 流行病学杂志,1960,(3)
普鲁米特对猎食姬鼠(薛氏亚种)的毒性. 阎克敬,等. 流行病学杂志,1960,(3)
祁连鸽子洞附近有害啮齿类和鸟类初查. 陈佐平,等. 青海师范学院学报,1960,1(创刊号)
青海的鼢鼠. 张效武. 生物学通报,1960,309
鼠、兔骨骼肌中数种罕见的运动神经末梢. 艾民康,等. 动物学报,1960,12(1)
泰山鼠形啮齿类初步调查. 李荣光,等. 山东师范学院学报(生物),1960,4(1)
我国首次发现大沙土鼠携带利什曼原虫的报告. 寄生虫学教研组. 兰州医学院学报,1960,6(2)
消灭草原黄鼠的研究. 吉林省鼠疫防治研究所. 流行病学杂志,1960,(3)
小型兽类及头骨标本制作法. 寿仲灿. 动物学杂志,1960,4(6)
徐州市鼠类的初步调查. 朱成尧. 动物学杂志,1960,4(7)
小白鼠死亡率与伦琴射线剂量间近似公式的推导. 贵阳师范学院学报(自然科学),1960,10(3)
亚林姬鼠年龄鉴定. 北京师范大学三年级科研小组. 北京师范大学学报,1960,(1)
云南斯氏家鼠概述. 施之情. 流行病学杂志,1960,(2)
云南遊林热带鼠生态浅述. 施之情. 流行病学杂志,1960,(3)
云南省鼠、蚤区系调查报告. 解宝琦. 流行病学杂志,1960,(2)
用布饵箱投放磷化锌毒饵防除住宅区内黑线姬鼠的实验. 周茂林. 动物学杂志,1960,4(3)
1%磷化锌毒家鼠试验. 赵钟杰. 流行病学杂志,1960,(3)
用标记法研究经济田鼠间钩螺旋体病发展的某些规律. 克拉余娃,E. B. 流行病学杂志,1960,(2)
中国竹鼠(Rhizomys Sinensis vestitusMilne-Edwards)初步观察. 欧阳新举. 动物学杂志,1960,4(5)
大林姬鼠种群数量与巢区的研究. 夏武平. 动物学报,1961,13(1)
实验动物饲养学. 吕伯钦译. 科学出版社,1961
中山县大沙田区秋、冬两季小拟袋鼠和黄毛鼠生态的初步观察. 林浩然,等. 中山大学学报(自然科学),1961,6(2)
本省农田主要鼠害及防除法. 省农业厅植物保护处. 福建农业,1962,(8)
柴河林区小啮齿类的生态学Ⅰ. 生态区系和数量的季节消长. 孙儒泳,等. 动物学报,1962,14(1)
柴河林区小啮齿类的生态学Ⅱ. 垂直分布. 孙儒泳,等. 动物学报,1962,14(2)
对"鸟鼠同穴"问题的认识. 沈孝宙,等. 生物学通报,1962,(5)
大白鼠在组织缺氧状态下大脑皮层不同层内乳酸的积累过程. 王镜岩. 北京大学学报(自然科学),1962,(3)
大兴安岭森林采伐地区人房内鼠类区系的演替现象. 夏武平,等. 动物学报,1962,14(2)
带岭林区小形鼠类数量动态的研究. 夏武平. 动物生态及分类区系及专业学术讨论会论文摘要汇编,1962
广东省啮齿动物及蚤类调查报告. 广东省鼠疫防治所. 流行病学杂志,1962,(2)

黄毛鼠发育阶段的初步研究.林浩然,等.中山大学学报(自然科学),1962,(2)
黄鼠、鼷鼠对生熟谷类选食情况的观察.商志宽,等.流行病学杂志,1962,(6)
合肥鼠类初步调查.王岐山.动物生态及分类区系专业学术讨论摘要汇编,1962
红背䶄肥满度的研究.夏武平,等.动物生态及分类区系专业学术讨论摘要汇编,1962
杭州市郊区鼠类调查.诸葛阳.杭州大学学报(自然科学),1962,(1)
机体中磷化锌的吸收和分布.汪诚信.技术业务参考资料,1962,(4)
磷化锌对黄毛鼠致死量的测定.罗泽珣.动物学报,1962,14(2)
六种药物对大鼠肾型高血压形成的影响.刘菊芳,等.药学学报,1962,9(11)
旅大地区两种家鼠生态的研究.伍律,等.动物生态及分类区系专业学术讨论会论文摘要汇编,1962
磷化锌中毒17例临床分析.郑文远.浙江医学,1962,3(1)
猎食姬鼠(薛氏亚种)生态学概述.阎克敬,等.流行病学杂志,1962,(2)
啮齿目.中国经济动物志,兽类.寿振黄.科学出版社,1962
青甘地区兽类动物地理区划.张荣祖,等.动物生态及分类区系专业学术讨论会论文摘要汇编,1962
陕北黄龙及延安市区的鼠类调查报告.郭澍民,等.动物生态及分类区系专业学术讨论会论文摘要汇编,1962
四川马尔康地区几种啮齿动物的种群特征.范志勤.动物生态及分类区系专业学术讨论会论文摘要汇编,1962
四川林区社鼠与白腹鼠形态学与生态学种间差异的比较.罗泽珣,等.动物生态及分类区系专业学术讨论会论文摘要汇编,1962
山东费县小形啮齿类野外生态观定.卢浩泉.动物生态及分类区系专业学术讨论会论文摘要汇编,1962
水稻鼠害防治实验报告.罗泽珣.植物保护学报,1962,1(3)
鼠类背毛的比较形态.王泽长,等.动物生态及分类区系专业学术讨论会论文摘要汇编,1962
麝鼠的洞、巢和巢域.朱靖,等.动物学报,1962,14(4)
西安及其城郊啮齿类的生态学Ⅰ.种群构成和数量的季节消长.王廷正,等.动物生态及分类区系专业学术讨论会论文摘要汇编,1962
X射线对幼鼠卵巢的影响.朱润.科学通报,1962,(11)
中国农作物主要病虫害及其防治(鸟、兽害).农业部植物保护局.农业出版社,1962
中纬度地带的褐家鼠对鼠疫的季节感受性及其在鼠疫动物流行病学中的意义.阿尼西莫娃,特.依.流行病学杂志,1962,(2)
大兴安岭及三江平原黑线姬鼠的种群年龄组成.罗泽珣.动物学报,1963,15(3)
对达乌利黄鼠夏季栖息洞的初步观察.汪诚信.地方病科研资料选辑,1963,6(6)
毒饵灭黄鼠的效果调查方法中的几个问题.汪诚信,等.地方病科研资料选辑,1963,6(6)
带岭林区森林采伐后短期内鼠类数量变动趋势的补充研究.夏武平,等.动物学报,1963,15(4)
大白鼠甲状腺年龄变化形态学观察.朱丽中.动物学报,1963,15(2)
福建地区沼泽田鼠生态初步观察.洪震藩,等.动物学杂志,1963,5(3)
关于药物半数致死量测定方法的评价.朱振纲,等.药学通讯,1963,(4)
黄色田鼠对各种抗酸性菌的感受性.陶棣土.微生物学报,1963,9(3)
合肥市鼠类初步调查.王岐山.安微大学学报,1963,10(1)
红背䶄肥满度的研究.夏武平,等.动物学报,1963,15(1)
急性磷化锌中毒二例.杨同成.中华内科杂志,1963,11(6)
LD_{50}是最准确的表达药物毒力的指标.汪诚信,等.地方病科研资料选辑,1963,(3)
氯化苦、氰化钙和溴甲烷杀灭旱獭效果试验.汪诚信,等.地方病科研资料选辑,1963,(3)
氯化苦加牛粪烟熏灭獭效果初步试验.汪诚信,等.地方病科研资料选辑,1963,(3)
蚂蚁搬运磷化锌毒饵情况及硼砂驱蚁作用的初步观察.汪诚信,等.地方病科研资料选辑,1963,(6)
灭鼠资料的数理统计.汪诚信,等.技术业务学习资料,1963,(2)
吗啡对大鼠数种操作式条件反射的影响.邹冈.生理学报,1963,26(2)
啮齿动物对草原的影响和调查方法的初步探讨.张荣祖,等.动物学杂志,1963,5(2)
皮质素对孕鼠乳腺发育和泌乳作用机制的研究.范果仪.科学通报,1963,(4)
帕米尔旱獭生态学初步调查.赵中石.新疆农业科学,1963,(6)
圈套法使用情况调查.汪诚信,等.地方病科研资料选辑,1963,(3)
青海的兽类区系.张洁,等.动物学报,1963,15(1)
鼠脑组织引起的实验性变态反应性脑脊髓炎.王用楫,等.微生物学报,1963,9(1)
天祝原鼢鼠的生物学特征及其对草甸植被影响的调查.姚崇勇,等.动物学杂志,1963,5(1)
新型灭鼠药——抗凝血剂在国外的研究概述.汪诚信.地方病科研资料选辑,1963,(3)
西安地区啮齿类调查报告.王廷正.动物学杂志,1963,5(2)
X射线对大鼠生长、成熟和生殖的影响Ⅳ.卵巢的发育;Ⅴ.精巢的发育.朱润,等.实验生物学报,1963,8(2)

榆林地区荒漠毛跖鼠生活习性的观察.陈延熹.动物学杂志,1963,5(2)
烟剂消灭旱獭效果试验报告.汪诚信,等.地方病科研资料选辑,1963,245
棕背䶄和普通田鼠的生态生理特征(气体代谢)的地理变异(续).孙儒泳.北京师范大学学报(自然科学),1963,4(1)
在消灭农业有害啮齿类的工作中生态学的成就和任务.傅杰青译.生物科学动态,1963,(6)
长江田鼠的生态观察.盛和林,等.动物学杂志,1964,6(5)
大连港口鼠的种类组成及数量变动.伍律.动物学杂志,1964,6(6)
带岭林区小形鼠类数量动态的研究Ⅰ.数量变动情况的描述.夏武平.动物学报,1964,16(3)
高效的杀鼠药剂.单于译.化学世界,1964,18(4)
贵州省贵定县鼠类调查报告.廖子书.动物学杂志,1964,6(5)
甘肃大沙鼠利什曼原虫的传播及其与人的关系.王捷.寄生虫学报,1964,1(1)
广东珠江三角洲沙田地区五种鼠类的巢穴内节肢动物调查.徐秉锟.动物学报,1964,16(1)
后肢缺一畸形鼠的局部解剖观察.邵伟.动物学杂志,1964,6(5)
家鼠拒食磷化锌的原因和对策.汪诚信.中级医刊,1964,11(2)
巨泡五趾跳鼠(跳鼠科)之一新亚种.夏武平,等.动物分类学报,1964,1(1)
家栖黄胸鼠生态及磷化锌毒杀试验研究.张华.广东医学(现代医学),1964,2(5)
青海甘肃兽类调查报告.中科院青甘综合考察队.科学出版社,1964
陕西发现的白腹巨鼠.罗志腾.动物学杂志,1964,6(3)
生殖曲线研究与最适产量理论及种群动态的关系 .林昌善,等.动物学杂志,1964,6(6)
麝鼠.苏培祥.农业出版社,1964
鼠的防制.汪诚信.安徽医学情报研究所,1964
十万大山啮齿动物调查报告.杨务一.动物学杂志,1964,6(4)
麝鼠的栖息地及其密度.朱 靖,等.动物学报,1964,16(3)
三趾跳鼠的生态学研究.赵肯堂.动物学杂志,1964,6(2)
天祝松山滩喜马拉雅旱獭(*Marmota himalayana* Hodgson)的生态观察.陈鑑潮.甘肃师范大学学报,1964,11(1)
泰山小形啮齿类种群生态的初步研究.卢浩泉.山东大学学报(自然科学),1964,9(3)
谈谈草原啮齿动物的一些生态学问题.夏武平.动物学杂志,1964,6(6)
天祝草原的中华鼢鼠及其对植被演替的影响.姚崇勇,等.甘肃师范大学学报(自然科学)1964,(1)
我国中部某地区的钩体病自然疫源地调查报告Ⅱ.黄疸出血型钩体病在黑线姬鼠中流行的特征及其与地理环境的关系.聂第楷.中华医学会内科学会钩体病学术会议资料汇编,1964
我国西北地区大砂鼠体内利什曼原虫的研究.王捷,等.寄生虫学报,1964,1(2)
新杀鼠剂"没鼠命"的毒性和灭鼠效果.汪诚信,等.植物保护学报,1964,3(2)
一种新型小鼠活动记录仪.戴德哉,等.南京药学院学报,1964,12(11)
一种高山地区鼠类数量统计方法的介绍.范志勤.动物学杂志,1964,6(1)
有关消灭小家鼠和褐家鼠的一些研究资料.汪诚信.技术业务学习资料,1964,5(2)
疫病的自然疫源地.Macdonald,G.许绶泰译.畜牧兽医译丛,1964,(3)
在云南褐家鼠中发现的肾膨结线虫、它的分类和生物学.金大雄.寄生虫学报,1964,1(1)
浙江省钩体病的主要储存宿主及鼠间传染途径,冬季保菌和人类患病关系的初探.诸葛阳.中华医学内科学会钩体病学术会议资料汇编,1964,227
白鼯鼠.邓其祥,等.生物学通报,1964,8(2)
坝上地区农业鼠害及其防治.田绍义.河北农学报,1965,4(4)
不同生态期的达乌利黄鼠对磷化锌的敏感性.汪诚信.流行病学杂志,1965,3(2)
捕鼠经验(二则).王耀培,等.植物保护,1965,3(5)
川西林区社鼠与白腹鼠种间差异的探讨.罗泽珣.动物学报,1965,17(3)
春季黄鼠生态的一些观察.张赫武,等.动物学杂志,1965,7(2)
东方田鼠对日本血吸虫的不感染性.黎申恺.寄生虫学报,1965,2(1)
达呼尔鼠兔的白色变异.皮南林,等.动物学杂志,1965,7(2)
短尾黑线仓鼠正常染色体组型的分析.王世浚.动物学杂志,1965,7(3)
大白鼠染色体组型的初步报告.王淑仪,等.动物学报,1965,17(1)
达呼尔鼠兔的生态初步观察.张洁,等.动物学杂志,1965,7(2)
鼢鼠对油松幼林危害的初步调查.朱健.林业快报,1965,5(9)
甘肃啮齿动物的分布.李家坤.甘肃师范大学学报(自然科学),1965,7(1)
贵州东南缘的农田鼠害及其防治.松会武.动物学杂志,1965,(5)
广东地区所见之鼠咬热.杨如珠.广东医学(现代医学版),1965,(4)

黑线姬鼠生态习性和流行性出血热发病关系的初步观察. 蒋君遐,等. 流行性出血热专辑(第二集),1965
湖北西部钩端螺旋体主要储存宿主黑线姬鼠的研究. 谭明文,等. 流行病学杂志,1965,3(4)
黄毛鼠的食性及其对农作物的危害. 王耀培. 动物学杂志,1965,7(6)
黄胸鼠和小家鼠某些生态的初步观察. 周斋. 动物学杂志,1965,7(3)
海康鼠体内发现弓形体的报告. 朱汝禄. 中华卫生杂志,1965,10(5)
自喜马拉雅旱獭体内首次分出红斑丹毒丝菌的鉴定. 白常乐. 微生物学报,1965,11(3)
急性磷化锌中毒 11 例临床分析. 黄家麟. 安徽医学院学报,1965,8(3)
吉林省农田啮齿类初步调查. 金 岚,等. 吉林师大学报(自然科学),1965,12(2)
泾川南山地区的鼠害(啼兔)及其防除. 杨勤贵. 植物保护,1965,3(2)
介绍一种鼢鼠数量的野外调查方法. 郑宝赉. 动物学杂志,1965,7(4)
磷化锌毒性及其中毒的防治. 凌人志,等. 天津医药杂志,1965,7(3)
灭鼠. 中华人民共和国卫生部防疫司. 鼠疫防治手册,1965,53
闽西北山区钩体病自然疫源地的特征. 于恩庶,等. 福建省传染病学术会议论文选辑,1965
农田鼠害的药剂防治. 柳枢. 植物保护,1965,3(6)
内蒙狭颅田鼠一新亚种. 马勇. 动物分类学报,1965,2(3)
陕西定边白泥井地区的鼠类及鼠害. 陈延熹. 动物学杂志,1965,7(2)
陕西毛乌素沙漠地带啮齿动物调查. 陈延熹. 动物学杂志,1965,7(5)
鼠尾韧带纤维缝线在眼科临床上的应用. 杜念祖. 中华眼科杂志,1965,12(3)
鼠尾腱线在眼科临床应用的尝试. 刘瑞琫. 武汉医学杂志,1965,2(5)
三种茚满二酮化合物对鼠的毒性和灭蚤作用. 灭鼠研究组. 流行病学杂志,1965,(3)
实验室内粉剂灭鼠若干问题的探讨. 汪诚信,等. 流行病学杂志,1965,3(1)
杀鼠灵对鼠的毒力和抗凝血作用的初步探讨. 汪诚信,等. 流行病学杂志,1965,3(3)
杀鼠灵的剂量、投药间隔时间和毒性作用的关系. 汪诚信. 流行病学杂志,1965,3(4)
麝鼠的食性和食物基地. 朱靖. 动物学报,1965,17(4)
武汉市鼠类调查. 黎德武. 华中师范学院科学研究论文集,1965,(1)
小白鼠的染色体组型. 计雪文. 动物学杂志,1965,7(6)
夏蛰黄鼠一例报告. 张赫武,等. 动物学杂志,1965,7(2)
有关鸟鼠同穴问题的一些资料. 高中信,等. 生物学通报,1965,(1)
云南板齿鼠的一些生态资料. 陆长坤,等. 动物学杂志,1965,7(5)
用磷化锌毒饵消灭黄鼠的试验研究Ⅱ. 不同生态期的达乌利黄鼠对磷化锌的敏感性. 汪诚信,等. 流行病学杂志,1965,3(2)
应用 PAM 的商榷——《16 例急性磷化锌中毒之初步临床观察》一文读后. 张雨林. 天津医药杂志,1965,7(10)
竹筒内放置粉剂毒杀屋顶上的黄胸鼠. 杨光荣. 流行病学杂志,1965,3(2)
浙江乐清县翁墙地区黄毛鼠的生态及其危害农作物的初步观察. 赵志烈. 动物学杂志,1965,7(5)
安徽省兽类地理分布的初步研究. 王岐山,等. 动物学杂志,1966,8(3)
大砂鼠的生态观察及其防治试验. 李传勋,等. 动物学杂志,1966,8(1)
带岭林区小形鼠类数量研究Ⅲ. 气候条件对种群数量的影响. 夏武平. 动物学报,1966,18(1)
关于松鼠视网膜折光反应的一些观察. 刘育民. 科学通报,1966,17(8)
广东省雷北农作区鼠类的分布. 杨务一,等. 动物学杂志,1966,8(4)
黑龙江铁山地区小型啮齿动物调查初报. 高宇光. 动物学杂志,1966,8(2)
黄鼠生态的初步观察. 柳 枢. 动物学杂志,1966,8(3)
黄毛鼠和板齿鼠的食量的测定. 秦耀亮,等. 动物学杂志,1966,8(1)
海南岛鼠类寄生线虫的记述. 尹文真. 寄生虫学报,1966,3(1)
滹沱河流域上游地区鼢鼠数量分布的调查. 郑宝赉,等. 动物学报,1966,18(1)
急性磷化锌中毒的病理变化. 胡济宏. 中华病理学杂志,1966,10(2)
介绍一种比较安全的磷化锌毒鼠方法. 肖炳发. 中级医刊,1966,(3)
旅大地区黑线仓鼠生态的初步观察. 董谦,等. 动物学杂志,1966,8(3)
内蒙古查干敖包荒漠草原撩荒地内鼠类和植物群落的演替趋势及相互作用. 夏武平,等. 动物学报,1966,18(2)
四川发现的几种小型兽及一新亚种的记述. 王酉芝. 动物分类学报,1966,3(1)
围场县北部鼢鼠的生态观察. 孟广荣. 动物学杂志,1966,8(2)
小鼠的染色体. 蒋九华. 解剖学报,1966,9(1)
沼泽田鼠的一次兽疫暴发流行的调查. 黑龙江省某县防疫站. 流行病学杂志,1966,(1)
福建省山区钩体病疫源地调查. 于恩庶,等. 钩体病防治研究工作成都座谈会技术资料汇编(第一集),1972
国外灭鼠工作近况简介. 汪诚信. 卫生防疫通讯,1972,(3)

害鼠化学防治进展. 陈俨梅,等. 动物利用与防治,1972,(4)
农业害鼠及其防治. 普文. 动物利用与防治,1972,(2)
啮齿动物的微生物防治. 杨荷芳. 动物利用与防治,1972
阿拉善黄鼠的生活习性与数量季节变动的研究. 蔡桂金,等. 灭鼠和鼠类生物学研究报告(第一集),科学出版社,1973
安徽城西湖农场鼠的种类分布场所及季节消长调查. 预防出血热小组. 南京军区卫生部出血热防治工作资料汇编,1973
查干敖包地区黄鼠危害草原生产力的探讨. 皮南林. 灭鼠和鼠类生物学研究报告(第一集),科学出版社,1973
达乌尔黄鼠的繁殖和群众灭鼠经验. 陈延熹. 动物利用与防治,1973,(5)
大耳林姬鼠数量配置、体型和突出部分的大小与环境温度的关系. 范志勤. 动物学报,科学出版社,1973,19(1)
敌鼠、敌鼠好防治高原鼠兔试验. 何新桥,等. 灭鼠和鼠类生物学研究报告(第一集),科学出版社,1973
毒饵法的若干改进. 联合灭鼠研究组. 流行病防治研究,1973,(4)
毒力测定的几个具体问题. 汪诚信. 鼠疫防治参考资料,1973,(1)
防治大沙鼠危害梭梭固沙林. 甘肃省民勤治沙综合试验站. 林业科技通讯,1973,(9)
氟乙酸钠对黑线姬鼠的半数致死量及黑线姬鼠拒食性、耐药性的试验观察. 李法卿. 南京军区卫生部出血热防治工作资料汇编,1973
氟乙酰胺灭鼠的研究. 鼠害化学防治研究组. 灭鼠和鼠类生物学研究报告(第一集),科学出版社,1973
粉剂及其它几种方法消灭布氏田鼠的效果试验. 汪诚信,等. 流行病防治研究,1973,(1)
氟乙酸钠(1080)合成资料. 许祥裕. 南京军区卫生部出血热防治工作资料汇编,1973
氟乙酸钠毒米对鸡的毒力及狗二次中毒的初步试验观察. 预防出血热小组. 南京军区卫生部出血热防治工作资料汇编,1973
氟乙酸钠(1080)大面积灭鼠效果. 预防出血热小组. 南京军区卫生部出血热防治工作资料汇编,1973
广西主要粮食作物病虫鼠害防治月历. 广西农林局,广西农业科学院. 广西人民出版社,1973
高原鼠兔的食性及食量研究. 皮南林. 灭鼠和鼠类生物学研究报告(第一集),科学出版社,1973
甘氟灭鼠的研究. 鼠害化学防治研究组. 灭鼠和鼠类生物学研究报告(第一集),科学出版社,1973
钩端螺旋体病的防治. 于恩庶,等. 福建省卫生防疫站,1973
甘氟毒杀达乌利亚黄鼠的试验报告. 赵承善,等. 流行病防治研究,1973,(1)
褐家鼠和社鼠耗氧量研究中协方差分析的应用. 孙儒泳. 动物学报,1973,19(3)
褐家鼠和社鼠肺皮蒸发水量的初步比较. 奚家星,等. 动物学报,1973,19(3)
几种肠道灭鼠药适用浓度的探讨:毒饵法若干改进. 联合灭鼠研究组. 流行病防治研究,1973,(4)
磷化锌毒饵减毒速度的测定. 汪诚信,等. 流行病防治研究,1973,(3)
氯化苦毒杀旱獭初步试验. 张广登. 流行病防治研究,1973,(4)
灭鼠新药和毒饵警告色的筛选. 汪诚信,等. 流行病防治研究,1973,(4)
鼠痘病毒灭鼠的研究. 微生物灭鼠研究组. 灭鼠和鼠类生物学研究报告(第一集),科学出版社,1973
新杀鼠剂甘氟、氟乙酰胺灭鼠试验. 青海生物研究所. 动物利用与防治,1973,(3)
消灭鼠害. 群方. 内蒙古人民出版社,1973
消灭长爪砂土鼠试验研究Ⅰ. 1080、1081、甘氟和磷化锌对长爪砂土鼠的毒性;Ⅱ. 灭鼠新药和毒饵警告色的筛选. 汪诚信,等. 流行病防治研究,1973,(4)
珠穆朗玛峰地区哺乳类鼠兔属一新种的记述. 冯祚建. 动物学报,1973,19(1)
中国仓鼠亚科小志. 汪松,等. 动物学报,1973,19(1)
中华鼢鼠的数量变动与繁殖特点. 王祖望,等. 灭鼠和鼠类生物学研究报告(第一集),科学出版社,1973
北部荒漠鼠疫动物流行病的传播和蔓延速度研究. 杨恩铭. 鼠疫丛刊,1974,(4)
呼伦贝尔草原飞机灭鼠效果的初步观察. 牛德芳. 动物学杂志,1974,(1)
接触毒鼠药. 章 玉. 科学普及资料,1974
磷化铝、磷化钙和几种烟剂的效果观察. 联合灭鼠组. 流行病防治研究,1974,(1)
磷化钙的含量、分解速度和熏蒸毒力的测定. 汪诚信,等. 流行病防治研究,1974,(3)
流行性出血热的防治. 于恩庶,等. 福建省卫生防疫站,1974
新型杀鼠剂. 科技参政消息,1974,(6)
医学啮齿动物学. 郑智民. 福建省卫生防疫站,1974
灭鼠基本方法和灭鼠工作动态. 汪诚信. 卫生防疫参考资料,1974,(3)
圈套法捕旱獭介绍. 张广登. 流行病防治研究,1974,(3)
麝鼠种群年龄的研究. 张洁,等. 动物学报,1974,20(1)
踏板鼠夹打鼠好. 河北省石家庄市郊区于底大队科技组,等. 动物学杂志,1974,(2)
云南松航播鸟鼠害初步调查. 吴德林,等. 动物学杂志,1974,(2)

粤西山区野生鼠类生态的初步观察. 刘铭泉,等. 动物学杂志,1974,(2)
用地弓捕捉鼢鼠. 郑景华. 湖北农业科学,1974,(5)
布氏田鼠的活动对草原生产力影响的研究. 呼伦贝尔草原鼠害调查组. 动物学报,1975,21(1)
布氏田鼠的生态研究. 内蒙古锡林郭勒盟卫生防疫站. 动物学报,1975,21(1)
草原啮齿动物数量的洞口统计法. 林永烈. 动物学杂志,1975,(1)
长爪沙鼠人工感染周期型马来丝虫实验观察. 遵义医学院寄生虫教研组. 动物学报,1975,21(2)
达乌尔黄鼠的生态研究. 费荣中,等. 动物学报,1975,21(1)
达乌尔黄鼠的食性研究. 罗明澍. 动物学报,1975,21(1)
DDT 对小鼠和田鼠急性毒性及组织分布上的种属差异. 上海第一医学院图书馆资料组摘译. 国外医参(卫生),1975,(4)
带岭人工幼林的兽害调查. 李清涛,等. 灭鼠和鼠类生物学研究报告(第二集). 科学出版社,1975
达乌尔黄鼠的活动规律和捕捉方法. 赵生成. 动物学报,1975,21(1)
氟乙酰胺液剂灭鼠试验. 梁杰荣,等. 灭鼠和鼠类生物学研究报告(第二集). 科学出版社,1975
氟乙酸钠等大面积灭鼠的现场观察. 武汉军区后勤部军事医学研究所. 灭鼠和鼠类生物学研究报告(第二集). 科学出版社,1975
鼢鼠数量与地面痕迹的关系. 王祖望,等. 灭鼠和鼠类生物学研究报告(第二集). 科学出版社,1975
高原鼠兔的食性及食量研究. 皮南林. 灭鼠和鼠类生物学研究报告(第二集). 科学出版社,1975
呼伦贝尔草原有关布氏田鼠防治方面的某些生物学研究. 罗泽珣,等. 动物学报,1975,21(1)
黑龙江省麝鼠生活月历. 马逸清,等. 动物学杂志,1975,(3)
红松直播防鼠害方法的再探讨. 夏武平. 灭鼠和鼠类生物学研究报告(第二集). 科学出版社,1975
氯化苦烟炮灭黄鼠效果观察. 吉林省通辽县卫生防疫站. 动物学杂志,1975,(3)
两种有机硅灭鼠剂的试用. 联合灭鼠研究组. 流行病防治研究,1975,(2)
磷化铝、磷化钙和几种烟剂消灭长爪砂土鼠的效果观察. 联合灭鼠研究组. 动物学杂志,1975,(3)
灭鼠和鼠类生物学研究报告(第二集). 青海省生物研究所. 科学出版社,1975
灭鼠效果的调查与计算. 汪诚信. 流行病防治研究,1975,(2)
啮齿动物数量的野外统计方法. 安徽省卫生防疫站防疫科. 动物学杂志,1975,(1)
闹羊花(羊踯躅)烟剂灭鼠的现场效果观察. 湖北省鄂城县卫生防疫站报导组. 赤脚医生杂志,1975,(8)
农林害鼠防治. 黑龙江省农牧局,《农林害鼠防治》编写组. 农业出版社,1975
前列腺 E_1 对田鼠和大鼠的抗生育和溶黄体作用的研究. 朱文玉译. 国外医参(计划生育、妇产),1975,2(2)
青海高原春季氯化苦牛粪烟熏灭獭试验. 张广登. 流行病防治研究,1975,(4)
鼠痘病毒对北疆农田主要害鼠的感受性试验及易感种的毒力测定. 何新桥,等. 灭鼠和鼠类生物学研究报告(第二集),科学出版社,1975
鼠尿气味的诱鼠作用及其在灭鼠中应用的可能性. 中国科学院北京动物研究生态室一组. 动物学报,1975,21(1)
消灭长爪砂土鼠的试验 Ⅶ. 两种有机硅灭鼠剂的试用. 联合灭鼠研究组. 流行病防治研究,1975,(2)
新疆北部农业区鼠害的研究 (一)新疆北部农区的害鼠. 青海省生物研究所新疆鼠害研究组. 灭鼠和鼠类生物学研究报告(第二集). 科学出版社,1975
新疆北部农业区鼠害的研究 (二)小家鼠(Mus musculus L.)的季节性数量消长与生境间的迁移. 青海省生物研究所新疆鼠害研究组. 灭鼠和鼠类生物学研究报告(第二集). 科学出版社,1975
新疆北部农业区鼠害的研究 (三)小家鼠(Mus musculus L.)野外越冬地的分析. 青海省生物研究所新疆鼠害研究组. 灭鼠和鼠类生物学研究报告(第二集). 科学出版社,1975,31
伊春林区鼠害与预报的意见. 舒凤梅,等. 灭鼠和鼠类生物学研究报告(第二集). 动物学报,1975,21(1)
野外条件下鼠痘病毒在小家鼠中的传播试验. 王祖望,等. 灭鼠和鼠类生物学研究报告(第二集). 科学出版社,1975,38
怎样区别鼹鼠和鼢鼠. 刘焕金,等. 农业科技通讯,1975,(1)
樟子松人工幼林防鼠害的试验报告. 鼠害防治协作小组. 灭鼠和鼠类生物学研究报告(第二集). 科学出版社,1975
长爪沙鼠实验室生长繁殖的初步观察. 遵义医学院寄生虫学组. 动物学杂志,1976,(3)
达乌尔黄鼠的繁殖和自然死亡的观察. 张赫武. 动物学杂志,1976,41
飞机灭鼠. 航空知识,1976,15
贵池县东南湖鼠类区系演替的研究. 安徽省卫生防疫所防疫科. 动物学杂志,1976,(4)
介绍一种新型的灭鼠药——敌鼠钠盐. 程万. 农业科学实验,1976,(4)
九种毒鼠药毒杀黑线姬鼠的实验研究. 江西防治出血热灭鼠协作研究组. 流行病防治研究,1976,(4)
几种较新灭鼠剂的毒性试验. 联合灭鼠研究组. 流行病防治研究,1976,(1)

两种烟熏炮灭鼠效果的观察报告. 湖北省广济县卫生防疫站. 赤脚医生杂志,1976,(8)
木屑烟炮灭鼠效果观察. 高淳县卫生防疫站,等. 江苏医药,1976,(4)
石蒜烟雾炮灭鼠试验初步报告. 贵州省绥阳县卫生防疫站. 赤脚医生杂志,1976,(8)
杀鼠剂的毒理、中毒诊断及救治. 武汉医学院药理教研组. 农药工业,1976,(5)
提高毒饵灭鼠工效的进一步探讨. 汪诚信. 流行病防治研究,1976,(3)
我国灭鼠和鼠类生物学十年进展的鸟瞰. 夏武平. 动物学报,1976,22(3)
消灭农田鼠害. 广东省昆虫研究所动物研究室. 广东人民出版社,1976
新杀鼠剂毒鼠磷通过技术鉴定. 王一凡. 辽宁化工,1976,(3)
掌握布氏田鼠的活动规律,大打草原灭鼠的人民战争. 黑龙江省革命委员会草原灭鼠办公室. 动物学报,1976,22(3)
草原鼠害及防治. 国外科技动态,1977,(6)
草原灭鼠. 内蒙古伊盟草原建设工作站. 动物学杂志,1977,(1)
长爪沙鼠实验感染周期马来丝虫. 遵义医学院寄生虫教研组. 动物学报,1977,23(2)
毒鼠磷对长爪砂土鼠野外毒野外毒辣杀效果的观察. 陕西省卫生防疫站,等. 中华医学杂志,1977,57(6)
旱獭的年龄与繁殖. 甘肃省武威地区卫生防疫站地方病一科. 动物学杂志,1977,(1)
黄鼠的活动规律与防治方法——赵生成同志灭鼠经验介绍. 山西省天镇县农林局. 动物学杂志,1977,(2)
旱獭的习性和捕捉. 谭保华. 动物学杂志,1977,(2)
老鼠的综合利用. 田开明. 动物学杂志,1977,(1)
闹羊花烟剂灭鼠试验初步报告. 湖北鄂城县卫生防疫站. 中华医学杂志,1977,57(3)
南京方山中新世仓鼠化石. 李传夔. 古脊椎动物与古人类,1977,15(1)
绒鼠新引种的毛皮兽. 上海师范大学生物系,等. 动物学杂志,1977,(2)
啮齿类繁殖生态研究中雄性繁殖强度的意义. 孙儒泳,等. 动物学报,1977,23(2)
人工林鼠害调查报告. 黑龙江省人工林鼠害防治协作组. 动物学杂志,1977,(4)
饲养复齿鼯鼠的一些资料. 高士贤,等. 动物学杂志,1977,(4)
石蒜烟雾炮对小白鼠及黑线姬鼠毒性试验初步报告. 贵州绥阳县卫生防疫站. 新医学,1977,8(7)
山西北部农田鼠类调查. 柳枢. 动物学杂志,1977,(4)
鼠洞内烟炮灭鼠杀螨的效果观察. 苏州医学院,等. 江苏医药,1977,(8)
试谈灭鼠工作的动向和任务. 汪诚信. 流行病防治研究,1977,(4)
微生物防治鼠类啮齿动物. 国外科技动态,1977,(1)
五趾心颅跳鼠的生态调查. 赵肯堂. 内蒙古大学学报,1977,(1)
一次与多次投放敌鼠钠盐毒饵灭鼠效果比较. 郑智民. 动物学杂志,1977,(3)
氨基甲酸酯类和除鼠磷的试用. 汪诚信,等. 流行病防治研究,1978,(3)
不同浓度的敌鼠钠盐毒饵现场毒杀家鼠的效果比较. 郑智民. 灭鼠和鼠类生物学研究报告(第三集),科学出版社,1978
布氏田鼠种群年龄的研究. 中国科学院动物研究所生态室一组. 动物学报,1978,24(4)
布氏田鼠动情周期的初步研究. 中国科学院动物研究生态室一组. 动物学报,1978,24(4)
敌鼠钠盐(附中毒两例报告). 侯明斋. 国外医参(内科),1978,5(3)
敌鼠钠盐中毒 21 例临床分析与讨论. 旅大市第二人民医院内科血液组. 辽宁中级医刊,1978,(6)
达乌尔黄鼠的生态研究. 辽宁昭乌达盟卫生防疫站. 昭盟科技,1978,(3)
大搞群众运动,加强调查研究,提高灭鼠水平. 上海市嘉定县南翔镇除害灭病领导小组办公室. 灭鼠和鼠类生物学研究报告(第三集),科学出版社,1978
敌鼠钠盐灭野鼠探讨之一——敌鼠钠盐对黑线姬鼠(Apodemus agrarius pallidior Thomas)的毒力测定. 四川省卫生防疫站医学动物昆虫组,等. 灭鼠和鼠类生物学研究报告(第三集),科学出版社,1978
敌鼠钠盐急性中毒一例报告. 王新颖. 中华预防医学杂志,1978,12(2)
敌鼠钠盐毒野鼠试验. 余新洽,等. 中华预防医学杂志,1978,12(2)
滴滴涕对大鼠的慢性毒性研究——为修订水体中滴滴涕最大容许浓度提供毒理资料. 中国医学科学院卫生研究所环境卫生研究室,等. 中华预防医学杂志,1978,12(1)
氟乙酰胺消灭林区害鼠的经验. 黑龙江省带岭林业实验局科学研究所营林技术研究队. 灭鼠和鼠类生物学研究报告(第三集),科学出版社,1978
鼢鼠和鼠兔数量的相互关系及其对草场植被的影响. 梁杰荣,等. 灭鼠和鼠类生物学研究报告(第三集),科学出版社,1978
福建的啮齿动物. 郑智民,等. 动物学杂志,1978,8(3)
广东黄胸鼠的生态调查及防除. 广东省湛江地区卫生防疫站. 灭鼠和鼠类生物学研究报告(第三集),科学出版社,1978

广东黄毛鼠的生态调查及防除. 广东省湛江地区卫生防疫站. 灭鼠和鼠类生物学研究报告(第三集),科学出版社,1978
高原鼠兔种群年龄及繁殖的研究. 施银柱,等. 灭鼠和鼠类生物学研究报告(第三集),科学出版社,1978
国外对灭鼠药物的研究近况. 汪诚信. 灭鼠和鼠类生物学研究报告(第三集),科学出版社,1978
关于血凝资料的统计处理. 汪诚信. 鼠疫防治参考资料,1978(5)
黑线姬鼠的生物学资料. 四川省卫生防疫站动物昆虫组. 灭鼠和鼠类生物学研究报告(第三集),科学出版社,1978
湖北长阳黑线姬鼠种群与巢区的一些生态资料. 夏武平,等. 灭鼠和鼠类生物学研究报告(第三集),科学出版社,1978
黄鼠洞口与其周围植物群落的关系. 夏武平,等. 动物学报,1978,24(4)
黑线姬鼠繁殖及数量动态的初步研究. 诸葛阳,等. 灭鼠和鼠类生物学研究报告(第三集),科学出版社,1978
几种杀鼠剂的毒力测定和药效试验. 害鼠化学防治研究组. 灭鼠和鼠类生物学研究报告(第三集),科学出版社,1978
昆明地区的鼠类研究. 何晓瑞. 灭鼠和鼠类生物学研究报告(第三集),科学出版社,1978
蒙古黄鼠(Citellus dauricus mongolicus Milne-Edwards)巢区的研究. 吴德林,等. 灭鼠和鼠类生物学研究报告(第三集),科学出版社,1978
农田基本建设对改造山垅稻田型钩体病自然疫源地的意义. 陈亢川,等. 流行病防治研究,1978,(1)
南鼢鼠的习性和防治. 陕西省岚皋县生漆研究所. 动物学杂志,1978,(4)
内蒙古啮齿动物及其区系划分. 赵肯堂. 内蒙古大学学报,1978,(1)
气候条件对黑线姬鼠种群数量的影响. 安徽省卫生防疫所防疫科. 灭鼠和鼠类生物学研究报告(第三集),科学出版社,1978
青海省东部农业区鼠害调查及防治. 王学高,等. 灭鼠和鼠类生物学研究报告(第三集),科学出版社,1978
绒鼠生产初见成效. 动物学杂志编辑部. 动物学杂志,1978 ,(2)
鼠类及其防治. 复旦大学生物系动物学教研组. 四川粮油科技,1978,(2)
森林鼠害. 尹成初. 农村科学实验,1978,(9)
通讯电缆的虫鼠害与防治. 广东省邮电管理局,等. 人民邮电出版社,1978,103
天山黄鼠选饵试验及磷化锌毒饵的夏季灭效探讨. 钟文勤. 动物学杂志,1978,(3)
外激素在防治布氏田鼠中的应用. 中国科学院动物研究所生态室一组. 动物学报,1978,24(4)
新疆北部农业区鼠害的研究——(四)小林姬鼠的一些生物学资料. 青海省生物研究所新疆鼠害研究组. 灭鼠和鼠类生物学研究报告(第三集),科学出版社,1978
消灭褐家鼠的经验. 沈前明. 灭鼠和鼠类生物学研究报告(第三集),科学出版社,1978
小家鼠的生长和发育. 王祖望,等. 灭鼠和鼠类生物学研究报告(第三集),科学出版社,1978
用毒鼠磷在养鸡场消灭老鼠. 汪诚信,等. 流行病防治研究,1978,(4)
云南白芒雪山一些鼠类的垂直分布资料. 云南省流行病防治研究所. 灭鼠和鼠类生物学研究报告(第三集). 科学出版社,1978
子午沙鼠的口食量观察. 柳 枢. 动物学杂志,1978,(1)
针毛鼠的生物学观察. 郑智民,等. 动物学杂志,1978,(1)
丙种射线照射后大鼠小肠粘膜层毛细血管超微结构的早期变化. 朴英杰,等. 广东解剖通报,1979,1(1)
布氏田鼠种群内部调节的研究——种群密度,肾上腺和生殖腺重量之间的相互关系. 杨荷芳. 动物学报,1979,25(2)
布氏田鼠杀灭方法的试验研究. 中国科学院动物研究所生态室一组. 动物学杂志,1979,(1)
布氏田鼠巢域的研究. 中国科学院动物研究所生态室一组. 动物学报,1979,25(2)
布氏田鼠种群繁殖的研究. 张洁,等. 动物学报,1979,25(3)
不同栖息地内斑纹黄鼠(Citellus susli cas)的生物学变异. 鼠疫译丛,1979,1(4)
草原灭鼠诱饵的新来源. 董维惠,等. 中国农业通讯,1979,(11)
雌大白鼠包皮腺分泌物的性引诱作用. 刘炳谦,等. 动物学杂志,1979,(3)
长耳跳鼠一新亚种. 马勇,等. 动物分类学报,1979,4(3)
长爪沙鼠实验感染周期型马来丝虫继续观察. 遵义医学院寄生虫教研组. 动物学报,1979,25(1)
毒杀中华鼢鼠的试验研究. 甘肃农业大学草原系. 动物学杂志,1979,(4)
流行病学上册第一篇: 第十五章 灭鼠. 汪诚信. 人民卫生出版社,1979
福建农田害鼠及其防治. 洪朝长. 福建农业科技,1979,(5)
非粮油毒饵诱杀长爪沙鼠试验. 汪诚信. 中华预防医学杂志,1979,13(3)
广东省啮齿动物的地理分布与区划及其防治. 秦耀亮. 动物学杂志,1979,(4)
高原鼠兔和中华鼢鼠气体代谢的研究. 王祖望,等. 动物学报,1979,25(1)

国内外灭鼠动向的几个侧面. 汪诚信. 鼠疫防治参考资料,1979,(6)
关于乳幼鼠流行性下痢. 徐修良. 动物学杂志,1979,(2)
关于鼠疫的历史扎记. 鼠疫译丛,1979,(3)
给动物和人类传播疾病的野生啮齿动物. Mesina,J. E. ,等. 农业科技资料译丛,1979,(1)
含毒草颗粒灭布氏田鼠的试验. 董维惠,等. 中国草原,1979,(1)
灰鼠的年龄鉴定及种群组成. 朱盛侃. 动物学报,1979,25(3)
黄毛鼠生态学及其杀灭方法的研究. 詹绍琛. 福建农业科技,1979,(6)
江苏镇江金沙滩巢鼠的调查研究. 黄文几,等. 动物学杂志,1979,(3)
昆明鼠早期胚胎发生的初步观察. 韩贻仁,等. 山东大学学报(自然),1979,(3)
昆明地区鼠类区系组成,繁殖特点及分类研究. 何晓瑞. 云南大学学报(自然),1979,(2)
流行性出血热疫点的鼠类调查和常用灭鼠方法. 上海市卫生防疫站. 中级医刊,1979,(3)
老鼠为什么能经受核屠杀. 徐子成. 自然杂志,1979,2(4)
诺木洪荒漠垦植后田鼠类群落和生物量的变化. 刘季科,等. 动物学报,1979,25(3)
内蒙古锡林郭勒地区布区田鼠与草原植被相互关系的初步研究. 刘书润. 中国草原,1979,(2)
浅谈防鼠. 汪诚信. 赤脚医生杂志,1979,(12)
鼠痘病毒灭鼠研究的一些方法. 邓合黎. 动物学杂志,1979,(4)
杀鼠剂灭鼠安和灭鼠优的研究. 邓址,等. 中华预防医学杂志,1979,13(4)
杀虫双对大鼠的慢性毒性实验. 贵阳医学院农药毒理研究组. 农药工业,1979,(5)
肾上腺切除后大白鼠小肠对葡萄糖吸收障碍的作用机制. 秦飞誉,等. 动物学报,1979,25(1)
鼠类在各生境数量配置的研究及其在林木鼠害防治上的意义. 舒凤梅. 动物学杂志,1979,(4)
鼠密度高情况下的鼠数统计实验. 鼠疫译丛,1979,(3)
山地阿尔泰鼠疫疫源地平颅田鼠(Alticola strelzovi)和蒙古鸣鼠(Ochotona price)巢区的相互关系. 鼠疫译丛,1979,1(4)
我国灰鼠的亚种新记录——鄂毕亚种. 马勇,等. 动物学报,1979,25(2)
我国主要农田害鼠. 肖增祜. 农业科技通讯,1979,(12)
我国啮齿类两种新纪录. 杨光荣,等. 动物分类学报,1979,4(2)
五氯酚钠对大鼠致畸性的研究. 中国医学科学院卫生研究所,等. 中华预防医学杂志,1979,13(1)
新疆北部地区的主要害鼠及其防治. 金善科,等. 新疆人民出版社,1979,157
西伯利亚旱獭生态调查研究. 马建章,等. 东北林学院学报,1979,(1)
小鼠骨髓细胞在体内扩散小室培养中的生长动力学. 山根兴. 细胞生物学杂志,1979,1(1)
中华鼢鼠及其防治的研究. 张学炜,等. 中国果树,1979,(3-4)
中亚和哈萨克斯坦地区沙黄鼠(Citellus fulvus)蚤对鼠疫病源体的感染率. 鼠疫译丛,1979,(4)
在大沙土鼠与其寄生蚤数量不同的条件下砂土鼠栖息地内体外寄生物的接触强度. 鼠疫译丛,1979,(4)
安全杀鼠剂灭鼠宁的实验室和现场效果评价. 潘凤庚,等. 灭鼠文集第一辑,1980
板齿鼠的生长发育. 黄铁华,等. 动物学报,1980,26(4)
北塔山地区褐斑鼠兔的生活习性. 李思华. 动物学杂志,1980,(3)
白尾松田鼠分类志要. 郑昌琳,等. 动物分类学报,1980,5(1)
布氏田鼠的一些生态资料. 张洁,等. 动物学报,1980,26(2)
草粉粒代粮诱饵灭鼠的研究之七——灭高原鼠兔的试验. 董维惠,等. 第三次东北草原学术会议论文集,1980
草颗粒灭鼠诱饵的性能. 董维惠,等. 动物学杂志,1980,(1)
常用实验动物肿瘤细胞染色体的研究Ⅱ. 大鼠 Walker256 癌肿的核型分析. 刘瑞清,等. 遗传学报,1980,7(3)
除鼠磷毒杀草原黄鼠及对猫、狗的二次中毒试验. 灭鼠试验协作组. 灭鼠文集第一辑,科学出版社,1980
除鼠磷对羊、牛的毒力测定和解毒试验. 灭鼠试验协作组. 灭鼠文集第一辑,科学出版社,1980
从家野活鼠分离出 13 株假结核杆菌. 南方五省联合调查队. 流行病学杂志,1980,1(2)
草原害鼠及其防治. 施银柱,等. 青海人民出版社,1980
长爪沙鼠的化学防制. 汪诚信,等. 流行病学杂志,1980,1(1)
大、小鼠尾静脉等白细胞正常值及其比较. 白玉书,等. 动物学杂志,1980,(4)
达乌尔黄鼠和长爪沙鼠在河西地区分布的初步调查. 陈钧,等. 动物学杂志,1980,(4)
毒饵法防治布氏田鼠中的几个问题. 董维惠,等. 中国草原学会成立大会暨第一次学术会议论文集(上集),1980
达乌尔黄鼠洞内蚤的空间分布. 费荣中,等. 昭盟医药,1980,(2)
大白鼠胼胝体神经胶质细胞的体外培养. 郭腕华. 广东解剖通报,1980,2(1)
大鼠脑内 5-羟色胺与多巴胺相互关系的初步研究. 胡彩钦,等. 北京医学院学报,1980,(4)
敌鼠钠盐杀灭家鼠的现场观察. 姜必成. 灭鼠文集第一辑,1980

电针诱导对大白鼠不同脑分区乙酰胆碱含量及乙酰胆碱酯酶活性的影响. 陆纯惠,等. 针刺研究,1980,5(1)
东北花鼠(Eutamias sibiricus)的冬眠及年周期. 李佩珣,等. 自然资源研究,1980,(3)
大白鼠血浆皮质酮的竞争性蛋白质结合分析法. 缪明,等. 动物学杂志,1980,(2)
毒鼠磷对黑线姬鼠的毒效观察. 南京军区后勤部军事医学研究所. 流行病学杂志, 1980,1(4)
毒鼠磷的毒力测定及毒杀野鼠试验. 宁夏地方病防治所. 灭鼠文集第一辑,1980
敌鼠钠盐毒饵灭家鼠效果观察. 蓬莱、福山、海阳灭鼠协作组. 灭鼠文集第一辑,1980
代粮毒饵灭黄鼠试验. 商志宽,等. 灭鼠文集第一辑,1980
大鼠825拉德照射后骨髓微细结构的改变. 田牛,等. 放射医学与防护,1980,(3)
毒鼠磷对黑线姬鼠的毒效观察. 吴光华,等. 流行病学杂志,1980,(4)
大白鼠心电图的分析. 于志铭. 动物学杂志,1980,(3)
毒鼠磷对黄胸鼠的毒力试验. 杨光荣,等. 灭鼠文集第一辑,1980
毒鼠磷毒杀长爪砂土鼠效果观察. 张钧,等. 灭鼠文集第一辑,1980
敌鼠钠盐毒杀长爪砂土鼠效果观察. 赵宗贤,等. 灭鼠文集第一辑,1980
敌鼠钠盐、磷化锌药物效果观察. 钟祥县卫生防疫站. 灭鼠文集第一辑,1980
大隆——一种新抗凝剂. Dubock, A. C. ,等. 董天义译. 灭鼠文集第一辑,1980
大隆——一种新的灭鼠药. Hadler, M. R. 董维惠译. 灭鼠文集第一辑,1980
大面积消灭家鼠问题. Schulze, G. 汪诚信译. 灭鼠文集第一辑,1980
氟乙酰胺水浸棉球毒杀长爪砂土鼠试验. 王珍,等. 灭鼠文集第一辑,1980
非粮诱饵的今昔和展望. 汪诚信. 灭鼠文集第一辑,1980
氟乙酰胺毒杀黄胸鼠试验研究. 杨光荣,等. 灭鼠文集第一辑,1980
防制抗凝剂抗性鼠的新灭鼠剂. Lund, M. 汪诚信译. 灭鼠文集第一辑,1980
氟乙酸钠(1080)对土壤微生物的作用. Lien, B. C. ,等. 汪诚信译. 灭鼠文集第一辑,1980
伏杀磷对狗和大鼠的慢性毒理学之研究. Michael, A. Gallo. 河南化工,1980,(1)
氟乙酸钠对森林生态系统的污染. Peters, J. A. 张万生译. 灭鼠文集第一辑,1980
高原鼠兔数量与危害程度的关系. 刘季科,等. 动物学报,1980,26(4)
高山草甸生态系一小哺乳动物能量动态的研究 Ⅰ、高原鼠兔和中华鼢鼠对天然食物的消化率和同化水平的测定. 王祖望,等. 动物学报,1980,26(2)
关于长爪沙鼠的化学防治. 汪诚信,等. 流行病学杂志,1980,1(1)
关于毛丝鼠生殖问题的探讨. 张南奎. 吉林农业大学学报,1980,(3)
环庚烯作为灭鼠剂的生物学评价. 邓址,等. 灭鼠文集第一辑,1980
黑龙江省传病动物研究三十年. 康成贵. 自然资源研究,1980,(3)
旱獭的扑猎方法及卫生防护措施. 马建章. 野生动物保护与利用,1980,(1)
黑龙江省麝鼠分布及资源现状. 马逸清,等. 自然资源研究,1980,(3)
荒漠草原中蝗虫、穴居脊椎动物的空间结构及其食物关系. 钟文勤,等. 动物学杂志,1980,(2)
黄毛鼠药物杀灭现场试验. 詹绍琛,等. 灭鼠文集第一辑,1980
急性磷化锌中毒引起迟发性出血1例报告. 蒋春余. 中级医刊,1980,(3)
介绍一种驱除小鼠肠内线虫的方法. 罗祯美,等. 动物学杂志,1980,(3)
金黄仓鼠的繁育. 郑智民. 动物学杂志,1980,(4)
抗血凝灭鼠剂(difenacoum)防制家栖鼠的实验室评价. 董天义,等. 灭鼠文集第一辑,1980
颗粒毒饵灭鼠. 董维惠译. 灭鼠文集第一辑,1980
抗凝血剂在夏威夷蔗田中的投饵问题. Teshima, A. H. 张万生译. 灭鼠文集第一辑,1980
LH-104和107对褐家鼠的毒力测定. 莫冠英,等. 灭鼠文集第一辑,1980
磷化铝灭獭试验. 青海省地方病防治研究所动物科. 灭鼠文集第一辑,1980
磷化锌饵剂见洞投毒法灭鼠试验. 王文清. 灭鼠文集第一辑,1980
磷化锌红薯灭家鼠报告. 云霄县防疫站,等. 灭鼠文集第一辑,1980
615纯系与昆明杂种新生小鼠去胸腺衰弱性疾病发生的比较. 朱立平,等. 动物学报,1980,26(3)
磷化锌棉蓬籽浆糊毒饵杀灭长爪砂土鼠试验. 赵宗贤. 灭鼠文集第一辑,1980
磷化锌铝熏杀长爪砂土鼠试验. 张 钧,等. 灭鼠文集第一辑,1980
牡丹江东部边境地区啮齿动物初步调查. 崔文富,等. 自然资源研究,1980,(3)
棉酚抗生育作用的研究Ⅰ. 对小鼠及大鼠雄性激素依赖器官的影响. 石其贤,等. 动物学报,1980,(4)
毛丝鼠幼仔的护理. 王培潮,等. 毛皮动物饲养,1980,(3)
灭鼠研究方法. 汪诚信. 中国医学科学院流行病学微生物学研究所情报研究室,1980
灭鼠和除鼠磷对布氏田鼠的毒力及现场灭效试验. 周培义. 灭鼠文集第一辑,1980
灭鼠粉剂的实验室试验方法. Davis, R. A. 汪诚信译. 灭鼠文集第一辑,1980

毛丝鼠的毛色突变型.毛皮动物饲养,1980,(3)
啮齿动物学基础.赵肯堂,等.厦门市卫生防疫站,厦门市生物学会,1979
农林鼠类及防治.柳枢.山西人民出版社,1980
吡啶氨基甲酸酯类秋季毒杀长爪砂土鼠试验.赵宗贤.灭鼠文集第一辑,1980
普通田鼠实验室内毒理试验的方法.Nikodemusz,E.,等.汪诚信译.灭鼠文集第一辑,1980
气候变化对灰鼠皮质量的影响.白荆堂.动物学杂志,1980,(4)
青海玉树地区西藏鼠兔的一新亚种.郑昌琳,等.动物学报,1980,26(1)
鼠得克灭鼠剂在养鸡场防制褐家鼠的现场试验.陈长安,等.灭鼠文集第一辑,1980
陕西省秦岭大巴山地区兽类分类和区系研究.陈服官.西北大学学报(自然),1980,(1)
鼠类对抗血凝灭鼠剂敏感性或抗药性测定指导.董天义译.灭鼠文集第一辑,1980
鼠得克对高原鼠兔的毒效初试.樊乃昌,等.灭鼠文集第一辑,1980
麝鼠的草巢.傅承钊,等.自然资源研究,1980,(3)
杀鼠剂LH104、105、106和107毒杀黄胸鼠和黄毛鼠的实验研究.广东湛江地区卫生防疫站,等.灭鼠文集第一辑,1980
麝鼠散放工作中种兽长途运输问题.童墉昌.自然资源研究,1980,(3)
鼠亚科一新种——显孔攀鼠.王酉之,等.动物学报,1980,26(4)
鼠得克的毒力和解毒试验.张万生,等.灭鼠文集第一辑,1980
鼠得克抗凝血作用的初步探讨.张万生,等.灭鼠文集第一辑,1980
杀鼠剂在芝加哥抗性鼠地区的现场试验.Ashton,A.B.,等.张万生译.灭鼠文集第一辑,1980
市售放磁器对松田鼠忌避作用的现场评价.Byers,R.E.汪诚信译.灭鼠文集第一辑,1980
鼠得克——一种新的灭鼠剂.Bull,J.C.,等.董天义译.灭鼠文集第一辑,1980
使灭鼠剂高效低毒的另一途径.Dubock,A.C.董维惠译.灭鼠文集第一辑,1980
试验性灭鼠剂大隆已通过实验室试验,转向现场应用.Kaukeinen,D.汪诚信译.灭鼠文集第一辑,1980
鼠类对抗血凝灭鼠剂的抗药性及其测定和世界卫生组织试验箱的使用.Lund,M.董天义译.灭鼠文集第一辑,1980
试验鼠类不育剂.Marsh,R.E.,等.汪诚信译.灭鼠文集第一辑,1980
杀鼠灵小麦毒饵用于防制灰松鼠时的持久性的研究.Odam,E.M.汪诚信译.灭鼠文集第一辑,1980
鼠疫的监测和控制.地方病译丛,1980,(3)
同德牧场主要害鼠的分布及数量调查.王学高,等.植物保护,1980,6(2)
我国内蒙古褐斑鼠兔一新亚种.马勇,等.动物分类学报,1980,5(2)
我国三种松鼠的染色体组型与演化.王应祥,等.动物学研究,1980,1(4)
我国食虫目兽类新记录.王应祥,等.动物学研究,1980,1(4)
我国黑线仓鼠的亚种分类研究及一新亚种的描述.王逢桂.动物分类学报,1980,5(3)
武夷山区白腹巨鼠的初步观察.詹绍琛.动物学杂志,1980,(2)
西藏球果蝠及橙腹长吻松鼠的新亚种记述.蔡桂全,等.动物分类学报,1980,(4)
小鼠和人的混合染色体.李润身译.动物学杂志,1980,(1)
新抗血凝杀鼠剂鼠得克毒杀褐家鼠的现场试验.潘凤庚,等.灭鼠文集第一辑,1980
熏杀长尾黄鼠(*Citellus undulatus*)试验.钱存宁,等.地方病参考资料,1980,(1)
选择灭鼠诱鼠的实验室和现场试验方法.汪诚信译.灭鼠文集第一辑,1980
消毒杀虫灭鼠手册——包括其他医学动物防制.《消毒杀虫灭鼠手册》编写组.人民卫生出版社,1980
新疆铁路沿线和列车上鼠类的种属组成及其变迁——褐家鼠在新疆的发现.于心,等.动物学研究,1980,1(1)
小白鼠动情周期中阴道电位的变化.张崇理,等.动物学杂志,1980,(3)
小家鼠种群密度对肾上腺、胸腺、性腺和血扩值的影响研究.曾缙祥,等.动物学报,1980,26(3)
新杀鼠剂鼠得克的实验室和现场试验.Bull,J.O.张万生译.灭鼠文集第一辑,1980
新型抗凝血灭鼠剂溴敌隆.Marsh,R.E.汪诚信译.灭鼠文集第一辑,1980
小家鼠的控制种群在评价灭鼠剂中的应用.Rowe,F.P.汪诚信译.灭鼠文集第一辑,1980
野生啮齿动物中钩端螺旋体疫源检索的新方法.鲍行豪,等.流行病学杂志,1980,1(3)
以草代粮灭鼠试验初报.那木吉拉.灭鼠文集第一辑,1980
医学动物实验方法.施新猷.人民卫生出版社,1980
野鼠带钩体的调查.文友基.流行病学杂志,1980,1(3)
烟酰胺对灭鼠安和灭鼠优的解毒作用.汪诚信,等.流行病学杂志,1980,1(3)
营口地区稻田小啮齿类的种类组成和数量季节变动.肖增祜,等.动物学杂志,1980,(1)
烟剂灭鼠和鼠体外寄生虫的实验观察.云南省流行病防治研究所动物昆虫科,等.灭鼠文集第一辑,1980
一种脾脏提取物对内毒素症小白鼠的保护作用.Charles,等.青岛医药卫生(译文集),1980

用杀鼠剂特别是新发展的杀鼠剂防制鼠类. Lund, M. 陈长安译. 灭鼠文集第一辑, 1980
应用超声波噪音发生器影响褐家鼠取食活动的尝试. Meehan, A. P. 汪诚信译. 灭鼠文集第一辑, 1980
珠江三角洲农田小家鼠种群生态的几个问题. 广东省昆虫研究所动物研究室生态组. 动物学报, 1980, 26(3)
棕色田鼠的防治研究. 郭全宝. 灭鼠文集第一辑, 1980
中国竹鼠分布的变迁. 何业恒. 湘潭大学学报(哲社), 1980, (3)
机械喷饵毒杀布氏田鼠的试验. 金善科, 等. 动物学杂志, 1980, (4)
中华鼢鼠的繁殖研究. 郑生武. 动物学研究, 1980, 1(4)
中华鼢鼠种群生态的研究. 张孚允, 等. 兰州大学学报, 1980, (1)
在北非和中东地区沙鼠对农业的危害. Bernard, J. 汪诚信译. 灭鼠文集第一辑, 1980, 72
氨基甲酸酯防治黄鼠的研究. 边维武, 等. 灭鼠和鼠类生物学研究报告第四集, 科学出版社, 1981
哺乳动物外激素的研究及其应用前景. 范志勤. 辽宁动物学会会刊, 1981, 2(1)
不同游离二氧化硅含量的石墨粉尘对大鼠肺脏致纤维化作用的研究. 符绍昌, 等. 卫生研究, 1981, 10(4)
苯中毒大鼠核酸及环核苷酸的初步研究. 李桂兰, 等. 卫生研究, 1981, 10(4)
不同剂量 γ 线一次照射后家兔骨髓红系铁-5p 代谢的变化. 梅志寿, 等. 中华放射医学与防护杂志, 1981, 1(6)
北京地区啮齿类和食虫类的寄生线虫. 尹文真, 等. 动物分类学报, 1981, 6(1)
布氏田鼠洞群内群体结构的研究. 张洁, 等. 兽类学报, 1981, 1(1)
成年毛丝鼠消化率的测定. 崔宝瑚, 等. 皮动物饲养, 1981, (3)
草颗粒代粮诱饵灭鼠的研究. 董维惠. 灭鼠和鼠类生物学研究报告第四集, 科学出版社, 1981
除鼠磷防治森林害鼠的研究. 黑龙江省带岭林业实验局科研所, 等. 动物学杂志, 1981, (4)
草籽代粮作诱饵灭治害鼠的试验报告. 姜洪喜, 等. 畜牧与兽医, 1981, (1)
超声照射大白鼠阴囊引起组织损伤的观察和分析. 吕昌祥, 等. 重庆医学院学报, 1981, (2)
草原蹶鼠在我国首次发现. 李思华, 等. 动物分类学报, 1981, 6(3)
CO_2激光气化大鼠移植性肝癌的研究. 王德昭, 等. 应用激光, 1981, 1(6)
CO_2激光对家兔睾丸组织结构影响的电镜观察. 吴明章, 等. 应用激光, 1981, 1(6)
东方田鼠的一新亚种——福建亚种. 洪震藩. 动物分类学报, 1981, 6(4)
大白鼠三叉神经核至小脑皮层的纤维投射——HRP 法研究. 胡耀民, 等. 广东解剖学通报, 1981, 3(2)
大隆对黄胸鼠的毒力测定. 黄维略, 等. 中华流行病学杂志, 1981, 2(4)
大鼠不同脑区中环磷酸腺苷(cAMP)、环磷酸鸟苷(cGMP)和甲硫氨酸脑啡肽(Met-Enk)的微量测定. 何仁杰, 等. 针刺研究, 1981, 6(4)
当前国内外除虫灭鼠的研究动向. 何胜国. 中华预防医学杂志, 1981, 15(2)
敌鼠钠和磷化锌稻谷毒饵稻田毒鼠的对比试验. 廖崇惠. 动物学杂志, 1981, (3)
敌鼠钠盐碎米糠毒饵一次投药毒杀黑线姬鼠(Apodemu sagrarius)的试验. 刘仁堂. 江西医药, 1981, (2)
敌鼠钠盐与磷化锌室内灭鼠效果观察. 李树华, 等. 沂蒙医药, 1981, (6)
电针对家兔内脏交感神经传出放电的影响及其与中枢肾上腺素能受体作用的关系. 任可. 湖北医学院学报, 1981, 2(增刊4)
第二代抗凝血杀鼠剂——新杀鼠剂鼠得克(Ratak)和大隆(Talon). 邵志武. 农药译丛, 1981, (4)
毒鼠时机、食饵种类和布放位置对农田毒鼠效果的影响. 王耀培. 灭鼠和鼠类生物学研究报告第四集. 科学出版社, 1981
敌鼠钠防制黑线姬鼠. 王酉之, 等. 兽类学报, 1981, 1(2)
电针、磁场对敌百虫中毒家兔血液胆碱酯酶影响的初步观察. 徐克明, 等. 针刺研究, 1981, 6(4)
大鼠肝细胞核体外转录系统的研究. 赵前, 等. 生物化学与生物物理学报, 1981, 13(5)
电针和吗啡对大鼠蓝斑核和背中缝核单位自发放电影响同时性变化的初步观察. 朱笛霓, 等. 针刺研究, 1981, 6(4)
二氧化碳激光对家兔及大鼠精子发生影响的研究. 朱继业, 等. 生殖与避孕, 1981, 1(4)
伏杀磷农药对大鼠全血胆碱酯酶活性的慢性影响. 陈琛, 等. 化工劳动保护, 1981, (4)
非那西汀对实验小鼠的作用 Ⅰ. 皮下注射非那西汀的结果. 漆畹生, 等. 上海畜牧兽医通讯(实验动物专辑), 1981, 1(2)
"复齿鼯鼠"在山西、河北的分布及其资源保护. 王福麟. 山西大学学报(自然版), 1981, (4)
氟乙酰胺与毒鼠磷杀灭黄胸鼠试验. 杨光荣, 等. 兽类学报, 1981, 1(1)
福建青毛鼠的一些生物学资料. 詹绍琛. 兽类学报, 1981, 1(1)
福建棕鼯鼠的一些资料. 詹绍琛. 动物学杂志, 1981, (2)
灌流兔心房—腔静脉制备的窦腔传导通路和静脉自律性. 韩大英, 等. 北京第二医学院学报, 1981, 2(4)
关于鼠疫动物流行病的几个问题. 纪树立. 地方病译丛, 1981, 2(2)
高原鼠兔的家庭结构. 梁杰荣. 兽类学报, 1981, 1(2)

高黎贡山的兽类新种和新亚种. 彭鸿绶,等. 兽类学报,1981,1(2)
关于第二代抗凝血灭鼠剂. 汪诚信. 中华流行病学杂志,1981,2(3)
贵南木格滩地区喜马拉雅旱獭的数量分布及其对草场植被的影响. 肖运峰,等. 灭鼠和鼠类生物学研究报告第四集,科学出版社,1981
高山草甸小哺乳动物身体热值、水分和脂肪含量的季节变化. 曾缙祥,等. 动物学报,1981,27(3)
含毒草颗粒灭鼠有效期的试验. 董维惠,等. 中国草原,1981,(4)
黑线姬鼠的肺、肾抗原与朝鲜出血热特异抗体的对流免疫沉淀反应. 胡昌良,等. 湖北医学院学报,1981,2(1)
H1-6 伍用阿托品对梭曼中毒小白鼠胆碱酯酶活力及动物活存率的影响. 龚彦德,等. 第一军医大学学报, 1981,1(1)
赤颊黄鼠的生态初步观察. 和希格,等. 兽类学报,1981,1(1)
赤腹松鼠的一个新亚种. 李树深,等. 动物学研究,1981,2(1)
灰仓鼠、柽柳沙鼠和草原兔尾鼠对沙门氏菌的感受性试验. 梁俊勋. 灭鼠和鼠类生物学研究报告第四集,科学出版社,1981
河狸在中国的分布与生态特点. 卢浩泉. 山东大学学报(自然),1981,(4)
黄鼠数量与蚤指数及无鼠面积的相关回归分析. 李书宝. 中华流行病学杂志,1981,2(4)
黄毛鼠的生长和发育. 秦耀亮,等. 灭鼠和鼠类生物学研究报告第四集,科学出版社,1981
黄毛鼠的繁殖. 秦耀亮,等. 兽类学报,1981,1(2)
黄胸鼠云南亚种研究报告. 松会武. 贵州农业科学,1981,(6)
含毒草颗粒灭鼠试验报告. 沈世英. 青海畜牧兽医,1981,(3)
含毒草颗粒灭鼠. 沈世英. 植物保护,1981,7(6)
黄毛鼠数量季节变动的研究. 王耀培,等. 兽类学报,1981,1(1)
华北平原一些地区有害啮齿动物种群密度调查. 王学高,等. 兽类学报,1981,1(2)
黄体生成素释放激素类似物在小鼠的作用. 袁其晓,等. 生殖与避孕,1981,1(4)
汉防已甲素与其他药物合用对大鼠实验性矽肺的疗效观察. 余秀芬,等. 卫生研究,1981,10(4)
几种氨基甲酸酯类药物的灭鼠研究. 樊乃昌,等. 灭鼠和鼠类生物学研究报告第四集,科学出版社,1981
家兔垂体注射技术. 姜良,等. 生殖与避孕,1981,1(4)
家兔膈神经运动及感觉神经元胞体的位置-HRP 法. 刘大庸,等. 广东解剖学通讯,1981,3(2)
家畜氟乙酰胺急性中毒的报告. 赖德华. 西南民族学院学报(畜牧兽医版),1981,(2)
甲胺磷对黑线姬鼠的毒效观察. 孟庆泗. 中华流行病学杂志,1981,(3)
江苏省啮齿类的调查. 周开亚,等. 动物学杂志,1981,(3)
聚群与环境温度对黄毛鼠耗氧量的影响. 祝龙彪,等. 生态学报,1981,1(4)
家兔在体心脏单相动作电位记录的实验分析. 赵荣瑞,等. 山西医学院学报,1981,(4)
开封、中牟大仓鼠的生态观察. 葛荫榕,等. 新乡师范学院学报,1981,(1)
两种兔尾鼠的化学信息及其在群体中的作用. 范志勤,等. 生态学报,1981,1(1)
六盘山林区中华鼢鼠的一些生物学资料. 谷守勤. 宁夏农业科技,1981,(6)
笼养板齿鼠的繁殖. 黄铁华,等. 广东省动物学论文集,1981,69
氯化钙—乙酰胆碱混合液诱发小鼠房颤. 赵子彦,等. 第三军医大学学报,1981,3(4)
裸体小鼠(Nude Mouse)的繁育和大量生产(二). Ediger,等. 上海畜牧兽医通讯(实验动物科学专辑),1981,1(2)
毛丝鼠一些生理常值的测定. 陈淑秋,等. 毛皮动物饲养,1981,(4)
免疫激活剂诱导小鼠腹腔渗出细胞产生溶菌酶的作用. 刘 瑛,等. 佳木斯医学院学报,1981,(4)
灭鼠研究的进展与前景. 汪诚信. 河南医学院学报,1981,16(2)
灭鼠概论. 汪诚信,等. 人民卫生出版社,1981
美国野生动物学家霍华德教授访华. 汪诚信. 中华流行病学杂志,1981,2(3)
木格滩地区中华鼢鼠的分布及其对草场植被的影响. 肖运峰,等. 兽类学报,1981,1(1)
毛冬青抽提物对家兔实验性动脉粥样硬化症血清脂含量变化及斑块形成的影响. 徐晓利,等. 中山医学院学报,1981,2(2)
灭鼠和鼠类生物学研究报告第四集. 中国科学院西北高原生物研究所. 科学出版社,1981
内蒙古白音锡勒典型草原区鼠类群落的空间配置及其结构研究. 钟文勤,等. 生态学报,1981,1(1)
灭鼠安、灭鼠优现场灭效试验、解毒及毒理探讨. 詹绍琛. 兽类学报,1981,1(2)
宁夏南部山区啮齿动物初步调查. 施银柱,等. 灭鼠和鼠类生物学研究报告第四集,科学出版社,1981
粘害胶在灭鼠灭蝇中的应用研究. 郑智民. 厦门科技,1981,(1)
内蒙古啮齿动物. 赵肯堂,等. 内蒙古人民出版社,1981
皮肤移植对近交品系小鼠及其杂交子一代的遗传鉴定. 陈芷沅. 遗传学报,1981,8(4)

青海海北自治州啮齿动物体外寄生虫调查. 王心娥. 兰州大学学报(自然科学版),1981,(4)
气体自动杀鼠器. 谢燮正. 国外生活用品,1981,(2)
兽类在流行病学中的作用. 方喜业,等. 兽类学报,1981,1(2)
石棉粉尘对大鼠肺脏作用的实验研究. 符绍昌,等. 卫生研究,1981,10(4)
鼠疟原虫生物学的研究 1. 各纯系小鼠对约氏鼠疟原虫、斯氏按蚊系统敏感性的观察(2). 黄家章. 上海畜牧兽医通讯(实验动物科学专辑),1981,1(2)
升白新在大鼠体内的吸收、分布和消除. 贺锡雯,等. 卫生研究,1981,10(4)
鼠尿外激素的薄层层析和生物测定. 刘素霞,等. 兽类学报,1981,1(1)
鼠害的化学防治. 王正存,等. 化学工业出版社,1981
山东临朐中新世松鼠类一新属. 邱铸鼎. 古脊椎动物与古人类,1981,19(3)
鼠痘病毒对鸡、猪、羊、狗致病性的初步观察. 王祖望,等. 灭鼠和鼠类生物学研究报告第四集,科学出版社,1981
杀鼠剂发展概论及展望. 肖春国. 农药,1981,(6)
鼠与疾病传播的关系. 虞以新. 动物学杂志,1981,(4)
使鼠类不育的新灭鼠剂. 张荫碧. 动物学杂志,1981,(3)
三种鼠兔血清蛋白和血红蛋白的电泳比较. 周虞灿,等. 兽类学报,1981,1(1)
鼠类对敌鼠钠盐的敏感性与耐性的初步研究及其应用. 郑智民. 兽类学报,1981,1(1)
山西省汾河流域啮齿动物生态地理分布的研究. 张俊,等. 山西生物科学(动物专辑),1981
鼠害与防治综述. 张俊,等. 山西生物科学(动物专辑),1981
鼠完全性输尿管阻塞时肾小球滤过率的变化. Harris,R. H. ,等. 科技译文,1981,(6)
土、石粉丸载体毒饵灭鼠的试验研究. 包正,等. 中国草原,1981,(1)
天津市区鼠害调查. 郭全宝. 兽类学报,1981,1(1)
太原市及郊区鼠类初步调查. 郭全宝,等. 山西生物科学,1981,(2)
兔形动物的进化与分类学工作述评. 罗泽珣,等. 动物学杂志,1981,(2)
豚鼠自发抗血清显示培养细胞中的中等纤维的观察. 潘玉芝,等. 实验生物学报,1981,14(4)
提高牧区灭鼠效率的试验. 汪诚信,等. 灭鼠和鼠类生物学研究报告第四集,科学出版社,1981
提高母毛丝鼠胎产仔数的探讨. 王培潮,等. 毛皮动物饲养,1981,(1)
天峻阳康地区高原鼠兔的分布及其对小嵩草草场植被的影响. 肖运峰,等. 灭鼠和鼠类生物学研究报告第四集,科学出版社,1981
武夷山自然保护区啮齿目和食虫目动物初步调查. 洪震藩. 武夷科学,1981,(1)
我国草兔的分类研究. 罗泽珣. 兽类学报,1981,1(2)
我国野兔分类检索表. 罗泽珣. 野生动物,1981,(1)
微波照射对小鼠全身和局部的影响. 沈忠英,等. 汕头医专学报,1981,(5)
五灵脂的采收和复齿鼯鼠的捕捉. 王福麟. 野生动物,1981,(1)
五种杀鼠剂消灭长爪沙鼠的效果试验. 张万生. 兽类学报,1981,1(1)
五种小哺乳动物活动节律的初步研究. 曾缙祥,等. 兽类学报,1981,1(2)
尾核刺激镇痛时家兔中央灰质灌流液内源性吗啡样物质活性的变化. 周玲宝,等. 上海第一医学院学报,1981,8(6)
新疆北部农业区鼠害的研究(六)小家鼠种群数量消长同气候的关系. 陈安国,等. 灭鼠和鼠类生物学研究报告第四集,科学出版社,1981
新杀鼠剂"鼠大克"对高原鼠兔的毒效试验. 樊乃昌,等. 兽类学报,1981,1(2)
小鼠 IgG 实验模型的研究. 林培英. 广州医药,1981,12(6)
小鼠活体精原细胞姐妹染色单体互换测定. 吕群,等. 科学通报,1981,26(21)
新疆北部农业区鼠害的研究(七)灰仓鼠的一些生物学资料. 李春秋,等. 灭鼠和鼠类生物学研究报告第四集,科学出版社,1981
新疆北部地区啮齿动物的分类研究. 马勇,等. 兽类学报,1981,1(2)
新疆北部地区啮齿动物地理分布的研究. 马勇. 动物学报,1981,27(2)
新疆子午沙鼠一新亚种. 王逢桂. 动物分类学报,1981,6(1)
新疆啮齿类的国内一新纪录. 王思博,等. 动物分类学报,1981,6(1)
小鼠曲细精管的扫描电镜观察——用 DMSO 冷冻割断法制备样品. 王静懿,等. 生殖与避孕,1981,1(4)
小白鼠淋巴结分布的实步研究. 张宝昌,等. 动物学杂志,1981,(3)
新疆北部农业区鼠害的研究(五)北疆塔西河农业区小家鼠数量变动趋势. 朱盛侃,等. 灭鼠和鼠类生物学研究报告第四集,科学出版社,1981
厦门市区家鼠群落的演替与数量季节变动. 郑智民. 厦门科技,1981,(2)
应用蛋白结合法测定正常人及家兔血浆 cAMP(环—磷酸腺苷)的含量. 古乐梅,等. 第一军医大学学报,1981,1

(1)
用萤火虫萤光酶测定大白鼠精子中的ATP.柯一保.生殖与避孕,1981,1(4)
应用敌鼠钠防治稻田鼠害的研究.廖崇惠.灭鼠和鼠类生物学研究报告第四集,科学出版社,1981
云南黑线姬鼠在滇东北地区分布的流行病学意义.张仁明,等.云南医药,1981,2(1)
中华鼢鼠(Myospalaxfontanieri)的洞道结构.樊乃昌,等.兽类学报,1981,1(1)
棕背鮃在不同郁闭度林地下的数量及对预防幼林鼠害的意义.舒凤梅.兽类学报,1981,1(1)
棕色田鼠种群年龄组成及其繁殖力的研究.张俊,等.山西生物科学(动物专辑),1981
棕色田鼠嗜食性日食量的实验.张俊,等.山西生物科学(动物专辑),1981
阿尔泰山地啮齿动物的地带性分布及其价值的探讨.张大铭.新疆大学学报(自然),1982,(2)
北京地下铁道灭鼠小结.北京地铁管理所医务所,等.灭鼠文集第二辑,1982,29
苯肼诱发贫血大白鼠红细胞、血浆及肝脏中的甘氨酸含量.陈树滋,等.江西医学院学报,1982,(2)
不同日龄大鼠肝脏中非组蛋白染色体蛋白(NHCP)两相电泳图谱比较.丁邦裕,等.动物学研究,1982,3(2)
白地霉长期饲喂大鼠对食管和前胃影响的组织形态观察.芮菊生,等.动物学报,1982,28(4)
白化小鼠毛色基因测试法.孙靖.上海畜牧兽医通讯,1982,2(4)
不同方法制备的大鼠肝染色质化学组分及模板活性的比较研究.王智,等.生物化学与生物物理学进展,1982,(4)
保全麝鼠.安托尼茨,纳.国外特种经济动植物,1982,(2)
刺激迷走神经向中端对大鼠不同脑区脑啡肽含量的影响.陈家津,等.动物学报,1982,28(3)
纯系小鼠鉴定用的皮肤正位移植方法.陈藏源.上海畜牧兽医通讯,1982,2(3)
磁场对家兔细胞免疫功能的影响.常汉英,等.中华理疗杂志,1982,5(1)
苍耳颗粒诱饵灭鼠试验.董维惠,等.灭鼠文集第二集,1982
刺激大鼠隔区对外侧缰核痛相关神经元的影响.富继义,等.生理学报,1982,34(4)
长爪砂土鼠体温调节发育的研究.景绍亮,等.生态学报,1982,2(2)
除鼠磷"206"盐酸盐重量分析.李鸿涛,等.青海化工,1982,(4)
除鼠磷"206"生物测定简介.李继明.青海化工,1982,(4)
常咯啉对大鼠心室肌快和慢反应动作电位的影响.李震元.中国药理学通报,1982,3(3)
川楝素与大鼠脑突触体组分的结合.施玉樑,等.生理学报,1982,34(2)
仓鼠属三个种的核型分析.徐肇华,等.兽类学报,1982,2(2)
川楝素对大白鼠膈肌神经肌肉接头超微结构的影响.熊春生.药学学报,1982,17(6)
成年大白鼠大脑皮层神经细胞的有丝分裂.徐静.中国科学(B辑),1982,(1)
醋酸棉酚对大鼠体内及离体生精细胞蛋白质及核酸合成影响的观察.叶惟三,等.解剖学报,1982,13(1)
醋酸棉酚对大鼠垂体促性腺细胞及睾丸间质细胞超微结构影响的观察.叶世隽,等.解剖学报,1982,13(2)
超声波驱鼠试验.张万生,等.灭鼠文集第二辑,1982
除鼠磷"206"文献总结.张毓恕,等.青海化工,1982,(4)
醋酸棉酚对小鼠生殖细胞染色体的影响.周洁民,等.生殖与避孕,1982,2(3)
刺激大鼠尾壳核对脑内啡肽含量的影响.祝元祥,等.生理学报,1982 ,34(4)
草原生态系统研究中的一些问题.Coupland,R.T.国外畜牧学(草原),1982,(3)
大鼠黑质的传入联系——HRP法研究.包新民,等.第四军医大学学报,1982,3(3)
大白鼠丘脑—纹状体投射——HRP法研究.包新民,等.解剖学报,1982,13(1)
大白鼠乳头体核—丘脑前核群投射——HRP法研究.包新民,等.解剖学报,1982,13(3)
大仓鼠和黄胸鼠的肺皮蒸发失水及其和地理分布的关系.蔡正纬,等.生态学报,1982,2(3)
大鼠睾丸的组织化学观察.曹连吉,等.山西医学院学报,1982,(3)
大鼠丘脑束旁核痛抑制神经元活动的特征.陈兰生,等.生理学报,1982,34(1)
大鼠快、慢肌终板乙酰胆碱受体的比较及去神经后的变化.陈秀芳,等.生理学报,1982,34(2)
大白鼠脑双侧内嗅区损伤在攻击、自卫行为和开阔场地活动上的作用.陈纪刚.心理学报,1982,14(3)
大隆和鼠得克毒饵对小家鼠的摄食试验效果观察.邓址,等.灭鼠文集第二辑,1982
大隆杀灭长爪砂鼠和褐家鼠的研究.董希超,等.灭鼠文集第二辑,1982
大鼠视皮层单细胞的感受野和双眼反应.刁云程,等.生理学报,1982,34(3)
大白鼠实验性心肌梗死模型研究的进展.杜晓军.西安医学院学报,1982,1(3)
大鼠心泵功能的测定与评价.杜晓军,等.西安医学院学报,1982,3(4)
大家畜敌鼠钠中毒的报告.戴永海,等.中国兽医杂志,1982,8(6)
大鼠肝细胞核纯化、染色质分部及染色质非组蛋白双向凝胶电泳分析.樊剑英,等.动物学研究,1982,3(4)
大鼠尾核及隔区对外侧缰核的抑制作用.富继义,等.生理学报,1982,34(4)
大鼠下丘脑弓状核区在唇针镇痛中的作用.郭试瑜,等.生理学报,1982,34(1)

大鼠松果腺中前列腺素含量与卵巢功能的关系的初步研究. 葛仁勇. 生理学报,1982,34(2)
大隆、鼠得克灭布氏田鼠的试验. 侯希贤,等. 灭鼠文集第二辑,1982
大白鼠实验性心肌梗塞范围和左室心肌收缩性能指标的测定及其特点. 韩启德,等. 西安医学院学报,1982,3(1)
地塞米松对实验性鼠脑胶质瘤移植的影响. 黄强. 中国神经精神疾病杂志,1982,8(6)
大白鼠冠状动脉的解剖观察. 姜宗来,等. 西安医学院学报,1982,3(2)
敌鼠钠盐毒杀黄胸鼠的试验和应用. 刘振华,等. 动物学杂志,1982,(1)
大仓鼠冬季生态的初步研究. 刘焕金. 动物学杂志,1982,(3)
电损毁海马对大白鼠学习和记忆的影响. 刘仁义,等. 动物学研究,1982,3(4)
大仓鼠日食量的初步研究. 刘焕金,等. 动物学杂志,1982,(6)
大白鼠早孕子宫细胞核雌二醇、孕酮受体水平的变化. 罗荣生,等. 实验生物学报,1982,15(3)
电刺激家兔大脑皮层感受区对丘脑束旁核痛敏单位放电活动的观察. 刘勤龙,等. 生理学报,1982,34(2)
大鼠左室心肌收缩性能指标的测定. 雷立权,等. 生理学报,1982,34(3)
大白鼠淋巴结内淋巴细胞辐射损伤的亚显微结构研究. 马淑亭,等. 细胞生物学杂志,1982,4(1)
大鼠 2000、20000 拉德^{60}Co γ-射线全身照射后的心血管功能的改变. 施新猷,等. 第四军医大学学报,1982,3(3)
大白鼠剧烈奔跑后各脑区脑啡肽含量的变化. 陶心铭,等. 中国运动医学杂志,1982,1(1)
大白鼠血清、血浆乳酸脱氢酶(LDH)活性比较. 王家政,等. 第四军医大学学报,1982,3(2)
大白鼠蓝斑核的组织学观察. 汪文鑫,等. 第三军医大学学报,1982,4(1)
大鼠甲状腺移植及垂体甲状腺轴的实验形态学研究. 王景贵. 锦州医学院学报(附刊),1982,3(3)
地甲病重患区饮食致大鼠甲状腺肿超微结构的改变. 王敬之,等. 锦州医学院学报,1982,3(4)
大白鼠心脏交感和副交感神经分布及其相互关系. 文琛,等. 解剖学报,1982,13(4)
大鼠实验性矽肺的超微结构改变. 王之贤,等. 劳动卫生与环境医学,1982,5(2-3)
大鼠肝 poly(A)RMA 在麦胚无细胞体系中的翻译作用. 王申五,等. 生物化学与生物物理学进展,1982,(4)
电子猫与超声驱鼠器. 汪诚信. 中国农村医学,1982,(6)
大鼠甲状腺碘化酪氨酸,碘化甲状腺氨酸分布的研究. 许德顺,等. 锦州医学院学报(附刊),1982,3(3)
当归对 D-氨基半乳糖所致大鼠急性肝损害保护作用的组织化学观察. 熊希凯,等. 武汉医学院学报,1982,11(4)
第一代抗凝血杀鼠剂和第二代抗凝血杀鼠剂. 叶定岳. 大连化工,1982,(2)
电磁场对小白鼠血清胆碱酯酶活性的影响. 杨煜荣,等. 内蒙古医学杂志, 1982,2(4)
第二代抗凝血灭鼠得克毒杀黄胸鼠的实验研究. 杨光荣. 云南医药,1982,3(1)
大鼠气管注入含砷矿尘诱发肺癌的实验观察. 云南锡业公司劳动防护研究所,等. 中华肿瘤杂志,1982,4(1)
大白鼠脚内核的传入性联系. 周敬修. 动物学报,1982,28(4)
大鼠肝微粒体苯并(a)芘代射的研究方法. 周宗灿,等. 环境科学专题汇编,1982,(1)
大白鼠导水管周围灰质的传入性联系研究. 朱丹,等. 解剖学报,1982,13(2)
大白鼠视前区的传入性联系. 周斯舜,等. 解剖学报,1982,13(2)
大白鼠扣带回的纤维联系——来自脑丘和中脑的投射. 张鸣弦,等. 解剖学报,1982,13(3)
大隆消灭草原黄鼠试验. 张仲秋. 灭鼠集第二辑,1982
大隆灭鼠剂灭黄毛鼠试验. 詹绍琛. 灭鼠文集第二辑,1982
达乌尔鼠兔的贮草选择与栖息地植物群落的关系. 钟文勤,等. 生态学报,1982,2(1)
大鼠肝、肾组织及小鼠 HepA 腹水肝癌中丙酮酸激酶同工酶的免疫荧光定位. 周惠人,等. 上海第一医学院学报,1982,9(2)
大鼠肝和移植性大鼠肝癌 BERH-2 细胞核 DNA 的比较. 张玉砚,等. 实验生物学报,1982,15(1)
电针及刺激大鼠下丘脑室周核、弓状核对中缝大核神经元放电的影响. 生理学报,1982,34(4)
大鼠肝细胞核 T3 受体的制备与激素—受体结合作用的研究. 赵学勤,等. 大津医学院学报,1982,(3)
大白鼠胶状质轴轴突触和树突触的形态学证实. 朱长庚,等. 武汉医学院学报,1982,11(2)
大白鼠脊髓内的 P 物质阳性结构——一条位于中央管腹侧的纵行纤维束. 朱长庚,等. 武汉医学院学报,1982,11(3)
大白鼠背根电位的记录及其与电针作用的关系. 朱衡,等. 西安医学院学报,1982,3(1)
大鼠膈肌去神经后终板形态结构及胆硷酯酶活力在体与在器官培养下的变化的比较. 周振华,等. 细胞生物学杂志,1982,4(3)
大白鼠游离皮瓣远位移植及病理学观察. 周昭义,等. 中华外科杂志,1982,20(12)
蛋白质合成抑制剂放线酮(actidione)对于禁食大鼠肠细胞超微结构的作用. Bernard ,A. ,等. 昆明医学院学报(译文增刊),1982,2(3)
二硫化碳对大白鼠脑电图影响的定量研究. 李玉琳,等. 冶金劳动卫生,1982,8(2)
耳壳电针后大鼠中枢神经系统内啡素水平的变化. Pert,A. ,等. 国外医学(中医中药),1982,4(5)

伏杀磷对大鼠慢性毒性的研究. 陈琛,等. 河南化工,1982,(1)
福建啮齿动物的地理分布和地理区划. 洪朝长. 动物学报,1982,28(1)
丰稻磷对小白鼠的致畸试验. 何素云,等. 贵阳医学院学报,1982,7(3)
非那西汀对实验小鼠的作用Ⅱ:用非那西汀麻油液灌胃引发的肿瘤. 漆畹生,等. 上海畜牧兽医通讯,1982,2(3)
甘南草原鼠害调查报告. 陈鉴潮,等. 动物学杂志,1982,(3)
高原兔亚种补充研究——包括两个新亚种. 蔡桂全,等. 兽类学报,1982,2(2)
高三尖杉酯碱在大鼠及小鼠的代谢. 籍秀娟,等. 药学学报,1982,17(12)
贵州省的猪尾鼠. 梁智明. 动物学杂志,1982,(3)
广州管园线虫对大白鼠致病作用的实验研究. 梁浩昆,等. 广州医学院学报,1982,(4)
根田鼠生长和发育的研究. 梁杰荣,等. 高原生物学集刊第一集,1982,195
骨髓细胞数对照射小鼠移植效果的影响. 浊作斌,等. 中华放射医学与防护杂志,1982,2(6)
国产 ConA 致小鼠脾细胞转化反应的初步研究. 秦鸿志,等. 白求恩医科大学学报,1982,8(5)
国外对家栖鼠防制效果的评价方法. 孙作庆. 灭鼠文集第二辑,1982
根田鼠巢区的研究. 孙儒泳,等. 兽类学报,1982,2(2)
根田鼠繁殖时期的能量需要. 王祖望,等. 高寒草甸生态系统第一集,甘肃人民出版社,1982
肝昏迷大鼠脑中 5-HT、5-HIAA 及血清和脑中 AAA 总氨基酸含量的变化. 王贤辅,等. 四川医学,1982,3(6)
高寒草甸放牧退化演替及其与鼠害的关系. 肖运峰,等. 自然资源,1982,(1)
高寒草甸弃耕地内鼠类的数量配置及对植被演替的影响. 肖运峰. 兽类学报,1982,2(1)
高寒草甸啮齿动物、绵羊及牧草能量值季节变动的初步研究. 曾缙祥,等. 高寒草甸生态系统第一集,甘肃人民出版社,1982
甘肃天祝山第一地点上新世兔形类和啮齿类动物. 郑绍华,等. 古脊椎动物与古人类,1982,20(1)
GABA 和 P 物质对小鼠大脑皮层 Ca-ATR 酶和 Mg-ATP 酶活力的影响. 张瑾,等. 生理学报,1982,34(3)
灰草獭移动性的模拟实验. 曹学义,等. 动物学杂志,1982,3(3)
汉防己甲素对大鼠致畸性研究. 程玉梅,等. 卫生研究(劳动卫生),1982,11(4)
黑线蛙和小鼠基因文库的构建. 陈受宣,等. 中国科学(B 辑),1982,(2)
氦-氖激光对大鼠躲避条件反应的影响与纹状体神经介质的变化. 沈政,等. 心理学报,1982,15(1)
华北害鼠的防制. 汪诚信. 河北省鼠疫防治所,1982
化学修饰肿瘤抗原处理后大鼠淋巴结中免疫球蛋白形成细胞的动态变化. 温淦升. 江西医学院学报,1982,(4)
黄芪对小鼠血浆及组织内环核苷酸含量的影响. 王振纲,等. 中国医学科学院学报,1982,4(5)
黄胸鼠对抗凝血杀鼠剂敏感性的测定及现场灭鼠观察. 杨光荣,等. 灭鼠文集第二辑,1982
汉防己甲素 N-2 氧化物对大鼠实验性矽肺的疗效观察. 余秀芬,等. 卫生研究(劳动卫生),1982,11(4)
化学物质对胎鼠的遗传毒性实验. 余伟栋,等. 遗传,1982,4(6)
河南省流行性出血热的病原学研究和宿主动物的初步调查. 严玉辰,等. 中华流行病学杂志,1982,3(4)
虎杖注射液对小白鼠心肌营养血流量的影响及其作用机理的探讨. 周希辉,等. 第一军医大学学报,1982,2(3)
河北省啮齿类区系. 张福群. 河北师范大学学报(自然),1982,(1)
褐家鼠对敌鼠钠和灭鼠灵的敏感性测定. 张万生,等. 灭鼠文集第二辑,1982
黑线姬鼠种群的年龄结构及种群更新的研究. 祝龙彪,等. 兽类学报,1982,2(2)
汉防己甲素肺与克矽耳、磷酸羟基哌喹合用对大鼠实验性矽性的病后疗效观察. 邹昌淇,等. 卫生研究(劳动卫生),1982,11(4)
吉林省中部平原啮齿动物及其地理分布规律. 陈鹏. 动物学杂志,1982,(3)
家兔实验性动脉粥样硬化模型的血液流变学观察. 陈雅君,等. 中华心血管病杂志,1982,10(4)
几种抗早孕药物对大鼠卵巢孕酮含量和分泌的影响. 傅大町,等. 北京医学院学报,1982,14(1)
家兔核头部神经胞构筑的研究. 胡佩儒,等. 锦州医学院学报,1982,3(1)
兼受快肌和慢肌两种神经支配的大白鼠伸趾长肌纤维的组织化学类型和收缩特性. 冯德培,等. 生理学报,1982,34(1)
兼受快肌和慢肌两种神经支配的大白鼠肌纤维的精细结构类型. 冯德培,等. 生理学报,1982,34(1)
几种新型灭鼠剂杀灭黄鼠和褐家鼠试验. 高俊歧,等. 灭鼠文集第二辑,1982
家兔左心室壁内动脉. 胡海涛,等. 西安医学院学报,1982,1(3)
家兔血清酶谱观察. 金介梅,等. 四川动物,1982,1(4)
家兔胃前壁的神经支配——HRP 法研究. 李继硕,等. 解剖学报,1982,13(4)
尖吻蝮蛇毒去纤酶制剂对大白鼠动、静脉血栓形成防治效应的研究. 李麟仙,等. 昆明医学院学报,1982,3(2)
机械撒播土丸毒饵大面积灭鼠试验. 吕卫东,等. 灭鼠文集第二辑,1982
胶南县流行性出血热传染源和传播媒介的探索. 李鸿起. 青岛医药卫生,1982,(3-4)
家兔微量全血培养制备染色体及姐妹染色单体互换(SCE)的方法. 李秀英,等. 药物分析杂志,1982,2(5)

家兔主动脉内皮细胞的培养及形态学观察. 卢耀增,等. 中华病理学杂志,1982,11(3)
家兔晶状体纤维细胞超微结构的研究扫描电镜观察之一. 马淑亭,等. 动物学研究,1982,(增刊3)
几种新杀鼠剂的应用研究. 莫冠英. 灭鼠文集第二辑,1982
激光用光导纤维导入大鼠皮层额叶和尾状核对纹状体的单胺类和氨基酸类神经介质含量的影响. 沈政,等. 心理学报,1982,14(2)
家兔中央灰质内微量注射钠洛酮和P-氯苯丙胺对针刺镇痛的影响. 孙凤艳,等. 生理学报,1982,34(2)
尖吻腹蛇毒去纤酶制剂对家兔体内外凝血作用的影响. 王婉瑜,等. 动物学研究,1982,3(2)
家兔伏核和缰核内微量注入肉桂硫胺对抗电针镇痛和吗啡镇痛. 宣雨霆,等. 北京医学院学报,1982,14(1)
家兔吸入锑尘后肺脏病理与X线改变的实验观察. 辛业志,等. 冶金劳动卫生,1982,8(2)
几种新型灭鼠药对大仓鼠的毒力测定及接受性试验观察. 尤俊韶,等. 灭鼠文集第二辑,1982
金属铝粉对大鼠肺脏致纤维化作用的实验研究. 杨美玉,等. 冶金劳动卫生,1982,8(2)
激光照射大白鼠肝脏枯否化细胞和血液单核细胞的影响. 周锡顺,等. 第一军医大学学报,1982,2(1)
简易灭鼠法(3). 赵年定. 河南科学技术出版社,1982
家兔脊髓再生的实验研究——脊髓半横断后的形态变化. 周祥庭,等. 河南医学院学报,1982,17(1)
几种灭鼠新药杀灭黄鼠的现场试验. 张耀星,等. 灭鼠文集第二辑,1982
碱解比色法测定除鼠磷"206"的含量. 曾进贤,等. 青海化工,1982,(4)
几种啮齿动物血浆铁传递蛋白多态现象的比较研究. 周虞灿,等. 兽类学报,1982,2(1)
近交系和远交系白化小鼠毛色基因的测试. 朱福令. 上海畜牧兽医通讯,1982,2(4)
家兔电针镇痛与吗啡镇痛的交叉耐受. 周仲福,等. 生理学报,1982,34(2)
家鼠鼠疫. 赵永龄. 云南医药,1982,3(5)
卡介苗对兔睾生精作用的影响(续). 刁梅香,等. 蚌埠医学院学报, 1982,7(1)
抗菌农药402对小鼠肝蛋白质和DNA亚细胞合成的影响. 丁训诚,等. 环境科学,1982,3(5)
克山病病区粮饲养大鼠75Se代谢的实验观察. 康保安,等. 营养学报,1982,4(4)
可植性小鼠乳腺腺癌(MA-737)病理形态特征及组织化学的观察. 马克韶,等. 中华肿瘤杂志,1982,4(1)
抗疟新药咯萘啶对大白鼠胚胎毒性的观察. 倪奕昌,等. 药学学报,1982,17(6)
克山病病区和非病区粮菜对大白鼠生长和心肌影响的实验研究. 苏引,等. 营养学报,1982,4(3)
可移植性小鼠乳腺瘤(MA-737)冷冻割断扫描电镜观察. 应国华,等. 动物学研究,1982,(增刊3)
流行性出血热传染源研究进展与血清流行病学调查方法. 陈化新,等. 公共卫生与疾病控制,1982,1(1)
流行性出血热疫区黑线姬鼠带毒检查及鼠肺抗原在诊断中的应用. 陈化新,等. 中华流行病学杂志,1982,3(4)
磷化锌毒面糊堵洞灭褐家鼠试验. 郭全宝,等. 灭鼠文集第二辑,1982
裸鼠病毒性肝炎病例. 皇甫在. 上海畜牧兽医通讯(实验动物科学专辑),1982,2(1)
615小鼠甲胎蛋白的分离提纯和电泳、免疫特性鉴定. 刘运康. 重庆医学院学报,1982,(增刊)
氯化苦施毒器械的研究. 刘光,等. 灭鼠文集第二辑,1982
笼养的麝鼠. 全国报刊索引编辑部. 自然资源研究,1982,(4)
裸小鼠胸腺残遗器官、脾、淋巴结和皮肤在发育过程中形态学和组织化学的观察. 苏秀玲,等. 动物学报,1982,28(2)
离体大鼠心脏冠状动脉结扎缺氧的超微结构变化. 宋来凤,等. 中华心血管病杂志,1982,10(4)
利血平毒杀黄鼠效果的试验. 王武芳,等. 灭鼠文集第二辑,1982
辽宁清原黑线姬鼠种群年龄研究初报. 肖增祜,等. 生态学杂志,1982,(4)
磷与磷化物杀鼠剂. 叶定岳. 大连化工,1982,(4)
两种杀鼠剂对黄胸鼠的毒力试验. 杨光荣,等. 灭鼠文集第二辑,1982
615系小鼠血容量及细胞比积的测定. 尤育初,等. 上海畜牧兽医通讯,1982,2(3)
亮菌制剂对辐照小鼠细胞动力学的影响. 余瑞荣,等. 中草药,1982,13(12)
流行性出血热血清流行病学的研究:(一)患者血清与几种鼠肺抗原的特异性关系;(二)不同人群EHF免疫荧光抗体的检测. 张方振,等. 安徽医学院学报,1982,17(4)
α-氯醛糖杀灭小家鼠现场观察. 张国柱. 灭鼠文集第二辑,1982
蓝石棉致大鼠肺纤维化的实验研究. 朱惠兰,等. 卫生研究(劳动卫生),1982,11(4)
棉酚对大鼠精子细胞碱性核蛋白合成与更新的影响. 陈啸梅,等. 解剖学报,1982,13(2)
模拟高原低氧对高原鼠兔和大鼠器官与血液若干指标的影响. 杜继曾,等. 兽类学报,1982,2(1)
毛丝鼠的饲养管理. 高林森,等. 农业科技通讯,1982,(8)
毛丝鼠的染色体观察. 洪龙,等. 野生动物,1982,(4)
灭鼠后高原鼠兔和中华鼢鼠的数量恢复. 梁杰荣,等,高寒草甸生态系统第一集. 甘肃人民出版社,1982
毛丝鼠消化率和同化水平的测定. 梁杰荣,等. 毛皮动物饲养,1982,(3)
灭鼠方法. 人民卫生出版社预防医学编辑室. 人民卫生出版社,1982

灭鼠药物研究和应用概况. 邵志武. 大连化工,1982,(1)
灭鼠安的研究. 邵志武. 农药,1982,(1)
灭鼠化学药剂进展. 邵志武. 农药,1982,(5)
灭鼠是保护草原的有效手段——我省草原灭鼠经济效益探讨. 沈世英. 青海畜牧兽医杂志(草原增刊),1982
迷走神经在电针刺激"内关"区调整失血性休克中对家兔血压的作用. 尚钫,等. 山东医学院学报,1982,(1)
马氏钳蝎毒对大鼠神经和骨胳肌的作用. 施玉樑,等. 生理学报,1982,34(4)
蒙古鼠兔对草原的危害及灭鼠效果调查. 俞家荷. 新疆农业科学,1982,(1)
蒙古长爪沙鼠骨髓细胞染色体的 G、C 和 Q 带. 王宗仁. 遗传,1982,4(1)
M-1 型小鼠塑料饲养盒的繁殖效果观察. 薛逸祯,等. 上海畜牧兽医通讯(实验动物科学专辑),1982,2(1)
棉酚对小鼠活体精原细胞染色体畸变及姐妹染色体单体交换(SCE)率影响的研究. 杨育州,等. 解剖学报,1982,13(2)
棉酚对大鼠血睾屏障影响的研究. 杨育州,等. 生殖与避孕,1982,2(2)
毛丝鼠的饲养方法. 杨国德. 山西农业科学,1982,(3)
某些脂溶性螯合剂在大鼠附睾尾囊内的杀精子作用. 于宗瀚. 中国药理学报,1982,3(4)
灭鼠灵、鼠得克和大隆三种杀鼠剂对八种鼠短时间取食的效果比较. Lund ,M. 张万生译. 灭鼠文集第二辑,1982
棉酚对雄兔的毒理作用及内分泌影响. Saksena,S. K. ,等. 国外医学(计划生育),1982,1(3)
棉酚对雌性金地鼠垂体—卵巢内分泌功能以及排卵和生育力的影响. Wu Yumiug,等. 国外医学(计划生育),1982,1(3)
N-甲基-N,-硝基-N-金硝基胍(MNNG)在试管中诱发金黄地鼠乳鼠鼠肺细胞恶性转化实验初报. 陈家坤. 广州医学院学报,1982,(1)
啮齿动物生态学. 方喜业. 吉林省地方病第一防治研究所,1982
内源性过氧化物酶在大白鼠脑内的分布. 葛子,等. 解剖学报,1982,13(4)
内蒙古额济纳旗大沙鼠和蜥蜴体内的利什曼原虫及其媒介的调查研究. 管立人,等. 中国医学科学院学报,1982,4(5)
N-苯基-2-萘胺对大鼠组织混合功能氧化酶的影响. 洪钧言. 实验生物学报,1982,15(2)
NTG 处理日本血吸虫尾蚴诱导小鼠的保护性免疫. 裘丽姝,等. 上海免疫学杂志,1982,2(5)
N-苯基-2-萘胺对 ICR 小鼠致癌性的研究. 蘅文,等. 实验生物学报,1982,15(2)
内蒙古阴山北部农业区长爪沙鼠种群动态及其调节的研究. 夏武平,等. 兽类学报,1982,2(1)
啮齿目. 郑作新. 脊椎动物分类大纲. 农业出版社,1982
内蒙古药用动物. 赵肯堂. 内蒙古人民出版社,1982
内蒙古白音锡勒典型草原区鼠类群落多样性的研究. 周庆强,等. 兽类学报,1982,2(1)
啮齿动物的巢区面积估算法. 郑生武,等. 兽类学报,1982,2(1)
啮齿动物的麻醉. 朱模忠. 上海畜牧兽医通讯,1982,2(3)
P 物质对大鼠内脏痛反应的作用. 房良敏. 中国医学科学院学报,1982,4(5)
皮质醇对大鼠血清胃泌素值的影响. 李栋生,等. 南京医学院学报,1982,2(4)
切除大白鼠一侧视皮层对另一侧皮层内视觉诱发电位的影响. 刁云程,等. 科学通报,1982,27(6)
青紫蓝鼠的染色体核型分析. 洪龙,等. 遗传,1982,4(6)
全静脉营养对鼠肝损害的实验观察. 花天放,等. 中华外科杂志,1982,20(11)
青海省盘坡地区鼠类数量配置及其与草场植被、土壤的关系. 梁杰荣,等. 动物学杂志,1982,(5)
去交感后小鼠颌下腺总蛋白量变化时程的性差异. 牧佐渭,等. 生理学报,1982,34(2)
青海省果洛藏族自治州大武地区高原鼠兔生态初步研究. 沈世英. 青海畜牧兽医杂志(草原增刊),1982
青海省草原灭鼠经济效益探讨. 沈世英. 青海畜牧兽医杂志,1982,(增刊)
强噪声对小白鼠脑发育及条件反射建立的影响. 吴馥梅,等. 环境科学,1982,3(6)
犬和大白鼠感染卫氏并殖吸虫后的抗体反应动态. 章子豪,等. 上海免疫学杂志,1982,2(4)
青海喜马拉雅旱獭鼠动物病的流行动态的调查. 朱锦沁,等. 中国地方病学杂志,1982,1(3)
乳酸脱氢酶(LDH)同工酶在小白鼠胚胎发育过程中的变化. 吴鹤龄,等. 遗传,1982,4(2)
人工合成麝香酮对小鼠早期妊娠的影响. 张宗理,等. 动物学报,1982,28(3)
RAMTG 的制备及其延长小鼠皮肤同种移植存活期机理的研究. 赵润洲. 锦州医学院学报(附刊),1982,3(3)
人工饲养麝鼠. 鲁瓦耶夫. 尤,等. 野生动物,1982,(4)
三种抗凝血杀鼠剂防制黄胸鼠的现场效果观察. 陈长安,等. 灭鼠文集第二辑,1982
杀鼠灵在低温下防制褐家鼠的现场试验. 柴兰芳. 灭鼠文集第二辑,1982
SY-1 型大鼠血压测定仪试用报告. 李家帮,等. 湖南医学院学报,1982,7(4)
四氧化碳对杀虫单急性中毒小鼠的保护作用. 陈志康,等. 温州医学院学报,1982,(1)
鼠害及其防治. 陈其本. 云南农业科技,1982,(5)

西部祁连山地喜马拉雅旱獭鼠疫动物流行病的初步观察. 陈斯坚,等. 中国地方病学杂志,1982,1(4)
三种灭鼠新药对长爪沙鼠毒力测定和野外杀灭观察. 董希超,等. 灭鼠文集第二辑,1982
鼠心电图高频、快速描记. 何一心,等. 中华医学杂志,1982,62(2)
鼠类危害农作物临界数量近似值的估计. 罗泽珣,等. 动物学杂志,1982,(2)
山西十二种鼠类巢结构的观察. 柳枢,等. 动物学杂志,1982,(3)
苏联草原鼠害的预测和防治. 鲁挺. 国外畜牧学(草原),1982,(5)
"双盒"法测小鼠骨髓粒分定向干细胞. 李安国,等. 湖南医学院学报,1982,7(1)
摄入不同剂量维生素 A 对大白鼠的生长、血清及肝中维生素 A 含量和对其组织学变化的影响. 李泽英,等. 卫生研究,1982,11(2)
损毁海马对大白鼠学习记忆的影响. 刘善循,等. 心理学报,1982,14(1)
睡眠剥夺时大鼠电休克阈值的变化. 李德明,等. 心理学报,1982,14(1)
伤害性刺激引起大白鼠丘脑束旁核痛兴奋神经元和痛抑制神经元的同时电活动. 孙明智,等. 科学通报,1982,27(23)
森林类型与林木鼠害的关系. 舒凤梅,等. 自然资源研究,1982,(2)
失血性休克大鼠肝脏线粒体结构与功能的改变. 屠德康,等. 科学通报,1982,27(24)
损毁大白鼠兰斑对皮质酮分泌的影响. 王允杰,等. 第四军医大学学报, 1982,3(1)
鼠伤寒沙门氏菌病的流行病学. 王成科. 煤矿医学,1982,4(6)
使用氟乙酰胺造成毛腿沙鸡中毒事例的报告. 王广仁. 灭鼠文集第二辑,1982
鼠疫流行的连续性、间断性和偶然性. 王淑纯. 中国地方病学杂志,1982,1(1)
四种烟炮烟熏鼠洞灭鼠螨效果观察. 吴光华. 中华流行病学杂志,1982,(2)
室内饲养小家鼠的一些生物学资料. 严志堂,等. 动物学报,1982,(增刊3)
生态观与生态方法. 余谋昌. 生态学杂志,1982,(1)
生态平衡失调的基本标志和建立新的生态平衡的探讨. 祝延成,等. 生态学杂志,1982,(2)
鼠汤克 Difenacoum 对黑线姬鼠、高山姬鼠的毒力测定及适口性试验. 张中干,等. 四川动物,1982,1(4)
鼠类天敌的利用与保护. 张树棠,等. 山西农业科学,1982,(11)
石棉致大鼠恶性间皮瘤的实验研究. 朱惠兰,等. 卫生研究(劳动卫生),1982,11(4)
鼠类对抗凝血灭鼠剂抗药性的检验方法. Drummond, D. C. ,等. 董天义译. 灭鼠文集第二辑,1982
兽害防制生态学. Walter, E. Howard. 邓址,等译. 灭鼠文集第二辑,1982
兔卵巢对着床前胚泡的识别. 陈蕙玲,等. 生理学报,1982,34(4)
梯络龙对大鼠实验性矽肺疗效的研究. 程玉海,等. 卫生研究(劳动卫生),1982,11(4)
豚鼠海马和齿状回连合纤维的研究. 戴鸿佐,等. 解剖学报,1982,13(1)
大鼠松果腺素中前列腺素含量与卵巢功能的关系的初步研究. 葛仁勇. 生理学报,1982,34(2)
豚鼠离体腺垂体细胞和肾上腺细胞的分泌机能. 高而威,等. 动物学报,1982,28(2)
通脉灵对小鼠组织缺氧的保护作用. 何一心,等. 中草药,1982,13(8)
兔鼻咽部解剖学的初步研究. 罗文,等. 癌症,1982,(1)
塔里木兔分类地位的校订. 罗泽珣. 东北林学院学报,1982,(1)
豚鼠听性脑干电反应(BSR)及其和耳蜗电反应的关系. 李善民,等. 暨南理医学报,1982,(1)
兔脊髓颈、胸和腰骶节段之间的固有联系——辣根过氧化物酶顺、逆行法研究. 李文明. 昆明医学院学报,1982,3(1)
TA2 近交系小鼠建立及其生物学特性的研究. 林炳火,等. 上海畜牧兽医通讯(实验动物科学专辑),1982,2(1)
豚鼠听皮层的调频诱发电位. 梁之安,等. 生理学报,1982,34(2)
豚鼠的耳周围声音诱发电位. 林华英,等. 生理学报,1982,34(4)
兔内膝体神经元对短声引起的晚放电一些特性的观察. 卢湘岳,等. 生理学报,1982,34(4)
兔心脏窦性冲动在胸腔大静脉上的传播及刺激迷走神经对前腔静脉壁心肌电活动的影响. 钮伟真,等. 北京第二医学院学报,1982,3(4)
田鼠迁徙引起的钩端螺旋体病暴发. 欧阳玉梅,等. 中华预防医学杂志,1982,16(2)
兔膈神经放电的高频振荡与吸气时程的关系. 潘令和,等. 生理学报,1982,34(1)
同种异体抗原致敏小鼠的混合淋巴细胞反应及其与皮片排异反应的比较分析. 王一冲,等. 海第一医学院学报,1982,9(4)
豚鼠骨髓巨核细胞集落(CFU-M)和粒细胞集落(CFU-C)的特性. 汪涛,等. 生理学报,1982,34(1)
吐鲁番地区啮齿动物及其体外寄生物. 于心,等. 防治研究通报,1982,1(2)
天山旱獭某些生态的初步调查. 赵中石,等. 动物学杂志,1982,(3)
兔膈神经士的宁梭形放电与吸气放电的相互关系. 詹文志,等. 生理学报,1982 ,34(1)
豚鼠螺旋器强声损伤的扫描电镜观察. 张炯,等. 生理学报,1982,34(3)

兔侧脑室内注射八肽胆囊收缩素对血浆自由脂肪酸及血糖浓度的影响. 朱文玉,等. 生理学报,1982,34(4)
中国鼢鼠 Eospalax 亚属分类研究. 樊乃昌,等. 兽类学报,1982,2(2)
武夷山自然保护区啮齿目和食虫目动物初步调查. 洪震藩. 武夷科学,1982
微波对小鼠免疫功能影响的初步观察. 姜槐,等. 浙江医科大学学报,1982,11(5)
我国雪兔的分类研究. 罗泽珣,等. 东北林学院学报,1982,(2)
五种不同毒饵杀灭草原黄鼠的现场试验. 吕卫东,等. 灭鼠文集第二辑,1982
微波对小白鼠心肌细胞超微结构的影响(初报). 陶松贞,等. 第四军医大学学报,1982,3(1)
微波对雄性小白鼠大脑皮质细胞超微结构的影响. 陶松贞,等. 第四军医大学学报,1982,3(4)
我国医学灭鼠的进展. 汪诚信. 公共卫生与疾病控制杂志,1982,1(1)
我国锡金小鼠印支亚种的研究. 王酉之. 四川动物,1982,1(1)
我国大家鼠的亚种分化. 吴德林. 兽类学报,1982,2 (1)
五趾跳鼠的生态调查. 赵肯堂. 动物学杂志,1982,(5)
Wistar 系小鼠细胞染色体的组型分析. 钟宝珍,等. 上海畜牧兽医通讯,1982,2(3)
硒摄入对柯萨奇病毒引起的小白鼠实验性心肌坏死的影响. 白锦,等. 营养学报,1982,4(3)
溴代毒鼠磷对黑线姬鼠的毒效观察. 鲍明荣. 中华预防医学杂志,1982,(4)
夏河草原地区喜马拉旱獭对草原植被的影响. 陈钧. 兰州大学学报(自然),1982,18(3)
溴代毒磷消灭褐家鼠的现场的初步试验. 胡志忠. 灭鼠文集第二辑,1982
小鼠早期胚胎细胞中的网架状结构. 韩贻仁,等. 实验生物学报,1982,15(4)
香竺葵油对小白鼠巨噬细胞吞噬功能的影响. 蒋闰臣,等. 蚌埠医学院学报,1982,7(1)
小鼠肿瘤免疫抑制因子若干生物学特性的研究. 林剑,等. 北京大学学报(自然),1982,(1)
小剂量电离辐射条件下对豚鼠维生素 C、叶酸代射的研究. 柳克治. 海军军事医学,1982,3(2)
小鼠艾氏腹水癌细胞内 3′,5′-环腺苷酸(cAMP)的免疫萤光细胞化学定位和外源性 cAMP 对癌细胞内 cAMP 的影响. 林仲翔,等. 实验生物学报,1982,15(1)
小鼠颌下腺内交感神经末梢变性过程的性差异. 牧佐渭,等. 动物学报,1982,28(3)
新型抗凝血杀鼠剂得克和大隆的合成. 梅淑芳,等. 灭鼠文集第二辑,1982
新疆黄兔尾鼠的分布及其生态习性的初步观察. 马勇,等. 兽类学报,1982,2(1)
小鼠单侧妊娠中期孕侧与非孕侧子宫组织对 3H-孕酮摄取的比较. 潘秀森. 福建医大学报,1982,(2)
小牛胸腺素对胸腺萎缩小鼠胸腺环核苷酸含量及胸腺细胞花生凝集素受体的影响. 潘碧霞,等. 上海免疫学杂志,1982,2(5)
新农药苏脲Ⅰ号大白鼠毒理学研究. 瞿为雷,等. 化工劳动保护,1982,(4)
小白鼠甲基汞急性中毒时外周血液中血细胞变化的观察. 石成龙,等. 吉林医学院学报,1982,2(2)
小鼠 F9 畸胎癌细胞对维生素 A 酸诱导反应的差异性. 施渭康,等. 实验生物学报,1982,15(1)
新生小鼠胸腺细胞免疫抑制功能探讨Ⅱ、对同种半心移植排异反应的抑制作用. 史美浩,等. 上海免疫杂志,1982,2(1)
溴代毒鼠磷生产过程中微量水控制的分析. 王桂珍. 大连化工,1982,(5)
小鼠体细胞(骨髓细胞与外周血细胞)染色体"自然畸率"的比较观察. 王天宇,等. 动物学杂志,1982,(6)
小鼠初次与再次同种异体移植皮片的排异反应. 王一中,等. 上海第一医学院学报,1982,9(3)
小鼠肝浸液对体外淋巴细胞增生反应的抑制作用. 吴厚生,等. 上海第一医学院学报,1982,9(5)
新生、成年和老年小鼠大脑皮层突触小体神经递质氨基酸含量的比较研究. 王自勉,等. 生物化学与生物物理学报,1982,14(5)
新灭鼠剂——大隆. 汪诚信. 中国农村医学,1982,(6)
小白鼠出生后第三、四、六对脑神经核的形态. 许健,等. 第三军医大学学报,1982,4(3)
系统生态学中的几个基本问题. 肖增祜. 辽宁大学学报(自然),1982,(增刊2)
小鼠周血造血干细胞生物学特性的探讨. 许鸿儒,等. 中华肿瘤杂志,1982,4(3)
新生期大白鼠腹腔注射谷氨酸钠后大脑皮层电话活动观察. 虞献民,等. 动物学报,1982,28(2)
杏仁复合体的传入性联系——Ⅱ. HRP 法对大白鼠杏仁外侧核与基底核的研究. 姚宗兴,等. 济宁医专学报,1982,(2)
厦门市区家鼠的演替. 郑智民. 兽类学报,1982,2(1)
小鼠肠腺辐射损伤后存活干细胞数的概率分布. 周元恺,等. 生物化学与生物物理学进展,1982,(2)
小鼠卵细胞的体外受精. 张燕林,等. 上海畜牧兽医通讯,1982,2(3)
小牛胸腺素对小鼠胸腺细胞中腺苷脱氨酸活性的影响. 章有章,等. 上海免疫学杂志,1982,2(5)
小鼠肾脏芳香酰胺酶纯化和催化性质的研究. 查锡良,等. 上海第一医学院学报,1982,9(5)
新生、成年和老年小鼠尾壳核、皮层运动区与脊髓中某些递质氨基酸含量的研究. 张谨,等. 生理学报,1982,34(2)

小鼠胚胎植入前期的辐射效应. 周断文,等. 中华放射医学与防护杂志,1982,2(6)
小鼠品系混杂可改变研究结果. 美国《科学新闻》,1982,(47)
小鼠天花粉过敏性休克模型的探索. 中药通报,1982,7(6)
溴地隆——一种新型灭鼠剂. Marsh,R. E. ,等. 董天义译. 灭鼠文集第二辑,1982
选择诱饵和灭鼠剂的方法. Howard,W. E. ,等. 李镜辉译. 灭鼠文集第二辑,1982
有机磷新药的合成. 柏再苏,等. 农药,1982,(3)
己烯雌酚对二乙基亚硝胺诱发大鼠肝癌的促癌作用. 丁濂,等. 中华病理学杂志,1982,11(4)
诱导外激素对小鼠动情周期的效应. 范志勤. 生态学报,1982,2(3)
101-粘鼠胶效果试验. 郭全宝. 灭鼠文集第二辑,1982
由大林姬鼠,棕背䶄检出带肾征候出血热相关抗原. 何亦祥,等. 解放军医学杂志,1982,7(6)
育成毛丝鼠生长发育规律的观察. 姜荃. 毛皮动物饲养,1982,(2)
用敌鼠钠盐长期控制鼠害的探讨. 刘振华,等. 灭鼠文集第二辑,1982
乙酰胆碱酯酶在大鼠脑发展过程中的变化及其意义. 李镇国,等. 上海第一医学院学报,1982,9(3)
饮食中硒对大白鼠骨硫代谢的影响. 廖达江,等. 中华核医学杂志,1982,2(1)
用半裸鼠(交配)繁殖裸鼠的实践经验. 马曾辰,等. 上海第一医学院学报,1982,9(6)
应用辣根过氧化物酶法研究大白鼠视前区的传联系. 彭泽春,等. 北京第二医学学报,1982,3(4)
与 B 受体在枸橼酸钠所致家兔室颤中的作用. 汤树本,等. 生理学报,1982,34(4)
异种 DNA 对受照小鼠体细胞染色体的保护效应. 陶毓顺,等. 细胞生物学杂志,1982,(4)
有机磷杀鼠剂发展概述. 叶定岳. 大连化工,1982,(5)
用金黄仓鼠肾细胞长期传代培养弓形体株. 应溥康,等. 动物学报,1982,28(2)
一次静脉注射高脂血清对家兔主动脉内膜通透性的影响. 杨永宗,等. 衡阳医学院学报,1982,(2)
幼龄小白鼠对 Q 热立克次体的敏感性. 应溥康,等. 中华微生物学和免疫学杂志,1982,2(4)
用脂肪酸自旋标记研究中国地鼠肺正常细胞 V79 和癌变细胞 V79-B1 膜的流动性. 赵保路,等. 科学通报,1982,27(11)
药物、器械连续灭鼠效果观察. 朱家贤,等. 灭鼠文集第二辑,1982
一种简易的大鼠离体肝脏灌流装置. 张 滋,等. 生物化学与生物物理学报,1982,14(6)
用灭鼠剂防制大家鼠的现场试验方法. Rennison,B. D. 董天义译. 灭鼠文集第二辑,1982
遥感技术在草原灭鼠管理上的应用. Dalsted,K. J. ,等. 国外畜牧学(草原),1982,(5)
中国地鼠肺细胞系的建立及其部份生物学特性观察. 蔡有余,等. 动物学研究,1982,3(2)
615 纯系小白鼠肝脏的 RNA 的分离与活体鉴定. 蔡桂英,等. 四川医学院学报,1982,13(1)
中国鼢鼠亚属分类研究. 樊乃昌,等. 兽类学报,1982,2(2)
在林区灭杀鼢鼠的试验. 谷守勤. 林业科技通讯,1982,(9)
中国鼠类及其防治. 郭全宝,等. 农业出版社,1982
中药对家兔一侧肾切除影响的实验研究. 靖雨珍,等. 陕西新医药,1982,11(1)
中华鼢鼠的生活习性. 梁杰荣,等. 动物学杂志,1982,(3)
正常小白鼠心电图的分析. 刘崇铭. 动物学杂志,1982,(6)
在大鼠胚泡着床过程中孕酮及其受体的含量变化. 刘以训. 生理学报,1982,34(2)
中国仓鼠肺细胞系的细胞及染色体扫描电镜观察. 李宝贵,等. 遗传,1982,4(4)
紫外光对大白鼠红细胞膜 γ-射线损伤的恢复效应. 马寿祥,等. 动物学研究,1982,3(1)
针刺对小鼠实验性过敏休克的作用. 穆鉴,等. 上海针灸杂志,1982,(3)
中国仓鼠细胞和人胃腺癌细胞间期染色质凝聚的变化. 茅一萍,等. 遗传,1982,4(4)
怎样饲养麝鼠. 马文光. 野生动物,1982,(4)
猪松果体提取物对小白鼠抗生育作用的初步观察. 任焕国. 天津医学院学报,1982,7(1)
正常小鼠骨髓血红蛋白含量的测定. 山根兴,等. 动物学报,1982,28(3)
珠江三角洲地区臭鼩与农业的关系. 王耀培,等. 动物学杂志,1982,(4)
植物血球凝集素对小白鼠实验性结核病免疫作用机理的探讨. 王安平,等. 结核病与肺部肿瘤,1982,(3)
中子 γ-线混合照射诱发小鼠骨髓细胞染色体畸变. 王天恩,等. 中华放射医学与防护杂志,1982,2(6)
注射丙酸睾丸酮后雄兔生殖腺与生殖管道附属腺体的观察Ⅱ. 对睾丸的影响. 张汇泉,等. 山东医学院学报,1982,(2)
浙江玲珑山马尾松松鼠危害调查研究. 朱曦. 浙江林学院科技通讯,1982,(2)
奥西发现的黑腹绒鼠及其生态学的初步调查报告. 刘铭泉,等. 动物学杂志,1983,(5)
BSA 诱发家兔急性肾小球肾炎模型的研究. 董云鹏,等. 吉林医学院学报,1983,3(1)
800rad 照射后大鼠肝、脾 DNA 疏松结合蛋白的分析. 丁邦裕,等. 中华放射医学与防护杂志,1983,3(4)
不同品系的小鼠对杜氏利什曼原虫感染的敏感性观察. 李裕棠. 第二军医大学学报,1983,4(2)

本溪市鼠类携带流行性出血热抗原的调查.李钟祺,等.中华流行病学杂志,1983,4(2)
部队营区灭鼠试点报告.孟祥瑞,等.人民军医,1983,(3)
半夏蛋白在小鼠早期妊娠子宫结合部位的检测.陶宗晋,等.生理学报,1983,35(1)
捕鼠一百法.王葆森.安徽科学技术出版社,1983
北京黄腐植酸对小鼠骨髓细胞微核率的影响.王鹤龄,等.北京大学学报(自然版),1983,(5)
不同品系小鼠对约氏疟原虫——斯氏按蚊系统敏感性的观察.王淑芬,等.动物学杂志,1983,(3)
白尾梢麝鼩的染色体研究.王应祥,等.遗传,1983,5(3)
滨咸海卡拉库姆啮齿动物间鼠疫动物流行病学预测.地方病译丛,1983,(1)
B型肝炎表面抗原基因在转化的小鼠细胞中的转录.ChristinePourcel,等.遗传工程,1983,(1)
布氏田鼠的生境选择与植被条件.钟文勤.草原生态系统研究,1983,(3)
刺激迷走神经向中端对大鼠不同脑区脑啡肽含量的影响.陈家津,等.青医学报,1983,(1)
磁化水对小白鼠巨噬细胞功能影响的实验观察.代祖玉,等.磁性材料及器件,1983,14(1)
醋酸萘酯酶染色法检测循环T淋巴细胞的实验研究Ⅲ.豚鼠淋巴细胞的E花结形成和酯酶染色.刘琏,等.安徽医学院学报,1983,18(2)
超声波对大鼠睾丸曲细精管上皮影响的超微结构研究.李维倍,等.生殖与避孕,1983,3(1)
从野栖小家鼠中分离克雷伯氏菌的报告.梁俊勋.微生物学通报,1983,10(2)
磁场对小鼠肾脏某些酶影响的组织化学观察.李成林,等.中华理疗杂志,1983,6(2)
雌激素对小鼠骨髓粒系定向祖细胞集落产率的影响.瞿树林,等.湖南医学院学报,1983,8(3)
超致死剂量γ-射线照射后大鼠心脏损伤的探讨.苏元福.第四军医大学学报,1983,4(2)
草场植被影响高原鼠兔密度的探讨.施银柱.兽类学报,1983,3(2)
刺激清醒大鼠躯体神经对失血性低血压的升压效应.孙祥莺,等.生理学报,1983,35(3)
磁场对大白鼠小肠上皮细胞ATP酶活性的影响.盛昆岚,等.中华物理医学杂志,1983,5(3)
促黄体素释放激素类似物对小白鼠排卵的影响.温志永,等.天津医学院学报,1983,(2)
^{60}Co-γ线照射对大鼠血清及小肠粘膜碱性磷酸酶及5′-核苷酸酶活性的影响.肖卢媛,等.第三军医大学学报,1983,5(2)
从某些野生啮齿动物体内分离出的类丹毒杆菌的研究.谢奉璋,等.防治研究通报,1983,2(3)
醋酸棉酚在雌性大鼠的抗着床作用及其机理分析.袁其晓,等.生殖与避孕,1983,3(2)
从中国仓鼠细胞株诱导产生小分离细胞.颜永杉.遗传学报,1983,10(1)
^{60}Co-γ射线对小鼠小肠粘膜DNA合成的影响.张绍章,等.第四军医大学学报,1983,4(2)
^{60}Co-γ射线对小鼠十二指肠中环核苷酸含量的影响.张绍章,等.第四军医大学学报,1983,4(3)
从自然疫源地的野生啮齿动物中分离鼠疫菌的L-型.地方病译丛,1983,4(3)
大鼠前庭—丘脑投射——HRP法研究.包新民,等.解剖学报,1983,14(1)
大鼠黑质—丘脑投射——HRP法研究.包新民,等.解剖学报,1983,14(2)
大鼠小脑—丘脑投射的起原和终止——HRP法研究.包新民,等.解剖学报,1983,14(3)
大白鼠黑质传入性联系.曹诗运,等.解剖学报,1983,14(2)
电针对大鼠不同脑区β-内啡肽含量的影响.陈启盛,等.科学通报,1983,28(5)
寒冷刺激对大鼠垂体中β-内啡肽含量和体温的影响.陈启盛,等.南京医学院学报,1983,3(1)
大鼠的迷走—加压反应.陈家津,等.青医学报,1983,(2)
大鼠卵泡膜外层平滑肌细胞的超微结构研究.丁肇林,等.哈尔滨医科大学学报,1983,17(1)
大鼠脑室内注射5,6-DHT对淋巴细胞转化反应的影响.丁桂凤,等.科学通报,1983,28(12)
大鼠临床血液学、生化及免疫学测定值.丁正梁,等.上海畜牧兽医通讯(专辑),1983,3(3)
对几种抗凝血剂应用的评价.董维惠.植物保护,1983,9(6)
大鼠肝大部切除后肝细胞的增殖及其有关体液因子的探讨.傅国鑫,等.上海第一医学院学报,1983,10(5)
大鼠肝脏不同范围切除术后的再后.关世春,等.北京第二医学院学报,1983,(1)
大鼠下丘脑弓状核抑制蓝斑神经元放电的机制及其在电针效应中的作用.高远生,等.生理学报,1983,35(2)
大白鼠鼻咽部的组织学研究.韩英士,等.湖南医学院学报,1983,8(1)
大白鼠鼻咽部上皮的研究.韩英士,等.湖南医学院学报,1983,8(1)
大鼠中枢神经系统衰老的形态研究——大脑皮质与小脑皮质的神经元消逝.侯家骥,等.解剖学报,1983,14(2)
大白鼠腓肠神经A类传入纤维诱发的脊髓背表面电位.何量,等.西安医学院学报,1983,4(3)
短小棒状杆菌菌苗(CPV)对小鼠腹腔巨噬细胞和血清中溶菌酶的影响.金福生,等.上海免疫学杂志,1983,3(3)
大鼠蓝斑核对血压和迷走—加压反应的影响.金秀吉,等.延边医学院学报,1983,6(2)
大鼠肝细胞核糖皮质激素受体测定.蒋道降,等.中华核医学杂志,1983,5(1)
大白鼠缰核传出纤维的放射性同位素自显影研究.吕证宝,等.解剖学报,1983,14(1)

大白鼠延髓网状结构的传入联系——HRP 法研究. 卢金活，等. 武汉医学院学报，1983，12（3）
大白鼠脑干脊髓投射——HRP 法研究. 卢守祥，等. 西安医学院学报，1983，4（1）
大鼠心电测量法的改进. 刘国雄，等. 药学通报，1983，18（3）
对豫东平原区黑线仓鼠的观察及防治. 孟光. 河南农林科技，1983，（10）
大鼠心肌细胞色素氧化酶光镜和电镜定位观察. 孟宪忠，等. 细胞生物学杂志，1983，5（2）
大鼠二叠体旁核至上丘的定位投射——HRP 法研究. 饶志仁，等. 解剖学报，1983，14（3）
东北雷公藤对小鼠免疫功能的影响. 秦洪志，等. 白求恩医科大学学报，1983，9（3）
大鼠不同范围肝部分切除后再生的组织观察. 孙克继，等. 北京第二医学院学报，1983，（1）
大鼠喂服棉酚后睾丸和附睾锌含量的变化. 石嵩山，等. 青医学报，1983，（2）
单克隆化小鼠淋巴细胞杂交瘤细胞及其亲本细胞株的电泳行为. 施永德，等. 上海第一医学院学报，1983，10（3）
大鼠垂体摘除术. 沈忠英. 汕头医专学报，1983，（7）
大白鼠丘脑束旁核的传入纤维联系——HRP 法研究. 汤凤彩. 解剖学报，1983，14（4）
电离辐射对大鼠脑啡肽含量的影响. 吴德林，等. 第二军医大学学报，1983，4（3）
电刺激大白鼠延髓孤束核发心电图变化及其发生机制. 伍端娴，等. 广州医学院学报，1983，（2）
大林姬鼠棕背䶄引起流行性出血热爆发流行调查报告. 魏仰华，等. 人民军医，1983，（11）
刀豆素 A 诱导小鼠抑制性细胞的体外研究. 吴厚生，等. 上海第一医学院学报，1983，10（6）
大白鼠实验性六氯环己烷亚急性中毒的电子显微镜观察. 王慧君，等. 武汉医学，1983，7（2）
电针对家兔实验性心肌缺血的组化研究Ⅱ. 与糖代谢有关酶的组织化学. 文琛，等. 中国针灸，1983，3（6）
电子驱鼠器的效能初试. 汪诚信. 中华流行病学杂志，1983，4（1）
大白鼠视区的肼胝神经元——HRP 逆行法研究. 肖悦梅，等. 解剖学报，1983，14（4）
滇西北部喜马拉雅旱獭的生态观察. 杨光荣，等. 动物学杂志，1983，（2）
大鼠睾丸间质细胞的小管结构及其功能的初步研究. 杨勇正，等. 动物学报，1983，29（2）
大鼠肺、肝组织中芳烃羟化酶测定方法. 尹先仁，等. 卫生研究，1983，12（1）
敌枯双不同给药时间对妊娠 Wistar 大白鼠致畸效应. 游育倍，等. 药学学报，1983，18（1）
大白鼠离体胃条片的制备及其对药物反应的观察. 郑修文，等. 重庆医学院学报，1983，（2）
大鼠快、慢肌纤维肌球蛋白的特征. 章生艮，等. 动物学报，1983，29（2）
电针对家兔外周血粒细胞化学的影响. 宗安民，等. 河南医学院学报，1983，18（3）
大白鼠下丘脑外侧区的传入性联系. 周斯舜. 解剖学报，1983，14（4）
达乌尔黄鼠的食性和食量. 周庆强. 草原生态系统研究第一集，1983
达乌尔鼠兔的食物和食量研究. 钟文勤，等. 生态学报，1983，3（3）
大鼠和人胎肝细胞超微结构的体视法计量. 钟翠平，等. 上海第一医学院学报，1983，10（6）
大白鼠腹腔巨噬细胞 2′-5′寡腺苷酸合成酶. 郑宏大，等. 实验生物学报，1983，16（4）
二苯基胺类杀鼠剂——溴杀灵. 葛鹏举. 大连化工，1983，（2）
二甲亚砜与氨甲蝶呤合用对小鼠 V14 瘤细胞的影响. 李杓，等. 白求恩医科大学学报，1983，9（5）
复齿鼯鼠的生态观察及糖灵脂的形成. 高士贤，等. 特产科学实验，1983，（3）
放射性碘标记的胰多肽在小鼠体内的分布. 林坤伟，等. 北京医学院学报，1983，15（2）
氟乙酰胺急性中毒的急救和治疗. 孙作庆. 中国农村医学 1983，（6）
福建的卡氏小鼠（啮齿目：鼠科）. 詹绍琛. 武夷科学，1983，（3）
湖北省疫区黑线姬鼠肺组织流行性出血热特异性抗原的免疫荧光检查. 向近敏，等. 湖北医学院学报，1983，4（1）
发热对小鼠 Sa180 生长的影响. 袁瑞香，等. 山西医学院学报，1983，（1）
粉防己碱对大鼠离体子宫收缩反应的影响. 姚伟星，等. 中国药理学报，1983，4（2）
复齿鼯鼠的人工饲养研究. 赵鸿基，等. 中药材科技，1983，（2）
高原鼠兔肾上腺皮质功能的每日节律及急性低氧效应. 杜继曾，等. 兽类学报，1983，3（1）
瓜地灭鼠试验. 侯希贤，等. 地方病防治研究，1983，（2）
宫颈刺激对大鼠内侧视前区下丘脑前区单位放电的影响. 陆杰，等. 哈尔滨医科大学学报，1983，17（1）
甘氨酸和纳洛酮对减慢兔膈神经放电的高频振荡频率的递质的对抗作用. 潘令和，等. 生理学报，1983，35（4）
格氏线虫对高等动物的安全性Ⅰ. 对小白鼠的安全测试. 王进贤，等. 昆虫天敌，1983，5（1）
肝细胞移植实验研究中大白鼠肝细胞悬液的制备. 徐家善，等. 中华器官移植杂志，1983，4（2）
钙离子对小鼠电针镇痛和吗啡镇痛影响的相似性. 张祖暄，等. 生理学报，1983，35（2）
格粉板法测定灭家鼠效果的研究. 赵承善，等. 中华流行病学杂志，1983，4（3）
寒冷刺激对大鼠垂体中 β-内啡肽含量和体温的影响. 陈启盛，等. 南京医学院学报，1983，3（1）
黄芪促进小鼠 NK 细胞活性的研究. 常春燕，等. 中国医学科学院学报，1983，5（4）
红星养鸡场鼠害初步调查及灭鼠试验报告. 董维惠. 地方病防治研究，1983，（1）

呼图壁山前平原啮齿动物考察记要. 侯兰新,等. 防治研究通报,1983,2(3)
黄土侵蚀与啮齿动物活动关系的观察——以滹沱河流域的黄鼠为例. 梁俊勋. 地理研究,1983,2(4)
[3H]冬凌草甲素在小鼠体内吸收、分布和排泄. 林晨,等. 中国药理学报,1983,4(1)
湖北省药用脊椎动物的研究. 生物系脊椎动物学小组. 华中师院学报(自然),1983,(2)
环境温度对毛丝鼠耗氧量与产热的影响. 王培潮,等. 华东师范大学学报(自然),1983,(1)
黄芪多糖对小鼠胸腺和脾免疫活性细胞的影响. 许嘉弟,等. 铁道医学,1983,11(6)
活性炭对大鼠肺影响的研究——超微结构的观察. 邢国长,等. 中华劳动卫生职业病杂志,1983,1(2)
灰旱獭体内鼠疫菌和类丹毒菌的混合感染. 谢奉璋,等. 中国地方病学杂志,1983,2(4)
氦-氖激光照射对小白鼠肝脏影响的电镜观察. 尹昕,等. 中华理疗杂志,1983,6(1)
海狸鼠的育种工作. 库涅雪夫,T. A. ,等. 国外特种经济动植物,1983,(1)
近交系沪白1号(SW1)小鼠的某些生物学与血液特性. 程立,等. 中国兽医杂志,1983,(4)
脊髓蛛网膜下腔灌注去甲肾上腺素对家兔血压的影响. 戴义隆,等. 南京医学院学报,1983,3(4)
金黄地鼠临床血液学、生物化学值测定. 丁正梁,等. 上海畜牧兽医通讯,1983,3(1)
近交系小鼠感染日本血吸虫研究. 何毅勋,等. 动物学研究,1983,4(3)
家兔结合臂旁核的构筑. 鞠躬,等. 解剖学报,1983,14(4)
家兔吸入120号溶剂汽油蒸气对神经传导的影响. 李佩珣,等. 广州医学院学报,1983,(2)
江西省啮齿动物的地理区划与流行性出血热疫区分布的关系. 刘堂仁. 江西医药,1983,(3)
家兔骨胳肌中结合乳糖的凝集因子的分离纯化与性质. 梁荣梯,等. 中国科学(B辑),1983,(6)
家兔晶状体纤维的超微结构扫描电镜和冰冻断裂的研究. 马淑亭,等. 动物学报,1983,29(3)
急性肝功能衰竭大鼠模型血液灌流致死因素的分析. 钮振,等. 中国生物医学工程学报,1983,2(1)
家兔大脑皮层质至脊髓劲膨大的投射——HRP法研究. 舒斯云,等. 第四军医大学学报,1983,4(4)
家兔尾核内注射毛果云香碱翻转尾核内多巴胺对抗电针镇痛的作用. 孙德玉,等. 锦州医学院学报,1983,4(2)
家兔黑质内注射多巴胺对电针镇痛作用的影响. 孙德玉,等. 锦州医学院学报,1983,4(2)
剑川自然疫源地的甘油阳性鼠疫菌株在黄胸鼠体内的选择优势. 俞东征,等. 中国地方病学杂志,1983,2(2)
家兔的麻醉. 史悠毅. 中国养兔杂志,1983,(4)
家兔小脑齿状核至Ⅲ、Ⅳ、Ⅵ脑神经核的纤维投射. 唐竹吾,等. 解剖学报,1983,14(2)
非哺乳动物卵透明带提出物对家兔进行免疫的免疫病理学研究. 罗文,等. 暨南理工医学报,1983,(1)
近年来鼠情和防制对策. 汪诚信. 中华流行病学杂志,1983,4(6)
加压素对记忆巩固过程作用的研究Ⅰ. 精氨酸加压素(AVP)对大鼠记忆巩固过程的易化作用及脑内游离氨基酸含量的变化;Ⅱ. GABA在加压素易化记忆巩固过程中作用的探讨. 萧倍生,等. 心理学报,1983,15(1)
家兔大脑皮质的小腿皮肤感觉区的组织学观察. 周芬殿,等. 华南师范大学学报(自然),1983 ,(1)
竞争性蛋白结合法对正常小鼠及家兔血浆内cAMP含量的测定. 万宝松,等. 山西医药杂志,1983,12(1)
家兔胆囊和肝外胆道上皮的超微结构. 杨林台,等. 安徽医学院学报,1983,18(3)
锦州地区鼠型斑疹伤寒病源学的首次报告. 颜世倍,等. 公共卫生与疾病控制杂志,1983,2(1)
甲基苄基亚硝胺体内合成诱发小鼠前胃肿瘤的观察. 祝庆蕃,等. 河南医学院学报,1983,18(3)
家兔主动脉弓的分支类型. 朱丰雪. 辽宁动物学会会刊,1983,4(1)
抗凝血灭鼠剂大隆和鼠得克的生物学效果评价. 邓址,等. 兽类学报,1983,3(1)
抗凝血灭鼠剂杀鼠灵(Warfarin)防制舰艇鼠患的效果评价. 邓址,等. 中华流行病学杂志,1983,4(2)
苦参总黄酮对大鼠培养心肌细胞搏动节律失常的作用. 王家珍,等. 中国药理学报,1983,4(1)
抗雌激素与雌素受体相互作用的研究——大鼠子宫内注射羟泰米芬和受体复合物的亚细胞分布. 邹继超. 中华核医学杂志,1983,3(1)
略述野鼠防治中的几个问题. 董维惠. 内蒙古鼠疫防治参考资料,1983,(10)
离体培养鼠疟原虫动合子方法的研究. 高兴政,等. 北京医学院学报,1983,15(增刊1)
罗氏鼢鼠生活习性的初步调查. 景河铭. 四川林业科技,1983,4(2)
流行性乙型脑炎细胞免疫实验研究Ⅰ. 乙脑病毒感染小鼠细胞免疫反应的测定;Ⅱ. 致敏脾T细胞被动输入保护试验. 贾凤兰,等. 中国医学科学院学报,1983,5(1)
铝在正常、矽肺大鼠血清及主要脏器中的分布. 李春英,等. 北京医学院学报,1983,15(3)
辽宁省啮齿动物的地理区别. 李维贤. 动物学报,1983,29(4)
L615小鼠白血病细胞株的双微体和它的结构. 刘连瑞,等. 科学通报,1983,28(17)
磷化锌酸式缓释法熏蒸. 罗淑德,等. 上海粮油科技,1983,(3)
磷标记供体白细胞静脉注射预处理对兔导体皮肤移植存活的延长作用. 刘长年. 天津医学院学报,1983,(3)
流行性出血热病毒在黑线姬鼠脏器中的分布和排毒的动态观察. 裘学昭,等. 江苏医药,1983,9(3)
615近交系小鼠的生育力及寿命的观察. 钱振超,等. 遵义医学院学报,1983,6(2)
流行性出血热疫区黑线姬鼠组织悬液在R66细胞中传代的电镜观察. 任其文,等. 安徽医学院学报,1983,18(1)

利用天敌防治森林鼠害. 世和,等. 吉林林业科技,1983,(6)
老鼠与鼠害的防制. 汪诚信. 人民卫生出版社,1983
615 近交系小鼠造血干细胞的定量测定. 尤育初,等. 动物学杂志,1983,(6)
两系裸小鼠繁育的初步结果. 张素胤,等. 上海畜牧兽医通讯,1983,3(1)
LATS 对离体正常小鼠甲状腺合成和释放甲状腺激素的影响. 赵武述,等. 生物化学与生物物理学报,1983,15(3)
灭鼠法. 蔡新源. 农业出版社,1983
吗啡和脑啡肽对离体豚鼠总胆管括约肌自动节律性运动的影响. 董秀云,等. 北京医学院学报,1983,15(3)
棉酚对大鼠睾丸线粒体氧化磷酸化影响的研究. 黄仁仁,等. 中国医学科学院学报,1983,5(4)
毛丝鼠繁殖规律的研究. 阚兴国. 野生动物,1983,(5)
麻黄碱对小鼠输精管平滑肌的作用. 束怀德. 生理学报,1983,35(2)
毛丝鼠妊娠与泌乳期的热能代射. 王培潮,等. 动物学报,1983,29(4)
灭鼠概论. 汪诚信,等. 人民卫生出版社,1983
酶联免疫吸附试验检测鼠疫 F1 抗原的研究. 王文华,等. 中国地方病学杂志,1983,2(3)
毛丝鼠的饲养与繁殖. 田岛嘉雄. 毛皮动物饲养,1983,(4)
南方害鼠防治. 陈安国. 湖南科技出版社,1983
宁夏固原山区啮齿动物初步调查. 谷守勤,等. 宁夏农业科技,1983,(2)
脑啡肽类似物和豚鼠"踏步自动作用". 刘世熠,等. 科学通报,1983,28(7)
农田鼠害考查. 马勇,等. 植物保护,1983,9(6)
南方鼠类的调查方法及商榷. 王岐山. 四川动物,1983,2(2)
泥炭腐植酸对小鼠胃肠推进运动的影响. 于吉人,等. 北京医学院学报,1983,15(增刊1)
普通小鼠和纯系小鼠的育种与大规模生产. 罗祯美. 动物学杂志,1983,(2)
捕鼠一百法. 王葆森. 安徽科技出版社,1983
胚鼠大脑皮层神经细胞的体外原代分层培养方法. 吴希如,等. 北京医学院学报,1983,15(3)
青藏高原大林姬鼠一新亚种. 冯祚建,等. 动物分类学报,1983 ,8(1)
强噪声对小白鼠大脑皮层听区突触超微结构的影响. 李新人,等. 环境科学,1983,3(1)
秦岭大巴山地啮齿动物的研究. 王廷正,等. 动物学杂志,1983,(3)
奇数碳中链脂肪酸对饥饿大鼠葡萄糖体内平衡及储脂动员的代谢效应. 杨渝珍,等. 武汉医学院学报,1983,12(1)
青海省海南州的鼠类及其栖息环境. 张广登. 海南科技,1983,11(2)
切断家兔的迷走神经引起心率增快机制的分析. 朱逸仁. 辽宁师范学报(自然),1983,(2)
青海省海南地区的啮齿动物. 张广登. 兽类学报,1983,3(2)
"气血注射液"对溶血性贫血大白鼠脾脏的组织化学研究. 张颖,等. 中医杂志,1983,24(4)
日本血吸虫病感染小鼠的 T 细胞辅助活力变动的初步观察. 刘述先,等. 上海免疫学杂志, 1983,3(1)
人与小鼠染色的免疫化学的差异. 许良中,等. 遗传,1983,5(2)
乳头体在大鼠学习记忆活动中的作用的初步探讨. 周天禄,等. 生理学报,1983,35(4)
人参总皂甙对小鼠骨髓造血干细胞的影响. 周歧新,等. 中草药,1983,14(1)
水溶性大分子修饰 125I-尿激酶在小白鼠体内的分布及代谢. 程玉华,等. 吉林大学自然科学学报,1983,(1)
鼠害与灭鼠. 邓址. 植物保护,1983,9(6)
实验动物微生物学监测——SPF 小鼠质量标准问题的探讨. 皇甫在. 上海畜牧兽医通讯(专辑),1983,3(3)
SMMC/C 系小鼠的培育及其生物学特性的研究Ⅰ. 毛色基因的测试;Ⅱ. 对约氏疟原虫的敏感性. 胡开元,等. 上海畜牧兽医通讯(实验动物科学专辑),1983,8(4)
麝鼠巴氏杆菌病. 金爱莲,等. 野生动物,1983,(4)
损毁海马对家兔探究反应的影响. 匡培梓,等. 心理学报,1983,15(3)
生物群落演化和地层学. 国外地质,1983,(3)
鼠型伤寒沙门氏菌感染的病原学及临床特点. 刘佩璋. 贵州医药,1983,(1)
兽类学基础知识第九讲:兔形目概论. 罗泽珣. 野生动物,1983,(5)
鼠疟在小鼠体内引起免疫抑制的研究Ⅰ. 感染约氏疟原虫后小鼠免疫反应的观察. 刘宝丰,等. 中华微生物学和免疫学杂志,1983,(1)
上海鼠类生态的研究. 钱国桢,等. 动物学研究,1983,4(4)
生脉散对大白鼠心肌细胞膜 ATP 酶活性影响的进一步观察. 秦腊梅,等. 中国急救医学,1983,3(2)
陕西省秦巴地区食虫类区系研究初报. 宋世英,等. 动物学杂志,1983,(2)
鼠疫的自然疫源与地理环境. 沈尔礼. 地理知识,1983,(5)
森林病虫害防治第十一讲:林木鼠害及防治. 孙国青. 黑龙江林业,1983,(11)

鼠的人工饲养. 孙森. 毛皮动物饲养,1983,(4)
杀鼠嘧啶作为灭鼠剂的生物学评价. 孙作庆,等. 植物保护学报,1983,10(4)
鼠害的化学防治. 王正存,等. 化学工业出版社,1983
三种啮齿动物气体代谢的比较研究. 韦正道,等. 兽类学报,1983,3(1)
鼠疫的非啮齿动物宿主的流行病学作用. 王淑纯. 中国地方病学杂志,1983,2(3)
授乳对大白鼠生长激素和泌乳素分泌的影响. 谢启文. 中国医科大学学报,1983,12(4)
损毁下丘脑弓状核、中缝背核和蓝斑对大鼠应激镇痛的影响. 印其章,等. 心理学报,1983,15(3)
鼠疟原虫的鉴定. 周义清. 动物学杂志,1983,(4)
石棉致大鼠恶性间皮瘤的实验研究. 朱惠兰,等. 劳动卫生与环境医学,1983,6(1)
鼠害及其防治. 赵桂芝. 农业科学通讯,1983,(8)
山西省的啮齿动物及其防治. 张俊. 生物研究通报,1983,1(1)
四种单胺递质拮抗剂对于吗啡抑制豚鼠回肠收缩效应的影响. 张慧秀,等. 中国药理学报,1983,4(2)
鼠类防治计划. 格莱德基娜,T. C. 国外畜牧学(草原与牧草),1983,(5)
兔子宫内膜染色质蛋白与雌二醇受体的结合作用. 程伊洪,等. 生物化学与生物物理学报,1983,15(6)
豚鼠下脚复合体传入纤维的研究. 戴鸿佐,等. 复旦大学学报(自然版),1983,22(2)
兔主动脉压力感受器对尿量的影响. 具达,等. 新疆医学院学报,1983,6(2)
豚鼠脑内啡肽免疫酶标定位方法. 刘真,等. 第二军医大学学报,1983,4(3)
TA1 系小鼠的生物学特性. 李漪,等. 上海畜牧兽牧医通讯,1983,3(2)
豚鼠心肌 α-肾上腺素受体的正性变力作用与细胞动作电位变化的联系. 李澈,等. 生理学报,1983,35(2)
豚鼠内嗅区的传入神经联系. 任丽芬. 解剖学报,1983,14(4)
兔心脏左室乳头肌的形态和动脉分布. 陶平,等. 动物学报,1983,29(3)
豚鼠雌雄长期同居的繁殖性能观察. 王楠田,等. 上海畜牧兽医通讯(实验动物科学专辑),1983,3(4)
兔的消化生理——口腔与胃内的消化. 吴云霞. 中国养兔杂志,1983,(4)
豚鼠腹腔渗出细胞移动影响因素的探讨. 徐滨. 哈尔滨医科大学学报,1983,17(1)
烫伤后大鼠脑胞液糖皮质激素受体的变化. 徐仁宝,等. 科学通报,1983,28(3)
豚鼠腹腔神经节小强荧光(SIF)细胞的组织化学研究. 杨光,等. 解剖学报,1983,14(1)
太白山藏鼠兔的生态初步研究. 郑永烈. 动物学杂志,1983,(2)
兔的生殖生理(三). 严忠慎. 中国养兔杂志,1983,(4)
土拨鼠肝炎病毒表面抗原基因的位置、核苷酸序列及其与人的乙型肝炎病毒表面抗原基因的比较. FrancisGalibent ,等. 遗传工程,1983,(1)
五种虫媒披膜病毒感染鼠脑的辣根过氧化物酶标记抗体染色研究. 洪松芳,等. 上海免疫学杂志,1983,3(5)
喂二乙基亚硝胺大鼠肝染色质体外转录的研究. 郝杆林,等. 实验生物学报,1983,16(1)
我国长江中下游以南地区啮齿动物的组成和分布. 秦耀亮. 动物学杂志,1983,(6)
我国消灭达乌尔黄鼠鼠疫疫源地概况及其今后措施. 石宝岘. 公共卫生与疾病控制杂志,1983,2(6)
微血管端侧吻合的动物实验模型——利用大鼠股血管皮瓣. 时述山,等. 上海畜牧兽医通讯,1983,3(2)
维生素 A 酸诱导小鼠 F9 胚胎性癌细胞分化的超微结构观察. 施渭康,等. 实验生物学报,1983,16(2)
无胸腺小鼠(裸鼠)的繁殖及质量控制. 孙靖,等. 畜牧兽医学报,1983,14(2)
无水醋酸钠在敌鼠钠盐生产中的循环使用. 吴仁久,等. 辽宁化工,1983,(6)
维生素 E 对受冷大白鼠能量代谢的影响. 伊长荣. 第四军医大学学报,1983,4(1)
微波辐射对妊娠大白鼠致畸敏感期的测定. 雍慧仪,等 . 四川大学学报(自然版),1983,(1)
兔子子宫内膜雌激素受体的超离心分析. 姚连生,等. 生物化学与生物物理学报,1983,15(3)
我国家兔的起源. 罗泽珣. 中国养兔杂志,1983,(2)
卫氏并殖吸虫在大鼠体内的发育和吡喹酮治疗的观察. 章子豪,等. 寄生虫与寄生虫病杂志,1983,1(1)
我国鼬獾的亚种分类及一新亚种的描述. 郑永烈,等. 兽类学报,1983,3(2)
微波在对新生小鼠自然杀伤细胞活性的诱导. Schlagel ,C. J. 国外医学(生物医学工程分册),1983,6(4)
维生素 E 对低温暴露大鼠肝线粒体功能的影响. 周超,等. 营养学报,1983,5(3)
小鼠血清免疫球蛋白 G、M 和单克隆抗体的分离提纯. 陈登鸿,等. 上海免疫学杂志,1983,3(4)
小鼠肾脏芳香酰胺酶动力学研究. 查锡良,等. 上海第一医学院学报,1983,10(4)
小鼠红细胞与淋巴细胞形成自然玫瑰花结的研究. 陈祖琼,等. 天津医药,1983,11(5)
新生小鼠胸腺细胞对体外淋巴细胞增生反应的抑制作用. 董玮,等. 上海免疫学杂志,1983,3(3)
小鼠的生物化学及免疫学正常值测定. 丁正梁,等. 上海畜牧兽医通讯(实验动物科学专辑),1983,3(4)
胸腺肽对小鼠巨噬细胞抗瘤效应的影响. 冯琦,等. 实验生物学报,1983,16(4)
腺病毒 3 型对小鼠免疫功能的影响. 傅石川,等. 中华微生物学和免疫学杂志,1983,3(2)
小鼠淋巴结及胸腺 T、B 淋巴细胞的鉴别. 顾远锡,等. 动物学研究,1983,4(2)

小鼠特大恶性肿瘤一例. 高殿栋. 上海畜牧兽医通讯,1983,3(1)
新生期注射谷氨酸一钠对成年大鼠吗啡、针刺和应激镇痛的影响. 郭试瑜,等. 中国药理学报,1983,4(1)
小白鼠胚后肾和生后肾发育的组织学及组织化学观察——酸性磷酸酶、碱性磷酸酶、三磷酸苷酶、非特异性酯酶. 韩雪梅,等. 解剖学报,1983,14(4)
喜马拉雅旱獭消化器官的形态学特征. 黄苾,等. 西南民族学院学报(畜牧兽医版),1983,(4)
小白鼠心肌发育分化的组织学和组织化学观察. 黄中新,等. 新疆医学院学报,1983 ,6(4)
小鼠三叉神经节细胞生后发育的初步观察. 江泽厚. 四川解剖学杂志,1983,3(3)
新多巴胺受体阻滞剂——四氢小檗碱对大鼠纹状体内乙酰胆碱含量的影响. 金国章,等. 生理学报,1983,35(1)
小鼠骨髓基质细胞层对造血干细胞存活的影响. 姜学英,等. 中华血液学杂志,1983,4(5)
西沙群岛的鼠类. 刘振华,等. 动物学杂志,1983,(6)
消灭鼠害. 刘纪有. 内蒙古人民出版社,1983
新农药二巯基敌枯双对大鼠甲状腺功能的损害. 雷幼导,等. 四川医学院学报,1983,14(3)
小鼠皮下脓肿模型及其在中草药抗菌作用研究中的初步运用. 刘林祥,等. 微生物学通报,1983,10(4)
小鼠 G 显带核型. 凌丽华,等. 遗传学报,1983,10(5)
新生小鼠移植耐受的诱导及其机制探讨. 秦惠玉,等. 上海免疫学杂志,1983,3(4)
小鼠实验性心脏肥大的 DNA 合成自显影研究. 邱近明,等. 天津医学院学报,1983,(2)
新生鼠表皮细胞培养和移植的初步实验研究. 曲淼淼,等. 中华外科杂志,1983,21(1)
小鼠氧中毒的肺部形态观察——透明膜形成机制的初步探讨. 史月西,等. 北京第二医学院学报,1983,(2)
小鼠下颌骨形态分析法. 孙靖. 上海畜牧兽医通讯(实验动物科学专辑),1983,3(4)
性激素在照射 LACA 小鼠造血重建中的作用. 司富为,等. 中华血液学杂志,1983,4(3)
心内注入枸橼酸钠对家兔呼吸的影响. 汤树本,等. 河南医学院学报,1983,18(3)
小鼠骨骼肌在切腱、协同肌切腱和肉毒杆菌毒素中毒后对辣根过氧化物酶(HRP)的胞纳作用. 田文皓,等. 生理学报,1983,35(3)
心肌显像剂^{99}mTc-DMPE 的制备及小白鼠的实验研究. 王学斌,等. 北京师范大学学报(自然版),1983,(4)
溴代毒鼠磷成品分析. 吴天民,等. 大连化工,1983,(3)
小白鼠外周血白细胞的分离制备及其过氧化氢酶活性测定的简易方法. 王嘉瑾. 第四军医大学学报,1983,4(3)
小白鼠的解剖实验. 王敬元. 生物学通报,1983,(3)
小鼠三叉神经节细胞生后发育的初步观察. 汪泽厚. 四川解剖学杂志,1983,3(3)
小鼠肝浸液、脾浸液对体外人淋巴细胞功能和小鼠 SRS 瘤细胞生长的影响. 吴厚生,等. 上海免疫学杂志,1983,3(3)
小白鼠出生后第三、四、六对脑神经核的形态. 许健,等. 解剖学通讯,1983,6(1)
小白鼠触毛的更新. 叶家明. 东北师大学报(自然版),1983,(2)
杏仁复合体的传入性联系——HRP 法对大白鼠杏仁中央核和内侧核的研究. 姚宗兴,等. 解剖学报,1983,14(4)
小鼠铅中毒对钙代谢影响的研究. 余瑞荣,等. 南京大学学报(自然版),1983,(2)
小家鼠种群年龄研究及其对预测预报的意义. 严志堂,等. 兽类学报,1983,3(1)
小家鼠的肥满度研究. 严志堂. 兽类学报,1983,3(2)
小鼠胸腺大小随龄变化的性别差异及其原因探讨. 于立坚,等. 陕西新医药,1983,12(2)
小鼠呼吸道肥大细胞的研究. 阎书凤. 山西医学院学报,1983,(3)
小家鼠血红蛋白多态型与种群密度的关系. 周虞灿. 兽类学报,1983,3(1)
小鼠肝模板活性染色质和模板非活性染色质的比较研究. 张玉瑛,等. 生物化学与生物物理学进展,1983,(5)
小鼠腹腔巨噬细胞表面 C3b 受体的观察. 朱云凤,等. 上海免疫学杂志,1983,3(5)
小鼠 SRS 腹水瘤病毒分离及其鉴定. 周金涛,等. 上海第一医学院学报,1983,10(5)
厦门市郊鼠体外寄生虫种类及季节消长. 张财兴. 厦门大学学报(自然版),1983,22(1)
小鼠脾脏粘附细胞的抗原提呈作用. 张友会,等. 中华微生物学和免疫学杂志,1983,3(5)
用下颌骨形态分析法进行小鼠遗传监测的初步研究. 陈天培,等. 上海畜牧兽医通讯(专辑),1983,3(3)
应用^{32}P 标记喜马拉雅旱獭研究其寄生蚤的分散情况. 丁学良. 昆虫学报,1983,26(2)
17α-2 炔-雌三醇-3-环戊醚对小鼠造血干细胞的影响. 杜德林,等. 实验生物学报,1983,16(3)
用尼龙毛分离小鼠脾脏 T 淋巴细胞. 胡淑纯,等. 第四军医大学学报,1983,4(3)
^{25}I-P-IPA 在小白鼠体内的吸收、分布与积累的观察. 宫相义,等. 吉林农业大学学报,1983,(3)
应用 HRP 法对家兔桡神经干内躯体人传出纤维来源节段分布研究. 黄文铎,等. 湖北医学院学报,1983,4(3)
一起鼠型斑疹伤寒暴发流行的调查. 河南省郑州市郊区卫生防疫站. 中华流行病学杂志,1983,4(2)
用鲎试验检查感染鼠疫的实验动物内毒素血症. 孔令雄,等. 中国地方病学杂志,1983,2(3)
用放射配体结合法测定大鼠肾脏 β-肾上腺素能受体. 李伟毅,等. 中华核医学杂志,1983,3(1)
用小鼠玫瑰花环形成细胞(m-RFG)试验检测病毒性肝炎病人的 B 淋巴细胞. 麦群开. 广州医药,1983,14(4)

用蛋白质及同功酶醋酸纤维膜泳法对近交系小鼠进行遗传监测. 邢瑞昌,等. 遗传学报,1983,10(1)
银耳制剂对小鼠骨髓造血干细胞及其放射敏感性的影响. 徐承熊,等. 中华放射医学与防护杂志,1983,3(4)
孕素1号引起的家兔子宫液甾体与子宫球蛋白的变化. 杨以谦,等. 动物学报,1983,29(3)
用辣根过氧化物酶方法研究大白鼠咬肌的神经元. 袁维中,等. 四川解剖学杂志,1983,3(2)
应用疫区鼠肺抗原检测流行性出血热特异性抗体的初步报告. 杨为松,等. 陕西新医药,1983,8(1)
云南两型鼠疫杆菌对黄胸鼠、嗜谷绒鼠与齐氏姬鼠实验鼠疫的研究. 俞东征,等. 中国地方病学杂志,1983,2(1)
应用辣根过氧化物酶方法研究大白鼠丘脑下部外侧区传入纤维联系. 张国风,等. 北京第二医学院学报,1983,(3)
由浙江疫区黑线姬鼠获得的流行性出血热病毒R3株的初步鉴定. 朱智勇,等. 中华微生物学和免疫学杂志,1983,3(2)
恶急性苯中毒小鼠肝细胞形态变化的定量分析. 郑富感,等. 中华物理医学杂志,1983,5(1)
叶蝉散对大鼠致畸性研究. 朱玉芬,等. 职业医学,1983,10(2)
野生啮齿动物肺内发现肾性综合征出血热动因. 柯斯科夫,弗. 斯. ,等. 陕西医药资料,1983,(4)
1958—1979年世界鼠疫流行与发病情况. 地方病译丛,1983,(1)
野生啮齿动物间动物鼠疫流行病的预测. 地方病译丛,1983,4(4)
中国地鼠的驯化与繁殖. 薄家璐,等. 山西医学院学报,1983,(1)
正常小白鼠不同发育时期的脑电图及心率的变化. 白刚,等. 天津医学院学报,1983,(1)
中强白噪声对豚鼠内耳的损害——动物试验研究之一. 白秦生,等. 西安医学院学报,1983,4(3)
正常大白鼠的心电图分析. 刘羲传,等. 广州医学院学报,1983,(2)
在自然状态下黄毛鼠包皮腺的引诱力及季节变化. 廖崇惠. 兽类学报, 1983,3(1)
正常大鼠甲状腺功能状态的测定. 雷幼导,等. 四川医学院学报,1983,14(3)
针刺对大白鼠三叉神经脊束核中P物质影响的免疫细胞化学观察. 刘庆莹,等. 武汉医学院学报,1983,12(1)
照射小鼠骨髓移植保护作用的受照剂量限度. 李元敏,等. 中华放射医学与防护杂志,1983,3(4)
豚鼠内嗅区的传入神经联系. 任丽芬. 解剖学报,1983,14(4)
在体兔心急性心肌缺血时的复极后不应性. 吴博威,等. 生理学报,1983,35(3)
在鼠疫自然疫源地应用放射免疫沉淀试验(RIP)检查鼠疫菌F1抗体的研究(续). 王迈,等. 中国地方病学杂志,1983,2(1)
正常Wistar大鼠血睾屏障的建立和棉酚对其影响的研究. 杨育州. 动物学杂志,1983,(3)
中华鼢鼠的洞系结构及其防治试验. 杨克栋. 林业科学,1983,19(4)
中国仓鼠核仁形成区的活性在仓鼠-小鼠杂交细胞中受抑制. 颜永杉,等. 遗传学报,1983,10(6)
正常小鼠血清IgG亚类的提纯及性质的研究. 赵武述,等. 中华微生物学和免疫学杂志, 1983,3(4)
在胎鼠脊神经节外植体中神经生长因子减弱紫杉碱(Taxol)毒害神经的效应. 科技译报,1983,(2)
丙烯酰胺毒鼠的实验研究. 蔡恒正,等. 动物学杂志,1984,(2)
哺乳动物早期胚胎体外培养的研究Ⅰ.2-细胞期小鼠胚胎的发育. 陈秀兰,等. 遗传,1984,6(5)
把好三道关兔毛能高产. 宋清平. 毛皮动物饲养,1984,(2)
不同来源C57BL/6J系小鼠遗传纯度的生化检验结果. 邢瑞昌,等. 上海实验动物科学,1984,4(3)
不同地区及作物地黄毛鼠的数量变动. 詹绍琛. 动物学杂志,1984,(1)
北京地区的兽类区系及生态地理特征. 张洁. 兽类学报,1984,4(3)
北京地区鼠类群落结构的研究. 张洁. 兽类学报,1984,4(4)
纯系小鼠的遗传监测和染色体图. 洪龙. 上海实验动物科学,1984,4(3)
从罗赛鼠及社鼠中分离出流行性出血热病毒及其抗原性鉴定. 刘佩芥,等. 江西医学院学报,1984,(3)
采毛方法对兔毛皮量的影响. 孟昭武. 毛皮动物饲养,1984,(2)
长爪沙鼠的一些生态学资料. 秦长育. 兽类学报,1984,4(1)
雌鼠种系对鉴定携带交互易位雄鼠的影响. 王菊凝,等. 国外医学(卫生),1984,11(5)
从大鼠肝鼠染色质富集具有转录活性的DNA. 徐永华,等. 实验生物学报,1984,17(2)
大鼠蓝斑到脊髓的局部定位投射——荧光组织化学和HRP法联合应用的研究. 包新民,等. 解剖学报,1984,15(1)
大鼠小脑核到脊髓的投射——HRP法研究. 包新民,等. 解剖学报,1984,15(2)
稻谷毒饵全面灭鼠法在湖南的应用. 陈安国,等. 农业现代研究,1984,(3)
低温对小白鼠睾丸发育和生精作用的影响. 蔡含筠,等. 生殖与避孕,1984,4(4)
大鼠上丘细胞的双眼反应. 刁云程,等. 中国科学(B辑),1984,(6)
多元分析方法分辨细齿小塔鼠的下臼齿. 黄学诗,等. 古脊椎动物学报,1984,22(1)
大白鼠中缝背核的纤维联系. 黄登凯,等. 解剖学报,1984,15(2)
大鼠C类传入纤维诱发的脊髓背面电位. 何量,等. 生理学报,1984,36(3)

大鼠股神经和膀胱顶部感觉神经在脊髓胶状质的定位投射——酸性磷酸酶法. 胡松林,等. 武汉医学院学报,1984,13(6)
大鼠蓝斑核对血压和迷走加压反射的影响. 金秀吉,等. 动物学报,1984,30(3)
大鼠冠状动脉的解剖观察. 姜宗来,等. 解剖学报,1984,15(2)
大白鼠伏隔核的传入性联系. 李宽妍,等. 解剖学报,1984,15(2)
大鼠脑内乙酰胆碱酯酶的出现和变化. 李镇国,等. 解剖学报,1984,15(2)
大鼠伏隔核的传出性联系——Nauta 溃变银染法和放射自显影术的研究. 李宽妍,等. 上海第一医学院学报,1984,11(4)
大白鼠海马传入纤维的来源——HRP 法研究. 卢守祥,等. 西安医学院学报,1984,5(1)
动物基础知识讲座第十三讲:啮齿目(二). 罗泽珣. 野生动物,1984,(3)
"大隆"间隔与连续投药法毒杀家鼠灭效比较. 莫冠英,等. 兽类学报,1984,4(1)
大鼠上丘的连合投射——HRP 法研究. 饶志仁,等. 解剖学报,1984,15(1)
大鼠坐骨神经、胫神经和腓总神经对脊髓胶状质投射的节段和区域定位——ACP 法研究. 邱树华,等. 解剖学报,1984,15(3)
大鼠快慢肌单纤维肌球蛋白轻链的分析比较. 任惠民,等. 动物学研究,1984,5(4)
大鼠间脑向中脑导水管周围灰质的投射. 施际武,等. 解剖学报,1984,15(3)
敌枯双对小鼠胚胎发育的影响Ⅰ. 不同剂量对小鼠胚胎毒性和致畸作用的影响. 盛佩蒂,等. 南通医学院学报,1984,4(2)
敌枯双对小鼠胚胎发育的影响Ⅱ. 不同给药时间对小鼠胚胎毒性和致畸作用的影响. 佘南,等. 南通医学院学报,1984,4(3)
杜鼠灵作为杀鼠剂的初步研究. 施银柱,等. 兽类学报,1984 ,4(1)
电子捕鼠器工作原理及设计. 王文忠,等. 安徽轻工科技,1984,(2)
对第二代抗凝灭鼠剂毒性的分析. 汪诚信,等. 公共卫生与疾病控制杂志,1984,3(3)
达乌尔鼠兔实验室饲养繁殖初步观察. 徐植岚,等. 动物学杂志,1984,(2)
大鼠中枢神经系统中去甲肾上腺素镇痛作用的耐受. 谢翠微,等. 科学通报,1984,29(4)
大白鼠精囊腺上皮的透射和扫描电镜观察. 项晓人,等. 扬医资料,1984,(2)
大鼠睾丸间质组织内的生殖细胞. 杨勇正,等. 动物学报,1984,30(1)
大白鼠淋巴结的功能组织学研究. 叶丽卿. 广西医学院学报,1984,1(1)
滇西地区家栖害鼠初步调查. 杨光荣. 兽类学报,1984,4(1)
大隆灭鼠试验. 詹绍琛,等. 动物学杂志,1984,(2)
大鼠脑干向小脑核的纤维投射——HRP 法研究. 张素贞,等. 第三军医大学学报,1984,6(1)
大白鼠迷走神经传出纤维的起源——HRP 逆行追踪法. 张忠义,等. 解剖学通报,1984,7(4)
大白鼠脊髓胶状质内的嵴突触. 朱长庚. 解剖学报,1984,15(1)
大鼠脊髓中央管室管膜的超微结构——透射电镜和扫描电镜观察. 朱长庚. 解剖学报,1984,15(2)
大鼠三叉神经脊束核尾侧亚核胶状质突触小球的超微结构. 朱培纯,等. 解剖学报,1984,15(2)
大鼠尾壳复合体头部的传入性联系. 周敬修,等. 上海第一医学院学报,1984,11(4)
大白鼠体感区皮质与皮质下结构间的传入、传出联系. 朱长庚,等. 武汉医学院学报,1984,13(1)
鼢鼠的活动规律及捕捉方法. 毕宪明. 植物保护,1984,10(5)
防治稻田黄毛鼠和板齿鼠的试验. 黄铁华,等. 植物保护学报,1984,11(3)
服醋酸棉酚后幼龄大鼠睾丸间质细胞对 hCG 的反应性. 邱曙东,等. 生殖与避孕,1984,4(4)
氟乙酰胺毒杀高山姬鼠的效果试验. 杨光荣,等. 兽类学报,1984,4(4)
骨髓造血细胞动力学研究——大鼠骨髓造血细胞的细胞周期测定. 高凤鸣,等. 解剖学报,1984,15(2)
高寒草甸灭鼠后鼠兔和鼢鼠数量恢复的数学模型. 梁杰荣,等. 生态学报,1984,4(1)
甘肃河西走廊的啮齿动物. 王定国,等. 兽类学报,1984,4(4)
高温对长毛兔的影响及防暑措施. 周永吉,等. 毛皮动物饲养,1984,(2)
高原鼢鼠种群年龄的研究. 郑生武,等. 兽类学报,1984,4(4)
黑线姬鼠流行性出血热病毒自然感染率的血清流行病学分析. 傅建林,等. 公共卫生与疾病控制杂志,1984,3(1)
河南啮齿类动物调查报告. 葛凤翔,等. 动物学杂志,1984,(3)
呼伦贝尔盟牧区草原鼠害及其防治效益. 红心. 内蒙古科技情报,1984,(4)
黄胸鼠云南亚种种群年龄的研究. 松会武. 贵州农业科学,1984,(2)
黄胸鼠昼夜活动节律的初步观察. 吴锡进. 动物学杂志,1984,(3)
湖北省鼠害原因剖析及防治建议. 徐志金. 湖北科技性报(农业),1984,(5)
花白竹鼠的生态学研究. 徐龙辉. 兽类学报,1984,4(2)

灰仓鼠和小家鼠种群16年动态分析. 严志堂,等. 兽类学报,1984,4(4)
灰仓鼠肥满度的研究. 钟明明,等. 兽类学报,1984,4(4)
金黄地鼠视皮层通过胼胝体顺行和逆行激活的神经元的电活动和分布. 刁云程,等. 生理学报,1984,26(3)
家兔左心室壁内动脉. 胡海涛,等. 解剖学报,1984,15(1)
家兔睡眠—觉醒的昼夜节律——电生理学与行为的研究. 和喜梅,等. 生理学报,1984,36(4)
家兔下丘脑与腰髓间的直接联系. 鞠躬. 中国科学(B辑),1984,(3)
金黄地鼠丘脑网状核视部的纤维联系. 李之琨,等. 解剖学报,1984,15(3)
家兔肾小球铸型的扫描电镜观察. 洛树东,等. 山西医学院学报,1984,(3)
吉林省啮齿动物及其天敌. 李彤. 野生动物,1984,(5)
近交系TA3小鼠染色体核型及G.C-显带带型分析. 刘恩波,等. 天津医药,1984,12(6)
家兔晶状体纤维的超微结构:纤维细胞的间隙连接. 马淑亭,等. 动物学报,1984,30(1)
家兔睾丸内淋巴管的分布. 曲竞南,等. 解剖学通报,1984,7(1)
家兔品种退化的原因及其防止措施. 王永忠,等. 毛皮动物饲养,1984,(2)
家兔的夏季饲养管理. 姚仲达. 毛皮动物饲养,1984,(2)
家兔小脑至蓝斑的纤维投射. 张书琴,等. 解剖学报,1984,15(2)
科氏仓鼠一新种. 郑绍华. 古脊椎动物与古人类,1984,22(4)
金黄仓鼠生产性能的观察与分析. 沈志明,等. 上海实验动物科学,1984,4(1)
金地鼠的研究进展Ⅱ. 呼吸系统的正常结构和"自发性"肿瘤. 田鸿生. 实验动物科学动态,1984,1(1)
家兔迷走神经-胰岛素系统在脑内入肽胆囊收缩素降低血浆自由脂肪酸中的作用. 汪锦林,等. 生理学报,1984,36(3)
家兔小脑至蓝斑的纤维投射. 张书琴,等. 解剖学报,1984,15(2)
家兔在位心室肌细胞动作电位. 朱寄天,等. 泸州医学院学报,1984,(1)
介绍一种家兔右心导管. 张云福,等. 温州医学院学报,1984,14(1)
家鼠的适应能力. Bronson ,F. H. 科学,1984,(7)
抗凝血杀鼠剂. 李道中. 青海化工,1984,(6)
拉萨市和山南专区草场鼠害调查. 董维惠. 中国草原,1984,(4)
磷化铝熏杀农田害鼠. 庞 浩,等. 植物保护,1984,10(6)
辽宁省农田害鼠调查. 李维贤. 辽宁农业科学,1984,(3)
两种不同蛋白质在兔体内代谢及免疫性的比较. 李刚,等. 生物化学与生物物理学进展,1984,(1)
落叶松鼠害防治技术的研究. 孟广华,等. 辽宁林业科技,1984,(1)
流行性出血热疫区黑线姬鼠与人的发病、传播的探讨. 孙柱臣,等. 公共卫生与疾病控制杂志,1984,3(5)
老鼠的贡献. 塞德利克,菲利贝尔. 王国淼译. 1984 ,(12)
毛丝鼠的发情周期与交配的关系. 郭明伟. 毛皮动物饲养, 1984,(1)
猫、家兔迷走神经初级传入纤维脑干网状结构神经元联系的实验形态学研究. 刘万生,等. 解剖学通报,1984,7(1)
毛丝鼠性行为观察——产仔与母子行为. 刘凤阳,等. 特产科学实验,1984,(2)
灭鼠剂是控制鼠害的主要工具. 汪诚信. 青海化工,1984,(1)
免疫缺陷动物模型——裸鼠(nu/nu)的研究Ⅰ. 裸鼠的繁育及其质量控制. 卫生部药品生物制品检定所. 上海实验动物科学,1984,4(4)
棉酚对大鼠血睾屏障的影响. 吴燕婉,等. 中国科学(B辑),1984,(4)
毛丝鼠(Chinchilla)皮肤的组织学结构观察. 解觉,等. 吉林农业大学学报,1984,6(4)
灭鼠优对云南常见的四种害鼠的毒效. 姚洁然,等. 黑龙江农业科学,1984,(6)
蒙古黄兔尾鼠的生态观察. 赵肯堂. 兽类学报,1984,4(3)
内蒙阿左旗乌兰塔塔尔中渐新世的食虫类. 黄学诗. 古脊椎动物与古人类,1984,22(4)
农田毒饵灭鼠试验. 詹绍琛,等. 植物保护,1984,10(5)
普氏兔尾鼠的繁殖资料. 赵肯堂. 动物学研究,1984,5(2)
青海省大武地区高原鼠兔生态学初步研究. 沈世英,等. 兽类学报,1984,4(2)
清醒大鼠胰液收集改良法. 王贵喜,等. 中山医学院学报,1984,5(2)
日粮中添加沸石可使断乳兔少发生肠炎. 付星魁,等. 毛皮动物饲养,1984,(2)
社鼠的年龄鉴定与种群年龄组成. 鲍毅新,等. 兽类学报,1984,4(2)
Sprague-Dawley 系大鼠的饲养与繁殖. 富群华,等. 上海实验动物科学,1984,4(1)
杀鼠灵的定量分析. 何闺华,等. 农药,1984,(2)
SMMC/C 近交系小鼠生物学特性研究Ⅲ. SMMC/C 小鼠的繁殖性能的观察. 胡开元. 上海实验动物科学,1984,4(1)

鼠年漫话鼠化石. 李传夔. 化石,1984,(1)
兽类学基础知识第十二讲:啮齿动物. 罗泽珣. 野生动物,1984,(2)
兽类学基础知识第十三讲:啮齿动物(三). 罗泽珣. 野生动物,1984,(4)
兽类学基础知识第十四讲:啮齿动物(四). 罗泽珣. 野生动物,1984,(5)
松、杉松鼠害的调查. 潘盛荣. 植物保护,1984,10(6)
鼠脑浆中钙离子的研究. 任镇章,等. 南京大学学报(自然),1984,(1)
麝鼠的三种饲养方式. 沈汉统. 毛皮动物饲养,1984,(2)
杀鼠剂灭鼠安国内外情况介绍. 肖国春. 辽宁化工,1984,(6)
杀虫脒在大白鼠体内代谢的研究. 徐宗藩,等. 浙江医科大学学报,1984,13(1)
麝鼠的巴氏杆菌病. 余风,等. 毛皮动物饲养,1984,(2)
鼠类种群密度、性比对其数量的调节作用. 杨荷芳,等. 兽类学报,1984,4(4)
社鼠一新亚种——闹牛社鼠. 张子郁,等. 动物学报,1984,30(1)
试用长爪沙鼠建立美洲板口线虫动物模型的实验研究. 张孝蓉,等. 寄生虫病防治研究通讯,1984,(1)
世界鼠疫的流行病学和发病率(1958—1979). Akiev AR. 国外医学(医学地理分册),1984,5(1)
鼠类前B细胞株中免疫球蛋白基因表达和DNA甲基化. ShizuoAkira,等. 生理科学,1984,4(4)
天目山自然保护区啮齿类的研究. 鲍毅新,等. 兽类学报,1984,4(3)
天祝草原中华鼢鼠破坏草场植被的调查. 宋志明,等. 动物学杂志,1984,(3)
兔骨胳肌纤维类型的组织化学特性研究. 高雨仁,等. 山西医药杂志,1984,13(6)
兔毛的品质鉴定与分级方法. 洪正根. 毛皮动物饲养,1984,(2)
豚鼠下丘脑内脑啡肽的免疫梅标定位研究. 刘真,等. 解剖学通报,1984,7(1)
TAI近交系小鼠生物学特性的研究. 李漪,等. 天津医学院学报,1984,8(2)
兔颈上交感神经节中的γ-球蛋白样免疫反应神经元. 王富起. 解剖学报,1984,15(2)
豚鼠腹腔神经节小强荧光(SIF)细胞的超微结构及细胞化学研究. 杨光,等. 解剖学报,1984,15(2)
微波辐射对大白鼠精原细胞染色体畸变的影响. 刘瑜瑚,等. 生殖与避孕,1984,4(4)
我国藏鼠兔一新亚种. 寿仲灿,等. 兽类学报,1984,4(2)
我国实验常用豚鼠内膝体的定位. 邵殿华,等. 生理学报,1984,36(6)
乌鲁木齐南山鼠疫自然疫源地检查报告. 新疆流行病学研究所. 防治研究通报,1984,3(2)
溴代毒鼠磷中毒特点与抢救(附7例报告). 杜凤田,等. 山东医药,1984,(1)
小鼠H-2系统Ⅱ. H-2抗原和Ⅱa抗原以及它们的功能. 蒋英华,等. 上海免疫学杂志,1984,4(1)
喜马拉雅旱獭的能量代谢初试. 李庆芬,等. 兽类学报,1984,4(1)
小鼠甲胎蛋白基因的扩增及其mRNA相对含量的测定. 李宝琏,等. 生物化学与生物物理学进展,1984,(2)
小鼠骨髓细胞姐妹染色单体互换实验方法. 孟广叔,等. 动物学研究,1984,5(增刊1)
小鼠腹腔细胞的来源及其造血功能的研究. 朴长青,等. 解剖学报,1984,15(3)
小剂量定期给药法在评价急性灭鼠剂蓄积毒性试验中的应用. 孙作庆. 灭鼠文集第三辑,1984,45
小鼠血清脱氧核糖核酸结合蛋白的研究. 童坦君,等. 科学通报,1984,29(12)
新编灭鼠法. 王葆森. 江苏科学技术出版社,1984
小鼠消化道肥大细胞的研究. 王彤,等. 山西医学院学报,1984,(4)
溴代毒鼠磷中毒的特点与抢救(附6例报告). 王悦慈. 沂蒙医药,1984,(1)
小鼠T、B淋巴细胞超微结构的比较. 王玉芝,等. 中华微生物学和免疫学杂志,1984,4(3)
小鼠类巨噬细胞系及其生物学特性. 王德斌,等. 中国科学(B辑),1984,(4)
小鼠类巨噬细胞及其生物学特性——扫描电子显微镜观察. 王德斌,等. 中国科学(B辑),1984,(5)
小白鼠脑及肝细胞中RNA连接酶的研究. 王镜岩,等. 中国科学(B辑),1984,(6)
小鼠内细胞团标志蛋白的性质、分离和纯化. 许从盛,等. 实验生物学报,1984,17(3)
小白鼠触毛的出生后发育. 叶家明,等. 东北师大学报(自然),1984,(1)
小鼠腹腔巨噬细胞吞噬功能的扫描电镜观察. 于俊阁. 动物学报,1984,30(1)
小家鼠种群动态预测及机制的探讨. 严志堂,等. 兽类学报,1984,4(2)
小家鼠对同种血和尿敏感性的实验观察. 杨德华. 兽类学报,1984,4(4)
小鼠胎儿基因文库中筛选分离免疫球蛋白重链Cq基因. 杨建清,等. 遗传学报,1984,11(1)
厦门郊区农业区鼠害及其防治. 郑智民,等. 动物学杂志,1984,(3)
兴旺大队的大面积灭鼠工作. 汪诚信. 灭鼠文集第三辑,1984,15
喜马拉雅旱獭的洞型观察. 张广登. 兽类学报,1984,4(3)
小鼠衰老过程中肝细胞染色体非组蛋白的变化. 张宗玉,等. 中华老年医学杂志,1984,3(4)
小家鼠种群结构、动态及生产力. Walkowa, W. 陆地生态译报,1984,(2)
用土炮捕捉鼢鼠. 郭全宝. 植物保护,1984,10(5)

中华鼢鼠洞穴的研究. 刘焕金,等. 动物学杂志,1984,(2)
野鼠鼠疫疫源地的化学灭蚤. 钱存宁. 防治研究通报,1984,3(2)
用体重和体长鉴定黑线姬鼠年龄方法的商榷. 王岐山,等. 兽类学报,1984,4(2)
荧光光谱法测定家兔血浆中阿霉素浓度. 王杰民,等. 上海第一医学院学报,1984,11(3)
野生兔、鼠和野禽的布病感染率. 王积录,等. 野生动物,1984,(2)
野生哺乳动物的怀孕期. 王明义,等. 野生动物,1984,(6)
有机磷杀鼠剂研究进展. 叶定岳. 精细化工,1984,(1)
一种新型土拨鼠肝炎病毒. 周志群. 自然杂志,1984,7(6)
野生小家鼠与实验小白鼠杂交世代的血红蛋白电泳分析. 周虞灿,等. 兽类学报,1984,4(1)
与老鼠作斗争的生物学基础. Daniel Bajomi. 云南甘蔗科技,1984,(45)
正常家兔心电图100例分析. 陈国元,等. 武汉医学院学报,1984,13(1)
针毛鼠作为卫氏并殖吸虫转续宿主的发现. 董苌安,等. 动物学杂志,1984,(3)
中国鼠类及其防治. 郭全宝. 农业出版社,1984
中华竹鼠洞系结构的初步观察. 何晓瑞. 兽类学报,1984,4(3)
作为防制基础的鼠类生物学和行为研究. Jackson, W. B. 孙作庆译. 灭鼠文集第三辑,1984
中国树鼠属一新种. 吴德林,等. 兽类学报,1984,4(3)
中国仓鼠肺细胞双份染色体及其DNA分子的交换重组. 黄裕泉. 遗传学报,1984,11(2)
猪尾鼠在安徽的发现. 刘春生,等. 兽类学报,1984,4(4)
子午沙鼠的生态研究. 宋恺,等. 兽类学报,1984,4(4)
中国猪尾鼠一新亚种. 吴德林,等. 兽类学报,1984,4(3)
中国兽类生态学的进展. 夏武平. 兽类学报,1984,4(3)
中国姬鼠属的研究及与日本种类关系的讨论. 夏武平. 兽类学报,1984,4(2)
中国地鼠肺正常细胞V79和癌变细胞V79-B1膜上巯基结合位置的性质. 忻文娟,等. 中国科学(B辑),1984,(5)
在山地鼠疫自然疫源地内小型啮齿动物及其体外寄生蚤的流行病学意义和调查方法. 于心. 防治研究通报,1984,3(4)
棕色田鼠种群年龄组成及其繁殖力的研究. 张俊,等. 动物学杂志,1984,(1)
周口店地区仓鼠材料的重新观察. 郑绍华. 古脊椎动物学报,1984,22(3)
樟子松人工林鼠害综合防治试验研究. 赵日良,等. 吉林林业科技,1984,(2)
浙江省啮齿动物的分布及局部的群落动态. 诸葛阳. 生态学杂志,1984,(1)
中国仓鼠细胞的突变试验:CHO和V79系统的比较. Krabn, D. F. 国外医学(卫生),1984,11(6)
安徽省啮齿动物的区系分布和地理区划. 刘春生,等. 兽类学报,1985,5(2)
阿拉善黄鼠数量分布及有关生态学调查分析. 秦长育. 动物学杂志,1985,20(6)
矮象与巨睡鼠. 张明华. 博物,1985,(6)
不同发育时期仓鼠胚胎的重复冷冻和移植. 范必勤,等. 江苏农业学报,1985,1(4)
不同鼠类对鼠疟原虫的敏感性及影响因素. 龚建章,等. 动物学杂志,1985,20(6)
不同品系小鼠在微核试验中敏感性的比较. 黄念君,等. 药学通报,1985,20(12)
斑蝥素灭鼠的初步研究. 侯希贤,等. 中国鼠类防制杂志,1985,(1)
冰库鼠类的生理生态研究. 江庆兰,等. 生态科学,1985,(1)
北海道野鼠研究简介. 宋承汉. 兽类学报,1985,5(1)
半夏蛋白对小鼠的抗生育作用及抗早孕的机理探讨. 夏林纳,等. 上海第一医学院学报,1985,12(3)
北京野生褐家鼠染色体C-带、核仁形成区活性和染色体多态性. 颜永杉. 动物学报,1985,31(4)
布氏田鼠的生境选择与植被条件. 钟文勤. 草原生态系统研究,1985,(1)
北京地区鼠类群落结构的研究. 张洁. 兽类学报,1985,4(4)
北京地区黑线仓鼠年龄鉴定及种群年龄组成的研究. 张洁. 兽类学报,1985,5(2)
醋酸棉酚对大鼠血浆和肾脏前列腺素含量的影响. 程锦轩,等. 科学通报,1985,30(24)
从鼠类区系演替对大兴安岭牙林铁路沿线流行性出血热发生、强化、不流行及再现的规律. 罗泽珣. 动物世界,1985,23(24)
从内蒙古的农垦史谈农田鼠害的防治. 罗泽珣. 中国草原,1985,(2)
出血热疫区的灭鼠问题. 汪诚信. 国外流行病学进展,1985,(3)
成年西德长毛兔正常心电图的研究. 杨广鉴,等. 毛皮动物饲养,1985,(4)
长爪沙鼠的年龄鉴定. 赵肯堂. 动物学杂志,1985,(1)
促生长素抑制素样免疫反应在大白鼠弓状核和正中隆起的超微结构分布. 朱长庚,等. 动物学报,1985,31(4)
长爪沙鼠乳幼鼠感染流行性出血热病毒的某些生物学特性. 朱智勇,等. 中华传染病杂志,1985,3(1)

大鼠口鼻部眶下神经末梢类型及其相应神经元胞体在半月状神经节内的分布. 薄爱华,等. 解剖学通报,1985,8(1)
大鼠丘脑背内侧核的传入联系——WGA-HRP 法研究. 包新民,等. 解剖学报,1985,16(3)
大鼠丘脑背内侧核的传出联系——WGA-HRP 法研究. 包新民,等. 解剖学报,1985,16(3)
大鼠蓝斑到前额叶皮质、海马、丘脑和脊髓的分支投射——荧光素双标记法研究. 包新民,等. 解剖学报,1985,16(4)
东方田鼠的生态学观察和防治方法初探. 曹建军,等. 林业科技通讯,1985,(11)
东方田鼠的生活习性观察和药剂防治初步试验. 曹建军,等. 宁夏农业科技,1985,(6)
大隆防制养鸭场褐家鼠的效果观察. 陈长安,等. 中国鼠类防制杂志,1985,1(2)
大白鼠中缝背核的组织结构及其向尾壳核复合体的动物学研究. 董新文. 动物学研究,1985,6(4)
大白鼠视网膜中向同侧中枢投射的神经节细胞. 刁云程,等. 动物学报,1985,31(2)
大鼠小脑皮质的生长发育. 丁建华,等. 解剖学通报,1985,8(1)
带岭林区三种害鼠生态差异. 高中信,等. 东北林学院学报,1985,13(2)
袋装杀鼠灵毒饵杀灭褐家鼠效果评价. 高云景,等. 中国鼠类防制杂志,1985,1(2)
大白鼠舌周核至小脑的纤维投射. 胡耀民,等. 解剖学通报,1985,8(1)
大鼠小肠嗜银、亲银细胞的分布及形态学观察. 黄威权,等. 解剖学报,1985,16(4)
大林姬鼠体内流行性出血热病毒的分离与鉴定. 何亦祥,等. 微生物学杂志,1985,5(1)
大鼠视上核、室旁核中的含分泌颗粒突起及其突触的结构. 鞠躬,等. 第四军医大学学报,1985,6(2)
大白鼠心脏小强荧光细胞分布的研究. 纪中生,等. 解剖学报,1985,16(3)
大白鼠和猫颌下腺节前神经元乙酰胆碱酯酶组织化学反应的不同表现——逆行荧光标记结合胆碱酯酶组化的研究. 江连海,等. 科学通报,1985,30(10)
低温环境对小鼠乳酸脱氢酶活性的影响. 金吴,等. 遗传学报,1985,12(3)
大白鼠中缝大核含 5-羟色胺的神经元的电生理学鉴定. 江振裕,等. 中国科学(B 辑),1985,(9)
大鼠额叶皮质至顶盖的投射——WGA-HRP 法研究. 邝国陶,等. 神经解剖学杂志,1985,1(2)
大鼠器官组织中微量元素的发射光谱测定法. 李增禧,等. 环境科学丛刊,1985,6(2)
大鼠缰核的传入性联系. 李宽妍,等. 自然杂志,1985,(3)
大白鼠海马传入纤维的来源——HRP 法研究. 卢守祥,等. 解剖学报,1985,16(3)
大白鼠大脑皮质内一组复合型连续性突触. 鲁司鲁,等. 解剖学报,1985,16(4)
大鼠远缘杂交的细胞遗传学研究Ⅰ、褐家鼠的染色体组型和常染色体的多态性. 李宏广,等. 上海实验动物科学,1985,5(1)
大鼠Ⅲ型胶原的提取方法. 刘秉慈,等. 卫生研究,1985,14(1)
大白鼠杏仁核的传出联系——放射自显影术研究. 刘庆莹,等. 武汉医学院学报,1985,14(6)
大鼠肝染色质多肽的提取及对 DNA 转录的影响. 李树森,等. 中国医学科学院学报,1985,7(4)
达乌尔黄鼠的染色体组型分析. 马继霞,等. 兽类学报,1985,5(4)
大白鼠妊娠早期(1-6 天)子宫孕酮受体的变化. 瞿敬贤. 动物学报,1985,31(2)
大鼠坐骨神经纤维对脊髓胶状质投射的节段和区域定位——酸性磷酸酶(ACP)法的研究(二). 邱树华,等. 解剖学通报,1985,8(1)
大白鼠脚内核至外侧缰核投射的突触特点——WGA-HRP 顺行标记法电镜研究. 舒斯云,等. 解剖学报,1985,16(4)
大仓鼠一新亚种——宁陕亚种. 宋世英. 兽类学报,1985,5(2)
大鼠胚胎脑皮质移植于成年大鼠溃变周围神经外膜内的超微结构研究. 唐一鹏,等. 神经解剖学杂志,1985,1(2)
大鼠精子细胞的糖蛋白合成——电镜放射自显影研究. 汤雪明,等. 实验生物学报,1985,18(2)
对津白 3 和津黑两系小鼠毛色基因的测试. 王桂兰,等. 上海实验动物科学,1985,5(3)
大鼠运动神经元的白质树突(用 CB-HRP 及 CT-HRP)的研究. 万选才,等. 中国科学(B),1985,(9)
大白鼠脚间核的传入性联系. 许惠源,等. 解剖学报,1985,16(1)
大白鼠上丘传入性联系的 HRP 法研究. 肖悦梅,等. 解剖学报,1985,16(4)
大鼠被盖背核的传入性联系 HRP 轴突逆行及顺行传递法研究. 岳旭,等. 解剖学报,1985,16(1)
大鼠丘脑下部室管膜上皮细胞间加压素的催产素神经元的免疫组织化学观察. 杨明,等. 神经解剖学杂志,1985,1(2)
大沙鼠对库尔班通古特沙漠草地的破坏作用及其防治. 俞家荷. 中国草原与牧草杂志,1985,2(1)
大白鼠输精管平滑肌中 C-激酶的活化与去甲肾上腺素作用机制的研究(Ⅰ、Ⅱ). 于秉治,等. 中国医科大学学报,1985,14(5)
大白鼠第三脑室室管膜的超微结构. 朱长庚,等. 动物学报,1985,31(3)

大白鼠大中缝核至脊髓的体部定位投射——HRP逆行法. 张颐,等 . 解剖学报,1985,16(3)
大白鼠皮质躯体感觉区在丘脑腹后核组的定位——HRP法研究. 赵玲辉,等. 解剖学报,1985,16(3)
大鼠切牙牙髓血管构筑. 真炳攸,等. 解剖学报,1985,16(3)
大白鼠上丘水平导水管周灰质的传入联系——HRP法研究. 祝明芳,等. 解剖学报,1985,16(4)
大白鼠肝细胞胰岛素受体的放射受体法测定. 郑玢,等. 生物化学与生物物理学进展,1985,(6)
大鼠卵巢颗粒细胞纤溶酶原激活因子的测定. 张仕明,等. 细胞生物学杂志,1985,7(4)
毒鼠磷中毒解毒试验研究Ⅱ. 对小白鼠中毒解毒试验. 张万生. 中国鼠类防制杂志,1985,1(2)
对灌溉向日葵鼠害防治技术的评价. Saunders,G. R. 国外农学(向日葵),1985,(2)
复极早期的电刺激触发黄鼠心室肌的非驱动性动作电位. 刘泰槰. 科学通报,1985,30(7)
梵净山鼠形动物的垂直分布. 沈定荣,等. 野生动物,1985,(1)
复齿鼯鼠生态的初步研究. 王福麟. 兽类学报,1985,5(2)
国产溴敌隆对褐家鼠的生物学评价. 柴兰芳,等. 中国鼠类防制杂志,1985,1(2)
防鼠药剂的发展概况与发展预测. 肖春国. 大连化工,1985,(3)
高原鼢鼠尿道球腺的初步研究. 戴克华,等. 兽类学报,1985,5(1)
G57BL小鼠临床血液学、生物化学正常参数的研究. 胡淑贞,等. 实验动物科学,1985,2(2)
高原鼠兔食物资源利用的研究. 蒋志刚,等. 兽类学报,1985,5(4)
根田鼠生命表和繁殖的研究. 梁杰荣,等. 动物学报,1985,31(2)
高原鼠兔和高原鼢鼠乳酸脱氢酶同工酶的初步研究. 刘国富,等. 兽类学报,1985,5(3)
关于鼠情和鼠害防制的若干动向. 汪诚信. 山西灭鼠培训班讲学文集,1985,274
国内外灭鼠技术的动向. 汪诚信. 全国灭鼠工作经验交流会文件汇编. 中央爱国卫生运动委员会办公室,1985
供给大鼠咬肌神经元的分布部位——辣根过氧化物酶方法. 袁维中,等. 四川医学院学报,1985,16(1)
贵州短尾鼩化石. 郑绍华. 古脊椎动物学报,1985,23(1)
华池县啮齿动物地理分布及其对农林牧危害的调查. 陈钧,等. 兰州大学学报(自然),1985,21(2)
河西走廊啮齿动物地理分布的初步调查. 陈钧,等. 兽类学报,1985,5(3)
海马结构与大白鼠避暗行为的学习和记忆——Ⅰ. 广泛的电损毁海马的影响. 方崇仪,等. 北京大学学报,1985,(1)
褐斑鼠兔对草场的危害及防治后的效益. 郝守身,等. 动物学杂志,1985,20(3)
黑龙江省柴河林区害鼠调查及其防治. 刘用昌. 兽类学报,1985,5(2)
黄土高原东北缘的鼠类及其区划的研究. 梁俊勋,等. 兽类学报,1985,5(4)
河北省的啮齿目. 王连和. 河南科学院学报,1985,(1)
黄胸鼠的食量测定. 詹绍琛. 动物学杂志,1985,20(1)
黄毛鼠的年龄组. 詹绍琛. 动物学杂志,1985,20(5)
赤颊黄鼠的生态研究. 赵肯堂. 内蒙古大学学,1985,12(1)
河西荒漠子午沙鼠的生态学初步观察. 周宗汉,等. 四川动物,1985,4(1)
黑龙江省麝鼠养殖业发展方向的探讨. 郑琳,等. 野生动物,1985,(4)
海狸鼠肉的检验. Pycakob,B. H. 国外特种经济动植物,1985,(2)
海狸鼠仔的培育. Hevlkoba,H. A. 国外特种经济动植物,1985,(2)
家鼠型流行性出血热隐性感染的流行病学调查研究. 陈昌黎,等. 中国公共卫生,1985,4(1)
金黄仓鼠早卵裂期胚胎发育的研究. 范必勤,等. 动物学报,1985,31(1)
家兔的青贮饲料. 高龙译. 毛皮动物饲养,1985,(2)
家兔前庭核与脊髓的联系——HRP法研究. 郭峰,等. 神经解剖学杂志,1985,1(2)
家兔子宫初级感觉神经元在脊神经节的节段性分布——HRP逆轴突追踪法. 华启天,等. 解剖学报,1985,16(1)
家兔结合臂旁核与脊髓的联系. 鞠躬,等. 解剖学报,1985,16(1)
家兔脊髓至桥核及脑桥尾侧被盖腹外侧部的投射. 鞠躬,等. 解剖学报,1985,16(2)
近交系小鼠遗传监测中几种方法使用的探讨. 金玫蕾,等. 上海实验动物科学,1985,5(1)
吉林省森林鼠害调查报告. 李彤. 动物学杂志,1985,20(6)
家兔的难产、外孕和子宫扭转. 李恩辉. 毛皮动物饲养,1985,(4)
将外来基因转移到小鼠多功能造血干细胞. 李晔. 生物化学与生物物理学进展,1985,(4)
介绍一种简单的小鼠卵子移植技术. 吕容真,等. 生物学通报,1985,(12)
家兔肠系膜下节的节前神经元在脊髓内的定位和节段分布——HRP法研究. 李乐然,等. 神经解剖学杂志,1985,1(2)
间歇饥饿对大鼠动情周期及卵巢代偿性肥大的影响. 刘军,等. 中国医科大学学报,1985,14(6)
家兔支配膀胱的传出和传入神经成分在脊髓内的分布—HRP逆行追踪及跨神经节追踪研究. 秦秉志,等. 解剖学报,1985,16(4)

家兔的卵裂及胚泡的形成. 孙鸿喜,等. 动物学杂志,1985,20(3)
家兔 Edinger-Wesphal 核至脊髓的投射——HRP 法研究. 舒斯云,等. 解剖学报,1985,16(2)
家兔的矿物质营养. 陶岳荣. 毛皮动物饲养,1985,(4)
家兔脑细胞核的制备. 王瑞珍,等. 动物学杂志,1985,20(2)
家兔不同组织中 LDH 同工酶的凝胶电泳分析. 翁醒华,等. 杭州大学学报,1985,12(3)
晋东南农村的家鼠及其防制Ⅰ. 鼠情调查. 汪诚信,等. 中国鼠类防制杂志,1985,1(1)
晋东南农村的家鼠及其防制Ⅱ. 环境因素对家鼠密度的影响. 汪诚信,等. 中国鼠类防制杂志,1985,1(1)
晋东南农村的家鼠及其防制Ⅲ. 毒饵法的效果观察. 汪诚信,等. 中国鼠类防制杂志,1985,1(2)
九龙大雾山西北坡鼠形小兽群落结构研究. 辛景禧,等. 生态科学,1985,(1)
家兔脑神经腹支与脊髓和交感干的联系——HRP 法研究. 周玉林,等. 神经解剖学杂志,1985,1(2)
几种害鼠血红蛋白型的研究. 周虞灿,等. 兽类学报,1985,5(1)
抗凝血鼠药的田间效果检查. 刘可,等. 植物保护,1985,11(4)
抗孕 53 号影响大鼠垂体前叶对 GnRH 的敏感性反应. 谢衷明,等. 生理学报,1985,7(5)
空气高温度对长毛兔的危害及防潮措施. 周永昌,等. 毛皮动物饲养,1985,(2)
昆仑-阿尔金山盆地兽类初步考察. 周嘉福,等. 兽类学报,1985,5(2)
老鼠的活动规律. 高原译. 美国科学新闻,1985,(41)
立克命毒杀家鼠的现场试验. 河北省爱卫办消杀灭技术指导小组. 中国鼠类防制杂志,1985,1(2)
流行性出血热新传染源——社鼠的发现. 李贤凤,等. 福建医药杂志,1985,7(2)
辽宁省林地害鼠调查. 李维贤. 辽宁林业科技,1985,(2)
老龄鼠产生特异性抗体能力的研究. 刘惠莲,等. 免疫学杂志,1985,1(2)
辽宁省啮齿动物的生态地理分布. 李维贤. 生态学杂志,1985,(4)
615 近交系小鼠生物学特性的研究Ⅲ. 615 小鼠解剖学特征. 李肇玖. 上海实验动物科学,1985,5(4)
裸鼠净化饲养室的建立使用与管理. 马曾辰,等. 上海实验动物科学,1985,5(4)
老龄小鼠免疫状态及实验性治疗研究. 王金锐,等. 免疫学杂志,1985,1(2)
两种家鼠的热能调节与地理分布关系. 祝龙彪,等. 兽类学报,1985,5(3)
牧草场鼠害及防治试验. 董维惠,等. 中国鼠类防制杂志,1985,(1)
黄毛鼠的季节消长与防治. 旷铁夫. 中国鼠类防制杂志,1985,1(2)
灭鼠特对三种鼠的灭效观察. 刘建书,等. 中国鼠类防制杂志,1985,1(2)
棉酚对大鼠下丘脑视上核、室旁核和弓状核影响的组织学和组织化学观察. 宋天保. 解剖学报,1985,16(1)
灭鼠后草原生产力的调查. 沈世英. 青海畜牧兽医杂志,1985,(2)
毛丝鼠体温调节发育的研究. 王培潮,等. 动物学报,1985,31(4)
灭鼠特毒杀褐家鼠的效果试验. 赵侯,等. 兽类学报,1985,5(4)
毛丝鼠饲养消化及氮利用率的测定. 曾科文,等. 野生动物,1985,(4)
内蒙阿左旗乌兰塔塔尔中渐新世的梳趾鼠类. 黄学诗. 古脊椎动物学报,1985,23(1)
南鼢鼠生活习性的初步观察. 景河铭. 动物学杂志,1985,20(3)
农田褐家鼠主要生物学特性及防治. 杨永宏. 江苏农业科学,1985,(3)
内蒙古主要害鼠的洞口分类检索. 赵肯堂. 动物学杂志,1985,20(2)
内蒙古阴山北部农牧区长爪沙鼠种群适应特征的比较研究. 周庆强,等. 兽类学报,1985,5(1)
内蒙古草场鼠害的基本特征及其生态对策. 钟文勤,等. 兽类学报,1985,5(4)
农田药物灭鼠工作的进展. 赵桂芝,等. 植物保护,1985,11(5)
P 物质放射免疫测定法及在大白鼠动情周期中垂体内 P 物质含量的变化. 张崇理,等. 动物学报,1985,31(2)
青毛鼠外部形态的补充描述. 吕沈江. 动物学杂志,1985,20(4)
青藏高原的食虫类区系. 郑昌琳,等. 兽类学报,1985,5(1)
人工林招引黄鼬治鼠初报. 郭守恒. 自然资源研究,1985,(4)
乳酸脱氢酶同工酶基因在冬眠黄鼠中的表达. 金吴,等. 遗传学报,1985,12(4)
人工林鼠类调查研究初报. 朱曦,等. 浙江林业科技,1985,5(4)
γ 射线对大鼠脾细胞核体外转录活性的影响. 周建新,等. 生物化学与生物物理学进展,1985,(5)
麝鼠皮的初步加工及品质鉴定. 白洪钢. 毛皮动物饲养,1985,(4)
四个地区部队营区使用杀鼠灵、毒鼠磷毒饵灭鼠效果观察. 鲍明荣,等. 人民军医,1985,(9)
麝鼠的繁殖和人工饲养. 迟庆东译. 毛皮动物饲养,1985,(3)
衰老大鼠体内天然自由基的研究. 段绍瑾,等. 中华老年医学杂志,1985,4(4)
生后至 8 个月龄大鼠肝贮脂细胞的电镜观察. 傅俊贤,等. 第一军医大学学报,1985,5(3)
绥芬河地区鼠类生态学调查. 范维,等. 动物学杂志,1985,20(4)
士的宁杀灭高原鼢鼠的试验研究. 樊乃昌. 兽类学报,1985,5(4)

杀鼠迷毒杀长爪砂鼠的效果观察. 高文林,等. 中国鼠类防制杂志,1985,1(2)
实验小鼠遗传工程进展. 洪龙. 实验动物科学,1985,2(2)
麝鼠巴氏杆菌败血病的流行与预防. 康成贵,等. 野生动物,1985,(4)
麝鼠活体年龄鉴定的初步探讨. 楼伟,等. 自然资源研究,1985,(1)
山西省农田鼠种及分布. 柳枢,等. 植物保护,1985,11(6)
松、杉松鼠害的调查报告. 潘盛荣. 贵州农业科学,1985,(1)
实验小鼠的某些生理指标和自发性疾病的研究. 庞美英,等. 华南农业大学学报,1985,(1)
杀鼠灵颗粒毒饵的研制. 潘凤庚,等. 中国鼠类防制杂志,1985,1(2)
山西黄鼠测报中的主要因素研究. 任惠林,等. 植物保护,1985,11(5)
鼠害的防治. 王耀培,等. 广东科技出版社,1985
鼠类种群数量的变动与控制. 汪诚信. 山西灭鼠培训班讲学文集. 山西省植保站(太原),1985,174
睡鼠科一新属新种——四川毛尾睡鼠. 王酉之. 兽类学报,1985,5(1)
鼠肝线粒体胆碱脱氢酶的提纯. 吴如丹,等. 生物化学与生物物理学报,1985,17(5)
鼠类控制与出血热预防. 汪诚信. 全国流行性出血热会议汇编. 卫生部防疫司(北京),1985,32
肾综合征出血热病毒感染的鼠群分布. 吴系科,等. 中华流行病学杂志,1985,6(1)
陕西大巴山发现的岩松鼠黑色变异. 郑永烈,等. 动物学杂志,1985,20(2)
麝鼠消化系统常见病. 张桉,等. 毛皮动物饲养,1985,(26)
试用长爪沙鼠建立美洲板口线虫动物模型的实验研究. 张孝蓉,等. 四川动物,1985,4(2)
SMMC/C 系小鼠混合淋巴细胞反应观察. 张明华,等. 上海实验动物科学,1985,5(1)
SMMC/C 系小鼠生化标志基因的鉴定. 朱福令,等. 上海实验动物科学,1985,5(1)
杀鼠剂应用技术. Greaves,J. H. 农药译丛,1985,7(4)
兔舌内肌神经纤维来源的研究(HRP 逆行追踪法). 池日庆,等. 广西医学院学报,1985,2(1)
太原动物园鼠害调查及防治试验研究报告. 董维惠,等. 兽类学报,1985,(2)
提高毒饵法灭鼠效果的探讨. 董维惠. 植物保护,1985,11(6)
士的宁杀灭高原鼢鼠的试验研究. 樊乃昌,等. 兽类学报,1985,5(4)
天津市沿海地区的鼠类. 郭全宝,等. 动物学杂志,1985,20(2)
豚鼠肝脏微血管铸型扫描电镜观察. 廖瑞,等. 解剖学报,1985,16(1)
泰山中天门林区鼠类群落结构. 鲁开宏,等. 山东林业科技,1985,(2)
田间药物灭鼠试验. 宁国强. 植物保护,1985,11(5)
投射到兔颈上神经节的脊髓交感节前神经元——HRP 法研究. 马维义,等. 解剖学报,1985,16(1)
特殊环境灭鼠的新进展. 汪诚信. 国境卫生检疫,1985,(23)
兔胰腺外分泌部的扫描电镜观察——DMSO 冷冻割断法. 王静懿,等. 解剖学报,1985,16(1)
田野小家鼠种群特征研究. 严志堂,等. 兽类学报,1985,5(3)
兔子宫内膜细胞核雌激素受体的分析. 邹继超,等. 动物学报,1985,31(1)
兔心迷走神经传出放电的活动特征. 张英才,等. 生理学报,1985,37(1)
维生素 D 对白鼠健康效应的实验. 陈铭德. 生物学通报,1985,(11)
5-羟色胺样、P-物质样、脑啡肽样反应阳性神经元胞体在大鼠中缝核簇内的分布. 饶志仁,等. 解剖学报,1985,16(4)
微波辐射对小白鼠的生物效应研究Ⅰ、血淋巴细胞中 CAMP 水平的变化. 吴同乐,等. 生物化学与生物物理学进展,1985,(5)
温度对中国地鼠肺正常细胞 V79 和癌变细胞 V79-B1 膜上巯基结合位置性质的影响. 析文娟,等. 科学通报,1985,30(2)
我国啮齿目属的新纪录. 杨光荣,等. 兽类学报,1985,5(3)
小鼠冷冻胚胎库. 白琴华. 动物学杂志,1985,20(6)
小白鼠骨髓制片前的处理. 程宝鸾,等. 生物学通报,1985,(12)
胸腺肽对小鼠胸腺细胞亚群增殖能力的作用. 陈慰峰,等. 实验生物学报,1985,18(3)
选择性毒力的急性杀鼠剂. 邓址. 中国鼠类防制杂志,1985,1(2)
溴敌隆毒杀鼢鼠、鼠兔的试验研究. 樊乃昌,等. 青海化工,1985,(4)
小白鼠角膜细胞染色体的制备及洗净剂对染色体损伤的初步观察. 樊蓉,等. 生物化学与生物物理学进展,1985,(2)
小白鼠心肌发育分化的组织学和组织化学观察. 黄中新,等. 解剖学报,1985,16(4)
乡村灭鼠. 柳枢. 农业出版社,1985
小鼠卵巢排卵后对酪氨酸与几种氨基酸摄取动态变化的比较. 马青年,等. 哈尔滨医科大学学报,1985,19(1)
小鼠角膜白斑病理学研究. 孙复兴,等. 上海实验动物科学,1985,5(3)

小鼠早期胚胎细胞的分裂指数与胚龄的关系. 王达珍,等. 山东畜牧兽医,1985,(1)
小鼠骨髓细胞的染色体制备. 吴敏,等. 生物学通报,1985,(1)
西宁发现的小家鼠的黑色变异. 王治军,等. 兽类学报,1985,5(4)
雄性大鼠血清睾酮和下丘脑二氢睾酮受体的老年性改变. 王文健,等. 中华老年医学杂志,1985,4(4)
新型高效广谱杀鼠剂——毒鼠磷. 肖春国. 精细化工,1985,2(1)
小泡巨鼠(Edwardsrat)一新亚种——海南小泡巨鼠. 徐龙辉,等. 兽类学报,1985,5(2)
小鼠胚胎组织、成体组织和胚胎癌细胞酯酶同功酶谱的比较研究. 徐卫明,等. 实验生物学报,1985,18(1)
溴氰菊酯对大鼠全血胆碱酯酶活性和脑、小肠组织乙酰胆碱含量的影响. 肖希候,等. 中国急救医学,1985,5(6)
新敌鼠及其钠盐的毒性与实验治疗. 袁学洪,等. 劳动医学,1985,2(3)
西南绒鼠的一些生物学资料. 杨光荣. 兽类学报,1985,5(1)
溴毒磷对高山姬鼠的效果试验. 杨光荣. 兽类学报,1985,5(4)
小白鼠种内传播流行性出血热的研究. 周洪福,等. 江苏医药,1985,12(6)
野外小家鼠种群中鼠痘病毒隐性感染的调查. 邓合黎,等. 病毒学集刊,1985,(4)
101-粘鼠胶灭鼠试验. 郭全宝. 动物学杂志,1985,20(6)
用晶体重量测定喜马拉雅旱獭的年龄. 黄孝龙,等. 兽类学报,1985,5(1)
印度地鼠冬季的一些繁殖资料. 侯兰新,等. 兽类学报,1985,5(4)
应用放射自显影术观察小鼠空肠上皮细胞更新时间. 韩平戎,等. 武汉医学院学报,1985,14(5)
用雄裸鼠与雌半裸鼠进行繁殖的初步观察. 马曾辰,等. 上海实验动物科学,1985,5(3)
液氮杀灭鼠兔试验初报. 钱亮,等. 植物保护,1985,11(4)
液氮灭治高原鼠兔试验. 四川省液氮灭鼠课题组. 草与畜杂志,1985,(2)
云南兔的分类订正——包括两个新亚种的描述. 王应祥. 动物学研究,1985,6(1)
云南斯氏鼠生态学观察. 杨光荣,等. 动物学杂志,1985,(1)
岩松鼠换毛序. 杨树勋,等. 动物学杂志,1985,20(4)
用模糊聚类方法分析灰鼠种群数量年间变化与松子产量的关系并预报灰鼠种群数量. 周立. 兽类学报,1985,5(1)
用不同格数的玻板测定灭鼠效果的研究. 赵承善,等. 兽类学报,1985,5(3)
液氮灭鼠法. 成田农善. 国外农业科技,1985,(3)
正常家兔血浆及组织中前列腺素含量测定. 陈四传,等. 动物学研究,1985,6(4)
淄博地区农田害鼠调查. 车献水. 生态学杂志,1985,(6)
正常家兔血浆中环核苷酸的浓度. 董慎安,等. 动物学研究,1985,6(2)
支配大白鼠中缝大核区的单胺能神经末梢的来源. 董新文,等. 中国科学(B辑),1985,(12)
中国鼠兔属(Ochotona)的研究——分类与分布. 冯祚建,等. 兽类学报,1985,5(4)
棕色田鼠日食量与耐饥性的初步实验. 刘焕金,等. 动物学杂志,1985,(1)
种群的特性、动态和数量调节(2). 尚玉书. 陆地生态译报,1985,(2)
棕背䶄在不同坡度林地的数量及预防幼林鼠害的意义. 舒凤梅. 兽类学报,1985,5(4)
在农村用急性灭鼠剂一次投药的试验观察. 孙作庆,等. 中华流行病学杂志,1985,6(5)
正常小鼠615和可移植白血病小鼠L7712胸腺及脾脏中几种酶的组织化学研究. 王胜龙,等. 自然杂志,1985,(3)
在大鼠脑中发现心房利钠因子. 徐万祥译. 生物科学动态,1985,(2)
中国仓鼠卵巢细胞(CHO-K1)中期染色体悬浮液的制备及其流式核型分析. 徐淑惠,等. 细胞生物学杂志,1985,7(4)
正常及白血病小鼠白细胞DNA中m^{5C}含量的测定. 朱澄明,等. 自然杂志,1985,(6)
仔兔的营养与提早补饲. 张健宇. 毛皮动物饲养,1985,(2)
赵生成灭鼠经验. 赵生成,等. 山西科学教育出版社,1985
安徽省农田害鼠的发生与防除. 查兴,等. 安徽农业科学,1986,(3)
安徽省黄山啮齿类区系研究. 刘春生,等. 动物学杂志,1986,21(6)
八种毒物混合致小鼠骨髓染色体畸变. 芦春林,等. 中国环境科学,1986,6(2)
布氏田鼠生境中影响其密度的主导因子的分析. 施大钊,等. 中国草原,1986,(1)
不同海拔高度鼠兔肺动脉压等测定及适应机理的探讨. 滕国奇,等. 青海医药杂志,1986,(6)
不同年龄小白鼠全脑不溶蛋白凝胶等电聚焦比较分析. 张承圭,等. 南京大学学报,1986,22(3)
北京大兴地区黑线仓鼠种群繁殖生态研究. 张洁. 兽类学报,1986,6(1)
粗制棉籽粉对雄性小白鼠附睾氨基酸代谢作用的初报. 陈荣海,等. 东北师大学报(自然),1986,(3)
雌激素对大鼠HDL代谢的影响. 陈琪,等. 生物化学与生物物理学报,1986,18(3)
促肾上腺皮质激素(ACTH1-39)样免疫反应神经纤维在大白鼠脑干的分布. 戴桂林,等. 神经解剖学杂志,1986,2

（1）
鼠类区系演替探讨大兴安岭牙林铁路沿线流行性出血热发生、强化、不流行及再现的规律. 罗泽珣. 动物世界，1986，2(3－4)
从荆州地区黑线姬鼠分离到流行性出血热病毒. 潘敬堂，等. 中国公共卫生，1986，5(6)
雌鼠的记忆. 田毅. 自然杂志，1986，(9)
长毛兔的维生素营养. 陶岳荣. 毛皮动物饲养，1986，(2)
醋酸棉酚对大鼠生殖器官腺苷酸环化酶的影响. 吴亭，等. 科学通报，1986，31(15)
从生态学观点谈草原鼠害的防治. 文祯中. 四川草原，1986，(1)
出血热疫区的灭鼠措施. 汪诚信. 中国鼠类防制杂志，1986，2(4)
从生态系统的观点看草原灭鼠. 夏武平. 生态学杂志，1986，(1)
长爪沙鼠的综合防治. 夏武平，等. 中国农学通报，1986，(6)
长爪沙鼠腹腔巨噬细胞对流行性出血热病毒的敏感性. 姚小剑，等. 病毒学报，1986，2(4)
重复热处理对大鼠精子发生的影响研究：光学和电子显微镜观察. 杨勇正，等. 动物学报，1986，32(4)
成年小白鼠排卵前后卵巢内芳香族氨基酸含量变化. 赵玉莲，等. 哈尔滨医科大学学报，1986，20(3)
长毛兔的部分非正常行为. 张月洪. 毛皮动物饲养，1986，(1)
初生大鼠肺内 K 细胞的研究. 朱玲美，等. 四川解剖学杂志，1986，6(2)
长爪沙鼠的家庭结构和社群行为研究. 周庆强，等. 中国农业通报，1986，6
草原栖息高原鼠兔的社会行为(附英文). Smith，Andrew．T．，等. 兽类学报，1986，6(1)
大鼠中缝大核神经元向额叶皮质、海马、丘脑、小脑及脊髓的分支投射——荧光素双标记法研究. 包新民，等. 解剖学报，1986，17(1)
大鼠脑干到前额叶皮质的传入投射——WGA-HRP 法研究. 包新民，等. 解剖学报，1986，17(1)
大鼠间脑和皮质下端脑到前额叶皮质的传入投射——WGA-HRP 法研究. 包新民，等. 解剖学报，1986，17(2)
大鼠大脑皮质到前额叶皮质的传入联系——WGA-HRP 法研究. 包新民，等. 解剖学报，1986，17(4)
大鼠缰核的传入投射——WGA-HRP 法研究. 包新民，等. 解剖学报，1986，17(4)
毒饵槽盛放抗凝血杀鼠剂控制旅客列车鼠害效果观察. 柴兰芳，等. 中国鼠类防制杂志，1986，2(1)
大白鼠脊髓向延髓外侧网状核投射的体部定位——HRP 顺行法研究. 杜永梁，等. 神经解剖学杂志，1986，2(1)
大白鼠颈上神经节小颗粒细胞的超微结构观察. 邓德忠，等. 同济医科大学学报，1986，15(4)
大鼠脊髓内甲啡呔、亮啡呔和甲七肽在镇痛和电针镇痛中的不同作用. 费宏，等. 动物学报，1986，32(1)
毒饵灭鼠效应分析. 冯祥和，等. 山西农业科学，1986，(10)
大面积灭鼠控制流行性出血热的效果观察. 顾炳煊，等. 中国鼠类防制杂志，1986，2(2)
大鼠消化道 EC 细胞的分布及形态学观察. 黄威权，等. 动物学报，1986，32(3)
大白鼠鼻咽部中间型上皮的超微结构. 韩英士，等. 湖南医学院学报，1986，11(1)
大鼠海马结构至外侧隔核各部的投射——HRP 法研究. 胡家荣，等. 解剖学杂志，1986，9(3)
丹东市褐家鼠对 0.025% 杀鼠灵的敏感性本底测定. 韩正忠. 中国鼠类防制杂志，1986，2(1)
大白鼠三叉神经核至小脑核的纤维投射. 胡耀民，等. 解剖学报，1986，17(1)
大隆灭长爪沙鼠的试验. 侯希贤，等. 中国鼠类防制杂志，1986，2(1)
大鼠脊髓前角运动细胞白质树突的电镜观察. 何方，等. 中国医学科学院学报，1986，8(5)
大白鼠心脏心房肽免疫组织化学研究. 纪中生，等. 解剖学报，1986，17(4)
大白鼠心脏小强荧光细胞超微结构研究. 纪中生，等. 解剖学报，1986，17(4)
大白鼠前脑、脑干和小脑向孤束核的纤维投射——HRP 法和 ARG 法研究. 孔天翰. 神经解剖学杂志，1986，2(1)
大鼠腺垂体细胞单层培养及其分泌功能的研究. 李新民，等. 动物学报，1986，32(4)
大鼠副神经脊髓核在中枢内的定位. 刘才栋，等. 解剖学报，1986，17(2)
第二代抗凝血杀鼠剂："溴特隆"的生物学试验评价. 李道中. 青海化工，1986，(4)
达乌尔黄鼠显带染色体的研究. 李翔，等. 兽类学报，1986，6(4)
大仓鼠种群年龄的确定与种群数量季节消长初探. 李玉春，等. 中国农学通报，1986，(6)
大鼠三叉神经中脑核神经元中枢突的行径和分布——HRP 跨节追踪研究. 彭兆知，等. 神经解剖学杂志，1986，2(1)
大鼠腓浅、腓深神经纤维对脊髓胶状质投射的节段和区域定位——酸性磷酸酶法的研究. 邱树华，等. 解剖学报，1986，17(3)
低数量期布氏田鼠在不同季节中对生境的选择及影响因素的研究. 施大钊. 兽类学报，1986，6(4)
对呼伦贝尔盟西部草原地带的蒙古旱獭分布特征与鼠疫自然疫源性的分析. 滕云峰，等. 地方病通报，1986，1(2)
对人工杀灭喜马拉雅旱獭后的种群密度动态观察. 汪闻绍，等. 地方病通报，1986，1(2)
电刺激大鼠脊髓. 孤束核对下丘脑室旁核单位放电的效应. 王春安，等. 第二军医大学学报，1986，7(6)

大鼠下丘脑弓状核的超微结构. 王成,等. 哈尔滨医科大学学报,1986,20(1)
大白鼠脊髓中间带内5-羟色胺免疫反应纤维的分布. 王历辛,等. 神经解剖学杂志,1986,2(1)
大白鼠海马CA3区的超微结构. 汪家政,等. 神经解剖学杂志,1986,2(2)
大白鼠胚胎期肝细胞内溶酶体的改变. 武丽. 四川解剖学杂志,1986,5(4)
大鼠胚胎肝细胞内溶酶体系统的研究Ⅰ. 光镜观察. 武丽. 四川解剖学杂志,1986,6(1)
大鼠小肠上皮细胞计数观察. 王四旺,等. 上海实验动物科学,1986,6(3)
大白鼠脑垂体促生长激素细胞的免疫组织化学观察. 王士平,等. 新疆医学院学报,1986,9(1)
当前鼠疫疫区的灭鼠问题(讲座). 汪诚信. 中国鼠类防制杂志,1986,2(1)
大鼠小脑和脊髓中谷氨酸脱羟酶和半胱亚磺酸脱羧酶的免疫细胞化学研究. 吴宏,等. 中国医学科学院学报,1986,8(5)
大鼠肝糖皮质激素受体的昼夜节律. 徐仁宝,等. 动物学报,1986,32(4)
大白鼠丘脑背内侧核的转入纤维联系. 徐玉东,等. 解剖学杂志,1986,9(2)
大鼠杂交瘤技术介绍. 徐新来. 生物工程学报,1986,2(1)
大鼠扣带皮质各区的传入联系. 熊克仁,等. 神经解剖学杂志,1986,2(2)
大鼠下丘脑室旁核神经元对电刺激中脑中央灰质内侧丘系的反应. 邢宝仁,等. 生理学报,1986,38(2)
大鼠端脑与间脑内糖皮质激素受体免疫反应性神经元的分布. 于肇英. 白求恩医科大学学报,1986,12(5)
大鼠海马至顶叶、额叶、颞叶皮层的纤维投射. 阎淑枝,等. 第三军医大学学报,1986,8(2)
单胺氧化酶和硫胺素焦磷酸酶在豚鼠交感——肾上腺髓质系统细胞超微结构内的定位. 杨光,等. 解剖学报,1986,17(1)
大剂量促黄体素释放激素九肽类似物对受孕大鼠黄体影响的组织学和组织化学观察. 阎荣欣,等. 解剖学报,1986,17(4)
大白鼠脑干网状结构的观察. 颜文俊,等. 四川解剖学杂志,1986,6(2)
大鼠脑组织甲状腺激素与受体关系的初步研究. 杨康,等. 天津医学院学报,1986,10(1)
大仓鼠种群繁殖特征及其在种群调节中的作用. 杨荷芳,等. 中国农学通报,1986,(6)
东北啮齿动物的地理区划. 张赫武,等. 动物学杂志,1986,21(3)
大鼠三叉神经脊束核尾侧亚核胶状质非小球突触成分. 朱培纯,等. 解剖学报,1986,17(3)
大白鼠缰核传入纤维的起源——HRP法研究. 赵灿辉,等. 神经解剖学杂志,1986,2(1)
大鼠和兔肺组织培养的观察. 郑钦达,等. 四川解剖学杂志,1986,5(4)
大隆对黑线姬鼠的毒力及灭效观察. 张中干,等. 四川动物,1986,5(4)
大鼠肝和肝癌DAN及其限制性酶切图谱分析. 张玉砚,等. 实验生物学报,1986,19(4)
大鼠交替性饮水记忆行为的神经内分泌影响. 张殿明,等. 天津医学院学报,1986 ,10(1)
敌鼠钠盐灭鼠及对黑线姬鼠的毒力测定. 张中干,等. 中国鼠类防制杂志,1986,2(1)
毒鼠磷中毒解毒试验研究Ⅱ. 毒鼠磷对绵羊的毒力测定;Ⅲ. 绵羊毒鼠磷中毒解毒试验. 张万生,等. 中国鼠类防制杂志,1986,2(1)
毒鼠磷中毒解毒试验研究Ⅳ. 绵羊毒鼠磷中毒后血中胆碱酯酶活力测定. 张万生,等. 中国鼠类防制杂志,1986,2(3)
大鼠、小鼠的营养需要量. 须藤浩. 上海实验动物科学,1986,6(3)
多种有机磷农药的同时测定法. 中国商检(科技专刊),1986,(3)
氟化钠对小鼠生殖系统的影响. 黄作能,等. 山西医学院学报,1986,5(6)
鼢鼠属Eospalax亚属的系统发育关系及其物种形成和起源中心的研究. 李保国,等. 西北大学学报(自然),1986,16(3)
防治鼠害是草原建设的当务之急,也是一项战略任务. 樊乃昌. 中国草原,1986,(3)
高原鼢鼠生活习性观察及防制. 郭全福,等. 甘肃畜牧兽医,1986,(3)
根田鼠静止代谢率特征的研究. 贾西西,等. 动物学报,1986,32(3)
根田鼠平均每日代谢率及每日能量需要的估计. 贾西西,等. 兽类学报,1986,6(2)
高寒草甸生态系统香鼬种群能量动态的研究. 梁杰荣,等. 高原生物学研究集刊第五集,1986
广州市沙面街灭鼠试验. 梁杰荣,等. 兽类学报,1986,6(4)
广西银星竹鼠自然带马内青霉菌的真菌学研究报告. 李菊裳,等. 中国人兽共患病杂志,1986,2(2)
高原鼢鼠对其同类粪尿和尿道球腺的感受性. 王权业. 兽类学报,1986,6(3)
古田西洋村四种鼠传疾病宿主动物及媒介昆虫调查. 袁高林,等. 福建医药杂志,1986
宫内直接应用醋酸棉酚对妊娠大鼠的毒性研究. 杨纫姝,等. 南京师大学报(自然),1986,(2)
宫内一次给予醋酸棉酚对雌性大鼠的抗着床作用及其机理分析. 杨纫姝,等. 生殖与避孕,1986,6(4)
高山鼯生态的初步观察. 赵肯堂,等. 动物学杂志,1986,21(2)
庚炔诺酮肟对小鼠的抗生育作用和家兔的抗排卵作用研究. 张寅恭. 生殖与避孕,1986,6(4)

黑腹绒鼠生态学的研究. 鲍毅新,等. 兽类学报,1986,6(4)
湖南农业鼠害防治技术的研究与推广. 陈安国,等. 中国农学通讯,1986,(6)
海马结构与大白鼠避暗行为的学习和记忆. 方崇仪,等. 北京大学学报(自然),1986,(6)
河北省家鼠数量以及应用杀鼠灵饱和投毒法控制其危害的报告. 河北省鼠疫防治所. 中国鼠类防制杂志,1986,2(2)
黑线仓鼠药物防治的研究. 侯希贤. 中国农学通报,1986,(6)
河南省平顶山市鼠类锥虫调查初步报告. 刘凯,等. 动物学杂志,1986,21(1)
黄鼠栉带绦虫和梳状莫斯绦虫的生活史研究. 林宇光,等. 动物学报,1986,32(2)
黑线毛足鼠的染色体组型分析. 李其宏,等. 内蒙古大学学报(自然版),1986,17(3)
黄毛鼠发生规律的探讨. 刘振新. 中国农学通报,1986,(6)
黄兔尾鼠防治中经济阈值的探讨. 孙崇潞,等. 动物学报,1986,32(1)
灰旱獭年龄鉴定的方法. 杨赣源,等. 兽类学报,1986,6(2)
黑线姬鼠繁殖的初步研究. 叶正襄,等. 中国农学通报,1986,(6)
黑线姬鼠华北亚种与长江亚种几项生化指标的比较观察. 赵小凡,等. 兽类学报,1986,6(1)
旱獭的饲养. Tokapckhii,B. A. 国外特种经济动植物,1986,(1)
家兔去大脑僵直开颅术简易法. 艾宝琚. 生物学通报,1986,(3)
健康小白鼠高频心电图分析. 陈淑凤,等. 北京师范大学学报(自然版),1986,(3)
家兔延髓腹侧面压力敏感区及其对呼吸和血压的影响. 陈子彬,等. 自然杂志,1986,(7)
家兔颌下腺的神经支配(HRP法). 杜树人,等. 贵阳医学院学报,1986,11(3)
家兔急性出血性传染病的病毒分离、纯化和鉴定. 邓正文,等. 实验生物学报,1986,19(1)
吉林省和龙县长红林场大林姬鼠、棕背䶄若干生态学问题的研究. 顾修富,等. 生态学杂志,1986,(1)
家兔盲肠和阑尾淋巴管的研究. 金美善,等. 动物学报,1986,32(1)
家兔脊髓与孤束核间的相互联系. 鞠躬,等. 解剖学报,1986,17(1)
家兔延髓腹外侧面浅表区与脊髓的联系. 鞠躬,等. 解剖学报,1986,17(2)
家兔腋神经躯体传出和传入神经原胞体节段定位的实验研究——HRP法. 柯国平,等 . 湖北医学院学报,1986,7(3)
金黄地鼠外侧膝状体背侧核细胞形态学及其投射神经元的确定. 刘忠浩,等. 解剖学报,1986,17(2)
家兔脊髓腰骶部中间外侧核区的超微结构——神经纤维网和突触. 李淑芬,等. 解剖学报,1986,17(4)
家兔皮肤中工型胶原的提取与纯化. 刘平,等. 生物化学与生物物理学进展,1986,(5)
金黄仓鼠弧菌病的研究Ⅱ. 弧菌的鉴定与毒力测定. 钱家纹,等. 上海实验动物科学,1986,6(2)
家兔脊髓下橄榄投射的突触特点——HRP顺行标记法电镜研究. 舒斯云,等. 解剖学报,1986,17(1)
家兔下橄榄背侧副核的超微结构特点——电镜研究. 舒斯云,等. 解剖学报,1986,17(2)
家兔中脑网状结构内巨细胞至脊髓的投射——HRP法及WGAHRP法研究. 舒斯云,等. 解剖学报,1986,17(4)
静脉滴注唛酚生对急性溴氰菊酯中毒大鼠治疗效果的观察. 孙金秀,等. 卫生研究,1986,15(6)
家兔腓神经中各类纤维兴奋性的测定——标准电量(α)是兴奋性的可靠指标. 唐敬师,等. 西安医科大学学报,1986,7(1)
角膜白斑鼠同昆明种小鼠的生长繁殖比较. 吴敬民. 上海实验动物科学,1986,6(3)
金黄地鼠胼胝体纤维的电镜研究. 肖悦梅,等. 动物学报,1986,32(4)
金黄地鼠上丘和外侧膝状体之间的联系. 杨淑珍,等. 解剖学报,1986,17(4)
家兔心肌细胞浆网与横管系统关系的观察. 叶世隽,等. 解剖学报,1986,17(4)
家兔颈交感神经干的双索性构筑的解剖学观察. 郁尚俭,等. 四川大学学报(自然),1986,(4)
家兔主动脉内弹力膜表面正常结构的扫描电镜观察. 张亚历. 第一军医大学学报,1986,6(1)
京津地区大仓鼠种群年龄结构的研究. 张 洁. 兽类学报,1986,6(2)
抗凝血杀鼠剂和溴敌隆. 李道中. 青海化工,1986,(4)
科氏鼠兔在昆仑山重新发现. 郑昌琳. 兽类学报,1986,6(4)
流行性出血热监测和控制的研究——Ⅲ、流行性出血热宿主动物监测. 陈化新,等. 中国人兽共患病杂志,1986,2(1)
陇东啮齿动物调查报告. 陈敬先. 中国草原与牧草,1986,(6)
硫酸锌对小鼠生殖系统的影响. 黄作能,等. 山西医学院学报,1986,(2)
辽宁省农田害鼠的研究. 李维贤. 动物学杂志,1986,2(4)
酪氨酸对大鼠子宫卵巢和睾丸组织核酸合成的影响. 赖慕贤,等. 生理学报,1986,38(3)
酪安酸对大鼠离体Leydig细胞睾酮和CAMP生成的影响. 王丽,等. 生理学报,1986,38(4)
流行性出血热疫区灭鼠的进展和存在问题. 汪诚信. 中国公共卫生,1986,5(4)
氯化苦毒杀冬眠旱獭试验. 张广登. 实用地方病学杂志,1986,1(2)

流行性出血热病原在黑线姬鼠脾脏中检出情况观察.朱智勇,等.上海医科大学学报,1986,13(4)
灭鼠后鼠类数量消长调查.董维惠,等.兽类学报,1986,(4)
牧区建立无鼠害苏木(乡)的试验报告.董维惠,等.中国鼠类防制杂志,1986,(3)
闽东山区鼠类的生态研究.洪朝长.武夷科学,1986,6
棉酚对大鼠连体远部细胞超微结构的影响.李乾五,等.解剖学报,1986,17(4)
慢性高原低氧对高原鼠兔和大鼠肝脏的作用.李庆芬,等.兽类学报,1986,6(4)
灭菌饲料对小鼠繁育试验的初步观察.施忠.上海实验动物科学,1986,6(2)
母兔频密繁殖效果观察.汪国福.毛皮动物饲养,1986,(1)
灭鼠140法.王葆森.陕西科学技术出版社,1986
灭鼠领域的新进展.汪诚信.实用地方病学杂志,1986,1(4)
蒙古种沙土鼠的大脑动脉环.叶铮,等.解剖学报,1986,17(4)
棉酚对大白鼠精子发生影响的银染观察.叶惟三,等.解剖学报,1986,17(4)
农田鼠害损失及防治阈限探讨.宁国强.植物保护,1986,12(5)
农田鼠害测报浅说.马壮行.农业出版社,1986
农田害鼠的种群消长与农田生态条件的关系.王元仲.河北农业科技,1986,(11)
农田鼠洞排水技术概述.张友义.水利水电技术,1986,(2)
农村室内持续用毒饵盒彻底灭鼠后家鼠群落的演替现象——小麝鼩(Crocidura suaveolens)的入侵.赵承善,等.兽类学报,1986,6(2)
农田褐家鼠发生规律观察总结.周家祥,等.中国农学通报,1986,(6)
鸟、鼠及植被对半荒漠草原禁牧反应.Carl,E.B.,等.草原畜牧业杂志, 1986,3(2)
浅谈草原鼠类的综合防治.陈安杰.四川草原,1986,(3)
203铅由母鼠对胎鼠和乳鼠转移的研究.丁训诚,等.中华预防医学杂志,1986,20(4)
七种实验动物对沙鼠利什曼原虫感受性的研究.管立人,等.动物学研究,1986,7(1)
青海海晏县热水滩和乌兰脑滩喜马拉雅旱獭的繁殖生物学特征.黄孝龙,等.兽类学报,1986,6(4)
去甲肾上腺素对大鼠丘脑束旁核痛反应神经元电活动的影响.徐满英,等.动物学报,1986,32(3)
青海省海北高寒草甸草场最优放牧强度的初步研究.周兴民,等.高原生物学研究集刊,1986,(5)
气温对小鼠周边血淋巴细胞ANAE活性类型的影响.张锦堃,等.铁道医学,1986,14(1)
若羌县山地鼠疫自然疫源地调查报告.谢杏初,等.地方病通报,1986,1(1)
妊娠小鼠Δ5-3β羟甾脱氢酶活性的测定.郑玉群,等.动物学杂志,1986,21(5)
实验小鼠受精卵染色体的观察及制作法.包淳洋,等.遗传,1986,8(3)
鼠脑单胺氧化酶的A、B两型问题.蔡惠罗.科学通报,1986,31(8)
杀鼠灵防治动物饲养场褐家鼠的效果观察.董天义,等.动物学杂志,1986,21(2)
鼠类对杀鼠灵的敏感性测定及其应用.董天义.中国公共卫生,1986,5(4)
杀鼠迷防治黑线仓鼠的试验.董维惠,等.中国草原,1986,(6)
遂平县鼠类生态与流行性出血热发病关系的研究.葛荫榕,等.河南师范大学学报(自然),1986,(3)
麝鼠妊娠早期检查法.郭忠,等.毛皮动物饲养,1986,(3)
鼠立死对大仓鼠的毒性试验.高文林,等.中国鼠类防制杂志,1986,2(3)
陕西省千阳县鼠类区系与综合防治.郭士英,等.中国农学通报,1986,(6)
杀鼠糖安全性试验报告.郭全宝,等.中国鼠类防制杂志,1986,2(2)
麝鼠的养殖.华树芳译.毛皮动物饲养,1986,(1)
杀鼠迷防治长爪沙鼠的试验.侯希贤,等.植物保护,1986,12(4)
生后1至90天内不同年龄大鼠肝细胞溶酶体酸性磷酸酶的观察.李兵仓,等.第三军医大学学报,1986,8(2)
鼠兔属一新种.李维东,等.动物学报,1986,32(4)
《四川资源动物志第2卷——兽类》评价.卢浩泉.兽类学报,1986,6(3)
上海市传播流行性出血热鼠种的调查.李燕婷,等.中国鼠类防制杂志,1986,2(2)
社鼠生物学特性调查初报.吕国强,等.植物保护,1986,(3)
大鼠上丘的传出投射——ARG法和WGA-HRP法研究.饶志仁,等.解剖学报,1986,17(2)
陕北黄土高原的几种啮齿动物生物学资料.邵孟明,等.动物学杂志,1986,21(6)
麝鼠的运输.沈汉统.毛皮动物饲养,1986,(3)
杀它仗灭鼠效力的现场评价Ⅰ.城市住宅区现场灭鼠.孙作庆,等.中国鼠类防制杂志,1986,2(3)
四川省脊椎动物寄生螨虫区系Ⅱ.鼠类寄生螨虫.汪溥钦.四川动物,1986,5(3)
实验小鼠结合珠蛋白的研究.王东江,等.遗传,1986,8(2)
鼠的天敌——艾虎.万育彬.野生动物,1986,(5)
鼠立死对褐家鼠、大白鼠和家兔的毒力实验研究.吴凤朝,等.中国鼠类防制杂志,1986,2(1)

杀鼠迷毒杀野鼠家鼠的效果观察.王正存,等.中国鼠类防制杂志,1986,2(2)
杀鼠灵一次饱和投毒灭家鼠的效果观察.王龙法,等.中国鼠类防制杂志,1986,2(2)
鼠类行为观察研究在防治工作中应用的探讨.王耀培,等.中国农学通报,1986,(6)
麝鼠生殖生理的研究.许振营,等.毛皮动物饲养,1986,(3)
鼠肉食用价值初步探讨.项凤果,等.食品科学,1986,(2)
三个中国近交小鼠的生化遗传标记.邢瑞昌,等.遗传学报,1986,13(5)
施放毒饵后黄胸鼠种群数量恢复的观察.杨光荣,等.中国鼠类防制杂志,1986,2(2)
树栖鸟类、有袋类、贫齿类、食虫目动物的血像和血液化验值.张 一.动物学杂志,1986,21(6)
深低温冷冻家兔大脑后的显微和超微结构变化.郑斯诵,等.杭州大学学报,1986,13(4)
神经生长因子对体外培养的大鼠颈上节神经突起生长及 RNA 和 DNA 合成的作用的放射自显影研究.曾园山,等.解剖学报,1986,17(4)
鼠类.鼠害及其防治.赵肯堂,等.科学出版社,1986
死于兔病毒性出血症家兔不同组织血凝价测定.郑厚旌,等.毛皮动物饲养,1986,(3)
SMMC/C 系小鼠下颌骨的形态分析.朱福龄,等.上海实验动物科学,1986,6(1)
上海塘桥地区鼠类群落演替与住房结构变迁关系的分析.祝龙彪,等.兽类学报,1986,6(2)
生物医学研究中的蒙古沙鼠.Holmas,Donald.D.实验动物科学,1986,3(2)
世界卫生组织媒介生物学与防制工作的前景.Gratz ,N.R.国外医学(寄生虫病分册),1986,(6)
杀鼠剂溴敌隆防制杀鼠灵抗性和非抗性大、小鼠的实验室测定.Redfern,等.青海化工,1986,(4)
豚鼠内膝体的纯音调频诱发电位.陈光地,等.生理学报,1986,38(1)
突变体一侏儒小鼠.陈芷沅.遗传,1986,8(3)
兔葡萄球菌病.范围雄,等.毛皮动物饲养,1986,(4)
天津市农田鼠类调查及区系划分.官宏义,等.植物保护,1986,12(5)
兔化脓性外耳道炎特效药方.李自汉.毛皮动物饲养,1986,(3)
兔肝谷胱甘肽过氧化物酶的提纯和性质.韩枞,等.生物化学与生物物理学报,1986,18(5)
豚鼠心肌 α-肾上腺素受体反应的可能机制——增强细胞外钙离子内流.李澈,等.生理学报,1986,38(1)
特殊环境中灭鼠的两种效果评定方法的研究.李镜辉,等.中国鼠类防制杂志,1986,2(3)
兔肌线粒体甘油-3-磷酸脱氢酶中巯基的研究.施善平,等.生物化学与生物物理学报,1986,18(3)
兔肌线粒体甘油-3 磷酸脱氢酶的提纯与性质.施善平,等.中国科学(B 辑),1986,(4)
豚鼠主动脉压力感受器的传入神经通路(英文).孙宏硕,等.中国药理学报,1986,8(1)
兔角膜基质层胶原纤维立体结构的光镜及电镜观察.吴幼锐.解剖学报,1986,17(2)
豚鼠听觉频率跟随反应中的非线性特性.徐静华,等.复旦大学学报(自然),1986,25(4)
烫伤后大鼠糖皮质激素受体沉降速度的变化.徐仁宝,等.科学通报,1986,31(14)
豚鼠腹腔神经节小强荧光细胞超微结构的定量分析.杨光,等.动物学报,1986,32(1)
兔输卵管、子宫组织内去甲肾上腺素(NE)含量与激素状态关系研究.杨丽珍,等.动物学报,1986,32(4)
豚鼠肾上腺髓质嗜铬细胞超微结构的立体学研究.杨光,等.解剖学报,1986,17(2)
豚鼠对蚊虫刺叮的皮肤过敏反应.朱淮民,等.第二军医大学学报,1986,7(6)
体外小白鼠胚胎从胚泡期到体节期的初步研究.郑素泉,等.动物学报,1986,32(1)
兔巴氏杆菌病调查研究.张文谟.毛皮动物饲养,1986,(3)
豚鼠脑干听觉诱发反应的分析及建模初探.张立民,等.生物物理学报,1986,2(4)
土拨鼠肝炎病毒:研究乙型肝炎病毒的有用模型.Rurcell,H.R.国外学者来访报告,1986,6(2)
豚鼠胃肠壁内神经丛酶组织化学研究Ⅰ.关于能量代谢的酶和基本物质的组织化学研究.解剖学报,1986,17(3)
豚鼠胃肠壁内神经丛酶组织化学研究Ⅱ.关于磷酸酯、脂类和神经递质代谢的研究.解剖学报,1986,17(3)
田鼠亚科啮齿动物的社会组织、交配制度和栖息地的关系.Getz,L.L.,等.兽类学报,1986,6(4)
WL108366 对大仓鼠纹背仓鼠的毒性试验.高文林,等.中国鼠类防制杂志,1986,2(2)
微量元素在大鼠体内的分布.黄家琛,等.动物学报,1986,32(1)
我国森林害鼠发生与防治现状.刘克敏.林业科技通讯,1986,(8)
望江县黑线姬鼠生态观察.李权生.中国鼠类防制杂志,1986,2(2)
微弱恒磁场的驱鼠研究.戚葛宇,等.中国鼠类防制杂志,1986,2(3)
我国医学灭鼠的发展、特点和问题.汪诚信.地方病通报,1986,1(3)
微波辐射对小鼠行为的影响——急性效应.汪行华,等.浙江医科大学学报,1986,15(3)
无菌小鼠细菌学监测方法及其结果.朱美芬,等.上海实验动物科学,1986,6(2)
小鼠人工授精的初步研究.白琴华.动物学杂志,1986,21(4)
溴特隆及其原料和中间体高效液相色谱分析法.曹闽生,等.青海化工,1986,(4)

溴敌隆防治高原鼠兔和高原鼢鼠的研究. 樊乃昌,等. 兽类学报,1986,6(3)
小白鼠腘淋巴结淋巴窦的超微结构. 郭仁强,等. 解剖学报,1986,17(1)
小鼠脾细胞糖皮质激素受体的鉴定及其半衰期的测定. 郭佐,等. 实验生物学报,1986,19(3)
喜马拉雅旱獭室内饲养与繁殖. 黄孝龙,等. 动物学杂志,1986,21(4)
新疆乌鲁木齐县达板城-柴窝堡啮齿动物调查. 侯兰新,等. 兽类学报,1986,6(4)
溴敌隆灭鼠试验报告. 侯希贤,等. 中国鼠类防制杂志,1986,2(3)
小鼠胚胎正常着床与实验性延缓着床的比较. 李恕香,等. 解剖学报,1986,9(2)
小鼠脑皮质的分区免疫调节. 李求是,等. 中华微生物学和免疫学杂志,1986,6(3)
溴特隆大田药效试验报告. 宁振东,等. 青海化工,1986,(4)
小鼠胸腺巨噬细胞吞噬周期的超微结构及细胞化学的观察. 朴英杰,等. 第一军医大学学报,1986,6(1)
溴特隆的合成技术. 青海化工科研设计所鼠药组. 青海化工,1986,(4)
小鼠可移植性肺腺癌染色体的研究. 宋淑华,等. 遗传学报,1986,13(1)
新疆鼠疫自然疫源地的发现与研究. 滕云峰,等. 地方病通报, 1986,1(1)
小鼠卵巢酪氨酸含量变化与 HCG 的影响. 汤建平,等. 哈尔滨医科大学学报,1986,20(2)
小白鼠甲状腺神经节的形态学观察. 涂翰芬. 神经解剖学杂志,1986,2(2)
雄激素对大鼠储精囊分泌蛋白 mRNA 的调节作用. 王震熙,等. 生物化学杂志,1986,2(6)
小鼠腹腔巨噬细胞被 S-O_2-1 菌苗激活后的抑瘤作用Ⅱ. 俞吉安,等. 动物学研究,1986,7(1)
溴特隆毒性研究. 熊世洲. 青海化工,1986,(4)
小鼠对天花粉蛋白体内及体外免疫应答的基本特点. 叶敏,等. 实验生物学报,1986,19(1)
小鼠的自身反应性 T 淋巴细胞系及其功能. 叶敏,等. 实验生物学报,1986,19(1)
西德原种长毛兔的繁殖性能. 赵式文. 毛皮动物饲养,1986,(4)
溴特隆对黑线姬鼠毒效的生物学评价. 张钧,等. 青海化工,1986,(4)
溴敌隆灭鼠试验. 詹绍琛,等. 中国鼠类防制杂志,1986,2(1)
消灭家鼠的生物学基础. Bajomi,D. 中国鼠类防制杂志,1986,2(2)
小鼠肝炎病毒(MHV)感染. Lisbth,M. Kraft. 实验动物科学,1986,3(2)
限食饲养啮齿动物的衰老. Weindruch,R. 国外医学(老年医学),1986,7(1)
应用科学,消除鼠害. 中央爱国卫生运动委员办公室. 城镇爱国卫生经验交流会汇编,1986,227
诱导裸鼠腹水方法生产人单克隆抗体. 冯琦,等. 科学通报,1986,31(8)
应激对大鼠巨噬细胞释放过氧化氢的抑制作用及其机制初步分析. 范少光,等. 科学通报,1986,31(19)
胰岛素对大鼠高密度脂原蛋白(HDL)和胆固醇代谢的影响. 蒋宪成,等. 生物化学与生物物理学报,1986,18(5)
一些阿片类及阿片肽类化合物对大鼠输精管的双相作用. 李灵源,等. 中国科学(B 辑),1986,(2)
药物灭鼠. 汪诚信. 北京科学技术出版社,1986
用 ELISA 法检测鼠群中呼肠孤病毒抗体. 吴惠英,等. 中国人兽共患病杂志,1986,2(4)
云南老君山鼠类的垂直分布. 杨光荣,等. 动物学杂志,1986,7(4)
油松种子涂色模拟飞播造林驱鸟、鼠试验初报. 姚显明,等. 辽宁林业科技,1986,(6)
异性小鼠对相同抗原产生的免疫力差别. 杨宏,等. 上海实验动物科学,1986,6(2)
一次大雪对鼠类数量的影响. 宗浩,等. 高原生物学集刊,1986,5
乙醚对家兔生精作用的影响. 张元凯,等. 衡阳医学院学报,1986,14(4)
野生小型兽繁殖的调查方法. 郑生武. 四川动物,1986,5(4)
用磷化铝片剂灭田鼠. 张学义. 植物保护,1986,12(2)
一种新的抗凝血剂——溴敌隆的杀鼠活性. Adrian ,P. Mechan. 青海化工,1986,(4)
用于杀灭印度野鼠的三种抗凝血杀鼠剂的实验研究. Balasubramanyam,M. ,等. 地方病译丛,1986,7(3)
中国达乌尔黄鼠有否血源性冬眠触发物质. 蔡益鹏,等. 科学通讯,1986,31(4)
中华鼢鼠生活习性观察及防制. 郭全福,等. 甘肃畜牧兽医,1986,(3)
植物—高原鼠兔系统动态数学模型的研究. 刘季科,等. 高原生物学研究集刊第五集,科学出版社,1986
藏鼠兔. 李湘涛. 野生动物,1986,(5)
中国有害啮齿动物分布资料. 马勇. 中国农学通报,1986,(6)
中国仓鼠成纤维细胞(Wg3-h)乌本苷抗性突变型的筛选和鉴定. 祁鸣,等. 实验生物学报,1986,19(2)
中国医学灭鼠的进展. 汪诚信. 地方病通报,1986,(6)
中华鼢鼠的生活习性及防治方法. 许永红. 植物保护,1986,12(5)
棕色田鼠对果园的危害及防治. 张树棠,等. 果树,1986,(3)
浙江省农田鼠类动态及防治的探讨. 诸葛阳. 科技通报,1986,2(6)
中国农牧区鼠害防治的进展. 赵桂芝. 中国农学通报,1986,(6)
亚致死量抗凝血剂对大白鼠繁殖的影响. FARAG,M. SH. 郑智民,吴锡谋译. 鼠类控制最新进展,厦门大学出版

社,1987
阿拉伯世界新垦区家栖与野栖啮齿动物种间演替的流行病学意义. SALIT, A. M. 梅光水译. 鼠类控制最新进展,厦门大学出版社,1987
BALB/C 近交系裸鼠的染色体研究. 崔宗虎. 兽医大学学报,1987,7(3)
BALB/C 小鼠肝细胞结构的年龄变化——光镜与电镜的计量形态学研究. 樊景禹. 动物学报,1987,33(3)
BALB/C 小鼠附睾分段的光镜组织化学观察. 贾太和,等. 解剖学报,1987,18(2)
不同日龄健康昆明种小鼠胸腺重量变化的观察. 罗碧如. 上海实验动物科学,1987,7(1)
保幼激素类似物对大鼠和豚鼠子宫活动的作用研究. 沈君彩,等. 汕头大学学报(自然),1987,2(1)
包头市家鼠密度分布调查. 吴继民,等. 兽类学报,1987,7(2)
白化黑线仓鼠实验室驯育. 徐植岚,等. 实验动物科学,1987,4(3)
北京市房山县农林害鼠调查报告. 张广文. 北京农业科学,1987,(3)
百花山地区采到棕色田鼠. 张广文. 动物学杂志,1987,22(1)
北京地区大仓鼠种群繁殖生态研究. 张洁. 兽类学报,1987,7(3)
保持无鼠害村的方法. HOWARD, W. E. 郑智民译. 鼠类控制最新进展,厦门大学出版社,1987,71
城市突击灭鼠达标后的成果巩固问题. 董天义. 中国鼠类防制杂志,1987,3(3)
长爪沙鼠的应用和开发价值. 郭丹. 上海实验动物科学,1987,7(2)
城区全面灭鼠的基本作法. 金功敏,等. 中国鼠类防制杂志,1987,3(增刊1)
岑巩县黑线姬鼠活动规律观察. 雷邦海,等. 贵州农业科学,1987,(3)
磁场对大白鼠生殖功能的影响. 刘宗汉,等. 衡阳医学院学报,1987,15(3)
长爪砂鼠种群密度对肾上腺及性腺影响的研究. 李景原,等. 中国鼠类防制杂志,1987,3(2)
船舶鼠类繁殖规律的生态学观察. 刘翀,等. 中国鼠类防制杂志,1987,3(增刊1)
赤峰市黄鼠鼠疫疫区的鼠害防制. 李景原,等. 中国鼠类防制杂志,1987,3(4)
催化一步合成安妥(杀鼠剂). 沙鸿飞. 阜阳师范学院学报(自然),1987,(1)
长爪沙鼠实验动物化的研究(之一)——长爪沙鼠驯养的探讨. 宋世钧,等. 实验动物科学,1987,4(2)
C 型肉毒梭菌毒素杀灭高原鼠兔的研究. 沈世英. 兽类学报,1987,7(2)
长江内河船舶鼠类防制的探讨. 宋庆佑,等. 中国鼠类防制杂志,1987,3(4)
城市鼠情的监测方法和全面灭鼠的可行方案. 孙作庆译. 中国鼠类防制杂志,1987,3(增刊1)
蚕蛹 α-氯醛糖灭鼠防制森林鼠害的效果观察. 赵日良,等. 中国鼠类防制杂志,1987,3(4)
大白鼠脑垂体神经叶的超微结构研究. 边晓燕,等. 哈尔滨医科大学学报,1987,21(6)
大鼠子宫妊娠期的植物性神经变化. 蔡文琴,等. 解剖学报,1987,18(1)
大鼠实验性胃溃疡期间胰岛 A、B 细胞免疫组织化学研究. 陈玲,等. 解剖学报,1987,18(1)
大鼠输精管的神经及其递质共存的探讨. 蔡文琴,等. 解剖学报,1987,18(3)
大鼠皮质大颗粒泡的超微结构. 蔡德亨,等. 神经解剖学杂志,1987,3(1)
大鼠粒细胞内质网的电镜细胞化学反应. 褚少游,等. 实验生物学报,1987,20(3)
大白鼠海马结构的内部纤维联系及其与内嗅皮质的纤维联系——HRP 法. 戴冀斌,等. 湖北医学院学报,1987,8(3)
毒鼠磷(Gophacide)的制备. 丁树标. 媒介生物防制研究资料汇编,1987
当涂县农区灭鼠后鼠类种群数量变动调查. 董维惠,等. 中国鼠类防制杂志,1987,(1)
大连动物园药物灭鼠的试验研究. 邓凯,等. 中国鼠类防制杂志,1987,3(增刊1)
低浓度敌鼠钠防制农区害鼠的研究. 董维惠,等. 中国鼠类防制杂志,1987,3(2)
对家栖鼠灭鼠效果考察方法的评价. 董维惠,等. 中国鼠类防制杂志,1987,3(增刊3)
大鼠脑微血管分离及内皮细胞培养. 段重高,等. 中华医学杂志,1987,67(11)
大白鼠臀中肌神经的脊髓内起源——F-HRPCT-HRP 法研究. 冯慎远. 兰州医学院学报,1987,(2)
大鼠松果腺的神经供给——荧光及酶组化方法的观察. 冯琦. 四川解剖学杂志,1987,7(1)
大白鼠交感节前神经再生的研究Ⅰ. 生化、组化与功能观察. 华仲慰,等. 动物学报,1987,33(4)
大鼠肝细胞高密脂蛋白受体及其调控的研究. 何志刚,等. 自然杂志,1987,(10)
大鼠睾丸血管构筑的观察. 韩云明,等. 解剖学报,1987,18(1)
大鼠胃肠道 5-羟色胺免疫活性内分泌细胞的分布及形态学观察. 黄威权,等. 解剖学报,1987,18(4)
大鼠后索核、三叉神经感觉核神经元向小脑和丘脑的分支投射——荧光素双标记法研究. 胡耀民,等. 神经解剖学杂志,1987,3(1)
大白鼠伏核的神经联系——HRP. WGA-HRP 荧光法研究. 韩漫夫. 神经解剖学杂志,1987,3(1)
大鼠脊髓内甲啡肽、强啡肽 A-(1-B)和吗啡在镇痛中的相互加强作用. 黄龙,等. 生理学报,1987,39(5)
大鼠胚心室肌心房肽样物质定位的研究. 纪中生,等. 解剖学报,1987,18(4)
大连农村家栖鼠防治策略的评价. 金县爱卫会办公室,等. 中国鼠类防制杂志,1987,3(增刊1)

大鼠子宫内膜存在人绒毛膜促性腺激素样(HCG-Like)物质结合部位的初步探讨.刘展环,等.动物学报,1987,33(1)
大鼠蓝斑核对迷走-迷走抑胃反射的加强作用.李正琉,等.动物学报,1987,33(2)
大鼠胃的神经支配——荧光双标记法研究.罗政良,等.解剖学报,1987,18(4)
达乌尔黄鼠显带染色体的研究.李翔,等.兽类学报,1987,6(4)
大连市排水系统褐家鼠的分布与防制.刘翀,等.中国鼠类防制杂志,1987,3(增刊1)
第二代抗凝血杀鼠剂"溴特隆"的生物学试验评价.李道中.中国鼠类防制杂志,1987,3(3)
大鼠滤泡纤蛋白溶酶原激活因子及抑制因子相互作用及调节.刘以训.中国科学(B辑),1987,(12)
毒鼠硅及硅宁对黑线姬鼠的毒效观察.孟庆泗,等.媒介生物防制研究资料汇编,1987
低数量期布氏田鼠在不同季节中对生境的选择及影响因素的研究.施大钊.兽类学报,1987,6(4)
大鼠心肌局部^{31}P-NMR活体测定法.沈行良,等.生物化学与生物物理学进展,1987,(5)
大连市实现无鼠害城技术实施报告.大连市灭鼠技术指导组.中国鼠类防制杂志,1987,3(增刊1)
大鼠脑皮质神经元的发育——超微结构研究.唐一鹏.神经解剖学杂志,1987,3(1)
大鼠视交叉上核的组织结构.童毅爱,等.上海医科大学学报,1987,14(1)
大鼠视交叉上核的生后发育变化.童毅爱,等.上海医科大学学报,1987,14(4)
大白鼠附睾的结构和功能Ⅰ.组织学和PAS反应.汤美蓉,等.皖南医学院学报,1987,6(2)
大鼠血清白蛋白基因的分离,鉴定和表达以及在急性炎症期间大鼠血清白蛋白mRNA水平的变化.屠幗芬.医药工业,1987,18(4)
大白鼠附睾的结构和功能Ⅱ.组织化学观察.齐易详,等.皖南医学院学报,1987,6(3)
大鼠发育过程中肝、肺r-GT酮活性和定位.王德青,等.动物学杂志,1987,8(3)
大鼠胃幽门D细胞内生长抑素的组织化学观察.王庆堂,等.解剖学杂志,1987,10(3)
大鼠胆汁和胰液的收集方法.魏玉,等.上海实验动物科学,1987,7(2)
敌鼠钠盐一次投毒毒杀黑线姬鼠的现场试验报告.王军建,等.中国鼠类防制杂志,1987,3(1)
毒鼠磷灭家鼠现场试验.王英路,等.中国鼠类防制杂志,1987,3(2)
大、小鼠病毒性疾病诊断和控制的初步探索.徐蓓,等.上海实验动物科学,1987,7(2)
大理市凤鸣镇农业害鼠的调查及防治研究.杨光荣,等.云南农业科技,1987,(3)
大鼠非致瘤四倍体细胞系的建立及细胞遗传学和酶学特征.颜家杉,等.遗传学报,1987,14(4)
大连港褐家鼠喜食性和灭效试验初步观察.苑德才,等.中国鼠类防制杂志,1987,3(增刊1)
大鼠鼻咽三型上皮的组织化学研究.周军,等.湖南医学院学报,1987,12(4)
大白鼠神经垂体的超微结构及其联系.朱长庚,等.解剖学报,1987,18(3)
大白鼠下丘脑腹内侧核突触的电镜观察.张鸣弦,等.解剖学报,1987,18(4)
冬眠黄鼠代谢、循环、呼吸系统的变化.曾缙祥,等.生态学报,1987,7(2)
大鼠卵巢滤泡产生PA活性的比较及促性腺激素的影响.张仕明,等.实验生物学报,1987,20(1)
大鼠粒细胞内质网的电镜细胞化学反应.褚少游,等.实验生物学报,1987,20(3)
大隆颗粒及腊块毒饵在农村居民区开展灭鼠试验.詹绍琛,等.中国鼠类防制杂志,1987,3(2)
敌鼠钠盐应用的探究.郑智民.中国鼠类防制杂志,1987,3(3)
稻田鼠害丛率与株率关系的测定.衷尔钧.植物保护,1987,13(6)
20多种鼠饵的试验观察.梁烈庭,等.中国鼠类防制杂志,1987,3(1)
氟乙酸钠对黑线姬鼠的毒效观察.孟庆泗,等.媒介生物防制研究资料汇编,1987
复齿鼯鼠的习性观察.王正存,等.植物保护,1987,13(5)
关于正常大白鼠肝细胞的粗面内质网和巨大线粒体连通的观察.卜积康,等.兰州医学院学报,1987,(2)
国内外现用杀鼠剂述评及植物毒素作为新兴杀鼠剂的分析.曹志丹.陕西粮油科技,1987,(1)
甘肃省啮齿动物名录.陈敬先.中国鼠类防制杂志,1987,3(4)
国外灭鼠进展.邓址.中国鼠类防制杂志,1987,3(3)
各种杀鼠剂对科威特褐家鼠的生物学检测.ZAGHLOUL,T.M.,等.黄茂炎译.鼠类控制最新进展,厦门大学出版社,1987
高原草甸生态系统中牦牛、藏羊、高原鼠兔的生态龛.蒋志刚,等.高原生物学研究集刊,1987
高原鼠兔的驯育和应用前景.梁俊勋.上海实验动物科学,1987,7(4)
高寒草甸生态系统——小哺乳动物能量动态的研究Ⅱ.通过高原鼠兔种群能流的初步估计.王祖望,等.兽类学报,1987,7(3)
高原鼢鼠(Myospalax baikyi)的挖掘活动及其种群数量统计方法的探讨.王权业,等.兽类学报,1987,7(4)
国外防鼠药剂的发展.肖春国.农药译丛,1987,9(2)
高原鼠兔种群生产量生态学的研究——I.高原鼠兔体重生长动态数学模型的研究.周立,等.兽类学报,1987,7(1)

高原鼠兔似昼夜活动节律的研究. 宗浩,等. 兽类学报,1987,7(3)
港口鼠类的防制. 张桐乙,等. 中国鼠类防制杂志,1987,3(增刊1)
黑腹绒鼠生态学的研究. 鲍毅新,等. 兽类学报,1987,6(4)
黑线姬鼠生态及毒杀时机研究. 陈清,等. 中国鼠类防制杂志,1987,3(1)
褐家鼠和小家鼠对谷类食物的选择性试验. 董天义,等. 中国鼠类防制杂志,1987,3(1)
河南登封地区鼠类的生态学调查. 邓址,等. 中国鼠类防制杂志,1987,3(4)
海马结构与大白鼠避暗行为的学习和记忆V. 海人酸注入海马腹前部的长期影响. 方崇仪,等. 北京大学学报(自然版),1987,(6)
河南黄淮平原鼠类密度及鼠害防治对策. 葛荫榕,等. 河南师范大学学报(自然版),1987,(4)
海狸鼠. 高志远. 林业科技,1987,(4)
褐家鼠种群年龄组成和种群动态预测. 洪朝长. 中国鼠类防制杂志,1987,3(3)
黄胸鼠种群繁殖研究初报. 雷邦海,等. 贵州农业科学,1987,(1)
黑线仓鼠种群年龄组成及其数量季节消长的研究. 卢浩泉,等. 兽类学报,1987,7(1)
嵩山农村家栖鼠数量及繁殖季节动态的初步研究. 李胜利,等. 中国鼠类防制杂志,1987,3(1)
黄毛鼠对杀鼠灵的敏感性. 林德留,等. 中国鼠类防制杂志,1987,3(3)
黄胸鼠对杀鼠灵的敏感性. 林德留,等. 中国鼠类防制杂志,1987,3(4)
褐家鼠对4/万敌鼠钠饱和投饵敏感基数的测定. 孙作庆,等. 中国鼠类防制杂志,1987,3(增刊1)
黑唇鼠兔的核型分析. 谭萍萍,等. 兽类学报,1987,7(3)
褐家鼠在内陆干旱区吐鲁番东站居民区形成种群. 于心,等. 中国鼠类防制杂志,1987,3(1)
河北省坝上地区砂土鼠发生消长因素分析及其防制. 杨贵,等. 中国鼠类防制杂志,1987,3(2)
黑线姬鼠的人工繁殖与驯化. 张业彬,等. 动物学杂志,1987,22(5)
旱獭——乙型肝炎病毒及肝癌研究的良好的动物模型. 郑振辉. 实验动物科学,1987,4(1)
黄淮平原中部(沛县)褐家鼠的季节消长. 张体扬,等. 中国鼠类防制杂志,1987,3(2)
灰麝鼩作为流行性出血热宿主动物的调查研究. 张云,等. 中国公共卫生,1987,6(4)
"耗鼠尽"毒饵防治农田害鼠试验. 赵志敏,等. 植物保护,1987,13(4)
化学不育剂、外激素和驱避剂对野生啮齿动物控制的效力. HOWARD,W. E. 郑智民译. 鼠类控制最新进展,厦门大学出版社,1987
金华北山啮齿类的生态研究. 鲍毅新,等. 兽类学报,1987,7(4)
家兔眶目皮层对内膝体神经元电活动下抑制性及易化性影响的研究. 封茂滋,等. 中国科学(B辑),1987,(3)
季节,环境温度与黄鼠冬眠的关系. 金宗濂,等. 生态学报,1987,7(2)
家兔的采食量及其影响因素. 康梦松,等. 毛皮动物饲养,1987,(4)
急性广谱杀鼠剂鼠立死. 李东光. 农药,1987,(3)
几种鼢鼠染色体组型和血清LDH同工酶电泳的比较研究. 李保国,等. 兽类学报,1987,7(4)
机械撒播土丸毒饵大面积灭鼠试验. 吕卫东,等. 中国草地,1987,(2)
家栖黄胸鼠也危害农作物. 李少平. 植物保护,1987,13(4)
江苏泗洪下草湾中中新世脊椎动物群7. 山河狸科(哺乳纲,啮齿目). 邱铸鼎. 古脊椎动物学报,1987,25(4)
近交系小鼠遗传监测中的肽段指印象谱技术. 宋树奎,等. 上海实验动物科学,1987,7(1)
吉林省鼠情动态初步分析. 舒恩俊,等. 中国鼠类防制杂志,1987,3(3)
几种白化小鼠的毛色基因检查. 王兆绰,等. 实验动物科学,1987,(4)
家栖鼠密度夹捕率和染迹率调查方法的比较与评价. 吴凤朝,等. 中国鼠类防制杂志,1987,3(3)
急性杀鼠剂的现状与前景. 肖春国. 大连化工,1987,(1)
急性饥饿对大鼠黄体生成素分泌的影响. 谢启文,等. 科学通报,1987,32(7)
甲胎蛋白在大鼠体内的分布与生理意义. 谢伯珣,等. 上海医科大学学报,1987,14(4)
降水对鄂尔多斯西部荒漠草原长爪沙鼠种群数量的影响. 张万荣,等. 内蒙古地方病防治研究,1987,24(4)
家兔主要消化器官的测定. 朱秀柏,等. 毛皮动物饲养,1987,(3)
晋南地区黄鼠繁殖习性及数量季节变动. 张树棠. 山西农业科学,1987,(5)
近交水鼠的保种. 朱丹. 四川动物,1987,6(1)
居室阳光照射对小鼠免疫机能的影响. 张利伯,等. 中华预防医学杂志,1987,21(4)
进一步探究啮齿动物及其寄生动物区系的意义. ARAFA,M. S. 吴春贤译. 鼠类控制最新进展,厦门大学出版社,1987
科威特鼠类控制实施计划组织的任务. ALSANEI,K. S.,等. 李晋江译. 鼠类控制最新进展,厦门大学出版社,1987
科威特控制褐家鼠的试验性方案. BALBAA,M. 黄茂炎等. 译. 鼠类控制最新进展,厦门大学出版社,1987
科威特人口稠密地区现场的灭鼠试验及有关问题. OMAR,M. T.,等. 黄茂炎译. 鼠类控制最新进展,厦门大学出

版社,1987
科威特啮齿动物的体外寄生虫. AL-TAQI,M. ,等. 吴锡谋译. 鼠类控制最新进展,厦门大学出版社,1987
科威特啮齿动物的一种寄生线虫. DEMIAN,E. S. 黄茂炎译. 鼠类控制最新进展,厦门大学出版社,1987
科威特褐家鼠的寄生虫感染. ZAKARIA,M. 吴春贤译. 鼠类控制最新进展,厦门大学出版社,1987
科威特鼠型斑疹伤寒的回顾性研究 I. ABU-SABRA. 唐卫农译. 鼠类控制最新进展,厦门大学出版社,1987
老年大鼠腹、背侧前列腺的超微结构及 SDH 酶活性定位的光镜和电镜观察. 蔡文琴. 衡阳医学院学报,1987,15(3)
离体金黄地鼠气管器官培养的实验形态学研究. 赫明昌,等. 解剖学报,1987,18(1)
磷化铝熏洞灭鼠报告. 王登甲,等. 植物保护,1987,13(3)
氯敌鼠、杀鼠灵和敌鼠钠盐现场灭效比较. 袁高林,等. 中国鼠类控制杂志,1987,3(4)
雷公藤多甙对大鼠附睾尾精子作用的扫描电镜观察. 钟昌奇,等. 解剖学报,1987,18(4)
联合国粮农组织和发展中国家的啮齿动物控制. SMYTHE,W. R. 李晋江译. 鼠类控制最新进展,厦门大学出版社,1987
闽东的家鼠及其演替. 洪朝长,等. 中国鼠类防制杂志,1987,3(1)
闽东山区鼠类群落的空间配置和结构的研究. 洪朝长. 兽类学报,1987,7(3)
慢性高原低氧对高原鼠兔和大鼠肝脏的作用. 李庆芬,等. 兽类学报,1987,6(4)
猫、兔鼠侧脑室脉络的扫描电镜观察. 马春,等. 解剖学报,1987,18(4)
棉酚对鼠类生精细胞 LDH-X 活性的影响. 吴鉴,等. 遗传学报,1987,14(5)
灭鼠除害,一役达标. 汪诚信. 中国鼠类防制杂志,1987,3(增 3)
灭鼠知识手册. 延边朝鲜族自治州爱国卫生运动委员会办公室. 延边人民出版社,1987
农田害鼠分布型及调查取样技术的研究. 蔡家彬,等. 中国鼠类防制杂志,1987,3(2)
内蒙古阿左旗乌兰塔塔尔中渐新世的鼠兔科化石及有关问题的讨论. 黄学诗. 古脊椎动物学报,1987,25(4)
NC 系裸小鼠的饲育与应用. 黄强,等. 海实验动物科学,1987,7(3)
农田鼠型动物种类及数量变动规律的初步研究. 罗会华,等. 中国鼠类防制杂志,1987,3 (2)
内蒙古草原灭鼠的最适时期. 罗泽珣. 中国草地,1987,(3)
内蒙古中渐新世仓鼠化石的发现. 王伴月. 古脊椎动物学报,1987,25(3)
囊鼠某些摄食行为的观察(英文). 王祖望. 兽类学报,1987,7(1)
啮齿动物脑内阿片受体的个体发生. 王虹. 生理科学进展,1987,18(2)
脑室注射 P 物质对大鼠血压、心率及交感传出活动的影响. 于英心,等. 动物学报,1987,33(2)
脑室注射海人酸对大白鼠学习记忆行为的影响. 杨方中,等. 南京大学学报(自然),1987,23(3)
内蒙古巴音查干地区大沙鼠寄生蚤某些生态习性的调查研究. 甄根伏,等. 地方病通报,1987,2(4)
啮齿动物病毒感染对长期动物实验的潜在性危害作用. Gilles,L. 国外医学(预防、诊断、治疗用生物制品),1987,10(4)
啮齿动物在人类和动物病毒性疾病传播过程中的作用. TANTAWI,H. H. 吴春贤译. 鼠类控制最新进展,厦门大学出版社,1987
葡萄糖-6-磷酸酶在大白鼠心肌细胞超微结构的定位. 韩玉昇,等. 解剖学报,1987,18(4)
青海溴特隆对鸡的危险性试验. 柴兰芳. 中国鼠类防制杂志,1987,3(3)
浅析特殊行业灭鼠诱饵的选择. 蔡洪典. 中国鼠类防制杂志,1987,3(4)
氰戊菊酯对大鼠体内环核苷酸含量的影响. 高建平. 中华预防医学杂志,1987,21(4)
全国家鼠鼠情监测网一年监测结果分析. 李镜辉,等. 中国鼠类防制杂志,1987,3(1)
秦岭南坡啮齿类分布及与流行性出血热发病关系的调查. 彭礼,等. 中国鼠类防制杂志,1987,3(2)
全身照射后大鼠胰腺分泌及其酶活性的变化. 薛宝刚,等. 实验生物学报,1987,20(4)
人为因素引起的环境变化与鼠害的发生. 范福来. 新疆农业科学,1987,(4)
人、鼠类及家畜与蚤类有关的流行病学观察. SALIT,A. M. 梅光水译. 鼠类控制最新进展,厦门大学出版社,1987,158
杀鼠迷、醇溶毒鼠磷和灭鼠优对鼠类的毒杀效果观察. 雷邦海,等. 贵州农业科学,1987,(1)
麝鼠常见病的预防和治疗. 陆祖良. 毛皮动物饲养,1987,(1)
沙门氏菌琼雷株作为杀鼠剂的实验室效果观察. 梁俊勋. 生物防治通报,1987,(3)
水稻鼠害株密度估计技术研究. 罗会华,等. 西农科技,1987,16(4)
“杀它仗”灭鼠效力的现场评价Ⅱ. 大型机械化养鸡厂药物灭鼠试验Ⅲ. 小型养鸡场灭鼠效果的现场评价. 李奎新,等. 中国鼠类防制杂志,1987,3(增刊1)
鼠颈迷走神经的中枢联系. 李瑞午,等. 针刺研究,1987,12(3)
鼠得克、杀鼠隆和杀鼠灵防制小家鼠的现场效果比较. 潘凤庚,等. 中国鼠类防制杂志,1987,3(1)
四种品系小鼠在微核试验中诱发微核的敏感性比较. 邱则吟. 四川动物,1987,6(3)

鼠心钠素基因的合成、克隆和表达.施文,等.生物工程学报,1987,3(2)
森林破坏后不同次生林下的鼠类.舒凤梅,等.兽类学报,1987,7(3)
鼠胚和新生大鼠心房肌心房肽免疫组织化学研究.王文青,等.解剖学报,1987,18(4)
《鼠类控制最新进展》述评.汪诚信.中国鼠类防制杂志,1987,3(4)
杀鼠灵大面积毒杀野鼠.王正存.植物保护,1987,13(4)
水稻区鼠害防治指标探讨.韦伟群.植物保护,1987,13(5)
实验小鼠螨病的调查.殷佩云,等.实验动物科学,1987,4(2)
鼠害防治.张雨奇,等.黑龙江科学技术出版社,1987
鼠类控制最新进展.郑智民,等.厦门大学出版社,1987
鼠害防治.诸葛阳,等.浙江科学技术出版社,1987
鼠类控制必需的研究.HOWARD,W. E.黄茂炎译.鼠类控制最新进展,厦门大学出版社,1987
鼠类在疾病传播中的作用.MULLER,W.吴锡谋译.鼠类控制最新进展,厦门大学出版社,1987
实验小鼠的外寄生虫.Robert,O. Jacoby.,等.实验动物科学,1987,4(1)
豚鼠胃肠壁内神经丛的磷酸酯、酯类和神经递质代谢有关的酶组织化学观察.李俊,等.解剖学报,1987,18(4)
特殊行业鼠类综合防制方法研究.刘景春,等.中国鼠类防制杂志,1987,3(1)
豚鼠胃肠壁内神经丛的能量代谢的酶和基本物质的组织化学观察.马燕凌,等.解剖学报,1987,18(4)
泰安市农业区鼠类调查.曲宝泉,等.中国鼠类防制杂志,1987,3(2)
T739 近交系小鼠的建立和生物学特性的研究.孙文义.上海实验动物科学,1987,7(4)
兔肌线粒体甘油-3-磷酸脱氢酶中色氨酸残基的研究.施善平,等.生物化学与生物物理学报,1987,19(2)
兔肌线粒体甘油-3-磷酸脱氢酶的底物结合中心.施善平,等.生物化学与生物物理学报,1987,19(2)
兔肌线粒体甘油-3-磷酸脱氢酶的光谱性质.施善平,等.生物化学与生物物理学报,1987,19(4)
兔子宫内膜雌激素核受体的分子特性.王还珠,等.生物化学与生物物理学报,1987,19(2)
塔里木兔的核型分析.许可芬.兽类学报,1987,6(4)
铜对雄鼠性腺轴主要器官细胞学影响.钟昌奇,等.解剖学报,1987,10(3)
兔胃电活动的观察.郑钿官,等.宁德师专学报(自然版),1987,(2)
兔的人工授精.周岐生.毛皮动物饲养,1987,(2)
豚鼠对蚊虫刺叮的免疫应答.朱淮民,等.上海免疫学杂志,1987,7(1)
兔的冠状动脉解剖学.朱清於.心肺血管学报,1987,6(3)
田鼠亚科啮齿动物的社会组织、交配制度和栖息地的关系(英文).Getz ,L. L.,等.兽类学报,1987,6(4)
无锡某部创“无鼠害营区”的做法与体会.鲍明荣,等.媒介生物防制研究资料汇编,1987
无载体电泳法分离含伯氏疟原虫的大白鼠红细胞.潘子杰译.外国卫生防疫资料译编,1987
微波对大鼠脾脏超微结构的影响.陶松贞,等.第四军医大学学报,1987,8(3)
Wistar 大鼠睾丸发育过程的观察.温泉法,等.上海实验动物科学,1987,7(3)
潍坊、济宁黑线仓鼠生物学研究.王海玉,等.山东农业科学,1987,(6)
无鼠害地区的巩固问题.汪诚信.中国鼠类防制杂志,1987,3(4)
王锦蛇是鼠类的主要天敌.许绶庆,等.湖南教育学院学报(自然科学版),1987,5(2)
我国北方林区森林鼠害防制技术要点.杨可兴,等.中国鼠类防制杂志,1987,3(4)
五台山地区啮齿动物调查.张树棠.山西农业科学,1987,(10)
微波对大鼠致畸作用的研究.郑清兰,等.中华劳动卫生职业病杂志,1987,5(2)
无鼠害城镇的保持.BECKER,K.郑智民译.鼠类控制最新进展,厦门大学出版社,1987
小白鼠程序学习和结构学习的比较.白文忠.河北师范大学学报(自然版),1987,(1)
小鼠骨髓基质细胞的扫描电镜观察.陈家佩,等.军事医学科学院院刊,1987,11(5)
小鼠胚胎干细胞(ES-8501 细胞)建系过程的核型及特性分析.丛笑倩,等.实验生物学报,1987,20(2)
小鼠胎肝和成年骨髓细胞的表面电荷与 CFU-S 自我更新能力的研究.湖南医学院学报,1987,12(2)
小鼠心脏采血法的改进.大和田一雄.实验动物科学,1987,4(2)
小鼠 P-球蛋白轻链的分离和纯化.邓红,等.上海免疫学杂志,1987,7(5)
小鼠精母细胞性染色体的观察.邓崇新.遗传,1987,9(5)
溴氰菊酯对鼠脑蛋白质磷化作用的影响.姜建成,等.科学通报,1987,(22)
小白鼠胸腺发育的组织化学观察.刘强远,等.解剖学报,1987,18(3)
小鼠腹腔抑制性巨噬细胞体外免疫调变进强 F0 受体的表达.李兴强.科学通报,1987,(24)
溴特隆对旅客列车灭鼠效果观察.吕间能,等.青海化工,1987,(1)
小鼠原始生殖细胞的发生部位和迁移路线的初步研究.刘昌功,等.山东大学学报(自然版),1987,22(3)
溴特隆现场灭鼠试验.梁铁麟,等.中国鼠类防制杂志,1987,3(3)
锡盟南部达乌尔鼠兔数量、分布及与黄鼠、沙鼠栖息关系的调查.梁宝玉,等.中国鼠类防制杂志,1987,3(4)

小鼠粒细胞白血病细胞体外细胞系 L833 的建立及其生物学特性的研究. 李新兰，等. 中国科学（B 辑），1987，(7)
小鼠胸腺哺育细胞的定位与形态特征. 缪继武，等. 上海免疫学杂志，1987，7(4)
小鼠腹腔巨噬细胞制片法. 芮菊生. 生物学通报，1987，(2)
吉林省鼠情动态初步分析. 舒恩俊，等. 中国鼠类防制杂志，1987，3(3)
小鼠不同饲料配方对繁育能力及对硫酸庆大霉素注射液耐受力的比较初报. 佟书莲，等. 上海实验动物科学，1987，7(2)
溴氰菊酯神经毒作用研究——染毒大鼠脑电图与心电图实验观察. 童英，等. 中华劳动卫生职业病杂志，1987，5(4)
小鼠腺病毒血清学检测方法的比较. 吴小闲，等. 上海实验动物科学，1987，7(1)
控制饮食对于啮齿类寿命的影响. 肖德桢. 生物科学动态，1987，(1)
雄激素与大鼠前列腺细胞基因的表达. 徐幼海. 细胞生物学杂志，1987，9(1)
新生乳鼠胸腺的超微结构研究. 杨惠彬，等. 解剖学报，1987，18(2)
溴特隆第二步中间体苯乙烯基-对-(4-溴苯基)-苯甲酮的紫外测定方法. 杨万兴，等. 青海化工，1987，(3)
休氏壮鼠（Hadromys humei）一新亚种. 杨光荣，等. 兽类学报，1987，7(1)
雄性激素对小鼠免疫机能的影响. 杨帆. 山东大学学报，1987，12(4)
小鼠小肠粘膜上皮细胞体外转录系统. 杨文学，等. 生物化学与生物物理学报，1987，19(4)
小鼠下丘脑室旁核的亚区. 张俐，等. 解剖学杂志，1987，10(4)
小白鼠睾丸发育分化的组织学及组织化学观察. 周明，等. 解剖学报，1987，18(4)
新疆的麝鼠资源. 张光祖. 毛皮动物饲养，1987，(2)
小鼠外周血白细胞数节律性变化实验观察. 郑开，等. 上海实验动物科学，1987，7(1)
小鼠胚胎分割方法及同卵双生试验. 张涌，等. 西北农业大学学报，1987，15(2)
溴特隆杀灭达乌尔黄鼠的试验研究. 张仲秋，等. 中国鼠类防制杂志，1987，3(3)
新型毒饵盒在养鸡场灭鼠的效果观察. 詹绍琛，等. 中国鼠类防制杂志，1987 ，3(3)
养猫与灭鼠. 董维惠，等. 中国鼠类防制杂志，1987，(3)
用生物数学预测农田害鼠. 华尧楠. 农田害鼠测报与防治研讨会报告汇编，1987
诱饵的筛选及灭鼠试验研究. 景增春，等. 中国鼠类防制杂志，1987，3(3)
一次大鼠的自发性痘病. 李兵，等. 江西科学，1987，5(2)
应用砖毒饵盒控制家鼠数量的效果观察. 连海安，等. 中国鼠类防制杂志，1987，3(1)
用"窒息灭鼠弹"灭除鼢鼠. 孙定国，等. 植物保护，1987，13(3)
用双相电泳技术分析棉酚对大鼠成熟精子蛋白质组成的影响. 吴鉴，等. 遗传学报，1987，14(6)
医学动物分类鉴定介绍. 汪诚信. 中国鼠类防制杂志，1987，3(4)
13 种药物对黑线姬鼠的毒效观察. 吴光华，等. 中国鼠类防制杂志，1987，3(4)
一起豚鼠营养代谢病——转移性钙化的病因分析. 徐福南，等. 上海实验动物科学，1987，7(2)
云南大足鼠的生态观察. 杨光荣，等. 中国鼠类防制杂志，1987，3(4)
一种捕打鼢鼠的工具——弹簧箭. 张志海. 植物保护，1987，13(1)
野鼠型流行性出血热疫源地有效控制指标和方法探讨. 张云，等. 中国公共卫生，1987，(3)
用无线电跟踪技术研究鼠类的行为. Taylor，K. D. 郑智民译. 动物学杂志，1987，22(2)
用无线电跟踪技术研究鼠类的行为. Taylor，K. D. 郑智民译. 鼠类控制最新进展，厦门大学出版社，1987
用于分类研究的技术. Wassif，K. 郑智民译. 鼠类控制最新进展，厦门大学出版社，1987
中国达乌尔黄鼠夏季诱发冬眠——对有否冬眠触发物质的探讨. 蔡益鹏，等. 生态学报，1987，7(1)
郑州地区褐家鼠对谷物和引诱剂的选择试验报告. 柴兰芳，等. 中国鼠类防制杂志，1987，3(4)
中枢单胺类递质对大鼠免疫应答的影响. 王健鹤，等. 南通医学院学报，1987，7(3)
中华姬鼠巢区的研究. 吴德林，等. 兽类学报，1987，7(2)
在农场灭鼠预防流行性出血热的效果及评价指标的探讨. 吴光华，等. 中国鼠类防制杂志（出血热专辑），1987
正常豚鼠背部皮肤结构和管构筑. 周翼模，等. 解剖学报，1987，18(4)
正常和白血病小鼠白细胞中某些酶活性比较. 周润崎，等. 自然杂志，1987，(12)
在大鼠牵拉心房和急性扩张血容量所致的肾效应. 赵工，等. 生理学报，1987，39(5)
在鼠疫动物病流行间歇期从大沙土鼠洞的内容物中分离出鼠疫病原体. 地方病译丛，1987，8(5)
在家禽饲养场以诱捕作为控制家鼠的有效方法. Balbaa，M. ，等. 黄茂炎译. 鼠类控制最新进展，厦门大学出版社，1987
在科威特作为血液寄生虫的宿主和潜在贮主的啮齿动物. Hohammad，A. H. H. ，等. 吴春贤译. 鼠类控制最新进展，厦门大学出版社，1987
质量控制技术在城市鼠类控制计划中值得倡导的作用. Rennison，B. D. 郑智民，黄茂炎译. 鼠类控制最新进展，

厦门大学出版社,1987
中国鼩鼱亚科的系统分类和分布的评论(英文). Robert,S. Hoffmann. 兽类学报,1987,7(2)
针对埃及大规模灭鼠的实际考虑. Taylor,K. D. 郑智民译. 鼠类控制最新进展. 厦门大学出版社,1987
安徽鼠类及其防治. 方绪银,等. 安徽科学技术出版社,1988
"安全灭鼢鼠雷"及其使用方法. 孙定国. 植物保护,1988,14(5)
不同捕鼠器和不同诱饵的效果比较. 刘起勇,等. 中国鼠类防制杂志,1988,4(2)
布氏田鼠G带染色体研究. 宁国杰,等. 遗传,1988,10(5)
布氏田鼠在我国的分布及其与植被和水热条件关系的初步探讨. 施大钊. 兽类学报,1988,8(4)
不同品种小鼠外周血白细胞正常值观察. 郑升,等. 动物学杂志,1988,23(1)
北京农区和林区鼠类区系及生态分布的初步研究. 张广文. 华北农学报,1988,3(3)
粗制棉籽粉对雄性小白鼠睾丸中氨基酸代谢作用的初步研究. 陈荣海,等. 氨基酸杂志,1988,(2)
刺激家兔腓深神经动脉体化学感受性升压反射的调整作用. 车明欣,等. 生理学报,1988,40(5)
长爪沙鼠抗马来丝虫抗体的动态变化. 邓珊珊,等. 中国寄生虫学与寄生虫病杂志,1988,6(2)
醋酸棉酚对大鼠睾丸HCG反应性及其受体功能的影响. 方廉,等. 实验生物学报,1988,21(3)
成年大鼠大脑皮质创伤后其分裂神经元的来源——^{3}H-胸腺嘧啶核苷示踪研究. 黄连碧,等. 解剖学报,1988,19(1)
刺激皮肤感受器对大鼠多觉型伤害性感受器诱发放电的影响. 胡三觉,等. 生理学报,1988,40(5)
村周围草垛鼠分布调查. 李天堂,等. 兽类学报,1988,8(1)
长爪沙鼠与黑线仓鼠的温度选择比较. 李瑶,等. 兽类学报,1988,8(1)
醋酸棉酚对褐家鼠抗生育作用的研究. 林统先,等. 兽类学报,1988,8(3)
醋酸棉酚对大鼠成熟卵泡的颗粒细胞产生雌二醇及孕酮功能影响的离体观察. 林金芳,等. 生殖与避孕,1988,8(4)
长效口服避孕片复方十八甲对家兔脂代谢的影响. 汤革新,等. 生殖与避孕,1988,8(4)
长效口服避孕片复方十八甲对家兔实验性高脂血症和动脉粥样硬化的影响. 汤革新,等. 生殖与避孕,1988,8(4)
长尾黄鼠鼠疫动物病监测的最佳有效监测时期和最低抽样量研究. 王淑纯,等. 中国鼠类防制杂志,1988,4(4)
长爪沙鼠(Meriones unguiculatus)和金黄地鼠(Mesocricetus auratus)的肺皮蒸发失水量研究. 肖增祜,等. 兽类学报,1988,8(1)
城市大面积灭鼠的经验. 徐启丰,等. 医学动物防制,1988,4(1)
臭鼩高重复顺序DNA的核苷酸顺序分析及其与树鼩Tsr(Bg Ⅰ Ⅱ)-1顺序的比较. 袁建刚,等. 生物化学杂志,1988,4(5)
臭鼩鼱饲养研究初报. 阎可廷,等. 中国鼠类防制杂志,1988,4(3)
采取综合性防制措施. 巩固无鼠害港. 于振琛,等. 中国鼠类防制杂志,1988,4(特刊1号)
草场鼠害及其综合治理. 邹继范,等. 草与畜杂志,1988,(1)
臭鼩数量变动. 詹绍琛. 动物学杂志,1988,23(5)
臭鼩鼱的繁殖、食性及体外寄生虫. 詹绍琛. 动物学杂志,1988,23(6)
东昆仑—阿尔金山地区啮齿动物区系与生态地理分布. 阿布里米提. 阿布都卡迪尔,等. 干旱区研究,1988,5(4)
大白鼠楔外、内核及薄束核向小脑蚓部皮质的投射. 蔡德亨,等. 解剖学杂志,1988,11(4)
大白鼠隔区去甲肾上腺素能纤维的起源——逆行荧光标记和荧光组织化学结合法研究. 陈升,等. 解剖学报,1988,19(4)
大鼠下丘脑及邻近区域催产素免疫阳性神经元与垂体后叶的关系. 段晓勤,等. 解剖学报,1988,19(3)
大鼠腹腔巨噬细胞β-内啡肽结合位点的放射自显影观察. 丁玄宙,等. 科学通报,1988,33(14)
大面积灭鼠对控制家鼠型流行性出血热发病的效果考核. 戴德生,等. 中国公共卫生,1988,4(5)
大鼠中枢神经系统衰老的形态学研究Ⅳ. 大脑皮质锥体细胞树突棘的数量变化. 侯家骥,等. 动物学报,1988,34(2)
大鼠小肠5-HT免疫活性内分泌细胞的角蛋白免疫细胞化学定位. 黄威权. 动物学报,1988,34(3)
大鼠正中神经感觉纤维在脊髓胶状质的定位投射——酸性磷酸酶法研究. 胡松林,等. 解剖学报,1988,19(2)
大白鼠肥大心肌细胞的超微结构及细胞化学研究. 朝玉昇,等. 解剖学报,1988,19(4)
大鼠下丘脑到脊髓的直接纤维投射——WGAHRP法研究. 韩中胜. 神经解剖学杂志,1988,4(2)
大鼠胚心房肌细胞分化发育的超微结构研究. 纪中生,等. 解剖学报,1988,19(1)
DTPA-Ca和811对大白鼠体内钪-46促排作用的研究. 李国富. 白求恩医科大学学报,1988,14(6)
大鼠扣带回前部对外侧僵核单位放电的抑制作用. 刘伟民,等. 动物学报,1988,34(4)
大鼠嗅球的纤维联系. 刘东刚,等. 河北医学院学报,1988,9(1)
大鼠脑血管的肽能神经支配——光镜与免疫电镜研究. 卢金活,等. 解剖学报,1988,19(2)

大白鼠中脑水管周围灰质向小脑皮层的投射——HRP 法研究. 李云庆,等. 解剖学报,1988,19(4)
大鼠心瓣膜神经支配. 李光千,等. 解剖学报,1988,19(4)
大鼠脑干 5-羟色胺神经元的分布——免疫细胞化学研究和定量分析. 刘少雄,等. 神经解剖学杂志,1988,3(2)
大鼠深部松果体的神经支配和去双侧颈上节后深部松果体的变化. 罗潜,等. 神经解剖学杂志,1988,4(1)
大面积灭家鼠效果及灭鼠后鼠类种群变动的调查报告. 刘传德,等. 医学动物防制,1988,4(1)
德系长毛兔微量元素铜、锌的研究Ⅱ. 血清铜、锌在急性应激状态下的反应. 林楠,等. 浙江师范大学学报(自然科学版),1988,11(2)
大麦鼠害株田间分布型及抽样技术的探讨. 吕雨土,等. 浙江农业科学,1988,(6)
大仓鼠的发生与防治研究初报. 吕国强,等. 植物保护,1988,14(2)
稻田鼠害防治指标的初步探讨. 罗会华,等. 植物保护,1988,14(3)
低碘大鼠脑内 LHRH 神经元免疫组织化学观察. 马丽云,等. 解剖学报,1988,19(4)
大鼠杏仁核在视觉和味觉信息记忆中的作用. 区英琦,等. 生理学通报,1988,5(2)
敌鼠钠盐大面积灭家鼠效果观察. 秦长育,等. 中国鼠类防制杂志,1988,4(1)
大鼠血浆心钠素含量和微量元素相关的实验研究. 盛玄霜,等. 北京实验动物科学,1988,5(3)
大鼠肺微血管和肺泡铸型的扫描电镜观察. 沈惠卿,等. 第二军医大学学报,1988,9(6)
大鼠肝部分切除后再生期间颌下腺颗粒曲管细胞的组织学和组织化学变化. 孙克继,等. 解剖学报,1988,19(2)
大白鼠下行脊髓固有束的起始细胞和背外侧索核在脊髓内的联系. 沈丽,等. 解剖学报,1988,19(3)
大鼠动情周期和妊娠早期子宫内膜组织化学的研究. 史小林. 首都医学院学报,1988,9(4)
毒鼠磷使用技术的改进. 孙适怡. 植物保护,1988,14(3)
大白鼠交感节前神经再生的研究Ⅱ. 节前神经末梢的电镜观察. 汪家政,等. 动物学报,1988,34(1)
大白鼠正中隆起栅状带超微结构的研究. 王成,等. 哈尔滨医科大学学报,1988,22(2)
大白鼠甲状腺细胞膜系统 3′5′-环核苷酸磷酸二酯酶活性的电镜细胞化学定位. 王浩,等. 解剖学报,1988,19(2)
大鼠肝部分切除后甲状腺滤泡旁细胞的变化. 王秀军,等. 解剖学报,1988,19(3)
大鼠脊髓内 γ-氨基丁酸的免疫组织化学定位. 魏峰,等. 解剖学报,1988,19(4)
大白鼠迷走神经背核向脑桥、中脑的投射——HRP 法研究. 武义鸣,等. 南通医学院学报,1988,8(1)
大鼠三叉神经中脑核神经元中枢突在脑干内投射的光、电镜观察(中脑核-丘脑投射通路研究之一). 王百忍,等. 神经解剖学杂志,1988,4(1)
大鼠三叉神经感觉主核缘的带状区向丘脑的投射——HRP 法研究(中脑核-丘脑投射通路研究之三). 王百忍,等. 神经解剖学杂志,1988,4(1)
大鼠消化道内的 K 物质. 王健平,等. 生理学报,1988,40(3)
大鼠离体心肌粘性劲度定量评定的研究. 王建勋,等. 生理学报,1988,40(5)
大面积积毒杀野鼠控制流行性出血热的效果观察. 吴光华,等. 中国公共卫生,1988,7(2-3)
大鼠下丘脑正中隆起室管膜细胞超微结构分类. 阎蕴力,等. 河北医学院学报,1988,9(1)
大白鼠皮质下非听性结构下丘的投射——WGA-HRP 法研究. 叶建平,等. 解剖学报,1988,19(2)
低碘饲养大鼠脑组织甲状腺激素与核受体的变化. 杨康,等. 天津医学院学报,1988,12(4)
敌鼠钠盐大面积控制黄胸鼠的研究. 云南鼠疫调查研究队防治对策组,等. 中国鼠类防制杂志,1988,4(1)
毒鼠磷防制大仓鼠的试验研究. 杨玉平,等. 中国鼠类防制杂志,1988,4(3)
大鼠尾核对丘脑后核神经元抑制作用的可能性递质. 张竞,等. 白求恩医科大学学报,1988,14(6)
对家兔浅下颌分泌的初步研究. 张素芬,等. 动物学报,1988,34(1)
大鼠垂体 β-内啡肽样免疫反应性昼夜变化节律及其与痛阈的关系. 赵书民,等. 解剖学报,1988,19(1)
大白鼠伏隔核乙酰胆碱酯酶阳性纤维的脑干起源. 张德兴,等. 解剖学报,1988,19(2)
对豚鼠精囊腺上皮中的内分泌-旁分泌细胞的研究. 曾孝儒,等. 解剖学报,1988,19(2)
大白鼠前脑和脑干向双侧背海马的分支投射. 朱进霞,等. 解剖学报,1988,19(3)
达乌尔黄鼠心肌细胞横电位的耐寒性. 赵明蓟,等. 生理学报,1988,40(1)
大鼠动动情周期垂体促性腺细胞性变化的定量免疫细胞化学研究. 周青康,等. 生理学报,1988,40(5)
大鼠蓝斑参与下丘脑弓状核区注射谷氨酸单钠的镇痛效应. 张难,等. 生理学报,1988,40(6)
大鼠海马结构内生长抑素样神经元的衰老变化. 张樟进,等. 西安医科大学学报,1988,9(4)
达乌尔黄鼠室内饲养和繁殖研究Ⅱ. 交配、妊娠、分娩及幼鼠饲养. 张仲秋,等. 中国鼠类防制杂志,1988,4(3)
碘缺乏对发育期大鼠脑内 γ-氨基丁酸的影响. 张桂华,等. 中国地方病学杂志,1988,7(6)
恶性瘤细胞在小鼠肾内侵袭过程的研究——肾被膜囊下移植后的光镜和电镜观察. 高进,等. 解剖学报,1988,19(1)
二硫化碳染毒大白鼠运动神经传导速度的研究. 李玉琳,等. 中国应用生理学杂志,1988,4(4)
额济的旗和肃北骥山北部边境地区啮齿动物调查. 王定国 . 动物学杂志,1988,23(6)
防鼠台防鼠效果观察. 柴兰芳,等. 媒介生物与防治,1988,(2)

Friend 小鼠红白血病细胞 G、C 带核型分析. 陈实平,等. 遗传,1988,10(1)
FCA-iRNA 对寒冷应激小鼠细胞免疫及胸腺 CAMP 的影响. 迟奎香,等. 中国应用生理学杂志,1988,4(4)
废酒瓶代替毒饵盒用于控制家鼠危害的试验研究. 高文林,等. 中国鼠类防制杂志,1988,4(2)
福美双保护花木免遭鼠害. 何烈. 植物保护,1988,14(4)
蝮蛇类毒素及五步蛇类毒素免疫豚鼠交叉免疫力比较试验. 李栋梁,等. 福建医学院学报,1988,22(4)
分割兔胚获得半胚发育的小兔. 谭丽玲,等. 遗传,1988,10(3)
氟灭鼠——一种新的灭鼠剂. 王宝才. 青海化工,1988,(2)
复方孕素Ⅰ号对大鼠、兔的胚胎毒性和致畸性研究. 王民明,等. 生殖与避孕,1988,8(4)
辐照红茗酒对小鼠体细胞致突变作用的研究. 袁涛,等. 职业卫生与病伤,1988,3(4)
谷氨酸单钠化大鼠弓状核对束旁核痛单位放电的影响. 陈向阳,等. 动物学报,1988,34(2)
高原低氧对高原鼠兔和大白鼠肺泡Ⅱ型细胞及表面活性质超微结构的影响. 陈钦铭,等. 兽类学报,1988,8(4)
高原鼢鼠种群数量与植被破坏程度的关系. 樊乃昌,等. 高寒草甸生态系统国际学术讨论文集,1988
桂枝汤的药理学研究三:对小白鼠非特异性屏障机能的影响. 富杭育,等. 中药药理与临床,1988,4(4)
贵州省农田鼠害数量预测预报技术研究. 贵州省农田鼠害测报研究协作组. 耕作与栽培,1988,(1)
高原鼠兔实验繁殖成功. 梁俊勋,等. 动物学杂志,1988,23(5)
高效新型抗凝血杀鼠剂氯敌鼠(氯鼠酮)的性能. 辽宁省化工研究所氯敌鼠课题组. 精细化工,1988,5(1)
高原鼠兔乳酸氢酶同工酶对低氧环境的应答. 刘国富,等. 兽类学报,1988,8(1)
甘草酸铵、甘草锌和硫酸锌对小鼠免疫功能影响的比较研究. 刘发,等. 新疆医学院学报,1988,11(4)
贵州省岑巩县家栖鼠类调查. 雷邦海. 植物保护,1988,14(5)
国产利福平对小鼠细胞免疫反应的抑制作用. 李嗣英,等. 中国抗生素杂志,1988,18(6)
国产杀虫隆间隔式投饵现场灭鼠试验观察. 梅振华,等. 医学动物防制,1988,4(4)
广东地区几种含乳固体饮料对大鼠的营养效应. 欧阳佩珍,等. 中山医科大学学报,1988,9(3)
高黎贡山鼠兔一新种. 王应祥,等. 动物学研究,1988,9(2)
高原鼠兔冬季死亡率. 王学高,Smith,A. T. 兽类学报,1988,8(2)
贵州省农耕区和住宅区鼠类调查. 王昭孝,等. 中国鼠类防制杂志,1988,4(3)
高原鼠兔交配关系的研究. 王学高,等. 兽类学报,1988,9(3)
宫内用醋酸棉酚对雌性大鼠抗着床作用的机理分析. 杨纫姝,等. 南京医学院学报,1988,8(2)
高原鼠兔地面活动与光温关系的初步观测. 叶润蓉,等. 兽类学报,1988,8(4)
睾丸切除对小鼠胸腺哺育细胞影响的初步研究. 要庆平,等. 中国免疫学杂志,1988,4(6)
高温对大鼠 VB_1 缺乏症发生时间的影响. 杨泽,等. 中华劳动卫生职业病杂志,1988,6(6)
高原鼠兔体重生长动态数学模型之再探讨. 张迪华,等. 青海师范大学学报(自然),1988,(2)
高加索山前地带及高加索山地鼠疫自然疫源地的宿主性问题. 地方病译丛,1988,9(4)
湖南农业鼠害防制技术研究Ⅰ. 害鼠的种类、害区和与防治有关的生物学特性. 陈安国,等. 兽类学报,1988,8(3)
3H-氯酮的合成及小白鼠的实验研究. 丁绍凤,等. 北京师范大学学报(自然版),1988,(4)
3H-酪氨酸与大鼠黄体细胞制备物的结合. 高而威,等. 中国科学(B 辑),1988,(6)
褐家鼠种群生态的初步研究. 洪朝长,等. 兽类学报,1988,8(3)
红松鼠. 康昱译. 野生动物,1988,(5)
褐家鼠和黄胸鼠能量摄入的季节变化. 梁杰荣,等. 动物学杂志,1988,23(3)
褐家鼠白化一例. 雷邦海. 动物学杂志,1988,23(6)
害鼠的分类测报与防治. 卢浩泉,等. 农业出版社,1988
黑线姬鼠个体变异一例. 刘景春,等. 四川动物,1988,7(4)
经济动物——海狸鼠. 董万芳. 野生动物,1988,(3)
家兔小肠淋巴集结的发生. 高舜德,等. 解剖学报,1988,19(1)
鹫峰山脉中段农业区的鼠类调查. 洪朝长,等. 动物学杂志,1988,23(1)
家养麝鼠食性(植物部分)的初步观察. 树芳,等. 动物学杂志,1988,23(2)
家养麝鼠的饲养与繁殖. 贾财. 野生动物,1988,(1)
红松阔叶林中红松种子的分布与更新. 刘庆洪. 植物生态学与地植物学学报,1988,12(2)
家兔耳蜗柯替氏器的扫描电镜观察. 王冶. 解剖学报,1988,19(3)
灰旱獭生命表和繁殖的初步研究. 杨赣源,等. 兽类学报,1988,8(2)
家兔一次性剥制成骨骼标本的简易方法. 叶素霞. 生物学通报,1988,(4)
黄胸鼠对新异物行为反应的研究. 张恩迪,等. 华东师范大学学报(自然版),1988,(1)
黄毛鼠种群数量季节变动及其影响因素的研究. 郑智民,等. 兽类学报,1988,8(3)
华南兔组织乳酸脱氢酶同工酶的研究. 周虞灿,等. 兽类学报,1988,8(4)

HRP-ACHE 双重组化法研究大鼠脊髓小脑束乙酰胆碱酯酶阳性神经元. 张进路,等. 首都医学院学报,1988,9(4)
河津县黄河滩农田害鼠及其数量季节消长的研究. 张树棠,等. 中国鼠类防制杂志,1988,4(2)
黑线姬鼠自然感染钩体及与人群发病关系的初步调查. 张文弟,等. 中国鼠类防制杂志,1988,4(3)
花棒种子的鼠害防治试验. 邹受益. 中国沙漠,1988,8(1)
Ito 细胞在大鼠实验性肝纤维化形成中的作有. 胡宗义,等. 同济医科大学学报,1988,17(6)
家兔脑血管意外模型的脑电波观察及其 T_3、T_4的测定. 薄树义,等. 天津医学院学报,1988,12(4)
江西麦饭石致小白鼠骨髓细胞染色体畸变实验研究. 黄河浪,等. 江西医学院学报,1988,23(3)
家兔锥体束在脊髓内投射的研究. 高秀来,等. 首都医学院学报,1988,9(4)
家兔输卵管结扎术后对子宫静脉血管和血浆孕酮水平的影响. 韩云明,等. 生殖与避孕,1988,8(4)
家兔压力感受反射快速重调定的特征及中枢成分的观察. 贾秉钧,等. 福建医学院学报,1988,22(4)
静脉灌注水杨酸钠家兔 EP 性发热时体温升高和血浆脑脊液 CAMP 含量变化的影响. 刘晓莹,等. 中国科学(B辑),1988,(12)
家兔颈上神经节双核神经细胞的实验观察. 王天群,等. 解剖学杂志,1988,11(4)
几种灭鼠药对小白鼠的毒力测定. 王美秀,等. 中国鼠类防制杂志,1988,4(1)
家兔大脑皮质微血管系统构筑学的定量研究. 徐公美. 解剖学报,1988,19(4)
金黄仓鼠对猪丹毒杆菌的易感性. 徐汉祥. 上海实验动物科学,1988,8(1)
加压素、催产素神经元在大鼠丘脑下部及其附近区域的分布. 杨明,等. 华西医科大学学报,1988,19(4)
家兔一种病毒性传染病的调查. 姚亚夫,等. 上海实验动物科学,1988,8(4)
甲状腺素对大鼠胃溃疡愈合影响的形态学观察. 张叔行,等. 解剖学报,1988,19(3)
绞股蓝总皂甙对小鼠学习和记忆的影响. 郑国统,等. 温州医学院学报,1988,18(4)
客轮投放敌鼠钠毒饵除鼠效果观察. 刘光华. 中国鼠类防制杂志,1988,4(1)
抗凝血灭鼠剂防制营区鼠害的效果观察. 孙国山,等. 医学动物防制,1988,4(2)
空气负离子对自发和环磷酰胺诱发的小鼠骨髓嗜多染性成红细胞微核率的影响. 谢林,等. 遗传学报,1988,9(4)
氯鼠酮灭家鼠效果观察. 鲍明荣. 医学研究所,1988
旅客列车长期无鼠害方法研究. 柴兰芳,等. 中国鼠类防制杂志,1988,4(4)
劳倦和饥饱引起大鼠"脾虚症"模型胃肠粘膜变化的扫描电镜观察. 傅湘琦,等. 解剖学报,1988,19(3)
两种剂型溴敌隆毒饵于宾馆灭鼠效果观察. 陆志勋,等. 中国鼠类防制杂志,1988,4(3)
流行性出血热病毒在褐家鼠间垂直传播的首次证实. 刘江秋,等. 中国公共卫生,1988,7(1)
荣昌县用立克命大面积灭鼠. 林贤东. 植物保护,1988,14(3)
LIBP/1 近交系小鼠的建立及其生物学特性研究. 吴祥林,等. 上海实验动物科学,1988,8(4)
六氯对二甲苯对豚鼠肝药酶的抑制作用. 王捷,等. 药学学报,1988,23(9)
硫酸镁对哇巴因诱发豚鼠心脏自发电活动的生理效应. 于晓江,等. 西安医科大学学报,1988,9(4)
流行性出血热隐性感染同鼠密度和鼠带病毒关系的研究. 张文峰,等. 中国鼠类防制杂志,1988,4(2)
硫酸皮肤素对大鼠血管纤溶酶原活化素释放的影响. 朱广瑾,等. 中国医科学院学报,1988,10(6)
利用常设毒饵站创立无鼠区. Howard,W. E. 中国鼠类防制杂志,1988,4(1)
民航天津机场鼠类与环境关系的调查. 郭全宝,等. 医学动物防制,1988,4(1)
灭鼠后种群数量回升及灭鼠时机研究. 罗会华,等. 植物保护,1988,14(5)
棉酚对大鼠胃分泌和胃粘膜结构的影响. 钱伟,等. 生殖与避孕,1988,8(2)
灭鼠. 汪诚信. 人民卫生出版社,1988
灭鼠预防某些人兽共患病. 汪诚信. 中国人兽共患病杂志,1988,4(4)
棉酚对 SCE 大鼠睾丸支持细胞的影响. 殷志康,等. 生殖与避孕,1988,8(2)
灭鼠知识问答. 张剑倜. 河北科学技术出版社,1988
宁夏啮齿动物. 陈伟腾. 宁夏大学学报(自然版),1988,(3)
啮齿动物的综合治理Ⅰ. 草原有害啮齿动物的综合治理. 邓址. 中国鼠类防制杂志,1988,4(1)
啮齿动物的综合治理Ⅱ. 农田有害啮齿动物的综合治理. 邓址. 中国鼠类防制杂志,1988,4(2)
啮齿动物的综合治理Ⅲ. 森林有害啮齿动物的综合治理. 邓址. 中国鼠类防制杂志,1988,4(3)
啮齿动物的综合治理Ⅳ. 城市鼠类的综合治理. 邓址. 中国鼠类防制杂志,1988,4(4)
农田灭鼠毒饵投放方法的研究. 胡继武,等. 植物保护,1988,14(4)
内蒙古北部荒漠草原鼠类群落结构及其流行病学意义. 刘纪有. 地方病通报,1988,3(3)
浓缩鱼油对兔血小板聚集和凝血时间及组织脂肪酸含量的影响. 刘玉军,等. 营养学报,1988,10(4)
南北方大型冶金企业 154 次鼠媒停电及防制对策研究. 刘桐树,等. 中国鼠类防制杂志,1988,4(1)
农村灭鼠. 沈兆昌,等. 江苏科学技术出版社,1988

啮齿类动物的巨噬细胞病毒感染模型. 汤家铭. 上海实验动物科学,1988,8(2)
农田区一年内药物毒鼠两次密度观察. 王军建,等. 中国鼠类防制杂志,1988,4(2)
农田鼠害损失率测定与防制指标的探讨. 魏自祥,等. 中国鼠类防制杂志,1988,4(4)
农田鼠害空间分布型及抽样技术研究. 王华弟,等. 植物保护,1988,14(3)
镍化合物体外诱导细胞恶性转化的研究Ⅱ. 镍化合物诱导大鼠气管上皮细胞恶性转化. 张桥. 中山医科大学学报,1988,9(3)
农牧业鼠害综合治理的研究现状及对策. 朱靖,等. 农牧情报研究,1988,(7)
O-甲基酪氨酸对酪氨酸含量及 HCG 致大鼠离体黄体细胞孕酮生存作用的拮抗作用. 高而威,等. 生理科学,1988,9(1)
普通竹鼠生态的初步观察. 葛有清,等. 野生动物,1988,(6)
瓶装5/万敌鼠钠毒水毒杀小家鼠的试验观察. 刘翀,等. 中国鼠类防制杂志,1988,4(4)
胚胎期及成年大白鼠肝脏的表皮角蛋白免疫细胞化学定位. 苏勤,等. 动物学报,1988,34(4)
胚胎大鼠颅盖骨分离细胞早期体外培养的组织化学观察. 徐荣辉,等. 解剖学报,1988,19(1)
P 物质和亮-脑啡肽样免疫反应神经元在鼠中脑中缝核的分布. 周兰仙,等. 解剖学报,1988,19(3)
全生境毒鼠技术要领和原理的辨析. 陈安国. 中国鼠类防制杂志,1988,4(4)
气功外气对小鼠巨噬细胞 Fc 受体及吞噬功能的影响. 刘玉生,等. 第一军医大学学报,1988,8(4)
鞘磷脂酶加速体外肠鼠精子顶体反应. 石其贤,等. 科学通报,1988,33(23)
铅在兔子体内代谢、积累规律的研究. 刘璐. 云南教育学院学报(自然版),1988,(总3)
全国部分城乡家鼠鼠情监测三年结果分析Ⅰ. 鼠种组成及地区分布;Ⅱ. 鼠密度水平及年度变化. 李镜辉,等. 中国鼠类防制杂志,1988,4(4)
青海同德县疏林草原喜马拉雅旱獭数量及其繁殖. 张广登. 四川动物,1988,7(1)
青海龙羊峡地区啮齿动物名录. 张广登. 中国鼠类防制杂志,1988,4(2)
神经降压素抗血清对大鼠胚泡着床的效应. 程丽仁,等. 动物学杂志,1988,23(3)
生物样品中杀鼠迷(Coumatetralyl)液相色谱检测的实验研究. 丁国兴,等. 中国法医学杂志,1988,3(2)
丝裂原和秋水仙胺对大鼠淋巴细胞粘附于主动脉内皮细胞的影响. 耿永建,等. 苏州医学院学报,1988,8(3)
鼠立死和毒鼠磷对大仓鼠的毒力及效果观察. 高文林. 医学动物防制,1988,4(1)
杀它仗毒杀大仓鼠的效果观察. 高文林. 中国鼠类防制杂志,1988,4(3)
四氢异喹啉类生物碱对大鼠脑内 α-肾上腺素受体的作用 . 韩邦媛,等. 药学学报,1988,23(11)
杀它仗、氯敌鼠灭长爪沙鼠的试验研究. 侯希贤,等. 中国鼠类防制杂志,1988,4(2)
三种有机尘对大鼠肺脏影响的病理观察. 何令媛,等. 中华劳动卫生职业病杂志,1988,6(5)
鼠疫. 纪树立. 人民卫生出版社,1988
麝鼠繁殖期麝香腺的形态及组织学初步研究. 金爱莲,等. 野生动物,1988,(6)
鼠害防治大全. 柳枢,等. 北京出版社,1988
水稻鼠害经济防治指标研究初报. 雷邦海,等. 贵州农业科学,1988,(6)
鼠类空间分布、消长、鼠间疫情与人间流行性出血热感染流行关系的探讨. 刘新立,等. 医学动物防制,1988,4(2)
麝鼠仔鼠的性别鉴定. 李雁冰. 野生动物,1988,(4)
水杨酸钠静脉滴注对家兔 EP 性发热的解热效应观察. 刘晓莹,等. 中国病理生理杂志,1988,4(5)
杀鼠迷毒杀北京站站区家鼠效果观察. 钱存寿,等. 中国鼠类防制杂志,1988,4(2)
杀它仗毒杀褐家鼠的现场试验研究. 孙作庆,等. 中国鼠类防制杂志,1988,4(3)
食物鼠害的防治. 汤子俊,等. 中国食品出版社,1988
实验动物剖腹产技术(应用于兔及啮齿目实验动物). 王安京,等. 北京实验动物科学,1988,5(3)
杀鼠灵大米在不同场所灭家鼠效果观察. 吴锡进. 医学动物防制,1988,4(2)
鼠肝和胰的三种凝集素受体的形态学观察. 王炳求,等. 延边医学院学报,1988,11(4)
杀鼠灵膨化毒饵灭家鼠效果观察. 王英路,等. 中国鼠类防制杂志,1988,4(3)
杀鼠灵大米在不同场所灭家鼠效果观察. 吴锡进. 中国鼠类防制杂志,1988,4(3)
森林鼠害防治初报. 王乐祥. 植物保护,1988,14(1)
实验大鼠的生化多态性及在遗传监测中的应用. 邢瑞昌,等. 动物学杂志,1988,23(1)
舒筋灵和阿托品对小鼠溴氰菊酯急性中毒的疗效. 谢卓丘,等. 中华劳动卫生职业病杂志,1988,6(4)
三种饲料饲养臭鼩鼱的效果比较试验. 阎可延,等. 中国鼠类防制杂志,1988,4(4)
砂鼠利什曼原虫(Leishmaniagerbilli)染色质与动基体碱性蛋白的初步研究. 张建文,等. 动物学研究,1988,9(3)
松鼠的生态特性. 郑宝春. 吉林林业科技,1988,(3)
实验动物微生物学监测质量的控制与评价. 朱梅芬. 上海实验动物科学,1988,8(1)
杀鼠酮钠盐灭家鼠现场灭效试验. 詹绍琛,等. 中国鼠类防制杂志,1988,4(2)

鼠类进入塑料毒饵盒摄食效果观察. 祝龙彪,等. 中国类疫防制杂志,1988,4(2)
上海鼠类昼夜活动节律性研究. 祝龙彪,等. 中国鼠类防制杂志,1988,4(4)
豚鼠松果腺神经供给的研究——荧光及酶组织化学. 保天然,等. 华西医科大学学报,1988,19(4)
兔、鼠膈腹膜间皮的扫描电镜观察. 柏春枝,等. 哈尔滨医科大学学报,1988,22(2)
天麻注射液对小鼠免疫功能的影响. 陈怡敏,等. 上海免疫学杂志,1988,8(5)
糖皮质激素对小鼠中枢神经系统的影响. 陈霭眉,等. 天津医学院学报,1988,12(4)
天津地区农田鼠类及其防制. 郭全宝,等. 中国鼠类防制杂志,1988,4(2)
豚鼠脑桥被盖部位 HRP 逆行标记的传入联系. 纪如荣,等. 解剖学报,1988,19(4)
铁缺乏对大鼠红细胞膜第 3 蛋白含量与功能的影响. 李津婴,等. 营养学报,1988,10(4)
豚鼠肺组织中 β 肾上腺素能受体的分布及其在实验性过敏性哮喘时的变化. 穆建英,等. 中国科学(B 辑),1988,(12)
豚鼠血浆纤维蛋白原的测定. 袁金英,等. 野生动物,1988,(3)
兔三叉神经起始核及终止核对呼吸的影响. 张敏,等. 生理科学,1988,8(6)
兔腹部迷走神经及内脏大神经传入冲动在延髓投射的电生理研究. 钟声,等. 生理学报,1988,40(6)
豚鼠肠系膜下神经节—结肠段离体标本电机械活动的同步记录. 周小萍,等. 皖南医学院学报,1988,7(4)
我国的海港灭鼠. 黄晓芸. 中国鼠类防制杂志,1988,4(1)
维生素 E 对辐照小鼠胸腺、脾淋巴细胞数及脾淋巴细胞转化反应的影响. 马萱钺,等. 营养学报,1988,10(4)
Wistar-Imamichi 大鼠早期胚的体外培养. 朱永亮,等. 动物学杂志,1988,23(2)
卫氏并殖吸虫在小鼠体内滞育现象的进一步观察. 彭卫东,等. 动物学报,1988,34(2)
我国近年来的灭鼠研究与实践. 汪诚信. 鼠疫研究进展. 中国环境科学出版社,1988
5-HT 在调节大鼠泌乳中作用的研究. 王卫,等. 中国应用生理学杂志,1988,4(4)
溴敌隆杀灭褐家鼠的效果观察. 鲍明荣,等. 医学动物防制,1988,4(1)
小鼠染色体畸变类型研究. 蔡露,等. 动物学杂志,1988,22(4)
锌与蛋白质对促进幼令小白鼠的复合作用. 陈国桢,等. 温州医学院学报,1988,18(4)
新西兰家兔上唇皮肤麦克尔细胞的光镜和电镜观察. 林超华,等. 暨南理医学报,1988,(4)
性激素对小鼠第三脑室壁表面微细结构的影响——扫描电镜观察. 吕证宝,等. 神经解剖学杂志,1988,3(2)
小良热带人工阔叶混交林中屋顶鼠施氏亚种的食性及其生态学意义. 廖崇惠,等. 兽类学报,1988,8(1)
小鼠的绿脓杆菌感染及其传染源调查. 刘素芳,等. 上海实验动物科学,1988,8(2)
喜马拉雅旱獭迁移特征研究. 李锡璋,等. 兽类学报,1988,8(2)
小鼠 Friend 细胞诱导分化过程中 C-myc 和 P53 基因表达终端分化. 柳惠图,等. 实验生物学报,1988,21(3)
小鼠类巨噬细胞素超微结构的观察. 宁爱兰,等. 解剖学报,1988,19(2)
新的急性灭鼠剂敌溴灵和溴甲灵对鼠、鸡和猫的毒力效果评价. 潘凤庚,等. 中国鼠类防治杂志,1988,4(1)
小鼠卵子体外受精的研究——精子浓度及不同来源 BSA 对受精率的影响. 旭干,等. 动物学杂志,1988,23(3)
鞘磷脂酶加速体外豚鼠精子顶体反应. 石其贤,等. 科学通报,1988,33(23)
行为生态学(十八):性的生态学问题(1). 尚玉昌. 生态学杂志,1988,7(2)
行为行态学(十九):性生态学问题(2). 尚玉昌. 生态学杂志,1988,7(3)
行为行态学(二十一):性选择和配偶选择(2). 尚玉昌. 生态学杂志,1988,7(6)
小鼠胚胎原始外胚层细胞的发育能力(英文). 沈三兵,等. 实验生物学报,1988,21(2)
兴凯湖麝鼠面临绝种危险. 孙天茂. 野生动物,1988,(1)
小鼠微核试验检测咯萘啶、氯喹、阿的平、伯氨喹、呋喃嘧酮与苯硫脲嗪的诱变性. 邵葆若,等. 中国寄生虫学与寄生虫病杂志,1988,6(4)
溴氰菊酯在家兔中枢神经系统内染毒的毒理作用及舒筋灵的拮抗效应. 童英,等. 卫生毒理学杂志,1988,2(2)
小鼠面神经核的生后发育——形态计量研究. 王传松. 神经解剖学杂志,1988,4(1)
溴氰菊酯对大鼠不同脑区 5-羟色胺含量的影响. 王淑洁,等. 卫生研究,1988,17(5)
锌对大剂量维生素 D 所致大鼠心肌损伤的预防作用. 吴永红,等. 营养学报,1988,10(4)
841 型粘鼠胶对大型家鼠粘捕效果的实验研究. 王能久,等. 中国鼠类防制杂志,1988,4(1)
显示哺乳动物受精卵原核的方法. 肖英达. 动物学杂志,1988,23(1)
小鼠肠系膜淋巴结与外周淋巴母细胞在体内归巢的比较. 谢平,等. 苏州医学院学报,1988,8(3)
小鼠子宫平滑肌肾上腺素 β 受体亚型的研究. 徐端正,等. 生理学报,1988,40(3)
小鼠脱脚病临床病理学研究. 殷国荣,等. 北京实验动物科学,1988,5(3)
新疆旱獭的地理分布. 赵中石. 动物学杂志,1988
新的急性灭鼠剂溴甲灵. 张志祥. 农药,1988,27(5)
吸烟对家兔巨噬细胞溶酶体酸性磷酸酶的影响. 朱金元,等. 温州医学院学报,1988,18(4)
小鼠的两种辅助 T 细胞克隆. Mosmann ,T. 国外医学(免疫学分册),1988,11(6)

应用阴茎骨鉴定雄性褐家鼠年龄组的探讨. 陈荣海,等. 兽类学报,1988,8(4)
幼年大鼠诱发排卵过程中卵巢 PGS 的变化及其生理作用. 冯强,等. 动物学杂志,1988,23(3)
一些因素对^{3}H-酪氨酸与大鼠黄体细胞膜制备物结合的影响. 高而威,等. 中国科学(B 辑),1988,(6)
18-β 甘草次酸对家兔急性血清病免疫调节作用. 何礼芳,等. 上海免疫学杂志,1988,8(5)
玉米粉鼠饵中杀鼠迷的含量测定. 姬光洋,等. 农药,1988,(2)
应用敌鼠钠盐长期大面积室内灭鼠对鼠种构成的影响. 济宁市卫生防疫站,等. 中国鼠类防制杂志,1988,4(1)
己烯雌酚对未成熟大鼠卵巢颗粒细胞分化的形态学观察. 李慧珍,等. 解剖学报,1988,19(2)
羽尾跳鼠自然繁殖情况的初步观察. 李枝林,等. 四川动物,1988,(2)
一所新建医院的灭鼠试验. 刘起勇,等. 中国鼠类防制杂志,1988,4(1)
一种鉴别鼠类雌雄的方法. 刘宝云,等. 植物保护,1988,14(3)
盐负荷对大鼠血管反应性影响及其机制. 罗洪,等. 中华心血管病杂志,1988,16(6)
盐酸甲胺苯脒对大白鼠的长期毒性试验. 苏永芳,等. 四川寄生虫病防治研究,1988,16(1)
用熏杀剂毒杀达乌尔黄鼠的田间试验. 谭钦德. 农药,1988,27(3)
用国产 SSJ-CJ 型层流架饲育小鼠时几项生物学指标的观察. 王澐,等. 上海实验动物科学,1988,8(1)
云南热带和亚热带山地森林鼠形啮齿类的群落结构 I. 多样性相对丰盛度,密度和物量. 吴德林,等. 兽类学报,1988,8(1)
用大鼠复制泌尿系结石模型. 王四旺,等. 上海实验动物科学,1988,8(4)
影响麝鼠繁殖的几个因素. 邢德玉. 野生动物,1988,(6)
一种分离 Wistar 大鼠中幼、晚幼有核细胞的有效方法. 张庆一,等. 解剖学报,1988,19(4)
用水泥毒饵罐控制村镇居民区鼠类密度的效果观察. 周良信,等. 中国鼠类防制杂志,1988,4(1)
延髓中缝核区注射胃泌素增强大鼠胃运动的作用. 周吕,等. 生理学报,1988,40(6)
正常大鼠尾静脉血生化和血象数据的坏值分析. 陈定南,等. 动物学杂志,1988,23(5)
正常和白血病小鼠白细胞中 5-核苷酸酶的性质. 陈石根,等. 复旦大学学报(自然版),1988,27(4)
组织化学方法研究豚鼠耳蜗的组织结构. 陈海明,等. 复旦大学学报(自然版),1988,27(4)
郑州市区褐家鼠对杀鼠灵的敏感性测定. 柴兰芳,等. 中国鼠类防制杂志,1988,4(1)
综合法用于客车灭鼠的效果观察. 蒋先仕. 中国鼠类防制杂志,1988,,4(4)
窒息灭鼠弹防治鼢鼠技术试验. 李树元,等. 宁夏农林科技,1988,(3)
子午沙鼠生态学的初步研究. 李枝林,等. 兽类学报,1988,8(1)
中药益母草对小白鼠抗着床和抗早孕作用的初步研究. 李培植. 西安医科大学学报,1988,9(4)
正常纯杂种大白鼠的 GPT 和 BUN. 韦宝伟,等. 动物学杂志,1988,23(3)
准噶尔盆地北缘中中新世啮齿类. 吴文裕. 古脊椎动物学报,1988,26(4)
纸壳电雷管炸灭鼢鼠的研究. 王守安,等. 植物保护,1988,14(1)
中国 13 种鼠科啮齿动物的阴茎形态学及其分类学意义的探讨. 杨安峰,等. 兽类学报,1988,8(4)
注意鼠种变化改进灭鼠方法. 颜正生,等. 植物保护,1988,14(4)
支配大鼠提睾肌的运动神经元和分布于提睾肌血管的交感节后神经元(CB-HRP 逆行追踪法的观察). 张励才,等. 徐州医学院学报,1988,8(2)
中国仓鼠卵细胞离体细胞遗传学测试方法的统计分析. Msrgolin . B. ,等. 国外医学(遗传学分册),1988,11(1)
蔗田灭鼠. Ahmad,N. ,等. 国外农学(甘蔗),1988,(3)
211At 对大白鼠乳酸脱氢酶(LDH)同工酶的影响. 罗昌容,等 . 四川大学学(自然版),1989,26(3)
安定对大鼠开场行为活动和高钾诱发单胺递质释放的影响. 杨晓敏,等. 药学学报,1989,24(1)
不同年龄小鼠表皮 Langerhans 细胞光镜和电镜下的观察. 陈东明,等. 北京医科大学学报,1989,21(6)
不同害鼠为害水稻的鼠害分布型及抽样技术研究. 冯志勇,等. 广东农业科学,1989,(6)
布氏田鼠种群数量的季节动态与鼠洞的关系. 房继明,等. 兽类学报,1989,9(3)
丙烯酰胺中毒大鼠的神经电生理学研究. 李纲,等. 卫生研究,1989,18(6)
丙酸睾丸酮和乙烯雌酚对小鼠睾丸减数分裂粗线期的影响. 王培林. 解剖学杂志,1989,12(1)
不同发育年龄大鼠肝细胞及其溶酶体对急性低氧的应答. 尤治秉. 中国应用生理学杂志,1989,5(1)
丙咪嗪对大鼠应激条件下脑内单胺介质代谢的影响. 左萍萍,等. 生理科学,1989,9(1)
北京地区黑线姬鼠种群年龄和繁殖的研究. 张洁. 兽类学报,1989,9(1)
长期物理应激对大鼠垂体—肾上腺轴超微结构影响的定量分析. 陈端,等. 南京医学院学报,1989,9(1)
臭氧对小白鼠生长及学习行为影响的初步研究. 单嘉量,等. 青海师范大学学报(自然科学版),1989,(4)
刺激大鼠中缝大核诱发的脊髓背表面电位. 杜楚生,等. 西安医科大学学报,1989,10(3)
长爪沙鼠 T 淋巴细胞参考值的初步探讨. 郭丹,等. 哈尔滨医科大学学报,1989,23(4)
^{14}C-杀灭菊脂在小鼠体内的吸收、分布和排出. 龚梓初,等. 上海医科大学学报,1989,16(4)
成都地区农田鼠类群落结构研究. 蒋光藻,等. 西南农业大学学报,1989,11(2)

C 型肉毒梭菌毒素杀灭高原鼠兔试验. 鲁建中,等. 四川草原,1989,(3)
长尾黄鼠年龄鉴定及其种群年龄组成的研究. 林纪春,等. 兽类学报,1989,9(3)
从河南省鼠害调查结果看鼠害问题. 吕国强. 植物保护,1989,15(6)
川西北草地鼠虫害调查报告. 钱亮,等. 四川草原,1989,(3)
超级鼠和超级鱼:介绍转基因动物. 史瀛仙. 生物学通报,1989,(10)
醋酸棉酚对雌性大鼠抗着床作用的形态学观察. 王云峰,等. 解剖学杂志,1989,12(2)
川西北草原鼠害虫种类、数量、分布及危害调查. 吴正雄,等. 西南民族学院学报(畜牧兽医版),1989,15(1)
传播流行性出血热的主要鼠种灭杀与控制方法研究. 吴凤朝,等. 医学动物防制,1989,5(4)
雌三醇对大鼠的抗着床作用及其对卵巢黄体和子宫内膜的影响. 解文,等. 华西医科大学学报,1989,20(3)
雌三醇对大白鼠的抗着床作用及卵巢、子宫的形态学观察. 解文,等. 四川解剖学杂志,1989,8(3-4)
赤腹松鼠(Callosciurus erythraeus)的三个新亚种. 许维岸,等. 兽类学报,1989,9(4)
仓鼠肝谷胱甘肽过氧化酶的提纯与鉴定. 徐燕,等. 生物化学与生物物理学进展,1989,16(5)
川芎嗪对正常及高血压大鼠动脉平滑肌 Ca^{2+} 为流的动力学影响. 许顺滨,等. 中国应用生理学杂志,1989,5(1)
臭鼩的食性与昼夜活动节律. 杨士剑,等. 动物学杂志,1989,24(4)
成年大鼠神经垂体细胞超微结构观察. 杨惠彬,等. 解剖学报,1989,20(3)
Ca^{2+} 对大鼠精子运动的影响. 于宁妮,等. 生殖与避孕,1989,9(3)
臭鼩的繁殖和种群年龄结构. 杨士剑,等. 兽类学报,1989,9(3)
长期应激刺激对成年大鼠性激素水平细胞免疫功能及脂质过氧化作用的影响. 詹皓,等. 军事医学科学院院刊,1989,10(2)
雌性小白鼠不同生理状态下卵巢内酪氨酸含量变化. 赵玉莲,等. 生殖与避孕,1989,9(3)
大白鼠糖致白内障的激光喇曼光谱研究. 陈玉玲,等. 动物学报,1989,35(2)
大鼠心肌线粒体细胞色素氧化酶琥珀脱氢酶的超微结构定位. 陈念祖,等. 解剖学杂志,1989,12(1)
大白鼠隔区去甲肾上腺素能纤维的起源——逆行荧光标记和荧光组织化学结合法研究. 陈升,等. 解剖学报,1989,19(4)
大鼠生后发育期间胰岛 PP 细胞免疫活性物质面积图象分析. 崔铮,等. 解剖学报,1989,20(4)
大鼠输精管的神经分布及递质定位的探讨. 蔡文琴,等. 解剖学报,1989,20(4)
大鼠下丘脑及邻近区域亮-脑啡肽免疫阳性神经元与垂体后叶的关系. 段晓勤,等. 解剖学报,1989,20(2)
大鼠和小鼠精子发生过程中线粒体结构增殖和分布的研究. 党连凯,等. 解剖学报,1989,20(3)
大鼠丘脑下部至外侧隔核的投射. 胡家荦,等. 解剖学杂志,1989,12(3)
大白鼠单侧磨牙拔除后颞下颌关节形态和功能的改变. 范冷艳,等. 解剖学报,1989,20(1)
大鼠脊髓Ⅴ层轴突终末的亚显微结构. 傅立邦,等. 解剖学报,1989,20(1)
大鼠胚胎肝贮脂细胞超微结构的发育. 傅俊贤. 解剖学报,1989,20(3)
大鼠肥大细胞异质性的免疫组织化学观察. 丰艳,等. 解剖学报,1989,20(专辑)
大鼠脊髓中的血管紧张素Ⅱ促进失血性休克后动脉血压的恢复. 范镭,等. 科学通报,1989,34(15)
大鼠精子特异的 LDH-C_4 的提纯及其免疫性质分析. 范桢,等. 上海医科大学学报,1989,16(4)
大鼠心肌细胞线粒体辅酶 Q 含量的动态分析. 范崇竹,等. 生物化学与生物物理学进展,1989,16(6)
大鼠终纹床核区的垂体后叶投射细胞. 鞠躬. 解剖学报,1989,20(1)
大鼠海马 CA2 区的习得性长时程突触增强. 梁波,等. 广东生理学通报,1989,6(1-2)
大鼠中缝背核和束旁核纤维联系特性的电生理学分析. 黎箴辉,等. 湖北医学院学报,1989,10(3)
大鼠丘脑束旁核痛抑制—兴奋神经元电活动的特征. 李柏岩,等. 哈尔滨医科大学学报,1989,23(1)
大白鼠胸段脊神经节细胞周围突分支配心脏及体躯结构——荧光双标法:一种牵涉痛发生的可能机制. 刘臣,等. 解剖学杂志,1989,12(4)
大鼠脑视前区性双形核突触组成的雌雄差别. 李乾五,等. 解剖学报,1989,20(1)
大鼠脑视前区性双形核细胞构筑的雌雄差别. 李乾五. 解剖学报,1989,20(2)
大鼠脑干至脊髓 5-羟色胺投射纤维的起源——免疫细胞化学和酶组织化学双重标记法. 刘少雄,等. 解剖学报,1989,20(3)
大白鼠松果体隐窝表面结构——扫描电镜研究. 罗潜,等. 解剖学报,1989,20(4)
大鼠脊髓背角神经元与背索核的投射联系. 罗蕾,等. 首都医学院学报,1989,10(3)
大鼠迷走神经结状节的光镜和电镜观察. 李华文,等. 徐州医学院学报,1989,9(4)
大鼠海马 CA3 区的光镜和电镜观察. 卢守祥,等. 西安医科大学学报,1989,10(3)
大隆与敌鼠钠盐现场灭鼠效果的对比观察. 刘龙庆,等. 医学动物防制,1989,5(1)
大骨节病病区粮喂养大白鼠各项生化指标的动态变化及其相互关系. 李芳生,等. 中国地方病学杂志,1989,8(1)
大鼠神经胶质瘤细胞间隙连接通讯——代谢协同现象及其抑制效应研究. 林仲翔,等. 中国科学(B 辑),1989,

(6)
大鼠肥大细胞组胺释放试验及方法学的探讨. 马建吟,等. 南京医学院学报,1989,9(4)
大鼠脑室周器官 LHRH 神经元的分布. 马丽云,等. 天津医学院学报,1989,13(4)
大鼠脑和外周组织脑钠素样免疫反应物质的免疫组织化学定位研究. 彭俊云,等. 解剖学报,1989,(专辑 20)
大隆一次投毒灭鼠效果观察. 浦元清,等. 中国鼠类防制杂志,1989,5(4)
大鼠腰后段背根节神经元周围突的分支分布——荧光素双标记法研究. 秦秉志,等. 解剖学报,1989,20(2)
大白鼠淋巴结构树突状细胞的组织化学特征. 芮菊生,等. 复旦大学学报,1989,28(1)
大鼠晶体中牛磺酸的动态研究. 任孝衡. 徐州医学院学报,1989,9(3)
动情周期中大鼠子宫 β 肾上腺素能受体测定的初步研究. 沈樨芳,等. 重庆医科大学学报,1989,14(4)
大鼠肾脏细胞保护作用的初步观察. 孙喜雨,等. 广东生理学通报,1989,6(1-2)
大鼠脊髓背角细胞内核与干之间的往返联系及其意义的探讨——HRP 法研究. 史中立,等. 解剖学报,1989,20(2)
大鼠背外侧索中对侧传入的上行纤维的分布和电生理学特征. 孙立辛,等. 西安医科大学学报,1989,10(3)
大鼠氧惊厥时血浆垂体和下丘脑 β 内啡肽免疫活性物质含量的变化. 陶恒沂,等. 第二军医大学学报,1989,10(2)
大鼠中枢和外周组织中脑钠素样物质的分布、特性和作用. 汤健,等. 生理学报,1989,41(3)
大鼠脾脏形态学的年龄变化. 汤美蓉,等. 皖南医学院学报,1989,8(2)
大、小鼠面神经核的形态和发育. 王传松. 动物学杂志,1989,24(3)
大鼠小肠降钙素基因相关肽分布来源及性质的研究. 吴康,等. 解剖学报, 1989,(专辑 20)
大鼠睾丸巨噬细胞与 Leyding 细胞关系的研究. 王怀安,等. 解剖学报,1989,20(1)
大鼠小肠血管活性肠肽 P 物质亮氨酸-脑啡肽和生长抑素的分布. 王正品,等. 解剖学报,1989,20(1)
大鼠脊髓中间带内单胺能和某些肽能传入纤维的分布特征. 王厉辛,等. 解剖学报,1989,20(4)
冬眠和非冬眠期喜马拉雅旱獭乳酸脱氢酶同工酶的初步研究. 温得启. 兽类学报,1989,9(2)
大鼠肝内皮细胞脂酶特性的研究. 吴满平,等. 上海医科大学学报,1989,16(1)
大鼠肝内皮细胞脂酶代谢功能研究. 吴满平,等. 上海医科大学学报,1989,16(5)
大鼠延髓 AS 区降压、降心率效应的机制及其与 A1 区之比较. 魏东,等. 生理学报,1989,41(5)
大鼠脑内血管紧张素Ⅱ参与电针耐受的证据. 王克威,等. 中国应用生理学杂志,1989,5(1)
大鼠早期胚的快速冷冻保存. 旭日干,等. 内蒙古大学学报(自然),1989,20(1)
大鼠蓝斑核区内源性神经降压素对迷走—加压反应的影响. 徐珞,等. 青岛医学院学报,1989,25(4)
带器大鼠子宫前列腺素 E1 的免疫组织化学研究. 熊承良,等. 同济医科大学学报,1989,18(6)
大鼠外侧隔核的传出纤维联系. 熊克仁,等. 皖南医学院学报,1989,8(3)
大白鼠的解剖特点. 杨安峰. 生物学通报,1989,(5)
大鼠 TSRNA 顺序的分子克隆、其基因结构和细胞内分布的分析. 袁岩. 实验生物学报,1989,22(3)
大鼠海马 CA3 区的习得性长时程突触增强. 易立,等. 生理学报,1989,41(3)
大鼠海马—小脑皮层—小脑深部核团投射的电生理学和 HRP 研究. 余启祥,等. 生理学报,1989,41(3)
毒杀臭鼩鼱用基饵及引诱剂的选择. 阎可廷,等. 中国鼠类防制杂志,1989,5(1)
敌溴灵对臭鼩鼱的毒力测定和适口性观察. 阎可廷,等. 中国鼠类防制杂志,1989,5(3)
大白鼠和小白鼠食饵性高脂血症实验模型的研究. 杨守业,等. 中国中药杂志,1989,14(1)
低酚棉田害鼠发生规律及防治措施. 阎振领. 中国棉花,1989,16(3)
大白鼠 A 类初级传入纤维对脊髓背角会聚神经元 C 反应的抑制. 张天祥,等. 滨州医学院学报,1989,12(2)
温处理后由低钾诱发的大鼠心室肌触发性活动. 张胜,等. 北京大学学报(自然),1989,25(6)
大鼠附睾的超微结构观察. 郑世彬,等. 第三军医大学学报,1989,11(4)
大白鼠胃粘膜上皮的超微结构的研究. 张书琴,等. 动物学杂志,1989,24(5)
大白鼠全胚胎体外培养的研究. 郑素泉,等. 动物学报,1989,35(2)
大白鼠坐骨神经再生轴突可塑性的研究——辣根过氧化物酶(HRP)示踪观察. 郑达人,等. 暨南大学学报(自然科学与医学),1989,(4)
大鼠神经垂体肽类物质的免疫电镜研究. 朱长庚,等. 解剖学杂志,1989,20(2)
大鼠黑质的衰老变化——Ⅱ乙酰胆碱酯酶活性药物组织化学法和图像分析系统定量研究. 张 一,等. 解剖学报,1989,20(3)
大鼠储精囊分泌蛋白的研究. 张胜. 科技通报,1989,5(3)
大鼠附睾中酶的组织化学观察. 张适,等. 南京医学院学报,1989,9(3)
大白鼠苍白球的传入纤维联系——荧光逆行法研究. 张德兴,等. 四川解剖学杂志,1989,8(3-4)
大鼠肾上腺髓质组织的冰冻储存和移植. 张国风,等. 首都医学院学报,1989,10(3)
大鼠心肌线粒体 Ca^{2+}-ATP 酶的制备及活性测定. 张源鑫,等. 生物化学与生物物理学进展,1989,16(4)

大鼠黄体细胞酪氨酸含量及 HCG、CAMP 和孕酮对含量的影响. 张琦,等. 生理学报,1989,41(1)
大鼠听神经单纤维的活动. 郑长木. 生理学报,1989,41(6)
大鼠斜角带核水平支的传入和传出联系——WGAHRP 和 HRP 法研究. 郑培敏,等. 皖南医学院学报,1989,8(4)
大鼠下丘脑室旁核及其邻近区域至室管膜的传出联系. 张凤真. 徐州医学院学报,1989,9(4)
大鼠嗅球向脑干的直接投射——高速放射拍显影神经追踪法. 张可仁,等. 西安医科大学学报,1989,10(1)
大麝鼩生态学初步研究. 祝龙彪,等. 中国媒介生物学及控制杂志,1989,5(试刊号)
敌溴灵消灭达乌尔黄鼠毒效的研究. 张仲秋,等. 中国鼠类防制杂志,1989,5(3)
二甲磺酸乙烷对大鼠下丘脑垂体——睾丸轴的影响. 宋天保,等. 解剖学报,1989,20(1)
二种鼠的来源和运输. 孙超. 农村科技,1989
E18 胎鼠大脑皮质超微结构的观察. 王怀星,等. 新疆医学院学报,1989,12(4)
分娩后小鼠腹腔巨噬细胞的吞噬功能. 高玉民,等. 解剖学杂志,1989,12(2)
鼢鼠属凸颅亚属(Eospalax)的分类研究及一新亚种. 高保国,等. 动物学报,1989,35(1)
防雷防鼠护层光缆. 田鹏志,等. 邮电建设,1989,12
FcA-iRNA 对正常小鼠胸腺、脾形态结构及细胞免疫的影响. 李文学,等. 中国医科大学学报,1989,18(5)
粉防己碱对兔血小板聚集血栓素 A_2 合成及钙调素活性的影响. 钱月明,等. 中国药理学报,1989,10(1)
高原低氧对喜马拉雅旱獭、高原鼠兔、缺氧敏感大鼠颈动脉体超微结构的影响. 陈钦铭,等. 兽类学报,1989,9(3)
高黎贡山的小型兽类调查. 龚正达,等. 动物学杂志,1989,24(1)
贵州农田鼠种组成及黑线姬鼠的地理分布. 李纯矩. 中国鼠类防制杂志,1989,5(2)
广西农田鼠害调查及防制研究. 秦昌文. 中国鼠类防制杂志,1989,5(2)
原鼢鼠、高原鼠兔及甘肃鼠兔种间关系的初步探讨. 王权业,等. 动物学报,1989,35(1)
高原鼠兔(Ochotona curzonice Hodgson)的脑. 王典群. 兰州大学学报(自然版),1989,25(3)
高原鼠兔(Ochotona curzonice)脑神经的形态观察. 王典群. 兰州大学学报(自然版),1989,25(3)
关于灭鼠剂生产和使用中的几个问题. 汪诚信. 青海化工,1989,(1)
高原鼠兔(Ochotona curzonice)自然寿命研究. 王学高,等. 兽类学报,1989,9(1)
高原鼠兔交配关系的研究. 王学高. 兽类学报,1989,9(3)
甘氟与杀鼠迷、杀鼠隆毒饵效果比较观察. 王全堂,等. 医学动物防制,1989,5(1)
高碘和低碘甲状腺肿小鼠血清 T_3、T_4 和 TSH 的变化比较. 尹桂山,等. 河北医学院学报,1989,10(1)
睾丸内注射 1SMP-PGF2α 对大鼠抗生精作用的研究. 杨立菊,等. 山东医科大学学报,1989,27(4)
钙镁锌和镉离子对小鼠皮层神经细胞电泳迁移率的影响. 张川里,等. 北京医科大学学报,1989,21(3)
甘肃及其附近地区黄鼠分类位置的研究. 郑涛,等. 兰州大学学报(自然版),1989,25(2)
关于褐家鼠和小家鼠昼夜活动规律的观察. 赵承善,等. 中国鼠类防制杂志,1989,5(1)
关于中华鼢鼠防治问题的探讨. 甄福林. 中国草地,1989
黑线姬鼠初步研究. 陈保. 中国鼠类防制杂志,1989,5(特3)
黑线仓鼠巢区的研究. 董维惠,等. 兽类学报,1989,9(2)
豪猪(Hystris hodgscni)染色体的研究. 郭健民,等. 兽类学报,1989,9(4)
河北省鼠流行性出血热抗原携带状况的研究. 高贵军,等. 医学动物防制,1989,5(3)
河南家栖鼠种群动态及繁殖力的剖析. 葛凤翔. 中国鼠类防制杂志,1989,5(特刊3)
黄毛鼠的种群动态研究及数量预测的意见. 洪朝长,等. 兽类学报,1989,9(2)
黑线仓鼠的食物和食量. 侯希贤,等. 中国鼠类防制杂志,1989,5(3)
呼和浩特栽培牧草地黑线仓鼠生态学调查. 侯希贤,等. 中国草地,1989,(5)
呼和浩特地区黑线仓鼠种群年龄研究. 侯希贤,等. 中国鼠类防制杂志,1989,5(特刊3)
黑线姬鼠年龄结构数学模拟研究. 蒋光藻,等. 西南农业大学学报,1989,11(2)
黑线姬鼠种群空间格局的研究. 蒋光藻. 西南农业大学学报,1989,11(2)
环氧司坦对大鼠止孕作用的药理研究. 刘昌官,等. 生殖与避孕,1989,9(3)
褐家鼠对三种谷物的无选择摄食试验观察. 李镜辉,等. 中国鼠类防制杂志,1989,5(2)
河南省害鼠种类及地理分布. 吕国强,等. 中国鼠类防制杂志,1989,5(2)
黑线仓鼠的发生与防制研究初报. 吕国强. 中国鼠类防制杂志,1989,5(4)
褐家鼠日食量与食物种类和光照的关系. 谭向红,等. 西南农业大学学报,1989,11(2)
河南省西部地区鼠类考察报告. 袁书钦,等. 动物学杂志,1989,24(6)
赤腹松鼠的三个新亚种. 许维岸,等. 兽类学报,1989,9(4)
HRP 标记大白鼠咬肌感觉神经元和运动神经元的差异. 袁维中. 解剖学杂志,1989,12(3)
蒿甲醚对小鼠免疫功能的影响. 张丹,等. 中国药理学通报,1989,5(1)
害鼠种群年龄组划分问题的讨论. 赵桂芝,等. 植物保护,1989,15(3)

怀俄明州米蒂齐白尾场拔鼠中的一次鼠疫流行. Sony,R. U. 地主病译丛,1989,(10)
家兔网状脊髓束的起源. 蔡德亨,等. 解剖学杂志,1989,12(4)
建立清洁级小鼠的研究. 崔秉春,等. 上海实验动物科学,1989,9(3)
激光终止家兔与小鼠早孕的效能. 丁爱华,等. 上海医科大学学报,1989,16(3)
家兔消化器官石蜡灌注模型的制作. 黄健民. 生物学通报,1989,(6)
家兔延髓单位放电与颈动脉窦压力感受性反射. 姜起立. 温州医学院学报,1989,19(2)
家兔鼓索神经单纤维对味刺激的反应特点. 康福信,等. 新疆医学院学报,1989,12(1)
家兔早期胚胎的活力测定. 石杲,等. 动物学杂志,1989,24(6)
家兔主动脉弓的分支类型. 孙安甫,等. 动物学杂志,1989,24(2)
家兔 Bezold-Jarisch 反射的血流动力学效应. 孙澍宇,等. 生理学报,1989,41(1)
吉林省七年鼠情监测结果分析. 舒恩俊,等. 中国鼠类防制杂志,1989,5(4)
家兔肝的金属硫蛋白的分离和纯化. 王重庆,等. 北京大学学报(自然版),1989,25(6)
家兔输卵管结扎术后的卵巢功能. 王桂敏,等. 生殖与避孕,1989,9(3)
家鼠型流行性出血热疫源地有效控制指标和方法的研究. 王文靖,等. 中国鼠类防制杂志,1989,5(4)
监测喜马拉雅旱獭鼠疫间接血凝阳性最低抽检本规模的估算. 武文莲,等. 中国鼠类防制杂志,1989,5(4)
金黄地鼠视皮层神经元的再生. 王悦梅,等. 解剖学报,1989,20(3)
家兔中脑水管的解剖与光镜观察. 杨天祝,等. 河北医学院学报,1989,10(4)
经家兔颈交感干内脏传入纤维研究. 原俊,等. 解剖学杂志,1989,12(1)
家兔派伊尔氏(Peyers Patches)淋巴集结园顶上皮内微褶细胞的来源与分化. 于士广,等. 山东大学学报(自然科学版),1989,24(1)
吉林省特殊行业灭鼠效果分析. 尹强,等. 中国鼠类防制杂志,1989,5(3)
江西啮齿动物初步调查. 叶正襄. 中国鼠类防制杂志,1989,5(4)
家兔、"人中"穴区传入神经的中枢投射——CB-HRP 跨神经节追踪法研究. 郑煜,等. 解剖学杂志,1989,12(2)
家兔抗着床实验中炔诺酮肟对子宫内膜影响的形态学研究. 张龙生,等. 同济医科大学学报,1989,18(6)
几种毒饵盒、罐、瓶的现场灭鼠试验及有关问题的探讨. 赵承善,等. 中国鼠类防制杂志,1989,5(3)
家养动物的遗传工程:来自鼠遗传模型报告. Jean-Paul Renard,等. 北京实验动物科学,1989,6(4)
抗凝血灭鼠剂蜡饵的研究. 董天义. 解放军医学情报,1989,3(6)
抗凝血灭鼠剂的新进展和评论. 邓址. 中国媒介生物学及控制杂志,1989,5(试刊号)
抗凝血杀鼠剂防制黑线仓鼠的研究. 侯希贤,等. 中国鼠类防制杂志,1989,5(2)
K 物质在大鼠心脏内的分布及其心血管活动的作用. 王健平,等. 生理学报,1989,41(3)
两种新抗凝血剂防制家栖鼠的实验室效果比较. 董天义. 医学动物防制,1989,5(4)
磷化铝穴洞防鼠的应用实验报告. 范国利. 仓储管理与技术,1989,3
澜沧江中游云县景东地区哺乳动物的初步研究. 何晓瑞,等. 云南大学学报(自然),1989,11(2)
龙脑和异龙脑对小鼠和家兔的药理作用. 江光池,等. 华西药学杂志,1989,4(1)
氯敌鼠钠盐毒杀农田害鼠效果观察. 骆汝新,等. 广东农业科学,1989,(5)
犁底鼠洞的排涝效果. 刘峰,等. 土壤,1989,(21)
酪氨酸对未成年小鼠和大鼠诱发排卵和孕酮含量的影响. 马浦生,等. 动物学报,1989,35(2)
禄丰古猿地点的猪尾鼠类化石. 邱铸鼎. 古脊椎动物学报,1989,27(4)
老年大鼠下丘脑生长抑素神经元的变化. 秦英,等. 老年医学杂志,1989,9(3)
立克命蜡块在民航双流机场灭鼠的效果观察. 孙苑. 预防医学情报杂志,1989,5(5)
老年大鼠肝的组织学和超微结构改变及限食和噪声对其影响. 席与萍,等. 中华病理学杂志,1989,18(2)
氯敌鼠对臭鼩鼱的毒力和适口性. 阎可廷,等. 中国鼠类防制杂志,1989,5(4)
雷州半岛鼠形动物的演替. 曾标成. 中国鼠类防制杂志,1989,5(2)
流行性出血热宿主动物血清型的探讨. 赵铁镊,等. 中国鼠类防制杂志,1989,5(3)
流行性出血热病毒气溶胶感染黑线姬鼠的研究. 张云,等. 中国公共卫生学报,1989,8(3)
老年大鼠与断奶大鼠肝细胞核染色质非组蛋白 H 的比较研究. 张宗玉,等. 中华老年医学杂志,1989,8(3)
两种家兔乳酸氢酶的电泳变种和组织特异性的研究. 周虞灿,等. 浙江师范大学学报(自然版),1989,12(2)
棉酚对肾小管毒性影响的组织化学观察. 程凯,等. 解剖学报,1989,(专辑 20)
慢性氟中毒大鼠心肌的超微结构. 陈世超,等. 徐州医学院学报,1989,9(4)
马钱子灭鼠剂杀灭小家鼠试验研究. 康新民,等. 中国鼠类防制杂志,1989,5(4)
棉酚的不同旋光异构体抗生育作用的研究. 卢清显,等. 解剖学报,1989,(专辑 20)
模拟急性高原低氧对妊娠大鼠及其胎儿新生肝细胞与溶酶体的影响. 李庆芬,等. 中国应用生理学杂志,1989,5(1)
蒙古旱獭体重体长变化及其年龄划分的研究. 米景川,等. 动物学杂志,1989,10(3)

灭鼠技术和策略. 汪诚信. 中国科学技术出版社,1989
灭鼠研究方法第一讲:研究程序. 汪诚信. 中国鼠类防制杂志,1989,5(1)
灭鼠研究方法第二讲:试验设计(上). 汪诚信. 中国鼠类防制杂志,1989,5(2)
灭鼠研究方法第三讲:试验设计(下). 汪诚信. 中国鼠类防制杂志,1989,5(3)
灭鼠研究方法第四讲:常用试验方法. 汪诚信. 中国鼠类防制杂志,1989,5(4)
模拟失重时兔脏器血流量反应特性研究. 向求鲁,等. 空间科学学报,1989,9(2)
灭鼠知识问答. 张剑倜. 河北科学技术出版社,1989
模拟鼠洞道投饵机. 周文扬,等. 中国鼠类防制杂志,1989,5(3)
内蒙古锡林河流域四种小型啮齿类若干身体组成成分的研究. 陈俨梅. 兽类学报,1989,9(2)
啮齿动物的生态与防治. 邓址. 北京师范大学出版社,1989
N-甲基[环-3,5-^{3}H]酪胺在兔和小鼠的体内过程(英文). 海华,等. 中国药理学报,1989 ,10(1)
农田鼠害“三定”监测法. 蒋光藻,等. 西南农业大学学报,1989,11(2)
农田害鼠种群生态位的研究. 蒋光藻,等. 西南农业大学学报,1989,11(2)
农田害鼠最佳防治时期的研究. 蒋光藻,等. 西南农业大学学报,1989,11(2)
鸟核苷酸调节蛋白在大鼠脑和脊髓内免疫组织化学定位. 茹立强,等. 解剖学报,1989,(专辑20)
农田鼠害抽样技术研究. 谭向红,等. 西南农业大学学报,1989,11(2)
农田害鼠危害损失率及防治措施. 王玉正,等. 植物保护,1989,15(3)
农田害鼠密度调查方法的探讨. 王玉正,等. 植物保护,1989,15(4)
年龄性别对家兔饲料消化率的影响. 谢晓红,等. 四川畜牧兽医,1989,(4)
农田黑线姬鼠与臭鼩的巢区及种间的关系研究. 杨士剑,等. 兽类学报,1989,9(3)
农田害鼠监测模式电报组建研究. 袁宽林,等. 中国鼠类防制杂志,1989,(5)
葡萄糖酸锌兔体内药物动力学及生物利用度研究. 王晓波,等. 中国医院药学杂志,1989,9(2)
全生境毒鼠法及其生态学机制. 陈安国,等. 长江流域资源、生态、环境与经济开发研究文集,1989,263
全生境灭鼠优化技术研究. 陈士维,等. 湖北农业科学,1989,(12)
炔诺酮肟对假孕家兔卵巢黄体的组织学、组织化学及超微结构变化的观察. 陈文静,等. 同济医科大学学报,1989,18(6)
强电刺激大鼠迷走神经中枢端对杏仁核单位放电的影响. 蒋乃昌,等. 贵阳医学院学报,1989,14(2)
青海鼠体内首次发现猫泡尾带绦虫蚴. 拉雅,等. 动物学杂志,1989,24(6)
全国部分城乡家鼠鼠情监测三年结果分析. 王镜辉,等. 中国鼠类防制杂志,1989,5(1)
秦皇岛仓储库灭鼠剂型初探. 马福生,等. 医学动物防制,1989,5(1)
青春期前大鼠第三脑室漏斗区室管膜的超微结构. 王保芝,等. 河北医学院学报,1989,9(3)
氰戊菊酯染毒大鼠肺细胞的超微结构观察. 王心如,等. 南京医学院学报,1989,9(3)
青海省海南州的啮齿动物及有关的自然疫源性疾病. 张广登. 中国地方病防治杂志,1989,4(16)
缺氧敏感性不同的大鼠血小板活性的比较研究. 许澍淮,等. 中国病理生理杂志,1989,5(6)
清醒大鼠下丘脑外侧区注射胃泌素对胃运动的影响及胃泌素免疫反应性细胞的定位. 周吕,等. 中国应用生理学杂志,1989,5(1)
乳酸脱氢酶-C^4在大鼠不同成熟期生精细胞中的定位. 范桢,等. 上海医科大学学报,1989,16(6)
乳鼠与成年大鼠晶状中某些代射的比较. 黄莉莉,等. 生物化学杂志,1989,5(4)
人与几种常用啮齿动物曲细精管周组织超微结构及碱性磷酸酶电镜细胞化学的定位. 李维信,等. 解剖学报,1989,20(4)
热环境中大白鼠血浆醛固酮体,液 Na^+、K^+的变化及相互关系. 钱令嘉,等. 中国应用生理学杂志,1989,5(2)
Rowett 系裸大鼠繁育及其应用的研究. 王中宇,等. 上海实验动物科学,1989,9(2)
绒毛膜促性腺激素对大鼠松果体细胞影响的超微结构初步研究. 徐以明,等. 解剖学杂志,1989,12(4)
人工饲养条件下高原鼠兔生长和发育的初步研究. 叶润蓉,等. 兽类学报,1989,9(2)
陕、豫、滇农区鼠害防治的研究. 董维惠. 中国鼠类防制杂志,1989,5(1)
肾上腺皮质系统在应激反应中对大鼠巨噬细胞释放 H_2、O_2 功能的抑制作用. 丁玄宙,等. 中国应用生理学杂志,1989,5(1)
石蜡毒饵块防制列车鼠患的效果. 董天义,等. 中国鼠类防制杂志,1989,5(3)
鼠类唾液腺内糖蛋白分布的酶标凝集素研究. 李白桦,等. 福建医学院学报,1989,23(3)
声音调幅诱发的豚鼠皮层慢反应及反应阈. 梁之安,等. 声学学报,1989,14(3)
十一酸睾丸素与达那唑合用对雄性大鼠的抗生育作用. 吕志良,等. 中国医学科学院学报,1989,11(3)
杀鼠迷钠盐灭家鼠的效果观察. 雷邦海,等. 植物保护,1989,15(4)
杀鼠灵用于大面积农田灭鼠. 罗会华,等. 植物保护,1989,15(6)
双炔失碳酯抗小鼠早孕的形态学观察. 欧可群,等. 华西医科大学学报,1989,20(3)

鼠肝线粒体胆碱脱氢酶的光谱性质. 裘之华,等. 中国科学(B辑),1989,(11)
杀它仗对鸡、鸭、鹅安全试验. 帅应垣,等. 动物学杂志,1989,23(1)
肾脏的老化——限食与噪声对老年大鼠肾脏组织学和超微结构影响的研究. 孙毓恺,等. 老年学杂志,1989,9(1)
双柱鼠科一新属在新疆的发现. 王伴月,等. 古脊椎动物学报,1989,14(1)
陕西宁陕地区啮齿动物区系和垂直分布的研究. 王廷正,等. 陕西师大学报(自然版),1989,17(4)
山东几种主要农田害鼠测报技术的探讨. 王玉正. 山东农业科学,1989,(6)
SMC对雌性大鼠抗生育作用的初步观察. 杨翠波,等. 天津医药,1989,17(8)
鼠害对农业生产的影响及其防治对策. 杨荷芳. 中国科学院院刊,1989,4(2)
鼠类防制效益分析. 阎可廷. 中国鼠类防制杂志,1989,5(3)
伤害性刺激和非伤害刺激对大鼠丘脑后核神经元电活动的影响. 张竞,等. 动物学报,1989,35(3)
衰老大鼠海马结构内生长抑素样神经元的变化——免疫金银染色法及图象定量分析研究. 张樟进,等. 解剖学报,1989,20(2)
麝鼠简易保定器. 郑文波. 毛皮动物饲养,1989,(2)
山东省黑线姬鼠种群年龄组成的主要成分分析. 张高生,等. 山东师范大学学报,1989,4(3)
杀鼠迷急性毒理机制研究. 朱志康,等. 中国鼠类防制杂志,1989,5(1)
山东省鼠类调查报告. 赵承善,等. 中国鼠类防制杂志,1989,5(4)
豚鼠对窄带噪声的音调辨别. 陈光地,等. 声学学报, 1989,14(5)
兔延髓腹外侧区对颅内压自稳作用的影响. 陈子彬,等. 上海医科大学学报,1989,16(2)
兔脑中磷脂酰肌醇-4,5-二磷酸的分离纯化. 陈庆辉,等. 生物化学与生物物理学进展,1989,16(4)
豚鼠胃肠5-羟色胺能神经的分布. 黄威权,等. 解剖学报,1989,20(2)
豚鼠染色体模型及显带的检测. 侯万文,等. 上海实验动物科学,1989,9(3)
豚鼠肾脏整体切片标本的制作技术. 林邦和. 动物学杂志,1989,23(2)
豚鼠对正弦调幅波的频率辨别. 梁之安,等. 声学学报,1989,14(4)
豚鼠胃平滑肌M-胆碱受体的检定. 李智,等. 中国医科大学学报,1989,18(2)
豚鼠胃平滑肌上不同亲和力的毒蕈碱受体. 阮英,等. 中国医科大学学报,1989,18(2)
豚鼠肺Clara细胞在正常和低氧条件下超微结构的观察和定量分析. 武继祥,等. 四川解剖学杂志,1989,9(12)
糖皮质激素对糖皮激素受体的调节——Ⅱ. 大鼠肝、脑脾的研究. 徐仁宝,等. 中国科学(B辑),1989,(4)
豚鼠胰腺5-羟色胺免疫细胞化学定位. 张远强,等. 第四军医大学学报,1989,10(5)
豚鼠胰腺生长抑素和高血糖素免疫反应细胞形态学观察. 张远强,等. 第四军医大学学报,1989,10(6)
兔和大白鼠第三脑室室管膜上细胞的扫描电镜观察. 张鸣弦,等. 解剖学报,1989,20(3)
T_3、$NaClO_4$及硫脲嘧啶对实验大鼠肝脏α-磷酸甘油脱氢酶活性的影响. 赵勇,等. 中国地方病学杂志,1989,8(1)
我国草原鼠害及其控制. 中国草地科学与草业发展. 董维惠,等. 科学出版社,1989
我国鼠类新记录——梵鼠. 龚正达,等. 地方病通报,1989,4(2)
五味子对家兔泌尿生殖系统酶组织化学的影响及其抗衰老作用的初步观察. 彭国瑞,等. 上海中医药杂志,1989,(2)
我国草兔的聚类研究. 裘聿皇. 兽类学报,1989,9(3)
外源性激素对毛丝鼠卵鼠滤泡的发育的影响. 郑伦健,等. 东北林业大学学报,1989,17(1)
溴敌隆灭鼠效果观察Ⅰ. 农村大面积现场灭鼠试验报告. 董希超,等. 中国鼠类防制杂志,1989,5(2)
小鼠冷冻胚胎库. 顾熟琴. 北京实验动物科学,1989,6(1)
小白鼠动情周期及妊娠早期(1-6)子宫雌激素受体含量的变化. 高正文,等. 云南大学学报(自然版),1989,11(2)
溴敌隆灭动物园害鼠效果观察. 郭全宝,等. 中国鼠类防制杂志,1989,5(3)
小鼠胚胎一步冷冻法的探讨. 贺高智,等. 北京实验动物科学,1989,6(3)
小鼠阴道上皮中Langerhans细胞的周期变化. 黄畋,等. 临床皮肤科杂志,1989,18(2)
溴敌隆对大、小白鼠毒理及生物效应的研究. 黄锦堂,等. 农药,1989,28(1)
小鼠潜伏性鼠痘的急性暴发. 皇甫在,等. 上海实验动物科学,1989,9(2)
小鼠体外T淋巴细胞集落形成的研究. 金申初,等. 杭州大学学报(自然版), 1989,16(1)
溴氰菊酯对鼠脑蛋白质磷酸化作用的影响. 姜建成,等. 生物化学杂志,1989,5(5)
溴敌隆用于食品行业的灭鼠试验. 蒋先仕. 中国鼠类防制杂志,1989,5(3)
小鼠胚泡着床过程中子宫6-酮-PGF1α(6-KF)及TXB_2含量的变化. 柳建昌. 动物学报,1989,35(4)
小鼠脾脏的免疫细胞化学和组织化学研究. 李景行,等. 福建医学院学报,1989,23(3)
新生家兔颈上神经节双核神经细胞的数目. 刘强,等. 解剖学报,1989,20(1)
小鼠排卵前后卵巢纤蛋白溶酶原激活因子活性的变化. 刘以训,等. 生理学报,1989,41(3)

溴敌隆非靶动物的毒性及二次中毒. 李道中. 中国鼠类防制杂志,1989,5(2)
西藏雪猪(喜马拉雅土拨鼠)的肺循环. 孙新甫,等. 西藏科技,1989,2
小鼠肝分离核着丝粒的富集. 施履吉,等. 中国科学(B 辑),1989,(6)
小檗碱对豚鼠心室乳头状肌慢向内离子电流作用. 孙晓东,等. 中国药理学报,1989,10(2)
小鼠血液和脑中胆碱酯酶活性的昼夜节律. 童建,等. 北京实验动物科学,1989,6(3)
小鼠骨髓和周围血细胞值与鼠龄性别的关系. 王素钦,等. 动物学杂志,1989,24(6)
小白鼠甲状腺超微结构研究. 吴淑兰,等. 河北医学院学报,1989,10(3)
喜马拉雅旱獭核研究. 王懋钦,等. 兽类学报,1989,9(3)
小哺乳动物在高寒环境中的生存对策Ⅰ. 高原鼠兔和根田鼠褐色脂肪及组织(BAT)重量和显微结构的季节性变化. 王德华,等. 兽类学报,1989,9(3)
兴奋大鼠延髓 A_1 区引起降压、降心率效应的机制. 魏东,等. 生理学报,1989,41(5)
小白鼠甲状腺发育的体视学研究. 王士平,等. 新疆医学院学报,1989,12(3)
小鼠成纤维细胞早中期染色体标本制备及 G 带核型分析. 王一平. 遗传,1989,(1)
锡乌张联防地区鼠疫动物病流行特点及防治对策的初步探讨. 王才,等. 中国鼠类防制杂志,1989,5(3)
小白鼠睾丸组织各期生精细胞的组织化学观察. 徐承水. 曲阜师范大学学报(自然版),1989,15(2)
心理应激对心肌缺血大鼠心律的影响. 徐智策,等. 中国应用生理学杂志,1989,5(1)
小鼠颌下腺肾素分泌细胞的组织学初步观察. 姚建设. 皖南医学院学报,1989,8(2)
小鼠卵母细胞体外培养成熟及"试管小鼠"的研究. 尹海林,等. 遗传,1989,11(3)
小鼠胚胎冷冻保存与移植. 周吉盛,等. 北京实验动物科学,1989,6(1)
新生期大白鼠皮下注射谷氨酸单钠对成年后下丘脑 α-促黑素细胞激素神经元免疫反应性的影响. 张景行,等. 解剖学杂志,1989,12(2)
小白鼠全脑切片 3H-GABA 的摄取以及抑制物对摄取的影响. 朱剑琴,等. 南京大学学报(自然版),1989,25(2)
小鼠的 B 淋巴细胞分离法——单克隆抗体清除法和尼龙毛柱纯化法的比较. 郑秀娟,等. 上海免疫学杂志,1989,9(4)
小鼠早期胚胎原始生殖细胞的组织化学研究. 诸定寿,等. 首都医学院学报,1989,10(3)
香豆素类灭鼠剂机理研究进展. 朱志康,等. 中国鼠类防制杂志,1989,5(4)
小白鼠睾丸发育分化的组织学和超微结构观察. 周明,等. 中华物理医学杂志,1989,11(3)
小白鼠腓肠肌内、外侧头肌纤维型及运动终板组织化法研究. 张霖,等. 中国医科大学学报,1989,18(5)
小鼠造血细胞表面抗原的表达. Holmes,K. L. ,等. 国外医学(免疫学分册),1989,12(5)
小鼠嵌合体制作技术的研究. 张锁链,等. 细胞生物学杂志,1989,11(4)
新的急性灭鼠剂——溴甲灵衍生物的合成. 张志祥,等. 中国鼠类防制杂志,1989,5(4)
小鼠胚胎一步冷冻法. Williams,T. J. ,等. 北京实验动物科学,1989,6(2)
新型选择性杀虫剂——Applaud. 湖南化工,1989,(3)
以酶标免疫吸附法测定大鼠肝脏精氨酸酶含量. 陈鸣,等. 生物化学杂志,1989,5(4)
移植物抗宿主病小鼠模型的建立. 陈金国,等. 上海实验动物科学,1989,9(3)
用杀鼠灵蜡饵控制旅馆褐家鼠. 董天义,等. 动物学杂志,1989,24(5)
幼小鼠对种内几种化学信息的识别和反应. 范志勤,等. 生态学报,1989,9(4)
用相关分析法研究家兔两类膈神经单位电活动差异的起源. 胡炯明,等. 生理学报,1989,41(2)
用免疫缺陷型小鼠研究 L615 瘤株的继承性免疫和瘤苗免疫的原理. 关汝明,等. 上海实验动物科学,1989,9(2)
小鼠轮状病毒感染. 贺争鸣. 北京实验动物科学,1989,6(3)
玉米鼠害空间分布型的研究. 蒋光藻,等. 西南农业大学学报,1989,11(2)
用蛋白酶法制作家兔骨骼标本. 寇敏,等. 生物学通报,1989,(6)
应用氯敌鼠防治草原黄鼠试验报告. 林森,等. 辽宁畜牧兽医,1989,(6)
幼龄大鼠子宫内膜蜕膜化的研究. 吕淑霞,等. 细胞生物学杂志,1989,11(4)
孕酮对小鼠黑色素瘤 B16 细胞集落形成试验的影响. 刘全海,等. 中国医药工业杂志,1989,20(1)
幼鼠 Sertoli 细胞分泌一种刺激 Lyding 细胞合成雄激素的因子. 刘以训,等. 中国科学(B 辑),1989,(3)
应用 GM(1,1)灰色模型对鞍钢三年无鼠害防制效果评价. 魏振宇,等. 中国鼠类防制杂志,1989,5(2)
用 Fuzzy 聚类分析预测黄鼠鼠疫动物病流行动态的探讨. 王成贵,等. 中国地方病学杂志,1989,8(6)
一个完整的人/鼠杂种细胞克隆分布板的建立与鉴定. 薛京伦,等. 复旦大学学报(自然版),1989,(28)
阴山北部草原化荒漠地区四种主要环境类型鼠类群落结构初步研究. 杨贵生. 内蒙古大学学报(自然版),1989,20(2)
云南省啮齿动物名录及与疾病的关系. 杨光荣,等. 中国鼠类防制杂志,1989,5(4)
乙酰胆碱与感觉一级传入——大白鼠脊髓后角 M 受体放射自显影实验研究. 张坚,等. 解剖学报,1989,(专辑20)

亚硒酸钠对雌性大鼠的致畸胎作用. 周仁清,等. 辽宁大学学报(自然),1989,16(1)
玉米芯蘸磷化锌毒糊堵洞灭鼠. 张新,等. 植物保护,1989,15(6)
研制确定特异性兔单克隆抗体的稳定的兔-鼠杂交瘤. Ray,TJG ,李益民. 微生物学免疫学进展,1989,4
用免疫酶方法对西伯利亚鼠疫自然疫源地进行动物流行病调查的结果. 托列毕诺柯,E. 地方病译丛,1989,10(3)
助阳中药对正常大鼠甲状腺激素代谢的影响及进退法用药的探索. 陈名道,等. 中西医结合杂志,1989,9(2)
在高压氧下肠鼠听觉诱发电位的变化. 胡正元,等. 声学学报,1989,14(1)
正常成年 Wistar 大白鼠脏器重量测定. 刘雪莉,等. 动物学杂志 1989,24(5)
中华鼢鼠和罗氏鼢鼠阴茎骨的比较. 李保国,等. 西北大学学报(自然版),1989,19(1)
中草药"闹羊花"毒鼠研究. 林湍. 中国鼠类防制杂志,1989,5(2)
正常长爪沙鼠的血象分析. 聂金荣,等. 动物学杂志,1989,24(2)
正常长爪沙鼠心电图分析. 聂金荣,等. 动物学杂志,1989,24(5)
粘鼠板粘着家鼠效果的现场观察. 孙作庆,等. 医学动物防制,1989,(5)
中华鼠兔一新种(兔形目,鼠兔科). 童永生. 古脊椎动物学报,1989,27(2)
中国昆明系小鼠下颌骨形态遗传的初步研究. 王汉荣,等. 上海实验动物科学,1989,9(4)
在饮水条件反射中大鼠海马 CA3 区突触效应的变化研究. 余朝阳,等. 动物学研究,1989,10(4)
中华鼢鼠的解剖观察. 尹会业,等. 四川草原,1989,(1)
在低氧条件下大鼠颈动脉体中多巴胺、单胺氧化酶和乙酰胆碱酶的改变. 周勉,等. 第三军医大学学报,1989,11(6)
噪声对妊娠小鼠及鼠胎影响的研究. 张玉芝,等. 环境与健康杂志,1989,(6)
中国仓鼠 V79 细胞系的 OuaR 和 OuaS 细胞蛋白质组分的双向电泳比较. 周晓柳,等. 华西医科大学学报,1989,20(3)
中国南方鼠害防治. 中国南方灭鼠科研协作组. 江西科学技术出版社,1989
中国仓鼠与草鱼体细胞融合的初步研究. 张锡元,等. 遗传,1989,11(2)
支配大鼠肾上腺髓质的交感节前神经元的细胞及树突构筑——CB-HRP 法研究. 邹建云,等. 中国科学(B 辑),1989,(4)
浙江溴代毒鼠磷灭鼠试验评价. 詹绍琛,等. 中国鼠类防制杂志,1989,5(3)
3-氨基苯甲酰胺诱发中国仓鼠 Wg3-h 的 SCE. 注旭,等. 复旦大学学报(自然版),1990,29(1)
不同种系大鼠肺血管代谢功能的研究. 金咸瑢,等. 同济医科大学学报,1990,19(5)
不同年龄大鼠双核肝细胞变化的研究. 李国荣,等. 山东师范大学学报(自然版),1990,5(2)
布氏田鼠种群生态研究. 武晓东. 兽类学报,1990,10(1)
白化黑线仓鼠的繁殖. 徐植岚,等. 上海实验动物科学,1990,10(1)
不育剂减少草原害鼠的效果观察. 颜显明,等. 四川草原,1990,(3)
板齿鼠对几种毒饵添加剂适口性的选择试验. 周天府,等. 广西农学院学报,1990,9(3)
臭鼩的室内毒杀试验. 陈水华,等. 动物学杂志,1990,25(4)
雌激素受体在不同品系小鼠组织中的放射自显定位和定量研究. 高凤鸣,等. 解剖学报,1990,2(1)
雌激素对大鼠肝再生过程中肝细胞超微结构的影响. 胡宗义,等. 同济医科大学学报,1990,19(5)
C 型肉毒梭菌毒素用于城市新居民区外环境的灭鼠试验. 胡介堂,等. 医学动物防制,1990,6(3)
C 型肉毒梭菌毒素防治布氏田鼠的试验. 侯希贤,等. 中国媒介生物学及控制杂志,1990,(6)
醋炔诺酮丙酰肟对鼠的抗生育作用研究. 陶倩萍,等. 生殖与避孕,1990,10(4)
重组红细胞生成素对小鼠巨核细胞后期成熟及血小板生成的影响. 涂强,等. 生理学报,1990,42(4)
雌性大鼠下丘脑脑啡肽含量的增龄性变化及其对血清黄体生成素水平的影响. 魏晓东,等. 老年学杂志,1990,10(2)
C 型肉毒梭菌毒素灭鼠新技术示范推广初报. 汪志刚,等. 四川草原,1990,(3)
超声对大白鼠睾丸精子发生的影响. 袁仕取. 陕西师大学报(自然),1990,18(4)
城市残存鼠的分布特点及防制措施的研究. 祝龙彪,等. 中国媒介生物学及控制杂志,1990,(1)
城市残存鼠生态特征Ⅱ. 城市残存鼠种群生态的研究. 祝龙彪,等. 中国媒介生物学及控制杂志,1990,(1)
大鼠生精上皮中的溶酶体. 安劬,等. 男性学杂志,1990,4(2)
大鼠缰核中肽能神经元胞体及纤维的分布. 包新民,等. 第四军医大学学报,1990,11(4)
大鼠丘脑肽能神经元的分布. 包新民,等. 解剖学报,1990,21(4)
大鼠下丘脑中前阿黑皮素来源的肽能神经元(ACTH,B-END,α-MSH)胞体和纤维的分布和比较. 包新民,等. 神经解剖学杂志,1990,6(1)
敌鼠钠盐应用技术研究. 陈美梨,等. 广东农业科学,1990,(6)
大鼠黄体细胞微顶浆分泌方式的扫描电镜观察. 陈琼,等. 解剖学报,1990,21(4)

大鼠十二指肠绒毛的形态发生. 陈东,等. 解剖学报,1990,21(4)
大鼠附睾上皮细胞的识别. 陈蕙玲. 生理学报,1990,42(6)
大鼠胼胝体神经元含谷氨酸和γ-氨基丁酸的免疫化学证据. 丁松林,等. 解剖学报,1990,21(4)
大鼠衰老过程中肝细胞核及染色质的体外转录活性. 杜延顺. 生物化学杂志,1990,7(1)
大鼠耳蜗神经传出纤维的起源:HRP逆行传递法研究. 冯慎远. 兰州医学院学报,1990,16(4)
大鼠尾壳核衰老变化定量分析Ⅰ. 乙酰胆碱(ACH)系统. 高怡,等. 动物学报,1990,36(1)
大鼠尾壳核衰老变化定量分析Ⅱ. 多巴胺(DA)系统. 高怡,等. 动物学报,1990,36(3)
东北鼢鼠防治方法的研究. 韩国义. 河北林业科技,1990
大鼠挠神经、尺神经感觉纤维在脊髓胶状质的定位投射——酸性磷酸酶法研究. 胡圣望,等. 解剖学报,1990,21(1)
大鼠终纹床核卵圆核及其邻近区域的传出纤维联系——WGA-HRP顺行追踪法研究. 韩中胜,等. 解剖学报,1990,21(3)
大鼠心脏中的α_1肾上腺素受体可分成两种亚型. 韩启德,等. 科学通报,1990,35(18)
大鼠肝再生过程中肝细胞的超微结构改变. 胡宗义. 同济医科大学学报,1990,19(5)
大白鼠黑质-纹体多巴胺神经联系发育的特征——免疫细胞化学结合电子显微镜的研究. 黄森. 中国科学(B辑),1990,(1)
稻田黄毛鼠防治指标的研究. 黄秀清,等. 植物保护,1990,16(1)
丁型肝炎病毒感染东方土拨鼠的实验研究. 金志宏,等. 病毒学报,1990,(6)
大鼠垂体后叶多巴胺阳性纤维的起源. 鞠躬,等. 解剖学报,1990,21(3)
大白鼠气管微血管结构的研究. 姜斌,等. 中华耳鼻咽喉科杂志,1990,25(2)
大鼠红核对中缝大核神经元电活动的影响. 刘佰运,等. 白求恩医科大学学报,1990,16(1)
大鼠胰岛甲硫氨酸脑腓肽免疫细胞化学的阳性显示. 刘胜洪,等. 动物学研究,1990,11(3)
大鼠脑视前区性双形核的位置、立体形态和细胞组成. 李乾五,等. 动物学杂志,1990,25(3)
大沙鼠、子午沙鼠、长爪沙鼠腰带骨的研究. 李新民,等. 动物学杂志,1990,25(5)
达乌尔黄鼠鼠疫预报的数学模型(Ⅲ). 李仲来,等. 地方病通报,1990,5(1)
大鼠中脑中央灰质和中缝背核向伏核和中缝大核的分支投射——荧光素双标法研究. 李云庆,等. 解剖学报,1990,21(1)
大鼠跖肌纤维组织化学特性的定量研究. 李乐红,等 . 解剖学报,1990,21(2)
大鼠伏核内5-羟色胺样和甲硫氨酸-脑啡肽样免疫反应阳性结构的观察. 李云庆,等. 解剖学报,1990,21(4)
低湿地笼养鼠疾病发生规律及综合防治技术初报. 李长胜,等. 毛皮动物饲养,1990,(1)
大白鼠中缝核群向小脑皮质及脊髓的分枝投射——逆行荧光双标记法研究. 李晓光. 青海医学院学报,1990,(2)
达乌尔黄鼠(Spermophilus dauricus)肥满度的研究. 刘振才,等. 兽类学报,1990,10(1)
大鼠面神经核的纤维联系——HRP逆行追踪研究. 孟宪敏,等. 解剖学报,1990,13(3)
大鼠脊髓背角神经元与孤束核的联系的电生理学研究. 孟卓,等. 科学通报,1990,35(4)
达乌尔黄鼠种群空间分布型研究及其应用. 米景川,等. 兽类学报,1990,10(4)
大鼠下颌髁突生长发育的组织学和组织化学研究. 饶跃,等. 华西口腔医学杂志,1990,8(1)
敌枯双对雄性小鼠生殖细胞分裂比率及精原细胞染色体畸变的影响. 彭鲁英,等. 解剖学杂志,1990,13(3)
大鼠下丘脑生长抑素神经元性差别的观察. 秦英,等. 解剖学报,1990,21(4)
大鼠脑中催产素和加压素免疫反应性物质的分布. 乔小英,等. 神经解剖学杂志,1990,5(2)
大鼠老化过程大脑皮层及小脑神经元染色质构象分析. 邱平,等. 生物化学杂志,1990,6(5)
大鼠骶髓后连合核的中枢联系及其机能分析——HRP法研究. 史中立,等. 解剖学报,1990,21(4)
大鼠抗- HRP单克隆抗体的制备及应用的研究. 孙素莲,等. 解剖学报,1990,21(4)
大鼠前列腺的组织学定量分析. 史建国,等. 山东师范大学学报(自然版),1990,5(1)
大白鼠下丘、桥脑B型单胺氧化酶(MAO-B)的研究. 邵作华,等. 生物物理学报,1990,6(4)
冬眠周期长短不同的蒙古黄鼠 Citellus dauricus 松果腺细胞的形态研究. 宋秀珍,等. 实验生物学报,1990,23(3)
大鼠外侧巨细胞旁网状核的传出纤维联系——HRP法研究. 田启,等. 神经解剖学杂志,1990,5(2)
大鼠延髓吻部腹侧区一些神经递质的分布——免疫组织化学研究. 田启,等. 神经解剖学杂志,1990,6(1)
大仓鼠昼夜活动节律、活动范围及其防治. 王淑卿,等. 华北旱作区大仓鼠、黑线仓鼠种群生态学及综合防治的研究论文集,1990
大仓鼠与黑线仓鼠肥满度的研究. 王淑卿,等. 华北旱作区大仓鼠、黑线仓鼠种群生态学及综合防治的研究论文集,1990
大白鼠脑内单胺氧化酶内源性抑制剂的研究. 王爱民,等. 哈尔滨医科大学学报,1990,24(2)
大鼠心脏迷走神经节前纤维的起源(HRP法研究). 汪泽厚. 解剖学杂志,1990,13(4)

大白鼠胎肝细胞 GERL 的超微结构和电镜细胞化学观察. 武丽, 等. 解剖学报, 1990, 21(1)
大鼠精子细胞环孔板的形成. 武丽, 等. 解剖学报, 1990, 21(4)
大白鼠视神经中有无传出投射的研究(CHRP 逆轴突传递法结合荧光素逆行标记法). 吴强, 等. 兰州医学院学报, 1990, 16(3)
大鼠脊髓中间外侧细胞簇的观测. 王历辛, 等. 神经解剖学杂志, 1990, 6(1)
达乌尔鼠兔和高原鼠兔肝脏线粒体 DNA 的限制性内均酶图谱的比较研究. 王东江, 等. 兽类学报, 1990, 10(3)
大鼠动情周期中生殖轴系微循环血量的变化. 吴素英, 等. 生理学报, 1990, 42(5)
达乌尔黄鼠鼠疫预报的数学模型(Ⅱ). 王成贵, 等. 中国地方病杂志, 1990, 5(3)
达乌尔黄鼠洞内节肢动物种群生态观察. 王身荣, 等. 中国地方病防治杂志, 1990, 5(4)
大鼠老化过程中心肌局部血管紧素的研究. 温绍君, 等. 中华心血管病杂志, 1990, 18(2)
大鼠脾树状突细胞的研究——光镜和电镜观察. 许嘉弟, 等. 解剖学报, 1990, 21(2)
大鼠斜角带核垂直支(VDB)的传入联系. 熊克仁, 等. 神经解剖学杂志, 1990, 5(2)
大鼠脑蛋白合成率的年龄差异. 杨崇刚, 等. 华东师范大学学报(自然版), 1990, (3)
大鼠前列腺前叶细胞两种受雄激素调节的 mRNA 核前体. 杨幼海. 细胞生物学杂志, 1990, 12(3)
达乌尔黄鼠的田间分布型. 张建民. 动物学杂志, 1990, 25(6)
大仓鼠种群季节动态的模拟模型. 张知彬, 等. 动物学报, 1990, 36(2)
多形核白细胞(PMN)引起鼠缺血心脏产生活性氧自由基的研究. 赵保路, 等. 生物物理学报, 1990, 6(1)
大白鼠颈丛皮神经对脊髓胶状质投射的节段及区域定位——ACP 法研究. 张昆, 等. 解剖学杂志, 1990, 13(3)
大鼠卵巢的神经联系(FHRP 和 CT-HRP 法). 张宝林. 解剖学杂志, 1990, 13(4)
大鼠有核红细胞与小鼠浆细胞瘤(SP2/O)细胞杂交细胞基因表达调控的核酸杂交分析. 张庆一, 等. 解剖学报, 1990, 21(2)
对新生大鼠视觉各结构细胞之间相互作用的体外培养研究. 周明华, 等. 解剖学报, 1990, 21(2)
大鼠前脑室管膜上 5-羟色胺能神经纤维的免疫组织化学研究. 张遐, 等. 解剖学报, 1990, 21(4)
大鼠颞叶(41 区)与对侧大脑皮质的对应及非对应性肽胝体联系——HRP 法研究. 张培建. 青海医学院学报, 1990, 1(2)
大兴安岭北部火烧迹地人工更新造林鼠害调查报告. 庄凯勋, 等. 生态学杂志, 1990, 9(5)
大白鼠垂体促性腺激素细胞分泌周期肿颗粒和液泡结构的周期性变化. 周寿康, 等. 生殖与避孕, 1990, 10(1)
大鼠发育过程中腹侧前列腺甾体结合蛋白基因 C1 和 C3 原始转录产物的表达. 周忠勋, 等. 生物化学与生物物理学报, 1990, 22(5)
大白鼠同神经与不同神经输入对脊髓背角神经元的会聚. 张晓泉, 等. 西安医科大学学报, 1990, 11(3)
大鼠听觉反应阈的测定. 郑长木, 等. 中国应用生理学杂志, 1990, 6(3)
大白鼠脊髓前角运动神经元的树突——CB-HRP 逆行标记法研究. 祝生源, 等. 张家口医学院学报, 1990, 7(2)
大鼠衰老过程中神经内分泌系统的生物学标志. Meites, J. 国外医学(老年医学), 1990, 11(2)
ESR 检测大鼠肺巨噬细胞释放的活性氧自由基. 胡连生, 等. 生物化学与生物物理学进展, 1990, 17(4)
E18 胎鼠大脑皮质的电镜观察Ⅱ. 王怀星, 等. 新疆医学院学报, 1990, 13(3)
肥大细胞在小鼠子宫的分布及其在动情周期中变化的定量研究. 景雅, 等. 解剖学报, 1990, 21(3)
反相高效液相色谱法测定鼠立死含量. 廖元荣. 农药, 1990, (29)
放射性同位素在鼢鼠行为学研究中的应用. 熊永邦, 等. 青海师范大学学报(自然版), 1990, (1)
鼢鼠土丘植物演替趋同的研究. 张大勇, 等. 兰州大学学报(自然科学版), 1990 , (26)
高温对雄性 Wistar 系大鼠生育力的影响. 邓治文, 等. 上海实验动物科学, 1990, 10(1)
高原鼠兔地面活动观察. 樊乃昌, 等. 动物学杂志, 1990, 25(1)
高原鼢鼠的侵占行为及防治的新途径. 樊乃昌, 等. 兽类学报, 1990, 10(2)
GnRH 免疫活性细胞和神经在大鼠胃肠胰系统分布的初步研究. 黄威权, 等. 解剖学报, 1990, 21(3)
宫内一次注入醋酸棉酚对大鼠抗早孕作用的机理研究. 极幼姝, 等. 南京师大学报(自然版), 1990, 13(2)
高效液相色谱测定鼠立死中间体的含量. 廖元荣. 广西化工, 1990
甘肃安西荒漠鼠类群落多样性研究. 刘洒发, 等. 兽类学报, 1990, 10(3)
国产溴敌隆毒性、接收性及现场灭鼠效果研究. 李兰田, 等. 医学动物防制, 1990, 6(3)
高原鼢鼠对草场的危害及防治阈值的探讨. 陶燕铎, 等. 中国草地, 1990, 1(2)
根田鼠的生存分析. 汪雷, 等. 河北农业大学学报, 1990, 13(3)
高原鼠兔(Ochotona curzoniae Hodgson)脊神经的形态解剖. 王典群, 等. 兰州大学学报(自然科学版), 1990, 26(1)
GABA 神经元在金黄地鼠视觉中枢的分布. 吴奇久. 生物物理学报, 1990, 6(4)
高原鼠兔冬季自然死亡率. 王学高, 等. 兽类学报, 1990, 8(2)
高原鼠兔交配期及交配行为模式的研究. 王学高. 兽类学报, 1990, 10(1)

高原鼠兔的繁殖空间及其护域行为的研究. 王学高,等. 兽类学报,1990,10(3)
关于当前灭鼠领域的几个问题. 汪诚信. 中国媒介生物学及控制杂志,1990,(4)
高原鼢鼠的活动特点与草地退化的关系. 杨盛强,等. 四川草原,1990,(2)
国产溴敌隆灭家鼠试验. 詹绍琛,等. 动物学杂志,1990,25(6)
高原鼢鼠防治的最优化动态决策. 宗 浩,等. 四川动物,1990,9(1)
高原鼠兔一些生物学资料. 张广登. 四川动物,1990,9(4)
高原鼢鼠活动与巢区的初步研究. 周文扬,等. 兽类学报,1990,10(1)
甘肃省啮齿动物区系及地理区划的研究. 郑涛,等. 兽类学报,1990,10(2)
黑线姬鼠种群发生规律的研究. 丁新天. 病虫测报,1990,(4)
黑线毛足鼠种群数量结构和繁殖的研究. 董维惠,等. 兽类学报,1990,(10)
黄毛鼠种群时空动态和近年来鼠害上升原因的研究. 冯志勇,等 . 生态科学,1990,(1)
黄毛鼠行为习性及其在防制和监测上的应用. 黄秀清,等. 生态科学,1990,(1)
黄毛鼠生态习性调查. 何望梅,等. 植物保护,1990,(增刊16)
黄土高原甘肃鼢鼠危害及防治研究. 江廷安. 水土保持学报,1990,4(4)
河狸. 金东庆. 野生动物,1990,(4)
环磷酰胺对SD大鼠的致畸作用及其致神经管畸形发生的观察. 钟惠军,等. 解剖学报,1990,21(1)
鸡和小鼠具核红细胞的中间纤维—核纤层—核骨架体系. 董茂庆,等. 解剖学报,1990,21(4)
家兔早期胚胎细胞发育能力的研究. 杜森,等. 实验生物学报,1990,23(4)
介绍一种有效的家兔采血法. 杜有功. 动物学杂志,1990,25(1)
家兔脊髓双侧后根神经节神经元数量不对称性及对称性的研究. 刘娜,等. 解剖学报,1990,21(2)
黑线姬鼠种群生态研究. 罗会华,等. 西南农业大学学报,1990,12(2)
河南省1985—1987年家鼠动态初步报告. 李新民,等. 医学动物防制,1990,6(1)
荷兰鼠的饲养. 庆军. 内蒙古畜牧业,1990,12
黄淮平原鼬、鼠关系及鼠害防治对策. 盛和林,等. 兽类学报,1990,10(1)
湖北省鼠情动态及防制对策. 岳木生,等. 中国媒介生物学及控制杂志,1990,(1)
赤腹松鼠(Callosciurus erthraeus)对林木剥皮危害的初步研究. 朱永淡,等. 兽类学报,1990,10(4)
褐家鼠在新疆奎屯地区形成种群. 张保民. 中国媒介生物及控制杂志,1990,1(6)
褐家鼠是西伯利亚和远东地区多种传染病病原体的携带者. 奥耶罗娃,纳. 波. 国外医学(军事医学),1990,(1)
家兔减压神经颈部变异的几种类型. 郭金镖,等. 动物学报, 1990,36(1)
家兔肝脏面传入纤维的逆行追踪——HRP法. 侯守仁,等. 解剖学杂志,1990,13(3)
金黄地鼠颈上神经节内酪氨酸羟化酶,神经肽Y神经元的分布. 金奎龙. 延边医学院学报,1990,13(2)
几种跳鼠自然繁殖情况的初步观察. 李枝林,等. 动物学杂志,1990,(5)
介绍一种新型的实验动物——高原鼠兔. 梁俊勋. 动物学杂志,1990,25(4)
金黄地鼠视皮层17区、18a区和17/18a区交界区含GABA神经元的免疫细胞化学研究. 梁长林,等. 神经解剖学杂志,1990,6(1)
精制毒鼠磷毒杀农村家鼠的效果观察. 雷邦海. 植物保护,1990,16(1)
江宁县农田主要优势鼠种种群变化初析. 阮治安,等. 植物保护,1990,16(5)
简易小鼠肝灌注手术台的制作. 王大坤. 动物学杂志,1990,25(3)
家兔胚胎两种冻存方法最佳条件的研究. 王燕蓉,等. 解剖学报,1990 ,21(2)
家兔膝关节软骨扫描电镜观察. 王人侠. 内蒙古师大学报(自然版),1990,(1)
褐家鼠和黄胸鼠的染色体比较研究. 王明艳,等. 南京师大学报(自然版),1990,13(4)
湖南西南部高山牧场不同环境对沼泽田鼠密度影响的探讨. 王军建,等. 中国媒介生物学及控制杂志,1990,1(3)
黑线仓鼠的食性及防治阈值的探讨. 邢林,等. 动物学杂志,1990,25(4)
黄毛鼠生态学及综合防治研究专辑(1—7). 辛景禧,等. 生态科学,1990,(1)
家兔的核型分析. 许德新,等. 天津医学院学报,1990,14(3)
自制鼠类食性调查盒的设计. 薛健,等. 医学动物防制,1990,6(3)
家兔Onuf核及其相关神经元的对照观察. 杨天祝,等. 解剖学杂志,1990,13(3)
自然杀伤细胞功能缺陷小鼠淋巴结、胸腺的组织学观察. 张晓明,等. 解剖学报,1990,21(4)
金黄仓鼠发情规律和排卵数的观察. 朱九明,等. 上海实验动物科学,1990,10(1)
具有人类免疫系统的鼠类. IanAnderson,等. 世界科学,1990,(4)
昆明山海棠提取物对大、小白鼠的抗生育作用及机制初探. 陈梓璋,等. 生殖与避孕,1990,10(4)
抗凝血杀鼠剂防制布氏田鼠的研究. 董维惠,等. 中国媒介生物学及控制杂志,1990,1(3)
老年大鼠自由基代谢的研究. 姜招峰,等. 老年学杂志,1990,10(10)
老化大鼠睾丸的组织化学观察. 贾雪梅,等 . 皖南医学院学报,1990,9(1)

笼养麝鼠的繁殖技术.李长胜,等.毛皮动物饲养,1990,(4)
利用主分量分析评价大仓鼠的年龄指标.李玉春,等.兽类学报,1990,10(2)
氯敌鼠钠盐毒杀农田害鼠效果观察.骆汝新,等.植物保护,1990,(增刊16)
临夏高山、亚高山草原鼠类分布及其防治.马忠魁,等.草业科学,1990,7(5)
氯化铝对鸡胚的毒性与致畸效应研究.孙亚平,等.解剖学报,1990,21(1)
L-谷氨酰胺、谷氨酰胺分解酶和谷氨酰胺合成酶对豚鼠CAP阈值的影响.孙玉温.中国科学(B辑),1990,(4)
氯氰菊酯对大鼠白细胞昼夜节律的影响.童建,等.环境与健康杂志,1990,7(2)
氯菊酯和氯氰菊酯对大鼠脑突触体 Ca^{2+}-和 Ca^{2+},Mg^{2+}-ATP酶活性的抑制.唐促跃,等.中国药理学与毒理学杂志,1990,4(1)
两种纹背鼩鼱鉴别特征的探讨.吴毅,等.四川动物,1990,9(1)
论裘皮制品麝鼠全皮帽.维国.现代日用科学,1990,4
林鼠毒饵饵料选择及毒饵包装试验.赵定全,等.四川林业科技,1990,(11)
冷适应大鼠脑组织和脾淋巴细胞蛋白质合成活性增强.徐扬,等.科学通报,1990,35(19)
鲁西平原黑线仓鼠种群调节机理的研究——种群密度与肾上腺性腺重量及血浆皮质醇值之间的关系.杨幼凤,等.生态学杂志,1990,9(6)
两种野鼠红细胞超氧化物歧化酶和乳酸脱氢酶以及血红蛋白成分的电脉比较.周虞灿,等.浙江师大学报(自然版),1990,13(1)
灭鼠后黄毛鼠种群回升动态及防治时机的选择.冯志勇,等.生态科学,1990,(1)
蒙古鼠兔和草原鼠兔脊柱胸廓和肩带骨的比较研究.李新民,等.兽类学报,1990,10(1)
灭鼠剂适口性衡量标准研究——维生素 D_3 和磷化锌的适口性比较.李镜辉,等.兽类学报,1990,10(2)
灭鼠对家鼠型流行性出血热的控制效果及其经济效益.梅志强,等.医学动物防制,1990,6(1)
猫在鼠害防制中的利弊关系之初探.彭晋贤.医学动物防制,1990,6(1)
灭鼠技术实用手册.祁明常,等.人民军医出版社,1990
蒙古黄鼠 Citellus dauricus 松果腺细胞的形态研究.宋秀珍,等.实验生物学报,1990,23(3)
灭鼠技术与策略.汪诚信.中国科学技术出版社,1990
mimi-质粒筛选大鼠基因组库.徐幼海.生物化学与生物物理学进展,1990,17(6)
农药混配剂对大鼠豚酯酶同工酶的抑制作用研究.陈巧云,等.环境科学学报,1990,10(2)
啮齿类杀婴行为研究的几个问题.戴昌学译.动物学杂志,1990,25(1)
农业鼠害.董维惠,等.中国农业科学技术四十年,1990,123
农田灭鼠的投饵技术研究.冯志勇,等.生态科学,1990,(1)
拟除虫菊酯类农药对哺乳动物神经系统毒理学研究进展.高玉平.国外医学(卫生学),1990,17(4)
农田害鼠的综合治理技术.广东省农业委员会科教处,等.科学普及出版社,1990
农田鼠害发生规律及防治技术研究.蒋光藻.西南农业学报,1990,3(4)
农田害鼠防治技术探讨.刘建立.植物保护,1990,(增刊16)
内蒙古荒漠草原东段啮齿动物群落的聚类分析.米景川,等.兽类学报,1990,10(2)
宁夏啮齿动物及其危害及调查研究.秦长育,等.草业科学,1990,7(1)
内蒙古温带山地灌丛的鼠类群落结构及生物量研究.石 果,等.医学动物防制,1990,6(1)
农田灭鼠优化应用技术的研究.田家祥,等.植物保护,1990,16(1)
农田鼠类数量统计方法的研究.田家祥,等.植物保护学报,1990,17(2)
尿激酶及其抑制物对未成年小鼠排卵的影响.祝 成,等.动物学报,1990,36(2)
啮齿珍兽——海狸鼠.邹兴淮.野生动物,1990,(6)
农田害鼠的生态控制及其预测预报技术进展.赵桂芝,等.中国农业科学,1990,23(5)
皮质酮对大鼠下丘脑薄片室旁核神经元自发电活动的影响.顾勤,等.生理学报,1990,42(5)
培养新生大鼠心肌细胞心钠素定位的观察.刘京生,等.解剖学报,1990,21(2)
前列腺素F(PGF)抗血清对小鼠胚泡着床的影响.程丽仁,等.动物学报,1990,36(2)
邱氏灭鼠引诱剂对家鼠引诱效力的试验研究.高文林,等.医学动物防制,1990,6(3)
浅谈仓库全方位防鼠灭鼠措施.黄俊.市政技术,1990,5
秦岭发现猪尾鼠.吴家炎.动物学研究,1990,11(2)
强毒的急性灭鼠剂必须慎用.汪诚信.中国媒介生物学及控制杂志,1990,(4)
妊娠期小鼠腹腔巨噬细胞的生物学特性.高玉民,等.白求恩医科大学学报,1990,16(4)
鼠类生态学及鼠害防治.陈荣海.东北师范大学出版社,1990,239
鼠肝线粒体的胆碱传送.郭楸,等.生物化学与生物物理学报,1990,2(2)
麝鼠肉化学成分的测定.金顺丹,等.毛皮动物饲养,1990,(4)
三个远交群小鼠体遗传特性的比较研究.金玖蕾.上海实验动物科学,1990,10(4)

四川短尾鼩(Anourosorex squamipes)种群动态研究.蒋光藻,等.兽类学报,1990,10(4)
速灭菊酯对孕鼠骨髓细胞和胎鼠肝血细胞微核生成的影响.孔志明,等.南京大学学报(自然科学版),1990,26(1)
麝香鼠养殖技术.李冬平.适用技术与发展,1990,8
鼠肝线粒体内膜与脂质体的融合.刘林,等.生物化学与生物物理学报,1990,22(1)
沙棘汁对大鼠胚胎致畸性小鼠生殖细胞的致突变作用研究.兰弘,等.营养学报,1990,12(3)
水稻田鼠害的生态特征及防治探讨.吕雨土,等.浙江农业科学,1990,(1)
三种灭鼠剂适口性观察.罗浚清.植物保护,1990,16(6)
麝鼠消化率的测定.马勇,等.野生动物,1990,(2)
生后21~48天大鼠脾脏滤泡树状突细胞变化的电镜观察.秦达惠,等.解剖学报,1990,21(1)
鼠害及其防治.宋长和,等.福建教育出版社,1990
速灭菊酯对孕鼠骨髓细胞和胎鼠肝血细胞微核生成的影响.孙志明,等.南京大学学报(自然版),1990,26(1)
杀虫脒和双甲脒对大鼠前脑α_2-肾上腺受体结合抑制效应的研究.吴德生,等.华西医科大学学报,1990,21(1)
陕西省啮齿动物区系与区划.王廷正.兽类学报,1990,10(2)
上海市三年鼠情监测结果分析.徐仁权.中国媒介生物学及控制杂志,1990,1(1)
沙土鼠脑缺血后的自由基损害作用.周颖奇,等.第二军医大学学报,1990,11(1)
麝鼠的饲养.张明心译.毛皮动物饲养,1990,(2)
三种鼠科动物血浆超氧化物歧化酶和乳酸脱氢酶以及血浆蛋白成分的比较分析.周虞灿,等.兽类学报,1990,10(3)
三种鼠组织超氧化物歧化酶和乳酸脱氢酶同工酶的比较研究.周虞灿,等.兽类学报,1990,10(4)
杀鼠迷现场效果观察.卓绍华.医学动物防制,1990,6(1)
实验动物的微生物质量标准及其在生物医学科研工作中的意义.钟品仁.中国微生态学杂志,1990,2(3)
鼠疫菌66Mdal质粒与鼠毒素及F_1抗原的关系.赵铭山,等.中国地方病防治杂志,1990,(5)
山东地区大仓鼠种群年龄组成的研究.张会孔,等.植物保护学报,1990,17(4)
四川短尾鼩的生态学研究.赵尔宓.中国林业出版社,1990
兔视网膜中P物质样免疫反应神经元的发育.陈宁欣,等.解剖学报,1990,21(1)
豚鼠粘液腺组织化学的观察.葛振华,等.解剖学报,1990,21(4)
豚鼠心房存在苯环立啶受体.黄凌燕,等.生理学报,1990,42(1)
豚鼠精子获能与Na,K-ATPase活性关系的研究.杭海英,等.中国科学(B辑),1990,(1)
豚鼠延髓网状巨细胞核的传入联系——HRP逆行标记法.纪如荣,等.神经解剖学杂志,1990,6(1)
拓宽生物防治草地鼠害的途径——应用人工鹰架防治草地鼠害的研究.孔照芳,等.草业科学,1990,7(2)
兔颈迷走神经传入冲动在大脑皮层的投射分布及针刺效应的观察.陆杰,等.重庆医科大学学报,1990,15(1)
豚鼠肠粘膜下神经丛的一种特殊类型神经元——初步的组织学研究.李俊,等.解剖学报,1990,21(2)
豚鼠耳蜗侧壁微血管管径的测量.刘邦华,等.临床耳鼻咽喉科杂志,1990,4(1)
谈谈鼠的综合利用.刘志勇.生物与特产,1990
兔血浆脂蛋白 胆固醇代谢的房室模型研究.李怀,等.生物物理学报,1990,6(1)
豚鼠心脏5-HT能神经的观察.司玉灿,等.解剖学报,1990,13(1)
豚鼠在体肠系膜下神经节细胞的电参数.史明仪,等.杨州医学院学报,1990,2(1)
兔耳皮肤动静吻合的形态分类及其在椎管加温后的变化.于桂英,等.解剖学报,1990,21(2)
豚鼠胰岛图象的计算机三维重建.杨进,等.解剖学报,1990,21(4)
停服棉酚后恢复的大鼠精母细胞生物活性的研究.张世馥,等.解剖学报,1990,21(2)
兔的毛色遗传学.Mnhnha,N.C.国外畜牧学(草与家畜),1990,(2)
围栏及灭鼠后布氏田鼠种群动态的初步研究.董维惠,等.中国草地,1990,(4)
小白鼠腹膜间皮的扫描电镜观察及机能探讨.陈良富.解剖学杂志,1990,13(4)
小白鼠吸氧与摄食的近日节律及其相互关系的探讨.陈筱春.湘潭师范学院学报(自然版),1990,11(3)
溴敌隆对鸡鸭的安全性和猫的二次中毒试验.柴兰芳.中国媒介生物学及控制,1990,1(1)
小鼠成纤维细胞的辐射转化对染色质蛋白激酶活性的影响.黄平,等.生物化学与生物物理学报,1990,22(5)
新灭鼠剂敌溴灵的药物动力学研究.蒋洪,等.兽类学报,1990,10(3)
兴奋红核对大鼠甩尾反射痛阈的影响及其机理.刘伯远,等.白求恩医科大学学报,1990,16(2)
喜马拉雅土拨鼠非冬眠期乳酸脱氢酶同工酶基因表达特征.刘国富,等.遗传学报,1990,(17)
溴敌隆毒杀小家鼠的现场试验研究.雷邦海.植物保护,1990,16(6)
小麦病虫草鼠害综合治理.李光博,等.中国农业科学技术出版社,1990
我国家兔起源初探.马尚礼.毛皮动物饲养,1990,(4)
微管和微丝在小鼠受精卵原核迁移中的作用.潘忠宗,等.山东大学学报(自然科学版),1990,25(2)

新疆河狸及其河狸香. 盛和林, 等. 兽类学报, 1990, 10(4)
小鼠早期胚胎发育期间 TGF-β1 免疫组织化学定位. 施渭康, 等. 实验生物学报, 1990, 24(4)
小鼠精子细胞环孔板的形成. 武丽, 等. 解剖学报, 1990, 21(4)
小鼠胸腺上皮细胞系的细胞学鉴定. 吴江声, 等. 解剖学报, 1990, 21(4)
溴特隆中试研究报告. 王宝才, 等. 青海化工, 1990, (1)
小哺乳动物在高寒环境中的生存对策Ⅱ. 高原鼠兔和根田鼠非颤抖性产热(NST)的季节性变化. 王德华, 等. 兽类学报, 1990, 10(1)
小鼠体内卵母细胞及第一次分裂合子染色体畸变分析方法及其作用. 王仁礼, 等. 卫生毒理学杂志, 1990, 4(3)
小鼠巨核系祖细胞增殖、分化特性的研究. 王剑峰, 等. 中国应用生理学杂志, 1990, 6(3)
小型兽类年龄鉴定方法简评. 杨荷芳. 生态学杂志, 1990, 9(2)
喜马拉雅旱獭和大白鼠的心肌结构及功能的比较研究. 叶于聪, 等. 兽类学报, 1990, 10(3)
溴敌隆防治农田黑线姬鼠效果观察. 杨再学, 等. 植物保护, 1990, 16(5)
小鼠大脑毛细血管 5′-核苷酸酶和钙-ATP 酶的电镜细胞化学研究. 张留保, 等. 海军医高专学报, 1990, 12(1)
小鼠单克隆抗体的纯化. 朱美财. 生物化学与生物物理学进展, 1990, 17(5)
雄性大鼠某些机体功能的衰老变化. 詹皓, 等. 生理学报, 1990, 42(5)
新生大鼠顶盖脑组织提取液的生化分析——Phast System 电脑快速电泳. 周明华, 等. 细胞生物学杂志, 1990, 12(3)
小白鼠肾上腺皮质发育分化的组织学和组织化学观察. 赵善廷. 新疆医学院学报, 1990, 13(4)
小白鼠肾脏线粒体三维结构的重构. 张景强, 等. 中山大学学报(自然版), 1990, 29(3)
小面积蔗田应用杀鼠剂的评价. Ahmad, N., 等. 国外农学(甘蔗), 1990, (2)
应用植物不育剂控制鼠类生育的试验研究. 陈荣海, 等. 东北师大学报(自然版), 1990, (2)
叶绿素衍生物 4 号(CPD4)对小白鼠胚胎的致畸试验. 黄玉贤, 等. 上海师范大学学报(自然版), 1990, 19(2)
幼年大鼠诱发排卵条件下卵巢前列腺素(PGs)的含量变化及其生理作用. 柳建昌 . 动物学报, 1990, 36(4)
预测黄鼠鼠疫动物病流行动态的两个数学模型. 李仲来. 中国地方病学杂志, 1990, 9(6)
豫西地区大仓鼠种群繁殖的调查简报. 吕国强, 等. 植物保护, 1990, (增刊 16)
一氧化碳对幼龄大鼠脑中单胺类神经介质的影响. 宋鸿鹏, 等. 中国环境科学, 1990, 10(2)
应用 AchE 法对小白鼠甲状腺神经节及其节后纤维分布的观察. 涂翰芬. 解剖学杂志, 1990, 13(4)
异柠檬脱氢酶(IDH)在小鼠胚胎发育中的变化. 王方元. 动物学杂志, 1990, 25(3)
云南中华姬鼠的生态观察. 杨光荣, 等. 动物学杂志, 1990, (5)
应用空气层流室繁育裸小鼠 1982—1988 年的研究结果. 张周, 等. 上海实验动物科学, 1990, 10(1)
一种防治褐家鼠、小家鼠的新型抗凝血灭鼠剂——敌鼠灵(Difethialone). Nahas, K. 青海化工, 1990, (4)
珠江三角洲黄毛鼠种群年龄鉴定及年龄组成的研究. 常弘. 生态科学, 1990, (1)
珠江三角洲黄毛鼠种群数量动态的研究. 常弘, 等. 生态科学, 1990, (1)
珠江三角洲稻田区黄毛鼠种群动态预测模型的研究. 常弘. 生态科学, 1990, (1)
中国鼠疫自然疫源地. 方喜业, 等. 人民卫生出版社, 1990
轴突再支配过程中大鼠脊髓Ⅲ板层内突触变化的电镜定量观察. 李兵仓, 等. 第三军医大学学报, 1990, 12(5)
转基因小鼠的研究. 史瀛仙, 等. 生物工程学报, 1990, 6(3)
中国昆明小鼠亚群蛋白多态性的研究. 史顺娣, 等. 遗传学报, 1990, 17(6)
珠江三角洲黄毛鼠数量分级分布图简要说明. 辛景禧, 等. 生态科学, 1990, (1)
棕背䶄染色体组型分析. 张淑清, 等. 齐齐哈尔师范学院学报(自然版), 1990, 10(2)
在乌鲁木齐南山阿克塔什鼠疫疫源地发现褐家鼠. 张国强, 等. 地方病通报, 1990, 5(2)
阿拉善黄鼠的生命表及繁殖. 陈敬先. 兽类学报, 1991, 11(2)
衰老大鼠垂体前叶超微结构的定量分析Ⅰ. 细胞质、细胞核、核仁、线粒体和脂褐素的年龄性变化与细胞功能的关系. 刘健康. 徐州医学院学报, 1991, 11(1)
安徽淮北农区大仓鼠和黑线仓鼠种群动态的研究. 朱盛侃. 兽类学报, 1991, 11(2)
安徽淮北农区黑线姬鼠种群动态的分析. 朱盛侃. 兽类学报, 1991, 11(3)
安徽淮北农区三种鼠的种群数量动态与年龄结构的关系. 朱盛侃. 兽类学报, 1991, 11(4)
埃及鼠类是弓形体的传播宿主. Arafa, M. S. 苏春德译. 鼠类控制最新进展(第二辑), 厦门大学出版社, 1991
埃及鼠类所感染的具有或可能具有公共卫生意义的病毒、立克次体、螺旋体、利什曼原虫和其它病原体. Harry. Hoogstraal. 苏春德译. 鼠类控制最新进展(第二辑), 厦门大学出版社, 1991
北京松山自然保护区兽类调查报告. 陈 卫. 北京师范学院学报(自然版), 1991, 12(1)
布氏田鼠空间分布格局的季节动态. 房继明. 生态学报, 1991, 11(2)
布氏田鼠综合防制的研究. 侯希贤. 中国媒介生物学及控制杂志, 1991, 2(5)
北美田鼠亚科啮齿类动物营养生物学研究进展. 刘季科. 兽类学报, 1991, 11(3)

白腹鼠的核型观察. 庞宏,等. 遗传,1991,13(5)
北京实验动物研究中心 SPF 啮齿类单元结构设施介绍. 王佳滨. 北京实验动物科学,1991,8(2)
不同浓度敌鼠钠盐毒鼠效果比较. 王军建,等. 中国媒介生物学及控制杂志,1991,2(2)
不同灭鼠药物的灭效观察. 夏建华. 医学动物防制,1991,7(1)
布氏田鼠空间分布格局(英文). 郑仁蓉,等. 北京师范大学学报,1991,27(1)
北美 Chihuahuan 荒漠旗尾更格卢鼠(Bipodomys spectabilis)的种群生态学. 曾宗永. 兽类学报,1991,11(2)
布氏田鼠鼠害生态治理方法的设计及其应用. 钟文勤. 兽类学报,1991,11(3)
苯系混合物对小鼠仔代形态结构、行为发育及骨髓细胞 DNA 合成影响的研究. 郑 青. 卫生毒理学杂志,1991,5(1)
布氏田鼠种群动态预测初报. 周延林,等. 中国媒介生物及控制杂志,1991,2(4)
巴基斯坦的谷仓鼠害及其防制. Mohammad, M . Shafi. 冯呈瑞译. 鼠类控制最新进展(第二辑),厦门大学出版社,1991
长江中游稻作区褐家鼠、黑线姬鼠种群动态和综合治理技术研究. 陈安国. 农业现代化研究,1991,12(2)
长爪沙鼠产后发育中线粒体产能. 李庆芬. 兽类学报,1991,11(1)
川西农区小型兽类分布研究. 倪健英. 兽类学报,1991,11(4)
臭鼩血清蛋白和六种组织乳酸脱氢酶同工酶的研究. 石斌山. 兽类学报,1991,(2)
C57 黑鼠和昆明白鼠染色体 G、C 带的比较. 朱宝芹,等. 锦州医学院学报,1991,(12)
初生大鼠前脑基底某些神经核区和视网膜的神经元在培养中相互作用的研究. 周明华. 解剖学报,1991,22(4)
城市残存鼠生态特征Ⅱ. 城市残存鼠种群生态位的研究. 祝龙彪,等. 中国媒介生物学及控制杂志,1991,2(1)
城市残存鼠生态特征Ⅲ. 城市残存鼠种群空间分布格局的研究. 祝龙彪. 中国媒介生物学及控制杂志,1991,2(2)
川西盆地农田化学灭鼠规范化技术研究. 蒋光藻. 植物保护学报,1991,18(3)
从四川白腹鼠体内分离出莱姆病螺旋体. 万康林,等. 中国媒介生物学及控制杂志,1991,2(6)
除害剂的应用对非靶脊椎动物潜在作用的评价. Dubock, A. C. 郑智民译. 鼠类控制最新进展(第二辑),厦门大学出版社,1991
大鼠中央杏仁核中神经降压肽样和甘丙肽样神经元的老年变化. 包新民,等. 解剖学报,1991,22(2)
大鼠肾脏组织 cDNA 文库的制备和葡萄糖转运蛋白 cDNA 克隆的筛选. 程振起. 生物化学杂志,1991,7(5)
大鼠下丘脑第三脑室周催产素样神经元与脑脊液关系的电镜研究. 段晓勤. 神经解剖学杂志,1991,7(2)
大鼠肝脏的四种抗过氧化酶类的活性与鼠龄的关系. 段有金,等. 生物化学与生物物理学进展,1991,18(2)
东方田鼠生物学特性及对林木危害的防制. 佟勤,等. 中国媒介生物学及控制杂志,1991,2(2)
大鼠终纹床核内血管活性肠多肽免疫阳性物质的分布. 范灵之,等. 解剖学报,1991,22(2)
大鼠下丘脑视上核加压素神经元的生后发育. 胡兴昌. 上海师范大学学报(自然版),1991,20(2)
大白鼠扣带回 3 区向杏仁核及其他核群的纤维投射——莱豆白细胞凝集素顺行示踪研究. 郭连魁. 解剖学报,1991,22(3)
低温对小白鼠甲状腺和肝脏影响的形态学观察. 顾文祥. 浙江医科大学学报,1991,20(2)
大鼠中枢神经系统衰老的形态学研究Ⅵ. 大脑皮质胶细胞的超微结构变化. 侯家骥,等. 动物学报,1991,37(2)
大鼠中央杏仁核-卵圆核投射神经元的免疫细胞化学特征——荧光金逆行追踪结合免疫荧光双标记法研究. 韩中胜. 解剖学报,1991,22(2)
大鼠血淋巴结的淋巴通路和结内红细胞的分布. 贺业春. 解剖学报,1991,22(3)
大鼠脑胆碱能系统对血量扩张引起利尿与尿钠排泄的作用. 韩桂春. 生理学报,1991,43(5)
大鼠孤束核及臂旁核向伏核的投射——HRP 法研究. 景德强. 解剖学报,1991,22(1)
大鼠附睾头和体部分区的组织化学观察. 贾太和,等. 解剖学报,1991,22(1)
大鼠脊髓背根及其终末可塑变化的形态学研究. 李兵仓. 第三军医大学学报,1991,13(5)
稻田鼠害空间分布型调查用于危害临界数量的初步研究. 吕雨土,等. 动物学杂志,1991,26(4)
大鼠中缝大核 5-羟色胺神经元——光镜和免疫电镜研究. 李戬. 解剖学报,1991,22(1)
大鼠垂体前叶远侧部的降钙素基因相关肽免疫反应神经纤维. 刘少君. 解剖学报,1991,22(3)
大鼠垂体后叶生长抑素阳性纤维的起源. 刘少君. 解剖学报,1991,22(4)
达乌尔黄鼠的种群数量动态及测报的初步研究. 刘加坤,等. 陕西师范大学学报(自然科学版),1991,(19)
大仓鼠种群生态学研究Ⅲ. 大仓鼠种群数量的季节消长. 刘加坤,等. 陕西师大学报(自然科学版),1991,(19)
大鼠垂体后叶中神经降压素阳性神经纤维的起源. 刘少君. 神经解剖学杂志,1991,7(2)
大鼠海马对细胞免疫功能调节效应. 李康生. 上海免疫学杂志,1991,11(1)
大鼠肺霉形体感染的调查. 刘兆铭. 上海实验动物科学,1991,11(1)
电缆的化学防鼠. 刘毅锋,等. 现代化工,1991,(11)
毒饵盒室内灭鼠鼠类盗饵情况的实验报告. 刘伟德. 医学动物防制,1991,7(2)

大鼠脑中5-羟色胺受体的检定及其在衰老时的变化. 梁发权. 中国应用生理学杂志,1991,7(2)
大鼠B9区胆囊收缩素样神经元观察. 马奎元. 济宁医学院学报,1991,14(1)
大鼠肺表面微循环的活体观察及其特点. 皮业庆. 同济医科大学学报,1991,20(4)
大鼠心脏壁内双向投射神经元的研究. 瞿佐发. 解剖学报,1991,22(1)
电离辐射对不同年龄大鼠大脑皮层神经元核转录的抑制效应. 邱平. 生物化学与生物物理学报,1991,23(6)
大鼠心瓣膜神经肽Y免疫活性神经纤维的分布. 苏慧慈. 科学通报,1991,36(22)
大鼠卵巢促性腺激素释放激素(GnRH)受体及其特征. 苏放明. 生殖与避孕,1991,11(3)
大鼠孤束核向丘脑腹后内侧核及下丘脑外侧区的直接投射——HRP法研究. 田华. 神经解剖学杂志,1991,7(2)
大白鼠红细胞的超氧化物岐化酶纯化及其性质研究. 陶宋晋,等. 生物化学与生物物理学报,1991,23(2)
稻田黑线姬鼠防治指标的研究. 王华弟. 病虫测报,1991,(4)
大仓鼠的食物和食量. 王淑卿,等. 动物学集刊第八集,1991
大鼠延脑腹面加压区对骨髓肌与肾血流阻抗的影响. 王晶. 福建医学院学报,1991,25(3)
大鼠胎龄与胎仔长度、重量关系的研究. 汪德勤. 兰州医学院学报,1991,17(4)
达乌尔黄鼠血液生化值测定. 王成贵. 兽类学报,1991,11(1)
大鼠甲状腺增龄变化的组织学和组织化学观察. 文英. 皖南医学院学报,1991,10(2)
小鼠小脑区域性特异表达基因的分离和筛选——乳化酚递减杂交. 魏建军. 遗传学报,1991,18(4)
大鼠斜角带核垂直支的传出纤维联系. 熊克仁. 解剖学杂志,1991,14(1)
大鼠心脏增龄性变化的组织化学观察. 许在生. 皖南医学院学报,1991,10(3)
敌鼠钠盐、杀鼠灵采用四种投饵方法现场灭鼠观察. 辛正. 医学动物防制,1991,7(4)
大鼠肺泡巨噬细胞类型的形态学观察. 遇铭. 解剖学报,1991,22(1)
大鼠肝微粒体NADPH-细胞色素P450还原酶分离纯化及特性研究. 杨明学,等. 生物化学与生物物理学报,1991,23(4)
大鼠胚胎和成年组织中EGFR基因转录分析. 叶昕. 实验生物学报,1991,24(1)
大仓鼠种群繁殖参数的估算. 张知彬. 动物学研究,1991,12(3)
大鼠脾脏的组织发生. 张标绯. 解剖学杂志,1991,14(3)
大鼠终纹床核5-羟色胺免疫阳性神经纤维和终支的起源. 张遐. 解剖学报,1991,22(1)
大鼠纹状边缘区P物质样免疫反应神经终末的超微结构研究. 张旭. 解剖学报,1991,22(2)
大鼠睾丸Sertoli细胞外质特化结构生后发育的超微结构观察. 朱立基. 解剖学报,1991,22(3)
大鼠中缝大核内P物质神经元的自调节突触. 朱长庚. 解剖学报,1991,22(4)
大鼠脊髓小脑前束起源细胞——脊髓边缘细胞突触形态学的电镜研究. 张进路. 解剖学报,1991,22(4)
大鼠心内降钙素基因相关肽免疫反应神经细胞——免疫组织化学PAP法研究. 祝善乐. 解剖学报,1991,22(4)
大鼠苍白球乙酰胆碱酯酶阳性神经元的衰老变化——形态计量学研究. 张樟进. 解剖学报,1991,22(4)
大鼠肝微粒体脂类过氧化反应历程. 郑荣梁. 科学通报,1991,36(16)
大鼠延髓后角神经降压肽(NT)的亚细胞定位和胞吐释放. 朱培纯. 神经解剖学杂志,1991,7(1)
大鼠腹侧间脑至软脑膜的传出联系——PHA-L法研究. 张风真. 神经解剖学杂志,1991,7(2)
东方田鼠的实验室饲养及其抗血吸虫感染特性. 朱国正. 上海实验动物科学,1991,11(4)
大白鼠胃(H^+,K^+)-ATP酶膜囊泡的纯化以及ATP和pH对其活力的影响调节. 左风蓉,等. 生物化学与生物物理学报,1991,23(3)
大鼠下丘脑酪氨酸羟化酶免疫反应产物的衰老变化. 张樟进. 西安医科大学学报,1991,12(3)
大连港室内残存小家鼠基饵选择性试验及食性观察. 张桐乙. 中国媒介生物学及控制杂志,1991,2(特刊2)
毒饵的实验室效果评价. William,B.,等. 郑智民译. 鼠类控制最新进展(第二辑),厦门大学出版社,1991
大规模灭鼠方案的成本—效益探讨. Richards,C. G. J. 冯呈瑞译. 鼠类控制最新进展(第二辑),厦门大学出版社,1991
大白鼠硬脊膜的神经分布. 张昆. 中国医科大学学报,1991,20(4)
鄂尔多斯荒漠草原鼠类群落的演替及疫源地宿主的多样性. 张万荣. 中国媒介生物学及控制杂志,1991,2(4)
鄂尔多斯荒漠草原动物鼠疫流行与降水量的关系. 张万荣. 中国地方病防治杂志,1991,6(6)
防鼠布帛. 晨浩. 中外技术情报,1991,8
防制家兔在多雨季节死亡的措施. 汪连云. 毛皮动物饲养,1991,(1)
非线性方程在研究小鼠生长曲线中的应用初探. 吴桂林. 上海实验动物科学,1991,11(4)
福建鼠类组成变动及季节消长研究. 詹绍琛. 中国媒介生物学及控制杂志,1991,2(4)
防止鼠害的建筑技术. Robert,M. Timm. 冯呈瑞译. 鼠类控制最新进展(第二辑),厦门大学出版社,1991
根田鼠对天然食物的摄取、利用及其对策. 胡德夫,等. 高寒草甸生态系统(第三集),1991
甘肃省陇南、甘南地区啮齿类区系及分布. 李锡璋,等. 动物学杂志,1991,26(4)
甘肃鼠兔的社会行为及其对高寒环境的适应. 姜永胜,等. 兽类学报,1991,11(1)

甘肃鼢鼠、中华鼢鼠种群动态及其测报. 李晓晨,等. 陕西师范大学学报(自然科学版),1991,(19)
关于沙鼠鼠疫疫源地灭鼠措施的探讨. 刘记有. 中国媒介生物学及控制杂志,1991,2(3)
关于延安地区农田鼠害防治中经济允许损失指标的探讨. 马发义,等. 植物保护,1991,17(5)
高寒草甸生态系统优势鼠种高原鼢鼠(Myospalaxbaileyi)和高原鼠兔(Ochotona cwzoniae)种群空间格局的研究. 宋浩,等. 生态学报,1991,11(2)
高原鼠兔和高原鼢鼠肝脏微量元素的研究. 邵赟. 兽类学报,1991,11(3)
高原鼢鼠的基础代谢和非颤抖性产热及其在冷适应中的意义. 苏建平,等. 高寒草甸生态系统第三集,1991
高寒草甸地区小哺乳动物群落多样性的初步研究. 施银柱. 兽类学报,1991,11(4)
高寒草甸草场杂草防除及其对高原鼢鼠种群密度的影响. 陶燕铎. 中国草地,1991,(5)
高原鼠兔种群繁殖生态的研究. 王学高. 动物学研究,1991,12(2)
根田鼠的行为热能调节. 王德华,等. 高寒草甸生态系统第三集,1991
高原鼢鼠种群动态及数量预测预报. 张堰铭,等. 高寒草甸生态系统第三集,1991,(3)
高寒草甸生态系统研究的若干数学模拟模型. 周立. 科学出版社,1991
果品地沟贮藏一种有效的防鼠技术. 张道辉. 落叶果树,1991,4
黄胸鼠的年龄鉴定和种群年龄组成. 鲍毅新. 动物学研究,1991,12(1)
黄土高原东南部鼠类天敌调查. 方荣盛,等. 陕西师范大学学报(自然科学版),1991,(增刊)
河南农村家栖鼠防治策略探讨. 葛凤翔. 中国媒介生物学及控制杂志,1991,2(特刊3)
海狸鼠生殖系统的解剖. 何春林. 毛皮动物饲养,1991,(2)
褐家鼠对水稻不同品种的嗜好性和对不同生育期危害的研究. 黄小清,等. 中国媒介生物学及控制杂志,1991,2(特2)
海北高寒草甸金露梅灌丛根田鼠种群生产力的研究Ⅰ. 种群动态. 姜永进. 兽类学报,1991,11(4)
河南宁陵褐家鼠对杀鼠灵的新感性调查. 李新民,等. 鼠类抗药性研究论文集,1991
河南省部分地区两种家栖鼠对杀鼠灵的抗药性. 李新民,等. 鼠类抗药性研究论文集,1991
河南省部分地区黄胸鼠对杀鼠灵的抗药性. 李书建,等. 鼠类抗药性研究论文集,1991
褐家鼠的生物学特性及其在防制中的应用. 李少平. 中国媒介生物学及控制杂志,1991,2(特2)
褐家鼠对慢性抗凝血灭鼠剂拒食性研究. 刘春生. 中国媒介生物学及控制杂志,1991,2(4)
黑线仓鼠发生与防治研究初报. 吕国强. 植物保护,1991,17(4)
荷兰鼠饲养技术. 庆军. 河北农业科技,1991,1
黄鼠(Citellus dauricus)基础代谢率、静止代谢率、化学热调节强度的季节性变化研究. 宋晓崴. 兽类学报,1991,11(1)
黑线姬鼠生态学特点. 沈兆昌. 中国媒介生物学及控制杂志,1991,2(特2)
黑线姬鼠种群特征及数量变动规律研究. 谭向红. 西南农业学报,1991,4(4)
黑线姬鼠发生规律及测报技术. 汪恩国. 浙江农业科学,1991,1(1)
褐家鼠对各种不同饵料的摄食试验. 吴庆泉,等. 中国媒介生物学及控制杂志,1991,2(特2)
花斑鼠肠道无神经节细胞者的肽能神经改变. 王果. 中华小儿外科杂志,1991,12(4)
荷兰鼠的饲养技术. 晓敏. 适用技术与发展,1991,2
黄泥河林区鼠类群落划分的研究. 杨春文. 兽类学报,1991,11(2)
黑线毛足鼠的洞系结构及其寄生蚤调查. 杨长安,等. 中国媒介生物学及控制杂志,1991,(特刊2)
旱作花生鼠害空间分布型及抽样技术. 张继祖. 福建农学院学报,1991,20(4)
荷兰鼠饲养技术. 赵庆福. 科技转让集锦,1991,8
海狸鼠繁殖技术——选种选配. 邹兴淮. 野生动物,1991,(1)
黑线姬鼠在日本血吸虫病流行病学上意义. 张容. 中国人兽共患病杂志,1991,7(4)
干旱生态系的灭鼠计划科威特最新的灭鼠方案是一个有用的模式. Abdul Moneim Mahcr. 吴锡谋译. 鼠类控制最新进展(第二辑),厦门大学出版社,1991
汉坦病毒的多宿主特性. Van,G. 吴锡谋译. 鼠类控制最新进展(第二辑),厦门大学出版社, 1991
家兔右心室壁微血管的三维构筑. 崔慧先,等. 解剖学报,1991,22(2)
家兔副神经外支及其分支的起始核. 丁文龙. 解剖学杂志,1991,14(3)
家兔直肠平滑肌节前神经元的 HRP 法光镜与电镜观察. 李进花. 河北医学院学报,1991,12(2)
家兔脊髓双侧后根神经节神经元数量不对称性及对称性的研究. 刘娜,等. 解剖学报,1991,22(2)
金黄地鼠视皮层中乙酰胆碱(Ach)阳性神经元及纤维. 李俊凤. 生物物理学报,1991,7(4)
金黄仓鼠生物净化研究. 刘连生. 上海实验动物科学,1991,11(1)
家兔的起源. 罗泽珣. 生物学通报,1991,(5)
家兔前髓帆的解剖学和扫描电镜观察. 马常开. 解剖学报,1991,22(4)
急性灭鼠剂敌溴灵的生物效果评价. 潘凤庚. 中国媒介生物学及控制杂志,1991,2(3)

家兔肝膈而传入纤维的逆行追踪. 司蕖元. 解剖学杂志,1991,14(3)
甲状腺激素对小鼠免疫功能的调节作用. 唐美仪. 生理学报,1991,43(1)
具有良好前景的第二代抗凝血杀鼠剂——溴敌隆. 王伟. 上海化工,1991,16(4)
甲状腺功能低下对大鼠中枢神经细胞增殖及其迁移的影响. 吴江. 中风与神经疾病杂志,1991,8(3)
急性及慢性低氧对大白鼠和高原鼠兔线粒体呼吸功能的影响. 杨生妹. 兽类学报,1991,11(1)
金黄色海狸鼠生长发育的观察. 张南奎. 毛皮动物饲养,1991,(3)
几种灭鼠剂在科威特毒杀小家鼠的实验室评价. Zaghloul, T. M., 等. 吴春贤译. 鼠类控制最新进展(第二辑),厦门大学出版社,1991
臼齿咀嚼面磨损的模式作为鼠类动物分类的依据. Kamal Wassif, 等. 吴锡谋译. 鼠类控制最新进展(第二辑),厦门大学出版社,1991
集装箱内鼠类控制. HelmutReif. 吴春贤译. 鼠类控制最新进展(第二辑),厦门大学出版社,1991
科威科小家鼠体内寄生虫感染. Talaat, M., 等. 吴春贤译. 鼠类控制最新进展(第二辑),厦门大学出版社,1991
科威特印度沙鼠的生物毒理研究与体内外寄生虫感染. Talaat, M., 等. 吴春贤译. 鼠类控制最新进展(第二辑),厦门大学出版社,1991
科威特印度沙鼠的形态学、生态学及其控制. Alim. Salit., 等. 吴春贤译. 鼠类控制最新进展(第二辑),厦门大学出版社,1991
科威特皮肤利什曼病临床症象的变化. Mohammed, 等. 苏春德译. 鼠类控制最新进展(第二辑),厦门大学出版社,1991
科威特灭鼠宣传运动和公众参与的评价. Alsanei, K. S., 等. 吴锡谋译. 鼠类控制最新进展(第二辑),厦门大学出版社,1991
抗凝血剂与鼠扑定对芬兰野栖小家鼠的灭效. Arvomyllymaki. 郑智民译. 鼠类控制最新进展(第二辑),厦门大学出版社,1991
昆明小鼠体外受精卵体外发育的研究. 刘东军. 内蒙古大学学报(自然),1991,23(2)
克拉玛依地区的利什曼病Ⅵ. 小拐地区自然感染利什曼原虫大沙鼠耳组织的病理学观察. 杨元清. 地方病通报,1991,6(3)
抗凝血灭鼠剂及其特点. 郑智民. 厦门市爱国卫生宣传专辑之二,1991
凯素灵杀灭旱獭体外寄生虫效果调查. 张广登. 中国媒介生物学及控制杂志,1991,2(3)
老龄大鼠心肌单胺氧化酶的研究. 蔡惠罗,等. 动物学报,1991,37(4)
洛阳黄胸鼠对杀鼠灵的敏感性. 李书建,等. 鼠类抗药性研究论文集,1991
裸鼠用于乙型肝炎病毒的体内研究. 翟为溶. 中华传染病杂志,1991,9(2)
磷化氢熏蒸剂对消除科威特某些鼠害的初步探讨. 吴锡谋译. 鼠类控制最新进展(第二辑),厦门大学出版社,1991
林业害鼠及其防治. 杨春文. 黑龙江科技出版社,1991
老鼠为什么啃咬器具. 郑智民. 厦门市爱国卫生宣传专辑之二,1991
老鼠为什么不吃毒饵. 郑智民. 厦门市爱国卫生宣传专辑之二,1991
老鼠的历史、现状与功过. 郑智民. 厦门市爱国卫生宣传专辑之二,1991
磷化锌毒鼠应注意的问题. 郑智民. 厦门市爱国卫生宣传专辑之二,1991
利用小鼠受精卵染色体分析系统监测环境化学物质对生殖细胞的诱变作用. 郑履康. 遗传与疾病,1991,8(3)
0.002%大隆、0.1%钙化醇和2.5%磷化锌毒饵在埃及农村杀灭家鼠的效果. Wafeya Mahmoud. 郑智民译. 鼠类控制最新进展(第二辑),厦门大学出版社,1991
灭鼠后布氏田鼠种群特征的研究. 董维惠. 生态学报,1991,11(3)
灭鼠与养鼠. 肖梅影. 丹东师专学报(自然科学版),1991,(4)
灭鼠毒饵覆盖面及防治间隔期探讨. 松会武. 贵州农业科学,1991,(1)
木格滩草场鼠蝗数量分布调查兼论动物在生物群落中的重要性. 夏武平,等. 高原生物学研究集刊,1991,(10)
灭鼠要坚持"以防为主、综合治理"的方针. 郑智民. 厦门市爱国卫生宣传专辑之二,1991
某些灭鼠剂和复式捕鼠器对科威特食品仓库中的小家鼠作现场试验的生物评价. Antawy, M., 等. 吴春贤译. 鼠类控制最新进展(第二辑),厦门大学出版社, 1991
内蒙古锡林河流域达乌尔黄鼠身体组成成分的研究. 陈俨梅. 兽类学报,1991,11(2)
啮齿动物对人类健康的危害. 邓址. 中国公共卫生,1991,7(3)
脑-肠肽 TRH 对家兔小肠运动的中枢调制. 刘小杰. 天津医学院学报,1991,15(3)
宁夏啮齿动物区系及动物地理区划. 秦长育. 兽类学报,1991,11(2)
内蒙古上渐新世中 Yindirtemys(啮齿目,梳趾鼠科)的发现. 王伴月. 古脊椎动物学报,1991,29(4)
农田杂草与鼢鼠数量的关系. 王强,等. 陕西师大学报(自然科学版),1991,(增刊)
农田黑线姬鼠种群动态与综合防治技术探讨. 汪恩国. 中国媒介生物学及控制杂志,1991,2(特2)

饶阳地区秋、冬季猛禽动态及其对农田害鼠种群的影响. 杨卫平,等. 生态学研究进展,1991
农田害鼠监测与综合防治技术. 杨森山. 厦门科技,1991,(2)
泥浆灌洞灭家鼠研究. 赵承善. 中国媒介生物学及控制杂志,1991,2(3)
宁夏啮齿动物区系及动物地理区划. 秦长育. 兽类学报,1991,11(2)
鄱阳湖地区兽类资源调查. 傅道言,等. 动物学杂志,1991,26(2)
莆田地区褐家鼠种群动态和繁殖生态研究. 洪朝长. 中国媒介生物学及控制杂志,1991,2(3)
盘坡地区草场鼠害的综合治理. 景增春. 应用生态学学报,1991,2(1)
PAG 在大鼠主动回避反应习得中的作用. 萧玲远. 西南师范大学学报(自然版),1991,16(3)
钱塘江河口滩涂围垦区农田小型兽类群落结构的初步研究. 丁平. 兽类学报,1991,11(2)
清洁级豚鼠的培育和繁殖群的建立. 邹勇. 上海实验动物科学,1991,11(4)
青海省共和县鼠类及防制调查. 张广登. 中国媒介生物学及控制杂志,1991,2(3)
禽舍中有效和无效的灭鼠方法. Daniel Ashton,等. 冯呈瑞译. 鼠类控制最新进展第二辑,厦门大学出版社,1991
人和小鼠乳酸脱氢酶 C4 的细胞学定位. 陈燕翔. 解剖学报,1991,22(3)
人工饲养下花鼠的繁殖观察. 孙忻. 野生动物,1991
人用鼠源性单克隆抗体中鼠源性病毒的检测. 吴惠英,等. 单克隆抗体通讯,1991,(7)
人鼠嵌合条件下用腺病毒免疫人淋巴细胞. 王群,等. 白求恩医科大学学报,1991,(17)
人-鼠杂交瘤制备人单克隆抗体技术的研究. 叶银英,等. 单克隆抗体通讯,1991,(7)
鼠正常心肌细胞表面形态的扫描电镜观察. 柏树令. 中国医科大学学报,1991,20(4)
生后 3 周至成年大鼠回肠集合淋巴小结部肠上皮的结构特征. 陈东. 解剖学报,1991,22(1)
麝香鼠的人工养殖. 陈俊霞. 农业科技通讯,1991,10
鼠害的综合防制试验. 董海. 广西农学院学报,1991,10(3)
鼠类抗药性研究论文集. 董天义. 中国科学技术出版社,1991
陕西省的鼠传疾病及其防治. 甘去非,等. 中国媒介生物学及控制杂志,1991,(特刊 2)
鼠尾壳核头部的胆碱能神经元的分布——免疫组织化学法研究. 金福滋. 神经解剖学杂志,1991,7(1)
麝香鼠养殖技术. 李冬平. 现代日用科学,1991,4
衰老大鼠垂体前叶超微结构的定量分析 Ⅱ. 参与激素合成与分泌的细胞器年龄性变化. 刘健康. 徐州医学院学报,1991,11(1)
鼠粪通肠作用的试验观察. 刘明科,等. 中兽医医药杂志,1991,4
水稻鼠害田间分布格局及抽样模型的研究. 吕雨土. 植物保护,1991,18(1)
鼠与鼠源性疾病. 史先春,等. 山东大学出版社,1991
哀牢山铗捕小兽群落元素现存量与原子比率. 吴德林,等. 动物学研究,1991,12(2)
鼠爱滋病(MAIDS)的研究. 魏泓. 上海实验动物科学,1991,11(4)
山东农田黑线仓鼠种群数量动态及预测预报的初步研究. 邢林. 山东科学,1991,4(2)
鼠类在川西北草地的地理分布及区划. 杨盛强. 四川草原,1991,(1)
鼠腹腔巨噬细胞诱生 TNF 的条件探讨. 张明. 免疫学杂志,1991,7(4)
首次从汉中地区褐家鼠分离出流行性出血热病毒及其抗原性鉴定. 张成文. 陕西医学杂志,1991,20(5)
鼠类控制最新进展(第二辑). 郑智民,等. 厦门大学出版社,1991
鼠害为什么很难控制. 郑智民. 厦门市爱国卫生宣传专辑之二,1991
鼠害拾要. 郑智民. 厦门市爱国卫生宣传专辑之二,1991
麝鼠染色体组型初步研究. 赵文阁,等. 野生动物,1991,(3)
鼠饵盒的置放. Walter ,E. ,等. 郑智民译. 鼠类控制最新进展(第二辑),厦门大学出版社,1991
鼠类——评价环境的生物学指标. Cristaldt, M. ,等. 吴锡谋译. 鼠类控制最新进展(第二辑),厦门大学出版社,1991
鼠类的寄生蠕虫及其重要意义. Khalil, L. F. ,等. 苏春德译. 鼠类控制最新进展(第二辑),厦门大学出版社,1991
豚鼠内耳胚胎发育. 丁大连. 上海实验动物科学,1991,11(1)
豚鼠肠粘膜下神经丛淋巴管旁神经元的烯醇化酶免疫组织化学观察. 李俊. 解剖学报,1991,22(4)
田鼠亚科鼠类年龄划分探讨. 刘志龙. 中国媒介生物学及控制杂志,1991,2(3)
兔肾近端小管细胞的培养. 邵佑之. 解剖学报,1991,22(2)
泰山鼠类体外寄生草螨的初步调查. 王桂宏. 山东农业科学,1991,(4)
天敌对害鼠种群控制作用的研究进展. 杨卫平. 动物学杂志,1991,26(3)
停服棉酚后恢复的大鼠精母细胞蛋白质合成的研究. 叶百宽. 解剖学报,1991,22(3)
兔早期胚胎特异肽 cDNA 克隆. 杨卫民,等. 中国科学(B 辑),1991,(3)
特殊环境如何防鼠. 郑智民. 厦门市爱国卫生宣传专辑之二,1991
同种鼠尿对消除两种沙土鼠拒食行为的作用. ISHWARPRAKASH. 吴锡谋译. 鼠类控制最新进展(第二辑),厦门

大学出版社，1991
台湾仓库灭鼠对策的进展. KU,T. Y. 郑智民译. 鼠类控制最新进展(第二辑),厦门大学出版社,1991
五趾跳鼠生态学研究(摘要). 侯希贤. 中国媒介生物学及控制杂志,1991,2(特刊2)
五种啮齿动物核型和血清蛋白质的SDS-聚丙烯酰胺凝胶电泳分析. 王宗仁. 兽类学报,1991,11(4)
卧龙自然保护区小形啮齿类数量结构的研究. 吴毅. 四川师范学院学报(自然版),1991,12(2)
微波谐振腔体辐射小鼠睾丸对精子形态的影响. 杨慧娟. 浙江医科大学学报,1991,20(1)
误食鼠药的症状与救治. 郑智民. 厦门市爱国卫生宣传专辑之二,1991
小鼠睾丸发育中乳酸脱氢酶C4个体发生的研究. 陈燕翔. 遗传,1991,13(1)
小鼠L833细胞系及亚系标记染色体分析. 杜维霞. 遗传,1991,13(1)
小家鼠的年龄鉴定及种群年龄组成的研究. 洪朝长. 中国媒介生物学及控制杂志,1991,2(6)
小家鼠种群动态模拟研究. 李典谟. 动物学集刊,1991,(9)
小家鼠种群中长期预测——灰色系统模型及随机序列分析. 李典谟. 生物数学学报,1991,6(1)
小鼠阑尾淋巴组织的发生. 刘昌功. 山东大学学报(自然版),1991,26(1)
小胚胎原始生殖细胞的体外培养. 马小蕊. 首都医学院学报,1991,12(3)
西双版纳王鼠的染色体研究. 庞宏,等. 遗传,1991,(13)
新疆乌苏县首次发现褐家鼠. 全国强,等. 干旱区研究,1991,8(1)
小鼠输卵管卵母细胞的形态学研究. 钱菊汾. 西北农业大学学报,1991,19(3)
小白鼠生精上皮周期的形成. 申立山. 哈尔滨医科大学学报,1991,25(4)
西瓜田鼠害及其防治. 沈龙元,等. 植物保护,1991,17(4)
小鼠胸腺基质细胞的类型和分布. 吴江声. 北京医科大学学报,1991,23(1)
小鼠肠道M细胞正常形态的研究. 王维亚. 南京医学院学报,1991,11(2)
消除鼠害方法要对头. 汪诚信. 厦门市爱国卫生宣传专辑之二,1991
新疆北部两种兔尾鼠乳酸脱氢酶和酯酶同工酶的比较研究. 王爱民,等. 新疆大学学报(自然版),1991,8(4)
小鼠精母细胞联会复合体RNA组分的电镜研究. 邢苗. 遗传学报,1991,18(2)
小鼠呼吸道肥大细胞分布的研究. 阎书凤. 解剖学杂志,1991,14(3)
心房内分泌肌细胞的分泌方式及其与神经、毛细血管关系的超微结构研究. 晏平,等. 解剖学报,1991,22(1)
新疆长尾黄鼠鼠疫概述. 张鸿猷. 地方病通报,1991,6(1)
新疆阿克苏地区城镇灭鼠组织管理与技术方法初探. 张廷岚. 地方病通讯,1991,6(4)
小鼠尾部韧带简介. 张长民,等. 动物学杂志,1991,26(2)
锌对小鼠免疫功能的影响. 张晓华. 生理学报,1991,43(4)
小白鼠肾上腺髓质细胞的电镜观察. 赵善廷. 新疆医学院学报,1991,14(1)
小鼠Ⅱ型细胞角蛋白基因CK-4和CK-8定位于第15染色体. 赵寿元. 遗传学报,1991,18(6)
喜马拉雅旱獭部分生态习性的补充研究. 张广登. 中国媒介生物学及控制杂志,1991,2(1)
溴敌隆颗粒与蜡块毒饵灭鼠效果现场评价. 郑智民. 中国媒介生物学及控制杂志,1991,2(3)
小鼠胎肝造血基质细胞质对CFU-GM生长的调控作用. 赵士富. 中国应用生理学杂志,1991,7(2)
小白鼠肾上腺皮质的超微结构观察. 赵善廷. 新疆医学院学报,1991,14(3)
小鼠胸腺病毒. Lussier,G. 上海实验动物科学,1991,11(1)
原代培养的大鼠心房肌细胞间隙连接的超微结构研究. 陈力. 实验生物学报,1991,24(4)
用水晶体干重鉴定五趾跳鼠的种群年龄. 董维惠. 动物学研究,1991,12(3)
运动对小鼠肌肉和肝脏内MDA和GSH含量的影响. 郭世炳. 生物化学与生物物理学进展,1991,18(3)
幼年和老年大鼠学习海马CA3区长时程突触增强的年龄特征. 李君,等. 动物学研究,1991,12(3)
用氯鼠酮大面积防治农田小型害兽试验. 梁俊勋. 兽类学报,1991,11(2)
以臼齿磨损程度划分大仓鼠年龄组的研究. 卢浩泉. 山东大学学报(自然版),1991,26(2)
伊梨鼠兔生态学及与鼠疫自然疫源地关系的初步研究. 李维东. 中国媒介生物学及控制杂志,1991,2(3)
幼林抚育剩余物防御幼林鼠害的研究. 舒凤梅,等. 林业科学,1991,27(1)
用逐步回归法建立鼠类数量预测模型的探讨——以江西安义县的黑线姬鼠为例. 汪笃栋. 兽类学报,1991,11(3)
云南小兽中发现的变异个体. 杨光荣. 动物学杂志,1991,26(6)
用荧光血管造影对大鼠肺表面微循环的活体观察. 邹爱平. 中国应用生理学杂志,1991,7(3)
以鼠脚掌郎格罕氏细胞作为检测口蹄疫疫苗安全的标志. Sprec,E. 段跃进. 国外兽类医学(畜禽传染病),1991,(11)
野鼠的摄食行为. LUISNIEDER. 吴锡谋译. 鼠类控制最新进展(第二辑),厦门大学出版社,1991
有效毒饵配方设计的原则和技术——现在和未来. REX E. MARSH. 郑智民译. 鼠类控制最新进展(第二辑),厦门大学出版社,1991

着床前小鼠胚胎和子宫蛋白质的生化分析及鉴定. 曹泳清. 科学通报,1991,36(15)
中国近交系小鼠津白3(TA3)的遗传鉴定. 陈芷沅. 天津医药,1991,19(6)
早期妊娠兔胚泡液凝集素结合糖蛋白的变化. 陈素珍,等. 中国科学(B辑),1991,(6)
作用于磷脂氢过氧化物的谷胱甘肽过氧化物酶在大鼠体内的分布. 段有金,等. 生物化学与生物物理学,1991,23(3)
正常小鼠听觉脑干反应与中潜伏期反应的研究. 郭梦和. 第四军医大学学报,1991,12(1)
中国小竹鼠生态的初步研究. 何晓瑞. 动物学研究,1991,12(1)
中稻成熟期害鼠防治指标的探讨. 金思明. 安徽农业科学,1991,(2)
藏系绵羊实验放牧水平对啮齿动物群落作用的研究Ⅰ、啮齿动物群落结构和功能的分析. 刘季科,等. 高寒草甸生态系统,1991,(3)
棕背䶄、红背䶄栖息地选择的研究. 李彤. 兽类学报,1991,11(1)
中国大陆东部地区黑线姬鼠亚种分化的研究. 刘春生. 兽类学报,1991,11(4)
棕色田鼠的生活习性及综合防治技术研究. 柳枢,等. 植物保护,1991,17(4)
中国本兔不同组织器官酯酶同工酶的比较研究. 俞远京,等. 动物学杂志,1991,26(3)
中国啮齿类繁殖参数的地理变异. 张知彬,等. 动物学报,1991,37(1)
正常 Wista 的大鼠脾器官内结构构筑规律的体视学研究Ⅰ. 定量参数的获得. 赵斌. 广东解剖学通报,1991,13(2)
支配家兔肠系膜上神经节的交感节前神经元在脊髓内的定位和节段分布——HRP 法研究. 张兴和. 解剖学报,1991,22(4)
正确对待动物灭鼠. 郑智民. 厦门市爱国卫生宣传专辑之二,1991
怎样才能保证安全使用灭鼠药. 郑智民. 厦门市爱国卫生宣传专辑之二,1991
怎样使用灭鼠毒饵. 郑智民. 厦门市爱国卫生宣传专辑之二,1991
怎样防制家鼠. 郑智民. 厦门市爱国卫生宣传专辑之二,1991
正交试验设计优选组合灭鼠毒饵中诱饵配方初探. 曾红国. 医学动物防制,1991,7(4)
中国北方部分省(区)鼠类及卫生害虫防制研究专辑. 中国媒介生物学及控制杂志,1991,2(特刊3)
中东国家的鼠传疾病. GRATZ,N. G.,等. 苏春德译. 鼠类控制最新进展(第二辑),厦门大学出版社,1991
安县发现白化小泡巨鼠. 肖兴德. 动物学杂志,1992,27(3)
安徽淮北农区黑线姬鼠种群动态的分析. 朱盛侃,等. 兽类学报,1992,12(3)
不同年龄喜马拉雅旱獭大脑皮质结构与血液气体测定的比较研究. 陈钦铭. 兽类学报,1992,12(1)
八种大鼠染色体银染核仁组织者的比较研究. 陈志平. 兽类学报,1992,12(4)
百花山鼠群落结构及其与环境的关系. 傅必谦. 北京师范学院学报(自然版),1992,13(4)
不同甲状腺功能状态对成年大鼠中枢5-HT1A受体密度的影响. 洪天配. 生理学报,1992,44(1)
包衣基质和驱鸟鼠剂对外生菌根菌的抑制作用. 栾庆书. 北京林业大学学报,1992,(14)
北方田鼠为害状况及防治技术研究. 柳枢. 山西农业科学,1992,(4)
布氏田鼠种群趋势预报指标的研究. 刘志龙. 中国媒介生物学及控制杂志,1992,3(5)
哺乳动物分类名录. 谭邦杰. 中国医药科技出版社,1992,219
布氏田鼠(Microutus brandti)的食性. 王桂明. 兽类学报,1992,12(1)
表皮生长因子对转化的小鼠成纤维细胞 DNA 拓扑异构酶活性的影响. 王丽辉. 生物化学杂志,1992,8(6)
哺乳动物配子过程中核的印迹作用. 杨增明,等. 动物学杂志,1992,27(1)
八种沙鼠亚科和田鼠亚科啮齿动物阴茎的比较研究. 杨安峰. 兽类学报,1992,12(1)
北美 CHIHUAHUAN 荒漠11种啮齿动物种群密度季节性和周期性的比较研究. 曾宗永. 兽类学报,1992,12(3)
布氏田鼠的食物与食量. 周庆强,等. 草原生态系统研究,1992,(4)
布氏田鼠对草场产草量的危害及防治阈值的研究. 钟文勤,等. 草原生态系统研究,1992,(4)
长江中游稻作区褐家鼠、黑线姬鼠种群动态和综合治理技术研究. 陈安国,等. 农业现代研究,1992,12(2)
城市灭鼠. 邓址. 科学出版社,1992
长爪沙鼠空间分布特点和迁徙调查. 胡志忠,等. 中国地方病防治杂志,1992,(7)
川西北盆周山地人工林鼠害防治指标研究. 刘少英. 四川林业科技,1992,13(3)
赤松花粉素毒性对大白鼠细胞染色体致畸的测试. 刘聪莉. 烟台师范学院学报(自然版),1992,8(4)
雌性大鼠下丘脑神经递质对生殖系统老化的影响. 朴素芬. 中华老年医学杂志,1992,11(2)
长爪沙鼠的生态学. 秦长育. 中国地方病防治杂志,1992,(7)
成年小鼠胸腺基质细胞的组织化学观察. 孙品伟. 北京医科大学学报,1992,24(2)
长爪沙鼠种群年龄指标的主成分分析. 武晓东. 中国媒介生物学及控制杂志,1992,3(6)
春播玉米田鼠害的防治. 王新华,等. 植物保护,1992,18(2)
长爪沙鼠的洞系调查. 伊格言,等. 中国地方病防治杂志,1992,(7)

出生后10—90天大鼠附睾管上皮主细胞超微结构的观察. 周艺. 解剖学杂志,1992,15(1)
C型肉毒梭菌毒素面团毒饵现场灭家鼠效果研究. 赵承善. 中国媒介生物学及控制杂志,1992,3(6)
长爪沙鼠粮仓食物组成与种群数量关系. 张万荣,等. 中国地方病防治杂志,1992,(7)
大鼠杏仁核和终纹床核中肽能神经元分布的比较. 包新民. 第一军医大学学报,1992,12(4)
大脑下丘脑旁核的肽能神经元分布. 包新民. 第一军医大学学报,1992,12(4)
大鼠缰核神经降压肽样、甘内肽样、P物质样和胆囊收缩素样免疫反应的老年变化. 包新民. 广东解剖学通报,1992,14(1)
DBA/2小鼠核型G-显带带纹分析. 常守礼. 解剖学报,1992,23(2)
对正常动情周期大鼠卵巢颗粒细胞黄体化过程的电镜观察. 陈琼,等. 解剖学报,1992,23(3)
大鼠后发育期间胰岛胰多肽细胞免疫细胞化学研究. 崔铮. 解剖学报,1992,23(4)
大鼠大脑皮层神经元单离子钾通道门控动力学. 陈健. 生物物理学报,1992,8(4)
带有猪生长激素基因的转基因鼠. 陈清轩,等. 生物化学与生物物理学进展,1992,19(3)
大鼠延髓腹外侧区向迷走神经背核簇尾侧部和脊髓的投射. 戴晓章. 南京医学院学报,1992,12(1)
毒饵灭鼠. 邓址. 中国媒介生物学及控制杂志,1992,23(5)
大鼠十二指肠5-羟色胺和胆囊收缩素免疫反应细胞的增龄变化. 傅春光. 第四军医大学学报,1992,13(6)
大鼠及羊精子在附睾成熟过程中ATP酶活力及其对棉酚敏感性的变化. 冯北元. 动物学报,1992,38(1)
大骨软骨Ⅱ型胶原体外胶原原纤维的形成. 付志厚,等. 生物化学与生物物理学进展,1992,19(2)
大鼠脑突触质膜糖皮质激素结合位点的等电点测定. 傅红. 生物化学与生物物理学进展,1992,19(4)
大鼠和家兔心肌穿刺后再生现象的观察. 高德臣,等. 动物学杂志,1992,27(3)
大鼠两型肺泡巨噬细胞吞噬煤粒的图像分析和扫描电镜研究. 高俊玲,等. 解剖学报,1992,23(4)
大鼠肾LDH4亚带. 郭瑞华. 上海实验动物科学,1992,12(2)
洞庭丘岗平原区农村鼠类群落演替的观察. 郭聪. 兽类学报,1992,12(4)
东方田鼠感染日本血吸虫的研究. 贺宏斌,等. 湖南医学,1992,9(2)
大鼠坐骨神经再生纤维的形态学变化微机图像处理系统的数字图像分析. 何北平. 解剖学杂志,1992,15(2)
大鼠胃壁内毛细胞淋巴管的超微结构. 韩铭达. 解剖学报,1992,23(2)
大鼠腋神经感觉纤维在脊髓胶状质的定位投射——酸性磷酸酶法研究. 胡圣望,等. 解剖学报,1992,23(4)
大鼠下颌下腺自分泌视网膜节细胞神经诱向因子的形态学证据. 黄威权. 科学通报,1992,37(17)
大鼠蓝斑核向嗅结节的投射——HRP逆轴突传递法研究. 侯一平. 兰州医学院学报,1992,18(4)
大白鼠乳头体核突触的生后发育——亚突触结构的定量研究. 柯尊记. 神经解剖学杂志,1992,8(2)
大鼠中缝背核5-HT能神经元树突的形态学观察. 孔天翰. 针刺研究,1992,17(3)
大鼠下丘脑室旁核至脊髓室管膜的纤维投射——HRP法研究. 李兴隆. 滨州医学院学报,1992,15(2)
稻田鼠害空间分布型调查用于危害临界数量的初步研究. 吕雨土. 动物学杂志,1992,26(4)
大鼠恒温能力和产热的胎后发育. 李庆芬. 动物学报,1992,38(1)
大鼠黑质Ⅱ型神经元与苍白球联系途径的分析. 卢智泉. 锦州医学院学报,1992,13(1)
大鼠脑组织磷脂色谱随龄性变化的研究. 李世莉. 佳木斯医学院学报1992,15(1)
大鼠最后区和尾侧延髓5-羟色胺免疫细胞化学定位. 刘才栋. 解剖学杂志,1992,15(6)
大鼠中脑导水管周围灰质腹外侧区5-羟色胺样、P物质样和亮氨酸-脑啡呔样免疫反应阳性亚微结构的电镜观察. 李云庆. 解剖学报,1992,23(1)
大鼠中缝大核超微结构的观察. 李庆云. 解剖学报,1992,23(2)
大鼠胃窦粘膜5-羟色胺免疫反应阳性细胞的体视学研究. 刘桂香. 解剖学报,1992,23(3)
大鼠中脑中央灰质和中缝背核向核和三叉神经背束核尾侧亚核的分支投射——荧光素双标记法研究. 李潇. 解剖学报,1992,23(3)
大鼠中缝大核内5-羟色胺样P物质样和亮氨酸脑啡呔样突触结构的免疫电镜观察. 李云庆. 解剖学报,1992,23(4)
大鼠睾丸生精细胞核蛋白组型转换的组织化学观察. 李建国,等. 解剖学报,1992,23(4)
大鼠三叉神经本体觉三级传导通路的形态学证据——Riein跨节溃变与HRP逆行追踪结合的光、电镜研究. 罗丕福. 神经解剖学杂志,1992,8(1)
大鼠横断脊髓神经再生和功能恢复. 刘羲传. 生理学通报,1992,8(2)
大鼠下丘脑弓状核年龄性变化的电镜观察. 刘建康. 神经解剖学杂志,1992,8(2)
大仓鼠肥满度的研究. 李晓晨,等. 兽类学报,1992,12(4)
大鼠卵巢细胞分泌纤溶酶原激活因子抑制因子(PAI-1)的激素调节. 刘以训. 生理学报,1992,44(3)
大鼠舌下神经超微结构的衰老变化. 刘建康. 徐州医学院学报,1992,12(1)
大鼠膝关节半月板的形态观察及图象测量. 李瑞锡. 云南师范大学学报(自然版),1992,12(3)
大鼠第三脑室室管膜下丛催产素免疫阳性神经元的分布. 马丹. 解剖学报,1992,23(2)

大鼠脊孤束—背索突触后神经元的微细结构. 孟卓. 首都医学院学报,1992,13(4)
大鼠子宫内膜中 GABA 含量变化的观察. 倪江. 哈尔滨医科大学学报,1992,26(1)
大鼠发情周期的子宫组织雌激素受体定位的初步研究. 邵凯. 北京农业大学学报,1992,18(1)
大鼠背外侧索中各类上行纤维的电生理学特征. 孙立辛,等. 动物学报,1992,38(2)
达罗尔黄鼠数量预报的研究. 石杲. 医学动物防制,1992,8(2)
大面积灭鼠技术措施研究. 沈培谊. 医学动物防制,1992,28(3)
大鼠胃肠道的嗜银细胞——免疫组织化学和银浸技术的对比研究. 涂小煌. 解剖学报,1992,23(2)
大鼠肝细胞内与自由基代谢有关的生化指标增龄性变化. 唐筑灵. 老年学杂志,1992,12(6)
大鼠脊髓背角中 NT 样免疫反应物的光镜和电镜研究. 陶元祥. 南京医学院学报,1992,12(3)
大鼠垂体细胞 ACTH 分泌的调节控制. 童伟. 生理学报,1992,44(4)
洞庭平原黑线姬鼠种群调节因子及动态模型. 王勇,等. 湖南省科学技术协会首届青年学术年会论文集,1992,476
大鼠延髓腹面升压对肾血管紧张性支配及其与 α_2 受体的关系. 王晶. 福建医学院学报,1992,26(2)
大鼠延髓腹外侧区含酪氨酸羟化酶、神经降压素和胆囊收缩素样的神经元向伏核的投射——HRP 和免疫细胞化学双重标记法研究. 王昭金. 解剖学报,1992,23(1)
大鼠孤束核含酪氨酸羟化酶、神经降压素和胆囊收缩素样的神经元向伏核的投射——HRP 和免疫细胞化学双重标记法研究. 王昭金. 解剖学报,1992,23(1)
单眼剥夺对金黄地鼠视觉中枢 GABA 神经元分布的影响. 吴奇久. 生物物理学报,1992,8(4)
达乌尔黄鼠种群繁殖特征的研究. 王廷正. 兽类学报,1992,12(2)
达乌尔黄鼠冬眠阵过程中感觉兴奋性的变化. 吴宇英. 兽类学报,1992,12(4)
大鼠棕色脂肪组织线粒体与 GDP 结合所表现的脱面具和加面具现象. 王学敏. 生物化学与生物物理学报,1992,24(3)
稻田鼠类种群动态调查研究. 汪恩国. 植物保护,1992,18(2)
大鼠下丘脑视交叉上核突触数量的年龄性变化. 薛庆善. 华西医科大学学报,1992,23(2)
大鼠下丘脑视叉上核的年龄性超微结构变化. 薛庆善. 华西医科大学学报,1992,23(3)
大鼠巨细胞网状核和中缝大核 5-羟色胺神经元在痛觉调制中的作用. 徐旭东. 济宁医学院学报,1992,15(1)
大鼠皮质一蓝斑—脊髓通路的溃变、HRP 电镜法研究. 郗瑞生. 兰州医学院学报,1992,18(1)
大仓鼠种群繁殖特征及其在种群调节中的作用. 杨荷芳. 动物学集刊,1992,61
大鼠第三脑室周围催产素样免疫反应神经元的免疫电镜研究. 杨宏. 解剖学报,1992,13(2)
大鼠投射到垂体后叶的加压素样免疫反应神经元与第三脑室室管膜及软脑膜的关系. 杨宏,等. 解剖学报,1992,23(1)
大鼠额前皮质的皮质—皮质传入纤维联系——CB-HRP 及 HRP 法研究. 延鹏翔. 山西医学院学报,1992,23(1)
大鼠缰核与下丘脑外侧区在血压调节中的相互关系. 杨绍年. 中国应用生理学杂志,1992,8(2)
大兴安岭人工林鼠害防治技术的研究. 庄凯勋. 东北林业大学学报,1992,20(3)
大仓鼠种群季节存活率的估算. 张知彬,等. 动物学报,1992,38(2)
大鼠大肠粘膜立体组织学观察. 张亚历. 解剖学杂志,1992,15(2)
大鼠脾树状突细胞的组织分布. 张锦堃. 上海免疫学杂志,1992,12(4)
大鼠睾丸 Sertdi 细胞内微管分布的研究. 朱立基. 解剖学报,1992,23(1)
大鼠弓状核内神经紧张素能和 P 物质能阳性结构的免疫电镜双标记研究. 张喜京,等. 解剖学报,1992,23(3)
大鼠输尿管和膀胱变移上皮发育的组织学和组织化学研究. 赵晓林. 解剖学报,1992,23(4)
大鼠不同年龄及再生肝的肝细胞核倍体分析. 章宗籍. 昆明医学院学报,1992,13(1)
大小鼠异种间嵌合胚的培养和移植. 张锁链. 细胞生物学杂志,1992,14(4)
大鼠睾丸支持细胞的微丝分布特征. 朱立基. 中国医学科学院学报,1992,14(1)
大鼠在医学实验中的应用. Gill,T. J. 成都中医学院学报,1992,15(1)
2% 溴代毒鼠磷杀灭鼠农田害鼠效果好. 马家全. 植物保护,1992,18(6)
防鼠在工业鼠害防治中的作用. 常勤芳,等. 中国媒介生物学及控制杂志,1992,(3)
福建省莆田地区小家鼠种群繁殖的研究. 洪朝长,等. 兽类学报,1992,12(2)
凤城市鼠药市场情况. 洪江,等. 中国媒介生物学及控制杂志,1992,10(1)
复方 88-1 等 8 种杀鼠剂农田灭鼠对比试验. 李波,等. 农业现代研究,1992,13(2)
鼢鼠属凸颅亚属的分类整理. 李保国,等. 西北大学学报(自然版),1992,22(3)
高效抗凝血杀鼠剂氯鼠酮的性能和应用. 鲍明荣. 医学动物防制,1992,8(2)
高原鼠兔下丘脑促肾上腺皮质激素释放因子的放射免疫测定(英文). 杜继曾. 兽类学报,1992,12(3)
高原鼠兔在胚后发育过程中热代谢和褐色脂肪组织(BAT)的变化. 奉勇. 动物学报,1992,38(1)
甘肃省陇南、甘南地区啮齿类区系及分布. 李锡璋. 动物学杂志,1992,26(4)

高原鼠兔种群生产量生态学的研究Ⅲ、高原鼠兔生命率非密度制约与密度制约的种群动态趋势. 刘季科. 兽类学报,1992,12(2)
甘肃鼢鼠种群年龄的研究. 李晓晨. 兽类学报,1992,12(3)
甘氟防治棕色田鼠技术研究. 柳枢,等. 植物保护,1992,18(1)
高山鼠兔(Ochotona alpna)的食性研究. 朴正吉. 延边农学院学报,1992,14(1)
高原鼢鼠挖掘取食活动的能量代价及其最佳挖掘取食行为. 苏建平. 兽类学报,1992,(2)
高原鼢鼠种群能量动态的研究Ⅰ. 平均每日代谢及挖掘活动代谢特征. 苏建平. 兽类学报,1992,12(3)
高原鼠兔和高原鼢鼠肝脏微量元素的分析. 邵赟,等. 兽类学报,1992,12(3)
高原鼢鼠种群能量动态的研究Ⅱ. 每日能量收支模型的探讨. 苏建平. 兽类学报,1992,12(4)
贵州产昆明山海棠总碱和总甙抗雄大鼠生育力的初步观察. 武继祥,等. 遵义医学院学报,1992,(15)
给猪、鼠双亲添喂葡萄糖对其子代性比的影响. 喻传洲,等. 湖北农业科学,1992,3
高原鼠兔白化现象及其毛色遗传. 叶润蓉. 兽类学报,1992,12(1)
甘肃鼢鼠对农作物的为害程度及防治中经济阈值的初步研究. 杨宏亮. 植物保护,1992,19(3)
GABA 免疫阳性神经元和纤维在大鼠终纹床核的分布. 张遐. 解剖学报,1992,23(4)
褐家鼠和黄胸鼠染色体 C 带性质的光密度分析. 程光潮,等. 遗传,1992,14(6)
海狸鼠剖腹取脂三例. 陈金山. 毛皮动物饲养,1992,(2)
环境条件与黑线姬鼠种群发生的关系. 丁新天. 植物保护,1992,18(6)
黑线仓鼠综合防制的研究. 侯希贤. 中国媒介生物学及控制杂志,1992,3(3)
海狸鼠生理常值的测定. 骆洪俊,等. 毛皮动物饲养,1992,(1)
海狸鼠的消化系统. 何春林,等. 毛皮动物饲养,1992,(3)
海狸鼠几种常见病的防治. 刘桂荣,等. 毛皮动物饲养,1992,(3)
海堤鼠类监测与防制. 刘官和. 中国媒介生物学及控制杂志,1992,(3)
花鼠岩松鼠的发生为害及防治. 宁振东,等. 山西农业科学,1992
海狸鼠生理生化常值的测定. 朴鹤. 延边农学院学报,1992,14(1)
含 P 物质神经纤维和细胞在大鼠脊髓背外侧索核区的定量分析. 沈 丽. 解剖学报,1992,23(4)
海狸鼠的越冬管理. 苏盛源,等. 毛皮动物饲养,1992,(4)
洪涝灾害对江苏省部分地区鼠密度的影响. 孙俊,等. 中国媒介生物学及控制杂志,1992,3(5)
黑线仓鼠的食物与食量. 王淑卿. 动物学报,1992,38(2)
海北高寒草甸金露梅灌丛根田鼠种群生产力的研究Ⅱ. 种群生产量. 魏善武,等. 兽类学报,1992,12(1)
黄兔尾鼠和草原兔尾鼠两种酯酶同二酶的比较分析. 王爱民,等. 遗传,1992,14(3)
洪涝对鼠的影响和流行性出血热疫区灭鼠. 汪诚信. 中国媒介生物学及控制杂志,1992,3(3)
花生结荚期鼠害的防治指标. 徐金汉. 福建农学院学报,1992,21(1)
黑线仓鼠不同季节睾丸组织学研究. 徐承水. 曲阜师范大学学报(自然版),1992,18(2)
赤腹松鼠能量代谢和营养需要的初步研究. 徐宏发. 兽类学报,1992,12(2)
黄胸鼠鼠疫最佳监测时期与最小抽样量研究. 谢寿桥. 中国地方病防治杂志,1992,7(1)
黄河鼠兔的(Ochotcna huagensis Matschie,1907)的分类研究. 于宁. 兽类学报,1992,12(3)
黑线姬鼠的发生及防治研究. 杨再学. 植物保护,1992,18(3)
淮北田野中鼠类的栖息地选择和季节性迁移. 朱盛侃. 动物学杂志,1992,27(6)
海狸鼠乳房炎溶血性链球菌的中西药物敏感性测定. 张断东,等. 毛皮动物饲养,1992,(2)
黑线仓鼠肥满度的研究. 周延林. 兽类学报,1992,12(3)
黄胸鼠在山西临汾地区形成种群. 邹波,等. 植物保护,1992,18(3)
记山西榆社晚新生代鼠科化石新属种. 吴文裕. 古脊椎动物学报,1992,(30)
家兔小脑中央核身脊髓直接投射的研究. 高秀来. 解剖学报,1992,23(1)
家兔和沙鼠胃壁内淋巴管的微细分布. 韩铭达. 解剖学杂志,1992,15(4)
几种杀鼠剂防制草原害鼠的试验研究. 景增春. 中国媒介生物学及控制杂志,1992,3(4)
锦屏县东部鼠形动物种群分布及黑线姬鼠生态特性研究. 雷邦海. 贵州农业科学,1992,(2)
家兔膝关节半月板的形态观察及图象测量. 李瑞锡. 云南师范大学学报(自然版),1992,12(1)
几种灭鼠药物现场毒杀黑线姬鼠效果比较. 刘春生. 中国媒介生物学及控制杂志,1992,3(3)
间接免疫荧光法鉴别小鼠早期胚胎性别的研究. 门红升. 遗传学报,1992,19(2)
家兔骨发生过程中细胞超微结构的扫描电镜观察. 宋春风. 电子显微学报,1992,11(2)
金黄地鼠视觉中枢发育过程中 P 物质神经元数量及分布的变化. 孙俊世,等. 生物物理学报,1992,8(1)
建立小鼠胚胎多能干细胞系(ES 细胞系)的几个主要影响因素. 尚克刚. 遗传学报,1992,19(6)
家兔胃淋巴管铸型的观察. 汤凤彩,等. 解剖学报,1992,23(4)
机械分割的小鼠桑椹胚和囊胚的发育能力. 王周吉. 东北农学院学报,1992,23(3)

家兔生后外周淋巴器官的组织形态学研究. 王世英. 动物学杂志,1992,27(2)
家鼠对四种粮食的现场摄食情况观察. 王国良,等. 中国媒介生物学及控制杂志,1992,3(6)
自然条件下鼠皮肤破伤与感染 EHF 关系的研究. 汪桂清,等. 中国公共卫生学报,1992,(11)
家鼠的味觉爱好试验. 詹绍琛. 中国媒介生物学及控制杂志,1992,3(5)
静脉流出计量法测定缺氧大鼠脑血流量的变化. 赵维民. 中国应用生理学杂志,1992,8(2)
快速净化小鼠种群的新方法. 高德臣,等. 动物学杂志,1992,27(3)
空气离子吸入对小鼠记忆的影响. 顾正余. 中华理疗杂志,1992,15(2)
“蓝烟”化学烟雾剂灭杀中国鼢鼠试验示范简报. 郭荣光. 植物保护,1992,18(6)
Long-Evans 种大花鼠独特的线粒体包含体(微柱)之酵素细胞. 林槐三. 台湾医志(中国台湾),1992,(9)
辽宁省家栖鼠种类组成与数量动态的研究. 李维贤. 中国媒介生物学及控制杂志,1992,3(5)
磷脂在大鼠心肌线粒体上的超微结构定位方法. 邵英杰. 解剖学杂志,1992,15(1)
林区鼠害防治技术的研究. 朱天博. 森林病虫通讯,1992,(1)
利用脉冲电场凝胶电泳测定小鼠 CK-4,Hox3.1 和 Hox3.3 基因间的距离. 赵寿元. 遗传学报,1992,10(1)
灭鼠剂——鼠之死的合成研究. 刘亚华,等. 化学世界,1992,(33)
棉酚衍生物对雌性大鼠的局部抗早孕作用. 杨纫姝. 南京师大学报(自然版),1992,15(4)
蒙古种沙土鼠背海马传入纤维的来源. 章惠英. 解剖学报,1992,15(4)
密度因素在布氏田鼠群调节中的作用. 周庆强. 兽类学报,1992,12(1)
棉酚对大鼠前列腺细胞增殖的影响. 张仕明. 实验生物学报,1992,25(4)
灭鼠村庄家鼠群落变化的 10 年观察. 赵承善. 中国媒介生物学及控制杂志,1992 ,3(4)
农村大面积推广应用溴敌隆灭家鼠的研究. 杜希俊. 中国媒介生物学及控制杂志,1992,3(4)
内蒙古阿左旗乌兰塔塔尔地区中渐新世的林跳鼠科化石. 黄学诗. 古脊椎动物学报,1992,(30)
内蒙古黄鼠疫源地三年鼠情分析. 石杲. 医学动物防制,1992,8(3)
农田害鼠投饵防治适期的研究. 田家祥. 病虫测报,1992,12(4)
努布拉鼠兔的分类订正. 于宁. 兽类学报,1992,12(2)
绒毛膜促性腺素和前列腺 $F_{2\alpha}$ 抗血清对小鼠胚胎着床效应的研究. 曾国庆,等. 动物学报,1992,38(2)
NCPC/4 小鼠的免疫学特性. 张元杏. 上海实验动物科学,1992,12(1)
莆田地区黄胸鼠种群生态和繁殖生态研究. 洪朝长. 中国媒介生物学及控制杂志,1992,3(1)
钱塘江河口滩涂围垦区人口迁居与农田小兽群落的关系. 丁平. 兽类学报,1992,12(1)
钱塘江河滩涂围垦区农田小兽种群分布格局的初步研究. 丁平. 杭州大学学报(自然版),1992,19(3)
久效磷对小鼠早期胚胎体外发育的影响. 高健刚,等. 山东大学学报,1992,27(1)
清洁级 BAIB/CA 系小鼠的生长与繁育. 徐平. 上海实验动物科学,1992,12(2)
去甲肾上腺素在大鼠缰核引起的心血管效应及其机制. 杨绍年. 生理学报,1992,44(2)
乳鼠流行性腹泻研究概况. 魏强. 上海实验动物科学,1992,12(1)
杀它仗毒杀家鼠试验研究. 安志儒. 中国媒介生物学及控制杂志,1992,3(4)
社鼠的生殖行为与幼鼠生长发育的初步观察. 鲍毅新. 浙江师范大学学报(自然版),1992,15(3)
神经递质对幼年和衰老大鼠下丘脑神经元的作用. 陈玉壮. 生理科学进展,1992,23(1)
神经激肽 B 免疫反应性神经纤维在豚鼠下呼吸道的分布. 方秀斌,等. 解剖学报,1992,23(4)
麝鼠饲料总氨基酸及有效赖氨酸的研究. 范玉林,等. 毛皮动物饲养,1992,(2)
石墨炉原子吸收法测定小白鼠七种脏器中微量铅. 红焱. 光谱学与光谱分析,1992,(1)
杀虫剂混剂对害虫和大白鼠的毒效比较. 侯能俊. 植物保护,1992,18(3)
森林鼠害防治技术. 李彤,等. 东北林业大学出版社,1992
沙鼠鼠疫预测的数学模型及在鼠疫防治与研究中的意义. 刘纪有. 中国地方病防治杂志,1992,(7)
山东省莒南县流行性出血热病人血清分型及宿主动物的调查研究. 孟祥瑞. 中华流行病学杂志,1992,13(2)
3 种微生物学级别 SSB 系小鼠主要脏器的解剖学比较. 潘振学. 上海实验动物科学,1992,12(3)
鼠尾鳞片不全角化表皮的凝集素标记观察. 孙令,等. 大连医学院学报,1992,(14)
三种家鼠和臭鼩气体代谢的比较研究. 吴锡谋,等. 动物学杂志,1992,1(1)
麝鼠的繁殖与育种. 肖长明,等. 毛皮动物饲养,1992,(3)
SCID 小鼠研究进展. 俞远京. 国外医学(免疫学),1992,15(2)
鼠尾胶原凝胶体在皮肤细胞原代培养中的应用. 殷蕾. 上海医科大学学报,1992,(19)
三种植被中田鼠对不同诱饵盗食情况的比较. 郁世芳,等. 植物保护,1992,18(5)
苏联八十年代后期鼠疫研究的动态. 张仁明. 地方病译丛,1992,13(1)
双甲敌鼠铵盐的研制. 张士. 辽宁化工,1992,(5)
鼠信息素研究概况及分析步骤简介. 朱叶,等. 青海畜牧兽医杂志,1992,(22)
鼠信息素研究. 朱叶,等. 生物学通报,1992,(3)

上海市某些单位大鼠和小鼠常见病原菌调查.章凌.上海实验动物科学,1992,12(3)
饲养条件下花鼠仔兽生长发育的分析.张克勤,等.特产研究,1992,2
田硬玉米鼠害及其防治技术研究.董代文,等.植物保护,1992,18(5)
兔心传导系统的研究现状.郭志坤.陕西医学杂志,1992,21(8)
豚鼠消化道多巴胺免疫活性内分泌细胞和神经纤维的分布.黄威权.解剖学报,1992,23(2)
豚鼠脑干内侧部位的组织化学研究.纪如荣.生理科学进展,1992,23(1)
塔克拉玛干沙漠腹地动物调查.马鸣,等.动物学杂志,1992,27(5)
豚鼠螺旋神经节SP阳性神经元形态学特征及投射.邱建华.临床耳鼻咽喉科杂志,1992,6(1)
兔肺磷脂的超微结构定位和能谱分析.徐根兴,等.动物学杂志,1992,27(1)
豚鼠精子在发生及顶体反应过程中细胞内 Ca^{2+} 的定位研究.杨增明.动物学报,1992,28(4)
兔附睾丸分泌蛋白的免疫细胞化学研究.阎静,等.解剖学报,1992,23(2)
兔卵母细胞体外成熟和体外受精的研究.郑瑞珍,等.动物学报,1992,38(1)
豚鼠肠膜下神经节细胞电活动与结肠运动的关系.周小萍.生理学报,1992,44(4)
微波辐射对小鼠脑内乙酰胆碱含量及胆碱乙酰转移酶活性的影响.聂世芳.生物物理学报,1992,8(4)
我国鼠源性疾病及其预防.汪诚信.上海预防医学,1992,4(11)
围栏育草措施对布氏田鼠种群的生态效应.钟文勤,等.草原生态系统研究,1992,(4)
五趾跳鼠出入蛰特征的调查.周延林,等.兽类学报,1992,3(1)
小鼠胚胎发育过程中表皮生长因子受体的免疫荧光定位研究.陈轶玉.动物学研究,1992,13(4)
小鼠体内脾脏、骨髓及精原细胞姐妹染色体单体交换的比较研究.曹雪松,等.动物学报,1992,38(2)
小鼠心肌细胞系FMC84的建立及其生物学特性研究.陈奕权.解剖学杂志,1992,15(6)
小鼠胚胎干细胞及其在发育和遗传研究中的应用.丛笑倩.细胞生物学杂志,1992,14(2)
新生大鼠纹状体神经元上的乙酰胆碱受体(AchR)通道.生理学通报,1992,8(2)
行为训练与小鼠海马突触蛋白磷酸化水平的相关性.高静.生理学报,1992,44(1)
小鼠2-细胞胚胎电融合的研究.黄少华,等.中国科学(B辑), 1992,(6)
小家鼠和实验小鼠遗传特征的比较研究.金玖蕾.兽类学报,1992,12(3)
小鼠胸腺退变过程的组织形态观察.楼皖玲.蚌埠医学院学报,1992,17(2)
小鼠消化管上皮糖蛋白分布的研究.李白桦.福建医学院学报,1992,26(2)
小鼠中期染色体区、带模式图及其识别.凌丽华.解剖学报,1992,23(3)
小鼠Sertoli细胞tPA和PAI-1基因表达的激素调节.刘以训.中国科学(B辑),1992,(11)
小鼠巨细胞病毒(MCMV)的潜伏感染和激活的研究.汤家铭.上海实验动物科学,1992,12(1)
心房钠肽对血管紧张素及禁水引起大鼠饮水行为的影响.田德润.生理学报,1992,44(2)
小鼠脑垂体TSH细胞和ACTH细胞的体视学研究.卫兰.北京医科大学学报,1992,24(5)
小鼠胃腺壁细胞超微结构的研究——应用氯离子定位和多糖染色技术.王文.解剖学报,1992,23(1)
小鼠角膜发育期间凝集素受体的分布及变化.徐云远.实验生物学报,1992,25(4)
细胞松驰素E对大鼠生精细胞发育的影响.叶世隽,等.动物学报,1992,38(3)
小鼠胚胎发育过程中SCE值的观察分析.虞世嘉.解剖学杂志,1992,15(2)
小鼠再生肝胞浆磷酸酪氨酸蛋白磷酸酶的纯化和性质研究.杨云.生物化学杂志,1992,8(2)
小家鼠生态特征与预测.朱盛侃,等.科学出版社,1992
西安地区黄胸鼠(Rattus flavipectus)的染色体研究.张锡然.南京师范大学学报(自然版),1992,15(4)
小鼠颌下腺表皮生长因子的分离、纯化与鉴定.赵明.生物化学杂志,1992,8(1)
小白鼠肾上腺髓质发育分化的趋微结构观察.赵善廷.新疆医学院学报,1992,15(2)
小白鼠肾上腺髓质发育分化的组织学和组织化学观察.赵善廷.新疆医学院学报,1992,15(3)
小鼠冻胚分割试验.张涌.西北农业大学学报,1992,20(1)
小鼠桑椹期胚胎库的建立.周吉盛.制冷学报,1992,(3)
1-对氯苯基-1-苯基丙酮合成反应机理研究.葛鹏举.辽宁化工,1992,(2)
研究荧光标记BCAA及AAA在大鼠体内代谢.蒋滢.氨基酸杂志,1992,(4)
野兔种群生态学研究概况.卢欣.山西大学学报(自然版),1992,15(2)
异杀鼠酮钠盐现场灭鼠效果观察.刘龙庆.医学动物防制,1992,8(3)
运用灰色系统理论预测啮齿动物种群动态的初步探讨.倪亦非.八一农学院学报,1992,15(1)
云南社鼠和刺毛鼠的染色体比较研究.庞宏,等.南京师范大学学报(自然科学版),1992,15(1)
一种免疫小鼠制备大量多克隆抗体的新方法.魏群,等.北京师范大学学报,1992,28(3)
云南省滇西地区黄胸鼠种群年龄研究初报.杨光荣.兽类学报,1992,12(1)
玉米播种期鼠害防治指标的初步探讨.杨再学.植物保护,1992,18(1)
用反相离子对色谱-电化学检测法测定大鼠脑内单胺类物质.张小雷.贵阳医学院学报,1992,17(2)

1～25 日龄幼兔肾脏发育的光镜和电镜研究. 邹伟. 辽宁师范大学学报(自然科学版),1992,15(3)
用急性灭鼠药后家鼠对同种诱饵配制的抗凝血剂毒饵产生拒食现象的研究. 赵承善,等. 中国媒介生物学及控制杂志,1992,3(5)
中国流行性出血热监测研究. 陈化新,等. 北京科学技术出版社,1992
中国八种家鼠 C-带核型的比较研究. 陈志平. 动物学研究,1992,13(2)
着床后嵌合鼠的制作法. 黄国屏译. 动物学杂志,1992,27(2)
中枢 α 受体在大鼠颈动脉窦反射中的调制作用. 黄伟秋. 生理学报,1992,44(6)
中国橙腹长吻松鼠种下分类的探讨. 李健雄. 动物学研究,1992,13(3)
中条山区花鼠生态的初步观察. 卢欣. 野生动物,1992
在豚鼠心室肌重新探讨有效不应期的临界膜电位值. 李澈. 中国科学(B 辑),1992,(6)
湛江市区室内鼠类变动的研究. 莫冠英. 动物学杂志,1992,27(1)
中国中部中晚始新世仓鼠类一新属——祖仓鼠(Pappocricetodon). 童永生. 古脊椎动物学报,1992,30(1)
植食啮齿动物食性的显微组织分析法. 王桂明. 动物学杂志,1992,27(5)
植物性小哺乳类营养生态的研究:高原鼠兔的食物选择模式与食物质量. 王溪. 兽类学报,1992,12(3)
中华仓鼠卵巢细胞在检测百日咳菌免疫原中的应用. 王祖森. 上海免疫学杂志,1992,12(4)
转基因小鼠. 吴鹤龄. 生物工程进展,1992,12(6)
尊重事实,让灭鼠工作健康发展. 汪诚信. 中国媒介生物学及控制杂志,1992,3(2)
中枢去甲肾上腺素能系统对大鼠颈动脉窦反射的影响. 徐浩东. 生理学报,1992,44(2)
正常鼠血液流变学观察. 于小波,等. 动物学杂志,1992,27(2)
中国鼠兔亚属种系发生的探讨. 于宁. 兽类学报,1992,12(4)
正常 Wistar 大鼠脾器官内结构个体差异的体视学研究. 赵斌. 广东解剖学通报,1992,14(2)
周期大鼠卵巢颗粒细胞黄体化过程神经细胞诱向因子研究的新方法与进展. 周明华,等. 解剖学报,1992,23(3)
中国昆明鼠蛋白质及同工酶多态性的研究. 赵志辉,等. 兽医大学学报,1992,(12)
着床前小鼠胚胎蛋白质和糖蛋白的合成及其双向电泳图象分析. 郑明. 中国科学(B 辑),1992,(3)
AMS(Wistar)封闭群大鼠的繁殖性能及季节对其影响的研究. 李善如. 兽医大学学报,1993,13(4)
不同品系实验小鼠 6 种脱氢酶同工酶的比较研究. 鲍世民. 动物学报,1993,39(1)
不同年龄喜马拉雅旱獭肾上腺皮质超微结构与功能的比较研究. 陈钦铭. 兽类学报,1993,13(2)
不同环境小鼠的行为、记忆及脑突触蛋白磷酸化. 高静. 南京大学学报(自然科学版),1993,29(3)
布氏田鼠种群生理学年龄结构的研究. 刘志龙. 兽类学报,1993,13(1)
布氏田鼠种群繁殖特征研究. 刘志龙. 兽类学报,1993,13(2)
BGH 转基因小鼠的建立及其特征研究. 李宝林. 兽医大学学报,1993,13(4)
北京地区鼠传疾病控制效果的评价. 李雪英,等. 中国媒介生物学及控制杂志,1993,(4)
不同日粮蛋白水平对昆明小鼠仔鼠断奶前生长发育的影响. 吴桂林. 动物学杂志,1993,28(2)
臭鼩染色体的研究. 陈水华,等. 兽类学报,1993,13(2)
从肥满度看布氏田鼠对气候环境的适应. 房继明. 北京师范大学学报(自然科学版),1993,29(3)
超氧化物歧化酶同工酶分析法用于兽类分类的试探. 何新霞,等. 兽类学报,1993,13(4)
草原灭鼠后鼠类群落演替的研究. 侯希贤,等. 中国媒介生物学及控制杂志,1993,4(4)
重症合并免疫不全老鼠的应用. 江伯伦,等. 当代医学(中国台湾),1993,(27)
岑巩县黑线姬鼠的生态初步观察. 雷邦海. 动物学杂志,1993,28(3)
长爪沙鼠种群数量与气象因子的关系. 李仲来. 兽类学报,1993,13(2)
城市特殊环境与居民环境鼠类生态比较研究. 刘起勇. 中国媒介生物学及控制杂志,1993,4(4)
促性腺激素对幼鼠卵巢细胞 PAI-1 分泌的调节. 刘以训,等. 中国科学(B 辑),1993,23(10)
臭鼩酯酶和苹果酸脱氢酶同工酶的电泳研究. 石斌山. 兽类学报,1993,13(1)
从早期胚胎多能干细胞生成的嵌合鼠. 宋震涛,等. 遗传学报,1993,20(6)
查鼠粪法应用于城市灭鼠效果考核的评价. 王军建,等. 中国媒介生物学及控制杂志,1993,(4)
长江流域稻区黑线姬鼠发生动态与防治指标研究. 王华弟. 中国农业科学,1993,26(6)
春大豆鼠害的防治指标. 徐金汉. 福建农学院学报(自然科学版),1993,2(1)
超净生物层流架内裸小鼠的饲育及效益. 鱼达. 上海实验动物科学,1993,13(3)
超速冷冻 8-细胞鼠胚. 王周吉. 东北农学院学报,1993,(24)
草原田鼠的单配性. Carter,C. S. 科学,1993,(10)
从东京建筑物中的家鼠(黑鼠)体内分离出单核细胞增生性李氏杆菌. Satos,杨银书. 医学动物防制,1993,(9)
毒杀社鼠的引诱剂选择试验. 鲍毅新. 中国媒介生物学及控制杂志,1993,4(4)
大鼠内侧隔核对齿状回习得性 LTP 的调制. 陈燕勤. 动物学研究,1993,14(4)
大鼠胃不同部位副交感节前神经元的中枢定位. 程世斌. 解剖学报,1993,24(1)

大白鼠脊髓前角内含γ-氨基丁酸神经元的化学神经解剖学研究. 蔡秋云,等. 解剖学报,1993,24(4)
大鼠脾淋巴细胞金属硫蛋白基因的诱导表达及其与核骨架的关系. 陈吉龙. 科学通报,1993,38(9)
敌鼠钠盐控制旅客列车鼠密度回升效果观察. 柴兰芳. 中国媒介生物学及控制杂志,1993,4(2)
大鼠肺脂氧合酶代谢外来化合物及其亚物胞分布的实验研究. 蔡原. 中国公共卫生学报,1993,12(4)
大鼠下丘脑室旁核向迷走神经背核投射的电镜研究. 丁炯. 解剖学杂志,1993,16(3)
大鼠下丘脑催产素及加压素样神经元与甘丙肽及神经肽Y样传入纤维末梢的关系. 段晓勤. 解剖学报,1993,24(2)
低浓度酒精对小白鼠胃粘膜表面结构影响的扫描电镜观察. 段相林,等. 解剖学报,1993,24(3)
大鼠腰骶髓"内脑面"传出和上行投射神经元的定位分布——HRP与荧光金追踪法研究. 丁玉强. 解剖学报,1993,24(3)
大鼠前列腺甾体结合蛋白基因CAAT区核内结合蛋白的研究. 单敬东. 生物化学与生物物理学报,1993,25(6)
大鼠脑突触质膜糖皮质激素受体的纯化. 傅红. 生物化学杂志,1993,9(1)
大鼠脑突触质膜糖皮质激素受体样抗原的免疫电镜研究. 傅红. 生理学报,1993,45(2)
大鼠活体注射台盼蓝后肝和肾的组织学与组织化学变化的观察. 辜清,等. 动物学报,1993,39(3)
大鼠脊髓向结合臂旁核的投射:WGA-HRP顺行追踪研究. 顾桂宝. 解剖学报,1993,24(2)
大鼠脊髓神经肽Y、神经降压肽免疫反应神经元向结合臂旁核的投射. 顾桂宝,等. 解剖学报,1993,24(3)
代粮毒饵灭鼠试验研究. 高文林. 中国媒介生物学及控制杂志,1993,4(1)
大鼠肝脏金属硫蛋白的分离纯化和金属硫蛋白亚型-Ⅱ结构α域片段的制备及其核磁共振鉴定. 黄仲贤. 高等学校化学学报,1993,14(4)
大鼠肌肉神经白介素纯化和生化特性及其与磷酸葡萄糖异位酶的关系. 郝秀娟. 生物化学杂志,1993,9(2)
大鼠胸腺年龄性定量组织学变化. 胡兴昌. 上海师范大学学报,1993,22(1)
大鼠妊娠期及分娩前后子宫肌层内胶原纤维网的超微结构研究. 冀春萱. 解剖学杂志,1993,16(2)
东北鼢鼠生活习性初探. 吕新龙. 草原科学,1993,10(2)
大鼠大脑中动脉可逆性阻塞的实验研究. 李东亮,等. 动物学报,1993,39(2)
大隆杀鼠剂灭家鼠效果试验. 雷邦海. 贵州农业科学,1993,(4)
低甲和高甲大鼠肾单位远部细胞超微结构的变化——形态计量学研究. 李占淳,等. 解剖学报,1993,24(3)
大鼠垂体后叶胆囊收缩素能神经纤维的起源. 刘少君. 解剖学报,1993,24(4)
洞庭平原褐家鼠年龄分组及种群年龄动态分析. 李世斌. 兽类学报,1993,13(2)
达乌尔黄鼠种群年龄结构的研究. 刘加坤. 兽类学报,1993,13(4)
达乌尔黄数量的三种调查方法对比分析. 李书宝,等. 中国地方病防治杂志,1993,(8)
单唾液酸神经节苷脂GMI对大鼠海马CAI区LTP的作用. 李永新,等. 中国科学(B辑),1993,23(8)
大鼠脊孤束-背索突触后神经元的荧光双标记法研究. 孟卓,等. 解剖学报,1993,24(3)
大鼠颗粒细胞tap和PAI-1表达的激素调控. 刘以训,等. 中国科学(B辑),1993,23(7)
大鼠脑神经传导递质半微分伏安法活体测定. 彭图治. 科学通讯,1993,38(2)
大鼠体感皮层后爪代表区的微电报测定. 齐慧新. 基础医学与临床,1993,13(3)
大鼠肾间质的形态学研究. 邵佑之. 解剖学杂志,1993,16(2)
大鼠胸腺皮质酸性磷酸酶的超微结构定位. 孙昌伟,等. 解剖学报,1993,24(1)
大鼠肾集合小管上皮细胞类型及其超微结构. 邵佑之. 解剖学报,1993,24(2)
大鼠脑干臂旁和网状系中ache阳性结构的分布. 唐竹吾. 解剖学报,1993,16(2)
大鼠孤束核内含NT神经元的超微结构观察. 陶元祥. 南京医学院学报,1993,13(3)
大鼠尾壳核的神经纤维联系:轴突顺-逆行追踪. 唐廷勇. 中山医科大学学报,1993,14(1)
大鼠皮肤创伤愈合过程中结缔组织细胞变化的电镜. 王周南,等. 解剖学报,1993,24(1)
大鼠胸腺的神经分布——银染色和乙酰胆碱酯酶组织化学的研究. 王新亭,等. 解剖学报,1993,24(4)
大鼠出生后脑内钙调神经磷酸酶的研究. 王健勇. 生物化学杂志,1993,9(1)
大白鼠上丘脑片深层部突触传递和LTP的研究. 王毅. 生物物理学报,1993,9(3)
大鼠口服红景天致畸作用的研究. 王惠琴. 首都医学院学报,1993,14(2)
大鼠组织中铜、锌及锰超氧化物歧化酶活性的比较. 魏重琴,等. 生物化学与生物物理学进展,1993,20(2)
敌敌畏、甲基对硫磷小鼠LD_{50}测定及致死时间的量效分析. 汪萌芽. 中国药理学通报,1993,9(3)
大鼠心肌肥厚时左心室心房钠尿肽基因的转录. 夏凉. 生理学报,1993,45(2)
大鼠生殖周期下丘脑、卵巢、子宫钙调素含量变化及子宫钙调素的免疫组化定位. 杨纫姝. 动物学报,1993,39(1)
大鼠、小鼠胰蛋白酶的分离纯化动力学性质. 余瑞元. 生物化学杂志,1993,(9)
大仓鼠种群年龄组存活率的估算. 张知彬. 动物学报,1993,39(1)
电刺激家兔卵母细胞孤雌活化的研究. 邹肾刚,等. 动物学报,1993,39(1)

大鼠胚胎视网膜节细胞神经诱向因子及其受体的免疫组织化学定位及原位定量研究. 周明华. 解剖学报,1993,24(1)
大鼠三叉神经脊束核尾侧亚核血管活性肠肽的超微结构定位和胞吐释放. 朱增纯. 解剖学报,1993,24(2)
大鼠输卵管的微血管构筑——扫描电镜观察. 朱晞,等. 解剖学报,1993,24(3)
大鼠舌下神经切断后舌内肌运动神经元诱向因子及其受体的变化. 周明华,等. 解剖学报,1993,24(4)
大鼠肾脏和其他组织中磷酸酪氨酸蛋白的研究. 张明志. 生物化学杂志,1993,9(2)
大鼠心肌线粒体内外膜磷脂动态结构的研究. 朱明晏. 生物物理学报,1993,9(2)
大鼠脚内核的镇痛作用. 张唯. 生理学报,1993,45(2)
大鼠耳大神经躯运动神经纤维的研究. 张昆. 中国医科大学学报,1993,(22)
福建中部地区家鼠蚤类的调查报告. 池敏棣,等. 医学动物防制,1993,(9)
反相高效液相色谱法测定大白鼠血浆中雷酚内酯浓度. 方红,等. 色谱,1993,(11)
福建莆田地区家栖鼠类数量动态分析. 洪朝长. 兽类学报,1993,13(2)
腹腔注射对氯苯丙氨酸对达乌尔黄鼠冬眠的影响. 黄钦恒,等. 兽类学报,1993,13(3)
复方灭鼠剂88-1、89-9的研试与应用. 刘辉芬. 农业现代化研究,1993,14(3)
非粮食灭鼠饵料的实验观察. 汤永康. 中国媒介生物学及控制杂志,1993,4(3)
福建省宁德地区鼠形动物及其体外寄生虫名录. 袁高林,等. 中国媒介生物学及控制杂志,1993,4(1)
福斯科林对大鼠排卵的作用及卵巢纤溶酶原激活因子活性的影响. 祝成. 动物学报,1993,39(2)
高原鼠兔上海地区驯育初探. 鲍世民. 上海实验动物科学,1993,13(3)
高寒草甸放牧生态系统的分室模型研究. 黄大明. 厦门大学学报,1993,(6)
镉诱导家兔肝脏含锌金属硫蛋白的纯化及鉴定. 李令媛,等. 动物学报,1993,39(2)
桂西山地南缘农区小型兽类及其群落特征的研究. 梁俊勋,等. 西南农业学报,1993,6(2)
工业鼠害与防鼠工程设计. 刘桐树. 中国科学技术出版社,1993
GnRHa对去垂体大鼠卵巢tAP和PAI-1基因表达的调节. 刘以训,等. 中国科学(B辑),1993,23(8)
钙调素在豚鼠胃肠胰系统的免疫组织化学定位. 徐天乐,等. 解剖学报,1993,24(2)
高原鼢鼠土丘对高原草甸植被及土壤养分的效应. 王权业,等. 兽类学报,1993,13(1)
高寒草甸金露梅灌丛根田鼠种群生产力的研究Ⅲ. 种群生物能学. 王祖望. 兽类学报,1993,13(1)
高原鼠兔蒸发失水的地位及热能调节. 王德华. 兽类学报,1993,13(2)
甘肃鼢鼠和中华鼢鼠繁殖特征的研究. 王廷正. 兽类学报,1993,13(2)
高原鼠兔松果体超微结构的研究. 王典群. 兽类学报,1993,13(3)
高原鼠兔褐色脂肪组织成分及功能的季节动态. 王德华. 兽类学报,1993,13(4)
高效液相色谱法检测大鼠子宫内膜游离氨基酸. 张伟. 动物学杂志,1993,28(3)
广东省徐闻县友好农场广州管圆线虫末宿主鼠类的调查. 朱天成,等. 中国人兽共患病杂志,1993,9(6)
河北阳原—蔚县晚上新世鼠科化石. 蔡保全,等. 古脊椎动物学报,1993,31(4)
海狸鼠磨尾病的防治. 陈景礼. 毛皮动物饲养,1993,(3)43
呼和浩特郊区人工草地和农田鼠类组成及动态研究. 董维惠,等. 中国媒介生物学及控制杂志,1993,(特刊2)
黑线仓鼠种群数量动态预测研究. 董维惠,等. 中国媒介生物学及控制杂志,1993,13(4)
呼和浩特地区黑线仓鼠种群动态研究. 侯希贤. 动物学研究,1993,14(2)
褐家鼠声行为的种特性和种族变异. 蒋锦昌. 遗传学报,1993,20(1)
黑线姬鼠种群数量变动因子的主分量分析. 蒋光藻. 植物保护学报,1993,20(3)
黄毛鼠精子尾部主段超微结构. 龙永隆,等. 动物学报,1993,39(4)
黑河口岸鼠蚤调查. 刘海江,等. 黑河科技,1993,(3)
hCG和GnRH类似物诱发大鼠卵巢tPA和PAI-1基因表达的比较研究. 刘以训. 科学通报,1993,38(9)
海狸鼠不同配种方式、时间对其繁殖率影响的观察试验. 刘兴友,等. 毛皮动物饲养,1993,(1)
海狸鼠的呼吸系统. 何春林,等. 毛动物饲养,1993,(1)
海狸鼠四肢骨的解剖特点. 何春林,等. 毛皮动物饲养,1993,(3)
花鼠种群年龄和繁殖的初步研究. 卢欣. 兽类学报,1993,13(4)
黑唇鼠兔和新西兰家兔红细胞同功酶的多态比较. 欧阳燕. 北京实验动物科学,1993,10(1)
海狸鼠的生物学特征. 朴厚坤,等. 毛皮动物饲养,1993,(3)
海狸鼠的育种. 朴厚坤,等. 毛皮动物饲养,1993,(4)
花鼠在辽东山区危害参籽初步观察及防治. 任德波,等. 植物保护,1993,19(6)
海狸鼠舍养性行为观察初报. 王书杰,等. 毛皮动物饲养,1993,(4)
黑线姬鼠华北亚种染色体研究. 王金星. 兽类学报,1993,13(4)
黄土高原甘肃鼢鼠、中华鼢鼠综合防治技术的研究. 王廷正. 植物保护学报,1993,20(3)
河狸鼠的链球菌病. 谢敏康. 国外兽医学(畜禽传染病),1993,13(1)

海狸鼠的色型. 肖寿明. 毛皮动物饲养,1993,(4)
化学刺激大鼠缰核引起的呼吸效应. 杨绍年,等. 动物学报,1993,39(2)
黑线姬鼠种群年龄的研究. 杨再学. 贵州农学院学报,1993,12(1)
海狸鼠鼻内寄生蚂蟥的防治方法. 尹君. 毛皮动物饲养,1993,(2)
黄泥河林区鼠类群落演替的研究. 杨春文. 兽类学报,1993,13(3)
黄胸鼠的量度分析. 赵侯. 动物学杂志,1993,(4)
化学除草驱鼠及堆垛诱鼠试验初报. 张金钟,等. 四川林业科技,1993,14(1)
黄毛鼠种群动态影响因素与危害特征及其防制对策. 郑智民. 厦门科技, 1993,(5)
湖北省鼠类蠕虫的调查研究. 周梓林,等. 实用寄生虫病杂志,1993,1(3)
褐家鼠在内陆干旱区的侵移及栖息地选择. 张大铭,等. 人类动物影响下兽类的演变,中国科学技术出版社,1993
家兔脑不完全缺血后海马的组织变化. 高德臣,等. 动物学杂志,1993,28(5)
净化室与层流架相结合繁殖裸小鼠的效果. 方爱国. 上海实验动物科学,1993,13(3)
家养海狸鼠的生态行为观察. 李宝唐. 家畜生态,1993,14(3)
家兔皮肤真菌病的诊断与防治. 柳怀玉,等. 毛皮动物饲养,1993,(3)
急性没鼠命中毒 29 例抢救体会. 林天富,等. 人民军医,1993,(9)
吉林省寒葱岭地区森林鼠类调查. 孙帆,等. 动物学杂志,1993,28(6)
家兔个体表达系统的建立. 施履吉,等. 遗传学报,1993,20(2)
降钙素基因相关肽免疫反应神经纤维在大鼠脾的分布. 吴中亮,等. 解剖学报,1993,24(4)
家兔人工授精技术要领. 王永军,等. 毛皮动物饲养,1993,(3)
家兔假反刍行为的研究. 张贵林. 家畜生态,1993,14(1)
吉林半山区林地鼠类组成及分布. 张桓. 吉林林业科技,1993,(2)
Jolly-Sober 法对大仓鼠和黑线仓鼠种群若干参数的估算. 张知彬. 生态学报,1993,13(2)
集中投饵防治松鼠害研究初报. 朱永淡. 浙江林学院学报,1993,10(2)
昆明种小鼠 DNA 指纹图. 杜国清. 北京实验动物科学,1993,10(3)
昆明种小白鼠生长发育规律的研究二:乳腺的生长发育. 朴鹤. 延边农学院学报,1993,14(4)
昆明种小白鼠发育规律的研究四. 不同时期繁殖鼠几种主要内分泌器官的重要变化. 吴国娟. 延边农学院学报,1993,15(2)
克拉玛依地区的利什曼病Ⅻ. 利什曼原虫单克隆抗体对大沙鼠及白蛉体内利什曼原虫的检测. 许永湘. 地方病通报,1993,8(3)
克拉玛依大沙鼠体内利什曼原虫对 BALB/C 小鼠的致病力及宿主细胞反应的组织学观察. 杨元清. 地方病通报,1993,8(3)
昆明小鼠单细胞胚胎体外培养的研究. 张守全. 华南农业大学学报,1993,14(1)
旅客列车鼠蟑防制改革初探. 蔡念南. 中国公共卫生,1993,9(10)
氯鼠酮钠盐防治布氏田鼠的研究. 侯希贤,等. 草业科学,1993,10(4)
离体鼠肝细胞及 P450 酶系与拟除虫菊类杀虫剂的相互作用. 黄俊勇,等. 动物学报,1993,39(4)
辽宁凤城家栖鼠类的生态学调查与研究. 洪江,等. 医学动物防制,1993,4(特刊5)
林丹对鼠的毒性. 邵向东,等. 国外农业环境保护,1993,1(35)
流行性出血热病毒染鼠及鼠窝空间分布规律的研究. 汪桂清,等. 湖北医科大学学报,1993,14(2)
裸小鼠稳产高产的经验. 张家骝. 上海实验动物科学,1993,13(3)
利用胚胎干细胞将突变导入小鼠种系. Robertson,E. J. 国外医学(遗传学),1993,16(4)
内蒙古北部荒漠草原啮齿动物群落分类及其多样性研究. 米景川. 地方病通报,1993,8(2)
灭鼠理论与技术. 周培盛,等. 广东高等教育出版社,1993
吗啡对备用根大鼠脊髓Ⅱ板层突触重建的影响——电镜定量研究. 曾园山,等. 解剖学报,1993,24(2)
蒙古旱獭人工驯养及繁殖的研究. 张景清. 内蒙古畜牧科学,1993,(3)
闽台两省啮齿动物比较研究. 詹绍琛. 中国媒介生物学及控制杂志,1993,4(4)
内蒙古土默特平原长爪沙鼠种群繁殖特点的研究. 陈德. 地方病通报,1993,8(4)
宁夏地区家兔寄生虫名录. 蔡葵蒸. 中国兽医科技,1993,(3)
脑室注射 6-OHDA 对黄鼠脑内单胺类神经递质与 β-内腓肽和血清 TSH 含量影响. 黄钦恒,等. 动物学报,1993,39(2)
内蒙古乌兰塔塔尔地区中渐新世的圆柱齿鼹科啮齿类. 黄学诗. 古脊椎动物学报,1993,13(1)
内蒙古农区鼠害调查. 侯希贤,等. 中国媒介生物学及控制杂志,1993,4(特刊5)
农业虫鼠害的严重性及防治对策. 李典谟. 中国科学院院刊,1993,8(3)
农业害鼠学. 沈兆昌. 江苏科学技术出版社,1993

宁夏阿拉善黄鼠酯酶同工酶的研究. 赵天飙. 内蒙古师大学报(自然),1993,(2)
莆田地区家鼠的种类组成、种间关系和群落演替. 洪朝长. 中国媒介生物学及控制杂志,1993,4(1)
苹果园的鼠害综合治理技术研究. 鲁石头. 中国果树,1993,(3)
普通大鼠、SPF 大鼠及悉生大鼠盲肠膜与内容物菌群分析. 祝小枫. 上海实验动物科学,1993,13(1)
全栖息地毒鼠法及其应用. 陈安国,等. 农业现代研究,1993,14(2)
亲和层析法分离大鼠脂肪细胞膜上腺苷 A1 受体. 江黎明. 生物化学杂志,1993,9(5)
青海省海东地区啮齿动物调查分析. 李少春. 地方病通报,1993,8(2)
岑巩县黑线姬鼠的生态初步观察. 雷邦海. 动物学杂志,1993,28(3)
区分大白鼠肾上腺髓质内去甲肾上腺素细胞的一种有效方法. 李月奎. 动物学杂志,1993,28
黔西北地区农田害鼠调查及防治探讨. 黎道洪. 贵州师范大学学报(自然版),1993,11(3)
青海贵南县鼠类及其体外寄生虫调查. 张广登. 中国媒介生物学及控制杂志,1993,4(5)
人工林鼠害的发生和防治. 傅林学,等. 林业科技,1993,18(6)
RGNTF 单克隆抗体对大鼠胚胎视网膜节细胞发生的影响. 周明华,等. 解剖学报,1993,24(2)
人工饲养高原鼠兔生长和发育的观察. 张道川. 兽类学报,1993,13(4)
社鼠的研究提要. 鲍毅新. 浙江师大学报(自然版),1993,16(2)
山西榆社晚中新世竹鼠一新种. 弗林,劳伦斯. J. 古脊椎动物学报,1993,31(2)
SP、NKA、NKB 和 CGRP 免疫反应纤维在豚鼠气管和支气管淋巴结内的定位. 方秀斌,等. 解剖学报,1993,24(1)
衰老大鼠血管反应性研究. 顾正中. 动物学报,1993,39(2)
森林鼠类及其防治技术. 郭森,等. 中国林业出版社,1993
鼠害防治 200 问. 黎明. 辽宁大学出版社,1993
麝鼠精子的超微结构及冷冻对其影响的研究. 刘忠军,等. 毛皮动物饲养,1993,(4)
陕西省关中平原地区啮齿动物区系的研究. 刘建书. 中国媒介生物学及控制杂志,1993,4(4)
鼠兔核质杂交胚胎早期发育的研究. 梅祺. 实验生物学报,1993,26(4)
鼠类防制效果制约因素及防制策略定量评价的研究. 马立军. 中国媒介生物学及控制杂志,1993,4(3)
STxB/HlyA(CT)融合蛋白的分泌表达和 STxB 大小鼠内的特异免疫反应. 苏国富. 遗传学报,1993,20(5)
鼠资源开发大有可为. 王钧衡. 江西畜牧兽医杂志,1993,(3)
神经肽 Y 免疫反应阳性神经纤维在大鼠脾脏内的分布. 吴中亮. 解剖学报,1993,24(1)
社鼠种群空间格局的研究. 王淯. 内江师专学报(自然版),1993,8(2)
陕西啮齿动物志. 王廷正,等. 陕西师范大学出版社,1993
鼠害与草场退化的关系. 王桂明,等. 中国兽类生物学研究,1993
食盐对小鼠的急性毒性与蓄积毒性. 许孝仪. 北京实验动物科学,1993,10(1)
森林病虫鼠害防治技术. 肖作福. 辽宁人民出版社,1993
麝鼠饲养场的主要设备和产品加工. 肖寿明,等. 毛皮动物饲养,1993,(1)
麝鼠的人工散放. 肖寿明,等. 毛皮动物饲养,1993,(2)
鼠源性 IgG 类单克隆抗体的纯化. 许崇波. 中国兽医科技,1993,23(10)
鼠伤寒杆菌膜蛋白的提取和分析鉴定. 赵凤兰,等. 河南医科大学学报,1993,28(4)
麝鼠疾病防治技术问答. 张振兴. 毛皮动物饲养,1993,(4)34
十二个同类系小鼠品系的繁育状况. 张瑞忠. 上海实验动物科学,1993,13(1)
社鼠种群生态研究. 张洁. 兽类学报,1993,13(3)
兔 2-细胞胚胎电融合及其融合胚体外发育的研究. 刘林,等. 遗传学报,1993,20(6)
提高麝鼠香腺泌香量的措施. 李宝唐. 毛皮动物饲养,1993,(2)
豚鼠耳蜗电图慢成分的研究. 王树峰. 生物物理学报,1993,9(3)
特殊环境的鼠类及其防制. 莫冠英. 中国媒介生物学及控制杂志,1993,4(1)
五种灭鼠防制农村家鼠效果观察. 陈长安. 中国媒介生物学及控制杂志,1993,4(2)
我国森林鼠害及其防治对策. 刘克敏. 森林病虫通讯,1993,(2)
Wistar 系大鼠染色体核型及分带研究. 李慕. 兽医大学学报,1993,13(2)
温度和 ryanodine 对冬眠动物黄鼠心室乳头肌力学复原的影响. 周曾铨. 北京大学学报(自然版),1993,29(2)
维生素 E 对小白鼠骨髓细胞染色体畸变验效研究. 钟金颜. 江西科学,1993,11(1)
湘西丘陵地区应用溴敌隆灭鼠效果观察. 蒋先仕. 中国媒介生物学及控制杂志,1993,4(1)
新疆塔城地区多房棘球蚴的鼠类宿主考察. 林宇光,等. 地方病通报,1993,8(2)
小鼠心房肌早发后去极化的特性. 刘泰 feng,等. 中国科学(B 辑),1993,23(1)
小鼠细胞核富集着丝粒部分特性的研究. 倪祖梅. 实验动物学报,1993,26(3)
小鼠囊胚的不同遗传背景对形成细胞集落的影响. 尚克刚. 北京大学学报(自然版),1993,29(2)
小鼠主动脉弓分类类型的初步观察. 孙安甫. 动物学杂志,1993,28(1)

小鼠胸腺皮质5′-核苷酸酶的细胞化学定位. 孙昌伟. 解剖学报,1993,24(3)
小鼠卵母细胞去核方法的研究. 谭景和. 东北农学院学报,1993,24(3)
小鼠巨细胞病毒包涵体观察. 汤家铭. 上海实验动物科学,1993,13(1)
小鼠角膜发育期间胎球蛋白受体的定位. 徐云远. 动物学报,1993,39(3)
新开发实验动物——高原鼠兔. 叶润蓉,等. 动物学杂志,1993,28(5)
小家鼠生态特性与预测. 朱盛侃,等. 科学出版社,1993
云南兔的染色体研究. 陈志平,等. 兽类学报,1993,13(3)
应用圆形分布研究流行性出血热人群发病与褐家鼠带病毒率的关系. 仇丽霞. 中国媒介生物学及控制杂志,1993,4(2)
一举两得的鱼粉代用品——鼠粉. 邓日表. 农牧旬刊(中国台湾),1993
1990—1992年内蒙古西部90株鼠伤寒菌噬菌体分型结果. 马文涛,等. 内蒙古医学杂志,1993,13(4)
云南白腹鼠的染色体研究. 庞宏,等. 南京师范大学学报(自然版),1993,16(1)
云南六种家鼠染色体银染色研究. 庞宏. 南京师范大学学报(自然版),1993,16(3)
19个近交品系珠蛋白β肽谱的建立及遗传型的比较. 宋树奎. 第二军医大学学报,1993,14(1)
应用模糊聚类评价布氏田鼠为害等级. 施大钊. 植物保护学报,1993,20(2)
1972—1991年闽东地区流行性出血热流行病学分析. 袁高林,等. 福建预防医学,1993,2(5)
一种新的硒多肽Ⅰ. 大鼠心肌中非GSH-Px硒蛋白的研究. 赵利军. 科学通报,1993,38(3)
影响麝鼠繁殖的几种原因. 赵喜印. 毛皮动物饲养,1993,(2)
怎样给家兔编耳号. 高宜行. 毛皮动物饲养,1993,(2)
中国棕背䶄亚种分化的研究(啮齿目:仓鼠科:田鼠亚科). 姜建青. 动物分类学报,1993,18(1)
在体大鼠肝细胞内酸性磷酸酶和单胺氧化酶的超声生物效应. 刘全宏. 陕西师大学报(自然版),1993,21(2)
中华姬鼠体组织化学成分的分析. 吴德林. 兽类学报,1993,13(1)
123例敌鼠钠中毒的临床和血液学分析. 争典斌,等. 临床血液学杂志,1993,6(4)
蔗糖密度离心分离大鼠大、小黄体细胞. 金秀东,等. 哈尔滨医科大学学报,1993,27(5)
棕色田鼠联会复合体与染色体轴的观察. 张铮. 陕西师大学报(自然版),1993,21(4)
棕色田鼠的细胞遗传研究. 朱必才. 遗传学报,1993,20(2)
在年龄结构化动物种群的分析过程中常见的几种错误. Harris,R. B. 兽类学报,1993,13(3)
中国灭鼠工具图谱. 山西省农业科学院农业科技情报研究所. 农业出版社,1993
哀牢山中华姬鼠的繁殖. 吴德林. 兽类学报,1994,14(1)
安西荒漠鼠类群落结构与环境因子的无偏对应分析. 刘定震,等. 兽类学报,1994,14(2)
不同刺激对小鼠及细胞表面IgD表达的影响. 丛英姿,等. 动物学研究,1994,15(3)
布氏田鼠数量和空间分布的年际动态及周期性初步分析. 房继明,等. 动物学杂志,1994,29(6)
布氏田鼠静止代谢率特征. 李庆芬,等. 兽类学报,1994,14(3)
布氏田鼠对低温的适应性产热. 李庆芬,等. 兽类学报,1994,14(4)
布氏田鼠婚配制度和繁殖的实验研究. 谢小明,等. 动物学报,1994,40(3)
北美CHIHUAHUAN荒漠啮齿动物群各物种种群生物量动态的比较研究. 曾宗永,等. 动物学研究,1994,15(2)
BALB/c小鼠胸腺的发生. 张兰分,等. 解剖学报,1994,25(1)
北美CHIHUAHUAN荒漠啮齿动物群落动态Ⅰ. 年间变动和趋势. 曾宗永. 兽类学报,1994,14(1)
布氏田鼠种群生长指标的主分量分析. 周延林,等. 兽类学报,1994,14(1)
北美CHIHUAHUAN荒漠啮齿动物群落动态Ⅱ. 季节性和周期性. 曾宗永,等. 兽类学报,1994,14(2)
BALB/c老鼠食用活力素S之后研究活力素S对其免疫调节的影响. 现代养猪(中国台湾),1994,16(2)
表皮生长因子在生后小鼠肾脏的免疫组织化学定位. 牛富文,等. 解剖学报,1994,25(1)
雄性大鼠血浆、消化道粘膜层胃动素含量测定. 郝秀华,等. 动物学杂志,1994,29(3)
雌性黄毛鼠繁殖特征研究. 黄秀清. 兽类学报,1994,14(1)
草兔的年龄鉴定和种群结构分析. 卢欣,等. 兽类学报,1994,14(3)
长白山西南部食虫目初步调查. 孙悦欣,等. 动物学杂志,1994,29(2)
从野生啮齿动物中分离到支原体. 王廷璞. 甘肃畜牧兽医,1994,24(2)
长白山林区鼠类垂直分布与防治对策. 杨春文,等. 森林病虫通讯,1992,(2)
从小田鼠亚种分离的鼠疫杆菌对正常人血清的敏感性. 张广荣. 地方病泽丛,1994,15(3)
从鼠尾中检出鼠疫菌. 张成. 中国地方病学杂志,1994,13(3)
大鼠中央杏仁核向迷走背核复合体的直接投射——HRP逆向追踪和形态计量学研究. 安新海,等. 解剖学报,1994,25(2)
大鼠孤束核内5-羟色胺能轴突终末的突触联系. 陈良为,等. 解剖学报,1994,25(3)
大鼠孤束核内5-羟色胺能纤维的来源——HRP逆行追踪与5-羟色胺. 陈良为,等. 解剖学报,1994,25(3)

滇中农区大面积灭鼠后褐家鼠种群动态的初步研究. 窦秦川,等. 兽类学报,1994,14(1)
高原鼠兔和甘肃鼠兔摄食行为及其栖息地适应性的研究. 边疆晖. 纪念陈桢教授诞辰 100 周年论文集,1994
动物的食物选择行为及其在鼠害防治中的应用. 管振龙,等. 医学动物防制,1994,10(4)
大鼠中枢神经系统衰老的形态学研究:黑质突触岛的年龄性变化. 黄岩,等. 动物学报,1994,40(2)
大豆、绿豆病虫草鼠害防治问答. 河北省植保植检站. 河南科学技术出版社,1994
DNA 甲基化作用与鼠肝细胞的老化. 何忠效,等. 生物化学杂志,1994,10(1)
大鼠 TCF-α 修饰 16 肽的溶液构象. 黄永仁,等. 生物化学与生物物理学报,1994,26(2)
毒鼠优对张家界地区的灭鼠试验. 蒋先仕. 中国媒介生物学及控制杂志,1994,5 (6)
洞庭平原褐家鼠种群动态和繁殖特征. 李世斌. 长江流域资源与环境,1994,3(3)
大白鼠小肠组织中 5-HT 的提取和测定方法的改进. 刘少卿,等. 第四军医大学学报,1994,15(3)
动物鼠疫监测数学模型的研究. 李仲来. 地方病译丛,1994,15(4)
大鼠生后发育期间胃肠道 IAPP 免疫反应细胞的分布. 梁文姝,等. 解剖学报,1994,25(4)
对弓箭捕杀鼢鼠的效果观察. 李玉传. 四川草原,1994,(3)
大鼠脑内脑钠素 mRNA 分布的原位杂交. 刘兢,等. 生理学报,1994,46(2)
大鼠心瓣膜含神经肽 Y 血管活性肠肽 P 物质和降钙素基因相关肽神经的分布及年龄变化. 毛秦雯,等. 解剖学报,1994,25(1)
大白鼠周围神经的生物力学性质研究. 任力锋,等. 中国生物医学工程学报,1994,13(3)
大鼠肝乳酸脱氢酶与磷脂脂质体的相互作用. 孙建新,等. 第二军医大学学报,1994,15(1)
大鼠肝乳酸脱氢酶 M4 的分离纯化. 孙建新,等. 第二军医大学学报,1994,15(1)
大鼠出生前后睾丸间质细胞的形态学观察和计量分析. 石嵩山,等. 解剖学杂志,1994,17(2)
大白鼠大脑大静脉及其侧副循环的研究. 孙善全,等. 解剖学报,1994,25(3)
大鼠肝抑素纯化及其生物活性的检测. 孙亚平,等. 解剖学报,1994,25(3)
大鼠胸腺实质中的肥大细胞——异染性、嗜银性、粘多糖和酶组织化学的研究. 王新亭,等. 解剖学杂志,1994 ,17(1)
大鼠颈内动脉系的脑淋巴管前淋巴系统. 王怀经,等. 解剖学报,1994,25(2)
大鼠岛叶皮质与迷走神经背核的直接通路——光镜和电镜研究. 王晓霞,等. 解剖学报,1994,25(2)
洞庭平原黑线姬鼠繁殖特征研究. 王勇,等. 兽类学报,1994,14(2)
大鼠前列腺上皮细胞角蛋白 8 mRNA 表达调节的定位研究. 王晓怀,等. 实验生物学报,1994,27(4)
大鼠睾丸和附睾中钙调素免疫组织化学定位的研究. 徐天乐,等. 解剖学报,1994,25(2)
敌鼠钠盐对残存鼠的毒杀效果. 叶关成,等. 海军医学,1994,12(2)
大鼠垂体前叶内分泌细胞溶酶体的电镜细胞化学研究. 易静,等. 解剖学报,1994,25(2)
大足鼠种群动态的非线性模型及逐步回归分析. 杨跃敏,等. 兽类学报,1994,14(2)
地理环境改变对长爪砂鼠数量的影响. 赵宗贤. 地方病通报,1994,9(1)
大鼠体内视网膜神经节细胞透向因子(RGNTF)及其受体的免疫组织化学定位. 周明华,等. 动物学报,1994,40(1)
大鼠前列腺上皮细胞在无血清培养液中增殖的调节. 张才乔,等. 动物学报,1994,40(1)
大鼠海马 CA1 区神经元在衰老过程中的形态学变化. 张兵,等. 动物学报,1994,40(4)
大鼠神经垂体内后叶加压素神经分泌末梢的 GABA 能神经支配. 朱长庚,等. 解剖学报,1994,25(3)
大鼠脑内微量元素含量年龄特征的研究. 邹伟,等. 神经解剖学杂志,1994,10(3)
大鼠脑神经元特异性烯醇化酶基因的 cDNA 克隆及序列分析. 赵崇,等. 生物化学杂志,1994,10(3)
大鼠睾丸支持细胞的分离及其乳酸含量的测定. 赵春艳,等. 卫生毒理学杂志,1994,8(2)
达乌尔黄鼠鼠疫预报的数学模型. 张耀星,等. 中国地方病防治杂志,1994,9(5)
EHF 疫区带病毒鼠指数的时间分布理论拟合与趋势预测. 樊继忠,等. 中国人兽共患病杂志,1994,10(6)
鼢鼠的灭治及其资源开发利用. 曹志东,等. 生物学通报,1994,29(5)
阜康市鼠害情况调查报告. 马贵贤,等. 地方病通报,1994,9(4)
福建省林区莱姆病的调查与防治措施探讨. 吴伯宪,等. 实用预防医学,1994,1(3)
福建省啮齿动物分布的聚类与关联分析. 王寿昆. 生态学杂志,1994,13(4)
防鼠涂料. 徐建平. 四川化工,1994,(1)
琥珀 CCK-7 对小鼠记忆的影响. 郑元林,等. 南京大学学报(自然科学版),1994,30(1)
甘肃鼢鼠的生物学特性研究. 曹志东,等. 甘肃农业科技,1994,(5)
桂林地区流行性出血热宿主动物及人群血清抗体调查. 陈忠德,等. 桂林医学杂志,1994,10(3)
观察箱内成年雄性布氏田鼠间的行为和行为序. 房继明. 北京师范大学学报(自然科学版),1994,30(3)
高原鼢鼠,益害谁人评说! 冯祚建. 大自然,1994,(4)
高原鼠兔季节性繁殖中的神经内分泌调控 Ⅰ. 在性休止期不同光制的影响. 李子巍,等. 动物学报,1994,40(4)

高原鼠兔季节性繁殖中的神经内分泌调控Ⅱ不同光制对生殖恢复期的影响. 李子巍,等. 兽类学报,1994,14(2)
高原鼠兔松果腺褪色黑激素含量昼夜节律的研究. 李子巍,等. 兽类学报,1994,14(3)
贵港市对鼠害综合治理技术承包的调查. 黎家福,等. 植物保护,1994,20(2)
贵州省黔东南地区鼠类及寄生蚤螨的初步调查. 莫应昌,等. 贵州医药,1994,18(4)
高原鼠兔前消化管部的解剖学研究. 施伯昌,等. 兰州大学学报(自然科学版),1994,30(2)
固相萃取-紫外导数光谱法测定脏器中敌鼠钠含量. 谭家镒,等. 中国法医学杂志,1994,9(1)
巩固无鼠害机场的几点机会. 王金林,等. 解放军预防医学杂志,1994,12(6)
高原鼢鼠种群数量的季节变化. 汪志刚,等. 四川草原,1994,(3)
高原鼢鼠挖掘活动的观察. 王权业,等. 兽类学报,1994,14(3)
蒿甲醚早期治疗鼠血吸虫病的疗效. 肖树华,等. 中国寄生虫学与寄生虫病杂志,1994,12(1)
甘孜州草地鼠虫害防治对策. 杨心茂. 四川草原,1994,(3)
广州地区褐家鼠的选食性试验. 朱少凡,等. 医学动物防制,1994,10(1)
广东白腹巨鼠的 G 带核型和银染色. 张锡然,等. 遗传,1994,16(1)
甘氟毒饵室内及现场灭鼠效果观察. 章进宝,等. 中国媒介生物学及控制杂志,1994,5(2)
海狸鼠人工采精法初报. 高冰,等. 毛皮动物饲养,1994,(3)
华中地区小家鼠生物学特性观察. 郭聪,等. 兽类学报,1994,14(1)
海南通什某部营区褐家鼠对杀鼠灵的抗药性调查. 黄佳亮,等. 医学动物防制,1994,10(1)
黄毛鼠综合防治技术研究. 黄秀清,等. 全国主要粮棉作物病虫草鼠害综合防治关键技术研究,1994
褐家鼠在新疆阿拉山口口岸居民区形成种群. 黎唯,等. 地方病通报,1994,9(3)
荒漠中的跳鼠. 刘乃发. 大自然,1994,(5)
海狸鼠回肠套叠病例. 李义波. 毛皮动物饲养,1994,(3)
活体大白兔体内磷含量中子活化分析研究. 罗贤清,等. 生物化学与生物物理学进展,1994,21(6)
黄兔尾鼠在沙鼠疫源地的宿主地位和作用. 刘纪有,等. 中国媒介生物学及控制杂志,1994,5(3)
河北省鼠疫自然疫源地啮齿动物种类组成及其动态变化的研究. 李玉贵,等. 中国地方病防治杂志,1994,9(2)
海狸鼠巴氏杆菌病的诊治. 毛万俊. 中国兽医科技,1994,24(3)
海狸鼠的饲养管理. 朴厚坤. 毛皮动物饲养,1994,(2)
海狸鼠皮的剥取和初步加工. 朴厚坤,等. 毛皮动物饲养,1994,(3)
海北州天峻县的高原鼠兔和高原鼢鼠的数量及其分布. 施根柱,等. 中国草地,1994,(6)
海狸鼠场的主要设施和生产管理. 吴晓玲,等. 毛皮动物饲养,1994,(4)
划分黄毛鼠种群年龄指标的分析比较. 谢福才. 兽类学报,1994,14(4)
黄兔尾鼠在新疆的分布及多次大批自毙现象. 于心,等. 地方病通报,1994,9(1)
黄土高原林区鼠害调查及生态研究Ⅰ. 甘泉县啮齿动物区系. 赵一庆. 陕西林业科技,1994,(1)
黑腹绒鼠日食量测定及社鼠等食性观察. 赵定全,等. 四川林业科技,1994,15(4)
IAPP 免疫反应细胞在成年大鼠胃肠胰系统的分布与形态学研究. 李占淳,等. 解剖学报,1994,25(4)
金黄地鼠甲状腺滤泡旁细胞内晶样体的超微结构. 陈华岳,等. 解剖学报,1994,25(1)
家兔皮肤成纤维细胞体外成骨潜能的研究. 柴本甫. 中华外科杂志,1994,32(7)
家兔皮质脊髓束投射神经元的分布. 高秀来,等. 解剖学报,1994,25(1)
家兔皮质脊髓束向脊髓长下行固有束神经元的投射——HRP 逆行. 司晓红,等. 解剖学报,1994,25(3)
自发性高血压大鼠视网膜内含一氧化氮合酶神经元的研究. 沈丽,等. 解剖学报,1994,25(4)
家兔洞穴内和产仔箱内繁育仔兔对比试验. 史维茅. 毛皮动物饲养,1994,(3)
江苏棉旱田黑线姬鼠种群动态和分布规律的研究. 王新华,等. 江苏农学院学报,1994,15(4)
鉴定小鼠胚胎性别的染色体标本制作方法研究. 杨文胜,等. 动物学报,1994,40(4)
肌源性神经诱向因子 1 及其受体在大鼠胃的免疫组织化学定位. 张南玲,等. 解剖学报,1994,25(1)
几种杀鼠剂防治布氏田鼠试验. 赵明礼,等. 中国草地,1994,(4)
抗阿霉素中国仓鼠卵巢上皮细胞的聚合微管蛋白 F-肌动蛋白的含量变化. 姜兵,等. 北京师范大学学报(自然科学版),1994,30(4)
库布其沙漠及其毗邻地区鼠类群落的结构分析. 武晓东,等. 兽类学报,1994,14(1)
空调旅客列车鼠害防治研究. 邹钦,等. 中国媒介生物学及控制杂志,1994,10(5)
口服有活性卵白产物以提高鼠对细菌感染的抵抗力. Araki,S. 国外兽医学(畜禽传染病),1994,14(1)
氯敌鼠钠盐和 C 型肉毒梭菌毒素灭长爪沙鼠试验. 乔峰,等. 中国草地,1994,(5)
亮氨酸脑啡肽纤维和神经元在大鼠脚间核亚核的密度. 王守彪,等. 解剖学报,1994,25(4)
雷州半岛鼠形动物种群动态研究. 肖文忠,等. 生态学杂志,1994,13(4)
猕猴和小鼠分泌片的分离纯化及某些生化特性. 陈云亮,等. 动物学报,1994,40(2)
免疫组织化学诊断鼠痘方法的建立及应用. 宋新英,等. 上海实验动物科学,1994,14(3)

内蒙古正镶白旗典型草原鼠类组成及数量变动的研究. 董维惠,等. 草地学报,1994,2(1)
啮齿动物的空间分布格局. 房继明. 生态学杂志,1994,13(1)
内蒙古巴林草原啮齿动物区系分析. 郭英亮,等. 医学动物防制,1994,10(2)
农户贮粮虫鼠害防治问答. 河南省植保植检站. 河南科学技术出版社,1994
南宁邕江流域地区的小型兽类及其生态景观类型的研究. 梁俊勋. 中国媒介生物学及控制杂志,1994,5(2)
脑缺血时大鼠海马及其生长抑素神经元的超微结构改变. 熊密,等. 解剖学报,1994,25(3)
脑室移植肾上腺髓制裁组织对冬眠黄鼠脑 CA 系统损毁的代偿. 向忠民,等. 北京大学学报(自然科学版),1994,30(4)
农牧林区鼠害. 赵桂芝,等. 植物医生手册,1994
农业鼠害防治指南. 赵桂芝,等. 金盾出版社,1994
胚胎及新生大鼠胃肠道 IAPP 免疫反应细胞的个体发生. 梁文妹,等. 解剖学报,1994,25(4)
帕米尔松田鼠杀灭试验. 买买提牙,等. 草业科学,1994,11(3)
桥山林区甘肃鼢鼠发生规律研究. 韩崇选,等. 陕西林业科技,1994,(4)23
浅谈田鼠亚科动物的种群调节——食物、营养及复合因子假说. 姜永进,等. 生态学杂志,1994,13(6)
气相色谱法(GLC)测定鼠粪中的中性类固醇. 蒋与刚,等. 营养学报,1994,16(4)
祈连山铧尖地区喜马拉雅旱獭及其防治对策. 罗远琼,等. 医学动物防制,1994,10(1)
青海省鼠疫疫源地鼠疫菌某些生物学特性及其流行病学意义的研究. 朱锦沁,等. 地方病通报,1994,9(1)
七种啮齿动物视觉器官形态结构的比较研究. 张育辉,等. 兽类学报,1994,14(3)
乳大鼠灌胃给药方法之改进. 范志刚,等. 中国药理学通报,1994,10(6)
日粮的不同饲养水平对麝鼠繁殖力的影响. 王立强. 毛皮动物饲养,1994,(3)13
日本北海道南训挪威鼠(褐家鼠)中多房棘球绦虫的自然感染. Okamo,M,等. 地方病译丛,1994,15(3)
陕北林区甘肃鼢鼠的食性及食量研究. 陈孝达,等. 陕西林业科技,1994,(1)
S-100 蛋白在小鼠正常关节软骨和新生软骨中的分布. 陈志信,等. 中华骨科杂志,1994,14(9)
三种微生物学级别 SSB 小鼠主要脏器的解剖学比较. 潘振业,等. 动物学杂志,1994,29(6)
衰老过程中鼠肝细胞核外重组的转录活性. 樊艾,等. 生物化学杂志,1994,10(1)
鼠海马 CA1 锥体细胞三维结构的研究. 冯春华,等. 中国科学(B 辑),1994,24(4)
鼠胚成纤细胞中间丝—核纤层—核骨架结构体系的研究. 高健刚,等. 细胞生物学杂志,1994,16(4)
三趾心颅跳鼠一种亚种. 侯兰新,等. 新疆大学学报,1994,11(4)
山东阳谷县黑线仓鼠种群数量预测预报. 姜运良,等. 兽类学报,1994,14(3)
树鼩 mtDNA 限制性内切酶图谱及其与小家鼠褐家鼠的新缘关系. 兰宏,等. 动物学研究,1994,15(3)
鼠脑突触体脂质过氧化物测定. 李建成,等. 南通医学院学报,1994,14(4)
四种浓度的黄鼠密度抽样研究. 李仲来,等. 中国地方病防治杂志,1994,9(2)
杀鼠迷的毒性和致突变性研究. 孟慧林,等. 卫生研究,1994,23(2)
食用菌的害鼠及灭鼠方法. 阮瑞国,等. 浙江食用菌,1994,(2)
沈阳地区小白鼠血糖值的测试与分析. 王玉良,等. 动物学杂志,1994,29(2)
鼠对毒饵拒食的解决措施探讨. 王良. 医学动物防制,1994,10(1)
鼠成骨细胞体外骨生成的细胞组织化学研究. 王前,等. 中华实验外科杂志,1994,11(2)
实验鼠、兔质量系列标准研究. 小桥. 上海标准化,1994,(2)
杀虫双在大鼠体内生物转化的研究. 叶菁,等. 卫生研究,1994,23(6)
兽类的死亡率. 张知彬. 动物学报,1994,40(2)
麝鼠池中交配的适宜水深. 郑文波,等. 毛皮动物饲养,1994,(3)
鼠管状线虫卵的体外孵化. 周文琴. 医学动物防制,1994,10(4)
深圳新客站灭鼠组织措施与技术对策探讨. 邹钦,等. 中国媒介生物学及控制杂志,1994,8(4)
三种黄鼠血清蛋白的电泳比较研究. 张贵斌,等. 中国地方病防治杂志,1994,9(3)
体视学分析小鼠肝细胞的时间形态学研究. 曹晓哲,等. 中华物理医学杂志,1994,16(2)
透视电镜观察雄性大鼠神经垂体的年龄变化. 刘锋,等. 动物学报,1994,40(3)
兔疥癣的治疗. 李树青. 毛皮动物饲养,1994,(2)
兔胚染色体的简易制备技术. 刘林,等. 遗传,1994,11(5)
提高哺乳期海狸成活率的初浅体会. 苏盛源,等. 野生动物,1994,(1)
豚鼠精母细胞联合复合体的电镜观察. 史庆华,等. 遗传,1994,16(1)
兔胚泡源性植入信号的在体研究模型及其初步研究. 吴燕婉,等. 解剖学报,1994,25(1)
兔眼前房子宫内膜自体移植模型的研究. 袁冬,等. 解剖学报,1994,25(1)
胎鼠和幼鼠运动神经元诱向因子的免疫组织化学定位. 周明华,等. 解剖学报,1994,25(2)
我国小竹鼠洞系结构和食性的研究. 何晓瑞. 动物学杂志,1994,29(1)

我国林区鼢鼠防治研究现状及今后防治意见. 胡忠朗,等. 陕西林业科技,1994,(2)
万县地区 1987 年至 1992 年农田鼠情监测研究报告. 罗超,等. 医学动物防制,1994,10(2)
无热量超短波对小鼠血液有形成分的影响. 宋雪怡,等. 中华理疗杂志,1994,17(3)
我国鼠疫自然疫源地的分型和分布. 汪诚信. 中国医药科技出版社,中国的医学地理研究,1994
我国海狸鼠养殖业发展途径及前景. 邹兴淮,等. 毛皮动物饲养,1994,(1)
小鼠腺苷脱氨酶 mRNA 特异 Ribozyme 计算机设计. 陈桦,等. 生物化学与生物物理学进展,1994,21(5)
萧山围垦农区小型兽类种群动态的研究. 丁平,等. 兽类学报,1994,14(1)
臭鼩种群相对数量季节变化的初步研究. 丁平,等. 兽类学报,1994,14(4)
小鼠卵激活过程中胞质游离 Ca^{2+} 变化及孤雌发育研究. 邓满齐,等. 实验生物学报,1994,27(3)
小鼠胚胎干细胞(ES-M13)核骨架—核纤层—中间纤维结构体系的研究. 高健刚,等. 实验生物学报,1994,27(4)
小鼠第一次卵裂周期中线粒体分布的变化. 韩贻仁,等. 解剖学报,1994,25(3)
小毛足鼠体上寄生有臀突客蚤. 呼和巴特,等. 内蒙古农牧学院学报,1994,15(1)
小鼠早期胎在 6℃不同贮液中的保存研究. 李光鹏,等. 动物学杂志,1994,29(3)
小鼠脑中 32 种元素含量正常参考值的测定. 史美棠,等. 动物学报,1994,40(2)
小鼠组织神经生长因子的免疫组织化学定位观察. 柳川,等. 军事医学科学院院刊,1994,18(2)
小型啮齿动物种群系统调节复合因子理论的野外实验研究Ⅰ. 食物可利用性和捕食对根田鼠种群动态作用的分析. 刘季科,等. 兽类学报,1994,14(2)
锡金小家鼠种群年龄结构和繁殖研究. 黎道洪,等. 兽类学报,1994,14(4)
小鼠胚胎干细胞 hprt 基因的定位致变. 刘爱民,等. 遗传,1994,16(5)
细胞外基质蛋白 Tenascin 在鼠脊髓内的分布. 刘子娟,等. 中国医科大学学报,1994,23(1)
小鼠抗人胰岛素受体单克隆抗体细胞株 $M_{11}D$ 的建立及方法学探讨. 刘素媛,等. 中国医科大学学报,1994,23(5)
小鼠全血中谷胱甘肽过氧化物酶活力的微量测定法. 荣征星,等. 生物化学与生物物理学进展,1994,21(4)
小鼠胸腺基质细胞系的分型. 农高惠,等. 中华微生物学和免疫学杂志,1994,14(3)
小鼠不同卵龄卵母细胞电刺激后第二极体形成和原核发育的研究. 谭景和,等. 细胞生物学杂志,1994,16(1)
线缆的防蚁防鼠对策. 陶光发. 文献快报(纤维光学与电线电缆),1994,(8)
小鼠肾素-Ⅱ全长基因的物理图谱. 田小利,等. 中国医学科学院学报,1994,16(4)
小白鼠肌肉组织的 NMR 质子自旋交换分析. 王立锦,等. 波谱学杂志,1994,11(1)
小鼠肝细胞分离技术及无血清培养方法的介绍. 王韵,等. 基础医学与临床,1994,14(2)
厦门市区家栖鼠形动物的群落结构及数量季节变动研究. 吴春贤,等. 中国媒介生物学及控制杂志,1994,5(2)
小鼠红细胞对脾细胞增殖反应的影响. 杨尚琪,等. 中华血液学杂志,1994,15(5)
小鼠初级精母细胞生理节奏的初步观察. 叶新海,等. 实验动物与动物实验,1994,6(1)
小鼠富集着丝粒 DNA 在小鼠减数分裂粗线期染色体上的原位杂交. 易宁,等. 实验生物学报,1994,27(4)
溴代毒鼠磷的毒理学研究. 袁学洪,等. 中华劳动卫生职业病杂志,1994,12(6)
性激素对大白鼠胃粘液分泌的影响. 赵逵,等. 动物学报,1994,40(2)
小麦穗期鼠害的经济阈值. 张断祖,等. 福建农业大学学报,1994,23(2)
雄性大鼠下丘脑促黄体生长素释放激素神经元系统的年龄相关性变化. 张樟进,等. 解剖学报,1994,25(1)
小鼠肝脏细胞摄取镨的动态研究——电镜和 X 射线微区分析术的观察. 邹仲之,等. 解剖学报,1994,25(1)
小鼠 2 细胞胚电融合技术影响因素的研究. 周琪,等. 解剖学报,1994,25(2)
溴氰菊酯对大鼠糖代谢影响的研究. 张秀莲,等. 中国公共卫生学报,1994,13(3)
运动对小鼠小脑皮质和脊髓内触素年龄变化的影响. 陈运才,等. 解剖学报,1994,25(3)
一氧化氮合酶在大鼠主盆神经节及阴茎勃起组织中的分布. 丁玉强,等. 解剖学报,1994,25(3)
引诱灭鼠剂灭鼠效果试验. 戴雪琴,等. 宁波农业科技,1994,(2)
野生雄性成年小家鼠行为. 房继明. 兽类学报,1994,14(3)
用 DNA 指纹图谱方法进行野生小家鼠的双亲判别. 房继明,等. 兽类学报,1994,14(4)
用抗溴脱氧尿苷单克隆抗体检测小鼠各种器官内 S 期细胞分布的研究. 葛振华,等. 解剖学报,1994,25(1)
野外大面积药物灭鼠与鼠密度考核选点方法探讨. 管志吉,等. 医学动物防制,1994,10(4)
1992 年藏南 5 县动物鼠疫流行病学监测结果分析. 蒋志勇,等. 中国地方病防治杂志,1994,9(3)
伊犁鼠兔毛被和季节性换毛序的初步观察. 李维东,等. 动物学杂志,1994,29(2)
油松飞播区中华鼢生态习性和防治方法研究. 刘永平. 林业科技通讯,1994,(8)
应用阴茎骨形态指标划分黑腹绒鼠年龄的研究. 刘少英. 兽类学报,1994,14(4)
用单克隆抗体显示小鼠胚胸腺上皮细胞的分化. 吴江声,等. 解剖学报,1994,25(1)
野鼠携带钩端螺旋体季节消长与人间疫情关系. 徐文杰,等. 中国人兽共患病杂志,1994,10(4)

以肺炎为特征的海狸鼠沙门氏菌病的诊治报告. 湛先信,等. 毛皮动物饲养,1994,(1)
中华姬鼠种群生态的初步分析. 陈卫,等. 兽类学报,1994,14(4)
张家界市火车站应用毒鼠优灭鼠的效果评价. 蒋先仕,等. 实用预防医学,1994,1(3)
樟子松人工林鼠害防治的探讨. 沈海龙,等. 东北林业大学学报,1994,22(6)
转基因小鼠——畜牧科学研究的一种极好模型. 孙宪如. 黑龙江畜牧兽医,1994,(6)
中国 KM(昆明)遗传组成及起源的研究. 史顺娣. 医学研究通讯,1994,23(8)
湛江港巩固灭鼠先进港和卫生港技术措施探讨. 吴珊. 中国媒介生物学及控制杂志,1994,5(3)
正确处理家鼠防制的几个关系. 汪诚信. 中国媒介生物学及控制杂志,1994,5(6)
张家口坝上四县鼠蚤分布及疫情分析. 王元,等. 中国地方病防治杂志,1994,9(5)
怎样饲养妊娠海狸鼠. 杨瑞和. 毛皮动物饲养,1994,(1)
藏鼠兔与高原鼠兔表型及分子性状的比较. 于宁,等. 兽类学报,1994,14(4)
中华竹鼠饲养技术. 赵庆福. 饲料研究,1994,(3)
粘菌引起大批野生黄兔尾鼠死亡的诊断报告. 朱九如,等. 中国兽医科技,1994,24(3)
BALB/c 鼠脏器中锌锰铜含量的测定. 曹东铉,等. 解剖学报,1995,26(4)
北京小龙门林场夏季小型鼠类群落结构及其年变化. 房继明,等. 北京师范大学学报(自然版),1995,31(1)
布氏田鼠肥满度分析和小型兽类肥满度指标 K 与 KWL(重长指标)的比较. 房继明,等. 动物学报,1995,41(2)
北京地区 1985—1993 年鼠情监测报告. 贾延库,等. 解放军预防医学杂志,1995,13(4)
白银市平川区黄鼠鼠疫疫源地宿主媒介生态调查. 李文彬,等. 地方病通报,1995,10(2)
八肽胆囊收缩素在猪、大鼠和豚鼠肠道的免疫组织化学定位和分布. 王瑞安,等. 动物学报,1995,41(2)
北京房山褐家鼠迁徙规律研究. 王洪权. 中国媒介生物学及控制杂志,1995,6(5)
布氏田鼠社会交往行为的实验分析. 谢小明. 中国兽类生物学研究,中国林业出版社,1995
不同张力对家兔正中神经形态的影响. 殷玉芹,等. 解剖学报,1995,26(4)
北美 CHIHUAHUAN 荒漠啮齿动物群落动态Ⅱ变量的频次分布和预测. 曾宗永,等. 兽类学报,1995,15(4)
不同秋作物对棕色田鼠密度的效应. 赵亚军,等. 中国兽类生物学研究,中国林业出版社,1995
布氏田鼠嗅觉通讯初探. 张丽,等. 中国兽类生物学研究,中国林业出版社,1995
C 型肉毒梭毒素灭家鼠效果观察. 刘春生,等. 中国兽类生物学研究,中国林业出版社,1995
长爪沙鼠阴茎头的组织学研究及五种鼠阴茎头的扫描电镜观察. 曹 焯. 兽类学报,1995,15(2)
成年和发育中大鼠胼胝体轴突含生长抑素的免疫组织化学证据. 丁松林,等. 神经解剖学杂志,1995,11(4)
臭鼩的种群年龄结构研究. 丁平,等. 兽类学报,1995,15(2)
臭鼩骨形态的比较研究. 丁平,等. 中国兽类生物学研究,中国林业出版社,1995
承德地区农村家栖鼠及生存环境选择的调查. 黄志刚,等. 医学动物防制,1995,11(2)
草原兔尾鼠的生长发育. 蒋卫,等. 动物学杂志,1995,30(3)
草兔繁殖生物学的初步研究. 卢欣. 兽类学报,1995,15(2)
长尾黄鼠的人工饲养和冬眠. 钱存宁,等. 地方病通报,1995,10(2)
城市化对灭鼠的影响及其对策. 汪诚信. 中国媒介生物学及控制杂志,1995,6(增)
春麦区中华鼢鼠防治指标的初步探讨. 王华,等. 植物保护,1995,21(1)
大鼠心肌及动脉壁雄激素受体的探讨. 常笑雪,等. 解剖学杂志,1995,18(6)
大鼠延髓内含前-原脑啡肽 mRNA、甲硫氨酸-脑啡肽和亮氨酸-脑啡肽神经元的分布. 陈良为,等. 解剖学报,1995,26(3)
洞庭湖区东方田鼠种群特性和成灾原因研究. 陈安国,等. 中国兽类生物学研究,1995
大鼠小肠 M 细胞的表面形态和抗原粘附. 戴云,等. 解剖学报,1995,18(4)
大鼠缺血性脑栓塞的形态学观察. 但凌,等. 解剖学报,1995,26(3)
大鼠睾丸支持细胞硫酸糖蛋白-2 mRNA 水平的生后变化. 丁允闽,等. 解剖学报,1995,26(4)
大白鼠对不同警戒色饵料的接受性效果评价. 郭天宇. 中国兽类生物学研究,中国林业出版社,1995
大鼠生后发育期间胰岛内胰岛淀粉样多肽与胰岛素共存的形态计量学研究. 黄岩,等. 解剖学报,1995,26(3)
对船舶上鼠情的探讨. 黄广信,等. 医学动物防制,1995,11(1)
大鼠睾丸间质细胞发育的形态研究及立体学定量分析. 刘慧雯,等. 解剖学报,1995,26(4)
大鼠卵巢绒毛膜促性腺激素受体在 CHO 中的表达和扩增. 刘海湖,等. 生物化学与生物物理学报,1995,27(1)
大鼠胚胎器官形态分化评分法的建立及应用. 李勇,等. 卫生毒理学杂志,1995,9(2)
大鼠肝细胞核纤层蛋白的自组装. 闵光伟,等. 科学通报,1995,40(12)
堵塞列车鼠洞防鼠效果观察. 彭城开,等. 中国媒介生物学及控制杂志,1995,6(3)
大鼠垂体远侧部 ACTH 细胞与 GH 细胞形态学关系的免疫细胞化学研究. 苏宇华,等. 解剖学报,1995,26(1)
大鼠精子发生和形成过程中溶酶体微结构和 CMPase 的细胞化学变化. 盛毅,等. 解剖学报,1995,26(4)
大鼠前列腺甾体结合蛋白基因表达的种族专一性研究. 商权,等. 生物化学与生物物理学报,1995,27(3)

大鼠卵巢促黄体激素/人绒毛膜促性腺激素受体 cDNA 的克隆和在昆虫细胞中的高效表达. 申庆祥, 等. 实验动物学报, 1995, 28(3)
大鼠卵巢促黄体激素受体膜外微区(1—341)在昆虫细胞中的表达及其性质的初步研究. 申庆祥, 等. 实验生物学报, 1995, 28(4)
大鼠背海马内生长抑素 mRNA 神经元的老年变化. 陶元祥, 等. 解剖学报, 1995, 26(3)
达乌尔黄鼠染色体核仁组织者分析. 唐爱民, 等. 兽类学报, 1995, 15(1)
大鼠延髓腹外侧表面化学感受区与延髓内部核团的联系. 田国锋, 等. 生理学报, 1995, 47(5)
大鼠不同脑区突触体钙水平的年龄差异. 王良斌, 等. 动物学研究, 1995, 16(4)
大鼠杏仁核点燃模型的探讨. 王丽, 等. 基础医学与临床, 1995, 15(3)
冬眠动物黄鼠心肌兴奋收缩耦联钙源的实验分析. 王世强, 等. 生理学报, 1995, 47(6)
达乌尔黄鼠肛腺组织解剖. 吴建平, 等. 野生动物, 1995, (2)
大鼠胃肠道促肾上腺皮质激素免疫反应性细胞的观察. 邢文英, 等. 解剖学杂志, 1995, 18(5)
大鼠乳酸脱氢酶 A 基因的筛选和表达纯化. 熊舜斌, 等. 生物化学与生物物理学报, 1995, 27(5)
大鼠经脉体表循行线表皮结构特征的形态计量学研究. 徐宇瑾, 等. 中国针灸, 1995, 15(1)
大鼠交叉上核中 SS 和 VIP mRNA 昼夜节律的研究. 杨靖, 等. 动物学报, 1995, 41(3)
敌鼠钠盐对不同种类鼠的灭效观察. 阳林俊. 解放军预防医学杂志, 1995, 13(4)
对小鼠脾脏 B 淋巴细胞活化过程中 CD23 表达的研究. 于士广, 等. 解剖学报, 1995, 26(2)
大鼠下丘脑细胞培养中 GnRH 神经元的免疫细胞化学研究. 姚向民, 等. 解剖学报, 1995, 26(3)
电磁灭鼠器. 杨邦文. 实用无线电, 1995, (6)
大鼠下丘脑交叉上核中 CREB 的昼夜节律. 杨靖. 生物化学与生物物理学进展, 1995, 22(2)
冬眠阵过程中黄鼠脑与血浆阿片肽含量的变化. 叶祖承, 等. 生理学报, 1995, 47(6)
大鼠肝细胞中糖皮质激素结合位点研究. 周洁, 等. 北京医科大学学报(自然版), 1995, 31(2)
大鼠脑干听觉诱发电位慢成分的研究. 郑辉, 等. 基础医学与临床, 1995, 15(2)
大鼠下丘脑交叉上核的肽能传出投射. 张彭三, 等. 解剖学杂志, 1995, 18(6)
大鼠大脑皮质前生长抑素原 mRNA 神经元的生后早期发育——原位杂交研究. 周兰仙, 等. 解剖学报, 1995, 26(1)
大鼠海马内谷氨酸神经元与 GABA 神经元之间突触联系的免疫电镜双标研究. 朱长庚, 等. 解剖学报, 1995, 26(1)
大鼠脑室系统伸长细胞的顺行追踪研究. 张励才, 等. 解剖学报, 1995, 26(2)
大鼠肠系膜上动脉和静脉各级分支中 NPY 免疫反应神经纤维密度的相关分析. 张成岗, 等. 解剖学报, 1996, 26(3)
大鼠破骨细胞体外分离培养和鉴定. 张炜真, 等. 解剖学报, 1995, 26(3)
大鼠抗小鼠胸腺基质细胞单克隆抗体的鉴定. 张国荣, 等. 解剖学报, 1995, 26(3)
大鼠脊髓细胞膜胰岛素受体的结合特性. 朱尚权, 等. 生物化学与生物物理学报, 1995, 27(1)
带岭林区森林鼠害发生规律调查. 赵存玉, 等. 农业科技通讯, 1995, (8)
大鼠肠系膜微淋巴管自律运动特征的研究. 张坚, 等. 中华医学杂志, 1995, 75(5)
洞庭湖稻作区农田鼠害综合治理技术研究. 邹剑明, 等. 湖南农业科学, 1995, (增刊)
ES 细胞(MESPU13)嵌合体小鼠的 GPI 分析. 吴白燕, 等. 遗传学报, 1995, 22(5)
反相离子对高效液相色谱法测定大白鼠牙髓中 5-羟色胺. 崔冶建, 等. 色谱, 1995, 13(3)
非冬眠小型哺乳动物对寒冷的适应策略. 王德华, 等. 中国兽类生物学研究, 中国林业出版社, 1995
氟乙酸钠与甘氟中毒 1 例. 杨存社. 陕西医学杂志, 1995, 24(2)
发现泰安野生鼠脾内寄生阿米巴包囊样虫体. 杨元清, 等. 中国兽医寄生虫病, 1995, 3(3)
高山姬鼠和黑线姬鼠的染色体研究. 陈志平, 等. 中国兽类生物学研究, 中国林业出版社, 1995
高原鼠兔与达乌尔鼠兔食物资源维生态位的研究. 樊乃昌, 等. 兽类学报, 1995, 15(1)
高血压鼠与正常鼠局部脑梗死后微循环结构改变的区别. 方燕南, 等. 中山医科大学学报, 1995, 16(3)
贵州西北和南部草场鼠类群落多样性的研究. 黄贵萍, 等. 中国兽类生物学研究, 中国林业出版社, 1995
光周期在早春季节对布氏田鼠产热的影响. 侯建军, 等. 中国兽类生物学研究, 中国林业出版社, 1995
光周期和温度对布氏田鼠产热的影响. 李庆芬, 等. 动物学报, 1995, 41(4)
甘氟杀灭中华鼢鼠试验简报. 路西京, 等. 陕西农业科学, 1995, (2)
高原鼠兔和灰尾鼠红细胞的形态计量研究. 马志军, 等. 兽类学报, 1995, 15(3)
甘丙肽和经典激素在大鼠垂体前叶细胞内的共存研究——免疫组织化学方法. 庞志平, 等. 解剖学报, 1995, 26(2)
甘肃省自然疫源性疾病宿主媒介种类组成及地理区划. 师彦龙, 等. 中国地方病防治杂志, 1995, 10(6)
攻毒后的阿拉善黄鼠冬眠生态繁殖与抗体动态观察. 王治军, 等. 动物学杂志, 1995, 30(3)

广西鼠害防治. 王凯学,等. 广西科学技术出版社,1995
甘丙肽和经典递质在大鼠和家兔背根节细胞内共存的免疫组织化学研究. 王雪岷,等. 解剖学报,1995,26(4)
根田鼠消化道长度和重量变化及其适应意义. 王德华,等. 兽类学报,1995,15(1)
巩固灭鼠先进军港成果措施探讨. 王晓东,等. 中国媒介生物学及控制杂志,1995,6(5)
高寒与干旱环境小型兽的生理生态特征比较. 王德华,等. 中国兽类生物学研究,中国林业出版社,1995
高原鼠兔红细胞免疫功能的研究. 叶润蓉,等. 兽类学报,1995,15(4)
高效液相色谱法测定大鼠心肌组织中次黄嘌呤、肌苷和腺苷含量. 朱珠. 分析测试学报,1995,14(4)
高原鼢鼠的繁殖和繁殖行为研究. 张道川,等. 中国兽类生物学研究,1995
感染鼠脑神经细胞的狂犬病病毒形态发生学观察. 邹啸环,等. 中国兽医科技,1995,25(10)
河狸繁殖状态与头骨特征的相互关系. 鲍俊英. 国外林业,1995,25(2)
海南岛 Mus 属小鼠分类特性研究. 鲍世民,等. 中国兽类生物学研究,中国林业出版社,1995
河北保定市长耳鸮越冬种群及其捕鼠效应. 曹玉萍,等. 四川动物,1995,14(3)
黄毛鼠种群数量中短期预测模型的研究. 常弘. 中山大学学报论丛,1995,(1)
黄土高原果园鼠害的综合防治. 杜社妮,等. 山西果树,1995,(4)
黄毛鼠胴体重和睾丸发育的研究. 冯志勇,等. 动物学杂志,1995,30(1)
黄鼠下丘脑视前区 NE 能神经支配对冬眠阵的调制. 方晓红,等. 生物学报,1995,47(2)
湖北丹江口市早始新世梳趾鼠类新属种. 胡耀明. 古脊椎动物学报,1995,33(1)
红松鼠的食物贮藏行为. 蒋志刚. 中国兽类生物学研究,中国林业出版社,1995
呼图壁县石梯子乡鼠疫疫源地灭獭效果调查. 吕建忠,等. 地方病通报,1995,10(1)
河南省三种家栖鼠对抗凝血灭鼠药的抗药性研究. 李新民,等. 河南预防医学杂志,1995,6(5)
红石林区森林病虫鼠害现状趋势及防治对策. 李东华,等. 吉林林业科技,1995,(1)
海狸鼠腹皮下赫尔尼亚手术报告. 李长胜,等. 毛皮动物饲养,1995,(3)
化学灭鼠剂及其进展. 刘亚华,等. 天津化工,1995,(1)
褐家鼠精母细胞中联会复合体的研究:Ⅰ表面铺展联会复合体的 PTA 染色. 刘静宇,等. 遗传,1995,17(2)
旱獭栖息生境迁移的观察初报. 粟多寿. 医学动物防制,1995,11(2)
"害虫王"驱鼠器驱鼠效果观察. 孙俊. 医学动物防制,1995,11(4)
花鼠生态初步观察及其防治探讨. 孙进国,等. 中国媒介生物学及控制杂志,1995,6(4)
黄鼠心肌质网超微结构及摄钙速率的季节性变化. 唐亚俊,等. 生理学报,1995,47(5)
华北平原旱作区毒饵罐长期控制农田害鼠的试验. 王玉志,等. 中国兽类生物学研究,中国林业出版社,1995
呼图壁县雀尔沟镇南山鼠疫疫源地灭獭效果调查. 叶生荣,等. 地方病通报,1995,10(1)
呼图壁县石梯子乡鼠疫疫源地灭獭后灰旱獭种群数量与繁殖动态. 杨永海,等. 地方病通报,1995,10(1)
褐家鼠肥满度的研究. 杨再学,等. 生态学杂志,1995,14(6)
黑线姬鼠肥满度的研究. 杨再学. 兽类学报,1995,15(1)
海狸鼠疾病防治技术问答. 张振兴. 毛皮动物饲养,1995,(4)
近交 BALB/c 小鼠及先天遗传性白内障突变型 BALB/c BKcat 小鼠的 DNA 指纹研究. 薄侃,等. 遗传,1995,17(3)
金黄地鼠甲状旁腺内神经纤维的电镜观察. 陈华岳,等. 解剖学杂志,1995,18(4)
家兔阉割技术. 常福俊. 毛皮动物饲养,1995,(3)
金黄仓鼠卵子冷冻及在人精子受精能力检测中的应用. 何俊琳,等. 动物学报,1995,41(4)
金黄仓鼠视皮层、上丘和外侧膝状体中的血管活性肠肽(VIP)神经原及纤维. 李俊凤,等. 动物学报,1995,41(4)
金黄地鼠颊囊癌血管生成及组织学研究. 李龙江,等. 实用口腔医学杂志,1995,11(3)
甲基毒死蜱在大鼠体内的毒物代谢动力学. 李龙,等. 中国药理学与毒理学杂志,1995,9(1)
剑川鼠疫自然疫源地鼠蚤群落结构研究. 田杰. 地方病通报,1995,10(1)
江苏泗洪下草湾中中新世脊椎动物群——9. 鼠兔科(哺乳纲,兔形目). 吴文裕. 古脊椎动物学报,1995,33(1)
基因治疗巴金森病大鼠模型实验研究. 徐群渊,等. 解剖学报,1995,26(1)
拒避剂的研制及其防治森林害鼠啃食造林苗木的技术研究. 熊惠龙,等. 农业科技通讯,1995,(9)
睫状神经节经营养因子在大鼠坐骨神经生后发育中的表达——免疫组织化学研究. 严志强,等. 解剖学报,1995,26(1)
江都县控制农田害鼠低密度的途径与实践. 颜正生,等. 植物保护,1995,21(3)
家兔甲状腺内淋巴管铸型扫描电镜观察. 章明,等. 解剖学报,1995,26(1)
家兔胚胎细胞核移植影响因素的研究. 周琪,等. 解剖学报,1995,26(4)
金黄地鼠卵母细胞 4℃保存的研究. 朱伟杰,等. 中国病理生理学杂志,1995,11(3)
昆明白小鼠妊娠期胚胎和组织超氧化物歧化酶含量的变化. 卜淑敏,等. 山西大学学报,1995,18(3)
抗凝血杀鼠剂双甲敌鼠胺盐的药效试验观察. 崔秀文,等. 中国媒介生物学及控制杂志,1995,6(1)

昆明白小鼠1细胞胚胎体外培养系统的研究.张守全,等.动物学报,1995,41(4)
卡氏小鼠种群数量变动特征及其与环境因子的关系.吴德林,等.兽类学报,1995,15(1)
科学灭鼠知识与技术.祝龙彪.华东师范大学出版社,1995
列车除害新剂型的研制.董天义,等.中国兽类生物学研究,中国林业出版社,1995
流行性出血热雌雄成幼鼠感染情况调查.冯素青,等.医学动物防制,1995,11(2)
论石渠县鼠害失控及对策.李发明.四川草原,1995,(3)
磷化铝用于飞机内灭鼠实验报告.马严,等.地方病通报,1995,10(4)
林木鼠害综合治理的依据与对策.舒凤梅,等.林业科技通讯,1995,(5)
兰州地区鼠疫自然疫源性调查初报.吴得强,等.中国地方病防治杂志,1995,10(5)
氯鼠酮钠盐毒杀家栖鼠试验初报.杨再学,等.耕作与栽培,1995,(2)
林区鼢鼠人工捕杀技术.杨学军,等.陕西林业科技,1995,(1)
老年豚鼠前庭神经的超微结构观察.赵趁芬,等.临床耳鼻咽喉科杂志,1995,9(3)
氯敌鼠玉米毒饵对林鼠的毒效试验.张金钟,等.四川林业科技,1995,16(2)
灭鼠剂的毒力测定、灭鼠效果及安全性试验.冯志勇,等.广东农业科学,1995,(3)
蒙新河狸社群行为观察.黄步军,等.中国兽类生物学研究,中国林业出版社,1995
灭鼠剂四二四的合成研究.刘亚华,等.化学世界,1995,36(2)
某市舰艇鼠种生态习性及带EHF病毒的研究.任兵,等.医学动物防制,1995,11(3)
灭鼠与杀虫.徐昆峻,等.东北林业大学出版社,1995
玛纳斯县鼠疫基本控制区与非控制区灭獭效果对比分析.杨英中,等.地方病通报,1995,10(1)
玛纳斯县鼠疫疫源地灰旱獭密度变化对其寄生蚤指数的影响.杨英中,等.地方病通报,1995,10(1)
母兔配种后10小时血清中若干生理指标与子代性比的相关.喻传洲,等.动物学报,1995,41(1)
模拟失重条件下高浓度氧对大鼠肺脏的影响.张汝果,等.航天医学与医学工程,1995,8(4)
某部营区鼠情调查分析.周光智,等.解放军预防医学杂志,1995,13(4)
毛细管气相色谱法测定大白鼠生物膜标本中磷脂肪酸的含量.章满,等.色谱,1995 ,13(6)
内蒙古仓鼠科动物数值分类的初步研究.鲍伟东,等.兽类学报,1995,15(2)
啮齿类动物着床后胚胎培养在致畸研究中的应用.陈国华,等.职业医学,1995,22(6)
啮齿动物肥满度指标的探讨.房继明,等.生态学报,1995,15(2)
农田鼠类抽样技术研究初报.黄秀清,等.中山大学学报论丛,1995,3(1)
啮齿类动物的缺血模型.梁勇.国外医学
农田鼠害发生趋势分析及控制对策.吕劳富,等.植物保护,1995,21(1)
卵龄和脉冲持续时间对小鼠卵母细胞电活化效果的影响.谭景和,等.动物学报,1995,41(3)
农田害鼠夏峰期发生量多元模糊回归预报.田昌平,等.植物保护,1995,21(3)
农田害鼠防除.张宜绪,等.福建科学技术出版社,1995
南京、无锡褐家鼠对杀鼠灵抗药性调查.章进宝.江苏预防医学,1995,6(2)
拟除虫菊酯对大鼠脑突触小体谷氨酸摄取的抑制作用.赵西龙,等.中华预防医学杂志,1995,29(2)
胚鼠大脑皮质神经元原代培养中NMDA诱导c-fos mRNA表达.单巍松,等.北京医科大学学报,1995,27(2)
平原区柑桔园黄毛鼠发生规律及防治技术研究.黄秀清,等.中山大学学报论丛,1995,3(1)
攀鼠的分类商榷.李晓晨,等.动物学研究,1995,16(4)
普定县不同生境鼠类种群分布.吴洪凯,等.耕作与栽培,1995,(4)
青海省海南藏族自治州鼠疫动物病监测及存在的问题.郭金先,等.地方病通报,1995,10(1)
9种啮齿动物骨骼形态的模糊聚类分析.李新民,等.动物学杂志,1995,30(2)
氰戊菊酯与甲苯对小鼠脑细胞氧化性损伤作用的研究.任春兰,等.卫生研究,1995,24(1)
黔南州鼠传疾病流行病学调查与研究.杨茂文,等.贵州医药,1995,19(6)
人化SCID鼠的建立及其对脊髓灰质炎病毒的免疫应答.陈力真,等.中华微生物学和免疫学杂地,1995,15(2)
日本西部渐新世—中新世啮齿类及其地质古生物学意义.加藤高文,等.古脊椎动物学报,1995,33(4)
人工饲养条件下子午沙鼠的繁殖特征.蒋卫,等.兽类学报,1995,15(1)
鼠脑突触体Mg^{2+}-ATP酶质子泵活性的研究.蔡惠罗,等.动物学报,1995,41(3)
鼠局灶性脑缺血模型研究进展.陈春富,等.前卫医药杂志,1995,12(2)
实验动物的饲养环境.杜鹏久.洁净与空调技术,1995,(3)
硒、谷胱甘肽过氧化物酶和不饱和脂肪酸在鼠亚细胞中的分布.黄开勋,等.生物化学杂志,1995,11(3)
3.75/万立克命毒饵对R. norvegicus无选择性毒性测定.江正扬.医学动物防制,1995,11(1)
速冻中低温保护剂浓度对小鼠胚胎发育的影响.姜国诚,等.浙江农业大学学报,1995,21(2)
山西省草兔的一些生态资料.卢欣,等.动物学杂志,1995,30(2)
杀鼠迷毒杀田鼠试验示范.罗远慕,等.广东农业科学,1995,(2)

陕西蓝田锡水洞遗址鼠科化石(Ⅰ).李传令,等.西北大学学报(自然科学版),1995,25(6)
生殖周期小鼠细胞免疫功能的探讨——外周血T细胞和子宫肥大细胞.刘彦威,等.中国兽医学报,1995,15(4)
杀菌剂贝芬替对鼠致胚胎畸形性评估.林宏伟,等.植物保护学会会刊,1995,37(3)
三种姬鼠的线粒体DNA变异研究.兰宏,等.中国兽类生物学研究,中国林业出版社,1995
松鼠笼养繁殖及生长发育的研究.孙海义,等.林业科技,1995,20(3)
4种鼠情调查方法的比较研究.王灵岚,等.中国媒介生物学及控制杂志,1995,6(5)
双甲敌鼠铵盐、溴杀灵等杀鼠剂杀灭长爪沙鼠的现场试验.武英,等.中国媒介生物学及控制杂志,1995,6(6)
鼠害与草场退化的关系.王桂明,等.中国兽类生物学研究,中国林业出版社,1995
麝香鼠的高产繁殖技术.俞志成.毛皮动物饲养,1995,(4)
麝香鼠饲养和管理.俞志成.农牧产品开发,1995,(10)
SHR和Wky大鼠主动脉hsp70 mRNA水平的比较研究.杨和平,等.实验生物学报,1995,28(1)
麝香鼠的管理技术.俞志成.致富之友,1995,(8)
鼠肾脏近曲小管细胞的分离.周毅,等.北京实验动物科学与管理,1995,12(1)
神经肽Y免疫反应神经纤维在豚鼠肠系膜淋巴结的分布.张金山,等.解剖学报,1995,26(4)
鼠类群落多样性与鼠害调查研究.张春美,等.辽宁林业科技,1995,(5)
鼠类不育控制的生态学基础.张知彬.兽类学报,1995,15(3)
鼠大脑皮质感觉运动区及锥体外系参与中缝大核痛调制机制的分析.邹挺,等.针刺研究,1995,20(1)
鼠类年龄鉴定与划分的研究.张洁.中国兽类生物学研究,中国林业出版社,1995
豚鼠耳蜗微血管的形态学观察.崔江,等.临床耳鼻咽喉科杂志,1995,9(2)
塔里木兔年龄鉴定指标的研究.陈永国,等.兽类学报,1995,15(4)
兔繁殖速度的计算.李和平,等.毛皮动物饲养,1995,(4)
豚鼠不同组织亚细胞组分中缩醛磷脂酶活性的比较研究.吕灿群,等.生物化学杂志,1995,11(2)
兔核移植胚胎蛋白质变化的电泳分析.刘林,等.遗传学报,1995,22(4)
豚鼠的养殖.汤新慧.生物学通报,1995,30(11)
豚鼠耳蜗外毛细胞的共聚焦图像.郗昕,等.中华耳鼻咽喉科杂志,1995,30(2)
停服棉酚后恢复的大鼠精母细胞DNA合成的研究.张世馥,等.解剖学报,1995,26(1)
豚鼠回肠Peyer's集结含神经肽Y、P物质和降钙素基因相关肽神经的分布.张金山,等.解剖学报,1995,26(2)
Wistar鼠单侧隐睾对侧已降睾丸细胞DNA分析.陈永田,等.南京医科大学学报,1995,15(1)
我国12个省市自治区19个啮齿动物弓形虫感染的调查报告.崔君兆,等.中国兽医杂志,1995,21(3)
温州市创建灭鼠先进城区技术措施效果报告.管鸿巧.医学动物防制,1995,1(11)
50例兔在体和离体器官组织射频介电性能的测量分析.鲁明军,等.动物学报,1995,41(4)
武威地区草地鼠害及其防治.万国栋,等.草业科学,1995,12(4)
无菌大鼠的开发与应用研究.王荫槐,等.医学研究通讯,1995,24(6)
窝鼠中流行性出血热病毒自然感染特征调查分析.杨占清,等.中国人兽共患病杂志,1995,11(2)
西藏阿里地区噶尔、普兰、扎达三县1994年动物鼠疫监测.才旺加措,等.地方病通报,1995,10(2)
小鼠B淋巴细胞活化过程中LY-5(B220)的表达.丛英姿,等.动物学报,1995,41(1)
西藏阿里地区啮齿类动物调查.党荣理,等.地方病通报,1995,10(3)
小鼠精子顶体反应中腺苷酸环化酶和环核苷酸磷酸二酯酶调节作用.段崇文,等.科学通报,1995,17(3)
萧山围垦农区臭鼩形态的比较研究.丁平,等.兽类学报,1995,15(3)
小毛足鼠生态初步研究.董维惠,等.中国兽类生物学研究,1995
雄性小家鼠的亲缘辨别.房继明.动物学杂志,1995,30(2)
小鼠胸腺基质细胞株MTECb的细胞学特性.冯继明,等.解剖学报,1995,26(2)
小鼠胸腺基质细胞株中细胞多核化现象探讨.冯继明,等.解剖学报,1995,26(2)
小鼠胸腺上皮细胞MTECB与胸腺细胞结合的形态学观察.冯继明,等.解剖学报,1995,26(3)
小鼠胸腺上皮细胞株MTECB自发产生低水平IL-6.冯继明,等.解剖学报,1995,26(4)
小鼠十二指肠嗜银细胞发育分化的组织学观察.高金岗,等.解剖学杂志,1995,18(5)
小鼠早期胚胎细胞的中间丝蛋白质成分的性质研究.高健刚,等.解剖学报,1995,26(2)
小鼠卵母细胞减数分裂过程中钙离子的三维分布.李朝军,等.解剖学报,1995,26(1)
新生大鼠颅骨成骨性细胞体外生长过程研究.刘祖德,等.解剖学报,1995,26(2)
小鼠体内和离体输卵管内卵母细胞的乙醇激活.刘红林,等.农业生物技术学报,1995,3(3)
小鼠膀胱上皮的中间层细胞中存在Uroplartns.梁凤霞,等.实验生物学报,1995,28(1)
小型啮齿动物种群系统调节复合因子理论的野外实验研究:食物可利用性和捕.聂海燕,等.兽类学报,1995,15(1)
新疆昌吉市南山鼠疫疫源地灭獭效果考核报告.邵和钦,等.地方病通报,1995,10(1)

小鼠胸腺皮质外位腺苷三磷酸酶的细胞化学定位. 孙品伟,等. 动物学报,1995,41(2)
小鼠 SFA DNA 片段的克隆. 桑一军,等. 实验生物学报,1995,28(4)
香烟烟雾对孕鼠和胎鼠的遗传毒性研究. 谭信,等. 卫生研究,1995,24(3)
溴敌隆与杀鼠迷和敌鼠钠盐毒饵防制营区褐家鼠的效果观察. 薛健,等. 前卫医药杂志,1995,12(6)
携带 EB 病毒潜伏膜蛋白基因转基因小鼠的制备. 肖志强,等. 生物化学与生物物理学进展,1995,22(2)
厦门港鼠形动物数量季节变动及种群演替研究. 许雪莹,等. 厦门市科学技术协会首届青年学术年会论文集,厦门大学出版社,1995
新疆野生草原兔尾鼠几种同工酶谱的分析 Ⅰ. 等电聚焦电泳. 严雷,等. 地方病通报,1995,10(2)
小鼠集落刺激因子(CSFg)的体外诱导研究. 叶世鸣,等. 南京大学学报(自然版),1995,31(1)
新疆玛纳斯、呼图壁、吉昌三县(市)鼠疫疫源地灭獭效果考核及鼠疫防治策略探讨. 张鸿猷,等. 地方病通报,1995,10(1)
西藏拉萨市当雄县纳木湖乡人间鼠疫流行病学调查报告. 扎西桑珠,等. 地方病通报,1995,10(2)
小鼠胸腺细胞核骨架肌动蛋白的研究. 曾丛梅,等. 解剖学报,1995,26(4)
小鼠白细胞介素 6 的 cDNA 克隆及其在昆虫细胞中的表达. 钟飞,等. 上海免疫学杂志,1995,15(2)
伊犁林木害鼠的发生与防治. 卞锡元. 植物保护,1995,21(4)
应用 South Western 印迹技术和原位杂交技术对大鼠 DNA 结合蛋白的研究. 丁一,等. 解剖学报,1995,26(1)
扬州高沙土地区棕色田鼠巢区的研究. 刘学儒,等. 江苏农学院学报,1995,16(2)
一种新的被毛突变小鼠及其生物学特性的初步研究. 李善如,等. 军事医学科学院院刊,1995,19(1)
药物防治高原鼢鼠的几个重要环节. 李春涛. 四川草原,1995,(1)
用园窗法记录的豚鼠听觉早潜伏期 40Hz 相关电位. 刘淑芳,等. 生物物理学报,1995,11(2)
影响鼠 QuGuo 品质因子之探讨. 林素一,等. 食品科学(中国台湾),1995,22(4)
一种简便的小鼠活动度的检测方法——纸片法. 李颖,等. 西北药学杂志,1995,10(1)
有机氟灭鼠剂中毒报告. 刘汉名. 职业医学,1995,22(2)
云南禄丰晚中新世古猿地点的仓鼠类化石. 邱铸鼎. 古脊椎动物学报,1995,33(1)
一种测定大鼠氧耗量的简易方法. 单红卫,等. 第二军医大学学报,1995,16(2)
育成前期雄性海狸鼠蛋白质代谢的研究. 孙跃岐,等. 东北林业大学学报,1995,23(5)
用原位杂交法研究兔附睾蛋白 BE-20 的基因表达. 吴燕婉,等. 解剖学报,1995,26(1)
胰岛淀粉样多肽在大鼠胰腺内分布的免疫组织化学研究. 王雪岷,等. 解剖学报,1995,26(3)
元江县鼠疫流行区鼠类及鼠蚤调查及防制评价. 王国良,等. 医学动物防制,1995,11(2)
影响小鼠单克隆抗体腹水的几种因素的研究. 杨玲,等. 安徽农业大学学报,1995,22
一氧化氮合酶阳性神经元在大鼠前脑的分布. 姚志彬,等. 解剖学杂志,1995,18(4)
云南省昭通地区啮齿类及食虫类记录. 杨建设,等. 医学动物防制,1995,11(2)
一次性投放散饵和袋饵灭黑红姬鼠效果评价. 余建军,等. 医学动物防制,1995,11(2)
以饲养海狸鼠为龙头恢复我国毛皮出口盛世. 张然. 农村实用工程技术,1995,(5)
氧化脂质对大鼠心肌肌质网 Ca^{2+}-ATPase 磷酸化微区运动状态的影响. 朱明晏,等. 生物化学和生物物理学报,1995,28(2)
舟山岛东部地区小型兽类的群落组成与动态分析. 鲍毅新,等. 兽类学报,1995,15(3)
舟山岛东部地区黑线姬鼠种生态的研究. 鲍毅新,等. 中国兽类生物学研究,中国林业出版社,1995
珠江三角洲黄毛鼠发生规律、防治策略及技术研究. 冯志勇. 中山大学学报论丛(生物学论文集),1995,3(1)
珠江三角洲稻作区农田害鼠复合防治指标研究. 冯志勇,等. 中山大学学报论丛(生物学论文集),1995,3(1)
珠江三角洲稻作区农田鼠类群落结构及演替研究. 冯志勇,等. 中山大学学报论丛(生物学论文集),1995,3(1)
中国的跳鼠家族浅谈. 侯兰新. 生物学通报,1995,30(7)
珠江三角洲稻作区农田害鼠复合防治指标的模型化研究. 何森,等. 中山大学学报论丛(生物学论文集),1995,3(1)
郑氏沙土鼠与子午沙土鼠杂交实验. 蒋卫,等. 动物学研究,1995,16(1)
珠江三角洲鼠类天敌的研究. 江庆澜,等. 中山大学学报论丛 1995,3(1)
正常鼠和免疫鼠 CD3AK 细胞和 LAK 细胞杀伤活性的比较研究. 姜拥军,等. 中国医科大学学报,1995,24(3)
中华鼢鼠活动危害规律与综合防治措施. 李建军. 甘肃农业科技,1995,(11)
棕色田鼠种群年龄的研究. 王廷正,等. 兽类学报,1995,15(4)
中国的复齿鼯鼠. 王福麟,等. 生物学通报,1995,30(7)
中国兽类生物学研究:JOLLY-Seber 模型对莫氏田鼠种群若干参数的估算. 武晓东,等. 中国林业出版社,1995
棕背䶄最适生境及其主导因子分析. 杨春文,等. 兽类学报,1995,15(2)
布氏田鼠棕色脂肪非偶联蛋白的初步研究. 刘小团,等. 中国兽类生物学研究,中国林业出版社,1995
布氏田鼠棕色脂肪非偶联蛋白的初步研究. 刘小团,李庆芬 . 中国兽类生物学研究,中国林业出版社,1995,286

新疆河狸洞巢研究. 于长青,等. 中国兽类生物学研究,中国林业出版社,1995
板齿鼠活动节律的观察. 戚根贤,等. 中国兽类生物学研究,中国林业出版社,1995
直播早稻病虫草鼠发生特点及综防技术. 郑宏海,等. 宁波农业科技,1995,(1)
棕背䶄的食性和种群年龄组成研究初报. 张春美,等. 森林病虫通讯,1995,(1)
安徽皖南及大别山山地丘陵区啮齿动物区系组成及其在动物地理区划中意义的探讨. 刘春生. 中国媒介生物学及控制杂志,1996,7(6)
白化黑线仓鼠的毛色遗传. 洪宝庆,等. 动物学杂志,1996,31(1)
板齿鼠种群数量中长期预测的时间序列模型. 何森,等. 兽类学报,1996,16(4)
滨海县 1989—1993 年鼠密度监测结果分析. 姜海生,等. 医学动物防制,1996,12(2)
不同孕期不同条件超声辐照对胎鼠生长发育的影响. 刘望彭,等. 中国超声医学杂志,1996,12(5)
布氏田鼠在低温条件下的实验观察. 施大钊,等. 兽类学报,1996,16(4)
布氏田鼠的嗅觉通讯Ⅰ. 非繁殖期的种内识别. 张立,等. 北京师范大学学报(自然版),1996,32(1)
北美 CHIHUAHAN 荒漠 17 种啮齿动物的日耗能动态比较. 曾宗永,等. 四川大学学报(自然版),1996,33(1)
北京华都饭店巩固灭鼠成果措施探计. 杨庭祥,等. 中国媒介生物学及控制杂志,1996,7(3)
促性腺激素释放激素 mRNA 阳性细胞在大鼠胃肠胰系统的分布. 黄威权,等. 解剖学报,1996,27(2)
草原鼠兔鸣叫声的观察和声学特征分析. 何其超,等. 声学学报,1996,21(增刊4)
长爪沙鼠种群数量动态及预测初步研究. 侯希贤,等. 中国有害生物综合治理论文集,1996,1052
草原鼠虫病害研究. 孔照芳. 甘肃民族出版社,1996
超声在大鼠精囊腺超微结构及血清睾酮含量影响的研究. 李维信,等. 解剖学报,1996,27(3)
城乡害鼠鼠情监测及防治. 李镜辉. 鼠害治理的理论与实践,科学出版社,1996
磁梳对鼠毛生长的影响. 王芳,等. 包头医学院学报,1996,12(2)
常用杀鼠药中毒的诊治. 王华,等. 医学动物防制,1996,12(2)
草原兔鼠几种同工酶等位基因位点研究. 严蕾,等. 地方病通报,1996,11(2)
C-型肉毒杀鼠素灭鼠试验报告. 闫文平,等. 黑龙江畜牧兽医,1996,(12)
长白山地林区棕背䶄种群数量分布及变动的研究. 杨春文,等. 森林病虫通讯,1996,23(3)
成年大鼠肠系膜血管中 CGRP 免疫反应神经纤维的密度分布. 张成岗,等. 解剖学报,1996,27(3)
雌性大鼠动情周期中黄体生成素细胞形态变化的图像分析. 周寿康,等. 解剖学报,1996,27(4)
川西平原大足鼠的种群生态学Ⅰ. 种群动态和个体大小. 曾宗永,等. 兽类学报,1996,16(3)
大白鼠体内轻稀土元素的测定及生理效应. 程发育. 光谱学与光谱分析,1996,16(5)
大鼠延髓内脏带的化学神经解剖学. 陈良为,等. 解剖学报,1996,27(4)
大鼠上丘到外膝体 P 物质投射的机能. 蔡怀彬,等. 生理学报,1996,48(5)
大鼠精子细胞分化过程中核碱性蛋白的研究. 费仁仁,等. 解剖学报,1996,27(3)
大鼠海马的血管构筑. 郭家松,等. 解剖学报,1996,27(2)
定西地区鼠害发生现状及防治简况. 贺澄,等. 甘肃农业科技,1996,(3)
电子克鼠仪. 金平,等. 电子技术,1996,23(5)
大鼠肝脏细胞核白蛋白基因转录活性测定. 李丽英,等. 北京医科大学学报,1996,28(3)
大鼠在脑皮层、杏仁中央核和黑质网状带向脑十面口部运动及其周围区域的分支投射. 李云庆,等. 解剖学报,1996,27(1)
大鼠脑梗死血管壁的酶组织化学研究. 雷万龙,等. 解剖学报,1996,27(2)
大鼠睾丸生精细胞发育的形态学研究. 刘慧雯,等. 解剖学报,1996,27(2)
大鼠大脑皮层-尾壳核和尾壳核-里质间的往返定位投射. 李云庆,等. 解剖学报,1996,27(3)
大鼠睾丸支持细胞发育的形态学研究. 刘慧雯,等. 解剖学报,1996,27(3)
达乌尔黄鼠染色体组型和 G 带分析. 刘仁华,等. 野生动物,1996,(6)
对成年大鼠脏器系数的探讨. 马秀兰,等. 动物学杂志,1996,31(3)
电镜原位杂交观察小鼠中期染色体内 RNA 分布特点及其来源. 梅映,等. 实验生物学报,1996,29(2)
大鼠眼上直机神经的生后发育. 秦丽华,等. 解剖学报,1996,27(3)
大鼠脑 cDNA 文库的构建. 宋学文,等. 生物化学与生物物理学进展,1996,23(2)
大鼠动情周期中不同脑区促肾上腺皮质激素释放激素(CRH)含量的变化. 唐美仪,等. 动物学报,1996,42(1)
大鼠脊髓内生长抑素 mRNA 原位杂交的研究. 陶元祥,等. 动物学报,1996,42(3)
大鼠下丘脑弓状核神经元的神经支配. 唐华美,等. 解剖学报,1996,27(1)
DXB/e 近交系小鼠的生物学特性初步观察. 魏泓,等. 第三军医大学学报,1996,18(1)
大仓鼠的某些生态研究. 王淑卿,等. 动物学杂志,1996,31(4)
东方田鼠长江亚种的生长与发育. 武正军. 动物学杂志,1996,31(5)
大鼠卵泡细胞的程序发育和类胰岛素生长因子Ⅱ的表达. 吴燕婉,等. 解剖学报,1996,27(1)

大鼠脑内代谢型谷氨酸受体1、1α亚型的定位分布. 王智明,等. 解剖学报,1996,27(3)
洞庭湖区东方田鼠繁殖特性研究. 武正军,等. 兽类学报,1996,16(2)
大鼠脑组织中一氧化氮合酶测定. 王成彬,等. 生物化学与生物物理学进展,1996,23(6)
大绒鼠的分带核型研究. 吴爱国,等. 遗传,1996,18(3)
大鼠孤束核神经降压素在迷走—加压反应中的作用. 徐 珞,等. 动物学报,1996,42(3)
大鼠空肠肌间神经丛NADPH-黄递酶的光镜及电镜观察. 肖岚,等. 解剖学报,1996,27(1)
大鼠部分脑区内一氧化氮合酶与经典神经递质的共存. 余福林,等. 解剖学报,1996,27(2)
大鼠外膝体神经元内抑制性突触后电位和兴奋性突触后电位的相互作用. 夏军. 科学通报,1996,41(13)
大白鼠弓状核内生长抑素mRNA分布的原位杂交组化研究. 印克杰,等. 动物学杂志,1996,31(1)
达乌尔黄鼠不同脑区及血浆中阿片肽含量的年周期变动. 叶祖承,等. 动物学报,1996,42(2)
达乌尔黄鼠的垂直分布与鼠疫动物病的关系. 阴利群,等. 中国地方病防治杂志,1996,11(2)
大鼠脑神经生长因子受体分布的实验研究. 甄红英,等. 白求恩医科大学学报,1996,22(6)
大鼠肾集合管的形态测量. 郑德明,等. 解剖学报,1996,27(1)
大鼠切牙牙髓复合体的透射电镜研究. 朱世柱,等. 解剖学报,1996,27(2)
达乌尔黄鼠产热的季节性变化. 张淑珍,等. 兽类学报,1996,16(3)
大鼠C3基因TATA区结合核蛋白与其转录活性关系的研究. 张永莲,等. 生物化学与生物物理学报,1996,28(1)
鄂尔多斯沙地草场啮齿动物种群落结构的研究. 周延林,等. 鄂尔多斯沙地草场论文集,1996
鄂尔多斯沙地草场啮齿动物种群生态位的研究. 周延林,等. 鄂尔多斯沙地草场论文集,1996
$FeCl_3$显色法测定杀鼠新母液中有效成分. 陈锋,等. 辽宁化工,1996,(2)
福建省鼠疫RIP调查结果分析及防制对策探讨. 林代华,等. 地方病通报,1996,11(3)
粉迹法与盗食调查外环境鼠密度效果比较. 李国建. 中国媒介生物学及控制杂志,1996,7(5)
复方灭鼠剂88-1乳油的研究. 张美文,等. 农业现代化研究,1996,17(6)
非繁殖成年雄性布氏田鼠对群体气味的辨别. 张立,等. 兽类学报,1996,16(4)
高原鼠兔与达乌尔鼠兔的摄食行为及对栖息地适应性的研究. 樊乃昌,等. 兽类学报,1996,16(1)
根田鼠的生物能学研究. 侯建军. 四川动物,1996,15(2)
高寒地区草地放牧演替与害鼠密度关系的研究. 李希来,等. 草业科学,1996,13(1)
甘肃仓鼠属在河南的发现. 路纪琪,等. 动物学杂志,1996,31(5)
高原鼠兔冷驯化和脱冷驯化中的产热变化. 柳劲松,等. 动物学报,1996,42(4)
根田鼠Microtus oeconomus的无机元素. 李明德,等. 南开大学学报(自科版),1996,29(2)
构建鼠IL-6反义RNA的逆转录病毒重组体. 孙林,等. 中国免疫学杂志,1996,12(4)
根田鼠的最大同化能量. 王德华,等. 动物学报,1996,42(1)
根田鼠哺乳期的同化能及产后生长发育过程中的能量分配. 王德华,等. 动物学报,1996,42(2)
根田鼠冷驯化过程中的适应性产热特征. 王德华,等. 动物学报,1996,42(4)
高原鼠兔结合珠蛋白含量测定. 王修海,等. 高原医学杂志,1996,6(3)
贵阳、遵义两市鼠伤寒沙门氏菌质粒指纹图谱分析. 吴承龙. 贵州医药,1996,20(3)
高原鼢鼠繁殖期和非繁殖期的行为比较. 魏万红,等. 兽类学报,1996,16(3)
高寒草甸害鼠的数量动态与鼠害的综合治理. 王权业. 鼠害治理的理论与实践,科学出版社,1996
关养密度和成年雄鼠填充物的气味对黄毛鼠的发育和. 许忠建,等. 动物学报,1996,42(1)
贵州省啮齿动物地理分布的聚类分析. 杨再学. 四川动物,1996,15(3)
工业区用毒鼠站,毒饵盒巩固灭鼠成果现场试验. 俞振祥,等. 中国媒介生物学及控制杂志,1996,7(5)
甘宁阿拉善黄鼠疫源地动物鼠疫流行与控制. 张耀堂. 中国地方病学杂志,1996,15(3)
黄土高原果园鼠、兔危害的综合防治. 杜社妮,等. 北方果树,1996,(1)
海南岛山区鼠形动物群落结构与空间分布. 黄佳亮,等. 医学动物防制,1996,12(3)
害鼠的行为生态. 姜永进,等. 鼠害治理的理论与实践,科学出版社,1996
害鼠的繁殖生态. 卢浩泉,等. 鼠害治理的理论与实践,科学出版社,1996
河南省啮齿动物区系与区划研究. 路纪琪,等. 兽类学报,1996,16(2)
褐家鼠精母细胞中联会复合体的研究Ⅱ. 性染色体配对形态和行为的研究. 刘静宇,等. 实验生物学报,1996,29(1)
黄毛鼠和板齿鼠的食量测定. 秦耀亮,等. 动物学杂志,1996,8(1)
花生地鼠害复合防治指标的研究. 王玉山,等. 动物学杂志,1996,31(1)
黑线仓鼠主动脉弓分支类型的初步观察. 王照南. 山西农业大学学报,1996,16(2)
黑线仓鼠近交系在实验. 王照南,等. 山西大学学报(自然科学版),1996,19(2)
黑线仓鼠的染色体组型研究. 王俊森,等. 野生动物,1996,(3)

湖北省连续 8 年鼠情监测结果分析. 王谷生. 中国媒介生物学及控制杂志,1996,7(6)
害鼠防治与卫生防疫. 汪诚信. 鼠害治理的理论与实践,科学出版社,1996
害鼠的能量生态. 王祖望,等. 鼠害治理的理论与实践,科学出版社,1996
害鼠的营养生态. 王桂明. 鼠害治理的理论与实践,科学出版社,1996
害鼠的寄生虫与作用. 王淑卿. 鼠害治理的理论与实践,科学出版社,1996
害鼠与生态平衡. 夏武平. 鼠害治理的理论与实践,科学出版社,1996
华北旱作区大仓鼠种群动态、预测预报及综合防治的研究. 杨卫平,等. 鼠害治理的理论与实践,科学出版社,1996
黑线仓鼠生长发育研究. 杨玉华,等. 兽类学报,1996,16(4)
海狸鼠输精管结扎术. 于兴中,等. 野生动物,1996,(5)
褐家鼠种群动态初步研究. 杨再学,等. 植物保护学报,1996,23(1)
海南岛血清虫媒病毒抗体调查. 赵春生,等. 解放军预防医学杂志,1996,14(3)
害鼠防治与植物保护. 赵桂芝. 鼠害治理的理论与实践,科学出版社,1996
黑线姬鼠对杀鼠灵敏感性测定. 章进宝,等. 医学动物防制,1996,12(1)
金黄地鼠精子发生及附睾成熟过程中 Ca^{2+} 的分布规律. 焦日,等. 解剖学报,1996,27(3)
降水与长爪沙鼠种群数量关系. 李仲来,等. 动物学研究,1996,17(1)
角结膜老鼠咬伤治疗 8 例. 吕银甫. 眼外伤职业眼病杂志,1996,18(4)
自发性高血压大鼠心瓣膜上含神经肽 Y 和含降钙素基因相关肽神经的变化. 毛秦雯,等. 解剖学报,1996,27(3)
家兔鼻粘膜和咽壁内毛细淋巴管的超微结构. 乔丹,等. 解剖学报,1996,27(2)
几种常用防鼠网的制作与使用. 沈加奇. 中国媒介生物学及控制杂志,1996,7(5)
家兔阑尾淋巴管铸型的扫描电镜研究. 汤凤彩,等. 解剖学报,1996,27(1)
居民区家鼠鼠情调查报告. 王肇军,等. 中国媒介生物学及控制杂志,1996,7(6)
济南地区部分营区褐家鼠对杀鼠灵的抗药性调查. 薛健,等. 解放军预防医学杂志,1996,14(1)
家兔空肠淋巴管铸型的扫描电镜观察. 徐玉东,等. 解剖学报,1996,27(4)
江苏省灭鼠达标城市灭效巩固对策研究. 谢龄庆,等. 卫生杀虫药械,1996,2(2)
介绍一种新实验动物——草原兔尾鼠. 张兰英,等. 地方病通报,1996,11(1)
克服昆明小鼠体外受精卵发育阻滞方法的研究. 庞也非,等. 细胞生物学杂志,1996,18(1)
抗心律失常肽在大鼠肾内的分布. 孙雅贤,等. 解剖学报,1996,27(3)
抗 HFRS 病毒鼠源性 McAb 在家兔体内的动态变化及抗鼠 IgG. 王海涛,等. 细胞与分子免疫学杂志,1996,12(3)
两组不同月龄小鼠学习记忆能力与脑突触体内游离[Ca^{2+}]的相关性. 杜红燕,等. 生理学报,1996,48(1)
老年学习记忆减退大鼠脑突触体膜流动性改变. 洪岸,等. 生物化学与生物物理学进展,1996,23(1)
六种鼠苹果酸脱氢酶,血浆蛋白质和血红蛋白的变异分析. 金晓玲,等. 兽类学报,1996,16(3)
笼养东北松鼠繁殖行为的初步观察. 李俊生,等. 野生动物,1996,(1)
辽宁省鼠情现状调查及防制对策探讨. 李维贤,等. 中国媒介生物学及控制杂志,1996,7(6)
六种生长因子在大鼠皮肤的免疫定位. 邹仲元,等. 解剖学报,1996,27(1)
利用基因诱捕识别哺乳动物发育调控基因. 曾炜青,等. 生物化学与生物物理学进展,1996,23(2)
某地区军用机场灭鼠工作的做法和体会. 沈松林. 解放军预防医学杂志,1996,14(2)
慢性低氧下普通大鼠与低氧敏感大鼠的血液气体变化. 吴秀凤,等. 中国应用生理学杂志,1996,12(3)
棉鼠丝虫组织学观察. 杨元清,等. 中国兽医寄生虫病,1996,4(4)
南方农区害鼠生态特性及综合治理技术. 陈安国. 鼠害治理的理论与实践,科学出版社,1996,247
农村灭鼠知识问答. 郭顺贞. 湖南科学技术出版社,1996
农田鼠害及防治对策. 黄明. 农业科技通讯,1996,(10)
南海地区鼠形动物及其与人类疾病关系的初步研究. 龙芝美,等. 中国人兽共患病杂志,1996,12(3)
农田鼠害及其防治. 刘乾开. 中国农业出版社,1996
P 物质在大鼠脑室管膜中定位分布的免疫组织化学研究. 黄卫,等. 解剖学报,1996,27(2)
皮下埋植左旋 18 甲基炔诺酮对鼠子宫与卵巢雌、孕激素受体的影响. 孙安莉,等. 中华妇产科杂志,1996,31(9)
浅谈转基因实验小鼠的饲养管理及如何提高其繁殖率. 王英,等. 上海畜牧兽医通讯,1996,(4)
QTH-块状灭鼠毒饵的制作及试验. 王文龙,等. 医学动物防制,1996,12(2)
气相色谱法测定大鼠脑组织中烟碱含量. 杨雪梅,等. 军事医学科学院院刊 1996,20(3)
人与小鼠膈腹膜乳斑的研究. 李继承,等. 解剖学报,1996,27(1)
绒鼾属地位的恢复(啮齿目:仓鼠科:田鼠亚科). 马勇,等. 动物分类学报,1996,21(4)
肉鸡实验性敌鼠钠中毒的研究. 袁慧,等. 中国兽医科技,1996,26(4)
三种姬鼠的染色体比较研究. 陈志平,等. 动物学研究,1996,17(3)
双对氯三氟甲苯敌鼠的合成. 崔玉,等. 辽宁化工,1996,(3)

麝鼠香腺发育与活体取香的初步研究. 陈玉山. 兽类学报,1996,16(1)
麝鼠泌香期香束腺形态及组织结构的研究. 陈玉山,等. 兽类学报,1996,16(2)
生长抑素在大鼠脑室管膜中定位分布的免疫组织化学和原位杂交的研究. 黄卫,等. 解剖学报,1996,27(4)
森林鼠害发生的相关因子. 贺治进,等. 林业科技,1996,21(3)
森林鼠害的分布规律与防治方法. 胡永琴,等. 吉林农业科技,1996,(1)
鼠肝线粒体呼吸链质子泵高能质子流向膜表面及其在能量偶联中的作用. 焦选茂,等. 动物学报,1996,42(1)
实验鼠的剖腹产代乳净化. 匡宇,等. 实验动物科学与管理,1996,13(4)
三种抗凝血灭鼠剂对褐家鼠的实验室毒效比较. 刘敬苍. 动物学杂志,1996,31(5)
鼠-人嵌合抗体的研制及应用. 李彪. 国外医学(放射医学核医学分册),1996,20(4)
陕西蓝田锡水洞啮齿动物群的性质与时代. 李传令,等. 古脊椎动物学报,1996,34(2)
三种抗凝血剂毒饵毒杀养鸡场褐家鼠的效果观察. 刘敬苍. 河南预防医学杂志,1996,7(1)
山东的林业害鼠及其防治对策. 卢浩泉,等. 山东林业科技,1996,12(1)
陕西地区啮齿动物种数分布与生态因子的分析. 李晓晨,等. 兽类学报,1996,16(2)
双甲敌鼠铵盐农村灭鼠效果观察. 李顺德,等. 中国媒介生物学及控制杂志,1996,7(6)
鼠源性单抗 C_{50} 体内应用后人抗鼠抗体的检测. 吕大鹏,等. 中华核医学杂志,1996,16(4)
社田鼠生物学特性的观察. 沙依拉吾,等. 动物学杂志,1996,31(4)
鼠颞颌关节中弹力纤维的分布及其定量分析. 孙大麟. 上海第二医科大学学报,1996,16(3)
鼠类的危害、利用及其控制. 施大钊. 生物学通报,1996,31(1)
三种蛔虫感染小鼠后嗜酸细胞增多的比较研究. 孙树汉,等. 医学动物防制,1996,12(专辑)
SPF 小鼠饲育室生态环境检测. 孙以方,等. 中国畜医科技,1996,26(12)
鼠脾中 DNA 的提取及含量测定. 王招梯,等. 南京医科大学学报,1996,16(1)
三元能量对鼠神经细胞膜电位、记忆力的影响. 吴汉荣,等. 人工科学研究,1996,5(4)
鼠兔 5 个种的分子分类进化. 王宁,等. 中国科学(C 辑),1996,26(1)
鼠牙髓组织细胞培养的生长特性及形态特征研究. 于静涛,等. 中国医科大学学报,1996,25(5)
鼠类种群数量的波动与调节. 张知彬. 鼠害治理的理论与实践,科学出版社,1996
鼠类不育控制的技术与策略. 张知彬. 鼠害治理的理论与实践,科学出版社,1996
鼠完钠盐灭鼠效果观察. 章信松. 卫生杀虫药械,1996,2(1)
山丹鼠疫自然疫源地动物病流行达到“稳定控制”标准的分析. 张守义,等. 中国地方病防治杂志,1996,11(2)
豚鼠咽鼓管和肺脏表面活性物质中磷脂成分的比较. 冯立宁,等. 第四军医大学学报,1996,17(4)
豚鼠大肠壁内一氧化氮合酶神经元的组织化学研究. 范强,等. 解剖学报,1996,27(2)
褪黑激素对布氏田鼠适应性产热的调控作用. 侯建军,等. 动物学杂志,1996,31(5)
兔核移殖胚胎早期发育和超微结构研究. 刘林,等. 动物学报,1996,42(1)
豚鼠脊髓腹角神经元线状溶酶体酶细胞化学研究及其电子探针 X 射线能谱分析. 李莉,等. 解剖学报,1996,27(4)
兔输卵管因子 DPF-1 的 cDNA 克隆及鉴定. 刘传聚,等. 实验生物学报,1996,29(4)
豚鼠器官中缩醛磷脂分布的研究. 吕灿群,等. 生物化学与生物物理学报,1996,28(2)
兔输卵管因子 DPF-1 的 cDNA 克隆及鉴定. 刘传聚,等. 实验生物学报,1996,29(4)
豚鼠精子质膜 Ca^{2+}-ATPase 活性与精子顶体反应关系的研究. 李明文,等. 中国科学(C 辑),1996,26(2)
豚鼠精子信号通路的研究. 李明文,等. 中国科学(C 辑),1996,26(4)
胎鼠脑电镜标本制作. 买鸿宴,等. 北京医科大学学报,1996,28(3)
谈鼠. 彭学彦. 化石,1996,(2)
天敌对鼠类种群的影响. 杨卫平,等. 鼠害治理的理论与实践,科学出版社,1996
兔乳酸脱氢酶 C4 的分离纯化及动力学研究. 邹鲁峰,等. 第二军医大学学报,1996 ,17(4)
Wistar 鼠隐睾生殖细胞 DNA 分析. 陈永田,等. 中华泌尿外科杂志,1996,17(2)
维生素 E 对运动后大鼠肾脏氧自由基与运动性蛋白尿的影响. 李建龙,等. 山西大学学报(自然科学版),1996,19(2)
我国稀有的泌香动物——新疆河狸. 刘济滨. 生物学通报,1996,31(6)
我国鼠害及其防治对策. 汪诚信. 中国媒介生物学及控制杂志,1996,7(1)
小鼠血清、全血和鼠毛中的元素含量研究. 郭剑英,等. 广东微量元素科学,1996,3(5)
小鼠卵受精和人工激活中的作用. 邓满齐,等. 动物学报,1996,42(1)
溴敌隆间隔 7 天二次投药灭鼠效果观察. 方鹏举,等. 医学动物防制,1996,12(3)
新疆东部边界地带啮齿动物调查. 侯兰新,等. 动物学杂志,1996,31(6)
小鼠卵慢速和快速降温及玻璃化冻存的比较研究. 李维智,等. 动物学研究,1996,17(1)
小鼠胸腺基质细胞系分泌的趋化因子的分析. 刘祝公,等. 实验生物学报,1996,29(1)

小鼠和豚鼠精子在附睾成熟过程中Ca^{2+}分布变化规律的研究.李明文,等.实验生物学报,1996,29(2)
小鼠卵细胞减数分裂染色体的制备.李朝军,等.遗传,1996,18(6)
溴敌隆、氯鼠酮毒饵对中华鼢鼠的防治技术研究.孙兴文,等.农药,1996,35(11)
厦门港鼠群结构、数量季节变动及种群演替研究.沈达惠,等.中国媒介生物学及控制杂志,1996,7(6)
小鼠哺乳期内日龄与体重的关系.王立,等.黑龙江畜牧兽医,1996,(8)
小鼠年龄及卵丘-卵母细胞间联接的解离对卵母细胞体外成熟的影响.夏国良.动物学报,1996,42(4)
小鼠胃中GABA摄取系统的负反馈式自身调节机制.徐项桂,等.南京大学学报(自然科学版),1996,32(1)
小鼠免疫器官(胸腺、脾脏和淋巴结)成克隆基质祖细胞.于洪臣,等.辐射研究与辐射工艺学报,1996,14(1)
喜马拉雅旱獭G带染色体研究.伊敬如,等.兽类学报,1996,16(3)
小鼠胚胎子宫单层上皮细胞共培养的研究.曾国庆,等.动物学报,1996,42(2)
小鼠精子表面麦芽凝集素结合糖复合物的形成与变化.周占祥,等.解剖学报,1996,27(2)
小鼠外胎盘锥细胞与层粘连蛋白相互作用机制的研究.张春雨,等.实验生物学报,1996,29(2)
新型杀鼠剂溴敌隆灭鼠效果观察.章信松,等.卫生杀虫药械,1996,2(2)
新型防鼠电缆.赵芳灿.文献快报(纤维光学与电线电缆),1996,(8)
小鼠心室肌细胞内向整流钾电流的特性及其与早后期去极化的关系.周盈颖,等.中国科学(C辑),1996,26(1)
云南西双版纳片断热带雨林鼠形啮齿类的物种多样性研究.陈志平,等.动物学研究,1996,17(4)
应用化学灭鼠剂的技术与策略.邓址.鼠害治理的理论与实践,科学出版社,1996
远洋小渔船鼠类及蟑螂侵害情况调查分析.冯建清,等.医学动物防制,1996,12(1)
幼年小家鼠社会等级的预测:行为学指标和亲缘关系影响.房继明,等.北京师范大学学报(自然科学版),1996,32(1)
野生雄性断乳小家鼠对陌生同父异母鼠和陌生无亲缘关系鼠的亲缘辨别.房继明,等.动物学报,1996,42(1)
一种新型农田捕鼠一弹弦捕狳器.郭庸忠,等.陕西农业科学,1996,(1)
一家三例敌鼠钠中毒误诊报告.何锡喜,等.临床误诊误治,1996,9(4)
胰岛淀粉样多肽与胰岛素在胎鼠胰腺共存的免疫组织化学研究.李占淳,等.解剖学报,1996,27(2)
一种豚鼠心室肌单细胞片钳标本制备方法.牛小伟,等.华中理工大学学报,1996,24(8)
云南姬鼠的蛋白多态性及其遗传分化关系.宿兵,等.动物学研究,1996,17(3)
用头骨上齿隙鉴定布氏田鼠种群年龄研究.周延林.草地学报,1996,4(1)
云南省龙陵县腊勐乡人间鼠疫流行病学调查.赵安所.地方病通报,1996,11(2)
豫西黄土高原农作区鼠类群落结构的研究:模糊聚类分析及三种相似指标的比较.赵亚军,等.兽类学报,1996,16(1)
一种新的近交实验动物遗传监测方法及小鼠性别相关RND标记的发现.张文艳,等.实验生物学报,1996,29(1)
银星竹鼠人工饲养繁殖研究.张旋,等.野生动物,1996,(6)
正常SD大鼠的部分生物数据测定.陈长勋,等.动物学杂志,1996,31(4)
中国仓鼠卵细胞二氢叶酸还原酶基因在大肠杆菌中的高效表达.蔡勤,等.遗传,1996,18(5)
主要农作物病虫鼠害测报与防治.冯殿英.中国农业科技出版社,1996
湛江口岸外籍船舶鼠虫患调查与卫生处理分析.惠波.医学动物防制,1996,12(4)
织金洞扫尾豪猪灭迹之原因探讨.贺卫,等.中国岩溶,1996,15(3)
正常草原兔尾鼠的血象.蒋卫,等.动物学杂志,1996,31(4)
猪獾和黄鼠mtDNA物理图谱及位点变异初探.兰宏,等.动物学研究,1996,17(3)
猪、鼠及胎儿皮肤胶原的分析.刘拥军,等.山东科学,1996,9(3)
中华鼢鼠防治研究.李克忠,等.森林病虫通讯,1996,(4)
中华鳖和小白鼠正常血清溶菌酶的初步测定和比较.司马忠明,等.生物技术,1996,6(4)
猪尾鼠的分类、分布与分化.王应祥,等.兽类学报,1996,16(1)
转基因小鼠的制备.王英,等.上海畜牧兽医通讯,1996,(4)
正常小鼠免疫功能的昼夜节律性.杨迎暴,等.沈阳药科大学学报,1996,13(2)
中华竹鼠胃肠内分泌细胞分布的研究.杨贵波,等.兽类学报,1996,16(4)
中国黄土中的仓鼠、鼢鼠化石及在磁性地层中的位置.岳乐平,等.西北大学学报(自然科学版),1996,26(6)
驻京部队营院鼠密度监测结果初步分析.杨振洲,等.中国媒介生物学及控制杂志,1996,7(2)
转基因小鼠的插入突变与基因克隆——方法、成就与展望.朱海英,等.国外医学(遗传学分册),1996,19(4)
棕背䶄种群繁殖和抗生药剂的作用.张春美,等.森林病虫通讯,1996,(1)
驻豫某部灭鼠达标和8年巩固情况报告.周光智.医学动物防制,1996,12(3)
粘鼠胶板粘鼠效果观察.章进宝,等.中国媒介生物学及控制杂志,1996,7(2)
表皮生长因子对大鼠血淋巴细胞c-fos基因表达的效应.丁一,等.解剖学报,1997,28(1)

不同季节室内、村周、野外鼠类分布情况调查. 董玉奎. 中国媒介生物学及控制杂志,1997,8(2)
不同年龄大鼠小脑浦肯野细胞超微结构的变化. 惠玲,等. 动物学报,1997,43(3)
不同类型兔2-,5-寡聚腺苷酸合成酶的比较研究. 冯云峰,等. 生物化学与生物物理学报,1997,29(3)
8.0 %杀鼠灵母液毒力测定. 黄清臻,等. 中国媒介生物学及控制杂志,1997,8(4)
表皮生长因子受体(EGFR)在大鼠和小鼠睾丸中的表达和分布. 孙亚平,等. 生殖与避孕,1997,17(4)
布氏田鼠的体重生长曲线. 宛新荣,等. 海峡两岸兽类学学术讨论会文摘汇编,1997
百毒解对犬食毒死鼠中毒的疗效. 杨运鹏,等. 中国养犬杂志,1997,(1)
布氏田鼠的嗅觉通讯Ⅱ.2种不同方法下气味辨别实验的重复测量方差分析. 张立,等. 北京师范大学学报(自然科学版),1997,33(2)
促肾上腺皮质激素释放激素及去甲肾上腺素对高原鼠兔体液免疫的抑制作用. 白海波,等. 兽类学报,1997,17(2)
层粘连蛋白及其肽段对小鼠胚泡粘附和扩展的作用. 曹宇静,等. 动物学报,1997,43(1)
徐闻口岸鼠情监测. 邓明操,等. 医学动物防制,1997,13(1)
臭鼩种群数量动态分析. 丁平,等. 浙江农业大学学报,1997,23(1)
徐闻口岸鼠情和病媒昆虫监测. 冯建清,等. 医学动物防制,1997,13(2)
雌性激素调节鼠脑微管蛋白合成和延长鼠寿命的作用. 郭守祥,等. 中华老年医学杂志,1997,16(4)
仓库鼠类综合防治技术的研究. 李文辉,等. 医学动物防制,1997,13(3)
超声波驱鼠、驱蟑效果观察. 刘宗义,等. 中国媒介生物学及控制杂志,1997,8(2)
城市公园鼠害防制研究. 李新民,等. 中国媒介生物学及控制杂志,1997,8(3)
超声波驱鼠效果观察. 马玉林,等. 医学动物防制,1997,13(6)
城市高层建筑的鼠患调查. 马林,等. 中国媒介生物学及控制杂志,1997,8(1)
川西平原农田啮齿动物群落的试验操作:去除优势种. 曾宗永,等. 兽类学报,1997,17(3)
DNA 指纹在近交小鼠中的应用研究. 薄侃,等. 遗传,1997,9(增刊)
蛋白酶抑制剂对小鼠胚泡着床的作用. 曹宇静,等. 动物学研究,1997,18(1)
大鼠精子细胞变态期核蛋白转换的研究. 费仁仁. 等. 解剖学报,1997,28(4)
大理苍山洱海自然保护区的小型兽类. 龚正达,等. 动物学研究,1997,18(2)
洞庭湖区东方田鼠迁移的研究. 郭聪,等. 兽类学报,1997,17(4)
大鼠心肌条件培养基对形成小鼠 ES 细胞集落的影响. 韩嵘,等. 北京大学学报(自然科学版),1997,33(2)
丹江库区晚新生代三种兔形类化石. 刘丽萍,等. 古脊椎动物学报,1997,35(2)
大鼠三叉神经尾侧亚核和脊髓内离子型谷氨酸受体 GABA A 受体和甘氨酸受体的分布. 李云庆,等. 解剖学报,1997,28(2)
大鼠腰骶后连合核内 P 物质受体阳性神经元与 GABA 能轴突终末的突触联系. 吕岩,等. 解剖学报,1997,28(4)
东北鼢鼠种群动态及其预测预报. 刘仁华,等. 野生动物,1997,(1)
大足鼠血清流行病学的监测意义. 李天元,等. 医学动物防制,1997,13(3)
动物饲养场杀它仗灭鼠试验. 刘起勇,等. 中国媒介生物学及控制杂志,1997,8(6)
毒饵盒、罐内投不同敌鼠钠毒饵灭家鼠效果比较. 曲宝泉,等. 预防医学文献信息,1997,3(3)
低氧对雄性高原鼠兔性腺的影响. 史小军,等. 兽类学报,1997,17(1)
大港港区实现"灭鼠先进港"后的鼠情分析. 苏国桢,等. 中国媒介生物学及控制杂志,1997,8(1)
大鼠脊髓背角神经元内 SP 受体与 fos 共存. 陶元祥,等. 解剖学报,1997,28(4)
达乌尔黄鼠精母细胞联会复合体的电镜观察. 唐爱民,等. 兽类学报,1997,17(4)
大鼠视皮层 17 层神经元对闪光刺激的反应特征. 唐建荣. 山西农业大学学报,1997,19(6)
东北鼢鼠种群生长指标的主分量分析. 王俊森,等. 兽类学报,1997,17(1)
洞庭湖稻区黑线姬鼠种群数量预测. 王勇,等. 兽类学报,1997,17(2)
洞庭湖稻田害鼠的复合防治指标研究. 王勇,等. 农业现代化研究,1997,18(3)
大鼠肝脏贮脂细胞的分离培养及免疫细胞化学鉴定. 许青,等. 第二军医大学学报,1997,18(3)
地鼠全价颗粒饲料试验. 夏放,等. 四川动物,1997,16(3)
大鼠胚胎体节形成前的形态学分期研究. 尤芳蕾,等. 解剖学杂志,1997,20(3)
稻田黄毛鼠种群动态及繁殖特点. 徐全茂,等. 植物保护,1997,23(3)
大沙鼠鼠洞分布格局的初步研究. 张忠兵,等. 动物学杂志,1997,32(3)
大鼠运动皮层的胼胝体起源细胞与 GFBA 能终末的突触联系. 郑芳,等. 解剖学报,1997,28(4)
大鼠骨矿物质含量与组织中钙水平的相关性研究. 赵显峰,等. 卫生研究,1997,26(2)
大沙鼠洞群空间分布格局的研究. 赵天飙,等. 兽类学报,1997,17(4)
鄂尔多斯荒漠草原五趾跳鼠空间分布特征. 祁爱民,等. 中国媒介生物学及控制杂志,1997,8(4)
鼢鼠阴道内异物与种群自然调节研究初报. 曹志东. 生态学杂志,1997,16(4)

凤凰山鼠类的初步调查. 洪江, 等. 中国媒介生物学及控制杂志, 1997, 8 专刊(一)
飞机灭鼠在林业上的应用. 赵存玉, 等. 林业科技, 1997, 22(4)
非冬眠期达乌尔黄鼠对低温的适应性产热. 张淑珍, 等. 兽类学报, 1997, 17(1)
防鼠建筑在控制导弹阵地鼠患中的作用. 中国媒介生物学及控制杂志, 1997, 8(6)
GABA 对小鼠大脑皮质中 GABA 受体胚胎发育的调节. 陈忠, 等. 动物学研究, 1997, 18(3)
共培养法获得 MC15-昆明嵌合鼠. 何维, 等. 北京大学学报(自然科学版), 1997, 33(2)
广西农业区东方田鼠生物学及其生态地理特征. 梁俊勋, 等. 广西科学, 1997, 4(2)
高原鼢鼠和高原鼠兔骨骼无机化学成分的研究Ⅰ. 常量元素. 索有瑞, 等. 兽类学报, 1997, 17(2)
甘丙肽和经典神经递质在大鼠和家兔背根神经节细胞内共存的免疫组织化学研究. 王雪岷, 等. 解剖学报, 1997, 28(1)
甘肃鼢鼠取食节律及对不同饵料喜食性的研究. 王明春, 等. 西北农业大学学报, 1997, 25(2)
根田鼠大脑内去甲肾上腺素水平的昼夜节律及低氧作用. 熊忠, 等. 兽类学报, 1997, 17(4)
改变食物组成对大鼠胃肠道嗜铬细胞的影响. 杨贵波, 等. 动物学报, 1997, 43(1)
高原鼢鼠和高原鼠兔骨骼无机化学成分的研究Ⅱ. 必需微量元素. 伊甫申, 等. 兽类学报, 1997, 17(3)
果园鼠害综合防治试验. 张军科, 等. 陕西农业科学, 1997, (2)
高原鼢鼠骨骼脂肪油的化学成分研究. 张晓峰, 等. 兽类学报, 1997, 17(2)
贵阳市小家鼠对杀鼠灵的抗药性调查. 郑越平, 等. 医学动物防制, 1997, 13(3)
褐家鼠消化道长度和重量的季节动态. 鲍毅新, 等. 浙江农业大学学报, 1997, 23(1)
湖北省 1991—1995 年肾综合征出血热监测分析. 方越, 等. 疾病监测, 1997, 12(7)
黄体生成素和卵泡刺激素在大鼠垂体前叶的细胞共定位研究. 郝建明, 等. 解剖学报, 1997, 28(1)
褐家鼠精母细胞中联合会复合体的研究Ⅲ. 联会复合体的组型分析. 刘静宇, 等. 东北师大学报, 1997, (3)
黄胸鼠对杀鼠灵的抗药性调查. 卢世乾, 等 . 医学动物防制, 1997, 13(2)
海狸鼠巴氏杆菌病的诊治. 孟昭聚. 经济动物学报, 1997, 1(1)
汉中地区草地鼠害调查报告. 牛德俊, 等. 中国草地, 1997, (2)
花鼠危害仓贮玉米的初步观察与防制. 任德波, 等. 中国媒介生物学及控制杂志, 1997, 8(2)
旱獭产品的开发与卫生防护. 王泽文. 动物经济学报, 1997, 1(3)
宏业轮熏蒸除鼠效果观察. 徐国平, 等. 中华航海医学杂志, 1997, 4(4)
黑线姬鼠的生物学特性及防治对策. 张爱华, 等. 湖南农业科学, 1997, (3)
花鼠的食性和食量研究. 邹波, 等. 中国媒介生物学及控制杂志, 1997, 8(6)
记广西崇左硕豪猪(Hystrix magnd Pei, 1987)一头骨化石. 郭建崴. 古脊椎动物学报, 1997, 35(2)
精子细胞输精管及附睾管内转染法建立转基因小鼠. 黄伟民, 等. 第一军医大学学报, 1997, 17(4)
家兔子宫内膜炎治疗研究. 韩宇, 等. 经济动物学报, 1997, 1(4)
精浆聚集素在大鼠生精周期中细胞内分布的研究. 黄海燕, 等. 解剖学报, 1997, 28(2)
家兔中脑上丘浅层神经元的生理特性. 刘剑, 等. 中国科学(C 辑), 1997, 27(1)
江汉平原鼠间流行性出血热感染研究. 李十月, 等. 中华预防医学杂志, 1997, 31(3)
近交 NJS 小鼠的育种及其特性研究. 孙敬方. 遗传, 1997, 19(4)
惊恐孕鼠对子宫代鼠自然杀伤细胞活性的影响. 王米渠, 等. 成都中医药大学学报, 1997, 20(2)
巨泡五趾跳鼠分布区范围及界限. 王思博, 等. 地方病通报, 1997, 12(2)
家庭防虫灭鼠. 汪诚信. 化学工业出版社, 1997
急性灭鼠剂——鼠立死的合成. 许良忠, 等. 山东化工, 1997, (1)
基因缺陷鼠在医学免疫学研究中的应用. 鱼达, 等. 上海实验动物科学, 1997, 17(2)
家兔腓肠肌构筑及肌纤维型的实验研究. 朱道立. 动物学研究, 1997, 18(3)
家兔卵巢毛细淋巴管的超微结构. 张雅芳, 等. 解剖学报, 1997, 28(4)
抗胃癌鼠单抗 3H11V 区基因的克隆及人-鼠嵌合轻链的表达. 李竞, 等. 中华微生物学和免疫学杂志, 1997, 17(3)
昆明鼠纤维肉瘤细胞系的建立及特性. 王志光, 等. 昆明医学院学报, 1997, 18(2)
控制公共场所鼠害方法的实验研究. 周国志, 等. 医学动物防制, 1997, 13(4)
卵巢切除对鼠骨密度的影响. 胡侦明, 等. 昆明医学院学报, 1997, 18(4)
六种鼠组织中过氧化物酶和酯酶变异的比较. 何新霞, 等. 兽类学报, 1997, 17(2)
林区鼢鼠鼠害的主要特征及其生态控制对策. 刘仁华, 等. 兽类学报, 1997, 17(4)
两种细菌对鸟鼠驱避剂主要成分的拮抗的作用. 余金勇, 等. 贵州林业科技, 1997, 25(1)
旅客列车鼠情及灭鼠效果观察. 杨友本. 内蒙古预防医学, 1997, 22(2)
氯代醇对雄性大仓鼠的不育效果研究. 张知彬, 等. 动物学报, 1997, 43(2)
流行性出血热的自然疫源地及其综合治理. 张菊芬, 等. 国土与自然资源研究, 1997, (1)

秘灵王对 Swiss 鼠与裸鼠免疫功能的影响. 常雅萍,等. 白求恩医科大学学报,1997,23(6)
棉鼠的生物学特性及应用. 富群华. 上海实验动物科学,1998,18(1)
绵阳市作物病虫草鼠危害的特点及综防对策. 唐顺洋. 绵阳经济技术高等专科学校学报,1997,14(4)
灭鼠干扰后高原鼢鼠的种群动态与扩散. 魏万红,等. 兽类学报,1997,17(1)
马尾松种子园社鼠取食危害的观察. 赵锦年,等. 森林病虫通讯,1997,(1)
农田害鼠夏峰期发生量的预测模型研究. 丁世飞. 植物保护,1997,23(3)
内蒙古中西部草原主要害鼠数量动态预测. 董维惠,等. 中国草地,1997,(3)
内蒙古典型草原区 10 年害鼠数量动态及控制研究. 董维惠,等. 中国媒介生物学及控制杂志,1997,8(6)
农田害鼠发生规律及防治技术研究. 黄秀清,等. 广东农业科学,1997,(4)
内蒙古察哈尔丘陵啮齿动物种群数量的波动和演替. 李仲来,等. 兽类学报,1997,17(2)
牛磺酸转运体的 cDNA 在大鼠脑内的分布. 锐志仁,等. 解剖学报,1997,28(1)
农作物病虫草鼠害防治新技术. 王振荣. 南京出版社,1997
内蒙古荒漠草原东段夜行鼠类群落的聚类分析. 王兰芳,等. 中国地方病防治杂志,1997,12(3)
鸟、鼠生物忌食剂试验初报. 伊可儿. 福建林业科技,1997,24(2)
NGF、NT-3、BDNF 及 CNTF 和 TrkA、TrkB、TrkC 在胎鼠脊髓移植体和成鼠脊髓表达的免疫组织化学研究. 周长满,等. 解剖学报,1997,28(4)
葡萄糖、精氨酸对新生大鼠胰 β 细胞分泌颗粒影响的立体学分析. 敖竹君,等. 解剖学报,1997,28(4)
胚胎鼠脊髓移植重建损伤成鼠脊髓神经通路的作用——光镜镀银染. 李兵仓,等. 中华创伤杂志,1997,13(5)
濒危动物保护区灭鼠试验. 杨庭祥,等. 中国媒介生物学及控制杂志,1997,8(4)
去甲肾上腺素刺激高原鼠兔 CRF 的分泌. 杜继曾,等. 兽类学报,1997,17(3)
曲阜市鼠种、鼠密度及季节消长调查. 单庆祝,等. 医学动物防制,1997,13(2)
躯体与内脏传入向鼠脊髓后连合核区的投射. 杨存田,等. 解剖学报,1997,28(1)
羟泰米酚对着床前小鼠子宫雌激素受体基因表达的调节作用. 赵炳顺,等. 动物学报,1997,43(3)
肇庆市鼠形动物调查研究. 钟应洪. 医学动物防制,1997,13(1)
RT-PCR 法检测大鼠脑组织及 C6 细胞中 β-APP 的表达. 舒宁,等. 细胞生物学杂志,1997,19(2)
RT-POR 测定大鼠妊娠早期子宫孕激素受体基因的表达. 张沅,等. 生物化学与生物物理学报,1997,29(3)
四种鼠染色体组型及头骨比较研究. 包孟彩,等. 内蒙古大学学报(自然科学版),1997,28(2)
杀鼠新玉米毒饵的有效成分分析. 陈铎,等. 农药,1997,36(5)
社鼠组织器官同工酶的研究. 傅必谦,等. 兽类学报,1997,17(2)
鼠切牙造牙本质细胞超微结构的观察. 郭莲,等. 上海第二医科大学学报,1997,17(4)
鼠疫菌弱毒株粗制鼠毒素含量及其 SDS-PAGE 电泳图形比较. 雷刚,等. 地方病通报,1997,12(2)
山东费县农田大仓鼠种群数量变化及影响因素初步研究. 刘运喜,等 . 医学动物防制,1997,13(4)
三亚凤凰国际机场鼠密度调查及灭鼠效果观察. 李桂玉. 医学动物防制,1997,13(4)
麝鼠的母性行为和围产期管理. 李萍萍,等. 野生动物,1997,18(1)
48% 杀鼠灵水剂毒杀田鼠药效试验. 区伟明,等. 广东农业科学,1997,(1)
鼠密度调查夹夜法与鼠迹板法的关系研究. 曲宝泉. 山东预防医学,1997,17(1)
鼠立死土丸和粮丸饵剂灭森林害鼠试验. 苏元吉,等. 林业科技,1997,22(3)
杀它仗蜡制饵对家鼠效力的实验评价. 孙作庆. 中国媒介生物学及控制杂志,1997,8(3)
鼠颞颌关节中弹力纤维的电镜观察. 孙大麟,等. 中华口腔医学杂志,1997,32(1)
社鼠核型的研究. 王金星,等. 动物学报,1997,43(3)
实验 KM 小鼠繁育中对蛋白质的需求初探. 王立,等. 黑龙江畜牧兽医,1997,(3)
四川省食虫目研究 Ⅰ. 猬科、鼹科. 王酉之,等. 四川动物,1997,16(2)
实验室二种试验方法研究四种抗凝血灭鼠剂适口性的比较分析. 王晓东,等. 医学动物防制,1997,13(6)
树鼩类——细小病毒的初步研究. 吴小闲,等. 中国病毒学,1997,12(2)
双甲敌鼠胺盐毒杀黄胸鼠、褐家鼠试验研究. 熊孟韬,等. 中国媒介生物学及控制杂志,1997,8(4)
三个远交群小鼠对戊巴比妥钠和氨基甲酸乙酯的耐受性比较. 余望胎,等. 上海实验动物科学,1997,17(2)
鼠溃疡性结肠炎模型的观察. 易季云,等. 新消化病学杂志,1997,5 (11)
杀它仗蜡块毒饵用于特殊行业灭鼠的效果观察. 姚中兆,等. 医学动物防制,1997,13(1)
鼠股动脉神经肽 Y 受体亚型的定性分析. 曾春雨,等. 高血压杂志,1997,5(3)
鼠肝细胞核中两型酪氨酸蛋白酶的分离和部分纯化. 张洪,等. 生物化学与生物物理学报,1997,29(6)
鼠源性单克隆抗体在病毒性疾病实验治疗中的应用. 赵茜. 细胞与分子免疫学杂志,1997,13(2)
杀鼠新对黄胸鼠、黄毛鼠、板齿鼠的毒力测定. 曾敏,等. 中国媒介生物学及控制杂志,1997,8(6)
兔感觉神经特异蛋白的纯化及稳定性观察. 蒲小平,等. 生物化学与生物物理学进展,1997,24(5)
同源框基因 islet-l 表达产物在大鼠脑中分布的免疫组织化学研究. 陈彪,等. 解剖学报,1997,28(2)

天津市鼠情监测微机管理系统初探. 曹晓梅,等. 医学动物防制,1997,13(1)
特殊环境下鼠患及其防制. 曹晓梅,等. 医学动物防制,1997 ,13(4)
豚鼠、兔气管壁淋巴管的分布. 冯克俭,等 . 解剖学报,1997,28(1)
兔 2′,5′-寡聚腺苷酸合成酶的诱导形成. 冯云峰,等. 生物化学与生物物理学报,1997,29(3)
TMU 小黑鼠遗传纯度的生化标记基因检测. 梁红,等. 天津医科大学学报,1997,3(3)
提高宾馆灭鼠率的方法研究. 林孟华,等. 医学动物防制,1997,13(3)
天山旱獭肾脏的定量组织学研究. 刘 辉,等. 野生动物,1997,18(2)
兔视网膜 LANT-6 免疫反应节细胞的研究. 李海标. 解剖学报,1997,28(1)
提高海狸鼠产仔的综合措施. 曲增文,等. 经济动物学报,1997,1(4)
豚鼠中脑中缝背核和中缝正中核 5-羟色胺能神经元向视叉上核的直接投射. 苏军达,等. 解剖学杂志,1997,20(4)
兔 ES 样细胞系的建立及其特性分析. 童英,等. 北京大学学报(自然科学版),1997,33(4)
褪黑素对家兔性器官和动情周期的作用. 温璋文,等. 武汉大学学报,1997,43(2)
胎脑黑质脑内移植对 PD 鼠纹状体内 D2R mRNA 表达的影响. 杨辉,等. 功能性和立体定向神经外科杂志,1997,10(2)
Tenascin-C 分子中重组 Fibronectin 各片段对胎鼠脊髓培养神经元的不同作用. 杨大莉,等. 解剖学报,1997,28(4)
兔阑尾中一种新的 21kD 的钙结合蛋白的纯化与鉴定. 朱曙东,等. 生物化学与生物物理学报,1997,29(2)
武汉市 1994—1995 年鼠密度监测结果初步分析. 胡权,等. 卫生杀虫药械,1997,3(2)
戊二醛交联法固定鼠肝微粒体. 吕京,等. 卫生研究,1997,26(6)
万县市城区鼠调查结果分析. 罗超,等. 医学动物防制,1997,13(1)
我国森林鼠害防治对策. 夏瑞心,等. 辽宁林业科技,1997,(6)
外高桥公寓酒店灭鼠效果观察. 张晨,等. 医学动物防制,1997,13(2)
西沙群岛鼠类调查及防治. 曹敏,等. 海军军事医学,1997,18(2)
新生大鼠脊髓交感节神经元的单胺能受体. 蔡对荣,等. 生理学报,1997,49(5)
小鼠脾发育分化的组织学及组织化学观察. 丁剑冰,等. 解剖学报,1997,20(5)
溴敌隆对大仓鼠的室内灭杀效果. 郭喜红. 医学动物防制,1997,12(2)
小鼠卵母细胞成熟和受精过程中 Ca^{2+} 分布变化的研究. 李明文,等. 动物学报,1997,43(1)
小鼠卵母细胞体外成熟的形态变化. 李朝军,等. 解剖学报,1997,28(1)
小鼠树突状细胞肉瘤细胞系的建立及形态鉴定. 李存玺,等. 解剖学报,1997,28(1)
小鼠树突状细胞肉瘤细胞系的细胞功能鉴定. 李存玺,等. 解剖学报,1997,28(1)
气相色谱法分析不同提取条件的海狸鼠油脂成分. 叶非,等. 色谱,1996,14(1)
小鼠卵质膜对电脉冲耐受性的初步研究. 刘忠华,等. 解剖学报,1997,28(2)
小鼠胎肝基质细胞系 MFLC 的建立及鉴定. 刘倩,等. 解剖学报,1997,28(4)
小鼠胃肠道嗜银细胞的分布及形态学观察. 李淑兰,等. 生物技术,1997,7(4)
小鼠造血干细胞增殖与分化性能的研究. 刘存仁,等. 生理学报,1997,49(3)
小鼠胚胎核移植实验的初步报告. 陆长富,等. 遗传,1997,19(4)
小鼠球形精子细胞带下受精研究. 刘灵,等. 中国科学(C 辑),1997,27(2)
新型防鼠电缆. 茹文功. 光纤维光缆传输技术,1997,(1)
新疆轮台县轮台镇鼠类及其危害. 赵文清,等. 地方病通报,1997,12(1)
X-氯代醇对雄性大鼠的不育效果研究. 张知彬,等. 动物学报,1997,43(2)
小白鼠卵泡壁发育的形态学研究. 张贵学,等. 黑龙江畜牧兽医,1997(10)
小鼠主动脉发生的观察. 赵书民,等. 解剖学报,1997,28(1)
越西县人工林鼠害调查与防治研究初报. 龚天健,等. 四川林业科技,1997,18(1)
与大鼠胚胎卵黄囊内胚层相关的巨噬细胞分化. 何威,等 . 解剖学报,1997,28(3)
应用 C 型肉毒梭菌毒素灭鼠试验报告. 韩其荣,等. 中国草地,1997,(3)
有效微注射和移植受精卵建立转基因鼠. 卢一凡,等. 西南民族学院学报(自然科学版),1997,23(4)
银川市鼠疫自然疫源地鼠,蚤调查报告. 陆建中,等. 医学动物防制,1997,13(5)
以生态学方法为主的综合防制城镇居民区家鼠试验 Ⅰ. 主要结果分析. 李镜辉,等. 中国媒介生物学及控制杂志,1997,8(6)
一克灭与甘氟、杀鼠迷毒饵灭鼠效果观察. 宋红梅,等. 医学动物防制,1997,13(4)
胰岛淀粉样多肽和甲硫氨酸-脑啡肽在家兔和大鼠背根神经节细胞内共存的免疫组织化学研究. 王雪岷,等. 解剖学报,1997,28(1)
一种小鼠新 α 干扰素亚型基因的发现、序列测定与表达. 王焱,等. 中国科学(C 辑),1997,27(3)

作简并性引物 RT-PCR 技术检测大鼠舌味蕾细胞谷氨酸受体表达. 杨慧,等. 解剖学报,1997,28(4)
原子吸收法测定鼠粪中钙及样品前处理方法比较. 余万俊,等. 现代预防医学,1997,24(4)
豫西黄土高原农作区鼠类群落动态:时空尺度格局的初步分析. 赵亚军,等. 兽类学报,1997,17(3)
应用逆转录聚合酶链反应序列分析对褐家鼠肺汉坦病毒进行分型研究. 张永华,等. 中国媒介生物学及控制杂志,1997,8(5)
粘鼠板防制旅客列车鼠害效果观察. 樊增荣,等. 中国媒介生物学及控制杂志,1997,8(3)
中国田鼠卵巢细胞 gpt 基因自发和亚砷酸钠诱发突变的分子分析. 孟紫强,等. 遗传学报,1997,24(5)
转 B. t. 基因抗虫棉仁粉大鼠 28 天喂养及鹌鹑 8 天喂养试验研究. 石根勇,等. 江苏预防医学,1997,8
在小鼠早期胚胎发育和种系中特异表达的转录因子 OCT4. 童英,等. 遗传,1997,20(2)
中国和韩国黑线姬鼠两亚种的线粒体 DNA 限制性片段分析. 王金星,等. 兽类学报,1997,17(3)
综合治理鼠害,迈上新的台阶. 汪诚信. 中国媒介生物学及控制杂志,1997,8(5)
在小鼠胚胎干细胞进行基因打靶的策略. 杨晓,等. 生物化学与生物物理学进展,1997,24(2)
棕色田鼠生长及年龄指标的评价. 张越,等. 动物学研究,1997,18(4)
中华竹鼠生理生化指标的测定. 曾元根,等. 野生动物,1997,18(2)
ANF、AII 水平在不同鼠龄 SPR 下丘脑和血浆中的变化. 彭英,等. 临床神经病学杂志,1998,11(2)
阿拉山口啮齿动物种群结构及其变化. 张大铭,等. 兽类学报,1998,18(2)
B 型肝炎研究的重要动物模式——土拨鼠. 刘俊人,等. 当代医学月刊(中国台湾),1998,25(11)
白细胞介素-2 对大鼠海马脑电图和胶质细胞的影响——免疫组织化学和显微图像分析等方法的研究. 林勇,等. 解剖学报,1998,29(1)
析齿鼠线粒体 DNA 的研究. 李菁菁,等. 兽类学报,1998,18(1)
布氏田鼠种群不同变动期的季节存活率研究. 施大钊,等. 植物保护学报,1998,25(3)
半胱胺对大鼠哺乳晚期泌乳量及血液几种激素含量的影响. 王艳玲,等. 动物学研究,1998,19(3)
布氏田鼠的择偶行为. 尹峰,等. 动物学报,1998,44(2)
布氏田鼠种群生态及行为生态研究进展. 尹峰,等. 动物学杂志,1998,17(1)
布氏田鼠的双亲行为比较. 尹峰,等. 兽类学报,1998,18(4)
北京生研所昆明小鼠(KM 鼠)生产性能研究. 章根木,等. 实验动物科学与管理,1998,15(3)
长爪沙鼠褐色脂肪组织的适应性产热. 蔡理全,等. 动物学报,1998,44(4)
长爪沙鼠季节性产热特征比较. 蔡理全,等. 兽类学报,1998,18(3)
C 型肉毒梭菌毒素杀鼠剂保存期试验研究. 崔生发. 卫生杀虫药械,1998,4(3)
草原主要害鼠种群数量变动规律及预测研究. 董维惠,等. 新的农业科技革命战略与对策,1998,763
C 型肉毒梭菌灭鼠剂对高原鼠兔的试验研究. 刘来利,等. 甘肃畜牧兽医,1998,28(3)
长爪沙鼠贮食习性的研究. 李仲来,等. 生态学杂志,1998,17(6)
察干鼠、始壮鼠门齿釉质结构的立体分析. 欧阳涟. 古脊椎动物学报,1998,36(3)
城镇灭鼠后鼠类种群数量的恢复及其控制对策的探讨. 戚根贤,等. 兽类学报,1998,18(3)
出生前后小鼠胸腺 S-100 蛋白表达的免疫组织化学分析. 卫兰,等. 北京医科大学学报,1998,30(4)
重组人生长激素对幼麝鼠性腺发育影响的研究. 卫功庆,等. 经济动物学报,1998,2(4)
城市公共绿地鼠患治理. 文传绪,等. 中国媒介生物学及控制杂志,1998,9(5)
草原大面积灭鼠实验报告. 徐政府,等. 医学动物防制,1998,14(3)
C 型肉毒梭菌毒素对小白鼠毒杀浓度选择试验. 杨东生,等. 地方病通报,1998,13(4)
草地有害啮齿动物监测专家系统设计介绍. 张堰铭,等. 兽类学报,1998,18(3)
城市拆迁地区防制家栖鼠扩散措施的研究. 祝龙彪,等. 中国媒介生物学及控制杂志,1998,9(1)
从鼠、螨、人中分离的 HFRSV 的抗原性研究. 张云,等. 中国人兽共患病杂志,1998,14(3)
大鼠腘窝淋巴结内淋巴滤泡的生长发育. 陈东,等. 解剖学杂志,1998,12(5)
大鼠延髓内神经激肽 B 受体神经元对腹膜伤害性刺激的 Fos 表达——免疫组织化学双重染色研究. 陈良为,等. 解剖学报,1998,29(1)
大鼠体与其足体积,足表面积相关曲线的研究. 陈天华. 中国医学物理学杂志,1998,15(3)
大鼠腓浅神经传入纤维在脊髓胶状质的定位投射——FRAP 法. 丁继固,等. 解剖学报,1998,29(4)
大白鼠脑活体(in vivo)和在体(ex vivo)核磁共振定域谱分析. 丁厂良. 科学通报,1998,43(2)
达乌尔黄鼠种群繁殖与数量动态研究. 董维惠,等. 卫生杀虫药械,1998,4(3)
导弹坑道鼠害综合防治. 董天义,等. 医学动物防制,1998,14(4)
大鼠红细胞葡萄糖代谢的异头物选择性. 段有金,等. 中国生物化学与分子生物学报,1998,14(4)
大鼠脑干一氧化氮合成酶阳性神经元的分布及发育. 方智慧,等. 解剖学杂志,1998,21(1)
大鼠脑和肌肉组织 ATP 含量的生物发光测定. 郭中钰,等. 白求恩医科大学学报,1998,24(1)
大鼠下丘脑内神经激肽 β 受体阳性神经元向孤束核的直接投射. 管振龙,等. 解剖学报,1998,29(2)

大鼠"延髓内脏带"内 SP 受体的分布及其形态学特征. 高文,等. 解剖学报,1998,29(2)
大鼠尾动脉取血的方法和评价. 桂华珍,等. 中国病理生理杂志,1998,14(2)
大鼠颌下腺促性腺激素释放激素及其 mRNA 的免疫组织化学与原位杂交研究. 金花淑,等. 动物学报,1998,44(2)
大鼠颌下腺 GnRH 及其受体的免疫组织化学双标记和年龄变化. 金花淑,等. 解剖学报,1998,29(1)
大鼠视觉中枢生育后发育过程中的一氧化氮合酶阳性神经元的形态及分布变化. 蒋斌,等. 神经解剖学杂志,1998,14(3)
大鼠窦房结中央区细胞类型的形态特征和数量分析. 李澈,等. 解剖学杂志,1998,12(5)
大鼠脑干面口部运动神经元与 5-HT 样 SP 样 L-ENK 样 GABA 样和 Gly 样阳性终末间的突触联系. 李云庆,等. 解剖学报,1998,29(4)
大鼠大脑运动皮质向脑干运动前神经元的谷氨酸能投射. 李云庆,等. 解剖学报,1998,29(4)
大鼠脑内小胶质细胞神经营养素受体的表达. 刘永茂,等. 细胞生物学杂志,1998,20(4)
东北边境五县鼠类的调查研究. 刘国平,等. 医学动物防制,1998,14(2)
东北鼢鼠的数量调查. 刘仁华. 野生动物,1998,(3)
滇中农田褐家鼠种群繁殖规律研究. 李顺德,等. 植保技术与推广,1998,18(5)
大鼠冷暴露过程中不同脑区和血清中单胺类递质及代谢物质的变化. 孙文荣,等. 动物学报,1998,44(1)
大鼠眶皮质的端脑传入纤维联系. 宁岳涛,等. 解剖学杂志,1998,21(6)
大白鼠的肝电探测及肝电效应. 邵昌仪,等. 武汉大学学报(自然科学版),1998,44(2)
毒鼠强起儿童死亡和重残两起事件的调查及整顿鼠药市场的对策. 孙汝,等. 中国媒介生物学及控制杂志,1998,9(1)
大鼠胎儿和新生儿肝脏某些功能发育变化的特点. 时浩,等. 中国应用生理学杂志,1998,14(2)143
大鼠肾上腺髓质交感节前神经纤维的分布——PHA-L 顺行追踪法研究. 佟晓杰,等. 解剖学杂志,1998,12(5)
大鼠髓背角浅层 SP 受体超微结构定位及其与初及传人纤维的突触联系. 陶元祥,等. 解剖学报,1998,29(3)
大鼠血管平滑肌细胞分离培养的探讨. 王关嵩,等. 第三军大学学报,1998,20(4)
大鼠海马毛细血管密度的体视学研究. 王增学. 解剖学杂志,1998,12(5)
大鼠下颌下腺和舌下腺 5-羟色氨 1A 受体亚型基因表达的原位杂交组织化学研究. 王炜,等. 解剖学杂志,1998,21(4)
大鼠垂体前叶内 SP-免疫阳性神经纤维的分布. 王键,等. 解剖学报,1998,29(1)
大鼠垂体前叶内 SP-免疫阳性神经纤维与其周围组织结构中的神经纤维的关系. 王键,等. 解剖学报,1998,29(1)
大鼠三叉神经节及尾侧亚核内降钙素基因相关肽在面口部伤害性刺激时的动态变化. 武胜昔,等. 解剖学报,1998,29(2)
低血钙大鼠脊髓腹角钙结合蛋白免疫反应神经元的变化. 王昭金,等. 解剖学报,1998,29(2)
大鼠第三脑室室管膜内谷氨酸免疫阳性结构的研究. 魏瑛. 解剖学报,1998,29(2)
大鼠表皮角化细胞分裂活性的拓扑学特征. 郑静怡,等. 解剖学报,1998,29(4)
大鼠下丘脑内 Calbindin-D28K 和 NADPH-d 的共存. 王昭金,等. 神经解剖学杂志,1998,14(4)
低氧对高原鼠兔肝脏细胞内质网和心肌浆网 Ca^{2+} 泵的影响. 吴雁,等. 兽类学报,1998,18(4)
达乌尔黄鼠种群繁殖特征的研究. 王兰芳,等. 医学动物防制,1998,14(5)
大、小鼠代谢笼的优化设计. 熊爱华,等. 暨南大学学报(自然科学与医学版),1998,19(4)
大鼠小肠肌间神经丛中 NOS 神经元的发育研究. 肖岚,等. 解剖学报,1998,29(3)
大仓鼠种群繁殖月间变化调查研究. 夏志贤,等. 山东农业科学,1998,(5)
大鼠排卵前促性腺激素释放激素释放过程中下丘脑前阿黑皮素基因表达和雌激素受体的水平. 杨淑萍,等. 动物学报,1998,44(1)
大鼠三叉神经脊束核尾侧亚核浅层内谷氨酸能、γ-氨基丁酸能和甘氨酸能终末的中枢起源. 杨鲲,等. 神经解剖学杂志,1998,14(3)
当前鼠害的控制对策. 郑智民. 海峡预防医学杂志,1998,4(2)
大鼠肛门外括约肌运动神经元胞体、树突的分布及定量研究. 支晔,等. 解剖学杂志,1998,21(1)
大鼠三叉神经尾侧亚核内 N-甲基-D-天冬氨酸型受体与磷酸激活的谷氨酰氨酶和谷氨酸的分布. 庄志业,等. 解剖学杂志,1998,21(6)
大鼠三叉神经节神经元向三叉神经脊束核尾侧亚核和孤束核的分布投射. 张文斌,等. 解剖学报,1998,29(3)
大鼠心内血管活性肠肽神经元:PAP 法研究. 祝善乐,等. 神经解剖学杂志,1998,14(4)
大沙鼠和子午沙鼠种群空间分布格局的研究. 赵天飙,等. 兽类学报,1998,18(2)
洞庭湖平原黄胸鼠种群年龄的划分. 张美文,等. 兽类学报,1998,18(4)
大连市区 12 年来排水系统鼠情动态及灭鼠效果观察. 朱玉桥,等. 中国媒介生物学及控制杂志,1998,9(3)

鄂尔多斯沙地草场鼠类组成及动态初步研究. 侯希贤,等. 草地学报,1998,6(2)
鄂尔多斯荒漠草原三趾跳鼠空间分布特征. 祁爱民,等. 中国地方病防治杂志,1998,13(3)
发育中根田鼠下丘脑乙酰胆碱水平及其受急性低氧的影响. 李良成,等. 兽类学报,1998,18(3)
反对伪劣鼠药的回顾. 汪诚信. 中国媒介生物学及控制杂志,1998,9(3)
防鼠硬泡沫建材. 徐光铎. 现代生活用品,1998,(2)
发育小鼠体重与左心室肌原纤维和线粒体含量的相关回归分析. 夏潮涌,等. 中国病理生理杂志,1998,14(4)
甘肃草地高原鼠兔危害与防治探讨. 方毅才,等. 甘肃农业,1998,(6)
甘肃鼢鼠的生命表和种群动态分析. 江延安. 水土保持通报,1998,18(3)
高原鼢鼠种群数量预测模型(Ⅱ). 刘荣堂,等. 草业科学,1998,15(5)
高原鼠兔的季节性繁殖. 李子巍,等. 兽类学报,1998,18(1)
高原鼠兔体重生长动态模型的数值拟合. 李仲来. 兽类学报,1998,18(3)
高山姬鼠在四川的发生动态及危害初步研究. 倪健英,等. 西南农业学报,1998,11(院庆专辑)
高效液相色谱测定鼠药溴敌隆的方法. 倪京平,等. 中国地方病防治杂志,1998,13(3)
高安市四害种群分布与季节消长调查. 王凤飞,等. 湖北预防医学杂志,1998,9(4)
根田鼠的活动代谢率. 王德华,等. 兽类学报,1998,18(4)
高原鼢鼠与高原鼠兔共栖关系的研究. 张卫国,等. 草业学报,1998,7(2)
甘蔗病虫鼠草防治彩色图志. 周至宏,等. 广西科学技术出版社,1998
准噶尔南沿鼠类群落结构及其演替的研究. 艾尼瓦尔,等. 新疆大学学报,1998 ,15(1)
花生田害鼠的发生调查及其防治. 陈子俊,等. 花生科技,1998,(1)
黑线毛足鼠种群数量动态及预测研究. 董维惠,等. 草地学报,1998,6(3)
HFRSV 在玻璃平皿表面和鼠粪尿中自然衰亡的研究. 孟令英,等. 中国卫生检验杂志,1998,8(1)
海狸鼠生殖器官形态学与解剖结构观察报告. 潘庆杰,等. 经济动物学报,1998,2(1)
黑腹绒鼠的洞道结构. 冉江洪,等. 四川林业科技,1998,19(3)
灰仓鼠和子午砂土鼠实验感染多房棘球蚴的比. 乌斯曼伊,等. 中国寄生虫学与寄生虫病杂志,1998,16(2)
黄土高原棕色田鼠综合防治技术研究. 王廷正,等. 植物保护学报,1998,25(4)
黑线毛足鼠妊娠期光照对仔鼠睾丸发育的影响. 夏银,等. 生态学杂志,1998,17(4)
后续管理中的鼠情监测报告. 徐国平,等. 医学动物防制,1998,14(1)
华北平原及黄土高原啮齿动物物种丰富度的空间格局及其分异. 叶晓堤,等. 兽类学报,1998,18(4)
湖北省 1997 年四害密度监测报告. 张孝珍,等. 湖北预防医学杂志,1998,9(4)
黑线姬鼠种群动态模型与预报研究. 张海松,等. 植物保护学报,1998,25(3)
金黄地鼠生后发育期间上丘内突触素的表达. 曹文强,等. 解剖学报,1998,29(2)
金黄地鼠生后发育过程中上丘神经细胞密度的变化. 曹文强,等. 解剖学报,1998,29(2)
吉林省达乌尔黄鼠种动态分析. 李仲来,等. 动物学杂志,1998,33(1)
建立鼠胚着床前诊断模型的初步研究. 朱俊真,等. 优生与遗传杂志,1998,6(3)
抗凝血灭鼠剂研究进展. 董天义,等. 医学动物防制,1998,14(4)
抗人胃癌 3H11 人—鼠嵌合抗体的构建及表达. 李竞. 中国肿瘤生物治疗杂志,1998,5(2)
可降解长效抗生育埋植剂(Capro-F)的大白鼠抗生育作用. 施化莲,等. 中国计划生育学杂志,1998,6(6)
开江县 19 年鼠类监测结果. 王天玖,等. 四川动物,1998,17(1)
卵巢切除对鼠及异常应力鼠骨密度影响的比较研究. 胡侦明,等. 中华骨科杂志,1998,18(9)
六种鼠乳酸脱氧酶和超氧化物歧化酶位点变异的研究. 金晓玲,等. 兽类学报,1998,18(2)
两种东线甘氟毒饵适口性灭效试验. 贾德胜,等. 医学动物防制,1998,14(2)
辣素类化合物的提取方法及其在防污和防鼠咬涂料中的应用. 李兆龙,等. 化工新型材料,1998,26(7)
6-MBOA 对植食性小哺乳类繁殖作用的研究进展. 刘力宽,等. 兽类学报,1998,18(1)
磷化铝堵洞灭鼠现场试验效果观察. 李华,等. 卫生杀虫药械,1998,4(3)
氯敌鼠钠盐现场灭鼠效果观察及其应用技术试验研究. 李顺德,等. 医学动物防制,1998,14(1)
立克命现场灭鼠效果观察. 李国武,等. 医学动物防制,1998,14(3)
磷化铝堵洞灭鼠现场试验效果观察. 李华,等. 医学动物防制,1998,14(5)
鲁中南丘陵地区农田鼠类种群密度消长规律及繁殖特征研究. 刘运营,等. 医学动物防制,1998,14(6)
利用杀鼠剂杀灭中华鼢鼠的试验研究. 沈景林,等. 草业科学,1998,(6)
0.005% 溴敌隆毒饵灭鼠试验观察. 魏进明,等. 医学动物防制,1998,14(2)
农田鼠类种群数量变动规律与动态模型研究. 汪恩国,等. 浙江农业科学,1998,(1)
氯鼠酮、敌溴灵混合毒饵在舰艇灭鼠效果观察. 王晓东. 中国媒介生物学及控制杂志,1998,10(2)
卵丘细胞及胞外基质诱发中国仓鼠精子顶体反映. 袁玉英,等. 解剖学报,1998,29(4)
陇东干旱草地鼠害及其防治. 张少华,等. 草业科学,1998,(3)

模拟高原低氧对大鼠肝细胞内质网 Ca^{2+} 的泵的影响. 杜继曾,等. 动物学报,1998,44(1)
灭鼠毒饵引诱剂适口性观察. 孙红专,等. 卫生杀虫药械,1998,4(3)
面口部炎症刺激增强 CGRP mRNA、PPTA mRNA、NOS 在大鼠三叉神经节中的表达. 武胜昔,等. 解剖学报,1998,29(4)
绵羊源细粒棘球蚴原头节感染子午砂土鼠和小鼠的比较观察. 伊斯拉音,等. 地方病通报,1998,18(2)
免疫应答中小鼠脾 GAP-43 神经支配的可塑性——神经纤维数量和分布的变化. 杨宏,等. 解剖学报,1998,29(4)
闽东耕作区的鼠类生态学研究. 袁高林,等. 中国媒介生物学及控制杂志,1998,9(6)
农业重要害鼠的生态学及控制对策:长江流域稻作区重要害鼠的生态学及控制对策. 陈安国,等. 海洋出版社,1998
啮齿动物的昼夜节律器及光周期对其影响机制. 蔡理全,等. 生态学杂志,1998,17(6)
农田鼠害防治技术. 黄秀清,等. 广东农业科学,1998,(6)
内蒙古草原鼠害控制技术研究. 侯希贤,等. 中国草地,1998,(1)
内蒙古北部荒漠草原啮齿动物的空间分布格局. 米景川,等. 兽类学报,1998,18(4)
农田鼠类种群数量变动规律与动态模型研究. 汪恩国,等. 植物 保护,1998,24(3)
农田黑线姬鼠发生规律与防治技术. 王华弟. 植物保护学报,1998,25(2)
卵丘细胞及胞外基质诱发中国仓鼠精子顶体反应. 袁玉英,等. 解剖学报,1998,29(4)
啮齿动物对延安地区林区危害的调查. 阎锡海,等. 西北大学学报(自然科学版),1998,28(6)
农业重要害鼠的生态学及控制对策. 张知彬,等. 海洋出版社,1998
P 物质、血管活性肠肽和神经肽 Y 在大鼠舌下腺的免疫组织化学定位. 贾友苏,等. 解剖学报,1998,29(2)
胚胎及新生期大鼠胃肠道胰岛淀粉样多肽与生长抑素的免疫组织化学定位. 梁文妹,等. 解剖学报,1998,29(4)
捕食干扰对 Myospalan buieyi 种群繁殖力的影响. 魏万红,等. 生态学报,1998,18(2)
RCS 大鼠视网膜感光细胞的凋亡. 刘斌,等. 解剖学报,1998,29(4)
人工林鼠害防治指标补充研究. 刘少英,等. 四川林业科技,1998,19(3)
肉兔敌鼠钠中毒的诊断. 李玉杰,等. 中国养兔杂志,1998,(1)
人类 HDV 由猩猩至土拨鼠感染的实验研究. 施云松,等. 中国人兽共患病杂志,1998,14(4)
人红细胞生成素基因在小鼠体内的转移与表达. 岳军明,等. 生物化学与生物物理学进展,1998,25(1)
染砷大鼠子代的致突变性研究. 张晨,等. 卫生毒理学杂志,1998,12(1)
社鼠和褐家鼠的能量代谢及消化道形态的比较. 鲍毅新,等. 兽类学报,1998,18(3)
石河子市十一年鼠情动态. 常胜军,等. 地方病通报,1998,13(4)
杀它仗毒饵动物园灭鼠现场试验观察. 曹晓梅,等. 医学动物防制,1998,14(6)
社鼠内脏器官重量和水份含量的季节变化. 杜卫国,等. 动物学杂志,1998,34(1)
社鼠消化道长度和重量的季节变化. 杜卫国,等. 动物学报,1998,44(1)
杀鼠剂简史和国外杀鼠剂产品概况. 窦丰满,等. 卫生杀虫药械,1998,4(2)
鼠胚神经上皮细胞原代培养的形态学观察. 管英俊,等. 山东大学学报,1998,36(3)
生态灭鼠效果考察. 郝延玉,等. 卫生杀虫药械,1998,4(3)
神经生长因子在小鼠体内的分布与排泄实验研究. 姜国辉,等. 核技术,1998,21(11)
鼠心钠素基因在大肠杆菌中的融合表达及产物的分离纯化. 罗红良. 复旦大学学报(自然科学版),1998,37(4)
三种抗凝血剂对褐家鼠和小白鼠的凝血酶原作用强度的研究. 李述杨,等. 卫生杀虫药械,1998,4(3)
生殖周期中大鼠输卵管粘膜上皮纤毛细胞超微结构的变化. 覃业军,等. 解剖学杂志,1998,21(1)
神经肽 Y-Y1 受体样免疫反应物质在大鼠中枢神经系统中的分布. 童永光,等. 解剖学报,1998,29(2)
生后大鼠颌下腺 5-羟色胺及其受体含量的研究. 王炜,等. 解剖学报,1998,29(3)
鼠牙胚的体外培养的实验观察. 汪平,等. 口腔医学,1998,18(3)
宿主动物及防制措施. 汪诚信. 流行性出血热防治手册,1998
鼠类不育剂的研究. 王酉之. 卫生杀虫药械,1998,4(3)
食品行业药物现场灭鼠效果的初步观察. 王洪林,等. 医学动物防制,1998,14(5)
鼠成骨细胞力学特性的理论与实验. 徐晋斌,等. 太原理工大学学报,1998,29(1)
鼠自身免疫性肝炎模型的建立. 杨占风,等. 华西消化杂志,1998,6(5)
神经营养素在小鼠脾的定位研究. 杨宏,等. 解剖学报,1998,29(4)
鼠兔属两对"近缘种"的分子进化与环境变迁的关系. 于宁,等. 兽类学报,1998,18(2)
三峡工程施工区鼠情调查与防治对策的研究. 张儒万. 葛洲坝集团科技,1998,(2)
生殖周期中小鼠子宫巨噬细胞的分布. 周占祥,等. 解剖学报,1998,29(2)
鼠颅面部矿化组织发育中非胶原蛋白的表达. 张伟国,等. 口腔颌面外科杂志,1998,8(3)
鼠害治理条件下鼠种群变动的生态过程. 张堰铭,等. 兽类学报,1998,18(2)

3 种抗凝血灭鼠剂对小白鼠的实验室毒效观察. 周光智. 医学动物防制,1998,14(5)
鼠性信息卡在灭鼠巩固阶段中的作用. 张富强,等. 中国初级卫生保健,1998,12(6)
褪黑激素对布氏田鼠适应性产热的诱导作用. 侯建军,等. 动物学报,1998,44(1)
兔杏仁体向皮层听区的直接投射及其比较生理意义. 杨莉,等. 动物学报,1998,44(1)
豚鼠小肠壁内毛细胞淋巴管的超微结构. 郑国宝,等. 解剖学杂志,1998,21(1)
特殊行业鼠形动物群落结构的研究. 庄祖炎,等. 卫生杀虫药械,1998,4(3)
我场实施"全栖息地毒鼠法"灭鼠效果显著. 陈志宏,等. 江西农业科技,1998,(5)
我国森林鼠害及其防治. 刘少英,等. 四川动物,1998,17(1)
我国当前城市家鼠的防制策略探讨. 李镜辉. 卫生杀虫药械,1998,4(3)
无锡市 1986 年与 1996 年室内优势鼠种调查. 马玉林,等. 医学动物防制,1998,14(2)
小鼠自然化老过程中耳蜗的糖代谢障碍. 丁大连,等. 临床耳鼻咽喉科杂志,1998,12(1)
匈牙利田鼠视交叉上核的研究. 郭晓丽,等. 复旦大学学报(自然科学版),1998,37(2)
小鼠精子在附睾成熟过程中质膜糖蛋白的变化. 韩之明,等. 动物学报,1998,45(1)
小鼠血脑屏障的组织发生. 贾立明,等. 解剖学杂志,1998,21(6)
小鼠原生殖细胞的研究进展. 匡颖,等. 动物学杂志,1998,34(1)
显微注射法制备转基因鼠和转基因猪的技术特点比较. 李文化,等. 湖北畜牧兽医,1998,(2)
小鼠胸腺上皮细胞 MIECI 产生 30kD 的 MCP-1 类趋化因子. 刘祝公,等. 实验生物学报,1998,31(3)
小鼠原始生殖细胞的起源迁移和增殖. 李光鹏,等. 细胞生物学杂志,1998,20(1)
西宁市巩固灭鼠成果技术报告. 逯克锋. 医学动物防制,1998,14(2)
小鼠基因组织进展研究. 李善如,等. 遗传,1998,20(1)
现代建筑鼠害综合防制研究初报. 马玉林,等. 医学动物防制,1998,14(6)
小鼠骨髓基质巨噬细胞系的建立及鉴定. 秦凤华,等. 科学通报,1998,43(2)
新生大鼠下丘脑多巴胺能神经元的体外发育. 宋天保,等. 解剖学报,1998,29(2)
小鼠早期胚胎发育期间 LIF 基因表达的研究(简报). 孙红,等. 实验生物学报,1998,31(1)
小鼠颌下腺神经生长因子的制备和活性鉴定. 王国华,等. 第四军医大学学报,1998,19(6)
小鼠雄性生殖细胞生后发育中的程序性死亡. 王瑞安,等. 解剖学报,1998,29(4)
小毛足鼠(Phodopusroborouskii)食性和食量的研究. 王利民. 内蒙古大学学报(自然科学版),1998,29(3)
小鼠胶源神经营养因子基因的克隆及其性质研究. 王富军,等. 生物化学与生物物理学报,1998,30(4)
小鼠细胞减数分裂标本的制作. 王慧阳. 生物学通报,1998,33(1)
小鼠成纤维细胞凋亡过程中 P53 与 bcl-2 表达的时序性. 王文恭,等. 中国生物化学与分子生物学报,1998,14(3)
小白鼠甲状腺滤泡上皮细胞发育的组织化学与立体计量学研究. 于新宇,等. 解剖学报,1998,29(1)
小鼠卵细胞质内显微注入单精子受精的实验研究. 杨益寿,等. 解剖学报,1998,29(4)
小白鼠肺毛细血管和肺泡铸型的扫描电镜观察. 俞诗源. 西北师范大学学报(自然科学版),1998,34(2)
小鼠 DNA 的限制性片段长度多态分析. 张小为,等. 动物学报,1998,44(3)
小毛足鼠巢区和活动距离的初步研究. 周延林,等. 内蒙古大学学报(自然科学版),1998,29(2)
小鼠腹腔巨噬细胞非特异性阳离子外向电流的基本特征. 张晓峰,等. 生物物理学报,1998,14(1)
现代建筑物自动环保技术初探. 赵浩. 卫生杀虫药械,1998,4(3)
小鼠胚胎干细胞中 MT-Ⅱ基因的定位改变. 张新涛,等. 遗传学报,1998,25(6)
玉溪地区鼠类种群的调查研究. 黄正美,等. 医学动物防制,1998,14(3)
鱼油豆油对饲低硒粮大鼠体内含硒酶活力的影响. 胡秀丽,等. 营养学报,1998,20(1)
养禽场的防鼠与灭鼠. 李建鑫. 中国家禽,1998,20(6)
1977—1996 年娄底地区鼠源性传染病流行病学分析. 彭建五. 中国公共卫生,1998,14(5)
疫区灭鼠的再认识. 汪诚信. 卫生杀虫药械,1998,4(3)
云南西部三种鼠类种群年龄研究. 熊猛韬,等. 动物学杂志,1998,33(2)
乙酰胺抢救有机氟毒鼠剂中毒 45 例报告. 许秋水. 福建医药杂志,1998,20(2)
以防鼠设施为主的综合防制城市家鼠试验. 易建军,等. 中国媒介生物学及控制杂志,1998,9(5)
棕背䶄的核型分析. 陈留存,等. 四川动物,1998,17(4)
中华姬鼠与大林姬鼠的同功酶差异. 傅必谦,等. 兽类学报,1998,18(4)
准噶尔盆地南缘捕食者排遗物内的啮齿动物组成. 胡德夫,等. 干旱区研究,1998,15(2)
籽用南瓜栽培与病虫鼠害防治技术. 贾文香,等. 黑龙江科学技术出版社,1998
在发育过程中小鼠脑 N-甲基-D-门冬氨酸受体亚单位蛋白的表达. 罗建红,等. 解剖学报,1998,29(4)
中华鼢鼠测报技术研究初报. 马昌平,等. 植物保护,1998,24(5)
棕色田鼠种群繁殖特征及密度制约调节. 郃发道,等. 兽类学报,1998,18(3)

在小鼠早期胚胎发育和种系中特异表达的转录因子 DCT4. 童英,等. 遗传,1998,20(2)
棕色田鼠种群预测预报研究. 部发道,等. 植物保护学报,1998,25(3)
壮鼠化石在中国的首次发现. 王伴月,等. 古脊椎动物学报,1998,36(1)
棕色田鼠种群的空间分布型的研究. 王增君,等. 山东农业大学,1998,(6)
中国东部黑线姬鼠的形态学与生化指标的比较研究. 杨燕辉,等. 兽类学报,1998,18(1)
粘鼠板为做为室内鼠密度测定方法的可行性探讨. 杨振洲,等. 中国媒介生物学及控制杂志,1998,9(3)
注射 Bestatin 对幼年小鼠分辨学习的影响. 邹伟,等. 动物学研究,1998,19(4)
棕色田鼠 XO 雌体育性研究. 朱必才,等. 动物学报,1998,44(2)
主要农作物病虫草鼠害综合防治技术. 诸丽华,等. 化学工业出版社,1998
粘鼠板在特殊环境现场灭鼠效果观察. 张世水,等. 中国媒介生物学及控制杂志,1998,9(2)
ATP 活化的小鼠巨噬细胞通讯功能的研究. 吕桂芝,等. 解剖学报,1999,30(4)
acz 基因在小鼠骨骼肌中表达的时-空模式. 马正海,等. 新疆农业大学学报,1999,22(2)
不同月龄大鼠视上核血管加压素分泌的比较研究. 王淑华,等. 解剖科学进展,1999,5(2)
表皮生长因子受体在正常大鼠眼组织中的表达. 熊新春,等. 中国组织化学与细胞化学杂志,1999,8(1)
长期大强度运动大鼠脑组织阿黑皮素原 mRNA 表达的变化. 陈家旭,等. 中国病理生理杂志,1999,15(10)
不同血钙水平大鼠动物模型的建立. 郭成浩,等. 动物学杂志,1999,34(2)
布氏田鼠冷暴露中的适应性产热机制. 侯建军,等. 动物学报,1999,45(2)
溴敌隆、溴杀灵在旅客列车上的灭鼠效果评价. 贺晓新,等. 医学动物防制,1999,15(1)
持续性投药方式在旅客列车上的灭鼠效果. 贺晓新,等. 医学动物防制,1999,15(9)
城区大面积灭鼠的对策与评价. 姜法春,等. 卫生杀虫药械,1999,5(1)
北京地区啮齿动物种类和地理分布调查. 贾延库,等. 中国媒介生物学及控制杂志,1999,10(2)
北极旅鼠的遗传多样性. 刘艳红译. 人类环境杂志,1999,28(3)
长爪沙鼠的血液及血清生化测定值. 卢静,等. 实验动物科学与管理,1999,16(2)
Crl:CD(SD)IGS BR 大鼠繁育体系的维持与进展. 李继平译. 实验动物科学与管理,1999,16(4)
不同组分脂肪含量对 SD 大鼠生产性能的影响. 刘学旭,等. 四川动物,1999,18(4)
溴特隆海岛灭鼠效果观察. 李兆泉,等. 卫生杀虫药械,1999,5(1)
CQH-QⅢ型超声波驱鼠器的效果观察. 李洪,等. 卫生杀虫药械,1999,5(2)
不同日龄新生小鼠视网膜组织化学观察. 彭清,等. 中华眼底病杂志,1999,15(3)
次声作用对大鼠视觉电生理功能的影响. 邱萍,等. 第四军医大学学报,1999,20(7)
布氏田鼠洞群内社群结构变动与序位的研究. 施大钊,等. 兽类学报,1999,19(1)
不同月龄 SD 大鼠脏器重量系数及其组织学异常. 施志中,等. 上海实验动物科学,1999,19(1)
不同季节和冬眠时相中达乌尔黄鼠视前区温敏神经元特性和下丘脑内 NA 代谢的变化. 孙久荣,等. 中国科学(C 辑),1999,29(1)
长尾大麝鼩生态学特性初步研究. 王新华. 动物学杂志,1999,34(4)
雌激素受体在小鼠睾丸表达的免疫组织化学研究. 王瑞英,等. 中国组织化学与细胞化学杂志,1999,8(4)
从粤东丰溪自然保护区白腹巨鼠和褐家鼠体内分离出. 万康林,等. 中国媒介生物学及控制杂志,1999,10(3)
出生后大鼠海马结构兴奋性氨基酸神经元的发育. 席刚明,等. 神经解剖学杂志,1999,15(2)
成年大鼠海马神经元酸性磷酸酶活性的表达. 杨秋佳,等. 空军医高专学报,1999,21(2)
层流架内应用带空气过滤罩的鼠盒繁育 Scid 小鼠研究初报. 于学慧,等. 实验动物科学与管理,1999,16(1)
川西平原农田啮齿动物比较种群生态学Ⅰ、种群动态与繁殖. 杨跃敏,等. 兽类学报,1999,19(4)
成都市巩固"灭鼠先进城市"成果技术报告. 杨学荣. 医学动物防制,1999,15(5)
长耳鸮冬季的捕鼠特点. 张健旭,等. 河北大学学报(自然科学版),1999,19(2)
巢式 RT-PCR 检测昆明小鼠早期胚胎中 G6PD 基因表达. 张守全,等. 华南农业大学学报,1999,20(1)
雌性布氏田鼠对雄性气味的辨别. 张立,等. 动物学报,1999,45(3)
川西平原大足鼠的种群生态学Ⅲ. 繁殖. 曾宗永,等. 兽类学报,1999,19(3)
雌二醇对大仓鼠胁腺抑制作用的研究. 张健旭,等. 兽类学报,1999,19(4)
城市外环境鼠情调查与防制对策. 祝龙彪,等. 卫生杀虫药械,1999,5(3)
地表覆盖物对高原鼠兔栖息地利用的影响. 边疆晖,等. 兽类学报,1999,19(3)
大鼠骶尾腹内侧肌的运动神经分布:CB-HRP、CB-胺体金结合 CGRP 免疫组织化学的双标法研究. 陈幽婷,等. 解剖学报,1999,30(1)
当前灭鼠存在的主要问题与对策. 蔡建福,等. 厦门科技,1999,(5)
大鼠前脂细胞质膜 Na^+/H^+ 交换同时参与细胞的增殖和分化. 陈佺,等. 中国科学(C 辑),1999,29(3)
大沙鼠的巢域选择. 戴昆,等. 干旱区研究,1999,16(4)
大鼠结肠肌间神经丛 Cajal 间质细胞的形态. 董卫东,等. 解剖学杂志,1999,22(4)

大鼠染色体的非组蛋白、核糖核蛋白(RNP)与银染蛋白三者关系的研究. 董洁,等. 实验动物科学与管理,1999,16(1)
大鼠丘脑、基底节及内囊的微血管构筑及其定量研究. 戴晓玲,等. 首都医科大学学报,1999,20(4)
大鼠视觉相关脑区表达序列标签的克隆与鉴定. 丁沛,等. 上海铁道大学学报,1999,20(9)
大鼠海马神经元 Na^+-Ca^{2+} 交换电流在低氧时的变化. 单红蕖,等. 中国应用生理学杂志,1999,15(4)
大鼠延髓网关背侧亚核的研究进展. 高永静,等. 解剖科学进展,1999,5(2)
大鼠中枢运动核团内谷氨酸受体、GABA A 受体、甘氨酸受体和阿片 M 受体的定位分布. 高蓉,等. 解剖学报,1999,30(2)
大鼠生后发育期间胰岛 D 细胞的胰岛淀粉样多肽和生长抑素的表达. 郭双平,等. 解剖学报,1999,30(2)
大鼠中枢运动核团内 P 物质受体的定位分布. 高蓉,等. 解剖学报,1999,30(2)
洞庭湖区夏季温光条件及被迫迁移对东方田鼠繁殖的影响. 郭聪,等. 兽类学报,1999,19(4)
大鼠中枢神经系统大胶质细胞对神经元轴突生长影响的离体实验观察. 何家全,等. 第三军医大学学报,1999,21(9)
大鼠腺垂体 GH 细胞在衰老过程中的形态学研究. 郝建东,等. 解剖科学进展,1999,5(1)
大鼠腰髓缩胆囊肽、亮啡呔和血管活性肠肽至外侧网状核的投射. 胡祥友,等. 解剖学杂志,1999,22(5)
大鼠性周期内缰核神经元电活动的变化. 黄民,等. 中国应用生理学杂志,1999,15(4)
大鼠酰胺化酶的信号肽引导的昆虫细胞表达外泌系统. 江智红,等. 生物化学与生物物理学报,1999,31(1)
大足鼠的生物学特性及分布. 蒋光藻,等. 西南农业学报,1999,12(4)
大鼠下丘脑室旁核大细胞自发电活动及对去甲肾上腺素反应的增龄性变化. 纪亚平,等. 西安医科大学学报,1999,20(3)
大足鼠的发生规律研究. 蒋光藻,等. 西南农业大学学报,1999,21(1)
大鼠展神经核运动神经元和核间神经元的分布及形态. 林春颖,等. 解剖学杂志,1999,22(2)
大鼠动眼神经核的传入结构联系. 林春颖,等. 解剖学杂志,1999,22(3)
代谢型谷氨酸受体 7 亚型在大鼠中枢神经系统内的分布. 李金莲,等. 解剖学报,1999,30(1)
大鼠大脑运动皮质与脑干面口部运动神经元的突触联系. 李云庆,等. 解剖学报,1999,30(1)
大鼠脑干向面口部运动核的 P 物质能和脑啡呔能投能. 李云庆,等. 解剖学报,1999,30(1)
大鼠下丘脑室旁核和视上核内神经激肽 β 受体和加压素的共存研究. 吕葆真,等. 解剖学报,1999,30(2)
大鼠神经垂体催产素能神经元内神经分泌颗粒的免疫电镜观察. 刘胜洪,等. 解剖学报,1999,30(4)
大鼠精子发生中核基质—核纤层中间丝体系的研究. 劳萍,等. 解剖学报,1999,30(4)
大鼠中缝大核下行投射纤维与三叉神经脊束核尾侧亚核向丘脑投射神经元之间的突触联系. 李云庆,等. 神经解剖学杂志,1999,15(3)
大鼠骶髓后连合核内代谢型谷氨酸受体的定量分布. 李辉,等. 神经解剖学杂志,1999,15(2)
大鼠胚胎小脑提取液神经营养活性成分的分析. 吕捷,等. 神经解剖杂志,1999,15(2)
东方田鼠颗粒饲料研制初报. 刘宗传,等. 上海实验动物科学,1999,19(1)
定向培育短尾 KM 小鼠初报. 吕淑荣,等. 上海实验动物科学,1999,19(4)
低温烘干饲料对 KM 小鼠生长繁殖的影响及饲料利用率初报. 罗小泉,等. 上海实验动物科学,1999,19(4)
大鼠肠道肠肌丛内血管活性肠肽能神经元的分布. 李林,等. 武汉市职工医学院学报,1999,27(3)
大鼠 RAPD 标记的观察. 李昕权,等. 遗传,1999,21(1)
大鼠心肌线粒肌酸激酶肌膜型亚基的克隆及其鉴定. 李芳,等. 中国应用生理学杂志,1999,15(1)
大鼠肾硫酸基转移酶基因的 cDNA 克隆及序列分析. 李向荣,等. 中国生物化学与分子生物学报,1999,15(1)
大鼠认知电位(类 P3)的研究. 林坚,等. 中国病理生理杂志,1999,15(5)
大鼠脂肪细胞 TSH 受体机能研究. 林玲,等. 中国病理生理杂志,1999,15(10)
大鼠肝细胞线粒体形态的三维重建. 穆长征,等. 解剖学报,1999,30(2)
谷氨酸转运体 CLAST mRNA 在大鼠脑内表达的细胞定位. 马小红,等. 中国组织化学与细胞化学杂志,1999,8(4)
大鼠老化过程小脑神经元染色质核小体线性和空间排布特征分析. 茆象千,等. 中国生物化学与分子生物学报,1999,15(3)
大鼠脊髓向延髓网状侧亚核投射神经元的形态及分布. 凌树才,等. 神经解剖学杂志,1999,15(1)
东方田鼠血液及血清生化指标的测定. 潘漪清,等. 上海实验动物科学,1999,19(3)
大鼠胃肌间神经丛中 NOS 阳性神经元的组织化学研究. 彭曦,等. 中国组织化学与细胞化学杂志,1999,8(1)
东北鼢鼠的生态特性. 苏智峰,等. 草业科学,1999,16(6)
大鼠胃肌间神经丛神经元 NLY 的电镜观察. 侍继忠,等. 解剖科学进展,1999,5(2)
大鼠海马结构在学习记忆活动时的细胞形态学可塑性研究. 宿宝贵,等. 解剖学杂志,1999,22(2)
大鼠臂旁核向丘脑腹后内侧核的投射. 陶发胜,等. 解剖学报,1999,30(4)

大鼠脑干5-羟色胺能和儿茶酚胺能神经元向孤束核的投射:荧光金标记结合免疫荧光技术研究.党小荣,等.神经解剖学杂志,1999,15(4)
大鼠心肌细胞阴离子交换蛋白免疫细胞化学定位的研究.黄坚,等.第三军医大学学报,1999,21(9)
大仓鼠消化道长度和重量变化的初步研究.汪淑卿,等.动物学杂志,1999,34(6)
大鼠嗜铬细胞分泌的膜电溶和微纤电极检测.韦顺会,等.生物物理学报,1999,15(1)
大鼠三叉神经脊束核尾侧亚核向三叉神经感觉核簇其它核团的投射:兼论胶状质投射.武建宏,等.神经解剖学杂志,1999,15(1)
大鼠重组中枢型乙酰胆碱转移酶单克隆抗体的制备.武胜昔,等.神经解剖学杂志,1999,15(4)
大鼠室旁核和视上核 NMDAR1 及 NADPH-d 阳性神经元分布的性别差异.王君,等.神经解剖学杂志,1999,15(4)
大仓鼠的核型与 B 染色体研究.王金星,等.兽类学报,1999,19(3)
大绒鼠体温调节和产热特征.王政昆,等.兽类学报,1999,19(4)
大鼠延髓尾端加压区对外周血管紧张的影响.王晶,等.生理学报,1999,51(4)
大鼠下丘脑交叉上核生长抑素免疫阳性神经元的昼夜节律变化.王梅申,等.徐州医学院学报,1999,19(5)
大鼠延髓网状背侧亚核内5-羟色胺能 P 物质样和脑啡呔样阳性终末的中枢起源.王智民,等.中国组织化学与细胞化学杂志,1999,8(1)
大鼠左室壁血管内皮凝集素受体的观察.吴晓华,等.中国组织化学与细胞化学杂志,1999,8(4)
大鼠海马结构中细胞发生的时间及其迁移路线.席刚明,等.解剖科学进展,1999,5(3)
大鼠坐骨神经及其胞体信号传导子和转录激活子和磷酸化酪氨酸的表达.许家军,等.解剖学杂志,1999,22(2)
大鼠垂体前叶5-羟色胺受体及黄体生成素免疫组织化学定位研究.夏永娟,等.解剖学杂志,1999,22(4)
大鼠海马结构中兴奋性氨基酸神经元的发育.席刚明,等.解剖学杂志,1999,22(4)
大鼠心窦房结超微结构水平的老龄变化观察.徐鹏霄,等.武警医学,1999,10(2)
大鼠海马 CA1 区锥体细胞的急性分离和鉴定.许长庆,等.中华应用生理学杂志,1999,15(2)
大鼠杏仁中央核 P 物质标记神经元的年龄变化.杨桂姣,等.解剖学杂志,1999,22(1)
大鼠消化道促性腺激素释放激素受体的免疫组织化学研究.姚兵,等.解剖学报,1999,30(2)
多效抗旱驱鼠剂室内效果研究.杨学军,等.西北林业学院学报,1999,14(4)
丹皮酚对鼠微循环的作用及影响.叶志义,等.中国血液流变学杂志,1999,9(3)
大鼠骨骼肌肌质网序列非依赖性的 DNA 结合蛋白.赵文,等.北京医科大学学报,1999,31(1)
导管法测定大鼠肺循环血流量的研究.张诚,等.承德医学院学报,1999,16(1)
大鼠 GDNF 真核表达载体的构建及其在真核细胞中的表达.郑世曦,等.第四军医大学学报,1999,20(9)
大仓鼠胁腺的发育及性别差异.张健旭,等.动物学报,1999,45(5)
大鼠三叉神经尾侧亚核内甘氨酸受体和甘氨酸阳性神经元的分布.庄志业,等.解剖学杂志,1999,22(1)
大鼠周围突向躯体和内脏分支投射的脊神经节细胞内一氧化氮和降钙素基因相关肽共存.赵建平,等.解剖学杂志,1999,22(2)
大鼠动眼神经核的内直肌亚核的细胞构筑——HRP 法研究.钟士江,等.济宁医学院学报,1999,22(3)
大鼠中枢神经元内免疫神经内分泌物质的共存.朱长庚,等.解剖学报,1999,30(2)
大鼠第三脑室室管膜 NADPH-d 阳性伸展细胞的形态与分布.张琳,等.生命科学研究,1999,3(3)
大鼠海马结构的组成、细胞类型及神经纤维联系Ⅰ.齿状回.赵善廷,等.神经解剖学杂志,1999,15(1)
大鼠三叉神经脊束核尾侧亚核和脊髓向丘脑和臂旁核的谷氨酸能投射.周岩,等.神经解剖学杂志,1999,15(1)
大鼠前包氏复合体区神经元的免疫细胞化学特征.张翠英,等.神经解剖学杂志,1999,15(2)
大鼠体内植入生物材料对 CH50 及免疫球蛋白的影响.朱明华,等.生物医学工程学杂志,1999,16(3)
大仓鼠在繁殖期的行为关系及交配行为.张健旭,等.兽类学报,1999,19(2)
大鼠和小鼠的某些自然感染寄生虫及其影响.郑春福.上海实验动物科学,1999,19(3)
大鼠星形胶质细胞组织因子活性的表达及其调控.朱发明,等.生理学报,1999,51(3)
大鼠尾部动静脉血管的观察.周素凤,等.新乡医学院学报,1999,16(1)
大鼠胚胎脊髓不同移植方法对成鼠损伤脊髓血流量的影响.张强,等.中国矫形外科杂志,1999,6(9)
大鼠三叉神经尾侧亚核内 SPR 阳性神经元与初级传人和下行投射纤维之间的突触联系.庄志业,等.中国组织化学与细胞化学杂志,1999,8(2)
鄂尔多斯高原沙地啮齿动物种类分析.王利民,等.内蒙古大学学报(自然科学版),1999,30(3)
洱源县黄胸鼠和褐家鼠的年龄鉴定.熊孟韬,等.医学动物防制,1999,15(9)
鄂尔多斯沙地草场小家鼠生物学特性观察.侯希贤,等.中国媒介生物学及控制杂志,1999,10(1)
FSB1 忌食剂避鼠效果试验.陈玉姝,等.福建农业大学学报,1999,14(4)
荒漠啮齿类共存机制.戴昆,等.干旱区研究,1999,16(3)
凤城市家栖鼠类密度情况调查简报.洪江,等.医学动物防制,1999,15(12)

凤凰山风景旅游区鼠类的调查. 洪江,等. 中国林业出版社,1999,1211
鼢鼠分布及活动规律初探. 元青山. 森林工程,1999,15(2)
封闭群大鼠探周龄生产试验探索. 杨光武,等. 四川动物,1999,18(4)
非繁殖期大仓鼠对同种气味的反应和个体间的行为关系. 张健旭,等. 动物学研究,1999,20(3)
改良三甲散对小鼠学习记忆的影响. 耿义红. 国医论坛,1999,14(5)
甘肃鼢鼠种群性比的研究. 李金钢,等. 动物学研究,1999,20(6)
贵州省啮齿动物地理区划. 黎道洪,等. 动物学报,1999,45(3)
国内外杀鼠剂研制的回顾与展望. 田明祥. 辽宁化工,1999,28(1)
光照和温度对高原鼠兔褐色脂肪组织产热特征的影响. 王德华,等. 动物学研究,1999,20(5)
关于鼠传疾病防制的问题和建议. 汪诚信. 中国媒介生物学及控制杂志,1999,10(3)
共聚焦显微术测定大鼠和黄鼠心肌细胞游离 Ca^{2+} 浓度与温度的关系. 王世强,等. 中国科学(C 辑),1999,29(3)
贵州省鼠类发生特点及防治对策探讨. 杨再星,等. 耕作与栽培,1999,(4)
贵州省农田鼠害研究文献的统计分析. 杨再学. 贵州农业科学,1999,27(5)
高原鼠兔血清无机元素含量的分析. 叶润蓉,等. 兽类学报,1999,19(1)
睾酮对大仓鼠胁腺促进作用的研究. 张健旭,等. 动物学研究,1999,20(4)
高原鼢鼠对高寒草甸群落特征及演替的影响. 张堰铭. 动物学研究,1999,20(6)
关于避鼠防虫控霉储粮编织袋的应用试验. 赵一凡. 粮油仓储科技通讯,1999,(1)
高原鼠兔解剖学特征之初探. 赵建文,等. 实验动物科学与管理,1999,16(1)
高原鼢鼠脂肪中脂肪油化学成分的研究. 张晓峰. 兽类学报,1999,19(3)
根田鼠的熟悉性及其自然动情下的配偶选择. 赵亚军,等. 兽类学报,1999,19(4)
高原鼠兔消化系统的形态学观察. 赵佐庆,等. 西北大学学报(自然科学版),1999,29(6)
海狸鼠生理生化和血液流变学常值的测定. 贝念湘,等. 兽类学报,1999,19(1)
华达粘鼠板控制鼠密度效果的试验. 姜洪方,等. 卫生杀虫药械,1999,5(2)
褐家鼠线粒体 DNA 遗传多样性研究. 李菁菁,等. 动物学研究,1999,20(4)
哈尔滨郊区人为鼠疫疫源地鼠类种群动态分析. 李仲来,等. 兽类学报,1999,19(1)
褐家鼠精母细胞中联会复合体的研究Ⅳ常染色体联会复合体的发育和偶线期节的研究. 刘静宇,等. 遗传,1999,21(2)
黑线仓鼠的生物学特性及防治研究. 穆成旺,等. 甘肃农业科技,1999,(1)
海狸腺的组织学研究. 沈萍. 动物学杂志,1999,34(4)
洪涝灾害地区不同鼠种不同场所灭鼠方法. 孙红专,等. 疾病监测,1999,14(3-1)
黑线姬鼠在传播肾综合征出血热中作用的研究. 吴光华. 中国公共卫生,1999,15(2)
黄毛鼠危害特性与综合治理. 张宜绪. 植物保护,1999,25(6)
急性热应激小鼠血浆心钠素、血管紧张素及其体液 Na^{+}/K^{+} 的变化. 陈忠,等. 动物学研究,1999,20(3)
急性重型毒鼠强中毒并发症的预防和护理. 何丹. 蛇志,1999,11(2)
金黄地鼠视皮层 17、18 区乙酰胆碱阳性神经元. 李俊凤,等. 生物化学与生物物理学进展,1999,26(6)
胶板粘鼠技术. 马壮行. 山西农业,1999,(5)
京、沪和昆明地区昆明系小鼠群体间的差异研究. 欧阳燕,等. 实验动物科学与管理,1999,16(4)
夹夜法与鼠迹板法调查鼠密度的关系研究. 曲宝泉. 中国媒介生物学及控制杂志,1999,10(2)
金黄仓鼠视觉中枢的甘氨酸免疫阳性神经元. 吴奇久,等. 生物化学与生物物理学进展,1999,26(4)
几种抗凝血剂对农田害鼠的防除效果. 谢德昌,等. 云南农业科技,1999,(4)
济南部队褐家鼠抗药性及抗凝血剂灭鼠研究. 薛健,等. 中国媒介生物学及控制杂志,1999,10(1)
基底外侧杏仁核对在鼠睡眠和行为的调节作用及机制研究. 徐明奎,等. 中国应用生理学杂志,1999,15(3)
家兔输卵管微血管铸型的扫描电镜观察. 俞诗源. 兰州大学学报(自然科学版),1999,35(4)
降水对高原鼠兔种群消长的影响. 张卫国,等. 草业科学,1999,16(6)
几种田鼠交配行为的比较. 张承德. 东北林业大学学报,1999,27(4)
基因转殖鼠中心简介. 钟邦柱. 科学发展(中国台湾),1999,27(4)
即墨市农村家鼠鼠情调查. 周家江,等. 医学动物防制,1999,15(5)
抗凝血灭鼠剂抗药性原因及对策的探讨. 费春楠,等. 医学动物防制,1999,15(1)
抗 RSV 人-鼠嵌合抗体的构建及表达. 黄晋生,等. 上海免疫学杂志,1999,19(6)
KM 小鼠与 BALB/C 小鼠五项免疫学指标的初步观察. 卢笑丛,等. 实验动物科学与管理,1999,16(2)
昆明白小鼠与 F1 代杂交鼠(昆明白×BALB/C)超排、移植效果的比较. 史洪才,等. 新疆大学学报,1999,16(2)
克鼠星 1 号防治甘肃鼢鼠试验研究. 王明春,等. 西北林业学院学报,1999,14(2)
KM 小鼠睾丸各级生精细胞的组织化学研究. 徐承水. 上海实验动物科学,1999,19(4)
昆明机场鼠类调查分析. 周晓梅,等. 医学动物防制,1999,15(1)

老年大鼠空间记忆减退与 cNOS 基因表达变化. 高国全,等. 中国病理生理杂志,1999,15(9)
临夏州太子山麓天然草地鼠害调查及防治. 鲁鸿佩,等. 草业科学,1999,16(5)
冷暴露过程中高原鼠兔的产热变化. 齐恒玉,等. 高师理科学刊 1999,19(1)
旅客列车灭鼠灭蟑工作运作机制改革探索. 曲慧敏,等. 医学动物防制,1999,15(1)
莱阳市农田害鼠发生规律与防治技术研究. 孙淑建,等. 莱阳农学院学报,1999,16(2)
脑源性神经营养因子在大鼠海马 CA3 区发育过程中的表达. 吴金英,等. 神经解剖学杂志,1999,15(4)
6~8 周龄 Wistar 大白鼠血清尿素氮的抽样测试与统计分析. 向绍杰,等. 动物学研究,1999,34(3)
老龄小鼠脾细胞 DNA 修复能力的变化及 gadd45 和 gadd153 基因的可诱导性改变. 闫雪冬,等. 北京医科大学学报,1999,31(4)
辽宁省西北部草地鼠虫害防治现状、问题与对策. 杨爱莲,等. 中国草地,1999,(1)
洛阳市"灭鼠达标"巩固工作技术报告. 张雪茹,等. 医学动物防制,1999,15(8)
闽南沿海丘陵地农田鼠情及防除技术. 陈丽玲. 福建稻麦科技,1999,17(3)
灭鼠后黄毛鼠种群数量回升动态研究. 黄秀清,等. 中国媒介生物学及控制杂志,1999,10(6)
灭鼠先进城区巩固期间鼠情监测分析. 刘令初,等. 医学动物防制,1999,15(9)
吗啡对大鼠红细胞生物力学特性的影响. 聂欣,等. 生物医学工程学杂志,1999,16(2)
脉冲磁场对小鼠血液 SOD 活性及 MDA 含量的影响. 吴道登,等. 生物医学工程学杂志,1999,16(3)
灭鼠达标后鼠情监测结束分析及灭鼠巩固的探讨. 王东平,等. 卫生杀虫药械,1999,5(2)
灭鼠后家鼠数量恢复的研究. 袁高林,等. 中国媒介生物学及控制杂志,1999,5(4)
蒙古种沙土鼠背海马胆碱能神经局部分布. 章惠英,等. 解剖学杂志,1999,22(2)
农作物病虫草鼠害防治. 方玉. 延边人民出版社,1999
农田害鼠昼夜活动规律的初步研究. 李凤龙,等. 云南农业科技,1999,(3)
农作物有害生物可持续治理研究进展. 全国农业技术推广服务中心. 中国农业出版社,1999,517
内蒙古半荒漠区啮齿动物群落分类及其多样性研究. 武晓东,等. 生态学报,1999,19(5)
农田草害与鼠害防治技术. 夏忠敏,等. 贵州科技出版,1999
农作物病虫草鼠的发生与防治. 许红,等. 科学出版社,1999
南京日本血吸虫病沟鼠疫源地研究. 徐国余,等. 实用寄生虫病杂志,1999,7(1)
尿生殖窦间质诱导的鼠前列腺增生模型制备. 余帆,等. 第三军医大学学报,1999,21(2)
农田鼠害防治技术. 叶下襄,等. 江西科学技术出版社,1999
宁德市黄毛鼠肝脏感染寄生虫调查. 袁高林,等. 中国人兽共患病杂志,1999,15(4)
内蒙古大兴安岭吉文林区啮齿动物区及危害的调查. 邹元平,等. 内蒙古农牧学院学报,1999,20(2)
宁夏 HFRS 疫源地宿主动物汉坦病毒的首次分离和鉴定. 张永华,等. 中华微生物学和免疫学杂志,1999,19(6)
农田害鼠种群动态与灭鼠后种群恢复数学模型. 宗浩,等. 植物保护学报,1999,26(4)
欧亚苔原旅鼠过去与现在的周期波动. 王玉山译. 人类环境杂志,1999,28(3)
欧亚大陆北极地区旅鼠(Lemmus)的形态变异. 周立志译. 人类环境杂志,1999,28(3)
捕食风险对高原鼠兔食物大小选择的影响. 边疆晖,等. 兽类学报,1999,19(4)
P2X 受体在大鼠舌乳头中的分布. 向正华,等. 解剖学杂志,1999,22(6)
捕杀对高原鼢种群年龄结构及繁殖的影响. 张堰铭. 兽类学报,1999,19(3)
强啡呔 B 免疫反应阳性神经元在大鼠下丘脑的分布及与精氨酸加压素的共存. 柏学工,等. 解剖学杂志,1999,22(3)
气相色谱法检测灭鼠药氟乙酰胺的应用研究. 蔡松武,等. 广东卫生防疫,1999,25(1)
Quox-1 基因同源序列在小鼠精子发生中的表达. 黄诗笄,等. 动物学报,1999,45(2)
Quox-1 基因同源序列在豚鼠精子发生中的表达. 黄诗笄,等. 武汉大学学报(自然科学版),1999,45(4)
青岛市李沧区除四害技术报告. 石忠准. 医学动物防制,1999,15(10)
祁连山自然保护啮齿类动物初步研究. 汪有奎,等. 东北林业大学学报,1999,27(6)
球形芽孢杆菌 C3-41 二元毒素基因在苏云金芽孢杆菌以色列亚种中的克隆和表达. 袁志明,等. 微生物学报,1999,39(1)
去势后睾酮水平下降对雄性大鼠血管舒缩功能的影响. 周晖,等. 西安医科大学学报,1999,20(4)
妊娠大鼠卵巢卵泡无甾体激素合成能力. 陈毅军,等. 科学通报,1999,44(9)
RCS 大鼠和 Wistar 大鼠视网膜酸性磷酸酶活性的动态观察. 华文,等. 中国组织化学和细胞化学杂志,1999,8(2)
妊娠时期小鼠子宫内膜层粘连蛋白定位、定量及对胚泡植入的作用. 李英,等. 解剖学报,1999,30(4)
乳鼠雪旺氏细胞的纯化培养研究. 马向阳,等. 中国临床解剖学杂志,1999,17(1)
人工饲养条件下棕色田鼠繁殖和近亲回避. 郃发道,等. 兽类学报,1999,19(2)
人白细胞介素-15 cDNA 在中国仓鼠卵巢细胞中的高效稳定表达. 薛莉,等. 中国医学科学院学报,1999,21(4)

杀鼠药毒性成份的GC/MS分析.陈淑芬.贵州师范大学学报(自然科学版),1999,17(2)
鼠粒细胞集落刺激因子受体的纯化及鉴定.陈惠鹏,等.生物化学与生物物理学进展,1999,26(1)
鼠尾缺陷的成因及防止.董光明.铸造,1999,(4)
SD大鼠血管内皮细胞的凝集素组织化学研究.邓英华,等.中国组织化学与细胞化学杂志,1999,8(4)
鼠视网膜的免疫原性.高玲,等.湖南医科大学学报,1999,24(3)
实验大鼠、实验小鼠肠道鞭毛虫种类和检索.高诚,等.寄生虫与医学昆虫学报,1999,6(3)
生态防鼠控制鼠密度的效果观察.郭卫峰.医学动物防制,1999,15(5)
山东鲁南地区鼠类及鼠染恙螨季节消长规律调查.贺法宪,等.中国媒介生物学及控制杂志,1999,10(2)
杀它仗、溴敌隆毒杀家栖鼠类的现场观察.洪江,等.中国公共卫生,1999,15(增刊)
实验室条件下几种灭鼠剂对草原兔尾鼠的杀灭效果.蒋卫,等.地方病通报,1999,14(1)
生长抑素在小鼠下颌下腺的定位研究.贾雪梅,等.解剖学杂志,1999,22(2)
饲料行业害鼠生态特性及综合治理技术的应用.江西省科学院鼠害生态防治中心.江西饲料,1999,(5)
四川短尾鼩生物学研究.蒋凡,等.西南农业大学学报,1999,21(5)
鼠皮鼠须鼠尾盘加工技术.李永辉.农村新技术,1999,(11)
室温与光照对子午沙鼠和灰仓鼠繁殖的影响.廖力夫,等.上海实验动物科学,1999,19(2)
鼠源抗体的基因改造工程的发展与未来.李文平,等.天津医药,1999,27(2)
鼠脑微血管内皮细胞的分离与长期培养.钱志远,等.细胞生物学杂志,1999,21(1)
四川省人工林鼠害调查初报.冉江洪,等.四川动物,1999,18(1)
山东省部分单位所用鼠、兔饲料中矿物元素含量的检测结果.孙怀玉,等.上海实验动物科学,1999,19(4)
上海市奉贤地区生态学灭鼠现状分析.孙红专,等.生杀药械,1999,5(3)
鼠用连续输液装置的研制.屠伟峰,等.生物医学工程学杂志,1999,16(3)
实施不育后高原鼠兔攻击行为及激素水平变化的研究.魏万红,等.兽类学报,1999,19(2)
Scid小鼠的繁育及其骨髓象分析.王应,等.山东医科大学学报,1999,37(3)
鼠兔异种间的核移植及胚胎发育研究.王敏康,等.云南教育学院学报(自然科学版),1999,15(2)
3种鼠类的肝重与体重关系研究.吴鹤松,等.中国媒介生物学及控制杂志,1999,10(4)
鼠疫防治措施中灭鼠地位的变化.汪诚信.中国地方病防治杂志,1999,14(特)
鼠光感受器细胞层移植的方法及观察.王薇,等.中华眼科杂志,1999,35(6)
上海地区鼠类群落结构变化及其原因初探.徐仁权.中国媒介生物学及控制杂志,1999,10(4)
食品行业防鼠设施质量与效果分析.徐仁权,等.中国媒介生物学及控制杂志,1999,10(5)
鼠兔子宫血管铸型的光镜和扫描电镜观察.俞诗源.动物学报,1999,45(2)
实用灭鼠法.赵桂芝.化学工业出版社,1999
鼠药应用技术.赵桂芝.化学工业出版社,1999
上海市浦东新区鼠情现状调查及防制对策探讨.张晨,等.医学动物防制,1999,15(6)
鼠传疾病监测中多元化开展病原学,血清学监测浅析.张伟忠.中国媒介生物学及控制杂志,1999,10(3)
鼠毛及脑线粒体DNA片段缺失与增龄的关系.曾昭惠,等.中国生物化学与分子生物学报,1999,15(2)
豚鼠耳蜗一氧化氮合酶组织化学反应的定量观察.沈静,等.解剖科学进展,1999,5(1)
褪黑激素对大鼠肾老化影响的形态学研究.狄荣科,等.解剖学杂志,1999,22(4)
胎鼠、成鼠和人胚的骨骼肌提取液及肌源神经营养因子的高效液相分析.周长满,等.神经解剖学杂志,1999,15(2)
豚鼠生长激素受体胞内域的cDNA克隆及同源性比较.张倍娜,等.生物化学与生物物理学进展,1999,31(3)
豚鼠和大鼠小肠内AchE和VIP阳性神经的分布关系研究:酶组织化学与免疫组织化学结合观察.李林,等.同济医科大学学报,1999,28(5)
胎鼠肝脏发育过程中肝窦的形成与成熟.王群,等.细胞生物学杂志,1999,21(2)
台州市面上丘陵山区黑线姬鼠繁殖动态与种群消长.王万友,等.浙江农业科学,1999,(1)
特殊鼠类:小家鼠的防制.梁桂华,等.中国媒介生物学及控制杂志,1999,10(2)
VB_6缺乏对鼠细胞因子水平及淋巴细胞的影响.刘华忠.江西畜牧兽医杂志,1999,(5)
无锡市创建"灭鼠先进城区技术报告".屠兴良,等.医学动物防制,1999,15(3)
无菌小鼠的人工哺乳培育.涂新明,等.中国实验动物学报,1999,7(1)
无毛KM小鼠近交培育的阶段性成果.周淑佩,等.上海实验动物科学,1999,19(2)
小鼠附睾Ⅳ型胶原和层粘连蛋白的分布.崔丽,等.解剖学报,1999,30(3)
小鼠松果体生后生长发育的形态变化.狄荣科,等.解剖学杂志,1999,22(3)
小鼠胸腺树突状细胞的分离和纯化方法的改进.丁蓓蓓,等.解剖学报,1999,30(4)
西藏当雄县草地鼠害及防治对策.郭万军.草业科学,1999,16(5)
隐睾大鼠生精上皮多核细胞的动态观察.高佩安,等.解剖学杂志,1999,22(5)

携带 xyLE 的转基因小鼠的制备. 黄建,等. 中国药理学与毒理学杂志,1999,13(1)
锡林郭勒草原布氏田鼠数量的周期性和啮齿动物群落的演替. 李仲来,等. 动物学研究,1999,20(4)
消毒杀虫灭鼠. 刘希真. 军事医学科技出版社,1999
小鼠精子和球形精子细胞显微注射受精研究. 李子义,等. 解剖学报,1999,30(2)
小鼠 1-细胞胚胎体外培养条件的研究. 刘忠华,等. 解剖学报,1999,30(4)
小鼠受精卵在体内外发育成桑椹胚的对比研究. 赖双英,等. 内蒙古农业业大学学报,1999,20(4)
小鼠胚胎 ZGA 的基因表达及调控机制. 刘明瑜,等. 细胞生物学杂志,1999,21(3)
小鼠孤雌胚的体内体外发育研究. 刘红林,等. 畜牧兽医学报,1999,30(2)
小鼠树突状细胞过继转移抗原作用的实验研究. 李良菊,等. 镇江医学院学报,1999,9(3)
显示大鼠胃肌间神经丛的铺片方法. 彭曦,等. 解剖学杂志,1999,22(4)
小鼠胸腺树突状细胞系的克隆化及基本鉴定. 裴丽红,等. 中国免疫学杂志,1999,15(6)
小鼠凋亡相关新基因 TFAR19 cDNA 的克隆化和序列分析. 宋泉声,等. 北京医科大学学报,1999,31(4)
小鼠神经生长因子基因的 cDNA 克隆及序列分析. 宋云扬,等. 防化学报,1999,9(2)
小白鼠眼的形态发生的研究. 史萍,等. 兰州大学学报(自然科学版),1999,35(1)
小鼠睾丸Ⅳ型胶原的合成与分布. 宋阳,等. 中国医学科学院学报,1999,21(3)
新杀鼠剂:杀鼠新的创制研究. 田明祥. 农药,1999,38(5)
小鼠成纤维细胞凋亡与 bcl-2 结合蛋白. 王文恭,等. 生物化学与生物物理学进展,1999,26(6)
小鼠骨髓树突状细胞的扩增及其超微结构观察. 谢志芳,等. 第二军医大学学报,1999,20(8)
小鼠 4.5S RNA 逆转座子 DNA 的克隆及其表载体的构建. 徐来祥,等. 曲阜师范大学学报,1999,25(1)
啮齿类动物胰管开口的比较及胰液采集方法. 田小芸,等. 中国实验动物学报,2000,8(4)
小鼠原生殖细胞建系统及其分化特性的研究. 许新,等. 实验生物学报,1999,32(3)
小鼠造血干细胞因子基因克隆及在 CHO 细胞中的表达. 张红梅,等. 白求恩医科大学学报,1999,25(4)
小白鼠发育过程中胃和大肠蛋白酶活性的变化. 张新胜,等. 动物学报,1999,45(3)
雄性大鼠球海绵体肌运动神经元胞体及树突的分布. 支晔,等. 神经解剖学杂志,1999,15(4)
小鼠扩张囊胚颗粒法玻璃化冷冻保存技术研究. 朱士恩,等. 上海实验动物科学,1999,19(2)
小鼠胚泡着床前后子宫内膜细胞间粘附分子-1mRNA 表达水平的变化. 朱瑾,等. 上海医科大学学报,1999,26(6)
溴敌隆颗粒毒饵适口性试验及现场灭鼠效果试验观察. 章进宝,等. 医学动物防制,1999,15(3)
新生大鼠窦房结组织、培养细胞的 glycogen LDH 和 SDH 定量形态学研究. 张炎,等. 中国组织化学与细胞化学杂志,1999,8(2)
新生大鼠窦房结组织和培养细胞的心钠素(ANF)表达的定量形态学观察. 张炎,等. 中国组织化学与细胞化学杂志,1999,8(3)
小鼠精子睾丸后成熟过程中单无克隆抗体 MSH27 抗原表位的显露. 庄大中,等. 中国科学(C 辑),1999,29(1)
西伯利亚苔原上旅鼠的天敌. Wikl,C. G,贾志云. 人类环境杂志,1999,28(3)
小鼠对雌激素破坏内分泌作用的敏感性的遗传变异. 上海实验动物科学,1999,19(4)
1998 年成都市巩固灭鼠技术报告. 曹若愚,等. 医学动物防制,1999,15(7)
烟碱在人鼠海马诱导 LIP 的作用. 邓春玉,等. 中国药理学通报,1999,15(5)
一氧化氮合酶阳性神经元在小鼠颈髓的分析. 郭炳冉,等. 曲阜师范大学学报(自然科学版),1999,25(3)
豫西黄土高原农作区棕色田鼠对农作物的危害及经济阈值的研究. 黄惠敏,等. 兽类学报,1999,19(3)
野栖鼠种群调查及分析. 黄朝良,等. 预防医学情报杂志,1999,15(3)
有机氟农药氟乙酸的 GC/MS 检定方法. 贾薇,等. 质谱学报,1999,20(3/4)
羊噻咪唑中毒和敌鼠钠中毒. 李国忠,等. 动物毒物学,1999,14(1)
一种新的小鼠被毛突变基因定位. 李善如,等. 科学通讯,1999,44(7)
用计算机技术研究大鼠胃电和胃运动信号. 李梦燕,等. 首都医科大学学报,1999,20(3)
恙虫病立克次体山东株在野鼠内脏分布研究. 刘运喜,等. 中国人兽共患病杂志,1999,15(5)
影响黄鼠种群数量变动的外因研究. 马壮行,等. 山西农业科学,1999,27(1)
一氧化氮合酶阳性神经元在大鼠胃肌间神经丛中的分布. 彭曦,等. 解剖学杂志,1999,22(3)
一氧化氮合酶阳性神经元在大鼠中导水管周围灰质和中缝核簇内的定位研究. 田美玲,等. 解剖学杂志,1999,22(1)
豫医无毛小鼠近交系建立及其生物学特性. 王纯耀,等. 上海实验动物科学,1999,19(1)
应用小鼠整体试验对自来水中有机污染物潜在危害的评价. 吴坤,等. 中华预防医学杂志,1999,33(3)
一级实验豚鼠饲养设施建立及其管理. 萧建春,等. 四川动物,1999,18(4)
应用硫酰氟杀虫灭鼠缩短熏蒸时间的研究. 谢俭波,等. 中国国境卫生检疫杂志,1999,22(6)
运用生物毒素杀灭地面鼠的报告. 杨延彪,等. 四川草原,1999,(1)

延安近郊达乌尔鼠兔种群数量与危害的调查. 阎锡海, 等. 西北大学学报(自然科学版), 1999, 29(6)
应用地物二向性反射识别草原鼠危害. 周俗, 等. 草业学报, 1999, 8(3)
一氧化氮合酶同功异构酶在大鼠中枢神经系统的分布. 章为, 等. 神经解剖学杂志, 1999, 15(2)
转基因胚胎受体小鼠的妊娠期与产仔存活率. 陈建泉, 等. 上海实验动物科学, 1999, 19(2)
ZMS 对老年大鼠脑 M 受体与 G 蛋白偶联活性的影响. 房子龙, 等. 核技术, 1999, 22(11)
转基因小鼠用作脊髓灰质炎活疫苗神经毒力实验动物模型的研究. 郭仁, 等. 动物学研究, 1999, 20(4)
棕色田鼠性染色体联合复合体配对的形态学研究. 顾蔚, 等. 兽类学报, 1999, 19(2)
准噶尔盆地沙质荒漠啮齿动物群落在短命植物存在期的空间—食物资源利用. 胡德夫, 等. 兽类学报, 1999, 19(1)
棕色田鼠食性食量的研究. 黄惠敏, 等. 陕西师范大学学报(自然科学版), 1999, 27(3)
重点行业鼠类侵害情况的调查. 洪江, 等. 卫生杀虫药械, 1999, 5(2)
樟子松鼠害与立木腐朽的关系. 刘国荣, 等. 吉林林业科技, 1999, (2)
珍珠长毛兔生长发育特性的研究. 吕永艳, 等. 经济动物学报, 1999, 3(2)
湛江市区主要害鼠及危害状况. 刘忠宝, 等. 松辽学刊(自然科学版), 1999, (3)
棕色田鼠与甘肃鼢鼠咀嚼肌结构和功能的比较. 李晓晨, 等. 兽类学报, 1999, 19(4)
中华竹鼠与甘肃鼢鼠咀嚼肌结构和功能的比较. 李晓晨, 等. 西北大学学报(自然科学版), 1999, 29(6)
粘鼠板控制特殊场所鼠害效果观察. 陆年宏. 中国媒介生物学及控制杂志, 1999, 10(6)
扎鲁特旗低山丘陵区鼠蚤种群结构及流行病学意义. 刘宇辉, 等. 中国地方病防治杂志, 1999, 14(2)
转基因小鼠中外源基因部分内含子序列的缺失及其对转录的影响. 李鹏, 等. 中国生物化学与分子生物学报, 1999, 15(5)
中国鼩鼱在我国最东分布及对基中名的商榷. 孙悦欣, 等. 动物学杂志, 1999, 34(2)
自然条件下不同出生期布氏田鼠寿命的研究. 施大钊, 等. 中国农业大学学报, 1999, 4(3)
棕色田鼠的发声及其频谱分析. 郜发道, 等. 动物学研究, 1999, 20(4)
争胜鼠(Zelomys)的门齿釉质结构和分类位置. 王伴月, 等. 古脊椎动物学报, 1999, 37(1)
中国地鼠情绪唤醒水平评定量表的制定. 吴大兴, 等. 湖南医科大学学报, 1999, 24(5)
中药厂采用毒水灭鼠效果观察. 杨建军, 等. 医学动物防制, 1999, 15(8)
粘鼠胶板的效能评价. 易建荣, 等. 中国媒介生物学及控制杂志, 1999, 10(4)
周龄大白鼠红细胞数的抽样测试与统计分析. 张宏, 等. 动物学杂志, 1999, 34(6)
中国干旱地区啮齿动物物种多样性. 周立志, 等. 淮北师范学院(自然科学版), 1999, 20(2)
噪声对大鼠主动脉弓的影响与丹参的拮抗作用. 郑建国, 等. 河北医科大学学报, 1999, 20(4)
子午沙鼠种群繁殖特征分析. 周延林, 等. 兽类学报, 1999, 19(1)
棕色田鼠精母细胞中联会复合体的研究. 张助, 等. 陕西师范大学学报(自然科学版), 1999, 27(3)
阿拉善荒漠几种主要鼠害的生态危害及防治对策. 陈善科, 等. 草业科学, 2000, 17(5)
安阳市 1991 年与 1998 年鼠情监测比较分析. 梁玉清, 等. 医学动物防制, 2000, 16(2)
阿坝县草地鼠害及防治对策. 张春秀. 四川草原, 2000, (3)
澳大利亚的应用免疫不育技术防治有害脊椎动物研究上的最新进展. 张知彬. 兽类学报, 2000, 20(2)
BALB/c 等小鼠线粒体 DNAD 环区 PCR-SSCP 分析. 戴纪刚, 等. 四川动物, 2000, 19(4)
BALB 小鼠免疫系统结构与功能的增龄性变化. 冯仁田, 等. 中华老年医学杂志, 2000, 19(3)
不同地区东方田鼠微生物学与寄生虫学检测初步研究. 高诚, 等. 上海实验动物科学, 2000, 20(1)
表皮生长因子对大鼠肺表面活性物质合成的调控及机制. 李建华, 等. 中国应用生理学杂志, 2000, 16(4)
布氏田鼠越冬集群贮草面积的两种估算方法比较. 宛新荣, 等. 生态学杂志, 2000, 19(4)
不同地域内单位突击灭鼠质量分析. 徐仁权, 等. 上海预防医学, 2000, 12(11)
布氏田鼠嗅觉通讯的行为发育:幼体对群体气味的辨别. 张立, 等. 兽类学报, 2000, 20(1)
保持无鼠害村的方法. 郑智民, 等译. 鼠类控制的理论与应用, 厦门大学出版社, 2000
C57 小鼠出生后视网膜神经上皮层细胞发育中的 PCNA 表达及其意义. 龚健杨, 等. 安徽医科大学学报, 2000, 35(3)
长尾姬鼠分类地位的探讨. 蒋学龙, 等. 动物学研究, 2000, 21(6)
成年大鼠纹状体区神经干细胞的分离培养. 刘仕勇, 等. 解剖学报, 2000, 31(1)
成骨生长肽对新生大鼠卢盖骨成骨细胞样细胞影响的生化分析. 李群, 等. 上海实验动物科学, 2000, 20(2)
CD3 单抗诱导幼龄小鼠胸腺细胞凋亡研究. 刘仿, 等. 微生物学免疫学进展, 2000, 28(4)
长年承包饭店灭鼠的主要做法及经验. 陆年宏, 等. 医学动物防制, 2000, 16(4)
成年大鼠纹状边缘区和苍白球的计算机三维结构重建. 李耀宇, 等. 中国组织化学与细胞化学杂志, 2000, 9(4)
成年和老年小鼠机体 HSP70、iNOS 及 WOS mRNA 表达的意义. 马玉红, 等. 开封医专学报, 2000, 19(2)
长尾黄鼠感染鼠疫菌越冬试验初报. 张晓雪, 等. 地方病通报, 2000, 15(2)

草原黄鼠生态研究概述. 赵天飙,等. 内蒙古师大学报(自然科学版),2000,29(2)
长江流域黄胸鼠生物学特性观察. 张美文,等. 兽类学报,2000,20(3)
城市鼠类防治对策研究. 张应阔. 医学动物防制,2000,(9)
从猪痢疾猪场分离出鼠源猪痢疾蛇形螺旋体. 赵武,等. 中国兽医科技,2000,30(1)
大鼠脑血管内皮细胞中神经肽 Y 的 Y1 受体. 鲍岚. 第四军医大学学报,2000,21(12)
大鼠缺氧过程中脑线粒体超微结构变化及形态计量学研究. 蔡明春,等. 高原医学杂志,2000,10(2)
典型水土流失区地面鼠类的数量配置及季节变动规律. 常文英,等. 水土保持研究,2000,7(4)
大鼠睾丸支持细胞雄激素结合蛋白 mRNA 在生精周期中的表达. 陈咏梅,等. 中国医学科学院学报,2000,22(3)
大连海军大学修船厂发现黑家鼠报告. 樊德海,等. 中国国境卫生检疫杂志,2000,23(5)
东北鼢鼠种群年龄结构的划分. 国廷杰,等. 森林病虫通讯,2000,19(1)
大鼠扣带回:丘脑腹侧基底核投射的 HRP 研究. 高菊芳,等. 上海师范大学学报(自然科学版),2000,29(1)
大鼠视网膜组织中线粒体的体视学定量研究. 过贵元,等. 中国体视学与图像分析,2000,5(3)
大鼠视上核神经元自发放电节律的确定性机制. 韩成,等. 生物物理学报,2000,16(3)
大鼠肝细胞过氧化物酶体的提取. 骆子生,等. 氨基酸和生物资源,2000,22(1)
大鼠海马结构胆碱能纤维的测量. 吕美云. 南昌大学学报(理科版),2000,24(2)
东方田鼠微生物学与寄生虫学检测初报. 刘宋传,等. 上海实验动物科学,2000,20(1)
大鼠肝组织细胞核基质的激光共聚焦显微镜观察. 李璟,等. 细胞与分子免疫学杂志,2000,16(5)
大鼠肝脏、卵巢及肾上腺胰岛素受体结合性质的比较. 李桂玲,等. 中国糖尿病杂志,2000,8(6)
大鼠骨骼肌组织雄激素受体结合容量测定方法. 陆一凡,等. 中国应用生理学杂志,2000,16(3)
大鼠小肠内肥大细胞与嗜酸粒细胞的关系及其年龄性变化趋势. 马廷贤,等. 电子显微学报,2000,19(1)
大鼠胃的主细胞分离纯化培养及功能测定. 缪锟,等. 南京医科大学学报,2000,20(5)
大鼠动情周期及妊娠早期卵巢中明胶酶 A 活性变动. 欧尔比特. 安尼瓦尔,等. 动物学报,2000,46(1)
大鼠肝 Kuptter 细胞分离培养及鉴定. 施鑫,等. 医学研究生学报,2000,13(4)
大鼠躯体感觉皮质即早基因 C-50S 表达的研究. 孙桂媛,等. 中国组织化学与细胞化学杂志,2000,9(4)
大鼠三叉神经脊束核尾侧亚核-臂旁核-丘脑间接联系的研究. 陶发胜,等. 解剖学报,2000,31(2)
大鼠组织器官利用硒的优先性. 田园,等. 营养学报,2000,22(1)
大鼠基底核心房肽 mRNA 的表达:原位杂交研究. 田宗文,等. 中国组织化学与细胞化学杂志,2000,9(4)
短光照对长爪沙鼠产热的影响. 王煜,等. 北京师范大学学报(自然科学版),2000,36(2)
大鼠小腿三头肌神经终支选择切断的生物力学变化及临床意义. 武钢,等. 第一军医大学学报,2000,20(2)
大鼠视交叉上核内主要的三种肽能神经元的分布. 王蕾,等. 华西医科大学学报,2000,31(3)
大鼠肝细胞抗氧酶活对脂质过氧化物含量变化影响的模糊综合评判. 王敏彦,等. 数理医药学杂志,2000,13(5)
大鼠三叉神经脊束核尾侧亚核Ⅱ层内 CB 样、RV 样阳性结构的分布及其突触联系. 王红,等. 神经解剖学杂志,2000,16(1)
大林姬鼠的核型与 B 染色体研究. 王金星,等. 兽类学报,2000,20(4)
大鼠心肌组织中雄激素受体的免疫组化研究. 王彩云,等. 西安医科大学学报,2000,21(5)
大鼠类 Alu 重复序列的克隆及其在染色体 DNA 突变分析中的应用. 王瑛,等. 应用与环境生物学报,2000,6(1)
大鼠肠道内 NOS 与 AchE、VIP 阳性神经元的分布关系研究. 吴红金,等. 中国组织化学与细胞化学杂志,2000,9(2)
大鼠和黄鼠心肝细胞钙瞬变记录和钙移除机制分析. 王世强,等. 中国科学(C 辑),2000,30(1)
大鼠松果腺内生长抑素免疫反应神经纤维的观察. 徐胜春,等. 安徽医科大学学报,2000,10(1)
大鼠头端延髓腹外侧区 NMDA 受体在动脉压力感受器反射中的作用. 肖振祥,等. 第三军医大学学报,2000,21(8)
大鼠 4.5S RNAs 的 cDNA 克隆与序列分析. 徐来祥,等. 动物学杂志,2000,35(6)
大鼠肝脏碱性磷酸酶活性研究. 夏民,等. 河南职技师范学报,2000,28(3)
大鼠孤束核内 5-HT 和内脏神经初级传入终末与向臂旁核投射神经元的联系:激光共聚焦扫描显微镜研究. 熊抗辉,等. 神经解剖学报,2000,16(4)
大白鼠脊髓、脑干和海马乙酶胆碱酯酶活性的研究. 夏保芦,等. 中国组织化学与细胞化学杂志,2000,9(4)
大鼠脑发育不同时期学习记忆的变化及与 NMDA 受体通道动力特性的关系. 熊鹰,等. 中国应用生理学杂志,2000,16(1)
大白鼠颌下腺促性腺激素释放激素受体(GnRHR)mRNA 的 RT-PCR 和原位杂交的研究. 姚兵,等. 中国组织化学与细胞化学杂志,2000,9(4)
大沙鼠对栖息地的选择. 赵天飙,等. 动物学研究,2000,35(1)
大沙鼠在中国的地理分布. 周立志,等. 动物学报,2000,46(2)
洞庭湖区洲滩环境演变对东方田鼠暴发成灾的影响. 邹邵林,等. 自然灾害学报,2000,9(2)

大鼠纹状体边缘区内 5-HT 2α 受体的分布:原位杂交和免疫组织化学学研究. 张魁华,等. 神经解剖学杂志,2000,16(1)
大鼠 β B_2-晶体蛋白的克隆、高效表达及纯化. 赵惠仁,等. 生物化学与生物物理学报,2000,32(1)
大规模灭鼠方案的成本—效益探讨. 郑智民,冯呈瑞译. 鼠类控制的理论与应用,厦门大学出版社,2000
大鼠肺泡巨噬细胞 NOS 表达的细胞化学和免疫细胞化学研究. 张宇新,等. 中国组织化学与细胞化学杂志,2000,9(4)
低山丘陵区野鼠最适生境及有关问题探讨. 张世水,等. 中国媒介生物学及控制杂志,2000,11(5)
大鼠心血管系统内血液压强分布的研究. 张秋实,等. 中国医学物理学杂志,2000,17(4)
大鼠骨骼肌肌南网非序列依赖性 DNA 结合蛋白及其功能的初步研究. 赵文,等. 中国科学(C 辑),2000,30(1)
鄂尔多斯高原库布齐沙地三趾跳鼠静止代谢率的季节变化. 鲍伟东,等. 动物学报,2000,46(2)
鄂尔多斯沙地草场小毛足鼠种群数量动态及预测. 侯希贤,等. 中国媒介生物学及控制杂志,2000,11(1)
鄂尔多斯沙地啮齿动物生产量研究. 周延林,等. 内蒙古大学学报(自然科学版),2000,31(5)
鄂尔多斯沙地啮齿动物作用评价. 周延林,等. 中国草地,2000,(2)
凤城市凤山乡砬子沟鼠类的初步调查. 洪江,等. 医学动物防制,2000,16(3)
复齿鼯鼠人工养殖技术研究. 刘文华,等. 经济动物学报,2000,4(4)
繁殖期高原鼠兔的攻击行为. 魏万红,等. 动物学报,2000,46(3)
F^-对小白鼠红血细胞代谢影响的微量热法研究. 王宏,等. 武汉大学学报(自然科学版),2000,46(2)
佛山市城区家鼠防制现状及今后防制对策探讨. 杨伟轩. 卫生杀虫药械,2000,6(2)
甘肃省农田害鼠种类及其发生规律. 薄崇建,等. 西北农业学报,2000,9(2)
谷氨酸和谷氨酰胺对大鼠学习记忆的影响. 景洪江,等. 卫生研究,2000,29(1)
改造鼠荒地,改善草原生态环境. 刘荣堂,等. 草原与草坪,2000,(4)
甘肃鼢鼠鸣声声谱分析. 李金钢,等. 动物学研究,2000,21(6)
高效灭鼠剂杀它仗的合成. 刘晓峰,等. 精细化工,2000,17(1)
高氟饲料引起豚鼠大批中毒死亡的病例报告. 刘继明,等. 上海实验动物科学,2000,20(4)
高梁、谷子、薯类等作物病虫草鼠害防治. 李怀方,等. 知识出版社,2000
甘肃兰州盆地中中新世泉头沟动物群的食虫类、跳鼠类和兔形类. 邱铸鼎. 古脊椎动物与古人类,2000,38(4)
高寒地区植食性小哺乳动物的越冬对策. 苏建平,等. 兽类学报,2000,20(3)
高寒地区根田鼠的体温调节与蒸发失水. 王德华,等. 兽类学报,2000,20(1)
光照和温度对根田鼠褐色脂肪组织产热能力的影响. 王德华,等. 兽类学报,2000,20(2)
高原鼢鼠食性的研究. 王权业,等. 兽类学报,2000,20(3)
高山姬鼠肥满度的研究. 杨再学,等. 贵州农业科学,2000,28(5)
高山姬鼠种群年龄的研究. 杨再学,等. 贵州农业科学,2000,28(6)
高原鼠兔种群生命的统计特征. 张洪海,等. 东北林业大学报,2000,28(5)
甘肃省森林害鼠综合管理对策. 张三亮,等. 甘肃林业科技,2000,25(3)
高原鼠兔人工饲育初探. 赵建文,等. 沈阳医学院学报,2000,2(1)
钩端螺旋体病山疫源地的调查. 郑智民,等. 鼠类控制的理论与应用,厦门大学出版社,2000
河南省内乡县农村家栖鼠种组成及种群数量动态变化的调查研究. 何云生,等. 医学动物防制,2000,16(1)
河南省啮齿动物地理分布的聚类研究. 路纪琪. 生态学杂志,2000,19(4)
哈尔滨市 1996—1998 年居民区鼠情监测报告. 牛弘,等. 卫生杀虫药械,2000,6(3)
华北农田大仓鼠的能量代谢特征及其体温调节. 王德华,等. 动物学研究,2000,21(6)
荒草坡害鼠的基本特征及防治技术研究. 王庭林,等. 水土保持研究,2000,7(4)
害鼠的生态学治理. 汪诚信. 卫生杀虫药械,2000,1(4)
黄鼠鼠疫综合防治配套技术应用研究概述. 王化彬,等. 中国地方病防治杂志,2000,15(6)
黄毛鼠种群动态影响因素与危害特征及其防制对策的研究. 郑智民,鼠类控制的理论与应用,厦门大学出版社,2000
黑线姬鼠近似绝对密度及越冬情况研究. 张考让,等. 中国媒介生物学及控制杂志,2000,11(2)
金华北山三种啮齿动物身体热值、脂肪和水分含量的研究. 杜卫国,等. 生态学报,2000,20(1)
近交系小鼠线粒体 DNA 多态性的研究. 戴纪刚,等. 中国实验动物学报,2000,8(2)
基层杀虫灭鼠工作指南. 纪卓,等. 黑龙江科学技术出版社,2000
晋南黄土高原残源沟壑区西瓜地害鼠种类构成与为害习性调查. 王克功,等. 动物学杂志,2000,35(1)
几种克服昆明小鼠 2-细胞胚胎发育阴滞的培养液研究. 王敏康,等. 动物学报,2000,46(1)
金黄仓鼠病毒抗体 ELISA 检测方法建立及其应用. 应贤平,等. 上海实验动物科学,2000,20(1)
家兔骼骨中无机元素浓度和血清生化参量的测定. 张元勋,等. 核技术,2000,23(1)
几种啮齿动物食性比较研究. 周延林. 内蒙古大学学报(自然科学版),2000,31(6)

家栖鼠类数量动态与相关疾病监测. 郑智民,等. 鼠类控制的理论与应用,厦门大学出版社,2000
近交系小鼠微卫星 DNA 多态性的研究. 张树辉,等. 遗传,2000,22(6)
机场鼠害防制对策研究. 周晓梅,等. 中国媒介生物学及控制杂志,2000,11(5)
柯氏鼠兔在东昆仑山的生存现状. 李维东,等. 动物学杂志,2000,35(6)
快速老化小鼠:研究衰老及衰老相关疾病的动物模型. 聂伟,等. 中国药理学通报,2000,16(2)
老年大鼠下丘脑和垂体神经细胞核染色质的构象研究. 彭家和,等. 中华老年医学杂志,2000,19(6)
弱激光对大鼠胃运动的调节及其作用途径分析. 孙建成,等. 动物学杂志,2000,35(4)
利用无线电技术对达乌尔鼠兔巢区的研究. 王梦军,等. 兽类学报,2000,20(2)
绿化树木病虫鼠害. 首都绿化委员办公室. 中国林业出版社,2000
蘑菇房害鼠发生及为害调查. 陈玉妹,等. 江西农业大学学报,2000,22(2)
莫氏田鼠种群生态研究. 武晓东,等. 内蒙古农业大学学报(自然科学版),2000,21(3)
内蒙古土默特平原长爪沙鼠栖息地及其种群行为与活动的研究. 陈德,等. 内蒙古预防医学,2000,25(4)
年龄结构种群系统的捕获控制问题. 李庆富,等. 平顶山师专学报,2000,15(4)
内蒙古三种生境地区野外旅行鼠数量波动研究. 李仲来,等. 四川动物,2000,19(4)
内蒙古三种地区啮齿动物调查方法研究. 李仲来,等. 中国地方病防治杂志,2000,15(1)
南京禄口机场灭鼠技术措施探讨. 陆年宏. 中国公共卫生,2000,16(5)
内蒙古四子王旗啮齿动物和种类组成及区系. 王林海,等. 内蒙古预防医学,2000,25(1)
啮齿动物性识别外激素的研究概况及方法. 张健旭,等. 河北大学学报(自然科学版),2000,20(1)
NIH、ICR 和 KM 小鼠血常规及血清生化值测定. 杨锡平,等. 上海实验动物科学,2000,20(2)
濮阳市鼠类沙门氏菌感染善研究. 王宗升,等. 河南省预防医学,2000,11(1)
气相色谱—质谱法同时测定氟乙酰胺及毒鼠强方法研究. 马永建,等. 卫生研究,2000,29(6)
氰戊菊酯和辛硫磷对大鼠背根节细胞钠通道的影响. 王心如,等. 中华预防医学杂志,2000,34(3)
曲阜孙林不同月份黑线仓鼠睾丸组织变化的比较研究. 徐承水. 东北林业大学报,2000,28(5)
清洁级长爪沙鼠大群繁殖性能观察. 张继恩. 上海实验动物科学,2000,20(2)
肉毒毒素肠溶微球灭鼠剂的制备及性质研究. 崔球,等. 四川大学学报(自然科学版),2000,37(2)
人化 SCID 鼠的建立及在人单抗制备中的应用. 吴岚晓. 国外医学(免疫学分册),2000,23(1)
妊娠小鼠子宫内膜 LIF 基因表达的研究. 翁亚光,等. 遗传,2000,22(2)
社鼠肥满与气候环境的关系. 鲍毅新,等. 浙江师范大学学报(自然科学版),2000,23(3)
四种常用抗凝血灭鼠剂对两种家栖鼠实验室药效比较. 董天义,等. 动物学杂志,2000,35(5)
社鼠和褐家鼠消化道长度和重量的季节变化. 杜卫国,等. 动物学报,2000,46(3)
世界家鼠鼠疫流行概况与防制办法. 范勇业,等. 中国国境卫生检疫杂志,2000,23(1)
沙土鼠耳蜗腹核的生后发育. 高下,等. 第四军医大学学报,2000,21(11)
生长期 SD 大鼠对日粮常规营养物质和氨基酸消化率的研究. 何瑞国,等. 中国实验动物学报,2000,8(2)
鼠三叉神经节中神经肽阳性胞体的分布与密度. 刘向辉,等. 第四军医大学口腔医学杂志,2000,16(1)
实验动物新西兰兔适宜营养水平的研究. 赖国旗,等. 四川动物,2000,19(4)
四川及重庆产五种姬鼠的阴茎形态学Ⅰ软体结构的分类学意义探讨. 刘少英,等. 兽类学报,2000,20(1)
实验室条件下啮齿动物体重与体长模型的数值拟合. 李仲来. 兽类学报,2000,20(2)
世界鼠疫疫情态势及研究进展. 李书宝,等. 中国地方病防治杂志,2000,15(1)
水稻病虫草鼠防治. 李怀方,等. 知识出版社,2000
鼠血管平滑肌细胞转入 CD59 基因的实验研究. 满国彤,等. 北京医科大学学报,2000,32(5)
3 个不同小鼠品种繁殖性能及生长发育的比较观察. 孟琼,等. 湖南中医学院学报,2000,20(3)
鼠类生态与鼠害综合防治. 马志超,等. 家畜生态,2000,21(3)
上海市奉贤地区环境灭鼠现状与对策. 孙红专. 疾病控制杂志,2000,(增刊 4)
SA-30 抗原在小鼠睾、附睾、精子及早期胚的定位. 孙秉贵,等. 解剖学报,2000,31(2)
鼠类栖息地及优势种群的研究与进展. 覃羽乔. 医学动物防制,2000,16(12)
鼠肝细胞核仁结构与 rRNA 基因转录位点研究. 陶伟,等. 中国科学(C 辑生命科学),2000,30(3)
沙鼠内侧杨榄耳蜗传出神经在耳蜗的分布. 伍伟景,等. 湖南医科大学学报,2000,25(6)
实施工程治理,控制森林鼠害. 许玉军,等. 林业科技,2000,25(2)
食品行业商品毒饵与自配毒饵灭鼠效果分析. 徐仁权,等. 中国媒介生物学及控制杂志,2000,11(5)
鼠迹法检查灭鼠质量的作用评价. 徐仁权,等. 中国媒介生物学及控制杂志,2000,11(6)
鼠害控制的理论与应用. 郑智民,等. 厦门大学出版社,2000
铁路四车站两种家栖鼠对杀鼠灵的抗药性. 柴兰芳. 抗凝血灭鼠剂应用研究,2000,65
特种坑道鼠害防制方法. 董天义,等. 军事医学科学院院刊 2000,24(1)
兔骨骼肌肌球蛋白轻链的分离纯化. 鲁云霞,等. 安徽医科大学学报,2000,35(1)

豚鼠颈总动脉内皮细胞的培养及豚鼠供体模型的制作. 赖毅,等. 华西医科大学学报,2000,31(3)
兔迷走神经在协调消化间期胆囊与奥迪氏括约肌运动方面的作用. 刘传勇,等. 中国应用生理学杂志,2000,16(4)
太仓口岸鼠类蝇类种群及季节消长情况调查. 罗建国,等. 中国国境卫生检疫杂志,2000,23(6)
突变型小鼠在学习记忆研究中的应用. 梅镇彤. 动物学研究,2000,21(1)
豚鼠球囊毛细胞的分离及钾离子流的研究. 沙建惠,等. 中国应用生理学杂志,2000,16(3)
田鼠婚配制度的神经内分泌基础. 唐业忠,等. 兽类学报,2000,20(2)
豚鼠耳蜗单离 Deiters 细胞的钾电流. 杨军,等. 中华耳鼻咽喉科杂志,2000,35(3)
田鼠属动物婚配制度的研究范式. 赵亚军,等. 兽类学报,2000,20(1)
豚鼠生长激素受体 DNA 的克隆. 张信娜,等. 生物化学与生物物理学报,2000,32(1)
Wistar 大白鼠血红蛋白的抽样测试与统计分析. 李显华,等. 动物学杂志,2000,35(1)
我国黄胸鼠的研究现状. 张美文,等. 动物学研究,2000,21(6)
无鼠害城镇的保持. 郑智民译. 鼠类控制的理论与应用,厦门大学出版社,2000
小鼠胎儿和牛睾丸纤维细胞的冷冻保存. 安立龙,等. 西北农业学报,2000,9(3)
小鼠卵母细胞生发泡破裂前的钙离子波动及分布. 毕春明,等. 南京师范大学学报(自然科学版),2000,23(1)
小鼠胚胎卵母黄囊中的造血干细胞. 蔡斌. 国外医学(分子生物学分册),2000,22(1)
小鼠附睾丸精子的显微受精. 曹佐武,等. 暨南大学学报(自然版与医学版),2000,21(4)
小鼠巢蛋白基因结构及其转录调控元件的初步鉴定. 程乐平,等. 生物化学与生物物理学报,2000,32(6)
小鼠白细胞介素-12 融合蛋白编码基因的构建与表达研究. 成军,等. 免疫学杂志,2000,16(1)
西南地区社鼠的亚种分化兼二新亚种描记. 邓先余,等. 动物学研究,2000,21(5)
溴敌隆防制家栖鼠的实验室和现场评价. 董天义,等. 中国媒介生物学及控制杂志,2000,11(2)
小鼠超数排卵效果分析. 高建明,等. 北京农学院学报,2000,15(1)
小鼠噬菌抗体的构建和 N-肽结合单链抗体的筛选. 高新胜,等. 北京大学学报(自然科学版),2000,36(4)
小鼠肝炎病毒抗体测试剂盒的标准化研究. 郭玮,等. 中国实验动物学报,2000,8(4)
小毛足鼠繁殖生态研究. 侯希贤,等. 动物学研究,2000,21(3)
小鼠胚胎干细胞在六种培养体系的培养观察. 黄冰,等. 中国实验动物学报,2000,8(1)
小鼠和山羊子宫内膜淋巴细胞的制备. 靳亚平,等. 动物医学进展,2000,21(3)
新型小鼠淋巴组织特异肌动蛋白结合蛋白相关序列 cDNA 克隆. 金成刚,等. 中国生物化学与分子生物学报,2000,16(4)
小鼠无鱼粉日粮的进一步研究. 刘民. 实验动物科学与管理,2000,17(4)
小鼠桑椹期、囊胚期胚胎移植方法的探讨. 刘丽均,等. 上海实验动物科学,2000,20(2)
小麦病虫草鼠害防治. 李怀方,等. 知识出版社,2000
小鼠 2、4、8 细胞胚胎卵裂球体培养的研究. 孟庆刚,等. 生物技术通讯,2000,11(3)
小鼠 endostatin 基因的克隆、表达及表达产物的活性鉴定. 屈延,等. 第四军医大学学报,2000,21(4)
小鼠内皮抑素基因真核表达载体的构建和表达. 屈延,等. 第四军医大学学报,2000,21(9)
小鼠内皮抑素基因的克隆及序列测定. 屈延,等. 第四军医大学学报,2000,21(10)
学习后不同时间睡眠剥夺对大鼠记忆能力的影响. 宋国萍,等. 中国行为医学科学,2000,9(1)
小鼠胸腺髓质型 CD8 单阳性细胞两个亚群功能比较. 田甜,等. 科学通报,2000,45(18)
小鼠颌下腺组织培养上清液对造血干细胞和骨髓细胞增殖影响的实验研究. 吴宏,等. 重庆医科大学学报,2000,25(1)
小鼠的胚胎移植方法. 王敏康,等. 动物学杂志,2000,35(6)
新疆准葛尔盆地北缘晚渐新世睡鼠化石的发现. 吴文裕,等. 古脊椎动物学报,2000,38(1)
小鼠穿孔素在杆状病毒表达系统中的克隆与表达. 王雯,等. 药物生物技术,2000,7(3)
新中国鼠疫防制 50 年. 俞东征. 中华流行病学杂志,2000,21(4)
小鼠输卵管、子宫和卵巢中 EGF-R mRNA 的表达的研究. 张黎霞,等. 东北农业大学学报,2000,31(2)
小鼠睾丸表皮生长因子受体及增殖细胞核抗原表达的加龄变化研究. 张健,等. 动物学研究,2000,35(4)
小鼠附睾头精子获得与卵子质膜融合能力的物质基础研究. 庄大中,等. 动物学报,2000,46(2)
小鼠精原细胞的分离和纯化. 张学明,等. 解剖学报,2000,31(3)
小鼠孕期哺乳期补充、DNA 对仔鼠视觉发育影响的研究. 朱明元,等. 实用预防医学,2000,7(5)
小鼠 IL-18 基因的克隆及真核表达载体的构建. 张浩,等. 生物技术,2000,10(6)
小鼠全长干细胞因子基因的克隆及表达载体的构建. 张浩,等. 微生物学免疫学进展,2000,28(4)
小鼠卵母细胞 Weel 和 cders25 mRNA RT-PCR 方法的建立. 张彦明,等. 西北农业学报,2000,9(2)
小鼠 MAdCAM-1 分子剪切体的克隆及表达. 张慧央,等. 中华微生物学和免疫学杂志,2000,20(4)
云南省人间鼠疫流行病学特征及其控制措施. 董兴齐,等. 地方病通报,2000,15(4)

应用C型肉毒杀鼠剂大面积灭鼠初探.顾宽和,等.内蒙古草业,2000,(2)
应用判断分析法鉴定褐家鼠与大足鼠.龚明昊,等.四川师范学院学报(自然科学版),2000,20(4)
应用C型肉毒素防治针叶树人工林鼠害试验初报.韩晓东,等.吉林林业科技,2000,29(1)
浴室鼠类侵害情况的现场观察.洪江,等.卫生杀虫药械,2000,6(4)
盈江县家鼠鼠疫的疫源性探讨.李继忠.医学动物防制,2000,16(12)
玉米病虫草鼠害防治.李怀方,等.知识出版社,2000
油料作物病虫草鼠防治.李怀方,等.知识出版社,2000
幼年和成年小白鼠胸腺LDH同工酶谱变化的电泳分析.邵伟,等.天津师范大学学报(自然科学版),2000,20(1)
野生成年棕色田鼠社会行为研究.郃发道,等.陕西大学学报(自然科学版),2000,28(2)
一处简易的啮齿动物切趾编码方法.宛新荣,等.动物学杂志,2000,35(4)
野生小鼠体外受精技术实验初探.王凤山,等.实验动物科学与管理,2000,17(4)
乙酰胆碱对大鼠头端延髓腹外侧区前交感神经元放电的作用.王伟忠,等.生理学报,2000,52(6)
营区使用杀鼠灵和溴敌隆毒饵灭鼠效果观察.汪斌和,等.卫生杀虫药械,2000,6(2)
抑制小鼠胚胎细胞NOR活性对胚胎器官发育的影响.王永红,等.遗传学报,2000,27(1)
云南省巍山县黄胸鼠密度与主要体蚤指数的相关分析.杨德权,等.地方病通报,2000,15(2)
应用AFW观察分析小白鼠心肌核DNA片段体外表达.袁明秀,等.高技术通讯,2000,10(12)
针对埃及大规模灭鼠的实际考虑.郑智民.鼠类控制的理论与应用,厦门大学出版社,2000
影响大鼠主动脉肾上腺髓质素和肾上腺升压素释放的因素.周兰,等.重庆医科大学学报,2000,25(1)
组织切片法观察昆明小鼠卵丘扩展与卵素养细胞成熟的关系.陈勇,等.中国农业大学学报,2000,5(1)
中国鼠兔一新种:片马黑鼠兔.龚正达,等.动物学杂志,2000,21(3)
甾类激素合成灵敏调节蛋白在大鼠黄体中的表达及其受IFNγ的调节.高洪娟,等.科学通报,2000,45(11)
转基因小鼠研究进展.郭长占.中华微生物学和免疫学杂志,2000,21(3)
子午沙鼠种群数量动态及预测.侯希贤,等.生态学报,2000,20(4)
粘鼠胶板粘捕鼠类的现场观察.洪江,等.中国公共卫生,2000,(增刊16)
紫外线对豚鼠格汉斯细胞功能影响的研究.李燕华,等.江苏临床医学杂志,2000,4(3)
中国鼠疫现状及防治对策.刘振才,等.中国地方病防治杂志,2000,15(5)
正常小鼠和肿瘤小鼠毛发中长链脂肪酸含量测定及比较.刘江琴,等.化学世界,2000,(4)
植物化学防卫与植食性哺乳动物的适应对策.李俊年,等.兽类学报,2000,20(3)
棕色田鼠罗伯逊易位的研究.屈艾,等.实验生物学报,2000,33(4)
正常SD大鼠心血管系统内皮素转换酶表达水平及意义.吴晓晖,等.南通医学院学报,2000,20(4)
中国三北地区部分野生小鼠形态分类学分析.王凤山,等.实验动物科学与管理,2000,17(2)
中国鼠害治理的五十年.汪诚信.中华流行病学杂志,2000,21(3)
在小鼠进行基因打靶的研究进展.杨晓,等.科学通报,2000,45(15)
正常SD大鼠组织钠泵α亚单位的基因表达.原卫清,等.西安医科大学学报2000,21(6)
早期经难对大鼠脑区一氧化氮合酶活性的影响.杨迪,等.中国实验动物学报,2000,8(2)
棕色田鼠第一对常染色体多态与染体数目关系的研究.张敏,等.陕西师范大学学报(自然科学版),2000,28(2)
615小鼠血红蛋白珠蛋白α链的分离纯化及氨基酸组成.武金霞,等.动物学杂志,2001,36(2)
Bicuculline对小鼠中脑下丘听神经元反应特性的影响.周晓明,等.动物学杂志,2001,36(4)
CNTF基因在大鼠脊髓中的表达及生后发育的变化.顾晓松,等.解剖学报,2001,32(4)
GC-FPD法测定含硫鼠药毒鼠强的探讨.贺东霞,等.河南预防医学杂志,2001,12(3)
HBV转基因小鼠免疫耐受状态的研究刘光泽,等.传染病信息,2001,14(1)
P2X4受体在大鼠神经系统的分布.王文,等.解剖科学进展,2001,7(4)
Smads蛋白在大鼠睾丸发育不同阶段的表达和定位.胡静,等.动物学报,2001,47(5)
TGF-β在小鼠胎盘中的表达.高飞,等.动物学研究,2001,22(4)
α-氯代醇对雄性灰仓鼠的不育效果观察.廖力夫,等.动物学杂志,2001,36(2)
β-淀粉样蛋白31-35和载脂蛋白E4对大鼠海马神经元存活和生长的影响.郭文平,等.解剖学杂志,2001,24(3)
艾虎气味对根田鼠行为的影响.王振龙.东北林业大学学报,2001,29(4)
百色铁路地区鼠形动物及染蚤情况调查.武正军,等.中国媒介生物学及控制杂志,2001,(1)
板齿鼠的种群数量变动.吴爱国.中国媒介生物学及控制杂志,2001,(1)
板齿鼠上门齿超常增生记述.崔世全,等.中国媒介生物学及控制杂志,2001,(3)
北京东灵山地区鼠类种群特征的研究.郭天宇,等.中国媒介生物学及控制杂志,2001,(6)
不同年龄大鼠斜角带核水平支神经元内TrKA和ChAT的表达:免疫组织化学研究.邓小华,等.解剖学报,2001,32(1)

不育和“灭杀”对围栏内大仓鼠种群繁殖力和数量的影响. 张知彬，等. 动物学报，2001，47(3)
布氏田鼠冷暴露中褐色脂肪组织的增补及解偶联蛋白基因表达. 王煜，等. 动物学研究，2001，22(1)
布氏田鼠社会行为对光周期的适应格局. 刘伟，等. 兽类学报，2001，21(3)
布氏田鼠在不同光周期下对陌生个体尿液和粪便的气味辨别. 张立，等. 兽类学报，2001，21(4)
长江中下游地区鼠害现状及建议. 张美文，等. 2001 年病虫害防治绿皮书. 中国科学技术协会，2001
长爪沙鼠冷驯化中褐色脂肪组织产热活性及解偶联蛋白基因表达. 李庆芬，等. 动物学报，2001，47(4)
常规灭鼠下城市小型兽类生态的初步研究鲍毅新. 城市环境与城市生态，2001，14(5)
川西平原农田啮齿动物群落动态：年间变动和季节变动. 戴应贵，等. 兽类学报，2001，21(1)
达乌尔黄鼠冷暴露、冬眠及激醒时的外周甲状腺激素水平变化. 刘小团，等. 动物学报，2001，47(5)
达乌尔鼠兔和高原鼠兔行为特征的比较分析. 张道川，等. 河北大学学报(自然科学版)，2001，21(1)
大鼠表皮细胞的体外培养及纯化方法. 霍正浩，樊景禹. 动物学杂志，2001，36(2)
大鼠大脑中动脉血栓形成模型的建立. 张兆岩，等. 解放军医学杂志，2001，26(6)
大鼠第三脑室室周区一氧化氮合酶阳性触液神经元的分布. 丁炯，等. 南京医科大学学报，2001，21(5)
大鼠房室结各部 P 细胞的比较. 朱永泽，等. 江苏临床医学杂志，2001，5(1)
大鼠肝线粒体中的脂肪酸分析. 刘惠敏，等. 氨基酸和生物资源，2001，23(4)
大鼠睾丸前促甲状腺激素释放激素原及其受体的表达与发育变化. 李臻，等. 动物学报，2001，47(2)
大鼠骨髓基质细胞的生长特点和在诱骨条件下的成骨特性. 韩君，等. 华西医科大学学报，2001，32(2)
大鼠颌下腺及其离体培养细胞脱氢表雄酮(DHEA)的免疫组织化学定位. 姚兵，等. 动物学报，2001，47(2)
大鼠颈椎关系突关节神经的来源：HRP 逆行追踪法. 王金武，等. 解剖学杂志，2001，24(2)
大鼠卵巢经培养前后异体移植的实验研究赵琳，等. 大连医科大学学报，2001，23(3)
大鼠卵泡发育过程中基质金属蛋白酶-2，-9 的作用. 于晓光，等. 哈尔滨医科大学学报，2001，35(2)
大鼠磨牙三维有限元模型的建立. 卢燕勤，等. 湖南医科大学学报，2001，26(1)
大鼠神经干细胞分离培养及基因转染研究李巍，等. 第三军医大学学报，2001，23(12)
大鼠生后视上核加压素分泌的发育. 于永霞，等. 动物学杂志，2001，36(5)
大鼠胃有腺区粘膜层微血管构筑的发育及衰老变化. 李健，等. 动物学杂志，2001，36(3)
大鼠纹状体边缘区内烟碱型乙酰胆碱受体 mRNA 的表达舒斯云，等. 第一军医大学学报，2001，21(1)
大鼠下丘脑室旁核对脾脏免疫功能神经调控的研究. 朱家媛，等. 免疫学杂志，2001，17(2)
大鼠心肌肌凝蛋白 α 重链基因逆转录病毒载体的构建吕新华，等. 第二军医大学学报，2001，22(1)
大鼠心脏中神经肽 Y 的 Y1 受体样免疫反应物质的定位鲍岚，等. 第四军医大学学报，2001，22(1)
大鼠胰腺促性腺激素释放激素受体 mRNA 的原位杂交蒲若蕾，等. 第四军医大学学报，2001，22(1)
大鼠正常肝细胞与肝癌细胞磷脂酰胆碱及脂肪酸组成的比较研究李亚丽，等. 大连医科大学学报，2001，23(4)
低压低氧对大鼠海马神经元 NMDA 受体发育影响的研究黄辉，等. 第三军医大学学报，2001，23(6)
敌鼠钠对大鼠抗生育作用的研究. 徐晓虹，等. 动物学杂志，2001，36(1)
典型鼠疫疫源地环境——健康脆弱性评价. 王五一，等. 地理研究，2001，20(3)
东北鼢鼠血清蛋白质成分与染色体组型的研究. 何士敏，等. 高师理科学刊，2001，21(2)
东方田鼠 ADCC 体外杀伤日本血吸虫童虫效果的初步观察. 刘金明，等. 寄生虫与医学昆虫学报，2001，8(4)
东方田鼠重复感染日本血吸虫试验初步研究. 李浩，等. 中国兽医寄生虫病，2001，9(3)
冬夏不同光照下大白鼠松果体细胞结构变化的电镜观察叶百宽，等. 北京中医药大学学报，2001，24(2)
动物生态学原理. 第 3 版. 孙儒泳. 北京：北京师范大学出版社，2001
洞庭湖东方田鼠洞群成员分析. 郭聪，等. 兽类学报，2001，21(1)
毒鼠强伏安传感器的制备及其应用. 张正奇，等. 化学传感器，2001，21(1)
防鼠型 PVC 护套料配方研究. 苏朝化，等. 电线电缆，2001，(1)
甘肃兰州盆地中中新世泉头沟动物群的仓鼠类. 邱铸鼎. 古脊椎动物学报，2001，39(3)
甘肃兰州盆地中中新世泉头沟动物群的睡鼠类和沙鼠类. 邱铸鼎. 古脊椎动物学报，2001，39(4)
高寒地区高原鼠兔消化道形态的季节动态. 王德华，等. 动物学报，2001，47(5)
高效液相色谱法分离测定大鼠肝线粒体膜磷脂. 姜秋芬，等. 氨基酸和生物资源，2001，23(1)
高原鼠兔繁殖特征. 张承德. 东北林业大学学报，2001，29(3)
高原鼠兔和甘肃鼠兔栖息地选择的比较研究. 苏建平. 中国科学院西北高原生物研究所博士论文，2001
高原鼠兔和根田鼠的最大代谢率. 王玉山，等. 动物学报，2001，47(6)
革螨、恙虫作为肾综合征出血热传播媒介的研究进展. 张云，等. 中国人兽共患病杂志，2001，17(3)
光周期对布氏田鼠幼仔生长发育的影响. 刘伟，等. 动物学报，2001，47(2)
光周期对环青春期雄性根田鼠繁殖发育的作用与光周期信息的母体传递模式. 刘力宽，等. 兽类学报，2001，21(1)
广东菜区害鼠的发生及防治. 黄秀清. 广东农业科学，2001，(2)

国际航班两次截获鼠类的报告. 石长华. 中国媒介生物学及控制杂志,2001,(6)
国际航行船舶鼠患检查与确定除鼠的依据. 苑勇业,等. 中国媒介生物学及控制杂志,2001,(5)
哈尔滨郊区鼠疫疫源地蚤类种群动态分析. 李仲来,等. 昆虫学报,2001,44(4)
河北省某恙虫病疫源地鼠宿主感染的研究. 周立强,等. 中国媒介生物学及控制杂志,2001,(5)
荒漠鼠类群落格局. 戴昆,等. 干旱区研究,2001,18(4)
会用"梳子"梳毛发的啮齿动物:梳趾鼠. 王伴月. 化石,2001,(3)
江苏4地区两种家栖鼠对杀鼠灵的抗药性调查. 章进宝,等. 中国媒介生物学及控制杂志,2001,(6)
交感神经传出兴奋对大鼠慢性压迫背根节神经元放电的调节作用杨红军,等. 第四军医大学学报,2001,22(16)
近交系小鼠的遗传监测. 李军林. 动物医学进展,2001,22(2)
禁用灭鼠剂中毒的临术与脑电图分析. 杜丽虹. 劳动卫生与职业医学,2001,18(3)
精子膜蛋白 Cyritestin 单抗对鼠精卵结合和融合的抑制作用及其意义李彦锋,等. 第三军医大学学报,2001,23(7)
具有左截断、右删失寿命数据类型的生命表编制方法. 宛新荣,等. 动物学报,2001,47(1)
开发烟草等为植物源灭鼠剂的初步探讨. 张美文,等. 中国媒介生物学及控制杂志,2001,12(1)
抗凝血灭鼠剂的增效研究. 冯志勇,等. 广东农业科学,2001,(5)
昆明小鼠体内发育早期胚胎葡萄糖代谢关键酶转录产物的分析. 王翀,等. 动物学研究,2001,22(4)
老龄大鼠大脑皮质、海马与尾壳核内神经元型一氧化氮合酶阳性神经元的分布. 邹玉安,等. 河北医科大学学报,2001,22(6)
老龄大鼠嗅球内神经元超微结构的观察. 赵淑敏,等. 承德医学院学报,2001,18(3)
媒介鼠蚤与鼠疫关系的研究进展. 寻慧,等. 贵阳医学院学报,2001,26(4)
缅甸小鼠在台湾之发生及防治. 吴海音,等. 植物保护学会会刊(中国台湾),2001,43(4)
内蒙古库布齐沙地和呼和浩特平原黑线仓鼠种群繁殖特征的比较. 鲍伟东,等. 动物学杂志,2001,36(1)
内蒙古始新世梳趾鼠类化石. 王伴月. 古脊椎动物学报,2001,39(2)
欧洲的旅鼠和田鼠种群暴发与厄尔尼诺-南方涛动的关系研究. 张知彬. 科学通报,2001,46(3)
普通级长爪沙鼠封闭群的建立. 戴丽军,等. 广州医学院学报,2001,29(4)
热休克反应中小鼠心脏 HSP70 表达的免疫组织化学研究. 郭玫,等. 动物学杂志,2001,36(2)
乳鼠心肌细胞培养. 郝亚荣. 岭南心血管病杂志,2001,7(2)
三种化学药剂防治鼢鼠的试验研究. 张三亮,等. 甘肃农业大学学报,2001,36(2)
杀鼠灵对映体的高效毛细管电泳手性拆分. 游静,等. 分析测试学报,2001,20(3)
杀鼠新的高压液相色谱分析. 纪剑峰. 沙丹辽宁化工,2001,30(6)
沙鼠亚科物种空间分布格局及其与环境因素的关系. 周立志,等. 动物学报,2001,47(6)
上海城市下水道鼠类分布特点与防制研究. 徐仁权,等. 中国媒介生物学及控制杂志,2001,(5)
上海首次发现鼠颚毛厉螨. 丁鲁民. 中国媒介生物学及控制杂志,2001,(2)
神经激肽 β 受体在小鼠消化道内的定位. 王红,等. 动物学研究,2001,22(2)
肾综合征出血热地区农田鼠数量变动、分布与发病关系调查. 徐仁权,等. 中国媒介生物学及控制杂志,2001,(2)
肾综合征出血热高发区人群防鼠灭鼠水平及知识宣传需求研究. 傅继华,等. 中国媒介生物学及控制杂志,2001,(3)
鼠白细胞介素3真核表达质粒的构建及鉴定张富春,等. 地方病通报,2001,16(3)
鼠夹在舰艇上的灭鼠效果观察. 曹敏,等. 中国媒介生物学及控制杂志,2001,(4)
鼠类对灭鼠剂拒食性及防制研究. 蒋明伦,等. 中国媒介生物学及控制杂志,2001,(6)
鼠类对山杏种子存活和萌发的影响. 张知彬,等. 生态学报,2001,21(11)
鼠疫耶尔森菌株间遗传关系的数值化分析. 海荣,等. 中国媒介生物学及控制杂志,2001,(6)
鼠源性血管抑素 cDNA 在人肝癌细胞 SMMC 中的稳定表达及意义. 陶开山,等. 第四军医大学学报,2001,22(17)
铜陵市居民区拆改后家栖鼠群落构成变化. 胡和宾,等. 中华卫生杀虫药械,2001,(1)
豚鼠耳蜗核复合体及脑干内一氧化氮合酶阳性神经元的分布. 田秀芬,等. 河南医药信息,2001,9(13)
温度和光周期对高原鼠兔和根田鼠最大代谢率的影响. 王玉山,等. 动物学研究,2001,22(3)
稳定控制鼠疫疫源地黄鼠数量方法研究. 王化彬,等. 中国媒介生物学及控制杂志,2001,(2)
五种鼠的脑和头骨形态及其生态关系. 郜发道,等. 动物学研究,2001,22(6)
戊型肝炎野生动物模型研究——子午沙鼠. 赵素元,等. 中国媒介生物学及控制杂志,2001,(4)
锡林郭勒草原布氏田鼠体蚤和巢蚤数量动态及蚤类群落演替. 李仲来,等. 昆虫学报,2001,44(3)
相关风险因子对高原鼠兔摄食行为的影响. 边疆晖,等. 兽类学报,2001,21(3)
小白鼠心肌核 DNA 片段中的基因表达的分子开关的研究. 袁明秀,等. 高技术通讯,2001,11(1)

小家鼠的遗传与进化研究进展. 李菁菁,等. 动物学研究,2001,22(5)
小毛足鼠种群年龄鉴定和组成的研究. 董维惠,等. 中国媒介生物学及控制杂志,2001,(3)
小鼠 Connexin31 基因组克隆的筛选及荧光原位杂交定位. 李文正,等. 湖南医科大学学报,2001,26(6)
小鼠耳蜗组织 NT3 基因的克隆及其原核表达鉴定. 高下,等. 第四军医大学学报,2001,22(22)
小鼠间质胶原和基膜成分在诱导排卵过程中的变化. 钱晓菁,等. 解剖学报,2001,32(1)
小鼠惊厥时孕烯醇酮及其硫酸盐对 GABA A 受体的调制作用. 周雪瑞,等. 动物学报,2001,47(6)
小鼠腔前卵泡体外发育和体外排卵的研究. 袁安文,等. 湖南农业大学学报,2001,27(4)
小鼠生精细胞增殖与凋亡的年龄变化. 张健,等. 动物学报,2001,47(2)
小鼠树突状细胞过继转移免疫作用的研究. 邵启祥,等. 江苏医药,2001,27(12)
新疆准噶尔盆地北缘始新世 Advenimus 梳趾鼠类一新种. 孟津,等. 古脊椎动物学报,2001,39(3)
新生大鼠延髓脑片吸气神经元的分类和分布. 潘秉兴,等. 第一军医大学学报,2001,21(8)
血小板源生长因子受体介导的细胞信号转导在自发性高血压大鼠主动脉中的变化. 邢东琦,等. 北京大学学报:医学版,2001,33(6)
亚低温对大鼠局灶性脑缺血神经元细胞凋亡及调控基因 Bcl-2、Bax 表达的影响. 袁存国,等. 安徽医科大学学报,2001,36(5)
烟熏小鼠气道重建模型的建立及 TGF-β_1 的表达樊卫文,等. 第三军医大学学报,2001,23(8)
野鼠自然和实验感染戊肝病毒的研究. 赵素元,等. 中国媒介生物学及控制杂志,2001,(2)
乙醇对着床前小鼠胚胎体外发育的影响. 范锋宇,等. 动物学报,2001,47(1)
乙酰胆碱对大鼠胃电节律的影响. 龙庆林,等. 第三军医大学学报,2001,23(7)
以文化防制为主的综合防制北方农村居民区家鼠的实验研究. 辛正,等. 中国媒介生物学及控制杂志,2001,(5)
应用 AFM 观察小白鼠心肌核 DNA 片段的基因体外转录. 袁明秀,等. 高技术通讯,2001,11(10)
应用长效避孕药物控制鼠密度效果观察. 蒋美燕. 中国媒介生物学及控制杂志,2001,(1)
应用无线电遥测术追踪蔗田鬼鼠和小黄腹鼠的活动状况. 王博优,等. 台湾糖业公司研究所研究汇报,2001,174
应用营林措施防治森林鼠害. 宋文友,等. 林业科技,2001,26(3)
幼龄 SHR 大鼠肾脏内皮素系统的改变. 陈靖,等. 复旦学报(医学科学版),2001,28(4)
云南横断山区小型兽类物种多样性与地理分布趋势. 龚正达,等. 生物多样性,2001,9(1)
云南曲靖晚始新世的梳趾鼠类化石. 王伴月. 古脊椎动物学报,2001,39(1)
中国动物志线虫纲杆形目圆线亚目(一). 吴淑卿,等. 科学出版社,2001
中华鼢鼠对园林绿化树种危害的调查试验. 李平英,等. 甘肃林业科技,2001,26(1)
中心区和边缘区大仓鼠种群的遗传多样性. 汪永庆,等. 科学通报,2001,46(19)
中心体蛋白 centrin 在大鼠精子发生过程中的表达. 孙晓冬,等. 解剖学报,2001,32(3)
重组真核质粒 pCMV-rZP3 构建及在小鼠体内的表达. 周飞,等. 动物学杂志,2001,36(3)
子午沙鼠感染戊肝病毒传代的实验研究. 赵素元,等. 中国媒介生物学及控制杂志,2001,(3)
棕色田鼠的配偶选择和相关特征. 郃发道,等. 动物学报,2001,47(3)
10 个品系小鼠的 RAPD 分析. 李淑蓉,等. 动物学报,2002,48(3)
3 月龄大鼠不同大动脉光镜和 CLSM 观察及定量分析. 于鹏,等. 河北师范大学学报(自然科学版),2002,26(3)
BALB/c-HSF1 基因剔除步鼠的引种、保种与繁殖特性的观察. 丁志刚,等. 动物学杂志,2002,37(2)
GC/MS/MS 测定中毒样中毒鼠强. 刘桂明,等. 中国媒介生物学及控制杂志,2002,(5)
SCID 小鼠在银屑病发病机制研究中的应用. 张衍国,等. 国外医学(皮肤性病学分册),2002,28(4)
艾鼬气味对根田鼠社会行为和繁殖的影响. 王振龙,等. 动物学报,2002,48(1)
北京林区蜱类及鼠类调查. 李建民,等. 中国媒介生物学及控制杂志,2002,(3)
不同因素对中华竹鼠繁殖性能的影响. 屈孝初,等. 经济动物学报,2002,6(2)
布氏田鼠洞群贮草面积与栖息地植被条件的关系. 宛新荣,等. 生态学杂志,2002,21(6)
长爪沙鼠的代谢率与器官的关系. 宋志刚,等. 动物学报,2002,48(4)
成年 Wistar 大鼠空间学习与海马苔藓纤维可塑性. 魏佑震,等. 解剖学杂志,2002,25(4)
成年大鼠睾丸微血管构筑的光镜与扫描电镜观察. 康友敏,等. 动物科学与动物医学,2002,19(11)
赤峰市鼠疫疫情现状及生态环境变化对控制黄鼠鼠疫作用的探讨. 静然,等. 中国媒介生物学及控制杂志,2002,(2)
雌激素 β 受体免疫阳性神经元在成年雌性大鼠脑内的分布. 张吉强,等. 解剖学报,2002,33(2)
雌性根田鼠的亲属识别与配偶选择. 赵亚军,等. 动物学报,2002,48(4)
从黑线姬鼠同时分离到钩端螺旋体及肾综合征出血热病毒. 刘洪,等. 中国媒介生物学及控制杂志,2002,(4)
大、小兴安岭两个不同东北松鼠群体遗传多样性的 RAPD 分析. 李俊生,等. 东北林业大学学报,2002,30(2)
大、小兴安岭林区松鼠肥满度的比较. 马建章,等. 东北林业大学学报,2002,30(3)
大仓鼠种群遗传多样性的季节性变化. 汪永庆,等. 动物学报,2002,48(6)

大沙鼠肥满度的研究. 张忠兵,等. 中国媒介生物学及控制杂志,2002,(4)
大鼠背侧丘脑一氧化氮合酶阳性神经元的分布. 刘曾旭,等. 江西医学院学报,2002,42(1)
大鼠垂体细胞动力学研究. 邢文英,等. 河南医学研究,2002,11(2)
大鼠大脑皮质微血管的一氧化氮合酶神经元及终末的正常分布研究. 王生福,等. 解剖学杂志,2002,25(3)
大鼠大脑皮质运动区投射到扣带回的神经元分布. 王艳,等. 解剖科学进展,2002,8(2)
大鼠肝细胞核仁超微结构与 rDNA 分布位点. 张立勇,等. 东北师大学报:哲社版,2002,34(4)
大鼠睾丸间质细胞分离及其鉴定. 况海斌,等. 江西医学院学报,2002,42(5)
大鼠孤束核-臂旁核-中央杏仁核间接纤维联系的超微结构观察. 肖明,等. 解剖学杂志,2002,25(4)
大鼠脑底动脉降钙素基因相关肽能神经纤维分布的形成学观察. 邵立健,等. 解剖科学进展,2002,8(1)
大鼠皮质神经元的体外培养和纯化. 陈丽敏,等. 福建医科大学学报,2002,36(3)
大鼠前庭核群亚核界定及其投射联系. 牛丽静,等. 河北师范大学学报(自然科学版),2002,26(6)
大鼠前庭脊髓束终末与脊髓小脑束起源细胞间的突触联系. 张崇智,等. 解剖学研究,2002,24(1)
大鼠肾移植模型技术的改进. 毕旭东,等. 锦州医学院学报,2002,23(1)
大鼠室周器官的形态学观察. 杨天祝,等. 河北医科大学学报,2002,23(3)
大鼠—兔异种异位心脏移植模型的建立. 邱罕凡,等. 福建医科大学学报,2002,36(4)
大鼠胃壁细胞的分离及培养. 陈蕾,等. 第四军医大学学报,2002,23(9)
大鼠纹状体边缘区和海马的功能联系研究. 宁群,等. 第一军医大学学报,2002,22(8)
大鼠纹状体毛细血管密度的增龄变化. 张春燕,等. 解剖学杂志,2002,25(2)
大鼠下丘脑室旁核一氧化氮和外周血白细胞介素 1β 含量的昼夜节律变化及相关性的探讨. 宋玉光,等. 解剖学杂志,2002,25(6)
大鼠小脑皮质 NPY 能神经元的形态与分布. 王省,等. 解剖科学进展,2002,8(3)
大鼠心肌细胞形态学增龄变化的定量研究. 殷国田,等. 解剖学报,2002,33(5)
大鼠心脏连接蛋白 43 表达的增龄变化. 徐振平,等. 解剖学报,2002,33(5)
大鼠延髓和脊髓背角的 PKCγ 阳性神经元向丘脑胶状核投射. 吴利平,等. 解剖学杂志,2002,25(2)
大鼠延髓和脊髓背角的 PKCγ 阳性神经元向中脑导水管周围灰质的投射. 吴利平,等. 解剖学报,2002,33(1)
大鼠中缝背核内一氧化氮合酶阳性神经元向中央杏仁核的投射. 肖明,等. 南京医科大学学报,2002,22(2)
大鼠中缝背核一氧化氮合酶神经元投射分布于大脑皮质一氧化氮合酶神经元. 王生福,等. 江苏大学学报(自然科学版),2002,12(5)
大鼠中脑导水管周围灰质的分区及其细胞构筑特点. 槐瑞托,等. 河北师范大学学报(自然科学版),2002,26(4)
登革Ⅱ型病毒感染 BALB/c 实验小鼠的研究. 朱礼华,等. 中国媒介生物学及控制杂志,2002,(4)
地下鼠生物学特征及其在生态系统中的作用. 张堰铭,等. 兽类学报,2002
东方田鼠头骨和脏器的形态学指标. 胡忠军,等. 动物学杂志,2002,37(4)
东方田鼠昼夜活动节律观察. 胡忠军,等. 动物学杂志,2002,37(1)
东方田鼠组织/器官体外杀日本血吸虫童虫作用. 申群喜,等. 湖南医科大学学报,2002,27(3)
洞庭平原农区住房的改善对家鼠群落的影响. 张美文,等. 动物学研究,2002,23(5)
多效抗旱驱鼠剂在飞播造林中的应用研究. 杨学军,等. 林业科学研究,2002,15(5)
二巯基丙磺酸钠治疗急性毒鼠强中毒临床疗效观察. 付双来. 淮海医药,2002,20(4)
高原鼢鼠的经济损害和经济阈值研究. 余晓华,等. 草原与草坪,2002,(3)
高原鼢鼠肌肉指溶性部分的抗氧化效果. 魏登邦,等. 黑龙江畜牧兽医,2002,(7)
高原鼠兔(Ochotonarurzoniae)的研究现状及最新进展. 刘发央,等. 甘肃科技,2002,(3)
广西鼠疫监测系统敏感性的探讨. 梁江明,等. 广西预防医学,2002,8(1)
哈尔滨市洪灾期鼠密度监测及防治措施. 刘子贵,等. 中华卫生杀虫药械,2002,(3)
海狸鼠淋巴结的解剖及组织形态结构的初步研究. 向建洲,等. 经济动物学报,2002,6(3)
河北动物鼠疫流行因素的研究. 王桂琴. 中国媒介生物学及控制杂志,2002,(6)
河北省达乌尔黄鼠寄生蚤的研究. 刘满福,等. 中国媒介生物学及控制杂志,2002,(5)
河北省鼠疫自然疫源地内啮齿动物种类及其分布的调查. 刘满福,等. 中国媒介生物学及控制杂志,2002,(4)
黄胸鼠对抗凝血灭鼠剂交叉抗药性试验观察. 王军建,等. 中国媒介生物学及控制杂志,2002,(3)
黄胸鼠对杀鼠灵和溴敌隆抗药性调查报告. 王军建,等. 中国媒介生物学及控制杂志,2002,(1)
饥饿胁迫对小鼠学习记忆、SOD 和心肌丙二醛的影响. 邵邻相,等. 动物学杂志,2002,37(6)
基础生态学. 孙儒泳,等. 高等教育出版社,2002
急性毒鼠强中毒病人的心肌酶谱变化及临床意义. 吴春英,等. 海南医学院学报,2002,8(3)
急性杀鼠迷中毒的诊治(附 189 例报告). 杨健,等. 中国媒介生物学及控制杂志,2002,(5)
己酮可可碱对血吸虫病肝纤维化小鼠血清一氧化氮及肝内诱导型一氧化氮合酶的影响. 熊莉娟,等. 中国媒介生物学及控制杂志,2002,(2)

家鼠控制中的若干问题.郭天宇.中华卫生杀虫药械,2002,(2)
家兔与大鼠胫骨前肌的生后发育.朱新宇,等.动物医学进展,2002,23(3)
金黄地鼠高脂血症动物模型的应用研究.唐世英,等.承德医学院学报,2002,19(3)
金门及马祖地区鼠形动物之种类、分布及密度调查.徐尔烈,等.植保会刊(中国台湾),2002,44
昆明小鼠中脑下丘声反应特征的区域分布.沈钧贤,等.科学通报,2002,47(19)
离子对高效液相色谱法测定双甲敌鼠铵盐乳油中有效成份含量.陈锋,等.化学世界,2002,43(2)
两种来源小鼠胚胎干细胞的分离与培养.刘民,等.蚌埠医学院学报,2002,27(2)
辽宁柞蚕区黑线姬鼠生活习性及防治研究.张其苏,等.北方蚕业,2002,23(3)
灭鼠及灭鼠效益的数理分析.王建民.洛阳大学学报,2002,17(2)
母海狸鼠早期怀孕的诊断.郑星道,等.经济动物学报,2002,6(2)
木材对生物体调节特性的研究(Ⅱ):春夏季不同内装环境对小鼠生长的影响.赵荣军,等.东北林业大学学报,2002,30(3)
逆向遗传分析与遗传工程小鼠.傅继梁.科学(上海),2002,54(1)
啮齿动物巢区研究进展.刘伟,等.生态学杂志,2002,21(4)
宁波市鼠类种群及其分布调查.何国华,等.中国媒介生物学及控制杂志,2002,(1)
祁连山自然保护区森林鼠害可持续治理研究.汪有奎,等.北华大学学报(自然科学版),2002,3(2)
气象因素与鼠密度.陈正刚,等.中国媒介生物学及控制杂志,2002,(2)
青海省草地鼠害现状及其治理.徐世晓,等.家畜生态,2002,23(1)
青海田鼠鼠疫自然疫源地监测指标及方法的研究.刘振才,等.中国媒介生物学及控制杂志,2002,(2)
氰戊菊酯对未成熟雌性大鼠的体液免疫及性激素的影响.沈苏南,等.环境与健康杂志,2002,19(3)
全栖息地毒鼠法与复方灭鼠剂在恒湖垦殖场的应用.李浩元,等.中国媒介生物学及控制杂志,2002,(6)
绒鼠类系统学研究(啮齿目:仓鼠科:田鼠亚科).叶晓堤,等.动物分类学报,2002,27(1)
深圳市鼠类及其体表昆虫调查.刘名中,等.中国媒介生物学及控制杂志,2002,(1)
神经激肽β受体在大鼠中枢神经系统内的定位分布.王红,等.解剖学报,2002,33(1)
生物传感器与鼠疫耶尔森菌检测.翟俊辉,等.疾病控制杂志,2002,6(3)
生物杀鼠制剂“生物猫”防制害鼠药效评估.马庭矗,等.中国媒介生物学及控制杂志,2002,(4)
始鼠化石在甘肃省党河地区上渐新统的发现.王伴月.古脊椎动物学报,2002,40(2)
熟悉性对棕色田鼠和根田鼠择偶行为的影响.赵亚军,等.动物学报,2002,48(2)
鼠疫菌质粒研究进展.林新勤.广西预防医学,2002,8(3)
衰老大鼠的某些脑区多胺水平分析.王尉平,等.氨基酸和生物资源,2002,24(1)
四川省人工林害鼠危害原因分析.刘少英,等.林业科学研究,2002,15(5)
四川石渠县鼠疫耶尔森菌的分子生物学特征.海荣,等.中国媒介生物学及控制杂志,2002,(1)
苏州市家栖鼠的群落结构特征.马桢红,等.中国媒介生物学及控制杂志,2002,(4)
胎鼠脊髓神经干细胞的分离、培养和鉴定.陈雷,等.吉林大学学报:医学版,2002,28(6)
天门市防制鼠类工作对肾综合征出血热发病的影响.白守成,等.中国媒介生物学及控制杂志,2002,(5)
同安区鼠疫流行动态分析与探讨.蔡建福,等.中国媒介生物学及控制杂志,2002,(1)
豚鼠发育过程前庭上皮ERK1/2的表达.胡金玮,等.第四军医大学学报,2002,23(19)
卫氏并殖吸虫(二倍体型)在大鼠体内发育的观察.胡文庆,等.广西医科大学学报,2002,19(1)
我国草地鼠害的发生原因及其生态治理对策.钟文勤,等.生物学通报,2002,37(7)
我国市县灭鼠中的鼠密度监测.李镜辉.中国媒介生物学及控制杂志,2002,(6)
我国周边国家人间鼠疫流行态势及应对措施.黄金水.旅行医学科学,2002,8(3)
稀土在鼠肝中的物种分布.卢然,等.学校化学学报,2002,23(1)
下丘脑—垂体—甲状腺轴在冷暴露长爪沙鼠产热中的作用.杨明,等.动物学研究,2002,23(5)
香蕉害鼠发生规律及防治研究.黄秀清,等.广东农业科学,2002,(5)
小鼠膈腹膜淋巴孔和膈淋巴管的发育.李慧,等.动物学报,2002,48(4)
小鼠精子发生后期生精细胞的基因表达谱.俞作仁,等.科学通报,2002,47(18)
小鼠精子冷冻降温时对精子的影响.孙兴参,等.黑龙江畜牧兽医,2002,(9)
小鼠慢性皮炎—湿疹模型的建立.金慧玲,等.蚌埠医学院学报,2002,27(3)
小鼠胚胎计数方法的研究及应用.孙兴参,等.黑龙江畜牧兽医,2002,(6)
小鼠胚胎冷冻保存及复苏的试验研究.夏蕾,等.黑龙江动物繁殖,2002,10(2)
小鼠微小残留白血病模型的建立.史剑慧,等.复旦大学学报(医学科学版),2002,29(5)
小鼠早期胚胎发育过中TGF-α和EGF-R mRNA的表达.严云勤,等.动物学报,2002,48(4)
新生大鼠腰交感神经节凋亡细胞的电镜观察.王鹤鸣,等.解剖学杂志,2002,25(4)
新型驱鼠剂在通信场所的驱鼠效果观察.葛学峰,等.中国媒介生物学及控制杂志,2002,(5)

雄性布氏田鼠对不同熟悉程度和动情状态下雌鼠气味的辨别. 张立,等. 动物学报,2002,48(1)
溴鼠灵蜡块对家鼠适口性和灭效的实验评价. 宋明亮,等. 中华卫生杀虫药械,2002,(3)
雪后海北高寒草甸地区根田鼠种群特征的变化. 孙平,等. 兽类学报,2002,22(4)
一氧化氮合酶阳性神经元在小鼠脑内的分布. 谢兴国,等. 解剖学杂志,2002,25(1)
一种新型捕鼠器捕鼠效果的观察. 王家柏,等. 中国媒介生物学及控制杂志,2002,(5)
一种新型毒鼠盒的研制及现场应用效果观察. 景占峰,等. 中国媒介生物学及控制杂志,2002,(1)
医学昆虫学. 冯兰洲. 科学出版社,2002
乙型肝炎病毒转基因小鼠. 李端. 国外医学(病学分册),2002,9(2)
乙型肝炎病毒转基因小鼠研究现状. 卿玉玲. 国外医学(病毒学分册),2002,9(5)
银狐气味对根田鼠觅食的影响. 王振龙. 东北林业大学学报,2002,30(3)
荧光法测定大鼠脑组织和血液中单胺类物质的方法探讨. 蒋晓玲. 国防科技大学学报,2002,24(6)
有机磷对胎鼠 RET 基因转录和致突变作用的研究. 赵玉元,等. 兰州医学院学报,2002,28(3)
豫医无毛小鼠分离近交系 T 细胞亚群和 sIL-2R 水平. 康巧珍,等. 动物学杂志,2002,37(4)
云南白草岭鼠形小兽群落结构及垂直分布. 张云智,等. 动物学杂志,2002,37(2)
云南禄丰古猿地点的松鼠类化石. 邱铸鼎. 古脊椎动物学报,2002,40(3)
植食性哺乳动物与植物协同进化研究进展. 李俊年,等. 生态学报,2002,22(12)
中华竹鼠驯化特性的研究. 屈孝初,等. 经济动物学报,2002,6(1)
珠江三角洲作物结构变动对害鼠种群动态的影响. 黄秀清,等. 广东农业科学,2002,(4)
竹鼠的人工养殖技术. 李文辉. 江西畜牧兽医杂志,2002,(4)
转基因小鼠技术及其在肿瘤研究中的应用. 蓝轲,等. 动物医学进展,2002,23(4)
棕色田鼠种群年龄的研究. 王廷正,等. 兽类学报,1995,15,(4)
昆明市家鼠对杀鼠灵的抗药性测定. 李富华,等. 中华卫生杀虫药械,2003,(4)
毒鼠强的危害及中毒处理与预防对策. 张桂林,等. 中华卫生杀虫药械,2003,(4)
10 个品系小鼠的 AFLP 分析. 梁智勇,等. 第三军医大学学报,2003,25(2)
110 例急性毒鼠强集体中毒的救护. 顾本玉. 安徽医学,2003,24(1)
3 种方法检测鼠疫现场鼠类脏器的结果分析. 郭英,等. 海峡预防医学杂志,2003,9(3)
Nogo(N-18)在成年大鼠三叉神经节、背根节及腰段脊髓中分布的免疫组织化学研究. 冯士生,等. 解剖学报,2003,34(1)
Nogo(N-18)在大鼠海马及大脑皮质中分布和发育的免疫组织化学研究. 鄂玲玲,等. 解剖学报,2003,34(3)
NO 对大鼠中脑腹侧被盖区 DA 神经元的调节. 孙碧英,等. 动物医学进展,2003,24(4)
SD 大鼠乳鼠胰岛细胞体外培养方法探讨. 姜一真,等. 第一军医大学学报,2003,23(8)
SLE 小鼠血清中自身抗体检测. 高蓉,等. 第四军医大学学报,2003,24(10)
阿根廷淡水大米草沼泽中野生豚鼠的种群统计和微生境的利用. 动物学报,2003,49(1)
八氯二丙醚吸入染毒对小鼠 DNA 的损伤作用. 董菊,等. 工业卫生与职业病,2003,29(2)
病媒及杀虫(杀鼠)剂之外文及海峡两岸译名对照表. 周钦贤. 中国媒介生物学及控制杂志,2003,(2)
玻璃化冷冻保存小鼠受精卵的研究. 孙艳香,等. 广西师范大学学报(自然科学版),2003,21(3)
不同发育阶段大鼠海马 CA2~3 区 nNOS 的表达. 何玲,等. 第四军医大学吉林军医学院学报,2003,25(1)
不同社群序位布氏田鼠的繁殖. 陈国康,等. 兽类学报,2003,23(3)
不同月龄长爪沙鼠视上核加压素分泌的实验. 于永霞,等. 动物学杂志,2003,38(3)
不同月龄大鼠空肠粘膜上皮细胞的形态、增殖及凋亡. 王莉,等. 动物学报,2003,49(1)
昌北机场鼠类及其携带病原体调查. 刘小真,等. 中国媒介生物学及控制杂志,2003,(1)
长爪沙鼠内脏器官质量测定. 杨永良,等. 黑龙江畜牧兽医,2003,(1)
长爪沙鼠脏器重量和含水量的性别差异分析. 戴丽军,等. 广东教育学院学报,2003,23(2)
成年 SD 鼠骨髓基质细胞的细胞分化及抗凋亡的研究. 张蒙夏,等. 解剖学报,2003,34(1)
传统鼠夹的工作原理和提高捕鼠率的方法. 曾粤宗. 中国媒介生物学及控制杂志,2003,(4)
达乌尔黄鼠及寄生蚤垂直分布的研究. 刘琢,等. 中国媒介生物学及控制杂志,2003,(1)
大、小兴安岭松鼠的食性. 周宏力,等. 东北林业大学学报,2003,31(3)
大鼠侧脑室及其脉络丛室管膜上皮的超微结构观察. 杨程,等. 电子显微学报,2003,22(1)
大鼠肝星状细胞系的建立及其生物学特性的研究. 冷希圣,等. 解剖学报,2003,34(3)
大鼠冠状动脉微血栓模型. 叶明芳,等. 福建医科大学学报,2003,37(1)
大鼠脊髓后角内 5 型代谢型谷氨酸受体与 C 纤维的关系:免疫组织化学及电镜研究. 王小丽,等. 解剖学报,2003,34(3)
大鼠门静脉高压食管静脉曲张动物模型. 尹朝晖,等. 贵阳医学院学报,2003,28(2)
大鼠内淋巴囊的解剖学与组织学观察. 黄孝文,等. 解剖学报,2003,34(3)

大鼠脑底动脉氮能神经的分布和起源.苏殿三,等.解剖学报,2003,34(2)
大鼠脑脊髓不同部位室管膜上皮细胞表面的超微结构特征:扫描电镜观察.郭艳苏,等.解剖学报,2003,34(2)
大鼠三叉神经中脑核内GABA A受体和GABA B受体的定位分布.李金莲,等.解剖学报,2003,34(1)
大鼠三叉神经中脑核内GAD样阳性终末与PAG和GABA A受体α3亚单位阳性共存神经元的联系.李金莲,等.解剖学报,2003,34(1)
大鼠神经干细胞的培养和鉴定.王培福,等.军医进修学院学报,2003,24(1)
大鼠十七种组织器官的蛋白图谱和它们的蛋白水解酶活性分析.付远志,等.河南科学,2003,21(1)
大鼠衰老模型的初步建立.徐智,等.第三军医大学学报,2003,25(4)
大鼠心肌成纤维细胞合成金属硫蛋白.高霖,等.北京大学学报:医学版,2003,35(1)
大鼠胸腰段脊髓向下橄榄核的定位投射.刘霞,等.解剖科学进展,2003,9(1)
大鼠嗅球和鼻腔嗅粘膜成鞘细胞的形态学研究.周长满,等.解剖学报,2003,34(1)
大鼠延髓内脏带IFN-γ分布免疫组织化学法研究.孙志宏,等.动物学报,2003,49(1)
大鼠坐骨神经和盆神经初级传入纤维向腰骶髓后连合核的投射:HRP和BSI-B4-HRP跨越神经节追踪研究.王殿仕,等.解剖学报,2003,34(2)
动情周期小鼠输卵管壶腹黏膜中nNOS的表达与活性.王家鑫,等.动物医学进展,2003,24(4)
洞庭平原农房家鼠的栖息格局.张美文,等.兽类学报,2003,23(2)
毒鼠强急性中毒的原因、救治和管理对策.沈建中,等.中国媒介生物学及控制杂志,2003,(5)
毒鼠强急性中毒及其检验.李克.临床检验杂志,2003,21(4)
毒鼠强中毒28例血清酶变化的临床观察.王余俊,等.贵州医药,2003,27(1)
鄂尔多斯沙地草场小毛足鼠种群数量动态分析.侯希贤,等.中国媒介生物学及控制杂志,2003,(3)
防鼠墙的建设.汪诚信.中国媒介生物学及控制杂志,2003,(3)
鼢鼠肉营养价值的初步研究.权清转,等.氨基酸和生物资源,2003,25(1)
封闭群东方田鼠的病理学特征观察.俞远京,等.动物学杂志,2003,38(2)
高温诱导金黄仓鼠胚神经上皮细胞基因的差异表达.李如江,等.动物学杂志,2003,38(3)
高效液相色谱法测定灭鼠毒饵中溴敌隆.王海明,等.理化检验(化学分册),2003,39(5)
高原鼢鼠肌肉脂溶性物质对大鼠一氧化氮合成酶和血红素氧合酶活性的影响.秦桂香,等.黑龙江畜牧兽医,2003,(5)
高原鼢鼠肌肉脂溶性物质抗缺氧机制的探讨.刘海春,等.黑龙江畜牧兽医,2003,(4)
光周期对布氏田鼠和长爪沙鼠体重和能量代谢的影响.李兴升,等.兽类学报,2003,23(4)
贵州省余庆县1986至2001年鼠情监测结果分析.杨再学,等.中国媒介生物学及控制杂志,2003,(2)
海狸鼠伏天的饲养管理.孟琪,等.江西畜牧兽医杂志,2003,(3)
河北省鼠疫自然疫源地内长爪沙鼠寄生蚤的研究.刘满福,等.中国媒介生物学及控制杂志,2003,(5)
黑线姬鼠肥满度的季节变化研究.郑元利,等.贵州农业科学,2003,31(2)
后基因组时代的基因工程小鼠.胡以平,等.第二军医大学学报,2003,24(2)
华南稻田农田害鼠复合防治指标的理论研究.何森,冯志勇.生态学报,2003,23(1)
化学灭鼠对长江流域农区鼠类群落结构的影响.张美文,等.生态学报,2003,23(2)
环磷酰胺对小白鼠精子畸形影响的探讨.李凤文,等.广西医学,2003,25(3)
黄胸鼠和褐家鼠对15种食物的选择性试验.王国良,等.中国媒介生物学及控制杂志,2003,(6)
济南机场鼠类调查与防治.刘运喜,等.中华卫生杀虫药械,2003,(3)
家栖鼠对5种类型毒饵站的选择研究.王朝斌,等.中国媒介生物学及控制杂志,2003,(3)
家兔鼠伤寒沙门氏菌病的诊断与防治.胡秀兰,等.动物科学与动物医学,2003,20(6)
建立小鼠免疫功能低下模型的研究.张蕾,等.环境与职业医学,2003,20(2)
介绍一种自制捕鼠工具——楼式毒鼠屋.张志钊,等.中国媒介生物学及控制杂志,2003,(1)
介绍一种自制捕鼠工具——桶式毒鼠房.张志钊,等.中国媒介生物学及控制杂志,2003,(4)
近交系小鼠RAPD标记的观察.刘恩岐,等.动物医学进展,2003,24(2)
近年来达乌尔黄鼠鼠疫流行特点分析.范蒙光,等.中国媒介生物学及控制杂志,2003,(1)
快杀灵与敌杀死对小鼠骨髓细胞增殖抑制和染色体诱变效应.李小燕,等.癌变·畸变·突变,2003,15(1)
冷暴露长爪沙鼠下丘脑-垂体-肾上腺轴对产热的调节.杨明,等.动物学报,2003,49(5)
立克命膏剂对鼠类的药效研究.汪斌和,等.中华卫生杀虫药械,2003,(2)
利用黄鼬控制害鼠的研究Ⅰ.黄鼬控制害鼠能力初探.胡春林,等.中国媒介生物学及控制杂志,2003,(1)
硫酰氟熏蒸除鼠的投药剂量与作用时间的响应面模型研究.郑剑宁,等.中华卫生杀虫药械,2003,(1)
鲁中南丘陵地区鼠类生态学及其医学意义研究.刘运喜,等.中国媒介生物学及控制杂志,2003,(4)
茂名口岸鼠形动物及其体外寄生虫种群消长调查和相关自然疫源性疾病的预测研究.番汝升,等.中国媒介生物学及控制杂志,2003,(5)

缅甸小鼠 Rattusexulans(Peale)栖群分布. 卢高宏,等. 植物保护学会会刊(中国台湾),2003,45
缅甸小鼠之防治. 吴海音,等. 入侵种生物管理研讨会论文集. 台湾农业委员会动植物防疫检疫局,2003
脑红蛋白 mRNA 在大鼠脑内的定位. 邓美玉,等. 解剖学报,2003,34(1)
啮齿动物的嗅觉通讯研究进展. 张立,等. 兽类学报,2003,23(1)
宁夏盐池长爪沙鼠鼠疫自然疫源地小型啮齿动物数量动态. 雷巧珍,等. 地方病通报,2003,18(1)
牛羊灭鼠药中毒的治疗及若干问题. 魏锁成. 黄牛杂志,2003,29(4)
农田灭鼠对害鼠群落结构的影响. 黄秀清,等. 中国媒介生物学及控制杂志,2003,(2)
配偶数增加对布氏田鼠社会行为的影响. 张建军,张知彬. 动物学报,2003,49(4)
青藏高原东北缘黄土底部发现松鼠一新亚科. 王伴月,等. 科学通报,2003,48(2)
青岛港前湾港区鼠类密度及种群分布调查. 范太贞,等. 中国媒介生物学及控制杂志,2003,(2)
青海省格尔木市鼠类调查及其防制. 张芳,等. 中国媒介生物学及控制杂志,2003,(3)
三门峡市 2002 年鼠疫宿主动物及媒介本底调查报告. 陈震,等. 河南预防医学杂志,2003,14(3)
三峡库区涪陵段黑线姬鼠携带汉坦病毒抗原的研究. 蒋明洲,等. 中国媒介生物学及控制杂志,2003,(4)
杀鼠灵一次饱和投毒灭鼠的效果观察. 苏景国. 中国媒介生物学及控制杂志,2003,(1)
杀鼠药大隆中毒与血浆凝血酶原时间、活化部分凝血活酶时间. 李力,等. 临床检验杂志,2003,21(1)
杀它仗蜡块毒饵灭鼠的评价. 杨光荣,等. 云南预防医学杂志,2003,8(3)
社鼠褐色脂肪组织和器官总蛋白及线粒体蛋白的季节变化. 鲍毅新,等. 东北林业大学学报,2003,31(3)
麝鼠巴氏杆菌病的诊治. 李肖梁,等. 黑龙江畜牧兽医,2003,(5)
生长抑素和降钙素基因相关肽在小鼠舌下腺的分布. 贾雪梅,等. 解剖学报,2003,34(1)
实验鼠采血方法及特点. 孙奎,等. 第四军医大学吉林军医学院学报,2003,25(1)
食物限制对异性大仓鼠气味选择的影响. 张建军,等. 动物学杂志,2003,38(3)
鼠、犬、人等哺乳动物全血体外放置时间对其血液流变特性的影响. 张建保,等. 第四军医大学学报,2003,24(3)
鼠得克毒饵实验室灭鼠效果观察. 石华,等. 中华卫生杀虫药械,2003,(4)
鼠类种群数量变动对钩端螺旋体病流行的影响. 潘会明,等. 中国媒介生物学及控制杂志,2003,(1)
鼠疫检验技术的概况和 PCR 在鼠疫检验中的应用. 杜国义. 中国媒介生物学及控制杂志,2003,(6)
鼠疫静息期防制对策与措施的探讨. 蔡建福,等. 中国媒介生物学及控制杂志,2003,(1)
鼠疫菌最大质粒的研究进展. 胡源. 中国媒介生物学及控制杂志,2003,(2)
鼠源轮状病毒 vp7 基因的表达载体构建及转基因植物的研究. 费蕾,等. 免疫学杂志,2003,19(2)
鼠重点危害场所防鼠设施修建方法探讨. 陆年宏. 中国媒介生物学及控制杂志,2003,(4)
松鼠秋冬季节日活动节律的初步研究. 李俊生,等. 动物学杂志,2003,38(1)
苏州市家栖鼠群落演替及其原因. 马桢红. 中国媒介生物学及控制杂志,2003,(5)
胎鼠表皮干细胞的分离培养及毛囊再生. 韩军涛,等. 第四军医大学学报,2003,24(1)
台湾地区田间鼠害防治之沿革与展望. 卢高宏,等. 台湾植物保护学会特刊,新 5(植物保护永续管理研讨会论文集)(中国台湾),2003
唐家河自然保护区小型兽类群落结构. 王淯,等. 兽类学报,2003,23(1)
豚鼠链球菌的分离鉴定及防制研究. 钟映梅,等. 黑龙江畜牧兽医,2003,(9)
乌兰县草原鼠虫害及毒草调查报告. 何孝德,等. 黑龙江畜牧兽医,2003,(9)
西藏林芝松多镇围栏草地鼠害调查及防治. 魏学红. 草业科学,2003,20(8)
西宁市及海东地区鼠类调查. 刘永令,等. 中国媒介生物学及控制杂志,2003,(3)
细胞因子与着床过程中小鼠子宫内膜细胞凋亡的相关性研究. 郝晶,等. 解剖学报,2003,34(3)
厦门港区残存鼠群落结构的研究. 沈达惠,等. 中国媒介生物学及控制杂志,2003,(1)
纤维连接蛋白在小鼠胚胎干细胞诱导为神经前体细胞中的作用. 徐海伟,等. 第三军医大学学报,2003,25(3)
小鼠 MBL-A 基因的克隆和序列分析. 王宏伟,等. 免疫学杂志,2003,19(4)
小鼠肠系膜淋巴结在黏膜免疫应答中的形态学观察. 韩振民,等. 哈尔滨医科大学学报,2003,37(2)
小鼠常压急性缺氧模型装置及其应用. 王健春,等. 动物学杂志,2003,38(2)
小鼠回肠黏膜固有层淋巴细胞在黏膜免疫应答中的形态学观察. 李志春,等. 哈尔滨医科大学学报,2003,37(2)
小鼠肌肉组织来源细胞的造血潜能. 高春记,等. 军事医学科学院院刊,2003,27(3)
小鼠胚胎干细胞建系及 GFP 标记. 沈干,等. 东南大学学报:医学版,2003,22(2)
小鼠胚胎干细胞与四倍体胚胎的嵌合. 李相运,等. 动物学报,2003,49(1)
小鼠皮肤 CGRP-IR 神经纤维的分布. 杨大雷,等. 解剖科学进展,2003,9(1)
小鼠胃排空及小肠推进实验方法的探讨. 邢建峰,等. 北京中医药大学学报,2003,26(4)
小鼠心肌细胞的容积敏感性氯通道. 徐洪涛,等. 军事医学科学院院刊,2003,27(3)
小鼠早期胚胎细胞超薄切片制备法. 吕广艳,等. 大连医科大学学报,2003,25(1)
小鼠转基因的可诱导表达. 刘仲荣,等. 国外医学:分子生物学分册,2003,25(1)

新入侵的鼠类-缅甸小鼠(Rattusexulans). 卢高宏. 植物保护通报(中国台湾),2003,5
血液灌流治疗急性重度毒鼠强中毒. 黄育强. 华夏医学,2003,16(1)
驯养后野生长爪沙鼠对饥渴的忍耐力. 郑海洪,等. 黑龙江畜牧兽医,2003,(2)
扬州口岸鼠类种群及密度调查. 施建军,等. 中国媒介生物学及控制杂志,2003,(2)
一氧化氮合酶阳性神经元在大鼠延髓网状背侧亚核传入投射通路上的分布. 高永静,等. 解剖学报,2003,34(2)
一氧化氮合酶在大鼠附睾内的表达及其可能的作用. 罗红梅,等. 解剖科学进展,2003,9(1)
一种新型鼠夹捕鼠效果的观察. 郭天宇,等. 中国媒介生物学及控制杂志,2003,(3)
伊春林区主要森林鼠害发生与分布规律. 肖华,等. 东北林业大学学报,2003,31(1)
有害生物控制业捕鼠诱饵的选择. 杨振洲,等. 中国媒介生物学及控制杂志,2003,(2)
豫医无毛小鼠细胞遗传学及生物学特性研究. 王纯耀,等. 河南医学研究,2003,12(1)
增龄对大鼠阴茎组织中 NO-cGMP 通路及性激素的影响研究. 吴晓军,等. 第三军医大学学报,2003,25(11)
镇江口岸鼠形动物及体表寄生虫种群生态和肾综合征出血热抗原携带情况调查. 胡云,等. 中国媒介生物学及控制杂志,2003,(1)
正常昆明种与 NIH 种小鼠自然发生微核率的比较. 李欣,等. 癌变·畸变·突变,2003,15(3)
转基因鼠内外源基因比较的研究进展. 袁健国. 国外医学(卫生学分册),2003,30(1)
紫外线对小鼠免疫功能影响的实验研究. 孙翔,等. 河南师范大学学报(自然科学版),2003,31(2)
棕色田鼠消化道形态变化与能量需求的关系. 徐金会,等. 动物学报,2003,49(1)
0.025% 杀鼠灵毒饵灭鼠效果观察. 朱小平. 中华卫生杀虫药械,2004,(5)
106 例急性毒鼠强中毒患者的急救探讨. 程玉枝,等. 中国危重病急救医学,2004,16(1)
2N-4N 嵌合体小鼠及其在基因功能研究上的应用. 周汝江,等. 细胞生物学杂志,2004,26(1)
5% 锐劲特 FS 拌种对杂交稻直播田鼠雀虫害的防治效果. 朱睦钧,等. 江西农业科技,2004,(1)
8Hz 次声对大鼠体重及胃十二指肠 5-HT 表达的影响. 谭永霞,等. 中国康复理论与实践,2004,10(1)
APPSWE 转基因鼠的繁育及子代鉴定的研究. 李国营,等. 中国病理生理杂志,2004,20(1)
BALB/C 氏小鼠巴氏杆菌病的诊断报告. 杨霞,等. 河南农业科学,2004,(1)
C·肉毒杀鼠素(冻干剂)应用研究. 张晶仁,等. 中国地方病防治杂志,2004,19(1)
ELISA 检测广东省各地鼠形动物 SARS 特异性抗体的初步研究. 裴福全,等. 中国媒介生物学及控制杂志,2004,(4)
Jolly-Seber 法估算长爪沙鼠种群参数的适用性探讨. 刘伟,等. 兽类学报,2004,24(1)
P 物质、血管活性肠肽和神经肽 Y 在大鼠胸腺的免疫组织化学观察. 张莲香,等. 陕西医学杂志,2004,33(1)
白细胞介素 12 对不同龄期大鼠尘螨性哮喘细胞因子的影响. 戴晓煌. 中国媒介生物学及控制杂志,2004,(2)
北京不同生境鼠类及其感染汉坦病毒的调查. 江佳富,等. 中国媒介生物学及控制杂志,2004,(6)
北京海淀城郊鼠类携带汉坦病毒的相关危险因素研究. 左曙青,等. 中国热带医学,2004,4(1)
贝奥雄性抗生育剂在鼠类控制中的作用研究. 徐仁权,等. 中国媒介生物学及控制杂志,2004,(3)
捕食风险对高原鼠兔行为的影响. 魏万红,等. 动物学报,2004,50(3)
不同年龄组大鼠听性脑干反应结果分析. 杨旭春,等. 听力学及言语疾病杂志,2004,12(1)
布氏田鼠体重生长与栖息地植被条件的关系. 宛新荣,等. 生态学杂志,2004,23(1)
草原鼠荒地调查技术. 苟文龙,等. 四川草原,2004,(2)
长期使用敌鼠钠盐地区杀灭黄胸鼠的效果评价. 熊孟韬,等. 中国媒介生物学及控制杂志,2004,(5)
长爪沙鼠种群数量变动特征的研究. 董维惠,等. 中国媒介生物学及控制杂志,2004,(2)
橙腹田鼠中延缓性密度依赖效应和种群波动(英). Getz,L. L.,等. 动物学报,2004,50(1)
持续应用抗凝血剂 15 年家鼠群落结构变化的研究. 张庭武,等. 中国媒介生物学及控制杂志,2004,(5)
传统鼠笼的发展趋势. 曾粤宗. 中国媒介生物学及控制杂志,2004,(3)
次声暴露对豚鼠听神经动作电位的影响. 刘淑芳,等. 吉林大学学报:医学版,2004,30(1)
大鼠肺微血管内皮细胞培养方法的研究. 姜明,等. 实用口腔医学杂志,2004,20(1)
大鼠基底节区血管代谢的组织化学研究. 张冠中,等. 河北医学,2004,10(1)
大鼠结肠中水通道蛋白 4 的表达与分布. 汪泳,等. 第四军医大学学报,2004,25(2)
大鼠三叉神经本体觉中枢通路上第三级核团内 PV 样阳性终末与丘脑投射神经元的突触联系. 董玉琳,等. 解剖学报,2004,35(1)
大鼠胃运动曲线两种方法描记的比较. 柴纪严. 辽宁中医学院学报,2004,6(1)
大鼠血小板型磷脂酶 A_2 的研究进展. 苏启表,等. 国外医学(临床生物化学与检验分册),2004,25(1)
大鼠运动行为的自动化检测与评估. 王禾,等. 中国临床康复,2004,8(6)
大鼠坐骨神经再生过程中许旺氏细胞的自噬作用(英). 王万山,等. 中国临床康复,2004,8(2)
大窑湾口岸鼠类种群组成及季节消长调查. 高占奎,等. 中国媒介生物学及控制杂志,2004,(6)
敌鼠钠盐、大隆防治家栖鼠的药效评价. 樊乃昌,等. 中国媒介生物学及控制杂志,2004,(3)

洞庭湖区东方田鼠种群动态及其危害预警. 王勇，等. 应用生态学报，2004，15(2)
洞庭湖区洪灾淹没区鼠类群落结构恢复的生态过程. 张美文，等. 生态学报，2004，24(6)
毒鼠强中毒误诊 9 例分析. 可秋萍，等. 中国误诊学杂志，2004，4(1)
毒鼠强中毒致急性呼吸衰竭 12 例救治体会. 李再清，等. 现代诊断与治疗，2004，15(1)
鼢鼠的造丘活动及不同休牧方式对草地植被生产力的影响. 张卫国，等. 西北植物学报，2004，24
凤城鼠类繁殖情况的初步观察. 洪江，等. 中华卫生杀虫药械，2004，(2)
改良抗凝血灭鼠剂毒杀抗药性黄胸鼠的初步观察. 王军建，等. 中国媒介生物学及控制杂志，2004，(5)
甘肃鼠兔贮草越冬及其生物学意义. 苏建平，等. 兽类学报，2004，24(1)
高档建筑物中黄胸鼠生物学特性初步观察. 王军建，等. 中国媒介生物学及控制杂志，2004，(1)
高原鼢鼠兰塞姆属线虫一新种(杆形目:圆线科). 康明，等. 畜牧兽医学报，2004，35(1)
光周期对雄性布氏田鼠种内个体气味辨别的影响. 张立，等. 兽类学报，2004，24(4)
广西合浦县鼠疫监测 50 年回顾. 周树武，等. 中国热带医学，2004，4(1)
广西隆林县鼠疫暴发流行期主要宿主动物和媒介生物种群特征调查. 冯向阳，等. 中国媒介生物学及控制杂志，2004，(1)
广州市家栖鼠对第一代抗凝血灭鼠剂抗药性研究. 易建荣，等. 中国媒介生物学及控制杂志，2004，(5)
广州市鼠类群落结构特征及其控制对策. 戚根贤，等. 中国媒介生物学及控制杂志，2004，(4)
黑光灯在鼠患检查中的应用. 郑剑宁等. 中华卫生杀虫药械，2004，(2)
黄胸鼠对六种抗凝血灭鼠剂的选择性试验. 王国良，等. 中国媒介生物学及控制杂志，2004，(6)
急性毒鼠强中毒患者血尿酸的变化. 阳世宇，等. 医学研究生学报，2004，17(1)
集装箱硫酰氟熏蒸除鼠的应用研究. 郑剑宁，等. 中国媒介生物学及控制杂志，2004，(2)
加强草原鼠害防治工作的对策. 张知彬. 中国减灾，2004，(2)
家栖鼠抗药性研究进展. 孙毅，等. 中华卫生杀虫药械，2004，(3)
舰艇上鼠和蜚蠊的防制. 庞希望，等. 中国媒介生物学及控制杂志，2004，(5)
降钙素基因相关肽在豚鼠耳蜗中的分布. 戚本明，等. 临床耳鼻咽喉科杂志，2004，18(1)
胶质细胞源性神经营养因子在成年大鼠三叉神经节及三叉神经核团中的分布. 冯士生，等. 解剖学报，2004，35(1)
金门县鼠类恙虫病病媒与病原体调查研究. 王锡杰，等. 台湾昆虫(中国台湾)，2004，24
局部实验增温对根田鼠栖息地内斑块利用的影响. 孙平，等. 兽类学报，2004，24(1)
昆明种犀牛小鼠及其分子遗传基础. 田明，等. 科学通报，2004，49(1)
老年大鼠下丘脑-垂体-肾上腺-胸腺轴基因表达谱的研究. 沈自尹，等. 中国老年学杂志，2004，24(2)
历史鼠疫幸存者血清 F1 抗体水平检测. 蓝玉清，等. 中国媒介生物学及控制杂志，2004，(6)
灭鼠药中毒致心肌酶升高 68 倍一例. 杨晚青，等. 中华急诊医学杂志，2004，13(1)
啮齿动物的贮藏行为与植物种子的扩散. 肖治术，等. 兽类学报，2004，24(1)
牛溴敌隆鼠药中毒的治疗. 姚亚军. 河南畜牧兽医，2004，25(1)
频繁强直抽搐性杀鼠剂中毒 12 例临床分析. 李卓洋. 海南医学，2004，15(2)
气相色谱—飞行时间质谱测定毒鼠强精确质量及其在生物样品检测中的应用. 顾明松，等. 质谱学报，2004，25(1)
气相色谱—质谱联用测定大鼠脑部的神经甾体. 闫彩珍，等. 色谱，2004，22(1)
浅谈林粮间作对森林鼠害的影响及对策. 王文革，等. 防护林科技，2004，(1)
青海省青海田鼠鼠疫自然疫源地的发现与研究. 王祖郧，等. 中国地方病学杂志，2004，23(1)
清洁级 KM 小鼠不同胎次繁殖性能观察分析. 练有文. 动物科学与动物医学，2004，21(2)
清远市城区家栖鼠的群落结构特征研究. 黄亿初，等. 中华卫生杀虫药械，2004，(5)
热环境对人鼠纹状体神经元细胞膜的损伤作用. 赵永岐，等. 细胞生物学杂志，2004，26(1)
森林生态系统年净初级生产力和生境复杂度对小型兽类物种多样性影响. 王劼，等. 兽类学报，2004，24(4)
杀飞克对印鼠客蚤毒杀效果研究. 吴鹤松，等. 中国媒介生物学及控制杂志，2004，(6)
山西垣曲中始新世中期仓鼠化石. 黄学诗. 古脊椎动物学报，2004，42(1)
陕西蓝田晚中新世灞河组鼠科化石(英). 邱铸鼎，等. 古脊椎动物学报，2004，42(1)
神经生长因子在大鼠心内神经节的表达. 刘晓柳，等. 解剖学报，2004，35(1)
实验小鼠肠道正常菌群. 范薇. 中国比较医学杂志，2004，14(1)
鼠类不育剂研究. 陈长安. 中华卫生杀虫药械，2004，(1)
鼠完和鼠完钠盐防治长爪沙鼠现场试验. 侯希贤，等. 中国媒介生物学及控制杂志，2004，(4)
鼠疫冻干血球保存时间对效价的影响. 史献明，等. 中国媒介生物学及控制杂志，2004，(5)
鼠疫免疫血清制备及抗体效价稳定性的研究. 刘合智，等. 中国媒介生物学及控制杂志，2004，(6)
水通道蛋白亚型 AQP1-9 在雄性小鼠生殖系统 mRNA 的表达. 赵丹，等. 吉林大学学报:医学版，2004，30(1)

饲料构成影响大鼠不同组织中 UCP2 mRNA 的表达. 孙长颢,等. 卫生研究,2004,33(1)
提取活体麝鼠的麝香技术. 俞志成. 养殖与饲料,2004,(1)
投药月份对长爪沙鼠食用毒饵的影响. 杜国义,等. 中国媒介生物学及控制杂志,2004,(3)
豚鼠耳蜗部分外支持细胞的分离法. 常青,等. 临床耳鼻咽喉科杂志,2004,18(1)
微柱高效液相色谱法测定大鼠脑微透析液中的乙酰胆碱和胆碱. 贾兴元,等. 色谱,2004,22(1)
我国 1989—2001 年 65 宗毒鼠强中毒事件分析及相关文献复习. 菅向东,等. 工业卫生与职业病,2004,30(1)
小鼠动情周期、妊娠和哺乳过程中凝集素 PHA-E 与 UEA 的受体在子宫内膜的分布. 石运芝,等. 解剖学报,2004,35(1)
小鼠内皮抑素基因克隆、测序及 pEgr-IFNγ-mEndostatin 重组双基因表达质粒的构建. 杨巍,等. 吉林大学学报:医学版,2004,30(1)
小鼠肾脏组织的双向电泳. 梁恒,等. 西安交通大学学报,2004,38(2)
新疆木垒县草原兔尾鼠种群生命表和稳定年龄结构的研究. 张渝疆,等. 地方病通报,2004,19(2)
新疆木垒县草原兔尾鼠种群数量的动态变化. 张渝疆,等. 干旱区研究,2004,21(1)
雄激素对大鼠心内神经节神经生长因子表达的影响. 刘晓柳,等. 解剖学报,2004,35(1)
血管内皮生长因子蛋白在大鼠睾丸和附睾的表达和定位研究. 张秋养,等. 实验生物学报,2004,37(1)
血清酶检测在毒鼠强中毒诊治中的应用价值. 王桂英,闫洪顺,张淑兰. 山东医药,2004,44(1)
血液灌流对急性毒鼠强中毒患者体内毒物清除作用的研究. 应斌宇,等. 中华急诊医学杂志,2004,13(1)
鼹形田鼠入侵鼠和留居鼠之间的相互作用(英). Novikov, E. ,等. 动物学报,2004,50(1)
一种大鼠采血方法介绍. 吴清洪,等. 动物医学进展,2004,25(1)
伊犁鼠兔的发现与研究进展. 李维东. 动物学杂志,2004,39(1)
影响大鼠平滑肌细胞增殖的对比超声条件. 修建成,等. 第一军医大学学报,2004,24(1)
云南大理吸虱昆虫调查初报. 王晶,郭宪国,钱体军等. 中国媒介生物学及控制杂志,2004,15(2)
云南省大理市鼠、蜱中检测出斑点热群立克次体 DNA. 张海林,等. 中国媒介生物学及控制杂志,2004,(6)
粘捕法调查鼠密度. 黄清臻. 中华卫生杀虫药械,2004,(5)
湛江地区家鼠抗药性的动态及其治理对策. 欧汉标,等. 中国媒介生物学及控制杂志,2004,(5)
中国南方家鼠鼠疫形势与防治对策建议. 董兴齐,等. 中国媒介生物学及控制杂志,2004,(4)
重庆市鼠形动物种类及其地理分布调查. 季恒清,等. 中国媒介生物学及控制杂志,2004,(4)
转基因小鼠技术在肿瘤研究中的应用与进展. 杨玉芳. 医学综述,2004,10(1)
棕色田鼠 XO 雌体的减数分裂. 朱必才,等. 动物学报,2004,50(1)
组胺在豚鼠颈上神经节中的分布. 李明凯,等. 解剖学报,2004,35(1)
56% 磷化铝片剂杀灭长爪沙鼠的研究. 孙养信,阮春来. 中华卫生杀虫药械,2005,(5)
YZ-X 型智能数字化鼠密度监控系统. 杨振洲,等. 中国媒介生物学及控制杂志,2005,(3)
不同鼠密度农田毒饵站的最适放置密度研究. 徐翔,等. 中国媒介生物学及控制杂志,2005,(5)
曹伊凡高原鼠兔领域行为时间分配格局及其对风险环境适应的探讨. 张堰铭,等. 兽类学报,2005,25(4)
超声波驱鼠器现场驱鼠效果研究. 张世水,等. 中华卫生杀虫药械,2005,(1)
承德坝上地区鼠疫疫源地达乌尔黄鼠寄生蚤特点分析. 李国维,等. 中国媒介生物学及控制杂志,2005,(5)
城区家栖鼠种群数量动态观察. 梁玉清. 中华卫生杀虫药械,2005,(4)
大林姬鼠中汉坦病毒的分离及其 S 片段的序列分析. 王洪霞,等. 中国媒介生物学及控制杂志,2005,(2)
大隆及溴敌隆对黄胸鼠的毒力测定. 王国良,等. 中国媒介生物学及控制杂志,2005,(2)
东北中朝俄边境地区鼠染体外寄生虫的率及指数调查. 刘国平,等. 中国媒介生物学及控制杂志,2005,(2)
东北中朝俄边境地区鼠体外寄生虫种类组成研究. 王亚玉,等. 中国媒介生物学及控制杂志,2005,(1)
多乳鼠——拉沙热的传播媒介. 郑剑宁,等. 中国媒介生物学及控制杂志,2005,(2)
鄂尔多斯沙地草场鼠类群落演替的研究. 董维惠,等. 中国媒介生物学及控制杂志,2005,(3)
赣州市区家栖鼠类群落结构及季节消长研究. 段小兰,等. 中国媒介生物学及控制杂志,2005,(2)
高原鼠兔间断性移动模式与反捕食对策分析. 张堰铭,等. 兽类学报 2005,25(3)
根田鼠栖息地选择的影响因素. 崔庆虎,等. 兽类学报,2005,25(1)
黄胸鼠对大隆的实验室抗药性测定. 肖奇友,等. 中国媒介生物学及控制杂志,2005,(3)
黄胸鼠对溴敌隆的敏感性研究. 梁练,等. 中国媒介生物学及控制杂志,2005,(5)
吉林省长爪沙鼠的现状研究. 张芳,等. 中国媒介生物学及控制杂志,2005,(5)
家鼠型鼠疫监测指标. 葛军旗,等. 中国媒介生物学及控制杂志,2005,(5)
控制动物鼠疫流行时间几个问题的商榷. 白万翔,等. 中国媒介生物学及控制杂志,2005,(2)
雷州半岛两种家栖鼠对第一代抗凝血灭鼠剂抗药性研究. 易建荣,等. 中华卫生杀虫药械,2005,(2)
磷化铝对长爪沙鼠的灭效观察. 陈永江,等. 中国媒介生物学及控制杂志,2005,(5)
流行性出血热高发区鼠类调查及防制. 张昕,杨国庆,刘保. 中华卫生杀虫药械,2005,(4)

普通生物学(第2版). 吴相钰. 高等教育出版社,2005
青岛市肾综合征出血热疫区鼠种构成及带病毒分析. 姜法春,等. 中国媒介生物学及控制杂志,2005,(2)
清远市家栖鼠对第一代抗凝血灭鼠剂抗药性研究. 易建荣,等. 中国媒介生物学及控制杂志,2005,(4)
三峡工程湖北段二期蓄水前后库区鼠类种群数量变动调查. 张令要,等. 中国媒介生物学及控制杂志,2005,(4)
深圳市家栖鼠类分布格局及变动的研究. 谭业钰,等. 中国媒介生物学及控制杂志,2005,(5)
唐家河自然保护区夏季啮齿类的空间生态位. 王艳妮,等. 兽类学报,2005,25(1)
唐家河自然保护区小哺乳动物空间生态位初步研究. 王湝,等. 兽类学报,2005,25(4)
同种竞争压力对小泡巨鼠贮藏油茶种子行为的作用分析. 程瑾瑞,等. 兽类学报,2005,25(2)
五指山黎族一种捕鼠工具的简介. 赵伟. 中华卫生杀虫药械,2005,(6)
新型电控捕鼠笼的捕鼠效果观察. 王晓东,等. 中国媒介生物学及控制杂志,2005,(5)
新型毒鼠膏剂控制小家鼠试验研究. 易建荣,等. 中国媒介生物学及控制杂志,2005,(3)
溴敌隆颗粒毒饵防制家栖及农田鼠类药效研究. 杨再学,等. 中国媒介生物学及控制杂志,2005,(2)
旋毛虫病. 徐克成. //自然疫源性疾病. 唐家琪. 科学出版社,2005
应用荧光定量 PCR 检测环境样品中鼠疫耶尔森菌. 李伟,等. 中国媒介生物学及控制杂志,2005,(4)
有害生物治理. 汪诚信,刘起勇,姜志宽,主编. 化学工业出版社,2005
粘鼠板控制拖船鼠害的效果观察. 陈长兴,等. 中国媒介生物学及控制杂志,2005,(2)
湛江市区黄胸鼠和褐家鼠对抗凝血灭鼠剂的抗药性调查. 梁练,等. 中国媒介生物学及控制杂志,2005,(1)
湛江市重点鼠疫疫源地灭鼠灭蚤的措施与效果. 盘瑞伟,等. 中华卫生杀虫药械,2005,(3)
浙江省某鼠传疾病监控点室内地面游离蚤杀灭方法研究. 俞小林,等. 中国媒介生物学及控制杂志,2005,(3)
种群外部及内部因子对东方田鼠巢区大小的效应. 杨月伟,等. 动物学报,2005,51(2)
子午沙鼠种群数量动态分析. 董维惠,等. 中国媒介生物学及控制杂志,2005,(1)
鼠的防治(六)——鼠密度测定、灭鼠效果考核评估与大面积灭鼠. 沈建忠,吴光华. 中华卫生杀虫药械,2006,(1)
鼠的防治(七)——常见鼠种和几种场所鼠的防治. 沈建忠,吴光华. 中华卫生杀虫药械,2006,(2)
家鼠鼠疫宿主黄胸鼠的毒杀试验研究. 王国良,等. 中华卫生杀虫药械,2006,(1)
2003 年蒙洼蓄洪区鼠情监测及灭鼠效果观察. 胡兴强,等. 中华卫生杀虫药械,2006,(2)
鼠的防治(八)——常用灭鼠剂中毒的急救. 沈建忠,吴光华. 中华卫生杀虫药械,2006,(3)
杀它仗在敌鼠钠盐灭效差地区灭鼠控制鼠疫效果. 李发佑,等. 医学动物防制,2006,(5)
徐州市嘉利国际酒店防鼠灭鼠效果观察. 崔秀波,等. 医学动物防制,2006,(6)
部队营区使用敌鼠钠盐和溴敌隆毒饵灭鼠效果研究. 汪斌和,等. 中华卫生杀虫药械,2006,(4)
新型生化灭鼠剂对大白鼠半数致死剂量的研究. 刘大鹏,等. 中华卫生杀虫药械,2006,(5)
防鼠灭鼠及巩固措施. 朱建福,张莺. 医学动物防制,2006,(12)
0.005% 大猫诱杀鼠剂灭鼠效果研究. 刘守钦,等. 医学动物防制,2006,(1)
城市社区综合灭鼠措施效果评价. 王芬,等. 公共卫生与预防医学,2006,(1)
福州马尾口岸鼠形动物及其体表寄生虫监测报告. 李昱辰,等. 海峡预防医学杂志,2006,(1)
灭鼠灭蟑服务市场需求调查. 段黎明,王爱英. 中华卫生杀虫药械,2006,(1)
泸州市特种行业灭鼠综合防制效果观察. 张维才. 预防医学情报杂志,2006,(1)
风暴潮侵袭前后某采油矿鼠密度变化观察. 邹爱兰. 中华卫生杀虫药械,2006,(2)
家鼠足印特征与鉴别研究. 胡杰,等. 中华卫生杀虫药械,2006,(2)
信息传递在器械捕鼠中的作用. 曾粤宗. 中华卫生杀虫药械,2006,(2)
2000—2004 年四川省青海田鼠鼠疫流行特点分析. 汪立茂,等. 预防医学情报杂志,2006,(2)
陕西省榆阳区长爪沙鼠分布调查. 范锁平,等. 医学动物防制,2006,(3)
采油队环境灭鼠效果观察. 邹爱兰. 医学动物防制,2006,(3)
杀它仗蜡块和溴敌隆毒米现场灭鼠效果比较. 胡应辉,等. 医学动物防制,2006,(4)
灭鼠毒饵适口性效果观察. 石金泉. 中华卫生杀虫药械,2006,(3)
溴敌隆麦米毒饵灭鼠研究. 钟国亨,等. 中华卫生杀虫药械,2006,(3)
珠海口岸常见鼠形动物外形的模式识别研究. 孙虹,等. 中华卫生杀虫药械,2006,(3)
长春市家栖鼠的生物群落结构特征研究. 张莹,等. 中华卫生杀虫药械,2006,(3)
五年间鼠密度的分析研究. 邹爱兰. 医学动物防制,2006,(5)
深圳市鼠类及鼠体寄生蚤类调查. 梁焯南,等. 医学动物防制,2006,(6)
青岛市 1994—2003 年 HFRS 疫区捕获鼠种构成及带病毒动态分析. 张速成,庄金栋. 医学动物防制,2006,(7)
贝奥雄性不育灭鼠饵剂现场应用效果的研究. 孙红专,等. 中华卫生杀虫药械,2006,(4)
室内害鼠杀灭方法的研究. 俞小林,等. 中华卫生杀虫药械,2006,(4)
居民住宅区小家鼠生物学特性观察. 梁玉清. 中华卫生杀虫药械,2006,(4)

株洲市巩固灭鼠达标成果工作体会. 颜进取,邱林. 中华卫生杀虫药械,2006,(4)
高层建筑鼠侵害与分布情况调查. 李平非,等. 医学动物防制,2006,(10)
灭鼠工作中存在问题与巩固措施浅析. 刘东华. 医学动物防制,2006,(10)
贝奥雄性不育灭鼠剂野外鼠害防制的效果观察. 陈继平,等. 医学动物防制,2006,(11).
盗食法测试外环境鼠密度方法的改进研究. 吴太平,等. 中华卫生杀虫药械,2006,(6)
简易投毒箱在口岸鼠密度控制中的应用研究. 杨朝春,许建鸣. 中华卫生杀虫药械,2006,(6)
东北中俄边境地区黑线姬鼠及体外寄生虫的调查研究. 刘国平,等. 中华卫生杀虫药械,2006,(6)
当前灭鼠达标中存在的问题及对策. 辛正,等. 中华卫生杀虫药械,2006,(6)
三峡库区万州段 1997—2003 年鼠表监测分析. 秦正积,等. 现代预防医学,2006,(12)
承德旅游地区鼠传疾病媒介生物调查分析. 常存宝,等. 医学动物防制,2006,(12)
某宾馆灭鼠方法的讨论. 邹爱兰. 医学动物防制,2006,(1)
巩固灭鼠先进城区期间鼠情监测研究. 刘令初,等. 中国媒介生物学及控制杂志,2006,(4)
佛山市城区两种家栖鼠对杀鼠灵的抗药性调查. 李锦清,等. 中国媒介生物学及控制杂志,2006,(4)
镇江口岸鼠种和鼠密度变化分析. 姜洪方,等. 中国媒介生物学及控制杂志,2006,(4)
深圳市 2005 年鼠间汉坦病毒感染的鼠情监测及病毒株 SZ2083 的分离鉴定. 阳帆,等. 中华流行病学杂志,2006,(11)
广东省家栖鼠对第一代抗凝血灭鼠剂抗药性研究. 易建荣,等. 中国媒介生物学及控制杂志,2006,(6)
清洁级 Wistar 大鼠血常规及生化指标正常值观察. 张敏,等. 中国消毒学杂志,2006,(2)
应用凝血反应检测褐家鼠种群抗药性水平. 孙毅,等. 中国媒介生物学及控制杂志,2006,(1)
溴敌隆城区大面积灭鼠效果观察. 杨蕾蕾,等. 中国媒介生物学及控制杂志,2006,(1)
郑州市某饲料厂灭鼠效果观察. 柴兰芳,等. 中国媒介生物学及控制杂志,2006,(1)
北京市部分人群和农产品集散地鼠间汉坦病毒感染的研究. 江佳富,等. 中华流行病学杂志,2006,(2).
北京市城区鼠间汉坦病毒感染的流行病学研究. 江佳富,等. 中国媒介生物学及控制杂志,2006,(2)
长春市家栖鼠传播肾综合征出血热调查. 张莹,等. 中国媒介生物学及控制杂志,2006,(2)
市售引诱剂对灭鼠毒饵增耗作用现场对比试验. 詹明胜,等. 中国媒介生物学及控制杂志,2006,(2)
溴敌隆和杀鼠迷再遇适口性和灭效实验室研究. 朱长才,等. 实用预防医学,2006,(3)
旅客列车鼠情调查方法. 唐萌,等. 中国媒介生物学及控制杂志,2006,(4)
广东省湛江地区鼠形动物的演替. 张涛,等. 中国媒介生物学及控制杂志,2006,(4)
2005 年福鼎市灭鼠效果观察. 庄睿,等. 中国媒介生物学及控制杂志,2006,(4)
朝阳市鼠密度监测情况分析. 王晓莉. 中国媒介生物学及控制杂志,2006,(4)
昌平区 2005 年餐饮行业鼠情调查结果分析. 曹志贤,等. 中国媒介生物学及控制杂志,2006,(4)
新型捕鼠夹用于下水道鼠情调查的方法研究. 赵雪松,等. 中国媒介生物学及控制杂志,2006,(4)
大同铁路客车库巩固灭鼠成果探讨. 杜祥. 中国媒介生物学及控制杂志,2006,(5)
封锁带改进式投饵灭鼠方法的研究. 田家祥,等. 中国媒介生物学及控制杂志,2006,(5)
提高企业职工食堂防鼠能力对鼠害控制效果的观察. 段宏. 中国媒介生物学及控制杂志,2006,(6)
2004 年武汉市灭蚊、灭鼠督导效果评价. 吴太平,等. 中国媒介生物学及控制杂志,2006,(6)
石家庄市辖区鼠情现状调查及鼠害控制对策. 侯雨丰,等. 中国媒介生物学及控制杂志,2006,(6)
清洁级 Wistar 大鼠血常规及生化指标正常值观察. 张敏,等. 中国消毒学杂志,2006,(2)
溴敌隆和杀鼠迷再遇适口性和灭效实验室研究. 朱长才,等. 实用预防医学,2006,(3)
2006 年龙滩水电站广西库区灭鼠情况调查. 陈达宗,等. 应用预防医学,2006,(6).
防鼠筒口岸防鼠灭鼠研究初探. 杨朝春,钱保元. 口岸卫生控制,2006,(4)
某火车站鼠情现状调查. 龚清峰. 安徽预防医学杂志,2006,(5)
2002 年—2005 年河南省蚊、蝇、鼠密度季节消长监测结果分析. 唐振强,等. 河南预防医学杂志,2006,(6)
甘其毛道口岸鼠、蚤染疫情况初步调查结果分析. 葛润平,孟传金. 口岸卫生控制,2006,(6)
福建省鼠形动物巴尔通体感染调查. 叶曦,等. 中国人兽共患病学报,2006,(8)
我国部分林区鼠中莱姆病螺旋体的分子流行病学调查研究. 褚宸一,等. 中国人兽共患病学报,2006,(9)
慢性毒鼠强中毒后大鼠脑细胞色素 C 表达的实验研究. 李斌,等. 四川大学学报(医学版),2006,(1)
孕鼠感染弓形虫对子鼠发育影响及干预措施. 苑文英,等. 中国人兽共患病学报,2006,(1)
牛磺酸对原代培养新生大鼠乳鼠心肌细胞和心肌成纤维细胞的作用. 李晶,等. 吉林大学学报(医学版),2006,(2)
东方田鼠和小鼠感染日本血吸虫后血清 NO 的变化以及肝、肺病变的比较. 孙军,等. 中国人兽共患病学报,2006,(5)
米诺环素对大鼠和小鼠脑外伤的部分保护作用. 盛雯雯,等. 浙江大学学报(医学版),2006,(4)
重组鼠白细胞介素 12 与粒细胞-巨噬细胞集落刺激因子基因联合治疗小鼠 B16 黑色素瘤. 高航,等. 吉林大学

学报(医学版),2006,(6)
灵芝孢子对妊娠高血压致胎鼠及幼鼠海马 NOS 表达和学习记忆功能异常的干预作用. 程进军,等. 中山大学学报(医学科学版),2006,(S1)
重组人生长激素对败血症大鼠肠粘膜屏障功能保护作用的机制研究. 黄英,等. 四川大学学报(医学版),2006,(1)
壬基酚对围产期子代雄性 SD 大鼠性腺组织 PCNA 和 AROMATASE 表达的影响. 张浩,等. 四川大学学报(医学版),2006,(1)
新生大鼠肾脏缺血性损伤致肾小管上皮细胞 ADF 与 G-ACTIN 的改变. 杨凡,等. 四川大学学报(医学版),2006,(1)
联苯胺对大鼠 P53 基因损伤作用及器官特异性研究. 吴青,衡正昌. 四川大学学报(医学版),2006,(1)
富血小板血浆来源富生长因子血清对大鼠成骨细胞增殖的影响. 宋扬,等. 四川大学学报(医学版),2006,(1)
热休克预处理对大鼠脊髓损伤的影响和意义. 王勇,等. 四川大学学报(医学版),2006,(1)
大鼠颅脑损伤后不同频率刺激下脑干诱发电位的改变. 吴敬杰,等. 四川大学学报(医学版),2006,(1)
MERLIN 蛋白在马桑内酯致痫大鼠颞叶皮层及海马 CA1 区的表达. 王琴,等. 四川大学学报(医学版),2006,(1)
小鼠胚胎腭突间充质细胞的分离与体外培养方法研究. 肖文林,等. 四川大学学报(医学版),2006,(1)
弓形虫 DNA 疫苗联合诱导 BALB/c 小鼠保护性免疫力的研究. 占国清,等. 中国人兽共患病学报,2006,(1)
HIV-2 gp105 重组疫苗联合免疫引起小鼠更强的免疫应答. 李子健,等. 吉林大学学报(医学版),2006,(1)
慢性氟中毒对大鼠心肌胶原代谢的影响. 李丹,等. 吉林大学学报(医学版),2006,(1)
噪声暴露不同时程中大鼠 ABR 及 DPOAE 的变化. 周彬,等. 吉林大学学报(医学版),2006,(1)
海洛因对大鼠小肠腺苷酸脱氨酶活性的影响. 孙聪,等. 吉林大学学报(医学版),2006,(1)
海人酸杏仁核点燃癫痫大鼠海马和顶叶皮层脑电图改变. 梁建民,等. 吉林大学学报(医学版),2006,(1)
迟发性神经元坏死大鼠不同脑区组织中 NO 与 SOD 的关系. 张见影,等. 吉林大学学报(医学版),2006,(1)
全脑缺血再灌注血管性痴呆大鼠海马和丘脑 NT-3 及 FGF 的动态变化. 李爱丽,等. 吉林大学学报(医学版),2006,(1)
伪人参皂苷 GQ 对异丙肾上腺素致大鼠急性心肌缺血的改善作用. 刘金平,等. 吉林大学学报(医学版),2006,(1)
中草药远志对环磷酰胺所致小鼠遗传物质损伤的保护作用和淋巴细胞功能的增强作用. 温得中,等. 吉林大学学报(医学版),2006,(1)
中药石菖蒲及其主要成分 α-细辛醚对癫痫幼鼠惊厥行为及脑电图的影响. 李树蕾,等. 吉林大学学报(医学版),2006,(1)
碟脉灵注射液对大鼠心肌缺血再灌注损伤的保护作用. 王天,等. 吉林大学学报(医学版),2006,(1)
中草药远志对醋酸铅诱发的小鼠精子非程序 DNA 合成的抑制作用. 庞慧民,等. 吉林大学学报(医学版),2006,(1)
大鼠去神经支配骨骼肌及运动终板的形态学变化. 孙鸿斌,等. 吉林大学学报(医学版),2006,(1)
粒-巨噬细胞集落刺激因子对小鼠体内树突状细胞增殖和活化的影响. 刘薇,等. 中南大学学报(医学版),2006,(1)
NMDA 诱导新生大鼠脑组织 NMDA 受体-1 的表达. 黑明燕,等. 中南大学学报(医学版),2006,(1)
益智健脑颗粒对 SAMP/8 快速老化小鼠行为学及神经元凋亡的影响. 杨聘,等. 中南大学学报(医学版),2006,(1)
脑灵汤对 AD 模型大鼠行为学及海马内 APP mRNA 表达的影响. 何明大,等. 中南大学学报(医学版),2006,(1)
小鼠内耳 3 种溶酶体酶的定位及酶缺乏时的听力损害. 郭运凯,等. 中南大学学报(医学版),2006,(1)
心胸腺联合移植结合胸腺内注射供体胸腺细胞诱导大鼠同种异体心脏移植免疫耐受. 熊海波,等. 中南大学学报(医学版),2006,(1)
氨基胍对全肝血流阻断再灌注大鼠肺损伤的影响. 曹德权,等. 中南大学学报(医学版),2006,(1)
PPAR-γ 在自发性高血压大鼠血管平滑肌表达的增龄性变化. 狄政莉,等. 四川大学学报(医学版),2006,(2)
大鼠肺动脉高压模型中肺组织肥大细胞及巨噬细胞数量的变化. 李萍,等. 四川大学学报(医学版),2006,(2)
Caspase-8 在大鼠生前及死后电击伤后多器官的表达. 王晔,等. 四川大学学报(医学版),2006,(2)
卡托普利对大鼠左向右分流模型肺小动脉重构的影响. 李谧,等. 四川大学学报(医学版),2006,(2)
大川芎丸对大鼠缺血脑组织中血管内皮细胞生长因子的影响. 张志坚,等. 四川大学学报(医学版),2006,(2)
糖皮质激素对内毒素致急性肺损伤大鼠肺组织 Fractalkine 表达的影响. 王蕾,等. 四川大学学报(医学版),2006,(2)
小剂量氟他胺对大鼠性分化影响的实验研究. 李岩,等. 四川大学学报(医学版),2006,(2)
差速贴壁法纯化分离 GFP 转基因小鼠骨髓间充质干细胞. 李甫强,等. 四川大学学报(医学版),2006,(2)
Pristane 诱导 BALB/c 狼疮鼠模型的实验研究. 崔广梅,等. 四川大学学报(医学版),2006,(2)

caspase-8 在大鼠肌肉挫伤组织中的表达. 闫红涛,等. 四川大学学报(医学版),2006,(2)
小剂量内毒素建立子痫前期大鼠模型的研究. 汪雪雁,等. 四川大学学报(医学版),2006,(2)
复方花刺参粘多糖对大鼠心肌缺血的保护作用. 王利民,等. 西安交通大学学报(医学版),2006,(1)
饮食结构变化诱导 SD 大鼠肥胖及血压变化的机制. 王翔凌,等. 西安交通大学学报(医学版),2006,(1).
肾脏细胞凋亡在梗阻性黄疸大鼠肾脏损害中的作用及丹参的影响. 张云锋,等. 西安交通大学学报(医学版),2006,(1)
八正合剂抗感染作用及其对小鼠免疫功能的影响. 刘如意,等. 西安交通大学学报(医学版),2006,(1)
芦荟凝胶对大鼠Ⅱ度放射性皮炎创面愈合及表皮生长因子、碱性成纤维细胞生长因子表达的影响. 刘小平,等. 西安交通大学学报(医学版),2006,(1)
更年期大鼠 Th1/Th2 平衡与脾细胞凋亡. 蒋竞,等. 西安交通大学学报(医学版),2006,(1)
功能性矫治器引导大鼠下颌前伸后咀嚼肌基质金属蛋白酶 mRNA 的表达. 孙慧玲,等. 西安交通大学学报(医学版),2006,(1)
大鼠比目鱼肌梭内神经末梢的快速银染方法. 朱永进,等. 西安交通大学学报(医学版),2006,(1)
山奈酚和槲皮素对大鼠细胞色素 P450 酶活性的影响. 张芳芳,等. 浙江大学学报(医学版),2006,(1)
山奈酚对大鼠体内硝苯地平药物动力学的影响. 徐玫,等. 浙江大学学报(医学版),2006,(1)
槲皮素与芦丁对离体大鼠主动脉环的舒张作用及机制. 周新姝,等. 浙江大学学报(医学版),2006,(1)
仙草提取物对小鼠脾淋巴细胞 DNA 氧化损伤保护作用的研究. 杨敏. 浙江大学学报(医学版),2006,(1)
不同剂量 STAg 滴鼻免疫小鼠诱导的抗弓形虫感染作用. 孟晓丽,等. 中国人兽共患病学报,2006,(3)
结核菌 H37Ra 皮内接种对小鼠巨噬细胞的激活效应. 陶昆,卢贤瑜. 中国人兽共患病学报,2006,(3)
电离辐射对小鼠 EL-4 淋巴瘤细胞 caspase-3 蛋白表达的影响. 鞠桂芝,等. 吉林大学学报(医学版),2006,(2)
鹿茸多肽-PLGA 复合膜促进大鼠周围神经再生. 王克利,等. 吉林大学学报(医学版),2006,(2)
大鼠睾丸 AQP8 和绿色荧光蛋白融合蛋白表达载体构建. 梁爽,等. 吉林大学学报(医学版),2006,(2)
Citicoline 对大鼠中脑原代细胞培养的神经保护作用. 姜晓燕,等. 吉林大学学报(医学版),2006,(2)
复方丹参对门脉高压症大鼠血流动力学的影响. 刘星,等. 吉林大学学报(医学版),2006,(2)
氯化三乙基锡对大鼠 C_6 胶质瘤细胞增殖抑制作用. 张适,等. 吉林大学学报(医学版),2006,(2)
槲皮素对大鼠脑胶质瘤 C_6 细胞增殖调控的作用. 周立祥,等. 吉林大学学报(医学版),2006,(2)
促凋亡蛋白 Bid 介导模拟缺血再灌注乳鼠心肌细胞的凋亡. 于少娟,等. 吉林大学学报(医学版),2006,(2)
还原型谷胱甘肽对糖尿病大鼠肾脏的保护作用及机制. 罗健华,等. 吉林大学学报(医学版),2006,(2)
微囊化转 NGF 基因 NIH3T3 细胞填充静脉修复大鼠坐骨神经缺损的作用. 赵敬国,等. 吉林大学学报(医学版),2006,(2)
碟脉灵注射液对大鼠实验性心肌梗死的保护作用及其机制. 李洪坤,等. 吉林大学学报(医学版),2006,(2)
微囊化大鼠胰岛细胞的冷冻保存. 侯军,等. 南方医科大学学报,2006,(1)
异体骨髓干细胞移植后假肥大型肌营养不良症模型鼠膈肌 dystrophin 表达及病理改变. 张雅妮,等. 南方医科大学学报,2006,(1)
实时定量 PCR 评价小鼠胸腺功能方法的建立. 张华华,等. 南方医科大学学报,2006,(1)
重度热射病合并内毒素血症大鼠模型的建立. 林晓静,等. 南方医科大学学报,2006,(1)
大鼠应激性溃疡自愈过程中环氧合酶表达的变化. 徐俊,等. 南方医科大学学报,2006,(1)
小鼠 B 淋巴瘤 A20 细胞株 mCD99L2 基因表达检测及真核表达载体构建. 沈丽佳,等. 南方医科大学学报,2006,(2)
胞二磷胆碱对大鼠局部脑缺血后空间学习和记忆的影响. 赵建军,等. 南方医科大学学报,2006,(2)
柴胡总皂甙对戊四氮慢性点燃大鼠痫性发作及脑电图的影响. 谢炜,等. 南方医科大学学报,2006,(2)
补阳还五汤对缺血性脑卒后遗症大鼠神经增殖作用的影响. 谭县辉,等. 南方医科大学学报,2006,(2)
辛伐他汀对鼠心脏成纤维细胞 DNA 合成的影响. 徐琳,等. 南方医科大学学报,2006,(2)
家族性肌萎缩侧索硬化症转基因鼠的繁殖和鉴定. 黄慧,等. 南方医科大学学报,2006,(3)
人微小抗肌萎缩蛋白基因转染大鼠骨髓间充质干细胞及其基因表达. 王淑辉,等. 南方医科大学学报,2006,(3)
利用小干扰 RNA 表达框鉴定小鼠骨髓树突状细胞有效沉默 RelB 基因的实验研究. 郑磊,等. 南方医科大学学报,2006,(3)
大鼠脑外伤后 P-selectin 表达的变化及意义. 张荣军,等. 南方医科大学学报,2006,(3)
华蟾素对大鼠胸主动脉的缩血管作用及其机制. 厉旭云,等. 浙江大学学报(医学版),2006,(2)
咪唑斯汀对 SP 诱导小鼠皮肤产生 LTB-4 和 IL-5 的抑制作用观察. 王懿娜,等. 浙江大学学报(医学版),2006,(2)
苦参碱和阿苯达唑治疗小鼠继发性泡球蚴病的疗效观察. 张睿,等. 中国人兽共患病学报,2006,(4)
细粒棘球绦虫 Eg95 基因疫苗和重组抗原诱导小鼠免疫应答的比较研究. 丁剑冰,等. 中国人兽共患病学报,2006,(4)

犬弓首线虫感染小鼠脑组织细胞凋亡及凋亡基因 bcl-2、bax 的表达. 郑胜生,等. 中国人兽共患病学报,2006,(4)
小鼠端粒酶蛋白亚单位重组腺病毒载体的构建及鉴定. 姜楠,等. 中山大学学报(医学科学版),2006,(1)
罗格列酮对压力超负荷大鼠血流动力学及心肌肥厚的影响. 耿登峰,等. 中山大学学报(医学科学版),2006,(1)
肾病综合征鼠骨代谢变化特点及芪归合剂对其的作用. 蒋小云,等. 中山大学学报(医学科学版),2006,(1)
自发高血压大鼠心肌肥厚与心室颤动阈值的关系. 黄至斌,等. 中山大学学报(医学科学版),2006,(1)
嘌呤受体 $P2X_7$ 激活介导大鼠视网膜神经节细胞死亡的实验研究. 张秀兰,等. 中山大学学报(医学科学版),2006,(2)
大鼠 BDNF 基因复制缺陷型重组腺病毒的构建与鉴定. 王鹏,等. 中山大学学报(医学科学版),2006,(2)
BALB/c 鼠自身免疫性睾丸炎动物模型的制作. 王文军,等. 中山大学学报(医学科学版),2006,(2)
心力衰竭大鼠左心室 β_3-肾上腺素能受体表达及其与心功能的关系. 邓义军,等. 中山大学学报(医学科学版),2006,(2).
硫化氢供体对高肺血流性肺动脉高压大鼠肺血管结构及血管活性多肽的影响. 李晓惠,等. 中国医学科学院学报,2006,(2)
骨髓干细胞移植后 mdx 鼠抗肌萎缩蛋白的表达. 冯善伟,等. 中国医学科学院学报,2006,(2)
糖尿病大鼠脑皮质 tau 过度磷酸化的机制及氯化锂的作用. 曲忠森,等. 中国医学科学院学报,2006,(2)
重组鼠源性肠激酶轻链在大肠杆菌中的表达. 孙琳,等. 吉林大学学报(医学版),2006,(3)
口服抑肽酶对大鼠急性肝损伤的保护作用. 孟威宏,等. 吉林大学学报(医学版),2006,(3)
麦麸酶解产物对糖尿病大鼠抗氧化能力的影响. 焦霞,等. 吉林大学学报(医学版),2006,(3)
三氧化二砷对小鼠骨髓造血微环境的影响. 杨芳,等. 吉林大学学报(医学版),2006,(3)
溶血磷脂酸对急性心肌梗死大鼠并发心律失常的影响. 张学新,等. 吉林大学学报(医学版),2006,(3)
锌和铬对糖尿病小鼠的降血糖及抗氧化作用. 甘振威,等. 吉林大学学报(医学版),2006,(3)
联麦氧钒对自发性高血压大鼠肾脏形态学的影响. 孙捷,等. 吉林大学学报(医学版),2006,(3)
TGF-β1 对大鼠肾小球系膜细胞 PAI-1 表达的影响. 姚海舟,等. 吉林大学学报(医学版),2006,(3)
不同剂量 STZ 诱导小鼠糖尿病模型的发病机制. 杨巍,等. 吉林大学学报(医学版),2006,(3)
甲基汞暴露对小鼠胎儿期和成长期神经行为的影响. 刘忠民,等. 吉林大学学报(医学版),2006,(3)
长期接触低剂量氯化甲基汞对发育阶段大鼠小脑蛋白激酶 C 活性的影响. 郭杰,等. 吉林大学学报(医学版),2006,(3)
中草药仙鹤草对雄性小鼠生殖细胞的遗传毒性. 庞慧民,等. 吉林大学学报(医学版),2006,(3)
钙通道激动剂 Bay k 8644 对重症失血性休克大鼠细动脉平滑肌细胞膜电位的作用. 赵清,赵克森. 南方医科大学学报,2006,(4)
柴胡总皂甙对对戊四氮慢性点燃大鼠海马 GFAP 表达的影响. 谢炜,等. 南方医科大学学报,2006,(4)
小鼠 PGRP-L 分子 PGRP 结构域基因的克隆及其在大肠杆菌中的表达. 何智,等. 南方医科大学学报,2006,(4)
肾康丸对早期糖尿病肾病大鼠肾小球系膜细胞分泌 NO、TGF-β_1 的影响. 陈国宝,等. 南方医科大学学报,2006,(4)
雌激素对去卵巢大鼠骨组织中骨保护素、破骨细胞分化因子和巨噬细胞集落刺激因子 mRNA 表达的影响. 王强,等. 南方医科人学学报,2006,(4)
晚期氧化蛋白产物对小鼠腹腔巨噬细胞产生一氧化氮的影响. 李忠海,等. 南方医科大学学报,2006,(5)
成年大鼠全脑缺血性脑损伤后神经前体细胞的增殖周期变化. 李鸥,等. 南方医科大学学报,2006,(5)
小鼠 c-Kit$^+$ lin$^-$骨髓细胞移植生成肝细胞的实验研究. 唐浩,等. 南方医科大学学报,2006,(5)
NF-κB/IκBα 在 MNU 致实验性大鼠视网膜损伤中的变化. 杨锦南,等. 南方医科大学学报,2006,(5)
加味玉屏风颗粒对变应性接触性皮炎小鼠模型的干预及对 T 细胞分化的影响. 李莉,等. 南方医科大学学报,2006,(5)
HSF1 基因敲除小鼠胚胎成纤维细胞的永生化. 刘梅冬,等. 中南大学学报(医学版),2006,(2)
何首乌对 Aβ1-40 诱导的大鼠海马神经元内 BDNF 表达的影响. 邱光,等. 中南大学学报(医学版),2006,(2)
雄性激素对大鼠肾缺血损伤一氧化氮合酶活性的影响. 曾青,等. 中南大学学报(医学版),2006,(2)
热休克蛋白 72 在氧化应激所致急性乳鼠培养心肌细胞损伤中的作用. 罗学滨,等. 中南大学学报(医学版),2006,(2)
利多卡因对 LPS 致大鼠肺泡Ⅱ型上皮细胞损伤的保护作用. 徐道妙,等. 中南大学学报(医学版),2006,(2)
氯喹对全肝缺血再灌注大鼠肠上皮细胞凋亡及肠道细菌/内毒素移位的影响. 陈艳平,等. 中南大学学报(医学版),2006,(2)
脑源性神经营养因子对体外培养大鼠胚脑皮质神经元缺氧的保护作用. 罗小丽,等. 四川大学学报(医学版),2006,(3)
镁对缺氧大鼠皮质神经元保护作用的研究. 郑洪波,等. 四川大学学报(医学版),2006,(3)

Rho 激酶在低氧大鼠肺小动脉表达的研究. 杨莉,等. 四川大学学报(医学版),2006,(3)
生长抑素治疗大鼠急性呼吸窘迫综合征的实验研究. 刘瑞,等. 四川大学学报(医学版),2006,(3)
激素治疗对去势大鼠骨折愈合及对子宫内膜影响的对比研究. 田雨,等. 四川大学学报(医学版),2006,(3)
壬基酚对断乳期子代雄性 SD 大鼠睾丸组织发育及凋亡的影响. 张浩,等. 四川大学学报(医学版),2006,(3)
肾纤复元胶囊延缓 5/6 肾切除大鼠肾衰进展机制的实验研究. 付平,等. 四川大学学报(医学版),2006,(3)
流体剪切力作用下鼠极化破骨细胞的形态变化. 张庆鸿,等. 四川大学学报(医学版),2006,(3)
成骨生长肽对大鼠颅盖骨成骨细胞样细胞增殖和分化的影响. 徐凌,等. 四川大学学报(医学版),2006,(3)
骨质疏松老年大鼠正畸牙移动实验. 谭理军,等. 四川大学学报(医学版),2006,(3)
大鼠面神经诱发电位的实验研究. 刘艳春,等. 西安交通大学学报(医学版),2006,(2)
妊娠大鼠对急性心肌缺血损伤的反应及其机制. 郑小璞,等. 西安交通大学学报(医学版),2006,(2)
游离脂肪酸对大鼠胰岛细胞体外分泌功能的影响. 惠晓丽,等. 西安交通大学学报(医学版),2006,(2)
糖尿病大鼠心肌超微结构改变及过氧化物酶体增殖激活受体 gamma 配体对其作用的研究. 陆颖理,等. 浙江大学学报(医学版),2006,(3).
不同 HIV 蛋白酶抑制剂对鼠胰岛素瘤细胞功能的影响. 周嘉强,等. 浙江大学学报(医学版),2006,(3)
大鼠睾丸移植模型的建立及植睾损伤机制的研究. 谭付清,等. 浙江大学学报(医学版),2006,(3)
孕期、哺乳期暴露十溴联苯醚对子代大鼠免疫功能的影响. 周俊,等. 南方医科大学学报,2006,(6)
构建 EGFP-PDX-1 融合表达载体电穿孔转染大鼠胎肝干细胞的研究. 孙冰,等. 南方医科大学学报,2006,(6)
缺血再灌注损伤大鼠脑内神经巢蛋白的变化及通心络对它的影响. 尹瑞雪,等. 南方医科大学学报,2006,(6)
灵芝多糖拮抗前列腺素 E2 对小鼠脾细胞 IFN-γ 和 TNF-α mRNA 表达的抑制作用. 张群,等. 南方医科大学学报,2006,(6)
TJU103 对小鼠同种异基因造血干细胞移植模型 GVHD 的预防作用. 王三斌,等. 南方医科大学学报,2006,(6)
槲皮素抗小鼠日本血吸虫肝纤维化的实验研究. 徐标,等. 中国人兽共患病学报,2006,(5)
肺炎支原体对小鼠腹腔巨噬细胞激活作用的研究. 鲁杰,等. 中国人兽共患病学报,2006,(5)
鼠胚胎成纤维细胞饲养层及其与肝基质联合对日本血吸虫童虫培养细胞 LDH、ACP 影响的研究. 熊飞,等. 中国人兽共患病学报,2006,(6)
重组犊牛前胸腺素-α 对小鼠脾细胞增殖的影响. 任艳,等. 中国人兽共患病学报,2006,(6)
$CD4^+CD25^+$调节性 T 细胞在约氏疟原虫感染小鼠应答早期中的作用. 吴忆,等. 中国人兽共患病学报,2006,(6)
STZ 诱导糖尿病大鼠心肌 VEGF 表达及血管密度变化对缺血再灌注损伤的影响. 马国川,等. 中山大学学报(医学科学版),2006,(3)
不同剂量血管紧张素-(1—7)对心力衰竭大鼠心室有效不应期及心室颤动阈值的影响. 方昶,等. 中山大学学报(医学科学版),2006,(3)
大鼠供体喉保存的研究. 李浩,等. 中山大学学报(医学科学版),2006,(3)
多次小剂量 pEgr-IFNγ-Endostatin 基因-放射治疗对小鼠 Lewis 肺癌的抑瘤作用. 杨巍,等. 吉林大学学报(医学版),2006,(4)
雄性糖尿病大鼠海马神经元凋亡及其相关蛋白表达的改变. 赵红光,等. 吉林大学学报(医学版),2006,(4)
苯那普利对糖尿病大鼠肾脏结缔组织生长因子 mRNA 表达的影响. 赵贤俊,等. 吉林大学学报(医学版),2006,(4)
IGF-1 抑制 SCI 大鼠脊髓前角神经元凋亡的体内实验. 付长峰,等. 吉林大学学报(医学版),2006,(4)
人类重组酸性成纤维细胞生长因子对新生大鼠生长发育的影响. 吕文天,等. 吉林大学学报(医学版),2006,(4)
低剂量辐射对小鼠外周血干/祖细胞的动员作用. 刘春水,等. 吉林大学学报(医学版),2006,(4)
海洛因对雌性大鼠催乳素基因表达的影响. 张纪周,等. 吉林大学学报(医学版),2006,(4)
抗衰老口服液对自然衰老大鼠自由基的影响. 郭丽荣,等. 吉林大学学报(医学版),2006,(4)
苯和甲醛对雄性小鼠睾丸生殖细胞的联合毒性. 李玲,等. 吉林大学学报(医学版),2006,(4)
嘌呤对慢性吗啡处理大鼠热痛阈与急性戒断的影响. 刘剑凯,等. 吉林大学学报(医学版),2006,(4)
MT 蛋奶粉对铅中毒大鼠的排铅作用. 胡秀丽,等. 吉林大学学报(医学版),2006,(4)
致死性高浓度氧对新生鼠发育和肺损伤的影响. 朱翠平,等. 南方医科大学学报,2006,(7)
大鼠肠系膜细动脉血管平滑肌细胞的分离及其生理特性. 赵岩,等. 南方医科大学学报,2006,(7)
大鼠喉移植改进模型的研究. 李浩,等. 南方医科大学学报,2006,(7)
葡萄糖-6-磷酸酶多克隆抗体对大鼠血管源性脑水肿的治疗作用. 陶珍,等. 南方医科大学学报,2006,(7)
人 VEGF 基因转染大鼠骨髓间充质干细胞的实验研究(英文). 杨进福,等. 中南大学学报(医学版),2006,(3)
痹肿消汤对胶原性关节炎大鼠滑膜双向电泳蛋白质表达的影响. 杨波,等. 中南大学学报(医学版),2006,(3)
大豆异黄酮对肥胖大鼠低度炎症水平的影响. 张红敏,等. 中南大学学报(医学版),2006,(3)
前列腺素 E_1 对实验性肝纤维化大鼠 TIMP-1 表达的影响. 刘少俊,等. 中南大学学报(医学版),2006,(3)
脑室内注射胰岛素对大鼠全脑缺血后海马 CA1 区 Bcl-2 mRNA 变化及其蛋白表达的影响. 李兵,等. 西安交通大

学学报(医学版),2006,(3)
自发性高血压大鼠不同脑区神经元的变化.邱芬,等.西安交通大学学报(医学版),2006,(3)
新生小鼠睾丸组织异体异位移植物中精子形态及功能的研究.张芳婷,等.西安交通大学学报(医学版),2006,(3)
熊果酸对大鼠子宫平滑肌收缩的影响.马力扬,等.西安交通大学学报(医学版),2006,(3)
扁桃酸对小鼠体内弓形虫速殖子的作用机制.司开卫,等.西安交通大学学报(医学版),2006,(3)
大鼠骨髓间充质干细胞骨向分化及体外诱导实验.姚天华,等.西安交通大学学报(医学版),2006,(3)
脊髓损伤后大鼠后肢运动功能恢复不同评分标准的比较.王民,等.西安交通大学学报(医学版),2006,(3)
大黄素和黄芪多糖对大鼠实验性肝癌的抑制作用.党双锁,等.西安交通大学学报(医学版),2006,(3)
氧化苦参碱在大鼠肾间质纤维化进程中的保护作用.姚钢炼,等.西安交通大学学报(医学版),2006,(3)
白藜芦醇治疗大鼠急性胰腺炎肺损伤的实验研究.任雷,等.西安交通大学学报(医学版),2006,(3)
大鼠心房与心室胆碱能神经和M_2受体的分布比较.胥晓丽,等.南方医科大学学报,2006,(8)
知母皂苷B对大鼠海马注射β-AP(25—35)致tau蛋白磷酸化的影响.钟雷,等.南方医科大学学报,2006,(8)
冷冻保存后大鼠胰岛细胞与小肠黏膜下层的共培养.侯军,等.南方医科大学学报,2006,(8)
小鼠粒细胞-巨噬细胞集落刺激因子的表达、纯化与鉴定.温茜,等.南方医科大学学报,2006,(8)
戊四氮慢性点燃大鼠海马谷氨酸、γ-氨基丁酸阳性细胞变化及柴胡总皂甙的干预作用.谢炜,等.南方医科大学学报,2006,(8)
磷脂酶C-γ1在小鼠胚胎组织表达的免疫细胞化学研究.刘俊,等.南方医科大学学报,2006,(8).
前列腺素E_1对肝缺血/再灌注损伤大鼠Kupffer细胞中单核细胞趋化蛋白-1表达的影响.马玮,等.南方医科大学学报,2006,(8)
酶联免疫斑点法研究小鼠急性移植物抗宿主病模型中产生干扰素γ细胞的水平.孟筱坚,等.浙江大学学报(医学版),2006,(4)
重组血管活性肠肽基因质粒治疗大鼠胶原性关节炎的研究.张利群,沈建根.浙江大学学报(医学版),2006,(4)
慢性经耳电点燃癫痫对大鼠穿梭箱被动回避反应的记忆保持能力的作用.李青,等.浙江大学学报(医学版),2006,(4)
早期应用地塞米松预防大鼠桥脑中央髓鞘溶解症的发生.柯庆宏,等.浙江大学学报(医学版),2006,(4)
红花和当归等中药煎剂对体外培养的鼠毛囊毛发生长与毛球部细胞增殖的影响.吴巧云,等.浙江大学学报(医学版),2006,(4)
抗汉滩病毒鼠源单抗3G1单链抗体转化拟南芥的研究.赵咏梅,等.中国人兽共患病学报,2006,(7)
人类轮状病毒感染新生小鼠肠道外组织的病理变化.姚英民,等.中国人兽共患病学报,2006,(7)
藏药治疗小鼠继发性棘球蚴超微结构的观察.曹得萍,等.中国人兽共患病学报,2006,(7)
肺孢子虫肺炎小鼠动物模型的研究.张振明,等.中国人兽共患病学报,2006,(7)
$CD4^+$T细胞在约氏疟原虫抵抗型小鼠模型中的作用与地位.刘军,等.中国人兽共患病学报,2006,(8)
柯萨奇病毒性心肌炎小鼠的自然病程观察.高玉峰,等.中国人兽共患病学报,2006,(8)
福建省鼠形动物巴尔通体感染调查.叶曦,等.中国人兽共患病学报,2006,(8)
用人工繁育的围生期和幼年树鼠句感染人乙型肝炎病毒的初步研究.梁亮,等.中国人兽共患病学报,2006,(8)
大鼠侧脑室单次注射Forskolin引起tau蛋白异常磷酸化和记忆障碍持续时间及其两者的关系.张军霞,等.中国医学科学院学报,2006,(3)
重组腺相关病毒载体在大鼠海马内转导特征及其细胞亲嗜性.栗世方,等.中国医学科学院学报,2006,(4)
β受体阻滞剂阿替洛尔和酒石酸美托洛尔对大鼠急性心肌梗死后心肌细胞凋亡及凋亡相关基因表达的作用.陈跃峰,等.中国医学科学院学报,2006,(4)
逆转录病毒介导的人抗肌萎缩蛋白小基因在mdx鼠骨髓间充质干细胞的表达.于美娟,等.中国医学科学院学报,2006,(4)
骨髓干细胞移植治疗肌萎缩侧索硬化症转基因鼠的疗效.黄慧,等.中国医学科学院学报,2006,(4)
苯巴比妥钠对新生大鼠离体延髓脑片节律性呼吸的影响.陈娟,等.南方医科大学学报,2006,(9)
腹透液对大鼠腹膜间皮细胞凋亡和增殖的影响.陈生晓,等.南方医科大学学报,2006,(9)
组胺对大鼠脑皮质内血管的作用.赵建军,等.南方医科大学学报,2006,(9)
产前应激对子代大鼠海马CA3区神经元高电压激活Ca^{2+}通道动力学特征的影响.蔡青,等.南方医科大学学报,2006,(9)
内皮素及其受体在哇巴因高血压鼠发病机制中的作用.姜馨,等.南方医科大学学报,2006,(9)
诱导性鼠Smad7真核表达载体的构建与鉴定.任淑婷,等.南方医科大学学报,2006,(9)
人类轮状病毒感染新生小鼠肠道外组织超微结构的变化.姚英民,等.南方医科大学学报,2006,(9)
小鼠体外发育卵母细胞生长分化因子-9基因表达.彭宇洪,等.南方医科大学学报,2006,(9)
伊贝沙坦对糖尿病大鼠心脏一氧化氮系统的影响.钱孝贤,等.南方医科大学学报,2006,(9)

白黎芦醇对脂多糖诱导大鼠腹腔巨噬细胞活化的抑制作用. 马振华,等. 南方医科大学学报,2006,(9)
皮下注射胰岛素抑制胰岛 β 细胞凋亡预防 NOD 鼠糖尿病. 蒋铁建,等. 中南大学学报(医学版),2006,(4)
SD 大白鼠骨髓多能间质干细胞 QY1 细胞系的生物稳定性分析. 谢祁阳,等. 中南大学学报(医学版),2006,(4)
大鼠肝细胞癌 Ang2 和 Tie2 表达与肿瘤血管生成的关系. 李文政,等. 中南大学学报(医学版),2006,(4)
吗啡对神经损伤性大鼠脊髓背角投射神经元的影响. 陈艳平,等. 中南大学学报(医学版),2006,(4)
粒细胞集落刺激因子对小鼠急性肝衰竭的保护作用. 徐旭雯,等. 中南大学学报(医学版),2006,(4)
通心络对局灶性脑缺血再灌注损伤大鼠的抗氧化作用. 丁素菊,黎佳思. 中南大学学报(医学版),2006,(4)
白藜芦醇对老年性痴呆小鼠认知功能的影响. 罗莉,黄忆明. 中南大学学报(医学版),2006,(4)
联合低剂量化疗对小鼠 Lewis 肺癌抗血管生成和抗肿瘤作用的研究. 邱萌,等. 四川大学学报(医学版),2006,(4)
氟他胺对胚胎期 SD 大鼠睾丸发育整体基因表达水平的影响. 李岩,等. 四川大学学报(医学版),2006,(4)
甲醛对性成熟期雄性大鼠生殖毒性的作用研究. 周党侠,等. 四川大学学报(医学版),2006,(4)
围生期双酚 A 暴露对雄性子代大鼠中脑多巴胺神经细胞凋亡的影响. 林勇,等. 四川大学学报(医学版),2006,(4)
他莫昔芬和莪术油联合治疗大鼠子宫内膜异位症的实验研究. 孔煜,张家文. 四川大学学报(医学版),2006,(4)
罗格列酮对高糖刺激的大鼠肾小球系膜细胞 B_1 整合素、ICAM-1 表达的影响. 曾莉,等. 四川大学学报(医学版),2006,(4)
低氧大鼠肺组织核因子 κB 表达的变化. 程德云,等. 四川大学学报(医学版),2006,(4)
内皮抑素在小鼠氧致血管增生性视网膜病变中的表达及意义. 张美霞,等. 四川大学学报(医学版),2006,(4)
肋间神经移植加 NGF、BDNF 基因修饰的 OECs 修复大鼠脊髓损伤. 布林,等. 四川大学学报(医学版),2006,(4)
阻断内毒素胞内信号转导通路对大鼠移植肝脏再灌注损伤的影响. 刘作金,等. 四川大学学报(医学版),2006,(5)
大鼠肠肌间神经元胃动素受体的表达及胃动素引起神经元内钙信号的机制. 杨侠,等. 四川大学学报(医学版),2006,(5)
巴曲酶对原代培养的大鼠皮层神经元钙激活钾通道的作用研究. 赖晓晖,等. 四川大学学报(医学版),2006,(5)
阻塞性黄疸大鼠肾系膜细胞线粒体膜电位变化的研究. 乔安意,等. 四川大学学报(医学版),2006,(5)
CCL20 重组慢病毒对小鼠肿瘤生长的影响. 李红霞,等. 四川大学学报(医学版),2006,(5).
大豆异黄酮对胰岛素抵抗大鼠抵抗素基因表达的影响. 陈世伟,等. 四川大学学报(医学版),2006,(5)
川芎嗪对大鼠局灶性脑缺血后侧脑室室下区细胞增殖的作用. 邱芬,等. 四川大学学报(医学版),2006,(5)
低氧诱导因子-1、促红细胞生成素在血管性痴呆大鼠海马的表达. 张蓓,等. 四川大学学报(医学版),2006,(5)
脱氧核酶对 Period1 基因表达及其对小鼠吗啡精神依赖的影响. 周薇,等. 四川大学学报(医学版),2006,(5)
Cubilin 在糖尿病肾病大鼠模型的表达变化. 冯梅,等. 四川大学学报(医学版),2006,(5)
实验性大鼠牙齿移动时三叉神经节内 P2X3 mRNA 的表达变化. 曹阳,等. 四川大学学报(医学版),2006,(5)
胆汁反流对大鼠食管粘膜炎症损伤和凋亡的作用. 张茹,等. 四川大学学报(医学版),2006,(5)
小鼠囊胚体外植入恶性肿瘤细胞和容受性子宫内膜上皮细胞的比较性研究. 马芳,等. 四川大学学报(医学版),2006,(5)
乳糖酶在 SD 大鼠小肠中的分布情况的研究. 何伟,等. 四川大学学报(医学版),2006,(5)
全脑缺血再灌注损伤后 JUN 蛋白在大鼠海马的表达及热休克预处理对其表达的影响. 吕建瑞,等. 西安交通大学学报(医学版),2006,(4).
苯那普利对单侧输尿管梗阻大鼠肾脏结缔组织生长因子表达的影响. 姚钢炼,等. 西安交通大学学报(医学版),2006,(4)
全反式维甲酸对肾间质纤维化大鼠肾间质巨噬细胞浸润的影响. 朱丹,等. 西安交通大学学报(医学版),2006,(4)
早期糖尿病大鼠视网膜血管形态学的改变与血管内皮生长因子的表达. 张小玲,等. 西安交通大学学报(医学版),2006,(4)
电针穴位刺激对锂-匹罗卡品诱导性致痫大鼠认知功能的影响. 王津存,等. 西安交通大学学报(医学版),2006,(4)
姜黄素对单纯性肥胖大鼠的减肥作用及其机制研究. 于燕,等. 西安交通大学学报(医学版),2006,(4)
白细胞介素-2 对小鼠神经病理性痛的镇痛作用. 王军阳,等. 西安交通大学学报(医学版),2006,(4)
粒-巨噬细胞集落刺激因子对大鼠血钙及甲状腺 C 细胞数的影响. 张永莉,等. 西安交通大学学报(医学版),2006,(4)
内皮祖细胞移植修复大鼠颈总动脉内皮损伤. 徐明国,等. 中山大学学报(医学科学版),2006,(4)
微波消融对小鼠肝癌细胞活性和 HSP70 表达的影响. 谭进富,等. 中山大学学报(医学科学版),2006,(4)
盐酸二甲双胍对非酒精性脂肪肝大鼠脂肪组织肿瘤坏死因子 α 基因表达的影响. 江庆澜,等. 中山大学学报(医

学科学版),2006,(4)
体外培养大鼠耻骨联合软骨细胞的生物学特性. 葛成,等. 中山大学学报(医学科学版),2006,(4)
人脐血单个核细胞移植对大鼠急性心肌梗死后血管再生的作用. 胡承恒,等. 中山大学学报(医学科学版),2006,(4)
青龙藤提取物对糖尿病模型大鼠的降血糖作用. 黄民,等. 吉林大学学报(医学版),2006,(5)
不同剂量 X 射线诱导小鼠腹腔巨噬细胞 IL-18 表达的量效关系. 崔阳,等. 吉林大学学报(医学版),2006,(5)
抑肽酶对大鼠实验性慢性肝损伤的治疗作用. 张馨木,等. 吉林大学学报(医学版),2006,(5)
姬松茸 ω-6 多不饱和脂肪酸对鼠的抗血栓作用. 张艳荣,等. 吉林大学学报(医学版),2006,(5)
逆转录聚合酶链反应检测小鼠 MN/CA9 基因的表达. 王银萍,等. 吉林大学学报(医学版),2006,(5)
MPP^+ 诱导小鼠胚胎中脑组织原代培养多巴胺能神经元的损伤与死亡. 贾晓晶,等. 吉林大学学报(医学版),2006,(5)
MT 蛋奶粉对铅中毒大鼠脑和股骨中微量元素的影响. 胡秀丽,等. 吉林大学学报(医学版),2006,(5)
^{125}I 粒子植入对大鼠脑内胶质瘤细胞增殖的抑制作用. 黄海燕,等. 吉林大学学报(医学版),2006,(5)
刺五加注射液对多发性脑梗塞大鼠学习记忆的影响. 刘宏雁,等. 吉林大学学报(医学版),2006,(5)
聚肌胞对小鼠前列腺癌的抑制作用. 田原僮,等. 吉林大学学报(医学版),2006,(5)
胰激肽原酶对自发性高血压大鼠心肌纤维化及 NO 含量的影响. 付军,等. 吉林大学学报(医学版),2006,(5)
山葡萄多酚对大鼠红细胞膜结构稳定性的影响. 焦淑萍,等. 吉林大学学报(医学版),2006,(5)
截瘫大鼠血液生化及骨密度改变. 李颖智,等. 吉林大学学报(医学版),2006,(5)
兰州航空口岸啮齿动物种群动态及动物流行病学意义. 周科清,等. 中国国境卫生检疫杂志,2006,(5)
塔里木盆地啮齿动物体外寄生蚤群落的研究. 阿不力米提·买托呼提,等. 地方病通报,2006,(2)
塔里木盆地啮齿动物体外寄生虫群落结构及其聚类分析. 张渝疆,等. 中国媒介生物学及控制杂志,2006,(4)
啮齿动物对锐齿槲栎坚果的取食模式及坚果命运. 卢叶香,等. 生态学报,2006,(11)
新疆霍尔果斯和都拉塔口岸及毗邻地区啮齿动物及其体外寄生物调查. 黎唯,等. 地方病通报,2006,(2)
啮齿类动物脊髓损伤模型的研究现状. 夏永智,等. 创伤外科杂志,2006,(2)
不同干扰方式对荒漠植物与啮齿动物群落的作用. 王利清,等. 内蒙古农业大学学报(自然科学版),2006,(3)
某部驻区啮齿动物中肾综合征出血热抗体检测与分析. 宋世佩,等. 医学动物防制,2006,(6)
部分省区啮齿动物中斑点热群立克次体的检测. 黄海楠,等. 中国媒介生物学及控制杂志,2006,(2)
秦巴林区啮齿动物群落构成及区划分析. 杨学军,等. 中国森林病虫,2006,(3)
黑河流域中游地区荒漠—绿洲景观区啮齿动物群落结构. 帅凌鹰,等. 生物多样性,2006,(6)
神经实验室中啮齿类动物实验概况分析. 曹宏卿,等. 中国比较医学杂志,2006,(9)
Neurolab 任务中啮齿类动物实验概况分析. 曹宏卿,等. 现代临床医学生物工程学杂志,2006,(5)
兽类头骨测量标准Ⅲ:啮齿目、兔形目. 夏霖,等. 动物学杂志,2006,(5)
陕北林地啮齿动物群落多样性研究. 韩崇选,等. 西北林学院学报,2006,(1)
胱天蛋白酶 3 在啮齿类动物和猕猴脑中的表达:种系和年龄相关研究(英文). 张爱群,等. 中国临床康复,2006,(26)
青藏铁路温性草原区铁路运营对啮齿动物群落结构的影响. 杨生妹,等. 兽类学报,2006,(3)
亚热带林区啮齿动物对樱桃种子捕食和搬运的作用格局. 曹林,等. 动物学杂志,2006,(4)
地下啮齿动物视觉系统的形态结构与机能进化. 杜央威,等. 兽类学报,2006,(1)
广西鼠疫疫区的啮齿动物调查研究. 梁江明,等. 中国热带医学,2006,(7)
人为干扰下荒漠啮齿动物群落格局——变动趋势与敏感性反应. 武晓东,付和平. 生态学报,2006,(3)
中国啮齿目动物染色体核型研究进展. 庞承义,郜发道. 陕西师范大学学报(自然科学版),2006,(S1)
啮齿目泌乳刺激素基因家族的分子进化研究(英文). 李英,张亚平. 遗传学报,2006,(7)
啮齿类糖尿病肾病动物模型研究进展. 李佑生,王文健. 中国中医基础医学杂志,2006,(7)
不同干扰和尺度下荒漠啮齿动物群落研究. 付和平. 内蒙古农业大学,2006
不同干扰方式下荒漠啮齿动物群落生物量与生境因子的关系. 王利清. 内蒙古农业大学学,2006
人为干扰下荒漠啮齿动物群落格局研究——啮齿动物群落与植物群落的相关分析. 武晓东,等. 野生动物生态与资源保护第三届全国学术研讨会论文摘要集,2006
湖南省啮齿动物中汉坦病毒的流行病学研究. 李莹,等. 全国人畜共患病学术研讨会论文集,2006
病毒载体介导 BDNF 基因表达在大鼠神经元 AD 模型中的作用. 刘朝晖,等. 南方医科大学学报,2006,(10)
哇巴因-高血压鼠高血压发展期间肾脏钠转运的改变. 葛蘅,吕卓人. 南方医科大学学报,2006,(10)
哇巴因对大鼠心脏超微结构及心功能的影响. 姜馨,等. 南方医科大学学报,2006,(10)
六味地黄丸对自发性 2 型糖尿病大鼠内脏脂肪分布的影响. 薛耀明,等. 南方医科大学学报,2006,(10)
同种异体移植骨髓基质干细胞修复大鼠急性化学性肝损伤的组织学观察. 刘胜军,等. 南方医科大学学报,2006,(10)

表皮生长因子对小鼠前列腺细胞雌雄激素受体表达的影响. 贾彬,等. 南方医科大学学报,2006,(10)
大豆异黄酮对胰岛素抵抗大鼠低度炎症因子水平的影响. 陈世伟,等. 南方医科大学学报,2006,(10)
大鼠肝缺血再灌注后 Fas 及 FasL 蛋白表达变化及缺血预处理的保护机制. 庄永敬,徐小平. 南方医科大学学报,2006,(10)
ADMA 对自发性高血压大鼠血小板聚集的影响及氯沙坦的干预作用. 夏珂,等. 中南大学学报(医学版),2006,(5)
P21 在单侧输尿管梗阻大鼠肾间质纤维化中的表达及依那普利对其表达的调节. 肖云,等. 中南大学学报(医学版),2006,(5)
p27 在大鼠肾间质纤维化中的表达及依那普利对其干预后的影响. 孙剑,等. 中南大学学报(医学版),2006,(5)
白松片对大鼠慢性应激抑郁模型的抗抑郁实验研究. 胡随瑜,等. 中南大学学报(医学版),2006,(5)
白松片对慢性应激抑郁模型大鼠海马突触蛋白 SYT 和 SYN 的影响. 唐凤英,等. 中南大学学报(医学版),2006,(5)
大鼠鞘内注射单纯疱疹病毒Ⅰ型扩增子载体介导人前脑啡肽原基因的表达及对甲醛炎性痛的镇痛效应. 刘惠宁,等. 中南大学学报(医学版),2006,(5).
鞘内注射氯胺酮对甲醛炎性疼痛大鼠脊髓背角 nNOS 表达的影响. 杨勇,等. 中南大学学报(医学版),2006,(5)
VEGF 基因转染骨髓间充质干细胞对大鼠心梗区血管新生的影响. 周文武,等. 中南大学学报(医学版),2006,(5)
慢性应激对大鼠海马神经元 PKA 和 P-CREB 蛋白表达的影响及抗抑郁剂的拮抗作用. 王哲,等. 中南大学学报(医学版),2006,(5)
大鼠蛋白聚糖Ⅱ重组腺病毒载体的构建及生物学功能的鉴定. 吴芳,等. 浙江大学学报(医学版),2006,(5)
吡格列酮对链脲佐菌素诱导糖尿病大鼠视网膜早期病变保护作用的研究. 王剑勇,等. 浙江大学学报(医学版),2006,(5)
快速眼动睡眠剥夺后大鼠海马 CB1 受体表达及病理变化. 江佩芳,等. 浙江大学学报(医学版),2006,(5)
大鼠肝细胞组织化培养用于药物Ⅰ和Ⅱ相代谢研究. 裘虹霞,等. 浙江大学学报(医学版),2006,(5)
我国部分林区鼠中莱姆病螺旋体的分子流行病学调查研究. 褚宸一,等. 中国人兽共患病学报,2006,(9)
日本血吸虫病肝纤维化小鼠肝脏 CTGF、TGFβ_1-mRNA 的表达及意义. 余治健,等. 中国人兽共患病学报,2006,(9)
弓形虫慢性感染小鼠脑内包囊分布的研究. 包安裕,等. 中国人兽共患病学报,2006,(9)
汉滩病毒核酸疫苗滴鼻及皮肤划痕免疫小鼠的比较研究. 石永兵,等. 中国人兽共患病学报,2006,(9)
结核杆菌 Ag85B 基因疫苗与结核杆菌 Ag85B 和细胞因子 GM-CSF 共表达基因疫苗在小鼠体内的免疫效应比较. 张万江,等. 中国人兽共患病学报,2006,(9)
FK506 对弓形虫感染后小鼠 IFN-γ、IL-2 和肝虫负荷的影响. 郑顺利,等. 中国人兽共患病学报,2006,(9)
替硝唑对大鼠卡氏肺孢子虫肺炎作用的初步观察. 王建新,等. 中国人兽共患病学报,2006,(9)
以恶性疟原虫 MSP1 和 AMA1 疫苗组合免疫小鼠诱导保护性免疫. 李淑梅,等. 中国人兽共患病学报,2006,(10)
黄芪对感染血吸虫小鼠脑组织外周型苯二氮卓受体表达的影响. 罗俊华,陈盛铎. 中国人兽共患病学报,2006,(10)
长爪沙鼠和新西兰白兔源肺孢子虫 ITS1-5. 8S rDNA-ITS2 序列的测定与分析. 李自慧,等. 中国人兽共患病学报,2006,(10)
胎鼠肺泡Ⅱ型上皮细胞分离、原代培养与鉴定. 陈慧,等. 中山大学学报(医学科学版),2006,(5)
重组人催乳素对大鼠子宫内膜异位模型作用的初步研究. 徐成康,等. 中山大学学报(医学科学版),2006,(5)
糖尿病大鼠生存信号改变对缺血再灌注损伤及心肌细胞凋亡的影响. 马国川,等. 中山大学学报(医学科学版),2006,(5)
血管紧张素-(1-7)预处理减轻大鼠离体心脏缺血再灌注损伤. 何建桂,等. 中山大学学报(医学科学版),2006,(5)
冷缺血损伤后大鼠移植肝内细胞因子的变化. 王国栋,等. 中山大学学报(医学科学版),2006,(5)
IL-12 联合 B7-1 基因放射治疗对小鼠 B16 移植肿瘤生长的影响. 杨英,等. 吉林大学学报(医学版),2006,(6)
X 射线全身照射对小鼠脾细胞和腹腔巨噬细胞凋亡的影响. 武宁,等. 吉林大学学报(医学版),2006,(6)
姬松茸 ω-6 多不饱和脂肪酸对高血脂鼠的降血脂作用. 张艳荣,等. 吉林大学学报(医学版),2006,(6)
缝裂层孔菌对小鼠的抑瘤及免疫调节作用. 张爽,等. 吉林大学学报(医学版),2006,(6)
寰枢椎长期乳酸堆积对老年小鼠学习记忆能力的影响. 林桂淼,等. 吉林大学学报(医学版),2006,(6)
苯妥英锌对癫痫小鼠脑内氨基酸含量的影响. 胡艳丽,等. 吉林大学学报(医学版),2006,(6)
慢性可变应激对大鼠强迫游泳行为的影响与海马结构的平行改变. 夏映红,等. 吉林大学学报(医学版),2006,(6)
小鼠釉基质丝氨酸蛋白酶基因打靶载体的构建及鉴定. 姜秋,等. 吉林大学学报(医学版),2006,(6)

人参二醇组皂苷对实验性 2 型糖尿病大鼠血糖及血脂代谢的影响. 胡翠华,等. 吉林大学学报(医学版),2006,(6)
Topiramate 对宫内缺血大鼠脑组织含水量及神经细胞凋亡的影响. 武辉,等. 吉林大学学报(医学版),2006,(6)
甘露聚糖修饰的重组小鼠甲胎蛋白的抗肿瘤免疫作用研究. 张巍,等. 四川大学学报(医学版),2006,(6)
小鼠乳腺肿瘤病毒相似基因序列在乳腺癌中的表达研究. 罗婷,等. 四川大学学报(医学版),2006,(6)
GATA6 基因在肺动脉高压大鼠肺组织中表达水平的变化. 刘斌,等. 四川大学学报(医学版),2006,(6)
β-catenin 在大鼠胚胎肝脏发育和肝癌发生中的作用. 王启明,等. 四川大学学报(医学版),2006,(6)
Cyclin G1 在小鼠卵巢的表达及其与卵泡发育的关系. 柳朝华,等. 四川大学学报(医学版),2006,(6)
灯盏细辛对大鼠低氧性肺动脉高压的预防效应. 苏巧俐,等. 四川大学学报(医学版),2006,(6)
高压氧对缺氧缺血性脑损伤大鼠感觉运动功能及大脑皮质区神经元的远期影响. 刘小红,等. 西安交通大学学报(医学版),2006,(5)
肝疏冲剂对脂肪肝模型大鼠的影响. 张小娟,马欣. 西安交通大学学报(医学版),2006,(5)
平肝降压胶囊对自发性高血压大鼠血管紧张素Ⅱ及肾素活性的影响. 刘素蓉,等. 西安交通大学学报(医学版),2006,(5)
黄芪蛰虫口服液对氢化可的松免疫抑制小鼠免疫功能的调节作用. 侯春兰,等. 西安交通大学学报(医学版),2006,(5)
大鼠脊髓损伤后 MAP-2 的表达及与运动功能恢复的相关性. 钱军,等. 西安交通大学学报(医学版),2006,(5)
不同冷保存时间对大鼠移植小肠形态学改变及对移植术后受体存活的影响. 赵伟,等. 西安交通大学学报(医学版),2006,(5)
重组 Sj14-3-3,SjGST 及 mIL-12/聚乳酸聚乙醇酸共聚物(PLGA)缓释微球对小鼠免疫保护性的研究. 罗飞,等. 中国人兽共患病学报,2006,(11)
实时 RT-PCR 法检测感染小鼠不同组织标本中的委内瑞拉马脑炎病毒. 邓永强,等. 中国人兽共患病学报,2006,(11)
一氧化氮及一氧化氮合酶抑制剂对小鼠血吸虫病肝纤维化程度的影响. 张玲敏,等. 中国人兽共患病学报,2006,(11)
肺间质纤维化大鼠体内明胶酶活性的变化. 孔璐,等. 中国医学科学院学报,2006,(5)
稳定大鼠肝移植模型的规范及移植肝灌注方式比较. 许赤,等. 南方医科大学学报,2006,(11)
乙酰胆碱对大鼠慢性压迫背根节神经元放电的影响. 杨红军,胡三觉. 南方医科大学学报,2006,(11).
培哚普利对心肌梗死大鼠左室重构和心肌组织 osteopontin 蛋白表达的影响. 张玉玲,等. 南方医科大学学报,2006,(11)
塞来昔布预防大鼠乳腺癌发生及其机制. 康华峰,等. 南方医科大学学报,2006,(11)
小鼠 TLR-2N 末端基因的克隆表达和抗体制备. 杨翠兰,等. 南方医科大学学报,2006,(11)
大鼠触须毛乳头细胞的分离和培养. 孙锡金,胡志奇. 南方医科大学学报,2006,(11)
茶儿茶素对小鼠的辐射防护作用. 石卫民,等. 南方医科大学学报,2006,(11)
新生 SD 大鼠心肌干细胞的体外分离培养与鉴定. 陆东风,等. 南方医科大学学报,2006,(11)
重组 β-防御素 2 多肽对脓毒症大鼠肺组织细胞凋亡的影响. 徐笑益,等. 浙江大学学报(医学版),2006,(6)
重组 β-防御素 2 在脓毒症所致大鼠急性肺损伤发生发展中的作用. 石卓,等. 浙江大学学报(医学版),2006,(6)
内源性组胺对大鼠戊四唑点燃癫痫诱发记忆障碍的作用. 张力三,等. 浙江大学学报(医学版),2006,(6)
枸杞多糖对小鼠骨髓树突状细胞成熟的影响. 朱杰,等. 浙江大学学报(医学版),2006,(6)
骨髓干细胞移植后 mdx 鼠腓肠肌病理及 Dystrophin 的表达变化. 卢锡林,等. 中山大学学报(医学科学版),2006,(6)
建立符合肝癌肝移植术后肝癌复发规律的大鼠模型. 陈颖华,等. 中山大学学报(医学科学版),2006,(6)
FTY720 预防小鼠同种异体胰岛移植的排斥反应. 刘龙山,等. 中山大学学报(医学科学版),2006,(6)
Shh 对发育中小鼠视觉传导通路的影响(英文). 郝彦利,等. 南方医科大学学报,2006,(12)
微泡空化效应对大鼠骨骼肌微循环的影响. 黄武锋,等. 南方医科大学学报,2006,(12)
青风藤及青藤碱对吗啡依赖小鼠位置偏爱效应和脑内组胺水平的影响. 莫志贤,等. 南方医科大学学报,2006,(12)
以沙门氏菌为载体的口服基因治疗对小鼠肿瘤的作用. 齐桓,等. 南方医科大学学报,2006,(12)
氯沙坦对糖尿病大鼠肾组织血管紧张素Ⅱ及其 1 型受体 mRNA 表达的影响. 吴文,等. 南方医科大学学报,2006,(12)
胎鼠肝 nestin 阳性细胞的分离培养和诱导分化研究. 刘军,等. 南方医科大学学报,2006,(12)
外源性基因经乳腺导管注射在大鼠乳腺组织中表达的机制研究. 李新安,安靓. 南方医科大学学报,2006,(12)
刺蒺藜对小鼠毛囊黑素细胞刺激素表达的影响. 杨柳,等. 南方医科大学学报,2006,(12)
饮食加硼治疗维甲酸诱导骨质疏松模型大鼠的效果观察. 许鹏,等. 南方医科大学学报,2006,(12)

鳖甲煎丸对 H22 荷瘤小鼠的抑瘤作用及对增殖细胞核抗原表达的影响. 张绪慧,等. 南方医科大学学报,2006,(12)
大鼠栓塞肺组织中代谢相关酶类的表达变化. 李圣青,等. 西安交通大学学报(医学版),2006,(6)
姜黄素对沙土鼠脑缺血再灌注后海马 CA1 区及 CA3 区 Bcl-2、Bax 表达的影响及意义. 曹红,等. 西安交通大学学报(医学版),2006,(6)
利多卡因对脑缺血再灌注损伤大鼠海马组织细胞间黏附分子-1 及核转录因子-κB 表达的影响. 朱新业,等. 西安交通大学学报(医学版),2006,(6)
Bcl-2 和 Bax 对梗阻性黄疸大鼠肾小管上皮细胞凋亡的调节作用. 张云锋,等. 西安交通大学学报(医学版),2006,(6)
腹腔巨噬细胞在大鼠重症急性胰腺炎发病机制中的作用. 马振华,等. 西安交通大学学报(医学版),2006,(6)
白藜芦醇对大鼠重症急性胰腺炎肠黏膜细胞凋亡的影响. 沙焕臣,等. 西安交通大学学报(医学版),2006,(6)
舒腰合剂抗大鼠椎间盘软骨终板老化的作用. 张银刚,等. 西安交通大学学报(医学版),2006,(6)
沈阳昆明(KM)小鼠源和长春牛源隐孢子虫卵囊形态的数字图像分析. 郦玉艳,等. 中国人兽共患病学报,2006,(12)
过氧化物酶体增殖物激活受体-α 激动剂对高脂喂养大鼠脂肪因子表达的影响. 李焱,等. 中国医学科学院学报,2006,(6)
代谢综合征大鼠肠系膜脂肪组织中肾素-血管紧张素系统的变化. 马丽群,等. 中国医学科学院学报,2006,(6)
尾加压素Ⅱ对自发性高血压大鼠血管外膜成纤维细胞增殖活性及细胞外信号调节激酶 1/2 磷酸化的影响. 戴红艳,等. 中国医学科学院学报,2006,(6)
调控高迁移组蛋白 1 诱导大鼠肺泡巨噬细胞表达诱生型一氧化氮合酶的信号通路. 余跃,等. 中国医学科学院学报,2006,(6)
罗格列酮对 KKA^y 小鼠肾脏小管间质结缔组织生长因子表达的影响. 秦岩,等. 中国医学科学院学报,2006,(6)
17-β-雌二醇诱发大鼠原位和移植垂体形成催乳素瘤过程中垂体催乳素基因调控序列突变差异性. 张凤珠,等. 中国医学科学院学报,2006,(6)
完全弗氏佐剂抑制 NOD 鼠胰岛 β 细胞凋亡及其机制. 朱琳,等. 中南大学学报(医学版),2006,(6)
AGEs 对老年大鼠内皮细胞 NF-κB 活性与 Fn mRNA 表达的影响. 谢秀梅,等. 中南大学学报(医学版),2006,(6)
蜂毒对大鼠佐剂性关节炎的影响. 罗卉,等. 中南大学学报(医学版),2006,(6)
乌司他丁对失血性休克大鼠血流动力学及多器官保护的研究. 钟娃,等. 中山大学学报(医学科学版),2006,(S1)
碱性成纤维细胞生长因子对大鼠骨髓间质干细胞诱导分化为心肌细胞的影响. 刘建华,等. 中山大学学报(医学科学版),2006,(S1)
氯胺酮对大鼠肺缺血再灌注损伤的影响. 陈根殷,等. 中山大学学报(医学科学版),2006,(S2)
人胰岛素 RIA 药盒检测大鼠血清胰岛素的可行性探讨. 朱柏乐,等. 中山大学学报(医学科学版),2006,(S1)
正畸力作用下大鼠牙周组织中骨形成蛋白 7(BMP-7)的表达及意义. 常少海,等. 中山大学学报(医学科学版),2006,(S1)
诱导型一氧化氮合酶和环氧合酶-2 在地鼠颊囊癌变中的表达及意义. 杨朝晖,等. 中山大学学报(医学科学版),2006,(S2)
咪达唑仑对健康成年大鼠和东莨菪碱大鼠脑内 M 受体的影响. 张捷,等. 北京大学学报(医学版),2006,(3)
热休克处理诱导小鼠心脏 HO-1 表达并延长其移植至大鼠的存活时间. 刘胜春,等. 第三军医大学学报,2006,(14)
PS1/APP 双转基因 AD 模型小鼠与 $A\beta_{(1\text{-}40)}$ 海马注射 AD 模型大鼠的组织病理学比较. 李达兵,等. 第三军医大学学报,2006,(16)
2,3,7,8-四氯二苯并二噁英作用下鼠胚及乳鼠心脏组织 ANF mRNA 的表达变化. 孙黎黎,等. 第三军医大学学报,2006,(16)
二苯氯胂对小白鼠和大鼠的急性毒性研究. 高川,等. 第三军医大学学报,2006,(20)
腹腔与静脉应用托泊替坎治疗人卵巢癌细胞株 SKOV3 裸小鼠网膜移植瘤的疗效比较(英文). 易晓芳,等. 北京大学学报(医学版),2006,(1)
缺氧致大鼠肺动脉平滑肌细胞 Akt mRNA 表达的变化. 易斌,等. 第三军医大学学报,2006,(3)
低氧对大鼠肺动脉平滑肌细胞中 Gax 基因表达及细胞增殖的影响. 夏世金,等. 第三军医大学学报,2006,(3)
螺内酯和缬沙坦对高血压大鼠心肌肥大信号通路的影响. 胡钢英,等. 第三军医大学学报,2006,(3)
幼年大鼠交感神经损伤后血管紧张素受体功能及表达的变化. 史惠卿,何风慈. 第三军医大学学报,2006,(3)
人 CTLA-4Ig 融合基因减毒鼠伤寒沙门菌真核表达载体的构建及表达. 周春丽,等. 第三军医大学学报,2006,(3)
大鼠星形胶质细胞源性的雌激素对突触传递功能调节的实验研究. 胡荣,等. 第三军医大学学报,2006,(4)

大鼠肠上皮细胞系 IEC-6 的恶性转化研究. 王燕,等. 第三军医大学学报,2006,(4)
ORC1 在大鼠血管平滑肌细胞 G_1/S 和 S 期的表达. 江明宏,等. 第三军医大学学报,2006,(4)
模拟缺血预适应对原代培养乳鼠窦房结细胞起搏离子流的影响. 张倩,等. 第三军医大学学报,2006,(4)
B-CATENIN 和 COX-2 在大鼠毛囊隆突区细胞中的表达及意义. 张艺,等. 第三军医大学学报,2006,(4)
雌激素对癫痫大鼠海马区胶质细胞增生和突触可塑性变化的影响. 魏璐,等. 第三军医大学学报,2006,(4)
小鼠肾近曲小管上皮细胞顶侧膜钾通道的膜片钳研究. 刘亚利,等. 第三军医大学学报,2006,(1).
还原型谷胱甘肽对抗硫芥诱导大鼠脾淋巴细胞毒性作用. 曾惠,等. 第三军医大学学报,2006,(1)
大鼠半胸照射致肺纤维化模型的病理学观察. 谭永红,等. 第三军医大学学报,2006,(2)
脂多糖结合蛋白多抗对大鼠肺泡巨噬细胞内毒素耐受性及 Toll 样受体 4 表达的影响. 张德明,等. 第三军医大学学报,2006,(2)
盐酸尼卡地平对血管紧张素Ⅱ诱导成年大鼠心脏成纤维细胞增殖和 PYK_2 表达的影响. 郝嘉,等. 第三军医大学学报,2006,(2)
肝细胞色素氧化酶Ⅰ在非酒精性脂肪肝大鼠形成中的作用. 史洪涛,等. 第三军医大学学报,2006,(2)
藿香正气液对大鼠胃动素的影响. 杨国汉,等. 第三军医大学学报,2006,(2)
慢性马兜铃酸肾病大鼠模型肾组织中差异蛋白质的筛选. 孙世仁,等. 第三军医大学学报,2006,(5)
高温复合脂多糖应激大鼠血浆 TNF-α、IL-6 含量的变化规律. 林晓静,等. 第三军医大学学报,2006,(5)
大鼠骨髓间充质干细胞诱导分化为心肌样细胞内向钠电流的研究. 农耀明,等. 第三军医大学学报,2006,(5)
MPTP 致小鼠黑质致密部多巴胺能神经元损伤及定量研究. 梁亚杰,等. 第三军医大学学报,2006,(5)
唾液酸相关物质对盐酸致伤大鼠气管铜绿假单胞菌感染的抑制作用. 黄勇,等. 第三军医大学学报,2006,(5)
四环素致 BALB/c 小鼠肝脏毒性的基因表达谱研究. 高利宏,等. 第三军医大学学报,2006,(6)
小鼠胚胎干细胞分化为肝前体细胞及其脾内移植的实验研究. 江海洪,等. 第三军医大学学报,2006,(6)
基质干细胞及明胶微载体植入大鼠心脏的研究. 常静,等. 第三军医大学学报,2006,(6)
原代培养大鼠肝窦内皮细胞凋亡的检测及意义. 朱瑾,等. 第三军医大学学报,2006,(6)
ORC1 与大鼠血管平滑肌细胞 DNA 复制的关系及意义探讨. 江明宏,等. 第三军医大学学报,2006,(6)
牛磺酸对高原缺氧大鼠视网膜形态结构及 SDH、LDH 活性的影响. 陈芳,等. 第三军医大学学报,2006,(6)
睡眠剥夺对大鼠空间学习记忆的影响及其 LTP 机制的研究. 刘国龙,等. 第三军医大学学报,2006,(6)
大鼠骨髓间充质干细胞向表皮细胞分化的初步研究. 邹丽琴,等. 第三军医大学学报,2006,(6)
大鼠爆炸性脑创伤模型建立. 楚燕飞,等. 第三军医大学学报,2006,(6)
大鼠膀胱平滑肌过度充盈后钙离子分布的变化. 陶忠芬,等. 第三军医大学学报,2006,(6)
神经氨酸酶预处理对大鼠骨髓细胞分布及造血集落形成的影响. 李芳,等. 第三军医大学学报,2006,(7)
心肌肥厚大鼠心肌细胞核体外转录活性和 RNA 核孔转出的变化. 刘健,等. 第三军医大学学报,2006,(7)
TAT/CT-1 及 TAT/EGFP 融合蛋白的表达与纯化及其在小鼠体内分布的观察. 李兴鑫,等. 第三军医大学学报,2006,(7)
RCS 大鼠视网膜色素变性过程中内源性干细胞激活的初步研究. 陈丽峰,等. 第三军医大学学报,2006,(7)
大鼠角膜不同程度酸烧伤后 MDA 与 SOD 变化特征的实验研究. 王红,等. 第三军医大学学报,2006,(7)
牛磺酸对缺氧大鼠视网膜缺氧诱导因子-1α 表达的影响. 陈芳,等. 第三军医大学学报,2006,(7)
人参多糖对移植性人白血病模型小鼠作用观察. 陈地龙,等. 第三军医人学学报,2006,(7)
脑缺血再灌对小鼠脑细胞色素 C 氧化酶亚基Ⅱ mRNA 表达的影响及淫羊藿苷的作用. 李梨,等. 第三军医大学学报,2006,(7)
舒降之对颈动脉狭窄大鼠空间记忆改变的实验研究. 冉鸿,等. 第三军医大学学报,2006,(7)
内毒素预处理对大鼠全脑缺血/再灌注后炎性反应影响的实验研究. 向强,等. 第三军医大学学报,2006,(7)
严重烧伤对 SRC-3 基因敲除小鼠肝脏 NF-κB 表达及核转位的影响. 杜智勇,等. 第三军医大学学报,2006,(8)
缺氧条件下大鼠单核细胞 NF-κB 活性及 TNF-α、IL-1β 表达变化规律的研究. 徐智,等. 第三军医大学学报,2006,(8)
Orexin-A 对急性乙醇中毒昏迷大鼠的实验性促醒疗效研究. 贾晓军,等. 第三军医大学学报,2006,(8)
多药耐药相关蛋白 1 在梗阻性黄疸大鼠肝组织中的表达及意义. 祝建勇,等. 第三军医大学学报,2006,(8)
TAT 修饰的小鼠 IFNγ 的制备. 胡大强,等. 第三军医大学学报,2006,(8)
大鼠青光眼慢性高眼压视网膜组织的二维凝胶电泳分析. 崔馨,等. 第三军医大学学报,2006,(8)
环境刺激对缺氧缺血性脑损伤大鼠海马巢蛋白表达及学习记忆的影响. 鲁利群,等. 第三军医大学学报,2006,(8)
卡铂-乳酸/羟基乙酸共聚物微囊的小鼠体内组织分布研究. 应懿,等. 第三军医大学学报,2006,(8)
丰富环境对缺氧缺血性脑损伤大鼠海马突触超微结构及突触素表达的影响. 蒲昭霞,等. 第三军医大学学报,2006,(8)
丰富环境干预后 HIBD 大鼠脑超微结构改变. 于若谷,等. 第三军医大学学报,2006,(8)

急性尿潴留大鼠膀胱功能损害与组织结构改变的关系.李文刚,等.第三军医大学学报,2006,(8)
舒降之降低颈动脉狭窄大鼠P300及血清IL-6,CRP水平的实验研究.冉鸿,等.第三军医大学学报,2006,(8)
大鼠趋化素样因子1对主动脉平滑肌细胞的趋化作用和增殖促进作用.娄雅欣,等.北京大学学报(医学版),2006,(2)
新型气体信号分子硫化氢在大鼠肺纤维化发病中的作用.李虹,等.北京大学学报(医学版),2006,(2)
肾上腺髓质素-(1-50)对大鼠慢性低氧性肺动脉高压的调节作用.齐建光,等.北京大学学报(医学版),2006,(2)
早期接触过敏原对大鼠哮喘模型的影响.骆文玲,等.北京大学学报(医学版),2006,(2)
利多卡因对小鼠短暂全脑缺血后学习记忆障碍和胆碱能系统损害的影响.宋萍萍,等.北京大学学报(医学版),2006,(2)
非诺贝特及二甲双胍对OLETF大鼠肾损伤和脂质沉积的影响.王薇,等.北京大学学报(医学版),2006,(2)
高同型半胱氨酸血症对大鼠心室重塑的作用.陈凤英,等.北京大学学报(医学版),2006,(2).
大豆异黄酮对胰岛素抵抗大鼠胰岛素敏感性及瘦素基因表达的影响.陈世伟,等.北京大学学报(医学版),2006,(2)
束缚应激大鼠血小板及血管内膜的L-精氨酸/一氧化氮合酶/一氧化氮通路下调.崔玉英,等.北京大学学报(医学版),2006,(3)
大鼠肝移植自发免疫耐受模型$CD4^+CD25^+$和$CD8^+CD28^-$调节性T细胞的变化.尤鹏,等.北京大学学报(医学版),2006,(3)
长期接触贫铀对大鼠遗传毒性的初步研究.冷言冰,等.第三军医大学学报,2006,(9)
大鼠微管相关蛋白4重组腺病毒载体的构建及在细胞中的表达鉴定.房亚东,等.第三军医大学学报,2006,(9)
雄激素受体在大鼠触须毛囊干细胞中的表达研究.李远宾,等.第三军医大学学报,2006,(9)
大鼠生长期触须毛囊干细胞中FGF-13的表达研究.金旻,等.第三军医大学学报,2006,(9)
阿司匹林对大鼠缺血心肌血管生成及内皮祖细胞动员的影响.周健,等.第三军医大学学报,2006,(9)
大鼠骨髓间充质干细胞体外诱导分化的心肌样细胞内Ca^{2+}和CaMKⅡ的变化.尹戴佳佳,等.第三军医大学学报,2006,(9)
C5a反义肽对实验性脓毒症小鼠肺损伤的作用研究.李保胜,等.第三军医大学学报,2006,(9)
重组小鼠高迁移率族蛋白B1抗菌活性研究.龚薇,等.第三军医大学学报,2006,(9)
大豆低聚糖及大豆多肽对大鼠血脂代谢的影响.谢莎丽,石元刚.第三军医大学学报,2006,(9)
附加二氮嗪与1,6-二磷酸果糖心麻痹液对冷保存大鼠心脏能量代谢的作用.陈建明,等.第三军医大学学报,2006,(9)
腺病毒介导CTLA4Ig对舍格伦综合征小鼠涎腺分泌功能的影响.马龙,等.第三军医大学学报,2006,(9)
急性尿潴留大鼠膀胱组织黄嘌呤氧化还原酶活性变化及其意义.李文刚,等.第三军医大学学报,2006,(9)
D-gal对鼠成纤维细胞端粒长度的影响.肖航,等.第三军医大学学报,2006,(9)
真皮多能干细胞移植后向全身照射大鼠骨髓优势分布的机制研究.宗兆文,等.第三军医大学学报,2006,(10)
动脉粥样硬化鼠骨髓内皮祖细胞数量和功能的变化及其意义.陈剑飞,等.第三军医大学学报,2006,(10)
小鼠STAT3基因干扰质粒的构建及其效果鉴定.星懿展,等.第三军医大学学报,2006,(10)
RCS大鼠视网膜色素变性过程中视网膜形态学研究.陈丽峰,等.第三军医大学学报,2006,(10)
原代培养的小鼠星形胶质细胞CD46、CD55、CD59的表达及炎症刺激因子对其的影响.陈雪丹,等.第三军医大学学报,2006,(10)
氯化血红素对大鼠局灶性脑缺血组织的作用探讨.刘娟,等.第三军医大学学报,2006,(10)
糖尿病大鼠血浆和皮肤中P物质检测及意义.流沙,等.第三军医大学学报,2006,(10)
大鼠无肝状态肾脏罗库溴铵相关转运蛋白OATP-3及其基因的表达变化的研究.陈毅飞,等.第三军医大学学报,2006,(10)
长时连续作业对大鼠下丘脑及背缝核orexin-A和受体的影响.王臻,等.第三军医大学学报,2006,(10)
成年大鼠肌源性干细胞的培养和鉴定.叶锦,等.第三军医大学学报,2006,(10)
SREBP-1c在大鼠非酒精性脂肪性肝病中的表达及意义.艾正琳,陈东风.第三军医大学学报,2006,(10)
大鼠鞘内促肾上腺素皮质激素释放激素抗伤害性效应的实验研究.王伍超,葛衡江.第三军医大学学报,2006,(10)
大剂量地塞米松对大鼠无肝期芬太尼血药浓度的影响.胡宇,等.第三军医大学学报,2006,(10)
ORC1基因RNA干扰对大鼠血管平滑肌细胞增殖的影响.覃跃龙,等.第三军医大学学报,2006,(11)
大鼠角膜酸烧伤对角膜内皮细胞损伤和修复的实验观察.王红,等.第三军医大学学报,2006,(11)
缺氧致大鼠心肺组织中apelin的表达降低.龚永生,等.第三军医大学学报,2006,(11)
结核菌H37Ra免疫小鼠后机体抗结核细胞免疫功能的研究.陶昆,等.第三军医大学学报,2006,(11)
罗格列酮对apoE基因敲除小鼠血清NOS/NO的影响.高凌云,等.第三军医大学学报,2006,(11)

AT2R 基因转染对大鼠颈动脉球囊损伤后 BTEB2 表达的影响. 唐兵,等. 第三军医大学学报,2006,(12)
小鼠急性脑损伤后微量脑脊液谷氨酸浓度的测定. 李玮,等. 第三军医大学学报,2006,(12)
γ 射线诱发的白血病小鼠骨髓细胞 SHP-1 mRNA 及蛋白表达变化的研究. 黄定德,等. 第三军医大学学报,2006,(12)
阻塞性胆汁淤积大鼠肝细胞膜蛋白 MRP3 与核受体 RXRα 蛋白表达关系的研究. 李琼,等. 第三军医大学学报,2006,(12)
IGF-1、PKC 在大鼠心肌梗死后左室重构中的表达及意义. 袁小媚,马康华. 第三军医大学学报,2006,(12)
压力超负荷下大鼠左心室活性氧水平及凋亡信号调节激酶蛋白表达. 邱敏,马康华. 第三军医大学学报,2006,(12)
环境电磁辐射对大鼠海马神经细胞黏附分子表达的影响. 邓朝晖,等. 第三军医大学学报,2006,(12)
邻苯二甲酸二(2-乙基)已酯对原代培养小鼠胚胎睾丸 Leydig 细胞功能影响研究. 宋晓峰,等. 第三军医大学学报,2006,(12)
血管性痴呆大鼠颈内动脉输注脐血单个核细胞与血脑屏障的相关性研究. 王昌铭,等. 第三军医大学学报,2006,(12)
LMO3 mRNA 在小鼠中枢神经系统的表达定位. 惠玲,等. 第三军医大学学报,2006,(13)
nAChR 单克隆抗体建立重症肌无力被动转移小鼠模型的研究. 黄志,徐秀娟. 第三军医大学学报,2006,(13)
氯化氨甲酰胆碱对糖尿病大鼠胃窦平滑肌细胞膜电位的作用. 龙庆林,等. 第三军医大学学报,2006,(13)
内毒素预处理对大鼠全脑缺血再灌注脑区一氧化氮合酶的影响研究. 向强,等. 第三军医大学学报,2006,(13)
PS1/APP 双转基因阿尔茨海默病模型传代小鼠的基因型鉴定及其组织学分析. 宋敏,等. 第三军医大学学报,2006,(14)
正常大鼠视网膜感光细胞超微结构在视觉发育关键期中的变化. 杨永峰,等. 第三军医大学学报,2006,(14)
心导管留置术对大鼠脏器功能影响的实验研究. 王宁,等. 第三军医大学学报,2006,(14).
用硫氧还蛋白融合表达系统表达小鼠内皮抑素的方法研究. 马卫列,等. 第三军医大学学报,2006,(14)
大鼠局灶性脑缺血再灌注损伤周围带黏结合蛋白多糖-1 的表达. 罗海彦,胡长林. 第三军医大学学报,2006,(14)
大鼠脾源性内皮祖细胞移植在损伤血管内膜修复中的作用. 崔斌,等. 第三军医大学学报,2006,(15)
皮肤软组织扩张术对大鼠表皮细胞增殖分化的影响. 刘洋,等. 第三军医大学学报,2006,(15)
γ 射线诱发的白血病小鼠骨髓细胞中 SHP-2 mRNA 及蛋白表达的变化. 黄定德,等. 第三军医大学学报,2006,(15)
局灶性皮质发育障碍模型鼠大脑皮质病灶组织的超微结构观察. 马勋泰,等. 第三军医大学学报,2006,(15)
成年大鼠局灶性脑梗死后齿状回神经元前体细胞的发生研究. 谭新杰,等. 第三军医大学学报,2006,(15)
感染性休克大鼠 JAK/STAT 对组织 IFN-γ 表达的影响. 周凤桐,等. 第三军医大学学报,2006,(15)
甲胎蛋白 DNA 疫苗的构建及诱导小鼠抗肿瘤免疫的实验研究. 田耕,等. 第三军医大学学报,2006,(15)
抗 T 细胞受体 αβ 单抗和抗 CD80 单抗联合供体骨髓移植诱导小鼠皮肤移植耐受. 郝洁,等. 北京大学学报(医学版),2006,(4)
胰升糖素样多肽-1 对 OLETF 大鼠胰腺的保护作用. 王昱,郭晓蕙. 北京大学学报(医学版),2006,(4)
地塞米松对内毒素致急性肺损伤大鼠肺的保护作用. 林琴,等. 北京大学学报(医学版),2006,(4)
吸入异氟烷对大鼠肺表面活性蛋白-A 的影响. 李志红,等. 北京大学学报(医学版),2006,(4)
BMP-2 在成年大鼠脑内 SVZa-RMS-OB 通路中的表达. 刘建军,等. 第三军医大学学报,2006,(16)
p38MAPK 对大鼠肾小球系膜细胞表达 PPAR-γ 的影响. 魏倩萍,等. 第三军医大学学报,2006,(16)
大鼠坐骨神经缺损后不同时间修复的效果比较. 许愿忠,等. 第三军医大学学报,2006,(16)
RP-HPLC 法测定小鼠血清及脏器中白藜芦醇浓度. 王莉,等. 第三军医大学学报,2006,(16)
缺血预适应对缺血再灌注大鼠肾脏黏附分子表达的影响. 范连慧,等. 第三军医大学学报,2006,(16)
异丙酚对大鼠中枢神经核团一氧化氮合酶表达的影响. 文欣荣,等. 第三军医大学学报,2006,(16)
高渗和低渗造影剂对大鼠肾动脉内皮功能的影响及意义. 赵景宏,等. 第三军医大学学报,2006,(16)
紫杉醇纳米粒腹腔给药对大鼠卵巢癌的抑制作用及淋巴靶向性. 陆红霞,等. 北京大学学报(医学版),2006,(5)
中介素及其受体系统在油酸致大鼠急性肺损伤中的变化和意义. 于晓敏,等. 北京大学学报(医学版),2006,(5)
大鼠 $Mecp_2$ 基因的 RNA 干扰有效序列筛选. 张玉稚,等. 北京大学学报(医学版),2006,(5)
鼠双微粒体 2/p53 通路与乳腺癌的研究进展. 巴艳华,李惠平. 北京大学学报(医学版),2006,(5)
严重烧伤早期 SRC-3 基因敲除小鼠肝脏糖皮质激素受体表达变化的实验研究. 杜智勇,等. 第三军医大学学报,2006,(17)
钙通道拮抗剂对大鼠睾丸缺血再灌注损伤保护作用的研究. 苗文隆,张晓云. 第三军医大学学报,2006,(17)
二甲胺四环素对大鼠脊髓损伤后 caspase-3、p53 表达的影响. 陈钢,等. 第三军医大学学报,2006,(17)
重组人促红细胞生成素对大鼠视网膜缺血再灌注损伤的保护作用. 梁淑欣,等. 第三军医大学学报,2006,(17)

AMPA 受体拮抗剂对新生鼠缺氧缺血性脑损伤的保护作用. 王丽雁,等. 第三军医大学学报,2006,(17)
异丙酚预处理对大鼠肾缺血再灌注细胞因子的影响及损伤的保护作用. 刘甦,等. 第三军医大学学报,2006,(17)
大鼠坐骨神经结扎后降钙素基因相关肽的变化. 郑林丰,等. 第三军医大学学报,2006,(17)
BKcaα1 基因在 DI 大鼠膀胱中的表达. 张远宁,等. 第三军医大学学报,2006,(17)
选择性 COX-2 抑制剂 NS398 干预对 HIBD 新生鼠脑细胞凋亡的影响. 温恩懿,等. 第三军医大学学报,2006,(17)
肝再生增强因子重组质粒在大鼠肝组织中的表达. 李青,等. 第三军医大学学报,2006,(17)
脂类分子内佐剂 Th/CTL 多表位肽体内诱导 HLA-A2 转基因鼠 HBV 特异性 CTL 应答的研究. 石统东,等. 第三军医大学学报,2006,(18)
不同剂量不同载体不同途径的肝再生增强因子重组质粒抗大鼠肝纤维化疗效比较. 李青,等. 第三军医大学学报,2006,(18)
压力超负荷大鼠心肌营养素-1 表达对贝那普利干预的反应. 金丰,等. 第三军医大学学报,2006,(18)
冰片对长时连续作业大鼠前额叶皮层单胺类递质水平的影响. 薛丽,等. 第三军医大学学报,2006,(18)
苏子油对大鼠体内细胞因子及肾草酸钙结晶形成影响的研究. 王军,等. 第三军医大学学报,2006,(18)
脂多糖预处理对大鼠肝移植再灌注期肝脏的保护作用及机制. 李洋,等. 第三军医大学学报,2006,(19)
参附注射液对大鼠缺血再灌注心肌 Bcl-2、Bax 与 c-fos 基因蛋白表达的影响. 陈玉培,等. 第三军医大学学报,2006,(19)
不同冷保存时间对大鼠移植肝脏能量代谢的影响. 张莹,等. 第三军医大学学报,2006,(19)
仿生脉冲电磁场预防性治疗对大鼠继发性骨质疏松骨密度的影响. 叶青,等. 第三军医大学学报,2006,(19)
高压氧对缺血缺氧性脑损伤幼鼠海马超微结构及主动回避反应的影响. 周红梅,等. 第三军医大学学报,2006,(19)
约氏疟原虫子孢子感染对大鼠腹腔巨噬细胞 B7. 1、B7. 2 分子表达的影响. 宋蓓,等. 第三军医大学学报,2006,(20)
大鼠压力超负荷心肌糖蛋白 130 表达及贝那普利干预研究. 金丰,等. 第三军医大学学报,2006,(20)
高低转移小鼠肝癌细胞线粒体 DNA 遗传变异的研究. 戴纪刚,等. 第三军医大学学报,2006,(20)
脑发育不同阶段丰富环境刺激对缺氧缺血性脑损伤大鼠学习记忆的影响. 蒲昭霞,等. 第三军医大学学报,2006,(20)
癫痫状态大鼠海马 GABA、GABA A 受体 α5 亚单位表达的动态变化. 张映琦,等. 第三军医大学学报,2006,(20)
2 型糖尿病大鼠近球小管 Na^+,K^+-ATPase 活性变化. 刘红,等. 第三军医大学学报,2006,(20).
丰富环境刺激对缺氧缺血性脑损伤大鼠脑神经丝蛋白表达的影响. 于若谷,等. 第三军医大学学报,2006,(20)
Caspase-3 抑制剂抗新生鼠缺氧缺血脑损伤作用的观察. 张雨平,等. 第三军医大学学报,2006,(20)
早期丰富环境干预对缺氧缺血性脑损伤新生鼠海马 GAP-43 表达的影响. 鲁利群,等. 第三军医大学学报,2006,(20)
化学致癌剂 3′-甲基-4-DAB 影响 SD 大鼠肝干细胞的增殖与迁移. 陈小艳,张丽华. 第三军医大学学报,2006,(20)
碱性成纤维细胞生长因子对高胆红素血症模型鼠海马神经元形态改变的影响. 王昱,等. 第三军医大学学报,2006,(20)
颈交感神经阻滞对放烧复合伤小鼠 HPA 轴的调节及相关机制研究. 陆建华,等. 第三军医大学学报,2006,(21)
用全自动医学分析仪测定正常 Wistar 大鼠部分血液学和生物化学参数. 杜晓芹,等. 第三军医大学学报,2006,(21)
模拟高原缺氧大鼠脑线粒体 UCP 活性与含量的变化及其对线粒体能量合成的影响. 郜攀,等. 第三军医大学学报,2006,(21)
鼠 ICOSIg 融合蛋白腺病毒的制备及其对胰岛细胞系 NIT-1 的感染. 许雪青,等. 第三军医大学学报,2006,(21)
牛磺酸对 ^{60}Co γ 射线左半身照射小鼠脾脏造血功能的影响. 杨龙,等. 第三军医大学学报,2006,(21)
中药地黄饮子对老龄大鼠海马 SYP、ERK 蛋白表达的影响. 吴喜贵,胡荣. 第三军医大学学报,2006,(21)
大鼠骨髓基质干细胞的神经分化以及神经生长因子的表达. 郜元军,等. 第三军医大学学报,2006,(21)
生长相关蛋白在缺氧缺血性脑损伤新生大鼠海马中的表达变化. 鲁利群,等. 第三军医大学学报,2006,(21)
二氧化硫衍生物舒张大鼠离体主动脉血管环的效应及其机制研究. 杜淑旭,等. 北京大学学报(医学版),2006,(6)
人趋化素样因子 1 基因转移对心肌梗死大鼠外周血 $CD34^+$ 细胞的影响. 冯雪茹,等. 北京大学学报(医学版),2006,(6)
降糖及调脂治疗对 OLETF 大鼠血浆和胃组织中 ghrelin 水平的影响. 王念鸿,等. 北京大学学报(医学版),2006,(6)

血红素加氧酶-1/一氧化碳系统对急性肝损伤大鼠的防治作用. 温韬,等. 北京大学学报(医学版),2006,(6)
新生大鼠反复惊厥对脑内 γ-氨基丁酸 A 受体 α1 和 γ2 亚单位表达的长期影响. 薄涛,等. 北京大学学报(医学版),2006,(6)
罗勒水提物对阿霉素引起的大鼠心肌毒性的影响. 依巴代提·托乎提,等. 第三军医大学学报,2006,(22)
氧自由基在大鼠硫芥中毒复合烧伤小肠损伤中的影响. 王海燕,等. 第三军医大学学报,2006,(22)
实验性糖尿病肾病大鼠模型建立及优化. 徐颖,等. 第三军医大学学报,2006,(22)
烧伤小鼠 IFIT1 表达的初步观察. 李洪涛,等. 第三军医大学学报,2006,(22)
吲哚美辛载药纳米胶束治疗大鼠实验性关节炎. 李晓静,等. 第三军医大学学报,2006,(22)
大鼠成体肝卵圆细胞分离培养及诱导分化的初步研究. 金世龙,等. 第三军医大学学报,2006,(22)
神经生长因子在新生大鼠耳蜗的定位及其意义. 池君,等. 第三军医大学学报,2006,(22)
高原大鼠实验性开放性颅脑创伤模型的建立. 张礼均,等. 第三军医大学学报,2006,(22)
低压缺氧对大鼠海马 CA1 区神经元 P2X 受体表达的影响. 赵延东,等. 第三军医大学学报,2006,(23)
不同浓度 TGF-β1 对大鼠骨髓内皮祖细胞体外增殖的影响. 宋仁刚,等. 第三军医大学学报,2006,(23)
骨髓间充质干细胞促进大鼠皮肤创面愈合的作用及机制研究. 谢江,等. 第三军医大学学报,2006,(23)
大鼠冷保存供肝肝移植模型的建立及评价. 朱瑾,等. 第三军医大学学报,2006,(23)
CTLA-4Ig 对大鼠实验性自身免疫性脑脊髓炎的 BAEP、SEP 的影响. 张兴梅,等. 第三军医大学学报,2006,(23)
IFN-γ 在大鼠胼胝体内的分布. 孙志宏,等. 第三军医大学学报,2006,(23)
内毒素对大鼠动脉粥样硬化病灶的影响及 TLR4 的作用. 王笑梅,司良毅. 第三军医大学学报,2006,(23)
老龄大鼠 2 型糖尿病肾病对肾 1-α 羟化酶及骨质密度影响的实验研究. 黄昶荃,等. 第三军医大学学报,2006,(23)
新生鼠高氧肺损伤中 p38MAPK 的磷酸化. 罗莉漫,等. 第三军医大学学报,2006,(23)
制作小鼠骨骼标本的新方法. 陈志,等. 第三军医大学学报,2006,(23)
染料木素对小鼠辐射造血损伤保护作用的研究. 周永,等. 第三军医大学学报,2006,(24)
胰岛素对大鼠血管平滑肌细胞增殖及胶原蛋白合成的影响. 王旭开,等. 第三军医大学学报,2006,(24)
神经生长因子和神经节苷脂对新生鼠缺氧缺血性脑损伤海马神经细胞的保护作用. 胡伟,等. 第三军医大学学报,2006,(24)
孕期和生后维生素 A 缺乏及干预对幼鼠胫骨生长的影响. 刘星,等. 第三军医大学学报,2006,(24)
自体骨骼肌卫星细胞移植对心肌梗死大鼠心功能的影响. 王红勇,等. 第三军医大学学报,2006,(24)
下丘脑胰岛素及其受体在高血压大鼠的变化及与血压的关系. 石伟彬,等. 第三军医大学学报,2006,(24)
树酯毒素抑制大鼠前列腺炎神经肽表达的实验研究. 唐伟,等. 第三军医大学学报,2006,(24)
高效液相色谱法检测大鼠脑线粒体的腺苷酸. 潘峰,等. 第三军医大学学报,2006,(24)
抵抗素在肥胖小鼠脂肪组织中的表达及其对小鼠肌肉组织葡萄糖摄取率的影响. 李雅慧,等. 第二军医大学学报,2006,(12)
海螵蛸多糖 CPS-1 对小鼠实验性溃疡性结肠炎作用的初步观察. 魏江洲,等. 第二军医大学学报,2006,(1)
Retrorsine 对小鼠肝损伤后肝细胞增殖的影响. 周晓飞,等. 第二军医大学学报,2006,(1)
伴有高血压的糖尿病大鼠大血管病变 SMC 增殖早期基因表达谱的研究. 叶勇,等. 第二军医大学学报,2006,(1)
高压氧预处理对小鼠运动耐力的影响. 彭兆云,等. 第二军医大学学报,2006,(1)
肝硬化大鼠肠道 Cajal 间质细胞的研究. 朱金照,等. 第二军医大学学报,2006,(1)
格列吡嗪对糖尿病大鼠心肌 ATP 敏感性钾通道基因表达的影响. 吴国亭,徐倍. 第二军医大学学报,2006,(1)
卵巢切除大鼠脑内 APPβ 位点裂解酶表达的变化(英文). 郭宗君,等. 青岛大学医学院学报,2006,(1)
RCS 大鼠感光细胞凋亡与 Bcl-2 蛋白的表达(英文). 王利华,等. 青岛大学医学院学报,2006,(1)
卵巢切除大鼠脑内雌激素受体 α 表达的变化. 金丽英,等. 青岛大学医学院学报,2006,(1)
大鼠脑缺血再灌注损伤后神经细胞 NF-κB 和 IL-6 的表达(英文). 张冬梅,等. 青岛大学医学院学报,2006,(1)
卵巢切除大鼠不同脑区胆碱乙酰化转移酶阳性细胞表达的变化(英文). 姜长青,等. 青岛大学医学院学报,2006,(1)
胡黄连对缺血再灌注大鼠脑内 NMDAR1 mRNA 表达的影响. 张伟,等. 青岛大学医学院学报,2006,(1)
卵巢切除大鼠不同脑区酪氨酸激酶 A 表达的变化. 杨学伟,等. 青岛大学医学院学报,2006,(1)
小鼠原发性皮肤新生隐球菌感染的实验研究. 朱元杰,等. 第二军医大学学报,2006,(2)
脊髓损伤后自主神经反射异常大鼠心脏和肠系膜前动脉 α-肾上腺素能受体的表达. 石学银,等. 第二军医大学学报,2006,(2)
联合 VEGF 反义寡核苷酸和 PDGF 三链形成寡核苷酸抑制大鼠脑胶质瘤生长. 李维方,等. 第二军医大学学报,2006,(2)
脑心通对大鼠脑缺血损伤的保护机制. 张红菊,等. 第二军医大学学报,2006,(2)

普鲁泊福对 TNF-α 诱导的小鼠脊髓神经元凋亡及 Bax 表达的影响. 夏建华,等. 第二军医大学学报,2006,(2)
刺五加皂苷对体外培养大鼠脊髓运动神经元缺氧损伤的保护作用. 陈剑峰,张烽. 第二军医大学学报,2006,(2)
平阳霉素对大鼠脾脏组织的作用及其机制. 李平,等. 第二军医大学学报,2006,(2)
罗格列酮对单侧输尿管梗阻大鼠肾脏的抗氧化保护作用. 林沁,等. 第二军医大学学报,2006,(2)
异氟烷改善离体鼠肝缺氧-复氧后氧供耗平衡. 李泉,等. 第二军医大学学报,2006,(2)
SEA 基因修饰抑制小鼠恶性黑素瘤 B16 细胞肺转移. 田蓉,等. 第二军医大学学报,2006,(2)
脓毒症小鼠肝脏功能的改变及 Leptin 保护作用的研究. 颜光涛,等. 第二军医大学学报,2006,(3)
血管紧张素Ⅱ诱导大鼠胰星状细胞增殖和胶原合成. 鲁临,等. 第二军医大学学报,2006,(3)
大鼠喉移植改良模型的建立. 李浩,等. 第二军医大学学报,2006,(3)
Zn^{2+} 对大鼠不同自主神经节分离神经元 P2X 受体介导 ATP 诱导电流的调制作用. 马蓓,倪鑫. 第二军医大学学报,2006,(4)
晕船适应与不适应大鼠脑干蛋白质双向电泳图谱的比较与鉴定. 苏波,等. 第二军医大学学报,2006,(4)
^{60}Co-γ 照射后早期小鼠肝组织基因表达谱. 宋立华,等. 第二军医大学学报,2006,(4)
低压低氧诱导大鼠阻塞性睡眠呼吸暂停综合征后咽部肌肉结构和功能的改变. 李兵,等. 第二军医大学学报,2006,(4)
大鼠自体原位肝移植胆道缺血再灌注损伤模型的建立. 赵宏峰,周杰. 第二军医大学学报,2006,(4)
慢性胃食管反流病大鼠模型制备方法的探讨. 杨路亭,等. 第二军医大学学报,2006,(4)
动脉粥样硬化大鼠血管组织内皮素转换酶 1 的表达. 徐正平,等. 第二军医大学学报,2006,(4)
同种异体脂肪组织提取液对大鼠创面愈合的影响. 章安源,等. 青岛大学医学院学报,2006,(2)
大鼠脑缺血再灌注后 NCAM 基因表达的变化. 郑绪鹏,等. 青岛大学医学院学报,2006,(2)
半胱氨酸蛋白酶抑制剂对离体大鼠海马脑片 CA1 区神经元低氧性损伤的影响. 张育才,等. 青岛大学医学院学报,2006,(2)
贝科能对复苏后大鼠甲状腺组织 MDA 含量及 SOD 和 Na^+-K^+-ATPase 活力的影响. 王军,等. 青岛大学医学院学报,2006,(2)
蒲元胃康对大鼠应激性胃溃疡和胃排空的影响. 韩晓华,等. 青岛大学医学院学报,2006,(2)
大鼠肝再生过程中肝细胞 caspase-3 和 caspase-8 活性的变化. 周运恒,等. 第二军医大学学报,2006,(5)
高温复合脂多糖应激大鼠血浆 MDA、SOD 的变化规律. 林晓静,等. 第二军医大学学报,2006,(5)
燕麦 β-葡聚糖治疗大鼠高脂血症. 裴素萍,等. 第二军医大学学报,2006,(5)
人参皂苷、丹参酮和川芎嗪抗小鼠皮肤衰老作用研究. 王红丽,等. 第二军医大学学报,2006,(5)
脊髓减压病对大鼠 TNF-α、NGF 及 TrkA 表达的影响. 章建程,等. 第二军医大学学报,2006,(5)
亚硒酸钠对大鼠肾小球系膜细胞表达 p38 丝裂原活化蛋白激酶和过氧化物酶体增殖物激活受体 γ 的影响. 魏倩萍,等. 第二军医大学学报,2006,(6)
海水吸入致大鼠急性肺损伤模型的建立. 黄静霞,等. 第二军医大学学报,2006,(6)
通络散结酊对大鼠炎症痛及骨癌痛模型镇痛的疗效观察. 俞珊,等. 第二军医大学学报,2006,(6)
小鼠睾丸支持细胞的分离培养与鉴定. 杨君杰,等. 第二军医大学学报,2006,(7)
高磷饮食 +5/6 肾切除制备慢性肾衰竭继发甲状旁腺功能亢进大鼠模型. 李丹,赵学智. 第二军医大学学报,2006,(7).
大鼠肝细胞癌发生发展过程中转化生长因子-β1/2 及其受体 mRNA 的表达. 王冰,等. 第二军医大学学报,2006,(7)
噪声应激大鼠胃壁细胞形态和泌酸功能的变化. 曹晓鹏,等. 第二军医大学学报,2006,(8)
富勒醇对小鼠移植性肝癌抑瘤作用的初步研究. 沈方臻,等. 青岛大学医学院学报,2006,(3)
纳米抗菌材料对小鼠骨髓细胞微核发生率的影响. 陆兴熠,等. 青岛大学医学院学报,2006,(3)
低分子水溶性壳聚糖对糖尿病小鼠血糖的影响. 阎春玲,等. 青岛大学医学院学报,2006,(4)
小鼠睾丸生殖细胞减数分裂标本制作方法的改进. 苏爱,等. 青岛大学医学院学报,2006,(4)
神经再生素促进大鼠坐骨神经损伤后再生. 周鸣鸣,等. 第二军医大学学报,2006,(9)
免疫抑制对大鼠周围神经损伤再生的影响. 孙美庆,等. 第二军医大学学报,2006,(9)
小剂量 FK506 作用下同种脾组织移植诱导大鼠原位肝移植术后免疫耐受的机制. 史永照,等. 第二军医大学学报,2006,(9)
刺鼠信号蛋白对自体移植皮片中黑素细胞功能的影响. 薛春雨,等. 第二军医大学学报,2006,(9)
实时荧光定量 PCR 检测糖尿病大鼠视网膜中转化生长因子 β 受体Ⅰ和受体Ⅱ基因表达. 曹丹,等. 第二军医大学学报,2006,(9)
大鼠原位肝移植模型的技术改进. 施晓敏,等. 第二军医大学学报,2006,(10)
C57BL/6 小鼠实验性自身免疫性脑脊髓炎模型的建立. 王菊蓉,等. 第二军医大学学报,2006,(10)
变应性鼻炎大鼠鼻黏膜中补体调节蛋白 C_1-INH 和 CD46 的表达. 郎军添,等. 第二军医大学学报,2006,(10)

HBO 对内皮素-1 诱导的大鼠局灶性脑缺血模型的疗效观察. 顾国军,等. 第二军医大学学报,2006,(10)
西罗莫司延缓肾功能不全常染色体显性遗传性多囊肾病大鼠的疾病进程. 崔心刚,等. 第二军医大学学报,2006,(11)
重组病毒 rAAV2-PD-L1 的构建及其转染小鼠血管内皮细胞的生物学效应. 康晓燕,等. 第二军医大学学报,2006,(11)
粒细胞集落刺激因子联用激素和(或)免疫抑制剂动员供体小鼠外周血造血干细胞对其免疫系统的影响. 曹永彬,等. 第二军医大学学报,2006,(11)
5-氟尿嘧啶腹腔内缓释化疗对 H22 腹水瘤小鼠的抑瘤疗效观察. 姜福全,等. 第二军医大学学报,2006,(11)
βB2 晶体蛋白基因敲除小鼠模型的建立. 张军,等. 第二军医大学学报,2006,(11)
冰盐水对苯并(a)芘诱发小鼠前胃组织癌变过程的影响. 党海珍,等. 第二军医大学学报,2006,(11)
丹参总酚酸抑制大鼠肾间质纤维化的初步观察. 尚雁君,等. 第二军医大学学报,2006,(12)
糖尿病大鼠周围神经病变时神经电生理及病理变化的关系. 王贵平,等. 第二军医大学学报,2006,(12)
80 Hz 电刺激伏隔核对吗啡诱导的大鼠条件性位置偏爱行为形成的影响. 杨文进,等. 第二军医大学学报,2006,(12)
靶向超声介导 $VEGF_{165}$ cDNA 联合抗细胞间黏附分子 1 单克隆抗体治疗大鼠心肌缺血. 方平,等. 第二军医大学学报,2006,(12)
大鼠骨髓基质细胞体外分化为内皮细胞静脉移植治疗大鼠局灶脑缺血动物行为学研究. 王春雪,等. 首都医科大学学报,2006,(5)
肺血栓栓塞症大鼠血浆尿激酶型纤溶酶原激活物及其受体的动态变化及其意义. 毛文苹,等. 首都医科大学学报,2006,(1)
香烟烟雾及银杏叶对哮喘大鼠气道 TGF-β_1 表达的影响. 林俊岭,等. 首都医科大学学报,2006,(1)
氧化苦参碱对哮喘小鼠的抗炎作用及对 ICAM-1 mRNA 表达的影响. 焦霞,等. 首都医科大学学报,2006,(1).
VEGF 反义寡核苷酸与低分子肝素联合应用对小鼠 Lewis 肺癌生长和肺血栓栓塞症的影响. 张予辉,等. 首都医科大学学报,2006,(1)
利用荧光定量聚合酶链反应检测小鼠纹状体中 Per1 基因的表达规律. 蔡彦宁,等. 首都医科大学学报,2006,(1)
MPTP 对 C57 小鼠纹状体 DA 释放节律的影响. 左晓虹,等. 首都医科大学学报,2006,(1)
大鼠动脉内低温自体血输注的神经保护作用. 凌锋,等. 首都医科大学学报,2006,(1)
长爪沙鼠源肺孢子虫 ITS1-5.8S rDNA-ITS2 序列测定及分析. 李自慧,等. 首都医科大学学报,2006,(1)
大鼠 BTCe 蛋白原核表达及功能鉴定. 李鸿,等. 上海交通大学学报(医学版),2006,(1)
糖尿病大鼠深Ⅱ度烫伤创面成纤维细胞生物学行为的改变. 牛轶雯,等. 上海交通大学学报(医学版),2006,(1)
实验性大鼠肾草酸钙结石模型的筛选研究. 李文峰,等. 上海交通大学学报(医学版),2006,(1)
益生菌对大鼠肠道菌群紊乱和细菌易位的影响. 王坚镪,等. 上海交通大学学报(医学版),2006,(2)
肝损伤大鼠骨髓源性肝干细胞的筛选分化与扩增. 孙超,等. 上海交通大学学报(医学版),2006,(3)
肌注苯环壬酯在大鼠体内的药物动力学研究. 寇于尝,等. 首都医科大学学报,2006,(2)
改良法分离大鼠 IOUs 构建小肠的初步研究. 周莹,等. 上海交通大学学报(医学版),2006,(4)
过氧化氢对大鼠离体肺组织精细切片活性的影响. 赵延华,等. 上海交通大学学报(医学版),2006,(4)
半导体激光诱导大鼠脉络膜新生血管形成. 廖华萍,等. 上海交通大学学报(医学版),2006,(5)
小鼠椎体发育中低氧诱导因子-1α 的表达. 朱勋兵,邓廉夫. 上海交通大学学报(医学版),2006,(5)
健脾消胀制剂对大鼠胃电-机械活动的影响. 张知非,等. 首都医科大学学报,2006,(3)
糖尿病大鼠病程早期视网膜蛋白激酶 C 对 NO 通路的影响. 张箴,卢海. 首都医科大学学报,2006,(3)
肥大细胞稳定剂对重症急性胰腺炎大鼠胰腺保护作用的实验研究. 王红禄,等. 首都医科大学学报,2006,(3)
重症急性胰腺炎大鼠空肠酶组织化学的变化. 杜鹃,等. 首都医科大学学报,2006,(3)
自发性 2 型糖尿病小鼠脑组织胆碱能神经递质系统的研究. 王宪玲,等. 首都医科大学学报,2006,(3)
大鼠原位肝移植模型制作的术后稳定存活率. 周学平,等. 上海交通大学学报(医学版),2006,(6)
Aβ 对大鼠记忆和空间定向能力的影响及尼古丁的干预作用. 赵永波,等. 上海交通大学学报(医学版),2006,(7)
丘脑底核高频电刺激对大鼠黑质-纹状体多巴胺代谢的影响. 赵永波,等. 上海交通大学学报(医学版),2006,(7)
新生大鼠上丘脑组织培养研究. 冯东福,等. 上海交通大学学报(医学版),2006,(7)
原肌球蛋白受体激酶在脑缺血大鼠各脑区的表达特性. 卞雷斯,等. 上海交通大学学报(医学版),2006,(7)
大鼠骨髓间质干细胞体外诱导分化为神经细胞. 冯智英,等. 上海交通大学学报(医学版),2006,(7)
氨基胍对大鼠脑缺血再灌注损伤及血脑屏障的影响. 王文安,等. 上海交通大学学报(医学版),2006,(7)
左旋多巴诱发帕金森病大鼠异动症模型的建立和评价. 巴茂文,等. 上海交通大学学报(医学版),2006,(7)
CCl_4 肝纤维化大鼠功能性瘦素受体表达的动态变化. 张鹏,等. 首都医科大学学报,2006,(4)

预处置对缺血再灌注大鼠心肌一氧化氮合酶的影响. 芦玲巧,等. 首都医科大学学报,2006,(4)
剔除 CCR5 基因供者小鼠细胞加重急性移植物抗宿主疾病. 王昭,等. 首都医科大学学报,2006,(4)
一氧化氮合酶在肝肺综合征大鼠肺组织中的表达. 倪醒之,等. 上海交通大学学报(医学版),2006,(8)
应用抑制性消减杂交筛选大鼠不同程度肝纤维化的上调基因. 何天霖,等. 上海交通大学学报(医学版),2006,(8)
胰淀素对大鼠胰岛素和胰高血糖素分泌的影响. 田景琰,等. 上海交通大学学报(医学版),2006,(8)
核转录因子 NF-κB 对大鼠血管球囊损伤后新生内膜形成的作用. 周俊,等. 上海交通大学学报(医学版),2006,(8)
依托咪酯和咪达唑仑对小鼠海马脑片细胞外信号调节激酶 ERK1/2 磷酸化水平的影响. 高海鹰,张炳熙. 首都医科大学学报,2006,(5)
停通气缺氧预处理对脑出血模型大鼠缺氧诱导因子-1α 的影响. 安立新,等. 首都医科大学学报,2006,(5)
鼠胚心肌细胞体外培养模型的建立. 高丽芳,等. 首都医科大学学报,2006,(5)
人 $VEGF_{165}$ 和 bFGF 基因联合治疗大鼠急性心肌梗死. 温铭杰,等. 首都医科大学学报,2006,(5)
花生油对 2 型糖尿病大鼠行为和代谢的影响. 许秋岩,等. 首都医科大学学报,2006,(5)
C57black/6 小鼠全脑缺血模型 FaS-L 和 Caspase-3 的表达. 黄海霞,等. 首都医科大学学报,2006,(5)
VEGF、bFGF 和 TGF-β_1 在大鼠马兜铃酸肾损伤中的表达. 黄雯,陈薇. 首都医科大学学报,2006,(5)
碘伏与碘甘油对大鼠实验性牙龈炎治疗作用的比较. 梁秀敏,等. 首都医科大学学报,2006,(5)
清醒状态下大鼠尾动静脉插管高胰岛素-正糖钳夹实验. 尚敬,等. 上海交通大学学报(医学版),2006,(9)
三叉神经痛大鼠延髓内 GABA B 受体的变化. 陈志峰,朱也森. 上海交通大学学报(医学版),2006,(9)
缺血预适应对高血脂大鼠心肌缺血—再灌注损伤的保护作用. 郭竹英,徐芒华. 上海交通大学学报(医学版),2006,(9)
中药复方冬菊对鼠舌白斑癌变的阻断作用. 葛姝云,周曾同. 上海交通大学学报(医学版),2006,(10)
全反式维甲酸致大鼠胚胎肛门直肠畸形的实验研究. 杜勇,等. 上海交通大学学报(医学版),2006,(11)
底丘脑核深部脑电刺激对大鼠呼吸的影响. 钱坤,等. 上海交通大学学报(医学版),2006,(11)
缺血再灌注小鼠心肌细胞 Na^+/Ca^{2+} 交换电流的改变. 张知非,等. 首都医科大学学报,2006,(6).
地氟烷对全脑缺血再灌注损伤大鼠脑超微结构的影响. 王涛,等. 首都医科大学学报,2006,(6)
增生期和分化期大鼠神经干细胞过氧化氢预处理氧化耐受的体外实验研究. 汤劼,等. 首都医科大学学报,2006,(6)
PAP Ⅰ 基因在实验性急性胰腺炎模型大鼠中的表达. 梁阔,等. 首都医科大学学报,2006,(6)
同种异基因大鼠子宫移植细胞因子表达的研究. 何晓英,等. 上海交通大学学报(医学版),2006,(12)
不同气体对大鼠腹腔液中巨噬细胞及 TNF-α 的影响. 顾玮玲,喇端端. 上海交通大学学报(医学版),2006,(12)
孕鼠肝内胆汁淤积症致胎鼠心律失常的实验研究. 邵勇,等. 重庆医科大学学报,2006,(2)
普通小鼠和裸小鼠呼吸道合胞病毒感染模型比较. 周娟,等. 重庆医科大学学报,2006,(5)
糖尿病大鼠坐骨神经 calpain Ⅱ 的动态表达. 张云云,等. 复旦学报(医学版),2006,(1)
乌司他丁对大鼠单肺移植后缺血再灌注损伤的作用. 薛亮,等. 复旦学报(医学版),2006,(1)
模拟睡眠呼吸暂停缺氧/再氧合对小鼠心肾超微结构的影响. 曾奕明,等. 复旦学报(医学版),2006,(1)
肺循环血流增加造成肺高压模型大鼠 preproET-1mRNA 和 eNOSmRNA 表达的改变. 曾真,等. 复旦学报(医学版),2006,(2)
戊四氮点燃大鼠慢性癫痫模型的建立及评价. 王艺,等. 复旦学报(医学版),2006,(2)
依托咪酯对大鼠大脑皮层突触体神经递质释放的影响. 张军,等. 复旦学报(医学版),2006,(2)
异基因小鼠颈动脉移植慢性排斥模型的制作. 项建斌,等. 复旦学报(医学版),2006,(2)
3 日龄 SD 大鼠慢性脑缺血后脑室下区细胞的凋亡. 崔曙东,等. 复旦学报(医学版),2006,(2)
灭活肿瘤细胞免疫小鼠诱生的自身抗体及其作用探讨. 周非非,等. 复旦学报(医学版),2006,(2)
大蒜素诱导鼠肝癌细胞 MM45T. Li 细胞株凋亡. 张燕,等. 复旦学报(医学版),2006,(2)
用高效液相色谱-质谱-质谱法测定小鼠血浆和大脑中的石杉碱甲及药动学. 刘骁,等. 复旦学报(医学版),2006,(2)
大鼠胰岛分离纯化技术的改进. 李永翔,等. 复旦学报(医学版),2006,(2)
PEDF 抑制大鼠角膜移植术后新生血管作用的实验研究. 王巧玲,等. 重庆医科大学学报,2006,(1)
结缔组织生长因子在大鼠心肌梗死后心肌间质重塑中表达的研究. 顾永林,等. 重庆医科大学学报,2006,(1).
大鼠移植心慢性失功加快模型的建立. 李明,等. 重庆医科大学学报,2006,(1)
特异性环氧化酶-2 抑制剂对狼疮小鼠肾组织 PAI-1 表达的影响. 钟清,等. 重庆医科大学学报,2006,(1)
大鼠慢性酒精性脂肪肝模型的建立. 古赛,等. 重庆医科大学学报,2006,(1)
阿魏酸钠对培养大鼠大脑微血管内皮细胞缺氧损伤的保护作用. 陈莉芬,等. 重庆医科大学学报,2006,(2)
抗氧化剂丙丁酚对 STZ 导致的糖尿病小鼠胰岛 β 细胞功能的影响. 叶秀兰,张素华. 重庆医科大学学报,2006,

(2)
小鼠胚胎胃发育中细胞凋亡及凋亡相关蛋白的表达. 林雪梅,等. 重庆医科大学学报,2006,(2)
移植性人白血病小鼠模型的建立. 陈地龙,等. 重庆医科大学学报,2006,(2)
大鼠眼内组织水通道蛋白1的表达. 李嘉文,等. 重庆医科大学学报,2006,(2)
EGF与bFGF对体外大鼠巩膜成纤维细胞增殖的影响. 郑瑾,等. 复旦学报(医学版),2006,(3)
合成成骨生长肽对大鼠骨髓基质干细胞的促成骨作用. 徐杨,等. 复旦学报(医学版),2006,(3)
OLETF大鼠骨骼肌脂肪含量增多与脂肪酸转运蛋白-1表达增强有关. 袁戈恒,等. 复旦学报(医学版),2006,(3)
大鼠脑内成分对体外培养的成骨细胞增殖、分化和矿化的影响. 马昕,等. 复旦学报(医学版),2006,(3)
重症急性胰腺炎大鼠血浆游离氨基酸浓度改变及意义. 许雪峰,等. 复旦学报(医学版),2006,(3)
外周血单个核细胞CXCR3 mRNA表达与大鼠心移植急性排斥的关系. 朱仕杰,等. 复旦学报(医学版),2006,(3)
大鼠慢性阻塞性肺病模型体内TNF-α和VEGF含量的变化及其意义. 夏敬文,等. 复旦学报(医学版),2006,(3)
预灌红景天对心梗大鼠心功能及Flk-1 mRNA表达的影响. 李剑,等. 复旦学报(医学版),2006,(3)
大鼠骨髓内皮祖细胞的分离、培养和鉴定. 魏来,等. 复旦学报(医学版),2006,(3)
2-脱氧葡萄糖对宫内窘迫所致胎鼠脑损伤的影响. 张华,等. 重庆医科大学学报,2006,(3)
罗格列酮抑制鼠动脉平滑肌细胞增殖的实验研究. 周晓莉,等. 重庆医科大学学报,2006,(3)
银杏酮酯促进大鼠坐骨神经再生的实验研究. 林浩东,等. 复旦学报(医学版),2006,(4)
热射病合并细菌内毒素感染大鼠动物模型的复制. 李亚洁,等. 复旦学报(医学版),2006,(4)
亚低温联合别嘌呤醇对新生大鼠缺氧缺血性脑损伤的保护作用. 胡勇,等. 复旦学报(医学版),2006,(4)
大鼠肝微粒体CYP2B1的活性和P450含量的变化. 严敏芬,等. 复旦学报(医学版),2006,(4)
重组耻垢分枝杆菌经鼻粘膜免疫在小鼠体内的分布与表达. 杨春,等. 重庆医科大学学报,2006,(4)
近交系大鼠心脏移植模型建立的实验研究. 兰纲,等. 重庆医科大学学报,2006,(4)
抗抑郁药物对抑郁模型大鼠海马星形胶质细胞的作用. 王敏建,等. 重庆医科大学学报,2006,(4)
小鼠呼吸道合胞病毒感染肺TLR4表达与气道高反应性. 李睿,等. 重庆医科大学学报,2006,(4)
蛋白酶体抑制剂MG-132对大鼠急性心肌缺血再灌注损伤的保护作用研究. 戴翠莲,罗开良. 重庆医科大学学报,2006,(4)
红花注射液对大鼠肾缺血再灌注损伤Caspase-3和bcl-2表达的影响. 高飞,等. 重庆医科大学学报,2006,(4)
铝过负荷致小鼠神经退行性变与氧化应激和抗氧化应激系统关系的研究. 邱红梅,等. 重庆医科大学学报,2006,(4)
镉对雄性大鼠颌下腺的影响及丙酸睾酮的保护作用. 李新枝,廖晓岗. 重庆医科大学学报,2006,(4)
小鼠胸腺细胞发育过程中$CD4^+CD25^+$T细胞变化的体内外比较. 邵先安,等. 复旦学报(医学版),2006,(5)
环氧合酶-2在CCl_4诱导大鼠肝纤维化形成中的作用. 涂传涛,等. 复旦学报(医学版),2006,(5)
携带BMP-2基因的慢病毒感染大鼠骨髓间质干细胞定向分化. 马晓生,等. 复旦学报(医学版),2006,(5)
组织型纤溶酶原激活剂促进小鼠坐骨神经血-神经屏障损伤后的修复. 凌长春,等. 复旦学报(医学版),2006,(5)
重组高密度脂蛋白-阿克拉霉素大鼠体内血液动力学及组织分布. 楼滨,等. 复旦学报(医学版),2006,(5)
雷洛昔芬对大鼠去势后骨质疏松及子宫内膜的影响. 马莉,等. 复旦学报(医学版),2006,(5)
大鼠经胸右心室穿刺测压的可行性研究. 信怡,等. 复旦学报(医学版),2006,(5)
$P2X_2$和$P2X_4$受体在新生和成年大鼠延髓的表达. 马岩,等. 复旦学报(医学版),2006,(5)
小鼠乳腺癌实验动物模型中$CD4^+$ $CD25^+$调节性T细胞的变化及意义. 徐林,等. 复旦学报(医学版),2006,(6)
壳聚糖-聚天冬氨酸-5氟尿嘧啶纳米的小鼠体内药动学. 吴莉莉,等. 复旦学报(医学版),2006,(6)
2型糖尿病大鼠肠系膜微循环改变及其临床意义. 钱睿哲,等. 复旦学报(医学版),2006,(6)
化学合成siRNA阻断小鼠骨髓源性不成熟树突状细胞GAPDH基因的表达. 顾晓冬,等. 复旦学报(医学版),2006,(6)
罗格列酮对两肾一夹高血压大鼠的降压作用. 傅辰生,等. 复旦学报(医学版),2006,(6)
葛根素对去卵巢鼠糖尿病肾病及周围神经病变的作用. 丁昉,等. 复旦学报(医学版),2006,(6)
脓毒症小鼠急性肾损害与TLR2受体基因表达的关系. 朱方强,等. 重庆医科大学学报,2006,(5)
枸杞多糖对酒精性脂肪肝大鼠肝细胞色素P450 2E1基因及蛋白表达的影响. 古赛,等. 重庆医科大学学报,2006,(5)
小鼠Hsp84真核表达质粒的构建及鉴定. 季业伟,等. 重庆医科大学学报,2006,(6)
大鼠脑组织蛋白质双向电泳技术的建立. 周成林,等. 重庆医科大学学报,2006,(6)
人参多糖动员的造血干/祖细胞移植重建造血衰竭小鼠造血功能的研究. 吴宏,等. 重庆医科大学学报,2006,(6).

GABA ARα1 在弥漫性皮质发育障碍鼠大脑皮质和海马中的表达. 马勋泰,等. 重庆医科大学学报,2006,(6)
SCF 在糖尿病胃轻瘫大鼠胃壁中表达的研究. 商文静,等. 重庆医科大学学报,2006,(6)
神经肽 Y 在孕鼠肝内胆汁淤积症胎盘中的表达及意义. 李红霞,等. 重庆医科大学学报,2006,(6)
大鼠 NSCs 向多巴胺能神经元分化研究. 王光辉,等. 重庆医科大学学报,2006,(6)
一氧化氮合酶抑制剂对宫内窘迫胎鼠脑神经细胞凋亡和幼年学习记忆能力的影响. 张华,等. 重庆医科大学学报,2006,(6)
丹参对大鼠成骨细胞增殖和分化的影响. 刘国良,等. 重庆医科大学学报,2006,(6)
氯沙坦对糖尿病大鼠肾组织 MMP-2、MMP-9、TIMP-1 表达的影响. 史玉玲,等. 东南大学学报(医学版),2006,(1)
清开灵对戊四氮致痫大鼠抗痫作用的研究. 田野,等. 东南大学学报(医学版),2006,(1)
褪黑素、维生素 E 和还原型谷胱甘肽对四氧嘧啶糖尿病大鼠氧化应激影响的比较研究. 舒毅,等. 东南大学学报(医学版),2006,(2)
糖尿病大鼠肾脏细胞外基质金属蛋白酶诱导因子和基质金属蛋白酶 2 的表达. 倪海锋,等. 东南大学学报(医学版),2006,(3)
MDP-Cyclic 与 CpG-ODN1826 对小鼠膀胱瘤免疫治疗效应的初步研究. 潘猛,等. 东南大学学报(医学版),2006,(3)
甲泼尼龙和神经节苷脂对大鼠损伤脊髓 CD95 表达的影响. 黄建华,等. 东南大学学报(医学版),2006,(3)
双黄连、鱼腥草注射液抗鼠肝炎病毒 3 型的体外实验研究. 易文龙,等. 东南大学学报(医学版),2006,(4)
GM-CSF 基因免疫治疗小鼠骨髓瘤的实验研究. 洪晓武,等. 东南大学学报(医学版),2006,(4)
胚胎大鼠大脑额叶皮质神经干细胞的分离、培养与鉴定. 徐汉荣,等. 东南大学学报(医学版),2006,(4)
特异性环氧化酶-2 抑制剂对 MRL/lpr 小鼠狼疮性肾炎的治疗作用. 钟清,甘华. 东南大学学报(医学版),2006,(4)
厄贝沙坦对 STZ 诱导的糖尿病大鼠肾脏 CTGF、p27kip1 表达的影响. 黄海泉,等. 东南大学学报(医学版),2006,(5)
中药降氮汤对 5/6 肾切除大鼠肾小球结缔组织生长因子表达的影响. 尹莲芳,等. 东南大学学报(医学版),2006,(5)
复方薤白胶囊对野百合碱诱导肺动脉高压大鼠 ET、TNFα 含量的影响. 孙菊光,等. 东南大学学报(医学版),2006,(5)
阿霉素纳米粒对颅内移植 G422 小鼠的化疗实验研究. 孙远召,杨天明. 东南大学学报(医学版),2006,(5).
Pro-Pro-hGHRH(1-44)OH 的体外活性分析及其对四氧嘧啶糖尿病大鼠影响的研究. 刘思明,等. 东南大学学报(医学版),2006,(5)
三生饮对局灶性脑缺血大鼠海马区 Bcl-2 和 Bax 蛋白表达的影响. 王长松,等. 东南大学学报(医学版),2006,(6)
慢性 GVHD 狼疮样小鼠肾组织 CTGF 的异常表达. 张薇,王美美. 东南大学学报(医学版),2006,(6)
一氧化碳中毒迟发记忆障碍小鼠海马神经细胞凋亡的初步研究. 彭道勇,等. 大连医科大学学报,2006,(1)
米非司酮对大鼠卵巢子宫雌孕激素受体的影响. 金富锐,等. 大连医科大学学报,2006,(1)
生长抑素对肝癌大鼠血管内皮生长因子的影响及病理学改变. 李平,等. 大连医科大学学报,2006,(1)
大鼠模拟循经感传的体感诱发电位观察及纳洛酮的翻转作用. 王迎新,刘澄中. 大连医科大学学报,2006,(1)
大鼠羊水栓塞时的内皮素-1 的含量及其作用的研究. 李成博,唐慧君. 大连医科大学学报,2006,(1)
免疫治疗后荷瘤小鼠树突状细胞的功能评价. 李敏,等. 苏州大学学报(医学版),2006,(1)
β-七叶皂甙钠对大鼠脊髓损伤段钙、水含量的影响及其保护作用. 郭开今,等. 苏州大学学报(医学版),2006,(1)
β-七叶皂甙钠对大鼠脊髓损伤早期脂质过氧化反应和活性氧水平的抑制作用. 陈向阳,等. 苏州大学学报(医学版),2006,(1)
普伐他汀对去势大鼠 BMP-2 表达及成骨细胞增殖的影响. 王靖,等. 苏州大学学报(医学版),2006,(1)
心痛宁调节大鼠缺血心肌 ecNOS 及其基因表达. 王晓岚,等. 苏州大学学报(医学版),2006,(1)
RANTES 在同种异体胰腺十二指肠移植大鼠中的表达. 陈彦,等. 苏州大学学报(医学版),2006,(1)
MNU 诱导的大白鼠膀胱肿瘤模型的建立及病理学动态观察. 杨玉成,等. 苏州大学学报(医学版),2006,(1)
不同剂量的东莨菪碱对大鼠学习记忆能力的影响. 徐建民,俞海燕. 苏州大学学报(医学版),2006,(1)
茶多酚对麻醉大鼠血流动力学的影响. 汪华君,等. 大连医科大学学报,2006,(2)
蜂蜡软膏对治疗缺损性慢性皮肤溃疡大鼠的实验观察. 韩旭,等. 大连医科大学学报,2006,(2)
药物干预对帕金森病大鼠行为的影响. 蔡秀英,等. 苏州大学学报(医学版),2006,(2)
四君子汤对膀胱癌荷瘤小鼠化疗中免疫功能的保护作用. 李传刚,等. 大连医科大学学报,2006,(3)
大鼠在体心肌短暂缺血不同时间对再灌注心律失常的影响. 史立业,等. 大连医科大学学报,2006,(3)

蛛网膜下腔注入辣椒素对大鼠炎症痛阈的影响. 徐峰,杨建平. 苏州大学学报(医学版),2006,(3)
大鼠骨质疏松模型中肝脏 Hepcidin 基因表达的初步研究. 马勇,等. 苏州大学学报(医学版),2006,(3)
线栓法制作大鼠局灶性脑缺血/再灌注模型若干问题的探讨. 王引明,等. 苏州大学学报(医学版),2006,(3)
川芎嗪对大鼠供肝冷保存再灌注损伤中肝细胞凋亡及调控基因表达的影响. 张伯,等. 苏州大学学报(医学版),2006,(3)
敌敌畏急性中毒小鼠脑 ATP 酶的活性检测. 宁宗,等. 苏州大学学报(医学版),2006,(3)
哮喘小鼠血清 IL-4 和 IL-15 相关性分析. 张颖,金发光. 大连医科大学学报,2006,(4)
血管紧张素Ⅱ及受体 2 诱导新生鼠肾小管上皮细胞凋亡的研究. 李冬,等. 大连医科大学学报,2006,(5)
一氧化氮在大剂量顺铂所致大鼠肾损伤早期中的变化. 张建青,等. 大连医科大学学报,2006,(5)
^{125}I 粒子组织间植入治疗小鼠皮下移植性肝癌. 程宝兴,等. 苏州大学学报(医学版),2006,(4)
单核细胞趋化蛋白-1 在急性出血坏死性胰腺炎大鼠模型中的表达. 袁健,等. 苏州大学学报(医学版),2006,(4)
LPS 对小鼠巨噬细胞 HIF-1α 表达的影响. 程羽青,等. 苏州大学学报(医学版),2006,(4)
免疫乳中特异性抗体对 3 种细菌所致小鼠腹泻的被动免疫保护作用. 徐茜,等. 苏州大学学报(医学版),2006,(4)
XGY 对糖尿病小鼠的降血糖作用及其机制研究. 周巧霞,等. 苏州大学学报(医学版),2006,(4)
蛇床子素对大鼠的降血脂作用. 宋芳,等. 苏州大学学报(医学版),2006,(4)
电针对大鼠关节炎性痛的疗效观察及其脊髓机制探讨. 王丽娜,等. 苏州大学学报(医学版),2006,(5)
丝/酪氨酸蛋白激酶 PIM3 在小鼠眼部组织的表达及分布. 李龙标,等. 苏州大学学报(医学版),2006,(5)
新生大鼠嗅球嗅鞘细胞的纯化方法研究. 徐明,等. 苏州大学学报(医学版),2006,(5)
ICAM-1 在大鼠胰腺移植缺血再灌注损伤中的作用. 田青水,等. 苏州大学学报(医学版),2006,(5)
荷肝癌小鼠的^{99}Tc^{m}-HL91 乏氧显像的实验研究. 朱广文,等. 大连医科大学学报,2006,(6)
重组人粒细胞集落刺激因子对肝硬化大鼠外周血干细胞动员的研究. 朱磊,赵钢. 大连医科大学学报,2006,(6)
间接 ELISA 法测定转基因小鼠血清中核糖核酸酶抑制因子的表达. 刘宇,等. 大连医科大学学报,2006,(6)
大鼠全脑照射后早期大脑皮质中 TNF-α 及其受体表达的免疫组化研究. 张泉,等. 苏州大学学报(医学版),2006,(6)
脑微透析法研究大鼠脊髓损伤后脑内兴奋性氨基酸的动态变化. 俞晨,等. 苏州大学学报(医学版),2006,(6)
P-糖蛋白对大鼠海马细胞外液卡马西平浓度的调节作用研究. 楚冰,等. 苏州大学学报(医学版),2006,(6)
蛇床子素对大鼠实验性静脉血栓形成的影响. 陈蓉,等. 苏州大学学报(医学版),2006,(6)
外源性精胺致大鼠乳鼠心肌细胞损伤机制的初步探讨. 李宏霞,等. 哈尔滨医科大学学报,2006,(2)
外源性雌激素对去卵巢大鼠抗氧化能力及海马神经元线粒体的影响. 焦润生,等. 哈尔滨医科大学学报,2006,(1)
不同剂量的华支睾吸虫囊蚴感染大鼠的实验研究. 张晓丽,等. 哈尔滨医科大学学报,2006,(1)
小鼠 DC、NK 细胞体外诱导、增殖及示踪方法. 崔凤,等. 哈尔滨医科大学学报,2006,(1)
大鼠腹主动脉移植排斥反应的实验研究. 仇宇,等. 哈尔滨医科大学学报,2006,(1)
调节性 T 细胞介导异基因交配孕鼠对父方抗原同种反应性的影响. 肇静娴,等. 哈尔滨医科大学学报,2006,(2)
高糖对培养乳鼠心肌细胞 L 型钙通道表达的影响. 王金华,等. 哈尔滨医科大学学报,2006,(2)
蒺藜皂苷对大鼠实验性脑出血的脑保护作用. 李凌波,等. 哈尔滨医科大学学报,2006,(2)
三氧化二砷联合全反式维甲酸对小鼠肝癌细胞 H22 及移植瘤的抑制作用. 肖建兵,等. 哈尔滨医科大学学报,2006,(2)
生物粘接端端缝合法修复大鼠周围神经损伤的形态学研究. 边晓燕,等. 哈尔滨医科大学学报,2006,(2)
基质金属蛋白酶-3 在鼠冠折露髓牙中的表达. 孙佰洁,等. 哈尔滨医科大学学报,2006,(2)
吸入糖皮质激素对哮喘大鼠气道炎症和气道重构的影响. 梁蕊,等. 哈尔滨医科大学学报,2006,(2)
大明胶囊对大鼠急性心肌缺血的保护作用. 米彦军,等. 哈尔滨医科大学学报,2006,(3)
白藜芦醇对冠脉结扎诱发大鼠急性心肌缺血的保护作用的研究. 赵文晓,等. 哈尔滨医科大学学报,2006,(3)
乌拉地尔对大鼠心肌细胞膜 L-型钙通道电流的影响. 原大江,等. 哈尔滨医科大学学报,2006,(3)
高糖培养下大鼠冠状小动脉氧自由基生成部位的研究. 王春华,等. 哈尔滨医科大学学报,2006,(4)
链脲佐菌素致大鼠高血糖模型的实验研究. 刘科宇,等. 哈尔滨医科大学学报,2006,(4)
大鼠胚胎期心脏 Na^+ 通道基因 SCN5A 的表达. 金剑峰,等. 哈尔滨医科大学学报,2006,(4)
亚低温对大鼠脑缺血再灌注损伤后 COX_2 和 $NMDAR_1$ 表达的影响. 张隽,等. 哈尔滨医科大学学报,2006,(4)
小鼠吸入氢醌对肺外组织细胞 DNA 损伤的观察. 梁海荣,等. 广东医学院学报,2006,(4)
常压慢性持续缺氧及低二氧化碳致幼鼠心室肥大及心肌细胞凋亡的观察. 林永文,等. 广东医学院学报,2006,(4)
哇巴因和乌头碱对豚鼠和大鼠心肌细胞钠电流的作用. 龚冬梅,等. 哈尔滨医科大学学报,2006,(5)
大明胶囊对大鼠实验性缺血心肌的保护作用. 董志成,等. 哈尔滨医科大学学报,2006,(5)

益心酮注射液对大鼠实验性脑出血后的保护作用. 张晓丹,等. 哈尔滨医科大学学报,2006,(5)
槲寄生黄酮苷对大鼠实验性心肌梗死保护作用的研究. 吴玲,等. 哈尔滨医科大学学报,2006,(6)
槲皮素对 H_2O_2 所致乳鼠培养心肌细胞损伤的保护作用. 祝波,等. 哈尔滨医科大学学报,2006,(6)
大鼠实验性牙髓炎的组织病理学观察. 于清华,等. 哈尔滨医科大学学报,2006,(6)
全脑缺血模型大鼠再灌后对皮层神经元 L 型 Ca^{2+} 通道的动态观察. 关莉,等. 广东医学院学报,2006,(6)
乙醇对生长期小鼠股骨代谢及生物力学的影响. 陈艳,等. 广东医学院学报,2006,(6)
经纹状体注射胶质细胞系源性神经营养因子对帕金森病模型小鼠黑质多巴胺能神经元保护作用的实验研究. 王炎强,等. 徐州医学院学报,2006,(1)
胶质细胞系源性神经营养因子保护帕金森模型大鼠黑质多巴胺能神经元机制的研究. 丁艳霞,等. 徐州医学院学报,2006,(1)
正常大鼠海马 NMDA 受体 2B 亚单位蛋白及其 mRNA 的平行分布规律. 滕大才,等. 徐州医学院学报,2006,(1)
NR2B 反义寡核苷酸对大鼠海马 CA1 区 NR2B 蛋白质表达的影响. 滕大才,等. 徐州医学院学报,2006,(1)
丙泊酚对缺氧大鼠海马脑片诱发电位的影响. 张邓新,等. 徐州医学院学报,2006,(1)
大鼠 FasL 基因重组慢病毒载体三质粒包装细胞系统的建立. 李望,等. 徐州医学院学报,2006,(1)
不同剂量链脲佐菌素诱导 SD 大鼠糖尿病肾病模型的研究. 李伟,等. 徐州医学院学报,2006,(1)
实验性脑出血大鼠脑内 HSP70 与 Bcl-2 的表达. 魏秀娥,等. 徐州医学院学报,2006,(1)
睾酮对睾丸切除大鼠血清性激素及血脂的影响. 罗语思,等. 贵阳医学院学报,2006,(1)
利多卡因和维拉帕米预处理对鼠脑缺血再灌注损伤的保护作用. 唐艳,王迪芬. 贵阳医学院学报,2006,(1)
IL-6 对照射小鼠脾淋巴细胞亚群活性的影响. 王红兵,等. 徐州医学院学报,2006,(2)
盐酸丁咯地尔预处理对大鼠坐骨神经损害后神经元血管内皮生长因子的影响. 苏建华,等. 徐州医学院学报,2006,(2)
戊四氮诱导发育鼠癫痫持续状态后海马突触素的变化及 MK-801 的影响. 陈静,袁宝强. 徐州医学院学报,2006,(2)
东莨菪碱与氯胺酮合用对小鼠学习记忆的影响. 周晓林,等. 徐州医学院学报,2006,(2)
不同药物对地西泮小鼠的催醒作用. 王亢,等. 徐州医学院学报,2006,(2)
氟马西尼对安氟烷、异氟烷和乙醚麻醉小鼠无催醒作用. 方芳,等. 徐州医学院学报,2006,(2)
去甲肾上腺素、酚妥拉明对异氟醚、丙泊酚小鼠翻正反射消失持续时间的影响. 王卿,等. 徐州医学院学报,2006,(2)
实验性大鼠原位肝移植供肝热缺血损伤研究. 张宝良,等. 天津医科大学学报,2006,(1)
电针对炎性痛大鼠脊髓 P 物质和谷氨酸的影响. 朱文智,等. 天津医科大学学报,2006,(1)
氯化锂对大鼠肝细胞葡萄糖 6 磷酸酶基因表达的影响. 刘德敏,等. 天津医科大学学报,2006,(1)
大鼠穿透性角膜移植角膜中转化生长因子 βⅡ型受体的变化. 李青吉,等. 天津医科大学学报,2006,(1)
人补体杀伤小鼠 N9 小胶质细胞及亚溶破模型的建立. 罗娜,等. 贵阳医学院学报,2006,(2)
小鼠胚胎干细胞培养条件的探索. 黄璟,何志旭. 贵阳医学院学报,2006,(2).
大鼠肾小球系膜细胞原代培养与鉴定. 罗华,等. 贵阳医学院学报,2006,(2)
霉酚酸酯对大鼠肾间质纤维化的保护作用. 颜润,等. 贵阳医学院学报,2006,(2)
氯胺酮对小鼠避暗潜伏期及错误次数的影响及其机制. 王丹,戴体俊. 徐州医学院学报,2006,(3)
神经生长因子对拟 AD 模型大鼠脑内神经原纤维缠结的影响. 吕心瑞,等. 贵阳医学院学报,2006,(3)
整合素 β1、α2 亚基在培养大鼠椎间盘纤维环细胞中的表达. 郭志良,等. 贵阳医学院学报,2006,(3)
非创伤性双下肢缺血后处理对大鼠 I/R 心肌梗死面积和 PKCα 表达的影响. 袁志柳,等. 贵阳医学院学报,2006,(3)
生长抑素对大鼠坏死性胰腺炎腺泡细胞凋亡的影响. 黄立敏,等. 贵阳医学院学报,2006,(3)
不同时间被动吸烟大鼠肺功能及肺组织病理观察. 沈锋,等. 贵阳医学院学报,2006,(3)
单侧输尿管结扎致大鼠肾间质纤维化模型中 CTGF、α-SMA 的动态观察. 闵亚丽,蓝天座. 贵阳医学院学报,2006,(3)
磁共振 DWI 评价大鼠急性脑缺血模型的价值. 张雪君,等. 天津医科大学学报,2006,(2)
动脉化双袖套法大鼠原位肝移植模型制作. 田伟军,等. 天津医科大学学报,2006,(2)
雌激素替代疗法对骨质疏松实验性牙周炎大鼠牙槽骨吸收的影响. 靳趁心,等. 天津医科大学学报,2006,(2)
芪连消渴胶囊对正常大鼠血糖及 24h 代谢的影响. 房志仲,等. 天津医科大学学报,2006,(2)
内源性一氧化氮对大鼠胃黏膜缺血/再灌注损伤的保护作用. 乔伟丽,等. 徐州医学院学报,2006,(4)
生后不同时间大鼠侧脑室脑室下区 Musashil 的表达. 马巧英,等. 徐州医学院学报,2006,(4)
电刺激大鼠束旁核对脚内核神经元自发放电的影响. 宋英,等. 徐州医学院学报,2006,(4)
银杏内酯对拟 AD 模型大鼠海马 CA1 区 $A\beta_{(1-40)}$ 表达的影响. 周灵贵,等. 贵阳医学院学报,2006,(4)
紫苏子对高脂血症大鼠血脂水平的影响. 王雨,等. 贵阳医学院学报,2006,(4)

大鼠肺血管内皮细胞原代培养技术的改进. 刘琦,等. 贵阳医学院学报,2006,(4)
Bcl-2 和 Bax 参与内源性一氧化氮对大鼠胃黏膜缺血/再灌注损伤的保护作用. 乔伟丽,等. 徐州医学院学报,2006,(5)
腺病毒载体介导的 $VEGF_{165}$ 基因治疗大鼠缺血皮瓣的实验研究. 王伟,等. 徐州医学院学报,2006,(5)
缺血—再灌注大鼠胃黏膜毛细血管超微结构的改变. 于红丽,等. 徐州医学院学报,2006,(5)
盐酸戊乙奎醚对脑缺血再灌注损伤大鼠脑梗死体积和行为学的影响. 庞涛,等. 徐州医学院学报,2006,(5)
地西泮与氯胺酮合用对小鼠学习记忆的影响. 庞训雷,等. 徐州医学院学报,2006,(5)
25Hz 和 50Hz 电刺激对大鼠缺血心肌毛细血管新生的影响. 龙宇飞,等. 贵阳医学院学报,2006,(5)
东莨菪碱与维拉帕米对海洛因依赖大鼠戒断症状的影响. 杨雨,等. 贵阳医学院学报,2006,(5)
新生大鼠缺氧缺血时脑皮质 FaS-L 的变化. 杨秀芳,等. 贵阳医学院学报,2006,(5)
碘过量对大鼠脾脏影响的形态学研究. 李金茹,等. 天津医科大学学报,2006,(3)
雌二醇和孕酮对去势小鼠外周血白细胞和淋巴细胞的调节. 时淑娟,等. 天津医科大学学报,2006,(3)
肾疏宁对肾小管间质损害大鼠表型转化的影响. 李国霞,等. 天津医科大学学报,2006,(3)
骨髓间充质干细胞联合促红素治疗大鼠急性心肌梗死实验研究. 毕研永,等. 天津医科大学学报,2006,(3)
青藤碱在小鼠心脏移植中的抗排斥作用. 王炜,等. 天津医科大学学报,2006,(3)
大鼠脑出血后体感诱发电位的改变与脑水肿的形成. 秦志华,等. 天津医科大学学报,2006,(3)
大鼠肝肠联合移植 IL-2、IL-4 及 IFN-γ 基因表达的研究. 娄诚,等. 天津医科大学学报,2006,(3)
核因子 κB 在大鼠胃缺血再灌注损伤中的表达及意义. 徐明,等. 徐州医学院学报,2006,(6)
氯化锂对帕金森病小鼠黑质多巴胺能神经元保护作用的实验研究. 肖成华,等. 徐州医学院学报,2006,(6)
大鼠脑出血后不同时间血肿周围脑组织 IL-1β 的表达. 崔桂云,等. 徐州医学院学报,2006,(6)
NGF 预处理对全脑缺血再灌注沙土鼠脑皮层神经细胞凋亡的影响. 谭永星,等. 贵阳医学院学报,2006,(6)
氯沙坦对大鼠脑出血后脑水肿的影响. 匡良洪,等. 贵阳医学院学报,2006,(6)
葛根素预处理与缺血预处理对大鼠心肌缺血再灌注损伤的保护作用. 高翔,等. 贵阳医学院学报,2006,(6)
老年大鼠松果体中褪黑素含量的测定. 朱俊德,龚明. 贵阳医学院学报,2006,(6)
海洛因依赖对大鼠伏隔核神经元单位放电的影响. 张新勇,等. 贵阳医学院学报,2006,(6)
胰岛素治疗对糖尿病大鼠牙槽骨中 OPG mRNA 水平的影响. 吴陈炫,等. 天津医科大学学报,2006,(4)
大鼠亚慢性丙烯酰胺中毒神经电生理时效变化. 朱英建,等. 山东大学学报(医学版),2006,(1)
甘草酸对免疫诱导再生障碍性贫血小鼠骨髓造血功能的影响. 任翠爱,等. 山东大学学报(医学版),2006,(1)
西洛他唑对链脲佐菌素诱发糖尿病大鼠肾脏细胞间粘附分子-1 表达的影响. 李梅,等. 山东大学学报(医学版),2006,(1)
Galectin-3 在糖尿病大鼠肾脏中的表达. 楚玉峰,等. 山东大学学报(医学版),2006,(1)
益肾活血胶囊对同型半胱氨酸血症实验大鼠的影响. 杨瑞雪,等. 山东大学学报(医学版),2006,(1)
灯盏乙素对大鼠局灶性脑缺血再灌注损伤的保护作用. 王龙梓,等. 山东大学学报(医学版),2006,(2)
海风藤酮对老龄大鼠局灶性脑缺血 DNA 损伤修复相关基因 GADD45 表达的影响. 徐广润,等. 山东大学学报(医学版),2006,(2)
甲状腺激素对大鼠解偶联蛋白-2 基因表达的影响. 伊迎春,林汉华. 山东大学学报(医学版),2006,(2)
β-连环素在维生素 A 缺乏大鼠气道上皮鳞状化生中的作用. 王智园,等. 华中科技大学学报(医学版),2006,(1)
莲心总碱在大鼠体内的血药浓度及组织分布. 黄颖,等. 华中科技大学学报(医学版),2006,(1)
抗高血压新药美林洛尔在大鼠体内的药代动力学和生物利用度. 李高,等. 华中科技大学学报(医学版),2006,(1)
脑梗死大鼠原位神经干细胞的增殖和分化. 梅爱农,等. 华中科技大学学报(医学版),2006,(1).
硒对镉引起的大鼠肝脏超氧阴离子和羟自由基生成的影响. 余日安,等. 华中科技大学学报(医学版),2006,(1)
IL-1β 或 IL-6 致痫对大鼠大脑皮质一氧化氮合酶表达的影响. 朱晓琴,等. 华中科技大学学报(医学版),2006,(1)
钾通道拮抗剂 IBTX 对大鼠低氧海马脑片的保护作用. 魏桂荣,吴喜平. 华中科技大学学报(医学版),2006,(1)
热休克蛋白 60 对小鼠树突状细胞成熟及免疫功能的影响. 吴伟,等. 华中科技大学学报(医学版),2006,(1)
氨茶碱对哮喘大鼠肺组织 TRAIL 的表达及支气管肺泡灌洗液中 T 淋巴细胞凋亡的影响. 胡红玲,等. 华中科技大学学报(医学版),2006,(1)
罗格列酮对四氯化碳诱导大鼠早期肝纤维化的抑制作用. 康谊,等. 华中科技大学学报(医学版),2006,(1)
活血化瘀中药对大鼠异位子宫内膜细胞增殖的影响. 余晓辉,等. 华中科技大学学报(医学版),2006,(1)
姜黄素对大鼠肾系膜细胞结缔组织生长因子表达的影响. 张俊,等. 华中科技大学学报(医学版),2006,(1)
三苯氧胺对小鼠精子的毒性作用. 余同辉,等. 华中科技大学学报(医学版),2006,(1)
大鼠皮质双向电泳样品制备方法的优化. 张永杰,等. 华中科技大学学报(医学版),2006,(1)
实验性大鼠脊髓损伤后运动能力及病理学变化的研究. 吴江,等. 山东大学学报(医学版),2006,(3)

单唾液酸神经节苷脂对大鼠缺血再灌注脑损伤的保护作用. 张供,等. 山东大学学报(医学版),2006,(3)
褐藻多糖硫酸酯对阿霉素肾硬化大鼠肾脏保护作用的研究. 胡昭,等. 山东大学学报(医学版),2006,(3)
AGM 区基质细胞促进小鼠胚胎干细胞向成血-血管干细胞分化的实验研究. 付劲蓉,等. 华中科技大学学报(医学版),2006,(2)
坎地沙坦对心肌梗死后大鼠心肌组织 TGF-β_1 表达的影响. 张常健. 华中科技大学学报(医学版),2006,(2)
全反式维甲酸对大鼠肺气肿模型的干预作用及对 MMP-9 和 TIMP-1 表达的影响. 张培芳,等. 华中科技大学学报(医学版),2006,(2)
癫痫大鼠海马区增殖的内源性神经前体细胞演变过程的研究. 笱玉兰,等. 华中科技大学学报(医学版),2006,(2)
米非司酮对小鼠围着床期子宫内膜 Dickkopf-1 表达的影响. 赖巧红,章汉旺. 华中科技大学学报(医学版),2006,(2)
Survivin 反义寡核苷酸治疗荷瘤小鼠的实验研究. 王颖,等. 华中科技大学学报(医学版),2006,(2)
二硫化碳对大鼠睾丸组织氧自由基及抗氧化水平的影响. 邓菁,等. 华中科技大学学报(医学版),2006,(2)
氟桂利嗪和拉莫三嗪对胎鼠缺血缺氧性脑损害的保护作用. 何莉,等. 华中科技大学学报(医学版),2006,(2)
雷公藤甲素对佐剂性关节炎大鼠外周血单个核细胞核因子 κB 受体激活剂配基表达的影响. 罗波,等. 华中科技大学学报(医学版),2006,(2)
NGF 和 GM1 联合应用对坐骨神经损伤大鼠初级传入神经元的保护作用. 黄飞,等. 山东大学学报(医学版),2006,(4)
PDGF 及其受体在大鼠胰腺纤维化中的作用. 王东盛,等. 山东大学学报(医学版),2006,(4)
大蒜素对大鼠血清高半胱氨酸水平的影响. 王淑丽,等. 山东大学学报(医学版),2006,(4)
戊四氮致痫大鼠中 ERK 信号通路的研究. 赵秀鹤,等. 山东大学学报(医学版),2006,(4)
苯那普利对糖尿病大鼠肾脏病变保护作用机制的研究. 孙书珍,等. 山东大学学报(医学版),2006,(4)
细胞间粘附分子-1 在急性角膜炎大鼠角膜组织的表达及意义. 陈国玲,吴欣怡. 山东大学学报(医学版),2006,(4)
托吡酯对海人酸致癫痫状态大鼠海马 caspase-3 表达的影响. 孙建英,等. 山东大学学报(医学版),2006,(5)
己酮可可碱对大鼠胰腺纤维化的影响. 王东盛,等. 山东大学学报(医学版),2006,(5)
肠易激综合征大鼠模型外周血免疫调节性 T 细胞的研究. 郭敏,等. 山东大学学报(医学版),2006,(5)
婴幼儿毒鼠强中毒特点及血液灌流疗效观察. 孙文秀,等. 山东大学学报(医学版),2006,(5)
干扰素和黄芪对心肌炎小鼠心肌细胞凋亡的影响. 张建军,等. 山东大学学报(医学版),2006,(5)
手术前应用七叶皂苷钠对大鼠脊髓牵拉损伤后的行为及诱发电位的影响. 宫明智,等. 山东大学学报(医学版),2006,(5)
异丙酚对谷氨酸诱导大鼠脊髓背角星形胶质细胞凋亡及相关基因表达的影响. 秦成名,等. 华中科技大学学报(医学版),2006,(3)
Tacrine 对大鼠三叉神经节神经元 5-HT 激活电流的调制作用. 郑少萍,等. 华中科技大学学报(医学版),2006,(3)
舒降之对高脂血症肾损害大鼠一氧化氮和内皮素水平的影响. 姚颖,等. 华中科技大学学报(医学版),2006,(3)
转染血管内皮细胞生长因子基因的同种异体骨髓间充质干细胞移植大鼠缺血心肌的实验研究. 关思虞,等. 华中科技大学学报(医学版),2006,(3)
靶向 leptin 基因的 siRNA 对大鼠肝星状细胞生物学特性的影响. 薛秀兰,等. 华中科技大学学报(医学版),2006,(3)
阻滞 ERK1/2 通路对大鼠弥漫性脑损伤组织 c-fos 基因表达的影响. 李金星,等. 华中科技大学学报(医学版),2006,(3)
仙甲汤对实验性前列腺增生大鼠前列腺组织细胞核增殖抗原表达的影响. 杨胜兰,等. 华中科技大学学报(医学版),2006,(3)
海人酸致痫大鼠海马 CA_3 区神经元线粒体损伤及妥泰的保护作用. 孙建英,等. 山东大学学报(医学版),2006,(6)
绞股蓝总苷对谷氨酸诱导的胎鼠大脑皮层神经元氧化性损伤保护机制的研究. 王旭平,等. 山东大学学报(医学版),2006,(6)
Wistar 大鼠树突状细胞的体外培养、扩增与鉴定. 王东海,等. 山东大学学报(医学版),2006,(6)
大鼠急性肠道感染后肠功能紊乱动物模型的建立. 郭敏,等. 山东大学学报(医学版),2006,(6)
氨基胍对糖尿病大鼠肾脏保护作用的实验研究. 吕学爱,等. 山东大学学报(医学版),2006,(6)
HIV gp120 对胎鼠背根神经节神经元突起生长的影响. 刘花香,等. 山东大学学报(医学版),2006,(7)
补肾活血复方对亚急性衰老大鼠慢性脑缺血模型细胞因子及抗凝因子的影响. 任国华,等. 山东大学学报(医学版),2006,(7)

海人酸致痫大鼠海马 CA_3 区神经元线粒体损伤及 caspase-3 的表达. 汤树海,等. 山东大学学报(医学版),2006,(7)
新生大鼠视网膜神经元的原代培养与观察. 刘夫玲,等. 山东大学学报(医学版),2006,(7).
选择性 COX-2 抑制剂对大鼠实验性肝癌早期干预的研究. 谢英慧,袁孟彪. 山东大学学报(医学版),2006,(7)
霉酚酸酯对高糖所致大鼠肾小球系膜细胞增殖的影响. 张燕,等. 山东大学学报(医学版),2006,(7)
脂多糖侧脑室注射对大鼠海马 tau 蛋白磷酸化水平的影响. 尹君,等. 华中科技大学学报(医学版),2006,(4)
脂麻花醇提取物对环磷酰胺模型小鼠免疫功能的影响. 许华,等. 华中科技大学学报(医学版),2006,(4)
人 bcl-xL 基因在转基因小鼠中的整合和表达. 王芙蓉,等. 华中科技大学学报(医学版),2006,(4)
支气管哮喘模型大鼠气道重建的特征及机制. 许淑云,等. 华中科技大学学报(医学版),2006,(4)
大鼠残肾模型肾脏组织学和缓激肽 B_2 受体 mRNA 表达的变化. 涂玲,等. 华中科技大学学报(医学版),2006,(4)
扩散性抑制诱导大鼠皮层缺血耐受的在体研究. 胡学斌,等. 华中科技大学学报(医学版),2006,(4)
富勒烯(C_{60})-甘氨酸衍生物对小鼠骨肉瘤细胞生长的影响. 黄彬,等. 华中科技大学学报(医学版),2006,(4)
不同潮气量通气对大鼠呼吸机相关性肺损伤模型的影响. 武庆平,等. 华中科技大学学报(医学版),2006,(4)
不同转染方法及 GFP 表达载体对小鼠胚胎干细胞转染效率的比较. 陈红,等. 华中科技大学学报(医学版),2006,(4)
大鼠脊神经蛋白质组研究中双向电泳技术的建立. 韩晓敏,等. 华中科技大学学报(医学版),2006,(4)
不同强度和时程应激对大鼠海马 HSP70 mRNA 习惯化表达的影响. 邵淑红,等. 山东大学学报(医学版),2006,(8)
促智方对老年大鼠学习记忆减退改善作用的研究. 邢子英,等. 山东大学学报(医学版),2006,(8)
大蒜油对辐射致小鼠白细胞减少的预防作用. 张翠丽,等. 山东大学学报(医学版),2006,(8)
小鼠 B7-1 和 B7-2 基因转染 EL4 细胞瘤苗抗肿瘤免疫作用的比较研究. 阎树昕,等. 山东大学学报(医学版),2006,(8)
糖尿病大鼠肾脏 RAGE 的表达与足细胞损伤的相关性研究. 张丽萍,等. 山东大学学报(医学版),2006,(8)
压力容量超负荷大鼠模型右心室重塑过程中细胞间质的改变. 秦强,等. 山东大学学报(医学版),2006,(8)
血清瘦素、肿瘤坏死因子-α、IL-6 在高脂诱导肥胖大鼠胰岛素抵抗中的作用. 赵飞,等. 山东大学学报(医学版),2006,(8)
紫杉醇纳米粒注射液在荷瘤小鼠体内的组织分布及抗肿瘤作用. 高彦慧,等. 山东大学学报(医学版),2006,(8)
树突状细胞单克隆抗体对大鼠心脏移植排斥反应的免疫抑制作用. 李跃华,等. 山东大学学报(医学版),2006,(9)
Ⅰ型三磷酸鸟苷环化水解酶在 2 型糖尿病大鼠主动脉表达的改变. 任建民,等. 山东大学学报(医学版),2006,(9)
核因子 κB 在支气管哮喘模型大鼠气道平滑肌细胞增殖中的作用. 许淑云,等. 华中科技大学学报(医学版),2006,(5)
大麻素受体激动剂 WIN55212-2 对体外大鼠心肌缺血再灌注损伤的保护作用. 阮灿军,等. 华中科技大学学报(医学版),2006,(5)
芪丹中药提取物抗大鼠心肌缺血再灌注损伤的作用. 杜景霞,等. 华中科技大学学报(医学版),2006,(5)
银杏叶提取物对哮喘大鼠气道炎性细胞蛋白激酶 Cα 表达及白细胞介素-4 分泌的影响. 唐以军,等. 华中科技大学学报(医学版),2006,(5)
AAV 介导的 CD151 基因促大鼠缺血后肢血管再生和血运重建的实验研究. 康基顺,等. 华中科技大学学报(医学版),2006,(5)
小鼠念珠菌性阴道炎模型中树突状细胞表面共刺激分子的表达. 冯爱平,郑春玲. 华中科技大学学报(医学版),2006,(5)
^{99m}TC 标记 Laminin-YIGSR 肿瘤小鼠模型显像的实验研究. 胡佳,等. 华中科技大学学报(医学版),2006,(5)
套管法建立小鼠颈部心脏移植模型的探讨. 高开柱,等. 华中科技大学学报(医学版),2006,(5)
侧脑室注射内吗啡肽-1 降低神经病理性疼痛大鼠海马和 PAG IL-6 mRNA 的表达. 孙涛,等. 山东大学学报(医学版),2006,(10)
机械通气对大鼠肺泡巨噬细胞内毒素 CD14 受体表达的影响. 李克忠,等. 山东大学学报(医学版),2006,(11)
三磷酸腺苷诱导体外培养的胚胎大鼠皮层神经细胞凋亡. 毕爱玲,等. 山东大学学报(医学版),2006,(12)
Rack1 在大鼠子宫中的表达. 郭淑华,潘智芳. 山东大学学报(医学版),2006,(12)
大鼠右心室心肌细胞在心肌重塑过程中的适应性改变. 秦强,等. 山东大学学报(医学版),2006,(12)
P 物质对大鼠三叉神经节神经元辣椒素激活电流的调制作用. 罗加烈,等. 华中科技大学学报(医学版),2006,(6)
甘氨酸对离体缺血再灌注大鼠心脏的保护作用. 廉洪,等. 华中科技大学学报(医学版),2006,(6)

骨桥蛋白特异性短发夹 RNA 抑制大鼠血管平滑肌细胞增殖. 郑向阳,等. 华中科技大学学报(医学版),2006,(6)
醛固酮对新生大鼠心肌细胞凋亡的影响. 龙元,曾秋棠. 华中科技大学学报(医学版),2006,(6)
TGF-β1 转基因小鼠肺组织中基质金属蛋白酶和基质金属蛋白酶组织抑制物的表达. 杨坤禹,等. 华中科技大学学报(医学版),2006,(6)
熟地黄对去势大鼠海马神经元凋亡的抑制作用. 李龙宣,等. 华中科技大学学报(医学版),2006,(6)
骨髓间充质干细胞移植治疗 mdx 鼠的实验研究. 谢模英,等. 华中科技大学学报(医学版),2006,(6)
补肾安胎方改善胚胎着床障碍小鼠着床局部血管形成及其机制. 张明敏,黄玉琴. 华中科技大学学报(医学版),2006,(6)
NKCC1 小鼠的内耳超微结构观察及其与听觉平衡功能的关系. 褚汉启,等. 华中科技大学学报(医学版),2006,(6)
重症急性胰腺炎大鼠胰腺组织中白血病抑制因子的表达变化. 滕晓丽,等. 华中科技大学学报(医学版),2006,(6)
小鼠肠干细胞群的构建. 叶章群,等. 华中科技大学学报(医学版),2006,(6)
息痛颗粒对小鼠出凝血时间及血瘀型大鼠血小板聚集的影响. 贾丹辉,等. 郑州大学学报(医学版),2006,(3)
豫医无毛小鼠近交系与 HLC 小鼠近交系遗传纯度检测. 薛敬礼,等. 郑州大学学报(医学版),2006,(4)
两歧双歧杆菌对鼠伤寒感染小鼠模型的生物治疗作用. 孙艳玲,张炳华. 新疆医科大学学报,2006,(6)
重组大鼠 14-3-3γ 蛋白在大肠杆菌中的融合表达与分离纯化. 彭少君,等. 郑州大学学报(医学版),2006,(1)
地卓西平对吗啡依赖大鼠部分脑区突触素 I mRNA 表达的影响. 张瑞岭,等. 郑州大学学报(医学版),2006,(1)
大鼠急性心肌梗死区同种异体骨髓单个核细胞移植观察. 法宪恩,等. 郑州大学学报(医学版),2006,(1)
托吡酯对戊四氮点燃大鼠脑电图影响的定量分析. 连亚军,等. 郑州大学学报(医学版),2006,(1)
人神经干细胞移植治疗大鼠脑创伤观察. 李红伟,等. 郑州大学学报(医学版),2006,(1)
雌激素对去卵巢大鼠局灶性脑缺血神经细胞凋亡及 Bcl-2 表达的影响. 蒋杞英,等. 郑州大学学报(医学版),2006,(1)
银杏叶提取物预处理对大鼠肝移植细胞凋亡及 bcl-2 和 fas mRNA 表达的影响. 夏宗江,叶启发. 郑州大学学报(医学版),2006,(1)
大鼠前脑啡肽原基因逆转录病毒表达载体及产毒细胞系的建立. 臧卫东,等. 郑州大学学报(医学版),2006,(1)
$HgCl_2$ 对大鼠子宫雌激素受体的影响. 付远辉,等. 郑州大学学报(医学版),2006,(1)
TGF-β_1 对大鼠同种肢体移植免疫耐受的作用. 李国玲,等. 郑州大学学报(医学版),2006,(1)
电针刺激穴位对大鼠神经损伤后自残及神经再生的影响. 唐伟跃,等. 郑州大学学报(医学版),2006,(1)
化痔灵片对小鼠实验性疼痛的镇痛作用. 景志杰,等. 山西医科大学学报,2006,(1)
胆红素干预对肺气肿大鼠肺泡巨噬细胞 iNOS 及 NF-κB 表达的影响. 赵卉,等. 山西医科大学学报,2006,(1)
呼吸机所致大鼠急性肺损伤病理学研究. 张新日,等. 山西医科大学学报,2006,(1).
改良线栓法制作大鼠局灶性脑缺血模型. 帕尔哈提. 热西提,等. 新疆医科大学学报,2006,(2)
人 $CD34^+$ 脐血干细胞移植治疗大鼠脊髓损伤. 马希峰,等. 郑州大学学报(医学版),2006,(2)
人脐血间质干细胞在脑创伤大鼠脑内移植后的迁移. 宋来君,等. 郑州大学学报(医学版),2006,(2)
人脐血间质干细胞移植对脑创伤大鼠行为学和学习、记忆评分的影响. 张鹏,等. 郑州大学学报(医学版),2006,(2)
辛伐他汀对糖皮质激素性骨质疏松大鼠骨代谢的影响. 李月白,等. 郑州大学学报(医学版),2006,(2)
外源性胰岛素样生长因子-1 对大鼠局灶性脑缺血再灌注损伤的改善作用. 王建平,等. 郑州大学学报(医学版),2006,(2)
海马区注射 $A\beta_{(1-42)}$ 对不同年龄大鼠记忆能力和脑内 $A\beta_{(1-42)}$ 沉积的影响. 高林,等. 郑州大学学报(医学版),2006,(2)
不同剂量促红细胞生成素对大鼠脑缺血再灌注损伤后神经细胞凋亡的影响. 娄季宇,等. 郑州大学学报(医学版),2006,(2)
大鼠闭合性脑损伤后星形胶质细胞的形态及 GAP-43、ET-1 mRNA 表达的变化. 臧卫东,等. 郑州大学学报(医学版),2006,(2)
丙酸睾酮对大鼠坐骨神经损伤的治疗作用. 高嵩涛,等. 郑州大学学报(医学版),2006,(2)
依那普利联合缬沙坦对慢性肾功能衰竭大鼠肾脏纤维化的影响. 肖静,等. 郑州大学学报(医学版),2006,(2)
旱黑口服液对 D-半乳糖致衰老小鼠运动能力的影响. 朱立志,等. 郑州大学学报(医学版),2006,(2)
动脉粥样硬化对大鼠心肌缺血/再灌注损伤及缺血预处理保护作用的影响(英文). 刘磊,等. 山西医科大学学报,2006,(2)
大鼠寡霉素敏感相关蛋白(OSCP)基因点突变的改造. 庞敏,等. 山西医科大学学报,2006,(2)
大鼠脑组织缺血后 GFAP 的表达与缺血时间推断的研究. 梁新华,等. 山西医科大学学报,2006,(2)

野生中国地鼠驯化过程中饲养笼具的设计与应用. 张锐虎,等. 山西医科大学学报,2006,(2)
尼美舒利对 Alzheimer's 大鼠的脑保护作用. 张博爱,等. 郑州大学学报(医学版),2006,(3)
甘草甜素诱导的大鼠肝星状细胞差异表达基因检测. 王志凌,等. 郑州大学学报(医学版),2006,(3)
罗非昔布对单侧输尿管梗阻大鼠肾间质纤维化的改善作用. 杨健,等. 郑州大学学报(医学版),2006,(3)
GLP-1(7-36)NH_2 对新生大鼠胰岛祖细胞的诱导分化作用. 王清勇,等. 郑州大学学报(医学版),2006,(3)
科索亚对心力衰竭大鼠骨骼肌细胞凋亡及 Bcl-2 和 Bax 蛋白表达的影响. 付春景,等. 郑州大学学报(医学版),2006,(3)
化痔灵片对大鼠实验性炎症模型的抗炎作用. 景志杰,等. 山西医科大学学报,2006,(3)
大鼠海马神经元大电导钙激活钾通道的全细胞电流记录. 张宇,等. 山西医科大学学报,2006,(4)
二袖套法大鼠原位肝移植术的改进. 贾凯,徐钧. 山西医科大学学报,2006,(4)
大鼠 Tenon's 囊成纤维细胞体外培养及生长特性的研究. 马建民,等. 山西医科大学学报,2006,(4)
缬沙坦与卡托普利对自发性高血压大鼠糖脂代谢的影响. 王亮,等. 山西医科大学学报,2006,(4)
牛初乳粉对实验性糖尿病大鼠的影响. 丁红,等. 新疆医科大学学报,2006,(3)
脓毒血症过程中大鼠皮层诱发电位的变化. 张晓婷,等. 新疆医科大学学报,2006,(5)
α-亚麻酸对草酸钙结石大鼠尿纤溶活性影响的实验研究. 梁颖,等. 新疆医科大学学报,2006,(5)
水飞蓟素脂质体对小鼠 CCl_4 急性肝损伤保护作用的实验研究. 许红霞,高晓黎. 新疆医科大学学报,2006,(5)
大鼠原位肝移植模型的手术操作技巧探讨. 排组拉·沙拉依阿当,温浩. 新疆医科大学学报,2006,(5)
4 种生物材料大鼠体内生物相容性的对比实验研究. 扈梅,林兆全. 新疆医科大学学报,2006,(5)
健脑益智汤对阿尔茨海默病大鼠学习记忆和氧化应激的影响. 杨晓娟,等. 山西医科大学学报,2006,(5)
熄风口服液对美解眠致痫大鼠的抗癫痫作用及其脑内 c-fos 基因表达的影响. 李满,李光来. 山西医科大学学报,2006,(5)
神经肽 Y 在雌性大鼠尾壳核的分布. 和荣丽,等. 山西医科大学学报,2006,(5)
His 标记小鼠 SRG-S 基因的克隆和表达纯化. 郭睿,等. 山西医科大学学报,2006,(5)
体外诱导大鼠骨髓间质细胞转化为神经细胞. 王东,等. 山西医科大学学报,2006,(5)
痰热清对抗内毒素诱导致大鼠急性肺损伤的实验研究. 刘文操,郑军. 山西医科大学学报,2006,(5)
草分枝杆菌制剂对大鼠膀胱癌的抑制作用. 姜华茂,等. 山西医科大学学报,2006,(5)
养阴抗毒胶囊对氢化可的松致阴虚大鼠胸腺的影响. 侯颖,等. 山西医科大学学报,2006,(5)
大鼠同种异体左肺原位移植术式的改良. 赵高峰,等. 郑州大学学报(医学版),2006,(4)
BALB/c 无毛同类系小鼠的皮肤组织学及超微结构观察. 章金涛,等. 郑州大学学报(医学版),2006,(4)
氧化苦参碱对小鼠接触性皮炎的抑制作用. 伍斌,等. 郑州大学学报(医学版),2006,(4)
脐血干细胞移植对帕金森病大鼠神经功能恢复的影响. 樊志刚,等. 郑州大学学报(医学版),2006,(4)
氨基胍对大鼠心脏移植急性排斥期细胞凋亡与诱导型一氧化氮合酶的影响. 乔晨晖,等. 郑州大学学报(医学版),2006,(4)
实验性隐睾大鼠生殖细胞凋亡及 Bcl-xl、Bad 蛋白表达检测. 范应中,等. 郑州大学学报(医学版),2006,(4)
姜黄素对高糖培养的大鼠肾小球系膜细胞增殖及纤维连接蛋白表达的影响. 崔冰,等. 郑州大学学报(医学版),2006,(4)
表皮生长因子及红霉素对小鼠生殖道沙眼衣原体感染的抑制作用. 王聪霞,等. 郑州大学学报(医学版),2006,(4)
转染血红素氧化酶-1 基因大鼠肝细胞系 BRL 体外抗凋亡作用. 陈国勇,等. 郑州大学学报(医学版),2006,(4)
利多卡因对大鼠缺血脑损伤后海马 CA1 区神经元凋亡及细胞色素 C 释放的影响. 高立新,等. 郑州大学学报(医学版),2006,(4).
高压氧对局灶性脑缺血再灌注大鼠脑神经细胞凋亡及 bcl-2 蛋白表达的影响. 蒋杞英,等. 郑州大学学报(医学版),2006,(4)
氧化苦参碱对大鼠缺血再灌注心肌损伤生化指标的影响. 尹永英,张善锋. 郑州大学学报(医学版),2006,(4)
利多卡因对脑缺血再灌注损伤大鼠海马组织细胞间黏附分子-1 表达的影响. 朱新业,等. 山西医科大学学报,2006,(6)
小鼠曲细精管内生精细胞的分离(英文). 郭睿,等. 山西医科大学学报,2006,(6)
新疆紫草提取物对小鼠免疫性肝损伤的保护作用. 刘燕,等. 新疆医科大学学报,2006,(6)
大鼠 IL-6 基因真核表达质粒的构建. 韩明国,等. 新疆医科大学学报,2006,(6)
大鼠肾脏缺血预处理中 COX-2 和 iNOS 间信号转导关系的研究. 李荣山,高晓琴. 山西医科大学学报,2006,(7)
大鼠脊髓全横断后 NT-3 在运动皮质表达的变化. 武赟,等. 山西医科大学学报,2006,(7)
球形幽门螺杆菌感染 BALB/c 小鼠动物实验研究. 吴小茜,等. 山西医科大学学报,2006,(7)
红细胞生成素对大鼠脑缺血再灌注后神经元保护作用. 何娅,等. 山西医科大学学报,2006,(7)
乳鼠成骨细胞的原代培养与鉴定. 钟近洁,等. 新疆医科大学学报,2006,(8)

化毒丹对小鼠迟发型超敏反应的影响. 徐琦,等. 新疆医科大学学报,2006,(8)
血小板反应素Ⅰ在糖尿病大鼠心肌组织中的表达及意义. 李俊红,等. 新疆医科大学学报,2006,(8)
大鼠肝脏缺血再灌注损伤对肾的影响. 孙湛,等. 新疆医科大学学报,2006,(8)
辛芷鼻敏胶囊对变应性鼻炎大鼠模型 P 物质和组胺的影响. 刘江,等. 新疆医科大学学报,2006,(8)
小鼠缺血性心力衰竭模型的建立及超声评价. 杨毅宁,等. 新疆医科大学学报,2006,(8)
大鼠急性脑缺血再灌注后 NOS、NF-κB 的表达及意义. 吴秀珍,等. 新疆医科大学学报,2006,(8)
CD45RB^{high} CD4^{+} 幼稚 T 细胞诱导严重联合免疫缺陷型小鼠慢性结肠炎模型的建立. 刘占举. 郑州大学学报(医学版),2006,(5)
抗肿瘤坏死因子-α 抗体对慢性结肠炎小鼠肠黏膜组织内淋巴细胞凋亡的影响. 刘占举,等. 郑州大学学报(医学版),2006,(5)
药物缓释剂和卡介苗联合应用构建大鼠局限性炎性肉芽肿模型效果观察. 马毓梅,等. 郑州大学学报(医学版),2006,(5)
近交系小鼠核心群和生产群遗传质量监测. 薛敬礼,等. 郑州大学学报(医学版),2006,(5)
骨髓间充质干细胞移植对缺血再灌注大鼠脑神经细胞凋亡及 Bcl-2、Bax 蛋白表达的影响. 黄月,等. 郑州大学学报(医学版),2006,(5)
基因枪介导人精子顶体膜相关蛋白 32 基因疫苗在小鼠骨骼肌中的表达. 臧卫东,等. 郑州大学学报(医学版),2006,(5)
藻酸双酯钠对急性脑缺血再灌注大鼠脑组织单胺类递质含量的影响. 高远,等. 郑州大学学报(医学版),2006,(5)
4NQO 诱发大鼠舌黏膜癌变过程中胎盘型谷胱甘肽 S-转移酶的表达. 耿建华,等. 郑州大学学报(医学版),2006,(5)
同种异体骨髓单个核细胞移植对大鼠急性心肌梗死后心室重构的影响. 侯剑峰,等. 郑州大学学报(医学版),2006,(5)
山萸肉醇提液对大鼠的急性毒性、蓄积毒性及致畸胎作用观察. 张慧珍,等. 郑州大学学报(医学版),2006,(5)
神经生长因子对新生大鼠缺氧缺血性脑损伤神经细胞凋亡的影响. 郝红,李宁. 郑州大学学报(医学版),2006,(5)
缬沙坦抗大鼠肝纤维化及降低门静脉高压的实验研究. 黄会芳,霍丽娟. 山西医科大学学报,2006,(8)
大鼠孕早期超声辐照的后期效应研究. 霍丽蓉,等. 山西医科大学学报,2006,(8)
经口感染弓形虫垂直传播小鼠模型的建立. 唐旭,等. 山西医科大学学报,2006,(8)
益生菌对溃疡性结肠炎大鼠作用的实验研究. 赵和平,霍丽娟. 山西医科大学学报,2006,(8)
全肝缺血再灌注小鼠肺泡巨噬细胞 Toll 样受体 2/4 的表达. 谷元廷,等. 郑州大学学报(医学版),2006,(6)
小鼠骨髓间质干细胞向胰岛样细胞的转分化及其鉴定. 黄天福,等. 郑州大学学报(医学版),2006,(6)
黄体酮对大鼠缺血再灌注脑组织细胞凋亡及 Bcl-2、Bax 表达的影响. 李超,等. 郑州大学学报(医学版),2006,(6)
白矾对大鼠学习记忆能力的影响. 和喜梅,等. 郑州大学学报(医学版),2006,(6)
豫医无毛小鼠眼球组织学观察. 王纯耀,等. 郑州大学学报(医学版),2006,(6)
脑死亡对大鼠肝移植后早期移植肝损伤的影响. 史冀华,等. 郑州大学学报(医学版),2006,(6)
大鼠闭合性脑损伤后脑组织星形胶质细胞结构及 NO、内皮素水平的变化. 张雁儒,等. 郑州大学学报(医学版),2006,(6)
氯沙坦及霉酚酸酯对单侧输尿管梗阻大鼠肾脏的保护作用. 李军辉,等. 郑州大学学报(医学版),2006,(6)
大鼠局灶-局灶缺血预处理后脑组织 c-fos 的表达及神经细胞凋亡测定. 赵建华,等. 郑州大学学报(医学版),2006,(6)
三七总皂苷对大鼠缺血再灌注肾损伤的保护作用. 张可,等. 郑州大学学报(医学版),2006,(6)
靶向大鼠 AT1-R 基因的短发夹 RNA 重组腺病毒载体的构建及鉴定. 邱龄,等. 山西医科大学学报,2006,(9)
肝细胞生长因子在 2 型糖尿病大鼠肾脏病变中的作用. 李兴,张木勋. 山西医科大学学报,2006,(9)
鬼针草提取物对小鼠实验性肝损伤的预防作用. 汤桂芳,等. 山西医科大学学报,2006,(9)
化合物 Ib 对阿霉素肾病大鼠干预效果的实验研究. 葛睿,等. 山西医科大学学报,2006,(9)
弓形虫复合黏膜疫苗滴鼻免疫小鼠诱导的脾淋巴细胞持续性免疫应答. 孟晓丽,等. 山西医科大学学报,2006,(9)
大鼠在体心肌缺血/再灌注模型制备方法的改进. 王晓樑,等. 山西医科大学学报,2006,(9)
泡状棘球蚴感染纯系大鼠肝移植免疫耐受的实验研究. 李涛,等. 新疆医科大学学报,2006,(10)
乳鼠软骨细胞体外培养及生物学特性研究. 李良忠,等. 新疆医科大学学报,2006,(11).
大鼠失血性休克及再灌注后小动脉的形态学改变. 李秀梅,等. 新疆医科大学学报,2006,(11)
活体碘油门静脉灌注大鼠肝泡球蚴感染模型的观察研究. 李莉,等. 新疆医科大学学报,2006,(11)

Gαq/11 在油酸型 ALI 大鼠脾脏的动态表达. 李秀娟,等. 新疆医科大学学报,2006,(12)
保心脑胶囊对高脂血症大鼠血脂的影响. 毛新民,等. 新疆医科大学学报,2006,(12)
地塞米松对脓毒血症大鼠脑皮层诱发电位及 c-fos 蛋白表达的影响. 王崇,张建龙. 新疆医科大学学报,2006,(12)
经皮电针对背根节慢性压迫模型大鼠相应腰髓节段 GFAP 和 5-HT 阳性神经元的影响和与疼痛的关系. 李慧,等. 山西医科大学学报,2006,(10)
雌二醇对大鼠肝缺血再灌注损伤 NOS 表达的影响. 朱少泽,等. 山西医科大学学报,2006,(10)
MTT 法探讨 N-乙酰半胱氨酸对 Na_2SO_3 小鼠脾淋巴细胞毒性的影响. 马亚萍,白剑英. 山西医科大学学报,2006,(10)
胆红素干预对肺气肿大鼠肺泡巨噬细胞 iNOS 及 NF-κB 表达的影响. 赵卉,等. 山西医科大学学报,2006,(1)
依那普利联合缬沙坦对慢性肾功能衰竭大鼠肾脏纤维化的影响. 肖静,等. 郑州大学学报(医学版),2006,(2)
大鼠脑组织缺血后 GFAP 的表达与缺血时间推断的研究. 梁新华,等. 山西医科大学学报,2006,(2)
罗非昔布对单侧输尿管梗阻大鼠肾间质纤维化的改善作用. 杨健,等. 郑州大学学报(医学版),2006,(3)
His 标记小鼠 SRG-S 基因的克隆和表达纯化. 郭睿,等. 山西医科大学学报,2006,(5)
体外诱导大鼠骨髓间质细胞转化为神经细胞. 王东,等. 山西医科大学学报,2006,(5)
实验性隐睾大鼠生殖细胞凋亡及 Bcl-xl、Bad 蛋白表达检测. 范应中,等. 郑州大学学报(医学版),2006,(4)
表皮生长因子及红霉素对小鼠生殖道沙眼衣原体感染的抑制作用. 王聪霞,等. 郑州大学学报(医学版),2006,(4)
利多卡因对大鼠缺血脑损伤后海马 CA1 区神经元凋亡及细胞色素 C 释放的影响. 高立新,等. 郑州大学学报(医学版),2006,(4)
利多卡因对脑缺血再灌注损伤大鼠海马组织细胞间黏附分子-1 表达的影响. 朱新业,等. 山西医科大学学报,2006,(6)
大鼠 IL-6 基因真核表达质粒的构建. 韩明国,等. 新疆医科大学学报,2006,(6)
大鼠脊髓全横断后 NT-3 在运动皮质表达的变化. 武赟,等. 山西医科大学学报,2006,(7)
红细胞生成素对大鼠脑缺血再灌注后神经元保护作用. 何娅,等. 山西医科大学学报,2006,(7)
药物缓释剂和卡介苗联合应用构建大鼠局限性炎性肉芽肿模型效果观察. 马毓梅,等. 郑州大学学报(医学版),2006,(5)
同种异体骨髓单个核细胞移植对大鼠急性心肌梗死后心室重构的影响. 侯剑峰,等. 郑州大学学报(医学版),2006,(5)
缬沙坦抗大鼠肝纤维化及降低门静脉高压的实验研究. 黄会芳,霍丽娟. 山西医科大学学报,2006,(8)
AGL 提取物总黄酮的部分药效学研究. 热比古丽·斯拉木,等. 新疆医科大学学报,2006,(9).
小鼠骨髓间质干细胞向胰岛样细胞的转分化及其鉴定. 黄天福,等. 郑州大学学报(医学版),2006,(6)
白矾对大鼠学习记忆能力的影响. 和喜梅,等. 郑州大学学报(医学版),2006,(6)
大鼠局灶-局灶缺血预处理后脑组织 c-fos 的表达及神经细胞凋亡测定. 赵建华,等. 郑州大学学报(医学版),2006,(6)
乳鼠软骨细胞体外培养及生物学特性研究. 李良忠,等. 新疆医科大学学报,2006,(11)
活体碘油门静脉灌注大鼠肝泡球蚴感染模型的观察研究. 李莉,等. 新疆医科大学学报,2006,(11)
MTT 法探讨 N-乙酰半胱氨酸对 Na_2SO_3 小鼠脾淋巴细胞毒性的影响. 马亚萍,白剑英. 山西医科大学学报,2006,(10)
重组大鼠 14-3-3γ 蛋白在大肠杆菌中的融合表达与分离纯化. 彭少君,等. 郑州大学学报(医学版),2006,(1)
大鼠急性心肌梗死区同种异体骨髓单个核细胞移植观察. 法宪恩,等. 郑州大学学报(医学版),2006,(1)
雌激素对去卵巢大鼠局灶性脑缺血神经细胞凋亡及 Bcl-2 表达的影响. 蒋杞英,等. 郑州大学学报(医学版),2006,(1)
大鼠前脑啡肽原基因逆转录病毒表达载体及产毒细胞系的建立. 臧卫东,等. 郑州大学学报(医学版),2006,(1)
实验性变应性鼻炎鼠类模型的建立. 张华,等. 新疆医科大学学报,2006,(1)
大鼠寡霉素敏感相关蛋白(OSCP)基因点突变的改造. 庞敏,等. 山西医科大学学报,2006,(2)
野生中国地鼠驯化过程中饲养笼具的设计与应用. 张锐虎,等. 山西医科大学学报,2006,(2)
甘草甜素诱导的大鼠肝星状细胞差异表达基因检测. 王志凌,等. 郑州大学学报(医学版),2006,(3)
GLP-1(7-36)NH_2 对新生大鼠胰岛祖细胞的诱导分化作用. 王清勇,等. 郑州大学学报(医学版),2006,(3)
科索亚对心力衰竭大鼠骨骼肌细胞凋亡及 Bcl-2 和 Bax 蛋白表达的影响. 付春景,等. 郑州大学学报(医学版),2006,(3)
缬沙坦与卡托普利对自发性高血压大鼠糖脂代谢的影响. 王亮,等. 山西医科大学学报,2006,(4)
氨基胍对大鼠心脏移植急性排斥期细胞凋亡与诱导型一氧化氮合酶的影响. 乔晨晖,等. 郑州大学学报(医学版),2006,(4)

姜黄素对高糖培养的大鼠肾小球系膜细胞增殖及纤维连接蛋白表达的影响.崔冰,等.郑州大学学报(医学版),2006,(4)
小鼠曲细精管内生精细胞的分离(英文).郭睿,等.山西医科大学学报,2006,(6)
大鼠肾脏缺血预处理中COX-2和iNOS间信号转导关系的研究.李荣山,高晓琴.山西医科大学学报,2006,(7)
大鼠肝脏缺血再灌注损伤对肾的影响.孙湛,等.新疆医科大学学报,2006,(8)
氟铃脲致突变性测定.赵毅波,等.郑州大学学报(医学版),2006,(5)
山萸肉醇提液对大鼠的急性毒性、蓄积毒性及致畸胎作用观察.张慧珍,等.郑州大学学报(医学版),2006,(5)
全肝缺血再灌注小鼠肺泡巨噬细胞Toll样受体2/4的表达.谷元廷,等.郑州大学学报(医学版),2006,(6)
黄体酮对大鼠缺血再灌注脑组织细胞凋亡及Bcl-2、Bax表达的影响.李超,等.郑州大学学报(医学版),2006,(6)
大鼠闭合性脑损伤后脑组织星形胶质细胞结构及NO、内皮素水平的变化.张雁儒,等.郑州大学学报(医学版),2006,(6)
Gαq/11在油酸型ALI大鼠脾脏的动态表达.李秀娟,等.新疆医科大学学报,2006,(12)
$HgCl_2$对大鼠子宫雌激素受体的影响.付远辉,等.郑州大学学报(医学版),2006,(1)
电针刺激穴位对大鼠神经损伤后自残及神经再生的影响.唐伟跃,等.郑州大学学报(医学版),2006,(1)
辛伐他汀对糖皮质激素性骨质疏松大鼠骨代谢的影响.李月白,等.郑州大学学报(医学版),2006,(2)
大鼠闭合性脑损伤后星形胶质细胞的形态及GAP-43、ET-1 mRNA表达的变化.臧卫东,等.郑州大学学报(医学版),2006,(2)
丙酸睾酮对大鼠坐骨神经损伤的治疗作用.高嵩涛,等.郑州大学学报(医学版),2006,(2)
二袖套法大鼠原位肝移植术的改进.贾凯,徐钧.山西医科大学学报,2006,(4)
神经肽Y在雌性大鼠尾壳核的分布.和荣丽,等.山西医科大学学报,2006,(5)
痰热清对抗内毒素诱导致大鼠急性肺损伤的实验研究.刘文操,郑军.山西医科大学学报,2006,(5)
养阴抗毒胶囊对氢化可的松致阴虚大鼠胸腺的影响.侯颖,等.山西医科大学学报,2006,(5)
转染血红素氧化酶-1基因大鼠肝细胞系BRL体外抗凋亡作用.陈国勇,等.郑州大学学报(医学版),2006,(4)
乳鼠成骨细胞的原代培养与鉴定.钟近洁,等.新疆医科大学学报,2006,(8)
靶向大鼠AT1-R基因的短发夹RNA重组腺病毒载体的构建及鉴定.邱龄,等.山西医科大学学报,2006,(9)
肝细胞生长因子在2型糖尿病大鼠肾脏病变中的作用.李兴,张木勋.山西医科大学学报,2006,(9)
肠源性内毒素血症对慢性实验性肝损伤的影响及防治对策的研究.窦永青,等.山西医科大学学报,2006,(9)
异常黑胆质载体动物模型下丘脑-垂体-肾上腺轴组织形态学观察.阿依努尔.买提斯迪克,等.新疆医科大学学报,2006,(10)
转染人端粒酶RNA不同基因位点反义寡核苷酸的食管癌细胞在裸鼠体内生长情况观察.张蕾,等.郑州大学学报(医学版),2006,(3)
丘脑底核混沌电刺激对大鼠癫痫发作的影响.殷晓山,等.福建医科大学学报,2006,(1)
亚低温对大鼠局灶脑缺血皮质神经元p53蛋白表达及凋亡的影响.刘昌云,等.福建医科大学学报,2006,(1)
13-甲基肉豆蔻酸抗小鼠宫颈癌U14.翁绳美,等.福建医科大学学报,2006,(1)
补黄丹对小鼠免疫性溃疡性结肠炎的治疗作用.王瑞幸,等.福建医科大学学报,2006,(1)
慢性缺氧幼鼠模型的建立.雷立华,等.福建医科大学学报,2006,(1)
结缔组织生长因子在糖尿病大鼠心肌的表达及意义.赖鹏斌,杨立勇.福建医科大学学报,2006,(2)
脐带源间充质干细胞促进造血细胞在NOD/SCID小鼠归巢.张浪辉,等.福建医科大学学报,2006,(3)
白细胞介素-10对实验性肝纤维化大鼠Bax/Bcl-2表达的影响.林羡屏,等.福建医科大学学报,2006,(3)
肝硬化大鼠胃窦平滑肌细胞色素氧化酶Ⅱ基因及线粒体膜电位的变化.朱金照,等.福建医科大学学报,2006,(3)
胆汁酸对肝硬化大鼠肠道细菌移位和内毒素血症的影响.刘建强,等.福建医科大学学报,2006,(3)
糖尿病大鼠视网膜核因子-κB的表达.易如海,等.福建医科大学学报,2006,(3)
大鼠皮层体感诱发电位刺激和记录技术改进.宋斌,王玮.福建医科大学学报,2006,(3)
大鼠左肺原位移植模型的改进.何文新,等.福建医科大学学报,2006,(3)
早期干预对脑损伤大鼠神经可塑性相关蛋白的影响.陈敏,等.福建医科大学学报,2006,(4)
局灶性脑缺血—再灌注损伤大鼠杏仁核和心肌的改变.叶薇,等.福建医科大学学报,2006,(4)
黄芪醇提物对小鼠吗啡条件性位置偏爱的影响.黄迪,等.福建医科大学学报,2006,(4)
BABL/C×C57BL/6杂交F1代小鼠H22肝癌实体瘤模型的建立.李晓峰,等.福建医科大学学报,2006,(4)
尾套法和颈动脉法测定急性应激大鼠血压变化值的比较.焦海霞,等.福建医科大学学报,2006,(4)
实验感染大、小鼠和临床疑似病例肺孢子虫mt LSU rRNA基因检测.冯宪敏,等.寄生虫与医学昆虫学报,2006,(3)
糖尿病大鼠肾皮质细胞过度凋亡.金建生,等.福建医科大学学报,2006,(5)

补黄丹对乙酸致小鼠溃疡性结肠炎的治疗作用. 黄循铷,等. 福建医科大学学报,2006,(5).
大鼠三叉神经痛模型的建立. 王惠岚,等. 福建医科大学学报,2006,(5)
膜联蛋白 A1 在小鼠精子的定位. 魏玉珍,等. 福建医科大学学报,2006,(6)
松果体及褪黑素对大鼠胸腺 trkB 表达的影响. 刘卉,等. 福建医科大学学报,2006,(6)
中波紫外线诱导小鼠表皮日晒伤细胞形成的实验研究. 陈向齐,等. 福建医科大学学报,2006,(6)
约氏疟原虫感染大鼠肝脏、腹腔巨噬细胞 B7·1、B7·2、TGF-β、IFN-γ 基因表达研究. 宋蓓,等. 寄生虫与医学昆虫学报,2006,(4)
旋毛虫 Ts87 重组蛋白诱导的小鼠黏膜免疫保护性研究. 刘智英,等. 寄生虫与医学昆虫学报,2006,(4)
病毒性心肌炎小鼠血清 ICAM-1 和 TNF-α 的变化及意义. 张敏,黄星原. 同济大学学报(医学版),2006,(1)
新生大鼠缺氧缺血后不同脑区神经元变性的动态观察. 辛颖,等. 中国医科大学学报,2006,(1)
内毒素休克大鼠胸主动脉平滑肌细胞超微结构改变. 赵悦,等. 中国医科大学学报,2006,(1)
颈交感神经干离断对妊娠期高血压疾病大鼠儿茶酚胺水平的影响. 张丽红,等. 中国医科大学学报,2006,(1)
重组人胰岛素基因在大鼠肝癌细胞中的调节表达. 王玉霞,等. 中国医科大学学报,2006,(1)
冠状动脉结扎法建立小鼠心肌梗死模型的病理及心功能变化观察. 卢晓梅,等. 中国医科大学学报,2006,(1)
高效液相色谱法测定大鼠体内 5-氟尿嘧啶的血药浓度及药代动力学研究. 钱瑾,等. 中国医科大学学报,2006,(1)
复方中药对酒精性肝病大鼠核因子 κB 的影响. 张健,等. 中国医科大学学报,2006,(1)
电刺激小脑顶核对心肌梗死大鼠心率变异性的作用. 张润峰,等. 同济大学学报(医学版),2006,(2)
阻塞性黄疸大鼠肝脏 NF-κB 对炎性介质表达的调控及其在肝损伤中的作用. 房林,等. 同济大学学报(医学版),2006,(2)
孕期膳食补锌上向调控胎盘及母鼠小肠 IGF-Ⅱ mRNA 的表达. 谢良民,等. 同济大学学报(医学版),2006,(2)
丹参对自发性高血压大鼠左室肥厚及心肌凋亡的影响. 孙联平,李瑞杰. 同济大学学报(医学版),2006,(2)
脑源性神经营养因子靶向药物的制备及其对阿耳茨海默转基因鼠的治疗作用. 王运杰,等. 中国医科大学学报,2006,(2)
哮喘大鼠骨形态构建蛋白 2,4 表达的实验研究. 谭文斐,等. 中国医科大学学报,2006,(2)
内毒素血症幼年大鼠小肠 Bcl-2、Bax mRNA 的变化. 吴秀清,等. 中国医科大学学报,2006,(2)
雷帕霉素抑制大鼠高危角膜移植免疫排斥反应的实验研究. 李兵,等. 中国医科大学学报,2006,(2)
静脉注射骨髓基质细胞对脑梗死大鼠血管内皮生长因子表达的研究. 石艳玲,等. 中国医科大学学报,2006,(2)
多巴胺对缺血再灌注大鼠心肌热休克蛋白表达的影响. 张明吉,等. 中国医科大学学报,2006,(2)
抗纤复方Ⅰ号对酒精性肝病大鼠 α-SMA 的影响. 张健,等. 中国医科大学学报,2006,(2)
高糖对大鼠腹膜间皮细胞葡萄糖转运蛋白 1 调节作用的研究. 丁红,等. 中国医科大学学报,2006,(2)
环氧化物酶 2 在糖尿病大鼠脑梗死损伤中的作用. 曲秐,等. 中国医科大学学报,2006,(2)
毁损伏隔核对吗啡给药大鼠条件性位置偏爱与脑功能的影响. 邵云,等. 中国医科大学学报,2006,(2)
大鼠烟曲霉菌性角膜炎模型的建立. 苏晶,崔红平. 同济大学学报(医学版),2006,(3)
定量氧致 SD 大鼠视网膜新生血管模型的制备. 曾莉,王惠英. 同济大学学报(医学版),2006,(3)
过量氟对大鼠切牙成釉细胞和成牙本质细胞中 Bag-1 表达的影响. 郭丽英,王强. 同济大学学报(医学版),2006,(3)
葛根素颈上神经节注射对快速老化痴呆小鼠学习记忆功能的影响. 董文毅,等. 中国医科大学学报,2006,(3)
地塞米松对内毒素血症幼年大鼠心肌肌动蛋白及其 mRNA 表达的影响. 王虹,等. 中国医科大学学报,2006,(3)
预吸氧、缺氧和复氧时大鼠脑组织 iNOS 表达变化的研究. 陈宏志,等. 中国医科大学学报,2006,(3)
自由基清除剂对大鼠实验性脑血管痉挛的脑血流调节作用. 滕伟禹,等. 中国医科大学学报,2006,(3)
大鼠脑出血后脑含水量的变化及水蛭素的干预作用. 田力,等. 中国医科大学学报,2006,(3)
不同剂量匹伐他汀对小鼠缺血肢血流恢复的影响. 张月兰,等. 中国医科大学学报,2006,(3)
FVB 小鼠精子冷冻及体外受精的研究. 史晓萍,等. 中国医科大学学报,2006,(3)
雄激素致不孕大鼠子宫一氧化氮含量的变化. 宋翠淼,等. 中国医科大学学报,2006,(3)
丁香酚对酵母菌发热大鼠血浆及脑脊液中精氨酸加压素含量的影响. 叶红,等. 中国医科大学学报,2006,(3)
联用尼美舒利对 5-氟尿嘧啶在大鼠体内药代动力学的影响. 吴慧哲,等. 中国医科大学学报,2006,(3)
葛根素注射液对急性酒精中毒大鼠 β-内啡肽、丙二醛、P-选择素影响的实验研究. 杜艳秋,等. 中国医科大学学报,2006,(3)
硫酸软骨素胰管注射对减轻大鼠急性坏死性胰腺炎胰腺细胞损伤的作用. 何忠野,等. 中国医科大学学报,2006,(3)
清胰汤制剂对急性胰腺炎大鼠胃肠肌电活动变化的作用. 周明正,等. 同济大学学报(医学版),2006,(4)
血府逐瘀口服液对大鼠溃疡性结肠炎的治疗作用及机理. 王迎昕,等. 同济大学学报(医学版),2006,(4)
大鼠胚胎脊髓源性神经干细胞的培养和分化. 文会龙,等. 同济大学学报(医学版),2006,(4).

雷卡对肾血管性高血压大鼠心肌重塑和脂肪酸代谢的影响. 张治宇,等. 同济大学学报(医学版),2006,(4)
MNNG 诱导小鼠胸腺细胞 DNA 损伤修复模型的建立. 王兰芳,乐国伟. 同济大学学报(医学版),2006,(4)
G2 期和 MⅡ期小鼠卵母细胞中 $p34^{cdc2}$ 电泳迁移率的差异. 师秀艳,于秉治. 中国医科大学学报,2006,(4)
参附注射液对肝缺血再灌注大鼠微循环的影响. 彭松林,等. 中国医科大学学报,2006,(4)
宫内生长发育受限胎鼠脑发育及生后学习记忆能力变化的研究. 杜鹃,等. 中国医科大学学报,2006,(4)
缺血缺氧新生鼠肺超微结构变化及 TNF-α 和 $I\text{-}\kappa B_{\alpha}$ 表达的研究. 蔡栩栩,等. 中国医科大学学报,2006,(4)
RNA 干扰对小鼠脾淋巴细胞分泌 TNF-α 的影响. 郑宁宁,等. 中国医科大学学报,2006,(5)
小鼠 TSR2-3/TSP-1 基因片段的克隆及其 GST 融合蛋白的表达和纯化. 王欣,等. 中国医科大学学报,2006,(5)
高氧致慢性肺疾病新生大鼠肺组织中Ⅲ型和Ⅳ型胶原动态变化的研究. 刘雪雁,等. 中国医科大学学报,2006,(5)
前列腺癌荷瘤小鼠药物去势后 survivin 基因表达的研究. 刘屹立,等. 中国医科大学学报,2006,(5)
大鼠脊髓来源神经干细胞 NgR 的表达. 王丰,朱悦. 中国医科大学学报,2006,(5)
血管内皮生长因子在新生鼠胫骨生长板软骨细胞中的表达. 李长有,等. 中国医科大学学报,2006,(5)
灯盏花素对脑缺血再灌注小鼠明胶酶及血脑屏障通透性的影响. 卢晓梅,等. 中国医科大学学报,2006,(5)
螺内酯对心肌梗死大鼠心室重塑保护作用的研究. 周瀛,等. 中国医科大学学报,2006,(5)
血管紧张素转换酶抑制剂抑制大鼠损伤动脉内膜肥厚的机制. 孙娟,等. 中国医科大学学报,2006,(5)
宫内感染致胎鼠脑 TNF-α 表达及脑细胞凋亡变化的研究. 王欣煜,等. 中国医科大学学报,2006,(5)
磁性附着体中铁素体不锈钢引起小鼠成纤维细胞 L929 凋亡的研究. 康晓燕,等. 中国医科大学学报,2006,(5)
多聚赖氨酸对胎鼠颌下腺细胞培养的影响. 黄绍辉,等. 中国医科大学学报,2006,(5)
舒马曲坦诱发大鼠肺动脉平滑肌细胞增殖作用及机制. 王爽,等. 中国医科大学学报,2006,(6)
碱性成纤维细胞生长因子对宫内生长受限胎鼠脑保护作用的研究. 杜鹃,等. 中国医科大学学报,2006,(6)
亚低温对脓毒症大鼠肺组织影响的实验研究. 刘春峰,等. 中国医科大学学报,2006,(6)
腰段连续硬膜外阻滞对妊娠期高血压疾病大鼠 IL-10、TNF-α 的影响. 董有静,等. 中国医科大学学报,2006,(6)
阻断 ICOS 对小鼠移植胰岛功能影响的实验研究. 赵国华,等. 中国医科大学学报,2006,(6)
补肾调经方对雄激素致无排卵大鼠卵巢转化生长因子 β_1 及其受体表达的影响. 宋翠淼,等. 中国医科大学学报,2006,(6)
大鼠肝星状细胞的分离、培养与鉴定. 赵金满,等. 中国医科大学学报,2006,(6)
心肌特异性表达人 KCNE4 转基因小鼠模型的建立. 杨奕清,等. 同济大学学报(医学版),2006,(6)
三硝基苯磺酸诱导大鼠溃疡性结肠炎的实验研究. 陈英群,等. 同济大学学报(医学版),2006,(6)
环磷酰胺对小鼠遗传和生殖毒性影响的研究(2)——对雄性小鼠生殖细胞的影响. 贾庆军,等. 白求恩军医学院学报,2006,(2)
小鼠单疱病毒角膜炎行羊膜移植 MMPs 及 TIMPs 表达的变化. 童林利,等. 武汉大学学报(医学版),2006,(1)
长效醋酸甲孕酮降低大鼠子宫内膜异位症模型中内膜 RANTES 的表达. 杜娟,洛若愚. 武汉大学学报(医学版),2006,(1)
慢性应激大鼠抑郁症模型的免疫组织化学和 MRI 研究. 夏军,等. 武汉大学学报(医学版),2006,(1)
氯胺酮对感染性休克大鼠保护作用的初步探讨. 宋学敏,等. 武汉大学学报(医学版),2006,(1)
川芎嗪对宫内生长受限幼鼠学习记忆能力的影响. 刘敏,等. 武汉大学学报(医学版),2006,(1)
黄芪多糖对 KKAy 小鼠骨骼肌蛋白激酶 B 丝氨酸磷酸化的影响. 刘敏,等. 武汉大学学报(医学版),2006,(2)
胰岛素抵抗大鼠骨骼肌组织中糖原合成酶激酶-3 的表达及意义. 江珊,等. 武汉大学学报(医学版),2006,(2)
辛伐他汀对高脂血症肾损害大鼠的保护作用. 姚颖,等. 武汉大学学报(医学版),2006,(2)
移动电话电磁辐射对仔鼠脑组织 SOD 活力、MDA 含量的影响. 田娟,等. 武汉大学学报(医学版),2006,(2)
骨调素和单核细胞趋化蛋白在大鼠梗阻性肾病中的表达及可能作用. 水华,王群. 武汉大学学报(医学版),2006,(2)
体外诱导鼠胚胎干细胞向心肌细胞分化的实验研究. 曾彬,等. 武汉大学学报(医学版),2006,(2)
大鼠肾缺血再灌注损伤对肝脏功能和形态的影响. 汪保英,黎七雄. 武汉大学学报(医学版),2006,(2)
小鼠隐睾模型制作方法的改进. 刘春霞,等. 武汉大学学报(医学版),2006,(2)
小鼠腹腔巨噬细胞的分离培养与鉴定. 尹美珍,等. 武汉大学学报(医学版),2006,(2)
多肽诱导 BALB/c 小鼠自身免疫性心肌炎模型及鉴定. 熊然,等. 武汉大学学报(医学版),2006,(2)
促红细胞生成素对慢性脑缺血大鼠空间学习记忆能力的影响. 陈涛,等. 武汉大学学报(医学版),2006,(2)
地塞米松磷酸钠微球对大鼠急性肺损伤的保护作用. 彭平,等. 武汉大学学报(医学版),2006,(2)
哮喘模型大鼠支气管平滑肌肌球蛋白轻链激酶的表达. 王勇生,等. 安徽医科大学学报,2006,(1)
大鼠骨髓间充质干细胞在体外向神经元样细胞的分化. 施雪英,等. 安徽医科大学学报,2006,(1)
早期糖尿病大鼠肾脏肌球蛋白轻链激酶表达. 朱华庆,等. 安徽医科大学学报,2006,(1)
人参皂苷对糖尿病大鼠膈肌收缩特性的保护作用. 王蕾,等. 安徽医科大学学报,2006,(1)

大鼠梗阻性黄疸及其肝切除时入肝血流阻断时限研究. 许业传,等. 安徽医科大学学报,2006,(1)
灯盏花素对糖尿病大鼠肾小管 ICAM-1、MCP-1 表达的影响. 王强,等. 安徽医科大学学报,2006,(1)
内皮素在火药爆炸烧伤大鼠心肌损害中作用. 余又新,等. 安徽医科大学学报,2006,(1)
环磷酰胺对小鼠遗传和生殖毒性影响的研究(1)——对骨髓细胞微核和染色体的影响. 贾庆军,等. 白求恩军医学院学报,2006,(1)
雌二醇诱导肝内胆汁淤积孕鼠心肌酶谱变化的研究. 葛环,等. 白求恩军医学院学报,2006,(1)
IRS-1 的表达和泛素化在 KKAy 及 C57BL/6J 小鼠糖尿病发展过程中的意义. 叶彦,等. 武汉大学学报(医学版),2006,(3)
三种建立小鼠乳腺癌移植模型方法的比较. 孙金中,等. 武汉大学学报(医学版),2006,(3)
厄贝沙坦对糖尿病鼠造影剂肾损害氧化应激和 iNOS 的影响. 吴甘霖,等. 武汉大学学报(医学版),2006,(3)
黄芪多糖对肾阳虚型糖尿病大鼠肾组织 NF-κB、TGF-β_1 的影响. 吴朝妍,张莹雯. 武汉大学学报(医学版),2006,(3)
参附注射液对肾缺血再灌注损伤大鼠 P38 MAPK、TNF-α 表达的影响. 孙艳玲,刘先义. 武汉大学学报(医学版),2006,(3)
大鼠颞叶癫痫发作后学习记忆功能障碍. 钱若兵,等. 安徽医科大学学报,2006,(2).
人腹水型卵巢癌 SCID 鼠腹腔移植瘤的建立. 姚凤球,等. 安徽医科大学学报,2006,(2)
FK506 对肾毒血清肾炎大鼠上皮细胞转分化的影响. 王坤,等. 安徽医科大学学报,2006,(2)
白芍总苷对大鼠系膜增生性肾小球肾炎的保护作用. 周登余,等. 安徽医科大学学报,2006,(2)
银杏叶总黄酮对糖尿病大鼠心肌损伤的保护作用. 宋洁,等. 安徽医科大学学报,2006,(2)
法莫替丁大鼠肠吸收动力学的研究. 马维娟,等. 安徽医科大学学报,2006,(2)
饲补肾中药大鼠血清对成骨细胞—破骨细胞共育系中破骨细胞功能的影响. 唐井钢,等. 白求恩军医学院学报,2006,(2)
人巨细胞病毒增殖性感染新生乳鼠大脑皮质神经细胞. 蔡亦红,等. 安徽医科大学学报,2006,(3)
APO 诱导 6-OHDA 所致 PD 模型大鼠的旋转行为及其形态学改变. 徐蓉,等. 安徽医科大学学报,2006,(3)
CBA、C57BL/6bkl 小鼠对脉冲性噪音损伤敏感性的研究. 童步升,等. 安徽医科大学学报,2006,(3)
缺血再灌注对大鼠视网膜氧自由基及形态的影响. 鲍宁,等. 安徽医科大学学报,2006,(3)
骨保护素基因修饰的大鼠骨髓基质细胞系的培养与鉴定. 吴迪,等. 安徽医科大学学报,2006,(3)
银杏叶提取物对血管性痴呆小鼠的影响. 程景林,等. 安徽医科大学学报,2006,(3)
银杏叶总黄酮对糖尿病大鼠视网膜细胞凋亡相关基因表达的影响. 何晓静,等. 安徽医科大学学报,2006,(3)
杜鹃花总黄酮预处理对大鼠离体心脏缺血再灌注损伤的保护作用. 张建华,等. 安徽医科大学学报,2006,(3)
来氟米特对大鼠肾毒血清性肾炎早期肾损害的保护作用. 赵珉,等. 安徽医科大学学报,2006,(3)
Survivin 及 Ki-67 在大鼠肾上腺增生髓质中的表达及其相关性研究. 张孝斌,等. 武汉大学学报(医学版),2006,(4)
P21[WAF1/CIP1]在大鼠肾上腺细胞培养中的表达及其意义. 何上进,等. 武汉大学学报(医学版),2006,(4)
阿魏酸钠干预雷公藤多甙致小鼠肝损伤. 刘伟,等. 武汉大学学报(医学版),2006,(4)
辛伐他汀对大鼠肾小管上皮细胞转分化的作用. 李易,等. 武汉大学学报(医学版),2006,(4)
褪黑素保护细菌脂多糖引起的小鼠宫内胎儿死亡和生长发育迟缓. 陈远华,等. 安徽医科大学学报,2006,(4)
氚水 β 射线宫内照射对仔鼠脑发育和学习记忆能力的影响. 肖林林,等. 安徽医科大学学报,2006,(4)
大肠埃希菌 DNA 对小鼠抗 IFN-α 免疫应答的增强作用. 李京培,等. 安徽医科大学学报,2006,(4)
应用碱性成纤维细胞生长因子基因治疗促进大鼠早期断蒂皮瓣的成活. 朱华锋,等. 安徽医科大学学报,2006,(4)
小鼠卵母细胞的孤雌激活. 吴娟,等. 安徽医科大学学报,2006,(4)
柚皮素对大鼠局灶性脑缺血再灌注损伤的保护作用. 唐黎黎,等. 安徽医科大学学报,2006,(4)
联合应用苯与白消安建立大鼠急性再生障碍性贫血模型. 王军,等. 安徽医科大学学报,2006,(4)
成年大鼠脊髓损伤后 Slit2 的表达及免疫荧光激光共聚焦定位. 肖卫东,等. 武汉大学学报(医学版),2006,(5)
硫酸锌对过氧化氢诱导鼠晶状体上皮细胞 HSP27 表达的影响. 吴尚操,等. 武汉大学学报(医学版),2006,(5)
辛伐他汀对病毒性心肌炎小鼠心肌线粒体结构及酶活性的影响. 何兵,等. 武汉大学学报(医学版),2006,(5)
黄芪多糖对肾盂肾炎大鼠肾脏 TLR4 表达的影响. 宋艳,等. 武汉大学学报(医学版),2006,(5)
生物酶制剂 JA 消融小鼠乳腺癌的治疗研究. 魏文,等. 武汉大学学报(医学版),2006,(5)
电刺激迷走神经对严重烫伤大鼠的治疗作用. 黄越,等. 武汉大学学报(医学版),2006,(5)
羟苯磺酸钙对大鼠早期糖尿病肾病的保护作用. 陈星华,等. 武汉大学学报(医学版),2006,(5)
刚地弓形虫低毒 DX-STAg 对鼠小胶质细胞的影响. 肖睿璟,等. 武汉大学学报(医学版),2006,(6)
双歧杆菌对大鼠溃疡性结肠炎黏膜 MMP-2、NF-κB 激活的影响. 翁志英,等. 武汉大学学报(医学版),2006,(6)
小剂量茶碱对大鼠气道平滑肌细胞表达 NF-κB 与 ICAM-1 的影响. 彭娟,等. 武汉大学学报(医学版),2006,(6)

咪唑斯汀对小鼠变应性接触性皮炎的细胞免疫作用. 史川,等. 武汉大学学报(医学版),2006,(6)
氯氮平对大鼠脂肪细胞 GLUT4 的影响. 徐晓津,等. 武汉大学学报(医学版),2006,(6)
LPS 对小鼠肠上皮细胞孕烷 X 受体、维甲素 X 受体 α 和 cyp3a11 基因表达的下调作用. 张程,等. 安徽医科大学学报,2006,(5)
转化生长因子-$β_1$ 对大鼠肌成纤维细胞增殖及胞内 Smad 蛋白磷酸化的影响. 梁佳玉,等. 安徽医科大学学报,2006,(5)
壬二酸对人黑素细胞和鼠黑素瘤 B16 细胞黑素合成功能的影响. 马佳,等. 安徽医科大学学报,2006,(5)
嗅球摘除后丁香酚对昆明鼠水迷宫和自主活动行为的影响. 唐敏,等. 安徽医科大学学报,2006,(5)
兴奋和损毁外侧缰核对大鼠睡眠觉醒周期的影响. 桂丽,等. 安徽医科大学学报,2006,(5)
葛根素对严重烫伤大鼠早期心肌 MDA 变化的影响. 刘晟,等. 安徽医科大学学报,2006,(5)
降钙素基因相关肽对严重烫伤大鼠心肌脂质过氧化的影响. 胡德林,等. 安徽医科大学学报,2006,(5)
山香圆总黄酮对免疫功能低下小鼠免疫功能的影响. 张磊,等. 安徽医科大学学报,2006,(5)
甘康对小鼠免疫性肝损伤的保护作用. 王迪生,等. 安徽医科大学学报,2006,(5)
蛋白激酶 C 在瑞芬太尼预处理对大鼠离体心脏缺血再灌注损伤的保护作用中的角色. 张野,等. 安徽医科大学学报,2006,(5)
人 UrotensinⅡ对大鼠急性心肌缺血及缺血再灌注损伤的保护作用. 丁波,等. 安徽医科大学学报,2006,(5)
生兴化瘀汤对荷 H22 及荷 S180 小鼠肿瘤的影响. 施汀兰,等. 白求恩军医学院学报,2006,(4).
丘脑网状核内一氧化氮能神经元对大鼠睡眠—觉醒周期的影响. 李春华,等. 安徽医科大学学报,2006,(6)
重组人白细胞介素 1 受体拮抗剂对大鼠佐剂性关节炎的治疗作用. 汪庆童,等. 安徽医科大学学报,2006,(6)
霉酚酸酯对大鼠肾毒血清肾炎肾小球肝细胞生长因子与转化生长因子-$β_1$ 表达的影响. 郭劲,等. 安徽医科大学学报,2006,(6)
白芍总苷对小鼠化学性肝损伤的保护作用及机制. 詹可顺,等. 安徽医科大学学报,2006,(6)
黄蜀葵花总黄酮预处理对大鼠脑缺血再灌注性损伤的保护作用. 文继月,陈志武. 安徽医科大学学报,2006,(6)
罗格列酮对糖尿病大鼠尿蛋白排泄率的影响. 李秀财,等. 安徽医科大学学报,2006,(6)
大鼠脑挫伤 DNA 含量变化与损伤时间的关系. 李凡,等. 河南科技大学学报(医学版),2006,(1)
黄芪注射液对大鼠腹膜透析效能及腹膜超微结构的影响. 徐家云,等. 河南科技大学学报(医学版),2006,(2)
慢性间歇性饥饿对大鼠学习记忆的影响. 胡志红,等. 河南科技大学学报(医学版),2006,(2)
甲醛固定组织中毒鼠强的检测. 马锦琦,等. 河南科技大学学报(医学版),2006,(3)
己酮可可碱对新生大鼠缺血缺氧性脑病的干预作用. 单丽红,等. 河南科技大学学报(医学版),2006,(4)
急性毒鼠强中毒 132 例临床分析. 郑玉峰,胡爱丛. 河南科技大学学报(医学版),2006,(4)
急性中毒患者血液毒鼠强的 GC/MS 检测及临床应用. 牛文凯,等. 中国医刊,2006,(5)
小鼠胚泡着床期 LongSAGE 文库中双标签的制备研究. 徐以民,等. 西南农业大学学报(自然科学版),2006,(1)
瘦素在妊娠小鼠子宫着床点与非着床点中的表达研究. 高立芳,等. 西南农业大学学报(自然科学版),2006,(2)
昆明山海棠治疗大鼠肾毒血清型肾炎的实验研究. 伍小波,等. 西南农业大学学报(自然科学版),2006,(4)
紫色甘薯水提液对小鼠抗疲劳的研究. 李靖文,叶小利. 西南农业大学学报(自然科学版),2006,(4)
小鼠胚胎发育不同阶段肝脏差异蛋白质组分析. 杨曦,等. 西南农业大学学报(自然科学版),2006,(5).
D 型肉毒杀鼠素防治高原鼠兔灭效试验. 景增春,等. 草业科学,2006,(3)
影响昆明小鼠和 BALB/c 小鼠胚胎干细胞分离、克隆、传代的若干因素. 郭志林,等. 中国兽医学报,2006,(4)
氟尼辛葡甲胺对大鼠小鼠的抗炎镇痛作用研究. 胡屹屹,等. 中国畜牧兽医,2006,(12)
退耕还林还草地鼠害治理——大林姬鼠种群年龄结构的研究. 张同作,等. 草业科学,2006,(2)
四甲基哌啶酮对小鼠的急性和慢性毒性试验. 樊月圆,等. 动物医学进展,2006,(1)
初产/经产及同居时间对 NIH 小鼠受孕率和剖腹产成活率的影响. 张永斌,等. 动物医学进展,2006,(1)
饲料中添加两种不同补钙产品饲喂 KM 小鼠效果的观察. 朱迎春,等. 畜牧兽医科技信息,2006,(2)
复方黄柏颗粒剂在小鼠体内的药代动力学. 黄志坚,陆黎明. 畜牧兽医学报,2006,(1)
白术及白术多糖对 SD 大鼠生长性能和免疫功能的影响. 胡晓蕾,等. 中国兽药杂志,2006,(1)
实验性甲低小鼠心脏肥大细胞的改变. 张书起,于洪川. 中国兽医杂志,2006,(2)
钼对小鼠免疫功能的影响. 王婷,等. 中国兽医杂志,2006,(2)
高原鼢鼠土丘空间格局及主要特征研究. 何俊龄,等. 草业学报,2006,(1)
大鼠与家兔生后发育期趾浅屈肌纤维间的比较(英文). 朱道立. 动物医学进展,2006,(2)
大鼠发情周期各阶段的阴道细胞变化观察. 张森,等. 动物医学进展,2006,(2)
三种中药及绿茶对烟焦油引起的小鼠肝 ANDM 和 GST 活性变化的影响. 常福厚,扈廷茂. 动物医学进展,2006,(2)
小鼠胚胎 HtrA1 丝氨酸蛋白酶表达研究进展. 贾坤,等. 动物医学进展,2006,(3).
烟焦油及被动吸烟对小鼠肺芳香烃羟化酶活性的影响. 常福厚,扈廷茂. 动物医学进展,2006,(3)

四君子汤超微粉对脾虚小鼠总抗氧化能力和NO的影响. 司方方,等. 动物医学进展,2006,(3)
霉玉米对小鼠体重和外周血淋巴细胞数量的影响. 王凯,等. 动物医学进展,2006,(3)
北豆根对小鼠骨髓嗜多染红细胞微核率影响的研究. 李朝华,庞雅君. 畜牧兽医科技信息,2006,(3)
猪生殖与呼吸综合征病毒GP5基因对小鼠的DNA免疫. 任慧英,等. 中国兽医科学,2006,(2)
旋毛虫感染小鼠对p46000重组抗原的抗体应答. 原丽红,等. 中国兽医学报,2006,(1)
鼠层粘蛋白α5链G结构域E3和E8基因在毕赤酵母中的表达. 孙兆增,等. 中国兽医学报,2006,(1)
牛磺酸对大鼠大脑突触结构的影响. 张文革,等. 中国兽医学报,2006,(1)
脾虚证模型大鼠血浆中β-EP、CGRP、NPY含量的变化. 杨孝朴,魏彦明. 中国兽医学报,2006,(1)
野菊花提取物对小鼠血清NO、NOS的影响. 张忠,等. 中兽医医药杂志,2006,(1)
金丝桃素络合物对大白鼠的亚急性毒性试验. 王选慧,等. 中兽医医药杂志,2006,(1)
青海省草原鼠虫害防治效益分析. 才旦. 草原与草坪,2006,(2)
2006年全国草原鼠虫害发生趋势分析预测会在京召开. 苏红田. 草业科学,2006,(4)
大鼠血浆中芦丁和槲皮素的RP-HPLC同时分析方法. 许良,毕开顺. 内蒙古民族大学学报(自然科学版),2006,(1)
哺乳期铅中毒小鼠血铅的石墨炉原子吸收光谱测定法. 牛瑞燕,等. 畜牧兽医科技信息,2006,(4)
以小鼠为模型评价重组伪狂犬病病毒rPRV-HA的免疫效力. 郑宝亮,等. 畜牧兽医学报,2006,(4)
不同鹿胎及胎盘制剂对老年雄性大鼠免疫机能影响的研究. 韩广金,等. 畜牧与兽医,2006,(1)
PrP基因在金黄地鼠淋巴和外周组织中表达水平的动态检测. 宁章勇,等. 中国兽医科学,2006,(3)
猪源隐孢子虫感染小鼠模型的建立. 闫文朝,等. 中国兽医科学,2006,(4)
大鼠脂肪细胞分化过程中脂代谢相关基因转录表达时序的研究. 卢建雄,等. 中国兽医科学,2006,(4)
猪繁殖与呼吸综合征病毒ORF5基因疫苗肌肉注射诱导小鼠的细胞免疫. 陈希文,等. 中国兽医学报,2006,(2)
白色念珠菌和鼠伤寒沙门氏菌的荧光标记及其对细胞粘附作用的影响. 周东蕊,等. 中国兽医学报,2006,(2)
谷氨酰胺对内毒素诱发大鼠实验性乳腺炎的影响. 钟凯,等. 中国兽医学报,2006,(2)
小鼠4-细胞胚胎OPS法冷冻保存技术. 周光斌,等. 中国兽医学报,2006,(2)
半乳凝素-3在鼠发育中的生物学作用研究进展. 邢会杰,等. 动物医学进展,2006,(4)
上海地区猪场中家鼠PRRSV和CSFV带毒情况调查. 孙泉云,等. 动物医学进展,2006,(4)
虎源高致病性禽流感病毒H5N1在实验小鼠体内分布与含量测定. 常爽,等. 动物医学进展,2006,(5)
饲喂乳酸菌对小白鼠血清中IgG及肠道中SIgA影响的研究. 任贵强,等. 中国畜牧兽医,2006,(5)
牛磺酸鹅去氧胆酸对小鼠体内氧自由基代谢的影响. 杨钟,李培锋. 中国兽药杂志,2006,(5)
谷蛋白对NOD小鼠糖尿病的发生及其肠道菌群影响的研究. 凌凤俊,等. 中国兽医杂志,2006,(5)
脑活素治疗新生大鼠缺氧缺血性脑病的研究. 张瑞莉,等. 中国兽医杂志,2006,(5)
缺氧对大鼠脑线粒体能量代谢的影响. 纪素玲,等. 中国兽医杂志,2006,(5)
黄藿散微粉对小鼠非特异性免疫功能的影响. 史万玉,等. 中国兽医杂志,2006,(5)
富共轭亚油酸乳脂对小鼠免疫特性的影响. 张瑞超,等. 中国畜牧兽医,2006,(6)
人源隐孢子虫小白鼠感染模型的建立. 王进产,等. 中国畜牧兽医,2006,(6)
除草剂敌草快(Diquat)所致的大鼠胎儿动脉管收缩与血管紧张素及其受体的关系. 沈明浩,等. 中国兽医学报,2006,(3)
羊睾丸组织在小鼠皮下异种移植. 许迎科,等. 中国兽医学报,2006,(3)
归芪补血精对小鼠粒巨系祖细胞的体外增殖作用. 尹荣焕,等. 中国兽医杂志,2006,(6)
裙带菜膳食纤维对小鼠肠蠕动及血液流变学的影响. 许建平,等. 中兽医医药杂志,2006,(3)
钩藤散对大鼠脑梗塞模型的影响. 胡春萍,等. 中兽医医药杂志,2006,(3)
喹胺醇对大鼠的促生长及生殖内分泌作用的研究. 车业贵,等. 中兽医医药杂志,2006,(3)
小鼠脾虚模型的制作及其评价. 姜晓文,等. 中兽医医药杂志,2006,(3)
两种不育剂对长爪沙鼠的作用. 霍秀芳,等. 草地学报,2006,(2)
鹌鹑源火鸡隐孢子虫在小白鼠和雏鸡体内内生发育阶段的超微结构比较. 孙铭飞,等. 畜牧兽医学报,2006,(7)
OPS法与细管法冷冻小鼠胚胎的研究. 戴建军,等. 畜牧与兽医,2006,(4)
铅对哺乳期雄性小鼠睾丸损伤的研究. 刘海涛,等. 动物医学进展,2006,(8)
大鼠体外受精技术. 张春燕,等. 动物医学进展,2006,(8)
链脲佐菌素诱导建立Ⅰ型糖尿病大鼠模型. 吴清洪,等. 动物医学进展,2006,(8)
猫鼠药中毒的救治措施. 范希芳. 福建畜牧兽医,2006,(4)
以减毒沙门氏菌为载体的GM-CSF与生长抑素融合表达质粒对小鼠淋巴细胞增殖和GH及IGF-Ⅰ分泌的影响. 舒邓群,等. 畜牧兽医学报,2006,(8)
高原鼠兔洞口区侵蚀过程高山草甸土壤的变化. 魏兴琥,等. 中国草地学报,2006,(4)
锡林郭勒草原布氏田鼠种群数量预测. 董维惠,等. 中国草地学报,2006,(4)

樗白皮提取物对小白鼠体内黄嘌呤氧化酶活性的影响. 程富胜,等. 中国兽医科学,2006,(8)
狂犬病鼠源野毒 M 株核蛋白基因的克隆及序列分析. 李公美,等. 中国预防兽医学报,2006,(4)
除草剂敌草快所致的大鼠胎儿动脉管收缩与肾上腺皮质激素及其受体的关系. 沈明浩,等. 中国兽医学报,2006,(4)
牛磺酸对大鼠体内抗氧化系统的影响研究. 周伟伟,卜仕金. 中国兽药杂志,2006,(8)
黄藿散微粉对小鼠体液免疫功能的影响. 史万玉,等. 中国兽医杂志,2006,(8)
复方中药注射液对小鼠腹腔巨噬细胞吞噬能力的影响. 蒋红丽,曹雨辰. 中兽医医药杂志,2006,(4)
四神丸对脾虚小白鼠效果观察. 姜晓文,等. 中兽医医药杂志,2006,(4)
不同白术炮制品对小鼠小肠运动的影响. 梁学勇. 中兽医医药杂志,2006,(4)
小鼠单精注射研究进展. 赵丹凤,等. 动物医学进展,2006,(9)
仔猪黄痢 K88-K99-987p-F41 多价菌毛疫苗的制备及小鼠免疫试验. 李鹏,等. 动物医学进展,2006,(9)
头孢沙星对小鼠的急性毒性试验. 周绪正,等. 动物医学进展,2006,(9)
茶多酚复方制剂对小鼠免疫功能影响的研究. 王芙蓉,等. 中国畜牧兽医,2006,(9)
脱毒银合欢饲喂小白鼠的安全利用研究. 黄艳娜,等. 中国畜牧兽医,2006,(9)
青海省海南州草地鼠虫害防治的回顾、现状及策略. 仁青,等. 草业与畜牧,2006,(8)
不同物种输卵管上皮细胞培养、纯度检测及支持小鼠胚胎发育的能力. 谭秀文,等. 畜牧兽医学报,2006,(9)
雌性动情状态和雄性等级对布氏田鼠社会行为的影响. 张建军,等. 草地学报,2006,(3)
高原鼠兔对退化草地人工植被稳定性的影响. 潘多锋,等. 草原与草坪,2006,(5)
高原鼢鼠的干扰对高寒草地植物群落物种多样性的影响. 宗文杰,等. 草业科学,2006,(10)
硝唑尼特抗免疫抑制小鼠隐孢子虫活性试验. 张可煜,等. 动物医学进展,2006,(10)
Wistar 和 SD 大鼠顶叶皮层和纹状体组织比重及含水量的比较. 刘励军,包仕尧. 动物医学进展,2006,(10)
昆明小白鼠附红细胞体病的诊疗. 任守海,等. 畜牧兽医科技信息,2006,(11)
猪传染性胸膜肺炎重组亚单位疫苗诱导小鼠免疫保护效果的观察. 邵美丽,等. 畜牧兽医学报,2006,(10)
己烯雌酚对胎鼠睾丸发育的影响研究. 陈眷华,等. 畜牧与兽医,2006,(7)
苯恶唑和狄普诺啡对麻醉大鼠血浆、垂体和下丘脑 β-内啡肽的影响. 冯海华,等. 畜牧与兽医,2006,(7)
脑活素对新生大鼠缺氧缺血性脑损伤的影响. 张瑞莉,等. 畜牧与兽医,2006,(7)
卵丘细胞对小鼠卵母细胞体外成熟及其后续发育的影响. 岳顺利,等. 中国兽医科学,2006,(10)
猪胸膜肺炎放线杆菌脂多糖的制备及对小鼠的免疫保护作用. 刘霞,等. 中国预防兽医学报,2006,(5)
马链球菌兽疫亚种类 M 蛋白亚单位疫苗小鼠免疫试验. 王建,等. 中国兽医学报,2006,(5)
富硒麦芽硒对二乙基亚硝胺所致大鼠肝癌模型肝硬变前期的肝损伤及伴癌综合征的影响. 刘家国,等. 中国兽医学报,2006,(5)
3 种中药有效成分对小鼠胚胎体外发育的影响. 孙玉成,等. 中国兽医学报,2006,(5)
小鼠胚胎的玻璃化冷冻研究. 李海龙,等. 动物医学进展,2006,(11)
抑制素与乙肝表面抗原融合基因免疫对大鼠生殖能力的影响. 茆达干,等. 畜牧兽医学报,2006,(11)
胰岛素对原代培养大鼠前体脂肪细胞增殖分化的影响. 卢建雄,等. 中国兽医科学,2006,(11)
富硒麦芽对实验性肝癌大鼠 NO、NOS 和脂质过氧化的影响. 赵洪进,等. 中国兽医学报,2006,(6)
小鼠骨髓间充质干细胞(MSCs)的分离纯化及其定向诱导分化为神经元样细胞. 胡亮,等. 中国兽医学报,2006,(6)
水平显微注射法制备转基因小鼠的研究. 苗向阳,等. 中国畜牧兽医,2006,(12)
牛磺酸对大鼠睾丸间质细胞分泌睾酮的影响及作用机理初探. 冯颖,等. 畜牧兽医学报,2006,(12)
纳米磷酸氢钙中磷在大鼠中的相对效价评定. 韩立明,等. 畜牧与兽医,2006,(9)
N,O-羧甲基壳聚糖对小鼠的亚慢性毒性试验. 许巧丽,等. 畜牧与兽医,2006,(9)
重组牛 IFN-α 对亚洲 I 型口蹄疫亚单位疫苗免疫小鼠的影响. 王光华,等. 中国兽医科学,2006,(12)
蕈状芽孢杆菌代谢产物活性成分对小鼠免疫功能的影响. 王高学,等. 中国兽医科学,2006,(12)
雌激素对大鼠小脑中 Bcl-2 和 Bax 蛋白表达的影响. 阿依木古丽,等. 中国兽医科学,2006,(12)
类固醇合成相关酶在小鼠不同组织中的表达. 王鲜忠,等. 中国兽医科学,2006,(12)
不同化学激活剂对小鼠卵母细胞的激活效果. 何志全,窦忠英. 中国兽医科学,2006,(12)
猪繁殖与呼吸综合征病毒 M 蛋白基因疫苗的构建及在小鼠的免疫试验. 薛江东,等. 内蒙古民族大学学报(自然科学版),2006,(6)
A 型、C 型肉毒毒素对鼠伤寒沙门氏菌的诱变性研究. 李家存,孙文清. 中国兽药杂志,2006,(12)
加益粉对小白鼠的急性毒性试验. 马红霞,等. 中国兽药杂志,2006,(12)
裙带菜膳食纤维对大鼠红细胞膜及血小板细胞膜流动性的影响. 周可炎,等. 中兽医医药杂志,2006,(6)
蕨麻多糖对小鼠淋巴细胞花生四烯酸代谢的影响. 程富胜,等. 中兽医医药杂志,2006,(6)
杜仲叶对小鼠镇痛作用的实验研究. 宁康健,等. 中兽医医药杂志,2006,(6)

热应激对小鼠附植前早期胚胎 HSP70 的诱导表达. 杜立银,田文儒. 畜牧与兽医,2006,(10)
荧光定量 PCR 检测小鼠卵母细胞中 Mad2 mRNA 的表达. 王建英,等. 畜牧与兽医,2006,(10)
大鼠 BDNF 基因真核表达载体的构建. 陈晓慧,等. 畜牧与兽医,2006,(10)
纳米磷酸氢钙对大鼠血清生化指标的影响. 韩立明,等. 畜牧与兽医,2006,(10)
霉玉米中毒对小白鼠腹腔巨噬细胞吞噬功能的影响. 王凯,等. 畜牧与兽医,2006,(10)
次黄嘌呤维持小鼠卵母细胞减数分裂阻滞的时效性和可逆性研究. 王子玉,等. 畜牧与兽医,2006,(12)
蕨麻多糖对小鼠脾脏淋巴细胞 NADPH 氧化酶活性的影响. 张霞,等. 畜牧与兽医,2006,(12)
减毒鼠伤寒沙门氏菌介导的 H5 亚型禽流感病毒 DNA 疫苗的实验免疫效果研究. 焦凤超,等. 中国畜牧兽医文摘,2006,(5)
不同形式硒对大鼠生长及短期肝癌模型发生的影响. 刘家国,等. 中国畜牧兽医文摘,2006,(3)
大戟对小鼠的毒性研究. 张宏利,等. 西北林学院学报,2006,(5)
山核桃外果皮提取液对小鼠的辐射防护作用. 杨琼霞,等. 浙江林学院学报,2006,(6)
接种 S180 肉瘤的小鼠肿瘤组织和器官中组蛋白与正常小鼠的比较研究. 李俊燕,等. 厦门大学学报(自然科学版),2006,(S1)
凝结芽胞杆菌对小鼠免疫功能和粪便胺含量及肠道中氨含量的影响. 王文杰,等. 中国微生态学杂志,2006,(1)
双歧杆菌改善实验性高脂血症小鼠记忆的研究. 孙晶,刘佳明. 中国微生态学杂志,2006,(1)
乳酸杆菌对大鼠细菌性阴道感染动物模型疗效观察. 楼永良,等. 中国微生态学杂志,2006,(1)
双歧异黄酮奶粉对 H22 荷瘤小鼠化疗后的增效减毒作用研究. 苏富琴,等. 中国微生态学杂志,2006,(1)
BALB/c 小鼠金属硫蛋白-1 cDNA 基因在乳酸菌质粒表达载体 pNZ2103 上的克隆. 林琳,等. 中国微生态学杂志,2006,(1)
青蒿琥酯治疗小鼠继发性棘球蚴病后机体免疫转归及肝脏中部分酶活性的变化. 蒲秀瑛,等. 地方病通报,2006,(1)
狂犬病毒抗体检测试剂盒对广东鼠形动物的血清学调查. 刘小华,等. 地方病通报,2006,(1)
新疆大沙鼠鼠疫传播媒介的初步调查. 叶瑞玉,等. 地方病通报,2006,(1)
静脉、腹腔化疗对小鼠腹水瘤细胞周期的影响. 丁伟,杨传永. 地方病通报,2006,(1)
洞庭湖区社鼠的繁殖生态. 张美文,等. 生态学报,2006,(3)
中药提取物水苏糖对实验性肝硬化大鼠血浆内毒素及肠道菌群的影响. 李丽秋,桂金秋. 中国微生态学杂志,2006,(2)
子午沙鼠生命表和繁殖的研究. 林纪春,等. 地方病通报,2006,(2)
吸烟对小鼠睾丸酶的影响. 张静,张晨. 地方病通报,2006,(2)
甲醛染毒对大鼠生殖发育毒性的实验研究. 汤其宁,等. 地方病通报,2006,(2)
2005 年康保县鼠间鼠疫流行病学调查及处理报告. 白万翔,等. 地方病通报,2006,(2)
2005 年深圳市宝安区鼠间鼠疫监测报告. 马智超,等. 地方病通报,2006,(2)
大沙鼠在新疆地理分布的补遗. 李维东,于心. 地方病通报,2006,(2)
小鼠白血病抑制因子真核表达载体的构建及测序分析. 杨娜娜,等. 家畜生态学报,2006,(1)
玉米鼠耳病及其介体二点叶蝉研究进展. 李小珍,等. 生态学报,2006,(4)
TUNEL 法检测乳酸杆菌对小鼠宫颈鳞癌的凋亡诱导作用. 李秀真,等. 中国微生态学杂志,2006,(3)
PGE_2 对肝病大鼠创伤弧菌攻击后血清 TNF-α、IL-10 水平的影响及其肾组织的保护作用. 郑巧敏,等. 中国微生态学杂志,2006,(3)
抗草原兔尾鼠抗体制备及特异性检测. 雷刚,等. 地方病通报,2006,(3)
生态保留带中普通田鼠种群活动格局的初步的研究(英文). 艾尼瓦尔·吐米尔,等. 地方病通报,2006,(3)
2005 年云南省云县鼠间鼠疫流行病学调查. 吴爱国,等. 地方病通报,2006,(3)
捕食和食物交互作用条件下根田鼠季节性波动种群攻击水平及其行为多态性分析. 聂海燕,等. 生态学报,2006,(7)
不育技术控制长爪沙鼠种群的初步研究. 梁红春,等. 植物保护,2006,(2)
小鼠腹水瘤巨噬细胞对大肠杆菌 O157 免疫应答的膜蛋白质组学研究. 张国林,等. 厦门大学学报(自然科学版),2006,(5)
一株猪源鼠伤寒沙门氏菌的耐药性鉴定及其消除. 贾爱卿,等. 微生物学报,2006,(5)
解脲脲原体脂质相关膜蛋白通过激活核因子 κB 调控诱导性一氧化氮合酶在小鼠巨噬细胞中的表达. 邓仲良,等. 微生物学报,2006,(5)
蜂胶酊对小鼠大肠埃希菌阴道炎疗效观察. 林刚,等. 中国微生态学杂志,2006,(5)
轮状病毒感染成年鼠肠外症状的实验研究. 杨美芬,等. 中国微生态学杂志,2006,(5)
2005 年贵州省余庆县黑线姬鼠种群特点分析. 郑元利,等. 地方病通报,2006,(5)
1990—2005 年贵州省三都县鼠情监测结果分析. 周朝霞,等. 地方病通报,2006,(5)

凉水自然保护区松鼠(Sciurus vulgaris)贮食生境选择.马建章,等.生态学报,2006,(11)
青藏公路对高原鼠兔种内遗传分化的影响.周乐,等.生态学报,2006,(11)
小鼠OB基因的克隆及在大肠杆菌中的高效表达.宋岳强,等.厦门大学学报(自然科学版),2006,(6)
姜黄素对两株不同转移力小鼠腹水型肝癌细胞生物学特性的影响.张宏颖,等.中国微生态学杂志,2006,(6)
淀粉接枝丙烯酸钠灭鼠毒力及适口性研究.曾鑫年,等.植物保护,2006,(4)
褪黑素埋植剂的小鼠腹腔注射毒理性研究.张海容,等.家畜生态学报,2006,(6)
黔中地区小家鼠种群数量动态及预测预报模型.杨再学,等.植物保护学报,2006,(4)
毒鼠强整治后农业鼠害防治出现的问题及其对策.施大钊,等.植物保护,2006,(5)
北京顺义地区褐家鼠对溴敌隆敏感性研究.高志祥,等.植物保护,2006,(6)
珀氏长吻松鼠和赤腹松鼠在保护区与非保护区各年龄松林内的种群动态.门兴元,等.动物学研究,2006,(1)
成肌调节因子MyoD和myogenin在不同月龄DMD模型鼠mdx小鼠的表达.曾缨,等.中国实验动物学报,2006,(3)
植物灭鼠剂在青藏高原防治高原鼠兔应用试验.何耀宏,等.四川动物,2006,(4)
洞庭湖区社鼠脏器重量的比较.张美文,等.动物学杂志,2006,(1)
小鼠胚胎干细胞建系技术研究进展.余树民,等.动物学杂志,2006,(1)
TNF-α影响胰岛素对原代培养大鼠脂肪细胞增殖及生脂基因的转录表达.卢建雄,等.动物学报,2006,(1)
hsBLyS基因在中国仓鼠卵巢细胞中的表达及其在免疫小鼠中诱发的抗体反应.吴海涛,等.动物学报,2006,(1)
小鼠基因组中的微卫星重复序列的数量、分布和密度(英文).童晓玲,等.动物学报,2006,(1)
布氏田鼠的社群气味选择和优势度的关系.张建军,施大钊.动物学报,2006,(1)
实验条件下社鼠个体相遇时的叫声特征.姜仕仁,丁平.动物学研究,2006,(1)
多巴胺D_2受体拮抗剂、激动剂对SD大鼠条件化位置偏好的影响.余化霖,等.动物学研究,2006,(1)
离子浓度对小鼠2-细胞胚胎电融合的影响.邸科前,李相运.四川动物,2006,(1)
猪白细胞介素4、6融合基因对小鼠免疫的影响.李化,等.四川动物,2006,(1)
在重庆和辽宁发现绯鼠耳蝠Myotis formosus.罗键,高红英.四川动物,2006,(1)
高原鼢鼠肉营养成分分析及评价.潘明,等.四川动物,2006,(1)
实验性糖尿病动脉粥样硬化大鼠模型的建立.路一平,等.四川动物,2006,(1)
旋毛虫在小鼠体内发育及T淋巴细胞亚群变化的动态观察.张光玉,等.四川动物,2006,(1)
内脏利什曼病鼠动物模型建立之探讨.马莹,陆小军.四川动物,2006,(1)
蓖麻提取物对鼠抗生育作用的实验研究.秦晓娜,等.四川动物,2006,(1)
BALB/c小鼠繁殖性能的观察及分析.张俭,等.四川动物,2006,(1)
$p21^{HBsAg/HBsAg}$转基因小鼠肝脏病理学研究.曾林,等.中国实验动物学报,2006,(1)
AdTGF-$\beta_1$223/225气管内注射制备大鼠肺间质纤维化动物模型.李健,等.中国实验动物学报,2006,(1)
四环素调控SV40Tag转基因小鼠模型的建立.孙强,等.中国实验动物学报,2006,(1)
大鼠胰腺炎相关性急性肺损伤模型的探讨.余康敏.中国实验动物学报,2006,(1)
卵巢移植技术应用于胰腺癌转基因小鼠模型繁殖传代研究.刘英,等.中国实验动物学报,2006,(1)
胶原酶注入小鼠尾状核建立脑出血模型.许东,等.中国实验动物学报,2006,(1)
大鼠睡眠呼吸暂停综合征动物模型的建立.王璋,等.中国实验动物学报,2006,(1)
阿霉素肾病大鼠表皮生长因子及其受体的表达.吴滢,等.中国实验动物学报,2006,(1)
大鼠心脏移植急性排斥反应动物模型的建立.王亦斌,等.中国实验动物学报,2006,(1)
重症肌无力小鼠模型的建立.陈国江,等.中国实验动物学报,2006,(1)
甘肃鼢鼠血象及其与低氧适应的关系.杨静,等.动物学杂志,2006,(2)
根田鼠视网膜的胚后发育(英文).戴月琴,等.动物学报,2006,(2)
亚洲土著类群硅藻鼠科的演化(英文).劳伦斯J.弗林.古脊椎动物学报,2006,(2)
IL-1β对不同妊娠时期大鼠子宫与胎盘TGF-β_1表达的影响.虞海燕,等.动物学杂志,2006,(3)
参与小鼠神经发育的mCcd1基因的组织表达.马鑫,等.动物学杂志,2006,(3)
甘肃鼢鼠骨骼5种常量无机元素测定.王栋,等.动物学杂志,2006,(3)
雌激素对大鼠肾上腺皮质中Bcl-2和Bax蛋白表达的影响.阿依木古丽,等.动物学杂志,2006,(3)
小鼠心脏神经嵴细胞的体外培养及其生物学特性.彭涛,等.中国实验动物学报,2006,(2)
大鼠卵黄囊的分化及其肿瘤性转化研究.徐元基,等.中国实验动物学报,2006,(2)
口服氯化汞对大鼠肾间质纤维化的作用.袁继丽,等.中国实验动物学报,2006,(2)
HD转基因大鼠兴奋毒性的敏感性.孔琪.中国实验动物学报,2006,(2)
马齿苋不同部位提取物改善2型糖尿病大鼠糖脂代谢紊乱的比较研究.肖凤英,等.中国实验动物学报,2006,(2)
茄病镰刀菌致ICR小鼠局部皮肤感染的实验研究.李娅娣,等.中国实验动物学报,2006,(2)

热休克蛋白质70对大鼠肝脏缺血再灌注后NOS活力的影响. 秦丽娟,等. 中国实验动物学报,2006,(2)
有关基因工程小鼠人文、伦理、环境和饲养的问题. 孔琪. 中国实验动物学报,2006,(2)
长爪沙鼠脑底前后交通动脉变异类型分析. 杜小燕,等. 中国实验动物学报,2006,(2)
游泳运动对神经毒素引起的小鼠运动机能损伤的保护作用. 高云朝,等. 中国实验动物学报,2006,(2)
大鼠子宫内膜异位模型的建立与组织学观察. 杨萍,等. 中国实验动物学报,2006,(2)
网养对大、小鼠生长发育的影响. 刘云波,等. 中国实验动物学报,2006,(2)
SD大鼠体外受精与早期胚胎体外培养体系的初步建立. 鲁爽,等. 中国实验动物学报,2006,(2)
繁殖期高原鼠兔的行为时间分配与后代存活率的关系. 殷宝法,等. 动物学报,2006,(3)
溴隐亭对小鼠生育的影响及其作用机理. 马爱团,等. 动物学报,2006,(3)
赤腹松鼠一新亚种. 李松,等. 动物分类学报,2006,(3)
小鼠体细胞核移植程序的研究. 王锋,蒋晓明. 四川动物,2006,(3)
两种白斑小鼠突变基因的染色体定位. 薛整风,等. 四川动物,2006,(3)
甲状腺转录因子-2持续表达的转基因小鼠模型建立. 何学令,等. 四川动物,2006,(3)
建立小鼠心肌梗死模型的研究. 赵晓辉,等. 四川动物,2006,(3)
大鼠5/6肾切除慢性肾功能衰竭动物模型的实验研究. 沙朝晖,等. 四川动物,2006,(3)
胚胎大鼠宫内缺氧动物模型的建立. 余鸿,等. 四川动物,2006,(3)
SD大鼠无菌性腹膜炎的形态学改变. 白文霞,等. 四川动物,2006,(3)
ATP敏感性钾通道、酪氨酸激酶和NF-κB参与高铁血红素诱导的大鼠心肌保护作用. 徐和靖,等. 动物学报,2006,(4)
以支持细胞为饲养层培养小鼠精原干细胞. 李恩中,等. 动物学报,2006,(4)
幼年大鼠皮层听-视多感觉神经元和听-视信息整合. 王晓艳,等. 动物学杂志,2006,(4)
新生期触觉刺激和母婴分离对雌性大鼠成年后的焦虑和情绪记忆的影响(英文). 张明,蔡景霞. 动物学研究,2006,(4)
高原鼢鼠对低氧高二氧化碳环境适应的相关血液生理指标的季节变化. 魏登邦,等. 动物学报,2006,(5)
转录因子Foxo3a高表达对小鼠T淋巴瘤EL-4细胞周期和凋亡的影响. 马晓杰,等. 动物学杂志,2006,(5)
东方田鼠两亚种幼体生长特征参数的比较. 胡忠军,等. 动物学杂志,2006,(5)
川西白腹鼠的亚种分化研究. 邓先余,等. 动物分类学报,2006,(4)
稳定整合pTet-on载体小鼠胚胎干细胞株的建立. 张梅英,等. 中国实验动物学报,2006,(3)
小鼠LRP16基因打靶载体的构建和胚胎干细胞同源重组克隆鉴定. 伍志强,等. 中国实验动物学报,2006,(3)
上巩膜静脉结扎联合应用5-Fu建立大鼠慢性高眼压模型. 凌志红,孙兴怀. 中国实验动物学报,2006,(3)
东方田鼠的同工酶与异构蛋白生化基因位点. 倪丽菊,等. 中国实验动物学报,2006,(3)
延长糖尿病模型大鼠生存期对糖尿病视网膜病变的影响. 李鸿,潘琳. 中国实验动物学报,2006,(3)
长爪沙鼠速发型高脂血症模型的初步建立. 钟民涛,等. 中国实验动物学报,2006,(3)
Wistar大鼠实验性变态反应性脑脊髓炎病理探讨. 董梅,等. 中国实验动物学报,2006,(3)
转线粒体小鼠的研究进展. 李继霞,等. 中国实验动物学报,2006,(3)
小鼠树突状细胞亚群与T细胞关系的研究进展. 郭佳,黄建华. 中国实验动物学报,2006,(3)
体外培养小鼠卵母细胞及其生长分化因子-9基因表达(英文). 彭宇洪,等. 动物学研究,2006,(5)
云南禄丰、元谋晚中新世古猿地点始鼠科化石. 邱铸鼎. 古脊椎动物学报,2006,(4)
大鼠与家兔生后各年龄阶段跖肌纤维的比较(英文). 朱道立. 四川动物,2006,(4)
宁夏宁南山区红庄林场甘肃鼢鼠分布密度与危害研究. 张洪峰,等. 四川动物,2006,(4)
四物汤对再生障碍性贫血小鼠骨髓细胞增殖的影响研究. 杨岚,等. 四川动物,2006,(4)
KAI1/CD82在早孕小鼠子宫内膜组织的表达研究. 何明忠,等. 四川动物,2006,(4)
角蛋白启动子在人乳头瘤病毒的转基因小鼠中的研究进展. 潘巍巍,等. 四川动物,2006,(4)
长爪沙鼠褐色脂肪组织和肝脏产热特征的季节性变化. 张志强,等. 动物学报,2006,(6)
β-酪啡肽7促大鼠胃内胃泌素的表达. 宗亚峰,等. 动物学报,2006,(6)
维生素C多聚磷酸酯对小鼠肝脏抗氧化物酶基因转录的影响. 滕旭,等. 动物学报,2006,(6)
小鼠体外发育成熟卵母细胞的胞浆成熟度评估. 彭宇洪,等. 动物学杂志,2006,(6)
合欢花对慢性应激大鼠生长和脑单胺类神经递质含量的影响. 张峰,李发曾. 动物学研究,2006,(6)
单管双向等位基因专一性扩增方法在近交系小鼠遗传检测中的应用. 胡培丽,等. 中国实验动物学报,2006,(4)
帕金森病小鼠模型行为学检测方法的比较研究. 姚庆和,等. 中国实验动物学报,2006,(4)
微卫星DNA与生化标记分析对长爪沙鼠群体遗传分析的比较. 陈振文,等. 中国实验动物学报,2006,(4)
近交系小鼠H-2基因的PCR检测方法. 马丽颖,等. 中国实验动物学报,2006,(4)
降钙素对骨质疏松大鼠骨密度形态计量学与骨代谢的影响. 谢伟平,等. 中国实验动物学报,2006,(4)
小鼠窦前卵泡培养成熟后卵母细胞纺锤体的变化. 彭宇洪,等. 中国实验动物学报,2006,(4)

ADAM19 在小鼠睾丸发育中的时空表达. 卜淑敏,等. 中国实验动物学报,2006,(4)
强化鼠药市场管理 推广安全灭鼠技术. 董照锋,等. 农药科学与管理,2006,(4)
0.2% 莪术醇饵剂防治森林害鼠药效试验. 刘冬华,等. 农药科学与管理,2006,(2)
招鹰控鼠技术的应用. 周俗,等. 中国生物防治,2006,(3)
实验感染大、小鼠和临床疑似病例肺孢子虫 mt LSU rRNA 基因检测. 冯宪敏,等. 寄生虫与医学昆虫学报,2006,(3)
约氏疟原虫感染大鼠肝脏、腹腔巨噬细胞 B7·1、B7·2、TGF-β、IFN-γ 基因表达研究. 宋蓓,等. 寄生虫与医学昆虫学报,2006,(4)
旋毛虫 Ts87 重组蛋白诱导的小鼠黏膜免疫保护性研究. 刘智英,等. 寄生虫与医学昆虫学报,2006,(4)
武汉市褐家鼠和黄胸鼠对杀鼠灵的抗药性研究. 吴太平,等. 中华卫生杀虫药械,2007,(6)
鼠靶生化灭鼠剂现场灭效观察. 梁建生,等. 公共卫生与预防医学,2007,(1)
坑道防鼠灭鼠效果观察. 江洪,汪斌和. 医学动物防制,2007,(3)
溴鼠灵毒饵现场杀灭家鼠效果的评价. 陈戊申,等. 中华卫生杀虫药械,2007,(3)
广东湛江黄毛鼠对杀鼠灵的抗药性调查. 戴广祥,等. 中华卫生杀虫药械,2007,(6)
旅客列车上鼠和蟑螂的防治. 朱建福,张莺. 中华卫生杀虫药械,2007,(1)
广西合浦县鼠疫自然疫源地黄毛鼠及其寄生蚤的调查. 周树武,等. 医学动物防制,2007,(1)
斯氏鼠生长发育初步观察. 熊孟韬,等. 医学动物防制,2007,(1)
五年间鼠密度的分析研究. 邹爱兰. 医学动物防制,2007,(1)
寿光市创建灭鼠先进城市技术报告. 吴睿,等. 医学动物防制,2007,(2)
南宁市主要街道、广场绿化地鼠洞调查. 黄超,李华. 医学动物防制,2007,(4)
哈尔滨市生活用水水库灭鼠技术研究. 刘岩琳,等. 中华卫生杀虫药械,2007,(3)
杀它仗蜡块和溴敌隆毒米现场灭鼠效果比较. 胡应辉,等. 中华卫生杀虫药械,2007,(3)
鼠类防治效果与鼠传疾病发病率的相关性分析. 冯绍全,等. 中华卫生杀虫药械,2007,(3)
肖厝口岸首次鼠蚤类动物本底调查报告. 蒋惠坚,等. 医学动物防制,2007,(5)
南通市新区行政中心灭鼠效果观察. 王智泉,等. 医学动物防制,2007,(8)
吉林省西北部草原大面积灭鼠效果观察. 王峰,等. 中华卫生杀虫药械,2007,(5)
遵义市城区鼠情监测结果分析. 姚绍能,等. 中华卫生杀虫药械,2007,(5)
敌鼠钠盐和溴敌隆在鼠疫疫区的应用研究. 周树武,等. 中华卫生杀虫药械,2007,(5)
杀它仗灭黄胸鼠及其控制鼠疫流行的研究. 杨荣菊,等. 医学动物防制,2007,(11)
鼠传疾病与鼠害控制研究. 郑剑宁,裘炯良. 中华卫生杀虫药械,2007,(6)
垃圾填埋场对鼠种分布及密度影响分析. 徐明,等. 中华卫生杀虫药械,2007,(6)
安阳市 1991 年与 2005 年鼠情监测比较分析. 梁玉清. 中华卫生杀虫药械,2007,(6)
三明市 2002—2006 年鼠、蚤种群动态分布. 郑芳,石剑锋. 海峡预防医学杂志,2007,(6)
赤峰市敖汉旗 2002 年鼠间鼠疫疫区处理及分析. 曹国峰,等. 医学动物防制,2007,(12)
达茂旗长爪沙鼠鼠疫自然疫源地的研究. 靳飞虎,等. 医学动物防制,2007,(12)
鄂尔多斯长爪沙鼠鼠疫自然疫源地历史与现状分析. 闫玉生,徐敏. 医学动物防制,2007,(12)
长春市褐家鼠对抗凝血灭鼠剂抗药性调查. 张莹,等. 中国媒介生物学及控制杂志,2007,(2)
北京市褐家鼠对第一代抗凝血灭鼠剂的抗药性调查. 曹煜,等. 中国媒介生物学及控制杂志,2007,(3)
江门市家栖鼠对第一代抗凝血灭鼠剂抗药性研究. 陈火华,等. 中国媒介生物学及控制杂志,2007,(5)
黄陂区重点行业防鼠设施建设及室内鼠迹调查. 韩金一,等. 中国媒介生物学及控制杂志,2007,(6)
新昌县城区巩固灭鼠达标技术报告. 王樟富,等. 中国媒介生物学及控制杂志,2007,(1)
2005 年吉林省灭鼠工作情况分析. 尹强,赵岩. 中国媒介生物学及控制杂志,2007,(2)
旅客列车不同灭鼠、灭蠊方法灭效观察. 樊增荣,等. 中国媒介生物学及控制杂志,2007,(2)
溴敌隆压条毒饵大面积灭鼠效果观察. 于浦清,等. 中国媒介生物学及控制杂志,2007,(2)
超声波驱鼠器对鼠活动行为的影响及其应用探讨. 孟凤霞,等. 中国媒介生物学及控制杂志,2007,(3)
广西合浦县鼠疫自然疫源地黄胸鼠及其寄生蚤的研究. 周树武,等. 中国媒介生物学及控制杂志,2007,(3)
云南省家鼠鼠疫流行特征与强度分析. 杨春光,等. 中国媒介生物学及控制杂志,2007,(3)
辽宁省 3 市肾综合征出血热鼠间疫情调查. 孙进忠,等. 中国媒介生物学及控制杂志,2007,(3)
孳生场所防制鼠患的根本措施. 邓址. 中国媒介生物学及控制杂志,2007,(4)
纯化地鼠肾细胞流行性乙型脑炎灭活疫苗人体接种反应及免疫效果观察. 闫绍宏,等. 中华流行病学杂志,2007,(12)
驻马店市创建灭鼠先进城区效果评价. 王振岗. 中华预防医学杂志,2007,(3)
陕西省啮齿动物种类与地理分布调查. 李强,等. 医学动物防制,2007,(4)
啮齿动物种群数量调查方法及其评价. 赵天飙,等. 中国媒介生物学及控制杂志,2007,(4)

塔里木盆地啮齿动物及其体外寄生虫和流行病学意义的探讨. 黎唯,等. 中国媒介生物学及控制杂志,2007,(2)
解放军某部野外驻训地域啮齿医学动物种类调查. 杨占清,等. 预防医学论坛,2007,(9)
河南省开封县啮齿动物分布特征及自然感染 EHFV 的调查. 马师,等. 职业与健康,2007,(22)
陕西佛坪自然保护区啮齿动物群落结构研究. 张凤臣,等. 野生动物,2007,(1)
氨基葡萄糖及硫酸软骨素对啮齿类动物的镇痛抗炎作用. 肖萍,等. 环境与职业医学,2007,(4)
啮齿类螺杆菌的分离鉴定. 张丽芳,等. 中国实验动物学报,2007,(3)
三种啮齿类动物前肢挖掘效率分析. 储昭灿,等. 动物学杂志,2007,(2)
广东省部分地区啮齿类实验动物汉坦病毒血清学调查. 刘忠华,等. 中华流行病学杂志,2007,(11)
青海省乌兰县啮齿类动物调查:青藏铁路运营输入褐家鼠的可能性研究. 鲁亮,等. 中国媒介生物学及控制杂志,2007,(1)
黄土高原隰县农林生态区夜行性啮齿动物群落结构和多样性研究. 邹波,等. 山西农业科学,2007,(7)
类风湿性关节炎啮齿动物模型的研究进展. 刘元刚,等. 中国实验动物学报,2007,(6)
河北省鼠疫自然疫源地地理景观特征与啮齿动物的分布. 张雪冬,等. 中国媒介生物学及控制杂志,2007,(6)
啮齿动物的婚配制度及其机制. 杨海英,等. 生物学通报,2007,(4)
三种啮齿动物的消化道形态特征. 柳劲松,等. 动物学杂志,2007,(1)
不同干扰和尺度下荒漠啮齿动物群落格局. 付和平,等. 内蒙古农业大学学报(自然科学版),2007,(1)
青海省啮齿动物名录. 张全芬,等. 医学动物防制,2007,(4)
云南省啮齿动物中汉坦病毒自然感染状况调查. 张云智,等. 中国热带医学,2007,(10)
合浦县啮齿动物种类及其分布的研究. 周树武,等. 中华卫生杀虫药械,2007,(4)
呼伦贝尔市啮齿动物携带汉坦病毒的基因分型研究. 马超,等. 石河子大学学报(自然科学版),2007,(6)
吉林省鼠疫自然疫源地啮齿动物种群结构的研究. 张雁冰,等. 中国地方病防治杂志,2007,(2)
血管紧张素转化酶相关性羧肽酶在人及啮齿动物胰腺的表达. 季秀娟,等. 首都医科大学学报,2007,(3)
抗氧化营养素对啮齿动物脑缺血—再灌注损伤的保护作用. 茅磊,史继新. 医学研究生学报,2007,(1)
里海西北部 Caspian 地区草原扩大与啮齿类群落结构的变化(英文). K. A. ROGOVIN. 动物学报,2007,(1)
小型啮齿动物的繁殖能量代价(英文). Speakman John R. 兽类学报,2007,(1)
对农药多噻烷经啮齿动物体内代谢后产物的三种分离方法效果的比较. 涂中清,汪蓉. 科技信息(科学教研),2007,(15)
饶阳地区三种农田啮齿类头骨形态比较及性二型. 熊文华,张知彬. 兽类学报,2007,(3)
啮齿类脑缺血动物模型的研究进展. 林竹贞,皮荣标. 中国神经精神疾病杂志,2007,(9)
促炎性细胞因子在老年啮齿类动物脑内诱导免疫应答增强及参与睡眠调节. 许愿忠. 中南大学博士论文,2007
东北主要林区森林五种啮齿动物共存机制研究. 杨春文. 东北林业大学,2007
五味子对去卵巢啮齿类动物学习记忆及海马 PP-DG LTP 诱导的影响. 姚丽华. 华南师范大学,2007
去卵巢对啮齿动物学习记忆的影响及远志皂苷益智保护的作用. 古兴仰. 华南师范大学,2007
啮齿动物种群数量动态几种预测方法的比较研究. 武文华. 内蒙古农业大学,2007
消炎利胆软胶囊啮齿动物毒性试验. 彭兆开. 南方医科大学,2007
诱导成年和幼年啮齿类动物多发性硬化模型的差异性比较及其相关机制研究. 金剑. 第四军医大学,2007
2002—2006 年昌平区鼠密度监测结果分析. 贺洪国. 中国媒介生物学及控制杂志,2007,(6)
2003—2005 年吉林市昌邑区鼠情监测结果分析. 费敏. 中国媒介生物学及控制杂志,2007,(6)
秦皇岛市二港口鼠传出血热(HFRS)病毒初步调查. 李德昕,等. 口岸卫生控制,2007,(3)
溴敌隆毒饵实验室有选择性适口性试验及灭鼠效果观察. 周健. 安徽预防医学杂志,2007,(5)
进出境小型船舶灭鼠方法探讨. 唐丽琼. 口岸卫生控制,2007,(5)
中俄边境口岸鼠及蜱类医学媒介生物本底调查方法之异同. 孙刚,等. 口岸卫生控制,2007,(6)
某远洋船低温下化学灭鼠及控制鼠尸臭效果观察. 王武芳,等. 解放军预防医学杂志,2007,(6)
云南省保山等 25 县市黄胸鼠革螨的寄生状况. 罗礼溥,郭宪国. 中国人兽共患病学报,2007,(8)
福建省鼠间肾综合征出血热流行病学调查. 严延生,等. 中国人兽共患病学报,2007,(9)
FTY720 与 ICAM-1 单抗对小鼠—大鼠异种心脏移植抗排斥的作用. 熊海波,等. 中南大学学报(医学版),2007,(1)
益母草注射液对小鼠及大鼠实验性脑缺血的保护作用. 谢崇宣,等. 南方医科大学学报,2007,(10)
妊娠期大鼠大量摄入酒精对新生鼠血糖的影响及其机制. 张明,等. 吉林大学学报(医学版),2007,(5)
大鼠骨髓来源 MSCs 对新生大鼠高氧肺损伤的影响. 田兆方,等. 南方医科大学学报,2007,(11)
含鼠白细胞介素 12 基因腺病毒载体对小鼠支气管哮喘模型肺组织 GATA-3 表达的影响. 车广华,等. 吉林大学学报(医学版),2007,(6)
大鼠纹状体神经元型一氧化氮合酶神经元的分布和超微结构特征. 郭国庆,等. 南方医科大学学报,2007,(1)
出生后发育不同阶段大鼠眼内 nestin 阳性表达的变化. 刘迎庆,等. 南方医科大学学报,2007,(1)

超顺磁性氧化铁对大鼠神经干细胞生物学活性的影响. 代广辉,等. 南方医科大学学报,2007,(1)
大鼠窦房结电压门控钠通道不同亚型的表达及其对心率的影响. 黄欣,等. 南方医科大学学报,2007,(1)
树突状细胞在大鼠穿透性角膜移植排斥反应中的作用. 白浪,等. 南方医科大学学报,2007,(1)
大鼠垂体压迫模型的建立及其生物学特征. 王益华,等. 南方医科大学学报,2007,(1)
红背叶根拮抗酒精性肝纤维化大鼠模型的作用机制. 吕小燕,等. 南方医科大学学报,2007,(2)
睾丸内注射和体内电穿孔法建立转基因小鼠的实验研究. 袁进,等. 南方医科大学学报,2007,(2)
开口箭皂甙抑制小鼠 S-180 肉瘤细胞增殖及实体瘤生长的实验研究. 蔡晶,等. 南方医科大学学报,2007,(2)
大鼠磷脂酶 C-γ1 前体 mRNA 剪接的初步鉴定. 刘忠英,等. 南方医科大学学报,2007,(2).
大鼠脑缺血再灌注损伤后磷酸化 JAK2、STAT3 蛋白表达及细胞凋亡. 谢惠芳,等. 南方医科大学学报,2007,(2)
补肾壮骨中药对模拟失重雌性大鼠骨代谢的研究. 孙平,等. 南方医科大学学报,2007,(2)
新生鼠缺氧缺血性脑损伤脑组织 NgR mRNA 和 NgR 蛋白表达及意义. 王华,等. 四川大学学报(医学版),2007,(1)
高压氧对 HIBD 新生大鼠学习记忆功能及海马 CA1 区神经元的远期影响. 刘小红,等. 四川大学学报(医学版),2007,(1)
Angiopoietin-1 在糖尿病鼠肾脏中的表达及意义. 杨亦彬,等. 四川大学学报(医学版),2007,(1)
马桑内酯对大鼠海马神经元钠电流的影响. 张勤,等. 四川大学学报(医学版),2007,(1)
肝细胞生长因子在大鼠修复性牙本质形成过程中的表达研究. 叶玲,等. 四川大学学报(医学版),2007,(1)
高淀粉膳食诱导高甘油三酯血症大鼠血浆及肝脏磷脂含量变化的研究. 刘威,方定志. 四川大学学报(医学版),2007,(1)
一种在体标记成体大鼠室管膜/室下区细胞的方法. 张蓬勃,等. 四川大学学报(医学版),2007,(1)
NO/HO-1 参与 ACEI 对抗大鼠血管氧化作用. 朱立,等. 浙江大学学报(医学版),2007,(1)
一氧化氮介导干扰素-α 对大鼠心肌的负性肌力作用. 姚慧,等. 浙江大学学报(医学版),2007,(1)
阿托伐他汀逆转自发性高血压大鼠左室重塑的效应及机制. 康兰,胡申江. 浙江大学学报(医学版),2007,(1)
血管内皮生长因子在大鼠子痫前期模型中的作用. 陈丹青,等. 浙江大学学报(医学版),2007,(1)
灭活全菌 neuB1 失活空肠弯曲菌突变株口服免疫 BALB/c 小鼠的实验研究. 向淑利,等. 中国人兽共患病学报,2007,(1)
关木通致肾损伤大鼠血和尿中尾加压素Ⅱ含量的变化. 陈素贤,等. 吉林大学学报(医学版),2007,(1)
大鼠 CnA/EGFP 基因共表达的真核表达质粒的构建. 沈小梅,等. 吉林大学学报(医学版),2007,(1)
银杏叶片对单侧输尿管梗阻大鼠肾脏的保护作用. 李相军,等. 吉林大学学报(医学版),2007,(1)
大鼠颞叶癫痫点燃后海马 NR_2A mRNA、NR_2B mRNA 的时空表达变化. 梁建民,等. 吉林大学学报(医学版),2007,(1)
rhKD/APP 对急性肝损伤小鼠的保护作用. 张馨木,等. 吉林大学学报(医学版),2007,(1)
糖基化终末产物对大鼠肾系膜细胞胰岛素样生长因子-1 表达的影响. 苗春生,等. 吉林大学学报(医学版),2007,(1)
重组人酸性成纤维细胞生长因子对糖尿病大鼠难愈性皮肤溃疡的促愈合作用. 刘青,等. 吉林大学学报(医学版),2007,(1)
旋毛虫对三硝基苯磺酸诱导肠炎小鼠 Th1/Th2 类细胞因子基因表达的影响. 赵颖,等. 吉林大学学报(医学版),2007,(1)
碘乙酰胺诱导的大鼠胃炎中神经肽免疫阳性神经纤维的变化. 陈丽萍,等. 吉林大学学报(医学版),2007,(1)
TrkA 在胚胎期 Wistar 大鼠端脑内的表达. 王晓明,陈东. 吉林大学学报(医学版),2007,(1)
胡芦巴提取物对实验性糖尿病大鼠的降血糖作用. 卜凤泉,等. 吉林大学学报(医学版),2007,(1)
糖基化终末产物对大鼠肾皮质过氧物酶体增殖体激活受体-γ mRNA 表达的影响. 于晓艳,等. 吉林大学学报(医学版),2007,(1)
肠内及肠外营养对梗阻性黄疸大鼠肠屏障功能的影响. 陈光,等. 吉林大学学报(医学版),2007,(1)
醋酸铅对小鼠骨髓间充质干细胞生长的影响. 杨昆,等. 吉林大学学报(医学版),2007,(1)
人参皂苷 Rg3 对 HSE 模型鼠的治疗作用及免疫调节效应. 梅少林,等. 吉林大学学报(医学版),2007,(1)
益智口服液对阿尔茨海默病大鼠不同脑区细胞凋亡的影响. 詹焱,等. 吉林大学学报(医学版),2007,(1)
盐酸多奈哌齐对 D-半乳糖致老年性痴呆大鼠治疗作用的机制. 谢湘林,等. 吉林大学学报(医学版),2007,(1)
心胸腺联合移植诱导大鼠同种异体移植免疫耐受. 熊海波,等. 中南大学学报(医学版),2007,(1)
银杏叶提取物在大鼠肝移植缺血再灌注损伤中的预处理效用. 周杰斌,等. 中南大学学报(医学版),2007,(1)
两种条件培养基促进鼠胚胎干细胞分化为造血干细胞(英文). 赵惠萍,等. 中南大学学报(医学版),2007,(1)
异常黑胆质成熟剂提取物对小鼠辐射的防护作用. 张莉,等. 中南大学学报(医学版),2007,(1)
谷氨酸致小鼠急性损伤的实验性研究. 申丽,等. 中南大学学报(医学版),2007,(1)
微胶囊化儿茶素拮抗 H_2O_2 诱导的大鼠 GMCs DNA 损伤. 何小解,等. 中南大学学报(医学版),2007,(1)

扶正养营颗粒对免疫介导再生障碍性贫血小鼠骨髓增殖及 bcl-2 表达的影响. 何明大,等. 中南大学学报(医学版),2007,(1)
大鼠胰腺癌和非癌胰腺组织的 KiSS-1 mRNA 表达. 梁珊,杨竹林. 中南大学学报(医学版),2007,(1)
大鼠牙乳头细胞与纳米羟基磷灰石的体外复合培养. 方厂云,等. 中南大学学报(医学版),2007,(1)
1,25(OH)$_2$ 维生素 D$_3$ 诱导大鼠骨髓单核细胞形成破骨细胞. 葛冬霞,等. 四川大学学报(医学版),2007,(2)
小鼠巨噬细胞转染 Rv0901 基因后活性的改变. 钟琪,等. 四川大学学报(医学版),2007,(2)
Cyclooxygenase-2 在急性胰腺炎大鼠肺微循环障碍中的作用. 周业江,等. 四川大学学报(医学版),2007,(2)
N-乙酰半胱氨酸对脂多糖诱发小鼠早产的防治作用. 蒋学风,等. 四川大学学报(医学版),2007,(2)
泼尼松对 IL-8 在 COPD 大鼠肺组织表达的影响. 张永,等. 四川大学学报(医学版),2007,(2)
番石榴叶水提取物对糖尿病小鼠小肠 α-葡萄糖苷酶活性的影响. 王波,等. 四川大学学报(医学版),2007,(2)
弱氦-氖激光血管内照射对缺血再灌注大鼠脑组织血管内皮生长因子表达的影响. 周沐科,等. 四川大学学报(医学版),2007,(2)
Meynert 核毁损大鼠海马结构内胆囊收缩素阳性神经元的变化. 杨蓬勃,等. 西安交通大学学报(医学版),2007,(1)
柴胡总皂甙对戊四氮慢性点燃大鼠海马 γ-氨基丁酸表达的影响. 谢炜,等. 西安交通大学学报(医学版),2007,(1)
单细胞凝胶电泳技术检测小鼠成纤维细胞 DNA 的氧化损伤及修复. 陈忻,等. 西安交通大学学报(医学版),2007,(1).
小鼠混合骨髓移植中脾细胞诱导持久稳定嵌合体的作用. 吴迪,等. 西安交通大学学报(医学版),2007,(1)
压力负荷性大鼠肥厚心肌中 AngⅡ受体的表达. 王晓虹,等. 西安交通大学学报(医学版),2007,(1)
血红素氧合酶-1 对肝硬化大鼠肝脏缺血再灌注损伤的保护作用. 薛挥,等. 西安交通大学学报(医学版),2007,(1)
粒-巨噬细胞集落刺激因子对大鼠降钙素水平的影响. 戴光荣,等. 西安交通大学学报(医学版),2007,(1)
姜黄素对 S180 小鼠体内抗肿瘤作用的实验研究. 赵东利,等. 西安交通大学学报(医学版),2007,(1)
日本血吸虫中国株琥珀酸脱氢酶铁硫蛋白真核重组体的构建及其免疫小鼠的保护性研究. 余俊龙,等. 中国人兽共患病学报,2007,(2)
建立微小隐孢子虫感染小鼠模型方法的研究. 陈甫,黄克和. 中国人兽共患病学报,2007,(2)
马链球菌兽疫亚种 10 株国内猪源分离株对小鼠免疫效力的评价. 耿建新,等. 中国人兽共患病学报,2007,(2)
小鼠膜壳绦虫感染调查分析. 王伙聪,陈勤. 中国人兽共患病学报,2007,(2)
超顺磁性氧化铁标记骨髓间充质干细胞治疗大鼠脑卒中的磁共振活体追踪. 魏俊吉,等. 中国医学科学院学报,2007,(1)
尾加压素Ⅱ对大鼠肾小管上皮细胞的促丝裂作用. 陈素贤,等. 吉林大学学报(医学版),2007,(2)
糖基化终产物对小鼠胚胎成纤维细胞结缔组织生长因子表达的影响. 郦琳琳,等. 吉林大学学报(医学版),2007,(2)
黄芪甲苷对新生乳鼠心肌细胞过氧化氢损伤的保护作用. 关凤英,等. 吉林大学学报(医学版),2007,(2)
氯化甲基汞抗大鼠 C6 胶质瘤细胞的体外研究. 陈偎,等. 吉林大学学报(医学版),2007,(2)
步长脑心通对慢性脑缺血致血管性痴呆大鼠认知功能及神经细胞凋亡的影响. 孙冰,等. 吉林大学学报(医学版),2007,(2)
担载阿霉素的可降解静电纺丝纤维毡对小鼠 H22 肝癌移植瘤的抑制作用. 李博,等. 吉林大学学报(医学版),2007,(2)
大鼠肺纤维化形成过程中 IGF-Ⅰ和 TGF-β_1 的表达. 孙文铸,毕黎琦. 吉林大学学报(医学版),2007,(2)
聚乳酸-聚羟基乙酸植入大鼠拔牙创对骨愈合的影响. 吴哲,等. 吉林大学学报(医学版),2007,(2)
携强绿色荧光蛋白重组慢病毒的构建及其在原代培养 SD 大鼠皮层神经细胞中的表达. 杨宇,等. 吉林大学学报(医学版),2007,(2)
氯化镉诱导大鼠心肌细胞 H9c2 凋亡的作用机制. 王华,等. 吉林大学学报(医学版),2007,(2)
Taurolidine 诱导小鼠黑色素瘤 B16-4 A5 细胞凋亡. 孙宝胜,等. 吉林大学学报(医学版),2007,(2)
缺氧对体外培养大鼠耳蜗毛细胞的损伤作用. 王丽萍,等. 吉林大学学报(医学版),2007,(2)
雪旺氏细胞凋亡在 TNFRⅠ$^{-/-}$鼠实验性自身免疫性神经炎发病机制中的作用. 金涛,祝捷. 吉林大学学报(医学版),2007,(2)
糖尿病性大鼠阴茎白膜弹性纤维改变对勃起功能的影响. 韦安阳,等. 南方医科大学学报,2007,(3)
不同抗肿瘤机制药物对大鼠肝癌细胞成瘤性的影响. 周媛,等. 南方医科大学学报,2007,(3)
Smo 在小鼠视觉传导通路发育过程中的表达. 郝彦利,等. 南方医科大学学报,2007,(3)
大鼠创伤性脑损伤后胰岛素抵抗与伤后高血糖的相关分析. 何朝晖,等. 南方医科大学学报,2007,(3)
自发性高血压大鼠内皮依赖性舒张功能降低的发生机制. 李晋红,等. 南方医科大学学报,2007,(3)

不同病程及干预下糖尿病大鼠肾脏核因子-κB 的表达. 王扬天,等. 南方医科大学学报,2007,(3)
氧化苦参碱对阿霉素大鼠慢性肾纤维化组织中核因子-κB 表达的影响. 陈晨,金玉. 南方医科大学学报,2007,(3)
海洛因成瘾和正常大鼠前额叶皮质差异蛋白的分离与鉴定. 邱平明,等. 南方医科大学学报,2007,(4)
小鼠骨髓 $CD117^+$ 造血干细胞定向分化为未成熟树突状细胞及其鉴定. 姜亚卓,等. 南方医科大学学报,2007,(4)
一氧化氮合酶在糖尿病大鼠视网膜中表达模式的研究. 袁爱花,等. 南方医科大学学报,2007,(4)
骨髓干细胞在大鼠移植肝中的诱导分化. 孔凡东,等. 南方医科大学学报,2007,(4)
Sca-1,CD24 和 Muc1 在雌性大鼠静止期乳腺中的表达. 陈金拳,等. 南方医科大学学报,2007,(4)
血管紧张素Ⅱ受体拮抗剂对早期糖尿病肾病大鼠足细胞损伤的影响. 龙海波,等. 南方医科大学学报,2007,(4)
半胱氨酰白三烯受体激动剂和拮抗剂对大鼠原代皮质神经元的作用. 胡欣,等. 浙江大学学报(医学版),2007,(2)
急性最大电休克和慢性经耳电点燃癫痫对大鼠学习和记忆的影响. 李青,等. 浙江大学学报(医学版),2007,(2)
单侧梨状脑中间区内微量注射生理盐水对大鼠杏仁核电点燃癫痫大发作的影响. 朱媛媛,等. 浙江大学学报(医学版),2007,(2)
慢性应激抑郁模型大鼠脑内一氧化氮含量的变化. 李惠春,等. 浙江大学学报(医学版),2007,(2)
培养大鼠海马神经元树突发育的活细胞成像和量化分析. 宁薇,等. 浙江大学学报(医学版),2007,(2)
RAG-1 在小鼠胚胎脑发育中的表达. 孙建刚,等. 浙江大学学报(医学版),2007,(2)
伸爪试验评价小鼠局灶性脑缺血慢性损伤症状. 史文珍,等. 浙江大学学报(医学版),2007,(2)
1-磷酸-神经鞘氨醇预防化疗大鼠卵巢功能损害的实验研究. 彭萍,等. 中山大学学报(医学科学版),2007,(1)
伊贝沙坦对糖尿病大鼠心脏的保护作用及抗氧化反应的机制探讨. 钱孝贤,等. 中山大学学报(医学科学版),2007,(1)
E-选择素介导的大鼠脑缺血再灌注后继发炎症损伤的实验干预. 盛文利,等. 中山大学学报(医学科学版),2007,(1)
乳酸杆菌 CL22 菌株治疗 BALB/c 小鼠 Hp 感染性胃炎模型的有效性研究. 王学红,等. 中南大学学报(医学版),2007,(2)
Ad-CTLA-4Ig 基因导入对胰十二指肠移植大鼠免疫耐受的实验研究. 孟令祥,等. 四川大学学报(医学版),2007,(3)
特异性溶瘤重组腺病毒 KH901 对荷瘤鼠肿瘤生长的抑制作用和表达 GM-CSF 的研究. 沈富兵,等. 四川大学学报(医学版),2007,(3)
丁基苯酞对大鼠缺血脑组织 NGF 及 BDNF 表达的影响. 孔双艳,等. 四川大学学报(医学版),2007,(3).
一次性双侧 nbM 区域 Aβ P25-35 注射对大鼠空间学习行为影响的研究. 李进,等. 四川大学学报(医学版),2007,(3)
黄芪诱导大鼠骨髓间充质干细胞分化为神经样细胞的研究. 董立华,等. 四川大学学报(医学版),2007,(3)
乳大鼠心室肌培养细胞代替急性酶分离细胞用于起搏电流电生理研究的可行性探索. 贾卫国,等. 四川大学学报(医学版),2007,(3)
苦参碱对大鼠慢性环孢素肾毒性的保护作用的实验研究. 景宇,等. 四川大学学报(医学版),2007,(3)
辛伐他汀对高肺血流并野百合碱注射大鼠肺动脉高压模型的影响. 赵亮,等. 四川大学学报(医学版),2007,(3)
依达拉奉对复苏大鼠血清特异性烯醇化酶和 S100 蛋白的影响. 聂虎,等. 四川大学学报(医学版),2007,(3)
过氧化物酶增殖体激活受体 γ2 转基因小鼠的制作及其影响因素分析. 赵四海,等. 西安交通大学学报(医学版),2007,(2)
川芎嗪对成体大鼠脑缺血再灌注损伤后海马齿状回细胞增殖的影响. 祁存芳,等. 西安交通大学学报(医学版),2007,(2)
正己烷致大鼠脂质过氧化及肝细胞 DNA 损伤的实验研究. 齐宝宁,等. 西安交通大学学报(医学版),2007,(2)
缺血后处理对缺血—再灌注大鼠肠黏膜的抗损伤作用. 褚薇薇,等. 西安交通大学学报(医学版),2007,(2)
尾加压素Ⅱ促进乳鼠心肌成纤维细胞分泌胶原及增殖的细胞内信号转导机制. 宋庆刚,等. 西安交通大学学报(医学版),2007,(2)
细胞外 ATP 对大鼠脊髓损伤后运动功能恢复的影响. 钱军,等. 西安交通大学学报(医学版),2007,(2)
抗乳增片治疗大鼠乳腺增生的实验研究. 周会,等. 西安交通大学学报(医学版),2007,(2)
间日疟原虫重组蛋白 Pvs25 和 Pvs28 免疫小鼠应答机制观察. 李冬梅,等. 中国人兽共患病学报,2007,(4)
Mdm_2、PTEN、p53 基因和 L 型感染在小鼠肿瘤中的表达及相关性研究. 赵芳芳,等. 中国人兽共患病学报,2007,(4)
腺病毒载体 RNAi 技术抑制血吸虫病小鼠肝细胞 Fas 表达. 刘明社,等. 中国人兽共患病学报,2007,(4)
大鼠支气管肺泡灌洗液中肺孢子虫的超微结构观察. 郦玉艳,等. 中国人兽共患病学报,2007,(4)

旋毛虫感染小鼠膈肌虫荷与血清及肉汁抗体水平的研究. 崔晶,等. 中国人兽共患病学报,2007,(5)
SD 大鼠肺部感染粪肠球菌调查研究. 田泽敏,等. 中国人兽共患病学报,2007,(5)
利用 Sm 抗原模拟表位肽构建狼疮样鼠模型. 谢红付,等. 中国医学科学院学报,2007,(2)
他克莫司对小鼠毛囊生长周期的影响. 田婷,等. 中国医学科学院学报,2007,(2)
C57BL/6 小鼠人工毛周期中神经营养因子、神经肽及肥大细胞的动态变化. 周展超. 中国医学科学院学报,2007,(2)
含金属硫蛋白蛋奶粉对小鼠肝细胞实体瘤的治疗作用. 赵红光,等. 吉林大学学报(医学版),2007,(3)
人骨髓间充质干细胞定向移植对局灶性脑缺血大鼠行为学的影响. 马学玲,等. 吉林大学学报(医学版),2007,(3)
大鼠胎肝干细胞的体外分离、培养与鉴定. 曲丽梅,等. 吉林大学学报(医学版),2007,(3)
沙眼衣原体 T 细胞表位融合蛋白对小鼠生殖道沙眼衣原体感染的保护作用. 杨思睿,等. 吉林大学学报(医学版),2007,(3)
单纯疱疹病毒 1 型截短糖蛋白 B 基因疫苗的构建及其诱导小鼠细胞免疫应答. 李光源,等. 吉林大学学报(医学版),2007,(3)
IL-1 及 VEGF 在大鼠皮肤切创愈合过程中的免疫组织化学表达. 宣兆艳,等. 吉林大学学报(医学版),2007,(3)
盐酸多奈哌齐对正常成年大鼠学习和记忆功能的影响. 谢湘林,等. 吉林大学学报(医学版),2007,(3)
缺氧耐受对小鼠学习和记忆的影响. 李晔,等. 吉林大学学报(医学版),2007,(3)
胰高血糖素样肽-1 类似物对实验性糖尿病大鼠的治疗作用. 赵海军,等. 吉林大学学报(医学版),2007,(3)
γ-氨基丁酸受体基因转染对癫痫大鼠海马缝隙连接蛋白 43 表达的影响. 孟红梅,等. 吉林大学学报(医学版),2007,(3)
表皮生长因子受体对小鼠初级软骨内骨化、破骨细胞的募集及生成的影响. 王珂,等. 吉林大学学报(医学版),2007,(3)
甘氨酸对梗阻性黄疸大鼠肠道屏障的保护作用. 张学春,等. 吉林大学学报(医学版),2007,(3)
生长激素对大鼠急性胃黏膜病变的保护作用. 宋晓斌,等. 吉林大学学报(医学版),2007,(3)
先天性白内障大鼠晶状体中二肽基肽酶Ⅱ免疫活性分析. 张辉,等. 吉林大学学报(医学版),2007,(3)
缝裂层孔菌对荷瘤小鼠放、化疗的减毒增效作用. 郭军鹏,等. 吉林大学学报(医学版),2007,(3)
实验性肺纤维化小鼠 IL-1 和 TNF-α 的动态表达及其意义. 杨俊玲,等. 吉林大学学报(医学版),2007,(3)
大鼠骨髓源神经干细胞的 Sinerem 体外标记及磁共振成像研究. 陈中灿,等. 南方医科大学学报,2007,(5)
色甘酸钠对大鼠肠缺血/再灌注左心功能变化的影响. 罗刚健,等. 南方医科大学学报,2007,(5)
VEGF165 真核表达载体的构建及其在鼠膀胱平滑肌细胞的表达. 林茂虎,等. 南方医科大学学报,2007,(5)
药物敏感试验指导小鼠多次传代胃癌化疗的疗效及耐药基因观察. 孙涛,等. 南方医科大学学报,2007,(5)
淫羊藿素诱导小鼠胚胎干细胞体外定向分化为神经细胞. 朱丹雁,等. 浙江大学学报(医学版),2007,(3)
淫羊藿素抗 Aβ 肽致大鼠原代培养神经细胞凋亡作用. 张翔南,等. 浙江大学学报(医学版),2007,(3)
微粒体Ⅱ相代谢酶基因在小鼠胚胎干细胞定向分化肝细胞中的表达. 郭美媛,等. 浙江大学学报(医学版),2007,(3)
大鼠微粒体谷胱甘肽 S-转移酶 1 对苯丁酸氮芥体外致肿瘤细胞毒性的影响. 陈哲,等. 浙江大学学报(医学版),2007,(3)
刀豆蛋白 A 致小鼠肝损伤的 LTC_4 合成酶系基因表达及环孢素 A 调控作用. 齐罗扬,等. 浙江大学学报(医学版),2007,(3)
三萜类化合物对化学损伤原代培养大鼠肝细胞的保护作用. 马葵芬,等. 浙江大学学报(医学版),2007,(3)
二氢青蒿素抑制大鼠胶质瘤 C6 细胞增殖和诱导凋亡. 马振秋,等. 浙江大学学报(医学版),2007,(3)
降低内毒素对大鼠肝肺综合征肺损伤的作用. 王文擘,等. 浙江大学学报(医学版),2007,(3).
外源性一氧化碳分子释放剂 CORM-2 对抗大鼠离体心脏缺血复灌损伤及其作用机制. 梅迪森,等. 浙江大学学报(医学版),2007,(3)
神经元型一氧化氮合酶在快速衰老小鼠海马中的增龄性改变. 张立红,等. 中山大学学报(医学科学版),2007,(3)
川芎嗪对成年大鼠脑缺血再灌注损伤后 nNOS 的表达和神经的影响. 祁存芳,等. 南方医科大学学报,2007,(6)
肾衰养真胶囊对 5/6 肾切除慢性肾衰营养不良大鼠残余肾组织的影响. 李玉明,等. 南方医科大学学报,2007,(6)
利尿剂对大鼠肾脏水通道蛋白-2 基因表达和尿液水通道蛋白 2 的影响. 林晟,等. 南方医科大学学报,2007,(6)
大鼠心脏结后延伸连接蛋白转录表达的定量研究. 欧妍,等. 南方医科大学学报,2007,(6)
柴胡皂苷 α 对实验性癫痫大鼠模型的干预作用. 李长征,等. 南方医科大学学报,2007,(6)
抗小鼠 PGRP-L 单表位多克隆抗体的制备. 何智,等. 南方医科大学学报,2007,(6)
慢性炎症性肺动脉高压大鼠肺动脉蛋白激酶 C 的活性变化. 董旭,等. 南方医科大学学报,2007,(6)

川芎嗪对大鼠脑缺血再灌注损伤脑室下区细胞增殖的影响. 祁存芳,等. 中南大学学报(医学版),2007,(3)
LPS 诱导小鼠脑星形胶质细胞激活及 Bcl-2 表达的变化. 邓小华,等. 中南大学学报(医学版),2007,(3)
洛沙坦在大鼠门脉高压性胃病中的作用. 张瑞,刘浔阳. 中南大学学报(医学版),2007,(3)
人工合成小分子多肽 P16 抑制大鼠肾小管上皮细胞纤维化的初步研究. 王巍,等. 四川大学学报(医学版),2007,(4)
乙肝核酸疫苗对荷瘤小鼠免疫保护作用的实验研究. 何芳,等. 四川大学学报(医学版),2007,(4)
VEGF 在糖尿病大鼠肾脏中表达变化的研究. 陈泽君,等. 四川大学学报(医学版),2007,(4)
鞘内氯诺昔康对正常大鼠痛阈的影响. 陈旭,等. 四川大学学报(医学版),2007,(4)
成年大鼠嗅鞘细胞的原代培养与鉴定. 李绍波,等. 四川大学学报(医学版),2007,(4)
超排卵对小鼠卵母细胞和胚胎发育潜能的影响. 李培旭,等. 四川大学学报(医学版),2007,(4)
慢性神经病理性痛对小鼠细胞免疫功能的影响. 邵玲巧,等. 西安交通大学学报(医学版),2007,(3)
芪丹通脉片对急性缺血再灌注大鼠心肌信号转导系统 PI3K/Akt 和 Erk1/2 的影响. 李军昌,等. 西安交通大学学报(医学版),2007,(3)
保肝解毒颗粒对四环素致急性肝损伤小鼠肝细胞超微结构的立体计量学分析. 禄保平,等. 西安交通大学学报(医学版),2007,(3)
参芪注射液对 H22 荷瘤小鼠抑瘤作用的细胞免疫机制. 梅龙,等. 西安交通大学学报(医学版),2007,(3)
新生大鼠脑白质损害时神经胶质细胞凋亡与 Fas、caspase-3 蛋白的表达变化. 覃琳,等. 西安交通大学学报(医学版),2007,(3)
益肾胶囊对系膜增殖性肾小球肾炎大鼠肾脏 NF-κB 及 PDGF-β 表达的影响. 吴喜利,等. 西安交通大学学报(医学版),2007,(3)
金纳多对抗大鼠脑出血后脑水肿的作用机制. 杨霄鹏,等. 西安交通大学学报(医学版),2007,(3)
蒿甲醚用于卡氏肺孢子虫肺炎大鼠的治疗及其对 IL-6 影响的研究. 周必英,等. 中国人兽共患病学报,2007,(6)
长爪沙鼠作为牛带绦虫终末宿主实验动物的初步研究. 牟荣,等. 中国人兽共患病学报,2007,(6)
多房棘球绦虫重组 BCG-Em14-3-3 疫苗免疫和 Em 原头节攻击后诱导小鼠脾细胞亚群变化的研究. 李文桂,等. 中国人兽共患病学报,2007,(7)
大鼠源卡氏肺孢子菌 p55 抗原基因克隆和序列分析. 段义农,等. 中国人兽共患病学报,2007,(7)
当归补血汤对免疫抑制合并隐孢子虫感染小鼠的治疗作用的研究. 张晓莉,等. 中国人兽共患病学报,2007,(7)
未甲基化 CpG 寡聚脱氧核苷酸对小鼠脾细胞产生免疫球蛋白 E 的抑制作用. 谢海瑞,等. 中山大学学报(医学科学版),2007,(4)
肝脏特异性可调控丙型肝炎病毒核心蛋白表达的转基因小鼠模型的建立. 杨国柱,等. 中山大学学报(医学科学版),2007,(4)
改变组织醛固酮及其受体表达对 SHR 大鼠肾脏纤维化的影响. 成彩联,等. 中山大学学报(医学科学版),2007,(4)
地塞米松对急性过敏性哮喘小鼠肺水通道蛋白 1 的影响. 吴葆菁,等. 中山大学学报(医学科学版),2007,(4)
PPARγ 激动剂罗格列酮对大鼠心肌缺血—再灌注心律失常的影响. 马跃东,等. 中山大学学报(医学科学版),2007,(4)
SD 大鼠喉移植自然免疫排斥的病理学观察. 彭汉伟,等. 中山大学学报(医学科学版),2007,(4)
转基因鼠中人 α 类珠蛋白基因簇染色质构象调控变化. 周国岭,等. 中国医学科学院学报,2007,(3)
定点突变法显示在高龄 SHR 大鼠心脏组织中 KCNE2 第 98 位氨基酸可能存在磷酸化修饰. 王慧莲,等. 浙江大学学报(医学版),2007,(4)
云南省保山等 25 县市黄胸鼠革螨的寄生状况. 罗礼溥,郭宪国. 中国人兽共患病学报,2007,(8)
日本血吸虫 pcDNA3/SjCWL01 核酸疫苗的构建及其对小鼠免疫效果观察. 彭先楚,等. 中国人兽共患病学报,2007,(8)
pIL-12 质粒 DNA 对细粒棘球蚴感染小鼠免疫应答的影响. 李文桂,等. 中国人兽共患病学报,2007,(8)
GLS/IL-12 重组 BCG 的构建及其对小鼠结核病疗效的研究. 杨春,等. 中国人兽共患病学报,2007,(8)
甲醛对雄性小鼠的生殖遗传毒性. 邢沈阳,等. 吉林大学学报(医学版),2007,(4)
舒肝解郁饮对抑郁大鼠脑组织单胺类神经递质及其代谢产物的影响. 姚迪,等. 吉林大学学报(医学版),2007,(4)
8-OH-DPAT 对新生鼠离体延髓脑片呼吸节律性放电的影响. 秦峥,等. 南方医科大学学报,2007,(7)
白介素 2 在小鼠分支选择损伤神经源性疼痛模型中的镇痛作用. 刘珊,等. 南方医科大学学报,2007,(8)
阿托伐他汀对自发性高血压大鼠血管内皮功能的保护作用. 张志杰,等. 浙江大学学报(医学版),2007,(4)
VILI 大鼠血清对内皮细胞通透性的影响及其作用机制的研究. 胡国栋,等. 南方医科大学学报,2007,(7)
选择性 COX-2 抑制剂对实验性大鼠胃溃疡愈合及胃酸分泌的影响. 何美蓉,等. 南方医科大学学报,2007,(7)
尾加压素Ⅱ和转化生长因子 β_1 在糖尿病大鼠肾脏的表达及其意义. 田琳,等. 吉林大学学报(医学版),2007,

（4）.

大鼠神经元液压伤后依钙蛋白酶的时程变化及亚低温的影响. 隋立森，等. 南方医科大学学报，2007，（8）

盐酸戊乙奎醚预处理对大鼠局灶脑缺血再灌注损伤及凋亡相关基因 caspase-3 的影响. 蒋玲，等. 吉林大学学报（医学版），2007，（4）

阿霉素诱导亚铁血红素氧化酶-1 对大鼠肝脏缺血再灌注的保护作用. 张海山，等. 吉林大学学报（医学版），2007，（4）

大鼠肾移植后移植肾内树突状细胞的早期观察. 陆京伯，于立新. 南方医科大学学报，2007，（8）

雄激素致不孕大鼠子宫转化生长因子 β_1 及其受体的变化. 宋翠森，等. 吉林大学学报（医学版），2007，（4）

磷酸化 c-Jun 表达对亚急性帕金森病 MPTP 模型小鼠黑质 COX-2 表达的影响. 王永生，等. 南方医科大学学报，2007，（8）

^{99m}Tc-5-FU 免疫纳米粒在荷人胃癌 SCID 鼠模型体内的分布. 黄开红，等. 南方医科大学学报，2007，（8）

灵芝多糖对 S180 荷瘤小鼠肿瘤细胞核酸及其细胞周期的影响. 李建军，等. 南方医科大学学报，2007，（7）

两种大肠癌细胞株小鼠肝转移模型的建立及比较. 文军宝，等. 南方医科大学学报，2007，（7）

鼠胶质瘤细胞上清液诱导人骨髓间充质干细胞向神经元样细胞的分化. 牛云，等. 吉林大学学报（医学版），2007，（4）

人参单体皂苷 Rh_2 诱导小鼠前列腺癌 RM-1 细胞凋亡. 何静春，等. 吉林大学学报（医学版），2007，（4）

异基因性 NK 细胞在小鼠体内抗白血病作用. 王春燕，等. 吉林大学学报（医学版），2007，（4）

OHAP-1 对大鼠 C6 胶质瘤细胞 bcl-2/bax 基因表达和氧化应激的影响. 朱战鹏，等. 吉林大学学报（医学版），2007，（4）

长段神经液氮冷冻预防大鼠残端神经瘤形成过程中脊髓后角 P 物质变化. 杨绍安，肖晓桃. 南方医科大学学报，2007，（8）

c-jun 在金黄地鼠颊囊黏膜癌前病变和鳞癌组织中的表达. 孙淑芬，等. 吉林大学学报（医学版），2007，（4）

缬沙坦对大鼠急性心肌梗塞后左室功能及血管活性物质的影响. 孙明莉，等. 吉林大学学报（医学版），2007，（4）

福建省鼠间肾综合征出血热流行病学调查. 严延生，等. 中国人兽共患病学报，2007，（9）

丹参乙酸镁活性代谢产物在大鼠体内的药代动力学特征. 王王乐，等. 西安交通大学学报（医学版），2007，（4）

香附对未孕大鼠离体子宫肌收缩的影响. 李志强，等. 西安交通大学学报（医学版），2007，（4）

血必净注射液对烫伤大鼠肾组织高迁移率族蛋白 B1 和急性肾损伤的干预效果. 王强，等. 中国医学科学院学报，2007，（4）

实验大白鼠慢性弓形虫病调查. 曾冰艺，苏惠. 中国人兽共患病学报，2007，（9）

伦尔欣对糖尿病大鼠肾小球血管细胞外基质表达的干预作用. 李强翔，等. 西安交通大学学报（医学版），2007，（4）

人 α-甘露糖苷酶 Man2c1 转基因对移植性肿瘤在小鼠体内生长和转移的影响. 蒋东东，等. 中国医学科学院学报，2007，（4）

高迁移率族蛋白 B1 诱导小鼠腹腔巨噬细胞凋亡. 刘峰，等. 中国医学科学院学报，2007，（4）

甲苯咪唑、阿苯达唑对旋毛虫感染小鼠毛中微量元素含量的作用. 刘向东，等. 中国人兽共患病学报，2007，（9）

龙血竭对肺纤维化大鼠肺组织 TGF-β/Smads 信号通路分子 mRNA 表达的影响. 聂莉，等. 四川大学学报（医学版），2007，（5）

雷公藤甲素对大鼠肺切除加野百合碱诱导肺动脉高压的影响. 魏丽，等. 四川大学学报（医学版），2007，（5）

前凋亡因子 Bim 在地塞米松诱导小鼠胸腺细胞凋亡中的作用. 赵亚宁，等. 四川大学学报（医学版），2007，（5）

低氧大鼠血清和肺小动脉 Fractalkine 的变化. 陈小菊，等. 四川大学学报（医学版），2007，（5）

心肌营养素-1 在阿霉素心衰大鼠心室重构中的作用及伊贝沙坦对其的干预. 庄汉屏，等. 中南大学学报（医学版），2007，（4）

培哚普利联合厄贝沙坦治疗大鼠扩张型心肌病近期和远期疗效. 马国添，等. 中南大学学报（医学版），2007，（4）

口服胰岛素抑制胰岛 β 细胞凋亡预防 NOD 鼠糖尿病. 蒋铁建，周智广. 中南大学学报（医学版），2007，（4）

NO 对小鼠卵母细胞及胚胎发育的影响. 杨智敏，等. 四川大学学报（医学版），2007，（5）

孕晚期小鼠巨噬细胞抗原递呈功能对 Th1/Th2 免疫的影响. 谭宗建，等. 四川大学学报（医学版），2007，（5）

新生大鼠脑缺氧缺血后 μ-calpain mRNA 及蛋白的表达. 陈莉娜，等. 四川大学学报（医学版），2007，（5）

新生大鼠缺氧缺血性脑损伤后脑组织上清液诱导骨髓基质细胞神经分化. 谢岷，等. 中南大学学报（医学版），2007，（4）

鞘内注射可乐定和氯胺酮对慢性神经病理性疼痛大鼠的镇痛效应. 贺正华，等. 中南大学学报（医学版），2007，（4）

抗 hnRNPB1 单克隆抗体结合 ^{131}I 对肺癌小鼠靶向治疗的实验研究. 陈明勇，等. 四川大学学报（医学版），2007，（5）

乌司它丁对油酸致急性肺损伤大鼠肺组织血红素氧化酶-1 的影响. 金丽艳，等. 中南大学学报（医学版），2007，

(4)
氯沙坦对高糖诱导大鼠肾近端小管上皮细胞纤溶酶原激活物及其抑制物表达的影响. 蒲丽君,等. 四川大学学报(医学版),2007,(5)
沙苑子对运动训练大鼠肝脏自由基代谢的影响. 马兰军,等. 西安交通大学学报(医学版),2007,(4)
三七总皂苷对成年地鼠视网膜节细胞存活的影响. 魏莉娜,等. 中山大学学报(医学科学版),2007,(5)
SD 大鼠二甘醇中毒的肾功能变化规律特点分析. 顾琳,等. 中山大学学报(医学科学版),2007,(5)
两种咬合板对大鼠脊柱形态的影响. 李彦,等. 中山大学学报(医学科学版),2007,(5).
大鼠牙囊细胞培养方法的探讨. 谷海晶,等. 中山大学学报(医学科学版),2007,(5)
PPARα 激动剂非诺贝特改善自发性高血压大鼠左室肥厚及 PPARα 表达. 陈红娟,等. 浙江大学学报(医学版),2007,(5)
西洋参叶 20S-原人参二醇组皂苷对糖尿病肾病大鼠肾功能及肾脏结构的保护作用. 臧晓峰,等. 吉林大学学报(医学版),2007,(5)
人参 Rb 组皂苷对大鼠实验性心肌缺血再灌注损伤的保护作用. 曲绍春,等. 吉林大学学报(医学版),2007,(5)
补肾壮骨中药对模拟失重大鼠股骨远端松质骨的扫描电镜观察. 孙平,等. 南方医科大学学报,2007,(9)
低剂量电离辐射对小鼠睾丸生精细胞中活性氧活性和线粒体膜电位的影响. 王志成,等. 吉林大学学报(医学版),2007,(5)
血管紧张素Ⅱ2 型受体对 AngⅡ诱导成年大鼠心肌成纤维细胞分泌 α-TNF 和 IL-1β 的作用. 蒋小英,等. 南方医科大学学报,2007,(9)
重组腺病毒介导的绿色荧光蛋白基因转染大鼠间充质干细胞的实验研究. 付霞霏,何援利. 南方医科大学学报,2007,(10)
胰激肽原酶对自发性高血压大鼠心肌转化生长因子-β_1 表达及胶原重构的影响. 冷吉燕,等. 吉林大学学报(医学版),2007,(5)
色甘酸钠对大鼠肠缺血再灌注肠粘膜的损害及血浆 MDA、组胺、TNF-α 含量和 SOD 活性的影响. 蔡珺,等. 南方医科大学学报,2007,(10)
MT 蛋奶粉对糖尿病大鼠脂代谢及血清锌和铜水平的影响. 胡秀丽,等. 吉林大学学报(医学版),2007,(5)
有机镓治疗维甲酸诱导骨质疏松模型大鼠的实验研究. 雷艳霞,等. 南方医科大学学报,2007,(9)
环磷酰胺作用下成年大鼠卵巢干细胞因子和 mRNA 的表达. 罗璐,等. 南方医科大学学报,2007,(10)
杏仁核点燃大鼠海马区损伤与胶质纤维酸性蛋白的表达. 林卫红,等. 吉林大学学报(医学版),2007,(5)
含金属硫蛋白蛋奶粉对 H22 小鼠肝癌的预防作用. 赵红光,等. 吉林大学学报(医学版),2007,(5)
重组腺相关病毒-NT4p53(C22)Ant 对肝癌荷瘤小鼠的治疗作用. 周琦,纪宗正. 南方医科大学学报,2007,(9)
二甲基亚砜、透明质酸酶对长春瑞滨外渗性大鼠皮肤损伤的疗效. 朱其聪,等. 南方医科大学学报,2007,(9)
重组免疫毒素 EGF-TCS 对荷瘤小鼠抗肿瘤效果的实验研究. 杨海文,等. 南方医科大学学报,2007,(10)
应激对 Wistar 大鼠牙周炎动物模型的影响. 李博,等. 吉林大学学报(医学版),2007,(5)
核因子-κB 活化对大鼠烧伤早期肺组织表达促炎细胞因子的作用. 李志清,等. 南方医科大学学报,2007,(10)
地塞米松对内毒素休克大鼠脑皮质 TLR4、IκBα 和 IL-18 mRNA 表达的影响. 王志,等. 吉林大学学报(医学版),2007,(5)
异丙酚对大鼠肾脏缺氧/复氧损伤的保护作用. 崔瞻. 南方医科大学学报,2007,(10)
间歇性过量运动大鼠血液生化指标的变化及其意义. 邴国强,等. 吉林大学学报(医学版),2007,(5)
小鼠胚胎显微操作针的制备方法. 赵四海,等. 南方医科大学学报,2007,(9)
苦参山楂合剂对单侧输尿管梗阻大鼠结缔组织生长因子表达的影响. 姚钢炼,等. 西安交通大学学报(医学版),2007,(5)
白藜芦醇对早期重症急性胰腺炎大鼠多器官组织氧自由基的影响. 秦勇,等. 西安交通大学学报(医学版),2007,(5)
助孕胶囊对多囊卵巢大鼠卵巢细胞凋亡的影响. 刘润侠,等. 西安交通大学学报(医学版),2007,(5)
小鼠胚胎肠神经嵴干细胞的分离培养及鉴定. 肖莉,等. 西安交通大学学报(医学版),2007,(5)
多巴胺 D_3 受体基因敲除对小鼠基础痛阈的调制作用. 李林,等. 西安交通大学学报(医学版),2007,(5)
替加色罗对结肠炎大鼠内脏敏感性的影响及其与结肠内 P 物质和降钙素基因相关肽表达的关系. 孙怡宁,等. 西安交通大学学报(医学版),2007,(5)
重组人生长激素、雌激素联合应用对去势大鼠剩余牙槽骨吸收的影响. 唐成芳,等. 西安交通大学学报(医学版),2007,(5)
损伤反应性星形胶质细胞对成年大鼠室下区的再生作用. 屈建强,等. 西安交通大学学报(医学版),2007,(5)
大鼠增龄过程中骨质疏松与椎间盘退变的相关性分析. 张银刚,等. 西安交通大学学报(医学版),2007,(5)
白介素-1β 对大鼠肝切除后剩余肝细胞一氧化氮产生和 ATP 合成的影响. 涂巍,等. 中国医学科学院学报,2007,(5)

单侧黑质纹状体通路损毁改变大鼠丘脑网状核神经元的电活动. 张巧俊,等. 西安交通大学学报(医学版),2007,(5)
血管活性肠肽对暂时性脑缺血大鼠梗死体积的影响. 赵朝华,等. 西安交通大学学报(医学版),2007,(5)
鞘内预注 N^G-硝基-L-精氨酸-甲基酯可选择性抑制电刺激大鼠坐骨神经诱发的脊髓后角深层 c-fos 表达. 李平,等. 中国医学科学院学报,2007,(5)
5-羟色胺受体-2 拮抗剂米安色林对大鼠底丘脑核神经元活动的影响. 王涛,等. 西安交通大学学报(医学版),2007,(5)
金黄色葡萄球菌 L 型垂直感染对子代小鼠免疫功能影响的初探. 徐飞,等. 中国人兽共患病学报,2007,(11)
乙肝核酸疫苗 pCI/S_2S 接种小鼠后的免疫应答研究. 何煦,等. 四川大学学报(医学版),2007,(6)
脑心通胶囊对血管性痴呆大鼠 CGRP 的影响. 刘石梅,等. 中南大学学报(医学版),2007,(5)
缺氧缺糖损伤对未成熟大鼠少突胶质前体细胞表达 Nogo-A 的影响. 唐军,等. 四川大学学报(医学版),2007,(6)
血管紧张素Ⅱ受体阻断对成年大鼠心肌成纤维细胞 ColⅠ和 TIMP-1 mRNA 水平的影响. 蒋小英,高广道. 四川大学学报(医学版),2007,(6)
结缔组织生长因子与大鼠移植肺纤维化的关系. 袁运长,等. 中南大学学报(医学版),2007,(5)
趋化因子受体 CCR2 在新生鼠实验性缺氧缺血损伤脑组织中的表达. 冯雪,姚裕家. 四川大学学报(医学版),2007,(6)
阿霉素肾病模型鼠肾组织木糖基转移酶和乙酰肝素酶基因的表达. 罗苇,王峥. 四川大学学报(医学版),2007,(6)
CREB 和 NMDA 受体在致痫大鼠学习记忆功能改变中的变化及意义. 娄燕,等. 四川大学学报(医学版),2007,(6)
槲皮素对小鼠移植宫颈癌的抑制作用. 符慧群,等. 中南大学学报(医学版),2007,(5)
高渗和低渗造影剂对鼠的肾毒性及福辛普利或替米沙坦的保护作用. 段绍斌,等. 中南大学学报(医学版),2007,(5).
岩白菜素大鼠在体肠吸收动力学的研究. 秦瑄,等. 四川大学学报(医学版),2007,(6)
阿托伐他汀钙预防大鼠肺缺血再灌注损伤的实验研究. 杜坚宗,董碧蓉. 四川大学学报(医学版),2007,(6)
大鼠肝癌湿热证、脾虚证与野生型 p53 mRNA、N-ras 表达相关性研究. 杨传标,等. 南方医科大学学报,2007,(11)
原代培养乳鼠窦房结细胞的形态和 kir2.1 蛋白表达. 魏益平,等. 南方医科大学学报,2007,(11)
使用 FLAG 标签肽及慢病毒载体共同筛选小鼠 foxp3 基因 RNA 干扰的有效靶点. 史艳侠,等. 中山大学学报(医学科学版),2007,(6)
心力衰竭大鼠脑脊液及血清瘦素改变的研究. 冷秀玉,等. 中山大学学报(医学科学版),2007,(6)
血管紧张素Ⅱ及醛固酮阻滞剂对心肌梗死大鼠骨桥蛋白表达的影响. 张玉玲,等. 中山大学学报(医学科学版),2007,(6)
依那普利对糖尿病大鼠心肌超微结构的影响. 徐春生,等. 南方医科大学学报,2007,(11)
急性甲醇中毒大鼠模型及其眼部改变的研究. 佘洁婷,等. 中山大学学报(医学科学版),2007,(6)
大剂量抗氧化剂对高脂饲养大鼠胰岛 β 细胞分泌功能的影响及机制. 王冰,等. 浙江大学学报(医学版),2007,(6)
ClC-3 在糖尿病大鼠主动脉平滑肌、肾脏及脑组织中的表达及其变化. 王晓香,等. 中山大学学报(医学科学版),2007,(6)
缺血预处理对大鼠移植肠冷缺血/再灌注损伤的保护作用. 赵伟,等. 南方医科大学学报,2007,(11)
支链氨基酸肠外营养对肝硬化大鼠肝部分切除术后蛋白质代谢的影响. 曹杰,等. 南方医科大学学报,2007,(11)
人发角蛋白-胶原海绵-聚甲基丙烯酸羟乙酯复合生物敷料对大鼠烧伤创面修复作用的实验研究. 陈英华,等. 南方医科大学学报,2007,(11)
环磷酰胺对成年大鼠卵巢的损伤以及 GnRHR 在卵巢的表达. 罗璐,等. 南方医科大学学报,2007,(11)
L-精氨酸对严重腹腔感染大鼠肠上皮细胞凋亡的影响. 吴承堂,等. 南方医科大学学报,2007,(11)
A 型肉毒毒素对大鼠受损背根节神经元放电和交感—感觉耦联的影响. 杨红军,等. 南方医科大学学报,2007,(11)
细胞松弛素 B 和解冻方法对玻璃化冷冻小鼠卵母细胞的影响. 张波,等. 中山大学学报(医学科学版),2007,(6)
缺血后处理对不同时程冷保存大鼠心脏的作用研究. 郑鸣之,等. 浙江大学学报(医学版),2007,(6)
大鼠血红素氧化酶 1 的基因克隆和原核表达. 徐波,等. 吉林大学学报(医学版),2007,(6)
脾虚证大鼠侧脑室注射孤啡肽对细胞免疫功能的影响. 旷欲胜,等. 西安交通大学学报(医学版),2007,(6)
川芎嗪对大鼠局灶性脑缺血损伤的神经保护作用. 邱芬,等. 西安交通大学学报(医学版),2007,(6)

天然牛磺酸对肝纤维化大鼠肝线粒体的保护作用. 邓鑫,等. 西安交通大学学报(医学版),2007,(6)
超声诊断SD大鼠非酒精性脂肪肝的价值. 吕瑛,等. 西安交通大学学报(医学版),2007,(6)
11,12-环氧二十碳三烯酸对缺血前和再灌注前大鼠心肌钙调节蛋白的影响. 王艳霞,等. 中国医学科学院学报,2007,(6)
胰高血糖素样肽-1类似物(JC003)对糖尿病大鼠血糖及胰岛功能的影响. 于婷,等. 西安交通大学学报(医学版),2007,(6)
1型糖尿病小鼠下肢缺血恢复受损的机制. 李拥军,等. 中国医学科学院学报,2007,(6)
博莱霉素致肺纤维化大鼠Ⅱ型肺泡上皮细胞凋亡. 孔璐,等. 中国医学科学院学报,2007,(6)
p38阻断剂对鼠关节炎软骨细胞金属蛋白酶表达的作用. 陈蔚东,等. 中国医学科学院学报,2007,(6)
c-Jun氨基末端激酶信号通路在大鼠脑缺血再灌注过程中的作用. 王宁,等. 西安交通大学学报(医学版),2007,(6)
甘珀酸对戊四氮点燃癫痫大鼠行为和深部脑电活动的影响. 兰莉,等. 西安交通大学学报(医学版),2007,(6)
柴胡皂苷d对大鼠实验性肝癌形成的预防作用. 刘振国,等. 西安交通大学学报(医学版),2007,(6)
硫化氢对大鼠肠缺血再灌注损伤的保护作用. 刘浩,等. 西安交通大学学报(医学版),2007,(6)
玉米花丝饮品对高脂血症鼠的降血脂作用. 王大为,等. 吉林大学学报(医学版),2007,(6)
大鼠血清中人参皂甙Rb1的免疫检测. 马丽玲,等. 南方医科大学学报,2007,(12)
关木通对大鼠肾功能和组织病理学的影响. 魏春利,等. 吉林大学学报(医学版),2007,(6)
大鼠骨髓来源树突状细胞的分离与免疫学特征. 翟妍,等. 吉林大学学报(医学版),2007,(6)
蛋白酶体抑制剂MG-132在大鼠重症急性胰腺炎及其肺损伤中的保护作用. 李顺乐,等. 南方医科大学学报,2007,(12)
非诺贝特对高脂血症大鼠NO及血管内皮细胞粘附分子-1表达的影响. 吴峻,等. 南方医科大学学报,2007,(12)
Fe^{3+}-CMC对腹膜损伤模型大鼠腹膜损伤部位TGF-β及FGF表达的抑制作用. 于金海,等. 吉林大学学报(医学版),2007,(6)
氯沙坦对5/6肾切除大鼠残余肾组织中TGF-β1,p-Smad2/3及Smad7的作用. 宁旺斌,等. 中南大学学报(医学版),2007,(6)
肝细胞生长因子对高氧暴露早产鼠肺泡Ⅱ型上皮细胞增殖与凋亡的影响. 钟礼立,等. 中南大学学报(医学版),2007,(6)
血管活性肠肽对大鼠脑缺血损伤的神经保护作用. 杨杰,等. 南方医科大学学报,2007,(12)
低氧预适应对大鼠缺血—再灌注性脑损伤中HSP-70、Survivin蛋白和学习记忆能力的影响. 卢娜,等. 南方医科大学学报,2007,(12)
戊四氮点燃模型大鼠海马苔藓纤维出芽的动态变化. 田发发,等. 中南大学学报(医学版),2007,(6)
海洛因对大鼠肝功能血浆酶学的影响. 崔佳乐,等. 吉林大学学报(医学版),2007,(6)
抑胶素对大鼠C6胶质瘤细胞血管内皮生长因子的抑制作用. 崔俐,等. 吉林大学学报(医学版),2007,(6)
Bcl-2和Bax蛋白在糖尿病大鼠耳蜗中的表达. 杜波,等. 吉林大学学报(医学版),2007,(6)
氯胺酮对内毒素诱导大鼠急性肺损伤的影响及其机制. 王旭东,等. 南方医科大学学报,2007,(12)
依那普利拉对新生大鼠心肌成纤维细胞增殖及NOS/NO系统的影响. 孙红霞,等. 吉林大学学报(医学版),2007,(6).
高强度聚焦超声辐照小鼠体内棘球蚴的形态变化. 张静,等. 中国人兽共患病学报,2007,(12)
小鼠DNaseI基因真核表达质粒的构建及鉴定. 谭国珍,等. 中山大学学报(医学科学版),2007,(S1)
塞来昔布对MNNG诱导的大鼠胃腺癌组织Bax、Bcl-2、Fas表达的影响. 唐保东,等. 中山大学学报(医学科学版),2007,(S1)
大鼠鞘内注射哇巴因及混合新斯的明的抗伤害作用. 曾维安,等. 中山大学学报(医学科学版),2007,(S1)
高原鼠兔和Wistar大鼠骨骼肌线粒体的比较蛋白质组学初步研究. 陈建,等. 第三军医大学学报,2007,(2)
小鼠胚胎神经干细胞海马移植对APP/PS1双转基因AD小鼠的治疗作用. 武强,等. 第三军医大学学报,2007,(10)
釉蛋白在大鼠牙胚釉质发育中的表达特征. 吕平,等. 北京大学学报(医学版),2007,(1)
性激素对老龄大鼠颏舌肌细胞肌浆网$Ca^{(2+)}$-ATP酶活性及其基因表达的影响. 齐娟,刘月华. 北京大学学报(医学版),2007,(1)
番茄红素对急性肺损伤大鼠免疫细胞和炎性细胞因子的影响. 李百花,等. 北京大学学报(医学版),2007,(1)
转EB病毒BLLF1基因小鼠的SPF级净化. 周淑佩,等. 北京大学学报(医学版),2007,(1)
小鼠FasL全长cDNA的克隆、真核表达载体构建及其在树突状细胞中的表达. 王彦,等. 第三军医大学学报,2007,(1)
组织块法培养大鼠肺微血管内皮细胞的综合鉴定. 徐顺贵,等. 第三军医大学学报,2007,(1).

血管内皮生长因子在糖尿病大鼠脉络膜视网膜的表达. 周希瑗,等. 第三军医大学学报,2007,(1)
NF-κB P65 在大鼠异种心脏移植后心肌中的表达及意义. 杨光伦,等. 第三军医大学学报,2007,(1)
胎鼠胃上皮细胞增殖、凋亡与胃形态发生的关系. 林雪梅,等. 第三军医大学学报,2007,(1)
低氧对大鼠睾丸支持细胞形态结构与存活率的影响. 吕伟宏,田怀军. 第三军医大学学报,2007,(1)
小鼠 PPARδ 腺病毒载体的构建及其在 INS-1 细胞中的表达. 姜友昭,等. 第三军医大学学报,2007,(1)
匹罗卡品致大鼠癫痫持续状态后海马神经元凋亡的动态观察. 张映琦,等. 第三军医大学学报,2007,(1)
激光共聚焦显微镜观察三磷酸肌醇对大鼠逼尿肌细胞内钙的影响. 王军,等. 第三军医大学学报,2007,(1)
右-苯丙胺对脑缺血大鼠细胞凋亡和生长相关蛋白 43 的作用. 李红梅,等. 第三军医大学学报,2007,(1)
外源性一氧化氮对小鼠卵母细胞及胚胎发育的影响. 谭兵兵,等. 第三军医大学学报,2007,(1)
生脉注射液对大鼠烧伤后心肌细胞凋亡的影响. 张西联,等. 第三军医大学学报,2007,(2)
Orexin A 对麻醉大鼠前额叶皮层神经元单位放电的影响及其机制研究. 陈伯成,等. 第三军医大学学报,2007,(2)
ES 细胞来源的神经前体细胞移植 Aβ 损伤大鼠海马后的分化及对学习记忆的改善. 唐军,等. 第三军医大学学报,2007,(2)
特异性反义寡核苷酸抗小鼠呼吸道合胞病毒感染的研究. 周娟,等. 第三军医大学学报,2007,(2)
慢性颞叶癫痫模型鼠海马结构形态学的变化. 李国强,等. 第三军医大学学报,2007,(2)
蛋白酶体抑制剂 MG-132 下调炎症因子表达抑制大鼠心肌再灌注损伤. 戴翠莲,罗开良. 第三军医大学学报,2007,(2)
糖尿病大鼠胃窦 SCF-Kit 信号改变及其对 Cajal 间质细胞的影响. 龙庆林,等. 第三军医大学学报,2007,(2)
大鼠神经球蛋白基因的克隆及其真核表达载体构建. 朱继,唐文渊. 第三军医大学学报,2007,(2)
LPS 对小鼠肺组织及 RAW264.7 细胞 Akt 蛋白表达及磷酸化的调控. 尹华华,等. 第三军医大学学报,2007,(3)
转录因子 CaRF 在大鼠皮肤创面愈合中的作用. 谢江,等. 第三军医大学学报,2007,(3)
大鼠动脉粥样硬化病变组织致炎—抗炎因子抗体芯片分析. 樊继山,等. 第三军医大学学报,2007,(3)
膀胱内灌注 ATP、PPADS 对大鼠逼尿肌不稳定的影响. 郭建军,等. 第三军医大学学报,2007,(3)
氯胺酮对新生大鼠海马齿状回 NMDA 受体亚型表达的影响. 韩丽春,等. 第三军医大学学报,2007,(3)
去甲二氢愈创木酸对大鼠早期胚胎的影响. 吴晓华,等. 第三军医大学学报,2007,(3)
颈交感神经阻滞调节放烧复合伤小鼠巨噬细胞 GR 的表达及细胞因子分泌的影响. 陆建华,等. 第三军医大学学报,2007,(4)
牛磺酸营养干预下缺氧大鼠视网膜中葡萄糖转运蛋白 1 的表达. 陈芳,等. 第三军医大学学报,2007,(4)
去甲二氢愈创木酸宫腔灌注对大鼠胚胎的影响. 吴晓华,等. 第三军医大学学报,2007,(4)
无呼吸机支持反复冷冻法建立大鼠急性心肌梗死模型. 赵文萍,等. 第三军医大学学报,2007,(4)
气腹对肝硬化大鼠肠黏膜屏障功能的影响. 闫宏宪,等. 第三军医大学学报,2007,(4)
ATP 对大鼠逼尿肌不稳定膀胱的作用研究. 郭建军,等. 第三军医大学学报,2007,(4)
大鼠血清中喹啉酸含量的气质联用测定. 熊缨,等. 第三军医大学学报,2007,(4)
CVF 在大鼠移植心脏缺血再灌注损伤中的保护作用研究. 兰纲,等. 第三军医大学学报,2007,(4)
老化大鼠髓鞘蛋白脂蛋白表达变化及意义. 成戎川,等. 第三军医大学学报,2007,(4)
氨基胍和维生素 C 调节糖尿病大鼠主动脉层黏连蛋白 B_1 mRNA 表达的研究. 李强翔,等. 第三军医大学学报,2007,(4)
大鼠表皮干细胞的分布与体外分离培养. 陈伟,等. 第三军医大学学报,2007,(5)
肿瘤抑制因子 PTEN 蛋白在成年大鼠中枢神经系统的表达. 蔡其燕,姚忠祥. 第三军医大学学报,2007,(5)
GDP 对大鼠脑线粒体呼吸氧耗的抑制作用及其对膜电位的影响. 夏琛,等. 第三军医大学学报,2007,(5)
铅对幼年大鼠钙的吸收和骨骼生长的影响. 胡雪琴,糜漫天. 第三军医大学学报,2007,(5)
低剂量甲基汞促进鼠胚肠上皮细胞凋亡及相关机制的体内实验. 林雪梅,等. 第三军医大学学报,2007,(5)
视神经损伤后 RhoA 在大鼠视网膜中的分布及表达研究. 王艳华,等. 第三军医大学学报,2007,(5)
黄芪多糖和大豆异黄酮对糖尿病大鼠糖代谢的影响. 廖苇萍,石元刚. 第三军医大学学报,2007,(5)
氯化钆预处理对小鼠 H22 实验性肝癌形成的影响. 王梦远,等. 第三军医大学学报,2007,(5)
胶质细胞活化在慢性前列腺炎大鼠脊髓兴奋性氨基酸变化的作用. 张水文,等. 第三军医大学学报,2007,(5)
一种适合膜片钳研究的成年大鼠 DRG 神经元急性分离方法. 黄华,等. 第三军医大学学报,2007,(5)
高糖引起小鼠肾小球足细胞 podocalyxin 蛋白的表达下调. 祁佳,等. 北京大学学报(医学版),2007,(2)
外源 p53 基因和抗血管生成小肽 F56 联合对小鼠乳腺癌移植瘤生长和转移的抑制作用. 肖绍文,等. 北京大学学报(医学版),2007,(2)
黄药子水煎剂灌胃对小鼠的肝毒性及其机制. 尚兰琴,等. 北京大学学报(医学版),2007,(2)
过热与脂多糖复合应激促发和加重大鼠全身炎症反应综合征的研究. 李志梁,等. 第三军医大学学报,2007,(6)
水红花子醇提物抑制大鼠组织脂质过氧化反应的体外作用研究. 葛斌,等. 第三军医大学学报,2007,(6)

大鼠肢体缺血再灌注后关节软骨基质金属蛋白酶-13 表达及其意义. 张伟旭，等. 第三军医大学学报，2007，(6)
丰富环境结合水疗对新生鼠缺氧缺血性脑损伤的干预效应. 刘晓蓉，张雨平. 第三军医大学学报，2007，(6).
静脉内移植骨髓间充质干细胞在脑缺血大鼠脑内的分布及其对学习和记忆的影响. 徐炎，等. 第三军医大学学报，2007，(7)
大鼠初级听皮层神经元兴奋性频率反应域的特征. 张永海，等. 第三军医大学学报，2007，(7)
DNA 结合抑制因子 2 在成年大鼠脊髓表达的研究. 高宇，等. 第三军医大学学报，2007，(7)
颈交感神经阻滞对小鼠烧伤早期肝组织核因子-κB 及其辅活化子的影响. 李军，等. 第三军医大学学报，2007，(8)
福尔马林致痛大鼠脊髓去甲肾上腺素能神经元及其激活蛋白 2α 的表达变化. 汪克建，等. 第三军医大学学报，2007，(8)
n-6/n-3 多不饱和脂肪酸对乳腺癌大鼠乳腺癌组织 CYP17 和 CYP19 表达的影响. 王静，等. 第三军医大学学报，2007，(8)
缺氧复合运动大鼠心肌线粒体功能的变化. 蔡明春，等. 第三军医大学学报，2007，(8)
GDNF 基因活化的细胞外基质对大鼠坐骨神经缺损的修复作用. 梁安霖，等. 第三军医大学学报，2007，(8)
二氮嗪与 1，6-二磷酸果糖心麻痹液对大鼠心肌细胞的保护作用. 陈建明，等. 第三军医大学学报，2007，(9)
二氮嗪预处理对缺血再灌注大鼠心肌 NF-κB 和 caspase-3 表达的影响. 沈诚，等. 第三军医大学学报，2007，(9)
^{18}F-FLT 在小鼠肺癌和炎症模型中的生物分布及 PET 显像研究. 柳曦，等. 第三军医大学学报，2007，(9)
小鼠微小 RNA miR-22 真核表达载体的构建及功能初步研究. 张炜炜，等. 第三军医大学学报，2007，(9)
观察大鼠血管平滑肌细胞与间充质干细胞直接接触培养对细胞的诱导分化. 苗莉，等. 第三军医大学学报，2007，(9)
不同脂肪酸构成比对大鼠血脂影响的研究. 时皎皎，等. 第三军医大学学报，2007，(9)
鱼藤酮对大鼠纹状体谷氨酸转运体及谷氨酰胺合成酶的影响. 刘辉，等. 第三军医大学学报，2007，(9)
大鼠蛛网膜下腔出血后血脑屏障通透性变化. 谢宗义，等. 第三军医大学学报，2007，(9)
三羟异黄酮对小鼠辐射损伤后造血功能的影响. 周永，等. 第三军医大学学报，2007，(10)
牛磺酸对模拟急性高原低氧大鼠小肠组织 HIF-1α 及 HIF-1β 表达的影响. 白雪，等. 第三军医大学学报，2007，(10)
红藻氨酸快速点燃大鼠癫痫模型的建立及其海马神经发生. 马玉新，等. 第三军医大学学报，2007，(10)
肿瘤转移抑制因子 CD63/ME491 基因在小鼠子宫内膜表达的动态观察. 赵邦霞，等. 第三军医大学学报，2007，(10)
肝细胞移植联合肝再生增强因子治疗大鼠急性肝功能衰竭的研究. 王志毅，等. 第三军医大学学报，2007，(10)
基于流体动力学的 mA20 质粒及其突变体转染对实验性小鼠内毒素血症的治疗作用. 左云龙，等. 第三军医大学学报，2007，(10)
小鼠骨髓间充质干细胞的分离与纯化培养的实验研究. 仝识非，等. 第三军医大学学报，2007，(10)
大鼠前额叶皮层锥体细胞中 Orexin A 对谷氨酸介导电流的调节效应. 张春青，等. 第三军医大学学报，2007，(10)
氯沙坦在 AT2-R 介导的肾血管性高血压大鼠肾脏保护功能中的作用. 吕慈，何凤慈. 第三军医大学学报，2007，(10)
青蒿素对脓毒症大鼠肺损伤的保护作用. 曹红卫，等. 第三军医大学学报，2007，(10)
伽玛刀对红藻氨酸模型大鼠海马形态学及苔藓纤维变化的影响. 耿明英，等. 第三军医大学学报，2007，(10)
异体骨髓间充质干细胞在骨髓嵌合小鼠体内分化为肝细胞的实验研究. 王连友，等. 第三军医大学学报，2007，(11)
重组质粒 pCDNA3.1^{+}/Ngb 对局灶性脑缺血大鼠脑保护作用的研究. 朱继，唐文渊. 第三军医大学学报，2007，(11)
慢性铝过负荷致大鼠认知功能损伤及尼莫地平保护作用观察. 肖小华，等. 第三军医大学学报，2007，(11)
脑出血大鼠脑组织 MDA、TNF-α 含量变化及其依达拉奉干预效应的研究. 崔洁，等. 第三军医大学学报，2007，(11)
新型异黄酮类化合物对去势大鼠股骨生物力学性能影响的实验研究. 陈秀明，等. 第三军医大学学报，2007，(11)
糖尿病大鼠早期骨微结构改变及其 BMP-2 基因的表达. 范伟，等. 第三军医大学学报，2007，(11)
CVF 联合小剂量 CsA 对大鼠同种异体心脏移植急性排斥反应的影响. 蒋彬，等. 第三军医大学学报，2007，(11)
大鼠肝移植术后腹腔细菌感染对移植肝免疫排斥的影响. 丁隆，等. 第三军医大学学报，2007，(11)
G-CSF 动员循环间充质干细胞及其对小鼠颅脑损伤修复的可行性分析. 邓均，等. 第三军医大学学报，2007，(12)
改进性 DEN 诱发大鼠肝癌模型的建立与病理形态学研究. 张志敏，等. 第三军医大学学报，2007，(12)

脓毒症模型大鼠循环内皮细胞与肝功能状态间关系的相关性研究. 杨京,等. 第三军医大学学报,2007,(12)
PTZ 点燃癫痫大鼠海马 NSE 和 BMP4 的表达. 马玉新,等. 第三军医大学学报,2007,(12)
牛磺酸对糖尿病大鼠视网膜 Mueller 细胞凋亡的防护研究. 张亚洁,等. 第三军医大学学报,2007,(12)
生长激素预处理对体外循环大鼠肝脏炎性反应的影响. 安永,肖颖彬. 第三军医大学学报,2007,(12)
轮状病毒感染乳鼠致病机制的实验研究. 陈军华,等. 第三军医大学学报,2007,(12)
乌鸡白凤口服液对雄激素致不孕大鼠子宫内膜及肌层的影响. 宋翠淼,等. 第三军医大学学报,2007,(12)
青藤碱对胶原诱导性关节炎大鼠滑膜细胞 NF-κB 的抑制作用. 黄小鲁,等. 第三军医大学学报,2007,(13)
多房棘球绦虫混合重组 BCG-EmⅡ/3 和 BCG-Em14-3-3 疫苗诱导小鼠的免疫保护力观察. 李文桂,等. 第三军医大学学报,2007,(13)
EEG 和 rCBF 监测在大鼠非开颅 SAH 模型中的应用. 金清东,等. 第三军医大学学报,2007,(13)
乳酸盆底注射诱导小鼠非细菌性前列腺炎及前列腺上皮内瘤样变. 陈琦,等. 第三军医大学学报,2007,(13)
急性缺氧诱导 C57BL/6J 小鼠瘦素表达增加. 刘茜,等. 第三军医大学学报,2007,(13)
孕期应用地塞米松对胎儿及胎鼠垂体肾上腺轴功能的影响. 陈丽,王玉华. 第三军医大学学报,2007,(13)
$P2X_3$ 受体在逼尿肌不稳定大鼠膀胱组织的表达及其意义. 方强,等. 第三军医大学学报,2007,(13).
HIF-1α 条件性基因敲除嵌合体小鼠的获得. 赵玲,等. 第三军医大学学报,2007,(14)
慢性情绪应激对大鼠卵巢功能影响的初步观察. 程湘,等. 第三军医大学学报,2007,(14)
茶多酚预防缺氧大鼠红细胞增多症的实验研究. 罗红,等. 第三军医大学学报,2007,(14)
Cubilin 反义 RNA 对大鼠肾小管超负荷重吸收白蛋白的抑制作用. 刘俊,等. 第三军医大学学报,2007,(14)
大鼠实验性胃溃疡自愈过程中 HDC 和 H^+,K^+-ATP 酶的表达. 何美蓉,等. 第三军医大学学报,2007,(14)
MK-801 对视觉发育可塑性关键期内大鼠闪光视觉诱发电位的影响. 翁传煌,秦伟. 第三军医大学学报,2007,(14)
FGFR3 转染小鼠骨髓间充质干细胞对 CbfaⅠ和 CollagenⅠ表达的影响. 刘志君,陈林. 第三军医大学学报,2007,(14)
Dbn1 在小鼠脑发育过程中表达与定位的研究. 刘建军,等. 第三军医大学学报,2007,(15)
氟他胺致胚胎期雄性大鼠睾丸毒性的基因表达谱的研究. 李岩,等. 第三军医大学学报,2007,(18)
β-胡萝卜素和维生素 E 对饥饿大鼠脑肠肝和心肌的 MDA 与 SOD 的影响. 杨贺庆,等. 第三军医大学学报,2007,(18)
薏苡仁多糖对糖尿病血管并发症大鼠 NO 及主动脉 iNOS 基因表达的影响. 徐梓辉,等. 第三军医大学学报,2007,(17)
蒺藜皂苷诱导 SD 新生大鼠海马神经干细胞分化的实验研究. 郑鸿燕,等. 第三军医大学学报,2007,(18)
卡莫司汀诱导大鼠皮质发育障碍模型的研究. 何选丽,等. 第三军医大学学报,2007,(17)
小鼠淋巴管内皮细胞体外不同培养体系的比较. 王俊,等. 第三军医大学学报,2007,(16)
锌对宫内外铅暴露幼鼠微量元素铁、血红蛋白含量及学习记忆的保护作用. 杨龙,等. 第三军医大学学报,2007,(16)
清洁级 Long Evans 大鼠生产性能的研究. 刘中禄,等. 第三军医大学学报,2007,(17)
5-羟色胺对大鼠膈下迷走神经传入放电的影响及机制. 隋红,等. 第三军医大学学报,2007,(17)
小鼠 IFIT1 多克隆抗体的制备. 郭晓姝,等. 第三军医大学学报,2007,(15)
缺氧对大鼠皮层、海马 NMDA 受体 NR1 亚单位磷酸化的影响. 吴喜贵,等. 第三军医大学学报,2007,(18)
成骨生长肽对大鼠骨髓基质细胞增殖分化的影响. 王璐,等. 第三军医大学学报,2007,(18)
低强度超声引发大鼠子宫平滑肌收缩的量效关系研究. 张瑛,等. 第三军医大学学报,2007,(16)
吲哚-3-甲醇对大鼠颈总动脉球囊损伤后 Bcl-1、NF-κB 和 Bcl-X/L 蛋白表达的影响. 李莉,等. 第三军医大学学报,2007,(16)
吲哚-3-甲醇对大鼠动脉损伤后内膜增殖的影响. 汀永红,等. 第三军医大学学报,2007,(15)
便秘大鼠结肠黏膜上调蛋白质的分离及鉴定. 汪兴伟,等. 第三军医大学学报,2007,(17)
替米沙坦对糖尿病大鼠认知功能的保护作用. 高原,等. 第三军医大学学报,2007,(15)
IL-6/STAT3 与冷保存大鼠部分肝移植肝再生的关系. 袁晟光,等. 第三军医大学学报,2007,(15)
新型异黄酮类化合物对去势大鼠血脂胆固醇的影响. 陈秀明,等. 第三军医大学学报,2007,(16)
褪黑素对癫痫状态大鼠海马 GAD67 mRNA 表达的影响. 张映琦,等. 第三军医大学学报,2007,(16)
实验性变态反应性脑脊髓炎大鼠大脑 Olig 基因表达的变化规律. 余洪俊,等. 第三军医大学学报,2007,(15)
不同电休克方法对抑郁模型大鼠海马干扰素-γ 受体表达的影响. 李大奇,等. 第三军医大学学报,2007,(15)
重组 E. coli LLO/OVA 明显增强小鼠 CD11c 细胞活性及抗肿瘤免疫. 徐曼,米粲. 第三军医大学学报,2007,(17)
分枝杆菌 Ag85B/IL-2 融合蛋白对小鼠膀胱癌抑癌效应的研究. 杨登科,靳风烁. 第三军医大学学报,2007,(18)
^{18}F-FMISO 在肺癌模型小鼠体内的生物分布及 PET 显像研究. 王钰琦,等. 第三军医大学学报,2007,(18)
C-ski 和 Smad3 在大鼠皮肤成纤维细胞辐射性损伤中的变化及意义. 刘霞,等. 第三军医大学学报,2007,(15)

颈交感神经阻滞对烧伤早期小鼠肝脏干扰素诱导蛋白 IFIT1 表达的影响. 郭晓姝,等. 第三军医大学学报,2007,(17)
热休克预处理对严重烫伤大鼠胃黏膜热休克蛋白 60、70 及 iNOS 表达的影响. 张红艳,等. 第三军医大学学报,2007,(15)
JAK 抑制剂 AG490 对大鼠组织 iNOS 和 NO 合成的影响. 王松柏,等. 第三军医大学学报,2007,(15)
长期摄入低剂量贫铀对大鼠血象与肝肾功能的影响. 李蓉,等. 第三军医大学学报,2007,(17)
控制性低温对大鼠肢体爆炸伤后继发肺损伤的作用. 莫立稳,等. 第三军医大学学报,2007,(17)
饮用纯净水伴低镁饲料对大鼠健康的影响. 曾惠,等. 第三军医大学学报,2007,(20)
牛磺酸对高原低氧大鼠血清葡萄糖水平及小肠组织 GLUT2、GLUT5 mRNA 表达的影响. 白雪,等. 第三军医大学学报,2007,(20)
小鼠 FSH-Occludin 重组多价避孕疫苗的构建及表达. 向延芳,等. 第三军医大学学报,2007,(19)
PCB_{153} 诱导小鼠胚胎细胞凋亡对胚胎生长发育的影响. 常青,等. 第三军医大学学报,2007,(19)
大鼠脑微血管内皮细胞的原代培养. 刘恺鸣,等. 第三军医大学学报,2007,(20)
大鼠脑出血后脑肺组织 NF-κB 的表达及其在急性肺损伤中的作用. 邹显巍,吴珊. 第三军医大学学报,2007,(19)
大鼠急性肺栓塞后 hnRNP-E1 的表达及胶原代谢的变化. 李圣青,等. 第三军医大学学报,2007,(20)
曲美他嗪对 2 型糖尿病大鼠心肌细胞凋亡的影响. 吴绮楠,等. 第三军医大学学报,2007,(19)
$ApoE^{-/-}$ 小鼠肾动脉狭窄及肾损害特点观察. 黄朝晖,等. 第三军医大学学报,2007,(19)
精索静脉曲张对青春期大鼠睾丸生精细胞 HIF-1α 和 Bax 表达的影响. 吕天兵,等. 第三军医大学学报,2007,(19)
糖原合酶激酶 3β 在大鼠脑老化及神经退行性变中的表达与分布改变. 杨继飞,等. 第三军医大学学报,2007,(19).
精氨酸营养干预对重型颅脑损伤大鼠细胞免疫功能和蛋白代谢的影响. 曾兢,朱京慈. 第三军医大学学报,2007,(19)
明胶墨汁灌注展示大鼠视网膜血管的方法. 童建斌,等. 第三军医大学学报,2007,(21)
PTEN 基因在小鼠胚胎着床过程中作用的实验研究. 陈晓玲,等. 第三军医大学学报,2007,(21)
特异性 stealth siRNA 抑制小鼠肺成纤维细胞 $TGF\text{-}\beta_1$ 表达的实验研究. 余维涛,等. 第三军医大学学报,2007,(21)
内皮祖细胞移植对延缓大鼠进展性局灶节段性肾小球硬化的实验研究. 赵洪雯,等. 第三军医大学学报,2007,(21)
大鼠肺放射性损伤的超微结构观察. 肖桃元,等. 第三军医大学学报,2007,(21)
血管紧张素Ⅱ对大鼠心房 Cx40 重构的影响及贝那普利的干预作用. 邵鹏,等. 第三军医大学学报,2007,(21)
美满霉素对脑缺血再灌注大鼠脑组织 COX-2、NF-κB 表达的影响. 蔡志友,等. 第三军医大学学报,2007,(21)
不同类型心脏肥大大鼠模型心肌中炎症细胞因子表达差异. 张敏莉,等. 北京大学学报(医学版),2007,(6)
甘草甜素对幼龄大鼠实验性肝纤维化疗效的研究. 陈绍兵,等. 第三军医大学学报,2007,(23)
当归多糖动员的造血干/祖细胞移植重建小鼠造血功能的研究. 胡晶,等. 第三军医大学学报,2007,(23)
三七总皂甙对抗大鼠免疫性肝纤维化的实验研究. 张桂灵,等. 第三军医大学学报,2007,(23)
预缺氧对大鼠低压缺氧性脑损伤保护作用的实验研究. 陈建,等. 第三军医大学学报,2007,(22)
小鼠整合素 α_4 基因克隆、序列分析及突变修复. 王永明,等. 第三军医大学学报,2007,(22)
整合素 β1 在大鼠毛囊中的表达稳定性研究. 郭燕燕,等. 第三军医大学学报,2007,(24)
大鼠 RGS4 基因的克隆及在原核中的表达. 鞠辉明,等. 第三军医大学学报,2007,(23)
HCN4 基因修饰大鼠 MSCs 体外诱导获得的心脏起搏样细胞动作电位检测. 王泽文,等. 第三军医大学学报,2007,(22)
虫草菌丝和还原型谷胱甘肽对非酒精性脂肪肝大鼠模型治疗效果的研究. 杨朝霞,等. 第三军医大学学报,2007,(22)
来氟米特在大鼠异种心脏移植排斥反应中对 NF-κB P65 的影响. 杨光伦,等. 第三军医大学学报,2007,(23)
表皮生长因子促进小鼠未成熟卵母细胞体外成熟的实验研究. 王炼炼,等. 第三军医大学学报,2007,(22)
磷酸化细胞外信号调节蛋白激酶加重糖尿病大鼠脑缺血性损伤. 张建忠,等. 第三军医大学学报,2007,(24)
烟碱对 Alzheimer 病大鼠学习记忆功能的影响. 严家川,等. 第三军医大学学报,2007,(22)
慢性高眼压模型大鼠闪光视觉诱发电位改变的实验研究. 马建洲,等. 第三军医大学学报,2007,(22)
分离提纯牛 α 晶体蛋白促大鼠 RGCs 生长作用的观察. 王晓芹,等. 第三军医大学学报,2007,(24)
冲击伤复合缺氧后大鼠血清 TNF-α 与 IL-8 含量的变化. 韦溦,等. 第三军医大学学报,2007,(23)
昂丹司琼对大鼠神经病理性疼痛热痛阈的影响. 刘枫,等. 第三军医大学学报,2007,(22)
不同温度生理盐水对大鼠脊髓组织形态及一氧化氮合酶表达的影响. 高宜录,等. 第三军医大学学报,2007,

(24)
丁酸钠体外诱导大鼠肝卵圆细胞系 WB-F344 细胞分化为胆管上皮细胞. 唐庆贺,等. 第二军医大学学报,2007,(1)
大鼠 Nogo 受体基因 RNA 干扰慢病毒载体的构建与鉴定. 吕碧涛,等. 第二军医大学学报,2007,(1)
Na^+,K^+-ATP 酶参与缺氧所致大鼠皮质神经元内钙升高. 李石,等. 第二军医大学学报,2007,(1)
梗阻性黄疸大鼠肝细胞线粒体 DNA 损伤的定量研究. 唐春,等. 第二军医大学学报,2007,(1)
快速眼球转动期睡眠剥夺对大鼠学习、记忆能力及其海马组织脑源性神经营养因子表达的影响. 叶晨静,赵忠新. 第二军医大学学报,2007,(1)
离体培养的大鼠卵巢颗粒细胞和黄体细胞中松弛素样因子 mRNA 的表达及调节. 张承玉,等. 第二军医大学学报,2007,(1)
上海多器官保存液保存离体大鼠肝脏的实验研究. 周智华,等. 第二军医大学学报,2007,(2)
小胶质细胞在大鼠气压性中枢神经损伤中的作用. 陈锐勇,等. 第二军医大学学报,2007,(2)
乌鸡白凤丸对 $A\beta_{(1-40)}$诱导的大鼠海马神经元凋亡的保护作用. 钱冬萌,谢俊霞. 青岛大学医学院学报,2007,(1)
fat-1 转基因小鼠的构建与鉴定. 刘晓蕾,等. 青岛大学医学院学报,2007,(1)
大鼠坐骨神经切断模型脊髓背角内 PKCγ 的变化(英文). 倪同上,等. 青岛大学医学院学报,2007,(1)
低剂量辐射对荷瘤小鼠抑瘤效应及红细胞系统兴奋效应(英文). 刘自民,于洪升. 青岛大学医学院学报,2007,(1)
消瘿强肌汤治疗甲状腺功能亢进性肌病大鼠的形态学观察. 闫凤霞,等. 青岛大学医学院学报,2007,(1)
甲状腺功能亢进症大鼠心肌抗氧化能力的变化. 王秀丽,等. 青岛大学医学院学报,2007,(1)
甲状腺功能亢进大鼠肝脏抗氧化能力的变化. 刘颖,等. 青岛大学医学院学报,2007,(1)
海人酸致痫大鼠海马 CA3 区神经元线粒体超微结构损伤的观察. 孙建英,等. 青岛大学医学院学报,2007,(2)
金纳多对 RCS 鼠视网膜色素变性神经元保护作用. 陶涛,等. 青岛大学医学院学报,2007,(2)
两性霉素 B 聚氰基丙烯酸正丁酯纳米粒的制备及小鼠体内分布研究. 徐楠,等. 第二军医大学学报,2007,(3)
泛素-结核抗原融合基因 DNA 疫苗诱导小鼠较强的细胞免疫应答. 王庆敏,等. 第二军医大学学报,2007,(3)
二仙汤对去卵巢大鼠骨质疏松的作用. 年华,等. 第二军医大学学报,2007,(3)
咖啡因的大鼠在体肠吸收动力学研究. 张娴,等. 第二军医大学学报,2007,(3)
长春新碱载体红细胞对小鼠 S_{180}肿瘤生长的抑制作用. 施莹,等. 第二军医大学学报,2007,(3)
应激对大鼠胃黏膜黏液层 pH 梯度的影响. 湛先保,等. 第二军医大学学报,2007,(4)
热应激对大鼠肝组织及人前列腺癌 PC-3 细胞 RhoB 表达的影响. 刘亚萍,等. 第二军医大学学报,2007,(4)
戒断对吗啡依赖小鼠自发活动及场景性恐惧条件化表达的影响. 宋赠,等. 第二军医大学学报,2007,(4).
金属硫蛋白对糖尿病大鼠肾脏氧化应激的影响. 张春阳,等. 第二军医大学学报,2007,(4)
严重烧伤早期大鼠脾脏 Toll 样受体 4 的表达及意义. 傅颖珺,等. 第二军医大学学报,2007,(4)
溺水脑损伤大鼠脑组织低氧诱导因子及血管内皮生长因子表达的变化. 马艳艳,刘昕. 第二军医大学学报,2007,(4)
芹菜素改善 D-半乳糖衰老模型小鼠衰老指征的研究. 周鸣鸣,等. 第二军医大学学报,2007,(4)
四逆汤对肾性高血压大鼠肾及心脑病变的影响. 崇卓,等. 青岛大学医学院学报,2007,(3)
大鼠糖尿病视网膜病变模型建立及超微结构观察. 孟旭霞,等. 青岛大学医学院学报,2007,(3)
体外诱导小鼠胚芽干细胞分化为肝细胞的实验研究(英文). 冯智慧,等. 青岛大学医学院学报,2007,(3)
大鼠延髓背角和脊髓背角内 PKCγ 阳性神经元向中缝隐核的投射. 梅光东,等. 青岛大学医学院学报,2007,(3)
大鼠延髓和脊髓背角内 PKCγ 阳性神经元向中缝苍白核的投射. 倪同上,等. 青岛大学医学院学报,2007,(3)
口服含 pMG36E-P30 重组质粒的乳酸乳球菌对小鼠免疫应答的影响. 张安勇,等. 青岛大学医学院学报,2007,(3)
Ghrelin 对 MPTP 小鼠帕金森病模型黑质 TH、Bcl-2 和 Bax mRNA 表达的影响. 李林静,等. 青岛大学医学院学报,2007,(4)
黑质网状带 GABA B 受体对大鼠运动行为的影响. 薛雁,陈蕾. 青岛大学医学院学报,2007,(4)
大鼠听-视整合的行为学表征. 李相尧,等. 第二军医大学学报,2007,(5)
应激状态下大鼠胃黏膜降钙素基因相关肽含量的动态变化及意义. 雷银雪,等. 第二军医大学学报,2007,(5)
ERK1/2 信号转导通路对骨髓基质细胞条件培养液诱导大鼠中脑神经干细胞分化作用的影响. 顾平,等. 第二军医大学学报,2007,(6)
神经生长因子对失神经状态下大鼠骨折愈合的影响. 马骋,等. 第二军医大学学报,2007,(5)
癫痫后学习记忆障碍大鼠海马中脑源性神经营养因子表达的变化. 王维平,等. 第二军医大学学报,2007,(5)
吗啡对小鼠海马结构突触素表达及突触结构的影响. 陈良富,等. 第二军医大学学报,2007,(5)
脓毒症小鼠肝肺损伤机制的研究. 臧传波,等. 第二军医大学学报,2007,(6)

LD_{50}剂量芥子气中毒对大鼠生殖系统的影响. 尚丽新,等. 第二军医大学学报,2007,(6)
I_1-咪唑啉受体和α_2受体介导大鼠静脉注射莫索尼定的瞬时升压作用. 马秀娟,等. 第二军医大学学报,2007,(6)
普鲁泊福对黄疸大鼠离体心功能及氧自由基代谢的影响. 任红梅,等. 第二军医大学学报,2007,(6)
促肝细胞生长素对人皮肤成纤维细胞及大鼠肝星状细胞产生细胞外基质的影响. 周长林,等. 第二军医大学学报,2007,(6)
通络方剂对糖尿病大鼠心肌细胞凋亡作用的研究. 刘明,等. 第二军医大学学报,2007,(7)
通络方剂对糖尿病视网膜病变大鼠微血管 VEGF 表达的作用. 夏培金,等. 第二军医大学学报,2007,(7)
通络方剂对糖尿病大鼠血管内皮细胞的保护作用. 李文桐,等. 第二军医大学学报,2007,(7)
通络方剂减轻糖尿病大鼠肾脏损伤的机制探讨. 张春阳,等. 第二军医大学学报,2007,(7)
通络方剂对糖尿病大鼠肾皮质组织利尿钠肽 B 受体、内皮素受体的调节作用. 曲卫,等. 第二军医大学学报,2007,(7)
络气虚滞大鼠动脉组织血红素加氧酶/一氧化碳系统的变化及人参、双参、通心络的干预. 梁俊清,等. 第二军医大学学报,2007,(7)
雷公藤多苷对 NOD 小鼠胰岛 B 细胞 caspase 表达的影响. 顾丽萍,等. 第二军医大学学报,2007,(7)
光照周期对大鼠脂肪组织褪黑素受体及肾上腺素能受体表达的影响. 杨凌辉,等. 第二军医大学学报,2007,(7)
兔及大鼠不同脑区褪黑素受体鉴定及意义. 赵瑛. 第二军医大学学报,2007,(7)
溃疡性结肠炎鼠糖皮质激素受体改变的意义. 陈雪萍,等. 第二军医大学学报,2007,(7)
己酮可可碱对 NOD 小鼠胰岛 B 细胞 caspase 表达的影响. 顾丽萍,等. 第二军医大学学报,2007,(7)
α-硫辛酸抑制糖尿病大鼠肾小球巨噬细胞浸润. 张春阳,等. 第二军医大学学报,2007,(7)
2 型糖尿病患者血清对大鼠心肌细胞钾离子通道的影响. 王丽宏,等. 第二军医大学学报,2007,(7)
糖尿病大鼠血浆血管紧张素-Ⅱ浓度、肾动脉 AT1 mRNA 表达的改变. 陆颖理,等. 第二军医大学学报,2007,(7)
己酮可可碱对 NOD 小鼠胰腺及脾脏 Fas/FasL 表达的影响. 顾丽萍,等. 第二军医大学学报,2007,(7)
褪黑素对糖尿病视网膜病变大鼠微血管细胞凋亡的保护作用. 夏培金,等. 第二军医大学学报,2007,(7)
水上漂浮、力竭运动对大鼠下丘脑-垂体-性腺轴功能的影响. 李洁,等. 第二军医大学学报,2007,(7)
动脉压力感受性反射对盲肠结扎穿孔致脓毒症大鼠生存率的影响. 史克勇,等. 第二军医大学学报,2007,(7)
磺脲类药物对 2 型糖尿病大鼠心肌组织磺脲类药物受体表达的影响. 吴国亭,徐倍. 第二军医大学学报,2007,(7)
四逆汤对肾性高血压大鼠主要靶器官 Ang-Ⅱ和 CGRP 表达的影响. 杨学伟,等. 青岛大学医学院学报,2007,(5)
消痰解郁方对慢性强迫游泳应激后小鼠行为学及其海马组织 $5\text{-}HT_{1A}$受体 mRNA 表达的影响. 修丽娟,等. 第二军医大学学报,2007,(10)
应激状态下大鼠肠屏障功能损伤过程中 MMP-13、LN 的改变及意义. 李宏,崔京远. 青岛大学医学院学报,2007,(6)
肠缺血再灌注损伤大鼠肠黏膜组织中 TNF-α 和 VIP 的表达及意义. 李伟华. 青岛大学医学院学报,2007,(6)
大鼠胰腺组织神经胆碱酯酶、弹力纤维和胶原纤维的组合染色. 张顺民,等. 第二军医大学学报,2007,(8)
纳米级超顺磁性氧化铁的制备及其对小鼠急性毒性作用的观察. 文明,等. 第二军医大学学报,2007,(10)
大鼠胸主动脉球囊损伤后早期平滑肌细胞凋亡观察. 褚现明,等. 青岛大学医学院学报,2007,(6).
LOX-1 介导 ox-LDL 诱导大鼠系膜细胞表达 $TGF\text{-}\beta_1$ 及分泌细胞外基质. 杜月光,等. 第二军医大学学报,2007,(8)
痛风性关节炎大鼠的制备及三种关节肿胀度检测方法的比较. 徐权毅,等. 第二军医大学学报,2007,(8)
聚肌苷酸胞苷酸诱导 C57 小鼠产生抗核抗体和抗线粒体抗体. 朱烨,等. 第二军医大学学报,2007,(8)
大鼠肝再生早期线粒体介导的 caspase-3 激活的机制. 时多,等. 第二军医大学学报,2007,(10)
低氧诱导因子-1α 在大鼠脑缺血耐受中的表达. 孙忠玲,等. 青岛大学医学院学报,2007,(5)
不同强度运动对幼龄大鼠海马组织 BDNF 及 NMDA R1 mRNA 表达的影响. 娄淑杰,等. 第二军医大学学报,2007,(8)
丰富环境对快速老化小鼠 SAMP8 学习记忆能力的影响. 吴冰洁,等. 第二军医大学学报,2007,(9)
大鼠喉移植术后移植喉组织 TNF-α 和 IL-10 表达的变化. 陈刚,等. 第二军医大学学报,2007,(8)
吗啡对小鼠室管膜上皮、中央灰质及海马结构中巢蛋白表达的影响. 陈良富,等. 第二军医大学学报,2007,(8)
小鼠神经生长因子前导肽和人内吗啡肽-2 融合基因重组腺病毒载体的构建与鉴定. 吴飞翔,等. 第二军医大学学报,2007,(11)
水通道蛋白 5 基因敲除纯合子小鼠的获取. 王桂芳,等. 第二军医大学学报,2007,(11)
褪黑素抑制糖尿病大鼠下丘脑-垂体-肾上腺轴功能. 夏凌,等. 第二军医大学学报,2007,(11)
华中五味子酮对阿尔茨海默病样大鼠学习记忆功能及海马区核因子 kB、诱导型一氧化氮合酶表达的影响. 于方,等. 第二军医大学学报,2007,(12)

大鼠液压脑损伤导致皮质神经细胞的早期凋亡. 曾军,等. 第二军医大学学报,2007,(12)
转录因子 GATA4 和甲胎蛋白在小鼠胎肝和肝癌细胞中的表达对比及相关性. 任传路,等. 第二军医大学学报,2007,(12)
二硫苏糖醇对大鼠硒性白内障的抑制作用. 彭亚军,等. 第二军医大学学报,2007,(12)
母鼠孕期补充二十二碳六烯酸对出生幼鼠脑脂质成分的影响. 张伟利,等. 上海交通大学学报(医学版),2007,(3)
三明治构型大鼠原代肝细胞长期培养及生物学特性的研究. 王莹,等. 首都医科大学学报,2007,(1)
Fischer344 大鼠上皮性卵巢癌动物模型的建立. 魏薇,等. 首都医科大学学报,2007,(1)
11,12-环二十碳三烯酸对心脏缺血/再灌注损伤大鼠血红素氧合酶-1 的影响. 江瑛,等. 首都医科大学学报,2007,(1)
自发性 2 型糖尿病小鼠发病早期认知功能的研究. 王宪玲,贾建平. 首都医科大学学报,2007,(1)
螺旋藻葛根片对小鼠免疫功能的影响. 毕晓郁,等. 首都医科大学学报,2007,(1)
瑞香素治疗大鼠肺孢子虫肺炎的实验研究. 安亦军,等. 首都医科大学学报,2007,(1)
支气管哮喘 BALB/c 小鼠肺组织及肺 T 细胞中 Notch1 的表达. 周敏,等. 上海交通大学学报(医学版),2007,(2)
小鼠 T 细胞活化衔接因子基因真核表达载体的构建. 任涟萍,郭雪君. 上海交通大学学报(医学版),2007,(2)
糖尿病小鼠创面愈合过程中炎症细胞和 GM-CSF 表达. 方勇,等. 上海交通大学学报(医学版),2007,(2)
苯那普利对糖尿病大鼠肾组织 RAGE 表达的影响. 王瑞良,等. 上海交通大学学报(医学版),2007,(2)
大鼠短暂性全脑缺血后 STAT3 表达与神经原凋亡的关系. 方舒东,等. 上海交通大学学报(医学版),2007,(2)
吲哒帕胺联合依那普利对自发性高血压大鼠的降压效果. 袁春萍,等. 上海交通大学学报(医学版),2007,(2)
扶正健肝方对免疫性肝纤维化大鼠胶原代谢的影响. 黄象安,等. 首都医科大学学报,2007,(2)
硝石矾石散对免疫性肝损伤小鼠肝脏病理的影响. 张秋霞,等. 首都医科大学学报,2007,(2)
肾疏宁对肾小球硬化大鼠肾小球系膜细胞表型转化的作用. 张丽芬,黄文政. 首都医科大学学报,2007,(2)
多巴胺能细胞在大鼠消化道不同部位分布的比较. 田岳民,等. 首都医科大学学报,2007,(2)
慢性脑血流低灌注大鼠血和脑内 β-淀粉样肽的变化. 邢安凤,等. 首都医科大学学报,2007,(2)
转基因骨髓源性肝干细胞移植对大鼠肝纤维化的影响. 宗春华,等. 上海交通大学学报(医学版),2007,(4)
改良三袖套法建立大鼠原位全小肠移植模型. 周慧江,等. 上海交通大学学报(医学版),2007,(4)
新生大鼠心肌细胞培养及电生理特性观察. 张颖,等. 上海交通大学学报(医学版),2007,(4)
维生素 C 对大鼠晶状体蛋白二级结构的作用. 岑洁,等. 上海交通大学学报(医学版),2007,(4)
粒细胞巨噬细胞集落刺激因子对糖尿病小鼠创面愈合的作用. 程瑞杰,等. 上海交通大学学报(医学版),2007,(4)
内皮素受体拮抗剂对糖尿病大鼠视网膜 VEGF 的作用. 蔡克波,等. 上海交通大学学报(医学版),2007,(4)
大鼠原位肝移植术后排斥反应病理动态变化. 陆炯炯,等. 上海交通大学学报(医学版),2007,(4)
APP17 肽对糖尿病 KK 小鼠海马神经元胰岛素信号转导途径的影响. 庄晓明,等. 首都医科大学学报,2007,(3)
瘦素对大鼠肝细胞瘦素受体蛋白、基因表达及酪氨酸磷酸化的影响. 郭启煜,等. 首都医科大学学报,2007,(3)
内毒素血症对糖尿病大鼠氧化应激及一氧化氮的影响. 杨志红,等. 首都医科大学学报,2007,(3)
低氧对帕金森病模型大鼠脑内神经干细胞的影响. 汪璇,等. 首都医科大学学报,2007,(3)
体外诱导成体大鼠骨骼肌组织来源的干细胞向神经干细胞的转化. 杨健,等. 首都医科大学学报,2007,(3)
AD7c-NTP 与胰岛素受体在小鼠海马 CA1 区的共存关系. 王宏娟,等. 首都医科大学学报,2007,(3)
α-突触核蛋白存在于大鼠脑线粒体中. 刘光伟,等. 首都医科大学学报,2007,(3)
重组大鼠 α 突触核蛋白的制备与鉴定. 李昕,等. 首都医科大学学报,2007,(3)
氯化钴预处理对缺氧预适应小鼠海马组织 HIF-1α 表达的影响. 邵国,等. 首都医科大学学报,2007,(3)
大鼠消化道平滑肌细胞 K_{ATP} 通道的牵张敏感性. 王伟,等. 首都医科大学学报,2007,(3)
用运动试验评价心力衰竭模型大鼠心功能. 马力,等. 首都医科大学学报,2007,(3)
益肾清火方对牙周炎大鼠性激素受体基因表达的调节作用. 罗礼君,等. 上海交通大学学报(医学版),2007,(6)
小鼠急性肾损伤后细胞再生的动态观察. 唐帆,等. 上海交通大学学报(医学版),2007,(6)
大鼠脾脏树突状细胞的体外分离培养. 斯东锋,等. 上海交通大学学报(医学版),2007,(6)
百草枯对小鼠黑质多巴胺能神经元氧化应激的影响. 任今鹏,等. 上海交通大学学报(医学版),2007,(1)
骨髓间充质干细胞移植对大鼠脑梗死的治疗作用. 李轶,等. 上海交通大学学报(医学版),2007,(3)
bFGF 对弥漫性轴突损伤大鼠病理及免疫组化改变的影响. 文立,等. 上海交通大学学报(医学版),2007,(3)
bFGF 对弥漫性轴突损伤大鼠认知能力的影响. 文立,等. 上海交通大学学报(医学版),2007,(3)
多种生长因子诱导小鼠胚胎干细胞分化为胰岛素生成细胞团. 冯龄,等. 上海交通大学学报(医学版),2007,(3)
甲状腺功能减退对发育期鼠脑氧化应激状态的影响. 张洪梅,等. 上海交通大学学报(医学版),2007,(3)
黄芪对糖尿病大鼠肾组织血管生成素表达的影响. 顾红卫,等. 上海交通大学学报(医学版),2007,(3).
大鼠脾脏来源树突状细胞的分离培养及生物学特性. 岳嘉宁,等. 上海交通大学学报(医学版),2007,(3)

气相色谱法测定小鼠外敷中药膏中冰片的透皮吸收量. 何玉梅,等. 首都医科大学学报,2007,(4)
大鼠心脏非心肌细胞对心肌细胞收缩功能的影响及其与血管紧张素的关系. 谢苗荣,沈潞华. 首都医科大学学报,2007,(4)
大鼠非心肌细胞对心肌细胞凋亡的影响. 谢苗荣,沈潞华. 首都医科大学学报,2007,(4)
血管内皮生长因子在妊娠小鼠子宫 GMG 细胞中的表达. 魏静波,翁静. 首都医科大学学报,2007,(4)
β-七叶皂甙钠对脊髓损伤大鼠神经功能的保护作用. 吴玉杰,等. 上海交通大学学报(医学版),2007,(8)
灵芝三萜类化合物对衰老模型小鼠学习记忆的作用. 张玥,等. 上海交通大学学报(医学版),2007,(8)
DMD 免疫缺陷型小鼠模型的建立及其基因型鉴定. 丁慧,等. 上海交通大学学报(医学版),2007,(8)
小鼠脑内注射 $A\beta_{(25\text{-}35)}$ 记忆和 M 受体变化及梓醇的调节作用. 刘硕,等. 上海交通大学学报(医学版),2007,(8)
糖尿病大鼠深二度烫伤创面血管化现象. 乔亮,等. 上海交通大学学报(医学版),2007,(8)
创伤性休克大鼠肝脑组织 TNF-α 的表达. 矫强,等. 上海交通大学学报(医学版),2007,(8)
TNF-α 受体-IgG1 Fc 段融合蛋白对感染性休克大鼠的治疗作用. 王世婷,等. 上海交通大学学报(医学版),2007,(8)
环氧化酶抑制剂对门高压大鼠一氧化氮合酶表达的影响. 徐佳,等. 上海交通大学学报(医学版),2007,(9)
高脂饮食对 Wistar 和 GK 大鼠糖脂代谢及胰岛素分泌功能的影响. 宋静,等. 上海交通大学学报(医学版),2007,(7)
安素泰诱导的小鼠肺癌凋亡细胞对树突状细胞功能的影响. 钟华,韩宝惠. 上海交通大学学报(医学版),2007,(7)
大鼠中耳黏膜对腔内液体吸收的机制. 李吉平,等. 上海交通大学学报(医学版),2007,(9)
听觉剥夺延缓大鼠上外橄榄核神经元抑制性突触的发育. 时海波,等. 上海交通大学学报(医学版),2007,(9)
甜杏仁对 H_2O_2 诱导大鼠外周淋巴细胞 DNA 损伤的影响. 王晖,等. 首都医科大学学报,2007,(5)
牵张大鼠左心室所致的心律失常. 黄海霞,等. 首都医科大学学报,2007,(5)
己酮可可碱对实验性阻塞性肺气肿大鼠凝血纤溶系统的影响. 李远红,等. 首都医科大学学报,2007,(5)
MPTP 作用下小鼠黑质和纹状体中不同时期基因表达变化. 蔡彦宁,等. 首都医科大学学报,2007,(5)
高效液相色谱法测定大鼠血浆腺苷浓度. 吴燕川,等. 首都医科大学学报,2007,(5)
大鼠分化期神经干细胞过氧化氢氧化耐受差异的实验研究. 汤劼,等. 首都医科大学学报,2007,(5)
加味补阳还五汤对易卒中自发性高血压大鼠血清微量元素的影响. 吴永杰,等. 上海交通大学学报(医学版),2007,(11)
改良线栓法制备大鼠局灶性脑缺血/再灌注模型. 戴炯,等. 上海交通大学学报(医学版),2007,(10)
胆道持续外引流大鼠原位肝移植模型的建立. 王书云,等. 上海交通大学学报(医学版),2007,(11)
尿毒症腹透对大鼠腹膜形态和功能的影响. 袁江姿,等. 上海交通大学学报(医学版),2007,(10)
eNOS 对大鼠颈动脉球囊损伤后平滑肌细胞增殖的影响. 盛净,等. 上海交通大学学报(医学版),2007,(10)
促红细胞生成素对大鼠脑外伤脑组织线粒体 ATP 酶活性的影响. 朱志安,等. 上海交通大学学报(医学版),2007,(11)
Smad7 和 uPA 基因共表达对大鼠肝星状细胞生物学特性的影响. 宗春华,等. 上海交通大学学报(医学版),2007,(10)
大鼠 $\beta_2m^-/Thy\text{-}1^+$ 骨髓源性肝干细胞的体外分选及鉴定. 兰玲,等. 上海交通大学学报(医学版),2007,(11)
体外培养小鼠小肠 Cajal 间质细胞的电生理学特性. 张扬,等. 上海交通大学学报(医学版),2007,(11)
富氧水的制备、稳定性及其对小鼠血液毒性的影响. 殷召雪,等. 首都医科大学学报,2007,(6)
补肾对脑脊髓炎大鼠生长相关蛋白-43 及微管相关蛋白-2 的影响. 王蕾,等. 首都医科大学学报,2007,(6)
血管性抑郁大鼠模型的建立. 潘菊华,等. 首都医科大学学报,2007,(6)
线栓法制备 SD 大鼠局灶性脑缺血/再灌注模型的改良研究. 沈斌,Xu Haoliang. 首都医科大学学报,2007,(6)
11,12-EET 对大鼠心脏缺血/再灌注损伤保护作用研究. 杨绍华,等. 首都医科大学学报,2007,(6)
不同给药途径时抗核抗体独特型多肽对狼疮样肾炎小鼠作用的探讨. 薄玉红,等. 首都医科大学学报,2007,(6)
8 型腺相关病毒介导短发夹状 RNA 在小鼠肝脏的表达及其功能. 陈颖伟,等. 上海交通大学学报(医学版),2007,(12)
大鼠骨髓间充质干细胞向内皮细胞分化潜能的研究. 马宁涛,等. 上海交通大学学报(医学版),2007,(12)
两点单侧注射前脑内侧束建立 PD 大鼠模型及其行为学评价. 潘静,等. 上海交通大学学报(医学版),2007,(12)
谷氨酰胺预处理对大鼠肠缺血再灌注后肺损伤的影响. 耿桂启,等. 上海交通大学学报(医学版),2007,(12)
GluR2 在大鼠蜗核的年龄依赖性表达及与突触发育的关系. 沈宇玲,金晓杰. 上海交通大学学报(医学版),2007,(12)
性成熟小鼠卵巢和性未成熟小鼠体外培养卵泡的雌激素受体 α、β 亚型表达的研究. 丘彦,等. 重庆医科大学学报,2007,(5)

乐果急性染毒对大鼠海马抑制性氨基酸神经递质的影响. 班婷婷,等. 复旦学报(医学版),2007,(1)
大气细颗粒物致小鼠肺损伤的遗传易感性. 曹强,等. 复旦学报(医学版),2007,(1)
鞘内注射不同浓度氯普鲁卡因对大鼠脊髓早期超微结构的影响. 解轶,等. 复旦学报(医学版),2007,(1)
重组人胰高糖素样多肽-1 对 GK 大鼠体重、糖代谢、β 细胞功能及团块量的影响. 顾迁,高鑫. 复旦学报(医学版),2007,(1)
大鼠骨髓间充质干细胞定向诱导分化为脂肪细胞的实验研究. 徐小雅,等. 复旦学报(医学版),2007,(1)
细粒棘球绦虫重组 BCG-Eg95 疫苗免疫小鼠后 IgG 及其亚类和 IgE 的动态观察. 李文桂,等. 重庆医科大学学报,2007,(1)
肠球菌小鼠腹膜炎模型的建立. 吴利先,等. 重庆医科大学学报,2007,(1)
PPAR-γ 激动剂对急性 EAE 大鼠脑白质 TNF-α mRNA 表达的影响. 袁宝玉,等. 重庆医科大学学报,2007,(1)
L-肉碱对幼鼠丙戊酸肝毒性的保护作用及其机理探讨. 傅大干,蔡方成. 重庆医科大学学报,2007,(1)
屋尘螨诱导肠道菌群失调小鼠变应性气道反应模型的建立. 刘崇海,等. 重庆医科大学学报,2007,(1)
扬尘可吸入颗粒物对大鼠支气管肺组织致炎作用的研究. 吴禹,周向东. 重庆医科大学学报,2007,(1)
铝过负荷致小鼠脑神经元退变与脑单胺氧化酶 B 的关系. 吴柯,周歧新. 重庆医科大学学报,2007,(2)
辛伐他汀对去势大鼠骨质疏松防治作用的试验研究. 马庆芬,姚珍薇. 重庆医科大学学报,2007,(2)
大鼠惊厥持续状态及培养海马神经元惊厥样放电后的 BDNF 表达研究. 何志慧,等. 重庆医科大学学报,2007,(3)
人参皂甙 Rg1 对镉诱导的大鼠睾丸损伤的保护作用. 郝杰,等. 重庆医科大学学报,2007,(3)
白果内酯治疗大鼠卡氏肺孢子虫肺炎后的形态学变化. 唐小葵,等. 重庆医科大学学报,2007,(3)
低氧诱导因子 1α 对小鼠宫颈癌放射敏感性的影响. 刘方欣,等. 重庆医科大学学报,2007,(3)
尼莫地平对糖尿病大鼠海马突触素蛋白和 mRNA 表达的影响. 高原,等. 重庆医科大学学报,2007,(3)
全反式维甲酸抑制 TGF-β_1 诱导的大鼠肾系膜细胞纤维连接蛋白表达及 Smad2,3,4 核转位. 刘霞,等. 复旦学报(医学版),2007,(2)
自发性糖尿病大鼠心肌物质代谢及细胞增殖相关基因的表达谱研究. 王东,等. 复旦学报(医学版),2007,(2)
黄芪多糖对非肥胖糖尿病鼠胰岛超微结构及氧化凋亡因子表达的影响. 陈蔚,等. 复旦学报(医学版),2007,(2)
9-硝基喜树碱脂质体的制备及大鼠肺部给药药动学. 张丽珺,等. 复旦学报(医学版),2007,(2)
谷氨酰胺对重症大鼠急性胰腺炎的保护作用及机制. 许雪峰,等. 复旦学报(医学版),2007,(2)
大鼠部分肝移植模型的建立. 宋康,等. 复旦学报(医学版),2007,(2)
外源核苷酸促进小鼠胸腺细胞受损 DNA 修复的体外研究. 王兰芳,等. 复旦学报(医学版),2007,(2)
高氧致肺损伤大鼠 TGF-β1 和 MMPs 基因表达的变化. 党润,等. 重庆医科大学学报,2007,(4)
盐酸丁咯地尔预处理对大鼠坐骨神经损害后背根神经元 Bcl-2、Bax 表达的影响. 章莉萍,等. 重庆医科大学学报,2007,(4)
枸杞多糖对酒精性脂肪肝大鼠肝细胞色素 P4503A 的影响. 古赛,姜蓉. 重庆医科大学学报,2007,(4)
大鼠皮层神经元原代培养方法的改进. 余华荣,等. 重庆医科大学学报,2007,(4)
大鼠 CO_2 气腹模型中不同气腹压力对肾的影响及缺血预处理的作用. 张豪杰,等. 复旦学报(医学版),2007,(3)
CpG 寡脱氧核苷酸对慢性哮喘小鼠模型气道炎症的预防作用. 金美玲,等. 复旦学报(医学版),2007,(3)
骨保护素基因敲除小鼠发生骨质疏松症的特征. 陈子贤,等. 复旦学报(医学版),2007,(3)
口服环丙沙星对三硝基苯磺酸诱导小鼠肠炎的影响. 周俊,等. 复旦学报(医学版),2007,(3)
老年大鼠的糖代谢和胰腺 β 细胞质量和功能的改变. 赵晓龙,等. 复旦学报(医学版),2007,(3)
人白细胞介素 10 cDNA 重组质粒在细胞和大鼠体内的转染和表达. 王单松,等. 复旦学报(医学版),2007,(3)
多房棘球绦虫混合重组 BCG-EmⅡ/3 和 BCG-Em14-3-3 疫苗诱导小鼠脾脏 T 细胞亚群的变化. 唐君,等. 重庆医科大学学报,2007,(6)
西维来司钠对实验性大鼠脑缺血再灌注损伤的保护作用. 杨佳丹,等. 重庆医科大学学报,2007,(6)
人参多糖对小鼠造血干/祖细胞的动员作用. 吴宏,等. 重庆医科大学学报,2007,(6)
高胆固醇血症促进淀粉样蛋白在铝中毒小鼠脑内沉积. 李恒华,等. 重庆医科大学学报,2007,(6)
大鼠急性心肌梗死后缺血缺氧心肌早期凋亡信号分子的变化. 张晖,等. 复旦学报(医学版),2007,(4)
抗人 CD28 鼠-人嵌合抗体的构建及瞬时表达. 程钢,等. 复旦学报(医学版),2007,(4)
基因芯片检测 apoE 基因敲除小鼠动脉粥样硬化相关基因的表达节律. 徐晨,等. 复旦学报(医学版),2007,(4)
杏仁核点燃癫痫大鼠脑内 P-糖蛋白的表达. 陈英辉,等. 复旦学报(医学版),2007,(4)
两种大鼠异位心脏移植模型的制备. 顾晓,等. 复旦学报(医学版),2007,(4).
大鼠原位肾移植模型的建立. 张建平,等. 复旦学报(医学版),2007,(4)
用同源重组法构建小鼠卵母细胞 cDNA 酵母双杂交文库的探索. 沈煜,等. 复旦学报(医学版),2007,(4)
缬沙坦对超负荷大鼠心肌细胞凋亡、ASK1 的影响. 邱敏,等. 重庆医科大学学报,2007,(5)
多房棘球绦虫混合重组 BCG-EmⅡ/3 和 BCG-Em14-3-3 疫苗免疫小鼠后脾细胞亚群的动态观察. 李文桂,等. 重

庆医科大学学报,2007,(7)
呋喃唑酮诱导大鼠扩张性心肌病模型的实验研究. 丁乐,等. 重庆医科大学学报,2007,(7)
卵巢切除术对老龄大鼠学习记忆功能的影响. 唐明山,等. 重庆医科大学学报,2007,(7)
人角化上皮生长因子基因(hKGF)达载体对大鼠肺泡Ⅱ型细胞增殖的影响. 邱林,等. 重庆医科大学学报,2007,(8)
大鼠腓肠肌的肌纤维型组成及分布. 张潜,等. 重庆医科大学学报,2007,(9)
多房棘球绦虫重组 BCG-Em Ⅱ/3 疫苗对小鼠脾细胞凋亡的影响. 杨梅,李文桂. 重庆医科大学学报,2007,(8)
抗生素诱导小鼠肠道菌群失调对免疫功能和 Toll 样受体 2、4 基因表达的影响. 刘崇海,等. 重庆医科大学学报,2007,(8)
体外培养大鼠骨髓基质细胞生物学特性研究. 杨琴,等. 重庆医科大学学报,2007,(9)
小鼠整合素 β_7 基因克隆、序列分析及突变修复. 王永明,等. 重庆医科大学学报,2007,(10)
大鼠心肌细胞诱导人骨髓间充质干细胞向心肌样细胞分化的研究. 常静,等. 重庆医科大学学报,2007,(9)
GDNF 基因活化的细胞外基质对大鼠坐骨神经损伤后神经元的保护作用. 梁安霖,等. 重庆医科大学学报,2007,(9)
水通道蛋白 9 表达与大鼠缺血性脑水肿形成的关系. 冉建华,等. 重庆医科大学学报,2007,(9)
楼梯测试评价局灶性脑梗死大鼠前肢功能研究. 龚标,等. 重庆医科大学学报,2007,(10)
吗啡依赖及戒断大鼠相关脑区 Bcl-2 的表达研究. 余会平,等. 重庆医科大学学报,2007,(8)
大鼠骨肉瘤肺转移模型的建立. 王忠良,等. 重庆医科大学学报,2007,(9)
实验性变态反应性脑脊髓炎大鼠视神经的病理学改变. 许娜,李平华. 重庆医科大学学报,2007,(8)
成骨生长肽对大鼠成骨细胞Ⅰ型胶原蛋白的影响. 丁波,等. 重庆医科大学学报,2007,(9)
大鼠 MODS 发病机制探讨. 谭波,等. 重庆医科大学学报,2007,(10)
更年春方对卵巢切除大鼠学习记忆的影响. 赵凡桂,等. 复旦学报(医学版),2007,(5)
银杏酮酯对大鼠坐骨神经损伤后神经生长因子蛋白表达的影响. 林浩东,等. 复旦学报(医学版),2007,(5)
白藜芦醇苷对缺血再灌注脑损伤大鼠神经细胞凋亡的影响. 陈媛媛,等. 重庆医科大学学报,2007,(11)
新生大鼠神经干细胞的体外培养和鉴定. 杨琴,等. 重庆医科大学学报,2007,(11)
细胞密度和血清对小鼠骨髓基质细胞体外生长的影响. 王改琴,等. 重庆医科大学学报,2007,(11)
趋化因子受体 CCR5 在同种大鼠心脏移植局部的表达. 顾晓,等. 复旦学报(医学版),2007,(5)
骨髓间充质干细胞透明质酸钠溶液修复大鼠早期退变椎间盘的作用. 吴振凯,等. 复旦学报(医学版),2007,(5)
低氧在单侧输尿管梗阻大鼠模型肾间质纤维化中的作用初探. 刘春风,等. 复旦学报(医学版),2007,(5)
精索静脉曲张对青春期大鼠睾丸生精细胞 HIF-1α 和 VEGF 表达的影响. 吕天兵,等. 重庆医科大学学报,2007,(11)
大鼠缺血性脑损伤致星形神经胶质细胞内 β-淀粉样蛋白聚集与 β-分泌酶增加相关. 熊曼,孙凤艳. 复旦学报(医学版),2007,(5)
人免疫重建荷人肾癌 SCID 小鼠模型的建立及其鉴定. 刘世会,胡自力. 重庆医科大学学报,2007,(11)
米诺环素对大鼠肾缺血再灌注损伤的保护作用. 余晓东,等. 重庆医科大学学报,2007,(11)
局灶性脑缺血大鼠康复训练干预时间的研究. 郑庆平,等. 复旦学报(医学版),2007,(6)
银杏叶提取物阻断大鼠胃黏膜癌前期病变的疗效及其抗氧化作用. 蒋晓芸,等. 复旦学报(医学版),2007,(6)
贫铀片嵌入大鼠肌肉对骨代谢和骨矿盐损伤效应研究. 朱国英,等. 复旦学报(医学版),2007,(6)
SGT 蛋白在小鼠脑发育过程中的表达(英文). 宋玲,等. 复旦学报(医学版),2007,(6)
半导体量子点对原代培养大鼠牙乳头细胞生物相容性的研究. 孙德平,等. 重庆医科大学学报,2007,(12)
实验性高脂血症对大鼠性功能影响的研究. 蒲军,等. 重庆医科大学学报,2007,(12)
HOXa-10 在早孕小鼠子宫内膜中的表达. 贾咏存,等. 重庆医科大学学报,2007,(12)
成年大鼠缺氧性脑损伤后亚临床发作及胶质原纤维酸性蛋白的表达. 陈秀,等. 重庆医科大学学报,2007,(12)
盐酸丁咯地尔对实验 SD 大鼠坐骨神经损害恢复的影响. 苏建华,等. 重庆医科大学学报,2007,(12)
野马追对小鼠气管冲洗液中左氧氟沙星浓度的影响. 张斯汉,等. 重庆医科大学学报,2007,(12)
同种内耳抗原免疫孕豚鼠所产子鼠听觉损伤程度与母鼠特异性免疫反应水平相关性研究. 谭长强,等. 东南大学学报(医学版),2007,(6)
急性坏死性胰腺炎大鼠胰腺组织 NF-κB 活性变化及对其干预研究. 周家华,等. 东南大学学报(医学版),2007,(1)
1,25(OH)$_2$D$_3$ 对体外培养大鼠成骨细胞 RANKL/OPG mRNA 表达的影响. 吴小涛,等. 东南大学学报(医学版),2007,(1)
大鼠股骨闭合骨折模型的制作. 周晓中,等. 东南大学学报(医学版),2007,(1)
参麦注射液对新生大鼠缺氧缺血性脑损伤后学习及记忆能力的改善作用. 乔立兴,等. 东南大学学报(医学版),2007,(2)

Smad4、Smad7 在慢性 GVHD 狼疮肾炎模型小鼠肾组织的异常表达. 秦燕萍,王美美. 东南大学学报(医学版),2007,(2)
香豆雌酚对新生大鼠成骨细胞增殖分化的影响. 韦继南,等. 东南大学学报(医学版),2007,(2)
新生鼠脑缺氧缺血性损伤后海马区细胞增殖的观察. 朱欢,等. 东南大学学报(医学版),2007,(3)
基质金属蛋白酶-9/组织金属蛋白酶抑制剂-1 在 cGVHD 狼疮样肾炎小鼠肾组织中的失衡. 刘莉,王美美. 东南大学学报(医学版),2007,(3)
壬基酚对成年雌性 SD 大鼠生殖功能的影响. 郭金莲,任慕兰. 东南大学学报(医学版),2007,(4)
丹参对幼年大鼠癫痫持续状态学习记忆及海马 ChAT、AChE 活性的影响. 索国玲,等. 东南大学学报(医学版),2007,(4)
氟达拉滨气道滴入对小鼠病毒性肺炎疗效观察. 朱毅,等. 东南大学学报(医学版),2007,(4)
近皮层大鼠 C6 胶质瘤模型的建立研究. 王杭州,等. 东南大学学报(医学版),2007,(4)
褪黑素和维生素 E 对早期糖尿病大鼠肾脏氧化应激的影响. 舒毅,等. 东南大学学报(医学版),2007,(4)
复方首乌降脂通脉颗粒防治大鼠高脂血症和脂肪肝的实验研究. 陈家英,等. 东南大学学报(医学版),2007,(5)
大鼠三叉神经痛模型的建立. 张亮,等. 东南大学学报(医学版),2007,(5)
氯化锶治疗去卵巢大鼠骨质疏松的实验观察. 张兆川,等. 东南大学学报(医学版),2007,(5)
大鼠脑缺血后皮质 PSD-93 基因表达的动态变化. 杨振军,等. 东南大学学报(医学版),2007,(6)
多西他赛和顺铂对大鼠脊髓损伤的形态学观察. 于丽君,等. 大连医科大学学报,2007,(1)
TNP-470 对小鼠腹水瘤腹水生成的影响. 李秀华,张阳. 大连医科大学学报,2007,(1)
龙蛇羊泉汤对膀胱癌小鼠抗氧化能力的影响. 王杰平,等. 大连医科大学学报,2007,(1)
S-腺苷蛋氨酸对大鼠缺血再灌注肝线粒体超微结构的影响. 郭志刚,等. 大连医科大学学报,2007,(1)
温肾补元健脾生肌中药对大鼠多发性肌炎体液免疫反应的干预及对照研究. 杨涛,等. 大连医科大学学报,2007,(1)
鹿茸对去卵巢小鼠子宫生长的影响. 傅雷,等. 大连医科大学学报,2007,(1)
大鼠脑缺血再灌注损伤后血流动力学变化. 邵阳,等. 苏州大学学报(医学版),2007,(1)
CD137 信号对小鼠树突状细胞表面 TLR4 表达的调节. 马倩茹,等. 苏州大学学报(医学版),2007,(1)
钙调素在格列美脲促进正常大鼠骨骼肌细胞糖原合成中的作用. 李霞,等. 苏州大学学报(医学版),2007,(1)
褪黑素对大鼠肝缺血再灌注损伤的保护作用. 甄允方,等. 苏州大学学报(医学版),2007,(1)
生长抑素抑制小鼠肝细胞癌的体外实验研究. 蔡震宇,等. 苏州大学学报(医学版),2007,(1)
BCG 干预对哮喘小鼠气道炎症及调节性 T 细胞生成的影响. 夏煜,等. 苏州大学学报(医学版),2007,(1)
乳鼠心室肌细胞分离培养及鉴定方法的改良. 李红霞,等. 苏州大学学报(医学版),2007,(1)
内侧前脑束不同部位注射 6-羟多巴胺建立帕金森病大鼠模型的对比性研究. 罗蔚锋,等. 苏州大学学报(医学版),2007,(1)
肝脏卵圆细胞定向分化在二甲基亚硝胺大鼠肝硬化消减过程中的意义. 朱英,刘平. 大连医科大学学报,2007,(2)
失血性休克大鼠中脑导水管周围灰质腹外侧区一氧化氮合酶阳性神经元的变化. 胡明政,等. 苏州大学学报(医学版),2007,(2)
髓鞘蛋白脂质蛋白多肽 178-191 免疫后小鼠肠上皮内淋巴细胞中 γδT 细胞比例变化的研究. 蒋建华,等. 苏州大学学报(医学版),2007,(2)
慢性癫痫 SD 大鼠模型海马 P-糖蛋白表达的研究. 徐敏,等. 苏州大学学报(医学版),2007,(2)
同种异体大鼠骨髓间充质干细胞共培养及多向分化潜能鉴定. 周军,等. 苏州大学学报(医学版),2007,(2)
微波和电离辐射对小鼠联合作用的研究. 孟谦谦,等. 苏州大学学报(医学版),2007,(3)
同种异体大鼠肾移植实验动物模型的建立. 潘浩,等. 苏州大学学报(医学版),2007,(3)
纳洛酮对慢性酒精中毒大鼠空间工作记忆障碍的影响. 王竹花,等. 大连医科大学学报,2007,(3)
葛根素对高胰岛素环境下大鼠肝细胞胰岛素降解酶基因表达的影响. 曹莉,等. 苏州大学学报(医学版),2007,(4)
大鼠脂肪基质干细胞的体外培养及其成骨细胞分化特性的研究. 耿德春,等. 苏州大学学报(医学版),2007,(4)
成年大鼠嗅球嗅鞘细胞的分离、培养、纯化与生物学特性的研究. 范志海,等. 苏州大学学报(医学版),2007,(4)
丙酮酸增加心肌梗死后大鼠心室肌细胞 L 型钙流的肾上腺素能反应. 李勋,等. 苏州大学学报(医学版),2007,(4)
L-精氨酸预处理对大鼠肝缺血再灌注损伤的保护作用. 侍阳,等. 苏州大学学报(医学版),2007,(4)
缺血预处理对大鼠原位肝脏移植中移植肝的保护作用. 秦磊,等. 苏州大学学报(医学版),2007,(4)
慢肾 1 号方对 IgA 肾病小鼠肾组织系膜区 PDGF、$TGF\beta_1$ 因子表达的影响. 解建国,徐小曼. 大连医科大学学报,2007,(4)
缺血-再灌注损伤大鼠心肌中解偶联蛋白 2 的表达及可能意义. 赵有光,等. 大连医科大学学报,2007,(4)

天然牛磺酸对肝纤维化大鼠 TGF-β_1/Smad 信号通路的影响. 邓鑫,等. 大连医科大学学报,2007,(4)
单一剂量美法仑治愈荷瘤 C57BL/6 小鼠动物模型的建立. 李传刚,等. 大连医科大学学报,2007,(4)
三氧化二砷对小鼠脑神经元 DNA 损伤作用. 朴丰源,等. 大连医科大学学报,2007,(5)
卵黄抗体对幽门螺杆菌感染沙土鼠的预防试验. 谢献胜,等. 苏州大学学报(医学版),2007,(5)
转胰岛素基因的人骨髓间充质干细胞治疗大鼠糖尿病. 陆洋,等. 苏州大学学报(医学版),2007,(5)
P-选择素在大鼠移植胰腺缺血再灌注损伤中的作用及 P-选择素单克隆抗体的保护作用. 田青水,等. 苏州大学学报(医学版),2007,(5)
氡暴露致小鼠骨髓细胞的氧化损伤. 孙静,等. 苏州大学学报(医学版),2007,(5)
胍丁胺拮抗谷氨酸所致大鼠海马神经元兴奋性神经毒性的研究. 张雅娟,等. 苏州大学学报(医学版),2007,(5)
辛伐他汀对压力负荷性大鼠心肌重构的影响. 王艳萍,等. 苏州大学学报(医学版),2007,(5)
固骼生对体外培养鼠鼻中隔软骨细胞增殖及骨化的初步研究. 孙荣彬,等. 苏州大学学报(医学版),2007,(5)
鹿茸对去卵巢小鼠子宫内膜 LIF 蛋白表达的影响. 傅雷,等. 大连医科大学学报,2007,(6)
积雪草总苷对环磷酰胺致小鼠免疫功能低下的影响. 周燏,等. 苏州大学学报(医学版),2007,(6)
山莨菪碱对小鼠免疫性肝损伤的保护作用. 陈霞,等. 苏州大学学报(医学版),2007,(6)
机械牵张对大鼠心室肌连接蛋白 43 及神经钙粘附素表达的影响. 闵敏,等. 广东医学院学报,2007,(1)
大鼠全脑缺血前注射灯盏花素对再灌后海马神经元内钙离子浓度的影响. 周乐全,等. 广东医学院学报,2007,(1)
白花蛇舌草水提取物对大鼠细胞色素 P450 1A2 亚型的影响. 鲍岩岩,等. 哈尔滨医科大学学报,2007,(1)
大鼠原位肝移植模型不同术式改进的研究. 郜升,等. 哈尔滨医科大学学报,2007,(1)
青风藤醇提取物对大鼠心脏移植急性排斥及外周血 IL-2、IL-10 水平的影响. 李天发,等. 哈尔滨医科大学学报,2007,(1)
雷洛昔芬对去卵巢大鼠骨组织雌激素受体亚型表达的影响. 佟晓晶,等. 哈尔滨医科大学学报,2007,(1)
两种大鼠带血管门静脉相续性脾移植术式探讨. 孟凡强,等. 哈尔滨医科大学学报,2007,(1).
地氟烷预处理对大鼠全脑缺血再灌注损伤的保护作用. 宋春雨,等. 哈尔滨医科大学学报,2007,(1)
雷公藤甲素对哮喘小鼠白介素 13 和嗜酸性粒细胞趋化因子表达的影响. 何建猷,等. 广东医学院学报,2007,(2)
氧化苦参碱对大鼠海马神经元细胞钠通道的影响. 蔡本志,等. 哈尔滨医科大学学报,2007,(2)
缺血性心律失常相关微小 RNA 在大鼠心脏的表达变化. 潘振伟,等. 哈尔滨医科大学学报,2007,(2)
外源性精胺对大鼠离体胸主动脉环的收缩作用. 杨金霞,等. 哈尔滨医科大学学报,2007,(2)
菟丝子水煎液对大鼠肝微粒体细胞色素 P450 亚型酶活性的影响. 余辉艳,等. 哈尔滨医科大学学报,2007,(2)
乙酰胆碱、阿托品、毛果芸香碱在痛觉调制中对大鼠蓝斑核神经元形态的影响. 贾晶,徐满英. 哈尔滨医科大学学报,2007,(2)
环孢霉素 A 诱导急性肾损伤大鼠肾脏热休克蛋白 70 的表达. 张鸿彦,等. 哈尔滨医科大学学报,2007,(2)
金纳多对糖尿病大鼠视网膜神经细胞凋亡的保护作用. 姜晓艳,等. 哈尔滨医科大学学报,2007,(2)
悬滴法检测小鼠胚胎干细胞 AKP 的表达. 王锦绣,等. 哈尔滨医科大学学报,2007,(2)
辛伐他丁对 2 型糖尿病大鼠血管内皮 VCAM-1 和 MCP-1 mRNA 和蛋白表达的影响. 胡桂芳,武革. 广东医学院学报,2007,(3)
L-精氨酸加用谷氨酰胺对大鼠重度烧伤后早期肝脏功能的影响. 包仕廷,等. 广东医学院学报,2007,(3)
松木刨花和枫木刨花水提取物对小鼠骨髓红细胞的影响. 莫梅英,等. 广东医学院学报,2007,(3)
阿托品对大鼠蓝斑核痛反应神经元电活动的影响. 吕雨梅,徐满英. 哈尔滨医科大学学报,2007,(3)
激光共聚焦显微镜观察小鼠早期胚胎中蛋白激酶 Cα 的表达. 陈雅隽,等. 哈尔滨医科大学学报,2007,(3)
维生素 E 对老年雌性大鼠抗氧化能力及海马神经元凋亡的影响. 孔亚坤,等. 哈尔滨医科大学学报,2007,(3)
大鼠骨髓 EPC 的体外培养和生物学特性鉴定. 胡月明,等. 哈尔滨医科大学学报,2007,(3)
亚低温对缺血再灌注鼠脑 LN 与 MMP-9 表达的影响及意义. 杨莹,等. 哈尔滨医科大学学报,2007,(3)
乙酰胆碱及其受体亚型阻滞剂对大鼠皮层体感区 Ca^{2+},Mg^{2+}-ATP 酶活性的影响. 刘松涛,等. 哈尔滨医科大学学报,2007,(3)
血必净注射液治疗大鼠脓毒症的实验研究. 邵义明,等. 广东医学院学报,2007,(4)
淫羊藿对肾阳虚雄性大鼠肾脏 BMP-7 表达的影响. 周乐,等. 广东医学院学报,2007,(4)
昆明小鼠胚胎干细胞定向分化为神经干细胞的实验研究. 鲍君红,等. 哈尔滨医科大学学报,2007,(4)
大鼠脑心综合征模型的建立. 王玲,等. 哈尔滨医科大学学报,2007,(4)
BALB/c 乳鼠心肌细胞的分离和体外培养方法的优化. 张中海,等. 哈尔滨医科大学学报,2007,(4)
去甲肾上腺素对大鼠血清睾酮含量和下丘脑 γ-谷氨酰转移酶活性的影响. 王维,等. 哈尔滨医科大学学报,2007,(4)
不同疗法对去卵巢大鼠骨质疏松预防作用的比较. 袁新荣,等. 广东医学院学报,2007,(4)

膈神经、副神经转位重建大鼠股四头肌功能的实验研究. 彭智,等. 广东医学院学报,2007,(4)
乌司他丁对大鼠肝脏缺血再灌注后多器官损伤的保护作用. 王毓利,等. 哈尔滨医科大学学报,2007,(4)
长期大量饮酒对大鼠阴茎组织胆碱乙酰转移酶的影响. 甘秀国,等. 哈尔滨医科大学学报,2007,(4)
重组人成骨生长肽对化疗小鼠白细胞减少的影响. 刘远莉,等. 哈尔滨医科大学学报,2007,(4)
同化激素康力龙对 S180 小鼠腹水瘤细胞周期动力学的影响. 赫文,等. 哈尔滨医科大学学报,2007,(4)
成年大鼠面神经低位切断后面运动神经元的死亡进程及 GDNF 的保护作用. 李蜀光,等. 广东医学院学报,2007,(4)
M 受体亚型阻断剂对大鼠尾核痛抑制神经元放电的影响. 姚坤,等. 哈尔滨医科大学学报,2007,(4)
黄芩茎叶总黄酮预处理对大鼠心肌缺血再灌注损伤的保护作用. 张力,等. 哈尔滨医科大学学报,2007,(5)
口服Ⅱ型胶原蛋白对佐剂性关节炎大鼠白细胞介素 1-β 表达的影响. 许海,等. 哈尔滨医科大学学报,2007,(5)
刺五加注射液对大鼠局灶性脑缺血/再灌注模型 TNF-α 和 ICAM-1 表达的影响. 王亚贤,等. 哈尔滨医科大学学报,2007,(6)
苏木醇提物抗大鼠心脏移植排斥反应有效成分分析. 吴健,等. 哈尔滨医科大学学报,2007,(6)
标准化大鼠心肌梗死模型的制作. 刘开宇,等. 哈尔滨医科大学学报,2007,(6)
小鼠 NKT 细胞体外扩增的初步研究. 郭蓉姣,等. 哈尔滨医科大学学报,2007,(6)
脐血浆对离体大鼠心肌缺血/再灌注损伤的保护作用. 王云英,等. 哈尔滨医科大学学报,2007,(6)
氟伐他汀对大鼠心肌梗死后心脏血流动力学、心肌氧化损伤和 TNF-α、IL-6 和 IL-10 的影响. 陈哲林,李春兰. 广东医学院学报,2007,(6)
丹参联合 aFGF 对新生缺氧缺血性脑损伤大鼠大脑的保护作用. 陈志辉. 广东医学院学报,2007,(6)
D-氨基半乳糖致小鼠、大鼠肝损伤模型的实验性研究. 李梅,等. 徐州医学院学报,2007,(2)
PAI-1 在糖尿病大鼠肾脏表达的动态观察. 孙迪,等. 贵阳医学院学报,2007,(1)
地塞米松对缺血再灌注大鼠血流动力学和心肌超微结构的影响. 庄梅,等. 贵阳医学院学报,2007,(1)
糖尿病大鼠肾脏蛋白表达的双向电泳分析. 李兴,等. 贵阳医学院学报,2007,(1)
氨茶碱对咪唑安定小鼠无催醒作用. 张彦,等. 徐州医学院学报,2007,(1)
戊巴比妥钠麻醉对分离培养大鼠心肌细胞的影响. 张洋,等. 徐州医学院学报,2007,(1)
肝内门—体分流在大鼠肝缺血/再灌注损伤中的作用. 侍阳,等. 徐州医学院学报,2007,(1)
抵抗素在幼鼠白色脂肪组织中的表达及其与相关因素的研究. 杨箐岩,等. 天津医科大学学报,2007,(1)
VEGF 在大鼠下颌骨骨缺损愈合过程中的表达. 李小囡. 天津医科大学学报,2007,(1)
跳台实验训练后小鼠自然遗忘时间的观察. 袁力勇,等. 徐州医学院学报,2007,(2)
催产素对大鼠胃缺血—再灌注损伤的作用. 张文文,等. 徐州医学院学报,2007,(3)
鞘内注射氟代柠檬酸对骨癌痛小鼠机械痛敏和热痛敏的影响. 申文,等. 徐州医学院学报,2007,(3)
小鼠白细胞介素-12 基因在乳酸乳球菌中的表达. 周强,等. 徐州医学院学报,2007,(3)
神经生长因子预处理对大鼠脑缺血再灌注损伤保护作用机制的研究. 张春元,王迪芬. 贵阳医学院学报,2007,(2)
丹参和天麻素在大鼠脑出血后的治疗作用. 李洁,吴珊. 贵阳医学院学报,2007,(2)
海洛因依赖期间大鼠胃窦 5-羟色胺免疫反应细胞形态和功能变化. 夏白娟,梁文妹. 贵阳医学院学报,2007,(2)
灵芝三萜类化合物对小鼠抗应激能力的影响. 张玥,等. 贵阳医学院学报,2007,(2)
海洛因依赖大鼠胰岛 D 细胞免疫组织化学研究. 韩晶,梁文妹. 贵阳医学院学报,2007,(2)
归芍宫安胶囊治疗大鼠子宫肌瘤的实验研究. 孙晓菲,等. 贵阳医学院学报,2007,(2)
一氧化氮合酶在梗阻性黄疸大鼠肝脏中的表达. 唐宗怀,等. 贵阳医学院学报,2007,(2)
HPLC 测定大鼠血浆中萘哌地尔代谢产物苯羟化萘哌地尔的含量. 黄家宇,李莉. 贵阳医学院学报,2007,(2)
一种改良的大鼠原代肝细胞培养方法. 吴宁,等. 贵阳医学院学报,2007,(2)
GDNF 对大鼠多巴胺能神经元 CB 表达的影响. 杨华,等. 徐州医学院学报,2007,(4)
鞘内注射胶质细胞代谢抑制剂对背根节压迫大鼠痛阈的影响. 张先红,等. 徐州医学院学报,2007,(4)
异氟醚预处理对大鼠海马脑片缺氧无糖损伤的保护作用及 PKCγ 机制. 王义桥,等. 徐州医学院学报,2007,(4)
罗格列酮对 STZ 诱导糖尿病大鼠肾脏损害保护作用的研究. 张红,等. 徐州医学院学报,2007,(4)
组胺对荷黑色素瘤 C57BL/6 小鼠微血管壁通透性的影响. 秦迎松,等. 徐州医学院学报,2007,(5)
心衰大鼠心肌细胞对 Ca^{2+} 和异丙肾上腺素的反应. 常爱民,等. 徐州医学院学报,2007,(5)
Egb761 对大鼠局灶脑缺血/再灌注诱导 JNK1/2 活化的影响. 苗蓓,等. 徐州医学院学报,2007,(5)
小鼠动脉血管内皮细胞的原代培养和鉴定. 周晓彤,等. 徐州医学院学报,2007,(5)
戊四氮诱导单次惊厥幼鼠海马碱性成纤维细胞生长因子表达的研究. 戴园园,等. 徐州医学院学报,2007,(5)
碱性成纤维细胞生长因子对不同日龄大鼠癫间广持续状态后海马神经发生的影响. 戴园园,等. 徐州医学院学报,2007,(5)
ACA 微囊化牛嗜铬细胞小鼠腹腔移植热板镇痛实验. 郭慧琴,等. 徐州医学院学报,2007,(6)

高渗刺激促进大鼠视上核酪氨酸蛋白的磷酸化. 王德广,等. 徐州医学院学报,2007,(6)
双袖套法大鼠原位肝移植模型的技术改进. 庞利群,等. 徐州医学院学报,2007,(6)
盐酸戊乙奎醚对大鼠心肌缺血/再灌注损伤血流动力学的影响. 刘莉娟,谷淑玲. 徐州医学院学报,2007,(6)
全反式维甲酸对阿霉素肾病大鼠蛋白尿的抑制作用. 孙丽,等. 徐州医学院学报,2007,(6)
不同剂量刀豆蛋白 A 诱导 BALB/c 小鼠肝纤维化的量效关系. 张炜,等. 徐州医学院学报,2007,(6)
2 型登革病毒临床分离株感染 BALB/c 小鼠后 Th2 类主要细胞因子的动态变化. 潘宇,等. 贵阳医学院学报,2007,(3)
磷酸二酯酶 3A 在小鼠受精卵早期发育中的表达. 韩晓曦,等. 贵阳医学院学报,2007,(3)
阿尼西坦对 VD 大鼠学习记忆功能和海马齿状回长时程增强的影响. 戴桃李,等. 贵阳医学院学报,2007,(3)
银杏制剂对复合因素大鼠肝纤维化的治疗作用. 罗天永,等. 贵阳医学院学报,2007,(3)
DEN-2 NGC 株感染 BALB/c 小鼠 TH1/TH2 类细胞因子产生的差异. 陈文捷,等. 贵阳医学院学报,2007,(3)
血管内皮细胞组织特异性表达人 CD59 转基因小鼠抗超急性排斥反应能力. 张志宏,等. 天津医科大学学报,2007,(2)
津白Ⅱ小鼠自发乳腺癌病理相关特征分析. 朱悦,等. 天津医科大学学报,2007,(2)
STZ-糖尿病大鼠小肠动力与肠神经胆碱能和氮能神经元关系的研究. 侯宁宁,等. 天津医科大学学报,2007,(2)
油酸诱导的慢性胰腺炎大鼠继发胰源性糖尿病模型的建立. 赵战朝,等. 天津医科大学学报,2007,(2)
罗格列酮对油酸诱导的慢性胰腺炎大鼠肝脏细胞 IR 及 IRS-1 表达的调节. 梁泉,等. 天津医科大学学报,2007,(2)
PKCγ 参与异氟醚预处理大鼠局灶性脑缺血再灌注损伤的保护作用. 邓爱琴,等. 徐州医学院学报,2007,(7)
G-CSF 和 GM-CSF 动员小鼠造血干/祖细胞过程中对外周血 T 淋巴细胞亚群的影响. 高立艳,等. 徐州医学院学报,2007,(7)
Pyk2 在 Goldblatt 鼠左心室肥大心肌中的变化. 吴浩,等. 徐州医学院学报,2007,(7)
灵芝对高糖培养的大鼠肾小球系膜细胞 MMP-2 和 TIMP-2 表达的影响. 李伟,等. 徐州医学院学报,2007,(8)
单侧毁损下丘对大鼠脑干听觉诱发电位的影响. 张静,等. 徐州医学院学报,2007,(8)
缬沙坦对糖尿病大鼠肾脏 AngⅡ、ET 及 TGF-β_1 的影响. 张广梅,等. 徐州医学院学报,2007,(8)
三磷酸腺苷对大鼠移植胰腺细胞死亡方式的影响. 陈党英. 徐州医学院学报,2007,(8)
木蹄层孔菌乙醇提取物体内抗肿瘤活性及其对荷瘤鼠免疫功能的影响. 刘量,等. 徐州医学院学报,2007,(8)
咪达唑仑对小鼠学习记忆的影响. 许继元,等. 徐州医学院学报,2007,(8)
阿维菌素-毒死蜱乳油对大鼠脂质过氧化作用的影响. 汪希兰,等. 贵阳医学院学报,2007,(4).
同种异体心肌细胞移植对大鼠梗死心肌修复作用的研究. 冯建启,等. 徐州医学院学报,2007,(9)
东莨菪碱对利多卡因中毒小鼠惊厥和死亡率的影响. 毛姗姗,等. 徐州医学院学报,2007,(9)
二袖套法大鼠原位肝移植 50 例. 侍阳,等. 徐州医学院学报,2007,(9)
盐酸戊乙奎醚合用氯胺酮对小鼠学习记忆的影响. 李茜,等. 徐州医学院学报,2007,(9)
侧脑室注射荷包牡丹碱对丙泊酚小鼠逆行性遗忘的影响. 李程程,等. 徐州医学院学报,2007,(9)
慢性染砷对大鼠大脑皮层组织细胞 DNA 损伤及细胞凋亡的影响. 张敏,等. 贵阳医学院学报,2007,(4)
不同浓度氟对大鼠肝、肾功能及氧化应激的影响. 梅梅,等. 贵阳医学院学报,2007,(4)
海洛因依赖大鼠空肠 5-羟色胺免疫反应细胞免疫组织化学及形态计量研究. 刘霞,梁文妹. 贵阳医学院学报,2007,(4)
大鼠 C6 脑胶质瘤模型的病理及磁共振成像特征. 沈桂权,等. 贵阳医学院学报,2007,(4)
姜黄素抑制缺血/再灌注大鼠海马神经元 c-jun 的磷酸化和 FasL 的表达. 武静茹,等. 徐州医学院学报,2007,(10)
大鼠大脑中动脉栓塞模型的建立. 常红,等. 天津医科大学学报,2007,(3)
RNAi 缄默小鼠树突状细胞 CD80、CD86 表达诱导 T 细胞无能的体外研究. 靳怀安,等. 天津医科大学学报,2007,(3)
rhG-CSF 和 rhGM-CSF 动员小鼠外周血干细胞效果的比较研究. 高立艳,等. 徐州医学院学报,2007,(10)
延迟连续移植预防小鼠移植物抗宿主病的实验研究. 王春玲,等. 徐州医学院学报,2007,(10)
电穿孔法提高 hTERT 转染原代培养乳鼠心肌细胞效率的研究. 冯建启,余细勇. 徐州医学院学报,2007,(10)
油酸诱导慢性胰腺炎大鼠肝脏细胞 IR 及 IRS-1 蛋白表达的改变. 赵战朝,等. 天津医科大学学报,2007,(3)
TSHR 及活性多肽对 BALB/c 小鼠甲状腺的影响. 沈炳玲,等. 天津医科大学学报,2007,(3)
促红细胞生成素对新生 HIBD 大鼠 Bcl-2 及 Bax 蛋白表达的影响. 阚璇,等. 天津医科大学学报,2007,(3)
重组小鼠 Raf-1 蛋白在大肠杆菌中表达的实验研究. 刘国萍,等. 天津医科大学学报,2007,(3)
盐酸甲氯芬酯对 VD 大鼠学习记忆及长时程增强的影响. 杨琼,等. 贵阳医学院学报,2007,(5)
海洛因依赖对大鼠颌下腺 5-羟色胺免疫反应细胞的影响. 胡赟,梁文妹. 贵阳医学院学报,2007,(5)
姜黄素对缺血再灌注大鼠海马神经元 Bax 和 Bcl-2 表达的影响. 武静茹,等. 徐州医学院学报,2007,(11)

缬沙坦对糖尿病大鼠肾脏内皮素受体基因表达的影响. 张广梅,尹忠诚. 徐州医学院学报,2007,(11)
树突状细胞疫苗对大鼠 Walker-256 肿瘤抑制作用. 王建,等. 徐州医学院学报,2007,(11)
成年与老年大鼠中脑黑质致密部多巴胺能神经元形态学研究. 肖成华,等. 徐州医学院学报,2007,(11)
家蝇幼虫分泌物抗菌肽对小鼠血清溶菌酶含量的影响. 国果,等. 贵阳医学院学报,2007,(6)
鱼、牛蛙、鸡与小鼠脾的比较组织学研究. 张祥令,等. 贵阳医学院学报,2007,(6)
乌司他丁对呼吸机所致肺损伤大鼠体内炎性因子的影响. 肖刚,赵文静. 徐州医学院学报,2007,(12)
室旁核内血管紧张素Ⅱ对大鼠胃缺血/再灌注后胃黏膜 NF-κB 表达的影响. 胡霞,等. 徐州医学院学报,2007,(12)
氟马西尼和纳洛酮对乙醇中毒小鼠的催醒作用. 文静,戴体俊. 徐州医学院学报,2007,(12)
GST-22 对大鼠全脑缺血后海马 CA1 区细胞的保护作用. 孙亚峰,等. 徐州医学院学报,2007,(12)
局灶性脑缺血/再灌注时大鼠脑皮质 GFAP 及 c-fos 的表达变化. 丰浩荣,等. 徐州医学院学报,2007,(12)
穴位埋线对血管性痴呆大鼠学习记忆能力和 Bcl-2 表达的影响. 陈粲,等. 贵阳医学院学报,2007,(6)
蜂王浆对小鼠免疫功能影响. 程佳宙,等. 贵阳医学院学报,2007,(6)
文拉法辛对慢性应激大鼠抑郁模型建立的影响. 肖正军,王艺明. 贵阳医学院学报,2007,(6)
非诺贝特与吡格列酮对压力超负荷大鼠心肌细胞凋亡的影响. 吴强,等. 贵阳医学院学报,2007,(6)
海洛因依赖对大鼠十二指肠 5-HT-IR 细胞的影响. 张伟,梁文妹. 贵阳医学院学报,2007,(6)
戴氏绿僵菌提取物对小鼠肿瘤 S_{180} 抑瘤活性研究. 王良宏,等. 贵阳医学院学报,2007,(6)
大鼠 Otos 基因对碱性成纤维细胞生长因子表达的调控. 卓贤露,等. 贵阳医学院学报,2007,(6)
大鼠寡霉素敏感相关蛋白的克隆及真核表达载体的构建. 张建红,等. 天津医科大学学报,2007,(4)
蚁王胶囊对大鼠的长期毒性实验研究. 房志仲,等. 天津医科大学学报,2007,(4)
胎鼠神经干细胞分离培养和鉴定. 田志红,等. 天津医科大学学报,2007,(4)
内置鞘管法建立小鼠颈动脉粥样硬化模型. 杜纪兵,等. 天津医科大学学报,2007,(4)
挤压性脊髓损伤大鼠模型的建立. 罗玉玉,等. 天津医科大学学报,2007,(4)
罗格列酮对油酸诱导慢性胰腺炎大鼠肝脏细胞 GLUT2 mRNA 表达的影响. 孙绍梅,等. 天津医科大学学报,2007,(4)
正丁醇法制备大鼠脂肪组织细胞膜 TSHR. 马彦,等. 天津医科大学学报,2007,(4)
关节炎大鼠吗啡耐受模型的建立. 石钊,王国林. 天津医科大学学报,2007,(4)
碱性成纤维细胞生长因子在挫伤性视网膜病变大鼠中的治疗作用. 李娜,等. 天津医科大学学报,2007,(4)
慢性应激对不同月龄大鼠行为学及雌激素水平的影响. 冀永娟,等. 山东大学学报(医学版),2007,(1)
胰高血糖素样肽-1 对糖尿病小鼠胰岛素原 mRNA 的影响. 郭晓笋,等. 山东大学学报(医学版),2007,(1)
非诺贝特对自发性高血压大鼠心肌重构及 NF-κB 表达的影响. 李传保,等. 山东大学学报(医学版),2007,(1)
月腺大戟水提物对小鼠的毒性作用. 居学海,等. 山东大学学报(医学版),2007,(1).
中药红花对白血病抑制因子在小鼠早孕子宫内膜表达的影响. 廉瑞青,等. 山东大学学报(医学版),2007,(1)
VCAM-1 在大鼠心脏移植慢性排斥模型中的表达. 赵鑫,等. 山东大学学报(医学版),2007,(2)
肝纤维化大鼠的肝素干预治疗观察. 石军,等. 山东大学学报(医学版),2007,(2)
半导体激光诱导大鼠脉络膜新生血管模型的实验研究. 王宇雷,等. 山东大学学报(医学版),2007,(2)
细胞质连接蛋白-170 在小鼠气道上皮损伤修复过程中的动态变化. 马燕,等. 华中科技大学学报(医学版),2007,(1)
免疫抑制剂对 IL-2 致痫大鼠脑内谷氨酸及 IL-2 受体表达的影响. 卫向红,等. 华中科技大学学报(医学版),2007,(1)
大鼠肺动脉平滑肌细胞膜钙激活氯通道与细胞质钙的关系及意义. 杨朝,等. 华中科技大学学报(医学版),2007,(1)
黄芪对肺纤维化大鼠 MMP-2 和 TIMP-1 表达的影响. 彭清,等. 华中科技大学学报(医学版),2007,(1)
Mfn2 基因对大鼠血管平滑肌细胞凋亡的促进作用及其机制. 李俐,等. 华中科技大学学报(医学版),2007,(1)
依普拉芬对大鼠成骨细胞一氧化氮生成及内皮型一氧化氮合酶 mRNA 表达的影响. 葛保健,等. 华中科技大学学报(医学版),2007,(1)
血清和糖皮质激素诱导的蛋白激酶 1 在糖尿病小鼠肾皮质中的表达变化. 王全胜,等. 华中科技大学学报(医学版),2007,(1)
异丙酚、氯胺酮对大鼠大脑皮层星形胶质细胞缺氧复氧损伤的影响. 李清,等. 华中科技大学学报(医学版),2007,(1)
小鼠肿瘤模型中血清胰岛素样生长因子-1 水平与机体营养状况的关系. 马士辉,等. 华中科技大学学报(医学版),2007,(1)
蛋白激酶 C-alpha 对小鼠尿浓缩功能的调节机制初探. 姚丽君,等. 华中科技大学学报(医学版),2007,(1)
一种无创性检测哮喘大鼠气道高反应性的方法. 谢敏,等. 华中科技大学学报(医学版),2007,(1)

碘对大鼠皮肤创伤修复影响的实验研究. 陈礼新,王一兵. 山东大学学报(医学版),2007,(3)
爱维治对急性放射性肠炎大鼠肠道修复作用的实验研究. 毕迎惠,等. 山东大学学报(医学版),2007,(3)
$A\beta_{(25-35)}$诱导阿尔茨海默病模型大鼠海马神经元 NT3 及 trkC 的表达. 戴廷军,等. 山东大学学报(医学版),2007,(3)
凝集素受体在围植入期小鼠输卵管粘膜的分布状况. 何秀全,等. 山东大学学报(医学版),2007,(4)
缺血预处理经抑制线粒体释放细胞色素 C 减轻大鼠海马神经元缺血再灌注损伤. 刘亚君,等. 山东大学学报(医学版),2007,(4)
不同剂量乙醇对大鼠心肌糖代谢信号传递分子 mRNA 表达的影响. 侯晓磊,等. 山东大学学报(医学版),2007,(4)
RhG-CSF 与 VEGF 联合应用对快速老化模型小鼠 P10 认知障碍的影响. 丛艳彬,等. 山东大学学报(医学版),2007,(4)
新生期大鼠反复痫性发作模型的建立. 石秀玉,等. 山东大学学报(医学版),2007,(4)
缬沙坦和低分子量肝素对高糖刺激大鼠系膜细胞增殖的影响. 王允山,等. 山东大学学报(医学版),2007,(4)
葡萄子原花青素对糖尿病大鼠心肌超微结构的影响. 程梅,等. 山东大学学报(医学版),2007,(4)
益肾活血胶囊对同型半胱氨酸血症大鼠生长因子的影响. 杨瑞雪,等. 山东大学学报(医学版),2007,(4)
福氏痢疾杆菌感染后不同治疗方法对大鼠肠功能的影响. 郭敏,等. 山东大学学报(医学版),2007,(4)
褪黑素对谷氨酸致痫大鼠脑内 cGMP 水平的影响. 周厚纶,等. 华中科技大学学报(医学版),2007,(2)
大鼠背根神经节神经元瞬时外向钾电流与非洲爪蟾卵母细胞上表达的 Kv4. 2 通道电流特性的比较. 聂辉,等. 华中科技大学学报(医学版),2007,(2)
大鼠骨髓树突状细胞的诱导与免疫学特性. 乔宝丽,等. 华中科技大学学报(医学版),2007,(2)
小鼠内皮抑制素真核质粒的构建表达及其体外活性. 黎培员,等. 华中科技大学学报(医学版),2007,(2)
Mfn2 基因抑制 RaS-PI3K-Akt 信号途径并诱导大鼠血管平滑肌细胞凋亡. 刘成,等. 华中科技大学学报(医学版),2007,(2)
5-氟尿嘧啶纳米磁性颗粒在荷瘤鼠体内靶向性分布. 郑建伟,等. 华中科技大学学报(医学版),2007,(2)
丙泊酚对大鼠肠缺血再灌注损伤的影响. 胡晓敏,等. 华中科技大学学报(医学版),2007,(2)
多肽二维凝胶支架材料与鼠神经干细胞的细胞相容性. 庄正陵,等. 华中科技大学学报(医学版),2007,(2)
高浓度氧对早产大鼠肺组织中还原型烟酰胺腺嘌呤二核苷酸脱氢酶亚单位 1 表达的影响. 彭琼玲,等. 华中科技大学学报(医学版),2007,(2)
依达拉奉对脑出血大鼠细胞凋亡及 Bcl-2、Bax 蛋白表达的影响. 陈吉相,等. 华中科技大学学报(医学版),2007,(2)
丙酮酸乙酯对大鼠心肌缺血再灌注细胞凋亡及 Bcl-2、Bax 蛋白表达的影响. 郭家龙,等. 华中科技大学学报(医学版),2007,(2)
HMG-CoA 还原酶抑制剂对肾病综合征大鼠肝脏低密度脂蛋白受体表达的影响. 魏立新,等. 华中科技大学学报(医学版),2007,(2)
铝螯合剂对染铝大鼠肾功能及必需元素的影响. 禚金花,等. 山东大学学报(医学版),2007,(5)
大鼠脊髓损伤后坐骨神经电生理学以及损伤脊髓 GAP-43 蛋白表达的变化. 谢晓,等. 山东大学学报(医学版),2007,(5)
肾淋巴循环障碍对大鼠肾功能和组织结构的影响. 张桃艳,等. 山东大学学报(医学版),2007,(5)
重组瘦素治疗对链脲佐菌素糖尿病大鼠胃促生长素水平的影响. 董明,等. 山东大学学报(医学版),2007,(5)
胰岛素抵抗大鼠硫化氢/胱硫醚 γ-裂解酶体系的实验观察. 于婷,等. 山东大学学报(医学版),2007,(5)
小鼠胚胎神经管发育过程中 WGA、RCA 和 ECL 凝集素受体的表达及其意义. 张慧,等. 山东大学学报(医学版),2007,(6)
2-甲氧基雌二醇对大鼠神经元及 C6 胶质瘤细胞增殖与凋亡的影响. 张鸿日,等. 山东大学学报(医学版),2007,(6)
大鼠食道机械敏感性感受器的结构及特性研究. 杨霞,李延青. 山东大学学报(医学版),2007,(6)
联合用药延缓阿霉素肾病大鼠肾间质纤维化的研究. 李锋,等. 山东大学学报(医学版),2007,(6)
大鼠胎血间充质干细胞移植对局灶性脑缺血治疗作用的研究. 鞠秀丽,等. 山东大学学报(医学版),2007,(6)
甲状腺功能异常大鼠大脑皮层 Alzheimer 病样 tau 蛋白异常修饰. 杨雁,等. 华中科技大学学报(医学版),2007,(3).
IL-1β 和 IL-6 致痫对大鼠脑内 PKAcβ 的影响. 朱晓琴,等. 华中科技大学学报(医学版),2007,(3)
芪丹泡腾片对大鼠脑缺血再灌注损伤的保护作用. 陈静波,等. 华中科技大学学报(医学版),2007,(3)
Saclofen 对铝抑制大鼠海马 CA3 区诱发电位的影响. 张兰秋,等. 华中科技大学学报(医学版),2007,(3)
层粘连蛋白对大鼠卵巢排卵前颗粒细胞 hCG 诱导的孕酮分泌的影响. 张娴,李红发. 华中科技大学学报(医学版),2007,(3)

不同方法诱导的骨髓间充质干细胞移植修复大鼠梗死心肌. 肖诗亮,郑日善. 华中科技大学学报(医学版),2007,(3)
东莨菪碱对大鼠供心的保护作用. 范慧敏,等. 华中科技大学学报(医学版),2007,(3)
COX-2 抑制剂塞来昔布对大鼠脊髓损伤的保护作用. 张帆,等. 华中科技大学学报(医学版),2007,(3)
大鼠视神经挫伤后视网膜神经节细胞形态改变及 GFAP 表达的变化. 柯技,等. 华中科技大学学报(医学版),2007,(3)
水通道蛋白在大鼠氧化性白内障晶状体上的表达. 张虹,张金玲. 华中科技大学学报(医学版),2007,(3)
多球壳菌素对激活的大鼠肾小球系膜细胞增生的抑制作用. 郝燕,等. 华中科技大学学报(医学版),2007,(3)
舒脉胶囊对心肌缺血大鼠心肌细胞凋亡的影响. 尹慧秋,等. 山东大学学报(医学版),2007,(7)
GFP 转基因鼠神经上皮干细胞纹状体内移植的实验研究. 王家增,等. 山东大学学报(医学版),2007,(7)
拉莫三嗪对癫痫大鼠的脑电图及 Bax、Bcl-2 表达的影响. 许虹,等. 山东大学学报(医学版),2007,(7)
醒脑静注射液对急性脑缺血大鼠炎症反应及病理的影响. 吴玉生,等. 山东大学学报(医学版),2007,(7)
运用电穿孔技术建立小鼠脑内基因转染模型. 杜鹏,等. 华中科技大学学报(医学版),2007,(4)
大鼠动脉粥样硬化形成过程中 TAFI 水平变化及作用机制. 刘利妍,等. 山东大学学报(医学版),2007,(8)
转化生长因子 β_1 在心衰大鼠心肌中的表达及氟伐他汀对其的调节作用. 刘宇宏,等. 华中科技大学学报(医学版),2007,(4)
慢性肾功能衰竭对大鼠阴茎海绵体缝隙连接蛋白 43 表达的影响. 傅强,等. 山东大学学报(医学版),2007,(8)
颞叶癫痫大鼠海马线粒体细胞色素氧化酶亚基Ⅲ和Ⅳ表达的变化. 高静,等. 山东大学学报(医学版),2007,(8)
大鼠海马齿状回外侧支的再可塑性. 张炼,等. 华中科技大学学报(医学版),2007,(4)
吗啡对大鼠肾功能部分血浆生化指标影响的评估. 阚慕洁,等. 山东大学学报(医学版),2007,(8)
重组人粒细胞集落刺激因子对大鼠海马慢性持续性低血流灌注后的修复作用. 刘丽江,等. 华中科技大学学报(医学版),2007,(4)
β-连环素及相关蛋白在脂多糖致急性肺损伤小鼠气道上皮的表达. 洪渊智,等. 华中科技大学学报(医学版),2007,(4)
不同药物对高脂饮食诱导肥胖大鼠体重、体脂及空腹血清 Ghrelin 水平等的影响. 姜冬青,等. 山东大学学报(医学版),2007,(8)
克仑特罗对新生大鼠心肌细胞受磷蛋白磷酸化的作用. 付琴,等. 华中科技大学学报(医学版),2007,(4)
清热解毒法对脑出血大鼠的神经保护作用. 周庆博,等. 山东大学学报(医学版),2007,(9)
穿心莲对实验性肝硬化大鼠肠道细菌移位的阻断作用. 吴春明,等. 华中科技大学学报(医学版),2007,(5)
大麻素对大鼠三叉神经节神经元 γ-氨基丁酸激活电流的抑制作用. 周莹,等. 华中科技大学学报(医学版),2007,(5)
土拨鼠肝炎病毒核心蛋白质粒的构建、原核表达及多克隆抗体的制备与鉴定. 张振华,等. 华中科技大学学报(医学版),2007,(5)
Smad3 选择性调节 TGF-β_1 促进大鼠骨髓间充质干细胞成骨分化的实验研究. 王运涛,等. 华中科技大学学报(医学版),2007,(5)
血吸虫肝纤维化小鼠肝组织中去甲肾上腺素及受体的表达. 刘红艳,等. 华中科技大学学报(医学版),2007,(5)
下调血清高迁移率族蛋白 1 水平对急性出血坏死性胰腺炎大鼠全身毛细血管渗漏的影响. 杨智勇,等. 华中科技大学学报(医学版),2007,(5)
阿片受体参与大鼠缺血后处理的心肌保护作用. 毛张凡,等. 华中科技大学学报(医学版),2007,(5)
人同种异体移植炎症因子-1 的基因克隆及其在小鼠成纤维细胞中的表达. 付康,等. 华中科技大学学报(医学版),2007,(5)
聚苯乙烯磺酸镧治疗慢性肾功能衰竭大鼠高磷血症的研究. 潘明明,等. 山东大学学报(医学版),2007,(9)
高氧暴露早产大鼠肺组织线粒体蛋白质组学初步研究以及 ND4 动态表达. 李文斌,等. 华中科技大学学报(医学版),2007,(5)
囊性纤维化跨膜转导调节器在卵巢过度刺激综合征模型大鼠卵巢中表达的变化. 靳镭,汤瑞玲. 华中科技大学学报(医学版),2007,(5)
抗 Fas 锤头状核酶增强小鼠 T 细胞杀伤粒-单核白血病细胞的研究. 黎纬明,等. 华中科技大学学报(医学版),2007,(5)
GM-1 对大鼠视网膜缺血再灌注损伤后 NF-κB 表达的影响. 肖迎,等. 山东大学学报(医学版),2007,(9)
转化生长因子-β_1 转基因小鼠巩膜厚度研究. 刘海霞,等. 华中科技大学学报(医学版),2007,(5)
基因重组人生长激素(rh-GH)对大鼠牙周组织受正畸力后改建影响的实验研究. 黄艳,等. 山东大学学报(医学版),2007,(9)
抗心律失常肽对乳鼠心肌细胞急性缺氧时细胞间传导的影响. 王荣,等. 华中科技大学学报(医学版),2007,(5)
化瘀理肺方对大鼠肺间质纤维化时 Smad7 和 TGF-β 表达的影响. 焦芳芳,等. 山东大学学报(医学版),2007,

(10)
结扎切断法与白芨微粒栓塞法建立大鼠后肢缺血模型效果比较. 梁翠宏,等. 山东大学学报(医学版),2007,(10)
长期蛋白饲养对正常大鼠葡萄糖刺激的胰岛素分泌的影响. 李明龙,等. 山东大学学报(医学版),2007,(10)
瘤内缓释治疗对 B16 黑色素瘤小鼠影响的实验研究. 卜洁琼,于保法. 山东大学学报(医学版),2007,(10)
氯沙坦对脑缺血再灌注损伤大鼠血脑屏障通透性和 MMP-9 表达的影响. 曲思凤,等. 山东大学学报(医学版),2007,(10)
摄入石榴汁的时间长短对衰老小鼠抗氧化功能的影响. 张洁,徐贵发. 山东大学学报(医学版),2007,(11)
柞蚕雄蛾提取液改善 W256 荷瘤大鼠放疗后免疫功能的实验研究. 张维东,等. 山东大学学报(医学版),2007,(11)
通心络对自发性高血压大鼠心肌纤维化的作用. 赵学强,等. 山东大学学报(医学版),2007,(11).
长期酒精灌胃对大鼠肝脏糖原含量和肝组织的影响. 陈少华,等. 山东大学学报(医学版),2007,(11)
晚期糖基化终末产物在糖尿病大鼠骨质疏松发病中的作用及胰岛素潜在的防护机制. 张磊,等. 山东大学学报(医学版),2007,(11)
$A\beta_{(1\text{-}42)}$ 对大鼠基底前脑神经元 K_{ATP} 通道各亚基蛋白表达的影响. 付庆喜,等. 山东大学学报(医学版),2007,(11)
小鼠 LAK 细胞 MHC 表达水平对其体外杀伤肿瘤活性的影响. 单宁宁,等. 山东大学学报(医学版),2007,(11)
连接蛋白 29 在小鼠耳蜗中的表达. 张延平,等. 山东大学学报(医学版),2007,(11)
甘草酸二胺抗大鼠肾间质纤维化作用及其机制. 马立彬,等. 华中科技大学学报(医学版),2007,(6)
抗土拨鼠肝炎病毒核心蛋白单克隆抗体的制备、性质鉴定及初步应用. 张振华,等. 华中科技大学学报(医学版),2007,(6)
新生大鼠嗅鞘细胞的原代培养及形态学观察. 李伟,等. 华中科技大学学报(医学版),2007,(6)
植酸钠对饮食所致高脂血症大鼠心血管的保护作用. 石云,等. 华中科技大学学报(医学版),2007,(6)
FTY720 对大鼠肾间质纤维化的抑制作用. 谢敏,周建华. 华中科技大学学报(医学版),2007,(6)
雌激素依赖的外阴阴道假丝酵母菌病小鼠模型中 NF-κB、IL-1β 和 COX-2 mRNA 的表达及意义. 陈雪蓉,等. 华中科技大学学报(医学版),2007,(6)
塞来昔布对大鼠化学性乳腺癌的抑制作用及机制. 康华峰,等. 华中科技大学学报(医学版),2007,(6)
人参总皂甙对缺血性大鼠模型再灌注损伤后脑细胞凋亡的影响. 张东君,等. 山东大学学报(医学版),2007,(12)
2R,4R-APDC 对癫痫大鼠学习和记忆影响的研究. 姚红,等. 山东大学学报(医学版),2007,(12)
豫医卷毛大鼠与 SD 大鼠皮肤组织学比较. 章金涛,等. 郑州大学学报(医学版),2007,(4)
豫医卷毛大鼠与 SD 大鼠血清电解质、生化指标的比较. 章金涛,等. 郑州大学学报(医学版),2007,(4)
豫医卷毛大鼠与 SD 大鼠血液学常规指标比较. 章金涛,等. 郑州大学学报(医学版),2007,(4)
豫医卷毛大鼠与 SD 大鼠主要脏器系数及生长发育情况比较. 章金涛,等. 郑州大学学报(医学版),2007,(4)
女性压力性尿失禁大鼠模型的建立. 韩前河,等. 郑州大学学报(医学版),2007,(1)
甲基强的松龙对大鼠脊髓损伤组织中肾上腺髓质素表达的影响. 郭新庆,等. 郑州大学学报(医学版),2007,(1)
四硫化四砷对荷 NB4 细胞 SCID 小鼠生存期的影响. 刘延方,等. 郑州大学学报(医学版),2007,(1)
氦氖激光穴位照射对阿尔茨海默病模型大鼠脑组织五羟色胺能神经元的影响. 李宛青,等. 郑州大学学报(医学版),2007,(1)
罗格列酮对高糖条件下大鼠肾脏成纤维细胞 TGF-β_1 和 PAI-1 mRNA 表达的影响. 李海剑,等. 郑州大学学报(医学版),2007,(1)
雄性无毛小鼠睾丸、附睾的发育及组织形态学观察. 王纯耀,等. 郑州大学学报(医学版),2007,(1)
锌对氟致雄性大鼠生殖损伤的拮抗作用. 李艳,等. 郑州大学学报(医学版),2007,(1)
同种异体骨髓单个核细胞移植对急性心肌梗死后大鼠心肌细胞凋亡及相关基因表达的影响. 侯剑峰,等. 郑州大学学报(医学版),2007,(1)
苯丙氨酸对慢性缺氧性肺动脉高压大鼠的保护作用. 杨小琼,等. 郑州大学学报(医学版),2007,(1)
近交系小鼠微卫星位点的多态性观察. 杨卫红,等. 郑州大学学报(医学版),2007,(1)
连续应用川芎嗪对大鼠结肠黏膜阴离子分泌的影响. 汤宁,等. 郑州大学学报(医学版),2007,(1)
低剂量睾酮对慢性心力衰竭雄性大鼠血清肿瘤坏死因子-α 含量的影响. 孙琳,等. 郑州大学学报(医学版),2007,(1)
慢性阻塞性肺疾病大鼠气道炎症细胞及黏蛋白检测. 何燕霞,等. 郑州大学学报(医学版),2007,(1)
地塞米松对支气管哮喘模型大鼠气道重建的影响. 王文建,杨莉. 郑州大学学报(医学版),2007,(1)
还原型谷胱甘肽对大鼠肝脏缺血再灌注损伤的保护作用. 薛飞,等. 郑州大学学报(医学版),2007,(1)
氨茶碱对平阳霉素致大鼠肺纤维化的干预作用. 潘金兵,等. 郑州大学学报(医学版),2007,(1)

丁咯地尔对脑缺血再灌注损伤大鼠脑组织 MMP-9 与 TIMP-1 的影响. 王玉萍,等. 郑州大学学报(医学版),2007,(1)
哮喘大鼠模型肺组织中嗜酸粒细胞趋化因子及肺组织和骨髓组织中嗜酸粒细胞趋化因子受体的表达. 李静,李玉琴. 郑州大学学报(医学版),2007,(1)
大鼠小肠侧侧丝线与钛夹吻合效果比较. 张豫峰,董良鹏. 郑州大学学报(医学版),2007,(1)
发育中小鼠胰腺 D 细胞的发生、形态及分布. 宋励,等. 山西医科大学学报,2007,(1)
小鼠胚胎流出道嵴内 α-SMA 阳性细胞的命运. 杨艳萍,等. 山西医科大学学报,2007,(2)
儿童心衰患者血清抗 β_3 肾上腺素受体自身抗体对乳鼠心肌细胞跳动频率的影响. 王瑾,等. 山西医科大学学报,2007,(2)
COPD 大鼠 Clara 细胞超微结构及 CC16 的变化. 王海龙,等. 山西医科大学学报,2007,(2)
不同 CO 浓度对 ALI 大鼠肺炎性变化的影响. 刘虹,等. 山西医科大学学报,2007,(2)
缬沙坦对肝硬化门静脉高压大鼠胃黏膜微循环及超微结构的影响. 黄会芳,等. 山西医科大学学报,2007,(2)
大鼠下丘脑视上核 NOS 与 ER 双染神经元的表达. 曾俊峰,等. 山西医科大学学报,2007,(3)
腹腔注射 IL-2 对小鼠单核吞噬细胞吞噬功能的影响. 姚春艳,等. 山西医科大学学报,2007,(3)
中药养胃散对大鼠胃肠黏膜中前列腺素、生长抑素及促胃动素的促分泌作用. 邢建峰. 山西医科大学学报,2007,(3)
白萝卜提取物对大鼠胃排空、肠推进及豚鼠离体回肠平滑肌的影响. 蒋全德,等. 山西医科大学学报,2007,(3)
中药小茴香对肝硬化腹水大鼠利尿作用机制实验研究. 周世雄,等. 新疆医科大学学报,2007,(1)
大鼠离断前肢优势保存方法的实验研究. 白生宾,等. 新疆医科大学学报,2007,(1)
谷慷太林注射液促进大鼠骨折愈合的实验研究. 王蕾,等. 新疆医科大学学报,2007,(1)
新疆枸杞子对大鼠肝微粒体脂质过氧化损伤体外模型的影响. 龚灿,等. 新疆医科大学学报,2007,(1)
大鼠基质金属蛋白酶抑制因子-1 pRNAT-U6.2 小干扰 RNA 表达载体的构建. 田力,等. 郑州大学学报(医学版),2007,(2)
头部药物注射疗法对大鼠缺氧缺血性脑损伤后学习记忆的影响. 万国兰,等. 郑州大学学报(医学版),2007,(2)
托吡酯对戊四氮点燃大鼠海马结构白细胞介素-6 表达的影响. 欧光红,等. 郑州大学学报(医学版),2007,(2)
非诺贝特对 2 型糖尿病大鼠骨骼肌丙酮酸脱氢酶激酶表达的影响. 袁戈恒,等. 郑州大学学报(医学版),2007,(2)
硼酸对去卵巢大鼠雌激素样作用的观察. 郑州大学学报(医学版),2007,(2)
大鼠脑组织缺血后 Ngb mRNA 表达与缺血时间推断的研究. 宋方明,等. 山西医科大学学报,2007,(4)
免疫抑制剂对慢性肺部疾病大鼠的作用. 庄太凤,齐景宪. 山西医科大学学报,2007,(4)
胆红素对抗急性肺损伤大鼠的实验研究. 高晓玲,等. 山西医科大学学报,2007,(4)
一氧化氮合酶在肝纤维化及肝硬化大鼠肝脏组织中的表达. 刘铭,等. 山西医科大学学报,2007,(4).
女性压力性尿失禁大鼠模型的建立. 韩前河,等. 郑州大学学报(医学版),2007,(1)
苯丙氨酸对慢性缺氧性肺动脉高压大鼠的保护作用. 杨小琼,等. 郑州大学学报(医学版),2007,(1)
发育中小鼠胰腺 D 细胞的发生、形态及分布. 宋励,等. 山西医科大学学报,2007,(1)
围绝经期综合征实验动物模型的比较分析. 孙静汾,等. 山西医科大学学报,2007,(1)
儿童心衰患者血清抗 β_3 肾上腺素受体自身抗体对乳鼠心肌细胞跳动频率的影响. 王瑾,等. 山西医科大学学报,2007,(2)
大鼠下丘脑视上核 NOS 与 ER 双染神经元的表达. 曾俊峰,等. 山西医科大学学报,2007,(3)
大鼠脑组织缺血后 Ngb mRNA 表达与缺血时间推断的研究. 宋方明,等. 山西医科大学学报,2007,(4)
脱氢表雄酮对哮喘大鼠血嗜酸粒细胞、IL-4 和 IFN-γ 水平的影响. 李艳,等. 郑州大学学报(医学版),2007,(4)
大鼠肾小管间质纤维化过程中血清瘦素水平的变化. 郭晓晶,王利华. 山西医科大学学报,2007,(8)
清肝胶囊对小鼠急性肝损伤的改善作用. 夏薇,等. 郑州大学学报(医学版),2007,(5)
大鼠巨细胞网状核与脑干眼球外肌运动神经核的纤维联系. 赵凤臣,等. 郑州大学学报(医学版),2007,(5)
非肥胖型糖尿病及严重联合免疫缺陷小鼠体内成人脂肪源 $Flk1^+$、$CD31^-$、$CD34^-$ 细胞的多向分化. 房佰俊,等. 郑州大学学报(医学版),2007,(5)
枯否细胞抑制致急性坏死性胰腺炎大鼠微循环改变的实验研究. 张海燕,等. 山西医科大学学报,2007,(9)
定坤丹胶囊毒理实验研究. 侯霄,等. 山西医科大学学报,2007,(10)
溃疡性结肠炎大鼠 iNOS 真核表达载体的构建及其在 COS-7 细胞中的表达. 吴桂霞,等. 新疆医科大学学报,2007,(9)
急性肺损伤对大鼠脾脏 SOD、MDA、一氧化氮及结构的影响. 李秀娟,等. 新疆医科大学学报,2007,(9)
胰岛素样生长因子-1 逆转录病毒表达载体的构建及其在大鼠胚胎神经干细胞中的表达. 王进,等. 郑州大学学报(医学版),2007,(6)
NIH3T3 细胞及小鼠骨骼肌中人 PH-20 基因疫苗的表达. 陈雪梅,等. 郑州大学学报(医学版),2007,(6)

缺氧及谷氨酸对大鼠海马神经元 NMDA 通道的影响.张敏,闵羡蕙.山西医科大学学报,2007,(11)
NOS、TNF-α 在门静脉高压大鼠结肠黏膜中表达及意义.韩晓栋,等.山西医科大学学报,2007,(11)
急性坏死性胰腺炎大鼠枯否细胞分泌功能的实验研究.张海燕,等.山西医科大学学报,2007,(11)
不同剂量氯沙坦治疗大鼠肝硬化门静脉高压症的实验研究.田玲琳,等.山西医科大学学报,2007,(11)
慢性脑缺血大鼠海马和额叶组织中促红细胞生成素受体的测定.朱红灿,等.郑州大学学报(医学版),2007,(6)
酸敏感离子通道阻断剂对大鼠脑缺血/再灌注的保护效应观察.展群岭,等.新疆医科大学学报,2007,(7)
对大鼠高脂血症模型分型的探讨.姬凤彩,等.新疆医科大学学报,2007,(11)
罗格列酮对 STZ 诱导的糖尿病大鼠大血管超微结构的影响.王莉,等.山西医科大学学报,2007,(12)
连续应用川芎嗪对大鼠结肠黏膜阴离子分泌的影响.汤宁,等.郑州大学学报(医学版),2007,(1)
慢性阻塞性肺疾病大鼠气道炎症细胞及黏蛋白检测.何燕霞,等.郑州大学学报(医学版),2007,(1)
还原型谷胱甘肽对大鼠肝脏缺血再灌注损伤的保护作用.薛飞,等.郑州大学学报(医学版),2007,(1)
氨茶碱对平阳霉素致大鼠肺纤维化的干预作用.潘金兵,等.郑州大学学报(医学版),2007,(1)
哮喘大鼠模型肺组织中嗜酸粒细胞趋化因子及肺组织和骨髓组织中嗜酸粒细胞趋化因子受体的表达.李静,李玉琴.郑州大学学报(医学版),2007,(1)
小鼠胚胎流出道嵴内 α-SMA 阳性细胞的命运.杨艳萍,等.山西医科大学学报,2007,(2)
缬沙坦对肝硬化门静脉高压大鼠胃黏膜微循环及超微结构的影响.黄会芳,等.山西医科大学学报,2007,(2)
谷慷太林注射液促进大鼠骨折愈合的实验研究.王蕾,等.新疆医科大学学报,2007,(1)
成人和 3 种成体哺乳动物血管组织动力学研究.邢文英,等.郑州大学学报(医学版),2007,(2).
头部药物注射疗法对大鼠缺氧缺血性脑损伤后学习记忆的影响.万国兰,等.郑州大学学报(医学版),2007,(2)
胆红素对抗急性肺损伤大鼠的实验研究.高晓玲,等.山西医科大学学报,2007,(4)
一氧化氮合酶在肝纤维化及肝硬化大鼠肝脏组织中的表达.刘铭,等.山西医科大学学报,2007,(4)
低抗凝肝素对大鼠肝星状细胞生长的影响.李文才,等.郑州大学学报(医学版),2007,(3)
葛根粗提物和葛根素对胎鼠海马神经元活力的影响.韩萍,等.郑州大学学报(医学版),2007,(3)
环境样品中毒鼠强的气相色谱法检测.孟庆玉,等.郑州大学学报(医学版),2007,(3)
冠状动脉结扎与主动脉弓缩窄所致小鼠慢性心力衰竭模型比较.刘芬,等.新疆医科大学学报,2007,(4)
不同工艺炮制茜草炭对小鼠凝血功能的影响.王大璠.郑州大学学报(医学版),2007,(4)
不同冷保存再灌注时间大鼠供肝肝细胞与肝窦内皮细胞损伤情况比较.宋燕,等.郑州大学学报(医学版),2007,(4)
大鼠肝缺血再灌注损伤时卵巢机能代谢指标的变化及其意义.姜雯娟,等.新疆医科大学学报,2007,(8)
大鼠辣椒素受体的重组.陈敏,等.山西医科大学学报,2007,(9)
大鼠血管移植模型的建立及改进.刘苏健,等.山西医科大学学报,2007,(10)
反相高效液相色谱法测定小鼠血浆中 β-榄香烯含量.王艳芝,等.郑州大学学报(医学版),2007,(6)
昆明小鼠胰腺导管上皮细胞的原代和传代培养.赵艳艳,等.郑州大学学报(医学版),2007,(6)
rhEPO 预处理对大鼠肝脏缺血再灌注损伤的作用.陈海云,等.山西医科大学学报,2007,(11)
贝那普利联合氯沙坦对环孢素 A 致大鼠慢性肾毒性的防治作用.梁冰,等.郑州大学学报(医学版),2007,(6)
微电极阵列技术在大鼠心脏组织电生理特性研究的应用.热依兰·艾沙,侯月梅.新疆医科大学学报,2007,(11)
大鼠栓塞肺组织的比较蛋白质组学研究.李圣青,等.山西医科大学学报,2007,(12)
油酸致大鼠 ARDS 过程心肌 TNF-α、Bax、Bcl-2 的动态变化.于文燕,等.新疆医科大学学报,2007,(10)
罗格列酮对高糖条件下大鼠肾脏成纤维细胞 TGF-β_1 和 PAI-1 mRNA 表达的影响.李海剑,等.郑州大学学报(医学版),2007,(1)
大鼠小肠侧侧丝线与钛夹吻合效果比较.张豫峰,董良鹏.郑州大学学报(医学版),2007,(1)
中药养胃散对大鼠胃肠黏膜中前列腺素、生长抑素及促胃动素的促分泌作用.邢建峰.山西医科大学学报,2007,(3)
新疆枸杞子对大鼠肝微粒体脂质过氧化损伤体外模型的影响.龚灿,等.新疆医科大学学报,2007,(1)
大鼠基质金属蛋白酶抑制因子-1 pRNAT-U6.2 小干扰 RNA 表达载体的构建.田力,等.郑州大学学报(医学版),2007,(2)
急性分离的大鼠海马及皮层神经元快速失活钾电流特性的比较.高秀萍,祁金顺.山西医科大学学报,2007,(6)
大鼠肝缺血再灌注损伤时血清内毒素的变化及对心功能的影响.马小娟,等.新疆医科大学学报,2007,(5).
两种不同方法纯化大鼠胰岛细胞的比较.吴建红,等.山西医科大学学报,2007,(7)
氟化物对体外培养的小鼠成骨细胞增殖能力的影响.周婷婷,等.新疆医科大学学报,2007,(6)
小儿清热止咳口服液药效学实验.王玲,高晓黎.新疆医科大学学报,2007,(6)
大鼠胰岛细胞分离纯化的实验研究.吴东军,等.山西医科大学学报,2007,(9)
大鼠溃疡性结肠炎实验模型中核因子-κBp65、COX-2 的表达研究.郭霞,等.新疆医科大学学报,2007,(9)

尿毒症患者血清对大鼠肾小球系膜细胞体外增殖及纤连蛋白分泌的影响. 魏娜,等. 郑州大学学报(医学版),2007,(6)

罗格列酮对环孢素 A 作用下大鼠肾脏成纤维细胞转化生长因子-β_1 和层黏连蛋白表达的影响. 刘章锁,等. 郑州大学学报(医学版),2007,(6)

高效毛细管电泳法测定大鼠多索茶碱血药浓度. 李朵璐,等. 郑州大学学报(医学版),2007,(6)

氧化应激对糖尿病大鼠肾组织中核因子-κB 表达的影响. 鲁俊慧,等. 山西医科大学学报,2007,(6)

AG490 对 SD/Waistar 大鼠心脏移植物的免疫抑制作用. 王彬,等. 福建医科大学学报,2007,(1)

约氏疟原虫感染早期抵抗和易感小鼠 Th1 反应特点的实验研究. 刘英杰,等. 寄生虫与医学昆虫学报,2007,(1)

小鼠锌指蛋白基因 Znf230 条件基因打靶载体的构建. 刘英,等. 福建医科大学学报,2007,(2)

大鼠全脑照射后海马肿瘤坏死因子的基因表达. 余德,田野. 福建医科大学学报,2007,(3)

大鼠脑缺血再灌注损伤与杏仁核基质金属蛋白酶-9、水通道蛋白 4、热休克蛋白 70 的表达. 林艳婷,等. 福建医科大学学报,2007,(3)

黏蛋白 MUC2、MUC5AC mRNA 在分泌性中耳炎大鼠模型的表达. 刘建治,孔维佳. 福建医科大学学报,2007,(3)

约氏疟原虫感染小鼠的巨噬细胞表面吞噬相关分子的研究. 崔洋,等. 寄生虫与医学昆虫学报,2007,(2)

恶性疟疾的免疫缺陷小鼠模型研究进展. 姚凤兰,王恒. 寄生虫与医学昆虫学报,2007,(2)

弓形虫排泄-分泌抗原鼻内免疫小鼠诱导体液免疫应答的动态观察. 殷国荣,等. 寄生虫与医学昆虫学报,2007,(3)

人精子甘露糖受体对地鼠卵母细胞超微结构的影响. 江澍,等. 福建医科大学学报,2007,(4)

破血化瘀药三棱、莪术对肺纤维化大鼠模型肺形态学及羟脯氨酸的影响. 邱颂平,等. 福建医科大学学报,2007,(5)

大蒜拮抗酒精摄入对小鼠学习记忆能力的影响. 朱萍萍,等. 福建医科大学学报,2007,(5)

大鼠离体心脏缺血—再灌注过程的功能变化. 方秋娟,等. 福建医科大学学报,2007,(5)

复方冬虫夏草对大鼠镉致肾毒性的改善作用. 朱萍萍,等. 福建医科大学学报,2007,(6)

小鼠肝脏再生早期胆酸代谢相关基因 SHP 和 Cyp7A1 的动态改变. 黄雄飞,等. 福建医科大学学报,2007,(6)

急性分离大鼠心室肌细胞的 Ca^{2+} 电流和细胞内 Ca^{2+} 浓度. 林默君,等. 福建医科大学学报,2007,(6)

一种新型的大鼠肺动脉高压模型. 陈晓辉,等. 福建医科大学学报,2007,(6)

无需手术放大镜建立大鼠小肠移植模型. 陈辉星,陈燕凌. 福建医科大学学报,2007,(6)

大鼠皮肤成纤维细胞 MyoD cDNA 转染后的形态变化. 汪进益,等. 同济大学学报(医学版),2007,(1)

大鼠肝脏 F 蛋白基因的克隆和表达. 刘树业,等. 同济大学学报(医学版),2007,(1)

大鼠同种异体左肺原位移植模型的改进. 宫素岗,等. 同济大学学报(医学版),2007,(1)

p21 蛋白在小鼠受精卵不同期的表达及定位. 武迪迪,等. 中国医科大学学报,2007,(1)

FN 及 HA 在高氧致新生鼠肺损伤中动态变化及其意义. 富建华,薛辛东. 中国医科大学学报,2007,(1)

嘌呤核苷磷酸化酶活性和外源性透明质酸吸收率对大鼠肝脏缺血再灌注损伤的研究. 宋少伟,等. 中国医科大学学报,2007,(1)

双嘧达莫预处理对大鼠原位肝移植缺血再灌注损伤的保护作用. 张学颖,等. 中国医科大学学报,2007,(1)

大剂量甲基强的松龙对大鼠急性脊髓损伤后 c-fos 及 HSP 70 表达的影响. 马旭,等. 中国医科大学学报,2007,(1)

腰段连续硬膜外阻滞对大鼠妊娠期高血压疾病防治作用的研究. 董有静,等. 中国医科大学学报,2007,(1)

P 选择素在高胆固醇血症小鼠肾脏的表达. 周光宇,等. 中国医科大学学报,2007,(1)

乙醇对大鼠胃底 5-羟色胺 2B 受体表达水平影响的研究. 王颖,等. 中国医科大学学报,2007,(1)

缬沙坦对大鼠心肌梗死后心室重构的影响. 张利群,等. 中国医科大学学报,2007,(1)

碱性成纤维细胞生长因子在酒精性肝病大鼠中的表达及抗纤复方 Ⅰ 号对其影响. 崔巍,等. 中国医科大学学报,2007,(1)

草药制剂 STW-5-N Ⅱ 对大鼠小肠传入神经电活动的影响. 巩倩,李永渝. 同济大学学报(医学版),2007,(2)

$p27^{kip1}$ 基因在大鼠自体静脉移植中的表达. 郎晓讴,等. 中国医科大学学报,2007,(2)

运动对大鼠骨骼肌 p38 活性的影响. 曹师承,等. 中国医科大学学报,2007,(2)

紫菜多糖对小鼠 NK 细胞活性的增强作用. 李胜军,等. 中国医科大学学报,2007,(2)

经颈内动脉注射 pLXSN-bcl-2 对脑局灶性缺血再灌注大鼠脑组织的影响. 吴晓黎,等. 中国医科大学学报,2007,(2)

异氟烷预处理对缺血再灌注损伤鼠脑组织中 Bcl-2 和 Bax 的 mRNA 表达的影响. 沈洁,等. 中国医科大学学报,2007,(2)

大剂量肾上腺素对心肺复苏后大鼠脑组织 SOD、MDA 的影响. 于铁英,等. 中国医科大学学报,2007,(2)

选择性环氧化酶 2 抑制剂对梗阻性肾病大鼠肾组织中核因子 κB 和转化生长因子 β_1 的调节. 何平,等. 中国医科大学学报,2007,(2)

腺苷对大鼠心肌缺血再灌注损伤保护作用的研究. 王阳,等. 中国医科大学学报,2007,(2)
丹参诱导 pαMHC-EGFP 小鼠转基因胚胎干细胞向心肌细胞分化的作用. 于艳秋,等. 中国医科大学学报,2007,(2).
重组鼠骨形态发生蛋白 7 真核表达载体的构建及在心肌细胞中的表达. 许霁虹,等. 中国医科大学学报,2007,(3)
慢性铝暴露对大鼠认知功能及海马 MAPK 活性的影响. 邢伟,等. 中国医科大学学报,2007,(3)
体外诱导大鼠骨髓间充质干细胞向肝细胞分化的实验研究. 鲁学恒,等. 中国医科大学学报,2007,(3)
慢性乙醇摄入对大鼠单个肝窦内皮细胞结构的影响. 常冰,等. 中国医科大学学报,2007,(3)
异丙酚对大鼠肾缺血再灌注损伤肾组织病理变化的影响. 冯娅妮,等. 中国医科大学学报,2007,(3)
大鼠脑出血后脑组织 bax 蛋白表达及神经生长因子对其的影响. 高岩,等. 中国医科大学学报,2007,(3)
神经干细胞移植对大鼠脊髓损伤后 GDNF 基因表达的影响及意义. 王岩峰,等. 中国医科大学学报,2007,(3)
核因子 κB 抑制剂对大鼠胰腺移植再灌注损伤的保护作用. 吴刚,等. 中国医科大学学报,2007,(3)
环氧合酶 2 介导地氟醚延迟预处理对大鼠心脏的保护作用. 吴滨阳,等. 中国医科大学学报,2007,(3)
大鼠骨髓基质细胞体外诱导分化的研究. 赵宇,等. 中国医科大学学报,2007,(3)
RNA 干扰对小鼠脾淋巴细胞 TNF-α 表达的影响. 宋晓宇,等. 中国医科大学学报,2007,(3)
解偶联蛋白 2 在高糖致大鼠胰岛 β 细胞功能障碍中的作用. 任冬月,赵晓娟. 中国医科大学学报,2007,(3)
谷氨酰胺对内毒素性急性肺损伤大鼠肺组织细胞间黏附分子 1 的影响. 白涛,等. 中国医科大学学报,2007,(3)
骨髓干细胞移植治疗慢性马兜铃酸肾病大鼠的实验研究. 李维,等. 中国医科大学学报,2007,(3)
低剂量 γ 射线照射后小鼠脾细胞外液对胸腺细胞 DNA 辐射抗性的作用. 邹华伟,苏燎原. 中国医科大学学报,2007,(4)
大气混合污染物对大鼠 BALF 中 IFN-γ 与 CC16 水平的影响. 程阳,等. 中国医科大学学报,2007,(4)
MyoD 基因诱导大鼠成纤维细胞转化为成肌细胞的研究. 范慧敏,等. 同济大学学报(医学版),2007,(4)
多房棘球绦虫重组 BCG-Em14-3-3 疫苗免疫小鼠后脾细胞因子的动态观察. 李文桂,等. 中国医科大学学报,2007,(4)
不同日龄大鼠感染不同剂量内毒素对其血气、血糖的影响. 王虹,等. 中国医科大学学报,2007,(4)
大鼠脑微血管内皮细胞的培养. 刘政操,等. 中国医科大学学报,2007,(4)
注射腺病毒介导的 Cyr61 基因对鼠缺血心肌血管生成影响的实验研究. 付鹏,等. 中国医科大学学报,2007,(4)
K_{ATP}通道开放剂合用 Na^+/H^+ 交换阻滞剂对离体大鼠心肌梗死范围的影响. 贾大林,等. 中国医科大学学报,2007,(4)
NOD2 在阻塞性黄疸大鼠肝脏中的表达. 郑立君,等. 同济大学学报(医学版),2007,(4)
氟伐他汀对骨质疏松大鼠骨折愈合过程中白细胞介素 6 的影响. 杨茂伟,等. 中国医科大学学报,2007,(4)
复合麻醉对大鼠神经行为的影响. 聂志伟,张锦. 中国医科大学学报,2007,(4)
骨髓基质细胞与 bcl-2 基因对脑缺血大鼠疗效以及 IGF-1 表达影响的研究. 付霞,等. 中国医科大学学报,2007,(4)
降钙素基因相关肽减轻局灶性脑缺血再灌注大鼠顶叶皮质 tau 磷酸化. 张正洪,等. 中国医科大学学报,2007,(4)
小鼠单纯疱疹性角膜基质炎复发过程中 Tim-3 在角膜组织中的表达. 夏丽坤,等. 中国医科大学学报,2007,(4)
星状神经节阻滞预防大鼠应激性溃疡的实验研究. 赵广翊,等. 中国医科大学学报,2007,(4)
谷氨酰胺不同时点给药对内毒素致大鼠急性肺损伤的影响. 白涛,等. 中国医科大学学报,2007,(4)
格列美脲对大鼠心肌缺血预适应保护作用的影响. 盛春君,等. 同济大学学报(医学版),2007,(4)
咪达唑仑对缺氧复氧损伤大鼠心肌细胞凋亡的影响. 刁玉刚,等. 中国医科大学学报,2007,(4)
人参皂苷 Rg1 对急性心肌梗死大鼠血管新生的作用. 金岩,刘闺男. 中国医科大学学报,2007,(5)
慢性应激对大鼠主动脉超微结构与热休克蛋白 70 表达的影响. 夏静,等. 中国医科大学学报,2007,(5)
自发性高血压大鼠心肌 TGF-β_1 的表达及厄贝沙坦和咪哒普利的影响. 朱中生,王晋明. 中国医科大学学报,2007,(5)
核因子 κB 在博莱霉素致小鼠肺纤维化病理过程中的动态表达. 张晓晔,等. 中国医科大学学报,2007,(5)
激素对急性肺损伤大鼠 BALF 及血清 SP-A 的影响. 焦光宇,等. 中国医科大学学报,2007,(5)
尿激酶对大鼠重症急性胰腺炎肠道微循环障碍的作用. 耿东华,等. 中国医科大学学报,2007,(5)
2 型糖尿病 GK 大鼠病程进展与组织形态学改变. 徐倍,等. 同济大学学报(医学版),2007,(5)
肝部分切除后大鼠残肝一氧化氮的产生及其对肝细胞能量代谢的影响. 涂巍,等. 中国医科大学学报,2007,(5)
ClC-3 在大鼠异位心脏移植急性排斥期表达的研究. 张玉海,等. 中国医科大学学报,2007,(5)
骨形态发生蛋白 7 在单侧输尿管梗阻大鼠肾组织中的表达. 杨旭,等. 中国医科大学学报,2007,(5)
MMP-9 和 TIMP-1 在新生大鼠持续高氧暴露后肺组织中的动态表达. 刘雪雁,等. 中国医科大学学报,2007,(5)
内毒素休克大鼠心脏 IP_3 Ⅰ型及Ⅲ型受体表达的变化及意义. 王雪莲,等. 中国医科大学学报,2007,(5)

死后小鼠肾组织细胞核 DNA 变化规律的研究. 李晓娜,等. 中国医科大学学报,2007,(5)
大鼠胸深肌 GLUT4 表达的肌纤维型特异性. 张潜,等. 中国医科大学学报,2007,(6)
AMY1 基因编码 α 淀粉酶在体外培养大鼠颌下腺细胞中的表达. 周青,等. 中国医科大学学报,2007,(6)
不同途径接种乙脑病毒 prME 蛋白编码基因 DNA 疫苗所致 BALB/c 鼠的细胞免疫. 周言,等. 中国医科大学学报,2007,(6)
细胞外信号调节激酶及蛋白激酶 C_{γ} 亚型在慢性染铅小鼠脑海马中的异常表达. 高双,等. 中国医科大学学报,2007,(6)
免疫活性地龙肽的制备及其对小鼠 NK 细胞活性的影响. 傅炜昕,等. 中国医科大学学报,2007,(6).
新型循环动力模式大鼠心脏移植模型的建立. 赵曙光,等. 同济大学学报(医学版),2007,(6)
铝暴露对大鼠海马 CA1 区长时程增强及 α-CaMKⅡ活性的影响. 宗志红,等. 中国医科大学学报,2007,(6)
实验性大鼠高血压颅内动脉瘤模型的建立及发生机制的初步研究. 关俊宏,等. 中国医科大学学报,2007,(6)
成功建立小鼠心肌梗死模型的探讨. 云伟,等. 中国医科大学学报,2007,(6)
胰岛素抵抗大鼠脂联素与 IKK mRNA 表达的相关性研究. 崔丽娟,等. 中国医科大学学报,2007,(6)
锂盐治疗大鼠脊髓损伤的实验研究. 常小波,等. 同济大学学报(医学版),2007,(6)
HO-1 在大鼠异位心脏移植急性排斥期的表达研究. 张玉海,等. 中国医科大学学报,2007,(6)
弥漫性脑损伤模型大鼠细胞因子在额叶表达及血清含量变化. 王晓飞,袁治国. 中国医科大学学报,2007,(6)
腰段连续硬膜外阻滞对妊娠期高血压疾病大鼠血清 NO、SOD 的影响. 高琳琳,等. 中国医科大学学报,2007,(6)
caspase-3 基因在高氧致早产鼠慢性肺疾病中的表达及其作用. 富建华,等. 中国医科大学学报,2007,(6)
肺出血新生大鼠肺表面活性蛋白 A、B 表达变化的研究. 蔡栩栩,等. 中国医科大学学报,2007,(6)
两种大鼠生殖能力及其仔鼠生长发育指标的比较. 吴源,等. 安徽医科大学学报,2007,(5)
亚慢性吸入二硫化碳对小鼠免疫细胞损伤研究. 孙震,等. 武汉大学学报(医学版),2007,(1)
体外转染 SV40T 抗原对鼠内皮细胞周期素 D1、P53 和 P21 表达的影响. 贾俊,等. 武汉大学学报(医学版),2007,(1)
大鼠单侧耳蜗毁损后脑干听觉中枢谷氨酸脱羧酶的表达. 廖华,等. 武汉大学学报(医学版),2007,(1)
血管紧张素Ⅱ输注诱导大鼠足突滤孔膜改变增加蛋白尿产生. 朱吉莉,等. 武汉大学学报(医学版),2007,(1)
肾上腺交感神经离断术对利血平诱导大鼠肾上腺髓质增生的影响. 饶婷,等. 武汉大学学报(医学版),2007,(1)
黄芪多糖对 2 型糖尿病 KKAy 小鼠早期肾脏病理改变的影响. 郭鹏,等. 武汉大学学报(医学版),2007,(1)
氨茶碱对 TNF-α 诱导下大鼠气道平滑肌细胞中 RANTES 的影响. 曾洁,等. 武汉大学学报(医学版),2007,(1)
诊断超声波照射对大鼠睾丸总抗氧化能力、丙二醛及脂质过氧化物酶水平和生殖细胞凋亡的影响. 黄凤华,等. 武汉大学学报(医学版),2007,(1)
环磷酰胺对小鼠胚胎毒性影响的研究. 贾庆军,等. 白求恩军医学院学报,2007,(1)
川芎嗪对宫内生长受限幼鼠生长发育及脑损伤 GAP-43 蛋白表达的影响. 洪莹,等. 武汉大学学报(医学版),2007,(2)
脂多糖诱导下急性肾功能衰竭小鼠肾脏中 TOLL 样受体 4 的表达. 聂祥智,等. 武汉大学学报(医学版),2007,(2)
C_1 抑制物对过氧化氢诱导培养乳鼠心肌细胞凋亡的影响. 吴志伟,等. 武汉大学学报(医学版),2007,(2)
MMP-2,9 在羊膜移植治疗小鼠单疱病毒性角膜炎中的表达. 朱晶,等. 武汉大学学报(医学版),2007,(2)
阿托伐他汀对自身免疫性心肌炎小鼠心肌细胞外基质重构的影响. 吴辉,等. 武汉大学学报(医学版),2007,(2)
透明质酸对体外培养大鼠退变关节软骨细胞的影响. 拉希德,刘世清. 武汉大学学报(医学版),2007,(2)
青蒿素对小鼠淋巴管内皮细胞凋亡和淋巴管形成的作用. 郭燕,等. 武汉大学学报(医学版),2007,(2)
亚低温对大鼠局灶性脑缺血梗死体积及微血管新生的影响. 解燕春,等. 武汉大学学报(医学版),2007,(2)
电针足三里激活胆碱能抗炎通路抗大鼠感染性休克. 袁翔,等. 武汉大学学报(医学版),2007,(2)
IFN-α 对 SNI 神经源性疼痛模型小鼠中的镇痛作用. 刘珊,等. 武汉大学学报(医学版),2007,(2)
白藜芦醇对大鼠脊髓损伤早期凋亡的影响. 梅红军,等. 武汉大学学报(医学版),2007,(2)
裸小鼠人肝癌原位移植多药耐药模型的形态学研究. 熊茂明,等. 安徽医科大学学报,2007,(1)
高脂血症大鼠下丘脑的超微结构变化. 吴连仲,等. 安徽医科大学学报,2007,(1)
多种免疫抑制剂对肾毒血清性肾炎大鼠肾组织中 MMP-9 的表达影响. 江洁龙,等. 安徽医科大学学报,2007,(1)
糖尿病大鼠早期肾组织钙神经蛋白的表达. 梁超,等. 安徽医科大学学报,2007,(1)
依那普利联合霉酚酸酯对大鼠糖尿病肾脏结缔组织生长因子表达的影响. 袁亮,等. 安徽医科大学学报,2007,(1)
黄蜀葵总黄酮对脑卒中后抑郁模型大鼠行为学及血浆 ACTH、CORT 浓度的影响. 郝吉莉,等. 安徽医科大学学报,2007,(1)
异丙酚对大鼠肝脏缺血再灌注损伤的保护作用. 李侠,等. 安徽医科大学学报,2007,(1)

益肾复方对大鼠阿霉素肾病的作用. 王宇翎,等. 安徽医科大学学报,2007,(1)
增龄因素对鼠正畸牙牙周组织破骨细胞分化因子表达的影响. 范蓬,等. 安徽医科大学学报,2007,(1)
沙眼衣原体感染对大鼠着床期间子宫内膜上皮细胞的影响. 李平,等. 武汉大学学报(医学版),2007,(3)
自身免疫性心肌炎小鼠心肌 Annexin Ⅵ的表达及意义. 卞洲艳,等. 武汉大学学报(医学版),2007,(3)
高脂饮食诱导的胰岛素抵抗大鼠内脂素的表达水平. 周笑漪,徐焱成. 武汉大学学报(医学版),2007,(3)
粒细胞集落刺激因子对小鼠骨髓间充质干细胞的作用. 刘岐焕,等. 武汉大学学报(医学版),2007,(3)
板蓝根多糖对宿主抵抗鼠伤寒沙门菌感染能力的影响. 夏新中,等. 武汉大学学报(医学版),2007,(3)
血管紧张素转换酶 2 在大鼠肺微血管内皮细胞上的表达. 王楠,等. 安徽医科大学学报,2007,(2)
3 种方法检测 HCMV 先天性感染对老年小鼠大脑皮质细胞凋亡的比较. 赵俊,等. 安徽医科大学学报,2007,(2)
缺氧诱导因子-1α 在支气管哮喘大鼠支气管肺组织中的表达. 许锐,费广鹤. 安徽医科大学学报,2007,(2)
豹皮樟总黄酮对大鼠酒精性脂肪性肝炎的防治作用及部分机制. 王媛媛,等. 安徽医科大学学报,2007,(2)
褪黑素对 CCl_4 诱导大鼠肝纤维化模型肝星状细胞凋亡和功能的影响. 叶根深,等. 安徽医科大学学报,2007,(2)
芍药苷对佐剂性关节炎大鼠腹腔巨噬细胞吞噬功能及其产生细胞因子的影响. 王晓玉,等. 安徽医科大学学报,2007,(2)
A771726 在大鼠体内的药代动力学. 刘骅,等. 安徽医科大学学报,2007,(2)
糖皮质激素联合白芍总苷对大鼠系膜增生性肾炎的治疗作用. 冯静,等. 安徽医科大学学报,2007,(2)
PEP-1 肽介导人 Cu,Zn-SOD 转导入大鼠离体缺血再灌注损伤心脏. 柯尊平,等. 武汉大学学报(医学版),2007,(4)
β-胡萝卜素对去甲肾上腺素致大鼠心肌肥厚的保护作用. 王珣,等. 武汉大学学报(医学版),2007,(4).
阿霉素心肌病大鼠模型的建立及评价. 刘洪智,等. 武汉大学学报(医学版),2007,(4)
转化生长因子 β_3 mRNA 在小鼠磨牙牙胚发育过程中的表达. 朱奇,等. 武汉大学学报(医学版),2007,(4)
N-乙酰半胱氨酸对 GalN/LPS 引起小鼠急性肝损伤的保护作用. 王华,等. 安徽医科大学学报,2007,(3)
白芍总苷对柯萨奇 B_3 病毒感染大鼠原代心肌细胞的血清药理学干预. 李全礼,等. 安徽医科大学学报,2007,(3)
豹皮樟总黄酮对佐剂性关节炎大鼠炎症免疫功能的影响. 周利华,等. 安徽医科大学学报,2007,(3)
奇士乐对佐剂性关节炎大鼠的免疫调节作用. 姜辉,等. 安徽医科大学学报,2007,(3)
黄芪提取物对 $A\beta_{25-35}$ 所致阿尔茨海默病模型大鼠的学习记忆能力及海马神经元 Bcl-2 和 Bcl-xl 表达的影响. 张云玲,等. 安徽医科大学学报,2007,(3)
灯盏花素对糖尿病大鼠肝脏转化生长因子-β_1 表达的影响. 夏玲玲,等. 安徽医科大学学报,2007,(3)
GLT-1 参与大鼠脑缺血预处理诱导的脑缺血耐受. 耿进霞,等. 白求恩军医学院学报,2007,(4)
野菊花总黄酮体外对佐剂性关节炎大鼠的免疫调节作用. 张骏艳,等. 安徽医科大学学报,2007,(4)
野菊花总黄酮对四氯化碳致急性肝损伤小鼠的保护作用. 张玲,等. 安徽医科大学学报,2007,(4)
重组共表达质粒 pIRES-hVEGF$_{121}$cDNA/hBMP-4 在大鼠骨髓间充质干细胞中的共表达. 周志林,等. 安徽医科大学学报,2007,(4)
改良法大鼠酒精性脂肪肝模型的建立. 王晓红,等. 安徽医科大学学报,2007,(4)
2 型糖尿病大鼠模型的建立与评价. 孙俊英,等. 安徽医科大学学报,2007,(4)
嗅球摘除昆明小鼠水迷宫和跨杆运动的改变. 刘巧琼,等. 安徽医科大学学报,2007,(4)
当归对大鼠肺纤维化间质成纤维细胞的干预作用. 郭广松,汪虹. 武汉大学学报(医学版),2007,(5)
当归川芎水蛭合剂对实验性精索静脉曲张大鼠生精功能的影响. 管刚云,等. 武汉大学学报(医学版),2007,(5)
龙牡壮骨冲剂对小鼠胃肠动力和血浆血管活性肠肽的影响. 许慧,等. 武汉大学学报(医学版),2007,(5)
氟伐他汀对糖尿病大鼠肾脏核因子 κB 表达的影响. 王珍,等. 武汉大学学报(医学版),2007,(5)
白细胞介素-18、-6 在糖尿病大鼠肾脏的表达. 付秀立,李竞. 武汉大学学报(医学版),2007,(5)
丙戊酸钠对大鼠坐骨神经损伤后脊髓运动神经元的保护作用. 吴飞,等. 武汉大学学报(医学版),2007,(5)
N-乙酰半胱氨酸对大鼠急性坏死性胰腺炎的作用. 王卫星,等. 武汉大学学报(医学版),2007,(5)
促性腺激素及雌二醇对小鼠卵母细胞体外成熟的影响. 陈媛,等. 武汉大学学报(医学版),2007,(5)
病毒性心肌炎小鼠 P 物质和降钙素基因相关肽的表达和意义. 王霞,黄星原. 武汉大学学报(医学版),2007,(5)
大鼠脂肪干细胞体外定向诱导分化为脂肪细胞和成骨细胞的研究. 程文丹,等. 安徽医科大学学报,2007,(5)
大鼠关节软骨酸敏感离子通道的表达. 袁凤来,等. 安徽医科大学学报,2007,(5)
乙醇性脂肪肝模型大鼠肝脏 G 蛋白表达水平的变化. 胡超杰,等. 安徽医科大学学报,2007,(5)
吡格列酮对 T_2DM 大鼠肾脏超微结构及 NO、CRP 水平的影响. 陈丽,等. 安徽医科大学学报,2007,(5)
罗格列酮保护糖尿病大鼠肾损害及对肾组织 MCP-1 表达的影响. 郑茂,等. 安徽医科大学学报,2007,(5)
转 Nurrl 基因联合全反式维甲酸及银杏提取物诱导的神经干细胞治疗帕金森病大鼠模型. 李小元,等. 安徽医科大学学报,2007,(5)

氟作用下小鼠切牙成釉细胞的结构改变. 杨威,等. 安徽医科大学学报,2007,(5)
参附抑制缺血再灌注大鼠肠上皮细胞凋亡的作用及机制. 孟庆涛,等. 武汉大学学报(医学版),2007,(6)
Na^+/H^+交换体阻滞剂在培养乳鼠心肌细胞/复氧损伤中的保护作用及其机制. 肖斌,等. 武汉大学学报(医学版),2007,(6)
罗格列酮对动脉粥样硬化大鼠血清晚期糖基化终产物的影响及可能机制. 张黎军,等. 武汉大学学报(医学版),2007,(6)
辛伐他汀对 BALB/c 小鼠病毒性心肌炎急性期的作用及其机制. 何兵,等. 武汉大学学报(医学版),2007,(6)
Ad-hNGFβ 转染原代培养的大鼠脊髓星形胶质细胞及其生物活性研究. 王清秀,等. 武汉大学学报(医学版),2007,(6)
胆碱能抗炎通路对感染性休克大鼠肺的保护作用. 杜朝晖,等. 武汉大学学报(医学版),2007,(6)
PAI-1、u-PA、VEGF、CD34 在动脉粥样硬化鼠急性脑缺血中的表达及意义. 张克俭,等. 武汉大学学报(医学版),2007,(6)
bFGF、TGF-β 联合使用对大鼠骨骼肌卫星细胞增殖能力的影响. 黎炜英,等. 武汉大学学报(医学版),2007,(6)
IL-18 基因转染对小鼠卵巢癌 OVHM 细胞体内成瘤的影响. 崔澄,等. 白求恩军医学院学报,2007,(6)
出生后早期接触速灭威对小鼠神经发育的影响. 王志刚,等. 安徽医科大学学报,2007,(6)
鸡矢藤提取物对酵母膏和氧嗪酸钾致小鼠高尿酸血症的影响. 颜海燕,等. 安徽医科大学学报,2007,(6)
人巨细胞病毒原发感染 BALB/c 小鼠大脑皮质模型的建立. 黄维,等. 安徽医科大学学报,2007,(6)
植入前小鼠子宫内膜整合素 α_4 的表达及超微结构特点. 谢芬芬,陈晓蓉. 安徽医科大学学报,2007,(6)
去甲二氢愈创木酸对小鼠胚泡植入的影响. 朱坤,陈晓蓉. 安徽医科大学学报,2007,(6)
大鼠肝星状细胞和枯否细胞的分离与培养方法. 张磊,等. 安徽医科大学学报,2007,(6)
来氟米特对三硝基苯磺酸诱导的大鼠结肠炎模型的影响. 姚霞,等. 安徽医科大学学报,2007,(6)
麦考酚吗乙酯对糖尿病大鼠肾组织 IL-1 与 TNF-α 表达的影响. 董婧,等. 安徽医科大学学报,2007,(6)
不同剂量 6% 羟乙基淀粉 130/0.4 预先给药对大鼠内毒素性急性肾损伤的影响. 章蔚,等. 安徽医科大学学报,2007,(6)
MUC5AC 黏蛋白在哮喘大鼠肺组织的表达及红霉素的抗炎机制探讨. 王同生,等. 河南科技大学学报(医学版),2007,(1)
实验性大鼠脑挫伤后神经细胞凋亡的观察. 李凡,等. 河南科技大学学报(医学版),2007,(1)
罗格列酮对单侧输尿管梗阻大鼠 CTGF 和 TGF-β_1 表达的影响. 孟晓青,等. 河南科技大学学报(医学版),2007,(2)
毒鼠强中毒的诊治进展. 王汉斌,张晋. 中国医刊,2007,(2)
血浆置换治疗重度毒鼠强中毒 22 例. 弓荣泉. 中国临床医生,2007,(11)
不同饵料对巴颜喀拉山地区高原鼠兔与根田鼠混生害鼠的灭效对比试验. 赵廷贵. 草业与畜牧,2007,(8)
小鼠和大鼠口服氢溴酸槟榔碱的急性毒性试验. 周绪正,等. 动物医学进展,2007,(9)
猪传染性胃肠炎病毒 S 基因核酸疫苗免疫小鼠免疫器官病理组织学变化的研究. 任玲,等. 畜牧兽医科技信息,2007,(2)
毒芹对布氏田鼠的驱避作用. 郭喜红,等. 草地学报,2007,(1)
退耕还林还草地鼠害治理——几种方法防治高原鼢鼠的效果检验. 张同作,等. 草业科学,2007,(2)
D 型肉毒毒素灭高原鼠兔试验. 张绪校,等. 草业科学,2007,(2)
独立换气笼盒与开放环境对试验鼠生长的影响. 谢艳华,等. 动物医学进展,2007,(2)
念珠菌型小鼠乳房炎组织损伤程度与 C_{3c} 补体激活水平相关性的研究. 落智荣,等. 中国畜牧兽医,2007,(1)
贵德县草原鼠虫害防治四十年. 李生义. 草业与畜牧,2007,(2)
中华鼢鼠种群年龄结构与发生规律初探. 杨延彪. 草业与畜牧,2007,(2)
血清剥夺对原代培养大鼠脂肪细胞脂代谢相关基因转录表达的影响. 卢建雄,等. 畜牧兽医学报,2007,(1)
樗白皮活性成分对结肠炎模型小鼠血清相关炎性因子的影响. 程富胜,等. 中国兽药杂志,2007,(2)
鸡源蛭弧菌的分离及其对鼠伤寒沙门氏菌病的治疗作用. 李楠,等. 中国兽医杂志,2007,(1)
板蓝根凝集素的分离及其对小鼠免疫功能的影响. 张明,蒋培红. 动物医学进展,2007,(1)
国产妥曲珠利对小鼠的急性毒性和亚慢性毒性试验. 冯秀娟,等. 动物医学进展,2007,(1)
坏死梭杆菌 FN(A)p2001 株小鼠感染模型的建立. 苗利光,等. 动物医学进展,2007,(1)
改进的表面张力辅助去核法对小鼠卵母细胞去核的研究. 李井春,方南洙. 中国畜牧兽医,2007,(2)
实验鼠帕金森病治疗获重大突破. 畜牧兽医科技信息,2007,(4)
泌乳周期中外源物质对大鼠乳腺内肥大细胞数量的影响及乳腺组织内组胺含量的研究. 荆海霞,等. 畜牧兽医学报,2007,(3)
富硒麦芽对二乙基亚硝胺致肝癌大鼠低血糖症及相关体液调节因子动态变化的影响. 刘家国,等. 畜牧兽医学报,2007,(3)

携带禽流感病毒 DNA 疫苗的减毒鼠伤寒沙门菌的免疫效力.潘志明,等.中国兽医科学,2007,(2)
猪2型圆环病毒核酸疫苗的研制及其对小白鼠的免疫效果.尹业师,等.中国兽医科学,2007,(2)
豆类丝核菌次级代谢产物对小白鼠胎儿的致畸作用.邹林,等.中国兽医科学,2007,(2)
钙磷对体外培养 SD 大鼠破骨细胞生成和活化的影响.顾建红,等.中国兽医科学,2007,(2)
镉对小鼠生精细胞凋亡及 bax 和 bcl-2 基因表达的影响.张明,袁慧.中国兽医科学,2007,(3)
6-羟多巴胺对小鼠体重及其小肠黏膜结构的影响.刘梅珍,等.中国兽医科学,2007,(3)
新生大鼠大脑皮质神经元原代培养方法的建立及其活性鉴定.梅莉,等.中国兽医科学,2007,(3)
携带新城疫病毒 F 基因 DNA 疫苗的减毒鼠伤寒沙门氏菌的构建及其免疫原性.潘志明,等.中国兽医学报,2007,(1)
猪苓菌丝体多糖对小鼠免疫水平的影响.李太元,等.中国兽医学报,2007,(1)
交感神经阻断小鼠妊娠早期子宫内肥大细胞的分布.董玉兰,等.中国兽医学报,2007,(1)
苏云金芽胞杆菌伴胞晶体毒素对小鼠体内猪蛔虫三期幼虫的作用及其免疫组织化学定位.冯汉利,等.中国兽医学报,2007,(2)
Tet-on 系统诱导表达 c-myc 转基因小鼠的建立.吴红,等.中国兽医学报,2007,(2)
银杏叶提取物对大鼠脾脏免疫细胞凋亡相关蛋白 Bcl-2 和 Bax 表达的影响.何玉龙,等.中国兽医学报,2007,(2)
CpG-DNA 对金黄色葡萄球菌诱导的大鼠实验性乳腺炎的作用.朱于敏,等.中国兽医学报,2007,(2)
不同培养基对小鼠胚胎干细胞培养的影响.黄奔,等.中国兽医学报,2007,(2)
穿山甲王不留行对未性成熟小鼠乳腺实质发育的影响.巴音吉日嘎拉,等.中国兽医杂志,2007,(2)
穿山甲、王不留行对卵巢摘除小白鼠乳腺实质发育的影响研究.巴音吉日嘎拉,等.中兽医医药杂志,2007,(1)
实验性脾虚证大鼠肝脏和肌肉组织中糖原变化的组织学观察.张霞,等.中兽医医药杂志,2007,(1)
经分子修饰后的人参皂苷-Rh2 对小鼠免疫功能的影响.郭志廷,等.中兽医医药杂志,2007,(1)
淫羊藿苷对大鼠腺垂体细胞合成分泌 GTH 的影响.张森,等.中兽医医药杂志,2007,(1)
千里光提取物的小鼠骨髓微核试验.陈进军,等.中兽医医药杂志,2007,(1)
玉屏风散对小白鼠免疫功能影响的实验研究.毕玉霞,刘诗柱.中兽医医药杂志,2007,(1)
不同比例虫草培养基混合料对 SPF 级 Wistar 大鼠血液生化指标的影响.林继红,等.中国畜牧兽医,2007,(3)
不同比例虫草培养基混合料对 SPF 级 Wistar 大鼠主要脏器重量及其系数的影响.袁进,等.中国畜牧兽医,2007,(4)
鼠源性抗雄性特异性抗原噬菌体 Fab 抗体库的构建.王乃东,等.畜牧兽医学报,2007,(4)
人参皂苷-Rh2 衍生物体外诱生小鼠细胞因子的作用及对 NO 水平的影响.郭志廷,等.畜牧与兽医,2007,(1)
钩藤散对 D-半乳糖所致衰老模型小鼠相关指标的影响.黄厚才,等.畜牧与兽医,2007,(1)
棘防 E 号诱发小白鼠骨髓细胞的微核效应.蔡佩云,等.畜牧与兽医,2007,(1)
淫羊藿苷对性成熟雌性大鼠卵巢、子宫发育的影响.张森,等.中兽医医药杂志,2007,(2)
千里光提取物的小鼠精子畸形试验.于增杰,等.中兽医医药杂志,2007,(2)
PCR 方法筛选布氏田鼠小片断插入微卫星文库.王登,施大钊.草地学报,2007,(3)
人工捕捉及不同药物对高原鼢鼠的防治试验研究.马隆喜,等.草原与草坪,2007,(2)
牛磺胆酸对小鼠体内氧自由基的影响.车玉媛,李培锋.动物医学进展,2007,(4)
乙酰胆碱酯酶在硝基苯致小鼠神经毒性中的作用.邢厚娟,等.中国畜牧兽医,2007,(5)
牛输卵管上皮对小鼠胚胎发育的影响.方昌阁,等.中国畜牧兽医,2007,(5)
中华鼢鼠生物学特性的研究.杨延彪.草业与畜牧,2007,(4)
猪瘟病毒囊膜蛋白基因 pcDNA4.0-E 重组质粒的构建及其对小鼠的免疫原性.白华,等.中国兽医科学,2007,(4)
乳腺炎大鼠肾组织中 P 物质的表达与肥大细胞的形态学观察.于洪川,等.中国兽医科学,2007,(4)
IL-2 和绵羊梅迪-维斯纳病病毒核心蛋白 Gag 核酸疫苗联合免疫小鼠的免疫应答.丁忠庆,等.中国预防兽医学报,2007,(3)
肺炎支原体对大鼠气管平滑肌细胞损害作用的研究.李继昌,等.中国预防兽医学报,2007,(3)
不同黄芩成分对孕鼠免疫功能的影响.马爱团,等.中国兽医学报,2007,(3)
SLT-2e 对大鼠肠黏膜微血管内皮细胞分泌 PGI2、TXA2 和 PAF 的影响.周宏超,等.中国兽医杂志,2007,(4)
地锦草水煎液对小鼠 IFN-γ 的影响.陈福星,等.中国兽医杂志,2007,(4)
复方 SMM 缓释型注射液对大鼠的慢性毒性试验及病理组织学观察.伍莉,罗永煌.中国兽医杂志,2007,(4)
不同加工工艺的四君子汤对脾虚小鼠抗氧化能力的影响.司方方,等.中国兽医杂志,2007,(5)
丝裂霉素 C 对小鼠胎儿成纤维细胞增殖抑制作用的研究.袁龙,等.动物医学进展,2007,(5)
牛磺鹅去氧胆酸对小鼠不同免疫细胞凋亡的影响.金少琳,等.动物医学进展,2007,(6)
人乳铁蛋白转基因小鼠杂交选育的研究.黄玉政,等.动物医学进展,2007,(6)

硒对小鼠血清中细胞因子水平的调控作用研究. 荔霞,等. 中国畜牧兽医,2007,(6)
复方中药制剂对小鼠的急性毒性试验. 陈忠伟,等. 中国畜牧兽医,2007,(6)
论青海省草地鼠虫害治理的思路与对策. 拉毛,侯秀敏. 草业与畜牧,2007,(5)
单精注射法生产转基因小鼠的研究. 苗向阳,等. 畜牧兽医学报,2007,(6)
硝基苯致小鼠骨髓细胞的突变作用. 赵兰,等. 中国兽医科学,2007,(6)
肠出血性大肠杆菌 $O_{157}H_7$感染小鼠模型的研究. 陈萍,等. 中国兽医杂志,2007,(6)
喹胺醇对小鼠血清中细胞因子水平的影响. 乔莉萍,等. 中兽医医药杂志,2007,(3)
四川省草原鼠荒地调查报告. 唐川江,等. 草业科学,2007,(7)
PCI-Ghrelin-28aa 质粒微球对小鼠的促生长效应. 杨连玉,等. 中国畜牧兽医,2007,(7)
川西北草原鼠虫发生、危害趋势分析. 唐川江,等. 草业与畜牧,2007,(6)
抑制素基因免疫大鼠的免疫应答与基因表达. 茆达干,等. 畜牧兽医学报,2007,(7)
小鼠原始生殖细胞在生殖嵴的定位. 谢冰,等. 畜牧与兽医,2007,(4)
猪圆环病毒 2 型感染裸鼠及 BALB/c 小鼠的研究. 赵路易,等. 中国兽医科学,2007,(7)
四种黄柏生物碱对热应激后小鼠脾淋巴细胞体外增殖以及 IFN-γ 和 IL-4 水平的影响. 陈韩英,等. 中国兽医科学,2007,(7)
TGF-β_1 和 Smad4 及 Smad7 基因在体外培养的小鼠原代肾小管上皮细胞中表达情况的检测. 王彦英,等. 中国兽医科学,2007,(7)
福安特抗小鼠移植性肿瘤的实验研究 Ⅰ. 王婷,等. 中国兽医杂志,2007,(7)
SPF 级近交系 BALB/c 小鼠的体重、体长、尾长和脏器系数的测定. 黄小红,等. 中国兽医杂志,2007,(7)
鼠防御素 cryptdin 4 基因在杆状病毒中的表达及活性. 王尚荣,等. 中国兽医学报,2007,(4)
β-胡萝卜素对小鼠血液成分及 SOD、GSH-PX 和 CAT 活性的影响. 孙志英,等. 动物医学进展,2007,(7)
钼对大鼠肝微粒体苯胺羟化酶活力的影响. 孙素玲,程玲玲. 动物医学进展,2007,(7)
羊胎盘制剂对小鼠免疫功能的影响. 谷玉,等. 动物医学进展,2007,(7)
HSP72 在热应激小鼠囊胚中的表达及其作用. 任登良,等. 中国兽医科学,2007,(8)
12 株中国伊氏锥虫对小鼠的毒力试验. 周勇志,等. 中国预防兽医学报,2007,(6)
增强猪传染性胸膜肺炎灭活苗对小鼠保护力的研究. 王勇,等. 中国预防兽医学报,2007,(6)
表达猪传染性胃肠炎病毒 S 蛋白的重组乳酸菌口服免疫小鼠特异性免疫应答分析. 唐丽杰,等. 中国预防兽医学报,2007,(7)
贯众化合物对人工感染猪蛔虫卵小白鼠血常规的影响. 徐学前,等. 中兽医医药杂志,2007,(4)
应用背负式半自动投饵器防治地面害鼠试验. 马更禄. 草业与畜牧,2007,(7)
富硒麦芽对二乙基亚硝胺致 SD 大鼠肝癌细胞因子和血管生成的影响. 刘家国,等. 中国兽医学报,2007,(4)
地鼠及其在生命科学研究领域的应用. 李宝龙,等. 畜牧兽医科技信息,2007,(12)
雌激素对去卵巢大鼠小脑 ER、ChAT、NGF 表达的影响. 罗启慧,等. 畜牧兽医学报,2007,(9)
不同地域长爪沙鼠群体间遗传状况分析. 孙贺娟,等. 中国兽医学报,2007,(5)
辛硫磷慢性暴露对大鼠肝脏氧化应激的影响. 李慧敏,等. 畜牧兽医学报,2007,(8)
猪巴氏杆菌引起麝鼠发病死亡的诊治报告. 李志勇,等. 畜牧兽医科技信息,2007,(12)
高效氯氰菊酯通过 ERK1/2 影响小鼠睾丸睾酮合成. 王鲜忠,等. 畜牧兽医学报,2007,(9)
黄芩苷对小鼠的保胎作用及其对细胞因子的影响. 马爱团,等. 畜牧兽医学报,2007,(9)
EHEC O157 △ler/stx (pBR322stx1/2Beae)对小鼠免疫保护作用的实验研究. 陈萍,等. 中国预防兽医学报,2007,(8)
密码子优化的 PRRSV GP5 基因 DNA 疫苗在鼠体内免疫效力的评价. 侯艳红,等. 中国预防兽医学报,2007,(8)
旋毛虫排泄/分泌(ES)抗原致鼠胸腺淋巴细胞凋亡的研究. 花丽茹,等. 中国预防兽医学报,2007,(8)
F-2 毒素致体外培养大鼠睾丸支持细胞 DNA 损伤. 邬静,等. 中国兽医学报,2007,(5)
硒对体外培养小鼠成骨细胞形态、增殖和活力的影响. 冯丽芳,等. 畜牧兽医学报,2007,(8)
高原鼠兔行为格局对种群密度的响应. 马隆喜,等. 草业科学,2007,(9)
使君子提取物对感染猪蛔虫小鼠的驱虫试验. 杨继生,等. 中国畜牧兽医,2007,(8)
理塘县草原鼠虫害对畜牧业生产的影响及对策措施. 余勇,黄国勤. 草业与畜牧,2007,(8)
青海省草地鼠虫害预测预报工作现状、问题及对策. 张小红. 草业与畜牧,2007,(8)
应用生态控鼠技术持续控制草原鼠害. 何子拉,等. 草业与畜牧,2007,(8)
hok/sok-parDE 增强鼠伤寒沙门菌菌毛编码质粒稳定性研究. 杨维红,等. 动物医学进展,2007,(9)
沙冬青提取物(JA1)对小鼠肝癌 H22 细胞体外增殖和皮下移植生长的抑制. 贾宁,方梅. 中国兽医学报,2007,(5)
人参总皂苷及其衍生物对小鼠淋巴细胞和 NK 细胞免疫活性的影响. 郭志廷,等. 中国兽医学报,2007,(5)
黄南州草地鼠虫害调查及防治途径. 张芳,马青山. 草业与畜牧,2007,(9)
黄芩苷、川芎嗪对小鼠体外培养胚胎冷冻—解冻及移植效果的研究. 高建明,等. 畜牧兽医学报,2007,(10)

黄芩及其成分对 RU486 诱导小鼠流产的保胎作用及脾脏 $CD80^+$、$CD86^+$ 细胞数量的影响. 姜国均,等. 畜牧兽医学报,2007,(10)
猪脑心肌炎病毒 P1 和 P12A3C 基因重组腺病毒的构建及其在小鼠体内的免疫应答. 陈振海,等. 中国兽医科学,2007,(9)
实时荧光定量 PCR 检测 PrP 基因在金黄地鼠脑组织的动态表达. 宁章勇,等. 中国兽医杂志,2007,(9)
甘氨胆酸对小鼠免疫功能的影响. 李培锋,等. 中国兽医杂志,2007,(10)
水泡性口炎病毒核酸疫苗对 BALB/c 小鼠免疫原性研究. 周学章,等. 中兽医医药杂志,2007,(5)
白毛藤多糖对正常小鼠部分细胞因子 mRNA 表达的调节. 杨惠麟,等. 中兽医医药杂志,2007,(5)
12 个中药方剂对小鼠仔猪水肿病模型的保护率观察比较. 高立云,等. 中兽医医药杂志,2007,(5)
银杏叶提取物对大鼠大脑皮质中凋亡相关蛋白 Bcl-2 和 Bax 表达量的影响. 贺宽军,等. 中国兽医科学,2007,(9)
凸颅鼢鼠亚属 5 个种的主要形态性状变异及其聚类分析. 张向东,等. 草原与草坪,2007,(5)
猪链球菌 2 型三种重组表达蛋白对 BALB/c 小鼠的免疫保护性评价. 王华,等. 中国兽医科学,2007,(10)
蕨麻多糖对小鼠免疫细胞信号转导相关分子的影响. 胡庭俊,等. 中国兽医科学,2007,(10)
表达幽门螺杆菌外膜蛋白的重组耻垢分枝杆菌疫苗菌对小鼠的免疫保护作用. 向廷秀,等. 中国预防兽医学报,2007,(9)
氢溴酸槟榔碱对小鼠小肠推进的时效及量效关系的影响. 周绪正,等. 中国兽药杂志,2007,(11)
乳鼠成骨细胞的培养及鉴定. 卓丽玲,等. 中国兽医科学,2007,(10)
锁阳桑椹水煎液对小鼠小肠推进功能及其排便的影响. 孟凡芹. 内蒙古民族大学学报,2007,(5)
小鼠体内雌二醇残留量测定方法研究. 杨柳,等. 中国畜牧兽医,2007,(10)
西加毒素小鼠生物学检测法的建立. 朱海,等. 动物医学进展,2007,(10)
针对猪等畜类灭鼠药中毒的诊治措施. 张树元,等. 畜牧兽医科技信息,2007,(10)
交感神经对小鼠脾脏中淋巴细胞转化率的影响. 董玉兰,等. 中国兽医杂志,2007,(12)
SPE-HPLC 法测定大鼠血清中的牛磺胆酸. 侯晓礁,李培锋. 中兽医医药杂志,2007,(6)
门源县草原鼠虫害防治现状及措施. 王有良. 草业与畜牧,2007,(11)
美洲虎敌鼠钠盐中毒病例. 蔡勤辉,等. 畜牧与兽医,2007,(8)
微粉中药黄藿散对免疫抑制小鼠非特异性免疫功能的影响. 史万玉,等. 中国兽医杂志,2007,(12)
绞股蓝总皂甙对衰老小鼠 DNA 损伤的影响. 安丽霞,赵俊. 中兽医医药杂志,2007,(6)
参灵清瘟败毒口服液对小鼠免疫功能的影响. 毕玉霞,等. 中兽医医药杂志,2007,(6)
长爪沙鼠颌下腺免疫球蛋白 A 的定位分布. 刘月环,等. 中国兽医科学,2007,(12)
分泌型和非分泌型表达猪细小病毒 VP2 蛋白的重组乳酸菌经口免疫小鼠的效果分析. 徐义刚,等. 畜牧兽医学报,2007,(12)
表达 H1N1、H3N2 猪流感病毒 HA 基因重组质粒在小鼠的免疫效力. 胡永浩,等. 畜牧兽医学报,2007,(12)
应用 BALB/c 小鼠评价口蹄疫灭活疫苗的免疫效力. 智晓莹,等. 中国兽医科学,2007,(12)
姬松茸水溶性粗多糖对镉中毒小鼠血液指标的影响. 霍俊凤,等. 中国兽医科学,2007,(12)
不同硒化合物对小鼠抗氧化性损伤作用的研究. 王金秋,等. 畜牧兽医学报,2007,(12)
牛磺酸对大鼠体内抗氧化系统的影响研究. 周伟伟,卜仕金. 中国畜牧兽医文摘,2007,(3)
从中药方剂中提取的复合多糖对小鼠免疫功能的影响. 廉宜君,等. 畜牧与兽医,2007,(10)
黄土高原次生林改造林地鼢鼠发生规律研究. 崔迅,等. 西北林学院学报,2007,(1)
两种新型方法防治高原鼢鼠的比较研究. 张同作,等. 西北林学院学报,2007,(1)
两种皂荚提取物的杀鼠活性研究. 张一贞,等. 西北林学院学报,2007,(1)
曼陀罗不同生育期的杀鼠活性研究. 程明,等. 西北林学院学报,2007,(1)
林地鼢鼠发生规律与林分郁闭度的模型分析. 韩崇选,等. 西北林学院学报,2007,(5)
黄土高原次改林地林下植物与鼢鼠繁殖的关系. 郎杏茹,等. 西北林学院学报,2007,(6).
滇西北鼠疫自然疫源地齐氏姬鼠和大绒鼠对不同生境的选择. 门兴元,等. 生态学杂志,2007,(1)
黄毛鼠对第一代抗凝血灭鼠剂的抗药性监测. 冯志勇,等. 植物保护学报,2007,(4)
6 种抗凝血杀鼠剂毒饵对布氏田鼠毒效比较. 曹煜,等. 植物保护,2007,(4)
高寒草甸生态系统中高原鼠兔和高原鼢鼠的捕食风险及生存对策. 杨生妹,等. 生态学报,2007,(12)
塔里木盆地子午沙鼠鼠疫 F1 抗体实验观察. 林纪春,等. 地方病通报,2007,(1)
高碘致小白鼠甲状腺肿的实验研究. 刘永德,等. 地方病通报,2007,(1)
洞庭湖区社鼠消化道长度和质量的季节变化. 张美文,等. 生态学杂志,2007,(1)
雄性等级对布氏田鼠雌性选择的影响. 张建军,施大钊. 生态学杂志,2007,(2)
浑善达克沙地小毛足鼠的食量与食性动态. 宛新荣,等. 生态学杂志,2007,(2)
减毒沙门氏菌介导的小鼠肝炎病毒 S1 基因 DNA 疫苗的免疫特性分析. 焦红梅,等. 微生物学报,2007,(1)

四君子汤及其纳米制剂对微生态失调小鼠的调整作用. 鞠宝玲,等. 中国微生态学杂志,2007,(1)
纳米中药龙胆草复方制剂对实验性大鼠癫痫的防治作用. 施中凯,等. 中国微生态学杂志,2007,(1)
鼠伤寒沙门菌外膜蛋白与耐药性关系的分析. 刘维红,等. 中国微生态学杂志,2007,(1)
黑线毛足鼠年龄和种群密度与肝毛细线虫感染率的关系. 宛新荣,等. 生态学杂志,2007,(4)
2005 年宁夏盐池县鼠间鼠疫监测分析. 高琴,孙学东. 地方病通报,2007,(2)
新疆准噶尔盆地荒漠大沙鼠鼠疫自然疫源地调查研究概述. 于心. 地方病通报,2007,(2)
幽门螺杆菌适应性定植蒙古沙鼠前、后的蛋白质组学研究. 郭刚,等. 微生物学报,2007,(3)
胆管结扎对大鼠肠道双歧杆菌组成的影响. 赵琴丽,等. 中国微生态学杂志,2007,(2)
动态监测 Toll 样受体 4 CD14 在大鼠急性肝衰竭中的变化. 黄瑜,等. 中国微生态学杂志,2007,(2)
双歧杆菌小鼠肠道定植的优化. 蒲荣,等. 中国微生态学杂志,2007,(3)
人参多糖对低温应激大鼠颗粒细胞与卵母细胞的调节. 冯立,等. 中国微生态学杂志,2007,(3)
外周血 T 细胞亚群在小鼠结核感染中的意义. 陈兰举,等. 中国微生态学杂志,2007,(3)
一起由鼠伤寒沙门氏菌引起的食物中毒调查. 任智慧,温真. 地方病通报,2007,(3)
夏河县鼠荒地治理与牧草栽培试验. 杨延彪. 家畜生态学报,2007,(3)
黑线姬鼠(Apodemus agrarius)的种群繁殖参数及其地理分异特征. 杨再学,等. 生态学报,2007,(6)
猪瘟病毒 T 细胞表位 E290 多肽与猪细小病毒 VP2 蛋白在干酪乳杆菌中的共表达及免疫小鼠特异性抗体的测定. 徐义刚,等. 微生物学报,2007,(4)
HIF-1 调控小鼠 bace1 基因的转录表达. 王瑞山,等. 厦门大学学报(自然科学版),2007,(4)
溴敌隆竹筒毒饵站法农田灭鼠效果试验. 赵敏,等. 植物保护,2007,(2)
洞庭湖区东方田鼠种群数量预警. 李波,等. 植物保护,2007,(2)
小鼠异常行为及其继代遗传特性. 林娜,等. 生态学报,2007,(8)
新疆察布查尔锡伯自治县西南荒漠首次发现大沙鼠分布. 杨屹,等. 地方病通报,2007,(4)
纳米中药对小鼠肠道微生态失调的调整作用. 施中凯,等. 中国微生态学杂志,2007,(4)
双歧杆菌 C57BL 小鼠抗辐射能力的研究. 蒲荣,等. 中国微生态学杂志,2007,(4)
ERIC-PCR 指纹图谱技术分析糖尿病小鼠肠道细菌群落变化. 徐灵筠,等. 中国微生态学杂志,2007,(4)
纳米中药对 S180 荷瘤小鼠肠道菌群影响的研究及其防治作用. 王笑颜,等. 中国微生态学杂志,2007,(5)
新生鼠坏死性小肠结肠炎肠道菌群变化及意义. 张玲玲,等. 中国微生态学杂志,2007,(5)
左炔诺孕酮-炔雌醚对长爪沙鼠的不育效果. 霍秀芳,等. 植物保护学报,2007,(3)
食物、捕食及种间竞争对东方田鼠(Microtus fortis)种群攻击行为的作用. 杨月伟,等. 生态学报,2007,(10)
硒对糖尿病大鼠骨密度影响的初步研究. 王海军,等. 家畜生态学报,2007,(4)
高频饮用牛奶和葡萄糖对雌性大鼠生殖机能的影响. 宋亚军,等. 家畜生态学报,2007,(4)
塔原牌食用红花籽油对 KM 鼠精子致畸试验. 徐艺玫,等. 地方病通报,2007,(6)
维生素 C、E 对氟中毒大鼠肝、肾、脑组织形态学变化的干预作用. 阿斯木古丽·克力木,等. 地方病通报,2007,(6)
饥饿和食物单宁酸对东方田鼠(Microtus fortis)食物摄入量和觅食行为的影响. 李俊年,等. 生态学报,2007,(11)
人胰岛素基因在乳酸菌中的表达及其对非肥胖糖尿病(NOD)小鼠的作用. 陈思维,等. 微生物学报,2007,(6)
染尘染毒大鼠呼吸道微生态的变化. 李舒音,等. 中国微生态学杂志,2007,(6)
蚕蛹油对大鼠非酒精性脂肪肝形成的影响. 何自立,等. 中国微生态学杂志,2007,(6)
冰醋酸致小鼠实验性腹膜炎模型的研究. 范红斌,等. 中国微生态学杂志,2007,(6)
短小棒状杆菌对小鼠实体瘤及免疫功能的影响. 吕鹏,等. 中国微生态学杂志,2007,(6)
冷应激大鼠睾丸细胞 AR 和 ABP 的检测. 王洪军,等. 中国微生态学杂志,2007,(6)
锌对小鼠血清中细胞因子水平的调控作用研究. 荔霞,等. 家畜生态学报,2007,(6)
基于毛髓质指数探讨甘肃鼢鼠、高原鼢鼠、秦岭鼢鼠的分类地位(英文). 吴攀文,等. 动物分类学报,2007,(3)
小鼠感染合胞病毒与鼠流感病毒后肺脏病理学比较研究. 杨光,等. 四川动物,2007,(3)
EGFP 小鼠 ES 细胞来源的生殖系嵌合小鼠的获得和鉴定. 段彪,等. 动物学研究,2007,(4)
保加利亚北部地区匈牙利小家鼠的空间组织结构(英文). Daniela M. SIMEONOVSKA-NIKOLOVA. 动物学报,2007,(1)
尾部悬吊对达乌尔黄鼠比目鱼肌形态及 mATP 酶活性的影响. 王琦,等. 动物学报,2007,(1)
溶血卵磷脂对小鼠及鸡脑突触体内钙离子浓度的升高作用. 李晓华,等. 动物学报,2007,(1)
出生后小鼠睾丸不同发育期 TIMP-4 的表达. 卜淑敏,等. 动物学报,2007,(1)
雌激素在脑缺血诱导的大鼠齿状回神经再生中的作用(英文). 王明,等. 动物学研究,2007,(1)
应用分子粪便学方法调查太阳岛地区灰松鼠性别比例. 张震,白秀娟. 经济动物学报,2007,(1)
白腹鼠属几个相似种的差异探讨. 李裕冬,等. 四川动物,2007,(1)
蓖麻籽提取物抗雌鼠生育活性成分体外筛选方法的建立. 张小雪,等. 四川动物,2007,(1)

C57BL/6 小鼠幽门螺杆菌感染动物模型的建立. 周冬仁,等. 四川动物,2007,(1)
地鼠繁殖方式的改进与规模化生产. 张水田,等. 四川动物,2007,(1)
雌性 SD 大鼠缺铁性贫血模型的建立. 魏华英,等. 四川动物,2007,(1)
营地下生活鼠的种类及其分布. 李月明,李金钢. 四川动物,2007,(1)
Tw 近交系小鼠的遗传鉴定和罕见基因分析. 刘双环,等. 中国实验动物学报,2007,(1)
金黄地鼠高血脂模型的建立. 郭金英,等. 中国实验动物学报,2007,(1)
Oct4 对鼠—猪异种核移植胚胎早期发育的影响. 阎新龙,等. 中国实验动物学报,2007,(1)
T 淋巴细胞在小鼠肾缺血再灌注损伤中的作用. 陈恕求,等. 中国实验动物学报,2007,(1)
流行性和动物源性刺突蛋白变异重组 SARS-CoV 攻毒老龄鼠检验疫苗有效性. 孔琪. 中国实验动物学报,2007,(1)
利用体内冷冻技术对蛋白过载鼠肾血清蛋白进行免疫组化分析. 孔琪. 中国实验动物学报,2007,(1)
化疗损伤性卵巢功能早衰小鼠动物模型的研究. 艾浩,等. 中国实验动物学报,2007,(1)
阻断子宫动脉建立 FGR 大鼠模型的研究. 颜耀华,等. 中国实验动物学报,2007,(1)
小鼠卵巢促性腺激素受体的免疫组化定位. 吴馨培,王树迎. 中国实验动物学报,2007,(1)
钩藤散浸膏对小鼠记忆障碍模型的影响. 黄厚才,等. 中国实验动物学报,2007,(1)
kitl 非编码区突变导致 RNA 剪切异常的小鼠. 薛整风,等. 动物学报,2007,(2)
棕色田鼠幼仔对双亲气味的行为反应. 王建礼,等. 动物学杂志,2007,(2)
麝鼠香腺泌香的组织学观察. 陈玉山,等. 动物学杂志,2007,(2)
压力后负荷增高大鼠心肌肥厚向心力衰竭的转变. 宋晓东,等. 中国实验动物学报,2007,(2)
金黄地鼠胰岛素抵抗和糖尿病动物模型的建立. 朱颖,等. 中国实验动物学报,2007,(2)
大分子葡萄糖酐所致血瘀模型小鼠中偶氮蓝渗出量与血瘀程度的相关性. 宋崇顺,等. 中国实验动物学报,2007,(2)
^{125}Ⅰ标记的 Flt4 多抗检测荷瘤小鼠前哨淋巴结的探讨. 李生娇,等. 中国实验动物学报,2007,(2)
SPF 级大鼠自发性乳腺肿瘤的流行病学与病理学特点. 赵磊,等. 中国实验动物学报,2007,(2)
卡维地洛对顺铂所致大鼠肾毒性预防作用的形态学研究. 张艳梅,等. 中国实验动物学报,2007,(2)
雌/雄激素比例对去势大鼠前列腺体积及其脏器系数的影响. 刘向云,等. 中国实验动物学报,2007,(2)
SPF 级金黄地鼠的主要生物学特性. 谢夏阳,等. 中国实验动物学报,2007,(2)
表达人源 VEGF-A 小鼠模型的建立及抗 VEGF 抗体研究. 孔琪. 中国实验动物学报,2007,(2)
自体内皮前体细胞移植对急性心肌梗死大鼠微血管新生及心功能的影响. 洋思林,等. 中国实验动物学报,2007,(2)
MPTP 对小鼠帕金森病造模条件探讨. 刘树民,等. 中国实验动物学报,2007,(2)
两种抗冷冻剂对不同品系小鼠精子冷冻的影响. 狄敏,等. 中国实验动物学报,2007,(2)
雌性根田鼠断奶后对亲本尿气味的记忆. 孙平,等. 动物学研究,2007,(2)
浑善达克沙地三趾跳鼠的食性与繁殖特征的初步分析. 张新阶,等. 动物学杂志,2007,(3)
凉水自然保护区松鼠与星鸦对红松种子分散贮藏的特征分析. 宗诚,等. 动物学杂志,2007,(3)
2 型糖尿病大鼠模型的肾脏和动脉血管并发症. 叶春玲,等. 中国实验动物学报,2007,(3)
人 Man2c1 转基因小鼠外周血中性粒细胞和 $CD8^+$ T 细胞的调节. 刘红霞,等. 中国实验动物学报,2007,(3)
实时荧光定量 PCR 法检测转基因小鼠拷贝数. 王晓建,等. 中国实验动物学报,2007,(3)
成年小鼠心肌细胞的分离培养及鉴定. 王丽娟,等. 中国实验动物学报,2007,(3)
IVF-20 培养液用于大鼠体外受精的实验研究. 张春燕,等. 中国实验动物学报,2007,(3)
老龄 ICR 小鼠对 SARS-CoV 的易感性. 杨秀红,等. 中国实验动物学报,2007,(3)
用 19 个生化基因位点研究普通级 Z：ZCLA 长爪沙鼠的遗传多样性. 刘月环,等. 中国实验动物学报,2007,(3)
利用超数排卵方法高效获取小鼠休眠胚胎. 芦天罡,等. 中国实验动物学报,2007,(3)
乳鼠成骨细胞体外培养. 刘岳强,等. 中国实验动物学报,2007,(3)
年龄与性别相关的大鼠视皮层树突形态变化(英文). 徐业华,等. 动物学研究,2007,(3)
四川南充市郊区鼠型小兽群落组成研究. 申跃武,等. 四川动物,2007,(3)
人工饲养条件下根田鼠肥满度的研究. 都玉蓉,等. 四川动物,2007,(3)
四川省兽类一新记录——猪尾鼠. 刘洋,等. 四川动物,2007,(3)
雄性布氏田鼠包皮腺中的昆虫信息素类似物编码的性别和个体信息(英文). 张健旭,等. 动物学报,2007,(4)
基于线粒体细胞色素 b 基因的中国大沙鼠系统地理格局. 宁恕龙,等. 动物学报,2007,(4)
昆明小鼠下丘神经元对调频声的反应(英文). 李安安,等. 动物学报,2007,(4)
Epigallocatechin-3-gallate 对原代大鼠脂肪细胞脂肪分解及 HSL、TGH 转录表达的影响. 张利红,等. 动物学报,2007,(4)
寡聚核苷酸探针在近交系小鼠遗传检测中的应用. 王芳,等. 动物学杂志,2007,(4)

用于脑缺血小鼠海马 SOD1 表达的改进灌注固定法. 李宝红,等. 动物学杂志,2007,(4)
博莱霉素静脉注射制备小鼠肺间质纤维化模型. 张晓晔,等. 中国实验动物学报,2007,(4)
红色荧光和绿色荧光转基因小鼠模型的建立. 冯娟,等. 中国实验动物学报,2007,(4)
15-KETE 对大鼠肺动脉平滑肌细胞钾离子通道的作用. 郭守利,等. 中国实验动物学报,2007,(4)
30 周糖尿病大鼠胃排空与幽门螺杆菌的检测. 陆英杰,等. 中国实验动物学报,2007,(4)
软骨多糖诱导小鼠 S_{180} 细胞凋亡的作用机制. 张国蓉,等. 中国实验动物学报,2007,(4)
脂多糖对大鼠实验性变应性鼻炎的影响. 刘颖,等. 中国实验动物学报,2007,(4)
度他雄胺对大鼠附睾精子成熟和生育的影响. 谢淑武,等. 中国实验动物学报,2007,(4)
化疗性静脉炎小鼠模型的建立. 黄吉春,等. 四川动物,2007,(3)
肿瘤转移抑制因子基因 MRP-1/CD9 对小鼠胚胎着床影响的研究. 赵邦霞,等. 四川动物,2007,(3)
大耳姬鼠对滇西北 18 种植物种子的捕食. 王博,杨效东. 动物学研究,2007,(4)
博莱霉素与博莱霉素 A5 诱导小鼠肺组织损伤的差异. 张晓晔,等. 中国实验动物学报,2007,(5)
MKR 转基因小鼠糖尿病发病特点的初步探讨. 喻嵘,等. 中国实验动物学报,2007,(5)
屋尘螨致敏/激发小鼠气道变态反应性炎症模型的构建. 毕玉田,等. 中国实验动物学报,2007,(5)
BALB/c 和 ICR 小鼠的学习记忆能力等行为学研究. 高翠英,崔秀玉. 中国实验动物学报,2007,(5)
不同剂量法舒地尔对压力负荷心力衰竭大鼠心肌细胞凋亡和凋亡相关基因表达的影响. 佟浩,张曼. 中国实验动物学报,2007,(5)
中华鼢鼠的分类与分布. 金一,等. 经济动物学报,2007,(3)
基于四环素调控系统的 ApoE-rtTA/TRE-HCV-C 双转基因小鼠的制备. 杨国柱,等. 中国实验动物学报,2007,(5)
$(GTG)_5$ 探针产生的 DNA 指纹图在近交系小鼠遗传检测中的应用. 王芳,等. 中国实验动物学报,2007,(5)
生长抑素在大鼠乳腺组织中的分布和定位. 王月影,等. 中国实验动物学报,2007,(5)
种间竞争对同域分布田鼠种群动态的影响(英文). Lowell L. GETZ,等. 动物学报,2007,(5)
维生素 E 对 TCDD 染毒小鼠白细胞介素和 T 细胞亚群的影响. 周显青,等. 动物学报,2007,(5)
Kit 基因无义突变导致 W^{-3Bao} 小鼠显性白斑形成. 薛整风,等. 动物学报,2007,(5)
自愿转轮运动对长爪沙鼠身体组成的影响. 胡振东,等. 动物学杂志,2007,(5)
高原鼢鼠四肢骨的进化适应性分析. 林恭华,等. 动物学杂志,2007,(5)
大鼠胎儿期噪声暴露对成年后听觉目标探索行为的影响. 高菲,等. 动物学杂志,2007,(5)
谷胱甘肽-硫-转移酶 M2 基因在小鼠生殖器官中的表达. 宇兴江,等. 动物学杂志,2007,(5)
大鼠颈段脊髓灰质板层及其细胞构筑. 李东印,等. 动物学杂志,2007,(5)
甘肃鼢鼠骨骼 13 种微量元素测定. 王栋,等. 动物学杂志,2007,(5)
蓖麻粗毒的分离、提取及野外灭鼠初步试验. 高杉,等. 四川动物,2007,(4)
应用马尔可夫链模型预测长爪沙鼠和黑线仓鼠种群数量. 武文华,等. 动物学杂志,2007,(6)
葡萄糖对 ICR 小鼠胚胎体外发育的影响. 丁芳,等. 动物学研究,2007,(5)
蓖麻油微胶囊化及对鼠抗生育研究. 丁祥,等. 四川动物,2007,(4)
CpG 基序重组质粒增强小鼠免疫和抗病力的效应. 靳艳,等. 四川动物,2007,(4)
小鼠肌母细胞的增殖与分化. 王丽霞,等. 四川动物,2007,(4)
C57BL/6J 小鼠在构建 2 型糖尿病模型中体重和非空腹血糖浓度的异常变化(英文). 牛屹东,等. 动物学研究,2007,(5)
昆明小鼠物体识别模型的建立及其在检测化学药物对记忆损伤中的应用. 车轶,等. 动物学研究,2007,(5)
丙二醛对大鼠空间学习、记忆能力及海马 CA1 区超微结构的影响. 陈菁菁,等. 动物学报,2007,(6)
老龄小鼠卵母细胞发育过程中组蛋白乙酰化修饰的改变. 王丹秋,等. 动物学报,2007,(6)
父系遗传背景对小鼠体细胞核移植效率的影响. 严兴荣,等. 动物学报,2007,(6)
国产丝裂霉素处理的胎儿成纤维细胞支持具有生殖系转化能力的小鼠胚胎干细胞的分离. 魏著英,等. 动物学研究,2007,(6)
小鼠皮肤及其毛囊早期发育的组织学观察. 王博,等. 中国实验动物学报,2007,(6)
金黄地鼠封闭群 SPF 化后的微卫星遗传学检测. 商海涛,等. 中国实验动物学报,2007,(6)
单侧输尿管梗阻法制作大鼠肾间质纤维化模型的改进. 刘克剑,等. 中国实验动物学报,2007,(6)
2 型糖尿病大鼠模型制备的影响因素及其特点. 何清华,等. 中国实验动物学报,2007,(6)
人 ACE2 转基因小鼠对 SARS-CoV 的易感性. 杨秀红,等. 中国实验动物学报,2007,(6)
血卟啉在 H-22 肝癌荷瘤小鼠体内的分布. 王攀,等. 中国实验动物学报,2007,(6)
量子信息对应效应理论探讨——量子治疗仪对小鼠血清睾丸酮的影响. 武华文,等. 中国实验动物学报,2007,(6)
雌雄清洁级金黄地鼠生长发育规律的比较研究. 任东波,等. 经济动物学报,2007,(4)
杀鼠迷对布氏田鼠毒力及应用初探. 高志祥,等. 农药,2007,(3)

高效液相色谱法拆分溴鼠灵异构体及测定溴鼠灵含量. 李世忠,吕宁. 农药,2007,(6)
鼠药成为灭杀洞庭20亿鼠患重要武器. 钟和. 农药市场信息,2007,(16)
约氏疟原虫感染早期抵抗和易感小鼠Th1反应特点的实验研究. 刘英杰,等. 寄生虫与医学昆虫学报,2007,(1)
大头金蝇幼虫油脂对小鼠的降血脂作用. 赵福,等. 昆虫学报,2007,(2)
拟黑多刺蚁提取液可缓解小鼠体力疲劳. 张庆华,吕晓华. 昆虫知识,2007,(2)
杀鼠醚原药高效液相色谱分析方法研究. 吴进龙,等. 农药科学与管理,2007,(4)
约氏疟原虫感染小鼠的巨噬细胞表面吞噬相关分子的研究. 崔洋,等. 寄生虫与医学昆虫学报,2007,(2)
恶性疟疾的免疫缺陷小鼠模型研究进展. 姚风兰,王恒. 寄生虫与医学昆虫学报,2007,(2)
家蝇幼虫提取物对辐射小鼠的免疫调节作用. 刘彬,等. 昆虫学报,2007,(9)
弓形虫排泄-分泌抗原鼻内免疫小鼠诱导体液免疫应答的动态观察. 殷国荣,等. 寄生虫与医学昆虫学报,2007,(3)
几种主要杀鼠剂原药产品登记概况. 刘刚. 农药市场信息,2007,(18)
农业部加大力度防控洞庭湖区鼠情. 龙新. 农药市场信息,2007,(15)
2种灭鼠剂混配毒饵对黄胸鼠的毒杀效果观察. 段润宁,等. 中华卫生杀虫药械,2008,(6)
压塑式多功能毒鼠盒制备及现场灭鼠效果研究. 第五进学,等. 中华卫生杀虫药械,2008,(1)
滇西纵谷齐氏姬鼠、大绒鼠鼠疫疫源地野鼠病原学及血清学最低抽检量的研究. 纪佳君,宋志忠. 医学动物防制,2008,(1)
武汉市居民区外环境鼠洞灭鼠研究. 吴太平,等. 中华卫生杀虫药械,2008,(5)
敌鼠隆现场灭鼠效果观察. 张连奎. 中华卫生杀虫药械,2008,(5)
山东省文登市农村鼠种密度调查. 于军华,崔凌燕. 预防医学情报杂志,2008,(1)
安全学习对大鼠中毒性伙伴效应的影响. 解灵军,等. 医学动物防制,2008,(1)
旅客列车鼠情调查及应对策略效果评价研究. 戚剑雄,等. 中华卫生杀虫药械,2008,(6)
常州市城区不同区域划分方法灭鼠效果观察. 毛浩丹,等. 中华卫生杀虫药械,2008,(6)
大型综合商场灭鼠方法探讨. 曾文秋,等. 中华卫生杀虫药械,2008,(6)
泉州市丰泽区鼠形动物及其寄生蚤调查报告. 张丽玲,等. 海峡预防医学杂志,2008,(6)
长沙市巩固灭鼠先进市技术措施. 李平非,等. 中华卫生杀虫药械,2008,(1)
旅客列车灭鼠灭蟑用药与绿色环保关系的研究. 李怀银. 医学动物防制,2008,(4)
流行性出血热与鼠的防控. 吴光华,姜志宽. 中华卫生杀虫药械,2008,(2)
无锡市鼠密度及季节消长调查研究. 沈元,等. 中华卫生杀虫药械,2008,(2)
本溪市流行性出血热宿主鼠调查. 张凤顺,等. 中华卫生杀虫药械,2008,(2)
40例不同场所灭鼠的做法与效果及经验. 沈建忠,等. 中华卫生杀虫药械,2008,(2)
嗅觉信息在大鼠中毒伙伴效应中的作用. 解灵军,等. 医学动物防制,2008,(5)
溴敌隆毒饵在鼠疫疫区毒杀黄胸鼠的效果观察. 杨升丽,等. 医学动物防制,2008,(5)
生物不育灭鼠饵剂在实验室的效果观察. 马玉林,等. 医学动物防制,2008,(6)
2006年9月至2007年8月宁安市鼠密度调查. 吴红维,石顺增. 医学动物防制,2008,(6)
新型列车专用鼠饵盒现场性能测试. 戚剑雄,等. 中华卫生杀虫药械,2008,(3)
鼠和蟑螂侵害状况调查及防治策略分析. 吴丰德,朱相仪. 中华卫生杀虫药械,2008,(4).
在一艘二手船舶发现严重鼠患及处理措施. 薛新春,袁军. 中华卫生杀虫药械,2008,(4)
玉环县城区2007年秋季灭鼠技术总结. 张海央,等. 医学动物防制,2008,(9)
南京江滩鼠密度的调查与分析. 徐承龙,等. 中华卫生杀虫药械,2008,(5)
一例客轮硫酰氟熏蒸灭鼠的应用研究. 金朝荣,等. 中华卫生杀虫药械,2008,(5)
厦门市常见鼠形动物及其感染广州管圆线虫调查. 汪家旭,等. 中华卫生杀虫药械,2008,(5)
生物不育灭鼠饵剂现场鼠类控制效果研究. 沈元,等. 现代预防医学,2008,(21)
2007年招远市鼠密度调查报告. 宋英前. 医学动物防制,2008,(8)
东南亚常见害鼠种类及其检索. 郑剑宁,裘炯良. 医学动物防制,2008,(10)
中小饭店两种不同投毒方式的灭鼠效果比较. 陈强,蔡恩茂. 医学动物防制,2008,(10).
湖北省蕲春县褐家鼠对抗凝血灭鼠剂的抗药性研究. 王谷生,等. 中国媒介生物学及控制杂志,2008,(6)
口岸截获的一种外来媒介印度大沙鼠形态及生物学(啮齿目鼠科). 王广鹏,等. 中国媒介生物学及控制杂志,2008,(6)
杀鼠迷应用于库区预防性灭鼠的效果观察. 邓秋云,等. 中国媒介生物学及控制杂志,2008,(3)
特殊环境(冷库)双氯敌鼠铵防治褐家鼠药效观察. 曲宝泉,等. 中国媒介生物学及控制杂志,2008,(4)
3种抗凝血灭鼠剂实验室及现场灭鼠效果比较. 孙亮,等. 中国媒介生物学及控制杂志,2008,(5)
哈尔滨市阿城区肾综合征出血热疫区鼠种构成及带病毒率分析. 王岗. 中国媒介生物学及控制杂志,2008,(6)
旅游船鼠密度控制效果观察. 薛宏俊,等. 中国媒介生物学及控制杂志,2008,(6)

福鼎市鼠传疾病调查. 庄睿,等. 中国媒介生物学及控制杂志,2008,(6)
采用综合措施防制褐家鼠效果观察. 钟晓华,等. 中国媒介生物学及控制杂志,2008,(1)
野生白腹巨鼠体内寄生虫感染情况检查. 吴军,等. 华南预防医学,2008,(1)
上海浦东国际机场鼠形动物及体外寄生物调查名录. 丁鲁民,徐友祥. 中国媒介生物学及控制杂志,2008,(2)
溴敌隆毒饵灭鼠效果观察. 许志广,张稷博. 中国媒介生物学及控制杂志,2008,(2)
伊通县肾综合征出血热疫区灭鼠措施及其效果. 王志贵,等. 中国媒介生物学及控制杂志,2008,(2)
对鼠疫疫区“灭鼠拔源”的反思. 汪诚信. 中国媒介生物学及控制杂志,2008,(3)
灭鼠句鼱毒饵与普通灭鼠毒饵效果对比试验. 李洪,等. 中国媒介生物学及控制杂志,2008,(3)
黔东南州家鼠型肾综合征出血热自然疫源地调查. 吴念标,等. 中国媒介生物学及控制杂志,2008,(3)
大仓鼠对5种灭鼠剂的实验室选择性试验. 曹煜,等. 中国媒介生物学及控制杂志,2008,(4)
大沙鼠鼠疫及其媒介蚤地理分布和流行病学意义的探讨. 于心,黎唯. 中国媒介生物学及控制杂志,2008,(4)
2007年朝阳市区鼠密度监测. 潘丽杰,郭瑞珍. 中国媒介生物学及控制杂志,2008,(4)
浙江省在鼠形动物中检测到伯氏疏螺旋体. 姜理平,等. 中国媒介生物学及控制杂志,2008,(5).
阿拉山口口岸周边野外区鼠情监测报告. 郭刚,等. 口岸卫生控制,2008,(5)
毒饵灭鼠技术的若干问题. 郭天宇. 口岸卫生控制,2008,(5)
2007年新疆阿拉山口口岸地区鼠情监测对比分析报告. 叶志辉,等. 口岸卫生控制,2008,(6)
长春龙嘉国际机场口岸鼠间肾综合征出血热监测. 贺晨,等. 口岸卫生控制,2008,(1).
肾综合征出血热全球播散鼠种和时间尺度的研究. 杨海,等. 中国人兽共患病学报,2008,(3).
基因修饰小鼠应用于心脏研究的进展从小鼠到人类,从基因到临床. 杜晓军. 西安交通大学学报(医学版),2008,(3)
小鼠Neuronatin基因真核表达载体构建及其蛋白产物的检测. 余利红,等. 中山大学学报(医学科学版),2008,(S1)
禽流感H5N1亚型病毒感染BALB/c小鼠的疾病动物模型. 刘忠华,等. 中山大学学报(医学科学版),2008,(S2)
苍术合剂抗大鼠溃疡性结肠炎的作用及抗氧化机制研究. 宁海容,等. 中山大学学报(医学科学版),2008,(S1)
5-Aza联合低浓度HS分阶段诱导人和大鼠BMMSC向肌细胞分化的研究. 陈永乐,等. 中山大学学报(医学科学版),2008,(S2)
在大鼠脑发育过程中Cdk5激活剂(p39)mRNA的表达. 才晓慧,等. 中山大学学报(医学科学版),2008,(S2)
不同剂量苯那普利对自发性高血压大鼠肾小球硬化的影响. 石成钢,等. 中山大学学报(医学科学版),2008,(S1)
创伤性休克大鼠肝组织TNF-α mRNA表达变化及甘氨酸对其的影响. 邓哲,等. 中山大学学报(医学科学版),2008,(S1)
短时间周期性母婴分离与慢性疼痛对幼鼠空间学习记忆的影响. 李玉娟,等. 中山大学学报(医学科学版),2008,(S1)
保肝宁对肝纤维化大鼠瘦素及瘦素受体的影响. 贺松其,等. 南方医科大学学报,2008,(1)
六味地黄丸对自发性2型糖尿病大鼠血浆脂联素水平的影响. 钱毅,等. 南方医科大学学报,2008,(1)
清脂软胶囊对实验性高脂模型大鼠脂肪肝变性程度及对血脂水平的影响. 佟丽,等. 南方医科大学学报,2008,(1)
高温复合脂多糖应激大鼠血清尿素和肌酐的变化特点. 刘宏华,等. 南方医科大学学报,2008,(1)
免疫层析试纸条检测轻度感染小鼠肉汁抗旋毛虫抗体的研究. 王中全,等. 中国人兽共患病学报,2008,(1)
父方否决细胞对小鼠半相合干细胞移植模型移植物抗宿主病的预防作用. 王三斌,等. 南方医科大学学报,2008,(1)
慢性盐负荷对Ang Ⅱ模型大鼠血压及血管平滑肌氯通道表达的影响. 方媛,等. 南方医科大学学报,2008,(1)
荷S-180移植瘤小鼠血清干扰素γ含量的变化及免疫调节药物的干预作用. 李丽,等. 南方医科大学学报,2008,(1)
五溴联苯醚对大鼠甲状腺影响的时效关系研究. 杜凤英,詹平. 四川大学学报(医学版),2008,(1)
PCNA在PTU致大鼠甲状腺增生效应中的表达规律. 张素才,等. 四川大学学报(医学版),2008,(1)
黄芪注射液对大鼠缺血再灌注小肠黏膜氧化损伤的影响. 张劲军,等. 中山大学学报(医学科学版),2008,(6)
何首乌对Aβ(1-40)诱导的AD大鼠海马线粒体膜流动性及COX活性的影响(英文). 侯德仁,等. 中南大学学报(医学版),2008,(11)
骨髓间质干细胞对大鼠移植物抗宿主效应和脾脏结构的影响. 雷俊霞,等. 中山大学学报(医学科学版),2008,(6)
小鼠真皮间充质干细胞的体外培养和标记. 毛越苹,等. 中山大学学报(医学科学版),2008,(6)
抗ICOS单抗与小剂量环孢素A联用对大鼠心脏移植慢性排斥反应的影响. 赵于军,等. 中南大学学报(医学版),2008,(11)

氯通道阻滞剂 DIDS 对自发高血压大鼠左心室有效不应期及心室颤动阈值的影响. 黄至斌,等. 中山大学学报(医学科学版),2008,(6)
大鼠腓总神经端侧吻合于胫神经再生神经的逆行追踪. 魏佑震,等. 中山大学学报(医学科学版),2008,(6)
异氟醚麻醉对大鼠海马乙酰胆碱释放昼夜节律的影响. 谭红鹰,等. 中山大学学报(医学科学版),2008,(6)
慢性 EAE 模型 C57BL/6J 小鼠脑和脊髓 EBI3 和 p28 mRNA 表达. 颜津津,等. 中南大学学报(医学版),2008,(11)
原代培养小鼠皮层神经细胞对淀粉样蛋白的内化作用. 钱亦华,等. 中南大学学报(医学版),2008,(11)
小鼠肝脏细胞质膜蛋白质组的提取和二维液相色谱分离. 李红梅,等. 南方医科大学学报,2008,(11)
七叶皂苷钠对大鼠局灶性脑缺血再灌注后 MMP-9 和 LN 表达的影响. 张韶华,等. 西安交通大学学报(医学版),2008,(6)
沙棘果油及沙棘籽油对大鼠放射性皮肤损伤的影响. 王养正,等. 西安交通大学学报(医学版),2008,(6)
三甲益肝冲剂对实验性肝纤维化大鼠脂质过氧化的影响. 张超贤,等. 西安交通大学学报(医学版),2008,(6)
结核杆菌磷酸烯醇型丙酮酸羧基酶诱导小鼠细胞和体液免疫应答. 柏雪莲,等. 中国人兽共患病学报,2008,(12)
饲料加硼对摄入过量氟的实验大鼠骨损伤的预防作用. 许鹏,等. 西安交通大学学报(医学版),2008,(6)
EPO 对早期糖尿病大鼠肾脏的保护作用. 凌厉,朱本章. 西安交通大学学报(医学版),2008,(6)
长期应用糖皮质激素对大鼠股骨头骨组织 OPG/RANKL mRNA 表达的影响. 王建忠,等. 西安交通大学学报(医学版),2008,(6)
单侧黑质纹状体通路损毁诱发大鼠伏核神经元放电频率增加. 张巧俊,等. 西安交通大学学报(医学版),2008,(6)
Ref-1 在阿尔茨海默病大鼠海马 CA1 区表达的研究. 吴海琴,等. 浙江大学学报(医学版),2008,(6)
加压素对大鼠内耳水通道蛋白 7 表达的影响. 顾凤明,张连山. 中国医学科学院学报,2008,(6)
枫糖对小鼠抗运动疲劳能力的影响. 张桂英,等. 西安交通大学学报(医学版),2008,(6)
尾加压素Ⅱ及其受体在大鼠肾成纤维细胞中的表达及银杏叶的干预作用. 王丹,等. 吉林大学学报(医学版),2008,(6)
二氢杨梅素对糖耐量异常大鼠氧化和非酶糖基化的影响. 陈静,等. 吉林大学学报(医学版),2008,(6)
马钱子复合生物碱成分抑制成年大鼠海马神经前体细胞的分裂作用. 龚芝,等. 南方医科大学学报,2008,(12)
利用 SYBR Green Ⅰ实时定量 PCR 检测大鼠 P 物质 mRNA 方法的建立. 于挺敏,姚刚. 吉林大学学报(医学版),2008,(6)
小鼠胚胎成纤维细胞的转染与阳性细胞的初步筛选. 姜秋,等. 吉林大学学报(医学版),2008,(6)
甘氨酸对新生大鼠离体延髓脑片呼吸节律性放电活动的调制. 程静,等. 南方医科大学学报,2008,(12)
TRPM 及 TRPV 家族 mRNA 在大鼠生精细胞中的表达. 李世林,等. 南方医科大学学报,2008,(12)
成年小鼠脑室下区神经干细胞培养与鉴定体系的建立. 胡继良,等. 南方医科大学学报,2008,(11)
氧化应激对大鼠心肌梗死后心室重构的影响. 周淑娴,等. 南方医科大学学报,2008,(11)
尾加压素Ⅱ对体外高糖培养大鼠肾小球系膜细胞增殖的影响及其意义. 赵岩,等. 吉林大学学报(医学版),2008,(6)
两种麻醉方式对荷瘤大鼠肿瘤转移的影响. 郑伟,等. 南方医科大学学报,2008,(12)
GnRH 类似物对化疗大鼠卵巢局部 Bcl-2 基因家族表达的影响. 彭萍,等. 南方医科大学学报,2008,(11)
人工寒潮促发大鼠脑卒中发病前脑血管内皮细胞粘附分子 mRNA 的变化. 林健雯,等. 南方医科大学学报,2008,(11).
成年大鼠脑出血后室管膜下区、血肿周围神经前体细胞增殖研究. 孙建军,等. 南方医科大学学报,2008,(11)
孕酮对大鼠视网膜缺血—再灌注损伤的保护作用. 卢娜,等. 南方医科大学学报,2008,(11)
应激和尼古丁对大鼠牙周组织的协同破坏作用. 李博,等. 吉林大学学报(医学版),2008,(6)
芦荟膏对大鼠拔牙创愈合的促进作用. 孟培松,等. 吉林大学学报(医学版),2008,(6)
taurolidine 对小鼠黑色素瘤细胞辐射敏感性的作用及机制. 孙宝胜,等. 吉林大学学报(医学版),2008,(6)
洛沙坦抑制急性心肌梗死大鼠心肌纤维化的作用机制. 邬真力,等. 南方医科大学学报,2008,(12)
咪唑安定对大鼠海马脑片突触长时程增强效应的影响. 冯春生,等. 吉林大学学报(医学版),2008,(6)
盐酸洛拉曲克在小鼠体内的血药浓度和生物利用度测定. 王广发,等. 南方医科大学学报,2008,(11)
抑制性寡脱氧核苷酸对小鼠 $CD4^+$ Th1 细胞功能性分化的影响. 李沙陵,等. 中南大学学报(医学版),2008,(12)
戊四氮点燃模型大鼠海马苔藓纤维出芽与 Cdk5/p35 表达的动态变化. 田发发,等. 中南大学学报(医学版),2008,(12)
高压氧对实验性脑梗死大鼠神经可塑性的影响. 马明明,等. 中南大学学报(医学版),2008,(12)
丙氨酰谷氨酰胺对脓毒症大鼠肺损伤的保护作用(英文). 刘敬臣,等. 中南大学学报(医学版),2008,(12)
多房棘球绦虫重组 BCG-Em14-3-3 疫苗不同接种途径诱导小鼠细胞因子的研究. 李文桂,等. 四川大学学报(医

学版),2008,(1)
NR1 和 GluR2 在成年大鼠海马结构的共表达. 张莉,等. 四川大学学报(医学版),2008,(1)
脐血移植的人鼠嵌合裸鼠模型的建立. 黄韬,等. 四川大学学报(医学版),2008,(1)
重组人结缔组织生长因子对大鼠背部超长皮瓣成活的影响. 吴冬梅,等. 四川大学学报(医学版),2008,(1)
大鼠原位肝移植中血红素加氧酶-1 表达对细胞因子的影响. 范伟,等. 四川大学学报(医学版),2008,(1)
马桑内酯体外诱导大鼠星形胶质细胞 P-糖蛋白表达. 耿嘉,周东. 四川大学学报(医学版),2008,(1)
曲尼司特对小鼠变应性接触性皮炎作用机制研究. 邹晴,郭在培. 四川大学学报(医学版),2008,(1)
丁基苯酞对大鼠局灶缺血脑组织 VEGF 及 bFGF 表达的影响. 李其富,等. 四川大学学报(医学版),2008,(1)
预先鞘内注射氯诺昔康对福尔马林致痛大鼠行为学及脊髓 c-fos 蛋白表达的影响. 陈旭,等. 四川大学学报(医学版),2008,(1)
曲尼司特对阿霉素肾病大鼠肾脏保护作用的实验研究. 陶冶,等. 四川大学学报(医学版),2008,(1)
杜仲叶提取物/CPC 复合载体对大鼠成骨细胞作用的实验研究. 林军,等. 浙江大学学报(医学版),2008,(1)
鼠抗人 CD14 单链抗体 ScF_{v2F9} 原核表达载体的构建和表达. 宁铂涛,等. 浙江大学学报(医学版),2008,(1)
慢性铁超载对 ApoE 基因敲除小鼠动脉粥样硬化病变的影响. 谢秀梅,等. 中南大学学报(医学版),2008,(1)
Akt 基因治疗大鼠肝硬化门静脉高压症. 黄飞舟,等. 中南大学学报(医学版),2008,(1)
贝那普利对 5/6 肾切除大鼠残余肾 VEGF 表达及 MVD 变化的影响. 姚筱,等. 中南大学学报(医学版),2008,(1)
超声微泡介导肝细胞生长因子促进大鼠梗死心肌血管新生. 王志刚,等. 中国医学科学院学报,2008,(1)
树突状细胞分布与糖尿病大鼠主动脉内膜增生的关系. 傅强,等. 南方医科大学学报,2008,(2)
大鼠增龄过程中椎间盘退变指标的研究. 张银刚,等. 南方医科大学学报,2008,(2)
石杉碱甲对全麻大鼠苏醒期认知功能的影响. 张双全,等. 南方医科大学学报,2008,(2)
惊厥性和非惊厥性癫痫持续状态对大鼠学习记忆功能的影响. 王维平,等. 南方医科大学学报,2008,(2)
酚妥拉明阻断去甲肾上腺素对吗啡成瘾大鼠束旁核痛反应神经元电活动的影响. 金秀东,等. 南方医科大学学报,2008,(2)
碳包铁纳米晶结合表阿霉素对 HepG-2 细胞的作用及对小鼠急性毒性实验研究. 郑云,等. 南方医科大学学报,2008,(2)
胡芦巴对糖尿病大鼠肾脏基质金属蛋白酶-2 活性的影响. 苗春生,等. 吉林大学学报(医学版),2008,(1)
人参皂苷单体 Rh_2 对小鼠前胃癌 MFC 细胞的增殖抑制作用. 吴歌,杨世杰. 吉林大学学报(医学版),2008,(1)
西洋参叶二醇组皂苷抗大鼠心室重构的作用机制. 张志国,等. 吉林大学学报(医学版),2008,(1)
山葡萄多酚对大鼠心肌线粒体氧化损伤的保护作用. 焦淑萍,等. 吉林大学学报(医学版),2008,(1)
胡桃楸对电离辐射损伤小鼠免疫功能的影响. 杨赛,等. 吉林大学学报(医学版),2008,(1)
雌激素对偏头痛大鼠行为学改变及中脑导水管周围灰质 5-HT 表达的影响. 张红岩,等. 吉林大学学报(医学版),2008,(1)
运动环境对低浓度铅暴露小鼠记忆能力的影响. 刘忠民,等. 吉林大学学报(医学版),2008,(1)
rhKD/APP 对大鼠急性胰腺炎血清炎性因子和胰腺组织超微结构的影响. 蒋春晓,等. 吉林大学学报(医学版),2008,(1)
单独或联合应用 rhG-CSF 与 bFGF 对大鼠急性心肌梗死的治疗作用. 胡洋,等. 吉林大学学报(医学版),2008,(1)
三氧化二砷对高迁移率族蛋白诱导的大鼠滑膜细胞增殖的抑制作用. 郭惠芳,等. 吉林大学学报(医学版),2008,(1)
大鼠部分肝移植后早期肝内细胞因子的变化. 王国栋,等. 中山大学学报(医学科学版),2008,(1)
人血管内皮细胞在白血病小鼠中参与形成微血管的研究. 郭海霞,等. 中山大学学报(医学科学版),2008,(1)
番茄红素预防高脂喂饲大鼠脂质代谢紊乱的作用及机制探讨. 刘启玲,等. 西安交通大学学报(医学版),2008,(1)
KCNE2 蛋白在自发性高血压大鼠心脏组织中的分布和表达. 王慧莲,等. 西安交通大学学报(医学版),2008,(1)
肠易激综合征模型大鼠的大脑和消化道中 5-HT 的表达与病理作用. 邹百仓,等. 西安交通大学学报(医学版),2008,(1)
TAA 致大鼠急性肝衰竭的胃肠功能及病理改变. 潘巧玲,等. 西安交通大学学报(医学版),2008,(1).
大鼠胼胝体神经元表达 $Ca_{v2.2}$ 及其神经纤维联系. 张建水,等. 中南大学学报(医学版),2008,(2)
Ghrelin 对大鼠十二指肠肌电活动的影响及作用机制. 王燕,等. 中南大学学报(医学版),2008,(2)
C57BL/6 小鼠骨癌痛模型的制备与评价. 黄东,等. 中南大学学报(医学版),2008,(2)
c-ski 对大鼠皮肤成纤维细胞生物学行为的影响. 刘霞,等. 四川大学学报(医学版),2008,(2)
应用联合酶建立 BALB/c 鼠枯否氏细胞体外分离培养方法. 郑雪莲,等. 四川大学学报(医学版),2008,(2)

叶枯唑原药对亚慢性染毒大鼠甲状腺的影响.周炯林,等.四川大学学报(医学版),2008,(2)
大鼠 BPDE-DNA 加合物生成及其高效液相色谱测定.杨柳桦,等.四川大学学报(医学版),2008,(2)
人参皂甙 Rb1 对大鼠脑缺血再灌注时神经元凋亡及 Bcl-2 和 Bax 表达的影响.杨朝鲜,等.四川大学学报(医学版),2008,(2)
人参皂甙 Rg1 对单侧输尿管梗阻后大鼠肾间质纤维化的作用研究.谢席胜,等.四川大学学报(医学版),2008,(2)
利用膜片钳技术对小鼠嗅感觉神经细胞电生理学的初步研究.倪茂美,等.四川大学学报(医学版),2008,(2)
小鼠窖蛋白-1 基因重组腺病毒载体的构建.杨林,等.四川大学学报(医学版),2008,(2)
低氧性肺动脉高压大鼠肺内 fractalkine 的变化.郑碧霞,等.四川大学学报(医学版),2008,(2)
支气管哮喘大鼠心肌细胞凋亡研究.陈继梁,等.四川大学学报(医学版),2008,(2)
高游离脂肪酸血症对 SD 大鼠主动脉内皮细胞一氧化氮合酶活性及 mRNA 表达的影响.余叶蓉,等.四川大学学报(医学版),2008,(2)
老龄 SD 大鼠胰岛 β 细胞形态功能研究.王双,等.四川大学学报(医学版),2008,(2)
不同强度脉冲电磁场对去势大鼠血清雌二醇的影响.杨永红,等.四川大学学报(医学版),2008,(2)
缬沙坦对糖尿病鼠肾血管内皮生长因子及其受体 Flk-1 的影响.唐万欣,等.四川大学学报(医学版),2008,(2)
不同剂量 GA 对 BALB/c 和 C57BL/6 小鼠创伤耐受能力的影响.赵艳,等.四川大学学报(医学版),2008,(2)
新生大鼠脑白质损害模型神经胶质细胞的凋亡及 MK2、Nogo-B 的表达研究.阳倩,等.四川大学学报(医学版),2008,(2)
不同时程吗啡依赖戒断大鼠海马 CA1 区 BDNF 及 PSD-95 的表达.韩军鸽,等.四川大学学报(医学版),2008,(2)
运动对 MNU 诱发大鼠乳腺癌的影响.蒲劲松,等.四川大学学报(医学版),2008,(2)
小鼠牙乳头间充质细胞自发牙向分化及相关基因表达分析.朱锋,等.四川大学学报(医学版),2008,(2)
急性百草枯中毒大鼠肺间质成纤维细胞中 MMP-9 表达的研究.杜晓冬,等.四川大学学报(医学版),2008,(2)
红背叶根对小鼠免疫性肝损伤的保护作用.宋雨鸿,等.南方医科大学学报,2008,(3)
过氧化氢酶和尿素酶 B 亚单位二价疫苗预防小鼠幽门螺杆菌感染.林焕建,等.南方医科大学学报,2008,(3)
Ghrelin 对大鼠小肠转运及消化间期移行性复合肌电活动的作用及机制.王燕,等.南方医科大学学报,2008,(3)
雷帕霉素联合未成熟树突状细胞诱导小鼠皮肤移植免疫耐受.余思,等.南方医科大学学报,2008,(3)
高湿热刺激对大鼠下丘脑内神经元和星形胶质细胞可塑性变化的影响.秦明,等.南方医科大学学报,2008,(3)
曲古抑菌素 A 对小鼠混合淋巴细胞培养中淋巴细胞增殖和 IL-2 表达的影响.魏强,等.南方医科大学学报,2008,(3)
GABA-A 受体在尼可刹米引起的新生大鼠呼吸兴奋中的作用.千智斌,等.南方医科大学学报,2008,(3)
四种细胞因子组合从小鼠骨髓细胞体外诱导优势不成熟 $CD8a^{+DC}$.纳宁,等.中山大学学报(医学科学版),2008,(2)
自发性高血压大鼠 TGF β_1/Smad7 通路与心室纤维化的关系.高修仁,等.中山大学学报(医学科学版),2008,(2)
铜对低钾诱导大鼠小脑颗粒神经元凋亡的保护作用.蓝秀健,等.中山大学学报(医学科学版),2008,(2)
骨髓内皮细胞条件培养液促进小鼠胚胎干细胞生成造血集落形成细胞.赵惠萍,等.中南大学学报(医学版),2008,(3)
大鼠急性放射性脑水肿水通道蛋白 4 的表达.姜交德,等.中南大学学报(医学版),2008,(3)
龙芽楤木总皂苷对大鼠早期糖尿病心肌病的保护作用及机制.奚树刚,等.吉林大学学报(医学版),2008,(2)
氧化苦参碱对大鼠局灶性脑缺血再灌注损伤保护作用的中枢机制.张晓璐,等.吉林大学学报(医学版),2008,(2)
CEA 串连表位 - HSP70 融合基因疫苗诱导小鼠的表位特异性免疫应答.安力彬,等.吉林大学学报(医学版),2008,(2)
大鼠炎症性肠病模型的复制及中药的干预作用.陈曦,等.吉林大学学报(医学版),2008,(2)
多巴胺对清醒血容量恒定大鼠肾上皮钠通道表达的影响.乔坤朋,等.吉林大学学报(医学版),2008,(2)
多次低剂量辐射对糖尿病大鼠脾脏淋巴细胞亚群的免疫调节作用.关锋,等.吉林大学学报(医学版),2008,(2)
水流动力学注射介导的 IL-12 基因对小鼠恶性腹水的治疗作用.王健君,等.吉林大学学报(医学版),2008,(2)
孕酮对慢性高眼压模型大鼠视网膜神经节细胞的保护作用.徐韶琳,等.吉林大学学报(医学版),2008,(2)
大鼠分泌性中耳炎动物模型建立方法的改进.付涛,等.吉林大学学报(医学版),2008,(2)
小鼠肝脏内组成型雄烷受体基因表达剪切突变体的研究.孙红颖,等.浙江大学学报(医学版),2008,(2)
香菇多糖对约氏疟原虫感染 BALB/c 小鼠 Th1 型应答的调节作用.周莲娣,等.中国人兽共患病学报,2008,(4)
鸡肝散药效成分木犀草素在大鼠体内的排泄研究.应景艳,等.浙江大学学报(医学版),2008,(2)
日本血吸虫感染新模型小鼠 IFN-γ 及 IL-4 mRNA 的动态变化.陈辉,等.中国人兽共患病学报,2008,(4)

大鼠口服黄体酮脂质纳米粒的血药浓度测定. 应晓英,等. 浙江大学学报(医学版),2008,(2)
HPLC 法测定大鼠肺组织中双(对 - 氟苄基)三硫醚及其降解产物的浓度. 罗淑青,等. 浙江大学学报(医学版),2008,(2).
维生素 C 和 E 对染铅大鼠海马抗氧化酶及 NO 与 NOS 的影响. 李向荣,等. 浙江大学学报(医学版),2008,(2)
小鼠巨噬细胞 Ipr1 基因真核表达载体的构建及表达. 李娜,等. 中国人兽共患病学报,2008,(3)
背景音乐对成年大鼠空间长时学习记忆的影响. 宋艳,等. 西安交通大学学报(医学版),2008,(2)
肾综合征出血热全球播散鼠种和时间尺度的研究. 杨海,等. 中国人兽共患病学报,2008,(3)
人骨髓间充质干细胞在 mdx 鼠体内的动态分布. 柳太云,等. 中国医学科学院学报,2008,(2)
减毒日本血吸虫尾蚴免疫 BALB/c 小鼠血清 IgG 水平动态及其被动转移保护力研究. 周霞,等. 中国人兽共患病学报,2008,(5)
日本血吸虫感染小鼠血清中虫体核酸来源的实验研究. 许静,等. 中国人兽共患病学报,2008,(3)
日本血吸虫感染对 OVA 诱导的小鼠过敏反应的影响. 李健,等. 中国人兽共患病学报,2008,(3)
电针对海洛因引燃诱导大鼠觅药行为及相关脑区 FosB 表达的影响. 王育红,等. 中南大学学报(医学版),2008,(4)
实验啮齿类动物行为学评估. 曾莉,等. 神经损伤与功能重建,2008,(5)
甘肃啮齿动物区系组成研究. 花立民,等. 草原与草坪,2008,(2)
口岸截获的一种外来媒介:印度大沙鼠形态及生物学(啮齿目:鼠科). 王广鹏,等. 中国媒介生物学及控制杂志,2008,(6)
河北省塞北管理区小型啮齿动物数量调查. 王治宇,等. 中国媒介生物学及控制杂志,2008,(3)
啮齿类小鼠 γ-干扰素原核表达、纯化及功能鉴定. 刘小会,等. 中国医药导报,2008,(1)
人为不同干扰条件下荒漠啮齿动物群落格局的动态特征——动物与植物群落的典型相关分析. 武晓东,等. 生态学报,2008,(12)
啮齿动物的嗅觉识别与配偶选择. 谢树春,等. 安徽农学通报,2008,(9)
老爷庙口岸啮齿动物及其体外寄生物调查. 郭亮,等. 口岸卫生控制,2008,(3)
森林生态系统中 5 种啮齿动物秋季时间生态位. 杨春文,等. 动物学杂志,2008,(2)
新疆啮齿动物及蚤类名录补充. 于心,等. 地方病通报,2008,(2)
啮齿动物和鸟类对红松种子的消耗. 姚晓琳,等. 应用生态学报,2008,(8)
啮齿类取食的物种偏好与时空格局. 沈泽昊,等. 生态学报,2008,(12)
啮齿类螺杆菌不同检测方法的比较. 张丽芳,等. 中国比较医学杂志,2008,(5)
青海省啮齿动物种类与地理分布. 张继军,等. 中华卫生杀虫药械,2008,(1)
青海部分地区啮齿目名录及其重要性. 第五进学,等. 中华卫生杀虫药械,2008,(5)
2007 年新疆精伊霍铁路沿线啮齿动物调查. 刘全英,等. 地方病通报,2008,(5)
$CD4^+CD25^+$ 调节性 T 细胞对啮齿类疟原虫感染过程及结局的影响. 陈光,等. 中国人兽共患病学报,2008,(6)
基于啮齿类动物的决策行为研究及其脑机制. 程九清,等. 心理科学进展,2008,(5)
秩和比法在啮齿动物群落演替评价中的应用. 高儒,等. 中国媒介生物学及控制杂志,2008,(5)
"啮齿动物在草原生态系统中的作用与科学管理"一文照片. 钟文勤,等. 生物学通报,2008,(1)
镜泊湖地区啮齿动物群落多样性研究. 孙丽玮,等. 中国林副特产,2008,(5)
啮齿类实验动物垫料的质量控制. 贾锐胜,等. 中国医疗前沿,2008,(19)
北京小龙门地区啮齿类群落结构及变化调查. 杨扬,等. 安徽农业科学,2008,(4)
欧亚大陆汉坦病毒与啮齿动物间的生态学关系. 高娜,等. 中国媒介生物学及控制杂志,2008,(4)
芒果中的芒果苷对由乙醇和吲哚美辛诱导的啮齿动物胃损伤的胃保护作用. Mary RDAWSON,等. 国外医药(植物药分册),2008,(6)
浅析啮齿动物实验标准化. 郭白荣,徐纯柱. 畜牧兽医科技信息,2008,(12)
Poly One 开发出白蚁和啮齿类动物防护剂. 海明. 上海塑料,2008,(4)
郑智民教授代表编者在《啮齿动物学》首发式上的发言. 中华卫生杀虫药械,2008,(1).
汪诚信教授代表主审和读者在《啮齿动物学》首发式上的发言. 中华卫生杀虫药械,2008,(1).
内蒙古二连浩特呼尔井组的某些啮齿类化石. 王伴月,. 古脊椎动物学报,2008,(1)
番石榴叶颗粒剂对啮齿动物毒理学实验研究. 冯佳,陈宝田. 成都中医药大学学报,2008,(1)
啮齿动物在草原生态系统中的作用与科学管理. 钟文勤. 生物学通报,2008,(1)
啮齿动物螺杆菌研究现状. 陈锡福,李红. 中国实验动物学报,2008,(3)
赤峰市林西县啮齿动物名录与鼠疫主要宿主密度分析. 王艳华,石杲. 医学动物防制,2008,(5)
《啮齿动物学》已出版. 樊乃昌. 动物学杂志,2008,(3)
啮齿动物基于气味线索的亲属识别研究进展 Ⅰ:进化和行为生态学. 孙平,朱文琰. 四川动物,2008,(4)
啮齿动物名称的改变与跟进. 汪诚信. 中国媒介生物学及控制杂志,2008,(4)

推荐一本啮齿动物专业新书. 海峡预防医学杂志编辑部. 海峡预防医学杂志,2008,(4)
光化学法啮齿类动物脑缺血模型分析. 孙居仙,张申. 中国比较医学杂志,2008,(8)
在长寿命的啮齿目动物体内发现了新的抗癌机制. 李鑫楠. 中国医药生物技术,2008,(5)
环县啮齿动物区系调查. 缪国银. 甘肃畜牧兽医,2008,(6)
推介《啮齿动物学》. 汪诚信. 中国媒介生物学及控制杂志,2008,(5)
应用大鼠体外胚胎培养模型研究生草乌对胚胎发育的影响. 肖凯,等. 四川大学学报(医学版),2008,(3)
五倍子提取物对大鼠龋病的抑制作用. 王人可,等. 四川大学学报(医学版),2008,(3)
山奈酚大鼠在体肠吸收研究. 田杨,等. 四川大学学报(医学版),2008,(3)
葛根素对子痫前期大鼠胎盘组织 VEGF 表达的影响. 王超,等. 四川大学学报(医学版),2008,(3)
胰岛素抵抗和 2 型糖尿病大鼠心肌组织变化的研究. 赵柯湘,等. 四川大学学报(医学版),2008,(3)
大鼠无心跳供体肺移植尸体肺的保护方法. 胡庆华,等. 中南大学学报(医学版),2008,(4)
单侧子宫结扎断离术对小鼠宫内胚胎处理因素的影响观察. 马芳,等. 四川大学学报(医学版),2008,(3)
5-羟色胺及其突触后 1A 受体对慢性应激大鼠情绪和认知的影响. 周建松,等. 中南大学学报(医学版),2008,(4)
雌激素促大鼠急性心肌梗死后心肌血管生成及受体介导机制. 金鑫,等. 四川大学学报(医学版),2008,(3)
不同提取工艺的酸枣仁油对小鼠镇静催眠作用的影响. 李宝莉,等. 西安交通大学学报(医学版),2008,(2)
5 羟色胺受体可塑性在大鼠肠易激综合征中的作用. 徐俊荣,等. 西安交通大学学报(医学版),2008,(2)
Toll 样受体 4 在佐剂性关节炎模型大鼠外周血单核细胞中的表达及意义. 张殿增,等. 西安交通大学学报(医学版),2008,(2)
糖尿病性勃起功能障碍大鼠模型的建立. 程祎,等. 南方医科大学学报,2008,(4)
葡聚糖硫酸钠诱导结肠炎小鼠 NF-κB 活性及其对 ICAM-1 表达的调控. 杨名诗,等. 南方医科大学学报,2008,(4)
大鼠局灶性脑缺血再灌注后脑胰岛素样生长因子-1 表达的动态观察. 吴红瑛,等. 南方医科大学学报,2008,(4)
人造靶点免疫导向阿霉素对荷肉瘤小鼠瘤质量及生存期的影响. 张婧,等. 南方医科大学学报,2008,(4)
二十八烷醇制剂对运动性疲劳大鼠自由基代谢和心脏内分泌功能的影响. 杨小英,等. 南方医科大学学报,2008,(4)
超声微泡造影剂对大鼠骨骼肌毛细血管通透性的影响. 劳翼,等. 南方医科大学学报,2008,(4)
汉坦病毒重组核蛋白抗体用于鼠肺组织病毒抗原的检测. 赵凤玲,等. 中国人兽共患病学报,2008,(6)
禽流感 H5N1 病毒感染 ICR 小鼠的病理变化. 刘忠华,等. 中山大学学报(医学科学版),2008,(3)
大鼠 Smac 基因的克隆及其在心肌细胞 H9C2 中的表达. 郭彩霞,等. 吉林大学学报(医学版),2008,(3)
表皮生长因子受体的敲除对小鼠骨密度以及成骨细胞募集的影响. 王珂,等. 吉林大学学报(医学版),2008,(3)
宫内生长迟缓大鼠胰腺 ghrelin 和胰岛素表达变化. 王秀敏,等. 浙江大学学报(医学版),2008,(3)
小鼠压力型体积描记箱测量胸廓膨胀体积与潮气量的关系. 洪武军,等. 浙江大学学报(医学版),2008,(3)
金黄地鼠腹侧前列腺在体修饰精子膜蛋白作用研究. 骆建民,等. 中山大学学报(医学科学版),2008,(3)
大鼠原发性肺动脉高压模型中循环血小板和白细胞的活化及其作用. 王宏强,等. 浙江大学学报(医学版),2008,(3)
羧甲基壳聚糖预防大鼠术后腹膜粘连的研究. 王德娟,等. 中山大学学报(医学科学版),2008,(3)
NADPH 氧化酶在 TGF-β_1 诱导大鼠小管上皮细胞表达炎症因子中的作用. 张海燕,等. 中山大学学报(医学科学版),2008,(3)
围生期甲低大鼠行为发育及其与海马 AR mRNA 表达的相关性研究. 季钗,等. 浙江大学学报(医学版),2008,(3)
不同出生体重新生大鼠胰腺 ghrelin 和钙通道表达的研究. 许燕萍,等. 浙江大学学报(医学版),2008,(3)
正畸颌间不对称牵引对成年大鼠颞下颌关节的影响. 许跃,等. 中山大学学报(医学科学版),2008,(3)
依达拉奉对大鼠肾缺血再灌注损伤的保护作用. 张舸,等. 浙江大学学报(医学版),2008,(3)
大鼠鞘内阿米洛利及混合可乐定对神经病理性疼痛的作用. 陈祥楠,等. 中山大学学报(医学科学版),2008,(3)
氧化苦参碱对大鼠局灶性脑缺血性损伤的保护作用. 李娜,等. 吉林大学学报(医学版),2008,(3)
人参二醇皂苷对失血性休克复合内毒素二次打击大鼠肺组织水通道蛋白 1 表达的影响. 于振香,等. 吉林大学学报(医学版),2008,(3)
前列舒通片对鼠的抗炎及镇痛作用. 林天慕,等. 吉林大学学报(医学版),2008,(3)
通心络对大鼠胚胎神经干细胞增殖和分化的影响. 蒋海山,等. 南方医科大学学报,2008,(5)
莪术、哈蟆油对去势后大鼠雌激素水平及受体表达的影响. 吴朝霞,等. 南方医科大学学报,2008,(5)
丹参对大鼠移植肝脏再灌注损伤的防护及肝细胞凋亡的影响. 王宇,等. 南方医科大学学报,2008,(5)
哈蟆油胶囊对衰老模型小鼠生殖器官的保护作用. 梁磊,等. 南方医科大学学报,2008,(6)
平肝潜阳药物对甲亢肝阳上亢证大鼠下丘脑蛋白质表达的影响. 尹耀慧,等. 中南大学学报(医学版),2008,

(5).
以转录因子 AP-1 为靶点的 decoy ODNs 对大鼠心肌成纤维细胞增殖及胶原合成的抑制作用. 谢双伦,等. 南方医科大学学报,2008,(5)
阿托伐他汀对压力负荷心肌肥厚大鼠血管紧张素转换酶 2 表达的干预研究. 秦晓同,等. 中南大学学报(医学版),2008,(5)
N-乙酰半胱氨酸对哮喘小鼠肺组织 HMGB1、RAGE 表达的影响. 付亮,等. 南方医科大学学报,2008,(5)
小鼠急性肺损伤后糖皮质激素受体的活性改变与热休克蛋白的关系. 张民,等. 南方医科大学学报,2008,(5)
激活素 A 及其ⅡA 型受体在小鼠肝损伤模型肝组织中的表达. 张红军,等. 吉林大学学报(医学版),2008,(3)
血管紧张素Ⅱ对大鼠肝星状细胞收缩及 Rho－Rock 通路的影响. 张小兰,等. 南方医科大学学报,2008,(6)
PPARγ 对实验性胰腺炎大鼠多器官功能的作用. 裴红红,等. 南方医科大学学报,2008,(6)
高脂血症大鼠血浆 vWF,PAI-1 和 t-PA 变化及意义. 蒋海河,等. 中南大学学报(医学版),2008,(5)
NF-κB 表达抑制在异丙酚保护大鼠肝缺血/再灌注损伤时的作用. 何静,等. 南方医科大学学报,2008,(6)
结缔组织生长因子在大鼠移植心脏急性排斥反应期的表达(英文). 袁运长,等. 中南大学学报(医学版),2008,(5)
尿激酶对环孢素 A 慢性肾病大鼠肾间质炎症的干预作用. 王寅,等. 南方医科大学学报,2008,(5)
母源性 BDE-209 暴露对仔鼠学习记忆能力的影响及剂量效应关系. 吴英,等. 南方医科大学学报,2008,(6)
坎地沙坦干预 KA 致痫大鼠心肌细胞 ERK1/2 的表达及其机制. 吴绥生,等. 吉林大学学报(医学版),2008,(3)
抑胶素对大鼠脑胶质瘤缝隙连接蛋白 43 表达的影响. 林卫红,等. 吉林大学学报(医学版),2008,(3)
蛋白芯片技术快速筛选穿透性角膜移植大鼠血清中免疫排斥反应相关低相对分子质量差异蛋白. 周瑾,等. 南方医科大学学报,2008,(5)
大鼠油酸性急性肺损伤初期水通道蛋白 4 在肺水代谢的实验研究. 朱丽华,等. 南方医科大学学报,2008,(5)
Anti-MBP 与大鼠脑组织损伤后脑干继发性脱髓鞘病变的关系. 李卫,等. 南方医科大学学报,2008,(6)
抗抑郁药万拉法新和氟西汀对大鼠神经的保护作用. 王珍琦,等. 吉林大学学报(医学版),2008,(3)
持续应用腺苷对大鼠低氧肺动脉高压的作用. 谭建新,等. 南方医科大学学报,2008,(6)
鞘内泵入曲马多对甲醛炎性疼痛大鼠免疫功能的影响. 邹望远,等. 中南大学学报(医学版),2008,(5)
小鼠肌肉组织特异性微小 RNA miR-133a 腺病毒表达载体的构建及表达. 王涛,等. 西安交通大学学报(医学版),2008,(3)
1 株鼠源狂犬病毒野毒株全基因组序列测定与分析. 赵云蛟,等. 中国人兽共患病学报,2008,(7)
Necl1 促进原代培养大鼠神经元间神经突触形成. 陈涛,等. 中国医学科学院学报,2008,(3)
丹参素异丙酯对大鼠肠系膜动脉的舒张作用及机制研究. 王胜鹏,等. 西安交通大学学报(医学版),2008,(3)
保肝解毒颗粒对雷公藤多苷致急性肝损伤小鼠自由基脂质过氧化反应的影响. 禄保平,等. 西安交通大学学报(医学版),2008,(3)
肝舒汤对非酒精性脂肪肝大鼠脂质过氧化的影响. 杨成志,等. 西安交通大学学报(医学版),2008,(3)
大鼠脑发育过程中神经型一氧化氮合酶的表达变化. 胡明,等. 西安交通大学学报(医学版),2008,(3)
快速老化小鼠的学习记忆缺陷及其生化机制. 赵万红,等. 西安交通大学学报(医学版),2008,(3)
贝氏柯克斯体感染小鼠血清与其毒力相关蛋白的免疫印迹反应. 王锡乐,等. 中国人兽共患病学报,2008,(7)
甘肃省鼠伤寒沙门氏菌质粒谱分析及噬菌体分型. 龚艳妮,孙殿斌. 中国人兽共患病学报,2008,(7)
维生素 E 对糖尿病大鼠高级糖基化终末产物及其受体和肾功的影响. 邱春娟,等. 西安交通大学学报(医学版),2008,(3)
大鼠不同分离纯化方法对胰岛细胞丢失的影响. 宋焕瑾,等. 西安交通大学学报(医学版),2008,(3)
可溶性 Aβ(25—35)对大鼠海马 CA3 区神经元延迟整流钾电流的抑制作用. 李琳,等. 中国医学科学院学报,2008,(3)
体外大鼠成骨细胞对破骨细胞形成的影响. 刘文佳,等. 西安交通大学学报(医学版),2008,(3)
药物在大鼠主动脉组织及其培养细胞的细胞膜色谱研究. 张典,等. 西安交通大学学报(医学版),2008,(3)
柴芩承气汤对急性胰腺炎大鼠腺泡细胞外分泌功能的影响. 邓力珲,等. 四川大学学报(医学版),2008,(4)
全反式维甲酸对大鼠腹膜透析模型腹膜 TGF-β_1 和 COL-Ⅰ表达的影响. 王桂花,等. 四川大学学报(医学版),2008,(4)
中脑导水管周围灰质立体定向注射单纯疱疹病毒Ⅰ型扩增子载体介导人前脑啡肽原基因对甲醛炎性痛大鼠的镇痛效应. 邹望远,等. 中南大学学报(医学版),2008,(6)
辣椒素对大鼠心肌缺血再灌注损伤保护作用的研究. 秦素兰,等. 四川大学学报(医学版),2008,(4)
Cariporide 对热缺血大鼠停跳心脏颈部移植术后 bcl-2 和 bax 基因表达的影响. 罗凡砚,等. 中南大学学报(医学版),2008,(6)
乌司他丁对大鼠肾脏机械性损伤后肾脏 HSP70、IL-6 表达的早期影响. 毛渭东,孙少华. 四川大学学报(医学版),2008,(4)

胎儿生长受限模型大鼠子代空间学习记忆能力改变的研究. 黄谱,等. 四川大学学报(医学版),2008,(4)
胚鼠宫内缺血缺氧脑损伤中 Wnt 信号通路关键分子的表达变化. 唐艺玮,等. 四川大学学报(医学版),2008,(4)
血管活性肠肽抑制大鼠脑缺血诱导的细胞凋亡和 iNOS 表达. 杨杰,等. 四川大学学报(医学版),2008,(4)
TCLA 诱导大鼠脑胶质瘤细胞增殖抑制及凋亡的研究. 扈及雷,等. 四川大学学报(医学版),2008,(4)
转导素 β-TrCP 在小鼠毛囊发育中的表达与意义. 沈永岱,等. 四川大学学报(医学版),2008,(4)
间断鞘内注射罗哌卡因后大鼠血清髓磷脂碱性蛋白变化与脊髓超微结构改变. 杨胜辉,等. 中南大学学报(医学版),2008,(6)
三七总皂苷对大鼠血管平滑肌细胞增殖及 JNK 磷酸化的影响. 刘树迎,等. 中山大学学报(医学科学版),2008,(4)
清开灵注射液对小鼠 T 细胞行为和 DTH 的影响. 赵令斋,等. 中山大学学报(医学科学版),2008,(4)
四种支原体大鼠宫内感染实验研究. 刘晓丹,等. 中国人兽共患病学报,2008,(8).
卡氏肺孢子虫在大鼠肺外组织器官播散性的研究. 卢致民,等. 中国人兽共患病学报,2008,(8)
大鼠骨髓间质干细胞定向分化为神经元的实验研究. 王亚柱,等. 中山大学学报(医学科学版),2008,(4)
整合素 αv $β_3$ 拮抗剂 SB-273005 抗小鼠胚胎着床的作用. 王绍娟,刘桂菊. 中山大学学报(医学科学版),2008,(4)
ICR 小鼠吸烟诱导肺部炎症模型的建立及其特征. 王秦川,等. 浙江大学学报(医学版),2008,(4)
BIO-1211 对大鼠支气管收缩和白细胞黏附反应的抑制作用. 董新威,等. 浙江大学学报(医学版),2008,(4)
百日咳蛋白对小鼠过敏性哮喘模型的免疫调节作用. 杜晓刚,等. 浙江大学学报(医学版),2008,(4)
伊贝沙坦对糖尿病大鼠肾氧化应激、NF-κB 活性和 ICAM-1 mRNA 表达的影响. 曾龙驿,等. 中山大学学报(医学科学版),2008,(4)
益肾汤联合强的松与依那普利对 IgA 肾病小鼠肾 MMP-9、TIMP-1 表达的影响. 万启军,等. 中山大学学报(医学科学版),2008,(4)
老年大鼠脑出血后神经细胞再生的研究. 杨树旭,等. 浙江大学学报(医学版),2008,(4)
PARP 抑制对小鼠结肠癌细胞侵袭能力的影响. 黎明,王娅兰. 中山大学学报(医学科学版),2008,(4)
QTY06 对 LPS 引起的大鼠慢性气道炎症及 MUC5ac 表达的影响. 王砚,等. 浙江大学学报(医学版),2008,(4)
留兰香油对大鼠慢性阻塞性肺疾病模型肺组织炎症氧化改变和 Nrf2 蛋白表达的影响. 赵春贞,等. 浙江大学学报(医学版),2008,(4)
氯化消毒饮水中有机提取物对雄性小鼠生殖系统的影响. 赵淑华,等. 吉林大学学报(医学版),2008,(4)
双酚 A 对雄性仔鼠生殖功能的影响. 吕毅,等. 吉林大学学报(医学版),2008,(4)
玉米花丝饮品对糖尿病鼠的降血糖作用. 张艳荣,等. 吉林大学学报(医学版),2008,(4)
山楂叶总黄酮对大鼠脑缺血再灌注后细胞凋亡的保护作用. 纪影实,等. 吉林大学学报(医学版),2008,(4)
人参二醇组皂苷对失血—内毒素二次打击大鼠肺脏氧化损伤的保护作用. 于振香,等. 吉林大学学报(医学版),2008,(4)
黄蘑碱溶性多糖对荷瘤小鼠 MMPs 表达的调节及其抗肿瘤作用机制. 马岩,等. 吉林大学学报(医学版),2008,(4)
前列舒通片对大鼠非细菌性前列腺炎炎症反应的抑制作用. 林天慕,等. 吉林大学学报(医学版),2008,(4)
大鼠脑血管、神经元和星形胶质细胞的空间构筑. 王岐本,等. 中南大学学报(医学版),2008,(7)
雷帕霉素对柯萨奇病毒 B3 诱导的大鼠心肌细胞 mTOR 和 eIF-4E 表达的调控作用. 陈淳媛,等. 中南大学学报(医学版),2008,(7)
胰腺源间充质干细胞对大鼠胰腺损伤的修复作用. 叶海青,等. 吉林大学学报(医学版),2008,(4)
磁场作用下急性心肌梗死大鼠心肌病理改变及相关自由基的变化. 赵锐,等. 吉林大学学报(医学版),2008,(4)
缬草对慢性应激导致的抑郁大鼠体质量和行为的影响. 唐久余,等. 中山大学学报(医学科学版),2008,(5)
应用改进的大鼠应激模型证实海马 CA3 区神经元 Nestin、NPY 表达变化. 孙国刚,等. 中山大学学报(医学科学版),2008,(5)
大鼠缺血缺氧过程脑皮质神经化学物质的变化. 陈晓晴,等. 中山大学学报(医学科学版),2008,(5)
小鼠骨髓间质干细胞的体外培养与多向分化潜能的鉴定. 张为西,等. 中山大学学报(医学科学版),2008,(5)
小鼠骨髓源半成熟树突状细胞的培养与初步鉴定. 付必莽,等. 中国医学科学院学报,2008,(4)
心肌 eNOS 表达和 NO 的改变对糖尿病大鼠缺血再灌注损伤的影响. 马国川,等. 中山大学学报(医学科学版),2008,(5)
肝硬化大鼠肝缺血再灌注损伤肝细胞死亡方式. 赵闯,等. 中国医学科学院学报,2008,(4)
HOE642 对大鼠停跳心脏供体心肌细胞凋亡的影响. 罗凡砚,等. 中国医学科学院学报,2008,(4)
^{99m}Tc-DTPA-半乳糖人血清白蛋白在不同小鼠肝损伤模型中肝功能显像的应用. 毛一雷,等. 中国医学科学院学报,2008,(4)
ACE 抑制剂 Ramipril 对大鼠急性心肌梗死后心肌细胞凋亡和左室重构的影响. 麦炜颐,等. 中山大学学报(医学

科学版),2008,(5)
雷帕霉素对诱导 naive 小鼠效应性 T 细胞转化为调节性 T 细胞的影响. 高杰,等. 中国医学科学院学报,2008,(4)
盐亭食管癌高发区饮食对大鼠氧化损伤的影响. 朱文艺,等. 四川大学学报(医学版),2008,(5)
三仁汤对脾胃湿热证大鼠模型外周血 T 淋巴细胞亚群的影响. 文小敏,等. 南方医科大学学报,2008,(7)
白藜芦醇对重症急性胰腺炎大鼠肠黏膜屏障的保护作用. 沙焕臣,等. 四川大学学报(医学版),2008,(5)
白藜芦醇对大鼠重症急性胰腺炎肠黏膜细胞的保护作用及其机制. 沙焕臣,等. 南方医科大学学报,2008,(9)
复方丹参合剂对高脂血症性骨质疏松小鼠血脂、骨生物力学的影响. 张志平,等. 南方医科大学学报,2008,(9)
人参皂甙 Rg1 通过 P38 信号通路影响帕金森病 MPTP 模型小鼠黑质 COX-2 的表达. 王茜,等. 南方医科大学学报,2008,(9)
复方酸枣仁油栀子油对小鼠的镇静、催眠和抗惊厥作用. 李宝莉,等. 南方医科大学学报,2008,(9)
川芎嗪对大鼠急性脊髓损伤模型 caspase-3 和 NF 表达的影响. 沈正祥,等. 中南大学学报(医学版),2008,(8)
复方丹参合剂对长期脂肪乳剂灌胃诱发的大鼠非酒精性脂肪肝病的影响. 张志平,等. 南方医科大学学报,2008,(7)
通络方防治大鼠肾小球硬化的作用机制. 吴喜利,等. 南方医科大学学报,2008,(7)
肾康丸对早期糖尿病肾病大鼠足细胞损伤的保护作用. 龙海波,等. 南方医科大学学报,2008,(7)
小鼠 Rnf141 多克隆抗体的制备及鉴定. 宋红霞,等. 四川大学学报(医学版),2008,(5)
严密型四环素调控系统调控的表达 HCV-C 基因双转基因小鼠模型的建立. 帅丽芳,等. 南方医科大学学报,2008,(9)
正常成鼠海马不同部位 CA3 区巢蛋白、神经肽 Y 表达观察. 孙国刚,等. 南方医科大学学报,2008,(9)
神经生长因子对正常和放化疗复合损伤小鼠粒-巨噬系血发生的影响. 黄晓芹,等. 四川大学学报(医学版),2008,(5)
钌红在脂多糖致大鼠发热过程中对体温的影响. 王兰兰,曹宇. 南方医科大学学报,2008,(8).
辐射损伤对小鼠血清及肝脏一氧化氮的影响. 欧程山,等. 南方医科大学学报,2008,(8)
大鼠心肌梗死后心肌高迁移率族蛋白 HMGB1 的时程变化. 王晓武,等. 南方医科大学学报,2008,(9)
氨溴索对低氧性肺动脉高压大鼠肺内硝基酪氨酸表达的影响. 李熙霞,等. 四川大学学报(医学版),2008,(5)
地塞米松对急性过敏性哮喘小鼠肺 AQP5 表达的影响. 吴葆菁,等. 南方医科大学学报,2008,(9)
酪酪肽对四氯化碳诱导的大鼠肝纤维化的影响. 宋丹萍,董蕾. 南方医科大学学报,2008,(7)
小鼠梗阻性黄疸模型的建立及动态观察. 张守华,等. 南方医科大学学报,2008,(9)
神经干细胞和神经生长因子联合移植对大脑中动脉阻塞大鼠的影响. 赵宇,等. 南方医科大学学报,2008,(7)
大鼠坐骨神经切除后人发角蛋白诱导的神经的再生机制. 胡莲美,等. 南方医科大学学报,2008,(7)
母源性 BDE-209 暴露对子鼠海马 GAP-43、BDNF 表达的影响. 蒋惠萍,等. 南方医科大学学报,2008,(8)
PVL 大鼠 JAKS-STATs 信号转导的研究. 王喜鸽,等. 四川大学学报(医学版),2008,(5)
Eph 在颞叶癫痫大鼠齿状回苔藓纤维出芽机制中的作用. 刘卫平,等. 中南大学学报(医学版),2008,(8)
急性实验性自身免疫性脑脊髓炎大鼠视网膜神经胶质原纤维酸性蛋白的表达. 郑霄,等. 四川大学学报(医学版),2008,(5)
p38MAPK 在 $A\beta_{(25-35)}$ 诱导 AD 大鼠海马 CA1 区表达的研究. 张桂莲,等. 南方医科大学学报,2008,(7)
帕罗西汀对应激抑郁模型大鼠脑区蛋白激酶 PKA、PKC 和 CaMK Ⅱ 活力的影响. 郑晖,等. 南方医科大学学报,2008,(7)
CD25 单克隆抗体对大鼠角膜移植术后房水中细胞因子表达的影响. 宫玉波,等. 南方医科大学学报,2008,(9)
乌司他丁对脓毒症大鼠肠粘膜凋亡和细菌移位的影响. 李旷怡,等. 南方医科大学学报,2008,(7)
大脑性分化前外源雄激素对雌鼠下丘脑性别二型神经元及前腹侧室旁核结构的影响. 黄满丽,等. 浙江大学学报(医学版),2008,(5)
荧光定量 RT-PCR 方法检测感染小鼠不同组织中的 H5N1 禽流感病毒. 侯小强,等. 中国人兽共患病学报,2008,(9)
小鼠 LIF 编码基因的克隆与真核表达载体 pcDNA3. 1-LIF 的构建. 姜秋,等. 吉林大学学报(医学版),2008,(5)
电针对慢性癫痫大鼠海马新生神经元生长抑素表达的影响. 温晓妮,黄远桂. 西安交通大学学报(医学版),2008,(4)
白藜芦醇在大鼠重症急性胰腺炎中的钙离子调节作用. 王连才,等. 西安交通大学学报(医学版),2008,(4)
超滤膜提取当归补血汤对荷瘤小鼠脾细胞 IL-2 和 IFN-γ 的诱生作用. 刘清君,等. 西安交通大学学报(医学版),2008,(4)
大鼠视皮层神经元突触前 NMDA 受体的甘氨酸结合位点对谷氨酸释放的紧张性调制作用. 李延海,韩太真. 西安交通大学学报(医学版),2008,(4)
小鼠 B7-H4 重组腺病毒的构建及鉴定. 闫佩毅,等. 浙江大学学报(医学版),2008,(5)

华支睾吸虫囊蚴在大鼠不同消化液的脱囊试验. 叶春艳,等. 中国人兽共患病学报,2008,(9)
结核分枝杆菌 Ag85A/ESAT-6 嵌合基因 DNA 疫苗与抗痨药物联合治疗小鼠结核病. 梁艳,等. 中国人兽共患病学报,2008,(9)
缺血后处理对大鼠肠缺血—再灌注损伤肠黏膜细胞线粒体的影响. 褚薇薇,等. 西安交通大学学报(医学版),2008,(4)
麻黄碱对脑缺血再灌注损伤大鼠脑内星形胶质细胞 GFAP 表达的影响. 赵晓科,等. 西安交通大学学报(医学版),2008,(4)
高压氧对大鼠脑缺血区线粒体氧自由基影响的实验研究. 楼敏,等. 浙江大学学报(医学版),2008,(5)
杏仁核电点燃癫痫对大鼠穿梭箱被动回避反应的记忆保持能力的作用. 诸葛正兵,等. 浙江大学学报(医学版),2008,(5)
血管性痴呆大鼠学习记忆及脑内神经肽的改变. 李德强,等. 浙江大学学报(医学版),2008,(5)
5-脂氧酶/半胱氨酰白三烯途径不参与大鼠 C6 胶质瘤细胞缺氧缺糖损伤. 黄雪琴,等. 浙江大学学报(医学版),2008,(5)
急性肝衰竭大鼠血液及胃肠组织中胃动素、胃泌素含量的变化. 潘巧玲,等. 西安交通大学学报(医学版),2008,(4)
蒙脱石对大鼠肠、血管循环灌流液中肌酐的吸附作用. 龙丽辉,等. 西安交通大学学报(医学版),2008,(4)
头孢地嗪对免疫性肝损伤小鼠外周血 T 细胞亚群的影响. 王鹏,等. 西安交通大学学报(医学版),2008,(4)
甘氨酸对大鼠视皮层神经元突触后 NR2A-及 NR2B-NMDA 受体功能的调制作用. 李延海,韩太真. 西安交通大学学报(医学版),2008,(4)
甲基汞对雄性小鼠生殖细胞的毒性作用. 张建新,等. 吉林大学学报(医学版),2008,(5)
松茸多糖对 X 射线照射小鼠造血功能的保护作用. 王宏芳,等. 吉林大学学报(医学版),2008,(5)
银耳孢糖对白细胞减少小鼠的升白细胞作用. 徐华丽,等. 吉林大学学报(医学版),2008,(5)
苦碟子口服液对实验性高脂蛋白血症大鼠的保护作用. 刘冷,等. 吉林大学学报(医学版),2008,(5)
益母草提取液对小鼠遗传物质损伤的保护作用及对淋巴细胞功能的增强作用. 邢沈阳,等. 吉林大学学报(医学版),2008,(5)
洛沙坦对人类正常系膜细胞及糖尿病肾病大鼠肾脏组织环氧化酶 2 的影响(英文). 周巧玲,等. 中南大学学报(医学版),2008,(9)
大鼠骨髓间充质干细胞促肝组织损伤修复的作用. 高羽亭,等. 吉林大学学报(医学版),2008,(5)
氯沙坦对糖尿病肾病大鼠肾小球硬化的影响. 许军英,等. 中南大学学报(医学版),2008,(9)
依那普利对单侧输尿管梗阻大鼠肾间质纤维化的防治作用. 王琳娜,等. 中南大学学报(医学版),2008,(9)
SD 大鼠吗啡依赖易感性差异与脑内 5-羟色胺转运体和 5-羟色胺 1A 受体 mRNA 表达的关系(英文). 谌红献,等. 中南大学学报(医学版),2008,(9)
SD 大鼠吗啡条件性位置偏爱易感性差异的内侧前额皮质多巴胺 D_2 受体和多巴胺转运体机制. 谌红献,等. 中南大学学报(医学版),2008,(9)
低剂量环磷酰胺对 Lewis 肺癌小鼠 $CD4^+CD25^+$ Treg 细胞功能的影响. 李欣,等. 吉林大学学报(医学版),2008,(5)
GHGKHKNK 八肽对小鼠黑色素瘤细胞 B16-F10 侵袭和转移的抑制作用. 吕刚,等. 吉林大学学报(医学版),2008,(5)
氯胺酮对大鼠海马脑片突触长时程增强效应的影响. 冯春生,等. 吉林大学学报(医学版),2008,(5).
河南省部分地区猪弓形虫感染调查及猪源虫株对小鼠的接种试验. 王海燕,等. 中国人兽共患病学报,2008,(10)
藏药川西獐牙菜对小鼠免疫性肝损伤的治疗作用. 徐敏. 西安交通大学学报(医学版),2008,(5)
肠功能恢复汤对肠缺血—再灌注损伤大鼠肠黏膜屏障的影响. 王春荣,等. 西安交通大学学报(医学版),2008,(5)
广州管圆线虫幼虫致小鼠脑组织细胞凋亡研究. 李江辉,等. 中国人兽共患病学报,2008,(10)
多房棘球绦虫重组 Bb-EmⅡ/3-Em14-3-3 疫苗对小鼠脾细胞凋亡的影响. 杨梅,等. 中国人兽共患病学报,2008,(11)
TNFα、Leptin-Rb、NF-κB 和 PPAR-γ 在酒精性肝病大鼠肝细胞中的表达. 鲁晓岚,等. 西安交通大学学报(医学版),2008,(5)
帕金森病模型大鼠杏仁基底外侧核神经元电活动的研究. 吴仲恒,等. 西安交通大学学报(医学版),2008,(5)
涤痰化瘀药对高血压大鼠及左室心肌细胞周期及心室重构的影响. 陈茹琴,等. 南方医科大学学报,2008,(10)
肠炎清对大鼠溃疡性结肠炎肠粘膜介素-10 和细胞间黏附分子-1. 吕永慧,等. 南方医科大学学报,2008,(10)
甘蔗渣多糖对免疫抑制小鼠免疫功能的影响. 刘强,等. 南方医科大学学报,2008,(10)
柴胡皂苷 a 对体外培养大鼠海马星形胶质细胞激活的抑制作用. 谢炜,等. 南方医科大学学报,2008,(10)

祛风通络方抑制 NF-κB 活化对脂多糖诱导的体外培养大鼠肾小球系膜细胞 TGF-β_1 mRNA 和 IL-6 mRNA 表达的影响. 王竹,等. 南方医科大学学报,2008,(10)
半枝莲提取物对 H22 荷瘤小鼠免疫功能的影响及其抑瘤作用. 代志军,等. 南方医科大学学报,2008,(10)
节律基因 Clock 干扰对小鼠精子受精能力的影响. 蒋小辉,等. 四川大学学报(医学版),2008,(6)
甲基苯丙胺对大鼠纹状体小胶质细胞及 NOS 的影响. 李艳红,等. 南方医科大学学报,2008,(10)
两种 IgA 肾病大鼠模型的比较. 彭伟,刘郑荣. 南方医科大学学报,2008,(10)
Hepcidin 在大鼠酒精性肝病发生发展中的作用. 徐立,等. 四川大学学报(医学版),2008,(6)
干扰素-α 对 CCl_4 诱导的大鼠肝纤维化治疗作用. 阳惠湘,易艳容. 中南大学学报(医学版),2008,(10)
氯苯丁酯对雌性肥胖 Zucker 大鼠心肌甘油三酯积聚的影响. 杨邦祥,等. 四川大学学报(医学版),2008,(6)
霉酚酸酯对糖尿病大鼠肾组织早期炎症反应的影响. 彭琳,等. 中南大学学报(医学版),2008,(10)
食饵性高脂血症对糖尿病大鼠肾脏 TGF-β/Smad 信号通路的激活. 陈卓雄,等. 中南大学学报(医学版),2008,(10)
成年大鼠脊髓损伤后反应性星形胶质细胞增生和巢蛋白表达的相关性及意义. 杨平林,等. 南方医科大学学报,2008,(10)
缺血后适应对大鼠肾脏急性热缺血再灌注损伤细胞凋亡的影响. 朱育春,等. 四川大学学报(医学版),2008,(6)
HIF-1α 表达在新生大鼠缺氧/缺氧缺血性脑损伤神经元凋亡中的作用. 李丽华,等. 四川大学学报(医学版),2008,(6)
老龄大鼠脑组织不同部位 HIF-1α 的表达规律探讨. 吴海琴,等. 南方医科大学学报,2008,(10)
大鼠鞘内哇巴因及混合替扎尼定治疗神经病理性疼痛. 欧阳汉栋,等. 南方医科大学学报,2008,(10)
C57BL/6J 小鼠 EAE 模型的建立及巨噬细胞移动抑制因子的表达. 高云春,等. 中南大学学报(医学版),2008,(10)
Neuregulin-1 温度依赖性抑制小鼠海马脑片 CA1 区的长时程增强. 陈永君,等. 南方医科大学学报,2008,(10)
实验性大鼠肝脏癌变过程中转化生长因子-β_1/Smads 信号通路系列变化的研究. 华赟鹏,等. 南方医科大学学报,2008,(10)
不同途径羊膜间充质干细胞移植治疗大鼠脑外伤. 王公平,等. 中南大学学报(医学版),2008,(10)
bFGF 对大鼠成骨细胞膜 integrin α_2、α_5、β_1 mRNA 表达的调控作用. 夏露,等. 四川大学学报(医学版),2008,(6)
替加氟磁性长循环热敏脂质体的制备及在大鼠体内的药代动力学研究. 曾昭武,等. 南方医科大学学报,2008,(10)
红霉素微球对支原体感染 Wistar 大鼠的保护作用. 李桃,等. 南方医科大学学报,2008,(10)
萘哌地尔衍生物 YM01 对高血压大鼠心血管效应的实验研究. 肖雪,等. 南方医科大学学报,2008,(10)
不同孕期小鼠羊水对小鼠肝癌细胞 H22 增殖和凋亡的影响. 丁雅明,等. 第三军医大学学报,2008,(12)
小鼠骨髓间充质干细胞接种小鼠肝癌组织诱发肝癌细胞坏死. 姜晗昉,任军. 北京大学学报(医学版),2008,(5)
超抗原葡萄球菌肠毒素 B 诱导的小鼠髓质区 CD4SP 胸腺细胞各亚群的克隆清除. 李娟,等. 北京大学学报(医学版),2008,(6)
肿瘤坏死因子-α 上调大鼠分化脂肪细胞脂肪分化相关蛋白水平及其机制. 刘梅芳,等. 北京大学学报(医学版),2008,(6)
宫内生长迟缓大鼠成年期发生胰岛素抵抗的机制. 廖艳,等. 北京大学学报(医学版),2008,(6)
转录因子 EN2 在小鼠胚胎组织中的分布. 钟善传,等. 第三军医大学学报,2008,(3)
低氧调节大鼠骨骼肌线粒体呼吸链复合体非协同性表达. 高文祥,等. 第三军医大学学报,2008,(3)
联合应用谷氨酰胺和 L-精氨酸对饥饿大鼠肠屏障作用的影响. 王立媛,等. 第三军医大学学报,2008,(3)
大鼠轻度脑外伤后水通道蛋白 9 在大脑皮质及海马的表达变化. 刘辉,等. 第三军医大学学报,2008,(3)
以胎鼠为供体的肾上腺移植实验研究. 田顺亮,孙建森. 第三军医大学学报,2008,(3)
尼莫地平对癫痫大鼠海马 Ca^{2+} 浓度及 Ca^{2+}/钙调蛋白依赖性蛋白激酶 $Ⅱ_\alpha$ 表达的影响. 王佩,等. 第三军医大学学报,2008,(3)
几种不同液体复苏失血性休克大鼠的适宜量研究. 李涛,等. 第三军医大学学报,2008,(3)
复苏压力对大鼠未控制出血性休克早期复苏效果的影响. 林秀来,等. 第三军医大学学报,2008,(3)
辛伐他汀对大鼠气道黏液高分泌的影响和机制研究. 王海霞,等. 第三军医大学学报,2008,(3)
异氟烷对大鼠肝脏缺血再灌注损伤时细胞间黏附分子-1 表达的影响. 徐广民,等. 第三军医大学学报,2008,(3)
淫羊藿对小鼠成骨细胞增殖、功能及凋亡的影响. 李盛林,等. 北京大学学报(医学版),2008,(1)
老龄大鼠肺内基质金属蛋白酶 2、9 及基质金属蛋白酶组织抑制因子 1、2、3 表达变化. 赵志杰,等. 北京大学学报(医学版),2008,(1)
NG2 胶质细胞在成年大鼠脑内的分布及形态特征. 陈鹏慧,等. 第三军医大学学报,2008,(1)
大鼠毛囊干细胞的纯化培养鉴定及其生物学特性. 黄恩毅,等. 第三军医大学学报,2008,(1)
缺氧对大鼠白细胞粘弹性的影响. 张钢,等. 第三军医大学学报,2008,(1)

低毒力菌株小鼠细菌性腹膜炎模型的建立. 罗涛,等. 第三军医大学学报,2008,(1)
成熟成骨细胞中敲除基因 fgfr1 小鼠的制备. 李福兵,等. 第三军医大学学报,2008,(4)
大鼠神经球蛋白的原核表达及多克隆抗体制备. 朱继. 第三军医大学学报,2008,(4)
提高大鼠心肌梗死模型成功率及存活率的研究. 向平,等. 第三军医大学学报,2008,(4)
脂多糖上调 CRH 及其结构相关肽 Ucn 在大鼠腹腔巨噬细胞的表达. 杨列,等. 第三军医大学学报,2008,(1).
皮质酮对大鼠腹腔巨噬细胞功能的影响. 周建云,等. 第三军医大学学报,2008,(2)
$VEGF_{165}$基因转染 EPCs 移植对大鼠阿霉素肾病组织学的影响. 赵洪雯,等. 第三军医大学学报,2008,(2)
成年大鼠缺氧性脑损伤后亚临床痫性发作及海马苔藓纤维出芽. 陈秀,等. 第三军医大学学报,2008,(1)
坐骨神经结扎大鼠脑脊液补体异常活化与痛觉过敏的关系. 王金保,等. 第三军医大学学报,2008,(2)
神经病理性痛大鼠背根神经节 $P2X_3$ 受体表达及电生理学特性的改变. 刘晓红,等. 第三军医大学学报,2008,(4)
重复经颅磁刺激对帕金森模型小鼠纹状体 VMAT-2 和 SYN 表达的影响. 王全懂,等. 第三军医大学学报,2008,(4)
牛磺酸对糖尿病大鼠视网膜损伤的防护效应. 曾凯宏,等. 第三军医大学学报,2008,(4)
大鼠第一腮弓细胞构建组织工程牙本质－牙髓复合体样结构. 邓蔓菁,等. 第三军医大学学报,2008,(1)
淋巴增强因子-1 在大鼠触须毛囊生长周期中的表达. 施春英,等. 第三军医大学学报,2008,(1)
气态甲醛吸入诱导大鼠急性肺水肿的实验研究. 梁志锋,等. 第三军医大学学报,2008,(2)
缓激肽 B_1 受体在严重烫伤大鼠内脏血管通透性变化中的作用. 赵明月,等. 第三军医大学学报,2008,(4)
咪达唑仑对幼龄大鼠大脑神经元 caspase-3 活化的影响. 王国毅,等. 第三军医大学学报,2008,(4)
当归芍药散对快速老化模型小鼠海马蛋白表达的影响. 耿森,等. 第三军医大学学报,2008,(6)
石菖蒲挥发油对吗啡戒断大鼠微循环障碍的治疗作用. 刘秀平,等. 第三军医大学学报,2008,(6)
神经前体细胞移植 Aβ 损伤大鼠海马后分化神经元的形态学观察. 李志方,等. 第三军医大学学报,2008,(6)
新生大鼠少突胶质前体细胞的培养与鉴定. 王丽雁,等. 第三军医大学学报,2008,(6)
大鼠 O tos 基因重组腺病毒载体的构建和鉴定. 卓贤露,等. 第三军医大学学报,2008,(6)
hPDGF-A/hBD_2 双基因转染对大鼠骨髓间充质干细胞生物学特性的影响. 冯一梅,等. 第三军医大学学报,2008,(6)
小鼠破骨细胞骨髓诱导模型的建立及功能观察. 鲁秀敏,等. 第三军医大学学报,2008,(6)
小鼠卵巢早衰动物模型的构建. 李彩霞,等. 第三军医大学学报,2008,(6)
急性肺损伤大鼠肺组织 PPAR-γ 表达的研究. 王建春,等. 第三军医大学学报,2008,(6)
脉冲微交流电刺激促进体外诱导大鼠骨髓间充质干细胞向心肌分化. 姚青,等. 第三军医大学学报,2008,(5)
屋尘螨过敏原 DNA 疫苗对哮喘模型小鼠 $Foxp3^+$ 调节性 T 细胞功能的影响. 吴奎,等. 第三军医大学学报,2008,(5)
烧伤小鼠早期 P56 与 IFN mRNA 表达变化及麻醉或 KPV 对其表达的影响. 李淑蓉,等. 第三军医大学学报,2008,(5)
胰高血糖素样多肽-1 对 OLETF 大鼠肺泡毛细血管基板的影响. 汤秀英,等. 北京大学学报(医学版),2008,(2)
比较不同方式移植的人间充质干细胞在大鼠失神经支配的骨骼肌的分布及对坐骨神经损伤的影响. 刘小璇,等. 北京大学学报(医学版),2008,(2)
小鼠重组釉蛋白基因稳定表达细胞系的建立. 娄雅莉,等. 北京大学学报(医学版),2008,(2)
慢病毒载体介导的增强型绿色荧光蛋白转基因小鼠的建立. 刘勤,等. 第三军医大学学报,2008,(10)
邻苯二甲酸二丁酯和苯并芘联合染毒对大鼠睾丸支持细胞的影响. 邱志群,等. 第三军医大学学报,2008,(11)
针刺小鼠丰隆穴对代谢等相关基因表达的影响. 康晋梅,等. 第三军医大学学报,2008,(11)
鼠抗人 CMTM7 单克隆抗体的制备和鉴定. 许兰俊,等. 北京大学学报(医学版),2008,(3)
缺氧条件下大鼠脑微血管内皮细胞对共培养的人间充质干细胞分化的影响. 刘恺鸣,等. 第三军医大学学报,2008,(7)
肺炎链球菌黏附素 A 基因疫苗的构建及对小鼠鼻咽部肺炎链球菌携带的防御作用. 张巧,等. 第三军医大学学报,2008,(8)
小鼠支气管肺泡干细胞的培养鉴定和分选. 钱莘,等. 第三军医大学学报,2008,(9)
BMP-7 基因修饰的骨髓间充质干细胞在小鼠肾脏内的表达. 卫静,等. 第三军医大学学报,2008,(10)
大鼠实验性脑室出血后慢性脑积水动物模型的建立及病理学观察. 宫国旗,等. 第三军医大学学报,2008,(10)
大鼠膀胱与直肠神经的解剖学观察. 周强,等. 第三军医大学学报,2008,(10)
重组免疫毒素 hIL-2-Luffin P1 对大鼠肾移植存活时间的影响. 王儒鹏,等. 第三军医大学学报,2008,(11)
缺氧预适应小鼠脑匀浆去蛋白液中抗缺氧有效成分的初步研究. 李宏,高钰琪. 第三军医大学学报,2008,(11)
小鼠 IDO 真核表达载体的构建及其在未成熟树突状细胞中的表达. 安晓静,等. 第三军医大学学报,2008,(11)
别嘌呤醇对心肌梗死后大鼠心肌细胞凋亡的抑制作用. 肖骏,等. 第三军医大学学报,2008,(8)

蛋白酶体抑制剂 MG-132 改善大鼠心肌梗死后心肌结构重塑. 陈章荣,等. 第三军医大学学报,2008,(8)
南蛇藤素对 ApoE 基因敲除小鼠主动脉壁 MIF 及 MMP-9 表达的影响. 李金平,等. 第三军医大学学报,2008,(9)
大鼠阿霉素所致心肌病过程中 PI3K/AKT 以及 ERK1/2 信号通路表达的改变. 向平,等. 第三军医大学学报,2008,(11)
不同时间变应原暴露对大鼠哮喘模型的影响. 胡艳,等. 北京大学学报(医学版),2008,(3)
NGF 参与支气管哮喘大鼠气道炎症的发生及作用机制. 郑晓晶,张桂蓉. 第三军医大学学报,2008,(11)
长程高脂饲料对雌雄大鼠胰岛功能损害差异的探讨. 王喆,等. 第三军医大学学报,2008,(9)
大鼠全肝缺血再灌注后肺损伤及褪黑素的保护作用. 姜春玲,等. 北京大学学报(医学版),2008,(3)
改良大鼠腹部心移植模型的制作. 余思,等. 北京大学学报(医学版),2008,(3)
IGF-1 对大鼠坐骨神经再生早期的影响. 李光振,等. 第三军医大学学报,2008,(11).
VEGF 对大鼠 50% 肝脏移植术后血清 HGF、IL-6 浓度的影响. 董晓灵,等. 第三军医大学学报,2008,(11)
ICCs 细胞在正常大鼠膀胱中的分布及对逼尿肌收缩的影响. 封建立,等. 第三军医大学学报,2008,(7)
P2X 嘌呤受体在大鼠膀胱 ICCs 细胞中的表达. 方强,等. 第三军医大学学报,2008,(7)
牵张负荷对大鼠膀胱 ICCs 细胞数量及 c-kit 表达的影响. 路扬,等. 第三军医大学学报,2008,(7)
大鼠不稳定膀胱中 ICCs 细胞中 HCN 蛋白表达的变化. 丁砺蠡,等. 第三军医大学学报,2008,(7)
孕期母体炎症刺激对子代大鼠血压及学习记忆能力的影响. 郝丽云,李晓辉. 第三军医大学学报,2008,(10)
异黄酮改构化合物 F11 对去势大鼠乳腺的影响. 尹姝心,等. 第三军医大学学报,2008,(11)
正常与脑缺血大鼠脑皮质线粒体的比较蛋白质组学研究. 杨涌涛,等. 第三军医大学学报,2008,(10)
C17.2 神经干细胞移植 Aβ(1 - 40)损伤大鼠海马后的分化及对学习记忆的改善. 李志方,等. 第三军医大学学报,2008,(7)
西酞普兰对血管性痴呆大鼠海马 DG 神经发生和认知障碍影响的初步研究. 黄河清,等. 第三军医大学学报,2008,(10)
重组人内皮抑素联合紫杉醇 + 顺铂化疗方案治疗人乳腺癌裸鼠移植瘤的研究. 邓莉,等. 第三军医大学学报,2008,(9)
大鼠视皮层两类神经元的 NMDA 及 GABAA 受体介导的突触后电流电学特性研究. 秦伟,等. 第三军医大学学报,2008,(8)
急性高眼压后大鼠视网膜突触囊泡素的表达变化. 陈旦,等. 第三军医大学学报,2008,(11)
临床用氧对新生鼠视网膜发育的影响. 张琴,韦红. 第三军医大学学报,2008,(11)
急性心肌梗死大鼠心肌基因表达谱构建、鉴定及功能基因的研究. 郭春雨,等. 北京大学学报(医学版),2008,(3)
Rho 激酶在大鼠严重烧伤后肠黏膜通透性改变中的作用及机制研究. 刘依凌,等. 第三军医大学学报,2008,(9)
局部 uPAR 的高表达促进小鼠创伤后皮肤的再上皮化. 高强国,等. 第三军医大学学报,2008,(11)
舱内腹部爆炸伤大鼠血清及肠道组织 MDA 含量和 SOD、GSH-Px 活力变化及意义. 聂海,等. 第三军医大学学报,2008,(10)
大鼠无肝状态小肠 CYP3A1 酶活性增强和 mRNA 表达增高及芬太尼肝外代谢. 李玉萍,等. 第三军医大学学报,2008,(7)
戊酸雌二醇对去势大鼠阴道雌激素受体亚型 α、β 表达的影响. 连艳,等. 第三军医大学学报,2008,(9)
二氮嗪预处理对大鼠缺血性损伤心肌线粒体功能的保护作用. 黄河,等. 第三军医大学学报,2008,(9)
腺苷对小鼠前额叶皮质锥体细胞超极化激活阳离子电流的影响. 闫洁,等. 第三军医大学学报,2008,(10)
肉毒杆菌毒素 A 水凝胶对大鼠骨骼肌远期作用的形态学观察. 钟华红,等. 第三军医大学学报,2008,(10)
瘦素在着床前小鼠胚胎中的表达及其对胚胎发育的影响. 高立芳,等. 第三军医大学学报,2008,(14)
Pax6 基因和蛋白在大鼠触须毛囊中的表达. 杨珂,等. 第三军医大学学报,2008,(13)
大鼠右心室血管紧张素转换酶 2 在高原低氧适应过程中表达的变化. 工宇亮,等. 第三军医大学学报,2008,(13)
缺氧增加小鼠小胶质细胞 IRAK-4 的表达. 陈实,朱刚. 第三军医大学学报,2008,(12)
Angptl3 基因在大鼠高脂模型中组织表达及其与血脂的关系. 王欣,等. 第三军医大学学报,2008,(12)
大鼠心肌梗死后 HCN 表达的变化及普伐他汀的干预. 刘廷容,等. 第三军医大学学报,2008,(14)
厄贝沙坦对大鼠实验性心肌梗死的保护作用. 杨春梅,等. 第三军医大学学报,2008,(13)
氧化低密度脂蛋白对大鼠心肌成纤维细胞胶原的影响. 肖华,等. 第三军医大学学报,2008,(13)
大鼠肝叶切除后肝细胞再生相关蛋白的蛋白质组学分析. 陈胤,等. 第三军医大学学报,2008,(12)
人脐血干细胞海马 CA1 区移植及 GM1 腹腔注射治疗大鼠血管性痴呆. 李莹,王景周. 第三军医大学学报,2008,(12)
缺氧性脑损伤对大鼠癫痫敏感性和脑内 PSD-95 表达的影响. 陈秀,等. 第三军医大学学报,2008,(14)
替米沙坦对糖尿病大鼠认知功能及大脑皮质 Ghrelin 受体表达的影响. 张海娜,等. 第三军医大学学报,2008,

(14)
脑缺血对阿尔茨海默病大鼠认知功能的影响.李静,等.第三军医大学学报,2008,(13)
PARP 抑制剂对小鼠结肠腺癌 CT26 细胞肝转移的影响.秦艳,等.第三军医大学学报,2008,(14)
羟乙基淀粉对失血性休克大鼠复苏效果的影响.李涛,等.第三军医大学学报,2008,(14)
Cx40、Cx43 在失血性休克大鼠血管舒张反应调节中的作用.明佳,等.第三军医大学学报,2008,(13)
抑郁对大鼠创面愈合过程中胶原含量的影响.周明芳,等.第三军医大学学报,2008,(13)
血管扩张刺激磷蛋白调节失血性休克大鼠小肠屏障功能与闭锁连接蛋白 1 的关系.张晔,等.第三军医大学学报,2008,(14)
大鼠皮肤实验性枪弹伤后 MMP-1 和 MMP-3 的表达研究.李红卫,等.第三军医大学学报,2008,(13)
雷帕霉素对大鼠缺血再灌注肾超微结构和凋亡蛋白表达的影响.郑传东,等.第三军医大学学报,2008,(13)
辛伐他汀对急性心肌梗死大鼠 RhoA 表达及心室重塑的影响.袁侨英,等.第三军医大学学报,2008,(12)
慢性移植物抗宿主病狼疮小鼠模型免疫学特征分析.代琛贤,等.北京大学学报(医学版),2008,(4)
白藜芦醇减轻三氧化二砷所致大鼠过氧化毒性作用.刘中禄,等.第三军医大学学报,2008,(18)
肾康丸对糖尿病肾病大鼠 TGF-β_1/Smad 信号通路的影响.肖炜,马云.第三军医大学学报,2008,(16)
模拟微重力条件下小鼠拟胚体形成及分化的初步观察.刘卫生,等.第三军医大学学报,2008,(17)
基因芯片分析 Wnt 刺激后小鼠多潜能分化干细胞 C3H10T1/2 的差异基因表达.朱丹,等.第三军医大学学报,2008,(17)
抗坏血酸诱导体外培养小鼠胚胎干细胞分化为心肌细胞.李捷,等.第三军医大学学报,2008,(18).
Long-Evans 大鼠骨髓间充质干细胞分离培养及生物学特性研究.刘东宁,等.第三军医大学学报,2008,(15)
B 型利钠肽对小鼠腹腔巨噬细胞 MCP-1 蛋白表达的双向调节作用.郜攀,等.第三军医大学学报,2008,(15)
急性缺氧条件下氰化钠中毒对大鼠脑组织能量代谢的影响.赛燕,等.第三军医大学学报,2008,(16)
血红素加氧酶-1 在大鼠原位肝移植急性排斥反应中的作用.范伟,等.第三军医大学学报,2008,(17)
PLGA 导管修复大鼠坐骨神经缺损的实验研究.刘晓富,等.第三军医大学学报,2008,(15)
导管致小鼠颈总动脉血管损伤病变的实验研究.罗高兴,等.第三军医大学学报,2008,(15)
贫铀长期摄入对大鼠肾脏损伤效应的研究.冷言冰,等.第三军医大学学报,2008,(18)
慢性肾衰竭大鼠主动脉 NF-κB 的表达变化.冯兵,等.第三军医大学学报,2008,(15)
高氧对幼鼠肺组织细胞凋亡及 p38 MAPK 丝裂原活化蛋白激酶的影响.李静,等.第三军医大学学报,2008,(17)
局灶性脑缺血再灌注后大鼠脑组织 HIF-1α 表达的观察.罗开俭,等.第三军医大学学报,2008,(18)
赫赛汀和 9-顺式视黄酸联合用药对 HER2 阳性荷瘤鼠乳腺癌细胞的抑制效应.郎海滨,等.第三军医大学学报,2008,(17)
人结肠癌细胞系裸小鼠淋巴结转移的观察.涂经楷,等.第三军医大学学报,2008,(17)
AdH1-siRNA-Survivin 抗小鼠黑色素瘤生长和转移的研究.于智勇,等.第三军医大学学报,2008,(18)
急性梗阻性化脓性胆管炎时大鼠肝组织清道夫受体-A 的表达及意义.杨慷,等.第三军医大学学报,2008,(18)
乳化异氟醚对缺氧复氧乳鼠心肌细胞的保护作用及 bcl-2、bax 表达的影响.谭兴琴,等.第三军医大学学报,2008,(17)
SPIO 标记大鼠骨髓基质干细胞及体外磁共振成像研究.杨华,等.第三军医大学学报,2008,(17)
EDS 对新生 SD 大鼠海马神经干细胞增殖分化的作用.储卫华,等.第三军医大学学报,2008,(19)
大鼠少突胶质细胞前体细胞的生后发育特点及围生期电生理特性的研究.陈鹏慧,等.第三军医大学学报,2008,(19)
connexin43 基因体外转染大鼠 L6 骨骼肌成肌细胞的研究.王多,等.第三军医大学学报,2008,(19)
纳米磁性探针转染大鼠外周血内皮祖细胞的磁共振成像实验研究.曹爱红,等.第三军医大学学报,2008,(20)
MLC_{20}磷酸化在 PKCα、PKCε 调节失血性休克大鼠血管钙敏感性中的作用.徐竞,等.第三军医大学学报,2008,(21)
高迁移率族蛋白 B1 对小鼠调节性 T 细胞 Foxp3 表达的影响.张莹,等.第三军医大学学报,2008,(21)
小鼠胚胎间充质干细胞系 C3H/10T1/2 的多向分化潜能研究.王明科,等.第三军医大学学报,2008,(21)
心衰大鼠 ACE/ACE2 表达变化及血管紧张素转换酶抑制剂的干预作用.王江,等.第三军医大学学报,2008,(19)
STAT3 对大鼠重症急性胰腺炎血清体外作用 AT-Ⅱ SP-C 的影响.钟敦璟,等.第三军医大学学报,2008,(19)
Ⅱ类主要组织相容性抗原在博来霉素致大鼠纤维化肺组织中的表达.倪莲芳,等.北京大学学报(医学版),2008,(5)
盐酸戊乙奎醚预处理对体外循环大鼠肾脏的保护作用.王宏宇,等.第三军医大学学报,2008,(19)
肾上腺切除大鼠冲击伤后天然免疫功能的变化及其与模式识别受体的关系.杨策,等.第三军医大学学报,2008,(21)
降钙素基因相关肽对大鼠胫骨骨折早期愈合的影响.韩娜,等.第三军医大学学报,2008,(21)

围生期宫内生长迟缓胎鼠的发育及其肝胰岛素信号转导蛋白的表达. 廖艳，等. 北京大学学报(医学版)，2008，(5)
宫内给药对大鼠细菌性宫内感染胎盘 IL-6 与 MMP-9 表达的影响. 刘建，等. 第三军医大学学报，2008，(19)
缺氧缺血性脑损伤新生鼠 Foxg1 基因与脑皮质特定基因的表达变化及意义. 郑毅，等. 第三军医大学学报，2008，(19)
阿托伐他汀抑制脑缺血再灌注大鼠脑组织 MMP-2、MMP-9 表达. 蔡志友，等. 第三军医大学学报，2008，(19)
稳定表达 BCR/ABL 的小鼠 BaF3-P210 细胞株的建立及其生物学特性的研究. 史梦，等. 第三军医大学学报，2008，(19)
小鼠肝癌细胞(H_{22})源外泌体的体内抗肝癌作用研究. 李静，等. 第三军医大学学报，2008，(19)
大鼠 C6 脑胶质瘤生长规律的影像学与病理学观察. 王博，等. 第三军医大学学报，2008，(20)
大鼠 C6 脑胶质瘤血管生成的多层螺旋 CT 灌注成像研究. 王舒楠，等. 第三军医大学学报，2008，(20)
混合晶体蛋白对大鼠视神经损伤后轴突再生作用的研究. 刘志敏，等. 第三军医大学学报，2008，(19)
大鼠严重烧伤早期 RAS 的变化对心功能及心肌损害的影响. 雷泽源，等. 第三军医大学学报，2008，(19)
调控 RhoA/Rac 平衡对失血性休克大鼠血管双相反应性的影响. 李涛，等. 第三军医大学学报，2008，(21)
丙酮酸乙酯对烫伤大鼠肺组织高迁移率族蛋白 B1 表达和肺损伤的影响. 王彦博，等. 第三军医大学学报，2008，(21)
OEC-SC-ECM-PLGA 桥接体对大鼠坐骨神经缺损的解剖学修复作用. 游华，等. 第三军医大学学报，2008，(21)
牛磺酸对急性低氧大鼠视网膜内网状层损伤的防护效应. 陈卡，等. 第三军医大学学报，2008，(23)
低剂量 X 射线辐照小鼠骨髓嗜多染红细胞微核率的研究. 褚群，等. 第三军医大学学报，2008，(22)
当归多糖对大鼠肝性脑病的预防作用. 卿铁，董志. 第三军医大学学报，2008，(23)
尾加压素Ⅱ致体外培养乳鼠心肌细胞肥大效应研究. 李巍，等. 第三军医大学学报，2008，(24)
小鼠精子蛋白 Sp17 的克隆、表达及其免疫原性研究. 张巧玉，等. 第三军医大学学报，2008，(24)
抑制 UPS 对缺血再灌注大鼠心肌 Hsp27 和 TNF-α 的影响. 戴翠莲，等. 第三军医大学学报，2008，(22)
缺氧缺血性脑损伤后丰富环境刺激对大鼠海马 CA1 区神经元凋亡的影响. 宋远见，等. 第三军医大学学报，2008，(22)
吡咯烷二硫代氨基甲酸盐对大鼠缺血性心肌损伤后心室扩张及心衰的干预效应. 潘波，等. 第三军医大学学报，2008，(22).
腺病毒介导的神经生长因子基因治疗大鼠坐骨神经损伤的疗效研究. 陈渝，等. 第三军医大学学报，2008，(23)
高氧对早产鼠肺泡Ⅱ型上皮细胞的影响及神经肽 P 物质的保护作用. 黄波，等. 第三军医大学学报，2008，(24)
脑红蛋白对大鼠局灶性脑缺血组织的保护作用. 刘娟，等. 第三军医大学学报，2008，(23)
铁离子在大鼠实验性慢性脑积水发生中的作用. 宫国旗，等. 第三军医大学学报，2008，(23)
不同剂量盐酸多奈哌齐对慢性癫痫大鼠空间学习记忆功能的影响. 张笋，等. 第三军医大学学报，2008，(24)
大鼠脑缺血后脑组织脑红蛋白 mRNA 的动态表达及保护机制研究. 尹静，等. 第三军医大学学报，2008，(23)
多药耐药基因转染对荷瘤小鼠骨髓造血细胞的保护作用. 张秀亚，等. 第三军医大学学报，2008，(23)
1，25-二羟维生素 D_3 抑制大鼠角膜移植术后免疫排斥反应. 胡雁，周善璧. 第三军医大学学报，2008，(23)
辛伐他汀对阿霉素肾病大鼠的治疗作用及白细胞介素-1β 表达的影响. 张伟，等. 第三军医大学学报，2008，(22)
转染绿色荧光蛋白－胰岛素融合基因的小鼠骨髓间充质干细胞移植治疗糖尿病小鼠. 范向军，等. 第二军医大学学报，2008，(12)
海螵蛸多糖对小鼠胃黏膜保护作用的研究. 郭一峰，等. 第二军医大学学报，2008，(11)
过氧化物酶增殖物激活受体-γ 在大鼠肾脏组织衰老过程中的表达变化及其与氧化应激的关系. 张颖玮，等. 第二军医大学学报，2008，(11)
MPTP 对快速老化小鼠 SAMP8 学习记忆能力及黑质多巴胺神经元的影响. 苑振云，等. 第二军医大学学报，2008，(11)
缺血后处理与控制性低压灌注对大鼠脊髓缺血—再灌注损伤的影响. 王丽萍，李文献. 第二军医大学学报，2008，(11)
超顺磁性氧化铁纳米颗粒单次和连续给药的小鼠组织分布. 尹龙萍，等. 第二军医大学学报，2008，(11)
落新妇苷通过促进 IL-10 表达保护小鼠缺血再灌注损伤肝脏. 慕宁，等. 第二军医大学学报，2008，(12)
外源性血管紧张素Ⅱ在体灌注对大鼠肺泡屏障的损伤作用及机制. 庄甲举，等. 第二军医大学学报，2008，(12)
短时间多次缺血预处理对大鼠移植肝缺血再灌注损伤的保护作用. 庞利群，等. 第二军医大学学报，2008，(12)
青藤碱对大鼠原位肝移植缺血再灌注损伤的保护作用. 林峰，等. 第二军医大学学报，2008，(12)
妊娠期接触糖皮质激素对子代大鼠海马 SGK mRNA 表达的影响. 丛滨海，等. 第二军医大学学报，2008，(12)
汉族人肾透明细胞癌肺转移小鼠模型的建立及肺转移细胞亚株的筛选. 翟羽佳，等. 第二军医大学学报，2008，(12)
小剂量氯胺酮抑制慢性神经痛大鼠脊髓背角 $P2X_4$ 受体表达. 周双琼，等. 第二军医大学学报，2008，(12)

哮喘小鼠肺组织水通道蛋白5的表达及地塞米松对其的调节. 董春玲,等. 第二军医大学学报,2008,(2)
水通道蛋白1、3、4、5在内毒素性急性肺损伤小鼠肺组织中的表达. 李波,等. 第二军医大学学报,2008,(2)
大鼠肾缺血再灌注损伤后p38丝裂原活化蛋白激酶的活化及氧自由基清除剂对其的影响. 刘文军,等. 第二军医大学学报,2008,(2)
Na^+,K^+-ATP酶在大鼠皮质神经元缺氧性损伤中的作用. 董惠,等. 第二军医大学学报,2008,(2)
胡黄连对大鼠缺血脑组织神经营养因子的影响. 杨学伟,等. 青岛大学医学院学报,2008,(1)
低剂量辐射对环磷酰胺所致小鼠DNA及遗传物质损伤的影响(英文). 刘静,等. 青岛大学医学院学报,2008,(1)
免疫调节剂对1型糖尿病大鼠Foxp3表达的影响. 梁春联,王静. 青岛大学医学院学报,2008,(1)
低剂量顺铂并IFN-α对小鼠移植性肝癌血管生成影响. 王延涛,等. 青岛大学医学院学报,2008,(1)
盐酸戊乙奎醚对油酸诱导大鼠急性肺损伤作用的影响. 孔祥,等. 第二军医大学学报,2008,(3)
瘦素对肠缺血再灌注损伤大鼠外周血TNF-α和IL-10表达及小肠局部病理损伤的影响. 王晓辉,等. 第二军医大学学报,2008,(3)
p38MAPK对大鼠肾小球系膜细胞表达NF-κB和COX-2的调控. 魏倩萍,等. 第二军医大学学报,2008,(3)
经颅磁刺激对帕金森病小鼠黑质区多巴胺能神经元及脑源性神经营养因子表达的影响. 董巧云,等. 第二军医大学学报,2008,(3)
两种促进烫伤小鼠愈合的融合肽. 方晨,郭葆玉. 第二军医大学学报,2008,(3)
HPLC法测定大鼠组织中的桂利嗪. 刘燕,娄子洋. 第二军医大学学报,2008,(3)
体外筛选针对大鼠Toll样受体4 mRNA的小分子干扰RNA序列. 卞金俊,等. 第二军医大学学报,2008,(1)
腺病毒介导MHC Ⅱ类分子反式激活因子突变体基因治疗小鼠实验性自身免疫性甲状腺炎. 龙宪连,等. 第二军医大学学报,2008,(1)
蛋白质组学技术筛选大鼠肝脏大部切除后肝再生相关差异表达蛋白. 周东勋,等. 第二军医大学学报,2008,(1)
锰卟啉络合物对MPTP诱导的帕金森病小鼠的防治作用(英文). 陈平,等. 第二军医大学学报,2008,(1)
脑缺血再灌注后大鼠IGF-1及其受体表达对其神经行为的影响. 孙锋,等. 青岛大学医学院学报,2008,(2)
丹红注射液对大鼠皮质神经元体外模拟缺血再灌注损伤的保护作用. 张红,等. 青岛大学医学院学报,2008,(3)
去性腺大鼠外周痛阈的改变. 樊娟,等. 第二军医大学学报,2008,(4).
卡维地洛对心肌梗死大鼠心肌基质金属蛋白酶及其组织抑制因子表达的影响. 易镜明,等. 第二军医大学学报,2008,(4)
染料木黄酮对帕金森病模型小鼠多巴胺能神经元的保护作用. 杨延东,等. 青岛大学医学院学报,2008,(3)
雌二醇对脑缺血大鼠海马血管内皮生长因子表达的影响. 李宾,等. 第二军医大学学报,2008,(4)
氧化苦参碱增强环磷酰胺对小鼠Lewis肺癌生长的抑制作用. 王锐,等. 第二军医大学学报,2008,(4)
胰腺导管腺癌小鼠模型的研究进展. 王伟,李兆申. 第二军医大学学报,2008,(4)
组胺HR1拮抗剂对变应性鼻炎大鼠血清白细胞介素-12的影响. 燕志强,等. 第二军医大学学报,2008,(4)
N-乙酰半胱氨酸对大鼠小肠辐射损伤的防护作用. 王瑜,等. 第二军医大学学报,2008,(6)
通络方剂对糖尿病大鼠肾脏氧化应激的影响. 张春阳,等. 第二军医大学学报,2008,(8)
灯盏花素对脑缺血再灌注沙土鼠相关行为指标影响. 刘云洁,等. 青岛大学医学院学报,2008,(4)
大鼠外周血内皮祖细胞体外向内皮细胞诱导分化时的表型变化特征. 池一凡,等. 青岛大学医学院学报,2008,(4)
苯甲酸雌二醇对辐射诱导小鼠骨髓造血细胞凋亡的影响. 李百龙,等. 第二军医大学学报,2008,(6)
高尿酸血症大鼠肾小管上皮细胞OAT3表达的变化. 王静,等. 青岛大学医学院学报,2008,(4)
不同价态饮水砷暴露对小鼠肝脏的损伤作用. 李玲,等. 第二军医大学学报,2008,(5)
神经生长因子和氨基胍对糖尿病大鼠视觉诱发电位的影响. 桑延智,等. 第二军医大学学报,2008,(6)
聚乙烯亚胺介导BMP-7基因体内转染促进老年大鼠骨折愈合. 韩庆林,等. 第二军医大学学报,2008,(5)
骨质疏松大鼠胫骨骨缺损应用硫酸钙骨水泥填充后骨密度的变化. 张咏,等. 第二军医大学学报,2008,(5)
坐骨神经结扎大鼠脊髓组织Toll样受体4及下游细胞因子表达的变化. 孙玉明,等. 第二军医大学学报,2008,(8)
苍白球GABAB受体对氟哌啶醇制备帕金森病模型大鼠姿势行为的影响. 王宏韬,等. 青岛大学医学院学报,2008,(4)
PTEN基因表达对辐射诱发小鼠胸腺瘤细胞生物学行为的影响. 李百龙,等. 第二军医大学学报,2008,(8)
线栓法制备大鼠视网膜缺血再灌注模型的初步探讨. 尹晓涛,等. 青岛大学医学院学报,2008,(4)
坎地沙坦酯的大鼠在体肠吸收研究. 张晶,薛亮. 第二军医大学学报,2008,(8)
创伤性脑水肿合并海水淹溺大鼠IL-1β和TNF-α表达的变化. 齐向前,等. 第二军医大学学报,2008,(8)
枸杞子提取液对RCS大鼠视网膜色素变性的保护作用. 倪同上,等. 青岛大学医学院学报,2008,(5)
缺氧气虚大鼠NEI网络共同化学信号分子变化规律及通心络干预作用. 袁国强,等. 第二军医大学学报,2008,

(7)
雷公藤多苷对结肠炎小鼠结肠组织 IL-23、IL-17 和 IL-12 表达的影响. 肖南平,等. 第二军医大学学报,2008,(9)
两种方法制作大鼠大脑中动脉栓塞再灌注模型比较. 厉建元,等. 青岛大学医学院学报,2008,(5)
金属蛋白酶 9 在隐球菌性脑膜炎小鼠模型脑组织中的表达. 徐赤宇,等. 第二军医大学学报,2008,(7)
Akt、Bad 在大鼠肝缺血再灌注中的变化及作用. 徐磊,等. 第二军医大学学报,2008,(7)
辛伐他汀对单肾切除糖尿病老龄鼠肾组织 Fas/FaS-L 基因表达的影响. 罗镧,等. 第二军医大学学报,2008,(9)
阻塞性黄疸大鼠肝功能和病理形态学研究. 刘志强,等. 第二军医大学学报,2008,(7)
河豚毒素停搏液对大鼠离体缺血再灌注损伤心肌功能及其桥粒蛋白表达的影响. 尧林,等. 第二军医大学学报,2008,(9)
17β-雌二醇对缺氧缺血性脑病新生大鼠海马 CA1 区细胞凋亡的影响. 沈卉,徐珞. 青岛大学医学院学报,2008,(5)
人骨髓间充质干细胞脑内移植对大鼠缺氧缺血性脑损伤的保护作用. 樊建玲,等. 第二军医大学学报,2008,(9)
膜联蛋白 A7 表达稳定下调的小鼠肝癌 Hca-F 细胞株的建立. 王志强,等. 第二军医大学学报,2008,(9)
曲格列酮体外抑制大鼠垂体腺瘤 GH3 细胞增殖. 陈富勇,等. 第二军医大学学报,2008,(9)
叔丁醇治疗 SD 大鼠硒性白内障的疗效观察. 李静,等. 第二军医大学学报,2008,(9)
不同训练模式下大鼠心肌收缩特性的适应性改变. 冯晶,严军. 青岛大学医学院学报,2008,(5)
骨髓间充质干细胞移植重建极重度放射损伤小鼠造血功能. 刘凡凤,等. 第二军医大学学报,2008,(9)
维拉帕米和生脉注射液对大鼠肝脏缺血再灌注损伤的保护作用. 山峰,等. 青岛大学医学院学报,2008,(5)
液质联用检测大鼠血、尿液和胆汁中氯沙坦的含量. 蒋华芳,等. 第二军医大学学报,2008,(9)
胎鼠肺发育中 PI3K-AKT 信号传导通路效应物表达. 王志辉,等. 青岛大学医学院学报,2008,(6)
脑红蛋白在脑缺血大鼠中的动态表达及脑保护作用. 尹静,等. 第二军医大学学报,2008,(10)
美满霉素抑制血管性痴呆大鼠脑组织 NF-κB、GFAP 与 IL-1β 的表达. 蔡志友,等. 第二军医大学学报,2008,(10)
不同预适应对海水浸泡束缚大鼠应激性溃疡的影响. 施斌斌,等. 第二军医大学学报,2008,(10)
乌司他丁对急性肾脏创伤大鼠 MMP-2/TIMP-2 和 NF-κB 的调控作用. 刘长海,等. 第二军医大学学报,2008,(10).
siRNA 沉默结缔组织生长因子对鼠肝星状细胞生物学特性的影响. 李光明,等. 上海交通大学学报(医学版),2008,(10)
喘可治对急性肺损伤大鼠预防作用的研究. 肖光华,等. 上海交通大学学报(医学版),2008,(10)
呼吸道合胞病毒对小鼠骨髓树突状细胞Ⅰ型干扰素信号通路的抑制作用. 揭志军,等. 上海交通大学学报(医学版),2008,(10)
血管紧张素Ⅱ对大鼠 HSCs 分泌 ECM 影响机制的研究. 汪余勤,等. 上海交通大学学报(医学版),2008,(10)
蛋白激酶 C 抑制剂对发育期甲状腺功能减退大鼠智力的改善作用. 张洪梅,等. 上海交通大学学报(医学版),2008,(10)
卵巢切除小鼠胫骨干骺端血管的显微 CT 观察. 丁文鸽,等. 上海交通大学学报(医学版),2008,(10)
β 谷固醇对高脂饲料喂养小鼠空间学习记忆能力的影响. 余焕玲,等. 首都医科大学学报,2008,(6).
大鼠肾脏 α_1-肾上腺素受体和血管紧张素Ⅱ受体亚型表达水平随增龄的改变. 曹晓菁,李艳芳. 首都医科大学学报,2008,(6)
尾加压素Ⅱ及其受体在 2 型糖尿病小鼠肝脏中表达的变化. 王红霞,等. 首都医科大学学报,2008,(6)
大鼠脑外伤诱导水通道蛋白 4 表达增强加重脑水肿. 张琳,袁芳. 首都医科大学学报,2008,(6)
IL－1β 对大鼠下丘脑室旁核神经元放电活动的影响. 吕洋,等. 上海交通大学学报(医学版),2008,(12)
磷酸二酯酶在鼠胸主动脉中的表达及其对血管张力的调节作用. 周海燕,等. 上海交通大学学报(医学版),2008,(12)
膀胱老化沙鼠膀胱功能和组织学变化. 肖云翔,等. 上海交通大学学报(医学版),2008,(12)
心钠素对小鼠肿瘤生长和血管新生的抑制作用. 郐珊,等. 上海交通大学学报(医学版),2008,(12)
雌激素对卵巢切除大鼠肾脏 VDR mRNA 表达的影响. 周筠,等. 上海交通大学学报(医学版),2008,(11)
rhGH 预治疗对烧伤后并发脓毒症大鼠早期免疫反应的影响. 张勤,等. 上海交通大学学报(医学版),2008,(11)
川芎嗪对 AD 模型小鼠海马胆碱能系统的影响. 张春,等. 首都医科大学学报,2008,(1)
多巴胺引起大鼠结肠黏膜离子转运的节段异质性. 张晓慧,等. 首都医科大学学报,2008,(1)
高压氧对短暂全脑缺血再灌注大鼠脑 ATP 酶活性的影响. 徐世明,等. 首都医科大学学报,2008,(1)
阿尔茨海默病大鼠模型 PET 在体成像研究. 郭喆,等. 首都医科大学学报,2008,(1)
骨保护素基因敲除对小鼠左心室收缩功能的影响. 李西华,等. 上海交通大学学报(医学版),2008,(3)
不同的固定及渗透方法对小鼠卵母细胞免疫荧光染色的影响. 谢颖颖,等. 上海交通大学学报(医学版),2008,(3)
氨溴索对脂多糖－烟雾诱导大鼠水通道蛋白 5 表达的影响. 刘少滨,等. 上海交通大学学报(医学版),2008,(3)

匹罗卡品诱导的颞叶癫痫小鼠恐惧记忆行为学变化.蔡国恩,等.上海交通大学学报(医学版),2008,(3)
K252a预处理对Aβ(25—35)诱导小鼠学习记忆障碍的保护作用.任汝静,等.上海交通大学学报(医学版),2008,(3)
甲基四氢叶酸对高胆固醇大鼠下肢缺血的改善作用.段俊丽,等.上海交通大学学报(医学版),2008,(1)
MPTP诱导的帕金森病小鼠模型纹状体中Kir2基因的表达.曾洁,等.上海交通大学学报(医学版),2008,(2)
AcSDKP对大鼠活化HSCs增殖及分泌细胞外基质的影响.刘博伟,等.上海交通大学学报(医学版),2008,(2)
DMBA诱导建立大鼠胰腺上皮内瘤变和胰腺癌模型.王磊,等.上海交通大学学报(医学版),2008,(2)
正常及饥饿大鼠胃壁组织基因表达谱的研究.邵莉,等.上海交通大学学报(医学版),2008,(4)
改良保肾方Ⅱ号对大鼠糖尿病肾病的影响.张天星,等.首都医科大学学报,2008,(2)
补肾富钙中药对大鼠卵巢辐射损伤所致骨质疏松形态计量学的影响.高艳虹,等.上海交通大学学报(医学版),2008,(5)
小鼠BPI$_{(36-259)}$抗菌蛋白在原核细胞中的表达及其抗血清的制备.冯颖,等.首都医科大学学报,2008,(2)
小鼠单倍体相合外周血移植模型的建立.万云,等.上海交通大学学报(医学版),2008,(5)
高压氧对大鼠肢体缺血再灌注致腹部器官损伤的作用.任添华,等.首都医科大学学报,2008,(2)
高同型半胱氨酸血症对大鼠缺血性病变的影响.刘蓓菁,等.上海交通大学学报(医学版),2008,(5)
慢性阻塞性肺病大鼠骨骼肌蛋白降解的变化.杨天芸,等.上海交通大学学报(医学版),2008,(5)
APP5肽类似物P165对2型糖尿病大鼠学习记忆的影响.邵志敏,等.首都医科大学学报,2008,(2)
缬沙坦对糖尿病大鼠肾组织糖化终末产物受体表达的影响.王瑞良,等.上海交通大学学报(医学版),2008,(5)
糖尿病肾病大鼠CTGF异常表达及药物干预研究.王俏,等.上海交通大学学报(医学版),2008,(5)
幕下和眶上裂损伤对SD大鼠动眼神经功能修复的影响.李心远,等.上海交通大学学报(医学版),2008,(4)
脂肪干细胞转化神经元移植对大鼠颞叶癫痫发作的影响.王丽丽,等.上海交通大学学报(医学版),2008,(4)
神经元移植与鼠颞叶癫痫海马γ-氨基丁酸能神经元的变化.王丽丽,等.上海交通大学学报(医学版),2008,(5)
免疫抑制剂环胞素A对鼠骨代谢的生物学效应.吴学宾,等.首都医科大学学报,2008,(2)
鞘内应用氯胺酮对吗啡耐受大鼠脊髓pCREB表达的影响.刘金变,江伟.上海交通大学学报(医学版),2008,(4)
2型糖尿病肾病大鼠肾小管间质病变及TGF-β1、HGF和CTGF表达的变化及意义.安娜,等.首都医科大学学报,2008,(3)
大鼠慢性高眼压诱导视神经损伤的研究.汪建涛,等.上海交通大学学报(医学版),2008,(6)
Lazaroid对早期糖尿病大鼠视网膜的保护作用.王泓,等.上海交通大学学报(医学版),2008,(6)
血小板反应蛋白-1在糖尿病大鼠视网膜微血管中的表达.许琳,等.上海交通大学学报(医学版),2008,(6)
基质金属蛋白酶抑制剂GM6001对鼠视网膜新生血管和VEGF表达的作用.李贞,等.上海交通大学学报(医学版),2008,(6)
大鼠骨骼肌卫星细胞体外培养生长和成肌特性.徐可,等.上海交通大学学报(医学版),2008,(7)
RIG-I基因剔除小鼠表型的初步分析.孙岳平,等.上海交通大学学报(医学版),2008,(7)
p α-MHC/EGFP小鼠胚胎干细胞株的构建及其向心肌细胞分化的观察.王治,等.上海交通大学学报(医学版),2008,(8)
小鼠肝脏干细胞提取法的优化.路欣,等.首都医科大学学报,2008,(4)
通心络对大鼠心肌梗死后神经重构和室颤阈值的影响.徐振兴,等.上海交通大学学报(医学版),2008,(8)
1,25-二羟维生素D_3对哮喘大鼠调节性T淋巴细胞和气道炎症的影响.周妍,等.上海交通大学学报(医学版),2008,(7)
己酮可可碱对非酒精性脂肪性肝炎大鼠肝组织MMP-9、TGFβ1表达的影响.任燕龙,等.首都医科大学学报,2008,(4).
不同胎次小鼠的异氟醚吸入麻醉效价.郑一,等.首都医科大学学报,2008,(4)
丙泊酚预处理对大鼠离体心脏低温缺血常温再灌注损伤的保护作用.王培良,等.上海交通大学学报(医学版),2008,(8)
核仁素在小鼠帽状期牙胚中的特异性表达.谢明,张富强.上海交通大学学报(医学版),2008,(7)
急性内毒素性肝衰竭大鼠肝细胞凋亡形态学观察.刘旭华,等.首都医科大学学报,2008,(4)
谷氨酰胺对脓毒症小鼠腹腔巨噬细胞细胞因子分泌的影响.袁媛,等.上海交通大学学报(医学版),2008,(7)
苯丙酸诺龙对安静及运动大鼠主动脉超微结构的影响.吴平平,等.上海交通大学学报(医学版),2008,(7)
大鼠心肌细胞容积敏感性与钾离子通道的关系.史路平,等.首都医科大学学报,2008,(5)
肿瘤坏死因子-α在慢阻肺大鼠骨骼肌蛋白分解代谢中的作用及其机制.张悦,等.上海交通大学学报(医学版),2008,(9)
吸入烟曲霉孢子对哮喘大鼠气道上皮重构和MUC5AC表达的影响.高福生,等.上海交通大学学报(医学版),2008,(9)

BALB/c 裸小鼠人宫颈癌模型的建立. 张凯举，等. 首都医科大学学报，2008，(5)
氩激光诱导小鼠脉络膜新生血管形成. 李明铭，等. 首都医科大学学报，2008，(5)
急性肝衰竭大鼠 TLR4 mRNA 表达、血清肿瘤坏死因子-α、白介素-10 及肝细胞凋亡的动态变化. 宋晨朝，等. 首都医科大学学报，2008，(5)
吗啡对切口痛大鼠的致痛敏作用. 董榕，等. 上海交通大学学报(医学版)，2008，(9).
过继性同种异基因淋巴细胞植入小鼠模型的建立. 赵金河，等. 复旦学报(医学版)，2008，(1)
尾加压素Ⅱ对自发性高血压大鼠胸主动脉的收缩效应及其对血管平滑肌细胞内 ERK_(1/2)磷酸化的影响. 石莹，等. 复旦学报(医学版)，2008，(1)
尿激酶型纤溶酶原激活物(u-PA)基因对小鼠实验性肺气肿的影响及其机制. 胡华，等. 复旦学报(医学版)，2008，(1)
肝硬化大鼠小肠微绒毛形态和超微结构的改变与肠源性内毒素血症的关系. 任卫英，等. 复旦学报(医学版)，2008，(1)
OLETF 糖尿病大鼠心肌光镜与透射电镜病理改变的观察. 张伟伟，等. 复旦学报(医学版)，2008，(1)
大鼠闭胸体外循环模型的建立. 陈纲，等. 复旦学报(医学版)，2008，(1)
深低温冷冻保存降低大鼠气管移植物免疫原性的机制. 丁建勇，等. 复旦学报(医学版)，2008，(1)
大鼠胰岛与生长因子共微囊提高囊内胰岛存活率. 吴钢，等. 复旦学报(医学版)，2008，(1)
缺血再灌注对大鼠心脏 MCP-1 和 HO-1 表达的影响及促红细胞生成素的心肌保护作用. 程希富，等. 重庆医科大学学报，2008，(11)
替米沙坦与福辛普利对心肌梗死后大鼠心脏血管紧张素转换酶 2 的影响. 王玺，等. 重庆医科大学学报，2008，(11)
用 hTSHR 活化脾细胞免疫小鼠建立 Graves 病动物模型的研究. 何云，等. 重庆医科大学学报，2008，(11)
小鼠 Allen's 脊髓损伤模型的建立及评价. 赵军，等. 重庆医科大学学报，2008，(11)
改良的新生大鼠海马脑片缺氧缺糖模型的制备方法. 朱洁，等. 重庆医科大学学报，2008，(11)
细胞因子受体在抑郁模型大鼠电休克治疗中的表达. 高新学，等. 重庆医科大学学报，2008，(11)
氯沙坦干预对急性心肌梗死大鼠 PKC-ERK_1/ERK_2 及心室重塑的影响. 张进，余强. 重庆医科大学学报，2008，(11)
氯胺酮对烧伤早期小鼠肝应激相关蛋白 IFIT1 和 JAB1 表达的影响. 巩继平，等. 重庆医科大学学报，2008，(11)
缬沙坦对心力衰竭幼鼠心功能及肌浆网 Ca^{2+}-ATP 酶活性的影响. 米青，等. 重庆医科大学学报，2008，(12)
链脲佐菌素未致高血糖大鼠腹腔葡萄糖耐量试验的动态观察. 文晓红，等. 重庆医科大学学报，2008，(12)
小脑顶核电刺激对 AD 模型大鼠学习记忆能力及海马 bcl-2、Bax 表达影响. 罗晶，等. 重庆医科大学学报，2008，(12)
家蝇幼虫抗菌肽对阴沟肠杆菌感染小鼠创面的抗菌活性. 陈曼，等. 重庆医科大学学报，2008，(12)
小鼠胚胎干细胞饲养层制备条件的研究. 王璐，王亚平. 重庆医科大学学报，2008，(1)
大鼠成熟脂肪细胞原代培养方法比较. 张艳，等. 重庆医科大学学报，2008，(1)
氯化锂－重复低剂量匹罗卡品致大鼠癫痫模型制作. 张小东，等. 重庆医科大学学报，2008，(1)
多房棘球绦虫重组 BCG-Em14-3-3 疫苗诱导小鼠脾细胞因子变化的研究. 李文桂，等. 重庆医科大学学报，2008，(1)
两种溃疡性结肠炎大鼠模型的比较. 段征，等. 重庆医科大学学报，2008，(1)
大蒜素联合顺铂对大鼠膀胱肿瘤生长抑制和诱导凋亡的实验研究. 周生财，唐伟. 重庆医科大学学报，2008，(1)
TGF-β_1 对大鼠角膜移植后 IL-6，IL-8 的影响. 杨洋，周善璧. 重庆医科大学学报，2008，(1)
乐果亚慢性染毒对大鼠自发活动的影响. 姚新民，等. 复旦学报(医学版)，2008，(2)
外源性 H_2S 在大鼠心肌缺血再灌注损伤中的作用. 黄晓伟，等. 复旦学报(医学版)，2008，(2)
TLR4mAb 对急性期溃疡性结肠炎小鼠结肠黏膜中促炎因子 TNF α、IFN γ、IL-1β 的影响. 张志军，等. 复旦学报(医学版)，2008，(2)
益生菌对结肠炎大鼠黏膜和系统水平细胞因子的影响. 刘伟，等. 复旦学报(医学版)，2008，(2)
血必净注射液改善脓毒症大鼠心脏功能的作用. 孙正达，等. 复旦学报(医学版)，2008，(2)
生脉注射液对压力超负荷性大鼠血清细胞因子的影响. 张兴平，陈庆伟. 重庆医科大学学报，2008，(2)
雷帕霉素对肾缺血再灌注大鼠肾功和肾组织超微结构的影响. 郑传东，等. 重庆医科大学学报，2008，(2)
PARP 抑制与小鼠结肠癌 CT26 细胞生长活性的关系. 蔡莉，等. 重庆医科大学学报，2008，(2)
大鼠窒息死后脑组织中 iNOS 的表达规律研究. 杨通印，邓世雄. 重庆医科大学学报，2008，(2)
参附注射液对大鼠移植肝脏缺血再灌注损伤的保护作用. 张义彬，等. 重庆医科大学学报，2008，(4)
TACE 在小鼠动情周期的表达规律. 杨洁玉，等. 重庆医科大学学报，2008，(4)
当归多糖对小鼠造血细胞表面粘附分子表达的影响. 杜小丽，等. 重庆医科大学学报，2008，(3)
醛糖还原酶参与大鼠 MsC 表达 iNOS 和 NO 及其调控机制的研究. 瞿俊杰，等. 复旦学报(医学版)，2008，(3)

离体培养大鼠海马脑片的形态学与细胞反应性研究. 何志慧,等. 重庆医科大学学报,2008,(5)
缺氧预适应小鼠脑匀浆提取液增强分化 PC12 细胞缺氧耐受性的最适浓度研究. 李宏,高钰琪. 重庆医科大学学报,2008,(5)
结核菌 H37Ra 在小鼠体内诱导的抗结核细胞免疫应答的研究. 王淑玲,等. 重庆医科大学学报,2008,(5)
噪声对生长发育期大鼠学习记忆行为及 GABA 神经元表达的影响. 汤艳,等. 重庆医科大学学报,2008,(5)
胚胎干细胞治疗博来霉素诱导的小鼠肺纤维化. 余慧,等. 复旦学报(医学版),2008,(3)
幽门螺杆菌致 BALB/c 小鼠胃粘膜内肥大细胞及其脱颗粒变化的研究. 吕静,等. 重庆医科大学学报,2008,(3)
高脂血症小鼠心脏和肺组织中 eNOS 及 HO-1 的表达. 江一峰,等. 复旦学报(医学版),2008,(3)
小鼠腹部心脏移植模型的显微外科技巧及并发症的预防. 彭润生,等. 复旦学报(医学版),2008,(3)
改进的三套管血管吻合技术建立大鼠原位小肠移植模型. 张国云,钱学华. 重庆医科大学学报,2008,(5)
转染 Smad7 基因的大鼠肾小球系膜细胞对Ⅰ、Ⅲ型胶原表达的改变. 于鸿,等. 复旦学报(医学版),2008,(3)
别嘌呤醇对未成熟大鼠脑白质损伤时自由基变化的影响. 胡勇,等. 复旦学报(医学版),2008,(3)
大鼠脑缺血再灌注损伤后 NF-κB 表达的研究. 吴禹,胡长林. 重庆医科大学学报,2008,(3)
减毒鼠伤寒沙门氏菌作为肿瘤基因治疗载体的低毒性和靶向性研究. 周易明,等. 复旦学报(医学版),2008,(3)
多聚物-1 反应性 T 细胞对高眼压大鼠视网膜神经节细胞的保护机制. 李霞,等. 复旦学报(医学版),2008,(3)
血管内皮生长因子与早期糖尿病大鼠视网膜屏障破坏的相关性. 马晓萍,袁非. 复旦学报(医学版),2008,(3)
窒息对大鼠肝细胞超微结构和元素分布的影响. 朱会耕,等. 复旦学报(医学版),2008,(3)
HPLC 法测定壳聚糖-聚天冬氨酸-5-FU 纳米粒子在小鼠肝脏中的浓度. 张丹瑛,等. 复旦学报(医学版),2008,(3).
雷帕霉素对大鼠缺血再灌注肾 Fas,bcl-2 蛋白表达的影响. 郑传东,等. 重庆医科大学学报,2008,(3)
产前地塞米松对胎鼠组织维生素 A 水平的影响. 房春晓,等. 重庆医科大学学报,2008,(5)
别嘌呤醇对心肌梗死后大鼠心室重构和心功能的影响. 肖骏,等. 重庆医科大学学报,2008,(6)
低强度超声对大鼠在体子宫平滑肌收缩的影响. 兰瑞红,等. 重庆医科大学学报,2008,(6)
内质网应激联合线粒体在宫内窘迫胎鼠脑神经细胞凋亡中的作用研究. 卢敏,等. 重庆医科大学学报,2008,(6)
新生大鼠海马神经元癫痫样放电模型的初步研究. 徐祖才,等. 重庆医科大学学报,2008,(6)
热休克小鼠肝癌细胞 H_{22}源 Exosomes 的制备及其蛋白组成的初步研究. 杨麟,等. 重庆医科大学学报,2008,(6)
小鼠 CD80 和 CD86 基因 RNA 干扰慢病毒载体的构建及体外对树突状细胞的作用. 顾晓冬,等. 复旦学报(医学版),2008,(4)
大鼠肺移植供肺保存过程中细胞死亡类型的动态变化. 丁建勇,等. 复旦学报(医学版),2008,(4)
大鼠肺缺血再灌注损伤后前炎症细胞因子 IL-1β mRNA 的表达分析. 陈乾坤,等. 复旦学报(医学版),2008,(4)
异氟烷预处理对大鼠心肌缺血再灌注损伤的保护作用. 姜琳,等. 复旦学报(医学版),2008,(4)
小鼠 STAT4、STAT6 基因克隆及其真核表达质粒的构建. 徐雪梅,等. 重庆医科大学学报,2008,(8)
解聚复肾宁对糖尿病大鼠血清 AGEs 和肾 RAGE 表达的影响. 陈安凤,等. 重庆医科大学学报,2008,(8)
成年大鼠心肌细胞的急性分离方法探讨. 熊寿贵,余更生. 重庆医科大学学报,2008,(7)
$5\text{-}HT_{(2A)}$、$5\text{-}HT_7$ 受体在大鼠脊髓 Onuf 核分布的形态学研究. 曾凡清,等. 重庆医科大学学报,2008,(8)
改良的新生大鼠海马脑片缺氧缺糖模型的制备方法. 朱洁,等. 重庆医科大学学报,2008,(S1)
大鼠神经干细胞分离和培养的实验研究. 何梅,等. 重庆医科大学学报,2008,(S1)
牛磺酸对糖尿病大鼠背根节细胞 Caspase-3 和 NF-κB 表达的影响. 叶仁群,等. 重庆医科大学学报,2008,(8)
吡哆胺对糖尿病大鼠勃起功能影响的实验研究. 蒲晓峰,等. 重庆医科大学学报,2008,(8)
小鼠孕早期 Cyclin－E 表达规律及意义. 张谭,等. 重庆医科大学学报,2008,(8)
长托宁预先给药对大鼠感染性脑水肿的影响. 涂真真,等. 重庆医科大学学报,2008,(8)
血管生长素对大鼠脑缺血再灌注细胞凋亡的影响. 赵亚锋,等. 重庆医科大学学报,2008,(S1)
皮质发育不良模型鼠脑层特异性标志物 SMI-32 的表达. 官云里,等. 重庆医科大学学报,2008,(S1)
早期抗炎治疗对脑缺血/再灌注大鼠 BDNF 表达的影响. 张小东,等. 重庆医科大学学报,2008,(S1)
Aβ 诱导的认知障碍大鼠海马 RGMa 和 RhoA 表达的研究. 尹红蕾,等. 重庆医科大学学报,2008,(S1)
电刺激小脑顶核对老年痴呆大鼠海马胶质纤维酸蛋白的表达影响. 罗晶,王永红. 重庆医科大学学报,2008,(S1)
FK228 抑制鼠视网膜新生血管的机制研究. 吕轲,等. 重庆医科大学学报,2008,(7)
大鼠脑缺血急性期脑组织 miRNA 的表达变化. 文全庆,等. 重庆医科大学学报,2008,(S1)
大鼠电流损伤后心肌 PEG-3 表达的法医学研究. 郝建文,等. 重庆医科大学学报,2008,(8)
压力超负荷左室肥厚大鼠心肌组织血管紧张素Ⅱ受体的表达. 王玉兵,陈明. 重庆医科大学学报,2008,(9)
活性维生素 D_3 对糖尿病大鼠肾脏 TGF-β_1 和 HGF 表达的影响. 刘雷,等. 重庆医科大学学报,2008,(9)
丙泊酚对颈髓损伤大鼠心肌的保护作用. 徐振东,等. 复旦学报(医学版),2008,(5)
无心跳供体大鼠同种异体左肺原位移植模型的热缺血时限. 徐松涛,等. 复旦学报(医学版),2008,(5)

胰岛素在大鼠脊髓损伤治疗中的实验研究. 江伟,蒋电明. 重庆医科大学学报,2008,(9)
糖尿病大鼠氧自由基损伤和对超微结构影响致勃起功能障碍的研究. 刘德云,等. 重庆医科大学学报,2008,(9)
丹那唑对小鼠子宫内膜异位种植的抑制及其机制. 俞而慨,等. 复旦学报(医学版),2008,(5)
血吸虫卵及环丙沙星对小鼠 TNBS 肠炎的预防作用. 赵媛,等. 复旦学报(医学版),2008,(5)
单用伊曲康唑及联合 γ-干扰素对小鼠白假丝酵母菌感染抗菌作用的实验研究. 廖晓容,等. 重庆医科大学学报,2008,(9)
小鼠皮肤切创愈合过程中巨噬细胞炎性蛋白-1α 的表达及其与损伤时间的关系. 廖鹰,邓世雄. 重庆医科大学学报,2008,(9)
二恶英染毒诱导相同芳香烃受体小鼠肝脏基因的差异表达. 吴庆,等. 复旦学报(医学版),2008,(6)
注射后留置时间对大鼠 C6 脑胶质瘤模型的影响. 邱大胜,等. 重庆医科大学学报,2008,(10)
Babl/C 小鼠腹腔 B-1α 细胞对抗原刺激的增殖和凋亡反应. 化范例,谢彦晖. 复旦学报(医学版),2008,(6)
TLR4mAb 对急性期溃疡性结肠炎小鼠结肠黏膜中细胞因子 IL-17、IL-10 及 TGF-β 的影响. 王磊,等. 复旦学报(医学版),2008,(6)
改良 Cuff 技术建立小鼠颈部异位心脏移植模型. 程峰,等. 复旦学报(医学版),2008,(6)
血管端端吻合法建立双侧供肾大鼠肾移植模型. 罗斐埜,等. 东南大学学报(医学版),2008,(1)
人胰腺癌细胞 CFPAC-1 裸小鼠原位移植瘤模型的建立. 余泽前,等. 东南大学学报(医学版),2008,(1)
紫杉醇埋植剂对小鼠 H22 肝癌细胞淋巴结转移的治疗作用. 王新超,等. 东南大学学报(医学版),2008,(1)
丹参酮ⅡA 对高糖培养的大鼠血管平滑肌细胞 p38MAPK 信号通路的影响. 陆璐,等. 东南大学学报(医学版),2008,(2)
17β-雌二醇对小鼠淋巴结、脾脏和胸腺调节性 T 细胞及其 Foxp3 表达的影响. 卢凯华,等. 东南大学学报(医学版),2008,(2)
钙蛋白酶抑制剂对大鼠离体心脏缺血/再灌注损伤的保护作用. 王金桂,等. 东南大学学报(医学版),2008,(2)
雷帕霉素抑制小鼠骨髓移植后移植物抗宿主病作用的初步研究. 顾炎,等. 东南大学学报(医学版),2008,(2)
糖基化终产物对大鼠血管平滑肌细胞骨保护素 mRNA 表达的影响. 郭秀芳,等. 东南大学学报(医学版),2008,(3)
体外电脉冲刺激对糖尿病膀胱大鼠排尿功能的影响. 宋涛,等. 东南大学学报(医学版),2008,(3)
神经干细胞移植治疗大鼠脊髓损伤的活体示踪研究. 张立峰,等. 东南大学学报(医学版),2008,(3)
p38MAPK 在慢性移植物抗宿主病狼疮样小鼠肾组织的表达研究. 张芹,王美美. 东南大学学报(医学版),2008,(3)
甲基乙二醛诱导大鼠海马神经元氧化应激损伤的实验研究. 郑秀琴,等. 东南大学学报(医学版),2008,(3)
西地那非对高氧所致肺损伤模型新生鼠的保护作用. 胡倩,李海浪. 东南大学学报(医学版),2008,(3)
缺氧对小鼠背根神经节细胞 I_K 电流的影响(英文). 李爱,等. 东南大学学报(医学版),2008,(4)
原位大鼠肾脏移植模型技术的改进. 张古田,等. 东南大学学报(医学版),2008,(4)
大鼠伤害性感受阈在日夜周期不同时点的变化. 任全,景亮. 东南大学学报(医学版),2008,(5)
小鼠 Lewis 肺癌胸腔移植模型的建立. 彭鹏,等. 东南大学学报(医学版),2008,(5)
$^{60}Co-\gamma$ 射线全脑常规照射后大鼠血脑屏障的电镜观察. 曹远东,等. 东南大学学报(医学版),2008,(5)
哮喘大鼠孤束核内 H_3 受体对呼吸道 P 物质样免疫反应物的影响. 董榕,等. 东南人学学报(医学版),2008,(6)
添加丙氨酰谷氨酰胺胃肠外营养对烫伤大鼠空肠黏膜及蛋白质代谢的作用. 桑剑锋,等. 东南大学学报(医学版),2008,(6)
蛋白脂质微粒体 Saposin C-dops 能增强小鼠免疫功能. 赵树立,等. 东南大学学报(医学版),2008,(6).
葛根素对培养大鼠乳鼠心肌细胞缺氧/复氧损伤的保护作用. 郭瑜洁,朱健华. 苏州大学学报(医学版),2008,(3)
Wnt 家族基因敲除小鼠胚胎发育异常的研究现状. 李珊珊,肖晶. 大连医科大学学报,2008,(6)
饮食诱导非酒精性脂肪性肝病大鼠脂联素受体 2 基因的表达及其意义. 王彦,等. 大连医科大学学报,2008,(6)
整合素 $\alpha_5\beta_1$ 与大鼠肝纤维化发生的实验研究. 姜春萌,等. 大连医科大学学报,2008,(6)
大剂量顺铂所致大鼠急性肾损害过程中血浆内皮素-1 与肾功能变化的关系. 李传刚,等. 大连医科大学学报,2008,(6)
再灌注对失血性休克大鼠应激性胃溃疡的影响及维拉帕米的防治作用. 贾玉红,等. 大连医科大学学报,2008,(6)
大鼠皮质脊髓束选择性横断损伤模型的建立. 吕广明,等. 苏州大学学报(医学版),2008,(6)
大鼠心肌梗死模型的建立. 朱彦博,等. 苏州大学学报(医学版),2008,(6)
普伐他汀对去势大鼠骨质疏松症的治疗作用. 王靖,等. 苏州大学学报(医学版),2008,(6)
低功率激光照射促进大鼠急性骨骼肌钝挫伤肌肉再生. 罗丽,等. 苏州大学学报(医学版),2008,(6)
O-2A 祖细胞移植对大鼠脊髓损伤后运动功能恢复的作用. 孙茂民,等. 苏州大学学报(医学版),2008,(6)

Nurrl 和 TH mRNA 在 PD 模型大鼠黑质中的表达变化. 谭雪锋,等. 苏州大学学报(医学版),2008,(6)
托吡酯对癫痫大鼠神经细胞凋亡的影响及其机制探讨. 霍洪亮,等. 苏州大学学报(医学版),2008,(6)
趋化因子 Fractalkine 在骨癌痛大鼠中的作用及其脊髓机制. 胡计嫦,等. 苏州大学学报(医学版),2008,(6)
人胚胎生殖细胞移植大鼠急性心肌梗死区的存活及分化. 张于娟,等. 苏州大学学报(医学版),2008,(6)
三氧化二砷诱导小鼠小脑组织细胞凋亡相关基因改变的芯片研究. 王艳艳,等. 大连医科大学学报,2008,(1)
Na^+/H^+ 交换体阻滞剂对糖尿病鼠心肌细胞缺氧/复氧损伤的保护机制. 解辉,等. 大连医科大学学报,2008,(1)
自发性癫痫大鼠海马区谷氨酸转运体 GLAST 表达下调. 屠达宇,等. 大连医科大学学报,2008,(1)
酶消化法急性分离大鼠主动脉平滑肌细胞及其鉴定. 来利红,等. 苏州大学学报(医学版),2008,(1)
两种大鼠股骨骨折模型愈合的比较. 余昶,等. 苏州大学学报(医学版),2008,(1)
前列腺素 A1 预处理供体大鼠对心脏移植受体 T 细胞功能的影响. 壮毅,等. 苏州大学学报(医学版),2008,(1)
两种分离技术在大鼠原位肾移植模型中的比较. 农绍军,等. 苏州大学学报(医学版),2008,(1).
乌苏里藜芦生物碱对小鼠心肌肥大保护作用的实验研究. 曹琳琳,等. 大连医科大学学报,2008,(2)
悬尾慢性应激对小鼠免疫系统的影响. 龙煊,等. 大连医科大学学报,2008,(2)
雄激素对大鼠前列腺组织中 AQP9 水通道蛋白表达的影响. 王建伯,等. 大连医科大学学报,2008,(3)
一种简便有效的小鼠子宫内膜细胞原代培养方法. 赵瑾瑶,等. 大连医科大学学报,2008,(3)
中药复方 TAP 对胰岛素抵抗大鼠糖耐量及血清 SOD、MDA、IL-6、TNF-α 的影响. 孙志云,等. 苏州大学学报(医学版),2008,(2)
还原型谷胱甘肽合用粉防己碱对帕金森病大鼠脑线粒体酶复合体 I 及活性氧的影响. 曹园园,等. 苏州大学学报(医学版),2008,(2)
帕金森病大鼠尾静脉注射和脑内两点直接注射超顺磁性氧化铁标记的 BMSCs 后活体 MRI 示踪观察. 王美芹,等. 苏州大学学报(医学版),2008,(2)
线栓法大鼠脑梗死模型不同表观弥散系数值测量方法的比较. 孙海涛,等. 苏州大学学报(医学版),2008,(2)
大鼠肝脏缝隙连接蛋白/细胞间缝隙连接通讯在急性肝功能衰竭不同阶段的表达. 肖樟生,等. 苏州大学学报(医学版),2008,(2)
铁皮枫斗颗粒对急性放射损伤小鼠的保护作用. 孙静平,张国庆. 苏州大学学报(医学版),2008,(2)
三氧化二砷对大鼠生精细胞端粒酶逆转录酶活性的影响. 陈伟,等. 苏州大学学报(医学版),2008,(2)
长期禁食对大鼠肝缺血再灌注损伤的影响. 王澍,等. 大连医科大学学报,2008,(3)
小剂量环磷酰胺治愈荷膀胱癌小鼠动物模型的建立. 李墨林,等. 大连医科大学学报,2008,(3)
大鼠骨髓树突状细胞的体外分离培养及生物学特性研究. 叶建新,等. 苏州大学学报(医学版),2008,(3)
谷氨酸对大鼠离体下丘脑内侧基底部弓状核神经元电活动的影响. 彭建明,等. 苏州大学学报(医学版),2008,(3)
安体舒通对自发性高血压大鼠心肌中的血管紧张素转换酶表达的影响. 程丽,等. 苏州大学学报(医学版),2008,(3)
早期糖尿病大鼠膀胱的动力学及病理组织学. 卫中庆,等. 苏州大学学报(医学版),2008,(3)
创伤刺激、肾上腺素和地塞米松对小鼠应激能力的影响. 乔曼,等. 苏州大学学报(医学版),2008,(3)
依那普利对高肺血流量大鼠血管紧张素Ⅱ、血浆一氧化氮的影响. 周菁,等. 苏州大学学报(医学版),2008,(3)
小鼠腹水型肝癌淋巴道高转移细胞系 HCa-P/L_6 细胞模型的建立及其药物敏感性的评价. 张宏颖,等. 大连医科大学学报,2008,(4)
RNA 干扰对小鼠腹腔活化巨噬细胞分泌 TNF-α 的影响. 孙杰,等. 大连医科大学学报,2008,(5)
大鼠心肌蛋白双向凝胶电泳技术的建立. 许玲,等. 大连医科大学学报,2008,(5)
复方淫羊藿胶囊对小鼠的镇痛作用及其急性毒性研究. 秦媛媛,等. 苏州大学学报(医学版),2008,(4)
青刺果多糖对糖尿病小鼠心肌组织病理变化的影响. 贾仁勇,等. 苏州大学学报(医学版),2008,(4)
重组腺病毒介导 siRNA 抑制大鼠肝细胞 NF-κB p65 的表达. 宇汝胜,等. 苏州大学学报(医学版),2008,(4)
外源性一氧化氮对新生大鼠神经干细胞/前体细胞分化的影响. 萨喆燕,等. 苏州大学学报(医学版),2008,(4)
维甲酸和联合应用神经营养因子对新生大鼠神经干细胞分化的影响. 高虹,等. 苏州大学学报(医学版),2008,(4)
肝硬化大鼠腹腔感染时脾脏 TNF-α、IL-6 基因的表达. 贾鑫,等. 苏州大学学报(医学版),2008,(4)
失血性休克大鼠下丘脑室旁核一氧化氮合酶阳性细胞的变化. 胡明政,等. 苏州大学学报(医学版),2008,(4)
重组人促红细胞生成素对大鼠创伤性脑损伤细胞凋亡的影响. 徐峰,等. 苏州大学学报(医学版),2008,(4)
阿魏酸钠对阿霉素肾病大鼠肾脏保护作用的研究. 石永兵,等. 苏州大学学报(医学版),2008,(4)
染料木素对去卵巢大鼠基底前脑神经元型一氧化氮合酶神经元影响的体内研究. 董玉林,等. 苏州大学学报(医学版),2008,(4)
人参皂甙对急性肾衰大鼠的肾保护作用与下丘脑室旁核 ChAT 免疫反应活性变化的相关性. 陈之光,等. 大连医科大学学报,2008,(5)

砷对小鼠小脑神经递质传递相关基因表达影响的基因芯片研究. 刘鹏,等. 大连医科大学学报,2008,(5)
肥胖 SD 大鼠肝脏组织中 SOCS3 mRNA 的表达. 王彦,等. 大连医科大学学报,2008,(5)
大剂量顺铂所致大鼠急性肾损害过程中内源性血管活性物质的动态变化及其意义. 李传刚,等. 大连医科大学学报,2008,(5)
大鼠生后早期小脑小胶质细胞发育形态学研究. 王玉丽,等. 大连医科大学学报,2008,(5)
罗格列酮联合替米沙坦对单侧输尿管梗阻大鼠慢性肾纤维化的改善作用. 程根阳,等. 大连医科大学学报,2008,(5)
消栓口服液对大鼠心肌缺血再灌注损伤的保护作用. 陈晓华,等. 苏州大学学报(医学版),2008,(5)
大鼠大脑皮层细胞条件培养液促进骨髓间充质干细胞向神经样细胞分化的研究. 周俊松,等. 苏州大学学报(医学版),2008,(5)
条件性味觉厌恶学习对大鼠丘脑脑区亮脑啡肽表达的影响. 史玉兰,等. 苏州大学学报(医学版),2008,(5)
外周肥大细胞参与炎性大鼠痛觉过敏的机制. 余健,等. 苏州大学学报(医学版),2008,(5)
哮喘小鼠 Th1/Th2 细胞偏移及卡介苗干预的影响. 李晓狄,等. 苏州大学学报(医学版),2008,(5)
曲美他嗪对大鼠局灶性脑缺血再灌注 Bcl-2 mRNA、Caspase-3 mRNA 表达的影响. 张正春,等. 苏州大学学报(医学版),2008,(5)
大鼠额叶损伤后细胞凋亡及 iNOS 的表达变化. 何志贤,等. 苏州大学学报(医学版),2008,(5)
突变型胸苷激酶促进前体药物对小鼠 T 淋巴细胞的杀伤作用. 李振宇,等. 苏州大学学报(医学版),2008,(5).
丹参注射液对阻塞性黄疸大鼠肠黏膜和细菌移位的影响. 戴维,等. 广东医学院学报,2008,(5)
豚鼠至大鼠原位肝移植肝下腔静脉套管方法的改进. 童传明,等. 广东医学院学报,2008,(5)
常规剂量地塞米松对大鼠脑损伤后脑组织核转录因子-κB 表达的影响. 尹延庆,等. 广东医学院学报,2008,(5)
小鼠胎儿成纤维细胞及胚胎干细胞转绿色荧光蛋白基因的研究. 阎晓飞,等. 哈尔滨医科大学学报,2008,(6)
转录因子 EtS-1 在大鼠动情周期卵巢中的表达. 肖晓辉,等. 哈尔滨医科大学学报,2008,(6)
白芍与当归对阻塞性黄疸大鼠肠道的保护作用. 戴维,等. 广东医学院学报,2008,(6)
吸入布地奈德对哮喘大鼠气道重构的影响. 王宏伟,等. 哈尔滨医科大学学报,2008,(6).
ICAM-1 在大鼠气管异位移植模型早期表达的意义. 周新刚. 哈尔滨医科大学学报,2008,(6)
一种简便可靠的胎鼠骨骼软骨染色方法. 王科杰,等. 哈尔滨医科大学学报,2008,(6)
促肝细胞生长素对大鼠肺纤维化的干预研究. 周丹,等. 哈尔滨医科大学学报,2008,(6)
microRNA 在大鼠肥胖模型心肌中的变化. 郝艳坤,等. 哈尔滨医科大学学报,2008,(6)
针对大鼠 ICOS 基因的 shRNA 表达质粒的构建与鉴定. 侯勇生,等. 哈尔滨医科大学学报,2008,(1)
白芷水煎剂对大鼠离体肺动脉环的作用及其机制. 张一飞,等. 哈尔滨医科大学学报,2008,(1)
树舌多糖对小鼠 HepA 瘤细胞的 caspase-8、TNF-α 及 MAP-2 的表达的影响. 王璐,等. 哈尔滨医科大学学报,2008,(1)
大鼠骨髓间充质干细胞电生理特性的研究. 刘嘉祺,等. 哈尔滨医科大学学报,2008,(1)
鼠大脑内出血后脑组织 MMP-9、NF-κB 表达的实验研究. 吴鹤,等. 哈尔滨医科大学学报,2008,(1)
大鼠脑缺血耐受与 IL-17 的表达. 梁庆成,等. 哈尔滨医科大学学报,2008,(1)
川芎嗪联合 IFN-γ 对哮喘大鼠 GATA-3、IL-4 和 IL-5 的影响. 叶钧强,钟小劲. 广东医学院学报,2008,(1)
大黄素对小鼠变态反应性接触性皮炎的抑制作用. 王丹丹,李维. 广东医学院学报,2008,(1)
PKC 抑制剂 chereythrine 对大鼠皮层神经元延迟整流钾电流的抑制作用. 宋春雨,等. 哈尔滨医科大学学报,2008,(2)
中药抗痛风水丸对大鼠实验性关节炎的作用. 张莹,等. 哈尔滨医科大学学报,2008,(3)
低温—复温对大鼠肾脏细胞凋亡的影响及丹参的保护作用. 陈起引,等. 哈尔滨医科大学学报,2008,(3)
神经生长因子对机械性损伤大鼠脑皮质神经元的修复作用. 富强,等. 哈尔滨医科大学学报,2008,(3)
人胎盘来源间质干细胞移植治疗改善心肌梗死大鼠的心功能. 卢文宁,等. 哈尔滨医科大学学报,2008,(3)
高浓度 CO_2 吸入对机械通气性肺损伤鼠的影响. 杨万超,等. 哈尔滨医科大学学报,2008,(3)
局部亚低温对大鼠局灶性脑缺血再灌注后凋亡相关因子的影响. 张丽,苏志强. 哈尔滨医科大学学报,2008,(3)
局部亚低温对大鼠局灶性脑缺血再灌注后 XIAP 和 Caspase-9 表达的影响. 张韶华,等. 哈尔滨医科大学学报,2008,(3)
Erythro-9-(2-hydroxy-3-nonyl)adenine hydrochloride 对腺苷抗大鼠心律失常的增强作用. 陈燕,等. 哈尔滨医科大学学报,2008,(3)
维生素 E 对老年雌性大鼠卵巢颗粒细胞形态及凋亡的影响. 卢长柱,等. 哈尔滨医科大学学报,2008,(3)
芝麻对大剂量维生素 D_3 致大鼠动脉钙化的治疗作用. 李琴,等. 广东医学院学报,2008,(4)
纳米茵陈合剂对暴发性肝功能衰竭模型大鼠血清 TNF-α 及 HGF 影响的实验研究. 杨梅,等. 哈尔滨医科大学学报,2008,(3)
损毁弓状核对大鼠骨微构筑学的影响. 刘锡仪,刘浩宇. 广东医学院学报,2008,(3)

大鼠附睾脂肪间充质干细胞的分离培养和鉴定. 刘梦雪,等. 哈尔滨医科大学学报,2008,(4)
谷氨酰胺对慢性酗酒大鼠肠道上皮细胞间连接蛋白表达的影响. 张媛莉,等. 广东医学院学报,2008,(4)
原钒酸钠对四氧嘧啶诱导的糖尿病大鼠的糖耐量的影响(英文). 陈玲玲,等. 哈尔滨医科大学学报,2008,(4)
7β-雌二醇对大鼠局灶性脑缺血再灌注损伤后 NF-κB 及 TNF-α 表达的影响. 刘佩芳,等. 哈尔滨医科大学学报,2008,(4)
缝隙连接蛋白 43 在急性局灶性脑缺血大鼠心室肌中的表达. 潘国聘,等. 哈尔滨医科大学学报,2008,(4)
穿琥宁注射液对大鼠 CYP1A2 亚型的影响. 吴东媛,等. 哈尔滨医科大学学报,2008,(5)
成年大鼠完全性脊髓横断伤后自发性轴突再生的形态学研究. 张淑娟,等. 哈尔滨医科大学学报,2008,(5)
大鼠肾移植术后成分输血的疗效与意义. 祝清国,等. 哈尔滨医科大学学报,2008,(5)
表皮生长因子对小鼠卵母细胞体外成熟的影响. 郭铁云,等. 哈尔滨医科大学学报,2008,(5)
原钒酸钠对小鼠肠运动的影响(英文). 阎新欣,等. 哈尔滨医科大学学报,2008,(5).
牛磺酸对小鼠肠推进及大鼠离体回肠平滑肌运动的影响. 刘妍妍,崔志清. 天津医科大学学报,2008,(4)
竹荪提取液对砷中毒小鼠免疫功能的保护作用. 王赟,等. 贵阳医学院学报,2008,(6)
太子参对急性心肌梗死心力衰竭大鼠心肌重构的作用. 沈祥春,等. 贵阳医学院学报,2008,(6).
灵芝三萜类化合物对 AD 模型大鼠脑组织保护作用的研究. 黄勇攀,等. 贵阳医学院学报,2008,(6)
DEN-2 NGC 株感染 Balb/c 小鼠 TH1/TH2 类细胞因子产生的差异. 陈文捷,等. 贵阳医学院学报,2008,(6)
骨髓间充质干细胞治疗实验性肺动脉高压大鼠的疗效观察. 何志旭,等. 贵阳医学院学报,2008,(6)
大鼠整体低氧预处理减轻肺缺血再灌注损伤. 李涛,等. 贵阳医学院学报,2008,(6)
依达拉奉预处理离体乳鼠脑皮质细胞对脑缺血再灌注损伤的保护作用. 刘 辉,等. 贵阳医学院学报,2008,(6)
灵芝三萜类化合物对 AD 模型大鼠脑组织中 CAT,ACHE,SOD,MDA 的影响. 喻南慧,等. 贵阳医学院学报,2008,(6)
大鼠海洛因依赖期间睾丸 CgA-IR 细胞的免疫组织化学研究. 郭斌,梁文妹. 贵阳医学院学报,2008,(6)
双氢青蒿素对大鼠照射后早期肺组织病理形态学的影响. 戴夕超,等. 徐州医学院学报,2008,(12)
黄芪对阻塞性黄疸大鼠白细胞介素-2 及可溶性白细胞介素-2 受体表达的影响. 朱振红,等. 徐州医学院学报,2008,(12)
Src,Fyn 激酶对脑缺血/再灌注大鼠海马 NMDA 受体 NR2A 亚基磷酸化水平的影响. 孙亚峰,等. 徐州医学院学报,2008,(12)
大鼠脑缺血/再灌注后海马 CA1 区 HSP90 的表达. 温相如,等. 徐州医学院学报,2008,(12)
薯蓣皂苷对大鼠缺血再灌注心肌能量代谢的影响. 范晓静,等. 天津医科大学学报,2008,(4)
炎性痛－吗啡耐受大鼠背根神经节辣椒素受体表达. 郑宇欣,等. 天津医科大学学报,2008,(4)
肝硬化大鼠胃肠动力与 Cajal 间质细胞关系的研究. 唐飞,等. 天津医科大学学报,2008,(4)
大鼠激素性股骨头坏死模型建立及病理学评价. 张华峰,等. 天津医科大学学报,2008,(4)
IP-10/CXCR3 对变应性接触性皮炎小鼠淋巴细胞内 Ca^{2+} 的影响. 刘艳华,张玉环. 天津医科大学学报,2008,(4)
IP-10 对变应性接触性皮炎小鼠 Th1/Th2 型细胞因子表达的影响. 邢艳玲,等. 天津医科大学学报,2008,(4)
z-VAD-fmk 对吸入性损伤小鼠肺脏细胞凋亡及 Bcl-2 和 Bax 表达的影响. 李洁,刘群. 天津医科大学学报,2008,(4)
关节炎慢性吗啡耐受大鼠脊髓背角谷氨酸天冬氨酸转运体 1 型的表达. 陈怡,等. 天津医科大学学报,2008,(4)
慢性铅暴露对小鼠脑皮质区 ERK 蛋白表达的影响. 郝凤进,等. 贵阳医学院学报,2008,(1)
盐酸甲氯芬酯联合埋线对血管性痴呆大鼠学习记忆的影响. 陈粲,等. 贵阳医学院学报,2008,(1)
美托洛尔对大鼠缺血心肌血管新生及血管内皮生长因子表达的影响. 张蕊,刘兴德. 贵阳医学院学报,2008,(1)
银杏叶提取物抗大鼠肺缺血/再灌注损伤的实验研究. 周中新,等. 徐州医学院学报,2008,(2)
氯胺酮对小鼠记忆的影响及初步机制探讨. 李小亮,等. 徐州医学院学报,2008,(2)
恩氟烷对小鼠学习记忆能力的影响. 王丹,戴体俊. 徐州医学院学报,2008,(2)
人参皂甙对培养成年大鼠心肌细胞收缩功能影响的研究. 王影,等. 徐州医学院学报,2008,(1)
改良二袖套法大鼠小体积肝移植模型的建立. 宋军,等. 徐州医学院学报,2008,(1)
芬太尼和氯胺酮合用对小鼠学习记忆的影响. 朱佳丽,等. 徐州医学院学报,2008,(1)
丙泊酚对小鼠学习记忆功能的影响. 许继元,等. 徐州医学院学报,2008,(1)
羟乙基淀粉 130/0.4 对内毒素诱导的大鼠血浆炎症因子表达和单个核细胞核转录因子活性的影响. 周斌,等. 徐州医学院学报,2008,(1)
多次注射地西泮对小鼠体重、自主活动及学习记忆能力的影响. 文静,等. 徐州医学院学报,2008,(1)
异氟烷和恩氟烷对小鼠记忆的影响及其机制. 王丹,戴体俊. 徐州医学院学报,2008,(3)
氟马西尼对依托咪酯、丙泊酚麻醉小鼠的催醒作用. 刘元雪,等. 徐州医学院学报,2008,(3)
新生大鼠心肌细胞原代培养方法的改良. 张琳,等. 徐州医学院学报,2008,(5)
大鼠视上核和室旁核神经元钾离子氯离子共转运体 2 表达探讨. 王德广,等. 徐州医学院学报,2008,(4)

合成樟脑丸对小鼠学习记忆的影响. 孙鹏,等. 徐州医学院学报,2008,(4)
左西孟旦对离体鼠心再灌注性心律失常及心功能影响的对比研究. 李新巧,等. 徐州医学院学报,2008,(5)
科素亚对心力衰竭大鼠心肌细胞凋亡及 Bax、Bcl-2 蛋白表达的影响. 韩斐斐,宋书凯. 徐州医学院学报,2008,(5)
罗格列酮对 2 种高血压大鼠的降压作用及机制. 王林军,等. 徐州医学院学报,2008,(4)
短暂脑缺血诱导大鼠海马 PKC-ε 膜转位及 HSP70 表达. 徐进步,等. 徐州医学院学报,2008,(5)
腹腔注射肉毒毒素 A 抑制 CCI 模型大鼠机械性触诱发痛和热痛觉过敏的形成. 张井浪,等. 徐州医学院学报,2008,(5)
小剂量咪达唑仑与氯胺酮合用对小鼠学习记忆的影响. 朱琳佳,等. 徐州医学院学报,2008,(5)
不同催醒药对氯胺酮麻醉小鼠的催醒效果. 张法强,等. 徐州医学院学报,2008,(5)
多次使用氯胺酮对小鼠体重、自主活动和学习记忆的影响. 徐小林,等. 徐州医学院学报,2008,(4)
葛根黄酮滴丸对心肌缺血大鼠血液中脂肪酸含量变化的影响. 丁鑫,等. 天津医科大学学报,2008,(1)
大鼠寡霉素敏感相关蛋白原核表达载体的构建. 范海鸣,等. 天津医科大学学报,2008,(1)
Ghrelin 对大鼠胃肠动力的影响. 郝国强,等. 天津医科大学学报,2008,(1)
延胡索总生物碱对小鼠抗应激能力的研究. 白雪,等. 贵阳医学院学报,2008,(2)
蛋白激酶 C-γ 亚型在慢性染铅小鼠脑皮质中的表达. 高双,等. 贵阳医学院学报,2008,(2)
比索洛尔和卡维地洛对大鼠缺血心肌血管新生的影响. 刘兴德,张蕊. 贵阳医学院学报,2008,(2).
姜黄素对佐剂性关节炎大鼠滑膜病理的影响. 蔡辉,等. 徐州医学院学报,2008,(6)
室旁核注射 apelin-13 对大鼠胃缺血/再灌注损伤的影响. 丁雷,等. 徐州医学院学报,2008,(6)
大鼠颈部心脏异位移植模型的建立与观察. 张伟,等. 徐州医学院学报,2008,(6)
硝普钠对成年大鼠全脑缺血后的海马神经元具有保护作用. 汪瑶,关秋华. 徐州医学院学报,2008,(6)
异丙酚对在体大鼠前额叶皮质细胞外液谷氨酸和 γ-氨基丁酸含量的影响. 刘红亮,等. 徐州医学院学报,2008,(6)
Ⅰ型跨膜糖蛋白在砷中毒大鼠肾小球细胞的表达. 李远慧,李娜. 贵阳医学院学报,2008,(3)
大鼠 DJ-1 原核表达载体的构建与初步表达. 王春雨,等. 天津医科大学学报,2008,(2)
调心方对阿尔茨海默病大鼠学习记忆的影响. 张媛,等. 天津医科大学学报,2008,(2)
杨梅酒对小鼠扭体模型的镇痛作用. 薛珺,等. 徐州医学院学报,2008,(8)
两种神经源性痛大鼠模型的比较. 郭永民,王国林. 天津医科大学学报,2008,(2)
RNAi 抑制大鼠骨髓源树突状细胞 MHC-Ⅱ表达的研究. 章志翔,等. 天津医科大学学报,2008,(2)
培养不同时间大鼠皮质在缺糖缺氧损伤中神经元凋亡的观察. 于常州,刘功俭. 徐州医学院学报,2008,(8)
大鼠海马锥体神经元延迟整流钾电流的发育变化. 王斌,仲崇波. 徐州医学院学报,2008,(8)
修正液对小鼠学习记忆的影响. 黄双燕,等. 徐州医学院学报,2008,(8)
室旁核内微量注射催产素对大鼠胃缺血/再灌注后胃黏膜胃泌素表达的影响. 张咏梅,等. 徐州医学院学报,2008,(7)
N-乙酰-L-半胱氨酸对大鼠胃缺血/再灌注损伤的影响. 周晓燕,等. 徐州医学院学报,2008,(7)
不同处理对大鼠移植心脏存活时间的影响. 张伟,等. 徐州医学院学报,2008,(7)
毁损海洛因依赖大鼠伏隔核对戒断症状及血浆 β-内啡肽的影响. 张新勇,等. 徐州医学院学报,2008,(7)
津白Ⅱ小鼠体内筛选乳腺癌特异性结合噬菌体融合肽. 王瑞,等. 天津医科大学学报,2008,(2)
谷氨酰胺和精氨酸对创伤后大鼠血浆蛋白和抗氧化能力的影响. 陈亚军,等. 天津医科大学学报,2008,(2)
近交系大鼠肝移植急性排斥模型的建立及排斥反应观察. 邵永,等. 徐州医学院学报,2008,(9)
小剂量氯化铵对小鼠学习记忆的影响. 徐明,等. 徐州医学院学报,2008,(9)
吡咯烷二硫氨基甲酸酯对大鼠胃缺血/再灌注损伤的影响. 张咏梅,等. 徐州医学院学报,2008,(9)
小剂量纳洛酮对小鼠学习记忆功能的影响. 韩永正,等. 徐州医学院学报,2008,(9)
黄芪、赤芍对小鼠免疫性肝损伤的保护作用. 陈英利,等. 贵阳医学院学报,2008,(4)
胎鼠大脑皮层神经干细胞的分离培养、分化及鉴定. 胡晓霞,等. 贵阳医学院学报,2008,(4)
灵芝孢子粉和双歧杆菌对小鼠菌群失调的治疗作用. 崔冬冰,等. 贵阳医学院学报,2008,(4)
N-乙酰半胱氨酸对急性肺损伤大鼠的保护作用. 黄毅,李秀珍. 贵阳医学院学报,2008,(4)
糖尿病大鼠肾脏 PAI-1、TIMP-1 表达的变化. 谢汝佳,等. 贵阳医学院学报,2008,(4)
辛伐他汀对糖尿病大鼠肾脏活化蛋白-1 表达的影响. 曾家顺,等. 贵阳医学院学报,2008,(4)
茳叶心通软胶囊对大鼠的长期毒性研究. 何迅,等. 贵阳医学院学报,2008,(5)
蜂房提取物对荷瘤鼠放化疗的增效作用. 魏金荣,等. 贵阳医学院学报,2008,(5)
中药复方脂肝乐抗大鼠脂肪肝的作用. 叶兰,等. 贵阳医学院学报,2008,(5)
三参提取物抗大鼠肝纤维化作用的研究. 胡金芳,等. 天津医科大学学报,2008,(3)
环氧化酶-2 在早期糖尿病大鼠视网膜中表达的研究. 孙国玲,等. 天津医科大学学报,2008,(3)

鼠巨细胞病毒感染诱导小鼠精子凋亡及线粒体调控机制研究..华中科技大学学报(医学版),2008,(6)
Duchenne 肌营养不良模型鼠肌肉内移植小鼠胚胎干细胞后分化潜能的初步研究.谢模英,等.华中科技大学学报(医学版),2008,(1)
CD28 单克隆抗体对病毒性心肌炎小鼠的治疗作用.张仪,等.山东大学学报(医学版),2008,(11)
机械通气对大鼠肺组织中 CC10 表达的影响.宋秀梅,等.山东大学学报(医学版),2008,(11)
MMP-9/TIMP-1 在大鼠弥漫性脑损伤后早期的表达及意义.宋林杰,等.山东大学学报(医学版),2008,(11)
丹参酮对两种学习记忆功能障碍模型大鼠治疗作用的实验研究.李林,等.华中科技大学学报(医学版),2008,(6)
大鼠尾动脉显微解剖及临床意义.毕本军,等.山东大学学报(医学版),2008,(12)
特异性针对小鼠 VEGFa 基因的 siRNA 慢病毒载体的构建.周炜,等.山东大学学报(医学版),2008,(12)
PTP-1B 小干扰 RNA 对缺氧/复氧诱发的大鼠心肌细胞凋亡的影响.宋慧文.华中科技大学学报(医学版),2008,(6)
TIPE2 和炎性细胞因子在鼠动脉硬化斑块形成中的表达及其相互关系.王永祥,等.山东大学学报(医学版),2008,(12)
SDF-1/CXCR4 轴介导大鼠骨髓间充质细胞向心肌梗死组织迁徙的体外实验研究.陈军,等.华中科技大学学报(医学版),2008,(6)
氟伐他汀对心肌梗死后心衰大鼠内皮素-1 表达的影响.刘宇宏,等.华中科技大学学报(医学版),2008,(6)
葡萄子原花青素对糖尿病大鼠肾保护作用机制的研究.江蓓,等.山东大学学报(医学版),2008,(12)
脂氧素 A_4 对小鼠移植心存活的影响.柯有力,等.华中科技大学学报(医学版),2008,(6)
大鼠体神经—内脏神经吻合后脊髓前角运动神经元 GAP-43 及 TAU 的表达变化及生物学意义.李迪,等.华中科技大学学报(医学版),2008,(6)
川芎嗪、苯那普利对 5/6 肾切除大鼠肾小管间质低氧及微血管生成的作用.黄小妹,等.华中科技大学学报(医学版),2008,(6)
紫杉醇致大鼠外周神经病理性疼痛模型的建立.陈治军,等.华中科技大学学报(医学版),2008,(6)
维生素 A 酸对体外培养小鼠囊胚细胞毒性的研究.熊彦娥,张端莲.华中科技大学学报(医学版),2008,(6)
化瘀克塞汤预处理对局灶性脑缺血大鼠 HSP70 表达的影响.王运满,等.山东大学学报(医学版),2008,(1)
虎杖免煎冲剂对糖尿病大鼠肾脏 RAGE 及 VEGF 表达的影响.费洪华,等.山东大学学报(医学版),2008,(1)
糖神胶囊防治糖尿病大鼠肾脏损害的实验研究.张秀娟,等.山东大学学报(医学版),2008,(1)
一氧化氮合酶基因在慢性肾功能衰竭大鼠阴茎组织表达的价值.傅强,等.山东大学学报(医学版),2008,(1)
EPA、DHA 对脂多糖诱导的大鼠系膜细胞增殖及凋亡的影响.耿文静,等.山东大学学报(医学版),2008,(1)
免疫球蛋白对癫痫大鼠 γ-氨基丁酸受体及谷氨酸脱羧酶表达的影响.颜会兰,等.山东大学学报(医学版),2008,(1)
抗应激处理对慢性应激大鼠行为、血清 IL-6 和皮质醇的影响.樊淑娟,等.山东大学学报(医学版),2008,(1)
丹参注射液对哮喘大鼠气道炎症及 $CD4^+CD25^+$ 调节性 T 细胞的影响.薛克营,等.华中科技大学学报(医学版),2008,(1)
丹参对左肾静脉狭窄大鼠肾脏淤血性损伤的保护作用.何晓峰,等.华中科技大学学报(医学版),2008,(1)
川芎嗪对急性肺血栓栓塞症大鼠 ET-1、COX-2、CD54 表达的影响.张凌,等.华中科技大学学报(医学版),2008,(1)
补肾安胎方对胚泡着床障碍小鼠子宫内膜 HB-EGF 及其受体 EGFR 表达的影响.张明敏,等.华中科技大学学报(医学版),2008,(1)
低渗透压对大鼠三叉神经节神经元 GABA 激活电流的抑制作用.衡璐,等.华中科技大学学报(医学版),2008,(1)
软骨分化形成蛋白-2 体外诱导小鼠骨髓基质干细胞向软骨分化.田洪涛,等.华中科技大学学报(医学版),2008,(1)
二氯乙酸盐对野百合碱诱导大鼠肺动脉高压作用的影响.刘成珪,等.华中科技大学学报(医学版),2008,(1)
高脂膳食对大鼠肝组织腺苷酸活化蛋白激酶表达的影响.李晓山,等.华中科技大学学报(医学版),2008,(1)
消炎痛对鼠白假丝酵母菌阴道炎模型中菌丝生长及 IL-2、TGF-β_1 表达的影响.刘亚莉,等.华中科技大学学报(医学版),2008,(1)
依达拉奉对大鼠脑缺血再灌注损伤后神经保护作用的研究.李高义,等.华中科技大学学报(医学版),2008,(1)
p38 丝裂原活化蛋白激酶在小鼠早期胚胎及围植入期子宫内膜的表达.于清梅,等.山东大学学报(医学版),2008,(2)
不同降糖药物对 2 型糖尿病大鼠血浆及胃组织 Ghrelin 水平的影响.李健,等.山东大学学报(医学版),2008,(2)
糖尿病大鼠缺血再灌注脑组织中 MMP-9 的表达及其与 VEGF 的关系.上官士娜,等.山东大学学报(医学版),

2008,(2)
NF-κB 决定小鼠胎肝激酶-1 基因启动子的基本活性. 郑丽端,等. 华中科技大学学报(医学版),2008,(2)
MyD88 RNA 干扰抑制小鼠骨髓树突状细胞成熟的实验研究. 陈家军,等. 华中科技大学学报(医学版),2008,(2)
复肝灵颗粒对鼠免疫性肝损伤的保护作用. 吴丽萍,等. 山东大学学报(医学版),2008,(3)
川芎嗪与氨基胍对实验性胰岛素抵抗大鼠糖代谢的影响. 魏树珍,等. 山东大学学报(医学版),2008,(3)
解毒化瘀方对脓毒症大鼠蛋白 C mRNA 表达及血浆蛋白 C 活性的影响. 吴玉生,等. 山东大学学报(医学版),2008,(4)
姜黄素对高糖刺激下大鼠肾脏系膜细胞血红素氧化酶-1 表达的影响. 陈丽,刘晓城. 华中科技大学学报(医学版),2008,(2)
银杏叶提取物对糖尿病大鼠视网膜神经节细胞 Bax 和 Bcl-2 基因表达的影响. 项楠,等. 华中科技大学学报(医学版),2008,(2)
大鼠海马 CA3 区突触素的增龄性变化. 文敏,等. 山东大学学报(医学版),2008,(3)
线粒体膜电位对缺氧大鼠肺动脉平滑肌细胞内细胞色素 C 分布及细胞增殖的影响. 胡红玲,等. 华中科技大学学报(医学版),2008,(2)
RSV 感染哮喘小鼠气道炎症及重构与激素抵抗的研究. 杨艳娜,等. 山东大学学报(医学版),2008,(4)
外源性核酸对肝纤维化大鼠血浆中去甲肾上腺素和多巴胺的影响. 段瑞娴,等. 华中科技大学学报(医学版),2008,(2)
ACE2 基因过表达对糖尿病心肌病大鼠心功能的影响. 于庆涛,等. 山东大学学报(医学版),2008,(4)
氯沙坦及 A779 对糖尿病心肌病大鼠心肌间质纤维化的影响. 胡圣,等. 山东大学学报(医学版),2008,(4)
结缔组织生长因子和低氧诱导因子-1α 在大鼠慢性马兜铃酸肾病模型肾小管间质中的表达. 贾晓妍,等. 山东大学学报(医学版),2008,(3)
Nogo 受体及其拮抗剂与神经节苷脂在新生大鼠 HIBD 中的作用. 马静,等. 山东大学学报(医学版),2008,(3)
新生大鼠脑白质损害时神经胶质细胞凋亡与神经营养因子 GDNF 的表达变化. 覃琳,等. 华中科技大学学报(医学版),2008,(2)
促红细胞生成素对全脑缺血再灌注损伤大鼠血红素加氧酶-1 表达的影响. 黄涛,等. 山东大学学报(医学版),2008,(3)
Toll 样受体 4 蛋白在大鼠脑缺血再灌注损伤中的表达及其意义. 张清,等. 华中科技大学学报(医学版),2008,(2)
血清胰岛素样生长因子-1 水平对癌性恶病质小鼠营养状况的影响. 陈国庆,等. 华中科技大学学报(医学版),2008,(2)
重组人生长激素对烧伤大鼠肠道细菌/内毒素移位的影响. 卞东会,等. 山东大学学报(医学版),2008,(3)
西洛他唑对全脑缺血大鼠学习记忆功能及半胱氨酸天冬酶-3 表达的影响. 李云,等. 山东大学学报(医学版),2008,(4)
排铅聚糖对铅致小鼠遗传和生殖毒性的抑制作用. 赵慧娟,等. 山东大学学报(医学版),2008,(6)
绞股蓝总皂苷对谷氨酸所致大鼠海马组织损伤的保护作用. 韩玉霞,等. 山东大学学报(医学版),2008,(5)
小鼠孤雌胚胎干细胞直接向神经细胞诱导分化的实验研究. 韦多,等. 山东大学学报(医学版),2008,(5)
Rho 激酶在乳鼠心肌细胞模拟缺血再灌注损伤细胞凋亡中的作用. 孙俊萍,等. 山东大学学报(医学版),2008,(5)
稳定高表达小鼠 Tim-4 巨噬细胞系 RAW264.7-T4 的建立. 续力云,等. 山东大学学报(医学版),2008,(6)
H-$2K^d$ 基因 siRNA 表达质粒的构建及在小鼠 LAK 细胞的表达. 庄学伟,等. 山东大学学报(医学版),2008,(6)
抗鼠 CTLA-4 单链抗体的构建与表达及其免疫学活性的鉴定. 彭国平,等. 华中科技大学学报(医学版),2008,(3)
PICK1 基因敲除小鼠的繁育及子代基因型的鉴定. 金悠,等. 华中科技大学学报(医学版),2008,(3)
外源性 VEGF 对鼠脊髓缺血再灌注后内皮抑素和脑源性神经营养因子及其受体的影响. 姜丽,等. 山东大学学报(医学版),2008,(6)
丹参酮ⅡA 对压力超负荷大鼠肥厚心肌一氧化氮合酶基因表达及细胞内游离钙离子浓度的影响. 李永胜,等. 华中科技大学学报(医学版),2008,(3)
支气管哮喘 BALB/c 小鼠血小板 P-选择素表达的变化. 王立生,等. 山东大学学报(医学版),2008,(6)
P 物质及其受体在小鼠免疫性肝炎中的作用. 张海涛,等. 山东大学学报(医学版),2008,(6)
高脂喂养诱导大鼠骨骼肌胰岛素抵抗的机制研究. 肖方喜,等. 华中科技大学学报(医学版),2008,(3)
人组织型激肽释放酶基因对 2 型糖尿病大鼠 AMP 激活的蛋白激酶活性的影响. 徐西振,等. 华中科技大学学报(医学版),2008,(3)
大鼠体神经—内脏神经及体神经—体神经吻合术后 BDNF 及 TrkB 的表达变化. 程时刚,等. 华中科技大学学报

（医学版），2008，（3）
乙型肝炎病毒 X 基因对大鼠肾小球系膜细胞增殖和肿瘤坏死因子 α 表达的影响. 卢宏柱，周建华. 华中科技大学学报（医学版），2008，（3）
CD4⁺T 淋巴细胞在小鼠病毒性心肌炎发生发展中的作用. 刘振虎，等. 山东大学学报（医学版），2008，（5）
酶酚酸酯对实验性自身免疫性脑脊髓炎大鼠神经功能的影响. 由玮，等. 山东大学学报（医学版），2008，（6）
荷乳腺癌小鼠 c-myc mRNA 反义寡核苷酸显像研究. 秦光明，等. 华中科技大学学报（医学版），2008，（3）
RARα 和 β-catenin 在过量维甲酸致昆明小鼠腭裂发生中的作用. 尹海燕，等. 山东大学学报（医学版），2008，（5）
异丙酚对全身高温所致大鼠海马神经元 Caspase-3 表达及超微结构改变的影响. 卜祥梅，等. 山东大学学报（医学版），2008，（5）
阿托伐他汀对 UUO 大鼠模型中血小板反应蛋白 1 的干预作用. 杨晓，夏青. 华中科技大学学报（医学版），2008，（3）
饮食限制对大鼠学习和记忆能力的影响. 胡志红，等. 山东大学学报（医学版），2008，（7）
黄芪对应激大鼠生长和脑单胺类神经递质含量的影响. 张峰，等. 山东大学学报（医学版），2008，（7）
大蒜素对糖尿病高半胱氨酸血症大鼠脑干听觉诱发电位的影响. 郝媛媛，等. 山东大学学报（医学版），2008，（7）
脑神康对糖尿病大鼠脑内单胺类神经递质含量的影响. 耿磊，等. 山东大学学报（医学版），2008，（7）
大鼠酒精性脂肪肝中 Fbw7 的表达. 商楠，等. 山东大学学报（医学版），2008，（7）
颞叶癫痫大鼠认知功能与海马区 NR2B 表达的关系. 孙钦建，等. 山东大学学报（医学版），2008，（7）
丁苯酞对氯化锂—匹鲁卡品诱发的癫痫大鼠海马神经元损伤的作用. 苏立军，等. 山东大学学报（医学版），2008，（7）.
白藜芦醇对纤维蛋白上调大鼠脑血管内皮细胞基质金属蛋白酶 9 表达的影响. 薛峥，等. 华中科技大学学报（医学版），2008，（4）
成年大鼠骨骼肌肌源性干细胞向神经细胞的分化. 李进，等. 华中科技大学学报（医学版），2008，（4）
rIL-18 对肺炎链球菌肺炎小鼠 Th1/Th2 免疫应答的影响. 熊盛道，等. 华中科技大学学报（医学版），2008，（4）
干酪乳杆菌细胞壁成分诱导小鼠冠状动脉炎的超抗原机制. 覃丽君，等. 华中科技大学学报（医学版），2008，（4）
糖皮质激素对哮喘大鼠 T-bet 及 γ-干扰素表达的影响. 刘红兵，等. 华中科技大学学报（医学版），2008，（4）
咬合力丧失对老年骨质疏松大鼠牙槽骨吸收的影响. 王旭霞，等. 山东大学学报（医学版），2008，（8）
11β-羟类固醇脱氢酶 1 型在小鼠胰腺组织和胰岛 β 细胞系 NIT-1 中的表达. 林梅，等. 华中科技大学学报（医学版），2008，（4）
大鼠腺性膀胱炎的病因学研究. 易憬，等. 华中科技大学学报（医学版），2008，（4）
己酮可可碱对内毒素血症大鼠心肌 HSP70 和 NF-κB 的影响. 祝伟，等. 华中科技大学学报（医学版），2008，（4）
罗哌卡因对大鼠离体主动脉收缩作用的钙离子调节机制. 王术芹，等. 山东大学学报（医学版），2008，（8）
依那西普对大鼠切口痛和脊髓 TNF-α 表达的影响. 周子超，等. 华中科技大学学报（医学版），2008，（4）
臭氧对大鼠星形胶质细胞作用的体外研究. 周乃宝，等. 山东大学学报（医学版），2008，（9）
PPARγ 在糖尿病心肌纤维化大鼠心肌细胞及微血管内皮中的表达. 徐冬玲，等. 山东大学学报（医学版），2008，（9）
吡格列酮对 2 型糖尿病大鼠胃促生长素表达的影响. 董明，等. 山东大学学报（医学版），2008，（9）
脱氢表雄酮对大鼠实验性自身免疫性神经炎的影响. 谭晓冬，等. 山东大学学报（医学版），2008，（9）
N-乙酰半胱氨酸对糖氧剥夺大鼠皮层星形胶质细胞的保护作用. 秦文，等. 山东大学学报（医学版），2008，（9）
苯和硒对小鼠淋巴细胞端粒酶活力的影响. 何丽芸，等. 中华劳动卫生职业病杂志，2008，26（7）
血栓通片对大鼠急性局灶性脑缺血损伤的保护作用. 吴剑萍，等. 华中科技大学学报（医学版），2008，（5）
永生化小鼠小胶质细胞 P_2X_4 siRNA 靶点的筛选. 彭伟，等. 华中科技大学学报（医学版），2008，（5）
一氧化氮对缺氧复氧处理的新生大鼠心肌细胞蛋白质酪氨酸磷酸酶-1B 活性和表达的影响. 宋慧文，等. 中华心血管病杂志，2008，36（8）
特发性高草酸尿大鼠模型的建立. 朱旋，等. 华中科技大学学报（医学版），2008，（5）
过继转输抗 L3T4 单抗治疗的心肌病小鼠脾细胞对心肌抗体的影响. 汪朝晖，等. 华中科技大学学报（医学版），2008，（5）
吸入不同浓度 NO 对脂多糖所致大鼠急性肺损伤 TLR4 表达的影响. 吴妍雯，等. 华中科技大学学报（医学版），2008，（5）
N-花生四烯酸氨基乙醇对小鼠肝片去甲肾上腺素递质体外释放的影响. 张曜文，等. 华中科技大学学报（医学版），2008，（5）
骨桥蛋白、CD44 在遗传高钙尿结石大鼠肾组织中的表达及其与肾间质钙化的关系. 王少刚，等. 华中科技大学学报（医学版），2008，（5）
ABR 和 DPOAE 检测研究 NKCC1 在不同基因型小鼠耳蜗听觉中的作用. 褚汉启，等. 华中科技大学学报（医学版），2008，（5）

免疫刺激序列对大鼠实验性变应性鼻炎的作用研究.陈建军,等.华中科技大学学报(医学版),2008,(5)
甲磺酸伊马替尼对单侧输尿管梗阻小鼠肾脏间质纤维化的影响.刘蔚,等.华中科技大学学报(医学版),2008,(5)
曲格列酮影响大鼠系膜细胞增殖和凋亡的实验研究.邹荣,等.华中科技大学学报(医学版),2008,(5)
甘草水提液对慢性肾衰大鼠肾功能的影响及机制研究.张瑞斌,等.山东大学学报(医学版),2008,(10)
$CD4^+$ $CD25^+$ $Foxp3^+$及$CD4^+$ $CD25^-$ $Foxp^{3+}$调节性T细胞在小鼠衰老过程中的变化规律.高琦,等.山东大学学报(医学版),2008,(10)
电刺激对脑梗死大鼠运动功能恢复及Nogo-A、NgR表达的影响.杨冰,等.山东大学学报(医学版),2008,(10)
吡格列酮对胰岛素抵抗大鼠认知功能及脑组织AGE-RAGE损伤途径的影响.刘雪平,等.山东大学学报(医学版),2008,(10).
孕鼠被动吸烟对胎鼠脑区生长抑素和精氨酸加压素含量的影响.马太芳,等.山西医科大学学报,2008,(8)
小鼠乳鼠心肌细胞的原代培养.娜儿娜,等.新疆医科大学学报,2008,(7)
小鼠前脑缺血再灌注损伤模型海马CA1区的形态学观察.郗东锋,等.山西医科大学学报,2008,(3)
雷公藤甲素对变应性鼻炎大鼠鼻黏膜组织中核转录因子-κB和诱导型一氧化氮合酶表达的影响.李颖,陈向东.郑州大学学报(医学版),2008,(2)
丁基苯酞对慢性脑缺血老龄大鼠海马胆碱乙酰基转移酶mRNA表达的影响.沈瑞乐,等.郑州大学学报(医学版),2008,(2)
小茴香对实验性肝纤维化大鼠细胞因子TNF-α的影响.刘玉平,等.新疆医科大学学报,2008,(4)
油酸型ARDS大鼠心肌组织IL-1β、IL-10含量及mRNA表达的动态观察.王园园,等.新疆医科大学学报,2008,(4)
Nogo-A蛋白在新生大鼠缺氧缺血性脑损伤的表达及意义.阴崇娟,等.山西医科大学学报,2008,(4)
大黄对失血性休克大鼠小肠粘膜组织中一氧化氮合酶和内皮素表达的影响.刘郁,等.新疆医科大学学报,2008,(5)
小鼠胚胎心脏各部分化发育成熟差异研究.李海荣,等.山西医科大学学报,2008,(5)
大鼠心肌肌钙蛋白Ⅰ与在体及离体降解时间的相关性.张彦伟,等.山西医科大学学报,2008,(5)
戊四氮点燃大鼠海马脑源性神经营养因子受体TrKB、P^{75NTR}表达的变化.夏建华,等.郑州大学学报(医学版),2008,(3)
托吡酯对戊四氮点燃大鼠海马胶质原纤维酸性蛋白表达的影响.连亚军,等.郑州大学学报(医学版),2008,(3)
脑缺血大鼠脑组织中Survivin、血管内皮生长因子、微血管密度检测.李秋玲,等.郑州大学学报(医学版),2008,(3)
大鼠肾小管上皮细胞缺氧/复氧损伤模型的建立.董华,王利华.山西医科大学学报,2008,(6)
小鼠胃肠道、胰腺PP-IR细胞的形态学观察.郭蕊,等.山西医科大学学报,2008,(7)
高压氧对新生大鼠缺血缺氧性脑损伤脑转化生长因子β_1表达的影响.吴静,等.山西医科大学学报,2008,(6)
小鼠围植入期子宫内膜组织中白血病抑制因子蛋白及mRNA的表达.郭艺红,等.郑州大学学报(医学版),2008,(4)
凝血酶蛛网膜下腔注射对大鼠软脑膜胶原纤维厚度的影响.毛向莹,李彤.郑州大学学报(医学版),2008,(4)
酒精性与非酒精性脂肪肝模型大鼠肝脏脂质及血脂等指标的比较.张龚之,等.新疆医科大学学报,2008,(7)
不同剂量$HgCl_2$与$CdCl_2$联合对去卵巢大鼠的雌激素样作用.付远辉,等.郑州大学学报(医学版),2008,(5)
维药伊木萨克片对大鼠性功能与阴茎组织中一氧化氮合酶活性的影响.阿地力江·伊明,等.新疆医科大学学报,2008,(8)
罗勒水提物对内皮细胞损伤大鼠模型的保护作用.蒋进,等.新疆医科大学学报,2008,(9)
油酸性ARDS对大鼠肝组织白细胞介素-1β、白细胞介素-10的影响.努尔古丽·阿不都热西提,等.新疆医科大学学报,2008,(8)
甘草酸二铵对溃疡性结肠炎大鼠抗炎作用机制的研究.郭海荣,霍丽娟.山西医科大学学报,2008,(9)
幼鼠肾小管间质损伤早期AT_1R介导$JAK_2/STAT_3$蛋白表达及其相关性.郭虹,等.山西医科大学学报,2008,(9)
阿司匹林预处理对大鼠脑缺血再灌注损伤的保护作用.李泽东,马静萍.山西医科大学学报,2008,(9)
丙泊酚对大鼠肠缺血再灌注时肝损伤及Bcl-2、Bax蛋白表达的影响.袁苑,等.山西医科大学学报,2008,(9)
改良的降落PCR扩增中国地鼠目的基因.宋国华,等.山西医科大学学报,2008,(10)
甘氨酸对大鼠非酒精性脂肪性肝病肝组织COX-2表达的影响.郭亚荣,等.山西医科大学学报,2008,(1)
肠功能恢复汤对感染性多器官功能障碍综合征大鼠肠黏膜损伤的保护作用.王春荣,等.郑州大学学报(医学版),2008,(6)
17β-雌二醇对小鼠卵母细胞体外成熟及胚胎发育的影响.金海霞,等.郑州大学学报(医学版),2008,(6)
变应性鼻炎和变应性哮喘大鼠淋巴细胞T-bet和GATA-3 mRNA的表达.张文静,吴玉瑛.郑州大学学报(医学版),2008,(6)

乌司他丁对梗阻性黄疸大鼠肠氧化应激的影响. 田延锋,等. 郑州大学学报(医学版),2008,(6)
去势对雌性大鼠下丘脑外侧区一氧化氮合酶表达的影响. 张卫国,等. 山西医科大学学报,2008,(2)
不同游泳训练后大鼠齿状回 c-fos 的表达. 李楠,等. 山西医科大学学报,2008,(2)
大鼠脑水肿模型中脑组织巨噬细胞炎症蛋白-2、IL-10 含量测定. 禚志红,等. 郑州大学学报(医学版),2008,(1)
肝癌细胞 H22 培养上清液对鼠细胞 L929 细胞周期、CyclinD1、P27 蛋白表达的影响. 张晓艳,等. 郑州大学学报(医学版),2008,(1)
培哚普利对急性心肌梗死后大鼠心肌组织中 AngⅡ、ERK1/2、c-fos mRNA 含量的影响. 赵育洁,等. 郑州大学学报(医学版),2008,(1)
甘氨酸对肝纤维化及肝硬化大鼠血管活性物质的影响. 李炳蔚,等. 山西医科大学学报,2008,(3)
大鼠失神经骨折愈合中骨痂体积与生物力学强度的相关性分析. 王小健,等. 山西医科大学学报,2008,(3).
天香丹对大鼠心肌缺血再灌注损伤的保护作用研究. 牛力军,等. 新疆医科大学学报,2008,(2)
脓毒血症大鼠脑组织 Na^+、K^+、Ca^{2+} 含量变化与尼莫通脑保护作用及机制探讨. 张晓婷,等. 新疆医科大学学报,2008,(3)
不同潮气量机械通气对大鼠肺组织 iNOS、NO 的影响. 张岩,张新日. 山西医科大学学报,2008,(4)
HSP27 在大鼠磨牙钻磨后牙髓的表达. 杨芳,李瑛. 山西医科大学学报,2008,(4)
甘氨酸对肝纤维化及肝硬化大鼠肝组织肝细胞生长因子表达的影响. 李炳蔚,等. 山西医科大学学报,2008,(5)
大鼠蛛网膜下腔出血后大脑皮质中神经元凋亡的研究. 刘玉武,等. 新疆医科大学学报,2008,(5)
丙泊酚、咪唑安定对大鼠肝缺血再灌注损伤期细胞凋亡的影响. 王敬宇,等. 山西医科大学学报,2008,(5)
昆明小鼠胰腺导管上皮细胞转分化为胰岛样细胞的实验研究. 赵艳艳,等. 郑州大学学报(医学版),2008,(3)
脂多糖对大鼠中性粒细胞基质金属蛋白酶-8 mRNA 表达的影响. 徐涛,等. 郑州大学学报(医学版),2008,(3)
蔗糖在促进大鼠非酒精性脂肪性肝炎形成及发展中的作用. 张晓艳,等. 山西医科大学学报,2008,(6)
avastin 全身用药对大鼠视网膜新生血管的抑制作用. 成芳,成霄黎. 山西医科大学学报,2008,(6)
聚乙二醇对大鼠心电图影响. 张慧芝,等. 山西医科大学学报,2008,(6)
实验动物矽肺影像研究. 王莹,邓国祥. 山西医科大学学报,2008,(8)
慢性神经痛大鼠脊髓背角 P 物质、降钙素基因相关肽的表达. 武俊芳,等. 郑州大学学报(医学版),2008,(4)
头部药物注射疗法对大鼠缺氧缺血性脑损伤后神经细胞和神经胶质细胞的影响. 刘素芳,等. 郑州大学学报(医学版),2008,(5)
糖尿病对雄性大鼠性行为学的影响. 阿地力江·伊明,等. 新疆医科大学学报,2008,(8)
糖尿病对雄性大鼠睾丸及外周血中性激素水平的影响. 阿地力江·伊明,等. 新疆医科大学学报,2008,(8)
内毒素血症时老年大鼠肝脏氧自由基代谢及热休克蛋白 70 的表达. 曹若瑾,等. 山西医科大学学报,2008,(10)
口腔实验大鼠糖尿病动物模型建立的探讨. 张亮,等. 山西医科大学学报,2008,(10)
临床前列腺癌病理分级系统应用于基因敲入和转基因小鼠前列腺癌模型研究. 武国军,等. 山西医科大学学报,2008,(10)
PTX 阻断溶血磷脂酸对大鼠胚胎神经干细胞的促增殖作用(英文). 崔慧林,乔健天. 山西医科大学学报,2008,(1)
Wnt3a 在大鼠骨髓源性胆碱能神经元中的表达. 王晋丽,等. 山西医科大学学报,2008,(1)
大鼠肝缺血再灌注损伤时肾功不全发生机制探讨. 张东江,等. 新疆医科大学学报,2008,(12)
尼莫地平对大鼠急性心肌缺血的保护作用及其对心肌细胞凋亡的影响. 张建龙,等. 新疆医科大学学报,2008,(1)
转化生长因子-β_1 对新生大鼠星形胶质细胞结缔组织生长因子表达的影响. 李彤,等. 郑州大学学报(医学版),2008,(1)
Omi/HtrA2 shRNA 重组真核表达质粒的构建及其在大鼠肾小管上皮细胞缺氧/复氧模型中的作用. 王利华,等. 山西医科大学学报,2008,(3)
$HgCl_2$、C_aCl_2 对去卵巢大鼠的雌激素样作用. 付远辉,等. 郑州大学学报(医学版),2008,(2)
八肽胆囊收缩素对小鼠神经元蛋白质磷酸化的影响. 王丽,等. 郑州大学学报(医学版),2008,(2)
细菌脂多糖对体外培养大鼠中性粒细胞 P38 和 JNK 蛋白激酶表达的影响. 徐涛,等. 郑州大学学报(医学版),2008,(2)
重症急性胰腺炎大鼠模型制作方法的改进. 陈占峰,陈启龙. 新疆医科大学学报,2008,(4)
氯化锰对原代培养大鼠睾丸间质细胞睾酮合成的影响. 常树丽,等. 郑州大学学报(医学版),2008,(3)
茶多酚对肾缺血再灌注损伤大鼠血清超氧化物歧化酶和丙二醛的影响. 梁新华,等. 新疆医科大学学报,2008,(5)
大鼠同种异体异位节段小肠移植模型的建立. 温婧,等. 新疆医科大学学报,2008,(5)
罗格列酮对血管紧张素Ⅱ诱导的大鼠主动脉外膜成纤维细胞迁移的影响. 缪培智,等. 郑州大学学报(医学版),2008,(3)

PRMT1-shRNA 质粒转染大鼠主动脉内皮细胞条件的优化. 方雅琴,等. 山西医科大学学报,2008,(6)
Bag-1 在大鼠缺血预处理肝胆管中的表达及意义. 边屹,等. 山西医科大学学报,2008,(6)
去甲肾上腺素诱导大鼠心肌细胞 NF-κB 活化的研究. 吕志敢,郭政. 山西医科大学学报,2008,(7)
心钠素预处理对大鼠肝脏缺血再灌注损伤的影响. 周凯亮,等. 郑州大学学报(医学版),2008,(4)
雌二醇对大鼠脑缺血再灌注损伤后神经生长因子蛋白表达的影响. 李昕,等. 郑州大学学报(医学版),2008,(4)
酸性肽对硝普钠诱导体外培养 SD 大鼠海马神经细胞凋亡的保护作用. 毛红丽,等. 郑州大学学报(医学版),2008,(4)
草棉花花瓣不同提取物对实验性肝损伤小鼠的保护作用. 巴吐尔・买买提明,等. 新疆医科大学学报,2008,(6)
大鼠肾缺血再灌注损伤时脑组织自由基的变化. 代红燕,等. 新疆医科大学学报,2008,(6)
一氧化氮合酶在大鼠糖尿病性勃起功能障碍中的作用研究. 阿地力江・伊明,等. 新疆医科大学学报,2008,(8)
大鼠肾缺血再灌注对肺影响的机制探讨. 张荣,等. 新疆医科大学学报,2008,(8)
乙酰胆碱对大鼠齿状回成年神经发生的作用观察(英文). 张文平,等. 山西医科大学学报,2008,(12)
金葡液以纤维蛋白胶为载体修复大鼠颅骨缺损. 余建平,等. 山西医科大学学报,2008,(2)
睾酮对心力衰竭雄性大鼠心肌组织中 Fas 和 SERCA-2a mRNA 含量的影响. 曹占伟,等. 郑州大学学报(医学版),2008,(1)
肝素对低氧性肺动脉高压大鼠右心室收缩压和肺组织 P27 表达的影响. 丁志丹,等. 郑州大学学报(医学版),2008,(1)
胎鼠成纤维细胞组织块体外培养方法的改良. 许燕,等. 郑州大学学报(医学版),2008,(3)
缺血后处理对大鼠缺血再灌注心律失常的影响. 岳莉英,等. 山西医科大学学报,2008,(6)
低氧去血清培养条件下半乳糖凝集素-1 对大鼠星形胶质细胞增殖和细胞周期的影响. 王建平,等. 郑州大学学报(医学版),2008,(4)
罗格列酮及环格列酮对血管紧张素Ⅱ体外诱导大鼠主动脉外膜成纤维细胞增殖的抑制作用. 缪培智,等. 郑州大学学报(医学版),2008,(4)
β 淀粉样蛋白诱导大鼠小胶质细胞脂多糖受体 CD14 和肿瘤坏死因子-α mRNA 的表达. 葛继晖,等. 郑州大学学报(医学版),2008,(5)
氟对体外培养的成骨细胞 Ras 蛋白表达的影响. 刘岳强,等. 新疆医科大学学报,2008,(8)
不同时限缺血预处理对大鼠胆管缺血再灌注损伤的保护作用. 边屹,等. 山西医科大学学报,2008,(7)
山东平原地区鼠体外寄生虫种类的调查研究. 赵玉强,等. 寄生虫与医学昆虫学报,2008,(4)
STAg 联合 ESA 鼻内免疫小鼠对弓形虫垂直传播的阻断作用. 王海龙,等. 寄生虫与医学昆虫学报,2008,(4)
小鼠肝 Kupffer 细胞分离方法探讨. 严茂林,等. 福建医科大学学报,2008,(6)
羧基荧光素乙酰乙酸对大鼠骨髓间质干细胞体外染色的研究. 陈少强,林建华. 福建医科大学学报,2008,(6)
地塞米松对小鼠 MIN6 细胞增殖和凋亡的影响. 林益川,等. 福建医科大学学报,2008,(6)
新生鼠坏死性小肠结肠炎肠细胞凋亡率变化及意义. 董海英,等. 福建医科大学学报,2008,(6)
松果体褪黑素对大鼠下丘脑 CRH 神经元的影响. 魏建恩,等. 福建医科大学学报,2008,(6)
大鼠原位肝移植模型制备方法的改进. 邱明链,等. 福建医科大学学报,2008,(1)
新生鼠脑损伤后神经蛋白聚糖的变化. 苏秋妮,等. 福建医科大学学报,2008,(1)
大鼠骨髓间质干细胞和新鲜骨髓细胞静脉移植治疗脑梗死的疗效. 王伟,等. 福建医科大学学报,2008,(1)
鹿石合剂对缺氧缺血脑损伤新生大鼠海马神经元超微结构的影响. 金丽,等. 福建医科大学学报,2008,(2)
小鼠早期胚发育全程微分干涉差显微观察. 逄丽丽,江一平. 福建医科大学学报,2008,(2)
大鼠大脑皮质神经元的原代培养. 林清,王玮. 福建医科大学学报,2008,(2)
大鼠脊柱种植性肿瘤模型的建立. 陈鹏,等. 福建医科大学学报,2008,(2)
吸入一氧化氮对大鼠无心跳供体肺缺血再灌注损伤的影响. 廖东山,等. 福建医科大学学报,2008,(2)
雌激素及雷洛昔芬对骨质疏松大鼠牙周炎牙槽骨 IL-1β 表达的影响. 骆凯,等. 福建医科大学学报,2008,(2)
氟比洛芬酯对大鼠急性痛的超前镇痛效果. 卢国林,等. 福建医科大学学报,2008,(2)
雷帕霉素联合卡托普利对大鼠同种异体血管病的作用. 卢衡,等. 福建医科大学学报,2008,(3)
迷迭香酸对慢性肾功能不全大鼠系膜基质及 TGF-β_1 的影响. 林威远,等. 福建医科大学学报,2008,(3)
氯诺昔康对手术致痛大鼠脊髓 Fos 蛋白表达的影响. 翁险峰,杨锡馨. 福建医科大学学报,2008,(3)
姜黄素防治细菌脓毒症小鼠的实验研究. 侯君艺,等. 福建医科大学学报,2008,(4)
复方丹参滴丸对离体大鼠主动脉环的舒张作用. 詹建福,苏津自. 福建医科大学学报,2008,(4)
小鼠前向运动精子分离采集技术改良. 江帆,林芸秀. 福建医科大学学报,2008,(4)
角膜碱烧伤大鼠模型中细胞外基质受体Ⅲ的表达及意义. 王冰,等. 福建医科大学学报,2008,(4).
肥胖小鼠内脏与皮下脂肪 Visfatin 基因表达. 林纬,等. 福建医科大学学报,2008,(5)
溶血性链球菌制剂 OK432 联合肿瘤冻融抗原诱导小鼠骨髓树突状细胞的成熟. 曾真,等. 福建医科大学学报,2008,(5).

愈肾合剂对糖尿病模型大鼠肾脏细胞 TGF-β1、PDGF-B 表达的影响. 成秀梅,等. 中国医科大学学报,2008,(6)
MMP-9 在 ApoE 基因敲除小鼠主动脉粥样硬化斑块的表达及高脂饮食影响. 朱杰,等. 中国医科大学学报,2008,(6)
哮喘大鼠肺泡巨噬细胞电压依赖性钾通道的活性研究. 贺素荣,等. 中国医科大学学报,2008,(6)
异种抗原治疗肿瘤对荷瘤小鼠调节性 T 细胞的影响. 孙丽斌,等. 中国医科大学学报,2008,(6)
大剂量地塞米松对心肺复苏后大鼠脑组织 SOD 和 MDA 的影响. 于铁英,等. 中国医科大学学报,2008,(6)
压力过载型心肌肥厚大鼠模型的制备及评价. 苏丹,等. 同济大学学报(医学版),2008,(6)
MMP-9 在大鼠茄病镰刀菌性角膜炎中的表达. 朱江莉,等. 同济大学学报(医学版),2008,(6)
添加谷氨酰胺的肠内营养对大鼠重症急性胰腺炎肠黏膜凋亡的影响. 韩婷,等. 同济大学学报(医学版),2008,(1)
改良移植技术建立豚鼠至大鼠异位心脏移植模型. 王建雄,等. 同济大学学报(医学版),2008,(1)
nNOS 介导小鼠局灶性脑梗死后氧化 DNA 损伤的机制研究. 黄东雅,等. 同济大学学报(医学版),2008,(1)
急性心肌缺血再灌注损伤大鼠海马长时程增强及 TNF-α,IL-1β 表达的变化. 朱俊超,等. 中国医科大学学报,2008,(1)
重组杀菌渗透性增加蛋白 21 在大鼠内毒素血症中保护机制的探讨. 吴丽娜,刘勇. 中国医科大学学报,2008,(1)
心肌梗死大鼠非梗死区心肌超微结构的变化. 贾志梅,等. 中国医科大学学报,2008,(1)
异丙酚对哮喘大鼠骨形态构建蛋白 4 表达的影响. 谭文斐,等. 中国医科大学学报,2008,(1)
锌对大鼠肝脏缺血再灌注损伤保护作用的研究. 石恩金,等. 中国医科大学学报,2008,(1)
游离锌离子在 APP/PS1 转基因鼠脑老年斑内分布的研究. 荣明,等. 中国医科大学学报,2008,(1)
糖皮质激素对出血性休克大鼠生存率的影响及对脏器的保护作用. 汪洋,等. 中国医科大学学报,2008,(1)
抗纤复方Ⅰ号对酒精性肝病大鼠 TNF-α 的影响. 王颖,等. 中国医科大学学报,2008,(2)
高碘对大鼠大脑皮质神经细胞凋亡及机制的研究. 李红,等. 中国医科大学学报,2008,(2)
NF-κB 反义寡核苷酸对博莱霉素致小鼠急性肺损伤的保护作用. 张晓晔,等. 中国医科大学学报,2008,(2)
维生素 A 对弹性蛋白酶诱导的大鼠肺气肿的预防作用. 侯刚,等. 中国医科大学学报,2008,(2)
下丘脑中增食欲素在大鼠急性低血糖应激中的表达研究. 赵玉岩,等. 中国医科大学学报,2008,(2)
长期给予不同钙拮抗剂对大鼠胰岛功能和胰岛素敏感性的影响. 阎冰,等. 中国医科大学学报,2008,(2)
辛伐他汀对 Heymann 肾炎大鼠降脂及肾脏保护的机制研究. 孙广萍,等. 中国医科大学学报,2008,(2)
高氧致新生大鼠慢性肺损伤肺组织血管紧张素Ⅱ1 型受体表达的变化. 陈宁,等. 中国医科大学学报,2008,(2)
唑吡酮对光化学法皮质脑栓塞后老年大鼠神经功能恢复的影响. 赵珊珊,等. 中国医科大学学报,2008,(2)
帕金森病小鼠前庭神经核内谷氨酸和谷氨酸受体 1 的表达. 李霞,等. 中国医科大学学报,2008,(2)
APP/PS1 转基因小鼠大脑内锌转运蛋白 3 的表达. 张丽红,等. 中国医科大学学报,2008,(2)
PTSD 样大鼠杏仁中央核糖皮质激素受体表达的变化. 刘宁宇,等. 中国医科大学学报,2008,(2)
小刺猴头菌醇提物防治化学诱导的阿尔茨海默病小鼠的作用与机制初探. 何苗,等. 中国医科大学学报,2008,(2)
雌孕激素替代治疗雷公藤多甙致雌性大鼠生殖系统损害的实验研究. 王瑞峰,等. 中国医科大学学报,2008,(2)
六味地黄丸对去卵巢雌性大鼠吗啡耐受性的影响. 李小艳,刘涛. 同济大学学报(医学版),2008,(2)
腺苷预处理对大鼠离体心脏长期保存的心肌保护作用. 忻元峰,等. 同济大学学报(医学版),2008,(2)
AQP4 在癫痫大鼠海马区的表达及意义. 陈自柳,等. 同济大学学报(医学版),2008,(3)
大鼠肾入球动脉平滑肌细胞原代培养及鉴定方法的研究. 郭莲怡,等. 中国医科大学学报,2008,(3)
高压氧对缺血再灌注小鼠脑组织中细胞因子 IL-1β、IL-8 及血脑屏障通透性的影响. 赵红,等. 中国医科大学学报,2008,(3)
Egr-1 诱骗寡核苷酸对大鼠颈总动脉球囊损伤后内膜增殖及内皮功能的影响. 汪立杰,刘闺男. 中国医科大学学报,2008,(3).
小鼠 CD36 基因片段合成、表达及 GST 融合蛋白的表达和纯化. 王欣,等. 中国医科大学学报,2008,(3)
增食欲素受体 1 在大鼠胰岛细胞中的表达研究. 赵玉岩,等. 中国医科大学学报,2008,(3)
罗格列酮保护糖尿病大鼠肾损害及其抗炎机制的实验研究. 郑茂,等. 中国医科大学学报,2008,(3)
重组补体抑制剂 TP10 对大鼠脊髓损伤组织中性粒细胞浸润的影响. 李良满,等. 中国医科大学学报,2008,(3)
强制性运动疗法对大鼠脑缺血再灌注后神经修复及 Rho 激酶表达的影响. 翟志永,等. 中国医科大学学报,2008,(3)
颈内动脉注射质粒 pLXSN-bcl-2 对大鼠局灶性脑缺血后热休克蛋白 70 表达的影响. 肇杰,等. 中国医科大学学报,2008,(3)
丙酮酸乙酯对急性坏死性胰腺炎大鼠肠黏膜的保护作用. 栾正刚,等. 中国医科大学学报,2008,(3)
重症急性胰腺炎大鼠肝组织 HMGB1 表达与肝功能损害的关系. 杨野,等. 中国医科大学学报,2008,(3)

异丙酚对大鼠心肌缺血/再灌注损伤 m-钙激活蛋白酶及线粒体膜通透性的影响. 朱俊超,等. 中国医科大学学报,2008,(3)
VEGF DNA 疫苗注射部位对小鼠抗原表达与 Th 细胞活性的影响. 王和勇,等. 同济大学学报(医学版),2008,(4)
乙型脑炎 DNA 疫苗免疫 BALB/c 鼠诱导局部肌肉组织树突状细胞浸润的研究. 周言,等. 中国医科大学学报,2008,(4)
大鼠下肢缺血模型中双位点诱变体 HIF-1α 的促血管新生作用. 陈娓,等. 中国医科大学学报,2008,(4)
螺内酯对心肌梗死大鼠不同阶段心室重构的影响. 贾志梅,等. 中国医科大学学报,2008,(4)
阿托伐他汀对转化生长因子 β_1 诱导的大鼠肺肌成纤维细胞分化的影响. 谭明旗,等. 中国医科大学学报,2008,(4)
格列美脲对 2 型糖尿病 GK 大鼠 K(ATP)通道表达的影响. 徐倍,等. 同济大学学报(医学版),2008,(4)
胰岛素抵抗大鼠血清脂联素与超敏 C 反应蛋白的关系. 朱丹,等. 中国医科大学学报,2008,(4)
气流动力学影响的小鼠气管移植模型的建立. 张运曾,等. 同济大学学报(医学版),2008,(4)
PTSD 样大鼠海马神经元溶酶体与线状溶酶体的观察. 袁辉,等. 中国医科大学学报,2008,(4)
PTSD 样大鼠下丘脑中 CRF 和 AVP 的变化. 杜喆,等. 中国医科大学学报,2008,(4)
Tim-3 在变应性鼻炎小鼠鼻黏膜中的表达及其作用的实验研究. 韩佳利,等. 中国医科大学学报,2008,(4)
高氧对新生鼠视网膜血管的影响. 陈晓隆,谷瑞东. 中国医科大学学报,2008,(4)
运动对大鼠骨骼肌 PI3K 磷酸化与表达的影响. 曹师承,等. 中国医科大学学报,2008,(4)
左旋精氨酸对大鼠心肌细胞 ATP 敏感性钾通道的影响. 陈磊,等. 中国医科大学学报,2008,(4)
地西泮对妊娠期大鼠宫颈组织 MMP-9/TIMP-1 表达的影响. 金镇,等. 中国医科大学学报,2008,(4)
罗格列酮对脂多糖作用下及高糖对大鼠腹膜间皮细胞 TLR2 mRNA 表达的影响. 李丽燕,等. 中国医科大学学报,2008,(4)
复方蒲黄颗粒对大鼠脑缺血再灌注后 GFAP 表达的影响. 夏韵,等. 同济大学学报(医学版),2008,(5)
格列美脲对 2 型糖尿病 GK 大鼠心肌缺血预适应的影响. 张中琳,等. 同济大学学报(医学版),2008,(5)
氧化应激对糖尿病大鼠烫伤创面愈合的影响. 葛奎,等. 同济大学学报(医学版),2008,(5)
PKC-γ 和 ERK 在慢性染铅小鼠脑皮质区的异常表达. 高双,等. 中国医科大学学报,2008,(5)
重组人 IL-18 对辐射损伤后小鼠脾细胞因子的免疫调节作用. 曹婧,等. 中国医科大学学报,2008,(5)
肾上腺髓质素对腹腔感染所致肺损伤大鼠肺组织中 PPAR-γ 的影响. 丁仁彧,等. 中国医科大学学报,2008,(5)
辛伐他汀对胰岛素抵抗大鼠血清 sTNF-αR 的影响. 王娟,等. 中国医科大学学报,2008,(5)
脊髓小胶质细胞激活对 SNI 模型大鼠神经病理性疼痛的影响. 姜艳华,等. 中国医科大学学报,2008,(5)
β-淀粉样前体蛋白与 β-淀粉样蛋白在糖尿病大鼠脑组织中的表达意义及行为学相关性研究. 蔡志友,等. 中国医科大学学报,2008,(5)
吲哚美辛对鼠 Lewis 肺癌治疗及对放化疗增敏作用的实验研究. 高梅菊,张彩霞. 中国医科大学学报,2008,(5).
几种 ACEI 对实验性糖尿病大鼠心肌细胞凋亡和 Caspase-3 及 Fas、FasL 基因表达影响的类效应. 宋陈芳,等 武汉大学学报(医学版),2008,(1).
rAAV+HO-1 基因对慢性脑缺血大鼠认知能力和氧化应激的影响. 王京,等. 武汉大学学报(医学版),2008,(1)
老年抑郁大鼠海马 CA3 区 c-fos 和 Caspase-3 蛋白的表达. 侯安继,等. 武汉大学学报(医学版),2008,(1)
糖尿病大鼠视网膜血管超微结构改变与核因子-κB 的关系. 王苏,等. 武汉大学学报(医学版),2008,(1)
免疫性肝损伤大鼠枯否细胞对肝星状细胞增殖的影响及芍药苷的作用. 李响,等. 安徽医科大学学报,2008,(6)
槲皮素-3-葡萄糖苷对小鼠心肌缺血缺氧损伤的保护作用. 刘敏,陈志武. 安徽医科大学学报,2008,(6)
阿伐他汀对高胆固醇血症 ApoE 基因敲除小鼠肝脏骨桥蛋白表达的影响. 刘超,等. 安徽医科大学学报,2008,(6)
高脂饮食对小鼠睾丸超微结构的影响. 张凯,等. 安徽医科大学学报,2008,(6)
巨噬细胞移动抑制因子在围植入期小鼠子宫内膜中的表达. 张荣宜,等. 安徽医科大学学报,2008,(6)
锌指结构 9、结缔组织生长因子在大鼠肝星状细胞中的表达. 李德民,等. 武汉大学学报(医学版),2008,(6)
ATRA 对糖尿病大鼠心肌内 iNOS 表达的影响. 韩红彦,等. 武汉大学学报(医学版),2008,(6)
PPARα 对糖基化终产物诱导的大鼠血管平滑肌细胞的作用. 魏礼清,等. 武汉大学学报(医学版),2008,(6)
不同浓度雌激素对大鼠膀胱颈平滑肌细胞增殖与凋亡的影响. Wafi Walad Ali,等. 武汉大学学报(医学版),2008,(6)
静脉输注内皮祖细胞治疗大鼠急性心肌梗死的实验研究. 王朗,等. 武汉大学学报(医学版),2008,(6)
己烯雌酚对大鼠胚胎毒性的研究. 吴婧,等. 白求恩军医学院学报,2008,(1)
咖啡因暴露对小鼠胚胎发育的影响. 潘晓靓,等. 武汉大学学报(医学版),2008,(2)
黄芪多糖对 2 型糖尿病早期大鼠视网膜 Muller 细胞 Kir2.1 表达的影响. 李玉红,等. 武汉大学学报(医学版),2008,(2)

黄芪多糖对体外培养大鼠软骨细胞内糖胺多糖合成的影响及其机制. 谭杨,等. 武汉大学学报(医学版),2008,(2)
黄芪多糖对大鼠骨关节炎的影响. 胡爱心,等. 武汉大学学报(医学版),2008,(2)
APRIL 在实验性自身免疫性心肌炎大鼠心肌组织中的表达及意义. 郑茜,等. 武汉大学学报(医学版),2008,(2)
抑制 NF-κB 对 PDGF-A、PDGF-B 在糖尿病大鼠肾组织表达的影响. 刘娇,李竞. 武汉大学学报(医学版),2008,(2)
色素上皮衍生因子在糖尿病大鼠肾脏中表达的改变. 崔静,等. 武汉大学学报(医学版),2008,(2)
醛固酮灌注诱导大鼠肾小球损伤. 石晶,等. 武汉大学学报(医学版),2008,(2)
大鼠变态反应分泌性中耳炎动物模型的建立. 刘建治,孔维佳. 武汉大学学报(医学版),2008,(2)
氯化锂阻断大鼠海马注射溶血磷脂酸诱导的神经元 Tau 蛋白磷酸化. 蔡梁凌,曾庆杏. 武汉大学学报(医学版),2008,(2)
地氯雷他定对慢性应激大鼠肠道肥大细胞的影响. 王清,等. 武汉大学学报(医学版),2008,(2)
伍用雌孕激素对雷公藤致雌鼠生殖系统损害的保护作用. 黄婷,等. 安徽医科大学学报,2008,(1)
双黄连治疗人巨细胞病毒小鼠肺炎的实验研究. 侯舒,等. 安徽医科大学学报,2008,(1)
单一嗅质(丁香酚)对新生期小鼠成年后行为学的影响. 蔡荣凤,等. 安徽医科大学学报,2008,(1)
枇杷叶三萜酸对慢性支气管炎大鼠肺泡巨噬细胞一氧化氮合酶及一氧化氮表达的影响. 孟晓明,等. 安徽医科大学学报,2008,(2)
Ⅱ型胶原诱导关节炎大鼠模型的制备及评价. 孔薇,等. 安徽医科大学学报,2008,(2)
卡介苗配用腺苷对小鼠的免疫接种效果. 周玲,等. 安徽医科大学学报,2008,(1)
异烟肼利福平合用致大鼠肝损伤的实验模型. 杨慧媛,等. 安徽医科大学学报,2008,(2)
人巨细胞病毒感染 Balb/c 小鼠椎间盘的相关检测. 汪国宏,等. 安徽医科大学学报,2008,(2)
CpG-ODN 对鼠巨噬细胞 TLR-9 及 Th1/Th2 类细胞因子分泌的影响. 黄维琳,等. 安徽医科大学学报,2008,(1)
褪黑素对非酒精性脂肪性肝炎大鼠肝脏蛋白激酶 B 表达的影响. 查正伟,等. 安徽医科大学学报,2008,(2)
胶原性关节炎大鼠滑膜组织 β-arrestin 1 和 β-arrestin 2 的表达. 吴华勋,等. 安徽医科大学学报,2008,(2)
激光法活检对小鼠体外受精胚胎后期发育的影响. 张敏敏,等. 安徽医科大学学报,2008,(1)
吗啡成瘾大鼠伏核毁损术后行为学改变与脑内单胺类神经递质变化的相关性. 李平,等. 安徽医科大学学报,2008,(2)
来氟米特对急性化学性肝损伤小鼠肝 Cyt. P450 酶含量及 CYP2E1 mRNA 表达的影响. 郭安平,等. 安徽医科大学学报,2008,(1)
不同冷冻载体对小鼠 MⅡ期卵母细胞玻璃化冻、融技术影响. 邢琼,等. 安徽医科大学学报,2008,(2)
缺血后处理对心肌缺血/再灌注大鼠血红素加氧酶-1 表达的影响. 张宗泽,等. 武汉大学学报(医学版),2008,(3)
老年大鼠睾丸 Leydig 细胞移植后血浆睾酮和抗疲劳的观察. 金化民,等. 武汉大学学报(医学版),2008,(3)
iNOS 与 NO 在实验性大鼠慢性细菌性前列腺炎中的表达及意义. 黄耿,等. 武汉大学学报(医学版),2008,(3)
应用基因缺失小鼠研究 TLR4 在 LPS 诱导的急性肾衰竭中的作用. 聂祥智,等. 武汉大学学报(医学版),2008,(3)
大鼠股部血管解剖及其在骨组织工程血管化模型中的应用. 林海涛,等. 武汉大学学报(医学版),2008,(3)
淫羊藿对大鼠退变颈椎间盘内 IL1-β、IL-6、TNF-α 含量的影响. 赵凯,等. 安徽医科大学学报,2008,(3)
pEGFP-C1-PEX 真核表达载体的构建及其在大鼠骨髓间质干细胞中的表达. 高歌,等. 安徽医科大学学报,2008,(3)
小鼠血吸虫病肝组织中 ESM-1 的表达及黄芪总苷对其影响. 张岩平,等. 安徽医科大学学报,2008,(3)
前列腺癌转移小鼠模型的建立及转移相关基因表达分析. 朱秀,等. 安徽医科大学学报,2008,(3).
A771726 大鼠在体小肠吸收动力学. 朱熙,等. 安徽医科大学学报,2008,(3)
外源性 CoQ10 对大鼠心肌损伤中解偶联蛋白 2 基因表达的影响. 伍琼,等. 武汉大学学报(医学版),2008,(4)
肺纤维化形成过程中大鼠成纤维细胞对肺泡Ⅱ型上皮细胞的影响. 黄莺,等. 武汉大学学报(医学版),2008,(4)
咪达普利与福辛普利对糖尿病大鼠心肌间质重构的影响. 廖梅梅,等. 武汉大学学报(医学版),2008,(4)
SB203580 防治新生大鼠高氧肺损伤的作用与机制. 罗莉漫,等. 武汉大学学报(医学版),2008,(4)
褪黑素对戊四氮致痫大鼠海马 Bax 和 Bcl-2 的影响. 段昌奉,等. 武汉大学学报(医学版),2008,(4)
静脉注射罗格列酮治疗大鼠急性胰腺炎的量效关系. 陈辰,等. 武汉大学学报(医学版),2008,(4)
调督安神胶囊对 PTX 致痫大鼠海马神经元 NMDAR1 的影响. 杨雁,等. 白求恩军医学院学报,2008,(4)
黄芪提取物对大鼠全脑缺血再灌注损伤后 NFκBp65、ICAM-1 和 TNF-α 表达的影响. 吴国翠,等. 安徽医科大学学报,2008,(4)
骨形态发生蛋白 2 和 4 在 SD 大鼠肠管中的表达. 张燕敏,等. 安徽医科大学学报,2008,(4)
5-氨基水杨酸通过 PPARγ 在鼠结肠炎中发挥抗炎作用. 杨彩虹,等. 安徽医科大学学报,2008,(4)

辛伐他汀对糖尿病大鼠血清 MCP-1 和 ICAM-1 水平的影响. 林杨,等. 安徽医科大学学报,2008,(4)
A 型肉毒毒素注射对 Wistar 大鼠前列腺增生组织中 TGF-β_1 和 bFGF 表达的影响. 谢晓,等. 安徽医科大学学报,2008,(4)
活性氧和 TNF-α 在 LPS 上调小鼠胎盘血红素氧化酶-1 表达中的作用. 李祥云,等. 安徽医科大学学报,2008,(4)
吡格列酮和非诺贝特对高脂饲养大鼠脂联素与胰岛素抵抗的影响. 周晓惠,等. 安徽医科大学学报,2008,(4)
缺血后处理对大鼠心肌缺血再灌注时血清 TNF-α、IL-1β 和 IL-6 浓度的影响. 程江霞,等. 武汉大学学报(医学版),2008,(5)
4-1BB/4-1BBL 在自身免疫性心肌炎小鼠心肌中的表达及意义. 郭海鹏,等. 武汉大学学报(医学版),2008,(5)
迷走神经刺激对大鼠缺血性心律失常的影响及其机制. 胡笑容,等. 武汉大学学报(医学版),2008,(5)
甜菜碱对非酒精性脂肪性肝炎大鼠氧化应激及炎症因子的影响. 张勇,等. 武汉大学学报(医学版),2008,(5)
诱导型一氧化氮合酶抑制剂 S-甲基异硫脲在大鼠颈椎间盘退变中的作用. 贾吉光,等. 武汉大学学报(医学版),2008,(5)
糖尿病大鼠终板微血管改变与髓核细胞凋亡的关系. 陈森,等. 武汉大学学报(医学版),2008,(5)
白芍总苷对糖尿病大鼠肾组织 p38 MAPK 磷酸化与 NF-κB 表达的影响. 张晶晶,等. 安徽医科大学学报,2008,(5)
黄精多糖对四氧嘧啶诱导的糖尿病小鼠血糖和抗氧化作用的影响. 公惠玲,等. 安徽医科大学学报,2008,(5)
重度烟雾吸入后大鼠肺泡巨噬细胞活性及分泌功能的变化. 方健,等. 安徽医科大学学报,2008,(5)
大鼠同种异体原位肾移植动物模型的建立. 项平,等. 安徽医科大学学报,2008,(5)
成年期甲减大鼠海马 Synaptotagmin Ⅰ 表达和替代治疗的效果. 何景周,等. 安徽医科大学学报,2008,(5)
SHP-2 酪氨酸磷酸酶在 DNA 损伤性放化疗引发的小鼠骨髓毒中的作用. 张梅,等. 安徽医科大学学报,2008,(5)
高效液相色谱法测定小鼠组织及血浆中紫杉醇含量. 卢今,等. 安徽医科大学学报,2008,(5).
高压氧对全脑缺血大鼠海马神经元凋亡及代谢的影响. 范波,等. 河南科技大学学报(医学版),2008,(4)
实验性大鼠脑创伤后脑组织 FADD 及 Caspase 的表达. 王浩,等. 河南科技大学学报(医学版),2008,(1)
肥大细胞对慢性实验性哮喘小鼠气道反应性和气道炎症的影响. 张鑫. 河南科技大学学报(医学版),2008,(2)
缺血预处理对大鼠肝脏缺血再灌注损伤的保护作用. 金建光,等. 河南科技大学学报(医学版),2008,(2)
血管活性肠肽及其类似物对大鼠腹腔肥大细胞功能的影响. 张鑫,等. 河南科技大学学报(医学版),2008,(3).
常见农药杀虫剂、杀鼠剂中毒的解毒治疗. 张晋,王汉斌. 中国医刊,2008,(1)
杀鼠剂的毒性与分类. 杨健,王汉斌. 中国医刊,2008,(4).
几种灭鼠剂对高原鼠兔的灭鼠效果对比试验. 祁晓梅,等. 草业与畜牧,2008,(12)
母鼠铅镉暴露对仔鼠脑发育的影响及乙酰半胱氨酸的保护效应. 卞建春,等. 畜牧与兽医,2008,(9)
母鼠妊娠期铅镉联合暴露对仔鼠脑组织的氧化损伤及乙酰半胱氨酸的保护效应. 路浩,等. 中国兽医科学,2008,(1)
不同存放条件下 C · 肉毒杀鼠素饵粒防治高原鼠兔效果研究. 侯秀敏,等. 草业与畜牧,2008,(7)
TSOL18 抗原重组减毒鼠伤寒沙门菌活载体疫苗对小鼠的免疫保护作用. 丁军涛,等. 中国兽医科学,2008,(10)
芪灵制剂对热应激小鼠免疫功能的影响. 陈小国,等. 福建畜牧兽医,2008,(S1)
芪苓制剂对免疫抑制小鼠血清蛋白含量及转氨酶活性的影响. 陈庆,等. 福建畜牧兽医,2008,(S1)
烟碱及相关药物对大鼠心率影响的初步研究. 刘鼎阔,等. 动物医学进展,2008,(1)
口蹄疫病毒 VP1 基因疫苗制备及其对小鼠免疫效果的评定. 黄东璋,罗满林. 动物医学进展,2008,(1)
大鼠卵母细胞孤雌激活方法的研究. 朱赫,权东升. 中国畜牧兽医,2008,(1)
守宫木对小鼠血液指标和脏器系数的影响. 那顺巴雅尔,等. 中国畜牧兽医,2008,(1)
自拟复方中药对小白鼠免疫功能的影响研究. 吴玉臣,等. 中国畜牧兽医,2008,(1)
抗氧化酶在硝基苯中毒小鼠睾丸细胞凋亡中的作用. 王兴庄,等. 中国兽医科学,2008,(1)
人参总皂苷及其衍生物对小鼠巨噬细胞吞噬功能的影响. 郭志廷,等. 中兽医医药杂志,2008,(1)
神经元特异性烯醇化酶在大鼠动情周期子宫中的分布. 王根辈,等. 中国兽医科学,2008,(1)
镉对大鼠肾皮质的氧化损伤及乙酰半胱氨酸的保护效应. 陈大伟,等. 中国兽医科学,2008,(11)
磷对体外大鼠成骨细胞增殖分化及钙化功能的影响. 卓丽玲,等. 中国兽医科学,2008,(11)
金黄地鼠(*Mesocricetus auratus*)朊蛋白基因的克隆及其原核表达. 李玉荣,等. 中国兽医学报,2008,(12)
孕酮对大鼠小肠黏膜结构及其相关细胞的影响. 闫金坤,等. 中国兽医科学,2008,(11)
饮水硼对大鼠舌和胃黏膜组织结构的影响. 李升和,等. 中国兽医学报,2008,(11)
SD 大鼠近端肾小管上皮细胞的原代培养及鉴定. 王林,等. 中国兽医学报,2008,(12)
大鼠脑皮质微血管内皮细胞的分离培养及鉴定. 张磊,等. 畜牧与兽医,2008,(10)
DNA 指纹技术对近交系小鼠生产扩大群的遗传检测. 段天林,等. 中兽医医药杂志,2008,(6)
芪苓制剂对免疫抑制小鼠血清蛋白含量及转氨酶活性的影响. 陈庆,等. 中兽医医药杂志,2008,(6)
中药方剂五苓散对 SLT－2e 影响大鼠肠黏膜微血管内皮细胞分泌 NO 的观察. 高立云,等. 中兽医医药杂志,

2008,(6)
芪苓制剂对免疫抑制小鼠免疫功能的影响. 李健,等. 中兽医医药杂志,2008,(6)
小鼠模型在奶牛金黄色葡萄球菌乳房炎中的应用. 杨天骄,等. 中国畜牧兽医,2008,(12)
黄芪多糖对力竭游泳小鼠生理生化指标的影响. 彭涛,等. 中国畜牧兽医,2008,(12)
小鼠实验性镉中毒的病理学变化. 刘凤军,等. 动物医学进展,2008,(12)
伊维菌素长效注射液对小鼠的急性毒性试验. 弓广智,等. 动物医学进展,2008,(12)
北五味子提取液对小鼠耐缺氧和抗疲劳能力的影响. 王文燕,等. 内蒙古民族大学学报(自然科学版),2008,(6)
山羊胎盘复方制剂对小白鼠缓解疲劳和抗氧化功能的影响. 张淑二,等. 中兽医医药杂志,2008,(6)
三聚氰胺对小鼠肾脏的影响及中药治疗试验. 崔雯,等. 动物医学进展,2008,(12)
以支持细胞为饲养层小鼠精原干细胞体外培养的研究. 柴玮杰,等. 畜牧兽医科技信息,2008,(12)
小鼠卵母细胞孤雌激活及孤雌胚体外培养研究. 李永强,等. 畜牧兽医科技信息,2008,(12)
小鼠 GV 期卵母细胞体外成熟及受精研究. 王建华,等. 畜牧兽医科技信息,2008,(12)
鹿胎制剂对老年雌性大鼠血清雌二醇浓度和生殖腺指数的影响. 杨桂芹,等. 中国兽医杂志,2008,(12)
姬松茸水溶性粗多糖对镉中毒小鼠治疗作用的研究. 董爱国,等. 中国兽医杂志,2008,(12)
小剂量四氯化碳结合乙醇制备小鼠慢性肝损伤模型. 宋敏,等. 动物医学进展,2008,(S1)
黑果枸杞色素对小鼠抗衰老作用的研究. 陶大勇,等. 中兽医医药杂志,2008,(1)
银黄颗粒中黄芩甙在大鼠体内的测定及药代动力学. 李新圃,等. 中兽医医药杂志,2008,(1)
银杏多糖对小鼠抗氧化功能的影响. 余建国,朱楼英. 中兽医医药杂志,2008,(1)
三黄制剂对小鼠耳廓抗炎作用的研究. 宁康健,等. 中兽医医药杂志,2008,(1)
东方田鼠肝脏 T7 噬菌体展示 cDNA 文库的构建. 贾人初,等. 中国预防兽医学报,2008,(1)
植物生长期布氏田鼠种群密度波动特征. 秦姣,施大钊. 草地学报,2008,(1)
化隆县草地鼠虫害防治工作回顾与展望. 韩学明,李治元. 草业与畜牧,2008,(1)
GM-CSF 与生长抑素融合表达质粒对小鼠生长抑素抗体及 IgG 亚型的影响. 舒邓群,等. 中国预防兽医学报,2008,(1)
小鹅瘟病毒 VP3 基因真核表达质粒在小鼠中的免疫效果. 许洪洁,等. 中国兽药杂志,2008,(1)
大肠杆菌融合基因 K88ac-STⅡ的减毒鼠伤寒沙门疫苗菌的构建与表达. 杨冬梅,等. 中国预防兽医学报,2008,(2)
猪传染性胸膜肺炎放线杆菌基因组表达文库的构建及对小鼠的免疫保护作用研究. 刘慧芳,等. 中国预防兽医学报,2008,(2)
IFN-γR 和 ER 在大鼠下丘脑中的共存. 赵慧英,等. 畜牧兽医学报,2008,(2)
猪链球菌 9 型国内分离株毒力基因的检测及小鼠免疫试验. 修福晓,陆承平. 中国兽医科学,2008,(2)
乳牛衣原体病灭活疫苗效检小鼠模型的建立. 邱昌庆,等. 中国兽医科学,2008,(2)
雌二醇对大鼠子宫内嗜酸性粒细胞数量分布的影响. 王艺娟,等. 中国兽医科学,2008,(2)
金黄色葡萄球菌诱发小鼠乳腺炎试验. 赵永旺,等. 中国兽医杂志,2008,(2)
硝基苯染毒致小鼠脑的毒性作用. 丁岚峰,等. 中国兽医科学,2008,(2)
艾叶复方制剂对小鼠免疫功能的影响. 隆雪明,等. 中国兽医杂志,2008,(2)
本地毛形线虫 49ku ES 重组蛋白诱发小鼠保护性免疫的研究. 韩周,等. 中国兽医杂志,2008,(2)
海北州鼠虫害预测预报工作现状及展望. 吉汉忠. 草业与畜牧,2008,(2)
阿维菌素微囊对大鼠急性和亚慢性毒性试验. 易金娥,等. 动物医学进展,2008,(2)
国产硫酸头孢喹肟对小鼠的急性和蓄积毒性研究. 荣俊,等. 动物医学进展,2008,(2)
钒对小鼠肌肉中谷胱甘肽过氧化物酶活性的影响. 冯保明,等. 动物医学进展,2008,(2)
无血清分离昆明系小鼠胚胎干细胞. 余树民,等. 中国兽医学报,2008,(3)
微卫星 DNA 在近交系小鼠遗传监测中的应用. 王纯耀,等. 中国兽医学报,2008,(3)
RecA 蛋白介导的转基因小鼠制备. 赵永贞,等. 畜牧兽医学报,2008,(3)
中药有效部位组方对高温刺激小鼠肠道淋巴细胞体外增殖的影响. 王自力,等. 畜牧兽医学报,2008,(3)
小鼠附植前胚胎超薄切片的琼脂糖预包埋制备方法. 屈平平,等. 中国兽医科学,2008,(3)
iNOS 基因和 VEGF 基因在氟致甲状腺肿大鼠甲状腺组织中的表达. 张维东,等. 中国兽医科学,2008,(3)
猪生殖与呼吸综合征病毒多基因重组真核表达质粒的构建及诱导的小鼠体液免疫. 孙新峰,张森涛. 中国兽医科学,2008,(3)
蒙医灸疗对衰老模型大鼠血清 SOD、MDA 的影响. 包伍叶,斯钦图. 内蒙古民族大学学报(自然科学版),2008,(1)
氧化应激在硝基苯致小鼠肾损伤中的作用. 刘伯臣,等. 中国兽医科学,2008,(3)
番茄红素对小鼠移植性肿瘤的抑制作用及其机制的研究. 王海霞,等. 畜牧兽医科技信息,2008,(1)
壤塘县综合防治草地鼠虫害的探讨. 杨丽. 草业与畜牧,2008,(3)

牛磺胆酸对小鼠胸腺细胞凋亡影响机制的研究. 郭凤英,李培锋. 动物医学进展,2008,(3)
烟碱对大鼠心电图的影响. 刘鼎阔,等. 动物医学进展,2008,(3)
香烟烟雾对小白鼠骨髓细胞的损伤研究. 许清芳,等. 福建畜牧兽医,2008,(2)
蒙药珍宝丸对大鼠血瘀症模型血液流变学的影响. 侯改灵,孙振海. 内蒙古民族大学学报,2008,(2)
蕨麻多糖对小鼠脾脏淋巴细胞内氧化还原状态的影响. 张霞,等. 中兽医医药杂志,2008,(2)
葛根素对去卵巢小鼠乳腺及子宫发育的影响. 乌英嘎,等. 中兽医医药杂志,2008,(2)
TCA 对小鼠脾脏 TB 淋巴细胞和 T 淋巴细胞亚群变化的影响. 王彩云,等. 中国兽医杂志,2008,(4)
菊糖对糖尿病大鼠的抗氧化系统和血脂的影响. 王密,等. 中国兽医杂志,2008,(4)
猪干扰素-γ 哺乳动物细胞重组表达质粒作为疫苗佐剂在小鼠体内的组织分布及环境安全性研究. 蒙学莲,等. 中国预防兽医学报,2008,(4)
铅镉联合对体外培养大鼠肾小管上皮细胞存活及凋亡的影响. 王林,等. 中国兽医科学,2008,(4)
4 种鼢鼠线粒体 DNA D-loop 区全序列分析. 杨路存,等. 草原与草坪,2008,(2)
犬敌鼠钠盐中毒病例. 王军,等. 中国兽医杂志,2008,(5)
不同浓度的大蒜溶液对小鼠小肠黏膜结构的影响. 张玉仙,等. 中国兽医杂志,2008,(5)
微小隐孢子虫感染对大鼠血液部分生理生化指标的影响. 刘德义,等. 畜牧与兽医,2008,(2)
小鼠实验感染不同种旋毛虫后肉汁抗体水平的研究. 王洁,等. 中国预防兽医学报,2008,(5)
牛腐蹄病坏死梭杆菌白细胞毒素重组亚单位疫苗诱导小鼠免疫保护效果的观察. 郭东华,等. 中国预防兽医学报,2008,(5)
高致病性禽流感病毒人工感染小鼠组织病理学观察. 常爽,等. 中国兽医学报,2008,(4)
重组伪狂犬病病毒 SA215(C)株的构建及其对小鼠的免疫原性. 王新,等. 中国兽医学报,2008,(4)
小檗碱、绿原酸和黄芩苷对 LPS 损伤大鼠肠黏膜微血管内皮细胞表达 ICAM-1 的影响. 张涛,等. 畜牧兽医学报,2008,(4)
低剂量铅对大鼠大脑皮质神经细胞的毒性效应. 路浩,等. 中国兽医学报,2008,(5)
脂多糖对子宫感染小鼠抗氧化系统的影响. 刘文峰,等. 中国兽医杂志,2008,(5)
硝基苯对小鼠脾的毒性作用. 刘伯臣,等. 中国兽医科学,2008,(4)
辛硫磷对大鼠肝细胞凋亡的影响. 任建新,等. 中国兽医科学,2008,(4)
JA1 对体外培养的 Hep 细胞和小鼠皮下移植性 Hep 细胞凋亡的影响. 贾宁,等. 中国兽医科学,2008,(4)
蒲公英多糖对小鼠免疫器官的影响. 陈福星,等. 动物医学进展,2008,(4)
链脲佐菌素诱导 1 型糖尿病大鼠模型的影响因素探讨. 郭学军,等. 动物医学进展,2008,(4)
小鼠成肌细胞培养方法的建立与优化. 赵微,薛建华. 畜牧兽医科技信息,2008,(4)
近交系 PVG 大鼠的主要生物学特性的研究. 李永明,等. 畜牧兽医科技信息,2008,(4)
氟对体外培养的小鼠成骨细胞中 OPG/RANKL mRNA 表达的影响. 王建舫,等. 畜牧兽医学报,2008,(6)
小鼠 Flt-3L 基因的分子克隆及其真核表达载体的构建. 周翠珍,等. 畜牧与兽医,2008,(3)
镉诱导小鼠卵巢颗粒细胞凋亡时 MDA 含量及 SOD 活性变化. 邬静,等. 中国兽医杂志,2008,(6)
硝基苯代谢物对小鼠急性毒性及致突变作用研究. 姚春霭,等. 中国兽医杂志,2008,(6)
从 Cyt b 基因全序列探讨鼢鼠属 Eospalax 亚属的分子系统发育. 杨红善,等. 草原与草坪,2008,(3)
中药复方对热刺激小鼠脾脏 IFN-γ、IL-4 含量的影响. 陈韩英,等. 畜牧兽医学报,2008,(6)
猪圆环病毒 2 型感染昆明小鼠模型的建立. 苗岚飞,等. 中国兽医科学,2008,(6)
阻断交感神经对小鼠子宫局部免疫、胚胎植入及早期发育的影响. 苏津丰,吴华伟. 福建畜牧兽医,2008,(3)
四君子汤发酵液的抗肿瘤作用及其对荷瘤小鼠免疫功能的影响. 韩春杨,等. 畜牧兽医学报,2008,(6)
六味地黄丸加味对免疫低下小鼠免疫功能的影响. 廖梅,等. 中国兽药杂志,2008,(6)
银杏叶对小鼠抗炎镇痛作用的研究. 冯保明,等. 中兽医医药杂志,2008,(3)
降钙素基因相关肽在受损 SD 大鼠面神经运动神经元中的表达与定位. 李建国,等. 内蒙古民族大学学报(自然科学版),2008,(2)
番茄红素对小鼠前胃癌的抑制作用. 王海霞,等. 畜牧兽医科技信息,2008,(4)
山羊 FSH 及其长效类似物基因在小鼠乳腺中的暂态表达. 严正杰,等. 中国兽医学报,2008,(7)
青海省黄南州草原鼠虫害防治成效及治理建议. 马青山,等. 草业与畜牧,2008,(6)
湟中县草地鼠虫害危害现状及防治思路. 陈永尧. 草业与畜牧,2008,(6)
喹乙醇对小鼠肝脏和肾脏的毒性作用研究. 尹荣焕,等. 畜牧兽医学报,2008,(7)
鬼臼多糖对小鼠免疫功能和抗氧化能力的影响. 帅学宏,等. 畜牧兽医学报,2008,(7)
鹅细小病毒 VP3 基因疫苗与弱毒疫苗诱导小鼠免疫应答的比较. 卢菲,等. 中国兽医科学,2008,(7)
猪圆环病毒 2 型 ORF2 和 ORF1-2 串联基因重组腺病毒对小鼠的免疫效果. 刘建营,等. 中国兽医学报,2008,(6)
猪链球菌 2 型昆明鼠动物病理模型的建立. 刘国平,等. 中国兽医学报,2008,(7)
旋毛虫 ES 抗原致鼠胸腺淋巴细胞凋亡的初步研究. 花丽茹,等. 中国兽医杂志,2008,(7)

热应激对小鼠囊胚 HSP72 表达的影响. 任登良,等. 中国兽医杂志,2008,(7)
重组水貂生长激素 $pVAX_1$-mGH 及其在小鼠肌肉组织中表达的研究. 马凤龙,等. 动物医学进展,2008,(6)
铅、镉染毒对 SD 大鼠的氧化损伤及乙酰半胱氨酸的保护作用. 卞建春,等. 中国兽医学报,2008,(7)
雌二醇和孕酮对卵巢摘除大鼠子宫内肥大细胞数量分布的影响. 王艺娟,等. 畜牧兽医学报,2008,(7)
对乙酰氨基酚对大鼠原代肝细胞的影响. 鞠雷,等. 中国兽医杂志,2008,(7)
基于线粒体 ND4 基因的鼢鼠系统进化关系. 王海芳,等. 草原与草坪,2008,(4)
柯氏鼠兔胃肠道线虫的调查. 曹伊凡,等. 中国兽医科学,2008,(8)
荧光定量 PCR 检测小鹅瘟病毒 VP3 基因疫苗在小鼠体内的动态分布. 刘晓东,等. 中国兽医杂志,2008,(8)
4 种方法提取的黄柏生物碱对高温下小鼠脾脏淋巴细胞体外增殖的影响. 陈韩英,等. 中国兽医杂志,2008,(8)
硫酸阿米卡星脂质体对小鼠的毒性研究. 陈小军,等. 动物医学进展,2008,(8)
MCT1 抑制剂 p-CMB 对乙酰胆碱诱导的大鼠胰液分泌的影响. 王金泉. 动物医学进展,2008,(8)
囊泡相关蛋白——扫尾负鼠中新发现的一种卵母细胞蛋白. 潘文武,等. 动物医学进展,2008,(7)
牛磺酸对 ISO 所致大鼠心肌损伤时离子含量和心肌超微结构的影响. 杨群辉,等. 畜牧与兽医,2008,(5)
黄芪多糖对小鼠免疫细胞 NO-cGMP 信号系统的效应. 高建峰,等. 畜牧与兽医,2008,(5)
中药肠宁Ⅱ对小鼠的精子畸形试验和微核试验. 李洪龙,等. 中国兽医杂志,2008,(8)
利用小鼠的遗传损伤检测竹炭板对甲醛的吸附作用. 丁珊珊,等. 福建畜牧兽医,2008,(4)
EMX 缓解 6-MP 对小鼠毒副作用的机制初探. 郭志宏. 动物医学进展,2008,(7)
我国草原常见害鼠药物防治适宜时机的选择. 董维惠,等. 中国草地学报,2008,(4)
退化高寒草甸上高原鼠兔的扩散研究. 刘汉武,等. 草业与畜牧,2008,(8)
雌激素对大鼠肠黏膜结构及上皮内淋巴细胞和杯状细胞数量、分布的影响. 闫金坤,等. 畜牧兽医学报,2008,(9)
东方田鼠肝脏裂解物筛选日本血吸虫成虫噬菌体展示 cDNA 文库. 孙焕,等. 中国预防兽医学报,2008,(8)
小鼠胚胎胃肠道细菌的分离与初步鉴定. 郭海勇,等. 中国预防兽医学报,2008,(8)
吴茱萸汤对实验性小鼠大肠杆菌病的疗效观察. 郑丽兰,等. 中国兽医杂志,2008,(9)
复方抗病毒中药对小白鼠免疫功能的影响研究. 唐光武,等. 中兽医医药杂志,2008,(4)
樗白皮提取物对溃疡性小鼠脾脏与血清中腺苷脱氨酶的影响. 程富胜,等. 中兽医医药杂志,2008,(4)
17-β 雌二醇对去卵巢大鼠垂体中 Bcl-2 和 Bax 表达的影响. 龙敏,等. 畜牧兽医学报,2008,(9)
小鼠胚胎干细胞成纤维细胞饲养层的制备. 张勇,等. 中兽医医药杂志,2008,(5)
昆明小鼠卵母细胞体外成熟培养条件优化. 刘健鹏,等. 动物医学进展,2008,(9)
猪 Ghrelin 真核表达质粒的制备及对小鼠生长的影响. 段晓明,等. 中国畜牧兽医,2008,(9)
共轭亚油酸对小白鼠体脂沉积及免疫功能的影响. 王菊花,等. 畜牧与兽医,2008,(7)
黑果枸杞色素对小鼠的抗脂质过氧化活性的研究. 陶大勇,等. 中兽医医药杂志,2008,(5)
高原鼠兔危害级别划分. 韩天虎,等. 草业学报,2008,(5)
青海果洛地区不同鼠洞密度下高寒草甸植物生物量分布特征. 孙飞达,等. 草地学报,2008,(5)
三江源区不同鼠洞密度下高寒草甸植物群落生物量和土壤容重特性研究. 孙飞达,等. 草业学报,2008,(5)
铅镉联合染毒对大鼠大脑皮质神经细胞的氧化损伤及 NAC 的保护效应. 卞建春,等. 中国兽医科学,2008,(9)
东方田鼠卵巢癌模型病理学观察. 俞远京,等. 中国兽医学报,2008,(9)
BALB/c 小鼠结肠癌皮下转移模型的建立. 李霞,等. 中国兽医学报,2008,(9)
脱氢表雄酮诱导大鼠多囊卵巢综合征的研究. 刘宇涛,等. 动物医学进展,2008,(9)
硝基苯对小鼠肝微粒体混合功能氧化酶活性的影响. 邢厚娟,等. 中国兽医科学,2008,(10)
金黄地鼠 Dpl 基因克隆及其组织特异性表达的研究. 李玉荣,等. 中国兽医杂志,2008,(11)
噻环乙胺对大鼠不同脑区 NOS 活性及 NO 产量和 cGMP 含量的影响. 王洪斌,等. 畜牧兽医学报,2008,(11)
应用小鼠替代仔猪检验仔猪水肿病灭活疫苗效力研究. 苗玉和,等. 畜牧与兽医,2008,(8)
草原和农田几种主要鼠种数量动态研究及预测. 董维惠,等. 中国草地学报,2008,(5)
替来他明对大鼠不同脑区 NO-cGMP 信号转导系统的影响. 范宏刚,等. 中国兽医科学,2008,(10)
不同剂量小鹅瘟病毒 VP3 基因疫苗肌肉注射诱导小鼠细胞免疫. 卢菲,等. 中国兽医学报,2008,(10)
替来他明及小型猪复方麻醉剂对大鼠不同脑区一氧化氮及一氧化氮合酶的影响. 范宏刚,等. 中国兽医杂志,2008,(10)
比色法测定小鼠巨噬细胞的吞噬活性. 张明,蒋培红. 中国兽医杂志,2008,(10)
壳聚糖硒对小鼠免疫功能的影响. 孔涛,等. 中国兽医杂志,2008,(11)
荒漠梭梭林大沙鼠为害及不同生境类型对其巢域选择的影响. 张三亮,刘荣堂. 草原与草坪,2008,(5)
两种壳聚糖对小鼠增重和免疫机制影响的试验研究. 丁辉景,等. 中国畜牧兽医,2008,(11)
甘德县 2008 年高原鼠兔防治(扫残)调研报告. 马庆邦. 草业与畜牧,2008,(10)
一起竹鼠巴氏杆菌病的诊断与防治. 甘书钻,等. 动物医学进展,2008,(11)

茯苓酸对 SLT-Ⅱe 诱导大鼠肠黏膜微血管内皮细胞分泌细胞因子的影响. 周宏超,等. 中国兽医科学,2008,(10)
6 种常用杀鼠剂对农区害鼠防效试验及推广应用. 王华弟,等. 植物保护,2008,(1)
藏北草原应用不同浓度增效敌鼠钠盐防治高原鼠兔试验观察. 王忠全,等. 植物保护,2008,(2)
藏北草原高原鼠兔密度调查方法探讨. 陈剑,等. 植物保护,2008,(4)
L-阿拉伯糖对高糖高脂喂养小鼠体质量及耐糖量的影响. 周克夫,等. 厦门大学学报(自然科学版),2008,(6)
锌对小鼠机体抗氧化酶活性及 NO、MDA 含量的影响. 荔霞,等. 家畜生态学报,2008,(5)
纳米氧化铜对小白鼠铜表观消化率的影响. 盖文婷,等. 家畜生态学报,2008,(5)
鱼油对断奶大鼠脏器指数及肠道菌群影响的研究. 贺显晶,等. 中国微生态学杂志,2008,(6)
肠球菌溶血及非溶血菌株对小鼠巨噬细胞表达 TNF-α 的影响. 强华,等. 微生物学报,2008,(12)
中药复方对实验性大鼠肝纤维化的影响. 王福新,等. 地方病通报,2008,(6)
小鼠囊胚和扩张囊胚玻璃化冷冻保存的研究. 邓凯伟,等. 家畜生态学报,2008,(6)
不同剂量 PMSG/HCG 对小鼠超数排卵的效果. 冯雨峰,闫雷. 家畜生态学报,2008,(4)
2007 年西藏阿里地区鼠间鼠疫监测分析. 顿珠,等. 地方病通报,2008,(1)
玉米紫色植株花色苷色素对小鼠肠道菌群的影响. 周波,等. 中国微生态学杂志,2008,(1)
叶黄素酯对四氧嘧啶所致小鼠氧化损伤的保护性研究. 张秀娟,等. 中国微生态学杂志,2008,(1)
益生菌对急性肝内胆汁淤积大鼠肝组织 NF-κB 和 MCP-1 的影响. 黄方,黄志华. 中国微生态学杂志,2008,(1)
双歧杆菌对新生大鼠坏死性小肠结肠炎肠损伤及肠道菌群影响. 陈競芳,等. 中国微生态学杂志,2008,(1)
环丙醇类制剂对雄性布氏田鼠的不育作用. 郑敏,等. 植物保护学报,2008,(1)
不同森林管理预案对松鼠生境的影响. 金龙如,等. 应用生态学报,2008,(5)
重组百日咳杆菌黏附素蛋白免疫小鼠可完全抵抗支气管败血波氏杆菌的致死性感染. 赵战勤,等. 微生物学报,2008,(3)
猪胸膜肺炎放线杆菌溶血毒素的克隆表达及其对小鼠免疫保护作用. 杜爱庆,等. 微生物学报,2008,(3)
灵芝孢子粉对重症急性胰腺炎大鼠肠道微生态失调的调整作用. 蔡文辉,等. 中国微生态学杂志,2008,(2)
小鼠低菌模型的构建及多形拟杆菌对其补偿生长作用的研究. 肖珊,张日俊. 中国微生态学杂志,2008,(2)
一氧化氮在大鼠肝肺综合征发病机制中的作用研究. 颜玉,等. 中国微生态学杂志,2008,(2)
双歧杆菌对梗阻性黄疸大鼠肠道细菌移位影响的研究. 孙秀凤,单若冰. 中国微生态学杂志,2008,(2)
残留剂量恩诺沙星对 SPF 小鼠肠道菌群数量和多样性的影响研究. 贺永亮,等. 中国微生态学杂志,2008,(2)
乳酸菌黏附小鼠派伊尔结及影响因子的研究. 周婷婷,等. 中国微生态学杂志,2008,(2)
减毒鼠伤寒沙门菌体内定位分析. 张辉,等. 微生物学报,2008,(1)
穿透支原体 LAMPs 诱导 NF-κB 激活介导小鼠巨噬细胞凋亡. 曾焱华,等. 微生物学报,2008,(3)
大鼠实验性卡氏肺孢子虫肺炎中 IL-2,IL-6 的变化. 周必英,等. 地方病通报,2008,(2)
狂犬病毒鼠脑复壮后的典型形态恢复及感染细胞内的形态发生学. 韩小虎,等. 微生物学报,2008,(6)
双歧杆菌的完整肽聚糖对小鼠腹腔巨噬细胞细胞骨架的影响. 荀安营,等. 中国微生态学杂志,2008,(3)
双歧杆菌的完整肽聚糖对小鼠腹腔巨噬细胞缝隙链接的影响. 李迎雪,等. 中国微生态学杂志,2008,(3)
双歧杆菌脂磷壁酸对 D-半乳糖致衰老小鼠表型的影响. 张宏娟,等. 中国微生态学杂志,2008,(3)
双歧杆菌培养上清调节 D-半乳糖衰老小鼠血脂水平的实验研究. 王挺. 中国微生态学杂志,2008,(3)
LPS 对冷应激大鼠 Mφ、Sertoli 细胞分泌 IL-1 的影响. 王洪军,等. 中国微生态学杂志,2008,(3)
结核感染小鼠肺部病理变化与 T 细胞免疫关系的实验研究. 陈兰举,等. 中国微生态学杂志,2008,(3)
福氏 2a 志贺氏菌 2457T HtpG 蛋白诱导小鼠炎性反应. 卜歆,等. 微生物学报,2008,(7)
利用不育技术防治高原鼠兔的理论模型. 刘汉武,等. 生态学杂志,2008,(7)
两种处理方法的饲料饲喂 Wistar 大鼠繁育情况分析. 张燕,等. 地方病通报,2008,(4)
食物单宁酸对根田鼠(*Microtus oeconomus*)钠平衡的作用(英文). 李俊年,等. 生态学报,2008,(8)
嵌合型猪圆环病毒 1-2 型感染性 DNA 克隆的构建及其对小鼠的免疫原性. 宋益,等. 微生物学报,2008,(9)
ICR 小鼠肠道中乳酸菌组成的克隆文库研究. 孙立国,等. 中国微生态学杂志,2008,(4)
双歧杆菌的完整肽聚糖对小鼠腹腔巨噬细胞膜脂流动性的影响. 魏晓霞,等. 中国微生态学杂志,2008,(4)
铜绿假单胞菌生物膜悬液和藻酸盐对小鼠巨噬细胞吞噬功能的影响. 白丹,等. 中国微生态学杂志,2008,(4)
博尔纳病病毒对 BALB/c 小鼠感染性检测. 王传宝,等. 中国微生态学杂志,2008,(4)
实验室条件下黑龙江几种主要农业害鼠昼夜活动节律的研究. 丛林,等. 植物保护,2008,(3)
编码完整膜蛋白 Sj23 质粒 DNA 核酸疫苗免疫小鼠及其保护力的研究. 柳建发,等. 地方病通报,2008,(5)
高原鼢鼠和高原鼠兔红细胞低氧适应特征. 王晓君,等. 四川动物,2008,(6)
新生小鼠卵巢移植雄鼠肾囊下卵泡的生长发育. 袁安文,等. 动物学报,2008,(2)
陕西蓝田晚中新世灞河组松鼠科和林跳鼠科化石(英文). 邱铸鼎,等. 古脊椎动物学报,2008,(2)
冷驯化对大绒鼠和高山姬鼠肝脏线粒体呼吸的影响. 朱万龙,等. 四川动物,2008,(3)

高原鼢鼠和高原鼠兔肺细叶的结构特征.王晓君,等.动物学报,2008,(3)
花鼠外部形态及部分内脏器官的测量和分析.张克勤,等.四川动物,2008,(6)
遗传背景对小鼠四倍体胚胎发育的影响.温晓辉,等.四川动物,2008,(6)
精子介导法建立 sFat-1 转基因小鼠模型.李小平,等.四川动物,2008,(6)
四种中药注射液对大鼠骨髓间充质干细胞增殖作用的影响.王明宁,等.四川动物,2008,(6)
富含不饱和脂肪酸饲料对大鼠血液学指标及主要脏器的影响.田枫,等.四川动物,2008,(6)
4℃保存的小鼠屠体卵巢 GV 卵的发育能力.张秋婷,等.四川动物,2008,(6)
兽舍绿化在松鼠猴馆、环尾狐猴馆的应用.李洪珠,等.四川动物,2008,(6)
中药降乳散对大鼠催乳素瘤表达 Pit-1 的作用.张韶峰,等.中国实验动物学报,2008,(6)
化湿液对湿阻证大鼠下丘脑 AchE、NOS 活性及 NO 含量的影响.韩志刚,等.四川动物,2008,(6)
大鼠动脉粥样硬化动物模型的建立和评价.王园园,等.中国实验动物学报,2008,(6)
SPF 级新生大鼠高氧肺损伤模型的建立.胡良冈,等.中国实验动物学报,2008,(6)
不同采血途径对 SSD 大鼠全血细胞计数的影响.刘斌,等.四川动物,2008,(6)
高脂喂养大鼠肝脏的 NF-κ Bp65 表达与胰岛素抵抗的相关性.崔丽娟,等.中国实验动物学报,2008,(6)
D-半乳糖诱导大鼠肾脏损害的糖基化机制及药物干预作用.李冰,郑浩.中国实验动物学报,2008,(6)
C57BL/6J 小鼠实验性自身免疫性脑脊髓炎模型的建立及其病理特征.关东升,等.中国实验动物学报,2008,(6)
PPARβ mRNA 在全脑缺血/再灌注大鼠海马表达变化.庄瑞春,等.四川动物,2008,(6)
地塞米松与硫酸镁对大鼠小肠缺血再灌注损伤的作用及机制.陈亚彬,等.中国实验动物学报,2008,(6)
X 射线辐射对仔鼠体重、皮毛生长及肝、肾脏组织 SOD、CAT 活力及 MDA 含量的影响.邓海平,等.动物学报,2008,(6)
维生素 E 拮抗急性二噁英对小鼠肝脏细胞色素 P450 酶和抗氧化物酶基因转录的影响.尹海萍,等.动物学报,2008,(6)
两种冷冻保护剂对小鼠 2-细胞胚冷冻效果的比较.雷晓华,等.动物学报,2008,(6)
棕色田鼠脑中雌激素 α 受体分布和社会互作的两性差异.翟培源,等.动物学报,2008,(6)
三个近交系 C57BL/6J 小鼠群体微卫星遗传变异分析(英文).牛屹东,梁蜀龙.动物学研究,2008,(6)
大鼠输精管平滑肌细胞的体外培养及形态学特征(英文).聂红,等.动物学研究,2008,(6)
吗啡和胆碱能拮抗剂联合给药对小鼠 Y 迷宫空间记忆提取及活动性的影响(英文).何静,等.动物学研究,2008,(6)
嫩江下游人工林中黑线姬鼠与黑线仓鼠的消化道形态及其取食策略.徐兴军,等.动物学杂志,2008,(6)
snthr^{-1Bao}稀毛小鼠的生物学特性.茅慧华,等.四川动物,2008,(1)
小鼠 γ 干扰素(mIFN-γ)基因克隆及其逆转录病毒载体的构建和转基因细胞系的建立.殷俊,等.四川动物,2008,(1)
纯大鲵粉对小鼠抗疲劳作用及免疫功能的影响.曹洁,等.四川动物,2008,(1)
一种简易小鼠尾部皮肤移植教学实验改良方法的建立.张青峰,等.四川动物,2008,(1)
斯氏狸殖吸虫感染大鼠外周血 T 淋巴细胞亚群的变化及意义.王敏,等.四川动物,2008,(1)
松鼠生态学研究现状与展望.马建章,等.动物学杂志,2008,(1)
北松鼠华北亚种在北京的新纪录.邓涛.动物学杂志,2008,(1)
短暂前脑缺血小鼠海马脑红蛋白表达的动态变化.陈秀莲,等.动物学杂志,2008,(1)
激活素受体相互作用蛋白 1 在小鼠组织中的表达与分布.刘海岩,等.动物学杂志,2008,(1)
小鼠乳腺细胞凋亡及瘦素对凋亡的影响.侯晓明,李庆章.中国实验动物学报,2008,(1)
暮鼠越冬种群结构的年间变化(英文).María C·PROVENSAL,Jaime J·POLOP.动物学报,2008,(1)
氯胺酮诱导不同年龄和性别小鼠的过度活动(英文).Jeffrey ANASTASI,等.动物学报,2008,(1)
一种间接估计阿根廷城市湿地海狸鼠多度的方法(英文).María José CORRIALE,等.动物学报,2008,(1)
长毛速掘鼠的生态学以及对埃塞俄比亚中部 Angacha 地区农田的影响(英文).Abebe KOKISO,Afework BEKELE.动物学报,2008,(1)
两种高血压大鼠模型证候特征差异性的研究.屈会化,等.中国实验动物学报,2008,(1)
失血性休克大鼠模型的改进及胃黏膜血流量的测定.褚万立,等.中国实验动物学报,2008,(1)
SD 大鼠 SDF-1α 基因克隆与序列分析.姚峰,等.中国实验动物学报,2008,(1)
高脂饮食对小鼠脂质代谢和 leptin 基因表达水平的影响.王芃芃,等.中国实验动物学报,2008,(1)
改良大鼠子宫内膜异位症模型的建立及微血管密度观察.张颖,等.中国实验动物学报,2008,(1)
大鼠慢性肾功能不全模型两种制作方式的比较.李红艳.中国实验动物学报,2008,(1)
Southern 杂交方法用于近交系小鼠 H-2 基因检测.马丽颖,等.中国实验动物学报,2008,(1)
干燥综合征 NOD 小鼠模型研究进展.高春鹤,刘维.中国实验动物学报,2008,(1)

胶原蛋白多肽-铬(Ⅲ)螯合物对糖尿病小鼠免疫力的影响.张旭,等.中国实验动物学报,2008,(1)
不同性别大鼠在2型糖尿病造模过程中的稳定性.刘亚平,等.中国实验动物学报,2008,(1)
一种新型大鼠腰椎间盘突出症动物模型的建立.周渝,等.中国实验动物学报,2008,(1)
二噁英致大鼠先天骨骼发育畸形中软骨细胞的病理学改变.郭磊,等.中国实验动物学报,2008,(1)
Toll样受体2及Toll样受体4在大鼠实验性变应性鼻炎中的表达.刘颖,等.中国实验动物学报,2008,(1)
量子信息对应效应理论研究与探讨——量子治疗仪对小鼠血清睾丸酮的影响.武华文,等.中国实验动物学报,2008,(1)
双色荧光杂交芯片在近交系小鼠遗传监测中的应用.崔淑芳,等.动物学研究,2008,(1)
用适应性实验对ICR、BALB/c和C57BL/6小鼠探索行为及记忆能力的评价.施俊巍,等.动物学研究,2008,(1)
贯叶连翘对应激大鼠生长和脑单胺类神经递质含量的影响.张峰,李法曾.动物学研究,2008,(1)
维生素E和硒对大鼠非酒精性脂肪性肝病解偶联蛋白2及相关因子表达的影响.王倩,等.动物学研究,2008,(1)
水合氯醛和戊巴比妥钠对SD大鼠麻醉效果的比较.李志勇,等.四川动物,2008,(2)
褐家鼠消化道嗜银细胞的分布及形态学观察.姚伟红,李淑兰.四川动物,2008,(2)
乙酰基亚硝基脲(ENU)对C57BL/6J雄鼠睾丸组织的影响.茅慧华,等.四川动物,2008,(2)
大鼠肝郁证胃肠运动功能障碍动物模型的建立.彭成,等.四川动物,2008,(2)
一种大鼠急性心力衰竭动物模型的建立方法.张宏,等.四川动物,2008,(2)
洞庭湖区东方田鼠种群暴发期间的行为特征观察.李波,等.动物学杂志,2008,(2)
中国地鼠线粒体Cyt b基因测序及其分子进化.宋国华,等.中国实验动物学报,2008,(2)
PGE_2、$PGF_{2\alpha}$和Iloprost对小鼠2-细胞胚胎体外发育的影响.李晓燕,等.中国实验动物学报,2008,(2)
雌激素受体β基因敲除小鼠子宫内膜异位症模型的建立.宫庭钰,等.中国实验动物学报,2008,(2)
H5N1禽流感病毒感染小鼠和两种灵长类动物的肺组织病理学比较.陈云新,等.中国实验动物学报,2008,(2)
后适应缺血时间窗的选择对小鼠心肌再灌注损伤的影响.张健发,等.中国实验动物学报,2008,(2)
禽流感H5N1亚型病毒感染ICR小鼠的动物模型.李志东,等.中国实验动物学报,2008,(2)
骨骼畸形大鼠软骨细胞内胰岛素样生长因子-2的表达研究.郭磊,等.中国实验动物学报,2008,(2)
Cdk5与大鼠脑缺血再灌注损伤时细胞凋亡的关系.闫明,等.中国实验动物学报,2008,(2)
小鼠晶体蛋白质组的双向电泳和质谱鉴定研究.季樱红,等.中国实验动物学报,2008,(2)
cyclin A1基因变异诱导小鼠发生头颈部皮肤病变.魏宏权,等.中国实验动物学报,2008,(2)
高原姬鼠一新艾美球虫记述(顶复合门,艾美球虫科)(英文).胡俊杰,等.动物分类学报,2008,(2)
山西保德第30地点的跳鼠化石及其环境意义(英文).刘丽萍,等.古脊椎动物学报,2008,(2)
河南省哺乳动物分布新纪录——小泡巨鼠.路纪琪,刘彬.四川动物,2008,(3)
雄性小鼠的社会优势地位、性吸引和信息素通讯.刘莹娟,等.动物学报,2008,(3)
低浓度臭氧对小鼠生长发育的影响.周正适,等.中国实验动物学报,2008,(3)
茶多酚对酒精性肝病大鼠核因子κB及环氧合酶2表达的影响.刘利,等.中国实验动物学报,2008,(3)
大鼠慢性心肌梗死模型制备的改进.肖骏,等.四川动物,2008,(3)
KLF4在内毒素血症小鼠中的表达模式及其意义.周智君,等.中国实验动物学报,2008,(3)
小鼠自主活动实验中的评价指标.买文丽,等.中国实验动物学报,2008,(3)
D-半乳糖诱导大鼠脑损伤的糖基化机制.熊爱华,等.中国实验动物学报,2008,(3)
大鼠子宫内膜炎模型复制及其中西药复方乳剂治疗.和翀翼,等.中国实验动物学报,2008,(3)
维生素A缺乏对大鼠肺脏发育的影响.张欢乐,等.中国实验动物学报,2008,(3)
小鼠念珠菌感染模型和抗感染免疫.沈佳娜,等.中国实验动物学报,2008,(3)
慢性肾缺血致心功能不全时大鼠心肌组织降钙素基因相关肽含量的变化.韩宝石,等.中国实验动物学报,2008,(3)
静脉注射和气管内滴入博莱霉素诱导小鼠肺纤维化的差异.张晓晔,等.中国实验动物学报,2008,(3)
sGLP-1对Ⅱ型糖尿病大鼠治疗效果的研究.安家泽,等.中国实验动物学报,2008,(3)
卵巢切除对大鼠子宫阴道雌激素受体亚型表达的影响.连艳,等.四川动物,2008,(3)
注射法小鼠皮下子宫内膜异位症模型及组织学观察.马丽,等.中国实验动物学报,2008,(3)
马桑内酯致痫对大鼠突触及血脑屏障超微结构的影响.程基焱,等.四川动物,2008,(3)
全脑缺血/再灌注大鼠海马PPARγ mRNA表达变化.李咏,等.四川动物,2008,(3)
含CpG基元核酸疫苗免疫慢性MPTP帕金森病小鼠的治疗作用.王少君,等.中国实验动物学报,2008,(3)
整体原位杂交检测ERα基因在小鼠胚胎发育中的表达.张子峰,等.动物学杂志,2008,(3)
凉水自然保护区松鼠贮藏红松种子距离的初步测量与分析.马建章,等.动物学杂志,2008,(3)
甘肃鼢鼠胃肠道肌间神经丛一氧化氮合酶阳性神经元的分布.谢惠春,等.动物学杂志,2008,(3)
甘肃鼢鼠肾结构特征.张倩,等.动物学杂志,2008,(3)

蚯蚓肽对小鼠非特异性免疫功能的影响.李荣,李文平.经济动物学报,2008,(2)
食物奖赏和渴求行为相关的大鼠左侧眶额叶皮质 Delta 频段脑电活动(英文).付玉,等.动物学研究,2008,(3)
维生素 E 对 2,3,7,8-四氯二苯并二噁英急性染毒小鼠卵巢内分泌及其结构的影响.尹海萍,等.动物学研究,2008,(3)
四川南充城区鼠型小兽空间生态位分析.刘涛,等.四川动物,2008,(4)
棕色田鼠胃肠道 5-羟色胺细胞的免疫组织化学定位.李丽霞,胡佳.四川动物,2008,(4)
四种冷冻保护剂对小鼠 2-细胞胚胎渗透性和毒性作用的比较.雷晓华,等.动物学报,2008,(4)
光周期和高脂食物对布氏田鼠能量代谢和产热的影响.赵志军,等.动物学报,2008,(4)
冷驯化条件下大绒鼠的产热和能量代谢特征.朱万龙,等.动物学报,2008,(4)
CpG 壳聚糖纳米颗粒对小鼠乙型肝炎疫苗免疫应答的影响.彭蓉,等.四川动物,2008,(4)
雌性小鼠不适于构建 HFD-STZ 联合诱导的 2 型糖尿病模型(英文).牛屹东,等.四川动物,2008,(4)
清洁级、SPF 级 SD 大鼠血液生理、生化测定与比较.杨锋,等.四川动物,2008,(4)
无血清无饲养层条件下培养小鼠胚胎干细胞.韩甫,等.中国实验动物学报,2008,(4)
利用双重 PCR 技术研究长爪沙鼠的微卫星结构.刘月环,等.中国实验动物学报,2008,(4)
Dicer1 转基因小鼠模型的建立.郑志红,等.中国实验动物学报,2008,(4)
SARS 冠状病毒感染 Lewis 大鼠模型的建立.朱华,等.中国实验动物学报,2008,(4)
小鼠肝炎病毒 N 基因的原核表达和免疫活性初步分析.周艳,等.中国实验动物学报,2008,(4)
Tet-on 诱导表达 c-myc 和 SV40Tag 的转基因小鼠肿瘤模型.张成香,等.中国实验动物学报,2008,(4)
2 型糖尿病动物模型 KKA^y 小鼠肝、肾的病变.王谦,等.中国实验动物学报,2008,(4)
胶原诱导型关节炎大鼠的关节影像学特点.陈光星,等.中国实验动物学报,2008,(4)
不同时间脂肪乳输注对大鼠葡萄糖输注率的影响.何冰,等.中国实验动物学报,2008,(4)
链脲佐菌素诱导 SD 和 Wistar 大鼠糖尿病模型的影响因素.郭学军,等.中国实验动物学报,2008,(4)
雌二醇和孕酮对小鼠卵母细胞体外成熟的影响.李凯,等.中国实验动物学报,2008,(4)
透射电镜观察 $p21^{HBsAg/HBsAg}$ 转基因小鼠肝癌细胞凋亡.曾林,等.中国实验动物学报,2008,(4)
应用 RNAi 干扰 eGFP 转基因小鼠胎儿成纤维细胞中 FGF5 基因的表达.宝明涛,等.四川动物,2008,(5)
小鼠成长过程中肾、肝、小肠碱性磷酸酶活性变化及组织细胞定位.王俊丽,等.四川动物,2008,(5)
微卫星座位对 KM 封闭群小鼠的遗传分析.张建琴,等.四川动物,2008,(5)
枯杏细胞对大鼠再生肝细胞转录活性和 LDH 的影响.贾永芳,等.四川动物,2008,(5)
皮质酮对大鼠再生肝鸟氨酸脱羧酶及抗酶基因表达的影响.索世英,等.四川动物,2008,(5)
地塞米松对大鼠再生肝细胞亚精胺合成酶基因转录的影响.翟心慧,等.四川动物,2008,(5)
前蛋白转换酶 Furin 和 PC7 在小鼠母胎界面的动态表达及其在胚胎粘附和扩展中的作用.周智,等.动物学报,2008,(5)
小鼠白血病抑制因子基因的克隆、表达及其对维持鸡原始生殖细胞未分化状态的影响.杨娜娜,等.动物学报,2008,(5)
一种鉴定小鼠胚胎质量的双重荧光染色方法.芦天罡,等.动物学报,2008,(5)
雄性不育大鼠近交系 MIJ 的建立及其遗传特征观察.刘军须,等.动物学杂志,2008,(5)
雄性柴达木根田鼠断奶后对亲本尿气味的记忆.孙平,等.动物学杂志,2008,(5)
横断山区大绒鼠体重和身体能值的季节变化.朱万龙,等.动物学杂志,2008,(5)
横断山区高山姬鼠身体能值的适应性调节.王蓓,等.动物学杂志,2008,(5)
孕马血清促性腺激素对幼龄鼠卵巢和子宫发育的影响.原璐,等.中国实验动物学报,2008,(5)
红景天苷对骨髓抑制贫血小鼠造血祖细胞增殖的影响.张新胜,等.四川动物,2008,(5)
番茄红素对小鼠脂类及细胞 DNA 氧化损伤的影响.王海霞,等.中国实验动物学报,2008,(5)
狂犬病小鼠模型的制作.唐利军,等.中国实验动物学报,2008,(5)
野生 TW 近交系小鼠主要生理指标.管彤,等.中国实验动物学报,2008,(5)
NOD/SCID 小鼠模型在实验血液学研究中的应用.于文俊,等.中国实验动物学报,2008,(5)
高脂饮食和地塞米松联合诱导胰岛素抵抗大鼠模型.张小华,等.中国实验动物学报,2008,(5)
以 HLAⅡ类转基因鼠研究类风湿关节炎的发病机制.赵义,栗占国.中国实验动物学报,2008,(5)
端粒酶逆转录酶在大鼠肝癌发生中的表达变化.陈颖.四川动物,2008,(5)
Wistar 大鼠自发性乳腺肿瘤细胞系的建立及其生物学特性.杨文祥,等.中国实验动物学报,2008,(5)
瘤内注射树突状细胞联合放疗对小鼠肾癌 TNF-α 表达的影响.黄建华,等.中国实验动物学报,2008,(5)
变应性接触性皮炎小鼠模型评价指标探讨.李圆圆,等.中国实验动物学报,2008,(5)
不同强度有氧运动对大鼠脂代谢的影响.曹兰菊,许亮.四川动物,2008,(5)
2 型糖尿病模型 GK 大鼠骨形态学和生物力学特点观察.张丽萍,等.中国实验动物学报,2008,(5)
交配行为对雄性棕色田鼠雌激素及雌激素 β 受体在相关脑区的影响(英文).何凤琴,等.动物学研究,2008,(5)

96% 丁烯氟虫腈对小鼠显性致死的研究. 谭军,等. 农药,2008,(1)
95.7% 高效氟吡甲禾灵原药对 Wistar 大鼠的 13 周饲喂毒性. 王智琴,等. 农药,2008,(12)
山东平原地区鼠体外寄生虫种类的调查研究. 赵玉强,等. 寄生虫与医学昆虫学报,2008,(4)
STAg 联合 ESA 鼻内免疫小鼠对弓形虫垂直传播的阻断作用. 王海龙,等. 寄生虫与医学昆虫学报,2008,(4)
鼠得克获准在欧盟登记. 农药研究与应用,2008,(6)
德国给于澳新农的 Rotron 杀鼠剂获临时性批准. 邓金保. 农药研究与应用,2008,(1)
广西省春种作物苗期病虫害鼠发生趋势. 农药市场信息,2008,(6)
溴敌隆毒饵防治褐家鼠田间小区试验. 张付莲. 现代农药,2008,(2)
乙烯利对小鼠的免疫毒性研究. 赵文,等. 农药学学报,2008,(2)
双氯敌鼠铵盐原药的高效液相色谱分析. 王岱峰. 农药,2008,(7)
农药企业抗震救灾中担起杀虫灭鼠重担. 黄存. 农药市场信息,2008,(12)
啶菌噁唑对大鼠致畸毒性. 严婉静,等. 农药,2008,(9)
毒死蜱对雄性大鼠生精功能的影响. 文一,等. 农药,2008,(8)
鱼藤酮对小鼠脑神经递质多巴胺及其代谢产物的影响. 林勇,等. 农药学学报,2008,(3)
2 种抗凝血灭鼠剂现场灭鼠效果比较研究. 王平,等. 中华卫生杀虫药械,2009,(1)
主要鼠源性疾病的流行概况与鼠的防控策略的探讨. 吴光华,等. 中华卫生杀虫药械,2009,(2)
几种灭鼠毒胶制剂的实验室灭鼠效果观察. 张建伟. 中华卫生杀虫药械,2009,(4)
某校园鼠密度调查及防鼠策略. 黄水群,陆春. 医学动物防制,2009,(9)
杀鼠醚毒饵实验室及现场灭鼠效果测定. 李长安,等. 医学动物防制,2009,(10)
试论田鼠起源和田鼠型鼠疫分布. 杨海,等. 现代预防医学,2009,(24)
达茂旗长爪鼠鼠疫自然疫源地的发展趋势. 任杰,等. 医学动物防制,2009,(2)
用生态为主的方法控制鼠密度效果观察. 高峰,等. 中华卫生杀虫药械,2009,(1).
粉迹法调查中鼠足印的基本特征及鉴别要点. 吴丰德. 中华卫生杀虫药械,2009,(1)
武汉城区居民灭鼠问卷调查. 周良才,等. 中华卫生杀虫药械,2009,(1)
0.005% 大隆毒饵适口性和灭鼠效果观察. 王文龙,林希刚. 中华卫生杀虫药械,2009,(2)
大型水电站库区大面积灭鼠效果研究. 周树武,等. 中华卫生杀虫药械,2009,(2)
褐家鼠对大隆的实验室敏感性测定研究. 梁练,等. 中华卫生杀虫药械,2009,(2)
广东鼠形动物种群及其体表寄生蚤的调查. 戴广祥,等. 医学动物防制,2009,(3)
2001—2007 年福州市鼠蚤调查分析. 林元庆,郑敏忠. 海峡预防医学杂志,2009,(2)
居民住宅溴敌隆稻谷毒饵灭鼠效果研究. 吴太平,等. 中华卫生杀虫药械,2009,(3)
镇江口岸鼠情调查研究. 徐江,等. 中华卫生杀虫药械,2009,(3)
四川省开江县黑线姬鼠种群动态及繁殖生态研究. 李容,等. 医学动物防制,2009,(5)
江苏省镇江口岸鼠形动物及其体表寄生虫名录. 胡云. 医学动物防制,2009,(6)
大理市农村灭鼠试点实验效果观察. 苏光明,等. 医学动物防制,2009,(6)
黄河苏只水电站淹没区灭鼠效果评价及影响因素分析. 郭鹏,等. 医学动物防制,2009,(7)
武汉居民区灭鼠行动阈值探讨. 吴太平,等. 中华卫生杀虫药械,2009,(4)
测试居民区住宅外鼠密度的可行性研究. 田俊华,等. 中华卫生杀虫药械,2009,(5)
乌拉斯台口岸啮齿动物及其体外寄生物调查. 郭亮,等. 口岸卫生控制,2009,(1)
华隆林区啮齿动物名录. 崔贵文,等. 甘肃科技,2009,(8)
高尿酸血症啮齿类动物模型研究进展. 全国辉,等. 毒理学杂志,2009,(2)
生境类型对啮齿动物扩散和贮藏栓皮栎坚果的影响. 赵雪峰,等. 兽类学报,2009,(2)
寒温带牧林交错区生境复杂度对啮齿类物种多样性的影响. 徐兴军,等. 生态学报,2009,(6)
啮齿类动物自动供水系统饮水嘴的制备与应用. 王珑,等. 实验动物科学,2009,(5)
甘肃啮齿动物 Web 信息系统设计与实现. 曹慧,等. 草业学报,2009,(6)
转基因食品致敏性评价啮齿类动物模型研究进展. 孙拿拿,等. 中国食品卫生杂志,2009,(5)
宁夏啮齿动物种类与地理分布. 宫占威,等. 医学动物防制,2009,(9)
啮齿动物类大鼠局灶性脑缺血模型分析. 陈仕检,等. 内科,2009,(6)
甘南藏族自治州啮齿类动物棘球蚴感染状况调查. 赵玉敏,等. 中国病原生物学杂志,2009,(8)
云南省四县啮齿动物自然感染汉坦病毒及基因分型研究. 周济华,等. 中国预防医学杂志,2009,(11)
北京市海淀区啮齿类动物中汉坦病毒自然感染状况调查. 蔡伟,等. 中国媒介生物学及控制杂志,2009,(5)
盐田港啮齿动物监测技术报告. 曾建芳,等. 中国国境卫生检疫杂志,2009,(S1)
新疆乌拉斯台口岸地区啮齿动物及体外寄生物调查. 易海清,等. 中国国境卫生检疫杂志,2009,(5)
辽宁省啮齿类动物肾综合征出血热病毒株的分离及鉴定. 刘芸,等. 中国卫生检验杂志,2009,(7)
糖尿病啮齿动物模型应用研究进展. 周明镇,王元青. 吉林中医药,2009,(8)

啮齿类动物应用钆对比剂后钆在皮肤长期滞留的研究. H. Pietsch,等. 国际医学放射学杂志,2009,(4).
云南大理市啮齿动物小志. 苏光明. 医学动物防制,2009,(5)
空场实验诸影响因素对啮齿动物行为的影响. 买文丽,刘行海. 四川解剖学杂志,2009,(2)
睡眠呼吸暂停综合征啮齿动物模型的研究进展. 李景春,徐江涛. 现代生物医学进展,2009,(12)
南盘江沿岸鼠类及鼠体寄生蚤类调查. 马玉梅,等. 医学动物防制,2009,(10)
雅安市雨城区鼠、蝇、蜚蠊现状调查分析. 王艳霞,等. 医学动物防制,2009,(11)
大型电厂灭鼠效果观察与分析. 刘吉起,等. 中华卫生杀虫药械,2009,(6)
拉西瓦水库库区灭鼠效果观察. 马忠文,等. 中华卫生杀虫药械,2009,(6)
子午沙鼠空间分布特点的初探. 徐敏. 医学动物防制,2009,(12)
2009 年遵义市汇川区城区灭鼠效果监测分析. 张中权,等. 医学动物防制,2009,(12)
增效灭鼠剂对大鼠作用机制研究及中毒鼠病理学观察. 吴丁兰,等. 中国媒介生物学及控制杂志,2009,(5)
首都机场 T3 航站楼建设工程对其周边鼠种构成及鼠密度影响的研究. 刘永有,等. 中国媒介生物学及控制杂志,2009,(3)
广州市斯氏屋顶鼠对第一代抗凝血灭鼠剂抗药性初步研究. 易建荣,等. 中国媒介生物学及控制杂志,2009,(4)
抗凝血类灭鼠剂抗性检测方法的研究概况. 高志祥,等. 中国媒介生物学及控制杂志,2009,(1)
炭疽减毒活疫苗免疫小鼠的最佳剂量筛选. 王亚玉,等. 中国媒介生物学及控制杂志,2009,(2)
武汉市居民区下水道灭鼠研究. 吴太平,等. 中国媒介生物学及控制杂志,2009,(2)
溴敌隆毒饵灭鼠效果评价. 张秀宏,等. 中国公共卫生,2009,(6)
河北省不同地区住宅区鼠密度监测结果分析. 黄钢,等. 中国媒介生物学及控制杂志,2009,(3)
河北省康保县鼠间鼠疫流行特点的分析. 董国润,等. 中国媒介生物学及控制杂志,2009,(3)
张家港口岸鼠形动物种群分布和季节消长调查. 杨朝春,等. 中国媒介生物学及控制杂志,2009,(4)
广西部分大型水电站库区灭鼠效果评价. 周树武,等. 中国媒介生物学及控制杂志,2009,(4)
分子生物学技术检测鼠形动物巴尔通体. 傅桂明,等. 中国媒介生物学及控制杂志,2009,(5)
V 形槽河(沟)底在消除蚊、鼠、螺孳生地时的作用. 柯春荣,等. 中国媒介生物学及控制杂志,2009,(5)
2006 年山东省开展大面积突击性灭鼠活动的做法、存在问题与改进建议. 曲宝泉,等. 中国媒介生物学及控制杂志,2009,(6)
2006—2008 年首都机场鼠情专项监测结果分析. 刘永有,等. 中国媒介生物学及控制杂志,2009,(6)
哈尔滨铁路局管内旅客列车鼠蟑防治方法探讨. 牛英琴,樊增荣. 疾病监测与控制,2009,(2)
洱海周边地带社鼠体表寄生虫的多样性调查. 董文鸽,等. 中国寄生虫学与寄生虫病杂志,2009,(3)
旋毛虫幼虫在大鼠与小鼠肌肉分布及囊包内幼虫数量的观察. 姜鹏,等. 中国人兽共患病学报,2009,(3)
孕鼠体内高血糖对胎鼠心肌细胞的影响. 邹燕,丁依玲. 中南大学学报(医学版),2009,(2)
MMP-9 在 Mip-1α 敲除小鼠和 Mip-1α 受体敲除小鼠炎性细胞的表达. 吴俣,等. 四川大学学报(医学版),2009,(3)
胎儿生长受限子代大鼠与正常大鼠海马蛋白质组双向电泳图谱比较. 黄谱,等. 西安交通大学学报(医学版),2009,(5)
抗小鼠 TLR2 胞外段单表位抗体 TSP-2 对酵母多糖诱发小鼠腹膜炎的影响. 杨翠兰,等. 南方医科大学学报,2009,(8)
带 PTD 的小鼠 Foxp3 PRD 缺失突变体对小鼠脾混合淋巴细胞反应的影响. 申卫红,等. 中南大学学报(医学版),2009,(12)
柯萨奇 B3 病毒川金丝猴分离毒株实验性感染 BALB/c 小鼠的病理形态学. 盖显英,等. 吉林大学学报(医学版),2009,(1)
西洋参叶 20S-原人参三醇组皂苷对大鼠心肌缺血再灌注损伤的保护作用. 李智,等. 吉林大学学报(医学版),2009,(1)
羊蹄根提取物对血小板减少症模型小鼠造血系统的作用. 马健康,等. 吉林大学学报(医学版),2009,(1)
电离辐射对小鼠腹腔巨噬细胞 TLR4 和转接蛋白 MyD88 表达的影响. 高辉,等. 吉林大学学报(医学版),2009,(1)
小鼠腹腔异位心脏移植模型制作技术的改进. 单忠贵,等. 吉林大学学报(医学版),2009,(1)
双环醇对小鼠日本血吸虫病心肌组织中 TGF-β_1、金属蛋白酶 1 和 Ⅰ、Ⅲ 型胶原表达的影响. 何生松,等. 中国人兽共患病学报,2009,(1)
罗格列酮对大鼠急性心肌缺血再灌注损伤的保护作用. 王春艳,等. 吉林大学学报(医学版),2009,(1).
C57BL/6 哮喘小鼠肾组织瞬时感受器电位 M6 离子通道 mRNA 表达. 郭淑芳,等. 中山大学学报(医学科学版),2009,(1)
N-乙酰半胱氨酸对糖尿病大鼠脾细胞凋亡及免疫相关因子的干预作用. 郭彩霞,等. 吉林大学学报(医学版),2009,(1)

急性肾衰大鼠肾脏上皮钠通道和钠钾氯共转运蛋白的表达. 李洪岩, 等. 吉林大学学报(医学版), 2009, (1)
阿霉素肾病大鼠肾组织中 nephrin 和 CD2AP 的表达及意义. 彭亚琴, 等. 中山大学学报(医学科学版), 2009, (1)
抑制 NF-κB 对大鼠肾小球系膜细胞血管紧张素Ⅱ1 型受体表达的影响. 郭颖, 等. 中山大学学报(医学科学版), 2009, (1)
大鼠局灶性脑缺血后脑组织 Ang-1 和 Ang-2 mRNA 的表达及意义. 马舒贝, 等. 吉林大学学报(医学版), 2009, (1)
不同剂量海人藻酸致痫鼠海马各亚区病理变化的比较. 孟红梅, 等. 吉林大学学报(医学版), 2009, (1)
小鼠原位移植性肝癌模型的建立及生物学特性. 张海英, 等. 吉林大学学报(医学版), 2009, (1)
辛伐他汀对病毒性心肌炎小鼠心肌细胞 L-型钙通道 mRNA 表达的影响. 窦忠霞, 等. 吉林大学学报(医学版), 2009, (1)
汽油尾气致大鼠肺组织氧化损伤机制的研究. 车望军, 等. 四川大学学报(医学版), 2009, (1)
青春期前苯甲酸雌二醇暴露对 SD 大鼠睾丸发育及功能的影响. 李和程, 等. 四川大学学报(医学版), 2009, (1)
黄芪对 UUO 模型大鼠肾脏肝细胞生长因子表达的影响. 左川, 等. 四川大学学报(医学版), 2009, (1)
益智健脑颗粒对快速老化小鼠 SAMP8 海马 Pin1 和 HMGB1 mRNA 表达的影响. 王慧玲, 等. 中南大学学报(医学版), 2009, (1)
体质量对去卵巢大鼠骨密度影响的初步探讨. 乔林, 等. 四川大学学报(医学版), 2009, (1)
大鼠胰岛 β 细胞分离与原代培养方法探讨. 刘玉溥, 等. 四川大学学报(医学版), 2009, (1)
CO_2 气腹对腹膜炎大鼠的肠道内毒素细菌移位的影响. 罗琪, 吴绍峰. 四川大学学报(医学版), 2009, (1)
双歧杆菌与乳酸杆菌在肾衰大鼠胃肠道不同部位的定植及其对小分子毒素的分解. 熊文, 等. 中南大学学报(医学版), 2009, (1)
不同月龄大鼠海马组织中 HIF-1α 表达规律的探讨. 吴海琴, 等. 四川大学学报(医学版), 2009, (1)
阿尔茨海默大鼠嗅球 p38 MAPK 的表达. 张桂莲, 等. 四川大学学报(医学版), 2009, (1)
聚乙二醇化重组人白细胞介素-6 大鼠皮下注射的药代动力学研究. 何学令, 等. 四川大学学报(医学版), 2009, (1)
依那普利对大鼠肾间质纤维化中 TGF-β_1, p-Smad2/3 及 Smad7 的作用. 宁旺斌, 等. 中南大学学报(医学版), 2009, (1)
首次从中国小鼠中分离到肝螺杆菌及其鉴定. 高正琴, 等. 中国人兽共患病学报, 2009, (3)
金黄色葡萄球菌肠毒素 B 对体外培养小鼠胚胎发育的影响. 闵宏林, 等. 中国人兽共患病学报, 2009, (2)
大鼠肝脏干细胞的胰十二指肠同源盒基因表达系的构建与初步鉴定. 任吴超, 等. 西安交通大学学报(医学版), 2009, (1)
A68930 对新生鼠离体延髓脑片呼吸节律性放电的影响. 焦勇钢, 等. 南方医科大学学报, 2009, (1)
电针对糖尿病大鼠学习记忆及海马结缔组织生长因子表达的影响. 马萍, 等. 西安交通大学学报(医学版), 2009, (1)
黄连解毒汤对小鼠脑缺血慢性神经损伤的保护作用. 张琦, 等. 浙江大学学报(医学版), 2009, (1)
肠功能恢复汤对 MODS 大鼠细菌和内毒素移位及血清 MDA 和 SOD 含量的影响. 王春荣, 等. 西安交通大学学报(医学版), 2009, (1)
白藜芦醇对重症急性胰腺炎大鼠肝脏的保护作用. 沙焕臣, 等. 西安交通大学学报(医学版), 2009, (1)
白藜芦醇对大鼠重症急性胰腺炎肠道屏障的保护作用. 张磊, 等. 西安交通大学学报(医学版), 2009, (1)
白藜芦醇对大鼠重症急性胰腺炎胰腺组织 COX-2 和 iNOS 表达的影响. 李琦, 等. 西安交通大学学报(医学版), 2009, (1)
紫外线致弱日本血吸虫尾蚴感染小鼠引起的肺组织细胞反应及虫体扫描电镜观察. 周霞, 等. 中国人兽共患病学报, 2009, (3)
发酵支原体、梨支原体大鼠致死性感染实验研究. 杜园园, 等. 中国人兽共患病学报, 2009, (3)
弓形虫感染对大鼠记忆力影响及其机制的实验研究. 周永华, 等. 中国人兽共患病学报, 2009, (2)
海洛因暴露对子代小鼠海马凋亡相关基因表达的影响. 王莹, 等. 西安交通大学学报(医学版), 2009, (1)
大鼠慢性心力衰竭急性应激模型的建立及评价. 张晓霞, 等. 西安交通大学学报(医学版), 2009, (1)
大鼠空肠黏膜上皮细胞酪酪肽受体的分布与特性. 闫媛, 董蕾. 西安交通大学学报(医学版), 2009, (1)
SPIO 标记下大鼠骨髓间充质干细胞生物学特性及多向分化潜能及体外 MR 成像. 许杰华, 等. 中山大学学报(医学科学版), 2009, (2)
L-Arg 及 L-NNA 对旋毛虫病沙鼠小肠及肝 NO 合成和组织病理变化的影响. 万启惠, 等. 中国人兽共患病学报, 2009, (3)
肠黏膜肥大细胞脱颗粒对大鼠肠缺血/再灌注后长期生存的影响. 黄品婕, 等. 中山大学学报(医学科学版), 2009, (2)
低频噪音对大鼠胃组织一氧化氮合酶表达的影响. 王进海, 等. 西安交通大学学报(医学版), 2009, (1)

砷中毒大鼠生精细胞凋亡的变化. 陆祥,等. 中山大学学报(医学科学版),2009,(2)
不同药物杀灭原头节对小鼠肝细粒棘球蚴感染的影响. 吕海龙,等. 中国人兽共患病学报,2009,(3)
实验性左侧精索静脉曲张对青春期大鼠附睾中 VEGF、VEGFR2 蛋白表达的影响. 马莉,等. 西安交通大学学报(医学版),2009,(1)
大鼠纹状体 Patch 和 Matrix 间区及其神经元形态学特征的观察. 雷万龙,等. 中山大学学报(医学科学版),2009,(2)
利用重组真核表达载体 pCMV-p53 转染 wt p53 基因及对大鼠 C6 胶质瘤细胞的热增敏效应. 石键,等. 浙江大学学报(医学版),2009,(1)
乙烷硒啉对小鼠体内移植性肝癌(H_{22})和 Lewis 肺癌的抗肿瘤作用. 胡森科,等. 西安交通大学学报(医学版),2009,(1)
MEK 抑制剂 U0126 对大鼠睾丸移植缺血再灌注损伤的保护作用. 姚晓霖,等. 浙江大学学报(医学版),2009,(1)
非洛地平对 SD 大鼠骨组织形态学的影响. 宋金辉,等. 西安交通大学学报(医学版),2009,(1)
SD 大鼠颌下腺腺泡细胞培养及胶原海绵的细胞相容性. 罗小宁,等. 中山大学学报(医学科学版),2009,(2).
BALB/c 小鼠甘露聚糖结合凝集素-A 糖识别域的原核表达. 左大明,等. 南方医科大学学报,2009,(2)
荧光染料 CFSE 标记大鼠间充质干细胞的体外研究. 李艳菊,等. 南方医科大学学报,2009,(1)
白介素-17A 在哮喘小鼠中的表达及意义. 龚雨新,等. 南方医科大学学报,2009,(2)
大鼠非酒精性脂肪肝病中 LXR-α 和 SREBP-1c 表达及罗格列酮的干预研究. 陈洁,等. 南方医科大学学报,2009,(2)
七氟醚预处理对大鼠局灶性脑缺血再灌注损伤的延迟性保护作用. 叶治,等. 中南大学学报(医学版),2009,(2)
磷酸化 ERK1/2 对 MPTP 帕金森病小鼠黑质 iNOS 表达的影响. 石冲,等. 南方医科大学学报,2009,(1)
匹罗卡品致痫大鼠海马神经肽 Y 中间神经元数目变化及其轴突出芽. 吴志国,等. 中南大学学报(医学版),2009,(2)
大剂量维生素 C 治疗大鼠移植性肝癌. 彭磷基,等. 南方医科大学学报,2009,(2)
强脉冲光对大鼠皮肤转换生长因子-β_1 mRNA 表达的影响. 王明利,等. 南方医科大学学报,2009,(1)
茜草提取物对耐力训练大鼠血清生化指标及运动能力的影响. 刘翔,等. 西安交通大学学报(医学版),2009,(1)
StAR 基因探针的制备及应激状态下小鼠睾丸间质细胞 StAR 基因的表达分析. 窦科,等. 四川大学学报(医学版),2009,(2)
小鼠 B7-H4 重组蛋白的表达及鉴定. 钱韵,等. 浙江大学学报(医学版),2009,(2)
抗体修饰抑制性 Ly49 受体对小鼠 NK 细胞功能的影响. 胥昀,黄河. 浙江大学学报(医学版),2009,(2)
小鼠 CCL21 真核表达载体构建及趋化活性检测. 宫婷,等. 浙江大学学报(医学版),2009,(2)
绒毛钩藤与国产钩藤对高血压大鼠血压及 AngⅡ、ET、CGRP 影响的比较研究. 杨运姣,彭康. 南方医科大学学报,2009,(3)
木蹄层孔菌多糖对小鼠免疫功能的影响. 高慧灵,等. 南方医科大学学报,2009,(3)
大鼠脑组织损伤后局部细胞免疫与神经元凋亡的关系. 陈克家,等. 南方医科大学学报,2009,(3)
TRP 亚家族 mRNA 在大鼠睾丸组织中的表达. 徐战平,等. 南方医科大学学报,2009,(3)
携带鼠 Foxp3 基因的自身失活型慢病毒载体的构建及表达. 曹江,等. 四川大学学报(医学版),2009,(2)
小鼠异基因造血干细胞移植中清髓照射对供者来源内皮祖细胞归巢的影响. 丁爽,等. 四川大学学报(医学版),2009,(2)
卡托普利及氯沙坦干预大鼠肺动脉高压与 MMP-2、MMP-9、TIMP-1 表达的关系. 王献民,等. 四川大学学报(医学版),2009,(2)
缺氧对大鼠血管平滑肌细胞表达巨噬细胞游走抑制因子的影响. 胡晓琳,等. 四川大学学报(医学版),2009,(2)
华支睾吸虫分泌/排泄抗原致大鼠肝纤维化. 胡凤玉,等. 南方医科大学学报,2009,(3)
白藜芦醇上调 FasL 表达对大鼠重症急性胰腺炎腺泡细胞凋亡的影响. 李震东,等. 南方医科大学学报,2009,(3)
动态观察依那普利对单侧输尿管梗阻大鼠 TGF-β_1,CTGF,Smad7 和 α-SMA 的影响. 王琳娜,等. 中南大学学报(医学版),2009,(3)
大鼠脑出血后行为学改变和室管膜下区细胞增殖规律. 孙建军,等. 中南大学学报(医学版),2009,(3)
脂质体-IP10 复合物对小鼠 4T1 乳腺癌的治疗作用. 唐清清,等. 四川大学学报(医学版),2009,(2)
X 线照射原代培养大鼠海马神经元后 p35、p25 的表达及 Cdk5 激酶活性变化. 韩永清,等. 南方医科大学学报,2009,(3)
血晶素对大鼠重症急性胰腺炎肺损伤的保护作用及其机制. 刘志勇,等. 中南大学学报(医学版),2009,(3)
色甘酸钠对沙土鼠全脑缺血再灌注后脑保护作用及脑组织 TNF-α 和 IL-1 水平的影响. 沈宁,等. 南方医科大学学报,2009,(3)

小鼠 Reg3α 基因 cDNA 成功转染 MIN6 细胞株并促其生长. 崔巍,等. 西安交通大学学报(医学版),2009,(2)
大鼠脂肪源性干细胞定向分化为施万细胞样细胞的实验研究. 汤银娟,等. 南方医科大学学报,2009,(4)
桂枝茯苓丸对荷瘤鼠 $P21^{waf/cip}$ 基因表达的影响. 王琪,等. 西安交通大学学报(医学版),2009,(2)
不同年龄段大鼠脂肪间充质干细胞生物学特性的研究. 柼涛,等. 西安交通大学学报(医学版),2009,(2)
应用甲状腺素片及饥饱失常法建立肝郁证大鼠模型的研究. 刘素蓉,等. 西安交通大学学报(医学版),2009,(2)
结核分枝杆菌 MPT64 抗原 DNA 疫苗在小鼠体内诱导的免疫应答. 柏银兰,等. 中国人兽共患病学报,2009,(5)
紫外线致弱日本血吸虫尾蚴诱导 BALB/c 小鼠免疫保护作用研究. 周霞,等. 中国人兽共患病学报,2009,(5)
化学去细胞肌肉促进大鼠脊髓半横断后的轴突再生. 薛辉,等. 西安交通大学学报(医学版),2009,(2)
大鼠肝脏缺血再灌注对胆小管纤维形肌动蛋白微丝的影响. 黎一鸣,等. 西安交通大学学报(医学版),2009,(2)
脑缺血大鼠脑皮层中强啡肽 A(1 - 13)的经时表达及脑含水量的变化. 展淑琴,等. 西安交通大学学报(医学版),2009,(2)
糖尿病大鼠视网膜中 VEGF 经由 PKC/NO 上调 ICAM-1 表达的机制探讨. 张小玲,等. 西安交通大学学报(医学版),2009,(2)
高氟对小鼠磨牙牙胚发育的影响. 侯铁舟,等. 西安交通大学学报(医学版),2009,(2)
超顺磁性氧化铁标记脂肪干细胞移植入大鼠心脏后的活体磁共振示踪成像. 刘再毅,等. 中国医学科学院学报,2009,(2)
ERK 在大鼠浅筋膜中的表达及针刺后的改变特征. 姜雪梅,等. 南方医科大学学报,2009,(4)
北五味子总木脂素对高脂血症大鼠心肌缺血再灌注损伤的保护作用及其机制. 孙潇,等. 吉林大学学报(医学版),2009,(2)
人参皂苷单体 Rb_1、Re 及 Rg_1 对肾上腺素所致小鼠耳廓微循环障碍的改善作用. 邱雪,等. 吉林大学学报(医学版),2009,(2)
白桦脂醇对大鼠酒精性肝损伤的保护作用. 狄英波,等. 吉林大学学报(医学版),2009,(2)
降脂酮对 CCl_4 诱导的大鼠慢性肝损伤的保护作用. 白贞子,等. 吉林大学学报(医学版),2009,(2)
双黄连注射液治疗病毒性脑炎小鼠机制的实验研究. 田晔,等. 南方医科大学学报,2009,(4)
人参皂甙 Rg1 对糖尿病肾病大鼠 TNF-α、MCP-1 表达的影响. 张丽娜,等. 四川大学学报(医学版),2009,(3).
骨髓间充质干细胞在电离辐射诱发的小鼠胸腺组织损伤中的作用. 王洪艳,等. 吉林大学学报(医学版),2009,(2)
小鼠骨髓细胞肾上腺素 β_2 受体的表达及其意义. 童金生,等. 吉林大学学报(医学版),2009,(2)
下丘脑 Hypocretin 神经肽在大鼠缰核对睡眠—觉醒调节中的作用. 孟德欣,等. 吉林大学学报(医学版),2009,(2)
大鼠颌下腺细胞培养方法建立及生物学特性研究. 刘超,等. 吉林大学学报(医学版),2009,(2)
SD 大鼠骨髓间充质干细胞体外培养、表型鉴定及标记. 朱勇,等. 吉林大学学报(医学版),2009,(2)
新生大鼠脊髓源性神经干细胞的分离培养及分化鉴定. 张殿君,等. 吉林大学学报(医学版),2009,(2)
大鼠干扰素诱导蛋白-10 的体外表达和鉴定. 赵玉杰,等. 南方医科大学学报,2009,(4)
大鼠窒息法心脏骤停后心肌挛缩的发生规律. 肖利民,等. 南方医科大学学报,2009,(4)
醋柳黄酮对自发性高血压大鼠主动脉内 MCP-1 表达的影响. 何军,等. 四川大学学报(医学版),2009,(3)
呼吸道合胞病毒感染促进哮喘小鼠气道分泌 TSLP 和 Th2 炎症反应. 夏虎,等. 南方医科大学学报,2009,(4)
血管紧张素 1-7 对大鼠肝星状细胞 α-平滑肌肌动蛋白表达的影响. 英嵩崧,等. 南方医科大学学报,2009,(4)
激活素 A 及其结合蛋白在 STZ 损伤小鼠胰腺组织中的表达及意义. 张宸豪,等. 吉林大学学报(医学版),2009,(2)
骨形态蛋白-7 对糖尿病大鼠 nephrin 表达和分布的影响. 肖厚勤,等. 南方医科大学学报,2009,(4)
舒洛地特对糖尿病大鼠肾脏的保护作用及抗氧化反应机制. 舒冏,等. 南方医科大学学报,2009,(4)
老龄大鼠肝脏和骨骼肌胰岛素受体底物-1 及磷酸化蛋白激酶 B 的表达. 王双,等. 四川大学学报(医学版),2009,(3)
罗格列酮钠保护 STZ 糖尿病大鼠胰岛 β-细胞及对 JNK 信号通路的影响研究. 刘光宇,安振梅. 四川大学学报(医学版),2009,(3)
高浓度葡萄糖对体外培养小鼠胰岛细胞 NF-κB 的表达及细胞凋亡的影响. 梁瑜祯,等. 吉林大学学报(医学版),2009,(2)
大鼠脊髓横断损伤后 CNTF mRNA 的表达变化. 赵彩霞,等. 四川大学学报(医学版),2009,(3)
HIF-1α 在 5/6 肾切除大鼠慢性肾纤维化模型中的表达. 许辉,等. 中南大学学报(医学版),2009,(4)
重组人促卵泡激素对雄激素致不孕大鼠局灶性脑缺血脑皮质 RAS 相关基因表达的影响. 周家文,等. 吉林大学学报(医学版),2009,(2)
瘦素对小鼠局灶性脑缺血再灌注损伤的保护作用. 司艺玲,等. 南方医科大学学报,2009,(4)
SD 大鼠新奇环境反应性与海洛因依赖易感性的关系(英文). 王传升,等. 中南大学学报(医学版),2009,(4)

c-myc 和 k-ras 基因多态性与辐射诱发小鼠胸腺淋巴瘤的关联性分析. 于雷,等. 吉林大学学报(医学版),2009,(2)
新方法简便高效建立小鼠原位膀胱癌模型. 梁中锟,等. 南方医科大学学报,2009,(4)
FK506 和 CSA 对异体造血干细胞在粒单白血病小鼠存活及其血清 IL-2 和 IL-4 水平的影响. 陈静,李春富. 四川大学学报(医学版),2009,(3)
地塞米松对大鼠颅脑创伤保护作用的实验研究. 杜晓冬,等. 四川大学学报(医学版),2009,(3)
大鼠蛛网膜下腔内注入不同浓度罗哌卡因对其行为学和超微结构的影响. 张重,等. 中南大学学报(医学版),2009,(4)
CaN 抑制剂对 H_2O_2 诱导的大鼠 H9C2 心肌细胞凋亡的影响. 冯星,等. 吉林大学学报(医学版),2009,(2)
PPARγ 激动剂罗格列酮对缺氧/复氧大鼠心肌细胞氧化应激和凋亡的影响. 姚友杰,等. 南方医科大学学报,2009,(4)
丁基苯酞对大鼠短暂性缺血脑组织 VEGF 及 bFGF 表达的影响. 曹文英,等. 四川大学学报(医学版),2009,(3)
依托咪酯对鼠肝线粒体能量代谢的影响. 刘凤芝,等. 四川大学学报(医学版),2009,(3)
鞘内预注氯诺昔康对福尔马林致痛模型大鼠患足局部肿胀的影响. 杨邦祥,等. 四川大学学报(医学版),2009,(3)
大黄蛰虫丸对大鼠肝星状细胞活化增殖的影响. 潘志恒,等. 中山大学学报(医学科学版),2009,(3)
细胞骨架蛋白基因转录与小分子促小鼠胚胎干细胞定向分化神经元样细胞的相关性. 许敏华,等. 浙江大学学报(医学版),2009,(3)
调节性 T 细胞抑制约氏疟原虫感染小鼠早期 Th1 应答的建立. 王大南,等. 中国人兽共患病学报,2009,(6)
大鼠心肌肥厚模型中血清白细胞介素-18 及-10 的变化. 刘子由,等. 中山大学学报(医学科学版),2009,(3)
建立三种大鼠反流性食管炎模型的方法. 王瑞华,等. 浙江大学学报(医学版),2009,(3)
纯氧与空气复苏对缺氧新生大鼠肝细胞凋亡及 Bcl-2 和 Bax 蛋白表达的影响. 陈雷,等. 中山大学学报(医学科学版),2009,(3)
孕烷 X 受体介导佐米曲坦对大鼠肝细胞色素 P450 CYP 3A 的诱导作用. 邢峰,等. 浙江大学学报(医学版),2009,(3)
BALB/c 小鼠静脉注射刀豆蛋白 A 致大脑皮层内 MAPEG 基因表达变化及环孢素影响. 张翔南,等. 浙江大学学报(医学版),2009,(3)
超声心动图评价心力衰竭大鼠模型心功能改变. 朱文晖,等. 中南大学学报(医学版),2009,(5)
强脉冲激光对小鼠皮肤老化的作用及其机制(英文). 向亚平,等. 中南大学学报(医学版),2009,(5)
甲醛对小鼠睾丸细胞凋亡和细胞周期的影响. 王春华,等. 吉林大学学报(医学版),2009,(3)
雷公藤多甙对小鼠异种骨移植急性排斥反应的抑制作用. 冯卫,等. 吉林大学学报(医学版),2009,(3)
谷氨酸对体外培养胎鼠神经干细胞的损伤作用. 崔俐,等. 吉林大学学报(医学版),2009,(3)
氧化应激对输尿管梗阻大鼠肾脏 TGF-$β_1$ 及其受体表达的影响. 张鹏宇,等. 吉林大学学报(医学版),2009,(3)
神经生长因子对小鼠神经胶质细胞代谢及功能的影响. 王以薇,等. 吉林大学学报(医学版),2009,(3)
组胺 H3 受体拮抗剂对大鼠难治性癫痫的治疗作用. 宋晓颖,等. 吉林大学学报(医学版),2009,(3)
多烯磷脂对青年鼠海马 CA3 区神经元突触可塑性的影响. 安思训,等. 吉林大学学报(医学版),2009,(3)
线粒体氧化对血管性痴呆大鼠神经功能的损伤及其作用机制. 赵晴,等. 吉林大学学报(医学版),2009,(3).
利用抑制性消减杂交技术筛选大鼠哮喘相关基因. 钟波,等. 浙江大学学报(医学版),2009,(4)
丝裂原活化蛋白激酶家族在 Swedish 突变的淀粉样前体蛋白转基因鼠脑缺血中的作用. 邹良玉,等. 中山大学学报(医学科学版),2009,(4)
心肺复苏大鼠脑基质金属蛋白酶 9 的表达和血脑屏障的变化. 何志捷,等. 中山大学学报(医学科学版),2009,(4)
司坦唑醇对雌激素受抑的青春期大鼠生长板软骨细胞生长和成熟的影响. 朱顺叶,等. 中山大学学报(医学科学版),2009,(4)
曲马多对切口痛诱发大鼠脊髓背角神经元 c-fos 基因和血液 IL-6 表达的抑制作用. 刘甬民,等. 浙江大学学报(医学版),2009,(4)
山葡萄多酚对酒精慢性中毒大鼠氧化损伤的保护作用. 戴维群,等. 吉林大学学报(医学版),2009,(4)
海仁藻酸致痫大鼠肾脏 ERK1/2 表达的检测及意义. 马宝新,等. 吉林大学学报(医学版),2009,(4)
噬菌体对小鼠肠源性铜绿假单胞菌感染的治疗作用. 刘晓彬,等. 吉林大学学报(医学版),2009,(4)
奥扎格雷钠对大鼠心肌缺血的抗氧化作用. 卜丽梅,等. 吉林大学学报(医学版),2009,(4)
哮喘鼠白细胞介素 23 水平变化及其作用机制. 张云峰,等. 吉林大学学报(医学版),2009,(4)
氟伐他汀对高糖诱导的大鼠系膜细胞 ERK1/2 和 CTGF 表达的调控. 罗萍,等. 吉林大学学报(医学版),2009,(4)
糖皮质激素或雄激素治疗自身免疫性卵巢早衰小鼠(英文). 施晓波,等. 中南大学学报(医学版),2009,(7)

氯化三乙基锡对体外培养大鼠 C6 胶质瘤细胞的增殖抑制作用. 张适,等. 吉林大学学报(医学版),2009,(4)
含硒桥联环糊精诱导体外培养 H22 小鼠肝癌细胞凋亡的作用. 许新,等. 吉林大学学报(医学版),2009,(4)
氯化镉对小鼠 S180 肉瘤的抑制作用及其对免疫功能的影响. 谭业辉,等. 吉林大学学报(医学版),2009,(4)
羧甲基壳聚糖银对实验性大鼠牙周炎的治疗作用. 付军权,等. 吉林大学学报(医学版),2009,(4)
促胃肠动力药对大鼠胃及十二指肠电活动的影响. 李富军,等. 中南大学学报(医学版),2009,(7)
异氟烷对成龄和老龄大鼠海马蛋白质组延迟相的差异性影响. 段开明,等. 中南大学学报(医学版),2009,(7)
彗星试验检测大鼠死后肾脏细胞 DNA 含量与死亡时间的关系. 靳俊峰,等. 中山大学学报(医学科学版),2009,(4)
大黄素和黄芪多糖对实验性肝损伤大鼠肝脏超微结构的影响. 张欣,等. 西安交通大学学报(医学版),2009,(4)
益肾胶囊对狼疮性肾炎大鼠的治疗作用. 吴喜利,等. 西安交通大学学报(医学版),2009,(4)
耻垢分枝杆菌疫苗对小鼠巨噬细胞产生一氧化氮的影响. 徐苗,等. 中国医学科学院学报,2009,(4)
rAAV2/1-Acrp30 对动脉粥样硬化的 GK 大鼠 NF-κB 及黏附分子的影响. 钟惠菊,等. 西安交通大学学报(医学版),2009,(4)
改良阿霉素肾病大鼠模型的建立. 杨维娜,等. 西安交通大学学报(医学版),2009,(4)
阿仑膦酸钠对长期应用皮质激素大鼠股骨头骨组织 OPG/RANKL mRNA 表达的影响. 王建忠,等. 西安交通大学学报(医学版),2009,(4)
侧脑室注射谷氨酸、MK-801 及氯氨酮对大鼠吗啡戒断症状的影响. 王红伟,等. 西安交通大学学报(医学版),2009,(4)
硫化氢对多器官功能障碍综合征大鼠的保护作用. 刘浩,等. 西安交通大学学报(医学版),2009,(4)
携带 DREAM 基因 shRNA 的慢病毒载体的构建及其对坐骨神经缩窄损伤大鼠的镇痛作用. 王云姣,等. 中南大学学报(医学版),2009,(8)
功率谱熵对大鼠痫性发作预报的评估意义. 黄献,等. 中南大学学报(医学版),2009,(8)
大鼠弥漫性轴索损伤后丘脑差异蛋白质表达. 李臻琰,等. 中南大学学报(医学版),2009,(8)
新型生物压电陶瓷 HALNK 的压电性及对大鼠成骨细胞功能表达的影响. 王鹏,等. 四川大学学报(医学版),2009,(5)
环肽 α-amanitin 在小鼠体内的毒性作用研究. 曹玫,等. 四川大学学报(医学版),2009,(5)
硝酸亚铈对小鼠睾丸细胞能量代谢相关酶活性、细胞周期及凋亡的影响. 赵海军,等. 西安交通大学学报(医学版),2009,(5)
黄芪多糖对高脂喂养肥胖大鼠胰岛素敏感性的影响. 翁孝刚,等. 西安交通大学学报(医学版),2009,(5)
Nbn 基因对出生后小鼠海马发育的影响. 王堃,等. 西安交通大学学报(医学版),2009,(5)
大鼠胫骨生长板软骨细胞的体外培养及鉴定. 潘思年,等. 中山大学学报(医学科学版),2009,(S2)
血吸虫生殖产卵相关基因 pcDNA3/Sj SDISP DNA 在小鼠体内的组织分布及整合的观察. 刘芬,等. 中国人兽共患病学报,2009,(10)
全骨髓接种培养大鼠骨髓间充质干细胞及其生物学特性. 陈国东,等. 中山大学学报(医学科学版),2009,(S1)
自发性高血压大鼠血细胞参数的测定. 刘一鸣,等. 中山大学学报(医学科学版),2009,(S1)
不同品系大鼠哮喘模型的比较. 龙静雯,等. 西安交通大学学报(医学版),2009,(5)
辛伐他汀对骨质疏松大鼠的防治作用. 于伟利,等. 西安交通大学学报(医学版),2009,(5)
氯沙坦对慢性移植肾肾病大鼠移植肾 TGF-β_1 表达的影响. 林敏娃,等. 中山大学学报(医学科学版),2009,(S1)
小鼠不同脑缺血模型及品系差异. 刘慧勤,等. 浙江大学学报(医学版),2009,(5)
大鼠三叉神经节离体培养可用于血管性头痛发病机制和药物治疗的靶点研究. 罗国刚,等. 西安交通大学学报(医学版),2009,(5)
顺铂对小鼠耳蜗毒性及 caspase-3 表达的影响. 孙伟霞,等. 西安交通大学学报(医学版),2009,(5)
环孢素 A 在鼠喉移植中的抗免疫排斥作用. 彭汉伟,等. 中山大学学报(医学科学版),2009,(S2)
不同深度烫伤大鼠创面组织中 β_1 整合素、整合素连接激酶的表达. 雷俊霞,等. 中山大学学报(医学科学版),2009,(S1)
不同剂量的氯胺酮对大鼠免疫功能和肿瘤转移的影响. 沈智文,等. 中山大学学报(医学科学版),2009,(S2)
环磷酰胺对大鼠卵巢功能的影响. 刘惠芬,等. 中山大学学报(医学科学版),2009,(S2).
嘌呤核苷酸对海洛因依赖及戒断大鼠心肌酶学的影响. 崔佳乐,等. 吉林大学学报(医学版),2009,(3)
雌激素对抑郁症大鼠行为学及缰核内去甲肾上腺素含量的影响. 黄民,等. 吉林大学学报(医学版),2009,(3)
shRNA 抑制小鼠肝癌细胞株 JNK 的表达及细胞迁移和侵袭. 张宇虹,等. 吉林大学学报(医学版),2009,(3)
实验性牙移动大鼠牙周组织环氧化酶 2 的表达及意义. 侯旭,孙新华. 吉林大学学报(医学版),2009,(3)
小鼠 IL-4 重组质粒的构建及目的蛋白的表达和纯化. 罗晓蕾,等. 四川大学学报(医学版),2009,(4)
远志与厚朴不同煎煮时间及不同配比对小鼠胃肠运动的影响. 江娟,等. 西安交通大学学报(医学版),2009,(3)
抗 CUEDC2 单克隆抗体的制备及小鼠组织 CUEDC2 表达谱的检测. 于鸣,等. 西安交通大学学报(医学版),

2009,(3)
原代培养乳鼠窦房结细胞的形态学及表面抗原研究. 管思彬,等. 西安交通大学学报(医学版),2009,(3)
烧伤对不同性别小鼠肝脏和脾脏铁相关蛋白的影响. 郭晓强,等. 西安交通大学学报(医学版),2009,(3)
大鼠肠淋巴液引流方法的建立及肠道缺血再灌注损伤时活性物质的改变. 陈雪峰,等. 中国医学科学院学报,2009,(3)
有机锗对维甲酸致骨质疏松大鼠骨骼中微量元素的影响. 赵俊杰,等. 西安交通大学学报(医学版),2009,(3)
大鼠小肠移植模型的技术改进. 张立,等. 西安交通大学学报(医学版),2009,(3)
放射损伤对小鼠骨髓间充质干细胞成骨潜能及造血干细胞龛位的影响. 马杰,等. 西安交通大学学报(医学版),2009,(3)
安非他明对小鼠白细胞介素-10 释放的影响及多巴胺 D_3 受体的调控作用. 陈艳炯,等. 西安交通大学学报(医学版),2009,(3)
抗结核病药物异烟肼致大鼠肝脏损伤的基因表达谱. 廖艳,等. 中国医学科学院学报,2009,(3)
黄芪扶正汤对免疫抑制小鼠的免疫调节功能. 罗晓丽,等. 中南大学学报(医学版),2009,(6)
黄芪甲甙对香烟烟雾暴露大鼠肺组织 Nrf2 表达的影响. 林健,等. 四川大学学报(医学版),2009,(4)
栀子甙对血管性痴呆大鼠行为学和脑组织病理改变的影响. 李利娟,等. 四川大学学报(医学版),2009,(4)
中药黄芪对肥胖大鼠内皮血管舒张功能的影响. 邓刚,余叶蓉. 四川大学学报(医学版),2009,(4)
酸敏感离子通道在大鼠脑干斜方体核和旁巨细胞外侧核的表达及间歇性缺氧对其表达的影响. 曹性玲,等. 四川大学学报(医学版),2009,(4)
不同分离及培养方法对大鼠骨髓间充质干细胞生长增殖和生物学特性的影响. 贾贵清,等. 四川大学学报(医学版),2009,(4)
红细胞增多对大鼠低氧肺动脉高压及其肺血管重构的影响. 周艳荣,等. 四川大学学报(医学版),2009,(4)
SKLB-102 对 ConA 诱导的小鼠急性肝炎治疗研究. 何春梅,等. 四川大学学报(医学版),2009,(4)
脂联素改善肥胖大鼠离体主动脉内皮依赖性血管舒张功能的实验研究. 李明锐,等. 四川大学学报(医学版),2009,(4)
NMBR 在不同妊娠阶段小鼠子宫平滑肌细胞中的表达及其与临产的关系. 张卫社,等. 中南大学学报(医学版),2009,(6)
早期高压氧对脑缺血再灌注损伤大鼠神经细胞凋亡及学习记忆的影响(英文). 彭争荣,等. 中南大学学报(医学版),2009,(6)
稳定表达小鼠白介素 12 的间充质干细胞株的筛选与鉴定. 徐健蓉,等. 四川大学学报(医学版),2009,(4)
放疗对 lewis 肺癌荷瘤小鼠 MMP、VEGF、MVD 的影响. 艾平,等. 四川大学学报(医学版),2009,(4)
丹参素对 IL-1β 刺激的大鼠肝星状细胞 JNK、NF-κB 信号通道的影响. 吴宗辉,等. 南方医科大学学报,2009,(5)
荷包牡丹碱对小鼠下丘神经元反应潜伏期的影响. 丛文东,肖中举. 南方医科大学学报,2009,(5)
姜黄素对大鼠脑缺血再灌注损伤时 NF-κB、ICAM-1 的影响. 庄荣,等. 南方医科大学学报,2009,(6)
中药远志对慢性应激抑郁大鼠 BDNF 及其受体 TrkB mRNA 表达的影响. 孙艳,等. 南方医科大学学报,2009,(6)
大鼠尾静脉注射法. 陈育尧,黄雪玲. 南方医科大学学报,2009,(6)
内毒素血症大鼠心肌细胞骨架蛋白基因表达的变化. 冯德光,等. 南方医科大学学报,2009,(6)
高血压大鼠阴茎海绵体平滑肌细胞表型转化. 韦安阳,等. 南方医科大学学报,2009,(5)
地塞米松对哮喘小鼠 Th17 细胞因子 IL-17 表达的影响. 胡斯明,等. 南方医科大学学报,2009,(6)
Orexin-A 对氯胺酮麻醉老年大鼠苏醒的影响. 王东,等. 南方医科大学学报,2009,(5)
重复促排卵对小鼠卵母细胞发育潜能的影响. 彭宇洪,等. 南方医科大学学报,2009,(6)
骨髓间充质干细胞在 mdx 鼠体内分化为骨骼肌细胞及其 dystrophin/utrophin 蛋白的表达. 冯善伟,等. 南方医科大学学报,2009,(5)
异种抗原免疫序贯瘤内注射对瘤荷小鼠的免疫治疗作用. 孙丽斌,等. 南方医科大学学报,2009,(5)
大鼠烫伤合并海水浸泡后创面病理学改变的特点. 马军,等. 南方医科大学学报,2009,(6)
特布他林短时间作用增强急性肺损伤大鼠肺泡液清除的机制与 αENaC 的相关性. 黄冬祥,等. 南方医科大学学报,2009,(5)
乌司他丁对失血性休克大鼠肺损伤的保护作用. 林春水,等. 南方医科大学学报,2009,(5)
二甲双胍对低密度脂蛋白诱导的大鼠血管内皮功能紊乱的改善作用. 谢伟,等. 南方医科大学学报,2009,(5)
丁苯酞对 Alzheimer 模型大鼠海马 S100 和胶质纤维酸性蛋白的影响. 侯德仁,等. 南方医科大学学报,2009,(6)
促红细胞生成素对大鼠再灌注心律失常的影响. 吴锦波,等. 南方医科大学学报,2009,(6)
灌注法制备大鼠全肾脏脱细胞基质的研究. 刘春晓,等. 南方医科大学学报,2009,(5)
低剂量电离辐射诱导小鼠睾丸生精细胞线粒体结构、ATPase 活性及钙离子浓度的变化. 王志成,等. 吉林大学学报(医学版),2009,(4)
杭白菊乙酸乙酯提取物对大鼠实验性心律失常的影响及其机制. 张玮,等. 浙江大学学报(医学版),2009,(4)

CTLA-4Ig 融合蛋白对 ApoE 基因缺陷小鼠动脉粥样硬化的抑制作用. 陈洁,等. 中山大学学报(医学科学版),2009,(4).
人参皂苷 Rb_1 对染铅小鼠骨铅含量及行为记忆的影响. 刘微,等. 吉林大学学报(医学版),2009,(5)
参芪合剂对环磷酰胺所致免疫抑制小鼠免疫和抗氧化功能的影响. 张海玉,等. 吉林大学学报(医学版),2009,(5)
两种剂量野百合碱诱导的大鼠肺动脉高压模型肺组织病理变化比较. 赵科研,等. 吉林大学学报(医学版),2009,(5)
顺式藁苯内酯在大鼠体内外的代谢及其代谢物的药理活性研究. 唐静,等. 四川大学学报(医学版),2009,(5)
蒺藜皂苷对大鼠心肌缺血再灌注损伤的保护作用. 李红,等. 吉林大学学报(医学版),2009,(5)
青蒿琥酯对 IgA 肾病模型大鼠肾组织 MCP-1 及其 mRNA 表达的影响. 米绪华,等. 四川大学学报(医学版),2009,(5)
骨髓间充质干细胞移植对大鼠肝纤维化模型的修复作用. 牛铁兵,等. 吉林大学学报(医学版),2009,(5)
小鼠睾丸高表达新基因 Biot2-L 表达谱分析及对睾丸发育影响的初步研究. 王昊,等. 四川大学学报(医学版),2009,(5)
利用小鼠脾细胞上清抗病毒活性建立新型抑制性 ODN 的体外筛选方法. 杨光,等. 吉林大学学报(医学版),2009,(5)
PI3Kγ 抑制剂 AS605240 对小鼠自身免疫性心肌炎的治疗研究. 金科,等. 四川大学学报(医学版),2009,(5)
非洛地平对动脉粥样硬化大鼠主动脉 NF-κB 的影响. 杜晓冬,等. 四川大学学报(医学版),2009,(5)
去卵巢骨质疏松大鼠血浆^{1}H-NMR 代谢组学分析. 龙维富,等. 四川大学学报(医学版),2009,(5)
术后不同时间给予外源性 VEGF 对大鼠放疗皮瓣成活的影响. 刘春丽,等. 吉林大学学报(医学版),2009,(5)
白细胞介素 15 在小鼠支气管哮喘发病中的作用. 赵凯姝,等. 吉林大学学报(医学版),2009,(5)
新生大鼠缺氧缺血脑损伤时脑组织 GLUT1 表达及神经元凋亡研究. 张筱岚,等. 四川大学学报(医学版),2009,(5)
大鼠海马 CA1 脑区慢病毒载体注射方法学改进. 张惊宇,等. 吉林大学学报(医学版),2009,(5)
树突状细胞负载 Tα146-162 治疗实验性自身免疫性重症肌无力小鼠的 B 细胞活化机制研究. 王蓉,等. 四川大学学报(医学版),2009,(5)
大鼠海马 HIF-1α 和 EPO 在衰老过程中的表达. 吴海琴,等. 中南大学学报(医学版),2009,(9)
嘌呤核苷酸补偿对海洛因依赖大鼠嘌呤核苷酸分解代谢的影响. 李昆,等. 吉林大学学报(医学版),2009,(5)
盐酸多奈哌齐对未成年大鼠学习记忆功能的影响. 谢湘林,等. 吉林大学学报(医学版),2009,(5)
氯化三乙基锡对体内大鼠 C6 胶质瘤增殖抑制作用及病理学改变. 张适,等. 吉林大学学报(医学版),2009,(5)
成长期大鼠下颌侧方偏位对髁突及下颌骨形态的影响. 刘畅,等. 吉林大学学报(医学版),2009,(5)
达那唑对大鼠卵巢功能的影响. 许晓燕,等. 四川大学学报(医学版),2009,(5)
化学去细胞肌肉组织工程支架与大鼠脊髓的生物相容性. 薛辉,等. 吉林大学学报(医学版),2009,(5)
大鼠死后脑组织 GAPDH mRNA 多位点降解与晚期死亡时间的关系研究. 任广睦,等. 四川大学学报(医学版),2009,(5)
大鼠 δ 阿片受体基因的 pIRES2-EGFP 质粒的构建及其在 HEK293 细胞中的表达. 胡子有,等. 南方医科大学学报,2009,(7)
低硒和/或低碘对子三代大鼠关节软骨细胞凋亡的影响. 王世捷,等. 中国医学科学院学报,2009,(5)
雷公藤甲素对哮喘小鼠气道重塑及转化生长因子-$β_1$ 表达的影响. 吕志强,等. 中山大学学报(医学科学版),2009,(5)
阿霉素肾病大鼠模型动态变化及其足细胞数量和 nephrin 的表达变化. 杨维娜,等. 中山大学学报(医学科学版),2009,(5)
吗啡后处理抑制缺血再灌注损伤大鼠心肌细胞凋亡及其抗氧化机制. 王志,等. 中山大学学报(医学科学版),2009,(5)
禽流感病毒感染小鼠模型病理损伤及抗原定位研究. 孙世惠,等. 中国人兽共患病学报,2009,(11)
大鼠脑梗死后缺氧组织显像的动态变化. 潘经锐,等. 中山大学学报(医学科学版),2009,(5)
3,4-亚甲基二氧基甲基苯丙胺诱导大鼠神经元凋亡及凋亡相关因子的表达. 王雪,等. 四川大学学报(医学版),2009,(6)
素尔松对大鼠成骨细胞增殖分化的影响. 韩锋,等. 南方医科大学学报,2009,(7)
银杏平颤方对帕金森病模型小鼠脑内 nNOS mRNA 表达的影响. 张军,等. 南方医科大学学报,2009,(8)
右旋松萝酸对小鼠口服急性毒性及细胞毒性的实验研究. 程彦斌,等. 南方医科大学学报,2009,(8)
灯盏细辛对大鼠局灶性脑缺血/再灌注损伤的保护作用. 詹海涛,刘应时. 南方医科大学学报,2009,(9)
肠炎清通过抑制 NF-κB 活性对大鼠肠黏膜起抗炎作用. 宋卫兵,等. 南方医科大学学报,2009,(7)
三七总皂苷对心梗后心室重构大鼠肿瘤坏死因子-α 与基质金属蛋白酶表达的影响及其作用机制. 郭洁文,等.

南方医科大学学报,2009,(10)
钩吻素子对小鼠H22实体瘤抑制作用的实验研究.蔡晶,等.南方医科大学学报,2009,(9)
云南白药对大鼠骨骼肌急性损伤后炎症反应和卫星细胞再生的影响.孙茹,等.吉林大学学报(医学版),2009,(6)
金银花对大鼠体内和体外RBL细胞的抗氧化保护作用及其机制.宫璀璀,等.吉林大学学报(医学版),2009,(6)
驱铅益智口服液对铅染毒大鼠的治疗作用.韩长城,等.吉林大学学报(医学版),2009,(6)
高温复合脂多糖应激大鼠肾组织TNF-α表达变化.左丹,等.南方医科大学学报,2009,(8)
胃泌素调节激素在双歧杆菌中的表达及其转化双歧杆菌对肥胖小鼠体质的影响.龙若庭,等.南方医科大学学报,2009,(8)
含糖腹透液对大鼠腹膜间皮细胞功能的影响.任昊,等.南方医科大学学报,2009,(8)
金刚烷胺修饰物对禽流感病毒感染小鼠免疫功能的影响.徐坤,等.吉林大学学报(医学版),2009,(6)
β_3-肾上腺素能受体对心力衰竭大鼠心室肌细胞内静息 Ca^{2+} 浓度的调控及其转导途径.邓义军,等.南方医科大学学报,2009,(8)
普伐他汀和粒细胞集落刺激因子对心肌缺血小鼠内皮前体细胞动员效果的比较.陈婷婷,等.南方医科大学学报,2009,(8)
Bcl-2及Bax在异丙肾上腺素致心肌坏死模型大鼠心肌中的表达及意义.李相军,等.吉林大学学报(医学版),2009,(6).
过氧化物酶增殖物激活受体γ抑制大鼠肝星状细胞中转化生长因子-β_1诱导的结缔组织生长因子表达.孙凯,等.南方医科大学学报,2009,(7)
肥大细胞和胃肠激素在TNBS所致大鼠溃疡性结肠炎模型中的变化.赵平,等.南方医科大学学报,2009,(7)
奥曲肽对大鼠肝星状细胞增殖的抑制作用.戴永美,等.吉林大学学报(医学版),2009,(6)
骨髓间充质干细胞治疗大鼠糖尿病肾病初探.周虹,等.四川大学学报(医学版),2009,(6)
叙利亚金黄地鼠胰岛的分离、纯化与功能鉴定.孙侃,等.南方医科大学学报,2009,(9)
内质网应激在氟中毒大鼠肾损害中的作用.孙景春,等.吉林大学学报(医学版),2009,(6)
2型糖尿病大鼠骨髓腔内PPARγ和Cbfα1 mRNA的表达与骨折愈合障碍的关系(英文).徐诣,等.中南大学学报(医学版),2009,(10)
超早期高压氧治疗对脊髓全横断大鼠脊髓水肿及后肢运动功能的影响.刘敏,等.南方医科大学学报,2009,(10)
慢性肾衰营养不良大鼠血浆神经肽的表达及复方α-酮酸的干预.周伟东,等.南方医科大学学报,2009,(7)
来曲唑诱导多囊卵巢综合征大鼠卵巢组织中FSH受体的表达及其意义.郭洪胜,等.吉林大学学报(医学版),2009,(6)
大鼠脑电近似熵在局灶性脑梗死时的变化.欧阳铭文,等.南方医科大学学报,2009,(7)
P38通路对帕金森病小鼠模型黑质环氧合酶-2、半胱氨酸蛋白酶-3表达的影响.魏子峰,等.南方医科大学学报,2009,(10)
鞘内注射NOS抑制剂对神经痛大鼠脊髓背角内磷酸化CREB表达的影响.杨桐伟,等.吉林大学学报(医学版),2009,(6)
丁苯酞对阿尔茨海默病模型大鼠P38及ERK表达的影响及意义.侯德仁,等.南方医科大学学报,2009,(8)
嘌呤核苷酸补偿对海洛因依赖大鼠脑组织中5-HT及5-HIAA含量的影响及其机制.李鸿梅,等.吉林大学学报(医学版),2009,(6)
聚肌胞对小鼠前列腺癌组织内血管生成的影响.田原僮,等.吉林大学学报(医学版),2009,(6)
c-myc基因与辐射诱发小鼠胸腺淋巴瘤的关联性分析.于雷,等.吉林大学学报(医学版),2009,(6)
TLR2在大鼠穿透性角膜移植术后免疫排斥反应中的作用.白浪,等.南方医科大学学报,2009,(10)
杀菌/通透性增强蛋白对分泌性中耳炎模型大鼠损伤黏膜的修复作用.房宁,等.吉林大学学报(医学版),2009,(6)
纤维调节素在大鼠牙本质和牙髓中的免疫组织化学表达.黄群,钱虹.南方医科大学学报,2009,(8)
MAPKs信号阻断剂U0126对油酸致急性肺损伤大鼠肺泡Ⅱ型上皮细胞中AQP4表达的影响.陈春玲,等.南方医科大学学报,2009,(8)
重组人碱性成纤维细胞生长因子促进急性心肌梗死大鼠缺血心肌血管再生.王晓杰,等.吉林大学学报(医学版),2009,(6)
乳化异氟醚对乳鼠原代培养缺氧/复氧损伤心肌细胞保护效应的最适浓度研究.杨孟昌,等.四川大学学报(医学版),2009,(6)
米非司酮对体外大鼠卵巢颗粒细胞凋亡的影响.王雪梅,等.四川大学学报(医学版),2009,(6)
多孔金属材料镍钛合金与大鼠骨髓基质细胞的生物相容性研究.罗杰,等.南方医科大学学报,2009,(9)

免疫性肝纤维化大鼠血液流变学研究. 吕小燕,等. 南方医科大学学报,2009,(11)
彗星分析法研究靶向 SMPD1 的 siRNA 对小鼠卵母细胞凋亡的保护作用. 张仁礼,等. 南方医科大学学报,2009,(11)
肺炎支原体感染大鼠模型的建立及治疗研究. 黄晓虹,等. 南方医科大学学报,2009,(11)
脂肪乳对布比卡因中毒大鼠心肺复苏后心脏功能的作用. 房洁渝,等. 中山大学学报(医学科学版),2009,(6)
髓核源性坐骨神经痛大鼠背根神经节磷酸化 p38 MAPK 表达的变化. 张劲军,等. 中山大学学报(医学科学版),2009,(6)
Ang-1/Tie2 在大鼠体－肺分流肺动脉高压形成中的作用. 王伟,等. 中山大学学报(医学科学版),2009,(6)
老年大鼠供肝应用的实验研究. 许赤,等. 南方医科大学学报,2009,(11)
大鼠宫颈 MMP-2、MMP-8 动态表达的研究. 尹春艳,等. 南方医科大学学报,2009,(11)
小于胎龄儿大鼠 ghrelin 水平变化及其与 GH/IGF-1 生长轴的关系. 沈振宇,等. 中山大学学报(医学科学版),2009,(6)
常压高浓度氧致新生大鼠脑细胞凋亡及早期神经行为发育延迟. 李易娟,等. 中山大学学报(医学科学版),2009,(6)
NF-KappaB、p38 MAPK 和 JNK 通路在运动神经损伤引起的大鼠病理性疼痛中的作用及机制. 臧颖,等. 中山大学学报(医学科学版),2009,(6)
人工寒潮促发大鼠脑卒中发病前脑血管内皮细胞粘附分子的变化. 林健雯,等. 中山大学学报(医学科学版),2009,(6)
免疫毒素 IL-2-PE66 抑制小鼠角膜移植免疫排斥反应的研究. 吴京,于健. 南方医科大学学报,2009,(11)
七叶皂苷和可乐定在大鼠蛛网膜下腔内注射的协同抗炎症痛作用. 李强,等. 中山大学学报(医学科学版),2009,(6)
吗啡耐受大鼠背根神经节磷酸化 p38 MAPK 的表达. 陈宇,等. 中山大学学报(医学科学版),2009,(6)
大鼠 GPR17 基因真核表达载体的构建及其功能鉴定. 林卡娜,等. 浙江大学学报(医学版),2009,(6)
黄芪预处理对大鼠心肌缺血再灌注损伤的保护作用及其机制. 王伟,等. 西安交通大学学报(医学版),2009,(6)
白术对小鼠移植性肉瘤 S180 的抑瘤作用及对 Bcl-2 基因表达的影响. 邱根全,等. 西安交通大学学报(医学版),2009,(6)
慈菇消脂丸对大鼠非酒精性脂肪性肝炎的防治作用. 马燕花,等. 西安交通大学学报(医学版),2009,(6)
内源性组胺在小鼠缺血预处理诱导的脑缺血耐受中的作用. 何萍,等. 浙江大学学报(医学版),2009,(6)
Blag 7 多肽疫苗免疫治疗小鼠过敏性气道炎症的研究. 夏立新,等. 中国人兽共患病学报,2009,(12)
弓形虫感染对大鼠海马 BDNF 和 NMDA 表达的影响. 周永华,等. 中国人兽共患病学报,2009,(12)
应激活化蛋白激酶在大鼠缺血后适应中的变化及其对细胞凋亡影响的研究. 张国明,等. 浙江大学学报(医学版),2009,(6)
急性乙型肝炎病毒感染小鼠模型的建立. 郭春霞,等. 中国人兽共患病学报,2009,(12)
甘精胰岛素对糖尿病大鼠心肌纤维化及超微结构的影响. 金秀平,等. 西安交通大学学报(医学版),2009,(6).
NF-κB 及其相关炎性因子致大鼠移植肝冷保存损伤的机制. 蒋安,等. 西安交通大学学报(医学版),2009,(6)
肝硬化大鼠原位肝移植血流动力学改变. 乔伟,等. 西安交通大学学报(医学版),2009,(6)
α_{1A}-AR 阻滞剂对 HRS 大鼠肾淤血的保护作用及其机制. 张晓刚,等. 西安交通大学学报(医学版),2009,(6)
经鼻给小剂量重组人促红细胞生成素对大鼠癫痫的影响. 赵华伟,等. 浙江大学学报(医学版),2009,(6)
帕金森病大鼠脚桥核中胆碱能 M_2 受体的表达变化及意义. 惠艳娉,等. 西安交通大学学报(医学版),2009,(6)
BALB/c 小鼠感染广州管圆线虫后脑内的动态变化. 涂芸琥,等. 中国人兽共患病学报,2009,(12)
Clobenpropit 及组氨酸对大鼠吗啡诱导的条件位置偏爱重燃的作用. 王慧娟,等. 浙江大学学报(医学版),2009,(6)
雷帕霉素对小鼠 H_{22}肝癌细胞生长增殖的影响. 仵正,等. 西安交通大学学报(医学版),2009,(6)
食欲素-A 在大鼠肝再灌注诱导的肝损伤中的变化. 林季,等. 中南大学学报(医学版),2009,(11)
胆囊收缩素刺激小鼠胰腺腺泡肽链的延伸及其分子机制. 谢群,等. 中南大学学报(医学版),2009,(12)
神经元限制性沉默因子与大鼠骨髓间充质干细胞向神经元诱导分化的关系. 刘斌,等. 中国医学科学院学报,2009,(6)
祛风通络方对阿霉素肾病大鼠肾小球足细胞 nephrin mRNA 表达的影响. 任艳芸,等. 中南大学学报(医学版),2009,(12)
缺氧/复氧损伤对大鼠海马神经元过氧化物酶体增殖物激活受体 γ 表达的影响. 狄政莉,等. 中南大学学报(医学版),2009,(12)
呼吸道合胞病毒感染大鼠脊髓背根节信号转录因子的研究. 谭洪毅,等. 中南大学学报(医学版),2009,(12)
糖尿病大鼠视网膜病变中促血管生成因子的表达及意义. 林安华,等. 中南大学学报(医学版),2009,(12)
以兔红细胞作为抗原建立小鼠体液免疫反应动物模型. 仇成凤,等. 南方医科大学学报,2009,(12)

乌龙丹对慢性脑缺血大鼠学习记忆功能的影响. 汤伟,等. 南方医科大学学报,2009,(12)
胶质细胞代谢对新生大鼠离体延髓脑片呼吸节律性放电的影响. 方芳,等. 南方医科大学学报,2009,(12)
PEP-1-CAT 融合蛋白预处理对在体大鼠心肌缺血再灌注损伤的保护作用. 张永军,等. 南方医科大学学报,2009,(12)
厄贝沙坦对早期糖尿病肾病大鼠肾脏晚期糖基化终产物及其受体表达的影响. 龙海波,等. 南方医科大学学报,2009,(12)
尿激酶对环孢素 A 慢性肾病大鼠肾间质纤维化及转化生长因子-β_1 的影响. 王寅,等. 南方医科大学学报,2009,(12)
趋化因子 MCP-1 和 MIP-2 在大鼠肾脏移植后的动态变化. 姚浩,俞俊杰. 南方医科大学学报,2009,(12)
HepaRG 细胞移植治疗鼠特异性 Fas 抗体诱导的小鼠急性肝衰竭. 蒋黎,等. 第三军医大学学报,2009,(18)
人、兔、大鼠脂肪基质细胞的生物学性状对比. 倪永伟,等. 北京大学学报(医学版),2009,(1)
应用双向启动子 RNA 干扰技术抑制大鼠血管平滑肌细胞 MAPK 的表达. 王燕,等. 第三军医大学学报,2009,(1)
不同剂量鞭毛蛋白致大鼠急性肺损伤的对比研究. 胡明冬,等. 第三军医大学学报,2009,(1)
葡萄糖调节蛋白 78 在大鼠非酒精性脂肪性肝炎中的表达及意义. 闵敏,等. 第三军医大学学报,2009,(1)
Exendin-4 对高脂大鼠脂代谢及胰岛 β 细胞功能的影响. 谭兴容,等. 第三军医大学学报,2009,(2)
激活素 A 及卵泡抑素对大鼠肾间质成纤维细胞分泌羟脯氨酸及Ⅳ型胶原的影响. 李芙蓉,等. 第三军医大学学报,2009,(3)
抑郁模型大鼠脑脊液、海马和皮层组织脑源性神经营养因子的变化. 尹烈虎,等. 第三军医大学学报,2009,(3)
Avastin 治疗小鼠血管内皮瘤的实验研究. 许振起,等. 北京大学学报(医学版),2009,(1)
三氧化二砷诱导小鼠肝癌细胞 H_{22}外泌 exosome 及相关机制研究. 向自武,等. 第三军医大学学报,2009,(3)
PI3K/Akt 信号途径抑制烧伤后大鼠缺血缺氧心肌细胞凋亡. 宋华培,等. 第三军医大学学报,2009,(1)
密闭舱室内非金属材料燃烧释放有毒气体对大鼠肺组织通透性的影响. 安辉,等. 第三军医大学学报,2009,(4)
福辛普利对糖尿病大鼠胰腺组织氧化应激的影响. 闫纪强,等. 第三军医大学学报,2009,(2).
罗格列酮抑制粘附分子表达减轻大鼠急性心肌梗死再灌注后无再流. 何泉,等. 第三军医大学学报,2009,(2)
运用新的体视学方法研究大鼠胼胝体及胼胝体额区有髓神经纤维. 徐瑄,等. 第三军医大学学报,2009,(1)
黄芪当归合剂对 5/6 肾切除大鼠肾组织损伤的治疗作用. 宋锦叶,等. 北京大学学报(医学版),2009,(2)
实时定量 PCR 阵列检测小鼠大脑组织 microRNA 表达谱. 张旗,等. 北京大学学报(医学版),2009,(2)
一种改进的大鼠皮层神经元原代培养方法及其性质鉴定. 姜茜,等. 北京大学学报(医学版),2009,(2)
吸入脂多糖诱导小鼠急性肺炎模型的建立. 郭玲,等. 北京大学学报(医学版),2009,(2)
脂联素及其受体在吡格列酮抑制 ApoE 基因敲除小鼠主动脉粥样硬化中的作用. 达娃次仁,等. 北京大学学报(医学版),2009,(2)
过氧化物酶增殖物激活受体-γ 在舒林酸干预治疗大鼠结直肠癌前病变中的作用. 张耀朋,等. 北京大学学报(医学版),2009,(2)
人趋化素样因子 1 基因转移对急性心肌梗死大鼠心功能的影响. 杨波,等. 北京大学学报(医学版),2009,(2)
人颗粒溶素活性肽和小鼠白细胞介素-12 基因真核穿梭共表达质粒的构建与真核表达. 张黎,等. 第三军医大学学报,2009,(10)
磁标记反义探针对小鼠的急性毒理观察. 文明,等. 第三军医大学学报,2009,(5)
富硒 SOD 绿茶对老龄大鼠机体抗氧化能力的影响. 安晶晶,等. 第三军医大学学报,2009,(7)
养精种子汤对缺氧雄性大鼠生殖细胞凋亡的影响. 邓旭辉,等. 第三军医大学学报,2009,(8)
丹参素对大鼠肝星状细胞增殖、凋亡及 NF-κB 活性的影响. 李冬,等. 第三军医大学学报,2009,(8)
脉冲电磁场诱导小鼠胚胎干细胞向成骨细胞分化. 曹炜鹏,等. 第三军医大学学报,2009,(9)
体外培养大鼠海马神经元糖氧剥夺/复氧轴突损伤模型的建立. 殷成,等. 第三军医大学学报,2009,(9)
小鼠慢性脑血流低灌注状态的行为学检测及病理学观察. 段炜,等. 第三军医大学学报,2009,(9)
耻垢分枝杆菌疫苗经灌胃免疫在小鼠体内的分布与安全性研究. 徐永柱,吕琳. 第三军医大学学报,2009,(9)
OrexinA 对小鼠前额叶皮层 PL 区不同细胞的作用. 李博,等. 第三军医大学学报,2009,(7)
Id2 在三碘甲状腺氨酸调节大鼠室管膜前下区神经干细胞分化中的作用. 罗雪,等. 第三军医大学学报,2009,(5)
急性低氧加重氰化钠对大鼠离体肝线粒体能量代谢的抑制作用. 卢国守,等. 第三军医大学学报,2009,(10)
ORC1 基因 RNA 干扰对大鼠血管平滑肌细胞表型的影响. 李建涛,等. 第三军医大学学报,2009,(6)
高效液相色谱荧光法同时测定小鼠脑组织中 4 种氨基酸类神经递质. 桂莉,等. 第三军医大学学报,2009,(8)
促红细胞生成素联合粒细胞集落刺激因子对乳鼠缺氧心肌细胞的保护作用. 付振虹,等. 第三军医大学学报,2009,(6)
rhNRG-1β 对阿霉素心肌病大鼠的治疗作用. 刘超,等. 第三军医大学学报,2009,(5)

不同数量大鼠 L6 骨骼肌成肌细胞移植对心肌梗死疗效的影响. 赵静,等. 第三军医大学学报,2009,(10)
地塞米松和法舒地尔对油酸致小鼠急性肺损伤伤情的影响. 陈星云,等. 第三军医大学学报,2009,(10)
脉冲电磁场对废用性骨质疏松大鼠骨密度和血清转化生长因子 $β_1$ 的影响. 沈伟伟,赵建华. 第三军医大学学报,2009,(10)
外周血 CXCL9 和 CXCR3 在大鼠肾移植急性排斥反应的表达及意义. 李家兵,等. 第三军医大学学报,2009,(9)
化学染毒及高温环境对孕鼠子代海马神经元形态及神经行为的影响. 张红,等. 第三军医大学学报,2009,(9)
大鼠宫颈病变对膀胱功能的影响. 陈天明,等. 第三军医大学学报,2009,(9)
孕期暴露于脂多糖对子代中年大鼠血管重构和血压的影响及其机制. 苗莹,等. 第三军医大学学报,2009,(7)
重组腺病毒 CD82/KA11 对小鼠子宫基质细胞内 $α_5$、$β_3$、MMP-9、E-cadherin 和 β-catenin 蛋白表达的影响. 尉晓蔚,等. 第三军医大学学报,2009,(7)
SSeCKS 蛋白在新生大鼠高氧肺损伤中的表达. 路荣,等. 第三军医大学学报,2009,(9)
蜕皮甾酮对局灶性脑缺血大鼠血管生成的影响. 罗春霞,等. 第三军医大学学报,2009,(7)
阿米替林抑制神经性疼痛大鼠脊髓星形胶质细胞的激活. 毛庆祥,杨天德. 第三军医大学学报,2009,(7)
AQP9 在脑出血大鼠脑组织中的表达变化. 邱国平,等. 第三军医大学学报,2009,(5)
腺苷 A_{2A}受体在小鼠大脑中动脉局灶缺血损伤中的作用及机制. 田洪,等. 第三军医大学学报,2009,(10)
CT 灌注成像对大鼠急性脑缺血及再灌注模型的评价. 马秀华,等. 第三军医大学学报,2009,(6)
促红细胞生成素对血管性痴呆大鼠神经干细胞增殖分化的影响. 黄燕,等. 第三军医大学学报,2009,(9)
高压氧治疗后血管性痴呆大鼠梨状皮层神经发生和血液供应变化. 张涛,等. 第三军医大学学报,2009,(9)
抗抑郁药物促进抑郁模型大鼠行为和海马血管内皮细胞生长因子的表达. 黎雪梅,况利. 第三军医大学学报,2009,(5)
大鼠肺鳞癌癌变过程中细胞周期调控蛋白的动态表达. 刘文斌,等. 第三军医大学学报,2009,(7)
Wnt10b 在小鼠毛囊周期中的表达. 张坤,等. 第三军医大学学报,2009,(10)
不同液体对失血性休克大鼠复苏效果的影响. 李涛,等. 第三军医大学学报,2009,(6)
卡维地洛对心肌梗死后心衰大鼠心肌肌浆网 Ca^{2+} 泵活性和 Ca^{2+} 释放通道密度的影响. 耿召华,等. 第三军医大学学报,2009,(6)
欧几里德几何距离矩阵法对 FGFR2 Ser252Trp 点突变小鼠头颅形状特征的分析. 杜晓兰,等. 第三军医大学学报,2009,(8)
孤啡肽基因敲除小鼠电针镇痛作用增强(英文). 万有,等. 北京大学学报(医学版),2009,(3)
Flk-$1_{(265\text{-}2493)}$ 与 C3d3 基因融合质粒诱导小鼠免疫应答的初步研究. 梁培禾,等. 第三军医大学学报,2009,(13)
氧化还原因子 1 促进乳鼠心肌成纤维细胞增殖. 耿燕,等. 北京大学学报(医学版),2009,(3).
碳水化合物反应元件结合蛋白活性增加在 2 型糖尿病模型 db/db 小鼠肝脂质过度沉积中的作用. 霍明,等. 北京大学学报(医学版),2009,(3)
牵张负荷对大鼠膀胱 Cajal 间质细胞超微形态及 c-kit 基因表达影响. 路扬,等. 第三军医大学学报,2009,(13)
负载肿瘤抗原的 DC 疫苗对小鼠体内膀胱肿瘤的抑制作用. 张尧,等. 第三军医大学学报,2009,(13)
肝 X 受体激动剂对 ApoE 基因敲除小鼠主动脉壁 C-反应蛋白和 CD40 配体表达及平滑肌细胞含量的影响. 程军,等. 第三军医大学学报,2009,(13)
银杏叶提取物对蛋白氧化终产物损伤大鼠血管内皮的保护作用. 陈双秀,等. 第二军医大学学报,2009,(11)
牛磺酸预处理抑制 IRAK-4 信号通路对大鼠移植肝脏再灌注损伤的保护机制. 孙科,等. 第三军医大学学报,2009,(11)
银杏苦内酯 B 对急性肺损伤小鼠肺组织 NF-κB 表达的影响. 罗真春,等. 第三军医大学学报,2009,(14)
Pten 基因对小鼠胚胎成纤维细胞中 Cu/Zn-SOD 基因表达的调控. 苟巧,等. 第三军医大学学报,2009,(12)
慢性间歇性缺氧对大鼠学习记忆及海马 CA3 区 GFAP 表达的影响. 张峰,等. 第三军医大学学报,2009,(12)
三维立体培养 SD 大鼠骨髓间充质干细胞的研究. 李芙蓉,等. 第三军医大学学报,2009,(12)
内质网应激在急性缺血性大鼠肾损伤中的作用. 姚凤华,等. 第三军医大学学报,2009,(11)
脑缺血再灌注大鼠 GAP-43 和 RhoA 蛋白表达及 NEP1-40 对其的影响. 邹佳,李长清. 第三军医大学学报,2009,(12)
索拉菲尼诱导大鼠肝细胞癌形成过程中巨噬细胞和自然杀伤细胞的聚集. 许文,等. 第三军医大学学报,2009,(11)
Gankyrin 蛋白在大鼠肝细胞癌变过程中的异常表达及意义. 韩克强,等. 第三军医大学学报,2009,(11)
RCS 大鼠自然病程中视网膜边缘生发区细胞增殖及 Shh/Ptc 信号途径改变的观察. 蹇骞,等. 第三军医大学学报,2009,(11)
非控制失血性休克大鼠输液输血的研究. 陈方祥,等. 第三军医大学学报,2009,(11)
地塞米松快速抑制大鼠背根神经节细胞中 ATP 所致的钙升高. 刘晓红,等. 第三军医大学学报,2009,(14)
乳化异氟醚对乳鼠缺氧/复氧心肌细胞的保护作用及对 caspase-3 表达的影响. 谭兴琴,陈玉培. 第三军医大学学

报,2009,(14)
奥美沙坦酯对 AMI 大鼠血管内皮功能和 ERK/CREB mRNA 表达的干预. 高电萨,等. 第三军医大学学报,2009,(14)
野马追总黄酮对实验性高脂血症大鼠脂代谢的影响. 陈万一,等. 第三军医大学学报,2009,(16)
CCR7 基因转染对小鼠未成熟树突状细胞成熟及迁移功能的影响. 辛海明,等. 第三军医大学学报,2009,(17)
性别差异对实验性链脲佐菌素糖尿病大鼠造模的影响. 王晓琳,等. 第三军医大学学报,2009,(17)
大鼠下丘脑神经元培养的新方法. 王旭辉,等. 第三军医大学学报,2009,(17)
ALT711 干预对高龄大鼠供体内皮祖细胞的活化作用. 陈剑飞,等. 第三军医大学学报,2009,(15)
炎症对 SRA/CD36 双基因敲除小鼠肝 LDL 受体表达的影响. 李秀兰,等. 第三军医大学学报,2009,(15)
外源性 gFGF-2 对大鼠骨髓内皮祖细胞体外生物学活性的影响研究. 石镁虹,等. 第三军医大学学报,2009,(15)
Apert 综合征模型小鼠下颌骨形态特点的定量分析. 杜晓兰,等. 第三军医大学学报,2009,(17)
轮状病毒感染致乳鼠肠外损害的实验研究. 陈军华,等. 第三军医大学学报,2009,(15)
精氨酸血管加压素对非控制性出血性休克大鼠彻底止血后的复苏效果. 李涛,等. 第三军医大学学报,2009,(15)
牛磺酸对重症急性胰腺炎大鼠枯否细胞 p38 MAPK 信号转导通路的影响. 黄庆勇,等. 第三军医大学学报,2009,(16)
重组人红细胞生成素对癫痫持续状态大鼠海马 p-Akt 和 XIAP 的影响. 史志勤,等. 第三军医大学学报,2009,(15)
心复康口服液对慢性压力超负荷大鼠心肌能量代谢的影响. 王艳飞,等. 第三军医大学学报,2009,(18)
特异性脱氧核酶对小鼠呼吸道合胞病毒感染的抑制作用. 周娟,等. 第三军医大学学报,2009,(18)
优化 hα-syn 基因疫苗预防注射对 MPTP 急性帕金森病小鼠的神经保护作用. 王法祥,等. 第三军医大学学报,2009,(18)
缺血预处理对离体大鼠心肌线粒体心磷脂及心功能的影响. 邓胜利,等. 第三军医大学学报,2009,(18)
血管紧张素(1-7)对不同模型高血压大鼠左心室结构的影响. 于学军,等. 第三军医大学学报,2009,(18)
SD 大鼠长期高盐饮食可导致其高血压并改变肾细胞因子基因表达谱(英文). Emily YOUNG,等. 北京大学学报(医学版),2009,(5)
以自发性大鼠模型评价胰岛素增敏剂药效时的初步探讨. 王晓琳,等. 第三军医大学学报,2009,(18)
高压氧对胆红素脑病新生鼠海马神经细胞凋亡和学习记忆的影响. 谷献芳,华子瑜. 第三军医大学学报,2009,(18)
顺铂纳米脂质体对骨肉瘤 Sao S-2 细胞的杀伤作用及在荷瘤小鼠中的组织分布. 王国文,等. 北京大学学报(医学版),2009,(5)
西洛他唑抑制颈总动脉球囊损伤后大鼠血凝素样氧化低密度脂蛋白受体-1 表达. 苏华科,等. 第三军医大学学报,2009,(18)
葛根素对大鼠缺血侧皮质、纹状体区神经元凋亡及胶质细胞源性神经生长因子的影响. 韩江全,等. 第三军医大学学报,2009,(19)
胆碱能受体在大鼠膀胱 ICC 样细胞的表达. 贾卓敏,等. 第三军医大学学报,2009,(23)
雌性大鼠尿道括约肌组织结构的增龄变化. 胡丽娟,等. 第三军医大学学报,2009,(19)
N-乙酰氨基葡萄糖对应激小鼠巨噬细胞吞噬功能的调节作用. 裴铁劲,等. 第三军医大学学报,2009,(19)
黄体酮对大鼠实验性变应性脑脊髓炎的治疗作用. 余洪俊,等. 第三军医大学学报,2009,(22)
高血脂对大鼠血液流变特性和心肌肌钙蛋白的影响. 滕丽新,等. 第三军医大学学报,2009,(22)
大鼠 EPO 真核表达载体的构建及其在骨髓间充质干细胞中的表达. 王文益,等. 第三军医大学学报,2009,(22)
Iprl 重组卡介苗对小鼠结核病的治疗效果. 候艳,等. 第三军医大学学报,2009,(22)
雌激素对大鼠心肌缺血再灌注损伤过程中心肌 HGF 表达的影响. 王彦,等. 第三军医大学学报,2009,(20).
反复缺血预适应对心肌缺血再灌注损伤大鼠 TLR4 和致炎细胞因子 TNF-α、IL-1β 的影响. 罗永金,等. 第三军医大学学报,2009,(23)
脂多糖下调过氧化物酶增殖体激活受体 γ 在大鼠原代肺泡Ⅱ型上皮细胞的表达. 肖波,等. 第三军医大学学报,2009,(23)
线粒体转录因子 A 对梗阻性黄疸大鼠肝功能的保护作用. 林恒,等. 第三军医大学学报,2009,(22)
自由基在 2 型糖尿病大鼠膀胱逼尿肌损伤的作用与意义. 双卫兵,等. 第三军医大学学报,2009,(19)
糖尿病大鼠脑缺血再灌注海马 CA4 区神经元中磷酸化 ERK1/2 的表达上调. 马铁,等. 第三军医大学学报,2009,(23)
完全弗氏佐剂诱导前列腺炎模型大鼠尿道腺分泌异常的研究. 吴爱宁,等. 第三军医大学学报,2009,(22)
孕早期暴露家装空气污染物及高温对新生鼠神经行为的影响. 张红,赵聪敏. 第三军医大学学报,2009,(22)
$P2X_7$ 受体在新生大鼠缺氧缺血性脑损伤后表达下调. 王丽雁,等. 第三军医大学学报,2009,(22)

高压氧在新生鼠缺氧缺血性脑损伤神经修复中的作用机制. 尹晓娟,等. 第三军医大学学报,2009,(22)
丰富与贫瘠环境对新生鼠脑损伤后脑功能的影响. 鲁利群,等. 第三军医大学学报,2009,(22)
TLR4 在实验性脑出血小鼠脑组织表达变化及其与神经功能缺损的相关性. 钟琪,等. 第三军医大学学报,2009,(19)
不同发育阶段大鼠脑髓鞘化的研究. 张雨平,等. 第三军医大学学报,2009,(22)
纳络酮预处理对脑出血大鼠脑组织水通道蛋白4 及基质金属蛋白酶9 表达的影响. 卢宁,刘晓云. 第三军医大学学报,2009,(21)
异氟烷对老年大鼠海马胆碱乙酰转移酶的作用和空间学习记忆的影响. 罗铁山,等. 第三军医大学学报,2009,(23)
β-淀粉样蛋白脑室注射对大鼠海马星型胶质细胞活化和细胞增殖的作用. 高长越,等. 第三军医大学学报,2009,(21)
PPAR-γ 激动剂促大鼠急性心肌梗死后血管新生与 eNOS 表达调控. 何泉,等. 第三军医大学学报,2009,(20)
右丙亚胺对颅脑损伤大鼠脑组织水和离子含量的影响. 陈大庆,赵洪洋. 第三军医大学学报,2009,(23)
吡咯烷二硫代氨基甲酸盐对脓毒症大鼠急性肺损伤的保护作用及机制. 熊燚,等. 第三军医大学学报,2009,(21)
1,25-$(OH)_2D_3$ 及复方丹参对大鼠异基因骨髓移植后 T 细胞亚群和细胞因子的影响. 严媚,等. 第三军医大学学报,2009,(24)
Neuregulin-1β 对阿霉素致心衰大鼠心肌细胞凋亡及 bax、bcl-2 蛋白表达的干预效应. 刘启亮,等. 第三军医大学学报,2009,(24)
JNK 信号途径通过内质网应激反应介导心肌梗死后心力衰竭小鼠心肌组织的凋亡. 陈鹏,等. 第三军医大学学报,2009,(24)
麻黄碱对缺氧缺血新生大鼠海马神经细胞的保护作用. 许蓓,等. 第三军医大学学报,2009,(24)
淫羊藿苷对大鼠成骨细胞核结合因子 α1、骨形成蛋白-2、骨形成蛋白-4 mRNA 表达的影响. 何伟,等. 北京大学学报(医学版),2009,(6)
阻塞性黄疸大鼠离体胸主动脉收缩与舒张功能的变化. 吴刚,等. 第二军医大学学报,2009,(2)
山莨菪碱对正常及自发性高血压大鼠离体血管舒张功能的影响. 王烈,等. 第二军医大学学报,2009,(1)
非酒精性脂肪肝大鼠脂联素及其受体与肝脏病理改变的关系. 刘苏,等. 第二军医大学学报,2009,(1)
雌激素对直肠炎大鼠背根神经节 $P2X_3$ 受体 mRNA 表达的影响. 余立华,等. 第二军医大学学报,2009,(1)
表皮生长因子及其受体在多囊肾病大鼠体液及肾组织中的表达及意义. 李林,等. 第二军医大学学报,2009,(1)
MPTP 对快速老化小鼠黑质纹状体系统的急性损害及小胶质细胞的激活. 刘静,等. 第二军医大学学报,2009,(2)
罗格列酮干预对老年 SD 大鼠氧自由基及相关生化指标的影响. 张颖玮,等. 第二军医大学学报,2009,(2)
化学损伤对成年大鼠骨骼肌肌卫星细胞的激活作用. 邸勇,等. 青岛大学医学院学报,2009,(2)
大鼠脑干 DVC 区注射 ghrelin 对弓状核 NPY mRNA 及 AgRP mRNA 表达的影响. 陈新科,等. 青岛大学医学院学报,2009,(1)
辛伐他汀对压力超负荷大鼠 APN、IL-6 及心肌肥厚影响. 牛元坤,蔡尚郎. 青岛大学医学院学报,2009,(1)
骨癌痛模型人鼠脊髓背根神经节 $P2X_3$ 受体的表达变化. 吴镜湘,等. 第二军医大学学报,2009,(3)
RCS 大鼠视网膜色素变性过程中相关细胞因子表达. 夏玉军,等. 青岛大学医学院学报,2009,(1)
性别差异对脓毒症大鼠血小板活化的影响. 胡进宇,等. 第二军医大学学报,2009,(3)
人源与鼠源神经生长因子信号肽引导 β-内啡肽分泌表达的差异. 徐学武,等. 第二军医大学学报,2009,(4)
藏药七十味珍珠丸对模型大鼠血液流变学及血脂的影响. 万玛草,秦永文. 第二军医大学学报,2009,(4)
肾虚证大鼠尿液的核磁共振谱代谢组学研究. 高岗,等. 第二军医大学学报,2009,(5)
磁性聚乳酸羟基乙酸氧化苦参碱纳米微球的制备及抗小鼠肝纤维化作用. 郑智武,等. 第二军医大学学报,2009,(5)
腺病毒介导 vasostatin-1 基因转染表达对大鼠心肌细胞缺氧/复氧损伤的保护作用. 王铮,等. 第二军医大学学报,2009,(5)
利用分叶顺次肝切除术建立小鼠肝脏大部切除后再生模型. 汤朝晖,等. 第二军医大学学报,2009,(5)
腹腔注射重组人肝再生增强因子促进梗阻性黄疸大鼠肝细胞线粒体转录因子 A 及核呼吸因子 1 的表达. 唐春,等. 第二军医大学学报,2009,(5)
人促红细胞生成素对腹部开放伤大鼠经人工海水浸泡后所致急性肾损伤的保护作用. 张志勇,等. 第二军医大学学报,2009,(5)
α-硫辛酸对睡眠剥夺所致的大鼠脑中 IRE1 表达的影响. 冯晶,赵忠新. 第二军医大学学报,2009,(5)
PSA 特异性树突状细胞瘤苗过继免疫治疗小鼠前列腺癌. 徐丹枫,等. 第二军医大学学报,2009,(5)
通络方药抑制糖尿病大鼠肾小球内皮细胞增殖. 张春阳,等. 第二军医大学学报,2009,(6)

β-七叶皂甙钠对 ROP 模型大鼠玻璃体内 IL-6、IL-8 及 VEGF 表达的影响. 李松涛，等. 青岛大学医学院学报，2009，(3)
冬枣提取物对 S_{180} 荷瘤小鼠的免疫及抗氧化作用（英文）. 胡迎芬，等. 青岛大学医学院学报，2009，(4)
α-MSH 对大鼠背侧迷走神经复合体胃扩张敏感神经元的作用. 张晓红，等. 青岛大学医学院学报，2009，(3)
Ghrelin 和 Obestatin 对大鼠空间学习记忆能力影响. 许春丽，等. 青岛大学医学院学报，2009，(5)
慢性阻塞性肺病模型大鼠肺组织树突状细胞的数量变化及药物干预效果. 马朝辉，等. 第二军医大学学报，2009，(6)
外源性清蛋白输入对 ARDS 小鼠 CRP 和前降钙素影响. 陈文静，等. 青岛大学医学院学报，2009，(3)
甲磺酸伊马替尼抑制博莱霉素诱导小鼠肺纤维化的作用机制. 李莉，李燕芹. 第二军医大学学报，2009，(6)
糖尿病大鼠脑组织环磷酸腺苷反应元件结合蛋白及 β-淀粉样蛋白的表达及意义. 蔡志友，等. 第二军医大学学报，2009，(6)
Caspase-1 抑制剂对大鼠急性痛风性关节炎的作用. 谷祖华，等. 青岛大学医学院学报，2009，(5).
RAS 阻断剂对糖尿病大鼠早期动脉粥样硬化形成影响. 高伟，等. 青岛大学医学院学报，2009，(4)
2 型糖尿病大鼠 Ghrelin 表达及与胃排空关系. 张兆然，等. 青岛大学医学院学报，2009，(4)
瑞芬太尼预处理对大鼠肝缺血再灌注损伤的保护作用. 孙玉明，等. 第二军医大学学报，2009，(6)
IL-17 在大鼠心脏移植急性排斥反应中的作用（英文）. 华龙，蔡常春. 青岛大学医学院学报，2009，(4)
缬沙坦对单侧输尿管梗阻模型大鼠肾间质纤维化作用. 王凯，等. 青岛大学医学院学报，2009，(5)
Synphilin-1 寡核苷酸对 6-羟多巴胺诱导帕金森病大鼠黑质 Caspase-3 表达影响. 张鲲鹏，等. 青岛大学医学院学报，2009，(5)
苍白球微量注射 5-HT 对帕金森病模型大鼠旋转行为影响. 张淑静，陈蕾. 青岛大学医学院学报，2009，(4)
NRG-1β 对缺血再灌注损伤大鼠视网膜细胞凋亡及 Bax 表达影响. 徐建森，等. 青岛大学医学院学报，2009，(4)
β-胡萝卜素对大鼠急性放射性损伤的保护作用. 王娟娟，等. 青岛大学医学院学报，2009，(5)
PPARγ 激动剂对大鼠胰腺缺血再灌注损伤作用及机制. 王明玉，等. 青岛大学医学院学报，2009，(5)
低分子肝素对 COPD 模型大鼠 MMP-9 及 TIMP-1 影响. 李斌，等. 青岛大学医学院学报，2009，(5)
苍白球注射 5-HT 对氟哌啶醇所致大鼠僵直症状影响. 魏磊，陈蕾. 青岛大学医学院学报，2009，(4)
rhG－CSF 促进不同性别大鼠缺血后肢血管新生的作用. 刘兵，等. 青岛大学医学院学报，2009，(4)
贻贝多糖对老龄 SD 大鼠抗衰老作用. 周文丽，等. 第二军医大学学报，2009，(7)
亚硒酸钠对糖尿病肾病大鼠肾脏脂联素表达的影响. 查火兵，魏倩萍. 第二军医大学学报，2009，(7)
血管紧张素转换酶 2 在大鼠移植肝保存性损伤中的表达及意义. 夏春燕，等. 第二军医大学学报，2009，(7)
替勃龙对大鼠脑缺血再灌注后神经元凋亡的影响. 田文艳，等. 第二军医大学学报，2009，(7)
有机锗抑制佐剂诱导关节炎大鼠炎症组织局部组胺和 5-羟色胺表达. 张哲，等. 第二军医大学学报，2009，(7)
纳米级二氧化钛对体外大鼠腔前卵泡生长发育成熟的影响. 侯娟，等. 第二军医大学学报，2009，(8)
川穹嗪对大鼠心肌肥大 JAK-STAT 通路作用. 张丽，高美华. 青岛大学医学院学报，2009，(6)
参附注射液减轻重症急性胰腺炎大鼠肠屏障功能障碍及二次打击损伤. 邹忠东，等. 第二军医大学学报，2009，(8)
葡萄糖在小鼠胚胎 2-细胞晚期诱导活性氧增多抑制胚胎体外发育. 张雷，等. 第二军医大学学报，2009，(8)
羟乙基淀粉 130/0.4 改善大鼠心肌缺血再灌注损伤. 孙海静，等. 第二军医大学学报，2009，(8)
选择性 COX-2 抑制剂对大鼠急性脊髓损伤后运动诱发电位和后肢运动功能的影响. 王开友，等. 青岛大学医学院学报，2009，(6)
CCR5 膜外一、二襻模拟肽的淘选及其对实验性自身免疫性脑脊髓炎小鼠的作用. 郑慧敏，等. 第二军医大学学报，2009，(8)
依达拉奉通过降低脊神经结扎大鼠背根神经节和脊髓 pJNK 抑制痛敏. 廖兴志，等. 第二军医大学学报，2009，(8)
褪黑素对大鼠下丘脑-垂体-甲状腺轴相关激素及组织超微结构的影响. 宝轶，等. 第二军医大学学报，2009，(9)
创伤弧菌致死性感染对小鼠血液系统的影响及主要脏器的病理变化. 荣换玲，等. 第二军医大学学报，2009，(10)
螺内酯对扩张型心肌病大鼠神经内分泌的影响. 白洁，等. 第二军医大学学报，2009，(9)
塞来昔布通过抑制 COX-2 活性抑制 HanSPRD 大鼠肾囊肿生长. 许涛，等. 第二军医大学学报，2009，(10)
氯沙坦减轻自发性高血压大鼠急性脑梗死损伤的 ABR 机制. 吴健，等. 第二军医大学学报，2009，(10)
模拟晕船大鼠晕船行为学指标的筛选及适应规律的观察. 王俊骎，等. 第二军医大学学报，2009，(10)
氯胺酮对大鼠肾脏低温延时保存影响的形态学观察. 范颖晖，等. 第二军医大学学报，2009，(9)
舒芬太尼对大鼠腹主动脉平滑肌细胞钙激活钾电流的影响. 刘竹青，等. 第二军医大学学报，2009，(9)
雷帕霉素体外促进小鼠调节性 T 细胞的分化和增殖. 谢江平，等. 第二军医大学学报，2009，(10)
水飞蓟宾磷脂复合物大鼠肠吸收特性. 杨秋霞，等. 第二军医大学学报，2009，(11)

IκBα 基因转染抑制脂多糖诱导的小鼠炎症反应. 李泉，等. 第二军医大学学报，2009，(11)
不同碘缺乏大鼠肾组织 UCP2 及 caspase-9 蛋白的表达. 田秀标，等. 第二军医大学学报，2009，(11)
CD28 超竞争单抗对大鼠原位气管移植术后早期免疫炎性损伤的影响. 牛永胜，等. 第二军医大学学报，2009，(11)
大鼠自体原位肝移植术中肝外胆道不同部位对缺血再灌注损伤耐受性的比较. 赵宏峰，等. 第二军医大学学报，2009，(11)
转染腺病毒介导的肝细胞生长因子减轻大鼠心脏移植急性排斥反应. 杨建胜，等. 第二军医大学学报，2009，(11)
肝癌及不同发育阶段小鼠肝组织中 DNA-PKcs 的表达及其对细胞增殖作用的研究. 黄越承，等. 第二军医大学学报，2009，(11)
丹参多酚酸盐负性调节小鼠骨髓来源树突状细胞成熟及其部分免疫功能. 宋少华，等. 第二军医大学学报，2009，(12)
甲状腺内胃动素对禁食状态下大鼠胃肠移行性复合运动的影响. 蔡建美，徐珞. 第二军医大学学报，2009，(12)
阻塞性胆汁淤积大鼠肝脏胆固醇 7α-羟化酶和核受体 FXR、SHP 表达变化. 吴晓平，等. 第二军医大学学报，2009，(12)
软骨形态发生蛋白 1 诱导 SD 仔鼠脂肪干细胞修复兔膝关节软骨缺损的研究. 杨亚军，朱庆生. 第二军医大学学报，2009，(12)
腺病毒介导的 HSP70 基因转染对乳鼠心肌细胞缺氧/复氧损伤的保护作用. 虞卫，等. 第二军医大学学报，2009，(12)
雷米芬太尼对失血性休克大鼠肠系膜微循环的影响. 连芳，等. 第二军医大学学报，2009，(12)
马来酸罗格列酮对去势大鼠骨微结构的影响. 陈胜广，等. 第二军医大学学报，2009，(12)
敌百虫暴露对孕鼠脏器及胎鼠 DNA 和生长发育的影响. 丁瑜，等. 上海交通大学学报(医学版)，2009，(3)
HRX-EEN 融合基因转基因小鼠行为能力的异常. 蔡军，等. 上海交通大学学报(医学版)，2009，(1)
知母活性成分 ZMR 对慢性 MPTP 损伤小鼠模型的保护作用. 熊中奎，等. 上海交通大学学报(医学版)，2009，(2)
银杏叶总黄酮对胰岛素抵抗大鼠糖脂代谢和肝功能的影响. 唐嘉航，等. 上海交通大学学报(医学版)，2009，(2)
二黄胶囊对实验性自身免疫性脑脊髓炎小鼠细胞免疫的影响. 赵晖，等. 首都医科大学学报，2009，(1)
二黄方对 EAE 大鼠细胞因子及 Th1/Th2 平衡的影响. 周莉，等. 首都医科大学学报，2009，(1)
健脾补肾方对小鼠记忆障碍模型的影响. 贾竑晓，等. 首都医科大学学报，2009，(1)
诱导小鼠胚胎干细胞分化获取血管平滑肌和内皮细胞. 皮庆猛，等. 上海交通大学学报(医学版)，2009，(1)
神经调节蛋白-1 诱导小鼠胚胎干细胞向心肌细胞分化. 王治，等. 上海交通大学学报(医学版)，2009，(1)
芪参活血颗粒联合氟康唑对深部白色念珠菌感染小鼠免疫功能的影响. 李世荣，等. 首都医科大学学报，2009，(1)
阿托伐他汀对 $apoE^{-/-}$ 小鼠肝脏胱硫醚-β-合成酶的影响. 徐志红，等. 上海交通大学学报(医学版)，2009，(1)
EPA 对 KKA^y/Ta 小鼠代谢异常和肾组织病变的影响. 张敏芳，等. 上海交通大学学报(医学版)，2009，(1)
MPTP 对 C57BL/6J 小鼠脑时钟基因 mPer1 mRNA 表达的影响. 左晓虹，等. 首都医科大学学报，2009，(1)
糖尿病大鼠认知功能及海马组织 GFAP、IL-1β、TNF-α 和 Aβ 表达. 蔡志友，等. 上海交通大学学报(医学版)，2009，(2)
转录因子 Foxp3 在小鼠变应性鼻炎外周表达的实验研究. 锡琳，等. 首都医科大学学报，2009，(1)
FGF_2 对糖尿病大鼠深Ⅱ度烫伤创面愈合的影响. 牛轶雯，等. 上海交通大学学报(医学版)，2009，(2)
低分子肝素对侵袭性肺曲霉病小鼠细胞因子的影响. 荣令，等. 上海交通大学学报(医学版)，2009，(1)
乌司他丁对Ⅲ度烫伤大鼠肺组织的保护作用. 徐鹏，等. 上海交通大学学报(医学版)，2009，(1)
小鼠骨髓内皮祖细胞的培养与鉴定. 万钧，等. 首都医科大学学报，2009，(2)
一种改良的小鼠胰岛分离和移植模型. 刘爽，等. 首都医科大学学报，2009，(2)
敌百虫暴露对孕鼠血清对氧磷酶活性及胚胎发育的影响. 周义军，等. 上海交通大学学报(医学版)，2009，(3)
高糖对大鼠皮肤成纤维细胞生长及胶原蛋白合成的影响. 张再超，等. 上海交通大学学报(医学版)，2009，(3)
$pcDNA3.1^+$-CYP2J3 真核表达载体的构建及在大鼠心肌细胞的表达. 马立权，等. 首都医科大学学报，2009，(2)
2 型糖尿病大鼠模型血管钙化及相关因素分析. 王英，等. 首都医科大学学报，2009，(2)
肝肺综合征大鼠模型肺血管内巨噬细胞 iNOS 和 HO-1 的表达. 高君，等. 首都医科大学学报，2009，(2)
腺病毒介导人 uPA 感染大鼠间充质干细胞的体外研究. 胡俊杰，等. 上海交通大学学报(医学版)，2009，(4)
高浓度苯丙氨酸对胚鼠皮层神经元 Ca^{2+} 水平和 ERK 活性的影响. 李端，等. 上海交通大学学报(医学版)，2009，(5)
bMSCs 移植对单侧输尿管结扎大鼠肾小管上皮细胞凋亡的影响. 仙淑丽，等. 上海交通大学学报(医学版)，2009，(4)

普米克令舒对哮喘大鼠气道阻力及气道重构的影响.张铁锋,等.上海交通大学学报(医学版),2009,(5)
MicroRNA-122表达与大鼠慢性肝损伤的相关性.朱华丽,等.上海交通大学学报(医学版),2009,(4)
非酒精性脂肪性肝炎大鼠肝细胞损伤与细胞间黏附分子-1表达的关系.张惠清,等.上海交通大学学报(医学版),2009,(5)
妊娠中晚期SD大鼠胰岛功能研究.陈焕珍,等.上海交通大学学报(医学版),2009,(4)
电压门控性钠离子通道β_1亚基条件性过表达转基因小鼠的制备.任荣荣,等.上海交通大学学报(医学版),2009,(4)
帕金森病运动并发症模型大鼠纹状体NR1特性的研究.孔敏,等.上海交通大学学报(医学版),2009,(5)
LPS刺激对大鼠视网膜小胶质细胞CD80、CD86和CD40表达的影响.陈燕,等.上海交通大学学报(医学版),2009,(5).
大鼠颅脑创伤后$Na_{V1.6}$在海马的表达.毛青,等.上海交通大学学报(医学版),2009,(4)
经方侯氏黑散对脑缺血损伤大鼠神经可塑性相关蛋白的影响.张秋霞,等.首都医科大学学报,2009,(3)
高效液相色谱法测定睡眠剥夺大鼠松果体内褪黑素含量.吴燕川,等.首都医科大学学报,2009,(3)
基质金属蛋白酶-13过表达抑制大鼠肝星状细胞中Ⅰ型胶原表达.刘天会,等.首都医科大学学报,2009,(3)
大鼠ACE2腺病毒载体的构建及其在INS-1细胞中的表达.方红娟,杨金奎.首都医科大学学报,2009,(4)
中药祛风止动方对小鼠的慢性毒性试验.张欣,吴敏.上海交通大学学报(医学版),2009,(6)
裸质粒与脂质体介导转染方法对大鼠平滑肌细胞CYP2J3基因表达的影响.常静,等.首都医科大学学报,2009,(4)
高磷诱导大鼠血管平滑肌细胞钙化及其电镜表现.王英,王梅.首都医科大学学报,2009,(4)
Apelin-13对在体大鼠心肌缺血—再灌注损伤的影响及其信号转导途径.李卉,等.上海交通大学学报(医学版),2009,(6)
添加低聚半乳糖肠内营养对重症急性胰腺炎大鼠炎性细胞因子的作用.钟燕,等.上海交通大学学报(医学版),2009,(6)
Apocynin改善1型糖尿病小鼠心脏功能的实验研究.申锷,等.上海交通大学学报(医学版),2009,(6)
同源异型盒基因MSX-2在SD大鼠颅缝闭合过程中的表达.杨娴娴,等.上海交通大学学报(医学版),2009,(6)
雷公藤治疗子痫前期孕鼠蛋白尿实验研究.高小平,翟桂荣.首都医科大学学报,2009,(4)
帕金森病模型大鼠结肠电-机械活动的改变.王伟,等.首都医科大学学报,2009,(4)
停通气预处理对脑出血大鼠炎性介质和氧化物的影响.安立新,等.首都医科大学学报,2009,(4)
生命早期前爪感觉和精细动作剥夺对大鼠空间学习记忆的影响.张媛媛,等.上海交通大学学报(医学版),2009,(7)
脑深部电刺激对异动症大鼠纹状体DARPP-32及其磷酸化蛋白表达的影响.浦政,等.上海交通大学学报(医学版),2009,(7)
糖尿病大鼠深Ⅱ度烫伤创面愈合过程中神经肽P物质的表达.倪涛,等.上海交通大学学报(医学版),2009,(6)
低氧对小鼠成骨细胞Cyr61/CCN1表达的影响.崔论,等.上海交通大学学报(医学版),2009,(8)
不同浓度硝酸甘油对大鼠离体心脏保护8h的效果.陈琦,等.上海交通大学学报(医学版),2009,(8)
雷帕霉素对糖尿病大鼠肾脏病变和VEGF及其受体表达的影响.校丽芳,等.上海交通大学学报(医学版),2009,(9)
法舒地尔对$ApoE^{-/-}$小鼠动脉粥样硬化斑块的影响.武多娇,等.上海交通大学学报(医学版),2009,(9)
α-突触核蛋白促进大鼠原代培养神经元突起生长.刘光伟,等.首都医科大学学报,2009,(5)
α-突触核蛋白在大鼠脊髓的表达.殷娟娟,等.首都医科大学学报,2009,(5)
激素干预哮喘模型大鼠证候学评价的实验研究.刘仁慧,等.首都医科大学学报,2009,(5)
内毒素休克大鼠肾组织TLR2 mRNA和TLR4 mRNA的表达.张丽梅,等.上海交通大学学报(医学版),2009,(10)
大鼠神经干细胞中PI3-K/AKT信号转导通路的研究.赵宇,等.上海交通大学学报(医学版),2009,(10)
杀菌/渗透增强蛋白在小鼠组织器官和细胞中的分布.郭玲,等.首都医科大学学报,2009,(5)
低氧预适应对小鼠缺血脑的保护及其p38 MAPK机制的实验研究.刘旭,等.首都医科大学学报,2009,(5)
不同剂量BMSC尾静脉输注对小鼠肺组织纤维化的影响.徐佳波,等.上海交通大学学报(医学版),2009,(10)
实验性糖尿病大鼠坐骨神经损伤后神经再生微环境变化.张在强,等.首都医科大学学报,2009,(5)
低氧诱导因子-1α和VHL对小鼠软骨内成骨过程的调控机制.邵进,等.上海交通大学学报(医学版),2009,(11)
共聚物-1致敏T淋巴细胞保护MPTP帕金森病模型小鼠黑质多巴胺能神经元.徐胜利,等.首都医科大学学报,2009,(5)
脑源性神经营养因子在脑室注射脂多糖大鼠黑质多巴胺能神经元变性中的作用.赵咏梅,等.首都医科大学学报,2009,(5)

小鼠纹状体中神经递质相关基因表达的节律性波动. 丁晖,等. 首都医科大学学报,2009,(5)
DHPG 诱导的大鼠海马脑片癫痫样放电模型基因表达谱分析. 陆钦池,等. 上海交通大学学报(医学版),2009,(11)
防石酸奶与市售酸奶降低大鼠尿草酸排泄量的效果比较. 赵树田,等. 上海交通大学学报(医学版),2009,(12)
枸杞对大鼠肾草酸钙结石生成的干预效果及其机制. 张士青,等. 上海交通大学学报(医学版),2009,(12)
静脉注射免疫球蛋白对 MRL/lpr 小鼠外周血 NK 细胞的影响. 郭丽萍,金慧敏. 上海交通大学学报(医学版),2009,(12)
不同剂量托吡酯对癫痫大鼠海马组织中 NCAM 和 GAP-43 mRNA 表达的影响. 吴丹红,等. 上海交通大学学报(医学版),2009,(12)
原位杂交和免疫组化双标记技术在大鼠全脑脑片培养中的应用. 杨丽君,等. 首都医科大学学报,2009,(6)
骨髓间充质干细胞对小鼠 Lewis 肺癌皮下移植瘤的作用. 刘峰,等. 上海交通大学学报(医学版),2009,(12)
康莱特注射液对 Lewis 肺癌小鼠免疫功能的影响. 吴岩,等. 上海交通大学学报(医学版),2009,(12)
JNK 信号通路在老年大鼠耳蜗细胞凋亡中的作用. 谢静,等. 首都医科大学学报,2009,(6)
外源性 P 物质对糖尿病大鼠烫伤创面组织愈合及新生血管化的影响. 倪涛,等. 上海交通大学学报(医学版),2009,(12)
脓毒症大鼠小肠动力障碍及厚朴酚干预实验研究. 杨铁城,等. 首都医科大学学报,2009,(6)
钙拮抗剂对高草酸尿导致的大鼠肾小管上皮细胞损伤的保护作用. 李文峰,张士青. 上海交通大学学报(医学版),2009,(12)
丹参注射液对大鼠骨骼肌急性钝挫伤后生物力学指标的影响. 董宇,等. 复旦学报(医学版),2009,(1)
基因芯片检测健侧颈-7 移位术治疗小鼠全臂丛神经损伤后脊髓基因的表达变化. 肇晖,等. 复旦学报(医学版),2009,(1)
锌离子与锌转运体 6 在 APP/PS1 转基因小鼠小脑内的分布. 张丽红,等. 复旦学报(医学版),2009,(1)
编码小鼠 PGC1α 基因的重组腺病毒载体构建及鉴定. 马仕坤,等. 重庆医科大学学报,2009,(1)
小鼠 STAT4,STAT6 基因 shRNA 真核表达质粒的构建及鉴定. 杨琴,等. 重庆医科大学学报,2009,(1).
酸处理对老龄大鼠心肌缺血再灌注后血流动力学的影响. 乔欣,刘新伟. 重庆医科大学学报,2009,(1)
NF-κB 和 HMGB1 在大鼠肠缺血再灌注肺损伤中的表达及白藜芦醇苷的保护作用. 杨廷芳,等. 重庆医科大学学报,2009,(1)
温血停跳液再灌注对大鼠热缺血供心的心肌保护作用. 刘欢,等. 复旦学报(医学版),2009,(2)
大鼠面神经支配的口轮匝肌及腓肠肌对罗库溴铵敏感性的比较. 周汝元,等. 复旦学报(医学版),2009,(2)
宫内给药对晚孕大鼠细菌性宫内感染胎盘炎症与滋养细胞凋亡的影响. 程浩,等. 重庆医科大学学报,2009,(1)
依达拉奉对血管性认知功能损害大鼠 IL-1β、TNF-α 与 VEGF 表达的影响. 蔡志友,等. 重庆医科大学学报,2009,(1)
大黄和泽泻提取物对二甘醇致小鼠肝脏损伤的保护作用. 朱深银,等. 重庆医科大学学报,2009,(2)
复元胶囊对肝纤维化大鼠肝脏中的 TIMP-1 和 TGF-β1 表达的影响. 熊盛池,等. 重庆医科人学学报,2009,(2)
pIL-12 质粒 DNA 对细粒棘球蚴感染小鼠脾细胞凋亡的影响. 张长碧,等. 重庆医科大学学报,2009,(2)
抗凝溶栓后大鼠腔静脉内皮扫描电镜变化. 杨冰,等. 重庆医科大学学报,2009,(2)
大鼠慢性移植肾肾病模型的建立. 唐亚雄,等. 重庆医科大学学报,2009,(2)
皮质发育障碍模型鼠海马区神经元凋亡机制的研究. 黄华,等. 重庆医科大学学报,2009,(2)
电刺激小脑顶核对 AD 大鼠学习记忆能力及海马神经元凋亡的影响. 王小林,等. 重庆医科大学学报,2009,(2)
PEDF 对大鼠穿透性角膜移植片 VEGF 影响的实验研究. 步建平,等. 重庆医科大学学报,2009,(2)
辛伐他汀抑制心肌梗死后大鼠心肌细胞肥大与 RhoA 激酶关系. 黄纪卫,等. 重庆医科大学学报,2009,(2)
短期丰富生存环境对中老年大鼠空间学习能力的作用及性别差异. 黄春霞,等. 重庆医科大学学报,2009,(5)
ATP50 对生长激素诱导人鼠睾丸间质细胞睾酮分泌的影响. 彭波,王德林. 重庆医科大学学报,2009,(5)
小鼠肠道 Cajal 间质细胞膜雌激素受体的检测和分析. 李凡,等. 重庆医科大学学报,2009,(5)
新生大鼠心肌细胞原代培养方法的改良. 王佳南,等. 重庆医科大学学报,2009,(5)
参附注射液对腹腔感染脓毒症小鼠心肌能量代谢的保护作用研究. 刘琼,等. 重庆医科大学学报,2009,(5)
小鼠单链白细胞介素-12 重组卡介苗的构建与表达. 张黎,等. 重庆医科大学学报,2009,(3)
咪喹莫特诱导多品系小鼠脱毛动物模型的建立. 杜佳,等. 重庆医科大学学报,2009,(3)
超顺磁性氧化铁标记大鼠骨髓间充质干细胞的磁共振成像研究. 黄铀新,等. 重庆医科大学学报,2009,(3)
以间充质干细胞为饲养层分离培养昆明小鼠胚胎干细胞. 郑丽娜,等. 重庆医科大学学报,2009,(4)
胎鼠肺泡Ⅱ型上皮细胞的分离及原代培养. 付红敏,等. 重庆医科大学学报,2009,(5)
实时荧光定量 PCR 检测大鼠组织 Angptl3 表达的标准曲线构建. 王继红,等. 重庆医科大学学报,2009,(5)
重组耻垢分枝杆菌联合抗痨药物对鼠结核病治疗作用的探讨. 杨晓燕,等. 重庆医科大学学报,2009,(5)
慢性阻塞性肺疾病大鼠肺组织中 LTB4 和 15-HETE 的含量变化及异丙托溴铵对其影响. 吴忠练,徐玲. 重庆医科

大学学报,2009,(4)
普罗布考与福辛普利对2型糖尿病大鼠肝脏组织学改变的影响.李中专,等.重庆医科大学学报,2009,(3)
近交系LEWIS→BN大鼠原位肝移植急性排斥模型的建立.徐敏,等.复旦学报(医学版),2009,(3)
一种大鼠异体肾移植模型的建立.李家兵,等.重庆医科大学学报,2009,(3)
雌激素受体α、β亚型在多囊卵巢综合征大鼠子宫内膜中的表达及意义.艾芳,丘彦.重庆医科大学学报,2009,(3)
H_{22}源exosomes瘤苗在小鼠体内的抗肿瘤及免疫调节作用.汪少华,等.重庆医科大学学报,2009,(4)
腺病毒介导肿瘤坏死因子样弱凋亡因子转染对大鼠骨髓基质干细胞内皮分化的影响.于丽,等.复旦学报(医学版),2009,(3)
脑创伤性鼠红细胞免疫功能的变化.翟瑄,等.重庆医科大学学报,2009,(5)
异丙酚对新生鼠海马神经细胞凋亡的影响.蒋燕,等.重庆医科大学学报,2009,(3)
己烯雌酚干预下围产期小鼠睾丸Leydig细胞INSL3 mRNA的表达变化.宋晓峰,等.重庆医科大学学报,2009,(5)
苯并芘在SD大鼠纹状体的动态分布研究.袁海艳,等.重庆医科大学学报,2009,(6)
大鼠前脂肪细胞消化酶原代培养方法改良的探讨.蒋茂莹,等.重庆医科大学学报,2009,(6)
西洛他唑对糖尿病模型大鼠勃起功能的影响.窦红珍,等.重庆医科大学学报,2009,(6)
孕鼠VA缺乏对胎肺VA及其受体和表面活性蛋白基因的影响.刘友红,等.重庆医科大学学报,2009,(6)
$^{60}Co\gamma$射线诱导的弥漫性皮质发育不良模型鼠脑组织病理特征观察.罗春阳,等.重庆医科大学学报,2009,(6)
大鼠皮肤MMP-2,MMP-9表达与损伤时间相关性的实验研究.李刚莲,等.重庆医科大学学报,2009,(6)
高脂血症apoE基因敲除小鼠心脏中一氧化氮合酶含量及基因表达.曹晓娥,等.复旦学报(医学版),2009,(4)
慢病毒介导RNAi沉默IL-1 Ⅰ型受体在大鼠骨关节炎MAPK信号转导中的作用.周斌,等.复旦学报(医学版),2009,(4)
脂多糖预处理对大鼠肝移植缺血再灌注期肝脏NF-κB活性和ICAM-1/LFA-1分子表达的影响.李洋,等.重庆医科大学学报,2009,(7)
慢性颞叶癫痫大鼠海马内向整流钾通道Kir2.3 mRNA的动态变化.徐岚,等.复旦学报(医学版),2009,(4)
^{131}碘肿瘤细胞核人鼠嵌合单抗肺癌内直接注射后体内的生物学分布.李蓓蕾,等.复旦学报(医学版),2009,(4)
大鼠皮肤切创愈合过程中E-选择素及ICAM-1表达及法医学意义.汪平,等.重庆医科大学学报,2009,(7)
褪黑素对慢性阻塞性肺疾病大鼠气道氧化应激的预防作用.夏峻巍,徐玲.重庆医科大学学报,2009,(8).
糖尿病肾病模型大鼠肾脏细胞TGF-β_1、PDGF-B的变化.成秀梅,等.重庆医科大学学报,2009,(8)
重建肝动脉的大鼠肝移植模型改良的实验研究.黄德荣,等.重庆医科大学学报,2009,(8)
丙戊酸钠对大鼠海马神经元癫痫样放电后P-CREB1表达的影响.刘华,等.重庆医科大学学报,2009,(8)
失血性休克大鼠海马中HSP70表达及死后稳定性研究.曹峻华,邓世雄.重庆医科大学学报,2009,(8)
大鼠骨髓间充质干细胞多向分化潜能的研究.汪浩文,等.复旦学报(医学版),2009,(5)
谷氨酰胺对大鼠肠缺血/再灌注后肺组织NF-κB表达的影响.耿桂启,黄绍强.复旦学报(医学版),2009,(5)
补肾中药与阿法骨化醇联合应用对卵巢摘除大鼠原发性骨质疏松的防治作用.蒲画华,等.复旦学报(医学版),2009,(5)
川芎嗪延缓大鼠慢性移植肾肾病作用及机制的研究.陈刚,等.重庆医科大学学报,2009,(9)
PCNA在小鼠胚胎着床过程中的作用.孟君,等.重庆医科大学学报,2009,(10)
霉酚酸合并致耐受树突状细胞延长小鼠心脏移植物的研究.李风,等.重庆医科大学学报,2009,(9)
Survivin表达对鼠髓样树突状细胞成熟的影响.黎衍敏,等.重庆医科大学学报,2009,(9)
FSCB蛋白在鼠精子发生过程中的动态表达和迁移研究.李彦锋,等.重庆医科大学学报,2009,(9)
FasL基因转染诱导大鼠肾移植免疫耐受的实验研究.徐光勇,等.重庆医科大学学报,2009,(9)
HO-1在EPO保护小鼠肾缺血再灌注损伤中的作用.易善红,叶钢.重庆医科大学学报,2009,(9)
8羟基脱氧鸟苷在2型糖尿病大鼠肾脏的表达及Probucol的影响.徐鑫,等.重庆医科大学学报,2009,(10)
大鼠胰岛细胞移植的磁共振监测.周碧婧,等.复旦学报(医学版),2009,(6)
非套管法大鼠异体原位单肺移植动物模型的建立.陈刚,等.复旦学报(医学版),2009,(6)
超声微泡对大鼠前列腺中药物浓度的影响.魏武然,等.重庆医科大学学报,2009,(9)
IFN-γ、TNF-α和IL-10在慢性非细菌性前列腺炎大鼠中的表达及意义.王洪志,等.重庆医科大学学报,2009,(9)
热应激小鼠肝癌细胞(H_{22})源Exosomes的抗肿瘤免疫机制.孙迪,等.复旦学报(医学版),2009,(6)
地塞米松对脂多糖致大鼠急性肺损伤的治疗作用.李敏,等.重庆医科大学学报,2009,(10)
卡维地洛预处理对大鼠缺血再灌注损伤心肌蛋白质组影响的初步研究.高照,李法琦.重庆医科大学学报,2009,(9)
Fas蛋白表达与大鼠脑损伤时间推断的研究.吴伟,等.重庆医科大学学报,2009,(10)

参附注射液对局灶性脑缺血再灌注损伤大鼠血脑屏障通透性及神经功能的影响. 谢健,闵苏. 重庆医科大学学报,2009,(11)
疏血通注射液对糖尿病大鼠肾脏 TGF-β_1 及 Col-Ⅳ表达的影响. 蒋文娟,等. 重庆医科大学学报,2009,(11)
G_0S_2 基因参与调节鼠骨髓基质细胞向脂肪细胞分化. 林先和,等. 重庆医科大学学报,2009,(11)
间充质干细胞海马移植对糖尿病大鼠 PSA-NCAM 的影响. 夏丽,等. 重庆医科大学学报,2009,(11)
大鼠脑外伤后 BDNF 的表达及其死后稳定性的研究. 王敏,邓世雄. 重庆医科大学学报,2009,(11)
丹参酮ⅡA 磺酸镁对大鼠急性心肌梗死的保护作用及机制. 张玉方,赵春景. 重庆医科大学学报,2009,(12)
葛根素预处理减轻大鼠心肌缺血再灌注损伤及 PI3K/AKT 信号通路的作用. 马亚飞,等. 重庆医科大学学报,2009,(12)
厄贝沙坦对大鼠梗死心肌 PPAR-γ 表达及心室重塑的影响. 刘俊,等. 重庆医科大学学报,2009,(12)
胆总管结扎对小鼠肝脏炎症和细胞凋亡的影响. 董玉芳,等. 重庆医科大学学报,2009,(12)
表达人 Fas 配体的质粒治疗 Graves 病模型小鼠. 随华,等. 重庆医科大学学报,2009,(12)
西维来司钠对脑缺血/再灌注大鼠全脑蛋白质组的影响. 胡月,董志. 重庆医科大学学报,2009,(12)
通脉益智胶囊对 VAD 大鼠海马 CA1 区形态结构损害的干预作用. 戴晓明,等. 东南大学学报(医学版),2009,(2)
MRL/lpr 小鼠肾组织 MCP-l 表达及 MMF 对其表达的影响和相关机制研究. 肖刚,等. 东南大学学报(医学版),2009,(2)
JNK 在 cGVHD 狼疮样小鼠肾组织表达及在肾纤维化中作用研究. 兰灵,王美美. 东南大学学报(医学版),2009,(2)
缺血致新生大鼠脑室周围白质软化和远期神经行为变化. 胡燕,等. 东南大学学报(医学版),2009,(2)
转染金属硫蛋白基因 1A 促进大鼠肝星状细胞增殖. 王科,陈平圣. 东南大学学报(医学版),2009,(3)
血小板源性生长因子及胰岛素样生长因子对大鼠腰椎间盘退变的影响. 周涛,吴小涛. 东南大学学报(医学版),2009,(3)
新生大鼠 HIBD 后海马增殖细胞分化和 bFGF 的相关性探讨. 张敏,等. 东南大学学报(医学版),2009,(3)
近红外光谱技术在胶质瘤大鼠射频热疗中的应用研究. 张正雄,等. 东南大学学报(医学版),2009,(3)
氟西汀对抑郁模型大鼠海马区胶质细胞源性神经营养因子 mRNA 表达的影响. 张晓斌,等. 东南大学学报(医学版),2009,(3)
骨髓间充质干细胞对小鼠肉瘤细胞 S180 生长的影响. 张利,姜藻. 东南大学学报(医学版),2009,(4)
IL-1β 诱导大鼠肝细胞 NO 产生增多及线粒体膜电位降低. 陆军,等. 东南大学学报(医学版),2009,(4)
罗格列酮延缓糖尿病大鼠血管钙化的发展. 谈君,等. 东南大学学报(医学版),2009,(4)
丹参酮对血管性痴呆模型大鼠学习记忆障碍的改善作用. 李林,等. 东南大学学报(医学版),2009,(5)
地塞米松对哮喘小鼠气道炎症反应和 STAT6 表达的影响. 彭小华,杨远. 东南大学学报(医学版),2009,(5)
甲磺酸胺银杏内酯 B 冻干粉针的大鼠胚胎-胎仔发育毒性和遗传毒性实验研究. 蔡鸣,等. 东南大学学报(医学版),2009,(6)
机械通气对急性肺损伤大鼠炎症反应的影响. 叶正龙,等. 东南大学学报(医学版),2009,(6)
丹参酮ⅡA 磺酸钠对高脂性脂肪肝大鼠肝脏脂质过氧化的影响. 章一凡,等. 苏州大学学报(医学版),2009,(6)
大鼠海马神经干细胞 Brn-4 基因的特异性 siRNA 研究. 朱蕙霞,等. 苏州大学学报(医学版),2009,(6)
CaMKⅡ活性抑制降低内质网应激诱导的大鼠心肌细胞死亡. 王树树,等. 苏州大学学报(医学版),2009,(6)
褪黑素对急性胰腺炎大鼠胰腺组织中趋化因子表达的影响. 吴爱荣,等. 苏州大学学报(医学版),2009,(6)
奥曲肽对链脲佐菌素诱发糖尿病大鼠胰岛功能的影响. 曹敏,等. 苏州大学学报(医学版),2009,(6)
脑衰老大鼠游泳运动后行为能力及海马结构、抗氧化能力的观察. 陆阿明,吴金全. 苏州大学学报(医学版),2009,(6)
美洛昔康对 Aβ 诱导的阿尔茨海默病模型大鼠脑内环氧合酶-2 的作用. 茅家慧,等. 苏州大学学报(医学版),2009,(6)
大鼠肝细胞癌变过程中热休克蛋白 gp96 的异常表达及变化特征. 吴信华,等. 苏州大学学报(医学版),2009,(6)
大鼠创伤性脑损伤后创伤区周围皮质细胞聚二磷酸腺苷核糖多聚酶的表达. 毛伟峰,等. 苏州大学学报(医学版),2009,(6)
乌苏里藜芦生物碱对血管紧张素Ⅱ诱导的乳鼠心肌细胞肥大的影响. 王丽,等. 大连医科大学学报,2009,(1)
大鼠瘦素受体 RNAi 慢病毒载体的构建及鉴定. 王玉川,等. 大连医科大学学报,2009,(1)
大鼠小肠神经-Cajal 间质细胞-平滑肌网络的超微结构研究. 梁国刚,等. 大连医科大学学报,2009,(1)
抗心肌肌凝蛋白重链自身抗体 IgG 亚类对腹主动脉缩窄术后大鼠左室功能的影响. 莫新玲,等. 大连医科大学学报,2009,(1)
蝎毒耐热蛋白对红藻氨酸诱导癫痫大鼠海马内前脑啡肽原表达的影响. 孙玉波,等. 大连医科大学学报,2009,

(1)
ZD1839 对小鼠宫颈癌细胞株 U14 移植瘤抑制作用的研究. 周颖,石红. 大连医科大学学报,2009,(1)
顺铂和长春瑞滨联合放疗对大鼠脊髓损伤的实验研究. 曲怡,等. 大连医科大学学报,2009,(1)
卡维地洛对急性心肌梗死后大鼠心室重塑及 MMP/TIMP 表达的影响. 易志刚,等. 大连医科大学学报,2009,(1)
辐射抗性小鼠与其亲代差异基因的表达序列标签. 王芹,等. 苏州大学学报(医学版),2009,(1)
三七总皂甙对实验性肺纤维化大鼠病理变化和转化生长因子-β1 表达的影响. 武慧,等. 苏州大学学报(医学版),2009,(1)
加味大柴胡汤对阻塞性黄疸大鼠 TLR4 mRNA 表达的影响. 谢毅,等. 苏州大学学报(医学版),2009,(1)
小鼠胸腺输出功能及免疫重建的研究方法. 陈广华,等. 苏州大学学报(医学版),2009,(1)
VEGF 在小鼠早期急性肺损伤中表达的变化. 金钧,等. 苏州大学学报(医学版),2009,(1)
MPTP 诱导的小鼠 PD 模型中相关脑区 TNF-α 的表达变化. 董玉林,等. 苏州大学学报(医学版),2009,(1)
硫酸镁对放射性脑损伤大鼠海马齿状回 Fos 蛋白表达的影响. 邹容,等. 苏州大学学报(医学版),2009,(1)
大鼠额叶创伤后早期神经元型一氧化氮合酶的表达变化. 李刚强,等. 苏州大学学报(医学版),2009,(1)
氧自由基在大鼠胰十二指肠肾脏联合移植缺血再灌注损伤中的作用及丹参的影响. 王长淼,等. 大连医科大学学报,2009,(2)
丙酮酸钙对小鼠力竭运动能力的研究. 郭宇,等. 大连医科大学学报,2009,(2)
雌激素对大鼠缺血心肌的保护作用. 许莹平,等. 大连医科大学学报,2009,(2)
长期香烟烟雾吸入对大鼠的慢性毒作用. 武彦文,等. 苏州大学学报(医学版),2009,(2)
肾炎灵对阿霉素肾病大鼠肾脏的保护作用. 葛斌,等. 苏州大学学报(医学版),2009,(2)
不同方法诱导大鼠骨髓间充质干细胞向神经样细胞的分化. 徐路尧,等. 苏州大学学报(医学版),2009,(2)
小鼠胚胎干细胞无饲养层培养及其生物学特性. 韩甫,等. 苏州大学学报(医学版),2009,(2)
缺血后处理对腹腔镜气腹模型大鼠肝脏氧化应激损伤的保护作用. 朱杰,孙庆林. 苏州大学学报(医学版),2009,(2)
左卡尼汀对大鼠阿霉素心肌病的干预作用. 黄洁,严文华. 苏州大学学报(医学版),2009,(2)
卤夫酮对肝硬化大鼠Ⅰ型胶原、金属蛋白酶组织抑制剂-1 和 α-肌球蛋白基因表达的影响. 徐敏晖,曹苇. 苏州大学学报(医学版),2009,(2)
高血糖抑制大鼠载脂蛋白 M 的表达和分泌. 蒋波,等. 苏州大学学报(医学版),2009,(2)
GABA-B 受体亚单位 mRNA 在海人酸颞叶癫痫大鼠海马内的表达. 汤继宏,等. 苏州大学学报(医学版),2009,(2)
硫酸镁对大鼠急性放射性脑损伤后脑 NMDA 受体及血清神经元特异性稀醇化酶的影响. 袁文佳,等. 苏州大学学报(医学版),2009,(2)
下丘脑弓状核内微量注射谷氨酸提高大鼠痛阈及其受体机制. 李小永,等. 苏州大学学报(医学版),2009,(2)
PDGF 诱导大鼠主动脉平滑肌细胞迁移模型的建立. 崔颖,等. 大连医科大学学报,2009,(3)
大鼠骨髓间充质干细胞向脂肪细胞诱导分化的研究. 钱燕翔,等. 苏州大学学报(医学版),2009,(3)
骨髓间充质干细胞在糖尿病小鼠体内的归巢及疗效观察. 陆玉华,等. 苏州大学学报(医学版),2009,(3)
脑益康对阿尔茨海默病大鼠 tau 蛋白过度磷酸化及其相关酶类表达的影响. 周静,等. 苏州大学学报(医学版),2009,(3)
氯胺酮致小鼠精神分裂样症状及其机制探讨. 张健,等. 苏州大学学报(医学版),2009,(3)
粒细胞集落刺激因子对 SCID 小鼠急性脑梗死的治疗作用. 温仲民,包仕尧. 苏州大学学报(医学版),2009,(3)
阿司匹林调节小鼠腹腔巨噬细胞 MMP-2/9 和 TIMP-1 基因的表达及分泌. 姚义琴,等. 苏州大学学报(医学版),2009,(3)
大鼠骨髓间充质干细胞在静电纺丝素/聚乳酸纳米纤维上的培养及成神经诱导. 宋琳,等. 苏州大学学报(医学版),2009,(3)
再生柞蚕丝素蛋白对小鼠间充质干细胞体外生长的支持作用. 谢炜,等. 苏州大学学报(医学版),2009,(3)
邻苯二甲酸酯对小鼠雄性生殖系统的毒性作用. 崔月美,等. 大连医科大学学报,2009,(4)
益气养阴方对小鼠肝癌及子宫颈癌肺转移抑制作用的实验研究. 弭玮,孙静. 大连医科大学学报,2009,(4)
慢胃灵合剂对大鼠慢性萎缩性胃炎治疗的实验研究. 王健,等. 大连医科大学学报,2009,(3)
茶多酚对小鼠脑缺血再灌注损伤的保护作用. 梁卉,等. 大连医科大学学报,2009,(3)
人参皂甙对急性肾衰大鼠的肾保护作用与外周肾小管上皮细胞氮能机制. 颜煊,等. 大连医科大学学报,2009,(4)
紫锥菊多酚植物化学物质对大鼠应激性胃溃疡的影响. 曹鑫,等. 大连医科大学学报,2009,(4)
和胃饮合剂对功能性消化不良大鼠胃肠激素的影响. 孙旭娟,等. 大连医科大学学报,2009,(4)
胰岛素对大鼠脊髓损伤后 HSP70、NOS 表达的影响及抗凋亡作用. 谢虎,郭风劲. 大连医科大学学报,2009,(4)
雌激素对大鼠心肌缺血再灌注过程中 iNOS 表达及凋亡相关性的实验研究. 许莹平,等. 大连医科大学学报,

2009,(3)

亚慢性砷暴露对雄性小鼠脑组织性基因 Ddx3y 和 Uty 表达的影响. 洪岩,等. 大连医科大学学报,2009,(5)

缺血后处理对大鼠肾脏缺血再灌注损伤及 NF-κB 表达的影响. 范治璐,等. 大连医科大学学报,2009,(5)

丙氨瑞林穴位注射对子宫内膜异位症模型大鼠的镇痛作用及对 P 物质表达的影响. 林海英,等. 苏州大学学报(医学版),2009,(4)

NF-κB、IL-6 和 TNF-α 在抗 IL-6 受体单抗干预早期急性肺损伤大鼠肺组织中的表达. 戴轶,等. 苏州大学学报(医学版),2009,(4)

Fas/FasL、Bax 及 Bcl-2 在 1 型糖尿病大鼠中的表达及其与凋亡的关系. 查文章,等. 苏州大学学报(医学版),2009,(4)

苯那普利对糖尿病大鼠肾皮质 MMP-2、TIMP-2 和 C-IV 表达的影响. 毛春谱,等. 苏州大学学报(医学版),2009,(4)

精子孵育时间及培养液成分对小鼠体外受精和胚胎发育的影响. 华月琴,等. 苏州大学学报(医学版),2009,(4)

人腺病毒介导白细胞介素 24 对 H22 肝癌荷瘤小鼠的抑瘤作用及免疫功能影响的研究. 汪小华,等. 苏州大学学报(医学版),2009,(4)

匹多莫德对重症胸部创伤大鼠 Th1/Th2 细胞平衡的影响. 黄海涛,等. 苏州大学学报(医学版),2009,(4)

七氟烷对大鼠脑内腺苷酸环化酶及磷酸二酯酶活性的影响. 冯昌栋,等. 苏州大学学报(医学版),2009,(4)

葛根素对高脂饮食诱导的胰岛素抵抗大鼠血浆肿瘤坏死因子-α、瘦素及血脂的影响. 陈伯文,等. 苏州大学学报(医学版),2009,(5)

鼠麴草基因组 DNA 的提取方法及随机扩增多态性 DNA 分析. 陆叶,等. 苏州大学学报(医学版),2009,(5)

实时聚合酶链反应检测切割穹窿海马伞大鼠海马内磷脂酰乙醇胺结合蛋白 mRNA 的表达变化. 秦建兵,等. 苏州大学学报(医学版),2009,(5)

诱导 C57 鼠获得抗 β 淀粉样蛋白抗体的新途径. 罗仲秋,等. 苏州大学学报(医学版),2009,(5)

荷瘤鼠膀胱内灌注^{125}I-UdR 的生物学分布及安全性. 卢建林,等. 苏州大学学报(医学版),2009,(5)

胰腺 B 细胞显像剂^{99}Tc^{m}-DTPA-NGN2 在小鼠体内的分布. 谢莹,等. 苏州大学学报(医学版),2009,(5)

阻断 RAAS 不同环节对 Goldblatt 鼠左室重构及细胞凋亡相关蛋白表达的影响. 刘宇飞,等. 大连医科大学学报,2009,(6)

全反式维甲酸对慢性阻塞性肺疾患大鼠肺中性粒细胞趋化因子 MIP-2 分泌的影响. 郭连英,等. 大连医科大学学报,2009,(6)

彩色多普勒技术对肝移植大鼠急性排斥反应监测的研究. 蔡振刚,等. 大连医科大学学报,2009,(6)

大剂量顺铂所致大鼠急性肾功能衰竭过程中内毒素血症与革兰阴性菌感染的关系. 田军,等. 大连医科大学学报,2009,(6)

大鼠全脑缺血对再灌注海马区 NO 含量和 Bcl-2 表达的影响. 吕鹏,等. 大连医科大学学报,2009,(6)

异丙甲草胺小鼠免疫毒性作用研究. 胡晶. 哈尔滨医科大学学报,2009,(1)

低氧对大鼠心肌细胞蛋白激 A 活性与 SCN5A 基因表达的影响. 马宁,等. 哈尔滨医科大学学报,2009,(1)

靶向 CD40 的小 RNA 干扰抑制大鼠异体肢体移植急性排斥反应及细胞凋亡表达的研究. 张震宇,等. 哈尔滨医科大学学报,2009,(1)

PJ34 对糖尿病大鼠肾脏的保护作用. 唐焕文,等. 广东医学院学报,2009,(1)

苯甲酸雌二醇对 L-谷氨酸单钠损毁弓状核雌性大鼠血脂代谢的影响. 钟平,等. 广东医学院学报,2009,(1)

半枝莲多糖对小鼠脾淋巴细胞 cAMP 含量的影响. 叶华,郑学宝. 广东医学院学报,2009,(2)

原苏木素 A 对心脏移植后大鼠 T 淋巴细胞亚群的影响. 程露杨,等. 哈尔滨医科大学学报,2009,(2)

阿是止泻胶囊对甲亢性腹泻大鼠十二指肠黏膜肥大细胞的影响. 毕长龙,等. 哈尔滨医科大学学报,2009,(2)

PM2.5 对大鼠血管平滑肌细胞 PCNA、VCAM-1 表达及增殖的影响. 敖当,等. 广东医学院学报,2009,(2)

免疫磁珠法分离纯化 SD 大鼠神经干细胞. 王雅,等. 哈尔滨医科大学学报,2009,(2)

成年大鼠骨骼肌成肌细胞的培养和鉴定. 杨奕. 哈尔滨医科大学学报,2009,(2)

来氟米特联合环孢素 A 对大鼠心脏移植慢性排斥反应的抑制作用研究. 徐广全,等. 哈尔滨医科大学学报,2009,(2)

E-选择素鼻黏膜耐受对大鼠局灶脑缺血再灌注损伤的影响及其机制的实验研究. 杨磊,等. 哈尔滨医科大学学报,2009,(2)

不同照射剂量对鼠血清中 TGF-β1 表达的影响及放射性肺损伤的关系. 孙涛,等. 哈尔滨医科大学学报,2009,(2)

地氟烷对全脑缺血再灌注损伤大鼠海马神经细胞超微结构及凋亡相关基因表达的影响. 宋春雨,等. 哈尔滨医科大学学报,2009,(2)

丹酚酸 B 滴眼对大鼠糖尿病性白内障的影响. 冷非,等. 哈尔滨医科大学学报,2009,(3)

罗格列酮对 2 型糖尿病大鼠骨骼肌 UCP3、CPT-Ⅰ mRNA 的表达及糖脂代谢的影响. 武革,等. 广东医学院学报,

2009,(3)
加味大柴胡汤联合 L-精氨酸对阻塞性黄疸大鼠肾功能的影响. 包仕廷,等. 广东医学院学报,2009,(3)
参附注射液对大鼠心肌缺血再灌注损伤心电图的影响. 李瑞庆. 广东医学院学报,2009,(4)
大鼠骨髓干细胞的分离、培养和诱导生成内皮祖细胞的研究. 王三明,等. 广东医学院学报,2009,(4)
不同剂量腺苷对肺炎大鼠肺动脉高压的调节作用. 黄宇戈,等. 广东医学院学报,2009,(4)
高脂饮食诱导肥胖大鼠心肌细胞内钙调节机制的研究. 郝艳坤,等. 哈尔滨医科大学学报,2009,(4)
碘 125 间质内照射治疗大鼠脑内胶质瘤的实验研究. 冯岩,等. 哈尔滨医科大学学报,2009,(4)
安体舒通和缬沙坦对 UUO 大鼠肾脏的抗氧化保护作用. 张鹏宇,等. 哈尔滨医科大学学报,2009,(4)
辛伐他汀对野百合碱诱导肺动脉高压大鼠肺组织中 NF-κB 表达及血清 C 反应蛋白和 TNF-α 水平的影响. 陈建英,等. 广东医学院学报,2009,(4)
汉防己甲素对大肠杆菌脂多糖所致急性肺损伤大鼠炎症介质的影响. 韩开宇,等. 哈尔滨医科大学学报,2009,(5)
TIMP-3-pcDNA3.0 转染平滑肌细胞及其在大鼠心肌梗死瘢痕中的存活与表达. 孙露,等. 哈尔滨医科大学学报,2009,(5)
三氧化二砷对鼠肝癌 VEGF 及 COX-2 表达影响的研究. 唐印华,等. 哈尔滨医科大学学报,2009,(5)
西咪替丁、维生素 C 小鼠体内抗狂犬病效果研究. 赵亚双,等. 哈尔滨医科大学学报,2009,(5)
小鼠 B7-H4 原核表达载体的构建、表达及多克隆抗体的制备. 肖德乾,等. 广东医学院学报,2009,(5)
IGFBP-3、caspase-3 在小鼠白念珠菌阴道炎模型黏膜组织中的表达. 陈嵘祎,等. 广东医学院学报,2009,(5)
中药益坤宁对围绝经期大鼠海马芳香化酶表达的影响. 樊蓉,等. 哈尔滨医科大学学报,2009,(6)
低温氧合血 + Celsior 液微流量持续灌注对大鼠右心的保护效果. 李继科,等. 哈尔滨医科大学学报,2009,(6)
顺铂联合长春瑞滨对小鼠移植性肝癌的抑制作用. 姜浩,等. 哈尔滨医科大学学报,2009,(6)
CT 灌注成像实时评价大鼠急性脑缺血再灌注模型. 尹峰,等. 哈尔滨医科大学学报,2009,(6)
骨髓间充质干细胞接种小鼠肝癌组织对小鼠生存期的影响. 吕昕蕾,等. 徐州医学院学报,2009,(6)
甲氨蝶呤对佐剂性关节炎大鼠免疫器官重量的影响. 郑召岭,等. 徐州医学院学报,2009,(1)
丙泊酚和芬太尼合用对小鼠学习记忆的影响. 沈燕平,等. 徐州医学院学报,2009,(1)
低温对脑缺血/再灌注期间沙土鼠海马 CA1 区延迟性神经元死亡及 ATP 水平和细胞色素氧化酶活性的影响. 顾卫东,等. 徐州医学院学报,2009,(1)
机械通气致大鼠急性肺损伤时肺组织及血 MDA、SOD 的变化. 胡乃浩,赵文静. 徐州医学院学报,2009,(1)
韩氏针刺改善海洛因依赖大鼠学习记忆障碍和海马 NOS、AchE 的关系. 薛敏. 徐州医学院学报,2009,(2)
异氟醚对大鼠脑缺血/再灌注诱导 c-Jun 磷酸化的影响. 温相如,等. 徐州医学院学报,2009,(2)
发育鼠单次惊厥后脑内 N-Cadherin 的表达在海马苔藓纤维发芽中作用的研究. 袁宝强,等. 徐州医学院学报,2009,(2)
糖尿病大鼠肾脏病变及其 SnoN 蛋白表达的变化. 崔龙,等. 贵阳医学院学报,2009,(1)
线栓大鼠大脑中动脉缺血模型制作方法的改进. 吴培要,等. 贵阳医学院学报,2009,(1)
热籽感应加温对荷瘤大鼠的治疗效果. 欧阳伟炜,等. 贵阳医学院学报,2009,(1)
银杏叶提取物对点燃模型幼鼠学习记忆及海马乙酰胆碱酯酶、胆碱乙酰转移酶活性的影响. 段方荣,袁宝强. 徐州医学院学报,2009,(3)
心理应激对小鼠记忆能力的影响. 张见岗,等. 徐州医学院学报,2009,(3)
重度烧伤大鼠 TNF-α、氧自由基表达水平及早期肠道营养干预作用研究. 李之华,李向农. 徐州医学院学报,2009,(3)
K252a 对内毒素诱导急性肺损伤大鼠的保护作用. 张茂银,等. 徐州医学院学报,2009,(3)
卵泡刺激素对体外培养大鼠颗粒细胞凋亡的影响. 陶中娥,等. 天津医科大学学报,2009,(1)
肾上腺素与 rhG-CSF 协同动员小鼠造血干祖细胞的研究. 李勇,等. 徐州医学院学报,2009,(4)
全骨髓法培养大鼠骨髓间充质干细胞及其生物学特性. 丰炳峰,等. 徐州医学院学报,2009,(4)
CCK-8 对 LPS 诱导大鼠 TASMCs CuZn-SOD 基因表达影响的受体机制. 董国凯,等. 徐州医学院学报,2009,(4)
超声心动图联合 DTI 评价自发高血压大鼠心脏结构和功能. 崔丽,等. 天津医科大学学报,2009,(1)
PPARγ 激动剂对小鼠局灶性脑缺血再灌注中性粒细胞浸润和 TNF-α 表达的影响. 尚进林,等. 天津医科大学学报,2009,(1)
HPK1 在缺糖缺氧诱导的大鼠海马神经元凋亡中的作用. 李婷,张光毅. 徐州医学院学报,2009,(4)
创伤性脑损伤对大鼠齿状回神经细胞新生的影响. 郭新宾,等. 天津医科大学学报,2009,(1)
耳针对拟阿尔茨海默病模型大鼠海马神经原纤维缠结的影响. 苗婷,等. 贵阳医学院学报,2009,(2)
穴位埋线对拟阿尔茨海默病大鼠海马超微结构和胶质纤维酸性蛋白的影响. 杨雨,等. 贵阳医学院学报,2009,(2)
大鼠急性胰腺炎血清中 IL-6 浓度的动态变化. 田宇,等. 贵阳医学院学报,2009,(2)

小干扰RNA对高糖诱导大鼠肾小管上皮细胞Snail 1表达的抑制作用. 方开云,等. 贵阳医学院学报,2009,(2)
异丙酚预处理离体乳鼠脑皮质细胞对脑缺血再灌注损伤的保护作用. 刘辉,等. 贵阳医学院学报,2009,(2).
盐酸甲氯芬酯对血管性痴呆大鼠BDNF表达的影响. 陈小凡. 贵阳医学院学报,2009,(2)
鼠肺表面活性物质结合蛋白D提取方法的改良及鉴定. 赵亮,等. 贵阳医学院学报,2009,(3)
长期使用蚊香对小鼠学习记忆的影响. 周纯,等. 徐州医学院学报,2009,(5)
氯胺酮对糖尿病大鼠神经功能及神经病理痛的作用. 王燕,等. 徐州医学院学报,2009,(5)
烟雾环境对乙醇中毒小鼠死亡率的影响. 王远征,等. 徐州医学院学报,2009,(5)
异氟烷对血管性痴呆老年大鼠学习记忆的影响. 胡志超,等. 徐州医学院学报,2009,(5)
大红袍妇炎宁胶囊治疗大鼠盆腔炎的实验研究. 卢泽恺,等. 贵阳医学院学报,2009,(3)
复方大血藤对大鼠慢性非细菌性前列腺炎的作用. 汪克蕾,等. 贵阳医学院学报,2009,(3)
肿瘤坏死因子α功能抑制剂对肺气肿大鼠气道炎症的影响. 李军利,等. 贵阳医学院学报,2009,(3)
橙子对醉酒小鼠的解酒作用. 乔宁,等. 徐州医学院学报,2009,(7)
血必净对大鼠急性胰腺炎保护作用机制探讨. 张云民. 徐州医学院学报,2009,(7)
生长抑素对溃疡性结肠炎大鼠细胞因子的影响. 陈剑群,等. 徐州医学院学报,2009,(6)
不同剂量的重组腺相关病毒载体介导的人血管抑素对糖尿病肾病大鼠肾功能的影响. 李伟,等. 徐州医学院学报,2009,(7)
δ-连环素在糖尿病大鼠海马神经元中的表达. 魏建峰,张久涛. 徐州医学院学报,2009,(7)
还原型谷胱甘肽对胰腺炎相关性腹腔积液诱导的大鼠肝损伤的疗效及其机制. 姜宝飞,等. 徐州医学院学报,2009,(6)
Calbindin-D-28k对MPTP致小鼠黑质凋亡相关蛋白Bax表达的影响. 高锦,等. 徐州医学院学报,2009,(7)
发育期大鼠视皮层锥体神经元自发兴奋性突触后电流变化. 张卫鹏,等. 天津医科大学学报,2009,(2)
加锁髓内针在大鼠股骨骨折模型中的应用. 李志强,等. 天津医科大学学报,2009,(2)
PPARs激动剂对大鼠脑缺血再灌注早期炎症反应及血脑屏障通透性的影响. 尚进林,程焱. 天津医科大学学报,2009,(2)
银杏叶提取物含药血清在大鼠体内药动学与药效学相关性研究. 刘晓,等. 徐州医学院学报,2009,(8)
川芎嗪对丙泊酚致小鼠学习记忆障碍的影响. 魏大岫,等. 徐州医学院学报,2009,(8)
盐酸戊乙奎醚对大鼠缺氧缺糖/复氧复糖海马脑片凋亡相关因子表达的影响. 王允,等. 徐州医学院学报,2009,(8)
羟丁酸钠对小鼠遗忘作用的影响. 王丹,等. 徐州医学院学报,2009,(8)
Ro25-6981对成年脑缺血/再灌注大鼠海马CA1区神经发生的影响. 王姗姗,等. 徐州医学院学报,2009,(8)
天麻素对血管性痴呆大鼠学习记忆能力和海马p53表达的影响. 高冬丽,等. 贵阳医学院学报,2009,(4)
丹芪合剂对糖尿病大鼠肾小管p38 MAPK表达的影响. 肖瑛,等. 贵阳医学院学报,2009,(4)
黑蚂蚁粉对小鼠免疫功能的影响. 许邦仁,等. 贵阳医学院学报,2009,(4)
牛蒡子合剂对糖尿病大鼠肾组织核因子-κB表达的影响. 曾家顺,等. 贵阳医学院学报,2009,(4)
三氧化二砷对大鼠血细胞参数影响的实验分析. 罗鹏,等. 贵阳医学院学报,2009,(4)
嗅鞘细胞移植对大鼠脊髓损伤后水通道蛋白-4的影响. 彭忠勇,等. 贵阳医学院学报,2009,(4)
E3泛素连接酶APC对糖尿病大鼠肾组织SnoN蛋白表达的影响. 郭兵,等. 贵阳医学院学报,2009,(4)
重组血红素加氧酶-1乳酸乳球菌灌胃后大鼠肠道中血红素加氧酶-1重组蛋白含量变化. 庞庆丰,等. 徐州医学院学报,2009,(10)
缚管翻转肠囊法研究委陵菜黄酮在大鼠小肠内的吸收行为. 郭竹君,等. 天津医科大学学报,2009,(3)
复灌时参附注射液处理可减轻大鼠心肌缺血/再灌注损伤. 许鹏程,等. 徐州医学院学报,2009,(11)
芦丁在正常及糖尿病肾病大鼠体内药代动力学研究. 刘晓,等. 徐州医学院学报,2009,(11)
不同慢性应激方式对大鼠血清HSP70的影响. 刘畅,等. 天津医科大学学报,2009,(3)
Exendin-4对STZ糖尿病大鼠胰岛细胞IRS-2表达的影响. 范爱红,等. 徐州医学院学报,2009,(9)
缺血预处理对减体积肝移植大鼠缺血再灌注损伤的保护作用. 宋军,等. 徐州医学院学报,2009,(10)
缺氧缺血性脑损伤新生大鼠IL-16的表达及意义. 张文辉,等. 徐州医学院学报,2009,(9)
叶酸对局灶性脑梗死大鼠神经干细胞增殖作用的影响. 赵莹,等. 天津医科大学学报,2009,(3)
丙泊酚后处理对大鼠脑缺血性损伤的保护作用. 王颖,等. 天津医科大学学报,2009,(3)
大鼠线栓法局灶性脑缺血再灌注损伤模型改进的实验研究. 王毅刚,等. 徐州医学院学报,2009,(9)
促红细胞生成素对颅脑损伤大鼠脑组织凋亡基因表达及超微结构改变的影响. 王冠,等. 天津医科大学学报,2009,(3)
添加丙氨酰谷氨酰胺胃肠外营养对烫伤大鼠的作用. 桑剑锋,等. 徐州医学院学报,2009,(11)
赤灵芝孢子粉对环孢素A免疫抑制模型小鼠固有免疫功能的影响. 蒋催蓉,等. 贵阳医学院学报,2009,(5)
整体低氧预处理对大鼠肺组织细胞色素C表达和细胞凋亡的影响. 陈莹,等. 贵阳医学院学报,2009,(5)

缺血性急性肾功能衰竭大鼠血清 TNF-α 水平及肾小管上皮细胞 Fas、Bcl-2 的表达. 姜军,等. 贵阳医学院学报,2009,(5)
生长抑素在海洛因依赖大鼠颌下腺的表达. 胡赟,梁文妹. 贵阳医学院学报,2009,(5)
邻苯二甲酸二丁酯孕期暴露仔鼠阴茎 3-磷酸甘油醛脱氢酶表达差异的研究. 周明远,张炜. 徐州医学院学报,2009,(12)
缺血后处理对再灌注损伤大鼠胃黏膜细胞 ERK 表达的影响. 丁雷,等. 徐州医学院学报,2009,(12).
下丘脑室旁核微量注射 ghrelin 经迷走神经增强清醒大鼠胃运动及胃电活动. 王光明,等. 徐州医学院学报,2009,(12)
Nogo 受体拮抗剂对大鼠急性脊髓损伤的保护作用. 吴继彬,等. 徐州医学院学报,2009,(12)
微波消融联合瘤体内注射树突状细胞治疗小鼠骨髓瘤的实验研究. 顾玉明,等. 徐州医学院学报,2009,(12)
复合辅酶对烫伤休克后大鼠脏器功能的保护作用. 曹臻,等. 徐州医学院学报,2009,(12)
竹荪提取液对砷中毒大鼠血细胞参数的影响. 罗鹏,等. 贵阳医学院学报,2009,(6)
实验性自身免疫性脑脊髓炎小鼠模型的建立及其病理学和影像学表现. 胡晓,等. 贵阳医学院学报,2009,(6)
海洛因依赖对大鼠垂体 β-内啡肽表达的影响. 梁文妹,等. 贵阳医学院学报,2009,(6)
叶酸对缺氧新生鼠神经干细胞体外增殖的影响. 尤清菊,等. 天津医科大学学报,2009,(4)
液压打击海马损伤模型的改进及大鼠伤后空间学习能力观察. 林云鹏,张建宁. 天津医科大学学报,2009,(4)
人输卵管上皮细胞共培养和表皮生长因子对小鼠受精卵体外发育的影响. 随笑琳,吴凤宇. 天津医科大学学报,2009,(4)
利多卡因对缺血再灌注离体大鼠心功能的影响. 方文倩,等. 天津医科大学学报,2009,(4)
食源性肥胖对大鼠免疫功能的影响. 魏中南,等. 天津医科大学学报,2009,(4)
不同剂量有机硒对大鼠血脂代谢影响的实验研究. 冯润荷,王鹏华. 天津医科大学学报,2009,(4)
大鼠肝移植模型吻合技术的研究进展. 庄建彬,王毅军. 天津医科大学学报,2009,(4)
小鼠同种异位心脏移植模型中新型免疫抑制剂 LF 15-0195 与环孢霉素 A 相互作用的研究. 周德俊,Robert Zhong. 天津医科大学学报,2009,(4)
托马斯液复合应用康斯特保护液对大鼠离体心肌保护作用的研究. 白莉莉,等. 天津医科大学学报,2009,(4)
冷冻对小鼠前列腺癌 VEGF、Ki67 表达的实验研究. 韩艳萍,等. 天津医科大学学报,2009,(4)
不同剂量精氨酸对急性肝衰竭大鼠肝功能的影响. 孙学丽,等. 天津医科大学学报,2009,(4)
低分子肝素对吸入性损伤大鼠肺愈合的影响. 付潇潇,刘群. 天津医科大学学报,2009,(4)
异丙酚对肠缺血再灌注大鼠肾损伤的影响. 张抗抗,等. 天津医科大学学报,2009,(4)
DT-3 染毒大鼠肺脏组织损伤与灌洗液 LDH、T-AOC、TP 浓度变化的研究. 张明亮,等. 山东大学学报(医学版),2009,(1)
参附注射液对脂多糖诱导的大鼠肺泡巨噬细胞核因子-κB 的激活和细胞因子产生的影响. 王进,等. 华中科技大学学报(医学版),2009,(1)
莱菔子含药血清对大鼠离体结肠平滑肌肌条的作用. 石艳婷,等. 山东大学学报(医学版),2009,(1)
化淤理肺方对肺纤维化大鼠 MMP-2 和 TIMP-1 表达的影响. 王琴,等. 山东大学学报(医学版),2009,(2)
罗汉参对小鼠通便作用的研究. 刘彬,等. 山东大学学报(医学版),2009,(2)
小鼠同种气管异位移植建立闭塞性细支气管炎动物模型. 朱学海,等. 华中科技大学学报(医学版),2009,(1)
TGF-β1 诱导的调节性 T 细胞体内输注延长小鼠皮肤移植物存活. 袁劲,等. 华中科技大学学报(医学版),2009,(1)
大鼠实验性骨关节炎模型的建立及病理特征. 刘建湘,等. 华中科技大学学报(医学版),2009,(1)
有氧运动对急应激暴露下 CUMS 大鼠的保护作用. 刘欣,等. 山东大学学报(医学版),2009,(2)
自发性高血压大鼠心肌声学密度与心肌纤维化的关系及药物干预研究. 王静,等. 山东大学学报(医学版),2009,(1)
合成肽 S247 预先给药对大鼠呼吸机相关性肺损伤的影响. 桂平,等. 华中科技大学学报(医学版),2009,(1)
小鼠暴发型病毒性肝炎肝组织基因表达谱的分析. 王洪武,等. 华中科技大学学报(医学版),2009,(1)
低剂量内毒素预处理保护内毒素介导的小鼠急性肝损伤及其机理探讨. 耿嘉蔚,等. 山东大学学报(医学版),2009,(2)
鹰嘴豆芽与原钒酸钠对糖尿病大鼠的降糖作用. 毛雪琴,等. 山东大学学报(医学版),2009,(1)
一氧化氮在肥胖大鼠中的变化及其与肾脏损害的关系. 梁珺,等. 山东大学学报(医学版),2009,(1)
TGF-β1 基因转染骨髓基质干细胞促进 BMP-2 活性多肽大鼠体内异位成骨. 陈顺广,等. 华中科技大学学报(医学版),2009,(1)
西地那非对大鼠离体肺保护的实验研究. 童峰,等. 华中科技大学学报(医学版),2009,(1)
氯胺酮对严重烧伤大鼠脑组织 HSP70 表达的影响. 徐艳冰,等. 山东大学学报(医学版),2009,(2)
卵母细胞线粒体移植对年老小鼠植入前胚胎线粒体膜电位的影响. 刘延荷,等. 山东大学学报(医学版),2009,

(1)
1 型糖尿病大鼠海马 Alzheimer 样磷酸酯酶 2A 活性降低导致 tau 蛋白过度磷酸化. 张晓洁,等. 华中科技大学学报(医学版),2009,(1)
肝复乐对肝纤维化大鼠神经递质受体表达的调节作用. 孙雪梅,等. 华中科技大学学报(医学版),2009,(2)
七叶内酯对大鼠血管平滑肌细胞增殖的抑制及其机制. 戴榕,等. 华中科技大学学报(医学版),2009,(2)
白细胞介素 17 抗体对哮喘小鼠中性粒细胞的影响. 李洧,等. 山东大学学报(医学版),2009,(3)
线粒体 ATP 敏感钾通道对哮喘大鼠气道平滑肌细胞表型转化的影响. 赵建平,等. 华中科技大学学报(医学版),2009,(2)
不同干预方法对饮食诱导的高抵抗素血症大鼠抵抗素表达的影响. 李燕,等. 山东大学学报(医学版),2009,(3)
罗格列酮对高脂饲养大鼠骨骼肌 AMPK 活性的影响. 孙颖,等. 山东大学学报(医学版),2009,(3)
颈脊髓损伤后大鼠水钠代谢紊乱动物模型的建立. 刘洋,等. 山东大学学报(医学版),2009,(3)
大鼠压力性尿失禁模型的尿动力学研究. 陈园,等. 华中科技大学学报(医学版),2009,(2)
增强型绿色荧光蛋白标记骨髓间充质干细胞移植对帕金森病大鼠模型的治疗作用. 胡琦,等. 华中科技大学学报(医学版),2009,(2)
压力对大鼠纯化视网膜神经节细胞中神经微丝的影响. 钟杰,张虹. 华中科技大学学报(医学版),2009,(2)
普萘洛尔和哌唑嗪对应激大鼠的保护作用. 杨乐金,等. 山东大学学报(医学版),2009,(3)
奥硝唑对雄性大鼠附睾中肉毒碱含量的影响. 廖晶晶,等. 华中科技大学学报(医学版),2009,(2)
脑神康胶囊对缺氧复氧损伤大鼠海马神经元凋亡的影响. 李伟,等. 山东大学学报(医学版),2009,(4)
姜黄素对糖尿病大鼠肾脏结构和功能的影响. 于冬青,等. 山东大学学报(医学版),2009,(4)
丹参对大鼠移植肝脏再灌注损伤中 TNF-α 及 IL-1 水平的影响. 王宇,等. 山东大学学报(医学版),2009,(4)
慢性 ITP 小鼠外周血 IL-11 及其受体水平的研究. 牛婷婷,等. 山东大学学报(医学版),2009,(4)
大鼠肺移植受体 OB 与细胞凋亡关系的初步研究. 魏煜程,等. 山东大学学报(医学版),2009,(4)
糖尿病性 GK 大鼠脑缺血再灌注血管他丁及基质金属蛋白酶-9 的表达. 毕喜壮,等. 山东大学学报(医学版),2009,(4)
RhG-CSF 对快速老化模型小鼠 P10 脑组织炎症反应的干预作用. 宋艳,等. 山东大学学报(医学版),2009,(4)
MSCs 联合雷帕霉素对异基因鼠脾淋巴细胞的免疫调节作用. 殷玉俊,等. 山东大学学报(医学版),2009,(4)
葡萄子原花青素对糖尿病肾病大鼠非酶糖基化终产物和骨形态蛋白 7 表达的影响. 李宪花,等. 山东大学学报(医学版),2009,(5)
益气活血汤对慢性肾功能衰竭大鼠 CTGF、PDGF-B 的影响. 于颖,等. 山东大学学报(医学版),2009,(5)
长期高蛋白饮食对营养性肥胖大鼠胰岛素分泌和血浆 Ghrelin 水平的影响. 马立川,等. 山东大学学报(医学版),2009,(5)
高糖环境对大鼠肾小球系膜细胞 AMPK 表达及活性的影响. 徐静,等. 山东大学学报(医学版),2009,(5)
大鼠脑缺血再灌注损伤后脑组织 MMP-9 的表达及神经调节素的干预作用. 王海萍,等. 山东大学学报(医学版),2009,(5)
无细胞短棒状杆菌制剂联合瘤内缓释化疗对鼠黑色素瘤的抑制效应. 郭春,等. 山东大学学报(医学版),2009,(5)
重组人生长激素对烧伤大鼠肠粘膜细胞凋亡的作用. 石文,等. 山东大学学报(医学版),2009,(5)
骨髓间充质干细胞对大鼠急性一氧化碳中毒脑损伤的作用及机制研究. 初海平,等. 山东大学学报(医学版),2009,(5)
辛伐他汀对谷氨酸损伤的大鼠海马组织中 AMPA 受体 GluR2 表达的影响. 丁燕,等. 山东大学学报(医学版),2009,(5)
骨质疏松大鼠股骨生物力学特性与骨胶原质量变化的相关研究. 刘海春,等. 山东大学学报(医学版),2009,(5)
低氧训练对大鼠 EPO/EPOR 及其表达的影响. 赵鹏,等. 山东大学学报(医学版),2009,(5)
体外原代培养胎鼠大脑皮层神经元 NMDAR1 亚基表达的发育性变化. 张道来,等. 山东大学学报(医学版),2009,(6)
葡萄子原花青素对糖尿病大鼠主动脉载脂蛋白 A-Ⅰ表达的影响. 翟茜,等. 山东大学学报(医学版),2009,(6)
莲房原花青素和银杏内酯联用对东莨菪碱所致小鼠记忆获得性障碍的改善作用. 张丽,等. 华中科技大学学报(医学版),2009,(3)
mHCN2 基因修饰大鼠骨髓间充质干细胞用于构建生物起搏器的基础研究. 马金,等. 华中科技大学学报(医学版),2009,(3)
小鼠补体调节蛋白对 $CD4^+$ T 淋巴细胞的调控作用及其机制. 陈栋,等. 华中科技大学学报(医学版),2009,(3)
自发性高血压大鼠肾脏血管紧张素转换酶 2 的表达. 吴逸南,等. 山东大学学报(医学版),2009,(6)
$nAChR_{(\alpha7)}$ 在条件免疫反应治疗小鼠支气管哮喘中的作用机制. 李化兵,等. 山东大学学报(医学版),2009,(7)
吸入一氧化氮对脂多糖所致大鼠急性肺损伤环氧合酶-2 及 TOLL 样受体 4 表达的影响. 吴妍雯,等. 华中科技大

学学报(医学版),2009,(3)
前列腺素E2对阻塞性黄疸大鼠小肠粘膜形态的保护作用.祝林,等.山东大学学报(医学版),2009,(6)
大鼠胰高血糖素样肽-1受体的克隆和原核表达.杨红旺,等.华中科技大学学报(医学版),2009,(3)
同种异体胰岛细胞移植在糖尿病小鼠中的实验研究.王芳,等.华中科技大学学报(医学版),2009,(3)
大鼠胰岛的分离和纯化.侯凌,等.华中科技大学学报(医学版),2009,(3)
脊髓星形胶质细胞TLR3与大鼠痛觉过敏形成的关系.章沿锋,等.华中科技大学学报(医学版),2009,(3)
快速老化小鼠P10海马PI3K信号转导通路的变化及APP17肽的影响.杜怡峰,等.山东大学学报(医学版),2009,(7)
凝集素受体WGA、RCA和ECL在过量维甲酸致昆明小鼠腭裂发生中的作用.段淑红,等.山东大学学报(医学版),2009,(6)
四逆汤对多器官功能障碍综合征大鼠炎症介质和氧化应激的影响.刘筱蔼,等.华中科技大学学报(医学版),2009,(4)
黄芩苷和川芎嗪对哮喘大鼠气道壁重构的影响与机制探讨.吴世满,等.华中科技大学学报(医学版),2009,(4)
Ag43/FGFR1嵌合蛋白疫苗诱导小鼠产生特异性抗体的研究.陈少兴,等.华中科技大学学报(医学版),2009,(4)
活性氧对缺氧大鼠肺动脉平滑肌细胞凋亡的影响及其机制.汤娜娜,等.华中科技大学学报(医学版),2009,(4)
实验性矽肺大鼠发病过程中肺组织FIZZ1蛋白和mRNA表达的动态变化.何家富,等.华中科技大学学报(医学版),2009,(4)
肋间神经转位脊髓桥接恢复大鼠脊髓损伤的功能.黄自锋,等.华中科技大学学报(医学版),2009,(4)
β-catenin在MPTP致C57BL/6小鼠多巴胺能神经元损伤模型腹侧中脑的表达变化.孙欣,等.华中科技大学学报(医学版),2009,(4)
鞘内注射PAF受体拮抗剂对SNL大鼠痛敏和脊髓c-fos表达的影响.马国平,等.华中科技大学学报(医学版),2009,(4)
磁共振质子波谱研究大鼠急性脑梗死后VEGF介导的脑保护作用.陈淮菁,等.华中科技大学学报(医学版),2009,(4)
博莱霉素致肺纤维化大鼠模型的纤溶变化及低分子肝素的作用.艾进颖,等.华中科技大学学报(医学版),2009,(4)
酪酸菌对腹泻小鼠的治疗效果及其安全性.刘宗正,等.山东大学学报(医学版),2009,(9)
铝螯合剂对染铝大鼠心脏毒性的保护作用.张雅楠,等.山东大学学报(医学版),2009,(8)
电针对窒息脑瘫幼鼠海马、纹状体和运动皮质GAP-43表达的影响.黄雄昂,等.山东大学学报(医学版),2009,(9)
姜黄素对小鼠实验性急性坏死性胰腺炎的抑制作用.于文光,等.山东大学学报(医学版),2009,(8)
GFP转基因鼠胚胎神经上皮干细胞的体外培养.王家增.山东大学学报(医学版),2009,(9)
糖尿病大鼠学习能力与脑细胞凋亡及血糖的关系.陈青,等.山东大学学报(医学版),2009,(9)
Noggin蛋白对D-半乳糖致衰老小鼠学习记忆及海马齿状回神经发生的影响.朱俊德,等.山东大学学报(医学版),2009,(8)
普萘洛尔对应激大鼠行为、血清皮质酮和海马形态学的影响.江虹,等.山东大学学报(医学版),2009,(8)
针刺对克罗米芬治疗的多囊卵巢综合征大鼠子宫内膜容受性的影响.张维怡,等.华中科技大学学报(医学版),2009,(5)
黄芪对小鼠哮喘模型肺组织α-SMA及FN的抑制作用.王莉,等.山东大学学报(医学版),2009,(11)
大鼠肠道内ACh能、SP、VIP-肽能和NO能神经的分布模式及相互关系.李林,茹立强.华中科技大学学报(医学版),2009,(5)
啤酒酵母RNA对5-氟尿嘧啶处理小鼠免疫功能的影响.曾伶,等.华中科技大学学报(医学版),2009,(5)
p38丝裂原活化蛋白激酶特异性抑制剂对小鼠早胚发育及植入的影响.于清梅,武玉玲.山东大学学报(医学版),2009,(11)
PDTC对大鼠急性肺血栓栓塞症溶栓后再灌注损伤的保护性研究.刘玉荣,等.华中科技大学学报(医学版),2009,(5)
吡非尼酮对实验性大鼠肝纤维化的作用.杜磊,等.山东大学学报(医学版),2009,(11)
胰岛素抵抗大鼠脑组织APP代谢及其相关酶的表达及吡格列酮的干预效果.袁树华,等.山东大学学报(医学版),2009,(11).
长期高蛋白饮食对营养性肥胖大鼠胰岛的影响.陈海燕,等.山东大学学报(医学版),2009,(10)
脂联素对L6大鼠骨骼肌细胞葡萄糖摄取的影响.刘元涛,等.山东大学学报(医学版),2009,(10)
2,5-二羟苯磺酸钙对糖尿病大鼠心肌保护作用的研究.李波,等.山东大学学报(医学版),2009,(10)
IL-17参与小鼠心脏移植排斥反应的实验研究.雷钧,等.华中科技大学学报(医学版),2009,(5)

心肌内心电图监测大鼠心脏移植术后急性排斥反应的实验研究. 王默,等. 山东大学学报(医学版),2009,(10)
ADM 对大鼠早期肾脏机械损伤的影响. 韩晓鹏,等. 山东大学学报(医学版),2009,(11)
多瘤促活化因子在出生后小鼠大脑皮质各区的表达及变化. 沈文英,等. 华中科技大学学报(医学版),2009,(5)
美金刚改善血管性痴呆大鼠认知功能及相关作用机制的研究. 何雨,等. 华中科技大学学报(医学版),2009,(5)
大鼠牙移动过程中龈沟液中基质金属蛋白酶的表达. 徐建光,等. 山东大学学报(医学版),2009,(10)
Dishevelled2 和 Vangle2 蛋白在过量维甲酸致昆明小鼠腭裂发生中的表达变化及意义. 尹海燕,等. 山东大学学报(医学版),2009,(11)
依达拉奉对大鼠弥漫性脑创伤后认知功能及 ERK1/2 活化、Cytc 释放的影响. 赵雅宁,等. 山东大学学报(医学版),2009,(11)
异丙酚对热应激大鼠脑组织 β-内啡肽表达的影响. 李兴维,等. 山东大学学报(医学版),2009,(10)
尿毒清对阿霉素肾病大鼠致纤维化因子表达的影响. 王娜,等. 山东大学学报(医学版),2009,(12)
局灶性脑缺血再灌注致大鼠大脑皮质 tau 蛋白异常高度磷酸化. 王海均,等. 华中科技大学学报(医学版),2009,(6)
GDF-5 对大鼠肌腱细胞及腱鞘滑膜细胞增殖及凋亡的影响. 席彦东,等. 华中科技大学学报(医学版),2009,(6)
双歧杆菌脂磷壁酸对小鼠腹腔巨噬细胞体外吞噬和 NO 释放的影响. 丁培杰. 华中科技大学学报(医学版),2009,(6)
多用途成年大鼠心室肌细胞分离方法. 毛张凡,等. 华中科技大学学报(医学版),2009,(6)
TH 在 SOX-10 基因敲除小鼠结肠肌间神经丛的表达. 景玉萍,等. 华中科技大学学报(医学版),2009,(6)
吡格列酮对糖尿病大鼠肾组织 TSP1 表达的影响. 付玲,等. 华中科技大学学报(医学版),2009,(6)
外源性激活素 A 对高胆红素血症新生大鼠脑细胞凋亡的保护作用. 李瑞英,等. 山东大学学报(医学版),2009,(12)
他罗利姆对癫痫持续状态大鼠海马的影响及脑保护作用. 刘金之,等. 山东大学学报(医学版),2009,(12)
低频超声辅助尿激酶溶栓对大鼠脑梗死基质金属蛋白酶-9 的影响. 宋玉强,毕建忠. 山东大学学报(医学版),2009,(12)
小鼠 CD160 胞外段真核表达载体的构建和表达. 韩凌斐,等. 华中科技大学学报(医学版),2009,(6)
δ 阿片受体激动剂对脓毒症大鼠肺功能的保护作用. 唐成武,等. 华中科技大学学报(医学版),2009,(6)
糖皮质激素对大鼠下丘脑亨廷顿蛋白相关蛋白 1 表达的影响. 廖敏,等. 解剖学报,2009,(3)
异丙酚对大鼠心肌细胞氧化损伤时血红素加氧酶-1 表达的影响. 徐金金,王龙. 华中科技大学学报(医学版),2009,(6)
去铁酮大鼠血浆蛋白结合率的实验研究. 巩泉泉,等. 山东大学学报(医学版),2009,(12)
维药伊木萨克片对半去势雄性大鼠性行为学的影响. 徐磊,等. 新疆医科大学学报,2009,(12)
黑木耳粗提物对大鼠感染性休克过程中肠道内毒素的吸附作用. 马琪,等. 新疆医科大学学报,2009,(12)
川芎嗪对油酸-内毒素序贯损伤大鼠心、肺的干预作用. 刘金学,等. 新疆医科大学学报,2009,(12)
白芍总苷对佐剂性关节炎模型大鼠外周血中 TNF-α 及 sICAM-1 的影响. 周晓涛,等. 新疆医科大学学报,2009,(12)
HG 颗粒对肝纤维化大鼠 GSH、MDA 及 TNF-α 含量的影响. 毕红征,等. 郑州大学学报(医学版),2009,(1).
降脂益肝冲剂对 NAFLD 大鼠肝脏 ChREBP mRNA 表达的影响. 程维肖,赵和平. 山西医科大学学报,2009,(1)
鼠肺缺血预处理后肺组织中热休克蛋白 27 检测. 郭海周,等. 郑州大学学报(医学版),2009,(1)
大鼠在体海马 CA1 区长持续长时程增强的记录. 张俊芳,等. 山西医科大学学报,2009,(1)
STAg 滴鼻免疫小鼠对弓形虫垂直传播的阻断作用. 王海龙,等. 山西医科大学学报,2009,(1)
辛伐他汀对慢性心力衰竭大鼠血清白细胞介素 18 水平的影响. 周书春,等. 郑州大学学报(医学版),2009,(1)
免疫介导的再生障碍性贫血小鼠模型脾脏 T-bet 的表达水平及其意义. 刘霄虹,等. 山西医科大学学报,2009,(1)
再生障碍性贫血小鼠 Foxp3 的表达及意义. 孟丽娟,等. 山西医科大学学报,2009,(1)
氨基葡萄糖对 CCl_4 所致小鼠肝损伤的改善作用. 金黎明,等. 郑州大学学报(医学版),2009,(1)
非诺贝特对糖尿病性心肌病大鼠心肌炎症和心室重塑的影响. 张峰,等. 郑州大学学报(医学版),2009,(1)
白细胞介素-6 与脑源性神经营养因子对大鼠神经前体细胞向多巴胺神经元分化的诱导作用. 赵荷剑,等. 郑州大学学报(医学版),2009,(1)
大鼠脂肪干细胞与不同去细胞神经支架的体外相容性比较. 高嵩涛,等. 郑州大学学报(医学版),2009,(1)
骨髓移植后受体小鼠肠上皮内供体细胞的免疫电镜观察. 刘登群,等. 山西医科大学学报,2009,(2)
γ-谷氨酰半胱氨酸合成酶、转化生长因子 $β_1$ 在吸烟大鼠肺组织中的表达. 许建英,等. 山西医科大学学报,2009,(2)
补硒对非酒精性脂肪性肝炎大鼠肝脏抗氧化能力的影响. 张成琰,赵和平. 山西医科大学学报,2009,(2)
2 型糖尿病大鼠心肌脂联素及其受体 1 的表达. 秦志宏,等. 山西医科大学学报,2009,(2)

前列通瘀联合强的松对免疫性不育雄鼠睾丸超微结构的影响. 王璟琦,等. 山西医科大学学报,2009,(2)
氩激光诱导的大鼠脉络膜新生血管模型研究. 李栋,等. 山西医科大学学报,2009,(2)
前列地尔对大鼠肢体缺血再灌注后脊髓神经元细胞凋亡的影响. 宋晓媛,马平. 山西医科大学学报,2009,(2)
脂多糖致脑损伤幼年大鼠脑组织中肝细胞生长因子的表达. 罗强,等. 郑州大学学报(医学版),2009,(2)
坎地沙坦对大鼠肥厚心肌组织中低氧诱导因子-1α、血管内皮生长因子表达的影响. 王婷,等. 郑州大学学报(医学版),2009,(2)
甲泼尼龙对心肌缺血再灌注损伤大鼠心肌组织中 p53、caspase-3 mRNA 表达的影响. 张艳芳,等. 郑州大学学报(医学版),2009,(2)
阿托伐他汀对大鼠肥厚心肌组织 HIF-1α、VEGF 表达的影响. 赵玉兰,等. 郑州大学学报(医学版),2009,(2)
干扰素 γ 对哮喘小鼠肺组织中水通道蛋白 5 表达的影响. 刘青,刘剑波. 郑州大学学报(医学版),2009,(2)
蛛网膜下腔移植 APA-NIH3T3/rPENK 对大鼠神经痛的镇痛效应. 曹靖,等. 郑州大学学报(医学版),2009,(2)
人脐血单个核细胞移植对大鼠脊髓损伤的修复作用. 王亚莉,等. 郑州大学学报(医学版),2009,(2)
夏枯草提取物体内外对小鼠 T 淋巴瘤 EL-4 细胞生长的影响. 陈长英,等. 郑州大学学报(医学版),2009,(2)
canstatin 基因治疗对小鼠人卵巢癌移植瘤生长及 Caspase-3、Flk-1 蛋白表达的影响. 朱宝菊,等. 郑州大学学报(医学版),2009,(2)
出生后大鼠耳蜗不同发育阶段 connexin26 蛋白的表达. 叶放蕾,等. 郑州大学学报(医学版),2009,(2)
大鼠眼组织中水通道蛋白-4 的表达. 董敬民,等. 郑州大学学报(医学版),2009,(2)
异丙酚鞘内注射对蜜蜂毒致痛大鼠脊髓组织中 Fos 蛋白表达的影响. 袁峰,等. 郑州大学学报(医学版),2009,(2)
不同死亡方式大鼠骨骼肌羟脯氨酸含量比较. 潘亚平,等. 山西医科大学学报,2009,(3)
维药爱维心口服液对大鼠心肌缺血再灌注损伤的保护作用. 王蕊,等. 新疆医科大学学报,2009,(2)
罗勒提取物对肾性高血压大鼠的影响. 古孜力努尔·依马木,等. 新疆医科大学学报,2009,(3)
前列腺素 E_1 对异丙肾上腺素致大鼠心肌缺血的保护作用. 倪国华,等. 新疆医科大学学报,2009,(2)
动态观察非酒精性脂肪肝大鼠肝脏 ChREBP 的表达. 程维肖,赵和平. 山西医科大学学报,2009,(4)
砷对大鼠皮肤抗氧化系统影响的实验研究. 汤红英,等. 新疆医科大学学报,2009,(3)
大鼠脑组织局灶性挫伤后 ApoE 和 S-100 表达及其意义的研究. 杨文圣,等. 新疆医科大学学报,2009,(2)
简易大鼠脊髓完全横断伤模型的建立. 郑新峰,等. 新疆医科大学学报,2009,(3)
慢性肾衰幼年大鼠肾小管上皮细胞转分化的分子表型及干预研究. 李小琴,等. 山西医科大学学报,2009,(4)
不同剂量的 rhG-CSF 对新生大鼠缺氧缺血性脑损伤后脑组织 VEGF 的影响. 孙玲,等. 山西医科大学学报,2009,(4)
力竭运动对大鼠杏仁核 NF-κB 表达的影响. 孟华,等. 山西医科大学学报,2009,(4)
大鼠失血性休克过程对卵巢组织结构的影响. 张英姿,等. 新疆医科大学学报,2009,(2)
染料木素对去卵巢大鼠海马神经元的保护作用. 孙纪元,等. 山西医科大学学报,2009,(4)
天麻素对海人酸干预的大鼠神经干细胞分化的影响. 孙桂芳,等. 郑州大学学报(医学版),2009,(3)
大鼠精原干细胞的分离纯化. 张卫星,等. 郑州大学学报(医学版),2009,(3)
吡咯烷二硫代氨基甲酸酯和 IL-18 对大鼠肾小球系膜细胞分泌Ⅳ型胶原蛋白和 TNF-α mRNA 的影响. 王庆祝,等. 郑州大学学报(医学版),2009,(3)
褪黑素在大鼠慢性肾功能衰竭进展中对肾组织细胞增殖和凋亡的影响. 单岩,等. 郑州大学学报(医学版),2009,(3)
异种抗磷脂抗体皮下注射致妊娠丢失大鼠模型的改良. 卫爱武,等. 郑州大学学报(医学版),2009,(3)
胰岛素对氧糖剥夺诱导大鼠脑神经元损伤的改善作用. 王曼莉,等. 郑州大学学报(医学版),2009,(3)
淀粉样前体蛋白转基因鼠神经干细胞分化中细胞凋亡及 Tau 蛋白磷酸化检测. 李国栋,等. 郑州大学学报(医学版),2009,(3).
皮质类固醇激素性高眼压大鼠眼内水通道蛋白-1 和水通道蛋白-4 的表达. 马恩普,郝燕燕. 郑州大学学报(医学版),2009,(3)
大鼠去细胞神经支架制备方法的改良. 高嵩涛,等. 郑州大学学报(医学版),2009,(3)
水飞蓟宾对大鼠实验性肝纤维化发生发展作用机制的研究. 宋维芳,等. 山西医科大学学报,2009,(5)
山医群体近交系中国地鼠主要生物学指标的建立. 陈朝阳,等. 山西医科大学学报,2009,(5)
MMP-9 在吸烟与戒烟大鼠支气管及肺血管的表达. 胡晓芸,等. 山西医科大学学报,2009,(5)
塞来考昔对充血性心力衰竭大鼠心功能的影响. 宿宇坤,等. 山西医科大学学报,2009,(5)
非酒精性脂肪性肝病大鼠肝组织抵抗素 mRNA 的表达及意义. 孟娟娟,等. 山西医科大学学报,2009,(5)
大鼠局灶性脑缺血再灌注后 P-erk 表达及神经元凋亡的变化. 潘蓓,等. 山西医科大学学报,2009,(5)
小鼠肺腺癌动物模型的建立. 赵振国,等. 山西医科大学学报,2009,(5)
瑞芬太尼对大鼠肠缺血再灌注损伤时肝细胞凋亡及 caspase-3 的影响. 王春燕,等. 山西医科大学学报,2009,(5)

力竭游泳运动大鼠下丘脑室旁核 NF-κB 的表达. 张卫国,等. 山西医科大学学报,2009,(5)
壬基酚和辛基酚对子代雄性大鼠肝脏的氧化损伤作用. 黄丽华,等. 新疆医科大学学报,2009,(5)
化浊降脂汤对高脂血症大鼠降血脂及抗氧化能力的实验研究. 张海芳,单丽娟. 新疆医科大学学报,2009,(4)
新疆紫草提取物对小鼠 D-半乳糖亚急性衰老模型的作用研究. 买尔旦・马合木提,等. 新疆医科大学学报,2009,(4)
OPS 法及自制冷冻叶法玻璃化冷冻小鼠 MⅡ期卵母细胞的研究. 高静,等. 新疆医科大学学报,2009,(4)
两种电生理方法研究心梗大鼠转 SERCA2a 基因对心肌电活动的影响. 马晓洁,等. 新疆医科大学学报,2009,(4)
金属硫蛋白提取液配方对镉中毒小鼠血液脂质过氧化的影响. 李砥,等. 新疆医科大学学报,2009,(5)
转化生长因子 β_1 与雌激素在骨质疏松大鼠中的表达. 张凯,等. 新疆医科大学学报,2009,(4)
新生大鼠缺血缺氧性脑损伤 HSP70 的合成与细胞凋亡的关系. 卢先锋,等. 山西医科大学学报,2009,(6)
促红细胞生成素对新生大鼠缺氧缺血性脑损伤后 Bcl-2 及 VEGF 表达的影响. 房清丽,等. 山西医科大学学报,2009,(6)
肢体缺血预处理对脑梗死后大鼠海马神经干细胞激活增殖的研究. 张永辉,等. 新疆医科大学学报,2009,(5)
慢性应激致抑郁模型大鼠红细胞促淋巴细胞增殖变化的研究. 关素珍,等. 新疆医科大学学报,2009,(5)
大鼠多器官功能障碍综合征肺组织中 CEC、ICAM-1 及 VCAM-1 的表达意义. 李岩,等. 新疆医科大学学报,2009,(4)
锌、硒对镉中毒小鼠金属硫蛋白合成及脂质过氧化损伤的影响. 聂晓兰,等. 山西医科大学学报,2009,(7)
拉莫三嗪对慢性致痫大鼠海马细胞凋亡的影响. 雷军,等. 山西医科大学学报,2009,(7)
甲醛和苯联合染毒对雌性小鼠骨髓细胞 DNA 损伤的研究. 万勇,晓开提・依不拉音. 新疆医科大学学报,2009,(7)
维药西帕依溃结安对大鼠溃疡性结肠炎实验模型细胞超微结构改变的研究. 郭霞,等. 新疆医科大学学报,2009,(7)
伊木萨克片对半去势雄性大鼠睾丸及附属腺的影响. 徐磊,等. 新疆医科大学学报,2009,(6)
小茴香对实验性肝纤维化大鼠细胞因子结缔组织生长因子(CTGF)的影响. 刘玉平,等. 新疆医科大学学报,2009,(6)
人参皂苷 Rb1 抗 SD 大鼠海马神经元的缺氧损伤作用. 柯荔宁,等. 山西医科大学学报,2009,(8)
小鼠肺癌模型的建立及其在顺铂、恩度对比试验中的应用. 张国明,等. 新疆医科大学学报,2009,(7)
重组弓形虫 SAG1 蛋白免疫小鼠抗弓形虫攻击保护作用. 葛玉芳,等. 山西医科大学学报,2009,(9)
棘球蚴抗原 B 诱导小鼠皮肤移植免疫逃避的实验研究. 黄河,等. 新疆医科大学学报,2009,(6)
genistein 后处理对缺血/再灌注损伤的大鼠心肌细胞凋亡和超微结构的影响. 燕炯,等. 山西医科大学学报,2009,(8)
纤维蛋白原在大鼠肾脏缺血/再灌注损伤中的变化. 周晓霜,等. 山西医科大学学报,2009,(8)
IGF-Ⅰ和 TGF-β_1 在多囊卵巢综合征大鼠卵巢中的表达及意义. 田俊华,等. 山西医科大学学报,2009,(8)
c-fos,bax 和 p53 的反义寡聚核苷酸(ASOs)对溶血磷脂酸所致的培养小鼠大脑皮层神经元凋亡的影响(英文). 郑肇青,等. 山西医科大学学报,2009,(9)
联合利血平和 MPTP 制备小鼠帕金森病模型的实验研究. 田向阳,等. 山西医科大学学报,2009,(8)
大鼠牙齿移动中整合素 $\alpha_V\beta_3$ 表达的实验研究. 孟宪敏,等. 山西医科大学学报,2009,(8)
清热祛湿益气方对刀豆蛋白 A 诱导小鼠急性肝损伤的保护作用. 庆慧,等. 郑州大学学报(医学版),2009,(4)
豫医无毛小鼠眼睑超微结构观察. 张明昊,等. 郑州大学学报(医学版),2009,(4)
大鼠缺氧/复氧皮质神经元高迁移率族蛋白 B1 和核因子 κB 的表达. 周艳丽,等. 郑州大学学报(医学版),2009,(4)
颈总动脉损伤大鼠血浆 AngⅡ水平与血管 TGFβ1 的表达. 胡群员,等. 郑州大学学报(医学版),2009,(4)
骨髓基质细胞移植治疗新生大鼠缺氧缺血性脑损伤效果观察. 白蓉,等. 郑州大学学报(医学版),2009,(4)
凝血酶预处理对大鼠神经细胞凋亡的影响. 陈吉相,等. 郑州大学学报(医学版),2009,(4)
缺血对小鼠大脑皮层 γ-氨基丁酸能神经元电生理特性的影响. 赵士弟,等. 郑州大学学报(医学版),2009,(4)
慢性脑缺血大鼠脑内胰岛素样生长因子-1 和 Nogo-A 的表达. 胡文涛,等. 郑州大学学报(医学版),2009,(4)
体外氧糖剥夺再复氧大鼠皮层神经元细胞活性及 EphA4 蛋白的表达. 吴卫平,等. 郑州大学学报(医学版),2009,(4)
神经干细胞移植对阿尔茨海默病大鼠海马神经分化和功能的影响. 杨春,等. 郑州大学学报(医学版),2009,(4)
人脐血间充质干细胞在脑创伤大鼠体内向神经细胞分化的观察. 张鹏,等. 郑州大学学报(医学版),2009,(4).
卡维地洛对改善压力负荷大鼠心室肥厚的作用. 赵玉兰,等. 郑州大学学报(医学版),2009,(4)
姜黄素对四氯化碳诱导大鼠肝纤维化的影响. 何航,等. 郑州大学学报(医学版),2009,(5)
四君子汤加柴胡对长期摄酒小鼠血脂及抗氧化作用的影响. 张菊娥,等. 郑州大学学报(医学版),2009,(5)

不同部位的巨噬细胞培养上清液对小鼠红系血细胞发生的影响. 付莉,等. 郑州大学学报(医学版),2009,(5)
Orexin-A 对体外培养的大鼠海马神经细胞凋亡的影响. 张博爱,等. 郑州大学学报(医学版),2009,(5)
氧、糖剥夺预处理对大鼠海马神经元热休克蛋白 70、c-fos 表达的影响. 梁红霞,樊哲铭. 郑州大学学报(医学版),2009,(5)
雌二醇对大鼠皮质原代神经元 α 分泌酶活性的影响. 杨红旗,等. 郑州大学学报(医学版),2009,(5)
氯胺酮对小鼠离体十二指肠纵行肌条收缩的影响. 王红伟,等. 郑州大学学报(医学版),2009,(5)
新疆紫草对环磷酰胺所致小鼠免疫功能影响的实验研究. 梅拉·哈万,单丽娟. 新疆医科大学学报,2009,(9)
IL-10 基因在大鼠骨髓树突状细胞的表达. 方航荣,等. 山西医科大学学报,2009,(10)
大豆异黄酮对去卵巢大鼠子宫内膜细胞增殖的影响. 吕斌,等. 郑州大学学报(医学版),2009,(6)
氯化汞对小鼠睾丸间质瘤 mLTC-1 细胞增殖和孕酮合成的影响. 杨雯雯,等. 郑州大学学报(医学版),2009,(6)
豫医无毛小鼠无毛基因突变部位的定位和分析. 臧文巧,等. 郑州大学学报(医学版),2009,(6)
小鼠 Arl8a 基因逆转录病毒载体 MSCV-GFP-Arl8a 的构建. 唐蓓. 郑州大学学报(医学版),2009,(6)
超顺磁性氧化铁颗粒标记对大鼠骨髓间充质干细胞活力的影响. 张勇,等. 郑州大学学报(医学版),2009,(6)
单倍型骨髓移植小鼠移植物抗宿主病模型的建立及移植物抗宿主病靶器官 T 细胞受体克隆检测. 符粤文,等. 郑州大学学报(医学版),2009,(6)
内皮祖细胞自体移植联合阿托伐他汀治疗大鼠急性心肌梗死效果观察. 梁鹍,等. 郑州大学学报(医学版),2009,(6)
转化生长因子-β_1 对大鼠肠黏膜缺血再灌注损伤的保护作用. 孙培春,等. 郑州大学学报(医学版),2009,(6)
促红细胞生成素对体外培养的 SD 大鼠多巴胺能神经元细胞活力的影响. 朱红灿,等. 郑州大学学报(医学版),2009,(6)
$A\beta_{(1-42)}$ 诱导小胶质细胞的炎性上清液对大鼠神经细胞凋亡及 Caspase-3、PARP 蛋白表达的影响. 贺显君,等. 郑州大学学报(医学版),2009,(6)
α-硫辛酸对早期糖尿病性视网膜病变大鼠视网膜组织血管内皮生长因子和蛋白激酶-C 表达的影响. 郝燕燕,等. 郑州大学学报(医学版),2009,(6)
尼可刹米对新生大鼠海马神经元钠通道的影响. 千智斌,等. 郑州大学学报(医学版),2009,(6)
P_{38}MAPK/COX_2 信号转导通路在大鼠肾脏缺血预处理第二窗保护效应的实验研究. 张慧峰,等. 山西医科大学学报,2009,(12)
谷氨酸脱羧酶对不同周龄的非肥胖型糖尿病小鼠发生 1 型糖尿病的影响. 范国权,陈向伟. 山西医科大学学报,2009,(12)
唇香草对油酸-内毒素序贯致 ARDS 大鼠心、肺的干预作用. 华实,等. 新疆医科大学学报,2009,(11)
ARDS-5 号对大鼠油酸型急性呼吸窘迫综合征的影响. 金泉克,等. 新疆医科大学学报,2009,(10)
降脂益肝冲剂对 NAFLD 大鼠肝脏 ChREBP mRNA 表达的影响. 程维肖,赵和平. 山西医科大学学报,2009,(1)
脂多糖致脑损伤幼年大鼠脑组织中肝细胞生长因子的表达. 罗强,等. 郑州大学学报(医学版),2009,(2)
大鼠眼组织中水通道蛋白-4 的表达. 董敬民,等. 郑州大学学报(医学版),2009,(2)
不同死亡方式大鼠骨骼肌羟脯氨酸含量比较. 潘亚平,等. 山西医科大学学报,2009,(3)
砷对大鼠皮肤抗氧化系统影响的实验研究. 汤红英,等. 新疆医科大学学报,2009,(3)
慢性肾衰幼年大鼠肾小管上皮细胞转分化的分子表型及干预研究. 李小琴,等. 山西医科大学学报,2009,(4)
不同剂量的 rhG-CSF 对新生大鼠缺氧缺血性脑损伤后脑组织 VEGF 的影响. 孙玲,等. 山西医科大学学报,2009,(4)
大鼠局灶性脑缺血再灌注后 P-erk 表达及神经元凋亡的变化. 潘蓓,等. 山西医科大学学报,2009,(5)
瑞芬太尼对大鼠肠缺血再灌注损伤时肝细胞凋亡及 caspase-3 的影响. 王春燕,等. 山西医科大学学报,2009,(5)
促红细胞生成素对新生大鼠缺氧缺血性脑损伤后 Bcl-2 及 VEGF 表达的影响. 房清丽,等. 山西医科大学学报,2009,(6)
大鼠多器官功能障碍综合征肺组织中 CEC、ICAM-1 及 VCAM-1 的表达意义. 李岩,等. 新疆医科大学学报,2009,(4)
拉莫三嗪对慢性致痫大鼠海马细胞凋亡的影响. 雷军,等. 山西医科大学学报,2009,(7)
小茴香对实验性肝纤维化大鼠细胞因子结缔组织生长因子(CTGF)的影响. 刘玉平,等. 新疆医科大学学报,2009,(6)
genistein 后处理对缺血/再灌注损伤的大鼠心肌细胞凋亡和超微结构的影响. 燕炯,等. 山西医科大学学报,2009,(8)
慢性脑缺血大鼠脑内胰岛素样生长因子-1 和 Nogo-A 的表达. 胡文涛,等. 郑州大学学报(医学版),2009,(4)
人脐血间充质干细胞在脑创伤大鼠体内向神经细胞分化的观察. 张鹏,等. 郑州大学学报(医学版),2009,(4)
氯胺酮对小鼠离体十二指肠纵行肌条收缩的影响. 王红伟,等. 郑州大学学报(医学版),2009,(5)
IL-10 基因在大鼠骨髓树突状细胞的表达. 方航荣,等. 山西医科大学学报,2009,(10)

ARDS-5 号对大鼠油酸型急性呼吸窘迫综合征的影响. 金泉克,等. 新疆医科大学学报,2009,(10)
大鼠在体海马 CA1 区长持续长时程增强的记录. 张俊芳,等. 山西医科大学学报,2009,(1)
大鼠脂肪干细胞与不同去细胞神经支架的体外相容性比较. 高嵩涛,等. 郑州大学学报(医学版),2009,(1)
甲泼尼龙对心肌缺血再灌注损伤大鼠心肌组织中 p53、caspase-3 mRNA 表达的影响. 张艳芳,等. 郑州大学学报(医学版),2009,(2)
干扰素 γ 对哮喘小鼠肺组织中水通道蛋白 5 表达的影响. 刘青,刘剑波. 郑州大学学报(医学版),2009,(2)
人脐血单个核细胞移植对大鼠脊髓损伤的修复作用. 王亚莉,等. 郑州大学学报(医学版),2009,(2)
大鼠精原干细胞的分离纯化. 张卫星,等. 郑州大学学报(医学版),2009,(3)
褪黑素在大鼠慢性肾功能衰竭进展中对肾组织细胞增殖和凋亡的影响. 单岩,等. 郑州大学学报(医学版),2009,(3)
胰岛素对氧糖剥夺诱导大鼠脑神经元损伤的改善作用. 王曼莉,等. 郑州大学学报(医学版),2009,(3)
大鼠去细胞神经支架制备方法的改良. 高嵩涛,等. 郑州大学学报(医学版),2009,(3)
水飞蓟宾对大鼠实验性肝纤维化发生发展作用机制的研究. 宋维芳,等. 山西医科大学学报,2009,(5)
MMP-9 在吸烟与戒烟大鼠支气管及肺血管的表达. 胡晓芸,等. 山西医科大学学报,2009,(5)
新生大鼠缺血缺氧性脑损伤 HSP70 的合成与细胞凋亡的关系. 卢先锋,等. 山西医科大学学报,2009,(6)
维药西帕依溃结安对大鼠溃疡性结肠炎实验模型细胞超微结构改变的研究. 郭霞,等. 新疆医科大学学报,2009,(7)
人参皂苷 Rb1 抗 SD 大鼠海马神经元的缺氧损伤作用. 柯荔宁,等. 山西医科大学学报,2009,(8)
大鼠缺氧/复氧皮质神经元高迁移率族蛋白 B1 和核因子 κB 的表达. 周艳丽,等. 郑州大学学报(医学版),2009,(4)
缺血对小鼠大脑皮层 γ-氨基丁酸能神经元电生理特性的影响. 赵士弟,等. 郑州大学学报(医学版),2009,(4)
体外氧糖剥夺再复氧大鼠皮层神经元细胞活性及 EphA4 蛋白的表达. 吴卫平,等. 郑州大学学报(医学版),2009,(4)
Orexin-A 对体外培养的大鼠海马神经细胞凋亡的影响. 张博爱,等. 郑州大学学报(医学版),2009,(5)
氧、糖剥夺预处理对大鼠海马神经元热休克蛋白 70、c-fos 表达的影响. 梁红霞,樊哲铭. 郑州大学学报(医学版),2009,(5)
雌二醇对大鼠皮质原代神经元 α 分泌酶活性的影响. 杨红旗,等. 郑州大学学报(医学版),2009,(5)
小鼠 Arl8a 基因逆转录病毒载体 MSCV-GFP-Arl8a 的构建. 唐蓓. 郑州大学学报(医学版),2009,(6)
转化生长因子-β_1 对大鼠肠黏膜缺血再灌注损伤的保护作用. 孙培春,等. 郑州大学学报(医学版),2009,(6)
促红细胞生成素对体外培养的 SD 大鼠多巴胺能神经元细胞活力的影响. 朱红灿,等. 郑州大学学报(医学版),2009,(6)
$A\beta_{(1-42)}$ 诱导小胶质细胞的炎性上清液对大鼠神经细胞凋亡及 Caspase-3、PARP 蛋白表达的影响. 贺显君,等. 郑州大学学报(医学版),2009,(6)
尼可刹米对新生大鼠海马神经元钠通道的影响. 千智斌,等. 郑州大学学报(医学版),2009,(6)
P_{38}MAPK/COX_2 信号转导通路在大鼠肾脏缺血预处理第二窗保护效应的实验研究. 张慧峰,等. 山西医科大学学报,2009,(12)
大鼠脑组织局灶性挫伤后 ApoE 和 S-100 表达及其意义的研究. 杨文圣,等. 新疆医科大学学报,2009,(2)
天麻素对海人酸干预的大鼠神经干细胞分化的影响. 孙桂芳,等. 郑州大学学报(医学版),2009,(3)
金属硫蛋白提取液配方对镉中毒小鼠血液脂质过氧化的影响. 李砥,等. 新疆医科大学学报,2009,(5)
不同部位的巨噬细胞培养上清液对小鼠红系血细胞发生的影响. 付莉,等. 郑州大学学报(医学版),2009,(5)
氯化汞对小鼠睾丸间质瘤 mLTC-1 细胞增殖和孕酮合成的影响. 杨雯雯,等. 郑州大学学报(医学版),2009,(6)
维生素 D_3 对 EC9706 细胞增殖、裸鼠移植瘤生长及 NDRG1 蛋白表达的影响. 贺付成,等. 郑州大学学报(医学版),2009,(1)
canstatin 基因治疗对小鼠人卵巢癌移植瘤生长及 Caspase-3、Flk-1 蛋白表达的影响. 朱宝菊,等. 郑州大学学报(医学版),2009,(2)
吡咯烷二硫代氨基甲酸酯和 IL-18 对大鼠肾小球系膜细胞分泌Ⅳ型胶原蛋白和 TNF-α mRNA 的影响. 王庆祝,等. 郑州大学学报(医学版),2009,(3)
瘦素受体在实验性多囊卵巢综合征大鼠卵巢中的表达及其意义. 苏艳华,王雪金. 福建医科大学学报,2009,(1)
大鼠鞘内注射方法的改进与验证. 陈烨,等. 福建医科大学学报,2009,(2)
完全梗阻性黄疸持续时间对大鼠肝切除术后肝再生的影响. 刘景丰,等. 福建医科大学学报,2009,(2)
偏侧咀嚼对大鼠正畸牙移动速率影响的研究. 林立,等. 福建医科大学学报,2009,(2)
大鼠孕晚期七氟烷吸入麻醉对子代神经行为和学习记忆功能的影响. 何莹,等. 福建医科大学学报,2009,(2)
慢性低氧左移 5-HT 诱发大鼠肺内动脉环收缩反应的浓度依赖性曲线. 朱壮丽,等. 福建医科大学学报,2009,(3)

康复训练对脑梗死大鼠神经功能及听觉 P300 认知电位的影响. 肖迎春,等. 福建医科大学学报,2009,(3)
严重烧伤大鼠离体肺泡巨噬细胞 CD14 表达调控的实验研究. 李友良,等. 福建医科大学学报,2009,(3)
肥胖大鼠足细胞 Nephrin、Podocin、Podoplanin 的表达. 林帆,等. 福建医科大学学报,2009,(4)
急性高眼压大鼠视网膜睫状神经营养因子表达变化. 朱益华,等. 福建医科大学学报,2009,(4)
小鼠窦前卵泡的玻璃化冷冻方法研究. 常娟娟,等. 福建医科大学学报,2009,(5)
苦参碱诱导大鼠肝星状细胞凋亡的体外研究. 翁山耕,等. 福建医科大学学报,2009,(6)
二维应变超声心动图评价大鼠心肌收缩应变与梗死面积的相关性. 林美燕,等. 福建医科大学学报,2009,(6)
辛伐他汀对去势大鼠骨代谢和股骨生物力学影响. 黄文秀,等. 福建医科大学学报,2009,(6)
碘缺乏和甲状腺功能减退对大鼠仔鼠海马钙调磷酸酶表达的影响. 王毅,等. 中国医科大学学报,2009,(10)
大鼠 Walker-256、小鼠 H22 肿瘤模型建立及应用. 孙维凯,朱伟宏. 同济大学学报(医学版),2009,(5)
碘缺乏和甲状腺功能减退对大鼠仔鼠内嗅皮质钙调蛋白表达的影响. 侯怡,等. 中国医科大学学报,2009,(11)
内毒素腹腔注射大鼠肺 Clara 细胞蛋白的变化及相关因素研究. 姚渭清,等. 中国医科大学学报,2009,(2)
大鼠心脏微血管内皮细胞的培养. 柳爱华,等. 中国医科大学学报,2009,(1)
大鼠骨髓间质干细胞的体外分离培养及初步鉴定. 张丽,等. 同济大学学报(医学版),2009,(1)
短期禁食对大鼠心肌缺血再灌注后心肌线粒体结构和功能的影响. 张璠,等. 中国医科大学学报,2009,(2)
离体大鼠缺血性心室颤动模型的建立. 刘颖,等. 同济大学学报(医学版),2009,(1)
梗阻性黄疸大鼠肝缺血再灌注肝细胞死亡方式研究. 徐锋,等. 中国医科大学学报,2009,(2)
宫内生长受限大鼠骨骼肌蛋白激酶 B 和葡萄糖转运蛋白 4 的表达和活性变化. 刘晓梅,等. 中国医科大学学报,2009,(2)
宫内生长受限大鼠肝脏 Toll 样受体 4 表达的变化. 焦伊胜,刘晓梅. 中国医科大学学报,2009,(1)
高氧致慢性肺疾病新生大鼠肺组织肾素-血管紧张素系统和 TGF-β_1 的动态变化及卡托普利的干预机制. 李玖军,等. 中国医科大学学报,2009,(2)
高氧致新生大鼠肠黏膜 SIgA 的变化. 刘冬妍,等. 中国医科大学学报,2009,(1)
吸烟对大鼠局灶性脑缺血半暗带内细胞凋亡及 Fos 蛋白表达的影响. 庄严,等. 中国医科大学学报,2009,(2)
去卵巢对低氧雌性大鼠颏舌肌肌功能的影响. 邵校,等. 同济大学学报(医学版),2009,(1)
复式滋养层培养法构建组织工程化小鼠角膜上皮的实验研究. 马小力,等. 中国医科大学学报,2009,(1)
约氏疟原虫感染早期易感和抵抗小鼠树突状细胞细胞因子的分泌特点. 郑伟,等. 中国医科大学学报,2009,(3)
瞬时受体电位家族香草醛 1 型受体转基因小鼠模型的建立. 罗志丹,等. 中国医科大学学报,2009,(3)
替米沙坦对自发性高血压大鼠肌肉组织中 PPARγ 和 PPARδ 表达的影响. 冯晓丽,等. 中国医科大学学报,2009,(3)
氯吡格雷对支气管哮喘小鼠血小板源性 P 选择素及肺泡中性粒细胞的影响. 张春玲,等. 中国医科大学学报,2009,(3)
Na^+/H^+ 交换体阻滞剂对糖尿病鼠心肌细胞缺氧/复氧损伤的保护机制. 吴伟,潘晓黎. 中国医科大学学报,2009,(3)
膀胱过度活动症大鼠逼尿肌中嘌呤能受体 $P2X_1$ 的表达. 刘丽楠,等. 中国医科大学学报,2009,(3)
羟苯磺酸钙对慢性肾功能不全大鼠 TGF-β_1、BMP-7 表达的影响. 王学寅,等. 中国医科大学学报,2009,(3)
绿色荧光蛋白转基因小鼠乳腺的移植. 张彦龙,等. 中国医科大学学报,2009,(3)
抗纤复方Ⅰ号对酒精性肝病大鼠脂质过氧化产物的影响. 崔巍,等. 中国医科大学学报,2009,(4)
附红细胞体对小鼠红细胞功能的影响. 夏娟,等. 同济大学学报(医学版),2009,(2)
异丙酚对脂多糖诱导的急性肺损伤大鼠肺组织 Toll 样受体表达的影响. 马铃,等. 中国医科大学学报,2009,(4)
胰岛素抵抗大鼠肝脏丝氨酸/酪氨酸磷酸化 IRS-1 表达异常与脂联素相关的研究. 刘向阳,等. 中国医科大学学报,2009,(4)
BBN 诱发 PLCε 基因敲除小鼠膀胱癌发生过程中病变细胞超微结构改变. 姜泰茂,等. 中国医科大学学报,2009,(4)
肌节同源盒基因同系物 2 对小鼠晶状体发育的影响. 赵江月,等. 中国医科大学学报,2009,(4)
大鼠腓肠肌肌源细胞的培养与鉴定. 施向挺,等. 同济大学学报(医学版),2009,(2)
胰岛素对糖尿病大鼠再灌注损伤性心肌的影响及可能机制. 刘畅,等. 中国医科大学学报,2009,(5)
七氟烷对缺血再灌注后大鼠肺组织 PKC-α 表达的影响. 柴军,等. 中国医科大学学报,2009,(5)
条件性 SV40 TAg 转基因小鼠模型的建立. 荆华,等. 同济大学学报(医学版),2009,(3)
P 物质与小鼠病毒性心肌炎机制研究. 王勇,等. 同济大学学报(医学版),2009,(3)
DMTU 对大鼠 SAP 致肺损伤的保护作用. 刘双庆,等. 同济大学学报(医学版),2009,(3)
NRSE/RE-1 序列与小鼠胚胎干细胞向神经细胞诱导分化的关系. 张涛,等. 中国医科大学学报,2009,(6)
缺氧诱导因子 1α 对大鼠心肌缺血—再灌注损伤的保护作用及机制. 牛铁生,等. 中国医科大学学报,2009,(6)
维生素 A 对弹性蛋白酶所致肺气肿大鼠肺组织 MMP-2、MMP-9 的影响. 王笑秋,等. 中国医科大学学报,2009,

（6）
香烟暴露对大鼠肺组织及人血管内皮细胞 MMP-9 和 TIMP-1 表达的影响. 吴杰，等. 中国医科大学学报，2009，（6）.
小剂量纳洛酮对大鼠吗啡耐受的影响. 郭瑶，孟凌新. 中国医科大学学报，2009，（6）
妊娠期高血压疾病脑病大鼠发病机制的实验研究. 王军，等. 中国医科大学学报，2009，（6）
出生前后慢性铅暴露对大鼠海马长时程增强及细胞内 Ca^{2+} 浓度的影响. 刘鹏，等. 中国医科大学学报，2009，（7）
膳食锌缺乏对成年 APPswe/PSEN1dE9 双转基因小鼠学习记忆能力的影响. 葛懿云，等. 同济大学学报（医学版），2009，（4）
温阳活血方对 AS 大鼠血管炎症反应因子的影响. 叶新，等. 同济大学学报（医学版），2009，（4）
Sox-9 和 igf-1 共同诱导大鼠脂肪干细胞向软骨细胞分化的实验研究. 沈涛，等. 中国医科大学学报，2009，（8）
apelin-13 对阿霉素诱导的大鼠心肌损伤的保护作用机制研究. 张志，于波. 中国医科大学学报，2009，（7）
螺内酯对心肌梗死大鼠非梗死区胶原的影响. 贾志梅，等. 中国医科大学学报，2009，（8）
氧化应激在酒精性心肌病大鼠中的作用. 程燕，等. 中国医科大学学报，2009，（8）
两种剂量异丙肾上腺素制备心衰大鼠模型心功能的比较. 康文慧，等. 同济大学学报（医学版），2009，（4）
E-钙黏附素在大鼠肝纤维化模型中的表达及意义. 伍建业，等. 同济大学学报（医学版），2009，（4）
运动对高脂饮食诱导的胰岛素抵抗大鼠血清脂联素水平的影响. 裴丽娜，等. 中国医科大学学报，2009，（7）
盐酸小檗碱对 2 型糖尿病大鼠血清炎症因子及胰腺 β 细胞形态的影响. 赵伟，等. 同济大学学报（医学版），2009，（4）
阿卡波糖对糖耐量减低大鼠 FFA、IGF-1 及大血管的影响. 张倩，等. 同济大学学报（医学版），2009，（4）
大鼠急性脊髓损伤后神经细胞凋亡及 caspase-3、AIF 的表达. 崔开，等. 中国医科大学学报，2009，（7）
微囊化兔坐骨神经组织细胞移植对大鼠脊髓半横断脊神经节 P 物质表达的影响. 虞琴，等. 中国医科大学学报，2009，（8）
新生大鼠高氧肺损伤后Ⅱ型肺泡上皮细胞变化的研究. 许巍，等. 中国医科大学学报，2009，（8）
抑制 p38 MAPK 通路对帕金森病模型小鼠黑质 BAD 和 caspase-3 表达的影响. 魏子峰，等. 中国医科大学学报，2009，（7）
糖皮质激素对坐骨神经分支选择性损伤大鼠神经病理性疼痛的影响. 王秋石，等. 中国医科大学学报，2009，（8）
中药脑复聪对糖尿病大鼠学习记忆能力及海马 CA1 区胰岛素样生长因子Ⅰ含量的影响. 富苏，张孟仁. 中国医科大学学报，2009，（9）
eNOS 基因在大鼠动脉硬化模型中的表达及意义. 宋清斌，等. 中国医科大学学报，2009，（9）
NOD. $H-2^{h4}$ 小鼠自身免疫性甲状腺炎中细胞凋亡及凋亡相关蛋白 Fas、Fas-L 和 FLIP 的表达. 杨帆，等. 中国医科大学学报，2009，（9）
吡格列酮对高糖作用下大鼠腹膜间皮细胞增殖和 TGF-$β_1$ 表达的影响. 杨丽娜，等. 中国医科大学学报，2009，（9）
替米沙坦与非诺贝特对高脂饮食大鼠血清脂联素水平的影响. 尹玉，等. 中国医科大学学报，2009，（9）
胞外-5′-核苷酸酶在大鼠肝脏缺血预处理中作用的研究. 汪海洋，等. 中国医科大学学报，2009，（9）
HA14-1 诱导小鼠 Lewis 肺癌细胞凋亡的实验研究. 谭明旗，边明艳. 中国医科大学学报，2009，（9）
SD 大鼠力竭游泳骨骼肌 ^{31}P-MRS 与 Desmin 表达相关性的研究. 潘诗农，等. 中国医科大学学报，2009，（9）
奥美沙坦对自发性高血压大鼠延髓腹外侧区 AT1 受体 mRNA 表达的影响. 张占帅，等. 中国医科大学学报，2009，（9）
大麻素受体-1 对内毒素诱导的大鼠小肠肌电活动的影响. 李艳娜，等. 同济大学学报（医学版），2009，（5）
文冠果壳苷对侧脑室注射 $Aβ_{(1-42)}$ 致小鼠学习记忆障碍的改善作用. 迟天燕，等. 中国医科大学学报，2009，（10）
姜黄素预处理后大鼠急性腹膜炎腹膜肿瘤坏死因子 α 的检测. 张秀丽，等. 中国医科大学学报，2009，（10）
一种简单的大鼠颈动脉插管及插管模型改进. 代恒，等. 中国医科大学学报，2009，（10）
2 型糖尿病大鼠肾脏病变与线粒体功能变化关系. 冯波，等. 同济大学学报（医学版），2009，（5）
替米沙坦对胰岛素抵抗大鼠肾脏脂联素表达的影响. 林书坡，等. 中国医科大学学报，2009，（10）
缺血后处理对糖尿病大鼠缺血再灌注心肌细胞凋亡的影响. 邹国良，等. 中国医科大学学报，2009，（10）
锌对大鼠生长板软骨细胞 ZnT-7 表达的影响. 初立伟，等. 中国医科大学学报，2009，（10）
HA14-1 对环磷酰胺治疗小鼠 Lewis 肺癌增敏作用的实验研究. 谭明旗，边明艳. 中国医科大学学报，2009，（10）
小鼠钟状期牙胚中 Frizzled 蛋白的表达. 高洁，等. 中国医科大学学报，2009，（10）
慢性温和应激对孕鼠脑海马区 5-羟色胺受体表达的影响. 王静，等. 中国医科大学学报，2009，（11）
突变 DJ-1 转基因小鼠模型的建立. 张梅英，等. 中国医科大学学报，2009，（11）
大鼠海马神经细胞原代培养及塑料孔板原位鉴定. 贾兰玲，等. 中国医科大学学报，2009，（11）
氟西汀抑制大鼠肺动脉高压及对 GATA-4 蛋白的影响. 王寒明，等. 中国医科大学学报，2009，（11）
慢性碘过量对 Wistar 大鼠甲状腺细胞死亡及细胞周期的影响. 陈威，等. 中国医科大学学报，2009，（11）

缺锌对增殖期大鼠生长板软骨细胞凋亡的影响. 初立伟,等. 中国医科大学学报,2009,(11)
$p16^{INK4a}$基因在 CLD 新生鼠肺成纤维细胞中的动态表达. 赵诗萌,等. 中国医科大学学报,2009,(11)
骨髓间充质干细胞移植对缺血再灌注大鼠脑神经细胞凋亡及 survivin、caspase-3 蛋白表达的影响. 王宗立,等. 中国医科大学学报,2009,(11)
胶质细胞源性神经营养因子对局灶性脑缺血大鼠海马区环氧酶 2 表达的影响. 周铁柱,付霞. 中国医科大学学报,2009,(11)
蟾蜍毒素对 H22 荷瘤小鼠肝癌细胞 Mg^{2+}-ATP 酶、葡萄糖-6-磷酸酶活性的影响. 赵明芳,等. 中国医科大学学报,2009,(11)
高浓度芬太尼抑制体外培养大鼠胰岛葡萄糖刺激胰岛素分泌. 钱滔来,等. 同济大学学报(医学版),2009,(6)
长期使用罗格列酮对去势大鼠骨小梁的影响. 陈胜广,等. 同济大学学报(医学版),2009,(6).
姜黄素对透析相关性腹膜炎大鼠腹膜 IL-6 表达的影响. 张秀丽,等. 中国医科大学学报,2009,(12)
血必净对高糖环境下大鼠腹膜间皮细胞分泌晚期炎性因子 HMGB-1 和 TGF-β_1 的影响. 陈硕,等. 中国医科大学学报,2009,(12)
不同剂量葛根素在大鼠体内的药代动力学. 李煦颖,等. 中国医科大学学报,2009,(12)
肝动脉重建在小鼠原位肝移植中的作用研究. 黄德荣,等. 中国医科大学学报,2009,(12)
应用 bcl-2 基因及 GDNF 治疗大鼠脑缺血的研究. 周铁柱,付霞. 中国医科大学学报,2009,(12)
重组人促红细胞生成素对心肺复苏后大鼠脑氧合功能的影响. 林生,等. 中国医科大学学报,2009,(12)
姜黄素对糖尿病大鼠肾脏的保护作用及对血红素加氧酶表达的影响. 陈丽,刘晓城. 武汉大学学报(医学版),2009,(1)
枸杞多糖对大鼠心室肌细胞 L 型钙电流的影响. 刘森,等. 武汉大学学报(医学版),2009,(1)
掌叶半夏凝集素的分离纯化及其在体内外对小鼠肉瘤 S180 细胞的影响. 朱黎,等. 武汉大学学报(医学版),2009,(1)
葛根素对小鼠肠缺血再灌注肝损伤的保护作用. 宋麒,等. 武汉大学学报(医学版),2009,(1)
奥马曲拉对心肌梗死大鼠基质金属蛋白酶表达的影响. 王静,等. 武汉大学学报(医学版),2009,(1)
血红素加氧酶 1 基因转染对大鼠离体心肌缺血再灌注损伤的影响. 颜学滔,等. 武汉大学学报(医学版),2009,(1)
阿仑膦酸钠对大鼠骨关节炎影响的实验研究. 谷锐,等. 武汉大学学报(医学版),2009,(1)
草酸铵对青霉素致痫大鼠的影响. 李维,等. 武汉大学学报(医学版),2009,(1)
长托宁对急性全脑缺血再灌注损伤大鼠细胞色素和 Caspase-3 表达的影响. 陈胜,等. 武汉大学学报(医学版),2009,(1)
鬼针草总黄酮对小鼠日本血吸虫病肝纤维化 α-SMA、TGF-β_1 及胶原代谢的影响. 吕元庆,等. 安徽医科大学学报,2009,(1)
中枢吗啡预处理对在体大鼠心肌缺血/再灌注损伤的保护作用. 翁立军,等. 安徽医科大学学报,2009,(1)
MEK 抑制剂 PD98059 对大鼠非酒精性脂肪性肝病的影响. 方芳,等. 安徽医科大学学报,2009,(1)
FK506 对糖尿病大鼠肾组织骨桥蛋白表达的影响. 苏静,等. 安徽医科大学学报,2009,(1)
氯化钆对大鼠腹腔巨噬细胞表达 CD68 的影响. 黄学桂,等. 安徽医科大学学报,2009,(1)
大黄对尿酸性肾病大鼠肾组织 bFGF 及 COX-2 的影响. 倪晴帆,胡家才. 武汉大学学报(医学版),2009,(2)
缺血后处理联合预处理对大鼠脑组织 HSP70 的表达和脑缺血再灌注损伤的影响. 胡玲,许喜泳. 武汉大学学报(医学版),2009,(2)
妊娠状态下大鼠肝脏外源物代谢功能的改变. 郭喻,等. 武汉大学学报(医学版),2009,(2)
聚乙烯醇涂层对电极植入大鼠脑组织后神经胶质酸性蛋白表达的影响. 叶明,等. 武汉大学学报(医学版),2009,(2)
薰衣草精油通过嗅觉通路对大鼠血压的影响. 汪莉,等. 安徽医科大学学报,2009,(2)
豹皮樟总黄酮对酒精性脂肪肝大鼠脂质过氧化及 TNF-α 生成的影响. 刘洪峰,等. 安徽医科大学学报,2009,(2)
映山红总黄酮对大鼠脑缺血/再灌注损伤的保护作用. 余涛,陈志武. 安徽医科大学学报,2009,(2)
对苯二胺与 H_2O_2 混合物诱导小鼠狼疮样改变的作用. 刘聚矩,等. 安徽医科大学学报,2009,(2).
肝细胞生长因子及其受体在蛋白尿慢性肾纤维化大鼠肾组织中表达的动态变化. 周琪,等. 安徽医科大学学报,2009,(2)
高脂饮食大鼠肾组织中细胞凋亡及 Bcl-2 和 Bax 的表达. 郝敏,等. 安徽医科大学学报,2009,(2)
足细胞损伤在多柔比星肾损害大鼠病程中变化及意义. 沈雯雯,等. 安徽医科大学学报,2009,(2)
A771726 在大鼠尿中的代谢产物分析. 李淑娟,等. 安徽医科大学学报,2009,(2)
酸枣仁皂苷 A 对大鼠心室肌细胞 L-型钙通道的影响. 邓伟,等. 武汉大学学报(医学版),2009,(3)
黄芪对柯萨奇 B_3 病毒性心肌炎小鼠单核细胞趋化蛋白-1 表达的影响. 蔡珊珊,等. 武汉大学学报(医学版),2009,(3)

内脏脂肪对发育期大鼠骨密度的影响及其机制探讨. 海德桑,等. 武汉大学学报(医学版),2009,(3)
布地奈德和罗氟司特合用对哮喘小鼠气道树突状细胞的作用. 黄婉英. 武汉大学学报(医学版),2009,(3)
大鼠肝脏水通道蛋白8在胆道梗阻及再通时表达的变化. 许汉兵,等. 武汉大学学报(医学版),2009,(3)
促红细胞生成素对新生大鼠缺氧缺血性脑损伤的脑保护研究. 李英,等. 武汉大学学报(医学版),2009,(3)
咖啡因对小鼠急性酒精性肝损伤的保护作用. 陈震,等. 安徽医科大学学报,2009,(3)
辛伐他汀对糖尿病大鼠肾脏结缔组织生长因子表达和排泄的影响. 陈薇,等. 安徽医科大学学报,2009,(3)
左旋多巴诱发异动症大鼠模型的制作及其行为学研究. 孙慧勤,等. 安徽医科大学学报,2009,(3)
A771726体外给药对LPS刺激的胶原性关节炎大鼠腹腔巨噬细胞免疫功能的影响. 王小华,等. 安徽医科大学学报,2009,(3)
输出小管-睾丸网注射提高小鼠精原干细胞移植效率. 申复进,等. 武汉大学学报(医学版),2009,(4)
PEP-1介导过氧化氢酶对大鼠离体心肌缺血再灌注损伤的保护作用. 王磊,等. 武汉大学学报(医学版),2009,(4)
罗格列酮对心肌梗死大鼠血流动力学、梗死面积及心肌细胞凋亡的影响. 赖国政,等. 武汉大学学报(医学版),2009,(4)
氯沙坦对大鼠实验性肺纤维化的治疗作用及其机制. 冯辉斌. 武汉大学学报(医学版),2009,(4)
高糖及NF-κB抑制剂PTDC对大鼠肾成纤维细胞ICAM-1表达的影响. 刘梦江,等. 武汉大学学报(医学版),2009,(4)
螺内酯对糖尿病大鼠肾小管间质的保护作用. 费沛,等. 武汉大学学报(医学版),2009,(4)
福辛普利对糖尿病大鼠心功能的保护. 肖然,等. 武汉大学学报(医学版),2009,(4)
新型分泌型磷脂酶 A_2 抑制剂对急性出血坏死性胰腺炎大鼠模型的量效关系. 邓文宏,等. 武汉大学学报(医学版),2009,(4)
PEA3和GDNF在小鼠纹状体的表达. 景玉萍,等. 武汉大学学报(医学版),2009,(4)
二甲基甲酰胺亚慢性染毒对小鼠心脏和肝脏的毒性效应. 刘恒勃,等. 安徽医科大学学报,2009,(4)
速灭威对N2a成神经元细胞、C6胶质细胞及小鼠胚胎神经干细胞增殖的影响. 张艳,等. 安徽医科大学学报,2009,(4)
鬼针草总黄酮对大鼠免疫性肝纤维化治疗作用及抗氧化机制. 孙旭群,等. 安徽医科大学学报,2009,(4)
麝香醒脑宁对大鼠全脑缺血/再灌注损伤的保护作用. 汪洋,等. 安徽医科大学学报,2009,(4)
成年期甲减大鼠海马Munc18表达及甲状腺素的治疗效应. 叶启宝,等. 安徽医科大学学报,2009,(4)
佐剂性关节炎大鼠 $CD4^+CD25^+$ 调节性T细胞的动态变化及作用的初步研究. 黄琳燕,李俊. 安徽医科大学学报,2009,(4)
不同葡萄糖浓度刺激对大鼠系膜细胞MCP-1表达及合成的影响. 孙致连,等. 安徽医科大学学报,2009,(4)
大鼠Neurogenesin-1基因真核表达载体的构建及在coS-7细胞中的表达. 高维陆,等. 安徽医科大学学报,2009,(4)
β-淀粉样蛋白与阿霉素肾病大鼠的关系探讨. 蔡洁,等. 安徽医科大学学报,2009,(4)
黄芪多糖对2型糖尿病大鼠心肌UCP2表达和AMPK活性的影响. 王凤杰,等. 武汉大学学报(医学版),2009,(5)
归芪方对糖尿病大鼠心肌病变的保护作用. 柯浩亮,张莹雯. 武汉大学学报(医学版),2009,(5)
水通道蛋白-1在大鼠急性心肌缺血再灌注损伤中的表达. 程栋梁,等. 武汉大学学报(医学版),2009,(5)
替米沙坦对高血压大鼠肾脏保护作用和足细胞Podocalyxin表达的影响. 余碧影,等. 武汉大学学报(医学版),2009,(5)
亚低温对局灶性脑缺血大鼠内源性神经干细胞增殖、迁移的影响. 解燕春,等. 武汉大学学报(医学版),2009,(5)
小鼠4-1BBL基因真核表达载体构建及其在前列腺癌细胞中的表达. 冯正秋,等. 武汉大学学报(医学版),2009,(5)
电刺激迷走神经对感染性休克大鼠心脏功能及超微结构的影响. 杜朝晖,等. 武汉大学学报(医学版),2009,(5)
瑞芬太尼对切口痛大鼠脊髓iNOS mRNA和FOS蛋白表达的影响. 彭勉,等. 武汉大学学报(医学版),2009,(5)
玉屏风多糖对大鼠肺纤维化的干预作用及部分机制研究. 王胜霞,等. 安徽医科大学学报,2009,(5)
当归补血汤总苷抗大鼠肺纤维化的实验研究. 刘勇,等. 安徽医科大学学报,2009,(5)
LPS对体外培养大鼠肺微血管内皮细胞ACE2表达的影响. 徐俊,等. 安徽医科大学学报,2009,(5)
阿托伐他汀联合骨髓间充质干细胞移植治疗大鼠急性心肌梗死. 沈丰强,等. 安徽医科大学学报,2009,(5)
肉桂醛对糖尿病大鼠腓肠肌IRS-1和P85α表达的影响. 李鸣一,等. 武汉大学学报(医学版),2009,(6)
补肾壮阳胶囊对抑郁模型大鼠行为学的影响. 陈振华,等. 武汉大学学报(医学版),2009,(6)
Ki-67、Thy-1和Oct4在小鼠生精恢复过程中的表达及其意义. 罗小敏,等. 武汉大学学报(医学版),2009,(6)
L-ficolin对A型H1N1流感病毒感染小鼠的保护作用. 潘勤,等. 武汉大学学报(医学版),2009,(6)

缬沙坦对自发性高血压大鼠肾间质纤维化及转化生长因子-β_1 表达的影响. 王敏莲,等. 武汉大学学报(医学版),2009,(6)
雌激素在大鼠颈椎间盘退变中的作用. 张蕾,等. 武汉大学学报(医学版),2009,(6).
肝细胞脾内移植治疗大鼠肝衰竭. 柳德兵,李海洋. 武汉大学学报(医学版),2009,(6)
腹腔复苏在大鼠失血性休克中的治疗作用. 王成夭,等. 武汉大学学报(医学版),2009,(6)
LC-MS/MS 测定大鼠血浆中芍药苷及其药物动力学特征. 刘斌,等. 安徽医科大学学报,2009,(6)
Synaptotagmin 1 在成年期甲减大鼠海马内表达变化及甲状腺素治疗效应. 徐永霞,等. 安徽医科大学学报,2009,(6)
螺内酯对高糖诱导的大鼠肾小球系膜细胞 PAI-1 表达的抑制作用. 董崇周,等. 安徽医科大学学报,2009,(6)
高脂饮食对大鼠肝脏组织 AMPK 表达及其活性的影响. 丁晓洁,等. 安徽医科大学学报,2009,(6)
二甲双胍及游泳运动对肥胖大鼠血清 Ghrelin 水平的影响. 高雅,等. 安徽医科大学学报,2009,(6)
非诺贝特对高脂诱导肥胖 SD 大鼠 visfatin 蛋白表达的影响. 吕齐欢,等. 安徽医科大学学报,2009,(6)
哺乳期母鼠氯氰菊酯暴露对成年雄性子代精子质量的影响. 马兴好,等. 安徽医科大学学报,2009,(6)
高效液相色谱-荧光法测定小鼠脑组织中的单胺类神经递质. 金忠秀,等. 安徽医科大学学报,2009,(6)
端锚聚合酶在大鼠肝癌发生中的动态变化. 陈颖,等. 河南科技大学学报(医学版),2009,(1)
氯胺酮对小鼠十二指肠及回肠平滑肌自主收缩活动的影响. 王红伟,等. 河南科技大学学报(医学版),2009,(1)
茎叶人参皂甙对急性肺损伤大鼠白介素-8 表达的影响. 刘畅,等. 河南科技大学学报(医学版),2009,(2)
三羟异黄酮对孕期乳腺癌(MMTV) – ErbB-2 转基因子代小鼠乳腺肿瘤的干预作用. 宋海云,等. 河南科技大学学报(医学版),2009,(4)
电击死大鼠溶血速度变化的实验研究. 徐国辉,等. 河南科技大学学报(医学版),2009,(4)
母鼠围产期铅暴露对仔鼠组织微量元素含量的影响及乙酰半胱氨酸的保护效应. 袁燕,等. 畜牧与兽医,2009,(5)
模拟条件下布氏田鼠对草原植被的作用 2——鼠密度对植物群落结构及根系的影响. 秦姣,等. 草业科学,2009,(7)
黄药子丙酮提取物对小鼠急性和大鼠亚急性毒性试验研究. 胡振英,等. 中兽医医药杂志,2009,(5)
东方田鼠血清筛选噬菌体展示抗原对小鼠日本血吸虫病免疫效果观察. 宋震宇,等. 中国预防兽医学报,2009,(12)
猪流感病毒多表位抗原的小鼠黏膜免疫试验. 师小潇,等. 畜牧与兽医,2009,(12)
绿色荧光蛋白转基因小鼠胚胎成纤维细胞的分离和培养. 吴曙限,等. 畜牧与兽医,2009,(12)
钩藤散对老龄大鼠衰老相关指标的影响. 黄厚才,等. 畜牧与兽医,2009,(12)
小鼠输卵管上皮细胞的原代培养及纯化方法研究. 赵晓娥,等. 动物医学进展,2009,(2)
绿原酸对原代大鼠肝细胞 CYP3A1 的影响. 贾敬亮,等. 中国兽医杂志,2009,(1)
野山杏果肉成分分析及对小鼠小肠蠕动作用的研究. 姚健,等. 中兽医医药杂志,2009,(1)
3 种鼢鼠线粒体 DNA 控制区结构及其系统发育分析. 杨路存,等. 草业科学,2009,(2)
猪圆环病毒 2 型感染对小鼠脾脏中 IFN – γ 基因表达的影响. 何冉娅,等. 中国畜牧兽医,2009,(2)
蓖麻毒素诱导的小鼠淋巴细胞的凋亡. 刘林娜,等. 中国畜牧兽医,2009,(2)
牛磺鹅去氧胆酸对小鼠外周血和脾脏中 T、B 淋巴细胞的影响. 刘明强,等. 中国畜牧兽医,2009,(2)
马尾藻多糖对小鼠免疫功能调节作用的研究. 陈忠伟,等. 中国畜牧兽医,2009,(1)
小鼠钼中毒的毒性试验. 刘凤军,等. 动物医学进展,2009,(2)
氟诱导大鼠原代肝细胞凋亡的毒性试验. 刘二龙,等. 中国兽医杂志,2009,(1)
地锦草对老龄小鼠不同组织 SOD 和 MDA 的影响. 陈福星,等. 中国兽医杂志,2009,(1)
摩托车尾气对小鼠睾丸组织形态的影响. 张迪,等. 动物医学进展,2009,(1)
转基因小鼠的多重 PCR 快速检测技术. 王趁芳,等. 畜牧兽医学报,2009,(2)
小鼠睾丸支持细胞和胰岛共培养的研究. 杨润军,等. 畜牧兽医学报,2009,(1)
小鼠体细胞核移植研究进展. 王怡. 中国畜牧兽医,2009,(3)
高脂日粮对小鼠消化系统自由基水平与物质消化、吸收的影响. 王姣,等. 畜牧兽医学报,2009,(2)
蒙药特润舒都乐对小鼠特异性免疫机能的影响. 乌日娜,等. 中国兽医杂志,2009,(2)
沙棘对大鼠免疫功能的影响. 于文会,等. 中国兽医杂志,2009,(3)
蒲公英多糖对小鼠免疫机能的影响. 陈福星,等. 中国兽医杂志,2009,(3)
穿心莲内酯对小鼠呼吸道非特异性免疫的影响. 吕世明,等. 中国兽医杂志,2009,(3)
乳宝散对小鼠免疫调节功能的影响. 唐日益,等. 中国兽医杂志,2009,(2)
应用 D 型肉毒梭菌毒素大面积灭治长爪沙鼠试验. 阿拉腾布拉格,等. 中国草地学报,2009,(1)
38 例犬猫灭鼠药中毒临床诊治体会. 张华,等. 中国畜牧兽医,2009,(3)
蟛蜞菊对小白鼠的急性毒性试验. 梁方方,等. 中国畜牧兽医,2009,(3)

牛磺鹅去氧胆酸对小鼠脾脏中白介素-2 基因表达的影响. 李培锋,等. 中国畜牧兽医,2009,(3)
骨碎补水提液对大鼠成骨细胞的影响. 范婧蓉,等. 中国兽医杂志,2009,(2)
移植源于人单克隆胰腺干细胞的胰岛治疗大鼠糖尿病. 效梅,等. 中国兽医学报,2009,(2)
氨苯砜-联磺甲氧苄啶与双氢青蒿素治疗大鼠实验性卡氏肺孢子虫肺炎的对比试验. 杨月中,等. 中国兽医杂志,2009,(2)
黄芪多糖对体外培养大鼠肠黏膜微血管内皮细胞增殖的影响. 张磊,等. 中国畜牧兽医,2009,(3)
SPF 级大小鼠动物实验室环境指标的跟踪监测与分析. 陈清华. 畜牧兽医科技信息,2009,(3)
小鼠脑 14-3-3ζ 蛋白的基因克隆及鉴定. 王桂花,等. 中国畜牧兽医,2009,(4)
以 30 日龄长爪沙鼠为介体建立犬贾第虫纯培养. 赵永军,刘坚强. 内蒙古民族大学学报(自然科学版),2009,(1)
鹰架招鹰技术控制草地害鼠试验研究. 任程,等. 草业与畜牧,2009,(3)
噻环乙胺对大鼠不同脑区 AC 活性及 cAMP 含量的动态影响. 范宏刚,等. 畜牧兽医学报,2009,(4)
PrP106-126 诱导的小鼠成神经瘤 N2a 细胞 NF-κB 激活及神经毒性研究. 白瑜,等. 畜牧兽医学报,2009,(4)
达乌尔黄鼠精子形成和细胞色素芳香化酶免疫位置的季节变化. 张巍,等. 畜牧与兽医,2009,(1)
亚麻籽木脂素对青春期雌性大鼠乳腺发育及相关内分泌的影响. 姜晶晶,等. 畜牧与兽医,2009,(1)
金丝桃苷对 SLT-Ⅱe 诱导大鼠肠黏膜微血管内皮细胞分泌功能的影响. 周宏超,等. 中国兽医科学,2009,(3)
蓝黄青口服液对小鼠体外诱生细胞因子的影响. 伊鹏霏,等. 中国兽医学报,2009,(3)
中药复方产复康对小鼠的抗氧化作用研究. 严作廷,等. 中国兽药杂志,2009,(4)
野山杏杏仁油影响大鼠血脂生物学效应的研究. 姚健,等. 中兽医医药杂志,2009,(2)
中药复方制剂的小鼠抗炎试验. 李正国,等. 中兽医医药杂志,2009,(2)
沙棘对大鼠非特异性免疫功能的影响. 柏慧敏,等. 中兽医医药杂志,2009,(2)
氯甲基蛋氨酸对冷冻-束缚应激大鼠消化器官组织学结构的影响. 罗敏意,等. 中国畜牧兽医,2009,(4)
鼠巨噬细胞 Ana-1 培养弓形虫 RH 株速殖子的特性研究. 郝永新,等. 中国兽医科学,2009,(3)
表达 ETEC F41 的干酪乳杆菌免疫小鼠后的黏膜免疫应答. 刘建奎,等. 动物医学进展,2009,(3)
铅镉联合对新生大鼠大脑皮质神经细胞形态学损伤的研究. 路浩,等. 中国兽医杂志,2009,(5)
替来他明对大鼠不同脑区突触体 Na^+K^+-ATP 酶活性的影响. 范宏刚,等. 中国兽医杂志,2009,(5)
摩托车尾气对小鼠呼吸系统组织结构的影响. 张春雨,等. 动物医学进展,2009,(4)
海北州 2008 年鼠虫害发生趋势预测与防治建议. 吉汉忠. 草业与畜牧,2009,(4)
2 型猪圆环病毒感染对小鼠组织中 Caspase3、Bak 及 Bcl-2 基因表达的影响. 秦宏阳,等. 中国预防兽医学报,2009,(5)
H5N1 亚型猪流感病毒 A/Swine/Fujian/1/01 感染性克隆构建及其对小鼠致病性研究. 郭威,等. 中国预防兽医学报,2009,(5)
大鼠颅骨极量缺损模型的建立. 曹永国,等. 中国兽医学报,2009,(4)
减毒鼠伤寒沙门氏菌载体在兽用疫苗中的运用. 訾占超,等. 中国兽药杂志,2009,(5)
不同浓度大蒜溶液对小鼠小肠黏膜免疫相关细胞数量变化的影响. 张玉仙,等. 中国兽医杂志,2009,(4)
中药抗应激冲剂对热应激小鼠小肠黏膜中 IL-2 水平的影响. 段美玲,等. 中国兽医杂志,2009,(4)
产热敏肠毒素大肠杆菌小鼠攻毒模型的建立. 刘小宝,等. 中国兽医杂志,2009,(4)
对氨基苯胂酸对小鼠肝脏损伤作用试验. 邬静,等. 中国兽医杂志,2009,(5)
貂、狐农药与鼠药中毒诊治. 周清毅. 畜牧兽医科技信息,2009,(4)
松鼠猴卡氏肺孢子肺炎的病理组织学观察. 罗敏意,等. 中国兽医杂志,2009,(5)
通过电穿孔法用血凝素蛋白 DNA 疫苗对小鼠进行单独免疫可以诱导其产生针对 H5N1 亚型禽流感病毒的早期保护. Liyun Zheng,邱文英. 中国畜牧兽医,2009,(5)
宠物毛丝鼠肠道寄生虫感染情况调查. 吕超超,等. 中国畜牧兽医,2009,(5)
姬松茸多糖对镉中毒小鼠血液系统损伤的治疗作用. 霍俊凤,等. 中国兽药杂志,2009,(5)
钒对大鼠肝脏组织超微结构的影响. 周金星,等. 中国兽医杂志,2009,(5)
长期服用珍田胶囊对大鼠组织器官学变化的试验研究. 王婷,等. 中国畜牧兽医,2009,(5)
BALB/c 小鼠肺组织中氧化及抗氧化系统的动态研究. 栾智华,等. 中国畜牧兽医,2009,(5)
大鼠肺鳞癌模型的建立. 杨廷桐,等. 动物医学进展,2009,(4)
富硒麦芽对二乙基亚硝胺诱发大鼠肝癌血管生成的影响. 赵洪进,等. 中国畜牧兽医,2009,(5)
鼠脱氧核糖核酸酶(DNase Ⅱα)基因的克隆及原核表达. 王卫芳,等. 中国兽医学报,2009,(6)
五趾跳鼠的植物性食物选择与其栖息地植被的关系. 娜日苏,等. 草地学报,2009,(3)
昆明系小鼠饲养层细胞制备条件的优化. 白莹敏,等. 动物医学进展,2009,(6)
MKR 转基因小鼠生物学特性的初步探讨. 余望贻,等. 中国畜牧兽医,2009,(6)
优得乐治疗小鼠金黄色葡萄球菌性乳腺炎的作用机制. 王娜娜,等. 中国兽医科学,2009,(5)

猪链球菌2型MRP-FBP串联表达蛋白对小鼠的免疫保护力. 王宝松,等. 中国兽医科学,2009,(6)
猪白介素-4重组表达质粒在小鼠体内的组织分布及环境释放安全性. 蒙学莲,等. 中国兽医学报,2009,(5)
微小隐孢子虫感染对大鼠心、脑抗氧化功能的影响. 刘德义,等. 中国兽医学报,2009,(5)
茯苓酸对SLT-Ⅱe诱导的大鼠肠黏膜微血管内皮细胞分泌P-选凝素、sICAM-1及TNF-α的影响. 周宏超,等. 中国兽医学报,2009,(5)
SD大鼠层黏蛋白受体组织特异性的分布和表达. 宁章勇,等. 中国兽医学报,2009,(6)
mC3d3-DINHα(1~32)基因免疫对大鼠卵泡发育和生殖激素的影响. 岳耀敬,等. 中国兽医学报,2009,(6)
玉米须皂苷对糖尿病小鼠降糖作用研究. 俞利平,等. 中兽医医药杂志,2009,(3)
钒对大鼠肝脏生长及结构的影响. 周金星,等. 中国兽医学报,2009,(5)
麝香鼠球虫病的诊治. 万吉国,等. 中国兽医杂志,2009,(6)
PRRSV ORF5基因和CSFV E2基因重组真核表达质粒的构建及小鼠免疫试验. 杨柳絮,等. 动物医学进展,2009,(6)
模拟条件下布氏田鼠对草原植被的作用——植被生物量的影响. 秦姣,等. 草业科学,2009,(6)
猪血凝性脑脊髓炎病毒不同佐剂灭活疫苗免疫BALB/c小鼠的比较试验. 陈克研,等. 中国畜牧兽医,2009,(6)
硫酸软骨素对大鼠心肌膜微血管内皮细胞分泌IFN-γ的影响. 徐巨,等. 中国畜牧兽医,2009,(6)
抗菌肽饲料添加剂对小鼠巨噬细胞吞噬功能的影响. 王凯,等. 动物医学进展,2009,(5)
奶牛隐性乳房炎的病原检测与小白鼠致病性研究. 张雪梅,等. 中国畜牧兽医,2009,(6)
富硒酵母对大鼠生产性能、脏器指数以及血常规指标的影响. 姜宝森,等. 福建畜牧兽医,2009,(3)
蛋黄卵磷脂对小鼠神经兴奋性的影响. 陈玉江,等. 中国兽医学报,2009,(5)
亚麻籽木脂素在大鼠体内的代谢研究. 周炜,等. 畜牧兽医学报,2009,(5)
钙对体外培养大鼠成骨细胞增殖分化及细胞周期的影响. 卓丽玲,等. 中国兽医学报,2009,(6)
卷毛突变大鼠近交系培育及其生物学特性. 章金涛,等. 中国兽医学报,2009,(6)
ESR和MDA两种方法检测BALB/c小鼠肺组织自由基的比较. 栾智华,等. 中国兽医杂志,2009,(6)
SLT-Ⅱe对大鼠肠黏膜微血管内皮细胞分泌NO的影响. 吴军,等. 中国兽医杂志,2009,(6)
连翘酯苷对小鼠的急性毒性及体内诱生IFN-α的研究. 毛东有,等. 动物医学进展,2009,(6)
呼吸道合胞病毒F蛋白表位与Balb/c小鼠血清白蛋白融合表达及其纯化. 余兵兵,等. 动物医学进展,2009,(6)
缺失糖基磷脂酰肌醇锚的Doppel转基因小鼠的构建. 李静,等. 中国畜牧兽医,2009,(7)
牛磺酸对马杜霉素中毒大鼠的保护作用. 苏帅,卜仕金. 中国兽药杂志,2009,(7)
趾叶炎小鼠血管内皮生长因子表达的研究. 于洪川,等. 畜牧与兽医,2009,(4)
重组溶葡萄球菌酶对大鼠的毒性试验. 张继恩,等. 畜牧与兽医,2009,(4)
乐果对大鼠原代培养肝细胞的毒性试验. 刘学忠,等. 畜牧与兽医,2009,(4)
妊娠期小鼠下丘脑-垂体-卵巢轴中PrRP和PrRP-R mRNA表达规律的研究. 朱河水,等. 畜牧兽医学报,2009,(6)
猪源和鼠源脑心肌炎病毒分离株基因组的比较分析. 赵婷,等. 畜牧兽医学报,2009,(6)
乐果诱导大鼠肝细胞凋亡的分析. 刘学忠,等. 畜牧兽医学报,2009,(6)
玉米赤霉烯酮对小鼠胸腺细胞凋亡的影响. 梁梓森,等. 中国兽医杂志,2009,(7)
38例犬猫灭鼠药中毒临床诊治体会. 张华,王永坤. 中国兽医杂志,2009,(7)
脾虚大鼠胃肠道SEC和GIP mRNA表达差异及其对胰腺外分泌的影响. 程飞,等. 中国兽医杂志,2009,(7)
QFM复方麻醉剂对大鼠大脑皮质突触体Na^+K^+-ATP酶活性的影响. 刘焕奇,王洪斌. 中国兽医杂志,2009,(7)
金黄色葡萄球菌诱发小鼠乳腺炎模型的建立. 韩旭东,等. 中国兽医杂志,2009,(7)
云南河口县褐家鼠肝脏感染链尾蚴囊的组织形态学观察. 张超威,等. 中国动物传染病学报,2009,(1)
不同储存方法对鼠肉内旋毛虫幼虫感染性影响. 李京阳,等. 中国动物传染病学报,2009,(1)
三聚氰胺致大鼠肾损伤模型的研究. 柴玮杰,等. 畜牧兽医科技信息,2009,(6)
SelW基因转录后沉默对小鼠骨骼肌细胞内GSH及GPx影响研究. 王晓龙,等. 畜牧兽医学报,2009,(7)
microRNA-1,-133,-206在鼠肌肉中的表达谱. 田明,等. 中国畜牧兽医,2009,(8)
当归水煎醇沉液对四氯化碳致小鼠肝损伤的保护作用. 徐中平. 中兽医医药杂志,2009,(4)
微粉中药促免散对小鼠迟发型变态反应影响. 刘迎,等. 中兽医医药杂志,2009,(4)
石菖蒲对LPS致流产小鼠的保胎作用及子宫免疫细胞的影响. 王晓丹,等. 中国兽医学报,2009,(7)
玉米赤霉烯酮对小鼠胸腺上皮细胞的毒性作用. 梁梓森,等. 中国兽医学报,2009,(7)
口服蓖麻毒素对小鼠肠道及免疫器官的毒性作用. 刘林娜,等. 中国兽医学报,2009,(7)
黄芪对链脲佐菌糖尿病模型大鼠抗氧化功能的影响. 李静,刘德义. 中兽医医药杂志,2009,(4)
阿魏有效成分对感染日本血吸虫小鼠治疗作用研究. 陈四方,赵红梅. 中兽医医药杂志,2009,(4)
阿魏减轻小鼠血吸虫性肝纤维化试验. 田洁,赵红梅. 中兽医医药杂志,2009,(4)
齐齐哈尔市草原害鼠种类及危害特点研究. 王军华,等. 畜牧兽医科技信息,2009,(7)

痤疮丙酸杆菌对小鼠抗胸膜肺炎放线杆菌感染的研究. 杨鹏,等. 中国预防兽医学报,2009,(8)
抗暑一号对热应激小鼠部分血液生理生化指标的影响. 焦玉兰,等. 动物医学进展,2009,(7)
培养基质中添加酯化葡甘露聚糖和 DON 对小鼠脾细胞生长和转化的影响. 朱连勤,等. 中国畜牧兽医,2009,(8)
小鼠镉的蓄积性毒性试验研究. 金树兴,等. 中国畜牧兽医,2009,(8)
低剂量铅对新生大鼠大脑皮质神经细胞的脂质过氧化损伤及 NAC 保护效应. 卞建春,等. 中国兽医学报,2009,(8)
棘防 E 号对小白鼠精子畸形率的影响. 莫重辉,等. 畜牧与兽医,2009,(5)
Aroclor 1254 对小鼠胚胎植入的影响. 周强,等. 动物医学进展,2009,(7)
黑木耳多糖对小鼠免疫功能的影响. 张会新,等. 动物医学进展,2009,(7)
力竭离心运动对大鼠血清肌酸激酶的影响. 董杰. 内蒙古民族大学学报(自然科学版),2009,(4)
用原位杂交检测基因枪轰击小鹅瘟病毒 VP3 基因疫苗在小鼠体内分布规律. 李万奎,等. 中国动物传染病学报,2009,(2)
SLT-Ⅱe 对大鼠肠黏膜微血管内皮细胞分泌 NO、ET-1、P-选凝素、sICAM-1 及 TNF-α 的影响. 周宏超,等. 中国兽医科学,2009,(8)
放牧制度对五趾跳鼠食性的影响. 娜日苏,等. 中国草地学报,2009,(4)
交感神经对小鼠妊娠早期血清中性激素的影响. 张玉仙,等. 中国兽医杂志,2009,(8)
噻环乙胺对大鼠不同脑区 cGMP 含量的动态影响. 范宏刚,等. 中国兽医学报,2009,(9)
替米考星对内毒素炎症小鼠存活率和细胞因子的影响. 何凤艳,等. 中国兽医学报,2009,(9)
高剂量纳米氧化铜对小白鼠某些生化指数的影响. 董菊红,等. 畜牧与兽医,2009,(6)
苜蓿总黄酮对小鼠脂类代谢及氧自由基的影响. 李宝兰,等. 草业科学,2009,(8)
守宫木对小鼠体重和脏器显微结构的影响. 郝玉兰. 中国畜牧兽医,2009,(9)
大鼠脑出血模型制备的体会. 朱文焕,周岱. 内蒙古民族大学学报,2009,(5)
纹状体内注射 6-羟基多巴胺制备帕金森病大鼠模型的实验研究. 韩志桐. 内蒙古民族大学学报,2009,(5)
枸杞多糖-4a 改善糖尿病大鼠胰岛素抵抗作用的研究. 赵蕊,等. 中国畜牧兽医,2009,(9)
IGF-1 在胚泡植入前后大鼠下丘脑的表达. 司丽芳,等. 动物医学进展,2009,(9)
小鼠卵母细胞化学去核及手工构建核移植胚胎. 赵禹,等. 中国畜牧兽医,2009,(10)
利用环介导等温扩增技术对人工感染弓形虫小鼠早期诊断的研究. 刘朗,等. 中国兽医杂志,2009,(10)
猪、鼠、羊补体 C3d 分子 cDNA 的克隆及序列分析. 樊惠英,等. 中国预防兽医学报,2009,(9)
表达大肠杆菌 K99 重组干酪乳杆菌口服免疫小鼠的免疫保护性研究. 魏春华,等. 中国预防兽医学报,2009,(10)
小鼠 ES 细胞条件培养基对绵羊类胚胎干细胞克隆、传代的影响. 白昌明,等. 畜牧兽医学报,2009,(9)
1α,25-二羟维生素 D_3 对大鼠成骨细胞超微形态结构的影响. 沈燕,等. 畜牧与兽医,2009,(7)
艾叶挥发油对小鼠生理生化指标影响. 何湘蓉,等. 中兽医医药杂志,2009,(5)
20% 吡喹酮注射剂对小鼠人工感染血吸虫效果观察. 刘粉,等. 中兽医医药杂志,2009,(5)
松鼠猴产气荚膜梭菌病的诊治. 李麟,等. 中国兽医杂志,2009,(10)
竹鼠巴氏杆菌病的诊治. 刘欢,等. 中国畜牧兽医,2009,(10)
大鼠表皮干细胞的分离培养. 郭延敏,等. 动物医学进展,2009,(9)
大鼠胚胎成纤维细胞的原代培养和分裂抑制. 苏维恒. 内蒙古民族大学学报(自然科学版),2009,(5)
昆明小鼠不同性别早期胚胎体外培养发育潜力观察. 武建中,李跃民. 中国兽医学报,2009,(10)
喀什地区分布的主要害鼠及防治. 艾尼瓦尔·艾力,周乐. 草业与畜牧,2009,(10)
孕酮对大鼠小肠黏膜 IgA^+ 阳性细胞的影响. 闫金坤,等. 畜牧与兽医,2009,(8)
甘南高寒草原高原鼢鼠防治技术研究. 王兰英,等. 草业与畜牧,2009,(10)
牛 IL-2 重组质粒对口蹄疫病毒 G-H 环多肽免疫小鼠的佐剂效应. 葛兰云,等. 畜牧兽医学报,2009,(11)
1α,25-二羟维生素 D_3 对大鼠成骨细胞增殖分化及周期的影响. 卞建春,等. 中国兽医学报,2009,(11)
雌激素受体 α 在雌性大鼠脑中的表达. 吴建云,等. 中国兽医学报,2009,(11)
用核酸染色和小鼠感染力方法评估脱囊和热处理后的隐孢子虫卵囊的活力(英文). 李训德,阿特维尔罗伯特. 中国兽医学报,2009,(10)
BALB/c 鼠口服免疫猪水肿病大肠杆菌基因突变菌株的免疫效果. 杨春柳,等. 中国预防兽医学报,2009,(11)
流产布氏杆菌 S19 突变株构建及在小鼠感染模型中的免疫保护评估. 郑孝辉,等. 中国预防兽医学报,2009,(11)
鼢鼠破坏对天祝高寒草地土壤营养的影响. 赵云,等. 草原与草坪,2009,(5)
醋酸镉对大鼠原代肝细胞氧化应激的影响. 汪纪仓,等. 中国兽医科学,2009,(11)
乐果亚长期暴露对大鼠肝脏氧化应激的影响. 刘学忠,等. 中国兽医学报,2009,(10)

蒙药肝乐康胶囊对 D-GlaN、TAA 所致小鼠化学性肝损伤的保护作用. 巴根那,等. 内蒙古民族大学学报(自然科学版),2009,(5)
交感神经对妊娠早期小鼠子宫内膜发育的影响. 赵娇慧,等. 畜牧兽医学报,2009,(11)
雌激素对去卵巢大鼠大脑皮质和海马中 Bcl-2 和 Bax 蛋白表达的影响. 阿依木古丽,等. 中国兽医学报,2009,(10)
使用嵌合单克隆抗体防止小鼠感染致死性 A 型流感病毒 H5N1 亚型及其逃逸突变体形成的联合疗法. Mookkan Prabakaran,邱文英. 中国畜牧兽医,2009,(11)
SD 大鼠层粘蛋白受体基因的克隆与序列分析. 宁章勇,等. 中国兽医杂志,2009,(11)
中华鼢鼠对农区草地的危害及防治. 王进. 草业与畜牧,2009,(11)
实验性乳腺炎小鼠乳腺肥大细胞的变化. 刘萍,等. 畜牧与兽医,2009,(9)
日粮中添加高硒钴苜蓿青草粉对 Wistar 大白鼠消化能力和生产性能的影响. 郭孝,等. 草业科学,2009,(11)
雌二醇对卵巢摘除大鼠子宫组织结构的影响. 王艺娟,等. 福建畜牧兽医,2009,(6)
体外硫代乙酰胺处理后鼠肝脏上皮细胞中早期应答相关基因的表达分析. Yeom H J,张云霞. 中国畜牧兽医,2009,(12)
甘肃境内鼢鼠 Eospalax 亚属分子系统发育研究. 杨红善,等. 草业学报,2009,(6)
含 CpG 序列 PRRSV ORF5 基因真核表达质粒在小鼠的细胞免疫应答. 温建新,等. 中国兽医学报,2009,(12)
小鼠细胞因子实时定量 PCR 检测方法的建立及应用. 张亮亮,等. 中国兽医学报,2009,(12)
骨碎补总黄酮对小鼠成骨细胞中骨保护素和核因子-κB 受体活化因子配体 mRNA 体外表达的影响. 王建舫,等. 中国兽医杂志,2009,(12)
感染旋毛虫昆明小鼠心肌中的脂肪酸组分及其相对含量的变化. 赵风强,等. 中国兽医科学,2009,(12)
玉屏风散对表虚小鼠血液生理指标及呼吸道黏膜免疫的影响. 李志华,等. 中国兽医杂志,2009,(12)
松鼠猴巴氏杆菌病的诊治. 李康宁,等. 中国兽医杂志,2009,(12)
尤氏袋鼠副鼻窦蓄脓的防治. 谢建蒙,等. 中国兽医杂志,2009,(12)
不同不育比例对布氏田鼠种群增长的影响. 张亮亮,等. 草地学报,2009,(6)
高原鼠兔的经济损害水平及防治指标研究. 王兴堂,等. 草业学报,2009,(6)
铅镉联合暴露对大鼠肾脏的氧化损伤. 卞建春,等. 中国兽医学报,2009,(12)
PCR 检测感染早期小鼠血液中旋毛虫幼虫的研究. 李峰,等. 中国预防兽医学报,2009,(12)
冠心舒通胶囊对大鼠实验性心律失常的保护作用. 孙志坚,等. 内蒙古民族大学学报(自然科学版),2009,(6)
小鼠隐藏管状线虫线粒体 cox1 基因的扩增及序列分析. 李鑫,等. 中国畜牧兽医,2009,(12)
腺病毒介导的神经生长因子对小鼠宫颈癌的作用. 郜俊杰,等. 畜牧与兽医,2009,(10)
肃南县利用鹰架招鹰灭鼠试验研究. 祁晓梅. 草原与草坪,2009,(6)
大豆异黄酮对去卵巢大鼠垂体 ER 和 NGF 蛋白表达的影响. 王辉,等. 畜牧与兽医,2009,(10)
大蒜多糖对 ConA 致小鼠肝损伤保护作用组织学观察. 张霞,等. 中兽医医药杂志,2009,(6)
黄土高原主要造林树种对鼢鼠危害的抗性研究. 韩崇选,等. 西北林学院学报,2009,(1)
黄土高原次改林地林下植被与鼢鼠种群结构的关系. 辛晓辉,等. 西北林学院学报,2009,(3)
不同鼠龄大鼠胃酸、胃内细菌变化与感染的关系. 朱鸣,等. 中国微生态学杂志,2009,(11)
新疆准噶尔盆地腹地发现迁入鼠种——褐家鼠. 黄志光,等. 地方病通报,2009,(4)
模拟条件下长爪沙鼠密度对春小麦的影响. 李俊,等. 植物保护学报,2009,(5)
小鼠小肠上皮细胞的分离培养研究. 韩庆广,等. 家畜生态学报,2009,(1)
玉米赤霉烯酮对小鼠脾淋巴细胞凋亡的影响. 马勇江,等. 家畜生态学报,2009,(1)
褪黑素对自身免疫性肝炎大鼠肝星状细胞增殖及凋亡的影响. 马勇,等. 中国微生态学杂志,2009,(1)
双歧杆菌脂磷壁酸对 B16 荷瘤小鼠 NK 细胞受体 NKG2D 及其配体的影响. 李芙蓉,等. 中国微生态学杂志,2009,(1)
异麦芽低聚糖对 D-半乳糖致衰老大鼠肠道菌群、血清 IgG 和肠黏膜 sIgA 的影响. 王春敏,等. 中国微生态学杂志,2009,(1)
γ-辐射与常规方法灭活产单核细胞李斯特菌对小鼠免疫原性的比较. 董慧,等. 微生物学报,2009,(2)
双歧杆菌发酵果蔬汁对小鼠抗疲劳作用的实验研究. 褚巧芳,等. 中国微生态学杂志,2009,(2)
青春双歧杆菌对 NOD 小鼠 1 型糖尿病的免疫调节作用. 陈永春,等. 中国微生态学杂志,2009,(2)
核苷二苯基磷酸酯的合成及大鼠体内药物动力学. 朱梅湘,等. 厦门大学学报(自然科学版),2009,(2)
辛基酚对子代雄性大鼠性腺和血清中性激素的影响. 黄丽华,杨晓燕. 地方病通报,2009,(1)
泡球蚴感染对 BALB/c 小鼠肝细胞 ERK1/2 和 p38 表达变化的初步研究. 纪静,等. 地方病通报,2009,(1)
横断山区高山姬鼠消化道形态的季节动态. 王蓓,等. 生态学报,2009,(4)
香菇 C_{91-3} 菌丝发酵液蛋白 LFP_{91-3C} 小鼠体内抗肿瘤免疫机制研究. 赵越,等. 中国微生态学杂志,2009,(3)
CD40L 启动 $CD4^+$ T 细胞缺乏小鼠免疫反应的研究. 李欣,等. 中国微生态学杂志,2009,(3)

青春双歧杆菌对 1 型糖尿病小鼠胰岛 β 细胞的保护作用. 刘伯阳,等. 中国微生态学杂志,2009,(3)
加味四君子汤改善小鼠肠黏膜屏障作用的研究. 张燕,罗予. 中国微生态学杂志,2009,(4)
杨梅果实提取物抗小鼠腹泻作用的研究. 周洁,等. 中国微生态学杂志,2009,(4)
膳食诱导肥胖大鼠模型的肠道菌群结构及其特异分子标识物. 张翼,等. 中国微生态学杂志,2009,(4)
肠球菌 WZM05 对高胆固醇血症小鼠载脂蛋白的影响. 麻晓银,刘佳明. 中国微生态学杂志,2009,(4)
双歧杆菌脂磷壁酸对化疗荷瘤小鼠免疫功能的影响. 谢宁,等. 中国微生态学杂志,2009,(4)
阿泰宁对抗生素诱导的大鼠肠道菌群失调和免疫功能的影响. 张海强,等. 中国微生态学杂志,2009,(5)
不同剂量氟化钠对大鼠心脏毒性的实验研究. 吴起清,等. 地方病通报,2009,(2)
泛素基因介导下的猪繁殖与呼吸综合征病毒 M 基因对小鼠的免疫试验. 张维军,等. 微生物学报,2009,(6)
蝇蛆肽对大鼠生长及营养物质代谢率的影响. 姜宁,等. 家畜生态学报,2009,(3)
应用旋转生物反应器培养小鼠胚胎干细胞的初步研究. 魏国峰,等. 中国微生态学杂志,2009,(6)
新疆清洁级昆明小鼠不同胎次繁殖状况分析. 阿扎提·胡沙英,等. 地方病通报,2009,(3)
实验性大鼠溃疡性结肠炎菌群失调的诊断及复方树舌的治疗观察. 李丽秋,等. 中国微生态学杂志,2009,(6)
抗生素对新生大鼠肠道菌群和肠道免疫发育的影响. 王爱丽,等. 中国微生态学杂志,2009,(6)
内毒素在大剂量顺铂所致大鼠急性肾损伤过程中的变化及意义. 舒晓宏,等. 中国微生态学杂志,2009,(6)
SD 大鼠断奶后肠道菌群及肠道形态的变化. 武瑞,等. 中国微生态学杂志,2009,(7)
四君子汤保护骨损伤后小鼠肠道细菌易位及促进骨修复的研究. 唐华羽,等. 中国微生态学杂志,2009,(7)
复方清下汤对脓毒症大鼠细胞因子调控及其肺损伤的作用. 苗健,等. 中国微生态学杂志,2009,(7)
产气荚膜梭菌 α 毒素在干酪乳杆菌中的诱导表达及其小鼠口服免疫力. 李晓静,等. 微生物学报,2009,(8)
幽门螺杆菌 jhp947 基因对 C57BL/6 小鼠致病性研究. 孙各琴,等. 微生物学报,2009,(8)
香菇 C_{91-3} 菌丝发酵液提取蛋白抗小鼠宫颈癌 U_{14} 的初步探讨. 刘军,等. 中国微生态学杂志,2009,(7)
10 株乳酸菌黏附小鼠派伊尔结及免疫调节作用研究. 原雪琦,等. 中国微生态学杂志,2009,(7)
悬铃木属植物果皮毛性状及其对小鼠肺部的致炎作用. 张建甫,等. 生态学报,2009,(8)
新疆和布克赛尔县黄兔尾鼠嗜肝病毒血清学初步调查. 刘斌,等. 地方病通报,2009,(5)
复方清下汤对脓毒症大鼠肺组织 ICAM-1 及 AQP-1 基因表达的影响. 苗健,等. 中国微生态学杂志,2009,(8)
红霉素、氨溴索与环丙沙星雾化吸入对实验大鼠铜绿假单胞菌生物膜的影响. 冉桃,等. 中国微生态学杂志,2009,(8)
古尔班通古特沙漠区大沙鼠对荒漠植物群落的扰动效应. 杨维康,等. 生态学杂志,2009,(10)
长爪沙鼠体质量生长模式特征. 刘伟,等. 生态学杂志,2009,(9)
β-葡聚糖对小鼠单核巨噬细胞系 RAW264.7 的免疫刺激作用. 俞晓丽,等. 中国微生态学杂志,2009,(10)
螺旋藻对慢性应激大鼠结肠菌群和体重的影响. 雷浪伟,等. 中国微生态学杂志,2009,(10)
西藏灵菇胞外多糖组分对小鼠免疫调节作用及机制的研究. 孟利,张兰威. 微生物学报,2009,(12)
黄瓜香等山野菜对糖尿病大鼠脂质代谢及肠道正常菌群的影响. 王海波,等. 中国微生态学杂志,2009,(10)
双歧杆菌对 SD 大鼠空肠黏膜分泌型免疫球蛋白 A 的影响. 郝业宁,等. 中国微生态学杂志,2009,(10)
双歧杆菌完整肽聚糖对小鼠骨髓来源树突状细胞分泌 IL-12 的影响. 赵丽丽,程茜. 中国微生态学杂志,2009,(10)
青春双歧杆菌对 2 型糖尿病模型大鼠肠道菌群和脂质代谢的影响. 刘伯阳,等. 中国微生态学杂志,2009,(10)
多形拟杆菌对肥胖大鼠减肥影响的初步研究及毒性实验. 蔡艳,等. 中国微生态学杂志,2009,(11)
抗生素诱导小鼠阴道菌群失衡及乳杆菌调节作用的研究. 刘佳明,等. 中国微生态学杂志,2009,(11)
轮状病毒致乳鼠肠道外感染 Th1/Th2 细胞因子变化的研究. 夏群,等. 中国微生态学杂志,2009,(10)
加替沙星对小鼠肠道菌群的影响. 陈妍,罗予. 中国微生态学杂志,2009,(10)
食物、捕食和种间竞争对东方田鼠种群动态的作用. 杨月伟,等. 生态学报,2009,(12)
准噶尔大沙鼠鼠疫疫源地虎鼬体内检出鼠疫 FI 抗体. 雷刚,等. 地方病通报,2009,(6)
黄瓜香等对调整腹水瘤小鼠肠道菌群并延长荷瘤生存时间的影响. 任继秋,等. 中国微生态学杂志,2009,(9)
仿刺参多糖抗肿瘤及对荷瘤小鼠免疫调节作用. 郭莲英,等. 中国微生态学杂志,2009,(9)
肺炎克雷伯菌生物膜对小鼠腹腔巨噬细胞 TLRs 受体表达的影响. 王云英,张丽萍. 中国微生态学杂志,2009,(9)
双歧杆菌脂磷壁酸和总 DNA 对小鼠免疫功能的影响. 穆小萍,等. 中国微生态学杂志,2009,(9)
高原鼢鼠、鼠兔及大鼠心肌和骨骼肌乳酸脱氢酶活力及同工酶谱. 魏莲,等. 四川动物,2009,(1)
大鼠及小鼠微卫星引物在社鼠中的跨种扩增. 孙波,等. 动物学杂志,2009,(6)
不同种株利什曼原虫对 BALB/c 小鼠和金黄地鼠的致病性研究. 张仁刚,等. 四川动物,2009,(2)
突尼斯非洲跳鼠(Jaculus jaculus)和埃及跳鼠(J. orientalis)群体的等位酶多态及遗传分化(英文). Abderraouf Ben Faleh,等. 动物学研究,2009,(3)
棕背䶄和红背䶄种间区分的分子方法. 金建丽,等. 动物学杂志,2009,(3)

SD 大鼠和 Wistar 大鼠实验性自身免疫性脑脊髓炎发病情况比较. 朱英标,等. 中国实验动物学报,2009,(3)
孕小鼠注射海洛因对仔鼠体重、行为及肺中相关活性物质表达的影响. 冯红丽,等. 动物学杂志,2009,(6)
人工驯养的中华竹鼠与野生竹鼠几种微量元素的比较分析. 何德肆,等. 经济动物学报,2009,(4)
雌性根田鼠对血液气味的行为识别. 于鸿浩,等. 四川动物,2009,(1)
大鼠肾近曲小管、远曲小管和集合管壁厚的性别差异. 王丽英,等. 四川动物,2009,(1)
林跳鼠亚科的系统学研究述评. 范振鑫,等. 四川动物,2009,(1)
小鼠睾丸特异基因在生精细胞中阶段性表达的定量分析. 郭睿,等. 动物学杂志,2009,(1)
柯氏鼠兔的食性分析. 曹伊凡,等. 动物学杂志,2009,(1)
中药复方连黄对小鼠 T 淋巴细胞亚群 CD4⁺、CD8⁺的影响. 刘廷,等. 四川动物,2009,(1)
FDA-PI 荧光双色法快速评价小鼠桑椹胚活力. 庄丽伟,等. 四川动物,2009,(2)
记陕西洛南张坪洞穴群中更新世绒鼾(Caryomys). 李永项,薛祥煦. 古脊椎动物学报,2009,(1)
关于塔塔尔蹶鼠属(Tatalsminthus)的新认识. 王伴月. 古脊椎动物学报,2009,(1)
人工林赤腹松鼠危害与繁殖关系的初步研究. 董岚,等. 四川动物,2009,(2)
小鼠酪氨酸羟化酶启动子序列分析. 朱孝荣,等. 中国实验动物学报,2009,(1)
汉防己甲素滴眼液对高眼压模型大鼠的降眼压作用. 黄萍,等. 中国实验动物学报,2009,(1)
高氟低碘对 Wistar 大鼠大脑组织病理学及 DNA 损伤的影响. 洪建华,等. 中国实验动物学报,2009,(1)
CD4⁺T 细胞在大鼠心肌缺血再灌注损伤中的作用. 吴琼,等. 中国实验动物学报,2009,(1)
禁食与非禁食处理对构建 2 型糖尿病小鼠模型血糖的影响. 牛屹东,等. 四川动物,2009,(2)
干预脂毒性改善糖尿病大鼠胰岛素分泌及氧化应激的损害. 何清华,等. 中国实验动物学报,2009,(1)
大鼠体外循环模型的建立及改进. 王寿勇,李廷玉. 中国实验动物学报,2009,(1)
改良法建立妊娠期高血压疾病大鼠模型. 周燕,等. 中国实验动物学报,2009,(1)
GW0742 对全脑缺血再灌注大鼠脑损伤的作用观察. 潘永全,等. 四川动物,2009,(2)
鱼藤酮致帕金森大鼠的脑黑质中凋亡相关蛋白 Bcl-2、Bax 表达改变. 厉春,等. 中国实验动物学报,2009,(1)
注射紫杉醇的小鼠骨髓细胞体外分化巨噬细胞增强. 沈红,等. 中国实验动物学报,2009,(1)
四环素调控 A30P 突变 α-synuclein 转基因小鼠的构建. 胡伟东,等. 动物学杂志,2009,(2)
大绒鼠消化道形态的季节变化. 朱万龙,等. 动物学杂志,2009,(2)
四川藏鼠兔头骨形态的种群分化. 母华强,等. 四川动物,2009,(3)
小鼠心脏发育的形态学研究. 唐娟,等. 四川动物,2009,(3)
大鼠内细胞团和胎儿神经干细胞构建嵌合体的潜力(英文). 郭继彤,等. 动物学研究,2009,(2)
长期注射吗啡对戒断后小鼠 Y-迷宫空间识别记忆的影响. 刘小粉,等. 动物学研究,2009,(2)
小鼠 Klf4 基因的克隆及原核表达分析. 王春生,等. 中国实验动物学报,2009,(2)
磷酸二酯酶 5 在小鼠卵巢内的表达. 王松波,等. 中国实验动物学报,2009,(2)
银杏叶提取物对小鼠离体小肠平滑肌收缩特性的影响. 王婧,等. 四川动物,2009,(3)
芪红胶囊通过免疫调节治疗病毒性心肌炎小鼠. 宋晓东,等. 中国实验动物学报,2009,(2)
鱼藤酮帕金森大鼠呼吸链复合酶 Ⅰ、Ⅳ的改变. 陈忻,等. 中国实验动物学报,2009,(2)
近交系 HFJ 大鼠的培育及其部分表型观察. 蔡月花,等. 中国实验动物学报,2009,(2)
不同应激因子对小鼠肝脏金属硫蛋白诱导合成的影响. 肖定福,等. 中国实验动物学报,2009,(2)
白细胞介素 22 对 T 细胞介导的小鼠肝损伤的治疗作用及初步机制探讨. 蔡欣,等. 中国实验动物学报,2009,(2).
大鼠原位肝移植急性排斥反应模型的建立. 周天保,等. 中国实验动物学报,2009,(2)
骨髓间充质干细胞源神经细胞移植治疗帕金森病大鼠模型. 王晓萃,等. 中国实验动物学报,2009,(2)
人 OC-3-VGH 卵巢癌细胞裸小鼠肿瘤模型的建立. 刘向云,等. 中国实验动物学报,2009,(2)
纤维蛋白和高分子混合支架的研究及其对大鼠骨髓间充质干细胞增长的影响. 郑青,等. 四川动物,2009,(3)
Kit 无义突变致 W^{-3Bao} 小鼠生殖腺异常及纯合子贫血死亡. 吴培林,等. 动物学研究,2009,(1)
棕色田鼠睾丸和附睾雄激素受体表达的增龄变化. 王建礼,等. 动物学研究,2009,(1)
大鼠成年前异常生活环境对其成年后恐惧记忆的影响(英文). 李传玉,等. 动物学研究,2009,(1)
$snthr^{-1Bao}$稀毛小鼠突变基因的精确定位及克隆鉴定. 吴宝金,等. 动物学研究,2009,(3)
Polycomb 基因家族在大鼠精子发生过程中的表达. 汪卓群,等. 中国实验动物学报,2009,(3)
雌激素和孕激素对不同发情方式小鼠子宫内膜中孕激素受体分布的影响. 张鸿波,等. 中国实验动物学报,2009,(3)
小鼠肝炎病毒 S 蛋白及其受体的研究现状. 周东顺,等. 中国实验动物学报,2009,(3)
小鼠血管损伤后巨噬细胞与平滑肌细胞的相互作用. 许扬,等. 中国实验动物学报,2009,(3)
支气管肺发育不良小鼠模型的建立. 黄铃沂,等. 中国实验动物学报,2009,(3)
溶酶体抑制剂对小鼠行为学与黑质多巴胺神经元的影响. 王法祥,彭国光. 中国实验动物学报,2009,(3)

PTHrP1-34 对荷瘤小鼠骨代谢与肿瘤生长情况的影响. 李玉璞,等. 中国实验动物学报,2009,(3)
小鼠Ⅲ度烧伤模型的复制及皮肤病理形态改变的动态观察. 褚锋,等. 中国实验动物学报,2009,(3)
黄磷及其化合物急性吸入致大鼠急性肺损伤或急性呼吸窘迫综合征模型的制作. 冯博. 中国实验动物学报,2009,(3)
30 天喂养试验中不同受试方法对 SD 大鼠生理指标的影响. 王睿,等. 四川动物,2009,(4)
化学联合激活可明显提高小鼠孤雌胚胎发育率. 刘京威,等. 动物学杂志,2009,(4)
冷驯化条件下高山姬鼠能量对策的初步研究. 姜文秀,等. 动物学杂志,2009,(4)
大鼠发情期和间情期下丘脑 ghrelin mRNA 的表达. 张文龙,等. 动物学杂志,2009,(4)
基于 ISSR 标记和线粒体 Cyt b 基因分析高原鼠兔的遗传多样性及其遗传分化. 葛艳丽,等. 动物学杂志,2009,(4)
新疆加依尔山发现草原鼠兔. 沙依拉吾,等. 动物学杂志,2009,(4)
短途运输应激对 Wistar 大鼠的影响. 杨斐,胡樱. 中国实验动物学报,2009,(4)
心钠肽在小鼠卵巢中的表达及其对受精的影响. 李广鑫,等. 中国实验动物学报,2009,(4)
热休克因子 1 基因剔除对小鼠生长繁殖的影响. 陈广文,等. 中国实验动物学报,2009,(4)
饲喂雌鼠大豆异黄酮对后代雌性生殖性状的影响. 尹艳云,等. 中国实验动物学报,2009,(4)
大豆异黄酮对老龄大鼠雌激素水平和子宫雌激素受体表达的影响. 周智君,等. 中国实验动物学报,2009,(4)
高强度微波辐射对 Wistar 大鼠血清 SOD、HSP70 和肝脏 MDA、Mit 肿胀的影响. 田志杰,等. 四川动物,2009,(4)
β3 肾上腺素受体介导多巴胺对大鼠远端结肠运动的抑制作用. 郭华,等. 中国实验动物学报,2009,(4)
探讨接种时间和剂量对小鼠肺炎支原体肺炎模型建立的影响. 杨春,等. 四川动物,2009,(4)
实验性 2 型糖尿病心肌病大鼠模型的建立与评价. 董世芬,等. 中国实验动物学报,2009,(4)
ERβ 对子宫内膜异位症小鼠模型的影响. 关铮,等. 中国实验动物学报,2009,(4)
足月新生儿缺氧缺血性脑损伤大鼠模型的制作与鉴定. 李丽华,等. 中国实验动物学报,2009,(4)
从临床到基础:硝酸甘油实验性偏头痛大鼠模型信度和效度评价. 章正祥,等. 中国实验动物学报,2009,(4)
MPTP 慢性帕金森病小鼠纹状体差异蛋白质的研究. 万金城,等. 中国实验动物学报,2009,(4)
SD 大鼠视网膜小胶质细胞原代培养方法的改良. 陈雪,等. 中国实验动物学报,2009,(4)
大鼠卵巢的生后发育. 屈丽华,等. 四川动物,2009,(5)
中国内蒙古的阿尔丁鼠(Ardynomys)化石. 王伴月,孟津. 古脊椎动物学报,2009,(3)
在体大鼠海马 Schaffer-CA1 条件化双通路与海马组合突触可塑性. 曹栋,等. 动物学研究,2009,(4)
滇西北鼠疫自然疫源地大绒鼠体表寄生虫研究(英文). 董文鸽,等. 四川动物,2009,(5)
鼠骨髓源性内皮祖细胞的分离培养与鉴定. 赵瑛,唐安科. 四川动物,2009,(5)
青稞麸皮油脂肪酸成分分析及其对高血脂症大鼠脂质代谢的影响. 钱俊伟,等. 四川动物,2009,(5)
小鼠前成骨细胞 MC3T3-E1 在自组装多肽水凝胶支架中的成骨分化. 林娟,等. 四川动物,2009,(5)
特异突触可塑性干扰肽在小鼠吗啡条件化位置偏爱表达过程中的作用(英文). 吴坤,等. 动物学研究,2009,(4)
质谱法分析大鼠精子发生过程中组蛋白 H1 变异体的多样性. 鲁爽,等. 中国实验动物学报,2009,(5)
小鼠肝炎病毒逆转录环介导等温扩增检测技术的建立. 袁文,等. 中国实验动物学报,2009,(5)
空肠弯曲杆菌与弗氏完全佐剂诱导系统性红斑狼疮样小鼠模型的建立. 刘文斌,等. 中国实验动物学报,2009,(5)
大鼠肠易激综合征模型的建立及其评价. 白殿卿,等. 中国实验动物学报,2009,(5)
经鼻滴入博莱霉素致小鼠肺纤维化模型的建立及其病理演变. 胡静,刘旭凌. 中国实验动物学报,2009,(5)
四氯化碳诱导的小鼠肝纤维化模型中 SDF-1/αCXCR$_4$ 的表达及其意义. 王庆国,等. 中国实验动物学报,2009,(5)
胰岛素抵抗大鼠的肝脏中丝氨酸/酪氨酸磷酸化异常与血清 TNF-α 相关. 吴峰,等. 中国实验动物学报,2009,(5)
口服他莫昔芬法建立 ICR 小鼠子宫腺肌病模型. 李雁,等. 中国实验动物学报,2009,(5)
大鼠运动性疲劳模型的建立. 汶希,等. 中国实验动物学报,2009,(5)
室温下保存的小鼠屠体卵巢 GV 卵的发育能力. 杜文敬,等. 四川动物,2009,(6)
随机限食与重喂食小鼠的能量代谢和行为的可塑性. 赵志军,等. 四川动物,2009,(6)
UVB 照射后小鼠脾淋巴细胞 DNA 损伤程度的检测. 赵海滨,等. 四川动物,2009,(6)
大鼠眶额叶皮质受损破坏新异性探索行为. 王秀松,等. 动物学研究,2009,(5)
随机限食和重喂食小鼠能量收支和生长发育的可塑性. 赵志军,等. 动物学研究,2009,(5)
千岛湖岛屿化对社鼠的肥满度之影响. 孙波,等. 动物学研究,2009,(5)
聚焦超声辐射高血脂大鼠涌泉穴对血脂水平的影响. 陈蓉,等. 四川动物,2009,(6)
西藏芫根提取物对小鼠抗缺氧作用的初步研究. 谢玥,等. 四川动物,2009,(6)
中华竹鼠的洞穴结构及其生境利用特征. 唐中海,等. 动物学杂志,2009,(6)

Beige-Nude 小鼠免疫学特性研究概况. 马荣,毕明刚. 中国实验动物学报,2009,(6)
不同时程束缚水浸应激对大鼠胃排空的影响. 张丹,等. 中国实验动物学报,2009,(6)
大鼠局灶性脑缺血模型的有效制备. 赵浩,等. 中国实验动物学报,2009,(6)
阿尔茨海默病转基因小鼠的特点和应用. 王虹,王蓬文. 中国实验动物学报,2009,(6)
大鼠心肌梗死模型的建立及梗死后心电生理和左室功能的变化. 李金轶,等. 中国实验动物学报,2009,(6)
阿霉素心肌损伤大鼠模型的制备与评价. 苏丹,等. 中国实验动物学报,2009,(6)
运动干预对胰岛素抵抗大鼠骨骼肌 IL-1β 表达的影响. 王慧敏,等. 中国实验动物学报,2009,(6)
共轭亚油酸对高脂血症大鼠脂质代谢及 visfatin 基因表达水平的影响. 张若曦,等. 中国实验动物学报,2009,(6)
大鼠肾虚自然流产模型的建立及相关因子的表达. 刘科,等. 中国实验动物学报,2009,(6)
髓鞘碱性蛋白片段 69-85 诱导建立大鼠自身免疫性脑脊髓炎模型. 李波,等. 中国实验动物学报,2009,(6)
表达人前列腺干细胞抗原小鼠前列腺癌模型的建立. 董磊,等. 中国实验动物学报,2009,(6)
环磷酰胺诱导小鼠血小板减少症模型的建立(英文). 聂红,等. 动物学研究,2009,(6)
抗真菌抗生素 SN06 对小白鼠毒性实验. 刘秋,等. 农药,2009,(2)
妊娠期暴露于毒死蜱对子一代小鼠脑部多巴胺水平的影响. 陈晓萍,等. 农药,2009,(4)
中国云南洱海周边褐家鼠的体表寄生虫群落组成(英文). 董文鸽,等. 昆虫学报,2009,(3)
基于不同饲料的洋虫水提液对小鼠的抗衰老作用. 严善春,等. 昆虫学报,2009,(7)
毒死蜱妊娠早期暴露对子代鼠纹状体脑区结构与机能的影响. 陈晓萍,等. 农药,2009,(9)
农业部加强毒鼠强整治工作. 周蔚. 农药科学与管理,2009,(9)
欧盟对鼠得克等 3 种农药进行再登记. 武丽辉. 农药科学与管理,2009,(12)

三、重要卫生害虫及其管理研究与应用

(一) 卫生害虫管理学通论

昆虫漫话. 陶秉珍. 开明印书馆,1949
本草纲目昆虫名称注. 朱弘复,等. 中国昆虫学报,1950,(2)
昆虫分科之检索. 易希陶. 商务印书馆,1950
昆虫学通论. 三宅恒方. 缪端生,等译. 商务印书馆,1950
人体寄生虫学. 陈超常. 中国科学,1950
社会的昆虫. 宋石雨. 三联印书馆,1950
实用昆虫采集法. 刘淦之. 中国科学图书仪器公司,1950
传染病媒介昆虫学. 东北人民卫生部. 东北医学图书馆,1952
昆虫采集及标本制作保藏方法. 黄可训,等. 中华书局,1952
昆虫主要科目检索表. 莫托加夫. 管致和译. 新农业出版社,1952
卫生学上的昆虫防除. 赵炎灿. 新医书局发行,1952
细菌战争中的毒虫问题. 内科学报,1952,(4)
中国经济昆虫学. 李凤荪. 新湖南印刷服务社,1952
重要害虫和人畜疾病的传染. 陆宝麟. 自然科学,1952,(2)
各种昆虫耐饥力的观察. 章士美,等. 昆虫学报,1953,(2)
昆虫学纲要. 依姗斯,等. 中华书局,1953
人体寄生虫学实用图谱. 姚永政. 新亚书店,1953
寄生虫. 王万里. 中国青年出版社,1954
介绍一种简单的玻片标本封闭法. 洪黎民,等. 生物学通报,1954,(12)
疥疮与虱病. 杨国亮. 中华皮肤科杂志,1954,(1)
昆虫标本的采集制作和保存. 钦俊德. 生物学通报,1954,(6)
昆虫学名词. 中国科学院编译局. 中国科学院,1954
昆虫与疾病. 范岫霞. 人民卫生出版社,1954
苏联昆虫学论著选译. 巴甫洛夫斯基,叶. 纳. ,等. 夏松云译. 科学出版社,1954
西北人畜有害昆虫初步调查简报. 冯兰洲. 中国畜牧兽医杂志,1954,(3)
医学昆虫学. 熊吉. 商务印书馆,1954
病媒昆虫调查工作中的密度计算问题. 张本华. 中华卫生杂志,1955,(3)
传染疾病的昆虫. 刘维德. 新知识出版社,1955
害虫的寄生昆虫之采集和饲养. 鲁布错夫,依. 阿. 刘崇乐译. 科学出版社,1955
绘制对称图又一方法. 刘波. 生物学通报,1955,(12)
昆虫的采集、饲养和标本制作. 王林瑶. 科学出版社,1955
昆虫纲的历史发展. 陈世骧. 昆虫学报,1955,(1)
昆虫幼虫标本的采集和制作. 孟亚英. 生物学通报,1955,(7)
昆虫主要科目检索表. 管致和译. 财政经济出版社,1955
普通昆虫学. 管致和,等. 上海永祥印书馆,1955
我国昆虫学研究工作现状的我见. 曹骥. 科学,1955,(1)
怎样饲养昆虫. 张广学,等. 生物学通报,1955,(6)
中国古代在昆虫研究上的成就. 周尧. 昆虫知识,1955,(1)
从对传染病媒介昆虫、动物的认识及其消灭方法来看祖国医学的伟大(一). 刘广州. 中级医刊,1956,(1)
从对传染病媒介昆虫、动物的认识及其消灭方法来看祖国医学的伟大(二). 刘广州. 中级医刊,1956,(2)
关于昆虫分类学上"属"的概念. 克赖诺夫斯基,奥. 耶. 张宗炳译. 昆虫学译报,1956,(2)
介绍一种放大或缩小的生物体标本绘图器. 王中裕. 生物学通报,1956,(10)
介绍一种干制标本瓶的制作方法. 许乃成. 生物学通报,1956,(4)
昆虫的人工饲养培养法. 忻介六. 昆虫知识,1956,(6)
昆虫对 DDT 和 666 的生理抗性的获得途径. 别利姆,纳. 格. ,等. 孙耘芹译. 昆虫学译报,1956,(4)
昆虫名称. 中国科学院编辑出版委员会. 科学出版社,1956
昆虫生理学(上册). R. 朔文. 忻介六译. 科学出版社,1956
昆虫生理学(下册). R 朔文. 忻介六,等译. 科学出版社,1956
略谈几种昆虫的饲养方法. 刘土芳. 昆虫知识,1956,(2)
膜翅目昆虫的寄生现象及其演化的基本特点. 波波夫,B. B. 林德音译. 昆虫学报,1956,(2)
普通昆虫学. 周尧. 高等教育出版社,1956
普通昆虫学教程. 方三阳译. 高等教育出版社,1956

实用医学昆虫学.人民卫生出版社,1956
苏联昆虫生理生态学论文集.陈常铭译.科学出版社,1956
显微镜描画器的简易制造法.王翠铠.生物学通报,1956,(12)
消灭四害.山东省科学技术普及协会筹委会.山东人民出版社,1956
原子能在昆虫学研究中的应用.张宗炳.昆虫知识,1956,(6)
节肢动物的滞育生理.李斯,A. D.罗祖玉译.科学技术出版社,1957
昆虫病理学原理(下册).史泰奥斯,E. A.忻介六译.科学出版社,1957
昆虫的抗毒性.赵猷欢.昆虫知识,1957,(1)
昆虫动态与气象.马世骏.科学出版社,1957
昆虫分类学.蔡邦华.财政经济出版社,1957
昆虫生理学的历史和现状及其在我国发展的途径.钦俊德.昆虫知识,1957,(2)
昆虫主要目科检索表.Metcalf,Z. P.,等.管致和译.财政经济出版社,1957
疟疾发生的基本环节及其防治措施.陆宝麟.广西卫生通讯,1957,(6)
人类传播性疾病的自然媒介范围.别克列末舍夫,B. K.易新元译.昆虫学报,1957,(4)
人体病害动物学.佐佐学.东京医学书院,1957,33
森林昆虫学(上册).里姆斯基,麦.纳.,等.于诚铭,等译.中国林业出版社,1957
生物图绘制法(续).区伟乾.动物学杂志,1957,(4)
生物图绘制法.区伟乾.动物学杂志,1957,(3)
施用杀虫药剂引起昆虫在增猖獗的问题(一).张宗炳.昆虫知识,1957,(3)
施用杀虫药剂引起昆虫在增猖獗的问题(二).张宗炳.昆虫知识,1957,(4)
施用杀虫药剂引起昆虫在增猖獗的问题(三).张宗炳.昆虫知识,1957,(5)
实用医学昆虫学.姚永政.人民卫生出版社,1957
苏联的吸血双翅目昆虫及其侵袭人类的某种规律.莫查茨基,A. C.易新元译.昆虫学译报,1957,(4)
微小昆虫玻片制作法.曹骥.昆虫知识,1957,(3)
野外吸血双翅昆虫及其防治.陆宝麟译.科学技术出版社,1957
医学昆虫鉴别手册.司马德.J.科学技术出版社,1957
医学昆虫学.周大渭.上海卫生出版社,1957
在自然条件下影响昆虫的环境因素的分类与研究.孟怡斯基.林德音译.生物学通报,1957,(12)
中国寄生虫学文献目录(一).吴青藜,等.科学出版社,1957
中国昆虫学图说.周尧.教育图片出版社,1957
中国早期昆虫学研究史(初稿).周尧.科学出版社,1957
爱国卫生运动经验汇集(第一辑).中央爱国卫生运动委员会,等.人民卫生出版社,1958
爱国卫生运动经验汇集(第二辑).中央爱国卫生运动委员会,等.人民卫生出版社,1958
常见医学昆虫图谱(盒装).张本华,等.人民卫生出版社,1958
除七害技术指导.上海爱委会.上海卫生出版社,1958
东北林区森林脑炎传播媒介的研究(第二报).尹德铭.中华卫生杂志,1958,(3)
东北林区森林脑炎传播媒介的研究(第一报).尹德铭.中华卫生杂志,1958,(3)
俄英中昆虫学名词.中国科学院.科学出版社,1958
关于人类虫媒性疾病自然疫源学说的基本概念.舒那也夫,B. B.傅杰青译.人民卫生出版社,1958
近四十年来苏联医学昆虫学的伟大成就(1917—1957).巴甫洛夫斯基,等.易新元,等译.昆虫学译报,1958,(2)
昆虫的采集.杨集昆.科学技术出版社,1958
昆虫的先天免疫性.波尔切夫,波.依.敖贤彬译.昆虫学译报,1958,(5)
昆虫毒理学(上册).张宗炳.科学出版社,1958
昆虫对杀虫剂抗性的获得问题.鲁卡维什尼科夫,波.依.严毓骅译.昆虫学译报,1958,(5)
昆虫分类的一个新系统.陈世骧.科学通报,1958,(4)
昆虫生物学基础(第一卷).钦俊德译.科学出版社,1958
利用种内杂交方法提高本地食虫昆虫生活力的可能性.雅洪托夫,弗.弗.胡骍成译.应用昆虫学报,1958,(2)
苏联昆虫分类学的主要工作总结(1917—1957).斯达格尔别克,A. A.郑乐怡译.昆虫学译报,1958,(2)
中国寄生虫学文献目录(二).吴青藜.科学出版社,1958
传染疾病的昆虫.广东省科学技术协会.广东人民出版社,1959
对几种吸血双翅目的研究观察.莫列夫,E. B.生物学通报,1959,(8)
福建省乙型脑炎流行病学调查及防治.陈亢川,等.福建省卫生防疫站年刊,1959
黄鼠死后体外寄生蚤、蜱离体活动的观察.吴厚永,等.军事医学杂志,1959,(2)
介绍几种除四害用有毒植物.郭允珍.药材通讯,1959,(4)

昆虫的分类. 布鲁斯,C. T,等. 肖采瑜译. 科学出版社,1959
昆虫的分类. 方采瑜,等译. 科学出版社,1959
昆虫毒理报(下册). 张宗炳. 科学出版社,1959
昆虫生理学(下册). 朔文. 忻介六,等译. 科学出版社,1959
昆虫生态学. 戈雷辛,纳. 依. 罗清河,等译. 科学出版社,1959
昆虫生态学. 罗河清. 科学出版社,1959
利用野生植物除四害. 福建省卫生研究所. 福建人民出版社,1959
生物物理学在昆虫学中的应用. 包建中. 昆虫知识,1959,(8)
实用昆虫学. 路顺奎. 高等教育出版社,1959
示踪原子在昆虫学中的应用. 苏拉一步拉,B. A. 包建中译. 农业出版社,1959
苏联的昆虫生态学及杀虫药剂的研究与应用. 赵善欢. 科学出版社,1959
我国主要家畜害虫研究概述. 邓国藩. 昆虫学集刊,科学出版社,1959,72
新中国的昆虫学研究. 陈世骧,等. 科学通报,1959,(17)
原子能在昆虫学中的应用. 张宗炳. 上海科学技术出版社,1959
纸色层分析在昆虫分类上的应用. 商宗一. 昆虫学报,1959,(3)
中国动物地理区划与中国昆虫地理区划(初稿). 中国自然区划工作委员会. 科学出版社,1959
中国昆虫生态地理概述. 马世骏. 科学出版社,1959
昆虫耐寒性原理. 乌莎廷斯卡娅,P. C. 张淑德,等译. 科学出版社,1960
昆虫生态学. 王荫玲,等译. 科学出版社,1960
昆虫生态学. 雅洪托夫,B. B. 王荫玲,等译. 科学出版社,1960
昆虫学集刊(1959 年). 中国科学院昆虫研究所. 科学出版社,1960
普通昆虫学(上卷). 管致和,等. 上海科学技术出版社,1960
生物学制片手册. 江西师范学院生物教具厂. 江西人民出版社,1960
无脊椎动物玻片标本制作法. 堵南山. 上海科学技术出版社,1960
应用放射性同位素标记昆虫. 安德烈也夫,C. B. ,等. 刘钟钰译. 农业科学译报,1960,(7)
预防昆虫传播的疾病. 甘肃省卫生厅. 甘肃人民出版社,1960
分类学的若干基本概念. 陈世骧. 昆虫学报,1961,(4)
关于昆虫中文命名的讨论. 朱弘复. 昆虫学报,1962,(1)
广东昆虫的地理分布. 蒲蛰龙,等. 动物生态及分类区系专业学术讨论会论文摘要汇编,1962
江西昆虫地理区划的讨论. 章士美. 昆虫学报,1962,(1)
节肢动物的天文定向. 张学礼. 甘肃师范大学学报(自然科学),1962,(2)
昆虫变态生理. 忻介六. 上海科学技术出版社,1962
昆虫的变态类型与分类体系. 陈世骧. 昆虫学报,1962,(1)
昆虫种群的时空结构及其在数量变动上的意义. 马世骏. 动物生态及分类区系专业学术讨论会论文摘要汇编,1962
医学昆虫防制研究的新开展. 柳支英. 昆虫学报,1962,(2)
英汉昆虫学辞典. 刘崇乐,等. 科学出版社,1962
中国分省医学动物资料(26 个省区). 陆宝麟,胡丝甫. 军事医学编译社,1962
中国医学动物鉴定手册. 陆宝麟,胡丝甫. 军事医学编译社,1962,340
重庆所见中华按蚊及饭蝇体外寄生螨类对宿主生殖的影响. 裘明华. 昆虫学报,1962,(2)
从分子生物学探讨变态反应的机制. 石板公成. 陈仁译. 生物科学动态,1963,(11)
电子显微镜技术及其在昆虫学上的应用. 傅湘琦. 昆虫知识,1963,(2)
关于昆虫的生物防治的趋势. 忻继白译. 生物科学动态,1963,(1)
寄生虫学文献索引(1959—1960)(附 1958 年补遗). 盛伯梁. 上海科学技术出版社,1963
节肢动物对黄热病病毒的感染和传播的关系. 陆宝麟. 国外军事医学参考资料第五分册,1963,(2)
昆虫变态生理. 韦格尔斯华滋,V. B. 忻介六译. 上海科学技术出版社,1963
昆虫生理生化及毒理. 尤子平. 江苏人民出版社,1963
昆虫生态学的常用数学分析方法. 邬祥光. 农业出版社,1963
昆虫血细胞解毒作用研究初报. 程振衡. 昆虫学报,1963,(3)
温度对几种昆虫吸氧量的影响. 庞雄飞. 昆虫知识,1963,(2)
应用于农学和生物学实验的数理统计方法. 斯奈迪格,G. M. 杨纪珂译. 科学出版社,1963
用阶梯法测定 ED_{50}. 周海钧. 药学通报,1963,(3)
有关昆虫分类学的一些观点. 周尧. 昆虫学报,1963,(5)
纸上层析法及其在昆虫学中的应用. 瞿启慧. 昆虫知识,1963,(3)

保存昆虫幼虫“原色”标本的初步研究. 柳仁,等. 植物保护学,1964,(2)
关于分类学的若干基本概念的讨论. 陈世骧. 昆虫学报,1964,(6)
广东珠江三角洲沙田地区五种鼠类的巢穴内节肢动物调查. 徐秉锟. 动物学报,1964,(1)
击倒中时(KT_{50})等的简易图解法. 龚坤元. 植物保护,1964,2(6)
昆虫病理学应用技术的进展. 忻介六. 中国农业科学,1964,(4)
昆虫不育性药剂及其作用机制. 张宗炳. 杀虫药剂与昆虫毒理进展(1). 科学出版社,1964
昆虫的抗性与异质性. 张宗炳. 昆虫知识,1964,(3)
昆虫化学诱致剂的最近发展. 忻介六译. 农业译丛,1964,(7)
昆虫生长和发育的控制. 游兰韶译. 生物科学动态,1964,(8)
昆虫生理学及生物进化学进展评述. 张宗炳. 上海科学技术出版社,1964
昆虫饲养. 王宗楷. 农业出版社,1964
利用电网诱虫灯诱杀各种害虫初步试验结果. 杜正文,等. 昆虫知识,1964,(4)
内寄生昆虫对于寄主组织器官影响的初步研究. 朱海清. 昆虫学报,1964,(1)
数理统计方面在医学中的应用. 杨纪珂. 上海科学技术出版社,1964
体厚小动物拍摄方法. 王发辉. 动物学杂志,1964,(5)
消灭医学节肢动物的现代方法. 巴许柯夫,波. 依. 傅杰青译. 国外医学动态,1964,(7)
形态特征的对比法则. 陈世骧. 科学通报,1964
医学昆虫的饲养. 陆宝麟. 中国昆虫学会二十周年学术讨论会会刊,1964
医学试验设计原理. 金正均. 上海科学技术出版社,1964
应用聚甲基丙烯酸甲酯制作昆虫标本. 夏师我. 昆虫知识,1964,(4)
致死中量(LD_{50})等的简易图解法. 龚坤元. 昆虫知识,1964,(3)
介绍几种昆虫分布型理论公式的计算. 李典谟. 昆虫知识,1965,(5)
介绍一种自动控制温、湿度的简易装置法. 宋绍宗. 昆虫知识,1965,(2)
昆虫标本的拍照. 方三阳. 昆虫知识,1965,(6)
昆虫的标记研究法. 张兴礼. 昆虫知识,1965,(1)
昆虫的生殖和胚胎发育. 钦俊德. 生物学通报,1965,(4)
昆虫毒理学(上册). 张宗炳. 科学出版社,1965
昆虫化学引诱剂. 陈永龄. 生物学通报,1965,(6)
昆虫活动自动记录装置. 田学文. 昆虫知识,1965,(6)
昆虫生理学进展第一册. 英国剑桥大学 Beament,等. 钦俊德译. 昆虫知识,1965,(1)
昆虫体内喋啶(Pteridine)代谢的遗传生物化学研究. 迁田光雄,等宋世廉译. 昆虫知识,1965,(1)
昆虫嗅觉感受器的模拟. 生物科学动态,1965,(10)
昆虫引诱剂. Jacobson,M. ,等. 熊尧译. 生物科学动态,1965,(3)
相关系数的紧凑计算法. 郭豫元. 昆虫知识,1965,(6)
用红外线检测的动物活动记录系统. 宋绍崇,昆虫知识,1965,(6)
昆虫不育性药剂. 曾泽浦. 昆虫知识,1966,(2)
昆虫红外线和超导性. 生物科学动态,1966,(6)
昆虫卵的制备. 王林瑶. 昆虫知识,1966,(2)
昆虫重迭象复眼的视网膜电图. 刘育民. 科学通报,1966,(8)
食虫昆虫. 徐维良. 生物学通报,1966,(2)
虫媒病毒研究的一些进展. 黄祯祥. 微生物学报,1973,(2)
昆虫分类学(中册). 蔡邦华. 科学出版社,1973
昆虫性引诱剂. 上海昆虫研究所引诱剂组. 科学实验,1974,(6)
试验统计法(三). 上海师范大学数学系概率统计科组. 科研中的统计方法(生物统计),1974,(1)
四格表卡方测验的几个公式. 潘宝骏. 科研中的统计方法,1974,(3)
昆虫生理学进展. 钦俊德,等译. 科学出版社,1975
生物标本制作.《生物标本制作》编写组. 上海人民出版社,1975
正交试验设计法——多因素的试验方法. 上海市科学技术交流站. 上海人民出版社,1975
我国害虫生物防治概况. 蒲蛰龙. 昆虫学报,1976,(3)
吸虫器. 上海市第十粮食仓库. 昆虫知识,1976,(6)
抽样检验方法. 中国科学院数学研究所统计组. 科学出版社,1977
害虫的遗传防治. 戴维森,G. 方翠卿,等译. 科学出版社,1977
昆虫和昆虫的微生物防治. 伯吉斯,H. D. ,等. 广东农林学院林学系,等译. 科学出版社,1977
传染病媒介和储存宿主对杀虫剂的抗性. 国外医参(寄生虫),1978,(5)

昆虫的复眼. Horridge,G. A. 科学,1978,(1)
昆虫性外激素. 南京林产工业学院林学系昆虫激素研究组译. 科学出版社,1978
昆虫性外激素的分离和鉴定. 中国科学院动物研究所昆虫性外激素组,等. 昆虫激素,1978,(2)
拉汉无脊椎动物名称(试用本). 科学出版社,1978
医学昆虫学及其进展. 柳支英. 自然杂志,1978,(2)
英汉昆虫俗名词汇. 忻介六,等. 湖南人民出版社,1978
在我国发现的一些昆虫的病毒. 蔡秀玉,等. 昆虫学报,1978,(1)
害虫的遗传防治. 戴维森,G. 方翠卿,等译. 科学出版社,1979
昆虫、螨类、蜘蛛的人工饲养. 忻介六,苏德明. 科学出版社,1979
昆虫病理学. 南开大学生物系昆虫教研室. 人民教育出版社,1979
昆虫的激素. 郭郛,等. 科学出版社,1979
昆虫的起源和进化. 尚玉昌. 化石,1979,(4)
昆虫激素研究进展. 郭郛. 国外科学,1979,(1)
昆虫信息化合物研究概况. 刘瑞林. 山西大学学报(自然版),1979,(3)
昆虫信息素的合成. 克莱夫,A. 亨里克. 刘孟英,等译. 科学出版社,1979
生物数学入门. 梅钦,D. 马彬荣译. 人民卫生出版社,1979
性激素的发现. 阮芳赋. 科学出版社,1979
中国昆虫毒理学、昆虫病理学三十年. 钦俊德. 昆虫学报,1979,(3)
中国昆虫分类学、昆虫形态学三十年. 朱弘复. 昆虫学报,1979,(3)
中国昆虫生理学三十年. 钦俊德. 昆虫学报,1979,(3)
中国昆虫生态学三十年. 马世骏. 昆虫学报,1979,(3)
传播疾病害虫蚊、蝇的防制法. 贝林. 昆虫学报,1980,(4)
昆虫激素调节控制的研究:1. 尿素循环问题的保幼激素类似物对精氨酸酶的调节控制;2. 保幼激素类似物对合成甘氨酸和丙氨酸有关酶系的调节控制. 许廷森,等. 生物化学与生物物理学报,1980,(4)
昆虫生理学实验中的微量技术. 龚和,等. 昆虫知识,1980,(4)
昆虫生态学. 邹钟琳. 上海科技出版社,1980
昆虫生物化学(生物学研究概说). 里斯,H. H. 钦俊德译. 科学出版社,1980
昆虫学(上册). 南开大学,等. 人民教育出版社,1980
昆虫学通论(上册). 北京农业大学. 农业出版社,1980
昆虫幼虫种群众数龄期的测定法. 戴志一. 昆虫知识,1980,(4)
昆虫种群数学生态学原理与应用. 丁岩钦. 科学出版社,1980
实用医学昆虫学. 姚永政,许先典. 人民卫生出版社,1980
英汉昆虫俗名词汇. 忻介六,等. 湖南科技出版社,1980
中国昆虫学史. 周尧. 昆虫分类学报出版社,1980
病媒动物中文文献索引(1949—1980). 郑智民. 厦门市科学技术情报研究所,1981
昆虫毒理学的新进展. 张宗炳. 北京大学出版社,1981
昆虫神经生理与神经毒剂(下). 张宗炳. 生物科学动态,1981,(6)
昆虫生理学研究进展. 钦俊德. 科学出版社,1981
昆虫学通论(下册). 北京农业大学. 农业出版社,1981
农业昆虫学. 西北农学院. 农业出版社,1981
生态学基础. 孙儒泳,等译. 人民教育出版社,1981
系统生态学概念在环境治理中的应用. 马世骏. 环境污染与生态论文集. 江苏人民出版社,1981
英汉医学寄生虫学. 王永祥,徐贞光. 人民卫生出版社,1981
择要介绍对人和动物有重大关系的昆虫和寄生虫. 西南民族学院学报(畜牧兽医版),1981,(2)
中国昆虫学史. 邹树文. 科学出版社,1981
ω 检验的通用性. 潘宝骏. 科研中的统计方法,1982,(2)
城市粪便、污水、垃圾无害处理. 周志中. 城市环境卫生通讯,1982,(6)
达乌尔黄鼠巢穴蚤、蜱螨群落组成及其数量变动的研究. 李维贤,等. 辽宁动物学会会刊,1982,3(1)
单种群增长最简数字模型的一点注释. 张炳根. 生态学报,1982,(6)
福建省昆虫名录. 赵修复. 福建科技出版社,1982
昆虫的化学通讯. 尚玉昌. 现代化,1982,4(3)
昆虫毒理学的新进展. 张宗炳. 北京大学出版社,1982
昆虫发育速率与温度关系的数学模型研究. 王如松,等. 生态学报,1982,2(1)
昆虫性信息素的相合成. 程时运. 武汉师范学院学报(自然版),1982,(1)

昆虫种群的生态适应. 马世骏. 生态学报,1982,2(3)
实用医学昆虫学. 姚永政,许先典. 人民卫生出版社,1982
医学昆虫防制. 朱成璞. 武汉医学院(医学昆虫学),1982
医学昆虫防制的最新动向. 陆宝麟. 中国昆虫学会1982年全国代表大会暨学术讨论会刊,1982
中国重要医学动物鉴定手册. 陆宝麟. 人民卫生出版社,1982
甘肃碌曲尕海地区脊椎动物体外寄生虫调查报告. 杨跃秦,等. 兰州大学学报(自然版),1983,19(2)
拉英汉昆虫名称. 中国科学院研究所业务处. 科学出版社,1983
欧洲虫媒病毒的生物地理学研究. Aspock,H. 国外医学(医学地理),1983,4(2)
医学昆虫防制进展. 陆宝麟,等. 流行病学进展第二卷. 人民卫生出版社,1983,(7)
医学昆虫学. 冯兰洲. 科学出版社,1983
蚤和蚊虫的石腊连续切片方法介绍. 张京生,等. 昆虫知识,1983,20(4)
怎样给昆虫照相. 王林瑶. 昆虫知识,1983,20(1)
中国森林昆虫. 中国林业科学研究院. 中国林业出版社,1983
东北地区吸血双翅目昆虫防制手册. 虞以新. 军事医学科学院,1984
害虫生物防治的原理和方法(第二版). 蒲蜇龙. 科学出版社,1984
昆虫神经毒素的研究:酪胺为DDT麻痹的蜚蠊血淋巴毒素. 张宗炳,等. 昆虫学报,1984,27(1)
昆虫生理学研究进展(第三集). 冯慧. 科学出版社,1984
昆虫生态学概论. 黄修明. 中华书局,1984
昆虫种群动态预测的加权列联表分析法. 李百炼. 昆虫知识,1984,21(3)
珍宝岛地区"三班倒"吸血昆虫的研究Ⅰ."三班倒"吸血昆虫的组成状况. 虞以新. 军事医学科学院院刊,1984,(29)
珍宝岛地区"三班倒"吸血昆虫的研究Ⅱ."三班倒"吸血昆虫种群数量变化的继续观察. 虞以新. 军事医学科学院院刊,1984,(34)
中国医学百科全书——寄生虫学与寄生虫病学. 吴征鉴. 上海科学技术出版社,1984,131
国内外已发现的昆虫病毒名录. 刘岱岳. 昆虫天敌,1985,7(4)
加强单位和集体防护,减少蚊蠓叮扰. 陆宝麟. 珍宝岛地区主要吸血蚊蠓生态及其防制措施研究,1985
昆虫分类学(下册). 蔡邦华. 北京:科学出版社,1985
昆虫形态分类学. 忻介六,等. 复旦大学出版社,1985
西沙群岛常见蚊蝇调查初报. 黄为良,等. 动物学研究,1985,6(1)
医学昆虫学. 陆宝麟. 中国医学百科全书(寄生虫与寄生虫病学),1985
医学昆虫学2000年的展望. 陆宝麟. 2000年的中国研究资料,1985
用微型电子计算机绘制昆虫动态曲线图. 柴冬毅. 植物保护,1985,11(1)
九寨沟自然保护区几种小型兽体外寄生虫调查初报. 陈家贤,等. 动物学杂志,1986,21(4)
昆虫体液免疫中抗菌肽的研究. 唐向辉,等. 生物化学与生物物理进展,1986,(3)
昆虫信息素与害虫综合治理. 刘孟英. 中国科学院院刊,1986,1(2)
昆虫嗅觉机理的几种假说. 杜家纬. 生物化学与生物物理进展,1986,(1)
蚤和蜱在人类疾病流行中的不同作用. 叶瑞玉. 地方病译丛,1986,7(2)
蛛形纲的演化. 朱淑范译. 动物学杂志,1986,21(5)
边海防地重要吸血双翅目昆虫调查研究. 沈建中. 军事医学研究论文集,1987
发展中国家稻田区农业生态系统媒介传播疾病综合防治研究和训练要求专题讨论会在菲律宾召开. 陆宝麟. 生态学杂志,1987,(3)
膜翅目昆虫酯酶同工酶的比较研究. 李绍文,等. 昆虫学报,1987,30(3)
浅谈一些昆虫的防御物质. 关万鹏. 沈阳农业大学学报,1987,(增刊18)
我国的媒介传播疾病. 陆宝麟. 国境卫生检疫,1987,(3)
与班氏丝虫病传播有关的几个昆虫学参数的调查和分析. 史宗俊,等. 中国寄生虫学与寄生虫病杂志,1987,5(2)
福建省崇安、南平两地蚊蠓调查. 沈建中,等. 吸血双翅目昆虫调查研究集刊,上海科技出版社,1989
福州市郊蚊、蠓、虻的调查. 赵学忠,等. 中国公共卫生,1988,(增刊2)
江苏无锡蚊蠓虻的初步调查. 沈建中,等. 中国公共卫生,1988,(增刊2)
进行吸血双翅昆虫调查的意义. 陆宝麟. 中国公共卫生,1988,(增刊2)
热区有害动植物伤害的防治. 虞以新. 出国人员卫生防病手册,1988,99
山东威海市郊蚊蠓虻初步调查. 薛健,等. 中国公共卫生,1988,(增刊2)
卫生害虫及其防治教程. 陆宝麟,刘忠苑. 全国爱国卫生运动委员会办公室编印,1988,318
江苏省镇江和连云港的蚊蠓虻的调查. 沈建中,等. 上海科技出版社,1989,67

节肢动物的信息研究. 郑重. 生态学杂志,1989,8(4)
模糊数学在昆虫学中的应用. 张学武. 中山大学研究生学刊(自然版),1989,10(2)
平吉堡马厩吸血双翅目昆虫的调查. 刘增加,等. 上海科学技术出版社,1989
沙坡头昆虫区系初步研究. 孙宏义. 中国沙漠,1989,9(2)
山东沿海几个岛屿蚊蠓的采集调查. 薛健,等. 吸血双翅目昆虫调查研究集刊. 上海科技出版社,1989
吸血双翅目昆虫研究集刊. 虞以新. 上海科技出版社,1989—1991
虫媒病毒研究的新进展(二). 陈伯权. 中国公共卫生,1990,6(12)
虫媒传染病学:媒介昆虫与人类疾病. 孟阳春. 宁夏人民出版社,1990
横断山区昆虫区系初探. 王书永. 昆虫学报,1990,33(1)
昆虫抗药性的治理策略:一个数学模型的提示. 李松岗,等. 昆虫学报,1990,33(1)
媒介生物学和防治. 陆宝麟. 百科知识,1990,(2)
啮齿动物体外寄生蚤及革螨的调查. 李优良,谢忠. 中国媒介生物学及控制杂志,1990,1(6)
生物防治在综合治理中的作用. 陆宝麟. 中国寄生虫病防治杂志,1990,(3)
医学昆虫卵黄原蛋白生物合成的激素调节. 孙建新. 国外医学(寄生虫病分册),1990,(2)
医学昆虫学. 柳支英,陆宝麟. 科学出版社,1990
银川市平吉堡地区蚊、蠓危害的流行病学分析. 刘增加,石淑珍. 宁夏医学院学报,1990,12(1)
云南老山地区蚊蠓调查初报. 薛健,等. 中国寄生虫病防治杂志,1990,3(1)
自然疫源地研究中的媒介生物学问题一、媒介生物学的内涵. 虞以新. 中国公共卫生,1990,8(11)
自然疫源地研究中的媒介生物学问题二、媒介潜能和媒介效能评估. 虞以新. 中国公共卫生,1990,8(12)
DNA 探针技术用于医学昆虫分类鉴定. 李毅. 阳山学刊(自然版),1991,10(1)
城市昆虫学. Ebeling,W. 白蚁科技,1991,8(4)
虫媒病毒研究的新进展(一). 陈伯权. 中国公共卫生学报,1991,10(2)
革螨和蚤类传播肾综合征出血热病毒的实验研究. 董必军,张文弟. 中华医学杂志,1991,71(9)
昆虫基因工程研究进展. 乔传令. 中国媒介生物学及控制杂志,1991,2(6)
论媒介生物预测预报研究的必要性. 虞以新. 媒介生物学及防治论文集,1991,6
媒介生物学和防治研究展望. 陆宝麟. 中国公共卫生,1991,10(3)
青海高原鼠兔寄生的蚤蜱螨. 张广登. 中国媒介生物学及控制杂志,1991,2(2)
球孢白僵菌对蚊、蝇的毒杀效果. 傅延荣,等. 杀虫微生物,1991,(3)
人体寄生虫学. 李朝品. 中国科学技术大学出版社,1991,101
我国新分离虫媒病毒的研究概况. 梁国栋. 中国公共卫生学报,1991,10(3)
研究昆虫病毒核酸理化性质常用的现代分子生物学技术. 刘年珊,等. 中国昆虫学会第三届城市昆虫学术讨论会论文汇编,1991
医学昆虫发展的生物学基础. 陆宝麟. 生物学通报,1991,(6)
中国肾综合征出血热自然疫源地结构和传播机理V. 革螨、蚤类传播肾综合征出血热病毒的实验研究. 董必军,等. 中国媒介生物学及控制杂志,1991,(2)
城市昆虫学. 蒋书楠. 重庆出版社,1992
滇西北昆虫区系特点. 杨光荣. 动物学研究,1992,13(4)
负二项分布与昆虫种群空间格局分析的研究现状. 沈左锐. 生物数学学报,1992,7(1)
江苏省洪涝灾害期间蚊、蝇密度的变化. 孙俊,张爱军. 中国媒介生物学及控制杂志,1992,3(4)
昆虫免疫研究进展. 龚琪. 中国媒介生物学及控制杂志,1992,3(3)
昆虫生态学研究. 万方浩,夏云龙. 中国科学技术出版社,1992
旅行、运输和虫媒病. 陆宝麟. 首届国际旅行卫生学术研讨会文集,1992
媒介生物的防治. 朱成璞. 防生医学教材,1992
山东威海及其近海岛屿蚊蠓种群生态学研究. 薛健,等. 中国预防医学理论与实践,中国医药科技出版社,1992
危害健康的昆虫——医学昆虫. 虞以新. 大自然,1992,(4)
必扑气雾对蟑螂和蚂蚁的灭效观察. 姜志宽,程心智. 医学动物防制,1993,9(2)
虫媒病毒甲病毒的研究进展. 梁国栋. 中华流行病学杂志,1993,14(5)
昆虫分子生物学的一些进展胚胎发育丝蛋白与可诱导的抗菌蛋白. 瞿启慧. 昆虫学报,1993,36(2)
昆虫分子生物学的一些进展——性别决定、生殖及激素. 瞿启慧. 昆虫学报,1993,36(1)
昆虫抗药性及其治理. 唐振华. 农业出版社,1993,2(7)
莱姆病的传播媒介及其储存宿主. 田万春. 医学动物防制,1993,9(1)
能爬善跳的害虫——虱和蚤. 虞以新. 大自然,1993,93(3)
青海贵南县鼠类及其体外寄生虫调查. 张广登. 中国媒介生物学及控制杂志,1993,4(5)
西北地区人畜共患疾病媒介昆虫的调查研究. 石淑珍,刘增加. 中国兽医科技,1993,23(10)

吸血传病的双翅目昆虫. 虞以新. 大自然,1993,51(1)
中国近代医学昆虫研究发展概况. 裘明华. 四川动物,1993,12(1)
自然疫源地研究中的媒介生物学问题三、媒介生物学在疫源地中的地位和作用. 虞以新. 中国公共卫生杂志,1993,9(1)
自然疫源地研究中的媒介生物学问题四、媒介生物学调查的原理和方法. 虞以新. 中国公共卫生杂志,1993,9(2)
自然疫源地研究中的媒介生物学问题五、媒介生物学类别. 虞以新. 中国公共卫生,1993,9(3)
自然疫源地研究中的媒介生物学问题六、鸟和小型兽类的作用及防治原则. 虞以新. 中国公共卫生,1993,9(4)
除四害指南. 全国爱卫会. 科学出版社,1994
昆虫细胞分类学的基本问题及染色体系统发育的重建方法. 彩万志. 昆虫分类学报,1994,16(1)
有毒的鞘翅目和鳞翅目昆虫. 虞以新. 大自然,1994,(1)
蜘蛛、蝎子益与害. 虞以新. 大自然,1994,(3)
保色昆虫标本制作. 吴文荣. 生物学通报,1995,30(2)
虫媒病毒与虫媒病毒病. 自登云,等. 云南科技出版社,1995
海南岛尖峰岭吸血蚊、蠓的研究. 刘金华,余兴龙. 昆虫知识,1995,32(5)
昆虫分子生物学的一些进展:神经递质和离子通道. 瞿启慧. 昆虫学报,1995,38(3)
昆虫核酸分子系统学研究进展. 黄原,等. 昆虫分类学报,1995,17(3)
昆虫卵黄发生研究进展. 李乾君,等. 昆虫学报,1995,38(2)
昆虫小分子化合物的分子系统学研究综述. 黄原,等. 昆虫分类学报,1995,17(1)
昆虫滞育及其调控机制. 赵章武,黄永平. 山西大学学报(自然版),1995,18(1)
南沙岛礁部队卫生害虫和鼠类情况及其防治. 曹敏,等. 海军军事医学,1995,16(2)
宁夏医学蚤、蜱、螨、虱的区系分布. 白学礼,顾以铭. 宁夏医学杂志,1995,17(1)
蜱螨与人类疾病. 孟阳春,等. 中国科学技术出版社,1995
突变理论在昆虫种群系统中的应用. 赵惠燕,张改生. 昆虫知识,1995,32(4)
西藏地区几株虫媒病毒的分离与初步鉴定. 黄祥瑞,吴庆丽. 中国人兽共患病杂志,1995,11(6)
新"医学昆虫学"模式刍议. 虞以新. 大自然,1995,(2)
新疆虫媒病毒的分离与鉴定. 李其平,Karab,N. 中华实验和临床病毒学杂志,1995,9(4)
一种模拟昆虫种群动态的改进的变维矩阵模型. 黄荣华,叶正襄. 昆虫知识,1995,32(3)
医学昆虫的天然免疫性及其利用前景. 孙延昌,等. 中国寄生虫病防治杂志,1995,8(3)
医学昆虫的细胞免疫及影响因素. 黄复生. 国外医学(寄生虫病分册),1995,22(1)
蝇蟑宁毒饵对家蝇、德国小蠊的灭效观察. 彭渤,关秀莲. 中国媒介生物学及控制杂志,1995,6(4)
中性昆虫在稻田节肢动物群落中作为捕食者营养桥梁作用的研究. 郭玉杰,王念英. 中国生物防治,1995,11(1)
Zeta-cypermethrinew 对蚊、蝇、蟑螂的毒效初探. 孙雯雯,范俊兰. 中国媒介生物学及控制杂志,1996,7(5)
测定昆虫和小型无脊椎动物耗氧率的简便方法. 刘敬泽. 生物学通报,1996,37(7)
城市除四害技术指导的方法与效果. 沈培谊,等. 中国媒介生物学及控制杂志,1996,7(5)
基因探针及其在昆虫学上的应用. 王瑛,陈晓峰. 生物工程进展,1996,16(3)
进口羊中检出羊蜱蝇、羊毛虱及进口驱虫剂驱虫效果观察. 张玉忠,史夏玲. 中国兽医杂志,1996,22(2)
军队血吸虫病防治手册. 虞以新. 军事医学科技出版社,1996
昆虫嗅觉感受细胞电反应计算机数据分析. 吴锋,吴才宏. 昆虫学报,1996,39(4)
昆虫与天敌系统的定性研究. 贾建文. 信阳师范学院学报(自然版),1996,9(4)
蜱螨与昆虫. 虞以新. 畜禽寄生虫与防治学,吉林科学技术出版社,1996
蚊、蝇、蜚蠊对拟除虫菊酯的交互抗性特点. 郑金平,乔玫. 中国公共卫生,1996,12(7)
我国城市卫生害虫生物防治实验研究现状. 李文盛. 昆虫天敌,1996,18(1)
西藏昌都地区蚤、蜱调查报告. 美郎江村,马立名. 中国媒介生物学及控制杂志,1996,7(3)
现代医学昆虫学:化学防治. 姜志宽. 高等教育出版社,1996,242
现代预防医学与生态学的关系. 虞以新. 中国公共卫生,1996,12(7)
性传播疾病中的媒介生物. 黄清臻,等. 中国媒介生物学及控制杂志,1996,7(1)
圆形分布法应用于医学昆虫季节性消长规律的探讨. 罗直智,等. 医学动物防制,1996,12(2)
超声波驱鼠、驱蟑效果观察. 刘宗义,徐玉萍. 中国媒介生物学及控制杂志,1997,8(2)
从海南岛蚊和蜱分离出 28 株甲病毒属病毒. 陈文洲,丘福禧. 中华实验和临床病毒学杂志,1997,11(2)
从几个侧面来看美国卫生害虫防治用品及其管理. 郭平. 卫生杀虫药械,1997,3(1)
分子遗传学技术在吸血双翅目媒介研究中的应用. 赵彤言,陆宝麟. 寄生虫与医学昆虫学报,1997,4(3)
关于媒介生物的综合治理. 汪诚信. 卫生杀虫药械,1997,3(3)
海南岛山区寄生蜱螨蚤群落结构与种群空间分布. 黄佳亮,龙芝美. 昆虫知识,1997,34(6)

杭州地区尸食性昆虫种类与生物学特性的初步研究. 马玉堃,胡萃. 浙江农业大学学报,1997,23(4)
昆虫神经肽研究进展. 徐卫华. 生物化学与生物物理进展,1997,24(2)
媒介生物防治技术. 张应阔,钱万红. 南京出版社,1997
山西省羊群寄生节肢动物的调查分析. 杨建一,殷国荣. 中国媒介生物学及控制杂志,1997,8(1)
蚊、蝇、蟑螂的化学防治技术研讨. 张贞华,贾阿良. 白蚁科技,1997,14(1)
用于昆虫外激素研究的微量预空收集及热解吸气气相色谱进样方法初探. 柳丹侠. 色谱,1997,15(2)
中国动物志:昆虫纲第六卷. 范滋德,等. 科学出版社,1997
中国动物志:昆虫纲第八卷. 陆宝麟,等. 科学出版社,1997
中国动物志:蜱螨亚纲第五十三册. 吴伟南,等. 科学出版社,1997
中国动物志:蛛形纲. 严长民,等. 科学出版社,1997
GIS 技术在媒介生物综合治理中的应用. 马迁,等. 卫生杀虫药械,1998,4(3)
部队卫生防疫丛书. 虞以新. 军事医学科学出版社,1998—1999
从鼠、螨、人中分离的 HFRSV 的抗原性研究. 张云,张家驹. 中国人兽共患病杂志,1998,14(3)
军事医学地理. 虞以新. 中国军事后勤百科全书,卫生勤务卷,1998,97
媒介防制事业发展道路上的重要转折. 汪诚信. 中国媒介生物学及控制杂志,1998,9(6)
南海地区虫媒病防治策略探讨及建议. 虞以新. 医学动物防制,1998,(14)
十种疾病与害虫防治工作者的自身防护. 黄清臻. 医学动物防制,1998,14(1)
吸血双翅目昆虫多样性的研究. 颜忠诚,虞以新. 中国媒介生物学及控制杂志,1998,9(1)
中国昆虫资料利用与产业化. 杨冠煌. 中国农业出版社,1998
BmKAS 在大鼠脑和蟑螂神经索突触体上的药理结合特性. 李亚军,吉永华. 生物化学与生物物理学报,1999,31(5)
城市除四害工作长效管理的探讨. 杨华林,等. 中国媒介生物学及控制杂志,1999,10(6)
城市昆虫学. 高道蓉,等译. 白蚁科技,1999,16(4)
广东省主要媒介害虫抗药性现状对策研究及其应用. 林立丰,等. 中国媒介生物学及控制杂志,1999,10(5)
江苏省创建卫生镇活动中的除四害措施. 孙俊,聂兆宏. 医学动物防制,1999,15(1)
江苏省卫生镇除四害效果的调查分析. 孙俊. 中国公共卫生,1999,15(12)
媒介生物综合治理的主要特点和研究程序. 马迁,等. 卫生杀虫药械,1999,5(4)
南通市蚊蝇抗药性及防治对策研究. 吴文灵,等. 医学动物防制,1999,(10)
实用医学昆虫学. 武秀,等. 山东科学技术出版社,1999
卫生害虫及其危害(续). 董桂蕃. 中国媒介生物学及控制杂志,1999,10(2)
中国古代动物学史. 郭郛,等. 北京出版社,1999
Excel 在 KT_{50} 和 IC_{50} 统计中的应用. 谭立地,等. 卫生杀虫药械,2000,6(3)
M 个生物群体共存生长的生态系统数学模型. 张志尧. 天津医科大学学报,2000,6(3)
城市害虫防治趋势. 叶汉鹏,等. 李洁,等译. 卫生杀虫药械,2000,6(1)
地理信息系统在虫媒病及其媒介防制中的应用. 李承毅,虞以新. 中国国际卫生杀虫药械学术交流暨产品展示会资料汇编,2000
广东省主要媒介害虫抗药性现状、对策研究及其应用. 林立丰,等. 中国媒介生物学及控制杂志,2000,11(5)
杭州地区猪尸体上昆虫群落的组成与演替的初步观察. 马玉堃,等. 昆虫学报,2000,43(4)
洪涝灾区除害防病的组织管理及技术方法. 彭渤,赵世华. 中国媒介生物学及控制杂志,2000,11(5)
加强卫生害虫化预防技术的整体应用研究. 朱成璞. 中国国际卫生杀虫药械学术交流暨产品展示会资料汇编,2000
昆虫几丁质合成抑制剂及其作用机理. 李秀峰,等. 世界农药,2000,23(1)
昆虫抗菌肽的研究进展. 王继恒,曲传智. 中国媒介生物学及控制杂志,2000,11(5)
冷热雾两用混配剂对蚊蝇的杀灭效果. 林立辉,等. 卫生杀虫药械,2000,6(3)
绿色功夫和锐劲特对食用菌害虫的防治效果测定. 温志强,王元兴. 华东昆虫学报,2000,9(2)
某阅兵村蚊蝇防治效果观察. 徐之明,等. 卫生杀虫药械,2000,6(4)
宁夏新垦区昆虫群落生态演替及有害种预警系统研究. 贺达汉,等. 应用与环境生态学报,2000,6(4)
生态学. 李振基,等. 科学出版社,2000
推行 ISO9000 质量体系促进有害生物防制事业的发展. 庄祖炎,等. 卫生杀虫药械,2000,6(1)
皖南地区蚊蠓初步调查及铗蠓新种和新记录种的发现(双翅目:蚊科和蠓科). 马淮键,严格. 武警医学,2000,11(1)
卫生害虫防治的 Internet 信息资源. 赵彤言,等. 卫生杀虫药械,2000,6(2)
我国昆虫毒理学五十年来的研究进展. 冷欣夫,邱星辉. 昆虫知识,2000,37(1)
我国昆虫分子生物学研究的回顾和展望. 龚和. 昆虫知识,2000,37(1)

我国昆虫信息素研究与应用的进展. 孟宪佐. 昆虫知识,2000,37(2)
中国医学昆虫学研究为五十年. 吴厚永,赵彤言. 昆虫知识,2000,37(1)
包头地区蝇蚊蜚蠊种类的初步调查. 刘永华,等. 中国卫生检验杂志,2001,(2)
北京地区家蝇乙酰胆碱酯酶不敏感基因表现型的检测. 汪中明,等. 农药学学报,2001,(3)
北京东灵山地区鼠类体外寄生虫种间关系的研究. 郭天宇,等. 中国媒介生物学及控制杂志,2001,(3)
不同寄主植物对美洲斑潜蝇的适合度及其与叶片结构的关系. 张慧杰,等. 动物学研究,2001,(2)
长沙空港口岸蚊类和吸血蠓本底调查. 钟和平,等. 口岸卫生控制,2001,(3)
大黑蚂蚁乙醇提取液对小鼠细胞遗传物质的毒理研究. 黄芳,等. 海峡预防医学杂志,2001,(4)
果蝇程序化死亡基因5(PDCD5)同源 cDNA 的克隆和序列分析. 王应,等. 中国生物化学与分子生物学报,2001,(2)
果蝇中枢神经元受体的离子通道电生理学研究进展. 伍龙军,徐天乐. 中国神经科学杂志,2001,(3)
家蝇抗菌蛋白的分离纯化及部分性质. 柏鸣,周立. 应用与环境生物学报,2001,(6)
灭蚊蝇达标对城市现代化可持续发展的促进作用. 林立丰. 中国公共卫生,2001,(9)
人单链白细胞介素 12 基因在果蝇细胞中的表达. 金莉,等. 生物化学与生物物理学报:英文版,2001,(2)
三种蝇幼虫在体脑神经节自发放电活动的初步研究. 王丽文,等. 昆虫学报,2001,(4)
嗜卷书虱抗气调品系的选育及其适合度研究. 王进军,等. 昆虫学报,2001,(1)
嗜卷书虱实验种群生命表的研究. 王进军,等. 应用生态学报,2001,(1)
天津港 1998—2000 年鼠、蚊、蝇密度及种群构成调查. 许庆华,等. 口岸卫生控制,2001,(4)
铁路站车鼠和蟑螂控制管理模式改革的实践与探索. 邹钦,刘明莲. 中华卫生杀虫药械,2001,(3)
我国澳门特别行政区的蚊蛉蚋记录. 瞿逢伊. 寄生虫与医学昆虫学报,2001,(1)
野生型与七氟醚敏感型果蝇中枢神经元钾电流的研究. 尹毅青,薛玉良,等. 中华麻醉学杂志,2001,(11)
有用微生物提取物(EM-X)对果蝇和小白鼠的抗老化作用. 柯彬,比嘉照夫,等. 蛇志,2001,(1)
圆形分布对蝇类季节变化规律的分析研究. 宋华. 中华卫生杀虫药械,2001,(4)
转基因技术在果蝇及脊椎动物心脏基因研究中的应用. 袁婺洲,吴秀山. 生命科学研究,2001,(z1)
D-核糖对果蝇抗衰老和小鼠耐缺氧时间的影响. 秦海宏,等. 中国老年学杂志,2002,(1)
F_1 雌果蝇不完全连锁遗传图解的改进. 刘绍敏. 生物学教学,2002,(11)
北京东灵山地区不同鼠种体外寄生虫群落的研究. 郭天宇,等. 寄生虫与医学昆虫学报,2002,9(1)
北京东灵山地区鼠类体外寄生虫研究. 郭天宇,等. 中国媒介生物学及控制杂志,2002,(1)
北京东灵山地区鼠类体外寄生虫营养生态位的研究. 郭天宇,等. 中国媒介生物学及控制杂志,2002,(4)
北京东灵山地区鼠类体外寄生虫名录. 郭天宇,等. 中国媒介生物学及控制杂志,2002,(5)
北京东灵山地区鼠类体外寄生虫群落种——多度分布. 郭天宇,等. 中国媒介生物学及控制杂志,2002,(6)
不同菜豆品种(系)对美洲斑潜蝇种群参数的影响. 李绍勤,等. 生态学报,2002,(8)
不同浓度的苯酚品红对果蝇唾腺染色体的染色效果. 潘新法,许宏庆. 生物学杂志,2002,(5)
不同温湿度条件下飞虱虫疠霉对桃蚜生殖力和内禀增长力的影响. 徐均焕,等. 昆虫学报,2002,(1)
常见蝇种体内外病原体分离的研究. 辛正,等. 中华卫生杀虫药械,2002,(2)
从沙蝇唾液中提取的 DNA 疫苗可保护鼠免得利什曼病. Chande,M. 国外医学(流行病学. 传染病学分册),2002,(1)
大肠杆菌、酵母和果蝇基因保守位点的信息熵分析. 吕军,等. 生物物理学报,2002,(1)
大连森林动物园蝇类防治. 李淑军,等. 中华卫生杀虫药械,2002,(4)
氮、磷、钾对美洲斑潜蝇寄主选择性的影响. 戴小华,等. 昆虫学报,2002,(1)
稻虱缨小蜂对褐飞虱和白背飞虱卵的识别机制. 娄永根,等. 昆虫学报,2002,(6)
低聚原花青素及银杏黄酮对小鼠体内脂质过氧化和延缓果蝇衰老实验研究. 张丁,等. 河南预防医学杂志,2002,(5)
工程蝇蛆延缓衰老的实验研究. 关光玉,等. 中国医药学报,2002,(2)
固体垃圾填埋场苍蝇防治的总结介绍. 文颂锋,等. 医学动物防制,2002,(3)
贯众水提物对不同龄果蝇体内 SOD 活性及 MDA 含量的影响研究. 潘伟槐,等. 中国老年学杂志,2002,(6)
光明农场圩镇蝇类综合防制效果观察. 罗维沛,等. 中国媒介生物学及控制杂志,2002,(4)
果蝇的保种技巧及唾液腺染色体的制备. 王转斌. 实验技术与管理,2002,(3)
果蝇三龄幼虫中枢神经元细胞培养. 尹毅青,等. 天津医科大学学报,2002,(1)
果蝇心脏发育起调控作用的候选基因的筛选. 杨粤军,等. 遗传,2002,(6)
海军潜艇学院沙岭庄院区蝇类现场调查与控制. 杨健,等. 医学动物防制,2002,(11)
褐飞虱单克隆抗体的制备及其初步应用. 赵伟春,等. 农业生物技术学报,2002,(1)
褐飞虱发生的相空间线性回归预测模型. 许晓风,等. 昆虫学报,2002,(4)
环境对果蝇 P 转座因子的作用关系研究. 白文钊. 生命科学研究,2002,(4)

家蝇抗菌蛋白的部分结构信息及生物学活性. 柏鸣,周立. 中国生物化学与分子生物学报,2002,(5)
家蝇幼虫分泌物对猪蛔虫卵发育的影响. 国果,吴建伟. 贵阳医学院学报,2002,(2)
家蝇幼虫营养价值及抗病毒活性的初步研究. 陈艳,等. 贵阳医学院学报,2002,(2)
控制果蝇心脏早发育的基因研究进展. 杨粤军,等. 生物学杂志,2002,(1)
昆山市城区蝇类防制结果分析. 谢云龙. 医学动物防制,2002,(3)
利用 mtDNA CO Ⅰ基因序列鉴定我国烟粉虱的生物型. 罗晨,等. 昆虫学报,2002,(6)
利用果蝇模型研究人类心脏早发育的分子机理. 吴秀山. 发育与生殖生物学报:英文版,2002,(1)
利用回交重组自交群体检测水稻抗褐飞虱数量性状基因座. 苏昌潮,等. 遗传学报,2002,(4)
人工饲养家蝇蛆和蛹提取几丁质的研究. 苏水莲,等. 赣南医学院学报,2002,(3)
人体寄生虫学(第5版). 詹希美. 人民卫生出版社,2002
社区卫生害虫防制工作的利弊与思考. 唐广申. 医学动物防制,2002,(9)
室内主要卫生害虫的防治对策. 缪予. 中华卫生杀虫药械,2002,(1)
鼠大脑中动脉肽能神经分布及免疫组织化学研究. 邵立健,等. 江西医学院学报,2002,42(1)
鼠类体外寄生虫生态学研究现状. 郭天宇,等. 中国媒介生物学及控制杂志,2002,(3)
扬州口岸鼠、蚊、蝇三类病媒生物本底调查报告. 施建军,储晓军. 医学动物防制,2002,(11)
张家港市巩固灭蝇、灭蚊先进城市技术总结. 曹永章. 中国媒介生物学及控制杂志,2002,(6)
2001 年克拉玛依市区蟑螂和鼠密度监测报告. 张晓兵,等. 地方病通报,2003,(2)
2002 年乌鲁木齐旅客列车冬季鼠蟑密度调查. 王力民,等. 地方病通报,2003,(4)
北戴河海滨疗养地蚊蝇密度监测报告. 屈玉环. 中国疗养医学,2003,(2)
北京东灵山地区鼠类体外寄生虫时间生态位的研究. 郭天宇,等. 中国媒介生物学及控制杂志,2003,(1)
不同饲料和湿度对丝光绿蝇羽化率的影响. 许兵红,等. 中国寄生虫病防治杂志,2003,(1)
常州两辖市灭蝇先进城市达标考核体会. 王洪林. 中华卫生杀虫药械,2003,(3)
城镇蝇类的环境防制. 李国武,郭萍. 医学动物防制,2003,(12)
德科学家发现果蝇的长寿基因的作用机理. 生物学教学,2003,(5)
毒蝇碱型乙酰胆碱受体经 Ras-ERK-1/2 信号通路上调 Bcl-2 和磷酸化 Bad 表达. 李建玲,等. 生物化学与生物物理学报:英文版,2003,(1)
非典与公共场所蝇类防制. 亢秀敏,等. 中华卫生杀虫药械,2003,(3)
广州市某中心城区蝇、蚊密度和蝇、蚊孳生地的调查. 赖志鸿,朱惠莲. 实用预防医学,2003,(5)
果蝇 Presenilin 蛋白影响神经肌肉接点分布. 王俊杰,等. 神经解剖学杂志,2003,(2)
果蝇可作为研究人类糖尿病的模型. 汪治. 生物技术通报,2003,(2)
果蝇生物模型在室内空气污染监测中的应用. 李咏梅,等. 同济大学学报(医学版),2003,(3)
果蝇中 Ecp 蛋白的表达、纯化与抗体制备. 汪道涌,等. 生物工程学报,2003,(3)
黑腹果蝇的性别控制. 王慧超,等. 遗传,2003,(1)
胡萝卜和白萝卜对果蝇寿命的比较效应. 刘希玲,等. 氨基酸和生物资源,2003,(1)
获得大量同龄美洲斑潜蝇的方法. 段国琪,等. 昆虫知识,2003,(2)
寄主作物对 B 型烟粉虱生长发育和种群增殖的影响. 林克剑,等. 生态学报,2003,(5)
家蝇变应特异性免疫治疗哮喘病的疗效研究. 刘建珍,吕力伟. 中国临床医药研究杂志,2003,(101)
家蝇存在的生态学作用. 胡树慧. 生物学教学,2003,(2)
家蝇卵巢中的信息化学物质引诱雌蝇产卵的研究. 姜勇,雷朝亮,等. 昆虫知识,2003,(2)
家蝇卵黄蛋白基因的克隆与结构序列分析. 夏平安,等. 中国生物化学与分子生物学报,2003,(4)
家蝇幼虫抗菌相关蛋白/多肽的诱导及抗菌活性分析. 安春菊,等. 昆虫学报,2003,(5)
抗性家蝇 para 基因的选择性剪接和位点突变. 曹晓梅,孙晨熹. 寄生虫与医学昆虫学报,2003,(1)
利用 GAL4-UAS 系统在果蝇中过表达研究人类基因功能. 马喜芝,等. 生物化学与生物物理学报(英文版)2003,(7)
两种保健食品不同喂饲时间对果蝇生存试验的影响. 龚晨睿,等. 中国卫生检验杂志,2003,(2)
美洲斑潜蝇的危害与防治. 成文禄,刘光耀. 生物学教学,2003,(10)
美洲斑潜蝇发生的物候学模型. 郝树广,康乐. 生态学报,2003,(3)
南昌口岸鼠、蝇、蚊及其携带病原体的调查. 刘中韬,等. 中国媒介生物学及控制杂志,2003,(2)
南美斑潜蝇寄生蜂种类及保护利用研究进展. 宋丽群,等. 昆虫天敌,2003,(1)
南美斑潜蝇在昭阳区烤烟上的发生及防治. 蒙世贵,等. 昆虫知识,2003,(4)
平湖市巩固灭蟑、灭蝇成果技术措施效果评价. 陈其龙,王建华. 中国媒介生物学及控制杂志,2003,(2)
葡萄籽油对果蝇寿命影响的实验研究. 刘金宝,等. 中国预防医学杂志,2003,(3)
曲阜市城区蝇类综合防制技术的研究. 孔凡吉,宋华. 中国媒介生物学及控制杂志,2003,(2)
陕西蚊、蝇防制工作概况. 岳永杰,孙养信. 医学动物防制,2003,(5)

绍兴市区巩固灭蝇先进城区成果技术报告. 韦悦, 等. 中国媒介生物学及控制杂志, 2003, (6)
舍蝇抗菌肽的提取及其对肿瘤细胞生长的抑制作用. 邱晓燕, 等. 中华卫生杀虫药械, 2003, (1)
水稻-褐飞虱-拟水狼蛛食物链的定量研究. 贺一原, 等. 昆虫学报, 2003, (6)
水稻-白背飞虱-拟水狼蛛食物链中生物量流动的定量研究. 文斗斗, 等. 昆虫学报, 2003, (2)
台湾卫生害虫之防制. 周钦贤. 海峡预防医学杂志, 2003, (1)
泰州市创建灭蝇先进城市效果观察. 叶东进, 赵小兰. 中华卫生杀虫药械, 2003, (2)
特殊行业室内蚊蝇和蟑螂种群组成及数量变化的监测研究. 陈坎生, 郑锦龙, 等. 中华卫生杀虫药械, 2003, (1)
卫生害虫的生物防制研究进展. 支国舟. 华南预防医学, 2003, (1)
卫生害虫防治研究进展. 张有植, 等. 西南国防医药, 2003, (4)
我国鼠疫菌的营养类型及其流行病学意义. 李敏, 等. 中国媒介生物学及控制杂志, 2003, (6)
我国鼠疫耶尔森菌 Pgm 特征的研究. 夏连续, 等. 中国媒介生物学及控制杂志, 2003, (5)
我国重要自然疫源地与自然疫源性疾病. 张启恩, 等. 辽宁科学技术出版社, 2003
武汉市城区除害灭蟑工作报告. 付旻. 中国媒介生物学及控制杂志, 2003, (1)
夏威夷岛果蝇的综合防治. 夏禹. 世界农药, 2003, (6)
扬州市区蟑螂、苍蝇密度十年监测结果分析. 王志军, 陈煜. 医学动物防制, 2003, (1)
杨桃园桔小实蝇综合防治初报. 徐洁莲, 等. 昆虫天敌, 2003, (3)
以果蝇模型研究人类神经退行性疾病. 温艾, 刘力. 生物化学与生物物理进展, 2003, (3)
蝇蛆几丁低聚糖对草莓保鲜作用研究. 韦新葵, 雷朝亮. 昆虫天敌, 2003, (2)
用 SPSS 分析浙江三城市蚊、蝇、蜚蠊密度季节消长规律. 朱江, 等. 中国媒介生物学及控制杂志, 2003, (6)
用不同蚜虫饲养对大灰食蚜蝇生长发育的影响. 董坤, 等. 昆虫天敌, 2003, (4)
用蝶啶荧光分析法推断大头金蝇成虫日龄. 朱光辉, 等. 中国昆虫科学: 英文版, 2003, (4)
在家蝇中表达人胰岛素基因的研究. 李华, 等. 中国比较医学杂志, 2003, (6)
蟑螂变应原基因的免疫学筛选及序列分析. 周珍文, 等. 中华检验医学杂志, 2003, (10)
中国大陆拟果蝇(Drosophila simulans)的随机扩增多态性 DNA 分析. 徐书华, 等. 遗传学报, 2003, (7)
中国鼠疫菌某些生化特征及流行病学意义. 董兴齐, 等. 中国媒介生物学及控制杂志, 2003, (6)
中国鼠疫自然疫源地多媒体信息系统的研究. 石杲, 等. 中国媒介生物学及控制杂志, 2003, (2)
驻城镇周边部队营区内蝇类及鼠类危害现状的调查. 张建江, 等. 中国媒介生物学及控制杂志, 2003, (3)
转基因抗虫水稻 MSA 和 MSB 对非靶标害虫褐飞虱和白背飞虱的影响. 傅强, 王锋, 等. 昆虫学报, 2003, (6)
α-硫辛酸对果蝇生化指标的影响. 郑风劲, 尹志奎, 等. 新乡医学院学报, 2004, (2)
α-硫辛酸对果蝇寿命的影响. 尹志奎, 崔泰震, 等. 齐齐哈尔医学院学报, 2004, (6)
白背飞虱的再迁飞能力. 汪远昆, 翟保平. 昆虫学报, 2004, (4)
白额巨蟹蛛对红头丽蝇捕食行为的初步观察. 王常玖, 等. 蛛形学报, 2004, (1)
不同提取工艺对家蝇幼虫蛋白粗提液抗菌活性的影响. 安春菊, 等. 昆虫学报, 2004, (5)
不同诱导源诱导家蝇抗菌物质的动力学研究. 齐静姣, 曲传智. 中国人兽共患病杂志, 2004, (6)
茶梢和茶花主要挥发物对门氏食蚜蝇和大草蛉引诱效应. 韩宝瑜, 周成松. 应用生态学报, 2004, (4)
城市蝇类防治研究初探. 李雁兵, 张飚. 医学动物防制, 2004, (3)
大蚕蚕蝇蛆病发生原因及防治. 宋聚才. 特种经济动植物, 2004, (4)
大豆分离蛋白对果蝇寿命的影响. 韩加, 等. 疾病控制杂志, 2004, (1)
蜂胶对果蝇寿命的影响. 于英君, 等. 中医药学报, 2004, (5)
蜂胶对果蝇体内 SOD 活性及 MDA 含量的影响研究. 宋高臣, 等. 中医药信息, 2004, (5)
果蝇的天然免疫. 段云, 等. 免疫学杂志, 2004, (s1)
果蝇吸入麻醉药麻醉作用相关基因的克隆. 刘红, 等. 中国医学科学院学报, 2004, (4)
果蝇中枢神经元钾离子通道电生理学研究及进展. 刘洋, 刘进. 四川生理科学杂志, 2004, (3)
果蝇组织总 RNA 的电泳谱型鉴定. 刘红, 等. 医学研究通讯, 2004, (4)
呼和浩特机场蚊、蝇调查结果分析. 张根全, 等. 口岸卫生控制, 2004, (1)
寄主挥发物、叶色和表皮毛在美洲斑潜蝇寄主选择中的作用. 庞保平, 等. 生态学报, 2004, (3)
家蝇带染霉菌的定性定量分析. 李继红, 等. 中国媒介生物学及控制杂志, 2004, (4)
家蝇攻击素(Attacin)基因的克隆与表达. 耿华, 等. 遗传学报, 2004, (12)
家蝇抗菌肽抗菌活性及抗菌机制的初步研究. 周义文, 等. 中国抗生素杂志, 2004, (5)
家蝇卵黄蛋白基因启动子区的克隆与活性分析. 夏平安, 等. 遗传学报, 2004, (7)
家蝇免疫血淋巴对 SMMC-7721 肝癌细胞超微结构和增殖周的影响. 文彩虹, 等. 河南肿瘤学杂志, 2004, (2)
家蝇幼虫抗菌肽 Defensins 基因的克隆与序列分析. 许琴英, 等. 热带医学杂志, 2004, (5)
家蝇幼虫抗菌肽 MDL-1 的分离纯化及其对大肠杆菌超微结构的影响. 宫霞, 等. 昆虫学报, 2004, (1)
家蝇幼虫血淋巴抗白念珠菌作用的初步研究. 吴建伟, 等. 贵阳医学院学报, 2004, (1)

家蝇幼虫中与抗菌功能相关的蛋白和多肽的分析. 安春菊,等. 卫生研究,2004,(1)
家蝇幼虫组织匀浆液抗病毒活性的研究. 陈艳,李金富. 热带医学杂志,2004,(2)
检测 SDS-聚丙烯酰胺凝胶电泳中家蝇蛋白的新方法——海波银染法. 安春菊,等. 昆虫学报,2004,(2)
焦脱镁叶绿酸 a 对果蝇的光活化毒性. 李玥,等. 农药,2004,(2)
抗果蝇 Dx16 蛋白抗体的制备及特异性分析. 王善治,等. 遗传,2004,(4)
昆虫病原线虫斯氏线虫和异小杆线虫对长角血蜱雌蜱的致病力. 高志华,等. 昆虫学报,2004,(1)
利用果蝇转座子作载体构建土垢分枝杆菌变异基因文库的研究. 刘克义,于进芝. 中国寄生虫病防治杂志,2004,(6)
六种植物叶片中葫芦素 B 对美洲斑潜蝇寄主选择性的影响. 张茂新,等. 生态学报,2004,(11)
平湖市城区灭蟑灭蝇工作总结. 童金甫. 中华卫生杀虫药械,2004,(1)
七星瓢虫、大草蛉对桃粉蚜捕食功能研究. 张安盛,等. 华东昆虫学报,2004,(1)
铅对果蝇性活力及寿命影响的实验研究. 陈壁锋. 中国职业医学,2004,(3)
清远市巩固灭蝇先进城市成果技术探讨. 黄亿初,等. 中华卫生杀虫药械,2004,(4)
人工繁育蝇蛆对鸡免疫应答功能的影响. 郎书源,等. 贵阳医学院学报,2004,(4)
人生长激素转基因家蝇表达载体的构建与鉴定. 许丽艳,等. 汕头大学医学院学报,2004,(1)
人胰岛素基因在家蝇中表达产物降血糖效应试验. 李华,等. 中华医学实践杂志,2004,(10)
人胰岛素基因重组杆状病毒在家蝇中表达的研究. 李华,等. 中国医科大学学报,2004,(2)
人乙肝病毒基因在家蝇基因组中的整合. 许丽艳,等. 癌变・畸变・突变,2004,(3)
如东县创建省级文明城市灭蝇技术方案. 丁明华,陈淑林. 中华卫生杀虫药械,2004,(3)
绍兴市巩固灭蟑达标成果技术措施. 韦悦,等. 中华卫生杀虫药械,2004,(1)
实蝇 DNA 提取方法的比较. 余洁,等. 农业生物技术学报,2004,(6)
丝光绿蝇抗菌物质针刺诱导及其性质研究. 许兵红,等. 中国人兽共患病杂志,2004,(6)
松毛虫狭颊寄蝇实验种群生态学研究. 周昌清,翁仲彦. 应用生态学报,2004,(1)
提高果蝇唾液腺染色体制片成功率的关键操作. 张丽. 生物学通报,2004,(3)
铁路站车鼠蟑防治的管理与监督探讨. 陈建国. 医学动物防制,2004,(5)
温州市巩固灭蟑先进城区技术工作总结. 管鸿巧. 中华卫生杀虫药械,2004,(1)
我国鼠疫耶尔森菌最大质粒的研究. 李敏,等. 中国媒介生物学及控制杂志,2004,(2)
无锡市灭蟑工作技术措施. 马玉林,陈继平. 医学动物防制,2004,(8)
线粒体 ND4-ND4L 基因在黑腹果蝇种组中的进化特征. 牟少亮,等. 实验生物学报,2004,(6)
盐酸吗啡对大头金蝇生长发育的影响及其对死者死亡时间推断的意义. 田洁,等. 昆虫学报,2004,(6)
一种大量提取家蝇幼虫基因组 DNA 的新方法. 安春菊,等. 生物学通报,2004,(8)
应用附加绿黄色光二极管的黄色胶片监测温室中的粉虱、蚜虫和蕈蚊. 朱昌祺,等. 中国昆虫科学:英文版,2004,(2)
蝇蛆生态处理猪粪对家蝇产卵和孵化的影响. 杨鹤萍,等. 中国寄生虫学与寄生虫病杂志,2004,(1)
诱导家蝇幼虫抗菌蛋白的提取及动力学研究. 刘晖,等. 中国公共卫生,2004,(4)
玉溪市中心城区蚊蝇孳生地调查分析. 马玉梅,等. 医学动物防制,2004,(4)
原花青素和丹酚酸对果蝇等动物抗氧化指标及存活时间的影响. 陈冠敏,等. 环境与职业医学,2004,(3)
舟山海岛巩固灭蟑先进城区成果技术措施. 宋林乔,等. 中华卫生杀虫药械,2004,(1)
装潢居室的空气污染对果蝇寿命的影响. 李咏梅,等. 中国公共卫生,2004,(6)
邹城市农村卫生害虫防制工作的现状及对策. 黄元生. 医学动物防制,2004,(1)
2004,1—3 季度香港口岸地区诱蚊产卵器指数及鼠蚤指数调查. 袁铭志. 中国国境卫生检疫杂志,2005,(2)
Cry1Ab 杀虫蛋白在水稻-褐飞虱-拟水狼蛛食物链中转移与富集. 陈茂,等. 昆虫学报,2005,(2)
Transformer 基因与果蝇和线虫的性别决定. 刘辉,等. 遗传,2005,(1)
病原线虫对桔小实蝇种群的控制作用. 林进添,等. 昆虫学报,2005,(5)
不同保存条件下中华哲水蚤基因组 DNA 提取的比较. 方旅平,等. 海洋科学,2005,(2)
不同诱导源诱导家蝇幼虫抗菌蛋白效果的比较. 刘晖,等. 中国媒介生物学及控制杂志,2005,(6)
苍蝇后翅是否起平衡棒作用的探索. 王礼云,王华春. 生物学教学,2005,(10)
草间钻头蛛(*Hylyphantes graminicola*)对果蝇(*Drosophila melanogaster*)捕食作用的研究. 李德明,等. 蛛形学报,2005,(2)
茶多酚对烟溶液培养果蝇生命周的影响. 杜焕青,等. 中国煤炭工业医学杂志,2005,(9)
长尾管蚜蝇 Eristalis tenax 体色变异的研究. 霍科科,张宏杰. 四川动物,2005,(4)
超声诱导对家蝇幼虫基因组 DNA 影响的谱学研究. 安春菊,等. 光谱学与光谱分析,2005,(12)
成都地区四种食尸性蝇类 mtDNA 中 CoⅠ基因序列检测. 蔡继峰,等. 昆虫学报,2005,(1)
稻小秆蝇触角感受器的超微结构研究. 周志军,王世贵. 生物学杂志,2005,(4)

低温对家蝇卵及蛹的影响. 许兵红,孙斐. 中国媒介生物学及控制杂志,2005,(2)
冻干胡蜂蜂蛹对果蝇寿命和繁殖性能的影响. 杨冬梅,等. 天然产物研究与开发,2005,(4)
分子标记在烟粉虱蚜小蜂分类中的应用. 邱宝利,等. 华东昆虫学报,2005,(1)
复方鹿血冻干粉对丝光绿蝇寿命的影响. 赵文爱,等. 辽宁中医学院学报,2005,(1)
橄榄果蝇信息素半抗原的合成及其免疫检测法的建立. 高菊芳. 世界农药,2005,(2)
果实酸度对橘小实蝇羽化作用影响的初探. 付佑胜,等. 长江大学学报(自然科学版),2005,(5)
果蝇背闭合行为中 DJNK 信号转导途径研究进展. 吕淑敏,奚耕思. 昆虫知识,2005,(2)
果蝇的热休克反应. 陈小芬,杨玉荣. 生物学通报,2005,(10)
果蝇饲养管理的几个问题. 龚慧明. 生物学通报,2005,(4)
果蝇幼虫气味编码的分子基础. 赵新成. 昆虫知识,2005,(4)
果蝇昼夜节律的分子机制研究进展. 周先举,等. 生物化学与生物物理进展,2005,(1)
果蝇作为学习记忆实验动物模型的研究回顾. 刘志勇. 中国比较医学杂志,2005,(2)
黑腹果蝇黑条体突变体突变位点的鉴定. 金珊,等. 动物学研究,2005,(5)
环磷酰胺对果蝇寿命影响及组织损伤. 厉曙光,等. 毒理学杂志,2005,(A03)
黄腹潜蝇茧蜂寄生因子的特性及其对寄主的生理效应. 万志伟,等. 昆虫学报,2005,(5)
灰飞虱胚胎组织细胞的分离和原代培养技术. 陈来,等. 昆虫学报,2005,(3)
基于 CLIMEX 的桔小实蝇在中国适生区的预测. 侯柏华,张润杰. 生态学报,2005,(7)
家蝇抗菌肽 Cecropin-His_6 融合基因的克隆、序列分析及其表达载体构建. 徐建华,等. 生物技术,2005,(1)
家蝇抗菌肽的诱导提取及筛选. 赵瑞君,等. 热带医学杂志,2005,(2)
家蝇卵黄蛋白基因的克隆与结构序列分析. 秦春圃. 生物技术通报,2005,(6)
家蝇气味结合蛋白基因 cDNA 片段的克隆与序列分析. 朱彬彬,等. 昆虫学报,2005,(5)
家蝇幼虫 Defensin 成熟蛋白序列的克隆及在原核中的表达. 许琴英,朱家勇. 中国热带医学,2005,(1)
家蝇幼虫差异表达基因的克隆筛选与分析. 金小宝,朱家勇. 生物技术,2005,(2)
家蝇幼虫活性蛋白组分的提取及清除羟基自由基活性研究. 王芙蓉,等. 昆虫知识,2005,(5)
家蝇幼虫抗菌肽 MDL-1 的荧光特性分析. 宫霞,等. 分析科学学报,2005,(4)
家蝇幼虫抗菌肽的抗菌谱及其与抗生素的协同作用研究. 宫霞,等. 微生物学报,2005,(4)
家蝇幼虫脂肪体 cDNA 文库的构建及初步鉴定. 金小宝,等. 中国人兽共患病杂志,2005,(1)
家蝇与大鼠 GABA 受体抑制剂的药效团模型及其 3D-QSAR 研究. 任天瑞,等. 高等学校化学学报,2005,(3)
桔小实蝇传入风险的模糊综合评估. 张润杰,侯柏华. 昆虫学报,2005,(2)
桔小实蝇的研究进展. 黄素青,韩日畴. 昆虫知识,2005,(5)
桔小实蝇分子生物学研究中样品采集及保存处理的改进方法. 施伟,叶辉. 昆虫知识,2005,(4)
抗果蝇 ECP 蛋白单克隆抗体的制备及特性鉴定. 刘加彬,等. 细胞与分子免疫学杂志,2005,(6)
苦皮藤素Ⅳ和Ⅴ混合物对果蝇幼虫神经肌肉兴奋性接点电位的影响. 胡兆农,等. 昆虫学报,2005,(6)
邻苯二甲酸二(2-乙基己基)酯对果蝇寿命及脂质过氧化反应的影响. 厉曙光,等. 中华预防医学杂志,2005,(2)
旅客列车鼠蟑综合防制. 林承灿. 医学动物防制,2005,(11)
美国发布修改后的墨西哥按实蝇检疫法规. 小殷. 中国检验检疫,2005,(9)
美洲斑潜蝇蛹化学环境对成虫嗅觉定向的影响. 喻国辉,等. 昆虫学报,2005,(1)
蒙山九州虫草对果蝇寿命的影响. 陈畅,等. 上海中医药杂志,2005,(2)
凝胶过滤层析参数对家蝇蛋白粗提液分离效果的影响. 安春菊,等. 昆虫学报,2005,(1)
蜱螨学网络资源简介. 崔玉宝,李朝品. 中国寄生虫学与寄生虫病杂志,2005,(1)
青岛空港口岸鼠、蝇类种群分布及季节消长调查. 薛晓宁,等. 中国国境卫生检疫杂志,2005,(B07)
三峡库区兴山县有瓣蝇种名录(附:蛛蝇和虱蝇 4 种). 王成全,等. 中国媒介生物学及控制杂志,2005,(1)
杀虫乳油现场防制蚊蝇和蟑螂的效果研究. 刘斌,等. 中华卫生杀虫药械,2005,(4)
绍兴市蟑螂防制现状与对策. 潘南燕. 中华卫生杀虫药械,2005,(4)
石家庄市创建灭蟑先进城区技术措施. 赵志清. 医学动物防制,2005,(7)
石家庄市蟑螂防治工作经验. 赵志清,等. 医学动物防制,2005,(11)
食蚜蝇科的分类系统及其研究进展. 张宏杰,霍科科. 昆虫知识,2005,(2)
嗜尸性蝇类线粒体 DNA 分子标记检测的研究进展. 蔡继峰,廖志钢. 法医学杂志,2005,(1)
丝光绿蝇抗菌肽的热稳定性研究. 许兵红,等. 中国媒介生物学及控制杂志,2005,(4)
酞酸二丁酯对黑腹果蝇寿命及 SOD 和 MDA 的影响. 张前龙,等. 同济大学学报(医学版),2005,(4)
糖对大头金蝇生殖力的影响. 王俊刚,等. 中国媒介生物学及控制杂志,2005,(5)
温度对丝光绿蝇寿命的影响. 赵文爱,等. 中国寄生虫病防治杂志,2005,(4)
我国城市主要蝇类及其危害与防制. 傅桂明,莫建初. 浙江预防医学,2005,(4)
无锡市灭蟑螂工作技术措施. 沈元,等. 中华卫生杀虫药械,2005,(6)

一个受褐飞虱取食诱导的水稻 GST 类似蛋白基因的克隆. 袁红雨,等. 生物工程学报,2005,(4)
以 ND4L 和 ND4 基因为标记探讨黑腹果蝇种组的系统发育关系. 牟少亮,等. 动物学研究,2005,(4)
淫羊藿总黄酮延长果蝇寿命及其分子机制. 沈自尹,等. 中国老年学杂志,2005,(9)
荧光光谱分析家蝇幼虫抗菌肽与大肠杆菌染色体 DNA 作用机理. 宫霞,等. 光谱学与光谱分析,2005,(3)
蝇类密度控制标准的现状. 冷培恩,等. 寄生虫与医学昆虫学报,2005,(4)
蝇蛆几丁低聚糖咀嚼片的调节血脂作用. 黄文,等. 昆虫学报,2005,(2)
蝇蛆壳聚糖保鲜剂对几种蔬菜的保鲜作用研究. 昆虫天敌,2005,(1)
用 PCR 方法检出蚤类携带巴尔通体. 栗冬梅,等. 中国媒介生物学及控制杂志,2005,(1)
云南省齐氏姬鼠体表相关甲胁虱(虱目:甲胁虱科)的空间分布格局. 郭宪国,等. 地方病通报,2005,(2)
云南元江干热河谷桔小实蝇种群动态及其影响因子分析. 刘建宏,叶辉. 昆虫学报,2005,(5)
运用电子记录技术检测白背飞虱田间种群致害性. 沈君辉,等. 应用生态学报,2005,(6)
蚤、蜱中巴尔通体的分离培养及检测鉴定. 栗冬梅,等. 中国人兽共患病杂志,2005,(12)
蟑螂与人类疾病及其防制. 赵凯. 中华卫生杀虫药械,2005,(5)
蔗糖酯培养基中果蝇体内 SOD 和 MDA 的随龄变化趋势. 王浩,徐思红. 河南预防医学杂志,2005,(5)
针对校园内的灭鼠、灭蟑螂的调查及观察. 徐小丽. 中国医学杂志,2005,(4)
综合防制列车蟑螂的效果评价与分析. 吴丰德. 中华卫生杀虫药械,2005,(4)
16S rDNA 序列分析在嗜尸性蝇类鉴定中的应用. 孙晓明,等. 法医学杂志,2006,(1)
2002 年—2005 年河南省蚊、蝇、鼠密度季节消长监测结果分析. 唐振强,等. 河南预防医学杂志,2006,(6)
2004 年南昌铁路局属旅客列车鼠、蟑密度调查报告. 白敏. 中华医学与健康,2006,(4)
3 种不同人参胶囊对果蝇寿命的影响. 白莉华,等. 上海预防医学,2006,(4)
变态反应性疾病患者螨和蟑螂过敏原体外检测分析. 孙宝清,等. 热带医学杂志,2006,(11)
病媒蚤类的防制现状及国内外研究进展. 孟凤霞,等. 中华卫生杀虫药械,2006,(2)
不同强度超声波对家蝇抗菌物质的诱导研究. 许兵红,等. 中国人兽共患病学报,2006,(11)
大头金蝇成虫蝶啶荧光分析的方法学研究. 朱光辉,等. 汕头大学医学院学报,2006,(4)
低温推迟果蝇交配行为的研究. 郝大翠,等. 生物学通报,2006,(2)
对性引诱剂监测桔小实蝇雄成虫技术的改进. 陆永跃,等. 昆虫知识,2006,(1)
分子生物学技术在双翅目实蝇科昆虫系统发育研究中的应用. 王泽乐,等. 昆虫知识,2006,(5)
高流动性蛋白基因过量表达对果蝇发育的影响. 陈静,等. 动物学报,2006,(2)
寡核苷酸探针法(PCR 年 ASO)检测家蝇 kdr 抗性相关的 L1014F 点突变. 曹晓梅,等. 寄生虫与医学昆虫学报,2006,(4)
果蝇 S2 细胞中高表达荧光素酶重组质粒的构建及活性测定. 丁洁,等. 东南大学学报(医学版),2006,(6)
果蝇记忆相关蛋白的合成受 RNA 诱导沉默复合物通路的调节. 顾兴龙,于龙川. 生理科学进展,2006,(2)
果蝇神经特异性拼接因子 Dxl6N 变体在大肠杆菌 BL21(DE3)中的表达. 周静,等. 东南大学学报:医学版,2006,(1)
果蝇生殖腺干细胞和它们的微环境. 冯振月,等. 细胞生物学杂志,2006,(2)
果蝇蜕皮激素诱导程序性细胞死亡的遗传调控因子. 李庆荣,等. 昆虫学报,2006,(1)
果蝇原生殖细胞特化的分子机制. 郭忠海,等. 细胞生物学杂志,2006,(1)
果蝇中枢神经元胰蛋白酶急性分离方法. 刘洋,等. 四川生理科学杂志,2006,(1)
河北省医学蜱螨研究报告. 陈泽,等. 医学动物防制,2006,(4)
黑腹果蝇抗真菌肽 Drosomycin 同系物的免疫原性和抗真菌活性. 杨婉莹,等. 昆虫学报,2006,(6)
黑腹果蝇抗真菌肽基因 Drs 和 DrS-lC 的原核可溶性表达及抗真菌活性测定. 段云,等. 昆虫学报,2006,(5)
黑腹果蝇梳理行为谱及行为序列研究. 魏朝明,等. 西安交通大学学报(医学版),2006,(1)
黑腹果蝇中一个 Cy 染色体上的缺失. 李红伟,等. 遗传,2006,(10)
家蝇变形抗菌蛋白的提取及其抑菌活性研究. 曹小红,等. 中国生物工程杂志,2006,(1)
家蝇抗菌肽 Defensin 基因同向串联表达载体的构建和鉴定. 王婷婷,等. 生物技术,2006,(2)
家蝇抗菌肽 Defensin 基因在 COS-7 细胞中的瞬时表达. 金小宝,等. 生物技术,2006,(4)
家蝇抗菌肽的抑菌动力学研究及其机理初探. 翟培,等. 中国生物工程杂志,2006,(11)
家蝇免疫血淋巴的抑菌作用及其免疫活性的研究. 郭海萍,等. 热带医学杂志,2006,(4)
家蝇幼虫分泌物抗菌肽的生化特性初步研究. 国果,等. 昆虫学报,2006,(6)
家蝇幼虫分泌物抗菌组分的抗菌效果观察及筛选. 国果,吴建伟. 国际医学寄生虫病杂志,2006,(1)
家蝇幼虫抗菌蛋白的抗菌特性及其组成. 万启惠,等. 中国媒介生物学及控制杂志,2006,(3)
家蝇幼虫抗菌蛋白的诱导及抗菌特性. 刘晖,等. 中国公共卫生,2006,(5)
家蝇幼虫抗菌蛋白对黑色素瘤细胞的影响. 贺莉芳,等. 中国公共卫生,2006,(7)
家蝇幼虫抗菌蛋白诱导黑色素瘤 A375 细胞凋亡的探讨. 贺莉芳,等. 中国媒介生物学及控制杂志,2006,(1)

家蝇幼虫壳聚糖的抑菌活性及影响因子. 荆迎军,等. 昆虫学报,2006,(4)
家蝇幼虫提取物清除氧自由基的作用. 刘彬,等. 昆虫知识,2006,(1)
家蝇幼虫血淋巴抗病毒作用初步观察. 李金福,陈艳. 中国人兽共患病学报,2006,(10)
抗果蝇 Dnop5 蛋白抗体的制备及其特性鉴定. 袁榴娣,等. 细胞与分子免疫学杂志,2006,(5)
龙口口岸鼠类及蝇类初步调查. 李国华,等. 口岸卫生控制,2006,(2)
蜱螨概述. 陈军. 生物学通报,2006,(7)
青藏高原蝇科昆虫生物地理初探. 王明福,等. 动物分类学报,2006,(3)
弱酸性家蝇蛆抗菌肽 MD7095 的分离纯化及性质研究. 陆婕,等. 微生物学报,2006,(3)
三品系果蝇的低氧半数致死时间和低氧预适应的保护作用. 林鹏焘,等. 四川医学,2006,(5)
邵武市区蚊蝇种群分布及季节消长监测研究. 熊校生. 中华卫生杀虫药械,2006,(3)
食用油及其加热产物对果蝇寿命的影响. 王力强,等. 环境与职业医学,2006,(3)
食用油加热产物的遗传毒性在伴性隐性致死试验中对不同生殖细胞阶段果蝇的影响. 厉曙光,等. 环境与职业医学,2006,(3)
双翅目昆虫(黑腹果蝇和冈比亚按蚊) 内含子丢失的比较分析. 金珊,等. 昆虫学报,2006,(3)
酞酸脂类增塑剂对果蝇寿命的影响. 厉曙光,等. 毒理学杂志,2006,(1)
潍坊市创建灭蟑先进城市技术报告. 张洪祥,等. 医学动物防制,2006,(1)
卫生害虫的非化学防制研究进展. 钟平生,等. 中华卫生杀虫药械,2006,(1)
温度对果蝇学习记忆行为的影响. 雷莉,等. 西安交通大学学报:医学版,2006,(4)
温州市蚊、蝇、蜚蠊密度监测. 余向华,等. 中国媒介生物学及控制杂志,2006,(1)
线虫与果蝇先天免疫系统的比较. 卜兴江. 生物学通报,2006,(11)
驯鹿狂蝇(Cephenemyia trompe)形态结构观察. 杨晓野,等. 寄生虫与医学昆虫学报,2006,(1)
烟粉虱复合种内共生菌多样性及其生物学意义. 褚栋,等. 昆虫学报,2006,(4)
医巫闾山蜚蠊及蚤类调查名录. 杜志贵,杜希俊. 中国媒介生物学及控制杂志,2006,(2)
胰岛素与脱皮激素调控果蝇个体大小的信号机制. 陈苏,等. 生命的化学,2006,(4)
蝇源抗菌肽的研究进展. 王婷婷,等. 生物学通报,2006,(3)
有瓣成蝇快速分类鉴定计算机自动检索系统的建立. 王远忠,等. 中国国境卫生检疫杂志,2006,(B08)
蟑螂变应原诱导小鼠肺部变应性炎症动物模型的研究. 许卓谦,等. 免疫学杂志,2006,(5)
蟑螂提取物对急性肝损伤动物模型的干预. 高永翔,等. 中国药业,2006,(10)
中华草蛉、龟纹瓢虫和异色瓢虫对 B 型烟粉虱的捕食功能反应. 林克剑,等. 昆虫知识,2006,(3)
棕尾别麻蝇金属硫蛋白的分离纯化及性质分析. 吴国星,等. 昆虫学报,2006,(1)
U83 Box C/D snoRNA 构建果蝇科系统发生树. 徐玲,等. 细胞生物学杂志,2007,(5)
不同地理种群美洲斑潜蝇及近缘种的 rDNA-ITS1 序列分析和比较. 王莉萍,等. 昆虫学报,2007,(6)
长沙市巩固灭蟑先进市技术报告. 李平非,等. 医学动物防制,2007,(11)
常熟港蜱类、蠓类本底调查. 顾锦清,等. 中国国境卫生检疫杂志,2007,(4)
成功观察果蝇唾液腺细胞染色体的方法. 余幼芳,俞佩芳. 生物学教学,2007,(11)
雌激素受体在白蚁精子发生过程中的免疫组织化学定位(简报). 苏晓红,等. 分子细胞生物学报,2007,(2)
从东南亚进口水果截获桔小实蝇复合种五近缘种的鉴别(双翅目:实蝇科). 陈志粦,等. 昆虫分类学报,2007,(1)
大头金蝇幼虫油脂对小鼠的降血脂作用. 赵福,等. 昆虫学报,2007,(2)
地中海实蝇幼虫分子鉴定. 叶军,等. 昆虫知识,2007,(4)
蝶啶荧光分析法在丝光绿蝇成虫日龄推断中的应用. 朱光辉,等. 汕头大学医学院学报,2007,(2)
番茄红素对邻苯二甲酸-2-乙基己基酯致果蝇脂质过氧化损伤的保护作用. 戴秋萍,等. 同济大学学报(医学版),2007,(3)
高效水基杀虫剂除害净对蚊蝇和蟑螂的灭效研究. 杨银书,等. 中华卫生杀虫药械,2007,(2)
果蝇 dro 基因的克隆与原核表达载体构建. 高小明,等. 生物技术,2007,(3)
果蝇抗微生物肽基因的免疫诱导模式. 邓小娟,等. 昆虫学报,2007,(4)
黑腹果蝇种组的核型与进化研究. 邓秋红,等. 遗传学报,2007,(3)
寄主钾营养对烟粉虱发育、存活和寄主选择的影响. 卢伟,等. 昆虫学报,2007,(3)
家蝇 Attacin 基因在家蝇三龄幼虫中的时间表达模式研究. 王艳,等. 中国热带医学,2007,(6)
家蝇成虫抗菌肽对 4 种肿瘤细胞的作用观察. 赵瑞君,等. 中国媒介生物学及控制杂志,2007,(1)
家蝇的养殖及其生理生化研究进展. 常斌,韩日畴. 昆虫天敌,2007,(1)
家蝇抗菌肽分子结构及抗菌谱研究. 周义文,等. 中国抗生素杂志,2007,(11)
家蝇抗菌肽基因 Cecropin 在 COS-7 细胞中的表达及产物活性初步研究. 金小宝,等. 中国人兽共患病学报,2007,(6)

家蝇抗菌肽及其基因的克隆进展. 刘雷山,等. 中国媒介生物学及控制杂志,2007,(4)
家蝇蛆抗菌肽提取工艺研究. 陆婕,等. 昆虫学报,2007,(2)
家蝇天然抗菌肽的分离纯化与活性分析. 张先文,等. 生物技术,2007,(2)
家蝇幼虫分泌物抗菌肽的分离及其部分特性. 国果,等. 中国寄生虫学与寄生虫病杂志,2007,(2)
家蝇幼虫抗菌活性物质相关基因表达情况. 渠晖,等. 生物加工过程,2007,(4)
家蝇幼虫抗菌肽 Attacin 基因的克隆表达及抑菌生物学活性. 徐建华,等. 医学分子生物学杂志,2007,(1)
家蝇幼虫抗菌肽 MDL-2 的电泳制备及其抗菌作用机理. 宫霞,等. 昆虫学报,2007,(12)
家蝇幼虫抗菌肽对肿瘤细胞 K562 作用的扫描电镜观察. 程璟侠,等. 中华卫生杀虫药械,2007,(4)
家蝇幼虫抗菌肽对肿瘤细胞的作用效果观察. 张庆华,等. 中华卫生杀虫药械,2007,(3)
家蝇幼虫抗菌肽天蚕素基因的克隆及其在大肠杆菌中融合表达. 徐建华,等. 中国人兽共患病学报,2007,(4)
家蝇幼虫提取物对辐射小鼠的免疫调节作用. 刘彬,等. 昆虫学报,2007,(9)
家蝇幼虫血淋巴中抗真菌肽的诱导方法比较及抗真菌活性. 高松,等. 昆虫学报,2007,(10)
金黄色葡萄球菌对家蝇抗菌物质的诱导. 许兵红,等. 现代预防医学,2007,(16)
桔小实蝇不同发育阶段过冷却点的测定. 侯柏华,张润杰. 昆虫学报,2007,(6)
桔小实蝇自然种群蛹和越冬成虫的耐寒性. 任璐,等. 昆虫学报,2007,(6)
蕨菜黄酮对果蝇寿命和繁殖性能的影响. 陈乃富,等. 营养学报,2007,(6)
可食用文蛤中氧化性胁迫的生物标记物与甲基毒死蜱和草甘膦的生物富集. Ismail,M,等. 动物学报,2007,(5)
利用 GARP 生态位模型预测桔小实蝇(*Bactrocera dorsalis*)在中国的适生区域. 周国梁,等. 生态学报,2007,(8)
旅客列车上鼠和蟑螂的防治. 朱建福,张莺. 中华卫生杀虫药械,2007,(1)
南美斑潜蝇寄主选择性与植物营养物质及叶绿素含量的关系. 高俊平,等. 应用生态学报,2007,(3)
凝胶层析法分离家蝇幼虫血淋巴中抗真菌肽的研究. 张勇,等. 中国媒介生物学及控制杂志,2007,(3)
皮蝇素 A 基因的克隆及其毕赤酵母表达载体的构建. 王艳华,等. 动物医学进展,2007,(9)
蜱螨高级分类阶元部分问题的讨论. 陈泽,等. 昆虫分类学报,2007,(3)
人类 CC3 配体样蛋白 1 在果蝇 Schneider-2 细胞的表达和活性分析. 徐斌,等. 中华传染病杂志,2007,(9)
人乳头瘤病毒 18 型 L1 基因果蝇表达系统的构建和鉴定. 闫爱丽,等. 陕西医学杂志,2007,(8)
上海城市绿化带土壤蜱螨目群落结构与生物指标. 刘漫萍,等. 生态学杂志,2007,(10)
舌蝇体内的锥虫传播与免疫反应. 朱国强. 中华卫生杀虫药械,2007,(2)
虱类昆虫及其宿主协同进化的证据探讨. 孟艳芬,郭宪国. 国际医学寄生虫病杂志,2007,(3)
实验果蝇的一些饲养技巧和注意事项. 贾永红. 生物学通报,2007,(7)
寿光市创建灭蟑先进城市技术报告. 陈淑英,等. 医学动物防制,2007,(4)
丝光绿蝇抗菌物质针刺诱导及对溶壁微球菌的抑菌活性研究. 曾莉萍,等. 现代预防医学,2007,(7)
特异性等位基因 PCR 扩增技术检测家蝇击倒抗性相关钠通道的基因突变. 李春晓,等. 中国媒介生物学及控制杂志,2007,(3)
微小花蝽对温室白粉虱的捕食作用. 汤方,等. 昆虫知识,2007,(5)
五种常见嗜尸性蝇类的分子鉴定. 王江峰,等. 昆虫学报,2007,(4)
稀土元素铈对果蝇抗氧化酶活力的影响. 王秀琴,等. 环境与健康杂志,2007,(3)
胭脂红对黑腹果蝇寿命及 SOD 和 MDA 的影响. 曾盈,等. 同济大学学报:医学版,2007,(2)
一种有效的寄蝇基因组 DNA 的提取方法. 葛振萍,等. 医学动物防制,2007,(3)
应用蝶啶荧光分析法推断绯颜裸金蝇成虫日龄. 朱光辉,等. 汕头大学医学院学报,2007,(2)
应用蝶啶荧光分析法推断巨尾阿丽蝇成虫日龄. 朱光辉,等. 应用与环境生物学报,2007,(2)
蝇类免疫的研究进展. 王艳,等. 中国人兽共患病学报,2007,(12)
蝇蛆蛋白粉对小鼠免疫功能的影响. 覃容贵,等. 中药材,2007,(6)
蝇蛆蛋白资源化利用的生物安全性初探. 王亚超,等. 四川动物,2007,(1)
蝇蛆壳中提取甲壳素工艺研究. 李平,章莹. 化工生产与技术,2007,(3)
用圆形分布法探讨蝇类季节消长规律. 梁玉清. 医学动物防制,2007,(8)
云芝、灵芝和柱状田头菇胞外多糖对果蝇寿命的影响. 张峰源,等. 生命科学研究,2007,(2)
浙江稻田稻秆潜蝇为害损失与防治指标研究. 王华弟,等. 昆虫学报,2007,(4)
中俄边境口岸鼠及蜱类医学媒介生物本底调查方法之异同. 孙刚,等. 口岸卫生控制,2007,(6)
中国“三江并流”纵谷地蚤类丰富度与区系沿纬度梯度的水平分布格局. 龚正达,等. 生物多样性,2007,(1)
中国桔小实蝇种群的微卫星多态性分析. 李伟丰,等. 昆虫学报,2007,(12)
中国自然感染鼠疫杆菌的蚤、蜱、螨与虱类. 王祖郧,等. 中国人兽共患病学报,2007,(3)
重庆市 26 个南亚果实蝇种群 mtDNA 16S rRNA 基因部分序列及其系统进化. 王泽乐,等. 昆虫知识,2007,(4)
株洲市巩固灭蚊灭蟑达标成果工作体会. 颜进取,等. 医学动物防制,2007,(3)
2005 年库车县鼠类、蟑螂调查与防治对策报告. 王诚,等. 地方病通报,2008,(1)

ALS 的果蝇模式. 生物技术世界,2008,(6)
Wolbachia 感染导致果蝇 dHira 基因表达下调. 陈丽娟,等. 动物学报,2008,(4)
巴西东南部夏、冬季吹蝇幼虫的食后扩散. Leonardo,等. 动物学报,2008,(1)
滨海电厂冷却水余热和余氯对中华哲水蚤的影响. 江志兵,等. 应用生态学报,2008,(6)
不同来源家蝇幼虫分泌物对猪蛔虫卵发育影响. 国果,等. 中国公共卫生,2008,(1)
厕蝇科系统学研究历史与现状. 王明福,刘林. 昆虫知识,2008,(6)
长沙市家蝇及德国小蠊抗药性测试. 吕炜,等. 中华卫生杀虫药械,2008,(5)
传播结膜吸吮线虫的果蝇[Amiota(Phortica)okadai]生态习性研究. 罗庆礼,等. 中国人兽共患病学报,2008,(6)
垂叶榕种子的二次散布:蚂蚁和非蚁传植物互惠关系的新证据. 张霜,陈进. 生态学杂志,2008,(11)
大肠埃希菌感染后家蝇幼虫血清中 3 种酶活性的变化. 晏容,等. 中国媒介生物学及控制杂志,2008,(5)
大孔吸附树脂对家蝇抗菌肽的吸附与分离纯化. 过振宇,等. 天然产物研究与开发,2008,(6)
叠氮化钠对果蝇寿命及某些抗氧化酶活力的影响. 王秀琴,等. 中国职业医学,2008,(4)
对吸入麻醉药敏感性不同的果蝇幼虫中枢神经元钾通道的研究. 刘洋,等. 临床麻醉学杂志,2008,(10)
番茄红素对果蝇抗衰老作用. 邢岩,等. 中国公共卫生,2008,(6)
番茄红素对果蝇寿命的影响及其分子机制. 戴秋萍,等. 营养学报,2008,(4)
非嗜食寄主气味蛹处理对不同寄主来源美洲斑潜蝇雌成虫嗅觉定向的影响. 喻国辉,等. 昆虫知识,2008,(5)
肥须亚麻蝇幼虫不同发育阶段气门形态学变化. 王玲,等. 昆虫学报,2008,(7)
分子生物学技术在蚤类分类学研究中的应用. 刘涛,田艳华. 延安大学学报(医学科学版),2008,(4)
福州市鼓楼区蚊、蝇、蟑密度监测报告. 刘元景,等. 海峡预防医学杂志,2008,(3)
柑橘小实蝇综合治理措施的经济性分析. 刘卫明,等. 河北农业科学,2008,(7)
感染大肠杆菌后家蝇幼虫血淋巴细胞的观察. 晏容,等. 热带医学杂志,2008,(7)
镉和铜离子诱导棕尾别麻蝇幼虫脂质过氧化丙二醛动态变化分析. 吴国星,等. 环境昆虫学报,2008,(2)
果蝇的同性性行为研究. 刘彤,等. 生物物理学报,2008,(6)
果蝇免疫调节器对耐受性的调控. 昆虫知识,2008,(6)
果蝇求偶行为的影响因素及其分子基础. 苗雪霞,黄勇平. 昆虫知识,2008,(1)
果蝇热激蛋白的研究进展. 王秋香,等. 昆虫知识,2008,(5)
果蝇生长发育中 PI3K/Akt/dTOR 信号通路的研究进展. 查佶,杨中州. 医学研究生学报,2008,(10)
横断山区厕蝇科昆虫区系研究(双翅目:环裂亚目). 郑爽,等. 中国媒介生物学及控制杂志,2008,(6)
黄海中华哲水蚤度夏区大型底栖动物的次级生产力. 周进,等. 动物学报,2008,(3)
黄芪对黑腹果蝇寿命影响的研究. 刘玉荷,等. 中国优生与遗传杂志,2008,(4)
基因芯片技术筛选家蝇抗菌肽相关基因. 刘雷山,等. 生物工程学报,2008,(7)
基于 28S rRNA 基因序列的常见有瓣蝇类的系统发育. 葛振萍,等. 四川动物,2008,(6)
基于 Cytb 和 CO Ⅰ 基因部分序列的 15 种麻蝇之间的系统发育关系(双翅目:麻蝇科). 宋忠魁,等. 昆虫学报,2008,(3)
基于离散增量结合支持向量机方法的果蝇启动子预测. 杨科利,许强. 生物技术,2008,(2)
家蝇泛素编码区 cDNA 序列的克隆及在原核细胞中的表达. 金丰良,等. 昆虫学报,2008,(5)
家蝇防御素抗菌肽 DeS-hf 突变体的抑菌活性. 李鹏,等. 农业生物技术学报,2008,(1)
家蝇抗菌肽的免疫诱导及抗菌活性研究. 周义文,等. 临床检验杂志,2008,(1)
家蝇生长发育各阶段抗菌肽基因表达情况的研究. 金小宝,等. 中国寄生虫学与寄生虫病杂志,2008,(3)
家蝇细胞培养方法的探讨. 贺莉芳,等. 医学动物防制,2008,(6)
家蝇相关序列扩增多态性扩增体系的建立与优化. 刘红美,等. 贵阳医学院学报,2008,(6)
家蝇蛹抗弓形虫抗菌肽的分离纯化. 程璟侠,等. 中国媒介生物学及控制杂志,2008,(4)
家蝇幼虫抗弓形虫抗菌肽分离纯化. 赵瑞君,等. 中国公共卫生,2008,(10)
家蝇幼虫抗菌蛋白对 JEC 和 A375 肿瘤细胞的抑制作用. 万启惠,等. 上海交通大学学报(医学版),2008,(8)
家蝇幼虫抗菌蛋白对子宫内膜癌细胞生长影响. 贺莉芳,等. 中国公共卫生,2008,(5)
家蝇幼虫抗菌肽 MDL 年 1 的构象分析. 宫霞,乐国伟. 高等学校化学学报,2008,(4)
家蝇幼虫抗菌肽的超声诱导及分离纯化和活性研究. 陈曼,等. 生物技术通报,2008,(3)
家蝇幼虫抗菌肽对阴沟肠杆菌感染小鼠创面的抗菌活性. 陈曼,等. 重庆医科大学学报,2008,(12)
家蝇幼虫血细胞荧光染色法的形态观察. 刘晖,等. 中国媒介生物学及控制杂志,2008,(2)
家蝇中乙酰胆碱酯酶的提取纯化及应用研究. 李昕,等. 分析试验室,2008,(3)
建立果蝇信息与资源平台. 刘力. 生物化学与生物物理进展,2008,(6)
橘小实蝇幼虫液体人工饲料中 pH 值对其生长发育的影响. 任真真,等. 华东昆虫学报,2008,(1)
抗果蝇 Trio 蛋白抗体的制备及鉴定. 缪峰,等. 东南大学学报(医学版),2008,(4)
快速杀灭蚊蝇现场效果观察. 石淑珍,罗晓红. 医学动物防制,2008,(11)

理论预测果蝇 pol Ⅱ启动子. 林昊,李前忠. 生物信息学,2008,(1)
丽蝇抗病毒肽 Alloferonl 基因串联体的构建和表达. 任慧子,等. 第四军医大学学报,2008,(8)
丽蝇蛹集金小蜂雌蜂的寄主选择性. 张忠,等. 中国病原生物学杂志,2008,(11)
丽蝇蛹集金小蜂寄生对寄主蛹可溶性蛋白与芳基蛋白组成与含量的影响. 韩成香,等. 昆虫学报,2008,(10)
邻苯二甲酸二丁酯对雌性果蝇生育力的影响. 徐曼妮,等. 同济大学学报:医学版,2008,(1)
邻苯二甲酸二丁酯对雌性果蝇生殖能力的双重作用. 张欣文,等. 生殖与避孕,2008,(6)
泸州市江阳区鼠类、蝇类、蚊类、蟑螂种群、密度、季节消长监测报告. 杜斌,等. 中国社区医师(综合版),2008,(24)
旅客列车灭鼠灭蟑用药与绿色环保关系的研究. 李怀银. 医学动物防制,2008,(4)
美洲斑潜蝇自然种群的生态控制研究. 冼继东,等. 环境昆虫学报,2008,(4)
蜱抗凝血肽与 RGDS 肽重组基因在毕赤酵母中的表达及活性分析. 蒋香梅,等. 中国人兽共患病学报,2008,(4)
七氟醚预处理对缺氧果蝇保护作用的全基因表达谱分析. 张龙明,等. 华西医学,2008,(4)
浅谈东北地区虫媒传染病的防治. 马爱辉. 中华临床医学研究杂志,2008,(8)
青浦区蚊蝇、蟑螂对 3 种杀虫剂的抗药性监测分析. 潘引君,等. 医学动物防制,2008,(9)
泉州市丰泽区鼠形动物及其寄生蚤调查报告. 张丽玲,等. 海峡预防医学杂志,2008,(6)
人参对果蝇寿命的影响及其抗氧化作用. 厉曙光,等. 卫生研究,2008,(1)
人参拮抗 DEHP 对果蝇寿命及脂质过氧化的影响. 李欣,等. 环境与职业医学,2008,(2)
三种寄主植物叶片提取物对美洲斑潜蝇雌成虫嗅觉记忆的影响. 喻国辉,等. 昆虫学报,2008,(6)
筛选家蝇抗菌肽相关基因的 oligo 探针设计. 刘雷山,等. 中国病原生物学杂志,2008,(6)
鼠和蟑螂侵害状况调查及防治策略分析. 吴丰德,朱相仪. 中华卫生杀虫药械,2008,(4)
丝光绿蝇抗菌肽针刺诱导及初步电泳分离. 许兵红,等. 中国媒介生物学及控制杂志,2008,(2)
我国烟粉虱自然种群中存在广泛的 Wolbachia 感染现象. 郭晓鹏,李正西. 微生物学报,2008,(1)
西喜马拉雅地区气候变化与果蝇分布界限的移动. Subhash,等. 昆虫学报,2008,(3)
消化时间对蝇蛆总氮含量测定的影响. 覃容贵,等. 贵阳医学院学报,2008,(2)
一类飞蝇天敌生态系统的概周解. 赵明,程荣福. 吉林化工学院学报,2008,(2)
一新富含甘氨酸果蝇抗菌肽在大肠杆菌中的优化表达. 冯志国,等. 生物技术,2008,(4)
以棕尾别麻蝇蛹繁殖丽蝇蛹集金小蜂最佳条件研究. 张忠,等. 中国病原生物学杂志,2008,(6)
应用基因芯片筛选果蝇七氟醚麻醉敏感性相关基因. 郭媛媛,刘进. 华西医学,2008,(3)
蝇类防治(四)——蝇类的防治方法. 贾德胜,吴光华. 中华卫生杀虫药械,2008,(4)
影响家蝇胚胎细胞系建立的相关因素研究. 贺莉芳,等. 热带医学杂志,2008,(3)
蛹虫草多糖对果蝇寿命影响的研究. 王菊凤,李鹊鸣. 中国野生植物资源,2008,(3)
用“增强子陷阱”技术构造并筛选果蝇 UAS/GAL4 系统中 GAL4 新品系及脑基因表达图谱数据库的开发. 刘晓隽,等. 生物化学与生物物理进展,2008,(6)
有望制造出“蝇眼”摄像机. 文集. 污染防治技术,2008,(2)
蟑螂浓核病毒(pfDNV)非结构基因启动子的活性研究. 杨波,等. 昆虫学报,2008,(5)
中国 7 市家蝇 rDNA-ITS2 基因分析. 胡佳林,等. 第四军医大学学报,2008,(11)
主要虫媒病的流行概况与媒介防控策略的探讨. 姜志宽,等. 中华卫生杀虫药械,2008,(6)
2008 年百色市灭鼠灭蟑达标防制做法与体会. 段润宁,等. 右江医学,2009,(4)
SRAP 技术研究烟粉虱遗传多样性. 滕海媛,等. 昆虫知识,2009,(1)
Yippee 转基因果蝇品系的建立及基因功能的初步研究. 彭忠禄,等. 生命科学研究,2009,(3)
斑潜蝇对温度的适应性和化学生态学研究在其地理分布和防治中的作用. 昆虫知识,2009,(2)
斑潜蝇及天敌复合生态系统的主成份分析方法. 陈文龙,等. 生物数学学报,2009,(1)
超高效液相色谱法测定水果和饮料中残留的氟嘧菌酯和嘧螨酯. 雒丽丽,等. 色谱,2009,(2)
蜂胶黄酮对果蝇寿命的影响及预防自由基损伤作用. 张春蕾,于英君. 安徽中医学院学报,2009,(4)
富甘氨酸果蝇抗菌肽在大肠杆菌中的直接表达和纯化. 冯志国,等. 生物技术通报,2009,(3)
枸杞子对黑腹果蝇寿命影响研究. 刘玉荷,等. 包头医学院学报,2009,(2)
果蝇大脑内存在“热敏元件”. 昆虫知识,2009,(3)
果蝇的饲养方法. 周伯春,等. 生物学教学,2009,(7)
果蝇气味受体复合物 Or22a-Or83b 研究进展. 车迅,黄蓓. 生物学杂志,2009,(3)
果蝇通过“无痛”蛋白感知热毒. 昆虫知识,2009,(3)
果蝇先天性免疫研究进展. 曹慧,等. 昆虫知识,2009,(2)
果蝇也能产生一种系统性 RNAi 反应. 昆虫知识,2009,(3)
黑腹果蝇昼夜活动节律及行为时间分配. 肖春印,等. 昆虫知识,2009,(2)
混合螨疫苗治疗儿童变应性鼻炎的疗效观察. 黄良锦,等. 中华哮喘杂志(电子版),2009,(1)

家蝇 Cecropin 基因的原核表达及表达产物的免疫学鉴定. 王炜,郑学礼. 中国人兽共患病学报,2009,(5)
家蝇幼虫抗菌肽对铜绿假单胞菌感染小鼠创面的抗菌活性. 陈曼,等. 生物技术通报,2009,(3)
进化信息照亮了果蝇 Toll 通路配体蛋白的功能表面. 昆虫知识,2009,(3)
酒精用于辨别果蝇雌雄性状的尝试. 程军. 生物学通报,2009,(4)
桔大实蝇生物学、生态学及其防治研究概述. 王小蕾,张润杰. 环境昆虫学报,2009,(1)
科学家发现新型果蝇基因测序法. 昆虫知识,2009,(3)
罹病棕尾别麻蝇体上白僵菌的分离、离体培养与毒力. 王松田,等. 环境昆虫学报,2009,(1)
人工养殖大鲵肉延缓黑腹果蝇衰老的实验研究. 杨志伟,等. 时珍国医国药,2009,(4)
双额岩小粪蝇生物学特性研究. 刘桂清,等. 环境昆虫学报,2009,(1)
维纳斯捕蝇草及其叶片离体快繁技术研究. 余慧琳,胡月华. 生物学通报,2009,(3)
西方角蝇和截脉角蝇 rDNA 的 ITS 基因序列对比研究. 王俊杰,等. 寄生虫与医学昆虫学报,2009,(1)
盐析法提取烟粉虱基因组 DNA. 滕希,等. 生物技术通报,2009,(8)
抑制性消减杂交筛选与克隆果蝇七氟烷敏感性相关基因. 孙玉明,等. 上海医学,2009,(1)
蝇蛆壳聚糖对实验性高脂血症大鼠的降脂保肝作用. 覃容贵,等. 时珍国医国药,2009,(5)
蝇蛆壳聚糖黏均分子量的测定. 覃容贵,等. 贵阳医学院学报,2009,(3)
蝇蛹冷藏对丽蝇蛹集金小蜂寄生和繁殖的影响. 张忠,等. 中国人兽共患病学报,2009,(8)
云南西部实蝇的多样性. 陈鹏,叶辉. 生态学报,2009,(6)
蟑螂过敏患者对蚕蛾与尘螨过敏原体外检测研究. 孙宝清,等. 中华哮喘杂志(电子版),2009,(1)
直链烷基苯磺酸钠对果蝇生殖能力的影响及大豆异黄酮的干扰作用. 赵文红,等. 蚌埠医学院学报,2009,(7)
中国主要蝇类携带致病菌情况与防制原则. 黄建可,杨寿旺. 口岸卫生控制,2009,(2)

(二) 蚊

广东疟蚊之地理分布. 冼维逊. 中华医学杂志,1949,(3)
海南岛巨蚊和库蚊采集小记及一个新蚊种的描述. 瞿逢伊. 动物学杂志,1950,(9)
从自然界之北京库雷蚊属 Culex pipiens Var Pallens 分离得日本乙型脑炎病毒. 黄祯祥,等. 中华医学杂志,1951,(4)
黑斑蚊属的 Aedes chemulpoensis 及库雷蚊属的 Culex pipiens Var Pallens 传染北京系日本乙型脑炎病毒试验. 黄祯祥,等. 中华医学杂志,1951,(4)
华东区的疟蚊. 陆秀琴. 内科学报,1951,(7)
中国疟蚊的地理分布和传疟蚊种. 张本华. 内科学报,1951,(12)
库雷蚊属的 Culex pipiens Var Pallens 及黑斑属的 Aedes dorsalis 传染流行性脑炎病毒实验. 王逸民,等. 中华医学杂志,1952,(12)
我国伊蚊、黑斑蚊的地理分布与鉴别方法. 张本华,等. 中华新医学报,1952,(5)
用 DDT 和六六六灭除蚊虫以及其他有害昆虫的方法. 马富庚. 苏联医学,1952,(4)
1953 年大连市区住宅与牛舍蚊种季节分布调查报告. 张宗葆,等. 微生物学报,1954,(2)
北京中华按蚊越冬的初步观察. 马素芳. 昆虫学报,1954,(3)
海南岛和雷州半岛的蚊类调查. 张本华. 昆虫学报,1954,(4)
介绍苏联的卫生捕蚊器. 浙江卫生实验院医学昆虫组. 中级医刊,1954,(8)
上海蚊虫的孳生地及季节分布的研究. 刘维德. 昆虫学报,1954,(4)
用沉淀反应调查按蚊嗜血习性之方法及南京地区中华按蚊嗜血习性的探讨. 马德芝,等. 中华卫生杂志,1954,(6)
由大连市区住宅与牛舍蚊体中分离出流行性乙型脑炎病毒. 魏文彬,等. 中国微生物学报,1954,(2)
中国尖音库蚊淡色变种与乏倦库蚊成虫在形态上的区别的研究. 冯兰洲,等. 昆虫学报,1954,(2)
安徽省蚊虫初步调查. 刘维德. 昆虫学报,1955,(5)
从北京市自然界蚊成虫分离得流行性乙型脑炎病毒. 王逸民,等. 中华医学杂志,1955,(4)
感染疟原虫的蚊胃永久标本制作法. 巴普洛娃. 程景春译. 生物学通报,1955,(3)
关于捕蚊的鱼类. 王世濬. 生物学通报,1955,(8)
上海地区几种常见蚊虫越冬情况的观察. 刘维德,等. 昆虫学报,1955,(1)
由江西采集的三个新蚊种. 董隆熙. 昆虫学报,1955,(5)
中国的蚊类. 张本华. 人民卫生出版社,1955
保定蚊虫初步调查. 高景铭,等. 昆虫学报,1956,(3)
长沙市蚊虫越冬情况的初步调查报告. 张敦厚. 昆虫学报,1956,(3)
滇越边境金水河疟疾传染媒介的调查. 陆宝麟,等. 中国人民解放军医学科学院建院五周年纪念大会论文摘要,1956

福州市蚊类一年调查及其冬季活动观察初步报告. 陈桂光,刘凌冰. 昆虫学报,1956,6(4)
河北省代表地区的蚊虫种类及其孳生习性(附幼虫及成虫检索表). 马素芳,等. 昆虫学报,1956,(2)
河南开封及信阳鸡公山地区蚊类调查报告. 苏寿泜,等. 昆虫学报,1956,(6)
蚊虫的采集、保存和运送方法. 马素芳. 昆虫知识,1956,(3)
蚊虫幼虫玻片标本的简易制作法. 陆宝麟,等. 昆虫知识,1956,(1)
厦门常见蚊虫年历及幼虫栖息地类型. 谢麟阁,等. 厦门大学学报(自然科学版),1956,(1)
厦门所见若干蚊虫形态的变异. 谢麟阁,等. 昆虫学报,1956,(3)
厦门蚊虫名录及一新种一变种描述. 谢麟阁,等. 昆虫学报,1956,(1)
由北京采到的赛保蚊之一种——金山赛保蚊. 柳忠婉. 昆虫学报,1956,(6)
中华按蚊在自然情况下传染马来丝虫的研究(附湖北武昌和湖南郴县简短观察结果). 冯兰洲,等. 微生物学报,1956,(1)
中国按蚊的分类习性和防治. 孟庆华. 人民出版社,1957,177
中国蚊虫检索表(昆虫手册第一号). 孟庆华. 科学出版社,1957
中华按蚊室外叮刺活动及光线温度降雨等因素对它的影响. 王兴相. 昆虫学报,1957,(4)
舟山蚊类调查以及丝虫病媒介蚊虫生活习性的观察. 朗所,等. 舟山部队丝虫病防治实验工作报告,1957,44
长沙市树洞蚊种调查记录. 张敦厚. 昆虫学报,1957,(2)
长沙市蚊虫越冬情况的第二次调查. 张敦厚. 昆虫学报,1957,(4)
大连市常见蚊种吸血习性及活动时间的观察. 张宗葆,等. 微生物学报,1957,(2)
福建省传播流行性乙型脑炎的蚊类. 吴皎如,等. 微生物学报,1957,(1)
关于我国五斑按蚊 Anopheleasmaculipennis 的新属亚种及其地理分布问题的初步探讨. 张世杰. 哈尔宾医科大学学报,1957,(6)
贵州某矿蚊类调查简报. 吴家荣. 中华医学杂志,1957,(6)
贵州省罗甸县蚊虫调查初步报告. 陈伟,等. 昆虫学报,1957,(1)
海南岛我国五种新记载蚊虫的记述. 陆宝麟,薛景珉. 中国人民解放军医学科学院院刊,1957,1
上海及其附近地区的蚊类. 刘维德. 科学出版社,1957
蚊的内分泌腺咽侧体和咽神经节. 美特泥果娃,M. B. 周大荣译. 昆虫知识,1957,(4)
我国的蚊类. 陆宝麟. 动物学杂志,1957,1(2)
云南的巨蚊和库蚊. 陆宝麟,等. 中国人民解放军医学科学院院刊,1957,(1)
云南双江疟疾传染媒介的调查. 周树松,等. 中国人民解放军医学科学院院刊,1957,(4)
重庆家蚊的研究. 黄其林. 南京农学院学报,1957,(2)
重庆市蚊虫初步调查. 周树松,等. 昆虫学报,1957,(2)
舟山丝虫病媒介蚊虫的防治试验. 陆宝麟,等. 舟山部队丝虫防治实验工作报告,1957,105
白纹伊蚊成蚊产卵习性的观察. 刘素兰. 动物学杂志,1958,(2)
北京市流行性乙型脑炎传播媒介的调查研究Ⅰ. 蚊虫初步调查报告. 王逸民,等. 昆虫学报,1958,(4)
滇南金屏县疟疾感染和媒介的调查. 张奎,等. 军事医学杂志,1958,(1)
二二三和六六六的水悬剂滞留喷洒对侵入室内中华按蚊、日月潭按蚊和微小按蚊的作用Ⅰ. 毒杀效果. 高巨真,等. 1958 年全国寄生虫病学术讨论文选集,1958
干燥、盐分对库蚊卵孵化的影响. 潘醒悟. 昆虫知识,1958,(4)
灌溉施药法杀灭稻田内中华按蚊幼虫的试验. 刘恩浦. 中级医刊,1958,(4)
广东从化按蚊栖息习性调查及其应用方法. 李匹普. 中华卫生杂志,1958,(2)
广西睦边的疟疾媒介. 陆宝麟. 军事医学杂志,1958,(1)
广西伊蚊新种和阿蚊新亚种的记述. 陆宝麟,薛景珉. 军事医学杂志,1958,(1)
贵州丝虫媒介的探讨. 贵州省卫生防疫站疟疾科. 贵州卫生,1958,(12)
国产除虫菊素防蚊油驱避效能的观察. 张本华,等. 中华卫生杂志,1958,(2)
济南市蚊类调查报告. 王永祥. 山东医学院学报,1958,(1)
库蚊一新种. 孟庆华. 昆虫学报,1958,(8)
六六六、二二三烟熏法杀灭成蚊及喷洒法杀蚊幼实验初步报告. 路步炎,等. 山东医学院学报,1958,(2)
六六六烟剂的灭蚊试验. 路步炎,等. 中华卫生杂志,1958,(2)
南京地区蚊类及其传播疾病的研究. 张本华. 中华医学杂志,1958,(3)
山东薛城新庄班氏吴策线虫的媒介尖音库蚊淡色变种观察. 李辉汉,等. 山东医学院学报,1958,(1)
山东邹县贾庄丝虫病及其媒介调查报告. 李辉汉,等. 山东医学院学报,1958,(1)
山西省蚊虫种类及其孳生习性的初步调查. 张文忠,等. 山西医学杂志,1958,(2)
陕西关中地区蚊类越冬场所初步调查. 路守礼,等. 中华卫生杂志,1958,(5)
上海常见蚊种对犬丝虫的感染试验. 傅廷荣. 微生物学报,1958,(4)

四川省川南地区蚊虫调查初步报告.舒光海.昆虫知识,1958,(4)
我国东北及内蒙地区五斑按蚊的亚种及其地理分布.张世杰.动物学报,1958,(3)
湘西中华按蚊产卵、变态与气温关系初步观察.慈玉盛,等.昆虫学报,1958,(4)
有机磷杀虫剂敌泼他来克斯(Dipterex)灭杀蚊幼的初步试验.陈亢川,等.中华卫生杂志,1958,(2)
云南蚊虫种类的初步调查.刘连珠,等.昆虫学报,1958,(1)
浙江黄岩常见蚊种对马来丝虫自然感染的调查.张秉斋,等.军事医学杂志,1958,(1)
中国蚊虫描述汇编.冯兰洲.科学出版社,1958
中华按蚊(AnopheleshyrcanussinensisWiedemamn,1928)夜晚刺叮活动的初步观察Ⅰ.户外刺叮周环.陆宝麟,等.军事医学杂志,1958,(1)
中华按蚊传染马来丝虫的进一步研究.冯兰洲,等.中华医学杂志,1958,(1)
中华按蚊的卵巢发育周期及寿命初步观察.张敏如.科学与技术,1958,(4)
重庆常见蚊种越冬初步观察.张军,等.昆虫学报,1958,(1)
自然界中蚊虫夜晚的活动及其流行病学上的特点.蒙卡德斯基,A. C.张敦厚译.昆虫学译报,1958,(4)
安徽舒城马来丝虫病媒介蚊虫调查.丝虫病研究小组.安徽医学院学报,1959,(2)
保定蚊虫初步调查.高景铭,等.昆虫学报,1959,(3)
北京市流行性乙型脑炎传播媒介的调查Ⅱ.本市常见蚊种嗜血习性的调查.柳忠婉,等.昆虫学报,1959,(1)
长宁县蚊虫的孳生地及其季节分布的研究.舒光海,等.动物学报,1959,(9)
成都蚊虫种类及生态调查报告.徐国清,等.昆虫学报,1959,(1)
稻田内蚊虫孳生情况与居民区远近关系的初步调查.杨致和,等.人民保健,1959,(6)
稻田养鱼灭蚊效果的观察.陈健行,等.动物学杂志,1959,(6)
东北的蚊虫种类及其分布.秦耀庭.昆虫学报,1959,(3)
东北新发现的三种蚊虫.秦耀庭.昆虫学报,1959,(9)
福州地区常见蚊类嗜血习性的研究分析.黄尔秀,等.微生物学报,1959,(3)
福州地区丝虫传播媒介蚊虫的调查报告.王乾章,等.人民保健,1959,(11)
贵州锦屏蚊虫的初步调查研究.吴家荣.昆虫学报,1959,(1)
贵州省蚊虫名录.卢剑云.动物学杂志,1959,(2)
贵州省西北高原高寒地区传疟蚊种的调查分析.贵州省寄生虫病研究所疟疾科.贵州卫生,1959,(6)
杭产敌百虫灭杀蚊类幼虫效力的初步观察.温州医学院寄生虫学教研组.温州医学院校刊,1959,(1)
杭州西湖区丝虫病及其传播媒介的调查研究.黄文德,等.人民保健,1959,(11)
湖北省恩施地区、浦圻县、阳新县及武汉市蚊种调查.袁惠康,等.昆虫学报,1959,(2)
湖北省武昌县马来丝虫感染情况及媒介蚊类的调查报告.吴家驹.微生物学报,1959,(1)
湖南省郴县地区中华按蚊的某些生物学观点.湖南医学院寄生虫学教研组,等.湖南医学院学报,1959,(4)
济南地区尖音库蚊淡色变种越冬情况的初步观察.腾斌.昆虫学报,1959,(2)
济南市蚊类调查报告.路步炎,等.昆虫学报,1959,(5)
江西抚州地区蚊虫初步调查.游光华.昆虫学报,1959,(2)
九种野生植物灭杀蚊幼效果的初步观察.赵学忠.医学通报,1959,(6)
两种有机磷杀虫剂灭蚊、蝇的初步试验和应用方法的探讨.卫生系灭蚊蝇研究组.北京医学院学报,1959,(1)
庐山蚊虫初步调查报告.王醮标,等.昆虫学报,1959,(4)
炉山县翁牙乡微小按蚊越冬的调查(1957—1958).贵州省寄生虫病研究所疟疾科.贵州卫生,1959,(1)
马来氏丝虫在媒介蚊体内发育的的各期幼虫的区别.龚建章.人民保健,1959,(9)
灭蚊研究报告(一).生物系灭蚊科研组.湖南师范学院学报(自然科学版),1959,(3)
南京市浦镇地区室内常见库蚊族蚊种嗜血习性的研究.陆秀琴,等.昆虫学报,1959,(2)
赛美特(Thimet)杀虫剂对灭杀蚊虫幼虫初步试验报告.四川卫生研究所洪雅疟疾试验站.昆虫知识,1959,(5)
上海蚊虫的孳生地及季节分布的研究.刘维德.昆虫学报,1959,(4)
四川地区几种常见蚊虫越冬情况的观察.舒光海,等.昆虫学报,1959,(2)
四川洪雅及夹江地区中华按蚊群的初步研究.刘维德,等.微生物学报,1959,(3)
微小按蚊类型研究.刘连珠,等.昆虫学报,1959,(2)
蚊虫对二二三、六六六形成抗药性的实验观察.潘心悟.人民保健,1959,(12)
药物杀灭蚊类幼虫的喷洒时间及效果观察.潘心悟.中级医刊,1959,(6)
野生植物灭蚊幼虫效果的观察总结.贵州省寄生虫病研究所疟疾科.贵州卫生,1959,(1)
浙江嘉兴中华按蚊越冬的观察.刘恩溥,等.昆虫学报,1959,(1)
中国按蚊鉴定手册(上册:成虫).陆宝麟.科学出版社,1959
中华按蚊生殖营养节奏和生殖营养周环.谭璟宪,等.动物学报,1959,(1)
安徽合肥市郊区常见蚊种的生态观察初报、唐石俊,等.安徽医学报,1960,(5)

百部(九里根)灭蚊幼虫初步观察报告.云南省疟疾防治所.云南医学杂志,1960,(1)
北京市清水稻田养鱼灭蚊工作.王井塘,等.人民保健,1960,(7)
本溪地区蚊虫初步调查.孙铎.昆虫学报,1960,(2)
低温对两种类型中华按蚊卵的影响的初步观察.陈健行.昆虫学报,1960,(1)
东北地区所发现之蚊种及其分布.苏龙.吉林医科大学学报,1960,(2)
东北新发现的普拉伊蚊.秦耀庭,等.昆虫学报,1960,(2)
福建省重点地区蚊种分布初步调查.陈亢川,等.福建省卫生防疫站年刊,1960
福州市中华按蚊及致乏库蚊一年生态观察研究.刘凌冰,等.昆虫学报,1960,(1)
广东从化冬季按蚊活动情况观察.李姿,等.昆虫学报,1960,(1)
广西僮族自治区蚊类调查.周树松,等.昆虫学报,1960,(3)
黑龙江省蚊种的初步调查报告.哈尔滨医科大学寄生虫教研组.黑龙江医刊,1960,(5)
湖北武昌及孝感马来吴策丝虫保存宿主的初步探讨.刘亦仁.微生物学报,1960,(1)
吉林、黑龙江两省新发现的四种伊蚊.苏龙.昆虫学报,1960,(10)
喀什蚊虫调查报告.黄重安.动物学杂志,1960,(4)
昆明市郊区常见成蚊越冬情况初步观察.李长江,等.云南医学杂志,1960,(1)
群舞库蚊的趋声性.王樟龄,等.人民保健,1960,(24)
三种化学杀虫剂灭成蚊及蚊幼试验.陈亢川,等.福建省卫生防疫站年刊,1960
山东邹县地区淡色库蚊在自然情况下生活周期的观察.孙文修,等.昆虫知识,1960,(5)
水浮莲种植场灭蚊的试验观察.黎明达.医学通报,1960,(11)
望谟县蚊类初步调查报告.张合.昆虫学报,1960,(1)
在广东对按蚊出入居室与室内栖息情况的观察.李姿.昆虫学报,1960,(1)
在蚊类对六六六有抗性地区四种化学杀虫剂灭杀蚊蚴的比较试验.陈亢川,等.福建省卫生防疫站年刊,1960
中药及野生植物灭杀淡色库蚊幼虫试验.苗有光,等.中医杂志,1960
淡色库蚊卵的研究.苏寿泒,等.河南医学院学报,1961,(9)
淡色库蚊卵和幼虫的发育与形态的研究.苏寿泒.河南医学院学报,1961,(9)
广西睦边常见蚊种夜晚侵入室内活动观察.陆宝麟,等.昆虫学报,1961,(10)
贵阳按蚊生态习性的观察.蒋时曜.昆虫学报,1961,(4)
水稻合理密植及定期排干对灭蚊的作用.王运章,等.河南医学院学报,1961,(9)
污水灌溉区稻田养鱼加种植浮萍对灭蚊的作用.王运章,等.河南医学院学报,1961,(9)
中国按蚊鉴定手册(下册:幼虫).陆宝麟.科学出版社,1961
福建省蚊类名录及主要蚊种与疾病的关系.陈桂光.福建医学院学报,1962,(2)
福州地区白纹伊蚊一年生态观察研究.王乾章.昆虫学报,1962,(4)
河南省蚊虫种类及其分布调查报告.葛凤翔,等.动物生态及分类区系专业学术讨论会论文摘要汇编.1962
湖北省阳新地区蚊虫夜间活动观察.袁惠康,等.动物生态及分类区系专业学术讨论会论文摘要汇编,1962
湖北省已知蚊种及其分布.刘亦仁.动物生态及分类区系专业学术讨论会论文摘要汇编,1962
赛氏蚊一新种——中华赛氏蚊.孟庆华.昆虫学报,1962,(11)
三带喙库蚊幼虫的生态.张敦厚.动物学报,1962,(1)
狩猎库蚊及白纹伊蚊作为流行性乙型脑炎病毒储存宿主的研究.柯小麟,等.微生物学报,1962,(3)
四川宜宾地区中华按蚊类型的初步研究.舒光海,等.昆虫学报,1962,(3)
我国东北地区柏氏赛蚊的新发现及对金山赛蚊鉴定上的商榷.苏龙.昆虫学报,1962,(2)
伊蚊一新种——拉萨伊蚊.孟庆华.昆虫学报,1962,(11)
郑州地区越冬淡色库蚊飞出活动与生物气候的关系.王运章,等.河南医学院学报,1962,(10)
DDT和666水悬剂滞留喷洒对夜晚侵入室内中华按蚊、日月潭按蚊和微小按蚊活动的影响.陆宝麟,等.昆虫学报,1963,(2)
从进化观点看蚊虫与疾病的关系.冯兰洲.昆虫知识,1963,(2)
淡色库蚊幼虫的不同发育阶段对几种氯化烃类杀虫剂敏感度变化的研究.刘维德,等.昆虫学报,1963,(3)
淡色库蚊幼虫的不同性别对r-666敏感变化的研究.黄品箓,等.昆虫学报,1963,(5)
关于中华按蚊种型的介绍.陈健行.动物学杂志,1963,(2)
海南岛白踝按蚊生态习性调查研究.盛伯梁,等.昆虫学报,1963,(12)
海南岛发现的一新种库蚊——琼中库蚊.徐启丰.昆虫学报,1963,(2)
库蚊一新种.何桂铭.昆虫学报,1963,(3)
太湖震泽中华按蚊及雷氏按蚊的生态习性.朗所,等.华东师大学报,1963,(1)
蚊虫抗药性的研究Ⅰ.我国各地淡色库蚊幼虫对DDT及666敏感度的初步调查.俞渊.昆虫学报,1963,(2)
污水灌溉藕田过程中水质及蚊蚴变化的现场观察.杨文进,等.中华医学杂志,1963,(5)

五种库蚊夜间活动的观察. 刘亦仁. 动物学报,1963,(2)
1960—1963 年我国某些地区致乏库蚊幼虫对 DDT 及 666 发生抗药性及其衰退的观察. 刘维德,等. 昆虫学报,1964,(6)
1960 年和 1963 年郑州市淡色库蚊幼虫对 DDT、666 敏感度的变化. 苏寿泜,等. 河南医学院学报,1964,(15)
淡色库蚊幼虫对二二三及 666 形成抗性的研究. 陆秀琴. 中华卫生杂志,1964,(2)
稻田内孳生蚊类幼虫密度与居民点距离关系的研究. 林景翰,等. 中华卫生杂志,1964,(2)
福建闽侯、长乐地区中华按蚊种型与两种丝虫关系的研究. 陈桂光. 昆虫知识,1964,(2)
广西睦边几种重要蚊虫的嗜血性. 谭璟宪,等. 昆虫知识,1964,(4)
河南不同地区中华按蚊越冬观察. 尤显策. 河南医学院学报,1964,(18)
河南赫坎按蚊种团的种型分化的研究Ⅰ. 中华按蚊种型调查;Ⅱ. 纸色层分析法对中华按蚊种型分化的研究. 苏寿泜,等. 河南医学院学报,1964,(16)
赫坎按蚊种群内中华按蚊不同类型的研究 I. 卵的形态比较. 马素芳. 昆虫学报,1964,(6)
几种不同类型中华按蚊成虫形态区别的初步研究. 冯鲁柏. 昆虫学报,1964,(4)
库蚊三新种之描述. 王兴相、冯崇英. 动物分类学报,1964,(1)
来函刊登(关于本学报 1964 年 16 期《河南赫坎按蚊种团的种型分化的研究Ⅰ. 中华按蚊种型调查》一文的重要更正). 苏寿泜. 河南医学院学报,1964,(17)
蚊虫抗药性的研究Ⅱ. 淡色库蚊成虫对 DDT 及 666 抗药性选育的实验. 俞渊. 昆虫学报,1964,(3)
蚊虫抗药性的研究Ⅲ. 幼虫对敌百虫抗性选育的试验. 俞渊,等. 昆虫学报,1964,(6)
蚊卵的外部形态与结构. 冯兰洲,等. 寄生虫学报,1964,(1)
小型中华按蚊卵越冬的观察. 许锦江. 昆虫学报,1964,(5)
一新种蚊虫——四川杵蚊的记录. 徐国清. 昆虫学报,1964,(13)
一种测定杀虫剂对成蚊击倒毒效的新装置. 刘维德. 昆虫知识,1964,(3)
致乏库蚊抗药性的研究Ⅰ. 广西致乏库蚊幼虫对 DDT 和 666 的敏感度调查. 吴能,等. 昆虫学报,1964,(2)
中华按蚊成虫对 DDT 及 666 敏感度测定初报. 刘维德,等. 昆虫学报,1964,(6)
中华按蚊幼虫的龄期鉴别及其应用. 马素芳. 昆虫知识,1964,(1)
中华按蚊在我国不同纬度地区栖息差异的观察. 刘维德. 昆虫学报,1964,(6)
敌敌畏乳剂灭越冬蚊效果的初步观察. 魏玉琦. 中华卫生杂志,1965,(6)
对淡色库蚊及白纹库蚊的生理年龄观察. 刘多. 昆虫学报,1965,(2)
关于地区灭蚊效果考核的方法问题. 刘维德. 中华卫生杂志,1965,(6)
广州地区中华按蚊产卵至吸血时距的初步观察. 何桂铭. 寄生虫学报,1965,(1)
广州地区中华按蚊生理年龄的组成. 何桂铭,等. 昆虫学报,1965,(1)
广州中华按蚊野外栖息场所的研究. 何桂铭. 动物学报,1965,(1)
海南岛微小按蚊残存分布继续调查. 海南岛寄生虫病防治研究所. 中华卫生杂志,1965,(5)
赫坎按蚊种群内中华按蚊不同类型的研究Ⅱ. 蛹形态比较. 马素芳. 昆虫学报,1965,(2)
湖北地区常见蚊虫若干生态习性的观察. 刘亦仁. 寄生虫学报,1965,(2)
开封地区中华按蚊种群动态的初步探索. 河南省疟疾防治工作组. 河南医学院学报,1965,(3)
乐山蓝带蚊新种及对罕培蓝带蚊雄蚊与幼虫的描述. 王兴相,冯崇英. 动物分类学报,1965,(2)
南昌市致乏库蚊幼虫对 DDT 和 666 敏感度的测定. 王醮标. 江西医药,1965,(5)
山东农村淡色库蚊生态习性的调查研究. 李辉汉. 昆虫学报,1965,(5)
山东省昌乐、益都地区蚊类调查报告. 孙怀宝. 寄生虫学报,1965,(2)
狩猎库蚊生理年龄与班氏丝虫传播关系. 何桂铭. 昆虫学报,1965,(3)
我国赫坎按蚊群内中华按蚊不同类型的研究Ⅲ. 成虫的形态比较. 马素芳. 昆虫学报,1965,(5)
消灭蚊虫的技术措施的意见. 昆虫知识,1965,(4)
小剂量渐加滴药法测定淡色库蚊及致乏库蚊幼虫对丙体 666 的敏感度研究. 刘维德,等. 昆虫知识,1965,(2)
新疆蚊类初步调查报告. 肖成恩,等. 动物学杂志,1965,(2)
徐州地区三节吻库蚊室外叮刺活动的通宵观察. 张道义. 昆虫学报,1965,(6)
伊蚊一新种——平坝伊蚊的描述. 张合. 寄生虫学报,1965,(2)
浙江临海地区中华按蚊防治实验. 刘维德. 昆虫知识,1965,(6)
致乏库蚊抗药性的研究Ⅱ. 几种不同抗药性水平的致乏库蚊幼虫各年龄对 DDT 敏感度的变化. 周代宝,等. 昆虫学报,1965,(2)
中华按蚊体外常见寄生水螨和蠓对其寄主生殖的影响. 俞宗卿. 动物学杂志,1965,(6)
1964 年本溪市区主要积水中蚊虫幼虫季节消长的调查. 孙锋. 中华卫生杂志,1966,(3)
大型中华按蚊室内自然交配传代试验初步报告. 王竞. 昆虫知识,1966,(3)
光周期对白纹伊蚊卵滞育影响的观察. 王仁赉. 昆虫学报,1966,(1)

木屑湿拌敌敌畏快速烟熏灭越冬蚊效果观察. 程徐遂. 中华卫生杂志,1966,(2)
山东滨县地区中华按蚊栖息习性的调查. 吕奇山. 寄生虫学报,1966,(2)
上海淡色库蚊对敌百虫及除虫菊素发生抗药性的初步报告. 刘金发. 昆虫学报,1966,(1)
实验室内大量饲养淡色库蚊的方法及其生活史、寿命的观察. 孙怀宝. 动物学杂志,1966,(1)
蚊类抗药性测定及杀虫剂对蚊类毒效试验的方法. 刘维德. 中华卫生杂志,1966,(3)
浙江建德某区蚊种初步调查. 程徐遂. 寄生虫学报,1966,(2)
我国主要疟疾媒介简介. 陆宝麟. 疟疾防治研究工作情况交流,1972,(16)
贵州新蚊种——从江库蚊和榕江伊蚊的记述. 张培轩,张思森. 昆虫学报,1974,(17)
赛蚊一新种(大叶赛蚊)的记述(双翅目:蚊科). 陆宝麟,等. 昆虫学报,1974,(17)
蚊虫的遗传防制方法. 杨新史译. 国外医参,1974,(4)
我国巴拉巴按蚊形态描述. 邓达,钱会霖. 昆虫学报,1974,(17)
现场应用索科线虫控制蚊类幼虫的初步结果. 国外医参(寄生虫),1974,(4)
中国按蚊鉴定手册(第二版). 陆宝麟. 科学出版社,1974
海南岛的蚊类. 陆宝麟. 科技简讯,1975,(4)
我国赫坎按蚊类群研究. 许锦江,冯兰洲. 昆虫学报,1975,(18)
伊蚊(骚扰蚊亚属)一新种和我国背点伊蚊组的记述. 陆宝麟,李蓓思. 昆虫学报,1975,(18)
滞留杀虫剂对四斑按蚊的毒性及其栖息行为的影响. 张持平译. 国外医参(寄生虫),1975,(2)
中草药杀灭按蚊、库蚊幼虫实验观察报告. 韩兆祥,等. 新医药学杂志,1975,(7)
防制按蚊的微生物. 国外医参(寄生虫),1976,(4)
环境因素及生理龄期对蚊虫飞行的影响. 国外医参(寄生虫),1976,(2)
蚊虫的防制研究的近况. 陆宝麟. 国外军事医学资料,1976,(5)
蚊类幼虫和粘质植物种子的相互关系——粘液内碳水化合物的组成与诱捕幼虫的关系. 国外医参(寄生虫),1976,(1)
白洋淀的摇蚊幼虫及二新种记述. 颜京松,等. 昆虫学报,1977,(2)
淡色按蚊的单系培育方法. 国外医参(寄生虫),1977,(3)
库蚊属一新种(海南库蚊)的记述. 陈汉彬. 昆虫学报,1977,(20)
伊蚊一新种——新疆伊蚊. 肖承恩. 昆虫学报,1977,(20)
安徽省大别山区中华按蚊与雷氏按蚊地理分布的初步调查. 安徽医科大学卫生流行病学教研组. 安徽医科学大学学报,1978,(3)
超低溶量喷雾灭蚊. 朱成璞. 中华预防医学杂志,1978,(1)
地面超低容量喷雾防制蚊虫的现场试验. 南京军区后勤部军事医学院研究所. 疟疾研究,1978
地面超低容量喷雾灭蚊效果观察. 南京军区后勤部军事医学院研究所. 疟疾研究,1978
地面空中超低容量喷雾灭蚊. 朱成璞. 中华预防医学杂志,1978,12(1)
东方红-18 型超低容量喷雾机喷头研制及灭蚊效果观察. 施应坤,等. 疟疾研究,1978
福建的蚊类. 陈桂光. 福建医科大学报,1978,(1)
广西环江地区赫坎按蚊类群不同种型活动特性和传播马来丝虫病的作用观察. 广西壮族自治区寄生虫病防治研究所丝虫病小组. 昆虫学报,1978,(3)
泉州市蚊类初步调查报告. 丁尔成. 福建医大学报,1978,(1)
水稻湿润灌溉在防治蚊类幼虫孳生作用上的探讨. 葛凤翔,等. 中华预防医学杂志,1978,(1)
蚊虫的综合防治. 陆宝麟. 昆虫学报,1978,(21)
五种昆虫化学绝育剂和 γ 辐射对雄性库蚊的绝育作用. 国外医参(寄生虫),1978,(2)
伊蚊一新种——安图伊蚊的记述. 苏龙,等. 昆虫学报,1978,(21)
应用胺菊酯油剂进行地面超低容量喷雾的灭蚊效果试验. 南京军区后勤部军事医学研究所. 疟疾研究,1978
班氏丝虫病重流行区淡色库蚊自然感染微丝蚴观察. 枣庄市卫生防疫站. 枣庄医药,1979,(3)
丙种射线和化学不育剂对释放不育性雄蚊生育力和适应性的影响. 国外医参(寄生虫),1979,(4)
登革热的媒介及其防治. 陆宝麟. 人民军医,1979,(5)
光周期对淡色库蚊滞育越冬影响的观察. 王仁赉. 昆虫学报,1979,(3)
国外灭蚊方法的新进展. 苏寿汦. 河南医学院学报,1979,(1)
积水水质与中华按蚊幼虫密度的观察. 王顺祥,等. 中华预防医学杂志,1979,(2)
近代研究媒介蚊类应用的新技术. 盛伯梁. 国外医参(寄生虫),1979,(4)
军用驱蚊剂驱蚊效果观察. 高韵芩. 医学资料(福州军区后勤部卫生部),1979,(3)
媒介蚊虫综合防治. 陆宝麟. 中国主要害虫综合防治,科学出版社,1979
南阳地区白纹伊蚊生态学的调查. 孙正. 昆虫学报,1979,(2)
蚊虫及其检疫. 马素芳. 科学出版社,1979

蚊虫染色体的制片方法. 叶炳辉,等. 遗传,1979,(4)
蚊类抗药性及其测定. 刘维德. 科学出版社,1979
我国伊蚊亚属蚊幼虫的鉴别. 苏龙,等. 白求恩医科大学学报,1979,(4)
新的单分子有机表面膜杀灭四班按蚊幼虫的效果. 国外医参(寄生虫),1979,(4)
云南一种按蚊新记录. 董学书,等. 动物分类学,1979,(4)
中国蚊类校订目录. 陆宝麟,许荣满. 军事医学科学院,1979,92
中华按蚊实验室饲养的研究. 潘家复,等. 昆虫学报,1979,(1)
白纹伊蚊细胞株的建立及其特征. 潘秀珍,等. 实验生物学报,1980,(2)
淡色库蚊对敌百虫的抗药性研究——抗性普及联合作用. 唐振华. 昆虫学报,1980,(3)
淡色库蚊对敌百虫抗性的研究——水解酶同敌百虫抗性关系. 陈巧云,等. 昆虫学报,1980,(4)
敌敌畏烟剂室内熏杀淡色库蚊试验. 王美秀,等. 流行病学杂志,1980,(1)
广西按蚊种类及其生态习性与疾病关系. 潘士贤. 昆虫学报,1980,(1)
海南岛吊罗山林区树洞孳生蚊类组成. 陆宝麟,等. 军事医学科学院院刊,1980,(4)
海南岛重要传疟媒介巴拉巴按蚊的生态特征和防治效果. 中国医学科学院寄生虫病研究所疟疾室,等. 中华预防医学杂志,1980,(14)
柬埔寨库蚊雌蚊和幼虫的记述. 陈汉彬. 动物分类学报,1980,(5)
铃兰钟虫对二种蚊幼虫生活力的影响. 刘素兰,等. 上海第一医学院学报,1980,(1)
山东南部中华按蚊吸血习性的调查研究. 樊天宝. 中国医科院寄研所《寄生虫病防治研究简报》,1980,(4)
沈阳地区发现凶小库蚊携带流行性乙型脑炎病毒的报告. 沈阳市卫生防疫站. 中华预防医学杂志,1980,(4)
食蚊鱼(Gambusiaaffinis)的生物学特性及其灭蚊利用的展望. 潘炯华,等. 华南师院学报(自然版),1980,(1)
苏云金杆菌以色列变种杀灭幼虫作用的实验室及现场评价. 徐启丰,等. 中华预防医学杂志,1980,(4)
蚊媒的生物防制研究现状. 杨新史. 国外医参(寄生虫),1980,(1)
我国不同地理株白纹伊蚊对登革热病毒的易感性. 张升,何桂铭. 中华流行病学杂志,1980,(10)
我国库蚊食窦甲鉴别. 陈汉彬. 动物分类学报,1980,(1)
我国杂鳞库蚊亚组的初步研究. 陈汉彬. 昆虫学报,1980,(25)
摇蚊马氏管和直肠多线染色体的初步研究. 杨永铨,等. 遗传学报,1980,(2)
云南昭通地区赫坎按蚊种类群蚊种子孢子感染观察. 李华宪,等. 流行病学杂志,1980,(4)
中国库蚊鉴别手册. 孟庆华,陈汉彬. 贵州人民出版社,1980
中国蓝带蚊属的同物异名、地理分布及其分类. 瞿逢伊. 昆虫学报,1980,(2)
中华按蚊幼虫唾腺染色体标本制作和几点经验. 徐秀芬,等. 河南医学院学报,1980,(3)
1980 年海南岛登革热流行的病源学研究. 李雪东,等. 中华微生物学和免疫学杂志,1981,(1)
阿蚊一新种的记述. 陆宝麟,李蓓思. 动物分类学报,1981,(6)
按蚊幼虫唾液腺染色体的制片方法. 叶炳辉,等. 南京医学院学报,1981,(1)
按蚊属按蚊亚属一新种. 马素芳. 昆虫分类学报,1981,3(4)
白纹伊蚊细胞株-ACK4 的建立及对六株虫媒病毒的影响. 耿际泉,等. 微生物学通报,1981,8(6)
登革热媒介及其防制. 陆宝麟. 1981 年全国登革热防治科研会议集刊,1981
放射性同位素标记法测定蚊幼活动范围的实验观察. 樊天宝. 中华预防医学杂志,1981,15(5)
关于金线伊蚊及其近缘种分类系统的建议. 孟庆华. 昆虫分类学报,1981,3(4)
黄河冲积平原区水稻湿润灌溉控制稻田蚊幼孳生的研究. 葛凤翔. 生态学报,1981,1(2)
介绍西德的几种新型灭蚊器. 家用电器技术,1981,(4)
巨蚊属一新种的记述. 苏龙,王才. 昆虫学报,1981,(24)
库蚊属一新种记述. 陈汉彬. 昆虫学报,1981,(24)
灭蚊幼药物的选择试验. 沈培谊,等. 人民军医杂志,1981,(8)
帕氏按蚊的补充描述. 俞渊,等. 昆虫分类学报,1981,(6)
三带喙库蚊寄生等索线虫(Isomermis sp.)生活史的初步研究. 鲍学纯,等. 华中师院学报(自然版),1981,(4)
三带喙库蚊精巢发育中染色体行为的研究. 陈汉彬. 遗传学报,1981,8(4)
湿润灌溉控制稻田蚊虫孳生的研究. 葛凤翔,等. 生态学报,1981,(1)
蚊虫的综合防治概念. 陆宝麟. 军事医学科学院院刊,1981,(4)
我国中华按蚊种团的研究(包括四新种). 马素芳. 动物学集刊,1981,(1)
影响致乏库蚊对敌百虫抗性生化测定结果的因素探讨. 代玉茹,等. 寄生虫病防治研究,1981,(4)
郑州地区中华按蚊种群动力学的实验研究. 曲传智,等. 河南医学院学报,1981,16(4)
郑州中华按蚊唾染色体图型. 徐秀芬,等. 昆虫分类学报,1981,3(4)
中国的白雪伊蚊组蚊幼. 陆宝麟. 昆虫分类学报,1981,3(4)
中国蓝带蚊亚属一新种. 瞿逢伊. 昆虫分类学报,1981,3(4)

中国蚊蛹的分类学研究Ⅰ.蛹的鉴别形态及我国蚊蛹分亚科和分属.陆宝麟,等.贵阳医学院学报,1981,(7)
中华按蚊和雷氏按蚊嗜人亚种扫描电镜的比较观察.许锦江,等.昆虫分类学报,1981,3(4)
中华按蚊唾腺染色体的研究.叶炳辉,等.遗传学报,1981,(1)
巴拉巴按蚊实验室种群的动力学Ⅱ.净增殖率和内禀增长力.王菊生,等.贵阳医学院学报,1982,(1)
长白巨蚊各龄幼虫期的形态学观察.张永生,等.白求恩医科大学学报,1982,8(4)
长白巨蚊生态学中若干问题的研究.张永生,等.白求恩医科大学学报,1982,8(6)
从海南岛白纹伊蚊体内分出登革热Ⅲ型病毒.陈文洲,等.中华流行病学杂志,1982,(3)
对鲁南稻区中华按蚊传播间日疟媒介能量季节变化的观察.樊天宝,等.中华流行病学杂志,1982,3(4)
发育抑制剂(TH-6040)防制致倦库蚊的实验室和现场效果评价.薛健.山东卫生防疫站(译丛),1982,(1)
福建株中华按蚊唾腺染色体.徐秀芬,等.河南医学院学报,1982,17(4)
广东省佛山地区白纹伊蚊的登革热病毒抗原携带率的动态观察.张浩燕,等.中华医学杂志,1982,62(12)
广州地区白纹伊蚊的自育性.崔可伦.昆虫学报,1982,25(3)
贵州发现的一新种库蚊——苗岭库蚊.陈汉彬.动物分类学报,1982,7(3)
海南岛巴拉巴按蚊订正为大劣按蚊.邓达,等.动物分类学报,1982,(7)
河南信阳地区三带喙库蚊夜间活动的观察.屈孟卿,等.河南医学院学报,1982,17(3)
赫坎按蚊种团新成员——凉山按蚊(A. liangshanensis)的细胞遗传学观察.康万民,等.寄生虫病防治研究通讯,1982,(1)
几种虫媒病毒胸内感染白纹伊蚊的敏感性与繁殖动态观察.陈日光.中华微生物学和免疫学杂志,1982,2(1)
李氏领蚊幼虫记述.陆宝麟,等.昆虫分类学报,1982,4(1-2)
两室内品系中华按蚊酯酶同工酶比较研究.叶炳辉,等.南京医学院学报,1982,2(3)
灭幼脲类对淡色库蚊的实验室与现场观察.方洪元,等.昆虫激素,1982,(2)
南京地区淡色库蚊越冬期间经产率的初步观察.王福彭,等.铁道医学,1982,10(6)
噻潜派对淡色库蚊的不育作用.缪建吾,等.昆虫学报,1982,25(3)
三带喙库蚊的生态及防制研究进展.张淑媛,等.中华流行病学杂志,1982,3(3)
三更罗库蚊的形态描述.王兴相.第三军医大学学报,1982,4(1)
双翅目(蚊科).马素芳.西藏昆虫,1982,(2)
苏脲1号类似物对蚊幼杀灭能力的测定.南京军区军事医学研究所,等.江苏师范学院学报(自然版),1982,(1)
微小按蚊和巴拉巴按蚊对间日疟原虫、恶性疟原虫易感性的比较研究.何登贤,等.广西医学院学报,1982,(2)
我国不同地区地理株白纹伊蚊杂交、自育性、幼虫期、发育速度及蛋白电泳带的实验观察.崔可伦,等.中山医学院学报,1982,3(4)
我国疟疾媒介及其防治问题.陆宝麟.中华流行病学杂志,1982,(3)
野营部队药物浸泡蚊帐防蚊效果初步观察.张应阔,等.人民军医,1982,(5)
印度雕蚀菌对三带喙库蚊幼虫生活力的影响.刘素兰,等.昆虫学报,1982,25(4)
应用比色法测定蚊虫摄血量.刘燕明,等.昆虫学报,1982,25(4)
致倦库蚊生活史若干问题的探讨.苏晓庆.贵阳医学院学报,1982,7(2)
中国白纹伊蚊亚组伊蚊的研究Ⅰ.成蚊.陆宝麟.动物学研究,1982,3(4)
北京三带喙库蚊乙型脑炎病毒感染调查.王逸民,等.中华流行病学杂志,1983,(4)
不同地区中华按蚊四龄幼虫唾腺染色体的比较观察.徐秀芬,等.寄生虫与寄生虫病杂志,1983,1(2)
长白巨蚊生活史的实验研究.张永玉,等.白求恩医科大学学报,1983,9(2)
超低容量喷洒防制毛竹林内白纹伊蚊效果观察.朱成璞,等.白纹伊蚊和埃及伊蚊防制研究,1983,(1)
淡色库蚊幼虫在发育过程中唾液腺细胞核DNA变化的细胞化学研究.徐卫明.实验生物学报,1983,16(2)
福建蚊体内5种常见丝虫感染蚴的形态比较.林国全,等.福建医药杂志,1983,(2)
广东沿海居民区埃及伊蚊和白纹伊蚊的分布及孳生习性调查.傅廷荣,等.公共卫生与疾病控制杂志,1983,2(3)
广州市致乏库蚊生理龄期与季节消长的关系.李树桃,等.中华预防医学杂志,1983,17(1)
河南郑州、上海、福建尤溪中华按蚊生命表特性的比较.苏寿泜,等.寄生虫学与寄生虫病杂志,1983,1(3)
江苏按蚊与嗜人按蚊杂交实验.杨玉华,等.四川动物,1983,2(3)
江苏宜兴竹林区白纹伊蚊刺叮周环的观察.陆宝麟.白纹伊蚊和埃及伊蚊防制研究第一集,1983
利用雌蚊尾器进行蚊虫分类鉴定的研究Ⅰ.雌蚊尾器的形态构造及东北地区按蚊属GenusAanopheles各雌蚊尾器的形态特征.张东昌.白求恩医科大学学报,1983,9(5)
两室内品系中华按蚊苹果酸脱氢酶(MDH)和乳酸脱氢酶(LDH)同工酶的比较研究.叶炳辉,等.南京医学院学报,1983,3(4)
疟疾媒介的生态学和遗传学.White,G.B.国外医学(寄生虫分册),1983,(4)
疟疾媒介的综合防治.陆宝麟.卫生部防疫司,1983

三带喙库蚊实验室种群的建立及若干生活史的研究. 张淑媛, 等. 中华流行病学杂志, 1983, 4(4)
山东中华按蚊生态习性调查研究的进展. 樊天宝, 等. 寄生虫学与寄生虫病杂志, 1983, 1(4)
苏皖部队驻地蚊虫栖息及吸血习性调查. 张应阔, 等. 人民军医, 1983, (5)
苏云金杆菌以色列变种灭蚊幼的致病机理与应用. 谭昌炎. 中华流行病学杂志, 1983, 4(6)
微小按蚊对约氏疟原虫敏感性的初步观察. 任慧娴, 等. 第三军医大学学报, 1983, 5(4)
微小按蚊和大劣按蚊对间日疟原虫和恶性疟原虫易感性的实验研究. 何登贤, 等. 寄生虫学与寄生虫病杂志, 1983, 1(2)
蚊虫传播乙型肝炎作用的研究 Ⅰ. 自然采集和人工喂血蚊携带 HBsAg 的研究; Ⅱ. 蚊体内 HBsAg 的免疫电镜观察. 丁正荣, 等. 公共卫生与疾病控制杂志, 1983, 2(5)
蚊虫的遗传防治. 缪建吾. 四川动物, 1983, 2(4)
蚊的寄生线虫旌德罗索虫的生活史及其宿主关系的研究. 杨新史, 等. 动物学研究, 1983, 4(2)
蚊的寄生线虫一新种: 旌德罗索虫. 杨新史, 等. 动物分类学报, 1983, 8(3)
我国东北地区蚊类区系成分和分布规律. 苏龙. 白求恩医科大学学报, 1983, 9(3)
我国东北地区西南部蚊虫区系的初步调查. 张东昌. 白求恩医科大学学报, 1983, 9(4)
我国东北及其毗邻地区的蚊类. 苏龙. 白求恩医科大学学报, 1983, 9(1)
我国林氏按蚊形态变异的研究. 马素芳, 等. 昆虫学报, 1983, 26(1)
延长苏云金杆菌以色列变种杀蚊幼虫特效的研究. 徐启丰, 等. 中华预防医学杂志, 1983, 17(6)
乙脑病毒强、弱苗株感染三带喙库蚊特性的比较. 陈伯权, 等. 中国医学科学院学报, 1983, 5(6)
用中华按蚊胸悬骨内突生长线测定日龄. 潘实清, 等. 昆虫学报, 1983, 26(2)
豫东平原三带喙库蚊的生态及防制的研究. 屈孟卿, 等. 河南医学院学报, 1983, 18(2)
云南省蟹洞中孳生的蓝带蚊新记录. 瞿逢伊, 等. 昆虫分类学报, 1983, (5)
致乏库蚊传播班氏丝虫的实验研究 Ⅰ. 人群微丝蚴率与致乏库蚊自然感染率关系的观察. 欧作炎, 等. 广东医学, 1983, 4(1)
中国尖音库蚊复组的研究. 陈汉彬, 等. 贵阳医学院学报, 1983, 8(1)
中华按蚊和雷氏按蚊嗜人亚种八种同工酶的遗传学分析及其亲缘关系的研究. 蒋成山. 遗传学报, 1983, 10(5)
中华按蚊苹果酸脱氢酶同工酶谱的研究. 聂崇兴, 等. 湖南医学院学报, 1983, 8(3)
中华按蚊唾腺多线染色体的研究 Ⅰ. 方法学的改进; Ⅱ. X 染色体的重新鉴定和湖南省长沙地区中华按蚊唾腺多线染色体图. 李本文, 等. 湖南医学院学报, 1983, 8(3)
猪尾猴疟原虫广西株在巴拉巴按蚊体内孢子增殖的观察. 叶奕英, 等. 动物学报, 1983, 29(1)
DDT 滞留喷洒防制雷氏按蚊嗜人亚种控制恶性疟的实验研究. 吴握友, 等. 寄生虫学与寄生虫病杂志, 1984, 12(4)
埃及伊蚊与白纹伊蚊传播登革热病毒的实验研究. 陈日光, 等. 中华预防医学杂志, 1984, 18(6)
安徽江淮地区雷氏按蚊嗜人亚种传疟作用的研究. 柳朝藩, 等. 寄生虫学与寄生虫病杂志, 1984, 2(4)
按蚊属一新种(双翅目: 蚊科). 康万民, 等. 四川动物, 1984, 3(2)
巴拉巴按蚊的生态习性、传疟作用及控制. 杨存性, 等. 寄生虫学与寄生虫病杂志, 1984, 12(4)
白纹伊蚊(Aedes albopictus)细胞株(C6/36, A2-678)的细胞遗传学特征. 张锡然, 等. 动物学研究, 1984, 5(3 增刊)
白纹伊蚊寿命的研究: 实验室内雌蚊的存活. 高巨真, 等. 昆虫学报, 1984, 27(2)
不同敌百虫抗性淡色库蚊幼虫中谷胱甘肽和谷胱甘肽转移酶的比较. 姜家良, 等. 昆虫学报, 1984, 27(3)
从 HBsAg 携带者与正常人住室蚊体中检出 HBs 抗原. 刘庆宪, 等. 中华流行病学杂志, 1984, 5(1)
大劣按蚊的实验室饲养研究. 陈福珍, 等. 第三军医大学学报, 1984, 6(1)
大劣按蚊对约氏疟原虫敏感性的初步观察. 宋宗臣, 等. 第三军医大学学报, 1984, 6(1)
对流免疫电泳与醋酸纤维膜扩散法鉴定蚊虫胃血血源的实验比较. 王世海, 等. 贵州医学, 1984, 8(6)
海南岛微小按蚊 Anopheles(cellia)minimustheobald, 1901 类型的研究. 俞渊, 等. 寄生虫学与寄生虫病杂志, 1984, 2(2)
河南省博爱县竹林区白纹伊蚊生活周期及季节消长的观察. 葛凤翔. 中华流行病学杂志, 1984, 5(4)
湖北蚊类地理区划初探. 刘亦仁. 厦门大学学报(自然版), 1984, 23(1)
库蚊一新种描述(双翅目: 蚊科). 王兴相. 昆虫学报, 1984, 27(2)
那坡伊蚊蛹和幼虫的描述. 陈汉彬, 等. 动物分类学报, 1984, (7)
三十五年来我国蚊类防制研究进展. 陆宝麟. 四川动物, 1984, 3(4)
蚊虫的遗传防治(续). 缪建吾. 四川动物, 1984, 3(1)
蚊虫综合防治. 陆宝麟. 科学出版社, 1984, 191
蚊幼虫的捕食性天敌——红脊胸牙甲生物学的初步观察. 黄治河, 等. 昆虫天敌, 1984, 6(2)
我国稻田蚊虫的综合防治. 陆宝麟. 全国稻田蚊虫防制现场经验交流会资料汇编, 1984

我国尖音库蚊种团抗药性现状——兼论半数致死剂量与区分剂量的关系. 刘维德,等. 环境科学学报,1984,4(3)
我国局限蚊亚属和蚊种新记录. 龚正达,等. 四川动物,1984,(3)
我国新记录克氏伊蚊小记. 雷心田,等. 四川动物,1984,(9)
伊蚊一新种记述(双翅目:蚊科). 刘树忠,陆宝麟. 动物分类学报,1984,(9)
云南巴拉巴按蚊的修订及描述. 俞渊,等. 昆虫分类学报,1984,(6)
云南大理洲的蚊类. 龚正达. 四川动物,1984,3(4)
致倦库蚊(Culex pipiens fatigans)对螺旋藻(Spirulina platensis geitler)的危害研究. 张灿东,等. 江西农业科技,1984,(12)
致倦库蚊幼虫实验种群累积发育曲线的模拟与分析. 杨平均. 生态科学,1984,(1)
中华按蚊和淡色库蚊幼虫对呋喃丹的敏感性测定. 薛健,等. 公共卫生与疾病控制杂志,1984,3(6)
中华按蚊媒介能量组成因子调查及其定量分析. 钱会霖,等. 寄生虫学与寄生虫病杂志,1984,2(1)
中华按蚊自然种群动力学Ⅱ. 中华按蚊幼虫期存活率. 潘实清,等. 中山医学院学报,1984,5(2)
舟山群岛摇蚊幼虫检索及国内新记录. 欧阳怡然,等. 浙江水产学院学报,1984,3(1)
按蚊亚属一新种的记述. 董学书,等. 动物学研究,1985,6(2)
白纹伊蚊种群生态学研究Ⅳ. 白纹伊蚊越冬情况试验. 刘复生,等. 生态科学,1985,(2)
不同地理株白纹伊蚊同工酶和可溶性蛋白的比较研究. 李成文,等. 生物化学与生物物理学进展,1985,(5)
车载超低容量喷雾装置速杀蚊蝇试验. 董桂蕃,等. 医学动物防制,1985,1(4)
从三带喙库蚊分离出一株低毒力乙脑病毒的报告. 陈伯权,等. 中华流行病学杂志,1985,6(1)
对13种按蚊雄蚊抱握器运动次数的观察. 康万民,等. 动物学研究,1985,6(4)
负子蝽对致倦库蚊幼虫种群控制效能的研究. 周昌清,等. 生态科学,1985,(10)
贵州中华按蚊种群动力学研究Ⅱ. 成虫前期发育特性. 王菊生,等. 贵阳医学院学报,1985,10(2)
海南岛大劣按蚊扩散的实验观察. 苏善强,等. 寄生虫学与寄生虫病杂志,1985,3(2)
角管库蚊在我国的发现. 龚正达,等. 四川动物,1985,(4)
库蚊属一新种. 陈汉彬,等. 昆虫分类学报,1985,7(4)
三带喙库蚊生态学和防制研究. 孙红专. 中华流行病学杂志(医学昆虫文集),1985
思茅库蚊的补描述及其分类讨论. 苏晓庆,等. 动物学研究,1985,6(4)
四种杀虫剂对白纹伊蚊(Aedesalbopictus)细胞株(C6/36)的细胞遗传学效应. 张锡然,等. 动物学研究,1985,6(1)
微小按蚊交配吸血和产卵习性的实验观察. 叶奕英,等. 广西医学院学报,1985,2(2)
温度对白纹伊蚊卵存活的影响. 杨振洲. 医学动物防制,1985,(4)
温光条件对白纹伊蚊实验种群卵的滞育效应. 刘复生,等. 生态科学,1985,(1)
蚊虫生物防治研究的最新进展. 陆宝麟. 生物防治通报,1985,(1)
我国伊蚊属等蚊亚属和蚊种新记录. 龚正达. 四川动物,1985,(4)
辛东伊蚊幼虫及蛹的记述. 董学书,等. 动物分类学报,1985,(10)
辛硫磷缓释小筒杀灭白纹伊蚊幼虫研究. 吕尚点. 中华流行病学杂志,1985,6(3)
摇蚊唾腺多线染色体的研究Ⅰ. 第Ⅳ染色体的组织化学分析. 吴鹤龄,等. 遗传学报,1985,12(1)
摇蚊唾腺多线染色体的研究Ⅱ. 第Ⅰ和第Ⅱ染色体在幼虫到成虫期间的可逆性变化. 吴鹤龄,等. 遗传学报,1985,12(1)
致倦库蚊实验传播登革热病毒的研究. 李雪东,赵桂芳. 中华微生物学和免疫学杂志,1985,(5)
中国白纹伊蚊亚组伊蚊的研究Ⅱ. 幼虫. 陆宝麟. 动物学研究,1985,6(1)
中国库蚊蛹的分类学研究. 陈汉彬,等. 贵阳医学院学报,1985,10(2)
中华按蚊不同发育阶段蛋白质和糖的等电点聚焦电泳分析. 叶炳辉,等. 南京医学院学报,1985,5(2)
中华按蚊葡萄糖-6-磷酸脱氢酶同工酶的研究. 聂崇兴,等. 湖南医学院学报,1985,10(1)
中华按蚊自然种群动力学Ⅲ. 净增殖率及其他有关参数. 何桂铭,等. 中山医科大学学报,1985,6(4)
舟山驻军香菊雾室内灭蚊效果观察. 王文德,等. 边境地区蚊蠓调查及防治专辑,1985—1987
187菌株感染致乏库蚊(Culex pipiens ftigans)幼虫的组织病理学研究. 汪耀南,等. 华中师范大学学报(自然版),1986,20(1)
187菌株灭蚊有效成分的研究. 王邵武,等. 华中师范大学学报(自然版),1986,20(4)
八种蚊幼对苏云金杆菌H-14的敏感性测定. 许荣满,等. 生物防治通报,1986,(2)
长沙、上海、郑州、武汉四地区中华按蚊同工酶电泳谱和蛋白质SDS-PAGE对比. 郑煜煌,等. 河南医学院学报,1986,11(3)
大劣按蚊吸血活动与交配受精的关系. 刘连珠,等. 昆虫学报,1986,29(4)
大劣按蚊在实验条件下交配习性的观察. 刘连珠,等. 动物学研究,1986,7(1)

淡色库蚊对拟除虫菊酯类农药抗药性研究. 姜家良,等. 农药,1986,(2)
淡色库蚊幼虫微粒体细胞色素 P_{450}差光谱研究. 沈建华,等. 科学通报,1986,31(4)
淡色库蚊幼虫微粒体细胞色素 P_{450}与杀虫剂结合光谱研究. 沈建华,等. 科学通报,1986,31(12)
敌灭灵对淡色库蚊幼虫发育过程中体内蛋白质的影响. 赵学忠,等. 军事医学研究论文集,1986
贵州中华按蚊种群动力学研究(一). 生命表特征. 王菊生,等. 贵阳医学院学报,1986,11(1)
局限蚊亚属局限蚊一新种的记述(双翅目:蚊科). 陆宝麟,等. 动物分类学报,1986,11(4)
雷氏按蚊嗜人亚种传疟作用的定量研究. 柳朝藩,等. 寄生虫学与寄生虫病杂志,1986,4(3)
农田作物品种更迭对三带喙库蚊种群数量变动的影响. 屈孟卿,等. 河南医科大学学报,1986,21(4)
实验小屋涂刷灭蚊涂料对夜晚入侵室内蚊虫的杀灭作用和活动的影响. 姜志宽,等. 军事医学研究论文集,1986
四川省蚊类新记录. 雷心田,等. 四川动物,1986,5(3)
苏云金杆菌 187 菌株致乏库蚊(Culexpipiens fatigans)幼虫中肠细胞影响的超微结构观察. 洪华珠,等. 华中师范大学学报(自然版),1986,20(4)
蚊虫综合防治进展. 陆宝麟. 昆虫学报,1986,29(1)
蚊幼虫感染苏云金杆菌以色列变种后病理的研究. 吴秋雁. 昆虫学报,1986,29(1)
雄性埃及伊蚊分离到Ⅱ登革热病毒. 邝继深,等. 中华流行病学杂志,1986,(9)
伊蚊(纷蚊亚属)一新种——功果伊蚊的记述. 龚正达. 动物学研究,1986,7(1)
以改良环境减少人蚊接触及控制传染源的综合措施控制黄淮平原疟疾的研究. 刘吟龙,等. 寄生虫学与寄生虫病杂志,1986,4(4)
印度瘦蚊六新种(双翅目:蚊科)(英文). Mani,M. S. 昆虫分类学报,1986,8(1—2)
应用白纹伊蚊 C6/36 细胞悬浮培养增殖登革热病毒. 张茂金,等. 军事医学科学院院刊,1986,10(3)
应用含盐防制菜罐边积水孳生蚊虫实验. 林立辉,等. 中华预防医学杂志,1986,20(2)
用双向电泳鉴定埃及伊蚊蛋白组成. 苏晓龙. 军事医学研究论文集,1986
珍宝岛地区"三班倒"吸血昆虫的研究Ⅲ. 蚊种组成调查. 安继尧,等. 军事医学科学院院刊,1986,10(5)
中国领蚊属研究和二新种记述(双翅目:蚊科). 陆宝麟,等. 昆虫学报,1986,29(2)
中国媒介生物学与防制. 陆宝麟. 卫生部卫生防疫司,1986
中华按蚊叮人率调查方法的研究. 关德海,等. 寄生虫学与寄生虫病杂志,1986,4(1)
自育性凶小库蚊实验室种群的建立. 曹毓存,等. 昆虫学报,1986,(30)
安徽省中部低山丘陵区嗜人按蚊生态习性的调查. 安徽省卫生防疫站. 中国公共卫生,1987,6(4)
白踝按蚊种团、巴拉巴按蚊复合体研究的现状. 盛伯梁. 国外医学(寄生虫),1987,(1)
白纹伊蚊幼虫龄期的发育历期. 钟作良,等. 昆虫学报,1987,30(30)
不同乙脑毒株感染三带喙库蚊、淡色库蚊和中华按蚊的研究. 王逸民,等. 中国人兽共患病杂志,1987,3(5)
大面积 DDT 滞留喷洒防制嗜人按蚊控制疟疾控制疟疾流行的研究. 徐保海,等. 中国公共卫生,1987,6(6)
福建嗜人按蚊分布与传疟作用调查分析. 吴金俊,等. 中华流行病学杂志,1987,8(4)
广西雷氏按蚊嗜人亚种的分布及其传疟作用. 王河,等. 中国寄生虫学与寄生虫病杂志,1987,5(2)
湖北省短柄大蚊属新种及新记录(双翅目:大蚊科). 杨集昆,等. 华中农业大学学报,1987,6(2)
黄斑伊蚊感染及传播登革热病毒的实验研究. 唐土元,等. 昆虫学报,1987,30(4)
混灭威与溴氰菊酯防制中华按蚊的效果. 黄天谊,等. 中国寄生虫学与寄生虫病杂志,1987,5(3)
寄生于三带喙库蚊幼虫的罗索线虫研究. 傅廷荣,等. 昆虫天敌,1987,9(2)
金毛巨蚊孳生地调查及与气候地关系. 姚超群,等. 同济医科大学学报,1987,16(5)
六盘山自然保护区的摇蚊科幼虫及国内新记录. 张平卿,等. 宁夏大学学报(自然版),1987,(1)
满江红对蚊虫孳生影响的实验室研究. 陆宝麟,等. 生物防治通报,1987,(4)
梅花山自然保护区蚊类及其在竹林区的群落特征. 徐保海,等. 武夷科学,1987,(7)
球形芽孢杆菌(TS-1)对十种蚊幼虫毒效测定. 顾卫东,陆宝麟. 生物防治通报,1987,(3)
三带喙库蚊户外刺叮周环的观察. 张金桐,等. 军事医学科学院院刊,1987,11(3)
骚扰蚊亚属一新种描述(双翅目:蚊科). 苏龙,等. 昆虫学报,1987,30(4)
陕西省蚊类的调查. 吴元钦,等. 第四军医大学报,1987,8(1)
十二种杀虫剂对淡色库蚊酯酶同工酶酶谱抑制试验探讨. 赵学忠,等. 南京医学院学报,1987,(4)
实验小屋使用杀虫窗纱对夜晚入侵蚊虫的杀灭效果观察. 姜志宽,等. 军事医学研究论文集,1987
食料对蚊虫生殖力及生殖营养周期的影响. 苏天运. 河南医科大学学报,1987,22(2)
水中混悬物对微生物杀虫剂灭蚊蚴效果的影响. 陈世夫,等. 中华流行病学杂志,1987,8(1)
四川乐山地区雷氏按蚊嗜人亚种传播马来丝虫病的媒介能量调查. 张选明,等. 中国寄生虫学与寄生虫病杂志,1987,5(3)
温度对蚊虫媒介效能的影响. 张启恩. 国外医学(军事医学),1987,(4)
蚊子的引诱物质. 张洪奎. 农药,1987,(6)

我国几种蚊虫对登革热病毒媒介效能的研究. 唐士元,等. 军事医学科学院院刊,1987,(11)
我国蚊类两种新记录. 龚正达,等. 四川动物,1987,(6)
有机磷杀虫剂在蚊体内被分解场所的研究. 吴敦肃. 科学通报,1987,32(5)
珍宝岛地区"三班倒"吸血昆虫的研究Ⅳ. 刺扰伊蚊和刺螯伊蚊季节消长的观察. 安继尧,等. 军事医学科学院院刊,1987,11(2)
珍宝岛地区"三班倒"吸血昆虫的研究Ⅴ. 刺扰伊蚊昼夜刺叮活动的观察. 安继尧,等. 军事医学科学院院刊,1987,11(4)
致乏库蚊、微小按蚊和大劣按蚊酯酶同工酶谱及八种杀虫剂对其抑制作用的实验研究. 何登贤,等. 广西医学院学报,1987,4(3)
中国北方短柄大蚊属的新种及新记录(双翅目:蚊科). 杨定,等. 北京农业大学学报,1987,13(3)
中国蚊科亚科的支序分类(双翅目:蚊科). 陈汉彬. 四川动物,1987,6(2)
中国伊蚊鉴定手册. 陆宝麟,苏龙. 北京科学出版社,1987
白纹伊蚊卵滞育的实验观察. 杨振洲. 昆虫学报,1988,31(3)
白纹伊蚊种群生态学研究Ⅲ. 温度对白纹伊蚊实验种群的影响及其种群生命表研究. 周昌清,等. 生态科学,1988,(1)
北京毛蚊六新种(双翅目:毛蚊科). 杨集昆,等. 北京农业大学学报,1988,14(1)
不同温度下白纹伊蚊实验种群生命表. 钟作良,等. 中山医科大学学报,1988,9(3)
大连市的摇蚊科幼虫及新记录. 谢祚浑. 大连水产学院学报,1988,(2)
淡色库蚊敏感品系与敌百虫抗性品系乙酰胆碱酯酶同工酶在发育过程中的变异. 黄刚,等. 遗传学报,1988,5(2)
广东大陆伊蚊区系分析. 吴武. 生态科学,1988,(1)
湖北湖南的毛蚊五新种记述(双翅目:毛蚊科). 杨集昆,等. 湖北大学学报(自然版),1988,(1)
局限蚊属一新种(膨跗局限蚊)记述(双翅目:蚊科). 陈汉彬,等. 昆虫学报,1988,31(2)
抗敌百虫淡色库蚊防制实验. 刘维德,等. 医学动物防制,1988,4(2)
抗有机磷三带喙库蚊的酯酶研究. 杨中清. 昆虫学报,1988,31(3)
连续使用苏云金杆菌时蚊虫的敏感性测定. 徐启丰. 昆虫天敌,1988,10(3)
驱蚊网耐洗耐晒配方及其防蚊效果的研究. 钱万红,等. 医学动物防制,1988,4(1)
三属蚊卵表面结构的扫描电镜观察. 许世锷,等. 山东大学医学院学报,1988,(1)
嗜人按蚊的唾腺染色体. 缪建吾. 昆虫学报,1988,31(2)
晚秋杀灭末代幼虫控制淡色库蚊源的研究. 王仁赉,等. 中国公共卫生学报,1988,7(5)
蚊虫防治. 陆宝麟. 中国医学百科全书(消毒、杀虫、灭鼠分卷),1988
蚊科等八个近缘科的系统发育关系初步研究(双翅目:长角亚目). 瞿逢伊,等. 动物分类学报,1988,13(4)
蚊幼虫感染苏云金杆菌以色列变种后的超微结构研究. 刘国元,等. 同济医科大学学报,1988,17(6)
我国 12 种蚊幼上颚形态和鉴别特征的研究. 柯昭喜. 昆虫学报,1988,31(1)
我国微小按蚊类型与传疟关系的研究. 俞渊,等. 中国公共卫生学报,1988,7(6)
西伯利亚伊蚊四龄幼虫扫描电镜观察. 张永生,等. 白求恩医科大学学报,1988,14(3)
吸血、交配对大劣按蚊斯氏按蚊雌蚊卵巢发育、产卵的影响. 黄复生,等. 四川动物,1988,7(4)
溴氰菊酯浸泡蚊帐防制嗜人按蚊、中华按蚊及防疟效果的三年现场试验. 李祖资,等. 广东省情报研究所,1988
一种有前途的蚊虫生物防制因子——大链壶菌. 苏天运,等. 预防医学情报杂志,1988,4(5)
伊蚊属博蚊亚属在我国的发现. 陆宝麟. 动物分类学报,1988,13(2)
伊蚊属一新种. 苏龙,等. 昆虫分类学报,1988,10(1-2)
云南省毛蚊科新种记述(双翅目:毛文科). 罗科,等. 动物学研究,1988,9(4)
珍宝岛地区"三班倒"吸血昆虫的研究Ⅵ. 珍宝岛地区伊蚊越冬卵的分布和主要蚊种孳生地调查. 安继尧,等. 军事医学科学院院刊,1988,12(2)
中国比栉大蚊属六新种(双翅目:大蚊科). 杨集昆,等. 昆虫分类学报,1988,10(1-2)
中国赫坎按蚊类群的六种按蚊的杂交和染色体的观察. 缪建吾,等. 动物学研究,1988,9(3)
中国蓝带蚊的系统发育数值分析. 瞿逢伊,等. 昆虫学报,1988,31(3)
中国蚊类名录. 陆宝麟,等. 贵州人民出版社,1988
中华按蚊感染马来丝虫后产卵力及存活率的变化. 黄炯烈,等. 中国寄生虫学与寄生虫病杂志,1988,6(2)
中华按蚊和嗜人按蚊传疟能力的比较研究. 许龙善,等. 医学动物防制,1988,4(2)
中华按蚊幼虫及其集安罗索线虫寄生率季节消长观察. 张永生,等. 白求恩医科大学学报,1988,14(6)
中华按蚊幼虫体色与环境、成虫性别的关系. 周文涛,等. 中国人兽共患病杂志,1988,4(5)
3 种蚊同工酶和免疫化学的比较研究. 徐秀丰,等. 首都医学院学报,1989,10(3)
北湾地区里海伊蚊和斑梯虫内昼夜刺叮活动的观察. 安继尧,等. 军事医学科学院院刊,1989,13(3)

大劣按蚊雄蚊的交配能力和日龄及交配次数对其生殖系统形态学影响的观察.黄复生,等.昆虫学报,1989,32(4)
东乡伊蚊自殖株和非自殖株卵巢发育动态的比较研究.孙建新,等.第二军医大学学报,1989,10(2)
感染疟原虫后蚊体内某些生化和理化特性的改变.徐秀丰.国外医学(寄生虫病分册),1989,(3)
介绍一种检测蚊虫DNA重复序列的方法.李本文,等.湖南医科大学学报,1989,14(4)
局限蚊一新种记述(双翅目:蚊科).龚正达.昆虫学报,1989,32(1)
论淡色库蚊敌百虫抗性品系的抗药性机理.黄 刚,等.昆虫学报,1989,32(1)
毛蚊科九新种记述(双翅目:长角亚目).杨集昆,等.动物分类学报,1989,14(1)
灭幼脲对淡色库蚊幼虫发育的影响.赵学忠,等.南京医学院学报,1989,9(2)
宁夏蚊类调查研究综述.石淑珍.医学动物防制,1989,5(4)
球形芽孢杆菌(TS-1)在水体中消长动态以及对蚊幼虫的残效.顾卫东,陆宝麟.生物防治通报,1989,5(1)
全国蚊虫密度监测二年结果分析.王秀美,等.中国媒介生物学及控制杂志,1989,(5)
三带喙库蚊和淡色库蚊滞育反应的对比研究.王仁赉,等.中国寄生虫学与寄生虫病杂志,1989,7(1)
三带喙库蚊细胞系的建立及其特征研究.颜 林,等.首都医学院学报,1989,10(4)
三带喙库蚊幼虫数量消长和田间分布研究.顾卫东,等.军事医学科学院院刊,1989,13(6)
三带喙库蚊越冬和实验室越冬的初步研究.薛瑞德,等.中国公共卫生学报,1989,8(6)
三带喙库蚊滞育的临界光周期与敏感虫期.薛瑞德,等.军事医学科学院院刊,1989,13(3)
骚扰阿蚊生物学的实验室研究.宋关鸿,等.昆虫学报,1989,32(1)
陕西省毛蚊的新种和新记录(双翅目:毛蚊科).杨集昆,等.昆虫分类学报,1989,11(1-2)
陕西省蚊类初步调查.石淑珍,等.上海科学技术出版社,1989
上海地区常见蚊虫对五种杀虫剂的敏感度及七种复配剂的可行性研究.杨中清,等.医学动物防制,1989,5(3)
食蟹猴疟原虫巴氏亚种对大劣按蚊感染性的研究.李道生,等.中山大学学报(自然版),1989,28(1)
嗜人按蚊不同发育阶段蛋白质二维电泳图谱的比较研究.朱昌亮,等.南京医学院学报,1989,9(1)
嗜人按蚊几项生化指标的比较研究.叶炳辉,等.中国寄生虫学与寄生虫病杂志,1989,7(4)
晚秋上海农村猪舍蚊虫组成及其种群动态的研究.薛瑞德,等.吸血双翅目昆虫调查集刊,1989,(1)
微小按蚊的形态变异行为习性及其控制.俞渊.医学动物防制,1989,5(1)
卫生杀虫窗纱对蚊蝇蟑螂的灭效研究.钱万红,赵学忠.解放军预防医学杂志,1989,7(2)
温度与光照对三带喙库蚊吸血与滞育影响.薛瑞德,陆宝麟.医学动物防制,1989,5(增刊2)
蚊虫防制最近进展.陆宝麟.中国媒介生物学及控制杂志,1989,(试刊号5)
蚊虫在乙型肝炎传播中的作用.姚超群.医学动物防制,1989,5(1)
蚊幼虫体表微细结构的扫描电镜观察及分类学研究.柯昭喜,等.昆虫学报,1989,32(2)
我国不同地理株白纹伊蚊对登革热病毒的易感性.张开,等.中华流行病学杂志,1989,10(6)
我国对中华按蚊越冬及其生理生态学的初步观察.赵彤言,等.医学动物防制,1989,5(增刊2)
我国近十年蚊类研究进展.陆宝麟.医学动物防制,1989,5(增刊2)
新疆米赛按蚊多线染色体及多态性臂内倒位的研究.许漱璧,等.第二军医大学学报,1989,10(4)
伊蚊一新种的记述(双翅目:蚊科).雷心田.四川动物,1989,8(1)
尤蚊属在我国首次发现(双翅目:蚊科).陈汉彬,等.四川动物,1989,8(3)
中国登革热媒介及其防治.陆宝麟.贵州人民出版社,1989
中国库蚊属库蚊亚属一新种(双翅目:蚊科).陈汉彬.动物分类学报,1989,14(1)
中华按蚊(*Anopheles sinenis*)细胞系的建立和特征.潘李珍,等.细胞生物学杂志,1989,11(2)
2,537Å紫外线在不同距离内诱蚊效果观察.郁世芳,等.中国公共卫生,1990,6(10)
白纹伊蚊对自然生境选择性的模糊判别.刘复生,等.中山大学学报(自然版),1990,29(3)
白纹伊蚊及其综合防治.陆宝麟.全国除四害优秀论文集,1990
白纹伊蚊血淋巴游离氨基酸分析.李凤舜,等.首都医学院学报,1990,11(3)
白纹伊蚊种群生态学研究Ⅴ.广州地区白纹伊蚊自然种群数量季节消长研究.刘复生,等.中山大学学报(自然版),1990,29(2)
不同温度条件下白纹伊蚊生命生殖力表.钟作良,等.昆虫学报,1990,33(1)
虫媒病毒感染对媒介蚊的影响.彭卫东.江西医学院学报,1990,30(3)
低浓度奋斗呐处理对淡色库蚊幼期发育与产卵影响的研究.张保明.中国寄生虫病防治杂志,1990,3(2)
东乡伊蚊自殖株和非自殖株卵黄发生动态的比较研究.孙建新,等.第二军医大学学报,1990,11(1)
短柄大蚊属六新种及一中国新记录(双翅目:大蚊科).杨定,等.昆虫学报,1990,33(4)
防蚊织物研制的探讨.梁绍棠,董瑞武.北京纺织,1990,(6)
奋斗呐滞留喷洒对侵入室内蚊虫防治作用的实验小屋研究.许荣满,等.医学动物防制,1990,6(增刊1)
奉贤地区白纹伊蚊孳生习性调查及防制实验.孙红专.中国媒介生物学及控制杂志,1990,1(6)

甘肃省蚊类调查研究. 李国太,曹和洵. 兰州医学院学报,1990,16(2)
感染食蟹猴疟原虫的大劣按蚊血淋巴和胃水解物氨基酸分析. 黄复生. 中国寄生虫学与寄生虫病杂志,1990,8(4)
感染乙型脑炎病毒的蚊虫在蚊群中的分布特点. 叶克龙,等. 上海医科大学学报,1990,17(5)
感染约氏疟原虫的斯氏按蚊可溶性蛋白质含量及酯酶同工酶的分析研究. 徐秀丰,等. 中国寄生虫学与寄生虫病杂志,1990,8(2)
肛背摇蚊属二新种(双翅目:摇蚊科). 王新华,等. 昆虫学报,1990,33(4)
广东城镇地区防治蚊虫试验. 仇序佳,等. 昆虫学报,1990,33(1)
广西微小按蚊卵巢营养细胞多线染色体的观察. 石裕明,等. 中国寄生虫学与寄生虫病杂志,1990,8(2)
海南岛中沙地区微小按蚊生态习性及其对 DDT 的反应观察. 李明馨,等. 海南医学,1990,1(3)
河北省菌蚊的首次记录及三中国新记录种(双翅目:菌蚊科). 吴鸿,等. 河北师范学院学报,1990,4(2)
赫坎按蚊种团中 5 种 4 株的数值分类. 马雅军. 贵阳医学院学报,1990,15(1)
淮河流域推广应用湿润灌溉防制稻田蚊虫孳生研究. 聂兆宏,等. 全国除四害优秀论文集,1990
缓释剂载体研究及其灭蚊效果观察. 张应阔,等. 中国公共卫生,1990,6(10)
介绍一种检测蚊虫 DNA 重复序列的方法. 李本文,等. 湖南医科大学学报,1990,14(4)
抗马拉硫磷淡色库蚊不同基因型的自然内禀增长率及其对抗性演化的影响. 唐振华,等. 昆虫学报,1990,33(4)
昆明按蚊(Anopheles kunmingensis)的地理分布、生态习性、传疟作用及其防治研究. 黄学书,等. 动物学研究,1990,11(4)
洛阳市区蚊虫综合治理的试验研究. 葛凤翔. 中国媒介生物学及控制杂志,1990,1(5)
门帘浸泡二氯苯醚菊酯防治侵入实验小屋内蚊虫的研究. 许荣满,等. 军事医学科学院院刊,1990,14(1)
门帘浸泡溴氰菊酯防治侵入室内蚊虫的研究. 许荣满,等. 解放军预防医学杂志,1990,8(2)
灭幼脲 I 号对致倦库蚊幼虫磷酸酶活力的影响. 吴秋雁. 昆虫学报,1990,33(1)
三带喙库蚊产卵至吸血时距的观察. 萧承恩,等. 昆虫学报,1990,33(4)
三带喙库蚊和中华按蚊 8 年早春出现气温分析. 闵继光,等. 中国公共卫生,1990,9(1)
三带喙库蚊生殖滞育与其体内单糖成分变化的关系. 薛瑞德,等. 军事医学科学院院刊,1990,14(2)
三带喙库蚊越冬前期体大小与生殖及生殖营养的关系. 薛瑞德,等. 中国媒介生物学及控制杂志,1990,(4)
山东省不同地形区的蚊类分布. 中国寄生虫病防治杂志,1990,3(4)
山东省丝虫病流行区淡色库蚊越冬情况的调查. 樊天宝,等. 中国丝虫病防治研究论文集,1990
上海地区骚扰阿蚊生态学调查初报. 杨中清,金永昌. 中国媒介生物学及控制杂志,1990,1(6)
嗜人按蚊和中华按蚊种群数量与日光关系探讨. 吴金俊,等. 医学动物防制,1990,6(1)
嗜人按蚊疟区应用溴氰菊酯灭蚊防治疟疾的效果. 杨九千,等. 中国寄生虫学与寄生虫病杂志,1990,8(1)
嗜人按蚊与中华按蚊多线染色体的比较. 许漱壁,等. 遗传,1990,12(5)
丝虫与媒介的相互作用. 毛守白. 中国寄生虫学与寄生虫病杂志,1990,8(4)
四川发现的直足蚊属一新种记述(双翅目:蚊科). 雷心田,等. 四川动物,1990,9(1)
四川省连续两年溴氰菊酯喷洒蚊帐的防疟效果. 陈怀录,等. 中国寄生虫病防治杂志,1990,3(1)
晚秋三带喙库蚊生物学特性的研究. 薛瑞德,等. 解放军预防医学杂志,1990,8(4)
温度对三带喙库蚊发育的影响. 顾卫东,陆宝麟. 中国媒介生物学及控制杂志,1990,1(1)
蚊虫分类学的近代进展. 瞿逢伊. 中国寄生虫病防治杂志,1990,3(1)
蚊类. 陆宝麟. 医学昆虫. 科学出版社,1990,106
蚊蝇必死高效卫生杀虫剂对淡色库蚊毒杀效果试验. 柴兰芳,等. 中国媒介生物学及控制杂志,1990,1(2)
蚊蛹形态学研究及其分类. 金立群,等. 白求恩医科大学学报,1990,16(2)
我国 5 属 9 种蚊幼虫颏扫描电镜鉴别特点的研究. 张永生,等. 白求恩医科大学学报,1990,16(6)
我国米赛按蚊有丝分裂染色体和种内多态现象的研究. 许漱壁,等. 第二军医大学学报,1990,11(1)
无锡驻军室内蚊虫季节消长和防制. 沈建中,等. 人民军医,1990,(6)
溴氰菊酯浸泡蚊帐毒杀大劣按蚊的效果. 蔡贤铮,等. 中国寄生虫学与寄生虫病杂志,1990,(8)
溴氰菊酯亚致死量处理对淡色库蚊吸血影响的初步观察. 李淑霞,等. 中国媒介生物学及控制杂志,1990,1(1)
乙脑病毒经三带喙库蚊卵传递的实验研究. 王乃义. 中国人兽共患病杂志,1990,6(3)
越冬中华按蚊生理生态的研究. 薛瑞德,等. 昆虫学报,1990,33(4)
云南局限蚊一新种(双翅目:蚊科). 董学书,陆宝麟. 动物分类学报,1990,15(1)
云南省自然蚊体乙型脑炎病毒带率调查. 张海林,自登云. 中华预防医学杂志,1990,24(5)
致倦库蚊在广州地区自然种群消长规律的研究. 周昌清,等. 中山大学学报(自然版),1990,29(1)
中国登革热媒介及其防治. 陆宝麟. 贵州人民出版社,1990
中国二叉摇蚊属记述(双翅目:摇蚊科). 王新华,等. 四川动物,1990,9(1)
中华按蚊对周期型马来丝虫的实验感染指数及幼虫黑化现象的探讨. 罗华. 中国寄生虫学与寄生虫病杂志,

1990,8(4)
中华按蚊和嗜人按蚊不同地理株基因组 DNA 的限制酶切长度差异(RFLDs). 李本文,等. 中国寄生虫学与寄生虫病杂志,1990,8(3)
中华按蚊和嗜人按蚊不同生理状态下乳酸脱氢酶和酯酶酶谱的比较研究. 陈志,等. 第二军医大学学报,1990,11(3)
中华按蚊视觉系统综合光电反应的研究. 伍卫华. 贵阳医学院学报,1990,15(1)
中剑水蚤作为生物防治蚊媒的实验性研究. 林杰岩,等. 中国媒介生物学及控制杂志,1990,(1)
18 株农业昆虫病毒毒杀蚊幼的试验. 林立辉. 杀虫微生物,1991,(3)
鞍钢采暖巷道冬季积水引发局部蚊害报告. 刘桐树,苗玉敏. 中国媒介生物学及控制杂志,1991,2(5)
白纹伊蚊 5 个地理株表皮烃类的比较. 崔可伦,等. 中国寄生虫病防治杂志,1991,5(4)
白纹伊蚊感染登革热Ⅱ型病毒后的屏障. 朱羽凡. 昆虫学报,1991,34(4)
不同地理株尖音库蚊复组雄蚊尾器的光学镜和扫描电镜观察. 仇锦波. 昆虫分类学报,1991,13(1)
大链壶菌灭蚊地研究现状. 苏晓庆. 医学动物防制,1991,7(3)
大面积应用微生物制剂混合菌液控制各类蚊幼孳生地效果探讨. 林爱华. 中国媒介生物学及控制杂志,1991,2(4)
大面积应用溴氰菊酯防治媒介和控制疟疾流行研究. 陈怀录,等. 四川省溴氰菊酯灭蚊抗疟论文集. 成都科技大学出版社,1991
淡色库蚊的抗药性研究Ⅰ. 淡色库蚊幼虫对球形芽孢杆菌的抗性选育. 苏斌. 中国媒介生物学及控制杂志,1991,2(6)
稻田放牧鸭群控制蚊幼孳生的试验研究. 葛凤翔. 中国媒介生物学及控制杂志,1991,2(2)
稻田放养红萍对蚊虫孳生影响的进一步观察. 张金桐,胡玉凤. 医学动物防制,1991,7(3)
防蚊整理的研究. 商成杰. 印染,1991,17(2)
防蚊织物整理技术. 马连臻,刘良纯. 印染,1991,17(2)
光周期对三带喙库蚊发育间体的影响. 薛瑞德,陆宝麟. 昆虫学报,1991,34(2)
光周期对中华按蚊吸血和卵巢发育的影响. 赵彤言. 中国公共卫生学报,1991,10(2)
光周期对中华按蚊脂肪含量的影响. 赵彤言,等. 四川动物,1991,10(1)
广西生物控制埃及伊蚊研究. 黄健人. 中国媒介生物学及控制杂志,1991,2(4)
广西微小按蚊形态变异的实验观察. 李凤文. 广西医学,1991,13(6)
海南省大劣按蚊夜间活动观察. 钱会霖,等. 中国寄生虫学与寄生虫病杂志,1991,(9)
赫坎按蚊种团内各亲缘种间基因组重复 DNA 的限制酶长度差异. 李本文. 中国寄生虫学与寄生虫病杂志,1991,9(1)
尖音库蚊复组不同地理株蛋白质的比较研究. 仇锦波. 中国媒介生物学及控制杂志,1991,2(6)
巨蚊在虫媒病研究中的应用. 梁国栋. 医学动物防制,1991,7(1)
库蚊卵巢滞育与激素调节的关系. 姜晓舜. 中国媒介生物学及控制杂志,1991,2(1)
类保幼激素对三带喙库蚊幼期发育影响. 郝闽晋. 医学动物防制,1991,7(3)
凉山按蚊唾腺染色体研究. 杨文. 昆明医学院学报,1991,12(1)
两地理株中华按蚊血淋巴游离氨基酸的比较. 苏天运. 河南医科大学学报,1991,26(4)
两湖短柄大蚊属二新种(双翅目:大蚊科). 杨定. 昆虫分类学报,1991,13(1)
六种按蚊酯酶酶谱的比较分析. 陈志. 第二军医大学学报,1991,12(1)
绿僵菌于野外小水体灭蚊幼试验. 林立辉,等. 杀虫微生物,1991,(3)
氯菊酯浸泡粗网眼蚊帐防制蚊虫效果观察. 许锦江,罗幸福. 医学动物防制,1991,7(3)
媒介蚊虫分析生物化学研究概况. 薛瑞德. 医学动物防制,1991,7(3)
青海省大蚊二新种(双翅目:大蚊科). 杨集昆,杨定. 南开大学学报,1991,(4)
球形芽孢杆菌 C3-41 杀灭中华按蚊三带喙库蚊实验研究. 袁冬明. 中国媒介生物学及控制杂志,1991,2(6)
全国蚊虫密度四年监测结果分析. 王美秀. 中国媒介生物学及控制杂志,1991,2(3)
三带喙库蚊不同地理株间蚊体脂肪酸和单糖的比较. 薛瑞德,等. 昆虫学报,1991,34(4)
三带喙库蚊生殖滞育与其体内脂肪酸变化的关系. 薛瑞德. 昆虫学报,1991,34(3)
三带喙库蚊幼虫稻田孳生状态及分布型研究. 陈健行. 中国媒介生物学及控制杂志,1991,2(6)
三带喙库蚊越冬后发生规律及其生理年龄组成的研究. 薛瑞德,等. 中国媒介生物学及控制杂志,1991,2(2)
三带喙库蚊越冬前生殖营养节奏的初步观察. 薛瑞德,等. 医学动物防制,1991,(7)
三种媒介蚊虫笼内侵袭实验动物行为的比较. 黄学军,高巨真. 昆虫学报,1991,34(2)
三种拟除虫菊酯浸泡帐布对白纹伊蚊吸血活动影响的初步观察. 陆年宏,等. 中国媒介生物学及控制杂志,1991,2(3)
实验室驯化长沙中华按蚊. 舒衡平. 湖南医科大学学报,1991,16(4)

嗜人按蚊和中华按蚊不同发育阶段蛋白质和酯酶同工酶的比较研究. 朱昌亮. 昆虫学报,1991,34(1)
嗜人按蚊生物学的实验室研究. 曹汉礼. 中国寄生虫病防治杂志,1991,4(2)
嗜人按蚊细胞系的建立及其特征. 蓝明扬. 中国媒介生物学及控制杂志,1991,2(5)
顺式氯氰菊酯浸泡蚊帐对蚊虫生理活动和寿命的影响. 张金桐,等. 医学动物防制,1991,7(3)
丝虫期食物量对致倦库蚊实验种群动态的影响. 严子锵. 昆虫学报,1991,34(4)
斯氏按蚊和白纹伊蚊中肠蛋白及蛋白酶分析. 李凤舞. 中国寄生虫病防治杂志,1991,4(4)
四川大蚊属三新种(双翅目:大蚊科). 杨定. 西南农业大学学报,1991,13(3)
四川大蚊属新种记述(双翅目:大蚊科). 杨集昆. 西南农业大学学报,1991,13(3)
苏云金杆菌 H-14 处理对致倦库蚊发育及产卵影响的初步研究. 宁长修. 医学动物防制,1991,7(2)
羧酸酯酶和酸性磷酸酯酶在抗有机酶和敏感淡色库蚊发育期的变化. 唐振华. 昆虫学报,1991,34(1)
微小按蚊不同发育期蛋白质和同工酶的研究. 俞渊. 南京医学院学报,1991,11(4)
温度对我国中华按蚊世代分布及其传疟有效季节的影响. 丁德峻. 生态学杂志,1991,10(4)
蚊虫垂直传递和交配传递虫媒病毒. 唐士元. 医学动物防制,1991,7(3)
蚊虫的自育生态研究进展. 薛瑞德,等. 医学动物防制,1991,7(3)
蚊虫分子分类学研究进展. 赵彤言,等. 医学动物防制,1991,7(3)
蚊虫胸内接种微丝蚴后血淋巴酚氧化酶活性的变化. 黄炯烈. 中山医科大学学报,1991,12(1)
蚊视觉系统结构和电生理研究. 王菊生,等. 医学动物防制,1991,7(3)
蚊体寄生索科线虫一新属一新种记述. 宋锦章. 四川动物,1991,10(3)
蚊信息处理系统及其集成支撑环境. 王建波,王开铸. 中文信息,1991,(2)
蚊血淋巴研究Ⅰ. 非感染与感染间日疟原虫中华按蚊血淋巴游离氨基酸动态. 魏鸣,等. 中国媒介生物学及控制杂志,1991,2(1)
我国 13 种按蚊的染色体研究. 许漱璧. 第二军医大学学报,1991,12(3)
我国 13 种按蚊的系统发育数值分析. 瞿逢伊. 医学动物防制,1991,7(3)
我国九种按蚊乳酸脱氢酶酶谱特性. 杨雨善. 第二军医大学学报,1991,12(1)
我国七种按蚊卵的扫描电镜形态研究. 许漱璧. 第二军医大学学报,1991,12(6)
我国伊蚊一新亚属及一新种(双翅目:蚊科). 龚正达. 昆虫分类学报,1991,13(1)
溴氰菊酯浸泡蚊帐与 DDT 滞留喷洒控制以大劣按蚊为主要媒介的疟疾灶点的效果比较. 蔡贤铮,等. 中国寄生虫病防治杂志,1991,4(2)
遥感技术在蚊虫孳生地监测中的应用. 顾卫东. 医学动物防制,1991,7(3)
影响绿僵菌杀蚊效果的若干因素. 林立辉. 杀虫微生物,1991,(3)
用计算机估计白纹伊蚊传播病毒的能力. 朱羽凡. 医学动物防制,1991,7(2)
郑州市 1987—1989 年蚊虫密度监测报告. 庞存斌. 中国媒介生物学及控制杂志,1991,2(3)
中国多斑按蚊类群小记(双翅目:蚊科). 姬淑红,陆宝麟. 动物分类学报,1991,16(2)
中国局限蚊属局限蚊亚属一新种(双翅日:蚊科). 龚正达. 动物分类学报,1991,16(2)
中国趋流摇蚊属记述(双翅目:摇蚊科). 王新华. 动物分类学报,1991,16(1)
中国摇蚊亚科记述Ⅱ(双翅目:盲蝽科). 李鸿阳. 南开大学学报(自然版),1991,(1)
中华按蚊感染马来丝虫幼虫生殖力、生殖营养周期及寿命变化的实验研究. 卢艳如. 中国寄生虫学与寄生虫病杂志,1991,9(1)
中华按蚊和白纹伊蚊涎腺及血淋巴中蛋白质的 PAGE 分析. 卞英华. 首都医学院学报,1991,12(2)
中华按蚊与白纹伊蚊血淋巴微量元素的组成. 陈佩惠. 中国寄生虫病防治杂志,1991,4(1)
竹林区村庄白纹伊蚊孳生特点的调查. 许荣满,聂兆宏. 医学动物防制,1991,3(7)
转基因型蚊虫——未来蚊媒的防制策略. Grampion,J. 国外医学(寄生虫病分册),1991,18(4)
我国 3 属 10 种蚊幼虫颏光镜上扫描电镜形态特征研究. 张永生. 中国媒介生物学及控制杂志,1992,3(5)
187 菌株对武昌罗索线虫灭蚊幼的影响. 罗大民,谢灵革. 华中师范大学学报,1992,26(2)
6 属 31 种蚊虫对豫南罗索线虫敏感性研究. 彭玉芳. 华西医科大学学报,1992,23(4)
DNA 探针聚合酶链反应免疫发光技术鉴定蚊体内班氏丝虫幼虫. 郑惠君,陶增厚. 贵州医药,1992,16(2)
DNA 探针用于中华按蚊和嗜人按蚊的分类研究. 牛玲玲. 中国寄生虫学与寄生虫病杂志,1992,10(4)
安庆市主要吸血蚊虫生态调查. 王俊明,沈松林. 人民军医,1992,(6)
按蚊发现宿主的行为学. Edman,J. D. 医学动物防制,1992,8(1)
白纹伊蚊幼虫自然种群动态的模糊聚类分析. 彭卫东. 江西医学院学报,1992,32(1)
白纹伊蚊自然种群生命表研究. 刘复生. 中山大学学报(自然版),1992,31(3)
波纹龙虱捕食蚊幼功能反应研究. 董承教,王守振. 中国媒介生物学及控制杂志,1992,3(4)
不同发育期致倦库蚊乳酸脱氢酶和酯酶同工酶的比较研究. 李建华. 贵阳医学院学报,1992,17(4)
不同水深对武晶罗索线虫感染蚊幼的影响. 陈国生,何太平. 华中师范大学学报(自然版),1992,26(2)

不同蚊宿主体内马来丝虫微丝蚴黑化的实验比较.潘实清,李树桃.中山医科大学学报,1992,13(4)
城市灭蚊.陆宝麟.科学出版社,1992
城市灭蚊的特点和对策.陆宝麟.中国媒介生物学及控制杂志,1992,(3)
从云南白纹伊蚊分离登革热4型病毒.张海林,等.中华流行病学杂志,1992,(5)
从云南省蚊体和无名热病人发现另一种新环状病毒.徐普庭,龚正达.病毒学报,1992,8(2)
淡色库蚊的抗药性研究Ⅱ.球形芽孢杆菌对淡色库蚊子代的影响.苏斌.中国媒介生物学及控制杂志,1992,3(2)
淡色库蚊越冬过程中体重、含水量及脂、蛋白质、碳化合物含量的动态变化.苏天运.中国媒介生物学及控制杂志,1992,3(6)
低剂量杀虫剂对媒介蚊虫生理生态影响的研究进展.薛瑞德.中国媒介生物学及控制杂志,1992,3(1)
电热蚊香片多次滴加强力毕那命40的灭蚊效果观察.郁世芳,张保珍.中国媒介生物学及控制杂志,1992,3(5)
奋斗呐浸泡帐布防蚊灭蚊效果观察.陆年宏.南京部队医药,1992,(2)
广东省西南地区沿海地区蚊种采集记录.黄柏湘.中国媒介生物学及控制杂志,1992,3(5)
广西和云南两地微小按蚊的杂交试验.叶奕英.中国寄生虫学与寄生虫病杂志,1992,10(4)
广西清除埃及伊蚊研究.黄健人.中国媒介生物学及控制杂志(自然疫源性疾病专辑),1992
海南岛按蚊名录.蔡贤铮.海南医学,1992,3(4)
湖北省大蚊新记录属种及5新种(双翅目:大蚊科).杨集昆.湖北大学学报(自然版),1992,14(3)
湖南中华按蚊生态习性传疟作用的研究.欧阳玉梅,庞录林.中国寄生虫病防治杂志,1992,5(4)
抗氰戊菊酯淡色库蚊的抗性谱以及增效剂的作用.张朝远.中国媒介生物学及控制杂志,1992,3(2)
库蚊属一新种记述(双翅目:蚊科).陈汉彬.动物分类学报,1992,17(1)
辽河油田地区应用驱避剂防蚊的研究.王树诚,李家才.中国媒介生物学及控制杂志,1992,3(3)
罗索线虫的规格化大量养殖.薛群力,彭玉芳.西南国防医药,1992,2(6)
莫干山细蚊二新种记述.杨集昆.浙江林学院学报,1992,9(4)
南平竹林区白纹伊蚊垂直分布及蚊虫群落特征.徐保海.中国媒介生物学及控制杂志,1992,3(1)
三带喙库蚊幼期实验室种群动态的模型研究.顾卫东,等.昆虫学报,1992,35(4)
三带喙库蚊自然种群产卵周期和存活率估量.顾卫东.中国媒介生物学及控制杂志,1992,3(5)
三带喙蚊幼期相对取样密度和绝对密度关系的研究.顾卫东.中国寄生虫病防治杂志,1992,5(1)
三种蚊暗适应复眼ERG的光谱敏感性.伍卫华.中国寄生虫病防治杂志,1992,5(3)
山东省蒙山大洼地区骚扰阿蚊生态习性的研究.张希增,等.中国寄生虫学与寄生虫病杂志,1992,10(1)
上海虹桥国际机场蚊类调查.丁鲁民.医学动物防制,1992,8(4)
上海市崇明县蚊虫的调查.张坤祥,曹雪龙.海军军事医学,1992,13(1)
顺式氯氰菊酯处理蚊帐对淡色库蚊作用的研究.薛瑞德,等.中国寄生虫病防治杂志,1992,(5)
斯氏按蚊血淋巴游离氨基酸和蛋白质的研究.李凤舞.中国寄生虫学与寄生虫病杂志,1992,10(1)
台湾南部某军眷村登革热病媒蚊密度调查.白崇田,张家彰.医学研究(中国台湾),1992,13(2)
微小按蚊长期接触低剂量溴氰菊酯后生理活动和繁殖特性的动态观察.叶奕英.中国媒介生物学及控制杂志,1992,3(6)
卫害净浸泡蚊帐效果观察.罗彬,胡兰声.中国媒介生物学及控制杂志,1992,3(特刊1)
温度与光照对三带喙库蚊自育性影响的初步观察.薛瑞德.昆虫学报,1992,35(2)
蚊虫对虫媒病毒的经卵传递.王燕妮.遵义医学院学报,1992,15(3)
蚊虫血淋巴收集方法的探索.王梅英,等.河南医科大学学报,1992,27(3)
蚊幼期种群各龄发育时间的频数分布模拟.顾卫东,陆宝麟.中国寄生虫病防治杂志,1992,5(2)
我国的按蚊区系.陆宝麟.中国疟疾的防制与研究,1992
我国五种蚊幼虫上腭扫描电镜形态特征研究.张永生,刘伟.中国媒介生物学及控制杂志,1992,3(4)
细胞培养法制备中华按蚊有丝分裂染色体及其G.C分带.蓝明扬.医学动物防制,1992,8(2)
应用气相色谱法鉴别海南省大劣按蚊.崔可伦.中国寄生虫学与寄生虫病杂志,1992,10(4)
用十二种拟除虫菊酯浸泡蚊帐防制蚊虫杀虫活性及抗洗涤能力的.姜志宽.医学动物防制,1992,8(4)
在IBMPC微机建立我国6属39种蚊幼虫上颚扫描电镜特征检索系统.张永生.医学动物防制,1992,8(3)
致倦库蚊成虫寿命与环境因子的相关分析.夏北成.中山大学学报(自然版),1992,31(3)
致倦库蚊和三带喙库蚊实验室种群饲养及生物学特性的初步观察.张天寿.中国媒介生物学及控制杂志,1992,3(1)
中国尖音库蚊复合组(Cule xpipiens complex)生物分类学的研究.赵彤言,陆宝麟.中国科学技术协会首届青年学术会论文集(理科分册),1992,432
中华按蚊传播亚周期型马来丝虫能力的研究.李才河.中国寄生虫病防治杂志,1992,5(3)
自殖性东乡伊蚊卵黄发生的初步研究.孙建新.中国媒介生物学及控制杂志,1992,3(3)

1992 年我国三种蚊虫抗药性动态. 刘维德,陈文美. 中国媒介生物学及控制杂志,1993,(4)
BWD-91 型风吸式黑光捕蚊灯的研制. 潘恺友,陈国钧. 中国媒介生物学及控制杂志,1993,4(5)
CHP-91 袜用防蚊整理剂及其应用. 朱泉,张洵栓. 上海劳动保护技术,1993,(5)
病媒蚊虫对杀虫剂抗性的遗传学. 徐承龙. 医学动物防制,1993,9(4)
不同发育期中华按蚊、白纹伊蚊 LDH 和 EST 同工酶的比较研究. 李建华. 贵阳医学院学报,1993,18(3)
长期使用溴氰菊酯浸泡蚊帐对人体影响的调查. 肖贤琦,周中华. 医学动物防制,1993,9(1)
长须阿蚊蛹及幼虫的记述. 董学书,王学忠. 医学动物防制,1993,18(3)
大型企业蚊虫综合防制措施探讨. 董军辉. 中国媒介生物学及控制杂志,1993,4(6)
淡色库蚊生殖滞育的神经内分泌调节. 鲁加龙. 昆虫学报,1993,36(3)
淡色库蚊幼虫饲料的比较研究. 吴高峰,李平. 中国媒介生物学及控制杂志,1993,4(5)
淡色库蚊越冬的生态生理学研究. 苏天运. 河南医科大学学报,1993,28(2)
淡色库蚊越冬过程中淋巴蛋白质/多肽的二维电泳分析. 苏天运. 河南医学研究,1993,2(1)
淡色库蚊越冬过程中血淋巴游离氨基酸的变化. 苏天运. 中国寄生虫学与寄生虫病杂志,1993,11(1)
二氯苯醚菊酯浸泡蚊帐对中华按蚊和大劣按蚊的毒效. 李明馨,潘波. 寄生虫与医学昆虫学报,1993,(1)
防虫织物防蚊效果观察. 张应阔,等. 中国公共关系,1993,(9)
奋斗呐对嗜人按蚊血淋巴微量元素含量的影响. 陈佩惠. 首都医学院学报,1993,14(3)
封密稻池中三带喙库蚊幼期存活率和发育速率估测. 顾卫东. 昆虫学报,1993,36(1)
化学引诱剂诱捕按蚊成蚊的试验室研究. 袁方玉. 中国媒介生物学及控制杂志,1993,4(4)
基因工程杀蚊幼蓝藻的研究. 徐旭东. 中国媒介生物学及控制杂志,1993,4(4)
吉林与长春市区蚊类综合防制措施研究. 彭渤,舒恩俊. 中国媒介生物学及控制杂志,1993,4(5)
利用肛门注射探讨埃及斑蚊及白线斑蚊之卵量. 叶金彰,施昌良. 中华昆虫(中国台湾),1993,13(3)
卵期静电场处理对淡色库蚊生命系统影响的初步研究. 王金福,孙益. 浙江省医学科学院学报,1993,4(1)
美国加州蚊媒病毒的生态学与监测. ReisW,K. 医学动物防制,1993,9(1)
南平市蚊虫种类及其孳生习性. 徐保海,林正高. 武夷科学,1993,(9)
三带喙库蚊幼虫田间水平分布的研究. 陈健行,何雄飞. 浙江省医学科学院学报,1993,4(2)
三种蚊虫血淋巴游离氨基酸的研究. 李凤舞,等. 中国寄生虫病防治杂志,1993,6(3)
骚扰库蚊在我国新记录及其自育性和分类学研究. 赵彤言,等. 中国媒介生物学及控制杂志,1993,4(4)
骚扰摇蚊的生态学研究概况. 薛瑞德. 中国媒介生物学及控制杂志,1993,4(4)
上海海滨三带喙库蚊和中华按蚊消失情况分析. 闵继光,等. 中国公共卫生学报,1993,12(1)
沈阳地区淡色库蚊的自育性. 王丽珠,曹毓存. 中国媒介生物学及控制杂志,1993,4(4)
嗜人按蚊、中华按蚊和昆明按蚊存活率特性的比较实验观察. 姜惠仙. 四川动物,1993,12(2)
嗜人按蚊各发育期几项生化指标的比较分析. 陈秀春,甄殿魁. 南京医学院学报,1993,13(3)
树瘿蚊亚科中国新记录种(双翅目:瘿蚊科). 十文俊,等. 动物分类学报,1993,18(4)
顺式氯氰菊酯浸泡帐布防蚊灭蚊效果观察. 陆年宏,等. 中国媒介生物学及控制杂志,1993,4(3)
四川省疟疾媒介按蚊对化学杀虫剂抗药性调查报告. 雷心田,童学娅. 实用寄生虫病杂志,1993,1(3)
随机引物扩增多态性 DNA 聚合酶链反应技术用于蚊细胞. 赵郁光,余传信. 中国媒介生物学及控制杂志,1993,4(6)
随州市蚊虫种类调查. 黄希平,熊天寿. 湖北预防医学杂志,1993,4(1)
袜用防蚊整理剂 CHP-91 及其应用. 朱泉,张保珍. 江苏印染,1993,15(4)
温度、水质及酸碱度对埃及斑蚊与白线斑蚊幼虫取食及发育之影响. 吴怀慧,张念台. 中华昆虫(中国台湾),1993,13(1)
蚊虫触角在其行为反应中的作用初步观察. 冯友仁,王宇红. 医学动物防制,1993,9(3)
蚊虫灯诱捕量的混合回归分析. 顾卫东. 中国媒介生物学及控制杂志,1993,4(5)
蚊虫防治研究进展. 陆宝麟. 中国媒介生物学及控制杂志,1993,4(特刊2)
蚊虫抗性与酯酶及其基因的研究进展. 金萍. 中国媒介生物学及控制杂志,1993,4(5)
蚊触角电位的引导及其影响因素的观察. 伍卫华,殷松生. 贵阳医学院学报,1993,18(2)
蚊喙制片方法的改进. 梁希英. 滨州医学院学报,1993,16(3)
蚊基因组:组成、进化与人为调控. Besansky,N. J. ,金立中. 国外医学(寄生虫病分册),1993,20(3)
蚊科三十八个已知属的系统发育数值分析. 瞿逢伊. 昆虫学报,1993,36(1)
蚊体羧酯酶定量测定方法的改进. 肖燕,吴能. 中国媒介生物学及控制杂志,1993,4(4)
我国 5 种按蚊卵表面细微结构的形态观察. 许濑璧,等. 中国寄生虫病防治杂志,1993,6(1)
我国的赫坎按蚊种团及其媒介效能. 陆宝麟,等. 寄生虫与医学昆虫学报,1993,(创刊号)
我国登革热媒介及其防治. 陆宝麟. 中国媒介生物学及控制杂志,1993,4(特刊2)
我国杆蚊属和库蚊属 7 种蚊幼虫上颚扫描电镜形态特征研究. 张永生. 中国寄生虫病防治杂志,1993,6(1)

新疆长足大蚊习性的研究.谢光武.昆虫知识,1993,30(4)
凶小库蚊应氏亚种在山东省茶城市发现.许锦江.中国寄生虫学与寄生虫病杂志,1993,11(1)
溴氰菊酯对中华按蚊生活史影响的观察.雷心田,等.中国媒介生物学及控制杂志,1993,4(5)
摇蚊变态反应的研究.周承.国外医学(寄生虫病分册),1993,20(4)
一种简易蚊虫羽化罩.吴高峰,李平.昆虫知识,1993,30(6)
圆毛斗鱼灭蚊效果的研究.周洁.湖南农业科学,1993,(7)
云南库蚊一新种.杨家伦.动物分类学报,1993,18(2)
致倦库蚊不同发育期体内可溶性蛋白的分析研究.曹可钦,王世海.贵州医药,1993,17(1)
致倦库蚊传播登革热研究.罗庆洪.中华流行病学杂志,1993,14(2)
滞育三带喙库蚊和淡色库蚊的脂肪含量和耐寒比较.张恩英.上海第二医科大学学报,1993,13(2)
中国蚊类的区系分布和地理区划.陈汉彬.贵阳医学院学报,1993,18(1)
中国新菌蚊属四新种(双翅目:菌蚊科).吴鸿.动物分类学报,1993,18(3)
中国摇蚊亚科记述Ⅲ.哈摇蚊属(双翅目:摇蚊科).王新华.动物分类学报,1993,18(4)
中国摇蚊亚科记述Ⅵ.流长跗摇蚊属.王新华.南开大学学报(自然版),1993,(1)
中华按蚊和嗜人按蚊产卵次数与卵泡管膨大部数的关系.潘嘉云,等.中国寄生虫病防治杂志,1993,6(1)
中华按蚊和嗜人按蚊卵蛋白质二维电泳图谱的比较分析.范岳荣.中国媒介生物学及控制杂志,1993,4(3)
中华按蚊和嗜人按蚊三种同工酶的比较研究.许龙善,等.医学动物防制,1993,9(4)
中华按蚊卵巢细胞系的建立和特征.蓝明扬,赵郁光.中国寄生虫病防治杂志,1993,6(1)
中华按蚊与嗜人按蚊对ABO血型宿主嗜血性的实验研究.姜志宽,等.中国媒介生物学及控制杂志,1993,4(1)
白纹伊蚊和埃及伊蚊对基孔肯雅病毒的易感性和传播性的研究.张海林,米竹青.中国病毒学,1994,9(3)
白线斑蚊卵、虫及肾之发育.李学进.中华昆虫(中国台湾),1994,14(1)
白线斑蚊之吸血、产卵与寿命.李学进.中华昆虫(中国台湾),1994,14(2)
保幼激素类似物S-31183控制蚊虫孳生地效果观察.林立丰,唐天兰.中国媒介生物学及控制杂志,1994,5(1)
不同温度下淡色库蚊增殖能力的实验研究.刘相萍,等.中国寄生虫病防治杂志,1994,7(2)
采集网和采集勺采集轮胎内埃及伊蚊幼虫效率的比较.甄天民,Hay,H.B.中国寄生虫病防治杂志,1994,7(4)
淡色库蚊发育起点温度和有效积温的研究.刘凤梅,等.中国寄生虫病防治杂志,1994,7(3)
淡色库蚊酯酶活性频率与有机磷酯剂抗性关系.刘维德,雷心田.实用寄生虫病杂志,1994,2(3)
刀毛摇蚊属一新种记述(双翅目:摇蚊科).王新华,等.南开大学学报(自然版),1994,(1)
低浓度球形芽孢杆菌对淡色库蚊的慢性毒效观察.王中磊,等.中国寄生虫病防治杂志,1994,7(4)
地高辛标记探针直接检出实验感染蚊体内的登革热病毒RNA.刘明团,王树声.广西医学,1994,16(1)
东乡伊蚊胸肌细胞系的建立及特性.刘涛,徐秀菽.贵州医药,1994,18(6)
二氯苯醚菊酯浸泡蚊帐防治大劣按蚊及疟疾的现场研究.李祖资,等.寄生虫与医学昆虫学报,1994,(1)
甘肃蚊类初记.石淑珍,刘增加.医学动物防制,1994,10(4)
广州市三种不同地带蚊虫孳生特点的调查.林立辉,朱少凡.中国医药科技出版社,1994
海南岛埃及伊蚊的生态学控制.赵治国,陈晋义.海南医学,1994,5(1)
海南岛保亭地区蚊类调查.苏善强,等.医学动物防制,1994,10(2)
海南省病媒蚊虫抗药性监测报告.李明馨,李善于.海南医学,1994,5(4)
海南省嗜人按蚊地理分布调查.庞学坚,司有忠.海南医学,1994,5(2)
海南省首次从蚊体中分离出乙型脑炎病毒.余福勋,夏占国.河南预防医学杂志,1994,5(3)
海南省松涛水库水系区微小按蚊分布调查.王志光,陈圣端.海南医学,1994,5(4)
核酸杂交和McAb-IFA快速检出鉴定白纹伊蚊体内登革热病毒.刘明团,王树声.中国人兽共患病杂志,1994,10(2)
黄斑阿蚊、毛抱阿蚊蛹及幼虫的记述.董学书,等.昆虫分类学报,1994,16(4)
吉林省边境地区吸血蚊虫生态调查.了兆福,等.生态学杂志,1994,13(2)
尖音库蚊复组蚊类有机磷抗性的生化机制.徐建农,刘维德.寄生虫与医学昆虫学报,1994,1(1)
列喜镇ULV喷洒剂对淡色库蚊的灭蚊研究.姜志宽.中国公共卫生,1994,10(4)
灭幼宝(S-31183)杀灭蚊虫效果的观察.林立丰,等.中国媒介生物学及控制杂志,1994,(5)
屏东县琉秋乡登革热病媒分布及孳生环境调查.黄基森.中华昆虫(中国台湾),1994,14(3)
球形芽孢杆菌C3-41对致倦库蚊的毒效及在蚊体内的在循环.袁志明,张用梅.昆虫学报,1994,37(4)
球形芽孢杆菌缓释块剂对蚊幼的毒效试验.方箐,袁方玉.实用寄生虫病杂志,1994,2(2)
球形芽孢杆菌与苏云金杆菌以色列亚种混用杀灭蚊幼虫的实验室.管玉霞,等.医学动物防制,1994,10(1)
沙井隔板式防蚊装置的防蚊效果观察.莫维盛,李同荣.中国媒介生物学及控制杂志,1994,5(1)
嗜人按蚊区疟疾回升因素及控制流行效果观察.吴金俊,范鑫福.医学动物防制,1994,10(1)
嗜人按蚊血淋巴微量元素与常量元素的研究.陈佩惠,等.中国寄生虫学与寄生虫病杂志,1994,12(1)

丝虫病传播阈值的研究. 史宗俊. 中国寄生虫学与寄生虫病杂志,1994,12(1)
天然物质卫生杀虫剂灭害霸 A 型及其 B 型对蚊虫幼虫、蚊虫的防效. 戴玉池. 湖南农业科学,1994,(4)
蚊血淋巴研究:致倦库蚊和白纹伊蚊幼虫期血淋巴蛋白质. 魏鸣,王菊生. 中国媒介生物学及控制杂志,1994,5(3)
蚊子的分子遗传学. Jame,A. A. ,王维荣. 世界科学,1994,(7)
我国伊蚊属 10 种蚊幼虫颏的光镜与扫描电镜形态特征. 张永生,等. 中国寄生虫病防治杂志,1994,7(1)
我国伊蚊属 12 种幼虫上颚扫描电镜观察. 张永生,等. 中国寄生虫学与寄生虫病杂志,1994,12(2)
我国伊蚊属已知系统数值分析. 瞿逢伊,等. 寄生虫与医学昆虫学报,1994,1(1)
武穴市中华按蚊吸血习性三种方法调查结果比较. 罗曼珍,等. 中国寄生虫病防治杂志,1994,7(3)
厦门蚊虫染色体研究. 张财兴,等. 厦门大学学报(自然版),1994,33(3)
新疆阿勒泰地区蚊种组成及生态调查. 马德新,安继尧. 中国媒介生物学及控制杂志,1994,5(1)
溴氰菊酯选育淡色库蚊和中华按蚊的研究. 朱昌量,李建民. 南京医科大学学报,1994,14(4)
烟台地区蚊、蝇名录及分布. 邢锦良,等. 医学动物防制,1994,10(4)
应用模糊数学优选乙型脑炎主要蚊媒. 郑敬伟,张光荣. 现代预防医学,1994,21(1)
影响蚊虫产卵行为的化学因素. 张金桐. 寄生虫与医学昆虫学报,1994,1(2)
用酶联免疫吸附试验检测蚊虫嗜血性的研究Ⅰ. 抗牛 Ig. 陈国英,袁方玉. 中国媒介生物学及控制杂志,1994,5(3)
云南西部局限蚊属一新种(双翅目:蚊科). 龚正达. 动物分类学报,1994,19(2)
致倦库蚊引诱卵信息素的合成及其生物活性. 张金桐,等. 寄生虫与医学昆虫学报,1994,(1)
致倦库蚊有机磷抗性相关扩增酯酶 B 基因的多样性. 徐建农,刘维德. 第二军医大学学报,1994,15(2)
中国尖音库蚊复合组生物分离学的研究:雄蚊阳茎 DV/D 的数值分析. 赵彤言,陆宝麟. 昆虫学报,1994,37(4)
中国南部数省摇蚊科新种及罕见种属新记录(双翅目). 王士达. 昆虫分类学报,1994,16(2)
中国摇蚊亚科记述Ⅳ. 拟隐摇蚊属(双翅目:摇蚊科). 王新华,等. 动物分类学报,1994,19(2)
中国直突摇蚊亚科记述Ⅱ. 布摇蚊属(双翅目:摇蚊科). 王新华,等. 昆虫学报,1994,37(3)
中华按蚊的发育起点及有效积温常数. 孙延昌,邓守俭. 实用寄生虫病杂志,1994,2(3)
中华按蚊耐干旱实验研究. 马建设,等. 医学动物防制,1994,10(1)
中华按蚊区间日疟暴发流行因素调查. 徐保海,等. 中国寄生虫病防治杂志,1994,7(4)
中华按蚊人血指数三种调查方法比较. 徐保海,等. 中国媒介生物学及控制杂志,1994,5(3)
中华按蚊幼虫肠细胞膜级分的制备及其鼠抗血清对幼虫的效应. 刘相萍,等. 中国寄生虫病防治杂志,1994,7(1)
紫外线照射致倦库蚊后对其绝育和生殖发育影响的观察. 晏春华,等. 同济医科大学学报,1994,23(1)
自殖性东乡伊蚊内源性蜕皮激素水平与其卵巢发育的关系. 孙建新,等. 中国寄生虫病防治杂志,1994,7(3)
Bti 微胶囊制剂防治蚊虫的研究. 孙传红,等. 中国媒介生物学及控制杂志,1995,(6)
DNA 基因技术在疟疾媒介防治研究中的应用. 程峰,张绍清. 中国寄生虫病防治杂志,1995,8(2)
NR-90 长效涂抹驱避剂现场防蚊效果试验研究. 姜志宽,等. 卫生杀虫药械,1995,1(2)
阿蚊属一新种记述(双翅目:蚊科). 董学书,周红宁. 昆虫分类学报,1995,17(4)
白洋淀蚊虫种类与季节消长调查. 张志珍,候海锁. 医学动物防制,1995,11(1)
池眼蕈蚊属二新种(双翅目:眼蕈蚊科). 杨春清,谭琦. 昆虫分类学报,1995,17(增刊 6)
达尔文中剑水蚤防治房周伊蚊幼虫的研究. 甄天民,李金德. 中国寄生虫病防治杂志,1995,8(3)
大劣按蚊血细胞对约氏疟原虫卵囊黑化作用的观察. 黄复生,王兴相. 中国寄生虫病防治杂志,1995,8(4)
淡色库蚊和致倦库蚊对广东株班氏丝虫易感性的研究. 黄少玉,骆雄才. 中国人兽共患病杂志,1995,11(2)
对溴氰菊酯敏感和抗性淡色库蚊酯酶在发育中的变化. 邢文鸾,朱昌亮. 南京医科大学学报,1995,15(1)
光活化杀虫植物——万寿菊及其在蚊虫防治中的作用. 金萍. 中国媒介生物学及控制杂志,1995,6(4)
广东几种野外蚊虫抗有机磷酯酶活性聚集度的初步研究. 潘波,朱泰华. 中国媒介生物学及控制杂志,1995,6(1)
河北省淡色库蚊对三种杀虫剂的抗性调查. 黄钢,侯海锁. 中国媒介生物学及控制杂志,1995,6(4)
近超声驱蚊器驱蚊效果的实验观察. 王莹,谭耀东. 大连医科大学学报,1995,17(4)
局限蚊属丽蚊亚属一新种记述. 董学书,Miyag,I. 动物学研究,1995,16(4)
抗溴氰菊酯白纹伊蚊的生物学特性及实验室种群动力学研究. 姚其方. 中国媒介生物学及控制杂志,1995,6(3)
克优宁缓释片杀灭蚊幼的研究. 郁世芳,凌雪还. 中国媒介生物学及控制杂志,1995,6(3)
毛顺库蚊雌蚊、蛹及幼虫的记述. 董学书,周红宁. 动物分类学报,1995,20(3)
媒介蚊虫的生物防治. 甄天民. 卫生杀虫药械,1995,1(1)
南京机场蚊种调查报告. 韩建平,等. 卫生杀虫药械,1995,1(2)
尼龙袜的防蚊整理. 苏开第,黄燕萍. 西北纺织工学院学报,1995,9(4)

屏东县琉球乡居民对登革热及其病媒之认知. 张念台,吴怀慧. 中华昆虫(中国台湾),1995,15(2)
三斑家蚊族群消长之研究. 林鼎翔,吕良振. 中华昆虫(中国台湾),1995,15(1)
三带喙库蚊发现规律及生理龄期的观察. 樊天宝. 中国寄生虫学与寄生虫病杂志,1995,(13)
三带喙库蚊幼虫水解酶与印度雕蚀菌感染的关系. 刘素兰,等. 昆虫学报,1995,38(2)
三氟氯氰菊酯浸泡蚊帐防制蚊媒的毒效观察. 潘波,吴旭光. 寄生虫与医学昆虫学报,1995,2(3)
十臼港区蚊类季节消长情况调查. 庄会友,陶来宝. 中国媒介生物学及控制杂志,1995,6(5)
食蚊鱼的饲养、生长、生殖情况概述. 高书堂,刘灼见. 淡水渔业,1995,25(6)
水稻生长与嗜人按蚊种群消长的关系. 徐保海,等. 医学动物防制,1995,11(2)
水螨寄生中华按蚊情况的调查. 樊天宝. 中国寄生虫学与寄生虫病杂志,1995,13(2)
丝虫病控制前后蚊媒自然感染情况调查分析. 张继铭,曾玉林. 中国媒介生物学及控制杂志,1995,6(3)
思茅及其附近地区抗有机磷致倦库蚊酯酶活性聚集度研究. 杜尊伟,俞渊. 中国媒介生物学及控制杂志,1995,6(1)
四种药剂对南京地区的淡色库蚊和字蝇的抗性测定. 熊巧然,等. 卫生杀虫药械,1995,1(1)
苏云金杆菌 H-14 块状缓释剂控制庭院积水容器中埃及伊蚊幼虫的效果观察. 苏善强,等. 中国媒介生物学及控制杂志,1995,(6)
土味链霉菌 339 菌株对蚊幼虫的毒力测定. 应珊红,李中振. 华中师范大学学报,1995,29(4)
蚊甲齿对马来微丝蚴的杀伤作用. 何深一. 中国寄生虫学与寄生虫病杂志,1995,13(1)
蚊幼虫对日本血吸虫毛蚴非选择性摄入现象的观察. 宋文剑,李雍龙. 寄生虫与医学昆虫学报,1995,2(2)
武汉南湖摇蚊幼虫群落的研究. 郭先武. 华中农业大学学报,1995,14(6)
溴敌油膜剂灭蚊幼效果观察. 林立辉,等. 解放军预防医学杂志,1995,13(5)
摇蚊幼虫对底泥中氮、磷释放作用的研究. 陈天乙,刘孜. 昆虫学报,1995,38(4)
印度雕蚀菌在三带喙库蚊幼虫体内的发育. 汪政仪,等. 中国寄生虫学与寄生虫病杂志,1995,13(2)
应用聚合酶链反应技术检测库蚊抗性基因的初步研究. 张玲敏,黄炯烈. 暨南大学学报,1995,16(4)
幼虫密度对致倦库蚊实验种群生长发育及产卵量的影响. 蒋杰贤,张愉快. 衡阳医学院学报,1995,23(2)
云南阿蚊属和一新种记述(双翅目:蚊科). 董学书,等. 动物学研究,1995,16(2)
云南局限蚊一新种(双翅目:蚊科). 董学书,陆宝麟. 动物分类学报,1995,20(4)
中国大蚊属四新种(双翅目:大蚊科). 杨定,杨集昆. 北京农业大学学报,1995,21(1)
中国东洋区摇蚊科二新种(双翅目:摇蚊科). 王新华. 南开大学学报(自然版),1995,28(2)
中国尖音库蚊复合组(Culex pipiens complex)生物分类学的研究—幼虫形态特征的数值分析. 赵彤言. 寄生虫与医学昆虫学报,1995,2(3)
中国局限蚊属的研究(双翅目:蚊科). 龚正达,陆宝麟. 昆虫学报,1995,38(4)
中华按蚊叮人率三种调查方法的结果比较. 徐保海,郑祖杰. 中国寄生虫学与寄生虫病杂志,1995,13(1)
中华按蚊和嗜人按蚊的遗传关系和传疟能力的比较研究. 许龙善,等. 中国人兽共患病杂志,1995,11(3)
珠海市蚊类调查报告. 李祥麟. 医学动物防制,1995,11(3)
白纹伊蚊垂直传播乙型脑炎病毒的研究. 张海林,米竹青. 病毒学报,1996,12(1)
白纹伊蚊和埃及伊蚊经卵传递登革热病毒的研究. 张海林,米竹青. 中国病毒学,1996,11(3)
北京真菌蚊属一新种记述(双翅目:菌蚊科). 吴鸿,杨集昆. 昆虫学报,1996,39(3)
不同蚊种核糖体 DNA 第二内转录间隔区的 PCR 扩增. 徐建农,等. 第二军医大学学报,1996,17(2)
超低容量喷雾技术在蚊虫防治中的应用. 董桂蕃. 卫生杀虫药械,1996,2(4)
城市建筑工地蚊虫孳生现状的调查研究. 徐保海,许龙善. 中国媒介生物学及控制杂志,1996,7(1)
登革热媒介的监测与控制. 陆宝麟. 登革热和登革出血热,人民军医出版社,1996,121
芳醚胺类及呋喃丙酰胺类化合物对白纹伊蚊刺叮行为的影响. 董桂蕃. 寄生虫与医学昆虫学报,1996,3(2)
福建微小按蚊变动原因的分析. 吴金俊,等. 医学动物防制,1996,(12)
感染周期型马来丝虫的中华按蚊酯酶同工酶及可溶性蛋白质含量. 张红颖,李杰. 大连医科大学学报,1996,18(4)
广布中剑水蚤生物防治白纹伊蚊幼虫的研究. 甄天民,黄希起. 中国媒介生物学及控制杂志,1996,7(1)
海南岛埃及伊蚊综合防治研究. 王炎业,等. 中国媒介生物学及控制杂志,1996,(7)
湖北省已知按蚊种类及其与疾病传播的关系. 王莉莉,刘亦仁. 中国媒介生物学及控制杂志,1996,7(3)
环丙沙星对蚊体细菌及蚊受精、产卵、寿命影响的研究. 宋建勋,段建华. 第三军医大学学报,1996,18(5)
嘉义沿海地区登革热病媒蚊之分布调查及其原因探讨. 邓华真,侯春锦. 中华昆虫(中国台湾),1996,16(3)
尖音库蚊复合组生物分类学的研究:表皮碳氢化合物的气相色谱. 赵彤言,周方. 寄生虫与医学昆虫学报,1996,3(1)
建立三种基因工程杀蚊幼蓝藻. 阎歌,等. 寄生虫与医学昆虫学报,1996,(3)
聚合酶链反应(PCR)技术在蚊虫抗性基因研究中的应用. 张玲敏,李桂云. 昆虫天敌,1996,18(1)

刘氏中剑水蚤防治蚊幼虫的研究. 甄天民，王怀位. 寄生虫与医学昆虫学报，1996，3(4)
灭幼脲Ⅱ对蚊，蝇幼虫药效试验. 邢育健，叶炳辉. 南京医科大学学报，1996，16(1)
人畜帐观察中华按蚊的嗜血趋性. 郑祖杰，徐保海. 中国媒介生物学及控制杂志，1996，7(5)
三种按蚊血淋巴元素含量的比较. 陈佩惠，等. 中国寄生虫病防治杂志，1996，9(2)
水稻生长与温度效应对嗜人按蚊种群消长影响的研究. 徐保海，等. 中国媒介生物学及控制杂志，1996，7(2)
蚊虫分子分类研究进展. 瞿逢伊. 寄生虫与医学昆虫学报，1996，3(1)
蚊虫控制技术研究进展. 李洁，姜志宽. 卫生杀虫药械，1996，2(4)
蚊虫携带 HBV 模型的 PCR 研究. 张梅喜，刘宗文. 河南医科大学学报，1996，31(4)
新兴城区建社开发对蚊虫孳生影响的研究. 罗维沛，等. 中国媒介生物学及控制杂志，1996，(7)
云南白纹伊蚊感染和传播基孔肯雅病毒的研究. 张云智，张海林. 中国媒介生物学及控制杂志，1996，7(2)
云南竹生的局限蚊属一新种(双翅目:蚊科). 龚正达. 动物分类学报，1996，21(3)
脂肪酸缓释剂释药特性及灭蚊效果. 林立辉，等. 中国公共卫生，1996，12(7)
中国棒瘿蚊属一新种(双翅目:瘿蚊科). 卜文俊. 动物分类学报，1996，21(4)
中华疟蚊(Anopheles sinensis)之累代饲育及其生活史. 许弘嵩，王正雄. 中华昆虫(台湾)，1996，16(4)
Si-Ⅱ型收入式诱蚊灯现场效果观察分析. 孙红专. 卫生杀虫药械，1997，3(2)
白蚁化石的地理分布及其演变. 朱世模，等. 动物学研究，1997，18(4)
避蚊胺对埃及伊蚊的趋避效果观察. 姜志宽，等. 卫生杀虫药械，1997，3(1)
不同浸泡时间的密花独行菜种籽对黏粘库蚊幼虫效果之影响. 韩刚，等. 白求恩医科大学学报，1997，23(5)
承德市避暑山庄蚊幼虫种类分布及生态习性的研究. 陈小宁，梁国明. 中国媒介生物学及控制杂志，1997，8(6)
杵蚊属星毛蚊亚属一新种记述(双翅目:蚊科). 董学书，周红宁. 动物分类学报，1997，22(2)
大链壶菌灭庭积水蚊虫的现场实验研究. 苏晓庆，贾少华. 菌物系统，1997，16(1)
淡色库蚊抗药性模拟系统的研究及其应用. 唐振华. 卫生杀虫药械，1997，3(3)
电蚊拍对蚊虫的灭效试验研究. 倪德光，等. 卫生杀虫药械，1997，3(3)
海南大蚊科三新种(双翅目:长角亚目). 杨定，杨集昆. 中国农业大学学报，1997，2(3)
河南省伏牛山毛蚊科三新种(双翅目:长角亚目). 杨集昆，程桂芳. 昆虫分类学报，1997，19(4)
几种农用化学品对三带喙库蚊幼虫及拟水狼蛛的影响. 徐建祥，吴进才. 江苏农学院学报，1997，18(3)
两种蚊虫在人工膜喂血装置上吸血与繁殖的观察. 张洪杰，张金桐. 寄生虫与医学昆虫学报，1997，4(1)
领蚊亚属一新种(双翅目:蚊科). 董学书，周红宁. 动物学研究，1997，18(1)
拟除虫菊酯浸泡帐布对致倦库蚊持效的实验室研究. 赵彤言，等. 中国媒介生物学及控制杂志，1997，(8)
逆转录聚合酶链反应检测蚊体内黄病毒的研究. 林立辉，等. 中国人兽共患病杂志，1997，13(2)
疟疾病与疟蚊数学模型的非负定态解. 杨茵. 生物数学学报，1997，12(2)
侵染双翅目昆虫的新种、新记录、新组合及新修订. 李增智，黄勃. 菌物系统，1997，16(2)
球形芽孢杆菌 BS-10 杀灭蚊幼虫研究. 王美秀，等. 卫生杀虫药械，1997，3(3)
沙市城区连续 10 年应用微生物制剂控制蚊虫的效果评价. 袁方玉，等. 中国媒介生物学及控制杂志，1997，8(6)
生态位理论在蚊虫种间竞争中的应用. 景晓，刘锋. 中国媒介生物学及控制杂志，1997，8(2)
四川省赫坎按蚊种团各蚊种卵形态鉴别的可靠性研究. 雷心田，赖勤. 四川动物，1997，16(4)
四川省赫坎按蚊种团蚊种卵的形态及变异. 雷心田，赖勤. 四川动物，1997，16(1)
四川省嗜人按蚊地理分布与环境的关系. 雷心田，张世雯. 中国媒介生物学及控制杂志，1997，8(1)
台湾地区登革热主要病媒蚊——埃及伊蚊生态及防治. 王磊. 中国公共卫生学报，1997，16(6)
蚊虫的生物防治及其在综合防治中的作用. 甄天民. 卫生杀虫药械，1997，3(2)
蚊虫地理生态位及其重叠群划分的初步研究. 颜忠诚，等. 动物学研究，1997，18(3)
蚊虫防治方法的思考. 陆宝麟. 中国媒介生物学及控制杂志，1997，(8)
蚊幼对狼蛛的营养作用研究. 吴进才，程遐年. 生态学报，1997，17(3)
溴氰菊酯对淡色库蚊卵黄蛋白影响的研究. 李承毅，白云秀. 寄生虫与医学昆虫学报，1997，4(2)
亚致死剂量溴氰菊酯对淡色库蚊卵黄蛋白影响的研究. 李承毅，等. 寄生虫学与医学昆虫学报，1997，4(2)
应用 SDS-PAGE 观察顺式氯氰菊酯对斯氏按蚊和嗜人按蚊成蚊血淋巴与幼虫蛋白的影响. 李凤舞，等. 中国媒介生物学及控制杂志，1997，8(4)
用内禀增长能力的近似计算对淡色库蚊种群的实验研究. 曲传智，杨柳萍. 河南医科大学学报，1997，32(2)
鱼藤酮对致倦库蚊幼虫生物活性的实验研究. 钟作良，周国理. 中国人兽共患病杂志，1997，13(1)
云南局限蚊一新种及一新记录(双翅目:蚊科). 董学书，等. 动物学研究，1997，18(3)
中国边境地区蚊虫群落的研究. 颜忠诚，等. 生态学报，1997，17(3)
中国动物志:昆虫纲第八卷(双翅目蚊科上卷). 陆宝麟，等. 科学出版社，1997
中国动物志:昆虫纲第九卷(双翅目蚊科下卷). 陆宝麟，等. 科学出版社，1997
转基因蓝藻灭蚊幼效果观察. 郝延玉，等. 卫生杀虫药械，1997，3(4)

白纹伊蚊飞翔能力和扩散距离观察. 景晓,王学军. 中国媒介生物学及控制杂志,1998,9(3)
保幼激素Ⅱ对三带喙库蚊滞育发生期间卵巢滤泡和体内 RNA 的影响. 董言德,薛瑞德. 中国媒介生物学及控制杂志,1998,9(3)
成都市致倦库蚊幼虫对 12 种杀虫剂抗性研究. 钱薇萍. 中国媒介生物学及控制杂志,1998,9(6)
大劣按蚊在高温条件下的生长发育. 韩万柏,宋宗臣. 中国媒介生物学及控制杂志,1998,9(3)
淡色库蚊抗溴氰菊酯品系和敏感品系的生物学特性研究. 孙立新,等. 南京医科大学学报,1998,18(5)
淡色库蚊三氟氯菊酯抗性株的选育及交互抗性的研究. 程景侠,等. 寄生虫与医学昆虫学报,1998,(5)
多斑按蚊实验室饲养的生物学研究. 毕艳,朱国君. 中国媒介生物学及控制杂志,1998,9(3)
革胡子鲶鱼防制城市工地积水池蚊虫的研究. 徐保海. 中国媒介生物学及控制杂志,1998,9(1)
革胡子鲶鱼在城市小区防制蚊虫的研究. 徐保海,等. 卫生杀虫药械,1998,4(2)
光周期和温度对 3 种蚊虫寿命影响的观察. 刘凤梅,甄天民. 中国寄生虫病防治杂志,1998,11(1)
空调旅客列车发生蚊虫滋扰的原因调查分析. 邹钦. 卫生杀虫药械,1998,4(3)
辽宁省淡色库蚊抗药性研究. 王树诚. 中国媒介生物学及控制杂志,1998,9(2)
媒介蚊虫抗药性测定的新方法. 甄天民. 卫生杀虫药械,1998,4(3)
蒙山蚊虫种间竞争的数学模型及其竞争结局的理论分析. 景晓,王学军. 医学动物防制,1998,14(2)
培福新对感染约氏疟原虫斯氏按蚊产卵和寿命的影响. 段建华,黄复生. 实用寄生虫病杂志,1998,6(1)
日月潭按蚊实验室养殖研究. 李凤文,王愧芳. 中国媒介生物学及控制杂志,1998,9(3)
骚扰库蚊与尖音库蚊复合组其他亚种杂交的研究. 赵彤言,董言德. 寄生虫与医学昆虫学报,1998,5(1)
双氢青蒿对间日疟原虫配子体的杀灭作用. 陈沛泉,李文谦. 广州中医药大学学报,1998,15(3)
双氢青蒿素对约氏疟原虫在蚊体内发育的影响. 陈佩惠,屠呦呦. 中国寄生虫学与寄生虫病杂志,1998,16(6)
泰国 Kret 岛埃及伊蚊控制合作研究Ⅰ. 基础调查及防制策略. 黄健人,等. 中国媒介生物学及控制杂志,1998,9(2)
泰国 Kret 岛埃及伊蚊控制合作研究Ⅱ. 实验室及现场控制效果. 黄健人,等. 中国媒介生物学及控制杂志,1998,9(3)
蚊不咬香露对蚊虫驱避作用的研究. 任红斌,刘世国. 寄生虫与医学昆虫学报,1998,5(2)
蚊体内间日疟原虫 SSUr DNA 特定片断克隆与鉴定. 李凤舞,叶炳辉. 寄生虫与医学昆虫学报,1998,5(4)
云南省河口市蚊虫及虫媒病毒调查. 张云智,张海林. 医学动物防制,1998,14(5)
云南微小按蚊随机扩增多态 DNA 及遗传分化关系. 陈永久,等. 动物学研究,1998,19(3)
致倦库蚊胃、胸肌及卵巢匀浆内的游离氨基酸. 李建华. 贵阳医学院学报,1998,23(3)
中华按蚊和嗜人按蚊 rDNA 内转录间隔 2 区序列差异. 马雅军,瞿逢伊. 第二军医大学学报,1998,19(3)
转基因技术应用于蚊媒控制. 陈颖,丹综述. 国外医学(寄生虫病分册),1998,25(6)
转基因蓝藻地不同龄期淡色库蚊幼虫杀灭作用的实验研究. 阎歌,张晓静. 中国媒介生物学及控制杂志,1998,9(3)
50 年来我国蚊媒研究进展. 陆宝麟. 中国媒介生物学及控制杂志,1999,10(3)
RAPD 技术及其在蚊分类鉴定中的应用. 田桢子. 国外医学(寄生虫病分册),1999,26(6)
埃及伊蚊体元素测定. 梁启昌,张俊清. 中国媒介生物学及控制杂志,1999,10(1)
埃及伊蚊与大劣按蚊体内微量元素含量比较分析. 张俊清,刘瑞梓. 中国寄生虫病防治杂志,1999,12(2)
成蚊对虫媒病毒中肠感染屏障及其机理的研究进展. 谢超,等. 中国媒介生物学及控制杂志,1999,10(3)
成蚊围食膜及其对虫媒病毒感染的影响. 谢超,等. 寄生虫与医学昆虫学报,1999,6(3)
从中国东北地区蚊标本首次分离到新亚型 Colti 病毒. 陶三菊,蔡增林. 中华实验和临床病毒学杂志,1999,13(3)
淡色库蚊抗性品系对化学杀虫剂交互抗性的实验研究. 王新国,等. 中国媒介生物学及控制杂志,1999,10(1)
独龙局限蚊雄性的记忆和幼虫形态的补充(双翅目:蚊科). 龚正达,李章鸿. 昆虫分类学报,1999,21(3)
广东省城市致乏库蚊对常用杀虫剂抗性的调查研究. 刘礼平,等. 中国媒介生物学及控制杂志,1999,10(6)
广西、海南和云南之地微小按蚊 DNA 的限制酶切片段长度多态性分析. 田春林,等. 广西医科大学学报,1999,16(4)
广西部分地区蚊虫种类及分布的抽样调查研究. 谭毅,等. 寄生虫与医学昆虫学报,1999,6(4)
广西猫儿山滑菌蚊属二新种(双翅目:菌蚊科). 吴鸿. 动物分类学报,1999,24(1)
海南与广西两地微小按蚊杂交试验. 石焕焕,等. 广西医科大学学报,1999,16(4)
局限蚊属一新种(双翅目:蚊科). 周红宁,等. 寄生虫与医学昆虫学报,1999,6(2)
抗洪抢险部队营地蚊虫防治效果观察. 李锋,杨振洲. 解放军预防医学杂志,1999,17(4)
抗溴氰菊酯淡色库蚊对 15 种常用杀虫剂的敏感性. 李玉兰,等. 中国媒介生物学及控制杂志,1999,10(1)
杀虫剂处理军服布的防蚊效果. 董桂蕃,曹勇平. 中国媒介生物学及控制杂志,1999,10(4)
施密摇蚊属一新种(双翅目:摇蚊科). 王新华. 南开大学学报(自然科学版),1999,32(1)
微板法检测蚊虫体内乙酰胆碱酯酶活性研究. 赵玉强,等. 中国媒介生物学及控制杂志,1999,10(2)

蚊虫综合治理(第二版). 陆宝麟. 科学出版社,1999
蚊基因组定位研究进展. 周国理. 国外医学(寄生虫病分册),1999,26(1)
我国蚊类研究五十年. 瞿逢年. 中国寄生虫学与寄生虫病杂志,1999,17(5)
五十年来中国的蚊类生物系统学研究. 陆宝麟,赵彤言. 寄生虫与医学昆虫学报,1999,6(2)
伊蚊属博蚊亚属一新种及一新记录(双翅目:蚊科). 董学书,等. 昆虫分类学报,1999,21(2)
应用核糖体 DNA 聚合酶链反应方法鉴别蚊虫. 黄国城,徐保海. 解放军医学高等专科学校学报,1999,27(4)
云南领蚊属一新种(双翅目:蚊科). 龚正达,李章鸿. 动物分类学报,1999,24(1)
云南南部微小按蚊生态学及传疟作用研究. 王学忠,等. 中国媒介生物学及控制杂志,1999,10(5)
寨可宁、奋斗呐选择性滞留喷洒与全面滞留喷洒防制室内蚊蝇效果观察. 辛正,张世水. 医学动物防制,1999,15(5)
浙江省新菌蚊属二新种(双翅目:菌蚊科). 吴鸿. 动物分类学报,1999,24(4)
中国尖音库蚊复合组支序系统学的研究. 赵彤言,陆宝麟. 动物分类学报,1999,24(2)
中华按蚊幼虫出现绿色个体的实验室观察. 康扬,等. 四川动物,1999,18(4)
Wolbachia 的 WSP 基因片段在我国尖音库蚊复合组蚊虫中的 PCR 扩增. 宋社吾,等. 寄生虫与医学昆虫学报,2000,7(2)
白纹伊蚊传播登革热病毒的媒介效能研究. 林立辉,等. 中国媒介生物学及控制杂志,2000,11(3)
白纹伊蚊经口感染、刺叮传播和经卵传递登革病毒的实验研究. 林立辉,等. 中国人兽共患病杂志,2000,16(4)
白纹伊蚊抗高效氯氰菊酯和抗敌百虫品系的生物学特性及种群参数. 郭凤英,等. 昆虫学报,2000,(5)
不同地区致倦库蚊种群相关酯酶基因的特征分析. 孙紫青,乔传令. 昆虫学报,2000,(S1)
长须杵蚊雌蚊的描述(双翅目:蚊科). 董利民. 动物分类学报,2000,25(1)
城市蚊虫防制中存在的问题及对策. 林立丰. 中国媒介生物学及控制杂志,2000,11(5)
大链壶菌对致倦库蚊幼虫三种酶活性的影响. 吴蒙红,包怀恩. 中国寄生虫学与寄生虫病杂志,2000,18(5)
淡色库蚊细胞色素 P450 抗性相关基因克隆与初步鉴定. 朱昌亮,等. 中国寄生虫学与寄生虫病杂志,2000,18(5)
分子生物学方法在按蚊近缘种和种型鉴别中的研究进展. 张吉斌,等. 中国媒介生物学及控制杂志,2000,11(1)
福州地区登革热传播媒介的调查研究. 徐保海,等. 中国人兽共患病杂志,2000,16(6)
福州市仓山区登革热流行及防制效果的调查研究. 郑能雄,等. 海峡预防医学杂志,2000,6(1)
广东省嗜人按蚊分布及其规律研究. 刘勇英,等. 中国媒介生物学及控制杂志,2000,11(4)
河南伊蚊一新种记述(双翅目:蚊科). 陈浩利,陈汉彬. 动物分类学报,2000,25(3)
江苏省常见蚊虫季节消长、种类及区系分布. 陈志龙,孙俊. 中国媒介生物学及控制杂志,2000,11(5)
农村城市化与蚊虫种群及构成变化分布. 孙红专,等. 上海预防医学杂志,2000,12(12)
随机扩增多态性 DNA 技术及其在蚊虫研究中的应用. 王继恒,曲传智. 中国媒介生物学及控制杂志,2000,11(2)
贪食库蚊捕食蚊幼虫的初步研究. 李军,等. 衡阳医学院学报(医学版),2000,28(2)
微小按蚊种团酯酶同工酶比较研究. 王学忠,等. 实用寄生虫病杂志,2000,8(1)
蚊虫生物防治方法的研究进展. 甄天民等. 卫生杀虫药械,2000,6(3)
蚊乙酰胆碱酯酶基因突变与抗药性. 吴明伟. 国外医学(寄生虫病分册),2000,27(5)
我国八代按蚊及其近缘种 rDNA-ITS2 序列差异和分类地位的探讨. 马雅军,等. 寄生虫学与医学昆虫学报,2000,7(1)
摇蚊幼虫分布及其与水质的关系. 王俊才,等. 生态学杂志,2000,19(4)
应用几丁聚糖提高避蚊胺驱蚊效果的实验观察. 刘步升,等. 沈阳部队医药,2000,(6)
越冬松针瘿蚊幼虫整体携脂蛋白的分离和纯化. 李毅平,等. 昆虫学报,2000,(S1)
云南省耿马县孟定镇蚊虫及虫媒病毒调查. 龚鹤琴,等. 中国媒介生物学及控制杂志,2000,11(3)
云南省西双版纳州蚊虫分布特点及与虫媒病毒的关系. 张海林,等. 地方病通报,2000,15(4)
云南省乙型脑炎病毒宿主和媒介研究. 张海林,自登云. 中国预防兽医学报,2000,22(2)
湛江民航机场白蚊伊蚊幼虫季节性消长调查. 王爱民,吴珊. 医学动物防制,2000,16(3)
中国 3 种伊蚊的核型分析. 温小军. 贵阳医学院学报,2000,25(3)
中国库蚊属 9 个亚属的支序分析. 刘宇晖,陈汉彬. 寄生虫与医学昆虫学报,2000,7(4)
中国心菌蚊属研究(双翅目:菌蚊科). 吴鸿,郑乐怡. 动物分类学报,2000,25(4)
10% FENDONASC 对蚊、蝇、蜚蠊药效试验观察. 关秀莲,等. 中国媒介生物学及控制杂志,2001,(1)
1997—2000 年三峡库区丰都县蚊媒监测分析. 付亚琴,等. 预防医学情报杂志,2001,(6)
CDC 与 UV 灯光源人房蚊虫诱捕效果观察. 周红宁,等. 中国媒介生物学及控制杂志,2001,(6)
cry4Aa、cry4Ba 和 cry11Aa 基因在苏云金杆菌无晶体型菌株中的表达. 孙钒,等. 微生物学通报,2001,(5)
DETA 的气相色谱分析. 刘毓民. 山西化工,2001,(2)

DNA 的蚊虫分类研究技术. 杨明,陈汉彬. 贵阳医学院学报,2001,(3)
VEPSTRIP 防蚊效果实验研究. 陈东平,等. 中国媒介生物学及控制杂志,2001,(6)
埃及伊蚊抗凝血因子Ⅹa 基因片段的克隆测序. 朱礼华,等. 中国媒介生物学及控制杂志,2001,(6)
按蚊基因组测序开始. 国际医药卫生导报,2001
白纹伊蚊对高效氯氰菊酯的抗药性及其遗传方式. 郭凤英,等. 寄生虫与医学昆虫学报,2001,(2)
白纹伊蚊基因组中 CYP6 家族新成员基因片段的克隆与分析. 吴瑜,等. 寄生虫与医学昆虫学报,2001,(1)
白纹伊蚊唾液抗血小板凝集因子 Apyrase 基因片段的克隆测序. 朱礼华,等. 寄生虫与医学昆虫学报,2001,(4)
白纹伊蚊细胞色素 P450CYP6N 亚家族新成员 5′-及 3′-非翻译区序列功能分析. 周国理,等. 中国人兽共患病杂志,2001,(4)
白纹伊蚊溴氰菊酯抗性株 4 龄幼虫 cDNA 文库的构建. 周国理,等. 寄生虫与医学昆虫学报,2001,(2)
白纹伊蚊乙酰胆碱酯酶基因片段克隆及鉴定. 吴明玮,等. 中国寄生虫学与寄生虫病杂志,2001,(4)
百高克浸泡蚊帐防蚊灭蚊效果观察. 陆宏,许胜天. 中国媒介生物学及控制杂志,2001,(3)
百家静对 3 种卫生害虫的室内杀灭效果观察. 刘起勇,等. 中国媒介生物学及控制杂志,2001,(1)
拜虫杀对嗜人按蚊的实验室生物学测定. 杨文,等. 中国媒介生物学及控制杂志,2001,(1)
斑面按蚊体内柏氏疟原虫子孢子感染能力的实验研究. 曹雅明,等. 中国人兽共患病杂志,2001,(5)
闭合式蚊香盘的实验研究. 汤永康,任樟尧. 中国媒介生物学及控制杂志,2001,(1)
避蚊胺包结化合物的研制及其生物效能评价. 张稷博,等. 中国媒介生物学及控制杂志,2001,(1)
避蚊胺对蜱驱避效果的试验观察. 章进宝,等. 中国媒介生物学及控制杂志,2001,(4)
避蚊胺致突变作用研究. 陆丹,等. 实用预防医学,2001,(5)
不同地区尖音库蚊复合组抗药笥的分子特征. 刘俊娥,乔传令. 昆虫学报,2001,(3)
不同地区嗜人按蚊基因组 DNA 差异分析. 田桢干,等. 中国媒介生物学及控制杂志,2001,(4)
不同高度、水质及容器颜色蚊幼孳生情况观察. 王淑玲,等. 中国寄生虫病防治杂志,2001,(4)
不同品系蚊虫乙酰胆碱酯酶的活性及其对抑制剂敏感性的研究. 赵玉强,等. 中华卫生杀虫药械,2001,(1)
昌平镇 1990—1999 年蚊指数调查结果分析. 任文英. 中国媒介生物学及控制杂志,2001,(3)
长效灭蚊蝇幼虫缓释剂药效研究. 徐承龙,曹永南. 中华卫生杀虫药械,2001,(4)
城市蚊虫的综合防制. 王美秀,宋秀平. 中国媒介生物学及控制杂志,2001,(1)
大链壶菌感染对致倦库蚊幼虫生长发育的影响. 潘卫,等. 贵阳医学院学报,2001,(3)
大链壶菌感染致倦库蚊幼虫的组织化学观察. 吴家红,包怀恩. 寄生虫与医学昆虫学报,2001,(2)
大劣按蚊核糖体蛋白 S7 cDNA 克隆. 徐文岳,等. 免疫学杂志,2001,(5)
大劣按蚊血淋巴酚氧化酶与约氏疟原虫卵囊黑化关系的研究. 徐文岳,等. 第三军医大学学报,2001,(4)
淡色库蚊对溴氰菊酸抗药性品系 cDNA 表达文库的构建和初步鉴定. 田海生,等. 中国人兽共患病杂志,2001,(4)
淡色库蚊对溴氰菊酯抗性和敏感品系差异表达蛋白的研究. 田海生,等. 南京医科大学学报,2001,(2)
淡色库蚊对溴氰菊酯抗药性和敏感性相关基因克隆和序列分析. 田海生,等. 中国寄生虫学与寄生虫病杂志,2001,(4)
淡色库蚊细胞以素 P450 基因研究. 朱昌亮,等. 生物化学与生物物理进展,2001,(1)
淡色库蚊中抗性相关羧酸酯酶的纯化及其生化性质. 梁军,等. 昆虫学报,2001,(2)
登革病毒疫苗研究近况. 魏惠永. 热带医学杂志,2001,(1)
登革热数学模型及其应用研究(Ⅰ)——兼评 Newton 的登革热传播模型. 吴开录,等. 中国热带医学,2001,(1)
登革热数学模型及其应用研究(Ⅱ)——利用数学模型评价不同措施对登革热的防治效应. 陈文江,等. 中国热带医学,2001,(2)
端午风俗与艾蒲. 范世忠. 家庭中医药,2001,(6)
反义核酸抑制抗敌百虫淡色库蚊扩增酯酶 mRNA 体外翻译的研究. 朱淮民,邹亚丁. 中国寄生虫学与寄生虫病杂志,2001,(1)
非特异性酯酶在淡色库蚊对不同杀虫剂抗性中的作用研究. 李士根,等. 中国寄生虫病防治杂志,2001,(1)
非特异性酯酶在蚊虫不同种类和不同发育的变化. 李士根,等. 中国公共卫生,2001,(8)
氟氯氰菊酯浸泡蚊帐防制中华按蚊及防疟效果的现场评价. 潘波,等. 中国寄生虫病防治杂志,2001,(3)
福建省残存嗜人按蚊清除效果观察. 徐保海,等. 中国媒介生物学及控制杂志,2001,(6)
福建省登革热监测与媒介调查. 徐保海,等. 海峡预防医学杂志,2001,(6)
福州市白纹伊蚊的孳生状况季节消长及其影响因素. 郑能雄,等. 海峡预防医学杂志,2001,(6)
福州市不同类型社区蚊虫分布特征与孳生习性. 徐保海,等. 中华卫生杀虫药械,2001,(4)
复方灭蚊缓释剂防治蚊虫的试验研究. 梁涛,张晓东. 中华卫生杀虫药械,2001,(1)
感染大链壶菌后致倦库蚊幼虫血淋巴细胞的观察. 莫非,包怀恩. 中国寄生虫学与寄生虫病杂志,2001,(6)
感染约氏疟原虫的斯氏按蚊组织化学观察. 李凤舞,等. 中国寄生虫病防治杂志,2001,(2)

构建抗病蚊子.张辉.生物制品快讯,2001,(9)
广东省吴川等县市消灭丝虫病监测情况分析.谢雪妹,等.热带医学杂志,2001,(1)
贵阳市致倦库蚊对四种常用杀虫剂的抗药性测定.徐秀葳,等.中华综合医学,2001,(12)
海南省大劣按蚊实验室自然交配的驯化研究.王赛梅,等.中国热带医学,2001,(4)
杭州尖音库蚊复组蚊虫对杀虫剂的抗性和酯酶同工酶的研究.李瑄,等.寄生虫与医学昆虫学报,2001,(3)
河南太行山区蚊虫调查报告.史明珠,陈浩利.河南预防医学杂志,2001,(4)
湖南省嗜人按蚊分布调查.李蓬,等.实用寄生虫病杂志,2001,(1)
环戊烯丙菊酯和氯烯炔菊酯等盘式蚊香的灭蚊效果观察.钱小敏,陈惟.中华卫生杀虫药械,2001,(3)
基因步移在分离蚊虫细胞色素P450启动子中的应用及意义.周国理,等.中山医科大学学报,2001,(6)
基因工程杀蚊幼蓝藻研究的由来和发展.徐旭东.水生生物学报,2001,(1)
静电气雾追踪型杀飞虫气雾剂的药效观察.卢文成,等.中华卫生杀虫药械,2001,(3)
抗DDVP和敏感淡色库蚊不同发育非特异性酯酶活力变化的研究.李士根,等.中国人兽共患病杂志,2001,(5)
抗白纹伊蚊组织抗体在蚊体内的动态分布.石磊.中国寄生虫病防治杂志,2001,(1)
壳聚糖复配氯氰菊酯乳剂现场灭蚊蝇效果试验.任清明,等.中国媒介生物学及控制杂志,2001,(4)
昆虫保幼激素蚊蝇醚合成工艺的研究.王天相匕,赵学忠.中华卫生杀虫药械,2001,(3)
昆明机场致倦库蚊生态习性研究.王云济,等.中国媒介生物学及控制杂志,2001,(5)
昆山市蚊蝇对常用杀虫剂抗性的实验研究.谢云龙,缪金华.中华卫生杀虫药械,2001,(3)
拉尼娜现象对蚊虫的影响.郁世芳,等.中国媒介生物学及控制杂志,2001,(3)
两个标准化cNDA差减文库的构建.田海生,等.中国血吸虫病防治杂志,2001,(2)
临沂市淡色库蚊幼虫对7种杀虫剂的抗性研究.周良信,等.中国媒介生物学及控制杂志,2001,(6)
滤纸法测定谈色库蚊非特异性酯酶和乙酰胆碱酯酶活性的实验研究.赵玉强,等.中国媒介生物学及控制杂志,2001,(3)
氯氰菊酯和B.t.iH-14混配杀虫剂对致乏库蚊幼虫的实验室毒效及持效作用研究.耿文奎,等.中国媒介生物学及控制杂志,2001,(3)
闽西北梨瘿蚊发生经过与生活习性研究.高岱.华东昆虫学报,2001,(1)
疟疾传播媒介斑须按蚊唾液腺cDNA表达基因库的构建及原基因的筛选.罗恩杰,等.中国人兽共患病杂志,2001,(5)
霹杀高ME75%蚊香母液对淡色库蚊的灭效研究.西冈史雄,等.中华卫生杀虫药械,2001,(2)
片式电热灭蚊台灯的研制及其应用.周光智,等.中华卫生杀虫药械,2001,(2)
祁阳县基本消灭丝虫病后远效果监测.陈文华,周小红.预防医学情报杂志,2001,(5)
气相色谱法测定驱蚊剂DEET.蒋东文,等.化工生产与技术,2001,(3)
球形芽孢杆菌对致倦库蚊的后致死作用.裴国凤,等.昆虫学报,2001,(4)
曲阜孔林伊蚊调查研究及防制.孔繁吉,等.中国媒介生物学及控制杂志,2001,(3)
驱蚊宁避蚊止痒效果研究.朱咸舟,张昌泉.中华卫生杀虫药械,2001,(4)
三带喙库蚊和淡色库蚊胸肌线粒体琥珀酸脱氢酶比活力测定.张恩英,王仁赉.中国寄生虫学与寄生虫病杂志,2001,(5)
三种蚊虫COⅡ基因的克隆与序列分析.黄朝晖,王金福.中国寄生虫学与寄生虫病杂志,2001,(2)
杀飞克处理蚊帐防蚊效果评估.刘斐球,谢学.航空军医,2001,(4)
杀飞克水乳剂对淡色库蚊的药效观察.李爱民,等.中国媒介生物学及控制杂志,2001,(3)
商丘市蚊虫对常用杀虫剂的抗性监测.王忠廉,等.中华卫生杀虫药械,2001,(3)
生物杀虫剂的现场效果观察.汤永康,等.中国媒介生物学及控制杂志,2001,(4)
试论白蚊防治的研究方向.邓志坚.华东昆虫学报,2001,(1)
嗜人按蚊的地理分布及传疟作用.李宗惠,等.中国媒介生物学及控制杂志,2001,(3)
嗜人按蚊对溴氰菊酯抗性发生发展规律的初步研究.周华云,等.中国血吸虫病防治杂志,2001,(6)
嗜人按蚊和中华按蚊实验室同步驯化实验.康杨,等.中国媒介生物学及控制杂志,2001,(1)
水稻灌溉对嗜人按蚊种群密度与消长的影响.徐保海,等.实用寄生虫病杂志,2001,(4)
丝虫蚊媒监测技术研究的进展.王莹,等.中国寄生虫学与寄生虫病杂志,2001,(1)
桃叶对中华按蚊成蚊熏杀作用的实验观察.袁涛忠.寄生虫与医学昆虫学报,2001,(2)
微小按蚊rDNA内转录间隔2区序列差异.王学忠,等.中国媒介生物学及控制杂志,2001,(1)
微小按蚊种群成员分子变异与系统发育的关系.王学忠,等.中国媒介生物学及控制杂志,2001,(4)
蚊虫抗药性机制研究进展.李士根,等.中国媒介生物学及控制杂志,2001,(1)
蚊虫饲血器的改进.田晓光,等.大连医科大学学报,2001,(4)
蚊虫细胞色素P450基因系列研究.黄炯烈,等.中山医科大学学报,2001,(6)
蚊类抗药性监测方法研究进展.付在凤,等.湖北预防医学杂志,2001,(3)

蚊媒病毒可传播给儿童.传染病网络动态,2001,(5)
蚊媒感染疟原虫后应答性表达增高基因的富集和筛选.徐晓春,等.中国寄生虫学与寄生虫病杂志,2001,(6)
蚊媒体内登革病毒的检测技术研究进展.戎霞.热带医学杂志,2001,(2)
蚊蛹误入结膜囊二例.丁秀文,张莉.眼外伤职业眼病杂志,2001,(3)
蚊子会传播艾滋病吗?.传染病网络动态,2001,(8)
蚊子消灭疟疾.震宇,炳良.健康博览,2001,(9)
我国澳门特别行政区的蚊蛉蚋记录.瞿逢伊.寄生虫与医学昆虫学报,2001,(1)
我国蚊媒研究最近进展.陆宝麟.中国媒介生物学及控制杂志,2001,(2)
我国中华按蚊群体分子遗传多态研究.马雅军,等.昆虫学报,2001,(1)
无芯棒电热液体蚊香的研制.汤国民.中华卫生杀虫药械,2001,(1)
吸血前后按蚊唾液腺蛋白组分的变化.刘英杰,等.中国医科大学学报,2001,(6)
新疆6种蚊虫的rDNA-ITS2区序列分析.马雅军,等.地方病通报,2001,(2)
溴氰菊酯和倍硫磷混用、轮用对淡色库蚊抗性发展的影响.周华云,等.中国寄生虫病防治杂志,2001,(1)
烟熏类蚊香毒性评价的实验探讨.张启媛,等.中国公共卫生,2001,(4)
夜香花挥发油化学成分研究.陈志行,等.中草药,2001,(6)
液体蚊香器的质量控制.陈大为.中华卫生杀虫药械,2001,(2)
一株新灭蚊真菌的细胞学观察.黄江,苏晓庆.贵阳医学院学报,2001,(6)
应用壳聚糖延长避蚊胺效果的试验研究.任清明,等.解放军预防医学杂志,2001,(6)
应用氯氰菊酯和B.t.iH-14混配杀虫剂现场防治城市蚊幼虫的效果评价.冯向阳,等.昆虫知识,2001,(5)
用微量板法测定淡色库蚊非特异性酯酶判别抗药性.李士根,等.中国寄生虫学与寄生虫病杂志,2001,(2)
用于蚊蠓调查的双灯诱蚊器的设计与使用.张进生,等.口岸卫生控制,2001,(5)
约氏疟原虫卵囊黑化间大劣按蚊血淋巴蛋白的分析.徐文岳,等.第三军医大学学报,2001,(9)
越南HaiHung省使用蚊香防治登革出血热的研究.NsuyenThuyHoa,等.中华卫生杀虫药械,2001,(3)
云南边境地区蚊虫群落及地理生态位研究.张云智,等.中国媒介生物学及控制杂志,2001,(1)
云南杵蚊亚属一新种(双翅目:蚊科).董学书,等.动物分类学报,2001,(2)
云南省澜沧江下游地区蚊虫群落及地理生态位的研究.张云智,等.地方病通报,2001,(1)
云南元江县居民使用蚊帐的防疟作用及其与疟疾知识的关系.许建卫,等.中国地方病学杂志,2001,(6)
再生稻稻瘿蚊发生动态及对产量的影响.罗克昌,等.华东昆虫学报,2001,(2)
在越南使用OLN网防治登革热媒介效果观察.NsuyenThuyHoa,等.中华卫生杀虫药械,2001,(4)
樟脑油精药效及其安全性评价.马桢红,等.中国媒介生物学及控制杂志,2001,(1)
酯酶滤纸法检测淡色库蚊抗药性的研究.李士根,等.地方病通报,2001,(2)
致倦库蚊对4类化学杀虫剂的抗药性衰退观察.钱薇萍.中国媒介生物学及控制杂志,2001,(5)
致倦库蚊发育各卵、幼虫及蛹匀浆中的游离氨基酸.李建华,等.贵阳医学院学报,2001,(1)
致倦库蚊后胰蛋白酶cDNA克隆与序列分析.谢超,等.寄生虫与医学昆虫学报,2001,(2)
致倦库蚊幼虫血淋巴细胞的观察.莫非,等.贵阳医学院学报,2001,(4)
中国短角瘿蚊属记述(双翅目:瘿蚊科).卜文俊,李军.动物分类学报,2001,(3)
中国伊菌蚊属五新种记述(双翅目:菌蚊科).吴鸿,郑乐怡.动物分类学报,2001,(1)
中国短菌蚊属一新种记述(双翅目:菌蚊科).方志刚,吴鸿.动物分类学报,2001,(2)
中国外菌蚊属四新种记述(双翅目:菌蚊科).吴鸿,郑乐怡.动物分类学报,2001,(3)
中国云南溴蚊属二新种记述(膜翅目:蚊科).徐正会.动物分类学报,2001,(3)
中国真菌蚊属新种记述(双翅目:菌蚊科).吴鸿,等.动物分类学报,2001,(4)
中国锥瘿蚊属研究(双翅目:瘿蚊科).李军,卜文俊.动物分类学报,2001,(1)
中华按蚊成蚊体内可溶性蛋白分析.熊美华,等.中国寄生虫病防治杂志,2001,(1)
转基因蚊研究进展.支国舟,陈晓光.中国热带医学,2001,(4)
1% ABATE颗粒剂杀灭蚊幼虫现场试验研究.卢文成,等.华南预防医学,2002,(2)
1971—2000年鹿邑观堂中华按蚊生态习性调查研究.胡志田,王文学.中国预防医学杂志,2002,(1)
ABATE颗粒剂杀灭蚊幼虫持效观察.张应阔,等.中国媒介生物学及控制杂志,2002,(1)
DDVP和残杀威对淡色库蚊非特异性酯酶及乙酰胆碱酯酶作用的研究.李士根,等.中华卫生杀虫药械,2002,(4)
DW-1型诱蚊器的研制.张洪祥,等.中国媒介生物学及控制杂志,2002,(6)
LW-1杀虫涂料的毒性和药效研究.师鉴,等.中国媒介生物学及控制杂志,2002,(3)
QY型威力牌电热液体蚊香有效杀蚊成分的测定.季根妹,等.中国寄生虫病防治杂志,2002,(3)
Wolbachia在我国蚊虫体内感染组织定位的透射电镜观察和PCR检测.宋社吾,等.寄生虫与医学昆虫学报,2002,(1)

阿蚊属一新种(双翅目:蚊科).董学书,等.寄生虫与医学昆虫学报,2002,(3)
埃及伊蚊对登革Ⅱ型病毒感染BALB/c实验小鼠的增强.朱礼华,等.昆虫学报,2002,(5)
埃及伊蚊唾液腺激肽Sialokinin Ⅰ基因的克隆.朱礼华,等.寄生虫与医学昆虫学报,2002,(1)
按蚊孳生环境变化对控制疟疾流行的作用.张友德,等.实用寄生虫病杂志,2002,(4)
八种蚊香的药效实验研究.张爱军,等.中华卫生杀虫药械,2002,(3)
白纹伊蚊(Aedesalbopictus)实验室饲养研究.王丕玉,周红宁.医学动物防制,2002,(9)
白纹伊蚊CYP6N3基因启动子序列的分子克隆与功能分析.周国理,等.寄生虫与医学昆虫学报,2002,(1)
白纹伊蚊对高效氯氰菊酯和敌百虫的抗性发展趋势研究.郭凤英,等.寄生虫与医学昆虫学报,2002,(3)
白纹伊蚊感染登革病毒Ⅱ型后的元素含量变化.陈虹,陈汉彬.中国寄生虫学与寄生虫病杂志,2002,(3)
白纹伊蚊和埃及伊蚊defensinA基因克隆及序列分析.刘先凯,等.寄生虫与医学昆虫学报,2002,(4)
白纹伊蚊和致倦库蚊Wolbachia 16S rRNA序列测定与分析.葛春喜,等.中山医科大学学报,2002,(2)
白纹伊蚊细胞色素P450CYP6N3基因的原核表达及鉴定.吴瑜,等.中国人兽共患病杂志,2002,(2)
白纹伊蚊乙酰胆碱酯酶基因片段序列分析.吴明玮,张玲敏.中国寄生虫学与寄生虫病杂志,2002,(3)
柏露驱蚊净药效试验研究.刘增加,等.中华卫生杀虫药械,2002,(1)
比较用Lambdacyhalotherin处理的蚊帐与喷洒DDT控制泰国西部疟疾传播的成本和持久性.佟小莺.国外医学(寄生虫病分册),2002,(6)
必克幼和生物蛙现场和实验室灭蚊幼效果评价.彭渤,等.中国媒介生物学及控制杂志,2002,(5)
避蚊胺(DEET)在妇女妊娠使用的安全性研究.曹洁.国外医学(寄生虫病分册),2002,(6)
避蚊胺剂型研究进展.高静,高申.中国媒介生物学及控制杂志,2002,(6)
病原生物与蚊媒关系的免疫学研究.吴家红,包怀恩.国外医学(寄生虫病分册),2002,(3)
不同材料容器与水质对白纹伊蚊孳生状况的影响.郑能雄,等.海峡预防医学杂志,2002,(6)
不同地区微小按蚊rDNA-ITS2序列差异.周水森,等.中国寄生虫学与寄生虫病杂志,2002,(1)
不同高度、不同容器水质中蚊幼虫滋生情况观察.孙传红,等.中国媒介生物学及控制杂志,2002,(5)
不同抗性基因型淡色库蚊对溴氰菊酯相对适合度的研究.孙立新,等.中国媒介生物学及控制杂志,2002,(5)
不同品系淡色库蚊各发育阶段的非特异性酯酶和乙酰胆碱酯酶活力变化.李士根,等.地方病通报,2002,(4)
彩虹电热液体蚊香熏杀蚊虫效果评价.陈东平,等.中国媒介生物学及控制杂志,2002,(1)
残存微丝蚴血症动态变化与蚊媒关系观察.何水荣,等.海峡预防医学杂志,2002,(3)
常州市1997—2001年成蚊密度调查报告.王洪林.医学动物防制,2002,(12)
城市高层建筑地下层蚊虫调查研究.徐保海,等.中华卫生杀虫药械,2002,(1)
从西红柿中提取驱虫剂.国际化工信息,2002,(8)
大肠埃希菌表达苏云金杆菌cryIVD基因杀蚊幼活性观察.刘相萍,等.中国媒介生物学及控制杂志,2002,(5)
大洪山南部嗜人按蚊生态及吸血趋性的研究.黄光全,等.中国媒介生物学及控制杂志,2002,(6)
大链壶菌感染对致倦库蚊幼虫体内蛋白质及游离氨基酸的影响.潘卫,包怀恩.中国寄生虫病防治杂志,2002,(3)
大链壶菌和卡地腐霉的Pr1和Pr2类蛋白酶的研究.苏晓庆.贵阳医学院学报,2002,(5)
淡色库蚊抗性衰退及敏感品系培育的研究.寇宇,等.中国公共卫生,2002,(1)
淡色库蚊抗药性相关胰蛋白酶基因cDNA全长克隆与序列分析.沈波,等.生物化学与生物物理学报:英文版,2002,(1)
淡色库蚊幼虫对几种杀虫剂抗药性测定.王慧敏,等.中国媒介生物学及控制杂志,2002,(6)
淡色库蚊幼虫对七种杀虫剂的抗性研究.金崇成,等.中华卫生杀虫药械,2002,(3)
登革Ⅱ型病毒在白纹伊蚊体内分布的研究.谢超,等.昆虫学报,2002,(1)
登革病毒prM基因真核表达载体的构建及在白纹伊蚊细胞C6/36中的表达.葛春喜,等.中国人兽共患病杂志,2002,(3)
啶虫脒对淡色库蚊幼虫的致死和亚致死影响.莫建初,等.中国昆虫科学:英文版,2002,(3)
动合子破坏和卵囊发育受阻是白端按蚊抵抗环子孢子蛋白VK247表型间日疟原.Gonzale,CeronL.国外医学(寄生虫病分册),2002,(2)
佛山市白纹伊蚊孳生习性的调查研究.李锦清,等.医学动物防制,2002,(11)
福安市下白石镇蚊虫种类及季节消长.袁高林,陈文锦.中国媒介生物学及控制杂志,2002,(6)
福建城市高楼地下层蚊虫密度调查.徐保海,等.中国媒介生物学及控制杂志,2002,(3)
福州市登革热流行特征与蚊媒种群关系的研究.郑能雄,等.医学动物防制,2002,(5)
福州市登革热媒介的防治.郭洪,等.中华卫生杀虫药械,2002,(1)
福州市登革热媒介调查.张晓阳,陈红光.医学动物防制,2002,(8)
福州市建筑工地登革热蚊媒孳生现状与药物控制方法研究.郑能雄,等.医学动物防制,2002,(2)
福州市区蚊虫孳生习性调查分析.徐保海,等.医学动物防制,2002,(4)

复方樟脑凝胶驱避剂的药效及安全性评价. 林立辉,等. 中国媒介生物学及控制杂志,2002,(6)
富右丙烯菊酯电热蚊香片对蚊虫的药效研究. 周光智. 中华卫生杀虫药械,2002,(1)
干燥贮存的基因工程藻杀灭淡色库蚊幼虫的实验研究. 刘相萍,等. 中国媒介生物学及控制杂志,2002,(4)
甘肃省蚊类四新记录. 李国太,等. 卫生职业教育,2002,(4)
甘遂和贯众不同提取液对蚊幼虫的杀伤作用. 潘实清,等. 热带医学杂志,2002,(3)
感染登革病毒Ⅱ型后白纹伊蚊氨基酸动态的研究. 陈虹,陈汉彬. 寄生虫与医学昆虫学报,2002,(2)
高抗拒性埃及伊蚊体内鸡疟原虫动合子的发育及其蛋白水解酶动力学. Kaplan RA. 国外医学(寄生虫病分册),2002,(2)
广西部分浸帐区疟疾按蚊媒介对菊酯杀虫剂的敏感度. 谭毅,等. 广西医科大学学报,2002,(5)
国内微生物灭蚊剂的应用研究. 张吉斌. 中国寄生虫病防治杂志,2002,(3)
杭州淡色库蚊抗性及酯酶活性测试. 寇宇,等. 中国媒介生物学及控制杂志,2002,(1)
湖北省汉川市嗜人按蚊分布调查. 车卫红,等. 中国寄生虫病防治杂志,2002,(1)
葫芦岛地区蚊虫本底调查. 裴学文,等. 中国媒介生物学及控制杂志,2002,(1)
黄鳝摄食蚊幼虫的研究. 张世萍,等. 水生生物学报,2002,(5)
混合样本方法检测蚊虫子孢子阳性率数学模型的再研究. 孙庆文,等. 中国寄生虫学与寄生虫病杂志,2002,(6)
混配驱避剂对蚊虫驱避效果观察. 汪斌和,等. 中华卫生杀虫药械,2002,(4)
击倒试验法结合机率分析法对浸帐灭蚊杀虫剂毒效的测定及评价. 余品红,等. 寄生虫与医学昆虫学报,2002,(1)
几种拟除虫菊酯杀虫剂灭蚊效果观察. 杨苹,王鑫炜. 中华卫生杀虫药械,2002,(4)
几种蚊虫线粒体 DNA—16S rRNA 序列及其相互关系的研究. 宋社吾,等. 动物分类学报,2002,(4)
几种植物叶粗提物对淡色库蚊幼虫的毒效. 莫建初,等. 中国媒介生物学及控制杂志,2002,(5)
尖音库蚊复组蚊类抗性酯酶遗传变异性分析. 陈睿,等. 浙江省医学科学院学报,2002,(1)
洁利 33 灭蚊蝇窗纱涂剂对蚊蝇的灭效研究. 姜志宽,等. 中华卫生杀虫药械,2002,(2)
韭菜迟眼蕈蚊成虫对挥发性物质的嗅觉反应及不同杀虫剂的毒力比较. 薛明,等. 农药学学报,2002,(2)
聚合酶链式反应(PCR)用于蚊虫分类鉴定的研究概况. 杨东升,等. 医学动物防制,2002,(6)
抗纹媒中肠抗体对冈比亚按蚊生殖率和死亡率影响的研究. 公茂庆,等. 中国寄生虫病防治杂志,2002,(4)
孔家卫生杀虫乳油的研制及效果观察. 孔繁吉,等. 中国媒介生物学及控制杂志,2002,(1)
库态按蚊复合体 A、B 和 C 种对约氏疟原虫和文氏疟原虫的易感性. Kaur S. 国外医学(寄生虫病分册),2002,(3)
库蚊羧酸酯酶研究进展. 张柯,等. 生命的化学,2002,(1)
昆虫生长调节剂 S-31183 对淡色库蚊生殖和生活习性影响的实验研究. 孙立新,韩俊华. 中国药物与临床,2002,(4)
昆虫生长调节剂灭幼宝对淡色库蚊生长发育影响的实验研究. 孙立新,等. 山西医药杂志,2002,(1)
拉丁美洲蚊虫传播的热带病及其家庭防治的重要性. 吴振龙,等. 农药,2002,(1)
利安乳油持效及大面积杀灭效果观察. 赵志清,辛宏业. 医学动物防制,2002,(11)
两种剂型驱避剂驱避效果比较研究. 师鉴,等. 中国媒介生物学及控制杂志,2002,(4)
列喜镇浓缩液超低容量现场灭蚊效果评价. 宋明亮,李运平. 医学动物防制,2002,(6)
临沂地区蚊类生态习性的初步调查. 宫学诗,等. 山东医药,2002,(36)
领蚊属一新种(双翅目:蚊科). 董学书,等. 昆虫分类学报,2002,(2)
毛细管气相色谱法测定电热蚊香液中的丙炔菊酯. 郑曙昭,等. 分析测试技术与仪器,2002,(1)
毛细管气相色谱法测定驱蚊产品中避蚊胺等八种驱蚊剂. 刘超. 日用化学工业,2002,(3)
媒介蚊虫化学防治的思考. 陆宝麟. 中华卫生杀虫药械,2002,(1)
美洁王驱蚊露驱蚊效果及其安全性评价. 朱鸿斌,等. 中国媒介生物学及控制杂志,2002,(3)
免疫荧光技术检测室内感染蚊虫体内登革病毒的研究. 赵玉强,等. 中国寄生虫病防治杂志,2002,(4)
闽北嗜人按蚊分布区疟疾监测与分析. 郑粹荣,等. 海峡预防医学杂志,2002,(1)
南京地区蚊蝇对四种卫生杀虫剂的抗性测定. 张小平,等. 中华卫生杀虫药械,2002,(4)
拟除虫菊酯浸泡蚊帐对按蚊残效的实验观察. 李菊林,等. 中国血吸虫病防治杂志,2002,(1)
疟疾媒介嗜人按蚊对溴氰菊酯的抗药性潜力. 谭毅,蒋解花. 广西医科大学学报,2002,(4)
盘式蚊香的应用与效果. 谢敬松,等. 中国媒介生物学及控制杂志,2002,(6)
浅谈成蚊密度调查的操作. 饶翔,等. 中华卫生杀虫药械,2002,(2)
浅谈盘式蚊香品质达标中的几点注意事项. 肖敬农. 中华卫生杀虫药械,2002,(2)
驱蚊水驱蚊效果及其安全性评价. 陈东平,等. 中华卫生杀虫药械,2002,(1)
人类和微小按蚊行为及其与疟疾传播的关系. 许建卫,等. 中国媒介生物学及控制杂志,2002,(2)
三地理株白纹伊蚊与致倦库蚊贵州株蛋白质分析. 陈虹,陈汉彬. 贵阳医学院学报,2002,(2)

三种调查方法捕蚊结果分析. 吕时生. 医学动物防制,2002,(3)
三种蚊虫饲养方法的比较研究. 孙传红,等. 医学动物防制,2002,(10)
三种蚊唾腺蛋白 IgE 亲和成分的初步分析. 毛佐华,等. 上海免疫学杂志,2002,(3)
山东省淡色库蚊对 5 种杀虫剂的抗性状况及防制对策的研究. 赵玉强,等. 中华卫生杀虫药械,2002,(4)
山东省五地市淡色库蚊对常用杀虫剂的抗药性现状. 王怀位,等. 中国热带医学,2002,(2)
商丘市蚊虫对常用杀虫剂的抗性监测. 王忠廉,等. 中华卫生杀虫药械,2002,(2)
邵武市残存嗜人按蚊种群消长与扩散观察. 徐保海,等. 医学动物防制,2002,(4)
深圳市致倦库蚊季节变化规律. 贾凤龙,等. 中国媒介生物学及控制杂志,2002,(5)
生物杀虫剂杀灭幼虫效果的现场观察. 张建江,等. 医学动物防制,2002,(6)
食物种类对淡色库蚊幼虫生长发育和药剂敏感性的影响. 莫建初,等. 昆虫知识,2002,(6)
嗜人按蚊、中华按蚊现场嗜血习性和传疟作用定量研究. 冯声正,等. 实用寄生虫病杂志,2002,(4)
嗜人按蚊产卵次数的实验研究. 李凤文,等. 中国媒介生物学及控制杂志,2002,(2)
嗜人按蚊迁飞可能性的研究Ⅰ"同突增"和"同突发"现象的初步观察. 庄建安,等. 中国寄生虫病防治杂志,2002,(5)
嗜人按蚊生态学新说. 庄建安. 中国寄生虫病防治杂志,2002,(1)
首次在白纹伊蚊中分离到 LaCrosse 病毒. Gerhardt,RR. 国外医学(流行病学. 传染病学分册),2002,(1)
斯氏按蚊泛素羧端水解酶对药氏疟原虫感染应答性表达增高. 徐晓春,等. 中国昆虫科学:英文版,2002,(3)
斯氏按蚊总 RNA 的提取与标本保存方法的研究. 王英,等. 四川动物,2002,(2)
四个不同地理区域的库蚊复合组居群的遗传多样性研究. 叶镇清,等. 昆虫知识,2002,(1)
微板法测定淡色库蚊体内非特异性酯酶检测其对杀虫剂抗性的研究. 李士根,等. 中国人兽共患病杂志,2002,(5)
微量滴定板法测定蚊虫非特异性酯酶检测抗药性的研究. 李士根,等. 中国媒介生物学及控制杂志,2002,(3)
微小按蚊复合研究进展. 周水森. 国外医学:寄生虫病分册,2002,(1)
微小按蚊种团 mtDNA-COⅡ基因变异的研究. 周水森,等. 中国寄生虫学与寄生虫病杂志,2002,(3)
微小按蚊种团及微小按蚊复合体分类研究进展. 史慧勤,等. 寄生虫与医学昆虫学报,2002,(2)
围食膜在蚊虫对登革Ⅱ型病毒中肠感染屏障中的作用. 谢超,等. 寄生虫与医学昆虫学报,2002,(2)
卫生杀虫剂对致倦库蚊药效评价. 蒋解花,等. 中华卫生杀虫药械,2002,(4)
蚊虫叮咬液的配制. 郭文耀. 适宜诊疗技术,2002,(3)
蚊虫对杀虫剂抗药性机理的研究进展. 谭文彬,等. 中国媒介生物学及控制杂志,2002,(1)
蚊虫蚂蝗驱避剂的研制. 阎丙申,等. 医学动物防制,2002,(7)
蚊虫唾液腺的研究进展. 朱礼华,等. 寄生虫与医学昆虫学报,2002,(3)
蚊防御素基因的克隆及序列分析. 支国舟,等. 第一军医大学学报,2002,(6)
蚊媒病流行病学中的阈值研究. 夏志贵,汤林华. 国外医学:寄生虫病分册,2002,(3)
蚊媒刺叮对 BALB/c 小鼠感染登革Ⅱ型病毒的增强作用. 朱礼华,等. 寄生虫与医学昆虫学报,2002,(4)
蚊香药效测试方法的比较研究. 汤永康,任樟尧. 中国媒介生物学及控制杂志,2002,(6)
蚊香药效与现场预防蚊虫叮咬效果初步研究. 何志礼,等. 中华卫生杀虫药械,2002,(3)
蚊帐防疟作用的 Logistic 分析. 许建卫,等. 中国热带医学,2002,(1)
我国多斑按蚊复合体成员种的分子鉴别研究. 马雅军,等. 中国寄生虫学与寄生虫病杂志,2002,(6)
我国赫坎按蚊复合体成员种的 rDNA-ITS2 区序列差异及系统发育分析. 马雅军,瞿逢伊. 昆虫知识,2002,(3)
我国尖音库蚊复合组蚊虫的杂交及其与 Wolbachia 感染的关系. 宋社吾,等. 昆虫学报,2002,(6)
我国辽宁省嗜人按蚊群体与其它分布地群体的遗传分化研究. 马雅军,等. 中国寄生虫病防治杂志,2002,(6)
我国三带喙库蚊的随机扩增多态性 DNA 研究. 杨明,陈汉彬. 贵阳医学院学报,2002,(5)
我国嗜人按蚊不同地理株基因鉴别的初步研究. 高琪,等. 中国寄生虫病防治杂志,2002,(6)
我国蚊虫对拟除虫菊酯类杀虫剂抗性的研究进展. 郭凤英,等. 寄生虫与医学昆虫学报,2002,(1)
我国蚊虫体内感染的 Wolbachia 的 wsp 基因序列测定与分析. 宋社吾,等. 昆虫学报,2002,(5)
我国蚊虫与蚊媒病研究现状Ⅰ. 蚊虫分类研究. 瞿逢伊. 中华国际医学杂志,2002,(2)
我国蚊虫与蚊媒病研究进展Ⅱ. 蚊媒病及其传播媒介. 瞿逢伊. 中华国际医学杂志,2002,(4)
污水沟蚊幼分布调查研究. 郝延玉,于瑞洪. 中华卫生杀虫药械,2002,(2)
吸血诱导的埃及伊蚊海口株后胰蛋白酶基因测序及与美国株同源性比较. 谢超,等. 昆虫学报,2002,(5)
厦门市区登革热病媒分布调查. 汪家旭,等. 海峡预防医学杂志,2002,(3)
湘北(岳阳)地区中华按蚊纵向调查结果分析. 徐晓初,等. 中国热带医学,2002,(2)
新塘口岸蚊虫越冬调查. 陈胤瑜,等. 中国媒介生物学及控制杂志,2002,(3)
新型灭蚊幼缓释剂的研究及药效观察. 郑朝军,等. 医学动物防制,2002,(8)
溴氰菊酯浸泡蚊帐的防疟效果观察. 马志阶,等. 中国寄生虫病防治杂志,2002,(3)

鸭儿肖摇蚊复组种群酯酶多态性的研究. 李瑄,等. 水生生物学报,2002,(2)
液体蚊香煤油溶剂中 C14 含量的测定. 季根妹. 中国热带医学,2002,(3)
伊蚊培养细胞中发现的一株新浓核病毒. 张勤奋,等. 电子显微学报,2002,(5)
以中华按蚊为主要传播媒介的丘陵地区疟疾防治策略探讨. 林晓光,等. 中国血吸虫病防治杂志,2002,(6)
应用凯素灵浸泡蚊帐防制传疟媒介及防疟效果观察. 翁勇. 中国热带医学,2002,(S1)
应用拟除虫菊酯浸帐后按蚊敏感度快速测定. 谭毅,等. 中国寄生虫病防治杂志,2002,(4)
影响库蚊幼虫摄食鱼腥藻的因素. 张世萍,等. 水生生物学报,2002,(1)
用 ELISA 方法检测稻田捕食者对摇蚊的捕食作用. 刘雨芳,等. 生态学报,2002,(10)
用 PCR-RFLP 技术鉴别嗜人按蚊和中华按蚊的研究. 高琪,等. 中国人兽共患病杂志,2002,(6)
用 RAPD 技术分析中国嗜人按蚊种型. 金玉明,等. 中国寄生虫病防治杂志,2002,(6)
用核酸探针检测淡色库蚊溴氰酯抗性. 马磊,等. 中国人兽共患病杂志,2002,(4)
用于媒介昆虫防治的驱避剂. Dr. James,等. 农药,2002,(1)
由旱芹种子中提取的具灭蚊、杀线虫和杀菌活性的化合物. 吴霞. 世界农药,2002,(1)
有关盘式蚊香的几个问题. 杨金庆,崔安义. 中华卫生杀虫药械,2002,(1)
云南省 1976—1986 年按蚊嗜血习性调查研究. 高白荷. 医学动物防制,2002,(9)
云南省边境地区蚊虫自然感染乙型脑炎病毒的研究. 张海林,等. 中国媒介生物学及控制杂志,2002,(2)
云南省勐腊县人房蚊虫群落特征研究. 周红宁,等. 中国媒介生物学及控制杂志,2002,(3)
云南省勐腊县蚊虫调查. 杨卫红,等. 医学动物防制,2002,(5)
云南省西双版纳州蚊虫自然感染乙型脑炎病毒的研究. 张海林,等. 医学动物防制,2002,(4)
云南思茅微小按蚊室内饲养及有关生态观察报告. 高白荷,等. 医学动物防制,2002,(11)
云南伊蚊属奈蚊亚属一新种及二新记录种记述(双翅目:蚊科). 董学书,等. 昆虫学报,2002,(4)
在巴西球形芽胞杆菌控制丝虫虫媒——致倦库蚊的效果. Regis L. 国外医学(寄生虫病分册),2002,(2)
在布基纳法索农村与蚊帐预防疟疾相关的社会因素的探索性研究. 刘庆中. 国外医学(寄生虫病分册),2002,(6)
增效敌 · 氯乳油的研制与应用. 李燕,等. 医学动物防制,2002,(3)
浙江龙王山滑菌蚊三新种(双翅目:菌蚊科). 吴鸿,徐华潮. 昆虫学报,2002,(z1)
致乏库蚊对 5 种杀虫剂的抗性调查. 任樟尧,等. 浙江预防医学,2002,(11)
致倦库蚊成蚊血淋巴游离氨基酸的分析. 李建华,等. 医学动物防制,2002,(7)
致倦库蚊对登革Ⅱ型病毒的中肠感染屏障作用. 谢超,等. 昆虫学报,2002,(2)
中国不同地域嗜人按蚊的杂交及多腺染色体观察. 杨文,等. 中国热带医学,2002,(2)
中国垫瘿蚊属研究(双翅目:瘿蚊科). 李军,卜文俊. 昆虫学报,2002,(2)
中国菌蚊科属的系统发育关系分析(双翅目:眼菌蚊总科). 吴鸿,等. 动物分类学报,2002,(3)
中国奇菌蚊属二新种记述(双翅目:菌蚊科). 徐华潮,吴鸿. 动物分类学报,2002,(3)
中国异瘿蚊属分类研究(双翅目:瘿蚊科). 李军,卜文俊. 动物分类学报,2002,(2)
中华按蚊对常用菊酯类杀虫剂抗性现场调查. 沈宝祥,等. 中国血吸虫病防治杂志,2002,(2)
中华按蚊生活周的实验观察. 李凤文,等. 中国寄生虫学与寄生虫病杂志,2002,(1)
重庆市传疟媒介分布与嗜人按蚊分布特征调查. 蒋诗国,等. 中国公共卫生,2002,(8)
转基因技术在蚊媒防治中的应用. 葛春喜,等. 寄生虫与医学昆虫学报,2002,(3)
1982—2001 年福建省微小按蚊分布区疟疾流行态势及防治效果. 李莉莎,等. 中国寄生虫病防治杂志,2003,(5)
4 种卫生杀虫气雾剂的药效比较. 张建明,等. 海峡预防医学杂志,2003,(6)
PCR-RFLP 鉴别微小按蚊亲缘种 A 和 C. 周水森,等. 中国寄生虫病防治杂志,2003,(6)
RS 在蚊媒传染病监测中的应用及发展现状. 易彬樘. 中国公共卫生,2003,(3)
埃及伊蚊唾液腺激肽对 BALB/c 小鼠感染登革病毒的增强作用. 朱礼华,等. 寄生虫与医学昆虫学报,2003,(1)
埃及伊蚊中肠上皮细胞的原代培养和细胞的持续培养. 公茂庆,等. 中国寄生虫病防治杂志,2003,(6)
安徽省蚊类初步名录. 夏立照. 疾病控制杂志,2003,(1)
按蚊人工交配的初步研究. 谢汉国,等. 医学动物防制,2003,(5)
按蚊血淋巴丝氨酸蛋白酶与疟原虫卵囊黑化关系研究. 杨松,等. 中国寄生虫病防治杂志,2003,(5)
按蚊中肠前酚氧化酶原与约氏疟原虫卵囊黑化的关系. 邱宗文,等. 中国寄生虫病防治杂志,2003,(6)
八种杀虫气雾剂对蚊蝇杀灭效果的观察. 岳永杰. 中华卫生杀虫药械,2003,(4)
白端按蚊的血淋巴和胃内的超氧阴离子对伯氏疟原虫动合子是有毒的. 周慧娟,孙人杰. 国外医学(寄生虫病分册),2003,(6)
白僵菌与仿生动植物杀虫剂混用灭治散白蚁研究. 杨刚,等. 医学动物防制,2003,(12)
白纹伊蚊(Aedesalbopictus)卵的储存研究. 王丕玉,董利民. 医学动物防制,2003,(1)
白纹伊蚊 Wolbachia 的自然感染率. 陈盛霞,周慧娟. 国外医学(寄生虫病分册),2003,(6)

白纹伊蚊触角感受器的扫描电镜观察. 高安平,诸葛洪祥. 医学动物防制,2003,(11)
白纹伊蚊对光线与二氧化碳的行为反应. 李剑泉,等. 昆虫知识,2003,(4)
白纹伊蚊防御素基因的体外扩增及鉴定. 支国舟,等. 中国热带医学,2003,(3)
白纹伊蚊和埃及伊蚊防御素(dfensin)成熟肽基因克隆及结构推测. 刘先凯,等. 寄生虫与医学昆虫学报,2003,(1)
白纹伊蚊经滞育卵传递登革Ⅱ型病毒的实验研究. 郭晓霞,等. 中国媒介生物学及控制杂志,2003,(1)
白纹伊蚊乙酰胆碱酯酶基因片段克隆及序列分析. 张玲敏,吴明玮. 中国寄生虫病防治杂志,2003,(1)
斑须按蚊产卵对不同器官出丝诱导物质的影响. 王继春,等. 中国公共卫生,2003,(6)
斑须按蚊头及唾液腺疟原虫出丝诱导物质的比较. 王继春,等. 中国公共卫生,2003,(5)
斑须按蚊唾液腺中疟原虫配子体激活因子的活性动态. 王继春,等. 中国人兽共患病杂志,2003,(4)
斑须按蚊唾液腺中疟原虫雄配子体出丝诱导物质的初步研究. 王继春,等. 中国医科大学学报,2003,(2)
不同地理种群淡色库蚊抗性动态与遗传多样性的研究. 张柯,等. 寄生虫与医学昆虫学报,2003,(4)
长效驱避剂的初步筛选研究. 刘大鹏,等. 中国媒介生物学及控制杂志,2003,(5)
成都市市售蚊香灭蚊药效调查分析. 钱薇萍,等. 医学动物防制,2003,(11)
赤峰市 2002 年早春蚊害综合防制的研究. 王子民. 医学动物防制,2003,(10)
从番茄中提取驱蚊剂. 植物杂志,2003,(3)
大连市白纹伊蚊分布情况调查. 张衡谦,等. 中国媒介生物学及控制杂志,2003,(2)
大劣按蚊成蚊 cDNA 文库的构建与质量鉴定. 郝宏兴,等. 第三军医大学学报,2003,(11)
大劣按蚊前酚氧化酶基因部分序列的克隆与序列分析. 郝宏兴,黄复生. 中国寄生虫病防治杂志,2003,(3)
带有迁移的疟疾病与疟蚊数学模型的交替方向有限元法及其数值分析. 张争茹. 生物数学学报,2003,(1)
淡色库蚊 Culexpipienspallens 的电磁行为学效应. 李剑泉,等. 寄生虫与医学昆虫学报,2003,(4)
淡色库蚊 DDVP 抗性与酯酶活性的相关性. 王新国,等. 中国寄生虫学与寄生虫病杂志,2003,(2)
淡色库蚊 β-肌动蛋白基因克隆与序列分析. 李秀兰,田涉生,等. 中国寄生虫病防治杂志,2003,(2)
淡色库蚊冬季爆发原因及防制措施. 王志钢,战志胜,等. 中国寄生虫学与寄生虫病杂志,2003,(1)
淡色库蚊对残杀威抗性机制的研究——酯酶与抗性的关系. 王新国,等. 地方病通报,2003,(1)
淡色库蚊抗药性相关基因 NYD-Ch 和 NYD-Tr 的表达与初步鉴定. 李秀兰,等. 中国寄生虫病防治杂志,2003,(6)
淡色库蚊氯氰菊酯抗性治理的初步研究. 王新国,等. 中国热带医学,2003,(1)
淡色库蚊幼虫对杀虫剂抗性及其防制对策. 白淑萍,等. 医学动物防制,2003,(12)
淡色库蚊幼虫对四种杀虫剂的抗药性调查. 张爱军,等. 中华卫生杀虫药械,2003,(4)
登革病毒在白纹伊蚊细胞内免疫的研究. 葛春喜,等. 中华微生物学和免疫学杂志,2003,(8)
登革病毒转基因载体 pB[PUBnlS-EGFP 年 prM]的构建及其在 C6/36 细胞中整合作用的检测. 葛春喜,等. 昆虫学报,2003,(5)
登革热、疟疾和丝虫病蚊媒的传播动力学比较及其与防治效应的研究. 陈文江,等. 中国热带医学,2003,(2)
东北中俄边境地区蚊虫调查研究. 刘国平,等. 中国媒介生物学及控制杂志,2003,(2)
东营市蚊类生态调查. 刘爱国,等. 中国媒介生物学及控制杂志,2003,(3)
动物屏障对人房捕蚊效果的观察. 周红宁,等. 中国媒介生物学及控制杂志,2003,(4)
多菌蚊属研究及新种记述(双翅目:菌蚊科). 徐华潮,等. 动物分类学报,2003,(2)
非特异性酯酶在淡色库蚊对不同杀虫剂抗性发展中的作用. 王新国,等. 中国公共卫生,2003,(3)
分子生物学技术在蚊虫分类中的应用. 杨东升,邓兵. 中国媒介生物学及控制杂志,2003,(1)
福州市 2000—2002 年登革热预防控制效果评价. 薛金发,等. 海峡预防医学杂志,2003,(3)
福州市登革热蚊媒种群生态学研究. 郑能雄,等. 海峡预防医学杂志,2003,(2)
复方艾叶驱蚊喷雾剂的研究. 陈萍,等. 医学研究通讯,2003,(5)
复方丁香酚缓释驱避剂现场驱蚊效果观察. 王拴龙,等. 医学动物防制,2003,(10)
复配杀虫剂杀灭淡色库蚊的现场效果研究. 王新国,等. 中华卫生杀虫药械,2003,(3)
感染登革病毒Ⅱ型后白纹伊蚊脂肪酸的动态变化. 陈虹,陈汉彬. 中国寄生虫病防治杂志,2003,(3)
关于电热片蚊香应用技术的研究. 谢敬松,张华安. 中华卫生杀虫药械,2003,(3)
光活化杀虫剂 α-三噻吩的电子自旋共振分析及其对库蚊保护酶系统活性的影响. 蒋志胜,等. 昆虫学报,2003,(1)
广东省登革热流行与伊蚊种群随气候因素变化的相互关系. 易彬樘,等. 卫生研究,2003,(2)
广东省三市致倦库蚊种群的抗性水平、非特异性酯酶分布频率及遗传分化. 张柯,等. 动物学研究,2003,(5)
广东省信宜市蚊媒种类密度初步调查. 吴旭光,等. 热带医学杂志,2003,(4)
广东省伊蚊密度与 AVHRR 卫星图像中植被指数的关系. 易彬樘,等. 第四军医大学学报,2003,(18)
广西登革热蚊媒监测. 谭毅,冯向阳. 寄生虫与医学昆虫学报,2003,(2)

广西低山丘陵区嗜人按蚊分布区环境因素调查. 郭传坤,等. 中国寄生虫病防治杂志,2003,(6)
广州市蚊幼虫自然种群孳生状况的研究. 潘志明,等. 中国媒介生物学及控制杂志,2003,(5)
海口市 1992—1999 年人房成蚊密度消长监测报告. 陈琼珍. 中国热带医学,2003,(5)
核糖体 28S-D3 等位基因特异扩增鉴别微小按蚊亲缘种 A 和 C. 周水森,等. 中国媒介生物学及控制杂志,2003,(6)
核糖体蛋白 S7 在大劣按蚊抗疟原虫感染免疫研究中的内标作用. 徐文岳,等. 中国寄生虫学与寄生虫病杂志,2003,(5)
湖北省丘陵区嗜人按蚊传疟阈值的研究. 郑香,等. 中国寄生虫病防治杂志,2003,(3)
湖北省嗜人按蚊分布区不同抗疟措施的研究. 张华勋,等. 中国媒介生物学及控制杂志,2003,(3)
湖北嗜人按蚊传播疟疾的阈值研究. 夏志贵,等. 中国寄生虫学与寄生虫病杂志,2003,(4)
淮南市区成蚊越冬场所调查. 蔡茹,中国寄生虫学与寄生虫病杂志,2003,(5)
济南国际机场不同采集方法捕蚊效果的比较. 张振宇,等. 中国国境卫生检疫杂志,2003,(6)
济南国际机场蚊虫多样性的研究. 张茂荣,等. 中国媒介生物学及控制杂志,2003,(6)
济南口岸淡色库蚊对常用杀虫剂敏感性研究. 孙延杰,等. 中华卫生杀虫药械,2003,(4)
江西稻瘿蚊的传播为害及其北扩原因. 雷国明,等. 农药,2003,(4)
浸帐灭蚊杀虫剂的选择及成本—效果分析. 余品红,等. 中国寄生虫学与寄生虫病杂志,2003,(6)
韭菜迟眼蕈蚊简便人工饲养技术. 慕卫,等. 华东昆虫学报,2003,(2)
酒精型气雾杀虫剂的研制及对蚊蝇蟑螂药效观察. 陆宏,等. 医学动物防制,2003,(8)
菊花瘿蚊田间药剂防治研究. 刘红彦,等. 中草药,2003,(2)
库蚊胚胎组织新细胞系及对黄病毒的易感性. 魏至栋. 生物制品快讯,2003,(12)
库蚊野生种群扩增等位基因重组现象分析. 张柯,等. 昆虫知识,2003,(5)
蓝带蚊属一新种(双翅目:蚊科). 董学书,等. 昆虫分类学报,2003,(3)
利用指数曲线分析嗜人按蚊分布区疟疾流行形式. 冯声正,等. 寄生虫病与感染性疾病,2003,(4)
辽宁与四川两省嗜人按蚊细胞遗传学研究. 徐保海,等. 中国人兽共患病杂志,2003,(4)
龙岩地区白纹伊蚊孳生现状调查分析. 俞新莲,等. 医学动物防制,2003,(1)
毛笔刷卵法提高嗜人按蚊卵孵化率的实验研究. 李莉莎,等. 寄生虫病与感染性疾病,2003,(3)
美 Materia 公司开发成功蚊子信息素. 浙江化工,2003,(6)
美国的蚊虫防治与机遇. Richard D. 中华卫生杀虫药械,2003,(2)
美国西尼罗病毒感染与蚊虫监测. 张山鹰. 中国人兽共患病杂志,2003,(6)
绵竹市 2002 年蚊密度监测分析. 熊光明,等. 预防医学情报杂志,2003,(3)
免疫电镜观察定位于斯氏按蚊胃的伯氏疟原虫环子孢子蛋白及血小板反应素相关粘附蛋白. WutipongL,等. 国外医学(寄生虫病分册),2003,(3)
闽西北水稻区“晚改中”避蚊减害技术研究与应用. 严叔平,等. 华东昆虫学报,2003,(1)
南阳市淡色库蚊抗药性及其防治对策研究. 李峰,等. 医学动物防制,2003,(9)
尼日利亚 Akwalbom 洲 Uyo 市郊传媒蚊虫的繁殖和流行区的确定. Lawrence Patrick EsietUSIP, SteohenIbanlza-EDEM. 动物学报,2003,(4)
宁波市淡色库蚊对杀虫剂的抗药性调查及治理对策. 俞小林,等. 中华卫生杀虫药械,2003,(3)
宁夏蚊类的研究与区系结构分析. 王建国,等. 中国媒介生物学及控制杂志,2003,(2)
疟原虫动合子入侵按纹中肠激活的先天性免疫防御反应. 邱宗文,张锡林. 寄生虫病与感染性疾病,2003,(2)
疟原虫感染可减弱媒介蚊黑化免疫反应的能力. 杨松,黄复生. 国外医学(寄生虫病分册),2003,(6)
气候因素对登革热媒介伊蚊密度影响的研究. 易彬樘,等. 中国公共卫生,2003,(2)
气温、湿度、降雨量对蚊密度的影响统计分析. 秦正积,等. 中国媒介生物学及控制杂志,2003,(6)
青岛流亭机场蚊类本底调查报告. 孙宝杰,等. 中国国境卫生检疫杂志,2003,(6)
青海省蚊虫初步调查. 罗远琼,等. 医学动物防制,2003,(10)
青蒿琥酯对食蟹猴疟原虫在按蚊体内发育的影响. 李艳文,何登贤. 热带医学杂志,2003,(1)
球形芽孢杆菌 Mtx1 杀蚊毒素在苏云金芽孢杆菌以色列亚种中的表达. 张蓓华,等. 微生物学通报,2003,(1)
全自动酶标仪测定淡色库蚊抗药性应用研究. 寇宇,等. 中国卫生检验杂志,2003,(3)
三带喙库蚊春季首次出现的一种温度评判方法. 顾品强,闵继光. 中华流行病学杂志,2003,(11)
三种淡色库蚊抗菊酯品系的生存力比较. 程璟侠,等. 中国媒介生物学及控制杂志,2003,(3)
山东济宁疟疾发病与中华按蚊密度、荧光抗体阳性相关分析. 张其中. 中国热带医学,2003,(1)
山东省淡色库蚊对杀虫剂的抗药性. 黄勇,等. 中国寄生虫病防治杂志,2003,(4)
山东省赫坎按蚊复合体成员种的分子鉴别研究. 陈锡欣,等. 中国寄生虫病防治杂志,2003,(4)
山东省蚊虫对化学杀虫剂的抗性状态分析. 王新国,等. 中国媒介生物学及控制杂志,2003,(1)
上海地区三带喙库蚊春季首次出现、季节分布及其与气象条件的关系. 顾品强,等. 昆虫学报,2003,(3)

上海奉贤地区猪舍早春蚊虫调查分析. 黄品贤,等. 中国媒介生物学及控制杂志,2003,(4)
上海奉贤三带喙库蚊 13 年首次出现气象分析. 闵继光,等. 中国媒介生物学及控制杂志,2003,(1)
胜利油田地区淡色库蚊对五种化学杀虫剂的抗药性研究. 曹官时,等. 医学动物防制,2003,(1)
实验感染登革Ⅱ型病毒的 2 种蚊媒 RT-PCR 检测 defensin A 结果分析. 刘先凯,等. 寄生虫与医学昆虫学报,2003,(2)
室内杀虫剂杀灭蚊虫的现场药效试验. 宫占威,等. 医学动物防制,2003,(11)
室外快速杀虫剂杀灭蚊蚋幼虫药效试验研究. 石淑珍,等. 医学动物防制,2003,(11)
嗜人按蚊单管产卵的实验研究. 谢汉国,等. 海峡预防医学杂志,2003,(5)
嗜人按蚊对溴氰菊酯抗性的遗传分析. 李菊林,等. 中国血吸虫病防治杂志,2003,(5)
嗜人按蚊分布区媒介按蚊对溴氰菊酯敏感性的监测. 余品红,等. 寄生虫与医学昆虫学报,2003,(3)
嗜人按蚊和中华按蚊的 ITS2 区段序列分析和比较. 高琪,等. 中国血吸虫病防治杂志,2003,(6)
嗜人按蚊溴氰菊酯抗性机理初步研究. 曹俊,等. 中国寄生虫病防治杂志,2003,(2)
斯氏按蚊血淋巴蛋白浓度的检测及其意义. 杨松,等. 中国寄生虫学与寄生虫病杂志,2003,(5)
斯氏按蚊血淋巴在约氏疟原虫卵囊黑化时差异表达蛋白的 SDS-PAGE 分析. 杨松,等. 第三军医大学学报,2003,(8)
斯氏按蚊血细胞对约氏疟原虫卵囊黑化的影响. 时超美,等. 中国人兽共患病杂志,2003,(1)
四川省嗜人按蚊、中华按蚊的栖息习性和嗜血习性调查. 杨文,等. 中国寄生虫病防治杂志,2003,(5)
四川省嗜人按蚊分布区自然环境与社会经济状况调查. 杨文,等. 中国热带医学,2003,(1)
四川省嗜人按蚊与中华按蚊对溴氰菊酯和二氯苯醚菊酯的敏感性测试. 杨文,等. 中国媒介生物学及控制杂志,2003,(3)
四种盘式蚊香对淡色库蚊的药效实验研究. 张晓华,等. 中华卫生杀虫药械,2003,(2)
随机扩增多态性 DNA 技术及其在蚊虫研究中的应用进展. 周光智,等. 预防医学文献信息,2003,(3)
台湾的蚊媒病. 周钦贤. 海峡预防医学杂志,2003,(3)
台湾卫生害虫之防制. 周钦贤. 海峡预防医学杂志,2003,(1)
天然酶制剂对蚊幼和卵的杀灭效果研究. 陈海婴,等. 中华卫生杀虫药械,2003,(4)
危害芒果叶片的瘿蚊科——中国新纪录属和一新种(双翅目:瘿蚊科). 李军,等. 动物分类学报,2003,(1)
微板法测定抗药性酯酶检测淡色库蚊抗药性的研究. 李士根,等. 中国寄生虫病防治杂志,2003,(4)
微小按蚊复合体 rDNA-ITS2 序列差异及遗传多态性研究. 史慧勤,等. 寄生虫与医学昆虫学报,2003,(2)
温度对酯酶测定法检测淡色库蚊对 DDVP 的抗药性的影响. 赵玉强,等. 中国人兽共患病杂志,2003,(1)
蚊叮咬耳廓假囊肿群体发病报告. 万学付. 中华临床医学研究杂志,2003,(76)
蚊净香草的离体培养和植株再生. 洪志霞,等. 植物生理学通讯,2003,(6)
蚊连草的香气成分及其对蚊子的忌避作用. 唐健. 北京日化,2003,(2)
蚊媒介在登革病毒感染中的研究进展. 舒莉萍,左丽. 国外医学(微生物学分册),2003,(6)
蚊唾液蛋白的研究进展. 武卫华,叶彬. 中国寄生虫病防治杂志,2003,(3)
蚊香的几何特征及香条长度的测量. 孙崇敏. 中华卫生杀虫药械,2003,(1)
蚊蝇的全时段消杀与选时段消杀及效果分析. 黄岳生. 中国媒介生物学及控制杂志,2003,(4)
蚊蝇醚的高效液相色谱分析. 凌冈,等. 农药,2003,(8)
我国 7 城市连续 5 年蚊虫密度监测资料分析. 王建洲,等. 中国人兽共患病杂志,2003,(5)
我国登革热研究概况. 韩万柏,杨学颖. 临床军医杂志,2003,(3)
我国尖音库蚊复合组蚊虫核糖体 DNA 第 2 内转录间隔区序列测定与分析. 宋社吾,等. 寄生虫与医学昆虫学报,2003,(2)
我国南方口岸登革热及其传播媒介监测的计算机预测研究. 陈胤瑜,等. 中国国境卫生检疫杂志,2003,(B12)
我国伊蚊族(双翅目:蚊科)的新分类系统. 陆宝麟. 寄生虫与医学昆虫学报,2003,(3)
武昌水果湖地区白纹伊蚊监测与防治. 黄敏,张培喜. 湖北中医学院学报,2003,(3)
武警东营市支队驻地淡色库蚊密度消长调查. 杨恒岗,刘爱国. 中国媒介生物学及控制杂志,2003,(4)
武夷山登革热媒介监测结果分析. 徐保海,等. 中国媒介生物学及控制杂志,2003,(2)
吸血和约氏疟原虫感染对大劣按蚊血细胞中 rpS7 转录的影响. 张敬如,等. 第三军医大学学报,2003,(10)
厦门口岸蚊类本底调查报告. 黄伟民,等. 中国国境卫生检疫杂志,2003,(4)
消烟剂在微烟盘式蚊香生产中的探讨. 陈雪梅,杨守盛. 化工生产与技术,2003,(2)
养鱼防蚊. 林松. 中华卫生杀虫药械,2003,(4)
一起背摇蚊危害自来水厂的处理效果观察. 洪延海. 中国媒介生物学及控制杂志,2003,(6)
一种延长大劣按蚊虫卵保存时间的方法. 李道生. 中国寄生虫学与寄生虫病杂志,2003,(5)
益多克与陶土吸液芯棒的研究. 金宜芬,等. 中华卫生杀虫药械,2003,(2)
应用 PCR-SSCP 鉴别我国多斑按蚊复合体成员种(双翅目:蚊科). 李石柱,等. 昆虫分类学报,2003,(2)

营区蚊虫对常用杀虫剂的抗性监测. 邵新玺,黄清臻. 医学动物防制,2003,(4)
影响媒介蚊虫对登革病毒易感性的研究进展. 周光智,等. 中国媒介生物学及控制杂志,2003,(3)
用随机扩增多态性 DNA(RAPD)技术区分不同地理株白纹伊蚊. 李春晓,等. 中国媒介生物学及控制杂志,2003,(4)
用遗传操纵防治蚊媒的研究进展. 胡莺,朱昌亮. 中国寄生虫病防治杂志,2003,(4)
用于媒介昆虫防治的驱避剂. James Davis. 中华卫生杀虫药械,2003,(1)
有机磷抗性致倦库蚊种群中酯酶基因扩增的定量分析. 乔传令,等. 昆虫学报,2003,(1)
鱼腥藻表达苏云金杆菌 Cry IVD 基因现场灭蚊效果观察. 黄岳生,等. 中国媒介生物学及控制杂志,2003,(3)
云南南部野外与村内蚊虫群落特征的比较研究. 王学忠,等. 中国媒介生物学及控制杂志,2003,(5)
云南省嗜人按蚊分布区疟疾监测方法的评价. 陈国伟,等. 寄生虫病与感染性疾病,2003,(3)
云南省思茅港蚊虫种类调查. 王丕玉,等. 中国寄生虫病防治杂志,2003,(3)
云南省思茅市蚊虫调查. 王丕玉,等. 医学动物防制,2003,(2)
云南微小按蚊实验室饲养繁殖研究. 董学书,等. 中国媒介生物学及控制杂志,2003,(6)
云南蚊科三新种(双翅目:蚊科). 董学书,等. 昆虫学报,2003,(4)
云南西部地区微小按蚊自然交配驯化研究. 王丕玉,等. 中国媒介生物学及控制杂志,2003,(2)
云南元江河谷稻田蚊类幼虫群落学特征及水稻生长遮盖度对其影响作用. 许建卫,等. 中国媒介生物学及控制杂志,2003,(6)
致乏库蚊对八种常用杀虫剂的抗性监测及防制对策. 任樟尧,等. 中国媒介生物学及控制杂志,2003,(6)
致倦库蚊(Culexpipiensquinquefasciatus)对登革热病毒的易感性问题. 赵彤言,陆宝麟. 寄生虫与医学昆虫学报,2003,(1)
致倦库蚊、白纹伊蚊实验室生活史比较观察. 王丕玉,等. 医学动物防制,2003,(12)
中国澳门的巨蚊属新种(双翅目:蚊科). 柯明剑,麦向真. 口岸卫生控制,2003,(6)
中国不同地理株白纹伊蚊细胞色素 C 氧化酶亚基 I 基因序列比较. 陈虹,陈汉彬. 中华流行病学杂志,2003,(6)
中国齿铗瘿蚊属一新种记述(双翅目:瘿蚊科). 墨铁路,刘涛. 昆虫分类学报,2003,(1)
中国配菌蚊属新种记述(双翅目:菌蚊科). 吴鸿,等. 动物分类学报,2003,(2)
中国瑞菌蚊属四新种记述(双翅目:菌蚊科). 吴鸿,徐华潮. 动物分类学报,2003,(3)
中国小瘿蚊族二新记录属三新记录种. 李军,卜文俊. 昆虫分类学报,2003,(3)
重庆市传疟媒介对菊酯类杀虫剂敏感性测定. 蒋诗国,等. 中国寄生虫病防治杂志,2003,(4)
舟山口岸蚊类种群及季节消长调查. 王采典,等. 中国国境卫生检疫杂志,2003,(6)
珠海横琴岛嗜人按蚊的生态习性调查及其与陆地嗜人按蚊基因组 DNA 的 RAPD 分析. 阮峰,等. 中国现代医学杂志,2003,(13)
综合性疟疾防治措施在嗜人按蚊分布区的效果评价. 孙侠,等. 中国寄生虫病防治杂志,2003,(3)
0.8% 四氟菊酯驱蚊药液的毛细管柱气相色谱分析. 刘绍从,等. 农药,2004,(4)
28 种中草药乙醇提取液对蚊幼虫的杀伤作用. 潘实清,等. 热带医学杂志,2004,(2)
3S 技术简介及在研究蚊及蚊媒传染病分布和控制中的应用. 王晓东,赵彤言. 中国媒介生物学及控制杂志,2004,(3)
6% 灭得优和 25% 甲基嘧啶磷对白纹伊蚊的现场控制效果比较研究. 徐仁权,等. 中国媒介生物学及控制杂志,2004,(5)
6 种配方驱避剂现场驱蚊效果观察. 张桂林,等. 地方病通报,2004,(3)
BsC3-41 杀蚊幼制剂对蚊幼虫毒杀效果研究. 汤历,等. 昆虫天敌,2004,(4)
ELISA 检测云南按蚊环子孢子蛋白的评价. 周红宁,等. 中国寄生虫学与寄生虫病杂志,2004,(4)
PCO 流程与质量控制. 蒋洪,袁光明. 中国媒介生物学及控制杂志,2004,(5)
PCR-RFLP 技术用于鉴别赫坎按蚊复合体近缘种按蚊的研究. 周华云,等. 中国血吸虫病防治杂志,2004,(5)
α-三噻吩对白纹伊蚊幼虫的毒杀作用. 任晓燕,等. 中国寄生虫学与寄生虫病杂志,2004,(5)
阿蚊属一新种(双翅目:蚊科). 董学书,等. 昆虫分类学报,2004,(2)
埃及伊蚊钠通道基因克隆与序列分析. 吴家红,等. 寄生虫与医学昆虫学报,2004,(1)
按蚊分子群体遗传结构. 王冬,马雅军. 国外医学(寄生虫病分册),2004,(5)
按蚊感染疟原虫后差异表达基因的研究进展. 张健,等. 国外医学(寄生虫病分册),2004,(4)
白纹伊蚊垂直传播登革病毒后 E 基因区部分序列的变化. 赵星,等. 贵阳医学院学报,2004,(1)
白纹伊蚊感染登革 2 型病毒后基因表达变化的研究. 杨发青,等. 寄生虫与医学昆虫学报,2004,(2)
白纹伊蚊贵州地方株垂直传播登革 1 型病毒的研究. 赵星,等. 贵阳医学院学报,2004,(3)
白纹伊蚊贵州麻尾株垂直传播登革病毒实验研究. 赵星,等. 贵阳医学院学报,2004,(2)
白纹伊蚊卵储存方法探讨. 孙传红,等. 中国寄生虫病防治杂志,2004,(4)
避蚊胺乙基纤维素微球的制备及其性质考察. 高静,等. 第二军医大学学报,2004,(11)

不同地理株埃及伊蚊对鼠血和猪血病毒混悬液的饱血试验. 周光智,等. 医学动物防制,2004,(1)
不同地理株埃及伊蚊经口接种登革2型病毒的感染性研究. 周光智,等. 中国媒介生物学及控制杂志,2004,(2)
不同地区库蚊复组群体的同工酶遗传多样性研究. 张柯,等. 遗传,2004,(2)
不同种群致倦库蚊对有机磷杀虫剂敏感性测定. 张玲敏,等. 昆虫天敌,2004,(1)
残杀威及其复配剂在蚊蝇防治中的应用. 孟涛,郭先行. 中华卫生杀虫药械,2004,(1)
常见蚊虫群舞现象的观察研究. 孔令军,刘洪亮. 中国媒介生物学及控制杂志,2004,(5)
常熟口岸蚊类种群及季节消长调查. 顾锦清,等. 中国国境卫生检疫杂志,2004,(1)
常州市武进区1982—2002年中华按蚊生物学特性调查. 高佳方,等. 中国媒介生物学及控制杂志,2004,(4)
超低容量喷雾机大面积杀灭蚊蝇方法的探讨. 孙晨熹,等. 中华卫生杀虫药械,2004,(5)
城市供水系统摇蚊污染发生与防治研究. 张瑞雷,等. 昆虫知识,2004,(3)
雌蚊翅振音及其在蚊虫防治中的应用. 张时妙,等. 昆虫知识,2004,(5)
从贵州白纹伊蚊体内分离到一株2型登革病毒. 舒莉萍,等. 贵阳医学院学报,2004,(2)
大劣按蚊AdPPO2、AdPPO3基因cDNA克隆与组织定位. 郝宏兴,等. 第三军医大学学报,2004,(6)
大劣按蚊AdS7基因的克隆及分析. 郝宏兴,等. 第三军医大学学报,2004,(6)
大劣按蚊差异表达蛋白与约氏疟原虫卵囊黑化关系的研究. 杨松,等. 第三军医大学学报,2004,(6)
大劣按蚊对约氏疟原虫卵囊黑化相关血细胞类型的初步鉴定. 杨松,等. 第三军医大学学报,2004,(6)
大劣按蚊丝氨酸蛋白酶cDNA克隆和表达. 徐文岳,等. 中国人兽共患病杂志,2004,(2)
淡色库蚊(Culexpipienspallens)微卫星DNA位点的克隆. 宋锋林,等. 寄生虫与医学昆虫学报,2004,(3)
淡色库蚊残杀威抗性治理的初步研究. 王怀位,等. 中华卫生杀虫药械,2004,(6)
淡色库蚊抗溴氰菊酯品系CYP4家族新成员基因克隆及序列分析. 滕达,等. 中国寄生虫病防治杂志,2004,(2)
淡色库蚊溴氰菊酯抗性品系生物学特性的研究. 宋锋林,等. 中国媒介生物学及控制杂志,2004,(4)
淡色库蚊乙酰胆碱酯酶全基因的克隆鉴定及蛋白同源模拟. 李春晓,等. 寄生虫与医学昆虫学报,2004,(3)
淡色库蚊幼虫对4种杀虫剂的抗性调查研究. 李玉兰,等. 中华卫生杀虫药械,2004,(6)
登革Ⅱ型病毒在经口感染的白纹伊蚊不同个体体内分布的比较研究. 杨发青,等. 寄生虫与医学昆虫学报,2004,(3)
登革Ⅱ型病毒经白纹伊蚊滞育卵的传递. 郭晓霞,等. 昆虫学报,2004,(4)
电热液体长效驱蚊装置的研制. 孙晨熹,等. 中国媒介生物学及控制杂志,2004,(5)
东方趋流摇蚊群一新种(双翅目:摇蚊科). 闫春财,王新华. 动物分类学报,2004,(3)
短角瘿蚊属一新种记述(双翅目:瘿蚊科). 墨铁路,肖利锋. 动物分类学报,2004,(1)
多孔电热片蚊香对致乏库蚊的效果及其性能研究. 任樟尧,等. 中国媒介生物学及控制杂志,2004,(6)
二维电泳—质谱分析斯氏按蚊中约氏疟原虫卵囊黑化相关的差异表达蛋白. 杨松,等. 第三军医大学学报,2004,(6)
分子鉴别技术在蚊虫分类中的应用. 李石柱,马雅军. 国外医学(寄生虫病分册),2004,(5)
氟氯氰菊酯浸帐防制疟疾媒介按蚊的效果观察. 陈建设,等. 中国寄生虫病防治杂志,2004,(6)
福建连江县登革热传播媒介的调查. 孙信华,林慧. 热带病与寄生虫学,2004,(2)
福建省嗜人按蚊残存分布区的疟疾监测. 许龙善,等. 中国寄生虫病防治杂志,2004,(1)
福州港登革热传播媒介白纹伊蚊生态调查分析. 陈佳木,等. 中国国境卫生检疫杂志,2004,(4)
复方桉叶油素缓释驱避剂的研制. 杨银书,等. 中华卫生杀虫药械,2004,(3)
复方丁香酚缓释驱避剂驱蚊效果研究. 石淑珍,等. 中华卫生杀虫药械,2004,(3)
复方丁香止痒露在嘉峪关地区现场试验研究. 张继军,等. 中国媒介生物学及控制杂志,2004,(1)
复方缓释驱避剂处理衣服驱蚊蠓药效研究. 刘增加,等. 中华卫生杀虫药械,2004,(3)
感染大链壶菌后蚊幼虫脂肪、酯酶和脂肪酶的变化. 牟荣,等. 中国寄生虫学与寄生虫病杂志,2004,(5)
冈比亚按蚊Ⅳ型胶原蛋白基因:克隆、系统发育、与吸血和感染相关的中肠表达. 王娜,马雅军. 国外医学(寄生虫病分册),2004,(6)
冈比亚按蚊嗅觉结合蛋白候选基因cDNA的克隆、鉴定及其表达型分析. 李正西,Jing,Jiang ZHOU. 昆虫学报,2004,(4)
冈比亚按蚊嗅觉结合蛋白基因agCP1588的克隆鉴定及其组织特异性表达谱分析. 李正西,Jing,Jiang ZHOU. 寄生虫与医学昆虫学报,2004,(2)
高效氯氰菊酯超低容量喷雾杀灭室外白纹伊蚊的研究. 蔡松武,等. 中国媒介生物学及控制杂志,2004,(6)
高效滞留喷洒剂杀灭蚊虫的效果研究. 宫占威,等. 中华卫生杀虫药械,2004,(2)
格尔木地区蚊虫生态习性观察. 石淑珍,等. 中国媒介生物学及控制杂志,2004,(2)
广东省班氏丝虫病防治后人群和媒介感染情况观察. 骆雄才,等. 华南预防医学,2004,(5)
广东省潮州市伊蚊媒介的地理信息系统建立与应用. 易彬樘,等. 中华流行病学杂志,2004,(2)
广西、海南、云南微小按蚊3种同工酶谱比较研究. 石焕焕,等. 中国寄生虫病防治杂志,2004,(2)

广西嗜人按蚊分布区控制后疟疾流行特征分析. 郭传坤,等. 中国热带医学,2004,(6)
广州市城区白纹伊蚊抗药性现状与预防对策探讨. 蔡松武,等. 华南预防医学,2004,(4)
贵州自然界白纹伊蚊体内登革病毒带毒情况. 舒莉萍,等. 中国公共卫生,2004,(5)
海南省昌江县王下乡大劣按蚊吸血活动观察. 廖志刚,等. 中国热带医学,2004,(4)
赫坎按蚊种群近缘种核糖体基因内转录第二间隔区序列分析. 高琪,等. 中国寄生虫学与寄生虫病杂志,2004,(5)
黑光灯、灭蚊灯和紫外线灯. 张志刚. 生物学教学,2004,(12)
湖北省农科院研制出利用细菌杀虫技术. 农化新世纪,2004,(1)
花都口岸白纹伊蚊幼虫监测结果分析. 谢仕明,等. 中国国境卫生检疫杂志,2004,(2)
环境因素对实验室驯化按蚊的影响. 曹文波,等. 生物技术,2004,(1)
惠州市大亚湾柏岗村牛房按蚊调查. 魏和兴,等. 热带医学杂志,2004,(5)
几种人体气味物质对淡色库蚊雌成虫的引诱和驱避作用. 张时妙,等. 昆虫知识,2004,(6)
济南国际机场蚊虫孳生习性及影响因素的调查. 李彬,等. 医学动物防制,2004,(2)
江苏省嗜人按蚊分布地区不同疟疾防治措施的费用年效果评价. 高琪,等. 中国寄生虫病防治杂志,2004,(1)
韭菜迟眼蕈蚊在不同温度下的实验种群生命表. 梅增霞,等. 昆虫学报,2004,(2)
抗蚊虫疫苗的研究进展. 赵卿,杨玉荣. 中国人兽共患病杂志,2004,(6)
快速杀虫灵对3种昆虫的药效实验研究. 张继军,等. 中华卫生杀虫药械,2004,(2)
昆虫病原线虫 HeterorhabditisindicaLN2 品系防治韭菜迟眼蕈蚊的影响因素研究. 孙瑞红,等. 昆虫天敌,2004,(4)
两种类型蚊香烟雾对室内空气污染的研究. 陆宁霞,等. 江苏预防医学,2004,(3)
两种蚊虫钠通道基因 kdr 突变点附近序列的研究. 江毅民,等. 热带医学杂志,2004,(3)
两种重要登革热媒介蚊虫的种间竞争研究. 刘礼平,等. 中国媒介生物学及控制杂志,2004,(4)
辽宁法库县、广东横琴岛可疑嗜人按蚊与四川嗜人按蚊杂交及唾腺染色体观察. 杨文,等. 中国媒介生物学及控制杂志,2004,(2)
辽宁省嗜人按蚊和广东省嗜人按蚊的实验室驯化. 康杨,等. 中国媒介生物学及控制杂志,2004,(3)
辽宁省嗜人按蚊卵型多态性和杂交的研究. 徐保海,等. 寄生虫与医学昆虫学报,2004,(4)
临沂市家蝇对5种杀虫剂抗性动态研究. 冯幼生,等. 中华卫生杀虫药械,2004,(4)
龙岩市城区蚊虫防制效果分析. 邓小如,等. 医学动物防制,2004,(4)
氯氰菊酯与增效剂复配杀灭淡色库蚊效果观察. 王怀位,等. 寄生虫病与感染性疾病,2004,(3)
美国发现蚊群可携带西尼罗病毒. 传染病网络动态,2004,(7)
灭得优对蟑螂和蚊虫杀灭效果的研究. 朱仁义,等. 中华卫生杀虫药械,2004,(2)
灭蚊电子地图的制作与应用. 吴太平,等. 中华卫生杀虫药械,2004,(1)
模拟墙面滞留喷洒顺式氯氰菊酯(奋斗呐)灭蚊虫效果观察. 杜尊伟,等. 中国寄生虫病防治杂志,2004,(5)
宁波市蚊类种群1999—2002年的年际动态变化. 朱光峰,徐荣. 中国媒介生物学及控制杂志,2004,(3)
浓缩乳油剂灭蚊蝇效果观察. 孙军红,等. 中国公共卫生,2004,(7)
疟疾监测及早预警系统. 朱淮民. 第二军医大学学报,2004,(1)
疟原虫和蚊相互关系研究进展. 黄复生. 第三军医大学学报,2004,(6)
评价以丙烷为能源的捕蚊器. DanielL. Kline,等. 中华卫生杀虫药械,2004,(5)
气相色谱法分析E型电热蚊香片中炔丙菊酯的含量. 聂春林,吴艳玲. 精细化工中间体,2004,(2)
浅谈影响电热片蚊香药效的几个因素. 谢敬松,何晓苑. 中华卫生杀虫药械,2004,(1)
驱避剂避蚊酯对豚鼠的亚急性经皮毒性. 肖芸,等. 浙江省医学科学院学报,2004,(2)
驱蚊剂合成工艺条件的探讨. 刘红,等. 广东化工,2004,(8)
驱蚊酯亚慢性吸入毒性实验研究. 廖雍玲,等. 职业与健康,2004,(10)
全球登革热流行态势与媒介蚊虫控制. 郑能雄. 中国公共卫生管理,2004,(1)
人畜共患的蚊传裂谷热. 赫兢,郑少兰. 传染病信息,2004,(2)
入境国际航行船舶携带蚊类的监测初报. 聂维忠,等. 中国媒介生物学及控制杂志,2004,(2)
三带喙库蚊实验室种群的建立. 李明义,等. 中国媒介生物学及控制杂志,2004,(2)
三亚市羊栏镇地区媒介蚊虫种类与孳生环境的关系. 王晓东,等. 中国媒介生物学及控制杂志,2004,(4)
骚扰阿蚊种群动态季节消长观察与分析. 景晓,等. 中国公共卫生,2004,(8)
骚扰阿蚊孳生习性及其影响因素的调查研究. 景晓,等. 中华卫生杀虫药械,2004,(5)
杀虫剂对韭菜迟眼蕈蚊毒力与药效相关性研究. 慕卫,等. 农药学学报,2004,(3)
山东省淡色库蚊抗药性及现场治理方法的研究. 王新国,等. 中国媒介生物学及控制杂志,2004,(1)
汕头市礐石风景区及其周边地区蚊虫种类及生境调查(Diptera:Culicidae). 金立群,等. 寄生虫与医学昆虫学报,2004,(3)

上海地区三带喙库蚊春季首现日气象预测模型的研究. 闵继光,等. 中华卫生杀虫药械,2004,(4)
石家庄铁路地区蚊种群组成及季节消长调查. 张继虎. 医学动物防制,2004,(5)
实验室低温繁殖的淡色库蚊对杀虫剂的敏感性测试. 岳永杰,郭兰. 中国媒介生物学及控制杂志,2004,(5)
嗜人按蚊群体产卵与单管产卵的比较. 谢汉国,等. 中国寄生虫病防治杂志,2004,(2)
双硫磷颗粒剂控制城镇市河蚊幼的效果研究. 徐友祥,等. 中国媒介生物学及控制杂志,2004,(4)
水稻种植区蚊虫孳生调查研究. 王晓东,等. 中华卫生杀虫药械,2004,(5)
丝氨酸蛋白酶级联相关性斯氏按蚊血细胞分析. 周桃莉,等. 中国寄生虫病防治杂志,2004,(4)
斯氏按蚊黑化包被约氏疟原虫卵囊时血淋巴蛋白的二维电泳分析. 杨松,等. 第三军医大学学报,2004,(1)
斯氏按蚊血淋巴前酚氧化酶差异表达与疟原虫卵囊黑化关系的研究. 杨松,等. 中国人兽共患病杂志,2004,(4)
四川省嗜人按蚊分布区灭蚊抗疟试点研究. 杨文,等. 中国媒介生物学及控制杂志,2004,(4)
四种方法提高嗜人按蚊卵孵化率的效果比较. 谢汉国,等. 中国媒介生物学及控制杂志,2004,(1)
苏云金杆菌 cryIVD 基因的表达及杀蚊毒效测定. 刘相萍,等. 中国寄生虫病防治杂志,2004,(4)
苏云金芽孢杆菌以色列亚种对花翅摇蚊作用特性研究. 雷萍,等. 微生物学通报,2004,(1)
特殊环境通用杀虫气雾剂对蚊虫的灭效研究. 陈庆灶,等. 中华卫生杀虫药械,2004,(3)
天然酶制剂净普力对蚊卵的杀灭效果及机理研究. 陈海婴,等. 中国媒介生物学及控制杂志,2004,(1)
天然酶制剂净普力与常用化学杀虫剂灭蚊效果的比较研究. 马红梅,等. 中国媒介生物学及控制杂志,2004,(2)
外源性双链 RNA 在蚊虫细胞中介导的基因沉默. 公茂庆,等. 中国寄生虫病防治杂志,2004,(5)
微卫星 DNA 标记技术及其在蚊虫生物学研究中的应用. 宋锋林,赵彤言. 寄生虫与医学昆虫学报,2004,(2)
蚊虫标记释放回捕技术. 周毅彬,冷培恩. 中国媒介生物学及控制杂志,2004,(6)
蚊虫驱避剂的研究概况. 吴刚,戈峰. 寄生虫与医学昆虫学报,2004,(4)
蚊虫中有机磷抗性与相关酯酶的研究进展. 崔伟,等. 中国热带医学,2004,(6)
蚊净香草快速繁殖研究. 卢秉国,等. 亚热带植物科学,2004,(2)
蚊净香草驱蚊效果试验研究. 虞磊,等. 中国媒介生物学及控制杂志,2004,(5)
蚊媒疟原虫感染率检测方法研究进展. 郑彬,汤林华. 国外医学(寄生虫病分册),2004,(5)
蚊媒体内登革病毒的快速分型检测. 戎霞,等. 热带医学杂志,2004,(5)
蚊香配方的研制及驱蚊效果观察. 陈志龙,等. 医学动物防制,2004,(4)
蚊香烟尘和焦油的测定及对小鼠的影响. 胡文涛. 中华卫生杀虫药械,2004,(2)
蚊幼虫天敌——罗索线虫的研究. 林立辉,方美玉. 中国媒介生物学及控制杂志,2004,(3)
蚊与疟原虫相互关系Ⅱ:支持疟原虫在按蚊体内发育的因子. 郝宏兴,黄复生. 中国寄生虫病防治杂志,2004,(2)
蚊子对疟原虫的免疫机制. 沈涛,等. 生命的化学,2004,(4)
我国病媒生物控制标准化现状及发展对策. 曾晓芃. 中国媒介生物学及控制杂志,2004,(5)
梧州口岸蚊类调查报告. 唐丽琼,等. 口岸卫生控制,2004,(3)
五种植物精油熏杀致倦库蚊的效果. 杨频,等. 第二军医大学学报,2004,(10)
武汉地区农村流行性乙型脑炎相关蚊虫调查. 王虹,等. 中国媒介生物学及控制杂志,2004,(6)
武汉江岸、江汉灭蚊区蚊虫孳生地调查. 吴太平,等. 中国媒介生物学及控制杂志,2004,(6)
西安地区储存宿主带毒、蚊虫密度、乙脑发病动态分析. 蔡正华,等. 实用医技杂志,2004,(4)
西安市北郊蚊虫密度调查. 孙养信,等. 中国媒介生物学及控制杂志,2004,(6)
西盟佤族蚊帐使用的现状、态度和推广障碍(in English). 许建卫,等. 中国热带医学,2004,(3)
西尼罗热的有关研究进展. 李保森,辛绍杰. 传染病信息,2004,(2)
厦门口岸 2002 年蚊幼虫监测结果分析. 杨承峰,杨浩. 中国媒介生物学及控制杂志,2004,(3)
新花托摇蚊属一新种记述(双翅目:摇蚊科-长跗摇蚊族). 郭玉红,王新华. 动物分类学报,2004,(3)
新疆伊犁地区蚊虫调查及防治概况. 张桂林,等. 中华卫生杀虫药械,2004,(2)
伊蚊对登革病毒的垂直与水平传播. 赵星,左丽. 国外医学(流行病学·传染病学分册),2004,(2)
医学昆虫繁养技术. 张继虎. 医学动物防制,2004,(6)
应用灰色模型研究疟疾在中国的流行趋势. 裘炯良,等. 中国媒介生物学及控制杂志,2004,(1)
瘿蚊科中国一新纪录属种记述(双翅目:瘿蚊科). 姜玉霞,卜文俊. 动物分类学报,2004,(4)
用 PCR-SSCP 方法分析白纹伊蚊线粒体 DNA 突变. 黄谊. 实用预防医学,2004,(1)
有关媒介昆虫几个问题的探讨. 吴光华,等. 中华卫生杀虫药械,2004,(5)
玉溪市中心城区蚊类种群数量及季节消长监测. 马玉梅,等. 医学动物防制,2004,(5)
约氏疟原虫感染对大劣按蚊 PPO4 基因转录与卵囊内 Ca^{2+} 的影响. 邱宗文,等. 第三军医大学学报,2004,(6)
约氏疟原虫感染斯氏按蚊后血淋巴 PPO 的酶解激活. 杨松,等. 第三军医大学学报,2004,(6)
约氏疟原虫感染斯氏按蚊与大劣按蚊前后中肠前酚氧化酶的变化. 邱宗文,等. 第三军医大学学报,2004,(6)
约氏疟原虫感染诱导大劣按蚊 AdSP1 和 AdSP3 的转录. 徐文岳,等. 第三军医大学学报,2004,(6)

云南人房三带喙库蚊 CDC 和 UV 诱蚊灯捕捉效果观察. 周红宁,等. 中国媒介生物学及控制杂志,2004,(1)
云南三带喙库蚊实验种群的建立及生物学特性观察. 冯云,等. 中国媒介生物学及控制杂志,2004,(6)
云南省边境口岸蚊类调查. 董学书,等. 中国媒介生物学及控制杂志,2004,(2)
云南省嗜人按蚊分布区疟疾防治对策研究. 陈国伟,等. 中国热带医学,2004,(1)
云南省嗜人按蚊的分布及防制后的变化特征. 陈国伟,等. 中国寄生虫病防治杂志,2004,(2)
云南省蚊虫种类调查研究及新发现. 董学书,等. 中国媒介生物学及控制杂志,2004,(3)
云南省元江、新平两县按蚊种群变化调查. 邢兰燕,等. 预防医学情报杂志,2004,(3)
云南省昭通地区嗜人按蚊分布范围与防制后的变化特征. 陈国伟,等. 中国媒介生物学及控制杂志,2004,(5)
在半现场实验室小屋中活的盆栽植物对冈比亚按蚊的驱避作用. 杨频,徐晓春. 国外医学(寄生虫病分册),2004,(2)
在越南三省用剑水蚤和社会动员的方法对登革热传播媒介伊蚊的控制. 胡艺兰,倪永晖. 国外医学(寄生虫病分册),2004,(3)
早春猪舍三带喙库蚊自然感染乙脑病毒调查. 黄品贤,等. 中国公共卫生,2004,(11)
增效醚混合溴氰菊酯杀灭媒介按蚊效果观察. 李菊林,等. 中国血吸虫病防治杂志,2004,(4)
漳州市伊蚊密度调查结果分析. 汪志辉,郑惠能. 中国媒介生物学及控制杂志,2004,(1)
浙江端突瘿蚊属一新种记述(双翅目:瘿蚊科). 墨铁路,郑方强. 动物分类学报,2004,(3)
植物杀蚊幼剂的研究进展. 马红梅,等. 中华卫生杀虫药械,2004,(1)
植物源生物活性物质对蚊虫的防制. 杨频,等. 中国人兽共患病杂志,2004,(1)
致乏库蚊对常用杀虫剂的抗性分析. 朱江,等. 中国公共卫生,2004,(12)
中国短菌蚊属四新种记述(双翅目:菌蚊科). 吴鸿,等. 动物分类学报,2004,(4)
中国钩瘿蚊属分类研究(双翅目:瘿蚊科). 姜玉霞,卜文俊. 动物分类学报,2004,(2)
中国蓝带蚊属一新种(双翅目:蚊科). 董学书,等. 动物分类学报,2004,(3)
中国隆菌蚊属二新种记述(双翅目:菌蚊科). 余晓霞,等. 昆虫分类学报,2004,(4)
中国扇瘿蚊属六新种(双翅目:瘿蚊科). 姜玉霞,卜文俊. 动物分类学报,2004,(2)
中国伊菌蚊属新种记述(双翅目:菌蚊科). 吴鸿,等. 动物分类学报,2004,(3)
中缅边境两个少数民族居民蚊帐使用情况及其影响因素. 许建卫,等. 中国血吸虫病防治杂志,2004,(1)
珠海市横琴岛嗜人按蚊生态习性研究. 潘波,等. 热带医学杂志,2004,(5)
住区成蚊密度调查位置的改进实验报告. 官友生,等. 医学动物防制,2004,(3)
2004 年 1—3 季度香港口岸地区诱蚊产卵器指数及鼠蚤指数调查. 袁铭志. 中国国境卫生检疫杂志,2005,(2)
4 种配方驱避剂防蚊效果的研究. 张桂林,等. 中华卫生杀虫药械,2005,(5)
4 种杀虫气雾剂对卫生害虫的药效测定. 蒋解花,等. 中华卫生杀虫药械,2005,(2)
DDVP 与增效剂混用杀灭淡色库蚊现场效果观察. 江洪涛,等. 医学动物防制,2005,(4)
MosquitoMagnet 捕蚊器捕蚊效果观察. 胡兴强,等. 中华卫生杀虫药械,2005,(2)
SDS-PAGE 分析嗜人按蚊中肠膜蛋白. 秦茜,等. 温州医学院学报,2005,(3)
Western 印迹分析嗜人按蚊中肠膜蛋白免疫原性. 秦茜,等. 寄生虫与医学昆虫学报,2005,(3)
八种杀虫剂对韭菜迟眼蕈蚊发育和繁殖的亚致死效应. 慕卫,等. 昆虫学报,2005,(1)
白蚊伊蚊经卵传递登革 2 型病毒的实验研究. 宋秀玲,等. 热带医学杂志,2005,(1)
拜虫杀对中华按蚊和嗜人按蚊毒杀效果的实验观察. 周华云,等. 中国血吸虫病防治杂志,2005,(4)
倍速菊酯的 2 种剂型现场杀虫效果研究. 张桂林,等. 中华卫生杀虫药械,2005,(1)
避蚊胺微球载药量的 HPLC 测定. 高静,高申. 中国医药工业杂志,2005,(9)
避蚊酯的毒性试验. 孙建析,等. 农药,2005,(12)
丙烯氯菊酯水基喷射剂药效观察. 郑剑,等. 中华卫生杀虫药械,2005,(4)
捕蚊纱窗捕蚊效果的研究. 傅华男. 中华卫生杀虫药械,2005,(5)
不同地理种群尖音库蚊复组杀虫药剂抗性及抗性酯酶. 崔峰,等. 中国媒介生物学及控制杂志,2005,(6)
不同浓度的驱避剂对白纹伊蚊的驱避效果观察. 赖世宏,等. 中国媒介生物学及控制杂志,2005,(2)
不同生境蚊类生态学研究. 王学忠,等. 中国媒介生物学及控制杂志,2005,(2)
残杀威选育淡色库蚊抗药性研究. 张春华,等. 中国热带医学,2005,(6)
残杀威与增效剂混用杀灭淡色库蚊幼虫效果观察. 江洪涛,等. 中国热带医学,2005,(3)
长春市淡色库蚊对 2 种杀虫剂敏感性调查. 梅淑娟,张莹. 中华卫生杀虫药械,2005,(6)
常用杀虫剂配用氧化胡椒基丁醚杀灭淡色库蚊的研究. 孙传红,等. 中国热带医学,2005,(7)
城市灭蚊新认识. 吴太平,等. 中华卫生杀虫药械,2005,(6)
除虫菊素杀虫气雾剂对蚊蝇的药效研究. 徐承龙,卢正秋. 中华卫生杀虫药械,2005,(5)
除害专业队伍实施城市灭蚊的研究. 吴太平,等. 中华卫生杀虫药械,2005,(5)
单宁酸对淡色库蚊抗氰戊菊酯品系和敏感品系幼虫生长发育的影响. 张时妙,等. 昆虫学报,2005,(6)

淡色库蚊(Culexpipienspallens)与击倒抗性(kdr)相关的钠通道基因突变. 宋锋林,等. 寄生虫与医学昆虫学报,2005,(2)
淡色库蚊残杀威抗性与酯酶活性的相关性研究. 王怀位,等. 医学动物防制,2005,(3)
淡色库蚊对残杀威的抗性选育及交互抗性研究. 江洪涛,等. 中国媒介生物学及控制杂志,2005,(3)
淡色库蚊对拟除虫菊酯(溴氰菊酯、Es 年生物丙烯菊酯)抗药性品系现实遗传力的研究. 宋锋林,等. 寄生虫与医学昆虫学报,2005,(4)
淡色库蚊对杀虫剂的抗药性及分析. 何学军. 中华卫生杀虫药械,2005,(5)
淡色库蚊抗 DDVP 品系抗性发展及交互抗性. 王怀位,等. 寄生虫病与感染性疾病,2005,(1)
淡色库蚊抗药性相关新基因——视蛋白基因的克隆与分析. 孙艳,等. 南京医科大学学报,2005,(5)
淡色库蚊抗药性相关胰蛋白酶基因稳定转染细胞系的建立与表达鉴定. 公茂庆,等. 中国人兽共患病杂志,2005,(6)
淡色库蚊氯菊酯抗性品系和敏感品系的生物学特性. 宋锋林,等. 中国寄生虫学与寄生虫病杂志,2005,(1)
淡色库蚊三种抗性品系抗性发展与乙酰胆碱酯酶相关性的研究. 王新国,等. 中国媒介生物学及控制杂志,2005,(4)
淡色库蚊细胞色素 P450CYP4E2r6 基因的克隆、表达及鉴定. 李秀兰,等. 中国人兽共患病杂志,2005,(7)
登革病毒受体研究进展. 陈炜,安静. 国外医学(临床生物化学与检验学分册),2005,(2)
登革热与伊蚊的防控. 吴光华,等. 中华卫生杀虫药械,2005,(6)
敌敌畏抗性淡色库蚊酯酶 B1、A2 探针制备及应用. 崔伟,等. 中国热带医学,2005,(2)
电子驱蚊器驱蚊效果的研究. 陈超,等. 中华卫生杀虫药械,2005,(3)
冬季低温对广东沿海中华按蚊成蚊前发育的影响. 吴旭光,等. 热带医学杂志,2005,(6)
冬季气候变暖对海南省登革热流行潜势的影响. 俞善贤,等. 中华流行病学杂志,2005,(1)
防止红火蚁随国际航行船舶传播的检疫措施与防控对策. 谢庚发,等. 中国国境卫生检疫杂志,2005,(1)
福建省将乐县基本消除丝虫病后 22 年监测结果分析. 黄锦源,等. 中国寄生虫病防治杂志,2005,(6)
感染约氏疟原虫前后大劣按蚊血淋巴的差异表达蛋白分析. 王英,等. 第三军医大学学报,2005,(17)
冈比亚按蚊分类研究进展. 王冬,马雅军. 国外医学(寄生虫病分册),2005,(6)
关于国家卫生城市除害巩固措施的探讨. 曹永章,等. 中华卫生杀虫药械,2005,(2)
广东潮州某部登革热、流行性乙型脑炎的监测及综合防制研究. 林立辉,等. 中国媒介生物学及控制杂志,2005,(2)
广东省嗜人按蚊分布同自然地理、社会经济的关系. 潘波,等. 中国人兽共患病杂志,2005,(1)
贵阳市致倦库蚊对四种化学杀虫剂的抗性测定. 郑越平,等. 中国媒介生物学及控制杂志,2005,(1)
海口市登革热媒介伊蚊分布与密度变迁情况分析. 苏爱芳,等. 中国热带医学,2005,(6)
海南省埃及伊蚊与白纹伊蚊孳生习性与季节消长的调查. 王志光,等. 中国热带医学,2005,(2)
海南省白纹伊蚊、埃及伊蚊对菊酯类杀虫剂的敏感性测定. 曾林海,等. 中国热带医学,2005,(6)
汉江流域黑竹冲河杂色特维摇蚊和波特真开氏摇蚊的生产量动态及营养基础分析. 闫云君,李晓宇. 生态学报,2005,(12)
旱芹籽粗提取物对埃及伊蚊的效果评定. Wej,Choochote 等. 中华卫生杀虫药械,2005,(5)
湖北地区蚊类区系研究. 陈晓,等. 中国寄生虫病防治杂志,2005,(4)
湖北省嗜人按蚊分布区不同灭蚊措施的效果评价. 黄光全,等. 中国媒介生物学及控制杂志,2005,(4)
几种菊酯类药剂对淡色库蚊熏杀效果的研究. 吴刚,等. 寄生虫与医学昆虫学报,2005,(3)
蓟县蚊幼对五种杀虫剂抗药性监测调查. 贾艳合. 医学动物防制,2005,(5)
家用洗涤剂对红剑鱼、孔雀鱼和食蚊鱼的急性毒性实验观察. 张云美,等. 四川动物,2005,(2)
嘉兴市蚊、蝇、蜚蠊对常用杀虫剂的抗药性监测. 吴正平,等. 中国媒介生物学及控制杂志,2005,(6)
江苏省淡色库蚊对常用杀虫剂的抗性研究. 褚宏亮,等. 中华卫生杀虫药械,2005,(3)
江苏省西尼罗病毒病潜在蚊媒调查. 杨维芳,等. 中国媒介生物学及控制杂志,2005,(4)
介绍一种摇蚊唾腺染色体永久封片的制作方法. 赵素然,等. 生物学通报,2005,(6)
抗氰戊菊酯淡色库蚊的抗性谱与抗性遗传分析. 何黄英,等. 中国媒介生物学及控制杂志,2005,(5)
连云港市蚊虫密度消长及种群构成研究. 魏春青,等. 中华卫生杀虫药械,2005,(4)
两种电热蚊香片对淡色库蚊的灭效观察. 谢敬松. 中华卫生杀虫药械,2005,(4)
两种饲血方法对雷州半岛中华按蚊的实验室驯化研究. 赖秀球,等. 医学动物防制,2005,(6)
领蚊属一新种(双翅目:蚊科). 董学书,等. 昆虫分类学报,2005,(3)
马尾港居民区登革热传播相关指数监测及白纹伊蚊孳生地调查. 林醒忠,等. 海峡预防医学杂志,2005,(6)
媒介按蚊抗疟原虫感染的免疫相关基因研究进展. 陈继德,等. 中国寄生虫病防治杂志,2005,(4)
蒙山朝鲜伊蚊种群生态习性的调查研究. 景晓,等. 中华医学实践杂志,2005,(9)
醚菊酯的合成及药效研究. 王天桃,等. 中华卫生杀虫药械,2005,(6)

灭害灵气雾剂杀虫灭菌效果研究.王永明,等.中华卫生杀虫药械,2005,(2)
灭蚊磁场诱捕蚊虫效果研究.蔡松武,等.中华卫生杀虫药械,2005,(3)
疟疾媒介冈比亚按蚊杀虫剂代谢抗性解毒酶芯片.崔峰.昆虫知识,2005,(4)
疟原虫蚊发育相关基因的研究进展.陈继德,等.国外医学(寄生虫病分册),2005,(3)
气体灭蚊工程现场灭蚊效果的研究.徐仁权,等.中华卫生杀虫药械,2005,(6)
青霉素、硫酸庆大霉素对红剑鱼、孔雀鱼和食蚊鱼的急性毒性实验.潘永全,等.医学动物防制,2005,(1)
球形芽孢杆菌在媒介蚊虫防制中作用的研究进展.王蓉蓉,汤林华.国外医学(寄生虫病分册),2005,(2)
驱蚊草的组织培养研究.胡本祥,等.陕西中医学院学报,2005,(5)
泉州市致倦库蚊对常用杀虫剂敏感性研究.尤飞龙,等.海峡预防医学杂志,2005,(6)
三峡库区兴山县蚊种名录.周相朝,等.中国媒介生物学及控制杂志,2005,(6)
骚扰阿蚊叮刺周环及其影响因素的观察与分析.景晓,等.中国媒介生物学及控制杂志,2005,(1)
骚扰阿蚊监测中SAS统计方法的应用与探讨.彭建军,等.医学动物防制,2005,(6)
杀虫剂混配对抗DDVP淡色库蚊的毒力及增效作用的研究.王怀位,等.中国媒介生物学及控制杂志,2005,(2)
杀虫剂与八氯二丙醚(S2)复配杀灭现场淡色库蚊效果观察.江洪涛,等.中国预防医学杂志,2005,(5)
杀虫气雾剂的配方及杀虫效果研究.韩招久,等.中华卫生杀虫药械,2005,(5)
杀虫乳油现场防制蚊蝇和蟑螂的效果研究.刘斌,等.中华卫生杀虫药械,2005,(4)
山东济宁市淡色库蚊抗药性的测定及杀虫剂配方的筛选.江洪涛,等.热带病与寄生虫学,2005,(1)
山东省部分地区淡色库蚊对常用杀虫剂混用的敏感性检测.江洪涛,等.寄生虫病与感染性疾病,2005,(2)
山东省城镇地区淡色库蚊抗药性的研究.张春华,等.医学动物防制,2005,(7)
上海地区蚊种一新记录(双翅目:蚊科).姬淑红,等.中国媒介生物学及控制杂志,2005,(6)
深圳市地下排水系统致倦库蚊幼虫季节变化及预防.张韶华,等.医学动物防制,2005,(12)
生物防制剂在蚊虫媒介防制方面的研究进展.王蓉蓉,汤林华.国外医学(寄生虫病分册),2005,(4)
声波驱蚊器及其驱蚊效果.傅桂明,莫建初.中国媒介生物学及控制杂志,2005,(3)
胜利油田地区刺扰伊蚊生态习性调查.刘东华,曹官时.中国媒介生物学及控制杂志,2005,(3)
石松生物碱对东乡伊蚊幼虫的毒效研究.徐莉娜,卢丽丹.贵州医药,2005,(4)
实验室条件下7种拟除虫菊酯杀虫剂浸泡蚊帐后的效果比较.王冬,马雅军.国外医学(寄生虫病分册),2005,(1)
食蚊鱼卵胎生习性的观察.陈霆隽,曹春华.生物学通报,2005,(3)
嗜人按蚊不同发育阶段溴氰菊酯敏感性分析.李菊林,等.中国寄生虫病防治杂志,2005,(4)
嗜人按蚊溴氰菊酯抗性分子机理研究——Ⅰ嗜人按蚊CYP6基因cDNA片段的克隆与序列分析.曹俊,等.中国血吸虫病防治杂志,2005,(1)
嗜人按蚊溴氰菊酯抗性分子机理研究——Ⅱ嗜人按蚊CYP4基因cDNA片段的克隆与序列分析.曹俊,等.中国血吸虫病防治杂志,2005,(2)
嗜人按蚊溴氰菊酯抗性分子机理研究——Ⅲ嗜人按蚊基P450因mRNA荧光半定量RT年PCR分析.曹俊,等.中国血吸虫病防治杂志,2005,(6)
双效微生物灭蚊幼制剂的灭蚊效果现场观察.曾林陵,俞振祥.华南预防医学,2005,(3)
斯氏按蚊PPO1基因克隆及其与约氏疟原虫卵囊黑化关系的研究.杨松,等.中国寄生虫病防治杂志,2005,(5)
斯氏按蚊丝氨酸蛋白酶基因克隆及其与约氏疟原虫卵囊黑化关系的研究.杨松,等.中国人兽共患病杂志,2005,(12)
斯氏按蚊转录因子Relish基因克隆、定位及不同食源条件下表达.杨松,黄复生.中国寄生虫学与寄生虫病杂志,2005,(5)
苏云金菌杀蚊新基因和菌株的筛选.周钢.职业与健康,2005,(2)
苏州市媒介蚊虫调查分析.马桢红,等.医学动物防制,2005,(11)
萜类化合物对蚊虫驱避活性的初步筛选研究.王宗德,等.中华卫生杀虫药械,2005,(2)
萜类化合物对蚊虫驱避活性的研究.韩招久,等.中华卫生杀虫药械,2005,(3)
透明状水基型杀虫喷射剂的研究.俞小林.中华卫生杀虫药械,2005,(1)
微小按蚊A、C的PCR和同工酶鉴别比较研究.郑彬,等.中国寄生虫学与寄生虫病杂志,2005,(2)
微小按蚊密度评价灰色模型研究.丁国伟,汤林华.中国寄生虫学与寄生虫病杂志,2005,(4)
维生素C外涂对蚊虫叮咬后止痒效果观察.曾宏喜,陈红.中华医学研究杂志,2005,(1)
蚊虫基因对疟原虫发育的影响.MikeA,等.国外医学(寄生虫病分册),2005,(2)
蚊虫生物防制的研究进展.张吉斌.公共卫生与预防医学,2005,(6)
蚊虫生物防制研究进展.黄恩炯,吴珍泉.中国媒介生物学及控制杂志,2005,(3)
蚊虫吸血阻止效力实验研究.孙晨熹.中华卫生杀虫药械,2005,(3)
蚊的自然免疫应答.郑学礼.中国人兽共患病杂志,2005,(7)

蚊净香草(Pelargoniumgraveolens)是在香叶天竺葵中导入了蚊虫惧怕的香茅醛物质后进行基因改良而培育成的新品种——带顶芽的嫩茎段. 缪崑,等. 植物生理学通讯,2005,(1)
蚊抗药性相关糜蛋白酶基因稳定转染细胞系的建立与表达鉴定. 顾燕,等. 中国寄生虫病防治杂志,2005,(2)
蚊香类卫生杀虫剂的安全性评价. 卢秀静,等. 职业与健康,2005,(5)
蚊子全基因组中微卫星的丰度及其分布. 余泉友,等. 生物化学与生物物理进展,2005,(5)
我国嗜人按蚊和雷氏按蚊分类地位的探讨. 瞿逢伊. 中国寄生虫学与寄生虫病杂志,2005,(4)
我国嗜人按蚊偏嗜牛血的研究. 徐保海,等. 中国人兽共患病杂志,2005,(3)
我国嗜人按蚊研究进展. 郭传坤. 中国热带医学,2005,(2)
我国有害生物控制的历史与现状及展望. 张孟余,等. 中华卫生杀虫药械,2005,(2)
五株白纹伊蚊对溴氰菊酯抗性生物测定和生化检测的研究. 吴家红,等. 中国人兽共患病杂志,2005,(10)
武汉城区蚊虫种类及季节消长. 包继永,等. 中国媒介生物学及控制杂志,2005,(4)
西尼罗病毒及其所致疾病的研究现状. 宁北芳,朱淮民. 国外医学(微生物学分册),2005,(4)
西尼罗病毒蚊媒的种类、研究进展及监控措施. 于萍,等. 中国媒介生物学及控制杂志,2005,(4)
西尼罗病毒研究进展. 蒋云婕,等. 国外医学(寄生虫病分册),2005,(6)
细辛醚对家蝇和淡色库蚊的生物活性. 张静,等. 农药学学报,2005,(1)
夏季蚊虫夜间活动规律监测分析. 李深,等. 医学动物防制,2005,(1)
香港国际机场医学媒介生物的监控. 连俊增,马宝宁. 中国国境卫生检疫杂志,2005,(2)
香茅醛对淡色库蚊空间驱避效果的观察. 吴刚,等. 寄生虫与医学昆虫学报,2005,(4)
小型积水蚊虫孳生地类型及分布. 王文志,等. 中国媒介生物学及控制杂志,2005,(3)
小型蚊虫孳生地类型及分布调查研究. 王文志,等. 中华卫生杀虫药械,2005,(4)
新疆北湾边境地区刺扰伊蚊刺叮周环的观察. 张桂林,等. 中国媒介生物学及控制杂志,2005,(5)
新疆北湾边境地区刺扰伊蚊种群昼夜消长调查. 刘斌,等. 中华卫生杀虫药械,2005,(2)
新型登革热媒介监测诱蚊诱卵器的设计及效果研究. 林立丰,等. 中国媒介生物学及控制杂志,2005,(1)
沿海部队营区媒介生物综合防治对策的研究. 汪斌和,等. 中华卫生杀虫药械,2005,(2)
液氮低温保存嗜人按蚊卵的初步研究. 李爱民,张红卫. 河南预防医学杂志,2005,(2)
液氯对摇蚊幼虫的毒效试验及影响因素. 孙兴滨,等. 环境科学,2005,(5)
一种高性价比的新型蚊香粘合剂. 黄西岳,郑晓音. 中华卫生杀虫药械,2005,(2)
一种简便的赫坎按蚊复合体近缘种按蚊基因鉴别新技术. 高琪,等. 中国人兽共患病杂志,2005,(3)
医巫闾山蚊虫种类名录. 焦永利,杜希俊. 中国媒介生物学及控制杂志,2005,(3)
应用微卫星 DNA 技术研究蚊虫群体遗传的现状. 樊勇,马雅军. 国外医学(寄生虫病分册),2005,(6)
应用形态、染色体和分子特征研究我国雷氏按蚊的分类鉴别(双翅目:蚊科). 马雅军,等. 昆虫分类学报,2005,(3)
影响骚扰阿蚊种群诱捕数量的环境气象因素分析与探讨. 景晓,等. 中华卫生杀虫药械,2005,(3)
玉溪哀牢山微小按蚊数量变化与疟疾流行的研究. 范波,等. 中国热带医学,2005,(1)
云南湄公河流域上游河谷地区疟疾媒介传疟作用研究. 周红宁,等. 中国寄生虫病防治杂志,2005,(6)
云南民族民间使用植物驱避蚊虫现况调查. 夏敏,等. 寄生虫病与感染性疾病,2005,(2)
云南省 18 个县 2002 年蚊媒监测分析. 王丕玉,等. 中国媒介生物学及控制杂志,2005,(1)
云南省蚊类的地理区划. 董学书,等. 中国媒介生物学及控制杂志,2005,(1)
云南微小按蚊 A 和 C 栖性的比较研究. 郑彬,等. 中国寄生虫学与寄生虫病杂志,2005,(3)
枣园中枣瘿蚊和草间小黑蛛的空间分布格局及空间依赖性. 毕守东,等. 应用生态学报,2005,(11)
增效醚与溴氰菊酯混配浸泡蚊帐对疟疾媒介按蚊残效的观察. 李菊林,等. 中国媒介生物学及控制杂志,2005,(6)
镇江市淡色库蚊对常用杀虫剂的抗性调查分析. 刘玉红,等. 医学动物防制,2005,(11)
植物精油熏杀致倦库蚊对酯酶活性的影响. 杨频,等. 中华卫生杀虫药械,2005,(4)
纸型蚊虫驱避剂的驱蚊效果和毒理学研究. 杨志宏,等. 泰山医学院学报,2005,(4)
致乏库蚊幼虫摄食和消化鱼腥藻的观察. 张世萍,等. 水生生物学报,2005,(5)
致倦库蚊实验种群的建立及生物学特性观察. 冯云,等. 中国人兽共患病杂志,2005,(5)
致倦库蚊幼虫中枢神经系统的乙酰胆碱酯酶定位观察. 吴家红,包怀恩. 贵阳医学院学报,2005,(5)
中国五种不同地域嗜人按蚊卵及成蚊的观测比较. 康杨,等. 中国媒介生物学及控制杂志,2005,(5)
中国云南湄公河上游乙型脑炎传播媒介生物学及行为的研究. 周红宁,等. 中国寄生虫病防治杂志,2005,(1)
中海石油南海西部基地媒介生物种群及分布研究. 王爱民,等. 中国媒介生物学及控制杂志,2005,(2)
中华按蚊防御素基因的克隆、原核表达及其重组产物生物活性的初步评价. 阎晓宇,等. 第一军医大学学报,2005,(4)
中华按蚊抗菌肽 defensin A 编码基因 cDNA 克隆与序列分析. 郑学礼,等. 中国寄生虫病防治杂志,2005,(6)

中华按蚊种群动力学的研究与应用. 杨柳萍,等. 热带病与寄生虫学,2005,(4)
诸暨市蚊、蝇、蟑螂对7种杀虫剂的抗性调查. 任樟尧,等. 中华卫生杀虫药械,2005,(6)
转基因蚊研究进展. 郑学礼,等. 中国寄生虫病防治杂志,2005,(4)
2001—2005年大连市成蚊密度调查与分析. 梁玉红,齐福菊. 中国媒介生物学及控制杂志,2006,(5)
2002—2005年昌平区蚊密度监测结果分析. 郑朝阳,等. 中国媒介生物学及控制杂志,2006,(6)
2002年—2005年河南省蚊、蝇、鼠密度季节消长监测结果分析. 唐振强,等. 河南预防医学杂志,2006,(6)
2004年武汉市灭蚊、灭鼠督导效果评价. 吴太平,等. 中国媒介生物学及控制杂志,2006,(6)
2种蚊虫种间竞争现象观察. 景晓,等. 中国公共卫生,2006,(5)
4种杀虫剂对淡色库蚊的抗性测定研究. 顾振国,等. 中华卫生杀虫药械,2006,(6)
4种杀虫剂对淡色库蚊的抗性测定研究. 顾振国,等. 中华卫生杀虫药械,2006,(6)
7种气雾杀虫剂对蚊. 蝇. 蟑实验室杀灭效果比较. 方勇,等. 医学动物防制,2006,(4)
Ni^{2+}、Hg^{2+}和五氯酚对羽摇蚊(Chironomusplumosus)幼虫的毒性和生物浓缩. 闫宾萍,宋志慧. 青岛科技大学学报,2006,(5)
PCR技术在赫坎按蚊复合体近缘种鉴别中的应用. 陈国英,等. 中国媒介生物学及控制杂志,2006,(3)
TaqManMGB探针实时聚合酶链反应检测白纹伊蚊体内登革病毒. 段金花,等. 中国媒介生物学及控制杂志,2006,(2)
埃及伊蚊蚊幼肠道cDNA合成研究. 孙建光,等. 中国媒介生物学及控制杂志,2006,(1)
安徽省中华按蚊地区疟疾传播因素的调查. 沈毓祖. 中国病原生物学杂志,2006,(4)
按蚊抗疟原虫感染的先天性免疫防御反应. 邱宗文,张锡林. 中国寄生虫学与寄生虫病杂志,2006,(5)
白纹伊蚊对登革病毒垂直传递能力研究. 赵星,等. 中国公共卫生,2006,(10)
白纹伊蚊经交配传递登革1型病毒的实验研究. 江毅民,等. 中国媒介生物学及控制杂志,2006,(4)
白纹伊蚊诱蚊诱卵器现场应用效果初步研究. 徐仁权,等. 中华卫生杀虫药械,2006,(5)
北湾地区刺扰伊蚊刺叮周环、种群数量以及气象因子相关性分析. 张桂林,等. 中国媒介生物学及控制杂志,2006,(5)
必克杀虫乳油防制蚊、蝇和蜚蠊的室内药效观察. 张家林,吴明生. 中国媒介生物学及控制杂志,2006,(5)
标准间指数在白纹伊蚊自然种群动态监测中的应用研究. 严子锵,等. 中华卫生杀虫药械,2006,(5)
不同浓度的辣蓼浸出液对淡色库蚊幼虫的杀灭效果观察. 曹镐禄. 中国媒介生物学及控制杂志,2006,(6)
不同植物生长调节物质对驱蚊香草细胞脱分化的效应. 杨春燕,等. 生物学杂志,2006,(2)
长春市蚊类种群分布及对蚊传疾病的现状分析. 刘晓倩,等. 中国媒介生物学及控制杂志,2006,(4)
长沙市致泛库蚊抗性测定报告. 胡源浩,等. 实用预防医学,2006,(6)
常州市武进区1986—2005年蚊虫密度消长纵向观察. 高佳方,等. 寄生虫病与感染性疾病,2006,(3)
超低容量喷雾控制白纹伊蚊的应用研究. 胡志刚,等. 中华卫生杀虫药械,2006,(6)
赤峰市早春蚊害综合防治措施的研究. 战志胜,等. 医学动物防制,2006,(8)
出入境人员3种蚊媒病毒性传染病快速检测基因芯片的研究项目设计. 徐云庆. 中国国境卫生检疫杂志,2006,(2)
除虫菊酯类杀虫剂在防蚊纱帐中的应用. 钟建军,等. 广东化工,2006,(10)
垂直感染登革病毒对白纹伊蚊滞育卵孵化及F1代成蚊产卵量的影响. 郭晓霞,等. 寄生虫与医学昆虫学报,2006,(2)
大劣按蚊感染约氏疟原虫血淋巴相关蛋白的筛选和鉴定. 王英,等. 中国病原生物学杂志,2006,(5)
大劣按蚊和斯氏按蚊对约氏疟原虫不同易感性的遗传多态性研究. 姚玉淑,等. 中国病原生物学杂志,2006,(2)
淡色库蚊对3种杀虫剂的敏感度测定. 任樟尧,等. 中华卫生杀虫药械,2006,(6)
淡色库蚊抗药性相关基因——NYD年GBE基因的克隆与分析. 孙静,等. 南京医科大学学报,2006,(7)
淡色库蚊抗溴氰菊酯品系CYP4E2r6基因的克隆与生物信息学分析. 李秀兰,等. 中国病原生物学杂志,2006,(2)
淡色库蚊抗药性相关基因——NYD年MLC2基因的克隆与分析. 钱瑾,等. 南京医科大学学报,2006,(7)
淡色库蚊幼虫对4种杀虫剂的抗药性调查. 王慧敏,等. 中国媒介生物学及控制杂志,2006,(1)
稻瘿蚊灯下虫量变化动态观察. 叶永发. 华东昆虫学报,2006,(4)
电热蚊香片的配方及灭蚊效果研究. 韩招久,等. 中华卫生杀虫药械,2006,(6)
东乡伊蚊幼虫的野外孳生习性及安备对其防制效果观察. 姜洪荣,等. 中国媒介生物学及控制杂志,2006,(4)
毒死蜱微囊悬浮剂的制备及微囊化条件的优化. 赵德,等. 农药学学报,2006,(1)
额尔齐斯河下游北湾地区人房和猪舍内蚊虫季节消长观察. 张桂林,等. 地方病通报,2006,(6)
鄂西特有植物提取物的杀虫活性. 周利娟,等. 昆虫知识,2006,(5)
分离自蚊幼虫的腐霉一新种及其rDNA的ITS区段分析. 苏晓庆. 菌物学报,2006,(4)
福州长乐国际机场登革热媒介种群密度调查. 张述铿,等. 中国媒介生物学及控制杂志,2006,(1)

福州市残存嗜人按蚊与传疟作用的研究. 叶道光,等. 医学动物防制,2006,(8)
冈比亚按蚊体内的疟原虫传播与免疫反应. 朱国强. 中华卫生杀虫药械,2006,(6)
光活化杀虫剂 K-01 对白纹伊蚊幼虫的毒杀作用. 王春梅,等. 南方医科大学学报,2006,(4)
广东省白纹伊蚊抗药性现状与抗性治理对策. 蔡松武,等. 中国媒介生物学及控制杂志,2006,(4)
广西汪甸地区按蚊种群组成及活动规律观察. 李锦辉,等. 应用预防医学,2006,(6)
邯郸涉县首次发现白纹伊蚊. 李秀忠,等. 医学动物防制,2006,(12)
洪灾间媒介生物的控制. 邓小如,等. 医学动物防制,2006,(9)
湖北省媒介按蚊生态与疟疾发病关系的研究. 陈国英. 中国热带医学,2006,(8)
淮河沿岸医学昆虫调查(双翅目:蚊科). 蔡茹,等. 中国媒介生物学及控制杂志,2006,(5)
黄蒿挥发油对蚊虫的毒杀活性及其化学成分. 周天,等. 应用生态学报,2006,(5)
江苏省流行性乙型脑炎蚊媒对常用杀虫剂抗性研究. 周明浩,等. 中国媒介生物学及控制杂志,2006,(1)
江苏省西尼罗病毒病潜在蚊媒库蚊发生情况调查研究. 杨维芳,等. 中华卫生杀虫药械,2006,(4)
进化速率不同的分子标记对微小按蚊新亲缘种的研究. 周水森,汤林华. 中国病原生物学杂志,2006,(6)
韭菜迟眼蕈蚊的性别分化及其生态与进化意义. 杨景娟,等. 昆虫知识,2006,(4)
局限蚊属一新种(双翅目:蚊科). 董学书,等. 昆虫分类学报,2006,(3)
抗斯氏按蚊中肠蛋白组分的抗体对约氏疟原虫卵囊的作用. 魏秋芬,等. 中国寄生虫学与寄生虫病杂志,2006,(6)
昆山市蚊蝇抗药性调查. 缪金华,等. 中国热带医学,2006,(4)
利用防蚊闸控制城区蚊虫的效果观察. 罗以翰,洪延海. 中国媒介生物学及控制杂志,2006,(2)
两种常见植物驱蚊剂现场驱避蚊虫效果观察. 王丕玉,等. 中国热带医学,2006,(10)
两种快速检测西尼罗病毒方法的研究. 佟颖,等. 中国媒介生物学及控制杂志,2006,(4)
辽宁省东港市按蚊多样性和蚊虫种群动态变化研究. 马雅军,等. 国际医学寄生虫病杂志,2006,(2)
辽宁嗜人按蚊和广东嗜人按蚊实验种群的建立及生物学特性观察. 许国君,等. 现代预防医学,2006,(7)
临沂市沂河流域蚊类种群调查及淡色库蚊生态习性观察. 梁青,等. 医学动物防制,2006,(7)
凌云微小按蚊与元江微小按蚊杂交试验. 石焕焕,等. 广西医科大学学报,2006,(4)
流行性乙型脑炎与三带喙库蚊的防控. 姜志宽,等. 中华卫生杀虫药械,2006,(5)
猫薄荷精油有效成分的提取及其对白纹伊蚊、淡色库蚊的驱避活性. 郝蕙玲,等. 昆虫学报,2006,(3)
毛细管气相色谱法测定蚊香制品中富右旋反式丙稀菊酯和八氯二丙醚. 王孟歌,等. 分析科学学报,2006,(3)
媒介蚊虫在西尼罗病毒传播循环中的作用. 姜淑芳,等. 寄生虫与医学昆虫学报,2006,(3)
蒙山蚊虫群落多样性的比较研究. 景晓,等. 中国媒介生物学及控制杂志,2006,(3)
灭蚊窗涂剂的毛细管柱气相色谱分析. 程运斌,刘育清. 农药,2006,(12)
灭蚊幼芽孢杆菌剂型的研究与应用. 陈国英,等. 中国媒介生物学及控制杂志,2006,(1)
内陆嗜人按蚊与海岛嗜人按蚊幼虫对盐水耐受性比较. 许国君,等. 中国热带医学,2006,(1)
内蒙古赤峰市城区蚊害综合防治工作的研究. 战志胜,等. 医学动物防制,2006,(12)
南昌市城区主要媒介生物侵害状况调查研究. 柳小青,等. 中华卫生杀虫药械,2006,(6)
拟除虫菊酯浸泡蚊帐对嗜人按蚊毒杀作用的实验室评价. 潘波,等. 中国媒介生物学及控制杂志,2006,(5)
盘式蚊香烟尘排放量影响药效实验观察. 杨雪艳,等. 中华卫生杀虫药械,2006,(3)
气味调控的蚊虫行为学研究. 郝蕙玲,杜家纬. 中国媒介生物学及控制杂志,2006,(6)
驱蚊服装系列. 文体用品与科技,2006,(9)
全自控电脑捕蚊器的研究. 孙晨熹. 中华卫生杀虫药械,2006,(3)
泉州市致倦库蚊对常用杀虫剂的敏感性试验. 洪思让,等. 医学动物防制,2006,(1)
人类 EEEV 病例与蚊子传播有关. 张薇,杨露绮. 传染病网络动态,2006,(9)
噻吩类光活化物质对淡色库蚊的活性及构效关系研究. 黄青春,吴计划. 中国媒介生物学及控制杂志,2006,(4)
三带喙库蚊及致倦库蚊的实验室养殖观察. 冯云,等. 医学动物防制,2006,(3)
三带喙库蚊早春出现日预测模型及其验证研究. 徐仁权,等. 中华卫生杀虫药械,2006,(6)
三种摇蚊幼虫 RAPD 扩增条件的优化及在昆虫系统发育分析中的应用. 王银东,熊邦喜. 昆虫知识,2006,(3)
杀虫剂复配对淡色库蚊毒力的测定. 李静. 中国热带医学,2006,(4)
杀虫乳油防制蚊蝇和蟑螂的效果研究. 石光明,吴学胜. 中华卫生杀虫药械,2006,(6)
杀虫悬浮剂对蚊蝇和蟑螂的药效研究. 马红梅,等. 中华卫生杀虫药械,2006,(6)
山东地区白纹伊蚊种群生态特点的比较研究. 景晓,等. 中华卫生杀虫药械,2006,(3)
山东地区常见蚊种嗜血习性的研究. 朱传泰,等. 中华卫生杀虫药械,2006,(3)
上海市闵行区淡色库蚊对 2 种杀虫剂的抗药性试验. 谈逸云,等. 中华卫生杀虫药械,2006,(3)
上海市区景观房水域中华按蚊、三带喙库蚊孳生情况调查. 徐旖炜,等. 医学动物防制,2006,(10)
上海市新江湾城淡色库蚊抗性测试结果分析. 姬淑红,等. 上海预防医学,2006,(4)

邵武市区蚊蝇种群分布及季节消长监测研究. 熊校生. 中华卫生杀虫药械,2006,(3)
石家庄市城区蚊、蝇孳生地调查. 侯雨丰,等. 中国媒介生物学及控制杂志,2006,(3)
时空因素对诱蚊诱卵器监测白纹伊蚊效果的影响. 林立丰,等. 寄生虫与医学昆虫学报,2006,(1)
实验感染的三带喙库蚊和来亨鸡体内西尼罗病毒的分离与鉴定. 姜淑芳,等. 昆虫学报,2006,(4)
实验感染蚊虫及来亨鸡体内西尼罗病毒的 RT 年 PCR 检测. 姜淑芳,等. 寄生虫与医学昆虫学报,2006,(1)
食蚊鱼消化系统的组织学观察. 刘娟娟,等. 四川动物,2006,(4)
室外废旧轮胎白纹伊蚊的越冬情况调查. 徐友祥,王韶华. 中国媒介生物学及控制杂志,2006,(3)
嗜人按蚊中肠单克隆抗体的制备及初步鉴定. 李强,等. 中国病原生物学杂志,2006,(1)
嗜人按蚊种群饲养及标本保存方法对总 RNA 提取影响的研究. 耿艺介. 中国热带医学,2006,(8)
双翅目昆虫(黑腹果蝇和冈比亚按蚊)内含子丢失的比较分析. 金珊,等. 昆虫学报,2006,(3)
苏云金杆菌(BTH-14)和球形芽孢杆菌(BS-10)混合液对营口市区库蚊蚊幼的毒力测定. 徐勇,赵桂荣. 现代预防医学,2006,(3)
苏云金杆菌以色列变种乳剂对嗜人按蚊和中华按蚊幼虫毒效的现场研究. 王蓉蓉,等. 中国病原生物学杂志,2006,(2)
苏云金芽孢杆菌杀蚊蛋白基因 cry11Aa 的克隆与表达. 孙建光,等. 中国媒介生物学及控制杂志,2006,(4)
套式 PCR 检测蚊体内疟原虫的研究. 周华云,等. 中国血吸虫病防治杂志,2006,(5)
天津地区首次发现骚扰阿蚊. 孙晨熹,等. 中国媒介生物学及控制杂志,2006,(3)
天然除虫菊素杀虫气雾剂对淡色库蚊、家蝇及蟑螂的药效试验研究. 范华锋,等. 医学动物防制,2006,(6)
通化市成蚊季节消长调查分析. 马骏,等. 中国媒介生物学及控制杂志,2006,(6)
晚稻稻瘿蚊主害代发生程度的预测模型. 陈观浩,等. 华东昆虫学报,2006,(2)
微量滴定板法测定蚊虫抗性. 李静. 寄生虫病与感染性疾病,2006,(2)
卫生杀虫微乳剂对蚊蝇的室内持效研究. 蒋解花,等. 中华卫生杀虫药械,2006,(5)
温州市蚊媒传染病流行特征及趋势分析. 余向华,薛大燕. 疾病监测,2006,(12)
蚊虫采集、保存及标本制作. 朱淮民. 中国寄生虫学与寄生虫病杂志,2006,(B12)
蚊虫的杀虫剂代谢抗性分子基础. 郑学礼,胡佳林. 中国人兽共患病学报,2006,(12)
蚊虫对有机磷和氨基甲酸酯抗性相关羧酸酯酶和乙酰胆碱酯酶基因研究进展. 李春晓,赵彤言. 寄生虫与医学昆虫学报,2006,(1)
蚊虫防制(一)——蚊虫的危害与形态分类. 徐承龙,姜志宽. 中华卫生杀虫药械,2006,(4)
蚊虫防制(二)——蚊虫的生态习性与常见种类. 徐承龙,姜志宽. 中华卫生杀虫药械,2006,(5)
蚊虫防制(三)——蚊虫防制的原则与方法. 徐承龙,姜志宽. 中华卫生杀虫药械,2006,(6)
蚊虫宿主引诱物研究进展. 张时妙,等. 中国媒介生物学及控制杂志,2006,(1)
蚊虫头部标本制作方法的改进和优化. 邵萍. 中国病原生物学杂志,2006,(5)
蚊抗药性相关糜蛋白酶基因的表达、纯化及活性分析. 孙艳,等. 中国病原生物学杂志,2006,(6)
蚊蚋对新疆某边防部队官兵健康危害的调查. 张桂林,等. 中华卫生杀虫药械,2006,(3)
蚊涎腺萃取物对 HMB 患者经 $CD4^+T$ 细胞诱导 EBV 感染的 NK 细胞肿瘤形成. Asada,等. 世界核心医学刊文摘(皮肤病学分册),2006,(8)
蚊蝇醚的合成方法改进. 高永红,等. 化学世界,2006,(6)
我国 15 种蚊虫雌蚊尾器的形态特征观察. 杨彩红,等. 中国病原生物学杂志,2006,(4)
我国不同地区嗜人按蚊发育时间观察. 李菊林,等. 中国血吸虫病防治杂志,2006,(5)
我国东北三省的蚊虫种类调查. 王峰,等. 中国媒介生物学及控制杂志,2006,(6)
我国蚊虫种质资源现状及其共享利用. 瞿逢伊. 中国寄生虫学与寄生虫病杂志,2006,(B12)
我国蚊媒病发生近况及生物农药防治蚊虫国内外研究进展. 孙建光,高俊莲. 中国媒介生物学及控制杂志,2006,(5)
我国新发现一种重要外来入侵害虫——刺槐叶瘿蚊. 杨忠岐,等. 昆虫学报,2006,(6)
厦门市翔安区部分乡镇蚊虫种类调查结果分析. 陈加祥,等. 中国媒介生物学及控制杂志,2006,(1)
现场比较诱蚊诱卵器与传统幼虫监测效果的研究. 林立丰,等. 中国媒介生物学及控制杂志,2006,(6)
携带疟原虫蚊子的味觉器官的嗅觉反应. 孙九光译. 昆虫知识,2006,(6)
新分离的灭蚊真菌(Pythiumsp. GY1938)对家蝇幼虫的安全性检测. 杨平,等. 贵阳医学院学报,2006,(3)
新型吡啶类鬼臼毒素衍生物对淡色库蚊的生物活性研究. 刘艳青,等. 实验动物与比较医学,2006,(3)
新型杀虫剂的研究. 钟焕开,等. 中华卫生杀虫药械,2006,(1)
新型卫生杀虫剂多飞克乳油的研制. 李云宇,等. 中华卫生杀虫药械,2006,(1)
溴氰菊酯抗性白纹伊蚊抑制消减 cDNA 文库的构建. 吴家红,等. 中国寄生虫学与寄生虫病杂志,2006,(4)
沂河沿岸淡色库蚊生态习性观察. 孔令军,梁青. 中国媒介生物学及控制杂志,2006,(4)
宜宾市嗜人按蚊分布区疟疾防治对策研究. 刘少平,等. 预防医学情报杂志,2006,(2)

引诱物和产卵载体对白纹伊蚊产卵效果评价. Usavadee,等. 中华卫生杀虫药械,2006,(5)
饮用水中摇蚊幼虫的臭氧灭活及其臭氧年活性炭工艺协同去除. 孙兴滨,等. 化工学报,2006,(3)
印度首都发现460起登革热病例. 口岸卫生控制,2006,(5)
应用rDNAITS2区段基因序列分析对浙江省传疟媒介的鉴定. 姚立农,等. 中国病原生物学杂志,2006,(3)
诱蚊诱卵器与诱卵杯现场监测效果的比较研究. 林立丰,等. 中国媒介生物学及控制杂志,2006,(6)
元江县微小按蚊卵巢营养细胞多线性染色体观察. 石焕焕,等. 中国寄生虫学与寄生虫病杂志,2006,(3)
云南部分地区登革热传播媒介调查. 王丕玉,等. 中国热带医学,2006,(11)
云南省埃及伊蚊实验室种群的建立. 王丕玉,等. 医学动物防制,2006,(10)
云南省登革热媒介埃及伊蚊的分布调查. 王丕玉,等. 中国媒介生物学及控制杂志,2006,(6)
云南省普文镇人房蚊类群落特征研究. 夏敏,等. 中国媒介生物学及控制杂志,2006,(6)
云南省嗜人按蚊分布区疟疾血清流行病学监测. 陈国伟,等. 寄生虫病与感染性疾病,2006,(3)
云南省思茅市倚象镇人房蚊类群落特征调查. 夏敏,等. 寄生虫病与感染性疾病,2006,(3)
云南省微小按蚊A、C种群密度高峰及嗜血习性的观察. 郑彬,等. 国际医学寄生虫病杂志,2006,(4)
浙江省淡色/致倦库蚊不同地理株对5种常用杀虫剂的抗性调查及防制对策. 任樟尧,等. 中国媒介生物学及控制杂志,2006,(4)
浙江省登革热传播媒介白纹伊蚊调查研究. 杨天赐,傅桂明. 中华卫生杀虫药械,2006,(3)
浙江省义乌市中华按蚊传疟作用定量研究. 骆淑英,等. 疾病监测,2006,(5)
酯酶同工酶法在净普力灭蚊作用机制研究中的应用. 柳小青,等. 中国媒介生物学及控制杂志,2006,(5)
中国大陆窄翅伊蚊形态学及分类学地位探讨(Diptera:Culicidae). 金立群,等. 汕头大学医学院学报,2006,(2)
中华按蚊防御素基因cDNA序列和基因组序列的克隆及鉴定. 张亚晶,等. 中国寄生虫学与寄生虫病杂志,2006,(1)
重组淡色库蚊乙酰胆碱酯酶的基因表达及活性测定. 李春晓,等. 寄生虫与医学昆虫学报,2006,(2)
珠海地区蚊媒携带流行性乙型脑炎病毒的研究. 孙虹,等. 中国媒介生物学及控制杂志,2006,(6)
壮铗普瘦蚊的形态学与生物学习性. 林振基,等. 华东昆虫学报,2006,(4)
10%立影杀虫微乳剂对3种害虫灭效研究. 冯向阳,等. 中华卫生杀虫药械,2007,(5)
2004—2005年南京市区蚊虫种类调查研究. 郑一平,等. 中华卫生杀虫药械,2007,(2)
2005年大连市成蚊密度季节消长调查. 梁玉红,等. 医学动物防制,2007,(3)
2005年福州市台江区登革热媒介监测. 林舒帆,等. 海峡预防医学杂志,2007,(1)
2006年广州市某地下仓库蚊类密度消长观察. 吴军,等. 热带医学杂志,2007,(9)
2种杀虫剂杀灭蚊幼虫效果观察. 白勇,等. 中国媒介生物学及控制杂志,2007,(2)
4种灭蚊灯诱捕成蚊效果的试验研究. 潘恺友,杨波. 中华卫生杀虫药械,2007,(4)
4种蚊香现场驱蚊效果观察. 刘文华,等. 中国媒介生物学及控制杂志,2007,(5)
5种避蚊胺缓释制剂实验室驱蚊效果观察. 万晓璐,等. 中国媒介生物学及控制杂志,2007,(3)
5种植物粗提液对淡色库蚊的驱避效果. 王争艳,等. 中国媒介生物学及控制杂志,2007,(1)
8年羟基别二氢葛缕醇及其衍生物的合成与驱避活性研究. 王宗德,等. 林产化学与工业,2007,(4)
DNA条形码识别——DNA条形码与DNA芯片识别蚊媒准确性的比较. 欧阳小艳,等. 中国国境卫生检疫杂志,2007,(6)
GIS技术在蚊媒传染病监测中的应用与发展前景. 杨天赐,等. 中国卫生检验杂志,2007,(4)
PCR检测恶性疟原虫感染蚊方法的建立. 郑彬,等. 国际医学寄生虫病杂志,2007,(3)
rDNAITS2区段基因序列分析技术用于江苏省疟疾疫情不稳定地区传疟媒介的鉴定. 周华云,等. 中国血吸虫病防治杂志,2007,(6)
YZ年B型枪榴烟雾杀虫弹实弹射击战技指标观察. 杨振洲,等. 中华卫生杀虫药械,2007,(2)
α-三联噻吩对淡色库蚊血细胞的光敏作用研究. 刘扬,等. 农药学学报,2007,(4)
安徽省蚊、蠓已知种类名录. 宋福春,李朝品. 中国媒介生物学及控制杂志,2007,(1)
按蚊rDNAITS2区段基因序列检测. 姚立农,等. 浙江预防医学,2007,(1)
按蚊TEP1基因的原核表达及鉴定. 张健,等. 中国人兽共患病学报,2007,(12)
按蚊属一新种(双翅目:蚊科). 董学书,等. 昆虫分类学报,2007,(1)
八氯二丙醚用于蚊香与喷射剂的药效研究. 黄清臻,等. 中华卫生杀虫药械,2007,(6)
白纹伊蚊β年肌动蛋白基因片段的克隆及其. 焦健华,等. 中国病原生物学杂志,2007,(6)
白纹伊蚊干燥卵保存登革2型病毒的实验研究. 郭晓霞,等. 寄生虫与医学昆虫学报,2007,(1)
白纹伊蚊蜕皮激素拮抗剂筛选酵母模型的建立. 顾金保,等. 中国寄生虫学与寄生虫病杂志,2007,(5)
宝鸡市白纹伊蚊分布及其种群密度调查. 李旭龙,等. 中国媒介生物学及控制杂志,2007,(6)
避蚊胺包合物霜剂实验室驱蚊效果的观察. 万晓璐,等. 中华卫生杀虫药械,2007,(6)
避蚊胺缓释凝胶剂的研制. 万晓璐,等. 中华卫生杀虫药械,2007,(4)

避蚊胺缓释霜剂的研制及其体外的经皮渗透. 万晓璐,等. 华西药学杂志,2007,(2)
避蚊胺年海藻酸钙微球的试制. 胡晏,等. 中国医药工业杂志,2007,(9)
不同动物(血)对蚊虫的引诱作用. 张晓龙,等. 中国媒介生物学及控制杂志,2007,(4)
不同光波捕蚊器对成蚊诱捕效果观察. 孙晨熹,等. 中国媒介生物学及控制杂志,2007,(3)
不同结构的烯丙菊酯蚊香灭蚊效果的比较研究. 韩招久,等. 中华卫生杀虫药械,2007,(5)
不同诱导条件下贵阳腐霉分泌胞外蛋白质量的观察. 王荣新,等. 贵阳医学院学报,2007,(5)
长丰县室外蚊虫密度消长及物种构成调查. 张家林,等. 中国媒介生物学及控制杂志,2007,(1)
朝鲜蚊虫采集记录. 刘国平,等. 中国媒介生物学及控制杂志,2007,(5)
朝阳市白纹伊蚊分布调查初探. 王晓莉,潘丽杰. 中国媒介生物学及控制杂志,2007,(2)
城市中三带喙库蚊新孳生地的发现. 李春晓,等. 中国媒介生物学及控制杂志,2007,(1)
赤峰市蚊类区系分布及其流行病学意义. 王忠革,等. 医学动物防制,2007,(12)
大劣按蚊和斯氏按蚊核糖体基因内转录第二间隔区序列分析. 孙恩涛,等. 中国人兽共患病学报,2007,(5)
大劣按蚊血淋巴中疟原虫感染相关蛋白的 cDNA 克隆. 王英,等. 寄生虫与医学昆虫学报,2007,(3)
大亚湾地区冬季成蚊活动情况调查. 吴军,等. 中国病原生物学杂志,2007,(3)
淡色库蚊 rDNA 年 ITS2 基因的克隆分析. 耿艺介,等. 中国人兽共患病学报,2007,(9)
淡色库蚊对残杀威抗性与酯酶和乙酰胆碱酯酶的关系研究. 李春晓,等. 中国媒介生物学及控制杂志,2007,(1)
淡色库蚊对常用杀虫剂抗性现状的调查研究. 顾振国,等. 中华卫生杀虫药械,2007,(5)
淡色库蚊对四种化学物质的嗅觉反应. 丁思悦,等. 昆虫知识,2007,(3)
淡色库蚊细胞色素 P450 基因的克隆、序列分析及表达差异的鉴定. 公茂庆,等. 中国病原生物学杂志,2007,(1)
淡色库蚊性别差异表达 cDNA 文库的构建和分析. 陈虹虹,等. 热带医学杂志,2007,(2)
淡色库蚊乙酰胆碱酯酶基因上的可变剪接及对酶活性的影响. 李春晓,等. 寄生虫与医学昆虫学报,2007,(3)
淡色库蚊自育性的研究. 海秀平,等. 医学动物防制,2007,(11)
稻瘿蚊种群 DNA 指纹及水稻抗稻瘿蚊分子标记育种技术研究. 黄炳超,等. 昆虫知识,2007,(2)
登革病毒 E 蛋白结构与功能的研究进展. 仲华,曹虹. 中国人兽共患病学报,2007,(11)
登革病毒的分子生物学检测技术研究进展. 但妍,郑建. 国际病毒学杂志,2007,(6)
登革热防治的难点与误区及其对策. 邹钦. 中华卫生杀虫药械,2007,(2)
登革热流行病学概况. 叶建杰,等. 中国预防医学杂志,2007,(4)
登革热疫情蚊媒控制的策略与关键措施. 邹钦. 中华卫生杀虫药械,2007,(3)
地理信息系统在江苏省疟疾监测中的应用. 王伟明,等. 中国热带医学,2007,(9)
东洋区枝长跗摇蚊属一新组合种——细长枝长跗摇蚊(双翅目:摇蚊科). 郭玉红,王新华. 昆虫分类学报,2007,(4)
对约氏疟原虫不同易感性的大劣按蚊和斯氏按蚊基因组 RAPD 序列比较. 孙恩涛,等. 热带医学杂志,2007,(2)
二氧化氯对摇蚊幼虫的毒效试验及影响因素. 孙兴滨,等. 环境科学,2007,(11)
发作与间歇间日疟原虫在不同按蚊体内发育差异的研究. 朱国鼎,等. 中国血吸虫病防治杂志,2007,(4)
分子标志在蚊虫系统发育关系重建中的应用现状. 张阳,马雅军. 国际医学寄生虫病杂志,2007,(1)
福州市 2006 年市售蚊香灭蚊效果测定报告. 方勇,等. 海峡预防医学杂志,2007,(3)
复合 PCR—RFLP 技术用于尖音库蚊复组抗性相关酯酶基因分子分型. 寇宇,等. 中国媒介生物学及控制杂志,2007,(4)
甘肃省蚊类监测与疾病相关性的研究. 李国太,等. 中国媒介生物学及控制杂志,2007,(6)
高效水基杀虫剂除害净对蚊蝇和蟑螂的灭效研究. 杨银书,等. 中华卫生杀虫药械,2007,(2)
高效液相色谱法测定驱蚊蚊帐中溴氰菊酯的含量. 汪琼,等. 农药,2007,(7)
供水系统摇蚊污染的微生物控制实验研究. 雷萍,等. 微生物学通报,2007,(2)
广东省汕头市登革热媒介蚊虫幼虫密度与孳生地调查. 金立群,郭衍. 汕头大学医学院学报,2007,(3)
广西疟疾媒介的地理分布、生态习性和传疟作用研究. 郭传坤,等. 中国媒介生物学及控制杂志,2007,(2)
广州白云国际机场蚊类监测与控制技术报告. 陆敏,等. 中国国境卫生检疫杂志,2007,(B09)
广州地区白纹伊蚊自然种群幼虫的分布特征. 严子锵,等. 中国媒介生物学及控制杂志,2007,(3)
贵阳腐霉类枯草杆菌蛋白酶(Prl)的纯化与部分特性研究. 于声,等. 贵阳医学院学报,2007,(2)
海南岛半个世纪抗疟的巨大成就和存在的技术问题. 陈文江,等. 中国热带医学,2007,(11)
杭州库蚊复组抗性相关酯酶 Est 年 β_1、Est 年 β_2 基因序列测定与分析. 于新芬,等. 中国人兽共患病学报,2007,(10)
杭州市库蚊复组抗性相关酯酶 Est β 基因类型和频率及动态分布. 寇宇,等. 中华预防医学杂志,2007,(6)
河北省西部、北部白纹伊蚊分布调查. 黄钢,等. 中国媒介生物学及控制杂志,2007,(6)
河南省嗜人按蚊分布、重要生态习性与传疟作用的调查研究. 尚乐园,等. 中国病原生物学杂志,2007,(4)
红剑鱼、孔雀鱼、食蚊鱼亚慢性毒性试验. 潘永全,等. 四川动物,2007,(3)

胡椒碱对白纹伊蚊 C6/36 细胞株的毒性作用. 王玉芳,等. 昆虫学报,2007,(5)
环境变化与微小按蚊入侵房屋关系的研究. 王学忠,等. 寄生虫与医学昆虫学报,2007,(3)
吉林省口岸蚊类调查初报. 浦昀,等. 中国国境卫生检疫杂志,2007,(6)
建筑楼面与居民住宅蚊幼孳生地调查研究. 胡应辉,刘旭振. 中华卫生杀虫药械,2007,(2)
抗疟疾转基因蚊研究进展. 唐建霞,朱荫昌. 中国血吸虫病防治杂志,2007,(6)
苦杏仁精油的熏蒸杀虫活性研究. 马玉花,等. 西北植物学报,2007,(9)
昆虫病原线虫 H06 与化学杀虫剂对韭菜迟眼蕈蚊的联合作用. 孙瑞红,李爱华. 农药学学报,2007,(1)
雷州半岛埃及伊蚊的分布、生态、密度与季节消长的研究. 蔡传烈,等. 中国国境卫生检疫杂志,2007,(6)
藜芦杀虫活性的初步研究. 时清亮,等. 天然产物研究与开发,2007,(2)
两种 PCR 方法检测白纹伊蚊体内登革热Ⅱ型病毒的比较研究. 段金花,等. 中国媒介生物学及控制杂志,2007,(6)
两种白纹伊蚊幼虫监测方法现场使用技术研究. 徐仁权,等. 中国媒介生物学及控制杂志,2007,(4)
两种成蚊监测方法浅析. 阚冬梅,等. 中国媒介生物学及控制杂志,2007,(3)
两种杀虫剂浸泡蚊帐现场杀灭效果观察. 周光智,等. 中国媒介生物学及控制杂志,2007,(6)
媒介按蚊遗传标记的研究进展. 孙恩涛,等. 中国媒介生物学及控制杂志,2007,(4)
媒介动物(蚊、猪)体内黄病毒分子流行病学调查研究. 马洪波,等. 中国国境卫生检疫杂志,2007,(5)
美国科学家研究用转基因蚊子防止疟疾传播. 口岸卫生控制,2007,(2)
灭蚊幼植物资源研究进展. 张猛,等. 中国野生植物资源,2007,(3)
灭蚊真菌贵阳腐霉 Pythiumguiyangense 对大鼠的长安全性测试. 刘萍,苏晓庆. 菌物学报,2007,(3)
灭蚊真菌贵阳腐霉对几种动物的急性安全性测试. 刘萍,苏晓庆. 贵阳医学院学报,2007,(4)
某县蚊相种群密度及季节消长的调查. 刘平,王治安. 现代预防医学,2007,(23)
南昌市不同生境蚊幼虫生长状况调查. 柳小青,等. 中国媒介生物学及控制杂志,2007,(5)
南通市蚊虫种群及季节消长研究. 章士军,等. 医学动物防制,2007,(2)
拟花托摇蚊属一新种记述(双翅目年摇蚊科,长跗摇蚊族). 郭玉红,王新华. 动物分类学报,2007,(2)
宁波市登革热媒介白纹伊蚊的分布与密度调查. 白勇,等. 中国媒介生物学及控制杂志,2007,(4)
宁波市流行性乙型脑炎媒介的调查与分析. 白勇,等. 中国媒介生物学及控制杂志,2007,(6)
疟疾及其蚊媒的预测方法研究进展. 朱继民,汤林华. 中国寄生虫学与寄生虫病杂志,2007,(2)
疟原虫在蚊体内发育及蚊抗疟原虫感染的分子机制. 王英,黄复生. 国际医学寄生虫病杂志,2007,(4)
盘式蚊香的急性毒性实验. 谢琳,等. 职业与健康,2007,(1)
强恩广域灭蚊系统工程现场灭蚊效果研究. 蔡恩茂,等. 中华卫生杀虫药械,2007,(3)
秦皇岛港来自西尼罗热疫区的入境国际航行船舶携带输入性蚊媒情况监测报告. 陈爱君,等. 中国媒介生物学及控制杂志,2007,(4)
青藏铁路格尔木至唐古拉山段的重要吸血双翅目昆虫的分布与活动规律. 刘增加,等. 寄生虫与医学昆虫学报,2007,(4)
球形芽孢杆菌 Mtx1 蛋白和苏云金杆菌 Cyt1Aα 晶体蛋白的协同作用. 杨艳坤,等. 微生物学报,2007,(3)
驱蚊草组织培养及其愈伤组织诱导研究. 吴林,等. 生物学杂志,2007,(4)
瑞丽市埃及伊蚊的调查分析. 陈丁文,等. 中国媒介生物学及控制杂志,2007,(1)
三苯基锡对羽摇蚊幼虫、小锥实螺、颤蚓的毒性. 林华兵,等. 青岛科技大学学报,2007,(5)
三带喙库蚊核型及染色体 C 带研究. 温小军,陈汉彬. 贵州医药,2007,(8)
三带喙库蚊胸腔接种乙型脑炎减毒活疫苗病毒的感染动态及致病力观察. 冯云,等. 中国人兽共患病学报,2007,(3)
三种库蚊核糖体 DNA 第二内转录间隔区(ITS2)序列测定与系统进化分析. 金立群,等. 寄生虫与医学昆虫学报,2007,(1)
杀蚊苏云金芽孢杆菌及其晶体蛋白研究进展. 赵新民,等. 昆虫知识,2007,(3)
山东省东明县流行性乙型脑炎传播媒介蚊虫的监测. 景晓,等. 中国媒介生物学及控制杂志,2007,(2)
山东省西尼罗病毒病潜在蚊媒库蚊的种类及分布. 杨占清,等. 医学动物防制,2007,(6)
陕西省韩城市蚊类调查. 余建军,等. 中国媒介生物学及控制杂志,2007,(4)
上海口岸蚊蠓的调查. 曹敏,等. 中国国境卫生检疫杂志,2007,(2)
上海浦东机场蚊幼孳生地的调查. 曹敏,等. 中华卫生杀虫药械,2007,(1)
上海市 2000—2005 年疟疾流行特征分析. 江西均,等. 上海预防医学,2007,(4)
深圳市白纹伊蚊 rDNA ITS2 区克隆及 SNP 分析. 张仁利,等. 中国热带医学,2007,(1)
石松生物碱对东乡伊蚊幼虫体内乙酰胆碱酯酶活性的影响. 徐莉娜,等. 中国媒介生物学及控制杂志,2007,(1)
实验感染来亨鸡及蚊虫体内西方马脑炎病毒 RT-PCR 检测. 汪中明,等. 寄生虫与医学昆虫学报,2007,(4)
室温挥散型驱蚊制剂研究的新进展. 游文峰. 中华卫生杀虫药械,2007,(5)

嗜人按蚊 rDNA-ITS2 基因的克隆鉴定及 SNP 分析. 耿艺介,等. 热带医学杂志,2007,(1)
输入性蚊类携带登革病毒的检测方法的研究. 李家明,等. 中国国境卫生检疫杂志,2007,(6)
水稻种植区疟疾媒介环境生产力与地面植被覆盖的关系. Benjamin,等. 寄生虫与医学昆虫学报,2007,(2)
斯氏按蚊产卵前后不同器官对伯氏疟原虫出丝诱导活性的影响. 王继春,等. 寄生虫与医学昆虫学报,2007,(4)
斯氏按蚊配子体激活因子活性变化与产卵的关系. 王继春,等. 中国人兽共患病学报,2007,(12)
斯氏按蚊生长发育中唾液腺配子体激活因子的变化. 王继春,等. 微生物学杂志,2007,(5)
苏云金杆菌以色列亚种杀蚊蛋白 Cyt1Aα 在离中不粘柄菌中的表达. 郑大胜,等. 微生物学报,2007,(2)
苏云金芽孢杆菌杀蚊新菌株 LLP29 对白纹伊蚊作用机理的研究. 张灵玲,等. 寄生虫与医学昆虫学报,2007,(1)
苏州口岸 2006 年 7 月—2007 年 6 月蚊类调查报告. 辛晓兰,等. 口岸卫生控制,2007,(6)
台州市城区 2006 年蚊密度季节消长监测结果分析. 张作忠,刘令初. 医学动物防制,2007,(7)
外敷珍黄丸治疗蚊虫叮咬 45 例报告. 刘方波,等. 山东医药,2007,(34)
皖北中华按蚊传播疟疾密度阈值的研究. 王敏,等. 热带医学杂志,2007,(6)
微卫星锚定 PCR 技术研究云南微小按蚊群体遗传结构. 郑彬,等. 热带医学杂志,2007,(6)
蚊虫病原真菌研究进展. 张关春,等. 国际医学寄生虫病杂志,2007,(4)
蚊虫的共生菌及其在媒介控制中的应用. Akinkurolere,等. 国际医学寄生虫病杂志,2007,(1)
蚊虫防治(四)——蚊幼防治技术. 徐承龙,姜志宽. 中华卫生杀虫药械,2007,(1)
蚊虫防治(五)——成蚊防治技术. 徐承龙,姜志宽. 中华卫生杀虫药械,2007,(2)
蚊虫防治(六)——蚊虫调查与灭效考核. 徐承龙,姜志宽. 中华卫生杀虫药械,2007,(3)
蚊虫防治技术新进展. 陈辉华,陈晓光. 中国热带医学,2007,(10)
蚊虫及其天敌感染附红细胞体调查分析. 周相朝,等. 公共卫生与预防医学,2007,(3)
蚊虫抗药性分子机理. 崔峰,乔传令. 昆虫知识,2007,(5)
蚊虫抗药性监测研究. 李志,等. 中华卫生杀虫药械,2007,(4)
蚊虫驱避剂的研究进展. 万发令,等. 中华卫生杀虫药械,2007,(4)
蚊虫搜寻吸血寄主和产卵行为的调节因子及相关嗅觉机理. 杜永均,吴仲南. 昆虫学报,2007,(10)
蚊虫治理前后人群健康教育水平和对蚊虫骚扰感知的对比研究. 周明浩,等. 中华卫生杀虫药械,2007,(6)
蚊类带病毒快速检测技术研究与展望. 姚李四,等. 中国媒介生物学及控制杂志,2007,(3)
蚊媒传染病监测研究进展. 余向华,陈坤. 浙江预防医学,2007,(4)
蚊媒分龄方法研究进展. 刘玉冰,等. 中国热带医学,2007,(7)
蚊媒感染日本脑炎病毒复合组病毒检测技术研究进展. 周晓俊,朱淮民. 国际医学寄生虫病杂志,2007,(5)
蚊幼虫病原真菌贵阳腐霉的生物学研究. 黄盛文,苏晓庆. 菌物学报,2007,(3)
我国微小按蚊 A、C 的形态和染色体核型研究. 郑彬,等. 国际医学寄生虫病杂志,2007,(1)
武汉市蚊类区系研究. 周世力,等. 中华卫生杀虫药械,2007,(3)
西方马脑炎的媒介、宿主及影响其传播的环境因素. 汪中明,赵彤言. 中国媒介生物学及控制杂志,2007,(6)
新疆额尔齐斯河下游北湾地区蚊虫季节消长观察. 张桂林,等. 中国媒介生物学及控制杂志,2007,(1)
新型分时段电热驱蚊器及专用电热蚊香片通过浙江省级新产品鉴定. 姜书凯. 农化新世纪,2007,(5)
盐城国家级珍禽自然保护区蚊虫密度调查与分析. 吴争鸣,等. 中国寄生虫学与寄生虫病杂志,2007,(4)
一种冷热雾两用杀虫剂的研制. 张雪辉,等. 中华卫生杀虫药械,2007,(5)
应用 mtDNA—CO Ⅰ基因序列研究我国大劣按蚊 A、D 群体的遗传差异. 王冬,等. 中国寄生虫学与寄生虫病杂志,2007,(5)
有害生物综合治理(连载二). 郑智民,郑维平. 旅行医学科学,2007,(4)
诱蚊诱卵器和光催化捕杀蚊蝇器在蚊虫调查中的应用. 孙养信,等. 中国媒介生物学及控制杂志,2007,(5)
鱼藤酮气雾剂的加工及其活性测定. 黄继光,等. 农药,2007,(7)
与大劣按蚊先天免疫相关丝氨酸蛋白酶的克隆及分析. 张健,等. 热带医学杂志,2007,(10)
云南抚仙湖摇蚊幼虫的空间分布及其环境分析. 熊飞,等. 应用生态学报,2007,(1)
云南南部地区三带喙库蚊与伪杂鳞库蚊种群与环境因素关系的地理信息系统分析. 刘美德,等. 寄生虫与医学昆虫学报,2007,(2)
云南南部新建村庄与现有村庄中三带喙库蚊与伪杂鳞库蚊种群动态的比较. 刘美德,等. 生态学杂志,2007,(11)
云南省思茅市蚊媒调查. 王丕玉,等. 中国媒介生物学及控制杂志,2007,(4)
云南省乙型脑炎几个重要流行区的传播媒介调查. 王丕玉,等. 中国人兽共患病学报,2007,(6)
在亚慢性毒性试验中应用红剑鱼、孔雀鱼和食蚊鱼的效果观察. 张云美,等. 医学动物防制,2007,(5)
增效磺胺甲基异恶唑预防和抗反转录病毒治疗和经过杀虫剂处理的蚊帐对乌干达 HIV-1 感染的成人疟疾发生率的影响:一项前瞻性研究. 朱翠云,等. 世界感染杂志,2007,(1)
扎氏摇蚊属一新种记述(双翅目年摇蚊科,长跗摇蚊族). 郭玉红,王新华. 动物分类学报,2007,(2)

镇江市库蚊对常用杀虫剂的抗性监测. 姜洪方,等. 中华卫生杀虫药械,2007,(5)
植物源驱蚊物质研究进展. 林琳,等. 天然产物研究与开发,2007,(B11)
中国东洋区三突多足摇蚊亚属两新种(双翅目年摇蚊科). 张瑞雷,王新华. 动物分类学报,2007,(4)
中国多足摇蚊属指名亚属一新种(双翅目:摇蚊科). 张瑞雷,王新华. 昆虫分类学报,2007,(4)
中国黑粉菌新记录种年蚊子草条黑粉菌. 杨志鹏,等. 菌物学报,2007,(3)
中国台湾和福建两岸蚊媒传染病风险预警分析及其应对策略. 黄文金,等. 口岸卫生控制,2007,(6)
中国伪安瘿蚊属一新种记述(双翅目年瘿蚊科). 墨铁路,等. 动物分类学报,2007,(4)
中华按蚊密度及季节消长的调查研究. 张平. 中华卫生杀虫药械,2007,(5)
株洲市巩固灭蚊灭蟑达标成果工作体会. 颜进取,等. 医学动物防制,2007,(3)
珠海口岸蚊类种群及季节消长调查. 姚若东,等. 口岸卫生控制,2007,(3)
珠海市横琴岛嗜人按蚊形态特征及传疟作用. 郑香,等. 中国寄生虫学与寄生虫病杂志,2007,(6)
驻京郊某部营区蚊虫种群及其调查方法的研究. 邓兵,等. 中国媒介生物学及控制杂志,2007,(6)
驻浙某部营区周边环境蚊虫种类密度调查. 宋世佩,等. 中国媒介生物学及控制杂志,2007,(6)
遵义市城区蚊类调查. 姚绍能,等. 中国媒介生物学及控制杂志,2007,(1)
“三江并流”自然遗产地澜沧江流域居民区蚊类多样性的空间分布格局. 葛军旗,等. 生物多样性,2008,(1)
“三江并流”自然遗产地怒江流域居民区蚊类多样性的空间分布格局. 张菊仙,等. 寄生虫与医学昆虫学报,2008,(4)
0.015%四氟甲醚菊酯盘式蚊香气相色谱测定方法. 黄琼辉,等. 农药,2008,(5)
02Ⅰ型摩托车载超低容量喷雾系统的研制及对蚊虫的杀灭效果. 董言德,等. 中国媒介生物学及控制杂志,2008,(1)
1%双硫磷砂粒剂现场灭蚊幼效果研究. 冷培恩,等. 中华卫生杀虫药械,2008,(5)
10%高氯热雾剂的研制与现场灭蚊蝇效果观察. 黄清臻,等. 中华卫生杀虫药械,2008,(3)
2004年合肥地区农村蚊虫季节消长调查. 胡兴强,等. 中华卫生杀虫药械,2008,(1)
2006—2007年桂平市洪涝灾区蚊媒监测报告. 蓝春庚,等. 应用预防医学,2008,(1)
2006年度深圳福田保税区蚊类监测报告. 屈娟,等. 口岸卫生控制,2008,(1)
2006年雷州市登革热蚊媒监测分析. 林华胜,等. 中国媒介生物学及控制杂志,2008,(5)
2种方法监测蚊虫密度消长和种群构成研究. 柳小青,等. 中华卫生杀虫药械,2008,(4)
4种杀虫剂对致倦库蚊幼虫的毒效测定. 蒋解花,等. 中华卫生杀虫药械,2008,(5)
CO_2灯诱法与人帐诱捕法捕蚊效果现场调查. 邓兵,等. 中国媒介生物学及控制杂志,2008,(6)
DNA条形码识别Ⅲ. 媒介蚊类DNA条形码芯片的初步研究. 赵明,等. 中国媒介生物学及控制杂志,2008,(2)
埃及伊蚊电压依赖性钠离子通道3′端cDNA的克隆及序列分析. 吴家红,等. 中国媒介生物学及控制杂志,2008,(2)
安康市蚊类种群及季节消长调查. 刘平,王治安. 中国媒介生物学及控制杂志,2008,(6)
安阳市淡色库蚊的抗药性调查研究. 王文志,等. 中华卫生杀虫药械,2008,(3)
按蚊防御素基因家族转录模式和启动子的生物信息学分析. 刘红美,吴建伟. 生物信息学,2008,(3)
巴西培育转基因蚊子对抗传染病. 昆虫知识,2008,(6)
白纹伊蚊诱蚊诱卵器应用效果的现场研究. 于德宪,等. 热带医学杂志,2008,(4)
宝鸡市蚊类种群及分布的调查研究. 佘建军,等. 中华卫生杀虫药械,2008,(3)
保靖县木芽村蚊媒现状调查. 黄谊. 中华卫生杀虫药械,2008,(5)
蓖麻乙醇粗提液对淡色库蚊幼虫的活性研究. 邓天福,等. 中国媒介生物学及控制杂志,2008,(2)
避蚊胺原药对大鼠亚急性经皮毒性研究. 方华,等. 浙江化工,2008,(6)
标准洗涤法对长效蚊帐药效影响观察. 蔡松武,等. 中华卫生杀虫药械,2008,(4)
薄荷醇衍生物的杀蚊活性. 杨巍民. 世界农药,2008,(4)
不同实验室间蚊香药效比对实验研究. 冷培恩,等. 中华卫生杀虫药械,2008,(6)
不同植物浸液对白纹伊蚊的产卵引诱作用. 张令要,等. 昆虫知识,2008,(2)
长效驱蚊霜野外现场驱避效果观察. 樊毅,等. 药学实践杂志,2008,(6)
长效驱蚊霜野外现场驱避效果评价. 樊毅,等. 新疆中医药,2008,(2)
长效驱蚊蚊帐. 李鑫. 农药,2008,(3)
常用5种卫生杀虫剂对淡色库蚊成蚊区分剂量的研究. 汪中明,等. 中国媒介生物学及控制杂志,2008,(5)
成都双流国际机场蚊类监测与控制技术报告. 王仕应,等. 中国国境卫生检疫杂志,2008,(B08)
成蚊表皮碳氢化合物用于蚊媒分龄的研究. 刘玉冰,等. 中国热带医学,2008,(10)
城市化对居民区白纹伊蚊孳生地特点影响的研究. 段金花,等. 中国媒介生物学及控制杂志,2008,(4)
杵蚊属一新种(双翅目年蚊科). 董学书,等. 动物分类学报,2008,(1)
大链壶菌灭蚊的优点及缺点分析. 王荣新. 中国媒介生物学及控制杂志,2008,(4)

大劣按蚊血淋巴中丝氨酸蛋白酶的分离与鉴定. 王英,等. 中国病原生物学杂志,2008,(3)
大劣按蚊与烟草天蛾丝氨酸蛋白酶的交叉免疫活性. 王英,等. 第三军医大学学报,2008,(1)
大型建筑工地控制白纹伊蚊方法的探讨. 黄超,等. 医学动物防制,2008,(11)
淡色库蚊 CYP6F1 基因的克隆及表达差异的鉴定. 公茂庆,等. 中华卫生杀虫药械,2008,(2)
淡色库蚊 DDVP 抗性选育及交互抗性的实验研究. 陈延平,等. 中国热带医学,2008,(12)
淡色库蚊对常用杀虫剂的抗性研究. 章士军,等. 中华卫生杀虫药械,2008,(1)
淡色库蚊对溴氰菊酯抗性的分子生物学检测. 褚宏亮,等. 中华卫生杀虫药械,2008,(5)
淡色库蚊对一些化合物的触角电生理及行为反应. 余静,等. 寄生虫与医学昆虫学报,2008,(3)
淡色库蚊抗性品系生态习性的探讨. 魏继波,等. 中国病原生物学杂志,2008,(8)
登革Ⅱ型病毒 NGC 株感染白纹伊蚊 C6/36 细胞中浓核病毒 DNA 的扩增和序列测定. 王娇,等. 贵阳医学院学报,2008,(6)
登革热传播媒介伊蚊综合治理研究. 郭玉红,等. 中国媒介生物学及控制杂志,2008,(6)
登革热媒介昆虫抗药性的研究进展. 李志强,钟俊鸿. 昆虫知识,2008,(6)
电动吸蚊枪的制作. 石华,杨振洲. 中华卫生杀虫药械,2008,(6)
电热蚊香片现场防治蚊虫的研究. 徐仁权,等. 中华卫生杀虫药械,2008,(6)
叠放位置对盘式蚊香稳定性的影响. 恽宏伟. 中华卫生杀虫药械,2008,(6)
顶空萃取年气相色谱年质谱法分析一种驱蚊花露水的挥发性成分. 吕蓉,任雪冬. 质谱学报,2008,(2)
恶性疟原虫动合子表面蛋白单链抗体与按蚊 CecropinA 融合基因的构建、原核表达及生物活性的初步评价全文快照. 陈辉华,陈晓光. 中国病原生物学杂志,2008,(5)
奉化市农村老房区中华按蚊传疟媒介能量调查. 李寿俊,等. 浙江预防医学,2008,(4)
福州市鼓楼区蚊、蝇、蟑密度监测报告. 刘元景,等. 海峡预防医学杂志,2008,(3)
复合凝聚法制备避蚊胺微胶囊的研究. 胡云峰,等. 辽宁化工,2008,(6)
赣南地区部分植物对淡色库蚊幼虫的毒效作用研究. 曹镐禄,黄真. 中国媒介生物学及控制杂志,2008,(2)
广东国境口岸不同蚊种 COI 序列分析和分子鉴定方法. 师永霞,等. 中国国境卫生检疫杂志,2008,(2)
广东国境口岸五种蚊种核糖体基因第 2 内转录间隔区分子鉴定方法研究. 师永霞,等. 中国国境卫生检疫杂志,2008,(1)
广东省嗜人按蚊与中华按蚊疟疾传播强度的比较. 潘波,等. 热带医学杂志,2008,(11)
广州地区白纹伊蚊体内登革病毒的检测. 李成玲,等. 热带医学杂志,2008,(11)
贵州省黔西南州 2007 年疟疾媒介按蚊调查. 毛文益,等. 实用医技杂志,2008,(14)
海南省 2007 年登革热媒介伊蚊分布调查. 金玉明,等. 中国热带医学,2008,(12)
海南省西南部地区流行性乙型脑炎媒介三带喙库蚊季节消长与宿主动物感染状况调查. 闫秀娟,等. 中国媒介生物学及控制杂志,2008,(5)
杭州地区淡色库蚊抗药性调查. 孔庆鑫,等. 中国预防医学杂志,2008,(9)
合肥市淡色库蚊对 5 种常用杀虫剂的抗药性及防制对策研究. 张家林,等. 中国媒介生物学及控制杂志,2008,(5)
褐尾库蚊对白纹伊蚊和致倦库蚊捕食能力的研究. 黄未,等. 寄生虫与医学昆虫学报,2008,(4)
湖北省三县(市)媒介按蚊抗药性的现场调查. 余品红,等. 中国媒介生物学及控制杂志,2008,(6)
花翅摇蚊乙酰胆碱酯酶的底物专一性及对胆碱酯酶抑制剂敏感度的比较. 刘洪霞,等. 应用与环境生物学报,2008,(2)
饥饿对食蚊鱼仔鱼摄食、生长和形态的影响. 陈国柱,等. 水生生物学报,2008,(3)
吉林洮南草原蚊虫种群及防治效果研究. 任清明,等. 中华卫生杀虫药械,2008,(3)
几种驱避化合物对白纹伊蚊寄主搜寻能力的影响. 郝蕙玲,杜家纬. 昆虫学报,2008,(11)
检测蚊虫感染黄病毒属病毒 Real-timePCR 方法的建立. 周晓俊,等. 中国病原生物学杂志,2008,(8)
居民区控制登革热媒介蚊虫的方法与效果探索. 徐仁权,等. 中国媒介生物学及控制杂志,2008,(4)
科学家发现蚊子交配的相关机制. 基础医学与临床,2008,(7)
克服害虫对 Bt 毒素的抗性. 昆虫知识,2008,(2)
快速杀灭蚊蝇现场效果观察. 石淑珍,罗晓红. 医学动物防制,2008,(11)
澜沧江下游河谷地带人房蚊虫群落特征的研究. 周红宁,等. 中国媒介生物学及控制杂志,2008,(1)
雷氏按蚊多态微卫星 DNA 位点的筛选和特征. 马雅军,等. 寄生虫与医学昆虫学报,2008,(3)
雷州市 2006 年登革热蚊媒监测分析. 林华胜,等. 中国热带医学,2008,(5)
临海市蚊、蝇、蜚蠊对 7 种杀虫剂的抗性调查. 任樟尧,等. 中国媒介生物学及控制杂志,2008,(3)
泸州市江阳区鼠类、蝇类、蚊类、蟑螂种群、密度、季节消长监测报告. 杜斌,等. 中国社区医师:综合版,2008,(24)
陆川县乙脑蚊媒密度和季节消长与乙脑发病季节关系的探讨. 丘小鹏,等. 广西医学,2008,(1)

美研究发现蚊子变异导致某病毒跨地域传播. 传染病网络动态,2008,(2)
绵阳市九洲体育馆灾民安置点及周边蚊虫孳生情况调查及应对策略. 付学锋,等. 中国媒介生物学及控制杂志,2008,(5)
灭蚊真菌贵阳腐霉原生质体的制备和再生研究. 赵竟男,等. 贵阳医学院学报,2008,(2)
灭蚊真菌贵阳腐霉原生质体诱变育种实验研究. 江梅,苏晓庆. 贵阳医学院学报,2008,(6)
南京市城区蚊虫综合治理效果的研究. 周明浩,等. 中国媒介生物学及控制杂志,2008,(1)
漂浮性缓释型印楝素灭蚊幼制剂的药效观察. 郝蕙玲,等. 海军医学杂志,2008,(1)
浦东国际机场三带喙库蚊的调查研究. 曹敏,等. 中国媒介生物学及控制杂志,2008,(4)
浅谈盘式蚊香包装盒标志应注意的几个问题. 晏许超,何建国. 中华卫生杀虫药械,2008,(4)
青岛流亭国际机场口岸蚊类本底调查报告. 侯伟,等. 中国国境卫生检疫杂志,2008,(2)
青浦区蚊蝇、蟑螂对3种杀虫剂的抗药性监测分析. 潘引君,等. 医学动物防制,2008,(9)
驱避剂处理门帘对室内蚊虫驱避效果研究. 刘美德,等. 中华卫生杀虫药械,2008,(1)
驱避剂处理迷彩油对白纹伊蚊的驱避效果观察. 汪中明,等. 解放军预防医学杂志,2008,(4)
驱避剂伊默宁的合成及其药效观察. 郑剑,等. 中华卫生杀虫药械,2008,(4)
驱蚊产品中伊默宁的高效液相色谱测定法. 刘佳乐,张利萍. 环境与健康杂志,2008,(12)
溶剂组成对电热蚊香液挥发特性影响的初步研究. 孙崇敏,许鸣. 中华卫生杀虫药械,2008,(3)
入境船舶携带输入性蚊类与微小气候因素的相关性分析研究. 聂维忠,等. 中国媒介生物学及控制杂志,2008,(6)
三门峡市区蚊虫抗性监测分析. 谷增齐,贾亮. 医学动物防制,2008,(10)
山东城市居民蚊媒防制知识态度行为现状调查. 赵玉强,等. 中国热带医学,2008,(10)
汕头市蚊媒传染病健康教育干预研究. 钟海波. 中国健康教育,2008,(1)
上海地区流行性乙型脑炎媒介对常用杀虫剂的抗性研究. 刘洪霞,等. 上海预防医学,2008,(5)
石家庄市蚊虫种类调查. 侯雨丰,等. 中国媒介生物学及控制杂志,2008,(5)
石家庄市西柏坡旅游景区蚊虫调查初报. 赵志清,等. 中国媒介生物学及控制杂志,2008,(5)
实时荧光 RT-PCR 快速检测蚊体内乙型脑炎病毒及福建省基因Ⅰ型乙型脑炎病毒的发现. 郑夔,等. 中国卫生检验杂志,2008,(11)
食蚊鱼(Gambusiaspp.)入侵生态学研究进展. 陈国柱,等. 生态学报,2008,(9)
食蚊鱼对白纹伊蚊的捕食作用研究. 刘丽娟,等. 中国病原生物学杂志,2008,(11)
食蚊鱼昼夜摄食节律观察. 陈佩,等. 生态科学,2008,(6)
食蚜瘿蚊触角的扫描电镜观察. 张洁,杨茂发. 动物学研究,2008,(1)
室温挥发驱蚊产品的初步研究. 徐春凤,等. 中华卫生杀虫药械,2008,(5)
嗜人按蚊雌蚊消减 cDNA 文库的构建及分析. 赵以睿,等. 中国人兽共患病学报,2008,(7)
嗜人按蚊和中华按蚊相关细菌差异的初步探讨. 李美,汤林华. 中国媒介生物学及控制杂志,2008,(4)
手动吸蚊枪的研制. 石华,等. 中国媒介生物学及控制杂志,2008,(4)
首次从云南蚊虫分离到辛德毕斯病毒及其鉴定. 王静林,等. 中国人兽共患病学报,2008,(1)
输入性蚊类在入境船舶上的分布. 聂维忠,等. 中国媒介生物学及控制杂志,2008,(3)
斯瓦局限蚊雌蚊、幼虫及蛹的记述. 董学书,郭晓芳. 昆虫分类学报,2008,(3)
四川省北川县擂鼓镇地震后的蚊虫初探. 曹敏,等. 中国媒介生物学及控制杂志,2008,(5)
苏云金芽孢杆菌杀蚊机制研究概况. 张灵玲,等. 中国媒介生物学及控制杂志,2008,(4)
叹气沟河优势摇蚊种群动态、周年生产量及营养基础. 江晶,等. 生态学杂志,2008,(9)
外源基因在转基因蚊虫中表达的研究进展. 丁雪冰,陈晓光. 寄生虫与医学昆虫学报,2008,(2)
卫生杀虫微乳剂配制及杀虫效果的研究. 贾家祥. 中华卫生杀虫药械,2008,(3)
温度对食蚜瘿蚊生长发育的影响. 张洁,等. 昆虫知识,2008,(2)
蚊虫群落与环境因素关系的地理信息系统分析. 刘美德,等. 中国公共卫生,2008,(1)
蚊虫唾液组分的抗凝血活性及其对宿主的免疫调控作用. 吴家红. 中国媒介生物学及控制杂志,2008,(5)
蚊虫自然感染附红细胞体的调查. 邹学亮,等. 公共卫生与预防医学,2008,(2)
蚊虫自育研究的现状. 余静,等. 昆虫知识,2008,(2)
蚊腹中的发现——记罗斯对疟疾病源的研究. 郭奕玲,沈慧君. 生命世界,2008,(9)
蚊媒传染病气象影响因素分析. 余向华,等. 中国媒介生物学及控制杂志,2008,(1)
蚊浓核病毒的研究进展. 顾金保,陈晓光. 热带医学杂志,2008,(8)
蚊香点燃过程中有效成分的挥发率测试. 武泰存,等. 中华卫生杀虫药械,2008,(6)
蚊蝇净致多系统功能衰竭抢救成功1例. 孙秀宏. 医学理论与实践,2008,(4)
蚊子体表面的微纳米结构与浸润性. 姚昱星,等. 高等学校化学学报,2008,(9)
我国按蚊分类进展和若干蚊种学名的订正. 瞿逢伊,朱淮民. 中国寄生虫学与寄生虫病杂志,2008,(3)

我国科学家完成国内首个灭蚊微生物全基因组测序. 生物学教学,2008,(11)
我国嗜人按蚊订正为雷氏按蚊的学术探讨. 瞿逢伊. 中国寄生虫学与寄生虫病杂志,2008,(3)
我国蚊虫分离的一种新型胞质多形体病毒. 吕新军,等. 病毒学报,2008,(6)
我国亚热带地区登革热发生机制. 江毅民,严子锵. 中国媒介生物学及控制杂志,2008,(1)
西藏林芝地区墨脱县传疟媒介调查研究. 潘嘉云,等. 中国寄生虫学与寄生虫病杂志,2008,(4)
西藏墨脱县疟疾流行区多斑按蚊复合体种型鉴定. 武松,等. 中国寄生虫学与寄生虫病杂志,2008,(4)
西尼罗病毒的宿主及其在传播循环中的作用. 张晓龙,赵彤言. 寄生虫与医学昆虫学报,2008,(3)
吸血前后斯氏按蚊不同器官配子体激活因子的变化. 王继春,等. 中国病原生物学杂志,2008,(1)
狭摇蚊属二新种及中国一新纪录种(双翅目年摇蚊科). 齐鑫,等. 动物分类学报,2008,(3)
狭摇蚊属一中国新纪录种(双翅目:摇蚊科). 齐鑫,等. 四川动物,2008,(5)
霞浦港务分公司三沙码头医学媒介生物调查分析. 刘颖,王东明. 海峡预防医学杂志,2008,(6)
肖厝口岸蚊类本底调查. 唐志忠,等. 医学动物防制,2008,(8)
新疆北部农区蚊虫综合防治方法的初探. 易炳芳,等. 中华卫生杀虫药械,2008,(5)
新疆北疆边境地区重要蚊虫及其防治. 张桂林,等. 中华卫生杀虫药械,2008,(5)
新疆北湾地区刺扰伊蚊孳生地调查. 郑重,等. 中华卫生杀虫药械,2008,(4)
新疆地区蚊类携带西尼罗病毒情况调查研究. 赵民,等. 动物医学进展,2008,(3)
新疆分离的 0507JS60 鉴定为辽宁病毒. 吕新军,等. 病毒学报,2008,(6)
新型登革热媒介监测方法的研究. 游巨荣,等. 中国媒介生物学及控制杂志,2008,(4)
新型驱蚊缓释剂的研制. 黄衍章,等. 中华卫生杀虫药械,2008,(1)
新颖拟除虫菊酯类杀虫剂 metofluthrin 的开发. 张一宾编译. 世界农药,2008,(2)
溴氰菊酯泡腾片浸泡蚊帐对淡色库蚊和致倦库蚊的灭效观察. 汪中明,等. 中国媒介生物学及控制杂志,2008,(3)
熏蒸器室内杀灭蚊虫效果研究. 刘美德,等. 中华卫生杀虫药械,2008,(4)
旬阳县蚊相种群密度及季节消长监测报告. 王治安,等. 医学动物防制,2008,(7)
一种用于蚊虫养殖的小鼠固定夹. 张洪杰. 中华卫生杀虫药械,2008,(1)
伊蚊诱卵器在伊蚊监测中的应用. 周毅彬,等. 中国媒介生物学及控制杂志,2008,(5)
乙脑传播媒介蚊虫筛选方法的比较分析. 景晓,等. 中华卫生杀虫药械,2008,(1)
银川市淡色库蚊幼虫对 4 种常用杀虫剂的抗性调查. 曾家慧,等. 中国媒介生物学及控制杂志,2008,(5)
印楝素对淡色库蚊的生物活性研究. 郝蕙玲,孙锦程. 中华卫生杀虫药械,2008,(1)
应用 rDNA-ITS2 诊断性序列现场对 3 种重要蚊媒的鉴定. 耿艺介,等. 中国病原生物学杂志,2008,(8)
应用多重 PCR 法鉴定蚊胃血血源的研究. 杨曼尼,马雅军. 中国病原生物学杂志,2008,(11)
应用遥感及地理信息系统技术研究水稻种植区蚊虫分布和地理景观因素之间的关系. 王晓东,等. 中国媒介生物学及控制杂志,2008,(5)
应用孕卵蚊虫粘捕法监测白纹伊蚊种群动态的研究. 张令要,等. 寄生虫与医学昆虫学报,2008,(4)
用电热保温碟制作简易蚊虫喂血器. 石华,等. 中华卫生杀虫药械,2008,(3)
用气相色谱和质谱联用法测定不同蚊香烟雾的有机污染物. 唐萌,等. 中华卫生杀虫药械,2008,(3)
诱蚊诱卵器的应用研究. 李荣彪,等. 中国媒介生物学及控制杂志,2008,(5)
云南贡山县独龙江河谷地带传疟媒介的调查研究. 和春桐. 现代预防医学,2008,(23)
云南省怒江州居民区蚊类的组成及分布. 李四全,等. 中国媒介生物学及控制杂志,2008,(3)
云南省中华按蚊、杰普尔按蚊种群与环境因素关系的地理信息系统分析. 刘美德,等. 中国媒介生物学及控制杂志,2008,(4)
云南嗜人按蚊分布区疟疾防治对策的现场应用效果评价. 李华究,等. 中国热带医学,2008,(4)
运城农村乙脑媒介成蚊密度季节消长调查. 潘峰,等. 中华卫生杀虫药械,2008,(6)
漳州市登革热媒介调查结果分析. 许国防,汪志辉. 海峡预防医学杂志,2008,(6)
浙江省 2006 年蚊类种群监测研究. 傅桂明,等. 中华卫生杀虫药械,2008,(2)
致倦库蚊 Cecropin 基因克隆及序列分析. 康哲,等. 贵阳医学院学报,2008,(6)
致倦库蚊及大劣按蚊对拟除虫菊酯类杀虫剂的抗药性测定. 曾林海,等. 中国媒介生物学及控制杂志,2008,(6)
中国斑摇蚊属一新种及二新记录种记述(双翅目:摇蚊科). 齐鑫,等. 昆虫分类学报,2008,(4)
中国北摇蚊属一新纪录种——长毛北摇蚊. 武婧阳,王新华. 四川动物,2008,(5)
中国赴苏丹维和部队营区灭蚊幼效果观察. 周光智,等. 中华卫生杀虫药械,2008,(1)
中国库蚊雌性尾器的分类学研究. 陈汉彬,赵红. 贵阳医学院学报,2008,(2)
中国隆菌蚊属三新种记述(双翅目:菌蚊科). 余晓霞,等. 昆虫分类学报,2008,(1)
中国拟毛突摇蚊属一新种(双翅目:摇蚊科). 傅悦,王新华. 四川动物,2008,(5)
中国蚊类研究概况. 张菊仙,龚正达. 中国媒介生物学及控制杂志,2008,(6)

中国眼蕈蚊科二新记录属及二新记录种. 吴鸿,等. 昆虫分类学报,2008,(1)
中华按蚊对 DDT 和溴氰菊酯抗药性的现场调查. 刘立新,等. 中国热带医学,2008,(5)
中华按蚊多态微卫星 DNA 位点的筛选和特征研究. 樊勇,马雅军. 第四军医大学学报,2008,(17)
主要虫媒病的流行概况与媒介防控策略的探讨. 姜志宽,等. 中华卫生杀虫药械,2008,(6)
助你安全驱蚊的八种方法. 张瑶. 求医问药,2008,(7)
澳研究发现共生菌可让蚊子寿命减半. 昆虫知识,2009,(1)
避蚊胺可损害中枢神经系统. 求医问药,2009,(11)
避蚊胺原药大鼠亚慢性(180d)经口毒性研究. 徐剑,等. 浙江化工,2009,(5)
不同培养条件下红树林真菌 1893 菌株代谢产物的杀虫活性. 徐树兰,等. 环境昆虫学报,2009,(1)
不同种类和不同品系蚊虫乙酰胆碱酯酶的差异. 李士根. 浙江大学学报(医学版),2009,(5)
长使用蚊香对小鼠学习记忆的影响. 周纯,等. 徐州医学院学报,2009,(5)
成蚊营养和交配对骚扰库蚊自育的影响. 余静,等. 寄生虫与医学昆虫学报,2009,(3)
刺槐叶瘿蚊发育起点温度和有效积温. 路常宽,等. 昆虫知识,2009,(4)
刺槐叶瘿蚊在中国的危险性评估. 张东风,等. 生态学报,2009,(4)
淡色库蚊Ⅰ至Ⅳ龄幼虫抗药性变化的研究. 李士根. 中国人兽共患病学报,2009,(7)
淡色库蚊不敏感乙酰胆碱酯酶与抗药性关系的研究. 李士根. 寄生虫与医学昆虫学报,2009,(3)
登革热媒介伊蚊种群多样性研究进展. 方义亮,等. 中国人兽共患病学报,2009,(5)
俄罗斯科学家发现蚊子幼虫在太空渡过 12 个月后仍然恢复生机. 生物学教学,2009,(10)
芳香驱蚊微胶囊剂的制备. 李国芳,等. 化学世界,2009,(6)
福建省嗜人按蚊防制效果的评价与监测. 徐保海,等. 中国人兽共患病学报,2009,(2)
黑龙江省饶河口岸地区蚊虫调查研究. 李永久,等. 口岸卫生控制,2009,(2)
湖北部分地区疟疾媒介对 DDT 和溴氰菊酯抗药性的现场调查. 张华勋,等. 寄生虫与医学昆虫学报,2009,(2)
揭秘蚊子如何不受病毒感染影响. 昆虫知识,2009,(2)
揭示蚊子吸血特性进化重要遗传机制. 昆虫知识,2009,(5)
空中乘务员疟疾 2 例. 易华,李彤. 民航医学,2009,(2)
毛细管气相色谱法定量分析驱蚊酯. 张强,等. 化工中间体,2009,(4)
梅河口市成蚊季节消长调查分析. 李长军. 中国社区医师:综合版,2009,(16)
灭蚊也用太阳能. 张俊. 环境,2009,(2)
灭蚊幼球形芽孢杆菌漂浮颗粒剂研制与应用. 苏建坤,等. 农药学学报,2009,(3)
内蒙古道虎沟中侏罗世原毛蚊科(昆虫纲—双翅目)昆虫化石. 郝剑英,任东. 动物分类学报,2009,(3)
内蒙古道虎沟中侏罗世原褶蚊科化石记述(昆虫纲—双翅目,原褶蚊科). 郝剑英,等. 动物分类学报,2009,(1)
青草淡香型中药精油驱蚊新剂型的研究. 李易非,等. 西北药学杂志,2009,(6)
驱蚊香草的组培陕繁. 兰伟,等. 特种经济动植物,2009,(4)
杀虫剂复配对淡色库蚊杀灭效果的实验研究. 李士根. 国外医学(医学地理分册),2009,(3)
杀虫剂与增效剂混用对淡色库蚊的杀灭效果. 李士根,等. 国外医学(医学地理分册),2009,(2)
深圳皇岗口岸医学媒介生物监测与控制. 叶颖,等. 口岸卫生控制,2009,(2)
松油烯年 4 - 醇对淡色库蚊的熏蒸毒力及对其 Na^+-K^+-ATP 酶的抑制作用. 马志卿,等. 农药学学报,2009,(2)
卫生杀虫剂有机硅缓释剂型的研究. 钱万红. 寄生虫与医学昆虫学报,2009,(2)
蚊虫监测技术概述. 王晓中,等. 口岸卫生控制,2009,(3)
蚊香对小鼠血清 ALT、AST、TBIL 及肝组织的影响. 刘承武,等. 广西医学,2009,(7)
蚊蚁醚和氢化保幼素在木材、金属和混凝土表面的残留研究. 世界农药,2009,(4)
蚊子与诺贝尔奖. 欧阳军. 生活与健康,2009,(2)
问:蚊了为什么不能传播艾滋病. 管明星. 生物学通报,2009,(2)
新疆北湾地区刺扰伊蚊吸血习性观察. 张桂林,等. 寄生虫与医学昆虫学报,2009,(2)
以蚊虫叮咬超敏反应为首发表现的鼻型结外 NK/T 细胞淋巴瘤 1 例. 孙焱,等. 中国中西医结合皮肤性病学杂志,2009,(4)
以哮喘为主的蚊香过敏反应 1 例. 孙霄. 医学理论与实践,2009,(2)
治愈蚊虫咬伤诱发坏疽性脓皮病患者溃疡伤口的分析. 蒋琪霞,等. 医学研究生学报,2009,(8)
中国尖音库蚊复合组蚊虫的抗性动态和遗传多样性研究. 吴中华,等. 寄生虫与医学昆虫学报,2009,(3)
中国隆菌蚊属二新种记述(双翅目:菌蚊科)(英文). 余晓霞,吴鸿. 昆虫分类学报,2009,(3)
中国内蒙古道虎沟中侏罗世蚊蝎蛉科(昆虫纲—长翅目)昆虫化石. 李艳丽,任东. 动物分类学报,2009,(3)
中国新记录属——乌菌蚊属及一新种记述(双翅目:扁角菌蚊科). 曹剑,等. 昆虫分类学报,2009,(1)
中国瘿蚊一新种记述(双翅目:瘿蚊科). 许永玉,墨铁路. 动物分类学报,2009,(4)
猪场捕蝇灭蚊最经济实用、安全有效的利器——自动捕蝇器和光触媒灭蚊器. 兽药市场指南,2009,(5)

（三）蝇

华北人类传染病预防之研究十六：家蝇类之定量研究丁．重要蝇类之繁殖习性．孟庆华，等．中华医学杂志，1949，(4)
家蝇与霍乱的关系．陈心陶．中南医学杂志，1951，(5)
苍蝇检索表．董隆熙．中南医学杂志，1952，(5)
上海麻蝇小志．郭郛．昆虫学报，1952，(1)
中国的绿蝇．郭郛．昆虫学报，1952，(2)
昆虫触角中姜氏器官之研究Ⅱ．金蝇（双翅目）．刘维德．昆虫学报，1953，(1)
中国实蝇记述Ⅰ．谢蕴贞，等．昆虫学报，1954，(3)
苍蝇和苍蝇的防制．冯兰洲．全国科普协会，1955，(8)
关于桔大实蝇的学名及其特征．陈世骧，等．昆虫学报，1955，(1)
蝇类的采集、饲养和标本制作法．范滋德．昆虫知识，1955，1(3)
中国及越南实蝇的研究．钱庭玉．昆虫学报，1955，(1)
海南岛家蝇属小志．瞿逢伊．昆虫学报，1956，(4)
家蝇对杀虫药剂的抗性．张宗炳．昆虫知识，1956，(3)
家蝇在 DDT 影响下卵形成的变异．李涅娃，B. A.，乔楠译．昆虫学译报，1956，(3)
福州市区蝇类的初步调查．陈桂光．昆虫学报，1957，(1)
家蝇的生态及其在传染病学上的意义．张宗炳．科学出版社，1957
家蝇幼虫营养的研究Ⅰ．卵的消毒方法．张宗炳，等．科学通报，1957，(11)
家蝇幼虫营养的研究Ⅱ．综合化学饲料及无菌培养．张宗炳，等．科学通报，1957，(12)
开封苍蝇种类及其季节消长观察．苏寿泜，等．河南医学院学报，1957，(1)
上海常见蝇类幼虫小志．范滋德，等．昆虫学报，1957，(4)
上海市常见蝇类的孳生习性和越冬调查简报．范滋德，等．昆虫知识，1957，(3)
厦门金属蓝绿蝇志略．谢麟阁．厦门大学学报（自然科学版），1957，(2)
中国的丽蝇属．范滋德．昆虫学报，1957，(3)
保定市蝇种及季节分布初步调查．高景铭，等．昆虫学报，1958，(4)
黑须污蝇——草原上常见的一种致蝇蛆病的蝇子．邓国藩．昆虫知识，1958，(5)
狼毒灭蛆介绍．田汉三．新中医药，1958，(17)
家蝇对 DDT 抗性的研究Ⅰ．家蝇对 DDT 及六六六抗性的形成．龚坤元，等．昆虫知识，1958，(1)
厦门常见麻蝇的季节分布与相对多寡．谢麟阁，等．科学进展（厦门），1958，(1)
厦门丽蝇科、麻蝇科及家蝇科记录．谢麟阁．昆虫学报，1958，(1)
厦门麻蝇属常见种图志．谢麟阁．科学进展（厦门），1958，(1)
中国的金蝇属．甘运兴．昆虫学报，1958，(4)
耳道内蛆虫病（二例报告）．周瑾文，等．中华耳鼻咽喉科杂志，1959，(3)
福州地区蝇类调查报告．王乾章．昆虫学报，1959，(6)
果蝇的采集与饲养．牟家宜．昆虫知识，1959，(2)
青岛蝇类及其季节消长的调查．冯义生，等．昆虫学报，1959，(1)
上海市常见蝇类的孳生习性．范滋德，等．昆虫学报，1959，(4)
中国东北地区常见有瓣蝇类调查初步报告．马忠余．昆虫学报，1959，(3)
河北省代表区的蝇类相．高景铭，等．昆虫学报，1960，(1)
几种最低浓度的野生植物制剂灭蛆的效果．石宏烨．中级医刊，1960，(6)
简易捕蝇器．邝悦祥．中级医刊，1960，(6)
青岛蝇类的季节消长的调查．冯义生，等．昆虫学报，1960，(1)
十年来的蝇类研究及其防治．范滋德．昆虫学研究集刊（1959），1960
徐州市越冬蝇蛹初步调查报告．人民保健，1960，(3)
敌百虫灭蝇纸对杀灭成蝇效果的观察．路步炎，等．山东医刊，1961，(6)
河南省金属蓝绿蝇小志．葛凤翔．河南医学院学报，1962，(10)
家蝇抗药性的研究Ⅰ．家蝇抗药性的群体分析．龚坤元．昆虫学报，1962，(3)
人体皮肤感染牛蝇蛆病．张彦博．中华医学杂志，1962，(5)
生石灰及六六六杀灭钩、蛔虫卵和蝇蛆的效果观察．张衍文，等．安医学报，1962，(3)
中国寄蝇科的记述Ⅰ．短须寄蝇属．赵建铭．昆虫学报，1962，(1)
中国寄蝇科的记述Ⅱ．茸毛寄蝇属．赵建铭．昆虫学报，1962，(11)
中国粘虫寄蝇的研究．赵建铭．昆虫学报，1962，(12)

白眼家蝇的特性及其在生态测定上的应用. 龚坤元,等. 昆虫学报,1963,(3)
北京地区白杨天社蛾和柳毒蛾的天敌——毛虫追寄蝇的初步观察. 赵建铭,等. 昆虫知识,1963,(3)
济南常见蝇类的种类及其季节消长的调查. 周德文. 昆虫学报,1963,(2)
寄生在麻雀身上的青原丽蝇. 王林瑶. 动物学报,1963,(2)
人体皮下蝇蛆病一例调查报告. 林济中,等. 中华皮肤科杂志,1963,(2)
人胃感染胃蝇蛆病的一例. 郑豁然. 中华医学杂志,1963,(11)
文山地区蝇类初步调查报告. 陈廷海. 云南医学杂志,1963,(1)
纹皮蝇和牛皮蝇的生物学观察. 邓国藩,等. 昆虫知识,1963,(3)
纹皮蝇所致皮肤蝇蛆病. 陈洪铎,等. 中华皮肤科杂志,1963,(1)
羊狂蝇所致人体结膜囊蝇蛆症一例. 苏寿泜,等. 河南医学院学报,1963,(14)
中国寄蝇科的记述Ⅲ. 危害我国东北地区柞蚕的寄蝇——饰腹寄蝇属中的一新种. 赵建铭. 昆虫学报,1963,(1)
中国寄蝇科的记述Ⅳ. 颏迷寄蝇属. 赵建铭. 昆虫学报,1963,(2)
中国实蝇记述(二). 谢蕴贞. 昆虫学报,1963,(5)
中国主要的有瓣蝇类区系特别是关于住区蝇类方面的资料. 范滋德. 中国昆虫学会 1962 年学术讨论会会刊,1963
不同剂型的二二三和六六六应用于不同表面时的杀蝇效力. 耿贯一. 天津医药杂志,1964,(3)
华东地区危害竹笋的家蝇属二新种. 范滋德. 昆虫学报,1964,(4)
家蝇抗药性的研究近况及其发展趋势. 龚坤元. 杀虫药剂与昆虫毒理进展(1). 科学出版社,1964
辽宁麻蝇亚科初志. 马忠余. 动物分类学报,1964,(1)
麻蝇科一个新种和一个新亚种记述. 叶宗茂. 动物分类学报,1964,(2)
食物中几种氨基酸对家蝇卵巢发育的影响. 利翠英,等. 昆虫学报,1964,(6)
天津市常见蝇类孳生习性及越冬情况的初步调查. 史曾锐. 天津医药杂志,1964,(9)
徐州市蝇类孳生习性和孳生地处理观察报告. 张道义. 中华卫生杂志,1964,(4)
有机磷杀虫剂使家蝇中毒后对酯酶的抑制作用. 谢尊逸,等. 昆虫学报,1964,(4)
中国麻蝇族新属新种志(双翅目:麻蝇科). 范滋德. 动物分类学报,1964,(2)
中国实蝇记述(三). 谢蕴贞. 动物分类学报,1964,(1)
成都市郊家蝇越冬的探讨. 王西之. 昆虫学报,1965,(2)
河北省常见蝇类幼虫小志. 高景铭. 动物分类学报,1965,(2)
家蝇的卵子发生的研究Ⅰ. 家蝇卵子发生过程. 张宗炳. 昆虫学报,1965,(6)
家蝇的胚胎发育的研究Ⅰ. 早期胚胎发育. 孟璘. 动物学报,1965,(2)
家蝇抗药性的研究Ⅱ. 选择作用对家蝇抗丙体六六六的影响. 龚坤元. 昆虫学报,1965,(2)
家蝇扩散的初步研究. 甘运兴. 寄生虫学报,1965,(2)
饰额短须寄蝇的研究. 杨榅. 昆虫学报,1965,(5)
天津地区常见蝇类昼夜活动习性的初步观察. 谢醒民. 昆虫学报,1965,(5)
胃蝇某些生态学特性的观察. 朱彦鹏. 寄生虫学报,1965,(3)
纹皮蝇的形态研究. 申允中. 昆虫学报,1965,(6)
羊狂蝇所致结膜蝇蛆病一例报告. 潘以中. 天津医药杂志,1965,(2)
中国常见蝇类检索表. 范滋德. 科学出版社,1965
中国实蝇记述(四). 谢蕴贞. 动物分类学报,1965,(3)
大头金蝇、广额金蝇三龄幼形态描述. 郭念恭,魏炳星. 昆虫学报,1966,(4)
佛山市蝇类孳生习性调查报告. 张常振. 寄生虫学报,1966,(2)
关于常见蝇类饲养方法的点滴经验. 魏炳星,等. 河北医学院学报(蝇类专号),1966,4(1)
河北省部分蝇类垂直分布的调查. 郭念恭,魏炳星. 昆虫知识,1966,10(4)
河北省常见蝇类季节分布和栖息习性的初步观察. 高景铭,等. 昆虫知识,1966,10(4)
河北省常见蝇类生活史的观察. 孟宪钦,等. 河北医学院学报(蝇类专号),1966,4(1)
河北省常见蝇类幼虫小志. 高景铭,等. 动物分类学报,1966,2(2)
河北省代表地区常见蝇类的孳生习性及防制措施的建议. 高景铭. 寄生虫学报,1966,(1)
河北省蝇类的区系分类. 高景铭,等. 河北医学院学报(蝇类专号),1966,4(1)
河鹿体表鹿脂蝇的发现. 汪志楷. 寄生虫学报,1966,(2)
家蝇毒效试验简易方法. 龚坤元,等. 中华卫生杂志,1966,(3)
石家庄市常见蝇类卵巢的初步观察. 高景铭,等. 河北医学院学报(蝇类专号),1966,4(1)
我国几种常见麻蝇三龄幼虫形态研究. 高景铭,等. 河北医学院学部(蝇类专号),1966,4(1)
狭额腐蝇三龄幼虫形态描述. 孟宪钦,等. 河北医学院学报(蝇类专号),1966,4(1)
蝇类携带肠道致病菌的调查. 陈富,等. 中华卫生杂志,1966,(3)

辽宁地区毛腹种蝇的生态学调查. 薛万琦,等. 昆虫学报,1973,(2)
呼和浩特市蝇类生态调查. 韩志学. 昆虫学报,1974,(1)
中国花蝇科及蝇科三新种一新亚种. 范滋德. 昆虫学报,1974,17(1)
河南平原农村的蝇类及季节消长的初步观察. 葛风翔. 昆虫学报,1975,18(1)
高梁芒蝇生活习性及防治的初步研究. 谢祥林. 昆虫学报,1977,(20)
厕所粪道防蛆缘设置及其效果的初步观察. 广东省德阳地区卫生防疫站,等. 中华预防医学杂志,1978,(2)
辽宁省折麻蝇属八新种(双翅目:麻蝇科). 薛万琦. 昆虫学报,1978,(2)
青海省丽蝇属一新种. 樊启声. 昆虫学报,1978,(2)
西藏的家蝇属一新种. 范滋德. 昆虫学报,1978,(3)
中国库麻蝇属一新种记述(双翅目:麻蝇科). 赵建铭. 昆虫学报,1978,(4)
北京地区蒜蛆类(花蝇科)的发生及其防治初步. 王遵. 昆虫知识,1979,(4)
几种粘捕家蝇方法的效果初步观察. 戴智伟. 昆虫知识,1979,(4)
辽宁毛蝇属一新种(双翅目:蝇科). 马忠余. 动物分类学报,1979,(4)
辽宁省丽蝇总科新种记述. 薛万琦. 昆虫学报,1979,(2)
陪丽蝇属五新种(双翅目:丽蝇科). 陈之梓. 动物分类学报,1979,(4)
三十年来我国蝇类研究的进展. 范滋德. 中国昆虫学会第一届医学昆虫学学术讨论会文刊,1979
中国长须寄蝇亚族新种记述(双翅目:寄蝇科). 赵建铭. 动物分类学报,1979,(2)
花蝇科一新属和二新种(双翅目). 薛万琦. 动物分类学报,1980,(4)
家蝇的饲养方法. 翟桂荣. 中华预防医学杂志,1980,(1)
家蝇复眼和视叶综合电反应成分的分析. 刘玉民,等. 生理学报,1980,(1)
丽蝇视细胞的光谱及偏振光灵敏度的电生理研究——相对光谱灵敏曲线与蝇龄的关系. 郭爱克. 中国科学,1980,(9)
四川有瓣蝇类三新种及一新记录. 李荣. 动物分类学报,1980,(3)
谈谈寄蝇的几种寄生方式. 赵建铭,等. 昆虫知识,1980,(3)
铜绿蝇引起泌尿道蝇蛆病一例报告. 蓝明扬,等. 中华医学杂志,1980,(11)
细麻蝇属二新种记述(双翅目:麻蝇科). 叶宗茂. 动物分类学报,1980,(4)
中国寄蝇科的记述:短须寄蝇属(Ⅱ)赵建铭. 动物分类学报,1980,(3)
中国金蝇亚科幼虫研究. 甘运兴. 动物学研究,1980,(2)
中国绿蝇族幼虫研究. 甘运兴. 动物学研究,1980,(1)
棘蝇属一新种(双翅目:蝇科). 薛万琦,等. 辽宁动物学会会刊,1981,2(1)
家蝇生活习性的观察研究——蝇蛆养殖试验研究报告(一). 黄怀昭,等. 西南民族学院学报,1981,(2)
家蝇生态条件的研究——蝇蛆养殖试验报告(二). 黄怀昭,等. 西南民族学院学报,1981,(2)
家蝇幼虫的人工养殖. 北京市饲料研究所. 饲料研究,1981,(6)
麻蝇族一新属二新种记述(双翅目:麻蝇科). 叶宗茂,等. 动物学研究,1981,2(3)
我国常见蝇类孳生习性调查. 高景铭,等. 全国除四害研究经验总结交流大会(郑州会议)论文汇编,1981
我国西南地区麻蝇科一新属二新种. 范滋德. 昆虫学报,1981,24(3)
新疆地区有瓣蝇类小志. 钱金泉,等. 昆虫学报,1981,24(4)
芫荽、芹菜驱蝇效果初步观察. 刘增加,等. 兰后卫生,1981,2(3)
倍氏金蝇及其所引起的家畜蝇蛆症. 严如柳,等. 福建畜牧兽医,1982,4(2)
甘肃南部花蝇科五新种. 金祖荫,等. 昆虫分类学报,1982,3(2)
甘肃省泉种蝇属七新种(双翅目:花蝇科). 金祖荫. 昆虫分类学报,1982,1(1)
广东省芒蝇属六新种(双翅目:蝇科). 范滋德,等. 昆虫分类学报,1982,4(1-2)
海南岛麻蝇族一新属和一新种(双翅目:麻蝇科). 范滋德. 昆虫学研究集刊,1982,(2)
家蝇的性诱剂. 戴小杰. 昆虫激素,1982,(1)
家蝇繁殖力、生活力和利用价值的研究——蝇蛆养殖试验报告(三). 黄怀昭,等. 西南民族学院学报(畜牧兽医版),1982,(1)
家蝇复眼的几种深伪瞳模式. 郭爱克,等. 生理学报,1982,34(2)
昆虫不育性药剂的研究 Tnio-TEPA 对家蝇卵子发生的影响. 任淑仙,等. 动物学杂志,1982,3(3)
昆虫复眼反光特性测量设备. 贺小威. 昆虫知识,1982,19(1)
昆明市常见蝇类及季节消长调查. 向容炯,等. 昆虫学报,1982,25(2)
丽蝇科常见几种蝇蛹的形态研究. 薛瑞德,等. 山西医学院学报,1982,(3)
辽宁省池蝇属二新种(双翅目:蝇科). 薛万琦. 动物分类学报,1982,7(4)
山东省芒蝇属一新种(双翅目:蝇科). 孟祥瑞,等. 动物分类学报,1982,7(1)
山西几种常见麻蝇生活史的观察. 薛瑞德,等. 山西医学院学报,1982,(2)

山西省有瓣蝇类四新种. 王昌敬,等. 昆虫学研究集刊,1982,(2)
陕西省阳蝇属一新种(双翅目:蝇类). 薛万琦,等. 昆虫分类学报,1982,4(1-2)
太原市常见麻蝇季节消长的调查报告. 薛瑞德,等. 山西医学院学报,1982,(1)
我国常见麻蝇幼虫的研究. 张孟余. 昆虫分类学报,1982,4(1-2)
我国家蝇分类研究. 高景铭,等. 河北医学院学报,1982,3(2)
西藏地区有瓣蝇类记述(一). 钟应洪,等. 昆虫学研究集刊,1982,(2)
膝角泉蝇群八新种. 李荣,等. 昆虫分类学报,1982,5(3)
细角细麻蝇一中国新记录. 孟祥瑞,等. 昆虫分类学报,1982,4(1-2)
蝇类的研究(Ⅲ)延吉市蝇种及常见蝇类季节动态. 黄范振,等. 延边医学院学报,1982,5(1)
中国花蝇科新种种志(双翅目). 范滋德,等. 昆虫学研究集刊,1982,(2)
中国麻蝇亚种 Sarcophaginae 名录. 叶宗茂. 四川动物,1982,1(2)
中国青藏高原皮蝇科二新种(双翅目). 范滋德. 昆虫学研究集刊,1982,(1)
中国西北地区的蝇蛆病及蛆症蝇. 刘德山,等. 中华流行病学杂志,1982,3(6)
中国蚬寄蝇属 ErycillaMesnil 的新种记述(双翅目:寄蝇科). 赵建铭,等. 动物学研究,1982,3(1)
中国重要蝇类的鉴别. 叶宗茂. 中国重要医学鉴定手册,1982
黑龙江省陪丽蝇属两新种(双翅目:丽蝇科). 陆之梓. 昆虫学研究集刊,1983,(3)
花蝇科的高寒适应表现. 范滋德. 进化论选集,科学出版社,1983
家蝇变眼感杆中光通量的色素颗粒调节. 吴卫国,等. 生物化学与生物物理学学报,1983,15(6)
栗芒蝇在河北省分布及危害情况考察(初报). 高梓林. 河北师范大学学报(自然版),1983,(2)
逆重复伪随机序列信号相关分析法在探测蝇复眼电反应中的应用. 郭爱克,等. 生理学报,1983,35(1)
三格灭蝇防病厕所卫生效果观察. 陶冶情. 中华预防医学杂志,1983,17(2)
山东省潍坊市蝇类及其季节分布的调查. 王士谔. 昌潍医学院学报,1983,(1)
山西常见蝇蛆病综合报告. 张文忠,等. 山西医学院学报,1983,(4)
太原市常见麻蝇的生态学研究. 薛瑞德,等. 昆虫学报,1983,26(3)
太原市住区常见蝇类幼虫孳生习性的调查研究. 张文忠,等. 山西医学院学报,1983,(2)
蜗蝇属一新种(双翅目:丽蝇科). 薛万琦. 昆虫分类学报,1983,5(2)
蝇蛆养殖结束扩大试验研究报告. 黄怀昭,等. 西南民族学院学报(畜牧兽医版),1983,(1)
用逆重复序列相关分析法辨识丽蝇视细胞光电转换系统的动态特性. 钟延炯等. 中国科学(B 辑),1983,(2)
中国亮叶花蝇属研究(双翅目:花蝇科). 范滋德. 昆虫学研究集刊,1983
中国毛眼花蝇属研究(双翅目:花蝇科). 范滋德,等. 昆虫分类学报,1983,5(2)
中国球喙花蝇属研究(双翅目:花蝇科). 崔昌元. 昆虫学研究集刊,1983,(3)
中华叉麻蝇属小志(双翅目:麻蝇科). 叶宗茂. 昆虫分类学报,1983,5(3)
中华皮蝇的形态研究. 黄守云,等. 兽医科技杂志,1983,(4)
PDS 杀灭家蝇的实验研究. 崔安义,等. 昆虫知识,1984
PDS 杀灭家蝇的增效作用. 王明义,等. 昆虫知识,1984,21(2)
斑蹠黑蝇的生活史观察及捕食家蝇幼虫试验. 杨梅新. 四川动物,1984,3(2)
斑蹠黑蝇的一些形态观察. 杨梅新. 四川动物,1984,3(1)
池蝇属三新种一新亚种及二中国新记录种(双翅目:蝇科). 薛万琦. 动物分类学报,1984,9(4)
广东省台南蝇属一新种(双翅目:丽蝇科). 范滋德,等. 动物分类学报,1984,9(2)
害虫的天敌——寄蝇. 赵建铭. 百科知识,1984,(10)
花蝇科三种一新记录. 冯炎,等. 昆虫分类学报,1984,5(1)
棘蝇属新种和新记录(双翅目:蝇科). 薛万琦. 昆虫学报,1984,27(3)
家蝇复眼小网膜的超微结构. 吴卫国,等. 解剖学报,1984,15(1)
辽宁省棘蝇属二新种(双翅目:蝇科). 薛万琦. 昆虫学报,1984,27(1)
辽宁省莫蝇属一新种(双翅目:蝇科). 牟广思. 动物分类学报,1984,9(3)
毛膝蝇属一新种(双翅目:蝇科). 牟广思. 昆虫分类学报,1984,5(1)
七种蝇的染色体核型研究. 凌发瑶. 动物学研究,1984,5(3)
山西常见蝇类及其生态学研究. 薛瑞德. 生态学杂志,1984,(6)
细叶地种蝇 Delianemo stylate 新种描述. 邓安孝,等. 四川动物,1984,3(4)
蝇卵扫描电镜样品制备简法及表面结构观察. 张文忠,等. 四川动物,1984,(3)
蝇蛹呼吸角的研究. 赵斌,等. 昆虫学报,1984,27(4)
中国常见几种麻蝇蛹的形态研究. 薛瑞德,等. 昆虫知识,1984,21(5)
中国寄蝇二新种(双翅目:寄蝇科). 赵建铭,等. 动物分类学报,1984,9(3)
中国九点花蝇属二新种(双翅目:花蝇科). 范滋德,等. 动物学研究,1984,5(3)

叉泉蝇属三新种(双翅目:花蝇科). 金祖荫. 昆虫分类学报,1985,7(4)
地中海果蝇的快速质量控制法. Calkins,C. O. ,等. 原子能农业应用,1985,(增刊)
甘肃蝇类初记. 刘增加. 医学动物防制,1985,1(1)
广东省棘蝇属二新种(双翅目:蝇科). 薛万琦,等. 动物学研究,1985,6(增刊4)
河南省花蝇科二新种. 葛凤翔. 动物学研究,1985,6(3)
两种大实蝇的鉴别. 明月. 国外畜牧学(草食家畜),1985,(4)
辽宁点池蝇属二新种(双翅目:蝇科). 牟广思. 昆虫分类学报,1985,7(1)
六甲基磷酰三胺对家蝇绝育效果观察. 姜志宽,等. 江苏医药,1985,(8)
青海省的花蝇科新种Ⅰ. 范滋德. 昆虫学研究集刊,1985,(4)
三种蛀茎潜蝇的记述. 问锦曾. 昆虫分类学报,1985,7(2)
山西省棘蝇属二新种记述(双翅目:蝇科). 张文忠,等. 动物分类学报,1985,10(1)
山西省棘蝇属三新种(双翅目:蝇科). 马忠余,等. 动物分类学报,1985,10(2)
生物方法控制果蝇. Boller,E. F. 原子能农业应用,1985,(增刊)
西藏地区有瓣蝇类记述(二)花蝇科七新种. 钟应洪. 动物学研究,1985,6(4)
西藏地区有瓣蝇类记述(三)花蝇科七新种描述. 钟应洪. 动物学研究,1985,6(4)
西藏地区有瓣蝇类记述(四)花蝇科六新种. 范滋德. 昆虫学研究集刊,1985,(4)
雄蝇追逐行为的分析. 张少吾,等. 生物物理学报,1985,1(4)
蝇类幼虫研究和蝇类孳生地调查. 高景铭,等. 全国除四害农村环境卫生科技成果汇编(1979-1985),1985
中国狂皮蝇属研究并记两新种(双翅目:皮蝇科). 范滋德. 昆虫学研究集刊,1985,(4)
追寄蝇亚科五新种(双翅目:寄蝇科). 刘银忠,等. 昆虫分类学报,1985,7(3)
川西地区有瓣蝇类的研究Ⅲ.(双翅目:蝇科). 薛万琦,等. 动物分类学报,1986,11(4)
甘肃有瓣蝇类区系. 武经纬. 动物世界,1986,2(3-4)
戈壁亚野蝇在我国的发现. 刘增加,吴新生. 四川动物,1986,5(1)
广东省池蝇属一新种(双翅目:蝇科). 林家耀,等. 动物分类学报,1986,11(4)
花蝇科三新种描述. 邓安孝,等. 华西医科大学学报,1986,17(2)
家蝇的生物防治近况. 薛瑞德. 生物防治通报,1986,(1)
家蝇飞行轨迹的三维重现的一种方法. 孙其坚,等. 生物化学与生物物理学进展,1986,(2)
家蝇巨螯螨的侵袭行为及其对蝇类的影响. 薛瑞德,等. 昆虫学报,1986,29(4)
家蝇卵小管数量的研究. 胡广业,等. 山西医学院学报,1986,(3)
昆明果蝇八新种描述(双翅目:果蝇科). 张文霞,等. 动物学研究,1986,7(4)
利用果蝇(D. melanogaster)研究激光辐照生物的遗传效应. 庚镇诚,等. 中国激光,1986,13(11)
辽宁东部棘蝇属二新种(双翅目:蝇科). 薛万琦,等. 动物分类学报,1986,11(2)
辽宁棘蝇属二新种(双翅目:蝇科). 牟广思. 动物分类学报,1986,11(3)
强壮果蝇(D. virilis)多线染色体的DNA. RNA内源杂交分子原位免疫酶标观察. 宋秋宝,等. 实验生物学报,1986,19(1)
人畜共患蝇蛆主要病原——阿拉善污蝇(WohlfahotiafedtschenkoiRohd)幼虫的新记录. 景涛,等. 兰州医学院学报,1986,(1)
山西北部棘蝇属二新种(双翅目:蝇科). 薛万琦,等. 动物分类学报,1986,11(3)
舍蝇发育起点及有效积温常数的研究. 那福延,等. 昆虫知识,1986,23(1)
四川麻蝇族一新种及一新记录种(双翅目:麻蝇科). 冯炎. 昆虫分类学报,1986,8(4)
四川省潘麻蝇属一新种(双翅目:麻蝇科). 薛万琦,等. 动物学研究,1986,7(2)
四种麻蝇早期幼虫形态的扫描电镜观察. 张文忠,等. 四川动物,1986,5(2)
维生素E对家蝇寿命及肠上皮细胞内脂褐素堆积的影响. 王焕葆. 动物学报,1986,32(3)
我国的天仙子泉蝇群并记一新种(双翅目:花蝇科). 范滋德. 昆虫分类学报,1986,8(1-2)
我国家蝇抗药性的现状及其防治. 全国家蝇抗性与防治协作组. 中国公共卫生(基层版),1986,(增刊3)
西宁地区蝇种初步调查. 慈延令,等. 青海医学院学报,1986,(2)
肖藜泉蝇卵和三龄幼虫的研究. 刘德邦. 河北医学院学报,1986,7(3)
野亚麻蝇作为衰老生物学实验动物的研究. 傅文庆,等. 福建师范大学学报(自然版),1986,2(3)
中国金色果蝇复合种的染色体研究Ⅰ. 中国某些地区金色果蝇及Ⅲ金色果蝇核型的研究. 戴灼华,等. 遗传学报,1986,13(4)
中国科学院动物研究所收藏的中国潜蝇(双翅目)(英文). 笹川满广. 昆虫分类学报,1986,8(3)
川西地区麻蝇科一新种. 冯炎,等. 昆虫分类学报,1987,9(3)
川西地区有瓣蝇类的研究Ⅱ. 花蝇科七种新种(双翅目). 冯炎. 动物分类学报,1987,12(2)
甘肃酒泉地区花蝇科二新种(双翅目). 范滋德,等. 动物学研究,1987,8(4)

公共卫生蝇类的生物防治原理与方法.薛瑞德.中国公共卫生,1987,6(6)
贵州省池蝇属二新种和一新记录(双翅目:蝇科).周志坤,等.动物学研究,1987,8(2)
家蝇性信息素顺-9-廿-碳烯的新法合成.兰仲薇,等.四川大学学报(自然版),1987,24(3)
丽蝇蛹集金小蜂寄生行为的观察.薛瑞德.昆虫天敌,1987,9(4)
牛皮蝇不同发育阶段五种同工酶的比较分析.张立华,等.兰州医学院学报,1987,(3)
四川峨眉山花蝇四新种记述(双翅目:花蝇科).邓安孝,等.昆虫分类学报,1987,9(2)
维尔康对家蝇(Muscadomestica)寿命和飞翔肌线粒体年龄变化的影响.赵晓虹,等.动物学报,1987,33(3)
蝇类幼虫的寄生性天敌——赤色大腿小蜂的生物学特性初探.薛瑞德,等.生物学杂志,1987,(1)
蝇髓部细胞的运动敏感性.郭爱克,等.生物物理学报,1987,3(3)
云南、贵州4种果蝇的核型研究.凌发瑶,等.动物学研究,1987,8(4)
中国寄蝇科的记述:茸毛寄蝇属(Ⅱ).赵建铭,等.昆虫分类学报,1987,9(1)
5-氟尿嘧啶对家蝇卵巢的影响及其诱变效应.苏大昆,等.昆虫学报,1988,31(3)
鼻蝇亚科分族的探讨并记二新种(双翅目:丽蝇科).方建明,等.昆虫分类学报,1988,10(3-4)
不同生态条件下家蝇生存力与繁殖力的测试.胡广业,等.生态学报,1988,8(4)
潮汕蝇类区系调查报告.陈思湖,等.医学动物防制,1988,4(1)
川实蝇属一新种(双翅目:实蝇科).汪兴鉴.昆虫学报,1988,31(2)
甘肃省池蝇属一新种(双翅目:蝇科).武经纬.动物分类学报,1988,13(4)
贵州省花蝇科四新种记述(双翅目).动物学研究,1988,9(4)
河北省点池蝇新二种及厕蝇属一新记录(双翅目:蝇科).薛万琦,等.动物分类学报,1988,13(3)
黑龙江省棘蝇亚科二新种(双翅目:蝇科).方建明,等.动物分类学报,1988,13(3)
花蝇科泉蝇属六新种(双翅目:花蝇科).邓安孝,等.昆虫分类学报,1988,10(3-4)
棘蝇属三新种和三新记录(双翅目:蝇科).薛万琦.动物分类学报,1988,13(2)
家蝇对二氯苯醚菊酯的抗性及增效磷的增效作用Ⅰ.水解代谢.李晶,等.昆虫学报,1988,31(2)
家蝇复眼性特化光感受器的进一步研究.吴卫国,等.科学通报,1988,33(4)
金蝇染色体组型分析.徐信,等.华东师范大学学报(自然版),1988,(2)
抗溴氰菊酯家蝇品系(Muscadomestica)对其它拟除虫菊酯和有机磷杀虫剂的交互抗性.张文吉,等.北京农业大学学报,1988,14(2)
两种蝇类精细胞发育过程中细胞核的变态.吴敦肃,等.昆虫学报,1988,31(3)
陕西省棘蝇属一新种(双翅目:蝇科).薛万琦,等.昆虫学报,1988,31(1)
我国最常见的四种蝇类孳生习性调查.郭念恭,等.医学动物防制,1988,4(3)
新疆鼓额食蚜蝇属ScaevaFabricius(1805)种类记述.李清西.八一农学院学报,1988,11(1)
雄蝇追逐飞行的速度分析.张少吾,等.生物物理学报,1988,4(2)
阳蝇属二新种(双翅目:蝇科).薛万琦,等.昆虫分类学报,1988,10(3-4)
蝇类对环境中动物废弃物的净化作用初探.薛瑞德,等.兰州医学院学报,1988,(1)
蝇类幼虫的寄生性天敌——赤色大腿小蜂的调查与养殖方法.薛瑞德.医学动物防制,1988,4(1)
蝇视觉系统的图形—背景分辨的计算机模拟.郭爱克,等.中国科学(B辑),1988,8(8)
用微机技术测量黑腹果蝇(Drosophilanogaster)求偶歌节律.吴伟忠,等.复旦大学学报(自然版),1988,27(4)
云南省丽蝇族二新种(双翅目:丽蝇科).陈之梓.动物学研究,1988,9(3)
中国的蝇类和蝇类防治.范滋德.医学动物防制,1988,4(3)
中国海花蝇属幼虫研究.刘德邦.昆虫分类学报,1988,10(1-2)
中国住区蝇类幼虫试用检索表(初稿).范滋德.医学动物防制,1988,4(3)
BJ-130型喷药车现场灭蝇效果观察.赵义,等.医学动物防制,1989,6(1)
保幼激素类似物S-31183在实验室条件下对家蝇(Muscadomestica)幼期作用.叶宗茂,等.医学动物防制,1989,5(4)
刺豚实蝇族一新属三新种(双翅目:实蝇科).汪兴鉴.动物分类学报,1989,14(3)
毒粉诱蝇笼诱杀成蝇方法探讨.孙晨熹,郑健民.医学动物防制,1989,5(2)
甘肃省阳蝇属五新种(双翅目:蝇科).武经纬.昆虫分类学报,1989,11(4)
高床式鸡舍姬家蝇的防制.田原雄,余炉善.国外畜牧科技,1989,16(2)
果蝇亚群中六个种的求爱歌研究——对ipi作用的探究.庚镇城,等.遗传学报,1989,16(6)
果蝇自然群体同工酶遗传多态的研究.何朝珍,等.遗传学报,1989,16(1)
河北省有瓣蝇类研究(一)(双翅目:蝇科).薛万琦,等.昆虫学报,1989,32(1)
寄蝇—附西宁地区寄蝇17种名录.慈延令,等.青海医学院学报,1989,(2)
家蝇对二氯苯醚菊酯的抗性及增效磷的增效作用Ⅱ.氧化代谢.李晶,等.昆虫学报,1989,32(1)
建国后家蝇的防制及其抗性的发展.龚坤元.中国媒介生物学及控制杂志,1989,(5)

晋北地区有瓣蝇类的研究及蝇科三新种记述(双翅目).薛万琦,等.昆虫学报,1989,32(2)
氯氰菊酯灭蝇试验效果观察.刘玉书,等.中国媒介生物学及控制杂志,1989,(5)
灭幼脲1号杀灭家蝇的试验研究.刘玉书,等.中国媒介生物学及控制杂志,1989,(5)
宁夏地区危害枸杞的泉蝇属一新种(双翅目:花蝇科).范滋德,等.昆虫分类学报,1989,11(4)
山东省济南市使用诺毕速灭松现场喷洒灭蝇效果报告.朱成璞,等.医学动物防制,1989,5(1)
山西地区有瓣蝇类的研究(Ⅳ)雅安室内家蝇昼夜活动规律.冯炎.动物学研究,1989,10(1)
山西省棘蝇属三新种记述(双翅目:蝇科).薛万琦,等.动物分类学报,1989,14(3)
陕西省头蝇六新种(双翅目:头蝇科).杨集昆,等.昆虫分类学报,1989,11(1-2)
陕西省有瓣蝇类的研究(一)太白山棘蝇亚科人新种及一新记录(双翅目:蝇科).薛万琦.昆虫分类学报,1989,11(1-2)
神经毒性杀虫药剂对家蝇头部环腺苷酸含量的影响.马燕,等.昆虫学报,1989,32(4)
实验室内家蝇的生态学观察.张淑媛,等.中国媒介生物学及控制杂志,1989,(5)
新疆东昆仑—阿尔金山蝇类研究初报.向超群,等.新疆大学学报(自然版),1989,6(2)
蝇类卵巢染色体制备的新方法.庞万敏,等.福建师范大学学报,1989,5(3)
越冬幼虫有效积温研究——预测第一代丝光绿蝇发生期.王世雄,等.医学动物防制,1989,5(4)
中国寡鬃实蝇属记述(双翅目:实蝇科).汪兴鉴,等.动物分类学报,1989,14(2)
中国棘蝇属二新种(双翅目:蝇科).马忠余,等.动物分类学报,1989,14(3)
中国棘蝇属细鬃棘蝇种团记述(双翅目:蝇科).马忠全,等.动物分类学报,1989,14(1)
中国家蝇属三新种记录.倪涛,范滋德.武汉同济医科大学学报,1989,(5)
中国金绿寄蝇属记述(双翅目:寄蝇科).赵建铭,等.动物分类学报,1989,14(1)
中国迈实蝇属的新种和新记录(双翅目:实蝇科).汪兴鉴.动物分类学报,1989,14(4)
苍蝇在空气幕中数量分布研究.黄振侃.数理统计与应用概率,1990,5(3)
赤藓红B对家蝇的毒性研究.李泽民,等.中国昆虫学会首届全国青年昆虫工作者学术讨论会论文汇编集,1990
大头金蝇幼虫、蛹免疫系统对大肠杆菌诱导的应答.王晓东,靳庆生.河北省科学院学报,1990,(1)
东方实蝇蛹俑小蜂早期发育及其形态研究.张桂筠.医学动物防制,1990,6(4)
峨眉山花蝇科六新种描述.邓安孝,等.华西医科大学学报,1990,21(3)
合夜蝇属 Syngamoptera 三新种(双翅目:蝇科).范滋德.动物学研究,1990,11(2)
家蝇对拟除虫菊酯农药的抗性机制.孙耘芹,等.昆虫学报,1990,33(3)
家蝇幼虫食入孟加拉玫红成虫期克氧化毒性试验.李泽民,等.中国昆虫学会首届全国青年昆虫工作者学术讨论会论文汇编集,1990
金针菇口服液对雷蝇和家蝇寿命的影响.郑立明,曾长华.中国食用菌,1990,9(3)
两种蝇蛹寄生蜂外生殖器及其感受器的扫描电镜观察.张桂筠.医学动物防制,1990,6(4)
墨胸球果花蝇(双翅目:花蝇科)的补充描述.范滋德,方三阳.东北林业大学报,1990,18(1)
青海门源湖棘蝇五新种一新亚种.范滋德.昆虫学研究集刊,1990,(8)
四川后鬃实蝇属一新种记述(双翅目:实蝇科).汪兴鉴.昆虫学报,1990,33(4)
四川省雅安地区有瓣蝇类孳生场所的调查.冯炎,等.昆虫学报,1990,33(1)
膝角泉蝇群研究并记述一新种(双翅目:花蝇科).李荣,等.华西医科大学学报,1990,21(2)
蝇蛆蛋白开发利用的现状与前景.雷朝亮,钟昌珍.湖北渔业,1990,(2)
蝇蛹寄生蜂的研究近况.张文忠.医学动物防制,1990,6(4)
蝇蛹冷藏处理对蛹寄生蜂寄生活动的影响.王善青.医学动物防制,1990,6(4)
蝇幼虫的捕食性昆虫及其捕食量研究.王善青,张文忠.医学动物防制,1990,6(4)
用芥酸合成家蝇引诱剂的新途径.成莹,杨仁玲.北京师范大学学报(自然版),1990,(2)
中国寄蝇科一新属新种记述.赵建铭,等.动物分类学报,1990,15(1)
中国俏饰寄蝇族的研究(双翅目:突颜寄蝇亚科).赵建铭,等.动物分类学报,1990,15(2)
中国远痔实蝇属三新种记述(双翅目:实蝇科).汪兴鉴.动物分类学报,1990,15(2)
北京地区家蝇(Muscadomestica)乙酰胆碱酯酶(AchE)动力学性质研究.杨俭美.北京大学学报(自然版),1991,27(4)
北京地区家蝇对拟除虫菊酯的抗药性与α-乙酸萘酯酶的关系.杨俭美.生物化学杂志,1991,7(5)
长白山棘蝇属二新种(双翅目:蝇科).薛万琦.四川动物,1991,10(2)
赤藓红B对家蝇幼虫生长作用的研究.张孟余,等.中国媒介生物学及控制杂志,1991,2(1)
大头金蝇幼虫免疫系统对大肠杆菌诱导的应答研究.王晓东.昆虫知识,1991,28(1)
等彩蝇属五新种(双翅目:丽蝇科).梁醒财.昆虫分类学报,1991,13(2)
秆蝇科一新属及四新种(双翅目:无瓣蝇类).杨集昆.动物分类学报,1991,16(4)
果蝇前后图式基因调控的层次性(下).赵德标.细胞生物学杂志,1991,13(2)

河北省棘蝇属一新种记述(双翅目:蝇科).马忠余.动物分类学报,1991,16(4)
黑腹果蝇发育衰老过程中酯酶同工酶酶谱的变化.袁朝辉.老年学杂志,1991,11(4)
黑鬃秆蝇属八新种(双翅目:秆蝇科).杨定.动物分类学报,1991,16(4)
棘蝇属一新种记述(双翅目:蝇科).薛万琦.昆虫学报,1991,34(1)
家蝇飞行轨迹的研究.黄振侃.数学的实践与认识,1991,(2)
妙蝇属三新种记述(双翅目:蝇科).魏濂艨.动物学研究,1991,12(1)
黔北棘蝇属二新种一新亚种(双翅目:蝇科).魏濂艨.昆虫分类学报,1991,13(2)
山东省树棘蝇属一新种(双翅目:蝇科).范滋德.昆虫学研究集刊,1991,(10)
陕西省陪丽蝇树一新种(双翅目:丽蝇科).吴元钦,等.昆虫分类学报,1991,13(4)
四川雅安常见住区蝇类密度监测.冯炎,李光仕.生态学杂志,1991,10(6)
微波(2450MH2)对果蝇诱变剂效应的研究.吴坚.四川大学学报(自然版),1991,28(2)
我国人的结膜蝇蛆病.彭旺宝.实用眼科杂志,1991,9(6)
我国西南地区拟粉蝇属二新种(双翅目:丽蝇科).范滋德.昆虫分类学报,1991,13(1)
吸血蝇传播牛病毒性腹泻病毒.Tarry,D.W.,符子华.国外兽医学(畜禽传染病),1991,11(3)
新疆马胃蝇种类观察及其地理分布.王善志,徐显曾.中国兽医科技,1991,21(11)
延长果蝇寿命的遗传学研究.Rose,M.R.科技译丛,1991,(1)
野亚麻蝇(Parasarcophagasimiles)幼虫凝集素的细胞凝集和糖抑制作用.余萍.福建师范大学学报(自然版),1991,7(4)
蝇视觉运动信息的神经计算原理.郭爱克,杨先一.生物化学与生物物理学进展,1991,18(4)
蝇视觉运动信息的神经计算原理(续).郭爱克,杨先一.生物化学与生物物理学进展,1991,18(5)
用红外方法对蝇翅视动行为的探索.张宏.生物物理学报,1991,7(1)
有瓣类二蝇种(Diptera:sarcophagidaeand caliphoridae)细胞遗传学特征.潘星华.复旦大学学报(自然版),1991,30(1)
中国西南拟粉蝇属二新种(双翅目:丽蝇科).范滋德,等.昆虫分类学报,1991,13(1)
阿坝州牦牛牛皮蝇病的防治.雷德林,宋远军.中国牦牛,1992,(1)
苍蝇诱变剂的研究.林立辉.解放军预防医学杂志,1992,10(6)
川西北草地牛皮蝇病的研究之二.刘承秀,王小英.中国牦牛,1992,(2)
海南省花蝇属二新种(双翅目:花蝇科).范滋德,陈之梓.中国媒介生物学及控制杂志,1992,3(4)
黑腹果蝇DNA修复功能缺陷型细胞系的建立及其培养特性.曾庆韬.湖北大学学报(自然版),1992,14(3)
花蝇诱毒剂的研究.林立辉,程明浩.解放军预防医学杂志,1992,10(6)
家蝇飞翔肌线粒体超氧化物歧化酶活性及荧光衰老色素含量的年龄变化的研究.高福鸿.动物学报,1992,38(4)
家蝇血淋巴的提取及抗菌物质的诱导.王远程.微生物学报,1992,32(6)
垃圾场应用卫害净灭蝇效果观察.李刚.中国媒介生物学及控制杂志,1992,3(1)
三种消灭方法对苍蝇灭治效果的试验.贺传生.白蚁科技,1992,9(3)
山东省曲阜市孔林蝇种季节消长及孳生习性的调查研究.孔繁吉.中国寄生虫病防治杂志,1992,5(3)
山西省晋北地区棘蝇属四新种(双翅目:蝇科).马忠余.动物分类学报,1992,17(1)
上海地区白昼不同时间蝇类种群进笼变化观察.顾爱清,程炼.中国媒介生物学及控制杂志,1992,3(5)
肃南县牦牛牛皮蝇病和布病防治简况.佘永升.中国牦牛,1992,(3)
特殊行业应用卫害净灭蝇试验报告.戴兆明.中国媒介生物学及控制杂志,1992,3(1)
湘潭市城区成蝇种类及其生态习性调查.李荣光.湖南预防医学杂志,1992,4(3)
蝇引诱信息素及诱捕蝇类的研究.浦京遂,等.中国媒介生物学及控制,1992,3(6)
中国常见蝇类检索表(第二版).范滋德.科学出版社,1992
长白山地区棘蝇属四新种(双翅目:蝇科).薛万琦.动物分类学报,1993,18(4)
二种方法监测蝇类种群密度的结果分析.冷培恩,梁铁麟.中国媒介生物学及控制杂志,1993,4(5)
寡毛实蝇属三新种(双翅目:实蝇科).赵又新.昆虫分类学报,1993,15(6)
果蝇胚胎背腹图式的早期形成.赵德标.细胞生物学杂志,1993,15(1)
河南省泉种蝇属一新种(双翅目:花蝇科).范滋德.昆虫分类学报,1993,15(1)
黑色拱背果蝇种组三新种记述.张文霞.动物分类学报,1993,18(2)
吉林省点池蝇属一新种(双翅目:蝇科).薛万琦.昆虫学报,1993,36(1)
棘蝇属一新种记述(双翅目:蝇科).张连富,等.动物分类学报,1993,18(4)
家蝇对菊酯类抗性及增效剂的增效作用.何风琴.中国公共卫生学报,1993,12(6)
家蝇对拟除虫菊酯抗性的研究.冯国蕾.中国公共卫生学报,1993,12(1)
家蝇规格化养殖中卵的收集和定量方法介绍.姜晓舜.中国媒介生物学及控制杂志,1993,4(3)

家蝇性信息素 Z-9-廿三碳烯的合成进展. 程晓红. 云南化工,1993,(2)
孔林蝇种与常见蝇种的季节消长及其主要孳生习性调查. 孔繁吉,赵树公. 中国媒介生物学及控制杂志,1993,4(6)
昆虫病原线虫对大头金蝇(Chrysomyiamegacephale Fab.)幼虫致死试验. 刘南欣,练键生. 医学动物防制,1993,9(3)
利用寄生蜂控制蝇类种群密度的现场试验研究. 王善青,肖蔼祥. 中国公共卫生,1993,12(6)
辽宁棘蝇属一新种及一新亚种(双翅目:蝇科). 薛万琦等. 动物分类学报,1993,18(4)
山西省地种蝇属一新种(双翅目:花蝇科). 薛万琦,等. 动物分类学报,1993,18(4)
食物不同含水量对家蝇生长发育的影响. 雷朝亮. 华中农业大学学报,1993,12(4)
食物对家蝇卵黄成熟影响的研究近况. 蓝雁. 医学动物防制,1993,9(2)
双齿果蝇物种群 Lordiphosadenticepsgroup 的分类地位及四新种记述(双翅目:果蝇科). 张文霞. 昆虫分类学报,1993,15(6)
四川棘蝇属一新种(双翅目:蝇科). 冯炎. 四川动物,1993,12(2)
四川省西部丽蝇科三新种(双翅目). 范滋德. 动物学研究,1993,14(3)
我国东部沿海地区黑腹果蝇脱氢酶座位的多态性和渐变群研究. 蒙世杰. 西北大学学报(自然版),1993,23(3)
我国结膜吸吮线虫在中间宿主——变色纵眼果蝇体内发育过程的研究. 王增贤,杨兆莘. 动物学杂志,1993,28(5)
我国西北地区黑腹果蝇 P–M 杂种劣育的研究. 蒙世杰. 西北大学学报(自然版),1993,23(2)
五种增效剂在家蝇中对拟除虫菊酯的增效作用研究. 何风琴. 中国媒介生物学及控制杂志,1993,4(4)
武汉地区 5 种果蝇的核型研究. 张青. 湖北大学学报(自然版),1993,15(1)
武汉地区果蝇调查(双翅目:果蝇科). 钱远槐. 湖北大学学报(自然版),1993,15(3)
新疆棘蝇属研究. 薛万琦. 动物分类学报,1993,18(2)
野外释放丽蝇蛹集金小蜂对家蝇及其它蝇种控制效果观察. 王善青. 中国媒介生物学及控制杂志,1993,4(1)
银额果蝇自然群体中的 mtDNA 多态性研究 Ⅰ. 银额果蝇自然群体内存在丰富的 mtDNA 多态性. 王文. 中国科学(B 辑),1993,23(11)
蝇蛆养殖技术的研究 Ⅰ. 影响成蝇卵;量的因子作用模型. 鲁汉平. 华中农业大学学报,1993,112(3)
云芝多糖对果蝇的繁殖力和寿命的影响. 李怀义,谭建权. 中国药理学学报,1993
中国厕蝇亚科三记录种. 王明福. 动物分类学报,1993,18(4)
中国厕蝇属一新种(双翅目:厕蝇科). 张连富. 动物分类学报,1993,18(1)
中国丽蝇科研究概况及四种新种记述:(双翅目:麻蝇总科). 陈宏伟. 沈阳师范学院学报(自然版),1993,(2)
中国溜蝇属一新种记述(双翅目:蝇科). 马忠余. 动物分类学报,1993,18(1)
中国青藏泉种蝇 Pegohylemyiatibetana 群二新种描述. 邓安孝. 华西医科大学学报,1993,4(1)
自然变温下家蝇发育的有效积温及其应用研究. 霍新北. 医学动物防制,1993,9(2)
88 灭蝇灵超浓缩乳油的研制及灭蝇效果观察. 陆年宏,等. 中国媒介生物学及控制杂志,1994,5(6)
保幼似物对蝇蛆杀灭效果观察. 林立丰,安志儒. 中国媒介生物学及控制杂志,1994,5(3)
不连续 Ficoll 密度梯度法分离家蝇脑突触体. 肖丹青,冷欣夫. 昆虫知识,1994,31(2)
不同基因型黑腹果蝇的寿命比较. 袁朝辉. 华东师范大学学报(自然科学版),1994,(3)
长角蚜蝇属一新种记述(双翅目:食蚜蝇科). 李清西,等. 昆虫分类学报,1994,16(2)
齿股蝇属二新种(双翅目:蝇科). 薛万琦,等. 动物分类学报,1994,19(2)
齿股蝇属一新种和一新亚种记述(双翅目:蝇科). 薛万琦,等. 动物分类学报,1994,19(2)
川西北草地牦牛牛皮蝇生态学特性的研究. 蒋锡仕,何世明. 中国牦牛,1994,(1)
滇鄂产果蝇三新种(双翅目:果蝇科). 张文霞,梁醒财. 昆虫分类学报,1994,16(3)
非直接荧光免疫法鉴定 HMG_{14} 非组蛋白质在果蝇唾腺染色体上的原位分布. 吴鹤龄,童苏湘. 北京大学学报(自然科学版),1994,30(2)
古代防蝇与灭蝇. 陶昌华. 医古文知识,1994,(4)
贵州产棘蝇属四新种(双翅目:蝇科). 魏濂艨. 昆虫学报,1994,37(2)
果蝇胚胎的低温保存. 韩润虎,等. 细胞生物学杂志,1994,16(1)
果蝇姊妹种间亲缘关系的聚类分析. 陈娅,刘凤丽. 北京大学学报(自然科学版),1994,30(5)
河南省草种蝇属二新种(双翅目:花蝇科). 范滋德,等. 昆虫学研究集刊,1994,(11)
河南省花蝇科两新种描述(双翅目). 李书建,等. 昆虫学研究集刊,1994,(11)
黑腹果蝇(Drosophilamelanogaster)黑条体突变型的发现与初步研究. 钱远槐,等. 湖北大学学报,1994,16(3)
黑腹果蝇单胚培养技术的建立. 许珊,等. 遗传,1994,16(2)
黑须污蝇(WohlfahrtiamagnificaSchiner. 1862)生活习性的观察与研究. 呼和巴特尔,等. 内蒙古农牧学院学报,1994,15(2)

花蝇科地种蝇属三新种描述. 邓安孝,李岭. 华西医科大学学报,1994,25(1)
家蝇卵巢摄动卵黄蛋白的记录. 龚和,等. 昆虫学报,1994,37(1)
家蝇卵巢在体外培育中摄入卵黄蛋白. 龚和,等. 昆虫学报,1994,37(3)
家蝇幼虫分泌物防治植物病毒研究简报. 张文吉,等. 植物保护学报,1994,21(1)
两种蝇蛹寄生蜂寻找寄生行为的实验研究. 王善青,肖蔼祥. 中国媒介生物学及控制杂志,1994,5(1)
辽西地区花蝇科初志. 牟学华,等. 医学动物防制,1994,10(2)
麦麸的不同颗粒细度对家蝇幼虫生长发育的影响. 彭宇,等. 湖北大学学报,1994,16(2)
气雾罐室内空间喷雾对家蝇药效的评估(第 1 部分):影响自由飞行家蝇药效之因. 吴太平. 医学动物防制,1994,10(1)
秋家蝇羽化模式. 王兰芬. 医学动物防制,1994,10(4)
曲阜孔林蝇类模拟孳生地初步观察. 孔繁吉. 中国寄生虫病防治杂志,1994,7(2)
上海邻近地区果蝇(Drosophilaalbomicans)的迁入及其线粒体 DNA 陈伟京,等. 遗传学报,1994,21(3)
食蚜蝇科一新种(双翅目). 储西平. 昆虫学报,1994,37(4)
四川省棘蝇属四新种记述(双翅目:蝇科). 冯炎,等. 动物分类学报,1994,19(2)
四种蝇类幼虫病. 危翠凡. 贵州畜牧兽医,1994,18(1)
铁岭地区 19 年常见蝇类季节消长与痢疾发病的关系. 李树仁,王叶茂. 中国媒介生物学及控制杂志,1994,5(2)
我国五地家蝇蛋白质和酯酶同工酶的初步研究. 姜志宽. 中国媒介生物学及控制杂志,1994,5(1)
狭颊寄蝇属一新种记述(双翅目:寄蝇科). 梁恩义,赵建铭. 动物分类学报,1994,19(4)
新法养殖"无菌蝇蛆"技术. 黄鹤清. 科学养鱼,1994,(10)
新疆齿股蝇属一新种(双翅目:蝇科). 薛万琦,等. 昆虫学报,1994,37(2)
新型紫外线灯灭蝇器灭效试验研究. 柳霭钦,等. 卫生杀虫药械,1994,(4)
银额果蝇自然群体中的 mtDNA 多态性的研究. 王文,等. 遗传学报,1994,21(4)
蝇蛆养殖技术研究:影响幼虫生长的因子作用模型. 鲁汉平,钟昌珍. 华中农业大学学报,1994,13(6)
圆蝇属四新种记述(双翅目:蝇科). 魏濂艨. 昆虫学报,1994,37(1)
云南省齿股蝇属一新种(双翅目:蝇科). 薛万琦,李富华. 动物分类学报,1994,19(4)
肇庆市区蝇类调查报告. 钟应洪. 医学动物防制,1994,10(1)
中国丛毛寄蝇族一新属新种记述(双翅目:寄蝇科). 孙雪逵,赵建铭. 动物分类学报,1994,19(4)
中国副白果蝇属 Paralcucophcnga 一新种(双翅目:果蝇科). 陈华中,户田正宪. 昆虫分类学报,1994,16(1)
中国宽头秆蝇属二新种(双翅目:秆蝇科). 杨集昆,等. 昆虫分类学报,1994,16(2)
中国裸板寄蝇属研究(双翅目:寄蝇科). 孙雪逵等. 动物分类学报,1994,19(1)
中国四川省果蝇科五新种一新记录(双翅目:果蝇科). 陈华中. 复旦大学学报(自然版),1994,33(3)
中国蝇科二新属二新种(双翅目:蝇科). 薛万琦,等. 动物分类学报,1994,19(3)
N-甲基一元、二元取代烷基苯基氨基甲酸酯化合物对家蝇的毒力. 高锦亚,等. 卫生杀虫药械,1995,1(1)
白僵菌对球果花蝇致病性研究. 李兰珍,阎峻. 森林病虫通讯,1995,(2)
川西地区棘蝇属四新种(双翅目:蝇科). 冯炎. 四川动物,1995,14(2)
单萜衍生物对家蝇(双翅目:蝇科)及赤拟谷盗(鞘翅目:拟步行虫科)的毒力. Pamela,J. ,徐汉虹. 医学动物防制,1995,11(3)
光电杀虫器与化学诱杀剂诱杀家蝇效果观察. 黄钢,李敏. 中国媒介生物学及控制杂志,1995,6(3)
贵州花蝇科一新种(双翅目:花蝇科). 吴传刚,等. 昆虫分类学报,1995,17(4)
果蝇发育中细胞决定和分化与基因表达环境. 赵德标. 细胞生物学杂志,1995,17(2)
果蝇幼虫神经肌肉突触电位反应的研究. 李长安,等. 山西大学学报(自然版),1995,18(1)
秽蝇属中国新记录种(双翅目:蝇科). 崔永胜,薛万琦. 动物分类学报,1995,20(4)
家蝇的抗性及其治理. 高锦亚. 卫生杀虫药械,1995,1(2)
家蝇卵的扫描电镜观察. 张桂筠,等. 中国寄生虫学与寄生虫病杂志,1995,13(4)
家蝇引诱剂的研究. 戴小杰. 卫生杀虫药械,1995,1(1)
家蝇幼虫对糖化饲料转化利用的研究. 彭宇,王玉凤. 湖北大学学报,1995,17(1)
卡内里虱蝇的染色体核型与减数分裂. 张财兴. 厦门大学学报(自然版),1995,34(5)
辽宁省家蝇对溴氰菊酯的抗性动态及其防治对策. 刘丹红,等. 中国媒介生物学及控制杂志,1995,6(6)
辽宁省西部棘蝇属一新种(双翅目:蝇科). 张连富,张大丽. 昆虫分类学报,1995,17(2)
辽宁省植蝇属一新种记述(双翅目:花蝇科). 张连富. 医学动物防制,1995,11(3)
青海花蝇科一新种(双翅目). 陈之梓,范滋德. 动物分类学报,1995,20(4)
三明市区蝇类调查. 池毓棣,等. 医学动物防制,1995,11(3)
四川大邑西岭雪山青藏泉种蝇群二新种. 邓安孝,等. 华西医科大学学报,1995,26(1)
似眼蝇亚科中国新记录及一新种(双翅目:眼蝇科). 杨集昆. 广西科学,1995,2(1)

提高成蝇产卵能力的途径. 鲍根良. 中国农学通报,1995,11(5)
土壤温湿度对白僵菌感染球果花蝇的影响. 阎峻,李兰珍. 森林病虫通讯,1995,(3)
我国8种雄蝇尾器光镜与扫描电镜形态特征研究. 荆凯,等. 中国寄生虫病防治杂志,1995,8(1)
厦门蝇类研究. 张财兴,张素星. 厦门大学学报(自然版),1995,34(3)
辛硫磷的溴氰菊酯混剂对家蝇抗性发展的影响. 张文吉,等. 昆虫学报,1995,38(1)
抑卵激素对家蝇卵巢周期性发育的调控. 李乾君,龚和. 昆虫学报,1995,38(4)
蝇蛆养殖技术的研究Ⅲ. 养殖技术的模拟优化及决策分析. 鲁汉平,钟昌珍. 华中农业大学学报,1995,14(1)
制备果蝇唾液腺染色体标本片的改进方法. 赵惠玲,等. 生物学通报,1995,30(10)
中国大陆若干群体的黑腹果蝇的线粒体 DNA 多态性研究. 贾振宇,等. 动物学研究,1995,16(1)
中国花蝇科二新记录. 王明福. 动物分类学报,1995,20(1)
中国秽蝇族二新种(双翅目:蝇科). 崔永胜,等. 动物学研究,1995,16(1)
中国裸背寄蝇属二新种记述(双翅目:寄蝇科). 梁恩义,赵建铭. 动物分类学报,1995,20(4)
中国绒茎蝇属二新种(双翅目:茎蝇科). 王心丽. 昆虫分类学报,1995,17(增刊6)
中国蚤蝇科一新记录属一新种(双翅目:蚤蝇科). 刘文纯,曾庆奇. 昆虫分类学报,1995,17(2)
中国准斑腹蝇属一新种(双翅目:斑腹蝇科). 谢明. 昆虫分类学报,1995,17(增刊6)
住区蝇类综合防治中的若干生态学问题. 范滋德. 中国媒介生物学及控制杂志,1995,6(5)
淄博市蝇类调查. 边云秀,等. 医学动物防制,1995,11(1)
Y-ZL 型毒蝇纸现场防除家蝇效果观察. 孙红专,等. 中国媒介生物学及控制杂志,1996,(专刊)
不同处理的饲料饲养家蝇幼虫的研究. 彭宇,等. 华中农业大学学报,1996,15(5)
川西北草地牛皮蝇蛆病的研究. 蒋锡仕,宋远军. 西南民族学院学报(自然版),1996,22(2)
果蝇免疫基因的表达. 饶军华,等. 昆虫天敌,1996,18(3)
果蝇求爱歌的声学分析. 李成林,等. 声学技术,1996,15(1)
华实蝇属的研究及六新种(双翅目:实蝇科). 赵又新,林小琳. 昆虫分类学报,1996,18(2)
吉林省棘蝇属一新种(双翅目:蝇科). 薛万琦,张春田. 昆虫学报,1996,39(1)
棘蝇属仿棘蝇种团二新种(双翅目:蝇科). 薛万琦,崔永胜. 动物分类学报,1996,21(4)
棘蝇属小爪棘蝇新种团二新种(双翅目:蝇科). 薛万琦,等. 动物分类学报,1996,21(3)
家蝇饲养中培养基防霉防板结的探讨. 刘和金. 卫生杀虫药械,1996,2(1)
甲醚菊酯和溴氰菊酯在果蝇幼虫外周神经系统的协同毒理作用. 刘贤进,王荫长. 昆虫学报,1996,39(1)
厩腐蝇(Muscinastabulans)自然种群雌蝇卵巢发育的观察. 武文杰. 厦门大学学报(自然版),1996,35(6)
辽宁棘蝇属一新种(双翅目:蝇科). 刘力,薛万琦. 动物分类学报,1996,21(1)
氯化汞对雄性果蝇生殖细胞非整倍体的影响. 王任群,尹漫利. 工业卫生与职业病,1996,22(1)
青海省棘蝇属二新种(双翅目:蝇科). 范滋德. 动物分类学报,1996,21(1)
曲阜市对家蝇化学杀虫剂抗药性的研究. 孔繁吉,宋华. 中国寄生虫病防治杂志,1996,(9)
山西省厕蝇科分类学研究. 王明福,武玉晓. 山西预防医学,1996,5(2)
生长激素转基因家蝇的建立. 刘维德,等. 中国兽医学报,1996,16(6)
生态环境变化对蝇种构成及其密度影响的研究. 王远忠,等. 中国寄生虫病防治杂志,1996,9(3)
双池连圈水封式厕所及其无害化效果观察. 崔殿祯,宫庆月. 山东预防医学,1996,16(1)
四川西部泉种蝇属三新种记述(双翅目:花蝇科). 邓安孝,等. 昆虫学报,1996,39(4)
四川西部蝇类物候的研究. 冯炎. 生态学杂志,1996,15(6)
四种蝇的随机序列扩增多态性分析. 赵瑞君,梁爱华. 实用寄生虫病杂志,1996,4(1)
饲料、温度及成蝇密度对家蝇产卵量的影响. 陈文龙,仇书红. 上海农学院学报,1996,14(1)
温度对丝光绿蝇幼虫发育速度影响. 牛青山,李军. 中国法医学杂志,1996,11(3)
盐田港口岸蝇类调查报告. 庄承宇,等. 卫生杀虫药械,1996,2(3)
羊狂蝇化蛹、羽化的生物学研究. 郑经鸿,蒲新文. 昆虫学报,1996,39(1)
药物在不同材料表面对家蝇杀灭效果观察. 田亚春,等. 医学动物防制,1996,12(2)
蝇视觉系统对目标的检测、识别与跟踪. 朱立新,郭爱克. 中国科学(C辑生命科学),1996,26(2)
用荧光探剂 DPH 研究家蝇线粒体膜脂流动性. 曾晓芃. 中国媒介生物学及控制杂志,1996,7(2)
增效剂九四0对家蝇的增效作用. 李国清,等. 卫生杀虫药械,1996,2(2)
中国秽蝇二新种(双翅目:蝇科). 崔永胜,王明福. 动物学研究,1996,17(2)
中国罗佛寄蝇属研究(双翅目:突颜寄蝇亚科). 孙雪逵. 动物分类学报,1996,21(1)
中国墨管蚜蝇属二新种(双翅目:食蚜蝇科). 李清西. 动物分类学报,1996,21(4)
中国食蚜蝇属一新种记述(双翅目:食蚜蝇科). 何继龙,储西平. 昆虫学报,1996,39(3)
中国蝇类(上、下册). 薛万琦,等. 辽宁科技出版社,1996
中国莠蝇属一新种记录种(双翅目:花蝇科). 王明福,徐萍. 动物分类学报,1996,21(3)

中国圆蝇属一新种(双翅目:蝇科).薛万琦,冯炎.动物分类学报,1996,21(2)
Drosophilaimmigrans 果蝇随机扩增 DNA 多态性初步分析.陈燕茹,等.北京大学学报(自然科学版),1997,33(2)
S-1 型灭蝇灯效果试验探讨.许兆安,席德基.中国媒介生物学及控制杂志,1997,8(4)
甘肃南部头蝇科一新种(双翅目).徐永新,杨集昆.昆虫分类学报,1997,19(1)
广东省南部蝇总科及丽蝇科记录.黄柏湘,方建明.中国媒介生物学及控制杂志,1997,8(6)
果蝇卵子发生的分子生物学.张宜茂,赵德标.细胞生物学杂志,1997,19(1)
果蝇体细胞的性别决定.俞慧,赵德标.细胞生物学杂志,1997,19(3)
横断山地区的伏绕眼果蝇亚属及三新种(双翅目:果蝇科).张文霞,施立明.动物学研究,1997,18(4)
棘蝇属一新种记述(双翅目:蝇科).王明福,等.昆虫分类学报,1997,19(1)
家蝇免疫血淋巴对几种动、植物病原菌的抑菌作用.周永富,等.昆虫天敌,1997,19(1)
家蝇引诱剂的出现及其发展.程暄生.卫生杀虫药械,1997,3(1)
家蝇幼虫抗菌物质组成及其理化性质.王远程,等.微生物学报,1997,37(2)
家蝇幼虫液体饲料饲养的方法.尹华宝,等.生态学杂志,1997,16(5)
家蝇幼虫作为人类潜在食物蛋白质资源的探索.张泽生,姚国雄.食品工业科技,1997,6
垃圾容器蝇类孳生及其药物控制的研究.吴春贤,王中和.中国媒介生物学及控制杂志,1997,8(3)
两种剂型氟氯氰菊酯对家蝇的灭效分析.王学军,霍新北.中国媒介生物学及控制杂志,1997,8(6)
辽宁省花蝇属一新种(双翅目:花蝇科).张连富,孙进忠.动物学研究,1997,18(1)
落叶松球果花蝇的视觉诱捕.严善春,张旭东.华北农学报,1997,25(5)
山西省棘蝇属二新种(双翅目:蝇科).王明福,薛万琦.动物分类学报,1997,22(3)
山西省棘蝇属一新种记述(双翅目:蝇科).王明福,等.昆虫学报,1997,40(4)
上海老港废弃物处置场蝇类种群密度及消长规律调查.冷培恩,陈洁.中国媒介生物学及控制杂志,1997,8(1)
上海市环卫垃圾运输船队蝇害调查.冷培恩,顾玉祥.中国媒介生物学及控制杂志,1997,8(3)
上海市集农贸集市秋冬家蝇活动初步观察.范滋德.中国媒介生物学及控制杂志,1997,8(5-A)
神经递质释放与家蝇对拟除虫菊酯抗性关系研究.冯国蕾,等.昆虫学报,1997,40(1)
四川省岷山地区花蝇科泉种蝇属四新种(双翅目:花蝇科).邓安孝.动物分类学报,1997,22(2)
新疆阳蝇属二新种(双翅目:蝇科).薛万琦.昆虫学报,1997,40(1)
畜牧场苍蝇防治技术新知——日本含药除蝇网.冯诚万.现代畜殖(中国台湾),1997,25(1)
沂蒙山区蝇类调查.金崇成,刘瑞福,等.医学动物防制,1997,13(1)
营养和激素对家蝇卵黄发生的影响.热孜万,龚和.寄生虫与医学昆虫学报,1997,4(3)
蝇蛆几丁糖的免疫调节作用研究.雷朝亮,钟昌珍.华中农业大学学报,1997,16(3)
用舍蝇代替果蝇观察唾腺染色体.罗志良,张宗申.河南职技师范学报,1997,25(4)
郑州黑腹果蝇自然群体 P-M 细胞型多态性研究.蒙世杰,张克雄.西北大学学报(自然科学版),1997,27(5)
中国齿股蝇属三新种(双翅目:蝇科).冯炎,冯礼福.昆虫分类学报,1997,19(1)
中国总池蝇属一新种.王明福,薛万琦.昆虫分类学报,1997,19(2)
诸暨市蝇类调查.毛森虎,张楚南.医学动物防制,1997,13(3)
DG-I 灭蝇剂的研制及应用研究.洪勤林,施良根.医学动物防制,1998,14(5)
北京地区尸生性蝇类研究及其在法医鉴定中的作用.杨玉璞,汪兴鉴.中国法医学杂志,1998,13(3)
本地黑腹果蝇新品系的发现、选育和利用.钱远槐,等.湖北大学学报(自然科学版),1998,20(2)
不同品系黑腹果蝇细胞系的建立Ⅲ.黑条体突变型(BSR)细胞系的建立和生态学特征.曾庆韬,等.湖北大学学报(自然科学版),1998,20(4)
厕蝇属一新种记述.王明福,薛万琦.昆虫学报,1998,41(2)
从蝇蛹壳中提取甲壳素.王爱勤.化学世界,1998,39(1)
冈田式绕眼果蝇核型研究初步.张菁,等.湖北大学学报(自然科学版),1998,20(3)
高灭灵悬浮剂对家蝇的药效评价.倪珏萍,等.卫生杀虫药械,1998,4(2)
关中大蒜根蛆生活史及危害规律.王凤葵,巨江里.西北农业大学学报,1998,26(1)
广东省家蝇对常用杀虫剂的抗药性现状调查.张紫虹,等.医学动物防制,1998,14(3)
果蝇生殖细胞的性别决定.俞慧,赵德标.细胞生物学杂志,1998,20(1)
果蝇视觉学习记忆能力与脑部 cAMP 水平的相关性.王旭,等.中国科学(C 辑),1998,28(6)
黑龙江省家蝇抗药性现状及防制策略.纪卓,等.医学动物防制,1998,14(4)
环境状况的改变对蝇类密度的影响和种群变化规律分析.唐震.中国媒介生物学及控制杂志,1998,9(2)
加强蝇必净灭蝇效果观察.宋华.卫生杀虫药械,1998,4(3)
家蝇 P-450 基因研究进展.康巧华,陈年春.昆虫知识,1998,35(2)
家蝇对爱比菌素的吸收和吸收抗性研究.陈立,等译.医学动物防制,1998,14(3)
家蝇对四种杀虫剂抗药性的试验研究.杨晓杰,等.卫生杀虫药械,1998,4(1)

家蝇实验种群繁衍动力学参数研究. 曲传智,冯亚珍. 河南医科大学学报,1998,33(3)
家蝇实验种群生殖、存活及生命表的研究. 曲传智,杨瑞琴. 寄生虫与医学昆虫学报,1998,5(2)
家蝇性别、阳光及温度对灭蝇灯杀灭效果的影响. 吴太平,等. 昆虫知识,1998,35(2)
家蝇血淋巴凝集素诱导动力学的研究. 姜勇,等. 华中农业大学学报,1998,17(2)
家蝇血细胞的扫描电镜观察. 姜勇,等. 华中农业大学学报,1998,17(2)
家蝇营养活性粉保健功能的评价. 雷朝亮,等. 华中农业大学学报,1998,17(2)
近年来家蝇防治研究进展. 李承毅,董桂蕃. 卫生杀虫药械,1998,4(1)
巨尾阿丽蝇幼虫肠道蛋白酶的分离纯化及性质. 卢晓冈,等. 动物学报,1998,44(4)
莱阳地区苍蝇种群动态变化调查分析. 吕建芳,富无祥. 医学动物防制,1998,14(5)
临海市家蝇对五种卫生杀虫剂抗性现状调查. 俞小林,等. 医学动物防制,1998,14(1)
龙岩市蝇类调查初报. 温卫珊,等. 医学动物防制,1998,14(5)
麻蝇幼虫肠道蛋白酶 BFP 的分离纯化及性质. 卢晓风,等. 中国生物化学与分子生物学报,1998,14(4)
毛翅蝇应变性鼻炎病人血清特异性 IgE、IgG 亚类水平观察. 洪苏玲,原万里子. 临床耳鼻咽喉科杂志,1998,12(11)
美洲斑潜蝇室内饲养研究. 林进添,等. 昆虫知识,1998,35(5)
某市垃圾中转站蝇害调查及防制对策. 孙汝,顾健. 现代预防医学,1998,25(3)
南美斑潜蝇成虫的生物学特性与行为. 邹立,等. 动物学研究,1998,19(5)
宁波港蝇类综合防制技术探讨. 施长贵. 浙江预防医学,1998,10(6)
青岛市市区 1993—1996 年蝇类密度及季节性消长的调查. 李国武,等. 医学动物防制,1998,14(2)
曲阜市城区蝇种及常见蝇种季节性消长调查. 徐宝玉,宋传德. 医学动物防制,1998,14(4)
山西省棘蝇一新种(双翅目:蝇科). 王明福,薛万琦. 动物分类学报,1998,23(3)
上海老港地区家蝇抗药性的研究. 庄佩君,等. 卫生杀虫药械,1998,4(3)
舍蝇幼虫金属硫蛋白的提取和测定. 田晓光,陈晓燕. 大连医科大学学报,1998,20(2)
生产蝇蛆的生态条件优选. 吴菊芳,陈文龙. 上海农业学报,1998,14(3)
四川丽蝇族三新种(双翅目:丽蝇科). 冯炎. 动物分类学报,1998,23(3)
温度对 4 种常见尸食性蝇类生长发育的影响及其法医学意义. 马玉坤. 中国法医学杂志,1998,13(2)
我国大陆部分地区黑腹果蝇群体线粒体 DNA 多态性研究. 蒙世杰,李笑松. 动物学研究,1998,19(4)
新疆蝇类研究Ⅰ. 花蝇科. 钱金泉. 地方病通报(乌鲁木齐),1998,13(2)
新疆蝇类研究Ⅱ. 蝇科. 钱金泉,等. 地方病通报(乌鲁木齐),1998,13(3)
新疆蝇类研究Ⅲ. 丽蝇科和麻蝇科. 钱金泉. 地方病通报(乌鲁木齐),1998,13(4)
蝇蛆蛋白粉研制报告. 张淑媛,李树彬. 中国媒介生物学及控制杂志,1998,9(2)
蝇蛆几丁糖保健功能的评价. 雷朝亮,等. 华中农业大学学报,1998,17(2)
蝇蛆营养活性与保健功能的评价. 雷朝亮,钟昌珍. 华中农业大学学报,1998,17(2)
诱杀蝇毒饵对家蝇诱杀效果的研究. 姜志宽,等. 卫生杀虫药械,1998,4(4)
云南省棘蝇属一新种(双翅目:蝇科). 李富华,薛万琦. 昆虫分类学报,1998,20(3)
增效剂 NIA16388 对家蝇的毒理学机制. 何运转,等. 卫生杀虫药械,1998,4(4)
张家港市家蝇对常用杀虫剂抗性发展变化状况调查. 陈志龙. 卫生杀虫药械,1998,4(1)
浙江省秽蝇属四新种(双翅目:蝇科). 薛万琦,赵宝钢. 动物分类学报,1998,23(3)
中国棘蝇属三新种. 冯炎. 动物学研究,1998,19(4)
中国境内黑腹果蝇 Drosophilamelanogaster 群体由对 P 族转座子敏感性形成的梯度分布. 胡楷,王琼梅. 遗传学报,1998,25(3)
中国溜芒蝇属三新种(双翅目:蝇科). 薛万琦,等. 动物学研究,1998,19(1)
中国缩颜蚜蝇族种类记述及地理分布(双翅目:食蚜蝇科). 成新跃,等. 动物分类学报,1998,23(4)
中国优食蚜蝇属的研究及二新种记述(双翅目:食蚜蝇科). 何继龙,等. 昆虫知识,1998,41(3)
中国有瓣蝇类三新种(双翅目:丽蝇科,蝇科). 冯炎,薛万琦. 动物学研究,1998,19(1)
不同尸体材料上蝇类孳生及丝光绿蝇 Lucilia seracata 生长发育比较. 王江峰,闵建雄. 寄生虫与医学昆虫学报,1999,6(1)
单只不育果蝇未知基因的方向 PCR. 江云芳,等. 湖南师范大学学报(自然科学版),1999,22(2)
福田保税区蝇种及密度调查初报. 李金水,李通. 中国媒介生物学及控制杂志,1999,10(2)
根据 rRNA 基因 ITS-2 序列研究舍蝇属的种系发生. 陈小爱,Aksoy,S. 中国科学(C 辑生命科学),1999,29(3)
广东省家蝇抗药性状况及其防制对策. 林立丰,等. 中国媒介生物学及控制杂志,1999,10(1)
果蝇 Drosophilanasuta 亚群系统发育问题的探讨. 郑向忠,等. 生物多样性,1999,7(3)
河南省泉蝇属 3 新种描述(双翅目:花蝇科). 李书建,等. 中国媒介生物学及控制杂志,1999,10(4)
黑腹果蝇的分离变相因子. 郝莉,等. 遗传,1999,21(4)

黑果蝇(D. virilis)自然群体遗传多态研究. 郑向忠,等. 遗传学报,1999,26(3)
湖北省洪涝地区家蝇抗性分析. 岳木生,等. 中国媒介生物学及控制杂志,1999,10(5)
家蝇触角化学感受器的功能. 诸葛洪祥,等. 医学动物防制,1999,15(3)
家蝇免疫血淋巴的性质研究. 周永富,等. 昆虫天敌,1999,21(3)
家蝇油脂肪酸的气相色谱分析. 牛长缨,等. 华中农业大学学报,1999,18(3)
家蝇幼虫蛋白质提取及纯化工艺研究. 向洋,徐向丽. 长沙电力学院学报,1999,14(1)
家蝇幼虫集约化生产的初步研究. 孙刚,等. 应用生态学学报,1999,10(2)
家蝇幼虫开发生态工程系统动力学仿真的研究. 包存宽,梁振明. 生态学杂志,1999,18(3)
家蝇种群动力学研究. 曲传智,等. 河南医学研究,1999,8(4)
降低民厕蝇幼密度方法新探. 顾光明,等. 卫生杀虫药械,1999,5(1)
聚合酶链反应技术分析家蝇抗性基因的研究. 林立丰,等. 中国媒介生物学及控制杂志,1999,10(2)
两种方法监测蝇密度结果分析Ⅱ. 1992—1997 年数据分析. 冷培恩,等. 中国媒介生物学及控制杂志,1999,10(6)
毛股点池蝇——中国新记录. 武玉晓,王明福. 昆虫分类学报,1999,21(3)
内蒙古厕蝇属一新种(双翅目:厕蝇科). 田兆丰,薛万琦. 动物学研究,1999,20(1)
内蒙古花蝇科、粪蝇科、厕蝇科(双翅目)名录. 田兆丰,等. 医学动物防制,1999,15(4)
内蒙古蝇科(双翅目)名录. 田兆丰,等. 医学动物防制,1999,15(5)
拟除虫菊酯对家蝇 Na^+-K^+-ATPase 抑制作用的研究. 李梅,等. 生物化学杂志,1999,42(1)
热烟雾喷洒列喜镇防治苍蝇效果研究. 夏宏艳,等. 卫生杀虫药械,1999,5(1)
山西省寄蝇科五新种记述(双翅目). 刘银忠,等. 动物分类学报,1999,24(3)
丝光绿蝇抗菌物质诱导初步研究. 陈正跃,许兵红. 新乡医学院学报,1999,16(2)
丝光绿蝇驯养初期生物学特性观察. 许兵红,陈正跃. 实用寄生虫病杂志,1999,7(1)
四川西部蝇科三新种(双翅目:蝇科). 冯炎. 昆虫学报,1999,42,(4)
威海港蝇类调查报告. 梁师泽,等. 中国国境卫生检疫杂志,1999,22(1)
新疆蝇类研究 V. 生态学调查资料. 马德新,等. 地方病通报,1999,14(4)
性别对果蝇吸入麻醉药 ED_{50} 的影响. 叶其泉,刘进. 遵义医学院学报,1999,22(2)
溴氰菊酯对不同品系家蝇脑突触体膜蛋白磷酸化及 ATP 酶活性的影响. 田雨,冷欣夫. 昆虫学报,1999,42(2)
一种简便的丝光绿蝇幼虫饲养方法. 艾予川. 新乡医学院学报,1999,16(2)
银额果蝇 B 染色体特异性基因的初步研究. 凌建华,等. 遗传,1999,21(5)
蝇复眼仿生技术在全方位成像制导中应用的探索研究. 李言俊,张科. 航空兵器,1999,(2)
蝇幼虫后气门结构的光镜和扫描电镜对照研究. 许世锷,等. 寄生虫与医学昆虫学报,1999,6(4)
脂酰葡甘聚糖醛酸钠在工程蝇抗菌肽中的应用的研究. 千信,张迎庆. 中国商办工业,1999,(9)
酯酶滤纸法快速检测家蝇抗药性的研究. 张紫虹,等. 中国媒介生物学及控制杂志,1999,10(1)
中国大陆部分地区 Drosophilaimmigrams 果蝇种群中 mtDNA 的遗传多态性研究. 张文霞,等. 遗传学报,1999,26(4)
中国地种蝇属一新种记述(双翅目:花蝇科)(英文). 田兆丰,马忠余. 动物分类学报,1999,24(2)
中国秽蝇属一新种(双翅目:蝇科). 李富华,等. 昆虫分类学报,1999,21(4)
中国棘蝇属分种团的研究(一)(英文). 马忠余,等. 沈阳师范学院学报,1999,(2)
中国棘蝇属分种团研究(二)(英文). 马忠余,等. 沈阳师范学院学报,1999,(3)
中国拟粉蝇属四新种(双翅目:丽蝇科). 冯炎,马忠余. 动物分类学报,1999,24,(2)
1999 年哈尔滨空港口岸蝇类调查. 丛宜滋,等. 中国国境卫生检疫杂志,2000,23(6)
Asp38 与果蝇脱氢酶的辅酶特异性. 童耕雷,等. 上海交通大学学报,2000,34(4)
X 射线和 ENU 诱变的 Adh 基因对黑腹果蝇醇耐受性的杂合效应应用. 童耕雷,等. 遗传学报,2000,27(8)
α-磷酰基氨基甲酸酯类对家蝇幼虫活性筛选方法的研究. 欧晓明,等. 浙江化工,2000,31(增刊)
大肠杆菌诱导家蝇抗菌物质的研究. 齐静娇,等. 洛阳医专学报,2000,18(1)
大型综合商场控蝇措施效果评价. 胡和宾,等. 卫生杀虫药械,2000,6(4)
果蝇 P 转座因子的研究进展. 解生勇. 遗传,2000,22(6)
果蝇细胞凋亡核心机制的基因组比较. 解涛,丁达夫. 生物化学与生物物理学报,2000,32(6)
果蝇中 P 因子研究与应用的新进展. 刘旭,等. 生命科学,2000,12(4)
果蝇中 Wa 的调控基因 Doa 的发展及其功能特征研究. 张旭,等. 内蒙古师大学报(自然科学版),2000,29(4)
家蝇二氯苯醚菊酯抗性株分化的研究. 董言德,等. 寄生虫与医学昆虫学报,2000,7(1)
家蝇防治研究概况. 李承毅,等. 卫生杀虫药械,2000,6(2)
家蝇抗性相关 P450 基因的初步研究. 朱礼华,等. 寄生虫与医学昆虫学报,2000,7(2)
家蝇引诱剂及毒饵的研究进展. 姜志宽,等. 卫生杀虫药械,2000,6(2)

家蝇种群产卵规律及基质含水量对卵发育的影响. 魏永平,聂晓尼. 西北农业学报,2000,9(2)
酵母促反应合成穆勒果蝇聚集信息素. 陈祖兴,等. 应用化学,2000,17(2)
辽宁省家蝇抗药性研究. 刘丹红,等. 中国媒介生物学及控制杂志,2000,11(5)
氯氰菊酯壳聚糖乳剂在不同表面灭蝇特效性研究. 任清明,等. 中国公共卫生,2000,16(增刊)
洛阳市5年蝇类调查分析. 李新霞,等. 医学动物防制,2000,16(3)
内蒙古赤峰地区牛皮蝇生活史观察. 胡达右拉,敖特根宁. 中国兽医科技,2000,30(1)
南通市区家蝇对7种杀虫剂的抗性状况及防制对策研究. 顾健,等. 卫生杀虫药械,2000,6(3)
潜蝇类六种的摩擦发音器(双翅目:潜蝇科). 范滋德,顾小平. 动物学研究,2000,21(2)
四川白角秽蝇种团2新种(双翅目:蝇科). 薛万琦,冯炎. 动物分类学报,2000,25(4)
羊狂蝇(OestrusovisL)成虫的生殖与消化器的研究. 蒲新文,等. 寄生虫与医学昆虫学报,2000,7(3)
银额果蝇B染色体对繁殖的影响. 何利萍,等. 遗传学报,2000,27(2)
云南棘蝇属三新种(双翅目:蝇科). 薛万琦. 动物学研究,2000,21(3)
云南省阳蝇属五新种(双翅目:蝇科). 薛万琦,李富华. 动物学杂志,2000,21(4)
滞留性喷洒技术在蝇类防制中的应用研究. 冷培恩,等. 中国媒介生物学及控制杂志,2000,11(5)
中国白角秽蝇种团二新种(双翅目:蝇科). 薛万琦,等. 昆虫学报,2000,43(4)
中国厕蝇属一新种记述(双翅目:厕蝇科). 薛万琦,杨明. 动物分类学报,2000,25(2)
中国黑腹果蝇中分离变相因子[SegregationDistorter(SD)]的初步研究. 郝莉,等. 遗传学报,2000,27(4)
中国黑龙江省阳蝇属一新种. 刘丹红,等. 中国媒介生物学及控制杂志,2000,11(3)
中国棘蝇属三新种记述(双翅目:蝇科). 冯炎,马忠余. 昆虫学报,2000,43(2)
中国棘蝇属蝇类半月棘蝇种团及三新种记述(双翅目:蝇科). 冯炎. 动物分类学报,2000,25(2)
中国内蒙古东部厕蝇属一新种(双翅目:厕蝇科). 范滋德. 动物分类学报,2000,25(3)
中国内蒙古溜蝇属一新种记述(双翅目:蝇科). 田兆丰,马忠余. 动物分类学报,2000,25(2)
中国四川西部蝇科3新种(双翅目:蝇科). 冯炎. 中国媒介生物学及控制杂志,2000,11(2)
中国四川蝇科八新种(双翅目). 冯炎. 四川动物,2000,19(1)
中国四川蝇科五新种(双翅目). 冯炎. 昆虫分类学报,2000,22(1)
中国阳蝇属一新种记述(双翅目:蝇科). 杨德香,马忠余. 动物分类学报,2000,25(4)
中国蝇科秽蝇族名录. 佟艳丰,等. 沈阳师范学院学报(自然版),2000,(4)
重庆市蝇种类及其分布的调查. 李洪,等. 医学动物防制,2000,16(5)
1996—2000年青岛市区蝇类监测结果分析. 姜洪荣,等. 中华卫生杀虫药械,2001,(3)
1999年绵竹市蝇密度监测报告. 熊光明,等. 预防医学情报杂志,2001,(3)
30例灭蝇药中毒的观察和护理体会. 修云红,等. 齐齐哈尔医学院学报,2001,(11)
period基因的Thr-Gly区段在果蝇和部分双翅目昆虫中的分子进化特征. 郑向忠,等. 遗传学报,2001,(3)
阿城市区食品行业蝇类调查分析. 王岗,张旭玲. 中国媒介生物学及控制杂志,2001,(6)
斑潜蝇种群数量动态及流行规律调查研究. 李辉. 甘肃科技,2001,(6)
不同饲料对丝光绳绿蝇蛹重的影响. 许兵红,等. 热带医学杂志,2001,(2)
菜豆田两种潜叶蝇和主要天敌生态位研究. 韩桂仲,等. 昆虫知识,2001,(1)
苍蝇体表携带细菌的定量研究. 刘忠玲,崔士峰. 预防医学文献信息,2001,(1)
厕蝇属二新种记述(双翅目:厕蝇科). 薛万琦,等. 动物分类学报,2001,(2)
葱斑潜蝇生物学特性研究. 潘秀美,姜官恒. 昆虫知识,2001,(5)
大头金蝇蛹发育形态学用于死亡时间判断的基础研究. 王江峰,等. 寄生虫与医学昆虫学报,2001,(4)
大头金蝇中细菌的检出情况. 陈秀锦,等. 现代预防医学,2001,(3)
多食性斑潜蝇对寄主植物的选择. 赵云鲜,康乐. 昆虫学报,2001,(4)
福建省双翅目潜蝇科昆虫的初步研究. 张清源,等. 华东昆虫学报,2001,(1)
福州郊区美洲斑潜蝇、南美斑潜蝇寄主植物初步名录. 戴小华,等. 华东昆虫学报,2001,(2)
复配杀虫剂对抗性家蝇杀灭效果的研究. 陈志龙,等. 中华卫生杀虫药械,2001,(1)
复配杀虫剂对抗性家蝇杀灭效果的研究. 陈志龙,等. 中国公共卫生,2001,(4)
拱背果蝇属三新种(双翅目:果蝇科). 权陆军,张文霞. 动物学研究,2001,(6)
贵阳地区嗜尸蝇类季节分布实验研究. 陈禄仕. 中国法医学杂志,2001,(3)
果蝇D. auraria5个姊妹种的进化方向新探. 陆剑,等. 遗传,2001,(4)
果蝇伴性隐性致死试验检测头孢唑啉致突变作用的研究. 黄国城,等. 实用预防医学,2001,(5)
果蝇生存试验中有关果蝇蝇龄的研究. 厉曙光,等. 卫生毒理学杂志,2001,(4)
果蝇与哺乳动物之间吸入麻醉药效价的相关性. 肖军,等. 中华麻醉学杂志,2001,(2)
果蝇转座因子对基因组进化的影响. 解生解. 动物学杂志,2001,(1)
杭州郊区豌豆彩潜蝇怕发生危害及寄生性天敌研究. 陈学新,等. 华东昆虫学报,2001,(1)

合肥市屠宰场家蝇对10种杀虫剂的抗药性研究. 胡兴强,等. 中国媒介生物学及控制杂志,2001,(5)
黑腹果蝇黑条体突变型的基因定位研究. 张菁,等. 遗传学报,2001,(6)
寄生蜂对美洲斑潜蝇自然种群控制作用的评价. 梁广文,等. 应用生态学报,2001,(2)
家蝇 cDNA 文库的构建. 王来元,等. 动物学研究,2001,(2)
家蝇及淡色库蚊对四种杀虫剂抗药性的测定. 龚向东,等. 现代预防医学,2001,(3)
家蝇总 RNA 的提了方法及其改进. 王来元,等. 四川动物,2001,(2)
结膜囊蝇蛆病5例分析. 张宇昕,冯丽影. 黑龙江医药科学,2001,(4)
金华市区蝇类组成研究. 王好齐,等. 中国媒介生物学及控制杂志,2001,(1)
金华市区优势蝇种数量的季节消长. 鲍毅新. 卫生研究,2001,(2)
巨尾阿丽蝇幼虫表皮几丁质片层的透射电镜观察. 胡萃,等. 寄生虫与医学昆虫学报,2001,(1)
美洲斑潜蝇. 蒋玉文,关天舒. 农药,2001,(6)
美洲斑潜蝇对四季豆的危害损失及防治指标研究. 童文彬,等. 华东昆虫学报,2001,(2)
美洲斑潜蝇生活史观察. 李洪奎,等. 华东昆虫学报,2001,(1)
美洲斑潜蝇生物学初步观察. 秦厚国,等. 华东昆虫学报,2001,(1)
内蒙古兴安盟牛皮蝇蛆病的病原种类及流行病学的季节动态研究. 李庆峰. 寄生虫与医学昆虫学报,2001,(1)
南昌口岸蝇密度及种群调查. 刘小真,等. 中国媒介生物学及控制杂志,2001,(6)
南美斑潜蝇的寄主植物种类及其嗜食性. 何成兴,等. 昆虫学报,2001,(3)
南美斑潜蝇取食和产卵行为研究. 罗开 Jun,等. 昆虫知识,2001,(5)
南美斑潜蝇为害大棚芹菜和芸豆的产量损失测定及经济阈值分析. 缪玉刚,等. 华东昆虫学报,2001,(2)
南美斑潜蝇在山东发生危害的特点观察. 郑长英,等. 昆虫知识,2001,(5)
南平市6县(市,区)蝇种及分布. 徐保海. 海峡预防医学杂志,2001,(1)
宁波市创建灭蝇先进城区活动技术报告. 蒋文丰,等. 中国媒介生物学及控制杂志,2001,(3)
宁夏蝇类研究与区系结构分析. 王建国,等. 中国媒介生物学及控制杂志,2001,(4)
农村小粪缸阳性滋生物的蝇种调查. 郑朝军,等. 中国媒介生物学及控制杂志,2001,(3)
皮肤蝇蛆病八例. 白云花,等. 中华皮肤科杂志,2001,(6)
濮阳市城区1998年、2000年蝇类密度消长与肠道病发病率相关分析. 李秋荣. 河南预防医学杂志,2001,(4)
上海吴淞口岸地区蝇类调查. 丁鲁民,游寿仙. 口岸卫生控制,2001,(3)
丝光绿蝇室内种群的性比观察. 史明珠,等. 新乡医学院学报,2001,(3)
四川省厕蝇属一新种(双翅目:厕蝇科). 薛万琦,等. 动物分类学报,2001,(1)
四种常见尸食性蝇类活动与产卵习性. 王江峰,等. 法律与医学杂志,2001,(4)
温、湿度对美洲斑潜蝇发育、存活及食量的影响. 郝树广,康乐. 昆虫学报,2001,(3)
温度对美洲斑潜蝇及南症状斑潜蝇种群增长的影响. 周亦红,等. 生态学报,2001,(8)
西安市1998年苍蝇种群、密度及季节消长监测. 杨海,杜涛. 职业与健康,2001,(8)
厦门市1998—1999年蝇种调查. 汪家旭,阮青燕. 实用预防医学,2001,(4)
新疆阳蝇属 HelinaR. D. 二新种(双翅目:蝇科). 薛万琦. 昆虫分类学报,2001,(1)
阳高县蝇科 Muscidae 分类学研究. 陈普,王明福. 山西预防医学杂志,2001,(1)
阳高县有瓣蝇类调查研究报告Ⅱ. 陈普,王明福. 山西预防医学杂志,2001,(2)
一种对蜜蜂有害的异蚤蝇生物学观察. 王启发,等. 昆虫知识,2001,(5)
影响果蝇心脏发育的基因突变. 李冬玲,等. 遗传学报,2001,(5)
用 RAPD 标记探讨金色果蝇复合种内的遗传分化. 赵中明,等. 动物学报,2001,(6)
云南棘蝇属二新种(双翅目:蝇科). 李富华,薛万琦. 动物分类学报,2001,(3)
云南省花蝇科二新种(双翅目:花蝇科). 薛万琦. 动物学研究,2001,(4)
云南省花蝇科三新种(双翅目:花蝇科). 薛万琦. 动物学研究,2001,(6)
云南省棘蝇属四新种(双翅目:蝇科). 薛万琦,李富华. 动物分类学报,2001,(4)
中国池蝇属一新种及一新纪录种(双翅目:蝇科). 冯炎. 动物分类学报,2001,(4)
中国潜蝇科一新记录属和新记录种. 陈小琳,汪兴鉴. 昆虫分类学报,2001,(4)
中国四川省巨黑蝇属2新种及1新纪录种(双翅目:蝇科). 冯炎,马忠余. 中国媒介生物学及控制杂志,2001,(1)
中国四川西部棘蝇属一新种(双翅目:蝇科). 孙进忠,等. 中国媒介生物学及控制杂志,2001,(4)
中国四川西部蝇科五新种(双翅目). 冯炎. 昆虫分类学报,2001,(1)
中国四川阳蝇属二新种及华西粪蝇补充描述(双翅目:蝇科,粪蝇科). 冯炎,范滋德. 昆虫分类学报,2001,(3)
中国四川阳蝇属一新种(双翅目:蝇科). 关玉辉,等. 中国媒介生物学及控制杂志,2001,(3)
中国四川圆蝇属三新种(双翅目:蝇科). 冯炎,邓安孝. 四川动物,2001,(4)
中国阳蝇属国上新种(双翅目:蝇科). 薛万琦. 昆虫分类学报,2001,(2)

中国蝇科一新属新种(双翅目:蝇科).薛万琦.昆虫学报,2001,(1)
中国沼蝇科二新种(双翅目:沼蝇总科).李竹,等.昆虫分类学报,2001,(2)
猪粪饲养家蝇幼虫的营养成分研究.吴建伟,等.贵阳医学院学报,2001,(5)
棕尾别麻蝇(Sarcophagaperegrina)幼虫与蛹血淋巴凝集素的纯化与特性.裴炎,等.动物学报,2001,(1)
1995—2001年我国54例人体蝇蛆病综合分析.蒋次鹏.中华医学杂志:英文版,2002,(10)
1999—2001年天津滨海国际机场蝇密度监测结果分析.张保华,等.口岸卫生控制,2002,(1)
Cd^{2+}对家蝇生长发育的影响以及在家蝇变态过程中的代谢研究.牛长缨,等.中国昆虫科学:英文版,2002,(1)
chaperone在果蝇帕金森病模型中对α-synuslein毒性的抑制.AuluckPK.国外医学(神经病学·神经外科学分册),2002,(5)
DBP、DOP对黑腹果蝇生存天数的影响及遗传毒性.厉曙光,等.环境与职业医学,2002,(3)
RNA干扰技术在果蝇中的应用.徐荣,等.生物化学与生物物理进展,2002,(1)
长白山阳蝇属三新种(双翅目:蝇科).薛万琦.动物分类学报,2002,(3)
常州市1997—2001年成蝇密度调查报告.王洪林.医学动物防制,2002,(10)
成都双流国际机场蝇类季节消长调查报告.何芝忠,等.口岸卫生控制,2002,(3)
承德市蝇类季节消长监测.张义顺,等.中国媒介生物学及控制杂志,2002,(2)
城市生活垃圾不同贮纳方式蝇幼虫滋生调查.辛正,等.中国媒介生物学及控制杂志,2002,(1)
城镇蝇类的环境防制.李国斌,单天恩.医学动物防制,2002,(11)
葱斑潜蝇防治指标及防治适研究.潘秀美,姜官恒.昆虫知识,2002,(1)
大连市1992—2001年蝇类季节消长调查.齐福菊,吴炜.中国媒介生物学及控制杂志,2002,(4)
大连市家蝇对常用杀虫剂抗性的实验研究.吴炜,等.中国媒介生物学及控制杂志,2002,(3)
大鼠不同脑区微量注射蝇蕈醇与氯苯氨丁酸镇痛作用比较.雷晚红,胡宗礼.咸宁医学院学报,2002,(1)
大头金蝇Chrysomyamegacephala幼虫发育形态学及其在死亡时间推断中的应用探讨.王江峰,等.寄生虫与医学昆虫学报,2002,(1)
大头金蝇羽化过程的观察研究.徐友祥.中国媒介生物学及控制杂志,2002,(6)
对虾暴发性流行病的群体感染及投饲蝇幼的抗病机制研究.王娓,等.应用生态学报,2002,(6)
凤实蝇属的分类厘订(双翅目:实蝇科:实蝇亚科).汪兴鉴,陈小琳.动物分类学报,2002,(4)
涪陵市区蝇类组成调查.蒋明洲,等.中国媒介生物学及控制杂志,2002,(5)
福建省潜蝇科昆虫属种检索表.张清源,等.华东昆虫学报,2002,(1)
福州国际机场蝇类密度消长观察.刘丽霞,张述铿.医学动物防制,2002,(8)
甘肃省地种蝇属(双翅目:花蝇科)三新种.薛万琦.中国昆虫科学:英文版,2002,(1)
甘肃省河西地区有瓣蝇类区系.钱仁天,等.医学动物防制,2002,(10)
甘肃省潜叶蝇类害虫疫情调查.李辉.甘肃科技,2002,(1)
冈田氏绕眼果蝇对结膜吸吮线虫易感性的实验研究.王增贤,等.中国人兽共患病杂志,2002,(5)
果蝇的采集方法.曾晓华.生物学通报,2002,(4)
果蝇学习记忆行为的分子机制.温艾,刘力.生物化学与生物物理进展,2002,(5)
湖北地区有瓣蝇类分布及地理区划研究.刘亦仁,等.寄生虫与医学昆虫学报,2002,(4)
秽蝇属豹爪秽蝇新种团一新种(双翅目:蝇科).薛万琦,冯炎.昆虫学报,2002,(z1)
棘蝇属侧突棘蝇新种团一新种(双翅目:蝇科).薛万琦,等.昆虫学报,2002,(z1)
棘蝇属一新种和一新纪录(双翅目:蝇科).薛万琦,冯炎.昆虫学报,2002,(z1)
济南地区有瓣蝇类本底调查.王远忠,等.口岸卫生控制,2002,(3)
家蝇(MuscadomesticaL.)成虫和幼虫对杀虫剂敏感性差异研究.朱福兴,等.中国昆虫科学:英文版,2002,(2)
家蝇幼虫发育形态学用于死亡时间推断的基础研究.王江峰,等.中国法医学杂志,2002,(1)
家蝇幼虫消化后猪粪的家蝇孳生能力研究.吴建伟,等.贵州医药,2002,(9)
家蝇幼虫血淋巴抗白念珠菌作用的初步研究.吴建伟,等.中国人兽共患病杂志,2002,(3)
家蝇幼虫中试生产中饲料和种蝇密度对产卵力的影响.孙刚,等.昆虫学报,2002,(6)
江苏省家蝇对卫生杀虫剂抗性的调查.陈志龙,等.现代预防医学,2002,(1)
角膜蝇蛆寄生29例临床回顾.迟蕙.中国实用眼科杂志,2002,(3)
结膜吸吮线虫中间宿主冈田氏绕眼果蝇的诱捕和鉴定.王增贤,等.动物学杂志,2002,(3)
金色果蝇复合种(Drosophilaaurariaspeciescomplex)的分子系统学研究.陆剑,等.遗传学报,2002,(1)
巨尾阿丽蝇幼虫发育形态学及其在死者死亡时间推断中的应用.王江峰,等.昆虫学报,2002,(2)
壳聚糖对果蝇寿命影响的实验研究.李文立,陈壁锋.华南预防医学,2002,(4)
类胡萝卜素延缓果蝇衰老作用的研究.陈佩林,叶辉.动物医学进展,2002,(3)
丽蝇生长发育与死亡时间的相关研究.熊平,等.法医学杂志,2002,(2)
利用RNAi技术研究果蝇心脏发育基因的功能.袁婺洲,等.遗传学报,2002,(1)

两种长效卫生杀虫剂对淡色库蚊、家蝇和德国小蠊的持效观察. 傅学锋,等. 中国媒介生物学及控制杂志,2002,(1)
两种饲料对丝光绿蝇产卵的影响. 许兵红,等. 实用寄生虫病杂志,2002,(2)
两种饲料对丝光绿蝇蛹长和羽化率的影响. 许兵红,等. 实用寄生虫病杂志,2002,(1)
两组丝光绿蝇室内连续5代成虫形态观察比较. 许兵红,等. 实用预防医学,2002,(5)
辽宁省花蝇科二新种(双翅目:花蝇科). 郑立军,薛万琦. 动物分类学报,2002,(1)
临床表现为蝇蛆病的艾滋病一例. 王香兰,等. 中华皮肤科杂志,2002,(4)
麻蝇毒素有望替代抗生素. 汪开治. 生物技术通报,2002,(3)
美洲斑潜蝇及其寄生性天敌的生态位. 兰亦全,等. 华东昆虫学报,2002,(2)
美洲斑潜蝇外寄生蜂——贝氏潜蝇姬小蜂研究进展. 赵勇,等. 昆虫天敌,2002,(1)
美洲斑潜蝇在不同温度下的飞行能力. 雷仲仁,等. 昆虫学报,2002,(3)
闽东地区蝇类调查. 袁高林,等. 中国媒介生物学及控制杂志,2002,(3)
南美斑潜蝇蛹的生物学特性. 张忠,李子忠. 昆虫知识,2002,(3)
宁波市铜盆浦垃圾埋场苍蝇的控制技术. 何东升. 环境卫生工程,2002,(3)
宁德市常见蝇类携带病原菌情况分析. 陈秀锦,等. 现代预防医学,2002,(5)
宁夏吴忠部分地区蝇类名录及分布. 王莉萍,何明忠. 医学动物防制,2002,(1)
七种杀虫剂对美洲斑潜蝇的防治效果. 慕卫,等. 昆虫知识,2002,(4)
青岛市市区1999年—2001年蝇类密度及季节消长调查. 李国武,单天恩. 医学动物防制,2002,(10)
人体皮肤蝇蛆病40例分析. 钱仁天,等. 医学动物防制,2002,(12)
人体蝇蛆病致嗜酸性粒细胞显著增多9例. 伍宗英,何渝梅. 四川医学,2002,(5)
山东省泰安地区美洲斑潜蝇及其寄生蜂消长规律的研究. 赵勇,等. 昆虫天敌,2002,(4)
上海市浦东新区蝇类种群调查分析. 薛蔓,等. 医学动物防制,2002,(1)
上海中心老城区蝇类种群密度变化分析. 沈福杰,等. 中国媒介生物学及控制杂志,2002,(3)
深圳市大头金蝇和家蝇季节变化和防制效果监测. 张韶华,等. 中国媒介生物学及控制杂志,2002,(4)
深圳市家蝇对8种杀虫剂抗性的现状调查. 梁焯南,等. 医学动物防制,2002,(8)
深圳市蝇类调查. 张韶华,等. 医学动物防制,2002,(7)
蔬菜田美洲斑潜蝇的研究. 董慈祥,等. 华东昆虫学报,2002,(2)
丝光绿蝇室内连续5代成虫产卵特征观察. 艾予川,等. 实用预防医学,2002,(3)
丝光绿蝇室内连续饲养各代蛹形态观察. 艾予川,等. 医学动物防制,2002,(6)
丝光绿蝇室内饲养方法的改进. 许兵红,等. 中国寄生虫病防治杂志,2002,(3)
思茅地区蝇种分布调查. 何立春,等. 医学动物防制,2002,(3)
四川省阳蝇属五新种(双翅目:蝇科). 冯炎,薛万琦. 昆虫分类学报,2002,(4)
特殊部位蝇蛆病5例报道. 李凤铭. 邯郸医学高等专科学校学报,2002,(3)
铁路餐车厨房烹调剩油对黑腹果蝇寿命的影响. 厉曙光,等. 中国公共卫生,2002,(1)
外来斑潜蝇入侵和适应机理及管理对策. 陈兵,等. 动物学研究,2002,(2)
潍坊市区家蝇对四种杀虫剂的抗性测定. 张洪祥,等. 医学动物防制,2002,(10)
潍坊市有瓣蝇类名录. 张洪祥,等. 医学动物防制,2002,(11)
温度对大头金蝇 Chrysomyiamegacepala(Fabricius)幼虫体长变化的影响. 王江峰,等. 寄生虫与医学昆虫学报,2002,(2)
温度和相对湿度对果蝇寿命的影响. 杨红彦,等. 同济大学学报(医学版),2002,(1)
我国东北地区黑腹果蝇P-M品系分布及P因子的入侵途径. 邓玲玲,等. 动物学报,2002,(5)
锡市苍蝇种群调查. 屠兴良,等. 医学动物防制,2002,(1)
厦门发现南美斑潜蝇. 张清源,等. 华东昆虫学报,2002,(1)
新建垃圾场的鼠蝇密度本底调查. 高翔,乔林. 交通医学,2002,(6)
新疆阳蝇属四新种(双翅目:蝇科). 薛万琦. 动物分类学报,2002,(2)
新型卫生杀虫剂的研制及对抗性家蝇的防制效果观察. 陈志龙,等. 中华卫生杀虫药械,2002,(3)
应用密切值综合评价法评价蝇密度监测结果. 梁玉清,等. 河南预防医学杂志,2002,(6)
用巨尾阿丽蝇蛹发育形态来推断死者死亡时间. 王江峰,等. 昆虫学报,2002,(5)
云南河口县桔小实蝇生物学特性及防治. 和万忠,等. 昆虫知识,2002,(1)
云南省阳蝇属三新种(双翅目:蝇科). 薛万琦,李富华. 昆虫学报,2002,(z1)
中国甘肃拟蝇虎属一新种(蜘蛛目:跳蛛科). 彭贤锦,李枢强. 动物分类学报,2002,(4)
中国寡鬃实蝇属分类研究(双翅目:实蝇科). 汪兴鉴,陈小琳. 动物分类学报,2002,(3)
中国秽蝇属一新种(双翅目:蝇科). 杨明,赵宝刚. 昆虫学报,2002,(z1)
中国棘蝇属一新种(双翅目:蝇科). 杨明,等. 昆虫学报,2002,(z1)

中国寄蝇科狭颊寄蝇属研究.赵建铭,梁恩义.动物分类学报,2002,(4)
中国丽蝇亚科乌丽蝇族二新种(双翅目:丽蝇科).冯炎.昆虫分类学报,2002,(3)
中国前毛广口蝇属分类研究及三新种记述(双翅目:广口蝇科).汪兴鉴,陈小琳.昆虫学报,2002,(5)
中国四川棘蝇属一新种团及四新种(双翅目:蝇科).冯炎.华东昆虫学报,2002,(1)
中国四川省有瓣蝇类三新种(双翅目:厕蝇科,蝇科).冯炎.动物分类学报,2002,(2)
中国四川西部粪蝇属1新种记述(双翅目:粪蝇科).冯炎.中国媒介生物学及控制杂志,2002,(5)
中国四川阳蝇属五新种(双翅目:蝇科).薛万琦,冯炎.动物学研究,2002,(6)
中国特有果蝇 Drosophilacurviceps 种亚组在 Drosophilaimmigrans 种组中的种系发生地位.黄菊,等.遗传学报,2002,(5)
中国羽角实蝇属分类研究(双翅目:实蝇科).汪兴鉴,陈小琳.昆虫学报,2002,(4)
中国植种蝇属(双翅目:花蝇科)四新种和二新记录.薛万琦,杨明.中国昆虫科学:英文版,2002,(2)
重庆市常见蝇种的孳生场所及季节构成研究.冯绍全,等.医学动物防制,2002,(4)
棕尾别麻蝇幼虫肠道溶纤活性蛋白酶的分离纯化和性质.卢晓风,等.中国昆虫科学:英文版,2002,(1)
1994—1999年盐城市区蝇类密度监测结果分析.孙金明,等.交通医学,2003,(2)
1995—2002年我国107例人体蝇蛆病综合分析.蒋次鹏.中国寄生虫学与寄生虫病杂志,2003,(1)
5%氟啶脲乳油防治韭菜地蛆田间药效试验.庄占兴,等.农药,2003,(1)
北戴河海滨疗养地蚊蝇密度监测报告.屈玉环.中国疗养医学,2003,(2)
不同计数方法对丝光绿蝇虫卵孵化率的影响.许兵红,等.中华临床医药杂志(北京),2003,(18)
大兴安岭地区有瓣蝇类新种名录及其分布.吴新文,等.医学动物防制,2003,(5)
东营市蝇类生态习性及季节消长规律.刘爱国,等.中国媒介生物学及控制杂志,2003,(2)
复配杀虫剂现场灭蝇效果观察.陈军,等.医学动物防制,2003,(10)
高温对南美斑潜蝇的致死作用.周永丰,唐峻岭.昆虫知识,2003,(4)
古田县美洲斑潜蝇发生特点和综合防治技术.魏观如,等.华东昆虫学报,2003,(1)
广州市某中心城区蝇、蚊密度和蝇、蚊孳生地的调查.赖志鸿,朱惠莲.实用预防医学,2003,(5)
贵州地区嗜尸蝇类调查.陈禄仕,等.中国法医学杂志,2003,(5)
果蝇唾腺染色体的几种染色方法比较.部刚.生物学通报,2003,(1)
罕见的蝇蛆病2例.张磊.中国社区医师,2003,(21)
黑带食蚜蝇体色变异的研究.霍科科,郑哲民.昆虫知识,2003,(6)
黑龙江阳蝇属四新种(双翅目:蝇科).薛万琦,崔昌元.昆虫学报,2003,(1)
黑须污蝇所致的齿龈蝇蛆病两例报告.唐慧,等.中国寄生虫学与寄生虫病杂志,2003,(1)
黑足点眼食蚜蝇生物学特性的初步研究.杨永辉,潘蓉英.华东昆虫学报,2003,(2)
湖北宜昌市有瓣蝇类地理区划研究.李枝金,等.中国媒介生物学及控制杂志,2003,(4)
黄色潜蝇茧蜂发育起点温度与有效积温的研究.高连喜,等.华东昆虫学报,2003,(1)
家蝇头部乙酰胆碱酯酶检测农药残留最佳条件研究.董杰,等.农药学学报,2003,(1)
家蝇对3种杀虫剂的抗药性调查.李明义,等.中国媒介生物学及控制杂志,2003,(5)
家蝇室内连续饲养6代蛹特征观察.李超英,等.医学动物防制,2003,(7)
家蝇室内种群产卵动态观察.许兵红,等.热带病与寄生虫学,2003,(3)
家蝇室内种群孵化特征观察.许兵红,等.中国血吸虫病防治杂志,2003,(5)
家蝇蛹凝集素的纯化及其免疫调节和抑菌作用.曹小红,等.中华微生物学和免疫学杂志,2003,(10)
家蝇蛹凝集素的分离工艺和性质的初步研究.曹小红,等.生物化学与生物物理进展,2003,(3)
江阴口岸蝇类本底调查报告.谢建军,等.中国国境卫生检疫杂志,2003,(2)
桔小实蝇国内研究概况.梁光红,等.华东昆虫学报,2003,(2)
抗性品系家蝇对常用杀虫剂交互抗性的研究.李玉兰,卢正秋.中华卫生杀虫药械,2003,(4)
兰州市蝇类密度调查.陈晓林,杨重源.中华卫生杀虫药械,2003,(3)
两种杀虫剂对家蝇卵巢机能与形态的影响.纪伟华,梅玫.中国寄生虫病防治杂志,2003,(3)
溜蝇属国内一新记录种(双翅目:蝇科).柯明剑,等.中国媒介生物学及控制杂志,2003,(2)
美洲斑潜蝇寄生蜂——黄腹潜蝇茧蜂成虫的生物学特性.尹承山,等.昆虫学报,2003,(4)
南美斑潜蝇地理种群蛹过冷却点随纬度递变及其对种群扩散的意义.陈兵,康乐.动物学研究,2003,(3)
拟黑刺多蚁(PolyrhachisvicinaRoger)干粉对黑腹果蝇的寿命有延长的作用.胡楷,等.中医药学刊,2003,(2)
秦巴山区食蚜蝇亚科昆虫的初步调查(Ⅰ)(双翅目:食蚜蝇科).霍科科,郑哲民.昆虫分类学报,2003,(4)
青海省阳蝇属四新种(双翅目:蝇科).薛万琦,等.动物分类学报,2003,(4)
日照市家蝇对四种化学杀虫剂抗药性测定.陈祥福,等.中国媒介生物学及控制杂志,2003,(6)
入境国际航行船舶携带输入性蝇类的监测报告.聂维忠,等.中国国境卫生检疫杂志,2003,(B12)
山西省花蝇亚科名录(双翅目:花蝇科).程璟侠,等.医学动物防制,2003,(5)

山西省临猗县 2002 年蝇类季节消长调查报告. 崔仰元,周进斗. 山西医学教育,2003,(1)
上海地区溜蝇属种类检索表. 卢兆荣,等. 中国媒介生物学及控制杂志,2003,(6)
胜利油田居民区家蝇孳生度调查. 邹爱兰,等. 医学动物防制,2003,(9)
石家庄市区蝇类种科及生物特征. 徐焕芬,等. 医学动物防制,2003,(8)
室内饲养丝光绿蝇的生物学特征观察. 许兵红,等. 中国寄生虫病防治杂志,2003,(3)
探究苍蝇对颜色的选择. 王志化. 生物学教学,2003,(3)
新生儿蝇蛆病 2 例报告. 童和平,等. 中国热带医学,2003,(2)
银川市城乡结合部不同场所常见蝇类的调查分析. 韩效琴,等. 马晓军. 宁夏医学杂志,2003,(11)
蝇蛆生物扩创的临床应用. 童致虹,等. 实用手外科杂志,2003,(2)
用 SPSS 分析浙江三城市蚊、蝇、蜚蠊密度季节消长规律. 朱江,等. 中国媒介生物学及控制杂志,2003,(6)
远东地区影响针叶树天然更新的球果种实害虫——球果花蝇(双翅目:花蝇科). Alain ROQUES,等. 昆虫学报,2003,(3)
云南拱背果蝇属双齿拱背果蝇种组——四新种记述及地理替代现象(双翅目:果蝇科). 权陆军,等. 动物学研究,2003,(3)
云南泉蝇属三新种(双翅目;花蝇科). 薛万琦. 昆虫学报,2003,(1)
中国池蝇属(双翅目:蝇科)分种团研究及三新种记述. 薛万琦,佟艳丰. 中国昆虫科学:英文版,2003,(1)
中国东北地区黑腹果蝇 P 因子分布和来源. 胡广安,等. 实验生物学报,2003,(4)
中国萼潜蝇属研究(双翅目:潜蝇科). 陈小琳,汪兴鉴. 昆虫学报,2003,(3)
中国秽蝇属虎秽蝇种团(双翅目:蝇科)分类研究. 薛万琦,佟艳丰. 中国昆虫科学:英文版,2003,(4)
中国角潜蝇属莎草潜蝇亚属分类研究(双翅目:潜蝇科). 陈小琳,汪兴鉴. 动物分类学报,2003,(2)
中国萝潜蝇属分类研究(双翅目:潜蝇科). 陈小琳,汪兴鉴. 昆虫学报,2003,(5)
中国迷蚜蝇属 Milesia 厘订(双翅目:食蚜蝇科). 成新跃. 昆虫分类学报,2003,(4)
中国热潜蝇属一新种(双翅目:潜蝇科). 陈小琳,汪兴鉴. 动物分类学报,2003,(4)
中国蛇潜蝇属一新记录种. 陈小琳,汪兴鉴. 昆虫分类学报,2003,(2)
中国四川丽蝇族四新种(双翅目:丽蝇科). 冯炎. 寄生虫与医学昆虫学报,2003,(3)
中国四川麻蝇亚科麻蝇族二新种(双翅目:麻蝇科). 冯炎,乔雪蓉. 昆虫分类学报,2003,(4)
中国四川妙蝇属二新种(双翅目:蝇科). 冯炎. 四川动物,2003,(4)
中国四川西部厕蝇属 2 新种记述(双翅目:厕蝇科). 冯炎. 中国媒介生物学及控制杂志,2003,(2)
中国四川阳蝇属三新种(双翅目:蝇科). 冯炎,薛万琦. 四川动物,2003,(1)
中国四川阳蝇属四新种. 冯炎,薛万琦. 华东昆虫学报,2003,(1)
中国四川有瓣蝇类四新种(双翅目:厕蝇科,蝇科,丽蝇科). 冯炎. 华东昆虫学报,2003,(2)
中国锥腹寄蝇属研究(双翅目:寄蝇科). 赵建铭,梁恩义. 动物分类学报,2003,(1)
周宁城区蝇类及其季节消长规律调查. 汤宝钗,等. 海峡预防医学杂志,2003,(1)
“捕蝇王”捕蝇器 10 年捕蝇 800 万只. 中华卫生杀虫药械,2004,(2)
1 艘入境活动物运输船舶携带多种蝇类的情况分析. 聂维忠,等. 中国国境卫生检疫杂志,2004,(5)
北京不同城区家蝇种群乙酰胆碱酯酶不敏感个体频率季节变化. 汪中明,等. 寄生虫与医学昆虫学报,2004,(3)
北京市通州区蝇类调查报告. 李昆歧,王晓东. 医学动物防制,2004,(2)
苍蝇定量接种的探讨. 史明珠,等. 中华医学实践杂志,2004,(6)
长实验室培养条件下果蝇复壮的初步研究. 王秀琴,等. 生物学通报,2004,(7)
赤峰市区蝇类季节消长调查结果分析. 尚文旭,等. 医学动物防制,2004,(9)
从入境的美国废纸中截获的伏蝇. 邓耀华,等. 中国媒介生物学及控制杂志,2004,(2)
大灰食蚜蝇成虫室内饲养研究. 董坤,等. 昆虫天敌,2004,(3)
东洋界肘角广口蝇属分类研究及一新种记述(双翅目:广口蝇科). 汪兴鉴,陈小琳. 昆虫学报,2004,(4)
福建省不同地区蝇类种群密度与季节消长. 徐保海,等. 海峡预防医学杂志,2004,(5)
贵州省尸食性蝇类的种类和分布. 陈禄仕. 昆虫学报,2004,(6)
果蝇的采集和饲养管理. 崔北超. 生物学通报,2004,(7)
果蝇老了也“痴呆”. 中华实用中西医杂志,2004,(3)
黑带食蚜蝇成虫室内的饲养方法. 董坤,等. 昆虫知识,2004,(2)
呼和浩特地区夏秋季常见嗜尸性蝇类的研究. 蔡继峰,等. 法医学杂志,2004,(3)
呼和浩特机场蚊、蝇调查结果分析. 张根全,等. 口岸卫生控制,2004,(1)
黄骅港蝇类本底调查报告. 张德恒,黄克迈. 中国国境卫生检疫杂志,2004,(5)
黄石地区家蝇对五种杀虫剂抗性测定报告. 廖勇,于小平. 公共卫生与预防医学,2004,(6)
家蝇室内连续饲养 11 代羽化率观察. 杨献军,等. 医学动物防制,2004,(4)
家蝇显微解剖方法的研究. 贾源,等. 中国人兽共患病杂志,2004,(12)

家蝇幼虫天蚕素基因的克隆与序列分析. 金小宝,等. 中国热带医学,2004,(6)
家蝇幼虫营养成分价值的研究. 陈艳,等. 中国血吸虫病防治杂志,2004,(4)
结膜吸吮线虫及蝇咀虫病2例. 赵俊宏,等. 国际眼科杂志,2004,(2)
结膜羊狂蝇病2例. 金建新. 国际眼科杂志,2004,(3)
桔小实蝇寄生蜂一新记录种——切割潜蝇茧蜂. 季清娥,等. 昆虫分类学报,2004,(2)
桔小实蝇综合防治技术的初步研究. 陈景辉. 华东昆虫学报,2004,(1)
抗衰延寿液延缓黑腹果蝇衰老的实验研究. 魏汉林,等. 安徽中医学院学报,2004,(2)
空气和土壤湿度对美洲斑潜蝇发育与存活的影响. 张慧杰,等. 生态学报,2004,(3)
恐怖的食人蝇. 云帆. 环境,2004,(1)
媒介生物与生物战剂. 黄清臻,邵新玺. 中华卫生杀虫药械,2004,(4)
湄洲岛蝇类调查报告. 黄素兰. 医学动物防制,2004,(2)
美丽的杀手——采采蝇. 范东晖,郑剑宁. 中国检验检疫,2004,(11)
南海石油湛江基地蚊蝇种群构成密度和季节消长的调查研究. 蔡伟烈,等. 中国国境卫生检疫杂志,2004,(1)
南美斑潜蝇寄生蜂二中国新记录种. 问锦曾,等. 昆虫分类学报,2004,(1)
南通市巩固灭蝇先进城市技术总结. 顾健,赵云云. 医学动物防制,2004,(10)
宁德地区不同海拔高度蝇类季节消长. 袁高林,等. 中国媒介生物学及控制杂志,2004,(6)
濮阳市城区蝇类密度消长与肠道传染病发病率相关关系分析. 朱文刚. 医学动物防制,2004,(6)
清远市市区1998—2003年蝇类消长趋势调查分析. 朱旭豪,等. 热带医学杂志,2004,(4)
曲阜市城区蝇种及常见蝇种季节性消长调查. 鲍杰. 中国社区医师:综合版,2004,(18)
曲阜市区蝇类防制调查研究. 邱绍轲,等. 医学动物防制,2004,(9)
取食经历对美洲斑潜蝇雌成虫寿命及生殖力的影响. 庞保平,等. 昆虫知识,2004,(2)
泉州后渚港蝇类本底调查报告. 郑朝晖. 中国国境卫生检疫杂志,2004,(2)
山西省丽蝇科区系研究(双翅目:环裂亚目). 王明福,等. 中国媒介生物学及控制杂志,2004,(4)
陕西省长角蚜蝇属三新种记述(双翅目:食蚜蝇科,长角蚜蝇族). 霍科科,郑哲民. 动物分类学报,2004,(1)
陕西省常见四种实蝇的RAPD研究初报(双翅目:实蝇科). 张红梅,等. 昆虫分类学报,2004,(1)
沈阳市赵家沟生活垃圾填埋场蝇类分布调查. 陈军,等. 中国媒介生物学及控制杂志,2004,(3)
生活垃圾填埋场灭蝇技术进展. 唐圣钧,等. 环境卫生工程,2004,(4)
生活垃圾填埋场灭蝇研究. 陈浩泉. 环境卫生工程,2004,(B06)
食蚜蝇. 成新跃. 生物学通报,2004,(2)
丝光绿蝇针刺诱导血淋巴特性研究. 许兵红,等. 中国寄生虫病防治杂志,2004,(4)
四川西部阳蝇属二新种(双翅目:蝇科). 冯炎,等. 四川动物,2004,(4)
苏州市家蝇对四种杀虫剂抗性的调查与分析. 潘恺友,杨波. 中国媒介生物学及控制杂志,2004,(2)
螳丽蝇——广州黄埔口岸截获的1种检疫性昆虫. 贾凤龙,等. 中国国境卫生检疫杂志,2004,(4)
微果蝇属(双翅目:果蝇科)三新种记述. 陆瑞丰,张文霞. 动物分类学报,2004,(3)
温、湿度对南美斑潜蝇和美洲斑潜蝇羽化的影响. 罗进仓,等. 昆虫知识,2004,(5)
我国黄土高原亚区厕蝇科研究(双翅目:厕蝇科). 王明福,等. 中国媒介生物学及控制杂志,2004,(1)
我国家蝇抗药性的现状及防治对策分析. 麻毅,等. 中华卫生杀虫药械,2004,(5)
武夷山口岸蝇类种群密度及季节消长观察. 王公东,等. 中国媒介生物学及控制杂志,2004,(5)
武夷山口岸蝇类种群密度与季节消长情况调查. 王公东,等. 中国国境卫生检疫杂志,2004,(3)
武夷山市蝇类种群密度与季节消长. 徐保海,等. 中华卫生杀虫药械,2004,(4)
西藏池蝇属三新种(双翅目:蝇科). 佟艳丰,等. 动物分类学报,2004,(3)
西宁市1999—2003年蝇类监测分析. 李生春,等. 医学动物防制,2004,(10)
厦门口岸主要有害生物调查结果与浅析. 冯呈瑞,郑智民. 中国媒介生物学及控制杂志,2004,(2)
孝感市2003年蝇类监测结果分析. 沈一鸣,等. 公共卫生与预防医学,2004,(6)
烟台地区南美斑潜蝇的生物学和生态学特性及其控制技术研究. 宋天俊,等. 华东昆虫学报,2004,(1)
盐城市蝇类种群分布及季节消长调查. 孙金明,等. 中华卫生杀虫药械,2004,(1)
眼羊狂蝇蛆病3例. 王静,等. 国际眼科杂志,2004,(5)
眼蝇蛆病15例报告. 吐洪江·麦麦提,古再丽·吐拉克. 中国眼耳鼻喉科杂志,2004,(6)
蝇类防制及巩固措施. 顾健. 医学动物防制,2004,(9)
幽暗丽蝇——我国口岸首次发现的1种丽蝇. 贾凤龙,等. 中国国境卫生检疫杂志,2004,(4)
玉溪市中心城区蝇类种群数量及消长情况监测. 马玉梅,等. 医学动物防制,2004,(6)
云南桔小实蝇五个地理种群的遗传分化研究. 施伟,叶辉. 昆虫学报,2004,(3)
昭通市常见蝇种名录及分布调查. 张崇俊,等. 医学动物防制,2004,(7)
镇江市蚊蝇对常用杀虫剂抗性测定. 姜洪方,等. 中华卫生杀虫药械,2004,(5)

中国厕蝇属分类研究初报(双翅目:厕蝇科).苏立新,王明福.中国媒介生物学及控制杂志,2004,(2)
中国厕蝇属炭色厕蝇种团记述(双翅目:厕蝇科).王明福,等.中国昆虫科学:英文版,2004,(2)
中国厕蝇属夏厕蝇种团的初步研究.苏立新,王明福.中国媒介生物学及控制杂志,2004,(1)
中国秽蝇亚科昆虫区系研究.曲业兵,等.中国媒介生物学及控制杂志,2004,(3)
中国溜蝇属白点溜蝇种团的分类学研究(双翅目:蝇科).张东,等.中国媒介生物学及控制杂志,2004,(4)
中国木蚜蝇族三新种记述(食蚜蝇科,木蚜蝇族).霍科科,等.动物分类学报,2004,(4)
中国四川粉蝇族五新种记述(双翅目:丽蝇科,丽蝇亚科).冯炎.动物分类学报,2004,(4)
中国四川棘蝇属二新种(双翅目:蝇科).冯炎.医学动物防制,2004,(10)
中国四川棘蝇属五新种(双翅目:蝇科).冯炎.华东昆虫学报,2004,(2)
中国四川省棘蝇属二新种.孙进忠,冯炎.中国媒介生物学及控制杂志,2004,(3)
中国四川西部阳蝇属四新种(双翅目:蝇科).冯炎.寄生虫与医学昆虫学报,2004,(2)
中国四川西部阳蝇属一新种(双翅目:蝇科).关王辉,等.中国媒介生物学及控制杂志,2004,(4)
中国四川阳蝇属二新种(双翅目:蝇科).冯炎,薛万琦.昆虫分类学报,2004,(1)
中国四川阳蝇属二新种(双翅目:蝇科).冯炎.中国媒介生物学及控制杂志,2004,(1)
中国四川阳蝇属一新种(又翅目:蝇科).冯炎,乔雪蓉.医学动物防制,2004,(5)
中国阳蝇属一新种记述(双翅目:蝇科).王明福,薛万琦.动物分类学报,2004,(4)
中国云南果蝇属暗果蝇种组的核型分化.高建军,等.动物学研究,2004,(3)
中国肘角广口蝇属(双翅目:广口蝇科)二新种记述.汪兴鉴,陈小琳.动物分类学报,2004,(3)
0.3%印楝素乳油防治杨梅果蝇药效试验及持效评价.孙道旺,等.农药,2005,(11)
1992—1994年海口市住区蝇类监测及分析.陈琼珍.中国热带医学,2005,(1)
宝山区蝇类种群及其季节消长初步调查.孙春卫,须俊明.中国媒介生物学及控制杂志,2005,(6)
北仑口岸蝇类本底调查报告.李骏,等.中国国境卫生检疫杂志,2005,(1)
苍蝇击败世界冠军的启示.冷小非.养生大世界,2005,(12A)
低温对家蝇室内种群不同日龄蛹羽化率的影响.许兵红,董卫华.热带医学杂志,2005,(2)
观察果蝇唾液腺染色体的实验改进.孙永林,李运书.生物学教学,2005,(9)
广州市口岸截获的卫生性蝇类(双翅目:丽蝇科、麻蝇科、蝇科).贾凤龙,等.中国媒介生物学及控制杂志,2005,(2)
海南果实蝇属分类研究及二新种记述(双翅目:实蝇科,寡鬃实蝇亚科).林明光,等.动物分类学报,2005,(4)
河北省厕蝇科蝇类研究.师鉴,等.中华卫生杀虫药械,2005,(6)
河北省丽蝇科区系研究.师鉴,等.中华卫生杀虫药械,2005,(5)
河北省麻蝇科种属及其分布.师鉴,等.医学动物防制,2005,(11)
黄岛港区蝇类及鼠类种群调查.刘剑,等.中国国境卫生检疫杂志,2005,(B07)
家蝇卵巢标本染色方法的探讨.刘俊燕,纪伟华.中国寄生虫病防治杂志,2005,(4)
家蝇雄成虫对杀虫剂的敏感性测定.徐菲,等.中国媒介生物学及控制杂志,2005,(3)
家蝇幼虫处理猪粪的效果研究.徐大刚,等.中国媒介生物学及控制杂志,2005,(1)
橘小实蝇发育历和种群动态研究.黄征.华东昆虫学报,2005,(4)
辽宁省棘蝇属种类分布(双翅目:蝇科).常亮,等.医学动物防制,2005,(3)
临沂口岸蝇类种群调查.王勇.中国国境卫生检疫杂志,2005,(B07)
吗啡对丝光绿蝇发育积温的改变与死者死亡时间推断的相关研究.赵文爱,等.生态学杂志,2005,(11)
南京禄口国际机场有瓣蝇类监测与控制技术报告.黄立业,等.中国国境卫生检疫杂志,2005,(4)
南美斑潜蝇的发育起点温度和有效积温.何玉仙,等.华东昆虫学报,2005,(3)
皮肤蝇蛆病10例诊治.曹发龙.第三军医大学学报,2005,(17)
日照市蝇类名录.刘加峰,安安庆.医学动物防制,2005,(9)
三峡库区兴山县有瓣蝇种名录(附:蛛蝇和虱蝇4种).王成全,等.中国媒介生物学及控制杂志,2005,(1)
上海地区最常见嗜尸性蝇类三龄幼虫图解检索表.吴虹,等.华东昆虫学报,2005,(4)
绍兴市区蝇类种群构成调查分析.裘剑飞,等.中国媒介生物学及控制杂志,2005,(4)
生活垃圾卫生填埋场苍蝇综合防治.洪国才,张小东.环境卫生工程,2005,(5)
嗜尸性苍蝇mtDNA中COⅡ基因序列检测.蔡继峰,等.中国法医学杂志,2005,(4)
双向凝胶电泳图谱用于常见尸食性蝇类初孵幼虫的鉴别.李凯,等.昆虫学报,2005,(4)
台湾沼野蝇雌性首次发现及雄性再描述.张碧胜,等.昆虫分类学报,2005,(3)
天津市汉沽区媒介生物调查发现古铜黑蝇.张岱岳,张希臣.医学动物防制,2005,(12)
万寿菊美洲斑潜蝇的发生与防治.孙执中,李秀娟.特种经济动植物,2005,(10)
潍坊口岸2004年蝇类本底调查.张春新,等.中国国境卫生检疫杂志,2005,(B07)
潍坊市蝇类初步调查.李建军,张春新.口岸卫生控制,2005,(5)

胃肠蝇蛆病6例诊治体会. 蒋惠华. 中国实用乡村医生杂志,2005,(12)
武夷山市蝇类种群调查. 王公东,陈烝. 中国媒介生物学及控制杂志,2005,(6)
眼蝇蛆病27例报告. 赵光明,陈宏. 人民军医,2005,(10)
以蝇蛆为材料观察唾液腺细胞巨染色体. 李爱英. 生物学教学,2005,(9)
印度翠蝇幼虫形态研究(双翅目:蝇科). 赵文爱,张孟余. 中国媒介生物学及控制杂志,2005,(1)
蝇类密度监测方法的现状. 冷培恩,等. 寄生虫与医学昆虫学报,2005,(3)
由苍蝇传播引起 E. coli O157:H7 感染爆发的评估模型的建立. 赵志晶,刘秀梅. 疾病控制杂志,2005,(1)
圆形分布法在探讨蝇类季节消长规律中的应用. 尚文旭,等. 中国媒介生物学及控制杂志,2005,(1)
云南省秽蝇属三新种(双翅目:蝇科). 薛万琦,等. 医学动物防制,2005,(2)
云南四个瓜实蝇地理种群的遗传关系分析. 朱振华,等. 应用生态学报,2005,(10)
漳州市港尾新开发区口岸蝇类种类及季节消长调查. 谢德生,卢黎明. 海峡预防医学杂志,2005,(4)
郑州地区初秋季节嗜尸性麻蝇生长发育规律的初步研究. 郑旭东,等. 华西医学,2005,(3)
中国池蝇属区系研究(双翅目:蝇科). 边冬菊,等. 中国媒介生物学及控制杂志,2005,(2)
中国点池蝇属分类研究初报(双翅目:蝇科). 徐洋,等. 中国媒介生物学及控制杂志,2005,(5)
中国广东异蚤蝇一新种记述(双翅目:蚤蝇科). 方红. 动物分类学报,2005,(3)
中国广额花蝇族分类研究(双翅目:花蝇科). 边冬菊,等. 医学动物防制,2005,(2)
中国海南异蚤蝇属一新种记述(双翅目:蚤蝇科). 方红,刘广纯. 昆虫分类学报,2005,(4)
中国棘蝇属区系研究(双翅目:蝇科). 姜海娟,等. 中国媒介生物学及控制杂志,2005,(1)
中国角潜蝇属一新记录种. 陈小琳,Vladimir V. ZLOBIN. 昆虫分类学报,2005,(1)
中国溜秽蝇属研究初报. 郑立军. 医学动物防制,2005,(8)
中国溜蝇属须溜蝇种团的分类研究(双翅目:蝇科). 张东,等. 昆虫分类学报,2005,(3)
中国毛食蚜蝇属研究及二新种记述(双翅目:食蚜蝇科). 霍科科,等. 动物分类学报,2005,(4)
中国妙蝇属五新种(双翅目:蝇科). 冯炎. 华东昆虫学报,2005,(3)
中国青藏高原阳蝇属一新种记述(双翅目:蝇科). 王明福,等. 动物分类学报,2005,(1)
中国食蚜蝇科一新属二新种记述(双翅目:食蚜蝇科). 霍科科,郑哲民. 动物分类学报,2005,(3)
中国蜀西地区阳蝇属二新种(双翅目:蝇科). 冯炎,等. 中国媒介生物学及控制杂志,2005,(2)
中国阳蝇属三新种(双翅目:蝇科). 钱薇萍,冯炎. 中国媒介生物学及控制杂志,2005,(4)
中国阳蝇属棕翅阳蝇种团记述(双翅目:蝇科). 王明福,等. 中国媒介生物学及控制杂志,2005,(6)
中国圆蝇亚科妙蝇属四新种(双翅目:蝇科). 冯炎. 寄生虫与医学昆虫学报,2005,(4)
珠海口岸蝇类调查报告. 柯明剑,等. 口岸卫生控制,2005,(1)
2000—2004年湛江市城区成蝇种群构成及消长调查. 余向明,等. 中国媒介生物学及控制杂志,2006,(6)
不同日龄下3品系果蝇的七氟醚 ED_{50} 和生存力. 叶其泉,等. 大连医科大学学报,2006,(1)
不同饲料对大头金蝇生殖力的影响. 王俊刚,等. 昆虫知识,2006,(2)
潮湿的热带尼日尔三角洲农村妇女乳房多重蝇蛆病及婴儿经口腔感染人类皮蝇幼虫的发病率. Ogbalu,O. K,等. 世界核心医学刊文摘(皮肤病学分册),2006,(12)
成都双流国际机场蝇类调查. 杨文才,等. 中华卫生杀虫药械,2006,(4)
传入性医学媒介生物古铜黑蝇. 邓耀华,等. 中国媒介生物学及控制杂志,2006,(1)
慈溪市创建灭蝇、灭蚊先进城区技术调查报告. 范飞能,等. 中国媒介生物学及控制杂志,2006,(6)
从入境飞机上截获的努比亚污蝇的重描述(双翅目:麻蝇科). 邓耀华,等. 寄生虫与医学昆虫学报,2006,(2)
从形态学不同到基因水平差异:家蚕与果蝇早胚胎发育比较. 柴春利,鲁成. 遗传,2006,(9)
大头金蝇营养成分分析. 赵福,等. 昆虫知识,2006,(5)
分子标记技术在蝇类研究中的应用. 王亚超,等. 四川动物,2006,(3)
福安市蝇类种群分布调查分析. 邱建华. 基层医学论坛:B版,2006,(12)
福建诏安蝇类调查. 陈永杰,等. 医学动物防制,2006,(6)
福州实蝇监测初报. 林惠敏,等. 华东昆虫学报,2006,(4)
鼓翅蝇科(双翅目:沼蝇总科)的分类研究进展. 肖春霞,杜予州. 华东昆虫学报,2006,(4)
光照、温度和湿度对桔小实蝇飞翔活动的影响. 刘建宏,叶辉. 昆虫知识,2006,(2)
广东韶关国家森林公园蝇类调查初报. 郑立军. 医学动物防制,2006,(3)
广州口岸截获输入性蝇类——银口羽麻蝇(双翅目:麻蝇科). 梁铬球,等. 中国媒介生物学及控制杂志,2006,(3)
广州市黄埔港截获两种澳洲麻蝇(双翅目:麻蝇科). 梁铬球,等. 中国媒介生物学及控制杂志,2006,(6)
果蝇晚三龄幼虫脑神经元的快速分离与鉴定. 刘洋,等. 四川大学学报(医学版),2006,(6)
果蝇属条纹果蝇亚属一新种记述(双翅目:果蝇科). 张文霞,等. 动物分类学报,2006,(3)
海南寡鬃实蝇亚科分类研究(双翅目:实蝇科). 林明光,等. 昆虫学报,2006,(2)

河北大学博物馆馆藏迷食蚜蝇亚科分类研究(双翅目:食蚜蝇科).霍科科,任国栋.动物分类学报,2006,(4)
河北大学博物馆馆藏食蚜蝇亚科分类研究(双翅目:食蚜蝇科,食蚜蝇亚科).霍科科,任国栋.动物分类学报,2006,(3)
河北省齿股蝇属区系分析(双翅目:环裂亚目).师鉴,等.中国媒介生物学及控制杂志,2006,(4)
河北省花蝇科昆虫区系特点分析.师鉴,等.中华卫生杀虫药械,2006,(6)
河北省花蝇科蝇类研究(双翅目:环裂亚目).师鉴,等.中国媒介生物学及控制杂志,2006,(2)
河北省秽蝇亚科区系研究.师鉴,等.中华卫生杀虫药械,2006,(4)
河北省丽蝇科种属及其分布(双翅目:环裂亚目).师鉴,等.医学动物防制,2006,(11)
河北省溜蝇属区系研究(双翅目:蝇科).师鉴,等.医学动物防制,2006,(12)
红毛羽毛蚜蝇幼生物学特性的初步研究.张志林,郑发科.四川动物,2006,(4)
基于二次判别的果蝇启动子识别.林昊,李前忠.生物物理学报,2006,(5)
基于机器视觉的果蝇复眼坏区甄别系统的图像处理设计.徐富新,等.生物医学工程研究,2006,(2)
家蝇对两种拟除虫菊酯类杀虫剂抗性的稳定性.王志钢,等.中国媒介生物学及控制杂志,2006,(4)
家蝇发育起点温度和有效积温.范丽清,罗广军.昆虫知识,2006,(3)
家蝇抗菌物质超声波诱导效果的动态观察.许兵红,等.中国病原生物学杂志,2006,(5)
家蝇乙酰胆碱酯酶基因的克隆与序列分析.方晓东,黄俊生.中国热带医学,2006,(6)
家蝇幼虫抗菌蛋白在体外诱导JEC凋亡的探讨.贺莉芳,等.广西医科大学学报,2006,(6)
家蝇幼虫匀浆液抗病毒作用初探.李金福,陈艳.寄生虫病与感染性疾病,2006,(2)
家蝇幼虫组织匀浆液的抗病毒活性.王芙蓉,等.昆虫知识,2006,(1)
结膜囊内羊鼻蝇蛆12例.曹凤芝.中国人兽共患病学报,2006,(11)
晋江围头港蝇类初步调查.黄文金,等.口岸卫生控制,2006,(6)
卷蛾寄蝇族研究进展(双翅目:寄蝇科).刘家宇,等.医学动物防制,2006,(5)
抗果蝇paf1复合体抗体的制备及其特性.魏文祥,等.生理学报,2006,(6)
垃圾处理场苍蝇密度的控制.任稚萍.中华卫生杀虫药械,2006,(1)
垃圾填埋场蝇类分布及密度消长监测资料分析.马晓,等.中华卫生杀虫药械,2006,(4)
两种雌性溜蝇记述.张东,等.昆虫分类学报,2006,(1)
辽宁食蚜蝇科昆虫名录(双翅目:食蚜蝇科).高欣,张春田.四川动物,2006,(1)
邻苯二甲酸二丁酯对子代果蝇生长发育的影响.张欣文,等.环境与健康杂志,2006,(6)
龙胆紫染色法快速制备果蝇唾液腺染色体.郭彦,杨洪双.生物学教学,2006,(12)
酶处理急性分离技术用于研究果蝇成虫中枢神经细胞钾电流.林鹏焘,等.四川医学,2006,(8)
宁波镇海口岸蝇类调查研究.薛新春.中华卫生杀虫药械,2006,(5)
宁德市蝇类种群分布及其携带肠道传染病病菌调查.袁高林,等.中国媒介生物学及控制杂志,2006,(5)
清远市旅游区蝇类种群的本底调查研究.朱旭豪,等.中国热带医学,2006,(1)
三叶草斑潜蝇的入侵、鉴定及在中国适生区分析.汪兴鉴,等.昆虫知识,2006,(4)
三叶草斑潜蝇和美洲斑潜蝇的分子鉴定.管维,等.昆虫知识,2006,(4)
山东省有瓣蝇类重要科、属区系名录(双翅目:有瓣蝇类).薛健,等.中国媒介生物学及控制杂志,2006,(6)
山西省麻蝇科区系研究(双翅目:环裂亚目).王明福,等.中国媒介生物学及控制杂志,2006,(1)
陕西秦岭太白山北坡食蚜蝇科昆虫区系调查.霍科科,任国栋.昆虫知识,2006,(5)
韶关市区家蝇对杀虫剂抗药性状况分析及防制对策.梁河章,等.华南预防医学,2006,(3)
生活垃圾填埋场灭蝇技术探讨.石剑菁,苏冬云.环境卫生工程,2006,(2)
湿度对橘小实蝇及寄生蜂存活与发育的影响.梁光红,等.华东昆虫学报,2006,(3)
石家庄市城区蚊、蝇孳生地调查.侯雨丰,等.中国媒介生物学及控制杂志,2006,(3)
丝光绿蝇COⅡ序列分析与地理种群分布的关系.蔡继峰,等.法医学杂志,2006,(6)
丝光绿蝇室内种群孵化动态观察.许兵红,等.热带医学杂志,2006,(11)
丝光绿蝇室内种群连续2代产卵动态观察.许兵红,等.中国媒介生物学及控制杂志,2006,(3)
四川省花蝇科5种雌性的记述(双翅目:蝇总科).冯炎.华东昆虫学报,2006,(3)
天津市不同城区家蝇乙酰胆碱酯酶的变异.张咏梅,等.中国媒介生物学及控制杂志,2006,(3)
潍坊地区六种常见嗜尸性蝇类mtDNACOI区序列研究.王新杰,等.法医学杂志,2006,(2)
潍坊市城区蝇类综合防制技术探讨.王善玲,等.医学动物防制,2006,(2)
尾秽蝇属分类研究概况及我国尾秽蝇属研究现状(双翅目:蝇科).郑立军.医学动物防制,2006,(1)
温度和光周对家蝇幼虫滞育的影响.刘流,等.遵义医学院学报,2006,(1)
我国东北区厕蝇科区系研究(双翅目:厕蝇科).王柏凤,等.医学动物防制,2006,(8)
我国嗜尸性蝇类分布的相关文献综述.蒿自睿,等.寄生虫与医学昆虫学报,2006,(4)
香港潜蝇科(双翅目)的分类研究.Mitsuhiro,SASAKAWA.昆虫学报,2006,(5)

孝感城区蝇类种群及密度调查. 池新安. 实用预防医学,2006,(4)
新塘口岸蝇类调查. 陈国雄,等. 中国媒介生物学及控制杂志,2006,(1)
星级酒店垃圾箱蝇类滋生特点及控制方法评价. 刘峰,等. 中国公共卫生,2006,(11)
眼蝇蛆病4例报道. 冯衍红,等. 社区医学杂志,2006,(04X)
眼蝇蛆病6例. 谢会同,等. 中华中西医学杂志,2006,(3)
玉米紫色植株色素对果蝇寿命的影响. 周波,等. 现代预防医学,2006,(8)
云南瑞丽桔小实蝇成虫种群数量变动及其影响因子分析. 陈鹏,等. 生态学报,2006,(9)
在果蝇基因组中发现与肿瘤转移行为相关基因. 中华医学信息导报,2006,(8)
漳州港招银港区蝇类种群密度与季节消长. 许俊毅,等. 旅行医学科学,2006,(2)
郑州地区夏初尸食性麻蝇生长发育规律观察. 郑旭东,等. 郑州大学学报(医学版),2006,(4)
中国斑胸蚜蝇属一新种和一新记录种记述(双翅目:食蚜蝇科). 霍科科,任国栋. 昆虫分类学报,2006,(2)
中国棒腹蚜蝇属二新种记述(双翅目:食蚜蝇科). 霍科科,任国栋. 动物分类学报,2006,(2)
中国长角食蚜蝇属一新种及一新纪录种(双翅目:食蚜蝇科). 霍科科,等. 动物分类学报,2006,(2)
中国大广口蝇属分类研究(双翅目:广口蝇科). 汪兴鉴,陈小琳. 动物分类学报,2006,(3)
中国等彩蝇属一新种(双翅目:丽蝇科:鼻蝇亚科). 邓耀华,范滋德. 昆虫分类学报,2006,(2)
中国黑腹果蝇种组40种果蝇的核型多样性研究. 钱远槐,等. 生物多样性,2006,(3)
中国角斑蝇属二新记录种. 陈小琳,汪兴鉴. 昆虫分类学报,2006,(3)
中国溜头秽蝇属分类研究初报(双翅目:蝇科). 郑立军. 中国媒介生物学及控制杂志,2006,(3)
中国上海口岸截获的合肛优丽蝇形态研究(双翅目:丽蝇科). 邓耀华,等. 中国国境卫生检疫杂志,2006,(5)
中国瘦寄蝇属一新种和一新纪录种(双翅目:寄蝇科). 张春田,等. 动物分类学报,2006,(2)
中国四川厕蝇属六新种(双翅目:厕蝇科). 冯炎,薛万琦. 动物分类学报,2006,(1)
中国四川二郎山地区有瓣蝇类地理垂直分布. 冯炎. 四川动物,2006,(3)
中国四川花蝇科三新种及一新记录种(双翅目:蝇总科). 冯炎. 华东昆虫学报,2006,(1)
中国狭翅广口蝇属(双翅目:广口蝇科)新种和新纪录. 汪兴鉴,陈小琳. 动物分类学报,2006,(4)
中国新记录属——颊寄蝇属分类研究(双翅目:寄蝇科). 张春田,刘家宇. 昆虫分类学报,2006,(3)
中国新纪录属——脉蚤蝇属及二新种记述(双翅目:蚤蝇科). 刘广纯,等. 动物分类学报,2006,(2)
中国阳蝇属两种雌性记述. 王荣荣,等. 昆虫分类学报,2006,(3)
中国植种蝇属研究(双翅目:花蝇科). 王丹丹,等. 医学动物防制,2006,(3)
17例儿童皮肤科蝇蛆病临床分析. 王丽丽. 中华临床医学研究杂志,2007,(16)
2006年大连市蝇类季节消长调查. 韩业新,等. 中国媒介生物学及控制杂志,2007,(4)
2006年兰州市蝇密度监测. 王芸,等. 中国媒介生物学及控制杂志,2007,(4)
北京地区眼蝇蛆病4例. 魏学忠,边立冬. 眼科新进展,2007,(8)
草地螟的寄生蝇种类、寄生方式及其对寄主种群的调控作用. 李红,罗礼智. 昆虫学报,2007,(8)
传入性病媒生物古铜黑蝇年江苏新记录. 杨维芳,等. 中华卫生杀虫药械,2007,(1)
创建灭蝇先进市工作中存在主要问题及解决途径的思考. 刘守钦,等. 医学动物防制,2007,(1)
丹东市区蝇类监测结果与分析. 张平. 中华卫生杀虫药械,2007,(4)
肥须亚麻蝇的生物学特性及其在法医昆虫学上的意义. 王玲,等. 河北医科大学学报,2007,(6)
柑橘大实蝇的产卵特性. 张小亚,等. 昆虫知识,2007,(6)
光照时间对果蝇发生量的影响. 贾永红,等. 生物学杂志,2007,(5)
广州白云国际机场有瓣蝇类监测与控制技术报告. 符玉飞,等. 中国国境卫生检疫杂志,2007,(B09)
广州口岸截获一种麻蝇:砖形弯刀麻蝇(双翅目:麻蝇科). 梁铬球,等. 中国媒介生物学及控制杂志,2007,(2)
果蝇对汽水的味觉感应. 张云峰,王琛柱(选编). 昆虫知识,2007,(6)
果蝇感知几种糖所需的味觉受体. 张丹丹,王琛柱(选编). 昆虫知识,2007,(6)
果蝇唾液腺染色体制片应注意的问题. 龚慧明. 生物学教学,2007,(10)
哈尔滨太平国际机场蝇类调查结果分析及防制对策. 王硕,等. 中国国境卫生检疫杂志,2007,(1)
河北省小五台山自然保护区蚜蝇科昆虫的调查(双翅目). 霍科科,任国栋. 昆虫分类学报,2007,(3)
湖北地区丽蝇科已知种类区系分析. 王浩,等. 中华卫生杀虫药械,2007,(4)
黄石地区家蝇对五种杀虫剂抗性测定报告. 严子桂,于晓平. 公共卫生与预防医学,2007,(3)
黄石市城区家蝇抗药性调查. 于晓平,等. 中国媒介生物学及控制杂志,2007,(5)
秽蝇族分类研究概况及我国秽蝇族研究现状. 郑立军. 中国媒介生物学及控制杂志,2007,(5)
家蝇抗菌肽对细菌细胞表面特性影响及其作用机理的研究. 侯利霞,等. 微生物学通报,2007,(3)
家蝇三龄幼虫血细胞形态的观察. 晏容,等. 遵义医学院学报,2007,(1)
家蝇室内种群第55代产卵特性比较观察. 许兵红,等. 现代预防医学,2007,(15)
家蝇幼虫、蛹、成虫抗菌肽的聚丙烯酰胺凝胶电泳分析. 张庆华,等. 热带医学杂志,2007,(3)

家蝇幼虫分泌物抗菌肽对小鼠血清溶菌酶含量的影响. 国果,等. 贵阳医学院学报,2007,(6)
家蝇越冬生态学研究. 庞秀. 医学动物防制,2007,(12)
家蝇作为饲料添加剂对清远良种鸡肉质和风味的影响. 常斌,等. 昆虫知识,2007,(6)
江苏省家蝇对4种常用杀虫剂抗性调查. 褚宏亮,等. 中华卫生杀虫药械,2007,(2)
结膜蝇蛆病68例. 米尔沙力,等. 中国实用眼科杂志,2007,(10)
桔小实蝇生物防治研究进展. 章玉苹,李敦松. 昆虫天敌,2007,(4)
两种金蝇在三种生境中的密度及种群构成的观察. 姬淑红,等. 上海预防医学,2007,(6)
美根寄蝇属一新种记述(双翅目:寄蝇科). 刘家宇,张春田. 动物分类学报,2007,(1)
美蓝蚜蝇属二新种记述(双翅目:蚜蝇科). 霍科科,任国栋. 动物分类学报,2007,(2)
莆田市秀屿港蝇类种群密度与季节消长. 黄素兰,林新武. 中国国境卫生检疫杂志,2007,(5)
青藏高原丽蝇科昆虫物种多样性初探. 敖虎,等. 华东昆虫学报,2007,(4)
青藏高原丽蝇族昆虫分类区系初步研究. 敖虎,等. 中华卫生杀虫药械,2007,(5)
青藏高原圆蝇亚科生物地理研究(双翅目:蝇科). 刘林,等. 中国媒介生物学及控制杂志,2007,(5)
取食重金属铜对棕尾别麻蝇亲代及子代生长发育与繁殖的影响. 吴国星,等. 昆虫学报,2007,(10)
入境国际航行船舶携带输入性蝇类与微小气候因素的相关性分析研究. 聂维忠,等. 中国国境卫生检疫杂志,2007,(5)
杀虫剂对抗药性家蝇的兴奋性研究. 冷培恩,等. 中华卫生杀虫药械,2007,(4)
山地五月茶的蝇类传粉研究. 李永泉,张奠湘. 植物分类学报,2007,(2)
山东省有瓣蝇类重要科、属区系名录(双翅目:有瓣蝇类). 薛健,等. 中国媒介生物学及控制杂志,2007,(1)
深圳拟黑麻蝇雌性首次发现. 张碧胜,等. 昆虫分类学报,2007,(2)
石湖口岸蝇类调查报告. 王清松,等. 口岸卫生控制,2007,(1)
实验用果蝇培养技术探索. 宋文贞,等. 氨基酸和生物资源,2007,(3)
丝状鼓翅蝇属二中国新记录种. 肖春霞,杜予州. 昆虫分类学报,2007,(1)
四川西部丽蝇科4蝇种昼夜活动节律的研究. 冯炎. 华东昆虫学报,2007,(2)
校园及其周边蝇类孳生地调查研究. 姜雪锋,等. 中华卫生杀虫药械,2007,(3)
逊克口岸蝇类初步调查. 杨军,呼满霞. 口岸卫生控制,2007,(1)
宜昌市家蝇对5种常用杀虫剂的抗药性调查测定. 朱彬彬,等. 中华医学实践杂志,2007,(11)
羽毛蚜蝇属一新种记述(双翅目:食蚜蝇科). 霍科科,石福明. 动物分类学报,2007,(3)
圆形分布法在蝇类季节消长规律中的应用. 毛龙飞,等. 中国媒介生物学及控制杂志,2007,(6)
云南六库桔小实蝇成虫种群数量变动及其影响因子分析. 陈鹏,叶辉. 昆虫学报,2007,(1)
张掖市城区蝇类种群分布及季节消长调查. 贾玉新,等. 中国媒介生物学及控制杂志,2007,(2)
中国、泰国和印度广口蝇科(双翅目)一新纪录属及二新纪录种. 陈小琳,等. 动物分类学报,2007,(1)
中国地种蝇属区系研究. 杜晶,等. 中华卫生杀虫药械,2007,(6)
中国非寄蝇属分类研究(双翅目:寄蝇科). 赵建铭,陈小琳. 昆虫学报,2007,(9)
中国美广口蝇属(双翅目:广口蝇科)一新种及二新纪录种. 汪兴鉴,陈小琳. 动物分类学报,2007,(1)
中国四川芒蝇亚科芒蝇属一新种(双翅目:蝇科). 何建邯,等. 寄生虫与医学昆虫学报,2007,(4)
中国四川妙蝇属(Myospila)的分类研究(双翅目:蝇科:圆蝇亚科). 冯炎. 华东昆虫学报,2007,(4)
中国四川妙蝇属一新种记述(双翅目:蝇科). 关玉辉,等. 中国媒介生物学及控制杂志,2007,(3)
中国四川西部阳蝇属4新种(双翅目:蝇科). 冯炎. 华东昆虫学报,2007,(3)
中国细腹蚜蝇属二新种(双翅目:食蚜蝇科). 霍科科,石福明. 动物分类学报,2007,(3)
中国新纪录大角寄蝇属二新种(双翅目:蝇科). 张春田,等. 动物分类学报,2007,(3)
中国阳蝇属四新种(双翅目:蝇科). 冯炎,叶宗茂. 动物分类学报,2007,(4)
中国蚤蝇亚科区系研究(双翅目:蚤蝇科). 朱威,刘广纯. 中国媒介生物学及控制杂志,2007,(5)
中国沼野蝇属一新种附该属的种检索表及属征(双翅目:麻蝇科). 邓耀华,等. 昆虫分类学报,2007,(2)
淄川区特殊行业家蝇对常用杀虫剂的抗药性及防制对策. 邢丽,等. 职业与健康,2007,(13)
棕尾别麻蝇雄性附腺分泌物的生理功能. 高熹,等. 昆虫知识,2007,(6)
1997—2006年昌平区蝇密度监测结果分析. 闫革彬,等. 中国媒介生物学及控制杂志,2008,(2)
1例口腔金蝇蛆症病例调查分析. 吴景文,等. 中国媒介生物学及控制杂志,2008,(5)
2000—2006年海淀区蝇类密度监测及控制措施. 蔡伟,等. 中华卫生杀虫药械,2008,(4)
2004年张家界空港口岸蝇类调查报告. 赵亚平,鲁少平. 口岸卫生控制,2008,(3)
2007年威海市城区蝇类种群及密度调查. 丛勉杰,等. 中国媒介生物学及控制杂志,2008,(6)
2种不同颜色的捕蝇笼对成蝇诱捕效果的初探. 孙晨熹,等. 中华卫生杀虫药械,2008,(5)
Hsp22对SCA3/MJD转基因果蝇的神经保护作用研究. 李清华,等. 生物化学与生物物理进展,2008,(12)
半农牧区人结膜羊狂蝇病5例. 李宏科,等. 眼科新进展,2008,(4)

不同饲养条件对家蝇幼虫生长发育的影响. 刘晖,等. 医学动物防制,2008,(2)
不同温度下铜绿蝇蛹发育形态观察. 王贺,等. 中国法医学杂志,2008,(5)
昌平区养殖业家蝇对2种杀虫剂抗性测定结果. 刘硕,等. 中国媒介生物学及控制杂志,2008,(5)
长白山有瓣蝇类调查研究. 尹强,等. 中华卫生杀虫药械,2008,(3)
成都市蝇类种群调查. 何建邯,等. 医学动物防制,2008,(9)
成都双流国际机场有瓣蝇类监测与控制技术报告. 王仕应,等. 中国国境卫生检疫杂志,2008,(B08)
大连市家蝇对常用杀虫剂抗性及趋势研究. 吴炜,等. 中国媒介生物学及控制杂志,2008,(4)
大头金蝇的飞行能力. 王俊刚,等. 昆虫知识,2008,(3)
地中海实蝇及其近缘种基因芯片检测研究. 李文芬,等. 昆虫学报,2008,(1)
肥须亚麻蝇幼虫头咽骨形态学分析及其法医学意义. 王玲,等. 昆虫知识,2008,(1)
福州海港口岸输入性蝇类监测结果分析. 张述铿,等. 中国国境卫生检疫杂志,2008,(5)
果蝇 Bag-of-marbles 在生殖干细胞分化及配子发生中的作用. 王士友,张耀洲. 细胞生物学杂志,2008,(3)
河北省池蝇属昆虫区系分析. 师鉴,等. 中华卫生杀虫药械,2008,(1)
河北省家蝇属昆虫区系分析. 师鉴,等. 中华卫生杀虫药械,2008,(2)
恒温条件下吗啡对丝光绿蝇发育规律改变与死者死亡时间推断的相关研究. 赵文爱,等. 中国病原生物学杂志,2008,(8)
湖北荆州市区蝇类区系研究. 张爱华,等. 海南医学,2008,(1)
环保型捕蝇器及诱蝇香料的应用研究. 邵则信,等. 中华卫生杀虫药械,2008,(5)
黄石地区家蝇对5种杀虫剂的抗性测定. 陈燕,王金明. 中华卫生杀虫药械,2008,(1)
家蝇成虫对不同食物气味的反应. 尉吉乾,等. 中国媒介生物学及控制杂志,2008,(1)
家蝇对常用杀虫剂抗性状况及防治对策的研究. 杜俊,等. 中华卫生杀虫药械,2008,(4)
家蝇对化学杀虫剂抗药性及抗性自然衰减趋势. 王学军,等. 中国公共卫生,2008,(11)
家蝇对菊酯类杀虫剂抗性的分子生物学监测. 史智勇,等. 中华卫生杀虫药械,2008,(4)
家蝇幼虫血细胞的分类及感染后的形态变化. 刘晖,等. 医学动物防制,2008,(10)
家蝇幼虫营养保健果冻的研制. 张克田,等. 昆虫知识,2008,(4)
橘小实蝇交配行为观察. 任荔荔,等. 华东昆虫学报,2008,(2)
昆山口岸蝇类本底调查报告. 邱伟正,等. 中国国境卫生检疫杂志,2008,(3)
兰州市七里河区蝇密度季节消长与种群构成. 谭玉林,徐晓东. 中华卫生杀虫药械,2008,(4)
兰州市蝇类种群分布及季节消长调查. 王芸. 中国自然医学杂志,2008,(5)
丽蝇科尼蚓蝇属研究并记一新种(双翅目:丽蝇科). 冯炎,范滋德. 动物分类学报,2008,(1)
丽蝇蛹集金小蜂的寄生习性研究. 张忠,等. 中国媒介生物学及控制杂志,2008,(6)
两种提取家蝇幼虫血淋巴方法的比较. 付萍,等. 贵阳医学院学报,2008,(6)
聊城市城区2001—2007年蝇类监测结果分析. 姜健康,安宪彤. 医学动物防制,2008,(11)
迷蚜蝇亚科中国二新纪录种记述(双翅目:食蚜蝇科). 龙莎,等. 动物分类学报,2008,(2)
绵竹市2003—2007年市区蝇类、蝇密度调查及化学灭蝇效果分析. 熊光明,等. 华南预防医学,2008,(5)
墨蚜蝇(双翅目:食蚜蝇科,食蚜蝇亚科)八种雄性外生殖器比较. 党利红,等. 动物分类学报,2008,(3)
农村改厕对蝇类种群密度影响及卫生效果评价. 曲宝泉,等. 中华卫生杀虫药械,2008,(4)
青岛流亭国际机场口岸蝇类本底调查报告. 薛晓宁,等. 中国国境卫生检疫杂志,2008,(2)
全国监测蝇种文解图示检索表. 徐劲秋,等. 中国媒介生物学及控制杂志,2008,(1)
人体皮肤蝇蛆病21例分析. 李彦,段明. 职业卫生与病伤,2008,(1)
人眼结膜蝇蛆病1例. 夏丹,钟景贤. 中国热带医学,2008,(5)
溶壁微球菌对家蝇抗菌物质的诱导. 许兵红,等. 中国病原生物学杂志,2008,(8)
三尖裸变丽蝇的再描述(双翅目:丽蝇科). 冯炎. 动物分类学报,2008,(1)
三种饵料笼诱法监测蝇密度结果分析. 张华,陈海星. 中国公共卫生管理,2008,(4)
陕西省尖翅蝇属二新种记述(双翅目:尖翅蝇科). 董奇彪,等. 动物分类学报,2008,(2)
上海市中心城区蝇类孳生情况调查. 丁志伟,等. 中华卫生杀虫药械,2008,(6)
绍兴市区蝇类密度及季节消长研究. 金伟东,等. 中华卫生杀虫药械,2008,(5)
生物农药对南美斑潜蝇的协同防治效果. 刘军和,赵红启. 农药,2008,(10)
食品行业蝇类孳生情况调查分析. 王岗,任力. 中华卫生杀虫药械,2008,(3)
四川省芦山地区有瓣蝇类初步调查研究. 冯炎,高玲. 中国媒介生物学及控制杂志,2008,(4)
苏州口岸蝇类调查报告. 辛晓兰,等. 旅行医学科学,2008,(2)
唐山市城区蝇类种群分布及季节消长调查. 张秋芬,等. 中国媒介生物学及控制杂志,2008,(5)
外来医学媒介生物(蝇类)输入风险评估体系研究. 姚峰,丁永健. 中华卫生杀虫药械,2008,(5)
汶川县映秀镇抗震救灾部队营地苍蝇密度、分布及其控制. 常文军,等. 第二军医大学学报,2008,(7)

西宁地区常见蝇种季节消长规律及其影响因素分析. 王晓节,郭鹏. 高原医学杂志,2008,(3)
肖厝口岸蝇类本底调查报告. 蒋惠坚,等. 医学动物防制,2008,(1)
医巫闾山有瓣蝇类调查名录. 杜希俊,等. 中国媒介生物学及控制杂志,2008,(3)
蝇类防治(一)——蝇类的危害、形态特征与生活史. 贾德胜,吴光华. 中华卫生杀虫药械,2008,(1)
蝇类防治(二)——蝇类的生态习性与常见种类. 贾德胜,吴光华. 中华卫生杀虫药械,2008,(2)
蝇类防治(三)——蝇类的调查方法、考核标准与防治原则. 贾德胜,吴光华. 中华卫生杀虫药械,2008,(3)
蝇类防治(五)——不同场所蝇类的防治. 贾德胜,吴光华. 中华卫生杀虫药械,2008,(5)
蝇类防治(六)——突发公共卫生事件应急条件下蝇类的防治. 贾德胜,吴光华. 中华卫生杀虫药械,2008,(6)
用家蝇取代果蝇制作唾腺多线染色体新技术. 刘红美,等. 生物学通报,2008,(9)
诱蝇笼用于垃圾填埋场诱捕蝇类效果观察. 石锦祥,等. 中国媒介生物学及控制杂志,2008,(2)
云南瑞丽果实蝇属二新种记述(双翅目:实蝇科,寡鬃实蝇亚科). 汪兴鉴,等. 动物分类学报,2008,(1)
云南同脉缟蝇属一新种及一新纪录种记述(双翅目:缟蝇科). 李文亮,等. 动物分类学报,2008,(2)
在藏羚羊上发现的中国第四种皮蝇. 庞程,等. 昆虫学报,2008,(10)
郑州地区4种尸食性苍蝇线粒体DNA中细胞色素氧化酶亚基基因序列检测. 闫红涛,等. 郑州大学学报(医学版),2008,(5)
滞育家蝇幼虫糖的变化. 刘流,等. 医学动物防制,2008,(11)
中国二叉鼓翅蝇属(双翅目:鼓翅蝇科)五新纪录种. 肖春霞,杜予州. 动物分类学报,2008,(2)
中国海南管蚜蝇族一新属一新种记述(食蚜蝇科,管蚜蝇族). 霍科科,任国栋. 动物分类学报,2008,(3)
中国卷蛾寄蝇族一新种及二新纪录种(双翅目:寄蝇科). 张春田,等. 动物分类学报,2008,(3)
中国墨潜蝇属一新种(双翅目:潜蝇科). 陈小琳,汪兴鉴. 动物分类学报,2008,(1)
中国四川蜂麻蝇亚科赛蜂麻蝇属(双翅目:麻蝇科)一新种. 何建邯,等. 医学动物防制,2008,(6)
中国四川阳蝇属二新种(双翅目:蝇科). 冯炎. 动物分类学报,2008,(4)
中国四川阳蝇属一新种(双翅目:蝇科). 谢广安,等. 医学动物防制,2008,(9)
中国西藏地区蝇科五新种(双翅目:蝇总科). 冯炎,许荣满. 寄生虫与医学昆虫学报,2008,(1)
中国直斑蝇属一新种(双翅目:斑蝇科). 陈小琳,汪兴鉴. 动物分类学报,2008,(4)
重庆铁路口岸蝇类本底调查报告. 王洪武,等. 中国国境卫生检疫杂志,2008,(5)
自然条件下大头金蝇的发育速度和有效积温及其法医学应用. 裴广畅,等. 新乡医学院学报,2008,(2)
DNA条形码识别Ⅵ:基于微型DNA条形码的果实蝇物种鉴定. 范京安,等. 应用与环境生物学报,2009,(2)
丙烯酰胺对雄性果蝇生育力的影响. 赵佧,等. 同济大学学报:医学版,2009,(2)
不同温度条件下果蝇染色体结构的变化. 杨亚维,等. 四川动物,2009,(1)
大肠杆菌感染后家蝇幼虫的细胞免疫反应. 晏容,等. 四川动物,2009,(6)
多杀菌素和荧光桃红B对橘小实蝇取食的影响. 杜迎刚,等. 昆虫知识,2009,(3)
二元芳香族化合物对酪蝇成虫的引诱效果. 王占娣,等. 农药,2009,(10)
福建省蝇类新记录. 徐保海. 中国人兽共患病学报,2009,(1)
柑桔类实蝇发生及综合防治. 敖礼林,樊泉源. 特种经济动植物,2009,(6)
柑橘大实蝇的培养方法. 周伯春,等. 生物学教学,2009,(6)
高浓度酵母粉对果蝇生长及寿命的影响. 顾蔚,等. 中国老年学杂志,2009,(15)
拱背果蝇属二新种记述(双翅目:果蝇科). 马沛勤,张文霞. 动物分类学报,2009,(3)
广东实蝇亚科二新种描述(双翅目:实蝇科). 徐森锋,等. 动物分类学报,2009,(1)
广州口岸截获宽额丽蝇(双翅目:丽蝇科)的形态描述. 费旭东,等. 寄生虫与医学昆虫学报,2009,(3)
果蝇变态过程中的细胞凋亡和细胞自噬. 刘影,等. 昆虫知识,2009,(5)
果蝇脑内有感知环境温度的神经元. 昆虫知识,2009,(5)
果蝇培养过程中各环节的优化. 刘卫东,吕小东. 生物学教学,2009,(9)
果蝇天然免疫研究. 生命世界,2009,(11)
果蝇通过"无痛"蛋白感知热毒. 昆虫知识,2009,(5)
果蝇新基因CG7609的克隆与初步功能研究. 邓志伟,等. 生命科学研究,2009,(5)
果蝇以性信息素防范"不忠". Joanne,Y. Yew. 昆虫知识,2009,(5)
海南泰突眼蝇属二新种记述(双翅目:突眼蝇科). 刘立群,等. 动物分类学报,2009,(2)
基因表达谱芯片对果蝇七氟醚麻醉及敏感相关基因的筛选和分析. 郭媛媛,等. 四川大学学报:医学版,2009,(5)
家蝇不同地理种群生物学特性的比较. 陈晓敏,等. 环境昆虫学报,2009,(2)
家蝇胚胎细胞系的建立及其生物学特性. 贺莉芳,等. 昆虫知识,2009,(5)
家蝇蛹血淋巴及其提取物的免疫调节作用. 曹小红,等. 中国免疫学杂志,2009,(9)
巨尾阿丽蝇在自由状态下的电击回避学习能力. 蒋苹,等. 动物学研究,2009,(5)

控制果蝇小肠干细胞自我更新的基因. 昆虫知识,2009,(5)
酪蝇蛹对其成虫的引诱效果. 王占娣,等. 生态学报,2009,(11)
灭蝇缓释诱杀卡通片实验室灭蝇效果观察. 陈志龙,等. 江苏预防医学,2009,(1)
入境空箱中截获的伪粗野粉蝇(双翅目:丽蝇科). 吴薇,等. 寄生虫与医学昆虫学报,2009,(2)
四季尸食性蝇类参与尸体软组织分解过程初探. 陈禄仕,等. 中国法医学杂志,2009,(3)
甜叶菊糖苷对果蝇生长和繁殖的影响. 王贵民,等. 昆虫知识,2009,(1)
五种芳香类挥发物质对酪蝇的引诱效果. 王占娣,等. 昆虫知识,2009,(3)
稀碱法提取食用蝇蛆蛋白. 张爱君,等. 昆虫知识,2009,(4)
新疆人眼结膜羊狂蝇幼虫感染1例报告. 林国跃,等. 新疆医科大学学报,2009,(9)
英科学家通过基因变异使旋毛虫、果蝇和小白鼠延长寿命年或可借鉴用以使人类延年益寿. 生物学教学,2009,(11)
蝇蛆壳聚糖急性毒性实验. 覃容贵,等. 时珍国医国药,2009,(3)
在入境集装箱中截获的一种美洲产次生蛆症蝇类——次生锥蝇(双翅目:丽蝇科). 邓耀华,等. 寄生虫与医学昆虫学报,2009,(3)
枣实蝇蛹发育起点温度和有效积温. 何善勇,等. 昆虫知识,2009,(5)
窄颊粉蝇——广州口岸截获的一种丽蝇. 梁铬球,等. 环境昆虫学报,2009,(3)
滞育家蝇幼虫氨基酸、SOD、CAT的变化. 刘流,等. 四川动物,2009,(4)
中国长吻蚜蝇属一新种记述(双翅目:蚜蝇科:迷蚜蝇亚科). 霍科科,任国栋. 昆虫分类学报,2009,(2)
中国刺足小粪蝇属一新种和一新纪录种(双翅目:小粪蝇科)(英文). 苏立新,刘广纯. 动物分类学报,2009,(3)
中国蜂蚜蝇属一新种记述(食蚜蝇科,蜂蚜蝇族). 霍科科,等. 动物分类学报,2009,(3)
中国蜉寄蝇属分类学研究(双翅目:寄蝇科). 姚志远,张春田. 动物分类学报,2009,(1)
中国果实蝇属一新纪录种(双翅目:实蝇科)(英文). 刘晓飞,等. 动物分类学报,2009,(3)
中国陆小粪蝇属新种和一新纪录种(双翅目:小粪蝇科)(英文). 苏立新,等. 动物分类学报,2009,(4)
中国毛膝蝇属研究并记四新种(双翅目:蝇科). 冯炎. 动物分类学报,2009,(3)
中国栓蚤蝇属(双翅目:蚤蝇科)一新种. 沈佼皎,刘广纯. 动物分类学报,2009,(4)
中国同脉缟蝇亚属种团划分及二新种记述(双翅目:缟蝇科)(英文). 史丽,杨定. 动物分类学报,2009,(3)
中国乌蚤蝇属二新种(双翅目:蚤蝇科)(英文). 朱威,刘广纯. 动物分类学报,2009,(3)
中国异蚤蝇属二新种及一新纪录种记述(双翅目:蚤蝇科). 方红,等. 动物分类学报,2009,(2)
中国异蚤蝇属一新种及二新记录种记述(双翅目:蚤蝇科). 方红,等. 昆虫分类学报,2009,(2)
中国蝇科棘蝇属四新种(双翅目:蝇总科). 冯炎,叶宗茂. 寄生虫与医学昆虫学报,2009,(3)
中国蝇类染色体研究现状与展望. 冯典兴,刘广纯. 昆虫知识,2009,(5)
中国蚤蝇属一新种及一新纪录种记述(双翅目:蚤蝇科)(英文). 王宝亮,刘广纯. 动物分类学报,2009,(4)
中国锥蚤蝇属(双翅目:蚤蝇科)一新种和一新纪录种(英文). 张瑞玲,刘广纯. 动物分类学报,2009,(3)

(四) 蛉

研究白蛉必须具备的基本知识. 吴征鉴. 内科学报,1950,(12)
河南确山竹沟镇及开封市郊区白蛉调查初步报告. 苏寿泜,等. 中南医学杂志,1952,(2)
研究黑热病的传染媒介——白蛉的一些技术与方法. 邓志昌. 医务生活,1953,(12)
白蛉标本的保存与制作. 邓志昌. 中级医刊,1954,(8)
环境卫生、喷洒、烟熏三种方法对于灭杀传染黑热病媒介白蛉的初步试验. 李季孝,等. 中华卫生杂志,1954,(4)
扑灭白蛉实验工作. 中央卫生研究院华东分院华东区黑热病防治所. 中华卫生杂志,1954,(3)
中国白蛉种类调查之八:南京及其附近的白蛉种类与新种"南京白蛉"的记述. 何凯增,等. 昆虫学报,1954,(4)
中国白蛉种类调查之七:陕西省的两种新种白蛉——孙氏白蛉和富平白蛉. 吴征鉴. 昆虫学报,1954,(3)
1951—1953年华东地区白蛉生态的调查研究. 吴征鉴,等. 昆虫学报,1955,(4)
甘肃省秦安县白蛉生态习性调查研究初步报告. 兰州医学院寄生虫学教研室. 中华卫生杂志,1955,(6)
广东白蛉的报告及一新变种的描述. 陈心陶,等. 昆虫学报,1955,(3)
白蛉吸血习性研究的初步报告. 洪静婉等. 中华医学杂志,1956,(8)
白蛉幼虫的自然孳生及其防制问题. 丁绍铎,等. 中华医学杂志,1956,(8)
保定市蛉种及其季节分布的初步观察. 高景铭,等. 昆虫学报,1956,(4)
我国常见的四种白蛉幼虫分类上的卵态. 何凯增,等. 中华医学杂志,1956,(8)
用二二三与六六六杀灭白蛉成蛉及其推广的方法. 吴征鉴,等. 中华医学杂志,1956,(8)
白蛉的生态及灭蛉方法. 吴征鉴. 中华卫生杂志,1957,(4)
白蛉活动范围及其研究方法的初步报告. 刘云韬,等. 中华卫生杂志,1957,(4)
河南开封地区白蛉种类分布调查补充报告. 苏寿泜,等. 河南医学院学报,1957,(1)

辽宁省白蛉种属分布的初步报告. 冷延家. 昆虫知识,1957,(4)
上海初次发现白蛉的报告. 李传隆. 昆虫学报,1957,(4)
河南省推广病户局部喷洒灭蛉的初步经验. 中华卫生杂志,1958,(2)
太原市白蛉种类及其生态的初步调查研究. 路应连. 山西医学杂志,1958,(3)
保定市蛉种及其季节消长分布的初步观察. 高景铭等. 昆虫学报,1959,(1)
福建白蛉新种的描述. 唐仲璋,等. 福建省师范学院学报(生物版),1959,(1)
甘肃省白蛉生态的研究. 寄生虫学教研组. 兰州医学院学报,1959,(1)
甘肃省白蛉孳生习性的研究. 寄生虫学教研组. 兰州医学院学报,1959,(1)
湖北省襄阳县白蛉种类调查初步报告. 胡昌. 昆虫学报,1959,(1)
中华白蛉在贵阳首次发现. 王菊生. 昆虫学报,1959,(5)
蒙古白蛉及中华白蛉感染利什曼原虫的研究. 寄生虫学教研组. 兰州医学院学报,1960,(1)
中国白蛉种类调查之九——新疆维吾尔自治区蛉种调查及微小白蛉新疆变种的描述. 丁绍铎,等. 昆虫学报,1962,(4)
甘肃省荒漠地区蒙古白蛉的生态观察. 王捷. 昆虫学报,1963,(5-6)
关于鳞喙白蛉雌蛉色板形态学的探讨. 冷延家. 昆虫学报,1963,(3)
四川一新种白蛉——土门白蛉. 王兆俊,等. 昆虫学报,1963,(4)
亚历山大白蛉和蒙古白蛉人工感染杜氏利什曼原虫的实验. 熊光华. 动物学报,1963,(4)
亚历山大白蛉生态习性的观察. 熊光华. 昆虫学报,1963,(4)
辽宁省白蛉种类分布和生态调查. 冷延家,等. 寄生虫学报,1964,(2)
新疆维吾尔自治区大白鼠利什曼原虫的传播媒介及其与人体的关系. 熊光华,等. 寄生虫学报,1964,(2)
在海南岛继续发现的蛉种与新种白蛉——方亮白蛉的记述. 冷延家. 昆虫学报,1964,(1)
在中国西北地区发现的两种副蛉亚属白蛉——亚历山大白蛉及高加索白蛉. 熊光华. 昆虫学报,1964,(1)
新疆地区一种新亚种白蛉——硕大白蛉吴氏亚种. 杨赣源. 寄生虫学报,1965,(4)
新疆荒漠地区硕大白蛉吴氏亚种的生态习性及其防制. 熊光华,等. 昆虫学报,1979,(4)
湛江白蛉新记录. 冷延家,等. 动物分类学报,1979,(2)
中华白蛉生态习性的观察. 王春太,等. 昆虫知识,1979,(4)
背氏白蛉在四川首次发现. 文成国. 昆虫知识,1980,(3)
甘肃南部山区及陕北黄土高原地区中华白蛉生态的研究. 管立人. 昆虫学报,1980,(1)
尖顶黑蚊蛉的性选择. Randy Thoruhill. 科学,1980,(10)
中国西北白蛉区系. 熊光华,等. 昆虫学报,1981,3(4)
内蒙古额济纳旗荒漠内四种白蛉生态的调查研究. 管立人,等. 兰州大学学报(自然版),1982,18(2)
山区中华白蛉季节消长和活动. 尹治成,等. 寄生虫病防制研究,1982,(1)
实验室内司蛉属白蛉生活史的观察——鳞喙白蛉和孙氏白蛉的生活史. 丁绍铎,等. 南京医学院学报,1982,2(3)
硕大白蛉吴氏亚种与微小白蛉新疆亚种的幼虫形态. 丁绍铎,等. 昆虫知识,1982,25(3)
中华白蛉的实验室养殖. 邓志昌,等. 北京第二医学院学报,1982,(3)
孙氏白蛉和鲍氏白蛉幼虫的形态. 丁绍铎,等. 南京医学院学报,1983,3(3)
实验室内中华白蛉自体生殖的观察. 熊光华,等. 动物学研究,1984,5(3)
中华白蛉生物学特性及其种群消长的研究. 莫菊皋,等. 河北农学报,1984,9(1)
第十五章　白蛉. 陆宝麟. 全国流行病学与医学动物概要,1985,334
江苏白蛉和贝氏司蛉的生活史和某些生态习性的观察. 丁绍铎,等. 南京医学院学报,1985,5(3)
中华白蛉的自育性研究. 熊光华,等. 昆虫学报,1985,28(1)
新疆阿克苏地区不同景观地带的白蛉及其传播黑热病的研究. 管立人,等. 寄生虫学与寄生虫病杂志,1986,4(3)
格蛉属 Grassomyia Theodor 1958(双翅目:毛蛉科). 蛉种暨印地格蛉存在于中国的实证. 冷延家. 暨南理医学报,1987,(2)
溴氰菊酯杀灭近野栖中华白蛉方法的研究. 熊光华,等. 中国寄生虫学与寄生虫病杂志,1987,5(3)
安徽省白蛉亚科昆虫的种群分布及其分类鉴定. 葛聂林. 暨南大学研究生学报,1988,(2)
陇南川北中华白蛉种型与垂直分布的初步研究. 熊光华,等. 地方病通报,1988,3(3)
实验室四川白蛉人工饲养及其发育的观察. 张玲敏. 暨南大学研究生学报,1988,(2)
云南省齿蛉亚科的新种记述(广翅目:齿蛉科). 杨集昆,等. 动物学研究,1988,9(1)
陇南川北中华白蛉垂直分布及其与黑热病关系的研究. 熊光华,等. 地方病通报,1989,4(4)
实验室养殖白蛉的方法及生物学观察. 杜云静. 医学动物防制,1989,5(3)
陇南川北中华白蛉种型的进一步研究. 熊光华,等. 地方病通报,1990,5(1)

土门白蛉幼虫的形态及其分属问题的探讨. 丁绍铎,等. 南京医学院学报,1990,10(4)
我国不同地区的杜氏利什曼原虫对亚历山大白蛉感染性的观察. 管立人,等. 中国寄生虫学与寄生虫病杂志,1990,8(2)
五种驱避剂对亚历山大白蛉效果的研究. 贾家祥,等. 中国寄生虫学与寄生虫病杂志,1990,8(3)
应用单克隆抗体检测白蛉体内的前鞭毛体. 瞿靖琦. 中国寄生虫学与寄生虫病杂志,1990,8(4)
中华白蛉成虫体表结构的扫描电镜观察. 乔忠东,等. 地方病通报,1990,5(2)
克拉玛依地区的利什曼原虫病Ⅳ. 白蛉自然感染的前鞭毛体接种小鼠后的无鞭毛亚显微结构. 沈柄贵. 地方病通讯,1991,6(1)
溴氰菊酯与 DDT 防治近野栖中华白蛉效果的评价. 金长发. 地方病通报,1991,6(2)
宜宾地区鲍氏司蛉嗜习性,生活史和越冬的初步观察. 向邦成,冷延家. 四川动物,1991,10(4)
贝氏司蛉和歌乐山司蛉生态初步观察. 向邦成,温新民. 四川动物,1992,11(4)
新疆喀什绿洲地区白蛉生态学的进一步研究. 王革. 地方病通报,1992,7(1)
四川宜宾地区鲍氏司蛉的研究. 卢天明. 地方病通报,1993,8(1)
鲍氏司蛉生物学性状的观察. 卢天明,等. 地方病通报,1994,9(2)
杜氏利什曼原虫基因文库的构建. 敬保迁,胡孝素. 中国寄生虫学与寄生虫病杂志,1994,12(1)
家犬药浴防治中华白蛉的观察. 熊光华,金长发. 地方病通报,1994,9(2)
克拉玛依地区的利什曼病传媒硕大白蛉吴氏亚种. 管立人,等. 中国寄生虫学与寄生虫病杂志,1994,12(4)
溴氰菊酯药浴阳性鼠阻断内脏利什曼病传播的实验. 金长发,熊光华. 中国寄生虫学与寄生虫病杂志,1994,12(4)
川北洞穴中华白蛉生态学及其与防治关系的研究. 金长发,等. 中国寄生虫学与寄生虫病杂志,1995,13(4)
新疆克拉玛依地区几株利什曼原虫分离物的同源性分析. 汪俊云,等. 中国寄生虫学与寄生虫病杂志,1996,14(4)
新疆克拉玛依皮肤利什曼病传播媒介的研究. 管立人,左新平. 地方病通报,1996,11(1)
新疆维吾尔自治区白蛉的地域分布与地理景观的关系. 管立人,等. 中国寄生虫学与寄生虫病杂志,1996,14(1)
不同用药水平地区中华白蛉对杀虫剂的敏感性. 李美,等. 中国生物防治,1997,13(3)
四地中华白蛉咽甲的扫描电镜研究. 赵瑞君,李国锦. 中国媒介生物学及控制杂志,1997,8(1)
新疆白蛉生物学研究进展. 管立人,等. 地方病通报,1999,14(4)
南方 11 省区白蛉亚科昆虫调查. 张玲敏,冷延家. 中国媒介生物学及控制杂志,2000,11(2)
白蛉口咽部的立体形态学概念与打开其咽部三叶结构的简易技巧. 赵忻,张玲敏. 中国医学检验杂志,2001,(3)
湖北省消灭黑热病后的白蛉监测. 左胜利,等. 中国人兽共患病杂志,2001,(1)
南京司蛉口甲形态的研讨. 熊光华,金长发. 中国寄生虫学与寄生虫病杂志,2001,(5)
天津自然博物馆收藏的四川省蝎蛉科记述(长翅目). 花保祯,等. 昆虫分类学报,2001,(2)
福建省医学昆虫调查Ⅵ(双翅目:白蛉科). 徐保海. 医学动物防制,2002,(5)
干扰作用及空间异质性对大草蛉雄成虫捕食作用的影响. 李桂亭,等. 应用生态学报,2002,(4)
光周和温度对中华通草蛉成虫生殖的影响. 许永玉,等. 华东昆虫学报,2002,(1)
河南省蝶角蛉一新种(脉翅目:蝶角蛉科). 王心丽,杨集昆. 动物分类学报,2002,(3)
内蒙古自治区中侏罗世表翼蛉化石一新种(脉翅目:翼蛉科). 任东,尹继才. 动物分类学报,2002,(2)
陕西铜川中三叠世原直脉蝎蛉属(昆虫纲,长翅目)新化石. 洪友崇,等. 中国昆虫科学:英文版,2002,(2)
陕西铜川中三叠世中蝎蛉科新化石属种(昆虫纲:长翅目). 洪友崇,等. 动物分类学报,2002,(2)
我国侏罗纪脉翅目化石一新属一新种(脉翅目:蚁蛉总科). 任东,尹继才. 动物分类学报,2002,(2)
新疆二种白蛉分类地位的校订. 冷延家,RichardP. LANE. 中国寄生虫病防治杂志,2002,(5)
中国西北地区和毗邻中亚诸国以及外蒙的一个重要传播媒介——斯氏白蛉 Phlebotomus(Larroussius)smirnovi-Perfiliew,1941. 冷延家. 中国寄生虫病防治杂志,2002,(6)
中华通草蛉成虫越冬体色变化与滞育的关系. 许永玉,等. 生态学报,2002,(8)
中华通草蛉卵、幼虫和成虫在麦田分布型的研究. 时爱菊,等. 华东昆虫学报,2002,(1)
RT-PCR 方法扩增白蛉热病毒 M 片段的研究. 刘东瀛,等. 中国病毒学,2003,(5)
白蛉及利什曼病的研究与中国西部开发. 熊光华,金长发. 中国寄生虫学与寄生虫病杂志,2003,(2)
甘肃省的白蛉区系. 陈生邦,等. 中国寄生虫学与寄生虫病杂志,2003,(5)
关于新疆两种白蛉分类地位的商榷. 熊光华,金长发. 中国寄生虫病防治杂志,2003,(4)
湖北省消灭黑热病后的白蛉监测. 左胜利,等. 医学动物防制,2003,(3)
辽宁北票晚侏罗世丽蛉化石二新属(脉翅目,丽蛉科). 任东. 动物分类学报,2003,(1)
山东省消除黑热病后的白蛉监测. 万功群,等. 中国寄生虫病防治杂志,2003,(4)
陕西中三叠世中蝎蛉科两新属和新种(昆虫纲,长翅目). 洪友崇,郭新荣. 动物分类学报,2003,(4)
吴氏白蛉与斯氏白蛉形态特征的比较研究. 熊光华,金长发. 中国寄生虫病防治杂志,2003,(2)

蚁蛉科分类研究概况. 万霞,王心丽. 昆虫知识,2003,(3)
云南省粉蛉两新种记述(脉翅目:粉蛉科). 刘志琦,等. 昆虫分类学报,2003,(2)
中国边草蛉属研究(脉翅目,草蚜科). 董抗震,等. 动物分类学报,2003,(2)
中国陕西铜川中三叠世二叠澳蝎蛉科新属新种(昆虫纲,长翅目). 郭新荣,洪友崇. 动物分类学报,2003,(4)
中国新记录——囊粉蛉属及一新种记述(脉翅目:粉蛉科). 刘志琦,等. 昆虫分类学报,2003,(3)
防制中华白蛉对控制内脏利什曼病的效果追踪. 金长发,等. 中国寄生虫学与寄生虫病杂志,2004,(6)
河南省黑热病媒介白蛉残存情况调查. 颜秋叶,等. 中国寄生虫病防治杂志,2004,(6)
�连秦蛉的扫描电镜观察及其与白蛉亚科昆虫的演化关系. 张玲敏. 中国寄生虫病防治杂志,2004,(2)
拟蝎蛉科——中国长翅目新记录科. 花保祯. 昆虫分类学报,2004,(4)
秦岭火地塘林场蝎蛉科区系研究(长翅目). 聂小妮,花保祯. 昆虫分类学报,2004,(3)
温湿度对中华通草蛉越冬成虫存活的影响. 许永玉,等. 生态学报,2004,(11)
我国七种白蛉咽甲的超微结构研究. 郭东星,等. 中国寄生虫学与寄生虫病杂志,2004,(2)
蝎蛉属 Panorpa 一新种记述(长翅目:蝎蛉科). 黄蓬英,等. 昆虫分类学报,2004,(1)
蚁蛉亚科电子图文链接式分族检索表. 王心丽,等. 昆虫知识,2004,(2)
中国叉草蛉属三新种记述(脉翅目,草蛉科). 董抗震,等. 动物分类学报,2004,(1)
中国棘蚁蛉族分类研究(脉翅目,蚁蛉科). 鲍荣,王心丽. 动物分类学报,2004,(3)
中国树蚁蛉属分类研究(脉翅目,蚁蛉科). 万霞,等. 动物分类学报,2004,(3)
中华通草蛉滞育成虫越冬能力的初步研究. 郅伦山,等. 昆虫天敌,2004,(2)
美蝎蛉化石在中国首次发现(昆虫纲,长翅目). 任东,史宗冈. 动物分类学报,2005,(2)
取食转 Bt 基因棉花上的棉蚜对丽草蛉发育和繁殖的影响. 郭建英,等. 昆虫知识,2005,(2)
染翅蝎蛉 PanorpatinctaNavas,1931 一新异名. 花保祯,彭韬. 昆虫分类学报,2005,(2)
三门峡陕县黑热病媒介白蛉调查. 雒进才,赵妞红. 河南预防医学杂志,2005,(5)
中国陕西铜川中三叠世二叠蝎蛉科两新属两新种(昆虫纲,长翅目). 洪友崇. 动物分类学报,2005,(4)
中国陕西铜川中三叠世新直脉蝎蛉科一新属一新种(昆虫纲,长翅目). 洪友崇,等. 动物分类学报,2005,(3)
中国蚊蝎蛉属四新种记述(长翅目,蚊蝎蛉科). 黄蓬英,花保祯. 动物分类学报,2005,(2)
白蛉栖性及其治理对策的研究进展. 熊光华,金长发. 中国寄生虫学与寄生虫病杂志,2006,(4)
扁蚊蝎蛉的行为学观察. 谭江丽,花保祯. 昆虫知识,2006,(3)
蝶角蛉科(脉翅目,蚁蛉总科)中国一新纪录属记述. 孙明霞,王心丽. 动物分类学报,2006,(2)
河南省陕县黑热病媒介白蛉调查. 雒进才,张可斌. 中国病原生物学杂志,2006,(2)
利什曼病及其媒介白蛉控制的现状和展望. 顾灯安,等. 国际医学寄生虫病杂志,2006,(5)
米仓山蚊蝎蛉二新种记述(长翅目:蚊蝎蛉科). 蔡立君,等. 昆虫分类学报,2006,(2)
陕西秦岭蝎蛉的生物学观察. 蔡立君,等. 昆虫知识,2006,(5)
中国巴蝶蛉属分类研究(脉翅目,蝶蛉科). 王心丽,鲍荣. 动物分类学报,2006,(4)
中国脉线蛉属二新种(脉翅目,褐蛉科). 严冰珍,刘志琦. 动物分类学报,2006,(3)
中华通草蛉成虫抗寒能力季节性变化. 郭海波,等. 生态学报,2006,(10)
中华通草蛉幼虫对麦蚜捕食作用的初步研究. 肖云丽,等. 昆虫天敌,2006,(3)
白蛉的生物学和防制对策. 管立人,等. 国际医学寄生虫病杂志,2007,(6)
草间钻头蛛、大草蛉和中华通草蛉对茶尺蠖、小绿叶蝉的选择效应. 刘凤想,等. 四川动物,2007,(3)
大草蛉成虫复眼的外部形态及其显微结构. 张海强,等. 昆虫学报,2007,(5)
灯诱法监测白蛉的初步试验. 顾灯安,等. 中国寄生虫学与寄生虫病杂志,2007,(2)
歌乐山司蛉生态习性的记述. 王捷,等. 中国寄生虫学与寄生虫病杂志,2007,(1)
化石直脉蝎蛉科再分类(长翅目). 洪友崇,张志军. 昆虫分类学报,2007,(1)
基于 16SrRNA 基因序列探讨中国粉蛉科的系统发育关系. 王伟芹,刘志琦. 动物分类学报,2007,(4)
冀中农区大草蛉栖息地选择. 吴专,等. 生态学报,2007,(8)
利什曼原虫的传播机制及传媒蛉种的研究进展. 高春花,等. 国际医学寄生虫病杂志,2007,(3)
刘氏蝎蛉雌性生殖系统的构造. 侯小燕,花保祯. 昆虫知识,2007,(2)
内蒙古道虎沟中侏罗世小蝎蛉科(昆虫纲,长翅目)昆虫化石. 孙建海,等. 动物分类学报,2007,(2)
内蒙古道虎沟中侏罗世中生蝎蛉科(昆虫纲,长翅目)昆虫化石新发现. 孙建海,等. 动物分类学报,2007,(4)
四川省九寨沟县中华白蛉调查. 张勇. 国际医学寄生虫病杂志,2007,(5)
仙女蝎蛉科的最古老化石(昆虫纲,长翅目)在中国陕西首次发现. 洪友崇,李竹. 动物分类学报,2007,(4)
畜窑内喷洒百树得防制黑热病传播媒介中华白蛉效果观察. 雒进才,等. 中国病原生物学杂志,2007,(5)
中国大巴山蚊蝎蛉属一新种(长翅目,蚊蝎蛉科). 花保祯,谭江丽. 动物分类学报,2007,(2)
中国粉蛉属四种雌虫的分类学研究(脉翅目:粉蛉科). 王伟芹,等. 昆虫分类学报,2007,(1)
中国陕西中三叠世中蝎蛉科三新属新种(昆虫纲,长翅目). 洪友崇. 动物分类学报,2007,(2)

中华通草蛉复眼光感受性. 闫海霞,等. 昆虫学报,2007,(11)
大草蛉对桃蚜和夹竹桃蚜的捕食作用研究. 赵琴,等. 环境昆虫学报,2008,(3)
光周对大草蛉(Chrysopapallens)滞育及发育的影响. 时爱菊,等. 生态学报,2008,(8)
日本通草蛉 cDNA 文库构建及部分 ESTs 分析. 聂瑞娥,等. 昆虫学报,2008,(8)
陕西、青海、宁夏三省区白蛉的种类与分布. 杨银书,等. 中华卫生杀虫药械,2008,(4)
蚊蝎蛉捕捉足构造. 谭江丽,花保祯. 昆虫学报,2008,(7)
吴氏白蛉实验室饲养繁殖实验. 廖力夫,等. 中国媒介生物学及控制杂志,2008,(2)
蝎蛉科(长翅目)昆虫雌性生殖系统构造及其在分类学上的意义. 侯小燕,花保祯. 动物分类学报,2008,(3)
溴氰菊酯和高效氯氟氰菊酯现场灭蛉效果的评价. 张松,等. 地方病通报,2008,(5)
蚁蛉生物学研究进展. 黄伯有,等. 昆虫知识,2008,(5)
云南发现人体感染毛蛉属幼虫 2 例. 周本江,等. 中国寄生虫学与寄生虫病杂志,2008,(5)
浙江蚊蝎蛉属一新种(长翅目,蚊蝎蛉科). 谭江丽,花保祯. 动物分类学报,2008,(3)
中国树蚁蛉属名录及一新种记述(脉翅目,蚁蛉科). 王志良,王心丽. 动物分类学报,2008,(1)
中国意草蛉属二新种(脉翅目,草蛉科,草蛉亚科). 李艳磊,等. 动物分类学报,2008,(2)
南五台蝎蛉成虫复眼的超微结构. 李涛,等. 昆虫知识,2009,(1)
中国内蒙古道虎沟中侏罗世蚊蝎蛉科(昆虫纲,长翅目)昆虫化石. 李艳丽,任东. 动物分类学报,2009,(3)
中国陕西中三叠世直脉蝎蛉科和新直脉蝎蛉科新属、种(昆虫纲,长翅目)(英文). 洪友崇. 动物分类学报,2009,(3)
中国云南蝎蛉属 Panorpa 一新种(长翅目:蝎蛉科)(英文). 付强,花保祯. 昆虫分类学报,2009,(3)

(五) 蠓

四川省三种吸血墨蚊的分类研究. 张本华. 中国昆虫学报,1950,(3)
昆虫分类学. 蔡邦华. 财政经济出版社,1957
台湾蠓成虫的习性. 包鼎成. 昆虫知识,1957,(6)
由糠蚊科蠛蠓属台湾蠛蠓中分离出流行性乙型脑炎病毒. 吴皎如,等. 微生物学报,1957,5(1)
福建省台湾蠛蠓的研究. 张本华,等. 微生物学报,1958,(1)
海南岛四种库蠓的采集记录(双翅目蠓科). 瞿逢伊. 昆虫学报,1959,(2)
福建省常见吸血蠓的生活史观察及生活习性研究. 陈亢川,等. 福建省卫生防疫站年刊,1960
1960 年福建龙溪地区台湾蠛蠓孳生地调查及其消灭方法的研究. 陈亢川,等. 福建省卫生防疫站年刊,1961
台湾蠛蠓的孳生地调查及消灭方法的研究. 陈亢川,等. 福建省卫生防疫站年刊,1961
从广州市天然界蠛蠓分离流行性乙型脑炎病毒的试验. 容瓘,等. 微生物学报,1962,(3)
福建省吸血蠓种的分类研究. 陈亢川,等. 昆虫学报,1962,(4)
青岛地区蠓类的研究Ⅰ. 敌百虫及六六六杀灭蠓类幼虫的观察. 冯义生. 青医学报,1963,(1)
我国细蠓属的一新种——郧县细蠓(双翅目:蠓科). 虞以新. 动物学报,1963,(3)
库蠓的一个新种——蒙古库蠓. 姚文炳. 昆虫学报,1964,(2)
台湾蠛蠓孳生地调查. 柳忠婉. 昆虫学报,1964,(3)
乙型脑炎新媒介——台湾蠛蠓及库蠓传播乙脑病毒及生态习性Ⅱ. 台湾蠛蠓及库蠓生态习性的研究. 陈亢川,等. 中华人民共和国科学技术委员会科学技术研究报告,1964
广西四种吸血蠓的记录. 俞宗卿. 昆虫学报,1965,(2)
热区蠓类. 虞以新. 军事医学科学院五所,1968
李拭库蠓生活史的研究(双翅目:蠓科). 裘明华,等. 昆虫学报,1974,(4)
内蒙地区库蠓属一新种记述(双翅目:蠓科). 李铁生. 昆虫学报,1974,(3)
台湾蠛蠓在贵州省的记载. 吴家荣. 昆虫学报,1974,(2)
东北地区蠓类研究(一). 虞以新. 卫生防疫资料(辽宁),1975,(16)
两广的吸血蠓(双翅目:蠓科). 李铁生. 昆虫学报,1975,(4)
中国北方的吸血蠓蚋虻. 中国科学院北京动物研究所昆虫分类区系室. 科学出版社,1976
西藏的库蠓新种及采集记录(双翅目:蠓科). 瞿逢伊. 昆虫学报,1977,(1)
云南库蠓属的分类及五新种的描述(双翅目:蠓科). 瞿逢伊,等. 昆虫学报,1978,(1)
中国经济昆虫志(第十三册)双翅目蠓科. 李铁生,等. 科学出版社,1978
川南地区蠓类名表. 虞以新. 卫生防疫资料选编(成都军区),1979,(4)
岷江中下游的细蠓调查. 虞以新. 卫生防疫资料选编(成都军区),1979,(4)
台湾蠛蠓的生活史研究(双翅目:蠓科). 裘明华,等. 昆虫学报,1979,(4)
西藏的吸血蠓(双翅目:蠓科). 李铁生. 昆虫学报,1979,(1)
西藏库蠓一新种(双翅目:蠓科). 李铁生. 昆虫分类学报,1979,(创刊号)

福建省常见吸血蠓种的观察. 陈亢川等. 昆虫学报,1980,(4)
四川省蠓类小记. 虞以新.(四川省防疫站)卫生防疫参考资料,1980,(2)
四川省蠛蠓的调查报告. 虞以新. 四川省动物学会第二届学术讨论会论文汇编第三分册(寄生虫),1980
台湾铗蠓幼期的形态(双翅目:蠓科). 裘明华. 昆虫学报,1980,(1)
吸血蠓类(双翅目:蠓科). 虞以新. 中国分省医学动物资集,1980
云南省的库蠓(双翅目:蠓科). 李铁生. 动物分类学报,1980,(1)
中国吸血蠓类名录(双翅目:蠓科). 虞以新. 卫生防疫参考资料(四川省防疫站),1980,(2)
东北地区的库蠓及沈阳常见种的季节消长观察. 曹毓存,等. 辽宁动物学会会刊,1981,2(1)
蠓类与疾病的关系. 虞以新. 医学昆虫调查专辑河南省卫生防疫站(中国昆虫学会河南分会),1981,(9)
宁夏地区蠓类初步调查及库蠓一新种的描述. 虞以新. 宁夏农业科技,1981,(5)
四川省蠛蠓二新种(双翅目:蠓科). 虞以新. 动物学研究,1981,(2)
我国东南沿海地区的吸血蠓. 瞿逢伊. 昆虫学报,1981,24(3)
武夷山库蠓属一新种(双翅目:蠓科). 陈亢川. 昆虫分类学报,1981,3(2)
中国库蠓分种检索表. 虞以新. 河南省卫生防疫站(中国昆虫学会河南分会),1981,(9)
鄂豫毗邻地区蠓类采集小记. 虞以新. 医学昆虫调查集刊,1982,(1971—1981)
华东地区蠓类记述. 虞以新. 医学昆虫调查集刊,1982,(1971—1981)
兰舌病媒介库蠓的研究概况. 虞以新. 兽医科技杂志,1982,(5)
辽宁省库蠓属一新种记述. 费守华. 动物学研究. 1982,(增刊3)
蠓类概论. 虞以新. 医学昆虫学. 武汉医学院,1982
岷江流域蠛蠓三新种(双翅目:蠓科). 虞以新. 动物分类学报,1982,7(2)
陕甘宁晋五省(区)蠓类采集初记. 虞以新. 医学昆虫调查集刊,1982,84
四川地区吸血蠓类初步报告. 虞以新. 医学昆虫调查集刊,1982,94
四川地区主要吸血蠓的习性观察. 虞以新,等. 四川动物,1982,1(1)
我国蠛蠓七新种(双翅目:蠓科). 虞以新,等. 动物分类学报,1982,7(3)
武夷山库蠓属初步调查(双翅目:蠓科). 陈亢川. 武夷科学,1982,(2)
武夷山库蠓属初步名表. 陈亢川. 武夷科学,1982,2(2)
湘赣地区吸血蠓类初记. 虞以新. 医学昆虫调查集刊,1982,(1971—1981)
新疆吸血蠓二新种及采集记录(双翅目:蠓科). 瞿逢伊,等. 昆虫学报,1982,25(1)
中国蠛蠓的研究. 虞以新,刘康南. 科学出版社,1982
中国蠛蠓二新种(双翅目:蠓科). 虞以新,等. 昆虫分类学报,1982,4(1-2)
辽宁千山吸血蠓的初步调查. 刘景春,等. 辽宁动物学会会刊,1983,4(1)
蠛蠓间性体的论述(双翅目:蠓科). 虞以新. 昆虫学报,1983,26(3)
气象条件对日本库蠓夜间活动的影响. 宋关鸿. 昆虫学报,1983,26(1)
气象因素对吸血蠓夜间活动的影响. 宋关鸿,等. 第二军医大学学报,1983,4(增刊1)
郧县细蠓成虫形态特征的描述(双翅目:蠓科). 虞以新. 四川动物,1983,2(2)
中国库蠓属二新亚属二新种(双翅目:蠓科). 瞿逢伊. 昆虫分类学报,1983,1(1)
福建地区亚非库蠓调查初报. 韩高钗,等. 福建畜牧兽医,1984,6(1)
库蠓属的两个新种(双翅目:蠓科). 周际川,等. 昆虫学报,1984,27(2)
库蠓属一新种记述(双翅目:蠓科). 曹毓存,等. 动物分类学报,1984,9(4)
蠓传播禽、畜病的研究概况. 虞以新. 宁夏农业科技,1984,(1)
青海省库蠓属一新种. 费守华,等. 动物分类学报,1984,9(2)
四川省库蠓三新种记述(双翅目:蠓科). 周际川,等. 动物分类学报,1984,9(3)
我国库蠓属一新种记述(双翅目:蠓科). 费守华,等. 昆虫学报,1984,27(3)
吸血蠓类蚋类. 虞以新. 全国流行病学与医学动物概要(第十六章,十七章),1984
吸血蠓夜间诱捕数量数学分析的初步探讨. 潘惠琦,等. 生态学杂志,1984,(3)
甘肃西部地区蠓类生态观察与防制建议. 刘增加. 医学动物防制,1985,1(3)
蠛蠓属两新种(双翅目:蠓科). 虞以新,等. 动物分类学报,1985,10(1)
四种库蠓间性体记述(双翅目:蠓科). 虞以新. 昆虫学报,1985,28(4)
塔里木细蠓新种的描述(双翅目:蠓科). 动物分类学报,1985,10(5)
浙江驻军防蠓头网试用效果观察. 王文德,等. 边境地区蚊蠓调查及防治(专辑),1985-1987
贵州省库蠓属采集记录(双翅目:蠓科). 周际川,等. 四川动物,1986,5(2)
柬埔寨的吸血蠓及二新种记述(双翅目:蠓科). 瞿逢伊. 昆虫分类学报,1986,8(4)
蠛蠓食窦甲的电镜观察. 虞以新. 自然杂志,1986,9(10)
四川省库蠓三新种的描述(双翅目:蠓科). 虞以新,等. 动物分类学报,1986,11(2)

我国吸血细蠓分布及研究概况. 刘增加. 医学动物防制,1986,2(2)
蠓类的实验室养殖简介. 虞以新. 昆虫知识,1987,24(5)
珍宝岛蠛蠓新种的描述. 虞以新. 动物分类学报,1987,12(1)
白天骚扰骡马蠓类的组成与数量动态观察. 刘增加,等. 中国兽医科技,1988,18(10)
淡尾裸蠓新种及其间性体的描述. 虞以新. 动物分类学报,1988,13(1)
蠓科新种描述. 虞以新. 中国公共卫生,1988,(增刊2)
蠓类. 虞以新. 卫生害虫防治教程,1988,103
威海细蠓新种描述(双翅目:蠓科). 虞以新,薛健. 中国公共卫生,1988,(增刊2)
我国蠓类研究近况及展望. 虞以新. 医学动物防制,1988,5(3)
银川平吉堡三和常见库蠓生态习性的初步观察. 刘增加,等. 中国公共卫生,1988,3(2)
福建崇安、南平两地蠓类调查. 沈建中,等. 吸血双翅目昆虫调查研究集刊(第一集). 上海科学术技出版社,1989
福建武夷蠛蠓新种描述. 沈建中,等. 上海科学技术出版社,1989
广东省中山市模门岛蠓类考察及兰舍病媒介的讨论. 虞以新. 医学动物防制,1989,5(3)
明斑库蠓人工驯化的初步研究. 薛健,等. 中国寄生虫病防治杂志,1989,2(增刊)
明斑库蠓孳生习性的调查和防制效果. 孟祥瑞,等. 中国寄生虫病防治杂志,1989,2(增刊)
陕西、青海二省吸血蠓类调查初报. 刘增加,等. 吸血双翅目昆虫调查研究集刊(第一集),上海科学技术出版社,1989
双钩细蠓新种描述及其飞舞活动的初步观察(双翅目:蠓科). 虞以新. 昆虫学报,1989,32(1)
台湾铗蠓吸血和生殖的观察. 谭璟宪,等. 昆虫学报,1989,32(1)
完达山林区库蠓组成及其空间分布(双翅目:蠓科). 虞以新,等. 军事医学科学院院刊,1989,13(2)
我国东北地区九种库蠓蛹的形态记述(双翅目:蠓科). 刘国平. 昆虫学报,1989,32(2)
厦门市郊吸血蠓类调查. 安继尧,等. 吸血双翅目昆虫调查研究集刊(第一集),上海科学技术出版社,1989
银川平吉堡地区吸血白纹伊蚊侵入马厩的调查. 刘增加,等. 中国兽医科技,1989,19(12)
用幼虫分离器对蠓类孳生地进行的调查. 刘增加,等. 医学动物防制,1989,5(3)
漳州市郊蠓类调查. 安继尧,等. 吸血双翅目昆虫调查研究集刊(第一集). 上海科学技术出版社,1989
中国柱蠓属二新种(双翅目:蠓科). 虞以新. 动物分类学报,1989,14(4)
边海防要地重要吸血双翅目昆虫调查研究总结报告. 虞以新. 边海防要地重要吸血双翅目昆虫调查研究总结报告集,1990
丹东蠛蠓和潜暗库蠓二新种描述. 虞以新. 吸血双翅目昆虫研究集刊,1990,(2)
福建武夷蠛蠓新种描述. 沈建中,等. 吸血双翅目昆虫调查研究集刊(第二集). 上海科学出版社,1990
甘肃宁夏蠓类二新种描述(双翅目:蠓科). 刘增加,等. 动物分类学报,1990,15(2)
广东中山市蠓类的采集. 虞以新. 吸血双翅目研究集刊,1990,(1)
广西库蠓四新种. 虞以新. 吸血双翅目昆虫研究集刊,1990,(2)
海南省蠓科二新种. 虞以新. 吸血双翅目昆虫研究集刊,1990,(2)
雷州库蠓和滨海库蠓二新种描述. 虞以新. 吸血双翅目昆虫研究集刊,1990,(2)
宁夏吸血细蠓小志. 刘增加. 宁夏医学院学报,1990,12(4)
青岛库蠓新种的描述. 虞以新. 吸血双翅目昆虫研究集刊,1990,(2)
完达山林区吸血双翅目昆虫群落特征研究之一. 虞以新. 北京昆虫学会成立四十周年论文集,1990
我国滇桂边境地区的吸血蠓类及其防治. 虞以新. 人民军医出版社,1990
我国东北地区吸血蠓类三新种. 虞以新. 吸血双翅目昆虫研究集刊,1990,(2)
我国东南沿海地区的吸血蚊蠓及其防治. 虞以新. 人民军医出版社,1990
我国库蠓八新种. 虞以新. 吸血双翅目昆虫研究集刊,1990,(2)
西藏察隅库蠓四新种的描述. 虞以新. 吸血双翅目昆虫研究集刊,1990,(2)
西藏错那库蠓四新种的描述. 虞以新. 吸血双翅目昆虫研究集刊,1990,(2)
新疆蠓类调查研究. 马德新. 医学动物防制,1990,6(3)
新疆吸血蠓类四新种. 虞以新. 吸血双翅目昆虫研究集刊,1990,(2)
云南老山地区蚊蠓调查初报. 薛健,等. 中国寄生虫病防治杂志,1990,(2)
樟木库蠓和短毛库蠓二新种的描述. 虞以新. 吸血双翅目昆虫研究集刊,1990,(2)
浙江多棘蠛蠓新种描述. 虞以新. 吸血双翅目昆虫研究集刊,1990,(2)
中国西北西蠓研究. 刘增加,等. 上海科学技术出版社,1990
额济钠族地区蚊蠓虻及甘肃省蠛蠓初记. 刘增加. 上海科学技术出版社,1991
几种驱避剂蚊蠓的效果观察. 安继尧,郝宝善. 医学动物防制,1991,7(3)
曲阜市库蠓属一新种(双翅目:蠓科). 于头彭,等. 吸血双翅目调查研究集刊,上海科学技术出版社,1991
微山湖地区吸血蠓初步调查. 苑立军,等. 中国寄生虫病防治杂志,1991,4(2)

我国吸血双翅目昆虫群落结构的初步探讨. 虞以新. 生态学研究进展,中国科学技术出版社,1991
细蠓和库蠓肩窝形态的扫描电子显微镜观察. 刘增加,等. 上海科学技术出版社,1991
安徽优势库蠓实验室饲养的研究. 苏根元. 安徽农业科学,1992,20(3)
不显库蠓和刺螯库蠓雌虫单糖的分析研究. 刘金华. 中国媒介生物学及控制杂志,1992,3(6)
东北边境地带吸血蠓的区系和生态研究. 虞以新. 生态学杂志,1992,14(4)
东北边境地区吸血蠓的调查研究. 刘国平,虞以新. 医学动物防制,1992,8(1)
古赛细蠓复合组成肩窝超微结构的研究. 刘增加. 兰后卫生,1992
山东曲阜市库蠓属二新种(双翅目:蠓科). 薛健,等. 中国寄生虫病防治杂志,1992,5(1)
山东省18种吸血库蠓调查新记录. 薛健,等. 中国媒介生物学及控制杂志,1992,3(1)
武威、张掖、酒泉三地区吸血蠓调查初报. 粟多寿,齐福祥. 兰州科技情报,1992,(1)
川西地区短蠓属四新种. 虞以新. 吸血双翅目昆虫研究集刊,1993,(3)
东僵诸盆地蠓科昆虫调查研究. 马德新,瞿逢伊. 医学动物防制,1993,9(4)
福建省虚库蠓的生殖生态和一龄幼虫行为观察. 王寿昆. 福建农学院学报(自然版),1993,22(2)
古北区异蠓族林蠓新属及一新种. 虞以新. 吸血双翅目昆虫研究集刊,1993,(3)
古赛细蠓复合组超微结构的研究. 刘增加. 中国兽医科技,1993,23(1)
广西阿蠓属一新种和淡黄阿蠓的记述. 虞以新. 吸血双翅目昆虫研究集刊,1993,(3)
林栖铁蠓新种描述. 虞以新. 吸血双翅目昆虫研究集刊,1993,(3)
蠓类采集小记. 苏龙. 白求恩医科大学学报,1993,19(1)
曲阜市吸血蠓种类及生态习性调查研究. 薛健,等. 中国寄生虫病防治杂志,1993,6(2)
山东省吸血蠓类研究概况. 孔繁吉,等. 昆虫学研究论文集,1993
武当山蠓类调查及三新种描述. 虞以新. 吸血双翅目昆虫研究集刊,1993,(3)
新疆塔城地区蠓类初步调查. 虞以新. 吸血双翅目昆虫研究集刊,1993,(3)
长白山吸血蠓的垂直分布. 叶青山,李民飞. 中国寄生虫学与寄生虫病杂志,1994,12(4)
灯光诱捕法吸血蠓类调查. 徐保海. 医学动物防制,1994,10(1)
海南省的库蠓(双翅目:蠓科). 瞿逢伊,等. 昆虫学报,1994,37(1)
河南地区吸血蠓种类分布及生态记述. 葛凤翔. 中国媒介生物学及控制杂志,1994,5(3)
江苏省蠓类采集记述(双翅目:蠓科). 刘慧娟,等. 医学动物防制,1994,10(1)
双镰细蠓间性体的描述. 刘增加. 昆虫分类学报,1994,16(2)
五种库蠓脂肪酸的研究. 刘金华,等. 昆虫学报,1994,37(1)
西藏南部库蠓属三新种一新记录(双翅目:蠓科). 瞿逢伊,王绪勇. 昆虫学报,1994,37(4)
吸血蠓类生殖行为和习性研究综述. 刘金华. 昆虫知识,1994,3(3)
新疆蠓类调查研究. 马德新,等. 地方病通报,1994,9(1)
海南三亚地区蠓类的初步研究. 刘金华. 中国媒介生物学及控制杂志,1995,6(4)
吉林省铗蠓属一新种(双翅目:蠓科). 瞿逢伊,叶青山. 动物分类学报,1995,20(2)
吉林省库蠓一新种(双翅目:蠓科). 瞿逢伊,叶青山. 动物分类学报,1995,20(1)
四川裸蠓二新种(双翅目:蠓科). 虞以新. 四川动物,1995,14(2)
西藏库蠓和印度库蠓雄蠓的发现与描述(双翅目:蠓科). 瞿逢伊,王绪勇. 昆虫学报,1995,38(1)
中国异蠓族一新属(双翅目:蠓科). 虞以新. 昆虫分类学报,1995,17(4)
长白山地区吸血蠓调查研究. 王典瑞,等. 中国寄生虫病防治杂志,1996,9(2)
蠓类. 虞以新. 畜禽寄生虫与防制学,吉林科技出版社,1996
四川省毛蠓属二新种(双翅目:蠓科). 张祖昌,虞以新. 昆虫分类学报,1996,18(3)
我国细蠓属六新种(双翅目:蠓科). 刘增加,虞以新. 医学动物防制,1996,14(1)
细蠓研究及土库细蠓在我国的发现. 刘增加. 医学动物防制,1996,12(编委专辑)
圆锥细蠓雌性记述(双翅目:蠓科). 刘增加. 兰州大学学报(自然版),1996,32(1)
中国海南省埃及蠓二新种(双翅目:蠓科). 刘金华,等. 动物分类学报,1996,21(3)
中国灰黑库蠓组2新种的描述(双翅目:蠓科). 刘国平,虞以新. 昆虫分类学报,1996,18(2)
中国西南地区蠛蠓属4新种描述. 虞以新. 昆虫分类学报,1996,18(1)
中国吸血蠓类群组成及结构的初步研究(双翅目:蠓科). 颜忠诚,虞以新. 寄生虫与医学昆虫学报,1996,3(4)
中国斜蠓属一新种(双翅目:蠓科). 虞以新,张祖昌. 昆虫分类学报,1996,18(4)
河南省阿蠓属新记录及一新种(双翅目:蠓科). 李书建,虞以新. 中国媒介生物学及控制杂志,1997,8(2)
河南省鸡公山库蠓调查及其一新种. 虞以新. 中国媒介生物学及控制杂志,1997,8(2)
昆明市郊采获毛蠓二新种(双翅目:蠓科). 赵天顺,虞以新. 四川动物,1997,16(1)
我国贝蠓一新种的发现. 虞以新. 中国媒介生物学及控制杂志,1997,8(2)
吸血蠓地理生态位的研究. 颜忠诚,虞以新. 医学动物防制,1997,13(6)

细蠓属一新种记述(双翅目:蠓科).刘增加.昆虫分类学报,1997,19(1)
中国尼蠓属一新种及一新记录(双翅目:蠓科).虞以新,张祖昌.动物分类学报,1997,22(3)
内特蒙属在中国首次发现及二新种记述(蜱螨亚纲:尾足螨股).马立名.动物分类学报,1998,23(4)
我国部分地区细蠓种群生态习性观察与分类调查研究.刘增加,杨银书.中国兽医科技,1998,28(2)
我国铗蠓属植蠓亚属新记录及其一新种描述.虞以新,马哈木提.中国媒介生物学及控制杂志,1998,9(3)
吸血蠓群落的地理分布.虞以新.动物学研究,1998,19(2)
新疆天山毛蠓属二新种(双翅目:蠓科).虞以新,马德新.昆虫分类学报,1998,20(4)
中国广西裸蠓二新种(双翅目:蠓科).虞以新.中国昆虫科学,1998,5(2)
中国山东省铗蠓属小蠓亚属一新种(双翅目:蠓科).薛健,等.中国昆虫科学,1998,5(4)
中国显蠓属一新种(双翅目:蠓科).动物分类学报,1998,23(1)
北京阿蠓一新种(双翅目:蠓科)(英).虞以新.动物分类学报,1999,24(2)
长毛铗蠓和满载铗蠓二新种描述(双翅目:蠓科).虞以新,刘金华.中国媒介生物学及控制杂志,1999,10(4)
黑龙江省的吸血蠓类及一新种描述(双翅目:蠓科).中国媒介生物学及控制杂志,1999,10(5)
黑龙江省完达山林区吸血蠓类调查.刘国平,虞以新.医学动物防制,1999,15(1)
吉林省吸血蠓昼夜活动规律观察.王典瑞,等.空军医高专学报,1999,21(2)
模糊模式识别在蠓的分类上的应用.张凤元,刘瑞芹.河北大学学报(自然版),1999,19(3)
青岛埃蠓一新种(双翅目:蠓科).任兵,虞以新.动物分类学报,1999,24(3)
驱蚊肤宁现场驱蚊蠓效果观察.董桂蕃,等.卫生杀虫药械,1999,5(1)
中国灰黑库蠓组的分类研究(双翅目:蠓科)Ⅰ.形态分类.刘国平,等.医学动物防制,1999,15(7)
中国灰黑库蠓组的分类研究(双翅目:蠓科)Ⅱ.鉴别特征的数值分析.刘国平,等.医学动物防制,1999,15(8)
中国灰黑库蠓组的分类研究(双翅目:蠓科)Ⅲ.表皮碳氢化合物分析.刘国平,等.医学动物防制,1999,15(12)
中国裸蠓属一新纪录亚属及其一新种和一新记录(双翅目:蠓科).严格,虞以新.动物分类学报,1999,24(1)
福建省吸血蠓种名录.陈亢川.海峡预防医学杂志,2000,6(5)
抚顺琥珀中始须蠓新属的建立和分类讨论.洪友崇,等.寄生虫与医学昆虫学报,2000,7(4)
荒山库蠓和尖喙库蠓感觉器的扫描电镜观察.李国清,等.华南农业大学学报,2000,21(2)
辽宁东部山区吸血蠓的调查.孙薇,等.医学动物防制,2000,16(6)
闽北山区吸血蠓类调查.徐保海,姜法荣.医学动物防制,2000,1696)
山东省吸血蠓种类及部分种类生态记述.薛健.医学动物防制,2000,16(3)
皖南山区蚊蠓初步调查及铗蠓新种和新记录种的发现(双翅目:蚊科和蠓科).马淮健,严格.武警医学,2000,11(1)
细蠓种群研究.刘增加,等.医学研究通讯,2000,19(5)
中国铗蠓一新种及一新记录(双翅目:蠓科).虞以新,徐政府.动物分类学报,2000,25(4)
长沙空港口岸蚊类和吸血蠓本底调查.钟和平,等.口岸卫生控制,2001,(3)
广东珠海毛蠓二新种的描述(双翅目:蠓科).郝宝善,虞以新.中国媒介生物学及控制杂志,2001,(1)
海南三亚地区吸血蠓的调查.詹道成,刘金华.解放军预防医学杂志,2001,(4)
黑龙江省东宁县吸血蠓的种群及习性调查.王春梅,等.中国寄生虫病防治杂志,2001,(4)
黑龙江省中俄边境地区吸血蠓的区系和生态研究.刘国平,等.中国媒介生物学及控制杂志,2001,(3)
毛蠓属一新种及一中国新记录种(双翅目:蠓科).刘增加,虞以新.昆虫分类学报,2001,(4)
我国香港特别行政区蠓类二新种及新记录种的发现(双翅目:蠓科).虞以新.寄生虫与医学昆虫学报,2001,(3)
黑龙江省库蠓属屋室亚属一新种(双翅目:蠓科).刘国平.昆虫分类学报,2002,(3)
青藏公路沿线部分地区蠓类昆虫调查研究.宫占威,等.中国媒介生物学及控制杂志,2002,(6)
山东鱼台毛蠓一新种及一新记录种(双翅目:蠓科).薛健,虞以新.中国媒介生物学及控制杂志,2002,(1)
沱沱河细蠓白天数量动态初步观察.石淑珍,等.医学动物防制,2002,(7)
我国毛蠓属一新种及一新记录种(双翅目:蠓科).刘增加,等.昆虫分类学报,2002,(4)
我国蠓科一新记录属及其一新种(双翅目:蠓科).虞以新,严格.寄生虫与医学昆虫学报,2002,(3)
中国带蚊库蠓亚属的研究.郝宝善,等.中国媒介生物学及控制杂志,2002,(5)
中国单囊库蠓亚属的种类分布及分类研究(双翅目:蠓科).王春梅,刘国平.中国媒介生物学及控制杂志,2002,(1)
中国铗蠓属一新亚属、一新种及亚属检索表.刘金华,等.寄生虫与医学昆虫学报,2002,(4)
中国库蠓属的区系分布.刘国平,等.中国媒介生物学及控制杂志,2002,(3)
中国柱蠓属一新种及阿蠓属一新记录(双翅目:蠓科).刘增加,石淑珍.昆虫分类学报,2002,(3)
格尔木地区蠓类生态习性调查研究.张继军,等.医学动物防制,2003,(11)
广东省吸血蠓的种类(双翅目:蠓科)与分布.王春梅,等.热带医学杂志,2003,(3)
国际航行船舶携带蠓类的监测与分析.李俊成,等.中国国境卫生检疫杂志,2003,(4)

荒川库蠓 rDNAITS2 的序列测定与分析.胡友兰,李国清.动物学报,2003,(2)
库蠓属二种记述(双翅目:蠓科).刘增加,等.动物分类学报,2003,(2)
龙岩市蠓类调查报告.温卫珊,等.医学动物防制,2003,(5)
蒙山国家森林公园吸血蠓种类及生态习性调查研究.金崇成,等.中国媒介生物学及控制杂志,2003,(2)
蠓叮咬致中毒1例.路立东,多恒韧.沈阳部队医药,2003,(4)
秦皇岛港采获外国蠓种及一新种的记述(双翅目:蠓科).聂维忠,等.寄生虫与医学昆虫学报,2003,(4)
沱沱河细蠓新种描述(双翅目:蠓科).刘增加,宫占威.动物分类学报,2003,(3)
我国不同地区环斑库蠓形态变异的研究及3亚种描述(双翅目:蠓科).薛健,等.寄生虫与医学昆虫学报,2003,(2)
我国辛蠓属的首次发现及一新种描述(双翅目:蠓科).虞以新.昆虫分类学报,2003,(3)
西藏南部边境地区的吸血蠓及亚东库蠓雄虫描述(双翅目:蠓科).张有植,等.中国媒介生物学及控制杂志,2003,(3)
西藏南部边境地区吸血蠓的生态研究(双翅目:蠓科).邓成玉,等.中国媒介生物学及控制杂志,2003,(6)
新疆发现毛蠓属1新种及2新纪录种(双翅目:蠓科).马合木提·伊斯玛尔,虞以新.地方病通报,2003,(3)
新种中华贝蠓的描述(双翅目:蠓科).郝宝善,虞以新.中国媒介生物学及控制杂志,2003,(3)
越南非吸血蠓类毛蠓属一新种(双翅目:蠓科).虞以新.中国昆虫科学:英文版,2003,(1)
中国蠓科昆虫(双翅目)区系分布概况.虞以新.生物学通报,2003,(12)
1艘入境外轮上采获输入性活蠓的报告.聂维忠,等.中国国境卫生检疫杂志,2004,(4)
福建省埃蠓属二新种.虞以新,严格.寄生虫与医学昆虫学报,2004,(1)
蠛蠓食窦甲扫描电镜观察.严格,等.寄生虫与医学昆虫学报,2004,(1)
山东与河南两省吸血蠓的生态学调查及其防治试验.薛健.实用医药杂志(山东),2004,(9)
陕西省宝鸡、临潼蚊蠓初步调查.宫占威,等.中国媒介生物学及控制杂志,2004,(2)
我国东北三省吸血蠓的区系分布.刘国平,等.中国媒介生物学及控制杂志,2004,(1)
西藏阿蠓属两新种(双翅目:蠓科).张有植,等.四川动物,2004,(4)
细蠓属一新种及格尔木细蠓雄虫记述(双翅目:蠓科).刘增加,等.昆虫分类学报,2004,(1)
中国库蠓属三囊亚属的研究(双翅目:蠓科).刘国平,等.中国媒介生物学及控制杂志,2004,(4)
中国细蠓种群区系特征.姜孝文,刘增加.中华卫生杀虫药械,2004,(6)
古塞细蠓复合组的研究进展.米红艳,等.中华卫生杀虫药械,2005,(6)
古塞细蠓复合组雄性成虫阳基侧突膨端体及阳茎中叶的研究.米红艳,等.中华卫生杀虫药械,2005,(6)
黑龙江省虎饶林区蠓的孳生地调查.刘国平,等.中国媒介生物学及控制杂志,2005,(1)
吉林敦化牛舍吸血蠓的调查.刘国平,等.医学动物防制,2005,(7)
秦皇岛港在入境外轮上采获输入性活蠓及贝蠓一新种的报道(双翅目:蠓科).聂维忠,等.寄生虫与医学昆虫学报,2005,(2)
青海毛蠓属一新种记述及三种主要蠓虫日活动节律的初步观察(双翅目:蠓科).刘增加,等.昆虫分类学报,2005,(1)
四种吸血蠓类雄虫阳茎中叶的扫描电镜观察(双翅目:蠓科).严格,等.电子显微学报,2005,(4)
越南杜蠓一新种(双翅目:蠓科).虞以新,严格.寄生虫与医学昆虫学报,2005,(3)
中国单带库蠓组的分布与分类研究.武春光,刘国平.中国媒介生物学及控制杂志,2005,(4)
中国库蠓属带纹亚属一新种(双翅目:蠓科).刘国平,武春光.中国媒介生物学及控制杂志,2005,(6)
中国库蠓属一新记录(双翅目:蠓科).周旭,等.医学动物防制,2005,(12)
中国骚扰库蠓组的分布及分类研究.武春光,等.中华卫生杀虫药械,2005,(4)
安徽淮南八公山蠓科昆虫初次报道(双翅目:蠓科).宋福春,李朝品.医学动物防制,2006,(11)
澳门蠓科昆虫的新纪录和新种(双翅目:蠓科).虞以新,黄燕颜.寄生虫与医学昆虫学报,2006,(1)
古塞细蠓复合组雌性成虫触须及受精囊的研究.米红艳,等.中华卫生杀虫药械,2006,(1)
吉林库蠓属单囊亚属一新种(双翅目:蠓科).任清明,等.中国媒介生物学及控制杂志,2006,(5)
吉林省东部五县市吸血蠓的种类分布和生态研究.周旭,等.中华卫生杀虫药械,2006,(2)
吉林省吸血蠓类名录及一新种描述(双翅目:蠓科).刘国平,等.中国媒介生物学及控制杂志,2006,(4)
京冀蠓类初步名表及毛蠓1新种(双翅目:蠓科).李俊成,等.中国国境卫生检疫杂志,2006,(5)
人体尿内发现毛蠓幼虫1例.王新彩,刘润芳.中国寄生虫学与寄生虫病杂志,2006,(4)
上海浦东机场蠓类调查初报.曹敏,等.中华卫生杀虫药械,2006,(5)
土福湾海滨牙龙细蠓侵扰人群的现场调查.杨建新,詹道成.海军医学杂志,2006,(3)
外来须蠓新种的描述(双翅目:蠓科).聂维忠,虞以新.中国媒介生物学及控制杂志,2006,(5)
我国蠓科昆虫研究概况.宋福春,李朝品.热带病与寄生虫学,2006,(1)
香港地区毛蠓新种和新纪录(双翅目:蠓科).虞以新,等.四川动物,2006,(4)

中国华库蠓亚属及一新种(双翅目:蠓科).刘国平,周旭.中国媒介生物学及控制杂志,2006,(6)
安徽省蚊、蠓已知种类名录.宋福春,李朝品.中国媒介生物学及控制杂志,2007,(1)
长白山的吸血蠓调查.刘国平,等.中国媒介生物学及控制杂志,2007,(4)
常熟港蜱类、蠓类本底调查.顾锦清,等.中国国境卫生检疫杂志,2007,(4)
甘肃省蠓科昆虫研究.刘增加,等.中华卫生杀虫药械,2007,(5)
海南海滨地区牙龙细蠓的调查及其防治.詹道成,等.中华卫生杀虫药械,2007,(5)
湖北地区已知吸血蠓类区系分析.潘莉兰,等.中华卫生杀虫药械,2007,(4)
辽宁省的蠓类及一新种(双翅目:蠓科).刘国平,等.中国媒介生物学及控制杂志,2007,(3)
马来西亚蠛蠓三新种(双翅目:蠓科).虞以新,严格.寄生虫与医学昆虫学报,2007,(1)
山东省蠓科区系分布报告(双翅目).薛健,展长德.中国媒介生物学及控制杂志,2007,(4)
上海口岸蚊蠓的调查.曹敏,等.中国国境卫生检疫杂志,2007,(2)
吸血蠓类的生态学及传媒作用.龙振昼,王学忠.中国媒介生物学及控制杂志,2007,(6)
香港地区吸血蠓类初记(双翅目:蠓科).陈家龙,等.寄生虫与医学昆虫学报,2007,(3)
香港铗蠓三新种(双翅目:蠓科).虞以新,等.动物分类学报,2007,(2)
在入境船舶上采获蠓科一新种斑腹阿蠓(双翅目:蠓科).聂维忠,等.中国媒介生物学及控制杂志,2007,(6)
中国贝蠓名表及其二新种描述(双翅目:蠓科).虞以新,等.四川动物,2007,(3)
珠海地区蠓科昆虫(双翅目:蠓科)调查报告(一)——引言,蠓亚科:贝蠓属1新种.孙虹,等.中国国境卫生检疫杂志,2007,(4)
黑龙江省虎林县蠓类调查.郭文泽,等.中国媒介生物学及控制杂志,2008,(4)
虎林林区吸血蠓种组成调查及防治对策.郭文泽,等.中华卫生杀虫药械,2008,(5)
毛蠓,新种和柱蠓,新纪录的记述(双翅目:蠓科).虞以新.四川动物,2008,(2)
宁夏伪盐库蠓雄虫的发现与描述(双翅目:蠓科).刘国平,周旭.中国媒介生物学及控制杂志,2008,(4)
青海省双翅目蠓科昆虫研究.刘增加,等.中华卫生杀虫药械,2008,(5)
山西永济毛蠓,新种的描述(双翅目:蠓科).闫红红,虞以新.四川动物,2008,(4)
绥芬河口岸吸血蠓类初步调查.呼满霞,范东辉.口岸卫生控制,2008,(4)
我国铗蠓属一新亚属及二新种(双翅目:蠓科).虞以新,宋福春.动物分类学报,2008,(4)
武夷山发现蠓类新种.昆虫知识,2008,(4)
显示蠓类形态特征技术的探讨(双翅目:蠓科).严格,李豫川.寄生虫与医学昆虫学报,2008,(4)
香港大屿山岛蠓科调查初报(双翅目:蠓科).李明伟,等.动物分类学报,2008,(4)
中国埃蠓属一新种(双翅目:蠓亚科).孙虹,等.中国媒介生物学及控制杂志,2008,(1)
海南短蠓属一新种及我国已知短蠓名录(双翅目:蠓科).王崇财,等.寄生虫与医学昆虫学报,2009,(3)
宁夏双翅目蠓科昆虫研究.刘增加,等.寄生虫与医学昆虫学报,2009,(1)
在入境国际航行船舶上采获输入性阿蠓及一新种的记述(双翅目:蠓科).聂维忠,等.四川动物,2009,(2)
中国铗蠓属辛蠓亚属检索表及其一新种描述(双翅目:蠓科).刘仰青,等.四川动物,2009,(4)
中国库蠓属傲蠓亚属一新种(双翅目:蠓科).刘国平,郭文泽.寄生虫与医学昆虫学报,2009,(1)
中国武夷山短蠓属一新种和一新纪录种(双翅目:蠓科).虞以新,等.寄生虫与医学昆虫学报,2009,(1)
珠海地区铗蠓属二新种及一新纪录种(双翅目:蠓科).孙虹,等.寄生虫与医学昆虫学报,2009,(2)

(六)虻

中国麻翅虻属记述.刘维德.动物学报,1958,(2)
我国黄虻亚属的种类和分布.刘维德.昆虫学报,1959,(4)
牛虻属防制的初步研究.张宝林.微生物学报,1960,(2)
中国虻科三新种.刘维德.动物学报,1960,(1)
斑虻属一新种记述(双翅目:虻科).昆虫学报,1978,(4)
甘泉潜穴虻新属新种记述(双翅目:穴虻亚科).杨集昆.昆虫分类学报,1979,(2)
虻与人畜的关系.王遵明.昆虫知识,1980,(6)
陕西原虻属二新种记述(双翅目:虻科).许荣满,等.动物学研究,1980,1(4)
我国麻虻属的新种记述(双翅目:虻科).许荣满.动物分类学报,1980,(2)
河南省武陵县常见虻类活动习性的初步观察.葛凤翔,等.昆虫知识,1982,19(5)
辽宁千山吸血虻类的调查.刘景春,等.昆虫学报,1982,25(3)
林虻属一新种记述(双翅目:虻科).陈继寅.动物分类学报,1982,7(2)
山西省虻类分布和检索.张文志,等.山西医学院学报,1982,(3)
虻复眼薄板神经节突触传递机制的研究.郭爱克,等.科学通报,1983,28(18)
四川西部高原虻科三新种(双翅目).许荣满.动物分类学报,1983,8(2)

天津市北部郊区虻类调查初报. 瞿汝明,等. 河北农业大学学报,1983,6(4)
我国瘤虻属三新种(双翅目:虻科). 许荣满. 四川动物,1983,2(4)
我国原虻属三新种记述(双翅目:虻科). 动物分类学报,1983,8(1)
中国经济昆虫志(第二十六册. 双翅目. 虻科). 王适明. 科学出版社,1983
广西虻属二新种记述(双翅目:虻科). 许荣满,等. 动物分类学报,1984,9(3)
辽宁盖县吸血虻类调查. 姚平,等. 四川动物,1984,3(4)
虻复眼感杆光导的膜式与适应状态的关系. 吴卫国,等. 昆虫学报,1984,27(3)
青腹原虻组二新种记述(双翅目:虻科). 许荣满,等. 动物学研究,1984,5(3)
甘肃瘤虻属四新种记述(双翅目:虻科). 许荣满,等. 动物分类学报,1985,10(2)
广西虻属三新种记述(双翅目:虻科). 许荣满,等. 动物分类学报,1985,10(2)
青海瘤虻属一新种(双翅目:虻科). 陈继寅. 动物分类学报,1985,10(2)
陕西瘤虻属二新种(双翅目:虻科). 许荣满. 昆虫分类学报,1985,7(1)
新疆维吾尔自治区虻科(双翅目)记略. 王遵明. 昆虫学报,1985,28(4)
我国虻科(双翅目)一新种记录属及一新种. 王遵明. 昆虫学报,1986,29(4)
武当山潜穴虻属一新种(双翅目:穴虻科). 杨集昆,等. 华中农业大学学报,1986,5(4)
云南省斑虻属一新种(双翅目:虻科). 王遵明. 动物分类学报,1986,11(2)
食虫虻科中国新记录属及一新种. 华立中. 昆虫分类学报,1987,9(3)
无锡和福州地区华虻酯酶同工酶比较研究. 朱晓龙,等. 军事医学院研究论文,1987
海南岛虻属二新种(双翅目:虻科). 王遵明. 昆虫学报,1988,31(3)
我国印穴虻属初报记一新种(双翅目:穴虻科). 杨集昆. 昆虫分类学报,1988,10(3-4)
西藏自治区虻科一新种及一新亚种. 王天齐,等. 西南农业大学学部,1988,10(3)
银川平吉堡的虻类调查. 刘增加,等. 中国公共卫生,1988,3(2)
银川平原地区虻类吸血活动规律的初步观察. 王建国,等. 医学动物防制,1988,4(1)
中国食虫虻一新科及二种国内新记录(双翅目:食虫虻科). 江世贵. 中山大学学报(自然版),1988,(2)
陕西省虻类调查小记. 刘增加,等. 上海科学技术出版社,1989,171
四川的驼舞虻属四新种. 杨集昆,等. 西南农业大学学报,1989,11(2)
中国的麻虻属(双翅目:虻科). 许荣满. 动物分类学报,1989,14(3)
辽宁省凤城吸血虻类的调查. 洪江,沈艳秋. 中国媒介生物学及控制杂志,1990,1(2)
我国瘤虻属一新种记述(双翅目:虻科). 刘增加. 昆虫分类学报,1990,11(1)
福建省虻属二新种. 徐保海,等. 吸血双翅目昆虫调查研究集刊. 上海科学出版社,1991,(3)
陕西麻虻一新种(双翅目:虻科). 李树森. 动物分类学报,1991,16(4)
上海市崇明县合兴乡虻类初步调查. 张坤祥,曹雪龙. 海军军事医学,1991,12(1)
四川麻虻属一新种记述(双翅目:虻科). 许荣满. 昆虫分类学报,1991,13(1)
东北地区虻类采集报告. 苏龙,乌垠. 白求恩医科大学学报,1992,18(4)
甘肃原虻属二新种记述(双翅目:虻科). 许荣满,等. 动物学研究,1992,3(增刊)
贵州虻属五新种(双翅目:虻科). 陈汉彬. 四川动物,1992,11(2)
闽北地区吸血虻类种群消长观察. 徐保海,等. 中国人兽共患病杂志,1992,8(5)
陕西吸血虻类区系分析. 李树森. 四川动物,1992,11(2)
我国东北地区的虻类. 张永生. 医学动物防制,1992,8(2)
福建省虻属姚氏虻组一新种记述. 徐保海,等. 武夷科学,1993,(8)
吉林省东南部虻类区系构成. 姜泰京. 延边医学院学报,1993,16(2)
黔南州虻类记述. 王远兰. 贵州畜牧兽医,1993,17(1)
秦岭柴柏山地区吸血虻类及种群消长. 李树森. 西北大学学报(自然版),1993,23(3)
太白山南坡吸血虻类的垂直分布及区系分析. 李树森. 昆虫学报,1993,36(3)
穴虻科潜穴虻属四新种记述(双翅目:短角亚目). 杨集昆. 昆虫分类学报,1993,15(6)
中生代的虻类(昆虫纲). 张俊峰,等. 古生物学报,1993,32(6)
黑龙江完达山虻科种类与分布的调查. 陈建熬,秦晓平. 黑龙江畜牧兽医,1994,(4)
三明市吸血虻类的调查报告. 池毓棣,等. 医学动物防制,1994,10(4)
云南省西北部的虻类调查. 杨建设. 医学动物防制,1994,10(1)
滇北斑虻属一新种记述. 杨建设,许荣满. 昆虫学报,1995,38(3)
凤城虻科名录. 洪江,等. 医学动物防制,1995,11(1)
福建山区虻类活动观察. 徐保海,姜法荣. 中国媒介生物学及控制杂志,1995,6(1)
福州虻属一新种(双翅目:虻科). 徐保海,许荣满. 昆虫学报,1995,38(1)
虻复眼光感受器感杆扭曲的研究. 徐志敏,等. 生物物理学报,1995,11(2)

闽北虻属一新种记述. 徐保海,等. 华东昆虫学报,1995,4(1)
武夷山自然保护区吸血虻类调查. 徐保海,等. 华东昆虫学报,1995,4(1)
西宁市联合皮毛交易市场牦牛皮虻害调查. 拉环. 青海畜牧兽医杂志,1995,25(4)
云南昭通地区吸血虻类调查. 杨建设,吕玉田. 医学动物防制,1995,11(4)
中国西南地区长足虻研究贵州联长足虻属1新种(双翅目:长足虻科). 魏濂艨,刘国斌. 贵州农学院学报,1995,14(4)
白长足虻属2新种记述(双翅目:长足虻科). 魏濂艨,刘国斌. 贵州农学院学报,1996,15(1)
甘肃省虻种与疾病. 石淑珍,等. 医学动物防制,1996,12(1)
几种常见虻尾器亚生殖板微量元素的研究. 刘增加,罗远琼. 中国媒介生物学及控制杂志,1996,7(5)
西北地区4种麻虻超微结构及其微量元素的初步观察. 罗远琼,刘增加. 兰州大学学报(自然版),1996,32(4)
河南吸血虻类调查报告. 王守振,葛凤翔. 医学动物防制,1998,14(3)
邵武市吸血虻类的调查研究. 姜法荣,徐保海. 医学动物防制,1998,14(6)
我国东北边境地区虻类调查. 刘国平,许荣满. 中国媒介生物学及控制杂志,1998,9(6)
中国北方地区长足虻一新种. 魏濂艨,郑哲民. 昆虫分类学报,1998,20(2)
福建省长乐县吸血虻类调查. 黄锦源,徐保海. 中国媒介生物学及控制杂志,1999,10(5)
甘肃瘤虻属种类分布与分类研究(双翅目:虻科). 刘增强. 中国媒介生物学及控制杂志,1999,10(6)
甘肃省斑虻属、黄虻属和麻虻属(双翅目:虻科). 刘增加. 医学动物防制,1999,15(3)
甘肃省虻属种类分布与分类研究(双翅目:虻科). 刘增强. 医学动物防制,1999,15(10)
云南虻属一新种(双翅目:虻科). 杨建设,许荣满. 动物学研究,1999,20(1)
松嫩平原淡黄虻群日吸血活动的空动研究. 金伟,等. 应用生态学报,2001,(4)
格尔木市灰股瘤虻白天活动规律初步观察. 张继军,等. 医学动物防制,2002,(6)
广西麻虻属一新种记述(双翅目:虻科). 许荣满. 寄生虫与医学昆虫学报,2002,(4)
黑龙江省的虻类. 刘国平,等. 医学动物防制,2002,(7)
江苏四地区虻类采集及无锡地区季节消长的调查. 沈建中,等. 医学动物防制,2002,(2)
宜昌市虻类调查及区系分析. 李枝金,等. 中国媒介生物学及控制杂志,2002,(1)
昭通市吸血昆虫虻类区系分布及吸血习性调查. 杨建设,等. 医学动物防制,2002,(12)
甘肃省虻科小志(双翅目). 石淑珍,刘增加. 医学动物防制,2003,(10)
湖北地区已知虻类及区系分析. 刘亦仁,等. 寄生虫与医学昆虫学报,2003,(1)
蜜源植物与中国雏蜂虻发生关系的研究. 田方文,等. 农药,2003,(10)
中国剑虻科二新种(双翅目:短角亚目). 杨定,等. 动物分类学报,2003,(3)
青海省格尔木虻类初步调查. 杨银书,等. 中国媒介生物学及控制杂志,2004,(4)
长足虻亚科系统发育研究及三新属记述(双翅目:长足虻科). 张莉莉,杨定. 动物分类学报,2005,(1)
医巫闾山虻类调查名录. 郭文山,杜希俊. 中国媒介生物学及控制杂志,2005,(5)
云南麻虻属新记录(双翅目:虻科). 许荣满,郭天宇. 寄生虫与医学昆虫学报,2005,(1)
云南虻科三新种(双翅目). 许荣满,孙毅. 寄生虫与医学昆虫学报,2005,(4)
云南虻科四新种(双翅目). 许荣满,郭天宇. 寄生虫与医学昆虫学报,2005,(3)
甘肃省虻科昆虫区系研究. 何静,等. 寄生虫与医学昆虫学报,2006,(4)
海南虻属二新种(双翅目:虻科). 许荣满,等. 寄生虫与医学昆虫学报,2006,(4)
吉林省中朝边境地区吸血虻的调查研究. 王峰,等. 中国媒介生物学及控制杂志,2006,(1)
美丽花网翅虻. 任东. 昆虫知识,2006,(1)
秦岭南麓陕西留坝地区虻科调查研究. 刘增加,等. 中华卫生杀虫药械,2006,(5)
我国虻科研究进展. 何静,等. 中华卫生杀虫药械,2006,(4)
广东柄驼舞虻属新种记述(双翅目:舞虻科). 李文亮,等. 动物分类学报,2007,(2)
黑龙江省大兴安岭地区吸血虻的分布. 杨军,等. 中国国境卫生检疫杂志,2007,(3)
基于形态学证据的长足虻科系统发育研究(双翅目:短角亚目). 王孟卿,等. 动物分类学报,2007,(2)
吉林省吸血虻分布. 刘国平,等. 医学动物防制,2007,(2)
瘤虻属二新种(双翅目:虻科). 孙毅,许荣满. 寄生虫与医学昆虫学报,2007,(3)
我国东北3省吸血虻的区系研究(双翅目:虻科). 刘国平,等. 中国媒介生物学及控制杂志,2007,(6)
中国东北长白山地区吸血虻的分布调查. 杨军,等. 口岸卫生控制,2007,(4)
中国虻属华丽虻组四新种(双翅目:虻科). 许荣满,孙毅. 寄生虫与医学昆虫学报,2007,(3)
中国虻属青腹虻组二新种(双翅目:虻科). 许荣满,孙毅. 寄生虫与医学昆虫学报,2007,(4)
河南喜舞虻属二新种(双翅目:舞虻科). 秦伟春,等. 动物分类学报,2008,(4)
黄虻属一新种(双翅目:虻科). 孙毅,许荣满. 寄生虫与医学昆虫学报,2008,(3)
麻虻属一新种记述(双翅目:虻科). 何静,等. 昆虫分类学报,2008,(1)

虻属六带虻组二新种(双翅目:虻科).许荣满,孙毅.寄生虫与医学昆虫学报,2008,(4)
中国鞍腹水虻亚科二新纪录属种记述(双翅目:水虻科).杨再华,等.动物分类学报,2008,(4)
中国麻虻属,新种及,新记录(双翅目:虻科).许荣满,孙毅.寄生虫与医学昆虫学报,2008,(3)
中国虻属丽毛虻组二新种(双翅目:虻科).许荣满,孙毅.寄生虫与医学昆虫学报,2008,(2)
中国虻属四新种(双翅目:虻科).许荣满,等.寄生虫与医学昆虫学报,2008,(1)
贵州距水虻属新种记述(双翅目:水虻科).崔维娜,等.动物分类学报,2009,(4)
黑水虻幼虫和预蛹的饲料价值研究进展.喻国辉,等.昆虫知识,2009,(1)
湖北柱角水虻属二种记述(双翅目:水虻科).李竹,等.昆虫分类学报,2009,(2)
中国盾刺水虻属一新种记述(双翅目:水虻科)(英文).张婷婷,等.动物分类学报,2009,(3)
中国黑水虻属一新种(双翅目:水虻科).李竹,等.动物分类学报,2009,(4)
中国距水虻属新种记述(双翅目:水虻科).张婷婷,等.动物分类学报,2009,(4)
中国脉水虻属三新种记述(双翅目:水虻科).张婷婷,等.动物分类学报,2009,(2)
中国线角水虻属四新种(双翅目:水虻科).崔维娜,等.动物分类学报,2009,(4)
中国星水虻属二新种(双翅目:水虻科).李竹,等.动物分类学报,2009,(4)
中国柱角水虻亚科十一新种(双翅目:水虻科)(英文).李竹,等.昆虫分类学报,2009,(3)
中国柱角水虻亚科新种(双翅目:水虻科)(英文).李竹,等.昆虫分类学报,2009,(3)

(七) 蚋

蚋类昆虫及其防治.鲁布错夫,依.阿.科学出版社,1957
蚋属咬伤人、畜的一次调查报告(附二例报告).葛凤翔.中华卫生杂志,1963,(1)
真蚋属的新种和新记录(双翅目:蚋科).陈继寅,等.昆虫学报,1983,26(1)
真蚋属的新种及新记录Ⅱ.(双翅目:蚋科).陈继寅,等.动物分类学报,1983,8(3)
克蚋属二新种记述(双翅目:蚋科).陈继寅.动物分类学报,1984,9(4)
云南蚋科种类记录(双翅目).薛洪堤.动物分类学报,1987,12(1)
福建省蚋的初步调查(双翅目:蚋科).张涛,等.昆虫学报,1991,34(4)
蚋类幼期(幼虫和蛹)的生态观察.安继尧.军事医学科学院院刊,1992,16(2)
四川省蚋属一新种记述(双翅目:蚋科).曹毓存.昆虫学报,1993,36(1)
西藏蚋属一新种记述.邓成玉.四川动物,1993,12(1)
云南蚋属一新种及一新记录种.薛洪堤.动物分类学报,1993,18(2)
云南省蚋科一新种(双翅目:蚋科).薛洪堤.动物分类学报,1993,18(4)
云南真蚋二新种.薛洪堤.动物分类学报,1993,18(2)
新疆蚋属一新种(双翅目:蚋科).安继尧,等.动物分类学报,1994,19(2)
黄足真蚋幼期发育的观察.安继尧,郝保普.寄生虫玉与医学昆虫学报,1995,2(3)
宽甸真蚋幼虫的描述及真蚋亚属二新记录.孙悦欣,葛成彬.中国媒介生物学及控制杂志,1995,6(3)
辽宁蚋科一新种(双翅目:蚋科).孙悦欣,宋秀慈.四川动物,1995,14(2)
西藏林芝真蚋亚属三新种(双翅目:蚋科).邓成玉,陈汉彬.四川动物,1995,14(1)
西藏蚋属三新种(双翅目:蚋科).安继尧,郭天宇.四川动物,1995,14(1)
中国蚋属一新种(双翅目:蚋科).朱纪章,王仕屏.四川动物,1995,14(3)
海南岛蚋科昆虫的初步调查.安继尧,龙芝美.四川动物,1996,15(1)
黄足真蚋孳生习性和幼虫龄期的观察.安继尧,龙芝美.中国媒介生物学及控制杂志,1996,7(2)
西藏真蚋一新种(双翅目:蚋科).邓成玉,等.昆虫学报,1996,39(4)
粤桂琼蚋科昆虫的初步调查.安继尧,郝宝善.医学动物防制,1996,12(3)
真蚋恶属一新种(双翅目:蚋科).王仕屏,李秀安.四川动物,1996,15(3)
贵州蚋属真蚋亚属二新种记述(双翅目:蚋科).陈汉彬,张春林.动物分类学报,1997,22(3)
黄足真蚋实验饲养(二).安继尧,郝宝善.中国媒介生物学及控制杂志,1997,8(3)
蚋科昆虫与疾病的关系.安继尧.医学动物防制,1997,1392)
维蚋间性体和异常尾器的记述.安继尧,马合木提.寄生虫与医学昆虫学报,1997,4(2)
中国短芮一新种(双翅目:蚋科).陈汉彬,张春林.动物分类学报,1997,22(2)
川滇部分地区蚋科采集报告.杨建设,陈汉彬.医学动物防制,1998,14(2)
广东蚋属二新种记述.安继尧,等.昆虫学报,1998,41(2)
贵州蚋属两新种记述(双翅目:蚋科).陈汉彬,张春林.动物分类学报,1998,23(1)
崂山蝇蚋一新种记述(双翅目:蚋科).任兵,安继尧.中国媒介生物学及控制杂志,1998,9(1)
山东蚋属一新种.任兵,安继尧.中国媒介生物学及控制杂志,1998,9(2)
东北边境地区蚋的调查(双翅目:蚋科).王春梅,安继尧.医学动物防制,1999,15(9)

贵州蚋类调查研究初报(双翅目:蚋科).张春林,等.贵州科学,1999,17(3)
中国贵州梵净山蚋属一新种(双翅目:蚋科).陈汉彬,温小军.动物分类学报,1999,24(4)
中国蚋属一新种记述.孙悦欣.中国媒介生物学及控制杂志,1999,10(2)
重庆市旅游区蚋类调查及药物驱蚋观察.赵杨,等.卫生杀虫药械,1999,5(2)
贵州5种常见蚋的核型研究(双翅目:蚋科).张春林,陈汉彬.寄生虫与医学昆虫学报,2000,7(1)
贵州梵净山蚋属一新种(双翅目:蚋科).张春林,陈汉彬.贵州医学医学报,2000,25(3)
贵州雷公山蚋属二新种记述(双翅目:蚋科).陈汉彬.动物分类学报,2000,25(1)
山东蚋科二新种及一疑义种记述(双翅目:蚋科).孙悦欣,李文学.中国媒介生物学及控制杂志,2000,11(2)
中国蝇蚋一新种(双翅目:蚋科).温小军,陈汉彬.贵州科学,2000,18(1-2)
贵州纺蚋亚属二新种(双翅目:蚋科).陈汉彬.昆虫学报,2001,(4)
贵州蚋属一新种记述(双翅目:蚋科).张春林,陈汉彬.动物分类学报,2001,(2)
海南岛蚋类研究Ⅱ.蚋属一新纪录亚属及一新种记述(双翅目:蚋科).陈汉彬.动物分类学报,2001,(4)
海南岛蚋类研究Ⅰ绳蚋三新种记述(双翅目:蚋科).陈汉彬,张春林.动物分类学报,2001,(3)
海南省蚋属一新种(双翅目:蚋科).杨明,陈汉彬.动物分类学报,2001,(1)
山东泰山蚋属真蚋亚属一新种记述(双翅目:蚋科).薛健,安继尧.寄生虫与医学昆虫学报,2001,(1)
"中国蚋科名录"补遗.陈汉彬,安继尧.贵阳医学院学报,2002,(3)
贵州蚋属一新种(双翅目:蚋科).陈汉彬,张春林.昆虫学报,2002,(z1)
中国蚋科修订名录(双翅目:蚋科).陈汉彬,安继尧.贵阳医学院学报,2002,(2)
中国蚋类区系分布和地理区划(双翅目:蚋科).陈汉彬.动物分类学报,2002,(3)
海南岛纺蚋亚属和蚋亚属二新种记述(双翅目:蚋科).陈汉彬,等.动物分类学报,2003,(4)
海南岛蚋相简报并绳蚋亚属一新种记述(双翅目:蚋科).张春林,陈汉彬.中国媒介生物学及控制杂志,2003,(5)
湖南省蚋类调查研究初报(双翅目:蚋科).毕光辉,等.贵阳医学院学报,2003,(4)
蚋属三新种记述(双翅目:蚋科).刘增加,等.寄生虫与医学昆虫学报,2003,(1)
山西蚋属一新种(双翅目:蚋科).严格,安继尧.寄生虫与医学昆虫学报,2003,(3)
新疆绳蚋亚属二新种(双翅目:蚋科).马德新,等.寄生虫与医学昆虫学报,2003,(2)
中国蚋属蚋亚属盾纹组分类记要并三新种记述(双翅目:蚋科).陈汉彬.动物分类学报,2003,(2)
中国西双版纳蚋类纪要及一新种(双翅目:蚋科).陈汉彬,张春林.动物分类学报,2003,(3)
中国吸血蚋类研究回眸.陈汉彬.中国寄生虫学与寄生虫病杂志,2003,(2)
孳生于海南岛五指山瀑布岩壁上蚋属二新种(双翅目:蚋科).张春林,等.动物分类学报,2003,(4)
贵阳地区蚋类区系分类研究初报(双翅目:蚋科).张春林,陈汉彬.贵阳医学院学报,2004,(6)
黑龙江省珍宝岛蚋科昆虫调查报告.蔡茹,等.中国寄生虫学与寄生虫病杂志,2004,(5)
湖南省蚋属纺蚋亚属三新种记述(双翅目:蚋科).陈汉彬,等.动物分类学报,2004,(2)
湖南省蚋属绳蚋亚属二新种记述(双翅目:蚋科).张春林,陈汉彬.动物分类学报,2004,(2)
湖南省蚋属一新种记述.毕光辉,陈汉彬.动物分类学报,2004,(3)
青海特蚋亚属一新种(双翅目:蚋科).刘增加,等.昆虫分类学报,2004,(3)
蚋科昆虫研究简史.蔡茹,等.热带病与寄生虫学,2004,(4)
山西省蚋属二新种(双翅目:蚋科).蔡茹,等.寄生虫与医学昆虫学报,2004,(1)
四川省吸血蚋类分类研究初报(双翅目:蚋科).黄丽,等.贵阳医学院学报,2004,(6)
维蚋亚属一新种记述(双翅目:蚋科).刘增加,安继尧.动物分类学报,2004,(1)
五条蚋和双齿蚋nrDNA,ITS区序列分析(双翅目:蚋科).杨明,等.寄生虫与医学昆虫学报,2004,(4)
云南绳蚋亚属一新种(双翅目:蚋科).陈汉彬,张春林.寄生虫与医学昆虫学报,2004,(2)
河北蚋科一新种(双翅目:蚋科).蔡茹,安继尧.动物分类学报,2005,(3)
湖北省神农架蚋属一新种(双翅目:蚋科).杨明,等.动物分类学报,2005,(4)
四川蚋属二新种记述(双翅目:蚋科).陈汉彬,等.动物分类学报,2005,(2)
四川省蚋属纺蚋亚属一新种记述(双翅目:蚋科).陈汉彬,等.动物分类学报,2005,(3)
四川首次发现山蚋亚属及二新种记述(双翅目:蚋科).陈汉彬,等.动物分类学报,2005,(1)
显著蚋成虫的补充描述(双翅目:蚋科).曾亚纯,陈汉彬.寄生虫与医学昆虫学报,2005,(4)
新疆绳蚋一新种记述(双翅目:蚋科).蔡茹,等.寄生虫与医学昆虫学报,2005,(3)
云南省山蚋亚属一新种描述(双翅目:蚋科).邓成玉,等.中国媒介生物学及控制杂志,2005,(3)
部队官兵海训致蚋咬皮炎98例.罗显荣,等.人民军医,2006,(5)
河南省首次发现山蚋亚属并一新种(双翅目:蚋科).温小军,等.寄生虫与医学昆虫学报,2006,(4)
黑龙江省蚋科一新种(双翅目:蚋科).蔡茹,安继尧.动物分类学报,2006,(3)
黑龙江省蚋属一新种(双翅目:蚋科).安继尧,严格.寄生虫与医学昆虫学报,2006,(2)

黑竹冲河蚋的周,生产量及其营养基础分析.闫云君,李晓宇.生态科学,2006,(4)
湖北省神农架蚋类记要并记述二新种(双翅目:蚋科).陈汉彬,等.动物分类学报,2006,(4)
轮丝蚋雌虫的补充描述(双翅目:蚋科).曾亚纯,等.寄生虫与医学昆虫学报,2006,(3)
四川山蚋亚属一新种(双翅目:蚋科).温小军,陈汉彬.动物分类学报,2006,(4)
四川省山蚋亚属一新种记述(双翅目:蚋科).张春林,陈汉彬.动物分类学报,2006,(3)
桐柏山维蚋一新种(双翅目:蚋科).陈汉彬,罗洪斌.动物分类学报,2006,(3)
蚊蚋对新疆某边防部队官兵健康危害的调查.张桂林,等.中华卫生杀虫药械,2006,(3)
印度尼西亚的蚋属一新种记述(双翅目:蚋科).聂维忠,等.寄生虫与医学昆虫学报,2006,(3)
杜氏绳蚋蛹和幼虫的补充描述(双翅目:蚋科).安继尧,等.寄生虫与医学昆虫学报,2007,(4)
广西大明山蚋属一新种(双翅目:蚋科).陈汉彬,等.动物分类学报,2007,(4)
广西绳蚋二新种(双翅目:蚋科).陈汉彬,等.动物分类学报,2007,(4)
贵州省雷公山自然保护区蚋类调查名录.温小军,等.贵阳医学院学报,2007,(4)
河南纺蚋多线染色体研究.温小军,等.四川动物,2007,(3)
河南省蚋属一新种(双翅目:蚋科).温小军,等.昆虫分类学报,2007,(4)
江西九连山绳蚋一新种(双翅目:蚋科).康哲,等.寄生虫与医学昆虫学报,2007,(3)
江西省蚋属一新种(双翅目:蚋科).陈汉彬,等.动物分类学报,2007,(3)
山蚋亚属(Montisimulium)分类地位的探究(双翅目:蚋科).刘丹,等.寄生虫与医学昆虫学报,2007,(2)
绳蚋亚属(Gomphostilbia)的分组研究(双翅目:蚋科).安继尧,陈汉彬.寄生虫与医学昆虫学报,2007,(2)
五条蚋两地理株多线染色体比较研究.温小军,等.中国寄生虫学与寄生虫病杂志,2007,(3)
福建省主要口岸辖区吸血蚋类本底调查初报.张建庆,等.中国国境卫生检疫杂志,2008,(1)
甘肃省蚋类的区系初步调查研究.姜迎海,等.贵阳医学院学报,2008,(3)
格尔木地区蚋类研究.张继军,等.中华卫生杀虫药械,2008,(6)
黑水山蚋的唾腺多线染色体研究.张建庆,等.中国国境卫生检疫杂志,2008,(2)
吉林省蚋类(双翅目:蚋科)补点调查.黄若洋,等.贵阳医学院学报,2008,(6)
克隆医学昆虫蚋 COI 全基因的引物设计方法研究.罗洪斌,等.湖北民族学院学报:医学版,2008,(3)
辽宁原蚋属二新种(双翅目:蚋科).孙悦欣.寄生虫与医学昆虫学报,2008,(4)
辽宁真蚋亚属一新种(双翅目:蚋科).杨明,等.动物分类学报,2008,(3)
南海湾蚋类昆虫引起皮炎的调查.林立辉,等.中国媒介生物学及控制杂志,2008,(3)
宁夏回族自治区纺蚋亚属鹿蚋组一新种记述(双翅目:蚋科).杨明,等.动物分类学报,2008,(2)
蚋类昆虫引起叮咬性皮炎的调查研究.林立辉,等.中华卫生杀虫药械,2008,(5)
四川省蚋亚属一新种(双翅目:蚋科).蔡茹,等.寄生虫与医学昆虫学报,2008,(2)
四川省山蚋亚属分类记要并二新种记述(双翅目:蚋科).陈汉彬,等.动物分类学报,2008,(1)
新疆额尔齐斯河下游北湾地区班布蚋季节消长调查.张桂林,等.中国媒介生物学及控制杂志,2008,(2)
新疆额尔齐斯河下游北湾地区班布蚋孳生地调查.张桂林,等.中华卫生杀虫药械,2008,(1)
中国蚋科一新记录(双翅目:蚋科).聂维忠,等.寄生虫与医学昆虫学报,2008,(4)
黑龙江省蚋类(双翅目:蚋科)补点调查.吴慧,等.贵阳医学院学报,2009,(3)
湖北神农架自然保护区一新特蚋种(双翅目:蚋科)(英文).杨明,等.动物分类学报,2009,(3)
辽宁省蚋类(双翅目:蚋科)补点调查.樊卫,等.贵阳医学院学报,2009,(2)
山西省蚋相调查初报(双翅目:蚋科).廉国胜,等.贵阳医学院学报,2009,(1)
陕西省蚋属一新种记述(双翅目:蚋科).刘增加,安继尧.昆虫分类学报,2009,(2)
武夷山蚋类记要并一新种(双翅目:蚋科).张建庆,等.寄生虫与医学昆虫学报,2009,(2)
西藏蚋属一新种(双翅目:蚋科).安继尧,严格.寄生虫与医学昆虫学报,2009,(1)

(八) 蚤

蚤 NeopsyllspecialisJordan,1932 雌性的形态.李贵真.北京自然博物馆杂志,1950—1951,(19)
雌性奇异狭臂蚤 StenishchiamirabilisJordan,1932(蚤目)之形态.李贵真.北京自然博物馆杂志,1951—1952,(20)
跳蚤.李贵真.西南卫生书报出版社,1951
福州鼠耳蚤的调查研究.杨新史.昆虫学报,1953,(3)
短头怪蝠蚤的发现及其在我国动物相比上的意义.李贵真,等.昆虫学报,1955,(3)
关于狗传播啮齿动物跳蚤的问题.博茨柯夫,格.波.刑文棨译.医学译丛,1956,(7)
几种常见蚤类幼虫形态的比较研究.王敦清.昆虫学报,1956,(3)
人蚤及猫栉头蚤小志.邓国藩.昆虫学报,1956,(4)
室内鼠洞灭蚤的效果观察报告.王敦清,等.中华卫生杂志,1956,(3)

室内蚤类繁殖地点的调查方法和四种室内常见蚤类幼虫的孳生地点报告. 王敦清,等. 中华卫生杂志,1956,(1)
蚤类的概论. 李贵真. 人民卫生出版社,1956
裂板纤蚤新亚种的发现与幼稚狭蚤的形态及其幼期. 柳支英. 中国人民解放军医学科学院院刊,1957,(3)
实验室内数种常见蚤类的饲养繁殖方法. 王敦清,等. 中华医学杂志,1957,(1)
食胃蚤属的一个新种——鼠兔食胃蚤属. 李贵真. 昆虫学报,1957,(1)
鼠冠蚤在我国发现. 温廷桓. 上海第一医学院学报,1957,(5)
一种新的松鼠蚤. 王敦清. 昆虫学报,1957,(4)
云南的新种鼠蚤——俊潜蚤. 李贵真,等. 昆虫学报,1957,(1)
蚤的新命名及其形态上的补充描述. 王敦清. 昆虫学报,1957,(3)
我国荷币蚤属的三种跳蚤. 李贵真,等. 昆虫学报,1958,(1)
在一般农村中使用六六六和二二三灭蚤有效期的观察报告. 郑祥开,等. 中华卫生杂志,1958,(2)
Peromyscopsyllahimalaica(Rothschild,1915)在我国的发现及其三个亚种的比较. 李贵真,等. 昆虫学报,1959,(6)
福建一种新的蝙蝠蚤. 王敦清. 昆虫学报,1959,(3)
黄鼠死后体外寄生蚤、蜱离体活动的观察. 吴厚永,等. 军事医学杂志,1959,(2)
吉林西部XX草原地区野生动物的蚤类调查. 吴厚永,等. 军事医学杂志,1959,(2)
内蒙古自治区啮齿动物及蚤类区系的初步调查报告. 白賨兴. 流行病学杂志,1959,(4)
新疆维吾尔自治区蚤类名录. 于心. 流行病学杂志,1959,(4)
浙江苏庆元县隆宫乡鼠类及其寄生蚤的调查. 崔秀亭,等. 流行病学杂志,1959,(4)
长棘蝠蚤的畸形标本. 王敦清. 昆虫学报,1960,(1)
福建省蚤类的调查. 王敦清. 动物学报,1960,(1)
中国蚤类研究之三:西北额蚤属一新种,西南栉眼蚤属一新种及华东狭蚤属一新种. 柳支英,等. 昆虫学报,1962,(3)
别氏新北蚤雄性在我国的发现及其形态探讨. 王家儒. 昆虫学报,1962,(4)
角叶蚤属一新种——曲扎角叶蚤. 刘连珠,等. 昆虫学报,1962,(3)
鼠兔食胃蚤雌蚤形态之描述. 刘连珠,等. 动物学报,1962,(1)
鼠兔蚤的观察. 温廷桓,等. 昆虫学报,1962,(2)
病蚤属的一新种记述. 李贵真,等. 昆虫学报,1963,(3)
大锥蚤属一新种记述(蚤目:角叶蚤科). 柳支英. 动物分类学报,1964,(1)
巨槽蚤属一新种之记述. 李贵真,等. 动物学报,1964,(2)
两种古蚤在我国的新记录及雄性内曲古蚤形态记述. 李贵真,等. 昆虫学报,1964,(5)
我国大锥蚤属的分类研究. 李贵真,等. 动物学报,1964,(3)
我国新蚤属斯氏组的分类研究及新种新亚种记述. 李贵真,等. 昆虫学报,1964,(2)
狭蚤属一新种记述. 李贵真,等. 昆虫学报,1964,(4)
矛形大锥蚤一新亚种——云南亚种. 刘连珠. 动物分类学报,1965,(1)
米氏谜蚤在我国之发展及缩栉属(新属)的建立. 刘德山. 动物学报,1965,(4)
青海新北蚤属一新亚属新种的记述. 吴厚永,等. 动物分类学报,1965,(3)
三种蚤幼虫形态描述. 孙昌秀. 寄生虫学报,1965,(3)
我国蠕形蚤属两新种和属征的修订. 柳支英. 动物学报,1965,(4)
我国西部双蚤属的一新种记述. 柳支英. 动物分类学报,1965,(4)
我国新疆蚤目两新种的记述. 于心. 寄生虫学报,1965,(2)
西疆眼蚤属一新种记述对我国眼蚤属特征的探讨(蚤目细蚤科). 柳支英. 寄生虫学报,1965,(4)
蚤目细蚤科一新属新种—具钩靴片蚤. 柳支英,等. 动物分类学报,1965,(1)
甘肃猬形蚤科两新种记述. 马立名. 动物分类学报,1966,(2)
我国的短头怪蝠蚤. 金大雄. 昆虫学报,1966,(3)
我国西藏角叶蚤科四个新种的记述. 柳支英. 寄生虫学报,1966,(1)
我国新蚤属一新种的记述. 吴厚永. 寄生虫学报,1966,(2)
西藏蝟形蚤科一新属新种记述. 吴福林. 动物分类学报,1966,(1)
中国的潜蚤. 王敦清. 昆虫学报,1976,(1)
腹板蚤属在中国西藏发现及其新亚属和三新种记述(蚤目:蝠蚤科). 柳支英,等. 昆虫学报,1977,(2)
国外杀灭野鼠寄生蚤的投药方式. 汪诚信. 流行病防治研究,1978,(4)
厉蚤属在我国的首次记录及一新亚种记述(蚤目:多毛蚤科). 李贵真,等. 昆虫知识,1978,(3)
我国西部地区蚤目四种未知雌性的记述. 蔡理芸. 昆虫知识,1978,(4)
新蚤属一新种记述(蚤目:多毛蚤科). 陈宁宇,等. 昆虫知识,1978,(1)
云南省怪蚤属三新种记述(蚤目:细蚤科). 解宝琦,等. 昆虫学报,1978,(1)

大多毛蚤一新亚种记述(蚤目:多毛蚤科).解宝琦,等.昆虫分类学报,1979,(2)
二毫新蚤雌性的记述及其雄性形态的补充.解宝琦,等.昆虫分类学报,1979,(2)
甘肃省细蚤科双蚤亚种一新属新种的记述.柳支英,等.昆虫学报,1979,(2)
关于我国蚤类区系分布和系统发育的初步探讨.柳支英,等.动物分类学报,1979,(2)
河北省大锥蚤属一新种记述.柳支英,等.昆虫分类学报,1979,(创刊刊号)
某些因素对 Ceratophyllustesqorum 和 Neopyllasetosasetosa 蚤栓塞形成的影响.鼠疫译丛,1979,(4)
青海和云南地区额蚤属一新种记述(蚤目:细蚤科).解宝琦,等.昆虫学报,1979,(3)
四川古蚤属两新种记述及对我国古蚤属的分类探讨(蚤目:多毛蚤科).陈宁宇,等.昆虫学报,1979,(3)
跳蚤传播鼠疫.比比可娃,B.A.,等.孙儒泳,等译.吉林省地方病第一防治研究所,1979
跳蚤种群间同鼠疫疫苗长期接触对某媒介效能的影响.鼠疫译丛,1979,(4)
我国甘肃省鬃蚤属(蚤目:蠕形蚤科)新种记述.王心娥,等.昆虫学报,1979,(4)
我国蚤类的几个新种和新记录(蚤目).李贵真,等.动物分类学报,1979,(4)
我国蚤目五新种、新亚种记述.纪树立,等.昆虫分类学报,1979,(创刊)
一新种的客蚤.于心,等.动物分类学报,1979,(4)
云南省贡山县蚤类调查简志(上)——三新种记述及分属问题讨论.李贵真.昆虫分类学报,1979,(2)
云南省双蚤属二个新亚种记述(蚤目:细蚤科).解宝琦,等.动物分类学报,1979,(1)
鬃蚤属一新种及其生态、系统发育和形态变异的讨论.吴厚永,等.动物分类学报,1979,(1)
方形黄鼠蚤蒙古亚种各虫期发育天数的观察.肖柏林,等.流行病学杂志,1980,(3)
继新蚤属三新种记述及对属征的进一步探讨.吴厚永,等.昆虫学报,1980,(3)
强蚤属一新种记述及一新亚属的建立(蚤目:细蚤科).李贵真,等.昆虫分类学报,1980,(1)
我国青海省角叶蚤属一新种记述.蔡理芸,等.昆虫学报,1980,(1)
云南大锥蚤属一新种记述.李贵真,等.昆虫学报,1980,(1)
盖蚤属一新种(蚤目:角叶蚤科).吴厚永,等.昆虫分类学报,1981,3(3)
茸足蚤属一新种及其分类讨论.柳支英,等.昆虫分类学报,1981,3(2)
大锥蚤属一新种.张增湖,等.昆虫分类学报,1982,4(3)
怪蚤属一新种(蚤目:细蚤科).陈宁宇,等.昆虫分类学报,1982,4(3)
角叶蚤科概述——分离、地理分布、宿主关系和疾病关系等问题的探讨.李贵真.贵阳医学院学报,1982,1(1)
三种蚤生殖腺发育和成熟的组织学研究.漆一鸣.贵阳医学院学报,1982,7(2)
斯氏新蚤分类的讨论及新亚种记述.吴厚永,等.动物分类学报,1982,7(2)
我国若干蚤类幼虫形态的比较.叶瑞玉,等.昆虫学报,1982,25(2)
五角巨胸蚤的补充及其未知雌性的记述.柳支英,等.昆虫分类学报,1982,4(1-2)
云南省古蚤属三新种(蚤目:多毛蚤科).解宝琦,等.昆虫分类学报,1982,4(1-2)
云南省茸足蚤属一新种记述(蚤目:细蚤科).解宝琦,等.动物学研究,1982,3(4)
云南西部角叶蚤科一新属一新种.李贵真,等.昆虫分类学报,1982,4(1-2)
栉眼蚤属一新种(蚤目:多毛蚤科).吴厚永,等.昆虫分类学报,1982,4(1-2)
伏河眼蚤在新疆的分布及另一新亚种记述.于心,等.昆虫分类学报,1983,5(2)
蝠蚤属三新种记述及后延蝠蚤雌性的首次报道(蚤目:蝠蚤科).解宝琦,等.昆虫分类学报,1983,5(2)
杆突蚤属一新种记述(蚤科:多毛蚤科).吴厚永,等.动物分类学报,1983,8(1)
列车游离蚤调查.周际川,等.中华流行病学杂志,1983,4(1)
氯化苦灭旱獭对其寄生蚤影响的观察.张广登.地方病防治研究,1983,70(3)
前额蚤一新亚种(蚤目:细蚤科).刘寄瓯,等.昆虫分类学报,1983,5(2)
青海省兴海县旱獭鼠疫自然疫源地鼠蚤调查.毛继山,张广登.海南科技,1983,11(2)
我国北方蚤类在宿主体表的分布.马立名.昆虫学报,1983,26(4)
新疆和田地区人蚤生态学的观察.黄功敏,等.动物学研究,1983,4(1)
新疆蚤类畸形二十六例.叶瑞玉,等.动物学研究,1983,4(1)
云南省狭臂蚤属四新种(蚤目:多毛蚤科).解宝琦,等.动物分类学报,1983,8(2)
甘肃蚤类组成和区系分析.张荣广,等.兰州大学学报(自然版),1984,20(2)
黑龙江省某地区蚤类调查研究.顾修富,等.辽宁动物学会会刊,1984,5(1)
辽宁西部达乌尔黄鼠寄生蚤及种群数量变动.李维贤,等.辽宁动物学会会刊,1984,5(1)
秦岭山区蚤类的研究(一)多毛蚤科(HystrichopsYllidae)三新种和新亚种记述.张金桐,等.动物分类学报,1984,9(3)
秦岭山区蚤类的研究(二)茸足蚤属新种种新亚种的记述及对该属系统发育的探讨.张金桐,等.动物分类学报,1984,9(4)
青海黄鼠蚤和类新蚤各虫期经低温处理后存活情况.肖柏林,等.昆虫知识,1984,21(3)

三种蚤生殖系统的细微结构:雄性生殖腺的发育.漆一鸣.昆虫学报,1984,27(1)
三种蚤生殖系统发育的细微结构:雌性生殖腺的发育.漆一鸣.昆虫学报,1984,27(2)
四川省双蚤属一新种记述及分类探讨(蚤目:细蚤科).陈宁宇,等.四川动物,1984,3(1)
我国青藏区细蚤属一新亚种记述(蚤目:细蚤科).陈宁宇,等.昆虫学报,1984,27(4)
纤蚤属一新种记述(蚤目:多毛蚤科).陈家贤,等.动物分类学报,1984,9(1)
用32P标记喜马拉雅旱獭研究跳蚤与宿主之间的关系.郑涛.昆虫知识,1984,21(2)
长喙蚤属一新种记述(蚤目:喙蚤科).张继亮,等.昆虫学报,1985,7(2)
二齿新蚤的吸血活动.马立名.昆虫学报,1985,28(2)
感染鼠疫喜马拉雅旱獭的异常带蚤数量.张广登.地方病防治研究,1985,79(4)
盲鼠蚤属一新种记述(蚤目:细蚤科).刘泉,等.动物分类学报,1985,10(2)
秦岭山区蚤类的研究(三、四).张金桐,等.动物分类学报,1985,10(1)
青海省额蚤属一新种(蚤目:细蚤科).蔡理芸,等.动物分类学报,1985,10(2)
使用铁59标记跳蚤:从自然宿主获得同位素标记物的吸收和滞留.地方病译丛,1985,6(2)
云南纤蚤属一新种(蚤目:多毛蚤科).解宝琦.昆虫分类学报,1985,7(1)
草原黄鼠寄生蚤的季节变化.孙昌秀.动物学杂志,1986,22(3)
方形黄鼠蚤松江亚种幼虫形态及与同属蚤幼虫的比较.费荣中,等.昆虫学报,1986,29(1)
盖蚤属一新种记述(蚤目:角叶蚤科).吴文贞,等.昆虫分类学报,1986,8(4)
旱獭寄生蚤种群数量的变动与鼠疫流行动态的相互关系.丁学良,等.地方病通报,1986,1(2)
宁夏新蚤属一新种记述(蚤目:多毛蚤科).李贵真,等.四川动物,1986,5(2)
韧棒蚤属一新种及一新记录(蚤目:臀蚤科).李贵真.昆虫分类学报,1986,8(1-2)
陕西省怪蚤属一新亚种记述(蚤目:细蚤科).刘政忠,等.昆虫分类学报,1986,8(1-2)
喜马拉雅旱獭寄生蚤的若干生态习性.张广登.实用地方病学杂志,1986,1(1)
一龄蚤幼破卵行为及其分类意义.叶瑞玉,等.地方病通报,1986,1(2)
圆指额蚤一新亚科(蚤目:细蚤科).张广登,等.昆虫分类学报,1986,8(1-2)
蚤类背腹位标本的研究.叶瑞玉,等.昆虫学报,1986,29(4)
北方几种蚤类侵袭寄主的研究和斧形盖蚤叮人试验.马立名.生态学报,1987,7(2)
甘肃省大锥蚤属一新种记述(蚤目:角叶蚤科).李贵真,等.昆虫分类学报,1987,9(4)
关于方形黄鼠蚤七河亚种的分类讨论(蚤目:角叶蚤科).叶瑞玉,等.地方病通报,1987,2(3)
广西大锥蚤属一新种记述(蚤目:角叶蚤科).李贵真,等.动物分类学报,1987,12(4)
辽宁西部地区蚤类区系的研究.李维贤.昆虫学报,1987,30(2)
青海省长刺双蚤一新亚种.张广登,等.昆虫学报,1987,30(2)
青海省单蚤属两新种记述(蚤目:角叶蚤科).蔡理芸,等.昆虫学报,1987,30(3)
似升额蚤一种亚种(蚤目:细蚤科).蔡理芸,等.动物分类学报,1987,12(3)
西吉新北蚤雌性的记述及其雄性形态的补充(蚤目:多毛蚤科).白学礼,等.四川动物,1987,(3)
狭臀蚤属一新种记述(蚤目:多毛蚤科).李贵真.昆虫分类学报,1987,992)
新疆怪蚤属一新种记述(蚤目:细蚤科).于心,等.地方病通报,1987,2(4)
新疆蚤类畸形实例(二).叶瑞玉,等.昆虫学报,1987,30(2)
眼蚤属两种幼虫形态描述(蚤目:细蚤科).石果,等.昆虫学报,1987,30(1)
蚤倍属一新亚种(蚤目:角叶蚤科).于心,等.动物分类学报,1987,12(4)
蚤类感觉板的细微结构.王善青,等.昆虫学报,1987,30(1)
蚤类足跗节细微结构的扫描电镜观察.王善青,等.昆虫学报,1987,30(2)
不同健康状态宿主的带蚤数量和宿主死亡后洞内跳蚤的活动.马立名.中国地方病学杂志,1988,7(2)
二种蚤幼虫形态描述.肖柏林,等.昆虫学报,1988,31(1)
蝠蚤属一新种(蚤目:蝠蚤科).吴厚永,等.动物分类学报,1988,13(3)
怪蚤属一新种记述(蚤目:细蚤科).蔡理芸,等.昆虫分类学报,1988,10(3-4)
角尖眼蚤三亚种在甘肃分布的探讨(蚤目:细蚤科).丁学良,等.动物分类学报,1988,13(2)
青海省鸟蚤一新种(蚤目:角叶蚤科).蔡理芸,等.动物分类学报,1988,13(4)
似升额蚤的生物学及生态学调查.黄功敏,等.地方病通报,1988,3(1)
我国东北地区新蚤属一新种记述及有关问题讨论.黄贵萍,等.四川动物,1988,7(1)
西藏盖蚤属一新种(蚤目:角叶蚤科).格龙,等.动物分类学报,1988,13(2)
夜蝠蚤属一新种的记述(蚤目:蝠蚤科).吴厚永,等.动物分类学报,1988,13(2)
蚤类幼虫分类的尝试.王敦清.昆虫学报,1988,31(3)
蚤数量与宿主数量关系.马立名.昆虫学报,1988,31(1)
中蚤属一新种记述(蚤目:细蚤科).于心,等.昆虫分类学报,1988,10(1-2)

CT-865 内墙灭虫涂料对跳蚤的药效测定. 崔祥,等. 医学动物防制,1989,5(1)
达乌尔鼠兔寄生蚤的季节消长. 杨长安,王宝林. 动物学杂志,1989,24(3)
敌敌畏实验室灭蚤试验. 赵启福,周建宏. 中国鼠类防制杂志,1989,(89)
方形黄鼠蚤松江亚种的实验养殖. 徐宝娟,等. 中国地方病学杂志,1989,8(6)
高黎贡山古蚤属三新种记述(蚤目:多毛蚤科). 解宝琦,等. 动物分类学报,1989,14(1)
贵州省额蚤属一新亚种记述(蚤目:细蚤科). 黄贵萍,李贵真. 贵阳医学院学报,1989,14(4)
监测长尾黄鼠体外寄生的方形黄鼠蚤指数的最低抽样量研究. 王淑纯,等. 中国地方病学杂志,1989,8(6)
近代新蚤东方亚种的某些生态学特点及鼠疫动物流行病学意义. 李新民,刘纪有. 中国地方病防治杂志,1989,4(6)
灭幼脲Ⅲ号杀灭跳蚤的试验研究. 崔祥,等. 医学动物防制,1989,5(3)
宁夏长爪沙鼠疫源地蚤螨感染鼠疫的动态观察. 王自荐,李小虎. 中国地方病防治杂志,1989,4(5)
前额蚤灰獭亚种生态学研究. 张广登. 中国地方病防治杂志,1989,4(增刊)
三种蚤前胃的发育和细微结构. 漆一鸣. 贵阳医学院学报,1989,14(3)
四种杀虫剂对方形黄鼠蚤的毒力测定. 崔祥,等. 中华流行病学杂志,1989,10(3)
似升额蚤(Frontopsylla elatoides Wagn)的鼠疫流行病学意义. 钱存宁,等. 中国地方病学杂志,1989,8(6)
突病蚤指名亚种的人工饲养及生活史观察. 张志坚,等. 地方病通报,1989,4(3)
突病蚤指名亚种鼠疫感染实验. 钱存宁,等. 地方病通报,1989,4(3)
新疆蚤类畸形实例(三). 叶瑞玉,等. 地方病通报,1989,4(4)
溴氰菊酯对方形黄鼠蚤不同发育期的毒效测定. 崔祥,等. 中国地方病学杂志,1989,8(6)
云南西部狭臀蚤属四新种记述(蚤目:多毛蚤科). 解宗琦,等. 动物分类学报,1989,14(2)
蚤类在宿主体表的分布及温度和蚤数的关系. 马立名. 昆虫学报,1989,32(1)
中国蚤类区系中古北界和东洋界中段划界的进一步研究. 张金桐,等. 动物分类学报,1989,14(4)
LK-88527 杀虫粉剂灭蚤效果观察. 张淑媛,王君. 医学动物防制,1990,6(2)
长尾黄鼠寄生蚤在鼠疫动物流行病学中的意义. 周旭昌,王国林. 中国地方病防治杂志,1990,5(2)
二齿新蚤和方形黄鼠蚤松江亚种成虫在不同条件下寿命的观察. 马立名. 昆虫知识,1990,27(6)
奋斗呐对印鼠客蚤毒杀作用的研究. 董桂蕃,张洪杰. 医学动物防制,1990,6(增刊 1)
甘肃省蚤类新记录. 张荣广,等. 兰州大学学报(自然版),1990,26(3)
高黎贡山柳氏蚤属一新种记述(蚤目:多毛蚤科). 解宝琦,段兴德. 动物分类学报,1990,15(4)
旱獭综合利用中的灭蚤措施. 张广登. 中国地方病防治杂志,1990,5(4)
红羊新蚤幼期发育天数的观察. 肖柏林. 中国地方病学杂志,1990,9(6)
凯素灵室内滞留喷洒灭地面游离蚤效果观察. 方竹,李洪根. 中国媒介生物学及控制杂志,1990,1(6)
离体养殖方形黄鼠蚤松江亚种的研究. 王志钢,等. 地方病杂志,1990,5(2)
两种蚤的幼虫形态. 肖柏林. 昆虫学报,1990,33(2)
罗氏蚤属在中国首次记录及一新种记述(蚤目:角叶蚤科). 林家冰,解宝琦. 动物分类学报,1990,15(3)
内蒙古蚤类地理区划的初探. 费荣中,石果. 医学动物防制,1990,6(2)
青海省鸟蚤一新种(蚤目:角叶蚤科). 吴文贞,李超. 昆虫学报,1990,33(2)
人蚤灰旱獭株的鼠疫菌感染试验. 钱存宁,张晓雪. 地方病通报,1990,5(2)
三种蚤生殖系统的细微结构:雌性外生殖器的发育. 漆一鸣. 昆虫学报,1990,33(3)
三种蚤生殖系统的细微结构:雄性外生殖器的发育. 漆一鸣. 昆虫学报,1990,33(4)
神农架林区蚤类区系的研究. 刘开元,等. 华中师范大学学报(自然版),1990,24(3)
斯氏蚤属在中国的首次记录及一新种记述(蚤目:角叶蚤科). 解宝琦,李长江. 动物分类学报,1990,15(3)
四种拟除虫菊酯杀虫剂灭蚤研究. 莫冠英,宁富娟. 中国媒介生物学及控制杂志,1990,1(3)
我国东洋界的病蚤:新亚种记述及分类讨论(蚤目:角叶蚤科). 李贵真. 贵阳医学院学报,1990,15(3)
我国古北界病蚤地理分布及其与疾病的关系. 于心,等. 地方病通报,1990,5(3)
我国纤蚤属一新亚属一新种记述(蚤目:多毛蚤科). 解宝琦,等. 动物分类学报,1990,15(2)
无棘额蚤的养殖及其一龄幼虫破卵器形态. 王治军,等. 地方病通报,1990,5(1)
喜马拉雅旱獭寄生蚤的调查. 张广登. 中国媒介生物学及控制杂志,1990,5(6)
新型杀虫剂灭蚤试验. 赵启福,周建宏. 医学动物防制,1990,6(2)
雄蚤生殖节的扫描电镜观察. 王善青,等. 昆虫学报,1990,33(4)
一组大数量高比例的角类眼蚤生殖器畸形(蚤目:细蚤科). 王身荣,宋玉祥. 地方病通报,1990,5(2)
应用大型蚤对毒物联合毒性的研究. 钟赛贤,蔡承铿. 预防医学情报杂志,1990,6(2)
盈江县家鼠鼠疫源地地面游离蚤调查. 方竹,杨登熙. 中国媒介生物学及控制杂志,1990,1(1)
幼虫密度及饲料厚度对印鼠客蚤幼期成长和成蚤质量的影响. 张洪杰,刘泉. 中国媒介生物学及控制杂志,1990,1(6)

蚤类染色体的制片法及分带技术. 曹丽萍,等. 遗传,1990,12(6)
DNA 杂交探针检测蚤(蚤目:蚤科和角叶蚤科). Thomas,李维东. 地方病译丛,1991,12(4)
长喙蚤属一新种记述(蚤目:蠕形蚤科). 詹心如,等. 昆虫学报,1991,34(4):492
长尾黄鼠体外寄生蚤空间分布格局、变量转换及理论抽样量研究. 赵飞. 地方病通报,1991,6(3)
达乌尔黄鼠体蚤数量与其性别及巢蚤数量的关系. 刘俊. 医学动物防制,1991,7(2)
大白鼠白细胞对鼠蚤(Siphonaptera:Pulicidae)叮咬的反应. Jeff,A. V. ,钱存宁. 地方病译丛,1991,12(2)
二毫新蚤的分类研究(蚤目:多毛蚤科). 解宝琦. 动物分类学报,1991,16(2)
方形黄鼠蚤松江亚种存活力研究. 石杲,费荣中. 中国地方病防治杂志,1991,6(3)
共系蚤属在我国的首次报道及鞋型共系蚤新亚种记述(蚤目:角叶蚤科). 李贵真,等. 贵阳医学院学报,1991,16(3)
怪蚤属一新种记述及对该属属征的补充和亲缘关系的探讨. 刘泉,等. 地方病通报,1991,6(3)
两种驱虫剂对方形黄鼠蚤松江亚种驱避效果的观察. 张洪杰. 医学动物防制,1991,7(4)
两种未吸血幼蚤的耐饥力. 马立名. 四川动物,1991,10(4)
裂新蚤的厘订及雄性形态描述(蚤目:多毛蚤科). 解宝琦. 动物分类学报,1991,16(1)
热变性温度法测定蚤类 DNA 中 G + G 含量的初步研究. 王善青. 中国地方病学杂志,1991,10(6)
三种蚤酯酶同工酶的比较分析. 曹丽萍. 中国寄生虫学与寄生虫病杂志,1991,9(3)
实验条件下方形黄鼠蚤的存活特征. 王志钢. 地方病通报,1991,6(3)
秃病蚤蒙翼亚种的吸血能力和叮人试验. 李尚君. 中国媒介生物学及控制杂志,1991,2(2)
微刺怪蚤雌性的描述(蚤目:细蚤科). 格龙,马立名. 动物分类学报,1991,16(4)
温湿度对秃病蚤蒙翼亚种寿命及死亡频率的影响. 刘俊. 内蒙古大学学报(自然版),1991,22(3)
我国西藏怪蚤属一新种及对该属的分类论(蚤目:细蚤科). 刘泉,格龙. 动物分类学报,1991,16(1)
西藏缩栉蚤属一新种(蚤目:角叶蚤科). 高重礼. 动物分类学报,1991,16(4)
喜马拉雅旱獭寄生蚤的变化. 张广登. 中国地方病防治杂志,1991,6(1)
新疆 2 株人蚤鼠疫苗栓形成能力的研究. 钱存宁. 地方病通报,1991,6(4)
应用模糊聚类分析考察长尾黄鼠体外寄生蚤的种群动态. 赵飞. 地方病通报,1991,6(2)
用圆分布法探讨斧形盖蚤的季节消长规律. 吴忠文,钟国强. 中国地方病学杂志,1991,10(6)
云南省叉蚤属新种和新亚种记述(蚤目:多毛蚤科). 解宝琦,等. 动物分类学报,1991,16(2)
蚤类的虫态变化. 叶瑞玉. 地方病通报,1991,6(4)
长喙蚤在云南永胜县发现. 龙泽君,汤维汉. 中国兽医科技,1992,22(9)
二齿新蚤和方形黄鼠蚤松江亚种成虫寿命和温湿度的关系. 马立名. 地方病通报,1992;7(4)
二齿新蚤和方形黄鼠蚤松江亚种吸血习惯的实验室观察. 马立名. 四川动物,1992,11(1)
方突斯氏蚤雌性的记述和雄性的形态补充. 龚正达,侯宗柳. 动物分类学报,1992,17(4)
方形黄鼠蚤松江亚种存活力的研究拟合 logistic 曲线的应用. 石杲,费荣中. 医学动物防制,1992,8(1)
放射性核素示踪法对两种蚤类吸血活动的研究. 王灵岚,等. 中国媒介生物学及控制杂志,1992,3(1)
福建省漳州市家鼠寄生蚤的种类及季节消长调查. 林国惠. 医学动物防制,1992,8(3)
高黎贡山多毛蚤属一新种(蚤目:多毛蚤科). 龚正达. 昆虫学报,1992,35(2)
国外关于蚤类形态结构及其功能研究概述. 刘俊. 医学动物防制,1992,8(1)
黄鼠出蛰后巢蚤和体蚤组成及数量动态的研究. 艾力布,刘俊. 医学动物防制,1992,8(2)
氯氰菊酯对不等单蚤各发育期虫态的毒力测定. 王振生. 中国媒介生物学及控制杂志,1992,3(3)
青海省角叶蚤属一新种(蚤目:角叶蚤科). 吴文贞,李超. 动物分类学报,1992,17(4)
梯形二刺蚤雌性的发现:(蚤目:细蚤科). 张志成,吴文贞. 动物分类学报,1992,17(4)
秃病蚤蒙翼亚种叮吸人血能力观察. 刘俊. 医学动物防制,1992,8(3)
秃病蚤在沙鼠疫源地中的媒介地位和作用. 刘纪有,李新民. 地方病通报,1992,7(4)
温湿度及密度对印鼠客蚤规范化养殖综合影响的研究. 张洪杰. 中国媒介生物学及控制杂志,1992,3(2)
我国细蚤科已描述幼虫的识别. 张国柱,石杲. 医学动物防制,1992,8(2)
溴氰菊酯、奋斗呐杀灭室内蚤类报告. 张广登,等. 中国媒介生物学及控制杂志,1992,3(3)
用盐水隔离法在养蚤室内防螨效果的观察. 张洪杰. 医学动物防制,1992,8(1)
云南大理和吉林双辽人蚤狗株鼠疫菌栓形成能力试验. 张晓雪,钱存宁. 地方病通报,1992,7(4)
云南的蚤类区系及与鼠疫有关的蚤种. 解宝琦. 地方病通报,1992,7(4)
蚤蛹的形态. 叶瑞玉,张金桐. 地方病通报,1992,7(1)
^{125}I 在方形黄鼠蚤体内的衰减变化. 迟艳玲,费荣中. 中国地方病防治杂志,1993,8(1)
不等单蚤的生活史及生态学实验观察. 王振生. 中国媒介生物学及控制杂志,1993,4(2)
长窦副新蚤雄蚤的形态记录(蚤目:多毛蚤科). 吴文贞. 昆虫学报,1993,36(1)
低山丘陵区黄鼠寄生蚤生态及鼠疫媒介意义. 张国柱,石杲. 医学动物防制,1993,9(4)

二齿新蚤和方形黄鼠蚤松江亚种的耐饥力. 马立名. 中国媒介生物学及控制杂志,1993,4(5)
二齿新蚤和方形黄鼠蚤松江亚种对高温耐受能力的实验观察. 马立名. 中国媒介生物学及控制杂志,1993,4(4)
发头裸腹蚤卵和胚胎发育形态研究. 郑又雄. 动物学杂志,1993,28(6)
方形黄鼠蚤亚种间氨基酸组成及含量的比较研究. 王善青. 地方病通报,1993,8(4)
奋斗呐对方形黄鼠蚤松江亚种的毒效. 张仲秋. 中国地方病防治杂志,1993,8(1)
伏河眼蚤六亚种在中国的分布(包括一新记录). 于心,叶瑞玉. 地方病通报,1993,8(10)
红羊新蚤的幼虫形态及与二齿新蚤幼虫的比较. 肖柏林. 昆虫学报,1993,36(1)
缓慢细蚤传播鼠媒介效能的研究. 吴明寿,何晋候. 中国地方病防治杂志,1993,8(3)
缓慢细蚤与不等单蚤基因组 DNA 限制性内切酶酶切初步分析. 陈景龙,王敦清. 寄生虫与医学昆虫学报,1993,(1)
缓慢新蚤生活史的观察. 张洪英,何晋候. 昆虫知识,1993,30(5)
内蒙古不同型鼠疫疫源地内主要蚤类的分布及流行病学意义. 刘纪有,刘俊. 地方病通报,1993,8(1)
内蒙古东部黄鼠疫源地黄鼠寄生蚤数量动态及鼠疫流行病学意义. 石杲,王喜亭. 医学动物防制,1993,9(3)
前额蚤灰獭亚种幼虫形态的描述. 肖柏林,等. 昆虫学报,1993,36(3)
山西省蚤目分类名录. 肖蔼祥,王善青. 医学动物防制,1993,8(2)
实验室内长期饲养的缓慢细蚤出现畸形. 王敦清. 地方病通报,1993,8(1)
四种农药对黄鼠蚤的毒效评价. 张仲秋. 中国地方病防治杂志,1993,8(3)
我国(包括新疆地区)蚤类新记录. 于心. 地方病通报,1993,8(3)
我国方形黄鼠蚤种下分类的研究概况. 王善青. 医学动物防制,1993,9(1)
我国六种新蚤雄性阉割描述及关于单齿新蚤的商榷(蚤目:多毛蚤科). 王身荣. 昆虫学报,1993,36(2)
我国南方常见两种家鼠蚤某些生物学特性的实验室观察. 廖灏溶,林代华. 地方病通报,1993,8(1)
我国南方三种家鼠寄生蚤卵壳表面扫描电镜观察. 陈景龙,王敦清. 地方病通报,1993,8(2)
小型害鼠与寄生蚤类共存的生物数学模型及其定性分析. 李继彬,等. 生物数学学报,1993,8(2)
新蚤属一新种及其幼虫形态的记述(蚤目:多毛蚤科). 叶瑞玉,等. 昆虫学报,1993,3693)
雄蚤阳茎体的研究:角叶蚤科三种雄蚤阳茎体的观察. 昆虫学报,1993,36(3)
印鼠客蚤生活史观察. 张洪英,何晋候. 中国媒介生物学及控制杂志,1993,4(5)
应用^{125}I 标记法观察方形黄鼠蚤随鼠体扩散的范围. 费荣中,迟艳玲. 地方病通报,1993,8(1)
应用^{125}I 标记方形黄鼠蚤并观察对其生理的影响. 迟艳玲,费荣中. 地方病通报,1993,8(1)
用 0.5% 二氯苯醚菊酯粉剂处理旱獭洞消灭鼠疫媒介——多毛蚤. Bear, M. L. ,张 晨. 地方病译丛,1993,14(2)
云南西部鬃蚤属一新种记述(蚤目:蠕形蚤科). 解宝琦. 动物分类学报,1993,18(1)
蚤类 DNA 提取方法探讨. 陈景龙. 地方病通报,1993,8(1)
蚤类携播粉螨休眠体对其危害的研究. 叶瑞玉,张金桐. 寄生虫与医学昆虫学报,1993,(1)
增效百虫灵和溴氰菊酯对秃病蚤不同龄期幼虫的毒效观察. 王治军,王国丽. 地方病通报,1993,8(2)
栉眼蚤属一新种记述(蚤目:多毛蚤科). 王敦清,等. 动物分类学报,1993,18(4)
中国(包括新疆地区)蚤类新记录. 于心,张志远. 地方病通报,1993,8(3)
中国北方部分省蚤类性比的研究. 马立名. 昆虫学报,1993,36(1)
巴胺磷对方形黄鼠蚤松江亚种毒效试验研究. 张仲秋. 中国地方病防治杂志,1994,9(5)
朝鲜叉蚤一新亚种记述(蚤目:多毛蚤科). 刘井元,等. 动物分类学报,1994,19(2)
雌性锥形柳氏蚤的记述及对属征的补充(蚤目:多毛蚤科). 刘井元,等. 动物分类学报,1994,19(3)
大锥蚤属一新种记述(蚤目:角叶蚤科). 刘井元,等. 动物分类学报,1994,19(2)
单糖气相色谱图用于方形黄鼠蚤亚种分类的研究. 王善青,吴厚永. 山西医学院学报,1994,25(2)
对蚤口分泌液的生化分析及测定. 梁克为,李成文. 中国媒介生物学及控制杂志,1994,5(6)
二齿新蚤和方形黄鼠蚤松江亚种侵袭与离开宿主习性的实验研究. 马立名. 昆虫学报,1994,37(1)
发头裸腹蚤雄性性别分化的诱导. 邹恩民. 动物学研究,1994,15(1)
方形黄鼠蚤松江亚种越冬生理的研究. 李承毅,吴厚永. 寄生虫与医学昆虫学报,1994,1(1)
福建中部地区家鼠体表寄生蚤类调查. 池毓棣,陈德仁. 中国媒介生物学及控制杂志,1994,5(5)
甘肃省蚤类新种和新亚种的模式产地及其分布范围. 张荣广,吴得强. 地方病通报,1994,9(3)
古蚤属一新种记述(蚤目:多毛蚤科). 刘井元,等. 动物分类学报,1994,1993)
河北省五趾跳鼠寄生蚤的调查. 刘满福,李玉贵. 中国媒介生物学及控制杂志,1994,5(4)
灰旱獭及其体外寄生蚤数量动态调查. 成广清,等. 地方病通报,1994,9(2)
兰州市蚤类种属组成及其生态学研究. 席进孝,等. 地方病通报,1994,9(1)
辽宁省小型兽类的寄生蚤研究. 李维贤,张稷博. 中国媒介生物学及控制杂志,1994,5(6)
青海南部盖蚤属一新种(蚤目:角叶蚤科). 吴文贞,等. 动物分类学报,1994,19(2)
青海省多毛蚤科二新种记述及一新亚属的建立. 蔡理芸,等. 昆虫学报,1994,37(2)

三种鼠疫媒介蚤叮吸人血能力的观察.刘俊,李尚君.中国媒介生物学及控制杂志,1994,5(1)
陕西多毛蚤雌性的记述(蚤目:多毛蚤科).刘井元,王敦清.动物分类学报,1994,19(4)
四川黑水多毛蚤属一新种(蚤目:多毛蚤科).李贵真,刘连珠.昆虫分类学报,1994,16(4)
四种蚤染色体组型及C带研究.曹丽萍,等.遗传,1994,16(4)
五趾跳鼠寄生蚤的季节消长.杨长安,等.医学动物防制,1994,10(1)
新疆蚤类的寄生蠕虫.叶瑞玉,张金桐.寄生虫与医学昆虫学报,1994,1(1)
印鼠客蚤缓慢细蚤的生物学特性及鼠疫媒介效能.梁云,等.中国地方病学杂志,1994,13(6)
印鼠客蚤实验种群动态的研究.李承毅,吴厚永.蚤类研究,中国科学技术出版社,1994
有关中国跳蚤与鼠疫菌关系研究进展.张晓雪.地方病译丛,1994,15(2)
元素分析法用于方形黄鼠蚤亚科分类.王善青,等.昆虫分类学报,1994,16(3)
蚤目一新科——柳氏蚤科.王敦清,等.昆虫学报,1994,37(3)
蚤消化系统的研究:14种蚤前胃的结构.金萍.昆虫学报,1994,37(1)
张家口坝上四县鼠蚤分布及疫情分析.王元,等.中国地方病防治杂志,1994,9(5)
中国北方蚤类及其宿主在野外高温下存活力的观察.马立名.动物学报,1994,40(1)
白银市平川区黄鼠鼠疫疫源地宿主媒介生态调查.李文彬,王永金.地方病通报,1995,10(2)
不等单蚤传播鼠疫媒介效能的实验研究.张洪英,何晋戾.中国地方病防治杂志,1995,10(5)
藏南地区蚤类调查报告.郭天宇,等.医学动物防制,1995,11(3)
单蚤属一新种记述(蚤目:角叶蚤科).张荣广,等.昆虫学报,1995,38(2)
鹅头形古蚤雄蚤的记述及对短额古蚤形态的补充(蚤目:多毛蚤科).刘井元,王敦清.动物分类学报,1995,20(3)
福建三种家鼠寄生蚤基因组DNA限制性内切酶酶切初步分析.陈景龙,王敦清.地方病通报,1995,10(3)
甘肃省喜马拉雅旱獭体外寄生蚤生态研究.张荣广,等.地方病通报,1995,10(3)
共系蚤属一新种及雌蚤一例畸形(蚤目:角叶蚤科).李贵真.动物分类学报,1995,20(1)
河北鼠疫自然疫源地主要媒介蚤群体演变规律.王日旭,李玉贵.中国媒介生物学及控制杂志,1995,6(4)
红羊新蚤的地理分布、宿主关系和鉴别特征的研究(多毛蚤科).李贵真,等.昆虫学报,1995,38(2)
黄鼠体蚤和巢蚤关系的研究.李仲来,等.中国地方病防治杂志,1995,10(6)
剑川鼠疫自然疫源地27种蚤类生态位研究.田杰.地方病通报,1995,10(3)
剑川鼠疫自然疫源地鼠蚤群落结构研究.田杰.地方病通报,1995,10(1)
玛纳斯县鼠疫疫源地灰獭密度变化对其寄生蚤指数的影响.杨英中,袁锡河.地方病通报,1995,10(1)
盲鼠蚤属一新种记述:蚤目:细蚤科.刘井元,王敦清.动物分类学报,1995,20(2)
青海多毛蚤属一新种记述(蚤目:多毛蚤科).李超,陈洪舰.动物分类学报,1995,20(3)
青海省五侧纤蚤一新亚种记述(蚤目:多毛蚤科).吴文贞,李超.动物分类学报,1995,20(1)
曲扎角叶蚤幼虫的形态描述.肖柏林.昆虫学报,1995,38(2)
茸足蚤属一新种记述(蚤目:细蚤科).王敦清,刘井元.动物分类学报,1995,20(1)
四种驱避剂对宽新蚤的驱避效果评价.冯玉明,姜万武.地方病通报,1995,10(4)
温度与方形黄鼠蚤鼠疫媒介效能关系的研究.徐诚,樊振亚.中国地方病防治杂志,1995,10(3)
温度与方形黄鼠蚤属疫媒介效能关系的研究.王身荣,樊振亚.中国媒介生物学及控制杂志,1995,6(1)
我国北方15种蚤的季节数量变动.马立名.昆虫知识,1995,32(2)
狭臀蚤属一新种记述(蚤目:多毛蚤科).王敦清,刘井元.动物分类学报,1995,2093)
蚤数量与宿主数量和气象因子的关系.李仲来,等.昆虫学报,1995,38(4)
脂肪酸气相色谱图鉴别方形黄鼠蚤各亚种的初步研究.王善青,等.动物分类学报,1995,20(2)
直额裸腹蚤生长生殖的研究.王如平,赵凯.生物学杂志,1995,12(4)
栉叶蚤属一新种(蚤目:细蚤科).丁学良,等.动物分类学报,1995,20(2)
不等单蚤生活周期和饥饿蚤寿命的观察.胡晓玲,何晋候.医学动物防制,1996,12(1)
布氏田鼠主要寄生蚤数量变动及流行病学意义.武杰.中国地方病防治杂志,1996,11(4)
大锥蚤属二新种记述(蚤目:角叶蚤科).李贵真.动物分类学报,1996,21(2)
对实验养殖家鼠蚤的质量评估.胡晓玲,何晋候.地方病通报,1996,11(4)
二齿新蚤叮吸的几项试验.马立名.昆虫知识,1996,33(2)
二齿新蚤和方形黄鼠蚤松江亚种存活力的进一步研究.李仲来,马立名.寄生虫与医学昆虫学报,1996,3(1)
方叶栉眼蚤传播鼠疫媒介效能的实验研究.梁云,何晋候.地方病通报,1996,11(1)
方叶栉眼蚤嗜血性的寿命及体重的观察.胡晓玲,何晋候.地方病通报,1996,11(4)
放射性核素示踪法测定印鼠客蚤在高或低温下吸血活动.林代华,王灵岚.中国媒介生物学及控制杂志,1996,7(1)
非鼠疫疫区方形黄鼠蚤成龄蚤的菌栓形成能力.钱存宁,张晓雪.地方病通报,1996,11(4)

福建省鼠疫 RIP 调查结果分析及防制对策探讨. 林代华,林祖华. 地方病通报,1996,11(3)
湖北神农架角叶蚤属一新种记述(蚤目:角叶蚤科). 王敦清,刘井元. 昆虫学报,1996,39(1)
湖北神农架纤蚤属一新种(蚤目:多毛蚤科). 王敦清,等. 动物分类学报,1996,21(3)
剑川鼠疫自然疫源地蚤类群落季节格局. 田杰. 地方病通报,1996,11(3)
剑川鼠疫自然疫源地蚤类群落水平格局研究. 田杰. 地方病通报,1996,11(3)
灭蚤灵的灭蚤效果和毒力研究. 侯玉英,郑金平. 中国媒介生物学及控制杂志,1996,7(3)
怒江横断山区高黎贡山西坡(泸水)有关医学动物及昆虫(蚤类)分类调查. 李章鸿. 医学动物防制,1996,12(3)
青海省蚤类新种和新亚种的地理分布. 王国丽,蔡理芸. 地方病通报,1996,11(4)
人蚤传播鼠疫媒介效能的实验研究. 赵文红,何晋候. 中国地方病防治杂志,1996,11(4)
人蚤对人和几种鼠类的嗜血性及传播鼠疫的初步实验研究. 赵文红,何晋候. 中国媒介生物学及控制杂志,1996,7(2)
鼠巢蚤的动态观察. 李吉瑞. 中国地方病防治杂志,1996,11(6)
特新蚤指名亚种传播鼠疫的媒介效能实验研究. 张洪英,何晋候. 地方病通报,1996,11(1)
特新蚤指名亚种实验养殖方法研究及生活周期观察. 杨智明,何晋候. 中国媒介生物学及控制杂志,1996,7(5)
西沙群岛鼠型动物及体外寄生虫的调查. 黄佳亮,龙芝美. 中国媒介生物学及控制杂志,1996,7(1)
新技术和方法在蚤类形态及分类研究中的应用. 李承毅,等. 方形黄鼠蚤研究. 内蒙古科学技术出版社,1996,178
印鼠客蚤的生态及流行病学意义. 梁云. 医学动物防制,1996,12(4)
印鼠客蚤和缓慢细蚤的体重及其吸血量观察. 张洪英,何晋候. 地方病通报,1996,11(4)
印鼠客蚤缓慢细蚤感染鼠疫菌生存期限及集络传播的研究. 何晋候,张洪英. 中国地方病防治杂志,1996,11(1)
用猪血离体养殖人蚤的实验. 梁云,何晋候. 地方病通报,1996,11(2)
云南高黎贡山蚤类的生态区系. 龚正达,等. 动物学研究,1996,17(1)
云南缓慢细蚤的饲养观察. 胡晓玲,等. 医学动物防制,1996,12(4)
云南野鼠疫源地尚未发生人间鼠疫原因初探. 李天元. 中国媒介生物学及控制杂志,1996,7(2)
云南印度客蚤的饲养观察. 胡晓玲,等. 医学动物防制,1996,12(4)
增效百虫灵的两种制剂对无棘额蚤各虫期的毒效比较. 王治军,等. 昆虫知识,1996,33(2)
栉眼蚤属中华栉眼蚤亚属三新种记述及对有关问题的探讨(蚤目:多毛蚤科). 李贵真,等. 动物分类学报,1996,21(1)
中国蚤类一新记录. 李超,吴文贞. 动物分类学报,1996,21(1)
棕形额蚤的实验养殖及生物学特性的研究. 杨智明,何晋候. 地方病通报,1996,11(4)
承德市鼠类寄生蚤调查报告. 李国维,李智维. 中国媒介生物学及控制杂志,1997,8(6)
方形黄鼠蚤松江亚种生殖生理特征的实验观察. 王志钢,徐宝娟. 寄生虫与医学昆虫学报,1997,4(2)
黄鼠体蚤和宿主密度的年间动态关系. 李仲来,张耀星. 昆虫学报,1997,40(2)
黄胸鼠体表长形病蚤的数量变动. 吴爱国,张希昆. 地方病通报,1997,12(3)
猫栉首蚤致四例皮炎报告. 田岭,邵华英. 中国人兽共患病杂志,1997,13(4)
青海省盖蚤属一新种(蚤目:角叶蚤科). 王国丽,李超. 地方病通报,1997,12(3)
三趾跳鼠密度和体蚤调查. 杨长安,贾贵谨. 医学动物防制,1997,13(1)
三种蚤酯酶同工酶的比较研究. 漆一鸣. 寄生虫与医学昆虫学报,1997,4(3)
特新蚤指名亚种的嗜血性、寿命及体重. 胡晓玲,何晋候. 地方病通报,1997,12(1)
我国北方几种蚤离开宿主的野外观察. 马立名. 昆虫知识,1997,34(1)
五种蚤实验感染鼠疫的观察. 李超,慕友. 地方病通报,1997,12(3)
西藏阿里地区啮齿动物寄生蚤群落结构研究. 张桂林,党荣理. 地方病通报,1997,12(1)
纤蚤属一新种及一新记录(蚤目:多毛蚤科). 郑谊,吴克梅. 动物分类学报,1997,22(3)
一起猫栉首蚤危害的控制. 马德新,等. 卫生杀虫药械,1997,3(2)
银川市鼠疫自然疫源地鼠、蚤调查报告. 陆建中,武振军. 医学动物防制,1997,13(5)
印鼠客蚤各虫期发育与温度关系的研究. 胡晓玲,何晋候. 中国地方病防治杂志,1997,12(3)
应用圆形分布法对印鼠客蚤季节消长规律的探讨. 祁爱民,尤志诚. 中国媒介生物学及控制杂志,1997,8(1)
云南苍山古蚤属一新种和怒山古蚤雄性的记述(蚤目:多毛蚤科). 龚正达,冯锡光. 动物分类学报,1997,22(2)
云南古蚤属一新种(蚤目:多毛蚤科). 龚正达,冯锡光. 昆虫学报,1997,40(1)
云南省家野两型疫源地七种主要蚤类传播鼠疫的实验研究. 何晋候,梁云. 中华流行病学杂志,1997,18(4)
在不同温度条件下棕形额蚤各虫期存活情况的观察. 胡晓玲,何晋候. 医学动物防制,1997,13(5)
蚤类的种间杂交及其分类学意义(一)曲棘新蚤×思博. 叶瑞玉,张金桐. 寄生虫与医学昆虫学报,1997,4(3)
蚤类的种间杂交及其分类学意义(二)思博新蚤×近代新蚤. 叶瑞玉,张金桐. 寄生虫与医学昆虫学报,1997,4(4)
中国鬃蚤属一新种记述(蚤目:蠕形蚤科). 刘井元. 昆虫学报,1997,40(1)

棕形额蚤产卵及生存期限的实验观察. 胡晓玲,等. 中国地方病防治杂志,1997,12(2)
棕形额蚤指名亚种幼虫形态及与同属蚤幼虫的比较. 漆一鸣,何晋候. 昆虫学报,1997,40(4)
2 种中草药的乙醇提取液对印鼠客蚤的毒效研究. 吴鹤松,等. 医学动物防制,1998,14(4)
朝鲜蚤属湖北亚种的雌蚤描述. 刘井元,马立名. 昆虫学报,1998,41(2)
东北边境三县蚤类生态研究. 王春梅,刘国平. 医学动物防制,1998,14(3)
东阳市鼠蚤区系在鼠疫静息期的变迁. 吴美忠. 医学动物防制,1998,14(4)
二齿新蚤和方形黄鼠蚤松江亚种存活力的再次研究. 李仲来,马立名. 寄生虫与医学昆虫学报,1998,5(3)
非鼠疫疫区似升额蚤指名亚种和宽新蚤保菌时间的实验研究. 钱存宁,张晓雪. 地方病通报,1998,13(3)
黄鼠洞干蚤和宿主密度的年间动态关系. 李仲来,张耀星. 昆虫学报,1998,41(4)
黄鼠鼠疫流行范围和强度与鼠蚤关系的研究. 李仲来,李书宝. 中国地方病防治杂志,1998,13(3)
甲氰菊酯灭地面游离蚤效果观察. 李继忠,张德顺. 中国媒介生物学及控制杂志,1998,9(5)
两种杀灭鼠体蚤方法的效果及其评价. 吴爱国,等. 医学动物防制,1998,14(5)
灭蚤灵粉剂实验室灭蚤毒效研究. 方竹,等. 地方病通报,1998,13(1)
宁夏海原县南华山地区黄鼠寄生蚤的调查及流行病学分析. 李枝林,刘先明. 中国地方病防治杂志,1998,13(5)
齐氏姬鼠体蚤组成及消长情况观察. 李吉瑞. 中国地方病防治杂志,1998,13(2)
青海省双蚤属一新种(蚤目:细蚤科). 郑谊,王国丽. 地方病通报,1998,18(2)
青海鼠疫自然疫源地内的鼠疫菌染疫昆虫. 李积成,李超. 地方病通报,1998,13(4)
鼠疫菌在蚤体内的适应过程. 张涛,刘银花. 中国地方病防治杂志,1998,13(2)
速灭灵,速除虫混合喷洒杀蚤效果观察. 樊加才,罗直智. 医学动物防制,1998,14(6)
跳蚤的防治史. 林海. 卫生杀虫药械,1998,4(2)
喜马拉雅山南坡小型兽类体外寄生蚤类群落的研究. 郭天宇,许荣满. 生态学报,1998,18(6)
用鼠疫菌攻击动物制备感染蚤的试验分析. 张洪英,何晋候. 中国地方病防治杂志,1998,13(2)
远棒蚤属一新种记述(蚤目:臀蚤科). 刘泉,等. 动物分类学报,1998,23(4)
云岭铗臀蚤属一新种. 龚正达. 昆虫学报,1998,41(2)
云南七种蚤类对人的吸血特性研究. 胡晓玲,何晋候. 中国地方病防治杂志,1998,13(4)
云南蚤类区系聚类分析. 曾静凡,解宝琦. 地方病通报,1998,18(2)
蚤类的种间杂交及其分类学意义(三)近代新蚤×曲棘新蚤. 叶瑞玉,张金桐. 寄生虫与医学昆虫学报,1998,5(1)
中草药混配杀虫液剂对印鼠客蚤的毒力测定. 蔡文凤,等. 医学动物防制,1998,14(1)
中草药灭蚤粉剂实验室灭蚤毒效研究. 方竹,等. 医学动物防制,1998,14(2)
中草药灭蚤粉剂现场鼠体蚤杀灭及自然贮藏稳定性试验. 方竹,等. 医学动物防制,1998,14(6)
长爪沙鼠寄生蚤指数和气象因子关系的研究. 李仲来,陈德. 昆虫学报,1999,42(3)
长爪沙鼠体外寄生蚤抽样方法研究. 周方孝,等. 中国媒介生物学及控制杂志,1999,10(4)
大理苍山洱海自然保护区山地蚤类区系与生态的研究. 龚正达,等. 动物学研究,1999,20(6)
大兴安岭余脉北坡鼠疫自然疫源性浅析. 罗进才,孙伟. 内蒙古预防医学,1999,24(4)
地面游离蚤种群数量变动的流行病学意义探讨. 李继忠,刀承许. 医学动物防制,1999,15(3)
东阳市鼠疫历史疫区蚤类生态调查. 吴美忠. 医学动物防制,1999,15(7)
多刺绣体蚤与隆线蚤以及多刺裸腹蚤 3 个种群的耐盐力初探. 王旭. 四川师范学院学报,1999,20(1)
杆形柳氏蚤雌性的记述和雄性特征补充. 龚正达,等. 昆虫分类学报,1999,21(4)
河北大锥蚤一新亚种记述(蚤目:角叶蚤科). 刘井元,马立名. 动物分类学报,1999,24(1)
湖北地区已知蚤类及区系分析. 刘亦仁,等. 寄生虫与医学昆虫学报,1999,6(3)
甲氰菊酯灭地面游离蚤效果观察. 李继忠,张德顺. 医学动物防制,1999,15(2)
两种蚤在宿主体表分布的聚集度. 李仲来,马立名. 昆虫知识,1999,36(2)
内蒙古荒漠草原东段长爪沙鼠寄生蚤类群落分析. 刘俊,等. 内蒙古预防医学,1999,24(2)
青海省多毛蚤属一新种记述(蚤目:多毛蚤科). 岳山珑,等. 动物分类学报,1999,24(4)
人蚤实验种群的建立和保持以及遗传稳定性的监测. 鲁亮,等. 寄生虫与医学昆虫学报,1999,6(2)
人蚤在云南省动物和人间鼠疫流行病学方面的媒介作用. 彭何碧,李强. 地方病通报,1999,14(4)
三年鼠蚤生态学调查与分析. 高惠恋,等. 中国卫生检验杂志,1999,9(4)
三种新蚤 RAPD 关系的初步研究. 鲁亮,等. 寄生虫与医学昆虫学报,1999,6(4)
陕北定边地区长爪沙鼠鼠疫疫源地蚤类调查研究. 范锁萍,刘国成. 地方病通报,1999,14(1)
台湾的鼠蚤及历史上的鼠疫. 詹绍琛. 海峡预防医学杂志,1999,5(2)
王氏鬃蚤雌性的发展及对两种雄蚤形态的补充和更正. 刘井元,等. 生物化学杂志,1999,42(1)
喜马拉雅山南坡蚤类营养生态位的研究. 郭天宇,许荣满. 应用生态学学报,1999,10(1)
新中国建国五十年来蚤类研究概况. 吴厚永,等. 寄生虫与医学昆虫学报,1999,6(3)

益必添对方形黄鼠蚤毒效的实验研究. 李瑞英,王志钢. 中国地方病防治杂志,1999,14(5)
云南几种蚤吸血量与菌栓形成的关系. 张洪英,等. 医学动物防制,1999,15(11)
云南野鼠疫源地3种主要寄生蚤的生态学及流行病学意义概述. 梁云. 医学动物防制,1999,15(3)
蚤传鼠疫机制的研究进展. 徐成. 中国地方病防治杂志,1999,14(6)
扎鲁特旗低山丘陵区鼠蚤种群结构及流行病学意义. 刘宇辉,李晓东. 中国地方病防治杂志,1999,14(2)
中国西藏纤蚤属一新种记述(蚤目:多毛蚤科). 吴克梅,等. 动物分类学报,1999,24(2)
中国栉眼蚤属两新种亚种记述(蚤目:多毛蚤科). 卢苗贵,等. 动物分类学报,1999,24(3)
大型货仓杀灭及防止跳蚤孳生的做法与效果观察. 孙汝,等. 卫生杀虫药械,2000,6(2)
长爪沙鼠体蚤和巢蚤数量研究. 李仲来,等. 昆虫学报,2000,43(1)
宠物灭蚤洗涤剂的研制及药效观察. 潘恒亮. 卫生杀虫药械,2000,6(3)
方形茸足蚤雌性的记述及其雄性形态的补充(蚤目:细蚤科). 龚正达,等. 动物分类学报,2000,25(2)
旱獭寄生蚤数量动态与动物鼠疫流行的关系. 张安宁,等. 地方病通报,2000,15(2)
两种新蚤细胞色素氧化酶亚基Ⅱ基因的克隆和测序. 鲁亮,吴厚永. 寄生虫与医学昆虫学报,2000,7(3)
三苯基锡和三丁基对大型蚤(Daphniamagna)的毒性作用研究. 孙红文,等. 环境化学,2000,19(3)
松鼠单蚤亚洲亚种三龄幼虫形态描述. 王志耀,杨屹. 地方病通报,2000,15(1)
温湿度系数对印鼠客蚤实验种群羽化的影响. 蔡文凤,等. 中国媒介生物学及控制杂志,2000,11(5)
云南临沧地区蚤类群落生态学与区系研究. 龚正达,等. 寄生虫与医学昆虫学,2000,7(3)
云南人间鼠疫流行区蚤类群落中主要蚤种性比分析. 郭宪国,等. 大理医学院学报,2000,9(1)
云南省野鼠型鼠疫自然疫源地蚤类生态学调查. 郭宪国,钱体军. 大理医学院学报,2000,9(3)
云南印鼠客蚤、特新蚤等7种蚤生物学特性的实验室观察. 胡晓玲,等. 医学动物防制,2000,16(4)
蚤体长与几种因素的关系和宿主营养状态对蚤的影响. 马立名. 寄生虫与医学昆虫学报,2000,7(4)
1995—1999年云南省龙陵县黄胸鼠体外寄生蚤调查. 赵安所. 地方病通报,2001,(1)
4种大锥蚤雄性第Ⅷ腹板形态学研究(蚤目:角叶蚤科). 龚正达,张丽云. 寄生虫与医学昆虫学报,2001,(3)
百色铁路地区鼠形动物及染蚤情况调查. 武正军,石灰盟,等. 中国媒介生物学及控制杂志,2001,(1)
布氏田鼠及原双蚤、近代新蚤、光亮额蚤的分布分析. 刘天池,张春华,等. 中国地方病防治杂志,2001,(2)
达乌尔黄鼠带蚤情况调查分析. 李国维. 中国地方病防治杂志,2001,(2)
洞居盲鼠蚤记述(蚤目:细蚤科). 林祖华,等. 海峡预防医学杂志,2001,(3)
方形黄鼠蚤松江亚种和二齿新蚤存活力的对数线性回归模型. 李仲来,等. 寄生虫与医学昆虫学报,2001,(3)
甘肃省张掖地区蚤类区系构成及种类分布. 张安宁,等. 中国地方病防治杂志,2001,(4)
哈尔滨郊区人为鼠疫疫源地蚤类种群动态分析. 李仲来,等. 昆虫学报,2001,(4)
基于16S rRNA序列的新蚤属二齿新蚤种团部分种类的分子系统发育关系. 鲁亮,吴厚永. 昆虫学报,2001,(4)
媒介鼠蚤与鼠疫关系的研究进展. 寻慧,漆一鸣. 贵阳医学院学报,2001,(4)
宁夏阿拉善黄鼠鼠疫疫源地寄生蚤季节消长观察. 赵建华,等. 地方病通报,2001,(3)
庆元县家栖鼠种和鼠体寄生蚤组成及消长调查. 叶先明,等. 中国媒介生物学及控制杂志,2001,(5)
三种蚤吸血消化过程中酯酶同工酶酶谱的分析比较. 漆一鸣. 地方病通报,2001,(1)
秃病蚤5亚种在中国的分布(包括一新记录). 黎唯,等. 中国媒介生物学及控制杂志,2001,(4)
锡林郭勒草原布氏田鼠体蚤和巢蚤数量动态及蚤类群落演替. 李仲来,等. 昆虫学报,2001,(3)
云南6种蚤的养殖方法及各虫发育率. 胡晓玲,等. 中国媒介生物学及控制杂志,2001,(5)
云南横断山区蚤类物种多样性的地理分布趋势与重要环境因素的关系. 龚正达,等. 生物多样性,2001,(4)
云南家野两型疫源地七种主要蚤类传播鼠疫的研究. 何晋侯,等. 医学研究通讯,2001,(9)
云南印鼠客蚤等6种蚤类的生活史观察. 胡晓玲,等. 中国地方病防治杂志,2001,(5)
中国六齿细蚤雌性和腹窦纤蚤指名亚种的描述及讨论. 于心,等. 地方病通报,2001,(1)
北京东灵山地区鼠类体外寄生蚤群落的研究. 郭天宇,许荣满. 中国媒介生物学及控制杂志,2002,(5)
达乌尔黄鼠体蚤调查方法的探讨. 张学英. 医学动物防制,2002,(9)
东祁连山某部喜马拉雅旱獭蚤类数量观察. 张安宁,等. 中国地方病防治杂志,2002,(6)
东山口岸鼠形动物及其寄主蚤调查. 郑登魁,等. 海峡预防医学杂志,2002,(1)
对蚤类幼研究中若干问题的探讨. 叶瑞玉,等. 寄生虫与医学昆虫学报,2002,(4)
鄂尔多斯沙鼠鼠疫疫源地人类腺鼠疫与两种蚤的关系. 尚玉海,等. 中国地方病防治杂志,2002,(3)
二齿新蚤和方形黄鼠蚤松江亚种耐饥力与几种因素的关系. 方立名. 寄生虫与医学昆虫学报,2002,(4)
方形黄鼠蚤松江亚种存活力的Logistic曲线模型研究. 韩正民,赵宗久. 医学动物防制,2002,(9)
福建省不同自然区划中家栖鼠形动物体外寄生蚤数量分布的观察. 林祖华,等. 海峡预防医学杂志,2002,(4)
福建省蚤类畸形的观察与体会. 林祖华,等. 海峡预防医学杂志,2002,(2)
贵州省兴义市在和蚤类种群组成调查分析. 凯金祥,等. 医学动物防制,2002,(8)
哈尔滨市郊区鼠类洞穴寄生蚤类调查. 关琳,等. 中国地方病防治杂志,2002,(3)

河北省长爪沙鼠寄生蚤的研究. 刘满福,等. 地方病通报,2002,(4)
河北省达乌尔黄鼠寄生蚤的研究. 刘满福,等. 中国媒介生物学及控制杂志,2002,(5)
黑河地区鼠蚤调查. 刘海江,等. 中国媒介生物学及控制杂志,2002,(1)
黄胸鼠与褐家鼠鼠体蚤的调查. 温平,等. 广西预防医学,2002,(2)
镜下观察活体蚤的新方法. 欧汉标,麦海. 中国媒介生物学及控制杂志,2002,(6)
卷带倍蚤一新亚种(蚤目:角叶蚤科). 吴克梅,王国丽. 动物分类学报,2002,(2)
两种鼠蚤成熟过程中组织化学研究Ⅰ糖原和PAS物质. 寻慧,漆一鸣. 贵阳医学院学报,2002,(1)
履行怪蚤的雌蚤(蚤目:细蚤科). 刘井元,马立名. 昆虫学报,2002,(z1)
盲鼠蚤属一新种及无窦盲鼠蚤雄蚤的发现(蚤目:细蚤科). 吴厚永,刘井元. 动物分类学报,2002,(4)
猫蚤的交配习性及雄蚤对雌蚤提取物的反应. 岳碧松,等. 中国昆虫科学:英文版,2002,(2)
某金融机构跳蚤侵害的调查及控制. 郑朝军,等. 中国媒介生物学及控制杂志,2002,(4)
内蒙古黄鼠疫源地黄鼠寄生蚤20年,数量动态分析. 张学英,石杲. 医学动物防制,2002,(7)
内蒙古西辽河流域黄鼠寄主蚤与鼠疫动物病关系的研究. 赵思阳,石杲. 医学动物防制,2002,(4)
青海田鼠主要寄生蚤媒介效能的研究. 李超,等. 预防医学情报杂志,2002,(2)
深圳市鼠类及其体表蚤类的调查. 王廷哲,等. 现代预防医学,2002,(5)
首次自直缘双蚤指名亚种体内检出鼠疫菌. 岳珊珑,等. 地方病通报,2002,(3)
双重式聚合酶链反应检测印鼠客蚤鼠疫菌的观察. 张洪英,等. 地方病通报,2002,(3)
四川省石渠县蚤类种群结构研究. 汪立茂,等. 预防医学情报杂志,2002,(2)
秃病蚤蒙冀亚种与长爪沙鼠密度的状态空间模型. 李仲来,等. 昆虫学报,2002,(z1)
秃病蚤五亚种在中国的分布. 黎唯,等. 口岸卫生控制,2002,(2)
新疆若羌县城郊啮齿动物体表寄生蚤的种类组成. 郑强,等. 中国媒介生物学及控制杂志,2002,(5)
新蚤属9种新蚤核糖体DNAITS2序列变化. 鲁亮,吴厚永. 寄生虫与医学昆虫学报,2002,(2)
印鼠客蚤Xenopsyllacheopis在新疆的首次发现. 尹小平,等. 地方病通报,2002,(1)
用双重式PCR检测缓慢细蚤体鼠疫菌. 张洪英,等. 现代医药卫生,2002,(10)
云南白草岭地区蚤类与宿主动物关系的研究. 张云智,等. 地方病通报,2002,(2)
云南楚雄大姚县大白草岭的山地蚤类. 冯锡光,等. 地方病通报,2002,(2)
蚤类生物学与鼠疫. 郭天宇. 生物学通报,2002,(1)
蚤与鼠疫菌之间的生物学关系. 徐成,等. 中国地方病防治杂志,2002,(6)
窄板额蚤华北亚种幼虫形态研究(蚤目:细蚤科). 鲁亮,吴厚永. 昆虫学报,2002,(3)
中国蚤类幼虫分类研究Ⅲ. 蚤目:细蚤科. 李国军,等. 中国媒介生物学及控制杂志,2002,(6)
1998—2002年杏林区鼠类及蚤类调查. 邱志敏. 海峡预防医学杂志,2003,(6)
八栉蝠蚤的生活史观察. 冯玉明,等. 中国媒介生物学及控制杂志,2003,(3)
承德坝上旅游风景区鼠类寄生蚤调查. 潘恒亮,等. 医学动物防制,2003,(3)
达乌尔黄鼠及寄生蚤垂直分布的研究. 刘琢,石杲. 中国媒介生物学及控制杂志,2003,(1)
大锥蚤属一新种记述(蚤目,角叶蚤科). 吴厚永,刘泉. 动物分类学报,2003,(4)
对蚤类口分泌液过敏原的生化分析及测定. 梁克为,等. 中国媒介生物学及控制杂志,2003,(2)
复杂环境中跳蚤防治方法的探讨. 王洪林. 中华卫生杀虫药械,2003,(2)
贵阳市城区鼠、蚤及自然疫源性疾病调查. 黄红武,等. 中国媒介生物学及控制杂志,2003,(3)
河北省鼠疫自然疫源地内布氏田鼠寄生蚤的研究. 刘满福,等. 医学动物防制,2003,(10)
河北省鼠疫自然疫源地内长爪沙鼠寄生蚤的研究. 刘满福,等. 中国媒介生物学及控制杂志,2003,(5)
河北省鼠疫自然疫源地内短耳仓鼠、小毛足鼠寄生蚤的调查. 刘满福,等. 医学动物防制,2003,(6)
河北省鼠疫自然疫源地内褐家鼠寄生蚤的调查. 刘满福. 中国媒介生物学及控制杂志,2003,(3)
河北省鼠疫自然疫源地内黑线仓鼠寄生蚤的调查. 刘满福,等. 医学动物防制,2003,(11)
河北省鼠疫自然疫源地内沙狐、鼬类寄生蚤的调查. 刘满福. 中国媒介生物学及控制杂志,2003,(4)
河北省鼠疫自然疫源地室内游离蚤的研究. 刘满福,等. 地方病通报,2003,(2)
呼和浩特机场鼠蚤调查报告. 娅茹,等. 口岸卫生控制,2003,(6)
黄鼠及寄生蚤的数量分布与鼠疫流行病关系的研究. 初挨民,石杲. 医学动物防制,2003,(3)
继新蚤属一新种记述(蚤目:栉眼蚤科). 吴厚永,等. 寄生虫与医学昆虫学报,2003,(4)
李氏狭臀蚤雄性的记述. 龚正达,等. 昆虫分类学报,2003,(4)
灭蟑粉笔末对宠物灭蚤效果观察. 杨英杰,等. 医学动物防制,2003,(3)
青海不同鼠疫自然疫源地内7种蚤前胃形态结构光镜研究. 张全芬,等. 地方病通报,2003,(4)
三峡库区一起猫栉首蚤危害与防治效果观察. 罗超,等. 中华卫生杀虫药械,2003,(2)
首次自细钩黄鼠蚤体检出鼠疫菌. 岳珊珑,等. 中国地方病学杂志,2003,(4)
鼠疫菌在印鼠客蚤体内的形态改变. 徐成,等. 中国地方病防治杂志,2003,(6)

穗缘端蚤传播鼠疫媒介效能的实验研究. 麦海,等. 地方病通报,2003,(4)
跳蚤的人工养殖方法. 张洪杰. 医学动物防制,2003,(9)
我国长喙蚤属一新种记述及对该属属征的修订. 刘泉,等. 寄生虫与医学昆虫学报,2003,(1)
吴氏角叶蚤幼虫形态记述及其与同属另外三种的比较(蚤目:角叶蚤科). 刘井元,等. 昆虫学报,2003,(1)
伍氏病蚤雷州亚种传播鼠疫媒介能力的研究. 欧汉标,等. 中华流行病学杂志,2003,(6)
一起跳蚤侵扰的现场调查. 齐福菊,吴炜. 中国媒介生物学及控制杂志,2003,(3)
云南横断山区蚤类的组成、分布及其与疾病关系. 龚正达,张丽云. 医学动物防制,2003,(2)
云南印鼠客蚤的地理分布特征与鼠疫流行现状. 张丽云,等. 医学动物防制,2003,(10)
中国古蚤属一新纪录. 于心,等. 地方病通报,2003,(1)
中国狭蚤属,新纪录. 张渝疆,等. 地方病通报,2003,(3)
中国纤蚤属一新记录种. 郑强,等. 地方病通报,2003,(4)
中国蚤类一新纪录. 雷刚,蒋卫. 地方病通报,2003,(1)
中国蚤类幼虫分类研究概述. 王海波,石果. 医学动物防制,2003,(9)
珠恩嘎达布其口岸地区鼠蚤本底调查及分析. 乔舜,等. 中国媒介生物学及控制杂志,2003,(2)
1999 年,合浦县山口镇发现一种穗缘端蚤. 温平,等. 广西预防医学,2004,(6)
方形黄鼠蚤松江亚种吸血活动的再次研究. 龚也君,等. 寄生虫与医学昆虫学报,2004,(1)
广西隆林县家鼠型鼠疫暴发流行媒介蚤种群分布特征的调查. 冯向阳,等. 寄生虫与医学昆虫学报,2004,(4)
合浦县室内鼠蚤动物的种群构成变化. 温平,等. 广西预防医学,2004,(5)
河北省鼠疫自然疫源地内达乌尔黄鼠寄生蚤的研究. 刘满福,等. 中国媒介生物学及控制杂志,2004,(4)
河北省鼠疫自然疫源地内黑线毛足鼠寄生蚤的研究. 刘满福,等. 中国媒介生物学及控制杂志,2004,(1)
河北省鼠疫自然疫源地内五趾跳鼠寄生蚤的研究. 王治宇,等. 中国媒介生物学及控制杂志,2004,(2)
河北省鼠疫自然疫源地内蚤类名录. 刘满福,等. 医学动物防制,2004,(8)
花蠕形蚤若干生物生态学和形态特性研究. 王光雷,等. 地方病通报,2004,(3)
黄鼠疫源地达乌尔黄鼠寄生蚤数量的研究. 王国良,等. 医学动物防制,2004,(1)
灰旱獭和长尾黄鼠寄生蚤生态位的研究. 张渝疆,曹汉礼. 地方病通报,2004,(1)
几种杀虫剂对大型蚤的慢性毒性. 谭亚军,等. 农药学学报,2004,(3)
两种鼠蚤成熟过程中组织化学研究:Ⅱ蛋白质. 寻慧,漆一鸣. 地方病通报,2004,(1)
两种鼠蚤在新羽化和吸血后不同时间三种酶的组织化学研究. 寻慧,漆一鸣. 昆虫学报,2004,(4)
青海省不同鼠疫疫源地内 7 种媒介蚤前胃形态结构Ⅲ. 扫描电镜研究. 马英,等. 中国人兽共患病杂志,2004,(3)
青海省新发现原双蚤指名亚种自然感染鼠疫. 祁美英,等. 中国人兽共患病杂志,2004,(4)
曲棘新蚤生活史的实验室观察. 黎唯,等. 地方病通报,2004,(1)
鼠疫媒介蚤的防治研究概述. 石杲. 中国媒介生物学及控制杂志,2004,(3)
肃南铧尖地区蚤类调查研究. 白淑珍. 中华卫生杀虫药械,2004,(5)
跳蚤的危害及防治研究进展. 麻毅,等. 中华卫生杀虫药械,2004,(6)
一种新的人工膜养蚤装置及影响养殖质量的若干因素的研究. 张洪杰,等. 寄生虫与医学昆虫学报,2004,(1)
云南迪庆州山地蚤类物种丰富度垂直分布格局与区系研究. 龚正达,等. 地方病通报,2004,(1)
云南古蚤雄性的记述及雌性的形态补充. 龚正达,冯锡光. 昆虫分类学报,2004,(2)
云南家鼠鼠疫疫源地致痒蚤的媒介地位及流行病学意义. 张丽云,等. 中国地方病防治杂志,2004,(6)
云南省无量山自然保护区蚤类群落垂直分布格局与区系特征. 龚正达,等. 中国媒介生物学及控制杂志,2004,(5)
蚤类标本制作方法的改进. 范东晖,呼满霞. 中国国境卫生检疫杂志,2004,(1)
蚤类的生物学及防治. 王美秀,宋秀平. 中华卫生杀虫药械,2004,(2)
中国古蚤属分类研究(蚤目,栉眼蚤科). 龚正达,吴厚永. 动物分类学报,2004,(4)
1985—2004 年,福建省莆田市荔城区鼠蚤动态监测. 张伯霖,等. 中国地方病学杂志,2005,(5)
不等单蚤和缓慢细蚤吸血前后脂肪和非特异性酯酶的组织化学研究. 寻慧,漆一鸣. 昆虫学报,2005,(6)
承德坝上地区鼠疫疫源地达乌尔黄鼠寄生蚤特点分析. 李国维,等. 中国媒介生物学及控制杂志,2005,(5)
甘肃省白银市平川区黄鼠鼠疫疫源地蚤类组成及生物学特征. 高共,孙琳. 地方病通报,2005,(4)
高黎贡山东坡怒江段蚤类调查. 李璋鸿,等. 医学动物防制,2005,(8)
广东省兴宁市鼠形动物群落结构及其寄生蚤的调查. 张涛,等. 中国媒介生物学及控制杂志,2005,(6)
贵州鼠疫流行地区蚤类调查. 陈贵春,等. 寄生虫与医学昆虫学报,2005,(1)
河北省塞北管理区鼠类寄生蚤调查. 王治宇,等. 中国媒介生物学及控制杂志,2005,(4)
河北省鼠疫自然疫源地内自然染疫蚤的研究. 刘合智,等. 中国媒介生物学及控制杂志,2005,(3)
河北省蚤名录. 李振海,等. 医学动物防制,2005,(3)

红山国家森林公园啮齿动物及寄生蚤调查分析. 刘艳华,等. 医学动物防制,2005,(10)
湖北西北部神农架古蚤属一新种(蚤目,栉眼蚤科). 刘井元,陈尚全. 动物分类学报,2005,(1)
雷氏纤蚤雄性的记述及雌性的形态补充. 龚正达,等. 昆虫分类学报,2005,(1)
雷州半岛家鼠及其鼠体寄生蚤种群构成变动. 曾敏,等. 中国地方病防治杂志,2005,(3)
某部防制猫栉首蚤的效果与分析. 宋世佩,等. 医学动物防制,2005,(9)
南黄海中华哲水蚤昼夜垂直分布. 张芳,等. 海洋科学,2005,(9)
陕西省鼠疫疫区媒介蚤季节消长研究. 孙养信,等. 中国媒介生物学及控制杂志,2005,(6)
塔里木盆地同型客蚤指名亚种鼠疫菌感染试验. 张晓雪,等. 地方病通报,2005,(1)
太原航空口岸鼠、蚤调查报告. 宋立忠,等. 中国国境卫生检疫杂志,2005,(3)
伍氏病蚤和穗缘端蚤叮吸人血的试验观察. 欧汉标,等. 中国媒介生物学及控制杂志,2005,(4)
西林县鼠疫流行间主要宿主动物和媒介蚤的调查. 周树武,等. 中国热带医学,2005,(7)
喜马拉雅旱獭洞干蚤鼠疫流行病学意义探讨. 李积英,等. 中国地方病防治杂志,2005,(5)
新罗区蚤种密度调查. 魏荣英,等. 医学动物防制,2005,(1)
一起由跳蚤叮咬引起的丘疹性荨麻疹调查报告. 王忠平,梁富. 中国预防医学杂志,2005,(2)
荫生古蚤雌性的记述及雄性的形态补充. 龚正达,段兴德. 地方病通报,2005,(4)
云南横断山区蚤类物种丰富度与区系的垂直分布格局. 龚正达,等. 生物多样性,2005,(4)
蚤类及其防治. 孙晨熹. 医学动物防制,2005,(3)
湛江市甘林地区鼠蚤动态分析. 梁秋光,等. 中国地方病防治杂志,2005,(3)
张家口市蚤类区系研究. 刘满福,等. 中国媒介生物学及控制杂志,2005,(5)
中国广东异蚤蝇一新种记述(双翅目:蚤蝇科). 方红. 动物分类学报,2005,(3)
中国海南异蚤蝇属一新种记述(双翅目:蚤蝇科). 方红,刘广纯. 昆虫分类学报,2005,(4)
中国鼠疫媒介蚤类多媒体信息系统的研究. 刘艳华,等. 医学动物防制,2005,(7)
阿拉山口口岸地区印鼠客蚤的追踪调查. 尹小平,等. 中国国境卫生检疫杂志,2006,(6)
东山口岸 1989—2004 年,鼠形动物及寄生蚤监测结果分析. 陈春城,等. 中国国境卫生检疫杂志,2006,(4)
多飞剋对印鼠客蚤杀灭效果试验研究. 蔡文凤,等. 医学动物防制,2006,(4)
方形黄鼠蚤松江亚种生存温区划分. 王志钢,等. 中国公共卫生,2006,(4)
甘其毛道口岸鼠、蚤染疫情况初步调查结果分析. 葛润平,孟传金. 口岸卫生控制,2006,(6)
关于大沙鼠寄生蚤的研究. 于心. 地方病通报,2006,(1)
广西合浦县鼠疫自然疫源地室内地面游离蚤调查. 周树武,等. 中国热带医学,2006,(9)
广州市鼠、蚤分布及自然疫源性疾病调查. 潘志明,等. 热带医学杂志,2006,(2)
广州市鼠类及其体表蚤类的调查. 潘志明,等. 中国媒介生物学及控制杂志,2006,(3)
河北省布氏田鼠寄生蚤的调查. 王桂琴,等. 中国媒介生物学及控制杂志,2006,(6)
河北省蚤类区划的研究. 李振海,等. 医学动物防制,2006,(9)
河北蚤类研究回顾. 李振海,等. 中国媒介生物学及控制杂志,2006,(2)
猫栉首蚤指名亚种一些生物学特性的实验观察. 麦海,等. 中国媒介生物学及控制杂志,2006,(3)
宁夏西吉县鼠疫自然疫源地内花鼠寄生蚤的调查. 伏天鹏,等. 中国媒介生物学及控制杂志,2006,(5)
泉州后渚港鼠类及染蚤本底调查报告. 苏触景,郑朝晖. 中国国境卫生检疫杂志,2006,(5)
三种有机磷杀虫剂对印鼠客蚤的灭效研究. 蔡文凤,等. 中国媒介生物学及控制杂志,2006,(1)
深圳市鼠类及鼠体寄生蚤类调查. 梁焯南,等. 医学动物防制,2006,(6)
适宜怪蚤雄性在中国首次记述及分类讨论. 叶瑞玉,等. 地方病通报,2006,(6)
塔里木盆地啮齿动物体外寄生蚤群落的研究. 阿不力米提・买托呼提,等. 地方病通报,2006,(2)
天然除虫菊素对印鼠客蚤杀灭效果研究. 蔡文凤,等. 中华卫生杀虫药械,2006,(5)
我国西藏怪蚤属一新种记述(蚤目:细蚤科). 刘泉,等. 寄生虫与医学昆虫学报,2006,(4)
伍氏病蚤、穗缘端蚤成虫和卵的测量. 刘国勇,等. 中国媒介生物学及控制杂志,2006,(6)
伍氏病蚤雷州亚种一些生物学特性的研究. 麦海,等. 中华卫生杀虫药械,2006,(1)
西林县鼠疫流行媒介蚤的调查结果分析. 周树武,等. 医学动物防制,2006,(10)
印鼠客蚤实验室种群的性比和羽化. 孟凤霞,等. 中国媒介生物学及控制杂志,2006,(1)
勇洙对印鼠客蚤杀灭效果试验研究. 蔡文凤,等. 地方病通报,2006,(1)
蚤类传播鼠疫试验方法的探讨. 杨智明,等. 地方病通报,2006,(1)
湛江地区家栖鼠类和蚤类的生态调查. 张曼碧,等. 热带医学杂志,2006,(5)
中国新纪录属——脉蚤蝇属及二新种记述(双翅目:蚤蝇科). 刘广纯,等. 动物分类学报,2006,(2)
周口市地方铁路某工段跳蚤侵害的调查及控制. 李弘. 中国媒介生物学及控制杂志,2006,(1)
新疆霍尔果斯口岸及附近地区啮齿类及体外寄生蚤的种属构成. 张晓雪,等. 中国媒介生物学及控制杂志,2007,(1)

不同作用机制杀虫剂对印鼠客蚤药效的试验研究. 孙晨熹,李今越. 中华卫生杀虫药械,2007,(4)
达乌尔黄鼠寄生蚤指数消长的研究. 张贵,等. 中国地方病防治杂志,2007,(6)
滇西野鼠自然疫源地 2001—2005' 媒介蚤监测结果与分析. 罗剑龙,等. 医学动物防制,2007,(1)
广西合浦县媒介蚤种群分布特征分析. 周树武,等. 中国地方病学杂志,2007,(3)
广西合浦县鼠疫自然疫源地黄毛鼠及其寄生蚤的调查. 周树武,等. 医学动物防制,2007,(1)
广西合浦县鼠疫自然疫源地黄胸鼠及其寄生蚤的研究. 周树武,等. 中国媒介生物学及控制杂志,2007,(3)
广西合浦县鼠疫自然疫源地黄胸鼠及其寄生蚤监测研究. 周树武,等. 中国热带医学,2007,(2)
黑龙江七口岸鼠形动物及寄生蚤种群构成的调查. 范东辉,等. 中华卫生杀虫药械,2007,(2)
湖北大巴山东部蚤类区系组成及垂直分布. 刘井元,等. 昆虫学报,2007,(8)
吉林省鼠疫自然疫源地蚤类群落结构的研究. 张贵,等. 中国媒介生物学及控制杂志,2007,(2)
计算机在蚤类幼虫分类鉴定中的应用. 温海军. 医学动物防制,2007,(10)
猫栉首蚤的危害及防治. 陈东平,王晓. 中华卫生杀虫药械,2007,(6)
三明市 2002—2006 年,鼠、蚤种群动态分布. 郑芳,石剑锋. 海峡预防医学杂志,2007,(6)
武陵山东部蚤类区系及不同样地群落物种多样性比较. 刘井元,等. 动物分类学报,2007,(4)
肖厝口岸首次鼠蚤类动物本底调查报告. 蒋惠坚,等. 医学动物防制,2007,(5)
新疆霍尔果斯口岸及附近地区啮齿类及体外寄生蚤的种属构成. 张晓雪,等. 中国媒介生物学及控制杂志,2007,(1)
一起猫节首蚤引发危害的现场控制. 白勇,等. 浙江预防医学,2007,(4)
印鼠客蚤在新疆阿拉山口口岸形成种群及其监控对策. 尹小平,等. 地方病通报,2007,(3)
云南省 19 县市小兽体表蚤类群落和进化生态的初步研究. 张胜勇,等. 国际医学寄生虫病杂志,2007,(5)
云南省大绒鼠体表寄生蚤类群落生态学研究. 张胜勇,等. 中国媒介生物学及控制杂志,2007,(6)
蚤雌雄同体畸形一例(昆虫纲:蚤目). 马立名,等. 华东昆虫学报,2007,(3)
蚤类对杀虫剂敏感性测定方法的研究与应用. 孟凤霞,等. 中国媒介生物学及控制杂志,2007,(5)
蚤类昆虫及其宿主协同进化的证据探讨. 张胜勇,郭宪国. 地方病通报,2007,(4)
中国蚤类区系分类的研究现状. 张胜勇,郭宪国. 热带医学杂志,2007,(2)
中国蚤蝇亚科区系研究(双翅目:蚤蝇科). 朱威,刘广纯. 中国媒介生物学及控制杂志,2007,(5)
3 种杀虫剂对猫栉首蚤的毒力及现场控制效果. 吴华,等. 农药,2008,(6)
阿拉山口口岸地区蚤类区系调查及动态分析. 尹小平,等. 地方病通报,2008,(1)
苯醚威对印鼠客蚤的毒力试验. 张迎春,等. 地方病通报,2008,(2)
苯醚威作用于印鼠客蚤的组织学研究. 张迎春,等. 昆虫学报,2008,(5)
不同类型杀虫剂对青海省鼠疫自然疫源地旱獭寄生蚤的现场杀灭效果. 汪元忠,等. 中国媒介生物学及控制杂志,2008,(1)
城镇蚤类防治的研究. 辛正,等. 中华卫生杀虫药械,2008,(6)
大沙鼠鼠疫及其媒介蚤地理分布和流行病学意义的探讨. 于心,黎唯. 中国媒介生物学及控制杂志,2008,(4)
甘肃省环县蚤类组成调查. 王鼎盛,等. 中国地方病防治杂志,2008,(5)
杆突蚤属一新种记述(蚤目,多毛蚤科). 叶瑞玉,等. 动物分类学报,2008,(1)
广东省鼠疫疫源地印鼠客蚤对 6 种杀虫剂的抗药性试验及防制策略研究. 易建荣,等. 中国媒介生物学及控制杂志,2008,(4)
广西合浦县鼠疫自然疫源地宿主动物及媒介蚤的调查. 周树武,等. 中国媒介生物学及控制杂志,2008,(3)
河北省鼠疫自然疫源地黑线仓鼠寄生蚤的调查. 杜国义,等. 中国媒介生物学及控制杂志,2008,(2)
内蒙古赤峰市蚤类研究. 王艳华,等. 医学动物防制,2008,(4)
内蒙古主要蚤类宿主及其寄生蚤地区分布. 杨秀峰,等. 中国媒介生物学及控制杂志,2008,(4)
宁夏六盘山自然保护区蚤类群落垂直分布格局与区系研究. 闫立民,等. 寄生虫与医学昆虫学报,2008,(1)
宁夏蚤类组成、分布与危害. 白学礼,等. 医学动物防制,2008,(8)
强化灭蚤地区印鼠客蚤对杀虫剂的抗药性研究. 易建荣,等. 中国媒介生物学及控制杂志,2008,(1)
陕西省鼠疫疫区夜行鼠寄生蚤调查. 孙养信,等. 中国病原生物学杂志,2008,(2)
深圳市郊区印鼠客蚤分布的调查. 霍雪霞,等. 医学动物防制,2008,(2)
锡林浩特市动物鼠疫流行病学蚤类调查分析. 刘万英,等. 中国地方病防治杂志,2008,(6)
新发现的蚤传斑点热立克次体病. 范明远,栾明春. 中国人兽共患病学报,2008,(1)
新疆啮齿动物及蚤类名录补充. 于心,等. 地方病通报,2008,(2)
印鼠客蚤实验室种群的羽化规律研究. 孟凤霞,等. 寄生虫与医学昆虫学报,2008,(2)
盈江县鼠疫主要宿主黄胸鼠体表蚤类的研究. 高子厚,等. 中国媒介生物学及控制杂志,2008,(2)
云南省 19 县市齐氏姬鼠体表寄生蚤类及其种—样方关系初探. 张胜勇,等. 中国病原生物学杂志,2008,(5)
云南省 19 县市小兽体表蚤类的生态位研究. 张胜勇,等. 寄生虫与医学昆虫学报,2008,(4)

云南省21县市小兽体表蚤类群落生态及种多度分布. 张胜勇,等. 中国人兽共患病学报,2008,(6)
云南蚤类区系及分布特征. 张胜勇,等. 昆虫学报,2008,(9)
蚤类传播鼠疫的研究进展. 潘卫民,梁效成. 地方病通报,2008,(4)
蚤类与鼠疫菌关系的研究进展. 梁云. 医学动物防制,2008,(1)
浙江省历史鼠疫疫区的蚤类种群分布与寄生关系研究. 石国祥,等. 中国媒介生物学及控制杂志,2008,(3)
自氏多毛蚤雄性的记述. 龚正达,等. 昆虫分类学报,2008,(3)
藏药臭蚤草的一个新的苯丙素苷类成分. 黄圣卓,等. 天然产物研究与开发,2009,(4)
雷州市黄胸鼠体表寄生蚤的调查. 杨柳,等. 中国媒介生物学及控制杂志,2009,(2)
潜蚤病12例报告. 王君平,等. 热带病与寄生虫学,2009,(1)
深圳市罗湖区印鼠客蚤分布的调查. 霍雪霞,等. 医学动物防制,2009,(6)
云南省19县市小兽体表蚤类群落相似性及协同进化研究. 张胜勇,等. 寄生虫与医学昆虫学报,2009,(1)
云南蚤类的研究概况. 连宏宇,龚正达. 寄生虫与医学昆虫学报,2009,(2)
中国栓蚤蝇属(双翅目:蚤蝇科)一新种. 沈佼皎,刘广纯. 动物分类学报,2009,(4)
中国乌蚤蝇属二新种(双翅目:蚤蝇科)(英文). 朱威,刘广纯. 动物分类学报,2009,(3)
中国异蚤蝇属二新种及一新纪录种记述(双翅目:蚤蝇科). 方红,等. 动物分类学报,2009,(2)
中国异蚤蝇属一新种及二新记录种记述(双翅目:蚤蝇科). 方红,等. 昆虫分类学报,2009,(2)
中国蚤蝇属一新种及一新纪录种记述(双翅目:蚤蝇科)(英文). 王宝亮,刘广纯. 动物分类学报,2009,(4)
中国锥蚤蝇属(双翅目:蚤蝇科)一新种和一新纪录种(英文). 张瑞玲,刘广纯. 动物分类学报,2009,(3)

(九)虱

虱. 顾仁. 内科学报,1951,3(11)
虱类中斑疹伤寒立克次体之生活期. 赵树萱. 中华医学杂志,1951,(2)
百部草除虱力之观察. 李希贤. 中华新医学报,1952,(1)
关于中药"百部"杀虱力之实验初步报告. 阎德润,等. 东北医学杂志,1952,(5)
关于虱子的交尾. 冯兰洲. 生物学通报,1955,(4)
日本大龙虱生物学的初步观察. 张兴礼. 甘肃师范大学学报(自然版),1960,(2)
我国吸虱一新种——中华管虱. 金大雄. 昆虫学报,1973,16(2)
我国鲸虱的首次记录. 周凝琪. 辽宁师范学报(自然版),1980,(2)
我国吸虱研究Ⅰ. 血虱科和颚虱科. 金大雄. 畜牧兽医学报,1980,(1)
中国的甲胁虱属吸虱(虱目:甲胁虱科). 邓国藩. 动物分类学报,1980,5(1)
巴木虱属(同翅目)的研究——记中国三新种. 杨集昆,等. 北京农业大学学报,1983,9(1)
我国海上网捕褐稻虱的结果. 刘浩光,等. 昆虫学报,1983,26(1)
我国吸虱研究Ⅵ. 猴虱科. 金大雄. 贵阳医学院学报,1983,8(2)
戊酸氰醚酯对鸡虱的杀灭作用. 蒋金书,等. 兽医科技杂志,1983,(11)
脂类作为褐飞虱飞行能量来源的研究. 陈若篪. 昆虫学报,1983,26(1)
我国吸虱研究Ⅶ. 多板虱科真颚虱属. 金大雄. 昆虫分类学报,1984,5(1)
嵩山农村鼠体吸虱的调查研究. 葛凤翔. 中国鼠类防制杂志,1987,3(2)
怪虱属 Paradoxophtirus 异缘甲胁虱 Hoplop leuraemarglna erris, 1992 的新属名(虱目:多板虱科). 金大雄. 贵阳医学院学报,1989,14(4)
伊维菌素治疗牛虱. 明如镜,施福恢. 中国兽医科技,1989,(3)
应用"杀虫净"杀灭羊蜱绳羊施试验. 蒲顺成,吴天顺. 青海畜牧兽医杂志,1989,(2)
大齿鼠多板虱——云南省吸虱一新种(虱目:多板虱科). 金大雄. 昆虫分类学报,1990,12(1)
多毛奇虱 Atopophthirussetous Chin,1979(吸虱目:恩兰科)雄性标本记述. 金大雄. 贵阳医学院学报,1990,15(1)
闽西农村儿童感染头虱与药物灭虱效果的观察. 李立,卢华兴. 中国公共卫生,1990,6(11)
溴氰菊酯和灭害灵治疗鸡虱病的效果. 沈亚萍,施万圣. 家禽辑要,1990,6(3)
必去虱对头虱治疗. 范秉真,赵寺卫. 中华医学杂志,1991,48(1)
雌性多毛奇虱的记述(虱目:恩兰科). 金大雄. 动物分类学报,1991,16(1)
延吉市部分幼儿园童头虱感染情况的调查. 全福实,黄范振. 延边医学院学报,1991,14(3)
复方百部皂剂灭虱抑菌作用的实验研究. 姜昌富,王晶. 同济医科大学学报,1992,21(5)
喷雾凯素灵防治鸡虱病. 李生珠,姚道富. 青海畜牧兽医学院学报,1992,9(1)
日本防虫虱纤维(织物)的试验方法. 王克作. 纤维标准与检验,1992,(4)
新疆吸虱名录初报:附我国裂虱一新记录. 于心. 地方病通报,1992,7(2)
阴虱病53例临床分析. 郑新来. 中国农村医学,1992,(9)
真额虱属一新种记述(虱目:多板虱科). 金大雄. 动物分类学报,1992,17(3)

耻阴虱胚后发育期形态的研究. 裘明华. 地方病通报,1993,8(2)
德州地区9县(市)小学生头虱带染情况调查. 朱文彬. 医学动物防制,1993,9(3)
多板虱属吸虱一新种(吸虱亚目:多板虱科). 金大雄. 动物分类学报,1993,18(1)
我国吸虱的新记录. 金大雄. 地方病通报,1993,8(3)
22例耻阴虱病侵染分析. 赵巧玲,王小波. 石河子医学院学报,1994,16(4)
锦州地区儿童头虱情况的调查报告. 王志,等. 医学动物防制,1994,10(2)
禽鸟羽虱调查报告. 廖光佩,侯学云. 中国动物检疫,1994,11(6)
中国恩兰虱属及一新种记述(吸虱亚目:恩兰虱科). 金大雄. 动物分类学报,1994,19(3)
中国兽类啮虱名录(虱目:细角亚目:啮毛虱科). 金大雄. 四川动物,1994,13(3)
中国吸虱一新种——结石盲鼠虱(吸虱亚目:拟血虱科). 金大雄. 动物分类学报,1994,19(2)
鸡羽虱与鸡角羽虱的扫描电镜观察. 林辉环,史美清. 中国兽医科技,1995,25(7)
宁夏吸虱一新种记述(虱目:多板虱科). 金大雄,等. 动物分类学报,1995,20(3)
青海长尾仓鼠吸虱一新种(吸虱亚目:多板虱科). 金大雄. 动物分类学报,1995,20(1)
头虱在传播乙肝病毒中的作用. 郇毅,姚军. 中国学校卫生,1995,16(4)
厦门地区人群阴虱感染考察. 严如柳,等. 厦门大学学报(自然版),1995,34(6)
苯甲酸苄脂乳治疗阴虱30例. 王更红. 皮肤病与性病,1996,18(2)
速灭灵香波对体虱的杀灭效果. 曾峰. 卫生杀虫药械,1996,2(2)
体虱中的HBsAg和HBeAg检测. 柳松,刘德喜. 中国媒介生物学及控制杂志,1996,7(5)
豚鼠长虱的扫描电镜观察. 王胜昌,高诚. 上海实验动物科学,1996,16(3)
阴虱的扫描电镜观察. 唐荣祥,周穗文. 临床皮肤科杂志,1996,25(3)
中国吸虱研究X. 甲胁虱属分种检索表及一新种记述(吸虱亚目:甲胁虱科). 金大雄. 动物分类学报,1996,21(2)
防虱剂对于纤维之应用. 谢光裕. 染化杂志,1997,(149)
宁波发现孔雀角羽虱和鬣羚毛虱. 杨清山,孙增炜. 中国农学通报,1997,13(3)
水胺硫磷三种混合剂对梨木虱的毒力测定. 黄清臻,等. 农药科学与管理,1997,18(2)
五种鸟体羽虱卵扫描电镜观察. 周忠勇,周淑君. 中国兽医寄生虫病,1998,6(1)
18%虱病灵可湿性粉剂气相色谱分析法. 苏卫华,张先胜. 安徽农业科学,1999,27(5)
不同食物对嗜卷书虱发育和繁殖的影响. 王进军,赵志模. 昆虫知识,1999,36(2)
皮康圣、敌百虫对家禽体虱杀灭试验. 宋友文,敖行密. 四川畜牧兽医,1999,(1)
嗜卷书虱低氧耐性品系的选育及其遗传稳定性和生态合度研究(英). 王进军,等. 动物学研究,1999,20(2)
不同虫源和致害性的褐飞虱体内共生菌的种群动态. 吕仲贤,等. 华东昆虫学报,2001,(1)
飞虱科三新属四新种(同翅目:蜡蝉总科). 陈祥盛,等. 动物分类学报,2001,(3)
非形态特征在粉虱分类中的运用(同翅目:粉虱科). 阎凤鸣. 昆虫分类学报,2001,(2)
风油精治疗阴虱病196例. 吴伟国. 现代中西医结合杂志,2001,(21)
共生菌在褐飞虱致害性变化中的作用. 吕仲贤,等. 昆虫学报,2001,(2)
褐飞虱(Nilaparvatalugens)发生的分形性质研究. 马飞,等. 生态学报,2001,(2)
棘足甲胁虱成虫光镜和扫描电镜观察. 王胜昌,等. 上海实验动物科学,2001,(3)
疥灵霜治疗30例虱病疗效观察. 张秋生. 皮肤病与性病,2001,(2)
中国飞虱科一新记录属和三新记录种. 陈祥盛,等. 昆虫分类学报,2001,(1)
1% γ-666霜治疗阴虱病的疗效观察. 段丽,等. 医学动物防制,2002,(10)
11例阴虱病例被误诊分析. 樊举广,向柳. 皮肤病与性病,2002,(2)
208例劳务输出人员中检出的7例阴虱病病例分析. 王永亮. 口岸卫生控制,2002,(6)
白背飞虱取食抗虫品种过程中体内保护酶和自由基的变化. 陈建明,等. 华东昆虫学报,2002,(2)
百部酊治疗头虱50例. 俞华. 中国民间疗法,2002,(10)
捕虱管蓟马的捕食、交配和产卵行为. 陈亦根,等. 华东昆虫学报,2002,(1)
飞虱虫疠霉分生孢子在桃蚜体壁上的附着与入侵. 冯明光,徐均焕. 菌物系统,2002,(2)
飞虱科一新属二新种(同翅目:蜡蝉总科). 陈祥盛,丁锦华. 昆虫学报,2002,(2)
广州为一名3种肝病虱成功实施肝移植手术. 传染病网络动态,2002,(4)
褐家鼠体表吸虱超寄生现象1例. 钱体军,等. 大理学院学报(医学版),2002,(2)
结膜孤星虱咬伤. MonicaC. Love,等. 美国医学会眼科杂志:中文版,2002,(2)
美国人忽略预防扁虱叮咬. 传染病网络动态,2002,(8)
上海吸虱新记录. 丁鲁民,徐友祥. 中国媒介生物学及控制杂志,2002,(4)
嗜卷书虱和嗜虫书虱酯酶性质的比较研究. 程伟霞,等. 农药学学报,2002,(4)
嗜卷书虱气调抗性形成过程中能源物质的积累与利用. 王进军,等. 中国昆虫科学:英文版,2002,(4)

学前儿童及小学生人虱感染情况调查. 韩梅,等. 医学动物防制,2002,(11)
阴虱病53例误漏诊分析. 曹索奇,等. 临床误诊误治,2002,(5)
阴虱病误诊66例分析. 向建光,等. 中国误诊学杂志,2002,(6)
止痒酊及硫黄樟脑软膏治疗阴虱51例. 孟兆祥. 中医外治杂志,2002,(3)
中国埃拉飞虱属一新种记述(同翅目:飞虱科). 陈祥盛. 昆虫学报,2002,(z1)
中国海域团水虱属一新种(甲壳钢:等足目:团水虱科). 于海燕,李新正. 动物分类学报,2002,(4)
45例阴虱病临床分析. 胡亚莹,曹爱华. 中国麻风皮肤病杂志,2003,(3)
阿用大蒜提取灭头虱药. 中医药信息月报,2003,(2)
百部酊治疗阴虱病278例临床分析. 何子祥. 中国男科学杂志,2003,(6)
百部酊治疗阴虱病42例临床观察. 瞿伟,王晓格. 河南中医学院学报,2003,(3)
百部治疗阴虱的新方法. 黄俊梓,等. 中国临床医药研究杂志,2003,(102)
耻阴虱的研究现状. 葛青,等. 地方病通报,2003,(1)
橄榄星室木虱的生活史和种群消长动态的研究. 刘新,等. 华东昆虫学报,2003,(2)
宫庭黄鸡羽虱病的防治. 郭桂香,赵连玉. 特种经济动植物,2003,(3)
光周对烟粉虱实验种群的影响. 陈夜江,等. 华东昆虫学报,2003,(1)
褐飞虱肌动蛋白基因3′末端克隆与测序. 刘美德,等. 昆虫学报,2003,(4)
褐飞虱抗吡虫啉品系生物适合度研究. 刘泽文,等. 昆虫知识,2003,(5)
褐飞虱生物型研究进展:致害性变异的遗传机制. 周亦红,韩召军. 昆虫知识,2003,(3)
环境扫描电镜在烟粉虱生物型分型鉴定上的应用. 袁莉民,等. 电子显微学报,2003,(6)
黄板对菜地烟粉虱的诱集作用研究. 周福才,等. 华东昆虫学报,2003,(1)
黄边大龙虱的营养分析. 郭良珍,等. 动物学杂志,2003,(5)
黄粉虱和蜘蛛螨防治用新化合物BSN2060. 陶圣如. 浙江化工,2003,(1)
江苏省吸虱2个新记录种. 胡云,丁鲁民. 中国媒介生物学及控制杂志,2003,(1)
利用RAPD—PCR方法鉴定我国烟粉虱的生物型. 邱宝利,等. 昆虫学报,2003,(5)
青海省吸虱名录初报. 郑谊,等. 昆虫分类学报,2003,(4)
三点列黄边龙虱幼虫的呼吸系统与生物学特性. 韦绥概,陆温. 昆虫知识,2003,(1)
太平洋甲胁虱(虱目:甲胁虱科)在其主要宿主黄胸鼠体表的空间分布格局. 郭宪国,等. 中国昆虫科学:英文版,2003,(4)
温度对烟粉虱发育和繁殖的影响. 邱宝利,等. 中国昆虫科学:英文版,2003,(1)
烟粉虱捕食性天敌淡色斧瓢虫的形态特征及生活习性. 黄振,等. 昆虫知识,2003,(5)
在中国应用垂直波束雷达监测褐飞虱和其他水稻害虫迁飞的可行性. J. R. Riley,等. 中国昆虫科学:英文版,2003,(1)
自拟百部汤治疗阴虱146例. 张健. 新疆中医药,2003,(2)
百部酊治疗阴虱病疗效分析. 刘彩云. 中华现代中西医杂志,2004,(7)
不同致害性褐飞虱种群的DNA多态性研究. 关秀杰,等. 昆虫学报,2004,(2)
叉飞虱属(同翅目,飞虱科)分类研究. 郭良珍,等. 动物分类学报,2004,(4)
复方百部酊治疗阴虱病68例疗效观察. 张予. 中国麻风皮肤病杂志,2004,(3)
黄胸鼠体表寄生吸虱的调查与分析. 钱体军,等. 中国寄生虫病防治杂志,2004,(2)
尖锐湿疣合并阴虱寄生3例报告. 孙慧萍,刘瑞玉. 中国寄生虫病防治杂志,2004,(4)
硫黄软膏治疗阴虱病48例. 郑用谋. 中国皮肤性病学杂志,2004,(4)
齐氏姬鼠体表吸虱寄生状况初步研究. 钱体军,等. 地方病通报,2004,(4)
三色书虱体内共生微生物Wolbachia的wsp基因的分子检测. 董鹏,王进军. 动物学研究,2004,(5)
世界性重要害虫B型烟粉虱的入侵机制. 褚栋,等. 昆虫学报,2004,(3)
烟粉虱内共生菌16S rDNA的变异与系统发生. 谭周进,等. 微生物学报,2004,(4)
药食昆虫——龙虱的开发及养殖. 符云俊. 特种经济动植物,2004,(10)
阴虱病30例诊治分析. 陈建玲. 皮肤病与性病,2004,(3)
云南大理吸虱昆虫调查初报. 王晶,等. 中国媒介生物学及控制杂志,2004,(2)
中国云南吸虱昆虫种类初步调查. 郭宪国,等. 中国寄生虫病防治杂志,2004,(6)
中华草蛉防治白粉虱的研究. 成文禄. 生物学教学,2004,(11)
中药外治阴虱疮40例. 朱庆辉,王彩云. 世界今日医学杂志,2004,(5)
中药治疗阴虱病63例. 杨丽,任丽萍. 辽宁中医杂志,2004,(5)
入侵种烟粉虱及其持续控制. 张润志. 昆虫知识,2005,(2)
B型烟粉虱与浙江非B型烟粉虱的竞争. 臧连生,等. 生物多样性,2005,(3)
蚌埠地区农村中小学生头虱感染流行因素调查. 王雪梅,等. 蚌埠医学院学报,2005,(2)

不同季节黄瓜上烟粉虱自然种群生命表研究. 沈斌斌,等. 应用生态学报,2005,(12)
不同生物型烟粉虱体内 Wolbachia 共生菌的检测及其系统树分析. 褚栋,等. 昆虫学报,2005,(4)
大气环流特征量的水稻白背飞虱发生程度预报模型的研究. 高苹,等. 生态学杂志,2005,(2)
飞虱科(半翅目)二新种和中国大陆二新纪录种. 郭良珍,梁爱萍. 动物分类学报,2005,(4)
橄榄星室木虱实验种群生命表. 刘新. 昆虫知识,2005,(2)
硅藻土及其混配剂对书虱的防治效果. 姚英娟,等. 昆虫知识,2005,(2)
褐飞虱刺吸诱导的水稻一些防御性酶活性的变化. 刘裕强,等. 植物生理与分子生物学学报,2005,(6)
褐飞虱迁飞参数的数值模拟. 包云轩,等. 生态学报,2005,(5)
褐飞虱体内类酵母共生菌与氨基酸营养的关系. 王国超,等. 昆虫学报,2005,(4)
隆脊飞虱属分类并记一新种(同翅目,蜡蝉总科,飞虱科). 秦道正,张雅林. 动物分类学报,2005,(2)
偏角飞虱属分类研究(同翅目,蜡蝉总科,飞虱科). 陈祥盛,梁爱萍. 动物分类学报,2005,(2)
杀虫剂胁迫下嗜卷书虱和嗜虫书虱能源物质的代谢比较. 程伟霞,等. 动物学研究,2005,(5)
书虱、米扁虫为害及防制情况报告. 杨帮勇,等. 医学动物防制,2005,(4)
性病患者中阴虱感染率的调查. 白连贵,李云. 医学动物防制,2005,(5)
烟粉虱成虫的昼夜时空动态及空间格局. 张慧杰,等. 应用与环境生物学报,2005,(1)
烟粉虱成虫空间分布型的研究. 沈斌斌,等. 昆虫知识,2005,(5)
烟粉虱内共生菌 groEL 基因的原核表达条件研究. 谭周进,等. 微生物学通报,2005,(4)
烟粉虱生物型研究进展. 褚栋,等. 生态学报,2005,(12)
烟粉虱天敌日本刀角瓢虫的捕食行为. 姚松林,等. 应用生态学报,2005,(3)
应用单克隆抗体评价拟环纹豹蛛对褐飞虱的控制作用. 赵伟春,等. 生态学报,2005,(1)
云南 Q 型烟粉虱种群的鉴定. 褚栋,等. 昆虫知识,2005,(1)
云南省九县(市)吸虱昆虫区系调查. 王晶,等. 中国媒介生物学及控制杂志,2005,(1)
樟个木虱形态特征及生物学特性. 池杏珍,等. 昆虫知识,2005,(2)
中国长突飞虱亚科分类研究及一新种记述(同翅目,蜡蝉总科,飞虱科). 陈祥盛,梁爱萍. 动物分类学报,2005,(1)
中国飞虱族一新属一新种(半翅目,蜡蝉总科,飞虱科). 秦道正. 动物分类学报,2005,(4)
中国帕飞虱属分类研究(半翅目,蜡蝉总科,飞虱科). 秦道正. 动物分类学报,2005,(4)
中国吸虱昆虫研究现状. 裘学丽,郭宪国. 中国媒介生物学及控制杂志,2005,(5)
桉树翘喙木虱的生物学及其防治. 王玲萍. 华东昆虫学报,2006,(4)
共生菌在褐飞虱防治中的应用. 陈列忠,等. 农药,2006,(11)
黑豚毛虱形态学研究. 蒋锡仕,等. 西南民族大学学报(自然科学版),2006,(1)
黑豚体表毛虱调查及防治的研究. 蒋锡仕,等. 西南民族大学学报(自然科学版),2006,(2)
灭虱酊治疗阴虱病 49 例. 伏爱,伏敬. 中国实用乡村医生杂志,2006,(9)
某地民工子弟学校学生头虱感染状况. 王韶华,徐友祥. 中国学校卫生,2006,(4)
木虱啮小蜂对木虱分泌物脂溶性物质的嗅觉行为反应. 单艳敏,等. 昆虫知识,2006,(3)
男性阴虱 26 例临床分析. 程忠明. 中国麻风皮肤病杂志,2006,(2)
瑞士出现壁虱脑炎死亡病例. 杨京德. 中国医药指南,2006,(8)
三种稻飞虱成虫体内酵母类共生菌的形态差异. 陈法军,等. 动物分类学报,2006,(4)
虱和疥疮. Chris,Bignell,等. 国际内科双语杂志:中英文,2006,(6)
书虱综合防治技术研究进展. 喻梅,等. 武汉工业学院学报,2006,(4)
一例实验猕猴猴虱感染的诊治. 金石军,等. 中国比较医学杂志,2006,(7)
阴虱病 103 例治验. 李永洁. 中国性科学,2006,(1)
阴虱显微合成图片形态观察及测量. 赵广明,等. 中国寄生虫学与寄生虫病杂志,2006,(1)
中国飞虱科二属分类概要及三新种记述(半翅目,蜡蝉总科,飞虱科). 秦道正. 动物分类学报,2006,(2)
中国竹飞虱属分类研究(半翅目,蜡蝉总科,飞虱科). 秦道正,等. 动物分类学报,2006,(1)
中药复方百部酊治疗阴虱 48 例疗效观察. 于晓志,王晓峰. 中国临床医药研究杂志,2006,(3)
中药外洗法治疗阴虱病 120 例疗效观察. 潘力. 中华临床医学研究杂志,2006,(17)
中药外洗治疗阴虱 80 例. 石世强. 皮肤病与性病,2006,(3)
转 cry1Ab 基因水稻对非靶标昆虫白背飞虱种群增长的影响. 周霞,等. 昆虫学报,2006,(5)
百部酊治疗阴虱. 包泽明. 山东中医杂志,2007,(6)
蚌埠市农村中小学生体虱感染流行特征分析. 王雪梅,等. 中国学校卫生,2007,(12)
耻阴虱的扫描电镜观察. 王明爽,等. 中国病原生物学杂志,2007,(2)
二种木虱的染色体行为研究(同翅目:木虱总科). 田润刚,等. 昆虫分类学报,2007,(2)
风油精治疗阴虱 72 例. 孙大鹏. 社区医学杂志,2007,(11X)

几种杀虫剂对嗜虫书虱的触杀作用. 劳传忠,等. 昆虫天敌,2007,(1)
浅说书虱防治. 冯大庆. 国家图书馆学刊,2007,(4)
顺昌县1989年来人群耻阴虱寄生情况调查. 肖祖林,等. 海峡预防医学杂志,2007,(4)
吸虱昆虫群落数量分类及其与小兽宿主的协同进化关系. 孟艳芬,等. 昆虫学报,2007,(11)
阴虱病67例防治分析. 何勤国,等. 人民军医,2007,(6)
云南省17县(市)褐家鼠体表寄生吸虱调查(英文). 孟艳芬,等. 中国热带医学,2007,(11)
云南省齐氏姬鼠体表吸虱性比分析. 孟艳芬,等. 热带医学杂志,2007,(10)
云南省吸虱昆虫名录初报. 孟艳芬,等. 昆虫分类学报,2007,(4)
樟脑酊治疗阴虱病69例临床分析. 王景凤. 现代中西医结合杂志,2007,(11)
中国常见仓储书虱PCR,RFLP快速识别. 秦萌,等. 昆虫知识,2007,(6)
艾地飞虱属在中国首次发现及模式种重描记. 秦道正. 动物分类学报,2008,(3)
鹌鹑羽虱病的诊治. 郭建平. 特种经济动植物,2008,(4)
不同施氮量条件下柑橘粉虱自然种群生命表的研究. 冷峰,等. 环境昆虫学报,2008,(2)
草虱存留鼻腔误诊为鼻面部软组织感染. 孟定德. 临床误诊误治,2008,(9)
对天津报道的耻阴虱形态结构的更正. 裘明华. 中国寄生虫学与寄生虫病杂志,2008,(4)
光滑拟颚虱和古北拟颚虱的形态及医学意义. 叶瑞玉,等. 地方病通报,2008,(2)
灰飞虱的起飞和扩散行为. 王瑞,等. 昆虫知识,2008,(1)
灰飞虱室内大量繁殖及越冬饲养方法. 马崇勇,等. 昆虫知识,2008,(5)
上海市闵行区外来民工子弟学校学生头虱感染状况调查. 吴敏,等. 中国媒介生物学及控制杂志,2008,(2)
外用药治疗阴虱病102例临床分析. 王琪,张玲. 包头医学院学报,2008,(3)
吸虱的生态位及其与小兽宿主的协同进化关系. 孟艳芬,等. 中国寄生虫学与寄生虫病杂志,2008,(1)
有机稻田褐稻虱种群动态及天敌作用分析. 钟平生,等. 昆虫知识,2008,(3)
云南鸡足山小兽体表寄生吸虱状况调查. 孟艳芬,等. 中国病原生物学杂志,2008,(7)
云南省17个县(市)大绒鼠体表寄生吸虱调查与分析. 孟艳芬,等. 中国媒介生物学及控制杂志,2008,(3)
云南省17县(市)兽类吸虱昆虫区系调查. 孟艳芬,等. 寄生虫与医学昆虫学报,2008,(2)
云南省吸虱昆虫区系及物种多样性. 孟艳芬,郭宪国. 昆虫知识,2008,(4)
Ulesfia在美上市用于治疗头虱病. 临床合理用药杂志,2009,(15)
东北鹤虱提取物抗腹泻作用机制的探讨. 郭秀英,等. 天津医科大学学报,2009,(1)
黑带艾尤飞虱的重新描记及美伽飞虱属中国一新纪录种记述(半翅目,蜡蝉总科)(英文). 秦道正,等. 动物分类学报,2009,(3)
睫毛、眉毛阴虱寄生1例. 夏莉,等. 右江民族医学院学报,2009,(2)
睫毛阴虱寄生1例. 陈敏霞. 中国乡村医药,2009,(4)
眼睑睫毛虱病2例报告. 王轶,等. 吉林医学,2009,(13)
阴虱36例临床分析. 王岚,等. 中国社区医师:综合版,2009,(8)
珍禽羽虱病的防治. 况玉玺. 特种经济动植物,2009,(7)
中国吸虱昆虫区系及物种多样性研究. 孟艳芬,郭宪国. 四川动物,2009,(1)
中国云南洱海周边小兽体表吸虱多样性. 董文鸽,等. 昆虫分类学报,2009,(1)

(十) 臭虫

温带及热带臭虫在中国的地理分布. 邓国藩,等. 昆虫学报,1952,2(4)
利用天敌歼灭臭虫的初步观察. 黄增谷,等. 生物学通报,1960,(6)
消灭臭虫. 中央爱国卫生运动委员会办公室. 人民卫生出版社,1962
敌敌畏消灭臭虫现场效果观察. 傅廷荣. 解放军医学杂志,1965,(4)
365个连队用倍硫磷灭臭虫效果观察. 南京军区后勤部队军事医学研究所. 人民军医,1979,(12)
倍硫磷微胶囊灭臭虫现场试验. 高韵茗. 昆虫知识,1982
杀虫微胶囊Ⅰ、Ⅱ型灭臭虫研究及现场使用效果. 沈培谊,等. 军事医学资料福州军区后勤部军事医学研究所,1983
臭虫吸血习性的实验观察. 黎明达,等. 铁道医学,1984,12(1)
缓释杀虫剂倍硫磷微胶囊杀灭臭虫的效果观察. 沈培谊. 中华流行病学杂志,1985,6(3)
三种拟除虫菊酯粉笔杀灭臭虫的效果观察. 黎明达,等. 中国寄生虫学与寄生虫病杂志,1987,5(2)
灭臭虫药块的研制及效果观察. 钱金泉,周敏. 医学动物防制,1990,6(3)
灭臭虫药纸的研制及效果观察. 齐福祥,齐世法. 中国媒介生物学及控制杂志,1990,1(3)
温带臭虫殖(Cnnex lectularius Linn)精巢生殖细胞染色体及血淋巴蛋白和游离氨基酸型的研究. 傅琴仙,李玉华. 南京铁道医学院学报,1991,10(1)

倍硫磷涂刷法杀灭臭虫的效果观察. 王斌和,刘国实. 医学动物防制,1992,8(1)
凯素灵杀灭臭虫效果观察. 赵智刚,苏贝. 中国寄生虫病防治杂志,1993,6(3)
部分城市臭虫种类栖息场所及其侵害程序调查. 李汉军. 湖北预防医学杂志,1995,6(2)
臭虫与过敏性哮喘关系的临床研究. 傅完珍,网伟良. 中国媒介生物学及控制杂志,1995,6(1)
湖北省部分城市臭虫侵害情况调查分析. 李汉军. 中国媒介生物学及控制杂志,1996,7(6)
臭虫抗原与支气管哮喘关系的探讨. 傅完珍. 中国寄生虫学与寄生虫病杂志,1997,15(6)
江山市臭虫侵害调查报告. 王厚俭,等. 医学动物防制,1997,13(4)
臭虫的生态习性及其防制. 朱文彬,等. 医学动物防制,1998,14(2)
青岛市城区臭虫侵害的调查与控制. 姜法春,江崇祥. 医学动物防制,1998,14(5)
温带臭虫传播乙型肝炎的流行病学调查. 林信实,熊林杰. 医学理论与实践,1998,11(2)
臭虫在广西自治区的地理分布. 周振座,等. 卫生杀虫药械,2000,6(2)
凤城臭虫的调查. 洪江,蔡克峰. 中国媒介生物学及控制杂志,2000,11(3)
臭虫及其防制. 第五进学. 医学动物防制,2002,(10)
一起臭虫暴发流行的控制. 邓小如,等. 医学动物防制,2002,(12)
凤城蟑螂、臭虫的发生与防制. 洪江,等. 医学动物防制,2003,(3)
江苏某监狱灭臭虫效果观察. 陈锡国,等. 中国媒介生物学及控制杂志,2003,(1)
某部特殊群体臭虫危害调查及防治观察. 陈乐如,等. 医学动物防制,2003,(11)
某部营区臭虫危害调查及防治观察. 薛健,等. 中华卫生杀虫药械,2003,(4)
驻陕部队臭虫调查报告. 第五进学,等. 中国媒介生物学及控制杂志,2003,(2)
驻陕部队臭虫防制工作存在的问题及改进措施. 第五进学,齐福祥. 医学动物防制,2003,(1)
驻陕某部臭虫防制对策的探讨. 张鲁耀,第五进学. 医学动物防制,2003,(2)
驻陕部队臭虫综合防制措施与效果. 第五进学,等. 中华卫生杀虫药械,2005,(6)
涉外宾馆温带臭虫防制效果观察. 王革,等. 中华卫生杀虫药械,2006,(4)
臭虫侵害调查与控制效果研究. 刘慧媛,等. 中华卫生杀虫药械,2007,(3)
门头沟区某工地工人被臭虫侵扰的调查. 曹殿起,等. 中国媒介生物学及控制杂志,2007,(1)
驻豫某部队一起臭虫咬伤致30例皮炎暴发情况调查. 李光,等. 实用医药杂志(山东),2007,(2)
海淀区建筑工地臭虫叮咬调查分析. 苏璇,等. 中国媒介生物学及控制杂志,2008,(6)

(十一) 蟑螂

蜚蠊(蟑螂)的危害及其防治. 范光辉. 医务生活,1952,(6)
蜚蠊经济意义的调查. 昆虫知识,1958,(6)
蜚蠊与人和家畜的关系. 张淑德. 生物学通报,1958
常见蜚蠊及其防治. 连惟能. 昆虫知识,1959,(8)
由美洲大蠊体中分离鼠伤寒沙门氏菌. 史鹏达. 微生物学报,1959,(3)
武汉地区蟑螂带菌与虫卵的检验报告. 武汉铁路局中心卫生防疫检验科. 人民保健,1960,(7)
交通运输工具中蜚蠊的调查报告. 连惟能. 动物学杂志,1963,(10)
三种蜚蠊的季节消长观察. 连惟能. 昆虫学报,1963,(5-6)
敌敌畏灭蟑螂效果的观察. 沈祖荫,等. 中级医刊,1964,(1)
福州蜚蠊的种类及美洲大蠊生活习性的初步调查. 王乾章. 昆虫知识,1964,(6)
关于光刺激所引起大蠊复眼和视叶综合反应的研究. 刘育民,等. 生理学报,1964,(3)
蟑螂可引起严重变态反应. 史久华译. 新医学,1974,(9)
施用毒死蜱乳剂、粉剂和硼酸粉对防治德国小蠊的效果. 南京市卫生防疫站翻译组. 国外医参(卫生),1975,(4)
德国小蠊对26种杀虫剂敏感性的测定. 江雪峰,等. 昆虫知识,1980,(5)
蜚蠊腹神经索中的通道. 陈德明,等. 北京大学学报(自然版),1980,(3)
蜚蠊尾须毛形振动感受器的反应性. 陈德明,等. 北京大学学报(自然版),1980,(3)
蜚蠊尾须形振动感受器的离心调节. 陈德明,等. 北京大学学报(自然版),1980,(3)
极化电流对蜚蠊尾须毛形振动感受器传入信息的影响. 陈德明. 北京大学学报(自然版),1980,(3)
乙酰甲胺磷毒杀蟑螂的效果观察. 赵学忠,等. 解放军医学杂志,1980,(5)
蟑螂及其防治方法的重要性. 丹尼尔. 贝乔米,等. 科技译报,1980,(5)
二氯苯醚菊酯与粘捕盒在舰艇防制蟑螂的现场效果观察. 江雪峰,等. 海军军事医学,1982,4(1)
中国大蠊属的几种蜚蠊及其分布、生活习性与经济重要性(蜚蠊目:蜚蠊科). 吴福祯. 昆虫学报,1982,25(4)
黑胸大蠊的发育、繁殖和寿命. 梁铁麟,等. 昆虫学报,1983,26(3)
混配方灭蟑螂微胶囊Ⅱ型现场试验. 王斌和,等. 军事医学资料福州军区后勤部军事医学研究所,1983,(12)
杀虫微胶囊Ⅰ型灭蟑螂研究. 王斌和,等. 人民军医,1983,(8)

蟑螂携带病毒的调查研究. 胡修元,等. 公共卫生与疾病控制杂志,1983,2(2)
多虫畏水悬剂的试制与杀蟑螂效果观察. 张应阔,等. 医学资料,1984,(4)
蜚蠊卵荚内寄生啮小蜂的生物学. 李杰,等. 昆虫学报,1984,27(4)
混配杀虫剂微胶囊的研制及灭蟑螂试验. 高韵苕,等. 中华流行病学杂志,1984,5(4)
灭蠊毒胶的研制及其效果观察. 那福延,等. 公共卫生与疾病控制杂志,1984,3(3)
四种室内常见蜚蠊的酯酶同工酶和苹果酸脱氢酶同工酶的酶谱比较研究. 叶柄辉,等. 动物学研究,1984,5(4)
我国室内常见蜚蠊雄外生殖器的初步研究. 费守华. 动物世界,1984,1(1)
溴氰菊酯杀蟑螂纸试验报告. 赵学忠,等. 医学资料,1984,(4)
蟑螂携带霉菌的调查报告. 胡修元,等. 公共卫生与疾病控制杂志,1984,3(1)
中国小蠊属蜚蠊种类及其分布、生活习性和经济意义. 吴福祯,等. 昆虫学报,1984,27(4)
蜚蠊卵荚内啮小蜂生物学特性的继续观察. 戴晓煌. 遵义医学院学报,1985,8(4)
蜚蠊目姬蠊科一新属二新种记述. 郭予元,等. 昆虫分类学报,1985,7(4)
蜚蠊一新属新种记述. 吴福祯,等. 昆虫学报,1985,28(2)
河南禹县上石盒子组的一种蜚蠊化石. 林启彬,等. 古生物学报,1985,24(1)
杀虫环对黑胸大蠊神经突触传递的阻遏作用. 刘安西,等. 昆虫学报,1985,28(4)
石家庄市蜚蠊种群分布调查. 梁庆荣,等. 河北医学院学报,1985,6(4)
蟑螂水提取物对实验动物免疫功能的影响. 刘廷深,等. 福建医学院学报,1985,19(1)
蟑螂携带小肠结肠炎耶氏菌的调查研究. 黄淑敏,等. 中国人兽共患病杂志,1985,1(2)
敌百虫、溴氰菊酯、二氯苯醚菊酯对美洲大蠊的毒力测定. 沈培谊,等. 医学动物防制,1986,2(4)
SV1 对 8 种杀虫剂杀灭德国小蠊增效作用的比较. 姜志宽. 医学动物防制,1986,(4)
德国小蠊精母细胞联会复合体(SCs)组型及辐射诱发的 SCs 畸变. 冯蜀举,等. 遗传学报,1986,13(5)
敌百虫、二氯苯醚菊酯和溴氰菊酯对美洲大蠊的毒力测定. 姜志宽,等. 军事医学研究论文集,1986
防治蟑螂的药物与方法. 黄汉生. 农药,1986,(1)
杭州市风景区特殊行业采用综合措施防制蟑螂试点的效果报告. 沈培谊. 医学动物防制,1986,2(4)
炔戊菊酯对蟑螂的杀灭效果观察. 姜志宽,等. 医学动物防制,1986,(4)
WS-Ⅲ型卫生灭蟑涂料对蟑螂的灭效观察. 军事医学研究论文文集,1987
川楝素对蜚蠊第Ⅵ腹神经突触传递的阻断作用. 周培爱,等. 北京大学学报(自然版),1987,(2)
二氯苯醚菊酯不同酒精浓度制剂对杀灭蜚蠊的效果观察. 梁铁麟,等. 中国公共卫生(基层版),1987,3(2)
蜚蠊单个棘——钟形感器冲动发放的特征. 程会文,等. 生物物理学报,1987,3(3)
两种海蟑螂的记述. 陈国孝. 动物学杂志,1987,22(2)
美洲大蠊血淋巴游离氨基酸 DNS 荧光法测定. 袁静珍,等. 南京医学院学报,1987,7(1)
美洲大蠊酯酶同工酶酶谱及三种速效杀蟑剂对其抑制试验. 朱晓龙,等. 南京医学院学报,1987,(3)
中国常见蜚蠊种类及其危害、利用与防治的调查研究. 吴福祯. 昆虫学报,1987,30(4)
EBT 对德国小蠊的药效观察. 姜志宽,等. 医学动物防制,1988,(4)
德国小蠊生物学观察. 王乔,等. 西南农业大学学报,1988,10(1)
封涂法消除蟑螂危害现场之虫口动态研究. 张以仁,等. 医学动物防制,1988,4(4)
杭州风景区特殊行业防制蟑螂的效果报告. 沈培谊,等. 中国公共卫生杂志,1988,7(1)
褐斑大蠊的银染核仁形成区染色体骨架研究. 陈晓光,等. 第一军医大学学报,1988,8(4)
羧酸酯酶在美洲大蠊对敌百虫抗性中作用机制的探讨. 袁静珍,等. 中国寄生虫学与寄生虫病杂志,1988,6(1)
我国六种常见蜚蠊的生化分析. 聂崇兴,等. 湖南医学院学报,1988,13(4)
乌鲁木齐及其附近地区蜚蠊目昆虫的初步调查. 玛丽雅,玛赫木道娃. 新疆大学学报(自然版),1988,5(2)
云、贵蜚蠊目三新种二新记录记述. 冯平章,等. 昆虫分类学报,1988,10(3-4)
封涂法大面积消除蟑螂危害的研究. 刘清淮,等. 医学动物防制,1989,5(3)
居民住宅区奋斗呐灭蜚蠊现场试验. 柳霭钦,等. 医学动物防制,1989,5(4)
麻醉与不麻醉点滴测定美洲大蠊 LD_{50} 结果分析. 沈培谊,等. 中国公共卫生学报,1989,(1)
我国室内蜚蠊种群分布. 范德林. 医学动物防制,1989,5(4)
蟑螂与疾病的关系. 胡修元. 中国媒介生物学及控制杂志,1989,5(试刊号)
浙江省室内蟑螂种类及其分布的调查分析. 沈培谊,等. 医学动物防制,1989,(3)
凹缘大蠊核型的初步探讨. 刘毓,刘应伯. 生物学杂志,1990,(3)
德国小蠊粪便粗提物聚集活性的研究Ⅰ. 德国小蠊聚集诱源的研究. 黄远达. 医学动物防制,1990,6(1)
德国小蠊发育繁殖的观察. 莎仁,等. 医学动物防制,1990,6(1)
蜚蠊灭菌肽的诱导及初步分离分析. 张然,等. 昆虫学报,1990,33(1)
奋斗呐对舰上德国小蠊防治效果观察. 江雪峰,等. 解放军预防医学杂志,1990,8(1)
奋斗呐杀灭旅客列车德国小蠊效果观察. 柴兰芳,等. 医学动物防制,1990,6(增刊1)

黑胸大蠊在三类环境中的越冬调查. 俞松青,等. 医学动物防制,1990,6(3)
氯氰菊酯异构体对黑胸大蠊神经钠钾通道的调制作用. 刘安西,等. 昆虫学报,1990,33(1)
美洲大蠊雄性成虫对杀虫剂的敏感性测定. 沈培谊,等. 中国媒介生物学及控制杂志,1990,1(6)
诺毕速灭松乳剂对蟑螂的药效报告. 张应阔,赵学忠. 医学动物防制,1990,6(3)
我国室内蜚蠊分布及主要种类生活习性的调查研究. 费守华. 中国媒介生物学及控制杂志,1990,1(2)
应用周期性回归法预测蜚蠊消长规律. 王深晓. 医学动物防制,1990,6(1)
中国弯翅蠊属(蜚蠊目:弯翅蠊科)研究. 冯平章,等. 昆虫学报,1990,33(3)
美洲大蠊取食活动规律的初步观察. 董桂蕃,等. 中国媒介生物学及控制杂志,1991,2(增刊3)
LK-88527 实验室内杀灭德国小蠊试验报告. 张淑媛,杨勋. 医学动物防制,1991,7(1)
胺菊酯和丙烯菊酯混合气雾剂对蟑螂的杀灭试验. 高娃,常恕君. 中国媒介生物学及控制杂志,1991,2(2)
不同温度下的德国小蠊实验种群生命表. 杜云静. 中国媒介生物学及控制杂志,1991,2(4)
大连首次发现澳洲大蠊和褐斑大蠊的报告. 费守华,等. 中国媒介生物学及控制杂志,1991,2(5)
德国小蠊的生活史观察. 杜云静. 中国媒介生物学及控制杂志,1991,2(6)
德国小蠊与拟德国小蠊的区别鉴定. 费守华. 中国媒介生物学及控制杂志,1991,2(5)
蜚蠊的感受器及其功能. 程才贵. 昆虫知识,1991,28(1)
蜚蠊尾须单个细毛型感受器对机械刺激反应. 周培爱. 生物物理学报,1991,7(1)
高效杀蟑水剂对蟑螂的毒效试验. 陆年宏,王文德. 中国媒介生物学及控制杂志,1991,2(3)
高效杀蟑水剂对蟑螂的杀灭效果观察. 陆年宏,姚诗泉. 人民军医,1991,(4)
黑胸大蠊浓核病病毒(PfDNV)的研究Ⅱ. 回感试验. 黄远达. 中国媒介生物学及控制杂志,1991,2(6)
呼和浩特市灭蟑达标工作技术措施探讨. 李孟春,王义贤. 中国媒介生物学及控制杂志,1991,2(3)
控制黑胸大蠊适期的实验观察. 孙红专. 上海预防医学杂志,1991,(专辑)
美洲大蠊对一些化学物质的嗅觉反应. 董桂蕃,等. 中国媒介生物学及控制杂志,1991,2(增刊3)
农村大面积蟑螂防治措施研究. 杜希俊. 中国媒介生物学及控制杂志,1991,2(3)
五城市蟑螂密度监测结果分析. 江雪峰,等. 中国媒介生物学及控制杂志,1991,21(1)
应用氢化保幼激素控制德国小蠊的初步研究. 魏潮生. 医学动物防制,1991,7(4)
早熟素Ⅱ对德国小蠊生殖的影响. 李燕婷. 昆虫学报,1991,34(1)
蟑螂防治方法之新趋势与费洛蒙运用技术之探讨. 王正雄. 农药世界(中国台湾),1991,(6)
浙江上虞黑胸大蠊卵荚寄生蜂的初步研究. 俞松青. 中国媒介生物学及控制杂志,1991,2(3)
13 种杀虫剂杀灭美洲大蠊效果观察. 刘桐树,刘景春. 中国媒介生物学及控制杂志,1992,3(3)
八种拟除虫菊酯对德国小蠊的药效试验. 曹敏,等. 中国媒介生物学及控制杂志,1992,3(4)
不同养殖条件对德国小蠊生长发育综合影响的研究. 李蓓思. 中国媒介生物学及控制杂志,1992,3(5)
城市灭蟑. 江雪峰,陆宝麟. 科学出版社,1992
德国小蠊、美洲大蠊卵荚光镜与扫描电镜观察. 高娃. 中国媒介生物学及控制杂志,1992,3(6)
德国小蠊的生活史观察. 李蓓思. 医学动物防制,1992,8(1)
蜚蠊的抗药性及其防治对策. 董桂蕃. 中国媒介生物学及控制杂志,1992,3(3)
蜚蠊直肠排泄物刺激啮小蜂产卵行为的研究. 戴晓煌. 生物防治通报,1992,(1)
复合型杀蟑粉对蟑螂的毒杀效果及安全性试验研究. 王宏生,陈宝才. 中国媒介生物学及控制杂志,1992,3(5)
黑胸大蠊(Periplaneta fuliginosa)病毒的分离及某些特性. 杨明辉. 中国病毒学,1992,7(2)
美洲蜚蠊对多种化合物的触角嗅觉电位反应. 熊春生. 昆虫学报,1992,35(1)
杀虫笔杀蟑螂效果的研究. 刘永超,等. 医学动物防制,1992,8(2)
杀蜚蠊毒素的研究. 王春生,李颜. 微生物学报,1992,32(5)
山东省澳洲大蠊首次采集报告. 薛健,等. 中国媒介生物学及控制杂志,1992,3(3)
生产车间的蟑螂侵害率及防制措施研究. 陆志勋. 中国媒介生物学及控制杂志,1992,3(2)
溴化钾烷蒸熏客机灭蟑效果观察. 区柏恩. 中国媒介生物学及控制杂志,1992,3(4)
药物对美洲大蠊腹神经索阻断作用的电生理学研究. 熊春生. 医学动物防制,1992,8(1)
蟑螂忌避材料. 天津轻工,1992,(1)
蜚蠊棘一钟形感器冲动发放的效应. 程会文. 生物物理学报,1993,9(2)
蜚蠊卵荚寄生蜂的研究现状及展望. 俞松青. 中国媒介生物学及控制杂志,1993,4(2)
蜚蠊尾须细毛型感受器毛杆偏转的分布模式. 张克臣. 北京大学学报(自然版),1993,29(2)
合肥市内蟑螂的调查及其对光照和温度变化反应的研究. 杨兆芬. 白蚁科技,1993,10(1)
黑胸大蠊雌成虫年龄与生殖行为的关系. 夏克祥. 中国媒介生物学及控制杂志,1993,4(5)
黑胸大蠊最佳食饵研究. 黄远达. 武汉粮食工业学院学报,1993,(3)
拟啮小蜂对美洲大蠊新老卵荚的产卵选择. 俞松青. 医学动物防制,1993,9(1)
杀虫油漆对蟑螂的毒效研究. 江雪峰. 中国媒介生物学及控制杂志,1993,4(2)

台湾住家蟑螂新记录种——棕带蟑螂. 王正雄. 农药世界(中国台湾),1993,(113)
蟑螂防治实用手册. 赵云孝,等. 南京大学出版社,1993
美洲大蠊尾须一种新感器的扫描电镜观察. 程功煌,林宇光. 中国寄生虫学及控制杂志,1994,12(3)
YZ-A 型烟雾杀虫弹灭杀舰艇蟑螂效果观察. 闫凤清,等. 卫生杀虫药械,1994,1(4)
德国小蠊溴氰菊酯抗性株对灭蟑螂蚂蚁药的敏感性检测. 王宋创,王爱民. 广东医学院学报,1994,12(4)
黑胸大蠊浓核症病毒的研究. 黄远达,等. 昆虫学报,1994,37(1)
两种杀虫油漆对德国小蠊杀效果. 曹敏,张坤祥. 海军军事医学,1994,15(1)
灭蟑螂膏剂毒饵对蟑螂的杀灭效果. 张坤祥,江雪峰. 海军军事医学,1994,15(4)
闽东室内蜚蠊种群分布调查. 袁高林,陈文锦. 中国媒介生物学及控制杂志,1994,5(4)
信阳地区蟑螂侵害及生态学研究. 王守振,杨金龙. 中国媒介生物学及控制杂志,1994,5(4)
氯氰菊酯烟雾剂对德国小蠊的药效试验. 王美秀,王淑京. 中国媒介生物学及控制杂志,1995,6(4)
吡虫啉、杀虫双对美洲蜚蠊中枢神经的电生理影响. 刘贤进,等. 昆虫学报,1995,38(2)
氟脲嘧啶和噻替哌对对蜚蠊不育性研究. 戴晓煌. 医学动物防制,1995,11(2)
高克螂胶囊剂防制蟑螂的应用研究. 张紫虹,唐天兰. 中国媒介生物学及控制杂志,1995,6(3)
猛力(威灭)蟑螂药饵对船上德国小蠊的杀灭效果观察. 江雪峰,戴寿延. 中国媒介生物学及控制杂志,1995,6(5)
日本大蠊与东方蜚蠊的区别鉴定. 费守华. 中国媒介生物学及控制杂志,1995,6(5)
三种毒饵对德国小蠊的药效及适口性比较研究. 刘起勇,王美秀. 中国媒介生物学及控制杂志,1995,6(1)
乌鲁木齐市蜚蠊种类,栖息场所及防制对策. 黎唯,等. 地方病通报,1995,10(3)
远洋船舶应用超低容量喷雾技术杀灭蜚蠊的研究. 丁锁顺,等. 卫生杀虫药械,1995,1(1)
蟑螂携带及感染伤寒沙门氏菌,HBsAg 试验研究. 孟艳玲,佟淑芬. 中国媒介生物学及控制杂志,1995,6(6)
浙江蜚蠊卵荚寄生蜂的调查研究. 俞松青,等. 中国媒介生物学及控制杂志,1995,6(3)
中药蜚蠊的研究:我国蜚蠊目昆虫室内常见种类分布及主要种的检索表. 姚廉. 天津药学,1995,7(2)
DDVP 熏蒸杀灭城市居民楼垃圾通道蟑螂的效果观察. 陈勇,等. 卫生杀虫药械,1996,2(4)
FS-1 杀虫王对蟑螂的灭效试验研究. 高兰英,彭渤. 中国媒介生物学及控制杂志,1996,7(1)
ROACHZAP 电子蟑螂克星对蟑螂捕杀效果观察. 周海川,马玉林. 医学动物防制,1996,12(2)
船员外耳道蟑螂异物 181 例. 金国荣. 中华航海洋学杂志,1996,3(4)
丹东市部分居民和行业蟑螂防制效果观察. 高煜,等. 卫生杀虫药械,1996,2(2)
舰艇蟑螂种类及带菌情况调查. 任兵,沈徐文. 中华航海医学杂志,1996,3(4)
康其尔蟑螂克星的研究报告. 刘起勇,王美秀. 中国媒介生物学及控制杂志,1996,7(6)
绿僵菌防治德国小蠊的初步研究. 张刚应,等. 中国生物防治,1996,12(3)
灭蟑螂膏剂毒饵对蟑螂的毒效观察. 曹敏,张坤祥. 中国媒介生物学及控制杂志,1996,7(3)
青岛市 72 艘国内航行船舶蟑螂侵害调查及防治对策. 侯方辉,等. 医学动物防制,1996,12(2)
球孢白僵菌对德国小蠊侵染力的初步研究. 农向群,等. 中国生物防治,1996,12(3)
三种拟除虫菊酯对低抗药性蟑螂现场防制研究. 林立丰,蔡松武. 中国媒介生物学及控制杂志,1996,7(5)
杀虫烟雾弹杀灭旅客列车蟑螂效果观察. 黄鹏弟. 中国媒介生物学及控制杂志,1996,7(3)
杀虫油漆对舰船蟑螂的防制效果观察. 曹敏,沈学勇. 海军军事医学,1996,17(1)
浴池业与居民区蟑螂防制的探讨. 曲丰. 中国公共卫生,1996,12(1)
漳州市口岸室内蜚蠊种类及季节消长调查报告. 辛锡龙,等. 卫生杀虫药械,1996,2(3)
蟑螂治疗婴儿肛周脓肿 15 例. 郑丽玲. 中医外治杂志,1996,5(6)
N-正丁基全氟辛烷磺酰胺的合成及灭蟑药效. 郑剑,张应阔. 中国媒介生物学及控制杂志,1997,8(3)
北京市高档饭店蟑螂危害调查及防制探讨. 韩玉华,薛素琴. 中国媒介生物学及控制杂志,1997,8(6)
德国小蠊成虫血淋巴中蛋白质含量动态变化. 杨山,等. 医学动物防制,1997,13(2)
德国小蠊触角扫描电镜观察. 杨银书. 西北师范大学学报(自然科学版),1997,33(2)
德国小蠊对 DDVP 的抗性研究. 杨晓,等. 卫生杀虫药械,1997,3(3)
德国小蠊敏感品系和抗性品系的生活史观察. 郝惠玲,等. 中国媒介生物学及控制杂志,1997,8(5)
德国小蠊下颚须扫描电镜观察. 杨银书,等. 中国寄生虫病防治杂志,1997,10(3)
佛山市城区德国小蠊调查及现场防制研究. 许景泉,麦振全. 中国媒介生物学及控制杂志,1997,8(4)
高效灭蟑螂毒饵的研究及对现场防治效果的评价. 刘泉,陈建新. 寄生虫与医学昆虫学报,1997,4(2)
混配杀虫剂对美洲大蠊初孵若虫增效作用的研究. 宁黔冀,尚稚珍. 农药,1997,36(3)
龙岩市区灭蟑措施及成效. 刘志平,等. 卫生杀虫药械,1997,3(2)
热烟雾发生器控制下水道蟑螂效果观察. 罗维沛,冯南贵. 中国媒介生物学及控制杂志,1997,8(3)
热烟雾杀虫剂技术在城市下水道灭蟑工作中的应用前景. 姚其方. 卫生杀虫药械,1997,3(4)
热烟雾杀灭下水道高层建筑垃圾通道蟑螂的试验研究. 温穗,等. 卫生杀虫药械,1997,3(3)

杀虫植物对蜚蠊的毒效研究. 黄远达. 武汉食品工业学院学报,1997,(4)
威灭杀蟑药饵灭蟑效果综合评价. 谢俭波,等. 卫生杀虫药械,1997,3(4)
新型杀蟑螂药硫氟酰胺的药效评估. 张应阔,郑剑. 中国媒介生物学及控制杂志,1997,8(4)
蟑螂防治问题探讨. 何复梅,罗玉钏. 昆虫天敌,1997,19(4)
Bio-Path 毒饵对船上蟑螂杀灭效果观察. 曹敏,江雪峰. 海军军事医学,1998,19(3)
澳洲大蠊对三种杀虫剂的敏感性实验. 黄耕诚,等. 医学动物防制,1998,14(2)
百部碱对德国小蠊酯酶活性的影响. 杨银书,等. 中国媒介生物学及控制杂志,1998,9(5)
档案馆蟑螂的种类及防治. 荆秀昆. 中国档案,1998,(11)
敌敌畏热烟雾灭蟑螂效果观察. 姜法春,等. 医学动物防制,1998,14(1)
多种杀虫剂型和多种方法配合施用防制宾馆德国小蠊实验研究. 柴兰芳. 医学动物防制,1998,14(6)
高效灭蟑螂毒饵半现场及现场防制德小蠊效果观察. 李蓓思,刘泉. 中国媒介生物学及控制杂志,1998,9(2)
国境口岸蜚蠊分布特点及防制对策. 丁永键,等. 卫生杀虫药械,1998,4(2)
褐斑大蠊对三种杀虫剂的敏感性. 黄鼎生,等. 卫生杀虫药械,1998,4(1)
黑胸大蠊浓核病毒的病理学研究. 刘斌,等. 湖北大学学报,1998,20(1)
甲氧 DDT 和残杀威对德国小蠊毒杀作用的研究. 程景侠,等. 卫生杀虫药械,1998,4(1)
昆虫生长调节剂在蟑螂防制中的应用. 于长明,刘泉. 中国媒介生物学及控制杂志,1998,9(2)
连锁杀蟑毒饵的“连锁药效”试验. 何上虹,梁铁麟. 中国媒介生物学及控制杂志,1998,9(2)
硫氟酰胺杀蟑螂毒饵现场药效观察. 张应阔,等. 卫生杀虫药械,1998,4(3)
绿僵菌现场防治德国小蠊效果的实验研究. 张刚应,等. 医学动物防制,1998,14(4)
洛阳市蟑螂带菌和寄生虫卵的调查. 叶圣勤,李新霞. 中国媒介生物学及控制杂志,1998,9(2)
宁德市室内蜚蠊分布及季节消长. 袁高林,等. 海峡预防医学,1998,3(4)
医院病房大楼的蟑螂防制. 姜洪荣,宋明亮. 中国媒介生物学及控制杂志,1998,9(3)
蟑螂对中蜂的危害及综合防治. 罗卫庭,张学文. 蜜蜂杂志,1998,(11)
保幼激素类似物对德国小蠊卵黄发生及繁殖的影响. 于长明,等. 昆虫学报,1999,42(4)
北海口岸蜚蠊种群密度及其季节消长的调查. 林伟青,等. 医学动物防制,1999,15(8)
残杀威在防治蟑螂方面的应用. 王声伯,等. 卫生杀虫药械,1999,5(3)
大面积使用列喜镇灭蟑螂效果观察. 瞿胜,等. 卫生杀虫药械,1999,5(1)
德国小蠊的抗药性及多功能氧化酶的抗性中的作用. 张大羽,等. 浙江农业大学学报,1999,25(3)
德国小蠊抗性及抗性消退测定. 中国媒介生物学及控制杂志,1999,10(6)
防治蟑螂药剂及剂型的应用研究进展. 孙晨熹. 卫生杀虫药械,1999,5(2)
蜚蠊抗性调查在卫生检疫工作中的应用. 谢俭波,等. 卫生杀虫药械,1999,5(3)
凤城市城区首次发现德国小蠊. 洪江,等. 卫生杀虫药械,1999,5(3)
福建省室内常见蜚蠊对杀虫剂的敏感性. 黄耕诚,等. 卫生杀虫药械,1999,5(3)
广东省首次发现拟德国小蠊. 罗维沛,江钢锋. 广东药学院学报,1999,15(4)
杭州市蟑螂综合防制措施研究. 沈培谊,等. 中国媒介生物学及控制杂志,1999,10(1)
河北省城市德国小蠊季节消长及活动规律调查研究. 黄钢,等. 中国媒介生物学及控制杂志,1999,10(2)
黑胸大蠊浓核病毒基因组末端序列测定与分析. 郭海涛,等. 武汉大学学报(自然科学版),1999,45(6)
舰艇上德国小蠊的抗药性调查. 曹敏,等. 中华航海医学杂志,1999,6(1)
舰艇上德国小蠊对残杀威的抗性调查. 曹敏,等. 海军军事医学,1999,20(3)
京都稀蠊(Pariplanetakyotensis)在浙江首次发现及其形态描述. 沈培谊,等. 医学动物防制,1999,15(3)
凯素灵悬浮剂与可湿性粉剂防治蟑螂现场对比试验. 王守振,等. 卫生杀虫药械,1999,5(2)
灭蟑毒饵的实验研究. 黄清臻,等. 卫生杀虫药械,1999,5(4)
灭蟑灵杀灭蟑螂的效果观察. 卢亚秋,姜志宽. 医学动物防制,1999,15(1)
南京市下水道化粪池蟑螂侵害情况的调查研究. 楼文军,等. 卫生杀虫药械,1999,5(3)
热烟雾杀灭宾馆内下水道蟑螂的试验研究. 徐克利,等. 卫生杀虫药械,1999,5(1)
热烟雾杀灭下水道化粪池蟑螂效果观察. 李华,黎规于. 中国媒介生物学及控制杂志,1999,19(2)
杀虫剂与喷雾器之关系及在蟑螂防制中的应用. 朱成璞. 卫生杀虫药械,1999,5(1)
四种毒饵对德国小蠊和黑胸大蠊的适应性研究. 郝惠玲,等. 医学动物防制,1999,15(11)
天津市德国小蠊对 6 种杀虫剂抗药性测定结果. 孙晨熹,等. 医学动物防,1999,15(4)
威灭连锁杀蟑螂毒饵的“连锁药效”试验. 何上虹,等. 卫生杀虫药械,1999,5(2)
蚁蟑宁毒饵的研制与药效试验观察. 石翔云,徐之明. 中国媒介生物学及控制杂志,1999,10(1)
银川市区蟑螂综合防制措施效果分析. 王建国,等. 卫生杀虫药械,1999,5(2)
重组质粒转染蟑螂对黑胸大蠊浓核病毒的拯救. 张晓东,张珈敏. 中国病毒学,1999,14(2)
“旋风 2000”熏蒸器在舰船灭蟑效果观察. 王晓东,等. 卫生杀虫药械,2000,6(3)

拜虫杀现场灭蟑螂试验效果观察. 王荣芝,等. 卫生杀虫药械,2000,6(1)
氮酮对四种杀虫剂杀灭美洲大蠊的增效研究. 李茂全,等. 卫生杀虫药械,2000,6(2)
德国小蠊乙酰胆碱酯酶和羧酸酶活力与抗药性的关系. 林永丽,等. 医学动物防制,2000,16(11)
黑胸大蠊与美洲大蠊交叉抗原成分比较. 王金德,等. 上海免疫学杂志,2000,20(5)
旅客列车不同剂型灭蟑药物的研究及成本效益分析. 唐萌,等. 中国媒介生物学及控制杂志,2000,11(5)
美洲大蠊触角无感觉毛感受器的扫描电镜观察. 程功煌,等. 湖北大学学报(自然版),2000,22(2)
灭多威对美洲大蠊腹六神经节突触传递的阻断作用. 阳冬梅,等. 昆虫学报,2000,43(1)
杀虫剂对抗药性蜚蠊驱出效果研究. 林立丰,等. 中国媒介生物学及控制杂志,2000,11(2)
杀飞克、拜虫杀、爱克宁对德国小蠊的药效试验. 郝惠玲,等. 医学动物防制,2000,16(7)
信息素诱导的蟑螂生物防治系统——"毒力岛". 胡远扬,等. 卫生杀虫药械,2000,6(4)
9 种杀虫剂对旅客列车德国小蠊的药效测定. 李凡,陈敏明. 中国媒介生物学及控制杂志,2001,(3)
残杀威杀虫剂杀灭德国小蠊的现场观察. 沈舟江,等. 浙江预防医学,2001,(1)
国外蟑螂防制概况. 郝蕙玲. 中华卫生杀虫药械,2001,(3)
过敏性哮喘患者蟑螂抗原皮肤反应性调查. 王金德,等. 上海第二医科大学学报,2001,(1)
机上蟑螂防治的探讨. 张晓鸥,等. 民航医学,2001,(1)
舰艇上德国小蠊对 3 种杀虫剂的敏感性研究. 林永丽,等. 中国媒介生物学及控制杂志,2001,(1)
解放军某部食堂蟑螂密度监测与防制措施. 王国营. 预防医学情报杂志,2001,(2)
辽宁省德国小蠊对常用杀虫剂抗药性调查. 刘丹红,等. 中国媒介生物学及控制杂志,2001,(6)
旅客列车车厢不同结构蟑螂侵害情况的调查. 冯高标. 中华卫生杀虫药械,2001,(3)
美洲大蠊成虫对 2 种卫生杀虫剂的敏感性. 应国祥,等. 浙江预防医学,2001,(6)
凭祥口岸蟑螂种群及侵害状况调查. 廖国厚,等. 中国公共卫生,2001,(6)
青岛市 46 艘国内船舶蟑螂侵害情况调查. 周锡科,等. 海峡预防医学杂志,2001,(2)
杀虫剂对旅客列车德国小蠊激出效果实验. 李凡,于洪启. 中国媒介生物学及控制杂志,2001,(5)
上海铁路地区蟑螂防制对策研究. 朱仁义,等. 中华卫生杀虫药械,2001,(3)
无锡市区德国小蠊对 5 种杀虫剂的抗药性监测. 周海川,等. 江苏预防医学,2001,(3)
义乌市黑胸大蠊成虫对三种卫生杀虫剂的敏感性调查. 楼俊,俞小林. 实用预防医学,2001,(1)
蟑螂臭虫防治学组第十六次会会议纪要. 中华预防医学会媒介生物学及控制分会. 中华卫生杀虫药械,2001,(4)
北方城市蟑螂种群季节消长及防制对策. 王秀文. 医学动物防制,2002,(9)
昌平区德国小蠊对 5 种杀虫剂的抗药性水平研究. 吕京静,等. 中国媒介生物学及控制杂志,2002,(3)
赤峰市巩固灭蟑达标成果技术报告. 关彬,等. 医学动物防制,2002,(2)
德国小蠊对常用杀虫剂的抗药性测定. 周萌雯,等. 中国媒介生物学及控制杂志,2002,(3)
德国小蠊对杀虫剂的敏感性测定及现场杀灭观察. 周萌雯,等. 中国公共卫生,2002,(5)
高效连锁杀蟑药饵的三代连锁药效研究. 卢文成,等. 中华卫生杀虫药械,2002,(2)
兰州市某星级宾馆蟑螂初步调查报告. 第五进学,等. 医学动物防制,2002,(11)
两种卫生杀虫剂对德国小蠊的药效比较. 季江海,等. 中国媒介生物学及控制杂志,2002,(6)
旅客列车德国小蠊对三种杀虫剂的抗药性研究. 周萌雯,等. 现代预防医学,2002,(2)
旅客列车蟑螂跟踪调查. 林承灿. 医学动物防制,2002,(2)
漯河市区基本消灭蟑螂综合防制研究. 赵玉丑,等. 职业与健康,2002,(3)
毛纺织厂灭蟑螂效果观察. 边云秀,等. 医学动物防制,2002,(7)
某宾馆蟑螂防治效果观察. 刘秀连. 医学动物防制,2002,(2)
某部军用舰艇蟑螂侵害状况调查分析. 龙芝美,等. 医学动物防制,2002,(12)
某家庭蟑螂防治效果观察. 刘秀莲. 医学动物防制,2002,(5)
普通旅客列车鼠蟑防制效果观察(连续四). 薛恒斌,等. 医学动物防制,2002,(11)
青岛市区德国小蠊对杀虫剂的抗性测定. 姜洪荣,等. 中华卫生杀虫药械,2002,(3)
绍兴市区巩固"灭蟑螂先进城区"成果技术报告. 韦悦,等. 医学动物防制,2002,(1)
苏州市高档宾馆蟑螂侵害情况调查. 马桢红,等. 医学动物防制,2002,(9)
我国室内蟑螂种类分布和防制技术概况. 沈培谊. 浙江预防医学,2002,(1)
乌鲁木齐市德国小蠊对 4 种杀虫剂的抗药性调查. 覃斗,等. 中国媒介生物学及控制杂志,2002,(5)
无锡市灭蟑螂工作技术方案. 席春荣,等. 医学动物防制,2002,(8)
星级宾馆灶间灭蟑螂的现场观察. 宋明亮,等. 医学动物防制,2002,(4)
一起蟑螂危害家庭的现场调查及控制报告. 张建江. 医学动物防制,2002,(11)
义乌市黑胸大蠊成虫对 3 种卫生杀虫剂的敏感性调查报告. 楼俊,俞小林. 医学动物防制,2002,(8)
娱乐场所蟑螂调查及高效灭蟑毒饵防治效果观察. 赵兰霞,等. 中华卫生杀虫药械,2002,(1)

蟑螂带染霉菌的情况及人工感染研究. 韩承平,等. 医学动物防制,2002,(10)
蟑螂的生物信息防制. 王福山,徐柏林. 口岸卫生控制,2002,(1)
蟑螂抗原提取分离初步探讨. 张莉华,等. 黑龙江医学,2002,(8)
蟑螂综合防治研究. 李书健,等. 中华卫生杀虫药械,2002,(1)
2002 年哈尔滨市蟑螂密度消长调查结果分析. 李明玉,等. 黑龙江医学,2003,(5)
安阳市蟑螂调查初报. 王文志,等. 医学动物防制,2003,(12)
德国小蠊成虫对 5 种卫生杀虫剂的敏感性调查. 董玉平. 河北职工医学院学报,2003,(2)
居民楼蟑螂暴发情况调查及防治对策探讨. 王永进,等. 中华卫生杀虫药械,2003,(4)
居室蟑螂侵害状况及其防治对策. 姜洪荣,等. 中华卫生杀虫药械,2003,(4)
抗氯菊酯品系蜚蠊对杀虫剂的交互抗性研究. 曹敏,等. 中国媒介生物学及控制杂志,2003,(6)
昆山市巩固灭蟑先进城市成果综合防制技术研究. 谢云龙. 医学动物防制,2003,(10)
兰州市蟑螂种群及侵害情况调查. 李国太,等. 卫生职业教育,2003,(10)
两种杀虫剂杀灭旅客列车蟑螂的效果观察. 杨祥美,等. 中华卫生杀虫药械,2003,(3)
南昌市城区蟑螂种群及地区分布的调查研究. 陈海婴,等. 中华卫生杀虫药械,2003,(3)
平湖市巩固灭蟑、灭蝇成果技术措施效果评价. 陈其龙,王建华. 中国媒介生物学及控制杂志,2003,(2)
杀蟑毒饵连锁药效测试方法的研究. 何上虹,等. 中华卫生杀虫药械,2003,(1)
石家庄市蟑螂危害现状调查分析. 赵志清,苏静. 医学动物防制,2003,(11)
特殊行业室内蚊蝇和蟑螂种群组成及数量变化的监测研究. 陈坎生,等. 中华卫生杀虫药械,2003,(1)
扬州市"灭蟑先进城市"复查技术总结. 唐建梅,王惠梅. 医学动物防制,2003,(3)
一起蟑螂危害家庭的现场调查及控制报告. 张建江. 医学动物防制,2003,(8)
蟑螂防治方法初探. 庞峻. 中华卫生杀虫药械,2003,(3)
蟑螂防治进展. 孙晨熹. 医学动物防制,2003,(5)
蟑螂系统调查及防制经验. 辛宏业,等. 医学动物防制,2003,(9)
浙江省 3 种蜚蠊对 4 种常用杀虫剂的抗性调查. 俞小林,等. 中国媒介生物学及控制杂志,2003,(4)
重庆江北国际机场蚊类及蜚蠊种群调查. 雷红宇,等. 中国媒介生物学及控制杂志,2003,(3)
遵义市红花岗区蟑螂综合防制措施探讨. 罗映红,徐毅. 医学动物防制,2003,(5)
3 种蟑螂密度监测方法与效果分析对比试验. 潘国绍,等. 中华卫生杀虫药械,2004,(3)
5 种杀虫剂对德国小蠊成、若虫的敏感性及应用效果调查. 陈卫华,武正军. 中国媒介生物学及控制杂志,2004,(6)
白额巨蟹蛛对蟑螂捕食作用的研究. 李锴铭,等. 生物学通报,2004,(6)
拜力坦与奋斗呐杀虫剂室内灭蟑螂效果的对比观察. 林建新. 医学动物防制,2004,(10)
沧州市蟑螂危害及控制效果评价. 庞振清,等. 医学动物防制,2004,(5)
德国小蠊对 7 种杀虫剂的抗性调查. 冯向阳. 中华卫生杀虫药械,2004,(1)
德国小蠊抗性品系对化学杀虫剂交互抗性的研究. 王学军,等. 中国媒介生物学及控制杂志,2004,(3)
防治蟑螂的经验总结. 张凤顺,杨宝林. 中华卫生杀虫药械,2004,(3)
黄浦区蟑螂种群变化分析. 丁志伟,等. 中华卫生杀虫药械,2004,(1)
吉林省蟑螂的分布状况及防治策略. 季江海,彭渤. 中华卫生杀虫药械,2004,(1)
济南市德国小蠊对常用化学杀虫剂的敏感性测定. 王学军,等. 医学动物防制,2004,(2)
昆山市区饮食行业蟑螂种群变迁情况研究. 谢云龙. 中华卫生杀虫药械,2004,(4)
旅客列车蟑螂密度监测及防治效果分析. 许大宇,彭立新. 中华卫生杀虫药械,2004,(4)
潍坊市蟑螂侵害性调查报告. 张洪祥,等. 医学动物防制,2004,(7)
我国蟑螂侵害的几个特点. 梁铁麟,等. 中华卫生杀虫药械,2004,(3)
油田生活基地灭蟑螂模式的探讨. 王茂博,等. 中华卫生杀虫药械,2004,(3)
云南省室内蟑螂种类初步调查报告. 张厘,等. 医学动物防制,2004,(1)
云南昭通市城区蟑螂种群及地区分布的调查. 杨建设. 医学动物防制,2004,(3)
蟑螂变应原 Cr,PI 包涵体的变复性研究. 高波,等. 寄生虫与医学昆虫学报,2004,(2)
3 种杀虫剂现场灭蟑效果观察. 张标. 江苏预防医学,2005,(4)
保定市蟑螂带菌情况调查. 周超. 医学动物防制,2005,(3)
常州市 1998—2003 年蟑螂密度调查. 王洪林. 中华卫生杀虫药械,2005,(1)
对上海地区家庭中蟑螂活动规律的探索及对策. 顾石生. 生物学教学,2005,(2)
福建省沙县城区蟑螂种群分布及侵害情况调查. 方勇,等. 医学动物防制,2005,(9)
检测变应性疾病患者特异性 IgE 探讨三种蟑螂的交叉抗原性. 郭胤仕,等. 现代免疫学,2005,(2)
美国蟑螂. 白秦,博宇. 出版参考:新阅读,2005,(1)
清远市市区蟑螂消长趋势及种群构成调查分析. 朱旭豪,等. 中华卫生杀虫药械,2005,(1)

商丘市首次发现蟑螂及其孳生带菌情况调查. 陈长明,等. 河南预防医学杂志,2005,(6)
蟑螂的生活习性及其防治方法. 徐能智,等. 中华卫生杀虫药械,2005,(3)
蟑螂对几种食物的偏好试验研究. 毛伟光,等. 中华卫生杀虫药械,2005,(2)
蟑螂过敏原对城市儿童哮喘发病的危害最大. 于淑清,文仪. 国外医学情报,2005,(5)
镇江市蟑螂种群和密度调查研究. 姜洪方,等. 中华卫生杀虫药械,2005,(4)
支气管哮喘与过敏性鼻炎患者对蟑螂变应原特异性 IgE 反应的对比研究. 郭胤仕,等. 标记免疫分析与临床,2005,(4)
安阳市蟑螂侵害现状及防制策略. 王文志,等. 中华卫生杀虫药械,2006,(6)
鲅鱼圈港蟑螂侵害情况及防制措施. 李德智,等. 中华卫生杀虫药械,2006,(5)
宾馆饭店蟑螂的侵害情况及防制对策. 张孟群. 医学动物防制,2006,(4)
不同环境蟑螂侵害状况调查及控制措施. 蔡件,等. 中华卫生杀虫药械,2006,(5)
测定物质对蟑螂引诱力的试验方法研究. 张启贵,等. 中华卫生杀虫药械,2006,(2)
城市行业单位蟑螂侵害现状调查. 赵长海,等. 中华卫生杀虫药械,2006,(1)
德国蟑螂性信息素的鉴定. 明庆磊. 昆虫知识,2006,(1)
抚顺地区 1999—2002 年蟑螂监测密度结果分析. 葛成杉,等. 中华卫生杀虫药械,2006,(2)
合肥市公共场所蟑螂侵害特征与防制对策. 王吉庆,等. 中华卫生杀虫药械,2006,(6)
昆明市宾馆酒店蟑螂综合防制对策. 周晓梅,等. 中华卫生杀虫药械,2006,(2)
灭鼠灭蟑服务市场需求调查. 段黎明,王爱英. 中华卫生杀虫药械,2006,(1)
某医院蟑螂带菌情况及杀灭效果调查. 刘秋菊,等. 中华卫生杀虫药械,2006,(2)
泼尼松对蟑螂致敏小鼠支气管哮喘模型的作用. 许卓谦,刘志刚. 中华结核和呼吸杂志,2006,(4)
七种杀虫剂对德国小蠊的药效测定. 王秀丽. 医学动物防制,2006,(5)
秦皇岛城市区室内蟑螂种类及其分布的调查分析. 李红梅,等. 医学动物防制,2006,(12)
热烟雾杀虫剂现场灭蟑螂效果观察. 陈志龙,等. 中华卫生杀虫药械,2006,(5)
杀虫剂对德国小蠊击出效果实验. 王秀丽. 医学动物防制,2006,(5)
绍兴市城区德国小蠊对 5 种杀虫剂敏感性测定. 何学军,等. 中国预防医学杂志,2006,(1)
潍坊市区德国小蠊对杀虫剂的抗药性析因实验研究. 王汝芬,等. 社区医学杂志,2006,(11S)
西安市居民住宅蟑螂侵害现状调查. 解卫春,阮春来. 中华卫生杀虫药械,2006,(2)
医院蟑螂防制措施的研究. 王荣芝,等. 中华卫生杀虫药械,2006,(2)
医院中蟑螂致病菌携带状况调查. 林少杰,扬倬. 现代预防医学,2006,(4)
蟑螂过敏原引发哮喘的作用机制. 张忠芳,何韶衡. 广东医学,2006,(2)
蟑螂提取物抗肝损伤及抗病毒作用探讨. 高永翔,等. 国际中医中药杂志,2006,(3)
诏安县 2005 年蟑螂种类及季节消长调查. 沈汉杰. 医学动物防制,2006,(8)
浙江省 2005 年蟑螂种群监测结果. 傅桂明,等. 浙江预防医学,2006,(11)
支气管哮喘患者对三种蟑螂变应原的特异性血清学反应. 郭胤仕,许以平. 中华内科杂志,2006,(7)
3 种不同杀虫剂对德国小蠊的药效测定. 刘峰,等. 中华卫生杀虫药械,2007,(1)
5 种杀虫剂现场杀灭德国小蠊效果比较. 陈戊申,等. 中国媒介生物学及控制杂志,2007,(2)
本溪市蟑螂种群分布调查. 任晓亮,等. 中华卫生杀虫药械,2007,(6)
赤峰市区蟑螂密度监测结果分析. 王阁,等. 医学动物防制,2007,(10)
丹东市蟑螂种群分布及生态习性的研究. 张平. 中华卫生杀虫药械,2007,(6)
德国小蠊对常用杀虫剂的抗性监测. 白淑萍,等. 中华卫生杀虫药械,2007,(3)
抚顺市城区德国小蠊对 5 种杀虫剂的抗性调查. 葛成杉,等. 中华卫生杀虫药械,2007,(6)
关于 2006 年威海市区蟑螂种类及密度季节消长情况的调查. 丛勉杰,等. 医学动物防制,2007,(5)
合肥市德国小蠊对 6 种常用杀虫剂的抗药性调查测定及防制对策. 张家林,等. 中国媒介生物学及控制杂志,2007,(2)
几种杀虫剂对德国小蠊杀灭效果实验室观察. 赵志清,等. 医学动物防制,2007,(3)
交通工具上的蟑螂防治. 朱仁义,等. 中华卫生杀虫药械,2007,(2)
某部队食堂的蟑螂侵害与防治. 王育兵,等. 中华卫生杀虫药械,2007,(4)
全国蟑螂防治学组第 19 次学术交流会会议纪要. 中华卫生杀虫药械,2007,(5)
湘潭市 2002—2005 年蟑螂种类及季节消长调查. 龚华治,等. 实用预防医学,2007,(2)
宜昌市城区蟑螂种群分布及侵害情况调查. 朱彬彬,等. 中华卫生杀虫药械,2007,(6)
银川市蟑螂侵害性的调查分析. 吴建华,等. 宁夏医学杂志,2007,(8)
油田生活区蟑螂防制方法与体会. 刘东华. 医学动物防制,2007,(9)
蟑螂侵害情况调查及防治效果观察. 陈加祥,等. 中华卫生杀虫药械,2007,(5)
蟑螂侵害现状调查及控制措施. 赵丽仙,等. 中华卫生杀虫药械,2007,(5)

蟑螂重组变应原的研究进展. 马慧,刘志刚. 热带医学杂志,2007,(3)
浙江省 2006 年蟑螂种群监测报告. 傅桂明,等. 中国卫生检验杂志,2007,(10)
舟山海岛船舶蟑螂种群分布调查研究. 严剑波,等. 中华卫生杀虫药械,2007,(4)
2007 年朝阳市城区蟑螂密度监测报告. 潘丽杰,王晓莉. 中国现代药物应用,2008,(12)
2008 年全国蟑螂防治学组会议纪要. 中华卫生杀虫药械,2008,(3)
2 种杀虫剂对某医院蟑螂灭效观察. 刘秋菊,孙国祖. 中华卫生杀虫药械,2008,(2)
宾馆蟑螂综合防治探讨. 何基伍,等. 中华卫生杀虫药械,2008,(6)
不同虫德国小蠊对四种杀虫剂敏感性的研究. 郑越平,等. 贵州医药,2008,(7)
昌邑区蟑螂侵害现状及防治对策. 朱茉莉. 中国保健,2008,(23)
长春市德国小蠊对常用杀虫剂的抗药性测试. 唐勇,等. 中华卫生杀虫药械,2008,(5)
德国小蠊对 6 种杀虫剂的抗性测定. 史慧勤,等. 中华卫生杀虫药械,2008,(4)
福鼎市区德国小蠊对 3 种杀虫剂耐药性的测定. 庄睿,董杨. 中国媒介生物学及控制杂志,2008,(1)
甘肃省蟑螂危害状况调查研究. 李国太,等. 医学动物防制,2008,(6)
甘肃省蟑螂种群组成与区系调查研究. 许海魁,等. 中华卫生杀虫药械,2008,(3)
海南 5 城市蟑螂种类组成及其体表带菌情况调查. 林英姿,等. 中国寄生虫学与寄生虫病杂志,2008,(1)
邯郸市城区寄宿式学校蟑螂本底调查研究. 王建蕊,等. 中华卫生杀虫药械,2008,(4)
呼和浩特市蟑螂侵害情况调查与防治对策. 高淑敏,等. 中华卫生杀虫药械,2008,(3)
句容市蟑螂侵害状况调查及控制措施. 陈世军,等. 中华卫生杀虫药械,2008,(4)
兰州市蟑螂监测及侵害现状的调查研究. 李国太,等. 中华卫生杀虫药械,2008,(2)
兰州市蟑螂种群密度及侵害情况的调查研究. 王芸,等. 中华卫生杀虫药械,2008,(3)
旅客列车蟑螂的防治. 卢生善. 中华卫生杀虫药械,2008,(3)
衢州市市区蟑螂季节消长情况分析. 余樟有,等. 浙江预防医学,2008,(11)
生物杀虫剂对不同车型旅客列车德国小蠊现场灭效研究. 周萌雯,等. 医学动物防制,2008,(10)
石家庄市灭蟑工作巩固措施效果评价. 赵志清,等. 医学动物防制,2008,(12)
苏州市室内蟑螂生态学调查及防制对策. 马桢红,等. 医学动物防制,2008,(8)
苏州市蟑螂带菌情况调查研究. 瞿明芳,等. 医学动物防制,2008,(2)
羧酸酯酶与北京市不同城区德国小蠊对有机磷杀虫剂抗性的关系. 魏绪强,等. 中国媒介生物学及控制杂志,2008,(5)
泰安市城区蟑螂种群密度及侵害状况调查. 赵爱华,等. 中华卫生杀虫药械,2008,(6)
西宁地区蟑螂调查及分析. 马忠文. 中华卫生杀虫药械,2008,(2)
银川市蟑螂密度、季节消长状况分析. 吴建华,等. 医学动物防制,2008,(5)
在蟑螂防治工作中易被忽视的几个问题. 李新民. 河南预防医学杂志,2008,(2)
蟑螂不同饲养方法的效果比较. 徐承龙. 中华卫生杀虫药械,2008,(3)
蟑螂管理的现场勘察与药械协同应用. 蒋洪. 中华卫生杀虫药械,2008,(1)
蟑螂也有条件反射. 昆虫知识,2008,(5)
全国多中心支气管哮喘与过敏性鼻炎门诊患者对蟑螂变应原皮肤反应性的调查. 孙宝清,等. 中华哮喘杂志(电子版),2009,(1)
蟑螂过敏患者对蚕蛾与尘螨过敏原体外检测研究. 孙宝清,等. 中华哮喘杂志(电子版),2009,(1)

(十二)白蚁

台湾之白蚁问题. 易希陶. 台湾银行季刊,1954,6(4)
白蚁巢居的结构. 尤其伟,等. 白蚁调查研究报告,1956
海南黑翅蚁移植飞翔的前后. 尤其伟,等. 白蚁的调查报告,1956
家白蚁的生活习性及其防治方法的研讨(白蚁目:鼻白蚁科). 张祯祥. 昆虫学报,1956,6(4)
白蚁生物学及防治现状. 陈宁生. 昆虫学研究集刊,科学出版社,1959
杭州黄胸白蚁分群期预测. 唐觉,李参. 昆虫学报,1959,9(5)
台湾黑翅蚁生活特性及防治研究的初步报告. 武汉大学生物系白蚁研究小组. 武汉大学自然科学学报,1959,(7)
土栖白蚁生物学及防治研究介绍. 长江修防处白蚁研究组. 昆虫知识,1960,6(6)
中国南部的白蚁新种. 蔡邦华,等. 昆虫学报,1963,12(2)
长江大堤上黑翅土白蚁的地面活动与其巢位的关系. 蔡邦华,等. 昆虫学报,1965,14(2)
黑翅土白蚁的蚁巢结构及其发展. 蔡邦华,等. 昆虫学报,1965,14(1)
家白蚁的"吸水线"与"取水线". 李耀光. 昆虫知识,1965,9(11)
中国网螱属记述(等翅目:犀螱科). 夏凯龄,范树德. 昆虫学报,1965,14(4)

白蚁防治概况. 上海昆虫研究所. 白蚁防治经验交流会资料汇编,1972
白蚁踪迹物质(粗提物)的试验. 上海昆虫研究所. 全国白蚁防治经济交流会议资料汇编,1972
常州市白蚁防治情况汇报. 常州市房管处白蚁防治站. 白蚁防治经验交流会资料汇编,1972
关于防治散白蚁的几点体会. 南京市房产公司白蚁组. 白蚁防治经验交流会资料汇编,1972
关于防治散白蚁的体会. 苏州市城建局白蚁防治所. 白蚁防治经验交流会资料汇编,1972
黄胸散白蚁的分飞和群体形成. 上海昆虫研究所. 白蚁防治经验交流会资料汇编,1972
黄胸散白蚁类型分化的观察. 上海昆虫研究所. 白蚁防治经验交流会资料汇编,1972
我厂防治白蚁工作情况. 交通部(现铁道部)浦镇车辆工厂防治白蚁小组. 白蚁防治经验交流会资料汇编,1972
保幼激素类似物对黄胸散白蚁兵蚁分化的诱导. 朱湘雄. 昆虫学报,1974,17(2)
白蚁松桩诱杀坑的效果观察. 黄熙盛. 昆虫知识,1975,12(1)
用压烟法防治杉木白蚁的探讨. 江苏省宜兴县林场. 林业科技通讯,1975,(3)
怎样防治白蚁. 广东省昆虫研究所. 广东省科学技术出版社,1975
利用放射性同位素碘 131 标记法对家白蚁活动规律的初步研究. 李栋,等. 昆虫学报,1976,19(1)
白蚁防治知识. 南京市房地产管理局白蚁防治所. 江苏人民出版社,1977
用自然压烟法防治林地土栖白蚁. 江苏省句容县林场. 林业科技通讯,1977,(9)
中国的散白蚁属及新亚属新种. 蔡邦华,等. 昆虫学报,1977,20(4)
广西木鼻白蚁四新种. 蔡邦华,等. 昆虫学报,1978,21(4)
黑翅土白蚁蚁巢定位的研究. 张宗福. 昆虫学报,1978,21(3)
白蚁及其防治. 广东省昆虫研究所. 科学出版社,1979
使用新农药巴丹烟熏黑翅土白蚁的初步试验. 朱本忠,等. 林业科技资料,1979,(3)
白蚁追踪信息化合物的合成及生物试验. 仲崇茂,等. 昆虫激素,1980
黑翅土白蚁蚁巢和蚁路长出真菌指示物. 刘源智,等. 林业科技通讯,1980,(7)
黄肢散白蚁品级分化势能的诱导和抑制. 戴季达. 昆虫学报,1980,23(4)
家白蚁补充型蚁王在国内首次发现. 赵元. 昆虫知识,1980,17(1)
家白蚁食性的初步观察. 戴自荣,等. 昆虫知识,1980,17(2)
土栖白蚁蚁巢的指示目标. 陈尧. 昆虫知识,1980,17(4)
温湿度对家白蚁除建群体的影响. 黄亮文,张翰文. 昆虫学报,1980,23(1)
中国白蚁. 蔡邦华,黄复生. 科学出版社,1980
白蚁的蚁客. 李参. 昆虫知识,1981,18(6)
黑翅土白蚁翅芽型兵蚁、白兵蚁、工蚁和黑胸散白蚁芽型兵蚁的发现. 潘演征,等. 昆虫知识,1981,18(6)
黑翅土白蚁初期单腔巢建立的观察. 刘源智,等. 昆虫学报,1981,24(2)
黑翅土白蚁追踪信息素研究. 陈梅英. 昆虫激素,1981,(2)
江苏省的蛩类. 高道蓉,等. 江苏林业科技,1981,(3)
食料因子对家白蚁初建群体的影响. 黄亮文,陈丽玲. 昆虫学报,1981,24(2)
云南鸡枞菌属的分类与分布的研究. 臧穆. 云南植物研究,1981,3(3)
白蚁防治. 张祥龙. 四川人民出版社,1982
白蚁王国的秘密. 谭洪治. 科学普及出版社广州分社,1982
黑翅土白蚁巢外天敌的调查. 张贞华,郦培尧. 昆虫学报,1982,25(2)
黑翅土白蚁的活动和蚁巢发育与温湿关系的观察. 刘源智,等. 动物学研究,1982,(增刊3)
江苏省蛩类调查及网蛩属新种记述. 高道蓉,等. 动物学研究,1982,(增刊3)
用低放射性碘 131 与金 198 标记白蚁的试验. 李栋,等. 昆虫学报,1982,25(3)
“灭蚁灵”防治林地白蚁初试. 干保荣,等. 江苏林业科技,1983,(4)
从家白蚁实验群体培养出有翅繁殖蚁. 黄亮文,陈丽玲. 昆虫学报,1983,26(4)
黑翅土白蚁分群孔与主巢方位的关系. 李栋,等. 昆虫学报,1983,26(1)
指示森林白蚁巢位的鸡枞菌. 蒋纪英,成恒蒿. 中国林业,1983,(5)
白蚁初期群体的形成及其行为的观察. 黄为良,等. 昆虫学报,1984,27(3)
白蚁对堤坝的危害及其防治措施. 孙永庆. 江苏水利科技,1984,(3)
穿山甲怎样吃白蚁. 李栋. 仓储业务研究,1984,(1)
河南省蛩类调查及其新种记述. 王治国,李东升. 河南科学院学报,1984,(1)
家白蚁的生物学和群体发育. 黄亮文,陈丽玲. 昆虫学报,1984,27(1)
介绍预防白蚁的新药剂——毒死蜱. 戴自荣. 白蚁科技,1984,1(7,8)
潜在的防治白蚁新药 Ac217300. 戴自荣. 白蚁科技,1984,1(5)
挖巢方法消灭台湾乳白蚁(家白蚁)的效果. 仓储业务研究,1984,(2)
怎样寻找判断家白蚁地下蚁巢的位置. 冯家溪. 仓储业务研究,1984,(4)

大别山白蚁区系及其危害初步研究. 杨兆芬,等. 安徽大学学报(自然科学版),1985,(3)
毒饵法灭治白蚁. 高道蓉,等. 住宅科技,1985,(2)
广东省乳螱和网螱八新种(等翅目:犀螱科). 平正明. 昆虫分类学报,1985,7(4)
利用螨类防治白蚁的初步研究. 马延明. 白蚁科技通讯,1985,(4)
两种白蚁初建群体产卵、孵化及蜕皮行为的“社会”性表现. 黄为良,等. 动物学研究,1985,6(4)
杉木林地的白蚁防治. 高道蓉,等. 江苏林业科技,1985,(4)
香港蚁类名录. 高道蓉,等. 昆虫分类学报,1985,7(2)
新型毒饵灭治林地白蚁(螱). 高道蓉,等. 南京林学院学报,1985,(3)
纸型诱饵剂灭治家白蚁试验初报. 刘显钧. 白蚁科技,1985,2(4)
中国家白蚁属的新种和新亚种描述(等翅目:鼻白蚁科、家白蚁亚科). 蔡邦华. 动物学集刊,1985,(3)
《类比推理法》在探讨中草药灭蚁毒理机制中的应用. 刘长富. 白蚁科技,1986,3(2)
白蚁巢内生态环境与真菌优势种类. 陈宛如,等. 杭州大学学报,1986,13(1)
白蚁巢与真菌. 臧穆. 白蚁科技,1986,3(3)
白蚁防治与土坝灌浆. 章书录. 白蚁科技,1986,(2)
白蚁分类中采用的新方法. 彭统序. 白蚁科技,1986,(2)
白蚁及其防治. 刘继辉. 江西科学技术出版社,1986
白蚁品级分化成因的研究进展. 杨兆芬. 白蚁科技,1986,(2)
蚕室预防红,白两蚁的试验. 沈勋城. 白蚁科技,1986,(4)
城市园林树木白蚁防治研究. 史文鹏,等. 白蚁科技,1986,3(1)
大洋河水库晴天垮坝原因的调查. 李栋,等. 白蚁科技,1986,(2)
关于家白蚁“挖巢灭蚁”之我见. 朱本忠,侯玉明. 白蚁科技,1986,(4)
关于杀虫剂防治家白蚁的作用效果的评价. Nan-yaosu,等. 白蚁科技,1986,(4)
贵阳地区白蚁种类及垂直分布. 丘启胜. 白蚁科技,1986,(4)
黄翅大白蚁的纷飞观察. 梅向阳,吴维铭. 白蚁科技,1986,(4)
鸡枞菌一新种——大果鸡枞菌. 张正富,阮兴业. 真菌学报,1986,5(1)
家白蚁初期群体数量变动及其生物学观察. 袁舜姜,李理. 白蚁科技,1986,(4)
林地土栖白蚁分布型的初步研讨. 郦培尧,陈锷尧. 白蚁科技,1986,(4)
蚂蚁、白蚁的生态研究法. 北泽右三. 沈海铭. 白蚁科技,1986,(2)
木本楝科植物抗白蚁作用的初步观察. 戴白荣,黄珍友. 白蚁科技,1986,(4)
木材防蚁防腐药剂室内筛选初报. 史文鹏. 白蚁科技,1986,(3)
南京地区水库堤坝土栖白蚁的防治. 陆辉. 白蚁科技,1986,3(2)
浅议家白蚁巢的汲木线. 严健. 白蚁科技,1986,(3)
衢州市的蚁种类及分布情况调查. 董兆梁. 白蚁科技,1986,(2)
散白蚁饲养及其实验初期处理. 陈驹. 白蚁科技,1986,(4)
四川省白蚁区划. 刘源智,等. 白蚁科技,1986,(3)
无锡次生林区环境阻力对白蚁的影响. 李小鹰,夏亚忠. 住宅科技,1986,(10)
因黑翅土白蚁导致穿坝漏水出险的几种防治方法. 李国亮. 白蚁科技,1986,(2)
浙江省金台两地大中型水库查蚁情况. 沈勋城. 白蚁科技,1986,(2)
浙江省西天目山螱类(等翅目)考察. 高道蓉. 白蚁科技,1986,(3)
中国白蚁学论文选(1950—1983). 夏凯龄. 白蚁科技编辑部,1986
中国家白蚁属(Coptotermes wasman)及其防治现状. 林树青. 白蚁科技,1986,3(2)
中国乳螱属的研究(等翅目:鼻螱科). 夏凯龄,何秀松. 昆虫学研究集刊,1986,(6)
认真贯彻“预防为主,综合防治”的方针积极开展新建房屋预防白蚁工作. 林树青. 白蚁科技,1987,(3)
“古塔”的白蚁防治技术探讨. 张传忠. 白蚁科技,1987,(4)
白蚁的天敌. 高道蓉,朱本忠. 住宅科技,1987,(8)
白蚁的综合防治. 李桂祥,等. 中国主要害虫综合防治,1987,401
白蚁对黑荆树的危害及其防治. 王浩杰. 亚热带林业科技,1987,15(1)
白蚁防治原理. 美国国家害虫防治协会. 白蚁科技,1987,(4)
白蚁科技资料的翻拍技术. 林肖萍. 白蚁科技,1987,4(2)
白蚁生物学、生理学和生态学. Wood,T. G. ,Johnson,R. A. 白蚁科技,1987,(增刊)
不同温度对黑翅土白蚁初建群体的影响. 饶琦珍,等. 动物学研究,1987,8(3)
材料抗家白蚁属的比较研究Ⅰ. 不同塑料对澳大利亚矛颚家白蚁中国台湾家白蚁的易感性. 戴白荣. 白蚁科技,1987
仓储物资谨防白蚁. 高道蓉,朱本忠. 白蚁科技,1987,4(3)

大连地区白蚁危害树种初报. 于维瑾,万桂花. 白蚁科技,1987,(4)
堤坝白蚁药杀方法探讨. 张传忠. 白蚁科技,1987,(4)
防治白蚁,保护柑桔. 董兆梁. 白蚁科技,1987,4(2)
防治白蚁药物的筛选方法. 李小鹰,夏亚忠. 白蚁科技,1987,4(1)
贵州省等翅目及其分布调查. 丘启胜. 白蚁科技,1987,(3)
黑翅土白蚁初期群体与食料的关系. 黄立端. 白蚁科技,1987,(3)
黑翅土白蚁主巢体内生殖类品级现象的判别. 熊代顶,刘火华. 白蚁科技,1987,(4)
杭州地区黄胸散白蚁生活习性的初步观察. 乐秀勇. 白蚁科技,1987,(4)
家白蚁群体数量增长的生殖生理特点. 黄亮文. 昆虫学报,1987,30(4)
氯丹对健康影响的最新研究. 美国威信高化学总公司. 白蚁科技,1987,(3)
美国南部森林试验站在寻找新的白蚁技术. 吴传声译. 白蚁科技,1987,4(2)
美洲散白蚁对九种抗蚁柱硬材抽提物的反应. 戴自荣. 白蚁科技,1987,(增刊)
栖兆网蜚 Reticulitermes speratus (Kolbe)生活习性的观察. 于维瑾. 白蚁科技,1987,4(2)
浅谈危害水库土坝的白蚁工作体会点滴. 严双顶,腾兴安. 白蚁科技,1987,4(3)
全椒县白蚁危害水利工程的调查. 刘培忠. 白蚁科技,1987,4(1)
泉州开元寺白蚁危害调查及防治. 郦培尧. 白蚁科技,1987,(3)
散白蚁危害地区新旧房屋药物的预防和其应用模拟现场试验研究. 陈驹. 白蚁科技,1987,(4)
台湾乳白蚁(CoptotermesformosanusShiraki)的人为传播. 严正明,等. 白蚁研究,1987
土栖白蚁的防治. 黄熙盛,蒋家文. 白蚁科技,1987,4(1)
土栖白蚁危害黑荆树的调查与防治. 朱金桃. 白蚁科技,1987,4(1)
土栖白蚁危害园林树木的调查. 江土玲. 白蚁科技,1987,4(1)
危害堤坝白蚁的地面指示物. 江苏省金坛县海底水库白蚁小组. 白蚁科技,1987,4(1)
无锡市林地蜚类自然环境阻力因子初报. 夏亚忠,李小鹰. 白蚁科技,1987,4(1)
无药烟剂对白蚁的杀灭效果及杀虫机理. 刘源智,等. 白蚁科技,1987,4(1)
新建房屋白蚁危害及其防治的初探. 王雪仁. 白蚁科技,1987,(3)
新建筑物地下如何预防处理防治白蚁. 威信高化学总公司. 白蚁科技,1987,(3)
引诱白蚁的食用菌腐朽物的筛选. 高道蓉,等. 动物学研究,1987,8(2)
怎样保证雪窦寺大雄宝殿预防白蚁工程的质量. 王宝石. 白蚁科技,1987,3(12)
浙江省白蚁防治技术发展概述. 林树青. 白蚁科技,1987,4(1)
浙江土蜚属一新种(等翅目:蜚科). 范树德. 昆虫学研究集刊,1987,(7)
纸质灭蚁灵药饵的剂型. 李耀华. 白蚁科技,1987,(4)
中国白蚁的种类及分布. 李桂祥. 白蚁科技,1987,4(1)
竹、木材及其家具害虫防治. 陈镈尧. 白蚁科技,1987,(1)
安徽省白蚁种类及其区系分布特征. 姚立群. 白蚁科技,1988,5(1)
白蚁的呼吸代谢和能量循环. 李栋. 白蚁科技,1988,5(3)
白蚁的社会性生活. Sands,W. A. 朱本忠译. 白蚁科技,1988,5(4)
白蚁危害茯苓及防治现状调查. 林日钊. 白蚁科技,1988,5(4)
白蚁在生态系中的作用. 凌云. 白蚁科技,1988,5(4)
城市害虫综合防治—香港城市害虫防治. 白蚁科技,1988,5(2)
毒网帏幕法防治堤坝白蚁的设想方案. 胡健. 白蚁科技,1988,5(3)
二氯苯醚菊酯(氯菊酯)点滴法对散白蚁药效观察试验. 陈驹. 白蚁科技,1988,5(2)
佛罗里达台湾家白蚁现状. 徐卫英. 白蚁科技,1988,5(4)
高州溃堤成灾原因调查报告. 李栋. 白蚁科技,1988,5(1)
饥饿对家白蚁实验群体的生存和对维持群体中兵蚁比例的影响. 贡金年. 白蚁科技,1988,5(4)
鸡枞菌的液体深层培养和菌丝体化学成分分析. 赵呈裕,等. 中国食用菌,1988,(5)
家白蚁的大量采集运输和培养技术. 戴自荣. 白蚁科技,1988,5(1)
家白蚁在贵州省的地理分布与气候关系的探讨. 丘启胜. 白蚁科技,1988,5(4)
家白蚁种群数量变动与群体年龄的关系. 黄亮文. 白蚁科技,1988,5(3)
两种昆虫生长调节剂对台湾家白蚁的作用. 美国农业部森林服务机构. 白蚁科技,1988,5(2)
马来西亚的三种家白蚁. 黄振明. 白蚁科技,1988,5(3)
木白蚁的品级分化. 袁舜姜. 白蚁科技,1988,5(4)
浅谈正交设计在白蚁防治试验设计中的应用. 廖耀明. 白蚁科技,1988,5(3)
散白蚁出飞与气象的关系. 肖恒樵. 白蚁科技,1988,5(2)
世界白蚁研究的概况. 李桂祥. 白蚁科技,1988,5(1)

塑料电缆预防白蚁蛀蚀措施的研究. 戴自荣. 白蚁科技,1988,5(4)
台湾家白蚁的物理防治. 山野胜次,林文红. 白蚁科技,1988,5(4)
台湾家白蚁在路易斯安娜州的现状——一个有三十年历史的问题(译文). 路易斯安娜州立大学昆虫学系. 宋晓钢译. 白蚁科技,1988,5(3)
土栖白蚁死亡蚁巢的指示目标——炭角菌的生长过程观察. 张锁洪. 白蚁科技,1988,5(4)
印度喀拉拉邦幼龄桉树栽植中的白蚁问题的若干生态学观点. 印度喀拉拉邦林业研究所昆虫研究室. 白蚁科技,1988,5(1)
用物理方法杀灭木材内害虫的可能性. 陈允适. 白蚁科技,1988,5(3)
用最小误差值法筛选白蚁分群期的预报因子. 李耀华. 白蚁科技,1988,5(4)
圆唇散白蚁生物学特性的初步探讨. 程増林. 白蚁科技,1988,5(2)
圆唇网螱分飞的观察. 田有才. 白蚁科技,1988,5(3)
中国家白蚁属及其防治现状. 林树青. 白蚁科技,1988,3(2)
中国天目山钝颚螱属二新种. 高道蓉. 白蚁科技,1988,5(2)
白蚁及其防治. 刘继辉. 江西科学技术出版社,1989
蚌埠地区圆唇散白蚁生物学特性的研究. 马延明. 白蚁科技,1989,6(3)
长带家白蚁生物学特性的探讨. 董兆梁. 白蚁科技,1989,6(1)
常见白蚁氨基酸含量的比较. 戴自荣,等. 白蚁科技,1989,6(1)
从进口原木中截获一种白蚁. 李业林,等. 植物检疫,1989,3(6)
堤坝白蚁. 李栋. 四川科学技术出版社,1989
感觉园的白蚁防治. 廖耀明. 植物保护,1989,(5)
鸡枞菌的小白球菌阶段培养初探. 陈宛如,等. 杭州大学学报,1989,16(1)
家白蚁体内氨基酸的研究. 黄亮文,林琼芳. 昆虫知识,1989,26(3)
截头堆砂白蚁若蚁虫态变化的初步观察. 黄珍友,戴自荣. 昆虫天敌,1989,11(4)
进口原木发现弯颚乳螱. 黄振明. 植物检疫,1989,3(2)
普见家白蚁生殖特点和巢内各蚁型数量变动的初步研究. 白蚁科技,1989,6(3)
土壤含水量对黑翅土白蚁初建群体的影响. 饶琦珍,等. 昆虫知识,1989,26(1)
囟土白蚁内部器官研究. 陈尧,等. 白蚁科技,1989,6(1)
中国白蚁分类及生物学. 黄复生,等. 天则出版社,1989
中国白蚁与防治方法. 李桂祥,等. 科学出版社,1989
白蚁菌圃上小白球菌和炭角菌的生态关系初报. 陈宛如,等. 杭州大学学报,1990,(2)
黑胸散白蚁补充型生殖蚁的产生及发育的观察. 唐国清,刘源智. 昆虫学报,1990,33(1)
马来西亚树木上的一种白蚁. 李业林. 白蚁科技,1990,7(3)
五种白蚁生殖系统解剖比较研究. 陈尧,等. 白蚁科技,1990,7(3)
中国等翅目及其主要危害种类的治理. 林树青,等. 天津科学出版社,1990
白蚁病毒的分离及其理化性研究. 胡元相,等. 第二届全国病毒学会学术会议论文集. 中国微生物学会病毒学会,1991
城市白蚁及其防治. 黄博严,陶维强. 北京农业大学,1991
地炭棍室内培养观察试验. 尧琦珍,陈丽玲. 白蚁科技,1991,8(1)
防治房屋建筑散白蚁 Reticulitermes 诱杀技术的应用. 李小鹰,等. 白蚁科技,1991,8(3)
黑翅土白蚁的 9 种必需金属元素组成分析. 张贞华,董兆梁. 科技通报,1991,7(6)
胡氏边白蚁消化系统的微细结构. 卢宝廉. 昆虫学报,1991,34(2)
浅谈六合县黑翅土白蚁对堤坝的危害与防治. 严双顶. 白蚁科技,1991,8(1)
温度对家白蚁的生存和活动的影响. 李耀华. 昆虫学报,1991,34(1)
我国从进口木材中截获的害虫. 何志华. 浙江林业科技,1991,11(5)
植物检疫中的白蚁问题. 平正明. 植物检疫,1991,5(1):53;(2)
中草药防治白蚁的研究. 林树青,等. 白蚁科技,1991,8(2)
中国破坏建筑物木构件和建材的白蚁(螱)名录. 高道蓉,林群声. 白蚁科技,1991,8(1)
安徽省等翅目种类和象螱亚科一新种. 高道蓉,等. 白蚁科技,1992,9(1)
白蚁的室内饲养和室内试验方法. GüntherBecker. 宋晓钢译. 白蚁科技,1992,9(1)
从马来西亚进口的原木上截获大家白蚁. 陈孟裕. 植物保护,1992,18(5)
关于新建房屋建筑白蚁预防工程管理问题的探讨. 徐卫英. 白蚁科技,1992,9(1)
杭州市新华丝厂白蚁危害调查. 贺传生,等. 白蚁科技,1992,9(2)
湖北省等翅目四新种. 平正明,等. 白蚁科技,1992,9(3)
湖北省散白蚁属三新种(等翅目:鼻白蚁科). 平正明,等. 昆虫学报,1992,35(4)

话《中国白蚁分类及生物学》一书. 周尧. 白蚁科技,1992,9(3)
黄翅大白蚁危害杉木成熟林降低林材工艺价值调查. 蒋家文,等. 白蚁科技,1992,9(2)
几种抗生素对白蚁的实验室毒力测定. 高道蓉,朱本忠. 华东昆虫学报,1992,1(2)
金霉素和灭蚁灵的几种合剂对五种常见白蚁的毒力对比. 高道蓉,朱本忠. 四川动物,1992,11(1)
六种白蚁消化系统解剖比较研究. 陈镈尧,等. 白蚁科技,1992,9(2)
氯丹防治土栖白蚁的初报试验. 刘培忠. 白蚁科技,1992,9(2)
曲颚乳白蚁. 平正明,齐桂臣. 植物检疫,1992,6(4)
台湾家白蚁(等翅目:鼻白蚁科)综述. 徐卫英. 白蚁科技,1992,9(2)
台湾家白蚁群体兴旺的年限. 黄亮文. 白蚁科技,1992,9(3)
土白蚁菌圃药用的初报研究. 贾作成. 白蚁科技,1992,9(1)
皖西大别山林区黑翅土白蚁危害对杉树生长量的影响的调查研究. 徐光余. 白蚁科技,1992,9(3)
银杏白蚁危害调查及防治技术研究. 蒋家文,等. 白蚁科技,1992,9(3)
印度—马来西亚家白蚁的种类及分布. 黄复生,韩寅恒. 植物检疫,1992,6(4)
在进口马来西亚柳桉上发现曲颚乳白蚁. 张绍红,等. 植物检疫,1992,6(2)
浙江省九科白蚁的酯酶同工酶的比较研究. 张方耀,等. 白蚁科技,1992,9(1)
中国白蚁学论文选(1984—1993)上、中、下册. 夏凯龄. 天则出版社,1992
中国古藉中有关白蚁记载的商榷与补充. 戴自荣. 白蚁科技,1992,9(2)
"八五"重点推广的科技成果:堤坝白蚁防治技术. 姚达长. 水利工程管理技术,1993,(5)
"白蚁诱饵剂"饵料的筛选试验. 宋晓钢. 白蚁科技,1993,10(2)
C90 型塑板预防白蚁的测试. 李栋,等. 白蚁科技,1993,10(2)
白蚁药理作用的研究. 黄博严等. 湖北植保,1993,(增刊 2)
白蚁与检疫. 黄复生. 北京昆虫学报首届植物检疫学会讨论会论文集,1993
城市建设与白蚁种群变化及对策. 李耀华. 白蚁科技,1993,10(2)
从马来西亚木材上截获到婆罗乳白蚁. 张绍红,陈建东. 植物检疫,1993,7(6)
堤坝白蚁地面指示物寻找方法. 卞法祥. 江苏水利科技,1993,(4)
堤坝白蚁活动查找方法初探. 吴锡春. 江苏水利科技,1993,(4)
地质变迁与中国等翅目分布起源. 朱本忠,等. 白蚁科技,1993,10(3)
毒土防护层在藏龙埝水库大坝白蚁综合防治中的应用. 陆辉,等. 江苏水利科技,1993,(4)
二种硼化物对家白蚁的室内毒杀试验. 谢杏扬,等. 白蚁科技,1993,10(3)
邗江县江堤白蚁防治工作. 曾宝新. 江苏水利科技,1993,(4)
化学药剂用于土壤抗地下白蚁试验在澳大利亚的效果论证. 林丽娜译. 白蚁科技,1993,10(2)
家白蚁兵蚁外分泌化合物的 GC/MS 分析. 庞新文,张贞华. 质谱学报,1993,14(1)
家白蚁的品级分化. 黄亮文. 白蚁科技,1993,10(2)
江苏省堤坝白蚁防治技术综述. 朱德伦,朱家年. 江苏水利科技,1993,(4)
江阴市江堤蚁巢分布规律探析. 奚志洪,殷建方. 江苏水利科技,1993,(4)
靖江市人工挖掘蚁巢的经验介绍. 陈金富. 江苏水利科技,1993,(4)
灭蚁药物投放检查的技术要求及注意事项. 郭守权. 江苏水利科技,1993,(4)
食用菌白蚁危害的研究. 陈长合. 白蚁科技,1993,10(3)
水库蚁巢解剖情况初析. 严双顶. 江苏水利科技,1993,(4)
特殊环境下生存的台湾家白蚁. 李凯. 白蚁科技,1993,10(3)
天童山钝象蜚属一新种. 平正明,等. 白蚁科技,1993,10(3)
兴亮阴暗与潮湿对普见家白蚁存亡影响的探讨. 黄海根. 白蚁科技,1993,10(3)
溴甲烷熏蒸处理一批带大家白蚁的原木. 张绍红. 动植物检疫,1993,(3)
圆唇散白蚁与五种蜚蠊酯酶同工酶的比较研究. 杨兆芬. 白蚁科技,1993,10(3)
浙江省象白蚁一新种. 周伯锦,等. 白蚁科技,1993,10(2)
中国林业白蚁危害及其防治技术. 陈镈尧,等. 白蚁科技,1993,10(2)
白蚁对弹药库的危害及防治试验. 贡金年. 白蚁科技,1994,11(3)
不同数量截头堆砂白蚁对补充型形成的影响. 黄珍友,杨瑞海. 昆虫天敌,1994,16(2)
大家白蚁的分布及其检疫的重要性. 陈寿铃. 昆虫知识,1994,31(6)
广西等翅目昆虫种类、寄主及分布. 林日钊,等. 白蚁科技,1994,11(2)
黑胸散白蚁补充生殖群体的发展与发育规律. 刘源智,唐太英. 昆虫学报,1994,37(1)
黄翅大白蚁蚁后卵巢长度、体积、卵巢管娄与整巢蚁数相关性研究. 陈镈尧. 白蚁科技,1994,11(2)
家白蚁初建群体的生态学及生物学活性的研究. 黄亮文. 白蚁科技,1994,11(3)
建德市白蚁种类与防治. 邵三华,张建华. 白蚁科技,1994,11(1)

江西省奇象蠹一新种. 傅冰,徐月莉. 白蚁科技,1994,11(1)
截头堆砂白蚁原始繁殖蚁有关的生物学特性. 黄珍友,戴自荣. 白蚁科技,1994,11(3)
埋地 C90 型塑板汽化氯丹土壤家白蚁效果测试. 李栋,等. 白蚁科技,1994,11(2)
南方铁路客车厢白蚁防治与探讨. 李贵平. 白蚁科技,1994,11(1)
南京市的白蚁及其防治概况. 刘发友,朱本忠. 白蚁科技,1994,11(2)
拟黑多刺蚁生活习性的初步研究. 贺传生,等. 白蚁科技,1994,11(3)
试论在城市建设中开展白蚁预防工作的必要性. 吴小华,叶宜秋. 苏州房地产,1994,(2)
皖西大别山林区黑翅土白蚁危害树种完损值调查研究. 白蚁科技,1994,11(1)
温度截头堆砂白蚁补充型形成及繁殖的影响. 黄友珍,杨瑞海. 昆虫天敌,1994,16(3)
我国城市建设与白蚁种群变化、种群数量变动关系综述. 陈镈尧. 白蚁科技,1994,11(3)
溴氰菊酯防治房屋建筑白蚁应用效果试验初报. 李小鹰,等. 白蚁科技,1994,11(2)
中国等翅目昆虫名录. 朱本忠,等. 白蚁科技,1994,11(1)
舟山局首次在进口的柳桉木上截获沙巴锯白蚁. 杨赛军. 植物检疫,1994,8(1)
安庆市堤坝白蚁的危害与防治. 程国 Yi,郑克谦. 水利管理技术,1995,(5)
澳大利亚的白蚁和森林管理(译文). 王金福译. 白蚁科技,1995,12(1)
白蚁对抑制炎症及其免疫调节作用的研究. 宋晓钢,等. 白蚁科技,1995,12(2)
白蚁机体的氨基酸分析. 吴小楠,姚书冠. 白蚁科技,1995,12(3)
白蚁口服液的药理试验研究. 汪敬武,等. 白蚁科技,1995,12(1)
白蚁提取液急性毒性及致突变性研究. 宋晓钢,等. 白蚁科技,1995,12(3)
白蚁危害幼杉影响成活率. 陈镈尧,等. 白蚁科技,1995,12(1)
比较研究白蚁巢上生长的担子菌——鸡枞菌及其分生孢子阶段小白球菌的生长与其基质的生态关系. 陈宛如,等. 真菌学报,1995,14(3)
高氰戊菊酯防治白蚁试验——室内土壤处理. 张方耀,等. 农药,1995,34(2)
广西林木白蚁种类调查及防治研究. 蒋家文,等. 白蚁科技,1995,12(3)
海南岛尖峰岭白蚁的区系与生态分布. 顾茂彬,等. 林业科学研究,1995,8(6)
汉江堤防白蚁的危害与防治. 冯飞. 人民长江,1995,26(7)
黑翅土白蚁新群体的饲养和其存活十四年的地表活动与蚁巢解剖. 刘源智,等. 白蚁科技,1995,12(3)
黄胸白蚁生物学生态学特性研究. 张树棠,林信恩. 山西农业科学,1995,23(1)
家白蚁成虫配对在实验室培养的成熟群体分飞研究. 李桂祥,等. 白蚁科技,1995,12(1)
昆虫生长调节剂防治白蚁的研究综述. 张心结. 白蚁科技,1995,12(2)
尼龙 11 和低压聚乙烯塑料管道抗家白蚁蛀蚀的测定. 戴自荣,等. 白蚁科技,1995,12(1)
台湾乳蠹对林木的危害及其防治. 朱本忠. 白蚁科技,1995,12(1)
温度对截头堆砂白蚁补充型形成及繁殖的影响. 黄珍友. 白蚁科技,1995,12(2)
西双版纳白蚁的种类和特征. 肖维良,等. 白蚁科技,1995,12(3)
香港的乳蠹属研究. 高道蓉,等. 白蚁科技,1995,12(3)
香港的土蠹属研究. 高道蓉. 白蚁科技,1995,12(3)
香港经济重要的白蚁和防治. 高道蓉. 白蚁科技,1995,12(1)
云南白蚁二新种(等翅目:白蚁科). 杨兵,黄复生. 昆虫分类学报,1995,17(2)
云南大白蚁属一新种(等翅目:白蚁科). 朱世模,张长海. 动物学研究,1995,16(1)
中国鸡枞菌的种类与分布. 贺新生. 食用菌,1995,17(6)
Dursban TC 防治白蚁效果测定试验. 宋晓钢,等. 白蚁科技,1996,13(1)
Silonen 乳剂防治白蚁试验. 宋晓钢,等. 白蚁科技,1996,13(2)
白蚁多行为的研究现状. 张健华. 白蚁科技,1996,13(3)
白蚁及相关真菌的提取物对肝匀浆产生脂质过氧化物的影响. 张东驰. 白蚁科技,1996,13(3)
白蚁匀浆液抗疲劳作用的实验研究. 吴小楠,汪家梨. 白蚁科技,1996,13(2)
常州白蚁种类调查及其危害情况记述. 吴建国,等. 白蚁科技,1996,13(1)
从出口纸质包装箱上截获锥颚异白蚁. 李百胜,等. 植物检疫,1996,10(2)
从进境集装箱内截获印缅乳白蚁. 赖耀业,丘仕勇. 植物检疫,1996,10(6)
从进口原木中首次截获近马坦象白蚁. 黄宏辉,傅向平. 白蚁科技,1996,13(1)
从苏里南木材上截获南美乳白蚁. 张绍红. 植物检疫,1996,10(6)
毒死蜱及其防治白蚁效果与应用研究进展综述. 李小鹰,等. 白蚁科技,1996,13(3)
福建省农林作物白蚁种类及其区系探讨. 余春仁,等. 福建农业大学学报,1996,25(2)
黑胸散白蚁新群体的建立和发展与环境条件的关系. 刘源智,潘演征. 昆虫学报,1996,39(4)
几种昆虫生长调节剂对家白蚁的毒效试验. 雷朝亮,等. 昆虫知识,1996,33(2)

荆江大堤白蚁研究与防治. 陈扬志. 中国水利水电出版社,1996
利用敌敌畏树脂挥发剂进行土壤处理防治白蚁试验. 陈丽玲译. 白蚁科技,1996,13(3)
南通局在进口柬埔寨木材上截获大家白蚁. 张明,张士才. 植物检疫,1996,10(3)
砷剂白蚁药在土壤中淋溶动态和特效期的研究. 李丁权,等. 中南林学院学报,1996,16(3)
天津口岸截获的白蚁种类及检疫处理. 陈兰芬,于兴国. 植物检疫,1996,(4)
香港地区的白蚁(等翅目). 高道蓉,等. 中国农业科技出版社,1996
香港新鳖属(Neotermes)的研究(等翅目:木鳖科). 高道蓉. 白蚁科技,1996,13(3)
园林古建筑庙宇白蚁危害及其防治探讨. 刘发友. 白蚁科技,1996,13(3)
原白蚁的形态变异及其种类厘定商榷(等翅目:草白蚁科). 黄复生,等. 白蚁科技,1996,13(3)
值得重视的美国缘木白蚁. 朱明道,等. 植物检疫,1996,10(3)
950 生物杀虫剂对家白蚁的室内毒效试验. 张忠勤. 白蚁科技,1997,14(1)
敖江防洪堤白蚁防治措施. 张雄光. 水利科技,1997,(1)
白蚁保健作用的实验研究. 吴小南,等. 白蚁科技,1997,15(1)
白蚁的经济意义与防治方法. 李桂祥,等. 白蚁科技,1997,14(2)
白蚁跟踪信息素的配制应用初探. 江超平. 白蚁科技,1997,14(3)
白蚁灵(Sumialfa 5FL)防治白蚁效果试验. 戴自荣,等. 白蚁研究,1997,25
白蚁危害调查及其防治. 王兴华,王向阳. 江苏住宅科技,1997,(1)
白蚁研究. 广东省白蚁学会. 广东人民出版社,1997
巢湖地区白蚁种类调查及其分布特点研究. 陈镈尧. 白蚁科技,1997,14(1)
毒死蜱对家白蚁的室内毒力测定. 高四维. 白蚁科技,1997,14(3)
防治白蚁药剂的发展概况. 张大羽,等. 白蚁科技,1997,15(1)
硅白灵(Silafluofen)防白蚁的药效试验和施药技术的改进建义. 戴自荣,等. 白蚁研究,1997
杭州地区白蚁种类. 高四维. 白蚁科技,1997,14(1)
揭开白蚁筑巢技术奥秘,找到地基加固新途径. 陈雅凤. 白蚁科技,1997,14(1)
截头堆砂白蚁补充型繁殖蚁形成的生物学特性及其在群体中的作用. 黄珍友,杨瑞海. 昆虫天敌,1997,19(4)
卡死克和灭蚁灵对家白蚁的毒效试验. 卢川川,钟浩泉. 白蚁研究,1997
每克栖北网鳖对木材消耗率的实验初报. 张业梅,等. 白蚁科技,1997,15(1)
灭治林木果树、土壤、堤塘白蚁的特效药 WAY - 8202 白蚁诱杀剂. 林业科技通讯,1997,(6)
钼、钨诱饵剂防治白蚁的药效试验. 戴自荣,等. 白蚁研究,1997
浅谈我国防治白蚁用药的情况. 李栋,等. 白蚁研究,1997
试论新建房屋白蚁预防工作的管理. 黄可良. 白蚁科技,1997,14(1)
土栖白蚁对现代建筑房屋危害及防治. 张传忠. 白蚁科技,1997,14(2)
土栖白蚁危害龙眼调查及防治技术研究. 蔡国贵. 福建林学院学报,1997,17(2)
武进市发现首例境外白蚁入侵. 吴建国,等. 白蚁科技,1997,14(2)
治理环境消灭蚁源. 严双顶,等. 白蚁科技,1997,14(1)
中国白蚁检疫的进展. 平正明,徐月莉. 白蚁研究,1997
中国台湾乳白蚁在实验室培养的有翅成虫数量与性比研究. 李桂祥,黄珍友. 白蚁研究,1997
白蚁危害幼龄桉树防治试验及技术推广. 钱国财,魏影景. 林业科技通讯,1998,(7)
常熟局首次截获大家白蚁. 杜国兴,樊新华,等. 动植物检疫,1998,(1)
从巴布亚新几内亚进口的原木中截获端明乳白蚁. 曾令凑,陈伟雄. 植物检疫,1998,12(5)
从进口原木首次截获短翅长鼻白蚁. 喻国泉,王爱平. 植物检疫,1998,12(5)
从进口原木中首次截获叶额砂白蚁. 阮乐秋,彭文静. 植物检疫,1998,12(5)
花胸散白蚁多型行为的初报分析. 张健华. 昆虫学报,1998,41(4)
几种杀白蚁药剂对黄肢散白蚁的毒效试验. 陈海洪,等. 白蚁科技,1998,15(3)
尖唇散白蚁(Isoptera rhinotermitidae)取食群体大小与活动范围. 邢连喜,等. 浙江农业大学学报,1998,24(2)
尖唇散白蚁的砂粒屏障防护研究. 邢连喜,等. 白蚁科技,1998,15(3)
进境木浆检疫截获害虫种类及疫情分析. 王兴荣,等. 动植物检疫,1998,(1)
林木白蚁病毒复合剂研究初报. 谢鸣荣,等. 江苏林业科技,1998,25(1)
美国白蚁及其防治概况. 李小鹰,等. 白蚁科技,1998,15(1)
施用杀灭菊酯防治黄肢散白蚁试验. 周伯锦,等. 白蚁科技,1998,15(3)
双氧威防治白蚁的药效试验. 宋晓钢,袁荣兰. 白蚁科技,1998,15(2)
台湾家白蚁与拟黑多刺蚁醇提取物的药理作用比较:抗应激作用. 谢金鲜,杨柯. 广西中医药,1998,21(6)
台湾家白蚁与拟黑多刺蚁醇提取物药理作用比较:抗炎、镇静、镇痛作用. 林启云,杨柯. 广西中医药,1998,21(3)

溴氰菊酯处理木材防治散白蚁 Reticulitermes 实验室研究结果的报告. 李小鹰,等. 白蚁科技,1998,15(3)
溴氰菊酯对散白蚁(Reticulitermes sp.)毒力测定结果初报. 李小鹰,等. 白蚁科技,1998,15(2
印楝素对家白蚁趋向和取食的影响. 卢川川,钟浩泉. 白蚁科技,1998,15(1)
在喀麦隆原木上截获模斯乳白蚁. 郑建中,张新荣. 植物检疫,1998,12(1)
中国白蚁生物学及防治. 刘源智,等. 成都科技大学出版社,1998,1
中国堤坝白蚁防治研究简史及现状. 李栋,等. 白蚁科技,1998,15(3)
Radaleum-20(瑞达乐姆-20)对散白蚁的室内毒力测定. 尹红. 白蚁科技,1999,16(1)
白蚁酒抗疲劳及免疫调节作用的实验研究. 吴小南,汪家梨. 白蚁科技,1999,16(3)
白蚁研究. 广东省白蚁学会. 广东经济出版社,1999
吡虫啉对台湾乳白蚁的毒效试验. 卢川川,陈国强. 白蚁科技,1999,16(3)
茶村水库垮坝原因调查. 龚正华,等. 白蚁科技,1999,16(3)
常见六种农药植物自殖烟剂熏杀黑翅土白蚁的试验研究. 梁修山,等. 白蚁科技,1999,16(3)
大别山南坡:潜山县城乡和天柱山白蚁区系研究. 陈镈尧,等. 白蚁科技,1999,16(1)
低等白蚁肠道内原生动物分布及其进化意义. 李珺,等. 白蚁科技,1999,16(2)
电缆护套层抗白蚁蛀蚀性能测定. 夏传国,朱玉英. 白蚁科技,1999,16(2)
贵州省白蚁危害埋地光缆的机理分析与防治对策的研究. 周志伯,杨正文. 白蚁科技,1999,16(2)
河北省黄胸散白蚁综合防治技术研究. 黄钢,刘永占. 中国媒介生物学及控制杂志,1999,10(2)
黑翅土白蚁的综合利用研究. 张培毅. 世界林业研究,1999,12(3)
黄翅大白蚁露天活动的观察. 王建国,等. 白蚁科技,1999,16(3)
进口木材中的非洲乳白蚁. 刘领军. 植物检疫,1999,13(5)
荆江大堤白蚁危害现状及防治方法. 徐中平,等. 白蚁科技,1999,16(3)
硫氟酰胺毒饵对营房中白蚁的灭效观察. 陈庆灶,等. 卫生杀虫药械,1999,5(3)
硫氟酰胺对比白蚁的灭效研究. 郑剑,等. 农药,1999,38(10)
硫氟酰胺纸剂毒饵杀灭营房白蚁效果的观察. 王斌和,等. 卫生杀虫药械,1999,5(4)
论家白蚁的巢位及汲水线问题. 李栋,等. 白蚁科技,1999,16(2)
锐劲特对家白蚁的室内毒力测定. 朱勇. 白蚁科技,1999,16(3)
室内散白蚁分飞观察. 潘德瑜. 白蚁科技,1999,16(2)
双氧威防治白蚁试验. 吴关尧,宋晓钢. 浙江林学院学报,1999,16(2)
四种白蚁的线粒体 DNA 限制性片段长度多态性研究(等翅目:鼻白蚁科,柏蚁科). 邢连喜,等昆虫分类学报,1999,21(3)
台湾乳白蚁跟踪信息素粗提物活性与应用研究. 余春仁,等. 昆虫知识,1999,36(2)
翁塘垅水库土坝白蚁的防治. 陈坦依. 浙江水利科技,1999,(4)
厦门房屋建筑白蚁种类及危害情况调查. 金则安. 白蚁科技,1999,16(1)
萧山白蚁分布与危害现状. 吴关光,等. 白蚁科技,1999,16(2)
新建房屋白蚁预防分析. 李濮. 白蚁科技,1999,16(1)
溴氰菊酯处理木材防治白蚁野外试验研究结果. 李小鹰,等. 白蚁科技,1999,16(1)
溴氰菊酯土壤处理防治白蚁研究结果的报告. 李小鹰,等. 白蚁科技,1999,16(2)
一种用胶带固定诱饵条的施药方法. 王建国,等. 白蚁科技,1999,16(2)
中国堤坝白蚁主要危害种类的分布及其巢居结构的特征. 李栋,等. 白蚁科技,1999,16(1)
SF-83 家用防蛀剂的应用研究. 重庆市商业储运技术研究所. 白蚁科技,2000,17(1)
安庆市白蚁种类调查及其区系分布特点研究. 陈镈尧,等. 白蚁科技,2000,17(1)
白蚁的生物防治策略. 张健华. 白蚁科技,2000,17(4)
白蚁防治规范化管理的探讨. 徐卫英. 白蚁科技,2000,17(2)
白蚁防治剂毒死蜱乳油中有效成分毒死蜱的气相色谱分析. 王爱芬,等. 白蚁科技,2000,17(4)
白蚁防治药物管理之我见. 石勇,等. 白蚁科技,2000,17(4)
白蚁药剂的评价方法. 张大羽,等. 农业科学与管理,2000,21(2)
白蚁种间及种内群体的相容性初步研究. 李雄生,等. 白蚁科技,2000,17(4)
蚌埠地区圆唇散白蚁分飞盛期的研究初报. 马延明. 白蚁科技,2000,17(3)
蚌埠市白蚁种类调查及其危害情况记述. 马延明,等. 白蚁科技,2000,17(4)
吡虫啉对台湾乳白蚁的触杀毒力测定. 卢川川,等. 白蚁科技,2000,17(3)
吡虫啉防治台湾乳白蚁的初步研究. 韦昌华,等. 华南农业大学学报,2000,21(4)
长江三峡截流前坝区白蚁种类调查. 三峡课题小组. 白蚁科技,2000,17(1)
城市昆虫群落的特点及控制策略. 张有森,等. 白蚁科技,2000,17(2)
房屋建筑物的白蚁防治与环境管理. 许如银. 白蚁科技,2000,17(4)

关于新建房屋白蚁防治存在问题与对策的探讨. 张兴隆,等. 白蚁科技,2000,17(4)
航海船舶的白蚁防治. 方均玉. 白蚁科技,2000,17(3)
黄翅大白蚁分飞观察研究. 戴友林,等. 白蚁科技,2000,17(2)
家白蚁虫霉病的研究. 李雄生,等. 白蚁科技,2000,17(2)
家白蚁主巢群体品级数量和比例分析. 张传忠. 白蚁科技,2000,17(3)
介绍一种取代灭蚁灵的新药——氟铃脲. 王学问. 白蚁科技,2000,17(4)
居宁丹——一种新的白蚁药剂. 周留坤,等. 白蚁科技,2000,17(4)
联苯菊酯的应用开发研究综述. 王爱芬,等. 白蚁科技,2000,17(2)
临安市白蚁危害现状及防治对策. 谢从刚,等. 白蚁科技,2000,17(3)
柳州地区水库堤坝白蚁为害情况的调查报告. 江超平,等. 白蚁科技,2000,17(2)
美国防治白蚁药剂的现状及未来. 王家泗译. 白蚁科技,2000,17(1)
人工合成新药硫氟酰胺防治白蚁的室内试验. 高道蓉,等. 白蚁科技,2000,17(1)
散白蚁为害特点、分群规律及其防治. 杜心懿,等. 白蚁科技,2000,17(4)
生物农药——克星灭治白蚁野外试验. 郭建强,等. 白蚁科技,2000,17(2)
世界最小生物反应器——白蚁肠道. 李珺,等. 白蚁科技,2000,17(1)
探测及防治白蚁技术的进展. 张大羽,等. 白蚁科技,2000,17(1)
特密得(Termidor)——一种新的白蚁药剂. 高道蓉,等. 白蚁科技,2000,17(4)
危害居室木构件的主要蛀木害虫与综合治理. 汤炎生,等. 白蚁科技,2000,17(3)
武进市白蚁种类调查以及区系分布特点研究. 姚生福,等. 白蚁科技,2000,17(4)
宣州白蚁种类调查及其区系分布特征. 陈镈尧,等. 白蚁科技,2000,17(2)
云南文山、玉溪(州、区)大坝白蚁害调查研究. 李栋,等. 白蚁科技,2000,17(1)
中、越白蚁研究与防治——赴越南访问学术交流. 李栋,等. 白蚁科技,2000,17(3)
中国白蚁与防治方法. 李桂祥,等. 科学出版社,2000
诸暨市堤坝白蚁危害情况的调查报告. 毛伟光. 白蚁科技,2000,17(4)
桉树幼林白蚁的危害、种类及区系分布特点的研究. 张再福,等. 华东昆虫学报,2001,(2)
白蚁的生态防治方法与技术. 李栋,等. 昆虫知识,2001,(5)
白蚁管漏的成因及其治理. 李栋,等. 昆虫知识,2001,(3)
白蚁生理活性物质的研究进展(续1). 黄远达,等. 中国媒介生物学及控制杂志,2001,(2)
白蚁生理活性物质的研究进展(续2). 黄远达,华湘翰. 中国媒介生物学及控制杂志,2001,(3)
白蚁生理活性物质的研究进展. 黄远达,华湘翰. 中国媒介生物学及控制杂志,2001,(1)
白蚁预防研究. 胡学亮. 工程建设与档案,2001,(1)
防治白蚁效果优异的 Sentricon 系统. 邓金保. 世界农药,2001,(6)
港美花园白蚁防治效果分析. 徐家俊,江伟嬿,等. 中华卫生杀虫药械,2001,(2)
密褐褶孔菌对几种杀虫剂跟踪反应及对水坝白蚁诱杀效果的影响. 李少南,等. 农药学学报,2001,(2)
如是杀虫剂对白蚁等四种家庭害虫的药效研究. 周忆昭,等. 中华卫生杀虫药械,2001,(4)
台湾家白蚁不同提取物保肝作用. 林英辉,等. 广西中医学院学报,2001,(2)
复方白蚁制剂对小鼠免疫功能的影响. 吉娜薇,等. 中国运动医学杂志,2002,(5)
黑胸散白蚁的分飞成熟,龄有生殖蚁对子代个体分化的抑制作用. 刘源智,等. 昆虫学报,2002,(3)
锐劲特用于防治房屋建筑白蚁的研究. 吴建国,等. 中华卫生杀虫药械,2002,(3)
三明地区林木白蚁种类、分布及危害的调查. 张再福,陈国顺. 华东昆虫学报,2002,(1)
深圳口岩进口原木截获的白蚁(等翅目). 余道坚,等. 昆虫分类学报,2002,(1)
厦门地区农林作物白蚁的发生及防治. 原瑞芬,康龙泉. 亚热带植物科学,2002,(4)
中国白蚁防治药剂研究与应用概况. 高道蓉,等. 农药,2002,(1)
PCO 与白蚁防治业. 庞正平,等. 中华卫生杀虫药械,2003,(3)
Sentricon 系统与传统白蚁防治技术. 王爱芬,王威. 农药,2003,(6)
白僵菌与仿生动植物杀虫剂混用灭治散白蚁研究. 杨刚,等. 医学动物防制,2003,(12)
白蚁的生物学及其防治. 夏传国. 中华卫生杀虫药械,2003,(3)
白蚁防治的工作体会. 吴建国,等. 中华卫生杀虫药械,2003,(4)
白蚁防治剂的登记管理. 王以燕. 中华卫生杀虫药械,2003,(1)
白蚁文献分布的探讨. 赵晓莅. 农业图书情报学刊,2003,(2)
档案库房白蚁的生态与生物防治技术. 曾声珂. 四川档案,2003,(2)
复方白蚁制剂抗运动性疲劳作用的实验研究. 吴纪饶,等. 中国运动医学杂志,2003,(1)
海盐城区重点建筑白蚁危害情况的调查报告. 马群超,等. 生物学教学,2003,(9)
合肥环城公园林木白蚁的危害及防治. 鲍方印,等. 昆虫知识,2003,(3)

黑翅土白蚁蛋白质成分的初步分析(简报).彭红,等.江西中医学院学报,2003,(2)
黑翅土白蚁化学成分初步研究.薛德钧,等.江西中医学院学报,2003,(1)
黑翅土白蚁延缓衰老药理活性的初步研究.王秀丽,等.江西中医学院学报,2003,(3)
黑胸散白蚁的研究.刘源智.中华卫生杀虫药械,2003,(4)
截头堆砂白蚁原始繁殖蚁行为特点研究.黄珍友,等.昆虫天敌,2003,(4)
两种鼻白蚁之间的入侵关系.胡兴平,祝芳.动物学报,2003,(3)
泉州市散白蚁的活动、分飞、危害及其防治.欧阳建家,等.华东昆虫学报,2003,(1)
台湾乳白蚁行为多型的研究.张健华,等.昆虫学报,2003,(3)
我国白蚁防治及药剂应用的现状和发展.李小鹰,王以燕.中华卫生杀虫药械,2003,(1)
湘谭市房屋建筑的白蚁危害及其防治.邓晓军.农药,2003,(2)
制定房屋散白蚁防治工程施工技术规范的建议.李为众,刘显钧.中华卫生杀虫药械,2003,(4)
白蚁防治体制改革研究.张锡良,吴立群.中华卫生杀虫药械,2004,(4)
白蚁分类方法述评.戴华国,等.昆虫知识,2004,(1)
白蚁控制IPM策略的发展及对药剂的要求.李小鹰.中华卫生杀虫药械,2004,(6)
不同产地土垅大白蚁菌圃中氨基酸的分析比较.劳燕文,杨益林.氨基酸和生物资源,2004,(1)
长沙市白蚁种类及危害情况调查.刘自力,等.湖南环境生物职业技术学院学报,2004,(4)
常州市淹城遗址白蚁综合治理研究.杨建平,等.中华卫生杀虫药械,2004,(2)
超临界 CO_2 技术萃取黑翅土白蚁中的脂溶性成分.王秀丽,薛德钧.山东中医药大学学报,2004,(6)
促性腺激素在白蚁脑中的免疫细胞化学定位.苏晓红,等.动物学报,2004,(2)
福建白蚁种类及其新纪录.黄复生,等.华东昆虫学报,2004,(2)
国外白蚁防治技术综述.程冬保.中国媒介生物学及控制杂志,2004,(2)
含砷杀虫剂对白蚁防治工作人员健康影响调查.姚建华,莫朝阳.江苏预防医学,2004,(4)
黑翅土白蚁脂溶性化学成分研究.薛德钧.中草药,2004,(4)
截头堆砂白蚁的分飞研究.黄珍友,等.昆虫知识,2004,(3)
论白蚁管涌(漏)与水利管涌的区别和处理.李栋,等.昆虫学报,2004,(5)
灭白蚁药物对人体脂质过氧化水平的影响.朱宝立,等.中国工业医学杂志,2004,(4)
钱塘江海塘白蚁综合治理效果初探.宋晓钢,等.中国媒介生物学及控制杂志,2004,(6)
三种杀虫剂亚致死剂量对黄胸散白蚁工蚁体内纤维素酶活性的影响.张时妙,等.农药学学报,2004,(2)
杀白蚁药剂研究中应注意的几个问题.尹兵,吴建国.中华卫生杀虫药械,2004,(3)
杀虫剂在土壤动态与白蚁防治.毛占国,等.医学动物防制,2004,(1)
谈谈白蚁与人类的密切关系.李栋,等.昆虫知识,2004,(5)
土垅大白蚁菌圃的生药学研究.周丽娜,等.广西中医药,2004,(2)
温度、湿度、气压对截头堆砂白蚁原始繁殖蚁分飞的影响.黄珍友,等.昆虫天敌,2004,(3)
我国白蚁防治及药械应用与发展概况.庞正平,杨建平.中华卫生杀虫药械,2004,(3)
新建房屋白蚁预防处理保证限的探讨.谭速进.中华卫生杀虫药械,2004,(1)
c-fos蛋白在白蚁婚飞时脑中免疫组织化学定位观察(简报).苏晓红,等.实验生物学报,2005,(1)
白蚁表皮碳氢化合物组分鉴定及分类学意义.张红兵,等.昆虫学报,2005,(4)
白蚁肠道微生物.陈虹,等.微生物学杂志,2005,(2)
白蚁对档案图书文物的危害及其防治新技术.管晓卉.档案与建设,2005,(9)
白蚁菌圃的水溶性化学成分研究.薛德钧,等.中药材,2005,(10)
白蚁诱食信息素研究进展.黄求应,等.昆虫学报,2005,(4)
白蚁预防工程质量控制.李濮.中华卫生杀虫药械,2005,(6)
不同采集时间壮药土垅大白蚁菌圃氨基酸成分的分析.苏青,等.中国中医药信息杂志,2005,(8)
不同产地壮药土垅大白蚁菌圃氨基酸成分的分析.黄瑞松,等.中医药学报,2005,(1)
不同产地壮药土垅大白蚁菌圃指纹图谱的研究.黄瑞松,等.中国中药杂志,2005,(22)
不同树种木材对截头堆砂白蚁初建群体的影响.钱兴,等.昆虫天敌,2005,(4)
雌激素受体在白蚁卵发生过程中的免疫细胞化学定位(简报).苏晓红,奚耕思.实验生物学报,2005,(6)
房屋白蚁控制IPM策略运用中的关键技术及现实意义.李小鹰.中华卫生杀虫药械,2005,(1)
复方白蚁制剂对训练大鼠血清睾酮、皮质醇的影响.杜少武,吴纪饶.中国运动医学杂志,2005,(6)
黑翅土白蚁不同提取物的抗炎镇痛作用.王秀丽,等.中草药,2005,(2)
截头堆砂白蚁新群体的形成及发展.钱兴,等.昆虫天敌,2005,(3)
截头堆砂白蚁原始繁殖蚁形成的周.黄珍友,等.昆虫知识,2005,(5)
乳白蚁不同品级的比例.张先楷.昆虫知识,2005,(3)
新建海塘白蚁综合治理的应用研究.宋晓钢,等.中华卫生杀虫药械,2005,(6)

壮药土垅大白蚁菌圃水提醇溶物对小鼠免疫功能的影响. 黄瑞松,等. 中国中医药科技,2005,(6)
白蚁巢水提醇沉液对急慢性肝损伤的保护作用及抑瘤作用. 汪拥军. 中国生化药物杂志,2006,(2)
白蚁的社会组织和社会行为. 尚玉昌. 生物学通报,2006,(9)
白蚁菌圃的抗炎作用研究. 曹娟,等. 中药材,2006,(10)
白蚁预防药剂的环境行为. 李少南,等. 农药,2006,(3)
不同时间采集壮药土垅大白蚁茵圃指纹图谱的研究. 黄瑞松,等. 中草药,2006,(3)
成都地区首次发现台湾乳白蚁. 谭速进. 四川动物,2006,(4)
低等白蚁肠道共生微生物的多样性及其功能. 杨红,等. 微生物学报,2006,(3)
广西产土垅大白蚁菌圃中几种重金属的含量测定. 黄瑞松,等. 广西医科大学学报,2006,(6)
国内外白蚁防制技术现状及发展趋势. 夏传国. 中华卫生杀虫药械,2006,(1)
黑翅土白蚁的化学成分研究. 薛德钧,王秀丽. 中草药,2006,(7)
散白蚁对灭蚁粉剂的传毒能力研究. 林雁,黄晓光. 中华卫生杀虫药械,2006,(3)
铜陵市园林花木白蚁危害与防制. 彭斌,吴震. 中华卫生杀虫药械,2006,(4)
HPLC 法对黑翅土白蚁菌圃中抗炎活性成分的研究. 张会明,薛德钧. 江西中医学院学报,2007,(6)
白蚁防治的 Internet 资源. 程冬保. 中华卫生杀虫药械,2007,(1)
白蚁是分解者还是消费者. 张加庆,潘桂珍. 生物学教学,2007,(11)
慈溪市白蚁危害情况浅析. 何敏芬,等. 中华卫生杀虫药械,2007,(1)
国内外的白蚁监测控制产品及应用. 庞正平. 中华卫生杀虫药械,2007,(6)
黑翅土白蚁的生物学特性及综合防治技术. 徐志德,等. 昆虫知识,2007,(5)
黑翅土白蚁与其它二种白蚁种群间的相容性. 陈艳,等. 昆虫知识,2007,(6)
惠州红花湖水库堤坝白蚁的危害与灭治. 钟平生,等. 中华卫生杀虫药械,2007,(5)
木腐菌对台湾乳白蚁取食偏好性的影响. 李秋剑,等. 昆虫天敌,2007,(3)
七种抑制剂对两种白蚁谷胱甘肽 S 转移酶活性抑制作用的比较. 汤方,等. 昆虫学报,2007,(12)
浅谈化学杀虫剂在白蚁灭治中的应用. 邓志坚. 中华卫生杀虫药械,2007,(5)
泰州口岸首次截获黄唇树白蚁. 高振兴,等. 昆虫知识,2007,(2)
皖西大别山林区黑翅土白蚁发生类型的调查研究. 张玉厚. 河北农业科学,2007,(4)
日本科学家破译白蚁肠道内一种共生细菌的基因组. 生物学教学,2008,(11)
白蚁的分子生物学研究进展. 赵园园,等. 昆虫知识,2008,(4)
白蚁监测控制技术及药剂的应用. 庞正平,刘建庆. 中华卫生杀虫药械,2008,(5)
白蚁菌圃有效药用成分的提取与应用研究. 胡乔生,屈红恩. 江西化工,2008,(3)
白蚁危害及防治方法研究进展. 张绍红,等. 中华卫生杀虫药械,2008,(3)
对房屋建筑木构件等有破坏作用的白蚁. 高道蓉,等. 中华卫生杀虫药械,2008,(5)
房屋白蚁预防工程质量影响因素的探讨. 应少庭,任庆伟. 中华卫生杀虫药械,2008,(4)
房屋装修与白蚁防治. 胡成强,等. 中华卫生杀虫药械,2008,(4)
黑翅土白蚁分飞蚁及蚁王、蚁后生殖系统结构观察. 王维平,等. 昆虫知识,2008,(6)
黑翅土白蚁乙酰胆碱酯酶最佳反应体系的建立及药剂敏感度比较. 汤方,等. 昆虫学报,2008,(7)
类雄激素受体在尖唇散白蚁繁殖蚁和工蚁卵子发生中的免疫细胞化学表达. 董丹,等. 昆虫学报,2008,(7)
蚂蚁与白蚁的战争. 阿良. 化石,2008,(2)
破译白蚁肠道内共生菌基因组. 昆虫知识,2008,(3)
万木草堂白蚁危害调查及其防治. 黄海涛,等. 中华卫生杀虫药械,2008,(4)
我国白蚁防治服务供给方式的研究. 宋晓钢,等. 中华卫生杀虫药械,2008,(5)
我国白蚁资源利用的现状. 严少辉,等. 昆虫知识,2008,(2)
中国白蚁防治氯丹灭蚁灵替代示范项目促进饵剂系统本地化生产应用研讨会在长沙召开. 王以燕. 中华卫生杀虫药械,2008,(5)
白蚁防治剂及机械压力对氯化聚氯乙烯(CPVC)管的综合影响. 何秀玲译. 世界农药,2009,(2)
白蚁腹中之谜. 昆虫知识,2009,(1)
白蚁及共生微生物木质纤维素水解酶的种类. 相辉,周志华. 昆虫知识,2009,(1)
白蚁进攻速度高达每秒 70 米. 昆虫知识,2009,(1)
白蚁内切-β-1,4-葡聚糖酶基因的克隆、表达、纯化及酶学性质的研究. 秦国梅,等. 工业微生物,2009,(5)
鼻白蚁科系统发育研究述评. 李志强,等. 环境昆虫学报,2009,(3)
档案馆(室)白蚁防治技术的现状和发展趋势. 刘燕. 云南档案,2009,(2)
固相微萃取技术在白蚁表皮碳氢化合物分析中的应用. 梁小松,等. 昆虫知识,2009,(4)
黑翅土白蚁有翅成虫复眼的形态结构. 胡剑,等. 昆虫知识,2009,(2)
黑胸散白蚁多对脱翅成虫群养的产卵及孵化行为. 彭晓涛,等. 昆虫知识,2009,(3)

黄翅大白蚁菌圃对四氯化碳所致小鼠急性肝损伤的保护作用. 况弘,等. 时珍国医国药,2009,(10)
尖唇散白蚁工蚁和繁殖蚁卵子发生比较. 朱蓉,等. 昆虫知识,2009,(5)
四川新白蚁属一新种记述(等翅目,木白蚁科). 谭速进,彭晓涛. 动物分类学报,2009,(3)
中国原白蚁科一新记录属一新记录种. 何银竹,等. 昆虫分类学报,2009,(2)
自然界七大建筑奇观:蜘蛛织出绵延182米巨网,白蚁造的蚁穴重达数百吨. 昆虫知识,2009,(1)

(十三) 蚂蚁

保幼激素类似物饵料防治印度大头蚁 Pheidole Mayr 研究. 郭亨孝. 西南农业大学学报,1989,11(1)
中国蚁王精口服液的药理作用. 张秀芹,王景兰. 中国中药杂志,1990,15(11)
草原灭蚁农药筛选初探. 吴国钧,崔岩林. 牧草与饲料,1991,(4)
建筑物中的蚁的防治. Log,J W M. ,张敏恒. 农药译丛,1991,13(6)
旅客列车蚂蚁侵害调查初报. 邹钦. 铁道医学,1991,19(1)
马尾松毛虫捕食性天敌——日本黑褐蚁的研究. 王常禄,吴坚. 林业科技通讯,1991,(4)
日本弓背蚁生物学特性及捕食马尾松毛虫作用的研究. 王常禄,吴坚. 林业科学研究,1991,4(4)
十六种木材防腐剂野外抗蚁试验. 纪成操,洪成器. 木材工业,1991,5(3)
松阿扁叶蜂天敌——富氏凹头蚁的初步研究. 侯爱菊,娄巍. 林业科学,1991,27(6)
Messor 属蚂蚁在夏季对准噶尔南缘植被的影响. 希特沃,张立运. 干旱区研究,1992,9(2)
红蚂蚁(竹筒蚁)学名订正. 王敏生. 昆虫知识,1992,29(4)
黄墩蚁染色体核型研究. 杨秀芝,齐来喜. 齐齐哈尔师范学院学报(自然版),1992,12(4)
建筑防蚁设计. 张凤藻. 建筑技术,1992,19(8)
日本弓背蚁种群动态及繁殖规律的研究. 王常禄,吴坚. 北京林业大学学报,1992,14(3)
砷对灭蚁工健康影响的研究. 任翠娟,余金明. 中国农村卫生事业管理,1992,12(1)
卫害净杀灭小黑蚁效果观察. 张淑媛,陈瑞珍. 中国媒介生物学及控制杂志,1992,3(1)
小黄家蚁生活习性及机械带菌调查. 杨振洲,周尚汉. 中国媒介生物学及控制杂志,1992,3(4)
中国蚁王精及蚂蚁的薄层色谱鉴别. 刘玉珍,钱本余. 中成药,1992,14(12)
城市住宅蚂蚁种类调查与防治初报. 邹钦,曲慧敏. 中国媒介生物学及控制杂志,1993,4(5)
矿泉浴、雷公藤、蚂蚁、蚁黄酒对类风湿性关节炎患者的影响. 邓秀荣,汪杰. 中国康复医学杂志,1993,8(5)
铺道蚁研究初报. 余乾能. 中国蔬菜,1993,(4)
蚁王浆对慢性肝炎食疗效果的初步观察. 刘金星,裴琇. 河北医学院学报,1993,14(4)
蚁王口服液延缓衰老10000例疗效分析. 吴志成. 江苏中医,1993,14(4)
保幼激素类似物 ZR-512 的简便合成及其对印度大头蚁(Pheidole indica Ma)的有效性. 原晨光,等. 合成化学,1994,2(1)
广州铁路地区蚂蚁侵害调查及其防治初探. 邹钦,辛志玲. 医学动物防制,1994,10(4)
门诊部小黄家蚁防治的探讨. 田世家,董义民. 医学动物防制,1994,10(4)
我省棉花害虫天敌印度大头蚁的新发现. 张兴华. 江西棉花,1994,(4)
线缆的防蚁防鼠对策. 陶光发. 文献快报(纤维光学与电线电缆),1994,(8)
血红林蚁与鼎突多刺蚁的性状与粉末显微鉴定. 李松林,周平. 中药材,1994,17(9)
血红林蚁与鼎突多刺蚁营养成分的比较分析. 李松林,钱正生. 中国药学杂志,1994,29(9)
蚁黄酒治疗活动期类风湿性关节炎的临床药效评估. 汪杰,邓秀荣. 中国疗养医院,1994,3(3)
中国西南地区刺结蚁属分类研究(膜翅目:蚁科:蚁亚科). 徐正会. 西南林学院学报,1994,14(4)
中国西南地区铺道蚁属的新种和新记录(膜翅目:蚁科). 徐正会,郑哲民. 昆虫分类学报,1994,16(4)
中国行军蚁亚科分类研究(膜翅目:蚁科). 徐正会. 西南林学院学报,1994,14(2)
9种蟑螂蚂蚁药诱杀小黄家蚁效果观察. 王宏生,马平. 中国媒介生物学及控制杂志,1995,6(3)
北方林区蚂蚁营养成分的研究. 施雅琴,汤美兰. 东北林业大学学报,1995,23(1)
北江大堤应用治蚁新技术. 潘柏康,姚达长. 广东水电科技,1995,(2)
长期摄入大黑蚁粉对大鼠毒性作用的实验研究. 李裕生,杨玉英. 广西预防医学,1995,1(1)
大黑蚂蚁及其复方蚁制剂对大鼠睾丸 RNA、DNA 含量的影响. 王忠,郑学秀. 中草药,1995,26(8)
大黑蚁的致突变性检测. 李裕生,杨玉英. 卫生毒理学杂志,1995,9(3)
东方木工蚁治疗类风湿性关节炎疗效观察. 黄维,李歧爱. 时珍国药研究,1995,6(1)
复方蚂蚁冲剂治疗慢性乙型肝炎30例疗效观察. 戴玉厚,陈刚. 河北中医,1995,17(2)
广东家蚕有害蚂蚁生活特性及灭蚁蟑的应用. 田伟金,黄星光. 广东农业科学,1995,(5)
吉林省东部山区蚂蚁资源研究. 刘红,等. 山地研究,1995,13(3)
介绍一种小黄家蚁实验室养殖方法. 杨振洲,李洪宝. 昆虫知识,1995,32(5)
昆虫生长调节剂对小黄家蚁蚁后产卵量之影响. 高薮蔓,苏宗宏. 中华昆虫(中国台湾),1995,15(3)

两种蚂蚁的食用营养成分分析和评价. 叶兴乾,王向. 浙江农业大学学报,1995,21(3)
蚂蚁的长期毒性实验观察. 蔡毅,谢沛珊. 中医药研究,1995,(1)
三敌粉对小黄家蚁毒效试验. 王宏生,马平. 中国媒介生物学及控制杂志,1995,6(4)
五种蚂蚁染色体核型研究. 杨秀芝,等. 动物学研究,1995,16(4)
小黄家蚁生态学及防治概况. 杨振洲. 中国媒介生物学及控制杂志,1995,6(3)
血红林蚁与鼎突多刺蚁挥发油成分分析. 李松林,李丽. 中药材,1995,18(1)
蚁科——中国新记录属及一新种记述(膜翅目). 夏永娟,郑哲民. 昆虫分类学报,1995,17(3)
蚁卵粥食疗治疗缺乳. 宋淑卿,徐尚华. 浙江中医杂志,1995,30(11)
云南平结蚁属二新种(膜翅目:蚁科). 徐正会. 动物学研究,1995,16(4)
中国臭蚁属分类研究(膜翅目:蚁科:臭蚁亚科). 徐正会. 西南林学院学报,1995,15(1)
中国西南地区角腹蚁属和卡蚁属种记述(膜翅目:切叶蚁亚科). 徐正会,郑哲民. 昆虫分类学报,1995,17(2)
中华蚁王精口服液的药理学研究. 周丹,齐咏. 长春中医学院学报,1995,11(4)
长白山几种可食用蚁不同部位粗蛋白、粗脂肪含量的分析初报. 姚玉霞,等. 吉林农业大学学报,1996,18(2)
城市蚂蚁的危害防治技术及其研究进展. 薛瑞德. 医学动物防制,1996,12(2)
大黑蚁对小鼠亚急性衰老过程的影响. 黄超培,杨玉英. 广西预防医学,1996,2(1)
大黑蚁防衰老作用初探. 黄超培,杨玉英. 中草药,1996,27(4)
鼎突多刺蚁及一种混伪品蚂蚁原昆虫的鉴别. 沈立荣. 基层中药杂志,1996,10(1)
鼎突多刺蚁蚁群的空间和时间动态. 王金福,唐觉. 动物学研究,1996,17(2)
黄蚁药现场杀灭蚂蚁效果观察. 林立丰,等. 卫生杀虫药械,1996,2(4)
吉林省左家蚂蚁及生态分布. 刘红,袁兴中. 昆虫知识,1996,33(4)
商品房中铺面材料的蚂蚁防治. 佟淑芬. 卫生杀虫药械,1996,2(4)
信丰县龙井水库大坝蚁患的治理. 王小春. 江西水利科技,1996,22(2)
血红林蚁的毒性实验研究. 李松林,任延军. 中药材,1996,19(4)
杨梅岭水库几种不同结构坝体的蚁患与综合防治. 吴维铭,戴友林. 白蚁科技,1996,13(2)
蚁王液抗衰老,提高免疫功能的研究. 沈玲,凌华浓. 南京大学学报(自然版),1996,32(2)
印度大头蚁防治棉盲蝽试验. 张兴华,操宇琳. 江西棉花,1996,(2)
中国厚结蚁属分类研究(膜翅目:蚁科:猛蚁亚科). 徐正会. 动物学研究,1996,17(3)
中国西南地区曲颊猛蚁属一新种(膜翅目:蚁科:猛蚁亚科). 徐正会,张玮. 昆虫分类学报,1996,18(1)
中国细颚蚁属分类研究(膜翅目:蚁科). 徐正会. 云南农业大学学报,1996,11(4)
复方蚁酒的抗炎补肾阳作用研究. 吕圭源,范春雷. 中国实验方剂学杂志,1997,3(5)
广西巨首蚁属昆虫研究(膜翅目:蚁科). 周善义,郑哲民. 动物学研究,1997,18(2)
广西蚂蚁三新种(膜翅目:蚁科). 周善义,郑哲民. 昆虫分类学报,1997,19(1)
湖北盘腹蚁属一新种记述. 王维,郑哲民. 陕西师范大学学报(自然版),1997,25(3)
湖北平结蚁属一新种记述(膜翅目:蚁科). 王维. 湖北民族学院学报(自然版),1997,15(6)
吉林省蚂蚁资源及其开发利用问题. 陈鹏,等. 东北师大学报,1997,(1)
卡泼林氏大头蚁的新异名. 昆虫分类学报,1997,19(3)
辽宁地区蚂蚁的初步研究. 张明伟,等. 森林病虫通讯,1997,(1)
灭蟑螂蚂蚁药杀灭小黄家蚁效果观察. 李新民,李书建. 河南预防医学杂志,1997,8(3)
拟黑多刺蚁的人工养殖技术. 丁智勉. 中国农村科技,1997,(2)
人工养蚁前景喜人——关公故里养蚁见闻. 马巨声. 当代畜禽养殖业,1997,(8)
日本弓背蚁群体结构及其开发价值. 张承德,袁兴中. 资源开发与市场,1997,13(6)
日本弓背蚁营养成分的分析. 刘铭汤,魏建荣. 西北林业学院学报,1997,12(4)
双蚁酒的急性毒性和致突变性试验. 傅剑云,夏勇. 卫生毒理学杂志,1997,11(2)
危害花生的新害虫——草地铺道蚁. 宋文武,徐正会. 中国油料,1997,19(4)
新疆蚁科昆虫调查. 夏永娟,郑哲民. 陕西师范大学学报(自然版),1997,25(2)
新疆蚁属一新种记述. 夏永娟,郑哲民. 湖北大学学报,1997,19(4)
新灭蚁药物 DLB 的研究. 何复梅,戴自荣. 昆虫天敌,1997,19(3)
血红林蚁与拟黑多刺蚁对小鼠迟发型超敏反应的影响. 綦国红,徐幸莲. 中国畜产与食品,1997,4(5)
荧光光度法测定配制补酒(蚁王酒)中微量硒. 刘洪升. 热带作物研究,1997,(2)
治理环境,消灭蚁源. 严双顶,陈本升. 白蚁科技,1997,14(1)
中国拟毛蚁属分类研究(膜翅目:蚁科). 徐正会. 动物学研究,1997,18(1)
中华蚁王精的研制. 刘明洁,冉晓静. 中成药,1997,19(1)
中华蚁王酒生产可行性报告. 杨洪斌. 农牧产品开发,1997,(10)
SCH90-91 土坝灭蚁药配方研究. 叶培英,王刚. 水利水电快报,1998,19(5)

澳大利亚热带区蚂蚁与土壤微生物量的研究. Ande, A. N. ,等. 水土保持科技情报,1998,(3)
黑蚁王口服液药理作用研究. 陈玉兴,崔景朝. 湖南中医杂志,1998,14(5)
金毛弓背蚁的巢穴结构,头宽频数分布及活动节律. 王正军,刘志斌. 昆虫学报,1998,41(1)
两种蚂蚁乙醚提取物的成分比较. 崔熙,綦国红. 中药材,1998,21(1)
蚂蚁亲系识别及研究方法进展. 谭声江,等. 昆虫知识,1998,35(4)
山东红蚂蚁生物学特性的初步研究. 崔玉龙,陈荣光. 中国农学通报,1998,14(3)
室内防治小家蚁的方法思考. 朱成璞. 卫生杀虫药械,1998,4(1)
室内蚂蚁的防治. 陈建新,刘泉. 寄生虫与医学昆虫学报,1998,5(3)
小黄家蚁工蚁对褐稻虱的捕食作用. 许晓风,邹运鼎. 应用生态学学报,1998,9(4)
雪莲蚁王酒的医疗作用与保健价值. 潘玉芬,覃志忠. 蛇志,1998,10(1)
云南多刺蚁属二新种记述(膜翅目:蚁科). 徐正会. 动物学研究,1998,19(3)
中国大头蚁属 7 个新记录种(膜翅目:蚁科). 徐正会,杜永超. 西南林学院学报,1998,18(4)
中国弓背蚁属 3 个新记录(膜翅目:蚁科:蚁亚科). 徐正会,代色平. 西南林学院学报,1998,18(4)
中国厚结猛蚁属记述(膜翅目:蚁科:猛蚁亚科). 徐正会. 西南林学院学报,1998,18(4)
中国猛蚁亚科 3 个新记录种及中华猛蚁新分布(膜翅目:蚁科). 徐正会,杨忠文. 西南林学院学报,1998,18(4)
中国铺道蚁属无刺蚁属和冠胸蚁属 5 个新记录种(膜翅目:蚁科). 徐正会,陈志萍. 西南林学院学报,1998,18(4)
中国蚁科 5 个新记录种(膜翅目:蚁科). 徐正会,赖玉初. 西南林学院学报,1998,18(4)
0.5% 硫氟酰胺颗粒剂灭蚂蚁药效观察. 郑剑. 医学动物防制,1999,15(11)
不同温度对养殖日本黑褐蚁的影响. 刘缠民,等. 西北林业学院学报,1999,14(1)
城市室内小黄家蚁的生态防治. 李新民,尚秀琴. 河南预防医学杂志,1999,10(2)
复方蚁酒的薄层鉴别研究. 陈建真,宋玉良. 中国现代应用药学,1999,16(3)
广西大头蚁属分类研究及三新种记述(膜翅目:蚁科). 周善义,郑哲民. 动物分类学报,1999,24(1)
广西双节行军蚁类研究(膜翅目:蚁科). 周善义,陈仲芳. 广西科学,1999,6(1)
湖南蚁类地理区系及利用研究. 朱巽. 湖南林业科技,1999,26(4)
基于协同工作方式的一种蚁群布线系统. 庄昌文,范明钰. 半导体学报,1999,20(5)
具有变异特征的蚁群算法. 吴庆洪,张纪会. 计算机研究与发展,1999,36(10)
蚂蚁行为生态学研究方法进展. 李秋霞,等. 宁夏农学院学报,1999,20(2)
拟黑多刺蚁对 S180 肿瘤细胞 DNA 合成的影响. 陈静,刘木清. 实用肿瘤学杂志,1999,13(4)
宁夏荒漠草原优势蚁类行为生态学特性的初步研究. 长有德,等. 宁夏农学院学报,1999,20(1)
齐齐哈尔蚂蚁的调查. 王长华,等. 高师理科学刊,1999,(4)
陕西省蚂蚁区系研究. 刘铭汤,等. 西北林业学院学报,1999,14(3)
凸整数规划问题的混合蚁群算法. 林锦,朱文兴. 福州大学学报(自然版),1999,27(6)
我国食用和药用蚂蚁的开发利用进展. 沈立荣,任玉翠. 昆虫知识,1999,36(4)
西双版纳片段山地雨林蚁科昆虫群落研究. 徐正会,等. 动物学研究,1999,20(4)
西双版纳热带雨林蚂蚁区系的起源与演化. 徐正会. 动物学研究,1999,20(6)
西双版纳热带雨林蚂蚁群落生物量和生态功能研究. 徐正会,等. 动物学研究,1999,20(6)
西双版纳热带雨林蚁科昆虫区系分析. 徐正会. 动物学研究,1999,20(5)
蚁群社会生物学及多样性. 杨沛. 昆虫知识,1999,36(4)
知红蚁抗衰老作用的实验研究. 刘晓瑞,王树林. 中国中医基础医学杂志,1999,5(1)
某阅兵村室内蚂蚁防制效果观察. 徐之明,等. 卫生杀虫药械,2000,6(4)
山旺蚁属、种. 洪友崇,吴坚. 中国地质大学研究生院学报(现代地质),2000,14(1)
西双版纳片段季节性雨林蚂蚁物种多样性研究. 张智英,等. 动物学研究,2000,21(1)
云南行军蚁亚科和猛蚁亚科二新属记述(膜翅目:蚁科). 徐正会. 动物学研究,2000,21(4)
制造奴隶的母蚁. Topoff, H. 郑小石译. 科学(重庆),2000,(2)
中国角腹蚁属分类研究及一新种记述(膜翅目:蚁科). 周善义. 昆虫分类学报,2000,22(4)
中国卷尾猛蚁属系统分类研究(膜翅目:蚁科). 徐正会. 动物分类学报,2000,25(4)
中国蚁科昆虫三新种记录属、种记述. 周善义,费乐思. 广西师范大学学报(自然版),2000,18(3)
中国圆鳞蚁属一新种记述(膜翅目:蚁科). 徐正会. 昆虫分类学报,2000,22(4)
自适应蚁群算法. 张纪会,高齐圣. 控制理论与应用,2000,17(1)
YueZha 蚂蚁毒饵杀灭德国小蠊的效果观察. 温穗. 中华卫生杀虫药械,2001,(2)
大黑蚂蚁对正常及免疫低下小鼠的免疫调节作用. 王雨,刘佳,等. 贵阳医学院学报,2001,(1)
复方黑蚂蚁粉治疗类风湿性关节炎 77 例. 宋振国,林映青. 四川中医,2001,(4)
复方黑蚂蚁胶囊治疗风湿性关节炎的药效学研究. 任远,等. 中成药,2001,(3)

复方蚂蚁膏外敷治疗痛风性关节炎 45 例. 严试. 中医外治杂志,2001,(1)
高黎贡山自然保护区西坡垂直带蚂蚁群落研究. 徐正会,等. 动物学研究,2001,(1)
哈萨克族用蚂蚁治疗接勒胡孜病的体会. 哈尼开,哈勒哈什. 中国民族民间医药杂志,2001,(1)
进补蚂蚁效果好. 吴志成. 中华实用中西医杂志,2001,(10)
蚂蚁酒药效学的研究. 孙玉华,杨真. 中国药理学会通讯,2001,(2)
蚂蚁提取液纤溶活性的实验研究. 殷书梅,等. 南京中医药大学学报,2001,(6)
舞草种子的蚂蚁传播. 张智英,等. 生态学报,2001,(11)
西双版纳傣族"龙山"片断热带雨林蚂蚁类群结构与多样性研究. 杨效东,等. 生态学报,2001,(8)
云南猛蚁属四新种记述(膜翅目:蚁科). 徐正会. 昆虫分类学报,2001,(3)
纸箱立体养蚂蚁技术. 谭振. 特种经济动植物,2001,(5)
大黑蚂蚁提取液对小鼠免疫功能的影响. 胡建文,等. 现代预防医学,2002,(3)
顶空气相色谱法测定蚂蚁口服液中的甲酸. 徐瑞平,朱晓琳. 卫生研究,2002,(5)
复方蚂蚁膏外敷治疗痛风性关节炎 45 例. 严试. 中国医学文摘. 中华实用中西医杂志,2002,(3)
复方蚂蚁胶囊对小白鼠和果蝇扶正的药理研究. 潘峰,等. 黑龙江医药,2002,(1)
黑蚂蚁提取工艺研究. 张玲,等. 中药新药与临床药理,2002,(2)
吉林西部草原地区蚂蚁种类及分布. 侯继华,等. 生态学报,2002,(10)
蚂蚁:抗疲劳的天然保健品. 吴志成. 大众健康,2002,(2)
蚂蚁的食用价值和抗衰老作用. 唐省三. 特种经济动植物,2002,(2)
蚂蚁粉食疗法对类风湿性关节炎关节功能康复的疗效观察及免疫学机制探讨. 裴颖,等. 中国临床康复,2002,(13)
蚂蚁抗衰老作用与机理研究. 张大禄,卢广洲. 湖北中医杂志,2002,(12)
蚂蚁药膳. 彭铭泉. 药膳食疗,2002,(9)
蚂蚁乙肝宁对乙肝患者 T 细胞功能和血清 IL-2 的影响. 钟越,等. 长春中医学院学报,2002,(2)
蚂蚁与蚁运植物的互惠共生关系. 张智英,等. 动物学研究,2002,(5)
蚂蚁筑丘活动对松嫩草地植物群落多样性的影响. 侯继华,等. 植物生态学报,2002,(3)
山东曲阜地区蚂蚁群落结构及物种多样性研究. 刘红,等. 生物多样性,2002,(3)
四川省蚂蚁区系研究(膜翅目:蚁科). 张玮,郑哲民. 昆虫分类学报,2002,(3)
小黄家蚁防治方法的探讨. 黎祖群,等. 医学动物防制,2002,(12)
一起蚂蚁侵扰的现场调查与控制报告. 宋明亮,等. 医学动物防制,2002,(6)
用蚂蚁制骨骼技术. 黄光文,邓小芳. 生物学通报,2002,(2)
中国西北地区蚂蚁区系特征. 长有德,贺达汉. 动物学报,2002,(3)
"蚂蚁的觅食行为"一节探究教学. 林美娟. 生物学通报,2003,(6)
高密度纯棉织物加工中"蚂蚁斑"的成因及解决办法. 骆宏毅. 化纤与纺织技术,2003,(4)
基于混合蚂蚁算法的网络资源均衡与优化. Network,Resource,等. 仪器仪表学报,2003,(z1)
蚂蚁的气味警报. 新闻周刊,2003,(18)
蚂蚁的智慧——群集智能在商业中的应用. 埃里克 · 博纳博,克里斯托弗 · 迈耶,等. 哈佛商业评论,2003,(12M)
蚂蚁粉辐照灭菌效果的观察. 于海英. 深圳中西医结合杂志,2003,(1)
蚂蚁可抗病毒、提高免疫功能. 吴志成. 解放军健康,2003,(6)
蚂蚁能治什么病. 王有国. 医药保健杂志,2003,(11A)
蚂蚁丸治疗阳虚头痛. 杨杰,等. 中国乡村医药,2003,(10)
蚂蚁药用的古今研究. 杨沛. 中药材,2003,(1)
蚂蚁乙肝宁治疗慢性乙型肝炎 30 例. 周桂英,等. 华夏医药,2003,(1)
蚂蚁制剂药理研究的新进展. 何颖,李经才. 时珍国医国药,2003,(2)
蚂蚁治疗糖尿病效果良好. 吴斌. 解放军健康,2003,(1)
伊大头蚁蚁巢的结构与分布. 张智英,等. 昆虫学报,2003,(1)
饮蚂蚁酒致喉头水肿 1 例. 李小龙. 海军医学杂志,2003,(1)
饮蚂蚁酒致呼吸困难一例. 张继红,等. 江西医学院学报,2003,(4)
"走进蚂蚁世界"的教学设计. 王雪梅,高汉杰. 生物学通报,2004,(12)
薄层扫描法测定蚂蚁药材及其风湿克酒中亮氨酸的含量. 赵大成,等. 中国药房,2004,(2)
纯蚂蚁粉胶囊对小鼠免疫功能的影响. 邹梅,等. 卫生毒理学杂志,2004,(1)
黑蚂蚁对 H22 肝癌小鼠免疫功能的影响. 王立芳,等. 中国基层医药,2004,(5)
家庭蚂蚁防治效果观察. 王洪林. 中华卫生杀虫药械,2004,(3)
蚂蚁——独特的治病和抗衰老作用. Ant's,specific,等. 免疫学杂志,2004,(z1)

蚂蚁的临床研究与应用. 张保国,等. 中成药,2004,(8)
蚂蚁的治理. 陈驹,阎丙申. 医学动物防制,2004,(2)
蚂蚁的治理. 陈驹,阎丙申. 医学动物防制,2004,(3)
蚂蚁对澜沧舞花姜种子散布及种苗空间分布格局的影响. 陈帆,等. 植物生态学报,2004,(2)
蚂蚁能治病吗? 楼营. 养生月刊,2004,(3)
蚂蚁群落优化算法在蛋白质折叠二维亲,疏水格点模型中的应用. 李冬冬,等. 生物物理学报,2004,(5)
蚂蚁治乙肝世界第一人——吴志成教授和他的复方蚂蚁养肝胶囊. 吴斌. 解放军健康,2004,(1)
鸟类和蚂蚁对桃金娘种子传播的初步研究. 韦明思,等. 生物多样性,2004,(5)
室内蚂蚁及其防治. 孙晨熹. 医学动物防制,2004,(5)
天力神野生蚂蚁酒对小鼠的抗疲劳作用研究. 欧汝明,等. 云南中医中药杂志,2004,(5)
小议蚂蚁的功用. 黄雪梅,蔡军. 辽宁中医学院学报,2004,(1)
异病同治话蚂蚁. 吴斌. 解放军健康,2004,(2)
中国第一个蚂蚁药品发明人. 吴斌. 解放军健康,2004,(2)
自拟虫草蚂蚁散治疗慢性乙型肝炎 68 例疗效观察. 台银科,等. 宁夏医学杂志,2004,(5)
“狡猾”蚂蚁巧捕食. 生物学通报,2005,(5)
1 例食用蚂蚁引起过敏性休克的急救与护理. 吴爱华. 中国社区医师:综合版,2005,(16)
复方蚂蚁丸治疗类风湿关节炎 750 例临床研究. 李辉,刘光珍. 中国药物与临床,2005,(9)
开发蚂蚁要严谨科学. 吴志成. 解放军健康,2005,(3)
蚂蚁成分及药理研究的进展. 丁大勇,马舒伟. 黑龙江医药,2005,(5)
蚂蚁促进乙肝自愈的新思维. 吴志成,胡建芳. 家庭健康,2005,(4)
蚂蚁对老龄大鼠不同脏器自由基的影响. 邸琳,等. 中医研究,2005,(2)
蚂蚁管理知识的启示. 李惠. 当代医学,2005,(1)
蚂蚁算法在时序电路测试生成中的应用研究. 许川佩,等. 仪器仪表学报,2005,(2)
蚂蚁消痹汤治疗类风湿性关节炎 68 例. 莫滚. 广西中医药,2005,(6)
蚂蚁乙肝类风湿速康丸转让. 中国社区医师,2005,(22)
蚂蚁乙肝宁转换 HBV-M 480 例疗效观察. 张佰建,姬宪立. 中华现代中西医结合,2005,(8)
蚂蚁与人类寄生虫病. 唐崇惕. 中国媒介生物学及控制杂志,2005,(3)
拟黑多刺蚂蚁粉对小鼠免疫功能的调节作用. 李世芬,等. 南京医科大学学报,2005,(12)
秦岭中段部分地区蚂蚁种类初步调查. 铁茹,许升全. 四川动物,2005,(1)
树栖蚂蚁设陷狩猎. 侯超. 昆虫知识,2005,(3)
新疆蚁属蚂蚁及元素的测定. 吴卫,等. 昆虫知识,2005,(2)
云南石林公园不同生境蚂蚁多样性研究. 张智英,等. 生物多样性,2005,(4)
周口市居民住宅蚂蚁侵害的调查及控制. 李弘,等. 中国媒介生物学及控制杂志,2005,(5)
蚂蚁在舞草种子传播及避免其被啮齿类取食中的作用. 张智英. 林业科学,2006,(11)
“探究蚂蚁的通讯”实验改进. 田春华. 生物学通报,2006,(8)
从探究“蚂蚁的通讯”谈对学生创新能力的培养. 田春华,温淑香. 生物学通报,2006,(10)
河南开封地区的蚂蚁资源. 王玉玲. 四川动物,2006,(3)
基于混沌蚂蚁群算法的 PID 控制器的参数整定. 李丽香,等. 仪器仪表学报,2006,(9)
基于蚂蚁算法的协同产品设计链合作伙伴选择研究. 王有远,等. 现代图书情报技术,2006,(11)
两种蚂蚁巢甲醇提取物的自由基清除及抗菌活性研究. 李建许,等. 中国天然药物,2006,(4)
蚂蚁“家谱”的重建. 生命世界,2006,(5)
蚂蚁的“神奇”功效. 首都医药,2006,(9)
蚂蚁的化学通讯. 尚玉昌. 生物学通报,2006,(6)
蚂蚁的社会生活. 尚玉昌. 生物学通报,2006,(4)
蚂蚁的视觉、听觉和触觉通讯. 尚玉昌. 生物学通报,2006,(7)
蚂蚁的应用研究现状及进展. 吴福星,等. 云南中医中药杂志,2006,(4)
蚂蚁的致命伤. 胡凡良. 心理与健康,2006,(10)
蚂蚁颚动快若光闪. 胡永红译. 昆虫知识,2006,(6)
蚂蚁粉增强免疫功能的研究. 刘秀英,等. 湖南中医学院学报,2006,(1)
蚂蚁和紫胶蚧互利关系中的行为机制. 陈又清,王绍云. 生态学杂志,2006,(6)
蚂蚁酒所致精神障碍 1 例. 王军,伍毅. 临床精神医学杂志,2006,(3)
蚂蚁能在墙壁上爬行原因的探究. 康程,曹正华. 生物学教学,2006,(3)
蚂蚁人生. 威尔伦[法]. 科学养生,2006,(6)
蚂蚁学步. 侯超译. 昆虫知识,2006,(6)

蚂蚁咬伤致过敏性休克一例. 郭芳,杨爱云. 中国药物与临床,2006,(4)
蚂蚁只记单行道. 侯超译,王琛柱(选编). 昆虫知识,2006,(6)
神奇的蚂蚁. 出版参考:新阅读,2006,(1)
时尚的蚂蚁药膳. 赵德贵. 东方食疗与保健,2006,(11)
谁会怜悯一只蚂蚁. 于勇. 生命世界,2006,(3)
复方黑蚂蚁胶囊对类风湿关节炎的药理实验及临床观察. 徐俊芳,等. 现代中西医结合杂志,2007,(3)
复方蚂蚁酒的抗炎镇痛作用研究. 何行玲,等. 时珍国医国药,2007,(7)
会表演的蚂蚁. 中国卫生人才,2007,(5)
会自由泳的蚂蚁. 生命世界,2007,(2)
蚂蚁蠲痹汤治疗类风湿性关节炎 1108 例临床观察. 戴承国. 中国中医药信息杂志,2007,(5)
蚂蚁螫伤致过敏性休克二例. 何伟珍,徐晓东. 海南医学,2007,(4)
蚂蚁咬伤致过敏性反应 18 例临床分析. 黄锡锴,等. 岭南急诊医学杂志,2007,(5)
神秘的蚂蚁"合众国". 刘国梁. 化石,2007,(4)
西双版纳不同地点和生境鼠类及蚂蚁的多样性比较. 孟令曾,高秀霞. 生态学杂志,2007,(6)
研发功能 完善标准 拓展市场 全国蚂蚁保健食品与健康专家研讨会在京召开. 现代保健,2007,(9)
种植蘑菇的蚂蚁. 生命世界,2007,(7)
"飞蚂蚁"咬人防不胜防. 健康必读,2008,(8)
第一届国际太平洋地区入侵蚂蚁专题会议报道. 何晓芳,曾玲. 环境昆虫学报,2008,(1)
河南商丘森林公园蚂蚁多样性研究. 王玉玲. 四川动物,2008,(6)
河南周口地区蚂蚁多样性调查. 王玉玲. 昆虫知识,2008,(1)
黑蚂蚁的脂肪酸及抗氧化性能的分析. 回瑞华,等. 分析试验室,2008,(5)
蝴蝶用蚂蚁抚养幼虫. 昆虫知识,2008,(1)
蚂蚁的力量. 孟静. 中国信息化,2008,(10)
蚂蚁的哲学. 王豪编译. 生活与健康,2008,(2)
蚂蚁混悬型口服液的生产工艺及其主要营养成分的研究. 刘培勇,等. 中华现代临床医学杂志,2008,(7)
蚂蚁体内的线虫会变换魔术诱惑鸟儿"来吃我吧". 昆虫知识,2008,(6)
蚂蚁咬伤致尖端扭转型室速 1 例. 吴黎明,等. 现代中西医结合杂志,2008,(15)
蚂蚁与白蚁的战争. 阿良. 化石,2008,(2)
蚂蚁与树木因失去大型哺乳动物而遭殃. 生物学通报,2008,(2)
蚂蚁在高山鸟巢兰中的传粉作用. 王淳秋,等. 植物分类学报,2008,(6)
美科学家发现"火星来的蚂蚁". 昆虫知识,2008,(6)
蜜蜂和蚂蚁也能产丝. 北郭. 化石,2008,(4)
勤劳蚂蚁的奴隶主生活. 生命世界,2008,(12)
所吃食物决定蚂蚁地位. 昆虫知识,2008,(5)
探究"蚂蚁的通讯"实验的改进. 李淑珍. 实验教学与仪器,2008,(12)
心启兰属(Chenorchis)——兰科一新属及其蚂蚁传粉的生态策略. 刘仲健,等. 生态学报,2008,(6)
研究发现蚂蚁喜欢盐胜过糖. 昆虫知识,2008,(6)
阿根廷蚂蚁群遍布全球堪比人类社会. 昆虫知识,2009,(4)
成都地区居室庭院蚂蚁种类调查. 谭速进,等. 四川动物,2009,(6)
发现亚马逊蚂蚁"女儿国". 生命世界,2009,(5)
改进的混沌蚂蚁群算法. 李玉英,等. 仪器仪表学报,2009,(4)
工作像蚂蚁,生活像蝴蝶. 何飞鹏,昕彤. 出版参考:新阅读,2009,(1)
广东省蚂蚁种类与分布. 赵爽,等. 环境昆虫学报,2009,(2)
黑蚂蚁粉对小鼠免疫功能的影响. 许邦仁,等. 贵阳医学院学报,2009,(4)
揭开蚂蚁睡眠差异之谜蚁后多觉可活更久. 昆虫知识,2009,(4)
科学家发现雌性无性繁殖蚂蚁. 昆虫知识,2009,(3)
蓝蝶幼虫模仿蚁后获蚂蚁贵宾待遇. 昆虫知识,2009,(2)
蚂蚁的声音. 生命世界,2009,(3)
蚂蚁分子系统学研究进展. 褚姣娇,徐正会. 生物技术通报,2009,(7)
蚂蚁能通过声音互相交谈. 昆虫知识,2009,(2)
蚂蚁咬伤患者过敏的特点及救治护理体会. 谢雪霞,何春蓉. 临床医学工程,2009,(4)
蚂蚁蜇伤致休克患儿的急救与护理. 蔡琼芳. 医学理论与实践,2009,(8)
美公布高清蚂蚁显微照片(可查看任何细节). 昆虫知识,2009,(4)
普洱市亚热带季风常绿阔叶林区蚂蚁多样性. 李巧,等. 生物多样性,2009,(3)

沙漠蚂蚁利用气味找到家门. 昆虫知识,2009,(2)
史前金色火星蚂蚁在2008'度十大新发现物种中榜上有名. 昆虫知识,2009,(1)
玄驹片中黑蚂蚁提取工艺的研究. 黎明,等. 广西中医学院学报,2009,(2)
勇于自我牺牲的蚂蚁. 生命世界,2009,(2)
云南黄蚂蚁粉对小鼠抗疲劳作用初步研究观察. 张雪辉,等. 昆明医学院学报,2009,(8)

(十四) 蜱

中国蜱类名录. 陆宝麟,等. 中国昆虫学报,1950,(2)
昆虫与扁虱所传播的疾病的自然病源地. 巴甫洛夫斯基,E. H. 昆虫学报,1953,(2)
中国蜱类名录补遗. 赵修复. 昆虫学报,1953,(3)
传播回归热的一种蜱的生物学和生理学上的特殊性能. 巴甫洛夫斯基. 周太玄译. 微生物学报,1955,(1)
二棘盲蜱的生活史. 邓国藩. 昆虫学报,1955,(2)
苏联的饰纹矩头蜱(扁蝨). 巴甫洛夫斯基,E. H. 中国畜牧兽医杂志,1955,(3)
硬蜱之防除. 巴甫洛夫斯基,E. H. 中华卫生杂志,1955,(3)
北京市近郊犬壁蝨储存流行乙型脑炎病毒研究. 王潜渊,等. 中华卫生杂志,1956,(4)
壁虱——回归热传播者的一些生物学特性. 巴甫洛夫斯基,E. H. ,等. 李长江译. 中华卫生杂志,1956,(2)
从狗蜱分离出嗜神经性病毒. 王潜渊,等. 微生物学报,1956,(2)
盲蜱的一个新种——锡林郭勒盲蜱. 姚文炳,等. 医学论文集(内蒙古),1957
关于硬蜱类变态的可变性. 阿尔菲耶夫. H. N. 邓国藩译. 昆虫学译报,1958,(5)
人体肛门寄生蜱一例. 张本华. 中华医学杂志,1958,(3)
由人体采到一种花蜱的研究. 张本华. 昆虫知识,1958,(3)
从硬蜱(Haemaphysalis 及 Dermacentor)分离到鼠疫杆菌. 邹浴身,等. 微生物学报,1959,(3)
我国十年来蜱螨类的调查研究综述. 陈心陶,等. 动物学杂志,1959,(1)
新疆地区巨蜱传回归热流行病学若干问题的探讨. 王明德. 流行病学杂志,1959,(5)
新疆硬蜱类调查(一). 肖成恩. 新疆害虫文集,1959
波斯隐喙蜱在新疆察布查尔之发现. 李长江. 昆虫学报,1960,(2)
山西省蜱类初步调查. 黄克峻. 山西医学院学报,1960,(2)
新疆维吾尔自治区硬蜱区系调查报告. 于心. 流行病学杂志,1960,(3)
雌微小方头蜱体内发现幼蜱. 李长江. 昆虫学报,1962,(3)
革蜱的一些生物学特性的分析. 姜在阶. 北京师范大学学报(自然科学版),1962,(1)
纳氏矩头蜱的生物学研究. 邓国藩. 昆虫学报,1962,(4)
纳氏矩头蜱生态的研究. 姚文炳,等. 内蒙古自治区成立十五周年医学科学论文资料选集(流行病、微生物、寄生虫专辑),1962
纳氏矩头蜱生活史的实验室研究. 姚文炳,等. 内蒙古自治区成立十五周年医学科学论文集资料选集(流行病、微生物、寄生虫专辑),1962
雌性花蜱在云南河口之发现. 李长江. 动物学报,1962,(4)
锡林郭勒盲蜱生态的研究. 姚文炳,等. 内蒙古自治区成立丨五周年医学科学论文集资料选集(流行病、微生物、寄生虫专辑),1962
东北地区蜱类的分布. 王风振. 吉林医科大学学报,1963,(2)
福建蜱类简报. 王敦清,等. 吉林医科大学学报,1963,(2)
广东蜱类简报. 李英杰,等. 吉林医科大学学报,1963,(2)
矩头蜱属一新种(硬蜱科). 邓国藩. 昆虫学报,1963,(2)
辽宁锦州地区黄鼠的蜱螨. 张金安,等. 吉林医科大学学报,1963,(2)
蜱幼虫引起鸡皮肤结节的初步观察. 周维翰. 安徽农业大学,1963,(5)
三种传播森林脑炎的蜱类及其生活史. 张鸿源,等. 吉林医科大学学报,1963,(2)
微小方头蜱发育史的研究及其部分生活习性的观察. 杨平,等. 贵州省畜牧兽医科研资料(第二集),1963
新疆蜱类简报. 于心,等. 吉林医科大学学报,1963,(2)
云南蜱类简报. 李长江,等. 吉林医科大学学报,1963,(2)
云南的微小方头蜱. 李长江. 学术研究(自然科学版),1963,(10)
白纹残缘璃眼蜱传染环形泰氏焦虫病. 邓国藩,等. 寄生虫学报,1964,(1)
对我国微小方头蜱的形态研究. 杨平,等. 寄生虫学报,1964,(2)
两只畸形的微小方头蜱. 王修文,等. 寄生虫学报,1964,(2)
南京地区家畜寄生蜱类的研究. 张本华. 动物学报,1964,(1)
蜱螨学在我国三十年来发展的今昔对比(1934—1964). 徐荫祺. 动物学杂志,1964,(6)

全沟蜱生活史的研究. 史宗俊,等. 寄生虫学报,1964,(2)
我国血蜱一新记录. 李长江,等. 动物分类学报,1964,(2)
在灵猫体上发现的齿须血蜱. 李长江. 昆虫学报,1964,(6)
贵州家畜二棘盲蜱的研究. 王修文,等. 畜牧兽医研究资料(第三集),1965
近年来国内外蜱类研究进展. 邓国藩,等. 蜱螨学进展. 上海科学技术出版社,1965
铃头血蜱稚虫态异常一例. 王兴相. 寄生虫学报,1965,(4)
蜱螨学进展. 忻介六,等. 上海科学技术出版社,1965
英汉蜱螨学词汇(试用本). 中国科学院自然科学名词编订室. 科学出版社,1965
一些硬蜱的抗热性观察. 姜在阶. 动物学报,1973,(4)
中国硬蜱属的几个种包括二新种. 邓国藩. 昆虫学报,1973,(1)
岛氏日本血蜱生活史的研究. 姚文炳,等. 昆虫学报,1974,(4)
蜱螨分科检索. 培克,E. W. ,等. 上海人民出版社,1975
中国硬蜱属一新种. 邓国藩. 昆虫学报,1977,(3)
国产蝇毒磷对猪虱及骆驼璃眼蜱的杀灭试验. 杨平. 甘肃农大学报,1978,(1)
亚东璃眼蜱生活史的观察. 昆虫学报,1978,(4)
中国经济昆虫志第十五册蜱螨目蜱总科. 邓国藩. 科学出版社,1978
近年来国内外蜱类研究进展概述. 姜在阶. 北京师范大学学报,1979,(1)
乳突钝缘蜱在山西省的新发现. 黄克峻. 山西医药杂志,1979,(5)
四川地区蜱类Q热源体分离. 刘连珠,等. 流行病学杂志,1979,(1)
甘肃蜱类. 王心娥,等. 兰州大学学报(自然版),1980,(3)
铃头血蜱对Q热立克次体实验感染的研究. 刘连珠,等. 第三军医大学学报,1980,(2)
两种硬蜱产卵的观察简报. 庞道毛,等. 昆虫知识,1980,(3)
中国血蜱属二新种(蜱螨目:硕蜱科). 邓国藩. 动物分类学报,1980,(2)
新疆喀什及其邻近地区的蜱类. 黄重安,等. 昆虫学报,1980,(1)
中国的血蜱属异血蜱亚属附一新种(蜱螨目:硬蜱科). 邓国藩. 昆虫学报,1980,(1)
安徽蜱类初记. 夏立照,等. 安徽医学院学报,1981,16(4)
革蜱幼虫的数值分类研究. 姜在阶,等. 昆虫分类学报,1981,3(4)
蜱螨学纲要. 李隆术. 西南农学院院报增刊(教学科研专著),1981
森林革蜱吸血后的体重与产卵关系. 姚文炳,等. 昆虫学报,1981,14(4)
斑点热群立克次体免疫学及生物学活性的研究. 吕正文. 中华微生物学和免疫学杂志,1982,2(1)
蜱类简明教程. 陈国仕. 武汉医学院,1982
蜱螨名词及名称. 中国昆虫学会蜱螨专业组. 科学出版社,1982
青海血蜱传播羊泰勒氏焦虫病. 陈德明,等. 西南民族学院学报(畜牧兽医版),1982,(4)
我国蝠蜱一新种(蜱总科:软蜱科). 裘明华,等. 昆虫学报,1982,25(3)
云南西南部硬蜱附吸血蜱属一新种(蜱螨目:硬蜱科). 庞道毛,等. 动物学报,1982,(增刊3)
用非洲钝缘蜱保存精河株斑点热立克次体的观察. 唐士元,等. 中华微生物学和免疫学杂志,1982,2(5)
中国血蜱属的原血蜱亚属和一新种(蜱螨目:硬蜱科). 邓国藩. 动物分类学报,1982,7(1)
中国血蜱属的原血蜱亚属和一新种(蜱螨目:植绥满科). 吴伟南,等. 动物分类学报,1982,7(1)
蜱类与疾病概论. 陈国仕. 人民卫生出版社,1983
达乌尔黄鼠的寄生蜱螨及其种群数量变动的研究. 李维贤,等. 动物学杂志,1983,(4)
豪猪血蜱的生物学研究. 姜在阶. 昆虫学报,1983,26(4)
江西省锐缘蜱属一新种(蜱螨目:软蜱科). 邓国藩,等. 动物分类学报,1983,8(2)
精河株斑点热立克次体在非洲钝缘蜱体内的分布. 唐士元,等. 昆虫学报,1983,26(2)
蜱螨染色体改良制片法——玻璃纸压片法. 周洪福,等. 遗传,1983,5(5)
森林革蜱的生物学研究. 赵辉元,等. 动物学杂志,1983,(6)
新疆西北部地区蜱类自然感染斑点热立克次体的调查. 艾承绪,等. 中华流行病学杂志,1983,4(2)
一些硬蜱的抗热性及其与表皮脂类关系. 盖文志,等. 昆虫学报,1983,26(2)
亚东璃眼蜱 Hyalommaasiaticum Kozlor O. L 生物学特性的研究. 黄重安. 防治研究通报,1983,2(1-2)
亚东璃眼蜱产卵的观察. 姚文炳,等. 昆虫学报,1983,26(3)
中国锐缘蜱亚属小志(蜱螨目:软蜱科:锐缘蜱属). 邓国藩. 动物分类学报,1983,8(3)
中华锐缘蜱的生活史研究(蜱总科:软蜱科). 裘明华,等. 动物学研究,1983,4(1)
两种硬蜱表皮水溶性蛋白质的聚丙烯酰胺凝胶电泳. 盖文志. 昆虫知识,1984,21(2)
青海血蜱的生物学观察及幼期描述. 邓国藩,等. 昆虫学报,1984,27(3)
云南血蜱属一新种及雄性川原血蜱记述(蜱螨目:硬蜱科). 邓国藩,等. 动物分类学报,1984,9(1)

硬蜱成虫的消化系统和生殖系统解剖. 窦桂兰. 昆虫知识,1984,21(6)
亚东璃眼蜱各发育期体重的变化. 姚文炳,等. 昆虫学报,1984,27(2)
中国医学蜱类调查研究概况. 庞道毛. 昆虫知识,1984,21(6)
草原革蜱和森林革蜱幼虫的形态学研究. 姜在阶. 昆虫学报,1985,28(1)
银盾革蜱的生物学观察. 逄春积,等. 军事医学科学院院刊,1985,(4)
硬蜱幼期感器的扫描电镜研究. 姜在阶. 北京师范大学学报(自然),1985,(1)
温—湿度对亚东璃眼蜱产卵的影响. 姚文炳. 昆虫学报,1985,28(2)
中国硬蜱属记述(螨蜱亚纲:硬蜱科). 邓国藩. 动物分类学报,1986,11(1)
革蜱未成熟期哈氏器的扫描电镜的研究. 姜在阶. 昆虫学报,1986,29(2)
河西三地区蜱类区系调查. 王心娥,等. 兰州大学学报(自然版),1986,22(4)
森林革蜱染色体 C 带和核型初析. 周洪福,等. 畜牧兽医学报,1986,17(2)
草原革蜱和森林革蜱若虫的形态学研究. 姜在阶. 北京师范大学学报(自然版),1987,(1)
黑龙江省海林县莱姆病的临床表现和流行病学特点. 艾承绪,等. 军事医学科学院院刊,1987,11(1)
金泽革蜱的生物学特性研究. 姜在阶. 昆虫学报,1987,30(3)
六种硬蜱哈氏器形态的比较研究. 李长江,等. 昆明医学院学报,1987,8(1)
辽宁省蜱类的生态地理分布. 李维贤. 昆虫学报,1987,30(2)
蜱传脑炎病毒分子生物学研究概况. 杨佩英. 国外医学(微生物学分册),1987,10(2)
蜱类的滞育现象. 姜在阶. 昆虫知识,1987,24(3)
武都地区蜱类组成和区系分析. 王心娥,等. 兰州大学学报(自然版),1987,23(2)
新疆蜱媒自然疫源性疾病的调查研究. 孔昭敏,等. 地方病通报,1987,2(3)
银盾革蜱的生物学研究. 姚文斌. 内蒙古医学院学报,1987,9(1)
中国经济昆虫志. 第十五册,蜱螨目蜱总科. 邓国藩. 科学出版社,1987
波斯锐缘蜱生活史观察结果初报. 祁兆平,等. 医学动物防制,1988,4(4)
波斯锐缘蜱的核型与细胞分类研究(蜱螨亚纲:软蜱科). 周洪福,等. 动物分类学报,1988,13(4)
利用混合模型对革蜱幼虫哈氏器分类及对其进行谱系树的估计. 郭大伟,等. 生物数学学报,1988,3(2)
璃眼蜱幼虫的形态学研究. 姜在阶,等. 北京师范大学学报(自然版),1988,(2)
蜱螨细胞遗传学的进展. 阳春生,孟阳春. 生物科学信息,1988,1(1)
蜱螨学. 李隆术,李云瑞. 重庆出版社,1988
温度对东亚璃眼蜱发育的影响. 姚文炳. 昆虫学报,1988,31(1)
长角血蜱、亚洲璃眼蜱和残缘璃眼蜱同工酶的研究. 裘明华,等. 重庆医科大学学报,1989,14(4)
福建省微小牛蜱的生物学特性. 陈天铎,赵子珊. 福建农学院学报,1989,18(4)
革蜱成虫哈氏器的扫描电镜观察. 常崇艳,等. 昆虫学报,1989,32(3)
甘薯节蜱之一新种. 黄 展,黄伟城. 中华昆虫(中国台湾),1989,(特刊3)
革蜱属三种若蜱的记述及中国常见革蜱若蜱的检索表. 姜在阶,等. 动物分类学报,1989,14(4)
林丹乳油杀灭硬蜱的效果观察报告. 黄国林. 辽宁畜牧兽医,1989,(6)
莱姆病的临床特点,诊断和治疗. 于守汛. 国外医学(流行病学・传染病学分册),1989,16(2)
两种病媒蜱的生物学研究. 姚文炳. 医学研究通讯,1989,18(3)
牛血孢子虫单一种的分离技术及其保藏方法的研究:微小牛蜱对边缘边虫的传递试验. 白启,等中国兽医科技,1989,(1)
蜱总科三个科的消化和生殖系统的比较研究. 窦桂兰. 中国媒介生物学及控制杂志,1989,5(试刊号)
青海海南地区蜱类调查. 张广登. 四川动物,1989,8(2)
日本血蜱的二倍体与三倍体核型. 周洪福,田庆云. 畜牧兽医学报,1989,20(4)
桑树节蜱之一新种. 黄 展,黄伟城. 中华昆虫(中国台湾),1989,(特刊3)
山羊跳跃病和蜱传热. Gray,D. 陈永红. 国外兽医学(畜禽传染病),1989,9(3)
危害荔枝之二种节蜱. 黄展,黄坤伟. 中华昆虫(中国台湾),1989,(特刊3)
危害台湾檬果之三种节蜱. 黄展,安奎. 中华昆虫(中国台湾),1989,(特刊3)
微小牛蜱对牛巴贝西虫和双芽巴贝西虫传播能力的研究. 吕文顺,宏余. 中国兽医科技,1989,(7)
温度对长角血蜱生殖力调控的数学模型研究. 杨忠琴,等. 重庆医科大学学报,1989,14(2)
硬蜱哈氏器嗅觉功能的研究. 常崇艳,等. 昆虫学报,1989,32(4)
中华硬蜱幼虫的形态(蜱螨亚纲:硬蜱科). 姜在阶,等. 动物分类学报,1989,14(3)
中国“二棘血蜱”和长角血蜱的生活周期和形态特征比较研究. 杨银书,李德昌. 兽医大学学报,1989,9(1)
从内蒙古中部牧区成蜱体内首次分离 Q 热立克次体. 武成远,等. 中国人兽共患病杂志,1990,6(1)
非洲钝缘蜱和波斯锐缘蜱同工酶的研究. 周友梅,等. 重庆医科大学学报,1990,15(1)
Lyme 病. Stee,A. S. ,余传霖. 国外医学(微生物学分册),1990,13(2)

绵山羊边虫病的研究：绵羊边虫的蜱传播试验. 吕文顺，季志东. 中国兽医科技，1990，(12)
蜱媒疾病 8 种. 陈国仕. 实用临床传染病学. 人民军医出版社，1990
蜱螨染色体. 陈春生，孟阳春. 昆虫知识，1990，27(3)
蜱螨媒性疾病. 孟阳春，等. 虫媒传染病学. 宁夏人民出版社，1990
全沟硬蜱传播莱姆病的研究. 窦桂兰，杨振. 中国媒介生物学及控制杂志，1990，1(2)
Q 热的病原与防治. 俞树荣. 科学技术文献出版社重庆分社，1990
日本血蜱季节消长初步研究. 关雁，田庆云. 医学动物防制，1990，6(2)
豚鼠土拉弗氏菌菌血症的形成及蜱感染试验. 李俐，韩藕儿. 军事医学科学院院刊，1990，14(1)
塔城额敏河谷及其毗邻山地蜱螨区系考察报告. 于心. 地方病通报，1990，5(4)
微小牛蜱生物学特性的研究. 韩文俊，许金亭. 畜牧与兽医，1990，22(2)
新疆额尔齐斯河流域及其毗邻山地蜱螨区系调查. 叶瑞玉，于心. 地方病通报，1990，5(4)
用扫描电镜研究两种软蜱哈氏器. 李冠民，陈晓端. 北京师范大学学报(自然版)，1990，(4)
边缘革蜱的生物学观察. 曹汉礼. 地方病通报，1991，6(3)
常革蜱属一新种(蜱螨亚纲：寄蜱科). 白学礼，顾以铭. 动物分类学报，1991，16(1)
从四川东部林区二棘血蜱体内分离出莱姆病螺旋体. 李优良，郝霁光. 中国媒介生物学及控制杂志，1991，2(6)
甘肃河西三地区骆驼寄生蜱调查. 康新民，朱道宏. 中国兽医科技，1991，21(4)
黑龙江省东宁县山区蜱类的生态调查. 刘国平. 生态学杂志，1991，10(4)
莱姆病. 陈国仕，徐焕章. 现代传染病管理，学苑出版社，1991
两种硬蜱的染色体扫描电镜观察初报. 秦志辉，等. 苏州医学院学报，1991，11(1)
卵形八贝西虫在长角血蜱若蜱唾液腺内的发育. 王省良. 兽医大学学报，1991，11(2)
马陆体上的革蜱一新属新种及一新科的建立(蜱螨亚纲：皮棘螨总科). 顾以铭，王菊生. 动物分类学报，1991，16(4)
蜱类须肢感器的细微结构. 马立君. 昆虫学报，1991，34(3)
蜱蜕皮激素的高效液相色谱分析. 云自厚，吴庆. 北京师范大学学报(自然版)，1991，27(2)
犬的蜱致麻痹症. 金淮，徐汉坤. 中国兽医科技，1991，21(2)
全沟硬蜱为内蒙大兴安岭莱姆病螺旋体的主要生物媒介. 阎大成. 中国媒介生物学及控制杂志，1991，2(4)
台湾产蕨类上之三新种节蜱. 黄坤炜. 中华昆虫(中国台湾)，1991，11(4)
新疆准格尔盆地南缘地区新疆出血热病毒自然疫源地的发现. 冯崇惠，等. 地方病通报，1991，6(1)
新疆天山、阿尔泰山山地森林脑炎自然疫源地考察报告. 谢杏初，等. 地方病通报，1991，6(30)
硬蜱盾窝与盾窝腺的细微结构. 李莹. 昆虫学报，1991，34(2)
中国经济昆虫志. 第 39 分册(蜱螨目：蜱总科). 邓国藩，姜在阶. 科学出版社，1991
鞍山市旧堡区焦虫病牛体病生蜱的调查. 梁秀云，张庆彦. 辽宁畜牧兽医，1992，(2)
二棘血蜱唾液腺抗原成分的分析. 刘志刚. 江西医学院学报，1992，32(1)
甘肃省牛的蜱传性血液原虫虫种和分布特征的调查. 吕文祥，刘全元. 中国兽医科技，1992，22(5)
甘肃祁连山北麓莱姆病伯氏螺旋体的调查研究. 刘增加. 中国兽医科技，1992，22(11)
国产双甲脒驱杀黄牛微小牛蜱的试验. 周婉丽，王光富. 中国兽医科技，1992，22(9)
黑龙江省苇河林区莱姆病自然疫源地媒介蜱的调查. 杜勇，王中元. 医学动物防制，1992，8(1)
湖南省莱姆病的初步探讨. 湖南预防医学杂志，1992，4(1)
聚丙烯酰胺凝胶电泳在蜱类种属鉴定中的应用. 刘志刚，曹刚. 江西医药，1992，27(6)
九种硬蜱成虫哈氏器的扫描电镜. 杨银书，赵晓伯. 中国兽医科技，1992，22(3)
抗蜱唾液抗体：是蜱叮咬人后的生物学标志及莱姆病血液抗体阳性的危险因子. Bria，S. 白鹤鸣. 微生物学免疫学进展，1992，(4)
两种硬蜱滞育的研究. 李锋. 北京师范大学学报(自然版)，1992，28(2)
内蒙通辽市北亚蜱传斑点热病例及病因学证实. 张启周，魏迎光. 中国人兽共患病杂志，1992，8(6)
蜱抗原诱导的宿主免疫力的研究. 刘志刚. 江西医学院学报，1992，32(3)
双甲脒治疗山羊蜱、虱病的效果观察. 贾旌旗. 四川畜禽，1992，(8)
首次从新疆的蜱和病牛血清分离到新环状病毒. 李其平，梁国栋. 地方病通报，1992，7(4)
微小牛蜱产卵习性的观察. 程天印，黄 彬. 信阳师范学院学报(自然版)，1992，5(2)
微小牛蜱引起牛暴发性贫血. 侯楷清. 中国兽医杂志，1992，18(6)
我国莱姆病螺旋体生物媒介的初步调查. 张哲夫，等. 中华流行病学杂志，1992，13(5)
硬蜱盾窝腺释放性信息素. 李莹. 昆虫学报，1992，35(2)
用 HPLC 测定长角血蜱中的保幼激素. 云自厚. 北京师范大学学报(自然版)，1992，28(2)
中国北亚蜱传斑点热分子流行病学研究. 范明远，等. 中国公共卫生，1992，11(2)
中华硬蜱叮刺宿主后免疫相互作用的研究. 刘志刚. 中国人兽共患病杂志，1992，8(4)

从全沟硬蜱分离的伯氏疏螺旋体的形态学特征. 柴光军. 微生物学报,1993,33(3)
从云南蝙蝠及牛蜱中分离出两株森林脑炎病毒. 杨蓝萍,张天寿. 中国人兽共患病杂志,1993,9(1)
Lyme 病眼部表现 30 例分析. 刘蔼年,刘海林. 中华眼科杂志,1993,29(5)
莱姆病媒介早春牛羊寄生蜱的研究. 徐甘东,粟多寿. 兰州大学学报(自然版),1993,29(4)
蜱媒感染性疾病. 陈国仕. 新编传染病诊疗手册. 金盾出版社,1993
蜱,自然疫源. 陈国仕. 中国大百科全书. 医学. 中国大百科全书出版社,1993
全沟硬蜱生活周期的实验观察. 杜勇,吴晓明. 中国媒介生物学及控制杂志,1993,4(5)
全沟硬蜱在新疆的分布及与疾病的关系. 于心,叶瑞玉. 地方病通报,1993,8(4)
双甲脒驱杀耕牛微小牛蜱的试验. 孙家刚,何开富. 畜牧兽医杂志,1993,12(3)
溴氰菊酯、敌百虫对山羊草蜱的疗效比较. 蔺惠芬,杨喜波. 河北农业大学学报,1993,16(2)
新疆博尔塔拉和伊犁地区蜱类区系考察. 于心,等. 地方病通报,1993,8(2)
新疆东部地区蜱螨区系及医学意义. 叶瑞玉,于心. 地方病通报,1993,8(4)
中华硬蜱和二棘血蜱的交叉免疫反应. 刘志刚,等. 昆虫学报,1993,36(3)
胺丙畏与复方胺丙畏杀蜱效力对比试验. 陈国庆,陈亚兰. 辽宁畜牧兽医,1994,(3)
北京地区莱姆病的发现及临床研究. 冯方波,张薇芬. 中华流行病学杂志,1994,15(1)
传病的害虫——蜱. 虞以新. 大自然,1994,(6)
20-羟基蜕皮酮对银盾革蜱若虫蜕化期和存活作用的研究. 刘敬泽,姜在阶. 寄生虫与医学昆虫学报,1994,1(4)
福建省林区莱姆病的调查与防治措施探讨. 吴伯宪,吴钦玲. 实用预防医学,1994,1(3)
海南岛小兽类寄生蜱的群落结构. 刘宝华,黄佳亮. 动物学研究,1994,15(4)
湖北省英山县莱姆病的调查. 莫尤美,李顺才. 中国公共卫生,1994,10(3)
河北省莱姆病媒介蜱的初步调查. 田万春,等. 医学动物防制,1994,10(1)
巨蜥盲华蜱——四川省新记录. 朱朝军,郑先春. 重庆医科大学学报,1994,19(1)
闽西北林区人群北亚热的血清流行病学调查. 陈振光,毕德增. 中国人兽共患病杂志,1994,10(1)
蜱细胞培养技术. 玛丽亚木,郭中敏. 中国兽医科技,1994,24(2)
森林革蜱分离出莱姆病伯氏螺旋体. 刘增加. 中国科学技术出版社,1994,633
首次从全沟硬蜱中分离 3 株森林脑炎病毒. 任国松,李炎光. 医学动物防制,1994,10(2)
溴氰菊酯对微小牛蜱的毒力测定和杀灭试验. 陈天铎,关育芳. 福建农业大学学报,1994,23(2)
溴氰菊酯体外喷洒灭蜱预防羊焦虫病试验. 马克勤. 甘肃畜牧兽医,1994,24(2)
辛硫磷羊体灭蜱效果观察. 申汉文,马明星. 动物检疫,1994,11(1)
银盾革蜱神经分泌细胞的超微结构和分泌活性的研究. 唐小玲,姜在阶. 寄生虫与医学昆虫学报,1994,1(3)
银盾革蜱与西藏革蜱的地理分布及其鉴别要点. 于心. 地方病通报,1994,9(4)
中华硬蜱唾液腺抗原成分的分析研究. 刘志刚,苏东明. 畜牧兽医学报,1994,25(1)
中国梨形虫病及其媒介——蜱的研究概况. 李德昌,陈启军. 中国兽医学报,1994,14(2)
巴贝斯虫及其传播媒介——蜱的研究概况. 陈启军,李德昌. 黑龙江畜牧兽医,1995,(11)
草原革蜱各发育阶段对驽巴贝斯虫传播能力的研究. 白启,刘光远. 畜牧兽医学报,1995,26(1)
多聚酶链反应技术在斑点热群立克次体流行病学调查中的应用. 张健之,孙福祥. 中华流行病学杂志,1995,16(1)
福建蜱类调查. 廖灏溶,于心. 地方病通报,1995,10(1)
非洲猪瘟与游走钝缘蜱分布间的关系. Psa,R.,刘毅译. 国外兽医学杂志,1995,15(4)
广西莱姆病媒介蜱调查及其防治. 赖初麟,廖国厚. 广西预防医学,1995,1(1)
广西的硬蜱调查研究初报. 廖国厚,赖初麟. 中国媒介生物学及控制杂志,1995,6(1)
甘肃省莱姆病自然疫源地调查研究. 刘增加,等. 中华流行病学杂志,1995,16(1-A)
湖南部分县蜱种的调查. 陶学永,万康林. 实用预防医学,1995,2(2)
河北省莱姆病的调查. 张志坤,田万春. 中国公共卫生,1995,11(6)
拉合尔钝缘蜱对小鼠免疫细胞的影响. 陆家海,胡边. 实验动物科学与管理,1995,12(3)
莱姆病的研究进展. 马宏伟,马家毓. 延边医学院学报,1995,18(4)
庞泉沟自然保护区蜱类及蜱叮刺情况初步调查. 刘明社,武延隽. 长治医学院学报,1995,9(5)
叮咬致森林脑炎一例临床报告. 牟艳,王瑞春. 工业卫生与职业病,1995,21(5)
蜱类染色体的分带研究和扫描电镜观察. 周洪福,秦志辉. 蛛形学报,1995,4(1)
首次从日本血蜱检测出莱姆病螺旋体. 田万春,Mold,S. 中国人兽共患病杂志,1995,11(3)
西藏亚东地区蜱类调查报告. 许荣满,等. 军事医学科学院院刊,1995,19(2)
山羊蜱病的危害及防治. 昌都科技,1995,(2)
外源蜕皮激素和保幼激素类似物对长角血蜱生殖的影响. 李毅平,姜在阶. 寄生虫与医学昆虫学报,1995,2(4)
我国牛蜱传性血液原虫的虫种调查和分布特征的研究. 吕文祥,吕文顺. 中国兽医科技,1995,25(8)

溴氰菊酯喷雾杀灭牦体青海血蜱等试验. 才让当智,拉毛杰. 中国牦牛,1995,(2)
新疆南部地区蜱螨区系及医学意义. 叶瑞玉,于心. 地方病通报,1995,10(4)
西藏阿里地区银盾革蜱的分布及与疾病的关系. 张桂林,马德顺. 中国媒介生物学及控制杂志,1995,6(4)
应用镰形扇头蜱及巴贝斯虫病水牛的染虫血感染黄牛试验. 刘钟灵,马丽华. 畜牧兽医学报,1995,26(5)
引起西班牙绵羊脑脊髓炎的病毒:蜱传脑炎群的一个新成员. MariM. S. ,阎高峰. 国外兽医学(畜禽传染病分册),1995,15(3)
一种引起西班牙绵羊脑脊髓炎的蜱传新病毒. Maris,M. S. ,宋之光. 国外兽医学(畜禽传染病分册),1995,15(4)
边缘革蜱侵袭人体及草原革蜱生活史. 姜广仁,马立名. 昆虫知识,1996,33(2)
病毒性脑炎病人中抗科罗拉多蜱热病毒 IgM 抗体检测. 谈雪芳,殷国庆. 江苏医药,1996,22(12)
百敌克喷浴灭蜱试验. 图布新,陶发礼. 中国兽医杂志,1996,22(12)
斑点热群立克次体新种——虎林 93 株的分离和鉴定. 张健之,范明远. 中国人兽共患病杂志,1996,12(5)
从福建首次分离出斑点热群立克次体. 毕德增,陈振光. 疾病监测,1996,11(1)
长角血蜱合神经节分泌活性的超微结构研究. 吴春萍,姜在阶. 北京师范大学学报(自然版),1996,32(4)
福建省宁化县两种新发现的自然疫源性疾病的研究. 陈振光,潘亮. 海峡预防医学杂志,1996,2(2)
福建莱姆病蜱类媒介及宿主的调查研究. 潘亮,陈振光. 海峡预防医学杂志,1996,2(2)
福建省莱姆病的临床特征分析. 潘亮,陈振光. 海峡预防医学杂志,1996,2(3)
福建莱姆病蜱媒及其宿主调查研究. 潘亮,陈振光. 中国媒介生物学及控制杂志,1996,7(6)
甘肃肃南铧尖地区家畜寄生蜱初步调查. 罗远琼,刘增加. 中国媒介生物学及控制杂志,1996,7(3)
甘肃省肃南县首次发现丹氏血蜱. 孙朝霞,张宇撰. 兰州大学学报(自然版),1996,32(1)
湖南南山牧场越南血蜱生物学和季节动态的研究. 丁熙成,殷佩云. 中国农业大学学报,1996,1(3)
激素对长角血蜱卵巢微粒体 Na^+-K^+-ATP 酶活力的影响. 李毅平,姜在阶. 寄生虫与医学昆虫学报,1996,3(4)
吉林省草原血蜱的生活习性观察. 马立名. 昆虫学报,1996,39(2)
聚合酶链技术在莱姆病蜱传播途径研究中的应用. 孙朝霞,田红. 中国兽医科技,1996,26(11)
抗蜱免疫研究. 中华硬蜱叮咬免疫接种宿主后其吸血、生殖能力的变化. 刘志刚,叶柄辉. 寄生虫与医学昆虫学报,1996,3(4)
莱姆病的病理学研究. 谢青. 国外医学(生理病理科学与临床分册),1996,16(4)
马耳蜱感染性肌痉挛. 顾有方. 国外兽医学(畜禽疾病分册),1996,17(3)
麋鹿长角血蜱病的诊治. 沈华,丁玉华. 草与畜杂志,1996,(3)
内蒙古地区斑点热的调查. 金焱,钮莉春. 内蒙古医学杂志,1996,16(3)
牛羊蜱传性血液原虫的人工繁殖技术. 罗建勋,刘全元. 中国兽医科技,1996,26(6)
蜱传脑炎疑似患者中抗莱姆病螺旋体抗体的调查. 霍秋波,万康林. 中国媒介生物学及控制杂志,1996,7(2)
蜱叮咬引起莱姆病 6 例报告. 王馥菊. 医学动物防制,1996,12(4)
实验性家兔蜱传回归热病理形态学观察. 卢开柏,陆家海. 中国兽医学报,1996,16(4)
西藏察隅河谷人群蜱传斑点热血清流行病学调查. 卢登明,马仕金. 西南国防医药,1996,6(5)
新疆蜱类与疾病关系的研究. 于心,叶瑞玉. 地方病通报,1996,11(4)
越南血蜱(Haemaphysalisietnamensis)的扫描电镜观察. 丁熙成,殷佩云. 中国兽医学报,1996,16(5)
亚洲璃眼蜱基因组多态 DNA 的研究. 蓝明扬,于心. 中国媒介生物学及控制杂志,1996,7(2)
应用几种不同方法驱避草原革蜱的试验. 吕洪昌,陈永学. 中国兽医学报,1996,26(7)
云南省蜱传出血热初报调查. 孟佩云,魏文斗. 西南国防医药,1996,6(3)
以发作性头痛为主要表现的莱姆病两例报道. 彭秋,张小澍. 中国疼痛医学杂志,1996,2(4)
早熟素对长角血蜱生殖的影响. 李毅平,姜在阶. 寄生虫与医学昆虫学报,1996,3(3)
阿里土拉菌病疫源地中西藏革蜱的媒介作用. 马德新,索南久美. 地方病通报,1997,12(1)
安倍杀虫液治疗绵、山羊蜱病试验. 努尔,努尔巴哈. 新疆畜牧业,1997,(3)
北亚蜱传斑点热的研究进展. 陈 敏,范明远. 中国公共卫生,1997,13(6)
北京郊区旅游景点北亚蜱传斑点热分子流行病学调查. 陈敏,范明远. 中华流行病学杂志,1997,18(4)
长角血蜱性信息素生物合成的激素调控. 刘敬泽,杨亦萍. 北京师范大学学报(自然版),1997,33(1)
长角血蜱蜕皮激素含量与卵巢微粒体 Na^+-K^+-ATP 酶活力的关系. 李毅平,姜在阶. 北京师范大学学报(自然版),1997,33(4)
长角血蜱蜕皮激素分泌部分的研究. 张舒林,姜在阶. 北京师范大学学报(自然版),1997,33(4)
动物莱姆病的卫生检疫. 崔言顺,孙淑红. 肉品卫生,1997,(11)
福建省斑点热群立克次体的检测、分离和鉴定. 陈敏,范明远. 中华微生物学和免疫学杂志,1997,17(6)
贵州的蜱类及其与疾病的关系. 沈晓融,沈定荣. 中国媒介生物学及控制杂志,1997,8(4)
湖南城步县南山牧场蜱及牛梨形虫病的发生特点. 丁熙成,殷佩云. 石河子大学学报,1997,1(2)
湖南省郴州地区莱姆病调查. 刘庆武,李俊华. 中国媒介生物学及控制杂志,1997,8(2)

河北长角知蜱主要生物学特性观察.王宗仪,杨芷云.河北农业大学学报,1997,20(4)
河北省长角血蜱的区系调查及季节动态观察.王宗仪,李铁栓.中国兽医科技,1997,27(10)
激素对长角血蜱生殖周期中生化成分的影响.李毅平,姜在阶.北京师范大学学报(自然版),1997,33(2)
抗蜱免疫研究:宿主被中华硬蜱叮咬后其血液和局部组织中组胺含量的动态分析.刘志刚,叶柄辉.寄生虫与医学昆虫学报,1997,4(1)
莱姆病.刘增加.兰州大学出版社,1997
软蜱人体皮肤寄生1例报告.张德彦,曾水祥.皮肤病与性病,1997,19(1)
牛羊蜱传性血液原虫超微结构研究:双芽巴贝斯虫的超微结构观察.吕文祥,殷宏.中国兽医科技,1997,27(5)
牛羊蜱传性血液原虫超微结构研究:大巴贝斯虫的超微结构观察.吕文祥,殷宏.中国兽医科技,1997,27(10)
蜱传脑炎病毒东北株E蛋白的核酸和氨基酸序列.侯宗柳,刘瑞璋.病毒学报,1997,13(1)
蜱类卵黄发生及激素对其生殖的调控.李毅平,等.昆虫知识,1997,34(1)
蜱抗原免疫接种诱导宿主抵抗力的研究.刘志刚,叶柄辉.中国人兽共患病杂志,1997,13(2)
蜱类染色体的核型研究进展.秦志辉,周洪福.蛛形学报,1997,6(1)
蜱害引起家畜大批死亡的调查报告.王光雷,哈列力.草食家畜,1997,(2)
波斯锐缘蜱扫描电镜观察.杨晓野,薛芝.内蒙古畜牧科学,1997,18(4)
犬的二棘血蜱病.刘鸿道.中国养犬杂志,1997,(1)
热区军犬蜱媒人兽共患病调查研究.佟世德,潘华.中国养犬杂志,1997,8(3)
人埃立克体病.温博海.国外医学(流行病学,传染病学分册),1997,24(5)
生物灭虫剂对牛微小牛蜱的杀灭效果观察.李树荣,杜文昌.黄牛杂志,1997,23(3)
山西已知17种硬蜱的系统发育数值分析.刘明社.山西医科大学学报,1997,28(1)
4种硬蜱的随机扩增多态性DNA分析.乔中东,殷国荣.中国人兽共患病杂志,1997,13(1)
绥芬河地区三种蜱媒疾病的血清学调查.吴益民,魏安明.解放军医预防医学杂志,1997,15(5)
山东省莱姆病螺旋体的首次分离与鉴定.王丽娟,万康林.中国媒介生物学及控制杂志,1997,8(2)
绥芬河地区蜱传斑点热血清流行病学调查.吴益民,魏安明.中国公共卫生学报,1997,16(1)
微小牛蜱染色体的多倍体和C带分析.秦志辉,周洪福.中国人兽共患病杂志,1997,13(4)
微小牛蜱引起山羊贫血的防治.苏菊英,屈彬仁.中国兽医科技,1997,27(1)
用鸡胚卵黄囊分离斑点热群立克次体的研究.毕德增,张健之.中国媒介生物学及控制杂志,1997,8(1)
用PCR/RFLP技术对黑龙江沿岸蜱类和鼠类中北亚蜱传斑点热的检测.陈敏,王乾海.中华流行病学杂志,1997,18(1)
104例莱姆病临床流行病学调查.刘增加,等.解放军预防医学杂志,1997,15(5)
硬蜱防治研究进展.刘军,王英.石河子大学学报,1997,1(2)
驻莱姆病高发地区某部莱姆病流行病学调查.吕天增,冯方波.解放军预防医学杂志,1997,15(4)
从粤东丰溪自然保护区台湾角血蜱体内分离出莱姆病螺旋体.郭衍,万康林.中国媒介生物学及控制杂志,1998,9(5)
从病人血液分离的斑点热群立克次体H-5株的鉴定.吴益民,魏安明.中国人兽共患病杂志,1998,14(6)
虫不咬胺倍浇背法和敌杀死超低容量喷雾灭蜱防蜱试验.王光雷,张雁声.中国兽医科技,1998,28(2)
大量蜱寄生引起麋鹿贫血症病例报告.孙大明,丁玉华.畜牧与兽医,1998,30(2)
广东首次分离到莱姆病螺旋体.陈戊申,万康林.中国媒介生物学及控制杂志,1998,9(4)
甘肃省牛蜱传性血液原虫生物学特性研究及病原的分离.罗建勋.中国兽医杂志,1998,24(5)
哈尔滨医科大学学生宿舍发现尧缘锐缘蜱调查报告.范树奇,赵淑华.哈尔滨医科大学学报,1998,32(1)
华南军警犬体表寄生蜱调查及防治.马玉梅,杜卫东.中国兽医科技,1998,28(8)
江苏省蜱类种群分布及季节消长调查报告.孙俊,鲁进宝.医学动物防制,1998,14(6)
家畜蜱病防制研究现状.王光雷,哈列力.草食家畜,1998,(1)
莱姆病的实验室诊断技术研究进展.李新军.国外医学(流行病学,传染病分册),1998,25(6)
陇东南地区马努巴贝虫病传播媒介蜱的调查.宋建国,杨明魁.中国兽医科技,1998,28(2)
两种杀虫剂对波斯锐缘蜱的毒性比较.王治军,等.地方病通报,1998,13(4)
宁夏蜱类种群及分布.李南刚,丁国俊.中国媒介生物学及控制杂志,1998,9(1)
全沟硬蜱是我国北方地区莱姆病螺旋体的主要传播媒介.万康林,张哲夫.实用预防医学,1998,5(6)
全沟硬蜱在黑龙江小兴安岭莱姆病螺旋体传播中的作用.万康林,贾文春.中国媒介生物学及控制杂志,1998,9(2)
宿主对蜱免疫的研究进展.薄清文,等.中国兽医杂志,1998,24(10)
实验室条件下长角血蜱的生物学特性研究.刘敬泽,姜在阶.昆虫学报,1998,41(3)
新疆青河县家畜蜱媒性疾病调查及蜱种鉴定.王光雷,努尔.草食家畜,1998,(4)
吸血期蓖麻硬蜱雌虫体内周身性莱姆病螺旋体生长动态的组.朱振勤,夏明仪.中国人兽共患病杂志,1998,14

(3)
应用 PCR 技术检测病人血液标本中斑点热群立克次体 DNA. 吴益民,刘昕昕. 微生物学杂志,1998,18(3)
羊用驱蜱项圈的制作及使用效果. 王光雷,谢建新. 中国兽医科技,1998,28(7)
伊维菌素对野生动物体表二棘血蜱的驱杀效果. 喻信益. 中国兽医科技,1998,28(11)
再次从福建分离出斑点热群立克次体. 陈振光,张健之. 中国媒介生物学及控制杂志,1998,9(4)
中华硬蜱叮咬免疫接种宿主后中肠病理变化的动态观察. 刘志刚,叶炳辉. 中国人兽共患病杂志,1998,14(6)
中国 20 个省、区、市动物莱姆病初步调查研究. 万康林,张哲夫. 中国媒介生物学及控制杂志,1998,9(5)
中国莱姆病螺旋体主要生物媒介的调查研究. 万康林,张哲夫. 中华流行病学杂志,1998,19(5)
草原革蜱形态学及生活史研究. 白音查汗. 草食家畜,1999,(4)
草原革蜱生活习性的观察. 库尔曼爱,王光雷. 新疆畜牧业,1999,(4)
草原革蜱产卵、孵化及幼蜱蜕皮的观察. 马立名. 华东昆虫学报,1999,8(2)
革蜱的某些生物学特性的研究. 白音查汗. 新疆畜牧业,1999,(4)
甘肃中部地区羊血液原虫病流行区蜱的调查. 宋建国,李万坤. 中国兽医科技,1999,29(9)
甘肃省中部地区羊蜱传性血液原虫病调查. 薛玉平,宋建国. 中国兽医寄生虫病,1999,7(3)
海南省琼中地区三农场斑点热血清流行病学研究. 常丙功,田小东. 中国媒介生物学及控制杂志,1999,10(3)
哈巴河铁热克提林牧区蜱类调查研究. 华满堂,等. 医学动物防制,1999,15(11)
黑龙江省医学蜱类种类及携带病原体概况. 李霞,姬云丽. 牡丹江医学院学报,1999,20(3)
湖南首次发现斑点热. 张立新,郑兰香. 实用预防医学,1999,6(5)
佳灵三特注射液对山羊虱、蜱的驱杀效果. 白永清,樊雪琴. 青海畜牧兽医杂志,1999,29(5)
江西上高县人和动物莱姆病流行病学调查. 龙健,林涛. 中国媒介生物学及控制杂志,1999,10(1)
江苏省蜱及其携带莱姆病螺旋体初步调查. 孙俊,张进宝. 中国媒介生物学及控制杂志,1999,10(1)
PCR 检测蜱中查非埃立克体 DNA 及其序列分析. 曹务春,张泮河. 寄生虫与医学昆虫学报,1999,6(1)
蜱叮咬 1 例报告. 朱林学,李冠群. 中国皮肤性病学杂志,1999,13(2)
我国南方蜱样本中发现犬埃立克体 DNA. 潘华,陈香蕊. 中国人兽共患病杂志,1999,15(3)
我国医学蜱类生态学研究概况. 徐艳玲. 医学动物防制,1999,15(3)
性信息素 2,6－二氯酚在长角血蜱交配行为中的作用. 刘敬泽,姜在阶. 昆虫学报,1999,42(1)
西藏长角血蜱产卵的观察. 李晋川,张有植. 西南国防医药,1999,9(6)
粤东丰溪林场斑点热疫源地. 张健之,郭衍. 中国人兽共患病杂志,1999,15(2)
应用 PCR 技术检测斑点热群立克次体特异性. 詹志农,田晓东. 中国人兽共患病杂志,1999,15(2)
张家川县血液原虫病及传播媒介蜱的种类调查. 马萍,王茂. 甘肃畜牧兽医,1999,29(4)
长角血蜱唾液腺 Apyrase 的生物学特征和功能的研究. 程远国,等. 寄生虫与医学昆虫学报,2000,7(3)
动物对长角血蜱幼虫感染的免疫应答. 赵忠芳,等. 寄生虫与医学昆虫学报,2000,7(1)
三种杀虫剂对蜱的现场防制效果观察. 孙俊,等. 中国媒介生物学及控制,2000,11(6)
江苏省莱姆病生物媒介调查研究. 孙俊,等. 江苏预防医学,2000,11(3)
江苏省莱姆病生物媒介生态及防制研究. 孙俊,等. 中国媒介生物学及控制,2000,11(6)
江苏省蜱防制的试验研究. 孙俊,等. 医学动物防制,2000,16(9)
蜱诱导宿主的免疫研究概况. 赵忠芳,孔敏瑶. 寄生虫与医学昆虫学报,2000,7(2)
避蚊胺对蜱的驱避效果观察. 章进宝,等. 江苏预防医学,2000,8(1)
西北部分地区莱姆病与人、家养动物、啮齿动物关系的研究. 刘增加,等. 医学动物防制,2000,16(6)
新发现蜱媒传染病:人埃立克体病研究进展. 刘运喜. 医学动物防制,2000,16(12)
应用半巢式 PCR 检测我国北方一些蜱种中的查非埃立克体. 高东旗,等. 中国媒介生物学及控制杂志,2000,11(3)
SrRNA 全基因序列分析鉴定我国南方蜱中单核细胞埃立克体. 曹冬春,等. 军事医学科学院院刊,2000,24(1)
40.7% 毒死蜱乳油中有效成分毒死蜱的气相色谱分析. 王爱芬. 李小鹰农药,2001,(7)
PCR 检测东北地区部分蜱种中埃立克体 DNA. 魏安明,等. 解放军预防医学杂志,2001,(2)
北京东灵山地区鼠类体外寄生蜱类群落的研究. 郭天宇,等. 中国媒介生物学及控制杂志,2001,(4)
避蚊胺对蜱驱避效果的试验观察. 章进宝,等. 中国媒介生物学及控制杂志,2001,(4)
动物及其圈舍蜱防制效果观察. 章进宝,等. 中国人兽共患病杂志,2001,(5)
动物及其圈舍蜱防治效果的观察. 章进宝,等. 中华卫生杀虫药械,2001,(1)
二棘血蜱生态习性及其特点的初步研究. 李优良,等. 中国媒介生物学及控制杂志,2001,(6)
广州地区犬染蜱季节消长规律调查. 马玉海,等. 中国媒介生物学及控制杂志,2001,(6)
黑龙江立克次体蜱传斑点热的病原学研究. 吴益民,等. 中国公共卫生,2001,(7)
黑龙江全沟硬蜱中检测出类似人粒细胞埃利希体的病原体 DNA. 赵秋敏,等. 中国人兽共患病杂志,2001,(2)
湖北地区已知蜱类及区系分析. 刘亦仁,杨振琼. 蛛形学报,2001,(1)

江苏省丘陵山区蜱防制的研究. 石健峰,等. 中国公共卫生,2001,(3)
全沟硬蜱复组及其媒介作用. 周洪福,等. 中国媒介生物学及控制杂志,2001,(2)
实验条件下森林革蜱生活史观察. 巴音查汗,等. 地方病通报,2001,(2)
使用单剂多西环素预防肩胛硬蜱咬伤后发生莱姆病. 穆林. 中华医学信息导报,2001,(18)
我国部分地区蜱传斑点热分子流行病学调查研究. 张泮河,等. 传染病信息,2001,(2)
22% 毒死蜱 · 吡虫啉乳油防治苹果绵蚜效果好. 张强,等. 农药,2002,(2)
30% 毒死蜱水乳剂的研究和开发. 程敬丽,等. 农药,2002,(8)
Colti 病毒及 Colorado 蜱热. 陈慎仁,等. 汕头大学医学院学报,2002,(3)
北京林区蜱类及鼠类调查. 李建民,等. 中国媒介生物学及控制杂志,2002,(3)
北京西山地区长角血蜱及其体内伯氏疏螺旋体实验观察. 安京媛,等. 中国媒介生物学及控制杂志,2002,(4)
北亚蜱传斑点热一例. 李凌. 传染病信息,2002,(1)
长角血蜱唾液腺中腺苷三磷酸双磷酸酶的纯化及其酶切机制. 程远国,等. 昆虫学报,2002,(3)
从西藏微小牛蜱检出类查非埃立克体和边缘无形体 16SrDNA. 蹇锐,等. 中国人兽共患病杂志,2002,(3)
毒死蜱的毒理学研究进展. 郑光,周志俊. 中国公共卫生,2002,(4)
对福建省宁化林区鼠蜱类中斑点热群立克次体的检测. 陈振光,等. 中华预防医学杂志,2002,(2)
多抗原疫苗接种预防狗蜱传莱姆病. 赵凌. 国外医学(预防 · 诊断 · 治疗用生物制品分册),2002,(6)
湖北宜昌市蜱类调查及区系研究. 李枝金,等. 中国媒介生物学及控制杂志,2002,(3)
寄生于人体硬蜱误诊 2 例分析. 徐洋,等. 中国误诊学杂志,2002,(10)
甲基毒死蜱的代谢转化机制研究. 李龙,等. 中国公共卫生,2002,(10)
某部驻区蜱类和鼠类调查. 郝永建,等. 医学动物防制,2002,(12)
蜱类唾液腺结构与功能的研究进展. 刘敬泽,李健. 寄生虫与医学昆虫学报,2002,(4)
蜱螨的防制. 高东旗,阎丙申. 医学动物防制,2002,(3)
蜱螨的防制. 高东旗,阎丙申. 医学动物防制,2002,(5)
蜱螨的防制. 高东旗,阎丙申. 医学动物防制,2002,(4)
蜱咬伤 12 例. 徐国海,傅彩霞现代医药卫生,2002,(7)
蜱咬伤 1 例报告. 谢延军,王淑琴. 吉林医学,2002,(5)
全沟硬蜱经传播莱姆病螺旋体的研究. 孙毅,等. 中国媒介生物学及控制杂志,2002,(2)
森林革蜱、草原革蜱感染和经传播莱姆病螺旋体的实验研究. 孙毅,等. 昆虫学报,2002,(5)
实验室条件下全沟硬蜱生活史观察. 冯玉明,等. 地方病通报,2002,(1)
外耳道蜱寄生 28 例. 赵金涛,李伟军. 临床耳鼻咽喉科杂志,2002,(12)
我国一些常见蜱种莱姆病螺旋体的分离与鉴定. 孙毅,等. 寄生虫与医学昆虫学报,2002,(2)
硬蜱叮咬伤 1 例. 刘跃华,等. 临床皮肤科杂志,2002,(11)
中华硬蜱叮咬 105kDa 纯化抗原免疫接种宿主后中肠组织化学变化的动态观察. 童华章,等. 热带医学杂志,2002,(1)
中华硬蜱叮咬 105kD 纯化抗原免疫接种宿主后其吸血、生殖能力变化的实验研究. 童华章,等. 中国人兽共患病杂志,2002,(5)
波斯锐缘蜱病 1 例. 缪峰,李蔚青. 中国寄生虫病防治杂志,2003,(6)
部分地区蜱传斑点热自然疫源地调查. 吴益民,等. 中国公共卫生,2003,(9)
草原革蜱中肠抗原诱导动物的免疫抵抗效果研究. 杨银书,等. 中国寄生虫病防治杂志,2003,(6)
长角血蜱、草原革蜱经传播莱姆病螺旋体的实验研究. 孙毅,等. 寄生虫与医学昆虫学报,2003,(3)
长角血蜱、嗜群血蜱经传播莱姆病螺旋体的实验研究. 孙毅,等. 中国人兽共患病杂志,2003,(1)
东北三省部分地区人群几种蜱媒传染病抗体的调查. 李红兵,等. 沈阳部队医药,2003,(5)
二爪螨属和中蚧螨属各一新种(蜱螨亚纲,前爪螨科,蚧螨科). 马立名. 动物分类学报,2003,(3)
分子系统进化关系分析的一种新方法——贝叶斯法在硬蜱属中的应用. 徐广,等. 动物学报,2003,(3)
贵州省蜱类初查和草地二棘血蜱密度监测. 翁超然,等. 中国媒介生物学及控制杂志,2003,(5)
黑龙江省中俄边境七个口岸蜱类调查. 崔文富,等. 中国媒介生物学及控制杂志,2003,(5)
蜱叮咬 2 例报告. 匡钱华,等. 中国麻风皮肤病杂志,2003,(5)
蜱类防治研究进展. 高志华,刘敬泽. 寄生虫与医学昆虫学报,2003,(4)
蜱唾液基因对研究莱姆病疫苗至关重要. 陈锦荣. 生物制品快讯,2003,(4)
蜱咬伤 1 例报告. 邵志良,等. 中国麻风皮肤病杂志,2003,(1)
蜱咬伤处置不当四例报告. 李冬. 临床误诊误治,2003,(3)
蜱咬伤误诊软纤维瘤 1 例. 孙祥. 中国寄生虫病防治杂志,2003,(6)
青海下盾螨属一新种记述(蜱螨亚纲,厉螨科). 马英,等. 动物分类学报,2003,(2)
青海血蜱不同发育阶段蛋白分析. 袁改玲,等. 动物医学进展,2003,(2)

全沟硬蜱的人工越冬实验.冯玉明,等.地方病通报,2003,(4)
外寄生于叶蜂成虫的纤赤螨属一新种记述(蜱螨亚纲,赤螨科).郑波益.动物分类学报,2003,(1)
微波免疫组化SP法在长角血蜱体内伯氏疏螺旋体形态研究中的应用.安京媛,等.中国媒介生物学及控制杂志,2003,(2)
湘南微小牛蜱携带莱姆病螺旋体的调查.何汉江,黄晓敏.中国媒介生物学及控制杂志,2003,(4)
新疆自草原革蜱体内检出鼠疫菌.孙石,等.地方病通报,2003,(1)
新恙螨属一新种(蜱螨亚纲,恙螨科).马英,杨锡正.动物分类学报,2003,(3)
恙螨四新种及对猪尾鼠体外寄生虫地理分布初探(蜱螨亚纲,恙螨科).刘井元,等.动物分类学报,2003,(1)
用16SrRNA基因序列分析从西藏的微小牛蜱中检出的埃立克体.温博海,等.寄生虫与医学昆虫学报,2003,(2)
枝厉螨属(胭螨科)和黑面螨属(黑面螨科)各一新种(蜱螨亚纲,中气门亚目).马立名,等.动物分类学报,2003,(2)
中国羽爪瘿螨亚科四新种记述(蜱螨亚纲,羽爪瘿螨科).陈健文,等.动物分类学报,2003,(1)
中华硬蜱、越原血蜱和青海血蜱经传播莱姆病螺旋体的实验研究.孙毅,等.昆虫学报,2003,(6)
中气门螨四新种记述(蜱螨亚纲,表刻螨科,胭螨科,寄螨科).马立名.动物分类学报,2003,(1)
鼻腔蜱寄生致面部蜂窝组织炎2例.苏林.中国眼耳鼻喉科杂志,2004,(1)
不含蛋白稳定剂的儿童用蜱传脑炎疫苗的安全性、免疫原性和耐受性.林端端,徐冰.国外医学(预防·诊断·治疗用生物制品分册),2004,(6)
草原革蜱中肠抗原诱导宿主产生的对森林革蜱的交叉免疫抵抗.赵红斌,等.中国媒介生物学及控制杂志,2004,(3)
草原革蜱中肠抗原诱导宿主产生的抗长角血蜱的交叉免疫.史智勇,等.中国寄生虫病防治杂志,2004,(1)
长白山地区几种蜱携带埃立克体的调查.胡玲美,等.中国公共卫生,2004,(3)
长角血蜱卵黄蛋白的纯化及其性质.杨小龙,等.昆虫学报,2004,(3)
叮咬不同免疫力兔后中华硬蜱中肠上皮细胞超微结构的观察.刘志刚,等.中国寄生虫学与寄生虫病杂志,2004,(2)
东北部分地区蜱传埃立克体DNA的检测.魏安明,等.解放军预防医学杂志,2004,(6)
儿童对蜱传性脑炎新疫苗的耐受性.王昱,王亲民.生物制品快讯,2004,(7)
河北小五台山杨家坪林区森林革蜱的生态学研究.庞新博.医学动物防制,2004,(7)
科罗拉多蜱传热.于恩庶,刘岱伟中国人兽共患病杂志,2004,(12)
利用ITS1和Cytb位点的DNA单链空间构型多样性研究黑脚硬蜱的种群结构.TonyaR. MIXSON,等.动物学报,2004,(2)
镰形扇头蜱半饱血雌蜱cDNA文库的构建.龚海燕,等.中国人兽共患病杂志,2004,(6)
镰形扇头蜱两个组织蛋白酶L,样半胱氨酸蛋白酶新基因的克隆与序列分析.陈灵芝,等.生物工程学报,2004,(2)
两个地理株青海血蜱基因组DNA差异研究.史智勇,等.中华卫生杀虫药械,2004,(5)
内蒙古蜱传斑点热的发现.范明远.实用预防医学,2004,(6)
蜱传播病原体感染所致眼部神经损害的临床分析及探讨.佟艳秋,等.内蒙古医学杂志,2004,(8)
蜱传脑炎疫苗.王鲁平,董关木国外医学(预防·诊断·治疗用生物制品分册),2004,(2)
蜱的功能分子研究及其应用前景.周金林.动物医学进展,2004,(1)
蜱媒脑炎自然疫源探究.陈国仕传染病信息,2004,(1)
七种媒介硬蜱基因组随机扩增多态性DNA分析.杨银书,等.中国寄生虫学与寄生虫病杂志,2004,(4)
我国长角血蜱孤雌生殖种群的发现和生物学特性的研究.周金林,等.中国媒介生物学及控制杂志,2004,(3)
我国蜱类作为莱姆病传播媒介的研究概况.孟向红,等.中华卫生杀虫药械,2004,(3)
亚洲璃眼蜱经卵传递新疆出血热病毒的初步实验.肖成恩,等.地方病通报,2004,(S1)
硬蜱虫阴囊寄生1例.郑国庆.皮肤病与性病,2004,(3)
用随机扩增多态DNA技术区分7种硬蜱.杨银书,等.中国寄生虫病防治杂志,2004,(5)
有机磷杀虫剂毒死蜱引起的降温效应与血压的变化.杨永录,等.中国应用生理学杂志,2004,(2)
云南省大理市鼠、蜱中检测出斑点热群立克次体DNA.张海林,等.中国媒介生物学及控制杂志,2004,(6)
中华硬蜱叮咬不同免疫力新西兰兔后中肠上皮组织的形态动态变化.刘志刚,等.昆虫学报,2004,(4)
中华硬蜱特异性抗原的定位.刘志刚,等.中国人兽共患病杂志,2004,(9)
3株真菌对毒死蜱的降解特性.王金花,等.应用与环境生物学报,2005,(2)
不同地区草原革蜱基因组DNA多态性研究.赵红斌,等.中国媒介生物学及控制杂志,2005,(1)
东北部分地区蜱种携带埃立克体的调查.张志强,等.沈阳部队医药,2005,(1)
耳廓蜱寄生三例.龙彬,等.中华耳鼻咽喉头颈外科杂志,2005,(9)
改良的蜱传脑炎疫苗的Ⅱ临床剂量研究:安全性和免疫原性评估[英]/EhrlichHJ,等.朱蓉,徐葛林.国外医学

（预防·诊断·治疗用生物制品分册）,2005,(2)
黑龙江立克次体与黑龙江蜱传斑点热研究概况. 吴益民,等. 微生物学杂志,2005,(6)
黑龙江蜱传斑点热研究进展. 张丽娟,范明远. 中国人兽共患病杂志,2005,(3)
吉林敦化林区蜱类调查. 王峰,等. 中华卫生杀虫药械,2005,(5)
九省区蜱类区系初步调查. 刘明社,等. 长治医学院学报,2005,(4)
镰形扇头蜱半胱氨酸蛋白酶基因的克隆与表达及表达产物免疫保护性分析. 陈灵芝,等. 中国人兽共患病杂志,2005,(10)
某部驻区蜱传斑点热自然疫源地调查. 郝永建,等. 疾病控制杂志,2005,(3)
内蒙古林区蜱咬人群人粒细胞埃里希体病 DNA 检测. 李玉芝,等. 中国人兽共患病杂志,2005,(7)
内蒙古牙克石地区蜱消长调查. 秦文浩,等. 中国人兽共患病杂志,2005,(11)
南方蜱引发莱姆病样皮疹及轻微病变. 杨月译. 传染病网络动态,2005,(12)
拟环纹豹蛛对白背飞虱的嗅觉反应. 舒迎花,等. 蛛形学报,2005,(2)
蜱对宿主免疫调节作用的研究进展. 龚海燕,周金林. 动物医学进展,2005,(4)
蜱功能基因研究进展. 王玉霞,等. 动物医学进展,2005,(7)
蜱类卵黄发生研究进展. 杨小龙,等. 昆虫学报,2005,(4)
泉州市莱姆病的发现及蜱媒与宿主的调查研究. 杨德林,等. 海峡预防医学杂志,2005,(6)
三种蜱媒传染病在媒介蜱和鼠类中复合感染的研究. 赵秋敏,等. 中华流行病学杂志,2005,(1)
头面部蜱叮咬 6 例报告. 龙彬,等. 中国皮肤性病学杂志,2005,(6)
我国东北地区蜱中查菲埃立克体 DNA 的 PCR 检测及序列分析. 张志强,等. 沈阳部队医药,2005,(2)
我国东北地区蜱中检出蜱传埃立克体 DNA. 张志强,等. 微生物学杂志,2005,(6)
我国新发蜱媒莱姆病临床研究概况. 冯晓妍,吴敏. 中华卫生杀虫药械,2005,(1)
新疆南部地区蜱传虫媒病毒分子生物学调查. 吕新军,等. 中华实验和临床病毒学杂志,2005,(4)
一株毒死蜱降解细菌的分离鉴定及其在土壤修复中的应用. 杨丽,等. 微生物学报,2005,(6)
印尼蜱咬伤 6 例. 程纪群,李向晖,等. 中国急救医学,2005,(4)
用 PCR/RFLP 方法检测鼠蜱类中斑点热群立克次体的应用研究. 钟建平,等. 中国卫生检验杂志,2005,(4)
用随机扩增多态 DNA(RAPD)区分青海血蜱与日本血蜱. 常德辉,等. 中国媒介生物学及控制杂志,2005,(3)
中华硬蜱凝血酶抑制剂的分离纯化与活性. 王利菊,等. 动物学研究,2005,(3)
中华硬蜱血小板集聚抑制剂的分离纯化与活性研究. 刘勇厚,等. 中国寄生虫学与寄生虫病杂志,2005,(6)
中西药物防制微小牛蜱成蜱的比较性研究. 黄煌,等. 实用预防医学,2005,(4)
20% 的毒死蜱微胶囊悬浮剂控制小黄家蚁的现场观察. 汤华萍. 医学动物防制,2006,(2)
斑点热黑龙江立克次体蜱株与人分离株的血清型和基因型研究. 关国坤,等. 沈阳部队医药,2006,(1)
草蜱叮咬致游走性红斑 2 例. 侯钧世界感染杂志,2006,(2)
长角血蜱雌蜱感染嗜菌异小杆线虫后血淋巴的变化. 高志华,等. 昆虫学报,2006,(1)
崔氏美绥螨雄螨描述(蜱螨亚纲:革螨股:美绥螨科). 马立名. 蛛形学报,2006,(2)
大兴安岭林区蜱和鼠中莱姆病螺旋体感染及其基因分型研究. 褚宸一,等. 中华流行病学杂志,2006,(8)
东北三省部分地区人群几种蜱媒传染病的抗体调查. 冯立,等. 沈阳部队医药,2006,(5)
东北中朝俄边境地区蜱的生态及防制对策研究. 刘国平,等. 中华卫生杀虫药械,2006,(3)
毒死蜱、联苯菊酯在模拟房屋白蚁预防施工的野外试验地的残留动态研究. 林雁,等. 农药学学报,2006,(2)
毒死蜱与残杀威混配增效后对现场蟑螂杀灭效果观察. 张万华. 医学动物防制,2006,(5)
福建厦门微小牛蜱中埃立克体的检测与鉴定. 李红梅,等. 中国病原生物学杂志,2006,(3)
革板螨属 1 新种和浩伦螨属 1 新种(蜱螨亚纲:中气门目:派盾螨科). 马立名,林坚贞. 蛛形学报,2006,(2)
广东连平县存在新的蜱传斑点热立克次体. 张丽娟,等. 中国人兽共患病学报,2006,(8)
黑龙江东部七口岸蜱种群特征及携带莱姆病病原体的研究. 范东辉,等. 口岸卫生控制,2006,(5)
黑龙江省 11 个边境口岸蜱类调查. 杨丽炜,等. 中国国境卫生检疫杂志,2006,(5)
黑龙江省绥芬河林区鼠体寄生蜱的调查. 武春光,等. 医学动物防制,2006,(3)
吉林省珲春地区蜱中伯氏疏螺旋体与斑点热群立克次体复合感染研究. 黄海楠,等. 中华流行病学杂志,2006,(5)
集安口岸开展蜱及蜱传疾病监测工作初见成效. 王纯,等. 中国媒介生物学及控制杂志,2006,(5)
季德胜蛇药片治疗蜱咬伤的临床观察. 焦辉,王宏. 中国临床医生,2006,(10)
美洲钝眼蜱幼虫叮咬导致多发性瘙痒性丘疹. Fisher,E,等. 世界核心医学刊文摘(皮肤病学分册),2006,(8)
南非蜱咬热焦痂的组织特点和免疫检测. 徐韩飞,严杰. 中国人兽共患病学报,2006,(10)
蜱传回归热. Clay,Roscoe,等. 中国实用乡村医生杂志,2006,(11)
蜱叮咬所致疾病及其预防和治疗. Bradbury,等. 国际护理学杂志,2006,(10)
蜱类综合防治. 石淑珍医学动物防制,2006,(8)

气相色谱法同时检测和分析蔬菜中毒死蜱、氯氰菊酯和氰戊菊酯的残留量. 陆勋元,等. 理化检验:化学分册,2006,(9)
森林脑炎(蜱传脑炎). 高岛郁夫,等. 日本医学介绍,2006,(9)
室内饲养条件下三种硬蜱产卵和孵化特性的比较研究. 张菊仙,等. 医学动物防制,2006,(12)
塔里木盆地蜱类群落结构的研究. 李冰,等. 寄生虫与医学昆虫学报,2006,(3)
塔里木盆地蜱类群落组成和分布. 热孜万,等. 中国媒介生物学及控制杂志,2006,(5)
塔里木盆地新疆出血热蜱类及宿主动物感染调查. 戴翔,等. 中华流行病学杂志,2006,(12)
吐鲁番地区首次发现小亚璃眼蜱的报告. 阿布力克木·阿不都热西提,等. 地方病通报,2006,(6)
微小牛蜱凝血酶抑制剂的分离纯化与活性研究. 苏永春,等. 寄生虫与医学昆虫学报,2006,(3)
我国部分地区蜱中莱姆病螺旋体的检测与基因分型研究. 王宏伟,等. 中国病原生物学杂志,2006,(2)
我国东北林区蜱中伯氏疏螺旋体的分离及分型鉴定. 高燕,等. 中华微生物学和免疫学杂志,2006,(5)
我国南方媒介蜱中首次检出黑龙江立克次体(R. heilongjiangii)及马赛立克次体(R. massilliae)近缘菌. 张丽娟,等. 传染病信息,2006,(2)
新疆塔里木盆地及其邻近地区的蜱类与疾病的关系. 于心,等. 中国媒介生物学及控制杂志,2006,(6)
亚中毒阈剂量毒死蜱的神经发育毒性. 邓礼,赵玲玲. 中国职业医学,2006,(5)
亚洲璃眼蜱唾液腺差异表达基因 GP15 的克隆和分析. 程天印,等. 中国病原生物学杂志,2006,(2)
一种收集蜱类唾液的方法. 赵玉娜,刘敬泽. 昆虫知识,2006,(4)
硬蜱的实验室饲养繁殖技术和常见问题. 周勇志,等. 动物医学进展,2006,(8)
浙江省首次在蜱中检测到莱姆病螺旋体 DNA 片段. 姜理平,等. 中国卫生检验杂志,2006,(1)
浙江省在蜱中检测到斑点热群——立克次体 DNA 片段. 姜理平,等. 中国媒介生物学及控制杂志,2006,(6)
58 例森林脑炎患者的调查分析. 杜洪艳. 中华临床医学研究杂志,2007,(18)
俄罗斯 8 人死于蜱传脑炎. 口岸卫生控制,2007,(4)
孤雌生殖长角血蜱各虫形态的扫描电镜观察. 杨彩明,等. 寄生虫与医学昆虫学报,2007,(2)
黑龙江口岸蜱类斑点热群立克次体感染状况初探. 孙秀峰,等. 中国国境卫生检疫杂志,2007,(3)
黑龙江省部分林区全沟硬蜱复合感染重要蜱媒病原的调查研究. 孙毅,等. 寄生虫与医学昆虫学报,2007,(4)
基层医院对莱姆病的认识. 巴合提. 中国社区医师:综合版,2007,(4)
吉林省革螨新记录(蜱螨亚纲:中气门目). 马立名,马丹梅. 华东昆虫学报,2007,(1)
吉林省桦甸与磐石两市蜱类调查. 张传生,等. 中国病原生物学杂志,2007,(4)
吉林省林区蜱粒细胞无形体感染的调查. 詹琳,等. 中国人兽共患病学报,2007,(5)
吉林省重要媒介蜱与莱姆病关系的研究. 高兰英,等. 中华卫生杀虫药械,2007,(1)
莱姆病导致肝损伤 25 例报告. 马新秋,王晶. 临床肝胆病杂志,2007,(4)
莱姆病与蜱的防控. 吴光华,姜志宽. 中华卫生杀虫药械,2007,(5)
镰形扇头蜱 IgG 结合蛋白基因的克隆与表达分析. 万修红,等. 寄生虫与医学昆虫学报,2007,(4)
螺旋体传染病. 传染病网络动态,2007,(7)
蜱叮咬 1 例. 杨安永临床皮肤科杂志,2007,(7)
蜱抗凝血肽与 RGDS 肽重组基因的酵母表达载体构建. 蒋香梅,等. 中国人兽共患病学报,2007,(7)
蜱类系统学研究进展. 杨晓军,等. 昆虫学报,2007,(9)
首次从金华地区蜱中检测到莱姆病螺旋体. 叶晓东,等. 寄生虫与医学昆虫学报,2007,(3)
通化地区莱姆病调查分析. 夏其斌,等. 中国卫生检验杂志,2007,(10)
微小牛蜱 Bin86 基因的克隆与原核表达. 秦春圃生物技术通报,2007,(4)
西藏易贡蜱类的初步调查. 张有植,等. 西南国防医药,2007,(4)
厦门地区部分人群莱姆病感染及蜱媒调查. 叶曦,等. 预防医学情报杂志,2007,(3)
中朝边境地区蜱传埃立克体病的血清学调查. 张志强,等. 沈阳部队医药,2007,(4)
3 种杀虫剂对猫栉首蚤的毒力及现场控制效果. 吴华,等. 农药,2008,(6)
B 型烟粉虱田间种群对毒死蜱和敌敌畏抗性的生化机制. 何玉仙,等. 昆虫学报,2008,(4)
伯氏疏螺旋体传播过程中病原体、媒介、宿主间的相互作用. 宝福凯,等. 中国媒介生物学及控制杂志,2008,(3)
草虱存留鼻腔误诊为鼻面部软组织感染. 孟定德. 临床误诊误治,2008,(9)
长角血蜱卵黄蛋白单克隆抗体的制备及鉴定. 李晓明,等. 昆虫学报,2008,(10)
对黑龙江立克次体和远东蜱传斑点热调查研究的思考. 吴益民,等. 中国人兽共患病学报,2008,(11)
甘肃省崆峒山蜱类群落结构研究. 杨银书,等. 中华卫生杀虫药械,2008,(1)
海南省琼中地区家畜体表寄生蜱的调查分析. 林立辉,等. 中国媒介生物学及控制杂志,2008,(6)
含 RGDS 的蜱抗凝血肽表达体系的构建. 武卫华,等. 热带医学杂志,2008,(3)
金华地区部分蜱媒传染病感染状况调查研究. 郑寿贵,等. 中国预防医学杂志,2008,(1)
柳州市高新开发区某厂输入性硬蜱的调查. 陈蔚恩,曾文秋. 中国媒介生物学及控制杂志,2008,(6)

蜱传斑点热群立克次体研究进展. 叶晓东,等. 中国人兽共患病学报,2008,(4)
蜱的化学和免疫学防治研究进展. 郝雪峰,等. 动物医学进展,2008,(12)
蜱的抗微生物多肽研究进展. 张文杰,周金林. 寄生虫与医学昆虫学报,2008,(3)
蜱的生物防治研究进展. 任巧云,等. 动物医学进展,2008,(10)
蜱叮咬伤6例临床分析. 张萍. 中国社区医师:综合版,2008,(15)
蜱类的起源和演化. 杨晓军,等. 昆虫知识,2008,(1)
嵌合KGDS基序的蜱抗凝血肽突变体基因在大肠埃希菌BL21(DE3)中的表达. 陈炳龙,等. 中国病原生物学杂志,2008,(5)
青海省蜱的种类与地理分布. 杨银书,等. 中华卫生杀虫药械,2008,(3)
日专家在蜱体内发现抑制病原体增殖的酶. 生物技术世界,2008,(4)
陕西省蜱的种类与自然地理分布. 杨银书,等. 中华卫生杀虫药械,2008,(2)
嗜驼璃眼蜱抗菌肽的电泳分析及抗菌活性研究. 王振宝,等. 动物医学进展,2008,(11)
微小牛蜱唾液腺cDNA文库的构建. 田占成,等. 中国寄生虫学与寄生虫病杂志,2008,(5)
我国东北地区蜱类与黑龙江斑点热. 刘国平,等. 沈阳部队医药,2008,(2)
我国东北三省蜱类的分布及医学重要性. 刘国平,等. 中华卫生杀虫药械,2008,(1)
浙江发现2例疑似蜱传埃立克体病. 莫世华,等. 浙江预防医学,2008,(1)
中国蜱类不同宿主类型的主成份分析和聚类分析. 杨晓军,等. 四川动物,2008,(5)
中国蜱类地理分布及区系分析. 陈泽,等. 四川动物,2008,(5)
安徽黄山地区中华硬蜱及其宿主感染莱姆病的检测. 孙毅,等. 寄生虫与医学昆虫学报,2009,(3)
长角血蜱产卵量分布的函数分析. 李晋川,等. 四川动物,2009,(5)
番石榴中毒死蜱残留分布规律. 温拥军,等. 农药,2009,(3)
贵州省2006,农村人群感染莱姆病状况调查. 庄妍,等. 贵州医药,2009,(2)
蜱类分类系统的变更. 陈泽,等. 昆虫知识,2009,(2)
蜱类血淋巴的收集方法. 王平,等. 昆虫知识,2009,(2)
塔里木马鹿体外寄生硬蜱病的综合防治. 梁凡修. 特种经济动植物,2009,(1)
微小牛蜱4D8基因原核表达及免疫原性分析. 刘军龙,关贵全,等. 动物医学进展,2009,(10)

(十五) 螨

疥疮的治疗和预防. 霍殿科. 中级医刊,1951,(9)
东南亚的恙虫及其鉴别方法. 陆秀琴. 内科学报,1952,(7)
广州发现地理恙虫幼虫的经过报告——一个简单的恙虫养育法. 梁伯龄. 中华医学杂志,1952,(9)
鸡螨侵入的一例. 金大雄,李贵真. 中华新医学报,1952
恙虫及其防治. 张本华. 内科学报,1952,(3)
在广州发现的恙虫热立克次体的研究. 赵树萱,等. 中国微生物学报,1953,(1)
中国棘刺螨属小志包括两个新种记述. 邓国藩,等. 昆虫学报,1953,(5)
54年夏季在北京流行的虱样袋形螨皮炎临床报告. 李洪迥,曹松年. 中华皮肤科杂志,1954,(4)
恙虫病检验手册. 于恩庶,等. 人民卫生出版社,1954
恙螨及其对疾病的关系. 徐荫祺. 中华医学杂志,1954,(4)
硫化钾溶液在恙虫病个人预防上的应用. 于恩庶,等. 中华卫生杂志,1955,(2)
恙螨研究Ⅲ. 恙螨分类. 徐荫祺. 中国微生物学报,1955,(1)
中国恙虫蚴十二种包括一新属六新种及新变种的描述. 陈心陶,等. 动物学报,1955,(2)
阿康恙螨的成虫与孳生地之发现(恙螨科,蜱螨目). 徐荫祺,等. 昆虫学报,1956,(1)
介绍两种新杀螨剂. 韩熹莱. 昆虫知识,1956,(6)
近年来我国恙螨和恙螨研究的进展. 徐荫祺. 上海第一医学院学报,1956,(1)
两型地里恙螨对恙虫病立克次氏体经卵传递的研究. 寄生虫学报,1956,2(3)
三种恙虫生活史的研究. 陈心陶,徐秉锟. 动物学报,1956,8(2)
恙虫病及恙虫之研究. 杨建伯译. 中华医学杂志,1956,(11)
恙虫的培养方法和地理红恙虫生活史之研究. 徐秉锟. 中华医学杂志,1956,(11)
恙虫蚴虫在水中的生活力及其发育. 于恩庶,等. 微生物学报,1956,(2)
恙螨研究Ⅳ. 南京地区恙螨的初步调查. 裘明华. 昆虫学报,1956,(4)
恙螨研究Ⅶ. 浙江省鼠类华溪恙螨亚属的一新种(真螨目,恙螨科). 徐荫祺,等. 昆虫学报,1956,(4)
在呼吸系统患者痰内发现米鲜螨一例报告及对米鲜螨生活史抵抗力的观察. 高景铭,刘氏华. 中华医学杂志,1956,(11)
巴氏刺脂螨侵人的一例. 谢荣光. 科学与技术,1957,(2)

福建地区受恙虫病立克次氏体自然感染的动物和恙虫的调查. 于恩庶,等. 微生物学报,1957,(4)
国产六六六杀灭草地恙虫的初步试验. 于恩庶,等. 中华卫生杂志,1957,(3)
螨类标本置备的改良方法. 赵振声. 昆虫知识,1957,(5)
恙虫的生态及其防灭方法的研究. 于恩庶,等. 昆虫学报,1957,(3)
恙螨精包与精包产生器官. 温廷桓. 上海第一医学院学报,1957,(2)
在广东发现两种恙螨蚴(一新种及一新变种)的分类研究. 梁伯龄,等. 动物学报,1957,(3)
浙江省恙螨种类初步名录(恙螨研究Ⅻ). 温廷桓. 上海第一医学院学报,1957,(5)
北京地区寄生于鼠类三种恙螨的研究. 柳忠婉. 昆虫学报,1958,8(2)
介绍新杀螨剂——K-6451. 李进. 昆虫知识,1958,(1)
两种寄生在鼠身上的肉螨. 刘志勋. 昆虫学报,1958,(4)
奇棒属恙虫蚴的研究. 陈心陶,等. 动物学报,1958,(4)
恙虫的培养及四种恙虫生活史的进一步观察. 徐秉锟,等. 动物学报,1958,(2)
与氏阿康恙螨的交配过程及其精包之发现(真螨目、恙螨科)(恙螨研究ⅩⅤ). 温廷桓. 动物学报,1958,(2)
真棒属恙虫蚴的研究,包括二新种的描述. 陈心陶,等. 动物学报,1958,(4)
中国恙虫种类及其分布. 陈心陶,等. 动物学报,1958,(4)
成虫(lxcdessp)自然感染恙虫热立克次氏体的发现. 软光烈,等. 人民保健,1959,(8)
地里红恙虫蚴的出现数量、分布和恙虫病的流行之关系的研究. 徐秉锟,等. 微生物学报,1959,(1)
地里红恙虫蚴叮咬鼠类的试验. 陈心陶,等. 动物学报,1959,(4)
地里红恙螨孳生场所的研究. 陈心陶,等. 动物学报,1959,(1)
地里恙螨和罗赛鼠在恙虫病流行环节中的作用(Ⅱ)地里恙螨作为恙虫病贮存宿主及传播媒介的作用的观察. 唐士元,等. 军事医学杂志,1959,(4)
地里恙螨两种形态及其对杀螨药剂不同耐性的研究. 于恩庶,等. 昆虫学报,1959,(1)
福建省地里恙螨的季节消长和采集方法的研究. 吴光华,等. 军事医学杂志,1959,(4)
福建省平潭岛地里恙螨分布场所的初步研究. 谭璟宪,等. 1958 年全国寄生虫病学术会议论文选编,人民卫生出版社,1959
腐食螨标本的采集、保存和制作. 陈佩惠. 昆虫知识,1959,(9)
广东鼠类恙螨蚴的两新种. 梁伯龄,等. 昆虫学报,1959,(2)
滑顿属两新种恙虫蚴的描述. 陈心陶,等. 动物学报,1959,(4)
两种德里恙螨的形态的区别及德里恙螨经卵传递恙虫热立克次氏体的研究. 于恩庶,等. 微生物学报,1959,(1)
杀螨剂——氯杀的试制. 王志忠,等. 化学世界,1959,(4)
我国十年来蜱螨类调查研究综述. 陈心陶,等. 动物学杂志,1959,(10)
我国恙虫蚴的三个新种(恙螨目、恙虫科). 莫乘风,等. 昆虫学报,1959,(9)
新杀螨剂——多硫化钡(BaS·Sx)的药效药害测定. 陈道宏,等. 昆虫知识,1959,(6)
恙虫病的胸部 X 线观察 30 例报告. 刘显枢,等. 中华放射学杂志,1959,(5)
恙虫病立克次体的研究(Ⅲ)放射线作用后恙虫病治疗的初步研究. 汪民. 军事医学杂志,1959,(4)
恙虫病立克次体对艾氏腹水癌的影响. 何适,等. 中华病理学杂志,1959,(2)
恙虫病立克次体免疫学的研究. 于恩庶,等. 微生物学报,1959,(3)
恙虫病室内感染途径的初步观察. 高韵苕,等. 军事医学杂志,1959,(4)
恙螨生活史的研究(真螨目,恙螨科)(恙螨研究ⅩⅫ). 徐荫祺. 昆虫学报,1959,(5)
恙螨研究Ⅺ鸡新勋恙螨的刺叮及组织病变的研究(真螨目:恙螨科). 裘明华,等. 微生物学报,1959,(3)
恙螨研究ⅩⅩ,鸡新勋恙螨稚虫和成虫形态的描述. 裘明华. 昆虫学报,1959,(2)
云南省思茅地区恙虫病的调查研究Ⅰ. 临床观察. 丘福禧,等. 中华医学杂志,1959,(45)
在广东发现寄生虫在鼠类鼻腔内的两种恙螨蚴. 梁伯龄,等. 动物学报,1959,(4)
在广东发现屠恙螨蚴的一新种. 梁伯龄,等. 动物学报,1959,(1)
浙江省发现地里恙虫的报告. 吴成林,等. 昆虫学报,1959,(6)
按蚊体外寄生螨的研究(蜱螨目:铠甲螨科). 陈健行,等. 动物学报,1960,(2)
地里红恙虫的发育和温度关系的研究. 徐秉锟,等. 微生物学报,1960,(1)
福建省平潭岛恙虫病流行病学调查. 高韵苕,等. 人民军医(军事医学研究专刊),1960,(1)
杭州市恙螨调查的初步报告. 陈健行. 动物学报,1960,(1)
几种兽类的螨病及其防治. 刘玉铉. 动物学杂志,1960,(4)
两种新杀螨剂——TDN 及氯苯砜. 沈阳化工研究分院有机三室. 化学工业,1960,(2)
未进食的地理红恙虫蚴的生存时间和温度相对湿度之关系的观察和试验. 徐秉锟,等. 微生物学报,1960,(1)
我国血食螨属之记载及一个新种之描述. 孙凯. 吉林医科大学学报,1960,(2)
五种恙螨精孢(真螨目:恙螨科)(恙螨研究ⅩⅨ). 温廷桓. 动物学报,1960,(1)

恙螨研究XⅦ.鸡新勋恙螨若虫的畸形和变异形态(真螨目:恙螨科).裘明华.昆虫学报,1960,(2)
恙螨研究XXV.鸡新勋恙螨生态的研究(真螨目:恙螨科).裘明华,等.昆虫学报,1960,(3)
云南省思茅地区恙虫病的调查研究:流行情况及病原分离.丘福禧,等.微生物学报,1960,(1)
云南恙虫病立克次体对动物致病性实验.吉瑞庭,等.流行病学杂志,1960,(3)
浙江省青田县恙虫病调查及防治报告.魏晋举,等.流行病学杂志,1960,(1)
恙螨研究XXⅦ,恙螨越冬的实验研究(真螨目:恙螨科).裘明华.昆虫学报,1961,(4)
背展恙螨属一新种(恙螨科).邓国藩.动物学报,1962,(3)
刺棘螨属三个新种记述.邓国藩,等.昆虫学报,1962,(3)
地里红恙虫幼虫孵出的数量和成虫年龄之关系.陈心陶,等.动物学报,1962,(3)
地里红恙虫蚴群集现象的研究.陈心陶,等.动物学报,1962,(4)
地里红恙虫蚴在恒温与变温环境中发育之比较研究.陈心陶,等.中山大学学报(自然科学版),1962,(1)
地里恙螨生活史的交配研究.温廷桓.昆虫学报,1962,(4)
革螨(Gamasoidae)在福建对自然疫源性疾病的作用.于恩庶,王敦清.中国昆虫学会1962学术讨论会会刊,1962
赫氏刺螨属的两新种.王敦清.动物学报,1962,(3)
兔疥螨引起人的疥疮.罗汉超.中华医学杂志,1962,(48)
我国多齿属恙虫的分类地位.陈心陶,等.动物学报,1962,(4)
我国恙虫蚴的新种和新记录.王敦清.昆虫学报,1962,(3)
恙虫爬行速度的试验.陈心陶,等.动物学报,1962,(3)
恙虫生态和恙虫病之流行的季节性问题.陈心陶,等.中山大学学报(自然科学版),1962,(1)
刺厉螨属中的一新种.王敦清.动物学报,1963,(1)
地里红恙虫蚴攀登鼠类的试验.陈心陶,等.动物学报,1963,(1)
福建四种肪刺螨的记述.王敦清.昆虫学报,1963,(1)
福建五种血厉螨的记述.王敦清.昆虫学报,1963,(2)
关于Trombiculidae螨类中文命名的商榷.罗泽珣,等.昆虫学报,1963,(1)
几种蝙蝠恙虫蚴的研究.陈心陶,等.动物学报,1963,(4)
几种有机磷杀蚜——螨剂的室内毒力试验.曹本钧,等.植物保护学报,1963,(1)
介绍一种简易的螨类的采集方法.罗泽珣.生物学通报,1963,(4)
李温恙螨亚科的分类修订和一新属的记述(真螨目:恙螨科)(恙螨研究XXXⅢ).徐荫祺,等.昆虫学报,1963,(1)
辽宁锦州地区黄鼠的蜱螨.张金安,等.吉林医科大学学报,1963,(2)
陕西鼢鼠体上赫刺螨属的两新种.刘政忠,等.动物学报,1963,(3)
鼠颚厉螨形态的补充描述对其分类上的意见.王敦清.动物学报,1963,(2)
椭圆板白螨形态的研究.忻介六,沈兆鹏.昆虫学报,1963,12(3)
温度对地里红恙虫卵发育影响的研究.陈心陶,等.动物学报,1963,(2)
重庆市鼠类的于氏奥敦恙螨及重庆葛李恙螨新种记述(真螨目:恙螨科)(恙螨研究XXⅩⅣ).裘明华.昆虫学报,1963,(1)
采自岁赛鼠洞窝中的一种新革蜱.王敦清,等.动物分类学报,1964,(1)
刺螨属一新种记述.莫乘风.昆虫学报,1964,(3)
从广东发现的恙虫蚴新种.徐秉锟,等.昆虫学报,1964,(5)
从某地区的黄胸鼠、褐家鼠、地里红恙螨幼虫和恙虫病人分离出恙虫病立克次体.丘福禧.中华卫生杂志,1964,(1)
地里红恙虫产卵规律的探索.徐秉锟.昆虫学报,1964,(1)
地厉螨属在我国的发现和对其属征的商榷.王敦清.动物分类学报,1964,(2)
东北地区巨螯螨科的初步调查及二新种描述.殷绥公,等.动物分类学报,1964,(2)
伏翼肪刺螨和长刺肪刺螨的雄螨和前期若虫.王敦清,等.动物分类学报,1964,(1)
革螨须转节上的感觉器(革螨研究Ⅰ).温廷桓.昆虫学报,1964,(2)
赫刺螨属一个新种(蜱螨目:脂刺螨科).刘政忠.动物分类学报,1964,(2)
湖北省赫刺螨属两新种(蜱螨目:巨刺螨科).徐启丰,等.动物分类学报,1964,(2)
蜱螨学在我国三十年来发展的今昔对比(1934—1964).徐荫祺.动物学杂志,1964,(6)
椭圆食粉螨生活史的研究(蜱螨目,粉螨科).忻介六,等.昆虫学报,1964,(3)
我国血革螨属二新种及一新记录.张宗葆.动物分类学报,1964,(2)
我国血厉螨属的新种和新记录.邓国藩,等.动物分类学报,1964,(2)
小村血厉螨对理化因素反应的观察.孟阳春.寄生虫学报,1964,(2)
小村血厉螨生活史的实验研究.孟阳春.昆虫学报,1964,(3)

血革螨属的一新种(蜱螨目:血革螨科).邓国藩,等.动物分类学报,1964,(2)
雅氏大蜂螨的形态描述及雄虫的首次发现.李贵真.昆虫学报,1964,(2)
恙螨研究:叶片恙螨的属种演化和分类(真螨目:恙螨科).徐荫祺.动物学报,1964,(1)
恙螨蚴的五新种和在我国的一新记录.王敦清.昆虫学报,1964,(1)
浙江省恙螨二新种及一新亚种的描述.瞿逢伊.动物分类学报,1964,(1)
中国粉螨科五个种的新记录.王孝祖.昆虫学报,1964,(6)
中国血革螨属初记.邓国藩,等.动物学报,1964,(1)
Co60γ射线对地里红恙螨的影响包括形态、机能和遗传性的改变.徐秉锟.寄生虫学报,1965,(4)
拨氏禽刺螨引起皮炎的调查报告.田易畴,等.中华皮肤科杂志,1965,(3)
仓鼠窝中发现的一个新种足角螨.温廷桓.动物分类学报,1965,(4)
春川属恙蚴一新种.张敏如.动物分类学报,1965,(3)
刺历螨生活史的研究.李英杰.寄生虫学报,1965,(2)
敌百虫对地里红恙虫的毒效试验.徐秉锟.寄生虫学报,1965,(3)
地里红恙螨发育过程的体重改变.徐秉锟.寄生虫学报,1965,(2)
地里红恙螨未食幼虫对“1059”和“1605”敏感性的测定.徐秉锟.寄生虫学报,1965,(3)
地里红恙螨种群数量的生态研究.徐秉锟.寄生虫学报,1965,(3)
地厉螨属的一新种.张宗葆,等.动物分类学报,1965,(2)
肪刺螨属二新种.李英杰.动物分类学报,1965,(4)
鼢鼠螨类三新种.王凤振.动物分类学报,1965,(4)
革螨的几个新种.王敦清,等.动物分类学报,1965,(3)
革螨与疾病关系研究的进展.张宗葆.蜱螨学进展.上海科学技术出版社,1965
海伦恙螨属的二新种(恙螨研究42).刘素兰.动物分类学报,1965,(2)
淮河厉螨新种描述.温廷桓.寄生虫学报,1965,(1)
吉林赫刺螨属的两个新种.郑智良.动物分类学报,1965,(2)
寄生在鼠类鼻腔的7新种恙螨的描述.陈心陶.动物学报,1965,93)
两型地里恙螨的研究.王敦清,等.昆虫学报,1965,(4)
两型地里恙螨对恙虫病立克次氏体经卵传递的研究.王敦清,等.寄生虫学报,1965,(3)
两型地里恙螨生活史的研究.王敦清,等.寄生虫学报,1965,(3)
螨类生物学.陈心陶.生物学通报,1965,(5)
猕猴肺寄生螨感染.陈德惠.寄生虫学报,1965,(4)
蜱螨学进展.忻介六.上海科学技术出版社,1965
鼠颚毛厉螨的饲养方法和生活习性的初步观察.王敦清,等.寄生虫学报,1965,(1)
我国葛李恙螨亚属五新种记述(恙螨研究41).徐业华,等.动物分类学报,1965,(1)
我国厉螨属初记.李英杰.动物分类学报,1965,(2)
我国叶片恙螨属初记.王敦清,等.动物分类学报,1965,(2)
五甲属与恙虫属几种恙虫蚴的描述.陈心陶,等.动物学报,1965,(1)
恙虫的生活史和生态研究.陈心陶.中山大学学报(自然科学版),1965,(2)
恙虫幼虫表面分布的试验观察.徐秉锟.寄生虫学报,1965,(4)
恙螨生态、防灭及其有关的研究方法.徐秉锟,陈心陶.蜱螨学进展.上海科学技术出版社,1965
恙螨一新种——青海恙螨.莫乘风.动物分类学报,1965,(3)
叶螨分类的研究方法.马思沛.昆虫知识,1965,(4)
英汉蜱螨学词汇(试用本).中国科学院自然科学名词编订室.科学出版社,1965
与氏螯齿恙螨幼虫的颚体和螯盔器的描述.温廷桓.寄生虫学报,1965,(3)
云南棒感恙螨属一新种研究(恙螨研究45).刘素兰,等.动物分类学报,1965,(1)
真叶螨属一新种记述.马思沛.动物分类学报,1965,(3)
中国鼠刺螨属一新种记述(蜱螨目:皮刺螨科).张宗葆,等.动物分类学报,1965,(1)
中华按蚊体外常见寄生水螨和蠓对其寄主生殖的影响.俞宗卿.动物学杂志,1965,(6)
敌敌畏熏杀革螨的效果观察.孟阳春.昆虫知识,1966,(2)
地里恙螨幼虫形态变异的研究.王敦清,等.昆虫学报,1966,(3)
赫刺螨的一新亚种(蜱螨目:巨刺螨科).姚文炳.动物分类学报,1966,(1)
三个新的内吸性杀虫杀螨有机磷剂.农业译丛,1966,(1)
实验室饲养恙螨的饲料供应.陈天葆.昆虫知识,1966,(1)
恙虫病立克次体引起宿主细胞的组织化学变化.冯慧敏.科学通报,1966,(7)
以P32标地里红恙螨的研究.徐秉锟.寄生虫学报,1966,(2)

厩狁厉螨生物学的研究. 湖北省卫生防疫站. 湖北省出血热防治研究专辑,1967
格氏血厉螨在人体叮刺吸血的初步观察. 南京军区后勤部军事医学研究所. 南京军区后勤卫生部流行性出血热防治工作资料汇编,1973
喷洒敌敌畏杀灭泥地、草地和稻草中革螨的效果. 南京军区后勤部卫生部流行性出血热防治工作资料汇编,1973
云南境内金沙江下游地区恙虫病调查报告. 杨光荣,等. 流行病学防治研究,1974,(4)
敌敌畏熏杀革螨的试验. 孟阳春,等. 昆虫知识,1975,(3)
蜱螨分科检索. 培克,E. W. ,等. 上海人民出版社,1975
杀螨剂——三氯杀螨醇. 河北沙城农药厂. 农药世界,1975,(2)
上海地区鼠体恙螨的调查. 路步炎. 昆虫学报,1976,(1)
危害胶树的螨类. 热带作物译丛,1976,(4)
有机磷杀虫剂喷洒杀螨的效果观察. 孟阳春,蓝明扬. 流行病防治研究,1976,(3)
东京恙螨上海亚种(新亚种)的描述. 路步炎. 昆虫学报,1977,(4)
革螨吸血能力的研究. 安徽省卫生防疫所. 流行病防治研究,1977,(1 -2)
革螨吸血性能的观察. 流行病学教研室. 武汉医学院学报,1977,(5)
革螨与疾病关系研究概况. 苏州医学院寄生虫学教研组. 流行病防治研究,1977,(1 -2)
昆虫和螨类的微生物防治. 伯吉斯,H. D. ,等. 广东农林学院林学系译. 科学出版社出版,1977
螨学进展. 忻介六. 上海科学技术出版社,1977
鼠洞内烟炮灭鼠杀螨的效果观察. 苏州医学院寄生虫学报教研组. 江苏医药,1977,(8)
毛囊蠕形螨 15 例分析. 富克远. 中华内科杂志,1978,(2)
沙螨形态特征的描述符号. 温廷桓. 昆虫学报,1978,21(3)
山东省鼠体革螨调查报告. 腾斌. 山东中医学院学报,1978,(2)
实验观察安徽三种革螨的吸血研究. 樊培方,等. 蚌埠医学院学报,1978,(3)
苏南地区鼠体恙螨调查和二新种记述. 陈兴保. 昆虫学报,1978,(2)
安徽省革螨种类初报. 夏立照,等. 安医学报,1979,(6)
安徽省恙螨初步调查和四新种简述. 陈兴保. 蚌埠医学院学报,1979,(4)
仓贮螨类. 陆联高. 四川人民出版社,1979
粉尘螨浸液治疗支气管哮喘连续四年观察. 诸君龙,等. 中华结核和呼吸系统杂志,1979,(2)
广东省叶片恙螨属一新种(真螨目:恙螨科). 赵善贤,等. 动物分类学报,1979,(1)
贵州啮齿类恙螨初步调查. 王菊生,等. 昆虫学报,1979,(1)
红糖螨类污染调查. 王酉之,等. 中华预防医学杂志,1979,(1)
昆虫、螨类、蜘蛛的人工饲料. 忻介六,等. 科学出版社,1979
厉螨科一新属新种. 顾以铭,等. 动物分类学报,1979,(1)
流行性出血热疫区黑线姬鼠鼠体、窝巢革螨调查分析. 江苏省卫生防疫站. 江苏医药,1979,(10)
上海嘉定县五种恙螨季节消长的观察. 路步炎. 昆虫学报,1979,(3)
甜果螨生活史的研究(天气门目:果螨科). 沈兆鹏. 昆虫学报,1979,(4)
条纹恙螨生活史的研究. 陈兴保. 蚌埠医学院学报,1979,(3)
我国爬虫恙螨四新种. 余自忠,等. 动物分类学报,1979,(4)
新足螨属一新种及一新记录(蜱螨目:巨螯螨科). 李长江. 昆虫学报,1979,(3)
恙虫病生态学研究进展. 于恩庶. 流行病学杂志,1979,(3)
恙螨的刺吸和组织病变的研究. 陈兴保. 蚌埠医学院学报,1979,(2)
云南省叶片恙螨属一新种. 余自忠,等. 动物分类学报,1979,(1)
猪尾鼠体上的革螨包括厉螨科一新属新种. 顾以铭,等. 动物分类学报,1979,(4)
竹厉螨属一新种(蜱螨目:厉螨科). 顾以铭,等. 动物分类学报,1979,(4)
安徽省恙螨两新种记述. 陈兴保,等. 动物分类学报,1980,(2)
伯氏禽刺螨引起皮炎的报告. 曹希亮,曹铁民. 中华预防医学杂志,1980,(4)
肠螨病一例报告. 李友松. 中华医学杂志,1980,60(6)
储藏物螨类与人体螨病. 沈兆鹏. 粮食储藏,1980,(3)
大钳华棒沙螨新属、新种(真螨目:沙螨科). 温廷桓,等. 昆虫学报,1980,(1)
肪刺螨属一新种. 顾以铭,等. 动物分类学报,1980,(1)
革螨侵人五起报告. 顾以铭. 贵阳医学院学报,1980,5(2)
关于小板纤恙螨半光变种的商榷. 王敦清,等. 动物分类学报,1980,5(4)
江苏省东山地区五种恙螨的季节分布. 陈兴保. 昆虫学报,1980,(1)
江西捕食螨名录. 朱志民,等. 江西大学学报(自然版),1980,(1)

盲走螨属三新种. 忻介六. 复旦学报(自然版),1980,(4)
山西细须螨属一新种记述(蜱螨亚纲:细须螨科). 钱玉华,等. 山西大学学报(自然版),1980,(2)
我国台湾和海南岛的叶螨. 袁艺兰. 自然杂志,1980,(1)
我国西北地区革螨几新种. 朴相根,等. 白求恩医科大学学报,1980,(3)
我国西北地区植绥螨三新种记述(蜱螨目:植绥满科). 陈熙雯,等. 江西大学学报(自然版),1980,(1)
我国恙螨三新种. 余自忠,等. 动物分类学报,1980,(3)
小鼯鼠体上的两种革螨包括血厉螨属一新种. 顾以铭,等. 动物分类学报,1980,(1)
恙虫病. 陈渊民. 流行病学(下册). 人民卫生出版社,1980
恙虫病储存宿主与传播媒介的调查. 俞九飞. 中华预防医学杂志,1980,14(3)
恙螨在不同地形和环境中分布的研究. 陈兴保. 昆虫学报,1980,(3)
应用对免疫电泳测定革螨的食性. 孟阳春. 昆虫学报,1980,(1)
云南囊棒恙螨属两新种. 余自忠,等. 动物分类学报,1980,(5)
浙江西南部地区恙虫病储存宿主和媒介的调查研究. 俞九飞. 中华预防医学杂志,1980,14(3)
植绥螨属的一个新种记述. 吴伟南. 动物学研究,1980,(2)
中国的血革螨科及其两个新种描述. 朴相根. 白求恩医科大学学报,1980,(1)
中国肪刺螨属记要. 邓国藩. 动物分类学报,1980,(1)
中国合爪螨属一新种记述(蜱螨亚纲:叶螨科). 钱玉华,等. 山西大学学报(自然版),1980,(2)
中国经济昆虫志(第十七册蜱螨目:革螨股). 中国科学院中国动物志编辑委员会主编. 科学出版社,1980
中国叶螨科的新种和新记录Ⅰ. 马恩沛,等. 动物分类学报,1980,(1)
中华竹鼠体上的两种新革螨. 王敦清,等. 动物分类学报,1980,(1)
苍白纤恙螨和小板纤恙螨生活史的研究. 廖灏溶,等. 动物分类学报,1981,3(2)
从冬季恙虫病病人分离的立克次体研究. 于恩庶,陆品璋. 立克次体病和衣原体病专辑. 流行病学杂志编辑部,1981
对婴幼儿疥虫隧道的认识. 苏敬泽,赵永鉴. 中华皮肤科杂志,1981,(14)
革螨侵袭人群十起报告. 孟阳春,等. 中华预防医学杂志,1981,(1)
革螨自然感染恙虫病立克次体的发现. 于恩庶,王世泉. 立克次体病与衣原体病专辑,1981
革螨足Ⅰ跗节的化感器——截肢前后的驱避试验和扫描电镜观察. 孟阳春,等. 昆虫学报,1981,24(1)
毛囊蠕形螨病530例临床和灭滴灵的疗效观察. 王怀昌. 中华皮肤科杂志,1981,(14)
青海甘肃革螨二新种. 马立名,等. 昆虫分类学报,1981,3(2)
四川螯齿螨新种(真螨目:列螨科). 周曼殊,等. 昆虫分类学报,1981,3(4)
台湾省的恙虫病. 赵树萱. 立克次体病与衣原体病专辑. 流行病学杂志编辑部,1981
我国研究恙虫病的成就. 于恩庶,魏曦. 立克次体病与衣原体病专辑. 流行病学杂志编辑部,1981
纤恙螨亚属分种团的尝试. 王敦清. 昆虫学报,1981,24(1)
中国经济昆虫志,第23册,叶螨总科. 王慧芙. 科学出版社,1981
中国蜱螨学进展. 陈兴保,等. 济宁医专学报,1981,(专号)
中国植绥螨属二新种(蜱螨亚纲:植绥满科). 梁来荣,等. 昆虫分类学报,1981,3(3)
蝙蝠体纤恙螨属一新种(真螨目:恙螨科). 赵善贤. 昆虫学报,1982,25(1)
德氏钝绥螨的生物学和利用. 陈守坚. 昆虫学报,1982,25(1)
杜克螨属一新种(蜱螨目:吐克螨科). 林延谋. 昆虫学报,1982,25(4)
关于螨类与人参腐烂病的研究. 朴相根,等. 白求恩医科大学学报,1982,8(6)
海南岛纤恙螨属一新种. 赵善贤. 昆虫学报,1982,25(4)
黑龙江省北安地区革螨种类初步调查. 赵振声,等. 北京第二医学院学报,1982,3(4)
华厉螨属(Sinolaelaps)一新种和对其属征的订正. 王敦清. 动物分类学报,1982,7(1)
家螨复眼的几种深伪瞳模式. 郭爱克. 生理学报,1982,34(2)
浆刺螨属一新种(蜱螨目:巨刺螨科). 周曼殊,等. 昆虫学报,1982,25(2)
桔金爪螨科种群空间格局的研究. 周新运. 西南农学院学报,1982,(4)
宽寄螨属一新种. 马立名. 昆虫分类学报,1982,4(1-2)
两种革螨染色体的研究. 周洪福,孟阳春. 动物学研究,1982,3(4)
毛囊蠕形螨扫描电镜的观察. 徐荫祺,等. 昆虫学报,1982,25(1)
人体蠕形螨感染的调查研究. 陈国定,等. 江苏医药,1982,8(1)
蠕形螨分类和一新亚种(蜱螨目:蠕形螨科). 谢禾秀,等. 动物分类学报,1982,7(3)
三种革螨生活力的实验研究. 孟阳春,等. 动物学报,1982,(增刊3)
山蝠肪刺螨新种记述(蜱螨目:蜱刺螨科). 顾以铭,等. 动物分类学报,1982,7(1)
陕西省两代表地区鼠螨类调查研究. 刘政忠. 西安医学院学报,1982,3(2)

深点食螨瓢虫的生物学及其利用. 姜廷荣,等. 昆虫天敌,1982,4(4)
十种革螨跗感器的扫描电镜观察. 蓝明扬,等. 动物学研究,1982,(增刊3)
试谈储粮螨类的药剂防治. 沈兆鹏. 粮食储藏,1982,(5)
四种烟炮烟熏灭鼠灭螨效果观察. 吴光华,等. 中华流行病学杂志,1982,3(2)
条纹纤恙螨若虫和成虫的形态. 陈兴保. 动物学研究,1982,3(2)
吐克螨属一新种(蜱螨目:吐克螨科). 林延谋. 昆虫学报,1982,25(4)
皖南地区和蚌埠市恙螨区系的研究. 陈兴保,等. 蚌埠医学院学报,1982,7(1)
温州纤沙螨新种记述. 吴光华,等. 昆虫分类学报,1982,4(1-2)
我国南方相桔钝绥螨属及其新种描述(蜱螨目:植绥满科). 吴伟南. 昆虫学报,1982,25(1)
我国南方伊绥螨属一新种记述(蜱螨目:植绥满科). 吴伟南. 动物分类学报,1982,7(1)
我国恙螨四新种(蜱螨目:恙螨科). 余自忠,等. 动物分类学报,1982,19(4)
武夷山恙螨二新种和一新记录. 王敦清,等. 武夷科学,1982
武夷山自然保护区株恙螨属一新种(真螨目:恙螨科). 徐业华,等. 武夷科学,1982,(1)
蜥恙螨亚新属一新种(真螨目:恙螨科:真恙螨属). 徐梅吉. 动物分类学报,1982,7(3)
血革螨属一新种——南坪血革螨(蜱螨目:血革螨科). 周曼殊,等. 动物分类学报,1982,7(4)
恙虫病的贮存宿主和传播媒介问题的探讨包括带毒恙螨的感染来源问题. 于恩庶. 福建卫生防疫,1982,(7)
瘿螨科二新种记述(蜱螨目:瘿螨总科). 忻介六,等. 动物分类学报,1982,7(2)
云南省云岭恙螨五新种(蜱螨目:恙螨科). 余自忠,等. 动物分类学报,1982,7(3)
中国短须螨属八新种记述和受精囊的研究(蜱螨亚纲:细须螨科). 马思沛,等. 动物学报,1982,3(增刊)
中国钝绥螨属二新种(蜱螨亚纲:植绥满科). 柯励生,等. 昆虫分类学报,1982,4(4)
中国粉螨记述. 沈兆鹏. 粮食储藏,1982,(1)
中国厉螨科几个新种和新记录(蜱螨目:革螨股). 邓国藩. 动物分类学报,1982,7(2)
中国叶螨科一新属五新种(真螨目:叶螨科). 马恩沛,等. 昆虫分类学报,1982,4(1-2)
中国重要恙螨鉴别. 温廷桓. 中国重要医学动物鉴定手册. 人民卫生出版社,1982
珠恙螨属一新种(蜱螨目:恙螨科). 腾斌. 昆虫学报,1982,25(3)
安徽省凤阳县五种恙螨季节分布的研究. 陈兴保,等. 蚌埠医学院学报,1983,8(2)
螯齿恙螨属一新种(蜱螨:恙螨科). 腾斌. 动物分类学报,1983,8(1)
被褥室尘螨抗原的控制. 韩秀杰. 国外医学呼吸系统分册,1983,15(1)
伯氏禽刺螨所致二起人体皮炎. 孙昌秀. 寄生虫学与寄生虫病杂志,1983,1(1)
钝绥螨属二新种(蜱螨目:植绥满科). 吴伟南,等. 昆虫分类学报,1983,5(3)
钝绥螨属三新种记述(蜱螨目:植绥满科). 朱志民,等. 动物分类学报,1983,8(4)
粉螨. 温廷桓. 人体寄生虫学,人民卫生出版社,1983
福建省冬季恙虫病的传染媒介. 王世泉,等. 中华流行病学杂志,1983,4(5)
革螨的生物学与人类关系和防制的研究进展. 孟阳春. 江苏省医学情报研究所编. 国内外医学进展(第1集),1983
几种拟除虫菊酯杀虫剂对尼氏钝绥螨的毒力测定. 丁勇,等. 昆虫天敌,1983,5(3)
江西钝绥螨属记述和已知种的检索. 朱志民,等. 昆虫天敌,1983,5(3)
爬虫恙螨属一新种(真螨目:恙螨科). 徐业华,等. 动物分类学报,1983,8(4)
七种防蚊剂对革螨的驱避试验. 孟阳春,等. 昆虫知识,1983,20(2)
青海省革螨名录初报. 马立名,张广登. 地方病防治研究,1983,70(3)
轻型出血热流行区褐家鼠带螨调查. 田庆云. 中华流行病学杂志,1983,4(4)
人体蠕形螨在集体生活中的流行情况. 柴鸿英,等. 南通医学院学报,1983,3(2)
蠕形螨(毛囊虫)病临床与治疗. 吴绍熙. 临床皮肤科杂志,1983,(12)
水麝鼩体上的新种地厉螨(蜱螨目:厉螨科). 顾以铭. 动物分类学报,1983,8(3)
泰山纤恙螨新种描述(真螨目:恙螨科). 孟祥瑞,等. 昆虫分类学报,1983,1(1)
天津市人体蠕形螨侵染及其致病情况的初步调查. 彭仁愉,等. 天津医药,1983,(10)
同棒属恙螨一新种(蜱螨目:恙螨科). 王菊生,等. 动物分类学报,1983,8(4)
我国螯齿恙螨属一新种(蜱螨目:恙螨科). 腾斌. 昆虫学报,1983,26(1)
我国四种巨须螨类简记(真螨目:巨须螨科). 梁国伟. 昆虫天敌,1983,5(2)
我国无前恙螨属中三种恙螨某些形态学特征的说明. 王敦清,等. 福建医学院学报,1983,17(1)
我国恙螨七新种(蜱螨目:恙螨科). 余自忠,等. 动物分类学报,1983,8(1)
西藏自治区墨脱县恙虫病调查简报. 钟应洪,等. 中华流行病杂志,1983,4(1)
恙虫病流行病学进展. 于恩庶. 流行病学进展(第二卷). 人民卫生出版社,1983
恙螨. 温廷桓. 人体寄生虫学,人民出版社,1983

恙螨幼虫在鼠体寄生部位选择性的研究. 路步炎. 济宁医专学报,1983,(2)
应用 micro-IF 进行恙虫病立克次体血清学分型. 张海莲,等. 立克次体、衣原体、弓形体专辑. 中华流行病学杂志,1983
瘿螨二新种和我国一新记录(真螨目:瘿螨总科). 匡海源. 动物分类学报,1983,8(4)
云南省葛李恙螨亚属二新种(真螨目:恙螨科). 裘明华,等. 昆虫学报,1983,26(1)
云南恙螨研究及一新亚属记述. 余自忠. 云南医药,1983,4(6)
植绥螨属四新种记述(蜱螨目:植绥满科). 忻介六,等. 动物分类学报,1983,8(1)
中国盲走螨属二新种(蜱螨目:植绥满科). 吴伟南. 动物学研究,1983,4(1)
中国细须螨属新种记述(蜱螨目:细须螨科). 王慧芙. 动物分类学报,1983,8(1)
贮藏食物与房屋的螨类. 忻介六,等译. 农业出版社,1983
ELISA 测定血清粉尘螨特异性 IgE 和 IgG 及总 IgE. 彭志康,温廷桓. 上海第一医学院学报,1984,11(6)
安徽始叶螨属一新种(真螨目:叶螨科). 朱勤. 昆虫学报,1984,27(1)
伯氏禽刺螨引起皮炎 26 例报告. 张业芸,等. 中华皮肤科杂志,1984,17(3)
草板螨属一新种(蜱螨目:呱盾螨科). 顾以铭. 动物分类学报,1984,9(4)
草螨跗感器的结构和功能. 孟阳春,等. 昆虫学报,1984,27(4)
川西恙螨二新种(真螨目:恙螨科). 王敦清. 动物分类学报,1984,9(2)
粉尘螨过敏性状的遗传方式及其基因定位. 蔡选青,等. 遗传学报,1984,11(3)
革螨跗感器的结构和功能. 孟阳春,等. 昆虫学报,1984,27(4)
广东省蝙蝠体恙螨一新种(真螨目:恙螨科). 赵善贤. 动物分类学报,1984,9(3)
湖北省神农架植绥满科三新种(蜱螨目:植绥满科). 吴伟南,等. 动物分类学报,1984,9(1)
疥疮皮损及其组织学. 苏敬泽. 临床皮肤杂志,1984,13(3)
九龙半岛的鼠类及其寄生螨. 辛景禧,等. 中山大学学报(自然版),1984,(1)
拟波士螨属一新种及我国一新记录(蜱螨目:巨须螨科). 梁国伟. 动物分类学报,1984,9(1)
蜱螨学纲要. 忻介六. 高等教育出版社,1984
青海省厉螨科一新属新种(蜱螨目:革螨股). 顾以铭. 动物分类学报,1984,9(4)
人体蠕形螨寄生与酒糟鼻病理组织变化之间关系的研究. 杨黎青. 寄生虫学与寄生虫病杂志,1984,(2)
人体蠕形螨与鼻赘. 杨黎青,等. 临床皮肤科杂志,1984,13(4)
蠕螨. 温廷桓. 中国医学百科全书(寄生虫学与寄生虫病分册). 上海科学技术出版社,1984
山西省革螨. 田庆云. 山西医学院学报,1984,(1)
我国蝠螨属纪要及二新种(蜱螨目:蝠螨科). 顾以铭,王菊生. 动物分类学报,1984,9(2)
西方盲走螨(Typhlodromus occidentalis Nesbitt)生物学特性的观察. 葛春华,等. 南京农学院学报,1984,(1)
狭跗线螨属一新种(蜱螨目:跗线螨科). 丁廷宗,等. 动物分类学报,1984,9(3)
新疆新须螨属一新种记述(螨目:细须螨科). 马恩沛,等. 昆虫学报,1984,27(3)
新绒螨属一新种一新记录(蜱螨目:绒螨科). 樊孝贤. 昆虫分类学报,1984,6(4)
学生宿舍发生革螨引起皮炎的调查. 谢长松. 湖南医学院学报,1984,9(1)
恙虫病立克次体组织培养抗原在血清学调查的应用. 陈渊民,等. 中华流行病学杂志,1984,5(5)
恙虫病流行病学进展. 于恩庶. 流行病学进展. 北京人民卫生出版社,1984
医用立克次体学. 魏曦. 上海科学技术出版社,1984
瘿螨科三新种(瘿螨目:瘿螨总科). 董惠琴,等. 昆虫分类学报,1984,6(4)
真厉螨属一新种(蜱螨目:血革螨科). 顾以铭,等. 动物分类学报,1984,9(3)
中国储藏物螨类名录及研究概况. 沈兆鹏. 第三届储藏物昆虫学国际工作大会论文集,1984
中国农业螨类. 马恩沛,等. 上海科学技术出版社,1984
中国沙螨(恙螨). 温廷桓. 上海学林出版社,1984
安徽省肺螨病的首次研究初报. 李朝品,等. 蚌埠医学院学报,1985,10(4)
储藏物螨类对环境的污染. 沈兆鹏. 环境科学,1985,6(3)
第二十二章恙螨. 陆宝麟. 全国流行病学与医学动物概要,1985
钝绥螨属二新种(蜱螨目:植绥满科). 吴伟南,等. 昆虫分类学报,1985,7(4)
儿童肾炎病例尿中检获的螨类. 徐秉锟,黎家灿. 广东寄生虫学会年报,1985,(7)
高湖纤恙螨(新)种经卵传递恙虫病立克次体的研究. 魏晋举,等. 中华流行病学杂志,1985,6(4)
革螨传播流行性出血热的实验研究. 孟阳春,等. 中华流行病学杂志,1985,6(4)
革螨的细胞遗传. 周洪福,等. 遗传,1985,7(1)
广州地区人体蠕形螨的流行病学研究. 刘雅棣,等. 暨南理医学报,1985,(4)
呼和浩特市近郊长爪沙鼠寄生革螨的调查. 姚文炳. 动物学杂志,1985,(2)
湖南恙虫病首次报告. 李光密,等. 中华流行病学杂志,1985,6(4)

吉林省前爪螨属一新种(蜱螨目:前爪螨科).马立名.动物分类学报,1985,10(2)
几种环境因素对两种人体蠕形螨生活力的影响.陈定国.昆虫学报,1985,28(1)
疥疮表皮郎格罕氏细胞的光镜和电镜观察.朱文元,等.中华皮肤科杂志,1985
菱肛犹后螨新种.温廷桓,等.昆虫分类学报,1985,7(3)
青海的血革螨科包括三新种记述(蜱螨目:革螨股).杨锡正,等.动物分类学报,1985,10(1)
青海甘肃厚厉螨属三新种记述.马立名.昆虫分类学报,1985,7(4)
青海新恙螨属三新种记述(蜱螨:恙螨科).徐秉锟,等.昆虫学报,1985,28(2)
人群蠕形螨感染的连续观察.柴鸿英,等.南通医学院学报,1985,5(2)
蠕形螨属一新种(真螨目:蠕形螨科).施新泉,等.动物分类学报,1985,10(4)
我国巨刺螨属与浆刺螨属纪要(蜱螨目:巨刺螨科).顾以铭,等.动物分类学报,1985,10(2)
西藏钝绥螨属一新种(蜱螨目:植绥满科).朱志民,等.昆虫学报,1985,28(2)
湘西恙螨二新种(蜱螨亚纲:恙螨科).王敦清.动物分类学报,1985,10(2)
恙虫病新媒介高湖纤恙螨的发现及流行病学研究.魏晋举,等.中华流行病学杂志,1985,6(5)
恙螨传病关系的研究进展.陈兴保.蚌埠医学院学报,1985,10(4)
恙螨幼虫畸形的研究.王敦清.昆虫学报,1985,28(4)
羽叶恙螨亚属(叶片恙螨属)一新种的记述(蜱螨目:恙螨科).廖灏溶.动物分类学报,1985,10(4)
云南贝叶螨属一新种记述附全世界已知种检索表(蜱螨:叶螨科).高建荣.上海农学院学报,1985,3(1)
云南甲螨类二新种.文在根.白求恩医科大学学报,1985,11(6)
中国叶螨科一新属新种(蜱螨目).马恩沛,等.昆虫学报,1985,28(2)
棒六恙螨属一新种(真螨目:恙螨科).赵善贤,等.动物分类学报,1986,11(4)
从革螨单层细胞培养物中检出和分离出血热病毒.李法卿,吴光华.江苏医药,1986,12(12)
肺螨类的生境研究.李朝品,等.蚌埠医学院学报,1986,11(2)
鼢鼠螨食性研究.李隆术,等.昆虫知识,1986,23(1)
高湖纤恙螨经卵传递恙虫病立克次体的研究.徐毛华,等.中华流行病学杂志,1986,7(3)
高湖纤恙螨饲养和生活史的研究.鲍明荣,等.南京部队医药,1986,(1)
革螨通过叮刺在黑线姬鼠间传播流行性出血热病毒的实验观察.张云,等.江苏医药,1986,12(11)
革螨自然感染叮刺传播和经卵传递流行性出血热病毒的实验研究.李法卿,等.中华流行病学杂志,1986,7(4)
赫刺螨属三新种(蜱螨目:赫刺螨科).顾以铭,等.动物分类学报,1986,11(1)
厚绥螨属一新种和我国一新记录(蜱螨目:厚厉螨科).殷绥公,等.动物分类学报,1986,11(2)
几种环境因素对两种人体蠕形螨生活力的影响.陈国定.昆虫学报,1986
宽埃螨各胚后发育期形态的研究(中气门目:蝠螨科).王灵岚,等.昆虫学报,1986,29(3)
流行性出血热疫区鼠、螨带毒调查.张云,等.中华流行病学杂志,1986,7(1)
茅舍血厉螨皮炎调查报告.吴海林,等.中华皮肤科杂志,1986
农螨学.匡海源.农业出版社,1986
青藏高原北部寄螨亚科新种记述Ⅰ.寄螨属角革螨属(蜱螨目:寄螨科).马立名.动物分类学报,1986,11(4)
人体蠕形螨.石梦辉.北京第二医学院学报,1986,7(3)
人体蠕形螨感染情况的调查.张文玉,等.佳木斯医学院学报,1986,9(3)
人体蠕形螨感染情况调查及电子计算分析.石梦辉,等.北京第二医学院学报,1986,7(4)
蠕形螨实验诊断方法的改进及应用.李芳,等.白求恩医科大学学报,1986,12(4)
蠕形螨属一新种(真螨目:蠕形螨科).徐业华,等.动物学报,1986,32(2)
上海市区屋尘螨区系和季节消长的观察.蔡黎,等.生态学报,1986,9(3)
上海真厉螨的染色体组型及其C带研究.陈春生,等.遗传学报,1986,13(4)
实验室兔疥螨所致的疥疮13例报告.中华皮肤科杂志,1986
水运中鼠体寄生革螨调查.柴鸿英,等.南通医学院学报,1986,6(3)
甜果螨及肠螨症.周洪福,等.江苏医药,1986,12(8)
西沙群岛恙螨及其宿主动物的研究(蜱螨目:悉螨科).赵善贤.昆虫学报,1986,29(1)
襄棒恙螨和叶氏恙螨二新种(真螨目:恙螨科).周曼殊,等.动物分类学报,1986,11(2)
新型杀螨剂.Panocon,Haruki Ogawa.农药译丛,1986,8(1)
血革螨科二新种(蜱螨目:革螨股).杨锡正,等.动物分类学报,1986,11(4)
寻螨属新一种(蜱螨目:长须螨科).王元岷,等.动物分类学报,1986,11(3)
养兔厂兔疥螨引起人疥疮流行的调查报告.韦克俭.中华皮肤科杂志,1986,19
云南省的革螨.顾以铭,等.贵阳医学院学报,1986,11(3)
云南省纤恙螨和襄棒恙螨七新种(蜱螨目:恙螨科).余自忠,等.动物分类学报,1986,11(2)
云南西部地区恙螨五新种(真螨目:恙螨科).余自忠,等.动物分类学报,1986,11(1)

云南纤恙螨属三新种. 向容炯,等. 昆虫学报,1986,29(4)
云南叶螨属一新种(蜱螨目:叶螨科). 高建荣,等. 昆虫学报,1986,29(2)
真恙螨属一新种——武夷真恙螨(蜱螨目:恙螨科). 宋杰益,等. 动物分类学报,1986,11(2)
中国圆须螨属一新种记述(蜱螨目:长须螨科). 王慧芙. 动物分类学报,1986,11(2)
巨须螨科一新亚科和一新属新种记述(蜱螨亚纲:真螨目). 卜根生,等. 动物分类学报,1987,12(2)
伯氏禽刺螨叮刺传播和经卵传递流行性出血热病毒的实验研究. 诸葛洪祥,等. 中华流行病学杂志,1987,8(6)
长须螨属三新种记述(蜱螨亚纲:长须螨科). 梁来荣,等. 昆虫分类学报,1987,9(4)
肠螨病二例. 李朝品,等. 皖南医学院学报,1987,6(4)
钝绥螨属一新种(蜱螨目:植绥满科). 王元岷,等. 昆虫分类学报,1987,9(2)
二种革螨的酯酶同工酶、苹果酸脱氢酶同工酶和乳酸脱氢酶同工酶的酶谱比较分析. 陈春生,等. 苏州医学院学报,1987,7(1)
肺螨标本的采集保存和制作. 李朝品,等. 生物学杂志,1987,(2)
福建叶片恙螨属一新种. 廖灏溶,等. 昆虫分类学报,1987,9(2)
革螨的染色体、性决定进化和遗传变异. 陈春生,等. 昆虫知识,1987,24(4)
革螨与流行性出血热关系的调查研究. 吴光华,等. 中华流行病学杂志,1987,8(6)
格式血厉螨的生态学研究. 马立名. 昆虫学报,1987,30(1)
畸瘿螨属二新种和中国一新记录(真螨目:瘿螨总科). 匡海源,等. 动物分类学报,1987,12(4)
吉林省珲春地区恙虫病及其它立克次体病调查. 刘国栋,等. 中国人兽共患病杂志,1987,3(5)
棘刺螨属一新种(蜱螨目:厉螨科). 顾以铭,等. 动物分类学报,1987,12(4)
具杀螨活性的1,2,4,5-四嗪类化合物. PeterJ,Brocker. ,等. 农药译丛,1987,9(5)
流行性出血热病毒在革螨——伯氏禽刺螨群体内生存时间的研究. 孟阳春,等. 江苏寄生虫病防治杂志,1987,2(4)
流行性出血热病毒在疫区鼠螨间传播的调查. 张云,等. 中华预防医学杂志,1987,21(6)
茅舍血厉螨核型及染色体的C带、G带的研究. 动物学研究,1987,(2)
迷跗线螨属三新种(蜱螨目:跗线螨科). 杨庆爽,等. 昆虫分类学报,1987,9(2)
普拉螨属二新种记述(真螨目:巨须螨科). 卜根生,等. 西南农业大学学报,1987,9(1)
青藏高原北部寄螨亚科新种记述常革螨属(蜱螨目:寄螨科). 马立名. 动物分类学报,1987,12(3)
青海甘肃赫刺螨四新种. 马立名,等. 昆虫分类学报,1987,9(2)
森林革螨季节消长的研究. 田庆云. 动物学报,1987,33(1)
首次发现黑线姬鼠巢中耶氏厉螨和上海真厉螨自然携带流行性出血热病毒. 董必军,等. 中国鼠类防制杂志(出血热专辑),1987,(3)
鼠颚毛厉螨和厩真后螨自然感染和叮刺传播流行性出血热病毒的研究. 诸葛洪祥,等. 中国公共卫生,1987,6(6)
四川地区局须螨名录(一). 卜根生,等. 西南农业大学学报,1987,9(4)
四川省多毛螨属二新种(真螨目:列螨科). 周曼殊,等. 昆虫分类学报,1987,9(2)
四种肺螨病病原螨的扫描电镜观察. 李朝品,等. 皖南医学院学报,1987,6(3)
嵩山农村鼠体革螨的调查. 葛凤翔. 中国鼠类防制杂志,1987,3(1)
外耳道瘙痒症与人体蠕形螨关系的探讨. 贺霞凤,等. 中华耳鼻咽喉科杂志,1987,22(5)
伪钝绥螨在不同温度下的发育和繁殖. 张乃鑫,等. 昆虫知识,1987,24(5)
我国的新足螨属及两新种的记述. 李长江,顾以铭. 昆虫分类学报,1987,9(2)
无前恙螨属一新种(蜱螨亚纲:恙螨科). 王灵岚,等. 动物分类学报,1987,12(2)
新疆植绥螨三新种(蜱螨目:植绥满科). 吴伟南,等. 动物分类学报,1987,12(4)
新足螨属一新种(蜱螨亚纲:巨螯螨科). 顾以铭,等. 动物分类学报,1987,12(2)
血革螨属一新种(蜱螨目:血革螨科). 顾以铭,等. 动物分类学报,1987,12(1)
血厉螨属一新种(蜱螨目:厉螨科). 白学礼,等. 动物分类学报,1987,12(4)
恙虫病新媒介海岛纤恙螨的发现与研究. 魏晋举,等. 解放军医学杂志,1987,12(6)
应用扫描电镜研究革螨染色体的初探. 陈春生,孟阳春. 苏州医学院学报,1987,7(1)
影响粉尘螨浸液免疫活性的理化因素. 彭志康,等. 中国免疫学杂志,1987,3(2)
中国东北地区植绥满科新种和新记录Ⅱ. 钝绥螨科(蜱螨目). 吴伟南. 动物分类学报,1987,12(3)
中国寄螨亚科纪要及三新种(蜱螨目:寄螨科). 顾以铭,等. 动物分类学报,1987,2(1)
中国瘿螨科五新种(真螨目:瘿螨总科). 匡海源. 南京农业大学学报,1987,(2)
自然疫源地学与蜱螨学. 王连和,等. 河北省科学院学报,1987,(2)
$^{60}Co\gamma$ 线引起上海真厉螨染色体畸变的研究. 陈春生,等. 动物学研究,1988,9(1)
蝙蝠鼻腔内徽恙螨属三新种(蜱螨目:恙螨科). 王醮标,等. 动物分类学报,1988,13(2)

长鞭恙螨亚属在中国的发现及其一新种的描述(蜱螨亚纲:恙螨科).赵善贤,等.动物分类学报,1988,13(4)
东北部分流行性出血热疫区革螨生态的研究.刘国平,等.中国公共卫生,1988,7(2-3)
东北血革螨生态学研究.马立名.生态学报,1988,8(2)
粉尘螨过敏性哮喘经特异性免疫治疗后的免疫学指标观察.吴桐,等.中华儿科杂志,1988,26(6)
革螨三新种记述(蜱螨亚纲:中气门亚目).马立名.动物分类学报,1988,13(2)
广西爬虫恙螨属一新种(真螨目:恙螨科).赵善贤,等.昆虫学报,1988,31(1)
广州地区尘螨致敏的研究.赖乃揆,等.中华预防医学杂志,1988,22(6)
贵州省的革螨.顾以铭,等.贵阳医学院学报,1988,13(2)
湖北恙螨三新种(真螨目:恙螨科).王敦清,等.动物分类学报,1988,13(2)
华后螨属一新种(蜱螨目:后螨科).田杰.动物分类学报,1988,13(3)
疥螨在人体表活动的情况观察.王仲文,等.河南医科大学学报,1988,(23)
毛囊蠕形螨(蠕形螨科)的生物学和病理学.Nutting,W.B.国际蠕形螨病学术研讨会论文汇编(第四集),1988
纳氏皱皮螨生活史的研究.沈兆鹏.昆虫学报,1988,31(1)
宁夏宽寄螨属一新种(蜱螨亚纲:胭螨科).白学礼,等.动物分类学报,1988,13(4)
农业螨类学.忻介六.农业出版社,1988
皮肤、眼睑组织活检中的蠕形螨.曲魁遵,等.国际蠕形螨病学学术研讨会论文汇编(第三集),1988
人疥螨的某些生物学特征与疥疮季节发病的关系.屈孟卿,等.河南寄生虫病杂志,1988,1(2)
人体蠕形螨药物敏感试验的研究.王景源,等.国际蠕形螨病学术研讨会论文汇编(第三集),1988
蠕形螨属形态学与解剖学.Desch,C.E.国际蠕形螨病学术研讨会论文汇编(第四集),1988
陕西南部葛李恙螨属一新种(真螨目:恙螨科).黄重安.动物分类学报,1988,13(2)
我国东北边境地区恙螨区系和生态调查.刘国平,等.生态学杂志,1988,7(2)
我国恙虫病媒介的生物系统分类问题.王敦清.地方病通报,1988,3(3)
五种恙螨染色体核型的研究.王灵岚,等.昆虫学报,1988,31(2)
湘西沙螨一新种.温廷桓,等.昆虫分类学报,1988,10(1-2)
恙虫病.于恩庶.中国人兽共患病学,福建科学技术出版社,1988
恙螨杂交的研究.廖灏溶.昆虫学报,1988,31(3)
恙螨酯酶同工酶的比较研究.孙玉梅,等.昆虫学报,1988,31(4)
一次家鼠型流行性出血热的调查分析:革螨传播流行性出血热的作用.冯心亮,等.苏州医学院学报,1988,7(4)
一起暴发性螨皮炎的流行病学调查.许恕中,等.中华流行病学杂志,1988,9(1)
应用盘状电泳和等电聚焦电泳对三种革螨的酯酶同工酶与蛋白质研究.陈春生,等.苏州医学院学报,1988,8(3)
应用蜱螨学.忻介六.复旦大学出版社,1988
中草药工作者呼吸道感染螨类的调查研究.腾斌,等.中国寄生虫病防治杂志,1988,1(1)
中国拉绒螨属幼螨一新种(真螨目:约绒螨科).张智强.昆虫分类学报,1988,10(1-2)
中国三种羽管螨的记述(蜱螨亚纲:羽管螨科).刘百里.动物分类学报,1988,13(3)
中国尾甲螨总科的新记录和异懒甲螨属一新种(蜱螨亚纲:甲螨亚目).王慧芙,等.动物分类学报,1988,13(3)
尘螨的抗原和糖蛋白成分的印渍法鉴定.陈文魁.皖南医学院学报,1989,8(3)
雌性人疥螨的感染能力的实验研究.屈孟卿,等.河南寄生虫病杂志,1989,2(1)
从中药天然牛黄中检出螨的分析研究.淳于永梅,张恩铎.黑龙江中医药,1989,(4)
肺螨病病原和流行情况的调查研究.陈兴保,等.中国寄生虫病防治杂志,1989,2(2)
肺螨病传播途径的实验研究.李朝品.中国寄生虫病防治杂志,1989,2(1)
粉螨致肠道感染五例报告.童栽光.中国寄生虫学与寄生虫病杂志,1989,7(4)
福建跗线螨属一新种(蜱螨目:跗线螨科).林坚贞,等.动物分类学报,1989,14(1)
高湖纤恙螨染色体核型分析.叶韵斌,等.地方病通报,1989,4(4)
广西地区恙虫病立克次体的血清学分型和生物学特性研究.张海莲,等.中华流行病学杂志,1989,10(特刊3号)
海岛纤恙螨新种记述(蜱螨目:恙螨科).魏晋举,等.动物分类学报,1989,14(4)
赫刺螨属一新种(蜱螨目:蜱刺螨科).白学礼,等.动物分类学报,1989,14(3)
几种与人疾病有关的仓贮螨类.柳忠婉.医学动物防制,1989,5(3)
济南地区鼠形啮齿动物寄生螨类的定量研究.傅荣恕.山东师大学报(自然版),1989,4(1)
卷烟工人血清总 IgE 及螨特异性 IgE 测定与分析.陈慧漪,王安潮.中华结核和呼吸系统杂志,1989,12(3)
柳氏厉螨的雄螨(蜱螨目:厉螨科).顾以铭,等.贵阳医学院学报,1989,14(2)
螨蜱类的费洛蒙及其它信息素.周延鑫,蔡如秀.中华昆虫(中国台湾),1989,特刊(3)
禽内寄生螨病介绍.丛恕增.肉品卫生,1989,(1)

人体蠕形螨的移动能力及其在皮肤表面的分布. 丁晓昆,李芳. 中国寄生虫学与寄生虫病杂志,1989,7(4)
人体蠕形螨检查方法的研究. 李朝品,黄玉芬. 皖南医学院学报,1989,8(2)
人体蠕形螨取螨器和定量检查法. 袁方曙,于安珂. 山东医科大学学报,1989,27(2)
三种革螨的酯酶同工酶和蛋白质的研究. 李贵生,等. 苏州医学院学报,1989,9(2)
三种革螨游离氨基酸的检测. 李贵生,等. 广东医药学院学报,1989,5(2)
山东省鼠类及体外寄生革螨的定量生态学研究. 王桂宏,田凤翰. 山东省科学院院刊,1989,2(1)
山西省革螨5新种9新记录. 田庆云. 山西医学院学报,1989,20(4)
上海市区屋尘螨区系和季节消长的观察. 蔡黎,等. 生态学报,1989,9(3)
双甲脒体外杀灭人体蠕形螨的观察. 王景源. 青岛医学院学报,1989,25(1)
我国常见赖甲螨类的鉴别. 文在根,等. 白求恩医科大学学报,1989,15(5)
我国纤恙螨(Leptotrombidiums Str)的种类、分布及其检索表. 王敦清,等. 地方病通报,1989,4(1)
我国恙虫病立克次体流行毒株抗原分型及其病人血清学分型研究. 张海莲,等. 中华流行病学杂志,1989,10(特刊3)
小鼠体腹侧被毛中两种寄生螨的形态及其鉴别. 耿志贤. 上海实验动物科学,1989,9(3)
新型杀螨杀虫剂——单甲脒. 韩怀芬,王桂林. 精细化工,1989,6(3)
学生外耳道蠕形螨感染情况的调查. 李朝品. 学校卫生,1989,10(4)
恙虫病患者血清IgG抗体的动态观察. 徐毛华,等. 中华流行病学杂志,1989,10(特刊3号)
恙虫病新媒介吉首纤恙螨的发现及流行病学研究. 李光密,等. 中华流行病学杂志,1989,10(特刊3)
叶刺瘿螨亚科一新属三新种(真螨目:瘿螨科). 匡海源,等. 动物分类学报,1989,14(1)
引起肺螨病的两种螨的季节动态. 李朝品,等. 昆虫知识,1989,26(2)
印渍法对动物血清康螨抗体的检测. 陈文魁,等. 皖南医学院学报,1989,8(4)
应用甲螨监测土壤污染的初步研究. 陈国定,等. 南京铁道医学院学报,1989,8(4)
犹伊螨亚科二新种(蜱螨亚纲:犹伊螨科). 顾以铭. 动物分类学报,1989,14(4)
中国美绥螨属的新种和新记录(蜱螨亚纲:美绥螨科). 顾以铭,等. 动物分类学报,1989,14(1)
中国蜱螨概要. 邓国藩,等. 科学出版社,1989
中国食酪螨属(Tyrophagus)三新记录. 江镇涛. 江西大学学报(自然版),1989,13(2)
中国叶刺瘿螨亚科一新属七新种(真螨目:瘿螨总科). 匡海源,等. 动物分类学报,1989,14(1)
SPA-ELISA检测肺螨病患者血清螨特异性IgG水平. 李朝品,等. 齐齐哈尔医学院学报,1990,11(4)
安徽人体螨性肺病流行的调查. 李朝品,李立. 中国寄生虫学与寄生虫病杂志,1990,8(1)
不同方法检查肺螨的效果分析. 李朝品. 中国人兽共患病杂志,1990,6(2)
肠螨病. 王敦清,孙玉梅. 虫媒传染病学. 宁夏人民出版社,1990
常年性应变性鼻炎血清中屋尘螨特异性抗体检测. 吕宏光,于宝贵. 中国医科大学学报,1990,19(4)
定量研究人体蠕形螨在面部的感染度及分布. 孟阳春,等. 中国寄生虫学与寄生虫病杂志,1990,8(3)
峨眉犹伊螨新种. 周曼殊,等. 四川动物,1990,9(3)
肺螨病在不同行业人群中的流行病学调查. 陈兴保,等. 蚌埠医学院学报,1990,15(3)
肺螨症的临床观察及其治疗的研究. 陈兴保,孙新. 中国寄生虫学与寄生虫病杂志,1990,8(3)
粉尘螨两种浸液免疫治疗过敏性鼻炎的初步比较. 朱纪如,温廷桓. 上海免疫学杂志,1990,10(4)
跗线螨类. 温廷桓. 医学昆虫,科学出版社,1990
格氏血厉螨染色体组型及其C带、G带的研究. 李贵生,等. 广东医药学院学报,1990,6(1)
贵州省思南县小兽体表及窝巢革螨名录. 郭宪国. 贵阳医学院学报,1990,15(2)
杭州市发现恙虫病疫源地的调查报告. 施世锋,等. 中华流行病学杂志,1990,11(2)
吉林省寄螨亚科之新种(蜱螨目:寄螨科). 马立名. 昆虫分类学报,1990,12(1)
几种主要革螨种间关系研究. 郭宪国. 贵阳医学院学报,1990,15(2)
离体蠕形螨活动和生存能力的研究. 吴健伟,等. 苏州医学院学报,1990,10(2)
厉螨属一新种(蜱螨亚纲:厉螨科). 田杰,等. 动物分类学报,1990,15(2)
利用"虫(螨)日"建立时间动态经济受害水平的研究方法. 秦玉川,蔡宁华. 应用生态学学报,1990,1(3)
溜下盾螨染色体组型及其C带的研究. 李贵生,孟阳春. 动物学研究,1990,11(1)
六类杀虫剂对革螨的毒效试验. 周洪福,等. 中华预防医学杂志,1990,24(2)
六种甲螨的记述. 张淑聪,等. 白求恩医科大学学报,1990,16(6)
螨组织抗原片间接荧光抗体试验诊断肺螨病的研究. 陈兴保,姚敏. 中国寄生虫病防治杂志,1990,3(3)
毛囊蠕形螨的扫描电镜观察. 丁晓昆,等. 中国寄生虫学与寄生虫病杂志,1990,8(1)
毛绥螨属六新种(蜱螨亚纲:裂胸螨科). 顾以铭,等. 动物分类学报,1990,15(2)
灭螨灵对家兔耳螨的治疗实验. 王文良,付少才. 中兽医学杂志,1990,(2)
尿螨病. 王敦清,叶均斌. 虫媒传染病学,宁夏人民出版社,1990

宁夏革螨的区系. 白学礼. 四川动物,1990,9(3)
青藏高原北部草螨初步调查. 马立名. 四川动物,1990,9(3)
人体蠕形螨的生态学. 李朝品,等. 华东煤炭医专学报,1990,1(1)
人体蠕形螨睑缘寄生的研究. 李朝品,等. 中华眼科杂志,1990,26(1)
三种革螨的蛋白质、糖蛋白、脂蛋白的比较研究. 李贵生,孟阳春. 昆虫知识,1990,27(4)
山东恙虫病立克次体生物学及免疫学性质的研究. 陈香蕊,等. 中国人兽共患病杂志,1990,6(1)
痰中粉尘螨特异性 IgE、总 IgE 测定及其在过敏哮喘中的应用. 杨国明,等. 中华内科杂志,1990,29(6)
伪足瘿螨亚科三新种记述(蜱螨亚科:瘿螨科). 匡海源,等. 动物分类学报,1990,15(2)
小盾纤恙螨自然感染流行性出血热病毒的调查研究. 张云,等. 中华预防医学杂志,1990,24(5)
恙虫病主要媒介地里纤恙螨红、白体色的杂交试验. 黎家灿,等. 中国人兽共患病杂志,1990,6(1)
中国革厉螨属一新种(蜱螨亚纲:维螨科). 王身荣. 四川动物,1990,9(4)
"百特"制剂对真菌和蠕形螨抑杀作用的观察. 李朝品,等. 华东煤炭医专学报,1991,2(1)
长白山地区蠹螨科二新种(蜱螨目:蠹螨科). 殷绥公. 昆虫分类学报,1991,13(2)
虫螨磷等四种杀虫剂对粉尘螨的毒力. 张建军. 粮食储藏,1991,20(3)
雌性人疥螨生物学特性的研究. 屈孟卿,等. 河南寄生虫病杂志,1991,4(3,4)
动物寄生螨类透射电镜样品制作的改进. 潘雅玲,陈克强. 动物学杂志,1991,26(6)
对螨卵孵化条件的实验研究. 李振东. 中成药,1991,13(2)
肺螨病的临床症状分析. 李朝品. 中国人兽共患病杂志,1991,7(3)
高湖纤恙螨与恙虫病关系的调查研究. 吴光华,李明. 中国寄生虫学与寄生虫病杂志,1991,9(4)
革螨一新属新种及一新科的建立(蜱螨亚纲:革螨科). 顾以铭. 动物分类学报,1991,16(3)
革螨作为流行性出血热媒介宿主的研究. 赵学忠. 中国媒介生物学及控制杂志,1991,2(5)
革索螨属在我国首次发现及一新种记述(蜱螨亚纲:寄螨科). 田庆元. 动物分类学报,1991,16(4)
果螨科(Carpoglyphdae)一种新记述(蜱螨目:粉螨总科). 江镇涛. 江西大学学报,1991,15(1)
横断山地区叶螨三新种(蜱螨亚纲:叶螨科). 王慧芙. 动物分类学报,1991,16(3)
厚厉螨属四新种和一新记录(蜱螨亚纲:厚厉螨科). 顾以铭. 动物分类学报,1991,16(4)
吉林省仓贮害螨种类调查初报. 孙庆田,程世海. 吉林农业大学学报,1991,13(1)
甲硝唑软膏对家兔疥螨病的治疗. 杜有功,等. 动物学杂志,1991,26(2)
江西省纤恙螨属二新种(蜱螨亚纲:恙螨科). 王醮标. 动物分类学报,1991,16(4)
拉合尔鼻泡螨的生物学及其防制研究. 邵冠男. 中国媒介生物学及控制杂志,1991,2(4)
蓝氏布伦螨 Brennandanialambi 的主要侵染途径. 沈中霞,孙红. 上海农业学报,1991,7(3)
厉螨科二新种(蜱螨亚纲:革螨科). 顾以铭. 动物分类学报,1991,16(3)
厉螨科一新种和三新记录记述(蜱螨亚纲:中气门亚目). 叶瑞玉. 地方病通报,1991,6(3)
两种捕食螨的生活习性及田间发展规律的初步观察. 赵琦,韦党扬. 昆虫天敌,1991,13(1)
辽宁革螨的生态地理分布. 李维贤. 昆虫学报,1991,34(1)
瘤瘿螨属四新种一新亚种记述(蜱螨亚纲:瘿螨科). 匡海源. 动物分类学报,1991,16(3)
马陆体上的革螨一新属新种及一新科的建立(蜱螨亚纲:皮刺螨总科). 顾以铭. 动物分类学报,1991,16(4)
螨特异性 IgG 亚类在尘螨过敏性哮喘患儿发病和治疗中的作用. 张幼明,胡仪吉. 中华儿科杂志,1991,29(3)
青海甘肃植绥螨五新种(蜱螨目:植绥满科). 王元岷. 动物分类学报,1991,16(3)
蠕螨性皮炎 100 例分析. 崔士兴,裴筱明. 河南医科大学学报,1991,26(4)
杀螨剂开发的现状及展望. 浅田三津男. 农药译丛,1991,13(1)
实验性"肺螨病"病理研究. 李朝品,等. 齐齐哈尔医学院学报,1991,12(1)
首次从湖北疫区革螨分离到流行性出血热病毒. 王桂清. 湖北医学院学报,1991,12(3)
豚鼠接种螨类后的肺部病变和五种螨致病性的比较观察. 陈兴保,张世馥. 地方病通报,1991,6(1)
我国粉螨的生态及重要种的检索. 沈兆鹏. 油粮仓储科技通讯,1991,(6)
我国甲螨研究进展. 陈国定. 中国昆虫学会第五届全国蜱螨学学术讨论会论文集,1991
吸螨和巨级螨在新疆首次发现. 陆承志. 塔里木农垦大学学报,1991,3(2)
恙虫病立克次体实验感染地里纤恙螨经卵传递的研究. 洪菲. 中国人兽共患病杂志,1991,7(4)
叶刺瘿螨亚科三新种记述(真螨目:瘿螨科). 匡海源. 昆虫学报,1991,34(3)
英帕纤恙螨在福建的发现并对其分类上的商榷. 廖灏溶. 地方病通报,1991,6(3)
云南地理纤恙螨生物学的调查研究. 杨光荣. 医学动物防制,1991,7(1)
中国革螨名录. 周洪福. 中国媒介生物学及控制杂志,1991,2(4)
中国西北地区钝绥螨属五新种和一新记录(蜱螨亚纲:植绥满科). 吴伟南. 动物分类学报,1991,16(3)
中国西北地区盲走螨属二新种和一新记录种. 吴伟南. 动物分类学报,1991,16(3)
中药材螨类的初步调查. 仇祯绪,等. 中国昆虫学会第五届全国蜱螨学学术讨论会论文集,1991

血清学证实珲春市春化镇人群存在恙虫病立克次体感染. 卜昌国,等. 中国人兽共患病杂志,1992,8(3)
1658 例酒糟鼻临床调查. 石杰,陈铁杰. 青岛医学院学报,1992,28(4)
196 份恙虫病患者血清 IgM 抗体分析. 张永国,等. 军事医学科学院院刊,1992,16(4)
BA-ELISA 测定哮喘儿童螨特异性 IgG 亚类抗体. 王建设,谢景石. 上海免疫学杂志,1992,12(5)
长沙地区初老年人及老年人蠕形螨感染调查报告. 黄复青,彭一丁. 湖南中医学院学报,1992,12(4)
尘螨变应原的免疫学研究进展. 钟建敏. 国外医学(寄生虫病),1992,19(5)
尘螨和尘螨性过敏——兼谈腐食酪螨的致敏作用. 沈兆鹏. 粮食储藏,1992,21(5)
尘螨哮喘皮肤点刺试验评估. 温蕴玉,温廷桓. 中国医药工业杂志,1992,23(7)
贵州省部分鼠形动物体表革螨群落结构. 郭宪国,顾以铭. 动物学杂志,1992,29(3)
贵州省西南县不同生境区域鼠形动物体表革螨群落对比研究. 郭宪国. 昆虫学报,1992,35(4)
河北革螨的组成及地里分布研究. 李振海. 中国媒介生物学及控制杂志,1992,3(6)
几种杀螨剂对防治畜禽螨病的试验. 张峰山,吴国栋. 浙江农业科学,1992,(1)
济南地区黑线姬鼠寄生革螨的生态学研究. 傅荣恕. 山东师大学报(自然版),1992,7(4)
疥宁霜等治疗蠕形螨性外耳道瘙痒症的疗效观察. 马济宏,沈继龙. 中国人兽共患病杂志,1992,8(6)
厩真厉螨的生物学特性. 周慰祖. 动物学研究,1992,13(1)
巨须螨科亚科和属的增订. 卜根生,李隆术. 西南农业大学学报,1992,14(2)
聚丙烯酰胺凝胶电泳在螨类种属鉴定中的应用研究. 刘志刚. 江西医药,1992,27(6)
军校学生人体蠕形螨感染的调查. 印雄东,刘玉先. 海军医专学报,1992,14(4)
辽宁犹伊螨属一新种(蜱螨亚纲:犹伊螨科). 孙宝业,等. 动物分类学报,1992,17(4)
磷化铝低剂量重蒸防治面粉螨类的研究. 林进福. 粮食储藏,1992,21(3)
溜下盾螨吸食游离血的初步观察. 李贵生,孟阳春. 中国媒介生物学及控制杂志,1992,3(6)
流行性出血热病毒在革螨体内生存空间和时间的初步研究. 孟阳春,等. 中国公共卫生学报,1992,11(2)
螨变应原及其皮内反应. 洪苏玲,等. 重庆医科大学学报,1992,17(3)
免疫诊断技术检测气管螨的新进展. 格兰特,G. ,孙丽萍. 中国养蜂,1992,(4)
免疫治疗儿童哮喘螨异性抗体动态观察. 王建设,刘东峰. 河南医科大学学报,1992,27(2)
南京城区居民室内尘螨的分布调查. 王福彭,倪洁身. 中国公共卫生学报,1992,11(2)
宁德地区恙虫病媒介宿主调查. 袁高林,等. 中国人兽共患病杂志,1992,8(4)
宁夏一新属恙螨(蜱螨亚纲:恙螨科). 王敦清. 昆虫学报,1992,35(2)
青藏高原北部革螨一新种和一未知雄螨描述(蜱螨亚纲:中气门目,寄螨科)马立名. 昆虫学报,1992,35(1)
青海禽棒螨属一新种(蜱螨亚纲:恙螨科). 杨锡正. 动物分类学报,1992,17(1)
三唑锡防治害螨药效评价. 陈学仁,吴桂本. 农药,1992,31(1)
山西省蝙蝠体上的革螨及巨刺螨属二新种的记述(蜱螨亚纲:蝙蝠科、巨刺螨科). 田庆云,1992,17(1)
四川省食品螨类名录. 李隆术. 西南农业大学学报,1992,14(1)
天津市北部农村首次发现恙虫病流行的报告. 于长水,等. 中华流行病学杂志,1992,13(4)
小盾纤恙螨在流行性出血热传播中的作用. 吴光华. 中华医学杂志,1992,72(8)
小盾纤恙螨自然感染、叮刺传播和经卵传递流行性出血热病毒的研究. 张云. 中华流行病学杂志,1992,13(1)
延安地区人体蠕形螨流行病学调查. 李浴峰. 延安大学学报(自然版),1992,11(4)
恙虫病立克次体弱毒株分离方法的研究. 郭恒彬,等. 中国人兽共患病杂志,1992,8(5)
恙螨染色体分带的初步研究. 叶韵斌. 昆虫学报,1992,35(2)
用一种新方法测定磷化氢对腐食酸螨成螨的毒力. 蒯福记. 郑州粮食学院学报,1992,(1)
针织厂螨皮炎暴发流行的初步调查. 于盛新,唐学慧. 中国工业医学杂志,1992,5(1)
中国皮刺螨属二新种和一新记录(蜱螨亚纲:蜱刺螨科). 顾以铭,等. 动物分类学报,1992,17(1)
中国上节缝甲螨类群的新记录和滑缝甲螨属一新种(蜱螨亚纲:甲螨亚目). 王慧芙. 动物分类学报,1992,17(3)
中国寻螨属一新种记述(蜱螨亚纲:长须螨科). 胡思勤,陈熙雯. 蛛形学报,1992,1(1)
哈尔滨市人群尘螨流行病学调查及其致病因素的初步探讨. 孙秀琴,等. 哈尔滨医科大学学报,1993,27(4)
伯氏禽刺螨的内部构造. 诸葛洪祥. 中国媒介生物学及控制杂志,1993,4(1)
敌百虫、溴氰菊酯、三氯杀螨醇、尼索朗灭螨方法与效果比较观察. 许孝仪,张云风. 实验动物与动物实验,1993,(1)
粉尘螨 Derfl 变应原的免疫化学特征鉴定. 钟建敏,温廷桓. 上海医科大学学报,1993,20(5)
跗线螨属两新种(蜱螨亚纲:跗线螨科). 张新虎,等. 动物分类学报,1993,18(4)
福建省宁德地区鼠形动物及其体外寄生虫名录. 袁高林,郑祖针. 中国媒介生物学及控制杂志,1993,4(1)
肛厉螨属一新种和中国一新记录. 白学礼. 动物分类学报,1993,18(2)
广东西北地区鼻炎致敏原调查及分析. 陈小明,何胜华. 耳鼻喉学报,1993,7(2)
广西百色地区的革螨. 潘小军. 广州师院学报(自然版),1993,(1)

湖南省部分地区鼠体革螨种类调查. 张惠如. 湖南医科大学学报,1993,18(3)
华东叶螨新种及新记录(蜱螨亚纲:叶螨总科,细须螨科). 王冬生. 昆虫学报,1993,36(3)
珲春地区野鼠体内恙虫病立克次体的分离和初步鉴定. 胡玲美,等. 中国公共卫生,1993,12(3)
美绥螨属两新种记述(蜱螨亚纲:美绥螨科). 叶瑞玉,马立名. 地方病通报,1993,8(3)
某部人体蠕形螨感染情况调查. 吴辉绪,李文盛. 解放军预防医学杂志,1993,11(6)
南京城区浴室、旅舍、幼儿园螨调查. 王福彭,刘 翌. 南京铁道医学院学报,1993,12(3)
拟厉螨属二新种和中国一新记录(蜱螨亚纲:厉螨科). 白学礼,等. 动物分类学报,1993,18(4)
人体消化道排出卡氏嗜酷螨一例报道. 姜泰京. 延边医学院学报,1993,16(4)
杀虫剂对鸡皮刺螨的毒效研究. 朱金华,田庆云. 中国媒介生物学及控制杂志,1993,4(2)
陕西省寄螨亚科纪要及三新种. 顾以铭. 动物分类学报,1993,18(2)
鼠颚毛厉螨染色体组型及其 C 带、G 带的研究(蜱螨亚纲:厉螨科). 李贵生. 动物分类学报,1993,18(3)
四种透明胶带检出人体蠕形螨的比较. 孟阳春,刘伯荧. 中华预防医学杂志,1993,27(4)
我国顶头甲螨属一新亚属一新种记述(蜱螨亚纲:甲螨亚目:耳头甲螨科). 文在根. 白求恩医科大学学报,1993,19(1)
武汉地区学生蠕形螨感染调查研究. 刘国瑞,何昌浩. 湖北预防医学杂志,1993,4(4)
西藏的革螨. 王成贵,王身荣. 中国媒介生物学及控制杂志,1993,4(4)
新疆东部地区蜱螨区系及医学意义. 叶瑞玉. 地方病通报,1993,8(4)
恙虫病媒介地理纤恙螨红、白体色虫体氨基酸组成和含量的分析. 郑小英,等. 中国人兽共患病杂志,1993,9(5)
药品中螨的危害及检验防治措施. 王金兰,刘庆增. 中国中药杂志,1993,18(9)
中国表珠甲螨属三新种(蜱螨亚纲:甲螨亚目:珠甲螨科). 王慧英. 动物分类学报,1993,18(3)
中国派论螨属二新种和四新记录(蜱螨亚纲:派伦螨科). 殷绥公. 动物分类学报,1993,18(4)
中国食酪螨属一新种记述(蜱螨亚纲:粉螨科). 江镇涛. 江西科学,1993,11(1)
中国纹跗线螨属一新种(蜱螨亚纲:跗线螨科). 林坚贞. 动物分类学报,1993,18(4)
应用生物素——亲和素系统诊断肺螨症的观察. 孙小岚,刘健明. 中国寄生虫学与寄生虫病杂志,1994,12(3)
草原鼢鼠寄生革螨及宿主间交换. 孟庆和,等. 中国地方病防治杂志,1994,9(5)
尘螨变应原的酶学研究. 耿稚江. 国外医学(寄生虫病分册),1994,21(3)
地里纤恙螨红、白体色体内恙虫病立克次体的聚合酶链反应. 黎家灿,等. 中国人兽共患病杂志,1994,10(3)
冻干恙虫病 PHA 诊断试剂盒的研制. 张海莲,陈维玲. 中国人兽共患病杂志,1994,10(2)
福建螯颊螨属一新种记述(蜱螨亚纲:肉食螨科). 林坚贞,刘浩官. 昆虫分类学报,1994,16(3)
福建银耳螨种类和综合防治研究. 曾宪森,吴培强. 福建省农科院学报,1994,9(4)
国产灭虫丁(伊维菌素)治疗兔螨试验. 刘雪筠. 北京实验动物科学与管理,1994,11(1)
果蝇饲养中的一种寄螨——实验室食菌螨(蜱螨亚纲:食菌螨科). 王敦清,等. 福建农业大学学报,1994,23(3)
海南省鼠形动物体外寄生革螨的分析. 刘金华,等. 昆虫知识,1994,31(4)
季氏寄螨——中国新记录:(蜱螨亚纲:寄螨科). 王自存,等. 动物分类学报,1994,19(3)
间接荧光抗体试验诊断肺螨病的研究. 郭永和,秦剑. 济宁医学院学报,1994,17(3)
江苏地区秋冬型恙虫病传播媒介小盾纤恙螨的研究. 吴光华,等. 中华医学杂志,1994,74(2)
巨螯螨属一新种记述:蜱螨亚纲:巨螯螨科. 叶瑞玉,等. 动物分类学报,1994,19(3)
辽宁省恙螨生态地理分布. 孙宝业. 昆虫学报,1994,37(1)
拟厉螨属一新种和中国一新记录(蜱螨亚纲:厉螨科). 白学礼,等. 动物分类学报,1994,19(2)
宁夏真革螨属一新种(蜱螨亚纲:寄螨科). 白学礼,等. 昆虫学报,1994,37(4)
袍甲螨属在我国首次发现及一新种记述(蜱螨亚纲:袍甲螨科). 文在根. 白求恩医科大学学报,1994,20(6)
青海省纤恙螨属三新种(蜱螨亚纲:恙螨科). 杨锡正. 动物分类学报,1994,19(4)
秋冬型恙虫病自然疫源地的调查研究. 郭恒彬,等. 中华流行病学杂志,1994,15(1)
人体蠕形螨感染的家庭聚集性观察. 曾少华,江向东. 实用预防医学,1994,1(4)
三种螨的酯酶同工酶和蛋白质的比较研究. 李贵生,等. 中国寄生虫病防治杂志,1994,7(2)
湿螨属四新种记述及中华湿螨再记述(蜱螨亚纲:湿螨科). 金道超. 动物分类学报,1994,19(1)
腾岛螨科一新属新种(蜱螨亚纲:前气门亚目). 殷绥公,等. 动物分类学报,1994,19(4)
我国秋冬型恙虫病流行病学研究进展. 吴光华,等. 中华流行病学杂志,1994,15(1)
乌鲁木齐市实验动物寄生螨类调查初报. 陈欣如,等. 地方病通报,1994,9(4)
厦门地区恙螨各类与季节分布及一只畸形螨的记述. 张财兴. 厦门大学学报(自然科学版),1994,33(5)
腺水螨科两新种记述(蜱螨亚纲:腺水螨总科). 金道超. 昆虫学报,1994,37(1)
医学生人体蠕形螨感染情况调查. 陈丽珍,黎藜. 广西医科大学学报,1994,11(2)
益母草抽提物杀虫、螨作用及其机制研究. 徐心植,邓小强. 江西农业学报,1994,6(2)
中国副肛厉螨属一新种(蜱螨亚纲:厉螨科). 白学礼,等. 动物分类学报,1994,19(1)

中国寄螨属一新记录(蜱螨亚纲:寄螨科).王自存,马立名.动物分类学报,1994,19(4)
中国盲走螨属一新种和二新记录(蜱螨亚纲:植绥满科).劳军,梁来荣.动物分类学报,1994,19(3)
中国蜜蜂寄生螨类新记录.李有泉,匡邦郁.云南农业大学学报,1994,9(2)
中国南方珠甲螨属种类纪要(蜱螨亚纲:甲螨亚目:珠甲螨科).王慧芙,等.动物分类学报,1994,19(1)
中国细须螨属一新种(蜱螨亚纲:细须螨科).许国庆,等.动物分类学报,1994,19(3)
中国小首螨属一新种记述(蜱螨亚纲:小首螨科).高建荣,邹萍.昆虫分类学报,1994,16(4)
中华革螨二新记录种:(蜱螨亚纲:厉螨科:巨螯螨属).叶瑞玉,等.动物分类学报,1994,19(2)
中小学生蠕形螨感染调查及检查方法的比较.刘新华,胡松柏.实用预防医学,1994,1(4)
长须螨属一新种和一新记录(蜱螨亚纲:长须螨科).胡成业,梁来荣.动物分类学报,1995,20(3)
跗线螨属一新种(蜱螨亚纲:跗线螨科).张新虎,沈慧敏.昆虫分类学报,1995,17(1)
福建角跗线螨属一新种(蜱螨亚纲:跗线螨科).林坚贞,张艳璇.动物分类学报,1995,20(4)
福建迷跗线螨属一新种(蜱螨亚纲:跗线螨科).林坚贞,刘浩官.动物分类学报,1995,20(3)
革索螨属一新种(蜱螨亚纲:寄螨科).顾以铭,刘寄瓯.动物分类学报,1995,20(1)
广厉螨属一新种(蜱螨亚纲:厉螨科).马立名.动物分类学报,1995,20(4)
广西少数民族蠕形螨感染情况调查.李锦辉,王槐芳.广西预防医学,1995,1(4)
过敏性鼻炎螨抗原鼻粘膜激发试验.张汉钟,谢薇.南通医学院学报,1995,15(2)
海南省细须螨属二新种(蜱螨亚纲:细须螨科).殷绥公,崔永胜.动物分类学报,1995,20(1)
缓释螨浸液治疗过敏性哮喘的疗效观察.金美玲,陈秀娟.上海医学,1995,18(3)
吉林省寄螨亚科三新种记述(蜱螨亚纲:寄螨科).马立名.动物分类学报,1995,20(4)
几种杀螨剂对三种叶螨的毒力测定.胡思勤,应喜平.南昌大学学报(理科版),1995,19(3)
寄螨属一新种三新记录(蜱螨亚纲:寄螨科).顾以铭,白学礼.动物分类学报,1995,20(3)
巨须恙螨感染流行性出血热病毒的实验研究.于明明,张云.中国人兽共患病杂志,1995,11(3)
宽寄螨属一新种(蜱螨亚纲:胭螨科).顾以铭,郭宪国.动物分类学报,1995,20(2)
昆明地区实验小鼠体外螨虫的调查.李树荣,李海山.云南农业大学学报,1995,10(3)
美绥螨科一新属新种记述(蜱螨亚纲:草螨股).白学礼,等.动物分类学报,1995,20(4)
宁夏常革螨属一新种(蜱螨亚纲:寄螨科).白学礼,等.动物分类学报,1995,20(2)
宁夏毛绥螨属一新种(蜱螨亚纲:囊螨科).白学礼,等.昆虫分类学报,1995,17(1)
宁夏拟厉螨雄螨描述和拟厉螨属一新记录种(蜱螨亚纲:厉螨科).马立名.动物分类学报,1995,20(4)
宁夏血厉螨属一新属记述(蜱螨亚纲:厉螨科).陈百芳,等.昆虫分类学报,1995,17(3)
禽棒恙螨属属征的商榷和肩棒恙螨属新属的建立(蜱螨亚纲:恙螨科).王敦清.动物分类学报,1995,20(3)
青海省血革螨属一新种(蜱螨亚纲:血革螨科).孙宝业,殷绥公.动物分类学报,1995,20(2)
犬蠕形螨的致病性研究.李磊荣,杨俊华.上海医科大学学报,1995,22(1)
三明市区家鼠寄生革螨的调查报告.池毓棣,陈德红.福建畜牧兽医,1995,(3)
陕西根螨属一新种记述(蜱螨亚纲:粉螨科).卜根生,王凤葵.昆虫分类学报,1995,17(4)
陕西省革螨的区系分布.黄重安,等.医学动物防制,1995,11(3)
陕西省姬鼠型出血热疫热地宿主动物和恙螨的调查研究.余建军,黄重安.中国媒介生物学及控制杂志,1995,6(4)
实验室食菌螨的生活史及对果蝇繁殖的危害.黄国城,等.昆虫知识,1995,32(5)
首次在厦门地区地里纤恙螨体内分离恙虫病立克次体及其微形态观察.程功煌,等.厦门大学学报(自然版),1995,34(1)
水螨寄生中华按蚊情况的调查.樊天宝,等.中国寄生虫学与寄生虫病杂志,1995,13(2)
王氏广厉螨雄性描述(蜱螨亚纲:厉螨科).陈百芳,顾以铭.动物分类学报,1995,20(4)
我国厚厉螨属二新记录(蜱螨亚纲:厚厉螨科).顾以铭,白学礼.动物分类学报,1995,20(4)
我国青年螨性过敏的调查.项黎,蔡黎.寄生虫与医学昆虫学报,1995,2(4)
小盾纤恙螨自然感染流行性出血热病毒经期传播及其体内增殖的初步观察.张云,等.中国公共卫生学报,1995,14(3)
小黑螨科一新属新种(蜱螨亚纲:辐螨亚目).范青海,李隆术.动物分类学报,1995,20(3)
新疆南部地区蜱螨区系及医学意义.叶瑞玉,等.地方病通报,1995,10(4)
须恙螨作为肾综合征出血热宿主的初步调查及实验研究.张云,黄重安.中国媒介生物学及控制杂志,1995,6(3)
血厉螨属一新种(蜱螨亚纲:厉螨科).顾以铭,白学礼.动物分类学报,1995,20(4)
恙螨生物系统分类的研究.王敦清,王灵岚.医学研究通讯,1995,24(10)
应用排除法分析两种天敌对桔全爪螨的控制作用.田明义.中国生物防治,1995,11(4)
云南西部不同生境区域革螨群落的模糊聚类分析.郭宪国,等.昆虫知识,1995,32(6)

植绥满科四新种记述(蜱螨亚纲:植绥满科). 吴伟南,等. 动物分类学报,1995,20(3)
中国蝙蝠体翼手恙螨属一新种(蜱螨亚纲:恙螨科). 王醮标. 动物分类学报,1995,20(3)
中国跗线螨科三新记录种(蜱螨亚纲:真螨目). 林坚贞,等. 动物分类学报,1995,20(2)
中国土皮须螨属一新种和一新记录(蜱螨亚纲:长须螨科). 贝纳新,殷绥公. 动物分类学报,1995,20(2)
中国新记录角板螨属一新种(蜱螨亚纲:湿螨总科:软滑水螨科). 金道超. 动物分类学报,1995,20(3)
中国雄伟螨属一新种及一已知种重描述(蜱螨亚纲:雄尾螨科). 金道超. 动物分类学报,1995,20(3)
中国血革螨科记述及一新属的建立(蜱螨亚纲:寄螨目). 周曼殊,等. 动物分类学报,1995,20(2)
中国胭螨科一新种和五新记录种(蜱螨亚纲:胭螨科). 贝纳新,殷绥公. 昆虫分类学报,1995,17(1)
中国赤螨两新种(蜱螨亚纲:赤螨科). 郑波益. 动物分类学报,1996,21(1)
20%螨速净乳油的研制. 黄松其. 浙江化工,1996,27(3)
蚌螨寄生生态学研究. 文春根,胡宝庆. 南昌大学学报(理科版),1996,20(3)
储藏物螨类熏蒸防治方法研究状况及进展. 蒴福记. 粮食储藏,1996,25(3)
从八毛背展恙螨的形态变异谈恙螨分类问题. 王灵岚,等. 动物分类学报,1996,21(1)
广西3市尘螨种群分布初步调查. 李志军,Paepo,P. 广西预防医学,1996,2(5)
海南五指山区地里纤恙螨生态习性调查. 周培盛,蔡恒正. 中国媒介生物学及控制杂志,1996,7(5)
黄胸鼠体表优势革螨种群空间分布型研究. 郭宪国,等. 医学动物防制,1996,12(3)
吉林省寄螨属一新种(蜱螨亚纲:寄螨科). 马立名. 动物分类学报,1996,21(3)
吉林省下盾螨属三新种(蜱螨亚纲:厉螨科). 马立名. 动物分类学报,1996,21(1)
寄螨亚科二新种及中国三新记录种(蜱螨亚纲:寄螨科). 叶瑞玉,等. 动物分类学报,1996,21(4)
寄螨属一新种(蜱螨亚纲:寄螨科). 马立名. 动物分类学报,1996,21(2)
江苏地区尘螨暴露,尘螨过敏在外源性哮喘中的作用. 刘翌. 中国流行病学杂志,1996,17(3)
巨刺螨属二新种记述(蜱螨亚纲:巨刺螨科). 周曼殊,张普国. 四川动物,1996,15(4)
巨刺螨属一新种(蜱螨亚纲:巨刺螨科). 顾以铭,陶洪. 动物分类学报,1996,21(2)
厉螨科二新种和中国一新记录种(蜱螨亚纲:寄螨科). 叶瑞玉,马立名. 动物分类学报,1996,21(3)
厉螨科一新属及二新种(蜱螨亚纲:革螨股). 顾以铭,范波. 动物分类学报,1996,21(4)
毛绥螨属二新种和手绥螨属一新种(蜱螨亚纲:中气门目:裂胸螨科). 马立名. 动物分类学报,1996,21(3)
酶联免疫吸附试验检测肺螨病螨虫抗体. 郭永和,刘永春. 中华医学检验杂志,1996,19(5)
欧洲室尘螨与美洲室尘螨之生活史与两性生命表. 吴怀慧,徐尔烈. 中华昆虫(中国台湾),1996,16(2)
前稳螨属在中国首次发现及一新种记述(蜱螨亚纲:寄螨科). 顾以铭,刘寄瓯. 动物分类学报,1996,21(4)
青海省寄生螨类的区系分布. 张文生,等. 昆虫知识,1996,33(2)
青海新恙螨属及一新种记述(蜱螨亚纲:恙螨科). 杨锡正,等. 动物分类学报,1996,21(3)
山羊蠕形螨扫描电镜观察. 樊培方,叶明忠. 动物学研究,1996,17(4)
湿螨属一新记录亚属及其一新种(蜱螨亚纲:湿螨总科:湿螨科). 金道超. 动物分类学报,1996,21(3)
四川巴利螨属二新种(蜱螨亚纲:虱螯螨科). 范青海,等. 动物分类学报,1996,21(2)
苏州市哮喘儿童螨皮肤过敏原情况调查. 郝创利,盛锦云. 苏州医学院学报,1996,16(1)
弯须螨属二新种(蜱螨亚纲:长须螨科). 胡成业,梁来荣. 动物分类学报,1996,21(4)
维螨科一新种和巨螯螨科一新记录(蜱螨亚纲:中气门亚目). 马立名. 动物分类学报,1996,21(1)
我国沙足甲螨属二新种(蜱螨亚纲:甲螨亚目:沙足甲螨科). 文在根. 白求恩医科大学学报,1996,22(5)
西沙群岛恙虫病自然疫源地调查研究. 黄佳亮,龙芝美. 中国媒介生物学及控制杂志,1996,7(5)
喜尸异伊螨在中国首次发现(蜱螨亚纲:犹伊螨科). 动物分类学报,1996,21(1)
下盾螨属一新种(蜱螨亚纲:厉螨科). 李明立,等. 动物分类学报,1996,21(1)
厦门地区不同生境的恙螨种群组成与密度. 张财兴,陈美. 厦门大学学报(自然版),1996,35(3)
纤恙螨属一新种(蜱螨亚纲:恙螨科). 杨锡正,等. 动物分类学报,1996,21(4)
小盾纤恙螨生态习性和生活史的研究. 张云,郭恒彬. 中国媒介生物学及控制杂志,1996,7(3)
小盾纤恙螨幼虫活动及空间分布初步观察. 黄重安,余建军. 中国媒介生物学及控制杂志,1996,7(3)
小型啮齿动物寄主革螨一些生态特点观察. 马立名. 昆虫知识,1996,33(5)
小真古螨科一新种及一新记录(蜱螨亚纲:缝颚螨总科). 胡思勤,陈熙雯. 动物分类学报,1996,21(3)
新疆血革螨属一新种(蜱螨亚纲:血革螨科). 马立名,等. 动物分类学报,1996,21(2)
雄尾螨属两新种记述(蜱螨亚纲:雄尾螨科). 金道超,李隆术. 动物分类学报,1996,21(4)
寻螨属一新种(蜱螨亚纲:长须螨科). 胡成业. 动物分类学报,1996,21(1)
异伊螨属三新种(蜱螨亚纲:犹伊螨科). 顾以铭,刘寄瓯. 动物分类学报,1996,21(3)
隐肋甲螨属在我国的发现及一新种记述(蜱螨亚纲:甲螨亚目:滑珠甲螨科). 王慧芙,崔云琦. 昆虫学报,1996,39(1)
用PCR检测现场单个小盾纤恙螨体内恙虫病立克次体的研究. 郭恒彬,吴光华. 中国人兽共患病杂志,1996,12

(1)
犹棒螨属一新种记述(蜱螨亚纲:恙螨科).动物分类学报,1996,21(4)
羽爪瘿螨亚科二新种记述(蜱螨亚纲:羽爪瘿螨科).韦绥概,匡海源.昆虫学报,1996,39(3)
云南革板螨属一新种(蜱螨亚纲:派盾螨属).顾以铭,郭宪国.动物分类学报,1996,21(3)
云南省华腾岛螨属一新种(蜱螨亚纲:腾岛螨科).罗佑珍,殷绥公.云南农业大学学报,1996,11(4)
云南省细须螨属一新种(蜱螨亚纲:细须螨科).殷绥公,崔永胜.动物分类学报,1996,21(1)
云南西部小兽革螨群落相似性及分类研究.郭宪国,等.中国寄生虫学与寄生虫病杂志,1996,14(1)
云南恙螨五新种(蜱螨亚纲:恙螨科).余自忠,等.动物分类学报,1996,21(4)
浙江植绥满科一新种及一新记录(蜱螨亚纲:植绥满科).殷绥公,余华星,等.动物分类学报,1996,21(1)
中草药中孳生粉螨的初步调查.武前文,朱玉霞.中药材,1996,19(9)
中国巴矮螨属一新种记述(蜱螨亚纲:矮螨属).高建荣,邹萍.动物分类学报,1996,21(2)
中国茶橙瘿螨的种名订正.赵健,匡海源.动物分类学报,1996,21(1)
中国常革螨一新种和一新记录(蜱螨亚纲:中气门目:寄螨科).叶瑞玉,马立名.动物分类学报,1996,21(2)
中国单头螨属一新种(蜱螨亚纲:叶螨科).谭瑞成,鲁素玲.昆虫学报,1996,39(4)
中国粉螨科一新属一新种(蜱螨亚纲:真螨目).江镇涛.动物分类学报,1996,21(1)
中国跗线螨属二新记录(蜱螨亚纲:跗线螨科).林坚贞,等.动物分类学报,1996,21(3)
中国蝠螨属一新种及肪刺螨属一新记录(蜱螨亚纲:蝠螨科,巨刺螨科).叶瑞玉,等.动物分类学报,1996,21(4)
中国革螨三新记录种(蜱螨亚纲:厉螨科,血革螨科,寄螨科).马立名.动物分类学报,1996,21(4)
中国毛绥螨属一新种及一新记录种(蜱螨亚纲:裂胸螨科).顾以铭,郭宪国.动物分类学报,1996,21(1)
中国食甜螨属一新种记述(蜱螨亚纲:食甜螨科).江镇涛.动物分类学报,1996,21(4)
中国食用菌长头螨属二新种(蜱螨亚纲:蒲螨总科).邹萍,高建荣.昆虫学报,1996,39(4)
中国土厉螨属一新种(蜱螨亚纲:厉螨科).白学礼,顾以铭,等.昆虫分类学报,1996,18(1)
中国异伊螨属一新记录(蜱螨亚纲:犹伊螨科).马立名.动物分类学报,1996,21(1)
中国异肢螨属一新记录和美绥螨属一新记录(蜱螨亚纲:革螨股).马立名.动物分类学报,1996,21(2)
中国瘿螨科四新种记述(蜱螨亚纲:瘿螨总科).匡海源,龚国玑.昆虫学报,1996,39(2)
38 例变态反应患者血清五种螨类的特异性 IgE 测定.赖乃揆,侯小清.中华预防医学杂志,1997,31(2)
常革螨属一新种(蜱螨亚纲:寄螨科).顾以铭,郭宪国.动物分类学报,1997,22(2)
虫克星等三种药物驱除兔螨的比较试验.康健,杨维来.中国兽医寄生虫病,1997,5(1)
雕盾螨属一新种.马立名.动物分类学报,1997,22(1)
雕盾螨属一新种记述(蜱螨亚纲:巨螯螨科).马立名.动物分类学报,1997,22(3)
跗线螨属一新种(蜱螨亚纲:跗线螨科).张新虎.动物分类学报,1997,22(3)
拱顶螨属 1 新种(蜱螨亚纲:拱顶螨科).范青海,陈艳.蛛形学报,1997,6(1)
关于肾综合征出血热传播途径的研究现状.吴光华.中国公共卫生,1997,13(7)
广西十万大山植绥螨三新种(蜱螨亚纲:植绥满科).吴伟南,等.动物分类学报,1997,22(3)
海南杜克螨属二新种(真螨目:杜克螨).林延谋,符悦冠.动物分类学报,1997,22(2)
湖北神农架华厉螨属一新种(蜱螨亚纲:厉螨科).刘井元,王敦清.动物分类学报,1997,22(2)
吉林省美绥螨属一新种(蜱螨亚纲:毛绥螨科).马立名.动物分类学报,1997,22(2)
寄螨属一新种(蜱螨亚纲:寄螨科).顾以铭,郭宪国.动物分类学报,1997,22(3)
检查蠕形螨感染方法效果比较.刘明杜,杨原萍.山西医科大学学报,1997,28(2)
昆明市过敏性鼻炎螨因素调查.杨照青,王红.中国寄生虫学与寄生虫病杂志,1997,15(2)
辽宁省东部山区姬鼠型出血热疫源地宿主动物和恙螨调查.孙宝业,杨德香.中国媒介生物学及控制杂志,1997,8(1)
螨体抗原间接荧光抗体试验和酶联免疫吸附试验诊断肺螨病的研究.郭永和,刘永春.中国寄生虫病防治杂志,1997,10(1)
美绥螨属一新种(蜱螨亚纲:美绥螨属).顾以铭,郭宪国.动物分类学报,1997,22(2)
囊螨属一新种(蜱螨亚纲:囊螨科).顾以铭,郭宪国.动物分类学报,1997,22(2)
鞘厉螨属一新种.马立名.动物分类学报,1997,22(1)
青厉螨属一新种.顾以铭,等.动物分类学报,1997,22(1)
软滑水螨属中国五新种暨老挝一新种(蜱螨亚纲:湿螨总科:软滑水螨科).金道超.动物学研究,1997,18(2)
山羊蠕形螨的扫描电镜观察.吴聪明,赖丛龙.寄生虫与医学昆虫学报,1997,4(4)
肾综合征出血热病毒在恙螨体内增殖的动态观察.张云,张家驹.中国病毒学,1997,12(2)
我国盾珠甲螨科二新种记述(蜱螨亚纲:甲螨亚目:盾珠甲螨科).文在根.白求恩医科大学学报,1997,23(2)
西藏厚厉螨属一新种和毛绥螨属一新种.马立名,王成贵.动物分类学报,1997,22(1)
小盾纤恙螨体内肾综合征出血热病毒增殖的初步研究.张云,李先富.中华实验与临床病毒学杂志,1997,11(3)

小鼠体外寄生螨的防治试验. 郭光. 广西畜牧兽医,1997,13(3)
新腾岛螨属一新种. 罗佑珍,殷绥公. 云南农业大学学报,1997,12(2)
新型杀螨剂克螨王有效成份急性联合毒性实验研究. 范广勤. 劳动医学,1997,14(3)
血清特异性 IgE 测定在过敏性哮喘病因诊断中的研究. 殷少军,朱惠如. 中国免疫学杂志,1997,13(6)
恙螨和鼠宿主体内恙虫病立克次体检测的基因技术方法的系统比较研究. 奚志勇,黎家灿. 中国人兽共患病杂志,1997,13(4)
叶棘瘿螨亚科三新种记述. 韦绥概,匡海源. 动物分类学报,1997,22(1)
异伊螨属二新种. 顾以铭,范波. 动物分类学报,1997,22(1)
异肢螨属中国 1 新记录种及甘肃常革螨雄螨描述(蜱螨亚纲:寄螨科). 马立名. 蛛形学报,1997,6(2)
银川异伊螨新种记述(蜱螨亚纲:犹伊螨科). 顾以铭,白学礼. 动物分类学报,1997,22(3)
银川真螨雄性描述(蜱螨亚纲:寄螨科). 白学礼,等. 昆虫学报,1997,40(1)
瘿螨科一新属六新种记述(蜱螨亚纲:瘿螨总科). 林福平,等. 昆虫学报,1997,40(1)
犹伊螨科 2 新种和斯卡螨属在中国的发现(蜱螨亚纲:中气门亚目). 马立名. 蛛形学报,1997,6(1)
羽爪瘿螨科一新属三新种记述(蜱螨亚纲:真螨目). 林福平,匡海源. 动物分类学报,1997,22(2)
中国裸厉螨属一新种记述(蜱螨亚纲:厉螨科). 顾以铭,郭宪国. 动物分类学报,1997,22(3)
中国西部下盾螨属一新种(蜱螨亚纲:厉螨科). 李超,杨锡正. 地方病通报,1997,12(3)
中国恙螨. 黎家灿. 广东科技出版社,1997
中国瘿螨科四新种记述(蜱螨亚纲:瘿螨总科). 匡海源. 昆虫分类学报,1997,19(1)
中国瘿螨科一新属有四新种记述(蜱螨亚纲:瘿螨总科). 匡海源. 浙江农业大学学报,1997,23(3)
104 例支气管哮喘患者血清五种螨类特异性 IgE 检测的结果分析. 赖乃揆,侯小清. 中华内科杂志,1998,37(9)
20% 螨必净 EC 室内外试验研究. 姚安庆,魏明. 湖北农学院学报,1998,18(4)
40 种中药材孳生粉螨的调查. 张荣波,马长玲. 安徽农业技术师范学院学报,1998,12(1)
伯氏禽刺螨传播家鼠型汉坦病毒的研究. 诸葛洪祥,等. 中国寄生虫学与寄生虫病杂志,1998,16(6)
春川恙螨属一新种(蜱螨亚纲:恙螨科). 杨锡正,等. 动物分类学报,1998,23(3)
东北边境地区革螨的区系和生态研究. 刘国平,陶增光. 中国媒介生物学及控制杂志,1998,9(5)
鄂西北盾革螨属一新种(蜱螨亚纲:寄螨科). 马立名,刘井元. 动物分类学报,1998,23(3)
高黎贡山及担当力卡山革螨区系调查. 郭宪国,钱体军. 地方病通报,1998,13(3)
革伊螨属一新种(蜱螨亚纲:土革螨科). 马立名,殷秀琴. 昆虫学报,1998,41(3)
黑龙江下盾螨属二新种(蜱螨亚纲:革螨股:厉螨科). 马立名,殷秀琴. 昆虫分类学报,1998,20(3)
甲硝唑凝胶对兔疥螨和人体蠕形螨的实验治疗和体外杀虫作用. 姚全胜,周国林. 中国药学杂志,1998,33(10)
内特螨属在中国首次发现及二新种记述(蜱螨亚纲:尾足螨股). 马立名. 动物分类学报,1998,23(4)
派盾螨科二新种(蜱螨亚纲:革螨股). 马立名,殷秀琴. 昆虫分类学报,1998,21(1)
青海省阳历螨属一新种(蜱螨亚纲:厉螨科). 李超,等. 动物分类学报,1998,23(3)
肉食螨亚科中国二新记录(蜱螨亚纲:肉食螨科). 林坚贞,等. 动物分类学报,1998,23(3)
山东费县恙虫病疫区恙螨的季节消长及病原体分离研究. 刘运喜,苏明. 中国媒介生物学及控制杂志,1998,9(4)
神蕊螨属一新种记述(蜱螨亚纲:长须螨科). 胡成业,等. 动物分类学报,1998,23(1)
套式反转录 - 聚合酶链反应检测革螨体内肾综合征出血热病毒的初步研究. 吴健伟,孟阳春. 中国公共卫生,1998,14(3)
套式反转录 - 聚合酶链反应检测恙螨及鼠肺内肾综合征出血热病毒 RNA. 朱进,李彦舫. 中国兽医学报,1998,18(5)
西藏自治区地厉螨属一新种. 张有植,等. 四川动物,1998,17(3)
小盾纤恙螨生态习性观察及药物防治的初步研究. 刘运喜,等. 医学动物防制,1998,14(3)
新革螨属二新种记述(蜱螨亚纲:革螨股:寄螨科). 马立名,晏建章. 动物学研究,1998,19(6)
药物灭螨与防螨措施预防肾综合征出血热的效果观察. 杨占汪,苏明. 中国公共卫生,1998,14(11)
叶氏广厉螨雄螨与若螨描述(蜱螨亚纲:革螨股:成螨科). 马立名. 兽类学报,1998,41(2)
羽爪瘿螨科三新种记述. 刘漫萍,匡海源. 动物分类学报,1998,23(1)
原位分子杂交检测厩真厉螨经叮刺传播姬鼠型和家鼠型 HFRSV 的研究. 吴健伟,孟阳春. 中国人兽共患病杂志,1998,14(3)
原位分子杂交检测上海真厉螨与伯氏禽刺螨体内肾综合征出血热病毒的研究. 吴健伟,孟阳春. 中国寄生虫学与寄生虫病杂志,1998,16(6)
中国新记录普氏水螨亚科一新种(蜱螨亚纲:盾水螨科). 金道超. 动物分类学报,1998,23(3)
中国叶刺瘿螨亚科一新属五新种记述. 匡海源,等. 昆虫学报,1998,41(2)
倍特和敌百虫对小白鼠螨的杀灭效果比较. 张永兴,景志忠. 中国兽医科技,1999,29(2)

朝鲜寄螨属一新种(蜱螨亚纲:寄螨科).马立名,崔世全.动物分类学报,1999,24(1)
虫穴螨属二新种(蜱螨亚纲:中气门亚目).马立名,殷秀琴.昆虫分类学报,1999,21(3)
达螨尽的毒性研究.刘雅玲,李惠君.浙江化工,1999,30(1)
垫料在鼠螨传播中影响的探讨.周淑佩,马坤绵.上海实验动物科学,1999,19(1)
粉尘螨的生境与季节消长.张浩.齐齐哈尔医学院学报,1999,20(2)
福建近年来恙螨感恙虫病东方体的检测研究.严延生,郑健.中国人兽共患病杂志,1999,15(5)
福建省竹林益害螨名录(Ⅰ).张艳璇,等.华东昆虫学报,1999,8(1)
腐食酪螨染色体的研究.江镇涛,高文峰.南昌大学学报(理科版),1999,23(2)
革索螨属一新种(蜱螨亚纲:寄螨科).李超,等.动物分类学报,1999,24(2)
厚厉螨属一新种(蜱螨亚纲:革螨科).马立名.动物分类学报,1999,24(2)
湖北阳厉螨属一新种(蜱螨亚纲:革螨股:厉螨科).晏建章,马立名.动物分类学报,1999,24(2)
吉林省中朝俄边境地恙螨的生态研究.刘国平,等.中国媒介生物学及控制杂志,1999,10(6)
甲硝唑凝胶治疗酒糟鼻的疗效评价.范志莘,毕志刚.南京医科大学学报,1999,19(6)
纠头甲螨属在中国首次报道及一新种记述(蜱螨亚纲:甲螨亚目:耳头甲螨科).文在根.动物分类学报,1999,24(4)
具刺新革螨在中国的首次发现及其雄螨的描述(蜱螨亚纲:革螨股:寄螨科).马立名,崔世全.蛛形学报,1999,8(2)
克螨护肤灵的实验研究.王玉玲,曹刚.河北中医药学报,1999,14(1)
裂胸螨科4新种和中国2新记录属(蜱螨亚纲:革螨股).马立名,殷秀琴.蛛形学报,1999,8(1)
磷化铝缓释熏蒸防治小麦中的螨类.阮启错,李士长.粮食储藏,1999,28(5)
偏革螨亚科在中国首次记录并描述盾革螨属一新种(蜱螨亚纲:中气门亚目:寄螨科).马立名,等.动物分类学报,1999,24(3)
山东省储粮螨类的分布与聚类分析.王元秀,王增兰.山东师大学报(自然版),1999,14(3)
饰样小全盾螨雄螨描述(蜱螨亚纲:革螨股:巨螯螨科).马立名.华东昆虫学报,1999,8(1)
四川西南部鼠厉螨属:新种(蜱螨亚纲:厉螨科).郭天宇,等.华东昆虫学报,1999,8(2)
屋尘螨对哮喘患者白细胞介素-10分泌的影响.宋满景,李建强.中华内科杂志,1999,38(5)
武汉钝革螨属1新种(蜱螨亚纲:革螨股:寄螨科).晏建章,等.蛛形学报,1999,8(1)
小兴安岭地区叉肋甲螨属1新种(蜱螨亚纲:甲螨亚目:阿斯甲螨科).文在根,高元奇.蛛形学报,1999,8(1)
恙螨体内HFRSV基因检测及定位的初步研究.张云,等.中国人兽共患病杂志,1999,15(5)
恙螨体内出血热病毒检测增殖及其定位.张云,等.中华预防医学杂志,1999,33(2)
一起螨类侵袭医务人员的调查分析.何学元,合应辉.医学动物防制,1999,15(8)
影响透明胶带法查螨效果的几种因素.张瑞芬,刘玉先.南京军区学院学报,1999,21(3)
犹惊螨属在中国的首次发现及尾足犹惊螨雄螨的描述(蜱螨亚纲:革螨股:犹伊螨科).马立名,等.蛛形学报,1999,8(1)
中国耳头甲螨科三新种(蜱螨亚纲:甲螨亚目:耳头甲螨科).文在根.动物分类学报,1999,24(2)
中国革螨的新记录(蜱螨亚纲:中气门亚目).马立名,殷秀琴.蛛形学报,1999,8(2)
丹东革螨采集记录(Ⅱ)及乳突寄螨雄螨和后若螨描述(蜱螨亚纲).马立名,马丹梅.华东昆虫学报,2000,9(2)
多盾螨科在中国首次记录及异多盾螨属1新种描述(蜱螨亚纲:尾足螨股).马立名.蛛形学报,2000,9(1)
多毛库螨雌虫的发展与描述.刘国平,等.昆虫分类学报,2000,22(1)
二爪螨属在中国首次记录并描述一新种(蜱螨亚纲:尾足螨股:前爪螨科).马立名.昆虫分类学报,2000,22(4)
国外文献记载的我国革螨.马立名.蛛形学报,2000,9(1)
湖南下盾螨属一新种记述(蜱螨亚纲:革螨股).马立名,郑波益.动物分类学报,2000,25(4)
吉林省下盾螨属一新种(蜱螨亚纲:革螨股).马立名.动物分类学报,2000,25(4)
空洞广厉螨雄螨及若螨描述(蜱螨亚纲:革螨股:厉螨科).殷秀琴,等.华东昆虫学报,2000,9(2)
内特螨属一新种(蜱螨亚纲:尾足螨股).马立名.昆虫分类学报,2000,22(1)
宁德地区1997—1998年恙虫病流行病学调查.袁高林,等.中国人兽共患病杂志,2000,16(6)
宁德市恙虫病自然疫源地调查.袁高林,等.海峡预防医学,2000,6(6)
青海省犹伊螨属一新种(蜱螨亚纲:犹伊螨科).李超,等.动物分类学报,2000,25(4)
曲美绥螨雄螨和洮儿河美绥螨前若螨描述(蜱螨亚纲:革螨股:美绥螨科).马立名.蛛形学报,2000,9(2)
山东省秋冬型恙虫病自然疫源地调查.杨占清,等.中华流行病学杂志,2000,21(4)
山西厉螨一新种.张金桐,张洪杰.华东昆虫学报,2000,9(1)
手绥螨类一新种(蜱螨亚纲:裂胸螨科).马立名.动物分类学报,2000,25(2)
手绥螨属3新种洮安手绥螨补充描述(蜱螨亚纲:革螨股:裂胸螨科).马立名.蛛形学报,2000,9(2)
我国南亚热带地区(南澳县)恙虫病疫源地的证实.姜普林,等.中国人兽共患病杂志,2000,16(6)

我国西北地区恙螨调查综述小记. 石淑珍,等. 医学动物防制,2000,16(10)
梧州进出口粮谷豆类带螨情况调查. 莫少坚,李小青. 粮油仓储科技通讯,2000,(1)
一起螨虫侵扰的现场调查. 洪江,等. 中国媒介生物学及控制杂志,2000,11(6)
中国厉螨科二新种记述(蜱螨亚纲:革螨股). 刘井元,等. 动物分类学报,2000,25(4)
"粉尘螨注射液"治疗蠕形螨性酒渣鼻的疗效观察. 余扬林,邢道荣. 中国校医,2001,(6)
310 名医学生蠕形螨感染的调查. 蒋淑萱,等. 中国学校卫生,2001,(4)
阿土水螨亚科及一新种记述(蜱螨亚纲:阿土水螨科)(英文). 金道超. 昆虫学报,2001,(2)
桉叶油霜抗蠕形螨的疗效观察. 李建华,等. 中国人兽共患病杂志,2001,(3)
拔氏禽刺螨寄生外耳道 1 例报告. 缪峰,等. 中国寄生虫病防治杂志,2001,(2)
白氏枝厉螨雄螨及成螨前描述(蜱螨亚纲:革螨股:胭螨科). 马立名. 蛛形学报,2001,(1)
北京东灵山地区鼠类体外寄生革螨群落的研究. 郭天宇,等. 中国媒介生物学及控制杂志,2001,(5)
糙尾螨属在中国首次记录并描述二新种(蜱螨亚纲:尾足螨股:多盾螨科). 马立名. 动物分类学报,2001,(4)
郴州市大中专学生蠕形螨感染状况调查. 欧阳录明,等. 中国预防医学杂志,2001,(3)
尘螨变应原皮下植入剂的研究. 张普庆,等. 数理医药学杂志,2001,(5)
尘螨点刺试验在婴幼儿支气管哮喘的应用. 沈玉亮,等. 中华实用医学,2001,(14)
尘螨抗原蛋白酶作用的研究进展. 杨红申,袁雅冬. 国外医学(寄生虫病分册),2001,(3)
尘螨抗原的蛋白酶活性. 杨红申,袁雅冬. 国外医学(呼吸系统分册),2001,(1)
尘螨皮试与儿童呼吸道疾病关系的探讨. 王金龙,等. 中国当代儿科杂志,2001,(1)
尘螨特异性 IgE、总 IgE 在哮喘患儿诊断中的临床意义. 朱明风,等. 放射免疫学杂志,2001,(1)
尘螨性变态反应疾病的流行病学及特异性疫苗免疫治疗. 谭毅. 广西预防医学,2001,(3)
川西南地区小型兽类体外寄生革螨调查报告. 郭天宇,等. 四川动物,2001,(4)
川西南地区小型兽类型体外寄生革螨群落研究. 郭天宇,等. 四川动物,2001,(3)
大学生外耳道蠕形螨感染情况调查. 黄秀琼,等. 大理医学院学报,2001,(1)
都匀地区蠕形螨感染调查及药物治疗研究. 吴铭荃. 中国人兽共患病杂志,2001,(4)
肺螨病 18 例报告. 刘航,宁业清. 医学文选,2001,(4)
粉尘螨 Ⅰ 类变应原(Derf Ⅰ)的 cDNA 克隆及序列分析. 郝敏麒,等. 免疫学杂志,2001,(3)
粉尘螨 Derf 2 变应原的分离纯化及其特征. 张鲁雁,等. 复旦学报(医学版),2001,(2)
粉尘螨变应原疫苗制造工艺的改进. 杜振彩. 临沂医学专科学校学报,2001,(3)
粉尘螨口服滴剂与针剂治疗过敏性哮喘的疗效比较. 万义福,等. 中国临床药理学与治疗学,2001,(1)
粉尘螨口含疫苗治疗过敏性哮喘个案报告. 李苹. 地方病通报,2001,(2)
粉尘螨注射液治疗小儿过敏性哮喘 102 例疗效观察. 江建华. 现代医药卫生,2001,(2)
粉螨在仓贮环境中传播霉菌的逻辑质的研究. 孙善才,等. 中国职业医学,2001,(6)
粪便中检出粉螨的意义. 李兴武,等. 临床检验杂志,2001,(4)
柑桔锈螨种群动态研究. 罗仰奋,等. 华东昆虫学报,2001,(2)
革螨、恙螨传播肾综合征出血热病毒的实验研究. 张云,等. 中华流行病学杂志,2001,(5)
革螨、恙螨体内 HFRSV-RNA 定位检测方法研究. 张云,等. 中国人兽共患病杂志,2001,(1)
革螨、恙螨作为肾综合征出血热传播媒介的研究进展. 张云. 中国人兽共患病杂志,2001,(3)
革螨的异形(蜱螨亚纲). 马立名. 华东昆虫学报,2001,(1)
胡瓜钝绥螨捕食茶橙瘿螨的实验种群生命表及捕食作用初探. 季洁,等. 华东昆虫学报,2001,(2)
黄瓜钝绥螨对茶黄螨雌成螨和腐食酪卵的功能反应. 李新义,等. 蛛形学报,2001,(2)
吉林省革螨新记录(10). 张芳,等. 中国媒介生物学及控制杂志,2001,(6)
吉林省革螨新记录(8). 杨铁嵘,等. 中国媒介生物学及控制杂志,2001,(5)
吉林省革螨新纪录(7). 王炳兰,等. 中国媒介生物学及控制杂志,2001,(5)
济宁市任城区水田区与旱田区青,蠕形螨感染调查. 杨德坡,王淑玲. 中国寄生虫病防治杂志,2001,(3)
甲胄螨属在中国的发现及二新种记述(蜱螨亚纲:尾足螨股:属足螨科). 马立名. 昆虫分类学报,2001,(4)
健肤美容霜治疗蠕形螨感染和痤疮效果观察. 杨灼宏,等. 广东卫生防疫,2001,(1)
疥螨病的综合疗法. 特种经济动植物,2001,(11)
开封市小学生蠕形螨感染情况调查. 王国英,等. 中国寄生虫学与寄生虫病杂志,2001,(6)
抗药性叶螨的种群参数和相对适合度. 郭凤英,赵志模. 蛛形学报,2001,(1)
控制尘螨孳生对螨过敏性哮喘患者发病的影响. 方宗君,等. 中华结核和呼吸杂志,2001,(11)
控制居室法螨孳生对螨过敏性哮喘患者生存质量的影响. 方宗君,等. 现代康复,2001,(11)
昆明市居民荨麻疹螨因素过敏的调查. 杨照青,等. 昆明医学院学报,2001,(1)
蓝狐疥螨病的治疗和预防. 张培玉,李桂芝. 特种经济动植物,2001,(5)
两种尘螨对某些过敏性疾病影响的调查. 杨照青,等. 地方病通报,2001,(3)

两种粉螨的酯酶同工酶和相关蛋白质电泳的研究. 刘群红,张浩. 锦州医学院学报,2001,(3)
邻苯二甲酸二丁酯(灭蚴宁)治疗蠕形螨病疗效观察. 袁方曙,等. 中国寄生虫学与寄生虫病杂志,2001,(3)
毛绥螨属一新种(蜱螨亚纲:裂胸螨科). 王国丽,李超. 动物分类学报,2001,(1)
免疫刺激 DNZ 序列对粉尘螨诱导的 Th1 和 Th2 细胞因子的调节作用. 周承,等. 中国寄生虫学与寄生虫病杂志,2001,(2)
牡丹江市一次革螨所致皮炎的暴发流行. 刘耕,等. 中国寄生虫学与寄生虫病杂志,2001,(5)
内蒙古 2248 名学生蠕形螨感染调查. 胡群,王焱. 中国寄生虫学与寄生虫病杂志,2001,(4)
拟双毛派伦螨后若螨和勃氏派伦螨前若螨描述(蜱螨亚纲:革螨股:派盾螨科). 马立名,等. 华东昆虫学报,2001,(2)
尿螨病的病原学研究. 李朝品,王健. 蛛形学报,2001,(2)
宁夏地区二斑叶螨的寄主植物选择及其季节转移. 贺达汉,等. 应用与环境生物学报,2001,(5)
蜱螨亚纲二新种及一新亚种(蜱螨亚纲:恙螨科,血革螨科). 刘井元,等. 动物分类学报,2001,(3)
莆田市 333 名大中专女生蠕形螨感染情况调查分析. 周金英. 湖北预防医学杂志,2001,(2)
青年学生蠕形螨感染调查研究. 杨晓红,段希玲. 山西职工医学院学报,2001,(2)
青海革螨采集及新记录. 张连海,张广登,等. 中国媒介生物学及控制杂志,2001,(3)
青海省厉螨属一新种(蜱螨亚纲:厉螨科). 吴克梅,李超. 动物分类学报,2001,(4)
青海省新恙螨属一新种(蜱螨亚纳:恙螨科). 吴克梅,李超. 动物分类学报,2001,(1)
球革螨科一新属记述(蜱螨亚纲:革螨股). 刘井元,等. 昆虫学报,2001,(3)
全草类中药材中的粉螨孳生情况调查. 张荣波,李朝品. 锦州医学院学报,2001,(5)
人体蠕形螨. 张伟,等. 生物学教学,2001,(7)
人体蠕形螨病的临床症状分析. 王亚辉. 锦州医学院学报,2001,(5)
人体蠕形螨致病及治疗研究状况. 毛樱逾. 实用寄生虫病杂志,2001,(4)
人体蠕形取螨器检查方法介绍. 袁方曙,郭淑玲. 中华皮肤科杂志,2001,(2)
蠕形螨的定量检查与不同胶带检出虫体的效果观察. 程燕芳,等. 实用寄生虫病杂志,2001,(3)
蠕形螨定量检查与不同胶带检出虫体的效果观察(附 606 例报告). 程燕芳,等. 福建医药杂志,2001,(3)
神农架印革螨雄螨描述(蜱螨亚纲:寄螨科). 刘井元,马立名. 华东昆虫学报,2001,(1)
食物对竹裂爪螨生长发育及繁殖的影响. 刘怀,等. 蛛形学报,2001,(1)
泰山地区土壤甲螨的群落组成和季节变动. 傅荣恕,苗明升. 动物学报,2001,(S1)
替硝唑-硫磺霜剂治疗蠕形螨感染的效果. 吴铭荃. 中国寄生虫学与寄生虫病杂志,2001,(2)
透明胶带法检查蠕形螨的探讨. 张元玲,等. 中国卫生检验杂志,2001,(4)
土耳其斯坦叶螨自然种群生命表的研究. 于江南,等. 蛛形学报,2001,(1)
屋尘螨致异位性皮炎的研究进展. 吕建进,等. 中国麻风皮肤病杂志,2001,(3)
五种药物治疗蠕形螨病研究. 杨晓红,等. 山西临床医药,2001,(1)
西宁市实验动物寄生螨调查初报. 郑谊,等. 中国媒介生物学及控制杂志,2001,(3)
小儿肺螨病与环境污染及护理. 邵学兰. 实用护理杂志,2001,(7)
小心鸡皮刺螨. 胡楫. 环境,2001,(10)
胸前下盾螨和茅舍血厣螨若螨描述(蜱螨亚纲:革螨股:厉螨科). 马立名,等. 华东昆虫学报,2001,(1)
药用地鳖虫种类及其螨害的防治. 蒋三俊. 特种经济动植物,2001,(4)
药浴法控制豚鼠螨病的效果观察. 韩志刚,等. 四川动物,2001,(4)
叶刺瘿螨亚科 2 种新记述(蜱螨亚纲:瘿螨科). 林福平,等. 蛛形学报,2001,(2)
一种背肛螨在金黄地鼠群中的感染. 刘秀霞,等. 中国实验动物学杂志,2001,(4)
伊维菌素治疗肠螨病的疗效观察. 朱玉霞,等. 锦州医学院学报,2001,(6)
应用螨体抗原片间接荧光抗体试验和印迹酶联免疫吸附试验诊断肺螨病的研究. 李朝品,刘兢. 新医学,2001,(2)
用 Doramectin 治疗猫耳痒螨病. 刘伯淳,文思浩. 动物医学进展,2001,(2)
羽毛瘿螨科 3 新种记述(蜱螨亚纲:羽爪瘿螨科). 匡海源. 蛛形学报,2001,(1)
云南省捕食螨种类及分布调查. 陈斌,殷绥公,等. 昆虫天敌,2001,(4)
郑州市青少,学生人群蠕形螨感染调查报告. 索之琦,等. 河南预防医学杂志,2001,(6)
枝厉螨属一新种(蜱螨亚纲:革螨股:胭螨科). 马立名. 昆虫分类学报,2001,(3)
中国北方寄螨属亲缘种团的螨类(蜱螨亚纲:革螨股:寄螨科). 马立名. 蛛形学报,2001,(2)
中国顶冠瘿螨属二新种记述(蜱螨亚纲:瘿螨科). 匡海源,林福平. 昆虫分类学报,2001,(4)
中国江西棉田棉足绒螨新种记述(蜱螨亚纲:绒螨科). 张智强. 动物分类学报,2001,(2)
中国拟食甜螨属记述(蜱螨亚纲:食甜螨科). 朱志民,等. 蛛形学报,2001,(2)
中国派盾螨科三新纪录属及三新种记述(蜱螨亚纲:革螨股). 马立名,晏建章. 动物分类学报,2001,(1)

中国凸眼赤螨属两新种(蜱螨亚纲:赤螨科). 郑波益. 动物分类学报,2001,(4)
中国西藏甲螨新种和新纪录种记述(蜱螨亚纲:甲螨亚目). 王慧芙,等. 动物分类学报,2001,(4)
中国叶刺瘿螨亚科四新种记述(蜱螨亚纲:瘿螨科). 林福平,昆虫学报,2001,(3)
中国异伊螨属一新种(蜱螨亚纲:犹伊螨科). 李超. 动物分类学报,2001,(2)
中国瘿螨科五新种记述(蜱螨亚纲:瘿螨总科). 林福平,匡海源. 动物分类学报,2001,(3)
中国瘿螨科一新属二新种记述(蜱螨亚纲:瘿螨总科). 林福平,等. 昆虫分类学报,2001,(3)
中国羽扑瘿螨属二新种记述(蜱螨亚纲:羽爪瘿螨科). 匡海源. 昆虫分类学报,2001,(2)
中国中气门螨新纪录(蜱螨亚纲:革螨股:尾足螨股). 马立名. 蛛形学报,2001,(2)
竹缺爪螨生态学初步研究. 张艳璇,等. 华东昆虫学报,2001,(1)
"喜农疥螨灵"的体外杀螨试验及对绵羊螨病的防治效果. 王文科,等. 动物医学进展,2002,(6)
13 例肺螨病患儿的护理. 李延玲,刘爱君. 现代护理,2002,(1)
13 例肺螨病患儿的护理. 张富兰. 井冈山医专学报,2002,(6)
40 种花类和叶类中药材孳生粉螨的研究. 张荣波,李朝品. 基层中药杂志,2002,(1)
45 年恙螨与媒介恙螨传播恙虫病的基础研究. 黎家灿,等. 中山医科大学学报,2002,(1)
50 例哮喘儿童螨特异性 IgE 检测分析. 吴雅玲,等. 中国厂矿医学,2002,(2)
615 名军校学员蠕形螨感染情况调查. 范丽娜,等. 解放军预防医学杂志,2002,(2)
779 名学生人体蠕形螨感染的调查. 陆子云,刘巧. 中国寄生虫病防治杂志,2002,(6)
阿力佳治疗兔螨病的对比实验. 包玉龙. 中国实验动物学杂志,2002,(5)
百部治疗蠕形螨性皮炎. 黄秀琼. 医学理论与实践,2002,(4)
柏小爪螨发育起点温度和有效积温的研究. 许俊杰,等. 昆虫知识,2002,(6)
北京东灵山地区鼠类体外寄生恙螨群落的研究. 郭天宇,等. 中国媒介生物学及控制杂志,2002,(3)
背刻螨属一新种及洮儿河美绥螨雄螨、后若螨描述(蜱螨亚纲:革螨股:美绥螨科). 马立名. 昆虫分类学报,2002,(4)
表达屋尘螨 Ⅰ 类变应原 Derp 1 的基因工程菌的发酵条件探讨. 刘向辉,等. 广州医学院学报,2002,(1)
不同介质中蠕形螨存活情况观察. 姜淑芳,等. 中国媒介生物学及控制杂志,2002,(2)
不同样本中粉螨分离方法的研究. 崔玉宝,田晔. 医学动物防制,2002,(10)
部分大学生面部蠕形螨感染情况调查及分析. 陈殿学,孙宏伟. 辽宁中医学院学报,2002,(2)
藏经楼粉螨综合防治案例. 王飞生,刘敏超. 昆虫知识,2002,(1)
侧多食跗线螨实验种群繁殖特征生命表. 郅军锐. 昆虫知识,2002,(3)
肠螨症患者家庭粉螨孳生情况调查. 刘萃红. 郑州大学学报(医学版),2002,(5)
朝鲜入境货物中的中气门螨及巴氏尾足螨雄螨描述(蜱螨亚纲). 马立名,崔世全. 蛛形学报,2002,(2)
尘螨过敏的研究进展. 马德华,等. 中国寄生虫病防治杂志,2002,(4)
尘螨皮试与儿童支气管哮喘关系及脱敏疗法的应用价值. 罗立方,等. 中国妇幼保健,2002,(10)
尘螨主要变应原 DNA 疫苗对其提取液诱导小鼠肺部变应性炎症的免疫保护作用. 郝敏麒,等. 中华结核和呼吸杂志,2002,(3)
虫子抗敏煎对螨性哮喘肺功能影响. 褚东宁,等. 浙江中西医结合杂志,2002,(12)
虫子抗敏煎治疗螨性哮喘患儿的临床观察. 褚东宁,等. 中国中西医结合杂志,2002,(11)
从鼠、螨(革螨、恙螨)和人中分离 HV 的基因分型研究. 张云,等. 中国公共卫生,2002,(7)
痤螨灵擦剂治疗面部蠕形螨性皮炎 114 例临床观察. 丁力,等. 河南职工医学院学报,2002,(2)
大中专学生蠕形螨感染调查及杀螨霜的疗效观察. 刘锦华,等. 泰山医学院学报,2002,(1)
单鼻腔经蝶垂体腺瘤术的护理. 石卫琳. 护士进修杂志,2002,(1)
毒厉螨致丘疹性荨麻疹 2 例. 赵绘. 临床和实验医学杂志,2002,(4)
肺螨病的 HBDT 和 Dot-ELISA 免疫病理研究. 李朝品,王克霞. 安徽医科大学学报,2002,(6)
粉尘螨和转移因子联合治疗变应性鼻炎的疗效观察. 潘晓玲,等. 现代中西医结合杂志,2002,(23)
粉螨危害储藏物的初步调查. 张荣波,李朝品. 医学动物防制,2002,(3)
腐食酪螨、粉尘螨传播霉菌的实验研究. 李朝品. 蛛形学报,2002,(1)
腐食酪螨有效积温的研究. 于晓,等. 华东昆虫学报,2002,(1)
柑桔全爪螨(蜱螨亚纲:叶螨科)在梨树上季节性发生影响种群动态. 郑波益,等. 中国昆虫科学:英文版,2002,(1)
柑桔始叶螨与柑桔全爪螨染色体制备方法与核型探讨. 邹方东,等. 昆虫学报,2002,(5)
革螨、恙螨细胞培养及其特征的初步研究. 邓小昭,等. 中国公共卫生,2002,(10)
革螨和恙螨体内汉坦病毒增殖与定位的分子生物学研究. 张云,等. 中华医学杂志,2002,(20)
革螨及恙螨体内肾综合征出血热病毒定位的研究. 张云,等. 中华预防医学杂志,2002,(4)
广州部分医科大学生蠕形螨感染的调查. 李小敏,等. 广州医学院学报,2002,(3)

户尘螨过敏原指纹图谱研究.孙劲旅,等.中国医学科学院学报,2002,(4)
滑绥螨属一新种(蜱螨亚纲:革螨股:裂胸螨科).马立名.昆虫分类学报,2002,(2)
淮南地区蠕形螨性睑缘炎的调查.朱玉霞.医学动物防制,2002,(6)
吉林省钝绥螨属二新种(蜱螨亚纲:植绥螨科).马立名.昆虫分类学报,2002,(3)
吉林省革螨新记录(11).张振辉,等.中国媒介生物学及控制杂志,2002,(6)
健康教育对控制儿童蠕形螨感染的效果观察.王国英,等.中国学校卫生,2002,(1)
江苏省革螨3新记录种.胡云,等.中国媒介生物学及控制杂志,2002,(4)
介绍一种变应原粉尘螨的培养方法.李全文,等.中国生化药物杂志,2002,(2)
昆明市螨性过敏性疾病的调查.杨照青,等.中国寄生虫学与寄生虫病杂志,2002,(6)
裂缝常革螨形态描述(蜱螨亚纲:革螨股:寄螨科).崔世全,等.华东昆虫学报,2002,(1)
六安卫校学生蠕形螨感染情况调查.高义,等.中国寄生虫病防治杂志,2002,(5)
螨变应原的研究进展.罗佛全.中国寄生虫学与寄生虫病杂志,2002,(6)
螨成虫抗原间接荧光抗体试验检测肺螨病.刘永春,等.中国寄生虫病防治杂志,2002,(4)
毛囊蠕形螨感染的皮肤病理学研究(附394例报告).孙静,等.第二军医大学学报,2002,(8)
免疫疗法对尘螨过敏性哮喘患者血清可溶性白细胞介素-2受体及血清总IgE的影响.高锦团,等.中华临床新医学,2002,(6)
面部蠕形螨病394例临床分析.赵晓洋,等.中国美容医学,2002,(3)
牡丹江市电信数据大楼螨虫防治及控制的报告.孙军旗,等.医学动物防制,2002,(7)
内蒙古自治区医学生人体蠕形螨感染度调查.胡群,王焱.中国寄生虫病防治杂志,2002,(1)
尿螨病的临床症状分析.李朝品,王健.中国寄生虫病防治杂志,2002,(3)
尿螨病临床症状的初步观察.蔡茹,王健.中国媒介生物学及控制杂志,2002,(2)
女性乳头蠕形螨感染的组织病理学研究.孙静,等.上海第二医科大学学报,2002,(5)
蜱螨的防制.高东旗,阎丙申.医学动物防制,2002,(3)
蜱螨的防制.高东旗,阎丙申.医学动物防制,2002,(4)
蜱螨的防制.高东旗,阎丙申.医学动物防制,2002,(5)
苹果园二斑叶螨和群的空间格局.刘长仲,等.应用生态学报,2002,(8)
青海省地厉螨属一新种(蜱螨亚纲:厉螨科).王国丽,李超.动物分类学报,2002,(2)
青海省革螨名录.郑谊,等.地方病通报,2002,(2)
秋冬季节家兔痒螨疥癣的防治.苗丽华.黑龙江动物繁殖,2002,(4)
热带珊瑚岛地里纤恙螨的生态分布.余小菊,等.中国媒介生物学及控制杂志,2002,(1)
人体蠕形螨病的病原学研究.王亚辉.医学动物防制,2002,(2)
人体蠕形螨感染与面部皮肤病的关系.陶雅军,等.中国寄生虫学与寄生虫病杂志,2002,(3)
人体蠕形螨致局部皮肤病变416例观察分析.吴铭荃.中国公共卫生,2002,(2)
蠕形螨标本的制作与染色.李永祥,等.中国人兽共患病杂志,2002,(2)
蠕形螨标本制作方法探讨.李永祥,等.中国寄生虫学与寄生虫病杂志,2002,(4)
蠕形螨的研究现状.孙灵军,等.地方病通报,2002,(2)
乳突寄螨雌螨描述(蜱螨亚纲:革螨股:寄螨科).崔世全,等.华东昆虫学报,2002,(2)
山楂叶螨在苹果不同品种上的生长发育及繁殖.李定旭.昆虫知识,2002,(5)
舌下免疫治疗对螨性支气管哮喘的临床观察.江萍,等.首都医药,2002,(7)
施用EM堆肥对土壤螨群落结构的影响.郑长英,等.生态学报,2002,(7)
四川革螨采集记录(蜱螨亚纲).马立名,王身荣.四川动物,2002,(4)
透明胶带检出蠕形螨的效果与治疗实验观察.刘光英,等.海峡药学,2002,(1)
透明胶纸粘贴法治疗蠕形螨感染的效果.王国英,等.中国寄生虫学与寄生虫病杂志,2002,(6)
土壤中甲螨孳生与铬污染相关性研究.王健,等.中国微生态学杂志,2002,(4)
萎缩巨螯螨雄螨与后若螨描述及雌螨特征补充(蜱螨亚纲:革螨股:巨螯螨科).马立名,等.华东昆虫学报,2002,(1)
温度对朱砂叶螨二种抗药性品系发育和繁殖的影响.邓新平,等.蛛形学报,2002,(2)
温度对竹盲走螨实验种群数量消长的影响.刘怀,等.动物学研究,2002,(4)
我国媒介螨虫的研究现状.张咏梅.医学动物防制,2002,(11)
我院部分大学生面部蠕形螨感染情况调查比较.毛樱逾,等.泸州医学院学报,2002,(4)
乌苏里土厉螨和维内土厉螨若螨描述(蜱螨亚纲:革螨股:厉螨科).马立名,等.华东昆虫学报,2002,(1)
屋尘螨抗原Derp 2基因的克隆和表达.史皆然,等.第四军医大学学报,2002,(13)
武警医学院学员蠕形螨感染情况调查.邢杰,等.中国寄生虫病防治杂志,2002,(6)
西沙群岛恙螨所携恙虫病东方体的序列分析.王珊珊,等.中国人兽共患病杂志,2002,(6)

襄樊市大中专学生人体蠕形螨感染情况调查. 许正敏，等. 中国寄生虫学与寄生虫病杂志，2002，(5)
小盾纤恙螨自然感染肾综合征出血热病毒和恙虫病立克次体的调查. 杨占清，等. 预防医学文献信息，2002，(1)
徐闻县人体蠕形螨感染情况调查. 周大森，等. 中华流行病学杂志，2002，(1)
血革螨属一新种记述及对鼯鼠真厉螨雌性形态原始描述的更正（蜱螨亚纲：血革螨科）. 刘井元，等. 昆虫学报，2002，(z1)
血清 IgE 和粉螨特异性 IgE 在尿螨病诊断中的应用. 李朝品，王健. 中国基层医药，2002，(2)
眼睑毛囊蠕形螨病 5 例报告. 公晓燕. 上海预防医学，2002，(9)
恙螨科二新种记述（蜱螨亚纲：恙螨科）. 马英，杨锡正. 动物分类学报，2002，(4)
药物灭螨与防螨措施预防恙虫商的效果观察. 杨占清，刘运喜，等. 医学动物防制，2002，(10)
叶刺瘿螨亚科三新种记述（蜱螨亚纲：瘿螨科）. 韦绥概，冯远斌. 动物分类学报，2002，(4)
一起尘螨过敏性皮炎的调查处理. 段黎明，曹双锁. 中国媒介生物学及控制杂志，2002，(3)
伊维菌素治疗人面部螨虫皮炎的临床研究. 秦小平，等. 中华临床医药杂志，2002，(12)
宜昌市大学生蠕形螨感染情况调查. 江腾春，等. 山西医科大学学报，2002，(z1)
宜昌市革螨和恙螨调查及其区系研究. 李枝金，等. 中国媒介生物学及控制杂志，2002，(4)
印度尼西亚四跗蛐螨属一新种（蜱螨亚纲：蛐螨科）. 张爱环，李云瑞. 动物分类学报，2002，(2)
应用 ELISA 检测尿螨病患者血清总 IgE 和粉螨特异性 IgE 水平. 李朝品，王健. 医学动物防制，2002，(6)
用原位 RT-PCR 分子杂交定位检测螨（革螨、恙螨）原代培养细胞内 HV-RNA 的研究（Ⅱ）. 邓小昭，等. 中国人兽共患病杂志，2002，(6)
原蚧螨属一新种（蜱螨亚纲：蚧螨科）. 贝纳新，等. 昆虫分类学报，2002，(3)
原位 RT-PCR 检测革螨体内 HFRSV 的实验研究. 朱进，张云，等. 中国人兽共患病杂志，2002，(4)
在台湾 HLA-DPB1*0201 等位基因与室内灰尘螨变应原特异免疫球蛋白 E 应答的负相关性（英）. HuC. 医学信息：医学与计算机应用，2002，(9)
蜘蛛寄生革螨 1 新属 2 新种（蜱螨亚纲：巨刺螨科）. 马立名. 蛛形学报，2002，(1)
中国蚧螨科二新种记述（蜱螨亚纲：中气门亚目）. 马立名. 动物分类学报，2002，(3)
中国华皱皮螨属一新种（蜱螨亚纲：粉螨科）. 张爱环，李云瑞. 动物分类学报，2002，(3)
中国霍普丽赤螨属一新种记述（蜱螨亚纲：赤螨科）. 郑波益. 动物分类学报，2002，(1)
中国甲螨名录（Ⅰ）（蜱螨亚纲：甲螨亚目）. 王慧芙，等. 蛛形学报，2002，(2)
中国开依丽赤螨属一新种记述（蜱螨亚纲：赤螨科）. 郑波益. 中国昆虫科学：英文版，2002，(3)
中国瘿螨科二新种记述. 匡海源，等. 动物分类学报，2002，(1)
中国瘿螨亚科 Eriophyinae 二新种记述（蜱螨亚纲：瘿螨科）. 匡海源. 昆虫学报，2002，(z1)
中国植绥螨的研究应用. 徐国良，吴洪基，等. 昆虫天敌，2002，(1)
"以螨治螨"生物防治技术走向全国. 环境导报，2003，(2)
1037 名医学生蠕形螨感染情况调查. 梁登辉，等. 张家口医学院学报，2003，(2)
1037 名在校大学生蠕形螨感染的调查. 梁登辉，等. 热带医学杂志，2003，(3)
1207 名军校学员人体蠕形螨感染情况调查. 范丽娜，等. 中国寄生虫病防治杂志，2003，(6)
3 种蠕形螨检查方法的比较. 许正敏，等. 中国寄生虫病防治杂志，2003，(2)
431 名医学生蠕形螨感染调查. 翁培兰. 中国寄生虫学与寄生虫病杂志，2003，(4)
64 种储藏中药材孳生粉螨的初步调查. 杨庆贵，李朝品. 热带病与寄生虫学，2003，(4)
ABC-ELISA 法诊断肠螨病的研究. 黄勇，等. 中国人兽共患病杂志，2003，(3)
BCG30 主要分泌蛋白对尘螨变应性患者 TH1/TH2 平衡调节作用的观察. 吴健，等. 中华微生物学和免疫学杂志，2003，(7)
HPLC 法测定新肤螨灵霜中甲硝唑的含量. 王波，李斌. 山东医药工业，2003，(6)
SPA-ELISA 法和皮肤挑刺试验检测粉螨感染者的逻辑质研究. 孙善才，等. 中国卫生检验杂志，2003，(1)
巴基斯坦为害杧果树的短须螨属一新种（蜱螨亚纲，细须螨科）. 李云瑞，等. 动物分类学报，2003，(4)
拔除残根牙螨虫性皮炎自愈 1 例报告. 郭甫庆. 中国临床医药研究杂志，2003，(107)
北方冬季居民室内螨虫密度调查. 王明昕. 环境与职业医学，2003，(5)
变应性鼻炎患者血清及鼻分泌物中屋尘螨粉尘螨 sIgE 相关性研究. 陈建军，项济生. 临床耳鼻咽喉科杂志，2003，(2)
不同行业人群中肺螨病流行情况的调查研究. 王洪慧，等. 中国寄生虫病防治杂志，2003，(4)
不同性别人体蠕形螨感染的 Meta 分析. 许正敏，张勤国. 中国寄生虫学与寄生虫病杂志，2003，(6)
仓储药材中粉螨生态位的逻辑质研究. 孙善才，等. 环境与职业医学，2003，(1)
尘螨变应原研究进展. 陈建军. 国外医学（免疫学分册），2003，(5)
尘螨变应原疫苗皮下注射治疗过敏性哮喘. 王凯萍，等. 南京军医学院学报，2003，(4)
尘螨过敏原分子生物学特性. 孙劲旅，等. 国外医学：寄生虫病分册，2003，(5)

尘螨——图书馆的隐形杀手. 谭娉,董湘娟. 山东图书馆季刊,2003,(2)
尘螨疫苗治疗支气管哮喘的进展. 陶志华,陈惠文. 医学文选,2003,(2)
尘螨致敏小鼠肺部变应性炎症模型的建立. 郝敏麒,等. 中国病理生理杂志,2003,(1)
储藏食物粉螨污染情况初步调查. 朱玉霞,杨庆贵. 热带病与寄生虫学,2003,(2)
从十二指肠溃疡患者引流液中检出粉螨一例. 王克霞,等. 中华流行病学杂志,2003,(9)
从实验种群生命表参数评价胡瓜钝绥螨控制毛竹害螨的能力. 张艳璇,等. 昆虫天敌,2003,(1)
痤疮与蠕形螨感染的关系及痤肤欣擦剂治疗研究. 王秀平,等. 中华医学写作杂志,2003,(24)
达州市大、中专学生蠕形螨感染情况调查. 谭兴恒,等. 中国寄生虫病防治杂志,2003,(2)
大学入学新生蠕形螨感染调查. 王国英. 中国寄生虫病防治杂志,2003,(1)
单角新革螨雌雄螨描述(蜱螨亚纲:革螨股:寄螨科). 王炳兰,崔世全. 华东昆虫学报,2003,(1)
都匀地区蠕形螨感染调查及药物治疗研究. 吴铭荃,廖克强. 黔南民族医专学报,2003,(2)
二爪螨属和中蚧螨属各一新种(蜱螨亚纲,前爪螨科,蚧螨科). 马立名. 动物分类学报,2003,(3)
反义内皮素转换酶核酸对尘螨过敏哮喘患者外周血单个核细胞释放白细胞介素 5 的抑制作用. 李理,等. 中华结核和呼吸杂志,2003,(9)
仿胭螨属和囊螨属各一新种(蜱螨亚纲:革螨股:胭螨科). 马立名. 蛛形学报,2003,(2)
肺螨病 1 例报道. 徐秀来,等. 中国寄生虫病防治杂志,2003,(5)
粉尘螨(浸液)抗原 PLGA 微球的制备及其性质的研究. 颜辉,等. 皖南医学院学报,2003,(2)
粉尘螨浸液的凝胶分析与免疫活性测定. 崔玉宝,中国媒介生物学及控制杂志,2003,(2)
粉尘螨浸液免疫治疗螨性哮喘患者的免疫功能观察. 崔玉宝,等. 中国寄生虫病防治杂志,2003,(5)
粉螨、尘螨对人类健康的危害与预防. 孙传红,等. 医学动物防制,2003,(11)
粉螨分离方法的比较研究. 郭家. 医学研究通讯,2003,(4)
粉螨生态由的不确定性描述. 孙善才,李朝品. 数理医药学杂志,2003,(4)
粪巨螯螨雄螨描述(蜱螨亚纲:革螨股). 王炳兰,等. 华东昆虫学报,2003,(1)
复方大黄膏对面部蠕形螨杀灭作用 26 例分析. 陈殿学. 中医药学刊,2003,(5)
柑橘全爪螨空间格局与抽样技术的研究. 童文彬,等. 华东昆虫学报,2003,(1)
高校学生人体蠕形螨感染情况调查. 周立,吴玉晶. 中国寄生虫病防治杂志,2003,(5)
革赛螨属一新种(蜱螨亚纲:革螨股:胭螨科). 马立名. 昆虫分类学报,2003,(4)
关于果树螨类防治的几个问题. 孙福来,等. 农化新世纪,2003,(4)
广州市部分地区人群蠕形螨感染情况调查分析. 冯月菊,等. 热带医学杂志,2003,(4)
黑龙江省革螨 10 个新记录种(蜱螨亚纲:中气门亚目). 马立名,等. 中国媒介生物学及控制杂志,2003,(1)
候选螨性口服液疫苗抗原标准化的初步研究. 毛佐华,等. 中国寄生虫病防治杂志,2003,(4)
湖北省恙螨初步名录. 杨振琼,刘亦仁. 蛛形学报,2003,(2)
湖北西部革螨三新种(蜱螨亚纲,中气门亚目). 刘井元,马立名. 动物分类学报,2003,(4)
花椒挥发油乳霜剂治疗蠕形螨病疗效观察. 袁方曙,等. 中国寄生虫病防治杂志,2003,(1)
华南地区粉尘螨主要变应原 Derf 2 的 cDNA 克隆及序列分析. 郝敏麒,等. 中国寄生虫学与寄生虫病杂志,2003,(3)
淮南地区校内人群尘螨过敏情况. 崔玉宝. 中国学校卫生,2003,(5)
淮南市学生面部人体蠕形螨感染情况. 田晔,李朝品. 中国学校卫生,2003,(6)
吉林省革螨新记录(9). 张芳,刘晓倩,等. 中国媒介生物学及控制杂志,2003,(1)
集安口岸周围环境及进口货物携带革螨检出情况对比分析. 崔世全,等. 中国媒介生物学及控制杂志,2003,(3)
挤压法与粘贴法检查蠕形螨效果比较. 王国英. 中国学校卫生,2003,(1)
间接血凝试验诊断肠螨病. 崔玉宝,李朝品. 中国公共卫生,2003,(11)
江苏革螨 4 个新记录种. 胡云,马立名. 中国媒介生物学及控制杂志,2003,(2)
居室尘螨污染状况分析. 袁玉兰,朱乃燕. 中国卫生工程学,2003,(4)
居室内尘螨抗原浓度与螨过敏常,性变应性鼻炎的关系. 邢志敏,等. 临床耳鼻咽喉科杂志,2003,(9)
巨螯螨属二新种记述(蜱螨亚纲,革螨股,巨螯螨科). 马立名,刘井元. 动物分类学报,2003,(4)
军校学员人体蠕形螨感染情况调查. 聂宏俊,等. 中国寄生虫病防治杂志,2003,(3)
开封市初中生蠕形螨感染情况调查. 刘英杰,等. 中国寄生虫学与寄生虫病杂志,2003,(5)
空调隔尘网表面粉螨孳生情况的调查. 崔玉宝,王克霞. 中国寄生虫病防治杂志,2003,(6)
口服螨液免疫治疗过敏性哮喘. 程相铎,等. 临床军医杂志,2003,(6)
昆虫携播螨、下盾螨属二新种和密卡螨属新种(蜱螨亚纲:革螨股:厉螨科,裂胸螨科). 马立名,等. 蛛形学报,2003,(2)
粮食和中药材储存职业人群患者螨病的调查研究. 李朝品,王健. 中国职业医学,2003,(1)
硫磺软膏治疗兔痒螨病. 杨献群. 动物医学进展,2003,(3)

瘤瘿螨属四新种记述(蜱螨亚纲:瘿螨科).覃爱枝,等.昆虫分类学报,2003,(4)
逻辑质方法与粉螨传播霉菌的研究.孙善才,等.中国人兽共患病杂志,2003,(2)
麦格氏巨须螨——中国新记录种.贝纳新,等.昆虫分类学报,2003,(1)
螨虫服液防治婴幼儿哮喘免疫与临床观察.黄英,等.重庆医学,2003,(4)
螨虫致食物中毒一例报告.张朝云,等.中国卫生检验杂志,2003,(6)
螨类传播汉坦病毒的研究进展.张云.中华实验和临床病毒学杂志,2003,(3)
螨皮炎 33 例误诊调查分析.侯辉,侯桂贤.中国社区医师:综合版,2003,(2)
螨脱敏疗法在儿童哮喘防治中的作用.沈玉红,杨咏梅.临床荟萃,2003,(10)
面部皮肤病患者蠕形螨感染情况调查.陶雅军,等.中国寄生虫病防治杂志,2003,(2)
内蒙古大兴安岭林区部分学校人体蠕形螨感染情况的调查.李泽文,等.医学动物防制,2003,(12)
难治性寻常型痤疮合并糠秕孢子菌及螨虫感染的临床观察.钱江,等.中国美容医学,2003,(1)
皮下注射和口服螨制剂脱敏在调节小鼠气道炎症和 IgE 中作用的比较.吴祖群,等.上海免疫学杂志,2003,(6)
苹果树害螨研究.徐国良,等.河北农业科学,2003,(B09)
青海下盾螨属一新种记述(蜱螨亚纲,厉螨科).马英,等.动物分类学报,2003,(2)
去乙酰甲壳质作为载体的尘螨变应原治疗支气管哮喘的疗效观察.李全文,等.潍坊医学院学报,2003,(1)
人体蠕形螨防治研究概况.梁裕芬,周德喜.广西中医学院学报,2003,(3)
人体蠕形螨感染调查与分析.姜淑芳,等.中国媒介生物学及控制杂志,2003,(4)
人体蠕形螨体外存活条件的初步探讨.姜淑芳,等.医学动物防制,2003,(3)
如何有效防治羊疥癣(螨)病.杨金才,单玉明.黑龙江动物繁殖,2003,(1)
山楂叶螨滞育的初步研究.刘会梅,等.昆虫学报,2003,(4)
实验兔螨病的综合防治.彭光林,冯贵刚.医药导报,2003,(S1)
速霸螨中克螨特和唑螨酯的高效液相色谱分析.刘莹峰,等.分析测试学报,2003,(3)
图书馆中尘螨的职业危害的防治对策.谭娉,姜杜平.中国职业医学,2003,(3)
外耳道寄生牛螨 1 例.黄啸华.临床耳鼻咽喉科杂志,2003,(7)
外寄生于叶蜂成虫的纤赤螨属一新种记述(蜱螨亚纲,赤螨科).郑波益.动物分类学报,2003,(1)
尾辐螨属和毛尾足螨属在中国的发现与二新种描述(蜱螨亚纲:尾足螨股).马立名.昆虫分类学报,2003,(2)
尾卵螨属在中国的发现并记述一新种(蜱螨亚纲:尾足螨股).马立名.蛛形学报,2003,(1)
我国东北三省的恙螨.刘国平,等.中国媒介生物学及控制杂志,2003,(6)
屋尘螨抗原脱敏治疗毛囊螨感染的酒渣鼻 36 例临床观察.王国江,顾军.中国麻风皮肤病杂志,2003,(4)
西安咸阳空港口岸鼠类体外寄生螨类调查报告.吕强,等.口岸卫生控制,2003,(2)
西宁地区 1278 人蠕形螨感染情况调查.刘军,陈剑.青海医药杂志,2003,(6)
纤恙螨属一新种(蜱螨亚纲,恙螨科).马英,等.动物分类学报,2003,(4)
新恙螨属一新种(蜱螨亚纲,恙螨科).马英,杨锡正.动物分类学报,2003,(3)
学生及幼儿尘螨过敏情况调查.崔宝宝.中国校医,2003,(1)
眼睑蠕形螨病 5 例报告.公晓燕.中华国际医学杂志,2003,(2)
恙螨四新种及对猪尾鼠体外寄生虫地理分布初探(蜱螨亚纲,恙螨科).刘井元,等.动物分类学报,2003,(1)
一起家庭螨虫危害的调查与防制.陈患琴,等.医学动物防制,2003,(2)
一起螨性皮炎的暴发流行及控制.范仲彤,等.中国寄生虫病防治杂志,2003,(4)
医学生蠕形螨感染调查及药物防治.李彬彬,等.实用预防医学,2003,(1)
医学院学生蠕形螨感染情况调查.姬云丽,等.中国寄生虫学与寄生虫病杂志,2003,(6)
异球螨属一新种及亚东异球螨特征补充(蜱螨亚纲:革螨股:球革螨科).马立名.昆虫分类学报,2003,(3)
婴儿蒲螨皮炎 1 例.周冼苡,于娜沙.临床皮肤科杂志,2003,(7)
营林技术措施防治南京裂爪螨试验.刘巧云,陈国顺.华东昆虫学报,2003,(1)
用分子生物学方法检测螨体内汉坦病毒的研究.张云,等.中华实验和临床病毒学杂志,2003,(2)
由逻辑质方法判断粉螨传播霉菌的特性.孙善才,等.蛛形学报,2003,(2)
镇江革螨采集及江苏省新记录,并描述三种若螨(蜱螨亚纲).胡云,马立名.华东昆虫学报,2003,(2)
镇江口岸鼠形动物体表革螨群落的研究.胡云,韩方岸.中国媒介生物学及控制杂志,2003,(4)
枝厉螨属(胭螨科)和黑面螨属(黑面螨科)各一新种(蜱螨亚纲,中气门亚目).马立名,等.动物分类学报,2003,(2)
职业及空调环境对皮肤蠕形螨感染情况的影响.方芳,等.广州医药,2003,(5)
中国甲螨名录(蜱螨亚纲:甲螨亚目)(Ⅱ).王慧芙,等.蛛形学报,2003,(1)
中国嗜木螨属——新纪录种记述(蜱螨亚纲:粉螨科).涂丹,等.蛛形学报,2003,(1)
中国下盾螨属一新种(蜱螨亚纲,厉螨科).贝纳新,等.动物分类学报,2003,(4)
中国恙虫病新媒介——海岛纤恙螨.魏晋举,等.中华国际医学杂志,2003,(4)

中国羽爪瘿螨亚科四新种记述(蜱螨亚纲,羽爪瘿螨科).陈健文,等.动物分类学报,2003,(1)
中华真地鳖寄生螨的初步研究.李长福,等.昆虫知识,2003,(4)
中气门螨四新种记述(蜱螨亚纲,表刻螨科,胭螨科,寄螨科).马立名.动物分类学报,2003,(1)
竹裂爪螨自然种群消长及空间格局研究.刘怀,等.蛛形学报,2003,(1)
自配蠕形螨膏外敷治疗酒渣鼻6例.多运贵.中医外治杂志,2003,(2)
2475名中小学生蠕形螨感染情况调查.邹勉,等.中国寄生虫病防治杂志,2004,(4)
591名医学生蠕形螨感染情况调查.景彩霞,等.延安大学学报:医学科学版,2004,(3)
ABC,ELISA检测血清粉尘螨特异性IgE.崔玉宝.中国人兽共患病杂志,2004,(7)
SPA-ELISA和Map-IFAT诊断肺螨病的研究.王慧勇,等.实用全科医学,2004,(6)
白细胞介素12对不同龄大鼠尘螨性哮喘细胞因子的影响.戴晓煌.中国媒介生物学及控制杂志,2004,(2)
北京市东城区居民室内尘螨的实验室监测.赵凯铭.中国媒介生物学及控制杂志,2004,(4)
变应原粉尘螨的培养.李全文,等.潍坊医学院学报,2004,(2)
薄荷油乳剂治疗蠕形螨.许玉华,田晨煦.上海中医药杂志,2004,(6)
不同寄主植物对截形叶螨生长发育及繁殖的影响.庞保平,等.昆虫学报,2004,(1)
不同居住环境内尘螨孳生情况调查.季金环,等.中国寄生虫病防治杂志,2004,(2)
长春中气门螨采集及吉林省新记录,并描述胸前下盾螨雄螨(蜱螨亚纲).马立名,殷秀琴.华东昆虫学报,2004,(1)
尘螨变应原疫苗对变态反应性哮喘的脱敏作用.刘光辉,等.医药导报,2004,(8)
尘螨变应原疫苗脱敏治疗对支气管哮喘患者外周血Th1/Th2细胞表达的影响.王凯萍,等.南京医科大学学报,2004,(6)
尘螨的生物学、生态学与流行概况.崔玉宝.国外医学(寄生虫病分册),2004,(6)
尘螨过敏性支气管哮喘患者肺泡巨噬细胞表面CD86的表达及抗CD86单抗对其炎性细胞因子生成的作用.陈萍,等.中华结核和呼吸杂志,2004,(5)
尘螨控制方法研究进展.孙劲旅,等.国外医学(呼吸系统分册),2004,(1)
尘螨性变态反应疾病的免疫治疗研究进展.甘明,等.国外医学(寄生虫病分册),2004,(6)
尘螨引起的疾病及其防治研究进展.罗臣,肖小芹.湖南中医药导报,2004,(9)
尘螨与过敏性疾病的研究进展.孙劲旅,等.北京医学,2004,(3)
除螨方剂治疗酒渣样皮炎36例疗效观察.洪鸾,等.中国寄生虫病防治杂志,2004,(2)
储藏菜种粉螨孳生情况初步调查.朱玉霞,等.中国寄生虫病防治杂志,2004,(6)
大鼠早注射尘螨对发育后气道炎症产生的影响.代继宏,等.中华微生物学和免疫学杂志,2004,(11)
大学生蠕形螨感染的调查分析.陈新宇,等.热带医学杂志,2004,(4)
大学生宿舍尘螨孳生状况与过敏性哮喘的关系.贺骥,等.中国学校卫生,2004,(4)
钝绥螨属2新种和东方盲走螨雄螨及若螨描述(蜱螨亚纲:革螨股:植绥螨科).马立名.蛛形学报,2004,(2)
儿童哮喘尘螨变应原检测及脱敏治疗回顾研究.顾月琴.中华医学研究杂志,2004,(12)
防尘螨药物的实验室药效测试方法.张洪杰,等.昆虫知识,2004,(3)
非嗜食植物提取物对桔全爪螨产卵的驱避性测定.岑伊静,等.应用生态学报,2004,(9)
肺螨病一例报道.郑雅梅,赵玉强.中国厂矿医学,2004,(1)
粉尘螨(抗原)PLGA微球对致敏小鼠肺部变应性炎症的影响.李乾兵,等.皖南医学院学报,2004,(3)
粉尘螨Ⅰ类变应原的cDNA克隆测序及亚克隆.杨庆贵,李朝品.中国寄生虫学与寄生虫病杂志,2004,(3)
粉尘螨Ⅱ类抗原(Derf 2)的cDNA克隆测序及亚克隆.杨庆贵,李朝品.中国人兽共患病杂志,2004,(7)
粉尘螨Ⅱ类抗原cDNA原核表达质粒的构建与表达.李朝品,杨庆贵.中国寄生虫病防治杂志,2004,(6)
粉尘螨cDNA文库的构建.刘志刚,等.中国人兽共患病杂志,2004,(11)
粉尘螨Ⅰ类抗原cDNA的克隆表达和初步鉴定.杨庆贵,李朝品.免疫学杂志,2004,(6)
粉尘螨变应原多聚体及其变应原性.张鲁雁,等.复旦学报(医学版),2004,(2)
粉尘螨变应原明胶微球口服免疫动物的脱敏效果.袁新彦,等.中国寄生虫病防治杂志,2004,(2)
粉尘螨滴剂中硫柳汞限度的比色检查.周琳,等.中国生物制品学杂志,2004,(4)
粉尘螨口含滴剂治疗变应性哮喘的有效性及依从性.谭毅,等.广西医学,2004,(7)
粉尘螨两种溶性抗原糖蛋白的组分与糖链研究.刘爱芹,等.中国寄生虫病防治杂志,2004,(1)
粉尘螨脱敏疗法防治小儿哮喘78例临床疗效观察.莫玲碧,等.中国现代实用医学杂志,2004,(4)
福州市学生蠕形螨感染情况调查.陈豪,等.福建医科大学学报,2004,(4)
革板螨属一新种和绒鼠革板螨雄螨及若螨描述(蜱螨亚纲:革螨股:派盾螨科).马立名.昆虫分类学报,2004,(3)
革螨、恙螨感染汉坦病毒最小感染阈值及增长的动态观察.张云,等.中国人兽共患病杂志,2004,(4)
钩形革伊螨新种记述和新美革伊螨特征补充(蜱螨亚纲:革螨股:土革螨科).马立名.蛛形学报,2004,(1)

钩形革伊螨新种记述和新美革伊螨特征补充(蜱螨亚纲:革螨股:土革螨科).马立名.蛛形学报,2004,(1)
广厉螨属一新种(蜱螨亚纲,厉螨科).马英,等.动物分类学报,2004,(1)
河南中医学院部分学生蠕形螨感染情况调查.李文,等.海峡预防医学杂志,2004,(1)
菏泽牡丹园土壤甲螨群落特点研究.谢桂林,等.生态学报,2004,(4)
狐、貉螨病的综合防制.赵传芳,等.特种经济动植物,2004,(11)
湖北省革螨初步名录.刘亦仁,杨振琼.蛛形学报,2004,(1)
淮南市2所大学学生宿舍螨类孳生情况的调查.崔玉宝,等.环境与健康杂志,2004,(4)
混交林和纯竹林与毛竹害螨爆发成灾关系研究.张艳璇,等.应用生态学报,2004,(7)
吉林省革螨新记录(12).张芳,等.中国媒介生物学及控制杂志,2004,(2)
吉林省革螨新记录(16)(蜱螨亚纲:中气门亚目).陈晶洁,等.中国媒介生物学及控制杂志,2004,(5)
集安革螨采集记录(3)及吉林省新记录,并描述二种若螨(蜱螨亚纲).崔世全,马立名.华东昆虫学报,2004,(2)
寄生于实验动物的蠕形螨与寄生虫学质量监测.王彦平,等.中国比较医学杂志,2004,(4)
间接荧光抗体试验诊断肠螨病初探.冯忠伟,等.临床输血与检验,2004,(4)
睑缘炎患者眼睑蠕形螨感染调查.田晔,李朝品.中国寄生虫病防治杂志,2004,(4)
酒渣鼻与蠕形螨和细菌感染的关系.胡群,等.中国寄生虫学与寄生虫病杂志,2004,(1)
卡介苗和尘螨对哮喘儿童外周血单个核细胞表达CD80的影响.周娟,等.实用儿科临床杂志,2004,(12)
开封农村儿童蠕形螨感染情况.王国英.中国学校卫生,2004,(4)
开封市儿童蠕形螨感染调查.谷敬丽,孙伟力.河南大学学报(医学科学版),2004,(2)
抗梅岭霉素和阿维菌素二斑叶螨种群生命力和繁殖力的研究.李瑞娟,等.农药学学报,2004,(1)
利用双向电泳比较3种提取户尘螨蛋白的方法.孙劲旅,等.基础医学与临床,2004,(3)
凉席防螨虫的几点建议.亚静.健康人生,2004,(5)
邻苯二甲酸二丁酯乳化液治疗蠕形螨病的研究.夏惠,等.中国寄生虫学与寄生虫病杂志,2004,(4)
卵形异绒螨对梨二叉蚜的控制作用.朱守卫,等.昆虫天敌,2004,(4)
螨过敏性变应性鼻炎血清CD23与sIgE的相关性研究.乌维秋,等.中国中西医结合耳鼻咽喉科杂志,2004,(6)
螨抗原蛋白含量的快速测定方法——紫外分光光度法.邹泽红.现代临床医学生物工程学杂志,2004,(2)
螨媒传播汉坦病毒的实验研究.王洁,等.中国公共卫生,2004,(8)
螨所致支气管哮喘23例分析.李广如.临床误诊误治,2004,(6)
螨性哮喘特异性免疫治疗的研究进展.李乾兵,等.皖南医学院学报,2004,(2)
免疫治疗对变应性鼻炎患者鼻分泌物中螨变应原特异性IgG1和IgG4抗体水平的影响.肖水芳,等.中华耳鼻咽喉科杂志,2004,(12)
面部蠕形螨病90例临床分析.庞晓文,等.中国皮肤性病学杂志,2004,(10)
模糊聚类法在储粮粉螨分类研究中的应用.李朝品,孙善才.中国媒介生物学及控制杂志,2004,(2)
南阳市人体面部蠕形螨感染情况调查.杨增茹,等.中国寄生虫学与寄生虫病杂志,2004,(5)
栖霞市中小学生蠕形螨感染情况调查.李振华,等.中国热带医学,2004,(4)
青少年中面部蠕形螨感染情况调查.罗新华,等.河南科技大学学报(医学版),2004,(2)
秋冬型恙虫病病人、恙螨、鼠东方体基因型研究.刘运喜,等.中国公共卫生,2004,(7)
驱虫止痒灵治疗金黄仓鼠疥螨病的效果.刘秀霞,等.上海实验动物科学,2004,(4)
犬蠕形螨病病理组织学观察.杨举,等.中国寄生虫病防治杂志,2004,(3)
犬蠕形螨病诊断抗原制备研究.杨举,等.寄生虫与医学昆虫学报,2004,(2)
人面部蠕形螨感染致病及其防治.田晔,李朝品.疾病控制杂志,2004,(4)
人蠕形螨与皮肤病.刘大华,等.中国农村医学,2004,(10)
人体蠕形螨二种检测方法的比较.陈光,等.黑龙江医药科学,2004,(5)
人体蠕形螨感染的皮肤组织病理学观察.余礼军,郭鄂平.医学动物防制,2004,(10)
人体蠕形螨感染调查及相关因素分析.赵亚娥,等.中国寄生虫病防治杂志,2004,(1)
人体蠕形螨自然死亡的判断.姜淑芳,等.实用医药杂志(山东),2004,(2)
柔弱下盾螨雌螨形态补充及后若螨描述(蜱螨亚纲:革螨股:厉螨科).马立名.蛛形学报,2004,(2)
蠕形螨流行防治进展.杨毅梅.中国临床医药实用杂志,2004,(6)
蠕形螨在大学生面部感染与分布的调查.杨毅梅,等.热带医学杂志,2004,(3)
山东部分地区小兽类寄生恙螨的群落结构.刘运喜,等.动物学杂志,2004,(2)
山东省恙螨区系研究.薛健,等.中国媒介生物学及控制杂志,2004,(6)
上海市大学生螨性皮炎的调查及危险因素分析.周淑君,等.中国寄生虫病防治杂志,2004,(2)
舌下免疫疗法可抑制哮喘患儿对尘螨的敏感性.基础医学与临床,2004,(4)
深圳儿童尘螨流行病学调查及致敏性分析.郭玉芹,等.中国现代医学杂志,2004,(13)

食用菌菌螨的发生与防治. 李胜,等. 特种经济动植物,2004,(1)
首次从紫色纤恙螨分离恙虫病东方体. 王士明,等. 中华中西医学杂志,2004,(5)
速霸螨水乳剂在柑橘及土壤中的残留动态研究. 杨仁斌,等. 农药学学报,2004,(1)
天敌竹盲走螨在纯竹林中种群数量锐减的原因研究. 张艳璇,等. 华东昆虫学报,2004,(1)
兔螨虫病的防治. 徐贺春,等. 肉品卫生,2004,(10)
微孢子虫和狄斯瓦螨分别侵染后的意蜂血淋巴蛋白质含量变化. 周婷,等. 昆虫学报,2004,(4)
维螨属二新种(蜱螨亚纲,中气门目,维螨科). 马立名,林坚贞. 动物分类学报,2004,(4)
屋尘螨特异性变应原的定位研究. 付仁龙,等. 中国寄生虫学与寄生虫病杂志,2004,(4)
无前螨科沙螨(恙螨)的分类. 温廷桓. 中国寄生虫学与寄生虫病杂志,2004,(2)
无前恙螨属二新种(蜱螨目:恙螨科). 夏惠,陈兴保. 华东昆虫学报,2004,(1)
武汉市尘螨致敏的调查. 吴宁,等. 中国医师杂志,2004,(7)
武警某支队560例入伍新兵疥螨感染情况的调查. 王国欣,等. 武警医学,2004,(3)
下盾螨属和伪寄螨属的新种记述(蜱螨亚纲:革螨股:厉螨科). 马立名. 蛛形学报,2004,(1)
小盾纤恙螨经卵传递病原体研究. 吴光华,等. 中国媒介生物学及控制杂志,2004,(4)
新生大鼠注射尘螨对其发育后气道炎症作用的研究. 代继宏,等. 重庆医科大学学报,2004,(3)
徐州不同人群尘螨过敏调查. 邢道荣,温廷桓. 中国寄生虫学与寄生虫病杂志,2004,(5)
恙螨刺吸宿主引起皮肤组织病变的观察. 朱万春. 热带病与寄生虫学,2004,(2)
恙螨体内汉坦病毒核酸的基因芯片检测. 朱进,等. 中国公共卫生,2004,(3)
伊维菌素治疗蠕形螨病疗效观察. 陈新宇,等. 热带医学杂志,2004,(3)
预防病历中寄生螨虫感染面部皮肤. 曹力,等. 中华医院感染学杂志,2004,(11)
智利小植绥螨防治棉叶螨的探究. 成文禄. 生物学教学,2004,(8)
中国派伦螨属一新种(蜱螨亚纲,中气门亚目,派伦螨科). 贝纳新,等. 动物分类学报,2004,(4)
中国四瘿螨属一新种记述(蜱螨亚纲,瘿螨科). 王洪跃,鲁素玲. 动物分类学报,2004,(2)
中国叶刺瘿螨亚科四新种记述(蜱螨亚纲:瘿螨科). 韦绥概,等. 昆虫分类学报,2004,(1)
中国瘿螨科三新种记述(蜱螨亚纲,瘿螨总科). 陈健文,等. 动物分类学报,2004,(3)
中国瘿螨科三新种记述(蜱螨亚纲:瘿螨总科). 韦绥概,等. 昆虫分类学报,2004,(3)
中国真扇毛螨属记述(蜱螨亚纲,肉食螨科). 夏斌,等. 动物分类学报,2004,(1)
中国植绥螨资源及其生物学研究进展. 唐斌,等. 昆虫知识,2004,(6)
中国中气门螨新记录(2)(蜱螨亚纲:革螨股,尾足螨股). 马立名. 蛛形学报,2004,(2)
中学生蠕形螨感染情况调查. 孙慧萍,李慧. 中国寄生虫病防治杂志,2004,(2)
朱砂叶螨不同抗性品系酯酶同工酶研究. 曹小芳,等. 蛛形学报,2004,(2)
朱砂叶螨体内感染的Wolbachia的wsp基因序列测定与分析. 苗慧,等. 昆虫学报,2004,(6)
竹裂爪螨毛竹种群与慈竹种群对不同寄主植物的适应性及其生殖隔离. 刘怀,等. 应用生态学报,2004,(2)
中国瘿螨志(二)(蜱螨亚纲、瘿螨总科). 罗光宏. 昆虫知识,2005,(3)
《中国瘿螨志(二)》介绍. 蛛形学报,2005,(2)
46例肺部感染的旧房拆迁农民工患肺螨病情况的调查. 江佳佳,等. 中国职业医学,2005,(5)
79例农药克螨特致眼损害院前处理分析. 毛思红,等. 浙江预防医学,2005,(12)
Bt棉田边缘杂草带对棉田内叶螨发生的影响. 马晓牧,等. 昆虫学报,2005,(5)
HLA,DRB1基因与螨性哮喘的相关性研究. 李朝品,等. 安徽医科大学学报,2005,(3)
HPLC测定痤螨灵搽剂中三组分的含量. 于志庚,等. 药物分析杂志,2005,(8)
HPLC法测定新肤螨灵软膏中甲硝唑的含量. 景巧敏,等. 齐鲁药事,2005,(11)
安徽理工大学新生尘螨过敏情况. 王慧勇,等. 中国学校卫生,2005,(2)
柏氏禽刺螨致皮炎2例. 王新彩,刘润芳. 中国寄生虫学与寄生虫病杂志,2005,(2)
北京市居室空气中细菌、霉菌、尘螨的检出情况及结果分析. 余晓辉,等. 中国预防医学杂志,2005,(1)
变应性鼻炎患者脱敏治疗前后尘螨特异性IgE和白细胞介素水平的变化. 王忠喜. 临床耳鼻咽喉科杂志,2005,(17)
标准化尘螨变应原疫苗治疗变应性鼻炎的疗效和安全性评估. 王成硕,等. 首都医科大学学报,2005,(3)
不同寄主植物对山楂叶螨生长发育和繁殖的影响. 李定旭,等. 生态学报,2005,(7)
不同玉米品种对截形叶螨种群参数的影响. 庞保平,等. 应用生态学报,2005,(7)
不同职业人群中哮喘患者尘螨过敏情况的调查. 贺骥,等. 中华劳动卫生职业病杂志,2005,(6)
尘螨变态反应患者的护理. 那美玲. 护理实践与研究,2005,(6)
尘螨变应性鼻炎脱敏治疗的效果评价. 黄爱霞,等. 医学临床研究,2005,(11)
尘螨变应原的分子生物学研究进展. 杨庆贵,李朝品. 中国寄生虫学与寄生虫病杂志,2005,(6)
尘螨变应原疫苗的疗效观察. 刘光辉,等. 中国医院药学杂志,2005,(1)

尘螨刺激对特应质母亲的新生儿脐血单个核细胞分泌特异性 IgE 的影响. 谢龙山,等. 广东医学,2005,(4)
尘螨过敏母亲对新生儿 Th1/Th2 平衡功能的影响. 谢龙山,等. 实用医学杂志,2005,(13)
尘螨过敏性哮喘脱敏治疗的临床观察及护理. 胡少芝,等. 右江民族医学院学报,2005,(1)
尘螨抗原对支气管上皮细胞单核细胞趋化蛋白-1 表达的影响. 孙宝清,等. 中华微生物学和免疫学杂志,2005,(12)
尘螨特异性免疫治疗对哮喘儿童免疫状态影响. 盛军,等. 中华现代儿科学杂志,2005,(8)
成都市部分公共场所尘螨污染情况调查及其浸出液蛋白电泳分析. 高蓉,等. 四川省卫生管理干部学院学报,2005,(4)
储藏干果中腐食酪螨孳生情况调查. 李朝品,等. 中国寄生虫病防治杂志,2005,(5)
储藏食物孳生粉螨群落结构及多样性分析. 王慧勇,李朝品. 热带病与寄生虫学,2005,(3)
储藏物螨类危害与防治. 贺骥,李朝品. 热带病与寄生虫学,2005,(2)
储藏中药材孳生粉螨的研究. 李朝品,等. 热带病与寄生虫学,2005,(3)
痤疮合并螨虫感染临床观察. 兰建华,等. 中国社区医师,2005,(6)
大学生蠕形螨感染调查. 谷敬丽,等. 中国血吸虫病防治杂志,2005,(3)
大学生蠕形螨感染情况分析. 刘亦苏,等. 中国寄生虫病防治杂志,2005,(5)
大学生蠕形螨感染危险因素 logistic 回归分析. 孙海双,第四军医大学学报,2005,(23)
大学生外耳道蠕形螨感染情况调查. 孙彦青,于平. 中国寄生虫病防治杂志,2005,(4)
德州市革螨种群分布及季节消长调查. 孟宪新,等. 中国媒介生物学及控制杂志,2005,(5)
多变革板螨雄螨及后若螨描述(蜱螨亚纲:革螨股:派盾螨科). 马立名,等. 华东昆虫学报,2005,(1)
粉尘螨和细菌脂多糖诱导哮喘儿童树突状细胞成熟分化的特点. 王立波,等. 复旦学报(医学版),2005,(6)
粉尘螨抗原 PLGA 微球对致敏小鼠脱敏疗效的研究. 王国平,等. 昆明医学院学报,2005,(2)
粉尘螨提取液对 Ana-1 巨噬细胞表达 TNF,α 及 ICAM-1 的影响. 张克军,等. 山西医科大学学报,2005,(1)
粉尘螨脂质体制备和对致敏小鼠免疫功能的影响. 岳文燕,等. 中国临床药理学与治疗学,2005,(3)
粉螨危害及防制措施. 王慧勇,李朝品. 中国媒介生物学及控制杂志,2005,(5)
粉螨系统分类研究的回顾. 王慧勇,李朝品. 热带病与寄生虫学,2005,(1)
粉螨致结肠溃疡一例. 王克霞,等. 中华内科杂志,2005,(9)
赣州市部分医学生人体蠕形螨感染情况的调查分析. 曹镐禄,等. 赣南医学院学报,2005,(5)
革鞍螨属和囊螨属新种记述及已知种特征补充描述(蜱螨亚纲:革螨股:胭螨科). 马立名. 蛛形学报,2005,(2)
革赛螨属和囊螨属新种记述及囊螨属已知种补充描述(蜱螨亚纲,中气门目,胭螨科). 马立名. 动物分类学报,2005,(3)
固相萃取,高效液相色谱法测定鱼组织中的吡喹酮和克螨特残留. 吴晓苹,等. 色谱,2005,(4)
广东省新发现一种危害水稻的入侵性瘿螨. 洪晓月,等. 昆虫学报,2005,(2)
广西主要旅游城市公共场所螨类调查. 梁惠宁,等. 中国公共卫生,2005,(9)
河南省下盾螨属新记录(蜱螨亚纲:厉螨科). 曹淑兰,等. 中国媒介生物学及控制杂志,2005,(2)
河南枝厉螨属二新种(蜱螨亚纲,革螨股,胭螨科). 马立名,林坚贞. 动物分类学报,2005,(2)
湖北地区已知革螨区系分析. 陶建武,等. 中国媒介生物学及控制杂志,2005,(4)
淮南地区储藏中药材孳生粉螨的群落组成及多样性. 李朝品,等. 蛛形学报,2005,(2)
淮南地区粉螨群落与生境关系研究初报. 李朝品,等. 南京医科大学学报,2005,(12)
淮南地区屋宇生态系粉螨群落组成和多样性研究. 李朝品,等. 生态学杂志,2005,(12)
淮南市不同环境中粉螨群落组成和多样性现场调查. 李朝品,等. 中国寄生虫学与寄生虫病杂志,2005,(6)
淮南市某居民小区住宅中粉螨调查. 江佳佳,等. 环境与健康杂志,2005,(5)
环境干预对儿童尘螨性哮喘疗效的研究. 杨子珍,王秀兰. 上海预防医学,2005,(6)
吉林省革螨新记录(13). 孟庆和,等. 中国媒介生物学及控制杂志,2005,(2)
吉林省革螨新记录(14). 陈晶洁,等. 中国媒介生物学及控制杂志,2005,(1)
吉林省植绥螨科(蜱螨亚纲)新记录. 曹淑兰,马立名. 四川动物,2005,(2)
吉林省中西部平原区土壤螨类群落结构特征. 吴东辉,等. 动物学报,2005,(3)
集体聚集与非集体聚集人群蠕形螨感染的 Meta 分析. 许正敏,张勤国. 中国寄生虫病防治杂志,2005,(2)
几种病原真菌对二点叶螨、桃蚜的侵染能力研究. 宋丽雯,等. 微生物学杂志,2005,(6)
几种常用的过敏原提取溶液对户尘螨放射过敏原吸附抑制实验荧光值的影响. 孙劲旅,等. 基础医学与临床,2005,(9)
寄螨科四新种记述(蜱螨亚纲,革螨股). 马立名,林坚贞. 动物分类学报,2005,(1)
甲硝唑治疗实验性肺螨病的疗效观察. 戴忠辉,等. 中国人兽共患病杂志,2005,(11)
间接 ELISA 法对常年性变应性鼻炎患者血清中屋尘螨变应原特异性 IgE 的分析. 徐枫,等. 中国临床医学,2005,

(6)
居室环境中尘螨调查. 贺骥,李朝品. 环境与健康杂志,2005,(4)
居室环境中螨类的孳生与疾病. 崔玉宝,等. 环境与健康杂志,2005,(6)
咳嗽型哮喘患儿体内锌铁变化与变应原螨的相关性研究. 李秀芳,等. 微量元素与健康研究,2005,(1)
克瓦厚厉螨雄螨及后若螨描述(蜱螨亚纲:革螨股:厚厉螨科). 马立名,殷秀琴. 华东昆虫学报,2005,(3)
空调隔尘网灰尘粉螨污染的调查. 朱玉霞,等. 环境与健康杂志,2005,(6)
兰州地区人体毛囊蠕形螨的调查研究. 曹庚,等. 中国麻风皮肤病杂志,2005,(4)
离子交换介孔分子筛 DEAE-SBA-15 的制备及其用于分离纯化粉尘螨主要变应原 Derf2. 雷杰,等. 高等学校化学学报,2005,(5)
力氏广厉螨雄螨与后若螨描述(蜱螨亚纲:革螨股:厉螨科). 马立名. 四川动物,2005,(4)
两种粉螨分离方法的对比研究. 朱玉霞,等. 中国媒介生物学及控制杂志,2005,(1)
猎物对巴氏钝绥螨生长发育和繁殖的影响. 张倩倩,范青海. 华东昆虫学报,2005,(2)
螨虫叮咬人的调查报告. 温立海,等. 中国媒介生物学及控制杂志,2005,(1)
螨的危害及其防治. 贾家祥. 中华卫生杀虫药械,2005,(3)
螨非特异性侵染. 温廷桓. 中国寄生虫学与寄生虫病杂志,2005,(B10)
螨脱敏辅助治疗儿童哮喘疗效分析. 王金龙. 中国乡村医药,2005,(7)
毛囊蠕形螨的发育形态观察和存活适温范围研究. 赵亚娥,等. 昆虫学报,2005,(5)
毛囊蠕形螨感染与头面部皮肤肿瘤的关系. 孙静,等. 中国寄生虫学与寄生虫病杂志,2005,(6)
毛绥螨属新种记述和已知种再描述与更正(蜱螨亚纲:革螨股:裂胸螨科). 马立名. 蛛形学报,2005,(1)
某高校大学生面部蠕形螨感染情况. 杨毅梅,等. 中国学校卫生,2005,(5)
某卫校学生蠕形螨感染情况调查分析. 谢荣华,谢春华. 中华医学研究杂志,2005,(2)
宁夏广厉螨属一新种(蜱螨亚纲:厉螨科). 白学礼,王柏松. 地方病通报,2005,(4)
蜱螨学网络资源简介. 崔玉宝,李朝品. 中国寄生虫学与寄生虫病杂志,2005,(1)
蒲螨与人类疾病. 崔玉宝. 昆虫知识,2005,(5)
齐齐哈尔市大学生人体蠕形螨感染情况调查. 吴玲,张硕. 中华现代皮肤科学杂志,2005,(4)
青岛地区大学生面部蠕形螨感染情况调查. 姚宗良. 中国寄生虫学与寄生虫病杂志,2005,(4)
青海真厉螨属一新种(蜱螨亚纲,中气门目,厉螨科). 马英,等. 动物分类学报,2005,(2)
人体蠕形螨病的皮肤组织病理学研究. 陈秀春,等. 中国寄生虫病防治杂志,2005,(4)
人体蠕形螨病的治疗药物现状. 白海燕. 热带病与寄生虫学,2005,(4)
人体蠕形螨感染情况生态学调查. 范丽娜,孙晓丽. 白求恩军医学院学报,2005,(3)
蠕形螨检测方法的研究. 陈玉芹,等. 华北煤炭医学院学报,2005,(2)
蠕形螨在大学生外耳道分布的观察. 丁跃明,黄秀琼. 临床耳鼻咽喉科杂志,2005,(4)
乳酸菌对尘螨致哮喘小鼠的免疫调节及对 P38 通路的影响. 于宝丹,等. 中国免疫学杂志,2005,(9)
山西青,学生蠕形螨感染调查. 杨晓红,段希玲. 热带医学杂志,2005,(4)
陕西维螨属二新种(蜱螨亚纲,维螨科). 白学礼,秦军. 动物分类学报,2005,(4)
上海市场新床席螨类污染情况调查. 周淑君,等. 中国寄生虫病防治杂志,2005,(4)
上海市居室尘螨变应原浓度初步检测. 毛佐华,等. 中国寄生虫学与寄生虫病杂志,2005,(4)
深圳市肠螨病流行情况的调查. 孙杨青,等. 现代预防医学,2005,(8)
深圳市储藏物孳生粉螨的研究. 梁伟超,等. 中国基层医药,2005,(12)
深圳市储藏中药材孳生粉螨的研究. 刘学文,等. 中国基层医药,2005,(8)
十二烷基苯磺酸钠体外杀螨的试验研究. 吴大军,等. 临床皮肤科杂志,2005,(11)
十二烷基苯磺酸钠治疗蠕形螨病的实验和临床研究. 臧运书,等. 中国寄生虫学与寄生虫病杂志,2005,(4)
食用菌螨类孳生情况调查. 江佳佳,李朝品. 热带病与寄生虫学,2005,(2)
桃园山楂叶螨、桃一点斑叶蝉及其主要天敌生态位. 张安盛,等. 华东昆虫学报,2005,(1)
替硝唑联合甲硝唑乳膏治疗面部蠕形螨病疗效观察. 沈辉. 中国皮肤性病学杂志,2005,(10)
头皮瘙痒头屑过多及其他皮肤疾患与蠕形螨感染的调查分析. 陈玉芹,客绍樱,等. 医学动物防制,2005,(3)
土耳其斯坦叶螨对胡瓜钝绥螨的吸引反应. 季洁,等. 华东昆虫学报,2005,(3)
薇苷菊乙醇提取物对桔全爪螨种群的控制作用. 岑伊静,等. 应用生态学报,2005,(4)
为拟月角革螨另立新名及中国北方异肢螨属研究(蜱螨亚纲:革螨股:寄螨科). 马立名. 蛛形学报,2005,(2)
温度对抗性朱砂叶螨发育和繁殖的影响. 何林,等. 昆虫学报,2005,(2)
我国食用菌螨类及其防治方法. 江佳佳,李朝品. 热带病与寄生虫学,2005,(4)
我国恙虫病媒介恙螨的调查研究. 吴光华. 中国媒介生物学及控制杂志,2005,(6)
屋尘螨Ⅰ类变应原 Derp 1 的体内定位. 刘志刚,等. 昆虫学报,2005,(6)
屋尘螨提取液致敏 BALB/c 与 C57BL/6 小鼠肺部变应性炎症模型的比较. 吴奎,等. 第三军医大学学报,2005,

(17)
屋尘螨致敏组分的研究. 赖荷,等. 中华微生物学和免疫学杂志,2005,(12)
无前恙螨属——新种记述(蜱螨目:恙螨科). 王雪梅,夏惠. 华东昆虫学报,2005,(1)
西安市某校大学生人体蠕形螨流行情况调查. 赵亚娥,等. 中华流行病学杂志,2005,(5)
哮喘病人肺尘螨感染调查. 于平,王凤. 中国寄生虫病防治杂志,2005,(5)
哮喘患儿的出生季节与尘螨致敏作用之间相关. 基础医学与临床,2005,(11)
哮喘患儿血 EOS、ECP、IgE 水平和尘螨皮试的变化及其相关性研究. 楼金吐,等. 中华急诊医学杂志,2005,(1)
哮喘患者全血在尘螨主要过敏原刺激下辅助性 T 淋巴细胞 1/辅助性 T 淋巴细胞 2 细胞内细胞因子的表达与偏移. 邵洁,等. 上海医学,2005,(8)
楔形维螨和汤旺河维螨雌螨形态补充及若螨描述(蜱螨亚纲:革螨股:维螨科). 马立名. 蛛形学报,2005,(1)
新生大鼠注射尘螨对其发育后气道炎症指标作用的研究. 代继宏,等. 重庆医学,2005,(2)
寻常痤疮合并螨虫感染临床疗效观察. 宋文生,兰建华. 中国实用乡村医生杂志,2005,(4)
叶螨及其对植物的生理生化影响. 贾贞,毛学文. 生物学教学,2005,(4)
液氮冷冻联合甲硝唑治疗面部蠕形螨病疗效观察. 孔玉沙. 中国皮肤性病学杂志,2005,(4)
医学生蠕形螨感染调查及相关因素分析. 秦小虎,等. 广西预防医学,2005,(6)
医学院校学生蠕形螨感染情况调查分析. 周金英. 白求恩军医学院学报,2005,(1)
玉米田截形叶螨种群动态的研究. 庞保平,等. 生态学杂志,2005,(10)
云南大理洱海周边地区小兽体表恙螨种类调查. 牛爱琴,等. 中国寄生虫病防治杂志,2005,(5)
云南省大理洱海周边地带小兽体表恙螨群落结构. 牛爱琴,等. 中国媒介生物学及控制杂志,2005,(6)
郧阳医学院部分大学生蠕形螨感染情况. 郭鄂平,等. 中国学校卫生,2005,(6)
郧阳医学院大学入学新生蠕形螨感染调查. 朱名胜,耿家荣. 中国寄生虫病防治杂志,2005,(5)
在校大学生蠕形螨感染的调查及治疗观察. 张美华,等. 热带病与寄生虫学,2005,(4)
在校大学生蠕形螨感染情况调查. 王少海,等. 中国寄生虫病防治杂志,2005,(5)
针叶小爪螨在吉林延边危害的首次报道. 金大勇,等. 昆虫知识,2005,(5)
中国蚌螨属水螨一新种记述(蜱螨亚纲,蚌螨科). 文春根,等. 动物分类学报,2005,(3)
中国多毛腺水螨亚属两新种记述(蜱螨亚纲,水螨群,腺水螨科). 郭建军,等. 动物分类学报,2005,(4)
中国莓瘿螨属一新种记述(蜱螨亚纲:植羽瘿螨科). 韦绥概,等. 昆虫分类学报,2005,(1)
中国美绥螨属一新种记述(蜱螨亚纲:革螨股:美绥螨科). 马立名,林坚贞. 昆虫分类学报,2005,(1)
中国新纪录龟水螨亚科及一新种描述(蜱螨亚纲,急流水螨科). 郭建军,金道超. 动物分类学报,2005,(1)
中国新纪录科条顿螨科及其一新种记述(蜱螨亚纲,水螨群,腺水螨总科). 郭建军,金道超. 动物分类学报,2005,(2)
中国植绥螨规模化饲养及保护利用研究进展. 张帆,等. 昆虫知识,2005,(2)
中国植羽瘿螨亚科一新种记述(蜱螨亚纲,瘿螨总科). 陈秀蓉,等. 动物分类学报,2005,(1)
中药材工作者肺部螨感染调查和治疗. 夏惠,等. 中国寄生虫学与寄生虫病杂志,2005,(2)
中医药院校学生中蠕形螨的感染情况调查. 马志红,等. 现代中西医结合杂志,2005,(14)
周氏下盾螨、内蒙下盾螨和网状广厉螨补充描述(蜱螨亚纲:革螨股:厉螨科). 马立名. 蛛形学报,2005,(2)
自配螨虫酊治疗螨虫皮炎 6 例. 多运贵. 中医外治杂志,2005,(2)
自制杀螨液治疗人体蠕形螨 1167 例. 刘彦,曾谷清,等. 皮肤病与性病,2005,(1)
ABC-ELISA 法诊断肠螨病的研究. 张荣波,等. 中国卫生检验杂志,2006,(10)
阿氏角绥螨雄螨和幼螨描述(蜱螨亚纲:中气门目:角绥螨科). 马立名,殷秀琴. 华东昆虫学报,2006,(3)
艾叶粗提物体外杀螨作用的实验研究. 赵亚娥,等. 中国媒介生物学及控制杂志,2006,(3)
柏小爪螨实验种群生命表的组建与分析. 许俊杰,孙运达. 四川动物,2006,(4)
变态反应性疾病患者螨和蟑螂过敏原体外检测分析. 孙宝清,等. 热带医学杂志,2006,(11)
标准化屋尘螨疫苗免疫治疗对变应性支气管哮喘的疗效. 王红玉,等. 中华结核和呼吸杂志,2006,(10)
不同居住和工作环境内螨类孳生情况调查. 韩玉信,赵玉强. 中国热带医学,2006,(4)
不同桑树品种上朱砂叶螨实验种群内禀增长率的统计推断. 吴福安,等. 昆虫学报,2006,(2)
部分居民面部蠕形螨感染调查及分析. 张培琳. 检验医学,2006,(1)
仓贮与实验环境中粉螨传播霉菌的逻辑质判断. 刘群红,等. 中国人兽共患病学报,2006,(7)
长春市不同土地利用生境土壤螨类群落结构特征. 吴东辉,等. 生态学报,2006,(1)
长发美绥螨和印度新曲厉螨雄螨与前若螨描述(蜱螨亚纲:中气门目:美绥螨科). 马立名,等. 华东昆虫学报,2006,(4)
常用化学杀螨剂对两种生防真菌孢子的相容性测定. 姜渝,冯明光. 应用生态学报,2006,(7)
尘螨变应原含量检测研究进展. 练玉银,杨杏芬. 热带医学杂志,2006,(5)
尘螨变应原免疫治疗哮喘的护理体会. 余亚琼. 中医药临床杂志,2006,(2)

尘螨变应原疫苗对变应性鼻炎的脱敏作用. 刘光辉,等. 中国医院药学杂志,2006,(9)
尘螨过敏患者脱敏治疗依从性分析与护理干预. 胡少芝,等. 护理学报,2006,(6)
尘螨过敏原的交叉反应性. 孙劲旅,等. 昆虫学报,2006,(4)
尘螨脱敏治疗异位性皮炎临床观察及护理. 王美华. 现代医药卫生,2006,(18)
尘螨主要重组变应原的研究现状. 张豪,等. 国际医学寄生虫病杂志,2006,(4)
宠物犬疥螨病的防治. 黄万胜,等. 兽药市场指南,2006,(2)
出生季节与哮喘儿童尘螨过敏关联. 相洪琴,寒冰. 国外医学情报,2006,(1)
刺足根螨的人工饲养技术. 张丽芳,王继华. 昆虫知识,2006,(1)
崔氏美绥螨雄螨描述(蜱螨亚纲:革螨股:美绥螨科). 马立名. 蛛形学报,2006,(2)
痤疮与蠕形螨感染的关系及痤肤欣擦剂治疗研究. 杨海宁,等. 武警医学,2006,(1)
大学生蠕形螨感染情况调查. 陈建芳,等. 包头医学院学报,2006,(2)
大学生蠕形螨感染状况调查. 王国英,刘文琪. 中国血吸虫病防治杂志,2006,(1)
敌百虫搽剂的制备与治疗蠕螨皮炎临床观察. 刘虹,等. 新疆医学,2006,(2)
地厉螨属一新种(蜱螨亚纲,厉螨科). 卢世堂,白学礼. 动物分类学报,2006,(2)
顶空固相微萃取,气相色谱法测定粉尘螨舌下滴剂中丙酮的残留量. 翟晨淏,等. 中国生物制品学杂志,2006,(4)
毒死蜱亚致死剂量对朱砂叶螨实验种群动态的影响. 陶士强,吴福安. 应用生态学报,2006,(7)
儿童尘螨哮喘的量子共振检测评估. 李秀芳,吴莉萍. 世界元素医学,2006,(3)
二斑叶螨体内感染的 Wolbachia 的 wsp 基因序列测定与分析. 苗慧,等. 昆虫学报,2006,(1)
肺螨病合并肺结核 1 例报告. 程鹏,等. 中国热带医学,2006,(11)
粉尘螨Ⅰ类变应原(DerfⅠ)的克隆表达、纯化及免疫学特性. 朱健琦,等. 昆虫学报,2006,(2)
粉尘螨Ⅱ类变应原的克隆表达、纯化及其免疫学特性. 朱健琦,等. 免疫学杂志,2006,(2)
粉尘螨 6 类变应原(Derf6)的克隆表达、纯化及免疫学特性鉴定. 朱永烽,等. 中国寄生虫学与寄生虫病杂志,2006,(4)
粉尘螨滴剂对豚鼠特异性哮喘反应的脱敏作用. 李赟,等. 药学学报,2006,(7)
粉尘螨滴剂治疗过敏性哮喘和变应性鼻炎的临床研究. 钱耀琴,等. 上海医学,2006,(12)
粉尘螨口含滴剂治疗儿童变应性哮喘合并过敏性鼻炎. 覃敏,等. 广西医科大学学报,2006,(4)
腐食酪螨在不同温度和营养条件下生长发育的比较研究. 刘婷,等. 昆虫学报,2006,(4)
腐食酪螨种群消长及空间分布型研究. 陶莉,李朝品. 南京医科大学学报,2006,(10)
复方大黄膏体外杀螨作用的实验研究. 陈殿学,等. 中医药学刊,2006,(6)
革板螨属 1 新种和浩伦螨属 1 新种(蜱螨亚纲:中气门目:派盾螨科). 马立名,林坚贞. 蛛形学报,2006,(2)
革螨新同物异名(蜱螨亚纲:中气门亚目). 马立名. 蛛形学报,2006,(1)
根螨属螨类进境风险分析. 苏秀霞,等. 华东昆虫学报,2006,(3)
工作场所与居室粉螨变应原含量相关性研究. 张荣波,等. 中国卫生检验杂志,2006,(4)
关于农药对有益螨和昆虫影响的研究所涉及的新的概念和方法及其在 IPM 中的局限性. 白义川,谷希树. 世界农药,2006,(5)
广西十万大山瘿螨一新属五新种(蜱螨亚纲,瘿螨科). 韦绥概,等. 动物分类学报,2006,(1)
国内几种尘螨变应原提取液的质量分析. 许振华,等. 广东药学院学报,2006,(2)
过敏性疾病患者过敏原检测及尘螨脱敏治疗观察. 黎德燕,等. 现代护理,2006,(14)
海口市大学生宿舍尘螨孳生情况的调查. 饶朗毓,等. 海南医学院学报,2006,(2)
海口市区部分中小学生面部蠕形螨感染调查. 杨学敏,骆园. 中国热带医学,2006,(8)
海南岛四所高校学生宿舍尘螨孳生情况的初步调查. 王永存,等. 中华预防医学杂志,2006,(2)
杭州某高校大学生蠕形螨感染情况的调查分析. 黄爱华,周伟,等. 杭州师范学院学报(医学版),2006,(2)
河北省医学蜱螨研究报告. 陈泽,等. 医学动物防制,2006,(4)
河南省派盾螨科新记录(蜱螨亚纲:中气门目). 蒋本春,等. 中国媒介生物学及控制杂志,2006,(6)
淮南地区仓储环境中粉螨群落的组成及多样性研究. 贺骥,李朝品. 中国病原生物学杂志,2006,(5)
淮南地区粉螨群落结构及其多样性. 陶莉,李朝品. 生态学杂志,2006,(6)
黄山与池洲两市中草药粉螨孳生情况调查. 赵丹,等. 医学动物防制,2006,(12)
黄胸鼠体表寄生革螨的种多度分布. 郭宪国,等. 中国病原生物学杂志,2006,(1)
几种药剂防治二斑叶螨试验. 郭建明. 农药,2006,(11)
截形叶螨对胡瓜钝绥螨的吸引作用. 陈霞,等. 蛛形学报,2006,(2)
金黄地鼠耳螨病皮肤病理组织学观察. 赵亚力,等. 中国生物制品学杂志,2006,(3)
橘园中重要天敌具瘤神蕊螨与其主要猎物的生态位. 季洁,等. 华东昆虫学报,2006,(2)
具瘤神蕊螨的研究进展. 季洁,等. 蛛形学报,2006,(1)

口服螨苗对儿童咳嗽变异性哮喘的免疫治疗. 李秀芳,白莉莉. 中国医学研究与临床,2006,(1)
李始叶螨实验种群参数的研究. 于江南,等. 蛛形学报,2006,(2)
利用 ELISA 技术检测尘螨变应原的生物活性. 李文,等. 现代临床医学生物工程学杂志,2006,(1)
利用 ELISA 技术评估尘螨变应原的稳性. 李文,等. 广西医学,2006,(5)
两种检查蠕形螨方法效果比较. 赵献云,邢杰. 武警医学院学报,2006,(4)
裂胸螨科 3 新种(蜱螨亚纲:革螨股). 马立名. 蛛形学报,2006,(2)
漯河市中专生蠕形螨感染调查. 张群芝. 中国现代医药杂志,2006,(5)
螨虫种群生命表的研究. 赵丹,张荣波. 齐齐哈尔医学院学报,2006,(13)
螨性哮喘患儿应用粉尘螨滴剂前后 IgE 及 IL-2 和 IL-4 的变化. 谭毅,等. 广西医科大学学报,2006,(1)
螨与儿童哮喘的皮肤点刺试验和预防. 余继英,等. 中国优生与遗传杂志,2006,(12)
慢性腹泻与粉螨感染的关系. 王克霞,等. 第四军医大学学报,2006,(12)
毛绥螨属一新种(蜱螨亚纲,裂胸螨科). 马英,白学礼. 动物分类学报,2006,(3)
毛竹害螨的发生与防治. 陈永取. 特种经济动植物,2006,(12)
蒙药荆芥-8 杀灭人体蠕形螨的实验观察. 韩梅,等. 中国病原生物学杂志,2006,(2)
蜜蜂巢房大小影响狄斯瓦螨的繁殖行为. 周婷,等. 昆虫知识,2006,(1)
某部驻区螨类感染肾综合征出血热病毒的分子流行病学调查. 郝永建,等. 医学动物防制,2006,(5)
某高校学生面部蠕形螨感染情况调查分析. 黄旭. 卫生职业教育,2006,(7)
某院校学生生活和学习环境尘螨孳生情况. 许正敏,等. 环境与健康杂志,2006,(3)
宁夏角绥螨属一新种(蜱螨亚纲,囊螨科). 白学礼,马英. 动物分类学报,2006,(3)
蜱螨概述. 陈军. 生物学通报,2006,(7)
苹果全爪螨实验种群的密度效应研究. 姜双林. 蛛形学报,2006,(2)
气相色谱法同时测定食品中六六六、滴滴涕和三氯杀螨醇残留量. 肖义夫,等. 现代预防医学,2006,(9)
气相色谱法同时测定蔬菜和水果中三氯杀螨醇及菊酯类农药残留. 王锡宁,季萍. 中国卫生检验杂志,2006,(5)
青海血厉螨属一新种(蜱螨亚纲,厉螨科). 马英. 动物分类学报,2006,(3)
人体蠕形螨病原学检查的研究进展. 黄松,杨雅平. 首都医科大学学报,2006,(3)
人体蠕形螨感染的治疗药物. 刘继鑫,等. 国际医学寄生虫病杂志,2006,(3)
人体蠕形螨流行与致病性调查研究. 赵亚娥,等. 陕西医学杂志,2006,(11)
人体蠕形螨人群感染现场流行病学的调查与分析. 曾少华,等. 中国病原生物学杂志,2006,(2)
人体蠕形螨生物学研究现状. 周淑姮,王灵岚. 中国寄生虫学与寄生虫病杂志,2006,(5)
人体蠕形螨与皮肤病. 韩光,等. 中华医学实践杂志,2006,(11)
蠕形螨在人群中感染状况的调查与分析. 潘恺友,杨波. 中华卫生杀虫药械,2006,(6)
乳酸菌对尘螨致敏哮喘小鼠模型的免疫调节作用. 李理,等. 医学研究生学报,2006,(6)
山东地区不同季节优势恙螨自然感染恙虫病东方体的分子流行病学调查. 张倩,等. 中华流行病学杂志,2006,(7)
上海地区户尘螨的分离培养及 DerP 2 基因的克隆与表达. 范怡敏,等. 现代免疫学,2006,(5)
食物对刺足根螨生长发育、繁殖及休眠体产生的影响. 陈艳,等. 华东昆虫学报,2006,(4)
室内粉螨污染及控制对策. 杨庆贵,李朝品. 环境与健康杂志,2006,(1)
双抗体夹心酶联免疫吸附试验检测粉尘螨 2 组变应原方法的建立. 练玉银,等. 中华检验医学杂志,2006,(8)
水牛痒螨和兔痒螨的形态学观察. 贾小勇,等. 寄生虫与医学昆虫学报,2006,(4)
外用除螨净致急性有机磷农药中毒一例. 徐旭,等. 华北国防医药,2006,(1)
维螨科中国三新记录种. 陈万鹏,等. 昆虫分类学报,2006,(3)
温湿度对番茄刺皮瘿螨实验种群的影响. 许翔,等. 昆虫学报,2006,(5)
温室非洲菊二斑叶螨的发生与防治. 王文娟,安冬梅. 特种经济动植物,2006,(2)
我国螨类生态学的研究进展. 陶莉,李朝品. 中国媒介生物学及控制杂志,2006,(5)
屋尘螨变应原 Derp 1 基因原核表达产物的纯化及特性鉴定. 刘志刚,等. 热带医学杂志,2006,(6)
屋尘螨过敏的常,性变应性鼻炎患者皮肤试验同 IgE 的关系. 王旻,马有祥. 中国耳鼻咽喉头颈外科,2006,(2)
肖厝口岸恙螨本底调查报告. 蒋惠坚,等. 中国国境卫生检疫杂志,2006,(4)
哮喘儿童螨抗原皮肤点刺试验与血清特异性 IgE 及总 IgE 测定. 杨晓蕴,陶慧. 交通医学,2006,(4)
新囊螨雄螨和云囊螨成螨前各描述(蜱螨亚纲:中气门目:胭螨科). 马立名,林坚贞. 华东昆虫学报,2006,(1)
亚洲革板螨雄螨和后若螨描述(蜱螨亚纲:中气门目:派盾螨科). 马立名,殷秀琴. 华东昆虫学报,2006,(2)
兖州市农村中小学生人体蠕形螨感染情况调查. 刘广真,李绪臣. 中国病原生物学杂志,2006,(1)
一次性刺血针在蠕形螨检查中的应用. 田晔,李朝品. 临床检验杂志,2006,(2)
一起革螨叮咬引起学生群体性皮疹的调查. 曾强,等. 实用预防医学,2006,(5)
伊朗腺水螨总科三新种记述(蜱螨亚纲,水螨群). 郭建军,等. 动物分类学报,2006,(2)

伊维菌素与甲硝唑治疗肠螨病的临床疗效比较. 孙杨青,等. 中国基层医药,2006,(5)
伊维菌素治疗3例人免疫缺陷病毒感染时的蠕形螨病. Clyti,E,等. 世界核心医学刊文摘(皮肤病学分册),2006,(12)
医学院大学生蠕形螨感染现状分析. 杨燕,等. 寄生虫病与感染性疾病,2006,(2)
医学院大学生蠕形螨感染状况分析. 王国英,张运生. 中国寄生虫学与寄生虫病杂志,2006,(2)
医学院检验系学生蠕形螨感染的调查分析. 周玉娟,徐露. 实用医技杂志,2006,(4)
医学院校大学生蠕形螨感染情况调查及相关因素分析. 陈金烟,等. 中国热带医学,2006,(10)
用葡萄叶饲养的二斑叶螨实验种群生命表. 王文娟,贺达汉. 昆虫知识,2006,(6)
云南大理大绒鼠体表寄生恙螨群落结构的研究. 牛爱琴,等. 热带医学杂志,2006,(2)
云南大理洱海周边地带小兽及其体表恙螨群落多样性分析. 牛爱琴,等. 医学动物防制,2006,(2)
云南大理洱海周边地带小兽体表恙螨群落相似性及分类研究. 牛爱琴,等. 中国病原生物学杂志,2006,(1)
云南省16个县(市)黄胸鼠体表恙螨种类调查. 侯舒心,等. 中国媒介生物学及控制杂志,2006,(3)
云南省16县(市)大绒鼠体表寄生恙螨调查. 侯舒心,等. 中国寄生虫学与寄生虫病杂志,2006,(5)
云南省25个县(市)黄胸鼠体表革螨种类调查. 罗礼溥,等. 中国媒介生物学及控制杂志,2006,(5)
云南省25县(市)黄胸鼠体表革螨性比及龄构成分析. 罗礼溥,郭宪国. 热带医学杂志,2006,(3)
云南省大理洱海周边地带小兽体表恙螨种群空间分布型研究. 牛爱琴,等. 中国媒介生物学及控制杂志,2006,(4)
云南省齐氏姬鼠体表寄生恙螨种类调查与分析. 侯舒心,等. 热带医学杂志,2006,(6)
云南省小兽体表革螨名录初报. 罗礼溥,等. 蛛形学报,2006,(2)
云南省恙螨名录初报. 侯舒心,等. 蛛形学报,2006,(2)
云南省恙螨区系及垂直分布研究. 侯舒心,等. 动物分类学报,2006,(4)
云南省医学革螨区系聚类分析. 罗礼溥,郭宪国. 中国病原生物学杂志,2006,(6)
云南省主要鼠类寄生恙螨群落研究. 侯舒心,等. 中国寄生虫学与寄生虫病杂志,2006,(6)
在校医学生蠕形螨感染情况调查. 孟浩,等. 中国校医,2006,(6)
在校医学生蠕形螨感染状况调查分析. 杜娈英,等. 中国卫生统计,2006,(6)
浙江省革螨采集及新记录(蜱螨亚纲). 卢苗贵,等. 中国媒介生物学及控制杂志,2006,(6)
中国伪足瘿螨亚科一新属三新种记述(蜱螨亚纲:瘿螨科). 李德伟,韦绥概. 昆虫分类学报,2006,(1)
重组屋尘螨2类变应原疫苗免疫治疗小鼠过敏性气道炎症的研究. 喻海琼,等. 中国寄生虫学与寄生虫病杂志,2006,(6)
竹盲走螨对竹裂爪螨的捕食功能. 刘怀,等. 应用生态学报,2006,(2)
唑螨酯对土壤呼吸作用和过氧化氢酶活性的影响. 徐珍,等. 农药,2006,(10)
1520名医学生蠕形螨感染的调查. 陶艺君,等. 实用预防医学,2007,(5)
280名大学生蠕形螨感染状况分析. 刘鉴,等. 贵阳医学院学报,2007,(1)
2种杀虫剂对拟环纹豹蛛的毒力测定. 张志罡,等. 蛛形学报,2007,(1)
39例尘螨过敏性哮喘患儿特异性IgG亚类的测定. 刘雪野. 中国保健,2007,(12)
4种常见粉螨的孳生环境及季节消长调查. 王晓春,等. 环境与健康杂志,2007,(9)
4种杀虫剂对胡瓜钝绥螨成螨的急性毒性. 陈霞,等. 昆虫天敌,2007,(2)
5%过氧苯甲酰治疗蠕形螨感染的酒渣鼻34例临床疗效观察. 于小兵. 临床皮肤科杂志,2007,(7)
97例小儿哮喘尘螨皮内试验及脱敏治疗临床分析. 冯玲,费德琼. 临床肺科杂志,2007,(10)
FasL基因转染树突状细胞对屋尘螨致敏/激发小鼠气道炎症影响的研究. 王彦,等. 中国呼吸与危重监护杂志,2007,(1)
NK细胞活性在小儿哮喘尘螨特异性免疫治疗中的意义. 马敏,等. 临床儿科杂志,2007,(12)
阿拉山口口岸地区鼠类寄生螨区系调查. 尹小平,等. 中国国境卫生检疫杂志,2007,(2)
艾叶精油对离体蠕形螨的杀灭作用与机制探讨. 赵亚娥,等. 中国人兽共患病学报,2007,(1)
安徽省部分地区不同环境内粉螨多样性调查. 李朝品,等. 动物医学进展,2007,(7)
安徽省城市居民储藏物中孳生粉螨群落组成及多样性研究. 李朝品,等. 蛛形学报,2007,(2)
安脱达尘螨疫苗治疗变应性鼻炎的疗效及安全性评价. 韩虹,等. 广东医学,2007,(6)
百特药液体外抑杀人体蠕形螨作用的实验研究. 李朝品,田晔. 中国病原生物学杂志,2007,(5)
蚌埠市储藏物螨类孳生情况调查. 吕文涛,等. 医学动物防制,2007,(2)
苯基,二[(三甲基硅基)亚甲基]锡芳香酸酯合成及杀螨活性. 刘环宇,等. 农药,2007,(1)
标准化尘螨变应原疫苗治疗应性鼻炎一年的疗效和安全性研究. 王成硕,等. 中国耳鼻咽喉头颈外科,2007,(1)
标准化屋尘螨变应原疫苗治疗的疗效评价. 林小平,等. 中国耳鼻咽喉头颈外科,2007,(1)
薄荷油体外抗蠕形螨效果及杀螨机制. 赵亚娥,郭娜. 昆虫知识,2007,(1)
不同寄主蒲螨种群间亲缘关系的RAPD初步分析. 韩继成,等. 昆虫学报,2007,(1)

不同生长时黄花蒿提取物对朱砂叶螨的生物活性. 张永强,等. 生态学杂志,2007,(12)
不同生境的草间钻头蛛种群对拟除虫菊酯类杀虫剂的敏感性及体内解毒酶活性的测定. 张征田,等. 农药学学报,2007,(1)
部分驻保高校大学生蠕形螨感染情况调查. 崔彦龙,等. 河北职工医学院学报,2007,(3)
常年性变应性鼻炎成年患者屋尘螨的免疫治疗. 谢晓凤,等. 中国临床医学,2007,(2)
尘螨变应原 Derf 1 核酸序列测定及其分子进化分析. 牛莉娜,等. 现代生物医学进展,2007,(7)
尘螨变应原 Derp 1 浓度与哮喘患者血清螨特异性抗体的季节消长. 梁海珊,等. 现代生物医学进展,2007,(12)
尘螨变应原疫苗治疗变应性鼻炎的免疫学观察. 张慧珍,华清泉. 中国医药导报,2007,(02Z)
尘螨过敏病人免疫治疗依从性分析及对策. 周志敏,等. 实用医学杂志,2007,(13)
尘螨过敏性哮喘患者特异性抗体的检测及其临床意义. 陈锦龙,杨晓君. 中国热带医学,2007,(3)
尘螨过敏原的分子生物学研究概况. 赵仕勇,等. 实用儿科临床杂志,2007,(21)
尘螨连续石蜡切片的制备及染色技术. 张莺莺,等. 昆虫知识,2007,(2)
尘螨诱导新生儿脐血单个核细胞 ICOS 与转录因子表达的研究. 闫莉,等. 现代免疫学,2007,(2)
滁州市家庭起居室孳生粉螨的初步调查. 吕文涛,等. 皖南医学院学报,2007,(2)
酢浆草如叶螨研究概述. 郑兴国,洪晓月. 昆虫知识,2007,(5)
哒螨灵原药产品登记情况. 刘刚. 农化新世纪,2007,(11)
哒螨灵在苹果和土壤中的残留动态研究. 马辉,等. 河北农业科学,2007,(1)
大头针与改制针头在蠕形螨分离实验中的应用. 刘继鑫,等. 中国媒介生物学及控制杂志,2007,(5)
大学生人体蠕形螨感染情况及相关因素分析. 张洪艳,等. 公共卫生与预防医学,2007,(1)
大学生蠕形螨感染情况调查分析. 李炎,孙彦青. 中国病原生物学杂志,2007,(5)
大学生蠕形螨感染因素分析. 陈金烟,等. 牡丹江医学院学报,2007,(3)
东北松嫩草原重度退化草地两种典型植被恢复处理方式间土壤螨类群落特征比较. 吴东辉,等. 动物学研究,2007,(5)
儿童支气管哮喘尘螨脱敏疫苗治疗的护理. 姚文英,侯政. 护理实践与研究,2007,(9)
二斑叶螨对六种植物的选择性及生长发育. 刘学辉,等. 昆虫知识,2007,(4)
防尘螨减少过敏. 张成云. 中国保健,2007,(15)
肺螨病流行状况的调查与防治. 赵玉强,等. 中华卫生杀虫药械,2007,(6)
芬兰真绥螨对苹果全爪螨的捕食作用研究. 姜双林,周天林. 蛛形学报,2007,(1)
粉尘螨 2 型变应原抗原定位的研究. 李盟,等. 中国寄生虫学与寄生虫病杂志,2007,(1)
粉尘螨 3 类变应原基因的克隆、表达、纯化与变应原性鉴定. 蔡成郁,等. 中国寄生虫学与寄生虫病杂志,2007,(1)
粉尘螨 I 类变应原基因的多态性分析及表达蛋白的特性鉴定. 白羽,等. 中国人兽共患病学报,2007,(2)
粉尘螨的培养实验. 王少圣,等. 医学理论与实践,2007,(6)
粉尘螨的饲养管理. 王少圣,等. 特种经济动植物,2007,(4)
粉尘螨过敏性哮喘患者外周血淋巴细胞亚型分析. 张荣波,等. 现代预防医学,2007,(1)
粉尘螨抗原对支气管哮喘患者外周血单个核细胞 T-bet 和 GATA3 及 FOXP3 mRNA 表达水平的影响. 郭胤仕,等. 中华结核和呼吸杂志,2007,(2)
粉尘螨皮肤点刺诊断试剂盒对粉尘螨引起的过敏性疾病的诊断试验. 罗剑锋,等. 复旦学报(医学版),2007,(5)
粉尘螨消化系统的形态学观察. 张莺莺,等. 昆虫学报,2007,(1)
粉尘螨注射液治疗外源性支气管哮喘 84 例报告. 林婉如. 福建医药杂志,2007,(1)
粉螨的危害及其防治. 装莉,武前文. 医学动物防制,2007,(2)
粉螨性哮喘发病机制研究进展. 朱万春,诸葛洪祥. 环境与健康杂志,2007,(3)
腐食酪螨过敏原的分析鉴定与纯化. 黄志坚,刘志刚. 中国寄生虫学与寄生虫病杂志,2007,(6)
腐食酪螨种群消长与生态因子关联分析. 陶莉,李朝品. 中国寄生虫学与寄生虫病杂志,2007,(5)
腹泻患者粉螨感染调查. 李朝品,等. 中国病原生物学杂志,2007,(4)
工作场所及居室内尘螨变应原及脂多糖调查. 胡东,张荣波. 环境与健康杂志,2007,(2)
广厉螨属和裸厉螨属二新种及伊犁血厉螨特征补充(蜱螨亚纲,中气门目,厉螨科). 马立名. 动物分类学报,2007,(4)
广州市植绥螨调查名录. 方小端,等. 昆虫天敌,2007,(3)
害获灭注射剂对绵羊痒螨病的治疗效果观察. 党海森. 动物医学进展,2007,(9)
合肥市不同生境粉螨孳生情况及多样性调查. 王晓春,等. 中国病原生物学杂志,2007,(4)
河南省胭螨科新记录(蜱螨亚纲:中气门目). 孟庆和,等. 中国媒介生物学及控制杂志,2007,(3)
衡阳市居室尘螨孳生状况的初步调查. 蒋启发,等. 中国热带医学,2007,(9)
淮北地区储藏物粉螨群落组成的初步调查. 宋福春,等. 医学动物防制,2007,(2)

淮南地区仓储环境孳生粉螨调查. 李朝品,等. 中国媒介生物学及控制杂志,2007,(1)
黄山市中药材与粮食储藏物中粉螨孳生种类的对比分析. 赵丹,等. 医学动物防制,2007,(1)
黄山市中药材中粉螨孳生情况调查. 赵丹,等. 医学研究杂志,2007,(5)
黄石地区哮喘患者粉尘螨特异性 IgE 水平的检测. 刘慧. 时珍国医国药,2007,(6)
火炬树抗螨性生物测定. 李中新,等. 昆虫学报,2007,(12)
吉林大学医学生面部蠕形螨感染情况调查. 刘利,等. 中国病原生物学杂志,2007,(2)
吉林省革螨记录(15)(蜱螨亚纲:中气门亚目). 孟庆和,等. 中国媒介生物学及控制杂志,2007,(2)
吉林省革螨新记录(蜱螨亚纲:中气门目). 马立名,马丹梅. 华东昆虫学报,2007,(1)
吉林省某乡村部分居民面部蠕形螨感染调查. 刘利,等. 吉林医学,2007,(13)
急性螨虫皮炎 5 例分析. 杨锎,等. 中国基层医药,2007,(4)
疥疮 110 例分析及提高疥螨检出率的探讨. 张书梅,等. 临床皮肤科杂志,2007,(9)
金华哮喘患儿的尘螨过敏测定. 赵仕勇,等. 中国寄生虫学与寄生虫病杂志,2007,(5)
居室粉螨抗原与螨过敏性哮喘相关性研究. 朱万春,诸葛洪祥. 陕西医学杂志,2007,(9)
居室内粉螨孳生及分布情况. 朱万春,诸葛洪. 环境与健康杂志,2007,(4)
空调空气滤网灰尘中尘螨变应原 Derf 1 和 Derp 1 基因的检测. 白羽,等. 中国人兽共患病学报,2007,(3)
利用套式 PCR 技术鉴别屋尘螨和粉尘螨主要变应原基因及其在尘螨疫苗研制中的应用. 白羽,等. 寄生虫与医学昆虫学报,2007,(1)
利用植绥螨防治烟粉虱的研究进展. 孟瑞霞,等. 昆虫知识,2007,(6)
两种尘螨变应原疫苗治疗变应性鼻炎的比较. 张慧珍,华清泉. 现代医药卫生,2007,(7)
两种人体蠕形螨各形态结构的比较与动态观察. 赵亚娥,等. 中国媒介生物学及控制杂志,2007,(2)
磷酸化胞嘧啶鸟嘌呤基序的脱氧寡核苷酸对尘螨支气管哮喘小鼠早防治探讨. 李孟荣,等. 中华结核和呼吸杂志,2007,(2)
流式细胞术分析户尘螨致敏的嗜碱性粒细胞活化试验及其临床意义. 徐翀,等. 检验医学,2007,(3)
鹿角新革螨在中国大陆的发现(蜱螨亚纲:中气门目:寄螨科). 匡毅,等. 蛛形学报,2007,(2)
马鞍山市储藏食品孳生粉螨的群落组成及多样性. 杨庆贵,等. 环境与健康杂志,2007,(10)
麦蒲螨寄生麦蛾柔茧蜂初报. 钟宝珠,等. 昆虫天敌,2007,(3)
螨变应原预防措施. 张桢. 哈尔滨医药,2007,(5)
螨虫皮炎病灶放血快速止痒疗法. 肖陈富. 肇庆医学,2007,(4)
螨类和粉尘接种家兔肺部的实验观察. 郭衍,等. 汕头大学医学院学报,2007,(2)
螨类休眠体的发育与治理. 张曼丽,范青海. 昆虫学报,2007,(12)
毛真革赛螨雄螨和若螨描述(蜱螨亚纲:中气门目:胭螨科). 马立名,等. 华东昆虫学报,2007,(4)
咪唑斯汀联合粉尘螨注射液对慢性荨麻疹患者血清 CC 型趋化因子水平的影响. 唐慧,等. 临床皮肤科杂志,2007,(4)
蜜蜂幼虫血淋巴游离氨基酸和微量元素含量的差异对其抗螨特性的影响. 王星,等. 昆虫知识,2007,(6)
免疫刺激 DNA 序列与尘螨过敏原联用治疗变应性鼻炎的实验研究. 章诗富,等. 临床耳鼻咽喉头颈外科杂志,2007,(17)
面部炎性皮损与蠕形螨和细菌感染的关系. 王秀虎,等. 实用预防医学,2007,(3)
牡丹江市农行营业部螨虫防治及控制的报告. 孙军旗. 医学动物防制,2007,(3)
纳氏厉螨雄螨与后若螨描述(蜱螨亚纲:中气门目:厉螨科). 马立名,卢苗贵. 华东昆虫学报,2007,(2)
南宁市公共场所螨类污染状况调查. 艾维莉,等. 中国热带医学,2007,(6)
宁夏维螨属一新种记述(蜱螨亚纲,维螨科). 李学智,等. 动物分类学报,2007,(4)
农户仓库中粉螨调查. 裴莉,等. 医学动物防制,2007,(3)
蜱螨高级分类阶元部分问题的讨论. 陈泽,等. 昆虫分类学报,2007,(3)
苹果全爪螨在不同温度下的实验种群生命表. 韩柏明,等. 昆虫知识,2007,(2)
普通肉食螨对椭圆食粉螨的捕食功能. 夏斌,等. 昆虫知识,2007,(4)
气相色谱法测定茶叶中克螨特、哒螨酮残留量. 丁慧瑛,等. 理化检验(化学分册),2007,(10)
全雪螨属 1 新种和匙毛绥螨雄螨新发现(蜱螨亚纲:中气门目:裂胸螨科). 马立名,林坚贞. 蛛形学报,2007,(1)
犬蠕形螨感染的临床诊治一例. 周守长,等. 动物医学进展,2007,(9)
人体蠕形螨病的研究. 刘慧明,等. 医学动物防制,2007,(3)
人体蠕形螨病及其防治. 邱艳,等. 国际医学寄生虫病杂志,2007,(1)
人体蠕形螨的预防与治疗. 杨欢,冉桂玲. 黔南民族医专学报,2007,(3)
人体蠕形螨感染的中西医治疗现状. 陈静. 云南中医中药杂志,2007,(3)
人体蠕形螨感染的中药治疗. 刘继鑫,等. 中国病原生物学杂志,2007,(1)
人体蠕形螨环境扫描电镜样本的制作. 刘莹,李速婷. 医学动物防制,2007,(11)

人体蠕形螨显微操作分离技术的探讨. 赵岩,等. 中国病原生物学杂志,2007,(1)
蠕形螨睑缘炎的研究进展. 黄丽娟,等. 国际眼科纵览,2007,(3)
蠕形螨流行病学研究进展. 沈海娥,等. 华北煤炭医学院学报,2007,(2)
蠕形螨诱发老,慢性阻塞性肺病急性加重 1 例. 赵东杰,等. 浙江医学,2007,(11)
三峡库区兴山县革螨及恙螨名录. 王大军,等. 中国病原生物学杂志,2007,(1)
杀扑磷抗性获得对奥氏钝绥螨发育历与繁殖能力的影响. 刘雨芳,等. 昆虫学报,2007,(11)
上海城市绿化带土壤蜱螨目群落结构与生物指标. 刘漫萍,等. 生态学杂志,2007,(10)
舌下含服粉尘螨滴剂治疗儿童过敏性哮喘和变应性鼻炎的临床评价. 曹兰芳,等. 中华儿科杂志,2007,(10)
湿肤膏外治螨性酒渣鼻疗效观察及机制探讨. 刘俊杰,臧运书. 中医外治杂志,2007,(4)
十堰市高校面部皮肤病人蠕形螨感染情况. 刘文献,等. 医学动物防制,2007,(1)
室内空调机滤尘网及空气中浮动尘螨变应原的测定. 练玉银,等. 中国寄生虫学与寄生虫病杂志,2007,(4)
双抗体夹心 ELISA 检测屋尘螨 2 组变应原方法的建立. 练玉银,等. 中华微生物学和免疫学杂志,2007,(11)
松嫩草原中度退化草地不同植被恢复方式下土壤螨类群落特征的差异. 吴东辉,等. 动物学报,2007,(4)
台湾根螨属种类、寄主、分布与检验技术. 范青海,等. 昆虫知识,2007,(4)
天津市大学生蠕形螨感染调查分析. 邸宝华,等. 中国卫生检验杂志,2007,(7)
土耳其斯坦叶螨为害棉叶的生理变化及光谱特征分析. 陈鹏程,等. 昆虫知识,2007,(1)
椭圆食粉螨线粒体 DNACO Ⅰ 基因片段序列分析. 吴太葆,等. 蛛形学报,2007,(2)
伪寄螨属 1 新种(蜱螨亚纲:革螨股:厉螨科). 马立名. 蛛形学报,2007,(1)
温度对二斑叶螨实验种群生长的影响. 梁妍,等. 昆虫知识,2007,(6)
温度对拟小食螨瓢虫捕食皮氏叶螨成螨功能反应的影响. 符悦冠,等. 生态学杂志,2007,(9)
温度对杀扑磷抗性奥氏钝绥螨繁殖适合度的影响. 刘雨芳,等. 生命科学研究,2007,(4)
温湿度对腐食酪螨存活和繁殖的影响. 杨燕,等. 四川动物,2007,(1)
屋尘螨 1 类变应原促进外周血嗜酸性粒细胞释放细胞因子的探讨. 王成彬,等. 临床检验杂志,2007,(5)
屋尘螨变应原 Derp1 基因的克隆和原核表达. 刘良,等. 中国媒介生物学及控制杂志,2007,(6)
屋尘螨变应原重组体免疫治疗的实验研究. 于琨瑛,等. 中国免疫学杂志,2007,(7)
屋尘螨过敏原 Derp1 研究进展. 毕玉田,等. 重庆医学,2007,(2)
屋尘螨过敏原质粒 DNA 疫苗对屋尘螨小鼠气道变应性炎症的作用. 毕玉田,等. 中华内科杂志,2007,(11)
屋尘螨诱导肠道菌群失调小鼠变应性气道反应模型的建立. 刘崇海,等. 重庆医科大学学报,2007,(1)
屋尘螨致敏/激发小鼠气道变态反应性炎症模型的构建. 毕玉田,等. 中国实验动物学报,2007,(5)
芜湖市在校学生人体蠕形螨感染情况. 高锡银,等. 皖南医学院学报,2007,(4)
武警支队入伍新兵疥螨感染情况调查. 张凤武,等. 河北医药,2007,(3)
细菌内毒素对粉尘螨诱导的哮喘小鼠肺部炎症的免疫调节. 吴静,等. 中华微生物学和免疫学杂志,2007,(12)
哮喘患者居室内尘螨孳生种类、密度及其与抗原浓度的相关性研究. 朱洪,等. 中国媒介生物学及控制杂志,2007,(5)
熊蜂气管内寄生螨布赫纳蝗螨的生物学特性观察. 廖思米,等. 昆虫学报,2007,(10)
杨四刺瘿螨的生物学及发生为害特征. 谢玉,等. 昆虫知识,2007,(4)
一起由歌城粉螨所致皮炎的鉴定报告. 范正轩. 中国环境卫生,2007,(2)
一起由格氏血厉螨袭人引起全家 4 人革螨皮炎的调查. 段绩辉,等. 中国媒介生物学及控制杂志,2007,(5)
伊朗 Karaj 地区双孢蘑菇上的螨类调查. Katayoon,等. 昆虫学报,2007,(4)
医学类大学生面部蠕形螨感染调查. 吴亮,等. 中华医学实践杂志,2007,(11)
医学院大学生蠕形螨感染状况调查. 翁培兰. 江西医学检验,2007,(4)
医学院与体育学院学生蠕形螨感染情况调查分析. 何艳霞. 湖北民族学院学报:医学版,2007,(3)
用螨原代培养细胞检测螨体内汉坦病毒和恙虫病东方体复合感染的研究. 邓小昭,等. 中华实验和临床病毒学杂志,2007,(4)
云南北部金沙江流域小兽体表恙螨种类及空间分布格局研究. 石武祥,等. 现代预防医学,2007,(9)
云南省保山等 25 县市黄胸鼠革螨的寄生状况. 罗礼溥,郭宪国. 中国人兽共患病学报,2007,(8)
云南省北部金沙江流域小兽体表恙螨群落的研究. 石武祥,等. 中国媒介生物学及控制杂志,2007,(2)
云南省小型哺乳动物寄生恙螨群落研究. 侯舒心,等. 中国病原生物学杂志,2007,(4)
云南省小型兽类体表寄生革螨多样性分析. 罗礼溥,郭宪国. 寄生虫与医学昆虫学报,2007,(1)
云南省医学革螨区系分布研究. 罗礼溥,等. 地方病通报,2007,(1)
云南医学革螨数值分类研究. 罗礼溥,郭宪国. 昆虫学报,2007,(2)
云南医学革螨数值分类研究. 罗礼溥,郭宪国. 热带医学杂志,2007,(1)
郧阳医学院大学生蠕型螨感染调查及相关因素分析. 朱名胜,等. 山西医科大学学报,2007,(10)
植绥螨科 3 新种和似巨钝绥螨特征补充(蜱螨亚纲:中气门目). 马立名,林坚贞. 蛛形学报,2007,(2)

植物源杀螨剂研究与应用前景. 杨会芝,等. 农药,2007,(2)
中国厚厉螨属四新记录种. 贝纳新,等. 昆虫分类学报,2007,(2)
中国南方大嘴瘿螨亚科二新种(蜱螨亚纲,瘿螨总科,羽爪瘿螨科). 王国全,等. 动物分类学报,2007,(2)
中国叶刺瘿螨亚科一新属三新种一新纪录种(蜱螨亚纲,瘿螨科). 谢满超,等. 动物分类学报,2007,(4)
中国云南小兽体表革螨的群落相似性. 罗礼溥,等. 动物学报,2007,(2)
中学生外耳道蠕形螨感染情况的调查. 张军,等. 临床耳鼻咽喉头颈外科杂志,2007,(16)
1336 例大学生蠕形螨感染状况调查分析. 刘永春,等. 山东医药,2008,(31)
23 例肺螨病临床分析. 赵玉强,黄勇. 中国临床医药研究杂志,2008,(14)
26 例过敏性哮喘患者尘螨特异性抗体的检测及其临床研究. 宫建玲. 中外医疗,2008,(22)
3 种常见尘螨分子进化关系的初步探讨. 崔玉宝,等. 中国寄生虫学与寄生虫病杂志,2008,(5)
NoteExpress 在构建粉螨数据库中的应用. 杨菲菲,等. 科技文献信息管理,2008,(2)
SPE-HPLC 法同时测定浓缩苹果汁中四螨嗪等 4 种农药的残留量. 何强,等. 分析试验室,2008,(7)
安徽省储藏物孳生粉螨的群落组成及多样性分析. 李朝品,等. 中国微生态学杂志,2008,(4)
安徽省动物饲料孳生粉螨种类调查. 李朝品,等. 四川动物,2008,(3)
安徽省房舍和储藏物孳生粉螨类名录初报. 李朝品,等. 中国媒介生物学及控制杂志,2008,(5)
安徽省房舍和储藏物孳生粉螨物种多样性研究. 李朝品,等. 中国病原生物学杂志,2008,(3)
安徽省合肥地区孳生粉螨名录. 王晓春,等. 医学动物防制,2008,(12)
安徽省粮仓粉螨群落组成及多样性研究. 李朝品,等. 蛛形学报,2008,(1)
安徽省农村居民储藏物中孳生粉螨调查. 李朝品,等. 中国媒介生物学及控制杂志,2008,(2)
巴氏钝绥螨对柑桔全爪螨的捕食效能. 凌鹏,等. 蛛形学报,2008,(1)
标准化粉尘螨滴剂治疗变应性鼻炎的半年期疗效及安全性研究. 陈建军,等. 华中科技大学学报(医学版),2008,(6)
捕食螨在我国农林害螨生物防治中的应用. 余德亿,等. 昆虫知识,2008,(4)
不同病原学检查方法对蠕形螨检查效果的探讨. 农子军,等. 华夏医学,2008,(6)
不同灌溉条件下棉叶螨的种群动态. 党益春,等. 生态学杂志,2008,(9)
不同品系番茄对番茄刺皮瘿螨生长发育的影响. 王梅玉,等. 昆虫学报,2008,(8)
茶叶中三氯杀螨醇残留量的微波萃取-固相微萃取-气相色谱快速检测方法. 曾景斌,等. 分析试验室,2008,(2)
尘螨变应原 Derf2 基因克隆及序列分析. 崔玉宝,等. 第四军医大学学报,2008,(1)
尘螨变应原 Derf1 全序列的原核表达及生物信息学分析. 崔玉宝,等. 四川动物,2008,(1)
尘螨变应原 Derp2 基因克隆及原核表达. 刘良,等. 中国媒介生物学及控制杂志,2008,(4)
尘螨变应原皮肤点刺试验与血清特异性 IgE 的相关性研究. 王向东,等. 中国耳鼻咽喉头颈外科,2008,(5)
尘螨标准化变应原对儿童哮喘治疗作用的临床研究. 洪爽,等. 儿科药学杂志,2008,(5)
尘螨过敏患者特异性免疫治疗 13 例观察及护理. 王世香,孙丽. 齐鲁护理杂志,2008,(3)
尘螨引起的变态反应性疾病及其防治进展. 王巍,魏庆宇. 辽宁中医药大学学报,2008,(6)
赤水桫椤自然保护区土壤甲螨多样性的初步研究. 张燕,金道超. 蛛形学报,2008,(1)
大蜂螨对一些气味物质的趋性. 孙艳,秦玉川. 昆虫知识,2008,(5)
大学生蠕形螨感染情况调查. 游绍阳,等. 医学动物防制,2008,(10)
毒蚜螨绝净农药中毒 1 例. 程冕,等. 临床医学,2008,(1)
短毛下盾螨雌螨与后若螨描述(蜱螨亚纲:中气门目:厉螨科). 马立名,等. 华东昆虫学报,2008,(1)
儿童变应性哮喘螨脱敏疗法的健康教育和护理. 蒋悦,等. 护理实践与研究,2008,(6)
番茄叶片理化性质差异与抗番茄刺皮瘿螨性. 王梅玉,等. 昆虫知识,2008,(6)
仿胭螨属,枝厉螨属和革鞍螨属三新种记述(蜱螨亚纲,中气门目,胭螨科). 马立名. 动物分类学报,2008,(1)
粉尘螨,壳聚糖疫苗经鼻免疫治疗小鼠过敏性哮喘的实验研究. 国华,等. 现代免疫学,2008,(1)
粉尘螨 I 类变应原成熟肽段基因的克隆和生物信息学 I 分析. 江鑫,等. 热带医学杂志,2008,(9)
粉尘螨 2 类变应原基因的克隆和序列分析. 张理涛,等. 天津医药,2008,(9)
粉尘螨 Derf18 变应原的克隆表达、纯化及免疫学特性鉴定. 朱永烽,等. 寄生虫与医学昆虫学报,2008,(3)
粉尘螨滴剂治疗过敏性鼻炎的有效性和依从性. 魏玮,黄振云. 山西医药杂志:下半月,2008,(11)
粉尘螨皮肤点刺诊断试剂盒的灵敏性和特异性. 顾洪亮,等. 上海医学,2008,(9)
粉尘螨生殖系统形态学研究. 吴桂华,等. 昆虫学报,2008,(8)
粉尘螨治疗小儿反复呼吸道感染临床和免疫功能观察. 沐永俊. 疑难病杂志,2008,(8)
粉尘螨主要变应原 Derf1 基因的改造与可溶性表达. 甘明,等. 热带医学杂志,2008,(6)
峰革赛螨重新描述(蜱螨亚纲:中气门目,胭螨科). 马立名,等. 华东昆虫学报,2008,(2)
福建地区房舍螨类调查. 吴子毅,等. 中国媒介生物学及控制杂志,2008,(5)
福建省三都澳岛鼠体螨类调查. 周淑姮,等. 中国媒介生物学及控制杂志,2008,(6)

福建以螨治螨防治技术成功用于新疆棉花等作用. 农化新世纪,2008,(7)
福州某中学部分学生蠕形螨感染调查分析. 吴鲜平,等. 福建医药杂志,2008,(6)
甘肃部分地区家贮小麦寄生螨引发皮炎调查研究. 何巨堂,等. 地方病通报,2008,(2)
柑橘全爪螨种群空间格局的地学统计学分析. 李志强,等. 环境昆虫学报,2008,(3)
高校图书馆孳生螨类的初步调查. 李生吉,等. 图书馆学刊,2008,(3)
广州市某高校学生宿舍尘螨孳生的调查. 陈国健,等. 环境与健康杂志,2008,(3)
桂西北高校食堂调味品粉螨检测结果分析. 熊翠欢,等. 中国学校卫生,2008,(10)
合肥机场口岸鼠形动物及染螨的本底调查报告. 周勇,等. 中国国境卫生检疫杂志,2008,(3)
河北工程大学 2984 名新生蠕形螨感染情况调查. 李凤铭,等. 现代预防医学,2008,(18)
淮北地区人居环境粉螨孳生情况的调查. 沈静,李朝品. 环境与健康杂志,2008,(7)
淮南地区常,性变应性鼻炎对尘螨过敏情况的调查. 田崇明,张荣波. 中国医药导报,2008,(4)
济宁市肺螨病流行病学调查. 陈欣. 中国热带医学,2008,(9)
寄螨属 1 新种和常革螨属 1 新种(蜱螨亚纲:中气门目:寄螨科). 马立名,等. 蛛形学报,2008,(1)
局部大量蠕形螨感染 2 例. 张绍城,等. 齐齐哈尔医学院学报,2008,(22)
空调隔尘网粉螨、真菌、细菌污染状况调查. 许礼发,等. 环境与职业医学,2008,(1)
兰州滑绥螨属一新种记述(蜱螨亚纲,中气门目,裂胸螨科). 马立名. 动物分类学报,2008,(4)
两种人体蠕形螨口器环境扫描电镜观察. 冯玉新,等. 中国病原生物学杂志,2008,(10)
螨类系统学研究中的分子标记. 张旭,等. 昆虫知识,2008,(2)
螨宁乳液的制备及杀灭人体蠕形螨的效果观察. 孙昭辉,等. 中国病原生物学杂志,2008,(8)
美绥螨属一新种(蜱螨亚纲,美绥螨科). 马英. 动物分类学报,2008,(4)
绵羊痒螨病的免疫学研究进展. 刘文韬. 动物医学进展,2008,(8)
某职校医学生蠕形螨感染状况调查. 丁丽,孙英武. 现代预防医学,2008,(11)
南非盲走螨实验种群的发育历及生命表. 韦德卫,等. 昆虫知识,2008,(2)
囊螨属五新种记述(蜱螨亚纲,中气门目,胭螨科). 马立名,等. 动物分类学报,2008,(3)
宁夏革螨二新种记述(蜱螨亚纲,革螨股). 白学礼,等. 动物分类学报,2008,(4)
气相色谱-质谱联用法测定水果中四螨嗪残留量. 李爱军,等. 理化检验(化学分册),2008,(4)
荨麻疹与螨性过敏的关系及粉尘螨注射液免疫治疗. 邢道荣,等. 中国寄生虫学与寄生虫病杂志,2008,(6)
青春学生面部皮肤病与蠕形螨感染的调查分析. 王爱华,王挺. 现代预防医学,2008,(17)
犬疥螨病的诊治. 何晓东. 医学动物防制,2008,(9)
人体面部蠕形螨检测效果研究. 王爱华. 现代预防医学,2008,(16)
人体蠕形螨防治概况. 梁炯明,卢耀娟. 医学动物防制,2008,(12)
人体蠕形螨感染与个人卫生习惯关系的 Meta 分析. 成慧,等. 中国媒介生物学及控制杂志,2008,(1)
三氯杀螨醇对中华蟾蜍卵巢发育的影响. 唐超智,等. 四川动物,2008,(3)
舌下含服粉尘螨滴剂治疗变应性鼻炎临床疗效观察. 王忠喜,李文静. 中国医院药学杂志,2008,(18)
舌下含服粉尘螨滴剂治疗儿童过敏性哮喘的临床观察. 王克明,王桂兰. 广东医学院学报,2008,(3)
特异性免疫治疗对屋尘螨特异性 IgE 抗体阳性慢性荨麻疹的疗效观察. 宋志强,等. 临床皮肤科杂志,2008,(12)
甜果螨的发生与防治概述. 王伯明,等. 华东昆虫学报,2008,(2)
兔痒螨和水牛痒螨第二转录间隔区(ITS-2)基因序列分析. 贾小勇,等. 昆虫学报,2008,(5)
退化红壤植被恢复对土壤螨类群落结构的影响. 丁程成,等. 生态学报,2008,(10)
屋尘螨 cDNA 表达文库的构建及初步鉴定. 刘良,等. 第四军医大学学报,2008,(2)
屋尘螨过敏原 DNA 疫苗对哮喘模型小鼠 $Foxp3^+$ 调节性 T 细胞功能的影响. 吴奎,等. 第三军医大学学报,2008,(5)
屋尘螨和粉尘螨主要变应原的序列多态性分析. 张纯青,等. 中国寄生虫学与寄生虫病杂志,2008,(1)
芜湖市地区储藏物中粉螨群落的调查. 刘文艳,等. 中国人兽共患病学报,2008,(1)
纤恙螨属一新种(蜱螨亚纲,恙螨科). 冯运灵,等. 动物分类学报,2008,(4)
香格里拉县 100 例儿童螨皮肤过敏调查及防治. 张泽英. 医学理论与实践,2008,(3)
哮喘、变应性鼻炎 59 例对尘螨变应原特异性免疫治疗的耐受性和不良反应. 邱晓梅,等. 实用儿科临床杂志,2008,(9)
哮喘患者血清抗体水平与居室尘螨抗原浓度的季节变化. 周鹰,等. 环境与健康杂志,2008,(5)
哮喘患者血清螨特异性抗体及其卧室尘螨抗原浓度的季节变化. 朱洪,等. 中国免疫学杂志,2008,(1)
新革螨属 1 新种记述和 2 已知种若螨描述(蜱螨亚纲:中气门目:寄螨科). 马立名. 蛛形学报,2008,(1)
宣城地区居室环境中粉螨污染的调查. 刘小燕,等. 环境与健康杂志,2008,(3)
恙螨数值分类和属间系统发育关系的研究. 侯舒心,郭宪国. 中国病原生物学杂志,2008,(4)

一起尘螨引起的医院内感染暴发调查.叶春昭,邓志强.中华疾病控制杂志,2008,(4)
伊宁卫生学校学生螨虫感染情况调查分析.韩冬霞,阿斯亚.中国保健,2008,(17)
应用实验种群生命表评价巴氏新小绥螨对西花蓟马的控制能力.张金平,等.环境昆虫学报,2008,(3)
云南省革螨新记录及宿主新记录(蜱螨亚纲:中气门目:革螨股).闫毅,等.中国媒介生物学及控制杂志,2008,(6)
云南省小型哺乳动物寄生恙螨群落种多度分布.侯舒心,等.中国媒介生物学及控制杂志,2008,(1)
在校大学生蠕形螨感染现状调查.周秀芝,等.中国热带医学,2008,(3)
枳壳油体外抑杀人体蠕形螨观察.刘继鑫,等.中国人兽共患病学报,2008,(5)
中草药提取物复方制剂体外抑杀眼部蠕形螨作用的研究.高莹莹,等.中国中医眼科杂志,2008,(3)
中国蚌螨属水螨1新种记述.文春根,等.蛛形学报,2008,(1)
中国甲胄螨属一新种(蜱螨亚纲:尾足螨股).陈万鹏,等.昆虫分类学报,2008,(4)
中国厉螨科区系研究(蜱螨亚纲:革螨股:厉螨科).任天广,郭宪国.中国媒介生物学及控制杂志,2008,(4)
中国伪足瘿螨亚科三新种记述(蜱螨亚纲,瘿螨科).欧善生,等.动物分类学报,2008,(3)
中国小兽类体表及巢穴下盾螨属名录.闫毅,等.中国热带医学,2008,(12)
中国叶刺瘿螨亚科四新种记述(蜱螨亚纲:瘿螨科).覃爱枝,等.昆虫分类学报,2008,(4)
中国云南洱海周边小兽体表革螨多样性.董文鸽,等.昆虫学报,2008,(11)
中国中气门螨新纪录(蜱螨亚纲:革螨股).陈万鹏,等.蛛形学报,2008,(1)
朱砂叶螨抗性品系不同温度下的相对适合度.何林,等.应用生态学报,2008,(11)
珠海及周边地区哮喘患儿过敏原状况及粉尘螨滴剂舌下含服疗效研究.徐进,等.中国儿童保健杂志,2008,(4)
驻蚌某部战士人体蠕形螨感染情况调查及相关因素分析.焦玉萌,等.蚌埠医学院学报,2008,(2)
装卸小麦致螨皮炎暴发一起调查.钟国斌,等.职业卫生与病伤,2008,(6)
158例农药克螨特致眼损害院前处理的调查及分析.吴明珍.护理与康复,2009,(7)
Dot-ELISA检测兔疥螨抗体方法的建立和应用.郝桂英,等.动物医学进展,2009,(4)
变应性哮喘螨脱敏疗法的健康教育和护理.苏惠清,等.中国当代医药,2009,(11)
表面等离子体共振技术检测重组户尘螨变应原rDerp2与抗体的结合.刘志刚,等.光谱学与光谱分析,2009,(2)
不同尘螨过敏原诱导组胺释放能力分析.刘婉莹,等.细胞与分子免疫学杂志,2009,(5)
尘螨过敏的诊断与防治.黄绍文.中国医学创新,2009,(31)
尘螨与变应性疾病的研究进展.胡传翠,李朝品.医学综述,2009,(7)
单一屋尘螨特异性免疫治疗变应性鼻炎的免疫机制探讨.刘虹,等.重庆医科大学学报,2009,(6)
东亚小花蝽对西方花蓟马和二斑叶螨的捕食选择性.孙晓会,等.生态学报,2009,(11)
肪刺螨属一新种记述及中国已知种检索(中气门目,巨刺螨科)(英文).田珍灶,金道超.动物分类学报,2009,(4)
粉尘螨,壳聚糖疫苗治疗过敏性哮喘小鼠肝脏Bcl-2的表达.沈小英,等.江西医学院学报,2009,(5)
粉尘螨变应原(Derf1)对DC2.4细胞的作用及其诱发哮喘机制的初步研究.沈小英,等.寄生虫与医学昆虫学报,2009,(3)
粉尘螨变应原第6组分全长cDNA克隆及生物信息学分析.崔玉宝,等.中国免疫学杂志,2009,(7)
粉尘螨滴剂对3~14岁支气管哮喘和过敏性鼻炎的疗效及安全性分析.程静,桂晓钟.安徽医药,2009,(8)
粉尘螨滴剂治疗儿童过敏性紫癜疗效观察.茅松,等.实用医学杂志,2009,(18)
粉尘螨滴剂治疗过敏性结膜炎42例.刘红梅,等.实用医学杂志,2009,(15)
粉螨过敏性哮喘的研究进展.唐秀云,李朝品.热带病与寄生虫学,2009,(1)
蜂螨防控技术研究进展.姬聪慧,戴荣国.动物医学进展,2009,(10)
高效液相色谱法检测除螨祛痘类化妆品中甲硝唑和替硝唑.罗丽娟,等.中国药业,2009,(15)
广东海洋大学学生蠕形螨感染的调查与分析.肖万英,等.广东医学院学报,2009,(3)
桂皮挥发油对两种人体蠕形螨的体外抑杀作用.孙艳宏,等.热带病与寄生虫学,2009,(1)
淮南地区房舍储藏物粉螨孳生密度与过敏性哮喘关系的研究.唐秀云,等.皖南医学院学报,2009,(1)
寄生性天敌蒲螨研究进展.马立芹,等.昆虫知识,2009,(3)
健康教育在防治儿童螨过敏性哮喘中的效果评价.舒复平,王娟.浙江临床医学,2009,(5)
两种方法检查某高校学生人体蠕形螨.周德刚,等.热带病与寄生虫学,2009,(2)
螨性哮喘患儿粉尘螨滴剂治疗的2年疗效观察.黄淑美,等.现代实用医学,2009,(10)
毛皮动物疥螨病的防治方法.李正飞.特种经济动植物,2009,(8)
面部皮脂溢出性皮炎及激素依赖性皮炎与蠕形螨的相关性.陈茜,等.皮肤病与性病,2009,(1)
某校大学生蠕形螨感染情况调查.余俊萍,等.热带病与寄生虫学,2009,(1)
农药克螨特致眼损害患者158例院前处理的调查与分析.吴明珍.解放军护理杂志,2009,(5)
苹果及土壤中的螺螨酯残留分析方法.白芸,等.分析科学学报,2009,(2)

青海省三江源自然保护区螨类区系分布. 郑谊,等. 中国人兽共患病学报,2009,(6)
热带无爪螨与相关变应原. 吴桂华,等. 热带病与寄生虫学,2009,(1)
人体蠕形螨病的免疫学研究. 许礼发,等. 中国人兽共患病学报,2009,(5)
人体蠕形螨病的研究进展. 阿拉腾楚鲁,刘志芳. 医学综述,2009,(15)
舌下含服粉尘螨滴剂治疗特应性皮炎的短疗效及安全性分析. 胡志国,陈艳. 中国医学创新,2009,(22)
舌下脱敏治疗粉尘螨性变应性鼻炎 60 例效果观察. 岳承,舒畅. 江苏大学学报(医学版),2009,(5)
兔螨病的诊断与治疗. 杨华. 动物医学进展,2009,(9)
卫生士官学员蠕形螨感染情况调查分析. 杨新华,等. 白求恩军医学院学报,2009,(1)
我国螨类研究的最新进展. 吾玛尔·阿布力孜,等. 生物学通报,2009,(4)
屋尘螨重组变应原 Derp2 的表达、纯化及免疫学活性鉴定. 刘晓宇,等. 中国人兽共患病学报,2009,(8)
芜湖地区储藏物粉螨名录初报. 牛卫中,等. 热带病与寄生虫学,2009,(1)
新化合物 HNPC-A3066 的杀螨活性及田间防治效果研究. 裴晖,等. 农药学学报,2009,(2)
一例獭兔疥螨病的病理组织学观察. 王纯净,等. 动物医学进展,2009,(9)
迎春花花粉对伪钝绥螨生长发育和繁殖的影响. 陈春丽,等. 昆虫知识,2009,(4)
浙江国境口岸地区革螨采集及新记录(蜱螨亚纲). 卢苗贵,等. 寄生虫与医学昆虫学报,2009,(2)
植物表面的毛对螨类的影响及其对害螨生防的启示. 郑兴国,洪晓月. 昆虫知识,2009,(2)
中国蚌螨属支序分类分析(蜱螨亚纲:蚌螨科). 吴浩彬,等. 昆虫分类学报,2009,(2)
中国红树林植物白骨壤上的斜瘿螨属一新种(蜱螨亚纲,瘿螨总科). 李德伟,等. 动物分类学报,2009,(4)
中国厚厉螨科二新种(蜱螨亚纲,中气门亚目). 陈万鹏,等. 动物分类学报,2009,(1)
中国巨刺螨属一新种和雷氏巨刺螨的重新描述(中气门目,巨刺螨科)(英文). 田珍灶,等. 动物分类学报,2009,(3)
中国软滑水螨一新纪录属及一新种记述(蜱螨亚纲,水螨群,软滑水螨科). 乙天慈,等. 动物分类学报,2009,(4)
中国羽螨新纪录属一新种记述. 王梓英,等. 动物分类学报,2009,(1)
中国中气门螨类新记录. 贝纳新,等. 昆虫分类学报,2009,(1)
中卷甲螨科中国一新纪录属——杜卷甲螨属(甲螨亚目,中卷甲螨科). 刘冬,等. 动物分类学报,2009,(2)

四、卫生杀虫药械研究与应用

杀虫. 杨惟义. 商务印书馆,1950
DDT 合成制造的研究. 东北化学制药厂研究室. 东北医学杂志,1951,(4)
DDT 杀虫剂的配制和应用. 张本华. 内科学报,1951,(7)
六六六标准使用法. 张本华. 内科学报,1951,(6)
论 DDT 中毒. 姜玉书. 东北医学杂志,1951,(4)
无机杀虫剂杀菌剂制造. 栾茀译. 化学工业出版社,1951
DDT 的残余作用. 沙必时. 化学世界,1952,(12)
爱国卫生运动中通常适用的杀虫剂与消毒剂. 韩组康. 化学世界,1952,(10)
内吸杀虫剂的介绍. 忻介六. 自然科学,1952,(5)
杀虫药剂最新使用法——烟雾法的介绍. 忻介六. 自然科学,1952,(1)
薰蒸杀虫的原理和应用. 黄大文. 自然科学,1952,(5)
百部杀虫效力的初步试验. 周本寿. 昆虫学报,1953,(3)
除虫菊、二二三和六六六的性状、作用及各种制剂的配制方法. 黄承武. 中华卫生学杂志,1953,(1)
几种杀虫植物的效力. 齐瑞霖. 农业科学通讯,1953,(3)
六六六乳剂的制造. 华北农业科学研究所. 农业学报,1953,(4)
当前杀虫剂、杀菌剂的研究和生产的问题. 黄瑞纶. 科学通报,1954,(12)
几种常用的杀虫药. 黄瑞纶. 中华书局,1954
药剂混合使用的问题. 黄瑞纶. 农业科学通讯,1954,(5)
有机磷抑制剂与家蝇头部胆碱酯反应的双分子速率常数. 库森,等译. 昆虫知识,1954,(1)
日晒、潮湿、高温及其它不良条件对六六六、滴滴涕药剂物理化学性质影响的研究. 姚浩然,等. 农业学报,1955,(2)
二二三、六六六杀虫效果的调查方法. 中级医刊,1955,(7)
石灰硫磺合剂稀释计算法. 葛锺麟. 新科学,1955,(1)
粉剂、油剂和乳剂中二二三和六六六含量的测定方法介绍. 杨宗显. 中级医刊,1956,(6)
目前部队中应用杀虫剂滞留喷洒防疟中的几个问题. 陆宝麟. 人民军医,1956,(7)
内吸杀虫药剂. 黄瑞纶. 化学通报,1956,(2)
杀虫剂对昆虫毒杀的药理作用. 张泽溥. 农业科学通讯,1956,(11)
杀虫药剂的化学及应用. 张宗炳,等. 商务印书馆,1956
杀虫药剂学. 黄瑞纶. 财政经济出版社,1956
植物性杀虫药剂分析法. 程暄生. 科技出版社,1956
关于 DDT 应用方式的问题. 乌姆内夫,M. H. 刘惕若译. 昆虫学译报,1957,(3)
关于杀虫剂混用增效的一些概念. 曹骥. 昆虫知识,1957,(5)
内导杀虫剂及其应用. 曹骥. 财政经济出版社,1957
杀虫杀菌剂分析. 齐托维奇,H. K. 化学工业出版社,1957
杀虫药剂学. 黄瑞纶. 财政经济出版社,1957
室内滞留喷洒防治疟疾传染媒介的原则及应用. 陆宝麟. 卫生工作参考资料,1957,(22)
一个较经济的烟雾剂配制方法试验. 赵学忠. 人民军医,1957,(5)
敌百虫对小动物几种体内外寄生虫的试验. 舒家模. 上海畜牧兽医通讯,1958,(4)
六六六杀虫烟剂的试制. 陈调民. 中华卫生杂志,1958,(2)
内导杀虫剂及其应用. 曹骥. 农业出版社,1958
农业杀虫药有机磷化物中毒综述. 顾学箕. 中华卫生杂志,1958,(5)
杀虫烟剂的研究——Ⅰ杀虫烟剂的处方和配制. 黄兰孙,等. 中华卫生杂志,1958,(2)
有机磷杀虫剂的化学结构与毒性的关系. 王恩光. 化学世界,1958,(3)
农药中毒的防治. 丁训杰. 科技卫生出版社,1959
卫生用杀虫药剂. 黄兰孙. 上海科学技术出版社,1959
有机磷杀虫剂的研究Ⅰ:O,O-二烷基 S-烃基(取代烃基)硫(氧)甲基(取代甲基)二硫代磷酸酯的合成. 杨石先,等. 化学学报,1959,(6)
有机磷杀虫剂对温血动物的毒力. 樊德方. 动物学杂志,1959,(1)
六六六的制造. 葛平. 化学工业出版社,1960
农药的化学鉴定和生物鉴定. 屠豫钦. 中国青年,1960
野生植物灭蚊蝇幼虫试验. 陈亢川,等. 福建省卫生防疫站年刊,1960
有机磷杀虫剂对温血动物的毒力. 樊德方. 动物学杂志,1960,4(1)
DDT 生产的废弃品——氯苯磺酸的水解. 叶裕华译. 有机化学工业快报,1961,(24)
毒物分析中杀虫剂敌百虫的分离及其半微量化学鉴识法. 黄鸣驹,等. 药学学报,1962,(10)

腊纸粉膜法——一种简单迅速测定接触杀虫药剂的毒力的方法. 张宗炳. 植物保护学报,1962,(2)
农药的生态效应和农药的合理使用. 屠豫钦. 中国农业科学,1962,(11)
有机磷杀虫剂敌百虫毒性的研究. 龚佩之,等. 中华医学杂志,1962,(4)
有机磷杀虫剂对温血动物毒性表. 化学通报,1962,(1)
常用农药中毒的防治. 张福瑞,等. 人民卫生出版社,1963
杀虫剂的发展现状及其展望. 张宗炳. 生物学通报,1963,(2)
杀虫剂及杀菌剂的生物测定. 张泽溥. 中国工业出版社,1963
新改进的喷粉器(FY-5 型). 朱济生. 植物保护,1963,1(2)
有机磷杀虫剂的研究Ⅲ. O-乙基 N,N-二乙氨基硫代磷酰氯的合成及其与硫氢化钠的反应. 杨石先,等. 化学学报,1963,(3)
有机磷杀虫剂中毒(15 例综合报告). 徐家增,等. 中华儿科杂志,1963,(6)
DDT 及 666 在昆虫体内代谢及其毒理机制. 张宗炳. 杀虫药剂与昆虫毒理进展(1),1964
LD_{50}演算方法的新发展. 龚坤元. 杀虫药剂与昆虫毒理进展(1),1964
氨基甲酸酯类杀虫剂的化学结构与生物活性. 熊尧. 杀虫剂与昆虫毒理进展(1). 科学出版社,1964
敌百虫对牛体内纹皮蝇幼虫内吸毒杀试验. 邓国藩,等. 昆虫知识,1964,(3)
昆虫不育性药剂的研究Ⅲ. Thio-TEPA 对家蝇不育性效果试验. 张宗炳,等. 昆虫学报,1964,(5)
昆虫不育性药剂及其生理机制. 张宗炳. 植物保护,1964,2(6)
六六六烟剂沉积率之比浊度分析法. 屠豫钦. 植物保护,1964,(4)
农药的毒害、药害和药效. 侯升新. 中国工业出版社,1964
三种新的有机磷杀虫剂. 金进良译. 化学世界,1964,(3)
杀虫剂对蚊类的毒效测定. 刘维德. 杀虫药剂与昆虫毒理进展(1). 1964
杀虫药剂毒力测定的统计分析. 张宗炳. 植物保护,1964,2(3)
杀虫药剂与昆虫毒理进展. 龚坤元. 科学出版社,1964
食品中有机磷杀虫剂残留物的简易测定方法. 周济省. 中华卫生杂志,1964,(1)
食物中敌百虫及敌敌畏的检验方法. 艾有年. 中华卫生杂志,1964,(1)
新农药的卫生毒理及中毒临床. 张瑞福,等. 人民卫生出版社,1964
以生物测定法研究六六六粉在土壤中下渗. 曹骥,等. 昆虫知识,1964,(1)
有机磷剂的选择性毒性及其生理机制. 尤子平. 植物保护,1964,2(3)
有机磷剧毒农药安全使用规程(修订草案). 中华人民共和国农业部. 中国农报,1964,(7)
有机磷农药中毒的特效解毒剂——解磷定(PAM). 吴乃龄,等. 药学通报,1964,(8)
有机磷杀虫剂的薄层层析. 陈楚良. 化学世界,1964,(5)
有机磷杀虫剂的化学结构和生物活性. 刘珣. 杀虫药剂与昆虫毒理进展(1). 1964
放射性标记的内吸杀虫剂在动物体内的代谢. 卓贵德. 同位素应用译丛,1965,(4)
工业粗产品中六六六丙体的气相色谱定量测定法. 黄洪钺译. 农药译丛,1965,(4)
几种有机磷杀虫剂使家蝇中毒后对真假胆碱酯酶的抑制作用. 冷欣夫,等. 昆虫学报,1965,(1)
硫脲衍生物的合成及其氧化. 陈茹玉. 南开大学学报(自然科学版),1965,(2)
马拉硫磷合成法改进二则. 农药译丛编辑部. 农药译丛,1965,(1)
马拉松定量分析法介绍. 文志. 农药译丛,1965,(5)
内吸性农药的作用方式. 汪浏译. 农药译丛,1965,(3)
杀虫剂的联合、增效和对抗作用. 刘孟英译. 农药译丛,1965,(3)
新的氨基甲酸酯杀虫剂(简讯). 单于译. 化学世界,1965,(3)
选择性有机磷杀虫剂的研究:阿赛硫磷(Acethion)类化合物的化学结构和生物活性. 昆虫学报,1965,(4)
有机磷解毒剂的研究:2-吡啶甲醛肟碘甲烷盐(简称 2-PAM 的药理作用). 邵以德. 药学学报,1965,(6)
有机磷解毒剂的研究:双-(4-吡啶,甲醛肪)N,N 二甲基醚二氯化物(OMO-4-Cl_2)及二溴化物(OMO-4-Br_2)的疗效与毒性. 药学系医学基础教研组. 上海第一医学院学报,1965,(4)
有机磷解毒剂的研究Ⅱ. 2-吡啶甲醛肟碘甲烷盐(解磷毒,2-PAM)及双-4,43-吡啶甲醛肟-N,N1 二溴三甲烯盐(简称 TMB-4)防护有机磷中毒的实验研究. 竺心影. 上海第一医学院学报,1965,(2)
有机磷杀虫剂的研究Ⅸ. 某些含萘环硫代磷酸酯类型杀虫剂的研究. 杨石先. 南开大学学报(自然科学版),1965,(2)
有机磷酸酯农药解毒剂——胆碱酯酶复能药物. 朱淬砺. 药学学报,1965,(8)
再谈杀虫药剂毒力测定的基本原理. 张宗炳. 昆虫知识,1965,(2)
植物性杀虫剂. 高中兴. 中国工业出版社,1965
敌敌畏对机体毒性作用的观察. 张光曙,等. 武汉医学杂志,1966,(1)
敌敌畏塑料片剂. 农药译丛,1966,(1)

敌敌畏烟雾剂的试制和杀虫试验. 李文柱. 昆虫知识,1966,(1)
动物内吸杀寄生虫剂. Schofield,J. M. 农药译丛,1966,(3)
二嗪农的制备. Gannt,J. A. 农药译丛,1966,(1)
工业六六六粉剂和可湿性粉剂的分析方法. 农药译丛,1966,(3)
空气中敌敌畏测定方法的研究. 吴能. 化学世界,1966,(4)
空气中敌敌畏与二氯乙醛的分别测定. 张芷江. 天津医药杂志,1966,(4)
磷化氢作为熏蒸剂的研究. Lindgren, D. L. ,等. 粮食科技译丛,1966,(2)
六六六异构体的纸上色层法测定. 农药译丛,1966,(3)
杀虫剂的薄层层析. Walker,K. C. 农药译丛,1966,(1)
杀虫剂的选择毒性. Rodert. L. Metcalt. 农药译丛,1966,(2)
杀虫药剂的持久毒性. 张宗炳. 植物保护,1966,4(3)
新的合成驱避药物介绍. 董家歧. 药学通报,1966,(5)
新磷酸酯类杀虫剂的进展. 希拉台尔,G. 化学工业出版社,1966
用水精制敌百虫的生产方法——内冷却法. 上海第一医学院附属红旗制药厂. 药学学报,1966,(8)
有机磷化合物的研究Ⅳ. SS-二乙基-O-(取代苯基)-三硫代磷酸酯类的合成. 章道道. 复旦大学学报(自然科学版),1966,(2)
有机磷农药中毒诊断标准和治疗方案. 中华内科杂志,1966,(5)
有机磷农药中毒的防治. 徐州医学院. 人民卫生出版社,1972
国内植物杀虫药的试验和应用. 朱成璞. 全国疟疾防治研究资料汇编(内部),1973
喷雾器、喷粉器的使用与维修. 湖南省农业机械研究所. 湖南人民出版社,1973
合成驱避剂结构类型与驱蚊效果. 南京军区后勤部军事医学研究所. 疟疾研究,1974
双硫磷的生物测定和现场观察. 秦皇岛市卫生防疫站. 中华卫生杂志,1974,(1)
农药药效试验的设计和分析. 宋哲和. 科学出版社,1975
两种剂型苏云金杆菌血清14型制剂对埃及伊蚊幼虫毒杀效果试验. 王美秀. 中国媒介生物学及控制杂志,1976,1(7)
高效低毒的拟除虫菊素杀虫剂. 侯升新. 化学通报,1977,(2)
新农药——辛硫磷. 天津农药厂. 化学通报,1977,(1)
O-乙基-O-取代苯基硫(醇)代磷酸酯类杀虫剂的研究. 南开大学元素所农药合成室杀虫组. 农药工业,1978,(3)
不同药物及不同剂量进行超低容量喷洒灭蚊观察. 南京军区后勤部军事医学研究所. 疟疾研究,1978
超低量喷雾器的使用性能的研究. 市农科院土保所. 上海农业科技,1978,(12)
地面超低容量喷雾药粒散布试验观察. 南京军区后勤部军事医学研究所. 疟疾研究,1978
高效杀线虫剂——二溴氯丙烷. 陈泽龙,等. 昆虫知识,1978,(2)
化学农药的使用前途问题. 龚坤元. 环境科学,1978,(2)
六种杀虫剂对蚊幼毒效测定报告. 武汉医学院卫生系流行病学教研组. 武汉医学院学报,1978,(1)
农药的代谢与残留. 樊德方. 浙江化工,1978,(1)
农药致畸、致突变和迟发性神经毒性试验方法. 武汉医学院环境卫生教研室. 农药工业,1978,(3)
气相色谱法测定杀虫脒的残量. 庄无意,等. 环境保护,1978,(4)
杀虫剂毒性的温度系数. 农药工业,1978,(3)
谈谈磷化铝熏蒸防治仓库害虫. 赵菊香. 陕西农业科技,1978,(5)
谈谈微生物杀虫剂. 居乃琥. 环境保护,1978,(1)
乙酰甲胺磷残留量的薄层层析测定法. 无锡轻工业学院化学中心实验室. 农药工业,1978,(3)
乙酰甲胺磷的毒性. 杨泗溥. 农药工业,1978,(3)
紫外线灭蚊灯简介. 上海市嘉定县南翔镇除害灭病领导小组办公室. 昆虫知识,1978,(2)
3y-10型背负式喷雾机. 余帮模,等. 农业机械,1979,(12)
倍硫磷工艺改进研究. 浙江省化工研究所倍硫磷工艺改进组. 农药工业,1979,(4)
超低容量灭虫技术的应用. 朱成璞. 解放军医学杂志,1979,(2)
敌百虫和马拉硫磷,敌百虫与滴滴涕的联合毒性. 朱惠香,等. 农药工业,1979,(3)
飞机超低容量喷雾法消灭蚊蝇效果观察. 唐山市卫生防疫站. 中华预防医学杂志,1979,(2)
关于新型电子驱蚊器——微波驱蚊器的探讨. 杨风纪. 电子技术应用,1979,(5)
化学防治中的几个问题(二). 龚坤元. 植物保护,1979,5(4)
化学防治中的几个问题(一). 龚坤元. 植物保护,1979,5(2)
几种保幼激素杀灭蚊幼虫的试验研究. 王美秀. 流行病学杂志,1979,(2)
昆虫化学不育剂进展——兼论含磷乙烯亚胺化合物特性. 杨石先,等. 农药工业,1979,(4)
昆虫几丁质合成酶抑制剂——TH6040研究评价. 农药工业,1979,(2)

灭幼脲类杀灭库蚊幼虫的研究. 王美秀. 流行病学杂志,1979,(2)
三种机动喷雾机喷药治虫的卫生学调查. 江苏省卫生防疫站,等. 中华预防医学杂志,1979,(2)
杀虫剂戊氰醚酯(Fenvalerate). 农药工业,1979,(5)
杀虫脲类杀虫药(苏脲Ⅰ号、苏脲Ⅱ号)的合成. 陈克潜,等. 江苏师院学报,1979,(1)
卫生毒理实验方法. 湖南医学院卫生学教研组. 人民卫生出版社,1979
油雾剂及其烟雾发生器的研究与应用. 农药工业,1979,(4)
油雾剂及其烟雾发生器的研制与应用. 南京林产工业学院等课题研究组. 农药工业,1979,(4)
有机氯杀虫剂的研究:三氯杀虫酯(7504)的合成、药效与生物降解试验. 中国科学院生物研究所药剂毒理室. 昆虫学报,1979,(4)
右顺溴氰苯菊酯(NRDC161)防治卫生害虫的效用. 张桂林. 中华预防医学杂志,1979,(4)
7504 灭蚊试验报告. 钱万红,等. 医学资料,1980,(9)
胺菊酯速杀蚊蝇试验报告. 赵学忠,等. 医学资料,1980,(9)
地面超低容量喷洒雾粒飘移和沉降分布的试验. 赵学忠. 医学资料,1980,(9)
合成拟除虫菊酯——一类新杀虫剂. Elliott,M. ,等. 农药工业译丛,1980,(6)
几种新杀虫剂坑道内灭蚊试验报告. 赵学忠,等. 解放军医学杂志,1980,5(3)
静电喷雾与常规喷雾杀灭蚊蝇效果比较. 张应阔,等. 医学资料,1980,(9)
昆虫生长调节剂杀灭蚊蝇幼虫效果观察简报. 南京军区后勤部军事医学研究所流行病科. 昆虫知识,1980,17(2)
昆虫生长调节剂——苏脲 1 号杀灭蚊蝇幼虫效果观察. 赵学忠,等. 医学资料,1980,(9)
四种拟除虫菊酯灭蚊效果比较. 赵学忠,等. 医学资料,1980,(9)
苏云金杆菌毒力研究. 赵荣杰,等. 微生物学通报,1980,(5)
苏云金杆菌多窝变种杀灭库蚊幼虫试验. 王美秀. 流行病学杂志,1980,(1)
微型喷头的研制及其性能的测定. 郭春生,等. 中华预防医学杂志,1980,(4)
五种昆虫生长调节剂杀灭库蚊幼虫效果比较. 张应阔,等. 医学资料,1980,(9)
溴氰菊酯杀灭蟑螂试验报告. 姜志宽,等. 昆虫知识,1980,5(3)
乙酰甲胺磷毒杀蟑螂的效果观察. 赵学忠,等. 解放军医学杂志,1980,5(5)
有机磷昆虫不育剂的研究——N-乙撑亚胺基,烷氧基(胺基,取代胺基)磷酰胺与硫代磷酰胺类化合物的合成. 杨石先,等. 高等学校化学学报,1980,(2)
空气中 7504 的硝酸银比浊法测定. 叶能叔. 广东职业病防治,1981,(4)
控制释放农药的开发. 沈德隆,等. 浙江工学院学报,1981,(2)
昆虫保幼激素类似物——萜烯基硫醚类化合物的合成. 刘孟英,等. 化学学报,1981,39(6)
拟除虫菊酯类杀虫剂的抗药性问题. 韩熹莱. 植物保护,1981,7(3)
拟除虫菊酯杀虫剂甲醚菊酯的气液色谱分析. 毕美琴,等. 江苏化工,1981,(4)
杀虫剂. 朱成璞. 人民军医,1981,(7)
世界卫生组织(WHO)推荐的《农药毒性分级》的使用说明. 农药译丛,1981,(6)
有机氯农药薄层层析灵敏快速测定法. Adriane G. Ludwick. ,等. 农药译丛,1981,(6)
正交多项式配线求杀虫剂的致死剂量(续). 郭予元. 植物保护,1981,7(4)
正交多项式配线求杀虫剂的致死剂量. 郭予元. 植物保护,1981,7(3)
保幼激素类似物用于防治室内卫生害虫. Edwards,J. P. 昆虫激素,1982,(2)
倍硫磷微胶囊灭蚊研究. 高韵苕,等. 昆虫知识,1982,19(1)
丙体六六六(林丹)的毒性和致癌性研究. 徐晋康,等. 卫生研究,1982,11(3)
丙体六六六在大鼠体内的分布与蓄积研究. 王绪卿,等. 卫生研究,1982,11(3)
病毒治虫的安全问题与环境保护. 梁东瑞. 环境科学,1982,3(2)
地面水中杀虫畏最高容许浓度的研究. 夏世钧,等. 中华预防医学杂志,1982,16(1)
东方红-18 型超低容量喷雾机使用技术. 赵玉樵. 植物保护,1982,8(2)
毒杀蚊幼虫的绿僵菌菌株的筛选及其毒性测定. 刘炬,等. 昆虫天敌,1982,4(2)
多种有机磷剂抗性品系淡色库蚊羧酸酯酶的提纯及其对^{14}C-马拉硫磷的降介作用. 黄刚,等. 动物学报,1982,3(增刊)
几种新杀虫剂的杀卵活性. 应松鹤. 昆虫学报,1982,25(3)
加溴拟除虫菊酯杀虫剂的合成及其结构——杀虫活性的研究. 顾可权,等. 华东师范大学学报(自然版),1982,(4)
静电喷雾器对墙面及空间喷雾的灭蚊实验. 郑友,等. 第二军医大学学报,1982,3(4)
粮、油、蛋、肉、茶、奶中有机氯农药残留量的调查. 夏国良. 劳动卫生与环境医学,1982,5(1)
六六六农药在土壤中的降解及其残留的研究. 沈碧珍,等. 农业环境保护,1982,(2)

六六六在水环境中转移、积累和归趋研究. 张甬元,等. 水生生物学集刊,1982,7(4)
灭孑孓缓释剂的设计与效果考核. 吴能. 中华流行病学杂志,1982,3(6)
日本用于防治卫生害虫方面的杀虫剂. 安富和男. 农药译丛,1982,(1)
三种昆虫生长调节剂杀灭家蝇幼虫试验. 赵学忠,等. 中华流行病学杂志,1982,3(6)
生物苄呋菊酯的合成研究. 朱嘉年,等. 农药,1982,(4)
肟醚类拟除虫菊酯研究. 黄润秋,等. 农药,1982,(2)
戊酸醚酯杀虫剂的毒性研究. 蔡一华,等. 农药,1982,(1)
戊酸氰醚酯的中间试验及其开发研究. 上海市农药研究所. 农药,1982,(6)
乙酰甲胺磷的气相色谱分析. 周远才,等. 农药,1982,(1)
有机氯杀虫剂三氯杀虫酯的研究. 陈宝珊,等. 农药,1982,(2)
除虫菊酯的立体异构及其合成. 陈良. 农药,1983,(1)
高效液相色谱法分离分析氨基甲酸酯类农药——杀虫剂速灭威. 赵裕蓉,等. 北京化工学院学报,1983,(3)
几丁质合成酶抑制剂杀灭家蝇幼虫效果观察. 赵学忠,等. 人民军医,1983,(7)
几种苏云金杆菌晶体的超微结构. 李荣森,等. 微生物学报,1983,23(4)
马拉硫磷的残留、代谢及毒性. Izmerov,N. F. 农药译丛,1983,5(4)
灭幼脲药物杀灭蚊幼虫的实验研究. 王美秀. 中华流行病学杂志,1983,4(6)
内源性乙酰胆碱对小鼠骨髓粒系定向造血干细胞作用的初步探讨. 李安国,等. 湖南医学院学报,1983,8(2)
拟除虫菊酯类杀虫剂的合成. 李宗成. 农药,1983,(3)
拟除虫菊酯杀虫剂的抗性发展概况. 应松鹤. 农药,1983,(1)
农药的安全使用. 龚坤元,等. 科学出版社,1983
农药的使用与保管. 喻贵凯. 农业出版社,1983
气液色谱法测定六六六、DDT 残留量时不同内标物的比较试验. 罗远洲. 辽宁粮油科技,1983,(1)
氰戊菊酯光学异构体的高效液相色谱分离. 郑如玉,等. 农药,1983,(6)
球形芽孢杆菌与苏云金杆菌对淡色库蚊毒性的比较. 任致新,等. 微生物学报,1983,23(2)
杀虫剂作用方式的新进展(上). Richard W. Beeman. 农药译丛,1983,5(3)
杀虫剂作用方式的新进展(下). Richard W. Beeman. 农药译丛,1983,5(4)
杀虫药剂与昆虫毒理进展(二). 龚坤元,等. 科学出版社,1983
施用六六六、DDT 五年后三种蔬菜土壤中残留量的调查. 李国育,等. 环境科学丛刊,1983,4(6)
十年来我国拟除虫菊酯类杀虫剂的发展及其展望. 程暄生,等. 植物保护,1983,(1)
适用于综合防治的新杀虫剂 thiodicarb. Yang,H. S. ,等. 农药译丛,1983,5(4)
手动喷雾器常见故障与维修. 郭津伍. 植物保护,1983,9(1)
苏云金杆菌以色列变种 ONR-60A(WHO/CCBC1897)菌株的研究进展. 仇序佳. 昆虫知识,1983,20(5)
苏云金杆菌以色列变种对脊椎动物的安全试验. 龙綮新,等. 昆虫天敌,1983,5(2)
微胶囊在农药方面的应用概况. 胡笙. 农药译丛,1983,5(6)
细菌、病毒和真菌杀虫剂. Miller,L. K. ,等. 应用微生物,1983,(6)
溴氰菊酯的结构、合成和性质. Jean Tessier. 农药译丛,1983,5(4)
应用植物酶源测定有机磷农药的研究. 曹金鸿,等. 分析化学,1983,11(4)
有机磷农药解毒剂——4-叔丁基-1-[C3-取代酰基吡啶基]甲氧甲基-吡啶季铵碘盐的合成. 高凤兰,等. 药学学报,1983,18(11)
有机氯农药六六六体内诱发人体染色体畸变作用的研究. 刘明哲,等. 昆明医学院学报,1983,4(3-4)
有机氯农药在环境——生态系中的归趋与危害. 蔡道基,等. 生态学杂志,1983,(1)
中西杀灭葡酯、中西除虫菊酯对小白鼠骨髓细胞染色体畸变率的影响. 李玉莺,等. 上海师范学院学报(自然版),1983,(4)
背负式弥雾喷粉机特殊故障的检修. 余乾能. 植物保护,1984,10(6)
车载超低容量喷雾装置的喷雾性能及其杀蚊蝇效果. 董桂蕃. 杀虫药械及应用研究文集,1984,15
多层转盘雾化器雾化性能的研究. 董桂蕃,等. 杀虫药械及应用研究文集,1984,8
二氯苯醚菊酯浸泡蚊帐防蚊效果现场试验. 赵学忠,等. 中华预防医学杂志,1984,18(2)
合成拟除虫菊酯的现状和前景. Briggs,G. G. ,等. 农药译丛,1984,6(3)
机动喷雾机的电系(上). 全晓敬,等. 农机维修,1984,(6)
急性有机磷农药中毒与呼吸衰竭(上). 任引津,等. 中级医刊,1984,(6)
急性有机磷农药中毒与呼吸衰竭(下). 黄席珍. 中级医刊,1984,(7)
昆虫对拟除虫菊酯的相互抗性. 姜家良. 四川动物,1984,(2)
六六六、DDT 色谱分析中的几个问题. 胡望钧,等. 环境污染与防治,1984,(1)
六六六的毒性研究. 周韫珍,等. 环境科学与技术,1984,(2)

六六六在水溶液中的光异构化与光化学降解. 陈朝晖,等. 环境科学学报,1984,4(3)
六种装置诱杀蚊蝇效果试验. 阳际群,等. 中华预防医学杂志,1984,18(1)
氯甲酸酯法速灭威的气相色谱分析. 黄联捷. 浙江化工,1984,(2)
拟除虫菊酯分析方法的研究. 周启琇. 北京农业大学学报,1984,10(1)
农药对人类的毒性评价与实验动物研究的关系. John Doull. 农药译丛,1984,6(5)
农药溴氰菊酯毒理学研究. 童英. 南京医学院学报,1984,4(3)
七十到八十年代国外农药技术(上). 程暄生. 江苏化工,1984,(2)
炔戊菊酯(S-2852)的合成. 张应阔,等. 医学资料,1984,(4)
三氯杀虫酯(7504)分析方法. 武汉农药厂. 武汉化工,1984,(1)
杀虫剂的增效剂. 黄晓和. 湖南化工,1984,(1)
杀虫药械及其研究文集第1集. 高巨真,等. 军事医学科学院五所,1984,1
室内使用的五种杀虫喷雾器性能评价. 赵学忠. 医学资料,1984,(4)
手动喷雾器的维护和修理. 尹舒香. 农机维修,1984,(6)
水中速灭威农药非生物降解的研究. 陆贻通,等. 环境化学,1984,3(5)
苏云金杆菌杀虫剂的残效期研究. 张益,等. 微生物学通报,1984,11(2)
烷基硫代磷酸酯杀虫剂的合成及其杀虫效力. 吴钧和,等. 安徽化工,1984,(4)
蚊香中拟DDT类化合物三氯杀虫酯的分析研究. 田继军,等. 中国商检,1984,(4)
肟醚类拟除虫菊酯立体有择合成. 黄润秋,等. 农药,1984,(6)
新杀虫剂杀虫环合成研究. 孙慧琴,等. 农药,1984,(2)
溴氰菊酯对高等脊椎动物的毒性. Remi Glomot. 农药译丛,1984,6(5)
一种快速简易的苏云金杆菌变种鉴别法——菌落碘色反应法. 聂延富,等. 微生物学通报,1984,11(2)
乙酰甲胺磷等六种杀虫剂对美洲大蠊酯酶同工酶酶谱抑制试验初步探讨. 朱雯,等. 南京医学院学报,1984,4(2)
有机氯农药对动物机体的毒理学特征. 郭建钦. 农业环境保护,1984,(6)
3MF-1.6型背负式弥雾机. 李居纳. 农机情报资料,1985,(11)
3W-650型喷雾机使用中应注意的几个问题. 郭东辉. 农业机械化与电气化,1985,(1)
3种复方杀虫喷雾剂灭蚊效果观察. 张应阔,等. 人民军医,1985,(10)
N,N-二乙氨基间甲基苯甲酰胺合成方法改进及药效考核. 张应阔,等. 军事医学研究论文集,1985
氨基甲酸脂杀虫剂的发展现状. 郭光进,等. 农药,1985,(3)
氨基甲酸酯类杀虫剂及其生物与环境稳定性. Ronald J Kuhr. 环境科学情况,1985,(1)
包装型缓释剂释药特性及灭蚊效果. 吴能,等. 中华流行病学杂志,1985,6(3)
二氯苯醚菊酯浸泡蚊帐防蚊叮咬现场试验. 赵学忠,等. 解放军医学杂志,1985,(10)
氟氰菊酯的合成. 胡秉方,等. 农药,1985,(6)
工农36型机动喷雾机的改装与效果. 冯荣杨. 植物保护,1985,11(6)
国内外拟除虫菊酯混合剂研究进展. 吴秀华. 农药,1985,(3)
国外农药加工工业的现状和发展预测. 凌世海. 农药,1985,(2)
六甲基磷酰三胺对家蝇绝育效果观察. 姜志宽,等. 江苏医药,1985,11(8)
氯氰菊酯及其中间体分析方法. 王云生,等. 农药,1985,(2)
马拉硫磷和敌百虫混用和轮用的研究:淡色库蚊的酯酶同功酶与抗性的关系. 唐振华,等. 昆虫学报,1985,28(2)
灭幼脲Ⅰ号对致倦库蚊及舍蝇的生物效应. 仇序佳,等. 动物学研究,1985,6(增刊4)
拟除虫菊酯类农药的中枢神经毒作用机制研究. 童英. 农药,1985,(3)
农药胶悬剂. 冷绍平. 山东化工,1985,(3-4)
农药生态毒理研究(Ⅱ)——稻区使用六六六后药剂在水生生态体系中的残留动态. 樊德方,等. 浙江农业大学学报,1985,11(2)
欧洲一些国家的塑料喷雾器. 全仁根,等. 农机情报资料,1985,(6)
七种新型复合杀虫剂的急性毒性研究. 许莲瑛. 华中劳动卫生,1985,2(4)
炔戊菊酯的合成及其药效. 张应阔,等. 农药,1985,(2)
杀虫剂的化学及规范. 世界卫生组织. 黄一心译. 人民卫生出版社,1985
杀虫剂抗性的历史、演化和后果. Andrew. J. Forgash. 农药译丛,1985,7(6)
杀虫剂抗性的生物化学. Oppenoorth, F. J. 农药译丛,1985,7(6)
杀虫药剂的生物化学和生理学. Wilkinson,C. F. 张宗炳译. 科学出版社,1985
杀菌剂抗性的遗传和生化背景. Georgopoulos,S. G. 农药译丛,1985,7(6)
杀灭菊酯废水处理. 朱挪威,等. 上海环境科学,1985,4(8)

双硫磷和毒死蜱制剂在产卵场所对三列伊蚊的驱避性能和毒力. 张应阔. 国外医学(寄生虫的分册),1985,(1)
新的特效杀螨剂. 库卡宾科,斯. 斯. 农药译丛,1985,7(1)
新昆虫生长调节剂类杀虫剂——MK-139 日本三菱化成公司. 农药译丛,1985,7(5)
增效久效磷的气相色谱分析. 林志展. 山东化工,1985,(3-4)
(农药——纤维素)酯类缓释剂的合成及水解性能的研究. 蔡振华,等. 华东化工学院学报,1986,12(6)
“灭螨 A 烟雾剂”的研究. 王建鼎,等. 福建农学院学报,1986,15(4)
^{14}C-氰基——杀灭菊酯的合成. 尤大伟,等. 原子能农业应用. 1986,(1)
2.5% 溴氰菊酯乳剂加工技术. 吴青任,等. 安徽化工,1986,(2)
83-1 型车载超低容量喷雾杀虫装置. 施应坤. 军队卫生装备,1986,(4)
DPA 型单兵网式驱蚊装备. 钱万红,等. 军队卫生装备,1986,(3)
氨基甲酸肟酯杀虫剂的生物活性、空间构型和代谢反应. 曾益良. 农药,1986,(6)
胺菊酯的气相色谱测定. 李益圩,等. 农药,1986,(3)
胺氰菊酯中溴氰菊酯和甲胺磷含量的测定. 葛德钧,等. 农药,1986,(1)
除虫菊酯蚊香中残留 DDT 的测定($AgNO_3$ 比浊法). 汤国民,等. 福建蚊香通讯,1986,(2)
大气相对湿度对蚊香点燃时间的影响. 汤国民. 福建蚊香通讯,1986,(4)
高效灭蚊蝇水剂毒性评价. 史江. 军事医学研究论文集,1986
高效灭蚊蝇水剂药效观察. 张应阔,等. 军事医学研究论文集,1986
高压液相色谱法测定凯素灵和敌杀死中的溴氰菊酯. 覃章贵. 粮食储藏,1986,(6)
光稳定性拟除虫菊酯杀虫剂的现状及其发展问题. 程暄生. 农药,1986,(1)
抗苄呋菊酯淡色库蚊对其它拟除虫菊酯的交互抗性. 张朝远. 昆虫学报,1986,29(2)
空气中有机磷农药的气相色谱测定法. 梁禄,等. 中华劳动卫生职业杂志,1986,4(3)
氯戊菊酯对卫生害虫的药效观察. 张应阔,等. 江苏医药,1986,(12)
灭蚊剂菊露三号、四号的毒性比较. 冯静仪,等. 农药,1986,(3)
拟除虫菊酯的杀虫活性和温度的关系. 应松鹤. 昆虫学报,1986,29(1)
拟除虫菊酯类杀虫剂的高效液相色谱分析方法的研究. 潘明欣,等. 农药,1986,(2)
拟除虫菊酯类杀虫剂的抗性问题. 胡笑形. 农药,1986,(4)
拟除虫菊酯农药的神经电生理效应. 童英. 农药,1986,(6)
氰戊菊酯的毒性研究. 成海红,等. 农药,1986,(4)
神经毒对大鼠三叉神经节神经元的影响. 张可仁,等. 西安医科大学学报,1986,7(3)
苏脲一号对蚊蝇幼虫致死作用的研究. 陈鹤诗,等. 中国公共卫生,1986,5(6)
苏云金杆菌以色列变种的晶体及其对蚊幼虫中肠蛋白酶活性的影响. 仇序佳,等. 昆虫学报,1986,29(2)
苏云抗菌素“灭蚊幼”制剂对蚊幼毒效研究. 王美秀. 医学动物防制,1986,1(2)
速灭菊酯与有机磷农药混配毒性测试. 周启栋,等. 劳动医学,1986,3(1)
速灭菊酯在土壤中的迁移性及在环境中的稳定性. 张永熙,等. 农业环境保护,1986,(5)
微量有机磷杀虫剂的酶法分析. 颜克港,等. 环境化学,1986,5(6)
辛硫磷农药的气相色谱法测定及其在作物和土壤中的残留动态. 王维纲,等. 辽宁农业科学,1986,(6)
新杀虫药剂的探索. 张宗炳. 江苏化工,1986,(3)
新杀虫药剂的探索与展望. 张宗炳. 化工进展,1986,(6)
溴氰菊酯(Decis)在烟草上安全使用标准的研究. 吕静,等. 中国烟草,1986,(3)
溴氰菊酯的结合残留. 张连仲. 环境化学,1986,5(2)
溴氰菊酯对两种库蚊不同发育期毒效试验研究. 王美秀. 中国公共卫生,1986,(5)
影响苏云金杆菌以色列变种(B. t. i)杀虫活性因素的研究. 龙綮新,等. 生态科学,1986,(1)
有机磷农药生产性中毒的预防. 潘日就. 劳动医学,1986,3(1)
职业性接触杀灭菊酯的配对研究. 周建伟,等. 南京医学院学报,1986,6(2)
12 种杀虫剂对淡色库蚊酯酶同工酶谱抑制试验探讨. 赵学忠,等. 南京医学院学报,1987,7(4)
14 株绿僵菌对蚊幼虫、家蝇、蟑螂的毒力试验. 林立辉,付延荣. 昆虫天敌,1987,9(3)
9 种有机磷农药多残留气相色谱检测法. 张乔,等. 中国农业科学,1987,20(1)
DPA 型单兵网式驱蚊装备防蚊效果观察. 钱万红. 人民军医,1987,(5)
DSA 型皮肤涂抹驱避剂研制报告. 钱万红. 军事医学研究论文集,1987
WS-Ⅰ型灭蚊涂料对蚊虫的灭效观察. 姜志宽,等. 人民军医,1987,(4)
WS-Ⅰ型卫生灭蚊涂料简介. 姜志宽. 解放军医学情报,1987,1(3)
WS-Ⅰ型卫生杀虫涂料对蟑螂杀灭效果试验. 姜志宽,等. 中国公共卫生,1987,6(2)
部队营房装置杀虫窗纱对三种昆虫的灭效观察. 邵风勤,等. 军事医学研究论文集,1987
持效杀虫喷涂剂现场药效观察. 丁永健,等. 军事医学研究论文集,1987

电热灭蚊器及其制剂与杀虫效果的研究.张应阔,等.军事医学研究论文集,1987
奋斗呐对蟑螂及家蝇的灭效观察.姜志宽.军事医学研究论文集,1987
风扇型定向喷雾器雾粒幅遮测试报告.沈培谊,等.医学动物防制杂志,1987,3(4)
国外农药剂型新进展.刘同英.化工科技动态,1987,(11)
烘干温度对蚊香抗折力的影响.汤国民,等.福建蚊香通讯,1987,(1)
混灭威复方水悬剂杀灭蟑螂效果观察.张应阔,等.人民军医,1987,(3)
家蝇性信息素顺-9-廿-碳烯的新法合成.兰仲薇,等.四川大学学报(自然版),1987,24(3)
静电喷雾与常规喷雾杀灭蚊蝇的效果比较.张应阔,等.医学资料,1987,(9)
拟除虫菊酯的研究Ⅰ.某些杀灭菊酯新类似物的合成.徐汉生,等.武汉大学学报(自然版),1987,(2)
拟除虫菊酯对中枢神经递质及其受体的影响.谢卓丘.国外医学(卫生),1987,14(1)
拟除虫菊酯和有机磷杀虫剂抗药性的遗传及生物化学研究.正野俊夫.农药译丛,1987,9(3)
拟除虫菊酯与辛硫磷、增效磷混配对家蝇增效作用的研究.张文吉,等.农药,1987,(3)
拟除虫菊酯中间体——对-甲氧甲基苄氯的气相色谱分析及其合成条件探讨.周黛玲,等.华东师范大学学报(自然版),1987,(2)
氰戊菊酯的毒性研究.朱清华.农药,1987,(2)
球形芽孢杆菌(BS-10)对蚊幼虫的毒效和急性安全性试验.王美秀.杀虫微生物(第1册)1987,157
球形芽孢杆菌TS-1丙酮粉对七种蚊虫的毒力测定.任改新,等.昆虫学报,1987,30(1)
炔诺酮肟对家兔卵巢作用的形态学研究.张龙生,等.同济医科大学学报,1987,16(6)
炔戊菊酯对三种卫生害虫药效观察.张应阔,等.医学动物防制,1987,(1)
炔戊氯菊酯合成及其杀虫效果.张应阔,等.农药,1987,(1)
杀虫剂生物测定的剂量与反应时间的关系.吴能.昆虫知识,1987,24(4)
杀虫药剂的分子毒理学.张宗炳.农业出版社,1987
杀螨剂溴螨酯的合成研究.吴奎华,等.农药,1987,(4)
杀螟松的反相液相色谱分析.侯镜德,等.农药,1987,(1)
生物反应器在杀虫剂制造上的应用——旋光拟除虫菊酯类杀虫剂的制造.光田贤.农药译丛,1987,9(5)
十种杀虫剂在叙利亚仓鼠体内试验对染色体畸变的影响.Dzwonkowska.A.,等.国外医学(遗传学分册),1987,10(2)
室内滞留喷洒.陆宝麟.媒介生物学与防治,1987,(1)
水体中有机磷农药的气相色谱火焰光度测定.李钦祖,等.浙江工学院学报,1987,(1)
卫生杀虫窗纱研制报告.钱万红.军事医学研究论文集,1987
卫生杀虫窗纱用于机场餐厅杀灭蚊蝇蟑螂效果观察.丁永健.军事医学研究论文集,1987
新型杀虫剂NK8116的合成.徐尚成.农药,1987,(6)
溴氰菊酯的增效研究.崔安义.医学动物防制,1987
溴氰菊酯对大鼠肝微粒体酶的影响.唐促跃,等.环境科学学报,1987,7(2)
溴氰菊酯中毒引起家蝇神经系统环腺苷酸(CAMP)含量的改变.罗运,等.昆虫学报,1987,30(1)
有机磷杀虫剂中毒并发尖端扭转型室性心动过速.黄韶清.军事医学科学院院刊,1987,11(6)
增效磷-1号的研制和应用.贺红武,等.华中师范大学学报(自然版),1987,21(3)
招待所、食堂使用杀虫窗纱灭蚊蝇效果观察.殷奎生.军事医学研究论文集,1987
1987年世界农药市场(续).杉本良雄.农药译丛,1988,10(5)
2.5%溴氰菊酯可湿性粉剂配方研究和中试.吴青任,等.安徽化工,1988,(2)
EBT电热驱蚊片药效配比试验.赵学忠,等.医学动物防制,1988,(4)
TAC气雾剂对蚊蝇及蟑螂的灭效观察.姜志宽.医学动物防制,1988,(4)
WS-Ⅰ型卫生杀虫涂料对蚊蝇和蟑螂的灭效观察.姜志宽,等.中国寄生虫学与寄生虫病杂志,1988,6(1)
丙烯拟除虫菊酯类蚊香生产新工艺.汤国民.蚊香通讯,1988,(2)
测定农药等化学品致突变性的新方法NBP比色法.杨凤云.农药,1988,(2)
敌敌畏类农药的定量测定研究.袁进华,等.农药,1988,27:(5)
敌敌畏皮炎发病机理的研究.薛春霄,等.卫生研究,1988,17(4)
敌敌畏生产工人细胞遗传毒效应的研究.盛宽,等.上海第二医科大学学报,1988,8(3)
氟氰菊脂的高效液相色谱分析.陈振婉,等.农药,1988,27(6)
干扰几丁质沉积作用的新杀螨杀虫剂PH70-23.Grossant,A.C.,等.农药译丛,1988,10(4)
固体芳香杀虫涂料的试验研究.阎丙申,等.医学动物防制,1988,4(4)
关于溴氰菊酯神经毒作用的生物化学研究.余兰,等.生物化学杂志,1988,4(2)
烘干方式对毕那命、强力毕那命农药损失的试验.汤国民.福建蚊香通讯,1988,(1)
几种拟除虫菊酯杀虫剂对蚊幼虫毒效试验.王美秀.医学动物防治,1988,(4)

甲醚菊酯的合成. 张正,等. 农药,1988,27(3)
空气中溴氰菊酯和杀灭菊酯的气相色谱测定法. 史秀娟,等. 卫生研究,1988,17(2)
六六六在陆生生态体系中的踪迹. 黄士忠,等. 环境科学学报,1988,8(3)
六六六在土壤中持留和降解. 张水铭,等. 土壤学报,1988,25(1)
氯氰菊酯对蚊虫的毒效试验研究. 王美秀,等. 医学动物防制,1988,4(2)
氯氰菊酯在苹果及土壤中的残留动态研究. 明九雪,等. 北京农业大学学报,1988,14(3)
木粘粉粘度的测定. 汤国民. 蚊香通讯,1988,(1)
拟除虫菊脂的皮肤毒性与抗毒性效应研究. 王心如. 国外医学(卫生),1988,6(6)
农药倍硫磷对神经肌肉影响的酶组织化学研究. 白成龙,等. 中华劳动卫生职业病杂志,1988,6(5)
农药残毒的表面去除及微生物酶分解技术的研究进展. 黄士忠. 中国农学通报,1988,4(3)
农药残留动态的计算机预测初探. 胡庆永,等. 农业环境保护,1988,7(2)
农药的控制释放. 方仁慈. 化学工作与工程,1988,5(2)
农药毒理学试验准则(下). 农药,1988,27(6)
农药抗性的检测、监测及危险性评价. Johannes keiding,等. 农药译丛,1988,10(3)
驱避剂 DETA 的合成方法. 于佩凤. 精细化工,1988,5(3)
驱蚊网耐洗、耐晒配方及其防蚊效果的研究. 钱万红,等. 医学动物防制,1988,4(1)
炔戊菊脂及其二氯衍生物毒性、诱变性与结构的关系. 杨永年,等. 南京医学院学报,1988,8(2)
杀虫药剂的毒力测定:原理、方法、应用. 张宗炳. 科学出版社,1988
杀虫药剂及其应用研究文集(三)益必添应用技术专辑. 医学动物防制,1988,(增刊3)
杀蚊灵(EBT)杀灭蚊蝇效果观察. 张应阔,等. 医学动物防制,1988,(4)
生产性溴氰菊酯急性中毒 173 例的调查报告. 李天铎,等. 职业医学,1988,15(4)
蚊香湿坯进烘前停留时间对蚊香抗折力、点燃时间的影响. 汤国民,等. 福建蚊香通讯,1988,(2)
五种新拟除虫菊酯蚊香药效观察. 张应阔,等. 中国公共卫生学报,1988,(5)
新型杀虫剂 TH6038 的合成方法研究. 孟宪明. 吉林工学院学报,1988,9(1)
烟剂农药有效成分成烟率测定方法的研究. 魏代熙,等. 农药,1988,(4)
一些新拟除虫菊酯化合物的合成. 陈馥衡,等. 应用化学,1988,5(3)
用高效毛细管气相色谱质谱联用法鉴定蚊香烟中的有机污染物. 刘秀芬,等. 环境化学,1988,8(1)
有机磷农药的多残留气相色谱分析方法. 张乔,等. 环境科学学报,1988,8(3)
有机磷农药的分子结构和化学性质. 苏寿承. 浙江林学院学报,1988,5(3)
自控诱蚊灯. 聂立. 医学动物防制,1988,4(1)
1,3-二氧戊环-咪唑新型杀菌剂的合成和定量构效关系的研究. 宋宝安. 贵州大学学报(自然版),1989,6(1)
1978 至 1988 年卫生杀虫药械研究十年工作总结. 朱成璞. 中国媒介生物学及控制杂志,1989,(试刊号)
25 种残留水平的有机磷和有机氯农药的毛细管气相色谱分析. 楼小华,等. 农业环境保护,1989,8(2)
59 种农药残留量的毛细管气相色谱系统分析. 楼小华. 环境化学,1989,8(3)
E 系列电击式灭飞虫器的应用效果. 郑智民,等. 医学动物防制,1989,5(3)
N-正丙基氨基甲酸脂对有机磷农药的增效作用. 王国杰. 湖南化工,1989,(1)
O-乙基 S,S'-二烃基二硫代磷酸酯类杀虫剂的研究. 唐除痴,毕富春. 南开大学学报(自科版),1989,(1)
敌敌畏对外呼吸功能和生化免疫影响. 胡宗连,等. 中华劳动卫生职业病杂志,1989,7(3)
敌敌畏生产工人染色体畸变和姐妹染色单体互换的研究. 沈志超,等. 第二军医大学学报,1989,10(1)
氟氰菊酯及其中间体的气相色谱分析. 吴兰均,等. 农药,1989,(6)
杆状病毒杀虫剂现状及与苏云金杆菌的比较. John C. Cunningham. 农药译丛,1989,11(4)
高效灭蚊蝇水剂药效观察. 张应阔,等. 医学动物防制,1989,(1)
高效新型水剂喷雾杀虫剂的研制. 崔安义,等. 医学动物防制,1989,5(1)
关于丙烯菊酯蚊香农药浸渍涂层工艺的试验. 汤国民. 蚊香通讯,1989,(1)
害虫对杀虫剂抗性监测技术研究发展. 高希武. 农药,1989,28(4)
合成残杀威的新方法. 吴志广,等. 农药,1989,28(3)
几种卫生杀虫剂对小白鼠毒力测定. 王美秀. 中国鼠类防制杂志,1989,1(5)
甲氰菊酯在土壤中的降解与移动性. 苏大水,等. 环境科学学报,1989,9(4)
克敌菊酯对蚊蝇和蟑螂的药效测定. 姜志宽,等. 医学动物防制,1989,5(3)
氯氰菊酯和马拉硫磷农药的水解动力学研究. 夏会龙,等. 农业环境保护,1989,8(5)
氯氰菊酯农药中杂质及立体异构体的分离、鉴定. 周振惠,等. 农药,1989,(6)
灭蚊幼缓释剂的研制——徐溶性飘浮剂杀灭蚊幼的效果观察. 郁世芳,等. 医学动物防制,1989,5(4)
灭幼脲毒理学研究Ⅳ:灭幼脲的激素效应模拟试验. 龚国玑,等. 南京农业大学学报,1989,12(4)
灭蟑涂料对蟑螂的灭效观察. 姜志宽,等. 医学动物防制,1989,5(4)

拟除虫菊多残留气相色谱分析方法的研究. 明九雪,等. 北京农业大学学报,1989,15(2)
拟除虫菊脂对害虫天敌的影响及对策. 邱益三. 农药,1989,28(3)
拟除虫菊脂类农药的 NMR 研究Ⅱ. 拟除虫菊脂类中酯键部分构象的 NMR 研究. 波谱学杂志,1989,6(1)
拟除虫菊脂中间体合成工艺改进. 章俊林,等. 上海化工,1989,14(2)
氰戊菊脂的急慢性毒性和致突变、致畸、致癌性研究. 郭联杰,等. 农药,1989,28(1)
氰戊菊脂系列复合制剂"25% 菊氧乳油"配方设计和研究. 吴青任. 安徽化工,1989,(1)
球形芽孢杆菌 BS-10 对蚊幼虫的安全试验研究. 王美秀. 中国流病学杂志,1989,(特刊 10)
球形芽孢杆菌 BS-10 对蚊幼虫的毒效试验研究. 王美秀. 中国流病学杂志,1989,(特刊 10)
球形芽孢杆菌 C3-41 制剂对蚊幼虫毒杀效果的实验研究. 王美秀. 中国流行病学杂志,1989,(特刊 10)
球形芽孢杆菌大面积灭蚊幼效果报告. 王美秀. 中国流行病学杂志,1989,(特刊 10)
取代苯乙酸酯型拟除虫菊酯的合成. 张正,等. 南京大学学报(自然版),1989,25(4)
取代芳乙酸脂型拟除虫菊脂的合成. 冯友健,等. 南京大学学报(自然版),1989,25(2)
杀虫磺对昆虫突触后膜 N 型受体的占领作用. 刘安西,赵文柱. 南开大学学报(自然科学版),1989
杀虫脒气相色谱分析方法的改进. 毕富春,王文丽. 农药,1989,(4)
杀虫涂料的实验研究. 周广平,崔安义. 医学动物防制,1989,5(2)
杀虫畏对雄性大鼠肝微粒体酶的诱导及动力学性质研究. 叶正君,刘毓谷. 卫生毒理学杂志,1989,3(4)
杀虫药剂的环境毒理学. 张宗炳,等. 农业出版社,1989
杀灭宁对蚊、蝇的药效试验和剂型研究. 姚炎林,等. 医学动物防制,1989,5(1)
上海地区常见蚊虫对五种杀虫剂的敏感度及七种复配剂的可行性研究. 杨中清,等. 医学动物防制,1989,5(3)
食品中氨基甲酸酯杀虫剂多残留分析方法. 黄光伟,等. 卫生研究,1989,18(1)
苏脲 2 号类似物的合成及其杀虫活性. 金淳伟,等. 农药,1989,28(1)
苏云金杆菌血清 14 型菌液杀灭稻田蚊幼实验. 王秀美. 中国流行病学杂志,1989,(特刊 10)
外环境杀灭蚊蝇复配剂杀虫灵乳剂的研制. 郁世芳,徐仁权. 农药,1989,28(3)
微乳状液卫生杀虫喷射剂的研制. 郁世芳,徐仁权. 农药,1989,28(1)
卫生杀虫窗纱对蚊蝇蟑螂的灭效研究. 钱万红,等. 解放军预防医学杂志,1989,7(2)
蚊帐浸泡二氯苯醚菊酯对侵入实验小屋内蚊虫的防治作用. 许荣满,等. 军事医学科学院院刊,1989,13(6)
无需点燃的防蚊香. 林晓东. 现代生活用品,1989,(1)
细菌性杀虫剂的最新发展. Kristiansen,B. ,等. 应用微生物,1989,(6)
新的卫生用杀虫剂 Elemic(metoxadiazone). 新庄五朗,等. 农药译丛,1989,11(6)
溴氰菊酯对鼠脑蛋白质磷酸化作用的影响. 姜建成,等. 生物化学与生物物理学杂志,1989,5(5)
溴氰菊酯浸泡蚊帐防治侵入室内蚊虫的效果观察. 许荣满,等. 解放军预防医学杂志,1989,(7)
应用球形芽孢杆菌防制淡色库蚊的效果观察. 王美秀. 中国公共卫生,1989,4(5)
影响生物性杀虫剂球形芽孢杆菌杀灭蚊幼虫效果的因素. 甄天民. 医学动物防制,1989,5(4)
油性气雾剂喷雾粒径对杀虫效力的影响. 伍维钧. 广州化工,1989,(1)
增效复方昆虫驱避剂的研究. 董桂蕃,等. 医学动物防制,1989,5(3)
增效剂 SV1 对昆虫中枢神经钠通道延迟关闭的影响. 刘安西,等. 南开大学学报(自然),1989,(2)
唑类杀菌剂咪菌腈和腈菌唑的合成. 吴仲芳,等. 农药,1989,28(5)
卫生杀虫药械应用指南. 朱成璞,等. 上海交通大学出版社,1989.3
^{14}C-杀灭菊酯在动物体内的毒物动力学研究. 龚梓初,等. 中华预防医学杂志,1990,24(5)
40 例杀虫剂中毒分析. 闻学义,杨光钞. 职业卫生与病伤,1990,5(4)
897 杀虫药增效剂的应用及效果. 宛吉斌,等. 化学工业工程,1990,7(1-2)
JL8T-1 防蚊织物喷洒剂防蚊效果及安全试验研究. 王美秀. 中国媒介生物学及控制杂志,1990,1(3)
Trebon 对三种卫生害虫有效报告. 张应阔,等. 医学动物防制,1990,6(3)
WS-Ⅰ型卫生杀虫防霉涂料的防霉效果观察. 沈建中,姜志宽. 消毒与灭菌,1990,7(1)
长效喷涂杀虫剂对蚊蝇和蟑螂的灭效观察. 姜志宽,等. 解放军预防医学杂志,1990,8(2)
长效卫生杀虫喷涂剂对蚊蝇及蟑螂灭效观察. 徐承龙,马毅芬. 医学动物防制,1990,6(2)
车载机、手提喷雾机、手提喷烟机的应用. 朱成璞,等. 卫生杀虫药研究论文集第 5 集,1990,6(3)
第三代蚊香新产品——液体蚊香. 汤国民. 厦门科技,1990,(3)
奋斗呐对卫生害虫防效的试验. 王纪文. 海南大学学报(自然版),1990,8(2)
奋斗呐药效试验报告. 安志儒,等. 医学动物防制,1990,6(增刊 1)
高效无毒杀虫剂(灭蚊,蟑螂等)配方及工艺技术. 胡昭印. 适用技术与发展,1990,(5)
关于检测杀虫气雾剂药效中几个问题的探讨. 孙晨熹,姚兆瑞. 中国媒介生物学及控制杂志,1990,1(6)
国际关注的农药残留问题——第 21 届联合国农药残留法典委员会会议综述. 庄无忌. 农药译丛,1990,12(4)
含磷拟除虫菊酯的研究Ⅰ. 3-[1磷(膦)酸酯基-2'-氯化乙烯基]-22 二甲基环丙烷羧酸酯的合成及其几何物体的

研究.陈茹玉,等.化学学报,1990,48(4)
含磷拟除虫菊酯的研究Ⅱ.含笼状双环磷的取代环丙羧酸的合成及反应研究.邵瑞链,等.化学学报,1990,48(4)
黄杜鹃杀虫物质的提取与活性研究.尚稚珍,赵善欢.化学生态物质,1990,(2)
极重型有机磷农药中毒506例预后与阿托品化用量的关系.叶传勇,等.中华内科杂志,1990,29(2)
家用杀虫剂的毒性和适用性.Deo. P. G.,等.农药译丛,1990,12(1)
简述拟除虫菊酯在环境中的归趋及代谢.Jean-Pierre,D.农药译丛,1990,12(6)
菊酯复配作蚊香料的剂量研究.张应阔,等.蚊香通讯,1990.9(3)
凯素灵气雾剂对蚊,蝇杀灭效果观察.张淑媛,刘玉书.中国媒介生物学及控制杂志,1990,1(4)
抗马拉硫磷淡色库蚊不同基因型的自然内禀增长率及其对抗性演化的影响.唐振华,等.昆虫学报,1990,33(4)
昆虫抗药性的治理策略:一个数学模型的提出.李松岗,等.昆虫学报,1990,33(1)
两种气雾剂对蚊虫毒效测定试验.王美秀.医学动物防制,1990,2(6)
氯醚菊酯的合成及其药效.张应阔,等.中国化工农药学会90年拟除虫菊酯学术讨论会论文集,1990
氯醚菊酯合成及其药效.张应阔,等.农药,1990,(6)
氯氰菊酯对淡色库蚊毒杀效果及安全性试验.王美秀.中国媒介生物学及控制杂志,1990,3(1)
媒介化学防治动态.陆宝麟.中国公共卫生学报,1990,(9)
门帘浸泡二氯苯醚菊酯防治侵入实验室小屋蚊虫的研究.许荣满,等.军事医学科学院院刊,1990,(14)
门帘浸泡溴氰菊酯防治侵入室内蚊虫的研究.许荣满,等.解放军预防医学杂志,1990,8(2)
拟除虫菊酯的研究Ⅱ.二氯苯醚菊酯新类似物的合成.徐汉生,等.武汉大学学报(自然版),1990,(1)
拟除虫菊酯的早期发现、最新进展及今后展望.Michael Elliott.农药译丛,1990,12(4)
拟除虫菊酯混配水基杀虫制剂现场杀虫效果观察.柴兰芳,杜淑敏.中国媒介生物学及控制杂志,1990,1(6)
拟除虫菊酯类农药对哺乳动物神经系统毒理学研究进展.高玉平.国外医学(卫生学分册),1990,17(4)
拟除虫菊酯在公共卫生和传病媒介防治中的应用.Carfer,S. W.农药译丛,1990,12(4)
农药溴氰菊酯所致肺炎一例报道.易初丽,等.工业卫生与职业病,1990,16(2)
诺毕速灭松和喷杀克对蟑螂的灭效观察.姜志宽,赵学忠.中国媒介生物学及控制杂志,1990,1(4)
诺毕速灭松和速灭灵对蚊、蝇的灭效观察.姜志宽.中国媒介生物学及控制杂志,1990,1(3)
氰戊菊酯的合成、加工与应用.曹广宏.农药,1990,(2)
氰戊菊酯的慢性毒性和致癌性研究.郭联杰,等.卫生研究,1990,19(1)
驱避剂研究进展.董桂蕃.医学动物防制,1990,6(3)
杀虫剂和聚合物引起变应性的现代卫生学观点.波罗士肯柯,纳.弗.国外医学(卫生学分册),1990,17(5)
杀虫剂混用、轮用以及施药剂量对害虫抗药性发展的影响.高希武.农业环境保护,1990,9(1)
杀虫乳胶涂料对蚊、蝇和蟑螂的灭效试验研究.姜志宽,麻毅.中国媒介生物学及控制杂志,1990,1(2)
杀虫双在动物体内的代谢研究:三杀虫双的高效薄层色谱法测定及其在大鼠体内的毒物代谢动力学研究.王绪卿,等.卫生研究,1990,19(4)
杀虫优油剂特性和应用的研究.王立纯,金祥根.东北林业大学学报,1990,18(3)
杀蟑笔的研制及药效观察.陆年宏,等.人民军医,1990,(12)
室内涂刷灭蚊涂料灭蚊效果观察.姜志宽,等.中国公共卫生,1990,6(5)
速灭菊酯对孕鼠骨髓细胞和胎鼠肝血细胞微核生成的影响.孙志明,等.南京大学学报(自然版),1990,26(1)
速灭杀虫复合乳油的研制.崔安义,周广平.医学动物防制,1990,6(2)
天然无毒杀虫剂的研制.陈裕森,等.广东工学院学报(自然版),1990,7(2)
烃菊酯(MTI-800)的合成新方法.李应福,等.农药,1990,29(5)
卫生杀虫药械研究文集第4集:奋斗呐应用技术专辑.朱成璞,等.医学动物防制,1990,6(1)
蚊蝇必死高效卫生杀虫剂对淡色库蚊毒杀效果试验.王美秀.中国媒介生物学及控制杂志,1990,2(1)
我国高效杀蚊球形芽孢杆菌BS10毒素蛋白基因的克隆和表达.刘阳.生物工程学报,1990,6(3)
我国高效杀蚊球形芽孢杆菌BS10的43kD毒素蛋白基因的定位.刘阳,等.中国科学(B辑)1990,(7)
五种中草药交配蚊香对蚊虫的毒效试验.王美秀.医学动物防制,1990,2(6)
新杀螨剂杀螨脒的气相色谱分析.严巍,等.农药,1990,29(5)
新型灭蚊、蝇幼虫缓释剂的研究及药效观察.张应阔,曹锡洪.中国媒介生物学及控制杂志,1990,1(6)
新型灭蚊蝇幼虫缓释剂的研究及药效观察.张应阔.中国媒介生物学及控制杂志,1990,(6)
烟雾机在卫生、农业、林业上的应用.梅光月.1990年卫生杀虫药械学术研讨会资料汇编等,1990,(12)
研究一种用杀蚊幼虫和杀蜱螨的生物模型来筛选抗神经系统疾病的抗生素.史济平.中国抗生素杂志,1990,15(1)
应用气相色谱法测定蚊香中有害物质及有效成分的研究.宋国良,等.全国除四害优秀论文集,1990
用溴氰菊酯选育抗敌百虫淡色库蚊的研究.陈文美.昆虫学报,1990,33(1)

增效醚的合成.赵宝祥,等.农药,1990,(1)
0.66%益多克驱蚊液剂药效试验报告.安志儒.中国媒介生物学及控制杂志,1991,2(2)
75%滴滴涕水分散性粉剂的配方研制及工业化生产.石增明.农药,1991,(4)
CHP杀虫整理剂及其在蚊帐上的应用.朱泉,杨中清.纺织学报,1991,12(7)
长效卫生杀虫喷涂剂对蚊蝇及蟑螂灭效观察.徐承龙.医学动物防制,1991,7(4)
虫敌乳剂杀灭卫生害虫效果观察.张淑媛.中国媒介生物学及控制杂志,1991,2(2)
创制新杀虫剂的途径——干扰昆虫的内分泌.龚国玑.农药译丛,1991,1(1)
奋斗呐对三种蚊种的毒效试验.王美秀.中国媒介生物学及控制杂志,1991,3(2)
奋斗呐和高效灭百可对蚊虫的毒力测定.董桂蕃.医学动物防制,1991,7(3)
氟氰菊酯合成的研究.丁宗友.安徽农学院学报,1991,18(3)
赴英考查卫生杀虫技术报告.曲儒增,朱成璞.中国媒介生物学及控制杂志,1991,2(5)
高效杀虫水剂灭蚊蝇效果观察.陆年宏,等.中国公共卫生,1991,7(8)
光学活性菊酸的消旋化反应研究.邵瑞链,职承信.农药,1991,(2)
国内外卫生杀虫药械的发展与使用近况.朱成璞,等.卫生杀虫药械学术研讨会资料汇编,1991,1
含苏云金芽孢杆菌杀虫蛋白基因的杨树工程植株的建立.伍宁丰.科学通报,1991,36(9)
环境温度、昆虫的生理状态对杀虫剂敏感性的研究.毛明.中国公共卫生学报,1991,10(3)
几种气溶胶杀虫器机雾化性能的比较研究.毛明,朱成璞.中国公共卫生学报,1991,10(6)
家用水基杀虫喷雾剂.裴培.日用化学工业,1991,(2)
甲醚菊酯、中西灭蚊菊酯蚊香驱蚊效果试验.汤国民.蚊香通讯,1991,(1)
甲氧杀虫酯的药效、毒性及生物降解的研究Ⅰ.甲氧杀虫酯的药效、降解和对酯酶的影响.冷欣夫.中国媒介生物学及控制杂志,1991,2(6)
磷化铝残渣的回收开发利用.郝士清.四川粮油科技,1991,(1)
六种驱蚊药驱蚊效果试验研究.王美秀.中国媒介生物学及控制杂志,1991,2(2)
论农业药械发展中降低污染的途径.高良润.农业工程学报,1991,7(1)
灭蚊蝇喷射剂"杀灭灵"的研制.夏锦亮,徐启丰.医学动物防制,1991,7(1)
拟除虫菊酯混配水基杀虫制剂对动物的毒性试验报告.柴兰芳,高海瑞.中国媒介生物学及控制杂志,1991,2(5)
农药化学进展.李正名.农药,1991,(4)
气溶胶雾滴粒径和灭蚊蝇功效的实验研究.毛明,朱成璞.中国公共卫生学报,1991,10(4)
氰戊菊酯的毒理学研究.石涛.卫生毒理学杂志,1991,5(2)
球形芽孢杆菌C3-41杀灭中华按蚊、三带喙库蚊实验研究.袁冬明.中国媒介生物学及控制杂志,1991,2(6)
驱避剂Deet在人体皮肤上的衰解研究.刘大鹏.医学动物防制,1991,7(4)
驱蚊露和驱蚊霜驱蚊效果的研究.董桂蕃.中国媒介生物学及控制杂志,1991,2(1)
炔醇的合成.王天桃,等.江苏化工,1991,(3)
日本农药工业的动向.佐佐木亨.农药译丛,1991,13(4)
三氯杀虫酯的毒性研究.伍红星.暨南大学学报(自然科学与医学版),1991,12(2)
杀虫、杀菌剂复配剂的研究与应用.李宣铿,柏连阳.湖南农业科学,1991,(3)
杀虫剂的混配原理及其应用.崔安义.中国媒介生物学控制杂志,1991,2(5)
杀虫畏合成方法的研究.黄锦霞.农药,1991,(4)
杀虫植物苦皮藤研究.吴文君.农药,1991,30(6)
食品中有机氯和拟除虫菊酯农药残留的毛细管气相色谱测定法.张临夏.卫生研究,1991,20(4)
顺式氯氰菊酯浸泡蚊帐对蚊虫生理活动和寿命的影响.张金桐.医学动物防制,1991,7(3)
四种菊酯农药微胶囊剂生产工艺研究.朱正昌.南京林业大学学报,1991,15(2)
四种拟除虫菊酯蚊香灭蚊效果评价.张应阔.医学动物防制,1991,(2)
苏云金芽孢杆菌(Bbacillusthuringiensis)杀虫晶体.谢道昕,倪万潮.中国科学(B辑),1991,(4)
卫生杀虫剂药效测定的一般原则.董桂蕃.中国公共卫生,1991,7(11)
卫生杀虫药械与药械学浅议.朱成璞.中国媒介生物学及控制杂志,1991,2(1)
我国的卫生杀虫技术.朱成璞.中国媒介生物学及控制杂志,1991,2(2)
我国菊酯类杀虫剂的研究与开发:从天然除虫菊到拟除虫菊酯.程暄生.农药,1991,1(1)
我国杀虫微生物的研究进展:第四届全国杀虫微生物学术讨论会简介.蒋时察.病毒学杂志,1991,6(1)
新杀虫剂的靶标与先导化合物的探索:有关未开发天然物的模拟研究.吉冈宏辅.农药译丛,1991,13(1)
新杀虫杀螨剂速螨酮(Pgridaben).龙胜佑.农药译丛,1991,13(5)
新杀螨剂fenpyroimate(NNI-850)的活性.栀原治.农药译丛,1991,13(4)
新型非酯型拟除虫菊酯类化合物的合成及其生物活性的研究Ⅱ.李应福.应用化学,1991,8(4)

新型杀虫杀螨剂 Diafenthiuron 及合成. 杨伟. 四川化工,1991,(2)
溴氰菊酯对疥疮,虱病的疗效观察. 焦敬荣,郭玉才. 中国皮肤性病学杂志,1991,5(1)
溴氰菊酯对脂质体流动性影响的质子核磁共振研究. 周哲. 卫生毒理学杂志,1991,5(2)
液体蚊香料的研制及其药效. 张应阔,等. 中国媒介生物学及其控制杂志,1991,2(1)
液体蚊香驱蚊剂蒸发后,蒸发芯中农药残留量的测定. 汤国民. 蚊香通讯,1991,(2)
液体蚊香驱蚊剂蒸发曲线的剖析. 汤国民. 蚊香通讯,1991,(3)
应用水基超低量空间喷布剂防治公共害虫的进展. Groome,J. M. 农药译丛,1991,13(1)
用作杀虫的新型硫脲类化合物. 马晓东. 农药译丛,1991,13(6)
右旋苯氰菊酯对蚊、蝇和蟑螂的药效测定. 姜志宽,郭德强. 中国媒介生物学及控制杂志,1991,2(2)
在卫生害虫防制中药物、器械、方法三者的关系. 中国公共卫生,1991,7(2)
增效复方驱避剂的研制. 董瑞武. 中国媒介生物学及控制杂志,1991,2(3)
增效磷与几种杀虫复配制剂的毒性研究. 高锦亚. 中国媒介生物学及控制杂志,1991,2(2)
增效灵对五种杀虫剂杀灭蚊蝇和蟑螂增效作用的比较. 姜志宽. 医学动物防制,1991,7(2)
20% 菊马乳油气相色谱快速分析. 朱国念. 农药,1992,(1)
2-氯苯甲酰基苯基脲系列化合物对昆虫几丁质的抑制作用. 陆忠娥. 应用化学,1992,9(4)
B. S. C_{3-41} 菌株杀蚊毒素的提纯化及某些特性的研究. 杨允聪. 中国媒介生物学及控制杂志,1992,3(1)
八氯二丙醚防治抗性害虫中的应用. 崔安义. 河北化工,1992
表面活性剂的杀虫效果研究. 张彪. 表面活性剂工业,1992,(4)
不同剂型溴氰菊酯对四种蚊虫的杀灭效果试验. 刘学挥,王美秀. 中国媒介生物学及控制杂志,1992,4(3)
残杀威毒性研究. 郭联杰. 卫生研究,1992,21(4)
残杀威对三种卫生害虫的药效报告. 张应阔,等. 中国媒介生物学及其控制,1992,(4)
长效浸帐剂浸泡蚊帐防治侵入实验小屋蚊虫的研究. 姜志宽,等. 中国媒介生物学及控制杂志,1992,3(2)
哒嗪菊酯杀虫杀螨活性研究. 王思让,龙美云. 农药,1992,31(3)
敌敌畏诱发小鼠外周血中性粒细胞核突与微核的观察. 陈丽玑. 华中师范大学学报(自然版),1992,26(4)
电热片蚊香主要常用有效成分测定方法. 宋国良,等. 医学动物防制,1992,8(2)
奋斗呐在我国卫生害虫防制上的应用. 朱成璞. 中国媒介生物学及控制杂志,1992,3(3)
氟炔菊酯的合成及药效. 张应阔,等. 农药,1992,(6)
复配杀虫剂对抗性害虫的防制研究. 崔安义,等. 中国媒介生物学及控制学杂志,1992,3(3)
高灭灵对蚊、蝇和蟑螂毒杀作用的研究. 姜志宽. 中国媒介生物学及控制杂志,1992,3(6)
高效氯氰菊酯对卫生害虫的药效测定. 姜志宽,殷先友. 医学动物防制,1992,8(2)
高效氯氰菊酯对蟑螂和家蝇的药效研究. 李玉兰,王剑春. 中国媒介生物学及控制杂志,1992,3(5)
固液电蚊香的研制与应用. 缪武阳. 中国媒介生物学及控制杂志,1992,3(3)
广东蚊香发展中的几个问题分析. 安志儒. 医学动物防制,1992,8(增刊2)
环丙烷甲酸-2-萘甲酯(杀螨剂)的合成. 涂君琍. 有机化学,1992,12(1)
几种气雾剂及烟雾剂对蚊、蝇、蟑螂的毒杀效果试验研究. 王美秀,等. 中国媒介生物学及控制杂志,1992,3(1)
几种杀虫药混配的增效试验. 林立辉,等. 农药,1992,197(3)
甲氧杀虫酯的药效、毒性及生物降解的研究Ⅱ. 赵文芳,周长文. 中国媒介生物学及控制杂志,1992,3(1)
甲氧杀虫酯的药效、毒性及生物降解的研究Ⅲ. 高锦亚,黄俊勇. 中国媒介生物学及控制杂志,1992,3(1)
介绍一种高效省工的 3WD-1.6 型多用喷雾装置. 宋美廷,等. 植物保护,1992,18(6)
浸泡蚊帐的研究进展. 姜志宽译. 医学动物防制,1992,8(4)
具有生物活性的脲类化合物的合成研究. 王立坤. 化学通报,1992,(1)
凯素灵胶悬剂浸泡蚊帐防治侵入室内小屋蚊虫的研究. 姜志宽,等. 医学动物防制,1992,8(1)
客机用杀虫气雾罐对三种卫生害虫的效果观察. 董言德,等. 1992 年卫生杀虫药械学术研讨会资料汇编,1992,112
磷化铝杀虫对档案纸张字迹影响的测试研究. 张文怡,韩秀琴. 档案学通讯,1992,(5)
灭幼宝 0.5G 对蚊、蝇幼虫杀灭效果观察. 梁铁麟. 中国媒介生物学及控制杂志,1992,3(1)
灭幼宝 0.5G 防治蚊、蝇药效试验. 卢金玲. 中国媒介生物学及控制杂志,1992,3(1)
拟除虫菊酯的结构与害虫抗药性的关系. 张文吉. 昆虫学报,1992,35(1)
拟除虫菊酯对人红细胞膜结构的影响. 周哲. 环境科学学报,1992,12(4)
农药穿透性毒理研究进展. 王清锋. 农药译丛,1992,14(5)
驱蚊涂料对蚊虫的驱避效果观察. 姜志宽,等. 中国寄生虫学与寄生虫病杂志,1992,10(3)
热烟雾机对室内挂笼蟑螂的杀灭效果. 崔旺才,等. 卫生杀虫药械学术研讨会资料汇编,1992,175
乳油和微胶囊剂与药效、残留的关系. 朱正昌. 农药,1992,(1)
杀虫乳胶涂料对蟑螂的灭效试验研究. 徐承龙,等. 医学动物防制,1992,8(3)

食用菌和害菌对杀菌剂、杀虫剂的敏感性. 张扬. 湖北农业科学,1992,(1)
四种杀虫水剂对卫生害虫的杀灭效果. 曹敏. 海军军事医学,1992,13:(4)
苏云金杆菌微胶囊剂型与标准菌粉比较. 章自豪,等. 中国寄生虫学与寄生虫病杂志,1992,(10)
苏云金芽孢杆菌以色列亚种 130kDa 杀蚊蛋白基因在枯草芽孢杆菌中的表达. 张向东. 微生物学报,1992,32(6)
苏云金芽孢杆菌以色列亚种 130kD 杀蚊蛋白基因的克隆与鉴定. 华学军. 微生物学报,1992,32(5)
苏州市洪涝灾区消杀方法的探讨. 潘恺友,陈国钧. 中国媒介生物学及控制杂志,1992,3(3)
速必落杀虫剂的药效观察. 张应阔. 医学动物防制,1992,8(4)
卫生杀虫药械与药械学浅议. 朱成璞. 中国媒介生物学及控制杂志,1992,3(3)
我国卫生杀虫技术. 朱成璞. 卫生杀虫药械讲座(卫生用杀虫药剂基础学),1992.4
厦门港 DDT 的污染历史和沉积通量. 李木荣. 海洋与湖治,1992,23(2)
新杀虫剂伏虫隆的合成和应用. 张一宾. 农药译丛,1992,14(2)
新型醚类拟除虫菊酯 MTI-800 及其类似物的合成. 顾可权. 华东师范大学学报(自然版),1992,(3)
新颖触杀型杀线虫杀虫杀螨剂——IKI-1145. 姚晓萍. 农药译丛,1992,14(6)
杏仁辐射杀虫卫生标准研究. 王瑛,张正. 辐射研究与辐射工艺学报,1992,10(4)
溴灭菊酯合成药效及其毒性研究. 樊剑竑. 农药,1992,(2)
溴氰菊酯对中华按蚊生殖营养周期和生活史影响的观察报告. 雷心田. 四川寄生虫病防治研究,1992,20(2)
溴氰菊酯胶悬剂防制致倦库蚊和家蝇的效果评价. 严振林. 中国媒介生物学及控制杂志,1992,3(2)
医学昆虫驱避剂. 董桂蕃. 医学动物防制,1992,8(1)
益必添应用于电热片蚊香效果评价. 杨大明,宋国良. 中国媒介生物学及控制杂志,1992
用国产 HPLC 柱后反应装置检测氨基甲酸酯类农药. 何绍林. 分析仪器,1992,(3)
用十二种拟除虫菊酯浸泡蚊帐防制蚊虫杀虫活性及抗洗涤能力的初步研究. 姜志宽. 医学动物防制,1992,8(4)
用作生物杀虫剂的线虫. Georgis,R. 农药译丛,1992,14(3)
右旋苯氰菊酯浸泡蚊帐对蚊虫驱杀作用的研究. 赵学忠,等. 中国血吸病防治杂志,1992,4(6)
增效磷(SV1)对抗敌百虫新蝇的增效机理研究. 冯国蕾. 中国公共卫生学报,1992,11(4)
增效醚对 6 种拟除虫菊酯的增效作用测定. 姜志宽. 中国媒介生物学控制杂志,1992,3(特刊3)
24 种有机农药的诱变性. 李寿祺. 中国药理学与毒理学杂志,1993,7(1)
AI-1 型增效剂对四种杀虫剂杀灭蚊、蝇和蟑螂境效作用的比较. 姜志宽,等. 医学动物防制,1993,9(3)
EBT20 及 PF40 电热蚊香的挥发动态研究. 刘大鹏. 南京部队医药,1993
PAM 治理有机磷农药污染环境效益分析. 吴馥萍. 环境科学与技术,1993,(4)
SupaKil 杀虫气雾剂的药效报告. 张应阔,李斌. 中国媒介生物学及控制杂志,1993,4(6)
Trebon 可湿性粉剂对蚊、蝇和蟑螂的滞留效果. 缪武阳,崔旺才. 中国媒介生物学及控制杂志,1993,4(3)
阿特拉净和敌敌畏对棉铃虫和家蝇羧酸酯酶以及 GSH 与转移酶的诱导作用. 高希武. 昆虫学报,1993,36(2)
巴沙蚊香的毒性研究. 朱正娥. 中国媒介生物学及控制杂志,1993,4(1)
必扑气雾剂对蟑螂和蚂蚁的灭效观察. 姜志宽. 医学动物防制,1993,9(2)
采用不同方法与器械观察三种类型杀虫剂灭蚊、蝇效果. 彭渤,赵岩. 中国媒介生物学及控制杂志,1993,4(6)
低氧、低磷化铝熏蒸杀虫研究. 尹慧道,施佩璜. 安徽大学学报(自科版),1993,17(4)
敌百虫、溴氰菊酯、三氯杀螨醇、尼索朗灭螨方法与效果的比较观察. 许孝仪,等. 实验动物与动物实验,1993,(1)
电热蚊香技术. 蒋国民,等. 上海交通大学出版社,1993
发展提高我国卫生杀虫药械质量及其应用技术. 朱成璞. 中国媒介生物学及控制杂志,1993,4(1)
防治食用菌蚊蝇类害虫的苏云金芽孢杆菌制剂. Keil,C. B. 国外食用菌,1993,(3)
奋斗呐悬浮剂对蚊、蝇、蟑螂杀灭效果观察. 安志儒,等. 中国媒介生物学及控制杂志,1993,4(3)
氟氰戊菊酯合成工艺研究进展. 曹广宏. 宁夏化工,1993,(4)
高效氯氰菊酯对卫生害虫的药效测定. 姜志宽. 医学动物防制,1993,8(2)
共毒系数简易计算及其应用. 黄清臻,等. 医学动物防制,1993,9(2)
国内外卫生杀虫药械应用研究进展. 朱成璞. 中国媒介生物学及控制杂志,1993,4 (特刊2)
国外昆虫聚集信息素研究概况. 赵博光. 南京林业大学学报,1993,17(1)
环丙烷醚菊酯的合成. 骆玉美. 化学世界,1993,34(10)
昆虫对苏云金杆菌的抗性研究进展. 鲁晓知. 生物防治研究,1993,9(1)
昆虫寄生菌代谢产物的开发利用. 夏湛恩. 今日科技,1993,(6)
离体鼠肝细胞及 P-450 酶系与拟除虫菊酯类杀虫剂的相互作用. 黄俊勇,冷欣夫. 动物学报,1993,39(4)
两种新型菊酯(氟炔菊酯和氟烯氰菊酯)的杀虫效果. 张应阔,等. 南京部队医药,1993,(6)
灭幼宝 0.5G 对蚊、蝇的现场药效试验研究. 姜志宽,徐承龙. 中国媒介生物学及控制杂志,1993,4(2)
拟除虫菊酯及有机磷的交互抗性研究. 王成菊,等. 农药,1993,32(5)

农药醚菊酯类似物构效关系的模式识别研究. 陆文聪. 科学通报,1993,38(7)
氰戊菊酯对肺的生化毒理学研究. 田海林. 中华预防医学杂志,1993,27(5)
氰戊菊酯在水中的降解. 刘乾开. 浙江农业大学学报,1993,19(3)
球形芽孢杆菌 C3-1 菌株感染致倦库蚊幼虫的组织病理学研究. 许中枢. 昆虫学报,1993,36(1)
球形芽孢杆菌 C3-41 菌株杀蚊毒素的提取及其同源性研究. 周志宏. 微生物学报,1993,33(5)
杀虫天然产物苦皮藤的结构鉴定. 吴文君,刘惠霞. 农药,1993,(3)
杀虫药剂毒理及应用. 张宗炳,等. 化学工业出版社,1993
苏云金杆菌 KurstakiHD-1 亚种的一个杀虫蛋白基因毒性区的核苷酸序列. 乔利亚. 微生物学报,1993,33(5)
五种驱避剂现场防蚊效果比较研究. 姜志宽. 中国媒介生物学及控制杂志,1993,4(5)
辛硫磷对氰戊菊酯在抗性家蝇体内的增效机制. 江 山. 植物保护学报,1993,(4)
新型灭蚊气化器及药效的研究. 张应阔,等. 中国媒介生物学及控制,1993,(3)
血型与疟疾关系的研究进展. 姜志宽. 中国公共卫生,1993,9(2)
益威杀虫灵水性乳剂的研究. 安志儒,林立丰. 医学动物防制,1993,9(4)
植物性杀虫剂川楝素的开发研究. 张兴,赵善欢. 西北农业大学学报,1993,21(4)
酯酶基因扩增与库蚊有机磷抗性. 徐建农. 国外医学(寄生虫病),1993,20(2)
中华人民共和国企业标准:QB1692.1-93 家用卫生杀虫用品《盘式蚊香》. 中华人民共和国轻工业部. 1993－03－28 批准,1993－10－01 实施.
仲丁威-SR-生物丙烯菊酯水性乳剂的研究及生物效果观察. 安志儒. 中国实用科技成果大辞典. 西南交通大学出版社,1993,45
猪毛蒿精油的杀虫作用研究. 徐汉虹,赵善欢. 华南农业大学学报,1993,14(1)
电击式灭蝇器灭蝇效果观察. 董言德,等. 医学动物防制,1994,10(1)
"速必歼"芳香杀虫灵的研制. 胡元会,宋建勇. 中国媒介生物学及控制杂志,1994,5(4)
ICON 可湿性粉剂防制蚊、蝇、蟑螂的现场试验. 谢苑灵,严振林. 中国媒介生物学及控制杂志,1994,5(4)
SOLFACEW 对蚊、蝇、蟑螂毒效初探. 孙晨熹,等. 卫生杀虫药械,1994,(4)
薄壁不锈钢包装罐的研究. 张国兴,等. 卫生杀虫药械,1994,(4)
残杀威防治温血动物体外寄生虫的研究概况. 石峰,等. 卫生杀虫药械,1994,(3)
长效驱避剂的筛选及剂型研究. 张应阔,等. 医学动物防制,1994,10(4)
齿叶黄皮精油的杀虫作用与有效成分研究. 徐汉虹,朱亮锋. 华南农业大学学报,1994,15(2)
粗茎鳞毛蕨杀虫成分. 王润华. 中国野生植物资源,1994,(4)
大米中有机磷和氨基甲酸酯农药残留毛细管气相色谱测定法. 杨大进. 卫生研究,1994,23(2)
毒死蜱对蚊蝇和蟑螂毒杀作用的研究. 姜志宽,等. 卫生杀虫药械,1994,(4)
对发展卫生杀虫药械的几点意见. 赵学忠. 卫生杀虫药械,1994,(3)
对硫磷、马拉磷和氯氰菊酯混剂的气相色谱分析. 徐范,等. 农药,1994,33(6)
对图书、档案资料辐射杀虫的研究. 张砚耕,李纪生. 辐射防护通讯,1994,14(4)
高灭灵悬浮剂对蚊、蝇和蟑螂的灭效观察. 李玉兰,徐成龙. 医学动物防制,1994,10(2)
害虫抗药性及其防治策略. 唐振华. 卫生杀虫药械,1994,(3)
甲氯杀虫酯对四种蚊幼虫的毒效报告. 王美秀. 中国媒介生物学及控制杂志,1994,3(5)
甲氧杀虫酯的药效、毒性及生物降解的研究. 高锦亚,卢金岭. 中国媒介生物学及控制杂志,1994,5(4)
间接原子吸收法测定马拉硫磷的研究. 苏耀东,等. 同济大学学报,1994,22(1)
接触氰戊菊酯工人血液生化改变. 田海林,等. 卫生研究,1994,23(4)
静电喷雾治虫实验. 高良润,冼福生. 农业机械学报,1994,25(2)
抗溴氰菊酯淡色库蚊酯酶同工酶 IEF 初步分析. 李建明,等. 中国公共卫生学报,1994,13(3)
昆虫几丁质抑制剂苯甲酰基苯脲类中苯甲酰基邻位取代基团对杀虫活性的影响. 钱朴,等. 应用化学,1994,1(5)
昆虫生长调节剂抑食肼的合成. 周全培,等. 农药,1994,33(6)
氯氰菊酯对大鼠肝线粒体、微粒体钙离子转运的影响. 夹访贤,等. 中国公共卫生学报,1994,13(5)
灭抗呐胺悬剂对蚊蝇和蟑螂的灭效观察. 姜志宽,等. 中国媒介生物学及控制杂志,1994,5(3)
灭蚊蝇喷射剂"芳香杀虫灵"的研制与应用. 林立辉,朱少凡. 解放军预防医学杂志,1994,12(3)
拟除虫菊酯类农药对大鼠肝线粒体、微粒体 Ca^{2+}-ATP 酶活力的影响. 张秀莲,等. 中国公共卫生学报,1994,13(5)
农药在生态环境中的持久性及残留的研究方法. 莫汉宏,李本昌. 环境化学,1994,13(3)
热烟雾在我国的发展. 朱成璞. 卫生杀虫药械,1994,(3)
肉桂油的杀虫作用和有效成分分析. 徐汉虹,赵善欢. 华南农业大学学报,1994,15(1)
杀虫剂生物效果测试的五种计算方法. 亢秀敏. 中国媒介生物学及控制杂志,1994,5(6)

杀虫抗生素 Avermectin 的开发及特性. 沈寅初, 杨慧心. 农药译丛, 1994, 16(3)
杀虫微生物.《杀虫微生物》编委会, 等. 武汉大学出版社, 1994
杀灭菊酯等四种不同制剂涂抹塑料窗纱后的杀虫效果观察. 林立辉, 傅廷荣. 解放军预防医学杂志, 1994, 12(2)
苏云金杆菌——内毒素作用机制的研究进展. 申继忠, 钱传范. 农药译丛, 1994, 16(4)
苏云金杆菌杀虫剂研究和应用近况. 许荣满. 卫生杀虫药械, 1994, (1)
卫生杀虫剂的剂型. 胡修元. 卫生杀虫药械, 1994, (3)
卫生用消杀药品生产的质量管理. 赵春兰, 梁正虎. 卫生事业管理, 1994, 10(3)
我国农药近十年回顾与展望. 张子明. 农药科学与管理, 1994
我国驱避剂研究概况. 董桂蕃. 卫生杀虫药械, 1994, (3)
我国卫生杀虫药械的发展. 朱成璞. 卫生杀虫药械, 1994, (2)
新杀虫杀螨剂氟虫脲的合成. 陈英奇, 等. 化学反应工程与工艺, 1994, 10(4)
新型捕蚊器的研究. 郑剑译. 卫生杀虫药械, 1994, (4)
新型杀虫雾剂的研究. 姜志宽. 中国媒介生物学控制杂志, 1994, 5(6)
新型紫外线灯灭蝇器灭效试验研究. 刘丹, 等. 卫生杀虫药械, 1994, (4)
溴氰菊酯对大鼠肝钙—腺嘌呤核苷三磷酸酶、磷酸化酶 α 的影响. 张秀莲, 等. 卫生毒理学杂志, 1994, 8(4)
烟雾在我国的发展. 朱成璞. 卫生杀虫药械, 1994, (3)
用蚊虫酯酶单克隆抗体进行库蚊有机磷抗性的免疫. 朱淮民, 刘维德. 中国寄生虫学与寄生虫病杂志, 1994, 12(3)
增效醚的增效作用与机理. 赵学忠. 卫生杀虫药械, 1994, (1)
增效醚在气雾杀虫剂中的运用. 陈伟鸿. 卫生杀虫药械, 1994, (4)
自发光紫外线诱灭蚊虫仿瓷涂料. 岑绍辉, 韩越清. 新技术新工艺, 1994, (6)
“灭蚊宝”对蚊、蝇、蟑螂的毒杀效果试验. 王美秀, 王淑京. 中国媒介生物学及控制杂志, 1995, 6(6)
CB-扑得Ⅲ号杀虫剂对蚊、蝇杀灭效果试验. 王美秀. 中国媒介生物学及控制杂志, 1995, 6(6)
N-甲基-苯基氨基甲酸酯(S101)的毒性. 高锦亚, 曾益良. 中国媒介生物学及控制杂志, 1995, 6(3)
SOLFAC EW050 对蚊、蝇、蟑螂的室内药效试验. 王美秀, 张金玉. 中国媒介生物学及控制杂志, 1995, 6(5)
W1786 除虫脲原药的高效液相色谱分析. 栾丽君, 等. 农药, 1995, 34(7)
YZ-A 型烟雾杀虫弹的研制. 杨振洲, 等. 卫生杀虫药械, 1995, 1(2)
八氯二丙醚(S2)增效谱的实验研究. 黄清臻, 等. 医学动物防制, 1995, 11(3)
倍硫磷油膜剂的研究. 林立辉, 等. 中国公共卫生, 1995, 11(7)
苯肟醚类新型卫生昆虫生长调节剂的研究. 王天桃, 等. 卫生杀虫药械, 1995, 1(2)
捕虫网的制作和使用. 郭冬生. 生物学通报, 1995, 30(5)
不同柱前压控制方式对毛管气相色谱法分离测定多种有机磷农药的效果比较. 周昱, 庄无忌. 色谱, 1995, 13(3)
登革热控制中的化学防治. 许荣满. 卫生杀虫药械, 1995, 1(1)
电热蚊香片有效成分的气相色谱分析. 毕富春, 王文丽. 化学工业与工程, 1995, 12(2)
电热蚊香有效成份挥发性能的测试. 陈锦华, 樊天霖. 华东师范大学学报(自然版), 1995, (3)
毒死蜱对蚊蝇和蟑螂毒杀作用的研究. 姜志宽, 等. 中国媒介生物学及控制杂志, 1995, 6(4)
对喷雾机卸压系统的改进设计. 王赛南. 中南林学院学报, 1995, 15(1)
多功能九四〇增效剂对五种杀虫剂杀灭蚊蝇和蟑螂增效作用的研究. 姜志宽, 等. 卫生杀虫药械, 1995, 1(1)
二氯苯醚菊酯浸泡大孔网织物对蚊媒的毒效试验. 潘波, 等. 中国寄生虫病防治杂志, 1995, 8(3)
风吸式黑光捕蚊灯研究. 潘宏, 等. 卫生杀虫药械, 1995, 1(1)
缓释性驱蚊微胶囊的研制. 吴英, 冯卫. 上海工程技术大学学报, 1995, 9(4)
急性敌敌畏中毒后迟发脊髓侧索综合征. 姜淑珍, 等. 职业医学, 1995, 22(2)
甲基对硫磷对三种拟除虫菊酯杀虫剂的光敏降解研究. 花日茂, 等. 环境化学, 1995, 14(6)
桔皮杀虫有效成分的研究初报. 李泰荣, 付喜凤. 河南职技师院学报, 1995, 23(1)
具有蜕皮激素活性的昆虫生长调节剂 1,2-二苯甲酰基-1-特丁基肼的合成. 张建兴, 等. 化学世界, 1995, 36(11)
克它命杀灭蚊蝇药效试验. 王美秀. 中国媒介生物学及控制杂志, 1995, 6(6)
昆虫分子生物学的一些进展: 杀虫剂抗性的分子基础. 翟启慧. 昆虫学报, 1995, 38(4)
昆虫驱避剂 Deet 在脂肪球体系中的配方——药效与透皮吸收. 李洁, 等. 卫生杀虫药械, 1995, 1(2)
氯氰菊酯烟雾剂对德国小蠊的药效试验. 王美秀. 中国媒介生物学及控制杂志, 1995, 6(6)
灭多威对家蝇的毒力及对动物的毒性. 高锦亚, 等. 中国媒介生物学及控制杂志, 1995, 6(5)
灭蚊菊酯对蚊、蝇的毒力及击倒效果研究. 林立丰, 张紫虹. 中国媒介生物学及控制杂志, 1995, 6(6)
灭蚊幼油膜剂的研究. 林立辉, 等. 中国媒介生物学及控制杂志, 1995, 6(6)
拟除虫菊酯光解产物的红外图谱研究. 毕刚, 等. 光谱实验室, 1995, 12(6)
拟除虫菊酯水剂杀虫剂的研制. 许圣宣, 徐洲鹏. 解放军预防医学杂志, 1995, 13(1)

拟除虫菊酯在不同猝灭体系中的光化学降解.毕刚,田世忠.环境化学,1995,14(5)
农药增效剂的合成工艺优化.李瑞雪,等.华西医科大学学报,1995,26(3)
气雾剂技术.蒋国民.复旦大学出版社,1995
气相色谱单柱快速分离多种菊酯类农药的研究.苏小川.农药,1995,34(4)
氰戊菊酯神经毒性的电生理生化和形态学研究.陈寅虹,等.卫生研究,1995,24(3)
驱逐剂和击倒剂的害虫防制中的作用.Yasuo Abe.郑 剑,等译.卫生杀虫药械,1995,1(2)
三种增效剂在家蝇体内对残杀威的增效作用.欧晓明,等.卫生杀虫药械,1995,1(2)
杀虫剂剂型的研究现况.缪武阳.中国媒介生物学及控制杂志,1995,6(3)
杀虫剂雾滴分类及其测量.亢秀敏.中国媒介生物学及控制杂志,1995,6(5)
杀虫气雾剂毒力测试三种施药方式的比较观察.朱守群,段伟.医学动物防制,1995,11(1)
杀虫真菌——球孢白僵菌的昆虫致病机理研究近况.翟锦彬,黄秀梨.微生物学通报,1995,22(1)
苏脲44号对蚊蝇幼虫的药效观察.张应阔,等.中国媒介生物学及控制杂志,1995,(1)
苏云金芽胞杆菌8010粉剂对流干燥的研究.陈颖,等.福建农业大学学报,1995,24(3)
苏云金芽胞杆菌ICP基因工程菌的研究进展.关雄,黄志鹏.福建农业大学学报,1995,24(2)
苏芸金杆菌广谱杀虫Tm13-14菌株晶体毒素及毒力特性.阎冰,等.昆虫学报,1995,38(2)
微生物几丁质酶与害虫防治.邱立友.河南农业大学学报,1995,29(2)
微生物制剂杀灭蚊幼虫的应用前景.王美秀.中国媒介生物学及控制杂志,1995,6(6)
卫生杀虫剂的进展.赵学忠.卫生杀虫药械,1995,1(1)
我国植物驱蚊药的研究.董桂蕃.卫生杀虫药械,1995,1(1)
现场及实验室品系库蚊乙酰胆碱酯酶对残杀威抑制的敏感性分析.朱淮民,等.第二军区大学学报,1995,16(4)
新化学物质的安全性毒理学评价程序(一)——第一阶段:急性毒性试验.王心如,等.卫生杀虫药械,1995,1(2)
新杀虫植物砂地柏研究进展.张兴,付昌斌.西北农业大学学报,1995,23(4)
新型捕蚊器的研究.郑剑,姜志宽.医学动物防制,1995,11(1)
新型杀虫混剂MA-95的室内研究.姚安庆,汤厚宽.湖北农学院学报,1995,15(3)
一种新菊酯的合成及药效.张应阔,等.中国媒介生物学及控制杂志,1995,(6)
以二甲醚为推进剂的水基气雾杀虫剂.姜志宽,等译.卫生杀虫药械,1995,1(1)
印楝杀虫剂的杀虫作用和机理.钟平.植物保护,1995,21(5)
应用系数评价复配制的意义.黄清臻,等.农药科学与管理,1995,16(2)
应用于卫生害虫防治的昆虫生长调节剂的文献综述.薛瑞德,等.医学动物防制,1995,11(3)
蝇蟑宁毒饵的药效研究.何上虹,等.卫生杀虫药械,1995,1(1)
再谈卫生杀虫药械的应用研究.朱成璞.卫生杀虫药械,1995,1(1)
中国淡色库蚊溴氰菊酯抗性的动态学和机理研究.朱昌亮.医学昆虫学报(英国),1995,1(4)
“灭蟑百特”毒饵药效观察.蔡松武,等.卫生杀虫药械,1996,2(4)
0.5%楝素杀虫乳油对天敌昆虫的影响.杨崇珍,霍绍棠.昆虫天敌,1996,18(3)
10%菊杀灵可湿性粉剂杀灭蚊蝇和蟑螂的效果.汪声伯.卫生杀虫药械,1996,2(1)
B.S和B.t.H14混合发酵液在不同水质中的灭蚊效果.尹承山,等.卫生杀虫药械,1996,2(3)
S2在电蚊香片滴加液中的应用研究.黄清臻,等.医学动物防制,1996,12(3)
白僵菌规范化生产工艺产品毒力测定试验.陈权才,张上洪.安徽农业大学学报,1996,23(3)
拜虫杀和杀飞克对3种卫生害虫的药效报告.张应阔,等.中国媒介生物学及控制杂志,1996,7(5)
拜虫杀胶悬剂对蚊、蝇和蟑螂的灭效评价.彭渤,高兰英.中国媒介生物学及控制杂志,1996,7(2)
苯醚威的特点及其对卫生害虫的防治.程暄生.卫生杀虫药械,1996,2(1)
吡啶类农药的研究进展(上).尚尔才,刘长令.化工进展,1996,(5)
表达昆虫特异性神经麻痹毒素AaIT的杀虫杆状病毒的构建.姚斌,范云六.中国科学(C辑生命科学),1996,26(1)
丙溴磷的毒理学研究.刘毅,等.农药,1996,35(5)
不同肟类N-甲基氨基甲酸酯的杀虫活性和离体胆碱酯酶抑制作用的研究.胡尚慧,等.农药,1996,35(4)
超低容量喷雾技术在蚊虫防治中的应用.董桂蕃,等.卫生杀虫药械,1996,2(4)
沉水樟精油的杀虫活性与化学成分研究.徐汉虹,赵善欢.华南农业大学学报,1996,17(1)
出口草柳竹制品硫磺熏蒸杀虫灭菌初步试验.顾忠盈,徐培方.植物检疫,1996,(2)
敌百虫生产工艺的某些改进.张文.农药,1996,35(6)
电热片蚊香检测方法及生物效果分析.安志儒,等.中国媒介生物学及控制杂志,1996,7(2)
多功能九四〇增效剂对五种杀虫剂杀灭蚊蝇和蟑螂增效作用的研究.姜志宽,李显春.中国媒介生物学及控制杂志,1996,7(2)
多功能植物增效剂防治害螨研究.王永卫,王丽菁.蛛形学报,1996,5(1)

二氧威对三种卫生害虫的药效研究. 李玉兰,等. 卫生杀虫药械,1996,2(1)
氟代脂肪砜:一类新的慢性杀蚁剂. 郑剑译,姜志宽校. 卫生杀虫药械,1996,2(4)
富右旋反式丙烯菊酯与强力毕那命在蚊香中的药效对比试验. 潘子杰,等. 卫生杀虫药械,1996,2(4)
高效杀螨复配剂的比较试验. 邵远志,彭庆瑞. 塔里木农垦大学学报,1996,8(1)
高效液相色谱法测定丙溴磷. 张延坤,等. 农药,1996,35(5)
国内外卫生杀虫药械的应用研究进展. 朱成璞. 卫生杀虫药械,1996,2(2)
国内外最新杀虫器械的发展概况. 戚积琏. 卫生杀虫药械,1996,2(4)
国外最新杀虫药械发展及其应用技术介绍. 徐家俊. 中国媒介生物学及控制杂志,1996,7(6)
河北省不同生态区的苏云金杆菌资源调查. 冯书亮,等. 中国生物防治,1996,12(3)
湖南省 1991—1995 年卫生杀虫剂质量监测结果分析. 胡玉风,等. 卫生杀虫药械,1996,2(1)
缓释驱避剂配方的评估. 刘大鹏. 卫生杀虫药械,1996,2(4)
磺化二氯苯醚菊酯的结构鉴定. 廖云,等. 南开大学学报(自科版),1996,29(4)
几种驱避剂与不同香精配伍初探. 于伟健,等. 上海轻工业,1996,26(4)
计算机技术在有机氟农药构效关系研究中的应用. 陈曦,等. 农药,1996,35(11)
甲基辛硫磷对蚊、蝇、蟑螂的药效初报. 孙晨熹,范俊兰. 中国媒介生物学及控制杂志,1996,7(6)
甲氰菊酯的气相色谱分析. 徐范,等. 农药,1996,35(11)
近十年来中国卫生杀虫剂市场概况. 程心智. 卫生杀虫药械,1996,2(2)
聚合酶链反应(PCR)技术在蚊虫抗性基因研究中的应用. 张玲敏,等. 昆虫天敌,1996,18(1)
康其尔蟑螂克星的研究报告. 刘起勇,等. 中国媒介生物学及控制杂志,1996,7(6)
昆虫驱避剂 DEET 乳剂的气相色谱分析. 李洁,等. 卫生杀虫药械,1996,2(2)
昆虫生长调节剂在媒介控制中的应用. 李洁,姜志宽译. 卫生杀虫药械,1996,2(3)
两种剂型苏云金杆菌血清 14 型制剂对埃及伊蚊幼虫的毒杀效果. 王美秀,等. 中国媒介生物学及控制杂志,1996,7(1)
两种新型毒饵对蟑螂蚂蚁药效观察. 孙晨熹,等. 卫生杀虫药械,1996,2(3)
硫双灭多威高效液相色谱分析方法研究. 傅德玲,王洪成. 农药,1996,35(5)
氯胺菊酯的气相色谱分析. 张应阔,等. 中国媒介生物学及控制杂志,1996,(12)
醚菊酯的合成研究. 王沉金,等. 农药,1996,35(3)
灭蝇灵室内选择性滞留喷洒防制蚊蝇效果观察. 李雁兵,等. 卫生杀虫药械,1996,2(3)
灭幼脲对蚊蝇幼虫药效试验. 邢育健,叶炳辉. 南京医科大学学报,1996,16(1)
气雾剂产品的腐蚀问题及控制. 黄勇前,等. 卫生杀虫药械,1996,2(2)
气相色谱法分析避蚊胺(DEET)原油含量. 李洁,等. 卫生杀虫药械,1996,2(4)
驱蝇剂的合成. 陈瑞兰,等. 武汉化工,1996,(3)
杀虫粉剂药效测定方法研究. 曹毓存. 卫生杀虫药械,1996,2(1)
杀虫药剂分子毒理学及昆虫抗药性. 冷欣夫,等. 中国农业出版社,1996
杀飞克 10% 可湿性粉剂对蚊、蝇、蟑螂杀灭效果观察. 庄敏,黄湘东. 中国媒介生物学及控制杂志,1996,7(1)
杀螟松微胶囊剂的生物及物理化学性质——作为滞留喷洒剂用于蚊虫的控制. 刘大鹏译,姜志宽校. 卫生杀虫药械,1996,2(3)
苏云金杆菌(B. t.)晶体毒素的分离与纯化. 李 萍,刘丰茂. 农药,1996,35(12)
苏云金芽胞杆菌杀虫晶体蛋白基因 cry 218 的克隆和表达. 孙明,Dean,DH. 农业生物技术学报,1996,4(3)
谈气雾杀虫剂的包装装璜设计. 朱立仁. 卫生杀虫药械,1996,2(3)
微机在卫生杀虫管理中的应用. 潘宏. 卫生杀虫药械,1996,2(3)
微胶囊技术在驱蚊整理上的应用. 冯卫,吴英. 印染,1996,22(12)
卫生杀虫剂型的研究概况. 姜志宽. 卫生杀虫药械,1996,2(1)
蚊、蝇、蜚蠊对拟除虫菊酯的交互抗性特点. 郑金平,乔 玫. 中国公共卫生,1996,12(7)
我国杀虫真菌的研究现状与展望. 张克勤,高松. 植物保护,1996,(1)
武汉市市售灭蝇灯灭效测试方法比较. 朱越,等. 卫生杀虫药械,1996,2(4)
新化学物质的安全性毒理学评价程序(二)第二阶段:亚急性毒性和遗传毒性试验. 王心如,等. 卫生杀虫药械,1996,2(1)
新化学物质的安全性毒理学评价程序(三)第三阶段:亚慢性毒性和代谢试验. 王心如,等. 卫生杀虫药械,1996,2(2)
新化学物质的安全性毒理学评价程序(四)第四阶段:慢性毒性(包括致癌)试验. 王心如,等. 卫生杀虫药械,1996,2(3)
新农药研究与开发. 陈万义,等. 化学工业出版社,1996
新杀虫剂——氯丙烯菊酯药效报告. 张应阔,等. 医学动物防制,1996,(12)

新型背负式喷雾喷粉机的试验研究. 林光武,等. 卫生杀虫药械,1996,2(3)
溴丙磷的气相色谱分析. 唐正辉. 农药,1996,35(10)
畜用长效杀虫膜驱除蚊蝇对生猪饲养效果试验. 周仁焕,王国良. 畜牧与兽医,1996,28(3)
一种新型含氟菊酸的合成. 章小波,等. 农药,1996,35(10)
有机磷农药对神经性酯酶活性抑制作用与其分配系数关系的研究. 田雨,等. 农药,1996,35(11)
原药和制剂中甲氰菊酯的气相色谱测定方法. 高秀兰,等. 农药,1996,35(2)
怎样消除气雾剂产品在充装过程中噪声及废气的污染. 王文增. 卫生杀虫药械,1996,2(3)
增效剂在卫生杀虫剂中的应用研究. 姜志宽,等. 卫生杀虫药械,1996,2(4)
正相高效液相色谱法测定辛硫磷、顺式氰戊菊酯和灭多威. 王以燕,孙百忠. 色谱,1996,14(1)
中国农药企事业大全.《中国农药企事业大全》编写组. 化学工业出版社,1996
最新国外药械发展及其应用技术介绍. 徐家俊. 卫生杀虫药械,1996,2(1)
《农药管理条例》颁布施行. 卫生杀虫药械,1997,3(4)
《新编农药手册》续集. 张子明,等. 农业出版社,1997
12 种气雾杀虫剂对蚊、蝇的灭效试验. 姜自善,徐强. 中国媒介生物学及控制杂志,1997,8(2)
13 种卫生杀虫喷射生物效应的两种方法测定结果比较. 廖福元,李红梅. 实用预防医学,1997,4(3)
3 种剂型驱避剂避蚊效果及毒性试验研究. 章进宝,等. 中国媒介生物学及控制杂志,1997,8(2)
40% 甲基对硫磷顺式氰戊菊酯乳油气相色谱分析. 季周旭,陈雪兰. 农药,1997,36(8)
Bt 毒蛋白基因的研究进展. 林良斌,官春云. 湖南农业大学学报,1997,23(4)
Deet 的延持剂型及新驱避化合物. 戴小杰. 卫生杀虫药械,1997,3(1)
FS-1 杀虫王杀虫增效性研究. 高兰英,尹强. 中国媒介生物学及控制杂志,1997,8(1)
FS-1 杀虫王透明水剂的稳定性研究. 冷兴志,刘凤岚. 中国媒介生物学及控制杂志,1997,8(6)
SJ-Ⅱ型吸入式诱蚊灯现场效果观察分析. 孙红专,等. 卫生杀虫药械,1997,3(2)
爱克宁 10% 可湿性粉剂对蚊蝇及蟑螂的滞留药效试验. 刘起勇,等. 卫生杀虫药械,1997,3(3)
白僵菌产品生测指示昆虫的研究. 周新胜,刘振生. 森林病虫通讯,1997,(2)
吡虫啉的高效液相色谱分析. 曾希,等. 农药,1997,36(8)
丙烯氯菊酯的合成及其杀虫效果. 郑剑,等. 农药,1997,36(1)
残杀威水剂研制及应用. 聂思桥,等. 卫生杀虫药械,1997,3(1)
残杀威与菊酯浓缩液研究. 曹永松,等. 卫生杀虫药械,1997,3(1)
常温和加速贮存对杀虫药效的影响. 周忆昭,等. 卫生杀虫药械,1997,3(2)
川楝子杀虫成分及其活性探索Ⅱ. 张世琏,司升云. 华中师范大学学报(自科版),1997,31(1)
电热蚊香片有效成份挥发率测定方法研究. 蔡松武,等. 卫生杀虫药械,1997,3(2)
反相高效液相色谱法定量测定残杀威. 徐祥云,等. 农药,1997,36(1)
固体烟雾杀虫剂理化性能测试方法的探讨. 杨振洲,等. 卫生杀虫药械,1997,3(3)
国际气雾剂最新进展. 游一中. 卫生杀虫药械,1997,3(1)
化防技术在国外疾病媒介控制中的应用. 朱成璞. 卫生杀虫药械,1997,3(1)
化学杀虫剂在虫媒病防制中的作用. 许荣满. 卫生杀虫药械,1997,3(1)
家蝇对五种杀虫剂抗性动态的调查. 俞小林,吕菁. 医学动物防制,1997,13(5)
筋骨草内蜕皮激素类似物对一些刺吸式口器昆虫及其天敌的影响. 迟德富,王春艳. 华北农学报,1997,25(5)
近年国外驱避剂的研究进展. 董桂蕃. 卫生杀虫药械,1997,3(2)
精细雾系列喷头的试验研究. 戚积琏. 卫生杀虫药械,1997,3(2)
菊科杀虫植物的化学及毒理学. 乐海洋. 农药译丛,1997,19(3)
橘皮油及其单体作为驱避剂的研究. 刘俊华,董文其. 中兽医医药杂志,1997,(2)
具有生物安全性的杆状病毒杀虫剂基因工程技术的发展与前景. 胡志红,Vlak,J. M. 中国病毒学,1997,12(1)
军队卫生害虫化学防治技术要求(军用标准)GJB. 3124-1997. 董桂蕃,姜志宽. 中国人民解放军总后勤部,1997
抗性分析方法. 黄清臻. 医学动物防制,1997,13(5)
可以用作卫生杀虫剂的有效成份名单. 农业部农药检定所. 卫生杀虫药械,1997,3(4)
昆虫对苏云金杆菌抗性的研究进展:抗性的特点及其机制. 余健秀,余榕捷. 昆虫天敌,1997,19(4)
两种卫生杀虫剂对警犬体表寄生虫的杀灭效果研究. 温海,等. 卫生杀虫药械,1997,3(3)
硫氟酰胺的合成和药效观察. 郑剑,张应阔. 医学动物防制,1997,13(5)
氯胺菊酯的气相色谱分析. 李洁,张应阔. 农药,1997,36(1)
氯胺菊酯异构体的合成及药效. 王天桃,张应阔. 医学动物防制,1997,13(6)
酶法拆合丙烯醇研究进展. 郑剑,等. 农药,1997,36(2)
灭蚊球孢菌胶悬剂的研制. 章大诩,王广远. 农药,1997,36(4)
农药安全性毒理学评价程序与方法. 徐锡坤,等. 卫生杀虫药械,1997,3(1)

气相色谱法测定甲基对硫磷和氟氯氰菊酯的复配制剂. 苏大水. 农药,1997,36(7)
球形芽孢杆菌 BS-10 杀灭蚊幼虫研究. 王美秀. 中国鼠害与卫生虫害防制协会第四届学术年会资料汇编,1997,(3)
三星牌 S-1 型灭蝇灯效果初步观察. 许兆安. 卫生杀虫药械,1997,3(4)
杀虫剂的透皮吸收和药动效应. 刘大鹏. 卫生杀虫药械,1997,3(4)
杀虫气雾剂溶剂述评. 亢秀敏. 中国媒介生物学及控制杂志,1997,8(6)
杀虫双致突变性研究. 张文成,张敏. 癌变. 畸变. 突变,1997,9(3)
杀虫微生物学纲要. 洪华珠,杨红. 华中师范大学出版社,1997
杀虫药剂及剂型在防制蟑螂中的进展及应用. 孙晨熹. 医学动物防制,1997,13(4)
杀虫药剂抗性家蝇品系乙酰胆碱酯酶基因的特征分析. 黄瑶,等. 生物工程学报,1997,13(3)
杀虫药械与药械学浅议. 朱成璞. 卫生杀虫药械,1997,3(3)
市售卫生杀虫剂的监测及管理. 王辑诚,等. 中国媒介生物学及控制杂志,1997,8 (1)
双硫磷几种缓释药特性及灭蚊幼效果观察. 林立辉,朱少凡. 解放军预防医学杂志,1997,15(6)
松节油合成的杀虫增效剂. 周永红,宋湛谦. 卫生杀虫药械,1997,3(4)
天然萜类驱避剂在媒介昆虫防治上的应用. 李洁,等. 医学动物防制,1997,14(4)
卫生杀虫剂剂型与成本. 金铭扬. 卫生杀虫药械,1997,3(1)
卫生杀虫剂临时登记资料要求. 张子明. 卫生杀虫药械,1997,3(3)
卫生杀虫药剂器械及应用手册. 蒋国民. 百家出版社,1997
卫生消杀用品香精的选用. 邬力丁. 卫生杀虫药械,1997,3(1)
蚊香模拟现场的药效评价方法. 李洁,姜志宽. 卫生杀虫药械,1997,3(3)
我国农药混合剂的发展现状研究. 朱鲁生,冯玲. 山东农业大学学报,1997,28(3)
无公害脂肪酸杀虫剂的研究与发展. 肖洁. 农业环境保护,1997,16(5)
新型高效九四〇增效剂的研究. 王荫长,等. 卫生杀虫药械,1997,3(1)
新型灭蚊幼缓释剂——巴马漂浮粒剂的研究. 王跃龙. 卫生杀虫药械,1997,3(2)
新型有机磷卫生杀虫剂的合成方法及药效研究进展. 郑剑,等. 卫生杀虫药械,1997,3(2)
新型脂环驱避剂的合成及驱蚊活性. 李洁,等. 卫生杀虫药械,1997,3(2)
溴代氯氰菊酯的合成及药效报告. 张应阔,王天桃. 医学动物防制,1997,13(5)
烟雾剂使用技术. 李周直. 卫生杀虫药械,1997,3(3)
烟雾载药技术防治病虫害的研究进展. 李周直. 卫生杀虫药械,1997,3(2)
应用 CASAC 分析氨基甲酸酯农药 loQSAR 初报. 曾益良,任连奎. 计算机与应用化学,1997,(增刊)
增效剂在卫生杀虫剂中的应用研究. 姜志宽,等. 欧洲气雾剂通讯杂志,1997,36(7)
植物源害虫控制剂的研究与开发. 张庆,吕银华. 湖北民族学院学报,1997,15(3)
植物源生物碱的杀虫作用. 罗万春,慕立义. 农药,1997,36(7)
14.4% 残杀威菊酯浓缩液的药效与毒性试验研究. 曹永松,等. 卫生杀虫药械,1998,4(2)
1 种新型电膜浆蚊香的药效观察. 林立丰,等. 医学动物防制,1998,14(4)
2.7% 高效氯氰菊酯微乳剂的研制及药效. 邢辐铭. 卫生杀虫药械,1998,4(4)
20% 残杀威热雾剂的研究. 曹永拓,等. 卫生杀虫药械,1998,4(2)
fipronil 德国小蠊和家蝇的敏感和抗性品系的活性. 晓岚译. 农药译丛,1998,20(3)
TAC 气雾剂对蚊蝇及蜚蠊的灭效观察. 姜志宽. 医学动物防制,1998,4(3)
W2337 新制超低容量喷头的雾化性能. 胡渠,等. 卫生杀虫药械,1998,4(4)
ZX-I 型片式电热灭蚊台灯的研制. 周光智,等. 中国媒介生物学及控制杂志,1998,9(2)
巴豆对昆虫的作用及应用前景. 丁伟,赵志模. 世界农业,1998,(9)
吡虫啉的合成方法. 宣日成,等. 农药,1998,37(10)
吡虫啉的杀虫机制及配套应用技术研究. 顾正远,刘贤金. 西南农业大学学报,1998,20(5)
吡虫清的合成. 程志明,等. 农药,1998,37(9)
差示一比色法测定乙醛肟含量的研究. 徐嘉凉,汤晓东. 光谱实验室,1998,15(5)
超滤膜法浓缩新型苏云金杆菌(Bt 杀虫剂). 任冬伟,王勇. 水处理技术,1998,24(4)
除虫菊酯与蚊蝇控制的新进展. 李洁,等. 卫生杀虫药械,1998,4(4)
当前卫生杀虫剂监督管理中存在的问题和对策探讨. 周曼殊,等. 卫生杀虫药械,1998,4(4)
毒死蜱的合成. 孙致远,等. 农药,1998,37(4)
对提高敌敌畏稳定性途径的探讨. 肖和平. 湖南化工,1998,28(1)
对我国杀虫气雾剂的反思. 游一中. 气雾剂通讯,1998,(5)
复合凝聚法制备辛硫磷微胶囊剂的研究. 王广远,罗明科. 农药,1998,37(11)
高效氯氰菊酯顺、反体比例不同对蚊蝇的杀灭效果比较. 邢福铭,等. 卫生杀虫药械,1998,4(4)

高效卫生杀虫剂原料——益多克. 伊藤,等. 卫生杀虫药械,1998,4(4)
高效无毒杀虫剂(灭蚊、蟑螂等)配方及工艺技术. 吴民. 现代日用科学,1998,(4)
高效液相色谱法测定辛硫磷和吡虫啉的复配制剂. 王多加,周向阳. 农药,1998,37(10)
高效液相色谱快速测定复配农药中甲基对硫磷及高效顺反氯氰菊酯的含量. 郭爱卿. 农药,1998,37(9)
关于递减式二次滞留喷洒技术的研究. 刘起勇,等. 卫生杀虫药械,1998,4(4)
国外杀虫剂开发进展. 谭本祝. 湖南化工,1998,28(6)
海军部队杀虫药剂应用情况. 曹钦,等. 海军医学,1998,16(3)
害虫防治者对十种疾病的自身防护. Pinto. L. 黄清臻译. 医学动物防制,1998,14(1)
基因工程杀虫技术的进展. 梁布锋. 自然杂志,1998,20(4)
家庭用卫生杀虫剂市场近况. 程心智. 卫生杀虫药械,1998,4(1)
家蝇信息素合成的研究. 邵则信,等. 卫生杀虫药械,1998,4(4)
江苏省气雾杀虫剂市场监测结果与分析. 孙俊,等. 卫生杀虫药械,1998,4(2)
具有开发前景的杀虫剂新剂型——悬浮乳剂. 孙文琴,等. 卫生杀虫药械,1998,4(2)
昆虫对 Bt 晶体蛋白杀虫作用的影响. 农广,庞义. 中国生物防治,1998,14(1)
昆虫气雾剂史话(一). Montfort A. Johnsen. 李洁译. 卫生杀虫药械,1998,4(1)
昆虫气雾剂史话(二). Montfort A. Johnsen. 李洁译. 卫生杀虫药械,1998,4(2)
昆虫生长调节剂双氧威的合成. 张俭,谭本祝. 湖南化工,1998,28(3)
类产碱假单胞菌杀虫物质的分离纯化和鉴定. 张文,杨志荣. 微生物学报,1998,38(1)
利用植物次生代谢产物开发生物农药. 张锐,晁开. 甘肃科学学报,1998,10(3)
两种可湿性粉剂对蚊、蝇灭效比较. 金崇成,等. 卫生杀虫药械,1998,4(1)
两种喷雾喷烟两用杀虫剂对蚊蝇的杀灭效果. 李承毅,等. 卫生杀虫药械,1998,4(4)
马拉硫磷、溴氰菊酯混剂对几种储粮害虫的防治研究. 王兴林,杨崇珍. 郑州粮食学院学报,1998,19(2)
灭多威的光催化降解动力学研究. 张曼平,等. 高等学校化学学报,1998,19(9)
农药登记公告汇编. 张子明. 农业出版社,1998
农药在媒介生物防制中的应用与展望. 张家兴,等. 卫生杀虫药械,1998,4(4)
喷雾染毒装置的制作. 邢康吉. 卫生研究,1998,27(6)
气相色谱法快速测定杀虫气雾剂中残杀威、氯菊酯和氯氰菊酯的含量. 李洁,张应阔. 气雾剂通讯,1998,(3)
杀虫剂处理织物防虫技术. 董桂蕃. 卫生杀虫药械,1998,4(4)
杀虫剂氟铃脲的合成. 周金培,张惠斌. 化学世界,1998,39(9)
杀虫剂浸泡蚊帐地区疟疾流行危险因素研究. 肖宁,严晋川. 实用寄生虫病杂志,1998,6(4)
杀虫剂戊氰威的特征与合成. 余立新,等. 农药,1998,37(5)
杀虫晶体蛋白基因 Cry LA 表达载体构建与表达研究. 秦新民,刘佩瑛. 广西师范大学学报(自科版),1998,16(2)
杀虫气雾剂的新进展. 张波. 气雾剂通讯,1998,(4)
杀虫气雾剂中溴氰菊酯与生物丙烯的气相色谱分析. 李洁,等. 卫生杀虫药械,1998,4(1)
苏脲系列昆虫生长抑制剂室内药效筛选试验. 曾润生,陈丽芳. 苏州大学学报(自然科学版),1998,14(4)
苏云金芽孢杆菌内毒素的杀虫机理及其增效途径. 张继红,王琛柱. 昆虫学报,1998,41(3)
苏云金芽胞杆菌杀虫晶体蛋白基因的分类. 鲁松清,孙明. 生物工程进展,1998,18(5)
台湾卫生用杀虫剂使用现状. 王磊,等. 卫生杀虫药械,1998,4(1)
卫生害虫管理学概念的提出与探讨. 景晓,等. 医学动物防制,1998,14(1)
卫生害虫杀虫剂代谢抗性的分子遗传学研究. 唐振华,等. 卫生杀虫药械,1998,4(4)
卫生杀虫剂的发展与应用评价. 胡俊. 卫生杀虫药械,1998,4(2)
卫生杀虫剂的混配. 赵学忠. 卫生杀虫药械,1998,4(4)
卫生杀虫剂应用技术. 董桂蕃,姜志宽. 化学工业出版社,1998
卫生杀虫药械的应用问题. 朱成璞. 卫生杀虫药械,1998,4(4)
卫生用杀虫药剂药效评价标准的探讨. 孙俊,等. 卫生杀虫药械,1998,4(4)
细杆沙蒿挥发油及其驱蚊作用研究. 温远影,汪波. 植物学通报,1998,15(1)
缬氨酸杀虫菊酯的合成. 汤家芳,刘芝兰. 氨基酸和生物资源,1998,20(1)
辛硫磷和氯氰菊酯复配制剂高效液相色谱分析. 王静,周国春. 分析化学,1998,26(1)
新型高效广谱杀虫杀螨剂阿维菌素. 张敏恒. 农药,1998,37(3)
新型杀虫剂乙虫脒的立体化学和活性构象. 程霞译. 农药译丛,1998,20(2)
新型烟碱型杀虫剂哟虫啉作用机制研究进展. 陈立,徐汉虹. 湖北农学院学报,1998,18(1)
溴氰菊酯对鸡脑突触膜蛋白磷酸化和 Ca-ATP 酶活力的影响. 潘瑞琴,冷欣夫. 动物学报,1998,44(2)
溴氰菊酯中毒与处理. 张银丽,等. 卫生杀虫药械,1998,4(4)

烟剂在卫生杀虫领域中的应用进展. 李洁,张应阔. 医学动物防制,1998,14(5)
烟熏剂复方研究药效观察. 张应阔,等. 预防医学文献信息,1998,(3)
一些炔菊酯类化合物的合成及其生物活性. 郑国钧,周荣灿. 高等学校化学学报,1998,19(4)
一种高效家蝇引诱剂. 刘珣,等. 卫生杀虫药械,1998,4(4)
引燃式烟雾剂的配制及应用研究. 曹毓存,等. 卫生杀虫药械,1998,4(2)
用 EXCEL 进行杀虫药物毒力测定数据分析. 霍新北,刘峰. 中国媒介生物学及控制杂志,1998,9(6)
用电子报表计算 LC_{50} 及其 95% 置信限. 吴太平,等. 卫生杀虫药械,1998,4(1)
有机磷杀虫剂的杂质与毒性. 吴松筠,等. 卫生杀虫药械,1998,4(4)
在色谱极限条件下菊酯类化合物的手性分离. 杨国生,等. 山东大学学报(自然科学版),1998,33(2)
增效醚的气相色谱分析方法. 李洁,张应阔. 农药科学与管理,1998,19(1)
粘蝇胶带初粘性滞粘期实验室测试方法. 杨振洲. 卫生杀虫子药械,1998,4(2)
植物凝集素与抗虫基因工程. 王志斌,李学勇. 生物技术通报,1998,(2)
紫穗槐叶杀虫成分的研究. 屈秋耘,白志诚. 西北植物学报,1998,18(2)
1995—1997 年湖北省卫生杀虫剂产品检测结果分析. 董大萍,等. 卫生杀虫药械,1999,5(2)
20% 残杀威热雾剂的研究. 曹永松,等. 卫生杀虫药械,1999,5(1)
5% 高效氯氰菊酯微乳剂的研究. 吴秀华,等. 农药,1999,38(1)
α-膦酰基氨基甲酸酯的合成和生物活性Ⅰ. 唐子龙,等. 华中师范大学学报(自然科学版),1999,33(2)
DDVP 微胶囊制剂的研制及其持效性观察. 张稷博,温克明. 中国媒介生物学及控制杂志,1999,10(1)
DEET 的合成研究. 范明才,等. 四川轻化工学院学报,1999,12(1)
FS-1 杀虫王毒性研究. 关秀莲,高兰英. 中国媒介生物学及控制杂志,1999,10(2)
JH 新型轴流式搅拌桨在三氟氯氰菊酯生产中的应用. 张锁龙,等. 石油化工高等学校学报,1999,12(4)
KX-Ⅰ、Ⅱ型杀虫剂对蚊蝇杀灭效果观察. 王洪林,刘和金. 现代预防医学,1999,26(1)
N-(O,S-二甲基硫代磷酰基)α-L-氨基酸酯的合成及其杀虫活性. 汤家芳,等. 武汉大学学报(自然科学版),1999,45(6)
NaCS-PDADMAC 生物微胶囊对苏云金杆菌的生物相溶性. 梅乐和,等. 化工学报,1999,50(5)
WCD85-25/5①型消杀车及其高压喷雾装置的改进方法探讨. 宋世佩,王寿全. 医学动物防制,1999,15(9)
氨基酸类农药的研究与进展. 孔岩,等. 西南师范大学学报(哲社版),1999,24(3)
苯甲酰脲类杀虫剂中间体:氟化合物的合成. 韩建华,等. 有机氟化工,1999,(4)
吡虫啉抗性产生的可能与治理. 张彦英,张弘. 农药,1999,38(4)
蓖麻毒素的研究与应用. 罗嘉惠. 氨基酸和生物资源,1999,21(2)
残杀威对家蝇的毒力及增效剂的作用. 王霖. 卫生杀虫药械,1999,5(1)
除虫菊酯增效剂. 蓝文祥. 材料导报,1999,13(3)
对"农药登记用卫生杀虫剂室内药效评价"国标的初解. 孙晨熹. 卫生杀虫药械,1999,5(4)
二氧化碳对磷化氢杀虫增效作用的探讨. 张云峰,田宝英. 粮油仓储科技通讯,1999,(3)
二种新型驱避剂对蚊虫驱避效果观察. 孙晨熹,等. 卫生杀虫药械,1999,5(2)
二种增效剂对 7 种杀虫剂杀灭家蝇的增效研究. 张应阔,等. 中国媒介生物学及控制杂志,1999,10(6)
反相高效液相色谱法测定杀虫剂中吡虫啉的含量. 李来生. 分析试验室,1999,17(5)
防虫灭鼠毒饵的试验研究. 辛正,等. 中国媒介生物学及控制杂志,1999,10(1)
非酯类拟除虫菊酯研究进展. 马军安,黄润秋. 合成化学,1999,7(3)
高分子化合物在卫生杀虫剂中的应用. 黄清臻,等. 中国媒介生物学及控制杂志,1999,10(6)
高效液相色谱法测定吡虫啉原药的含量. 陈茂彬,等. 湖北工学院学报,1999,14(3)
公共卫生喷雾用杀虫剂的选用. 亢秀敏,等. 医学动物防制,1999,15(1)
广东省卫生用灭鼠杀虫剂应用及管理. 林立丰. 卫生杀虫药械,1999,5(1)
含残杀威和八氯二丙醚杀虫气雾剂罐的防腐蚀研究. 陈文才. 气雾剂通讯,1999,(5)
含二亢毒素基因的苏云金杆菌重组子晶体蛋白分析及其对蚊幼虫的毒性. 袁志明,张用梅. 微生物学杂志,1999,19(1)
含氟新农药的构效关系研究Ⅰ. 经典 QSAR 分析. 袁琼,等. 化学学报,1999,57(1)
含氟新农药的构效关系研究Ⅱ. 三维定量构效关系分析. 袁琼,等. 化学学报,1999,57(1)
黄杜鹃的研究进展. 程东美,胡美英. 天然产物研究与开发,1999,11(5)
甲氰菊酯的热容及热力学性质的研究. 薛斌,等. 化学学报,1999,57(8)
拮抗细菌对 Bt 制剂杀虫效果的影响. 刘云霞,张刚应. 中国生物防治,1999,15(2)
菊酸构型的转化及消旋反式菊酸的光学拆分. 林东恩,等. 华南理工大学学报(自然科学版),1999,27(3)
抗菌防蚊布抗菌防蚊效果实验室观察. 魏兰芳,等. 中国公共卫生,1999,15(1)
可湿性粉剂害克宁实验室灭蚊蝇效果. 郭美丽,孙亮. 中国媒介生物学及控制杂志,1999,10(5)

可湿性粉剂与悬浮剂差异的探析. 亢秀敏. 中国媒介生物学及控制杂志,1999,10(2)
空间喷雾的原则和使用手则. 程心智. 卫生杀虫药械,1999,5(2)
苦参镣虫抑菌生物活性的初步研究. 郑永权,姚建仁. 植物保护,1999,25(6)
昆虫驱避剂驱蚊肤宁的气相色谱分析. 马宏安,等. 卫生杀虫药械,1999,5(1)
昆虫生长发育调节剂研究的进展. 李晓东. 农药,1999,38(11)
利安乳油杀虫剂的研制. 辛宏业,等. 卫生杀虫药械,1999,5(3)
利用 Foxpro 语言快速计算 KT50 的研究. 梅开顺. 卫生杀虫药械,1999,5(4)
利用转座子 Tn 917 构建杀虫 Bt 工程菌. 余健秀,庞义. 中山大学学报(自科版),1999,38(4)
两种杀虫剂对蚊蝇蠓防治效果的现场评价. 李承毅,等. 卫生杀虫药械,1999,5(4)
磷化铝对烟草薰蒸灭虫效果研究. 潘恒亮. 卫生杀虫药械,1999,5(1)
氯氰菊酯和高效氯氰菊酯的气相色谱分析. 廖苑其,等. 农药,1999,38(6)
灭杀杀烟弹室内杀虫效果的观察. 胡渠,等. 卫生杀虫药械,1999,5(1)
灭蚊球形芽孢杆菌 B. S. $C_{3\text{-}41}$营养需求的研究. 刘冬林,等. 衡阳医学院学报,1999,27(1)
拟除虫菊酯类农药结构——急性毒性的三维定量构效关系研究. 张子丰,等. 吉林农业大学学报,1999,21(2)
农药登记公告汇编. 张子明,等. 中国农业大学出版社,1999
球形芽孢杆菌杀蚊毒素蛋白及其遗传操作研究进展. 袁志明,张用梅. 昆虫学报,1999,42(2)
球形芽直菌杀蚊毒素的作用方式和蚊虫的抗性特征. 裴国风,袁志明. 昆虫天敌,1999,21(1)
驱避剂新剂型的研究. 董桂蕃,等. 中国媒介生物学及控制杂志,1999,9(3)
驱蚊肤宁现场驱蚊蠓效果观察. 董桂蕃,李承毅. 卫生杀虫药械,1999,5(1)
驱蚊剂 N,N-二乙基间甲基苯甲酰胺的合成条件. 丁音琴,陈天明. 福州大学学版(自然科学版),1999,27(2)
三氟氯氰菊酯在不同载体上杀灭 3 种卫生害虫持效观察. 张应阔. 医学动物防制,1999,(5)
杀虫剂处理军服布的防蚊效果. 董桂蕃,等. 中国媒介生物学及控制杂志,1999,10(4)
杀虫剂与喷雾器之关系及在蟑螂防制中的应用. 朱成璞. 卫生杀虫药械,1999,5(1)
神经网络用于三亢不对称有机磷酸酯杀虫剂的 QSAR 研究. 周瑛,等. 浙江工业大学学报,1999,27(2)
双氧威合成方法的研究. 王天桃,等. 卫生杀虫药械,1999,5(2)
苏云金杆菌超氧化物歧化酶的纯化和性质研究. 蔡全信,等. 微生物学通报,1999,26(2)
苏云金芽胞杆菌转座因子的转座机理及其与杀虫晶体蛋白基因的关系. 程萍,王清锋. 生命科学,1999,11(1)
谈谈卫生用杀虫剂的生物药效测试. 杨大明. 卫生杀虫药械,1999,5(1)
特种粉体杀虫内檐涂料研制和应用研究. 杨刚,杨绥英. 医学动物防制,1999,15(3)
天然香料在害虫防治中的应用. 黄清臻,等. 医学动物防制,1999,15(12)
卫生杀虫窗纱存放时间与有效成份含量关系的研究. 刘大鹏,等. 卫生杀虫药械,1999,5(4)
卫生杀虫剂的气相色谱程序升温分析. 李继睿. 长沙电力学院学报,1999,14(2)
卫生杀虫滞留喷洒技术. 张庆武. 卫生杀虫药械,1999,5(2)
我国对拟除虫菊酯类农药神经毒理学研究概况. 石年,等. 卫生毒理学杂志,1999,13(4)
我国卫生杀虫现状与未来. 王以燕. 农药,1999,38(8)
西北地区杀虫植物的筛选. 张兴,杨崇珍. 西北农业大学学报,1999,27(2)
香港虫害控制业务的发展及新迈向. 徐家俊. 卫生杀虫药械,1999,5(4)
新型含异噁唑环拟除虫菊酯的合成及生物活性Ⅱ. 刘尚坤,等. 化学通报,1999,(1)
新型磷化铝熏蒸杀虫器熏蒸杀虫的理论与实践. 左智宇. 烟草科技,1999,(4)
溴氰菊酯浸泡蚊帐防制嗜人按蚊及其防疟效果的成本—效益分析. 潘波,等. 中国寄生虫病防治杂志,1999,12(1)
烟雾机的研究与发展. 周宏平,等. 卫生杀虫药械,1999,5(3)
一种新型杀虫剂对三种昆虫药效观察. 孙晨熹,等. 卫生杀虫药械,1999,5(1)
一种制备灭蚊药缓释制剂的方法. 李药兰,吴海珊. 暨南大学学报(自然科学与医学版),1999,20(3)
蚊蟑宁毒饵的研制与药效试验观察. 石翔云,等. 中国媒介生物学及控制杂志,1999,10(1)
影响驱避剂效果的因素. 董桂蕃. 卫生杀虫药械,1999,5(4)
用高效液相色谱法测定氟氰菊楷的残留量. 张荣珍,王继英. 河北大学学报(自然科学版),1999,19(1)
鱼藤酮、拟除虫菊酯复配杀虫剂. 韦星船,雷雨. 广州大学学报,1999,13(4)
寨可宁、奋斗呐选择性滞留喷洒与全面滞留喷洒防制室内蚊蝇效果观察. 辛正,张世水. 医学动物防制,1999,15(5)
植物源杀虫剂 2.5% 洋金花生物碱水剂开发应用技术研究. 刁绍东,等. 农药,1999,38(6)
植物源物质与害虫的防治. 黄清臻,等. 卫生杀虫药械,1999,5(3)
中国 Btken-Ag crylAc 杀虫毒素基因核心片段的克隆及核苷酸序列测定. 陈月华,关海山. 南开大学学报,1999,32(1)

中国杀虫灭鼠药械的应用和需求. 汪诚信,等. 卫生杀虫药械,1999,5(4)
中国源杀虫剂的研制与应用. 郝乃斌,戈巧英. 植物学通报,1999,16(5)
紫外线分光光度法测定溴氰菊酯粉剂中溴氰菊酯含量研究. 李鲜,等. 光谱实验室,1999,16(1)
10% 甲氰菊酯微乳剂的研制. 陈立. 农药,2000,39(3)
1 株苏云金芽孢杆菌杀虫晶体蛋白基因型鉴定及表达产物研究. 张杰,等. 微生物学报,2000,40(4)
95% 顺式氯氰菊酯对蚊蝇的毒力研究. 张紫虹,等. 中国媒介生物学及控制杂志,2000,11(4)
GABA 靶标毁环杀虫剂 FIPRONIL 对卫生害虫的活性研究. 李洁,等. 中国公共卫生,2000,16(12)
YC-50 型常温烟雾机施药技术. 汤伯敏,等. 植物保护,2000,26(5)
背负式手动喷雾器混药装置的研究. 吴萍,等. 中国农机化,2000,(5)
苯醚威的杀虫特点及合成方法. 柳庆先. 农药,2000,39(3)
吡虫啉极谱吸附波的研究及应用. 郑修文,杨明敏. 分析化学,2000,28(4)
吡虫啉相关化合物的合成及其杀虫剂效能. 莫羡忠,等. 精细化工,2000,17(8)
吡咯异构体的电子结构与杀虫活性研究. 覃松,等. 化学研究与应用,2000,12(5)
丙炔菊酯电热蚊香片药效及防蚊效果初步研究. 黄相东,等. 卫生杀虫药械,2000,6(2)
丙炔菊酯对蚊蝇的灭效研究. 卢文成,等. 卫生杀虫药械,2000,6(3)
长效水基型杀虫霉微乳剂的研究. 刘常坤,瞿晓岳. 精细化工,2000,17(8)
成都市 1993—1997 年杀虫灭鼠药械卫生监督管理情况分析. 黎燕春,等. 卫生杀虫药械,2000,6(2)
除虫菊酯类化学的发展与未来. 君江平译. 世界农药,2000,22(1)
电热纸蚊香的研制. 汤国民. 卫生杀虫药械,2000,6(1)
对韩国机动喷雾机技术性能的试验研究. 蒋永宁,等. 中国农机化,2000,(5)
发展中的杀虫剂研究. 许荣满. 卫生杀虫药械,2000,6(4)
分光光度法定量分析三苯基醋酸锡. 韦万兴. 广西大学学报(自科版),2000,25(2)
氟虫胺的气相色谱分析. 陈超,等. 江苏农药,2000,(4)
氟吗啉原药对 Wistar 大鼠致畸性毒性研究. 廖雪,等. 农药,2000,39(11)
高效氯氰菊酯胶悬剂的研制. 王兰萍,等. 卫生杀虫药械,2000,6(2)
光活化多炔类合物对蚊幼虫的毒力. 万树青,等. 昆虫学报,2000,43(3)
光学活性拟除虫菊酯的研究与开发. 冯坚,等. 卫生杀虫药械,2000,6(1)
光诱导电子灭蝇器. 李光耀. 卫生杀虫药械,2000,6(2)
国外驱避剂研究动向. 董桂蕃,李承毅. 中国国际卫生杀虫药械学术交流暨产品展示会资料汇编,2000
含氟农药的比较分子场分析研究. 谷妍,等. 化学学报,2000,58(12)
加强卫生害虫化防技术的整体应用研究. 朱成璞. 中国国际卫生杀虫药械学术交流暨产品展示会资料汇编,2000
甲氰菊酯的合成. 王学勤,等. 化学世界,2000,41(6)
江苏省卫生用杀虫产品卫生质量管理. 孙俊,等. 卫生杀虫药械,2000,6(4)
洁利 33 灭蚊蝇窗纱涂剂效果监测研究. 陈庆灶,等. 卫生杀虫药械,2000,6(4)
昆虫抗药性的形成及机理. 叶炳辉. 中国国际卫生杀虫药械学术交流暨产品展示会资料汇编,2000
冷热雾两用混配剂对蚊蝇的杀灭效果. 林立辉,等. 卫生杀虫药械,2000,6(3)
两种菊酯复配提高蚊香灭蚊效果的研究. 张近高,等. 卫生杀虫药械,2000,6(3)
邻氯-N,-N 二乙基苯甲酰胺的合成及药效. 张应阔,等. 中国媒介生物学及控制杂志,2000,(6)
氯菊酯在皮肤上的残留率与时间关系的研究. 刘大鹏. 中国媒介生物学及控制杂志,2000,11(4)
氯氰菊酯光敏降解中单线态氧机理研究. 毕刚,等. 分析科学学报,2000,16(6)
氯氰菊酯和 B. t. i H-14 混配对致乏库蚊幼虫的实验室毒效及持效研究. 耿文奎,等. 中国媒介生物学及控制杂志,2000,11(2)
马拉硫磷可湿性粉剂滞效实验研究. 邵新玺,等. 卫生杀虫药械,2000,6(2)
内和外 N-烷基亚胺的杀虫增效活性研究. 周永红,等. 化学世界,2000,41(6)
拟除虫菊酯的发展及其应用. 董兆云,等. 卫生杀虫药械,2000,6(3)
农药克百威和丁硫克百威的质谱分析. 于峰. 质谱学报,2000,21
农药助剂对苏云金杆菌毒力的影响及新液剂研制. 彭可凡,林开春. 微生物学通报,2000,27(4)
七种拟除虫菊酯对蚊蝇的药效研究. 李玉兰,等. 卫生杀虫药械,2000,6(1)
气相色谱测定农药克螨特原药含量. 王振荣,等. 黑龙江商学院学报(自然科学版),2000,16(2)
气相色谱—质谱法测定杀虫剂敌敌畏原油中的杂质. 周鸿娟,等. 河北师范大学学报(自然科学版),2000,24(1)
浅谈卫生杀虫药剂稳定性与有效期的关系. 郑秋玲,等. 卫生杀虫药械,2000,6(3)
球形芽孢杆菌 LP1-G 的发酵特性及杀蚊活性. 袁志明,等. 微生物学通报,2000,27(3)
杀虫剂研究进展. 李斌. 农药,2000,39(4)

杀虫气雾剂烃类抛射剂初探. 亢秀敏,等. 中国媒介生物学及控制杂志,2000,11(4)
水基杀虫剂研制和毒力. 杨刚,等. 中国国际卫生杀虫药械学术交流暨产品展示会资料汇编,2000
四氟苯菊酯的气相色谱分析. 陈超,等. 中国国际卫生杀虫药械学术交流暨产品展示会资料汇编,2000
苏云金芽杆菌 YBT-1520 杀虫晶体蛋白基因的属性. 孙明,等. 微生物学报,2000,40(4)
苏云金芽杆菌杀虫晶体蛋白超量表达的机制. 邵宗泽,喻子牛. 生命科学,2000,12(4)
微电池电解法处理甲基毒死蜱废水的研究. 欧阳湘豫,林逢凯,等. 化学世界,2000,(S1)
微胶囊的制备及药物应用. 田菌. 卫生杀药械,2000,6(1)
微胶囊技术在农药剂型中的应用. 高德霖. 现代化工,2000,20(2)
微胶囊农药概述. 袁昂,黄次布. 农药,2000,39(6)
微乳缓释气雾杀虫剂的研究. 黄清臻,等. 中国媒介生物学及控制杂志,2000,11(4)
卫生害虫化学防治的进展及趋势. 张金桐. 卫生杀虫药械,2000,6(1)
卫生及拟除虫菊酯杀虫剂的开发与应用. 赵建伟. 中国国际卫生杀虫药械学术交流暨产品展示会资料汇编,2000
卫生杀虫剂的发展现状及安全性评价. 王心如,等. 卫生杀虫药械,2000,6(4)
卫生杀虫剂及空气清新剂用品的加香. 邬力丁. 卫生杀虫药械,2000,6(4)
卫生杀虫剂剂型技术手册. 蒋国民. 化学工业出版社,2000
卫生杀虫剂现状与登记政策. 王以燕. 中国国际卫生杀虫药械学术交流暨产品展示会资料汇编,2000
卫生杀虫气雾剂研制开发述评. 贾家祥. 卫生杀虫药械,2000,6(1)
卫生杀虫乳油的研制及效果观察. 孔繁吉,等. 卫生杀虫药械,2000,6(3)
我国农药(卫生杀虫剂)管理制度. 张子明. 卫生杀虫药械,2000,6(1)
我国卫生杀虫剂的发展及行政管理的沿革. 麻毅,等. 卫生杀虫药械,2000,6(1)
我国卫生杀虫器械的研究与应用概况. 甄恩良. 中国国际卫生杀虫药械学术交流暨产品展示会资料汇编,2000
我国卫生杀虫药械研究发展概况. 朱成璞,姜志宽. 卫生杀虫药械,2000,6(4)
无芯棒电热液体蚊香的研制. 汤国民. 中国国际卫生杀虫药械学术交流暨产品展示会资料汇编,2000
新型拟除虫菊酯-丙炔菊酯的合成. 谢维跃,等. 中国国际卫生杀虫药械学术交流暨产品展示会资料汇编,2000
溴杀灵药效观察. 刘大鹏. 现代预防医学,2000,27(4)
悬乳剂及其稳定性. 李丽芬,王开运. 农药,2000,39(5)
烟雾机及烟雾载药技术在卫生防疫中的研究与应用. 周宏平,等. 卫生杀虫药械,2000,6(2)
研制绿色杀虫剂的理论基础与研究现状:兼论植物对昆虫的化学防御. 王一丁. 四川大学学报(自科版),2000,23(4)
一株杀蛆细胞的分离与鉴定. 蔡信之. 微生物学报,2000,40(5)
有机磷农药的遗传毒性研究. 孙运光. 国外医学(卫生学分册),2000,27(6)
中国农药工业 50 年. 薛振祥,秦友山. 江苏农药,2000,(1)
中国人民共和国国家标准食品中有机磷和氨基甲酸酸类农药多种残留的测定. 中国食品卫生杂志,2000,12(5)
中国卫生杀虫药械研究发展概况. 朱成璞. 卫生杀虫药械,2000,6(1)
自动捕蝇器捕捉家蝇效果的实验观察. 倪晓平,等. 中国媒介生物学及控制杂志,2000,11(2)
“大蛙牌”杀虫烟雾块旅客列车灭蟑效果观察. 于志清,赵师慈. 预防医学文献信息,2001,(5)
“螨必治”杀虫杀螨剂. 化工文摘,2001,(5)
“特力克”杀虫杀螨剂. 化工文摘,2001,(5)
1% 毙蟑蚁胶饵制剂对蟑螂灭效观察. 陈超,姜志宽. 中华卫生杀虫药械,2001,(2)
1.8% 爱福丁乳油防治二斑叶螨药效试验. 孟和生,等. 农药,2001,(11)
10% FENDONASC 对蚊、蝇、蜚蠊药效试验观察. 关秀莲,等. 中国媒介生物学及控制杂志,2001,(1)
10% 灭蝇胺悬浮剂防治美洲斑潜蝇药效试验. 吴春先,等. 农药,2001,(1)
2.5% 溴氰菊酯缓释型微乳剂防制卫生害虫的研究. 邵新玺,等. 中国媒介生物学及控制杂志,2001,(1)
40% 甲基毒死蜱乳油的急性毒性研究. 安社娟,等. 广东药学院学报,2001,(4)
44 种有机磷杀虫剂的气相色谱分析. 毕富春,等. 化学工业与工程,2001,(3)
4 种二氯炔戊菊酯异构体对蚊蝇蜚蠊的毒效观察. 周光智,张应阔. 中国媒介生物学及控制杂志,2001,(6)
N-甲基取代苯基氨基甲酸酯的系列合成及其对家蝇的生物活性. 严炳丽,等. 昆虫学报,2001,(4)
阿克泰 25% WG 防治稻习虱的效果及其对蜘蛛的影响. 祝春强,等. 农药,2001,(4)
阿维菌素防制热带珊瑚岛地理纤恙螨成虫试验. 唐天开,等. 中国媒介生物学及控制杂志,2001,(3)
氨基甲酸酯类杀虫剂及其与阿维菌素的混配制剂对美洲斑潜蝇(Diptera:Agromyzidae)的防治效果. 曾益良,等. 农药学学报,2001,(1)
氨基甲酸酯类卫生杀虫剂的应用. 曹永松,等. 中华卫生杀虫药械,2001,(4)
百家静对 3 种卫生害虫的室内杀灭效果观察. 刘起勇,等. 中国媒介生物学及控制杂志,2001,(1)

斑蝥素生物碱杀虫剂研制成功. 化工文摘,2001,(5)
板兰根中三种拟除虫菊酯杀虫剂的残留分析. 汤锋,等. 农药学学报,2001,(1)
北方地区燃放烟雾熏杀法灭蟑效果研究. 张宗一,等. 中国媒介生物学及控制杂志,2001,(6)
卜弋1%毙蟑蚁胶饵现场杀灭德国小蠊效果观察. 楼文军,等. 中华卫生杀虫药械,2001,(1)
残杀威热烟雾对下水道和化粪池蟑螂杀灭效果观察. 向同华,刘济华. 中华卫生杀虫药械,2001,(2)
长效灭蚊蝇幼虫缓释剂药效研究. 徐承龙,曹永南. 中华卫生杀虫药械,2001,(4)
城乡集贸市场卫生杀虫剂销售概况. 孟凡信,等. 中国媒介生物学及控制杂志,2001,(6)
川楝素对家蝇生长发育的影响. 杨东升,张金桐. 寄生虫与医学昆虫学报,2001,(4)
从进化论的观点看杀虫剂的功效. 魏优昌,吴永刚. 世界农药,2001,(6)
痤螨灵霜的制备及临床应用. 王金增,陈志刚. 菏泽医学专科学校学报,2001,(4)
稻田蜘蛛群落对稻飞虱的控制功能作用研究. 刘向东,等. 生态学报,2001,(1)
第二代新烟碱类杀虫剂噻虫嗪的开发. 程霞. 世界农药,2001,(4)
电压门控钠通道作为杀虫剂靶标. 颜增光,蒋志胜. 世界农药,2001,(2)
毒力岛灭蟑饵剂杀灭德国小蠊的效果. 郑付礼,等. 航空军医,2001,(4)
多物种共存系统中3种蜘蛛对褐飞虱的控制作用. 李剑泉,等. 蛛形学报,2001,(1)
二斑叶螨对常用杀螨剂的抗药性测定. 赵卫东,等. 农药学学报,2001,(3)
二元包装水基型气雾剂的研制及灭蟑效果观察. 李凡. 中国媒介生物学及控制杂志,2001,(4)
反相高效液相色谱法测定杀虫剂中倍硫磷含量. 孙芳. 理化检验(化学分册),2001,(5)
反相高效液相色谱分析胺甲硫磷和甲基毒死蜱的方法研究. 李龙,等. 同济医科大学学报,2001,(3)
防虫蛀织物中有机杀虫剂残留的GC-MS测定. 陈军. 分析测试学报,2001,(z1)
非特异性酯酶在淡色库蚊对不同杀虫剂抗性中的作用研究. 李士根,等. 中国寄生虫病防治杂志,2001,(1)
复配杀虫剂对抗性家蝇杀灭效果的研究. 陈志龙,等. 中华卫生杀虫药械,2001,(1)
复配水基杀虫剂的研制及灭蟑效果观察. 李凡. 中国媒介生物学及控制杂志,2001,(5)
干燥与温度对飞虱虫疠霉凝胶化菌丝产孢特性的影响. 刘志强,冯明光. 微生物学报,2001,(4)
杆状病毒杀虫剂安全性评价的历史和现状. 肖化忠,等. 生物工程学报,2001,(3)
高含量克螨特原药的合成. 郑志明,等. 农药,2001,(10)
高效连锁杀蟑药饵笃高抗性德国小蠊现场防制研究. 蔡松武,等. 中国媒介生物学及控制杂志,2001,(3)
高效杀虫杀螨剂——安果的合成. 郑志明,等. 浙江化工,2001,(3)
高效液相色谱法测定克螨特. 周志纯. 精细化工中间体,2001,(2)
高压氧救治蚊香气体中毒四例. 雷兆佺. 中华航海医学与高气压医学杂志,2001,(4)
工作场所空气中三氯杀螨醇的气相色谱测定方法. 李桓. 海峡预防医学杂志,2001,(6)
广谱、速效杀虫、杀螨剂,甲基嘧啶磷. 汪声伯. 中华卫生杀虫药械,2001,(1)
国外农药噻虫啉(Thiacloprid)——一种新面施用杀虫剂. 谢心宏,王福久. 农药,2001,(1)
含嘧啶环类杀虫剂的研究开发概况. 徐文蓉,等. 上海化工,2001,(14)
含有丙烯酸类聚合物的杀虫剂. 谢心宏. 农药通讯,2001,(10)
合肥市屠宰场家蝇对10种杀虫剂的抗药性研究. 胡兴强,等. 中国媒介生物学及控制杂志,2001,(5)
湖北省1991至1998年家蝇抗性监测结果分析. 刘开林,等. 中国媒介生物学及控制杂志,2001,(5)
葫芦岛市家蝇抗药性状况及防制对策. 石季东,等. 中国媒介生物学及控制杂志,2001,(5)
化学杀虫剂对菜田节肢动物多样性的影响. 侯有明,等. 生态学报,2001,(8)
环保型生物杀虫剂问世. 化工文摘,2001,(5)
加强卫生害虫化防技术的整体应用研究. 朱成璞. 中华卫生杀虫药械,2001,(1)
家蝇对DDVP抗性的生物化学标记的探索. 马彦,等. 中国公共卫生,2001,(8)
家蝇对拟除虫菊酯抗性机理研究进展. 何凤琴,等. 昆虫知识,2001,(6)
家蝇及淡色库蚊对四种杀虫剂抗药性的测定. 龚向东,等. 现代预防医学,2001,(3)
江苏省家蝇对卫生杀虫药剂敏感和抗性品系的调查. 陈志龙,等. 中华卫生杀虫药械,2001,(1)
江苏省家蝇抗性及防制对策的研究. 陈志龙,等. 中国媒介生物学及控制杂志,2001,(1)
金山区朱行镇创建灭蝇达标先进城区的技术措施探讨. 郑朝军,等. 上海预防医学,2001,(6)
桔皮油对大鼠虱、豚鼠螨的杀虫效果观察. 雷培琪,等. 四川动物,2001,(3)
具有蜕皮激素活性的新型杀虫剂. 滕宏,等. 世界农药,2001,(2)
凯素灵现场灭蝇效果观察分析. 潘立志,等. 山西预防医学杂志,2001,(1)
康星杀蟑胶饵的连锁药效观察. 陈超,姜志宽. 中华卫生杀虫药械,2001,(4)
康星杀蟑胶饵对旅客列车蟑螂的杀灭效果观察. 徐承龙,等. 中华卫生杀虫药械,2001,(4)
壳聚糖复配氯氰菊酯乳剂现场灭蚊蝇效果试验. 任清明,等. 中国媒介生物学及控制杂志,2001,(4)
克敌悬浮剂及敌敌畏对旅客列车蟑螂的杀灭效果比较. 李万军,等. 预防医学文献信息,2001,(4)

苦豆子和铁棒锤提取物对苜蓿蚜和二斑叶螨的毒力测定. 王国利,刘长仲. 甘肃科技,2001,(4)
昆虫保幼激素蚊蝇醚合成工艺的研究. 王天相匕,赵学忠. 中华卫生杀虫药械,2001,(3)
昆山市蚊蝇对常用杀虫剂抗性的实验研究. 谢云龙,缪金华. 中华卫生杀虫药械,2001,(3)
利它素对中华通草蛉不同龄幼虫捕食行为的影响. 靖湘峰,等. 昆虫天敌,2001,(4)
两个人工饲养室试虫对杀虫剂的生物敏感性测定. 廖福元,等. 实用预防医学,2001,(1)
两种新型杀蟑剂对舰艇蟑螂的杀灭效果研究. 陈庆灶,等. 中华卫生杀虫药械,2001,(4)
旅客列车灭鼠灭蟑效果的影响因素. 高广寒. 中国公共卫生,2001,(7)
旅客列车鼠蟑的防制与管理. 胡慧华. 中国公共卫生管理,2001,(2)
绿色农药 Bt 杀虫剂. 化工文摘,2001,(2)
美国研制出环保型杀虫剂. 化工文摘,2001,(9)
美研制环保型糖酯杀虫剂. 化工文摘,2001,(8)
密褐褶孔菌 Gloeophyllum trabeum 对几种杀虫剂跟踪反应及对水坝白蚁诱杀效果的影响. 李少南,等. 农药学学报,2001,(2)
灭蝇胺的高效液相色谱分析. 吴春先,慕卫,等. 农药,2001,(8)
灭蝇毒饵的加工合成技术. 张子平,茆青松. 中华卫生杀虫药械,2001,(2)
灭蝇净毒饵对家蝇诱杀效果的研究. 朱咸舟,张昌泉. 中华卫生杀虫药械,2001,(3)
灭蝇药粉剂效果分析. 娄玉生,赵建兴. 河南预防医学杂志,2001,(1)
南宁市垃圾处理场家蝇对几种杀虫剂的敏感度. 钟格梅,等. 广西预防医学,2001,(2)
拟除虫菊酯对家蝇 Ca-ATPase 和 Ca-Mg-ATPase 的抑制作用. 何运转,等. 昆虫学报,2001,(3)
拟除虫菊酯类杀虫剂对美洲斑潜绳的防治效果. 曾益良,等. 农药,2001,(4)
拟除虫菊酯类制剂杀灭蟑螂效果的观察. 李西堂,姜光德. 中华卫生杀虫药械,2001,(3)
宁波市创建灭蝇先进城区活动技术报告. 蒋文丰,等. 中国媒介生物学及控制杂志,2001,(3)
农药杀虫剂纽瓦克致眼部损伤. 严学军. 眼外伤职业眼病杂志,2001,(6)
农药杀虫剂——锐劲特中间体 2,3-二氰基丙酸乙酯的合成. 田俊波,等. 石家庄化工,2001,(1)
扑灭(COOPEX)对家蝇的实验室灭效观察. 高兰英,等. 中华卫生杀虫药械,2001,(2)
气相色谱/原子发射检测法测定毒死蜱中的杂质. 马立新,等. 色谱,2001,(5)
气相色谱—质谱法同时检测样品中有机磷及氨基甲酸酯类杀虫剂. 贾薇,等. 分析测试学报,2001,(z1)
浅析新版美中两国药典附录关于植物药的杀虫剂残留量和黄曲霉素测定内容的比较. 陈琴鸣,等. 中药研究与信息,2001,(4)
取代有机磷高毒农药的几种杂环杀虫剂的发展状况. 任敬爱. 石家庄化工,2001,(3)
全球生物杀虫剂需求量将达到 58 亿美元. 化工文摘,2001,(5)
如是杀虫剂对白蚁等四种家庭害虫的药效研究. 周忆昭,等. 中华卫生杀虫药械,2001,(4)
杀虫剂残杀威原药合成研究. 梁跃华. 精细化工中间体,2001,(2)
杀虫剂对拟寄生昆虫的影响. 李元喜,刘树生. 昆虫知识,2001,(1)
杀虫剂伏虫隆的合成. 刘长春. 精细化工中间体,2001,(6)
杀虫剂及其在家庭与环境卫生害虫防治中的应用. 张延坤,刘国忠. 日用化学工业,2001,(5)
杀虫剂与肾功能衰竭. 静雨. 国外医学情报,2001,(3)
杀虫剂助剂及其应用. 贾家祥. 中华卫生杀虫药械,2001,(3)
生活垃圾填埋场蝇类化学防治的研究. 王克虹,等. 中华卫生杀虫药械,2001,(3)
生物杀虫剂的现场效果观察. 汤永康,等. 中国媒介生物学及控制杂志,2001,(4)
生物源杀虫剂——甲胺基阿维菌素苯甲酸盐. 门振,等. 农药,2001,(5)
适合飞虱虫疠霉菌丝生产的液体培养基组分及发酵条件. 刘志强,冯明光. 生物工程学报,2001,(4)
四川省家蝇抗药性及防制对策探讨. 钱薇萍,等. 中华卫生杀虫药械,2001,(3)
台湾有害生物控制产业管理和经营. 徐尔烈,等. 中国昆虫学会:医学昆虫防治和有害生物控制产业发展论坛(北京),2001
特效灭蟑螂胶饵灭效试验研究. 柳霭钦. 中华卫生杀虫药械,2001,(2)
威灭速效灭蟑毒饵对德国小蠊的药效研究. 蒋解花,谭毅,等. 中华卫生杀虫药械,2001,(4)
卫生杀虫剂的作用机理及其混配增效的研究. 刘龙庆,周培盛,等. 中华卫生杀虫药械,2001,(3)
卫生杀虫剂登记管理研讨会会议纪要. 王以燕. 中华卫生杀虫药械,2001,(3)
卫生杀虫剂伪劣产品的制售及其对策. 贺述柒,等. 中华卫生杀虫药械,2001,(4)
卫生杀虫剂现状与登记政策. 王以燕. 中华卫生杀虫药械,2001,(1)
卫生杀虫剂在研制中注意的几个问题. 贺利华,王玉营. 中华卫生杀虫药械,2001,(3)
卫生用拟除虫菊酯杀虫剂的开发与应用. 赵建伟. 中华卫生杀虫药械,2001,(2)
我国杀虫剂中毒防治研究的进展和展望. 何凤生. 中华劳动卫生职业病杂志,2001,(4)

我国台湾地区卫生杀虫剂的现况及发展前景. 杨锡钦. 中华卫生杀虫药械,2001,(3)
我国卫生杀虫剂管理工作的又一里程碑——卫生杀虫剂药政管理研讨会胜利召开. 麻毅. 中华卫生杀虫药械,2001,(2)
我国卫生杀虫剂应用概况. 赵学忠. 中国媒介生物学及控制杂志,2001,(1)
我国主要传疟媒介对杀虫剂的敏感性现状. 潘波,等. 中国媒介生物学及控制杂志,2001,(2)
无锡市区德国小蠊对5种杀虫剂的抗药性监测. 周海川,等. 江苏预防医学,2001,(3)
误用有机磷农药灭虱致45人中毒事故的调查分析. 陈志琳,等. 中华综合医学,2001,(4)
现代杀虫剂生理毒理学研究进展. 罗万春. 世界农药,2001,(5)
小黑瓢虫对甘薯粉虱的捕食选择性和种内干扰反应. 王联德,等. 昆虫天敌,2001,(2)
新型低毒杀虫剂问世. 化工文摘,2001,(5)
新型杀螨剂——吡螨胺的开发. 程志明. 世界农药,2001,(6)
新型卫生杀虫剂"9806"的研制及防制抗性家蝇效果观察. 陈志龙,等. 江苏卫生保健,2001,(2)
溴氰菊酯杀虫剂新工艺. 化工文摘,2001,(5)
溴氰菊酯项圈防制家犬——白蛉接触的实验研究. 陈生邦,等. 地方病通报,2001,(3)
烟碱类杀虫剂的研发进展. 化工文摘,2001,(5)
盐城市家蝇抗性动态分析及其防制对策. 顾振国,等. 中华卫生杀虫药械,2001,(2)
盐城市家蝇抗性动态分析及其防制对策. 顾振国,等. 中国媒介生物学及控制杂志,2001,(5)
一硫代磷酸酯类杀虫剂的微生物降解. 潘学冬,等. 农药学学报,2001,(2)
一起因食用杀虫剂污染的馒头引起的食物中毒. 徐玉林,樊玉红. 中国公共卫生管理,2001,(3)
一种靶向给药的免喷型田用农药新剂型——8%扑虱灵农药水面扩散剂的设计和研制. 蔡伟民. 上海化工,2001,(7)
一种检出菊酯类杀虫剂中敌敌畏的方法简介. 李蓉,等. 中国卫生检验杂志,2001,(1)
伊维菌素灭蟑胶冻毒饵继发传递毒力实验研究. 辛正,等. 中华卫生杀虫药械,2001,(4)
印度成为第四大杀虫剂市场. 化工文摘,2001,(2)
应用虫生真菌防治烟粉虱的现状. 肖燕,等. 昆虫天敌,2001,(1)
蝇毒磷原粉合成工艺研究. 张方波. 辽宁化工,2001,(2)
用于蚊蠓调查的双灯诱蚊器的设计与使用. 张进生,等. 口岸卫生控制,2001,(5)
有机磷对抗拟除虫菊酯家蝇的毒力. 金莹,冯国蕾. 昆虫学报,2001,(2)
有机磷农药的发展趋势与低毒有机磷杀虫剂的开发和利用(上). 贺红武,刘钊杰. 世界农药,2001,(3)
有机磷农药的发展趋势与低毒有机磷杀虫剂的开发和利用(下). 贺红武,刘钊杰. 世界农药,2001,(4)
诱蝇剂结合捕蝇笼的诱捕效果研究. 林导成,等. 中华卫生杀虫药械,2001,(4)
越南家用杀虫剂产品的历史、现状及法律要求. 中华卫生杀虫药械,2001,(2)
增效醚对杀虫剂的增效实验研究. 李凡,陈敏明. 中国媒介生物学及控制杂志,2001,(4)
蟑螂化学防治和胶饵的应用研究. 吴朝晖. 中华卫生杀虫药械,2001,(1)
浙江茶树黑刺粉虱的发生危害及天敌的研究. 王义平,等. 昆虫天敌,2001,(4)
浙江省近十年卫生杀虫剂质量市场抽样调查. 俞小林,等. 中华卫生杀虫药械,2001,(1)
植物杀虫剂0.2%苦皮藤素乳油的研究与开发. 吴文君,等. 农药,2001,(3)
中国低毒杀虫剂集锦. 化工文摘,2001,(5)
中华哲水蚤生态学研究进展. 张芳,孙松. 海洋科学,2001,(11)
驻蓉武警某中队官兵被臭虫叮咬的调查与控制措施. 陈东平,等. 中国媒介生物学及控制杂志,2001,(5)
0.09%溴氰菊酯喷粉对蟑螂的杀灭效果观察. 陈东平,等. 中华卫生杀虫药械,2002,(1)
0.25%莨菪烷碱乳油防治大棚菊花白粉虱药效试验. 庄占兴,等. 农药,2002,(2)
1000t/a 毒死蜱新工艺开发获得成功. 姜书凯. 农药,2002,(10)
2%功夫·阿维EC防治美洲斑潜蝇试验. 曾益良,等. 农药,2002,(4)
2000年福建省卫生杀虫剂检测情况分析. 张建明,等. 海峡预防医学杂志,2002,(4)
2001年南京市卫生杀虫剂市场调查及对策探讨. 陈怀友,等. 中华卫生杀虫药械,2002,(2)
21世纪我国杀虫剂工业发展趋势. 化工中间体,2002,(23)
25%炔螨特乳油的气相色谱分析. 游永,等. 河南化工,2002,(10)
400例有机磷杀虫剂中毒的急救护理. 范培兰,等. 泰山医学院学报,2002,(3)
4种杀螨剂对二斑叶螨抗性种群不同发育阶段的致毒作用研究. 赵卫东,等. 农药,2002,(10)
5种杀虫剂配伍对淡色库蚊毒力的测定. 王新国,等. 实用寄生虫病杂志,2002,(4)
75%灭蝇胺水溶性颗粒剂的制备研究. 韩顺宁,等. 农药,2002,(10)
7种消毒杀虫剂对体外杀灭阴道毛滴虫的实验研究. 童顺桃,雷慧中. 中国误诊学杂志,2002,(6)
8%扑虱灵农药水面扩散剂. 化工科技市场,2002,(9)

8%扑虱灵农药水面扩散剂.化工标准.计量.质量,2002,(9)
8 种植物挥发性对媒介硬蜱的驱避效果研究.杨银,等.医学动物防制,2002,(5)
BPD 影响欧洲杀虫剂市场格局.化工文摘,2002,(8)
CASIOfx-4500PA 型计算器在杀虫剂生物测定中的应用.刘岩琳,等.中华卫生杀虫药械,2002,(3)
GST 酶活的简易生化测定方法及其在田间杀虫剂抗性检测方面的应用.侯华民.世界农药,2002,(4)
LW,特效灭蟑乳油的制备和稳定性研究.张稷博,等.中华卫生杀虫药械,2002,(4)
阿维菌素、伊维菌素和芽孢杆菌对美洲斑潜蝇的防治效果.曾益良,等.昆虫知识,2002,(6)
阿维菌素对黄胸散白蚁 Reticulitermes-speratus 的毒效.莫建初,等.农药学学报,2002,(4)
桉树幼林白蚁的药剂防治试验.朱建华,等.华东昆虫学报,2002,(1)
白蚁防治剂的现状和未来.刘晓燕,钟国华.农药学学报,2002,(2)
白蚁信息素研究进展.邓晓军,等.昆虫学报,2002,(5)
百部碱对 5 种硬蜱的毒力研究.史智勇,等.医学动物防制,2002,(2)
拜力坦热烟雾在招待所、医院厨房灭蟑效果观察.闫凤良,等.医学动物防制,2002,(5)
吡虫啉防治家白蚁的室内药效试验.陈少波,等.华东昆虫学报,2002,(1)
捕虱管蓟马的产卵量研究.王晓育,陈亦根.昆虫天敌,2002,(2)
不同灭蝇设施及方法在餐饮业防灭蝇效果的研究.冷培恩,等.中华卫生杀虫药械,2002,(2)
不同有机磷杀虫剂中毒家兔血胆汁游离毒质的分布.侯云修,等.中华内科杂志,2002,(12)
长江中游稻区夏季飞机航捕迁入褐飞虱的轨迹分析.华红霞,等.昆虫学报,2002,(1)
赤峰市城区家蝇抗性趋势分析.海秀平,等.医学动物防制,2002,(1)
川楝素对家蝇幼虫中肠细胞及淀粉酶活性的影响.杨东升,张金桐.寄生虫与医学昆虫学报,2002,(1)
川楝素和印楝素对家蝇生长发育及繁殖的影响.杨东升,等.中国媒介生物学及控制杂志,2002,(3)
哒嗪酮类杀虫剂的研究开发概况.程霞,张一宾.上海化工,2002,(5)
大剂量阿托品抢救有机磷杀虫剂中毒致脑出血 2 例报告.董莉,王淑芬.中国医师杂志,2002,(2)
大连市家蝇对常用杀虫剂抗性的实验研究.吴炜,等.中国媒介生物学及控制杂志,2002,(3)
大链壶菌感染对致倦库蚊幼虫体内元素的影响.潘卫,包怀恩.中国寄生虫学与寄生虫病杂志,2002,(4)
大鼠急性有机磷杀虫剂及其混剂中毒的单肌纤维肌电图研究.肖诚,等.中华劳动卫生职业病杂志,2002,(2)
大型活动场馆灭蝇方法探讨.李富华,等.中国媒介生物学及控制杂志,2002,(1)
稻田蜘蛛生态位变化及杀虫剂对捕食功能的影响.姜永厚,等.生态学报,2002,(8)
毒死蜱气相色谱分析研究.安燕萍,马明东.云南化工,2002,(3)
毒死蜱与阿维菌素增效混配制剂对斑潜蝇属害虫的防治效果.曾益良,等.昆虫学报,2002,(5)
多功能诱杀飞虫器灭蝇效果研究.徐菲,等.中国媒介生物学及控制杂志,2002,(5)
恶二嗪类杀虫剂的创制经纬.刘长令.农药,2002,(10)
二点叶螨对甲氰菊酯、氧乐果和四螨嗪抗药性的选育、衰退和恢复.沈慧敏,张新虎.昆虫学报,2002,(3)
二氯菊酸杀虫剂光学纯度分析方法的研究.武中平,杨红.分析科学学报,2002,(1)
发展杀虫剂工业的七点建议.化工科技市场,2002,(9)
防治蚂蚁危害黄粉虫三法.吴天靖,刘时华.特种经济动植物,2002,(6)
防治蚜虫、白粉虱的新颖杀虫剂——吡蚜酮(pymertrozine).何茂华,等.世界农药,2002,(2)
飞虱虫疠霉继发性感染对桃蚜数量增长的控制作用.冯明光,徐均焕.应用生态学报,2002,(11)
非甾醇蜕皮激素类杀虫剂的研究进展.杜育哲,刘安西.农药,2002,(6)
分瓶法测定果蝇吸入麻醉药半数麻醉有效浓度.何绍明,刘进.徐州医学院学报,2002,(3)
奋斗呐现场灭蝇效果观察.程百,等.中华卫生杀虫药械,2002,(3)
蜂胶提取物对大鼠吸虱的药效筛选试验研究.梁崇礼,等.中国实验动物学杂志,2002,(3)
氟虫胺对散白蚁的毒效试验.庞正平,等.中华卫生杀虫药械,2002,(4)
复方苦参素植物杀虫剂.化工文摘,2002,(9)
柑橘皮中六种杀虫剂的测定.化工科技市场,2002,(9)
高效液相色谱法测定兽药克螨威中辛硫磷的含量.于彦珠,等.内蒙古石油化工,2002,(3)
广西部分浸帐区疟疾按蚊媒介对菊酯杀虫剂的敏感度.谭毅,等.广西医科大学学报,2002,(5)
合成哒螨酮废液的回收利用.邹赣生.江西化工,2002,(1)
合成黑翅土白蚁踪迹信息素类似物的生物活性.邓晓军,等.昆虫学报,2002,(6)
合肥市家蝇抗性现状分析.胡兴强,等.中华卫生杀虫药械,2002,(2)
褐飞虱对吡虫啉抗性监测方法的研究.刘泽文,等.昆虫知识,2002,(6)
黑河地区鼠蚤调查.刘海江,苑德才.中国媒介生物学及控制杂志,2002,(1)
呼和浩特市家蝇对四种杀虫剂抗药性调查.程杰,等.医学动物防制,2002,(10)
化学杀虫剂的应用和研究进展.张应阔,等.中华卫生杀虫药械,2002,(4)

淮阴市区蚊蝇抗性调查分析. 张飚,邵宗贤. 中华卫生杀虫药械,2002,(1)
环境用复方杀虫剂乳油试制与药效观察. 俞小林. 医学动物防制,2002,(12)
黄芪注射液治疗有机磷杀虫剂中毒致迟发性神经病. 肖桂林,等. 医药导报,2002,(9)
击倒试验法结合机率分析法对浸帐灭蚊杀虫剂毒效的测定及评价. 余品红,等. 寄生虫与医学昆虫学报,2002,(1)
几种高效杀虫杀螨剂的室内毒力测定. 倪珏萍. 农药,2002,(11)
几种农药对美洲斑潜蝇的防治效果. 秦小薇,等. 农药,2002,(5)
几种杂环杀虫剂的市场及合成状况. 任敬爱. 化工文摘,2002,(7)
济南生活垃圾处理厂蝇类控制观察. 曹佃满. 医学动物防制,2002,(12)
加强蝇必净奋斗呐灭蝇效果对比观察. 贺利华,许淑元. 医学动物防制,2002,(5)
加强蝇必净和奋斗呐灭蝇效果观察. 贺利华,许淑元. 中华卫生杀虫药械,2002,(3)
加速高毒杀虫剂取代品种的研究开发. 张一宾. 农药,2002,(3)
家庭如何选用消毒杀虫剂. 王兰仙. 新疆医药保健,2002,(02X)
家蝇(Musca domestica L.)成虫和幼虫对杀虫剂敏感性差异研究. 朱福兴,等. 中国昆虫科学:英文版,2002,(2)
家蝇(Musca domestica)对三氟氯氰菊酯的抗药性遗传. 朱福兴,等. 中国昆虫科学:英文版,2002,(1)
家蝇的有机磷农药的抗性测定. 钱仁天,等. 医学动物防制,2002,(11)
家蝇对氯氰菊酯抗性的研究. 海秀平,等. 医学动物防制,2002,(3)
家蝇对三种药物抗性动态分析及防治对策. 辛正,等. 中华卫生杀虫药械,2002,(1)
家蝇信息素对家蝇引诱效果观察. 刘祖春,等. 中国媒介生物学及控制杂志,2002,(4)
家蝇选择压力抗药性衰退观察. 胡兴强,等. 疾病控制杂志,2002,(2)
家用杀虫剂易诱发帕金森病. 王广文. 新疆医药保健,2002,(07S)
家用卫生杀虫剂卫生管理亟待规范. 朱焱,等. 中华卫生杀虫药械,2002,(2)
甲氰菊酯与阿维菌素单用、轮用和混用对朱砂叶螨抗性进化的影响. 何林,等. 蛛形学报,2002,(1)
舰艇"烟熏—胃毒法"灭蟑螂的实验研究. 王有荣,等. 中国公共卫生管理,2002,(6)
江苏某监狱使用 DDV 灭臭虫效果观察. 陈锡国,等. 医学动物防制,2002,(10)
江苏省家蝇对卫生杀虫剂抗性的调查. 陈志龙,等. 现代预防医学,2002,(1)
脚动推拉式防蝇卫生厕所的制作. 刘琢,等. 环境与健康杂志,2002,(5)
洁利 33 灭蚊蝇窗纱涂剂对蚊蝇的灭效研究. 姜志宽,等. 中华卫生杀虫药械,2002,(2)
金鹰 2610 型热烟叶雾机控制食堂蟑害效果观察. 宋世佩,等. 中国媒介生物学及控制杂志,2002,(6)
精氨酸加压素 V1 受体阻剂对毒死蜱降温效应的阻断作用. 杨永录,ChristopherJ. Gordon. 中国应用生理学杂志,2002,(4)
韭菜迟眼蕈蚊成虫对挥发性物质的嗅觉反应及不同杀虫剂的毒力比较. 薛明,等. 农药学学报,2002,(2)
酒店蟑螂防治方法探讨. 陈联宏,等. 中华卫生杀虫药械,2002,(4)
桔全爪螨的抗药性选育及其解毒酶活力变化. 孟和生,等. 昆虫学报,2002,(1)
菊酯杀虫剂致双眼中毒一例. 舒友善,叶海志. 海南医学,2002,(6)
康星杀蟑胶饵现场灭蟑螂效果观察. 陈坎生,等. 中华卫生杀虫药械,2002,(1)
抗药性测定指导合理应用杀虫剂的探讨. 徐秀菽,黄茵. 贵州医药,2002,(3)
科学家用大蒜提取物制成灭头虱药. 中外科技信息,2002,(12)
苦豆子 7 种生物碱对不同类型 4 种杀虫剂增效作用的研究. 张强,罗万春. 农药学学报,2002,(3)
昆虫病毒杀虫剂的安全性实验研究. 张启媛,等. 中国公共卫生,2002,(2)
昆虫生长调节剂类杀虫剂的研究进展. 许荣满. 中华卫生杀虫药械,2002,8(2)
昆虫细胞在杀虫剂研究上的应用. 程东美,等. 世界农药,2002,(4)
垃圾填埋场蝇类的化学防治. 李夜男,等. 环境卫生工程,2002,(4)
丽水市家蝇对 5 种卫生杀虫剂抗性现状调查. 应国祥,等. 中国媒介生物学及控制杂志,2002,(1)
两种长效卫生杀虫剂对淡色库蚊、家蝇和德国小蠊的持效观察. 傅学锋,等. 中国媒介生物学及控制杂志,2002,13(1)
两种昆虫生长调节剂对嗜虫书虱的致死作用. 丁伟,等. 动物学研究,2002,(2)
硫酰氟熏蒸舰船灭鼠、灭蟑效果观察. 王晓东,等. 中国媒介生物学及控制杂志,2002,(6)
六种植物精油对家蝇的熏蒸及触杀毒力测定. 江志利,等. 农药学学报,2002,(1)
旅客列车春夏季蟑螂防治效果观察. 徐蜂,等. 中华卫生杀虫药械,2002,(2)
旅客列车使用热烟雾与滞留喷洒联合灭蟑方法探讨. 陈建国,袁新益. 中国媒介生物学及控制杂志,2002,(6)
铝合金蟑螂桶的制作. 旱士平,等. 中华卫生杀虫药械,2002,(2)
绿色杀虫剂研制成功. 化工科技市场,2002,(10)
氯氟氰菊酯与阿维菌素增效混配制剂对美洲斑潜蝇的防治效果. 曾益良,等. 昆虫学报,2002,(6)

氯菊酯混配水剂杀灭蚊蝇蟑的效果测试. 胡和宾,李荣民. 海峡预防医学杂志,2002,(2)
氯氰菊酯乳油和敌敌畏对苍蝇的药效观察. 蒋明伦,等. 医学动物防制,2002,(1)
毛细管气相色谱法测定苹果中三氯杀螨醇的残留量的研究. 晋玉霞,等. 化学世界,2002,(10)
灭螨灵的灭螨效果和毒性实验. 陈东平,等. 寄生虫与医学昆虫学报,2002,(4)
灭螨灵的灭螨效果和毒性研究. 陈东平,等. 中华卫生杀虫药械,2002,(4)
灭虱气雾剂. MontfortA. Johnsen,匡华. 气雾剂通讯,2002,(2)
灭蝇胺对葱蝇不同龄幼虫的毒力评价. 张云霞,薛明. 农药,2002,(7)
灭蝇胺对阻止家蝇繁殖效果的初探. 孙晨熹,张咏梅. 中华卫生杀虫药械,2002,(2)
灭蝇毒饵的加工合成技术. 张子平,茆青松. 医学动物防制,2002,(5)
灭蝇毒饵及其辅剂的研究进展. 孙晨熹. 医学动物防制,2002,(7)
灭蟑螂胶饵的研究. 舒国欣,等. 中华卫生杀虫药械,2002,(3)
灭蟑螂药笔中溴氰菊酯含量测定. 舍馨娟,宋国良. 浙江预防医学,2002,(12)
灭蟑烟雾弹与滞留喷洒联合使用对旅客列车灭蟑效果观察. 刘秀莲,等. 医学动物防制,2002,(7)
某海岛部队蝇类综合防制对策的研究. 龙芝美,刘戟环. 医学动物防制,2002,(11)
南京地区蚊蝇对四种卫生杀虫剂的抗性测定. 张小平,等. 中华卫生杀虫药械,2002,(4)
南沙参多糖对小鼠和果蝇性活力的影响. 李春红,等. 生殖医学杂志,2002,(4)
闹羊花素杀虫剂. 化工科技市场,2002,(8)
拟除虫菊酯类杀虫剂的研究进展. 胡志强,等. 青岛化工学院学报:自然科学版,2002,(1)
凝胶剂及在卫生杀虫剂中的应用. 舒国欣,姚文莉. 农药,2002,(1)
帕金森病可能与杀虫剂有关. 菲琳. 国外医学情报,2002,(7)
葡萄籽多酚类提取物对果蝇寿命的影响. 离冬梅,等. 中国公共卫生,2002,(10)
七种杀虫剂对美洲斑潜蝇的防治效果. 慕卫,等. 昆虫知识,2002,(4)
气相色谱法测定茶叶中溴螨酯残留量. 熊芳,等. 国外分析仪器技术与应用,2002,(1)
气相色谱法测定卫生杀虫剂的有效含量. 姜风华,等. 中华卫生杀虫药械,2002,(1)
气相色谱法同时测定茶叶中六六六、DDT 及三氯杀螨醇农药残留量. 林国斌,等. 海峡预防医学杂志,2002,(1)
气相色谱—质谱法测定蔬菜中有机磷杀虫剂和克百威的残留量. 王建,等. 分析试验室,2002,(2)
轻重煤油对家用杀虫剂香气的影响. 林翔云. 中华卫生杀虫药械,2002,(3)
人类疾病昆虫媒介中的杀虫剂抗性. 汪灿明,张国生. 世界农药,2002,(3)
赛波凯对蝇、蠓、蚋现场杀灭效果观察. 张柱林,等. 中国媒介生物学及控制杂志,2002,(4)
三氟氯氰菊酯对家蝇的毒力及其影响因子研究. 欧晓明,等. 中国媒介生物学及控制杂志,2002,(1)
三氟氯氰菊酯灭蚤效果观察. 方彦炎,林陈鑫. 医学动物防制,2002,(4)
杀虫剂创制进展. 亢秀敏,李腾霄. 中华卫生杀虫药械,2002,(1)
杀虫剂工业发展的五大特点. 化工科技市场,2002,(9)
杀虫剂抗性和媒介控制. 公茂庆,等. 医学动物防制,2002,(6)
杀虫剂生物测定中有关统计问题. 黄清臻. 中华卫生杀虫药械,2002,(1)
杀虫剂新品种——噻虫嗪的合成研究. 范文政,等. 上海化工,2002,(15)
杀螨剂微量筛选技术研究. 王松尧,等. 农药学学报,2002,(3)
杀螨气雾剂. Montfort A. Johnsen,匡华. 气雾剂通讯,2002,(6)
杀蚤、虱气雾剂. Montfort A. Johnsen,匡华. 气雾剂通讯,2002,(6)
山东省五地市淡色库蚊对常用杀虫剂的抗药性现状. 王怀位,等. 中国热带医学,2002,(2)
深圳市家蝇对 8 种杀虫剂抗性的现状调查. 梁焯南,等. 医学动物防制,2002,(8)
神经递质^{3}H-去甲肾上腺素释放与家蝇对拟除虫菊酯抗性的关系. 冯国蕾,等. 昆虫学报,2002,(2)
生物杀虫剂杀灭幼虫效果的现场观察. 张建江,等. 医学动物防制,2002,(6)
施杰胶饵灭蟑效果观察. 王少英,等. 医学动物防制,2002,(12)
十种杀螨剂对二斑叶螨抗性种群不同发育阶段的毒力比较. 王开运,等. 农药,2002,(3)
石油化工城市家蝇抗药性及防制策略. 庄树强,等. 中国媒介生物学及控制杂志,2002,(3)
食虫植物捕蝇草叶片的组织培养. 方白玉,郑秋桦. 植物生理学通讯,2002,(6)
室内大面积灭跳蚤效果观察. 宋明亮,等. 中国媒介生物学及控制杂志,2002,(4)
室内灭蝇灯、室外奋斗呐滞留喷洒火蝇效果观察. 黄岳生,等. 中国公共卫生管理,2002,(4)
室内灭蝇灯、室外奋斗呐滞留喷洒灭蝇效果观察. 郑庆玉,等. 医学动物防制,2002,(7)
嗜人按蚊对杀飞克的实验室敏感性测定. 杨文,等. 医学动物防制,2002,(1)
水基杀虫剂研制及杀虫效果的研究. 杨刚,等. 中华卫生杀虫药械,2002,(1)
四川省卫生杀虫剂应用现状. 陈东平. 预防医学情报杂志,2002,(1)
苏格兰海虱防治的历史和现状. 张翼翾. 世界农药,2002,(6)

羧酸酯酶和乙酰胆碱酯酶在褐飞虱对甲胺磷抗性的发展中的作用. 刘泽文,等. 农药学学报,2002,(4)
台湾杉香精油可杀灭居室尘螨. 汪开治. 生物技术通报,2002,(5)
提高卫生杀虫剂化学稳定性与药效方法的探讨. 贺利华,窦丰满. 医学动物防制,2002,(9)
天然杀虫剂研制成功. 宁夏石油化工,2002,(4)
天然杀虫剂研制成功. 化工文摘,2002,(10)
天然植物源杀虫剂——除虫菊. 朱丽华. 世界农药,2002,(3)
田间蜘蛛集团对飞虱的每日捕食量与室内、盆栽水稻的捕食作用比较. 吴进才,等. 生态学报,2002,(8)
微板法测定淡色库蚊体内非特异性酯酶检测其对杀虫剂抗性的研究. 李士根,等. 中国人兽共患病杂志,2002,(5)
微生物杀虫剂 Bt53 菌株的发酵培养基优化. 高家合,等. 生物技术,2002,(5)
潍坊市区家蝇对四种杀虫剂的抗性测定. 张洪祥,等. 医学动物防制,2002,(10)
卫生害虫的抗药性及防治. 郝强,等. 中华卫生杀虫药械,2002,(1)
卫生害虫抗药性研究进展. 秦珑,李承毅中华卫生杀虫药械,2002,(2)
卫生杀虫剂产品管理中存在的问题及对策. 王洪林. 中华卫生杀虫药械,2002,(3)
卫生杀虫剂登记资料要求. 王以燕,等. 中华卫生杀虫药械,2002,(1)
卫生杀虫剂登记资料要求. 王以燕. 农药,2002,(1)
卫生杀虫剂登记资料要求——药效试验及评价方法汇总表. 王以燕,张金桐. 农药,2002,(11)
卫生杀虫剂卫生质量的监测与监督探讨. 林立丰. 中华卫生杀虫药械,2002,(2)
我国杀虫剂工业的发展建议. 化工中间体,2002,(21)
我国杀虫剂工业的特点及发展建议. 李海屏. 上海化工,2002,(14)
我国卫生杀虫剂管理之我见. 冯绍全,王守峰. 医学动物防制,2002,(2)
无公害杀虫剂防治韭蛆的药效试验及苦参碱杀虫作用的研究. 郑方强,等. 农药,2002,(6)
细菌杀虫剂及其应用技术. 阎丙申,等. 医学动物防制,2002,(12)
细菌杀虫剂及应用技术(续 2001 年第 4). 阎丙申,等. 医学动物防制,2002,(9)
细菌杀虫剂及应用技术(续第九). 阎丙申,等. 医学动物防制,2002,(10)
细菌杀虫剂及应用技术. 阎丙申,等. 医学动物防制,2002,(11)
小黑瓢虫对高氏瘤粉虱捕食作用的研究. 黄建,等. 华东昆虫学报,2002,(1)
新杀虫剂 HNPC-A9908 对蛋白核小球藻生长的毒性效应研究. 欧晓明,等. 农药学学报,2002,(4)
新型吡唑类杀虫剂——锐劲特急性中毒 2 例报告. 卢中秋,杜园园. 中国急救医学,2002,(3)
新型二苯甲酮 O-甲基肟类的合成及杀螨活性. 尹江平. 世界农药,2002,(1)
新型甲氧基丙烯酸酯类杀螨剂嘧螨酯. 刘长令,等. 世界农药,2002,(4)
新型齐螨素制剂遗传毒性的实验研究. 张静,等. 卫生毒理学杂志,2002,(2)
新型杀虫剂——Spinosad 发酵工艺的研究. 陈晓霞,等. 微生物学通报,2002,(5)
新型杀虫剂——氟虫腈的合成. 林苏勇,等. 农药,2002,(3)
新型室内杀虫剂 KR—100 的药效、毒性测试及杀虫机制的初步研究. 支国舟,等. 第一军医大学学报,2002,(4)
新型卫生杀虫剂的研制及对抗性家蝇的防制效果观察. 陈志龙,等. 中华卫生杀虫药械,2002,(3)
新型真菌杀虫剂. 化工文摘,2002,(9)
新型真菌杀虫剂通过鉴定. 化工科技市场,2002,(8)
兴义市巴结镇鼠疫疫区灭鼠灭蚤效果观察. 王世勇,等. 医学动物防制,2002,(11)
溴氰菊酯抗性家蝇酯酶的生化分析. 曹晓梅,孙晨熹. 中国媒介生物学及控制杂志,2002,(4)
压注农药防治橄榄星室木虱. 庄文远,李少华. 农药,2002,(6)
一种多优点的卫生杀虫剂——三氟氯氰菊酯. 王美秀,郑玉梅. 中华卫生杀虫药械,2002,(3)
一种菊酯类复合剂对黑胸散白蚁体内 CarEs 和 Ca-ATPase 活性的影响. 谭速进,等. 昆虫学报,2002,(4)
一种新型灭蜚蠊、蚂蚁毒饵配方及其毒效. 陈建新,等. 中国媒介生物学及控制杂志,2002,(4)
一种中草药复合灭蟑粉实验效果观察. 贾瑞忠,杨振洲. 中国媒介生物学及控制杂志,2002,(6)
伊维菌素灭蟑胶冻毒饵的研制. 黄清臻,等. 中华卫生杀虫药械,2002,(3)
宜宾市城区灭蝇工作技术报告. 温新明,等. 中华卫生杀虫药械,2002,(2)
应用回归旋转组合设计技术研究杀虫剂混用防治烟青虫的优化配比方案. 文礼章,朱亚然. 农药,2002,(1)
用阿皮松大孔径毛细管柱分析三氟杀螨醇. 毕富春,吴国旭. 化学工业与工程,2002,(3)
有机磷类杀虫剂对美洲斑潜蝇的防治效果. 曾益良,等. 昆虫知识,2002,(4)
蟑螂的低毒防治方法. 侯华民,倪珏萍. 中华卫生杀虫药械,2002,(3)
蟑螂绝育剂的实验研究. 邵庆杰,等. 中华卫生杀虫药械,2002,(4)
蟑螂抗药性与毒饵. 黄清臻. 中华卫生杀虫药械,2002,(2)
浙江研制成功蜗克杀虫剂. 化工科技市场,2002,(9)

镇江市1999年和2002年家蝇抗性测试结果分析. 姜洪方,刘元庆. 医学动物防制,2002,(12)
脂氧合酶介导的杀虫剂N-位脱甲基作用的体外实验. 胡建安,ArunP. Kulkarni. 中华劳动卫生职业病杂志,2002,(6)
植物乙醇提取物对美洲斑潜蝇寄生性天敌的影响. 冼继东,等. 昆虫天敌,2002,(1)
致乏库蚊对5种杀虫剂的抗性调查. 任樟尧,等. 浙江预防医学,2002,(11)
中草药在卫生害虫防制中的发展与应用概况. 唐广申. 中国媒介生物学及控制杂志,2002,(3)
中国蚤类幼虫分类研究——Ⅰ. 蚤科、蠕形蚤科、多毛蚤科及蝠蚤科的分类. 石杲,等. 中国媒介生物学及控制杂志,2002,(1)
中国蚤类幼虫分类研究——Ⅱ. 角叶蚤科的分类. 李建华,等. 中国媒介生物学及控制杂志,2002,(3)
中华按蚊对常用菊酯类杀虫剂抗性现场调查. 沈宝祥,等. 中国血吸虫病防治杂志,2002,(2)
重庆市中华按蚊对溴氢菊酯和二氯苯菊酯敏感性监测结果. 蒋诗国,等. 实用寄生虫病杂志,2002,(1)
重组杆状病毒杀虫剂研究进展. 惠丰立,彭建新. 生物技术,2002,(4)
朱砂叶螨对三种杀螨剂的抗性选育与抗性风险评估. 何林,等. 昆虫学报,2002,(5)
"阿维菌素"杀虫剂的新派场——杀线虫剂应用. 石新. 农化新世纪,2003,(12)
"蟑螂天敌"药膏药效的实验室观察. 李昆歧,等. 医学动物防制,2003,(2)
15%毒死蜱·高氯微乳剂的研制. 颜桂军,王成菊. 农药,2003,(11)
2-多氟苯基苯并噁唑衍生物的合成和杀螨活性. 张翼翾. 世界农药,2003,(4)
2.5%高效氟氯氰菊酯悬浮剂对三种卫生害虫的室内杀灭效果观察. 刘起勇,等. 中国媒介生物学及控制杂志,2003,(5)
20%残杀威乳油防治蟑螂实验研究. 成四喜. 中华卫生杀虫药械,2003,(2)
2001年意大利使用植物生长调节剂与杀虫剂有关的疾病监测情况. 龚震宇. 疾病监测,2003,(3)
25%阿克泰水分散剂对温室白粉虱和苹果黄蚜的药效试验. 王森山,等. 农药,2003,(12)
30%虫螨净烟雾剂对桔蚜和桔全爪螨的控制作用. 邓新平,等. 农药,2003,(1)
40%毒死蜱乳油配方研究. 杜昆梅,訾昆昌. 云南化工,2003,(1)
5种杀虫剂不合格. 农药,2003,(10)
80年代以来世界杀虫剂新品种开发进展及特点(上). 李海屏. 化工科技市场,2003,(11)
80年代以来世界杀虫剂新品种开发进展及特点(下). 李海屏. 化工科技市场,2003,(12)
80年代以来世界杀虫剂新品种开发进展及特点(上). 李海屏. 农化新世纪,2003,(9)
80年代以来世界杀虫剂新品种开发进展及特点(下). 李海屏. 农化新世纪,2003,(10)
EPA批准登记玉米食根虫植物杀虫剂. 农化新世纪,2003,(8)
VitC、VitE对DEHP致果蝇脂质过氧化的拮抗作用. 赵文红,等. 同济大学学报:医学版,2003,(3)
阿维菌素·哒螨灵微乳剂的配方研究. 赵宝顺,李嘉诚. 农药,2003,(9)
阿维菌素——哒螨灵微乳剂的研究. 赵宝顺,李嘉诚. 江苏化工,2003,(2)
阿维菌素对蛋鸡皮刺螨的驱杀试验. 安健,等. 动物医学进展,2003,(1)
阿维菌素防治堤坝白蚁药效试验. 张卫,等. 农药,2003,(7)
埃普利诺菌素注射剂对肉牛血虱的驱杀试验. 潘保良,等. 动物医学进展,2003,(5)
爱克宁、敌百虫箱击杀致乏库蚊实验研究. 罗维沛,等. 中国媒介生物学及控制杂志,2003,(4)
安全有效的白蚁防治方法——物理屏障法. 莫建初,等. 世界农药,2003,(2)
氨基甲酸酯杀虫剂对生产工人免疫水平的影响. 阚秀荣,等. 中国工业医学杂志,2003,(3)
氨基甲酸酯杀虫剂灭蚜威及其与阿维菌素的混配制剂对美洲斑潜蝇的防治效果. 曾益良,等. 昆虫知识,2003,(3)
氨基酸对热暴露果蝇生存能力的影响. 徐增康,等. 卫生研究,2003,(4)
八种杀虫气雾剂对蚊蝇杀灭效果的观察. 岳永杰. 中华卫生杀虫药械,2003,(4)
白蛉喂以有毒的植物:一种可能防制利什曼病的方法. 周慧娟. 国外医学(寄生虫病分册),2003,(1)
拜灭士蟑螂胶饵对德国小蠊实验室及现场杀灭效果观察. 张洪杰,等. 中国媒介生物学及控制杂志,2003,(6)
宝山区淡色库蚊对两种杀虫剂的抗性调查. 孙春卫,须俊明. 中国媒介生物学及控制杂志,2003,(2)
吡丙醚和烯虫酯对嗜卷书虱控制作用的研究. 丁伟,EliHAAYA,等. 农药学学报,2003,(4)
吡虫啉等几种杀虫剂防治芒果茶黄蓟马试验. 陈泽坦. 农药,2003,(1)
吡虫啉对白背飞虱抑食作用的初步研究. 刘泽文,等. 昆虫知识,2003,(2)
必扑杀蟑饵剂连锁灭蟑效果观察. 付学锋,等. 中国媒介生物学及控制杂志,2003,(4)
不同场所的蟑螂综合防制效果初探. 刘丽. 中华卫生杀虫药械,2003,(1)
不同寄主植物对烟粉虱发育和繁殖的影响. 邱宝利,等. 生态学报,2003,(6)
不同浓度溴甲烷灭蚊效果观察. 万向阳,等. 口岸卫生控制,2003,(2)
部分植物农药杀虫剂市场动态. 化工文摘,2003,(1)

残留杀虫剂在蔬菜上的衰减与去除的研究.吴能,等.卫生研究,2003,(1)
测试条件对啶虫脒毒土柱防白蚁效果的影响.莫建初,等.农药学学报,2003,(2)
虫害诱导的水稻挥发物对褐飞虱的驱避作用.周强,等.昆虫学报,2003,(6)
臭氧对家蝇生物学效应的研究.寇宇,等.中国媒介生物学及控制杂志,2003,(2)
储藏物害虫嗜卷书虱对DDVP熏蒸的行为反应与致死剂量.丁伟,等.应用生态学报,2003,(9)
哒螨酮微胶囊剂的制备研究.朱露,夏红英.江西化工,2003,(3)
大链壶菌对三属蚊幼虫的比较灭蚊实验.牟荣,包怀恩.贵阳医学院学报,2003,(2)
大庆市家蝇抗药性的调查研究.庄树强,等.中华卫生杀虫药械,2003,(1)
丹麦公司购买拜耳杀虫剂.胡笑形.国际化工信息,2003,(2)
滇产驱蚊香草芳香油化学成分分析研究.和承尧,寸守铣.云南化工,2003,(5)
碘硝清注射液对绵羊痒螨的驱杀效果试验.曹光荣,等.动物医学进展,2003,(5)
丁香驱避剂驱蚊效果现场观察.石淑珍,等.医学动物防制,2003,(1)
啶虫脒对大别山散白蚁的毒性.滕立,等.中国媒介生物学及控制杂志,2003,(1)
啶虫脒对小散白蚁的触杀和驱避活性.滕立,等.农药,2003,(5)
东营市市区家蝇的抗药性监测.刘凤友,等.中国媒介生物学及控制杂志,2003,(4)
毒死蜱与奋斗呐复配剂对德国小蠊的毒效作用.史慧勤,等.中国媒介生物学及控制杂志,2003,(6)
毒死蜱在灭菌和未灭菌土壤中的降解研究.吴慧明,朱国念.农药学学报,2003,(4)
二斑叶螨对阿维菌素、哒螨灵和甲氰菊酯的抗性选育及其解毒酶活力变化.赵卫东,等.昆虫学报,2003,(6)
二氯苯醚菊酯、富右族丙烯菊酯与胺菊酯混剂对家蝇的毒力测定.叶晔,等.医学动物防制,2003,(3)
二氧化碳对白纹伊蚊的引诱作用.李剑泉,等.中国媒介生物学及控制杂志,2003,(3)
防治鳞翅目害虫用新杀虫剂Pyridalyl.陶圣如.浙江化工,2003,(1)
非嗜食植物次生化合物与生态措施对美洲斑潜蝇种群控制作用的评价.冼继东,等.应用生态学报,2003,(11)
非特异性酯酶在淡色库蚊对不同杀虫剂抗性发展中的作用.王新国,等.中国公共卫生,2003,(3)
非甾醇蜕皮激素类杀虫剂RH-0345.李巍巍,徐振元.浙江化工,2003,(10)
凤城蟑螂、臭虫的发生与防制.洪江,等.医学动物防制,2003,(3)
氟虫胺对台湾乳白蚁的毒效研究.毛伟光,等.中华卫生杀虫药械,2003,(3)
氟虫胺对台湾乳白蚁的药效研究.夏传国,等.中华卫生杀虫药械,2003,(2)
氟磺酰胺毒饵灭蚂蚁实验室药效观察.郑剑,等.中华卫生杀虫药械,2003,(2)
氟磺酰胺杀蟑胶饵对蟑螂灭效观察.郑剑,等.医学动物防制,2003,(8)
复方灭臭虫药纸的研制及效果观察.第五进学,等.医学动物防制,2003,(9)
复方灭蟑螂粉笔的研制及其灭效评价.第五进学,等.医学动物防制,2003,(7)
复配杀虫剂处理衣服对硬蜱的防护效果研究.张继军,等.中华卫生杀虫药械,2003,(4)
复配杀虫剂杀灭淡色库蚊的现场效果研究.王新国,等.中华卫生杀虫药械,2003,(3)
复配杀虫剂现场灭蝇效果观察.陈军,等.医学动物防制,2003,(10)
复配杀虫母液灭跳蚤效果观察.薛丰松,等.中华卫生杀虫药械,2003,(3)
复配杀虫母液灭蚊效果评价.薛丰松,等.医学动物防制,2003,(1)
刚竹毒蛾复合生物杀虫剂.农药,2003,(8)
高毒有机磷杀虫剂淘汰对中国农药市场的影响.农药,2003,(9)
高亲和力抗有机磷杀虫剂单克隆抗体的制备与鉴定.薛小平,等.中国生物工程杂志,2003,(6)
高效液相色谱法测定蔬菜中杀蛉脲残留量.边疆,等.中国卫生工程学,2003,(3)
功夫菊酯灭地面游离蚤效果观察.罗启松,等.中国媒介生物学及控制杂志,2003,(5)
固相萃取—高效液相色谱法测定蔬菜、水果中的氨基甲酸酯杀虫剂及其代谢物残留.刘长武,等.色谱,2003,(3)
固相微萃取与气相色谱—质谱联用测定有机磷杀虫剂的残留量.帅琴,等.色谱,2003,(3)
光活化杀虫剂的发展历史及光活毒性机制.邓业成,唐振华.世界农药,2003,(5)
国内首例真菌杀虫剂问世.农药,2003,(6)
国内烟粉虱B生物型的分布及其控制措施研究.邱宝利,等.华东昆虫学报,2003,(2)
海藻糖酶——杀虫剂的作用靶标.池明姬,冯化成.世界农药,2003,(5)
含吡啶环拟除虫菊酯的合成及其杀虫杀螨活性.马军安,黄润秋.高等学校化学学报,2003,(4)
含氟杀虫剂研究开发与生产现状.梁诚.有机氟工业,2003,(2)
褐飞虱对马拉硫磷的抗性遗传和交互抗性研究.刘泽文,韩召军.华东昆虫学报,2003,(1)
黑檀体果蝇七氟醚麻醉ED_{50}值测定.金传刚,等.临床麻醉学杂志,2003,(2)
华北部队部分驻地家蝇对溴氰菊酯和敌敌畏的抗性调查.邓兵,等.医学动物防制,2003,(4)
化学杀虫剂对不同类型棉田害虫、天敌种群的影响.苏丽,等.生态学报,2003,(12)

化学杀虫剂对苏云金杆菌芽孢及伴胞晶体的影响. 曹伟平,等. 农药学学报,2003,(1)
化学药物灭蚤研究. 贾贵瑾,王宝林. 中国媒介生物学及控制杂志,2003,(5)
环保型白蚁防治制剂1%氟氰苯唑微乳剂的研制及药效. 李洁,等. 中国媒介生物学及控制杂志,2003,(6)
环保型杀虫剂有望成为市场"新宠". 环境导报,2003,(2)
环境有机污染物对蚤的毒性研究. 刘国光,等. 环境与健康杂志,2003,(6)
黄粉虱和蜘蛛螨防治用新化合物 BSN2060. 陶圣如. 浙江化工,2003,(1)
基于邻苯基苯酚的生物杀虫剂配方——面向用户的新型高纯度产品. 上海化工,2003,(5)
几种氨基甲酸酯类杀虫剂对美洲斑潜蝇的防治效果. 曾益良,等. 昆虫知识,2003,(5)
几种杀虫剂对朱砂叶螨酯酶的抑制作用. 张建萍,等. 蛛形学报,2003,(2)
济南遥墙机场口岸地区家蝇抗药性分析. 王远忠,等. 中国国境卫生检疫杂志,2003,(B12)
加强蝇必净涂刷现场灭蝇效果观察. 须俊明,孙春卫. 中国媒介生物学及控制杂志,2003,(2)
家蝇对3种杀虫剂的抗药性调查. 李明义,等. 中国媒介生物学及控制杂志,2003,(5)
家蝇对辛硫磷抗性预测研究. 胡兴强,等. 中华卫生杀虫药械,2003,(2)
家蝇防御素基因的 cDNA 克隆及序列分析. 王来城,等. 动物学报,2003,(3)
家蝇信息素对家蝇引诱力的实验研究. 顾健,等. 中华卫生杀虫药械,2003,(2)
家用卫生杀虫剂与绿色消费. 亢秀敏,赵书信. 中华卫生杀虫药械,2003,(2)
家用卫生杀虫剂质量监督与管理. 季根妹. 中国血吸虫病防治杂志,2003,(4)
甲氨基阿维菌素苯甲酸盐杀虫剂问世. 化工中间体,2003,(10)
甲胺基阿维菌素苯甲酸盐两种不同制剂对黄瓜斑潜蝇的防治效果. 徐守健,等. 农药,2003,(6)
甲胺磷对不同抗性水平褐飞虱品系种群增长的影响. 刘泽文,等. 农药学学报,2003,(1)
江苏省抗性家蝇的防制研究. 陈志龙,等. 医学动物防制,2003,(2)
降解毒死蜱曲霉 Y 的分离和降解效能测定. 刘新,等. 应用与环境生物学报,2003,(1)
洁利33杀蟑气雾剂对旅客列车蟑螂防治效果观察. 印风俊. 中华卫生杀虫药械,2003,(1)
近几年我国卫生杀虫剂存在问题与应对策略. 王以燕. 农药,2003,(6)
浸帐灭蚊杀虫剂的选择及成本—效果分析. 余品红,等. 中国寄生虫学与寄生虫病杂志,2003,(6)
酒精型气雾杀虫剂的研制及对蚊蝇蟑螂药效观察. 陆宏,等. 医学动物防制,2003,(8)
局部施药技术防制餐饮业卫生害虫探讨. 张秀英,等. 中国媒介生物学及控制杂志,2003,(2)
桔小实蝇成虫诱杀试验初报. 陈景辉,等. 华东昆虫学报,2003,(2)
康星杀蟑胶饵药效试验报告. 安志儒,等. 中国媒介生物学及控制杂志,2003,(6)
抗吡虫啉褐飞虱品系中扑虱灵、仲丁威对吡虫啉的增效作用. 刘泽文,等. 农药,2003,(8)
抗氯氰菊酯淡色库蚊 P450 特异性探针的制备及应用. 谭文彬,等. 中华卫生杀虫药械,2003,(4)
抗性品系家蝇对常用杀虫剂交互抗性的研究. 李玉兰,卢正秋. 中华卫生杀虫药械,2003,(4)
克螨特原药的全分析. 刘刚,等. 农药,2003,(5)
克蚁星粉剂对黄胸散白蚁的毒效. 郭建强,等. 中国媒介生物学及控制杂志,2003,(4)
肯尼亚西部驱蚊植物的传统应用及其半现场评估:人种植物学、植物气雾法、植物直接燃烧法驱逐冈比亚按蚊的研究. Seyoum A,等. 国外医学(寄生虫病分册),2003,(3)
昆虫对有机磷杀虫剂的抗性. 贺艳萍,马恩波. 生命的化学,2003,(5)
垃圾填埋场用 HDPE 膜灭蝇的试验. 黄仁华. 环境卫生工程,2003,(1)
辣椒碱对桃蚜的生物活性及其与几种杀虫剂的联合作用. 刘新,林永. 农药学学报,2003,(2)
两种复配剂灭蝇效果观察. 陈军,等. 中华卫生杀虫药械,2003,(4)
两种灭蟑剂联合使用对军用舰艇蜚蠊的灭效研究. 龙芝美,等. 中国媒介生物学及控制杂志,2003,(4)
两种杀虫剂对家蝇卵巢机能与形态的影响. 纪伟华,梅玫. 中国寄生虫病防治杂志,2003,(3)
两种杀虫剂杀灭旅客列车蟑螂的效果观察. 杨祥美,等. 中华卫生杀虫药械,2003,(3)
两种杀虫真菌制剂与低用量吡虫啉对温室粉虱的协同防效评价. 陈斌,冯明光. 应用生态学报,2003,(11)
磷化氢熏蒸处理对嗜卷书虱不同虫态的致死作用. 丁伟,等. 农药学学报,2003,(3)
刘氏中剑水蚤灭蚊效果观察. 崔祎贤,等. 中华卫生杀虫药械,2003,(2)
绿色杀虫剂. 游一中. 气雾剂通讯,2003,(5)
落叶松球果花蝇头胸和腹部粗提液阻碍与引诱作用的试验. 孙江华,等. 昆虫知识,2003,(5)
毛细管电泳测定粉尘螨主要变应原 Derf2 含量. 张鲁雁,陈刚,等. 复旦学报(医学版),2003,(1)
牦牛牛皮蝇驱避剂的合成及筛选. 王爱华,王洪志. 西南民族大学学报(自然科学版),2003,(4)
灭蚊真菌卡地腐霉产生游动孢子所需条件的研究. 黄盛文,苏晓庆. 贵阳医学院学报,2003,(2)
灭蚊真菌卡地腐霉蚊虫宿主范围初探. 苏晓庆,等. 贵阳医学院学报,2003,(5)
灭蝇饵剂现场灭蝇效果观察. 孙荣斌. 中华卫生杀虫药械,2003,(3)
灭蝇技术在生活垃圾填埋场应用的研究. 张军,等. 中国媒介生物学及控制杂志,2003,(1)

灭蟑毒饵的研究及其应用. 西罔史雄,等. 中华卫生杀虫药械,2003,(4)
灭蟑粉笔末对宠物灭蚤效果观察. 潘恒亮,等. 医学动物防制,2003,(3)
钠离子通道与蜜蜂狄斯瓦螨对氟胺氰菊酯的抗性机理. 周婷,等. 昆虫知识,2003,(6)
凝胶剂及在卫生杀虫剂中的应用. 舒国欣,姚文莉. 中华卫生杀虫药械,2003,(1)
农田烟粉虱寄主植物调查初报. 何玉仙,等. 华东昆虫学报,2003,(2)
农药四螨嗪合成新工艺的研究. 饶国武,等. 农药,2003,(2)
农用杀螨剂应用、开发现状及展望. 张弘,孟铃. 农药,2003,(3)
盘式蚊香、电热片蚊香、电热液体蚊香、杀虫气雾剂四项国家标准经修订后已正式公布实施. 麻毅. 中华卫生杀虫药械,2003,(2)
齐螨素油膏对小鼠急性毒性和致畸性. 王静,等. 卫生毒理学杂志,2003,(2)
气雾杀虫剂对家蝇的杀灭效果观察. 程景侠,等. 医学动物防制,2003,(5)
气相色谱—质谱法同时检测七种氨基甲酸酯类杀虫剂. 贾薇,等. 中国卫生检验杂志,2003,(2)
强毙蟑对蟑螂的毒效实验研究. 谭伟龙,等. 中华卫生杀虫药械,2003,(2)
强力杀虫剂氟铃脲的 HPLC-MS 分析. 左育民,高淑捧. 分析试验室,2003,(z1)
切实贯彻执行《农药管理条例》进一步加强卫生杀虫剂管理工作. 查显才. 中华卫生杀虫药械,2003,(1)
驱蚊霜避蚊效果观察. 谢敬松,等. 中华卫生杀虫药械,2003,(2)
全国卫生杀虫剂管理暨信息交流会会议简讯. 王以燕. 中华卫生杀虫药械,2003,(1)
热烟雾法对舰艇蟑螂杀灭效果的观察. 卢建东,等. 中华航海医学与高气压医学杂志,2003,(2)
热烟雾机在宾馆后堂灭蟑中应注意的问题. 王茂博,等. 中华卫生杀虫药械,2003,(2)
日照市家蝇对四种化学杀虫剂抗药性测定. 陈祥福,等. 中国媒介生物学及控制杂志,2003,(6)
噻虫嗪不同处理方法对烟粉虱的毒力及药效评价. 吴青君,等. 农药学学报,2003,(4)
赛能牌蟑螂、蚂蚁一次净产品简介. 朱希良. 中华卫生杀虫药械,2003,(2)
三氯杀螨醇合成工艺降耗改造的研究. 王海升,王春兰. 天津化工,2003,(6)
三氧化二砷(As_2O_3)对蚕豆根尖微核率和果蝇发生量的影响. 钟晓芝,钱晓薇. 癌变. 畸变. 突变,2003,(2)
三种蚊香对淡色库蚊的效果观察. 宋秀平,刘起勇. 中华卫生杀虫药械,2003,(3)
三唑磷、毒死蜱混剂的高效液相色谱分析. 孟春校. 浙江化工,2003,(2)
三唑磷杀虫剂的亚慢性毒性研究. 董竞武,等. 环境与职业医学,2003,(2)
杀虫剂的合理混配. 周忆昭. 医学动物防制,2003,(12)
杀虫剂毒死蜱的合成进展. 杨浩,肖国民. 应用化工,2003,(2)
杀虫剂对农业从业者的危害:影响环保因素的接触危害和接触控制(美国). 化工科技市场,2003,(4)
杀虫剂对湿地松粉蚧种群及其天敌的影响. 孙江华,张彦周. 昆虫学报,2003,(4)
杀虫剂氟啶脲的免疫毒性. 陈琼姜,等. 浙江省医学科学院学报,2003,(2)
杀虫剂混合物及其制备方法. 绿色. 时尚(化工之友),2003,(4)
杀虫剂滞留喷洒与处理帘帐防疟效果分析. 中国人兽共患病杂志,2003,(3)
杀虫隆对家蝇生长发育及实验种群生殖力的影响. 杨惠,张金桐. 寄生虫与医学昆虫学报,2003,(1)
杀虫杀螨剂研究开发的新进展. 刘长令. 农药,2003,(10)
杀螨菊酯合成工艺的研究. 王天桃,赵学忠. 中华卫生杀虫药械,2003,(2)
杀蟑胶饵的研制及应用效果观察. 陈晓峰,等. 中华卫生杀虫药械,2003,(4)
杀蟑胶饵防治旅客列车蟑螂效果观察. 闻心中. 中华卫生杀虫药械,2003,(4)
杀蟑烟剂在特种行业杀灭蟑螂的效果观察. 石槐明. 中华卫生杀虫药械,2003,(3)
山东省蚊虫对化学杀虫剂的抗性状态分析. 王新国,等. 中国媒介生物学及控制杂志,2003,(1)
山西省家蝇抗药性现状. 金晓弟,等. 中国媒介生物学及控制杂志,2003,(3)
上海地区白纹伊蚊监测与药物防制研究. 徐仁权,等. 中国媒介生物学及控制杂志,2003,(4)
神经性 N 受体拮抗剂对犬有机磷杀虫剂中毒所致的循环衰竭的治疗作用. 李光,等. 中华急诊医学杂志,2003,(6)
生物、化学杀虫剂混配毒饵技术研究. 杨刚,等. 医学动物防制,2003,(11)
施用甲胺磷和高效氯氰菊酯对蝇蛆化蛹及对羽化影响的初探. 李培羽,纪伟华. 医学动物防制,2003,(12)
十堰市城区家蝇抗药性分析与防制对策的研究. 王泽清,等. 中华卫生杀虫药械,2003,(2)
十一种杀虫剂的亚致死剂量对中华草蛉幼虫结茧的羽化和影响. 李美,等. 昆虫天敌,2003,(1)
石家庄市家蝇抗性调查. 赵惠芬. 医学动物防制,2003,(9)
室外快速杀虫剂杀灭蚊蚋幼虫药效试验研究. 石淑珍,等. 医学动物防制,2003,(11)
苏云金杆菌悬浮剂杀灭白纹伊蚊不同龄幼虫实验及其影响因素分析. 易建荣,林立丰. 中华卫生杀虫药械,2003,(2)
羧酸酯酶和乙酰胆碱酯酶在褐飞虱对马拉硫磷抗性发展中的作用. 刘泽文,韩召军. 昆虫学报,2003,(2)

泰铭熏蒸器灭蟑效果观察. 石志恺,等. 职业与健康,2003,(11)
特殊环境通用杀虫气雾剂的研究. 赵彤言,等. 中华卫生杀虫药械,2003,(3)
提高卫生杀虫剂稳定性与药效方法的探讨. 赵惠芬,等. 医学动物防制,2003,(10)
天然杀虫剂 Qcide. 胡笑形. 国际化工信息,2003,(5)
吐温-80 对果蝇急性毒性及寿命的影响. 徐思红,等. 同济大学学报:医学版,2003,(6)
微电解-CLO_2 催化氧化法处理毒死蜱农药废水. 严文瑶. 江苏工业学院学报,2003,(1)
微乳剂在白蚁化学防治中的应用. 李洁,等. 中华卫生杀虫药械,2003,(4)
微生物杀虫剂成投资热点. 化工中间体,2003,(7)
卫生杀虫剂复配的选择及应用. 张应阔,等. 医学动物防制,2003,(9)
卫生杀虫剂现状与面临新的挑战. 王以燕. 世界农药,2003,(3)
卫生杀虫剂研制需要注意的几个问题. 蔡天德,潘德鸿. 中国媒介生物学及控制杂志,2003,(2)
卫生杀虫剂有效成分测定方法的研究. 秦冬兰. 中华卫生杀虫药械,2003,(3)
温度对几种害虫和寄生蜂乙酰胆碱酯酶对杀虫剂敏感性的影响. 吴刚,等. 农药学学报,2003,(4)
蚊蝇的全时段消杀与选时段消杀及效果分析. 黄岳生. 中国媒介生物学及控制杂志,2003,(4)
蚊蝇醚的高效液相色谱分析. 凌冈,等. 农药,2003,(8)
我国植物杀虫剂的发展动态. 农化新世纪,2003,(10)
乌鲁木齐市家蝇抗药性现状及发展趋势分析. 覃斗,等. 中国媒介生物学及控制杂志,2003,(3)
武汉市 2001 年市售蚊香灭蚊效果测定. 王虹,等. 中国媒介生物学及控制杂志,2003,(3)
西安地区市售驱蚊剂驱蚊效果观察. 郭美丽,等. 医学动物防制,2003,(1)
系列 N-烷基全氟辛基磺酰胺类杀虫剂的合成. 李焰,陈志启,等. 化学与生物工程,2003,(z1)
细菌杀虫剂及其应用技术. 阎丙申,等. 医学动物防制,2003,(1)
细菌杀虫剂及其应用技术. 阈丙申,等. 医学动物防制,2003,(2)
细菌杀虫剂及其应用技术. 阎丙申,等. 医学动物防制,2003,(3)
细菌杀虫剂及其应用技术. 阎丙申,等. 医学动物防制,2003,(4)
细菌杀虫剂及其应用技术. 阎丙申,等. 医学动物防制,2003,(5)
细菌杀虫剂及其应用技术. 阎丙申,等. 医学动物防制,2003,(6)
细辛对黄胸散白蚁的毒效. 莫建初,等. 农药学学报,2003,(4)
新的广谱新烟碱类杀虫剂 Clothianidin. 陶圣如. 浙江化工,2003,(1)
新内吸杀虫剂——呋虫胺. 张亦冰. 世界农药,2003,(5)
新型防螨腈纶纤维研发成功. 化工科技市场,2003,(4)
新型高效杀虫剂茚虫威. 刘长令. 农药,2003,(2)
新型具杀螨/杀虫作用的 2,4-二苯基-1,3-恶唑啉类化合物的合成与活性. 涂海兰. 世界农药,2003,(1)
新型灭蟑毒饵的研究. 高四维,郭秋环. 中华卫生杀虫药械,2003,(3)
新型灭蟑烟剂的研制及其包装设计. 孙锦程,等. 中华卫生杀虫药械,2003,(4)
新型杀虫剂 Spinosad 产生菌株的诱变选育. 吴红宇,等. 农药,2003,(7)
新型杀虫杀螨剂 —伊维菌素. 黄清臻. 中华卫生杀虫药械,2003,(3)
新型生物杀虫剂——刺糖菌素. 李荣贵,等. 微生物学通报,2003,(1)
新型植物杀虫剂. 化工文摘,2003,(4)
新型植物杀虫剂开发成功. 化工科技市场,2003,(3)
新型紫外线灭蝇灯灭效观察. 王婉. 中华卫生杀虫药械,2003,(3)
新烟碱类杀虫剂的回顾和展望. 殷平,柏亚罗. 世界农药,2003,(4)
新烟碱类杀虫剂的进展与合成. 刘丽丽,李吉海. 山东化工,2003,(1)
新一代地下害虫特效生物杀虫剂“虫百杀”. 化工文摘,2003,(1)
新颖杀虫杀螨剂——唑虫酰胺. 张一宾. 世界农药,2003,(6)
信息素合成毒饵对家蝇诱杀效果的研究. 张军,等. 医学动物防制,2003,(2)
溴氰菊酯抗性家蝇酯酶的生化分析. 曾晓梅,孙晨熹. 医学动物防制,2003,(3)
溴氰菊酯悬浮剂浸泡蚊帐控制疟疾的效果观察. 白强,等. 中国寄生虫病防治杂志,2003,(2)
蚜小蜂和粉虱座壳孢对烟粉虱的控制作用研究. 邱宝利,等. 应用生态学报,2003,(12)
烟碱类杀虫剂的研发进展. 白木,周洁. 宁波化工,2003,(3)
烟碱类杀虫剂的研发进展. 化工文摘,2003,(7)
扬州市区蟑螂、苍蝇密度十年监测结果分析. 王志军,陈煜. 医学动物防制,2003,(1)
一起菊酯类灭蝇药中毒事件的调查. 高英,等. 中国公共卫生管理,2003,(6)
一起蔬菜残留杀虫剂引起的食物中毒. 王俊杰,等. 预防医学文献信息,2003,(3)
一种新型土栖白蚁毒饵管应用技术的研究. 毛伟光,等. 中华卫生杀虫药械,2003,(2)

一种新型植物源杀虫剂——蔬乐杀虫剂. 冯国荣. 农化新世纪,2003,(9)
乙酰甲胺磷——美国苗圃使用最多的杀虫剂. 农化新世纪,2003,(2)
以天然产物为先导化合物开发的农药品种(Ⅱ)——杀虫杀螨剂. 刘长令,等. 农药,2003,(12)
蚁蟑宁毒饵杀灭日本大蠊和棕黄蚂蚁的研究. 孙立臣,等. 医学动物防制,2003,(2)
异源次生化合物对美洲斑潜蝇种群控制作用的田间试验. 冼继东,等. 应用生态学报,2003,(1)
应用改良彗星试验检测杀虫剂对小鼠细胞 DNA 的损伤. 赵忠桂,等. 激光生物学报,2003,(1)
应用拟除虫菊酯选育三种蚊媒的研究. 蒋解花,谭毅. 中华卫生杀虫药械,2003,(3)
荧光差异显示 PCR 分离果蝇七氟醚敏感性相关基因. 刘红,等. 中国生物化学与分子生物学报,2003,(6)
营区蚊虫对常用杀虫剂的抗性监测. 邵新玺,黄清臻. 医学动物防制,2003,(4)
影响 DpCPV 杀虫剂高产条件的研究. 徐红革,等. 中国病毒学,2003,(4)
用随机扩增多态 DNA(RAPD)技术研究不同地理株埃及伊蚊的分化. 周光智,等. 中国媒介生物学及控制杂志,2003,(5)
有机磷类杀虫剂对脑突触体烟碱型自主受体功能的影响. 伍一军,等. 中华劳动卫生职业病杂志,2003,(3)
有机磷杀虫剂胺丙畏的红外光谱研究. 冯溶. 光散射学报,2003,(4)
有机磷杀虫剂市场动态. 化工文摘,2003,(7)
有机磷杀虫剂所致的神经肌接头病的生化机制研究. 肖诚,等. 中华劳动卫生职业病杂志,2003,(3)
有机磷杀虫剂中毒误诊分析. 塔力甫·库尔班. 职业与健康,2003,(9)
有机磷杀虫剂中毒致中间肌无力综合征的遗传易感性研究. 肖诚,等. 中华预防医学杂志,2003,(4)
在 PCO 业蝇类防制中的几个问题. 安志儒. 中华卫生杀虫药械,2003,(2)
在卫生杀虫剂生物药效测试中建立标准样. 胡真铭,颜发广. 中华卫生杀虫药械,2003,(1)
蚤类预防和控制方法. 蔡文凤. 医学动物防制,2003,(10)
蟑螂药笔的药效测定. 卡德丽亚·赛都拉. 新疆预防医学杂志(维吾尔文),2003,(1)
浙江省家蝇抗性调查及防制对策的研究. 俞小林,等. 中国媒介生物学及控制杂志,2003,(4)
浙江推出新型植物杀虫剂. 河北化工,2003,(2)
植物次生物质在卫生害虫防制中的研究进展. 钟平生,等. 中国媒介生物学及控制杂志,2003,(5)
植物挥发性物质对落叶松球果花蝇的驱避效果. 严善春,等. 生态学报,2003,(2)
植物农药:部分杀虫剂品种发展动态. 农化新世纪,2003,(3)
植物性杀虫剂对甜菜夜蛾的作用研究进展. 周晓梅,等. 世界农药,2003,(1)
植物源杀虫剂的研究现状与发展前景. 潘文亮,等. 河北农业科学,2003,(3)
中国农大研制成功超高效生物杀虫剂. 农药,2003,(8)
重组杆状病毒杀虫剂的生物安全性. 林同,张传溪. 昆虫学报,2003,(2)
朱砂叶螨的抗药性选育及其解毒酶活性研究. 何林,等. 农药学学报,2003,(4)
朱砂叶螨对甲氨菊酯、阿维菌素,哒螨灵及其混剂抗性遗传力的分析. 何林,等. 中国昆虫科学:英文版,2003,(1)
淄博市家蝇的抗性测定. 赵华. 医学动物防制,2003,(8)
“克顽蟑”现场杀灭德国小蠊的效果观察. 丁克颖,等. 中华卫生杀虫药械,2004,(3)
“三酸醇”杀虫剂的安全性评价. 陆丹,等. 中国医学研究与临床,2004,(19)
杀虫剂作用的分子行为. 冷欣夫. 昆虫学报,2004,(2)
杀虫剂作用的分子行为. 世界农药,2004,(2)
杀虫剂作用的分子行为. 世界农药,2004,(3)
杀虫剂作用的分子行为. 世界农药,2004,(4)
0.5%印楝素乳油防治芸豆美洲斑潜蝇田间药效. 王秋芬,等. 农药,2004,(12)
10%二氯苯醚菊酯对台湾乳白蚁的生物毒性测定. 钟平生,等. 中国媒介生物学及控制杂志,2004,(5)
10%甲氰·阿维乳油配方的筛选及其对朱砂叶螨的联合作用. 张伟,等. 农药学学报,2004,(2)
120 例急性有机磷杀虫剂中毒患者的随访研究. 李芳健,何凤生. 华南预防医学,2004,(1)
15%吡·氯乳油对台湾乳白蚁和黑胸散白蚁的药效研究. 李新平,等. 中华卫生杀虫药械,2004,(5)
20%神杀威乳油杀灭列车蟑螂效果观察. 蒋才清,等. 中华卫生杀虫药械,2004,(2)
2 种杀虫剂对白纹伊蚊杀灭效果研究. 丁克颖,等. 中华卫生杀虫药械,2004,(4)
3 种灭蟑法对舰艇舱室灭蟑效果比较. 庞希望,等. 解放军预防医学杂志,2004,(1)
5.2%胺·苯氰菊酯灭蟑香对德国小蠊的药效. 蒋解花,等. 中华卫生杀虫药械,2004,(4)
6 种药剂对葱蝇的毒力及控制效果. 宋增明,等. 农药,2004,(10)
B 型烟粉虱抗噻虫嗪品系的遗传分化. 张丽萍,等. 昆虫学报,2004,(6)
HaSNPV 几丁质酶基因在大肠杆菌和昆虫细胞中的表达及其产物对 Bt 杀虫剂的增效作用. 王芳,等. 中国生物化学与分子生物学报,2004,(6)

Kdr 等位基因频率与家蝇对溴氰菊酯抗性的关系. 曹晓梅,等. 寄生虫与医学昆虫学报,2004,(4)
LW,特效灭蟑乳油的药效及安全性研究. 孙进忠,等. 中华卫生杀虫药械,2004,(3)
RBSDV 在玉米叶脉细胞内的侵染状态与灰飞虱传毒活力的关系. 陈声祥,等. 中国病毒学,2004,(2)
WHO 对主要卫生杀虫剂中有效成分含量的规定. 吴志凤,季颖. 中华卫生杀虫药械,2004,(4)
拜耳的螺甲螨酯全球首次获准. 农化新世纪,2004,(10)
拜力坦对印鼠客蚤杀灭效果试验研究. 蔡文凤,等. 中国媒介生物学及控制杂志,2004,(4)
拜力坦与奋斗呐杀虫剂室内灭蟑螂效果的对比观察. 林建新. 医学动物防制,2004,(10)
倍硫磷在防制臭虫危害中的应用. 第五进学,等. 医学动物防制,2004,(4)
倍速菊酯生物活性的研究. 赵建伟. 中华卫生杀虫药械,2004,(4)
吡虫啉・氯氰菊酯乳油对台湾乳白蚁的毒力测定. 李新平,等. 中华卫生杀虫药械,2004,(1)
吡虫啉与高效氯氰菊酯复配对橄榄星室木虱的增效作用. 林永. 华东昆虫学报,2004,(2)
便携式驱蚊器的应用效果研究. 周明浩,等. 中华卫生杀虫药械,2004,(4)
卟吩类化合物对果腹果蝇的光活化毒力. 李玥,等. 中国公共卫生,2004,(9)
不同剂型杀虫气雾剂杀灭家蝇的效果研究. 王学军,等. 中华卫生杀虫药械,2004,(1)
不同诱蝇材料在捕蝇笼中诱蝇效果观察. 郑朝军,等. 中国媒介生物学及控制杂志,2004,(3)
不同种群致倦库蚊对有机磷杀虫剂敏感性测定. 张玲敏,等. 昆虫天敌,2004,(1)
采用新手段生产生物杀虫剂. 邓金保. 精细化工中间体,2004,(1)
菜青虫病毒杀虫剂的安全性研究. 吴培华,等. 职业与健康,2004,(12)
餐厅违章喷洒杀虫剂引起食物中毒的调查报告. 李维克,孙健. 华南预防医学,2004,(1)
残杀威及其复配剂在蚊蝇防治中的应用. 孟涛,郭先行. 中华卫生杀虫药械,2004,(1)
苍蝇诱捕器灭蝇效果观察. 高勇,等. 中华卫生杀虫药械,2004,(1)
茶梢和茶花主要挥发物对门氏食蚜蝇和大草蛉引诱效应. 韩宝瑜,周成松. 应用生态学报,2004,(4)
超低容量喷雾机大面积杀灭蚊蝇方法的探讨. 孙晨熹,等. 中华卫生杀虫药械,2004,(5)
除虫菊的栽培及驱蝇效果研究. 张丽,等. 中华卫生杀虫药械,2004,(5)
纯生物杀虫剂开始批量生产. 化工科技市场,2004,(8)
大功达对印鼠客蚤毒杀效果研究. 吴鹤松,等. 中国媒介生物学及控制杂志,2004,(3)
大蒜油对雄性果蝇生殖能力的影响. 孙淑爱,等. 中华临床医药杂志(北京),2004,(10)
单性与混养果蝇氟烷 ED_{50}的比较. 何绍明,刘进. 徐州医学院学报,2004,(3)
第 18 次全国蟑螂臭虫防治学术交流会会议纪要. 中华卫生杀虫药械,2004,(4)
东营市蝇类综合防制措施研究. 刘凤友,等. 中国媒介生物学及控制杂志,2004,(1)
毒死蜱对大鼠脑区 GST 同工酶和微粒体 GST 活力的影响. 董杰,等. 卫生毒理学杂志,2004,(3)
毒死蜱废水处理技术研究. 李培国,姜莉英. 浙江化工,2004,(10)
毒死蜱与菊酯农药品种组合动态. 过戌成. 农化新世纪,2004,(5)
多金属氧酸盐杂化催化剂光催化降解有机杀虫剂六氯苯. 周萍,等. 催化学报,2004,(9)
氟氯菊酯对大型蚤的亚慢性毒性及其恢复实验. 叶伟红,等. 农药,2004,(2)
复方百部霜对毛囊蠕形螨体外杀虫作用的研究. 崔春权,等. 中国中医药科技,2004,(6)
复方缓释驱避剂处理衣服驱蚊蠓药效研究. 刘增加,等. 中华卫生杀虫药械,2004,(3)
甘蓝多酚氧化酶的生物化学性质及其杀虫剂的诱导作用. 王丽红,高希武. 农药学学报,2004,(4)
橄榄星室木虱的种群动态及药剂防治. 邹华娇,等. 昆虫知识,2004,(1)
高效薄层色谱法测定新型植物源杀虫剂闹羊花素含量. 钟国华,等. 色谱,2004,(3)
高效灭蟑药饵现场大面积防制德国小蠊效果观察. 翁约球,等. 中国媒介生物学及控制杂志,2004,(3)
高效顺反氯氰菊酯对大头金蝇杀灭试验. 周书凯,谢卫颖. 医药论坛杂志,2004,(7)
高效自动捕蝇器面市. 中华卫生杀虫药械,2004,(1)
购买杀虫剂应注意些什么? 常新文. 医药与保健,2004,(7)
光活化杀虫剂研究进展. 李玥,陈志龙. 化学进展,2004,(1)
褐飞虱对噻嗪酮抗性的遗传分析. 庄永林,等. 昆虫学报,2004,(6)
淮安市区家蝇抗性调查及应用结果分析. 张飚,等. 医学动物防制,2004,(11)
黄绿绿僵菌对褐飞虱和白背飞虱不同发育阶段的病原性的研究. 耿博闻,张润杰. 中国昆虫科学:英文版,2004,(2)
黄绿绿僵菌对两种稻田蜘蛛捕杀褐飞虱作用的影响. 耿博闻,张润杰. 昆虫学报,2004,(3)
黄石地区家蝇对五种杀虫剂抗性测定报告. 廖勇,于小平. 公共卫生与预防医学,2004,(6)
灰飞虱的饲养及其对 4 种药剂的敏感性测定. 林友伟,等. 农药,2004,(11)
混配杀虫剂现场防治德国小蠊的实验研究. 冯向阳,等. 中华卫生杀虫药械,2004,(4)
几种杀虫剂对大型蚤的慢性毒性. 谭亚军,等. 农药学学报,2004,(3)

几种杀虫剂杀灭德国小蠊现场效果观察. 柳小青,等. 中华卫生杀虫药械,2004,(1)
加速溶剂萃取用于有机氯杀虫剂残留分析. 沈燕华,等. 化学分析计量,2004,(6)
家蝇对氯氰菊酯抗性的风险评估与预报. 王志钢,等. 中国公共卫生,2004,(3)
家蝇抗药性与羧酸酯酶活性关系探讨. 袁群,江媛媛. 预防医学文献信息,2004,(3)
家蝇酪氨酸酶生物化学性质及农药对其抑制作用. 刘春艳,等. 农药,2004,(11)
家蝇拟除虫菊酯抗药性的分子生物学监测. 江毅民,等. 中国媒介生物学及控制杂志,2004,(4)
甲氰菊酯与阿维菌素的混剂防治美洲斑潜蝇田间试验. 曾益良,等. 昆虫知识,2004,(5)
江苏省传疟按蚊对菊酯类杀虫剂抗药性的监测. 周华云,等. 中国血吸虫病防治杂志,2004,(3)
江苏研发耐雨淋杀虫剂. 王浩. 农化新世纪,2004,(10)
介绍两个环保型优质杀螨微乳剂(ME). 雷国明. 农化新世纪,2004,(11)
近代杀虫剂的研究进展. 谭成侠,等. 河南化工,2004,(6)
经口服有机磷杀虫剂急性中毒305例救治分析. 张丽梅,钱玉明. 浙江临床医学,2004,(11)
警惕杀虫剂危害小儿智商. 玉华. 家庭医学,2004,(4)
局部施药技术控制抗性家蝇密度的实验研究. 刘祖春,等. 预防医学文献信息,2004,(5)
桔小实蝇引诱剂改良之探讨. 吴华,等. 农药,2004,(5)
菊酯类杀虫剂对档案纸张耐久性影响的初试报告. 戴旸,尹慧道. 机电兵船档案,2004,(3)
菊酯类杀虫剂抗性棉铃虫para型钠离子通道基因的部分序列测定与突变. 王桂荣,等. 应用与环境生物学报,2004,(3)
巨光毒饵对蟑螂现场防治效果的研究. 毛伟光,等. 中华卫生杀虫药械,2004,(6)
抗虫转基因水稻和化学杀虫剂对稻田节肢动物群落的影响. 刘志诚,等. 应用生态学报,2004,(12)
抗溴氰菊酯家蝇对12种常用杀虫剂的敏感性. 李玉兰,卢正秋. 中国媒介生物学及控制杂志,2004,(6)
可调节蒸发量的电热液体蚊香. 汤国民,汤颖青. 中华卫生杀虫药械,2004,(4)
苦参素杀虫剂高效低毒. 化工中间体:科技. 产业版,2004,(3)
苦参素杀虫剂通过鉴定. 宁文. 农化新世纪,2004,(7)
昆虫病原真菌粉虱座壳孢对烟粉虱侵染行为的初步研究. 邱君志,等. 菌物学报,2004,(1)
拉丁美洲杀虫剂市场剖析. 气雾剂通讯,2004,(3)
老药新用"保泰松"灭虱. 杨志旭. 中华实用中西医杂志,2004,(21)
两种杀蟑胶饵对德国小蠊杀灭效果的比较. 岳永杰. 医学动物防制,2004,(1)
两种新型防治白蚁药剂的药效试验. 杨云秋,马延明. 中国媒介生物学及控制杂志,2004,(2)
林业病毒杀虫剂生产基地建成. 农化新世纪,2004,(8)
临沂市家蝇对5种杀虫剂抗性动态研究. 冯幼生,等. 中华卫生杀虫药械,2004,(4)
硫代烟碱类新杀虫剂——噻虫嗪(Thiamethoxam). 陈永健,王长强. 农化新世纪,2004,(5)
貌似肠炎实为中毒——1例有机磷杀虫剂中毒误诊的教训. 苏春玺. 新医学,2004,(11)
美国通报4种杀虫剂残留限量. 农化新世纪,2004,(12)
灭得优对蟑螂和蚊虫杀灭效果的研究. 朱仁义,等. 中华卫生杀虫药械,2004,(2)
灭害灵治疗阴虱病68例. 李柏林,肖在瑶. 皮肤病与性病,2004,(2)
灭蝇胺和阿维菌素对家蝇生长发育的影响研究. 裴晖,等. 中华卫生杀虫药械,2004,(1)
灭蝇器灭蝇效果检测方法研究. 冷培恩,等. 中国媒介生物学及控制杂志,2004,(2)
灭蝇药中毒的抢救及护理. 韩霞. 中华当代医学,2004,(9)
灭蟑香制剂的研究与开发. 赵建伟,潘生元. 中华卫生杀虫药械,2004,(5)
某部招待所使用杀蟑胶饵灭蟑效果观察. 汪斌和. 中华卫生杀虫药械,2004,(4)
南京地区小菜蛾对常用杀虫剂抗药性的动态监测. 许小龙,等. 华东昆虫学报,2004,(2)
南京周边地区中药材及土壤有机氯杀虫剂残留分析. 张良,王韶阳. 植物资源与环境学报,2004,(4)
拟除虫菊酯类杀虫剂急性中毒防治. 第五进学,等. 医学动物防制,2004,(8)
牛皮蝇驱避剂的固化及其挂饰. 王洪志,王爱华. 西南民族大学学报(自然科学版),2004,(1)
农村居民区奋斗呐灭蚤效果观察. 熊孟韬,等. 医学动物防制,2004,(2)
农药对虫生真菌粉虱座壳孢孢子萌发和菌丝生长的影响. 邱君志,等. 农药学学报,2004,(1)
农药杀虫剂的男(雄)性生殖毒性研究进展. 谈立峰,王守林. 中华男科学杂志,2004,(7)
浓缩乳油剂灭蚊蝇效果观察. 孙军红,等. 中国公共卫生,2004,(7)
欧盟撤销倍硫磷和虫螨脒登记. 肖萌. 农化新世纪,2004,(10)
欧盟封杀320种农药湖南杀虫剂一半遭禁. 农化新世纪,2004,(3)
气相色谱法同时测定敌百虫和毒死蜱的含量. 杨昀,刘玉林. 云南化工,2004,(5)
气质联机测定水中杀虫剂类持久性有机污染物. 张丽华,等. 化学工程师,2004,(10)
浅议杀虫剂啶虫脒在我国的发展. 张海滨,杜辉. 浙江化工,2004,(7)

热烟雾机杀灭特殊孳生场所蟑螂现场实验观察. 刘东华. 医学动物防制,2004,(11)
热烟雾灭蟑及不同巩固方法效果的比较研究. 张文革,朱理东. 中华卫生杀虫药械,2004,(5)
三井扩大杀虫剂呋虫胺的生产. 农化新世纪,2004,(7)
三种杀虫剂对小鼠内脏器官的影响. 甘亚平,等. 咸宁学院学报(医学版),2004,(3)
三种杀虫剂亚致死剂量对黄胸散白蚁工蚁体内纤维素酶活性的影响. 张时妙,等. 农药学学报,2004,(2)
杀虫剂:部分品种产品登记发展动态. 过戊吉. 农化新世纪,2004,(7)
杀虫剂的科学复配与综合评价. 黄清臻. 中华卫生杀虫药械,2004,(3)
杀虫剂啶虫脒在黄瓜上的残留动态研究. 张少军,等. 河北农业科学,2004,(2)
杀虫剂对韭菜迟眼蕈蚊毒力与药效相关性研究. 慕卫,等. 农药学学报,2004,(3)
杀虫剂对昆虫的亚致死效应. 王小艺. 世界农药,2004,(3)
杀虫剂硫丹的制备工艺. 农药,2004,(12)
杀虫剂诉讼案带给企业的思考. 杨向黎,等. 农化新世纪,2004,(2)
杀虫剂万蛾灵对小鼠骨髓细胞微核率的影响. 赵忠桂,李鹏. 中华实用中西医杂志,2004,(10)
杀虫剂西维因单克隆抗体的研制及鉴定. 许艇,等. 免疫学杂志,2004,(1)
杀虫剂新品种开发进展及特点. 李海屏. 江苏化工,2004,(1)
杀虫剂在土壤动态与白蚁防治. 毛占国,等. 医学动物防制,2004,(1)
杀虫剂中氯氰菊酯和溴氰菊酯的气相色谱测定法. 姜秋实,等. 职业与健康,2004,(1)
杀虫隆对末龄幼虫家蝇表皮成分及体内激素滴度的影响. 杨惠,张金桐. 寄生虫与医学昆虫学报,2004,(3)
杀飞克对印鼠客蚤毒杀效果研究. 吴鹤松,等. 中国媒介生物学及控制杂志,2004,(6)
杀蚤剂的使用历史及蚤的综合防制. 孟凤霞,刘起勇. 中国媒介生物学及控制杂志,2004,(5)
杀蟑胶饵对德国小蠊的灭效研究. 陶火宝. 中华卫生杀虫药械,2004,(3)
沙蚕毒素杀虫剂重度中毒的临床抢救. 夏利民,何洋. 安徽医药,2004,(4)
山东新型杀虫剂 3.8% 肃蚜清乳油问世. 浙江化工,2004,(11)
上海地区蝇类抗药性现状及防治对策. 冷培恩,等. 中华卫生杀虫药械,2004,(3)
生活垃圾填埋场蝇类化学防治探讨. 赵小兰,叶东进. 中华卫生杀虫药械,2004,(2)
生活垃圾填埋场蝇密度药物控制的研究. 王克虹,等. 中国城市环境卫生,2004,(5)
生物杀虫剂力破“绿色壁垒”. 农化新世纪,2004,(12)
世界部分国家和地区卫生用杀虫剂、杀鼠剂(一). 王以燕. 世界农药,2004,(2)
蔬菜和水果中氨基甲酸酯类杀虫剂的一种快速简便的残留检测方法. 乔依. 世界农药,2004,(6)
四种杀虫剂对两种书虱羧酸酯酶和乙酰胆碱酯酶的抑制作用. 程伟霞,等. 动物学研究,2004,(4)
松油烯年 4-醇对家蝇超氧化物歧化酶、过氧化氢酶及过氧化物酶的影响. 马志卿,等. 农药学学报,2004,(2)
苏州市家蝇对四种杀虫剂抗性的调查与分析. 潘恺友,杨波. 中国媒介生物学及控制杂志,2004,(2)
太原市家蝇抗性水平及防制策略. 刘竹萍,等. 中国媒介生物学及控制杂志,2004,(4)
天然除虫菊在卫生杀虫剂中的应用. 闫秀琴,王耀生. 中华卫生杀虫药械,2004,(6)
通州市家蝇抗性调查及防制方法的研究. 张新荣,等. 医学动物防制,2004,(4)
同时测定卫生杀虫剂中的五种有效成分的研究. 葛明祥. 中国公共卫生管理,2004,(6)
土壤中毒死蜱和微生物相互作用的研究. 刘新,等. 应用生态学报,2004,(7)
土壤中毒死蜱降解菌的诱发和持效研究. 刘新,等. 生态学杂志,2004,(1)
万灵对印鼠客蚤毒杀效果研究. 吴鹤松,等. 医学动物防制,2004,(6)
微量浸渍生测法——药剂对螨类毒力测定的新方法. 赵卫东,等. 世界农药,2004,(1)
薇苷菊提取物对桔全爪螨的产卵驱避作用及有效组分分析. 岑伊静,等. 生态学报,2004,(11)
卫生杀虫剂剂型研究开发的若干问题. 王以燕,屠豫钦. 中华卫生杀虫药械,2004,(6)
卫生杀虫剂研制需要注意的问题. 王强,等. 中国公共卫生,2004,(1)
温度对褐飞虱抗/感吡虫啉品系种群生长的影响. 刘泽文,等. 昆虫知识,2004,(1)
蚊香烟尘和焦油的测定及对小鼠的影响. 胡文涛. 中华卫生杀虫药械,2004,(2)
我国高毒有机磷杀虫剂替代品种开发进展. 陈宏,等. 甘肃科技,2004,(12)
武汉率先在国内研发成功棉铃虫病毒杀虫剂. 农化新世纪,2004,(12)
西安市市售 8 种卫生杀虫气雾剂对家蝇的灭效观察. 孙亮,郭美丽. 医学动物防制,2004,(3)
先正达的新杀虫剂 cruiser. 精细化工中间体,2004,(6)
现场灭蟑螂效果观察. 任彬. 中国卫生工程学,2004,(3)
新型降抗类杀虫杀螨剂问世. 陆丰. 农化新世纪,2004,(9)
新型昆虫病毒杀虫剂获专利. 化工中间体:科技. 产业版,2004,(2)
新型灭蟑胶饵防治德国小蠊效果研究. 许利国,等. 中华卫生杀虫药械,2004,(1)
新型杀螨剂 F1050 优势降解菌(芽孢杆菌)的筛选及其鉴定. 吴慧明,等. 农药学学报,2004,(2)

新型生物杀虫剂投产.化工中间体,2004,(7)
新烟碱类杀虫剂——Nitenpyram.李建,等.河南化工,2004,(8)
新颖杀虫剂 pyridaryl 的创制.程志明.世界农药,2004,(4)
烟粉虱捕食性天敌研究进展.任顺祥,等.昆虫天敌,2004,(1)
烟粉虱的化学防治及抗药性.邓业成,等.农药,2004,(1)
研究发现美国人体内杀虫剂含量超标.相洪琴,夏雪.国外医学情报,2004,(7)
一种含有机硫化合物的杀虫剂.化工中间体:科技.产业版,2004,(7)
一种速效灭蟑毒饵对德国小蠊毒效研究.张洪杰.中华卫生杀虫药械,2004,(1)
仪征市年家蝇抗性调查及防制对策的探讨.马久华,等.医学动物防制,2004,(9)
淫羊藿、肉苁蓉、巴戟天对果蝇寿命影响的研究.塞冬.老年医学与保健,2004,(3)
引诱剂在综合防治桔小实蝇作用中的评估.徐洁莲,等.昆虫天敌,2004,(4)
蝇类防治方法的探讨.陈庆灶,等.中华卫生杀虫药械,2004,(5)
有关卫生杀虫剂管理的几个问题的探讨.黄清臻.中华卫生杀虫药械,2004,(1)
有机磷杀虫剂毒死蜱引起的降温效应与血压的变化.杨永录,等.中国应用生理学杂志,2004,(2)
有机磷杀虫剂急性中毒抢救治疗 40 例分析.李海魂.大同医学专科学校学报,2004,(4)
有机磷杀虫剂中毒患者的急救护理体会.李洪芹,等.职业与健康,2004,(5)
右旋反式氯丙炔菊酯的合成及其药效研究.林彬,等.中华卫生杀虫药械,2004,(4)
与拟除虫菊酯抗性相关的烟粉虱钠通道基因突变及其检测.王利华,吴益东.昆虫学报,2004,(4)
在杀虫剂作用下的一类具有 Allee 效应的天敌——害虫模型.司成斌,沈伯骞.生物数学学报,2004,(1)
在越南三省用剑水蚤和社会动员的方法对登革热传播媒介伊蚊的控制.胡艺兰,倪永晖.国外医学(寄生虫病分册),2004,(3)
蟑螂及其大面积防制.于飞,等.医学动物防制,2004,(9)
蟑螂细小病毒杀虫剂安全性毒理学实验研究.姚永祥,等.职业与健康,2004,(9)
镇江市蚊蝇对常用杀虫剂抗性测定.姜洪方,等.中华卫生杀虫药械,2004,(5)
植物次生物质在卫生害虫防治中的研究进展.钟平生,等.中华卫生杀虫药械,2004,(4)
植物杀虫剂的研究现状及开发前景.温普红,李宗孝.中药研究与信息,2004,(2)
植物杀虫剂的应用研究.张彦敏,等.医学动物防制,2004,(3)
植物性杀虫剂印楝对同翅目害虫的防治研究.赵冬香,等.华东昆虫学报,2004,(2)
植物源杀虫剂研究进展.李晓玲,金晓弟.中国媒介生物学及控制杂志,2004,(5)
致乏库蚊对 6 种常用杀虫剂的抗性监测.任樟尧,等.中华卫生杀虫药械,2004,(6)
中草药白蚁防治剂的研制思路探讨.刘树民,等.时珍国医国药,2004,(3)
中华草蛉防治白粉虱的研究.成文禄.生物学教学,2004,(11)
自动固相微萃取(SPME)GC-MS、GC-MS-MS 法检测环境水中有机磷杀虫剂的研究.魏立青,等.分析测试学报,2004,(z1)
杀虫剂作用的分子行为.世界农药,2005,(1)
杀虫剂作用的分子行为.世界农药,2005,(2)
杀虫剂作用的分子行为.世界农药,2005,(3)
杀虫剂作用的分子行为.世界农药,2005,(5)
1% 毒力岛杀蟑饵剂对蟑螂的灭效研究.岳永杰,等.中华卫生杀虫药械,2005,(2)
10% 高氯·噻烟剂对温室白粉虱的防效.彭大勇,等.农药,2005,(5)
16 种抽查卫生杀虫剂产品质量检验结果分析.黄清臻,等.中华卫生杀虫药械,2005,(4)
2.5% 迪克微胶囊制剂杀灭家蝇和德国小蠊的效果观察.肖太钦.预防医学论坛,2005,(2)
2.5% 歼飞悬浮剂防除跳蚤的效果观察.樊升玉,等.中华卫生杀虫药械,2005,(1)
2.5% 歼飞悬浮剂灭蝇效果观察.樊升玉,等.中华卫生杀虫药械,2005,(4)
2004 年合肥市家蝇抗药性调查.周健,胡兴强.中华卫生杀虫药械,2005,(4)
2004 年江苏省蚊蝇抗药性调查.吴健,等.中国媒介生物学及控制杂志,2005,(5)
3 种杀虫剂现场灭蟑效果观察.张标.江苏预防医学,2005,(4)
40% 克螨特乳油的反相高效液相色谱测定.魏翔.河南化工,2005,(8)
4 种杀虫剂防治松突圆蚧的野外试验.吴一鹏.华东昆虫学报,2005,(1)
4 种杀虫气雾剂对卫生害虫的药效测定.蒋解花,等.中华卫生杀虫药械,2005,(2)
5% 联苯菊酯杀白蚁悬浮剂.陈问达,等.中华卫生杀虫药械,2005,(5)
5% 顺式氯氰菊酯对台湾乳白蚁的生物测定.钟平生.中华卫生杀虫药械,2005,(3)
50% 灭·杀单 WP 的安全性及其对美洲斑潜蝇控制作用.王长方,游泳,等.华东昆虫学报,2005,(2)
7 种氨基甲酸酯杀虫剂的高效液相色谱—质谱分析.吴西梅,等.华南预防医学,2005,(5)

8%居宁杀白蚁乳油的气相色谱分析. 林雁. 中华卫生杀虫药械,2005,(4)
BmNPV 几丁质酶基因的表达及其产物对 Bt 杀虫剂的增效作用. 顾奇伟,等. 农业生物技术学报,2005,(1)
Bt 杀虫剂的开发成果. 农化新世纪,2005,(1)
Bt 杀虫剂研究进展. 张玲. 中国生物工程杂志,2005,(B04)
E 型烟雾剂在旅客列车蟑螂防制中的应用. 卢生善. 中华卫生杀虫药械,2005,(4)
GU/MS 法测定食品中毒死蜱的残留量. 刘文卫. 中国卫生检验杂志,2005,(11)
SeMNPV 两个分离株的生物活性比较及病毒杀虫剂的应用. 张海元,梅春蕾,等. 中国病毒学,2005,(6)
WHO 对家用卫生杀虫剂产品中有效成分和含量限量范围的新规定. 王以燕,胡学敏. 中华卫生杀虫药械,2005,(3)
阿耳发特对印鼠客蚤毒杀效果观察. 吴鹤松,等. 医学动物防制,2005,(1)
艾蒿精油对家蝇的忌避及熏蒸活性. 王健,等. 昆虫知识,2005,(1)
安徽将建大型杀虫剂和除草剂项目. 农化新世纪,2005,(6)
八种杀虫剂对韭菜迟眼蕈蚊发育和繁殖的亚致死效应. 慕卫,等. 昆虫学报,2005,(1)
拜力坦喷洒、康星胶饵对列车蟑螂防制效果观察. 李曲旦. 中国公共卫生管理,2005,(3)
苯甲酰基脲类杀虫剂伏虫隆的合成. 贾建洪,等. 农药,2005,(6)
吡虫啉防治家白蚁的试验研究. 张良,等. 湖南环境生物职业技术学院学报,2005,(3)
吡虫啉与杀虫单对水稻飞虱和螟虫联合作用研究. 陶岭梅,等. 昆虫知识,2005,(1)
吡螨胺的应用与合成. 孙玉泉,任秀花. 山西化工,2005,(1)
吡唑啉类杀虫剂对神经原靶标位置的作用机制. 豆瑞玲,黄青春. 世界农药,2005,(6)
璧山县创建灭蝇先进城区措施探讨. 魏泽北,朱三荣. 中华卫生杀虫药械,2005,(2)
宾馆不同环境、不同方法灭蟑效果观察. 袁中良,等. 河南预防医学杂志,2005,(6)
捕蝇器与诱蝇笼捕蝇效果的比较研究. 周明浩,等. 中华卫生杀虫药械,2005,(5)
不同环境温度对有机磷杀虫剂毒死蜱引起大鼠体温变化的影响. 景志敏,等. 中国应用生理学杂志,2005,(1)
不同药剂防治园林植物家白蚁试验. 王谨,等. 亚热带植物科学,2005,(3)
采用 β-环糊精增敏荧光测定杀虫剂胺菊酯. 刘文莉,唐波. 分析试验室,2005,(1)
长春市淡色库蚊对 2 种杀虫剂敏感性调查. 梅淑娟,张莹. 中华卫生杀虫药械,2005,(6)
长沙市家蝇抗性动态研究. 李平非,等. 实用预防医学,2005,(6)
虫酰肼杀虫剂产品登记现旺. 过戌吉. 农化新世纪,2005,(9)
除虫菊素杀虫气雾剂对蚊蝇的药效研究. 徐承龙,卢正秋. 中华卫生杀虫药械,2005,(5)
哒螨灵发展成为杀螨剂领衔品种. 过戌吉. 农化新世纪,2005,(6)
大连理工高效低毒杀虫剂问世. 农药,2005,(2)
大连市社区居民楼蟑螂的防制. 齐福菊,等. 医学动物防制,2005,(3)
敌百虫杀虫剂产品登记动态概要. 农化新世纪,2005,(8)
东北鹤虱中一个具有抗菌活性的新喹酮类生物碱. 张韶瑜,等. 中草药,2005,(4)
毒死蜱的合成研究. 张新忠. 农化新世纪,2005,(2)
毒死蜱致癌性及其内分泌干扰作用研究. 班婷婷,周志俊. 职业卫生与应急救援,2005,(3)
噁二嗪类杀虫剂茚虫威的研究进展. 丁宁,等. 农药学学报,2005,(2)
二嗪磷杀虫剂产品登记正在受到关注. 过戌吉. 农化新世纪,2005,(6)
番茄美洲斑潜蝇、大豆三叶草斑潜蝇及茄子瓜斑潜蝇对杀虫剂敏感性的测定方法. 倪长春. 世界农药,2005,(1)
防螨洗化产品的配制. 朱志坚,陈敏研. 日用化学品科学,2005,(8)
奋斗呐对印鼠客蚤毒杀效果观察. 吴鹤松,等. 中国媒介生物学及控制杂志,2005,(5)
奋斗呐灭蝇滞留喷洒效果观察. 张维才,汤仲成. 预防医学情报杂志,2005,(1)
氟虫胺对台湾乳白蚁的室内毒力测定. 钟平生,等. 农药,2005,(5)
氟虫胺诱饵剂防治白蚁的药效试验. 钟平生,等. 中国媒介生物学及控制杂志,2005,(2)
氟虫腈、吡虫啉作为黑翅土白蚁诱杀药剂的效果. 黄求应,等. 昆虫知识,2005,(6)
氟蚁腙对乳白蚁的药效试验研究. 庞正平,等. 中华卫生杀虫药械,2005,(2)
高含量昆虫病毒杀虫剂原药通过审核. 农药,2005,(2)
高效低毒杀虫剂吡蚜酮开发成功. 姚耀. 农化新世纪,2005,(2)
功夫对印鼠客蚤杀灭效果试验研究. 蔡文凤,等. 医学动物防制,2005,(1)
枸杞子对果蝇性活力及寿命影响的实验研究. 陶少武. 江西中医学院学报,2005,(4)
固相萃取—气质联用法测定水中三氯杀螨醇及百菌清. 陈剑刚,等. 中国卫生检验杂志,2005,(4)
光催化降解水中的杀虫剂污染物. Debipriya,Suja,等. 水处理信息报导,2005,(6)
贵阳市德国小蠊对七种杀虫剂的抗性测定. 郑越平,刘利,等. 中国媒介生物学及控制杂志,2005,(5)
贺氏菱头蛛和食虫沟瘤蛛对稻纵卷叶螟和稻褐飞虱的捕食作用研究. 沈斌斌. 蛛形学报,2005,(2)

华北部队部分驻地蚊、蝇、蟑螂对敌敌畏和溴氰菊酯的抗性调查. 邓兵，王晓靖，等. 医学动物防制，2005，(4)
环保型的生物农药——微生物杀虫剂. 陈淑丽. 生物学杂志，2005，(6)
环境温度对毒死蜱引起大鼠低温的影响与尾部散热变化的关系. 杨永录，杨镇，等. 中国急救医学，2005，(10)
黄芪对果蝇寿命影响的实验研究. 王俊林，宋高臣. 中医药学报，2005，(4)
黄芪注射液治疗有机磷杀虫剂急性中毒迟发性神经传导异常临床观察. 邓祈清，肖桂林. 实用中西医结合临床，2005，(6)
激光灭蝇. 污染防治技术，2005，(6)
吉林省四平市区鼠、蜚蠊和蚂蚁防制建议. 尤传利，周凤枢. 中国媒介生物学及控制杂志，2005，(4)
急性熏蒸类杀虫剂磷化铝中毒四例. 郑鹏，等. 中华急诊医学杂志，2005，(10)
家庭用气雾杀虫剂在制作昆虫标本中的应用. 殷作民. 生物学教学，2005，(1)
家蝇雌成虫对溴氰菊酯的敏感性研究. 张莹，等. 中国媒介生物学及控制杂志，2005，(2)
家蝇对常用杀虫剂的抗性及其对策. 白淑萍，等. 中华卫生杀虫药械，2005，(1)
家蝇抗药性的分子遗传机制. 李梅，等. 寄生虫与医学昆虫学报，2005，(4)
嘉兴市蚊、蝇、蜚蠊对常用杀虫剂的抗药性监测. 吴正平，等. 中国媒介生物学及控制杂志，2005，(6)
甲维盐 · 毒死蜱及其复配对小菜蛾的毒力分析. 郭瑛. 华东昆虫学报，2005，(4)
胶饵防制蟑螂实用技术. 周启发，蒋洪. 中华卫生杀虫药械，2005，(4)
锦州铁路原乘务员公寓灭蟑效果观察. 田世家，曹福瑞. 中国媒介生物学及控制杂志，2005，(1)
抗烟粉虱大豆种质资源筛选和抗性机制初探. 徐冉，等. 植物遗传资源学报，2005，(1)
昆虫分子神经生物学及其在杀虫剂创制中的作用. 欧晓明. 世界农药，2005，(6)
昆虫神经元离子通道及杀虫剂作用机理的研究进展. 王佳，等. 热带医学杂志，2005，(1)
连环杀蟑饵剂的药效研究. 胡真铭. 中华卫生杀虫药械，2005，(3)
连云港市淡色库蚊幼虫对常用杀虫剂抗药性监测. 魏春青，等. 江苏预防医学，2005，(3)
联合国同意在发现替代抗疟药前使用杀虫剂 DDT. 景新. 国外药讯，2005，(10)
氯化苦蒸熏剂在列车灭鼠及抑制螨虫滋生情况的分析. 李永斌. 中国饮食卫生与健康，2005，(3)
马缨丹乙醇提取物对美洲斑潜蝇种群的控制作用. 曾玲，等. 昆虫知识，2005，(5)
美国修改杀虫剂噻嗪酮残留量. 中国检验检疫，2005，(4)
美国制定杀虫剂注册审议的程序法规. 中国检验检疫，2005，(9)
美国重新评定杀虫剂残量. 农化新世纪，2005，(8)
美环保局最近为霸螨灵等农药作出的几项决定. 邓金保. 农化新世纪，2005，(6)
孟加拉国科学家研制出环保蒜味杀虫剂. 上海化工，2005，(4)
孟加拉国研制出廉价蒜味杀虫剂. 农化新世纪，2005，(11)
灭蚤香波室内药效试验方法及评价标准的探讨. 陈东平，等. 中华卫生杀虫药械，2005，(2)
蘑菇菌丝体代谢产物对果蝇的致死效应. 汪国轮，等. 云南植物研究，2005，(1)
某招待所蟑螂侵害情况调查及杀蟑胶饵防治效果研究. 苏俊锋，等. 中华卫生杀虫药械，2005，(2)
目前卫生杀虫剂产品登记主要存在的问题. 农化新世纪，2005，(9)
纳米级氧化锌、氧化铜粉与杀虫剂混配对枣叶锈螨毒杀作用的影响. 万树青，龚忠. 农药，2005，(12)
拟除虫菊酯类杀虫剂对鱼类的毒性研究. 谢涛，等. 生物学教学，2005，(7)
农药杀螨剂克螨特合成研究. 游剑飞，肖旭辉. 精细化工中间体，2005，(2)
欧盟将统一限定动植物产品杀虫剂残留量. 农化新世纪，2005，(9)
欧盟将统一限定杀虫剂残留量. 农化新世纪，2005，(2)
盘式蝇香的毒性和药效研究. 师鉴，等. 中国媒介生物学及控制杂志，2005，(4)
扑虱灵 · 毒死蜱乳油的液相色谱分析. 陈坚强. 浙江化工，2005，(7)
气相色谱法测定金银花中有机氯杀虫剂残留量. 向增旭，等. 植物资源与环境学报，2005，(2)
气相色谱—质谱法同时测定水中 7 种氨基甲酸酯类杀虫剂. 高玲，等. 中国卫生检验杂志，2005，(6)
青翅蚁形隐翅虫对稻纵卷叶螟和白背飞虱的捕食作用. 沈斌斌，等. 华东昆虫学报，2005，(4)
青岛海利尔公司“外尔”牌杀虫剂获得省名牌产品称号. 胡玉忠. 农化新世纪，2005，(12)
权威专家推荐使用 8 种杀虫剂. 王爱娥. 农化新世纪，2005，(2)
日照市区家蝇对化学杀虫剂的抗药性分析. 庄向荣，等. 中国媒介生物学及控制杂志，2005，(5)
噻唑类杀虫剂的研究进展. 陈才俊，宋宝安. 农药，2005，(2)
三氯杀螨醇生产废酸的回收工艺. 刘存玉. 化工技术与开发，2005，(3)
三种环境条件对毛囊蠕形螨杀灭作用的实验研究. 赵亚娥，郭娜. 中国媒介生物学及控制杂志，2005，(5)
三种药物治疗兔疥螨的疗效观察. 罗小泉，等. 中华现代医学与临床，2005，(7)
三唑磷 · 毒死蜱乳油的液相色谱分析. 陈坚强. 云南化工，2005，(4)
杀虫剂敌敌畏对黑眶蟾蜍蝌蚪的毒性影响. 耿宝荣，等. 应用与环境生物学报，2005，(5)

杀虫剂敌敌畏和除草剂丁草胺对斑腿树蛙蝌蚪的遗传毒性.耿宝荣,等.动物学报,2005,(3)
杀虫剂敌敌畏和除草剂丁草胺对饰纹姬蛙蝌蚪的急性毒性实验.薛清清,等.四川动物,2005,(2)
杀虫剂对昆虫的毒性比对人高的缘由——昆虫独特的毒理学.叶萱.世界农药,2005,(2)
杀虫剂混配对抗DDVP淡色库蚊的毒力及增效作用的研究.王怀位,等.中国媒介生物学及控制杂志,2005,(2)
杀虫剂抗性:遗传学、基因组学及应用启示.邱星辉.昆虫学报,2005,(6)
杀虫剂类POPs对土壤中微生物群落多样性的影响.张红,等.生态学报,2005,(4)
杀虫剂胁迫下嗜卷书虱和嗜虫书虱能源物质的代谢比较.程伟霞,等.动物学研究,2005,(5)
杀虫乳油现场防制蚊蝇和蟑螂的效果研究.刘斌,等.中华卫生杀虫药械,2005,(4)
杀虫双杀虫剂产品登记动态概要.农化新世纪,2005,(9)
杀螨剂及其作用方式.袁建忠,唐振华.世界农药,2005,(6)
杀螟丹杀虫剂平淡品种登记动态纪实.农化新世纪,2005,(8)
杀蟑胶饵对职工宿舍蟑螂杀灭效果的研究.王在龙.中华卫生杀虫药械,2005,(1)
杀蟑胶饵实验室杀灭德国小蠊效果研究.杨振洲,等.中华卫生杀虫药械,2005,(5)
山东大成集团"大成"牌杀虫剂被认定为山东省著名商标.农化新世纪,2005,(11)
山东新型杀虫剂3.8%肃蚜清乳油问世.农化新世纪,2005,(1)
声频探测器的原理及其在白蚁探测中的应用.黄晓光.中华卫生杀虫药械,2005,(5)
胜利油田家蝇5种化学杀虫剂的抗药性测定.肖太钦.医学动物防制,2005,(6)
施杰杀蟑胶饵对蟑螂的防制效果观察.石光明.中华卫生杀虫药械,2005,(6)
实验室条件下7种拟除虫菊酯杀虫剂浸泡蚊帐后的效果比较[英]/HougardJM-DuchonS-DarrietF-etal//Bulletin-WHO.王冬,马雅军.国外医学(寄生虫病分册),2005,(1)
使用杀虫剂要谨慎.郭海龙,高国华.解放军健康,2005,(4)
数学模型在二元复配杀螨剂最优配比筛选中的应用.邓新平,等.蛛形学报,2005,(1)
水溶剂法合成毒死蜱的研究.杨齐放.江西化工,2005,(4)
四溴菊酯对印鼠客蚤毒杀效果研究.冯星明,等.医学动物防制,2005,(4)
台湾乳白蚁和黄胸散白蚁对三种饵剂的嗅觉行为反应.张红兵,等.昆虫知识,2005,(3)
酞酸酯对果蝇生存天数影响及其遗传毒性.杨科峰,等.中国公共卫生,2005,(4)
探究消灭蟑螂的理想材料.张岩,符春峰.生物学教学,2005,(9)
糖类代谢扰乱型杀虫剂及对人体的影响.张一宾.世界农药,2005,(6)
特殊行业家蝇对常用杀虫剂的抗性及其防制对策.张令要,等.中华卫生杀虫药械,2005,(5)
薇甘菊对桔小实蝇的驱避试验初报.欧剑峰,等.昆虫天敌,2005,(4)
卫生害虫物理防治中电磁技术的应用前景.李剑泉,等.寄生虫与医学昆虫学报,2005,(2)
卫生杀虫剂的合理选择与配制.邹钦.中华卫生杀虫药械,2005,(1)
卫生杀虫剂的剂型及制剂.农化新世纪,2005,(9)
卫生杀虫剂控释技术的研究进展.任清明,等.中华卫生杀虫药械,2005,(3)
卫生用杀虫剂型与施药器械的互作关系.屠豫钦,王以燕.中华卫生杀虫药械,2005,(5)
蚊香类卫生杀虫剂的安全性评价.卢秀静,钱亚玲,等.职业与健康,2005,(5)
我国发展微生物杀虫剂的现状和有利条件.农化新世纪,2005,(1)
我国年产千吨级真菌杀虫剂生产基地通过鉴定.农药,2005,(3)
我国杀虫剂未来发展趋势.农化新世纪,2005,(9)
我国生物农药现状——微生物杀虫剂.杜蕙.农化新世纪,2005,(9)
我国蟑螂化学防治回顾.梁铁麟.中华卫生杀虫药械,2005,(3)
无毒杀虫剂烯虫丙酯完成工艺设计.李琼.农化新世纪,2005,(10)
五种植物挥发油霜抗人体蠕形螨作用的研究.李文戈,等.中国美容医学,2005,(3)
细辛醚对家蝇和淡色库蚊的生物活性.张静,等.农药学学报,2005,(1)
先正达的新杀虫剂cruiser.农化新世纪,2005,(4)
现场应用杀虫烟剂灭蟑效果观察.张昕,等.中国媒介生物学及控制杂志,2005,(3)
现代城市建设与白蚁危害及防治对策的研究.鄂德宝.中华卫生杀虫药械,2005,(2)
香叶油和百里香油对螨虫的驱避和驱灭比较研究.孙伟.中成药,2005,(10)
新杀虫剂硫肟醚降解菌的筛选和降解动力学.张俐,欧晓明.精细化工中间体,2005,(3)
新杀虫剂氯胺磷.李坚,等.世界农药,2005,(2)
新形势下卫生杀虫剂的登记要求.王以燕.中华卫生杀虫药械,2005,(5)
新型病毒生物杀虫剂国际领先.农化新世纪,2005,(9)
新型广谱、安全的鱼尼丁受体杀虫剂.刘长令.农药,2005,(11)
新型杀虫、杀螨剂螺甲螨酯.张明星,刘长令,等.农药,2005,(12)

新型杀虫剂呋虫胺的创制. 程志明. 世界农药,2005,(1)
新型杀螨剂嘧螨酯对柑橘红蜘蛛的生物活性. 黄素青,等. 农药,2005,(2)
新型生物杀虫剂获准应用. 农药,2005,(3)
新颖氨基甲酸酯类杀虫剂——茚虫威(indoxacarb)的合成与应用. 陈锦露,等. 浙江化工,2005,(1)
新颖杀虫剂——丁烯氟虫腈. 世界农药,2005,(5)
新颖杀虫剂——氯噻啉. 戴宝江. 世界农药,2005,(6)
新颖杀螨剂 spirodiclofen. 亦冰. 世界农药,2005,(1)
氧乐果杀虫剂产品登记动态概要. 农化新世纪,2005,(9)
药烟法与常规蟑螂密度监测方法的效果对比研究. 瞿宾雁,等. 中华卫生杀虫药械,2005,(4)
晔康杀蟑胶饵对德国小蠊的实验室效果观察. 杨振洲,等. 中国媒介生物学及控制杂志,2005,(2)
晔康杀蟑胶饵对家属楼居民户蟑螂杀灭效果观察. 陈保忠,等. 实用医技杂志,2005,(12B)
一起拟除虫菊酯类杀虫剂中毒的调查. 陈永权,戴宏海. 浙江预防医学,2005,(12)
一起气雾杀虫剂引起的食物中毒调查. 卢守军,王伯林. 医学动物防制,2005,(2)
一种杀螨机理全新的长效杀螨剂在国内正式上市. 赵日坚. 农化新世纪,2005,(7)
一种适合粉虱实验观察的新型微虫笼. 臧连生,等. 昆虫知识,2005,(3)
一种卫生用杀虫剂室内药效生物测定的微量喷雾头. 艾颖,等. 昆虫知识,2005,(2)
一种蟑螂抗性快速检测方法的探索. 汪中明,等. 寄生虫与医学昆虫学报,2005,(1)
一种制备含氟吡唑类杀虫剂中间体的工艺专利. 精细化工中间体,2005,(1)
伊维菌素对台湾乳白蚁和黄胸散白蚁的毒效观察. 郭建强,等. 中国媒介生物学及控制杂志,2005,(4)
医学昆虫微生物杀虫剂的研究进展. 顾金保,等. 中国寄生虫病防治杂志,2005,(6)
阴虱灵的制备与临床应用. 李贵和,等. 黑龙江医药科学,2005,(2)
用 mRNA RT-PCR 差异显示技术克隆拟除虫菊酯抗性家蝇细胞色素 P450 基因片段. 马彩霞,等. 寄生虫与医学昆虫学报,2005,(4)
有机磷类杀虫剂对毒蕈碱乙酰胆碱 M2 受体磷酸化的影响. 邹黎明,等. 沈阳医学院学报,2005,(3)
有机磷杀虫剂毒死蜱引起大鼠低温的性别差异与性腺的关系. 赖雁,等. 中国急救医学,2005,(8)
有机磷杀虫剂对 M2 受体磷酸化的影响. 邹黎明,等. 中国公共卫生,2005,(11)
有机磷杀虫剂急性中毒心脏损害的特点及诊治. 李玲文,等. 中国急救医学,2005,(4)
豫西南棉花种植区家蝇对常用杀虫剂的抗药性研究. 李华敏,等. 中国媒介生物学及控制杂志,2005,(6)
湛江市重点鼠疫疫源地灭鼠灭蚤的措施与效果. 盘瑞伟,沈荣煊. 中华卫生杀虫药械,2005,(3)
蟑螂笔的研制及效果观测. 赵金萍. 医学动物防制,2005,(12)
蟑螂的化学防制进展. 曹敏. 中华卫生杀虫药械,2005,(4)
浙江绿剑行动直指农药杀虫剂. 农化新世纪,2005,(7)
浙江省某鼠传疾病监控点室内地面游离蚤杀灭方法研究. 俞小林,钟炜. 中国媒介生物学及控制杂志,2005,(3)
真菌 WZ-Ⅰ对有机磷杀虫剂毒死蜱的酶促降解. 谢慧,朱鲁生,等. 环境科学,2005,(6)
真菌杀虫剂步入商业化时代千吨级生产基地在江西落成. 农化新世纪,2005,(4)
仲丁威杀虫剂平淡品种发展概况. 农化新世纪,2005,(5)
重症有机磷杀虫剂中毒合并心脏骤停 34 例救治体会. 胡俊生,等. 中国工业医学杂志,2005,(5)
诸暨市蚊、蝇、蟑螂对 7 种杀虫剂的抗性调查. 任樟尧,等. 中华卫生杀虫药械,2005,(6)
住友的新杀虫剂在日本上市. 胡笑形. 国际化工信息,2005,(1)
紫外光光催化降解杀虫剂哒螨酮降解产物的分布及应用研究. 朱馨乐,沈迅伟. 水处理信息报导,2005,(6)
自制灭螨霜治疗蠕形螨虫皮炎 50 例效观察. 崔顺玉,王爽. 皮肤病与性病,2005,(3)
杀虫剂作用的分子行为. 世界农药,2006,(6)
0.8% 伦力杀蟑饵剂对蟑螂的现场防制效果研究. 冯向阳,等. 中华卫生杀虫药械,2006,(3)
10% 康和林乳油防治梨木虱药效试验. 冯炜弘,等. 甘肃科技,2006,(8)
2% 啶虫脒杀蟑胶饵对德国小蠊的灭效研究. 吕永杰,等. 中华卫生杀虫药械,2006,(4)
2005 年张家港市区家蝇抗性调查报告. 徐正龙,于颖慧. 医学动物防制,2006,(11)
25 种中药的体外抗毛囊蠕形螨活性筛选. 田晔,李朝品. 中药材,2006,(10)
40 例儿童急性氨基甲酸酯类杀虫剂中毒临床分析. 徐文钊. 中华综合医学杂志(哈尔滨),2006,(3)
4 种寄主植物对烟粉虱发育、存活及繁殖的影响. 杨永义,等. 华东昆虫学报,2006,(4)
5% 吡丙醚微乳剂阻止蝇幼虫化蛹及羽化实验观察. 王永明,等. 预防医学论坛,2006,(5)
7 种防制白蚁药剂的药效试验. 何基伍,马延明. 中华卫生杀虫药械,2006,(5)
7 种气雾杀虫剂对蚊. 蝇. 蟑实验室杀灭效果比较. 方勇,等. 医学动物防制,2006,(4)
Agri-50E 对温室白粉虱防治效果. 王成菊,等. 农药,2006,(4)
B 型与浙江非 B 型烟粉虱药剂敏感性的比较. 臧连生,等. 昆虫知识,2006,(2)

EU 将撤消 3 个杀虫剂. 胡笑形. 国际化工信息,2006,(11)
MEBT/MEBO 在有机磷杀虫剂烧伤治疗中的临床应用. 肖继州,等. 中国烧伤创疡杂志,2006,(3)
Rescue 蝇诱捕器实际效果研究. 王华光,等. 中华卫生杀虫药械,2006,(4)
svp 基因在果蝇副心肌细胞生长中的作用. 袁婺洲,等. 遗传学报,2006,(1)
WHO 提倡室内喷洒杀虫剂控制疟疾. 韩秀霞,陆如山. 国外医学情报,2006,(11)
WHO 用于防治重要媒介生物的卫生杀虫剂农药名单. 王以燕. 世界农药,2006,(5)
桉叶油对两种蠕形螨的体外杀虫作用. 赵亚娥,等. 中国媒介生物学及控制杂志,2006,(6)
白蚁毒饵诱杀技术研究进展. 邓志坚. 华东昆虫学报,2006,(4)
白蚁诱杀剂及其野外施药技术. 黄求应,等. 昆虫知识,2006,(1)
百里酚对刺足根螨的毒力实验. 吴子毅,等. 华东昆虫学报,2006,(1)
拜耳在墨西哥上市螺甲螨酯. 胡笑形. 国际化工信息,2006,(8)
拜耳在我国推出全新杀螨剂——螨危. 农化新世纪,2006,(4)
拜力坦热烟雾剂旅客列车灭蟑效果观察. 毛碧霞. 预防医学情报杂志,2006,(2)
拜灭士胶饵应用于旅客列车灭蟑效果观察. 王秀丽. 医学动物防制,2006,(6)
拜灭士杀蟑胶饵防制德国小蠊效果观察. 苏俊锋,等. 中华卫生杀虫药械,2006,(3)
北京市大兴区家蝇抗药性调查. 袁明,等. 中国媒介生物学及控制杂志,2006,(5)
苯甲酰脲类杀虫剂伏虫隆合成新工艺. 陆阳. 农化新世纪,2006,(7)
必克杀虫乳油防制蚊、蝇和蜚蠊的室内药效观察. 张家林,吴明生. 中国媒介生物学及控制杂志,2006,(5)
不同抗性培育下家蝇乙酰胆碱酯酶活性变化. 徐欣,等. 中国公共卫生,2006,(3)
不同抗性选育方式下家蝇过氧化氢酶活性及抗性的变化. 徐欣,等. 中国媒介生物学及控制杂志,2006,(3)
不同抗药性培育方式下家蝇幼虫、成虫 GSTs 活性研究. 徐欣,霍新北. 预防医学论坛,2006,(2)
不同灭蟑方法搭配使用对不同车型旅客列车灭蟑效果的研究. 熊建兵,等. 中华卫生杀虫药械,2006,(5)
不同诱饵对搬运舞草种子蚂蚁诱集作用比较. 张智英,等. 昆虫知识,2006,(2)
不同诱饵对诱蝇笼现场诱蝇效果的比较研究. 周明浩,等. 医学动物防制,2006,(2)
测定中药材中氨基甲酸酯类杀虫剂残留的高效液相色谱柱后衍生法. 刘宏程,等. 药物分析杂志,2006,(6)
掺硼纳米 TiO_2 对农药毒死蜱的光催化降解作用. 张健,等. 化学研究,2006,(3)
长沙市家蝇抗药性调查研究. 黄谊,等. 中华卫生杀虫药械,2006,(5)
肠道传染病疫源地的蝇类防制措施. 沈建忠,丁金华. 中华卫生杀虫药械,2006,(5)
常用杀虫杀螨剂对腐食酪螨的毒力测定. 于晓,等. 华东昆虫学报,2006,(2)
超低容量喷雾技术在家庭中杀灭蚂蚁的应用. 朱建福. 中国媒介生物学及控制杂志,2006,(1)
城市室内蟑螂化学防制方法研究. 马桢红,等. 中华卫生杀虫药械,2006,(2)
除虫菊酯类杀虫剂在防蚊纱帐中的应用. 钟建军,等. 广东化工,2006,(10)
刺五加对黑腹果蝇寿命的影响. 陶少武. 江西中医学院学报,2006,(3)
从华蟹甲草中分离的两种活性成分对家蝇的杀虫活性. 周利娟,等. 昆虫学报,2006,(1)
大型超市蟑螂综合防制效果观察. 陈郁,等. 中华卫生杀虫药械,2006,(5)
淡色斧瓢虫对烟粉虱的捕食作用. 黄振,等. 应用生态学报,2006,(10)
低剂量农药作用下拟环纹豹蛛对褐飞虱的功能反应及搜寻行为. 王智,等. 昆虫学报,2006,(2)
啶虫丙醚:防治鳞翅目害虫的新颖杀虫剂. 徐文平. 世界农药,2006,(1)
东宫下托老院灭蝇效果观察. 温卫珊,等. 医学动物防制,2006,(7)
毒死蜱、联苯菊酯在模拟房屋白蚁预防施工的野外试验地的残留动态研究. 林雁,等. 农药学学报,2006,(2)
毒死蜱多克隆抗体的制备. 桂文君,等. 农药学学报,2006,(2)
毒死蜱合成新工艺. 李卓林. 广州化工,2006,(1)
毒死蜱和胺菊酯混配增效后对蟑螂杀灭效果观察. 刘流,等. 医学动物防制,2006,(9)
毒死蜱微囊悬浮剂的制备及微囊化条件的优化. 赵德,等. 农药学学报,2006,(1)
毒死蜱亚致死剂量对朱砂叶螨实验种群动态的影响. 陶士强,吴福安. 应用生态学报,2006,(7)
毒死蜱与残杀威混配增效后对现场蟑螂杀灭效果观察. 张万华. 医学动物防制,2006,(5)
毒死蜱在表面活性剂混合体系中的增溶规律及其药效评价. 黄启良,等. 农药学学报,2006,(1)
毒死蜱在水溶液中的光化学降解. 吴祥为,等. 应用生态学报,2006,(7)
对鳞翅目害虫具有高活性的新颖杀虫剂 flubendiamide. 徐文平. 世界农药,2006,(4)
对杀虫剂使用情况的调查和建议. 牛玉海. 生物学教学,2006,(11)
多飞剋对印鼠客蚤杀灭效果试验研究. 蔡文凤,等. 医学动物防制,2006,(4)
俄研制出新型生物杀虫剂“一箭五虫”. 上海化工,2006,(2)
儿童房间不要用杀虫剂. 王雨华. 自我保健,2006,(8)
二斑叶螨和朱砂叶螨对常用杀螨剂的敏感性比较. 赵玉伟,等. 农药,2006,(6)

防白蚁土壤处理剂. 张东生. 国际化工信息,2006,(4)
氟氯氰菊酯乳油对台湾乳白蚁触杀作用的研究. 刘文军,等. 中国媒介生物学及控制杂志,2006,(1)
氟氯氰菊酯畜窑内喷洒防制中华白蛉效果观察. 颜秋叶,等. 中国媒介生物学及控制杂志,2006,(5)
复方高效灭蜱剂灭蜱药效研究. 石淑珍,等. 中华卫生杀虫药械,2006,(3)
高效微生物制剂降低诱蝇因素的测定. 徐勇,等. 中国媒介生物学及控制杂志,2006,(2)
功高对印鼠客蚤杀灭效果试验研究. 蔡文凤,等. 中国媒介生物学及控制杂志,2006,(3)
关于卫生杀虫剂的毒理学思考. 唐萌. 中华卫生杀虫药械,2006,(4)
光活化杀虫剂 K-01 对白纹伊蚊幼虫的毒杀作用. 王春梅,等. 南方医科大学学报,2006,(4)
国家农业部对具有农药登记卫生杀虫剂药效试验资质单位的公告(第 745 号). 中华卫生杀虫药械,2006,(6)
害虫对新烟碱类杀虫剂的抗药性及其治理策略. 唐振华,等. 农药学学报,2006,(3)
河北省家蝇抗性现状调查及对策. 刘继敏,等. 医学动物防制,2006,(8)
褐飞虱抗药性及再猖獗研究进展. 王彦华,王鸣华. 农药,2006,(4)
槲皮素对 B 型烟粉虱羧酸酯酶和谷胱甘肽 S-转移酶活性的影响. 牟少飞,梁沛,等. 昆虫知识,2006,(4)
化学杀虫剂对松墨天牛体内代谢酶的作用. 刘杰,等. 农药,2006,(8)
环丙烷双酰肼类杀虫剂的设计与合成. 苏江涛,等. 农药,2006,(11)
黄柏提取物体外抑杀毛囊蠕形螨活性研究. 张荣波,等. 中国药理学通报,2006,(7)
混配家用卫生杀虫剂的安全性评价. 卢秀静,等. 职业与健康,2006,(24)
急性杀虫剂中毒心肺复苏后造瘘洗胃 1 例的护理. 吴凤菊,覃彩云. 医学文选,2006,(4)
几种白蚁诱饵防霉剂的防霉效果比较. 黄求应,等. 昆虫知识,2006,(2)
几种常用杀虫剂在洋葱上的残留降解动态. 冯明祥,等. 农药,2006,(5)
几种杀虫剂对草坪害虫的控制效果. 李有志,等. 农药,2006,(8)
几种杀虫剂对南美斑潜蝇及其寄生蜂潜蝇茧蜂的毒力. 何玉仙,等. 华东昆虫学报,2006,(1)
几种药剂对柑桔锈螨的防治效果. 周利娟,等. 农药,2006,(2)
家蝇对两种拟除虫菊酯类杀虫剂抗性的稳定性. 王志钢,等. 中国媒介生物学及控制杂志,2006,(4)
甲基毒死蜱的开发研究. 仵兆武. 广东化工,2006,(3)
舰船喷雾与烟熏合用灭蟑效果观察. 赵东,等. 解放军预防医学杂志,2006,(2)
江苏省流行性乙型脑炎蚊媒对常用杀虫剂抗性研究. 周明浩,等. 中国媒介生物学及控制杂志,2006,(1)
居民住宅楼蟑螂杀灭效果研究. 陈保忠,等. 中华卫生杀虫药械,2006,(5)
句容高效杀虫剂获国家专利. 农化新世纪,2006,(12)
凯素灵对家蝇的实验室药效试验观察. 尹强,高兰英. 中华卫生杀虫药械,2006,(6)
可乐里有杀虫剂? 朋客. 生命世界,2006,(11)
昆山市蚊蝇抗药性调查. 缪金华,等. 中国热带医学,2006,(4)
垃圾房顶置式捕蝇笼捕蝇效果研究. 周宇才,等. 中华卫生杀虫药械,2006,(5)
利用 SPSS 软件计算杀虫剂的 LC_{50}. 贾春生. 昆虫知识,2006,(3)
两种杀虫剂对近江牡蛎的致死作用. 占春霞,等. 四川动物,2006,(1)
两种杀蟑胶饵对德国小蠊的防治效果观察. 赵志清,等. 医学动物防制,2006,(10)
两种生测法检测杀虫剂对家蝇毒力的比较研究. 冷培恩,等. 中国媒介生物学及控制杂志,2006,(3)
旅客列车蟑螂杀灭效果观察. 田世家,曹福瑞. 中华卫生杀虫药械,2006,(2)
美国环保局决定逐步淘汰杀虫剂谷硫磷. 农药,2006,(8)
美环保局认可 31 种有机磷酸酯类杀虫剂. 王建. 农化新世纪,2006,(9)
蒙药荆芥杀灭人体蠕形螨的实验研究. 韩梅,等. 寄生虫病与感染性疾病,2006,(1)
灭线磷杀虫剂冷淡品种登记动态概况. 过戊吉. 农化新世纪,2006,(12)
灭蚁灵、氟虫胺及吡虫啉粉剂对散白蚁的药效研究. 林雁,黄晓光. 中国媒介生物学及控制杂志,2006,(5)
某酒店蟑螂防治经验的报告. 邹爱兰. 医学动物防制,2006,(10)
目前已登记入市的病毒和细菌杀虫剂. 农药,2006,(9)
脲醛树脂制备毒死蜱微囊悬浮剂. 赵德,等. 农化新世纪,2006,(12)
扑虱灵和吡虫啉对稻虱缨小蜂寄生率的影响. 徐志英,等. 昆虫知识,2006,(6)
扑虱灵农药职业暴露对男工精液质量影响. 吉俊敏,等. 中国公共卫生,2006,(5)
气雾杀虫剂产品中右旋苯醚氰菊酯的气相色谱测定. 刘利,等. 农药,2006,(7)
气相色谱法测定含脂羊毛中有机磷杀虫剂的残留量. 蒋海宁,等. 色谱,2006,(3)
气相色谱法测定喷雾杀虫剂中的胺菊酯和氯菊酯. 崔庆新,等. 化学分析计量,2006,(6)
热烟雾杀虫剂现场灭蟑螂效果观察. 陈志龙,等. 中华卫生杀虫药械,2006,(5)
日产化学推出新杀菌剂和杀螨剂. 胡笑形. 国际化工信息,2006,(8)
三氯杀螨醇废酸的处理. 吉肖见,等. 氯碱工业,2006,(5)

三氯杀螨醇提纯工艺. 邢兆伍,等. 农药,2006,(10)
三种方法对油轮上蟑螂灭效的现场观察. 孙丽群. 医学动物防制,2006,(5)
三种内吸性杀虫剂对棉花多酚氧化酶和羧酸酯酶活性的影响. 王业霞,等. 农药学学报,2006,(4)
三种有机磷杀虫剂对印鼠客蚤的灭效研究. 蔡文凤,等. 中国媒介生物学及控制杂志,2006,(1)
杀虫剂毒力测定中半数效应的计算方法. 季江海,等. 中国媒介生物学及控制杂志,2006,(6)
杀虫剂对螟卵啮小蜂的毒性研究. 胡志刚,等. 中华卫生杀虫药械,2006,(4)
杀虫剂对烟粉虱成虫毒力的微量筛选方法. 宋晓宇,等. 昆虫知识,2006,(6)
杀虫剂复配对淡色库蚊毒力的测定. 李静. 中国热带医学,2006,(4)
杀虫剂噻虫嗪的合成路线评述. 周倜,等. 浙江化工,2006,(11)
杀虫剂数量在减少:事实还是三人成虎的误传. 乔依. 世界农药,2006,(6)
杀虫剂万蛾灵对小鼠淋巴细胞 DNA 的影响. 赵忠桂,李玉白. 中国职业医学,2006,(1)
杀虫剂疑能增加患脑癌风险. 中国医药指南,2006,(5)
杀虫剂诱导人外周血淋巴细胞 DNA 损伤. 汤艳,等. 现代预防医学,2006,(8)
杀虫乳油防制蚊蝇和蟑螂的效果研究. 石光明,吴学胜. 中华卫生杀虫药械,2006,(6)
杀虫悬浮剂对蚊蝇和蟑螂的药效研究. 马红梅,等. 中华卫生杀虫药械,2006,(6)
杀菌除螨空调清洗剂的研制. 石荣莹,张蕾. 上海化工,2006,(4)
杀蟑胶饵和烟雾剂现场灭蟑效果研究. 陈学良,等. 中华卫生杀虫药械,2006,(4)
杀蟑胶饵现场灭蟑效果的研究. 文成滨. 中华卫生杀虫药械,2006,(4)
杀蟑胶饵现场灭蟑效果观察. 孙胜利,等. 中华卫生杀虫药械,2006,(6)
山东抽检农药杀虫剂产品抽样合格率达 81%. 农化新世纪,2006,(4)
韶关市区家蝇对杀虫剂抗药性状况分析及防制对策. 梁河章,等. 华南预防医学,2006,(3)
生活垃圾填埋场蝇类化学防制应用技术. 姜良华,等. 中华卫生杀虫药械,2006,(5)
生物农药杀灭潜蝇. 张东生. 国际化工信息,2006,(9)
胜利油田蝇类综合防制初探. 刘东华. 中华卫生杀虫药械,2006,(5)
石家庄市卫生杀虫剂生产销售及使用情况调查. 侯雨丰,赵志清. 中国媒介生物学及控制杂志,2006,(1)
世界生物杀虫剂市场未来 5 年强劲增长. 农药,2006,(3)
世界卫生组织对家用卫生杀虫剂产品中有效成分和含量限量范围的新规定. 王以燕,胡学敏. 世界农药,2006,(1)
嗜虫书虱性信息素的提取方法和生物活性测定方法. 邵颖,等. 生态学报,2006,(7)
双斑恩蚜小蜂寄生对烟粉虱体内保幼激素和 20,羟基蜕皮酮含量的影响. 钱明惠,等. 昆虫学报,2006,(4)
双灭剂杀菌灭蝇效果观察. 张汉桥,祝琳. 公共卫生与预防医学,2006,(4)
水中毒死蜱的气相色谱测定法. 李少霞,等. 环境与健康杂志,2006,(5)
顺式串联家蝇抗菌肽 Attacin 基因真核表达载体的构建. 王婷婷,等. 中国热带医学,2006,(3)
松节油在农药增效剂及杀虫剂中的应用与进展. 秦朗,王亚明. 农化新世纪,2006,(2)
台湾乳白蚁对四种白蚁预防药剂的敏感性差异. 邓天福,等. 中国媒介生物学及控制杂志,2006,(4)
天津地区家蝇抗药性水平及与两种解毒酶的关系. 张咏梅,等. 昆虫学报,2006,(3)
天然除虫菊素杀虫气雾剂对淡色库蚊、家蝇及蟑螂的药效试验研究. 范华锋,等. 医学动物防制,2006,(6)
天然除虫菊素杀虫气雾剂对蟑螂的药效研究. 卢正秋,徐承龙. 中华卫生杀虫药械,2006,(4)
土壤中残留毒死蜱的作物效应. 汪立刚,等. 环境科学,2006,(2)
微量注射泵在急性有机磷杀虫剂中毒抢救中的临床研究. 黄秀玲. 赣南医学院学报,2006,(1)
微生物转化污泥制备苏云金杆菌生物杀虫剂. 常明,等. 环境科学,2006,(7)
维多克杀蟑胶饵对蟑螂现场防制效果研究. 舒晓明. 中华卫生杀虫药械,2006,(3)
卫生杀虫剂的现状与将来简述. 冯化成. 世界农药,2006,(2)
卫生杀虫微乳剂对蚊蝇的室内持效研究. 蒋解花,等. 中华卫生杀虫药械,2006,(5)
蚊蝇醚的合成方法改进. 高永红,等. 化学世界,2006,(6)
我国持久性有机污染物卫生杀虫剂使用量与费用预测. 樊秀娥,等. 中国卫生工程学,2006,(3)
我国的卫生杀虫剂. 王以燕,等. 农药,2006,(1)
我国的卫生杀虫剂发展概况. 姜志宽,王以燕. 中华卫生杀虫药械,2006,(6)
我国急性有机磷杀虫剂中毒防治研究的进展和展望. 黄金祥. 中华劳动卫生职业病杂志,2006,(6)
我国确定杀虫剂类 POPs 禁用时间 2014 年淘汰滴滴涕. 广东化工,2006,(7)
物理屏障预防白蚁技术的研究及应用. 胡剑,等. 昆虫知识,2006,(1)
西维因和蝇毒磷的同步荧光光谱解析及应用研究. 张国文,等. 光谱学与光谱分析,2006,(6)
细辛挥发油对栖北散白蚁毒效作用. 刘树民,等. 中药材,2006,(6)
先正达开发新型天然杀虫剂. 陈丽珍. 国际化工信息,2006,(10)

纤维支气管镜技术在有机磷杀虫剂中毒急救中的配合与护理. 金小慧, 等. 江西医药, 2006, (4)
新分离的灭蚊真菌(Pythium sp. GY1938)对家蝇幼虫的安全性检测. 杨平, 等. 贵阳医学院学报, 2006, (3)
新加坡最新研究:杀虫剂已无效灭蟑螂应改用药饵. 农化新世纪, 2006, (9)
新型氨基甲酸酯类杀虫剂棉铃威的合成及其杀虫效果. 黄硕, 等. 精细化工中间体, 2006, (2)
新型超高效杀虫剂全红上市. 农化新世纪, 2006, (9)
新型复合杀菌杀虫剂——保穗灵. 试剂与精细化学品, 2006, (10)
新型高效杀虫剂氟虫腈制备新工艺. 陆阳, 等. 应用化工, 2006, (7)
新型搅拌棒式微萃取器萃取气相色谱法分析蔬菜中毒死蜱残留量. 王丽丽, 等. 农药, 2006, (9)
新型杀虫剂 HNPC-A2005 的合成及杀蝇活性. 欧晓明, 等. 中华卫生杀虫药械, 2006, (4)
新型杀虫剂的研究. 钟焕开, 等. 中华卫生杀虫药械, 2006, (1)
新型杀虫剂氟虫酰胺. 李洋, 等. 农药, 2006, (10)
新型杀虫剂杀线威的合成. 朱晓慧, 等. 泰山医学院学报, 2006, (1)
新型天然杀螨药物樟脑精油的杀螨效果观察与机制分析. 赵亚娥, 等. 西安交通大学学报:医学版, 2006, (6)
新型微生物杀虫剂研发成功. 农化新世纪, 2006, (3)
新型卫生杀虫剂多飞克乳油的研制. 李云宇, 等. 中华卫生杀虫药械, 2006, (1)
新烟碱类杀虫剂选择作用的分子机理. 唐振华, 等. 农药学学报, 2006, (4)
新一代杀虫剂原药生产基地落户江苏南通. 农药, 2006, (4)
新颖卫生杀虫剂——右旋反式氯丙炔菊酯. 周景梅, 秦东兰. 世界农药, 2006, (2)
兴农中药杀虫剂中苦参碱的含量测定. 李成义, 等. 中国现代中药, 2006, (2)
血液灌流治疗急性重度有机磷杀虫剂中毒 40 例疗效观察. 李文峰, 等. 宁夏医学院学报, 2006, (2)
雅氏瓦螨对氟胺氰菊酯的抗性机理初探. 杨冠煌, 等. 昆虫知识, 2006, (2)
药饵法对新建房屋白蚁控制技术的研究. 刘显钧. 中华卫生杀虫药械, 2006, (2)
药物筛选对高抗氯氟氰菊酯家蝇的抗性变化研究. 冷培恩, 等. 中国媒介生物学及控制杂志, 2006, (5)
一起误服溴氰菊酯杀虫剂食物中毒调查. 孙晓丽, 等. 中国公共卫生, 2006, (5)
乙酰甲胺磷杀虫剂产品登记见旺. 农化新世纪, 2006, (1)
银杏外种皮杀螨活性物质的分离纯化研究. 罗彭, 等. 化学研究与应用, 2006, (9)
应用烟雾机杀灭蟑螂效果观察. 刘东华. 中华卫生杀虫药械, 2006, (3)
勇洙对印鼠客蚤杀灭效果试验研究. 蔡文凤, 等. 地方病通报, 2006, (1)
用杀螨灵净化兔舍的技术措施. 潘瑞辉, 陈晓琴. 四川动物, 2006, (4)
油田矿区蟑螂防制方法初探. 刘东华. 医学动物防制, 2006, (12)
有机磷类杀虫剂存在其他作用靶分子. 邹黎明, 等. 沈阳医学院学报, 2006, (2)
有机磷杀虫剂——灭克磷对丛枝菌根真菌 Glomusmosseae 生长的效应. 范洁群, 等. 菌物学报, 2006, (1)
有机磷杀虫剂体外对乙酰胆碱 M2 受体磷酸化抑制的研究. 邹黎明, 等. 中华劳动卫生职业病杂志, 2006, (6)
有效防治烟粉虱的几种农药. 田晶, 马瑞燕. 世界农药, 2006, (3)
诱饵管用于堤坝白蚁防制的研究. 毛伟光, 等. 中华卫生杀虫药械, 2006, (6)
越南对中国杀虫剂需求极大华企市场空间巨大. 农化新世纪, 2006, (5)
云杉蚜虫-天敌-杀虫剂相互作用控制模型的动态特性. 李爱华, 等. 生物数学学报, 2006, (3)
张家港市蟑螂抗性调查及防制对策. 俞晓红, 朱红艳. 医学动物防制, 2006, (10)
蟑螂抗性与病毒杀蟑. 周启发, 蒋洪. 中华卫生杀虫药械, 2006, (6)
浙江省经贸委召开卫生杀虫剂行业工作会议. 浙江化工, 2006, (1)
镇江市家蝇对常用杀虫剂的抗性调查及防制策略. 徐薇, 等. 中华卫生杀虫药械, 2006, (4)
正确认识和使用杀虫剂. 王建英. 解放军健康, 2006, (3)
直接接触杀虫剂易患帕金森综合症. 马因. 华夏医药, 2006, (5)
植物源杀虫剂作用方式和机理的研究进展. 徐河山, 马雅军. 热带医学杂志, 2006, (6)
中华草蛉、龟纹瓢虫和异色瓢虫对 B 型烟粉虱的捕食功能反应. 林克剑, 等. 昆虫知识, 2006, (3)
中小城镇及乡村厕所防蝇灭蝇新模式. 刘秋菊, 姜晓杰. 中华卫生杀虫药械, 2006, (1)
自动捕蝇器模拟现场的持效研究. 吴健, 等. 中华卫生杀虫药械, 2006, (2)
粽管巢蛛和拟水狼蛛对稻纵卷叶螟和稻褐飞虱捕食作用研究. 沈斌斌, 等. 蛛形学报, 2006, (2)
0.08% 氟虫胺灭白蚁饵剂防治白蚁的药效研究. 庞正平, 等. 中华卫生杀虫药械, 2007, (5)
0.5% 心居康杀白蚁饵剂防治台湾乳白蚁药效试验研究. 李小鹰, 等. 中华卫生杀虫药械, 2007, (2)
10% 哒 · 四螨悬浮剂的高效液相色谱分析. 宋汉娜. 杭州化工, 2007, (3)
12% 哒 · 异丙烟剂对温室粉虱的生物活性. 谷希树, 等. 农药, 2007, (6)
2.5% 吡虫啉杀蟑胶饵对德国小蠊的灭效研究. 王滨, 谭伟龙. 中华卫生杀虫药械, 2007, (5)
20% 杀扑磷 · 毒死蜱乳油高效液相色谱分析. 刘丽华. 农药, 2007, (11)

2004—2006 年江苏省家蝇的抗药性调查及防治对策. 吴健,等. 中华卫生杀虫药械,2007,(6)
2006,雷州半岛鼠疫疫源地预防性灭蚤效果观察. 张涛,等. 中国媒介生物学及控制杂志,2007,(5)
2007 版《浙江省农药与卫生杀虫剂企业产品目录》问世. 姜书凯. 浙江化工,2007,(5)
30 种中草药提取物体外抑杀眼部蠕形螨的研究. 黄丽娟,等. 中国中医眼科杂志,2007,(4)
3 种白蚁药剂的渗透深度及土壤化学屏障的评价研究. 何利文,等. 中华卫生杀虫药械,2007,(1)
3 种灭蟑毒饵对德国小蠊的实验室效果观察. 王学军,等. 中华卫生杀虫药械,2007,(3)
3 种灭蟑方法对中小餐馆现场灭蟑试验效果观察. 李景锋,陈保忠. 中华卫生杀虫药械,2007,(3)
4 种杀虫剂对胡瓜钝绥螨成螨的急性毒性. 陈霞,等. 昆虫天敌,2007,(2)
8 种杀虫剂对螺旋粉虱的防治效果. 林珠凤,等. 农药,2007,(9)
DMSO 体外杀螨效果及机制的实验观察. 赵亚娥,等. 中国人兽共患病学报,2007,(6)
GC/MS/MS 法测定水中林丹冯拉硫磷、西维因、溴氰菊酯杀虫剂. 罗添,等. 中国卫生检验杂志,2007,(3)
N-取代苯基-N′-(1-甲基-3-乙基-4-氯-5-吡唑甲酰基)(硫)脲的合成及其杀螨活性. 姜林,等. 合成化学,2007,(5)
N’-取代-4-卤代年 N-甲基-4’年甲烷磺酰氨基二苯甲酮腙衍生物有望开发成为一类新型杀虫剂. 农化新世纪,2007,(4)
Valent 在美国首次发布了用于蔬菜的杀虫剂 Venom. 农化新世纪,2007,(10)
阿维菌素,毒死蜱乳油对大鼠脂质过氧化作用的影响. 汪希兰,等. 贵阳医学院学报,2007,(4)
爱普瑞克驱杀绵羊痒螨和寄生线虫的疗效观察. 石保新,等. 动物医学进展,2007,(10)
安阳市家蝇抗性调查及防治对策. 王文志,等. 中华卫生杀虫药械,2007,(2)
巴斯夫全新杀虫剂面向亚洲市场. ZP. 农药,2007,(6)
白蚁巢胶囊:源自天然治疗风湿病的专利中药. 中国医药指南,2007,(2)
白蚁防治技术. 曹莉,等. 昆虫知识,2007,(3)
保幼激素类似物对白蚁的作用研究进展. 李秋剑,等. 昆虫天敌,2007,(1)
吡虫啉等杀虫剂对温室白粉虱及其两种天敌的选择毒力. 汤方,等. 农药学学报,2007,(1)
不同地理种群草间钻头蛛对杀虫剂的敏感性及抗、感种群的相对适合度. 冯涛,等. 生态学报,2007,(12)
不同灭蟑方法在水面舰艇使用的对比分析. 孙卫峰,等. 中国医药导报,2007,(08S)
不同作用机制杀虫剂对印鼠客蚤药效的试验研究. 孙晨熹,李今越. 中华卫生杀虫药械,2007,(4)
部队营区安全使用杀虫剂. 陈纪申,等. 医学动物防制,2007,(5)
采用流水式和半静态试验体系比较 3,4,二氯苯胺对大型蚤的繁殖毒性. 庞市宾,等. 农药,2007,(8)
长接触杀虫剂可致哮喘. 中国医药指南,2007,(10)
常用白蚁防治药剂的降解、持效的研究与探讨. 林雁,邬顺弟. 农药,2007,(9)
赤峰市城区巩固蝇类防制的研究. 海秀平,等. 医学动物防制,2007,(10)
次氯酸钠去除水和小白菜中毒死蜱残留的研究. 刘振龙,等. 农药学学报,2007,(2)
哒螨灵在苹果上的残留量检测与消解动态. 邬元娟,等. 农药学学报,2007,(4)
大型活动防疫保障中的灭蝇措施. 黄清臻,贾琳. 中华卫生杀虫药械,2007,(1)
档案馆室防治白蚁对策. 章学英. 档案时空,2007,(6)
地下白蚁 IPM 管理中的氟虫腈应用研究. 朱丽华. 世界农药,2007,(4)
丁硫克百威杀虫剂产品登记动态概要. 农化新世纪,2007,(2)
毒饵大面积灭蟑效果观察. 马德新,等. 中华卫生杀虫药械,2007,(4)
毒死蜱和阿维菌素对塔六点蓟马功能反应的影响. 李定旭,等. 昆虫学报,2007,(5)
毒死蜱和高效氯氰菊酯防治荔枝蝽的田间试验效果. 蔡美兰. 华东昆虫学报,2007,(3)
毒死蜱和氰戊菊酯在土壤中的吸附与迁移. 孙扬,等. 农药学学报,2007,(4)
毒死蜱降解细菌 XZ-3 的分离及降解特性研究. 钱博,等. 环境科学,2007,(12)
毒死蜱微胶囊制备中表面形貌和包封率的影响因素. 赵德,等. 应用化学,2007,(5)
毒死蜱微乳液拟三元相图影响因素研究. 李丽芳,等. 农药学学报,2007,(2)
毒死蜱诱导大鼠肝组织热休克蛋白 70 基因表达的研究. 张静,等. 环境与健康杂志,2007,(4)
毒死蜱在豆角、辣椒和土壤中的残留动态. 吴华,等. 农药,2007,(11)
杜邦正寻求对新杀虫剂 Rynaxypyr 的批准. 农化新世纪,2007,(8)
多种剂型搭配使用防治蟑螂的效果观察. 葛成杉,等. 中华卫生杀虫药械,2007,(2)
二氧化氯对剑水蚤类浮游动物的灭活与去除. 赵志伟,等. 环境科学,2007,(8)
防白蚁胶合板的研制及灭效实验研究. 徐伟军,等. 中华卫生杀虫药械,2007,(3)
氟虫胺毒饵对黄胸散白蚁的室内毒性和引诱性研究. 刘文军,等. 中国媒介生物学及控制杂志,2007,(4)
氟虫胺毒饵对台湾乳白蚁的毒性和引诱性研究. 陈海洪,等. 中华卫生杀虫药械,2007,(5)
氟氯氰菊酯处理土壤抗白蚁穿透效果研究. 刘文军,等. 中华卫生杀虫药械,2007,(2)
抚顺市城区德国小蠊对 5 种杀虫剂的抗性调查. 葛成杉,等. 医学动物防制,2007,(1)

复配杀虫制剂与消毒剂混合对卫生害虫的杀灭效果影响. 钱吉生,等. 中国国境卫生检疫杂志,2007,(6)
高含量克螨特原药的合成. 刘强,等. 当代化工,2007,(6)
高效低毒生物杀虫剂 BtA 首创成功. 农化新世纪,2007,(7)
高效水基杀虫剂除害净对蚊蝇和蟑螂的灭效研究. 杨银书,等. 中华卫生杀虫药械,2007,(2)
高效液相色谱法测定粮食中氨基甲酸酯类杀虫剂及其代谢物残留量. 刘潇威,等. 分析试验室,2007,(4)
高效液相色谱法测定灭蟑膏中氯蜱硫磷. 刘绍从,等. 理化检验(化学分册),2007,(2)
高效液相色谱柱后衍生法测定蔬菜中氨基杀虫剂农药残留. 陈悦鸣. 中国卫生工程学,2007,(4)
工作场所空气中毒死蜱气相色谱测定法. 何永华,等. 中华劳动卫生职业病杂志,2007,(7)
关于温室白粉虱对新烟碱类杀虫剂吡虫啉的抗性报告. 杨巍民. 世界农药,2007,(6)
关于召开 2007 年全国杀虫剂技术交流会的通知. 世界农药,2007,(1)
罐装气雾杀虫剂中多种成分的气相色谱—质谱快速分析. 曾栋,丁力,等. 中国卫生检验杂志,2007,(8)
光活化杀虫剂的研究与应用. 王春梅,郑学礼. 国际医学寄生虫病杂志,2007,(1)
害虫及害螨对阿维菌素抗药性研究进展. 刘开林,等. 昆虫知识,2007,(2)
害获灭注射剂驱杀黄牛痒螨的效果观察. 多杰龙智. 动物医学进展,2007,(10)
红树植物提取物的杀螨活性试验. 邓业成,等. 农药,2007,(8)
华东理工大学研发出一种新型硝基亚甲基类新烟碱杀虫剂. 农化新世纪,2007,(8)
化学杀虫剂与人体健康. 袁方玉. 公共卫生与预防医学,2007,(3)
化学药剂与蟑螂防治. 华益林,严焯辉. 中华卫生杀虫药械,2007,(2)
黄石地区家蝇对五种杀虫剂抗性测定报告. 严子桂,于晓平. 公共卫生与预防医学,2007,(3)
混合杀虫剂农满忆对 SD 大鼠骨髓细胞微核率的影响. 赵忠桂,等. 河南预防医学杂志,2007,(3)
混配杀虫剂对小鼠学习记忆功能及大脑组织 ATP 酶活力的影响. 林立,等. 环境与职业医学,2007,(2)
几丁质抑制杀虫剂双苯氟脲的合成研究. 周彦峰,等. 化工中间体,2007,(10)
几种常用杀菌剂对胡瓜钝绥螨的影响. 陈霞,等. 蛛形学报,2007,(2)
几种杀虫剂对嗜虫书虱的触杀作用. 劳传忠,等. 昆虫天敌,2007,(1)
几种杀虫剂对西花蓟马的室内毒力. 张安盛,等. 华东昆虫学报,2007,(3)
几种市售杀蟑胶饵质量现状调查. 高俊华,等. 中华卫生杀虫药械,2007,(6)
家蝇成蝇抗药性测定方法. 孙晨熹. 中华卫生杀虫药械,2007,(4)
家蝇溴氰菊酯抗性治理的初步研究. 卢正秋. 中华卫生杀虫药械,2007,(6)
江苏省家蝇对 4 种常用杀虫剂抗性调查. 褚宏亮,等. 中华卫生杀虫药械,2007,(2)
姜黄素类化合物对朱砂叶螨的生物活性. 张永强,等. 昆虫学报,2007,(12)
今年新登记农药产品杀虫剂所占比例偏高. 刘刚. 农化新世纪,2007,(6)
锦铁分局蟑螂防治效果的思考. 田世家,曹福瑞. 中华卫生杀虫药械,2007,(1)
九种植物精油对腌肉及咸鱼害虫大头金蝇的杀卵作用. 沈立荣,等. 应用生态学报,2007,(10)
菊酯类杀虫剂低浓度集体中毒报告. 丽杰. 中华现代儿科学杂志,2007,(3)
凯素灵和天擎杀虫烟剂联合使用杀灭舰艇蟑螂效果观察. 李伍全. 海军医学杂志,2007,(4)
抗牛胰蛋白酶(TRY)抗体的制备和对杀虫剂抗性的初步检测. 马磊,等. 中国人兽共患病学报,2007,(9)
抗蚜威杀虫剂冷淡品种登记动态概要. 农化新世纪,2007,(1)
昆虫病原线虫 H06 与化学杀虫剂对韭菜迟眼蕈蚊的联合作用. 孙瑞红,李爱华. 农药学学报,2007,(1)
梨星一号等几种药剂对梨木虱的防治试验. 刘伟茂,等. 甘肃科技纵横,2007,(3)
六种昆虫生长调节剂对葱蝇生长发育和繁殖力的影响. 宋增明,等. 昆虫学报,2007,(8)
旅客列车不同用药方式灭蟑效果观察. 刘建新. 中华卫生杀虫药械,2007,(4)
氯解磷定对不同有机磷杀虫剂中毒后乙酰胆碱酯酶活力恢复的影响. 万伟国,等. 中华劳动卫生职业病杂志,2007,(10)
氯氰碘柳胺钠对绵羊鼻蝇蚴的驱杀效果观察. 史生彦. 动物医学进展,2007,(10)
马克西姆的 Rimon 杀虫剂在加拿大获批准. 农化新世纪,2007,(8)
美国颁布杀虫剂吡虫啉(imidacloprid)的限量. 农化新世纪,2007,(11)
美国对地茂散等杀虫剂拟定限量措施. XCY. 农药,2007,(9)
美国制定经杀虫剂处理食品包装的最终法规. 中国检验检疫,2007,(2)
孟加拉国研制出蒜味杀虫剂. 农化新世纪,2007,(5)
灭蟑烟剂的研制. 曹敏,等. 中华卫生杀虫药械,2007,(6)
牡丹江市阳明区阳明医院家属楼跳蚤防治及控制的报告. 孙军旗,王彦玲. 医学动物防制,2007,(11)
拟除虫菊酯抗性家蝇的交互抗药性研究. 罗浑金,等. 生物技术通报,2007,(5)
拟除虫菊酯类家庭用杀虫剂的制法研究. 程志明. 世界农药,2007,(4)
拟除虫菊酯在卫生害虫防治中的应用. 姜志宽,张桂林. 中华卫生杀虫药械,2007,(5)

尿中毒死蜱及其代谢物的分析. 邬春华,等. 复旦学报(医学版),2007,(3)
农药微乳剂的发展及在卫生杀虫剂上的应用前景. 黄启良,等. 中华卫生杀虫药械,2007,(3)
欧盟对六种未被重新登记杀虫剂制订禁用时间表. 农化新世纪,2007,(8)
帕金森病与杀虫剂、头部受伤有关. 魏齐. 心血管病防治知识,2007,(8)
喷施硝酸镧水溶液对菠菜中毒死蜱残留的影响. 陈元林,等. 稀土,2007,(4)
气相色谱法测定桂皮中毒死蜱农药残留量. 李达,蔡璇. 分析测试技术与仪器,2007,(2)
气相色谱法测定姜中毒死蜱农药的残留量. 张琦,李达. 化学工程师,2007,(8)
气相色谱法分析气雾型杀虫剂产品中的硫酰氟和环氧乙烷. 王玉芹,等. 色谱,2007,(2)
浅谈化学杀虫剂在白蚁灭治中的应用. 邓志坚. 中华卫生杀虫药械,2007,(5)
茄子叶片绒毛与侧多食跗线螨抗性的关系. 桂连友,等. 应用生态学报,2007,(1)
驱避剂在蟑螂防治中的研究进展. 郝蕙玲. 中华卫生杀虫药械,2007,(6)
驱螨效果实验室测试方法研究. 周毅彬,等. 中华卫生杀虫药械,2007,(6)
取代剧毒农药的新一代烟碱类杀虫剂. 程志明. 上海化工,2007,(9)
炔螨特原药产品登记情况. 刘刚. 农化新世纪,2007,(11)
瑞香狼毒根提取物对山楂叶螨的生物活性. 李捷,等. 植物资源与环境学报,2007,(3)
杀虫剂、杀菌剂、除草剂的定量色谱分析. 申兰芹. 应用化工,2007,(9)
杀虫剂对抗药性家蝇的兴奋性研究. 冷培恩,等. 中华卫生杀虫药械,2007,(4)
杀虫剂对女性生殖系统激素功能的影响. 邱学敏,等. 中国妇幼健康研究,2007,(5)
杀虫剂环虫酰肼的开发. 程志明. 世界农药,2007,(1)
杀虫剂杀螟丹遗传毒性检测. 付保荣,等. 中国公共卫生,2007,(7)
杀虫剂溴甲烷气体泄漏致急性中毒 4 例报告. 邹贵森,等. 中国工业医学杂志,2007,(4)
杀虫杀螨剂研究开发的新进展. 柴宝山,等. 农药,2007,(12)
杀菌剂、除草剂和杀虫剂的先导筛选规则. 刘斌,等. 农药学学报,2007,(3)
杀螨气雾剂的研制及杀螨效果研究. 郝强,等. 气雾剂通讯,2007,(1)
杀蟑胶饵大面积防治德国小蠊效果观察. 樊增荣,等. 中华卫生杀虫药械,2007,(2)
杀蟑胶饵对医院灭蟑效果的观察. 文成滨. 中华卫生杀虫药械,2007,(5)
杀蟑螂笔实验室药效测试方法的探讨. 刘大鹏,等. 医学动物防制,2007,(10)
杀蟑凝胶饵剂的研制及其药效研究. 马桢红,等. 中华卫生杀虫药械,2007,(5)
深圳地区粉尘螨Ⅱ类变应原基因的多态性分析及其表达蛋白的变应原性鉴定. 白羽,等. 昆虫学报,2007,(6)
生姜精油对黑腹果蝇的急性毒性分析. 徐莉,等. 应用生态学报,2007,(8)
生态酶制剂和灭幼脲联合控制动物养殖场氨气和蝇类的研究. 冷培恩,等. 中华卫生杀虫药械,2007,(1)
生物杀虫剂需求强劲增长. 河南化工,2007,(3)
生物杀虫剂印楝素的亚慢性毒性. 常兵,等. 工业卫生与职业病,2007,(3)
石家庄市家蝇抗药性调查. 赵志清,等. 中华卫生杀虫药械,2007,(3)
世界上含量最高的昆虫病毒杀虫剂在中国诞生. 农化新世纪,2007,(1)
水稻麦黄酮对褐飞虱的抗性潜力. 凌冰,等. 生态学报,2007,(4)
水果中噻螨酮残留量检测技术研究. 赵一晖,等. 中国卫生检验杂志,2007,(1)
水相法合成毒死蜱. 胡跃华,等. 农药,2007,(9)
水中灭蝇胺的高效液相色谱测定法. 罗晓燕,等. 环境与健康杂志,2007,(3)
台湾乳白蚁和黄胸散白蚁对伊维菌素的敏感性差异. 郭建强,龚跃刚. 中国媒介生物学及控制杂志,2007,(1)
土荆芥生物总碱对家蝇的毒杀作用及药剂敏感性的影响. 赵建伟,等. 华东昆虫学报,2007,(1)
皖西大别山常见几种土农药植物自制烟剂防治林木土栖白蚁试验初报. 徐光余,等. 河北农业科学,2007,(2)
微生物防治卫生害虫的研究进展. 张吉斌,喻子牛. 中华卫生杀虫药械,2007,(6)
维多克杀蟑胶饵对蜚蠊现场防治效果观察. 舒晓明. 医学动物防制,2007,(2)
卫生杀虫剂中增效剂的应用研究. 倪珏萍. 中华卫生杀虫药械,2007,(6)
蚊蝇抗药性调查及其克服抗药性措施的研究. 郭启发,等. 医学动物防制,2007,(6)
我国水环境中有机氯杀虫剂类 POPs 的研究进展. 史双昕,黄业茹. 癌变. 畸变. 突变,2007,(3)
细辛醇提物对栖北散白蚁的毒效及含量测定研究. 尹红,等. 中华卫生杀虫药械,2007,(4)
夏秋怎样防范杀虫剂危害健康. 健康人生,2007,(4)
哮喘患者血清螨特异性抗体与卧室尘螨孳生密度的季节变化. 朱洪,等. 第四军医大学学报,2007,(1)
新疆紫草提取物对果蝇寿命的影响. 许今博,等. 新疆医科大学学报,2007,(3)
新型吡咯类杀虫剂溴虫腈合成研究. 陆阳,等. 化工技术与开发,2007,(4)
新型吡咯类杀虫剂溴虫腈合成研究. 陆阳,等. 化工中间体,2007,(6)
新型邻苯二甲酰胺类杀虫剂的研究进展. 柴宝山,等. 精细化工中间体,2007,(1)

新型邻甲酰氨基苯甲酰胺类杀虫剂的研究进展. 柴宝山,等. 农药,2007,(3)
新型杀虫剂氰氟虫腙. 李鑫. 农药,2007,(11)
新型杀螨剂唑螨酯合成改进. 农化新世纪,2007,(8)
新型硝基亚甲基类新烟碱杀虫剂. 上海化工,2007,(8)
新烟碱类杀虫剂选择作用的分子机理. 贾俊超,等. 农药,2007,(4)
新烟碱类杀虫剂最新研究进展. 杨吉春,等. 农药,2007,(7)
新颖杀螨剂 cyflumetofen 的开发沿革. 张一宾. 世界农药,2007,(2)
血液灌流治疗重度菊酯类杀虫剂中毒的疗效观察. 李小涛. 南华大学学报:医学版,2007,(3)
蚜虱净对苜蓿田节肢动物群落结构及动态的影响. 刘长仲,等. 应用生态学报,2007,(10)
烟粉虱对拟除虫菊酯杀虫剂的抗性机理. 何玉仙,等. 昆虫学报,2007,(3)
烟粉虱内共生菌 16S rDNA 的特性研究. 谭周进,等. 微生物学通报,2007,(3)
药用野生稻对褐飞虱抗性基因的遗传分析及利用研究. 秦学毅,等. 植物遗传资源学报,2007,(1)
液液提取—固相萃取—气相色谱法测定牛肉中蝇毒磷残留量的研究. 王培龙,等. 分析试验室,2007,(10)
一种冷热雾两用杀虫剂的研制. 张雪辉,等. 中华卫生杀虫药械,2007,(5)
一种适合美洲斑潜蝇实验研究的新型纱虫笼及吸虫器. 许三军,等. 昆虫知识,2007,(3)
伊维菌素浇泼剂驱除黄牛皮蝇蛆的扩大试验. 闫占云,等. 动物医学进展,2007,(8)
宜昌市家蝇对 5 种常用杀虫剂的抗药性调查测定. 朱彬彬,等. 中华医学实践杂志,2007,(11)
印度尼西亚发布大蒜内表杀虫剂的最高残留限量. 农化新世纪,2007,(11)
印楝素的杀虫活性及其对烟粉虱的驱避作用. 文吉辉,等. 昆虫知识,2007,(4)
应用大型水蚤对农药和无机砷污染的饮用水和地表水源水毒性检测. 潘力军,等. 中国卫生检验杂志,2007,(2)
蝇蛆壳聚糖降血脂作用的实验研究. 覃容贵,等. 中国老年学杂志,2007,(12)
用界面聚合法制备毒死蜱微胶囊悬浮剂. 丁向东. 农药,2007,(10)
有机磷杀虫剂引起低温反应的机制及其影响因素. 王东,等. 中国急救医学,2007,(3)
有机杀虫剂荧光光谱检测实验研究. 王忠东,等. 光谱学与光谱分析,2007,(11)
有望作为白蚁防治剂 Juvenogens 的室内筛选. 叶萱. 世界农药,2007,(2)
诱蚊诱卵器和光催化捕杀蚊蝇器在蚊虫调查中的应用. 孙养信,等. 中国媒介生物学及控制杂志,2007,(5)
鱼尼汀受体及以其为靶标的杀虫剂的作用机理. 张一宾. 世界农药,2007,(4)
在线 pH 测量系统在农药生产中的应用. 马爱诚. 化工自动化及仪表,2007,(4)
蚤类对杀虫剂敏感性测定方法的研究与应用. 孟凤霞,等. 中国媒介生物学及控制杂志,2007,(5)
增效磺胺甲基异恶唑预防和抗反转录病毒治疗和经过杀虫剂处理的蚊帐对乌干达 HIV-1 感染的成人疟疾发生率的影响:一项前瞻性研究. 朱翠云,等. 世界感染杂志,2007,(1)
张家港市家蝇抗性调查报告. 徐正龙,曹莉莉. 医学动物防制,2007,(2)
蟑螂过敏原研究进展. 蒋洪,等. 国际医学寄生虫病杂志,2007,(6)
植物杀虫剂在储粮害虫防治中的应用概况和展望. 延静,等. 武汉工业学院学报,2007,(1)
中华哲水蚤卵密度及其沉降速率. 姜晓东,等. 生态学报,2007,(4)
中学生夹竹桃叶中提取杀虫剂研究获英特尔国际科学与工程学大奖赛二等奖. 农化新世纪,2007,(6)
驻京某部食堂灭蟑情况调查. 王育兵,等. 解放军预防医学杂志,2007,(3)
转基因作物较之杀虫剂对农田生态更有益. 农化新世纪,2007,(7)
淄川区特殊行业家蝇对常用杀虫剂的抗药性及防制对策. 邢丽,等. 职业与健康,2007,(13)
综合防治在杀灭宾馆蟑螂中的应用. 王晓东,等. 中华卫生杀虫药械,2007,(1)
0.3% 伊维菌素乳油预防白蚁的效果研究. 郭建强,等. 中国媒介生物学及控制杂志,2008,(6)
10% 高氯热雾剂的研制与现场灭蚊蝇效果观察. 黄清臻,等. 中华卫生杀虫药械,2008,(3)
16 种植物乙醇提取物对桔全爪螨的生物活性测定. 莫茂军,等. 环境昆虫学报,2008,(1)
1996—2007 年黄石市城区家蝇抗性调查. 殷建福,等. 中国媒介生物学及控制杂志,2008,(5)
25% 吡蚜酮 WP 对褐飞虱防治效果. 万贤宗,邓斌. 世界农药,2008,(4)
25% 吡蚜酮 WP 防治灰飞虱的效果评价. 武向文,等. 世界农药,2008,(4)
25% 杀螨隆 · 哒螨酮悬浮剂的研制. 董广新,等. 农药,2008,(4)
2 种杀虫剂对某医院蟑螂灭效观察. 刘秋菊,孙国祖. 中华卫生杀虫药械,2008,(2)
30% 阿维菌素 · 毒死蜱微乳剂的研究. 戴春芳,等. 浙江化工,2008,(6)
30.5% 毒死蜱 · 甲氨基阿维菌素苯甲酸盐微乳剂的研制. 梁孝生,等. 农化新世纪,2008,(1)
33% 二甲戊灵 EC 和 48% 毒死蜱 EC 在大蒜田混用技术. 马丽,等. 农药,2008,(8)
3 种不含杀虫剂的新型杀虫气雾剂. 游文峰. 中华卫生杀虫药械,2008,(5)
3 种杀虫剂对猫栉首蚤的毒力及现场控制效果. 吴华,等. 农药,2008,(6)
40% 毒死蜱 · 三唑磷水乳剂的研究. 孙景文,马洪艳. 应用化工,2008,(7)

48%毒死蜱 EC 防治水稻潜叶蝇的药效试验. 卢颖,等. 农药,2008,(4)
4 种杀虫剂对德国小蠊杀灭效果观察. 郑越平,等. 中华卫生杀虫药械,2008,(4)
4 种生物农药对枸杞瘿螨的室内毒力测定. 杜玉宁,等. 农药,2008,(4)
5 种杀虫剂对家蝇的抗性测定研究. 孔晶. 中华卫生杀虫药械,2008,(6)
7.5%甲氰菊酯・噻螨酮 EC 的高效液相色谱分析. 李欧燕,杨华. 农药,2008,(2)
8%硼酸杀蟑胶饵灭蜚蠊效果研究. 龚自力,等. 中国媒介生物学及控制杂志,2008,(5)
B 型烟粉虱田间种群对毒死蜱和敌敌畏抗性的生化机制. 何玉仙,等. 昆虫学报,2008,(4)
CWAO 法处理噻螨酮生产废水的催化剂研究. 王雪源. 工业水处理,2008,(10)
d-柠檬烯生物增效杀虫剂在农业生产上的应用和开发前景. 何翠娟,张颂函. 世界农药,2008,(4)
HM31:一种高效、低残留的绿色杀虫剂. 邹新琢. 世界农药,2008,(A01)
kdr 突变和解毒代谢在 B 型烟粉虱对高效氯氰菊酯抗性中的作用. 王利华,吴益东. 昆虫学报,2008,(3)
n-$C_nH_{2n+1}OH$ 对毒死蜱微乳剂透明温度范围的影响. 孔祥洁,等. 农药,2008,(11)
QuEChERS,高效液相色谱法检测蔬菜中的吡虫啉、虫酰肼、阿维菌素和噻螨酮. 董静,等. 分析试验室,2008,(3)
拜耳公司杀虫剂新品种螺虫乙酯获美国和加拿大核准计划于年内上市. 农化新世纪,2008,(8)
苯醚威对不等单蚤的毒力试验. 张迎春,漆一鸣. 贵阳医学院学报,2008,(2)
苯醚威对印鼠客蚤的毒力试验. 张迎春,漆一鸣. 地方病通报,2008,(2)
苯醚威作用于印鼠客蚤的组织学研究. 张迎春,漆一鸣. 昆虫学报,2008,(5)
不同场所杀灭蟑螂的效果观察. 冯绍全,等. 中华卫生杀虫药械,2008,(5)
不同虫德国小蠊对四种杀虫剂敏感性的研究. 郑越平,等. 贵州医药,2008,(7)
不同剂型高效氯氰菊酯对家蝇滞留药效研究. 方勇,等. 中华卫生杀虫药械,2008,(1)
不同类型杀虫剂对绿盲蝽室内毒力及田间药效评价. 李耀发,等. 河北农业科学,2008,(1)
不同类型杀虫剂对青海省鼠疫自然疫源地旱獭寄生蚤的现场杀灭效果. 汪元忠,等. 中国媒介生物学及控制杂志,2008,(1)
不同农药对褐飞虱及其天敌黑肩绿盲蝽的影响. 赵学平,等. 农药,2008,(1)
不同生物杀螨剂对土耳其斯坦叶螨防效及毒力. 于江南,等. 农药,2008,(8)
茶楼灭蟑胶饵灭蟑效果观察. 徐孝忠. 浙江预防医学,2008,(4)
昌平区养殖业家蝇对 2 种杀虫剂抗性测定结果. 刘硕,等. 中国媒介生物学及控制杂志,2008,(5)
常用 5 种卫生杀虫剂对淡色库蚊成蚊区分剂量的研究. 汪中明,等. 中国媒介生物学及控制杂志,2008,(5)
大吨位毒死蜱工艺开发获突破. 杭州化工,2008,(1)
大家白蚁对几种饵剂的选择性. 张绍红,等. 昆虫知识,2008,(4)
大连市家蝇对常用杀虫剂抗性及趋势研究. 吴炜,等. 中国媒介生物学及控制杂志,2008,(4)
当心杀虫剂杀出糖尿病. 糖尿病天地,2008,(8)
第六届全球卫生杀虫剂发展会议在日内瓦召开. 有机硅氟资讯,2008,(5)
丁香油酚酯新型杀虫剂的设计合成. 杜全海,等. 化学研究与应用,2008,(2)
毒死蜱产业发展现状和前景. 姜书凯. 农化新世纪,2008,(6)
毒死蜱的神经毒性作用及机制. 王会平,伍一军. 环境与职业医学,2008,(3)
毒死蜱对雄性大鼠生精功能的影响. 文一,等. 农药,2008,(8)
毒死蜱和氯氰菊酯对小鼠细胞色素 P450 的影响. 崔永,等. 环境与健康杂志,2008,(9)
毒死蜱杀蟑胶饵稳定性研究. 韩金一,等. 中华卫生杀虫药械,2008,(2)
毒死蜱引起胎鼠胆碱酯酶抑制和母鼠脑损伤. 蒋淑霞,等. 毒理学杂志,2008,(4)
杜邦寻求欧盟批准其杀虫剂灭多威. 农化新世纪,2008,(4)
法国计划大幅削减杀虫剂用量. 农药,2008,(10)
防螨抗菌耐久性粘胶纤维添加剂,丙烯酰噻苯咪唑的合成. 李圆,周文富. 化学世界,2008,(4)
房山区灭蟑督导效果评价. 王立强,等. 医学动物防制,2008,(4)
肤小蠹蒲螨毒素基因同源类似序列的克隆和分析. 韩继成,等. 河北农业科学,2008,(1)
氟虫腈悬浮剂杀灭蟑螂实验室效果观察. 石华,等. 中华卫生杀虫药械,2008,(5)
概述瑞典的农药管理与卫生杀虫剂. 王以燕,等. 中华卫生杀虫药械,2008,(1)
高效低毒生物杀虫剂 BtA 首创成功. 农化新世纪,2008,(7)
高效杀虫剂毒死蜱的合成新工艺. 陆阳,等. 化工中间体,2008,(6)
固相萃取,气相色谱法测定水中毒死蜱. 董丽华,董玉莲. 分析测试技术与仪器,2008,(1)
关于新建房屋白蚁预防措施的思考. 毛伟光,等. 中华卫生杀虫药械,2008,(2)
广东省鼠疫疫源地印鼠客蚤对 6 种杀虫剂的抗药性试验及防制策略研究. 等. 中国媒介生物学及控制杂志,2008,(4)
国外植物源杀虫剂研究进展. 赵莉,刘德立. 农药,2008,(2)

害虫管理中的生物合理性杀虫剂(上). 张翼翾. 世界农药,2008,(6)
杭州市家蝇抗性水平调查与分析. 邱丽华,等. 中国媒介生物学及控制杂志,2008,(2)
湖南省2002—2006年卫生杀虫剂市场抽检结果及分析. 姚松银,等. 中华卫生杀虫药械,2008,(6)
缓释诱杀蝇卡通片杀灭家蝇的效果研究. 张子平,等. 中华卫生杀虫药械,2008,(1)
黄花蒿粗提物与吡螨胺混用对朱砂叶螨的联合毒力. 郭文明,等. 农药,2008,(11)
黄石地区家蝇对5种杀虫剂的抗性测定. 陈燕,王金明. 中华卫生杀虫药械,2008,(1)
急性有机磷杀虫剂中毒肺水肿及其治疗. 郑雪冰,等. 中国工业医学杂志,2008,(1)
急性有机磷杀虫剂中毒院前急救. 谢兆娟,张娟娟. 现代医药卫生,2008,(5)
几类杀虫剂对灰飞虱的相对毒力及田间种群的抗药性现状. 王利华,等. 昆虫学报,2008,(9)
几种杀螨剂对山楂叶螨的防效评价及防治对策. 衡雪梅,等. 农药,2008,(1)
几种药剂对家蝇和德国小蠊毒力研究. 张咏梅,李今越. 中华卫生杀虫药械,2008,(2)
家蝇敌敌畏抗性品系的选育以及乙酰胆碱酯酶和羧酸酯酶的变化. 汪中明,高希武. 寄生虫与医学昆虫学报,2008,(3)
家蝇对常用杀虫剂抗性状况及防治对策的研究. 杜俊,等. 中华卫生杀虫药械,2008,(4)
家蝇对高效氯氰菊酯抗药性机制的探索. 胡文涛. 中华卫生杀虫药械,2008,(2)
家蝇对化学杀虫剂抗药性及抗性自然衰减趋势. 王学军,等. 中国公共卫生,2008,(11)
家蝇对菊酯类杀虫剂抗性的分子生物学监测. 史智勇,等. 中华卫生杀虫药械,2008,(4)
家蝇和果蝇的靶标抗性研究进展. 孙晓琴,等. 农药,2008,(11)
江苏省家蝇抗性变化及防治的研究. 陈志龙,等. 中华卫生杀虫药械,2008,(4)
桔小实蝇实验种群对敌百虫、高效氯氰菊酯和阿维菌素的抗性增长规律. 潘志萍,等. 昆虫学报,2008,(6)
军事医学科学院微生物流行病研究所卫生杀虫剂药效试验情况简介. 寄生虫与医学昆虫学报,2008,(1)
抗阿维菌素朱砂叶螨的热激反应及热激蛋白. 冯宏祖,等. 昆虫学报,2008,(11)
克星杀虫剂中毒1例. 金桂琴. 中华现代临床护理学杂志,2008,(3)
肯尼亚环保人士呼吁禁用杀虫剂“克百威”. 农化新世纪,2008,(6)
快速溶剂萃取—气相色谱法同时测定含脂羊毛中的28种有机氯拟除虫菊酯杀虫剂的残留量. 樊苑牧,等. 色谱,2008,(5)
矿物油乳剂作用下橘小实蝇的产卵拒避及触角电位反应. 欧阳革成,等. 昆虫学报,2008,(4)
昆虫鱼尼丁受体及以其为靶标的杀虫剂的研究进展. 董卫莉,等. 农药学学报,2008,(2)
兰州市植物源杀虫剂除虫菊栽培技术及应用. 吴步梅. 甘肃科技纵横,2008,(4)
联合用药现场灭蟑效果研究. 章士军,等. 中华卫生杀虫药械,2008,(5)
蠊洁杀蟑毒饵对德国小蠊的引诱力及防制效果. 蒋伟. 中国媒介生物学及控制杂志,2008,(1)
两起蚤害杀灭结果与分析. 丁明华,等. 中华卫生杀虫药械,2008,(4)
两种测定蚂蚁驱避活性实验方法的比较分析. 郑卫青,等. 中华卫生杀虫药械,2008,(1)
临海市蚊、蝇、蜚蠊对7种杀虫剂的抗性调查. 任樟尧,等. 中国媒介生物学及控制杂志,2008,(3)
流溪河水库的盔形溞和舌状叶镖水蚤对浮游植物的牧食影响研究. 肖利娟,等. 生态科学,2008,(5)
氯离子通道杀虫剂靶标的研究进展. 姜玲,等. 世界农药,2008,(2)
美国发布杀虫剂乙丁烯氟灵许可限量的最终法规. 农化新世纪,2008,(2)
美国建立杀虫剂苯氧威和硫酸脲注册审议文案. 农药,2008,(1)
美科学家称:转基因作物较之杀虫剂对农田生态更有益. 农化新世纪,2008,(7)
灭螨猛及其中间体的合成工艺研究. 童军,等. 化工中间体,2008,(8)
灭蟑饵剂防治德国小蠊的效果观察. 李衍波,等. 中华卫生杀虫药械,2008,(2)
某部食堂蟑螂现场防治效果研究. 邓兵,等. 中华卫生杀虫药械,2008,(5)
南京地区家蝇抗药性的调查与对策. 徐庆,等. 江苏预防医学,2008,(2)
拟除虫菊酯类杀虫剂和阿维菌素、戊唑醇复配对卫生害虫的灭效研究. 吴海磊,等. 中国媒介生物学及控制杂志,2008,(2)
欧盟颁布修改杀虫剂最大残留标准的草案. 化工科技市场,2008,(3)
濮阳市城区家蝇抗药性及其防制对策研究. 朱文刚,付辉. 中国城乡企业卫生,2008,(4)
气相色谱/气相色谱,质谱法测定食品中毒死蜱残留量. 李爱军,等. 农药,2008,(11)
气质联用法测定甲基毒死蜱的水解速率. 朱杰丽,等. 青岛科技大学学报,2008,(3)
强化灭蚤地区印鼠客蚤对杀虫剂的抗药性研究. 易建荣,等. 中国媒介生物学及控制杂志,2008,(1)
青浦区蚊蝇、蟑螂对3种杀虫剂的抗药性监测分析. 潘引君,等. 医学动物防制,2008,(9)
全身发绿的金小蜂对蟑螂实施大脑手术. 昆虫知识,2008,(6)
日本开发出新型杀虫剂. 浙江化工,2008,(3)
日本修订杀虫剂限量标准. 农化新世纪,2008,(3)

噻螨酮的合成工艺. 楼江松,等. 农药,2008,(5)
三氯杀螨醇提纯工艺改进. 王济刚,刘存玉. 化工技术与开发,2008,(7)
杀虫剂:3 大纪律 8 项注意. 十木子,李瑜. 医药世界,2008,(5)
杀虫剂胁迫下褐飞虱迁飞虫和本地虫后代体内粗脂肪、可溶性糖及氨基酸含量的比较. 印建莉,等. 昆虫学报,2008,(11)
杀虫剂真的无毒吗. 刘祖春. 家庭医学:上半月,2008,(6)
杀蟑烟剂理化指标的检测. 曹敏,等. 中华卫生杀虫药械,2008,(1)
山东农药生产全国第二除草剂比例首超杀虫剂. 化工中间体,2008,(3)
山东省农药研究所"具有自主知识产权的新型杀虫剂 LNY0701"项目通过专家验收. 农化新世纪,2008,(12)
山药中有机氯杀虫剂的自制碳纳米管探头顶空固相微萃取/气相色谱分析. 田孟魁,冯喜兰. 分析测试学报,2008,(8)
山楂叶螨对胡瓜钝绥螨的吸引作用研究. 陈霞,等. 环境昆虫学报,2008,(1)
生物农药关键技术产业化获突破:高活性昆虫病毒杀虫剂开发成功. 农化新世纪,2008,(4)
首个高活性昆虫病毒杀虫剂在我国获得登记. 农化新世纪,2008,(2)
水溶剂法合成高效杀虫剂毒死蜱的研究. 陆阳,等. 化工技术与开发,2008,(9)
四川汶川地震灾区常见杀虫剂及其使用方法. 周忆昭. 预防医学情报杂志,2008,(12)
苏云金芽孢杆菌高效价杀虫剂的研究进展. 刘石泉,等. 微生物学通报,2008,(7)
天津站蟑螂防治效果观察. 王在龙. 中华卫生杀虫药械,2008,(2)
萜类化合物筛选蚂蚁驱避剂的研究. 郑卫青,等. 中华卫生杀虫药械,2008,(2)
微胶囊技术在杀虫剂中的应用. 潘恺友,杨波. 中华卫生杀虫药械,2008,(5)
卫生杀虫剂分析方法及质量控制. 俞幼芬. 中华卫生杀虫药械,2008,(6)
我国白蚁生物防治研究进展. 张向辉,等. 中华卫生杀虫药械,2008,(4)
五种杀虫剂对蜜蜂的经口毒性及风险评价. 杨艳霞,等. 农药学学报,2008,(2)
先正达杀虫剂在印尼受青睐明年进入中国市场. 农化新世纪,2008,(11)
先正达在美上市土壤杀虫剂 ForceCS. ZP. 农药,2008,(4)
新型二卤丙烯类杀虫剂的研究进展. 吴同文,等. 农药,2008,(12)
新型二氯丙烯类杀虫剂的合成及杀虫活性. 化工中间体,2008,(3)
新型二酰胺类杀虫剂对鱼尼丁受体作用的分子机理. 唐振华,陶黎明. 昆虫学报,2008,(6)
新型杀虫剂甲磺虫腙的合成与杀虫活性. 邢家华,等. 农药学学报,2008,(2)
新型杀虫剂美加农(0.12% 藻酸丙二醇酯可溶液剂)有效成分测定——称量法. 王利兵,等. 分析试验室,2008,(3)
新型杀虫剂氰氟虫腙. 有机氟工业,2008,(2)
新型杀虫剂噻虫胺在小白菜上的残留动态研究. 陈雁君,等. 分析试验室,2008,(B12)
新烟碱类杀虫剂及稠环固定的顺式衍生物研究进展. 邵旭升,等. 农药学学报,2008,(2)
新烟碱类杀虫剂选择性和多样性的电生理学、分子生物学和受体模型. 徐汉虹,李玉霞. 世界农药,2008,(5)
新颖拟除虫菊酯类杀虫剂 metofluthrin 的开发. 张一宾. 世界农药,2008,(2)
新颖酰胺类杀虫剂——flonicamide. 张亦冰. 世界农药,2008,(6)
信息素与蜱的防治. 许荣满. 中华卫生杀虫药械,2008,(3)
溴螨酯的合成. 唐勇建,等. 农药,2008,(4)
药物灌浆处理防治海塘白蚁的可行性探讨. 贺海洪,等. 中国媒介生物学及控制杂志,2008,(3)
一步法合成高收率毒死蜱. 胥璋. 世界农药,2008,(4)
一起灭多威杀虫剂引起中毒事件的报道. 王振起. 中国媒介生物学及控制杂志,2008,(6)
抑制性谷氨酸受体(IGluRs)通道及其相关杀虫剂的作用. 吴青君,等. 农药学学报,2008,(3)
影响杀虫剂药效的因素. 黄清臻,等. 中华卫生杀虫药械,2008,(1)
用碳纤维制造的机器蝇. 叶鼎铨. 高科技纤维与应用,2008,(3)
鱼尼汀受体抑制剂类杀虫剂的研发现况. 张一宾. 世界农药,2008,(1)
增效胺在卫生杀虫剂中的应用. 周留坤,周晔. 中华卫生杀虫药械,2008,(4)
增效剂对桔小实蝇抗药性的影响. 章玉苹,等. 环境昆虫学报,2008,(3)
蟑螂毒饵适口性评价方法的探讨. 石华,等. 中华卫生杀虫药械,2008,(4)
蟑螂屋使用情况的调查分析. 郑一平,等. 江苏预防医学,2008,(2)
蟑螂引诱剂对美洲大蠊和德国小蠊引诱效果的初探. 姜志宽,等. 中华卫生杀虫药械,2008,(5)
蟑螂诱杀技术的研究进展. 王柏海,胡家鑫. 中华卫生杀虫药械,2008,(5)
政策法规——欧盟颁布修改杀虫剂最大残留标准的草案. 化工中间体,2008,(3)
植物源农药对橘小实蝇的毒杀及引诱作用研究. 胡菡青,等. 华东昆虫学报,2008,(1)

植物源杀虫剂的研究进展. 刘玉杰,王宝增. 生物学教学,2008,(2)
滞留喷洒与杀蟑饵膏相结合杀灭蟑螂的效果研究. 王武芳,等. 中华卫生杀虫药械,2008,(5)
中国中剑水蚤属种类记述. 陈非洲,等. 四川动物,2008,(1)
重组病毒杀虫剂应用研究进展. 蒋洪,等. 昆虫学报,2008,(3)
住友杀虫剂 Pleo 在中国获临时批准. 农化新世纪,2008,(4)
紫背金盘(Ajuga nipponensis)次生物质对桔全爪螨(Panonychus citri)的驱避作用. 等. 生态学报,2008,(8)
唑螨酯的水解特性. 唐美珍. 农药,2008,(12)
12 种杀螨剂对山楂叶螨防效评价及其对天敌塔六点蓟马的影响. 涂洪涛,等. 环境昆虫学报,2009,(3)
17 种杀虫剂对细胸金针虫的毒力评价. 党志红,等. 农药,2009,(3)
2.5% 吡虫啉居美杀蟑胶饵防制宾馆德国小蠊效果观察. 段润宁,等. 应用预防医学,2009,(4)
2009 年中国杀虫杀螨剂热点产品阿维菌素. 制药原料及中间体,2009,(6)
2009 年二季度杀虫剂进口情况综述. 今日农药,2009,(9)
3 种地下害虫杀虫剂对蚯蚓和土壤微生物的影响. 冯秀斌,等. 农药,2009,(3)
40% 毒死蜱乳油在桑园使用后对家蚕的影响评估. 林小丽,等. 农药学学报,2009,(2)
480g/L 毒死蜱水乳剂的配方研究. 倪素美,等. 世界农药,2009,(3)
5.5% 阿维菌素 · 毒死蜱乳油对大鼠肝肾功能的影响. 王胜利,等. 贵州医药,2009,(4)
N,桥连芳基吡咯类衍生物的合成、晶体结构及杀虫杀螨活性研究. 毛春晖,等. 有机化学,2009,(6)
八种药剂防治槐豆木虱药效试验. 常承秀,等. 昆虫知识,2009,(3)
巴斯夫公司收购英国和美国的杀虫剂公司. 今日农药,2009,(1)
百里香杀螨活性成分的分离及鉴定. 冯岗,等. 西北植物学报,2009,(9)
北京清源保生物科技研制出植物源杀虫剂. 浙江化工,2009,(6)
苯甲酰脲类杀虫剂研究进展. 米娜,等. 世界农药,2009,(A02)
吡螨胺的反相高效液相色谱分析. 张鲁新,张亚敏. 山东化工,2009,(6)
吡蚜酮与异丙威复配对褐飞虱的增效作用和田间防治. 束兆林,等. 农药,2009,(5)
不同杀虫剂对梨叶瘿蚊的田间防效评价. 赵敏,等. 农药,2009,(11)
不同药剂亚致死剂量对褐飞虱不同种群生命表参数的影响. 王海荣,等. 生态学报,2009,(9)
创制杀螨剂 SYP-3759 的杀螨活性研究. 张弘,等. 世界农药,2009,(A01)
毒死蜱的研究应用现状及产业发展前景. 刘占山,等. 世界农药,2009,(A01)
毒死蜱对神经系统发育毒性作用的研究进展. 王香,等. 生物学杂志,2009,(3)
毒死蜱分子印迹聚合物微球的制备及其结合特性. 淮路枫,等. 应用化学,2009,(10)
毒死蜱农药的进展和剂型加工. 华乃震. 世界农药,2009,(3)
毒死蜱乳油中有害物治螟磷的分析. 李英菊,等. 农药,2009,(5)
毒死蜱在加拿大被限制应用. 今日农药,2009,(5)
毒死蜱中微量甲苯分析方法的研究. 李建兵. 化工技术与开发,2009,(8)
杜邦的 Rynaxypyr 杀虫剂在美国和加拿大获批准. 农药,2009,(1)
复合型斜纹夜蛾核多角体病毒杀虫剂配比的筛选. 汤历,等. 农药,2009,(7)
高效液相色谱法测定废水中的辛硫磷、毒死蜱. 管宏云,黄晓璐. 污染防治技术,2009,(4)
国内惟一达标的三氯杀螨醇产品. 农药,2009,(10)
国外杀虫剂类 POPs 处置技术研究综述. 陈曦,陈扬. 农药,2009,(5)
果蝇种亚组(双翅目:果蝇科)系统发育关系:形态学能否解决分子冲突? Amir,Yassin. 动物学研究,2009,(3)
害虫管理中的生物合理性杀虫剂(下). 张翼翾. 世界农药,2009,(1)
含吡啶环的新农药品种. 张一宾. 今日农药,2009,(10)
褐飞虱抗药性研究现状. 王彦华,等. 昆虫知识,2009,(4)
湖北研发植物源有机杀虫剂. 浙江化工,2009,(1)
花椒挥发油对两种人体蠕形螨的体外抑杀作用. 蒋丽艳,等. 医学研究杂志,2009,(2)
化学防治对绿化带中红火蚁及本地蚂蚁的影响. 宋侦东,等. 生态学报,2009,(11)
几种杀虫剂对枣树绿盲蝽的防治效果. 卢绍辉,等. 农药,2009,(9)
检测发现芬达系列橙汁和柠檬饮料中含杀虫剂. 化学分析计量,2009,(1)
近红外光谱对水中毒死蜱的残留分析. 孙荣梅,等. 时珍国医国药,2009,(11)
精神病患者服杀虫剂中毒 1 例急救体会. 徐聪. 基层医学论坛,2009,(1)
抗残杀威和敏感家蝇乙酰胆碱酯酶生化特性研究. 袁建忠,等. 农药学学报,2009,(2)
可口可乐英售芬达橙汁被曝杀虫剂超标 300 倍. 家庭医学:新健康,2009,(3)
螺螨酯 10% 悬浮剂的研制. 李军民,等. 今日农药,2009,(2)
美国制定杀虫剂许可限量法规. 今日农药,2009,(9)

嘧螨酯的合成与杀螨活性. 刘若霖,等. 农药,2009,(3)
脲醛树脂胶粘剂制备毒死蜱微胶囊. 王镭,赵静. 北京化工大学学报(自然科学版),2009,(5)
喷雾和灌根施药后吡虫啉在番茄植株中的分布及其对烟粉虱的防效. 宗建平,等. 农药学学报,2009,(2)
气相色谱,质谱/质谱法检测蔬菜中的毒死蜱及其代谢物. 凌云,等. 色谱,2009,(1)
肉桂提取物对粉尘螨杀灭的实验研究. 李静,等. 中国人兽共患病学报,2009,(10)
三种不同浓度灭蝇纸分析. 钟德文. 当代医学,2009,(25)
杀虫剂,有毒还是无毒. 子日. 大家健康,2009,(8)
杀虫剂分子靶标烟碱型乙酰胆碱受体研究进展. 封云涛,等. 农药学学报,2009,(2)
杀虫剂氟虫腈的合成研究进展. 陈叶娜. 广州化工,2009,(2)
杀虫剂复配对淡色库蚊杀灭效果的实验研究. 李士根. 国外医学(医学地理分册),2009,(3)
杀虫剂混合使用的增效作用评判分析. 顾中言,等. 农药学学报,2009,(3)
杀虫剂逆势迎接"小阳春". 张为农. 今日农药,2009,(5)
杀虫剂市场陷入低迷. 化工科技市场,2009,(9)
杀虫剂与藻类的相互作用研究进展. 欧晓明. 世界农药,2009,(2)
杀虫剂与增效剂混用对淡色库蚊的杀灭效果. 李士根,等. 国外医学(医学地理分册),2009,(2)
杀虫杀螨活性的吡唑类化合物. 谭成侠,等. 世界农药,2009,(A01)
杀螨霜治疗蠕形螨病的实验和临床研究. 农子军,等. 当代医学,2009,(28)
双向内吸性新杀虫剂螺虫乙酯的开发. 张庆宽. 农药,2009,(6)
水溶剂法合成甲基毒死蜱. 王同涛. 化工中间体,2009,(6)
四种杀虫剂对拟环纹豹蛛肠黏膜通透性的影响. 肖永红,等. 生态学报,2009,(1)
松节油基萜类蚂蚁驱避剂的驱避活性与定量构效关系研究. 王宗德,等. 林产化学与工业,2009,(B10)
外来化合物氰戊菊酯(杀虫剂)、苯对小鼠精子畸形率影响的观察和研究. 杨继红,等. 昆明医学院学报,2009,(7)
微生物源杀虫剂的市场及发展趋向. 张一宾. 世界农药,2009,(A02)
卫生杀虫剂氟蚁腙研究进展. 郑晗,等. 农药,2009,(6)
卫生杀虫剂有机硅缓释剂型的研究. 钱万红. 寄生虫与医学昆虫学报,2009,(2)
我国全面清剿废弃杀虫剂类 POPs. 今日农药,2009,(9)
我国淘汰滴滴涕等 4 种高毒杀虫剂如实现 POPs 履约目标. 今日农药,2009,(6)
新型杀虫剂丁香酚酯的设计合成和活性初测. 徐小威,等. 化学研究与应用,2009,(1)
新型杀螨剂 Cyflumetofen 的合成与杀螨活性. 李洋,等. 农药,2009,(7)
新型杀螨剂螺螨酯的合成. 陆一夫,等. 精细化工中间体,2009,(2)
新型烟碱类杀虫剂呋虫胺的合成研究. 刘安昌,等. 世界农药,2009,(2)
新烟碱类杀虫剂的研究进展. 张梅凤,等. 世界农药,2009,(1)
新烟碱类杀虫剂在作物保护方面的应用. 须志平. 世界农药,2009,(1)
新颖杀虫剂——哌虫啶. 徐晓勇,等. 世界农药,2009,(4)
新颖杀螨剂——乙螨唑的合成. 戴炜锷,程志明. 浙江化工,2009,(7)
液相色谱,串联质谱法测定水产品中 7 种有机磷类农药残留物. 张云,等. 分析试验室,2009,(B05)
一类具有新颖作用机理的农药——环状酮,烯醇类杀虫杀螨剂. 张一宾. 世界农药,2009,(3)
一种防治稻飞虱的喷雾辅助装置. 杨燕涛,杨凌峰. 昆虫知识,2009,(1)
一种新杀虫剂对储粮害虫和作物害虫的杀虫效果. 许静,等. 昆虫知识,2009,(4)
以色列研发植物精油杀虫剂. 化工中间体,2009,(2)
阴虱病的诊治(附 190 病例分析). 于中蛟,等. 中国医药导刊,2009,(8)
应正确使用喷雾杀虫剂. 中国保健营养,2009,(3)
婴儿出生缺陷与杀虫剂有关. 家庭医学:新健康,2009,(6)
有机磷杀虫剂的免疫毒性及其机制的研究进展. 夏秋媛,李芳秋. 医学研究生学报,2009,(1)
鱼尼汀受体抑制剂类杀虫剂的研发新动向. 张一宾. 世界农药,2009,(2)
预防过敏,学会控制室内尘螨. 张权,平阳. 家庭医学:新健康,2009,(10)
藻类种类和浓度对中华哲水蚤(Calanus sinicus)摄食和消化酶活性的影响. 谢志浩,等. 生态学报,2009,(2)
真菌孢子生物杀虫剂成为蝗虫克星. 今日农药,2009,(8)
植物源杀虫剂除虫菊引进试验. 曾海红. 甘肃科技,2009,(14)
制备溴螨酯的新工艺. 张正红,吕亮. 合成化学,2009,(3)
中草药治疗人虱病的体会. 孟熙,等. 工企医刊,2009,(5)
猪场捕蝇灭蚊最经济实用、安全有效的利器——自动捕蝇器和光触媒灭蚊器. 兽药市场指南,2009,(5)